Heidelberger Kommentar

GmbH-Recht

von

Prof. Dr. Harald Bartl
Rechtsanwalt

Angela Bartl
Rechtsanwältin

Klaus Beine
Rechtsanwalt, Notar

Dr. Detlef Koch
Rechtsanwalt

Prof. Dr. Eberhard Schlarb
Rechtsanwalt, Steuerberater

Dr. Christoph Schmitt
Rechtsanwalt

Dr. Michaela C. Schmitt, LL.M.
Rechtsanwältin

9., neu bearbeitete Auflage

 C.F. Müller

Bibliografische Information der Deutschen Nationalbibliothek

Die Deutsche Nationalbibliothek verzeichnet diese Publikation in der Deutschen Nationalbibliografie; detaillierte bibliografische Daten sind im Internet über <https://portal.dnb.de> abrufbar.

Print: ISBN 978-3-8114-6229-8
ebook: ISBN 978-3-8114-6231-1

E-Mail: kundenservice@cfmueller.de
Telefon: +49 6221 1859 599
Telefax: +49 6221 1859 598

www.cfmueller.de

© 2025 C.F. Müller GmbH, Waldhofer Straße 100, 69123 Heidelberg

Satz: TypoScript GmbH, München
Druck: Westermann Druck Zwickau

Vorwort

Das GmbHG gilt in der veröffentlichten bereinigten und zuletzt geänderten Fassung vom 22.2.2023 (BGBl. I 2023 Nr. 51).

Die Verfasser haben den Kommentar zum GmbH-Recht einschließlich Steuerrechts in der 9. Auflage wiederum aktuell und praxisnah teils auch weitgehend neugefasst und/ oder erheblich überarbeitet. Zu berücksichtigen waren u.a. die nach der 8. Auflage in Kraft getretenen Gesetzesänderungen (z.B. DiRUG, StaRUG, UmRuG, FüPoG. MoPeG, CovidInsAG und InsO/SansInsKG). Ferner war die Bearbeitung der Vorschriften wegen der zahlreichen Entscheidungen des BGH, des BFH und der OLG sowie vieler Veröffentlichen erforderlich. Insoweit wird auf die Einleitung vor § 1 GmbHG sowie die Hinweise in den einzelnen Vorschriften verwiesen.

Die notwendigen Aktualisierungen führten auch teils zur anderen Verteilung der Kommentierungen durch die bisherigen Autoren des Kommentars und zur Aufnahme von Herrn Rechtsanwalt Dr. Christoph Schmitt in die Autorenschaft. Mit ihm konnten wir einen rechtswissenschaftlich ausgewiesenen und erfahrenen Praktiker als weiteren Co-Autor für die Zusammenarbeit gewinnen.

Der Gründungsautor, Herr Prof. Dr. Harald Bartl, hat aus Altersgründen Teile seiner Kommentierungen auf andere Co-Autoren übertragen und nunmehr nur die Einleitung vor § 1 sowie die Kommentierung der §§ 1–6 und 13 verfasst. Von Herrn Prof. Dr. Bartl hat Herr Notar Klaus Beine die §§ 7–12 übernommen. Ferner bearbeitet die von Herrn Prof. Dr. Bartl und Rechtsanwältin Angela Bartl bisher bearbeiteten §§ 26–34 nunmehr Herr Rechtsanwalt Dr. Christoph Schmitt.

Für die Gesamtkoordinierung steht Herr Prof. Dr. Harald Bartl weiter zur Verfügung. Die Co-Autoren danken ihm sehr für seine langjährige kompetente und kollegiale Zusammenarbeit.

Das Ziel der 9. Auflage wie der Vorauflagen wird weiterverfolgt, der Praxis fundierte Hinweise und Hilfe zu bieten.

Auch bei dieser Gelegenheit möchten wir uns wieder sehr für Wünsche, Anregungen und Hinweise aus Richter-, Anwalts- und Notarkreisen bedanken und sehen diesen auch zukünftig gerne entgegen.

Frankfurt am Main, im September 2024 *Die Verfasser*

Bearbeiterverzeichnis

Zitiervorschlag

HK-GmbH-Recht/*A. Bartl* § 35 Rz. 3

Inhaltsverzeichnis

Kapitel I
GmbH-Gesetz

Kapitel II
Konzernrecht

Kapitel III
Die Besteuerung der GmbH

Kapitel IV
Formulare und Muster für Geschäftsführer, Notare, Unternehmensjuristen

Abkürzungsverzeichnis

a.A.	anderer Ansicht
a.a.O.	am angegebenen Ort
abl.	ablehnend
ABl.	Amtsblatt
abw.	abweichend
AcP	Archiv für die civilistische Praxis
a.E.	am Ende
a.F.	alte Fassung
AG	Aktiengesellschaft, Amtsgericht, Die Aktiengesellschaft (Zeitschrift)
AktG	Aktiengesetz
allg.	Allgemein
allg. M.	allgemeine Meinung
Alt.	Alternative
a.M.	anderer Meinung
Anh.	Anhang
Anm.	Anmerkung
AnwBl.	Anwaltsblatt
AO	Abgabenordnung
ArbG	Arbeitsgericht
ARGE	Arbeitsgemeinschaft
AStG	Außensteuergesetz
Aufl.	Auflage
BaFin	Bundesanstalt für Finanzdienstleistungsaufsicht
BAG	Bundesarbeitsgericht
BayObLG	Bayerisches Oberstes Landesgericht
BB	Betriebs-Berater
BBankG	Bundesbankgesetz
BDSG	Bundesdatenschutzgesetz
Begr.	Begründung
Bespr.	Besprechung
bestr.	bestritten
betr.	betreffend
BetrVG	Betriebsverfassungsgesetz
BeurkG	Beurkundungsgesetz
BewG	Bewertungsgesetz
BFH	Bundesfinanzhof
BGB	Bürgerliches Gesetzbuch
BGBl.	Bundesgesetzblatt
BGH	Bundesgerichtshof
BGHSt	Entscheidungen des Bundesgerichtshofs in Strafsachen
BGHZ	Entscheidungen des Bundesgerichtshofs in Zivilsachen

BImSchG	Bundes-Immissionsschutzgesetz
BiRiLiG	Bilanzrichtliniengesetz
BMF	Bundesministerium der Finanzen
BNotO	Bundesnotarordnung
BR-Drucks.	Bundesratsdrucksache
Bsp.	Beispiel
bspw.	beispielsweise
BStBl.	Bundessteuerblatt
BT-Drucks.	Bundestagsdrucksache
Buchst.	Buchstabe
BUW	Betrieb und Wirtschaft
BVerfG	Bundesverfassungsgericht
BVerfGE	Entscheidungen des Bundesverfassungsgerichts
bzgl.	bezüglich
BZRG	Bundeszentralregistergesetz
bzw.	beziehungsweise
DB	Der Betrieb
DBA	Doppelbesteuerungsabkommen – Abkommen zur Vermeidung der Doppelbesteuerung auf dem Gebiet der Steuern vom Einkommen und vom Vermögen
dgl.	dergleichen
DIHT	Deutscher Industrie- und Handelstag
DMBilG	DM-Bilanzgesetz
DNotZ	Deutsche Notarzeitschrift
DONot	Dienstordnung für Notarinnen und Notare
DR	Deutsches Recht
DStR	Deutsches Steuerrecht
DStZ	Deutsche Steuer-Zeitung
DVO	Durchführungsverordnung
DZWIR	Deutsche Zeitschrift für Wirtschafts- und Insolvenzrecht
EFG	Entscheidungen der Finanzgerichte
eG	eingetragene Genossenschaft
EG	Einführungsgesetz/Europäische Gemeinschaft
EGV	Vertrag zur Gründung der Europäischen Gemeinschaft
entspr.	entsprechend/er/es/en
ESt	Einkommensteuer
EStDV	Einkommensteuer-Durchführungsverordnung
EStG	Einkommensteuergesetz
EStR	Einkommensteuer-Richtlinien
etc.	et cetera
EU	Europäische Union
EuGH	Europäischer Gerichtshof (Gerichtshof der Europäischen Gemeinschaften)
EuroEG	Euro-Einführungsgesetz
EuZW	Europäische Zeitschrift für Wirtschaftsrecht
e.V.	eingetragener Verein

EWG	Europäische Wirtschaftsgemeinschaft
EWIR	Europäisches Wirtschaftsrecht
EWIV	Europäische wirtschaftliche Interessenvereinigung
f.	folgend
FA	Finanzamt
FamFG	Gesetz über das Verfahren in Familiensachen und in den Angelegenheiten der freiwilligen Gerichtsbarkeit
ff.	folgende
FG	Finanzgericht
FGG	Gesetz über Angelegenheiten der freiwilligen Gerichtsbarkeit
Fn.	Fußnote
FR	Finanz-Rundschau
FS	Festschrift
G.	Gesetz
GastG	Gaststättengesetz
gem.	gemäß
GenG	Genossenschaftsgesetz
GesRZ	Der Gesellschafter
GewO	Gewerbeordnung
GewSt	Gewerbesteuer
GewStDV	Gewerbesteuer-Durchführungsverordnung
GewStG	Gewerbesteuergesetz
GewStR	Gewerbesteuer-Richtlinien
GG	Grundgesetz
ggf.	gegebenenfalls
ggü.	gegenüber
gl. A.	gleiche/r Ansicht
GmbHG	Gesetz betreffend die Gesellschaften mit beschränkter Haftung
GmbHR	GmbH-Rundschau
grds.	grundsätzlich
GrESt	Grunderwerbsteuer
GrEStG	Grunderwerbsteuergesetz
GüKG	Güterkraftverkehrsgesetz
GWB	Gesetz gegen Wettbewerbsbeschränkungen
HandwO	Handwerksordnung
HGB	Handelsgesetzbuch
Hinw.	Hinweis
h.L.	herrschende Lehre
h.M.	herrschende Meinung
HR	Handelsregister
HRefG	Handelsrechtsreformgesetz
HRR	Höchstrichterliche Rechtsprechung
HRV	Handelsregisterverfügung
Hs.	Halbsatz

HWK	Handwerkskammer
HypBG	Hypothekenbankgesetz
i.d.F.	in der Fassung
i.d.R.	in der Regel
i.G.	im Ganzen, in Gründung
IHK	Industrie- und Handelskammer
INF	Die Information über Steuer und Wirtschaft
insb.	insbesondere
InsO	Insolvenzordnung
InvZulG	Investitionszulagengesetz
IPR	Internationales Privatrecht
IPRax	Praxis des Internationalen Privat- und Verfahrensrechts
i.S.d.	im Sinne des/der
i.S.v.	im Sinne von
i.Ü.	im Übrigen
i.V.m.	in Verbindung mit
JFG	Jahrbuch für freiwillige Gerichtsbarkeit
JMBl	Justizministerialblatt
JR	Juristische Rundschau
JUS	Juristische Schulung
JW	Juristische Wochenschrift
JZ	Juristenzeitung
KAGG	Gesetz über Kapitalanlagegesellschaften
KapAEG	Kapitalaufnahmeerleichterungsgesetz
KapCoRiLiG	Kapitalgesellschaften- und Co-Richtlinie-Gesetz
KfW	Kreditanstalt für Wiederaufbau
KG	Kammergericht, Kommanditgesellschaft
KGaA	Kommanditgesellschaft auf Aktien
KGJ	Jahrbuch für Entscheidungen des Kammergerichts
KO	Konkursordnung
Komm.	Kommentar
KoordG	Koordinierungsgesetz
KostO	Kostenordnung
krit.	kritisch
KSt	Körperschaftsteuer
KStDV	Körperschaftsteuer-Durchführungsverordnung
KStG	Körperschaftsteuergesetz
KStH	Körperschaftsteuer-Hinweise
KStR	Körperschaftsteuer-Richtlinien
KVStDV	Kapitalverkehrsteuer-Durchführungsverordnung
KVStG	Kapitalverkehrsteuergesetz
KWG	Kreditwesengesetz
LG	Landgericht
Lit.	Literatur

LöschG	Löschungsgesetz
Ls.	Leitsatz
m.	mit
MDR	Monatsschrift für Deutsches Recht
m.E.	meines Erachtens
MitbestG	Mitbestimmungsgesetz
MittBayNot	Mitteilungen des Bayerischen Notarvereins
MittRhNotK	Mitteilungen der Rheinischen Notarkammer
m.w.N.	mit weiteren Nachweisen
n.F.	neue Fassung
NJW	Neue Juristische Wochenschrift
n.v.	nicht veröffentlicht
NWB	Neue Wirtschaftsbriefe für Steuer- und Wirtschaftsrecht
NZA-RR	Neue Zeitschrift für Arbeitsrecht Rechtsprechungs-Report
NZG	Neue Zeitschrift für Unternehmens- und Gesellschaftsrecht
NZI	Neue Zeitschrift für das Recht der Insolvenz und Sanierung
o.	oben
OFD	Oberfinanzdirektion
OGH	Oberster Gerichtshof (Österreich)
OHG	Offene Handelsgesellschaft
OLG	Oberlandesgericht
OLGR	Die Rechtsprechung der Oberlandesgerichte auf dem Gebiete des Zivilrechts
OLGZ	Entscheidungen des Oberlandesgerichts in Zivilsachen
p.a.	per annum
PublG	Gesetz über Rechnungslegung von bestimmten Unternehmen und Konzernen (Publizitätsgesetz)
RA	Rechtsanwalt
RegE	Regierungsentwurf
RFH	Reichsfinanzhof
RG	Reichsgericht
RGBl	Reichsgesetzblatt
RGSt	Entscheidungen des Reichsgerichts in Strafsachen
RGZ	Entscheidungen des Reichsgerichts in Zivilsachen
RL	Richtlinie
RNotZ	Rheinische Notar-Zeitschrift
Rpfleger	Der Deutsche Rechtspfleger
RpflStud	Rechtspfleger-Studien
Rz.	Randziffer
S., s.	Seite, Satz, siehe
s.o.	siehe oben
sog.	sogenannte/r

StB	Steuerberater
Stbg	Die Steuerberatung
StbJb	Steuerberater-Jahrbuch
StGB	Strafgesetzbuch
str.	strittig
StuW	Steuer und Wirtschaft
s.u.	siehe unten
tlw.	teilweise
u.	unten
u.a.	unter anderem
UBGG	Unternehmensbeteiligungsgesetz
UG	Unternehmergesellschaft
umstr.	umstritten
UmwBerG	Gesetz zur Bereinigung des Umwandlungsrechts
UmwG	Umwandlungsgesetz
UmwStG	Umwandlungssteuergesetz
Urt.	Urteil
USt	Umsatzsteuer
UStDV	Umsatzsteuer-Durchführungsverordnung
UStG	Umsatzsteuergesetz
UStR	Umsatzsteuer-Richtlinien
usw.	und so weiter
u.U.	unter Umständen
UWG	Gesetz gegen den unlauteren Wettbewerb
v.	von, vom
v.a.	vor allem
VAG	Versicherungsaufsichtsgesetz
vGA	verdeckte Gewinnausschüttung
vgl.	vergleiche
VO	Verordnung
Vorbem.	Vorbemerkung
VSt	Vermögensteuer
VStG	Vermögensteuergesetz
VZ	Veranlagungszeitraum
WM	Wertpapiermitteilungen
WPg	Die Wirtschaftsprüfung
WPO	Wirtschaftsprüferordnung
WuM	Wohnungswirtschaft und Mietrecht
z.B.	zum Beispiel
ZfgG	Zeitschrift für das gesamte Genossenschaftswesen
ZGR	Zeitschrift für Unternehmens- und Gesellschaftsrecht
ZHR	Zeitschrift für das gesamte Handels- und Wirtschaftsrecht
Ziff.	Ziffer

ZInsO	Zeitschrift für das gesamte Insolvenzrecht
ZIP	Zeitschrift für Wirtschaftsrecht und Insolvenzpraxis
ZNotP	Zeitschrift für die notarielle Praxis
ZPO	Zivilprozessordnung
ZRP	Zeitschrift für Rechtspolitik
z.T.	zum Teil
zust.	zustimmend
zutr.	zutreffend
z.Z.	zur Zeit

Literaturverzeichnis

Altmeppen	Gesetz betreffend die Gesellschaften mit beschränkter Haftung: GmbHG, 11. Aufl. 2023 zit.: *Altmeppen* § Rz.
Balser u.a.	*Balser/Bokelmann/Piorreck* Die GmbH, 13. Aufl. 2005
Bassenge/Roth	FamFG/RPflG, Kommentar, 12. Aufl. 2009
BeckOGK GmbHG	beck-online.GROSSKOMMENTAR GmbHG, Lieder, Jan Prof. Dr.; Schaub, Bernhard Dr.; Schmidt, Uwe Dr.; Vetter, Jochen Prof. Dr. (Hrsg.), Stand: 15.7.2024 zit.: BeckOGK GmbHG/*Bearbeiter* § Rz.
BeckOK GmbHG	BeckOK GmbHG, Ziemons, Hildegard Dr.; Jaeger, Carsten Dr.; Pöschke, Moritz PD Dr. (Hrsg.), 61. Edition, Stand: 1.8.2024 zit.: BeckOK GmbHG/*Bearbeiter* § Rz.
Beck'scher Bil-Komm	Beck'scher Bilanzkommentar, Grottel, Bernd Prof. Dr.; Justenhoven, Petra; Kliem, Bernd Dr.; Schubert, Wolfgang J. (Hrsg.), 14. Aufl. 2024
Bumiller/Harders/Schwamb	FamFG, 13. Aufl. 2022 zit.: *Bumiller/Harders/Schwamb* § FamFG Rz.
Bunjes	Umsatzsteuergesetz: UStG, 23. Aufl. 2024 zit.: Bunjes/*Bearbeiter* § UStG Rz.
Dötsch/Pung/Möhlenbrock	Die Körperschaftsteuer: KSt, Loseblatt zit.: Dötsch/Pung/Möhlenbrock/*Bearbeiter* § Rz.
Fichtelmann	GmbH & Still im Steuerrecht, 5. Aufl. 2000
Fleischhauer/Wochner	Handelsregisterrecht, 4. Aufl. 2019 zit.: Fleischhauer/Wochner/*Bearbeiter*
Frodermann/Jannott	Handbuch des Aktienrechts, 9. Aufl. 2017 zit.: Frodermann/Jannott/*Bearbeiter* Kap. Rz.
Frotscher/Geurts	EStG-Kommentar, Loseblatt zit.: Frotscher/Geurts/*Bearbeiter* § EStG Rz.
Gehrlein/Born/Simon	GmbHG, 6. Aufl. 2024

Gehrlein/Witt/Volmer	GmbH-Recht in der Praxis, 4. Aufl. 2019 zit.: *Gehrlein/Witt/Volmer* Kap. Rz.
Goette	Einführung in das neue GmbH-Recht, 2008
Gosch	Körperschaftssteuergesetz: KStG, 4. Aufl. 2020 zit.: Gosch/*Bearbeiter* § KStG Rz.
Grüneberg	Bürgerliches Gesetzbuch: BGB, 83. Aufl. 2024 zit.: Grüneberg/*Bearbeiter* § Rz.
Gustavus	Handelsregister-Anmeldungen, 12. Aufl. 2023 zit.: Gustavus/*Bearbeiter*
Habersack/Casper/Löbbe	GmbHG, 3. Aufl. 2021 zit.: Habersack/Casper/Löbbe/*Bearbeiter* § Rz.
Hachenburg	Großkommentar zum GmbHG, 8. Aufl. 1992; 9. Aufl. 2024 ff. zit.: Hachenburg/*Bearbeiter* § Rz.
Henssler/Strohn	Gesellschaftsrecht, 6. Aufl. 2024 zit.: Henssler/Strohn/*Bearbeiter* § Rz.
Herrmann/Heuer/Raupach	Einkommensteuer- und Körperschaftsteuergesetz, Loseblatt zit.: HHR/*Bearbeiter* § Rz.
Hopt	Handelsgesetzbuch, 43. Aufl. 2023 zit.: *Hopt* § HGB Rz.
Noack/Servatius/Haas	Kommentar zum GmbHG, 23. Aufl. 2021 zit.: *Noack* § Rz.
Kölner Komm AktG	Zöllner/Noack, Kölner Kommentar zum Aktienge- setz, 4. Aufl. 2020 zit.: Kölner Komm/*Bearbeiter* § AktG Rz.
Krafka	Registerrecht, 12. Aufl. 2024
Kroiß/Everts/Poller	GmbH-Registerrecht, 2008
Lutter/Hommelhoff	GmbH-Gesetz, Kommentar, 21. Aufl. 2023 zit.: *Lutter/Hommelhoff* § Rz.
Michalski/Heidinger/Leible/ *Schmidt*	GmbH-Gesetz, 4. Aufl. 2023 zit.: MHLS/*Bearbeiter* § Rz.

MüKo BGB	Münchener Kommentar zum Bürgerlichen Gesetzbuch: BGB, 9. Aufl. zit.: MüKo BGB/*Bearbeiter* § Rz.
MüKo GmbHG	Münchener Kommentar zum Gesetz betreffend die Gesellschaften mit beschränkter Haftung: GmbHG, 4. Aufl. 2022 zit.: MüKo GmbHG/*Bearbeiter* § Rz.
MüKo HGB	Münchener Kommentar zum Handelsgesetzbuch: HGB, 6. Aufl. zit.: MüKo HGB/*Bearbeiter* § Rz.
Passarge/Torwegge	Die GmbH in der Liquidation, 3. Aufl. 2019 zit.: Passarge/Torwegge/*Bearbeiter* Rz.
Rowedder/Pentz	Gesetz betreffend die Gesellschaften mit beschränkter Haftung: GmbHG, 7. Aufl. 2022 Rowedder/Pentz/*Bearbeiter* § Rz.
Saenger/Inhester	GmbHG Handkommentar 4. Aufl. 2020 zit.: Saenger/Inhester/*Bearbeiter* § Rz.
K. Schmidt	Insolvenzordnung, 20. Aufl. 2023
K. Schmidt	Gesellschaftsrecht, 4. Aufl. 2002
L. Schmidt	Einkommensteuergesetz: EStG, Kommentar, 43. Aufl. 2024 zit.: Schmidt/*Bearbeiter* § EStG Rz.
Schmitt/Hörtnagl	Umwandlungsgesetz, Umwandlungssteuergesetz: UmwG, UmwStG, Kommentar, 10. Aufl. 2024 zit.: Schmitt/Hörtnagl/*Bearbeiter* § UmwG/UmwStG Rz.
Scholz	GmbH-Gesetz, 13. Aufl. 2024 zit.: Scholz/*Bearbeiter* § Rz.
Sternal	FamFG 21. Aufl. 2024 zit.: Sternal/*Bearbeiter* § FamFG Rz.
Streck	Körperschaftsteuergesetz: KStG, Kommentar, 10. Aufl. 2021 zit.: Streck/*Bearbeiter* § KStG Rz.
Tipke/Kruse	Abgabenordnung, Finanzgerichtsordnung, Loseblatt
Vogel/Lehner	Doppelbesteuerungsabkommen: DBA, 7. Aufl. 2021 zit.: Vogel/Lehner/*Bearbeiter* Art. DBA Rz.

Wicke	Gesetz betreffend die Gesellschaften mit beschränkter Haftung (GmbHG), 5. Aufl. 2024
Widmann/Mayer	Umwandlungsrecht, Loseblatt zit.: Widmann/Mayer/*Bearbeiter*

Einleitung

In der 9. Aufl. waren folgende Änderungen zu berücksichtigen:

Änderung des GmbHG in der veröffentlichten bereinigten Fassung, zuletzt geändert durch **das Gesetz v.** 22.2.2023 (BGBl. I 2023 Nr. 51).

DiRUG – Gesetz zur Umsetzung der Digitalisierungsrichtlinie – DiRUG v. 5. Juli 2021 (BGBl. Teil I vom 13.8.2021, 3338 (Art. 20 – Änderungen: Anlage 1, § 2 Abs. 1a (Videokommunikation Präsenzbeurkundung), Anlage 2 (Anpassung), § 2 (Videokommunikation – notarielle Beurkundung des Gesellschaftsvertrags – Person aus anderem EU-Staat und vergleichbares Verbot), § 6 Abs. 2 S. 2 (Person in anderem Mitgliedstaat der EU bzw. aus anderem Vertragsstaat und vergleichbarem Verbot), § 8 (qualifizierte elektronische Signaturen der Anmeldenden, Nachweise bei erheblichen Zweifeln an der Richtigkeit der Versicherung), § 39 Abs. 3 S. 1 (redaktionell), § 40 (elektronische Signatur), § 58d Abs. 2 S. 4 (Befriedigung oder Sicherstellung durch eine gesonderte Erklärung), § 66 Abs. 4 und § 67 Abs. 3 S. 1 (redaktionell) – hierzu Lutter/Hommelhoff/*Bayer/Kleindiek* Einl. Rz. 50 f.; *Fröhleke/Seidel* § 15 III HGB nach dem DiRUG und dem MoPeG: Modernisiert, digitalisiert und alle Fragen geklärt? ZVertriebsR 2024, 71.

StaRUG – Gesetz über den Stabilisierungs- und Restrukturierungsrahmen für Unternehmen (Unternehmensstabilisierungs- und -restrukturierungsgesetz – StaRUG) vom 22. Dezember 2020 (BGBl. I 2022, S. 3256), das zuletzt durch Art. 34 Abs. 14 des Gesetzes vom 22. Dezember 2023 (BGBl. I 2023 Nr. 411) geändert – es ist gem. Art. 25 Abs. 1 dieses Gesetzes am 1.1.2021 in Kraft getreten. Die §§ 84–88 treten gem. Art. 25 Abs. 3 Nr. 1 dieses Gesetzes am 17.7.2022 in Kraft.

UmwG UmRUG – *Gesetz zur Umsetzung der Umwandlungsrichtlinie* und zur Änderung weiterer Gesetze vom 22.2.2023 – UmRUG (BGBl. I 2023 Nr. 51) – umfassende Neuregelung grenzüberschreitender Umwandlung, Verschmelzung, Spaltung und Formwechsel UmwG – Gesetz zur Umsetzung der Umwandlungsrichtlinie und zur Änderung weiterer Gesetze v. 22.2.2023, BGBl. I 2023 Nr. 51 v. 28.2.2023 – Art. 9 Änderung des § 6 S. 2, 33 Abs. 3 GmbHG (redaktionell) – vgl. zur Entwicklung *Altmeppen* GmbHG 12. Aufl. 2023, III, Rz. 12 f.; i.Ü. vollumfänglich *Lutter/Bayer/Vetter* (Hrsg.), Umwandlungsgesetz (UmwG), 7. Aufl.; *Böttcher/Habighorst/Schulte* (Hrsg.), Umwandlungsrecht, 3. Aufl.; ferner *Stiegler* Umwandlungsrechtliche Änderungen im Zuge des 4. Bürokratieentlastungsgesetzes, GmbHR 2024, 234; vgl. hierzu *Baschnagel/Hilser* Grenzüberschreitende Umwandlungen von Personengesellschaften nach dem MoPeG und dem UmRUG – aktuelle Entwicklungen sowie rechtspolitische und rechtsdogmatische Perspektiven ZPG 2024, 87.

FüPoG – Gesetz zur Ergänzung und Änderung der Regelungen für die gleichberechtigte Teilhabe von Frauen an Führungspositionen in der Privatwirtschaft und im öffentlichen Dienst, ÄndG v. 7.8.2021, Art. 10, BGBl. I 2021, S. 1534 (§§ 36 S. 1, 52, 77a und Änderungen des GmbHG-Einführungsgesetz vom 23. Oktober 2008 (BGBl. I 2008, S. 2026, 2031), zuletzt geändert durch Art. 19 des Gesetzes vom 3. Juni 2021 (BGBl. I 2021, S. 1534) geändert worden ist: Art. 5, Art. 10 (neu).

MoPeG   – Personengesellschaftsrechtsmodernisierungsgesetz, bereinigte Fassung geändert durch Gesetz v. 5.7.2021 (BGBl. I 2021, S. 3338) – Art. 64: § 40 Abs. 1 S. 2 und 3 – Art. 65: Änderung der Gesellschafterlistenverordnung (§ 4), Art. 66: Änderung des GmbHG-Einführungsgesetz vom 23. Oktober 2008 (BGBl. I 2008, S. 2026, 2031), zuletzt durch Art. 21 des Gesetzes vom 5. Juli 2021 (BGBl. I 2021, S. 3338): Einfügung des § 12 (hierzu Lutter/Hommelhoff/*Bayer* Einl. Rz. 49); ferner *Fehrmann/Leclerc/Schirrmacher* Das neue Beschlussmängelrecht der §§ 110 ff. HGB, GmbHR 2024, 57; *Guntermann* Das Beschlussmängelrecht in der GmbH nach dem MoPeG, GmbHR 2024, 397–406 (vgl. § 241 AktG); *Knaier* Reform des Unternehmensbasisdatenregisters anlässlich des Inkrafttretens des MoPeG, GmbHR 2023, 3556; *Noack* Die GbR als Prozesspartei im Erkenntnis?, Vollstreckungs- und Schiedsverfahren – Kontinuitäten und Diskontinuitäten nach dem MoPeG – Teil II, GmbHR 2024, 71; *Schwacha* Registrierungserfordernis bei Sitzspaltung der Personengesellschaft nach dem MoPeG: Kein Verstoß gegen die Niederlassungsfreiheit, GmbHR 2024, 125; *Wertenbruch/Alm* Eintragung der GbR in die GmbH-Gesellschafterliste nach MoPeG und assoziierte Voreintragungserfordernisse, GmbHR 2024, 225; *Wertenbruch* Die Vertretung der Personengesellschaft nach MoPeG, GmbHR 2024, 1; *Fröhleke/Seidel* § 15 III HGB nach dem DiRUG und dem MoPeG: Modernisiert, digitalisiert und alle Fragen geklärt? ZVertriebsR 2024, 71.

CovidInsAG   – Gesetz zur vorübergehenden Aussetzung der Insolvenzantragspflicht und zur Begrenzung der Organhaftung bei einer durch die COVID-19-Pandemie bedingten Insolvenz (COVID-19-Insolvenzaussetzungsgesetz – COVInsAG v. 31.10.2022, BGBI I 1966, 1966) – Aussetzung der Insolvenzantragspflicht (hierzu Lutter/Hommelhoff/*Bayer*/*Kleindiek* Einl. Rz. 41 f.).

InsO   – SanInsKG – Gesetz zur vorübergehenden Anpassung sanierungs- und insolvenzrechtlicher Vorschriften zur Abmilderung von Krisenfolgen (Sanierungs- und insolvenzrechtliches Krisenfolgenabmilderungsgesetz – SanInsKG) – Aussetzung der Insolvenzantragspflicht (hierzu Lutter/Hommelhoff/*Bayer*/*Kleindiek* Einl. Rz. 45 f. sowie Einl. Rz. 29 zu §§ 30 Abs. 1 Nr. 5, Abs. 4 Nr. 5, 44a, 135, 143 Abs. 3 InsO im Übrigen z.B. *BGH* v. 22.2.2024 – IX ZR 106/21, GmbHR 2024, 520, zu nahestehender Person i.S.d. § 138 Abs. 2 Nr. 1 InsO bei mittelbarer Beteiligung von mehr als 25 % am Kapital des Insolvenzschuldners; auch *BGH* v. 7.12.2023 – IX ZR 36/22, GmbHR 2024, 239, – Keine Insolvenzanfechtung der Befreiung des Bürgen von seiner Bürgschaftsverpflichtung durch Erfüllung der Hauptschuld durch den Schuldner; *BGH* v. 8.2.2024 – IX ZR 194/22, Mittelbare Gläubigerbenachteiligung durch Zahlung von Einfuhrumsatzsteuer, GmbHR 2024, 416; *Körner/Rendels* Sanierungsberatung: Vermeidung von Haftungsrisiken, GmbHR 2023, 1251 – Geschäftsleiter und (Sanierungs-)Berater in einer Ertrags- oder Liquiditätskrise; *BGH* v. 22.2.2024 – IX ZR 226/20 sowie *Ulrich* BGH: Vorsatzanfechtung bei unmittelbarer Gläubigerbenachteiligung, GmbHR 2024, 149.

Weitere Literatur zu den Neuerungen

Im Zusammenhang mit den o.g. Änderungen sind einige Beiträge zu beachten: *Denga* **2** Digitale Beurkundungen im Gesellschaftsrecht, RDi 2024, 123; *Baschnagel/Hilser* Grenzüberschreitende Umwandlungen von Personengesellschaften nach dem MoPeG und dem UmRUG – aktuelle Entwicklungen sowie rechtspolitische und rechtsdogmatische Perspektiven ZPG 2024, 87; *Schwacha* Registrierungserfordernis bei Sitzspaltung der Personengesellschaft nach dem MoPeG: Kein Verstoß gegen die Niederlassungsfreiheit, GmbHR 2024, 125; *Janssen* Umwandlung eines Einzelunternehmens in eine GmbH: Darlehenslösung nicht mehr möglich!, NWB 2024, 685; *Florstedt* Das Zukunftsfinanzierungsgesetz – Erleichterte Eigenkapitalaufnahme, elektronische Aktie und weitere Reformthemen, NZG 2024, 179; *Carlé* Gesellschaftsverträge im Lichte des MoPeG, KOESDI 2024, 23602.

Neuere Literatur zum GmbHG – Auswahl

Zwischenzeitlich waren nach der 8. Auflage zur Entwicklung des GmbH-Rechts u.a. **3** erschienen *Born* Die neuere Rechtsprechung des BGH zur GmbH, WM 2023, Heft 10, Sonderbeilage 2; *Luy* Gesellschaftsrecht – Aktuelle Entwicklungen, notar 2020, 351; *ders.* notar 2021, 392; *ders.* Notar 2022, 359; auch *Ring* Die Entwicklung des Personengesellschafts- und GmbH-Rechts durch die Rechtsprechung des BGH im Jahre 2023, ZStV 2024, 39; *ders.* Aktuelle BGH-Rechtsprechung zur GmbH im Jahr 2023 (2. Halbjahr), NWB 2024, 618; *ders.* BGH Rechtsprechung (2. Halbjahr 2022) NWB 6/2023, 410; *ders.* Die Reform des anwaltlichen Berufsausübungsgesellschaftsrechts; *ders.* WM2021, 2265; *Harms* Die rechtliche Grundlage der mitgliedschaftlichen Treuepflicht im GmbH-Recht, 2024; *Kilian* Das reformierte Berufsrecht der Anwaltschaft, NJW 2021, 2835; *Stöber* Die Neuregelung des Rechts der anwaltlichen Berufsausübungsgesellschaften, DStR 2021, 2137; *Zimmermann/Hartung* NJW 2022, 1792; *Ruppert* DStR 2021, 290 DStR 2021, 290.

Rechtsprechung – Auswahl

BGH v. 28.6.2022 – II ZB 8/22 – Zurückweisung der Anmeldung ohne Belehrung über **4** die unbeschränkte Auskunftspflicht gegenüber dem Gericht, ebenso bei fehlender Versicherung nach §§ 6 Abs. 2, S. 2, 8 Abs. 3 S. 1; *BGH* v. 15.4.2021 – III ZR 139/20 – zum Gründungsstadium (Vorgründungsgesellschaft vor Abschluss des notariell beurkundeten Gesellschaftsvertrages (GbR oder OHG – keine Identität mit der späteren GmbH), Vorgesellschaft durch Abschluss des notariellen Gesellschaftsvertrages (weitgehend nach GmbH-Recht und Aufgehen in die in das Handelsregister, Entstehen der GmbH durch Eintragung; *BGH* v. 26.1.2021 – II ZR 391/18 – Gesellschafterliste, Anfechtungsbefugnis nur für in Liste eingetragenen Gesellschafter, keine Berechtigung für Klaganträge, Anfechtungsfrist nach § 244 S. 2 AktG; *BGH* v. 28.1.2020 – II ZR 10/19 – zur Abfindungsforderung, Auszahlung gegen das Kapitalerhaltungsgebot und Berücksichtigung erst bei Schlussverteilung; *BGH* v. 6.2.2024 – II ZB 19/22, zur Bestimmung des Geschäftswerts der notariellen Beurkundung der Übertragung eines

Geschäftsanteils an einer gemeinnützigen GmbH, GmbHR 2024, 476; *BGH* v. 16.12.2020 – VII ZB 10/20 – Pfändung des Geschäftsanteils der GmbH als Pfändung eines anderen Vermögensrechts (§ 857 Abs. 1 ZPO – entsprechende Anwendung der §§ 829 ff. ZPO) – GmbH als Drittschuldnerin (Anteilsrecht am Vermögen und berührte Rechtsstellung durch die Pfändung – Erfassung der Anteilspfändung nach §§ 3 Abs. 1 Nr. 4, 15 Abs. 1 GmbHG veräußerlich); *OLG Düsseldorf* v. 15.8.2023 – 3 Wx 104/23 – zulässige Firma: Institut für Einfachheit GmbH; *OLG Bremen* v. 21.6.2023 – 2 W 31/23 – Gesellschafterversammlung nach § 46 GmbHG – Prozesspfleger, Geschäftsführer, Prozess gegen GF – Bestellung eines weiteren oder anderen GF; *OLG Brandenburg* v. 22.11.2023 – 7 W 117/23 – Einstweiliger Rechtsschutz nach Erwerb eines GmbH-Geschäftsanteils, GmbHR 2024, 140; *BGH* v. 12.9.2023 – II ZB 6/23 – zur Bemessung des Geschäftswerts eines Beschlusses über die Erhöhung des Stammkapitals einer GmbH, GmbHR 2024, 187; *OLG Frankfurt* v. 19.10.2023 – 15 U 133/22 – actio pro socio – Fehlende Prozessführungsbefugnis des Kommanditisten für Sozialforderungen der KG (grundsätzlich Organe [geschäftsführungs- und vertretungsberechtigten Gesellschafter]) – „Nur wenn diese das Recht nicht geltend machen können oder trotz eines entsprechenden Begehrens des Gesellschafters nicht geltend machen wollen, ist Raum für die actio pro socio"; *BGH* v. 8.8.2023 – II ZR 13/22 – Stimmverbote für Gesellschafter mit allen Anteilen der Drittgesellschaft (Beschlussfassung [Rechtsstreits gegen eine Drittgesellschaft oder Geltendmachung von Ansprüchen gegen die Drittgesellschaft]) – hierzu *Heckschen/Kreß* Aktuelles zu gesetzlichen Stimmverboten – Überblick und Entwicklungen, GmbHR 2024, 281; i.Ü. weitere Entscheidungen vgl. *Born* neuere Rechtsprechung des BGH zur GmbH; WM 2023, Heft 10, Sonderbeilage 2.

Frühere Änderungen

5 In der 8. Aufl. waren bereits einige Änderungen zu berücksichtigen. So ist für die Gesellschafterliste das am 26.6.2017 in Kraft getretene Gesetz zur Umsetzung der vierten EU-Geldwäsche Richtlinie, zur Ausführung der EU-Geldtransferordnung und zur Neuorganisation der Zentralstelle für Finanztransaktionsuntersuchungen (BGBl. I 2017, S. 1822, 1863 f.) zu beachten. § 40 Abs. 1 GmbHG wurde geändert. Insoweit wird auf die Ausführungen zu dieser Vorschrift verwiesen (Vgl. hierzu *BGH* v. 26.6.2018 – II ZB 12/16) – Gesellschafterliste und Änderung des § 40 Abs. 1 GmbHG – gem. § 40 Abs. 1 S. 2 GmbHG sind jetzt bei nicht in ein Register eingetragenen Gesellschaften deren jeweilige Gesellschafter unter einer zusammenfassenden Bezeichnung mit Name, Vorname, Geburtsdatum und Wohnort in die Gesellschafterliste aufzunehmen (hierzu etwa *Wachter* Neuregelungen bei der GmbH-Gesellschafterliste, GmbHR 2017, 1177–1194; *ders.* GmbH-Gesellschafterliste: 10 Jahre nach MoMiG, GmbHR 2018, 1129–1141).

6 Mit dem 51. Strafrechtsänderungsgesetz vom 11.4.2017, in Kraft getreten am 19.4.2017, sind zusätzliche Straftatbestände eingeführt worden (vgl. § 265c StGB: Sportwettbetrug, § 265d StGB: Manipulation von berufssportlichen Wettbewerben; ferner § 265e StGB: Besonders schwerer Sportwettbetrug und Manipulation von berufssportlichen Wettbewerben). Die Versicherungen der Geschäftsführer gem. §§ 8 Abs. 3 S. 1, 6 Abs. 2 S. 2 Nr. 2 und 3 lit. e GmbHG sind um die neuen Straftatbestände §§ 265c, 265d und 265e StGB zu ergänzen. Die §§ 36 und 52 GmbHG wurden durch das am 1.5.2015 in Kraft getretene Gesetz für die gleichberechtigte Teilhabe von

Frauen und Männern an Führungspositionen in der Privatwirtschaft und im öffentlichen Dienst (BGBl. I 2015, S. 642) geändert – jetzt FüPoG (s.o. Rz. 1). Mit dem Abschlussprüfungsreformgesetz vom 10.5.2016 (BGBl. I 2016, S. 1142) wurden die §§ 86–88 GmbHG neu eingefügt und durch Art 10 des Gesetzes zur Umsetzung der Zweiten Zahlungsdiensterichtlinie v. 17.7.2017 (BGBl. I 2017, S. 2446) geändert.

Zur UG: *BGH* v. 28.4.2020 – II ZB 13-19 – K. gUG (haftungsbeschränkt) zulässig; **7** *BGH* v. 12.6.2012 – II ZR II 256/11 – zur Rechtsscheinhaftung bei Handeln für UG (haftungsbeschränkt) mit Rechtsformzusatz „GmbH"; *BGH* v. 15.4.2021 – III ZR 139/20, *BGHZ* 229, 299; Entstehung der GmbH erst mit Eintragung in das HR; *BGH* v. 28.6.2022 – II ZB 8/22, WM 2022, 1595 – keine Eintragung des GF ohne Versicherung, Nichtvorliegens bestellungswidriger nach §§ 8 Abs. 3 S. 1, 6 Abs. 2 S. 2 Nr. 3 1. Hs. GmbHG; zur neueren Literatur s. hier Rz. 1; i.Ü. bereits die früheren Beiträge zur Einschätzung der seinerzeitigen Reform 2008 – u.a. auch mit der UG (haftungsbeschränkt) *Bayer/Hoffmann* 10 Jahre MoMiG – 10 Jahre „Mini-GmbH", GmbHR 2018, 1156–1168; *Knaier* Eine Rechtsformvariante bewegt Europa, GmbHR 2018, 1181–1189; *Lieder* 10 Jahre Kapitalschutz nach dem MoMiG, GmbHR 2018, 1116–1129; *Reichert/Lüneborg* Compliance in der GmbH – 10 Jahre MoMiG, GmbHR 2018, 1141–1151; *Wicke* Gründungserleichterungen als zentrales Reformanliegen, GmbHR 2018, 1105–1116; *Blöse* Das reformierte Recht der Gesellschafterleistungen, GmbHR 2018, 1151–1156. Im Zusammenhang mit der UG ist auch die limited company seit 2004 in Deutschland relevant, wobei der Bestand seit dem am 20.1.2020 Brexit-Abkommens ab 2022 zurückging (vgl. u.a. *Altmeppen* GmbHG, Einl., II. Entwicklung der GmbH, Rz. 7 m.w.N.).

Vielfach waren und sind Einzelfragen Gegenstand der Rechtsprechung und Literatur **8** (z.B. zuletzt etwa *BGH* v. 9.1.2024 – II ZR 220/22) – zum Rechtsschein des Handelsregisters und Beseitigung nur bei positiver Kenntnis; vgl. ferner frühere Beiträge wie z.B. *Poertzgen* Die Haftung des GmbH-Geschäftsführers vor und nach Stellung eines Insolvenzantrags, GmbHR 2018, 881–888; *Hülsmann* GmbH-Geschäftsführer im Spiegel aktueller BGH-Rechtsprechung, GmbHR 2018, 393–399; *Altmeppen* Beschlussfeststellung, Stimmrecht und Klageobliegenheit in der GmbH, GmbHR 2018, 225–231; *Rothbächer* Die (nicht) erforderliche Vorlage der Genehmigungsurkunde bei der GmbH-Gründung, GmbHR 2019, 18–22. U.a. befassen sich auch einige Beiträge mit Brexit-Problemen (z.B. *Lieder/Bialluch* Brexit-Prophylaxe durch das 4. UmwÄndG, NJW 2019, 805, m.w.N.: zum BrexitÜG-E, BT-Drucks 19/5313); vgl. insofern 4. UmwG-ÄndG v. 19.12.2018 (BGBl. I 2018, S. 2694) – in Kraft seit 20.12.2018. Im Übrigen z.B. *Kramme/Baldus/Schmidt-Kessel* Brexit und die juristischen Folgen, 2017.

Die GmbH ist nach wie vor die verbreitetste Rechtsform für Unternehmen. Sie wird **9** von mehr als einer Million Unternehmen genutzt (*Altmeppen* GmbHG, II Entwicklung der GmbH in Zahlen, Rz. 5 f., zur UG Rz. 6; *Kornblum* GmbHR 2021, 681; auch etwa *ders.* GmbHR 2018, 669–680). Insbesondere die Unternehmergesellschaft (UG – vgl. § 5a GmbHG) hatte Erfolg. Nach *Kornblum* GmbHR 2012, 728 existierten 2012 bereits etwa 65.000 UG, 2017 ca. 125.000 (*Kornblum* GmbHR 2017, 740; *ders.* zur weiteren Entwicklung GmbHR 2018, 669, sowie etwa *Metzger* GmbHR 2010, 342); zur GmbH mit ausländischen Gesellschaftern. Die Vorteile der GmbH liegen auf der Hand: Haftungsfreiheit für die Gesellschafter, Satzungsautonomie, einfache Organisation (Lutter/Hommelhoff/*Bayer* Einl. Rz. 2 f.; zur Rechtsformwahl MAH-GmbHR/

Büsching § 1 Rz. 3, 72 f.). Das GmbH-Recht wurde, wie dargestellt, 1980 grundlegend reformiert, sodann 1994 durch die Einfügung der §§ 5a–f GmbHG geändert. 1998 kam es zu einer weiteren Novellierung, die auf verschiedenen Regelungen außerhalb des GmbHG beruht (EuroEG, HRefG, KontraTraG, KapAEG sowie InsO bzw. EGInsO – vgl. zu allem Lutter/Hommelhoff/*Bayer* Einl. Rz. 7 m.w.N.).

10 Hinzu kamen sodann die Änderungen im Bereich der Unternehmenspublizität (JKomG, EHUG). Zu nennen ist in diesem Zusammenhang auch § 6 Abs. 3 AGG (z.B. Benachteiligungsverbot für Geschäftsführerinnen und Geschäftsführer etc. bei Zugang und beruflichem Aufstieg – vgl. hierzu *Schubert* ZIP 2013, 289; s.a. *EuGH* ZIP 2010, 2414 – Danosa [Abberufung einer schwangeren GmbH-Fremdgeschäftsführerin und Kündigungsschutz] – vgl. nunmehr FüPoG, s.o. Rz. 1).

11 Das FamFG – Gesetz über das Verfahren in Familiensachen und in den Angelegenheiten der freiwilligen Gerichtsbarkeit (FamFG) v. 17.12.2008 zuletzt durch Art. 5 des Gesetzes vom 21.2.2024 (BGBl. I 2024 Nr. 54) wurde insb. in den §§ 378 Abs. 4, 387 Abs. 2, 388 Abs. 1 hinsichtlich der Handelsregistersachen geändert. Diese Änderungen des FamFG waren für die Praxis wenig einschneidend. Nach der seinerzeitigen Regierungsbegründung sollten für Register- und Handelssachen keine grundlegenden Änderungen eintreten. Die FGG-Reform hatte damit für das GmbHG keine große Bedeutung (Lutter/Hommelhoff/*Bayer* Einl. Rz. 20; *Bumiller/Harders* § 375 Rz. 5, 6, zu Handelsregistersachen: § 388 Rz. 6 f., zu Zwangsgeldverfahren; auch *Bassenge/Roth* § 374 Fn. 3 f.). Das Löschungs- und Amtslöschungsverfahren blieb in den §§ 393 ff. FamFG nahezu unverändert (früheres LöschG) – neuere Entscheidungen des *BGH* v. 3.12.2019 – II ZB 18/19 – Geschäftsführer – Amtsunfähigkeit wegen Verurteilung – Löschung von Amtswegen (§ 395 Abs. 1 S. 1 FamG); auch *BGH* v. 26.6.2018 – II ZB 12/16 – Gesellschafterliste (Änderung des § 40); i.Ü. *Gustavus* Handelsregisteranmeldungen, 12. Aufl., Einl. II, S. 4 f., zu Handelsregisteranmeldungen; dort auch zur GmbH A, 91, S. 210 f.; weitergehend die Kommentierungen zum FamFG z.B. *Sternal* (vormals Keidel) FamFG, 21. Aufl. 2023.

12 Die große GmbH-Reform von 2008 (MoMiG) wird so mit Recht bezeichnet (vgl. Lutter/Hommelhoff/*Bayer* Einl. Rz. 58 f.; auch *Scholz/Westermann* Einl. Rz. 53 („der große Wurf"); ferner hierzu *Noack/Servatius/Haas* GmbHG Einl. Rz. 38. Wegen der Einzelheiten sowie der Literatur wird auf die Ausführungen zu § 1 Rz. 1 f. der 6. Aufl. verwiesen. Hinsichtlich der weiteren Entwicklung ist zu verweisen z.B. auf die Berichte von *Hirte* zuletzt NJW 2011, 656; ferner *Ring* NJ 2012, 353. Hinsichtlich der registerrechtlichen Fragen ist auf *Munzig* FGPrax 2011, 159, 211 zu verweisen.

13 Im Rahmen des MoMiG entfielen die §§ 32a/b GmbHG (eigenkapitalersetzende Gesellschafterdarlehen). Die Vorschriften wurden in die InsO aufgenommen (vgl. §§ 39 Abs. 1 Nr. 5, Abs. 4, Abs. 5, 44a, 135, 143 Abs. 3 InsO; hierzu *Scholz/Westermann* Einl. Rz. 65, 66 (Insolvenzverschleppung); ferner Lutter/Hommelhoff/*Bayer* Einl. Rz. 29 ff. (§§ 32 a/b – entfallen und in InsO geregelt); *BGH* v. 12.12.2019 – IX ZR 328/ 18, Rz. 30 ff. – InsO – Anwendung der 2008 Reform auf „Altfälle"; zu insolvenzrechtlichen Regelungen im Anwendungserlass zur Abgabenordnung i.d.F. v. 31.1.2013 vgl. die Beilage 2 zu ZIP 8/2013.

14 Große Bedeutung hat die europäische Rechtsangleichung i.Ü. (ausführlich Lutter/ Hommelhoff/*Bayer* Einl. Rz. 40 f.). *Altmeppen* III, Rz. 12 f., zur Entwicklung des europäischen Rechts: RL zur Einpersonengesellschaft (2009/102/EG); (Publizitäts-) und

11. (Zweigniederlassungs-) RL; 4., 7., 8. RL einschl. Mittelstands-RL und GmbH & Co-RL; 3. (Verschmelzungs-) und 6. (Spaltungs-)RL – vgl. UmwG von 1994; 10. RL (Zulassung grenzüberschreitender Verschmelzungen); 14. RL über grenzüberschreitende *Sitzverlegungen* (2011/2046(INI)) Gesellschaftsrechts-RL (GesR-RL) 2017; 2017 RL (2017/1132) – Ersetzung der Spaltungsrichtlinie, die Zweigniederlassungsrichtlinie, RL über grenzüberschreitende Verschmelzungen, Publikationsrichtlinie, Verschmelzungsrichtlinie und Kapitalrichtlinie; Umwandlungs-RL (2019/2121) und Digitalisierungs-RL (2019/1151) – vgl. URUG, DiRUG/DiREG; Restrukturierungs-RL (2019/1023) (vgl. StaRUG/SanInsFoG); RL zum Schutz von Personen, die Verstöße gegen das Unionsrecht (EU 2019/1937) – vgl. HinSchG – Gesetz für einen besseren Schutz hinweisgebender Personen); zu früheren Entwicklung wird auf die 8. Aufl. verwiesen.

Zu erwähnen ist ferner das MicroBilG zur Entlastung der Offenlegungspflichten **15** (hierzu *Kuntze/Kaufhold* GmbHR 2013, 57, kritisch zur am 14.3.2012 verabschiedeten sog Micro-Richtlinie 2012/6/EU (Offenlegung von Jahresabschlüssen – Entlastung) und der Umsetzung durch das Kleinstkapitalgesellschaften-Bilanzrechtsänderungsgesetz (MicroBilG).

Künftig soll es auch eine GmbH in Verantwortungseigentum (VE-GmbH) geben – **16** hierzu *Altmeppen* § 1 Rz. 15 m.w.N. – kritisch und ablehnend; vgl. auch Lutter/Hommelhoff/*Bayer* § 1 Rz. 1m. Hinw. auf *Baßler/Stöffler/Blecher* GmbHR 2921, 1125; ferner z.B. *Obernosterer* Die GmbH mit gebundenem Vermögen – eine GmbH mit beschränkter Niederlassungsfreiheit?, GmbHR 2023, 434.

Fragen der Nachhaltigkeit und gesetzgeberische Maßnahmen, insb. Klimaneutralität, **17** behandelt *Weller* Gutachten F zum 74. DJT 2024, F61 ff. (Transformation der Klimaneutralität ins Gesellschaftsrecht – vgl. § 76 Abs. 4 AktG, § 36 GmbHG); *Velte/Wulf* Nachhaltigkeitsberichterstattung nach dem Referentenentwurf eines Umsetzungsgesetzes zur CSRD – Eine kritische Würdigung, DB 2024, 1017; *Lanfermann/Kutter/Liepe* Nachhaltigkeitsberichterstattung – Status quo und zukünftige Handlungsfelder, DNotZ 2024, 246; zur Nachhaltigkeit als Unternehmenszweck *Wicke* DNotZ 2020, 448.

Kapitel I
GmbH-Gesetz

Gesetz betreffend die Gesellschaften mit beschränkter Haftung (GmbHG)

i.d.F. der Bek. vom 20.4.1892 (RGBl. S. 369, 846); (BGBl. III 4123-1),
zuletzt geändert durch Art. 21 vom 23.10.2024 (BGBl. I 2024 Nr. 323)

Abschnitt 1
Errichtung der Gesellschaft

§ 1 Zweck; Gründerzahl

Gesellschaften mit beschränkter Haftung können nach Maßgabe der Bestimmungen dieses Gesetzes zu jedem gesetzlich zulässigen Zweck durch eine oder mehrere Personen errichtet werden.

Übersicht

Literatur – Auswahl: *Berkefeld* Ungelöste Probleme auf der Rechtsfolgenseite bei der „wirtschaftlichen Neugründung" von Vorrats- und Mantelgesellschaften, GmbHR 2018, 337; *Born* Die neuere Rechtsprechung des Bundesgerichtshofs zur Gesellschaft mit beschränkter Haftung, WM 2017, Heft 42 Sonderbeilage 3; *ders.* WM 2023, Heft 10 Sonderbeilage 2; *Luy* Gesellschaftsrecht – Aktuelle Entwicklungen, notar 2020, 351; *ders.* notar 2021, 392; *ders.* notar 2022, 359; auch *Porzelt* Ungeklärte Fragen der Gründerhaftung der Gesellschafter einer (Vor-)GmbH, GmbHR 2018, 663; *Rothbächer* Die (nicht) erforderliche Vorlage der Genehmigungsurkunde bei der GmbH-Gründung, GmbHR 2019, 18; s.a. *Teichmann* Die elektronische Gründung von Kapitalgesellschaften, GmbHR 2018, 1; *Gehrlein/Born/Simon* Einl. Rz. 22 zum Gründungstadium; *Geißler* Der Vorvertrag zur Gründung einer GmbH in seiner Gestaltung und seinen (auch haftungsrelevanten) Rechtswirkungen, GmbHR 2023, 1139; *Obernosterer* die GmbH mit gebundenem Vermögen – eine GmbH mit beschränkter Niederlassungsfreiheit?, GmbHR 2023, 434 (vgl. hierzu auch Einl. Rz. 17); *Bayer/Hoffmann* 25 Jahre „kleine AG" und allgemeine Strukturdaten zur AG-Landschaft, Die AG, 2019-641602.

Rechtsprechung:

BGH v. 28.6.2022 – II ZB – 8/22 – Zurückweisung der Anmeldung ohne Belehrung über unbeschränkte Auskunftspflicht gegenüber dem Gericht, ebenso bei fehlender Versicherung nach §§ 6 Abs. 2, S. 2, 8 Abs. 3 S. 1; *BGH* v. 15.4.2021 – III ZR 139/20 – BGHZ 229, 299 – zum Gründungsstadium (Vorgründungsgesellschaft vor Abschluss des notariell beurkundeten Gesellschaftsvertrages (GbR oder OHG – keine Identität mit der späteren GmbH), Vorgesellschaft durch Abschluss des notariellen Gesellschaftsvertrages (weitgehend nach GmbH-Recht und Aufgehen in der in das Handelsregister, Entstehen der GmbH durch Eintragung); *BGH* v. 26.1.2021 – II ZR 391/18 – Gesellschafterliste, Anfechtungsbefugnis nur für in Liste eingetragene Gesellschafter, keine Berechtigung für Klageanträge, Anfechtungsfrist nach § 244 S. 2 AktG; *BGH* v. 28.1.2020 – II ZR 10/19 – zur Abfindungsforderung, Auszahlung gegen das Kapitalerhaltungsgebot und Berücksichtigung erst bei Schlussverteilung; *BGH* v. 16.12.2020 – VII ZB 10/20 – Pfändung des Geschäftsanteils der GmbH als Pfändung eines anderen Vermögensrechts (§ 857 Abs. 1 ZPO – entsprechende Anwendung der §§ 829 ff. ZPO) – GmbH als Drittschuldnerin (Anteilsrecht am Vermögen und berührte Rechtsstellung durch die Pfändung – Erfassung der Anteilspfändung nach § 3 Abs. 1 Nr. 4, § 15 Abs. 1 veräußerlich; weitere Entscheidungen vgl. *Born* neuere Rechtsprechung des BGH zur GmbH, WM 2023, Heft 10, Sonderbeilage 2; ferner Verfahren nach FamFG *OLG München* v. 12.9.2022 – 34 Wx 329/22 – Abänderung des Musterprotokolls – zum Verfahren nach dem FamFG – zur Zulässigkeit/Statthaftigkeit der Beschwerde nach §§ 58 Abs. 1, 382 Abs. 3, Frist und schriftlich nach §§ 63 Abs. 1, 3 S. 1, 64 Abs. 1 S. 1, Abs. 2 S. 1, 3, fehlende Begründung unschädlich nach § 61 Abs. 1, Beschwerdeberechtigung der GmbH i.G. nach § 59 Abs. 1.

I. Allgemeines

1 Das GmbHG ist zuletzt durch das Gesetz v. 22.2.2023 (BGBl. 2023 I Nr. 51) geändert – vgl. i.Ü. Einl. Rz. 1 ff.; ferner Gesetz zur Ergänzung der Regelungen zur Umsetzung der Digitalisierungsrichtlinie und zur Änderung weiterer Vorschriften v. 15.7.2022 (BGBl. I 2022, S. 1146); Gesetz zur Ergänzung der Regelungen zur Umsetzung der Digitalisierungsrichtlinie und zur Änderung weiterer Vorschriften v. 15.7.2022 (BGBl. I 2022, S. 1146); Gesetz zur Umsetzung der Digitalisierungsrichtlinie (DiRUG) v. 5.7.2021 (BGBl. I 2021, S. 3338); Gesetz zur Modernisierung des GmbH-Rechts und zur Bekämpfung von Missbräuchen (MoMiG) v. 23.10.2008 (BGBl. I 2008, S. 2026) – insoweit wird auf die Einl. Rz. 1 f. sowie zur Reform 1980 verwiesen.

§ 1 lässt zum einen Unternehmen als Gesellschaft mit beschränkter Haftung zu und erlaubt die Gründung zu jedem gesetzlich zugelassenen Zweck. Seit 1980 ist die Gründung der Gesellschaft durch eine Person möglich und seit 2008 die UG zugelassen (*Altmeppen* § 5a Rz. 1, 3 „Erfolgsmodell" im Anschluss an *Bayer/Hoffmann* GmbHR 2018, 1156; auch etwa *Bayer/Lieder/Hoffmann* Bundesweite Rechtstatsachen zum Unternehmens- und Gesellschaftsrecht (Stand 1.1.2023), GmbHR 2023, 709; auch *Kornblum* zum Stand v. 1.1.2018, GmbHR 2018, 669; *Altmeppen* § 1 zur Entwicklung der GmbH in Zahlen, Rz. 5 f.; zur Rechtsprechung *Born* WM 2023, Heft 10, Sonderbeilage 2; *Luy* notar 2020, 351; *ders.* notar 2021, 392; *ders.* notar 2022, 359; auch *Ring* u.a. zur Rechtsprechung des BGH 2023, ZStV 2024, 39; *ders.* zur BGH-Rechtsprechung 2023 (2. Halbjahr 2022), NWB 2024, 618; s. auch hier Einf. Rz. 1; zur früheren Entwicklung *Born* a.a.O., WM 2017, Heft 42, Sonderbeilage 3; *Römermann* Aktuelles Gesellschaftsrecht rund um die GmbH im Jahre 2017, GmbHR 2017, 1121–1127; *Wicke* Gründungserleichterungen als zentrales Reformanliegen, GmbHR 2018, 1105–1116.

Neuere Entscheidungen: *BGH* v. 15.4.2021 – III ZR 139/20, *BGHZ* 229, 299 zu einzelnen „Stufen" im Gründungsstadium und nach Eintragung (s.o. Rechtsprechung; ferner *BVerwG* v. 26.1.2022 – 6 A 7/19 – GmbH als Teilorganisation der verbotenen PKK – zur Anwendbarkeit des § 17 Nr. 3 VereinsG auf Wirtschaftsvereinigungen wie GmbH einschließlich der Einpersonen-GmbH; zur Parteifähigkeit der GmbH im Passivprozess und Ersatzanspruch gegen Liquidator *KG* v. 2.3.2023 – 10 U 92/21, GmbHR 2023, 608; auch *BGH* v. 26.1.2021 – II ZR 391/18 – Gesellschafterliste, Anfechtungsbefugnis nur für in Liste eingetragene Gesellschafter, keine Berechtigung für Klageanträge, Anfechtungsfrist nach § 244 S. 2 AktG; *BGH* v. 29.1.2019 – II ZR 234/18 – vgl. *OLG Jena* v. 30.5.2018 – 2 U 800/15 – Anfechtungsbefugnis für Klage des Gesellschafters gegen Ausschluss oder Einziehung des Anteils auch bei vor Klageerhebung geänderter und in das Handelsregister aufgenommenen Gesellschafterliste. Zum registerrechtlichen Anspruch auf Löschung persönlicher Daten aus dem Handelsregister *OLG*

Celle v. 24.2.2023 – 9 W 16/23, GmbHR 2023, 610; *VG Magdeburg* v. 7.7.2020 – 4 A 330/18 – zur Grundrechtsbindung öffentlicher Unternehmen unabhängig von erwerbswirtschaftlichen oder fiskalischen und sonstigen Zwecken – vgl. *BVerfG* v. 7.11.2017 – 2 BvE 2/11; zur Nichtigkeit eines Vertrages mit einer GmbH mit Gesellschafter/ Geschäftsführer und Missbrauch der „zwischengeschalteten GmbH" oder UG zur Vermeidung der Sozialversicherungspflicht (verneint) *Hessisches LSG* v. 18.11.2021 – L 1 BA 25/21; s. auch *Bayerisches LSG* v. 6.12.2023 – L 6 BA 97/21 – Versicherungspflicht des GmbH-Geschäftsführers (Rentenversicherung sowie nach dem Recht der Arbeitsförderung infolge abhängiger Beschäftigung – Nachforderung der Beiträge); *LSG Baden-Württemberg* v. 23.11.2022 – L 5 BA 3206/21 – Betriebsprüfung, Beitragsnachforderung und Sozialversicherungspflicht; *BGH* v. 16.12.2020 – VII ZB 10/20 – zur Pfändung eines Geschäftsanteils als Gegenstand der Zwangsvollstreckung als anderes Vermögensrecht i.S.d. § 857 Abs. 1 ZPO; *BGH* v. 10.11.2020 – II ZR 211/19 – zur Gesellschafterliste und Eintragung, falsche Eintragung und Geschäftsführerpflichten sowie Einziehungsfolgen.

II. Änderungen 2023 – Reform 2008

1. Änderungen 2023. Das GmbHG ist zuletzt durch das Gesetz v. 22.2.2023 **2** (BGBl. 2023 I Nr. 51) geändert worden – s. Einl. Rz. 1 ff.: DiRUG, StaRUG, UmwG, FüPoG, MoPeG, CovidInsAG, InsO – im Einzelnen: Gesetz zur Ergänzung der Regelungen zur Umsetzung der Digitalisierungsrichtlinie und zur Änderung weiterer Vorschriften v. 15.7.2022 (BGBl. I 2022, S. 1146); Gesetz zur Ergänzung der Regelungen zur Umsetzung der Digitalisierungsrichtlinie und zur Änderung weiterer Vorschriften v. 15.7.2022 (BGBl. I 2022, S. 1146); Gesetz zur Umsetzung der Digitalisierungsrichtlinie (DiRUG) v. 5.7.2021 (BGBl. I 2021, S. 3338) – insoweit wird auf die Einl. Rz. 1 f. verwiesen; ferner *Lutter/Hommelhoff* Einl. Rz. 34 ff.

2. Reform 2008. Mit der Reform 2018 sollte das GmbHG grundlegend modernisiert **3** und zugleich dereguliert werden (vgl. Begründung aus dem RegE der Bundesregierung); insb. sollte die internationale Wettbewerbsfähigkeit der Rechtsform „GmbH" gestärkt und der Missbrauch im Vorfeld der Insolvenz einer GmbH bekämpft werden. Im Einzelnen betrifft das Folgendes:

– Für Gesellschaften mit höchstens drei Gesellschaftern und einem Geschäftsführer wird ein vereinfachtes Gründungsverfahren unter Verwendung eines beurkundungspflichtigen Musterprotokolls vorgesehen.

– Die Gründung von Gesellschaften, die ein genehmigungspflichtiges Unternehmen betreiben wollen, wird dadurch erleichtert, dass die erforderliche Genehmigung keine Voraussetzung mehr für die Eintragung in das HR ist.

– Das Recht der Kapitalaufbringung und Kapitalerhaltung wird in vielen Punkten vereinfacht. So werden die Rechtsfolgen der „verdeckten Sacheinlage" erstmals im Gesetz geregelt und auf eine reine Differenzhaftung begrenzt.
 Bei Darlehen der GmbH an den Gesellschafter gilt das Auszahlungsverbot nicht, wenn der Rückzahlungsanspruch gegen den Gesellschafter vollwertig ist. Gesellschafterdarlehen werden im Insolvenzfall stets mit Nachrang versehen. Es gibt daher keine Unterscheidung mehr zwischen kapitalersetzenden und „normalen" Gesellschafterdarlehen.

– Zur Bekämpfung von Missbräuchen durch sog. Firmenbestatter, die angeschlagene GmbH durch Abberufung von Geschäftsführern und durch Aufgabe des Geschäftslokals einer ordnungsgemäßen Insolvenz und Liquidation zu entziehen suchen, wird die Zustellung an die GmbH in solchen Fällen erleichtert. Außerdem sind bei Führungslosigkeit und Insolvenzreife der Gesellschaft auch die Gesellschafter verpflichtet, den Insolvenzantrag zu stellen. Schließlich werden die Geschäftsführer zur Erstattung verpflichtet, wenn Zahlungen an Gesellschafter die Zahlungsunfähigkeit der Gesellschaft herbeiführen mussten.

– Von der zunächst im Gesetzentwurf (vgl. RegE) vorgeschlagenen Absenkung des Mindeststammkapitals von 25.000 € auf 10.000 € wurde abgesehen.

– Statt einer zunächst vorgesehenen vereinfachten Gründung durch einen beurkundungsfreien Mustergesellschaftsvertrag ist nunmehr die Gründung mittels eines beurkundungspflichtigen Musterprotokolls bei gleichzeitiger Änderung der Kostenordnung vorgesehen.

– Mit dem neuen § 55a, der auf eine Prüfbitte des Bundesrates zurückging, wurde die Möglichkeit einer Kapitalerhöhung in Form des genehmigten Kapitals eingeführt.

– Die im Gesetzentwurf vorgeschlagene Regelung der „verdeckten Sacheinlage" wurde in überarbeiteter Fassung verabschiedet. Die verdeckte Sacheinlage befreit weiterhin nicht von der Einlageverpflichtung, allerdings ist statt der bisherigen Erfüllungs- eine Anrechnungslösung vorgesehen. Danach soll der Wert der verdeckten Sacheinlage nach Eintragung der Gesellschaft in das HR per Gesetz auf die Geldeinlagepflicht des Gesellschafters angerechnet werden. Eine in Kenntnis der Sacheinlage vom Geschäftsführer abgegebene Versicherung nach § 8 wäre falsch, das Registergericht kann die Eintragung nach § 9c ablehnen.

– Die Regelungen in der InsO zum Eigenkapitalersatzrecht (§ 135 InsO) wurden aufgrund der geführten wissenschaftlichen Diskussionen um Regelungen zur eigenkapitalersetzenden Nutzungsüberlassung ergänzt.

§ 135 Abs. 3 InsO sieht nunmehr vor, dass hinsichtlich eines der Gesellschaft vom Gesellschafter zum Gebrauch bzw. zur Ausübung überlassenen Gegenstandes der Aussonderungsanspruch im Insolvenzverfahren höchstens für eine Zeit von einem Jahr ab Eröffnung des Insolvenzverfahrens nicht geltend gemacht werden kann. Dies gilt jedoch nur dann, wenn der Gegenstand für die Fortführung des Unternehmens von erheblicher Bedeutung ist. Der Gesellschafter erhält einen im Gesetz näher geregelten Ausgleich hierfür.

Genehmigungen: Die Vorlage von Genehmigungsurkunden etc. ist entfallen – vgl. die Ausführungen zu § 8 Abs. 1 Nr. 6.

III. Zulässige Gesellschaftszwecke

4 **1. Zulässige Zwecke.** Bei einer GmbH können erwerbswirtschaftliche, sonstige wirtschaftliche sowie auch ideelle Zwecke zulässig sein (vgl. *Altmeppen* § 1 Rz. 9, 10). Die GmbH unterliegt insofern nur geringen Schranken (*Altmeppen* § 1 Rz. 4; Lutter/Hommelhoff § 1 Rz. 6 – zu den Grenzen u. Rz. 12 f.). Die unscharfe Formulierung („Zweck") lässt darüber streiten, welche Bedeutung in diesem Zusammenhang Begriffen wie „Ziel" und „Gegenstand" zukommt (*Lutter/Hommelhoff* 1 Rz. 2; *Altmeppen* Rz. 5, 6). Die entscheidenden Fragen sind u.a. darin zu sehen, ob es sich um einen „gesetzlich zulässigen (oder unzulässigen) Zweck" handelt bzw. ob die GmbH für eine bestimmte Betätigungsform nicht zugelassen ist (vgl. hierzu u. Rz. 9). Wenn auch mit der GmbH vielfach wirtschaftliche Zwecke verfolgt werden, so kommen ebenso gemeinnützige Zwecke oder ideelle Zwecke in Betracht (*Lutter/Hommelhoff*

§ 2 Rz. 9, 10, 11; *Noack* § 1 Rz. 6 f.; ausführlich zum Verhältnis von Zweck und Gegenstand *Gehrlein/Born/Simon* § 1 Rz. 5 f. teils krit. zu Lit.; i.Ü. zur Abgrenzung von wirtschaftlichem und ideellem Vereinszweck *BGH* NJW-RR 2018, 1376; auch *Lutter/Hommelhoff* § 1 Rz. 10, m. Hinw. auf die Olympischen Spiele 1972 GmbGH (*BGHZ* 66, 51); dort auch Zur Eignung der GmbH für Stiftungszwecke m. Hinw. auf *Römer* 1980, 128 ff.; zur Nachhaltigkeit als Unternehmenszweck *Wicke* DNotZ 2020, 448.

Die GmbH kommt als Rechtsform auch für freiberufliche Tätigkeiten in Betracht; **5** insofern haben sich in den letzten Jahren erhebliche Öffnungen ergeben (hierzu *Lutter/Hommelhoff* § 1 Rz. 8; auch *Noack* § 1 Rz. 9; auch *Gehrlein/Born/Simon* § 1 Rz. 20 f. – jeweils m.w.N.; *Altmeppen* § 1 Rz. 11 f.; *Kilian* NJW 2021, 2835; *Stöber* DStR 2021, 2137; *Zimmermann/Hartung* NJW 2022, 1792; *Ruppert* DStR 2021, 290, DStR 2021, 290; *Ring* WM 2021, 2265; vgl. hierzu *BFH* ZIP 2012, 2497 – so insb. für Rechtsanwälte (§ BRAO), Patentanwälte (§§ 52c f. PatAnwO), Steuerberater (§ 49 Abs. 1 StBerG) Wirtschaftsprüfer (§ 28 Abs. 1 WPO); *Altmeppen* § 1 Rz. 12; *Lutter/Hommelhoff* § 1 Rz. 8; *Noack* § 1 Rz. 9, m.w.N.; auch Scholz/*Cramer* § 1 Rz. 14 f.) – insofern steht auch die Rechtsform der Partnerschaftsgesellschaft zur Verfügung (PartGG v. 25.7.1994, BGBl. I 1994, S. 1744). Auch können Anwalts-GmbH nicht nur von Rechtsanwälten, sondern auch von Patentanwälten und Rechtsanwälten gegründet werden (§§ 52c ff. PatAnwO – früher anders *BGH* NJW 2012, 461). Zur „Partnerschaftsgesellschaft mbB" *Huff/Klein/Wilke* PartG mbB, 2016; *Beuthien* ZRP 12, 127. Das Gesetz zur Neuregelung des Berufsrechts der Berufsausübungsgesellschaften sowie zur Änderung weiterer Vorschriften im Bereich der rechtsberatenden Berufe v. 7.7.2021 (BGBl. I 2021, S. 2363) – zuvor keine Zulassung einer Rechtsanwaltsgesellschaft in Form einer GmbH & Co. KG [Handelsgewerbe der KG] *BVerfG* NJW 2012, 993). Zu Inkassodienstleistern *LG Berlin* v. 31.7.2019 – 65 S 18/19, Mietpreisbremse – Befugnis des registrierten Inkassodienstleisters als Rechtsdienstleister zur Prüfung des Bestands einer Forderung – anders bei nicht registrierten Inkassodienstleistern nach § 3 RDG; *Lutter/Hommelhoff* § 1 Rz. 12; *Römermann* BB 2019, 465 (Anm.); auch *Tolksdorf* ZIP 2019, 1401. Zu Zahnärzten, Heilpraktikern (*Lutter/Hommelhoff* § 1 Rz. 13) – Ausnahme Bayern – krit. hierzu *Bayer* a.a.O.; *Altmeppen* § 1 Rz. 13; *Noack* § 1 Rz. 9. *Altmeppen* § 1 Rz. 11; zu Architekten und Ingenieuren Lutter/Hommelhoff § 1 Rz. 8; Scholz/*Cramer* § 1 Rz. 14b, Rz. 14a [*OLG Düsseldorf* NJW-RR 1996, 1322 – Architekten]). Teils wurden in Landesgesetzen unzulässige Schranken errichtet (richtig Scholz/*Cramer* § 1 Rz. 14a – z.B. Architektengesetze der Länder). Zulässig ist die GmbH für Unternehmensbeteiligungsgesellschaften (§ 2 Abs. 1 UBGG), Kapitalanlagegesellschaften (§ 6 Abs. 1 S. 2 InvG) sowie für Bankgeschäfte mit Erlaubnis der BaFin (vgl. §§ 2b Abs. 1, 32, 43 Abs. 1 KWG [Nachweis der Erlaubnis ggü. Registergericht] – hierzu *Altmeppen* § 1 Rz. 9; *Lutter/Hommelhoff* § 1 Rz. 13; *Noack* § 1 Rz. 14).

Erwerbswirtschaftliche Zwecke liegen vor bei Unternehmen, die auf Gewinnerzielung **6** ausgerichtet sind (*BGH* v. 16.3.2000 – VII ZR 324/99 – Heilpraktiker (anders z.B. bei Arzt [Freiberufler]) als Gewerbeunternehmer; ferner *BGH* v. 7.7.1960 – VIII ZR 215/59 – Landwirtschaft als Gewerbetrieb). Sonderfälle der erwerbswirtschaftlichen, aber nicht gewerblichen Tätigkeit sind u.a. freiberufliche Tätigkeiten (*Gehrlein/Born/Simon* § 1 Rz. 18 f.; *Altmeppen* § 1 Rz. 9, 11; *Noack* § 1 Rz. 10 f., zu sonstigen wirtschaftlichen Zwecken [Verwaltungs- und Treuhand-GmbH]). Diese Unternehmen dürften in der Praxis regelmäßig auch einen kaufmännischen Geschäftsbetrieb erfordern. Die GmbH ist gem. § 6 Abs. 1 HGB immer Kaufmann i.S.d. Handelsrechts (*Lutter/Hom-

melhoff § 1 Rz. 6, 7). Grds. kommt indes auch eine GmbH in Betracht, die kein Handelsunternehmen i.S.d. §§ 1, 2 HGB betreibt, wobei sich allerdings aus speziellen Vorschriften Einschränkungen ergeben können (vgl. u. Rz. 9). Auch Konzern-GmbHs sind zulässig (hierzu Anh. zu § 13 Rz. 1 ff.; auch *Lutter/Hommelhoff* Anh. zu § 13, Rz. 1 f.; *Gehrlein/Born/Simon* Anh. 3 Rz. 11; *Altmeppen* Anh. zu § 13 Rz. 1 f.; Scholz/*Cramer* § 1 Rz. 14.; auch etwa bereits *Kölling* NZG 2000, 8).

7 Unbedenklich ist auch die GmbH, die als Komplementär-GmbH innerhalb einer GmbH & Co KG die Geschäftsführung übernehmen soll (hierzu *Lutter/Hommelhoff* § 1 Rz. 7, § 11 Rz. 52 f. [zum Weg über die Neugründung von KG, GmbH oder aus einer bestehenden KG heraus, Vor-GmbH und Komplementärfähigkeit, Eintragung von GmbH oder KG, Haftung]; zur Anwalts-GmbH & Co KG § 1 Rz. 8 m.w.N.; auch zu den entspr. Möglichkeiten *Schürmann/Groh* BB 1995, 684; zur Freistellungsvereinbarung der Kommanditisten und der Komplementär-GmbH *BGH* ZIP 1995, 115; zum Informationsanspruch des Kommanditisten *BayObLG* ZIP 1995, 219). Durch die Wahl der „Gesellschaft" treten Veränderungen ein (vgl. *OLG Weimar* ZIP 1993, 1509 zur GmbH & Still; etwa auch *Heermann* BB 1994, 2421 u.a. zur „GbR mbH" – s. hierzu oben Rz. 1; vgl. auch *Timm* NJW 1995, 3209; *Wertenbruch* ZIP 1995, 712 zur Partnerschaftsgesellschaft; *Hoffmann-Becking* ZIP 1995, 1 zur „kleinen AG"; hierzu auch *Seibert/Köster* Die kleine AG, 2. Aufl. 1995; *Horn* GmbHR 2001, 386).

8 Sonstige wirtschaftliche Zwecke können von der GmbH verfolgt werden, wenn sie gewerblich tätig wird und (allerdings nicht erforderlich) auf Erwerb ausgerichtet ist. Genannt werden können hier u.a. die Wirtschaftsverbände in der Form der GmbH; auch Unternehmen der öffentlichen Hand im Bereich der Daseinsvorsorge oder gemeinwirtschaftliche Unternehmen (*Lutter/Hommelhoff* § 1 Rz. 10; *Gehrlein/Born/ Simon* § 1 Rz. 25 – Schranken z.B. in § 107 NWGO; vgl. §§ 98 Nr. 2, 103 Abs. 1 GWB [GmbH als öffentlicher Auftraggeber, öffentliche Aufträge] – hierzu *Ziekow/Völlink* Vergaberecht, § 99 GWBZ. 40; § 103 Rz. 6; *BGH* v. 17.3.1997 – II ZB 3/96 – Volkswagen – Körperschaft des öffentlichen Rechts als konzernrechtliches Unternehmen – GmbHG gilt uneingeschränkt; auch z.B. *Byok/Graef/Faasch* NZBau 2012, 556; ferner Scholz/*Cramer* § 1 Rz. 11 ff. m.w.N.; *Rowedder/Pentz* § 1 Rz. 12). Für diese GmbH der öffentlichen Hand gelten uneingeschränkt sämtliche Vorschriften des Zivilrechts, insb. auch des GmbH-Rechts (*Lutter/Hommelhoff* § 1 Rz. 10, krit. zu *BVerwG* GmbHR 2011, 1205 sowie m.w.N.). Spezielle Bedeutung erhält die GmbH sicherlich im Zusammenhang mit dem sog. „Outsourcing" oder der Privatisierung (vgl. hierzu etwa Deutsche Flugsicherung GmbH, ferner *Behr* VergabeR 2009, 136; *Cunningham/Fröschl* Outsourcing, 1995; auch *Steuck* NJW 1995, 2887 zur Ausgliederung von Regie- und Eigenbetrieben der Gebietskörperschaften u.a. nach Umwandlungsrecht). Vgl. *OLG Celle* NZG 2001, 374 zu den Voraussetzungen einer ordnungsgemäßen Beschlussfassung – GmbH mit genossenschaftsähnlicher Struktur vgl. *Wölfle* ZfgG 47 1997, 52; *Rottnauer* Komm. zu *OLG Stuttgart* NZG 2000, 159; *OLG Stuttgart* NZG 2001, 115; *Stock/Remmert* NZG 2001, 441; *Wachter* GmbH-StB 2000, 191; *Vieth/Schultze/Jander* NZG 1999, 1126; *Harrer* GesRZ 2001, 2; *Henssler* Komm. zu *BayObLG* NZG 2000, 641, NZG 2000, 875; *Noack* § 1 Rz. 9; ferner *Parmentier* ZIP 2001, 551 – zur Haftungsverantwortlichkeit öffentlich-rechtlicher Körperschaften; *Kessler* GmbHR 2000, 71; *Rowedder/Pentz* § 1 Rz. 13 zu öffentlichen Unternehmen.

Ideelle Zwecke sind anzutreffen bei GmbHs, die den geselligen, sportlichen, politischen **9** und sozialpolitischen Bereich abdecken sollen. Es ist jedoch darauf hinzuweisen, dass diese Zwecke/Ziele besser – jedenfalls nach aller Erfahrung – in der Form des Vereins verfolgt werden sollen, da die mit den Gründungsfragen, der Liquidation etc. anzutreffenden Probleme die GmbH für diese Tätigkeit nicht prädestinieren. Auch die Frage des Mitgliedschaftswechsels sollte hier nicht außer Betracht bleiben (vgl. *Noack* § 1 Rz. 12; *Wachter* GmbH-StB 2000, 191; vgl. auch *OLG Stuttgart* NJW 1964, 1231 zur Firmierung; i.Ü. *Rowedder/Pentz* § 1 Rz. 14). Familiengesellschaften können ebenfalls in Form der GmbH gegründet werden, wobei hier der Abfassung der Satzung besondere Bedeutung zukommt (*Noack* § 1 Rz. 11). Auch politische und religiöse Zwecke können mit einer GmbH verfolgt werden. Erwähnt werden ferner in diesem Zusammenhang noch soziale Einrichtungen wie private Unterstützungskassen in der Form der GmbH. Treuhandgesellschaften zur Zusammenfassung von Familienvermögen treffen wir in der Form der GmbH an (vgl. Scholz/*Cramer* § 1 Rz. 4 ff. m.w.N.).

2. Ausdrückliche Zulassung bzw. Einschränkungen in einzelnen Gesetzen. Versiche- **10** rungsgeschäfte sind der GmbH weitgehend entzogen. So sind die Versicherungssparten der Lebens-, Unfall-, Haftpflicht-, Feuer- und Hagelversicherung nur in der Form des Versicherungsvereins auf Gegenseitigkeit oder als AG möglich (vgl. *Noack* § 1 Rz. 14; Scholz/*Cramer* § 1 Rz. 7). Auch der Betrieb eines Versicherungsgewerbes kann nicht in der Form der GmbH erfolgen (§ 34b Abs. 3 GewO).

Banken können ebenfalls als GmbH geführt werden (Scholz/*Cramer* § 1 Rz. 6). Zuläs- **11** sig ist die GmbH auch für Investmentgesellschaften (§ 1 Abs. 2 KAGG i.d.F. v. 14.1.1970, BGBl. I 1970, S. 127). Bausparkassen hingegen sind nur in der Form der AG bzw. KGaA zugelassen (vgl. § 2 Abs. 1 des G über Bausparkassen v. 16.11.1972, BGBl. I 1972, S. 2097). Nicht als GmbH kann eine Hypothekenbank betrieben werden (nur AG oder KGaA – vgl. §§ 1, 2 HypBG i.d.F. v. 5.2.1963, BGBl. I 1963, S. 81). Schiffspfandbriefanstalten sind als GmbH ebenfalls nicht möglich (§§ 1, 2 Schiffspfandbriefbankengesetz i.d.F. v. 8.5.1963, BGBl. I 1963, S. 302). Zu allem z.B. *Noack* § 1 Rz. 14; Scholz/*Cramer* § 1 Rz. 6 sowie *Lutter/Hommelhoff* § 1 Rz. 7.

Besondere Bedeutung hat die Frage im Zusammenhang mit den sog. freien Berufen **12** erhalten (s.o. Rz. 6).

Für Architekten, Ingenieure, Ärzte, Anwälte etc. (s.o. Rz. 6). **13**

Apotheken können nicht als GmbH betrieben werden (§ 8 ApothekenG). Ebenso **14** wenig Notariate (*Lutter/Hommelhoff* § 1 Rz. 7) oder Versteigerungsgewerbe (nur natürliche Personen – hierzu § 34b Abs. 3 S. 1 GewO; *AG Wiesbaden* GmbHR 1988, 349; *OLG Frankfurt* GmbHR 1991, 26; i.Ü. Scholz/*Cramer* § 1 Rz. 8). Die Genehmigungsbedürftigkeit der gewerblichen Betätigung z.B. nach den §§ 34 ff. GewO und die Frage nach der gesetzlichen Zulässigkeit des Gesellschaftszwecks können unterschiedlich beantwortet werden. Regelmäßig begründet die Genehmigungsbedürftigkeit keinen unzulässigen Zweck, sondern stellte sich nach früherem Recht lediglich als Eintragungshindernis nach § 8 Abs. 1 Nr. 6 dar (vgl. insofern § 8 Rz. 20; ferner z.B. Scholz/ *Cramer* § 1 Rz. 9; *Rowedder/Pentz* § 1 Rz. 10).

IV. Erkenntnisquellen für den verfolgten Zweck

15   Wichtigste Erkenntnisquelle für den Richter, der die Zulässigkeit des angegebenen und verfolgten Zwecks insb. bei entspr. Anhaltspunkten zu prüfen hat, bildet der Gegenstand (§ 3 Abs. 1 Nr. 2) des Unternehmens, der indessen vom Zweck abzugrenzen ist (*BGH* BB 1977, 573; auch *Wünsch* GesRZ 1982, 155, 156; Scholz/*Cramer* § 1 Rz. 21). Das ist auch u.a. der Grund, weshalb sich im Gegenstand keine „Leerformeln" antreffen lassen dürfen (s.u. § 3 Rz. 9 f.; ferner etwa z.b. *Thoma* zum „Handel mit Waren aller Art" RNotZ 2011, 413; *Lutter/Hommelhoff* § 3 Rz. 7; *BayObLG* BB 1994, 1811 = ZIP 1994, 1528 – „Produktion und Vertrieb von Waren aller Art"). Zu beachten ist *OLG Stuttgart* BB 2001, 794 = NZG 2001, 417 – keine Änderung des Unternehmensgegenstands bei weitgehender Ausgliederung von Tätigkeiten, jedoch Verbleiben eines operativen Teils ohne Alibi-Charakter; ferner *BayObLG* GmbHR 2000, 872 = NZG 2000, 987 – Betrieb einer Klinik; Genehmigungspflicht; allerdings ist die Vorlage der Genehmigungsurkunde nach § 8 Abs. 1 Nr. 6 a.F. entfallen (Ausnahme §§ 32, 43 Abs. 1 KWG – Bankgeschäfte); zu früherem Recht vgl. die Bindung an die Entscheidung der Verwaltungsbehörde (Genehmigung oder Negativattest vgl. *BGHZ* 102, 209, 217 = GmbHR 1988, 135) – Unternehmensgegenstand ohne Konkretisierung auf ein bestimmtes Gebäude ausreichend: „Es reicht aus, wenn die Angaben zum Unternehmensgegenstand so konkret sind, dass die interessierten Verkehrskreise der Satzung entnehmen können, in welchem Geschäftszweig und in welcher Weise sich die Gesellschaft betätigen will." – Eintragungshindernis bei Abweichen der tatsächlich allein beabsichtigten Tätigkeit vom Unternehmensgegenstand – Fehlen der ernsthaften Absicht zur Verwirklichung des Unternehmensgegenstandes innerhalb eines absehbaren Zeitraums unter Berücksichtigung der üblichen Anlauf- und Vorlaufzeiten – Nichtigkeit des entspr. Satzungsteils (*BGHZ* 117, 323 = GmbHR 1992, 451) – bei ernsthafter Zweckverfolgung keine Irreführung des Zusatzes „Klinik" i.S.d. **§ 18 Abs. 2 HGB.** Bloße Vermutungen des Registergerichts reichen nicht aus, um die Annahme eines ernsthaften Zwecks zu verneinen.

16   Der „wirkliche" Zweck ist regelmäßig nur den Gesellschaftern letztlich bekannt, während der Gegenstand u.a. für die Außenwelt – den Rechtsverkehr – Bedeutung hat (*BayObLG* BB 1994, 1811 = ZIP 1994, 1528; auch *BGH* BB 1981, 450 = DB 1981, 466). In diesem Zusammenhang werden folglich auch die Motive und Absichten der Gesellschafter zu berücksichtigen sein – allerdings nur dann, wenn sich für den Registerrichter Anhaltspunkte z.B. für Verschleierungen ergeben Scholz/*Cramer* § 1 Rz. 21 – vgl. § 26 FamFG (früher § 12 FGG).

Dies bedeutet, dass sich die Unzulässigkeit des Zwecks ergeben kann aus
–   dem Gegenstand der Satzung,
–   dem tatsächlichen Verhalten der Geschäftsführer/Gesellschafter („vorgeschobener Gegenstand"),
–   bzw. aus Gegenstand und Verhalten der Betroffenen.

17   Ausgangspunkt der registerrechtlichen Prüfung sind u.a. die §§ 134, 138 BGB, wobei sich **§ 1** insofern zumindest im Ergebnis als eine weitgehende Wiederholung des Inhalts der genannten Vorschriften darstellt (vgl. Scholz/*Cramer* § 1 Rz. 18). Der Umfang der Prüfungspflicht bestimmt sich nach § 26 FamFG. Der Registerrichter hat hier nach pflichtgemäßem Ermessen zu ermitteln, sofern sich aus dem Gegenstand sowie darüber hinaus Anhaltspunkte z.B. aufgrund von Erklärungen, Informationen und Handlungen für einen unzulässigen Zweck ergeben; vgl. *BayObLG* GmbHR 2000, 872 = NZG 2000, 987; vgl. auch zum Vereinsrecht *OLG München* v. 4.10.2023 – 31 Wx 153/23 – Eintragungsfähigkeit eines Vereins zum Anbau von Cannabis unter legalen Bedingungen – zulässiger Vereinszweck – keine Nichtigkeit gemäß § 138 BGB). Die Tatsache, dass mit dem „Anbau von Cannabis unter legalen Bedingungen" ein offensichtlicher Hauptzweck des Vereins derzeit (noch?) nicht verwirklicht werden kann, stellt ebenfalls kein Eintragungshindernis dar.

Mit der Frage, die bis vor der Reform in § 8 Abs. 1 Nr. 6 (entfallen) geregelt war **18** (Genehmigungsurkunde im Falle der Genehmigungsbedürftigkeit des Gegenstandes), hat die in § 1 vorgesehene Schranke nichts zu tun (Ausnahme wohl §§ 32, 34 Abs. 1 KWG; vgl. hierzu *Lutter/Hommelhoff* § 8 Rz. 7; *Noack* § 8 Rz. 1; *OLG München* NZG 2009, 1031; *Leitzen* GmbHR 2009, 480; *Weigl* DNotZ 11, 169).

1. Gesetzlich unzulässige Zwecke. Eine GmbH ist unzulässig, wenn sich der Zweck **19** gegen ein „Verbotsgesetz" i.S.d. § 134 BGB richtet. Der Sinn und Zweck der Vorschrift ist im Wege der Auslegung zu ermitteln (*Grüneberg* § 134 Rz. 7 m.w.N.; *Wünsch* GesRZ 1982, 155, 156). Ergibt diese, dass der ins Auge gefasste Zweck generell verboten werden oder aber z.B. die maßgebliche Tätigkeit besonderen Behörden oder Personen überlassen werden soll (*Lutter/Hommelhoff* § 1 Rz. 14 f.; *Gehrlein/Born/Simon* § 1 Rz. 39, 40 [§ 138 BGB]; *Rowedder/Pentz* § 1 Rz. 15 f.; Scholz/*Cramer* § 1 Rz. 18; *Noack* § 1 Rz. 15–16 f.). Unzulässig ist z.B. der (Vereins-)Zweck „Praktizierung der partnerschaftlichen Liebe zum Tier" (*KG* v. 19.10.2011 – 25 W 73/11 – Verstoß gegen §§ 134 BGB, 17 TierschutzG); zulässiger Zweck nach *LG Berlin* v. 31.7.2019 – 65 S 18/19 – Mietpreisbremse – Befugnis des registrierten Inkassodienstleisters als Rechtsdienstleister zur Prüfung des Bestands einer Forderung; anders bei nicht registrierten Inkassodienstleistern nach § 3 RDG – *Lutter/Hommelhoff* § 1 Rz. 12; *Römermann* BB 2019, 465 (Anm. zu *LG Berlin*); auch *Tolksdorf* ZIP 2019, 1401; vgl. *OLG München* v. 4.10.2023 – 31 Wx 153/23 e – Eintragungsfähigkeit eines Vereins zum „Anbau von Cannabis unter legalen Bedingungen" – zulässiger Vereinszweck – keine Nichtigkeit gemäß § 138 BGB: „Die Tatsache, dass mit dem „Anbau von Cannabis unter legalen Bedingungen" ein offensichtlicher Hauptzweck des Vereins derzeit (erg. vor Inkrafttreten des „Cannabis-Gesetzes") nicht verwirklicht werden kann, stellt ebenfalls kein Eintragungshindernis dar".

Dort, wo sich der Staat ein Monopol vorbehalten hat, kann eine GmbH in dem **20** betroffenen Bereich nicht tätig werden. Allerdings sind z.B. das Zündwarenmonopol aufgehoben und das Arbeitsvermittlungsmonopol bekanntlich gelockert worden (*Lutter/Hommelhoff* § 1 R. 14; hierzu *Noack* § 1 Rz. 17; ferner Scholz/*Cramer* § 1 Rz. 18). Die „Überlassung" von Arbeitskräften war und ist lediglich genehmigungsbedürftig (AÜG) – vgl. § 8 Abs. 1: Vorlage der Genehmigung nicht mehr erforderlich – vgl. *Lutter/Hommelhoff* § 1 Rz. 15, § 8 Rz. 7: einschränkend bzw. differenzierend *Gehrlein/Born/Simon* § 1 Rz. 56.

Unzulässige Zwecke sind verbotenes Glücksspiel, Geldwäsche, Frauenhandel oder sonstige strafbare Handlungen wie Schmuggel oder Hehlerei (vgl. Scholz/*Cramer* § 1 Rz. 18; *Lutter/Hommelhoff* § 1 Rz. 14).

Ein unzulässiger Geschäftszweck kann sich auch ergeben, wenn die GmbH den haupt- **21** sächlichen Zweck hat, ausländerpolizeiliche Vorschriften zu umgehen. In solchen Fällen müssen sich jedoch konkrete Anhaltspunkte ergeben. Allein die fremde Staatszugehörigkeit ist für den Registerrichter z.B. auch bei der Gründung durch Ausländer oder der Bestellung von Ausländern zum Geschäftsführer kein ausreichendes Indiz. Hier müssen weitere Umstände hinzukommen. Allein die Beteiligung von Ausländern an der GmbH oder ihre Bestellung zum Geschäftsführer sind nicht ausreichend. Bei Verstößen gegen ausländerrechtliche Vorschriften oder deren Umgehung ergeben sich die Folgen aus den maßgeblichen Bestimmungen. Der Zweck der Gesellschaft ist damit grds. nicht unzulässig. Anders soll dies nur sein, wenn die GmbH nur z.B. dem Zweck dient, eine verbotene inländische Tätigkeit zu ermöglichen. Darin kann ein Rechtsformmissbrauch liegen (zutreffend differenzierend *Noack* § 1 Rz. 16; *Scholz/ Cramer* § 2 Rz. 41 f.; *Lutter/Hommelhoff* § 1 Rz. 16; *Rowedder/Pentz* § 1 Rz. 16). Mit der Frage der Ausländergeschäftsführerbestellung hat die Frage des unzulässigen Zwecks allenfalls indiziell und mittelbar zu tun. Bei der registerrechtlichen Prüfung ergeben sich im Regelfall insofern kaum Anhaltspunkte für einen gesetzlich unzulässigen Zweck. Anders kann es sein, wenn der Wortlaut des „Gegenstands" auf einen gesetzlich unzulässigen Zweck schließen lässt. Ferner dann, wenn Ausländer, die hier ausländerrechtlich nicht tätig werden dürfen, eine GmbH gründen, um so doch erwerbswirtschaftlich tätig werden zu wollen (vgl. *Lutter/Hommelhoff* § 1 Rz. 16; auch ausführlich *Lutter/Hommelhoff* § 6 Rz. 14 f.; ferner *Altmeppen* § 6 Rz. 43; *Noack* § 6 Rz. 11; *Gehrlein/Born/Simon* § 6 Rz. 28, die str. Frage behandelnd, ob der Geschäftsführer jederzeit einreisen bzw. seine gesetzlichen Mindestpflichten erfüllen kann – insofern verweisend u.a. auf *OLG Hamm* NJW-RR 2000, 37, bzw. *OLG Celle* NJW-RR 2007, 1673, sowie auf *Wicke* § 6 Rz. 7; hierzu auch *Rowedder/Pentz* § 1 Rz. 16 m.w.N.). Die Beteiligung von Ausländern allein ohne weitere Anhaltspunkte kann nicht zu einer registerrechtlichen weiteren Prüfung veranlassen. Bloße Vermutungen reichen nicht aus (vgl. *BayObLG* GmbHR 2000, 872 = NJW-RR 2001, 898 – Betrieb einer Klinik; *Noack* § 1 Rz. 16). In dieser Frage ist eine Voranfrage beim zuständigen Registergericht zu empfehlen, um Verzögerungen etc. zu vermeiden.

22   2. Sittenwidrige Zwecke.   Maßgeblich für die Feststellung der Sittenwidrigkeit ist der Gesamtsachverhalt, mithin alle objektiven wie subjektiven Momente, die offenbar werden (vgl. *Lutter/Hommelhoff* § 1 Rz. 12, insb. Rz. 14; auch *Gehrlein/Born/Simon* § 1 Rz. 39, 40); zur GmbH als Teilorganisation der verbotenen PKK – Anwendbarkeit des § 17 Nr. 3 VereinsG auf Wirtschaftsvereinigungen wie GmbH einschließlich der Einpersonen-GmbH. Die „Bordell-GmbH" wurde früher hier beispielhaft genannt. Das gilt heute nicht mehr. Kauf, Miet- oder auch Pachtverträge über Bordelle werden nicht mehr generell als sittenwidrig angesehen. Das gilt auch für die GmbH (*Lutter/ Hommelhoff* § 1 Rz. 14; *Gehrlein/Born/Simon* § 1 Rz. 40; vgl. *BGHZ* 63, 365, 367; *BGH* WM 1983, 393; *OLG Karlsruhe* WuM 1990, 286 = ZMR 1990, 301; *Scholz/Cramer* § 1 Rz. 19). Nach wie vor sind indes wucherische Geschäfte sowie der Austausch von Finanzwechseln unzulässig (vgl. z.B. *Noack* § 1 Rz. 16; *Lutter/Hommelhoff* § 1 Rz. 14; *BGHZ* 27, 172 = NJW 1958, 989; *Scholz/Cramer* § 1 Rz. 19). Auch Gesellschaften zur Verbreitung von Schneeballsystemen fallen hierunter (*BGH* WPM 1978, 877; *OLG Köln* BB 1997, 1209). Steuerersparnis ist ein zulässiger Zweck, Steuerhinterziehung nicht (vgl. *BGHZ* 14, 30, 31; NJW 1983, 1844; *OLG Hamm* BB 1989, 651; *OLG Koblenz* DB 1979, 833 – Steuerhinterziehung Hauptzweck). Bei der Verfolgung strafbarer Zwecke und Ziele wird die Unzulässigkeit regelmäßig auf § 134 BGB beruhen. Sittenwidrigkeit einzelner Satzungsbestimmungen führt i.d.R. nicht zur Sittenwidrigkeit der gesamten Satzung (vgl. *Lutter/Hommelhoff* § 3 Rz. 69, sowie § 34 Rz. 169 m.w. Hinw.

u.a. auf *BGH* NJW 1977, 2316; Scholz/*Cramer* § 1 Rz. 19). Im Übrigen *BVerwG* v. 26.1.2022 – 6 A 7/19 – GmbH als Teilorganisation der verbotenen PKK – Anwendbarkeit des § 17 Nr. 3 VereinsG auf Wirtschaftsvereinigungen wie GmbH einschließlich der Einpersonen-GmbH.

V. Folgen des unzulässigen Zwecks

In § 61 Abs. 1 ist die Auflösung u.a. bei Unmöglichkeit der Erreichung des Gesell- **23** schaftszwecks (gleichbedeutend mit Unzulässigkeit) vorgesehen; § 75 Abs. 1 betrifft den Fall, dass im Gesellschaftsvertrag kein Unternehmensgegenstand enthalten oder diese Bestimmungen im Gesellschaftsvertrag nichtig sind. Insofern kann Nichtigkeitsklage erhoben werden (hierzu *Lutter/Hommelhoff* § 1 Rz. 17; *Gehrlein/Born/Simon* § 1 Rz. 41 f.); *Altmeppen* § 3 Rz. 14 f.). In der Wirkung der erfolgreichen Nichtigkeitsklage sind für die Abwicklung die für Auflösung geltenden Vorschriften entsprechend anzuwenden (vgl. *Gehrlein/Born/Simon* § 1 Rz. 45, 49 krit. insofern zur trennscharfen Unterscheidung zwischen Zweck und Gegenstand; vgl. auch *Lutter/Hommelhoff* § 1 Rz. 17).

Vor Eintragung: Ist der Gesellschaftsvertrag nichtig, so ist der Eintragungsantrag zurückzuweisen (*Lutter/Hommelhoff* § 1 Rz. 17; *Gehrlein/Born/Simon* § 1 Rz. 50). Die Nichtigkeit kann von jedermann bis zur Entstehung der GmbH z.B. ggü. dem Registergericht geltend gemacht werden, das dann von Amts wegen bei entsprechenden Anhaltspunkten zu prüfen hat (vgl. § 397 FamFG; vgl. *BGHZ* 13, 320; i.Ü. *Lutter/Hommelhoff* § 1 Rz. 18; *Gehrlein/Born/Simon* § 1 Rz. 50, 51; Scholz/*Cramer* § 1 Rz. 20, 17).

Nach Invollzugsetzung: Ist die in Gründung befindliche GmbH bereits in Vollzug **24** gesetzt worden, so hat eine Abwicklung stattzufinden („fehlerhafte Gesellschaft", *Lutter/Hommelhoff* § 1 Rz. 18; *Gehrlein/Born/Simon* § 1 Rz. 50; vgl. Scholz/*Cramer* § 1 Rz. 19; *Noack* § 1 Rz. 17).

Gesellschafter können bei Vorliegen des erforderlichen Rechtsschutzinteresses in die- **25** sem Stadium vor Eintragung Klage auf Feststellung der Nichtigkeit erheben, wenn sie sichergehen wollen (*Noack* § 1 Rz. 17; *Rowedder/Pentz* § 1 Rz. 19; *Lutter/Hommelhoff* § 1 Rz. 9; Scholz/*Cramer* § 1 Rz. 20; *BayObLG* 1972, 126, 129 = DB 1972, 1915 – Zündwarenfabrik).

Nach Eintragung: Wird eine Gesellschaft mit einem unzulässigen Zweck eingetragen **26** (z.B. eine Gesellschaft zur Förderung des Schneeballsystems) und stellt sich erst nach Eintragung der unzulässige Zweck heraus, der von Anbeginn verfolgt werden sollte, so kommt Amtslöschung gem. § 397 FamFG früher § 144 Abs. 1 FGG in Betracht (*BayObLG* DB 1972, 1015). Der Richter muss die maßgeblichen Zweifelsfragen und Anhaltspunkte im Rahmen des § 26 FamFG – früher § 12 FGG – klären. Die Gesellschafter selbst können gem. § 75 (s. dort) vorgehen (zutr. *Lutter/Hommelhoff* § 1 Rz. 19 krit. zu den differenzierenden Ansichten, etwa vertreten von Scholz/*Cramer* § 1 Rz. 22). Insofern einen Unterschied zu machen zwischen der Nichtigkeit des Gegenstands (§§ 75 bzw. 397 FamFG) und unzulässigem Zweck/Ziel (§ 61 FamFG), ist wenig überzeugend (str.). Bei zulässigem Gegenstand und unzulässigem Zweck soll Auflösungsklage nach § 61 oder ein außerordentliches Austrittsrecht des Gesellschafters in Betracht kommen (vgl. *Lutter/Hommelhoff* § 1 Rz. 19; m.w.N.) Bei Gefährdung des Gemeinwohls ist auch eine Auflösung nach § 62 möglich (vgl. zu allem *Wünsch* GesRZ 1982, 155, 156 f.; i.Ü. *Lutter/Hommelhoff* § 1 Rz. 19 m.w.N.). Denkbar ist in diesem Fall auch ein Austritt des Gesellschafters wegen wichtigen Grundes. Zum register-rechtlichen Anspruch auf Löschung persönlicher Daten aus Handelsregister *OLG Celle* v. 24.2.2023 – 9 W 16/23 – GmbHR 2023, 610.

27 Anders sieht es aus, wenn die Gesellschaft grds. einen zulässigen Zweck (Gegenstand) verfolgt, gleichwohl die Gesellschafter durch Beschlussfassung tatsächlich unzulässige Ziele entgegen dem Gegenstand oder in Abänderung des Gegenstands in die Tat umsetzen wollen. Dann erstreckt sich die Verbots- und Sittenwidrigkeit nur auf die betr. Beschlüsse, lässt den Bestand der GmbH jedoch grds. unberührt (*BayObLG* DB 1972, 1015; auch *Lutter/Hommelhoff* § 1 Rz. 20, 21 m.w.N.; *Scholz/Cramer* § 1 Rz. 23. Der entspr. Beschluss der Gesellschafter ist analog § 241 Nr. 3 AktG nichtig; wird in dieser Richtung geändert, so kommt keine Eintragung der Satzungsände-rung nach § 54 in Betracht (*Lutter/Hommelhoff* § 1 Rz. 20; vgl. *BayObLG* a.a.O.). Inso-weit können im Einzelfall auch die Grundsätze des § 76 (Heilung durch neuen Gesell-schafterbeschluss) eingreifen (*Scholz/Cramer* § 1 Rz. 24; *Lutter/Hommelhoff* § 1 Rz. 23). Des Weiteren können freilich in diesem Zusammenhang die §§ 61, 62 von Bedeutung sein (*Noack* § 1 Rz. 19).

Problematisch bzw. als unzulässig wird die „Keinmann-GmbH" angesehen. Der Fall ist selten Gegenstand der Rechtsprechung. Das OLG Hamburg hatte in seinem Urt. v. 27.7.2023 – 2 U 2/13, in einem Erbschaftstreit zur „Keinpersonen-GmbH" ausgeführt: „Die Einsetzung der … GmbH als Alleinerbin scheitert vorliegend auch nicht daran, dass sich hierdurch im Erbfall das gesamte Vermögen des Erblassers in der … GmbH – einschließlich seiner Gesellschaftsanteile an dieser GmbH – vereinigt. Zwar liegt dann eine sogenannte gesellschafterlose bzw. „Keinmann"-GmbH vor, die von dem in § 1 GmbHG geregelten Leitbild einer GmbH abweicht, nach dem der GmbH stets wenigstens eine andere Person als Gesellschafter zugeordnet sein muss. Der Senat schließt sich aber der h.M. an, dass eine GmbH lediglich nicht von Anfang an gesellschafterlos gegründet werden kann, eine nachträglich entstehende gesellschafter-lose GmbH aber nur dazu führt, dass diese nicht dauerhaft gesellschafterlos bestehen bleiben kann und anderenfalls aufzulösen ist (vgl. MüKo GmbHG/*Fleischer* § 1 Rz. 83 ff. m.w.N.; vgl. auch *Lieder/Hoffmann* Rechtstatsachen zu eigenen Geschäfts-teilen bei der GmbH, GmbHR 2024, 517–520)".

VI. Die „Vorratsgründung" (Mantelgründung) – „Mantelkauf"

28 **Weitere Literatur:** Berkefeld/Schmidt Die Verwendung von GmbH-Mänteln und ihre Haftungsfolgen: ein Thema von gestern?, ZIP 2010, 857; *Ulmer* Entschärfte Gesellschaf-terhaftung bei wirtschaftlicher Neugründung einer zuvor unternehmenslosen Alt-GmbH, ZIP 2012, 1265; *Podewils* Unterbilanzhaftung bei unterlassener Offenlegung der wirtschaftlichen Neugründung (*BGH* GmbHR 2012, 1175; Grundsatzentscheidung *BGH* NJW 2012, 1875 – wirtschaftliche Neugründung; vgl. auch *BGH* NJW-RR 2014, 416 – Mantelverwertung nach Liquidation: wirtschaftliche Neugründung).

29 „Vorratsgründung" und der Erwerb eines „gebrauchten GmbH-Mantels" sind zu unterscheiden (vgl. *Lutter/Hommelhoff* § 3 Rz. 78 f. einerseits und Rz. 98 f. andererseits; *Gehrlein/Born/Simon* § 3 Rz. 70 f., zur Vorratsgründung § 3 Rz. 82 f.; grundlegend *BGH* v. 6.3.2012 – II ZR 56/10 – wirtschaftliche Neugründung durch Mantelverwendung einer GmbH („leere Hülse") ohne Betreiben eines aktiven Unternehmens durch Fort-führung des Geschäftsbetriebs auch bei wesentlicher Umgestaltung, Einschränkung oder Erweiterung und Anknüpfung in irgendeiner wirtschaftlich noch gewichtbaren Weise. In diesem Zusammenhang wird unterschieden zwischen „offener" und „verdeckter" Vorratsgründung. Bei der offenen Vorratsgründung mit der Verwaltung der Einlage oder des GmbH-Vermögens bestehen grds. keine Bedenken, da die GmbH zu jedem beliebigen Zweck gegründet werden kann, sofern sich nicht Anhaltspunkte für die Unzulässigkeit hinsichtlich des Unternehmensgegenstandes ergeben (*Scholz/Cramer* § 1 Rz. 20; *Scholz/Scheller* § 3 Rz. 21 f.; *Lutter/Hommelhoff* § 3 Rz. 78 ff.; *Rowedder/Pentz* § 1 Rz. 16; *Noack* § 3 Rz. 11, 11a, 12 f.). Anders soll dies sein, wenn eine „verdeckte Mantelgründung" mit einem unrichtigen Gegenstand gegründet wird, den die Gesellschafter nicht ernstlich wollen, sondern vorschieben (*BGH* v. 16.3.1992 – ll ZB 17/91 – unzulässige Angabe eines unzutreffenden Unternehmensgegenstandes bei Absicht der Nichtverwirklichung in absehbarer Zeit [Vorratsgründung – AG]). Hier kann ein Scheingeschäft vorliegen (§ 117 BGB) (vgl. hierzu *Scholz/Scheller* § 3 Rz. 20 m.w.N.; *Lutter/Hommelhoff* § 3 Rz. 80 m.w.N.; *Noack* § 3 Rz. 11a, 51 Rz. 13; zur Beurkundung eines Scheingeschäfts *BGH* NJW 2001, 1062: Nichtigkeit – Formzwang und rechtliche Einheit). Vgl. ferner *BGH* v. 6.3.2012 – II ZR 56/10 – wirtschaftliche Neugründung durch Mantelverwendung einer GmbH („leere Hülse") ohne Betreiben eines aktiven Unternehmens durch Fortführung des Geschäftsbetriebs auch bei wesentlicher Umgestaltung, Einschränkung oder Erweiterung und Anknüpfung in irgendeiner wirtschaftlich noch gewichtbaren Weise; ferner zur Verwendung einer Vorrats-GmbH *OLG Nürnberg* v. 18.4.2011 – 12 W 631/11 [„wirtschaftliche Neugründung" – analog der Prüfung bei Neuanmeldung]; zur Registerkontrolle *Noack* § 3 Rz. 13a; zur grundsätzlichen Zulässigkeit der „Mantelvorratsgründung" *Lutter/Hommelhoff* § 3 Rz. 79, zutr. darauf hinweisend, dass erst nach Eintragung der Vorrats-GmbH die entspr. Gründungsvorschriften maßgeblich sind – vor Eintragung – Stadium der Vor-GmbH keine Verletzung der Gründungsvorschriften. Allerdings verlangen Gerichte eine entspr. Offenlegung sowie insb. einen hinreichend klaren Unternehmensgegenstand, der bei der „Mantelvorratsgründung" lediglich z.B. in Verwaltung der Einlagen oder des sonstigen Vermögens bestehen kann (vgl. *BGH* NJW-RR 2014, 416 – Folgen des Unterbleibens der Offenlegung: Unterbilanzhaftung). Den bildet die erforderliche registerrechtliche Kontrolle vor Eintragung der GmbH ohnehin, bei der eingetragenen Vorrats-GmbH hinsichtlich des Unternehmensgegenstandes sowie der Mindestkapitalaufbringung (*BGH* GmbHR 2010, 474 m.w.N.; auch *Lutter/Hommelhoff* § 3 Rz. 83, insb. zur aktuellen Rechtslage; vgl. insofern *BGH* v. 18.1.2010 – II ZR 61/09 – wirtschaftliche Neugründung durch Aufnahme einer anderen Geschäftstätigkeit (verneint); auch *BGH* v. 12.7.2011 – II ZR 71/11 – Verwendung einer „auf Vorrat" gegründeten und im Handelsregister eingetragenen GmbH wirtschaftlich eine Neugründung durch Verwendung einer Vorratsgesellschaft oder durch Aktivierung eines leeren „GmbH-Mantels" (§ 11 Abs. 2 entsprechend anwendbar), i.Ü. nur bei Aufnahme der Geschäfte vor Offenlegung der wirtschaftlichen Neugründung ohne Zustimmung aller Gesellschafter und Handeln vor Eintragung der Gesellschaft in deren Namen und dadurch begründete Verbindlichkeiten, anders bei unterbliebener Offenlegung der wirtschaftlichen Neugründung. Eine „offene Vorratsgründung" ist damit regelmäßig unbedenklich, sofern eine ausreichende Individualisierung des Unternehmensgegenstandes ersichtlich ist und dessen Realisierung konkret geplant ist (*Noack* § 3 Rz. 11a m.w.N.).

Konsequenterweise führt die Nutzung eines zulässigen „Mantels" dazu, dass wie bei einer Neugründung die „Änderungen" (Gegenstand, i.d.R. die geänderte Firma etc., Leistungen auf das Stammkapital, Geschäftsführerversicherung) anzumelden und vom Registergericht analog § 9c zu prüfen sind (*Lutter/Hommelhoff* § 3 Rz. 101 f., insb. Rz. 103; vgl. u.a. *Bayer* GmbHR 2011, 1034; auch *Noack* § 3 Rz. 13a, b).

30 Bei Verletzung der Pflicht zur Offenlegung ggü. dem Registergericht kann die Haftung wegen unrichtiger Erklärungen der Geschäftsführer nach § 9a eingreifen, ferner die Handelndenhaftung nach § 11 Abs. 2. Mit Offenlegung ggü. dem Registergericht endet die Handelndenhaftung (hierzu *Lutter/Hommelhoff* § 3 Rz. 89 m.w.N.). Die Gesellschafter haften nach den Grundsätzen einer modifizierten Unterbilanzhaftung bei Abstellung auf den Anmeldungszeitpunkt oder die entsprechende Aufnahme der neuen wirtschaftlichen Tätigkeit außen in Erscheinung tritt (*Lutter/Hommelhoff* § 3 Rz. 90, unter Hinw. auf *BGH* NJW 2012, 1875: „Die Haftung der Gesellschafter einer GmbH bei unterlassener Offenlegung einer wirtschaftlichen Neugründung ist vielmehr auf den Umfang einer Unterbilanz begrenzt, die in dem Zeitpunkt besteht, zu dem die wirtschaftliche Neugründung nach außen in Erscheinung tritt"). Insofern sind alle Differenzen zum satzungsmäßigen Stammkapital auszugleichen (*Lutter/Hommelhoff* § 3 Rz. 89 – krit. Rz. 91 f. zu *BGH* NJW 2012, 1875). Strittig ist, ob die 10-jährige Verjährungsfrist des § 9 Abs. 2 erst ab Offenlegung der wirtschaftlichen Neugründung läuft (hierzu *Lutter/Hommelhoff* § 3 Rz. 94 m.w.N.; vgl. auch *Noack* § 3 Rz. 13c). Insofern ist auch die vom BGH ausdrücklich hervorgehobene Beweislastumkehr zu Lasten des Gesellschafters zu beachten (*BGH* a.a.O., Rz. 30). I.Ü. sind auf die Unterbilanzhaftung die §§ 16 Abs. 2, 19, 20 und 24 anzuwenden (*BGH* a.a.O.; auch *Lutter/Hommelhoff* § 3 Rz.95; auch *Noack* § 3 Rz. 13). Offenlegung ist folglich bei Änderungen etc. sowie dem Erwerb von Anteilen etc. unbedingt geboten.

31 Treuhand- und Strohpersonengründung: Insofern wird auch auf §§ 6 Abs. 5, 9a Abs. 4 verwiesen. Bei der verdeckten Stellvertretung (Strohmanngründung) haftet der Strohmann nach § 9a Abs. 1–3, er ist alleine Gesellschafter, währenddessen sich die Haftung des Hintermannes daneben zusätzlich nach § 6 Abs. 5) ergeben kann. Es können folglich zwei und mehr Personen für eine Mitgliedschaft haften (zum früheren Recht vor Fassung des § 6 Abs. 5 *Lutter/Hommelhoff* § 6 Rz. 47; § 9a Rz. 12 f. m.w.N.; ferner *Noack* § 1 Rz. 40 ff.; *Scholz/Cramer* § 2 Rz. 54 ff.; *Rowedder/Pentz* § 2 Rz. 23 ff. – zur Anwendbarkeit der Vorschriften für die Gesellschafter auf den Hintermann Rz. 31 str.). Hierzu *Langenfeld* GmbH-StB 2000, 23; vgl. insoweit *Bamberg* NZG 2001, 509 – Erforderlichkeit der notariellen Beurkundung bei Begründung eines **Treuhandverhältnisses über einen** GmbH-Geschäftsanteil mit Pflicht des Gesellschafters zur Haltung seiner Anteile für den Treugeber – Nichtigkeit infolge Formmangels (*BGH* NJW 1999, 2594; ZIP 1995, 1089) – keine Heilung nach § 15 Abs. 4 S. 2 – keine treuwidrige Berufung auf Formmangel – Umdeutung in eine rechtswirksame Unterbeteiligung (formfrei möglich) wegen Vereitelung des Zwecks der Formvorschriften – Abwicklung nach §§ 812 ff. BGB; *OLG Naumburg* v. 26.8.1999 – 2 U (HS) 315/97 – zur Abfindung eines treuhänderisch Anteile haltenden GmbH-Gesellschafters (lediglich Möglichkeit der Übertragung der Reststellung als Treugeber auf den Treuhänder, nicht Übertragung der „Teilgeschäftsanteile" an der GmbH) – Buchwertabfindungsklausel – Revision: *BGH* v. 14.9.2000 – II ZR 183/99; ferner *OLG Brandenburg* GmbHR 2000, 238 – Zahlung auf Stammeinlage durch Unterbeteiligten bei entspr. Objektivierung der Kenntnis von Tilgungsabsicht und

Akzeptanz des Tilgungswillens – Eingang der Zahlungen auf ein Stammeinlagenkonto der GmbH – keine Inanspruchnahme, da Tilgung der Stammeinlagenschuld. Zum Strohmanngeschäftsführer vgl. *Siegmann/Vogel* ZIP 1994, 1821 m.w.N.; ferner **32** *BGH* ZIP 1994, 867; i.Ü. u. **§ 6 Rz. 30**; zum Strohmanngeschäft vgl. *LG Stuttgart* BB 1994, 815; ferner allg. *Grüneberg* § 117 Rz. 6 m.w.N.; ferner *Noack* § 1 Rz. 40 f.; *Lutter/ Hommelhoff* § 6 Rz. 47.

VII. Die Errichtung durch eine oder mehrere Personen

Der Gesetzgeber hatte sich schon in der Novelle 1980 dazu entschlossen, die früher **33** unzulässige (gleichwohl durch Strohmann-Gründung häufig umgangene) „Ein-Personen-GmbH" zuzulassen. Die diskutierte Schaffung einer besonderen Gesellschaftsform für die „personalistisch-kapitalistische" Arbeitsweise wurde mit Recht abgelehnt. Die Novellierung hat insofern Auswirkungen auf den Gesellschaftsvertrag, die Gründung sowie auch die Gründungsprüfung (vgl. §§ 2, 3, 4, 5, 7) (vgl. hierzu *Noack* § 1 Rz. 49 ff.; *Lutter/Hommelhoff* § 1 Rz. 24 m.w.N.; hinsichtlich der umfangreichen Lit. wird auf den Nachweis bei *Scholz/Cramer* § 1 nach Rz. 24 verwiesen). Die 12. EG-RL (ABl. EG Nr. L 395/40 v. 30.12.1989), deren Umsetzung am 1.1.1992 in Kraft getreten ist (BGBl. I 1992, S. 2206), hat lediglich einige geringfügige Änderungen gebracht (vgl. die §§ 19 Abs. 4, 35 Abs. 4 und 40; i.Ü. *Scholz/Cramer* § 1 Rz. 26).

Bei der Ein-Personen-GmbH befinden sich die Anteile in einer Hand. Im Gesetz sind **34** einige Sonderregelungen anzutreffen, die den Gefahren dieser Gesellschaftsform entgegenwirken sollen (vgl. etwa §§ 7 Abs. 2 S. 3; 8 Abs. 2 S. 2; 19 Abs. 4 oder auch 60 Abs. 1 Nr. 5, 65 Abs. 1 S. 2 etc.). Die bisherigen Erfahrungen haben gezeigt, dass die vermuteten Gefahren nicht so schwerwiegend sind, wie dies tlw. befürchtet worden ist (vgl. z.B. *BGH* NJW 1991, 1731 – Insichgeschäft, Geschäftsführer wird Alleingesellschafter; *LG Koblenz* NJW-RR 1992, 103 verschärfte Voraussetzungen des § 7 Abs. 2 S. 3 von Anfang an bei Einpersonen-Gründung). Der vormalige § 8 Abs. 2 S. 3 (Bestellung einer Sicherheit bei Einpersonen-GmbH bei nicht voller Einzahlung der Geldeinlage) wurde gestrichen. Folglich ist auch bei der Einpersonen-GmbH mindestens ein Viertel des Nennbetrags, zumindest aber 12.500 € eingezahlt sind (**§ 7 Abs. 2**). Für Unternehmergesellschaften gilt, dass volle Einzahlung vor Anmeldung vorliegen muss (§ 5a Abs. 2). Grds. ist bei der Gründung einer Ein-Personen-GmbH eine Bevollmächtigung nicht zulässig (vgl. § 180 BGB – so jedenfalls *LG Berlin* GmbHR 1996, 123; zuletzt *KG* GmbHR 2012, 569; auch etwa *Lutter/Hommelhoff* § 2 Rz. 34; *Noack* § 2 Rz. 22). Nach allgemeiner Ansicht kommt insofern keine Genehmigung in Betracht. Vielmehr ist eine Neuvornahme der Gründung erforderlich (hiergegen *Hasselmann* ZIP 2012, 1947 mit guten Gründen und m.w.N.). Zur Vermeidung von Verzögerungen durch die eventuell bzw. wahrscheinlich vom Registergericht verlangte Neuvornahme sollte bei der Ein-Personen-GmbH daher auf eine Vertretung verzichtet werden.

Zur Gründung genügt eine natürliche oder juristische Person. Zulässig ist auch eine **35** Personengesellschaft (nicht bei einer UG (haftungsbeschränkt); vgl. i.Ü. *BGHZ* 32, 33; *Lutter/Hommelhoff* § 2 Rz. 2, 10, 13; *Noack* § 1 Rz. 32 zu OHG, KG, Partnerschaft, BGB-Gesellschaft, auch zur Gründung einer Ein-Personen-GmbH – früher str., vgl. insofern *Scholz/Cramer* § 1 Rz. 29; auch *Lutter/Hommelhoff* § 2 Rz. 14 m.w.N.). Die mit dem Abschluss der „Satzung" entstehende „Ein-Personen-Vor-GmbH" wirft zwar in der Theorie erhebliche Probleme auf, führt indessen in der Praxis als Sondervermögen des Ein-Personen-Gründers nicht zu den befürchteten erheblichen Schwierigkeiten (vgl. z.B. die Frage Teilrechtsfähigkeit der „Vor-GmbH" und ihre Eignung als Gründungsgesellschafter einer weiteren Ein-Personen-GmbH (Scholz/*Cramer* § 1 Rz. 29a m.w.N. und § 1 Rz. 42 zur Rechtsnatur). Treupflicht des Einmann-Gesellschafters ggü. der GmbH: verneint – *BGHZ* 119, 257, 262 = GmbHR 1993, 38; *BGHZ* 122, 333, 336 = GmbHR 1993, 427; zur stillen Beteiligung an einer GmbH: *OLG Frankfurt* NZG 2001, 270 – stille Beteiligung an einer GmbH – Begründung durch Vereinbarung des still Beteiligten und der GmbH vertreten durch den Geschäftsführer – Zustandekommen nicht durch Gesellschafterbeschluss. Zur Anfechtungsbefugnis für Klage des Gesellschafters gegen Ausschluss oder Einziehung des Anteils auch bei vor Klagerhebung geänderter und in das Handelsregister aufgenommene Gesellschafterliste *BGH* v. 29.1.2019 – II ZR 234/18; vgl. *OLG Jena* v. 30.5.2018 – 2 U 800/15.

36 Insofern gelten für die Unternehmergesellschaft grds. keine Ausnahmen oder Besonderheiten (s. auch § 5a). §§ 2 Abs. 1a, 5a sehen insofern keine Besonderheit vor (vgl. hierzu *Wachter* GmbHR, Sonderheft 10/2008, S. 1 f.; *Wilhelm* DB 2007, 1510; auch *Lutter* BB 2006, 2; *Leyendecker* GmbHR 2008, 302). In der Begründung zu § 2 Abs. 1a sind keine einschränkenden Hinweise ersichtlich. Allerdings dient die Unternehmergesellschaft grds. „jungen" Geschäftsgründern (*Wachter* Gründung einer GmbH nach dem MoMiG, GmbHR, Sonderheft 10/2008, S. 36). Von hieraus ergeben sich von der Sache her Einschränkungen, da diese Gesellschaftsform grds. nur für natürliche Personen gedacht ist. Allerdings ist die Unternehmergesellschaft nicht auf diesen Personenkreis beschränkt (auch juristische Personen, Personenhandelsgesellschaften, Gesamthandsgmeinschaften – vgl. *Lutter/Hommelhoff* § 5a Rz. 14). Wird die Unternehmergesellschaft mit einer individuellen Satzung errichtet, gelten insofern keine Besonderheiten (*Wachter* a.a.O.). Wird die Unternehmergesellschaft nach dem Musterprotokoll gegründet, so gelten insofern Schranken; denn dann darf die Gesellschaft höchstens drei Gesellschafter aufweisen – auch juristische Personen können Gesellschafter werden (*Lutter/Hommelhoff* § 5a Rz. 14; *Wachter* GmbHR, Sonderheft 10/2008, S. 1; ferner ausführlich *Römermann* GmbHR, Sonderheft 10/2008, S. 17; auch *Katschinski/Rawert* ZIP 2008, 1993) OHG, KG oder BGB-Gesellschaften etc. kommen nicht in Betracht. Wenn mehrere natürliche Personen eine Unternehmergesellschaft gründen wollen, so steht diese neue Rechtsform für sie zur Verfügung. Wählen sie eine BGB-Gesellschaft, so gelten die §§ 705 ff. BGB. Eine Mischform ist jedenfalls nach der Begründung des Gesetzgebers nicht ersichtlich. Das folgt auch aus **§ 2 Abs. 1a**. Dort ist die Rede von „höchstens" drei Gesellschaftern.

§ 2 Form des Gesellschaftsvertrags

(1) [1]**Der Gesellschaftsvertrag bedarf notarieller Form.** [2]**Er ist von sämtlichen Gesellschaftern zu unterzeichnen.**

(1a) [1]**Die Gesellschaft kann in einem vereinfachten Verfahren gegründet werden, wenn sie höchstens drei Gesellschafter und einen Geschäftsführer hat.** [2]**Für die Gründung im vereinfachten Verfahren ist das in Anlage 1 bestimmte Musterprotokoll zu verwenden.** [3]**Darüber hinaus dürfen keine vom Gesetz abweichenden Bestimmungen getroffen werden.** [4]**Das Musterprotokoll gilt zugleich als Gesellschafterliste.** [5]**Im Übrigen finden auf das Musterprotokoll die Vorschriften dieses Gesetzes über den Gesellschaftsvertrag entsprechende Anwendung.**

(2) [1]Die Unterzeichnung durch Bevollmächtigte ist nur auf Grund einer notariell errichteten oder beglaubigten Vollmacht zulässig. [2]Die notarielle Errichtung der Vollmacht kann auch mittels Videokommunikation gemäß den §§ 16a bis 16e des Beurkundungsgesetzes erfolgen.

(3) [1]Die notarielle Beurkundung des Gesellschaftsvertrags kann auch mittels Videokommunikation gemäß den §§ 16a bis 16e des Beurkundungsgesetzes erfolgen, sofern andere Formvorschriften nicht entgegenstehen; dabei dürfen in den Gesellschaftsvertrag auch Verpflichtungen zur Abtretung von Geschäftsanteilen an der Gesellschaft aufgenommen werden. [2]Im Fall der Beurkundung mittels Videokommunikation genügen abweichend von Absatz 1 Satz 2 für die Unterzeichnung die qualifizierten elektronischen Signaturen der mittels Videokommunikation an der Beurkundung teilnehmenden Gesellschafter. [3]Sonstige Willenserklärungen, welche nicht der notariellen Form bedürfen, können mittels Videokommunikation gemäß den §§ 16a bis 16e des Beurkundungsgesetzes beurkundet werden; sie müssen in die nach Satz 1 errichtete elektronische Niederschrift aufgenommen werden. [4]Satz 3 ist auf einstimmig gefasste Beschlüsse entsprechend anzuwenden. [5]Die Gründung mittels Videokommunikation kann auch im Wege des vereinfachten Verfahrens nach Absatz 1a oder unter Verwendung der in Anlage 2 bestimmten Musterprotokolle erfolgen. [6]Bei Verwendung der in Anlage 2 bestimmten Musterprotokolle gilt Absatz 1a Satz 3 bis 5 entsprechend.

Anlage 2
(zu § 2 Abs. 1a)

Musterprotokoll für die Gründung einer Einpersonengesellschaft

a) UR. Nr. ....

Heute, den ....,
erschien [mittels Videokommunikation][5]) vor mir, ...,
Notar/in mit dem Amtssitz in ....,
Herr/Frau[1])
....
....[2]).

1. Der Erschienene errichtet hiermit nach § 2 Abs. 1a GmbHG eine Gesellschaft mit beschränkter Haftung [mittels Videokommunikation][5]) unter der Firma .... mit dem Sitz in ....
2. Gegenstand des Unternehmens ist ....
3. Das Stammkapital der Gesellschaft beträgt .... € (i. W. Euro) und wird vollständig von Herrn/Frau[1]) .... (Geschäftsanteil Nr. 1) übernommen. Die Einlage ist in Geld zu erbringen, und zwar sofort in voller Höhe/zu 50 Prozent sofort, im Übrigen sobald die Gesellschafterversammlung ihre Einforderung beschließt[3]).
4. Zum Geschäftsführer der Gesellschaft wird Herr/Frau[4]) ...., geboren am ...., wohnhaft in ...., bestellt.

H. Bartl

Der Geschäftsführer ist von den Beschränkungen des § 181 des Bürgerlichen Gesetzbuchs befreit.

5. Die Gesellschaft trägt die mit der Gründung verbundenen Kosten bis zu einem Gesamtbetrag von 300 €, höchstens jedoch bis zum Betrag ihres Stammkapitals. Darüber hinausgehende Kosten trägt der Gesellschafter.

6. Von dieser Urkunde erhält eine Ausfertigung der Gesellschafter, beglaubigte Ablichtungen die Gesellschaft und das Registergericht (in elektronischer Form) sowie eine einfache Abschrift das Finanzamt – Körperschaftsteuerstelle –.

7. Der Erschienene wurde vom Notar/von der Notarin insbesondere auf Folgendes hingewiesen: ....

Hinweise:

1) Nicht Zutreffendes streichen. Bei juristischen Personen ist die Anrede Herr/Frau wegzulassen.

2) Hier sind neben der Bezeichnung des Gesellschafters und den Angaben zur notariellen Identitätsfeststellung ggf. der Güterstand und die Zustimmung des Ehegatten sowie die Angaben zu einer etwaigen Vertretung zu vermerken.

3) Nicht Zutreffendes streichen. Bei der Unternehmergesellschaft muss die zweite Alternative gestrichen werden.

4) Nicht Zutreffendes streichen.

5) Hinweis auf die Videokommunikation im Fall einer Präsenzbeurkundung zu streichen.

Musterprotokoll für die Gründung einer Mehrpersonengesellschaft mit bis zu drei Gesellschaftern

b) UR. Nr. ....

Heute, den ....,

erschienen [mittels Videokommunikation][5]) vor mir, ...,

Notar/in mit dem Amtssitz in

....,

Herr/Frau[1])

....

.... [2]),

Herr/Frau[1])

....

.... [2]),

Herr/Frau[1])

....

.... [2]).

1. Der Erschienenen errichten hiermit nach § 2 Abs. 1a GmbHG eine Gesellschaft mit beschränkter Haftung [mittels Videokommunikation][5]) unter der Firma ....

....

   mit dem Sitz in ....

2. Gegenstand des Unternehmens ist ....

3. Das Stammkapital der Gesellschaft beträgt .... €
(i. W. .... Euro) und wird wie folgt übernommen:
Herr/Frau[1]) .... übernimmt einen Geschäftsanteil mit einem Nennbetrag in
Höhe von .... € (i. W. .... Euro) (Geschäftsanteil Nr. 1),
Herr/Frau[1]) .... übernimmt einen Geschäftsanteil mit einem Nennbetrag in
Höhe von .... € (i. W. .... Euro) (Geschäftsanteil Nr. 2),
Herr/Frau[1]) .... übernimmt einen Geschäftsanteil mit einem Nennbetrag in
Höhe von .... € (i. W. .... Euro) (Geschäftsanteil Nr. 3).
Die Einlagen sind in Geld zu erbringen, und zwar sofort in voller Höhe/zu 50 Prozent sofort, im Übrigen sobald die Gesellschafterversammlung ihre Einforderung beschließt[3]).

4. Zum Geschäftsführer der Gesellschaft wird Herr/Frau[4]) ....
....,
geboren am ...., wohnhaft in ....
...., bestellt.
Der Geschäftsführer ist von den Beschränkungen des § 181 des Bürgerlichen Gesetzbuchs befreit.

5. Die Gesellschaft trägt die mit der Gründung verbundenen Kosten bis zu einem Gesamtbetrag von 300 €, höchstens jedoch bis zum Betrag ihres Stammkapitals. Darüber hinausgehende Kosten tragen die Gesellschafter im Verhältnis der Nennbeträge ihrer Geschäftsanteile.

6. Von dieser Urkunde erhält eine Ausfertigung jeder Gesellschafter, beglaubigte Ablichtungen die Gesellschaft und das Registergericht (in elektronischer Form) sowie eine einfache Abschrift das Finanzamt – Körperschaftsteuerstelle –.

7. Die Erschienenen wurden vom Notar/von der Notarin insbesondere auf Folgendes hingewiesen: ....

Hinweise:

1) Nicht Zutreffendes streichen. Bei juristischen Personen ist die Anrede Herr/Frau wegzulassen.

2) Hier sind neben der Bezeichnung des Gesellschafters und den Angaben zur notariellen Identitätsfeststellung ggf. der Güterstand und die Zustimmung des Ehegatten sowie die Angaben zu einer etwaigen Vertretung zu vermerken.

3) Nicht Zutreffendes streichen. Bei der Unternehmergesellschaft muss die zweite Alternative gestrichen werden.

4) Nicht Zutreffendes streichen.

5) Hinweis auf die Videokommunikation im Falle einer Präsenzbeurkundung zu streichen.

H. Bartl 29

Anlage 2
(zu § 2 Abs. 3)

(BGBl. I 2021, 3364)

a) Musterprotokoll für die Gründung einer Einpersonengesellschaft mittels Videokommunikation

UR. Nr. ....

Heute, den ....,

erschien mittels Videokommunikation vor mir, ...,

Notar/in mit dem Amtssitz in ....,

Herr/Frau[1])

....

....[2])

1. Der/Die[1]) Erschienene errichtet hiermit nach § 2 Absatz 3 GmbHG mittels einer Beurkundung im Wege der Videokommunikation nach den §§ 16a ff. BeurkG eine Gesellschaft mit beschränkter Haftung unter der Firma ....
   mit dem Sitz in ....
2. Gegenstand des Unternehmens ist ....
3. Das Stammkapital der Gesellschaft beträgt .... €
   (i. W. Euro) und wird vollständig von:
   Herrn/Frau[1]) ....
   (Geschäftsanteil Nr. 1) übernommen.
   Die Einlage ist in Geld zu erbringen, und zwar sofort in voller Höhe/zu 50 Prozent sofort, im Übrigen sobald die Gesellschafterversammlung ihre Einforderung beschließt[3]).
4. Zum Geschäftsführer der Gesellschaft wird/Zu den Geschäftsführern der Gesellschaft werden[4])
   Herr/Frau[4]) ....
   ....,
   geboren am ...., wohnhaft in ....
   ...., bestellt.[5])
   Der Geschäftsführer ist/Die Geschäftsführer sind[4]) von den Beschränkungen des § 181 des Bürgerlichen Gesetzbuchs befreit. Ist nur ein Geschäftsführer bestellt, so vertritt dieser die Gesellschaft allein. Sind mehrere Geschäftsführer bestellt, so wird die Gesellschaft durch zwei Geschäftsführer gemeinsam oder durch einen Geschäftsführer gemeinschaftlich mit einem Prokuristen vertreten.
5. Die Gesellschaft trägt die mit der Gründung verbundenen Kosten bis zu einem Gesamtbetrag von 600 €, höchstens jedoch bis zum Betrag ihres Stammkapitals. Darüberhinausgehende Kosten trägt der Gesellschafter.
6. Von dieser Urkunde erhält eine Ausfertigung jeder Gesellschafter, beglaubigte Ablichtungen die Gesellschaft und das Registergericht (in elektronischer Form) sowie eine einfache Abschrift das Finanzamt – Körperschaftsteuerstelle –.

7. Der/Die Erschienene[4]) wurden vom Notar/von der Notarin[4]) insbesondere auf Folgendes hingewiesen: ....

Hinweise:
1) Nicht Zutreffendes streichen. Bei juristischen Personen ist die Anrede Herr/Frau wegzulassen.
2) Hier sind neben der Bezeichnung des Gesellschafters und den Angaben zur notariellen Identitätsfeststellung ggf. der Güterstand und die Zustimmung des Ehegatten sowie die Angaben zu einer etwaigen Vertretung zu vermerken.
3) Nicht Zutreffendes streichen. Bei der Unternehmergesellschaft muss die zweite Alternative gestrichen werden.
4) Nicht Zutreffendes streichen.
5) Weitere Geschäftsführer können ergänzt werden.

b) Musterprotokoll für die Gründung einer Mehrpersonengesellschaft mittels Videokommunikation

UR. Nr. ....

Heute, den ....,

erschien mittels Videokommunikation vor mir, ...,

Notar/in mit dem Amtssitz in

....,

Herr/Frau[1])

....

....[2])

Herr/Frau[1])

....

....[2])

Herr/Frau[1])

....

....[2])

1. Die Erschienenen errichten hiermit nach §2 Absatz 3 GmbHG durch Beurkundung des Gesellschaftsvertrages mittels Videokommunikation nach den §§16a ff. BeurkG eine Gesellschaft mit beschränkter Haftung unter der Firma ....

....

   mit dem Sitz in ....
2. Gegenstand des Unternehmens ist ....
3. Das Stammkapital der Gesellschaft beträgt .... €
   (i. W. .... Euro) und wird wie folgt übernommen:
   Herr/Frau[3]) .... übernimmt einen Geschäftsanteil mit einem Nennbetrag in Höhe von .... € (i. W. .... Euro) (Geschäftsanteil Nr. 1),
   Herr/Frau[3]) .... übernimmt einen Geschäftsanteil mit einem Nennbetrag in Höhe von .... € (i. W. .... Euro) (Geschäftsanteil Nr. 2),
   Herr/Frau[3]) .... übernimmt einen Geschäftsanteil mit einem Nennbetrag in Höhe von .... € (i. W. .... Euro) (Geschäftsanteil Nr. 3).

Die Einlagen sind in Geld zu erbringen, und zwar sofort in voller Höhe/zu 50 Prozent sofort, im Übrigen sobald die Gesellschafterversammlung ihre Einforderung beschließt.[4])

4. Zum Geschäftsführer der Gesellschaft wird/Zu den Geschäftsführern der Gesellschaft werden Herr/Frau[3]) ....
....,
geboren am ...., wohnhaft in ....
Herr/Frau[3])
....,
geboren am ...., wohnhaft in ....
...., bestellt.[5])
Der Geschäftsführer ist/Die Geschäftsführer sind[3]) von den Beschränkungen des § 181 des Bürgerlichen Gesetzbuchs befreit. Ist nur ein Geschäftsführer bestellt, so vertritt dieser die Gesellschaft allein. Sind mehrere Geschäftsführer bestellt, so wird die Gesellschaft durch zwei Geschäftsführer gemeinsam oder durch einen Geschäftsführer gemeinschaftlich mit einem Prokuristen vertreten.

5. Die Gesellschaft trägt die mit der Gründung verbundenen Kosten bis zu einem Gesamtbetrag von 600 €, höchstens jedoch bis zum Betrag ihres Stammkapitals. Darüberhinausgehende Kosten tragen die Gesellschafter im Verhältnis der Nennbeträge ihrer Geschäftsanteile.

6. Von dieser Urkunde erhält eine Ausfertigung jeder Gesellschafter, beglaubigte Ablichtungen die Gesellschaft und das Registergericht (in elektronischer Form) sowie eine einfache Abschrift das Finanzamt – Körperschaftsteuerstelle –.

7. Die Erschienenen wurden vom Notar/von der Notarin[3]) insbesondere auf Folgendes hingewiesen: ....

Hinweise:

1) Nicht Zutreffendes streichen. Bei juristischen Personen ist die Anrede Herr/Frau wegzulassen.

2) Hier sind jeweils neben der Bezeichnung des Gesellschafters und den Angaben zur notariellen Identitätsfeststellung ggf. der Güterstand und die Zustimmung des Ehegatten sowie die Angaben zu einer etwaigen Vertretung zu vermerken.

3) Nicht Zutreffendes streichen.

4) Nicht Zutreffendes streichen. Bei der Unternehmergesellschaft muss die zweite Alternative gestrichen werden.

5) Weitere Geschäftsführer können ergänzt werden.

H. Bartl

I. Allgemeines

Die Vorschrift ist geändert durch das Gesetz zur Ergänzung der Regelungen zur **1**
Umsetzung der Digitalisierungsrichtlinie und zur Änderung weiterer Vorschriften v.
15.7.2022 (BGBl. I 2022, S. 1146), in Kraft getreten am 1.8.2023 sowie Gesetz zur
Umsetzung der Digitalisierungsrichtlinie (DiRUG) v. 5.7.2021 (BGBl. I 2021, S. 3338)
und Gesetz zur Modernisierung des GmbH-Rechts und zur Bekämpfung von Missbräuchen (MoMiG) v. 23.10.2008 (§ 2 Abs. 1, 1a – Musterprotokoll ohne Abweichungen und entsprechende Anwendung der Vorschriften über den Gesellschaftsvertrag
[§ 2 Abs. 1, 1a S. 3]; hierzu *Heckschen* Die GmbH-Gründung nach MoMiG – Eine
Bestandsaufnahme, GmbHR 2018, 1093; *Knaier* Bleibende Unsicherheiten bei der
vereinfachten GmbH-Gründung, ZNotP 2021, 9; *ders.* Die Geschäftsführerbestellung
im Musterprotokoll, ZNotP 2011, 241; i.ü. bereits *Fastrich* Erste Erfahrungen mit der
UG (haftungsbeschränkt) in Gesellschaftsrecht in der Diskussion, 2010, 119; ferner
Lutter/Hommelhoff § 2 Rz. 70, zu Fehlern im Musterprotokoll; *Gehrlein/Born/Simon*
§ 2 R. 26 f.; *Noack* § 2 Rz. 16 m.w.N.; i.Ü. *Wachter* Gründung einer GmbH nach dem
MoMiG, GmbHR, Sonderheft 10/2008, S. 1 f.; *Katschinski/Rawert* Stangenware vs.
Maßanzug: Vertragsgestaltung im GmbH-Recht nach Inkrafttreten des MoMiG, ZIP
2008, 1993; *Römermann* Die vereinfachte Gründung mittels Musterprotokoll,
GmbHR, Sonderheft 10/2008, S. 5 ff.; Rechtsprechung zum Muster *OLG München* v.
12.9.2022 – 34 Wx 329/22 (mangelhafte Registeranmeldung infolge Änderung des
Musterprotokolls – Änderung des Gesellschaftssitzes bei mit Musterprotokoll gegrün-
deter GmbH); *OLG Düsseldorf* ZIP 2010, 1343 – kein vereinfachtes Verfahren bei
Satzungsänderung; v. 29.10.2009 – 31 Wx 124/09 – Musterprotokoll – UG – Kapitalerhöhung und Satzungsbescheinigung – Gesellschafterliste; *LG Chemnitz* ZIP 2010, 34;
ferner zum zulässigen Gründungsaufwand *KG* ZIP 2015, 1923 = NJW 2015, 3175 =
GmbHR 2015, 1158; auch *OLG Hamburg* GmbHR 2011, 766; *OLG München*
28.10.2018 – 31 Wx 173/10 – völlig unbedeutende Abwandlungen bei Zeichensetzung,
Satzstellung und Wortwahl, stellen kein Eintragungshindernis dar.

Zu den Brexitproblemen z.B. *Lieder/Bialluch* Brexit-Prophylaxe durch das 4. UmwÄndG,
NJW 2019, 805, 806, i.Ü. m.w.N., 809; zum BrexitÜG-E: BT-Drucks. 19/5313; vgl. insofern
4. UmwG-ÄndG v. 19.12.2018 (BGBl. I 2018, S. 2694) – in Kraft seit 20.12.2018. Im Übrigen
z.B. *Kramme/Baldus/Schmidt-Kessel* Brexit und die juristische Folgen, 2017.

Die früheren Novellierungen, insb. die GmbH-Novelle 1980, führten lediglich zu einer
sprachlichen Neufassung der Begriffe Satzung, Gesellschaftsvertrag etc. (*BGH* ZIP
1984, 950, 951; zutr. Errichtungserklärung [vgl. insofern *Gehrlein/Born/Simon* § 2
Rz. 2; auch etwa *Noack* § 2 Rz. 55; ferner Scholz/*Cramer* § 1 Rz. 30 f. m.w.N.; *Gustavus/
Böhringer/Melchior* Handelsregisteranmeldungen, A 91b, S. 223; i.Ü. folgen hinsichtlich der Errichtung der Ein-Personen-GmbH aus § 2 keine Besonderheiten (Scholz/
Cramer § 2 Rz. 3 f.). Aus der vorgeschriebenen notariellen Form ergibt sich die Pflicht
zur eigenhändigen Unterzeichnung gem. § 13 Abs. 1 S. 1 BeurkG. Die Errichtung ist
mit Abgabe der entspr. rechtswirksamen Erklärung des Ein-Personen-Gründers vollzogen (*Gehrlein/Born/Simon* § 2 Rz. 5; auch *Lutter/Hommelhoff* § 2 Rz. 56; *Noack* § 2
Rz. 7; Scholz/*Cramer* § 1 Rz. 32, auch § 2 Rz. 3; *Witt* ZIP 2000, 1033). An die Stelle der
vertraglichen Einigung tritt hier die einseitige, nicht empfangsbedürftige Willenserklärung des Gründers (*Noack* § 2 Rz. 7). Eine Stellvertretung ist bei der Ein-Personen-
GmbH grds. nicht zulässig (hierzu oben § 1 Rz. 35, m.w.N.).

II. Der Gesellschaftsvertrag

2 In § 2 geht es um die Form des Errichtungsgeschäfts, währenddessen sich die übrigen Fragen insb. nach den §§ 3 ff. richten. Der Gesellschaftsvertrag, vielfach im Anklang an Verein und AG auch als „Satzung" bezeichnet, ist bei Gründung durch mehrere Gesellschafter Rechtsgeschäft, Vertrag (Vertragstheorie, Normentheorie bzw. modifizierte Normentheorie, vgl. hierzu *Rowedder/Pentz* § 2 Rz. 67 ff.; *Noack* § 2 Rz. 3, 4, 5, 25 f.; *Scholz/Cramer* § 2 Rz. 4 f.; *Lutter/Hommelhoff* § 2 Rz. 10 f. m.w.N.). Der Theorienstreit wirkt sich möglicherweise auf die Auslegung aus (rechtsgeschäftliche Auslegung oder Auslegung der Satzung wie Norm – vgl. *Noack* § 2 Rz. 25 f.; *Lutter/Hommelhoff* § 2 Rz. 19 m.w.N. (str.); vgl. *Rowedder/Pentz* § 2 Rz. 67; *Scholz/Cramer* § 2 Rz. 67). Maßgeblich ist der objektive Erklärungswert der entspr. Regeln („objektivierte Auslegung" – *Lutter/Hommelhoff* § 2 Rz. 19; vgl. *BGHZ* 21, 370, 373; 47, 172, 179 f.; *OLG Frankfurt* WM 1985, 1466, 1488 – zum Auslegungsproblem auch *Scholz/Cramer* § 2 Rz. 33 ff., 67). Fraglich ist, ob und inwieweit das von den Gründern Gewollte Beachtung finden kann. Selbst für die personalistische Familien-GmbH muss hier gelten, dass z.B. Vorstellungen und Äußerungen von Personen, die an der Abfassung der Satzung teilhatten, grds. unberücksichtigt bleiben müssen, da auch hier ein späterer Beitritt eines Nichtfamilienmitglieds erfolgen kann (zur Familien-GmbH). Der BGH (vgl. z.B. *BGHZ* 21, 370, 373; 47, 172, 179 f.) unterscheidet zwischen „individualrechtlichen" und „körperschaftlichen" Bestimmungen, wobei letztere einheitlich und gleichmäßig für alle Betroffenen (jetzige und zukünftige Gesellschafter, Gläubiger) gelten sollen (*Lutter/Hommelhoff* § 3 Rz. 21; *Gehrlein/Born/Simon* § 2 Rz. 17, zur Auslegung; auch *Scholz/Cramer* § 2 Rz. 35 zur Rechtsprechung; *Noack* § 2 Rz. 29 f., 28; *Rowedder/Pentz* § 2 Rz. 67 f.; *BayObLG* v. 12.12.2023 – 102 SchH 114/23 e – zur Schiedsgutachterklausel (Höhe des Abfindungsanspruchs).

3 Dem von dieser Rechtsprechung angestrebten Ergebnis ist zuzustimmen, wenn auch die Differenzierung „individualrechtlich" bzw. „körperschaftlich" (Voraussetzung von Satzungsänderungen, Zuständigkeit der Gesellschafterversammlung, Bestimmungen über den Beirat etc.) zu Unsicherheiten führt (hierzu *Gehrlein/Born/Simon* § 2 Rz. 18 f. mit Blick auf die BGH-Rechtsprechung insb. *BGHZ* 123, 347; 48, 141, 143; *Scholz/Cramer* § 2 Rz. 67; *Noack* § 2 Rz. 26: keine weiteren Differenzierungen in notwendige und fakultative Bestimmungen; hierzu auch *Brandes* WM 1983, 286; *Grunewald* ZGR 1995, Heft 1).

Zu beurkunden ist der gesamte Inhalt des Gesellschaftsvertrags (zum Mindestinhalt – körperschaftlicher Charakter – § 3 – hierzu etwa *Noack* § 3 Rz. 3, 5 ff.). Individualrechtliche Bestimmungen, durch die die Beziehungen zwischen der GmbH und einzelnen Personen betr. können außerhalb der Satzung geregelt werden, was auch empfehlenswert ist, um die Satzung nicht zu überfrachten und überflüssige Satzungsänderungen nach den §§ 53 ff. zu vermeiden (vgl. *Noack* § 2 Rz. 32; *Lutter/Hommelhoff* §§ 2 Rz. 16, 3 Rz. 83 f.; zu Mindestinhalt nach § 3 i.Ü. *Lutter/Hommelhoff* § 3 Rz. 83 f.). Bestimmungen des Gesellschaftsvertrags können nur nach den §§ 53 ff. geändert werden. Schuldrechtliche Abreden zwischen den Gesellschaftern unterliegen dem nicht und sind nicht formnichtig (*Lutter/Hommelhoff* § 3 Rz. 85, 86; *BGH* GmbHR 2010, 980; vgl. *OLG Celle* NZG 2000, 1034 – Fehlen einer Befreiung von § 181 BGB in der Satzung – nachträgliches Befreien des Geschäftsführers einer mehrgliedrigen GmbH mit allgemeiner Befreiung vom Verbot des Selbstkontrahierens: Erforderlichkeit der Satzungsänderung nach den §§ 53 ff.). Satzung und schuldrechtliche Abreden unterliegen auch unterschiedlichen Auslegungsgrundsätzen (Satzung: objektiver Erklärungswert; schuldrechtliche Abreden: allgemeine Grundsätze nach den §§ 133, 157 BGB – hierzu *BGH* ZIP 2011, 2357 – objektive Auslegung der Satzungsregelung zur Abfindung eines Gesellschafters; *Lutter/Hommelhoff* § 2 Rz. 13, 14; *Noack* § 2 Rz. 31, 32).

Errichtet ein einziger Gesellschafter die GmbH durch seine entspr. Erklärungen, so **4** „setzt" er gewissermaßen in eigener Machtvollkommenheit die Satzung, den potentiellen „Gesellschafts"-Vertrag (so § 2 Rz. 1; *Lutter/Hommelhoff* § 2 Rz. 18; *Gehrlein/ Born/Simon* § 2 Rz. 5). Denn auch die Ein-Personen-Gründung schließt das Vorliegen einer Satzung/Gesellschaftsvertrages wie auch die auch nach bisherigem Recht zulässige Vereinigung aller Anteile in einer Hand aus (vgl. *Lutter/Hommelhoff* § 2 Rz. 18; *Gehrlein/Born/Simon* § 2 Rz. 5, 6; *Noack* § 2 Rz. 7 f.; *Scholz/Cramer* § 1 Rz. 31 ff.). Eine GmbH, die von einer Person gegründet wird, kann schließlich zu einer „Gesellschaft" mit mehreren Anteilsinhabern führen, für die dann die objektiv auszulegende Satzung maßgeblich ist, so dass auch diese „Gesellschaftsverträge" objektiv auszulegen sind. Subjektive Willensrichtungen der Gründer sind folglich grds. ohne satzungsgemäße Verankerung unerheblich (vgl. *Lutter/Hommelhoff* § 2 Rz. 19; *Gehrlein/Born/Simon* § 2 Rz. 17 f.; *Noack* § 2 Rz. 30 f m.w.N.; auch *Scholz/Cramer* § 2 Rz. 6). Es besteht kein Grund, die „Ein-Personen-GmbH" hier anders zu behandeln.

Für die Auslegung der Satzung ist etwa bei einem Gesellschaftsvertrag einer personalistisch strukturierten GmbH („Familien-GmbH") die oben angeführte Auslegung der körperschaftlichen Regelungen nach objektiven Grundsätzen entscheidend (*BGHZ* 14, 25, 37 = BB 1981, 926 = WM 1981, 438 – „Familien-GmbH"; *Lutter/Hommelhoff* § 2 Rz. 19; *Altmeppen* § 2 Rz. 21; auch *BGH* GmbHR 1983, 129, 130). Satzungsbestimmungen können auch ergänzend auf weitere Gestaltungen übertragen werden: *OLG Brandenburg* NZG 2000, 1034 (LS). Satzungsregelung für Abtretung und Einziehung auch auf den Austritt ergänzend anwendbar.

III. Die notarielle Form

Erforderlich ist die notarielle Beurkundung, die von einfacher Schriftform sowie Beglaubigung etc. zu unterscheiden ist (vgl. §§ 125 ff. BGB, speziell § 128 BGB). Das setzt die **5** Unterzeichnung durch den oder die Gesellschafter voraus, wobei i.Ü. die Bestimmungen des BeurkG zu beachten sind, speziell die §§ 6 ff. BeurkG. (Zum Sinn der Beurkundung z.B. *BGH* BB 1981, 693, 694; auch *BGHZ* 105, 324, 338 = NJW 1989, 295). Ausschließlich sind im Inland die Notare zuständig (mit der Folge eventueller Notarhaftung – vgl. *BGH* GmbHR 2008, 766 mit Komm. von *Wachter* NZG 2008, 512; zur Beurkundung durch ausländische Notare s.u. Rz. 12). Zweck der notariellen Form ist neben Beweissicherung und Rechtssicherheit auch die materielle Richtigkeitsgewähr und die Schutzfunktion im Hinblick auf die Prüfungs- und Belehrungspflicht des Notars (*BGHZ* 105, 324, 338 = NJW 1989, 295; auch *BGH* NJW-RR 1988, 288 = GmbHR 1988, 98 = ZIP 1988, 89, 90 – Schutzfunktion des § 2). Zu Einzelheiten *Witt* ZIP 2000, 1033; *Schaub* NZG 2000, 853 (Legalisation, Apostille, Vorlage fremdsprachlicher Urkunden, Vertretung ausländischer Handelsgesellschaften); *Gätsch/Schulte* ZIP 1999, 1954; *Kröll* ZGR 2000, 111; ferner *BGH* NJW 2001, 1062 – Beurkundung eines Scheingeschäfts (Nichtigkeit) – Formzwang und rechtliche Einheit. Die Beurkundungspflicht bezieht sich auf den gesamten Inhalt des Gesellschaftsvertrags (fakultative und notwendige Bestandteile, *Gehrlein/Born/Simon* § 2 Rz. 36; auch *Noack* § 2 Rz. 12; *Lutter/Hommelhoff* § 2 Rz. 25).

Daneben können schuldrechtliche Vereinbarungen der Gründer untereinander formlos getroffen werden, die diese nur persönlich binden (*Lutter/Hommelhoff* § 2 Rz. 20; *Gehrlein/Born/Simon* § 2 Rz. 37; *Noack* § 2 Rz. 12; auch *BGH* BB 1969, 1410; 1977, 1729; DB 1993, 829). Hiervor ist allerdings zu warnen. Vgl. i.Ü. *OLG Bremen* v. 14.12.2021 – 2 W 31/21 – Zurückweisung der Anmeldung wegen unvollständigen Beglaubigungsvermerks einer Konsularbeamtin – Beglaubigung der Unterschrift des Vollmachtgebers zum Abschluss des Gesellschaftsvertrages nur mit Angabe dessen Namens weitere individualisierende Zusätze wie Geburtsdatum, Wohnort).

6 Die notarielle Beurkundung ist in allen Fällen erforderlich – auch bei Verwendung des Musterprotokolls (*Lutter/Hommelhoff* § 2 Rz. 50; so schon *Wachter* GmbHR, Sonderheft 10/2008, S. 1; auch *Katschinski/Rawert* ZIP 2008, 1993); vgl. auch *Gehrlein/Born/Simon* § 2 Rz. 22 f. zum Musterprotokoll). Im Übrigen *BGH* v. 6.2.2024 – II ZB 19/22 – Bestimmung des Geschäftswerts der notariellen Beurkundung der Übertragung eines Geschäftsanteils an einer gemeinnützigen GmbH.

7 Der hinreichend bestimmte Vorvertrag, durch den sich mehrere Personen zur Gründung einer GmbH verpflichten (GbR, OHG) bedarf nach h.M. – einschließlich entspr. Vollmachten – bereits der Form des § 2, da andernfalls der mit der Formvorschrift u.a. bezweckte Schutz vereitelt würde. Formmangel begründet Nichtigkeit (*Gehrlein/Born/Simon* § 2 Rz. 41, m. Hinw. auf *BGH* NJW-RR 1988, 288, Rz. 42 zur Auslandsbeurkundung; auch *Noack* § 2 Rz. 9, 33; *Rowedder/Pentz* § 2 Rz. 74; *Lutter/Hommelhoff* § 2 Rz. 27; *Scholz/Cramer* § 2 Rz. 91 – jeweils m.w.N.). Eine Umdeutung in ein formfreies Versprechen eines Gesellschafters, weitere Personen an der GmbH für den Fall der Gründung zu beteiligen, kann im Einzelfall vorliegen (*BGH* NJW-RR 1988, 288; vgl. auch *BGH* NJW-RR 1992, 590; ferner *Lutter/Hommelhoff* § 2 Rz. 21). Formfrei sind reine Vorbereitungshandlungen ohne verbindliche Pflicht zum Abschluss des Gesellschaftsvertrages (vgl. hierzu *Noack* § 2 Rz. 35).

Bei Änderungen vor Eintragung und nach Anmeldung empfiehlt sich vielfach die Vorabanfrage beim Registergericht hinsichtlich „kritischer" Erfordernisse, da die betroffenen Fragen teils kontrovers beantwortet werden. Änderungen vor Eintragung (Gesellschafterwechsel – ausgenommen Tod eines Gesellschafters, Übergang auf Erben ohne Vertragsschluss, Satzungsänderungen, Sitzverlegungen etc.) bedürfen z.B. der Zustimmung aller Gesellschafter und der notariellen Form (*Rowedder/Pentz* § 2 Rz. 36; *Scholz/Cramer* § 2 Rz. 21; *Gehrlein/Born/Simon* § 2 Rz. 40; *Lutter/Hommelhoff* § 2 Rz. 26; *Noack* § 2 Rz. 13 – jeweils m.w.N.).

8 Wird vor Eintragung und nach Anmeldung die Satzung geändert, so muss ein vollständiger aktueller Satzungstext in entspr. Anwendung des § 54 Abs. 1 S. 2 eingereicht werden – mit Notarbescheinigung nach § 54 Abs. 1 S. 2 (*BayObLG* BB 1988, 2198 m.w.N.). Die Frage, ob eine zusätzliche Anmeldung erforderlich ist, wird verneint (*BayObLG* DB 1978, 880; hierzu etwa *Lutter/Hommelhoff* § 2 Rz. 32 – nicht unstr.). Im Übrigen hierzu *OLG Zweibrücken* GmbHR 2000, 1204 – Änderung des Gesellschaftsvertrages vor Eintragung. Bei entspr. Anwendung des § 54 Abs. 1 S. 2: Vorlage einer mit Notarbescheinigung versehenen vollständigen Fassung des Gesellschaftsvertrages – str.: förmliche Anmeldung oder formloses Vorlegen durch die Geschäftsführer; keine analoge Anwendung des § 54 Abs. 1 S. 1: ausreichend danach formlose Vorlage ohne zusätzliche Anmeldung – Anmeldung ist erfolgt und wirkt fort; förmliche Anmeldung durch Notar stellt Verletzung der Pflicht zur billigsten Sachbehandlung dar (Aufhebung der Kostenrechnung des Notars). Es wird empfohlen, sich bei Änderungen vor Anmeldung (Gesellschafterwechsel, Satzungsänderung etc.) mit dem Registergericht in Verbindung zu setzen, um „formale" Beanstandungen und Zeitverluste auszuschließen (vgl. hierzu *Lutter/Hommelhoff* § 2 Rz. 26; auch *Noack* § 2 Rz. 13; vgl. in diesem Zusammenhang *Wachter* GmbHR 2011, 986 – Neugründung bei der UG).

Wegen der Änderung im Gründungsstadium s. auch § 8 Abs. 1 Ziff. 5 (Erfordernis **9** eines einheitlichen Gesellschaftsvertrages). Für die entspr. Änderungen wird die Mitwirkung und Zustimmung aller Gesellschafter erforderlich sein (Unterzeichnung der Änderung durch alle Gesellschafter und Einstimmigkeit – so die h.M. – str.; vgl. *Scholz/Cramer* § 2 Rz. 21a; vgl. auch *Lutter/Hommelhoff* § 2 Rz. 48 m.w.N.; *BGH* GmbHR 1953, 10; *OLG Frankfurt* GmbHR 2011, 984). Die §§ 53 ff. gelten erst nach Eintragung der GmbH. Das gilt auch für die Unternehmergesellschaft (zu Änderungen *Katschinski/Rawert* ZIP 2008, 2001; *Wachter* GmbHR 2011, 986).

Bei Formnichtigkeit sind die drei Stadien der Entstehungsphase zu unterscheiden: **10** Nichtigkeit vor Vollzug der Gesellschaft, Anwendung der Grundsätze der fehlerhaften Gesellschaft nach Invollzugsetzung sowie Heilung durch Eintragung (Nichtigkeitsklage – ältere Auffassung, nicht mehr h.M.). § 75 betrifft diesen Fall nicht (abschließende Nichtigkeitsgründe – vgl. *Lutter/Hommelhoff* § 2 Rz. 35–39, Differenzierung nach den Stadien bis zur Eintragung, in Vollzugsetzung der Vor-GmbH und nach Eintragung; auch *Gehrlein/Born/Simon* § 2 Rz. 43 f.; *Noack* § 2 Rz. 15; BGHZ 21, 381; jetzt möglicherweise Amtslöschung und Auflösung nach § 399 Abs. 1 und 4 FamFG – früher § 144a FGG – vgl. *Bassenge/Roth* § 399 Rz. 2; *Bumiller/Harders/Schwamb* § 399 Rz. 3 f.; *Noack* § 2 Rz. 15: § 399 FamFG nicht eingreifend; ebenso *Lutter/Hommelhoff* § 2 Rz. 38, 39). Fehlerhafte, weil formnichtige oder aus anderen Gründen unwirksame Beitritte (Geschäftsunfähigkeit, Minderjährigkeit, fehlende formgültige Vertretungsmacht) werden entspr. den Änderungen behandelt. Der BGH wendet die Grundsätze über die fehlerhafte Gesellschaft auf den Erwerb eines Anteils nicht mehr an, da die Gesellschaft durch § 16 Abs. 1 ausreichend geschützt sei (*BGH* NJW-RR 2015, 659). Vor Eintragung kann die Nichtigkeit geltend gemacht werden (*Rowedder/Pentz* § 2 Rz. 37; *Scholz/Cramer* § 2 Rz. 19; *Noack* § 2 Rz. 14; *Lutter/Hommelhoff* § 2 Rz. 38). Die Betroffenen werden nicht Gesellschafter. Der Gesellschaftsvertrag ist nichtig (§ 125 BGB), was von jedermann geltend gemacht werden kann. Wird die Gesellschaft in Vollzug gesetzt, so ist die Vor-GmbH zu liquidieren (fehlerhafte Gesellschaft – hierzu *Oechsler* NJW 2008, 2471; *Lutter/Hommelhoff* § 2 Rz. 38). Auch hier tritt i.Ü. grds. durch Eintragung Heilung ein, wobei sich für den Fall der Geschäftsunfähigkeit bzw. Minderjährigkeit Besonderheiten ergeben (kein Entstehen der Mitgliedschaft in der GmbH, keine Haftung der Mitgesellschafter nach § 24, vgl. BGHZ 17, 167; auch *BGH* WM 1992, 1812 für AG; i.Ü. *Lutter/Hommelhoff* § 2 Rz. 5, 6, 8; auch *Scholz/Cramer* § 2 Rz. 72 f. m.w.N.). Hierzu KG GmbHR 2001, 33.

1. Der Beurkundungsvorgang. Die Vorschrift ist insofern geändert durch das Gesetz **11** zur Ergänzung der Regelungen zur Umsetzung der Digitalisierungsrichtlinie und zur Änderung weiterer Vorschriften vom 15.7.2022 (BGBl. I 2022, S. 1146), in Kraft seit dem 1.8.2023 sowie Gesetz zur Umsetzung der Digitalisierungsrichtlinie (DiRUG) vom 5.7.2021 (BGBl. I 2021, S. 3338) und Gesetz zur Modernisierung des GmbH-Rechts und zur Bekämpfung von Missbräuchen (MoMiG) v. 23.10.2008 (§ 2 I, 1a – Musterprotokoll ohne Abweichungen und entsprechende Anwendung der Vorschriften über den Gesellschaftsvertrag [§ 2 I 1a S. 3]; zur Gründung mit Musterprotokoll *Lutter/Hommelhoff* § 2 Rz. 50 f.; *Gehrlein/Born/Simon* § 2 Rz. 22 f.; hierzu *Heckschen* Die GmbH-Gründung nach MoMiG – Eine Bestandsaufnahme, GmbHR 2018, 1093; *Knaier* Bleibende Unsicherheiten bei der vereinfachten GmbH-Gründung, ZNotP 2021, 9; *ders.* Die Geschäftsführerbestellung im Musterprotokoll, ZNotP 2011, 241; i.Ü. bereits *Fastrich* Erste Erfahrungen mit der UG (haftungsbeschränkt) in Gesellschaftsrecht in der Diskussion, 2010, 119; ferner *Lutter/Hommelhoff* § 2 Rz. 70, zu Fehlern im Musterprotokoll; *Gehrlein/Born/Simon* § 2 R. 26 f.; *Noack* § 2 Rz. 16 m.w.N.; i.Ü. *Wachter* Gründung einer GmbH nach dem MoMiG, GmbHR, Sonderheft 10/2008, S. 1 f.; *Katschinski/Rawert* Stangenware vs. Maßanzug: Vertragsgestaltung im GmbH-Recht nach Inkrafttreten des MoMiG, ZIP 2008, 1993; *Römermann* Die vereinfachte Gründung mittels Musterprotokoll, GmbHR, Sonderheft 10/2008, S. 5 ff.; Rechtsprechung zum Muster *OLG München* v. 12.9.2022 – 34 Wx 329/22 (mangelhafte Registeranmeldung infolge Änderung des Musterprotokolls) – Änderung des Gesellschaftssitzes bei mit Musterprotokoll gegründeter GmbH; *OLG Düsseldorf* ZIP 2010, 1343 – kein vereinfachtes Verfahren bei Satzungsänderung; *OLG München* v. 29.10.2009 – 31 Wx 124/09 – Musterprotokoll – UG – Kapitalerhöhung und Satzungsbescheinigung – Gesellschafterliste; *LG Chemnitz* ZIP 2010, 34; ferner zum zulässigen Gründungsaufwand *KG* ZIP 2015, 1923 = NJW 2015, 3175 = GmbHR 2015, 1158; auch *OLG Hamburg* GmbHR 2011, 766; *OLG München* v. 28.10.2018 – 31 Wx 173/10 – völlig unbedeutende Abwandlungen bei Zeichensetzung, Satzstellung und Wortwahl, stellen kein Eintragungshindernis dar.

Vgl. zur Videokommunikation §§ 16a f. BeurkG (Zulässigkeit, elektronische Niederschrift, Feststellung der Beteiligten mit Videokommunikation, Nachweise für die Vertretungsberechtigung bei elektronischen Niederschriften sowie zu Prüfungs- und Belehrungspflichten §§ 17 ff. BeurkG (Grundsatz, Genehmigungserfordernisse, Unbedenklichkeitsbescheinigung); zu Einzelfragen *Scheller* **Satzungsänderungen vermittels Videokommunikation**, GmbHR 2023, 20; *Lutter/Hommelhoff* § 2 Rz. 73 f.; *Gehrlein/Born/Simon* § 2 Rz. 52 f.; **Virtuelle Gesellschafterversammlungen**, GmbHR 2023, 105; *Wertenbruch* **Virtuelle Gesellschafterversammlung der GmbH nach DiREG und der Personengesellschaft nach MoPeG**, GmbHR 2023, 157.

Die Gesellschafter, sofern es sich nicht um eine Ein-Personen-GmbH handelt, können die Unterschrift nacheinander vollziehen. Die Anwesenheit aller Gründungsgesellschafter zu einem Zeitpunkt ist nicht erforderlich. Möglich ist vielmehr, dass die Gesellschafter die Erklärungen nacheinander u.U. sogar bei verschiedenen Notaren abgeben (hierzu *Lutter/Hommelhoff* § 2 Rz. 22; *Gehrlein/Born/Simon* § 2 Rz. 39; auch Scholz/*Cramer* § 2 Rz. 31; Hachenburg/*Ulmer* § 2 Rz. 12 f.). Erst mit der letzten Unterschrift vor einem – dem – Notar ist der Gesellschaftsvertrag beurkundet (*Noack* § 2 Rz. 11 – „einheitliches Errichtungsgeschäft"). Zu beurkunden ist der gesamte Gesellschaftsvertrag einschließlich der Sonderrechte einzelner Gesellschafter etc. In jedem Fall sind die Bestimmungen des BeurkG – mehr aber auch nicht – einzuhalten. Zu beurkunden sind in den Gesellschaftsvertrag ggf. auch die mitgliedschaftlichen Sonderrechte von Gesellschaftern aufzunehmen (*Lutter/Hommelhoff* § 2 Rz. 25; Scholz/*Cramer* § 2 Rz. 13 f.); auch *Eßers* Reichweite des Formerfordernisses bei Geschäftsanteilsübertragungen, GmbHR 2024, 295.

12   Die Beurkundung durch ausländische Notare kann ausreichen (hierzu *KG* v. 24.1.2018 – 22 W 25/16 – Schweizer Notar mit Sitz im Kanton Bern [vgl. – § 1 des Berner Notariatsgesetzes (NG)] – Erfüllung der Form durch diese Beurkundung im Ausland infolge Gleichwertigkeit von Urkundsperson und Beurkundungsvorgang; *BGH* v.

17.12.2013 – II ZB 6/13, NZG 2014, 219 [vgl. auch Art. 11 Abs. 1, Alt EGBGB]; *Lutter/ Hommelhoff* § 2 Rz. 27 m.w.N. – zur Formwirksamkeit der Übertragung von Geschäftsanteilen durch Notar in der Schweiz *OLG Düsseldorf* v. 2.3.2011 – I-3 Wx 236/10; *OLG Celle* v. 28.12.2022 – 9 W 104/22, GmbHR 2023, 559, zur Gleichwertigkeit von Beglaubigungsvermerken von EU-ausländischer Urkundsperson).

Der ausländische Notar muss in Ausbildung und Stellung gleichwertig sein, mithin die Aufgaben der Beweissicherung etc. neben der Belehrungspflicht erfüllen können. Das wird in den Entscheidungen und Kommentierungen danach beurteilt, ob es sich um Notare aus bestimmten Ländern (vgl. Lutter/Hommelhoff § 2 Rz. 29 mit Beispielen [Schweiz, Belgien etc. – Österreich hierzu *Becht/Wimmer* GmbHR 2019, 45-52]) handelt (vgl. insofern z.B. *BGHZ* 80, 76, 78 = NJW 1981, 1160 = GmbHR 1981, 238 – Kanton Zürich; *Noack* § 2 Rz. 9 m.w.N.; Scholz/*Cramer* § 2 Rz. 18b, Fn. 4 m.w.N.). Auch hier empfiehlt es sich, das zuständige Registergericht um eine Vorabstellungnahme zu bitten, da die hier behandelte Frage nach wie vor in der Diskussion ist (vgl. *Mohr* GmbH-StB 2011, 310; auch *Tomat* GmbH-StB 2011, 207, zum Einreichen der Gesellschafterlisten durch Schweizer Notar; zu Problemen bei elektronischer Anmeldung *Noack* § 2 Rz. 9m. Hinw. auf *LG Augsburg* GmbHR 1996, 941 (UmwG); *Wolff* GmbHR 1994, 237; auch ZIP 1995, 1489). Einzelfälle: *OLG Stuttgart* GmbHR 2000, 721 mit Komm. *Emde* (krit.) = NZG 2001, 40 m. Anm. *Bauer* zur Übertragung von Geschäftsanteilen: Kaufvertrag – Unwirksamkeit der Auslandsbeurkundung durch kalifornischen notary public (Ausübung lediglich der Beglaubigungsfunktion, keine juristische Kompetenz, keine Gleichwertigkeit im Vergleich mit deutschem Notar); vgl. *Witt* ZIP 2000, 1033; *Schaub* NZG 2000, 853 (Legalisation, Apostille, Vorlage fremdsprachlicher Urkunden, Vertretung ausländischer Handelsgesellschaften); *Gätsch/Schulte* ZIP 1999, 1954; *Kröll* ZGR 2000, 111. Zur Amtspflicht des Notars bei GmbH-Gründung (vgl. *Katschinski/Rawert* ZIP 2008, 1998; auch *Römermann* GmbHR, Sonderheft 10/2008, 16/17; vgl. ferner *OLG Frankfurt* NJW-RR 1986, 712 – keine Pflichtverletzung bei Beteiligung von Vorbestraften). Zu den Amtspflichten des Notars bei Kapitalerhöhungen *BGH* v. 2.10.2007 – III ZR 13/07; s. auch § 55. Zur Beschränkung der Urkundstätigkeit auf den räumlichen Amtsbereich und Dienstleitungsfreiheit *KG* ZIP 2012, 1514. Zur Beschwerdebefugnis des einreichenden Notars (Gesellschafterliste) *BGH* v. 26.6.2018 – II ZB 12/16 – Gesellschafterliste; auch *BGH* v. 20.9.2011 – II ZB 17/10, *BGHZ* 191, 84 Rz. 5, sowie *BGHZ* 191, 84 Rz. 8. *BGH* v. 30.11.2023 – III ZB 4/23 – zur einfachen Signatur: maschinenschriftliche Wiedergabe des Verfassernamens am Ende des Schriftsatzes ausreichend, GmbHR 2024, 482.

2. Formmängel. Fehlt die notarielle Form (s. auch oben Rz. 10), so ist der Gesell- **13** schaftsvertrag nichtig (§ 125 BGB). Für den Fall der Nachholung der notariellen Form kann eine Bestätigung des nichtigen Rechtsgeschäfts angenommen werden (§ 141 BGB) (vgl. hierzu *Palandt/Heinrichs* § 141 Rz. 4 – die „Bestätigung" geschieht durch Neuvornahme). Formmängel werden regelmäßig zur Zurückweisung der Anmeldung führen. Denkbar ist vor Eintragung ein Vollzug der Gesellschaft trotz der Nichtigkeit des Gesellschaftsvertrages. In diesen Fällen sollen die Grundsätze über die „fehlerhafte Gesellschaft" zur Anwendung gelangen (s. auch oben Rz. 10; i.Ü. *BGHZ* 13, 324; *Lutter/Hommelhoff* § 2 Rz. 24). Die „Vor-GmbH" ist nach den Regeln der GmbH zu liquidieren (*Lutter/Hommelhoff* § 2 Rz. 24; hierzu auch *Noack* § 11 Rz. 28; *Rowedder/ Pentz* § 11 Rz. 66 f.; Scholz/*K. Schmidt* § 11 Rz. 56; *BGH* NJW 1998, 1079; vgl. allerdings noch *BGH* ZIP 1996, 225; *OLG Dresden* GmbHR 1997, 746) – „vorsichtige" entspr. Anwendung der §§ 66 ff.

14 Trägt der Registerrichter die GmbH gleichwohl bei fehlender oder fehlerhafter notarieller Form (der Satzung oder der Vollmacht, nicht bei Fehlen der Vollmacht) ein, so tritt Heilung ein (*Rowedder/Pentz* § 2 Rz. 38; *Noack* § 2 Rz. 15; Scholz/*Cramer* § 1 Rz. 20; *Lutter/Hommelhoff* § 2 Rz. 38). Die Nichtigkeit nach § 75 ist auf die dort vorgesehenen Fälle beschränkt. Ebenso bei § 395 Abs. 1 S. 2 FamFG – früher § 144 Abs. 1 S. 2 FGG; auch kann insb. eine Amtslöschung nach § 399 Abs. 1 FamFG und § 399 Abs. 4 FamFG – früher § 144a FGG – nicht eingreifen (hierzu *Noack* § 2 Rz. 15; vgl. *BGHZ* 21, 383; auch *Lutter/Hommelhoff* § 2 Rz. 39; vgl. ferner Scholz/*Cramer* § 2 Rz. 20; *Rowedder/Pentz* § 2 Rz. 37).

15 Nach h.M. kann auch der Gesellschafter nicht nach § 75 vorgehen, da dort ein Verstoß gegen § 2 nicht angeführt und der entspr. „Katalog" abschließend ist (hierzu *Noack* § 2 Rz. 15; vgl. *BGHZ* 21, 383; auch *Lutter/Hommelhoff* § 2 Rz. 39; vgl. ferner Scholz/*Cramer* § 2 Rz. 20; *Rowedder/Pentz* § 2 Rz. 37). Damit wird den Gesellschaftern möglicherweise der Vorteil der notariellen Beurkundung (Belehrungsfunktion) genommen. Gleichwohl wird im Hinblick auch auf die praktischen Konsequenzen den oben angeführten Stimmen im Ergebnis zu folgen sein, zumal auch das Gläubigerinteresse zu berücksichtigen ist. IÜ ist der Fall der Heilung von Formmängeln durch die Eintragung aus Gründen der Rechtssicherheit auch an anderer Stelle anzutreffen (vgl. § 15 Abs. 4, § 313 S. 2 BGB; auch § 141 BGB – Bestätigung des Errichtungsgeschäfts durch formgerechte Nachholung).

16 **3. Nebenabreden und Formvorschriften.** Nebenabreden zwischen den Gesellschaftern sind formlos unter bestimmten Voraussetzungen wirksam, insb. solange sie tatsächlich nur zwischen diesen Wirkungen zeigen sollen und nicht auch für die Außenstehende sowie spätere Erwerber der oder des Anteils gedacht sind – Nebenverträge – (*BGH* NJW 1994, 51 AG; *BGHZ* 142, 125; DB 1987, 323 = NJW 1987, 1890; vgl. *Baumann/Reis* ZGR 1989, 157; auch *Lutter/Hommelhoff* § 3 Rz. 83 f.; Scholz/*Cramer* § 3 Rz. 106 f., mit entspr. Bsp.; *Noack* § 3 Rz. 57 f.). Voraussetzung ist, dass die Betroffenen diese nicht zum Inhalt der Mitgliedschaft machen. Das kann nur über die Satzung geschehen (*Lutter/Hommelhoff* § 3 Rz. 85; Scholz/*Scheller* § 3 Rz. 105 f. m.w.N.); Gründungsaufwand kein zwingender Mindestinhalt des Gesellschaftsvertrags vgl. *Wachter* GmbHR 2023, 537; *BayObLG* v. 10.10.2022 – 101 SchH 46/22 – Schiedsklausel in GmbH-Satzung; zu Schiedsklauseln *Groh* Die Verwendung und Auslegung der DIS-Musterschiedsklausel im Gesellschaftsrecht: "Alternativlos"?, GmbHR 2023, 486; zur Nachhaltigkeit *Grisar* Verankerung von Nachhaltigkeitskriterien in der GmbH, GmbHR 2023, 373).

17 Freilich darf dies nicht als Umgehung der Form anzutreffen sein. Die obligatorischen sowie die fakultativen Satzungsbestimmungen sind in notarieller Form vorzunehmen, da ansonsten zum einen wesentliche Bestandteile der Satzung fehlen, zum anderen aber der Rechtsverkehr davon ausgeht, dass über die obligatorischen Mindestinhalte hinaus satzungsmäßig nichts i.S.d. § 3 Abs. 2 vereinbart worden ist. Insoweit ist der Vollständigkeitsgrundsatz hinsichtlich der notariellen Beurkundung unabdingbar (vgl. i.Ü. *BGH* NJW 1969, 131; BB 1981, 926, 927; BB 1993, 677; auch *Priester* DB 1979, 681; *Baumann/Reis* ZGR 1989, 157). Bsp. aus der Rechtsprechung: *BGH* BB 1994, 305 = NJW-RR 1994, 357 = ZIP 1994, 206 – formlose Ruhegehaltszusage für GmbH-Geschäftsführer; *OLG Frankfurt* NJW-RR 1992, 1512 – Deckungsbeitrag im Anstellungsvertrag eines GmbH-Geschäftsführers nur in der Satzung wirksam; *OLG Köln*

NJW-RR 1991, 1316 – Wettbewerbsverbot für Nichtgeschäftsführer/Minderheitsgesellschafter; hierzu auch *LG Bochum* NJW-RR 1991, 1315; *BGH* NJW-RR 1991, 290 – Abtretung einer Auseinandersetzungsforderung (als formlose Nebenabrede gültig); i.Ü. Scholz/*Scheller* § 3 Rz. 105 ff.; ferner *Lutter/Hommelhoff* § 3 Rz. 64 ff.; *Noack* § 3 Rz. 57 – Inhalt im Rahmen der Vertragsfreiheit). Diese Vereinbarungen entfalten lediglich schuldrechtliche Wirkungen.

Verdeutlicht werden diese Grundsätze ferner durch die Entscheidung des *BGH* **18** NJW-RR 1993, 607 zur Beitragsdeckungspflicht in der GmbH: „Die Auffassung des Berufungsgerichts läuft darauf hinaus, dass Nebenabreden eines Gesellschafters stets „korporativen" Charakter haben. Dies steht im Widerspruch zu der ganz h.M. in Rechtsprechung und Schrifttum, die es nach dem Prinzip der Vertragsfreiheit den Beteiligten überlässt, ob sie Nebenpflichten korporativ gestalten wollen, mit der Folge, dass diese den jeweiligen und nicht nur den gegenwärtigen Gesellschafter ggü. der Gesellschaft (§ 328 BGB) oder seinen Mitgesellschaftern gebunden sein soll. Anders, als das Berufungsgericht meint, ist nicht jede Nebenleistungspflicht beurkundungspflichtig, die mit dem Ausscheiden des Gesellschafters aus der GmbH endet. An die Mitgliedschaft gebunden mit der Folge, dass eine Aufnahme der Verpflichtung in die Satzung erforderlich ist, ist eine Nebenleistungspflicht des Gesellschafters vielmehr nur dann, wenn sie an den Gesellschaftsanteil gebunden ist, im Fall seiner Übertragung also ohne weiteres auf den Gesellschafter übergeht".

Für die Praxis bringt diese Rechtsprechung erhebliche Unsicherheiten mit sich. **19** Gerade auch im Hinblick auf die offensichtlich immer stärkere Verbreitung derartiger „persönlicher" Nebenabreden (Scholz/*Scheller* § 3 Rz. 114; ferner *Noack* § 2 Rz. 33) wird sicherlich eine exakte Festlegung erforderlich sein, wenn man den Betroffenen langwierige Auseinandersetzungen ersparen will.

4. Unternehmergesellschaft. S. u. § 5 a. **20**

IV. Gesellschafter

Natürliche Personen können Gesellschafter einer GmbH sein oder auch eine GmbH als **21** „Ein-Personen-GmbH" gründen. Eine Besonderheit gilt für geschäftsunfähige Gesellschafter nach Eintragung (*KG* GmbHR 2001, 33 – Eintragung einer GmbH; Geschäftsunfähigkeit im Zeitpunkt der Gründung; Beschwerdebefugnis gegen Ablehnung des Amtslöschungsverfahrens; Aufzählung der Nichtigkeitsgründe des § 75 ist abschließend, weitere Mängel unbeachtlich; vorgehender Bestandsschutz der GmbH; vgl. insofern *Lutter/Hommelhoff* § 2 Rz. 5, 8; *Gehrlein/Born/Simon* § 3 Rz. 58 f.). Für die Unternehmer-GmbH gelten insofern keine Besonderheiten, da neben natürlichen Personen als „Gründer" auch juristische Personen in Betracht kommen (AG, GmbH etc.).

Nicht voll Geschäftsfähige wie Minderjährige bedürfen der Einwilligung der gesetzli- **22** chen Vertreter (§ 107 BGB), da auch ein schenkweise überlassener Anteil nicht nur rechtliche Vorteile bringt (Treuepflichten etc., zum schwebend unwirksamen Beitritt und der späteren Genehmigung durch den volljährig gewordenen *BGH* 1980, 875). Es greifen die Grundsätze der §§ 1629, 1795, 181 BGB sowie ggf. § 1909 BGB ein (*Lutter/Hommelhoff* § 2 Rz. 5, 8; *Gehrlein/Born/Simon* § 3 Rz. 58 f.; vgl. Scholz/*Cramer* § 2 Rz. 42 f. m.w.N.). Auch Ausländer können Gründungsgesellschafter sein. Steuerliche oder ausländerpolizeiliche Fragen müssen mit den in diesen Bereichen vorgesehenen Mitteln geklärt werden. Verstöße auf den genannten Gebieten (Meldepflichten, Aufenthaltserlaubnis etc.) berühren die rechtswirksamen Erklärungen zur Satzung nicht (*Bartl* BB 1977, 571; auch Scholz/*Cramer* § 2 Rz. 41, 41a; *Lutter/Hommelhoff* § 2 Rz. 3). Auch Arbeitnehmer können Gesellschafter sein (*Lutter/Hommelhoff* § 2 Rz. 9 m.w.N.). Für die „Ehegatten-GmbH" gilt nichts Besonderes. Ehegatten können sich bei der Gütertrennung (§ 1414 BGB) sowie ansonsten, wenn sie nicht über ihr „Vermögen im Ganzen" verfügen (§ 1365 ff. BGB), ohne Zustimmung des anderen Teils an einer GmbH beteiligen (*Lutter/Hommelhoff* § 2 Rz. 5, 8; *Gehrlein/Born/Simon* § 3 Rz. 63 f.; Scholz/ *Cramer* § 2 Rz. 45 m.w.N.). Selbstverständlich sind auch GmbH möglich, bei denen die Ehegatten beide Stammteile übernehmen (wobei auf mögliche Steuerfolgen hingewiesen wird). Zur Auslegung von „Familiengesellschaftsverträgen" vgl. oben § 2 Rz. 2.

23   Einzelkaufleute sowie OHG oder KG können Gründungsgesellschafter einer GmbH sein (*Lutter/Hommelhoff* § 2 Rz. 5 m.w.N.). Hinsichtlich der juristischen Personen gilt nichts Abweichendes (AG, GmbH, KGaA, eV, rechtsfähige Stiftung etc.). Dies ist auch für ausländische Gesellschaften auszuführen, wobei Existenz und eventuelle Vollmachten etc. in der erforderlichen Form darzulegen sind. Umstr. ist schließlich, ob BGB-Gesellschaften, nichtrechtsfähige Vereine oder Miterbengemeinschaften GmbH-Gründungsgesellschafter sein können (zur BGB-Gesellschaft vgl. *BGHZ* 78, 311 = WM 1992, 12; *BGH* ZIP 1981, 183 = BB 1981, 450 = NJW 1981, 682). Die Tendenz geht zu einer großzügigeren Betrachtungsweise (vgl. *BGH* a.a.O.; vgl. freilich zu den Komplikationen Scholz/*Cramer* § 2 Rz. 50 ff.). Wegen der Unternehmergesellschaft s.u. § 5a.

24   Im seltenen Fall, dass der Gesellschaftsvertrag bestimmte Eigenschaften eines Gesellschafters vorsieht (z.B. kein Wettbewerber), wird nur die Zukunft nach der Gründung erheblich werden können; hinsichtlich der Gründer akzeptieren die Gesellschafter bei einem Abweichen bereits die erste Ausnahme (hierzu etwa Scholz/*Cramer* § 2 Rz. 60; *Lutter/Hommelhoff* § 2 Rz. 3).

V. Strohmänner und Treuhänder

25   Vgl. auch oben § 1 Rz. 35. Die Zulässigkeit der „Einpersonen-GmbH" dürfte „Strohmann-Gründungen" zurückgedrängt haben. Diese Form der Gründung wird im Allgemeinen als zulässig angesehen, sofern nicht ausgesprochene Ausnahmetatbestände vorliegen (vgl. oben § 1 Rz. 32 f.; i.Ü. *BGHZ* 31, 258, 271; Scholz/*Cramer* § 2 Rz. 56 m.w.N. – Scheingeschäft/Umgehung). Auch die Unternehmergesellschaft kann als Einpersonen-GmbH gegründet werden (vgl. das Musterprotokoll für die Gründung der Einpersonengesellschaft). Ob es Fälle des Rechtsmissbrauchs durch die Form der vereinfachten Gründung gibt, ist zweifelhaft, allenfalls in krass gelagerten Ausnahmefällen (*Römermann* GmbHR, Sonderheft 10/2008, S. 17). Registerrechtlich besteht im Regelfall auch keine Möglichkeit einzuschreiten, es sei denn, es liegen Anhaltspunkte in konkreter Form vor. Dann kann § 26 FamFG – früher § 12 FGG – eingreifen, wonach der Registerrichter die erforderlichen Ermittlungen durchzuführen hat. Meist wird dies ohnehin nicht im Zeitpunkt der Gründung, sondern erst später im Zusammenhang mit der Haftung eines unterkapitalisierten Strohmannes erheblich (vgl. i.Ü. § 9a zur Haftung von Hintermännern – hierzu *Wicke* § 9a Rz. 9; auch *Noack* § 9 Rz. 40; *BGHZ* 31, 258, 266). Zur Stellung des Treuhänders (Gesellschafter) vgl. § 9a; *Wicke* § 14 Rz. 7; *BGH* NJW 1992, 2023; ZIP 1989, 93; zur Haftung nach den §§ 19, 24, *BGHZ* 118, 107 = NJW 1992, 2023 sowie nach den §§ 30, 31, *BGH* NZG 2008, 108 (AG); ferner Scholz/*Cramer* § 2 Rz. 58 (Auftragsrecht, Weisungsgebundenheit etc.).

VI. Auftreten von Bevollmächtigten

1. Notarielle Form. Für die Vollmacht (rechtsgeschäftlich erteilte Vertretungsbefugnis) ist **26** erforderlich, dass diese notariell beurkundet oder beglaubigt worden ist. Hinsichtlich der notariellen Beurkundung kann auf die Ausführungen oben Rz. 5 ff. verwiesen werden.

Die Voraussetzungen für eine rechtswirksame Beglaubigung folgen aus § 129 BGB, § 40 **27** BeurkG. Dies erfordert Schriftform für die Vollmacht sowie die Beglaubigung der Unterschrift, was durch einen entspr. Notarvermerk im Anschluss an die Unterschrift kenntlich gemacht wird (§ 40 BeurkG). Sinn der Beglaubigung ist es, Sicherheit darüber zu erhalten, dass die Vollmacht erteilt wurde, um Streitigkeiten über die Vertretungsbefugnis auszuschalten (Scholz/*Cramer* § 2 Rz. 24 m.w.N.). Statt des Notars können Beglaubigungen durch deutsche Konsuln vorgenommen werden (§ 17 KonsularG). Ausländische notarielle Beglaubigungen sind zulässig. In diesen Fällen wird jedoch regelmäßig die Legalisation erforderlich sein (§ 2 Abs. 2); *OLG Frankfurt* v. 1.12.2016 – 20 W 198/15 – zu den Anforderungen an eine Vollmacht für GmbH-Gründung.

2. Beglaubigung. Bei einem Verstoß gegen die vorgeschriebene Form besteht ein **28** Eintragungshindernis, das zur Zurückweisung des Eintragungsantrags führen kann, wenn nicht der Vollmachtgeber die Erklärung nachträglich genehmigt – in der Form, die für die Vollmacht vorgeschrieben ist (Scholz/*Cramer* § 2 Rz. 31). Im Übrigen gelten hier die Bestimmungen des BGB, insb. auch § 179 BGB für den vollmachtlosen Vertreter. Bei Fehlen oder Formungültigkeit der Vollmacht ist der Gesellschaftsvertrag schwebend unwirksam. Es liegt ein Eintragungshindernis vor, das zur Zurückweisung des Eintragungsantrages führt (Scholz/*Cramer* § 2 Rz. 32). Die Heilung des Formmangels kann auch hier durch die Eintragung eintreten (vgl. etwa Scholz/*Cramer* § 2 Rz. 32). Eine Ausnahme ist nur dort anzunehmen, wo überhaupt keine Vollmacht oder unwirksame Vollmacht (z.B. von Geschäftsunfähigen) erteilt worden ist.

3. Ein-Personen-GmbH. Hinsichtlich der „Ein-Personen-GmbH" ergeben sich inso- **29** fern keine Besonderheiten. Auch hier sind die Formvorschriften einzuhalten. Die Einmanngründung ist ein einseitiges Errichtungsgeschäft – bei Formmangel nichtig (§ 180 BGB, auch § 141 BGB – zu dieser Problematik im Zusammenhang mit § 180 S. 1 BGB (Unzulässigkeit der Vertretung bei der Ein-Personen-Gründung nach h.M. – hiergegen *Hasselmann* ZIP 2012, 1947 [vollmachtlose Gründung einer Ein-Personen-GmbH], so bereits *Dürr* GmbHR 2008, 408; vgl. auch *LG Berlin* GmbHR 1996, 123).

VII. Inhalt der Gesellschaftsverträge/der Satzung

GmbH-Gesellschaftsverträge sollten nur die notwendigsten Bestimmungen enthalten. **30** Das ist bei Gründung mit einem Musterprotokoll unproblematisch, da der Inhalt vorgegeben ist. Wenn allerdings einzelfallgerecht maßgeschneiderte Satzungsbestimmungen erforderlich sind, ist diese Art der Gründung nicht möglich. Es ist i.Ü. zu beachten, dass der Gesellschaftsvertrag zu denjenigen Unterlagen gehört, die Dritten jederzeit zur Einsicht überlassen werden (vgl. § 9 HGB; zur Einsichtnahme. *Krafka* Registerrecht, Rz. 48 f.). Es ist eine Unsitte, in die für regelmäßig unbeschränkte Dauer geltende „Satzung" eine Vielzahl von Einzelheiten, z.B. über Geschäftsführerschranken (diese gehören in den Anstellungsvertrag) oder entbehrliche, auf die Gesellschafter zugeschnittene Konkretisierungen aufzunehmen. Dies führt dazu, dass häufig Änderungen des Gesellschaftsvertrages erforderlich werden können, weil die Satzung als „Schablone" für das Leben der Gesellschaft zu individuell bzw. zu wenig flexibel formuliert ist. Diese praktische Erfahrung zeigt i.Ü., dass sich die Anzahl der Beanstandungspunkte mit dem Umfang der „Satzung" erhöhen kann, wodurch die Eintragung verzögert wird. Es empfiehlt sich bei komplizierten, aus dem Normalen herausfallenden Vorgängen vor Errichtung der Eintragungsunterlagen Entwürfe zur Vorprüfung dem Registergericht einzureichen und dann erst zu beurkunden/zu beglaubigen, wobei in den betr. Urkunden Änderungsvollmachten für Notarmitarbeiter für den Fall von Auflagen des Registergerichts vorgesehen sein sollten. Besonders häufig treten daneben Konflikte zwischen Erbrecht und Gesellschaftsrecht auf. Auch hier gilt es u.a. unter Berücksichtigung der steuerlichen Folgen zu akzeptablen „dauerhaften" Lösungen zu gelangen, da eine GmbH grds. auf Dauer angelegt ist. Dem sollte man ebenso Rechnung tragen, wie dem Umstand, dass aus welchen Gründen auch immer, Gesellschafterwechsel nicht auszuschließen sind (zu den schuldrechtlichen Nebenabreden vgl. *Baumann/Reis* ZGR 1989, 157 m.w.N.; ferner *Noack* § 3 Rz. 24 f.; *Bayer* GmbHR 2024, 337).

Einzelheiten: *Noack* § 3 Rz. 31 f. zu Nebenleistungspflichten; ferner *BGH* NZG 2008, 148 – unwirksame Verlustübernahme als unbegrenzte Nebenpflicht; *Hülsmann* Buchwertabfindung des GmbH-Gesellschafters im Lichte aktueller Rechtsprechung, GmbHR 2000, 409; *Mecklenbrauck* Abfindungsbeschränkungen in Gesellschaftsverträgen, BB 2000, 2001; *Müller* Die Bestellung des Geschäftsführers im Gesellschaftsvertrag der GmbH als materieller Satzungsbestandteil, 1999; *OLG Koblenz* NZG 2000, 653 – Wettbewerbsverbot – Möglichkeit des Verzichts nach Beendigung des Geschäftsführervertrages unter Wegfall der Entschädigung (*OLG Düsseldorf* BB 1996, 2377) – Aufrechnungsverbot mit Forderung gegen den Entschädigungsanspruch: Unvereinbarkeit mit Treu und Glauben (*BGHZ* 113, 90, 93); *OLG Celle* NZG 2001, 131 – nachvertragliches Wettbewerbsverbot zu Lasten eines Geschäftsführers (niederländisches Recht); *Schnelle* Wettbewerbsverbot für Gesellschafter-Geschäftsführer bei Unternehmensverkauf, GmbHR 2000, 599; *Wagener/Schultze* Zwei Jahre sind genug! Ein Beitrag zu Laufzeiten von Wettbewerbsverboten in Unternehmenskaufverträgen, NZG 2001, 157; *Wachter* GmbH-Musterformulierungen: Nießbrauch an GmbH-Geschäftsanteilen, GmbH-StB 2000, 79; *Sommer/Nachreiner* Schiedsklausel in der GmbH-Satzung, GmbH-St 2000, 287; *Lenz* Schiedsklauseln in GmbH-Gesellschaftsverträgen hinsichtlich Beschlussmängelstreitigkeiten, GmbHR 2000, 552; *Kallrath* Der Gesellschaftsvertrag der GmbH bei Beteiligung von Minderheitsgesellschaftern, MittRhNotK 1999, 325; *Ziegler* Gesellschaftsvertragliche Abfindungsklauseln mit Ratenzahlung, Anm. zu *OLG Dresden* GmbHR 2000, 718 = DB 2000, 2107; zur Stimmrechtsbindung *BGH* ZIP 2009, 216, Schutzgemeinschaft, gesellschaftliche Treuepflicht.

§ 3   Inhalt des Gesellschaftsvertrags

(1) Der Gesellschaftsvertrag muss enthalten:

1. die Firma und den Sitz der Gesellschaft,

2. den Gegenstand des Unternehmens,

3. den Betrag des Stammkapitals,

4. die Zahl und die Nennbeträge der Geschäftsanteile, die jeder Gesellschafter gegen Einlage auf das Stammkapital (Stammeinlage) übernimmt.

(2) Soll das Unternehmen auf eine gewisse Zeit beschränkt sein oder sollen den Gesellschaftern außer der Leistung von Kapitaleinlagen noch andere Verpflichtungen gegenüber der Gesellschaft auferlegt werden, so bedürfen auch diese Bestimmungen der Aufnahme in den Gesellschaftsvertrag.

H. Bartl

Übersicht

I. Allgemeines

§3 wurde durch die Reform 1980 und das MoMiG in der Sache nicht geändert, sofern **1** man von der durchgängig anzutreffenden Formulierung in §3 Abs.1 Nr.4 (Einlage etc.) absieht. §3 wird durch die §§4 (Firma), 4a (Sitz) und 5 (Stammkapital) ergänzt. Bei der Unternehmergesellschaft (§5a) kommen nur die dort anzutreffenden Einfügungen im Musterprotokoll in Betracht. Im Rahmen der Vertragsfreiheit können i.ü. auch weitere Bestimmungen über die notwendigen Mindestinhalte hinaus in die Satzung aufgenommen werden (z.b. schuldrechtliche Abreden). Dies sollte jedoch möglichst vermieden werden, da bei Änderungen der Satzung die nach den §§53ff. vorgesehenen Schritte zu erforderlich sind. Unbedingt zu warnen ist vor Satzungen mit gleichen Anteilen etwa in einer Zwei-Personen-GmbH. Die insofern nicht auszuschließende Pattsituation im Streit der Gesellschafter ist schädlich für alle Beteiligten (vgl. *Lutter/Hommelhoff* §3 Rz.4; *Gehrlein/Born/Simon* §3 Rz.58 zu weiteren möglichen Satzungsbestandteilen, Rz.28 zum Rechtsschutz; zum Rechtsschutz *Noack* Anh. §47 Rz.194ff.; auch *Wicke* §47 Rz.11; *OLG Karlsruhe* NZG 2000, 264 – Zwei-Personen-GmbH – Stimmrechtsverbot des abzuberufenden Geschäftsführers bei Abberufung aus wichtigem Grund, auch bei maßgeblich von ihm beeinflusster Personen-GmbH). Strenge Voraussetzungen sind an die Abberufung aus wichtigem Grund bei der Zwei-Personen-GmbH zu stellen: Erforderlichkeit einer groben Pflichtverletzung neben Unzumutbarkeit der Fortsetzung der Geschäftsführerbestellung bis zum Ablauf der Amtszeit und Vertrauensverlust – Abhängigkeit der Wirksamkeit der Abberufung von der materiellen Rechtslage (Prüfung zahlreicher Einzeltatbestände), unwirksamer Einziehungsbeschluss (Einbeziehung auch des Verhaltens der anderen Gesellschafter – ggf. nur Auflösung, nicht aber Einziehung des Anteils des einen Gesellschafters und entspr. schwerwiegenden Schuldvorwürfen). I.Ü. auch §2 Rz.2 a.E. m.w.N. zur Satzungsgestaltung.

II. Mindestinhalt von Gesellschaftsverträgen

Der Mindestinhalt folgt aus §3 Nr.1 (Firma), Nr.2 (Gegenstand), Nr.3 (Betrag des **2** Stammkapitals), Nr.4 (Zahl und Nennbetrag der Geschäftsanteile jedes Gesellschafters), §3 Abs.2 (zeitliche Beschränkung, weitere Verpflichtungen der Gesellschafter [nicht erforderlich, aber bei Vorhandensein zwingende Aufnahme]) – hierzu *Lutter/*

Hommelhoff § 3 Rz. 1 darauf hinweisend, dass § 3 Abs. 1, 2 nicht abschließend und in anderen Regelungen insofern weitere Bestandteile vorgesehen werden können (*Gehrlein/Born/Simon* § 3 Rz. 59). Grundsätzlich ist zwischen dem Mindestinhalt der Satzung nach § 3 Abs. 1, 2 sowie den fakultativen Bestandteilen (Bsp. in § 3 Abs. 2: Dauer der Gesellschaft und andere Verpflichtungen der Gesellschafter, abgesehen von den Einlagen; *Noack* § 3 Rz. 5 f.; *Lutter/Hommelhoff* § 3 Rz. 1; *Wicke* § 3 Rz. 2 f.) zu unterscheiden. Darüber hinaus kommen zahlreiche weitere Regelungen in Betracht, deren Erforderlichkeit freilich überprüft werden sollte. Neben diesen satzungsmäßigen (korporativen) Bestimmungen sind außerhalb der Satzung zwischen den Gesellschaftern schuldrechtliche Nebenabreden denkbar und zulässig (hierzu etwa *Noack* § 3 Rz. 3; vgl. auch *Bayer* GmbHR 2024, 337). *OLG Hamm* v. 19.6.2023 – 8 U 177/22 – Auslegung einer gesellschaftsvertraglichen Vinkulierungsklausel einer Familiengesellschaft bei Anteilsübertragung auf eine familienfremde Person, GmbHR 2023, 1325. Empfehlenswert ist die Regelung, in welchen Blättern die Bekanntmachung der Gesellschaft erfolgen soll (vgl. u. § 12 – Bundesanzeiger; auch z.B. *Lutter/Hommelhoff* § 12 Rz. 1 f.). Anders als z.B. bei der AG (vgl. § 26 AktG) bietet die GmbH den Gesellschaftern also einen weiten Freiraum für die Satzungsgestaltung, sofern man von den relativ wenigen zwingenden Bestimmungen absieht (vgl. §§ 3 Abs. 1, z.B. auch §§ 30 ff. etc.). Zu Nachhaltigkeitszielen *Grisar* Verankerung von Nachhaltigkeitskriterien in der GmbH, GmbHR 2023, 373; ferner *Groh* Die Verwendung und Auslegung der DIS-Musterschiedsklausel im Gesellschaftsrecht: „Alternativlos"?, GmbHR 2023, 486; zu Schiedsvereinbarungen *Lutter/Hommelhoff* § 3 Rz. 107, m.w.N.

3 Der Freiraum ist z.B. durch die allgemeinen Schranken des Zivilrechts begrenzt (hierzu *Noack* § 3 Rz. 4, ausführlich § 45 Rz. 6 f.; auch etwa Lutter/Hommelhoff § 4 Rz. 40 [Firma], § 1 Rz. 14 Gesellschaftszweck; i.Ü. § 3 Rz. 92 [zwingende Regeln], 93 [sonstige generelle Schranken]).

Die Frage der Satzungsautonomie ist von der Ausübung der Gesellschafterrechte zu trennen, die sich aus § 242 BGB ergeben (z.B. bei Auskunftsrechten oder Abfindung bei Einziehung – vgl. *BGH* GmbHR 2012, 92 – i.Ü. hierzu *Lutter/Hommelhoff* § 3 Rz. 97).

Nach § 310 Abs. 4 S. 4 BGB finden die im AGB-Recht geltenden Grundsätze keine Anwendung auf dem Gebiet des Gesellschaftsrechts, mithin also auch bei der hier betroffenen Materie (*Grüneberg* § 310 Rz. 49 m.w.N.; auch *Lutter/Hommelhoff* § 3 Rz. 96, mit dem Hinweis, dass nach § 310 Abs. 4 S. 4 BGB eine Inhaltskontrolle möglich ist, sofern diese nicht ausgeschlossen ist; *Noack* § 3 Rz. 4, ausführlich § 45 Rz. 8).

4 Fehlt der notwendige Mindestinhalt i.S.d. § 3 Abs. 1, so liegt ein Eintragungshindernis vor. Die Anmeldung ist zurückzuweisen (s.u.). Fehlen Bestimmungen über die Höhe des Stammkapitals oder über den Gegenstand oder sind die Bestimmungen über den Gegenstand nichtig, so steht der Weg nach § 75 (Nichtigkeitsklage) – allerdings in den dort vorgesehenen engen Grenzen – offen (*Lutter/Hommelhoff* § 3 Rz. 20; *Gehrlein/Born/Simon* § 3 Rz. 27 f.; vgl. auch *Rowedder/Pentz* § 3 Rz. 5; *Noack* § 2 Rz. 23; Scholz/ Scheller § 3 Rz. 5). Daneben kommt eine Löschung von Amts wegen nach § 397 S. 2 FamFG – früher § 144 FGG – in Betracht. Nach § 76 können Mängel des Unternehmensgegenstandes durch einstimmigen Gesellschafterbeschluss geheilt werden.

5 Die erwähnte Nichtigkeitsklage nach § 75 ist nur in den dort konkret angesprochenen Fällen möglich. Mithin nur dann, wenn der Gegenstand fehlt bzw. keine Angaben über das Stammkapital gemacht werden. In diesen Fällen kann das Amtslöschungsverfahren nach § 397 S. 2 FamFG – früher § 144 FGG – eingreifen. Liegen derartige Verstöße vor, fehlen also die wesentlichen Erfordernisse des Gesellschaftsvertrages i.S.v. § 3, so kann eine Eintragung nicht erfolgen (vgl. § 9c). Es ist der Gesellschaft durch Zwischenverfügungen aufzugeben, die Eintragungshindernisse innerhalb angemessener Frist zu beseitigen. Im Regelfall werden hier Änderungen erforderlich sein, die gewissermaßen zu einer „Neugründung" führen (str. vgl. *Noack* § 3 Rz. 20 wohl differenzierend Scholz/*Scheller* § 3 Rz. 55). Der Gesellschaftsvertrag muss – wie auch sonst – vollständig und in sich geschlossen in einem Schriftstück zusammengefasst sein (hierzu oben § 2 Rz. 8; zur Änderung des Gesellschaftsvertrages im Gründungsstadium z.B. *OLG Köln* BB 1995, 2545 – Anwendbarkeit der Regeln über den Abschluss, nicht über die Änderung des Gesellschaftsvertrages; i.Ü. *BayObLG* DB 1981, 1128; auch *OLG Frankfurt* BB 1981, 694; zur Zulässigkeit der Nebenintervention bei einer Anfechtungsklage *BGH* NZG 2008, 428; ferner *BGH* GmbHR 2008, 660 = NZG 2008, 428 erfolgreiche Anfechtungs- und Nichtigkeitsklage – Gesellschafter-Beitritt in Berufungsinstanz).

Häufige Fehler sind in diesem Zusammenhang anzutreffen, wenn nach der Änderung, **6** z.B. die Versicherung des Geschäftsführers nicht mehr mit dem Inhalt des Gesellschaftsvertrages übereinstimmt, die Vertretungsbefugnis sich geändert hat, gleichwohl eine Neuanmeldung nicht erfolgt. Es empfiehlt sich auch hier, nachdem bereits Schwierigkeiten aufgetreten sind, dass man den Gang zum Registerrichter nicht scheut oder zumindest Kontakt aufnimmt, um weitere Beanstandungen zu vermeiden (vgl. § 2 Rz. 8). Im Übrigen *OLG Schleswig* v. 21.2.2023 – 2 Wx 50/22 – Offenlegungspflicht hinsichtlich des von GmbH übernommenen Gründungsaufwands (Angabe im Einzelnen, konkret, beziffert) im Gesellschaftsvertrag – nicht ausreichend Bezifferung eines (Gesamt-)Höchstbetrags der übernommenen Gründungskosten – vgl. § 26 Abs. 2 AktG; §§ 9c Abs. 1 S 1, 9c Abs. 2 Nr. 2.

III. Einzelheiten zum Mindestinhalt des Gesellschaftsvertrages

1. Firma. Zulässige Firmenbildung verlangt Kennzeichnungs- und Unterscheidungs- **7** kraft (§ 18 Abs. 1 HGB), Unterscheidbarkeit von anderen Firmen im selben Registerbezirk (§ 30 Abs. 1 HGB) und keine Irreführung des Rechtsverkehrs (§ 18 Abs. 2 HGB) – vgl. *Lutter/Hommelhoff* § 4 Rz. 6 ff. m. zahlr. Einzelfällen; vgl. auch hier § 4 Rz. 8 ff.

Neuere Rechtsprechung: *OLG München* v. 12.9.2022 – 34 Wx 329/22 – unzulässige Firma nach § 18 HGB „Solar" und „Invest" bei unzutreffender Ortsangabe oder bezügliche Größe oder Alter – Branchen- oder Gattungsbezeichnungen zulässig, so z.B. bei Individualisierung durch Ortsnamen – geographische Zusätze als Hinweis auf Sitz im Tätigkeitsbereich des Unternehmens – Irreführung bei fehlendem Ortsbezug durch Ort in der Firma mit Entfernung von 130 km vom Satzungssitz und fehlende Kennzeichnungskraft von „Solar" und „Invest", wenn an dem Ort des Ortszusatzes keine Alleinstellung bezüglich Größe oder Alter bestehe. Im Übrigen wird auf die Ausführungen zu § 4 verwiesen (vgl. hierzu *OLG München* v. 30.5.2016 – 31 Wx 38/16 – Eintragung einer Ersatzfirma ohne vorherige Satzungsänderung unzulässig im Fall der Insolvenz wegen Unrichtigkeit des Handelsregisters; *OLG Düsseldorf* v. 15.8.2023 – 3 Wx 104/23 – „Institut für Einfachheit" – zulässig – keine Irreführung durch „Institut für Einfachheit" – Institut kein Hinweis auf Unistudiengänge/ Forschungszweige oder bestimmte Fachrichtung oder Vorstellung einer wissenschaftlichen Einrichtung.

8   **2. Sitz.** Insofern wird auf § 4a verwiesen (hierzu *BGH* v. 14.11.2017 – VI ZR 73/17 – § 4a – Sitz – Begriff des satzungsmäßigen Sitzes i.S.d. Art. 63 Abs. 1 lit. a EuGVVO n.F./Art. 60 Abs. 1 lit. a EuGVVO a.f. setzt keine Verwaltungs- oder Geschäftstätigkeit am Ort des Satzungssitzes voraus. Es bedarf keines über den Registertatbestand hinausgehenden realwirtschaftlichen Bezugs (Fortführung von *BGH* v. 12.7.2011, *BGHZ* 190, 242 Rz. 19 ff.). Der Sitz muss im Inland sein – vgl. *OLG Brandenburg* v. 20.3.2024 – 7 W 10/24 – Sitzverlegung einer GmbH nach Weißrussland – „§ 4a GmbHG erfordert einen Sitz im Inland. Da eine Verlegung des Satzungssitzes einer GmbH in das Ausland unter Beibehaltung der deutschen Rechtsform nicht vorgesehen ist, bewirkt die Sitzverlegung ins Ausland entweder die Auflösung der Gesellschaft im Sinne der Beendigung ihrer Existenz nach deutschem Recht (so – neben vielen anderen – das von der Antragstellerin mit ihrer Beschwerde zitierte *OLG Hamm* NJW 2001, 2183), oder der Verlegungsbeschluss ist zur Bewahrung vor dieser Rechtsfolge nichtig (MüKo GmbHG/*Hupka* 4. Aufl. 2022, § 4a Rz. 93). Jedenfalls kann die Sitzverlegung nicht in das Handelsregister eingetragen werden".

9   **3. Gegenstand des Unternehmens.** Vgl. *Thoam* Der Handel mit Waren aller Art als Unternehmensgegenstand einer GmbH, RNotZ 2011, 413.

10   Im Zusammenhang mit dem MoMiG diskutierte Änderungen der hier betroffenen Probleme hat der Gesetzgeber bis heute nicht aufgegriffen (*Lutter/Hommelhoff* § 3 Rz. 6; hierzu etwa *Schröder/Cannivé* NZG 2008, 1 m.w.N.).

11   Aus dem Gegenstand des Unternehmens soll für den Rechtsverkehr ersichtlich sein, womit die Gesellschaft sich jeweils befasst (zum Unternehmensgegenstand *Thoma* RNotZ 2011, 413; auch *Sina* GmbHR 2001, 611; *Streuer* GmbHR 2002, 407; *Wallner* JZ 1986, 721; *Arnold* GesRZ 1991, 18). Der Gegenstand ist die Haupterkenntnisquelle für den „Zweck" des Unternehmens (vgl. §§ 1, 7). Allerdings muss der Gegenstand im Hinblick auf die Formulierung in § 3 Abs. 1 Ziff. 2 („den Gegenstand des Unternehmens") nicht Zweck und/oder Ziel enthalten; er kann sich mit dem Zweck decken, dies aber nicht zwangsläufig (vgl. *Noack* § 3 Rz. 7; Scholz/*Cramer* § 2 Rz. 11). Sinn der Vorschrift war es auch, dass der Registerrichter vor Eintragung überprüfen kann, ob der Gegenstand nach § 8 Abs. 1 Nr. 6 genehmigungsbedürftig ist. Dies ist nach der Änderung des § 8 Abs. 1 Nr. 6 (gestrichen: Beifügung der Genehmigungsurkunde) nicht mehr relevant (wobei es Ausnahmen gibt wie z.B. §§ 32, 43 KWG – „sonstige Bankgeschäfte").

12   Der Gegenstand hat auch Bedeutung für die Außenwelt (hierzu *OLG Hamburg* GmbHR 1968, 118 f.; vgl. ferner *BGH* 1981, 805 = BB 1981, 450 = DB 1981, 466; i.Ü. *BayObLG* BB 1994, 1811 = ZIP 1994, 1528), ferner soll er auch für die Gesellschafter sowie die Geschäftsführer als Handlungsrahmen dienen und ein unüberschaubares Risiko bzw. eine unkontrollierte Geschäftsausweitung verhindern. Die Tätigkeit der Gesellschaft soll damit nach außen und innen messbar sein. Vgl. hierzu zutr. *BayObLG*: „Eine abschließende, ins einzelne gehende Umschreibung der Geschäftstätigkeit ist zwar weder aus Gründen des Verkehrsschutzes noch zur innergesellschaftlichen Begrenzung des Tätigkeitsfeldes für den Geschäftsführer erforderlich; dennoch müssen die Angaben zum Unternehmensgegenstand grds. so konkret sein, dass die interessierten Verkehrskreise der Satzung entnehmen können, in welchem Geschäftszweig und in welcher Weise sich die Gesellschaft betätigen will"; vgl. auch *OLG Stuttgart* NZG 2001, 417 = BB 2001, 795 – keine Änderung des Unternehmensgegenstands bei weitgehender Ausgliederung von Tätigkeiten, jedoch Verbleiben eines operativen Teils ohne Alibi-Charakter; Ausgliederung ganzer Tätigkeitsbereiche nach der Bestimmung der Satzung allein mit den Stimmen des Mehrheitsgesellschafters im Konzern: keine Einstimmigkeit erforderlich (Änderung des Unternehmensgegenstands bedarf der Einstimmigkeit); kein Stimmverbot bei Einräumung der Entscheidungsbefugnis in der Satzung.

Um dieses Ziel der Information des Registergerichts, der genehmigenden Behörden **13** (vgl. hierzu §8 Abs. 1 Nr. 6 – aufgehoben – vgl. allerdings *OLG München* v. 21.5.2012 – 31 Wx 164/12 – Anlage- und Vermögensberatung ohne Ausübung erlaubnispflichtiger Tätigkeiten nach dem KWG – Auflage eines Negativattests der BaFin unzulässig), der Geschäftsführer und der Gesellschafter sowie des Rechtsverkehrs zu erreichen, ist der Gegenstand möglichst exakt und konkret zu fassen – Individualisierungsgebot – (*Lutter/ Hommelhoff* §2 Rz. 6, 7; *Rowedder/Pentz* §3 Rz. 13; *Noack* §3 Rz. 8; *Scholz/Scheller* §3 Rz. 12 jeweils m.w.N.). Das gilt uneingeschränkt auch für die Unternehmergesellschaft (§5a – hierzu *KG* v. 28.2.2012 – 25 W 88/11). Hinsichtlich der erforderlichen Individualisierung kommt es auf den Einzelfall an. Der Unternehmensgegenstand muss möglichst konkret den Tätigkeitsbereich, die Branche und z.B. auch die Nichtwirtschaftlichkeit erkennen lassen. Maßgeblich sind hier u.a. auch die Besonderheiten der einzelnen Branchen. Unzulässig sind unbestimmt gehaltene Gegenstände wie „Handel mit Waren aller Art" (hierzu *Thoma* RNotZ 2011, 413 – vgl. auch *OLG Düsseldorf* v. 6.10.2010 – I3 Wx 231/10 – Handel und Vertrieb von Verbrauchs- und Konsumgütern, soweit der Handel nicht einer besonderen Erlaubnis bedarf – unzulässig, da nicht hinreichend konkretisiert – erforderlich vielmehr zumindest: „Handel mit Waren verschiedener Art, insbesondere ...."), „die Erledigung sämtlicher Dienstleistungen" oder auch „Produktion und Vertrieb von Waren aller Art", *BayObLG* BB 1994, 1811 = ZIP 1994, 1528). Das entspricht der h.M. (*Lutter/Hommelhoff* §3 Rz. 7; auch *Scholz/Scheller* §3 Rz. 13–17 m.w.N.; ferner *Noack* §3 Rz. 8; *Rowedder/Pentz* §3 Rz. 13). Neben dem aussagekräftigen und die Nachprüfung ermöglichenden „Kern" sollten weitere Zusätze wie „und verwandte Geschäfte" etc. infolge der damit verbundenen Flexibilität für die GmbH zulässig sein (*Noack* §3 Rz. 8). Die erforderliche Individualität ist sicherlich dann anzunehmen, wenn die konkrete Branchenbenennung (z.B. Lederfabrikation, Hoch- und Tiefbauarbeiten, Rechtsberatung, Steuerberatung, Entwicklung von Software etc.) anzutreffen ist. Als Grenzfall wird „Verwaltung von Vermögen und Beteiligung an anderen Unternehmen" eingestuft – genügend, falls tatsächlich keine weitere Präzisierung möglich ist (*Noack* §2 Rz. 10 m.w.N.). Notwendig ist daher regelmäßig die Angabe des Tätigkeitsfeldes (bestimmte Branche, bestimmte Dienstleistungen, Handel mit bestimmten Waren etc.). Lediglich im Ausnahmefall wird die Angabe „Im- und Export von Waren aller Art" ausreichen, dann nämlich, wenn die Gesellschaft wirklich Waren aller Art im- und exportiert (soweit zulässig!). Dann muss jedoch eine entspr. Tätigkeit in dieser Breite nachgewiesen werden (von Maschinen bis zu Lebensmitteln); andernfalls hat der Registerrichter die Firma durch Auflagen zur Konkretisierung und einer entspr. Satzungsänderung anzuhalten und ggf. die Eintragung abzulehnen (*BayObLG* BB 1994, 1811 = ZIP 1994, 1528; *Scholz/Scheller* §3 Rz. 11; auch *Lutter/Hommelhoff* §3 Rz. 6; insb. *Noack* §3 Rz. 8).

Der BGH (ZIP 1981, 183, 184 = BB 1981, 450 = WM 1981, 163) legt allerdings nur auf **14** den ersten Blick eine großzügigere Betrachtungsweise zugrunde, wenn dort gesagt wird:

15 „§ 3 Abs. 1 Nr. 2 GmbHG verpflichtet die Gesellschafter, den Gegenstand des Unternehmens so bestimmt anzugeben, dass der Schwerpunkt der Geschäftstätigkeit für die beteiligten Wirtschaftskreise hinreichend erkennbar ist. Dem mit der Vorschrift verfolgten Hauptzweck, die interessierte Öffentlichkeit in groben Zügen über den Tätigkeitsbereich des neuen Unternehmens zu unterrichten, wird ausreichend Genüge getan, wenn die Zuordnung zu einem bestimmten Geschäftszweig als einem abgegrenzten Sachbereich des Wirtschaftslebens möglich ist.

16 Eine noch weiterreichende Individualisierung bis in die letzten Einzelheiten der Geschäftsplanung hinein ist weder aus Gründen des Verkehrsschutzes, noch dazu erforderlich, innergesellschaftlich das Tätigkeitsfeld des Geschäftsführers zu begrenzen.

17 Häufig wird es gerade im Interesse eines Unternehmens liegen, dass seine Geschäftsentwicklung nicht durch eine zu eng gefasste Bestimmung über den beabsichtigten Geschäftsbereich unnötig behindert wird.

18 All dies rechtfertigt es, die Anforderungen an die Angabe des Unternehmensgegenstandes nicht zu hoch zu schrauben und damit die Bezeichnung des Kernbereiches der Geschäftstätigkeit ausreichen zu lassen."

19 Zu beachten ist, dass der *BGH* (s. Rz. 14) dies zu einem Gegenstand ausführte, in dem neben dem Tätigkeitsbereich sogar noch ein bestimmtes Projekt (Heizung etc. einer Klinik) angegeben wurde. Dem ist in diesem Einzelfall zuzustimmen. Die zitierten Formulierungen lassen sich freilich nicht dahingehend verallgemeinern, dass letztlich keine Exaktheit und Bestimmtheit des Gegenstandes in der Praxis die Folge ist. Festzustellen ist, dass die Rechtsprechung sich letztlich an den Erfordernissen orientiert, und daneben die Forderungen nach Bestimmtheit des Gegenstandes nicht dazu führen dürfen, bestimmte Tätigkeiten zu verhindern. Das gilt selbst für den Fall der nunmehr nach h.M. zulässigen offenen Mantel-/Vorratsgründung, bei der sich der Gegenstand „auf die Verwaltung eigenen Vermögens" beschränkt, weil eben noch nicht klar ist, wofür diese GmbH einmal eingesetzt werden wird (vgl. § 1 Rz. 27; *BGH* DB 1992, 1228; ferner *OLG Düsseldorf* NJW 1970, 815; weitere Bsp. bei *Noack* § 3 Rz. 8, 10).

20 Hieraus folgt, dass jedenfalls allgemein gehaltene Zusätze wie „einschließlich des Erwerbes von Beteiligungen und der Gründung von Zweigniederlassungen" ebenso wenig unzulässig sind wie der Zusatz „Beteiligung an anderen Unternehmen" – in solchen Fällen sind weitere Individualisierungen nicht erforderlich, sofern der hauptsächliche Gegenstand den erforderlichen Individualisierungsgrad aufweist (vgl. *OLG Frankfurt* DB 1987, 38; vgl. auch *OLG Köln* WM 1981, 805 = Rpfleger 1981, 404).

21 Zulässig sind z.B. Gegenstände wie „Betrieb von Gaststätten" (*OLG Frankfurt* OLGZ 1979, 493, 495 = BB 1979, 1682) oder „Erfüllung eines mit einem Dritten abgeschlossenen Ingenieurvertrages zur Fertigstellung eines bestimmten Klinikums" (*BGH* ZIP 1981, 183, 184 = BB 1981, 450 = WM 1981, 163).

22 Bei einer Komplementär-GmbH, die für eine bereits bestimmte KG als Komplementär vorgesehen ist, wurde früher neben der Anführung der Komplementärstellung in der KG X auch die Anführung des Tätigkeitsbereichs dieser KG im Gegenstand der GmbH verlangt (*BayObLGZ* 1975, 447 = GmbHR 1976, 38; *OLG Hamburg* GmbHR 1968, 118 = BB 1968, 267). Dem ist heute nicht mehr zu folgen (Scholz/*Scheller* § 3 Rz. 17 unter Hinw. auf *BayObLG* GmbHR 1995, 722 = NJW-RR 1996, 413: ohne Angabe des Tätigkeitsbereichs). Es werden daher im Gegenstand die Formulierungen genügen: „Beteiligung als persönlich haftende Gesellschafterin an der X-KG" – nicht ausreichend aber „an einer KG" ohne Angabe der konkreten KG (so zutreffend *Lutter/Hommelhoff* § 3 Rz. 7; Scholz/*Scheller* § 3 Rz. 17; *Rowedder/Pentz* § 3 Rz. 14; *Noack* § 3 Rz. 9 jeweils m.w.N.).

Ist der Gegenstand unbestimmt und weist er die erforderliche Individualisierung nicht **23** auf, so hat der Registerrichter die Eintragung (natürlich nach vorheriger Zwischenverfügung – vgl. § 382 Abs. 4 FamFG sowie i.Ü. § 9c Abs. 2) abzulehnen (*Noack* § 3 Rz. 10). Trägt der Registerrichter trotz des Mangels ein, so tritt Heilung des Mangels ein (Scholz/*Scheller* § 3 Rz. 5). Allerdings ist in diesen Fällen der Weg nach § 399 Abs. 4 FamFG – früher § 144a FGG – oder § 397 S. 2 FamFG denkbar (str. – vgl. *Noack* § 3 Rz. 10; hierzu auch Scholz/*Scheller* § 3 Rz. 9). Ist eingetragen und fehlt lediglich die Individualisierung, so kommt wegen der Heilung des Mangels § 75 bzw. § 397 S. 2 FamFG nicht in Betracht (Scholz/*Scheller* § 3 Rz. 7; auch *Noack* § 3 3 Rz. 10; *Lutter/Hommelhoff* § 3 Rz. 7 [kein Nichtigkeitsgrund]).

Fehlt der Unternehmensgegenstand oder ist er nach den §§ 134, 138, 117 BGB nichtig, **24** so kommt auch die Nichtigkeitsklage nach § 75 in Betracht (*BGHZ* 102, 209, 213; Scholz/*Scheller* § 3 Rz. 11). Denkbar ist auch ein Einschreiten des Registerrichters nach § 397 S. 2 FamFG – früher § 144 Abs. 1 S. 2 FGG.

Der Registerrichter hat nicht die Möglichkeit, selbst korrigierend tätig zu werden oder **25** nur einen Teil einzutragen (*Lutter/Hommelhoff* § 3 Rz. 7; *LG München I* GmbHR 1991, 270). Mängel hinsichtlich des Unternehmensgegenstandes können durch einstimmigen Beschluss der Gesellschafter nach § 76 geheilt werden – Satzungsänderung – Wirksamkeit mit Eintragung (vgl. hierzu *Noack* § 76 Rz. 5, 9).

Hinsichtlich der Unternehmergesellschaft nach § 2 Abs. 1a, § 5a ist zu beachten, dass **26** die Wahl des Gegenstandes eingeschränkt ist, allerdings Abweichungen vom Musterprotokoll in Betracht kommen (s. hierzu § 1 Rz. 3 ff. bzw. § 5a – vgl. *KG* v. 28.2.2012 – 25 W 88/11 – zur Individualisierung).

Satzungsgegenstand und tatsächlicher Gegenstand der Gesellschaft müssen zumindest **27** im Zeitpunkt der Anmeldung/Eintragung grds. übereinstimmen. Eine Änderung des Gegenstandes kann nur nach den §§ 53 ff. durch Satzungsänderung erfolgen. Theoretisch ist denkbar, dass die Gesellschafter einen neuen Gegenstand formnichtig festlegen. Sie werden allerdings in diesen Fällen dem Registergericht keine Nachricht geben. Würde ein Antrag gestellt, so müsste er nach Zwischenverfügung zurückgewiesen werden, da die nach den §§ 53 ff. erforderlichen Voraussetzungen nicht erfüllt sind.

Ändern die Gesellschafter oder auch der Geschäftsführer den Tätigkeitsbereich, so **28** fallen Gegenstand und Wirklichkeit auseinander. In diesen Fällen war von Registergerichten an ein Einschreiten nach § 399 Abs. 4 FamFG – früher § 144a FGG – gedacht. Allerdings lehnt die wohl h.M. dies mit Recht ab (*BayObLGZ* 1979, 297, 208; Scholz/*Scheller* § 3 Rz. 19). Das Problem wird auf der Geschäftsführer- bzw. Gesellschafterebene gesehen. Insb. wird eine Befugnis zur tatsächlichen Änderung des Gegenstands abgelehnt; es kann vom Gesellschafter auf Rückgängigmachung bzw. Schadensersatz geklagt werden (vgl. Scholz/*Scheller* § 3 Rz. 20 m.w.N.). Bei Ausnahmegestaltungen oder „Extremfällen" sollen die § 75, § 397 FamFG – früher § 144 FGG – analog anwendbar sein (vgl. Scholz/*Scheller* § 3 Rz. 19; auch *Rowedder/Pentz* § 3 Rz. 15 m.w.N.).

29 Zu beachten ist jedoch in diesem Zusammenhang, dass die Einschränkung des Tätigkeitsbereiches unter Aufrechterhaltung eines noch wesentlichen Teiles i.Ü. nicht zu den angesprochenen Folgen führt. Das gilt zumal dann, wenn es sich um eine vorübergehende Beschränkung handelt. Mit Recht bemerkt *Hachenburg/Ulmer* (§ 3 Rz. 23), dass in diesen Fällen die verbleibende Tätigkeit noch durch die Satzung und ihren Gegenstand abgedeckt ist (hierzu auch Scholz/*Scheller* § 3 Rz. 18). Gefährdete Bereiche werden folglich dann erreicht, wenn der Tätigkeitsbereich völlig eingeschränkt wird, wenn im Wesentlichen nicht erfasste Tätigkeitsbereiche vorgenommen werden oder wenn es sich um ein völlig neues Betätigungsfeld handelt. Liegen die tatsächlichen Voraussetzungen vor, so kann der eingetragene Gegenstand die ihm vom Gesetz zugewiesene Funktion nach außen und innen nicht mehr erfüllen. Es empfiehlt sich daher im Interesse des Rechtsverkehrs sowie der Gesellschaft, tatsächliche und eingetragene Tätigkeiten zu überprüfen und ggf. anzupassen. Der Registerrichter wird hier regelmäßig weder die Kenntnis noch eine Möglichkeit haben, im Klageverfahren zu klärende „faktische Satzungsänderungen" zu verfolgen, sofern die Registergerichte nicht in solchen Fällen von übergangenen Gesellschaftern angegangen werden (vgl. insofern *BayObLGZ* 1979, 208 f.).

30 Denkbar ist in den Fällen der faktischen Satzungsänderung auch noch, dass die Firma täuschend wirkt (vgl. § 18 Abs. 2 HGB). Da die Firma grds. nach wie vor auch dem Gegenstand des Unternehmens entlehnt sein muss, sofern keine Personenfirma vorliegt, ist ein Firmenmissbrauchsverfahren theoretisch möglich, wobei die Zulässigkeit von Phantasiefirmen zu beachten ist (darauf weisen *Lutter/Hommelhoff* § 4 Rz. 36, sowie Scholz/*Scheller* § 3 Rz. 20 mit Recht hin). Betroffen sind damit Sachfirmen und deren Abweichung vom Unternehmensgegenstand. Entspr Erfahrungen bzw. Entscheidungen sind – soweit ersichtlich – nicht vorliegend.

31 **4. Der Betrag des Stammkapitals.** Insoweit wird im Wesentlichen auf die Kommentierung zu §§ 5 ff. verwiesen. In dem hier maßgeblichen Zusammenhang ist auszuführen, dass der Betrag des Stammkapitals sich eindeutig und unbedingt aus der betr. Satzungsbestimmung ergeben muss. Vom Stammkapital sind die zuerst auszumachenden Stammeinlagen bzw. die identische Stammeinlage bei der Ein-Personen-Einlage zu unterscheiden. Fehlt eine entspr. Angabe des Stammkapitals, so ist der Gesellschaftsvertrag nichtig. Es greifen bei Eintragung die § 75, § 397 S. 2 FamFG – früher § 144 FGG – ein. Eindeutige diesbezügliche Angaben sind nur gegeben, wenn es sich aus dem Gesellschaftsvertrag selbst ergibt, wie hoch das Stammkapital ist, ohne dass es z.B. zur Feststellung noch des Einblickes in andere Urkunden bedarf (so zutr. Scholz/*Scheller* § 3 Rz. 46 f.; *Noack* § 3 Rz. 14). Das gilt auch für die Unternehmergesellschaft, da auf das Musterprotokoll die Vorschriften über den Gesellschaftsvertrag entspr. anzuwenden sind (vgl. § 2 Abs. 1a).

32 Der Betrag ist seit 1999 in einer festen Summe in Euro-Betrag anzugeben (*Noack* § 3 Rz. 15; Scholz/*Scheller* § 3 Rz. 48; *Lutter/Hommelhoff* § 3 Rz. 39; vgl. *Habel* GmbHR 2000, 267; *Ries* GmbHR 2000, 264; *Heidinger* GmbHR 2000, 415; *ders.* NZG 2000, 532; *LG Bremen* GmbHR 2000, 287 – Umstellung des Stammkapitals (150.000 DM) mit Aufstockungsbetrag (6.466,40 DM) auf Euro (80.000 €) – Zulässigkeit der Glättung durch Erhöhung um einen „krummen" DM-Betrag bei gleichzeitiger Umstellung von Stammkapital und Geschäftsanteilen auf „glatte" Euro-Beträge; i.Ü. *LG Bonn* GmbHR 1999, 864).

H. Bartl

Bei Fehlen oder dem Vorliegen unklarer Bestimmungen wird der Registerrichter dies **33** beanstanden und die Eintragung nach Frist zur Beseitigung des Satzungsmangels kostenpflichtig zurückweisen. Im Prinzip kommt in diesen Fällen nur eine Heilung durch Gesellschafterbeschluss mit entspr. Anmeldung und Überreichung einer neuen vollständigen Satzung in Betracht. Hinsichtlich der Änderung des Stammkapitals vgl. §§ 53 ff.

5. Die Angabe der Zahl und Nennbeträge der Geschäftsanteile sowie der übernehmenden Gesellschafter. Die Vorschrift ist dem § 2 AktG angelehnt (*Noack* § 3 **34** Rz. 16). Wesentlich ist, dass nunmehr jeder Gesellschafter beliebig viele Anteile jeweils mindestens mit einem Euro übernehmen kann – vgl. auch § 5 Abs. 2 S. 2 (hierzu *Lutter/Hommelhoff* § 3 Rz. 40 f.; auch Scholz/*Scheller* § 3 Rz. 51; auch *Noack* § 3 Rz. 16).

Insofern ist § 3 Abs. 1 Nr. 4 zu beachten. Nach der Begründung des RegE soll durch **35** die Änderung Folgendes erreicht werden: „Die Aufnahme der Zahl der von jedem Gesellschafter übernommenen Geschäftsanteile in den Gesellschaftsvertrag wird notwendig, da ein Gesellschafter nach § 5 Abs. 2 künftig **auch bei der Gründung mehrere Geschäftsanteile übernehmen kann.** Darüber hinaus ist eine inhaltliche Änderung mit der hier vorgeschlagenen Regelung nicht verbunden. Durch die vorgeschlagene Neufassung werden aber die von den Gesellschaftern zu übernehmenden Geschäftsanteile und somit ihre Beteiligung bzw ihre Mitgliedschaft ggü. ihrer Einlageverpflichtung in den Vordergrund gerückt. Die Erklärung des Gesellschafters, sich an der Gesellschaft beteiligen zu wollen, war schon bisher notwendiger Inhalt des Gesellschaftsvertrags (vgl. hierzu *Noack* § 3 Rz. 16 f; Scholz/*Scheller* § 3 Rz. 51; *Wicke* § 3 Rz. 14; *Katschinski/ Rawert* ZIP 2008, 1995; *Wachter* GmbHR, Sonderheft 10/2008, 10; vgl. auch z.B. *OLG Jena* v. 19.4.2017 – 2 U 18/15 – zur Hin- und Herzahlung in zeitlichem Zusammenhang zwischen Gesellschaft und Gesellschaftern).

Die seinerzeitige Neufassung der Vorschrift soll die Notwendigkeit einer solchen Bei- **36** trittserklärung durch das Erfordernis der Angabe der Nennbeträge der übernommenen Geschäftsanteile besser zum Ausdruck bringen. RegE: „Zudem stimmt dies mit der Vorstellung des Gesellschafters überein, dass er einen Geschäftsanteil an der Gesellschaft übernimmt und anschließend hält. Demgegenüber wird das geltende Recht, nach dem die Gesellschafter eine Stammeinlage zu übernehmen haben, nach der sich der Geschäftsanteil bestimmt (§ 14), dieser allgemeinen Vorstellung nicht gerecht."

Der Begriff „**Nennbetrag des Geschäftsanteils**" entspricht nach der Begründung des **37** MoMiG (RegE) der aktienrechtlichen Ausdrucksweise (vgl. § 23 Abs. 3 Nr. 4 AktG) sowie dem allg. Sprachgebrauch in der Praxis. In § 57h hat er Eingang in das GmbHG gefunden. Die Aufnahme der Nennbeträge der Geschäftsanteile in den Gesellschaftsvertrag ist auch deshalb sinnvoll, weil der Nennbetrag des Geschäftsanteils schon bisher als Identitätsbezeichnung dient.

Darüber hinaus wird geregelt, dass die Gesellschafter die Geschäftsanteile jeweils **38** gegen eine Einlage auf das Stammkapital zu übernehmen haben. Die Einlageverpflichtung entsteht nicht mit der Aufnahme der Stammeinlage, sondern mit der Aufnahme des Nennbetrags des jeweiligen Geschäftsanteils in den Gesellschaftsvertrag. Die Regelung ist an § 2 AktG angelehnt. Es soll deutlich werden, dass die Gründer sämtliche Geschäftsanteile sofort übernehmen müssen, was dem Prinzip der Einheitsgründung entspricht. Gleichzeitig kommt die logische Unterscheidung zwischen der

Beteiligung des Gesellschafters bzw. seiner Mitgliedschaft und seiner Einlageverpflichtung bei Gründung der Gesellschaft zum Ausdruck (Begr. RegE).

39 Der Begriff „**Stammeinlage**" hat diese Differenzierung verwischt. Die Höhe der Einlageverpflichtung bzw. das Verhältnis von Nennbetrag des Geschäftsanteils und Stammeinlage ergibt sich aus der unter Nr. 14 vorgeschlagenen Fassung des § 14 (Begr. RegE – hier § 14 Rz. 1).

40 **Der Begriff „Stammeinlage" wird für eine Übergangsphase beibehalten.** Eine Stammeinlage ist wie bisher die von jedem Gesellschafter auf das Stammkapital zu leistende Einlage.

41 Durch die Beibehaltung dieses Begriffs kann tw. auf redaktionelle Änderungen – insb. außerhalb des GmbHG – zunächst verzichtet werden. Es empfiehlt sich nach der Begründung des RegE, hier § 14 Rz. 1, künftig generell auf den einfacheren Ausdruck „Einlage" und ggf. Einlageverpflichtung umzustellen, da der Begriff der Stammeinlage veraltet ist und dem allg. Sprachgebrauch nicht mehr entspricht.

42 Die vorgeschlagene Fassung von § 3 Abs. 1 Nr. 4 führt zu folgender Änderung: Der nach dem geltenden Recht im Gesellschaftsvertrag anzugebende Betrag der Stammeinlage bleibt im Verlauf der Gesellschaft stets gleich. Im Rahmen einer Kapitalerhöhung übernimmt der Gesellschafter nach geltendem Recht eine neue Stammeinlage und damit einen neuen Geschäftsteil.

43 „Die Höhe der Einlageverpflichtung ist entspr. der Neufassung daher stets aus dem Gründungsvertrag und der Übernahmeerklärung im Rahmen der Kapitalerhöhung ersichtlich. **Der Nennbetrag des Geschäftsanteils kann sich hingegen verändern** (vgl. hierzu auch *Katschinski/Rawert* ZIP 2008, 1996). So kann er sich durch eine nominelle Aufstockung im Zuge der Einziehung des Geschäftsanteils eines anderen Gesellschafters gem. § 34 oder im Zuge einer Kapitalerhöhung aus Gesellschaftsmitteln gem. den §§ 57 c ff. erhöhen. In diesen Fällen wird durch die Erhöhung jedoch keine neue Einlageverpflichtung des Gesellschafters begründet. Die Einlageverpflichtung des Gesellschafters entspricht in ihrer Höhe daher nicht immer dem Nennbetrag des Geschäftsanteils. Die Höhe der Einlageverpflichtung des Gesellschafters kann allerdings eindeutig dadurch festgestellt werden, dass man auf den bei Errichtung der Gesellschaft im Gesellschaftsvertrag bzw auf den bei der Kapitalerhöhung in der Übernahmeerklärung festgesetzten Nennbetrag des Geschäftsanteils abstellt. Hier übernimmt der Gesellschafter in beiden Fällen Geschäftsanteile gegen Einlage, so dass eine Einlageverpflichtung in Höhe des Nennbetrags des Geschäftsanteils besteht. Vgl auch den vorgeschlagenen § 14 und die Begründung hierzu (Nr. 14)" (MoMiG – Begr. RegE).

44 Die Satzung muss folglich klar ergeben, wer welche Geschäftsanteile auf das Stammkapital (Stammeinlage) (vgl. § 3 Abs. 1 Nr. 4) übernommen hat. Zur Einlagepflicht vgl. § 14. Hinsichtlich der Angaben über Bar- oder Sacheinlagen vgl. § 5. Das gilt auch für die Unternehmergesellschaft – vgl. § 5a Abs. 2, 3. Die Zahl und die Nennbeträge der übernommenen Anteile sind hier in das Musterprotokoll etc. aufzunehmen.

45 Anzugeben sind folglich der jeweilige Euro-Betrag sowie der betroffene Gesellschafter. Die Stammeinlagen und ihre Höhe müssen in der Satzung selbst enthalten sein. Eine Aufnahme in andere Gründungsunterlagen reicht nicht aus (*Lutter/Hommelhoff* § 3 Rz. 12; auch Scholz/*Scheller* § 3 Rz. 49; insb. *OLG Hamm* OLGZ 1986, 159 = NJW 1987, 263 = GmbHR 1986, 311). Auch ist der Betrag in festen Euro anzugeben (*Noack* § 3 Rz. 15).

Eine Unsitte ist es, in der Satzung selbst, die als abgeschlossener Teil angesehen wer- **46** den sollte, mit den Formulierungen wie „der Erschienene zu 1" etc. zu arbeiten (vgl. insofern auch richtig das Musterprotokoll). Das erschwert nicht nur die Übersicht, sondern es ist auch bedenklich: Die Gründungsgesellschafter können später aus dem Gesellschaftsvertrag gestrichen werden, wenn das Stammkapital nach der Eintragung voll eingezahlt ist und diese Satzungsänderung ordnungsgemäß nach den §§ 53 ff. behandelt wurde (*BGH* NJW 1989, 168 = GmbHR 1988, 337; *Lutter/Hommelhoff* § 3 Rz. 45; Scholz/*Scheller* § 3 Rz. 59 m.w.N.; sowie *Noack* § 3 Rz. 18); denn dem Rechtsverkehr liegen die Gründungsurkunde sowie die einzureichenden Gesellschafterlisten vor, so dass sich von hieraus keine Gründe ergeben, die Angabe der Gründungsgesellschafter im Gesellschaftsvertrag beizubehalten. Enthält die jeweils gültige Satzung die derzeitigen Gesellschafter, so bestehen dann keine Bedenken, als nicht der Eindruck entsteht, es handle sich um Gründungsgesellschafter. Hinsichtlich der Anmeldung ist § 8 Abs. 1 Nr. 3 zu beachten (Gesellschafterliste mit Nennbeträgen etc.). Ferner wird der aktuelle Stand der Gesellschafter durch die Neufassung des § 16 Abs. 1; vgl. auch § 40) transparent. Diese Probleme sind nunmehr durch die Konkretisierung der Gesellschafterliste – früher oft stiefmütterlich behandelt – geklärt. Maßgeblich ist § 40 Abs. 1, nach dem aus der Liste die laufende Nummer, Name, Vorname, Geburtsdatum, Wohnort/Sitz anzugeben sind (vgl. *Katschinski/Rawert* ZIP 2008, 2000); auch *Wicke* § 5 Rz. 4; ferner *Wachter* GmbHR, Sonderheft 10/2008, S. 15).

Nach §§ 5 Abs. 2 S. 2, 40 Abs. 1, auch §§ 11, 4 GesellschafterlistenVO, sind die Gesell- **47** schafteranteile in die Gesellschafterliste mit fortlaufenden Nummern in ganzen arabischen Zahlen sowie bei mehreren Anteiles eines Gesellschafters in Prozentzahlen zu übernehmen (vgl. hierzu *Lutter/Hommelhoff* § 5 Rz. 7, § 40 Rz. 17 f., [18 Nummerierung], 20 [Prozentangaben], [Rundungen etc.]; *Gehrlein/Born/Simon* § 40 Rz. 3 f., 6 [Gesellschafter], 9 [Anteile]).

Gesellschafterliste

Gesellschafter*) Name Vorname Geburtsort Wohnort	Nr.	Nennbetrag	Prozentuale Beteiligungsquote	Prozentualer Gesamtumfang der Beteiligung
Müller Peter Frankfurt/M. Frankfurt/M.	1	12.500	50 %	
Maier Dieter Wiesbaden Wiesbaden	2	12.500	50 %	
etc.				

*) Bei juristischen Personen (z.B. GmbH) und Personengesellschaften Firma, Satzungssitz, Registergericht, Registernummer.

Vgl. hierzu etwa Gustavus/*Böhringer/Melchior* A 103, S. 262, Beispiel.

48 Werden Änderungen bei Unternehmergesellschaften vorgenommen, so gilt grds. nichts Abw. Solange es sich um „zulässige Änderungen" des Inhalts handelt, gilt auch die Kostenprivilegierung des § 41d KostO. Insofern sind auch Änderungen „im Rahmen" des Musterprotokolls (z.B. Kapitalerhöhung, Aufnahme eines zweiten Gesellschafters etc.) sind ebenfalls privilegiert und können mittels des Musterprotokolls durchgeführt werden (*Gehrlein/Witt/Volmer* 1. Kap. Rz. 40). Werden die „Vorgaben" des Musterprotokolls verlassen, so gilt zum einen die kostenrechtliche Privilegierung nicht, zum anderen kann das Musterprotokoll nicht genutzt werden (z.B. bei mehr als drei Gesellschaftern oder der Übernahme von mehreren Anteilen durch einen Gesellschafter). Zu den Folgen *Gehrlein/Born/Simon* 1. Kap. Rz. 39 – Unwirksamkeit der Vertragsbestimmung (mehrere Gesellschafter, Übernahme von mehreren Anteilen, Sachgründung, mehrere Geschäftsführer). Die Anmeldung wird zurückgewiesen (vgl. § 9c; ferner *Gehrlein/Born/Simon* 1. Kap. Rz. 39). Erfolgt gleichwohl eine Eintragung, so kommt eine Löschung nach § 395 FamFG – früher § 142 FGG – von Amts wegen in Betracht.

49 In der Satzung müssen enthalten sein:

Die in § 3 Abs. 1 Ziff. 1–4 vorgesehenen Angaben:

– Firma,
– Sitz,
– Gegenstand,
– Betrag des Stammkapitals,
– Zahl der Gesellschafter und die Nennbeträge der übernommenen Geschäftsanteile (Stammeinlage).

50 Diese Angaben muss der Gesellschaftsvertrag enthalten. Fehlen sie, greifen entweder § 75 (Nichtigkeitsklage des Gesellschafters), § 397 FamFG – früher § 144 FGG (Löschung nichtiger Gesellschaften durch das Registergericht) oder § 399 FamFG – früher § 144a FGG (Auflösungsverfahren wegen Satzungsmangels) ein.

51 Wegen der Besonderheiten der Unternehmergesellschaft ist auf die Ausführungen zu § 2 Abs. 1a zu verweisen.

52 Man wird daher gut daran tun, diese fünf Mindestpunkte zu beachten; denn in diesen Fällen wird bei Unvollständigkeit mit Sicherheit ein Eintragungshindernis nach § 9c bestehen; es entstehen daneben Zeitverluste durch die Erledigung überflüssiger Zwischenverfügungen. Ferner können auch trotz fehlerhafter Eintragung im Nachhinein Gericht bzw. auch etwa Gesellschafter entspr. Maßnahmen ergreifen hierzu etwa *Wicke* § 9c Rz. 9; zu Zwischenverfügungen und Zurückweisung der Anmeldung vgl. *Krafka* Rz. 166 f., 192, m.w.N. Ferner *Bassenge/Roth* § 382 Rz. 38; *Bumiller/Harders/ Schwambs* § 382 Rz. 14 f.

IV. Fakultative Bestandteile

53 Aus dem Grundsatz der Vertragsfreiheit folgt, dass die Gesellschafter oder auch der Gesellschafter einer „Ein-Personen-GmbH" im Rahmen des Zulässigen nahezu alles vereinbaren können, was ihnen beliebt (hierzu etwa die Zusammenstellung der umfangreichen Lit. bei *Noack* § 3 Rz. 24 ff.; *Lutter/Hommelhoff* § 3 vor Rz. 48; insb. auch *Baumann/Reiss* ZGR 1989, 157).

Die Angaben nach § 3 **Abs. 2** (Dauer der Gesellschaft, Verpflichtungen ggü. der **54** Gesellschaft über die Stammeinlage hinaus) sind nicht abschließend, sondern exemplarisch (*Noack* § 3 Rz. 25). Zu beachten ist allerdings, dass es hier um die Beziehungen der Gesellschaft zu den Gesellschaftern geht, die hier satzungsmäßig festgeschrieben werden. Daneben können die Gesellschafter sich natürlich auch untereinander – außerhalb des Mitgliedschaftrechtes – obligatorisch binden, sofern darin nicht eine Umgehung zwingender gesetzlicher Vorschriften liegt.

Für die zuletzt genannten Abreden besteht grds. kein Formzwang. Die Wirkung **55** besteht auch nur zwischen den Gesellschaftern, nicht ggü. der GmbH als juristischer Person. Ist freilich eine obligatorische Verpflichtung allein nicht gewollt, sondern sind die Gesellschafter bei ihrer formlos geschlossenen Abrede von einer solchen mit mitgliedschaftsrechtlichen Auswirkungen und Bindungen – also von einer Wirkung auch ggü. der Gesellschaft – ausgegangen, so sind derartige Abreden infolge Formverstoßes unwirksam (§§ 125 ff. BGB, § 2; vgl. zum Umfang der Beurkundungspflicht *BGH* BB 1981, 926; hierzu i.Ü. *BGHZ* 18, 208 – Altersruhegeld; *BGH* BB 1993, 676 ff. – Deckungsbeiträge der Gesellschafter zu den Kosten der Gesellschaft). Es kommt also darauf an, ob mitgliedschaftsrechtliche Pflichten und Rechte (nur in der Satzung) oder schuldrechtliche Rechte und Pflichten zwischen den Parteien vereinbart werden sollen. Mit Recht wird darauf hingewiesen, dass die Abgrenzung im Einzelfall schwierig sein wird (*Lutter/Hommelhoff* § 3 Rz. 83; auch Scholz/*Scheller* § 3 z.B. Rz. 75 m.w.N. zu Stammeinlage und Nachschusspflicht).

Hier sind zunächst die Schranken der Satzungsautonomie zu beachten (*Lutter/Hom-* **56** *melhoff* § 3 Rz. 2, 21, 32, 61, 69 [grds. frei bzgl. kooperativer schuldrechtlicher Bestimmung], auch Rz. 70 m.w.N.). Zwar ist es nach der h.M. den Gesellschaftern überlassen, ob sie eine „korporative" oder lediglich eine schuldrechtliche Vereinbarung über Nebenpflichten treffen (*Lutter/Hommelhoff* § 3 Rz. 61; *Noack* § 3 Rz. 24 f.; *BGH* NJW-RR 1993, 607 – Beitragsdeckungspflicht, m.w.N.). Hierbei spielen wirtschaftliche und zweckmäßige Überlegungen keine entscheidende Rolle. Die Betroffenen sind grds. frei. „Die Grenze ist erst dort gezogen, wo das Gesetz die Eingehung derartiger Leistungen allein in korporativer Form zulässt. Da das GmbH-Recht nach alledem die Übernahme einer Beitragspflicht für den Fall, dass die eingehenden Honorare die Kosten des Unternehmens nicht decken, nicht als mitgliedschaftliche Vereinbarung zwingend fordert, vielmehr auch eine schuldrechtlich wirkende Abrede rechtlich statthaft ist, kommt es darauf an, wie die geschlossenen Verträge auszulegen sind"; Aufgeld (Agio) z.B. kann nach § 3 Abs. 2 in statutarischer aufgenommen werden, ist aber auch als schuldrechtliche Verpflichtung zulässig – keine Anfechtung nach Eintragung bei Kapitalerhöhung – Einziehung durch Insolvenzverwalter ohne Gesellschafterbeschluss (*BGH* NZG 2008, 73 – vgl. hierzu auch etwa *Lutter/Hommelhoff* § 3 Nr. 27). Maßgeblich ist der Einzelfall.

Bedeutsam können sein: **57**
– Betroffenheit aller Gründungsgesellschafter,
– Betroffenheit der Rechtsstellung der Gesellschaft,
– Organisation der Gesellschaft,
– Regelung der Beziehungen der Gesellschaft zu ihren Gesellschaftern,
– Regelungsgegenstände i.S.d. § 3 Abs. 1,
– sonstige Regelungsgegenstände,

- Einmaligkeit der Leistungen,
- Wiederkehr der Leistungen, Dauerverpflichtungen,
- Ankoppelung an persönlichen Anstellungsvertrag,
- Beteiligung von Juristen,
- Anh. zu Anstellungsverträgen etc.

58   Vgl. hierzu *BGH* NZG 2008, 73; ferner hier § 1 Rz. 27; Scholz/*Scheller* § 3 Rz. 74 f: auch *Lutter/Hommelhoff* § 3 Rz. 65; auch *Noack* § 3 Rz. 31 f., 53 f.; *Rowedder/Pentz* § 3 Rz. 29 ff. – zu einer unwirksamen Verlustübernahme als unbegrenzte Nebenleistungspflicht *BGH* NZG 2008, 148.

59   Eine Umdeutung des nichtigen Geschäftes gem. § 140 BGB sowie die Aufrechterhaltung der Abrede als schuldrechtliche Verpflichtung wird regelmäßig nicht möglich sein. Anderes kann dann gelten, wenn die Gesellschafter bewusst eine Aufnahme in den Gesellschaftsvertrag nicht vorgenommen haben. Hier sollte allein der schuldrechtliche Aspekt maßgeblich sein. In dem Verhältnis der Gesellschafter zur Gesellschaft haben diese Vereinbarungen keine Bedeutung. Sie können auch nicht im Wege der Auslegung in ihrer Wirkung über die Gesellschafter hinausgehoben werden (vgl. *BGH* BB 1969, 1410, 1411; vgl. i.Ü. oben § 3 Rz. 1). Für spätere Gesellschafter (Anteilserwerber) haben diese Vereinbarungen nur Bedeutung, wenn sie in den Gesellschaftsvertrag aufgenommen sind, sofern der spätere Erwerber nicht auch insofern in die Stellung des bisherigen Gesellschafters einrückt. Zu Nachfolgeregelungen mit dem Zweck, erbrechtliche und gesellschaftsrechtliche Konflikte zu vermeiden vgl. *BGH* DB 1985, 268; zur Umdeutung in diesen Fällen *Gehrlein/Born/Simon* § 3 Rz. 38 krit. zur unzutreffenden Entscheidung des *OLG Hamm* NZG 2015, 680 (doppeltes Stimmrecht – Tönnies).

60   Es wurde oben davor gewarnt, den Gesellschaftsvertrag mit den an sich zulässigen „Nebenverpflichtungen" zu überfrachten. In der Praxis hat sich erwiesen, dass Gesellschaftsverträge regelmäßig nur die tatsächlich geforderten Bestimmungen enthalten sollten, zumal ja den Außenstehenden nicht jede Einzelheit ersichtlich sein sollte. Bezweckt man jedoch gerade dies, sollte man von den gesetzlich eröffneten Möglichkeiten Gebrauch machen.

61   Zu den häufig streitbegründenden Abfindungsklauseln *Lutter/Hommelhoff* § 3 Rz. 42; *Gehrlein/Born/Simon* § 34 Rz. 70 f. ausführlich; *BGH* GmbHR 2012 (Auslegung); *BGH* GmbHR 2014, 811 (Abfindungsausschluss auch bei grober Pflichtverletzung und Vertragsstrafe); *Schwab* DStR 2012, 707; *Bühler* DNotZ 2021, 725; *Piltz* BB 1994, 1021 – ausführlich m.w.N.; i.Ü. *KG* 2015, 754 zur Ermittlung des Verkehrswerts; s.a. bereits *BGH* NJW 1985, 192 – Verkehrswert = Ertragswert des Unternehmens. Weitere Einzelheiten s. § 2 Rz. 30 m.w.N.

62   **1. Dauer der Gesellschaft.** Es gibt insofern zwei Möglichkeiten: Entweder die Gesellschaft ist auf unbestimmte Zeit abgeschlossen; dann kann nur ein Beschluss der Gesellschafter (i.d.R. mit Dreiviertel-Mehrheit) zur Auflösung der Gesellschaft führen (§ 60 Abs. 1 Ziff. 2). Oder es ist eine zeitliche Beschränkung im Gesellschaftsvertrag vorgesehen (zwei Jahre, Tod eines Gesellschafters, zeitliche Nutzbarkeit eines gewerblichen Schutzrechtes, Mietvertragsdauer, Pacht etc.). Freilich muss sich die zeitliche Beschränkung auch hier aus dem Gesellschaftsvertrag unmittelbar ergeben – objektiv bestimmbar (*Lutter/Hommelhoff* § 3 Rz. 49; Scholz/*Scheller* § 3 Rz. 62; *Noack* § 3 Rz. 27; *Rowedder/Pentz* § 3 Rz. 26; vgl. *BayObLGZ* 1974, 479 = BB 1975, 249). Zur

Regelung der Kündigungsfolgen vgl. *OLG Stuttgart* Rpfleger 1988, 380 – nicht unbedenklich; zur Vereinbarung eines Kündigungsrechts *OLG Hamm* GmbHR 1971, 57; *BayObLG* GZ 1975, 47).

Die bestimmte oder bestimmbare Zeitdauer ist folglich in den Gesellschaftsvertrag **63** aufzunehmen, wenn man dies für alle Zeiten erreichen will – unabhängig von den Gründungsgesellschaftern. Sie wird dann auch im HR eingetragen (§10 Abs. 2).

Insofern kommen Bestimmungen in Betracht wie: **64**

„Die Gesellschaft besteht bis zum Jahre 2015.", „Die Gesellschaft besteht bis zum Tode eines der Gründungsgesellschafter.", „Die Gesellschaft besteht vom Zeitpunkt der Eintragung an für 20 Jahre.", „Die Gesellschaft besteht, solange ... Geschäftsführer ist.", „Die Gesellschaft besteht, solange ihr die Konzession zum Betrieb von ... zusteht.".

Nach Ablauf der vorgesehenen Zeit bzw. nach Eintritt des maßgeblichen Ereignisses **65** wird die Gesellschaft aufgelöst (hierzu in *Lutter/Hommelhoff* §3 Rz. 22, §60 Rz. 2f.; *Gehrlein/Born/Simon* §3 Rz. 43f.; *Noack* §3 Rz. 28; s. auch §60 Abs. 1 Ziff. 1, vgl. dort).

Umstr. ist, ob die zeitliche Beschränkung der Satzung nach Eintragung einen Fortführungsbeschluss verhindern kann. Das ist für die satzungsfeste Festlegung nur nach den **66** §§53, 54 möglich (3/4 Mehrheit – keine Einstimmigkeit, Schutz des widersprechenden Gesellschafters durch Austrittsrecht – h.M. – *Lutter/Hommelhoff* §3 Rz. 23; *Gehrlein/ Born/Simon* §3 Rz. 46).

Kündigungsrechte der Gesellschafter oder eines Gesellschafters haben mit der Dauer **67** nichts zu tun, begründen lediglich ein Recht zum Ausscheiden. Eine Eintragung dieses Rechtes in das HR erfolgt nur, wenn die Kündigung erstmals zwei Jahre später zulässig ist, weil dann in dieser Abrede gleichzeitig eine Mindestdauer der Gesellschaft bzw. der Zugehörigkeit zu ihr gegeben ist (*Lutter/Hommelhoff* §60 Rz. 27f., §3 Rz. 23; *Gehrlein/Born/Simon* §60 Rz. 58 – sehr str.; auch *Altmeppen* §60 Rz. 33; vgl. i.Ü. *BayObLG* BB 1975, 249 m.w.N.).

Ist die Dauer satzungsmäßig verankert, so ist eine Änderung nur über den in den **68** §§53ff. vorgesehenen Weg möglich. Überstimmte Gesellschafter haben hier die Möglichkeit, von ihrem Austrittsrecht Gebrauch zu machen (Scholz/*Scheller* §3 Rz. 67; *Lutter/Hommelhoff* §3 Rz. 49; *Gehrlein/Born/Simon* §3 Rz. 46; *Rowedder/Pentz* §3 Rz. 28; auch allerdings einschränkend *Noack* §3 Rz. 29, 30).

2. Nebenleistungs- und Sonderpflichten. Im Gegensatz zu der AG (vgl. §55 AktG) **69** sieht das GmbHG keine Einschränkung der Neben- oder Sonderpflichten einzelner oder aller Gesellschafter vor, soweit sich nicht aus gesetzlichen Bestimmungen Entgegenstehendes ergibt. Mithin ist hier für die an sich „kapitalistisch" gedachte Gesellschaftsform der GmbH Raum geschaffen, der durch personalistisch orientierte Abreden gefüllt werden kann (*Lutter/Hommelhoff* §3 Rz. 24f. [Zahlungspflichten, Agio, Sachleistungen, Alleinvertriebsrecht, Lieferpflichten, Unterlassungspflichten, Vorkaufsrechte etc.], §3 Rz. 37, §3 Rz. 60f. zu nicht „korporativen", lediglich schuldrechtlichen Vereinbarungen; auch *Gehrlein/Born/Simon* §3 Rz. 47f., 55, 56 [Beispiele: Sachleistungen, Agio, Verlustdeckungszusagen – bestimmbar und Obergrenze –, etc.]); Scholz/*Scheller* §3 Rz. 69 m.w.N.; vgl. auch hier §2 Rz. 30, ferner *BGH* DB 1958, 1038; zu Verlustübernahmepflichten *BGH* GmbHR 2008, 258.

70 Zahlreiche Pflichten können betroffen sein:

- Geld- und Sachleistungen (vgl. *BGH* GmbHR 1989, 151);
- Verpflichtung zu Darlehensgewährung oder Zuschüssen (vgl. *BGH* GmbHR 1989, 151);
- Auswahl für die Kriterien eines Geschäftsführers;
- Benennungsrecht (vgl. *OLG Hamm* ZIP 1986, 1189; *BGH* WM 1989, 250);
- Ruhegehaltszusage (*BGH* BB 1993, 305 = NJW-RR 1994, 357 = ZIP 1993, 206 – GmbH-Geschäftsführer);
- Vertreter bei Gesellschafterversammlungen (*BGH* WM 1989, 63);
- Stimmrechtsausübungen (vgl. *BGH* ZIP 2009, 216 – Schutzgemeinschaft);
- vom Gesellschaftsvertrag abw. Gewinnverteilung;
- persönliche Leistungen;
- Wettbewerbsverbote *OLG München* v. 11.11.2010 – U(K) 2143/10 – Nichtigkeit einer Vertragsstrafenvereinbarung in Gesellschaftsvertrag (Wettbewerbsverbot) bei übermäßiger Beschränkung des Gesellschafters – § 138 BGB; vgl. *BGH* WM 1986, 1282; *OLG Karlsruhe* WM 1986, 1473 – Knebelung – Wettbewerbsverbot nach Beendigung der Mitgliedschaft; kein Wettbewerbsverbot für nicht geschäftsführenden Minderheitsgesellschafter *BGH* NJW-RR 1991, 1316);
- Schiedsgerichtsabreden (vgl. zur Vereinbarung von Schiedsklauseln *BayObLG* v. 10.10.2022 – 101 SchH 46/22 – Schiedsklausel in GmbH-Satzung des Deutschen Instituts für Schiedsgerichtbarkeit – zulässige Klage auf Feststellung von Beschlussmängeln – Rz. 71: „Eine statutarische Schiedsklausel, die – wie hier – nach zutreffendem Verständnis die ergänzenden Verfahrensregeln der DIS für gesellschaftsrechtliche Streitigkeiten 101 SchH 46/22 – miteinbezieht, genügt dem Voraussetzungen, die an eine auch Beschlussmängelstreitigkeiten umfassende wirksame Schiedsvereinbarung zu stellen sind" (vgl. *BayObLG* v. 18.8.2020 – Sch93/20, SchiedsVZ 2020, 315 [juris Rz. 30]); *OLG Koblenz* v. 6.3.2008 – 6 U 610/07; zur Zuständigkeit von Schiedsgerichten *OLG Karlsruhe* ZIP 1995, 915; vgl. insofern *Lutter/Hommelhoff* § 3 Rz. 57; Scholz/*Scheller* § 3 Rz. 42 ff.; *Noack* § 3 Rz. 39, 40 ff.; *Rowedder/Pentz* § 3 Rz. 31 ff. jeweils m.w.N.).

71 Entscheidend ist die Abgrenzung der korporativen Nebenpflichten von der Hauptverpflichtung, der Leistung der Stammeinlage (*Lutter/Hommelhoff* § 3 Rz. 62–64 [Anhaltspunkte für die Abgrenzung]; auch in *Gehrlein/Born/Simon* § 3 Rz. 48, 59; zur formlosen Wirkung einer Beitragsverpflichtung hinsichtlich der Kosten der Gesellschaft *BGH* BB 1993, 676; auch *OLG Frankfurt* NJW-RR 1982, 1512). Streit kann hier u.a. dann entstehen, ob es sich um Geld- oder Sachleistungen handelt (Auslegung der Satzung maßgeblich). Hierbei kommt es grds. darauf an, ob die betreffende Verpflichtung im Rahmen der Stammeinlage übernommen wurde (vgl. *BGH* DB 1958, 1038). Denkbar sind hier u.a. auch Nachschusspflichten (vgl. hierzu § 26) sowie etwa auch das sog. Aufgeld (Agio). Beide werden im Regelfall zu den Stammeinlagen gerechnet. Zur Übernahme von Gesellschaftsschulden, Zahlung von Vertragsstrafe, Darlehen vgl. *BGH* GmbHR 1989, 151.

Im Übrigen kommen als Neben- oder Sonderpflichten in Betracht:

- Übernahme der Geschäftsführertätigkeit (vgl. *BGH* NJW 1981, 1512);
- Dienst- oder Arbeitsleistungen,
- Nutzungsrechte,

– Verwertungsrechte,
– Lieferungs- oder Abnahmepflichten (kartellarische Schranken sind zu beachten).
Zu Wettbewerbsverbot *Lutter/Hommelhoff* Anh. zu § 6 Rz. 20 f. (Geschäftsführer);   **72**
auch *Gehrlein/Born/Simon* § 43 Rz. 38 f. [Geschäftsführer]; *BGH* GmbHR 2010, 256
und Schranken [§ 138 BGB]; zur Zulässigkeit von Wettbewerbsverboten unter dem
Aspekt des § 1 GWB sowie Art. 85 EGV vgl. *BGH* NJW 1988, 2737 (zulässige Wettbe-
werbsbeschränkung eines 50%igen Gesellschafters mit Sonderrechten hinsichtlich der
Geschäftsführer (Vorschlag, Abberufung) – auch *Noack* § 3 Rz. 43); vgl. auch *BGH*
NJW 1981, 1512 zur Unterscheidung eines gesellschaftsvertraglichen Wettbewerbsver-
botes (bei Ausscheiden des Gesellschafter-Geschäftsführers Untersagung jeglicher
Konkurrenztätigkeit ohne finanzielle Kompensation [§ 138 BGB]); auch *OLG Hamm*
ZIP 1988, 1254 m.w.N.; s. hierzu auch § 2 Rz. 30.

Gemeinsam ist diesen gesellschaftsvertraglichen Pflichten, dass sie bestimmt oder   **73**
doch zumindest in den Grenzen der §§ 315, 317 BGB bestimmbar sein müssen. Die
Bestimmung bzw. Bestimmbarkeit ist im Wege der Auslegung nach üblichen Grundsätzen zu ermitteln (grds. objektiv; hierzu *Lutter/Hommelhoff* § 3 Rz. 34; *Gehrlein/
Born/Simon* § 3 Rz. 49, 50 mit dem Hinw. auf *BGH* NJW 1996, 589 (Wechselwirkungen von Kapitalerhaltungsregeln und verdeckten Sacheinlagen).

Verpflichtungen der GmbH ggü. einzelnen Gesellschaftern können in den Gesell-   **74**
schaftsvertrag aufgenommen werden (nicht nur die Pflicht, sondern auch das Recht
zur Geschäftsführung für einen Gesellschafter (*Lutter/Hommelhoff* § 38 Rz. 10; *Gehr-
lein/Born/Simon* § 3 Rz. 57, dort auch zu weiteren Vorzugsrechten; vgl. i.Ü. *BGH* NJW
1969, 131 = WM 1969, 1321 = GmbHR 1970, 10; auch *BGH* DB 1965, 1771).

Soweit es um die Erfüllung der Nebenpflichten etc. geht, werden die schuldrechtlichen   **75**
Bestimmungen des BGB entspr. anzuwenden sein, wenn sich nicht aus der Struktur
des Gesellschaftsverhältnisses Besonderheiten ergeben (*Lutter/Hommelhoff* § 3 Rz. 37,
§ 14 Rz. 29 ff. zur Treuepflicht).

Wird ein Gesellschaftsanteil übertragen, so gehen die (höchstpersönlichen) Neben-   **76**
pflichten bei gesellschaftsvertraglichen grds. auf den Übernehmer über (zu trennen
von nur schuldrechtlichen wirkenden Abreden (*Lutter/Hommelhoff* § 3 Rz. 36, 37
[Insolvenz]; *Altmeppen* § 3 Rz. 26; *Gehrlein/Born/Simon* § 3 Rz. 52, 54 [Insolvenz und
Erfüllung der Nebenleistung]; *Altmeppen* § 3 Rz. 26, Rz. 30 [Insolvenz]; *Noack* § 3
Rz. 52; vgl. *BGH* BB 1993, 676; auch *OLG Frankfurt* NJW-RR 1982, 1512; auch *OLG
Brandenburg* ZIP 2006, 1675).

Mitgliedschaftsrechtliche Rechte und Pflichten sind nur mit Aufnahme in den notariell beurkundeten Gesellschaftsvertrag wirksam (objektive Auslegung, keine Inhalt-
kontrolle [§ 310 Abs. 4 S. 1 BGB], Änderung nur durch Satzungsänderungen nach
§§ 53 f.). Anderes gilt für schuldrechtliche Vereinbarungen der Parteien (formfrei,
Änderung und Aufhebung nach § 311 Abs. 1 BGB durch Vereinbarung, Auslegung
nach dem Willen der Parteien, Leistungsstörungsrecht des BGB, Abtretung nach den
§§ 398 f. BGB, mögliche Inhaltskontrolle [keine Anwendung des § 310 Abs. 6 S.1
BGB]; *Lutter/Hommelhoff* § 3 Rz. 62 f., 64 zu Anhaltspunkten für die Unterscheidung
im Einzelfall; *BGH* GmbHR 2010, 980; *BGH* GmbHR 1993, 214; *BGH* BB 1969, 1410
[Auslegung korporativer Vereinbarungen objektiv]; *Gehrlein/Born/Simon* § 3 Rz. 61 zu
häufigen schuldrechtlichen Vereinbarungen [z.B. Stimmrechte, Konsortialverträge, Sit-

zungen von Gesellschaftsorganen, Gewinnverteilung etc.]; Rz. 62 zu Wechselwirkungen zwischen korporativen und schuldrechtlichen Vereinbarungen m. Hinw. auf *BGH* NJW 1987, 1890; *BGH* NJW 1993, 1010; zur fehlenden Abstimmung bzw. Widersprüchen von Satzung und schuldrechtlicher Vereinbarung auch *Altmeppen* § 3 Rz. 47 f., 50, sowie *Lutter/Hommelhoff* § 3 Rz. 68, m. Hinw. auf *OLG Stuttgart* GmbHR 2013, 301).

Schuldrechtliche Vereinbarungen zwischen den Gesellschaftern sind grds. formfrei und ohne notarielle Form wirksam (*Lutter/Hommelhoff* § 3 Rz. 59 [Bindung nur für die an der Vereinbarung Beteiligten], Rz. 62 [Form], Rz. 60 [keine Einreichung zum Handelsregister und keine allgemeine Zugänglichkeit]; *Gehrlein/Born/Simon* § 3 Rz. 61; *Noack* § 3 Rz. 57; vgl. i.Ü. BGHZ 28, 205; *BGH* GmbHR 1993, 214; *OLG München* AG 2008, 423; zu Änderungen *BGH* GmbHR 1993, 214; *Altmeppen* § 3 Rz. 44).

Zulässigkeitsschranken ergeben sich um Umgehungen der GmbH-Bestimmungen bzw. um den Fall der Anrechnung der Pflichten auf die Stammeinlage, mithin diese vermindern. Zulässig ist jedoch z.B. das Einbringen bestimmter Sachwerte durch einen Gesellschafter über seine Verpflichtung zur Stammeinlage hinaus und ohne Anrechnung auf seine Stammeinlage (*BGH* BB 1969, 1410; *BGHZ* 38, 158; 48, 43 – Schiedsgericht; *BGH* WM 1965, 1076 GmbHR 1970, 232 – Pflicht zur Ausübung des Stimmrechts).

V. Aufnahme von Nebenpflichten in den Vertrag

77 Die Aufnahme von Nebenpflichten in den Gesellschaftsvertrag schafft zwar, sofern wirksame Vereinbarungen vorliegen, mehr Rechtssicherheit. Hier besteht jedoch die bereits mehrfach erwähnte Gefahr der Überfrachtung (vgl. oben § 2 Rz. 16 ff.). Die Vor- und Nachteile beider Gestaltungen sind hier abzuwägen. Die Erfahrung aus der Praxis hat gezeigt, dass sich gerade hier nicht selten Beanstandungspunkte ergeben, die die Eintragung verzögern. Ist es unumgänglich, dass über die „Muss-Bestimmungen" des Gesellschaftsvertrages hinaus besondere Nebenpflichten festgeschrieben sein sollen, so sollte man diesen Sonderfall vorher mit dem Registerrichter absprechen. Erst dann sollten die notariellen Schritte unternommen werden (vgl. i.Ü. Scholz/*Scheller* § 3 Rz. 68; grds. *BGH* GmbHR 2010, 980 m. Anm. v. *Podewils* zur Frage, dass Gesellschaftervereinbarungen durchaus auch vom Gesellschaftsvertrag abweichen können).

78 Gesellschaftervereinbarungen neben dem Vertrag sind in zahlreichen Fassungen möglich und offenbar beliebt *Lutter/Hommelhoff* § 3 Rz. 62; auch *Gehrlein/Born/Simon* § 3 Rz. 61 – jeweils m.w.N.). An schuldrechtlichen Vereinbarungen ist die Gesellschaft nicht beteiligt (sofern nicht der Erwerb unmittelbarer Rechte betroffen ist – Vertrag zugunsten der GmbH nach § 328 BGB). Denkbar sind Vereinbarungen Stimmrechtsbindungen, Darlehen, Wettbewerbsverbote, Liefer- und Bezugspflichten etc. Diese Vereinbarungen unterliegen allgemeinen Regeln des BGB, sind formlos möglich auch hinsichtlich Änderung, Aufhebung, Kündigung etc. Diese Abreden gehen auch nicht automatisch auf einen Erwerber des Geschäftsanteils über, sofern keine entsprechenden Vereinbarungen einvernehmlich getroffen werden (vgl. § 311 Abs. 1 BGB; i.Ü. z.B. Scholz/*Scheller* § 3 Rz. 117, 18 f. m.w.N.).

VI. Gründungsklausel

Wegen des Gründungsaufwandes wird auf § 5 verwiesen. Vgl. für die Unternehmerge- **79**
sellschaft auch das Musterprotokoll sowie § 5a.

VII. Geschäftsführervertretung

Zur Problematik der Geschäftsführervertretung sowie des § 181 BGB vgl. § 6. **80**

§ 4 Firma

[1]**Die Firma der Gesellschaft muss, auch wenn sie nach § 22 des Handelsgesetzbuchs
oder nach anderen gesetzlichen Vorschriften fortgeführt wird, die Bezeichnung
„Gesellschaft mit beschränkter Haftung" oder eine allgemein verständliche Abkürzung dieser Bezeichnung enthalten.** [2]**Verfolgt die Gesellschaft ausschließlich und
unmittelbar steuerbegünstigte Zwecke nach den §§ 51 bis 68 der Abgabenordnung
kann die Abkürzung „gGmbH" lauten.**

Übersicht

I. Allgemeines

Vorschrift geändert durch Art. 7 des Gesetzes zur Stärkung des Ehrenamts v. 21.3.2013 **1**
(BGBl. I 2013, S. 556). Im Übrigen erfolgte entgegen ursprünglichen Absichten keine
Änderung von § 4 durch die Novelle 1980.

Neuere Rechtsprechung: *OLG Düsseldorf* v. 15.8.2023 – 3 Wx 104/23 – keine Irreführung i.S.d. § 18 Abs. 2 HGB durch die Verwendung des Begriffs **„Institut"**; *BGH* v.
28.4.2020 – II ZB 13/19 – K. gUG (haftungsbeschränkt) zulässig (i.Ü. § 4 S. 2; vgl. auch
Lutter/Hommelhoff § 5a Rz. 56; *Lutter/Hommelhoff* § 4 Rz. 26; auch § 4 Rz. 6 ff., zur
neueren Entwicklung des Firmenrechts; auch *Altmeppen* § 4 Rz. 3 ff.: vgl. auch z.B.
Schulte/Warnke GmbHR 2002, 626; auch z.B. die teils überholte Lit. in *Lutter/Hom-
melhoff* vor Rz. 1, sowie hier die Voraufl. § 4 Rz. 1, 2 m. Hinw. auf ältere Lit.

Durch das HRefG v. 22.6.1998 (BGBl. I 1998, S. 1474) trat eine erhebliche Liberalisie- **2**
rung des Firmenrechts ein (vgl. etwa *OLG Hamburg* v. 10.5.2019 – 11 W 35/19 – zulässige „...partners Steuerberatungsgesellschaft mbH" – keine Verwechslung mit einer
Partnerschaft i.S.d. PartGG; auch *OLG München* v. 12.9.2022 – 34 Wx 329/22 – unzulässige Firma nach § 18 HGB „Solar" und „Invest" bei unzutreffender Ortsangabe und
ohne bezügliche Größe oder Alter – Branchen- oder Gattungsbezeichnungen zulässig
z.B. bei Individualisierung durch Ortsnamen – geographische Zusätze als Hinweis auf
Sitz im Tätigkeitsbereich des Unternehmens – Irreführung bei fehlendem Ortsbezug
durch Ort in der Firma mit Entfernung von 130 km vom Satzungssitz und fehlende
Kennzeichnungskraft von „Solar" und „Invest", wenn an dem Ort des Ortszusatzes

keine Alleinstellung bezüglich Größe oder Alter bestehe. Vgl. ferner z.B. *OLG München* v. 30.5.2016 – 31 Wx 38/16 – Eintragung einer Ersatzfirma ohne vorherige Satzungsänderung unzulässig wegen Unrichtigkeit des Handelsregisters im Fall der Insolvenz; *OLG Düsseldorf* v. 15.8.2023 – 3 Wx 104/23 – „Institut für Einfachheit" – zulässig – keine Irreführung – „Institut" kein Hinweis auf Unistudiengänge/Forschungszweige oder bestimmte Fachrichtung oder Vorstellung einer wissenschaftlichen Einrichtung; ältere Rechtsprechung etwa *OLG Stuttgart* v. 8.3.2012 – 8 W 82/12: Prüfung nach § 18 Abs. 2 S. 2 HGB nur bei „ersichtlichen Irreführung"; *BGH* ZIP 2009, 168 – Firma HM & A – zulässige Buchstabenkombination (Kennzeichnungs- und Unterscheidungskraft).

Zum KWG (§§ 39–43), KAGG, § 43 Abs. 4 StBerG und § 133 WPO (vgl. *Lutter/Hommelhoff* § 4 Rz. 1). Zur Unterscheidungskraft *KG* v. 28.2.2012 – 25 W 88/11 (UG); *OLG Dresden* v. 15.11.2010 – 3 W 890/10 – Unterscheidungskraft einer an Internetdomain angelehnte Firma; *OLG Düsseldorf* v. 9.10.2009 – I-3 Wx 182+183/09 – „Partner-Zusatz" zur Unterscheidung nicht ausreichend von „Logistics Immobilien GmbH"; *KG* v. 15.7.2009 – 1 W 244/09 – nur UG bei „GmbH & Co" unzulässig (vgl. auch v. 28.2.2012 – 25 W 88/11 – Unterscheidungskraft bei UG). Im Einzelnen zur älteren Rechtslage, die teils noch weiter zu beachten ist: Wirtschaftsprüfer – § 31 WPO (WPO v. 24.7.1961, BGBl. I 1961, S. 1049) Revisionsgemeinschaft (Wirtschaftsprüfer) – *OLG Düsseldorf* Rpfleger 1976, 403; *OLG Frankfurt* NJW 1980, 1758 m.w.N.; Steuerberatung – § 53 StbG – vgl. *BGH* DB 1982, 691. Unzulässig nach dem *OLG Frankfurt* DB 1981, 1186 der Zusatz „Revision" in einer Steuerberatergesellschaft; vgl. auch *BayObLG* Rpfleger 1982, 475 – Lohnsteuerhilfe – (Lohnsteuerhilfe-Verwaltungs-GmbH nur für Steuerberater zulässig); *OLG Frankfurt* Rpfleger 1979, 340; Bank etc. – §§ 39, 32 KWG; „prokredit" *OLG Köln* BB 1980, 652; vgl. auch *LG Düsseldorf* BB 1980, 60; Finanz- – nur Kreditinstitute mit Erlaubnis *LG Düsseldorf* BB 1979, 905; auch *LG Regensburg* Rpfleger 1983, 278.

Treuhand – Übernahme und Verwaltung fremden Vermögens im eigenen Namen unzulässig bei Täuschung nach *OLG Frankfurt* BB 1980, 652; Kapitalanlage – KapitalanlageG i.d.F. v. 21.12.1974, BGBl. I 1974, S. 3656 – Bankier, Bankgeschäft, Sparkasse, Volksbank, Bausparkasse, Kapitalanlagegesellschaft, Invest, Investor, Investment sämtlich geschützt (vgl. *BayObLG* 1969, 215). Zu „Finanzierung" und Finanzierungsvermittlung sowie dem Antrags- und Beschwerderecht des Bundesaufsichtsamts für das Kreditwesen abl. *OLG Frankfurt* Rpfleger 1982, 229.

Unternehmensbeteiligungsgesellschaften dürfen nur in der Rechtsform einer AG betrieben werden, § 2 Abs. 1 UBGG. Versicherungsgesellschaft, Assekuranzgesellschaft – diese Begriffe dürfen ohne eindeutige Klarstellung (Zusatz: „Vermittlung") nicht von Vermittlern benutzt werden (Stellungnahme des Bundesaufsichtsamts für das Versicherungswesen – vgl. HessMdJ v. 2.4.1982 – 3822 II/6 255/82).

In der Rechtsprechung hatte sich die längst überfällige Liberalisierung des Firmenrechts bereits erheblich ausgewirkt (vgl. z.B. *OLG Stuttgart* NJW 2001, 755 – „Kontec Engineering Stuttgart-GmbH" – Sitz in Korntal-Münchingen im Landkreis Ludwigsburg – kein Verstoß gegen Irreführungsverbot des § 18 Abs. 2 HGB. Erforderlichkeit für Irreführung: Überschreiten der „Wesentlichkeitsschwelle" – Irreführung „über geschäftliche Verhältnisse, die für die angesprochenen Verkehrskreise wesentlich" ist: „Danach kommt einer genauen Bezeichnung des Sitzes eines Unternehmens innerhalb eines Ballungsraumes für die angesprochenen Verkehrskreise regelmäßig keine wesentliche Bedeutung mehr zu ..." – zusätzlicher Hinw. „Stuttgart" neben der Tätigkeitsangabe „Engineering" und Kunstwort „Kontec" zur Stärkung der Unterscheidungskraft – Erforderlichkeit der „Sonderstellung" bei Ortsangabe fraglich (offen gelassen). Frage des Einzelfalls – „nachgestellte Ortsangabe" weniger erheblich, i.Ü. hier wohl ausreichende wirtschaftliche Bedeutung (ca. 350 Mitarbeiter) – registerrechtliche Prüfung nur noch Grobraster, Feinsteuerung im wettbewerbsrechtlichen Individualverfahren. Auch *BGH* v. 11.3.2004 – I ZR 62/01-1 – „artax" – zulässige Phantasiebezeichnung in Anwalts-GmbH – §§ 9 Abs. 3, 43b BRAO; *LG Leipzig* NZG 2001, 571 – KPMG in Steuerberatungs- und Anwalts-GmbH unzulässig (Name wenigstens eines RA-Gesellschafters).

Zu weiteren Einzelfragen: *Henssler* Berufsrechtliche Besonderheiten bei der interprofessionellen Partnerschaftsgesellschaft mit beschränkter Haftung, NZG 2017, 241; **3** *Kögel* Entwicklungen zum Handels- und Registerrecht seit 2009, Rechtspfleger Heft 7, 2009; *ders.* Zulässigkeit von Fremdnamen und unrichtigen Personenzusätzen in der Firma einer GmbH, GmbHR 2011, 16; *Kiesel/Neisel/Plewa/Poneleit/Rolfes/Wurster* Firmenrecht in der IHK-Praxis, DNotZ 2015, 740; *Nagel* Gibt es eine OHG mbH?, NZG 2001, 202; *Schulenburg* Die Abkürzung im Firmenrecht der Kapitalgesellschaften, NZG 2000, 1156; *ders.* Firmenrecht und Umwandlung nach dem Handelsrechtsreformgesetz, NotBZ 2000, 101.

Die Änderungen des Handelsrechtsreformgesetzes 1998 führte nicht zur Unbeachtlichkeit bisheriger Grundsätze (vgl. *OLGR Frankfurt* 2000, 95 – vgl. nunmehr *Lutter/* **4** *Hommelhoff* § 1 Rz. 8, m.w. Hinw. zu Architekt – i.Ü. *OGH* NZG 2001, 224 – Unzulässigkeit des Zusatzes „Institut" für private Gesellschaft, noch dazu mit dem weiteren Zusatz „o. Univ. Prof."; *OLG Oldenburg* BB 2001, 1373 m. Komm. *Seifert* (krit.) – „I.C.C. GmbH & Co. OHG" – Geschäftsführung P. GmbH entspricht Täuschung über die Verhältnisse eines Geschäftsinhabers („I.C.C. GmbH"). Ferner *OGH* NZG 2000, 593 m. Anm. *Schulenburg* zur Umfirmierung von „Oberösterreichische Kraftwerke Aktiengesellschaft" in „Energie Oberösterreich AG" – unzulässig wegen Täuschung.

Registerrechtlich waren u.a. folgende Entscheidungen erheblich: Zur Eintragungspra- **5** xis *OLG München* v. 12.9.2022 – 34 Wx 329/22 – unzulässige Firma nach § 18 HGB „Solar" und „Invest"; *OLG München* v. 1.7.2010 – 32 Wx 088/10: keine Bindung bei Eintragung an Großbuchstaben der Firmierung; *OLG München* v. 13.4.2011 – 31 Wx 79/11: keine Bindung an grafische Gestaltung (hochgestellte Zahl im Firmennamen [„A^3 ... GmbH"]); ferner *BayObLG* GmbHR 2001, 476 mit abl. Anm. *Wachter* NZG 2001, 608 – Unzulässigkeit der Eintragung einer Firma mit @-Zeichen; *KG* GmbHR 2000, 1102 – keine Pflicht zur Eintragung der Firma in Großbuchstaben – gewählte Schreibweise und graphische Gestaltung nicht Firmenbestandteil – keine Bindung des Registergerichts an Schreibweise – Entscheidung über die Schreibweise nach pflichtgemäßem Ermessen – Überprüfung der Entscheidung des Beschwerdegerichts durch OLG nur auf Ausübung des Ermessens, Ermessensüberschreitung und Ermessensfehlgebrauch – keine Ersteintragung, sondern nachträgliche Änderung – Rücksichtnahme auf Schreibweise bei Ersteintragung (*LG Berlin* GmbHR 1998, 692) – unterschiedliche Behandlung von Erst- und Änderungseintragung (Gefahr der erheblichen Mehrbelastung durch Änderungswünsche) nicht ermessensfehlerhaft; *OLG Schleswig* NZG 2000, 424 – zur fehlerhaften versehentlichen Eintragung des Zusatzes „und Partner" sowie Löschungsverfahren nach § 395 FamFG – früher § 142 FGG; vgl. i.Ü. *OLG München* v. 30.5.2016 – 31 Wx 38/16 – unzulässige Eintragung einer Ersatzfirma ohne vorherige Satzungsänderung im Fall der Insolvenz wegen Unrichtigkeit des Handelsregisters; hierzu auch *OLG Hamm* v. 22.12.2017 – 27 W 144/17 – Ersatzfirma – Änderung durch Insolvenzverwalter; auch *Anwaltsgerichtshof Celle* Gerichtsbescheid v. 6.12.2017 – AGH 33/16, AGH 33/16 (II 23/25) – für Rechtsanwaltsgesellschaften mbH nach § 59k BRAO zwingend Bezeichnung als „Rechtsanwaltsgesellschaft" und nach § 4 Abs. 2 mit Rechtsformzusatz „mbH" als Firmenbestandteil – falsche Angaben im Briefkopf – Verstoß gegen § 43b BRAO.

6 Zu einem Einzelfall *OLG Oldenburg* GmbHR 2000, 822 (Ls.) – keine Mithaftung des Weiteren Geschäftsführers bei Benutzung eines Stempels ohne GmbH-Zusatz durch den anderen Geschäftsführer ohne Veranlassung der Benutzung des falschen Stempels.

II. Die Firma der GmbH

7 Die GmbH kann nur einen Namen, eine Firma (vgl. § 17 HGB), haben. Sie besteht aus Kern-/Hauptbestandteil sowie zulässigen Zusätzen (§ 18 Abs. 2 HGB). Die Firma kann entspr. § 4 die Bezeichnung „mit beschränkter Haftung" oder eine allg. verständliche Abkürzung (GmbH) aufweisen. Infolge der Reform 1998 können die Gesellschafter ihre Firma abgesehen von dem obligatorischen Zusatz grds. frei bilden – bei Gründung oder auch Satzungsänderung. In Betracht kommen Personen- und Sachfirmen wie früher, allerdings war eine erhebliche Erleichterung eingetreten, weil z.B. auch die **reine Fantasiefirma** zulässig ist. Folglich können Zusätze wie Vollmond, *Adler*, Datsche etc. gewählt werden, sofern nicht die erwähnten Schranken für Banken, Sparkassen, Steuerberater etc. betroffen sind (vgl. oben Rz. 1 sowie *Lutter/Hommelhoff* § 4 Rz. 2 f.; *Gehrlein/Born/Simon* § 4 Rz. 1 – jeweils m.w.N.). Neben den oben in den Randziffern genannten Nachweisen wird auf ältere Beiträge verwiesen wie *Bokelmann* GmbHR 1998, 57; *ders.* Das Recht der Firmen- und Geschäftsbezeichnungen 5. Aufl. 2000; *Gustavus* GmbHR 1998, 17; *Jung* ZIP 1998, 677; *Kögel* BB 1997, 793; *ders.* BB 1998, 1645; *Lutter/Welp* ZIP 1999, 1073; *Roth* Das neue Firmenrecht in Die Reform des Handelsstandes und der Personengesellschaften, 1999; *Schäfer* DB 1998, 1269; *Scheibe* BB 1997, 1489; *K. Schmidt* NJW 1997, 909; *ders.* NJW 1998, 2161.

III. Schranken der Firmenbildung

8 Beachtet werden müssen die allg. Grundsätze für die Firmenbildung. Sie bestehen aus folgenden Kriterien:
– Kennzeichnungs- und Unterscheidungskraft nach § 18 Abs. 1 HGB,
– deutliche Unterscheidbarkeit von anderen Firmen im selben Bezirk des HR i.S.d. § 30 Abs. 1 HGB,
– Beachtung des Täuschungsverbots nach § 18 Abs. 2 HGB,
– unabdingbarer Rechtsformzusatz „Gesellschaft mit beschränkter Haftung" oder dessen allgemeinverständliche Abkürzung – i.d.R. „GmbH" – bei der UG (haftungsbeschränkt).

Hierzu u.a. *Lutter/Hommelhoff* § 4 Rz. ff.; auch *Gehrlein/Born/Simon* § 4 Rz. 6, 43 ff.; *Altmeppen* § 4 Rz. 7, 9, 10; *Noack* § 4 Rz. 6 f. zu „Allerweltsnamen" wie Müller etc.

9 Die Geltungsmöglichkeiten scheinen grenzenlos zu sein, bergen aber erhebliche Risiken, die durch Voranfragen bei der zuständigen IHK und ggf. auch bei dem zuständigen Registergericht vermieden werden sollten. Eine Firma muss jedenfalls kennzeichnend sein sowie sich von anderen Firmen hinreichend unterscheiden (zur Abgrenzung einerseits und kumulativem Erfordernis andererseits klarstellend *Gehrlein/Born/ Simon* § 4 Rz. 8, 45 f. [Kennzeichnung, Buchstabenfolgen etc.], Rz. 54 f. [Unterscheidungskraft – Zweifelsfälle etc.]). Dies verlangt einerseits, dass sich die Firma von anderen Firmen unterscheidet, also nicht deckungsgleich bzw. nicht teilweise übereinstimmend ist. Ferner ist die Individualisierung in einem solchen Grad erforderlich, dass die Verwechslung mit anderen Firmen vermieden wird und ferner die „Eigentümlichkeit" der Firma gegeben ist. Das trifft u.a. vor allem Fantasieworte infolge ihrer Originalität und Abgrenzbarkeit von anderen Begriffen zu (Stax, Orbis, Pratta etc. – vgl. *Gehrlein/Born/Simon* § 4 Rz. 60; *Altmeppen* § 4 Rz. 12, 13 [Täuschungsfahr bei Firma wie BEAG GmbH oder PhönixAG GmbH wegen Bestandteil AG]; *Lutter/ Hommelhoff* § 4 Rz. 9, m.w.N.).

Zu Buchstabenkombinationen *BGH* v. 26.6.1997 – I ZR 14/95 – Unterscheidungskraft von Buchstabenkombinationen [RBB] mit Blick auf § 16 Abs. 1 UWG, §§ 15, 24 WZG. Beispielhaft werden hier IBM, BMW, VW etc. genannt (hierzu u.a. *Lutter/Hommelhoff* § 4 Rz. 15; *OLG München* v. 1.7.2010 – 32 Wx 088/10 – keine Bindung bei Eintragung an Großbuchstaben der Firmierung; *OLG Celle* DB 1999, 40 – Aussprechbarkeit der Buchstabenfolgen oder Zahlen (1 mal 1) erforderlich, aber keine endlosen Buchstabenfolgen, die ohnehin niemand behalten kann und von denen bei Gebrauch im Rechtsverkehr lediglich „Verstümmelungen" übrig bleiben würden; *BGH* v. 26.6.1997 – I ZR 14/ 95 – zur Unterscheidungskraft von Buchstabenkombinationen [RBB] mit Blick auf § 16 Abs. 1 UWG, §§ 15, 24 WZG); auch bereits *BGH* ZIP 2009, 168 – Firma HM & A – zulässige Buchstabenkombination (Kennzeichnungs- und Unterscheidungskraft).

Kritischer als Fantasienamen sind Branchen- und Gattungsbezeichnungen zu betrachten. Bauunternehmung, Eisenhandel, Transportbeton etc. sind Allerweltsnamen ohne Kennzeichnungskraft und betreffen eine Vielzahl von anderen Unternehmen der jeweiligen Branche. Das gilt auch für Gattungsbegriffe in Fremdsprache, da diese Begriffe i.d.R. eingedeutscht sind und ebenfalls auf eine Vielzahl von anderen Unternehmen zutreffen (Internet, Fashion, Fast Food, VIDEO-Rent). Hier werden individualisierende Zusätze neben dem insofern „neutralen" Zwangszusatz „GmbH" erforderlich sein (vgl. hierzu *Lutter/Hommelhoff* § 4 Rz. 10; *Gehrlein/Born/Simon* § 4 Rz. 55 [Allerweltsnamen], Rz. 57 [Gattungsbegriff selbst mit Zusatz „com", „de" oder „eu"]; *Altmeppen* § 4 Rz. 9; *Noack* § 4 Rz. 6b). Ähnliche Unzulässigkeiten ergeben sich für Köln-GmbH etc.; denn diese Firmenbildungen lassen jedwede Individualisierung vermissen (*Lutter/Hommelhoff* § 4 Rz. 10; *Noack* § 4 Rz. 6b – jeweils m.w.N.). **10**

Individualisierende Abkürzungen von Branchenbezeichnungen wie Transpobet GmbH für Transportbeton GmbH oder Computech GmbH für Computertechnik GmbH werden als zulässig einzustufen sein (zutr. *Lutter/Hommelhoff* § 3 Rz. 13; *BayObLG* NZG 1999, 761 – MEDITEC). Nach Bayer können allerdings bei branchengleichen Unternehmen Kurzbezeichnungen wie „Comptec" und „Compnet", „1x1" und „1x2" etc. zur fehlenden Unterscheidbarkeit nach § 30 HGB führen (*Lutter/Hommelhoff* § 4 Rz. 22; s.a. *Gehrlein/Born/Simon* § 4 Rz. 81). Hier ist Vorabklärung mit Registergericht bzw. IHK zu empfehlen.

Auch Slogans wie „Nix-wie-weg-GmbH" etc. kommen in Betracht (*Lutter/Hommelhoff* § 4 Rz. 17). Nicht eintragungsfähig sind Bildreihen wie Pfeile etc. (*Lutter/Hommelhoff* § 4 Rz. 19). Bis ca. 2001 war das @-Zeichen nicht eintragungsfähig, dies ist heute überholt und wird als eintragungsfähig angesehen (*Lutter/Hommelhoff* § 4 Rz. 19; *Gehrlein/Born/Simon* § 4 Rz. 47; a.A. noch *BayObLG* GmbHR 2001, 476 oder *OLG Braunschweig* WRP 2001, 287; vgl. auch *BGH* GmbHR 2022, 634; *Altmeppen* § 4 R. 16).

11   Wenn Gesellschafternamen in die Firma aufgenommen werden, fehlt in der Regel die Kennzeichnungskraft bei Allerweltsnamen wie z.B. Müller, Schmidt etc., anders bei beigefügtem – zumindest abgekürztem – Vornamen oder Dr.-Titeln, auch bei zusätzlicher Fantasiebezeichnung (so *Lutter/Hommelhoff* § 4 Rz. 11, 34 – generell *OLG Jena* GmbHR 2010, 1094; *Gehrlein/Born/Simon* § 4 Rz. 55; *Altmeppen* § 4 Rz. 5; *Noack* § 4 Rz. 6b). Werden Personennamen verwendet, so ist grds. Gesellschaftereigenschaft nicht erforderlich (anders z.B. bei „Meiler Anwalts-GmbH"), sofern keine Täuschungs- bzw. Irreführungsgefahr besteht. Das setzt vorherige Einwilligung des (noch lebenden, nicht bereits lange verstorbenen) Namensberechtigten voraus, was insb. bei Namen von bekannten (lebenden) Personen (Claudia Schiffer, Beckenbauer etc., anders z.B. bei bereits lange verstorbenen Personen wie z.B. „Goethe-GmbH" oder „Beethoven GmbH" – hierzu *Lutter/Hommelhoff* § 4 Rz. 35 [zulässig auch Namen wie Odysseus etc.]; vgl. i.Ü. *OLG Jena* v. 22.6.2010 – 6 W 30/10 – Personenfirma mit Namen einer fiktiven Person – keine Täuschung – Obermüller ... mbH [kein Gesellschafternamen]; auch *LG Wiesbaden* v. 7.4.2004 – 12 T 3/04 – DStr 2004, 1359 [Prinz]); *Gehrlein/Born/Simon* § 4 Rz. 69, 70; *Altmeppen* § 4 Rz. 7; auch *Noack* § 4 Rz. 12; i.Ü. auch *OLG Karlsruhe* v. 22.11.2013 – 11 Wx 86/13 – GmbHR 2014, 142 – Firma mit Namen eines Nichtgesellschafters; ebenso *OLG Rostock* v. 17.11.2014 – 1 W 53/14 – GmbHR 2015, 37, Firma mit Namen eines Nichtgesellschafters oder Minderheitsgesellschafters.

12   Die Firma muss sich nach § 30 Abs. 1 HGB („Firmenausschließlichkeit") von anderen Firmen des Registerbezirks deutlich unterscheiden, wobei der Gesamteindruck der Firma bzw. der verwechslungsfähigen anderen Firma entscheidend ist: Sinn, Wort, Wortkombination und Klangbild insgesamt sind maßgeblich (*Gehrlein/Born/Simon* § 4 Rz. 79, mit Beispielen [Strasser Bau GmbH und Strasser Bau KG – zulässig Günther Strasser Bau KG und Strasser Bau GmbH – vgl. hierzu *BGH* v. 14.7.1966 – II ZB 4/66, NJW 1966, 1813 – „H. Vieh- und Fleischhandelsgesellschaft m.b.H. u. Co. KG" und „Vieh- und Fleischhandelsgesellschaft mit beschränkter Haftung" trotz des ausgeschriebenen Zusatzes „mit beschränkter Haftung" Verstoß gegen § 30 Abs. 1 HGB – *BGH* a.a.O.; vgl. *Lutter/Hommelhoff* § 4 Rz. 20, m. Hinw. auf *BayObLG* GmbHR 1980, 84; auch *Noack* § 4 Rz. 6, 7f.). Insofern haben sich zum bisherigen Rechtszustand keine Veränderungen ergeben, insb. wurde § 30 HGB nicht geändert. Folglich kann hier auf die bisherigen Grundsätze zurückgegriffen werden. Bei vorliegender Voreintragung eines Kaufmanns mit gleichem Vornamen und dann beantragter Eintragung eines anderen Kaufmanns mit gleichem Namen ist § 30 Abs. 2 HGB zu beachten – vgl. *BGH* NJW 1993, 2236, auch *BGHZ* 122, 71.

13   Die „Firmenwahrheit" ist Schutzgegenstand des § 18 Abs. 2 HGB. Betroffen sind nur Angaben über „geschäftliche Verhältnisse", die für die angesprochenen Verkehrskreise „wesentlich" sind und sich zur „Irreführung" eignen, soweit sie für das Registergericht „ersichtlich" sind (hierzu *Lutter/Hommelhoff* § 4 Rz. 28, 29; *Gehrlein/Born/Simon* § 4 Rz. 63; *Altmeppen* § 4 Rz. 4; *Noack* § 4 Rz. 9f.). Zu nennen sind Zusätze wie „deutsch", „inter" (*LG Darmstadt* GmbHR 1999, 482), „international" (*LG Stuttgart*

BB 2000, 1213), „Euro" (bei Verein *OLG Hamm* GmbHR 1999, 1254), „Ort X" (*OLG München* DB 2010, 1284) „K-Gruppe" für Einzelunternehmen (*OLG Jena* GmbHR 2014, 428 – vgl. insofern *Lutter/Hommelhoff* § 4 Rz. 29 a.E.).

Nicht mehr ein „unerheblicher Teil" der angesprochenen Verkehrskreise muss getäuscht sein, sondern entscheidend ist die objektive Sicht „eines verständigen Verkehrsteilnehmers". Das wirkt sich hinsichtlich einer Reihe von „abgegriffenen Begriffen" aus, die keine irreführende Bedeutung mehr haben (hierzu *Lutter/Hommelhoff* § 4 Rz. 29 zu Börse (Schuhbörse, Strumpfbörse, Flugbörse, Center, Zentrale, Markt [*BGH* DB 1983, 2753 – Schuhmarkt], Haus [grds. nicht mehr täuschend, aber *OLG Frankfurt* NZG 2015, 1239, zu „Sehzentrum" für kleines Optikergeschäft]; auch *Gehrlein/Born/Simon* § 4 Rz. 63, m.w.N.). „Supermarkt" und „Großmarkt" haben ihre Täuschungseignung möglicherweise (noch) behalten (hierzu *Gehrlein/Born/Simon* § 4 Rz. 63, gegen MüKo GmbHG/*Heinzer* § 4 Rz. 94; so wohl auch insofern *Lutter/Hommelhoff* § 4 Rz. 29).

Die Irreführung (§ 18 Abs. 2 HGB) wird nur bei Ersichtlichkeit für das Registergericht berücksichtigt (vgl. etwa z.b. *OLG Stuttgart* NJW 2001, 755 – „Kontec Engineering Stuttgart-GmbH" mit Sitz in Korntal-Münchingen im Landkreis Ludwigsburg (s. auch Rz. 1). „Danach kommt einer genauen Bezeichnung des Sitzes eines Unternehmens innerhalb eines Ballungsraumes für die angesprochenen Verkehrskreise regelmäßig keine wesentliche Bedeutung mehr zu" (*OLG München* v. 28.4.2010 – 31 Wx 117/09: „Münchner Hausverwaltung GmbH" mit Sitz in Nachbargemeinde und ohne besondere Stellung im Wirtschaftsraum München zulässig; auch *OLG Zweibrücken* v. 31.1.2012 – 3 W 129/11: „Rhineland" nur als Hinw. auf Sitz oder Haupttätigkeitsgebiet [zulässig]). Insofern sind Regionalzusätze wie „deutsch", „bayerisch", „europäisch" vorsichtig zu betrachten, wenn auch hier die „Ersichtlichkeit" der Täuschung regelmäßig nicht gegeben sein dürfte (i.E. hierzu *Lutter/Hommelhoff* § 4 Rz. 30; *Gehrlein/Born/Simon* § 4 Rz. 65 – ersichtlich, wenn sich dem Registerrichter das ohne umfangreiche Beweiserhebung „aufdrängt"; zur Ersichtlichkeit ferner *Noack* § 4 Rz. 10).

Empfehlenswert ist hier die Vorabklärung bei dem Registergericht bzw. der IHK. Ersichtlichkeit i.d.S. ist nach wie vor bei akademische Graden (mit Fakultätszusatz bei Erheblichkeit im Einzelfall), diese müssen ebenso wie Berufsbezeichnungen zutr. sein (vgl. *Noack* § 4 Rz. 13; *Lutter/Hommelhoff* § 4 Rz. 32; *Gehrlein/Born/Simon* § 4 Rn 73 f.).

Ersichtlich sind neben der „GmbH" weitere Zusätze wie AG (vgl. *Lutter/Hommelhoff* § 4 Rz. 23 f.; *Noack* § 4 Rz. 9a – Täuschung über Rechtsform; *Gehrlein/Born/Simon* § 4 Rz. 67 f.). Akademie, Institut, Seminar sind jedenfalls dann nicht täuschend, wenn sich keine zusätzlichen Umstände ersichtlich ergeben (vgl. mit Recht für Akademie, Seminar etc., *Lutter/Hommelhoff* § 4 Rz. 29).

Anders ist es hinsichtlich der Begriffe wie Sparkasse, Bank, Revision, Treuhand oder Invest (vgl. hierzu *Gehrlein/Born/Simon* § 4 Rz. 77).

14 Außerhalb des Firmenrechts der §§ 17 ff. HGB, § 4 grundsätzlich nicht zu prüfen. Hierbei kann es zur Eintragung einer Firma trotz eines Verstoßes z.B. gegen § 12 BGB, § 3 UWG, § 15 MarkenG bei registerrechtlicher Zulässigkeit kommen (*Lutter/Hommelhoff* § 4 Rz. 51, 39 [Namensschutz etc.]; *Gehrlein/Born/Simon* § 4 Rz. 100, 101; zum Löschungsanspruch bei Verstoß gegen § 12 BGB – *KG* v. 21.10.216 – 5 U 106/13). Diese Verstöße gegen Wettbewerbsrecht, §§ 1, 3 UWG, oder den Namensschutz nach

§ 12 BGB wird der Registerrichter allenfalls bei Ausnahmegestaltungen (Offensichtlichkeit des Verstoßes, Evidenz – *Lutter/Hommelhoff* § 4 Rz. 100 [einschränkend selbst für „besonders krasse Fälle"]; richtig *Gehrlein/Born/Simon* § 4 Rz. 100). Die Verfolgung außerhalb registerrechtlicher Prüfung ist grds. Angelegenheit der Berechtigten (vgl. *Lutter/Hommelhoff* § 4 Rz. 51 a.E.).

Anders mag dies in Fällen sein, in denen Bezeichnungen wie „Schlüpferstürmer", „Busengrabscher" oder religiöse Bezeichnungen (Messias, Jesus, Gott etc.) gewählt werden (Verstoß gegen die öffentliche Ordnung/guten Sitten, vgl. *Lutter/Hommelhoff* § 4 Rz. 40; auch *Gehrlein/Born/Simon* § 4 Rz. 82 [teils verneinend für „Jesus" oder „Mekka" mit Beispielen] – i.Ü. jeweils m.w.N.).

15 Nach Erwerb eines Handelsgeschäfts kann die GmbH die Firma grds. fortführen. Insofern gelten die zu den §§ 22 ff. HGB geltenden Grundsätze nach wie vor (*Gehrlein/Born/Simon* § 4 Rz. 38; *Lutter/Hommelhoff* § 4 Rz. 41 [Firmenfortführung], Rz. 43). § 24 Abs. 2 HGB (gilt nur für Personengesellschaften und Einzelkaufleute und Ausscheiden des namensgebenden Gesellschafters, Erforderlichkeit der ausdrücklichen Einwilligung des Gesellschafters oder Erben – zulässige Fortführung – *Noack* § 4 Rz. 3; auch *Lutter/Hommelhoff* § 3 Rz. 41, 43; *Gehrlein/Born/Simon* § 4 Rz. 104 f.). In der Firma muss in jedem Fall der Zusatz „GmbH" enthalten sein (*Gehrlein/Born/Simon* § 4 Rz. 38; *Lutter/Hommelhoff* § 4 Rz. 29 f., 41). Täuschende Zusätze sind hier wie sonst unzulässig (vgl. *Lutter/Hommelhoff* § 4 Rz. 33; i.Ü. *OLG Düsseldorf* GmbHR 1987, 189; zu „Dr.-Firmen" vgl. *Gehrlein/Born/Simon* § 4 Rz. 73 f.; *Lutter/Hommelhoff* § 4 Rz. 32; *Noack* § 4 Rz. 13; hierzu grds. *BGH* NJW-RR 1992, 367 – Dr. *Stein* als Strohmann). Zur Löschung der Firma des bisherigen einzelkaufmännischen Unternehmens (Einbringung in die GmbH) *OLG Hamm* NJW-RR 1995, 550.

IV. Notwendige Bestandteile der GmbH-Firma

16 Der in (geändert) § 4 S. 1 genannte Zusatz „Gesellschaft mit beschränkter Haftung" bzw. z.B. die Abkürzung „GmbH" etc. ist unentbehrlich (*Lutter/Hommelhoff* § 4 Rz. 23; *Gehrlein/Born/Simon* § 4 Rz. 67; *Altmeppen* § 4 Rz. 19; *Noack* § 4 Rz. 14; vgl. auch *BGHZ* 62, 216; 64, 1; *Düsseldorf* GmbHR 1987, 189).

Teilweise ist strittig, ob auch das Wort „Gesellschaft" erforderlich ist. Immerhin sind (wenn auch sprachlich kaum tragbare) Formulierungen der Firma, speziell der Sachfirma, möglich, bei denen das Wort „Gesellschaft" nicht unbedingt erscheinen muss: „Kochtopfwerke mit beschränkter Haftung". An sich kann der Rechtsverkehr in einem solchen Fall der Firmierung klar die Gesellschaftsform entnehmen. § 4 Abs. 2 a.F. hatte i.Ü. auch nur die Worte „mit beschränkter Haftung" in Anführungszeichen gesetzt. Er verlangte nicht ausdrücklich den zusätzlichen Begriff „Gesellschaft", sondern ging von der Sach- bzw. Personenfirma (August *Müller* oder Kochtopfwerke) mit dem maßgeblichen Zusatz „mit beschränkter Haftung" aus, was freilich bei der Personenfirma keinen Sinn gab (August-*Müller*-mit-beschränkter-Haftung). Immerhin wurde selbst die zuletzt genannte Variante als zulässig angesehen (str. vgl. *Lutter/Hommelhoff* § 4 Rz. 23; *Gehrlein/Born/Simon* § 4 Rz. 67; *Altmeppen* § 4 Rz. 19; *Noack* § 4 Rz. 14 abl.; *Scholz/Scheller* § 4 Rz. 71).

17 Zur Unternehmergesellschaft *BGH* v. 12.6.2012 – II ZR II 256/11 – Rechtsscheinhaftung bei Handeln für UG (haftungsbeschränkt) mit Rechtsformzusatz „GmbH"; *Lutter/ Hommelhoff* § 5a Rz. 55m. Hinw. u.a. auf die weiterführende Entscheidung *BGH* v.

13.1.2022 – III ZR 210/20 – persönliche Haftung des Handelnden neben der X-UG wegen Weglassens oder unzulässigen Abkürzung des zwingend vorgeschriebenen Zusatzes „Unternehmergesellschaft (haftungsbeschränkt)" oder „UG (haftungsbeschränkt)". Pflicht zur Einhaltung der exakten und buchstabengetreuen gesetzlichen Vorgabe sowie bei unvollständigem Zusatz (Fehlen des Zusatzes „haftungsbeschränkt" und bloßem Verweis auf „Unternehmergesellschaft" ohne [haftungsbeschränkt]; vgl. ferner zum Musterprotokoll sowie § 5a Abs. 1 – „Unternehmergesellschaft (haftungsbeschränkt) oder UG (haftungsbeschränkt) – vgl. z.B. *Lutter/Hommelhoff* § 5a Rz. 56).

Zulässig ist „Autohandelsgesellschaft mbH" oder „Kochtopfwerke mit beschränkter **18** Haftung", wenn auch nach der Neufassung des § 4 (1980) die Firmierung nur mit „mbH" nicht zulässig ist (*Lutter/Hommelhoff* § 4 Rz. 25; *Altmeppen* § 4 Rz. 18, auch zur zulässigen getrennten Wortstellung wie Gesellschaft für Autohandel mbH; *Noack* § 3 Rz. 14; *Lutter/Hommelhoff* a.a.O., mit Recht darauf verweisend, dass z.B. „X-Company mbH" oder „Müller mbH" unzulässig ist; vgl. auch *Noack* § 4 Rz. 14). Erforderlich ist folglich in allen Fällen nunmehr „Gesellschaft mit beschränkter Haftung" oder „GmbH" – auch „Ges mbH" oder „Gesellschaft mbH" sind wohl als zulässig anzusehen (*Lutter/Hommelhoff* § 4 Rz. 23, 24). Ausländische Begriffe kommen nicht in Betracht. Unzulässige Altfirmen hatten eine Schonfrist bis zum 31.3.2003 (Art. 38 EGHGB; vgl. insofern noch *Lutter/Hommelhoff* 17. Aufl., § 4 Rz. 21).

Der Hinweis („vollständige Angabe der Firma") auf den GmbH-Zusatz muss i.Ü. **19** auch im Rechtsverkehr genutzt werden, da sonst die unbeschränkte Haftung eingreift (hierzu zuletzt *BGH* v. 13.1.2022 – III ZR 210/20 – persönliche Haftung des Handelnden neben der X-UG wegen Weglassens oder unzulässiger Abkürzung des zwingend vorgeschriebenen Zusatzes „Unternehmergesellschaft (haftungsbeschränkt)" oder „UG (haftungsbeschränkt)", Pflicht zur Einhaltung der exakten und buchstabengetreuen gesetzlichen Vorgabe sowie bei unvollständigem Zusatz (Fehlen des Zusatzes „haftungsbeschränkt") und bloßem Verweis auf „Unternehmergesellschaft" ohne (haftungsbeschränkt); so bereits *BGH* v. 12.6.2012 – II ZR 256/11 – UG – „GmbH u. G." statt „Unternehmergesellschaft (haftungsbeschränkt)" – persönliche Haftung des Geschäftsführers; hierzu krit. *Altmeppen* NJW 2012, 2833; *ders*. ZIP 2007, 889 [Rechtsscheinhaftung]; *BGH* NJW 1996, 2645; auch *BGH* NJW 2007, 1529; ferner *OLG Hamm* GmbHR 1998, 890; auch *Noack* § 4 Rz. 15 m.w.N.; *Gehrlein/Born/Simon* § 5a Rz. 22; i.Ü. bereits *BGH* NJW 1981, 2569; *BGH* NJW 1990, 2678; zur Zeichnung durch den Geschäftsführer ohne „GmbH" *BGH* BB 1990, 653, 655. Das Weglassen des Zusatzes GmbH im Rechtsverkehr führte i.Ü. bereits nach früheren Entscheidungen nach den Grundsätzen der Vertrauenshaftung zur Inanspruchnahme wie ein persönlich Haftender (vgl. *BGH* NJW 1972, 1418; *BGHZ* 62, 216; *Scholz/Scheller* § 4 Rz. 14). Zu einem Einzelfall: *OLG Oldenburg* GmbHR 2000, 822 (Ls.) = OLGR 2000, 204 – keine Mithaftung des weiteren Geschäftsführers bei Benutzung eines Stempels ohne GmbH-Zusatz durch den anderen Geschäftsführer ohne Veranlassung der Benutzung des falschen Stempels; *KG* v. 28.2.2012 – 25 W 88/11 – unzulässiger Zusatz GmbH, wenn allein UG i.S.d. § 5a beteiligt ist.

V. Die Besonderheiten der GmbH & Co KG

Die Komplementär-GmbH sowie die am selben Ort einzutragende KG dürfen nicht **20** verwechslungsfähig i.S.d. § 30 HGB sein (hierzu *Gehrlein/Born/Simon* § 4 Rz. 21 [UG], 79; vgl. *BGH* ZIP 2009, 168 – HM & A). KG und GmbH müssen sich „deutlich" unterscheiden (§ 30 Abs. 1 HGB – hierzu *Lutter/Hommelhoff* § 4 Rz. 20 f.; auch *Gehrlein/Born/Simon* § 4 Rz. 79, nicht ausreichend unterschiedliche Rechtsformzusätze wie „Günther Strasser Bau KG" und „Strasser Bau GmbH"). Besteht die KG bereits und soll die GmbH als Komplementär-GmbH fungieren, so muss in die Firma der KG der Zusatz GmbH aufgenommen werden, weil anderenfalls der Rechtsverkehr getäuscht wird (vgl. *BGHZ* 62, 216; hierzu *BayObLG* ZIP 1994, 1694; zur Firmenfortbildung und -führung und Komplementär-GmbH *OLG Hamm* DB 1981, 521; *BGH* NJW 1981, 342). Nach *Noack* § 4 Rz. 35, ist das frühere Problem (KG als Personengesellschaft Firma der GmbH als Name der persönlich haftenden Gesellschaft) durch die Liberalisierung des Firmenrechts entschärft. Maßgeblich sind ausreichende Kennzeichnungs- und Unterscheidungskraft der Firma. Die KG kann jede zulässige Firma bilden. Wird die Firma der GmbH in die Firma der KG aufgenommen, sind entspr. Zusätze aufzunehmen, die die Unterscheidungskraft etc. sicherstellen (vgl. nachfolgende Rz. 21).

Auch UG können die persönliche Haftung als Gesellschafter einer KG bzw. OHG übernehmen, wenn dies aus der Firma ersichtlich ist („Albatros UG (haftungsbeschränkt) & Co. KG", vgl. § 5a Abs. 1; i. Ü. *Gehrlein/Born/Simon* § 4 Rz. 24; *Altmeppen* § 4 Rz. 34, § 5a Rz. 8; nicht ausreichend „Albatros GmbH & Co KG" [*KG* NZG 2009, 168]).

21 Ist die GmbH im HR eingetragen und soll sie am selben Ort die Geschäftsführung einer in Gründung befindlichen KG übernehmen, so wird man beide Gesellschaften am selben Ort nur akzeptieren können, wenn bei Eintragung der KG gleichzeitig eine Änderung der Firma der GmbH erfolgt, weil anderenfalls gegen § 30 HGB verstoßen wird. Ein Nebeneinander in den Registern A und B von Firmen, die sich lediglich durch die Hinweise „& Co.", „& Co. KG" etc. unterscheiden, ist nicht zulässig. Das gilt ebenfalls, wenn es sich zwar um Zusätze handelt, die über die genannten hinausgehen, gleichwohl z.B. wie „Handelsgesellschaft" nicht weiterführend sind: „Indubra Industriebedarfs GmbH & Co. KG Handelsgesellschaft" und „Indubra Industriebedarfs-GmbH" – hier ist die Verwechslungsfähigkeit u.a. infolge des Gleichklangs der maßgeblichen „Firmenkerne" gegeben, die eine Zurückweisung der Anmeldung verlangen (*BayObLG* GmbHR 1980, 84). Auszugehen ist vom Schutz des Publikums vor Firmenverwechslungen (vgl. *BGHZ* 46, 7). Bei diesen Schritten ist auch darauf zu achten, dass der Gegenstand der Komplementär-GmbH noch zutr. ist. Nach dem *BGH* (BB 1981, 1730) können in der Firma der KG Bestandteile der Komplementär-GmbH weggelassen werden. Voraussetzung ist, dass die „wesentlichen" Teile der GmbH-Firma übernommen wurden („Verwaltungs-" ist unwesentlich), dass Unterscheidungskraft gegeben ist und die Firma der GmbH für sich alleine zulässig ist. Zur Unzulässigkeit eines Zusatzes „& Sohn" in der Firma einer GmbH & Co. KG (*BGH* DB 1985, 491; ferner *Noack* § 4 Rz. 37 m.w.N. der früheren teils divergierenden Rechtsprechung).

22 Schrittweise könnte so vorgegangen werden:

1. Gründung der späteren Komplementär-GmbH: „Aluv Aluminium-Vertriebs-GmbH"
2. Gründung der „Aluv-Aluminium-Vertriebs-GmbH & Co. KG" unter gleichzeitiger Firmenänderung der bisherigen GmbH z.B. in „Aluv Aluminium-Vertriebs-Verwaltungs-GmbH". Die Eintragung der KG sowie der Firmenänderung erfolgen „gleichzeitig". Deutlich wird an diesem Bsp., dass die genannte Konzeption zu „Firmenungetümen" führt. Infolge der Probleme wurde früher die Eintragung der

GmbH und der GmbH & Co KG an verschiedenen Orten empfohlen (krit. hierzu *BGH* BB 1981, 1730). Dem kann heute wohl nicht mehr gefolgt werden. Entscheidend sind Kennzeichnungs- und Unterscheidungskraft vor Ort.

Es dürfte sich nach wie vor im Einzelfall empfehlen, mit der IHK bzw. dem Register-   **23** gericht vor Anmeldung Kontakt aufzunehmen, damit unnötige Änderungen vermieden werden.

VI. Sonderfragen

Sofern die noch nicht eingetragene GmbH bereits ein vollkaufmännisches Handelsge-   **24** werbe betreibt, ist sie auch zur Firmenführung berechtigt. Man wird hier allerdings mit dem Zusatz „GmbH i.G." (= in Gründung) firmieren (hierzu *Gehrlein/Born/Simon* § 4 Rz. 14; *Noack* § 4 Rz. 18; *Lutter/Hommelhoff* § 4 Rz. 42 m.w.N.). Wird die GmbH hingegen liquidiert, so „geschehen" jedenfalls die „Zeichnungen in der Weise, dass die Liquidatoren der bisherigen, nunmehr als Liquidationsfirma zu bezeichnenden Firma ihre Namensunterschrift beifügen" (vgl. § 68 Abs. 2). Üblich ist hier die Verwendung des Hinweises „in Liqui" oder Ähnliches. Anders liegt dies im Fall des Insolvenz- und Vergleichsverfahrens. Hier sind keine Zusätze zur Firma erforderlich. Ist die Liquidation beendet, so erlischt die Firma und kann grds. nicht wieder benutzt werden. Anders liegt dies im Fall der Nachtragsliquidation. In diesem Fall kann die bisherige Firma z.B. mit dem Zusatz „i. Liqu." geführt werden, da dies dem Rechtszustand infolge der noch nicht durchgeführten Abwicklung entspricht. Ähnliches gilt für den Fall der Löschung wegen angeblicher Vermögenslosigkeit (vgl. § 394 FamFG – früher § 141a FGG).

Geht ein Handelsgeschäft auf die GmbH über, so kann der Name beibehalten wer-   **25** den, wobei freilich z.B. bei dem „Eintritt" einer GmbH als Komplementär ein notwendiger Zusatz erforderlich ist bzw. täuschende weitere Zusätze, die auf eine andere Rechtsform hinweisen, entfallen müssen (s.o. Rz. 20; vgl. §§ 22, 24, 18, 19 HGB; § 4 Abs. 2; hierzu i.Ü. auch *BGHZ* 62, 216; ferner *Noack* § 4 Rz. 22).

Übernimmt eine GmbH die Firma eines Einzelkaufmanns, so muss die Identität der   **26** bisherigen Firma gewahrt bleiben und darf nicht durch Hinzufügen von Sachbezeichnungen verändert werden (hierzu *Gehrlein/Born/Simon* § 4 Rz. 39; *Noack* § 4 Rz. 20, 21; *BayObLG* MDR 1981, 849). Zu Fortführung der Firma bei Umwandlungen und Verschmelzungen (vgl. §§ 18, 200 Abs. 2 UmwG; *Gehrlein/Born/Simon* § 4 Rz. 39; *Noack* § 4 Rz. 24; dort auch zur Ausgliederung des Unternehmens eines Einzelkaufmanns – Erlöschen der Firma nach § 15 UmwG, keine Geltung des § 18 UmwG).

Bei Übernahme der Firma einer anderen GmbH auf der Grundlage eines Pachtvertra-   **27** ges darf die übernehmende Firma die abgeleitete Firma lediglich allein, nicht jedoch neben ihrer bisherigen Firma führen (*OLG Stuttgart* MDR 1983, 407).

VII. Unzulässige Firmen

Verstöße können bestehen: **28**

– Nichtbeachten des § 4,
– § 30 HGB (Verwechslungsfähigkeit),
– § 18 Abs. 1, 2 HGB (Eignung, täuschende Zusätze),

– Nichtbezeichnung als „Gesellschaft mit beschränkter Haftung" bzw. als GmbH –
Benutzung unzulässiger Bestandteile,
– Benutzung von vorbehaltenen Begriffen (Finanz, Treuhand, Bank etc.).

29 Wird die Unzulässigkeit wegen eines Verstoßes gegen § 30 HGB i.V.m. § 4 vor der Eintragung erkannt, so ist die Anmeldung zurückzuweisen (nach Zwischenverfügungen – vgl. § 382 FamFG). Es fehlt eine Anmeldungsvoraussetzung (auch Nichtigkeit der Satzung; i.Ü. *Gehrlein/Born/Simon* § 4 Rz. 84 f.; *Noack* § 4 Rz. 28; *Lutter/Hommelhoff* § 4 Rz. 47 f.; auch Scholz/*Scheller* § 4 Rz. 103). Der Gesellschaftsvertrag ist nichtig (Scholz/*Scheller* § 4 Rz. 103; *Lutter/Hommelhoff* § 4 Rz. 47; *Noack* § 4 Rz. 28).

30 Ist eine unzulässige Firma eingetragen, so kommt das Verfahren nach § 399 Abs. 4 FamFG in Betracht, innerhalb dessen der Satzungsmangel festgestellt wird, was nach Rechtskraft zur Auflösung der Gesellschaft führt (vgl. hierzu § 60; hierzu *Gehrlein/Born/ Simon* § 4 Rz. 85 f.; *Noack* § 4 Rz. 28, 30; *Lutter/Hommelhoff* § 4 Rz. 47 – teils **a.A.**).

31 Die Eintragung schafft grds. keinen schutzwürdigen Besitzstand (vgl. *Noack* § 4 Rz. 32; *BGHZ* 44, 116; 30, 288).

32 Daran ändert auch eine langjährige Benutzung der Firma grds. nichts. Ändern sich die Verhältnisse und wird damit ein Zusatz unzulässig, so kommt eine nachträgliche Amtslöschung in Betracht (*OLG Düsseldorf* DB 1981, 85).

33 Bei der Verwendung von Zusätzen, die nach dem KWG verboten sind („Bank" etc.) erfolgt eine Löschung von Amts wegen (§ 43 Abs. 2 KWG). Wahlweise kommt auch ein Verfahren nach § 27 HGB i.V.m. § 392 FamFG – in Betracht. Welcher Weg zu wählen ist, steht in pflichtgemäßem Ermessen. Im Grunde sollen beide Möglichkeiten dazu dienen, unzulässige Firmen aus dem Register zu beseitigen bzw. deren Gebrauch im Rechtsverkehr zu verhindern. Vgl. hierzu § 59k BRAO – Rechtsanwalts-GmbH; § 53, § 161 StBerG: Steuerberatungsgesellschaft mbH; §§ 31, 128 Abs. 2, 133 WPO: Wirtschaftsprüfungsgesellschaft; Bank, Bankier, Sparkasse – §§ 39 ff. KWG; Kapitalanlage, Investment etc. – vgl. §§ 7, 53 KAGG – zu „prokredit" – *OLG Köln* v. 10.3.1980, BB 1980, 652; DB 1980, 1488; OLGZ 1980, 309; Rpfleger 1980, 193; WM 1980, 963; zu „Finanz" *LG Düsseldorf* BB 1979, 905.

34 Streitig ist jedoch, wie bei verwechslungsfähiger Firma zu verfahren ist (str. hierzu ausführlich *Lutter/Hommelhoff* § 4 Rz. 47; *Gehrlein/Born/Simon* § 4 Rz. 36; *Altmeppen* § 4 Rz. 41; *Noack* § 4 Rz. 28, 29 m.w.N.). In diesem Fall wird ebenfalls der Weg nach § 37 Abs. 1 HGB bzw. nach § 392 FamFG zu beschreiten sein; denn es handelt sich um eine infolge der tatsächlichen Verwechslungsfähigkeit unzulässige Firma. Es sind folglich hier die Voraussetzungen für die Aufrechterhaltung der Eintragung in ähnlicher Weise nicht gegeben, wie in allen Fällen, in denen sich z.B. der Gegenstand geändert hat, gleichwohl die alte Firma beibehalten bleiben soll (*Lutter/Hommelhoff* § 4 Rz. 47 – hierzu allerdings unzutreffend *BayObLG* WM 1989, 682 [Aufnahme der Zweigniederlassung in die Satzung]). Auszugehen ist nämlich von der Funktion der beiden Bestimmungen, die, wenn auch mit alternativen Mitteln, dem öffentlichen Interesse an einer zutr. Firmierung dienen. Nach hier vertretener Auffassung greifen die Grundsätze auch ein, wenn es sich z.B. um eine eingetragene und geänderte Firma handelt (vgl. §§ 53 ff.). Ob hingegen im Einzelfall auch einmal das Interesse der Gesellschaft an einer Fortführung einer nicht korrekten Firma ggü. dem öffentlichen Interesse überwiegt, ist nach strengen Maßstäben zu beurteilen. Im Regelfall wird eine Änderung für die betroffene Gesellschaft durchaus zumutbar sein (vgl. *Lutter/ Hommelhoff* § 4 Rz. 47; *Noack* § 4 Rz. 32; *KG* NJW 1965, 254).

VIII. Die Firma der Zweigniederlassung

Besondere Vorschriften für die Firmierung der GmbH sind nicht ersichtlich. § 12   **35** betrifft lediglich das Anmeldeverfahren. I.Ü. wird auf §§ 13, 30 HGB verwiesen. Im Prinzip kommen hierbei nur die völlige Identität der Firma der GmbH und der Zweigniederlassung, die Firma der GmbH mit dem Zusatz „Zweigniederlassung", „Filiale" etc. sowie eine sich unterscheidende Zweigniederlassung mit offenlegendem Zusammenhang mit der GmbH (z.B. *Max Meier*, Zweigniederlassung der X-GmbH, Frankfurt) in Betracht (vgl. *Lutter/Hommelhoff* § 4 Rz. 47; *Gehrlein/Born/Simon* § 4 Rz. 16; *Altmeppen* § 4 Rz. 41; *Noack* § 4 Rz. 17). Es kommen auch mehrere Zweigniederlassungen an selben Ort in Betracht. Dann muss jedoch sichergestellt sein, dass keine Verwechslungsgefahr besteht (häufige Gestaltung dieser Art findet sich bei Banken etc.). Zur Übertragung des Namens eines Gesellschafters in der Firma einer GmbH und getrennter Veräußerung einer Zweigniederlassung auf einen neuen Rechtsträger *BGH* NJW 1981, 343; zur Änderung der Firma der Zweigniederlassung vgl. *LG Nürnberg-Fürth* BB 1984, 1066; vgl. i.Ü. u. § 12).

§ 4a Sitz der Gesellschaft

Sitz der Gesellschaft ist der Ort im Inland, den der Gesellschaftsvertrag bestimmt.

Literatur: *Bayer/Schmidt* Das Vale-Urteil des EuGH: Die endgültige Bestätigung der Niederlassungsfreiheit, ZIP 2012, 1481 = NJW 2012, 2715; *Böttcher/Kraft* Grenzüberschreitender Formwechsel und tatsächliche Sitzverlegung – Die Entscheidung VALE des EuGH, NJW 2012, 2701; *EuGH* Vale-Entscheidung, ZIP 2012, 1394; *Teichmann/Knaier* Grenzüberschreitender Formwechsel nach „Polbud", GmbHR 2017, 1314.

Neuere Entscheidungen: *OLG Brandenburg* v. 20.3.2024 – 7 W 10/24 – Sitzverlegung einer GmbH nach Weißrussland – „§ 4a GmbHG erfordert einen Sitz im Inland. Da eine Verlegung des Satzungssitzes einer GmbH in das Ausland unter Beibehaltung der deutschen Rechtsform nicht vorgesehen ist, bewirkt die Sitzverlegung ins Ausland entweder die Auflösung der Gesellschaft im Sinne der Beendigung ihrer Existenz nach deutschem Recht (so – neben vielen anderen – das von der Antragstellerin mit ihrer Beschwerde zitierte *OLG Hamm* NJW 2001, 2183), oder der Verlegungsbeschluss ist zur Bewahrung vor dieser Rechtsfolge nichtig (MüKo GmbHG/*Hupka* 4. Aufl. 2022, § 4a Rz. 93). Jedenfalls kann die Sitzverlegung nicht in das Handelsregister eingetragen werden". Vgl. ferner *KG Berlin* v. 1.2.2024 – 2 U 130/21 – Atemschutzmasken – Corona – Sitztheorie – Rechtsfähigkeit und Brexit – Urkundenverfahren – „Für die Beurteilung der Rechtsfähigkeit einer Gesellschaft ist dementsprechend das Recht des Sitzstaates maßgeblich (*BGH* v. 27.10.2008 – II ZR 158/06). Unter Sitz ist dabei der tatsächliche Verwaltungssitz zu verstehen. Dieser befindet sich an dem Ort, an dem die grundlegenden Entscheidungen der Unternehmensleitung effektiv in laufende Geschäftsführungsakte umgesetzt werden (*BGH* v. 21.3.1986 – V ZR 10/85)". Für Gesellschafterversammlung *OLG München* v. 22.3.2023 – 7 U 1995/21 – Nichtigkeit von Gesellschafterbeschlüssen – fehlerhafter Versammlungsort – fehlende Satzungsregelung für Ort der Gesellschafterversammlung – maßgeblich daher analog § 121 Abs. 5 S. 1 AktG Gesellschafterversammlung am Sitz (München) – unzulässig Gesellschaftsversammlung in Frankfurt; *BGH* v. 14.11.2017 – VI ZR 73/17 – § 4a GmbHG, Sitz – Der Begriff des satzungsmäßigen Sitzes i.S.d. Art. 63 Abs. 1 lit. a EuGVVO n.F./Art. 60 Abs. 1 lit. a EuGVVO a.F. setzt keine Verwaltungs- oder Geschäftstätigkeit am Ort des Satzungssitzes voraus. Es bedarf keines über den Registertatbestand hinausgehenden realwirtschaftlichen Bezugs (Fortführung von *BGH* v. 12.7.2011 – II ZR 28/10; *BGHZ* 190, 242 Rz. 19 ff.).

I. Allgemeines

1   Durch das MoMiG 2008 wurde § 4a geändert (Abs. 2 wurde gestrichen; in der verbleibenden Fassung wurde das Wort „Inland" eingefügt – zur GmbH im internationalen Rechtsverkehr (*BGH* v. 14.11.2017 – VI ZR 73/17 – § 4a GmbHG – Sitz – der Begriff des satzungsmäßigen Sitzes i.S.d. Art. 63 Abs. 1 lit. a EuGVVO n.F./Art. 60 Abs. 1 lit. a EuGVVO a.f. setzt keine Verwaltungs- oder Geschäftstätigkeit am Ort des Satzungssitzes voraus. Es bedarf keines über den Registertatbestand hinausgehenden realwirtschaftlichen Bezugs (Fortführung *BGHZ* 190, 242 Rz. 19 ff.); vgl. ferner die Entscheidung des *EuGH* v. 12.7.2012 sowie *Böttcher/Kraft* NJW 2012, 2701 und *Bayer/Schmidt* ZIP 2012, 1481 – *EuGH* v. 12.7.2012 – C-378/10, ZIP 2012, 1394; ferner schon *Wachter* GmbHR, Sonderheft 10/2008, S. 80 ff.; auch *Lutter/Hommelhoff* § 4a Rz. 2, auch zur Zweigniederlassung Anh. zu § 4a Rz. 1 zur Gesellschaftsrichtlinie (RL EU 2017/1132, ABlEU Nr. 1 169 v. 30.6.2017, S. 46); *Gehrlein/Born/Simon* § 4a Rz. 1; *Hellgardt/Illmer* Wiederauferstehung der Sitztheorie?, NZG 2009, 94).

Nach dem Willen des Gesetzgebers soll durch die Änderung von § 4a (Streichung des § 4a Abs. 2 und der älteren Parallelnorm des § 5 Abs. 2 AktG) deutschen Gesellschaften ermöglicht werden, einen Verwaltungssitz zu wählen, der nicht notwendig mit dem Satzungssitz übereinstimmt. Damit soll der Spielraum deutscher Gesellschaften erhöht werden, ihre Geschäftstätigkeit auch ausschließlich im Rahmen einer (Zweig-)Niederlassung, die alle Geschäftsaktivitäten erfasst, außerhalb des deutschen Hoheitsgebiets zu entfalten. Für die deutsche Rechtsform der Aktiengesellschaft und der GmbH besteht Möglichkeit, sich mit der Hauptverwaltung an einem Ort unabhängig von dem in der Satzung oder im Gesellschaftsvertrag gewählten Sitz niederzulassen, ein level playing field, also gleiche Ausgangsbedingungen ggü. vergleichbaren Auslandsgesellschaften. Allerdings bleibt es dabei, dass die Gesellschaften eine Geschäftsanschrift im Inland im Register eintragen und aufrechterhalten müssen vgl. hierzu *Lutter/Hommelhoff* § 4a Rz. 1; *Gehrlein/Born/Simon* § 4a Rz. 12. Zum früheren Recht vgl. Voraufl. Rz. 1.

2   Damit änderte sich die Rechtslage vorteilhaft auch für deutsche Unternehmen. Lediglich der Satzungssitz muss im Inland liegen, ohne dass Betrieb, Geschäftsführung oder Verwaltung damit zusammenhängt (*Noack* § 3 Rz. 4; *Lutter/Hommelhoff* § 4a Rz. 1; *Gehrlein/Born/Simon* § 4a Rz. 12). Der Verwaltungssitz kann z.B. im Ausland sein. Grundsätzlich besteht also Wahlfreiheit, soweit kein Rechtsmissbrauch vorliegt (*Lutter/Hommelhoff* § 4a Rz. 4 m.w.N.; *Gehrlein/Born/Simon* § 4a Rz. 17 [Unbedenklichkeit der Wahl eines „günstig arbeitenden Gerichts"]; ferner *Noack* § 4a Rz. 6).

3   § 4a wurde mit Wirkung zum 1.1.1999 ohne Übergangsregelung eingefügt (vgl. Art. 10 HRefG). Die neue Bestimmung schränkte die Wahlfreiheit ein (Sitz nur im Inland – Gläubigerschutzvorschrift – vgl. *Lutter/Hommelhoff* § 4a Rz. 4; *Gehrlein/Born/Simon* § 4a Rz. 12; *Noack* Rz. 1; *Scholz/Scheller* § 4a Rz. 1). Dadurch dass nach § 8 Abs. 4 Nr. 1 in der Anmeldung eine inländische Geschäftsanschrift angegeben wird und nach § 10 Abs. 1 S. 1 bei der Eintragung angegeben werden muss, sollen die Zustellungsprobleme zumindest gemindert werden – vgl. auch zur inländischen Anschrift bei empfangsberechtigten Personen § 10 Abs. 2 S. 2 – hierzu *Lutter/Hommelhoff* § 4a Rz. 1, 8, 19 f.; *Gehrlein/Born/Simon* § 4a Rz. 12; *Altmeppen* § 4a Rz. 4). Vgl. *KG* v. 24.4.2018 – 22 W 63/17 – Anmeldung der Sitzverlegung einer aufgelösten GmbH; *KG* v. 4.5.2016 – 22 W 128/15 – Prokura für die Anmeldung der Änderung der inländischen Geschäftsanschrift nicht ausreichend; zur älteren Rechtsprechung und Literatur vgl. die Voraufl. § 4a Rz. 3.

Der Sitz der GmbH ist als notwendiger Satzungsinhalt in die Satzung aufzunehmen – **4** (Ablehnung der Eintragung wegen Eintragungshindernisses); unzulässige Eintragung führt zu Satzungsmangel: Amtsauflösungsverfahren nach den § 399 Abs. 4 FamFG, § 60 Nr. 6. Eine unzulässige Satzungsänderung (Satzungssitz im Ausland) ist nichtig, die gleichwohl erfolgende Eintragung führt zur Auflösung nach § 399 Abs. 4 FamFG – *Noack* § 4a Rz. 2; *Lutter/Hommelhoff* § 4a Rz. 24; *Scholz/Scheller* § 4a Rz. 21).

Der Sitz hat Bedeutung für die Zuständigkeit des Registergerichts, die Gesellschafterversammlung, den Erfüllungsort, für die Anknüpfung im IPR, den Gerichtsstand (*Noack* § 4a Rz. 2; Lutter/Hommelhoff § 4a Rz. 3; Scholz/*Scheller* § 4a Rz. 5 ff.; *OLG Frankfurt* v. 29.4.2021 – 11 SV 16/21 – Allgemeiner Gerichtsstand einer GmbH in Gemeinden mit mehreren Amtsgerichtsbezirken, GmbHR 2021, 882; Wahl des Sitzes kann steuerliche oder Subventionsvorteile bringen, ist daher sicherlich auch unter diesem Aspekt beachtlich (vgl. oben *EuGH* ZIP 2012, 1394). *OLG Frankfurt* v. 29.4.2021 – 11 SV 16/21 – Zuständigkeit für Vollstreckungsmaßnahmen: Sitz maßgeblich für allgemeinen Gerichtsstand der GmbH als juristischer Person (§ 17 Abs. 1 ZPO, § 4a im Inland gemäß Gesellschaftsvertrag – auch bei Verwaltungssitz an anderem Ort – für Satzungssitz nicht erforderlich örtlicher Zusammenhang mit Betriebsstätte, Hauptverwaltung oder Existenz betrieblicher Einrichtungen – zulässig auch Wahl eines rein fiktiven Satzungssitzes im Inland (*Altmeppen* § 4a Rz. 6, 7) – erforderliche Angabe einer bestimmten Gemeinde im Inland (hier Berlin) mit in mehreren [Amts-]Gerichtsbezirken und genauerer und hinreichende Bestimmung für gerichtliche Zuständigkeit durch Sitz als Anknüpfungspunkt – Besonderheit bei zentralem Registergericht (Berlin) – kein gerichtsbezirkübergreifendes Vollstreckungsgericht für Vollstreckungsmaßnahmen in Berlin als zuständiges Vollstreckungsgericht – Auswahlrecht des Gläubigers nach § 35 ZPO – §§ 17, 36 Abs. 1 Nr. 6, 36 Abs. 3, 828 Abs. 2.

Als Sitz kann nur ein Ort innerhalb Deutschlands gewählt werden. Ein Sitz im Aus- **5** land ist nicht zulässig. Bei Sitz im Ausland ist eine Anmeldung bei deutschem Registergericht nicht zulässig, da der Sitz im Inland liegen muss (*Noack* § 4a Rz. 3; *Lutter/ Hommelhoff* § 4a Rz. 4 m. Hinw. auf *BayObLG* v. 11.2.2004 – 3Z BR 175/03 – Keine Eintragung der Verlegung des Satzungssitzes einer GmbH in das EU-Ausland in das deutsche Handelsregister); auch Scholz/*Scheller* § 4a Rz. 6 m. Hinw. auf die europäische Rechtsentwicklung – Gründungstheorie statt Sitztheorie? – vgl. auch oben Rz. 3). Daran ändert auch der Wegfall des § 4a Abs. 2 nichts.

Das Gesetz nannte im früheren § 4a Abs. 2 drei Punkte für die Wahl des Sitzes: **6**
– Betrieb der Gesellschaft,
– Geschäftsleitung,
– Verwaltungsführung.

Die Gründer hatten danach die Wahl zwischen diesen Möglichkeiten. Allerdings ergaben sich einige Einschränkungen in Sonderfällen. Unter Betrieb wird man nach wie vor die Stätte zu verstehen haben, an der produziert oder bei Vertriebsfirmen verkauft wird. Bei mehreren Betrieben wurde insofern ebenfalls ein Wahlrecht angenommen, sofern nicht eine völlig untergeordnete Einrichtung betroffen ist (hierzu etwa *Noack* § 4a Rz. 4).

7 Nach der geltenden des § 4a können Satzungssitz und Verwaltungssitz unterschiedlich sein (vgl. Begründung des RegE: „In Zukunft soll für die deutsche Rechtsform der Aktiengesellschaft und der GmbH durch die Möglichkeit, sich mit der Hauptverwaltung an einem Ort unabhängig von dem in der Satzung oder im Gesellschaftsvertrag gewählten Sitz niederzulassen, ein level playing field, also gleiche Ausgangsbedingungen ggü. vergleichbaren Auslandsgesellschaften geschaffen werden. Freilich bleibt es nach dem Entwurf dabei, dass die Gesellschaften eine Geschäftsanschrift im Inland im Register eintragen und aufrechterhalten müssen".

8 Die Neuregelungen zur Zustellung in Deutschland erhalten durch die Mobilitätserleichterungen zusätzliches Gewicht." – hierzu *Noack* § 4a Rz. 5; *Lutter/Hommelhoff* § 4a Rz. 2; *Gehrlein/Born/Simon* § 4a Rz. 12; *Altmeppen* § 4a Rz. 3; *Wicke* § 4a Rz. 1; hierzu bereits *Kindler* NJW 2008, 3251 m.w.N.; auch *Wachter* GmbHR, Sonderheft 10/ 2008, S. 80 f.

Im Übrigen können die früheren beispielhaft genannten Möglichkeiten für den Sitz nach wie vor maßgeblich sein (Betrieb der Gesellschaft, Geschäftsleitung). Die Sicherstellung der postalischen Erreichbarkeit erfolgt durch die Anmeldung der inländischen Geschäftsanschrift sowie Einschreiten des Registergerichts nach § 387 Abs. 2 FamFG i.V.m. § 14 HGB, § 25 HRV – vgl. auch Begründung des RegE.

9 Geschäftsleitung (Schwerpunkt der Geschäftsführertätigkeit) und Verwaltung (Haupt- oder Zentralverwaltung) können die Wahl des Sitzes bestimmen. Die frühere Unzulässigkeit bei Holdingsitz ohne entspr. gleichzeitigen Betriebsstätten bzw. Geschäftsleitungs- oder Verwaltungssitz der GmbH ist damit entfallen (zum früheren Recht *Noack* § 4a Rz. 5; vgl. auch z.B. die nach altem Recht maßgebliche Entscheidung *OLG Stuttgart* NJW 2001, 755 – „Kontec Engineering Stuttgart-GmbH" – Sitz in Korntal-Münchingen im Landkreis Ludwigsburg – Beziehung zwischen Firma und Sitz.

10 Die Sitzbestimmung ist nach wie vor in die Satzung zwingend aufzunehmen. In Betracht kommt nach wie vor nur ein (Satzungs-)Sitz, selbst wenn die GmbH mehrere Betriebsstätten oder Verwaltungsstellen hat; mehrere (Satzungs-)Sitze sowie auch ein Doppelsitz sind nach wie vor nur in besonders gestalteten Fällen für AG zulässig, wird aber für die GmbH nicht für gerechtfertigt gehalten (hierzu *Noack* § 4a Rz. 6; für AG seinerzeit z.B. nach Fusionen *LG Hamburg* DB 1973, 2237 (AG); a.A. *BayObLG* DB 1985, 1280 (AG)).

11 Hinsichtlich des Doppelsitzes ist zwischen AG und GmbH zu unterscheiden. Bei der GmbH kommt nur ein (Satzungs-)Sitz in Betracht (hierzu *Lutter/Hommelhoff* § 4a Rz. 5; *Gehrlein/Born/Simon* § 4a Rz. 18; *Noack* § 4a Rz. 6 generell unzulässig).

Zweigniederlassungen (s.a. u. Rz. 19 f.) sind nach §§ 13 f. HGB zu behandeln und haben für den (Satzungs-)Sitz der GmbH keine Bedeutung (vgl. zur Zweigniederlassung *Gehrlein/Born/Simon* § 4a Rz. 28, 29). Infolge der Zulässigkeit von Verwaltungssitz(en) neben dem „Satzungssitz" dürften die bisherigen str. Fragen wohl keine Bedeutung mehr haben. Satzungssitz, Verwaltungssitz, Zweigniederlassung und inländische Geschäftsanschrift können sich unterscheiden. Solange erkenntlich kein Missbrauch ersichtlich ist, bestehen wohl auch bei Verschiedenheit der Angaben keine Bedenken. Insofern ist fraglich, ob diese Gestaltung für die Gesellschaft vorteilhaft ist, eher bringt das verwaltungstechnische erhebliche Nachteile in der Praxis.

Bei der Feststellung darüber, ob der (Satzungs-)Sitz berechtigterweise angemeldet **12** wird, bedient sich das Registergericht der Hilfe der IHK sowie der HWK. Es muss im Zweifelsfall bei Vorliegen einschlägiger Anhaltspunkte nach § 26 FamFG die erforderlichen Ermittlungen durchführen und eine Anmeldung eines fingierten, willkürlich gewählten Sitzes zurückweisen (vgl. hierzu *Lutter/Hommelhoff* § 4a Rz. 21; *Gehrlein/Born/Simon* § 4a Rz. 17 zu Rechtsmissbrauch). Der satzungsmäßige Sitz muss mit dem tatsächlichen Sitz nicht übereinstimmen (Betriebsstätte, Geschäftsleitung oder Verwaltung oder insofern nachzuweisender Ausnahmefall sind m.E. nicht mehr erheblich). Für den Rechtsverkehr ist die inländische Geschäftsanschrift entscheidend.

Unbedenklich sind damit nach wie vor für die Festlegung des (Satzungs-)Sitzes grds. **13** Betriebstätten, Geschäftsführung bzw. Verwaltung (vgl. *Lutter/Hommelhoff* § 3 Rz. 3). Die Anmietung von Geschäftsräumen und Schildern wird regelmäßig ein ausreichendes Indiz für das Vorliegen des (Satzungs-)Sitzes sein (*OLG Köln* BB 1987, 711 – in diesen Fällen kein Missbrauch). Die früher insofern behandelten Missbrauchsfälle bei fehlendem tatsächlichem Sitz entspr. der Satzung sind daher regelmäßig obsolet. Das bedeutet in Konsequenz, dass der Satzungssitz insb. für die Zuständigkeit des Registergerichts entscheidend ist. Das Registergericht ist auf den Geschäftsbriefen anzugeben. Im Übrigen sind die erforderlichen Daten durch das Unternehmensregister jederzeit greifbar (vgl. §§ 8 ff. HGB).

Früheres Recht: Missbrauch war regelmäßig nur in extremen Ausnahmefällen anzu- **14** nehmen. Das war nach allg. Ansicht der Fall, wenn die Wahl des Sitzes willkürlich ist und jede tatsächliche Beziehung der Gesellschaft zu der betr. Gemeinde fehlt (*OLG Zweibrücken* NJW-RR 1991, 1509; *OLG Stuttgart* NJW-RR 1991, 1510; auch *OLG Schleswig* BB 1994, 810) sowie nach geltendem § 4a (n.F.) in den Fällen, in denen keine schutzwürdigen Interessen für eine von dem „Regelfall" des § 4a abweichende Gestaltung angetroffen wird. Insoweit wird auf die Voraufl. § 4a Rz. 14, verwiesen (Rechtsprechung und Literatur): Enthält die Satzung keinen konkreten oder einen unzulässigen Sitz, so ist die maßgebliche Bestimmung nichtig. Die Eintragung ist zurückzuweisen. Wird die GmbH gleichwohl eingetragen, so greift nicht § 75 (Nichtigkeitsklage) ein, da der hier betroffene Fall dort nicht angeführt ist. Ebenso wenig kommt eine Amtslöschung nach § 395 FamFG in Betracht. Nach erfolgter Eintragung kann nach § 399 Abs. 4 FamFG verfahren werden, wenn der geforderte Bezug entfällt und ein fiktiver Sitz, an dem die Gesellschaft rechtlich nicht erreichbar ist, festgelegt wird. Zu einem Einzelfall *KG* v. 24.4.2018 – 22 W 63/17 – Anmeldung der Sitzverlegung einer aufgelösten GmbH.

Das nachträgliche Auseinanderfallen von satzungsmäßigem und tatsächlichem Sitz **15** bewirkte bereits nach früherem Recht grds. keine Nichtigkeit der entspr. Satzungsbestimmung (*BayObLG* DB 1981, 1128; *BayObLG* BB 1987, 1970). Werden nur Verwaltungs-, Betriebs- oder Geschäftsführungssitz verändert, so liegt darin keine Satzungsänderung. Anders ist dies nur, wenn z.B. der Verwaltungssitz in der Satzung enthalten ist (*Gehrlein/Born/Simon* § 4a Rz. 19). Gegen einen erwähnten Rechtsmissbrauch z.B. bei einem fingierten Sitz ohne entspr. Nachweis der rechtlichen Erreichbarkeit (postalisch, Zustellmöglichkeiten, Räume etc.), kann das Registergericht nach § 399 Abs. 4

FamFG vorgehen. Bedauerlicherweise ließ sich die unzulässige Festlegung des Sitzes in der Praxis nur dann annehmen, wenn die Gesellschaft zu der gewählten Gemeinde keinerlei Beziehungen hat, mithin dort weder Räume noch sonstige Erreichbarkeit (postalisch, telefonisch etc.) anzutreffen waren. Das ist aber durch erforderliche Angabe einer inländischen Geschäftsanschrift jedenfalls theoretisch nicht mehr erheblich. Regelmäßig waren früher Indizien für die unzulässige Sitzwahl dann anzunehmen, wenn Briefsendungen zurückkommen oder nicht zustellbar waren. Dann konnte der Registerrichter entspr. Ermittlungen einleiten. Wenn eine Gesellschaft allerdings die Betriebsstätte einstellte, die Geschäftsleitung oder die Verwaltung verlegte, fielen Satzung und Wirklichkeit auseinander – dies sollte früher anders als heute zur Nichtigkeit der Satzungsbestimmung führen (vgl. Voraufl.).

16 Wählen Gesellschafter einen (unter Beachtung der in § 4a vorgesehenen Möglichkeiten) Sitz, um vor einem unerfahrenen Registergericht eine schnellere und „komplikationslose" Eintragung zu erreichen, so begründete dies bereits früher für sich gesehen noch keine unzulässige Vorgehensweise (vgl. insofern *Gehrlein/Born/Simon* § 4a Rz. 17; Scholz/*Scheller* § 4a Rz. 14).

17 Der Satzungssitz muss zwingend im Inland liegen (örtliche Zuständigkeit des Registergerichts nach § 7 Abs. 1, allg. Gerichtsstand nach § 17 ZPO, Zuständigkeit des Insolvenzgerichts nach § 3 Abs. 1 S. 1 InsO, Erfüllungsort – vgl. *Wicke* § 4a Rz. 2, 3; vgl. hierzu auch *Gehrlein/Born/Simon* Anh. I Rz. 76 f.). Die Verlegung des Sitzes der GmbH als „deutsche GmbH" ins Ausland war bisher nicht möglich und beseitigte die Rechtsfähigkeit, stellte einen Auflösungsbeschluss dar und führte zur Liquidation (*Noack* § 4a Rz. 9; Scholz/*Scheller* § 4a Rz. 26; *Lutter/Hommelhoff* § 4a Rz. 16, 17 [grenzüberschreitende Formwechsel im Schutzbereich der Niederlassungsfreiheit]; hierzu bereits *Wicke* § 4a Rz. 10; nichtiger Satzungsänderungsbeschluss *Kindler* AG 2007, 723; auch *Kindler* NJW 2008, 3251; vgl. ferner *BGH* NJW 2008, 2914; für schweizerische AG *BGH* v. 27.10.2008 – II ZR 158/06; *BGHZ* 85, 144).

Hier ist allerdings die erstmalige Kodifizierung zum grenzüberschreitenden Formwechsels zu beachten (vgl. §§ 333 ff. UmwG, auch UmRUG – Gesetz zur Umsetzung der Umwandlungsrichtlinie und zur Änderung weiterer Gesetze v. 22.2.2023, BGBl. I 2023 Nr. 51 – s. hierzu oben Einl. Rz. 1; auch ausführlich *Lutter/Hommelhoff* § 4a Rz. 17 f.; *Gehrlein/Born/Simon* Anh. I Rz. 89 f.; *Altmeppen* § 4a Rz. 70). „Herausformwechsel" einer deutschen GmbH in eine Rechtsform eines anderen EU/EWR-Mitgliedstaats (vgl. § 191 UmwG) und der „Hereinformwechsel" von EU/EWR-Gesellschaften in einer der in § 191 Abs. 1 UmwG angeführten deutschen Rechtsform müssen zugelassen werden (vgl. auch §§ 333 f. UmwG bzw. UnRUG – *Lutter/Hommelhoff* a.a.O.; *Gehrlein/Born/Simon* a.a.O.; *Altmeppen* a.a.O.).

18 Kritisch war die Sitzverlegung einer ausländischen Gesellschaft in das Inland nach früherem Rechts zu betrachten. Hier führte die Sitzverlegung selbst bei Übereinstimmung der Rechtsordnungen zu einer Neugründung l (*Noack* § 4a Rz. 14; *OLG Nürnberg* v. 13.2.2012 – 12 W 2361/11, ZIP 2012, 572; *Belgorodski/Friske* WM 2011, 251; i.Ü. noch h.M. *BGHZ* 97, 269; *OLG Frankfurt* NJW 1990, 2204; *OLG Zweibrücken* DB 1990, 1660; krit. auch hier *Lutter/Hommelhoff* Voraufl., § 4a Rz. 14; ferner *Noack* Voraufl., § 4a Rz. 11 jeweils m.w.N.). Insofern ist die in Rz. 17 oben behandelte eingetretene Änderung zu beachten.

H. Bartl

Für Hauptniederlassungen und Zweigniederlassungen deutscher GmbH sind die §§ 13, **19** 13b bzw. 13d, 13e, 13h (Hauptniederlassung und Sitzverlegung) HGB maßgeblich (*Lutter/Hommelhoff* § 4a Rz. 6 [Hauptniederlassung und Sitzverlegung], auch Anh. zu § 4a Rz. 1 f., 6; *Gehrlein/Born/Simon* § 4a Rz. 20m. Hinw. auf § 13h HGB [Gericht des bisherigen Sitzes der Hauptniederlassung]).

Zur Sitzverlegung der Hauptniederlassung nach § 13h HGB: Die Sitzverlegung ist Sat- **20** zungsänderung. Insofern hat die Anmeldung beim Gericht der bisherigen Hauptnieder- lassung zu erfolgen, wenn die Sitzverlegung innerhalb des bisherigen Gerichtsbezirks liegt (§ 13h Abs. 1 HGB), anders bei Sitzverlegung in einen anderen Gerichtsbezirk (§ 13 Abs. 2 HGB – hierzu *Lutter/Hommelhoff* § 4a Rz. 6; *Gehrlein/Born/Simon* § 4a Rz. 20; *Altmeppen* § 4a Rz. 9; Scholz/*Scheller* § 4a Rz. 23; zur Rechtsprechung etwa *OLG Jena* GmbHR 2006, 765; *OLG Karlsruhe* GmbHR 2011, 308; *OLG München* GmbHR 2011, 143.). Die freie Sitzwahl ist grds. nicht beschränkt, sofern nicht die allgemeine Schranke des Rechtsmissbrauchs eingreift (in Einzelfällen „Firmenbestattungen", Sitzverlegun- gen im Liquidationsstadium oder bei Abgabe einer eidesstattlichen Versicherung (vgl. *Lutter/Hommelhoff* § 4a Rz. 6 m. Hinw. auf ältere Rechtsprechung sowie *OLG Celle* v. 26.4.2021 – 9 W 51/21 – GmbHR 2021, 715 – zur Zulässigkeit der Sitzverlegung einer GmbH im Liquiditätsstadium).

Verlegt eine im EU-Ausland errichtete Gesellschaft ihren tatsächlichen Sitz ins Inland, so ist die Niederlassung im Inland grundsätzlich als Zweigniederlassung anzu- sehen und hier als Zweigniederlassung einzutragen (*Lutter/Hommelhoff* § 4a Rz. 11 m. w. Hinw.).

Zur Errichtung und Sitzverlegung der Zweigniederlassung im Inland: Wird im Inland **21** eine Zweigniederlassung errichtet, so muss sie zum Handelsregister angemeldet wer- den (vgl. §§ 13 Abs. 1, 14 HGB sowie EHUG [Gesetz über das elektronische Handels- register und Genossenschaftsregister sowie das Unternehmensregister v. 10.11.2006, BGBl. I 2006, S. 2553]; *Lutter/Hommelhoff* § 4a Rz. 4, 6, m.w.N.). Das gilt nach § 13 Abs. 3 HGB auch entspr. für die „Aufhebung" bzw. Verlegung (vgl. *Lutter/Hommel- hoff* § 4a Rz. 7 m.w.N.).

Zur Errichtung der Zweigniederlassung einer ausländischen Gesellschaft (zum Begriff **22** der „ausländischen GmbH" *Lutter/Hommelhoff* § 4a Rz. 9; dort auch zu Gesellschaf- ten, die „im Wesentlichen einer deutschen GmbH" entsprechen [mit Wiedergabe der Liste der ausländischen Gesellschaften A–Z]; vgl. Richtlinie (EU) 2017/1132 – über bestimmte Aspekte des Gesellschaftsrechts v. 14.6.2017 – ABlEU L 169/46 v. 30.6.2017 [Anhang II]). Insoweit sind die §§ 13d, 13e, 13g HGB allgemein zu beachten. § 13d HGB betrifft Sitz oder Hauptniederlassung im Ausland. In § 13e HGB geht es um Zweigniederlassungen von Kapitalgesellschaften mit Sitz im Ausland. Die Regelungen betreffen sämtlich das Registerverfahren (hierzu *Lutter/Hommelhoff* § 4a Rz. 5 f. m. Hinw. auf die Rechtsprechung des BGH in Fn. 83 und 85 etwa *BGH* GmbHR 2011, 1094; auch *Gehrlein/Born/Simon* § 4a Rz. 31; zur Geschäftsführeranmeldung ausländi- scher GmbH Rz. 21 m. Hinw. auf *BGH* v. 15.6.2021 – II ZB 25/17 – zum erforderlichen elektronischen Einreichen einer Anmeldung nach § 12 Abs. 1 S. 2, Abs. 2 S. Hs. 2 HGB mit einem einfachen elektronischen Zeugnis eines Notars – nicht ausreichend das Ein- reichen einer qualifizierten elektronischen Signatur gem. § 126a BGB).

§ 5 Stammkapital; Geschäftsanteil

(1) Das Stammkapital der Gesellschaft muss mindestens fünfundzwanzigtausend Euro betragen.

(2) [1]Der Nennbetrag jedes Geschäftsanteils muss auf volle Euro lauten. [2]Ein Gesellschafter kann bei Errichtung der Gesellschaft mehrere Geschäftsanteile übernehmen.

(3) [1]Die Höhe der Nennbeträge der einzelnen Geschäftsanteile kann verschieden bestimmt werden. [2]Die Summe der Nennbeträge aller Geschäftsanteile muss mit dem Stammkapital übereinstimmen.

(4) [1]Sollen Sacheinlagen geleistet werden, so müssen der Gegenstand der Sacheinlage und der Nennbetrag des Geschäftsanteils, auf den sich die Sacheinlage bezieht, im Gesellschaftsvertrag festgesetzt werden. [2]Die Gesellschafter haben in einem Sachgründungsbericht die für die Angemessenheit der Leistungen für Sacheinlagen wesentlichen Umstände darzulegen und beim Übergang eines Unternehmens auf die Gesellschaft die Jahresergebnisse der beiden letzten Geschäftsjahre anzugeben.

Neuere Rechtsprechung: *BGH* v. 15.4.2021 – III ZR 139/20 – zur Vertretung bei der Vorgründungsgesellschaft für einen Verwertungsvertrag; *BGH* v. 4.8.2020 – II ZR 171/19 – Gesellschaftsanteil und Einlageanspruch; *BGH* Beschl. v. 16.12.2020 – VII ZB 10-20 – Geschäftsanteil verkörpert Rechte und Pflichten; *BGH* v. 20.11.2018 – II ZR 12/17 – Gesellschafterliste – Legitimationswirkung auch bei eingezogenem Geschäftsanteil – Versammlungsleitung entgegen Satzung keine Nichtigkeit oder Anfechtbarkeit sämtlicher Beschlüsse – §§ 16 Abs. 1 S.1, 48, *BGHZ* 220; *BGH* v. 2.7.2019 – II ZR 406/17 – § 16 Abs. 1 S. 1 GmbHG, § 52 GmbHG, § 242 BGB – Einreichung einer veränderten Gesellschafterliste zum Handelsregister nach Einziehung eines Geschäftsanteils entgegen einer gerichtlichen Anordnung; Zulässigkeit der Einrichtung eines Aufsichtsrats auf der Grundlage einer Öffnungsklausel im Gesellschaftsvertrag.

Neuere Literatur: *Berge* Gründungsaufwand bei der GmbH, GmbHR 2020, 82; *Hupka* Übernahme des Gründungsaufwands im Gesellschaftsvertrag, Notar 2017, 104; *Karl* Sacheinlagen bei der UG (Haftungsbeschränkt) und GmbH, GmbHR 2020, 9; *Peetz* Übernahme von Gründungskosten durch die GmbH – sachliche Rechtfertigung und Übernahme in die Eröffnungsbilanz, GmbHR 2022, 1169.

I. Allgemeines

1 Die Änderung des § 5 in der Fassung 1980 stellte einen der wichtigsten Punkte der Reform dar (ausf. hierzu vgl. *Gehrlein/Born/Simon* § 5 Rz. 2 f.; auch *Altmeppen* § 5 Rz. 1, 2; *Lutter/Hommelhoff* § 5 Rz. 1 f.; *Berge* a.a.O.; *Karl* a.a.O.; *Hupka* a.a.O.; *Peetz*

H. Bartl

a.a.O.; auch früher bereits *z.B. Porzelt* Die Überbewertung der Sacheinlagen und die Rechtsfolgen für die Gesellschafter, GmbHR 2018, 125; *Lieder* 10 Jahre Kapitalschutz nach dem MoMiG, GmbHR 2018, 1116 und ferner die Ausführungen in den Vorauflagen Rz. 5 ff. HK-GmbH-Recht). Die Regelung durch das MoMiG brachte zahlreiche Änderungen (*Lutter/Hommelhoff* § 5a Rz. 1, 3 f.; ausf. *Gehrlein/Born/Simon* § 5 Rz. 2; *Altmeppen* § 5 Rz. 1; *Noack* § 5 Rz. 2; auch *Scholz/Veil* § 5 Rz. 3 – jeweils m.w.N.).

Die Sinnhaltigkeit eines Mindeststammkapitals von 1 € bei der Unternehmergesellschaft war Diskussionsgegenstand. Der Ansatz wurde aber letztlich akzeptiert, um Einzelnen die Selbständigkeit zu erleichtern und auch eine Alternative zur englischen LTD. anzubieten (hierzu *Lutter/Hommelhoff* § 5a Rz. 4; *Gehrlein/Born/Simon* § 5a Rz. 2 f.; zur seinerzeitigen Diskussion W*achter* GmbHR, Sonderheft 10/2008, S. 30; *Seibert* GmbHR 2007, 673; s. hierzu auch § 5a). Vertragspartner und Banken werden bei niedrigem UG-Kapital vorsichtig sein und vermutlich zusätzliche Sicherheiten etc. verlangen, da sich bei „Miniausstattungen" Zahlungsunfähigkeit (vgl. § 5a Abs. 4) oder Überschuldung schnell in der Praxis einstellen können (richtiger Hinw. von *Wachter* GmbHR, Sonderheft 10/2008, S. 31).

Zu „Altgesellschaften" und Umstellung von DM auf Euro vgl. die letzte Aufl.

II. Stammkapital

Das Stammkapital einschließlich der damit übereinstimmenden Summe der Anteile **2** kann von den Gesellschaftern frei festgelegt werden. Die Untergrenze beträgt mindestens 25.000 € (UG 1 € vgl. § 5a). Eine Obergrenze existiert nicht. Dies gilt nicht nur für die Gründung bis zur Eintragung der GmbH (*Altmeppen* § 5 Rz. 6; auch *Gehrlein/ Born/Simon* § 5 Rz. 5, 6, 11 [kleiner als 1 € unzulässig]; hierzu *Noack* § 5 Rz. 7; i.Ü. auch *Wachter* GmbHR, Sonderheft 10/2008, S. 6 f.; *Kindler* NJW 2008, 3251; *Katschinski/Rawert* ZIP 2008, 1995).

Das Stammkapital muss sich auch bei der Unternehmergesellschaft (UG) in vollen **3** Euro eindeutig aus dem Gesellschaftsvertrag ergeben. Das Mindeststammkapital der UG beträgt ab 1 € und ab 25.000 € bei der GmbH (*Lutter/Hommelhoff* § 5a Rz. 17 – s. i.Ü. hierzu § 5a). Fraglich ist, ob z.B. das Stammkapital von 25.000 € und vor allem 1 € bei der UG sinnvoll ist (vgl. hierzu *Wachter* GmbHR, Sonderheft 10/2008, S. 30; *Seibert* GmbHR 2007, 673; s. hierzu auch § 5a). Vertragspartner und Banken werden sich durch zusätzliche Prüfungen und Sicherheiten etc. absichern, da sich (auch bei 25.000 € oder einer „Miniausstattung" der UG) Zahlungsunfähigkeit (vgl. § 5a Abs. 4) oder Überschuldung nach aller Erfahrung ergeben können (richtiger Hinw. von *Wachter* GmbHR, Sonderheft 10/2008, S. 31). Zu Altgesellschaften und Umstellung von DM auf Euro vgl. die letzte Aufl.

Die Summe der Nennbeträge aller Anteile muss nach § 5 Abs. 3 S. 2 mit dem Stamm- **4** kapital übereinstimmen (hierzu *BGH* v. 2.12.2014 – II ZR 322/13; auch *Gehrlein/Born/ Simon* § 5 Rz. 15). Verstöße hiergegen in der Satzung etc. führen zur Zurückweisung der Anmeldung (*Gehrlein/Born/Simon* § 5 Rz. 17, 18 [dort auch zu Heilungsmöglichkeiten]; *Noack* § 5 Rz. 12; *Scholz/Veil* § 5 Rz. 18; auch bereits *Wachter* GmbHR, Sonderheft 10/2008, S. 11).

Für bestimmte Geschäftsbereiche sind ohnehin nicht ohne Grund unverändert außerhalb **5** des GmbHG besondere Mindestbeiträge für das Stammkapital vorgesehen (s. hierzu oben

Rz. 13 [z.B. Banken, angemessenes Eigenkapital, §§ 33 Nr. 1, 10 KWG; Kapitalanlagegesellschaften, § 2 Abs. 2 KAGG]; vgl. hierzu Scholz/*Veil* § 5 Rz. 17 m.w.N.).

Die Mindestausstattung beträgt z.B. bei Kapitalverwaltungsgesellschaften mindestens 300.000 €, bei externer Verwaltung oder bei Unternehmensbeteiligungsgesellschaften mindestens 1.000.000 €; auch *Altmeppen* § 5 Rz. 3; *Noack* § 5 Rz. 1, auch 4 ff. – vgl. §§ 33 Nr. 1, 10 KWG; Kapitalanlagegesellschaften, § 2 Abs. 2 KAGG. Diese speziellen Voraussetzungen prüft nicht der Registerrichter, sondern die Behörde, die die Erlaubnisse etc. erteilt Scholz/*Veil*, a.a.O.). Die Vorlage entsprechender Genehmigungen ist nicht mehr erforderlich (§ 8 Abs. 2 Nr. 6 a.F. wurde gestrichen [s. dort]).

6 Stellen die Gesellschafter die erforderlichen Mittel nicht oder auch nicht mit zusätzlichen Gesellschafterdarlehen zur Verfügung, kommt eine persönliche Haftung nach § 826 BGB in Betracht (sog. „materielle Unterkapitalisierung" – kein eigenständiges Haftungsinstitut und somit überflüssige Konstruktion – vgl. zutreffend statt vieler *Gehrlein/Born/Simon* § 5 Rz. 6 m.w.Z.).

Die Kapitalaufbringung sichern ohnehin mehrere Vorschriften (§§ 7 Abs. 2, 3, 9, 19–24), die Kapitalerhaltung ist geregelt in §§ 30, 31).

Enthält der Gesellschaftsvertrag kein oder nicht das Mindeststammkapital, so ist die Anmeldung zurückzuweisen. Das gilt auch, wenn in der Anmeldung die Versicherung nach § 7 Abs. 2, 3 fehlt oder Zweifel an der Versicherung bestehen (vgl. § 8 Abs. 2). Erfolgt gleichwohl eine Eintragung, so kommt bei nichtiger Satzungsbestimmung Nichtigkeitsklage nach § 75 und Auflösung nach § 399 Abs. 4 FamFG, bei fehlender oder unklarer Satzungsbestimmung sowie nach fehlerhafter Eintragung das Amtsauflösungsverfahren nach § 399 Abs. 4 FamFG (hierzu etwa *Noack* § 5 Rz. 13; auch Scholz/*Veil* § 5 Rz. 17 – war (ist) nicht unstr.) in Betracht.

Teils wird angenommen, dass die Mindestkapitalausstattung z.B. im Zusammenhang mit der Firma mittelbar eine Rolle spielt, insb. wenn entspr. Zusätze auf eine besondere wirtschaftliche Bedeutung hinweisen und damit auch eine entspr. Kapitalausstattung erwartet werden könnte (vgl. § 18 Abs. 2 S. 1 HGB; vgl. auch *Wachter* GmbHR, Sonderheft 10/2008, S. 31: „deutlich andere Firmierung" als einzigem Ausgleich). Schließlich ist das Stammkapital auch nicht auf den Geschäftsbriefen der GmbH anzugeben, so dass dadurch auch eine gewisse Transparenz fehlt (vgl. *Wachter* a.a.O.).

Hier ist aber vorab darauf hinzuweisen, dass die Kapitalausstattung im freien Ermessen der Gesellschafter liegt. Ferner ist nur bestimmten Gesellschaften ein Mindestkapital vorgeschrieben (KapitalanlageG, Bankgeschäfte). Eine Beziehung zwischen Firmierung und Kapitalausstattung dürfte sich schwerlich ergeben. Jedenfalls ist das Problem dann primär nicht in der Kapitalausstattung, sondern im Firmenrecht (§ 18 Abs. 2 S. 1 HGB) zu sehen. Im Übrigen bestehen Bedenken, ein Verbot der „eindeutig unzureichenden oder völlig unangemessenen Kapitalausstattung" (angebliches Eintragungshindernis, persönliche Haftung der Gesellschafter nach Eintragung) auf dem Umweg über eine Firmen-Prüfung generell zu konstruieren (vgl. Scholz/*Veil* § 5 Rz. 15, 16; *Lutter/Hommelhoff* § 5 Rz. 15, 16).

7 Im Einzelfall ist dennoch nicht ausgeschlossen, dass der Registerrichter im pflichtgemäßen Ermessen im Zusammenhang mit der Firmierung zu Auflagen oder Nachfragen gelangt. GmbH mit Firmenzusätzen, die auf eine erhebliche Größe oder Aktivität hinweisen, werden möglicherweise nur zugelassen, wenn die Wechselbeziehung zwischen

Firma und Kapitalausstattung im Hinblick auf den „behaupteten" Geschäftsumfang nicht täuschend ist (vgl. §18 Abs. 2 S. 1 HGB). Firmenzusätze wie „Europa", „Deutschland", „Süddeutschland" etc. sind u.U. bei einer Mindestausstattung von 25.000 € krit. zu betrachten (vgl. allerdings bereits *BGH* NJW 1997, 2817 zu „Euro" oder „europäisch" als verblassende Zusätze; weiterführend hierzu *Gehrlein/Born/Simon* §4 Rz. 63 [teils differenzierend], Rz.65 zur Prüfung durch en Registerrichter einschränkend [Aufdrängen der Irreführung ohne umfangreiche Beweisaufnahme, nicht aber bei nichtersichtlichen Verstößen], s. dort auch die w. Nachw.; *Lutter/Welp* ZIP 1999, 1080; i.Ü. zu einzelnen Zusätzen *OLG Frankfurt* NZG 2019, 1232 [„Y-Holding UG" – ohne vorhandene Holdingstruktur]; zu Zusätzen wie Ort, Stadt, Region etc. *OLG Hamm* NZG 2013, 996 [Osnabrück]; *OLG München* DNotI-Report [„Münchner Hausverwaltung"; s. auch die früheren Entscheidungen *BGHZ* 31, 268; *BGH* GmbHR 1961, 161; *Lutter/Welp* ZIP 1999, 1080; *OLG Köln* FGPrax 2006, 131 [Zusatz „Deutschland" und Voraussetzungen – umfassender Repräsentationsanspruch]).

Eine klare Regelung findet sich z.B. in §8 Abs. 2 S.2, der ausdrücklich vorsieht, dass der Registerrichter „bei erheblichen Zweifeln an der Richtigkeit der Versicherung des Geschäftsführers Nachweise (unter anderem Einzahlungsbelege) verlangen kann".

Der Gesetzgeber hat 1980 bei Novellierung die Rz. 7 angesprochenen Punkte nicht **8** aufgegriffen (*Noack* §5 Rz. 6; auch Scholz/*Veil* §5 Rz. 15, 16). Mit Recht wird bemerkt, dass ein allg. genereller Haftungstatbestand der Unterkapitalisierung nicht angenommen werden kann (*Noack* §5 Rz. 6 – „nicht gesichert"). Gegen ein solches Institut der Haftung wegen Unterkapitalisierung spricht u.a. auch das System der beschränkten Haftung. Wenn die Gesellschaft mit beschränkter Haftung ihren Zweck als zugelassene Form erfüllen soll, darf dies nicht durch entspr. Konstrukte unterlaufen werden. Einzelfällen kann mit dem vorhandenen gesetzlichen Instrumentarium begegnet werden. Der Fall der sittenwidrigen Schädigung ist jedenfalls in diesem Zusammenhang nicht bedeutsam (so zutr. *Noack* §5 Rz. 6; auch z.B. *BGH* NJW 1979, 2104).

Dementsprechend darf das Registergericht die zuvor aufgeworfene Frage nicht ausrei- **9** chender Kapitalausstattung im Grunde nicht prüfen und ein Eintragungshindernis wegen der Kapitalausstattung annehmen. In der Lit. wird mit Recht die Freiheit der Finanzierungsentscheidung der Gesellschafter betont (*Noack* §5 Rz. 5, 6; Scholz/*Veil* §5 Rz. 15). Das Gesetz kennt keine Höchstgrenzen, aber auch keine Pflicht zur betriebswirtschaftlich sinnvollen oder notwendigen Kapitalausstattung (*Gehrlein/ Born/Simon* §5 Rz. 5, m.w.N.).
Im Übrigen verlangen auch die §§7, 8 im Regelfall keine über diese Vorschriften hinausgehenden Nachweise – anders ist das z.B. bei Zweifeln an der Richtigkeit der Versicherung des Geschäftsführers über die Einzahlung (vgl. §8 Abs. 2 S. 2). Auch gehört es nicht zur registerrechtlichen Prüfung, ob z.B. eine vorsätzliche sittenwidrige Schädigung Dritter bei der Gesellschaftsgründung vorliegt. Entspr. Anhaltspunkte dürften sich auch regelmäßig nicht ergeben (vgl. *Rowedder/Schmidt-Leithoff* §5 Rz. 10; *Noack* §5 Rz. 6; Scholz/*Veil* §5 Rz. 15 – teils str.).

Das Stammkapital muss der GmbH nur einmal zur Verfügung gestellt werden. Eine **10** Pflicht etwa zum Nachschuss, Verlustausgleichspflicht oder Anpassung an die Verhältnisse besteht nicht (s.u. §§13, 26). Das würde dem Wesen der GmbH widersprechen. Allerdings können sich z.B. aus den §§826, 242 BGB im Einzelfall Ausnahmen und Haftungsdurchgriffe ergeben. Das folgt etwa aus allg. Grundsätzen (vgl. §826 BGB)

Pflichten der Gesellschafter untereinander (vgl. *BGH* v. 28.4.2008 – II ZR 264/06, ZIP 2008, 1232; auch *BGH* WM 1980, 955; zu den Grenzen *BGH* ZIP 1985, 547). Nachschusspflichten bestehen nur durch Festlegung in der Satzung (hierzu statt vieler *Lutter/Hommelhoff* § 26 Rz. 7 – dort auch zur unzulässigen Umdeutung in eine formlos mögliche schuldrechtliche Nebenvereinbarung, da dadurch die Warnfunktion der notariellen Beurkundung bedeutungslos würde).

III. Geschäftsanteile

Rechtsprechung: *BGH* v. 4.8.2020 – II ZR 171/19, Gesellschaftsanteil und Einlage; *BGH* v. 20.11.2018 – II ZR 12/17, Gesellschafterliste – Legitimationswirkung auch bei eingezogenem Geschäftsanteil – Versammlungsleitung entgegen Satzung keine Nichtigkeit oder Anfechtbarkeit sämtlicher Beschlüsse – §§ 16 Abs. 1 S. 1, 48; *BGH* v. 2.7.2019 – II ZR 406/17, §§ 16 Abs. 1 S. 1, 52, 242 BGB – Einreichung einer veränderten Gesellschafterliste zum Handelsregister nach Einziehung eines Geschäftsanteils entgegen einer gerichtlichen Anordnung.

11 Nach der Überschrift des § 5 geht es um „Geschäftsanteile". Das entspricht der seinerzeitigen „Stammeinlage" und ersetzte diese (vgl. Begründung zum RegE 2008: „Der Begriff ‚Stammeinlage' wird für eine Übergangsphase beibehalten. Durch die Beibehaltung dieses Begriffs kann tw. auf redaktionelle Änderungen – insb. außerhalb des GmbHG – zunächst verzichtet werden. Es empfiehlt sich, künftig generell auf den einfacheren Ausdruck ‚Einlage' und ggf. Einlageverpflichtung umzustellen, da der Begriff der Stammeinlage veraltet ist und dem allg. Sprachgebrauch nicht mehr entspricht." Vgl. insofern §§ 3 Abs. 1 Nr. 4, 5, Abs. 2, Nr. 14 (Einlagepflicht).

12 „Ein Geschäftsanteil verkörpert als Inbegriff der Rechte und Pflichten den mitgliedschaftlichen Anteil des jeweiligen Gesellschafters an der Gesellschaft" (so *Gehrlein/Born/Simon* § 5 Rz. 9, m. Hinw. auf *BGH* v. 4.8.2020 – II ZR 171/19 – Anteil und Einlage; auch *Altmeppen* § 5 Rz. 5; auch *Lutter/Hommelhoff* § 5 Rz. 3). Entsprechend dem Geschäftsanteil sind die Leistungen des Gesellschafters an die Gesellschaft wertmäßig zu erbringen (vgl. auch § 14). Er erhält dadurch gleichzeitig seinen Geschäftsanteil mit allen Rechten und Pflichten entsprechend Gesellschaftsvertrag und Gesetz (hierzu *Gehrlein/Born/Simon* § 5 Rz. 9, m. Hinw. auf *BGH*).

13 Der Nennbetrag jedes Geschäftsanteils muss nach § 5 Abs. 2 S. 1 auf volle Euro lauten. Jeder Gesellschafter muss einen (bzw. kann aber mehrere) Geschäftsanteile übernehmen (§ 5 Abs. 2 S. 2). Die Höhe der Nennbeträge kann verschieden sein (§ 5 Abs. 3 S. 1).

Die Summe der Nennbeträge aller Geschäftsanteile muss mit dem Stammkapital übereinstimmen (§ 5 Abs. 3 S. 2; zum sog. Konvergenzgebot *Lutter/Hommelhoff* § 5 Rz. 6; *Gehrlein/Born/Simon* § 5 Rz. 13; *Altmeppen* § 5 Rz. 10 – zu allem auch grundlegend *BGH* v. 2.12.2014 – II ZR 322/13).

Nach Eintragung gelten diese Grundsätze für danach eintretende Veränderungen sowie für Kapitalerhöhungen ebenfalls (*Gehrlein/Born/Simon* § 5 Rz. 13; *Lutter/Hommelhoff* § 5 Rz. 6; Begründung RegE; vgl. bereits nach früherem Recht *BGHZ* NJW 1975, 118 zur Kapitalerhöhung: Übernahme eines weiteren Anteils durch den Gründungsgesellschafter unter 500 DM (in concreto 400 DM)).

Die Geschäftsanteile sind aus der Gesellschafterliste ersichtlich. Nach §§ 5 Abs. 2 S. 2, 40 Abs. 1, auch §§ 11, 4 GesellschafterlistenVO, sind sie in die Gesellschafterliste mit fortlaufenden Nummern in ganzen arabischen Zahlen sowie bei mehreren Anteilen eines Gesellschafters in Prozentzahlen zu übernehmen (vgl. hierzu *Lutter/Hommel-hoff* § 5 Rz. 7, § 40 Rz. 17 f., 18 [Nummerierung], 20 [Prozentangaben], [Rundungen etc.]; *Gehrlein/Born/Simon* § 40 Rz. 3 f., 6 [Gesellschafter], 9 [Anteile]). Vgl. hierzu die Gesellschafterliste hier § 3 Rz. 47.

Übernehmer eines oder mehrerer Geschäftsanteile kann jede natürliche Person oder **14** juristische Person sein, wobei natürliche Personen die üblichen Voraussetzungen (Geschäftsfähigkeit bzw. vormundschaftsgerichtliche Genehmigung etc.) – wie auch sonst – erfüllen müssen (hierzu § 3 Rz. 21 f.; auch z.B. *Lutter/Hommelhoff* § 5 Rz. 10). Vgl. zur früheren Unzulässigkeit der Übernahme von zwei Anteilen durch eine natürliche Person unter ihrem bürgerlichen Namen sowie unter der einzelkaufmännischen Firma *OLG Frankfurt* GmbHR 1962, 1579 – statt vieler Scholz/*Veil* § 5 Rz. 26 m.w.N. Damit ergeben sich erhebliche Erleichterungen auch für die Anteilsübertragung (vgl. § 15). Bei Gründungen mit dem Musterprotokoll kommen nur natürliche oder juristische Personen in Betracht.

Zusammenfassend ist folglich zu beachten, dass   **15**
– der Geschäftsanteil in vollen Euro festgelegt wird,
– der Mindestbetrag von 100 € (1 € reicht) nicht mehr erreicht sein muss,
– jeder Gründungsgesellschafter einen oder mehrere Geschäftsanteile übernehmen darf,
– die Summe der Nennbeträge der Geschäftsanteile dem Stammkapital entsprechen muss,
– jeder Geschäftsanteil auf volle Euro lauten muss.

Wird hiergegen verstoßen, so kommt bei eingetragenen Gesellschaften das Verfahren **16** der Amtsauflösung gem. § 399 Abs. 4 FamFG in Betracht (nicht § 397 S 2. FamFG – bzw. § 75 – im Einzelnen *Gehrlein/Born/Simon* § 5 Rz. 17; auch *Lutter/Hommelhoff* § 5 Rz. 11; Scholz/*Veil* § 5 Rz. 29; *Noack* § 5 Rz. 13).

Liegen die genannten Voraussetzungen bei einer Neuanmeldung nicht vor, so ist die **17** Eintragung zu verweigern und die Anmeldung nach Fristsetzung die Anmeldung nach § 9c zurückzuweisen (vgl. *Gehrlein/Born/Simon* § 5 Rz. 17 m.w.N.; *Lutter/Hommelhoff* §3 5 Rz. 11, 3 Rz. 20; *Krafka* Registerrecht Rz. 192). Auf eine Zwischenverfügung sollte daran gedacht werden, die Anmeldung aus Kostengründen zurückzunehmen (*Krafka* Registerrecht Rz. 192).

Eintragungshindernisse können durch Satzungsänderung unter Beachtung der Forma- **18** lien geheilt werden sind (*Lutter/Hommelhoff* § 76 Rz. 1; *Gehrlein/Born/Simon* § 5 Rz. 17; *Altmeppen* § 76 Rz. 3; *Noack* § 5 Rz. 13 – nur noch teils str.).

Der Mindestbetrag von 25.000 € (bei UG 1 €) darf i.Ü. auch nach Eintragung grds. **19** nicht unterschritten werden (vgl. auch § 58 Abs. 2 – Kapitalherabsetzung). Das galt früher auch grds. für den Fall der Teilung eines Geschäftsanteils (§ 17 ist aufgeho-ben – vgl. jetzt § 16 – Begründung RegE 2008 zu § 17). Die Regelungen des § 3 bzw. des § 5 erlauben mehr Flexibilität (Übernahme mehrerer Anteile im Gründungssta-dium etc.).

Die gesellschaftsvertraglich zulässige Zuzahlung (Agio, Aufgeld – in der Bilanz als **20** Kapitalrücklage auszuweisen) hat mit der Stammeinlage grds. nichts zu tun, auch wenn sie sich wie die Stammeinlagenverpflichtung an den Gesellschafter richtet. Der Streit hierüber ist auch wohl nur terminologischer Natur. Fest steht jedenfalls, dass ein solches

Aufgeld durch § 3 Abs. 2 sowie § 5 nicht ausgeschlossen und dieser Betrag hinsichtlich des Stammkapitals nicht zu berücksichtigen ist (*Lutter/Hommelhoff* § 5 Rz. 8; *Gehrlein/ Born/Simon* § 5 Rz. 21; *Sirchich von Kis-Sira* § 19 Rz. 4, 8; *Altmeppen* § 5 Rz. 8). Soweit Bareinlagen mit einem Sachagio übernommen werden (ähnlich einer Mischeinlage) sollen die Sachgründungsvorschriften nicht anzuwenden sein (kein Sachgründungsbericht – allerdings zur Vermeidung „negativer Wertzuflüsse" Beifügung eines positiven Wertnachweises erforderlich – vgl. *Lutter/Hommelhoff* § 5 Rz. 44, § 9c Rz. 16; *Gehrlein/ Born/Simon* § 5 Rz. 21 m.w.N.). Ob dies nicht im Einzelfall eine registerrechtliche Überprüfung auslöst bzw. einer Anmeldung entgegensteht, ist abzuwarten. Vorherige Abklärung ist geboten. Zu steuerrechtlichen Fragen *BFH* v. 7.4.2010 – I R 55/09.

21 Die Leistung des Agios bzw. des Aufgeldes ist ansonsten vom Registerrichter nicht nachzuprüfen. Bilanzmäßig muss eine ordnungsgemäße Ausweisung erfolgen (vgl. § 272 Abs. 2 S. 2 HGB – Einstellung in Rücklage; *Noack* § 5 Rz. 11). Es handelt sich um eine Nebenleistungspflicht i.S.d. § 3 Abs. 2. Gegenüber der Gesellschaft bedarf es für die Wirksamkeit der Aufnahme in die Satzung, da andernfalls nur eine schuldrechtliche Zahlungsverpflichtung gebunden an die Mitgliedschaft und das Halten des Anteils begründet wird (*Lutter/Hommelhoff* § 5 Rz. 8; *Noack* § 5 Rz. 11. Vgl. auch *Bayer/Lieder* Das Agio des Kommanditisten, ZIP 2008, 809; vgl. im Zusammenhang mit Kapitalerhöhungen zur Zulässigkeit der Vereinbarung eines neben der Einlage zu erbringenden Agios bereits *BGH* GmbHR 2008, 147).

IV. Sacheinlagen

22 Hierzu *Porzelt* Die Überbewertung der Sacheinlagen und die Rechtsfolgen für die Gesellschafter, GmbHR 2018, 1251; ferner *Lieder* 10 Jahre Kapitalschutz nach dem MoMiG, GmbHR 2018, 1116, s.u. Rz. 56.

23 § 5 Abs. 4 wurde 2008 (MoMiG) hinsichtlich der Sacheinlagen lediglich insofern verändert bzw. ergänzt, als neben dem Gegenstand der Sacheinlage auch der diesbezügliche Nennbetrag des Geschäftsanteils im Gesellschaftsvertrag festgesetzt werden muss. Mit einer besseren Sicherung bei Sacheinlagen neben der Erhöhung des Mindeststammkapitals auf 25.000 € hatte sich bereits die Reform 1980 befasst. Die Registergerichte hatten schon früher gem. FGG (heute § 26 FamFG) im Rahmen der Amtsermittlung geeignete Nachweise zur Vollwertigkeit etc. verlangt und die Eintragung nach § 9c Abs. 1 S. 2 bei „nicht unwesentlicher Überwertung" der Sacheinlage abgelehnt.

Sacheinlage ist jede Leistung auf das Stammkapital, die nicht in Geld besteht (*Lutter/ Hommelhoff* § 5 Rz. 12; auch *Gehrlein/Born/Simon* § 5 Rz. 21; *Altmeppen* § 5 Rz. 12). Bei der Gründung nach Musterprotokoll kommen Sacheinlagen nicht in Betracht (vgl. § 5a Abs. 2 S. 2; zur Sachgründung mittels Videokommunikation vgl. §§ 16–16e Beurkundungsgesetz i.Ü. z.B. *Gehrlein/Born/Simon* § 2 Rz. 55).

24 Die früher ohne gesetzliche Regelung bereits durchgeführten registerrechtlichen Prüfungen bei Sacheinlagen boten i.Ü. sogar eine höhere Gewähr als bei der lediglich durch die Versicherung des Geschäftsführers abgesicherten Bargründung (zur angeblich erhöhten Gefahr *Noack* § 5 Rz. 15 – unseriöse Gründungen). Immerhin wurde durch den Sachgründungsbericht eine sicherere und gleichmäßigere Praxis erreicht (vgl. insofern *Azhari* BuW 2000, 154; Stärkung des Gläubigerschutzes durch *OLG Schleswig* ZinsO 2000, 486; *Böhme* GmbHR 2000, 841; Besprechung des „adidas"-Urteils *BGH* GmbHR 2000, 870; *Hoffmann* NZG 2001, 433; *BGH* BB 2000, 1643).

Der seit der 1980 obligatorische Sachgründungsbericht nach § 5 Abs. 4 hat in der **25** Praxis ausreichende Verbesserungen gebracht (hierzu etwa *Noack* § 5 Rz. 54; ferner *Scholz/Veil* § 5 Rz. 98). Weitergehende Schritte (RegE BT-Drucks. 8/1347, 29 ff.) wurden 1980 nicht vorgesehen – mit Recht. Die Erfahrung zeigt auch, dass jedenfalls Rechtsstreitigkeiten zu der einschlägigen Frage kaum anzutreffen sind (vgl. allerdings Wirksamkeit der Sacheinlage bei Nachholung der erforderlichen Festsetzungen vor Eintragung *BGH* GmbHR 2008, 207; ferner *RGZ* 86, 210; 42, 1; *BGHZ* 15, 52; *BGH* WM 1959, 1113 – Forderungen gegen die Gesellschaft; *BGHZ* 61, 59 – Kommanditeinlage; *BGHZ* 29, 300 – Urheberrecht; *BGH* ZIP 1984, 698 – Forderungen; *OLG Zweibrücken* GmbHR 1981, 214 – Handelsvertretung; *OLG Köln* ZIP 1984, 1 – Forderungen; vgl. auch *Sudhoff/Sudhoff* NJW 1982, 129; *Rudorf* Mitt-RhNotK 1988, 163; zu den Gegenständen der Sacheinlage *Scholz/Veil* § 5 Rz. 42 ff.; zur verdeckten Sacheinlage *BGH* BB 1996, 711 – formell zwar Bareinlage, materiell aber kein entspr. Zufluss an die GmbH). Zur Heilung und Wirksamkeit einer verdeckten Sacheinlage durch nachträglichen Gesellschafterbeschluss (Sachkapitalerhöhung) *BGH* ZIP 1996, 668.

1. Die Leistung der Sacheinlage.

Neuere Entscheidung: *BGH* NJW 2015, 3786 – Sacheinlage (stille Beteiligung). **26**

Mit der Übernahme des Geschäftsanteils verpflichtet sich der Gesellschafter zur Leistung des betr. Geldbetrages an die GmbH. § 5 Abs. 4 ermöglicht es den Gesellschaftern, von der Geldleistung abw. auch Sachleistungen zuzulassen. Infolge dieser gesellschaftsrechtlichen und satzungsmäßig festgehaltenen Abrede wird dem betr. Gesellschafter gestattet, seine Einlageverpflichtung auch in der Form der Sachleistung befreiend zu erbringen. Die Leistung muss § 5 Abs. 4 entsprechen, da nur dann die befreiende Wirkung eintritt (*Lutter/Hommelhoff* § 5 Rz. 13; vgl. *Scholz/Veil* § 5 Rz. 40 f. krit. und abl. zur Theorie der „modifizierten Barleistungspflicht" bzw. Hilfsgeschäft bei Sacheinlagen; auch *Noack* § 5 Rz. 21; allg. hierzu *BGHZ* 45, 338). Vgl. i.Ü. § 19.

Überblick im Einzelnen: **27**

- Sachen;
- Nutzungs- und Gebrauchsrechte;
- Forderungen;
- Rechte und Vermögenswerte (Urheberrechte, Verlags-, Geschmacksmuster- und gewerbliche Schutzrechte, Patente, Verfahren, Know-how etc.);
- Sach- und Rechtsgesamtheiten;
- Grundstücke und Grundstücksrechte.

Die Bareinlage ist der Regelfall. Durch eine besondere Erfüllungsvereinbarung kann **28** eine Sacheinlage vereinbart werden. Wird die Sacheinlage nicht realisiert, so greift die subsidiäre Bar- oder Geldeinlagepflicht ein (*Gehrlein/Born/Simon* § 5 Rz. 19m. Hinweis. auf *BGH* v. 2.5.1966 – II ZR 219/63; auch *Altmeppen* § 5 Rz. 12; *Lutter/Hommelhoff* § 5 Rz. 13).

Sacheinlagen sind von Sachübernahmen zu unterscheiden. Bei der Sachübernahme geht es zum einen um eine Bareinlage und zum anderen um einen gesellschaftsvertraglichen Erwerbvertrag, mit dem Gesellschafter oder auch Dritte eine Sache gegen die Vergütung auf die Gesellschaft übertragen (hierzu *Gehrlein/Born/Simon* § 5 Rz. 22; 20 [auch zur Änderung 1980 des § 5 Abs. 4 a.F. – keine Aufnahme mehr in Gesetzestext]; ferner *Altmeppen* § 5 Rz. 20, 21; *Lutter/Hommelhoff* § 5 Rz. 38 – auch zum Eingreifen des § 19 Abs. 2; vgl. dort § 19 Rz. 19 – sämtlich jeweils m.w.N.).

29 Sacheinlagen und Nennbetrag müssen im Gesellschaftsvertrag enthalten sein (§ 5 Abs. 4 S. 1) – einschließlich des Übernehmers und der „hinreichend genauen Bezeichnung" des Gegenstands (*BGH* GmbHR 2003, 39; vgl. *Lutter/Hommelhoff* § 5 Rz. 31; *Gehrlein/Born/Simon* § 5 Rz. 20; *Altmeppen* § 5 Rz. 14). Notwendig ist folglich eine Beschreibung des Gegenstandes, die jeden ernsthaften Zweifel ausschließt (*Lutter/Hommelhoff* a.a.O.; *Gehrlein/Born/Simon* § 5 Rz. 20; *Noack* § 5 Rz. 44; Scholz/*Veil* § 5 Rz. 88 „jeder Zweifel an seiner Identität ausgeschlossen"; zu den Fällen des Einbringens von Produktionsgenossenschaften in Ostdeutschland – vgl. *BGH* GmbHR 2001, 31).

30 Für Sacheinlagen sind § 5 Abs. 4 Nr. 4 und 5 maßgeblich (Vorlage der verlangten Unterlagen bei Anmeldung), § 9c Abs. 1 (richterliche Prüfung der Bewertung) sowie auch § 5 Abs. 6 S. 1 (Einlage auf Anteil), § 5 Abs. 4 S. 2 (Höhe der Einlage). Falsche Angaben im Sachgründungsbericht betrifft § 9a (Ersatzanspruch der Gesellschaft). Sie sind nach § 82 Abs. 2 Nr. 2 strafbar (vgl. *Altmeppen* § 5 Rz. 14).

Sacheinlagen betreffen Sachen oder sonstige Vermögensgegenstände gegen Ausgabe von Beteiligungsrechten – im Gegensatz zur Bargründung (*Gehrlein/Born/Simon* § 5 Rz. 21; *Altmeppen* § 5 Rz. 12 f.). Hiervon ist die Vereinbarung schuldrechtlicher Pflichten zur Überlassung von Sachen etc. ohne Ausgabe von Geschäftsanteilen abzugrenzen (*Gehrlein/Born/Simon* § 5 Rz. 21, m. weit. Hinw. u.a. auf *BFH* v. 7.4.2010 – I ZR 55/09; auch *Altmeppen* § 5 Rz. 12, 21 zur Sachübernahme [Bareinlage und schuldrechtlicher Erwerbsvertrag betreffend die Übertragung einer Sache]).

Sacheinlagenvereinbarung, Einbringungsvertrag und Vollzugsgeschäft sind zu unterscheiden (ausf. *Gehrlein/Born/Simon* § 5 Rz. 21 f.). Der Vollzug richtet sich nach den allgemeinen Bestimmungen für die Übertragung von Sachen und Rechten (§§ 929 f., 873, 925, 398 BGB) und muss nach § 7 Abs. 3 bis zur Anmeldung erfolgt sein (auch vor Anmeldung endgültig zur freien Verfügung der Geschäftsführer – *Altmeppen* § 5 Rz. 15; *Gehrlein/Born/Simon* § 5 Rz. 27; *Noack* § 5 Rz. 22; auch Scholz/*Veil* § 5 Rz. 41; zur Aufnahme des Vollzugsgeschäfts in den Gesellschaftsvertrag *BGHZ* 45, 338; auch *BGHZ* 64, 52). Zu „Altfällen" und verdeckter Sacheinlage bei Einpersonen-GmbH und Verjährung von Einlageforderungen nach Übergangsrecht a.F. – *BGH* GmbHR 2008, 483.

31 In Betracht kommen folgende Möglichkeiten:

(1) Die Gegenstände werden in den Gesellschaftsvertrag selbst unter korrekter, individualisierender Angabe aufgenommen,

oder

(2) im Gesellschaftsvertrag wird der Gegenstand der Sacheinlage konkret und genau bezeichnet und auf eine Anlage des genannten Vertrages Bezug genommen, in der sich ansonsten im Vertrag selbst anzutreffende Angaben finden.

Die zweite Form wird man wählen, wenn man den Gesellschaftsvertrag textlich nicht über Gebühr ausdehnen will (*Noack* § 5 Rz. 43, m. Hinw. auf § 9 Abs. 1 S. 2 BurkG – Beifügung der Anlage zum notariellen Errichtungsprotokoll; *Lutter/Hommelhoff* § 5 Rz. 27; auch *Priester* BB 1980, 239).

Welche Gegenstände eingebracht werden dürfen, folgt aus dem Sinn und Zweck der **32** Bestimmung des § 5. Dies dient der Sicherstellung der Unterrichtung der Öffentlichkeit bzw. den Voraussetzungen der Prüfung für den Registerrichter. Insofern wird es z.B. im Allgemeinen genügen, wenn die entspr. erforderlichen Anlagen beigefügt bzw. Angaben gemacht werden (vgl. hierzu *Gehrlein/Born/Simon* § 5 Rz. 55; auch *Lutter/ Hommelhoff* § 5 Rz. 33). Wer sichergehen will, wird sich im Einzelfall zuvor nach der jeweiligen registerrechtlichen Praxis erkundigen.

Einlagefähig sind analog § 27 Abs. 2 Hs. 1 AktG sämtliche Vermögensgegenstände mit feststellbarem wirtschaftlichem Wert [Verkehrsfähigkeit, Bilanzfähigkeit] (*Lutter/ Hommelhoff* § 5 Rz. 14; weitergehend *Gehrlein/Born/Simon* § 5 Rz. 28 [„funktionale Äquivalenz der Sacheinlage" zur Geldanlage], Rz. 29 [Eignung zur endgültigen freien Verfügbarkeit der Geschäftsführer), Rz. 30 [Aussonderung aus dem Vermögen des Sacheinlegers]; *Altmeppen* § 5 Rz. 31).

Insofern sind kaum noch Grenzen ersichtlich (vgl. z.B. Kryptowährungen als Sachein- **33** lagen – so *KG* v. 25.9.2018 – (4) 161 Ss 28/18 (35/18) – Bitcoin als Gegenstand keine Währung und kein Geldzahlungsmittel mit Akzeptanz durch jedermann zur rechtswirksamen Erfüllung geschuldeter Leistungen; hierzu *Gehrlein/Born/Simon* § 5 Rz. 40 m.w.N. – i.Ü. eine Zusammenstellung der ganzen Palette von Rechten und Rechtspositionen in Rz. 40; auch z.B. *Lutter/Hommelhoff* § 5 Rz. 19).

Neben beweglichen und unbeweglichen Sachen kommen Forderungen, Erbbaurechte, Aktien und Geschäftsanteile der GmbH, i.Ü. Rechte aller Art (Nutzungs-, Patent-, Urheber-, Geschmacksmuster-, Verlags- und Markenrechte, Lizenzen, [selbst ungeschützte] Erfindungen und Know-how [soweit Vermögenswert] etc. – vgl. *Gehrlein/ Born/Simon* § 5 Rz. 39, m.w.N. aus Rechtspr. und Lit.; *Altmeppen* § 5 Rz. 31 m. Hinw. auf einschlägige Rechtsprechung; *Lutter/Hommelhoff* § 5 Rz. 19 f.; *Noack* § 5 Rz. 19).

Auch Handelsgeschäfte bzw. Unternehmen können eingebracht werden (vgl. § 23 HGB Firma nur mit Handelsgeschäft; auch § 22 Abs. 1 HGB – hierzu *Gehrlein/Born/ Simon* § 5 Rz. 41; *Altmeppen* § 5 Rz. 32; *Lutter/Hommelhoff* § 5 Rz. 20). Zu Sachgesamtheiten Rz. 34 f.

Krit. und ablehnend werden mit Recht Ansprüche auf Dienstleistungen gegen den **34** Gesellschafter und Dritte gesehen. Sie kommen infolge fehlender Aussonderungsmöglichkeit nicht als Sacheinlagen in Betracht (*Gehrlein/Born/Simon* § 5 Rz. Rz. 37, m. Hinw. auf *BGH* v. 16.2.2009 – II ZR 120/07, ZIP 2009, 713; auch *Altmeppen* § 5 Rz. 29; *Lutter/Hommelhoff* § 5 Rz. 18; *Noack* § 5 Rz. 24).

Bei noch herzustellenden Sachen ist rechtzeitige Herstellung und Übertragung vor Anmeldung erforderlich, andernfalls nur die Übertragung einer Forderung (vgl. § 7 Abs. 3; auch *Altmeppen* § 5 Rz. 25; ferner *Gehrlein/Born/Simon* § 5 Rz. 31).

Künftige, befristete oder bedingte Forderungen sind „noch nicht vorhandene Gegenstände". Sie bestehen bis zum Anmeldungspunkt nicht (§ 5 Abs. 3 – vgl. *Gehrlein/ Born/Simon* § 5 Rz. 33 [anders bei fälligen Forderungen]; auch *Altmeppen* § 5 Rz. 28, 17; *Lutter/Hommelhoff* § 5 Rz. 17 – bejahend für befristete Forderungen m. Hinw. u.a. auf *Scholz/Veil* § 5 Rz. 45).

Auch Sachgesamtheiten können eingebracht werden (§ 5 Abs. 4 – Gegenstand der Ein- **35** lage, Nennbetrag, Sachgründungsbericht, wesentliche Umstände für angemessene

Bewertung, Jahresergebnisse der letzten beiden Geschäftsjahre/„bislang erzielte Ergebnisse" – *Gehrlein/Born/Simon* § 5 Rz. 56 m.w.N.; zur Vorlage „bisheriger Ergebnisse" bei Gesellschaften mit weniger als zwei Jahren *KG* v. 26.10.2021 – 22 W 44/21, BB 2022, 148; zu Jahresergebnissen vgl. §§ 266 Abs. 3 A. V., 275 Abs. 2 R. 17 bzw. Abs. 3 Nr. 16 HGB).

Bei Sachgesamtheiten ist eine „verkehrsübliche, objektiv individualisierende (Sammel-)Bezeichnung" ausreichend, ohne dass sich eine weitere genaue Beschreibung aus dem Gesellschaftsvertrag oder aus einer Anlage ergeben soll (vgl. *Gehrlein/Born/ Simon* § 5 Rz. 40; *Altmeppen* § 5 Rz. 32 [Unternehmen]; *Lutter/Hommelhoff* § 5 Rz. 20; *Noack* § 5 Rz. 29; *Scholz/Veil* § 5 Rz. 88 m.w.N.; **a.A.** z.B. seinerzeit *Sudhoff* NJW 1982, 131, 133).

Der Übergang eines Unternehmens als Sachleistung erwähnt § 5 Abs. 4 ausdrücklich. Bei Unternehmen (vgl. § 5 Abs. 4 S. 2) und Handelsgeschäften (vgl. §§ 22, 25 HGB; zum Einbringen von Unternehmen und erforderlicher zweifelsfreier Identität des Unternehmens *Gehrlein/Born/Simon* § 5 Rz. 41, m. Hinw. auf *BGH* v. 24.7.2000 – II ZR 202/98; *Altmeppen* § 5 Rz. 32; *Noack* § 5 Rz. 30); teils wurde vertreten, dass die Formulierung „alle Aktiva und Passiva" ausreichen soll, sofern die Bilanz beigefügt ist vgl. *Gehrlein/Witt/Volmer* Voraufl., 6. Kap. Rz. 39 m.w.N.; *Lutter/Hommelhoff* Voraufl., § 5 Rz. 27; **a.A.** z.B. *Scholz/Veil* § 5 Rz. 88 – „keine genaue Beschreibung aus der Anlage", keine Beifügung einer Einbringungsbilanz zum Gesellschaftsvertrag); s. auch oben Rz. 40 a.E. *BGH* GmbHR 2001, 31 Einbringen einer Produktionsgenossenschaft.

36 Sacheinlagefestsetzungen, Sachgründungsbericht, Unterlagen über den Wert der Sacheinlagen (z.B. bei neuwertigen Gegenständen Rechnungen oder Gutachten, Anlagen, auf die Bezug genommen wird) müssen dem Registergericht vorgelegt werden (§§ 5 Abs. 4 S. 2, 8 Abs. 1 Nr. 4, 5), bleiben bei den Registerakten und können von jedem Dritten eingesehen werden (§ 9 HGB – vgl. *Gustavus* A 92, S. 228; auch *Gehrlein/Born/Simon* § 5 Rz. 43 zur „nicht wesentlichen Überbewertung" [§ 9c Abs. 1 S. 29]; zur Bewertung auch *Lutter/Hommelhoff* § 5 Rz. 24, 25 m.w.N. [Ausgleich der Differenz durch ausdrückliche Vereinbarung einer Differenzschuld des Einlegers und Eintragung in diesen Fällen *BGH* GmbHR 1999, 232]).

37 Die Gegenstände müssen eindeutig „bestimmt" sein. In allen Fällen darf kein Zweifel über die Identität des Gegenstandes bestehen. Sinn der Bestimmung ist es u.a., das Publikum eindeutig zu unterrichten (*Gehrlein/Born/Simon* § 5 Rz. 40, 41, m. Hinw. auf *BGH* v. 16.12.2022 – V ZR 174/21) – Übertragung des Flüssiggasgeschäfts mit zugehörigem Sachanlagevermögen u.a. mit vermieteten Flüssiggastanks und Abtretung des Herausgabeanspruchs gegen Mieter – nicht ausreichend für sachenrechtliche Bestimmtheit (vgl. § 929 BGB). Die angeführte BGH-Entscheidung, a.a.O., sollte zu einer klaren Festlegung des oder der Gegenstände veranlassen, um Risiken nicht nur unter schuld- und sachenrechtlichen Aspekten, sondern in der in diesem Zusammenhang betroffenen registerrechtlichen Prüfung zu vermeiden. Die Problematik von Sacheinlagen kann sich folglich nicht nur hinsichtlich der Bewertung ergeben, sondern auch in dem zuvor behandelten Zusammenhang (vgl. *Altmeppen* § 5 Rz. 29; vgl. i.Ü. *Noack* § 5 Rz. 29, 30).

Im Ergebnis wird also weitgehendste Individualisierung in einem Maße verlangt, die jeden vernünftigen Zweifel ausschließt.

So wird man bei Kraftfahrzeugen z.B. verlangen, dass polizeiliche Kennzeichen, Wagentyp, Motornummer, Fahrgestellnummer etc. angegeben werden (*Gehrlein/ Born/Simon* §5 Rz. 51; *Lutter/Hommelhoff* §5 Rz. 33). Sofern die Gegenstände nicht aus dem Gesellschaftsvertrag bzw. dem Gesellschaftsvertrag und einer Anlage, sondern aus anderen Unterlagen oder Umständen außerhalb der angeführten Urkunden ersichtlich sind, kann ein Verstoß gegen den Bestimmtheitsgrundsatz vorliegen, der zur Zurückweisung der Anmeldung führt (Eintragungshindernis – vgl. oben Rz. 31; i.Ü. *Gehrlein/Born/Simon* §5 Rz. 51, m. Hinw. auf *BGH* v. 24.7.2000 – II ZR 202/98 [Umwandlung einer 1972 in einen VEB übergeleiteten Produktionsgenossenschaft des Handwerks in eine GmbH im Juli 1990 und Anwendbarkeit der Gründungsvorschriften des GmbHG; Bestimmtheit der Sacheinlage]; *Noack* §5 Rz. 44 [zur an sich selbstverständlichen Angabe des Einlegers]).

Vor der Eintragung führen falsche, fehlende oder unvollständige Angaben entgegen **38** §5 Abs. 4 S. 1 zur Unwirksamkeit der Beteiligungserklärung (Satzungsmangel) und zu einem Eintragungshindernis (*Gehrlein/Born/Simon* §5 Rz. 58; *Lutter/Hommelhoff* §5 Rz. 32). Nach Eintragung greift §19 Abs. 5 ein (gesetzliche Geldeinlagepflicht – *Gehrlein/Born/Simon* §5 Rz. 59 m.w.N.; *Lutter/Hommelhoff* §5 Rz. 32; *Noack* §5 Rz. 56).

Die Rechtsfolgen des sog. Hin- und Herzahlens regelt §19 Abs. 5 (hierzu *Lutter/Hommelhoff* §19 Rz. 101 f.; vgl. *Gehrlein/Born/Simon* §19 Rz. 60 f.; etwa auch *OLG Jena* v. 19.4.2017 – 2 U 18/15) – freie Verfügung des Geschäftsführers und Hin- und Herzahlen – Leistungen an einen Gesellschafter, die wirtschaftlich einer Rückzahlung der Einlage entsprechen und nicht unter den Begriff der „verdeckten Sacheinlage" fallen (s. nachfolgend), müssen durch einen jederzeit fälligen und vollwertigen Rückzahlungsanspruch an die Gesellschaft gedeckt sein. Andernfalls tritt die Freiheit von der Einlageverpflichtung nicht ein – hierzu bereits *Bormann/Ulrichs* GmbHR, Sonderheft 10/2008, S. 43/44; *Kindler* NJW 2008, 3250.

Die früheren Probleme zentralisierter Konzernfinanzierungsinstrumente („cash pool") sind durch die Neuregelung des §19 Abs. 5 beseitigt (Erfüllung durch Hinzahlung, wenn Zahlungsanspruch gegen Gesellschafter vollwertig ist; *Gehrlein/Born/ Simon* §30 Rz. 36, 73 f., 81; *Lutter/Hommelhoff* §§5 Rz. 15, 19 Rz. 129). Zur früheren Rechtslage u.a. z.B. *BGHZ* 166, 8).

Die Regelungen zur Kapitalaufbringung sind zu beachten, insb. §9c Abs. 1 S. 2. **40** Danach kommt die Verweigerung der Eintragung nur noch bei „nicht unwesentlicher Überbewertung" in Betracht. Die gesetzliche Regelung der „verdeckten Sacheinlage" mit Blick auf §19 Abs. 4 verlangt Erfüllung der Einlagepflicht bei Zurückgewährung und vollwertigem Rückgewähranspruch. Zum „Hin- und Herzahlen" greift §19 Abs. 5 ein (s. dort).

Die „verdeckte Sacheinlage" behandelt §19 Abs. 4 (s. dort; i.Ü. *Gehrlein/Born/Simon* §19 Rz. 33, auch 60 f.; *Lutter/Hommelhoff* §19 Rz. 54 f.; *BGH* ZIP 2016, 615 – verdeckte Sacheinlage (erst Bareinlage, dann Rückzahlung + zur Tilgung der Gesellschaftsforderung oder umgekehrter Vorgang).

Für Sacheinlagen kommen im Gesellschaftsvertrag z.B. folgende Formulierungen **41** (exemplarisch Kraftfahrzeug) in Betracht:

Beispiel: „Der Gesellschafter X übernimmt einen Geschäftsanteil mit dem Nennwert von 5.000 €. Er leistet dies in Form einer Sacheinlage.

Zu diesem Zweck bringt er das Kraftfahrzeug Opel-Astra, poliz. Kennzeichen ..., Motornummer ..., Fahrgestellnummer ... Erstzulassung am ..., derzeit eingetragener Fahrzeughalter ..., zum Wert von 5.000 € in die Gesellschaft ein."

Hinsichtlich des Wertnachweises wird man z.B. ein DAT-Schätzgutachten (o.Ä.) jedenfalls bei Gebrauchtwagen verlangen.

42 **2. „Sachübernahme der Gesellschaft".** Eine „Sachübernahme" der Gesellschaft gegen Vergütung sieht das Gesetz nicht ausdrücklich vor, sondern verwendet nur den Begriff der Sacheinlage (*Gehrlein/Born/Simon* § 5 Rz. 65; *Altmeppen* § 5 Rz. 20, 21; *Lutter/Hommelhoff* § 5 Rz. 18; *Noack* § 5 Rz. 40; *Wicke* § 5 Rz. 17 – § 19 Abs. 4). Bei der Sachübernahme schuldet der Einbringer eine Geldanlage, auf die ein Vergütungsanspruch aus der entgeltlichen Überlassung einer Sache angerechnet werden soll (z.B. Kaufpreisanspruch – *Gehrlein/Born/Simon* a.a.O.; *Altmeppen* a.a.O.; *Lutter/Hommelhoff* a.a.O.). In diesen Fällen sind nach § 19 Abs. 2 S. 2 die Vorschriften über die Sacheinlage (einlagefähige Gegenstände, Sachgründungsbericht, Verbot der Überbewertung, Leistung vor Eintragung etc.) anzuwenden (*Gehrlein/Born/Simon* § 5 Rz. 67; *Altmeppen* § 5 Rz. 21; *Lutter/Hommelhoff* § 5 Rz. 39).

Die Sachübernahmevereinbarung ist in die Satzung aufzunehmen (§ 5 Abs. 4 S. 1), nicht jedoch das schuldrechtliche Verpflichtungsgeschäft (wenn auch vielfach sinnvoll *Gehrlein/Born/Simon* § 5 Rz. 66 m.w.N.; *Noack* § 5 Rz. 40).

43 **3. „Gemischte Sacheinlage", „Mischeinlage", verdeckte Sacheinlage.** Beide Formen (gemischte Sacheinlage und Mischeinlage) sind zulässig, aber zu unterscheiden (*Gehrlein/Born/Simon* § 5 Rz. 69, 70; auch *Altmeppen* § 5 Rz. 17, 18; *Lutter/Hommelhoff* § 5 Rz. 9, 10; *Noack* § 5 Rz. 20). § 19 Abs. 2, 3 und 4 (Leistung der Einlagen) gelten für alle Bar- und Sacheinlagen – *Lutter/Hommelhoff* § 19 Rz 35 Rz. 3; auch *Gehrlein/Born/Simon* § 19 Rz. 23).

44 **a) Mischeinlage.** Bei Mischanlagen werden auf den Geschäftsanteil von 30.000 € z.B. teils ein Barbetrag (20.000 €) und teils eine Sache (10.000 €) geleistet (vgl. *Gehrlein/Born/Simon* § 5 Rz. 70; *Altmeppen* § 5 Rz. 17; *Lutter/Hommelhoff* § 5 Rz. 31, 42; *Noack* § 5 Rz. 20, 42). Die Barleistung und die Sacheinlage müssen dem Nennbetrag des Stammkapitals entsprechen. Der überschießende Teil wird dem betr. Gesellschafter sodann in irgendeiner Form zufließen (Verrechnung, Vergütung etc.). Im oben angeführten Bsp. entsprechen Bar- und Sachleistungen dem Wert und der Höhe des Stammkapitals. Hier kann erheblich werden, ob eine Sacheinlage, soweit sie zugunsten des Gesellschafters angerechnet werden soll, auch den Anrechnungswert entspricht, der angesetzt worden ist.

Hinsichtlich der Mindesteinzahlung ist bei der „Mischeinlage" zu beachten, dass die Sacheinlage voll erbracht werden muss, während von dem gesamten überschießenden „Barteil" ein Viertel einzuzahlen ist (vgl. § 7 Abs. 2 S. 1). Es werden folglich nicht Bar- und Sachwert zusammengerechnet, wenn es um die Mindesteinzahlung geht.

45 **b) Gemische Sacheinlage.** Eine „gemischte Einlage" liegt vor, wenn der Gesellschafter einen, den Betrag seiner Einlageverpflichtung übersteigenden Sachwert teils gegen Gewährung von Geschäftsanteilen, teils gegen ein sonstiges Entgelt auf die Gesellschaft überträgt (*Gehrlein/Born/Simon* § 5 Rz. 69; *Altmeppen* § 5 Rz. 18; 41; *Lutter/Hommelhoff* § 5 Rz. 41; vgl. *BGH* v. 6.12.2011 – II ZR 149/10 – Differenzhaftung (AG) – Vergleich – Aufrechnungsvereinbarung – Vergleich ohne Zustimmung der

Hauptversammlung – Aufrechnungsvereinbarung bei vollwertiger, fälliger und liquider Forderung des Aktionärs; *Gehrlein/Born/Simon* § 5 Rz. 69, zur Rechtsprechung Fn. 2).

c) Verdeckte Sacheinlage. Bei der verdeckten Sacheinlage wird unternommen bzw. **46** versucht, die Bestimmung über die Sacheinlage durch die Leistung einer Bareinlage zu unterlaufen bzw. zu umgehen, gleichzeitig die Gesellschaft aber einen Sachwert des Gesellschafters in Höhe der Bareinlage erwirbt. Dadurch fließt die Bareinlage effektiv unmittelbar an den Gesellschafter zurück (*Gehrlein/Born/Simon* § 19 Rz. 35, dort auch Rz. 39; *Lutter/Hommelhoff* § 19 Rz. 13, auch Rz. 58; vgl. z.B. *BGH* v. 7.7.2003 – II ZR 235/01 – verdeckte Sacheinlage – Einbringen eines Grundstücks – „Geldkreislauf"; auch *BGH* v. 16.1.2006 – II ZR 76/04 – Cash-Pool – verdeckte Sacheinlage durch „Unterlaufen" der Sacheinlagenregelungen – Hin- und Herzahlen – „Als verdeckte Sacheinlage wird es angesehen, wenn die gesetzlichen Regeln für Sacheinlagen dadurch unterlaufen werden, dass zwar eine Bareinlage vereinbart wird, die Gesellschaft aber bei wirtschaftlicher Betrachtung von dem Einleger aufgrund einer im Zusammenhang mit der Übernahme der Einlage getroffenen Absprache einen Sachwert erhalten soll" [vgl. *BGHZ* 155, 329, 331]).

Nach § 19 Abs. 4 S. 1 1. Hs. kommt der „verdeckten Sacheinlage" befreiende Wirkung nur zu, wenn die Werthaltigkeit der Sache etc. entspricht und keine Differenz besteht, was der Gesellschafter nach § 9 Abs. 4 S. 5 zu beweisen hat (Wertgutachten etc. – *Gehrlein/Born/Simon* § 19 Rz. 46, m.w.N.; *Lutter/Hommelhoff* § 19 Rz. 63 – dort auch zur Widerlegung der Vermutung des § 9 Abs. 4 S. 5 durch „eindeutiges Verkehrsgeschäft"; auch *Noack* § 19 Rz. 49 f.).

d) Hin- und Herzahlen. Hin- und Herzahlen i.S.d. § 19 Abs. 5 liegt vor, wenn vor der **47** Einlage als vereinbarte Leistung an den Gesellschafter eine Rückzahlung der Einlage entspricht, die nicht als „verdeckte Sacheinlage" nach § 19 Abs. 4 einzuordnen ist. Insofern muss zwischen Gesellschaft und den Gesellschaftern vor Leistung der Bareinlage eine Vereinbarung (Hinzahlen) und über die Rückführung (Herzahlen) getroffen sein. In diesen Fällen greift wie bei der „verdeckten Sacheinlage" nach § 19 Abs. 4 bei zeitlichem und sachlichem Zusammenhang eine entsprechende Vermutung. Schon die subsidiäre und von § 19 Abs. 4 verdrängte Bestimmung des § 19 Abs. 5 zeigt, dass es sich zumindest um einen „ähnlichen Fall" des Unterlaufens der Sacheinlagevorschriften handelt (*Gehrlein/Born/Simon* § 19 Rz. 61, 62 f.; *Lutter/Hommelhoff* § 19 Rz. 101 f.). Ist Anspruch der GmbH auf Rückgewähr vollwertig und kann er zumindest fällig werden, so ist die Einlageschuld vollständig getilgt (auch *Scholz/Veil* § 19 Rz. 188). Ist das nicht der Fall, so tritt eine Befreiung nicht ein. Auch eine anteilige Befreiung kommt nicht in Betracht, da sämtliche Voraussetzungen erfüllt sein müssen, was nur bei einem vollwertigen Rückgewähranspruch der GmbH der Fall ist (anders bei „verdeckter Sacheinlage" – hierzu *Lutter/Hommelhoff* § 19 Rz. 124; vgl. auch *Noack* § 19 Rz. 83; *Scholz/Veil* § 19 Rz. 191 f.). § 19 Abs. 5 S. 2 verlangt, dass die ordnungsgemäße Anmeldung nach § 8 Voraussetzung für die Erfüllungswirkung ist (vgl. hierzu *Lutter/Hommelhoff* § 19 Rz. 123; *Gehrlein/Born/Simon* § 19 Rz. 71; auch z.B. *BGH* v. 16.1.2006 – II ZR 76/04 – Cash-Pool I).

V. Wertnachweis – Leistungszeitpunkt – Sachgründungsbericht

48 Die Bewertung erfolgt nach objektiven Kriterien. Maßgeblich ist der objektive Zeitwert. Ein Beurteilungsspielraum für die Gesellschafter scheidet grds. aus. Damit wird im Regelfall der Marktpreis maßgeblich sein. Denkbar ist auch die Anknüpfung an den Preis, den die Gesellschaft bei eigener Beschaffung aufzuwenden hätte. In beiden Fällen handelt es sich letztlich um einen im Wettbewerb ermittelten Preis (Marktpreis; *Gehrlein/Born/Simon* § 5 Rz. 43; *Lutter/Hommelhoff* § 5 Rz. 25; *Noack* § 5 Rz. 34; vgl. z.B. *OLG Düsseldorf* WM 1991, 1669; wegen der Einzelheiten s. auch *Scholz/Veil* § 5 Rz. 57). Untersagt ist nach dem Ziel der gesetzlichen Bestimmungen die Überbewertung (vgl. *Lutter/Hommelhoff* § 5 Rz. 24, 25).

§ 5 Abs. 4 hatte 2008 die Kontrolle insofern verschärft. Zwar war bereits zuvor eine Überprüfung der Registergerichte infolge des § 26 FamFG gegeben. Gleichwohl wurde das dort eingeräumte pflichtgemäße Ermessen nicht in allen Fällen in vollem Umfang ausgeschöpft. Der Gesetzeswortlaut des § 5 Abs. 4 gab dem Richter bereits nach bisherigem Recht Mindestmaßstäbe in die Hand. Allerdings ist die Neuerung in § 9c Abs. 1 S. 2 zu beachten („nicht unwesentliche Überbewertung").

Maßgeblicher Zeitpunkt für die Bewertung ist grds. der Zeitpunkt der Anmeldung, nicht der der Sacheinlagenvereinbarung (*Lutter/Hommelhoff* § 5 Rz. 28; *Noack* § 5 Rz. 34; *Scholz/Veil* § 5 Rz. 58). Zu beachten ist allerdings, dass aus der Sicht des Registerrichters der Zeitpunkt der Eintragung maßgeblich sein wird, was insb. bei länger dauernden Eintragungsverfahren zu Problemen führen kann.

49 **1. Sachgründungsbericht.** Der Sachgründungsbericht entspricht nicht dem „Gründungsbericht" nach dem AktG. Er ist nicht Bestandteil des Gesellschaftsvertrages; erforderlich sind schriftliche Abfassung und eigenhändige Unterschrift. Beglaubigungen sind nicht erforderlich (vgl. § 8 Abs. 1 Nr. 4; *Lutter/Hommelhoff* § 5 Rz. 34; *Gehrlein/Born/Simon* § 5 Rz. 54; *Noack* § 5 Rz. 52). Später vor der Eintragung hinzutretende Gesellschafter nicht unterschreiben (*Lutter/Hommelhoff* § 5 Rz. 34; *Gehrlein/Born/Simon* § 5 Rz. 54 [nur dann, wenn sie ebenfalls eine Sacheinlage einbringen sollen]; *Altmeppen* § 5 Rz. 52). Der Sachgründungsbericht muss so gestaltet sein, dass der Registerrichter seiner Prüfungspflicht nachkommen kann (vgl. § 32 Abs. 2 AktG nur als Basis, nicht bindend). Mängel (Unvollständigkeit, Ungenauigkeit, Unbestimmtheit, ersichtliche Unrichtigkeit etc.) des Sachgründungsberichts hindern die Eintragung, Mängel sind nach Erfüllung der Auflagen heilbar – ansonsten Zurückweisung der Eintragung (vgl. § 9c Abs. 1 S. 1; *Lutter/Hommelhoff* § 5 Rz. 35; *Gehrlein/Born/Simon* § 5 Rz. 54m. Hinw. auf *BGH* v. 14.6.2004 – II ZR 121/02; *Lutter/Hommelhoff* § 5 Rz. 28; *Noack* § 5 Rz. 54; *Scholz/Veil* § 5 Rz. 98 ff.; *Rowedder/Pentz* § 5 Rz. 47 ff. – jeweils m.w.N.).

50 Zu unterscheiden ist zwischen der Einbringung von „Gegenständen", die nicht unter den Begriff des „Übergangs eines Unternehmens" fallen, sowie der Sacheinlage, bei der ein „Übergang eines Unternehmens" zugrunde liegt. Beiden Fällen ist gemeinsam, dass die Gesellschafter in einem Sachgründungsbericht die erforderlichen Erklärungen niederlegen müssen. Zweck des Berichts ist es, dem Registergericht die Prüfung zu erleichtern und in ähnlicher Weise wie im Aktienrecht (§ 32 AktG) den Schutz des Rechtsverkehrs vor dubiosen Sachgründen zu verstärken (*Lutter/Hommelhoff* § 5 Rz. 39; *Gehrlein/Born/Simon* § 5 Rz. 55; *Noack* § 5 Rz. 16, 54).

H. Bartl

Anders als im Aktienrecht wird ein bestimmter Inhalt für den Bericht nicht detailliert **51** vorgeschrieben. Die im Aktienrecht geltenden Maßstäbe können für die GmbH als Anhaltspunkte dienen, sofern sie sich nicht aus Besonderheiten der Sachgründung bei der GmbH Abweichungen ergeben (vgl. *Gehrlein/Born/Simon* §5 Rz. 55; *Noack* §5 Rz. 55; vgl. auch *BGH* GmbHR 2001, 31 – Umwandlung einer ehemaligen Produktionsgenossenschaft in eine GmbH). Unbeanstandete Eintragung in das HR: Prüfungspflicht des Registergerichts dient nicht primär dem Schutz der Gründer, sondern dem Schutz des Rechtsverkehrs.

Die Gesellschafter sind zivilrechtlich (§9a – Ersatzansprüche der GmbH) sowie straf- **52** rechtlich (§82 Abs. 1 Nr. 1) verantwortlich (*Gehrlein/Born/Simon* §5 Rz. 554).

Für den Sachgründungsbericht ist kein „Gründungsbericht" nach dem AktG erforder- **53** lich, sondern lediglich ein „Sachgründungsbericht" (s. Rz. 49).

Aus dem Inhalt wird sich zumindest zu ergeben haben:
1. die Person des Gesellschafters, der einen Geschäftsanteil übernommen hat;
2. welcher Gegenstand in die GmbH zur Erfüllung der Einlagepflicht eingebracht wird – konkret, individualisiert, jeden Zweifel ausräumend;
3. welche Tatsachen und Umstände für die Angemessenheit, also die Werteinstufung durch die Gesellschafter, maßgeblich gewesen sind.

Im Hinblick hierauf könnte ein einfach gestalteter „Sachgründungsbericht" wie folgt **54** lauten:

Beispiel: „Sachgründungsbericht

betr. die Gründung der Y-GmbH in Frankfurt am Main

Wir, die unterzeichnenden Gesellschafter der Y-GmbH i G, erklären hiermit, dass der Gesellschafter A auf seinen Geschäftsanteil eine Sacheinlage einbringt. Er erfüllt seine Einlageverpflichtung hierbei in der Weise, dass er das Kraftfahrzeug Marke Opel, Typ Astra, Baujahr 2006, gefahrene Kilometer: 50.000, Motornummer ..., Fahrgestellnummer ..., Erstzulassung ..., derzeitiger Halter: Gesellschafter A in die Gesellschaft einbringt. Hierbei legen wir einen Wert des genannten Gegenstandes von 5.000 € zugrunde, die der Höhe des Geschäftsanteils des Gesellschafter A entspricht. Für die Bewertung waren folgende Umstände maßgeblich: Das Fahrzeug befand sich in einem technisch einwandfreien Zustand. Die nächste Hauptuntersuchung ist am ... fällig. Im Übrigen machen wir uns die Feststellungen aus der anliegenden DAT-Schätzurkunde/aus dem anliegenden Gutachten des vereidigten und öffentlich bestellten Sachverständigen X zu eigen, aus denen sich ebenfalls ergibt, dass gegen den Wertansatz von 5.000 € keine Bedenken bestehen."

Es folgen sodann die persönlichen (keine Vertretung zulässig) Unterschriften der **55** Gründungsgesellschafter sowie der Geschäftsführer (vgl. §32 ff. AktG; ferner die Sanktion des §82 Abs. 1 Nr. 2, 3; *Wicke* §5 Rz. 18; *Noack* §5 Rz. 54).

Anhand dieses Sachgründungsberichtes hat der Registerrichter nunmehr im Rahmen **56** des §26 FamFG die erforderlichen Ermittlungen anzustellen und insb. Unklarheiten bei Anhaltspunkten aufzuklären (vgl. §9c Abs. 1 S. 2). Er kann Auflagen erteilen (z.B. Vorlage eines geeigneten Gutachtens zum Wert der Sache, des Gegenstandes). Was zu unternehmen ist, richtet sich im Einzelfall nach pflichtgemäßem Ermessen, wobei das vom Gesetzgeber ins Auge gefasste Ziel, verbesserter Schutz bei Sachgründungen, die Leitlinie bildet. Es soll erreicht werden, dass „unangemessene Bewertungen" ausscheiden.

VI. Gründungsaufwand – Sondervorteile und -rechte

57 *Berge* Gründungsaufwand bei der GmbH, GmbHR 2020, 82; *Hupka* Übernahme des Gründungsaufwands im Gesellschaftsvertrag, Notar 2017, 104; *Karl* Sacheinlagen bei der UG (Haftungsbeschränkt) und GmbH, GmbHR 2020, 9; *Peetz* Übernahme von Gründungskosten durch die GmbH – sachliche Rechtfertigung und Übernahme in die Eröffnungsbilanz, GmbHR 2022, 1169.

Unter Gründungsaufwand sind Kosten zu verstehen, die im Zusammenhang mit der Gründung kraft Gesetzes entstehen, mithin Kosten des Notars, der Anmeldung und gegebenenfalls Vergütungen für Berater, Sachverständige oder Gesellschafter (*Lutter/Hommelhoff* § 3 Rz. 52; *Gehrlein/Born/Simon* § 5 Rz. 74; *Noack* § 5 Rz. 57c; *BGH* v. 14.4.2004 – II ZR 47/02; vgl. auch *OLG Celle* v. 12.12.2017 – 9 W 134/17; vgl. allerdings zur Unternehmergesellschaft § 5a *OLG Schleswig* v. 21.2.2023 – 2 Wx 50/22 – Offenlegungspflicht hinsichtlich des von GmbH übernommenen Gründungsaufwands (Angabe im Einzelnen, konkret, beziffert) im Gesellschaftsvertrag – nicht ausreichend Bezifferung eines bezifferten [Gesamt-]Höchstbetrags der übernommenen Gründungskosten – vgl. § 26 Abs. 2 AktG, §§ 9c Abs. 1 S 1, 9c Abs. 2 Nr. 2. Der Gründungsaufwand ist von Sondervorteilen und Vorzugsrechten abzugrenzen; bei Sondervorteilen etc. stehen der Leistung der Gesellschaft keine Gegenleistungen der Gesellschafter bzw. Dritter entgegen. Zu Sondervorteilen etc. s. Rz. 60.

58 Das GmbHG enthält keine dem § 26 AktG entspr. Vorschrift. § 26 Abs. 2 AktG ist insofern analog anzuwenden (*Lutter/Hommelhoff* § 3 Rz. 52; *Gehrlein/Born/Simon* § 5 Rz. 75, m. zahlr. Nachw. der Rechtssprechung des BGH und der OLG; *Noack* § 5 Rz. 57). Zur Frage des Gründungsaufwandes gab der BGH bereits in der Entscheidung über die Aufhebung des Vorbelastungsverbots (*BGHZ* 80, 129, 143 = BB 1981, 689) folgenden Hinweis: „Bei Bargründungen werden sich daher die Versicherungen des Geschäftsführers nach § 8 Abs. 2 GmbHG n.F. und die entspr. Prüfung durch das Registergericht gem. § 9c GmbHG n.F. in sinngemäßer Auslegung dieser Vorschriften auch darauf zu erstrecken haben, inwieweit das durch Geldeinlagen oder -einlageforderungen gebildete Stammkapital bereits durch Verbindlichkeiten vorbelastet ist". Es widerspricht den Grundsätzen der Kapitalaufbringung, wenn das garantierte Anfangsvermögen der GmbH vorweg durch eine Belastung mit Verbindlichkeiten ausgehöhlt wird, die sich weder aus dem Gesetz noch aus der Satzung unmittelbar oder mittelbar ergibt (so bereits *BGH* DB 1981, 1032, 1033). Zur Dauer der Beibehaltung der Satzungsregelungen ausführlich *Gehrlein/Born/Simon* § 5 Rz. 75 m.w.N.; *Altmeppen* § 5 Rz. 54; *Noack* § 5 Rz. 57a; maßgebliche Entscheidung *BGH* v. 20.2.1989 – II ZB 10/88 [*BGHZ* 107, 1]; auch *BGH* v. 29.9.1997 – II ZB 10/88; *OLG Celle* 2.2.2018 – 9 W 15/18 – Sperrfrist von 5 Jahren für Satzungsänderungen *Gehrlein/Born/Simon* § 5 Rz. 75 m.w.N.; zur Streichung von Satzungsregelungen über den Gründungsaufwand vor Ablauf von zehn Jahren nach erster Eintragung.

59 Der Gründungsaufwand ist in den Gesellschaftsvertrag gesondert aufzunehmen (*BGH* v. 20.2.1989 – II ZB 10/88 [*BGHZ* 107, 1]; auch *BGH* v. 29.9.1997 – II ZB 10/88; *Lutter/Hommelhoff* § 3 Rz. 52; *Gehrlein/Born/Simon* § 5 Rz. 75; *Altmeppen* § 5 Rz. 44; *Noack* § 5 Rz. 57a). Wird das im Gesellschaftsvertrag nicht geregelt, so haben die Gesellschafter diese Kosten zu tragen und können Erstattungsansprüche gegen die Gesellschaft nicht geltend machen (*Hachenburg/Ulmer* § 5 Rz. 187; *Noack* § 5 Rz. 57; *Scholz/Veil* § 5 Rz. 113; *Lutter/Hommelhoff* § 3 Rz. 52). Auch „Gründerlohn" kommt unter diesen Voraussetzungen in Betracht, sofern die Schranken des § 30 beachtet werden (*Lutter/Hommelhoff* § 3 Rz. 53; auch Scholz/*Veil* § 5 Rz. 113; ferner *Noack* § 5 Rz. 57). *OLG Celle* v. 11.2.2016 – 9 W 10/16 – verlangte bereits zutreffend namentliche Nennung der von der Gesellschaft zu tragenden Gründungskosten in der Satzung.

Gründungsaufwand ist von Sondervorteilen und -rechten zu unterscheiden. Durch **60** Sondervorteile bzw. -rechte können sich Belastungen des Gesellschaftsvermögens ergeben (Aufnahme nach § 26 Abs. 1 AktG in den Gesellschaftsvertrag, Auszahlungen nur ohne Verstoß gegen § 30 – hierzu übersichtlich und weiterführend *Gehrlein/Born/Simon* § 5 Rz. 77m. Hinw. auf w. Lit. sowie Rechtspr [*KG* v. 26.10.2021 – 22 W 44/21; *OLG Schleswig* v. 21.2.2023 – 2 Wx 50/22; *OLG Celle* v. 22.10.2014 – 9 W 124/14 – zulässige Höchstgrenze für Gründungsaufwand: 10-%-Obergrenze]; vgl. auch *Noack* § 5 Rz. 77d – zulässige Auszahlung nur ohne Vorliegen eines Verstoßes gegen § 30).

§ 5a Unternehmergesellschaft

(1) Eine Gesellschaft, die mit einem Stammkapital gegründet wird, das den Betrag des Mindeststammkapitals nach § 5 Abs. 1 unterschreitet, muss in der Firma abweichend von § 4 die Bezeichnung „Unternehmergesellschaft (haftungsbeschränkt)" oder „UG (haftungsbeschränkt)" führen.

(2) ¹Abweichend von § 7 Abs. 2 darf die Anmeldung erst erfolgen, wenn das Stammkapital in voller Höhe eingezahlt ist. ²Sacheinlagen sind ausgeschlossen.

(3) ¹In der Bilanz des nach den §§ 242, 264 des Handelsgesetzbuchs aufzustellenden Jahresabschlusses ist eine gesetzliche Rücklage zu bilden, in die ein Viertel des um einen Verlustvortrag aus dem Vorjahr geminderten Jahresüberschusses einzustellen ist. ²Die Rücklage darf nur verwandt werden

1. für Zwecke des § 57c;
2. zum Ausgleich eines Jahresfehlbetrags, soweit er nicht durch einen Gewinnvortrag aus dem Vorjahr gedeckt ist;
3. zum Ausgleich eines Verlustvortrags aus dem Vorjahr, soweit er nicht durch einen Jahresüberschuss gedeckt ist.

(4) Abweichend von § 49 Abs. 3 muss die Versammlung der Gesellschafter bei drohender Zahlungsunfähigkeit unverzüglich einberufen werden.

(5) Erhöht die Gesellschaft ihr Stammkapital so, dass es den Betrag des Mindeststammkapitals nach § 5 Abs. 1 erreicht oder übersteigt, finden die Abs. 1 bis 4 keine Anwendung mehr; die Firma nach Abs. 1 darf beibehalten werden.

Übersicht

Neuere Entscheidungen zur UG: *BGH* v. 28.4.2020 – II ZB 13/19 – K. gUG (haftungsbeschränkt) zulässig – vgl. auch Lutter/Hommelhoff/*Kleindiek* § 5a Rz. 56; Lutter/Hommelhoff/*Bayer* § 4 Rz. 26; *BGH* v. 13.1.2022 – III ZR 210/20 – persönliche Haftung des Handelnden neben der X-UG – analog § 179 BGB i.V.m. § 311 Abs. 2, 3 BGB; *BGH* v. 15.4.2021 – III ZR 139/20 – Vorgesellschaft – Vorgründungsgesellschaft – Eintragung – Vertretungsmacht Haftung – Vorgründungsgesellschaft durch Personenvereinigung eigenständige Gesellschaft (BGB, OHG – nicht identisch mit Vor-GmbH und GmbH) – Vorgesellschaft zwischen Abschluss des notariellen Gesellschaftsvertrags und Eintragung (weitgehend nach GmbH-Recht, Übergehen mit allen Rechten und Pflichten auf GmbH); *OLG Celle* v. 17.7.2017 – 9 W 70/17 – UG – Erstarkung durch Kapitalerhöhung zur „Voll-GmbH" – ausreichend für Halbeinzahlungsgrundsatz die Summe des ursprünglichen, der Volleinzahlungspflicht unterliegenden Stammkapitals und des neuen eingezahlten Anteils – Versicherung des Geschäftsführers in diesem Fall nur für den neuen Kapitalanteil (vgl. § 57 Abs. 2), nicht für das Vorhandensein des ursprünglichen Stammkapitals; *OLG Düsseldorf* v. 12.5.2022 – 3 Wx 3/22 – UG-Kapitalerhöhung und Firmenänderung in X-GmbH und unzulässige Auszahlungen an einen Gesellschafter – ausreichend Einzahlung von mindestens einem Viertel des Nennbetrags (§ 7 Abs. 2 S. 1 GmbHG) und insgesamt mindestens die Hälfte des Mindeststammkapitals (50 % von 25.000 € = 12.500 €, § 7 Abs. 2 S. 2 – insgesamt wenigstens 12.500 €) – Versicherung nach § 57 Abs. 2 nur zutreffend ohne Auszahlungen an Gesellschafter etc. sowie Überweisungen an Dritte – keine Begünstigung der UG beim Übergang zur normalen GmbH hinsichtlich der Aufbringung und anfänglichen zumindest wertmäßigen Erhaltung des Mindeststammkapitals gegenüber einer Neugründung.

Ältere Grundsatzentscheidungen: *BGH* v. 12.6.2012 – II ZR 256/11 – Rechtsschein und UG; *BGH* v. 19.4.2011 – II ZB 25/10, NJW 2011, 1881 – Kapitalerhöhung der UG auf 25.000 EUR – kein Sacheinlagenverbot; *BGH* v. 11.4.2011 – II ZB 9/10 – Neugründung einer UG durch Abspaltung als Verstoß gegen Sacheinlageverbot; *BGH* v. 22.6.2012 – V ZR 190/11 – Bestellung einer UG als Verwalter einer WEG; *OLG München* v. 7.11.2011 – 31 Wx 475/11 – UG und Kapitalerhöhung auf Mindestkapital; *OLG Düsseldorf* v. 12.7.2011 – 1-3 Wx 75/11 – Geschäftsführer Vertretungsregelung; *KG Berlin* v. 28.2.2012 – 25 W 88/11 – Geschäftsgegenstand – Gründungskosten nach der Satzung und konkretisiert.

Literatur zur Entwicklung der UG: *Knaier* Eine Rechtsformvariante bewegt Europa, GmbHR 2018, 1181–1189; *Lieder* 10 Jahre Kapitalschutz nach dem MoMiG, GmbHR 2018, 1116–1129; *Reichert/Lüneborg* Compliance in der GmbH – 10 Jahre MoMiG, GmbHR 2018, 1141–1151; *Wicke* Gründungserleichterungen als zentrales Reformanliegen, GmbHR 2018, 1105–1116; *Blöse* Das reformierte Recht der Gesellschafterleistungen, GmbHR 2018, 1151–1156; *Riese/Schulte* Die UG wird erwachsen: Das Erstarken der Unternehmergesellschaft zur Voll-GmbH, NZG 2018, 571.

Ältere Literatur: *Altmeppen* Irrungen und Wirrungen um den täuschenden Rechtsformzusatz und seine Haftungsfolgen, NJW 2012, 2833; *Bayer/Hoffmann* Unternehmergesellschaften in der Insolvenz, GmbHR 2012, 289; *dies.* Vier Jahre Unternehmergesellschaft, GmbHR 2012, 322; *Beck/Schaub* Haftung des Geschäftsführers einer UG bei falscher Firmierung – Anm. zu BGH v. 12.5.2012 – II ZR 256/11 – GmbHR2012, 1331; *Heidinger/Blath* Das Musterprotokoll – Mehr Fluch als Segen? Teil 1: Die Gründung, ZNotP 2010, 376; *Miras* Anwaltliche Beratung bei der Gründung einer Unternehmergesellschaft (haftungsbeschränkt), NJW 2013, 212; *ders.* Die neue Unternehmergesellschaft, 2. Aufl. 2011; *Kessel* Unternehmergesellschaft (haftungsbeschränkt): Umgehungsmöglichkeiten der Thesaurierungsverpflichtung – und wie man diesen begegnet, GmbHR 2016, 199; *Peetz* Gewinnthesaurierung wider Gewinnabsaugung – ein Praxisproblem der UG GmbHR 2012, 1160; *Selbach* Die Unternehmergesellschaft (haftungsbeschränkt) in der notariellen Praxis, RNotZ 2013, 261; *Irich* Die UG ist vollwertiger Geschäftspartner, GmbHR 2012, 245; *Römermann* Die Unternehmergesellschaft – manchmal die bessere Variante der GmbH; *Wicke* Gründungserleichterungen als zentrales Reformanliegen, GmbHR 2018, 1105, 1165; *Waldenberger/Arthur/Sieber* Die Unternehmergesellschaft (haftungsbeschränkt) jenseits der „Existenzgründer" – Rechtliche Besonderheiten und praktischer Nutzen GmbHR 2009, 114; *Bayer/Walter/Hoffmann* Die Unternehmergesellschaft (haftungsbeschränkt) des MoMiG zum 1.1.2009 – eine erste Bilanz GmbHR 2009, 124.

Vgl. auch weitere **Literaturhinweise** jeweils z.B. bei Lutter/Hommelhoff/*Bayer* Vor § 5a Rz. 1; auch Gehrlein/Born/Simon/*Schmitz* vor 5a Rz. 1; Noack/Servatius/Haas/*Servatius* Vor § 5a Rz. 1; ferner Scholz/*Westermann* vor § 5a Rz. 1.

MicroBilG:

Am 28.12.2012 ist das Kleinstkapitalgesellschaften-Bilanzrechtsänderungsgesetz (MicroBilG) in Kraft getreten (BGBl. I 2012, S. 2751). Das Gesetz dient der Umsetzung der im April in Kraft getretenen Micro-Richtlinie der EU (2012/6/EU) und sieht für sog. Kleinstkapitalgesellschaften Erleichterungen bei der handelsrechtlichen Bilanzierung und Offenlegung vor (Wahl einer geringeren Gliederungstiefe bei Bilanz und Gewinn- und Verlustrechnung, Verzicht auf Anhang, keine Veröffentlichung des Jahresabschlusses mehr im Bundesanzeiger, Hinterlegung der erforderlichen Unterlagen beim elektronischen Bundesanzeiger) – Kleinstkapitalgesellschaften gelten Unternehmen, die in der Rechtsform der Kapitalgesellschaft oder Personenhandelsgesellschaft ohne voll haftende natürliche Person organisiert sind und die an zwei aufeinander folgenden Abschlussstichtagen zwei der drei nachfolgenden Merkmale nicht überschreiten: Umsatzerlöse bis 700.000 €, Bilanzsumme bis 350.000 € und durchschnittliche Zahl der Arbeitnehmer bis 10 – Anpassung des § 264 Abs. 3 sowie § 290 Abs. 2 Nr. 4 HGB (erstmalige Anwendung auf Jahres- und Konzernabschlüsse für Geschäftsjahre mit Beginn nach dem 31.12.2012) – vgl. Lutter/Hommelhoff/Bayer Vor § 41 Rz. 26 f.; hierzu auch *Kuntze/Kaufhold* (V)Ermessen – trotz MicroBilG anhaltender Reparaturstau beim EHUG, GmbHR 2013, 57, kritisch.

I. Ziele der Reform 1998

Mit der UG sollte 1998 eine Rechtsformvariante der GmbH zur Verfügung gestellt   **1** werden, bei der eine einfache Gründung sowie ein niedriger Kapitalaufwand von mindestens einem Euro insb. kapitalschwachen Gründern den Marktauftritt ermöglichen soll. Ein weiteres Ziel besteht darin, das weitere Vordringen der englischen Ltd. aufzuhalten (limited company seit 2004 in Deutschland relevant, wobei der Bestand seit dem Brexit-Abkommens vom 20.1.2020 an ab 2022 zurückging – vgl. u.a. *Altmeppen* Einl., II. Entwicklung der GmbH Rz. 7 m.w.N.; *Römermann* NJW 2012, 906; auch hier § 5a Rz. 1 f.).

Die UG ist seit der Einführung erfolgreich (vgl. hierzu *Lutter/Hommelhoff* § 5 Rz. 6: zum Stichtag vom 1.1.2021 163.500 – zum 1.1.2022 175.000; i.Ü. bereits z.B. zum Stichtag 29.2.2012 etwa 66.000 eingetragene UG – *Bayer/Hoffmann* NZG 2012, 887; auch *Miras* NZG 2012, 486).

Nicht wenige Fragen und Streitpunkte waren zu klären. Insofern ist vielfach durch Rechtsprechung und Literatur eine gewisse Sicherheit anzutreffen, wenn auch nach wie vor die eine oder andere Frage streitig ist. Das betrifft etwa die wirtschaftlichen Auswirkungen nicht ausreichender oder fehlender Kapitalausstattung bzw. die Insolvenzrisiken etc. (vgl. hierzu *Lutter/Hommelhoff* § 5a Rz. 6 m.w.N.; auch *Scholz/Westermann* § 5a Rz. 5).

2 Die UG unterliegt als Rechtsformvariante bzw. „Unterform" der GmbH dem gesamten GmbHG, soweit sich keine Abweichungen aus § 5a GmbHG ergeben (vgl. *Lutter/Hommelhoff* § 5a Rz. 7; *Altmeppen* GmbHG § 5a Rz. 4). Die UG ist Handelsgesellschaft nach § 13 Abs. 3 GmbHG, sie ist grundbuchfähig, kann Bankkonten eröffnen, sich im Rechtsverkehr betätigen und sich an anderen Unternehmen beteiligen (vgl. z.B. *BGH* v. 22.6.2012 – V ZR 190/11 – Bestellung einer UG als Verwalter einer WEG). Ferner kann sie auch als UG haftungsbeschränkt Co KG auftreten etc. (*Lutter/Hommelhoff* § 5a Rz. 11 – nicht aber mit Zusatz GmbH *KG* v. 15.7.2009 – 1 W 244/09: Unzulässigkeit von „… GmbH & Co.", wenn allein UG persönlich haftet – hierzu auch *Römermann* NJW 2012, 906, 909, auch zu den krit. Stimmen.).

3 Durch die Änderung 2008 wollte der Gesetzgeber (**RegE-Begr. zu Nr. 2** – Änderung von § 2) folgende Grundsätze festlegen und Ziele erreichen, insb. sollten die Änderungen des § 2 die Gründung einer GmbH in unkomplizierten Standardfällen erleichtern und dadurch die Wettbewerbsfähigkeit der GmbH gestärkt werden. Zur Erleichterung sollte ursprünglich für die Gründung der UG nur eine schriftliche Abfassung verbunden mit einer öffentlichen Beglaubigung der Unterschriften der Gesellschafter ausreichend sein, wenn der dem Gesetz als Anlage beigefügte Mustervertrag (oft auch „Mustersatzung" genannt) verwendet wird. Dadurch sollte eine GmbH ohne den mit einer Beurkundung bei der GmbH verbundenen Aufwand gegründet werden können. Dem wurde letztlich richtigerweise nicht gefolgt (*Römermann* GmbHR, Sonderheft 10/2008, S. 16, 17). Es blieb zutreffend bei der notariellen Beurkundung (vgl. § 2). Das änderte nichts durch die erleichterte Gründung der UG mit Musterprotokoll. Hierbei handelt es sich um eine besondere Ausnahmegestaltung, die der Gesetzgeber nur in engen Grenzen zugelassen hat. Insofern ist mit Recht eine entsprechende Anwendung und Auslegung geboten – die Rechtsprechung ist strikt und verlangt z.B. im Zusammenhang mit der Firmierung die exakte und buchstabengetreue Angabe der „UG (haftungsbeschränkt)" – *BGH* v. 12.6.2012 – II ZR 256/11 – UG – „GmbH u. G." statt „Unternehmergesellschaft (haftungsbeschränkt)".

Die UG-Gründung und die „normale GmbH-Gründung" unterscheiden sich i.Ü. erheblich. Beide Vorgehensweisen – auch die mit der UG – werden selbst Juristen nicht ohne qualifizierte Beratung und notarielle Belehrung etc. wählen. Die Kostenvorteile der UG-Gründung sollten keinesfalls ausschlaggebend sein (*Miras* NJW 2013, 212, 213; wohl ähnlich *Römermann* NJW 2010, 905, 906; krit. zum Musterprotokoll *Lutter/Hommelhoff* § 2 Rz. 51; *Gehrlein/Born/Simon* § 2 Rz. 26: „starr"; auch zum Musterprotokoll – *Heidinger/Blath* Das Musterprotokoll – Mehr Fluch als Segen? Teil 1: Die Gründung, ZNotP 2010, 376). Wegen der Probleme wird teils dazu geraten, die vereinfachte Gründung nur im Fall der Einpersonengesellschaft zu wählen (keine Absicht zu kurz- und mittelfristigen Änderungen der Geschäftsführung oder des Gesellschaftsvertrags – vgl. *Gehrlein/Born/Simon* § 5a Rz. 32).

1. Musterprotokoll und notarielle Beurkundung. Zum Musterprotokoll Text) s. § 2 II   **4**
(Musterprotokoll Anlage 1); II (Vollmacht mittels Videokommunikation), III (notarielle Beurkundung mittels Videokommunikation – einfaches Verfahren nach Anlage 2 des Musterprotokolls).

Musterprotokolle – Anhang 1 und Anhang 2 zu § 2   **5**

Zu den Voraussetzungen der Gründung mit den Musterprotokollen:

Musterprotokoll für die Gründung der Einpersonengesellschaft (vgl. *Lutter/Hommelhoff* § 2 Rz. 52–66):
– nur drei Gesellschafter und ein Geschäftsführer,
– keine vom Gesetz abweichenden Bestimmungen,
– Gesellschafter, natürliche und juristische Personen, alle rechtsfähigen Gesamthandsgemeinschaften [GBR, OHG, KG, nicht Erbengemeinschaften),
– UG mit Stammkapital von 1 € bis zu 24.999 €,
– Mindestinhalt Musterprotokoll Nr. 1–4 (Firma, Sitz; Unternehmensgegenstand; Höhe des Stammkapitals; Geschäftsführer [Name etc.]; Gründungskosten Nr. 5; Abschriften Nr. 6; besondere Hinweise des Notars Nr. 7).

Musterprotokoll für Mehrpersonengründungen (vgl. *Lutter/Hommelhoff* § 2 Rz. 67):   **6**
– Angabe der Namen der bis zu drei Gesellschafter,
– Höhe des jeweiligen Nennbetrags nur eines Geschäftsanteils (höchstens drei Anteile – keine prozentualen Anteilsangaben) – Nr. 3.

Auch insofern ist hinsichtlich der Vorgehensweise zu unterscheiden zwischen der   **7**
Personenvereinigung mit dem Zweck eine GmbH zu gründen (GbR, OHG – Vorgründungsgesellschaft), der Phase zwischen notarieller Beurkundung des Gesellschaftsvertrags nach § 2 Abs. 1, Abs. 2 (Vor-GmbH) und Entstehung der GmbH durch Eintragung (§ 11 Abs. 1) zu unterscheiden (hierzu grds. und in ständiger Rechtsprechung *BGH* v. 15.4.2021 – III ZR 139/20 – Vorgründungsgesellschaft durch Personenvereinigung (eigenständige Gesellschaft BGB, OHG – nicht identisch mit Vor-GmbH und GmbH) – Vorgesellschaft zwischen Abschluss des notariellen Gesellschaftsvertrags und Eintragung (weitgehend nach GmbH-Recht, Übergehen aller Rechten und Pflichten auf GmbH).

a) Fehler bei Nutzung der Musterprotokolle. Fehler bei Nutzung des Musterproto-   **8**
kolls können sich schwerwiegend auswirken (vgl. auch *Lutter/Hommelhoff* § 2 Rz. 70).
Eine großzügige Praxis der Registergerichte war nicht zu erwarten. Sachliche Abweichungen etc. vom Musterprotokoll sind bedenklich, i.d.R. unzulässig. Die teils früher von den Registergerichten allerdings gerügten kleinlichen Abwandlungen wurden durch die Rechtsprechung und Literatur nicht akzeptiert (*Gehrlein/Born/Simon* § 5a Rz. 26, m. Hinw. auf *OLG München* v. 28.9.2010 – 31 Wx 173/10: „Abweichungen beschränken sich auf die Form der Textfassung und haben keinerlei Auswirkungen auf den Inhalt. So werden Spiegelstriche statt Klammern bei der Wiedergabe der Nennbeträge in Worten verwendet, wobei „in Worten" ausgeschrieben wird. Bei der Angabe der beiden Gesellschafter wird eine Nummerierung vorgenommen. Errichtungsdatum und Anschrift des Notars werden mit anderer Wortwahl festgehalten, und zwar – entgegen der Beanstandung durch das Registergericht – in der Vergangenheitsform. Die Adresse des Geschäftsführers, der zugleich Gesellschafter ist, wird in Ziffer 4 nicht vollständig (nochmals) wiedergegeben, sondern mit „wie vor" bezeichnet. Des Weite-

ren ist nach den Formalien der Satz aufgenommen „Die Erschienen erklärten, eine Unternehmergesellschaft im vereinfachten Verfahren nach § 2 Abs. 1a GmbHG errichten zu wollen und erklärten mit der Bitte um Beurkundung was folgt". Auch erfährt in Ziffer 2 das Wort „ist" lediglich eine grammatikalische Korrektur im Hinblick auf die Mehrzahl der den Gegenstand des Unternehmens bildenden Dienstleistungen. Diese völlig unbedeutenden Abwandlungen bei Zeichensetzung, Satzstellung und Wortwahl können nicht als unzulässige Abänderung oder Ergänzung des Musterprotokolls über die in dessen Text zugelassenen Alternativen hinaus betrachtet werden."). Die von den Gerichten vorgesehene Grenze zu „völlig unbedeutenden Abweichungen" (zulässig) kann leicht überschritten werden. Insofern war es unverständlich, dass z.B. Notare diesen allgemein gültigen Grundsatz überschreiten und mit eigenen Formulierungen aufwarteten (vgl. hierzu *OLG München* GmbHR 2010, 1262; *OLG Düsseldorf* DStR 2011, 2106 – mit entsprechenden Bedenken auch *Noack/Servatius/ Haas/Servatius* § 2 Rz. 51).

Änderungen im Rahmen des Musterprotokolls auch nach Anmeldung (z.B. durch Aufnahme eines neuen Musterprotokolls) sind zulässig. Das gilt auch für den im Musterprotokoll enthaltenen Gesellschaftsvertrag (aber nur durch Nachtragsurkunde mit vollständiger Satzungsbescheinigung) – vgl. *Noack* § 2 Rz. 61; auch *Lutter/Hommelhoff* § 2 Rz. 72; vgl. ferner Scholz/*Westermann* § 5a Rz. 13). Grundsätzlich entfällt bei sachlichen („bedeutenden" – s.o.) Abweichungen vom Musterprotokoll die Privilegierung des § 2 Abs. 1a GmbHG. Dann greifen die Bestimmungen für die („Voll-") GmbH-Gründung ein (*Lutter/Hommelhoff* § 2 Rz. 70; auch *Gehrlein/Born/Simon* § 5a Rz. 30; Scholz/*Westermann* Nachtrag MoMiG, § 2 Rz. 9).

9 **2. Kein Verzicht auf notarielle Beurkundung.** Auf das Beurkundungserfordernis hat der Gesetzgeber bewusst nicht verzichtet (entgegen der Begründung des RegE). § 2 Abs. 1a S. 5 verlangt die Anwendung der Vorschriften über den Gesellschaftsvertrag für das vereinfachte Verfahren. Insofern ist also auch bei der Nutzung des Musterprotokolls die notarielle Form gem. § 2 Abs. 1 S. 1 zu beachten. Insoweit bringt das Musterprotokoll folglich keine Erleichterung. Mit Recht bemerkt *Römermann* NJW 2010, 905, dass dies infolge der unverändert bleibenden Pflichten nach §§ 16, 17 BeurkG bzw. § 19 BNotO zu Lasten der Notare geht. Entgegen der RegE (Begr. 2008) ist es unrichtig, dass es bei Gründung einer UG mit Musterprotokoll infolge der „Einfachheit" der darin enthaltenen Regelungen i.d.R. keiner notariellen Beratung und Belehrung bedarf. Insoweit sei auf die Ausführungen von *Römermann* (NJW 2010, 905) und *Miras* (NJW 2013, 212) verwiesen, die die Beratungskomplexe behandeln (Haftungsgefahren, Warnung von Mehrpersonen-GmbH, allgemeines GmbH-Risiko für Gesellschafter und Geschäftsführer. Den Notaren wurde daher – wie bisher – entsprechende Pflichten aufgebürdet, die auch zur Haftung bei Pflichtverletzungen führen können.

10 Die notarielle Beurkundung sichert so u.a. das Ziel, auch die rechtssichere Identifizierung der Gesellschafter sicherzustellen. Nach Begründung „kann so Transparenz über die Anteilseignerstrukturen der GmbH geschaffen und Geldwäsche verhindert werden" (zu diesem Ziel der Reform vgl. die Ausführungen zu Nr. 15 des RegE). Im Übrigen ist die rechtssichere Identifizierung der Gesellschafter Voraussetzung für die Geltendmachung von eventuellen Haftungs- oder sonstigen Zahlungsansprüchen gegen Gesellschafter wie auch für den Rückgriff auf die Gesellschafter im Fall von Missbräuchen durch Firmenbestattungen (vgl. insb. Nr. 23 und Art. 9 Nr. 3 des RegE 2008).

Ohne Rücksicht auf Änderungen des Musterprotokolls ist folglich immer notarielle Beurkundung erforderlich – vgl. hierzu oben die Ausführungen (s. Rz. 4 ff.).

3. Firma, Stammkapital, Nennbeträge, Unternehmensgegenstand.

Zur Firma der UG Altmeppen Irrungen und Wirrungen um den täuschenden Rechtsformzu- **11** satz und seine Haftungsfolgen, NJW 2012, 2833; auch *Beck/Schaub* Haftung des Geschäftsführers einer UG bei falscher Firmierung – Anm. zu *BGH* v. 12.5.2012 – II ZR 256/11 – GmbHR2012, 1331; s. auch u. Rz. 9 zur Rechtsprechung.

Firma **12**

Grundsätzlich sind für die Firmenbildung der UG sämtliche Vorschriften des GmbH-Recht (vgl. § 4) maßgeblich, sofern sich nicht aus den § 5a Abs. 1 und weiteren Bestimmungen Schranken ergeben. Beachtet werden müssen die allg. Grundsätze für die Firmenbildung. Sie bestehen aus folgenden Kriterien:
– Kennzeichnungs- und Unterscheidungskraft nach § 18 Abs. 1 HGB,
– deutliche Unterscheidbarkeit von anderen Firmen im selben Bezirk des HR i.S.d. § 30 Abs. 1 HGB,
– Beachtung des Täuschungsverbots nach § 18 Abs. 2 HGB,
– unabdingbarer Rechtsformzusatz „Gesellschaft mit beschränkter Haftung" oder dessen allgemeinverständliche Abkürzung – i.d.R. „GmbH" – bei der „UG (haftungsbeschränkt" etc.).

Hierzu u.a. *Lutter/Hommelhoff* § 4 Rz. ff., § 5a Rz. 55 f.; auch *Gehrlein/Born/Simon* § 4 Rz. 6, 43 ff.; *Altmeppen* GmbHG § 4 Rz. 7, 9, 10; *Noack* § 4 Rz. 6 – vgl. insofern § 4 Rz. 8 f.

Unumgänglich erforderlich – zwingend – muss die UG nach § 5a Abs. 1 die Bezeichnung „Unternehmergesellschaft (haftungsbeschränkt)" oder „UG (haftungsbeschränkt)" führen. Dies ist exakt und buchstabengetreu zu übernehmen (so schon *BGH* v. 12.6.2012 – II ZR 256/11 – „Unternehmergesellschaft (haftungsbeschränkt)" oder „UG (haftungsbeschränkt)": „Die gesetzliche Vorgabe ist exakt und buchstabentreu einzuhalten." Nach § 5a Abs. 5 kann die Firma „UG (haftungsbeschränkt") bei Erreichen des GmbH-Kapitals (25.000 €) durch Kapitalerhöhung beibehalten werden.

Zur Firmenbildung einer gemeinnützigen UG *BGH* v. 28.4.2020 – II ZB 13/19 – K. **13** gUG (haftungsbeschränkt) zulässig – vgl. auch *Lutter/Hommelhoff* § 5a Rz. 56; *Lutter/Hommelhoff* § 4 Rz. 26; *BGH* v. 12.6.2012 – II ZR II 256/11 – Rechtsscheinhaftung bei Handeln für UG (haftungsbeschränkt) mit Rechtsformzusatz „GmbH"; *Lutter/Hommelhoff* § 5a, Rz. 55 m. Hinw. u.a. auf die weiterführende Entscheidung *BGH* v. 13.1.2022 – III ZR 210/20 – persönliche Haftung des Handelnden neben der „X-UG" wegen Weglassens oder unzulässiger Abkürzung des zwingend vorgeschriebenen Zusatzes „Unternehmergesellschaft (haftungsbeschränkt)" oder „UG (haftungsbeschränkt)" – Pflicht zur Einhaltung der exakten und buchstabengetreuen gesetzlichen Vorgabe sowie zu den Folgen bei unvollständigem Zusatz (Fehlen des Zusatzes „haftungsbeschränkt" und bloßem Verweis auf „Unternehmergesellschaft" ohne [haftungsbeschränkt]; vgl. ferner zum Musterprotokoll sowie § 5a Abs. 1 – „Unternehmergesellschaft (haftungsbeschränkt)" oder „UG (haftungsbeschränkt)" – vgl. z.B. *Lutter/Hommelhoff* § 5a Rz. 55, 56).

14 Das Firmenrecht wurde in den letzten Jahrzehnten weitgehend „entschlackt" und liberalisiert (vgl. die Lit. der Voraufl. § 5a Rz. 10 sowie etwa *Clausnitzer* Das Firmenrecht in der Rechtsprechung (2000–2009), DNotZ 2010, 345).

Daraus haben sich aber keine besonderen Erleichterungen für die UG ergeben. Das zeigt die Spruchpraxis der Registergerichte. Zur Firmierung der UG liegen einige Entscheidungen vor. Sie beruhen auf der bisherigen (vereinfachten, aber immer noch recht komplizierten) Linie des Firmenrechts, weisen im Grunde aber keine Besonderheiten auf. Wie ansonsten auch wird z.B. Unterscheidungskraft gem. § 18 HGB verlangt (*KG* v. 28.2.2012 – 25 W 88/11). Nach dem OLG München (v. 28.7.2010 – 31 Wx 129/10) ist das Registergericht nicht an grafische Gestaltung der Firma (Großbuchstaben) gebunden; ähnlich OLG München (v. 13.4.2011 – 31 Wx 79/11), die Firmierung mit hochgestellter Zahl („A³") ist nicht für das Registergericht bindend. Für geographische Zusätze hat sich eine weniger strenge Betrachtung ergeben (*OLG München* v. 28.4.2010 – 31 Wx 117/09 – „Münchner Hausverwaltung" für GmbH ohne führende Stellung im Münchner Raum mit Sitz in Nachbargemeinde; auch *OLG Zweibrücken* v. 31.1.2012 – 3 W 129/11 – Zusatz „Rhineland" zulässig bei „im weitesten Sinne realem Bezug"). Zur Buchstabenkombination „HM & A" BGH v. 8.12.2008 – II ZB 46/07 (ausreichend Aussprechbarkeit und Artikulierbarkeit). Auch das besonders niedrige Stammkapital kann hier wohl nicht mit der Irreführungsgefahr des § 18 Abs. 2 HGB in Verbindung gebracht werden (hierzu oben § 3 Rz. 31 sowie § 5 Rz. 17). Dann müsste schon die Firmierung und das niedrige Stammkapital Irreführung etc. begründen. Dagegen spricht die allgemeine Aufmerksamkeit durch die unverzichtbare Nutzung des Zusatzes „UG (haftungsbeschränkt)".

Die Probleme der Firmenbildung hat auch der Gesetzgeber durchaus gesehen. Nach der Begründung 2008 soll sich weitere Unterstützung der Gründungswilligen bei der Firmierung und der Festlegung des Gegenstands z.B. durch IHK ergeben: „Die Festlegung der Firma ist im Hinblick auf die schwierigen Zulässigkeitsfragen zwar oftmals problematisch. Die Gründer können sich zur Klärung dieser Fragen jedoch an die zuständige IHK wenden. Die Unterscheidbarkeit von Firmen am Ort können die Gründer mittels des elektronischen Unternehmensregisters selbst online prüfen. Im Übrigen ist der Notar insofern in der Pflicht. Er muss zumindest über die diesbezüglichen Eintragungshindernisse belehren. § 4 ist insofern auch bei der Unternehmergesellschaft zu beachten".

15 **a) Unternehmensgegenstand.** Ursprünglich waren nach dem RegE 2008 nur drei zur Auswahl stehende Varianten für den Gegenstand vorgesehen, um dem Registergericht die Prüfung zu ermöglichen, ob die Gesellschaft eine genehmigungspflichtige Tätigkeit ausübt. Diese Erwägung verlor mit Streichung des § 8 Abs. 1 Nr. 6 (vgl. Nr. 9a) ihre Grundlage. Bei der Formulierung des Unternehmensgegenstandes sind keine UG-spezifischen Schwierigkeiten zu beachten, da der Unternehmensgegenstand nicht mehr wie ursprünglich aus den drei in dem Vertragsmuster nach dem RegE vorgeschlagenen Varianten auszuwählen ist. Für den Unternehmensgegenstand gelten mangels Sonderregelung für die UG die für die GmbH maßgeblichen Grundsätze (Schwerpunkt der Gesellschaftstätigkeit, hinreichende Individualisierung etc. – vgl. *Römermann* GmbHR, Sonderheft 10/2008, S. 20; *Katschinski/Rawert* ZIP 2008, 1994).

Für den Unternehmensgegenstand der UG gelten folglich keine vom GmbH-Recht abweichenden Grundsätze (vgl. *OLG Düsseldorf* v. 6.10.2010 – 1-3 Wx 231/10: „Handel und Vertrieb von Verbrauchs- und Konsumgütern, soweit der Handel nicht einer besonderen Erlaubnis bedarf" – Individualisierung erforderlich; vgl. auch *Thoma* Der Handel mit Waren aller Art als Unternehmensgegenstand der GmbH, RNotZ 2011, 413 – ferner oben § 3 und die dort Kommentierung). Auch die Verwechslungsfähigkeit muss gewahrt werden – unzulässige Firmierung „Partner Logistics Immobilien GmbH" wegen Verwechslung mit Partnerschaftsgesellschaft – so *OLG Düsseldorf* v. 9.10.2009 – 1-3 Wx 182 + 183/09). Es bleibt nur zu hoffen, dass die Notare insofern ihren Pflichten genügen. Bei irreführendem oder unzutreffendem Rechtsformzusatz tritt Rechtsscheinhaftung ein (*BGH* v. 12.6.2012 – II ZR 256/11, NJW 2012, 2871 = ZIP 2012, 1659 – Rechtsschein bei UG wie GmbH; auch etwa *Noack* § 5a Rz. 9; auch *Lutter/Hommelhoff* § 5a Rz. 56; hierzu auch *Beck/Schaub* GmbHR 2012, 1331).

b) Stammkapital. Hinsichtlich des Stammkapitals (und der Nennbeträge) gelten die **16** §§ 3 Abs. 1 Nr. 3 und 4 sowie §§ 5, 5a Abs. 2 (*Lutter/Hommelhoff* § 5a Rz. 17; *Gehrlein/ Born/Simon* § 5a Rz. 10; *Altmeppen* § 5a Rz. 10. Das Stammkapital der UG beträgt mindestens 1 und höchstens 24.999 €). Wird der Höchstwert überschritten, ist die Gründung einer UG unzulässig. Das Stammkapital ist in Ziff. 3 des Musterprotokolls aufzunehmen – einschließlich der übernehmenden Gesellschafter und der Nennbeträge (Musterprotokoll b) – Mehrpersonengesellschaft).

Sacheinlagen kommen nach § 5a Abs. 2 S. 2 bei der UG nicht in Betracht (anders bei **17** späterer Kapitalerhöhung und Erreichen des Stammkapitalbetrags von 25.000 € – vgl. zur Kapitalerhaltung bzw. -erhöhung bei der UG und Übergang zur Voll-GmbH (Neugründung) *OLG Düsseldorf* v. 12.5.2022 – 3 Wx 3-22 – UG-Kapitalerhöhung und Firmenänderung in X-GmbH und unzulässige Auszahlungen an einen Gesellschafter – ausreichend Einzahlung von mindestens ein Viertel des Nennbetrags (§ 7 Abs. 2 S. 1 GmbHG) und insgesamt mindestens die Hälfte des Mindeststammkapitals (50 % von 25.000 € = 12.500 €, § 7 Abs. 2 S. 2 – insgesamt wenigstens 12.500 €) – Versicherung nach § 57 Abs. 2 nur zutreffend ohne Auszahlungen an Gesellschafter etc. sowie Überweisungen an Dritte – keine Begünstigung der UG beim Übergang zur normalen GmbH hinsichtlich der Aufbringung und anfänglichen zumindest wertmäßigen Erhaltung des Mindeststammkapitals gegenüber einer Neugründung; zur **Kapitalerhöhung** auch – *OLG München* v. 7.11.2011 – 31 Wx 475/11 – UG und Kapitalerhöhung auf Mindestkapital; *BGH* v. 19.4.2011 – II ZB 25/10, NJW 2011, 1881 – Kapitalerhöhung der UG auf 25.000 € – kein Sacheinlagenverbot; allgemein hierzu *Lieder* 10 Jahre Kapitalschutz nach dem MoMiG, GmbHR 2018, 1116–1129.

Das Stammkapital muss vor Anmeldung in voller Höhe eingezahlt worden sein **18** (Geschäftsführerversicherung nach § 8 Abs. 2 GmbHG). In diesem Rahmen können die Gesellschafter die Höhe des Stammkapitals ab 1 € aufwärts festlegen. Niedriges Stammkapital ist damit zwar möglich, aber wegen fehlender Sonderregelungen für den Fall der Überschuldung etc. im Grunde nicht empfehlenswert und auch nicht praktikabel (*Lutter/Hommelhoff* § 5a Rz. 19 – drohende Überschuldung; vgl. auch *Scholz/Westermann* § 5a Rz. 16 – keine Eintragung bei fehlender Versicherung zur Leistung und Vorhandensein der Barzahlung – Vor-UG ist wie GmbH kontofähig etc.). Im Übrigen sind hier die Grundsätze des § 19 **GmbHG** zu beachten (s. dort; vgl. auch oben § 5). Zur UG mit Stammkapital v. 1.000 € und Gründungskosten von 700 € (zulässig nach *OLG Hamburg* v. 18.3.2011 – 11 W 19/11 DNotZ 2011, 457 m. Anm. v. *Weiler*, auch *Wachter* EWiR 2011, 535; hierzu *Noack* § 2 Rz. 56 (unzulässig – nach

OLG München NZG 2010, 795 ; auch *Werner* GmbHR 2011, 459; *Schäfer* ZIP 2011, 459); *OLG Celle* v. 17.7.2017 – 9 W 70/17 – Kapitalerhöhung einer UG (haftungsbeschränkt) und Erstarkung zur Voll-GmbH.

19 Zum Verhältnis von niedrigem Stammkapital und Firmierung oben Rz. 14.

20 **4. Bestellung und Vertretungsbefugnis des Geschäftsführers.** Nach dem Musterprotokoll kann die Gesellschaft bei der Gründung einen Gesellschafter-Geschäftsführer und auch Fremdgeschäftsführer haben (vgl. § 2 Abs. 1a S. 1; *Lutter/Hommelhoff* § 2 Rz. 62, 63; *Gehrlein/Born/Simon* § 2 Rz. 27 f.; *Katschinski/Rawert* ZIP 2008, 1994; *Wicke* § 2 Rz. 17). Die Vertretungsregelung im Musterprotokoll (vgl. Begründung RegE 2008) soll einfach sein und den Regelungswünschen entsprechen, die Gründer einfach konzipierter Gesellschaftsverträge typischerweise haben. Von einer ausdifferenzierteren Regelung, wie sie in der Praxis bislang üblich ist, wurde im Hinblick auf die bei einer Standardisierung notwendige Vereinfachung und den mit einer Ausdifferenzierung verbundenen Beratungsbedarf abgesehen (vgl. *Lutter/Hommelhoff* § 2 Rz. 52; *Gehrlein/Born/Simon* § 5a Rz. 27 [Geschäftsführerbestellung ist nach h.M. unechter Bestandteil des Gesellschaftsvertrages – ausreichend grundsätzlich einfacher Gesellschafterbeschluss]).

Für die Vertretungsbefugnis enthält das Musterprotokoll keine Regelung der abstrakten Vertretungsbefugnis, so dass § 35 Abs. 2 [gemeinsame Vertretung] maßgeblich ist (*Gehrlein/Born/Simon* § 5a Rz. 27 – dort auch zur Bestellung von weiteren Geschäftsführern und der Vertretungsbefugnis des ersten Geschäftsführers; nach *OLG Düsseldorf* v. 12.7.2011 – 1-3 Wx 75, 11/11 – ZIP 2011, 2468; *OLG Bremen* ZIP 2009, 1998 und Literatur [*Herrler/König* DStR 2009, 2138]). Das Musterprotokoll enthält folglich keine allgemeine Vertretungsregelung, sondern nur die besondere des Gründungsgeschäftsführers. Nach Eintragung gelten die allgemeinen Regeln wie etwa § 35 Abs. 2 GmbHG, sofern nicht der Gesellschaftsvertrag Abweichendes bestimmt.

21 Die Befreiung nach § 181 BGB gilt nur für den Gründungsgeschäftsführer, nicht für später bestellte weitere Geschäftsführer (*Gehrlein/Born/Simon* § 2 Rz. 29; *Lutter/Hommelhoff* § 5a Rz. 47; *OLG Hamm* GmbHR 2011, 708 – unzutreffend *OLG Stuttgart* GmbHR 2009, 827 – danach bleibt die Befreiung von § 181 BGB bei Bestellung weiterer Geschäftsführer erhalten). Es können später nach Eintragung der UG weitere Geschäftsführer bestellt werden. Bei der Gründung sind bei Ausfüllen des Musterprotokolls diese Fragen zu klären, insb. wenn mit Geschäftsführerwechsel zu rechnen ist (vgl. auch *Miras* NJW 2013, 212, 213 m.w.N.; vgl. i.Ü. *OLG München* v. 29.5.2012 – 31 Wx 188/12, ZIP 2012, 1559 – Amtsniederlegung bei UG [fehlende Eintragungsfähigkeit]).

22 Der erste und bei der Gründung alleinige Geschäftsführer ist zwingend von den Schranken des § 181 BGB befreit (kann bei Fremdgeschäftsführern bedenklich sein, ist aber zwingend vorgegeben – vgl. *Gehrlein/Born/Simon* § 5a Rz. 29 m.w.N. [str. Frage]; auch *Katschinski/Rawert* ZIP 2008, 1994; *Römermann* GmbHR, Sonderheft 10/2008, S. 17, 22). Damit darf kein weiterer Geschäftsführer bei der Gründung [anders später] mit dem Musterprotokoll bestellt werden. Das Musterprotokoll darf insofern auch nicht z.B. hinsichtlich der Vertretungsbefugnis ergänzt werden, da andernfalls eine „normale GmbH-Gründung" vorliegt (*Gehrlein/Born/Simon* § 2 Rz. 30; vgl. *OLG Düsseldorf* v. 12.7.2011 – 13 Wx 75 11/11, ZIP 2011, 2468, 2469; vgl. in diesem Zusammenhang auch *OLG Stuttgart* DNotZ 2010, 412; *OLG Nürnberg* notar 2015, 412; *OLG München* NZG 2010, 765).

Mit Blick auf diese Probleme wird geraten, das vereinfachte Verfahren mit Muster- **23** protokoll nur bei Einpersonengesellschaften zu nutzen, bei denen kurz- und mittelfristig keine Änderungen in der Geschäftsführung oder der Gestaltung des Gesellschaftsvertrages zu erwarten sind (*Gehrlein/Born/Simon* § 2 Rz. 32).

5. Änderungen – Vor-GmbH – Pflichten des Notars. Werden **vor Eintragung** einer **24** nach § 2 Abs. 1a gegründeten GmbH ins HR die individuell festzulegenden Bestandteile der Satzung schriftlich geändert und beurkundet, so genügt die Einreichung eines geänderten Musterprotokolls, wenn sich die Änderungen im Rahmen des Musterprotokolls halten (s. auch oben Rz. 8 – Firma, Sitz, Unternehmensgegenstand, Geschäftsführer – vgl. hierzu *Lutter/Hommelhoff* § 2 Rz. 72; *Gehrlein/Born/Simon* § 2 Rz. 15 f.; *Altmeppen* § Rz. 66; *Noack* § 2 Rz. 61; *Scholz/Wicke* § 2 Rz. 148; *Katschinski/Rawert* ZIP 2008, 2001).

Analog § 54 Abs. 1 S. 2 ist das Musterprotokoll im Fall Änderung vom Notar mit einer Vollständigkeitsbescheinigung zu versehen (*OLG München* GmbHR 2010, 755 m. krit. Anm. v. *Wachter*; hierzu teils abw. *Lutter/Hommelhoff* Voraufl. § 2 Rz. 55; vgl. *Wicke* DNotZ 2012, 15; *Katschinski/Rawert* a.a.O., dort auch zur kostenrechtlichen Behandlung der Beurkundung nach § 41d KostO).

Werden weitere Änderungen über den Rahmen des Musterprotokolls hinaus vorge- **25** nommen (z.B. die Bestellung weiterer Geschäftsführer, Änderung der Vertretungsregelung, zusätzliche Satzungsbestimmungen), so ist ein vollständiger geänderter Gesellschaftsvertrag zu beurkunden und versehen mit der Vollständigkeitsbescheinigung einzureichen (vgl. oben Rz. 24). § 41d KostO greift hier nicht ein (*Katschinski/Rawert* ZIP 2008, 1001). Änderungen der Gesellschafterliste fallen in die Verantwortlichkeit des Geschäftsführers (§ 40 Abs. 1). Bei Mitwirkung des Notars ist § 40 Abs. 2 zu beachten (Unterschrift der Liste durch Notar, Einreichen an HR, Übermittlung an Gesellschaft in Abschrift – *Katschinski/Rawert* ZIP 2008, 2001; *Wicke* § 40 Rz. 9, 11, 21 zur Haftung des Notars nach § 10 BNotO; auch *Wachter* GmbHR, Sonderheft 10/2008, S. 52).

Die Mitteilungspflicht des Notars nach § 54 EStDV wurde bisher an die Beurkundung des Gesellschaftsvertrages geknüpft und sollte künftig an die Anmeldung einer Neugründung zum HR ansetzen.

Die UG entsteht wie die GmbH mit Eintragung (§ 11 Abs. 1 – s. auch oben Rz. 8). Ver- **26** einbaren mehrere Personen mit dem Ziel der Gründung einer GmbH, so handelt es sich um eine Vorgründungsgesellschaft (GbR, OHG). Mit Beurkundung des Gesellschaftsvertrags bzw. der Mustersatzung entsteht die Vor-GmbH (vgl. hierzu u. § 11 Rz. 13 f.; *Lutter/Hommelhoff* § 11 Rz. 2, 5; *Gehrlein/Born/Simon* § 11 Rz. 4 f. – jeweils m.w.N.; *Lutter/Hommelhoff* § 11 Rz. 1, 5). Bargeld kann auch bei der Vor-UG geleistet werden. Das sollte dokumentiert werden und auf ein für die Vor-GmbH einzurichtendes Konto gezahlt werden. Dass es sich um niedrige Beträge oberhalb von 1 € handelt, sollte hiervon nicht abhalten [Transparenz, Nachweis gegenüber Dritten] (*Gehrlein/Born/Simon* § 5a Rz. 13 m. Hinw. auf *OLG Oldenburg* NZG 2008, 32).

II. Merkmale und Voraussetzungen der UG

Merkmale der UG (haftungsbeschränkt) sind nachfolgend dargestellt: **27**

- Gründung nach Musterprotokoll – Anlage zu § 2,
- notarielle Beurkundung,

- Firma – keine Besonderheiten – vgl. § 4 – vgl. allerdings § 5a Abs. 5,
- Mindestkapital 1 €,
- Höchstkapital 24.999 €,
- volle Einzahlung des Stammkapitals,
- Sachgründung unzulässig,
- Einpersonengesellschaft – zulässig,
- Gesellschafter – höchstens drei natürliche oder juristische Personen,
- Geschäftsführer – nur ein Geschäftsführer (andernfalls keine Kostenprivilegierung nach § 41d KostO),
- Vertretungsbefugnis des Geschäftsführers – Alleinvertretung (§ 35 Abs. 2),
- Befreiung von § 181 BGB – zwingend,
- Geschäftsanteile – nur jeweils ein Anteil,
- genehmigtes Kapital – unzulässig,
- gesetzliche Rücklage – zwingende Verpflichtung,
- Unternehmensgegenstand – zulässig bei hinreichender Individualisierung,
- Geschäftsjahr – Kalenderjahr zwingend,
- Gründungskosten – geschätzt ca. 150–400 €,
- Kosten der Gründung privilegiert nach § 41d KostO (nur bei höchstens drei Gesellschaftern und einem Geschäftsführer),
- Schuldner der Gründungskosten – Gesellschaft bis höchstens 300 € – höchstens bis zum Betrag des Stammkaptals,
- Änderung des Gesellschaftsvertrags – nur im Rahmen der „Vorgaben" des Musterprotokolls,
- Notarbelehrungspflicht nach § 17 BeurkG,
- Notarhaftung nach §§ 19 f. BnotO,
- Steuer – §§ 1 ff. KStG,
- Zurückweisung der Eintragung – Abweichen vom Musterprotokoll bzw. den weiteren genannten Punkten – § 9c.

(Vgl. hierzu schon *Wachter* GmbHR, Sonderheft 10/2008, S. 6 f. – Übersicht; ferner z.B. *Wicke* § 2 Rz. 15.; i.Ü. *Lutter/Hommelhoff* § 5a Rz. 7; *Gehrlein/Born/Simon* § 5a Rz. 10 f.; *Altmeppen* § 5a Rz. 6 f.).

III. Ausnahmen vom GmbH-Recht – Sondervorschriften – Gefahren für Gründer und Geschäftsführer

28 Die UG ist eine Gesellschaft mit Haftungsbeschränkung, für die das GmbHG gilt, sofern keine Sondervorschriften für diese Unternehmensform im GmbHG anzutreffen sind (s.o. Rz. 1, 2; § 2 Abs. 1a, Anlage Musterprotokoll, § 5a – volle Einzahlung des Stammkapitals vor Eintragung, Ausschluss von Sacheinlagen, Jahresabschluss nach §§ 242, 264 HGB – Rücklageneinstellung – Verwendungsbeschränkung für die Rücklagen, unverzügliche Einberufung der Gesellschafterversammlung bei drohender Zahlungsunfähigkeit, Voll-GmbH nach Erreichen des Mindeststammkapitals von 25.000 €).

Die Besonderheiten der Vertretungsmacht bzw. persönliche Haftung sollten den Geschäftsführern in allen Phasen von Gründung bis zur Eintragung vor Augen stehen (vgl. *BGH* v. 15.4.2021 – III ZR 139/20 – Vorgesellschaft – Vorgründungsgesellschaft – Eintragung – Vertretungsmacht des Vorstands einer Stiftung und Haftung).

Insofern sollten Geschäftsführer der UG auch unbedingt über ihre Pflichten sowie die **29** strafrechtlichen Folgen (vgl. § 82) nicht nur belehrt, sondern umfänglich gewarnt bzw. informiert sein. Mit Blick auf Kreditwürdigkeit dürfte die UG ohnehin keinen Vorteil bringen. Hier wird das Verlangen von Sicherheiten durch die Kreditgeber mancher wünschenswerten, aber gefährlichen Gründung einen faktischen Riegel vorschieben. Das gilt natürlich auch für „Mittelstandskredite", bei denen i.d.R. die „Hausbank" zwischengeschaltet wird. Allzu große Hoffnungen sollte man sich folglich ebenso wie bei der „Ich-AG" hier nicht machen. Eher wird die UG unbegründete Hoffnungen und Erwartungen bei potentiellen Gründern wecken, die spätestens bei der notariellen Beurkundung durch den belehrungspflichtigen Notar einen Dämpfer erhalten dürften. Ob sich der Wille der politischen Instanzen damit realisieren lässt, „junge Gründer" zur unternehmerischen Tätigkeit in vermehrtem Maße zu veranlassen, ist daher zu bezweifeln (zur Entwicklung *Lutter/Hommelhoff* § 5a Rz. 2, 6 m.w.N.; s. auch oben Rz. 1, 2).

IV. Pflicht zur gesetzlichen Rücklage (Thesaurierungspflicht)

§ 5a Abs. 3 verlangt eine gesetzliche Rücklage, um über diesen Weg über einbehaltene **30** Gewinne zu erreichen, dass das Stammkapital mindestens 25.000 € erreicht oder übersteigt: Hieraus folgt, dass das niedrige UG-Stammkapital des § 5 Abs. 1 und die damit verbundenen Vorteile nicht endgültig sind (*Lutter/Hommelhoff* § 5a Rz. 34; auch *Gehrlein/Born/Simon* § 5a Rz. 24 – dort auch zum Stand der aus UG entstandenen Voll-GmbH 2018: aus ca. 140.000 UG nur ca. 18.000).

Nach § 5a Abs. 3 ist in der Bilanz nach den §§ 242, 264 des HGB im aufzustellenden **31** Jahresabschluss eine gesetzliche Rücklage zu bilden, in die ein Viertel des um einen Verlustvortrag aus dem Vorjahr geminderten Jahresüberschusses einzustellen ist. Hierbei handelt es sich um einen Reservefond zugunsten der Gläubiger. Der/die Gesellschaftergründer können mit Anteilen von 1 € starten und die restlichen 24.999 € durch künftige Gewinne ansparen, was nur bei wirtschaftlichem Erfolg denkbar ist. Mit Recht wird hierzu bemerkt, dass diese Pflicht zur Bildung der Rücklage ohne Jahresüberschuss ins Leere läuft (*Lutter/Hommelhoff* § 5a Rz. 35; *Gehrlein/Born/Simon* § 5a Rz. 25 [m. Hinw., dass sich hier „manches steuern" lässt – z.B. durch Auszahlung eines „üppigen" Geschäftsführergehalts]). Maßnahmen zum Nichteingreifen der Rücklagenpflicht sind aus vollziehbaren Gründen denkbar, insb. durch die Gestaltung der Austauschbeziehungen zwischen den Gesellschaftern oder auch Dritten sind nicht per se unzulässig (*Lutter/Hommelhoff* § 5a Rz. 42; *Gehrlein/Born/Simon* § 5a Rz. 25; *Altmeppen* § 5a Rz. 23; *Noack* § 5a Rz. 23; *Kessel* GmbHR 2016, 199; *Römermann* NJW 210, 908, mit Beispielen). Umgehungsstrategien können zu unzulässigen Gestaltungen führen (vgl. gesellschaftsrechtliche Ziele [vgl. §§ 5 Abs. 3, 30, 31] und steuerrechtliche Grundsätze [verdeckte Gewinnausschüttung] – *Lutter/Hommelhoff* § 5a Rz. 42 zu diesen Ansätzen; auch *Gehrlein/Born/Simon* § 5a Rz. 25; *Altmeppen* § 5a Rz. 32; *Noack* § 5a Rz. 23, 24 – jeweils m.w.N.). Verluste können ausgeglichen werden: Der Verlustvortrag aus dem Vorjahr mindert den Jahresüberschuss, der für die Rücklagenbildung maßgeblich ist (*Gehrlein/Born/Simon* § 5a Rz. 29).

Der Gesetzgeber hat von einer Pflicht zur Kapitalerhöhung und zur Umwandlung in **32** eine Voll-GmbH abgesehen. Lediglich ein mittelbarer Druck durch Ausschüttungssperre besteht (hierzu *Lutter/Hommelhoff* § 5a Rz. 35; *Wachter* GmbHR, Sonderheft 10/2008, 33; *Gehrlein/Witt/Volmer* 1. Kap. Rz. 84, m.w.N.). Die Höhe der Rücklage muss jährlich i.H.v. 25 % des Jahresüberschusses betragen. Eine Obergrenze ist nicht vorgesehen – selbst bei Übersteigen des Betrags von 25.000 € – und besteht ohne zeitliche Beschränkung. Erst nach Erhöhung des Stammkapitals auf mindestens 25.000 € entfällt die Verpflichtung (§ 5a Abs. 5 – vgl. *Lutter/Hommelhoff* § 5a Rz. 35; *Gehrlein/ Born/Simon* § 5a Rz. 24, 35; *Wachter* GmbHR, Sonderheft 10/2008, 33). Vorher besteht Ausschüttungssperre.

33   Die Folgen einer Nichteinstellung der Rücklage ist nicht ausdrücklich in § 5a geregelt. In der Lit. wird insofern auf eine analoge Anwendung des AktG zurückgegriffen. Danach führt der Verstoß gegen § 5a Abs. 3 S. 3 analog § 256 AktG zur Nichtigkeit der Feststellung des Jahresabschlusses und als weitere Folge auch zur Nichtigkeit des Gewinnverwendungsbeschlusses analog § 253 AktG (vgl. BR-Drucks. 354/07, 72; *Lutter/Hommelhoff* § 5a Rz. 49; *Gehrlein/Born/Simon* § 5a Rz. 26; *Altmeppen* § 5a Rz. 29; *Noack* § 5a Rz. 22 – weitgehend vertretene Meinung – jeweils m.w.N.; auch z.B. bereits *Miras* NJW 2013, 212, anwaltliche Beratung – Rücklagenbildung; *Wachter* GmbHR, Sonderheft 10/2008, 34; *Wicke* § 5a Rz. 12).

Rechtswidrige Verwendungen der Rücklage führen zu Ansprüchen der GmbH gegen die Gesellschafter aus §§ 30, 31 (§ 812 BGB verdrängend – nur noch teils str. – *Lutter/ Hommelhoff* § 5a Rz. 49; *Scholz/Westermann* § 5a Rz. 26; *Noack* § 5a Rz. 26; ferner *Wicke* § 5a Rz. 12; *Wachter* GmbHR, Sonderheft 10/2008; *Gehrlein/Witt/Volmer* 1. Kap. Rz. 84). Daneben kommen Ansprüche der Gesellschaft gegen den Geschäftsführer nach § 43 Abs. 2, auch Abs. 3 in Betracht (Schadensersatzpflicht) (*Lutter/Hommelhoff* § 5a Rz. 51; auch *Scholz/Westermann* § 5a Rz. 26). Entscheidungen liegen, soweit ersichtlich, nicht vor.

V. Einberufung der Gesellschafterversammlung bei drohender Zahlungsunfähigkeit

34   Nach § 5a Abs. 4 ist die Gesellschafterversammlung abw. von § 49 Abs. 3 (Verlust der Hälfte des Stammkapitals) bei drohender Zahlungsunfähigkeit (vgl. § 18 Abs. 2 InsO) unverzüglich (§ 121 BGB – ohne schuldhaftes Zögern) einzuberufen (vgl. hierzu *Lutter/Hommelhoff* § 5a Rz. 63 f.; *Gehrlein/Born/Simon* § 5a Rz. 30; *Noack* § 5a Rz. 27; zum „Ansparmodell" und drohender Zahlungsfähigkeit *Römermann* NJW 2010, 905, 907, 908; zum insolvenzrechtlichen Überschuldungsbegriff *Böcker/Poertzgen* GmbHR 2013, 17; *Ulrich* GmbHR 2012, 333). Die Pflicht zur Einberufung ist unverzüglich (vgl. § 121 Abs. 1 BGB) zu erfüllen. Der Gesetzgeber wollte keinen zusätzlichen Einberufungsgrund neben der Zahlungsunfähigkeit schaffen, um die Existenzgründer nicht zu belasten (*Wachter* GmbHR, Sonderheft 10/2008, S. 35; krit. hierzu *Wicke* § 5a Rz. 13).

35   Mit der Einberufungspflicht nach § 5 Abs. 4 sind die Geschäftsführer von weiteren Pflichten nicht entbunden, die sich etwa aus § 49 Abs. 2 ergeben (Einberufung, wenn es „im Interesse der Gesellschaft erforderlich erscheint" [*Noack* § 5a Rz. 27; *Lutter/ Hommelhoff* § 5a Rz. 67]). Hieraus wird sich im Einzelfall eine weitergehende Pflicht über § 5a Abs. 4 hinaus ergeben, von der auch der Geschäftsführer der UG (haftungsbeschränkt) nicht befreit ist (*Noack* a.a.O.; auch *Lutter/Hommelhoff* a.a.O.; *Wicke* § 5a, a.a.O.; *Wachter* a.a.O.). Die Verletzung der Pflicht kann zu Schadensersatzansprüchen der GmbH gegen den Geschäftsführer nach § 43 Abs. 2 führen (*Gehrlein/Born/ Simon* § 5a Rz. 34). § 84 Abs. 1 greift bei der Verletzung der Pflicht aus § 49 Abs. 3 nicht ein – auch nicht in entsprechender Anwendung (*Lutter/Hommelhoff* § 5a Rz. 68; *Gehrlein/Born/Simon* § 5a Rz. 33; *Noack* § 5a Rz. 28).

VI. „Umwandlung" der UG (haftungsbeschränkt)

Für die UG besteht die Möglichkeit, das Stammkapital unbeschränkt zu erhöhen, ohne als **36** GmbH zu firmieren bzw. auftreten zu müssen. Das ist ohne zeitliche Begrenzung zulässig, wenn auch der Gesetzgeber die UG als „Einstiegsvariante im Blick" hatte (*Wachter* GmbHR, Sonderheft 10/2008, S. 34). Es besteht kein Zwang, eine „Umwandlung" in eine „normale" GmbH durchzuführen. Allerdings dürfte sich aus der Rücklageverpflichtung nach § 5a Abs. 3 ein gewisser Zwang bzw. Anreiz, eine Kapitalerhöhung mit den entspr. Folgen – „Umwandlung" in eine GmbH – ergeben, da sich die Gesellschafter bei entspr. wirtschaftlichem Erfolg dadurch von ihrer im Einzelfall nachteiligen Rücklagepflicht befreien können (*Noack* § 5a Rz. 33; *Lutter/Hommelhoff* § 5a Rz. 60: Entscheidung über Wegfall des Rechtsformzusatzes UG Sache der Gesellschafter; *Wicke* a.a.O., m.w.N.; auch *Gehrlein/ Witt/Volmer* a.a.O.). Eine entspr. Pflicht hat der Gesetzgeber allerdings bewusst nicht vorgesehen. Das folgt aus § 5 Abs. 4 Hs. 2. „… die Firma nach Abs. 1 darf beibehalten werden."

Bei einer Kapitalerhöhung („Umwandlung") sind die §§ 5a Abs. 3 S. 2, 57c, 57d zu **37** beachten. Rechtlich gesehen liegt bei einem Übergang in eine normale GmbH kein Formwechsel oder eine Umwandlung vor. Die Rechtsform ändert sich. Allerdings entfallen die Sonderregelungen des § 5a Abs. 1–4. Der Beschluss bedarf der notariellen Beurkundung und der Mehrheit von drei Vierteln der abgegebenen Stimmen (§ 57c Abs. 3 i.V.m. § 53 Abs. 2 – hierzu *Wachter* a.a.O.). Der Erhöhungsbeschluss wird mit Eintragung in das HR wirksam. Nach dem Wechsel in eine GmbH ist eine Rückkehr in die UG nicht mehr möglich (*Wachter* a.a.O.).

Die UG ist als bloße Variante der GmbH „umwandlungsfähig" (Umwandlung, Spal- **38** tung). Da sie aber nur durch Gründung entstehen kann, kommt ein Formwechsel **in die Unternehmergesellschaft** nicht in Betracht (*Lutter/Hommelhoff* § 5a Rz. 70; *Gehrlein/ Born/Simon* § 5a Rz. 44 – darauf hinweisend, das der Übergang in eine Voll-GmbH kein Formwechsel ist; Scholz/Westermann § 5a Rz. 35; *Berninger* GmbHR 210, 63).

Da bei Gründung der UG Sacheinlagen ausgeschlossen sind (§ 5 Abs. 2 S. 2), scheidet die Gründung durch Spaltung ebenso aus wie die Umwandlung mit der UG als aufnehmende Gesellschaft durch Kapitalerhöhung mittels Sacheinlagen – anders nach Erreichen des Stammkapitals von 25.000 € [ebenso bei Anhebung des Kapitals und Formwechsel in AG, KGaA, OHG] (*Lutter/Hommelhoff* § 5a Rz. 69, 70; *Gehrlein/Born/Simon* § 5a Rz. 45 f. m. Hinw. auf *BGH* v. 11.4.2011 – II ZB 9/10 – unzulässige Neugründung einer UG durch Abspaltung vom Vermögen der GmbH (§ 123 II Nr. 2 UmwG) – Verstoß gegen § 5a Abs. 2 S. 2 (Sacheinlageverbot) – NJW 2011, 1883; *Noack* § 5a Rz. 17).

§ 6 Geschäftsführer

(1) Die Gesellschaft muss einen oder mehrere Geschäftsführer haben.

(2) [1]Geschäftsführer kann nur eine natürliche, unbeschränkt geschäftsfähige Person sein. [2]Geschäftsführer kann nicht sein, wer

1. **als Betreuter bei der Besorgung seiner Vermögensangelegenheiten ganz oder teilweise einem Einwilligungsvorbehalt (§ 1903 des Bürgerlichen Gesetzbuchs) unterliegt,**

2. **aufgrund eines gerichtlichen Urteils oder einer vollziehbaren Entscheidung einer Verwaltungsbehörde einen Beruf, einen Berufszweig, ein Gewerbe oder einen Gewerbezweig nicht ausüben darf, sofern der Unternehmensgegenstand ganz oder teilweise mit dem Gegenstand des Verbots übereinstimmt,**

3. wegen einer oder mehrerer vorsätzlich begangener Straftaten
   a) des Unterlassens der Stellung des Antrags auf Eröffnung des Insolvenzverfahrens (Insolvenzverschleppung),
   b) nach den §§ 283 bis 283d des Strafgesetzbuchs (Insolvenzstraftaten),
   c) der falschen Angaben nach § 82 dieses Gesetzes oder § 399 des Aktiengesetzes,
   d) der unrichtigen Darstellung nach § 400 des Aktiengesetzes, § 331 des Handelsgesetzbuchs, § 313 des Umwandlungsgesetzes oder § 17 des Publizitätsgesetzes oder
   e) nach den §§ 263 bis 264a oder den §§ 265b bis 266a des Strafgesetzbuchs zu einer Freiheitsstrafe von mindestens einem Jahr
   verurteilt worden ist; dieser Ausschluss gilt für die Dauer von fünf Jahren seit der Rechtskraft des Urteils, wobei die Zeit nicht eingerechnet wird, in welcher der Täter auf behördliche Anordnung in einer Anstalt verwahrt worden ist. ³Satz 2 Nr. 3 gilt entsprechend bei einer Verurteilung im Ausland wegen einer Tat, die mit den in Satz 2 Nr. 3 genannten Taten vergleichbar ist.

(3) ¹Zu Geschäftsführern können Gesellschafter oder andere Personen bestellt werden. ²Die Bestellung erfolgt entweder im Gesellschaftsvertrag oder nach Maßgabe der Bestimmungen des dritten Abschnitts.

(4) Ist im Gesellschaftsvertrag bestimmt, dass sämtliche Gesellschafter zur Geschäftsführung berechtigt sein sollen, so gelten nur die der Gesellschaft bei Festsetzung dieser Bestimmung angehörenden Personen als die bestellten Geschäftsführer.

(5) Gesellschafter, die vorsätzlich oder grob fahrlässig einer Person, die nicht Geschäftsführer sein kann, die Führung der Geschäfte überlassen, haften der Gesellschaft solidarisch für den Schaden, der dadurch entsteht, dass diese Person die ihr gegenüber der Gesellschaft bestehenden Obliegenheiten verletzt.

I. Reform 2008 und Stand

Mehrfache Änderungen seit 2008 durch Gesetz zur Umsetzung der Umwandlungsrichtlinie und zur Änderung weiterer Gesetze vom 22.2.2023 (BGBl. I 2023 Nr. 51); durch Gesetz zur Reform des Vormundschafts- und Betreuungsrechts vom 4.5.2021 (BGBl. I 2021, S. 882): durch Gesetz zur Umsetzung der Digitalisierungsrichtlinie (DiRUG) vom 5.7.2021 (BGBl. I

2021, S. 3338); insb. haben sich vor allem für die **Geschäftsführerbestellung und die Registeranmeldungen** wesentliche Änderungen durch die Einführung neuer Straftatbestände ergeben: 51. Strafrechtsänderungsgesetz v. 11.4.2017, in Kraft getreten am 19.4.2017: § 265c (Sportwettbetrug), § 265d StGB (Manipulation von berufssportlichen Wettbewerben) und § 265e (besonders schwerer Sportwettbetrug und Manipulation von berufssportlichen Wettbewerben). Die Versicherungen der Geschäftsführer nach §§ 8 Abs. 3 S. 1, 6 Abs. 2 S. 2 Nr. 2 und 3 lit. e sind um die Straftatbestände §§ 265c, 265d und § 265e StGB zu ergänzen; *BGH* v. 3.12.2019 – II ZB 18/19 – Geschäftsführer – Amtsunfähigkeit – Löschung wegen Verurteilung (Beihilfe zum Bankrott nach §§ 283 Abs. 1 Nr. 1, 27 StGB

Entscheidungen: BGH Widerruf der Bestellung des Gesellschafters – *BGH v. 9.1.2024* – **II ZR 220/22** – keine Befugnis des Geschäftsführer mehr zum Verkauf eines Grundstücks nach wirksamem Widerruf auf Gesellschafterversammlung (vgl. § 38 Abs. 1);

BGH v. 17.1.2023 – II ZB 6/22 – Bestellung des Vorstands einer AG zum Geschäftsführer der Tochter-GmbH, NJW 2023, 1350;

BGH v. 9.3.2021 – II ZB 33/20 – **Geschäftsführer – Ausscheiden** – Entbehrlichkeit der Amtslöschung eines GmbH-Geschäftsführers bei Eintragungsmöglichkeit des Ausscheidens aufgrund einer Anmeldung – Leitsatz: Es ist nicht mehr erforderlich, die Eintragung eines Geschäftsführers von Amts wegen zu löschen, wenn sein Ausscheiden aufgrund einer Anmeldung eingetragen werden kann;

BGH v. 9.3.2021 – II ZB 33/20, GmbHR 2021, 756 – Amtslöschung nach § 395 FamFG infolge Bestellung eines **amtsunfähigen Geschäftsführers** – auch *BGH* GmbHR 2020, 200; ferner *OLG München* GmbHR 2011, 430; *KG* GmbHR 2012, 859; *OLG Düsseldorf* GmbHR 2021, 831; *OLG Naumburg* GmbHR 2000, 378;

BGH v. 28.6.2022 – II ZB 8/22, GmbHR 2022, 1027 – Ausschluss wegen **unvollständiger Versicherung** des Geschäftsführers nach §§ 6 Abs. 2 S. 2 Nr. 2 Hs. 1 Nr. 3e, 8 Abs. 3 S. 1 – Versicherung enthält zwar §§ 263 ff. StGB, aber nicht § 265c StGB – ferner keine persönliche Erklärung des Geschäftsführers, sondern nicht ausreichende Erklärung der Versicherung durch belehrende Anwältin – Zurückweisung der Anmeldung – auch *OLG Oldenburg* GmbHR 2018, 310;

BGH v. 28.6.2022 – 6 StR 511/21, GmbHR 2022, 1033 – **Inhabilität** – gewerbliche Untreue in 68 Fällen und Untreue in einem Fall – **Gesamtfreiheitsstrafe** von 1 Jahr und neun Monaten – Freiheitsstrafe über 1 Jahr (§ 6 Abs. 2 S. 2 Nr. 3e) – Unterschreiten der Einzelstrafen von 1 Jahr nicht relevant;

BGH v. 3.12.2019 – II ZB 18/19, GmbHR 2020, 200 – **Verurteilung – Verlust der Organstellung** kraft Gesetzes bei Entfallen der persönlichen Voraussetzung i.S.d. § 6 Abs. 2 S. 2– Verurteilung (Beihilfe zum Bankrott) – Löschung von Amts wegen – so bereits *BGH* v. 1.6.1991– II ZR 292/90, BGHZ 115, 78;

BGH v. 13.10.2020 – II ZR 359/18 – Geschäftsführungs- und Vertretungsbefugnis des geschäftsführenden Gesellschafters einer **KG** relativ unentziehbares Recht;

BGH v. 26.3.2019 – II ZR 244/17, GmbHR 2019, 659 – **verbotene Altersdiskriminierung** von Arbeitnehmern (AGG) Arbeitnehmereigenschaft des Fremdgeschäftsführers einer GmbH – zum Anwendungsbereich des § 6 Abs. 3 AGG „Zugang" – Ende der Bestellung aufgrund einer Befristung und Neubestellung erfasst – nicht aber Entlassungsbedingungen – § 6 Abs. 3 AGG gilt nicht für GmbH-GF als unselbständige Erwerbstätige – dort auch zum Arbeitnehmerbegriff – anders bei weisungsunterworfenen und jederzeit abrufbaren Fremdgeschäftsführer (Arbeitnehmer); auch *EuGH v. 11.4.2019* – C-603/17 – Qualifikation eines Vertrags zwischen Gesellschaft und Geschäftsführer als „individueller Arbeitsvertrag" i.S.d. Lugano II;

BGH v. 7.6.2011 – **II ZB 24/10**, GmbHR 2011, 846 – **Versicherung des Geschäftsführers bezüglich Vorstrafen in den letzten fünf Jahren als Bestellungshindernis**;

BGH v. 1.7.1991 – **II ZR 292/90**, *BGHZ* 115, 78 = GmbHR 1991, 356 – **Geschäftsunfähigkeit** – Nichtigkeit – Wegfall der organschaftlichen Vertretungsmacht – keine Berufung auf Nichtigkeit bei mit erforderlicher Sorgfalt Erkennbarkeit und Untätigkeit der Gesellschafter und Geschäftsführer; *BayObLG* GmbHR 1983, 152; *OLG Köln* GmbHR 2002, 360.

Oberlandesgerichte – neuere Entscheidungen: *KG* v. 17.7.2018 – 22 W 34/18 – **Amtslöschung – Strafbefehl – Stellung unter Einwilligungsvorbehalt** (§ 6 Abs. 2 S. 2 Nr. 1) oder **Verurteilung** (Strafbefehl – § 6 Abs. 2 S. 2 Nr. 3; Nr. 3, S. 4, GmbHR 2018, 1206; *KG* v. **17.7.**2018 – 22 W 34/18 – **Löschung der Eintragung des Geschäftsführers – Strafbefehl wie Urteil – Verurteilung wegen Insolvenzverschleppung, Vorenthaltens von Arbeitsentgelt und Bankrotts nach §§ 266a Abs. 1, 283 Abs. 1 Nr. 5, 7b, Abs. 6, 14, 283 Abs. 1 S. 1 Nr. 5, 7b, Abs. 6, 14 StGB, §§ 53, 15a Abs. 4, 15 Abs. 1, 4 InsO; *KG* v. 21.12.**2018 – 22 W 84/18 – **GmbH & Co. KG: Vertretungsbefugnisse in der Gesellschafterversammlung bei sog. Einheitsgesellschaft**, GmbHR 2019, 286; *KG* v. 5.9.**2018 – 22 W 53/18 – **Anmeldungsaussetzung betroffener Geschäftsführerwechsel aus wichtigem Grund**, GmbHR 2018, 1205–1206; *KG* v. 7.6.**2021 – 22 W 1048/20 – **Erledigung des Verfahren auf Eintragung des Ausscheidens eines Geschäftsführers – berechtigtes Interesse an gerichtlicher Feststellung der Erledigung**, GmbHR 2021, 1098;

OLG Bremen v. 21.6.**2023** – 2 W 31/23 – **Gesellschafterversammlung nach § 46 – Prozesspfleger, Geschäftsführer, Prozess gegen Geschäftsführer – Bestellung eines weiteren oder anderen Geschäftsführers**;

OLG Celle v. 20.3.**2023 – 9 W 24/23**, ZIP 2023, 1076 – **Versicherung des Geschäftsführers – Wiedergabe des Gesetzestextes nicht ausreichend infolge fehlender konkreter Angaben durch Wiedergabe des Gesetzestextes – (Gewerbeuntersagung) – Formulierung: „Es liegen keine Umstände vor, aufgrund derer ich als Geschäftsführer nach § 6 Abs. 2 Satz 2 und 3 GmbHG von dem Amt als Geschäftsführer ausgeschlossen wäre: Geschäftsführer kann nicht sein, wer ... b) aufgrund eines gerichtlichen Urteils oder einer vollziehbaren Entscheidung einer Verwaltungsbehörde einen Beruf, einen Berufszweig, ein Gewerbe oder einen Gewerbezweig nicht ausüben darf, sofern der Unternehmensgegenstand ganz oder teilweise mit dem Gegenstand des Verbots übereinstimmt, ...“;**

OLG Düsseldorf v. 21.10.**2021** – 3 Wx 182/21 – **eidesstattliche Versicherung eines Geschäftsführers** nach § 6 Abs. 2 S. 2 Nr. 3 Buchst. e, **GmbHR 2022, 198–200**; *OLG Düsseldorf* v. **27.4.**2021 – I-3 Wx 65/21, GmbH-Recht: Zur **Löschung der Eintragung eines Geschäftsführers von Amts wegen durch Registergericht wegen Inhabilität**, GmbHR 2021, 831; *OLG München* GmbHR 2011, 430; *OLG Düsseldorf* v. 21.10.**2021** – 3 Wx 182/21 – **eidesstattliche Versicherung des Geschäftsführers** nach § 6 Abs. 2 S. 2 Nr. 3 Buchst. e auch bzgl. der 2017 eingefügten Straftatbestände des § 265c StGB (Sportwettbetrug), des § 265d StGB (Manipulation von berufssportlichen Wettbewerben) und des § 265e StGB (besonders schwere Fälle des Sportwettbetruges und der Manipulation von berufssportlichen Wettbewerben);

OLG Hamm v. 27.9.**2018 – 27 W 93/18 – **Versicherung des Geschäftsführers hinsichtlich des Bestellungshindernisses „Berufsverbot“ nicht unter Einbeziehung auch neuer Straftatbestände**, GmbHR 2018, 1271;

OLG Hamm v. 19.5.**2021 – 27 W 31/21, GmbHR 2021, 1105 – Nichterfüllung der **Versicherung** nach § 8 Abs. 3 S. 1 (Straftaten des § 6 Abs. 2 S. 2 Nr. 3, keine Erwähnung der einzelnen Straftatbestände in der Versicherungserklärung selbst, nur in Versicherung aufgeführt ohne substantiierte Versicherung und fehlende Erklärung über Nichtverurteilung wegen Straftat im In- und Ausland);

OLG Karlsruhe **v. 25.8.**2020 – 9 U 29/19 – offensichtlicher Missbrauch der Vertretungsmacht des von § 181 BGB befreiten Geschäftsführers zum Nachteil der GmbH (Unwirksamkeit der Willenserklärung nach § 138 BGB);

OLG Oldenburg **v. 3.4.**2018 – 12 W 39/18, GmbHR 2018, 1275 – **Anforderungen an die Versicherung des Geschäftsführers zu begangenen Straftaten,**

OLG Schleswig **GmbHR 2014, 1098** – nicht ausreichende **Versicherung** bei Abstellung nur auf den Zeitpunkt der Verurteilung – sondern auch auf Rechtskraft und 5-Jahres Verjährungsfrist.

Ältere Entscheidungen – s. Voraufl.

Literatur: *Bulgrin/Wolf* Die Bestellung von Vorstandsmitgliedern einer AG zu Geschäftsführern der Tochtergesellschaft – letzter Akt? NJW 2023, 1325; *Melchior/Böhringer* Sportwettbetrug, Gesellschafterliste und Eintragungsbescheinigung: Drei (Groß-) Baustellen im Handelsregister, GmbHR 2017, 1074; *Ries* Der ausländische Geschäftsführer, NZG 2010, 298; *Bauer/Arnold* Altersdiskriminierung von Organmitgliedern, ZIP 2012, 597.

– Ältere Literatur s. Voraufl. –

Mit der Reform 2008 wurden die Voraussetzungen der Geschäftsführerbestellung **1** nach § 6 Abs. 2 erheblich verschärft (vgl. zur älteren Rechtsprechung Voraufl.). Nach dem RegE (Zu Nr. 7 – Änderung von § 6 Abs. 2) wurden die Gründe der Inhabilität um die bisherigen Ausschlusstatbestände des § 6 Abs. 2 S. 3 erweitert. Dies erstreckte sich auf die Straftaten nach den §§ 283–283d StGB und die strafrechtlichen Verurteilungen wegen Insolvenzverschleppung (§ 15a Abs. 4 InsO-E (Art. 9 Nr. 3 des RegE) ebenso wie Verurteilungen nach den derzeit geltenden inhaltsgleichen Straftatbeständen in § 84 Abs. 1 Nr. 2, § 401 Abs. 1 Nr. 2 AktG oder § 130b HGB, ggf. i.V.m. § 177a HGB ein (hierzu *Weiß* wistra 2009, 209) – zur allg. Übergangsregelung vgl. § 3 Abs. 2 EGGmbHG-E). Wer als Gesellschafter oder Geschäftsführer vorsätzlich falsche Angaben macht bei der Gründung einer Gesellschaft, der Erhöhung oder Herabsetzung des Stammkapitals oder in öffentlichen Mitteilungen (§ 82), ist für eine Geschäftsführertätigkeit nicht geeignet. In die Ausschlussgründe einbezogen wurde auch die Verurteilung wegen unrichtiger Darstellung nach § 400 AktG, § 331 HGB, § 313 UmwG oder § 17 PublG. Darüber hinaus führte bereits nach der Reform 2008 die Verurteilung zu einer Freiheitsstrafe von mindestens einem Jahr wegen einer oder mehrerer **vorsätzlich** begangener Straftaten nach § 265b StGB (Kreditbetrug), § 266 StGB (Untreue) oder § 266a StGB (Vorenthalten und Veruntreuen von Arbeitsentgelt) zur Annahme der generellen Ungeeignetheit als Geschäftsführer (vgl. u. Rz. 19 ff).

Die in Rz. 1 angeführten Änderungen hatten die Anforderungen an den/die **2** Geschäftsführer erheblich verschärft (vgl. hierzu *Wachter* GmbHR, Sonderheft 10/2008, S. 11, 12; auch *Meyer* BB 2008; 1742; ferner *Römermann* GmbHR, Sonderheft 10/2008, S. 62 f.). Neu waren insb. die in § 6 Abs. 2 S. 2 Nr. a, c–e und S. 3 anzutreffenden Angabepflichten (vgl. *Römermann* a.a.O.). Ferner kam es zu Neufassungen z.B. des § 16 sowie des § 40 Abs. 1, 3 auch §§ 5a Abs. 4, 64 sowie § 15a InsO. Beachtenswert war auch § 6 Abs. 5, wonach die Überlassung der Geschäftsführung durch die Gesellschafter an ausgeschlossene Personen eine gesamtschuldnerische Haftung derselben begründen kann (vgl. *Römermann* a.a.O., S. 69 m.w.N.).

3 Zu beachten ist das GmbHG in der veröffentlichten bereinigten Fassung, zuletzt geändert durch G v 22.2.2023 (BGBl. 2023 I Nr. 51).

Abgesehen von den in Rz. 2 behandelten Änderungen sind weitere eingetreten durch das DiRUG v. 5.7.2021 (BGBl. I v. 13.8.2021, S. 3338 (Art. 20 – Änderungen betreffend Personen aus anderem EU-Staat und vergleichbares Verbot), § 6 Abs. 2 S. 2 (Person in anderem Mitgliedstaat der EU bzw. aus anderem Vertragsstaat und vergleichbarem Verbot), § 8 (qualifizierte elektronische Signaturen der Anmeldenden, Nachweise bei erheblichen Zweifeln an der Richtigkeit der Versicherung) – hierzu *Lutter/Hommelhoff* Einl. Rz. 50 f.

II. Geschäftsführerbestellung

4 Die Gesellschaft hat einen oder mehrere Geschäftsführer (§ 6 Abs. 1). Zu Geschäftsführern können nur natürliche und unbeschränkt Geschäftsfähige bestellt werden (§ 6 Abs. 2). Gesellschafter und/oder Dritte (Fremdgeschäftsführer) können unter dieser Voraussetzung bestellt werden. Die Bestellung erfolgt im Gesellschaftsvertrag oder durch Gesellschafterbeschluss (§§ 6 Abs. 3, Abs. 4, 46 Nr. 5). Den Geschäftsführer betreffen u.a. die § 8 Abs. 2 (Versicherung bewirkte Leistungen), § 8 Abs. 3 (Versicherung der Habilität), § 6 Abs. 1 (zwingend Bestellung und Existenz des/der Geschäftsführer), § 6 Abs. 2 (Ausschluss Betreuter und Inhabilität), § 6 Abs. 3 (Gesellschafter oder andere Person), § 6 Abs. 4 (Bestimmung im Gesellschaftsvertrag), § 6 Abs. 5 (Überlassung der Geschäftsführung an ausgeschlossene Person), § 35 (Rechtsstellung/ Pflichten/Aufgaben), §§ 82 f. (Geldstrafen, Straftaten) – vgl. *Lutter/Hommelhoff* § 6 Rz. 1 f.; *Gehrlein/Born/Simon* § 5a Rz. 1).

Hinsichtlich der Bestellung des Geschäftsführers ist die Bestellung vor Eintragung der GmbH (§ 6) und danach (Eintragung in das Handelsregister (§§ 10 Abs. 1, 35, 38) zu unterscheiden, wobei sich die Geschäftsführerbestellung nach Eintragung von der Bestellung des Gründungsgesellschafters „im Wesentlichen" durch den Beschluss der Gesellschafterversammlung etc. ergibt, die Gründungsgeschäftsführung hingegen auch im Gesellschaftsvertrag vorgesehen sein kann (vgl. *Lutter/Hommelhoff* vor § 35 Rz. 1). Die Bezeichnung „Geschäftsführer" ist registerrechtlich und für die Angabe auf Geschäftsbriefen zwingend. Andere Bezeichnungen wie Direktor etc. kommen nur dann in Betracht, wenn sie nicht irreführend sind (unzulässig insofern z.B. „Vorstand" *Gehrlein/Born/Simon* § 6 Rz. 4, m.w.N.).

Gesellschafterbestellung (korporativer Akt) und Abschluss des zivilrechtlichen Anstellungsvertrages sind zu unterscheiden, wobei der Abschluss und die Annahme des Anstellungsvertrages formfrei, konkludent oder durch Aufnahme in den Gesellschaftsvertrag vorgenommen werden kann (*Gehrlein/Born/Simon* § 6 Rz. 34, 35 m.w. N. [Aufnahme in den Gesellschaftsvertrag kein echter Satzungsbestandteil, spätere Abberufung auch ohne Satzungsänderung, regelmäßig kein Sonderrecht des Gesellschafters, Abberufung wegen Grundes bedarf der Zustimmung]). Fehlt die satzungsmäßige Befreiung von den Beschränkungen des § 181 BGB, so kann der Anstellungsvertrag nicht wirksam abgeschlossen werden (zu dieser Problematik *Noack* § 35 Rz. 80 ff. m.w.N.). Die Befreiung von § 181 BGB ist eine anmelde- und eintragungspflichtige Tatsache (*BGH* ZIP 1983, 568).

5 **1. Mindestens ein Geschäftsführer.** Gem. § 6 Abs. 1 muss die Gesellschaft zumindest einen Geschäftsführer haben. Für die GmbH können mehrere Geschäftsführer bestellt werden (vgl. § 6 Abs. 3). Das gilt grundsätzlich auch schon für die VorGmbH.

Andernfalls kann eine Anmeldung nicht wirksam erfolgen (*Gehrlein/Born/Simon* §6 Rz.1 m. Hinw. auf *BGHZ* 80, 212). Bei der **UG-Gründung** mit Musterprotokoll darf nur ein Gesellschafter-Geschäftsführer oder nur ein Fremdgeschäftsführer bestellt werden (vgl. §5a Rz.20; *Lutter/Hommelhoff* §2 Rz. 62 – dort auch zu zulässigen weiteren Bestellungen etc. **nach Eintragung** der UG; i.Ü. schon *Wachter* GmbHR, Sonderheft 10/2008, S. 36; *Römermann* GmbHR, Sonderheft 10/2008, S. 17). Sind mehrere Geschäftsführer bestellt, so kann die Gründung nach dem Musterprotokoll nicht durchgeführt werden. Weitere Ausnahmen sind geregelt in §§ 33 ff. MitbestG (Arbeitsdirektor als Geschäftsführer), § 13 MontanMitbestG bzw. § 13 MitbestErgG, § 33 Abs.1 Nr. 5 KWG (jeweils zwei Geschäftsführer – vgl. *Gehrlein/Born/Simon* §6 Rz.2).

2. Beschluss der Bestellung – Bestellung in der Satzung. Die Bestellung von Geschäfts- **6** führern kann mit einem Beschluss in einfacher Schriftform gefasst werden (vgl. §§ 8 Abs.1 Nr.2, 39 Abs.2 – zur Bestellung vor Eintragung durch einfache Mehrheit *BGHZ* 80, 212; *BGH* ZIP 1981, 609; *Gehrlein/Born/Simon* §6 Rz.33; *Noack* §6 Rz.47).

Die Bestellung des Geschäftsführers wird von den Gesellschaftern – notwendig auch bereits in der Gründung – beschlossen (vgl. §§ 6 Abs.3, 46 Nr. 5 [Gesellschafterbeschluss]), kann aber auch in die Satzung aufgenommen werden (s. Rz.8; vgl. *Lutter/ Hommelhoff* §6 Rz.38, 39; *Gehrlein/Born/Simon* §6 Rz.32, 36 [Satzung]; *Altmeppen* §6 Rz.67, 62; *Noack* §6 Rz.47 [bejahend der Verlagerung der Zuständigkeit auf Außenstehende m.w.N. [str.]; i.Ü. *BGHZ* 80, 212 [Gründungsstadium und Bestellungspflicht]; *BGH* v. 23.3.1981 – II ZR 271/80, DB 1987, 323 [Bestellung auch für Zeit vor Eintragung]). Notwendig ist die gesetzlich bzw. satzungsmäßig vorgesehene Mehrheit der beschließenden Gesellschafter (§46 Nr. 5, §§ 47 ff., § 45 Abs.2; vgl. *BGH* a.a.O.). Die Satzung kann Einstimmigkeit sowie weitere Schranken vorsehen.

Ein Alleingesellschafter kann sich ohne Rücksicht auf § 35 Abs.2 i.V.m. § 181 BGB **7** (h.M.) selbst zum Geschäftsführer bestellen (Protokollierungspflicht – *Gehrlein/Born/ Simon* §6 Rz.38; auch *Altmeppen* §6 Rz.68; *Noack* §6 Rz.63). Bei der Gründung mit Musterprotokoll (vgl. §2 Abs.1a) ist der Geschäftsführer mit Bestellung zugleich von den Beschränkungen des §181 BGB befreit (*Lutter/Hommelhoff* §2 Rz. 62 m.w.N. z.B. auf *Altmeppen* §2 Rz.73).

Der Gesellschaftsvertrag kann die Bestellung des Geschäftsführers auch einem Gre- **8** mium wie z.B. einem Aufsichtsrat übertragen. Ebenfalls kann die Zuständigkeit bestimmter Personen vorgesehen sein (*BGH* ZIP 1983, 1063; *Noack* §6 Rz.29 (Aufsichtsrat bei mitbestimmter GmbH), Rz.54 – andere Gremien nach dem Gesellschaftsvertrag wie fakultativer Aufsichtsrat). Die Übertragung der Bestellungskompetenz auf außenstehende Dritte ist umstr., wird aber bejaht, sofern z.B. der Gesellschafterversammlung das Recht zur Abberufung aus wichtigem Grund („Kernkompetenz" der Gesellschafter) verbleibt (*Gehrlein/Born/Simon* §6 Rz.32; *Noack* §6 Rz.30 – jeweils m.w.N. der Lit.: a.A. z.B. *Scholz/Schneider/Schneider* §6 Rz.87 f.).

3. Bestellung mit befristeter und auflösend bedingter Bestimmung. Die Bestellung **9** erfolgt grundsätzlich unbefristet, sie kann aber auch mit auflösend bedingter Bestimmung beschlossen werden (*Gehrlein/Born/Simon* §6 Rz.41m. Hinw. auf *BGH* v. 24.10.2005 – II ZR 55/04, NZG 2006, 62 [str. – krit. *Lutter/Hommelhoff* §6 Rz.41; *Scholz/Schneider/Schneider* §6 Rz.74]). Auch bedingte oder aufschiebend bedingte Bestellungen kommen somit in Betracht, sofern die erforderlichen Bedingungen bei Anmeldung und vor Eintragung nachweislich erfüllt sind. Das gilt z.B. für die Fälle, in denen eine Annahme des Geschäftsführeramtes noch aussteht (Bereitschaftserklärung – regelmäßig z.B. in der Anmeldung zu sehen – vgl. *Lutter/Hommelhoff* § 6 Rz. 43 [bei Zustimmung des Gesellschafters zum Beschluss keine Annahme erforderlich]; *Gehrlein/Born/Simon* § 6 Rz. 34; zur Erklärung gegenüber einem Gesellschafter [ausreichend] vgl. *BGH* GmbHR 2002, 26).

Eine erst in der Zukunft liegende Bestellung kommt nicht in Betracht. Die Anmeldung kann nur erfolgreich, wenn ein Geschäftsführer bestellt ist (*Gehrlein/Born/ Simon* § 6 Rz. 41; auch *Altmeppen* § 6 Rz. 74; *OLG Düsseldorf* NZG 2000, 262).

10 **4. Selbstbestellung – Befreiung von § 181 BGB – Missbrauch.** § 35 III regelt Geschäftsanteile in der Hand eines Gesellschafters bzw. der GmbH. Ist in diesem Fall „zugleich" ein alleiniger Geschäftsführer der GmbH vorhanden, so greift auch hier grundsätzlich das Selbstkontrahierungsverbot des § 181 BGB ein. Liegt keine Befreiung vor, so ist das Rechtsgeschäft schwebend unwirksam und bedarf der Genehmigung der Gesellschaft oder auch durch einen anderen zum wirksamen Abschluss berechtigten Geschäftsführer (vgl. *Lutter/Hommelhoff* § 35 Rz. 51, 55; *Gehrlein/Born/ Simon* § 35 Rz. 25; *Noack* § 6 Rz. 69). Das allgemeine Verbot des Selbstkontrahierens gilt nicht, wenn ein Geschäftsführer ein eigenes Geschäft mit der GmbH vornimmt, das der Erfüllung einer bereits bestehenden Verbindlichkeit dient (Bsp.: Auszahlung des Gehalts an den Geschäftsführer) oder das Geschäft für die Gesellschaft nur vorteilhaft und nach außen erkennbar z.B. durch schriftlichen Vermerk vorgenommen wird (andernfalls schwebend unwirksam – *BGH* NJW 1989, 2543; *Lutter/Hommelhoff* § 35 Rz. 51; *Gehrlein/Born/Simon* § 35 Rz. 26; *Altmeppen* § 35 Rz. 79; *Noack* § 37 Rz. 67 – jeweils m.w.N.).

11 Das gilt auch für die Einpersonen-GmbH (*Lutter/Hommelhoff* § 35 Rz. 50, 56 [entsprechende Anwendung des § 35 Abs. 3 bei weiteren Fremdgeschäftsführern bejahend]; *Gehrlein/Born/Simon* § 35 Rz. 29, 30 [gegen entsprechende Anwendung des § 35 Abs. 3; auch Habersack/Casper/Löbbe/*Paefgen* § 35 Rz. 71]; *Noack* § 35 Rz. 56). Der Alleingesellschafter einer Einpersonen-GmbH kann in der Satzung abweichend von § 35 Abs. 3 i.V.m. § 181 BGB (mit Protokollierung) befreit sein (§ 48 Abs. 3 – *Lutter/ Hommelhoff* § 35 Rz. 55, 57 zur Protokollierungspflicht); *Gehrlein/Born/Simon* § 6 Rz. 33; *Altmeppen* § 35 Rz. 68; *Noack* § 6 Rz. 64; *Rowedder/Pentz/Raff* § 6 Rz. 64).

12 Hinsichtlich der UG (haftungsbeschränkt) und der Gründung mit Musterprotokoll nach § 2 Abs. 1a ist der einzige Geschäftsführer zwingend von den Beschränkungen des § 181 BGB befreit (s. auch § 2 Abs. 1a; ferner *Lutter/Hommelhoff* § 35 Rz. 52; *Gehrlein/Born/Simon* § 2 Rz. 29 m.w.N.). Als zutreffend wird angesehen, dass die Befreiung von Beschränkungen des § 181 BGB nur für den Gründungsgesellschafter gelten soll, nicht bei Bestellung weiterer Geschäftsführer (str. – vgl. *Lutter/Hommelhoff* § 2 Rz. 62 f., § 35 Rz. 52; *Gehrlein/Born/Simon* § 2 Rz. 29m. Hinw. auf *OLG Stuttgart* DNotZ 2015, 412 und *OLG München* notar 2015, 412). Es wird empfohlen, das Registergericht wegen der geübten Praxis anzusprechen – i.Ü. zur Befreiung des Geschäftsführers und seiner Befreiung von den Beschränkungen des § 181 BGB bei einer UG (Satzungsänderung), *OLG Düsseldorf* v. 30.4.2021 – 3 Wx 46/21, GmbHR 2021, 921 – fehlende Anmeldung der geänderten besonderen Vertretungsbefugnis (Befreiung des Geschäftsführers von den Beschränkungen des § 181 BGB). Entfallen der Befreiung mit Satzungsänderung – Geltung der allgemeinen Regeln der §§ 53 ff. – Neufassung nicht erforderlich – Erfordernis der unveränderten Übernahme der durch die Satzungsänderung nicht berührten Regelungen einschließlich der Vertretungsmacht und die Befreiung von § 181 BGB – Fehlen der Regelung im neu gefassten Gesellschaftsvertrag – Zurückweisung der Anmeldung.

Die Befreiung vom Selbstkontrahierungsverbot kann in der Satzung oder durch **13** Gesellschafterbeschluss (bei Zulassung in der Satzung wahlweise zum einen mit Befreiung vom Verbot des Insichgeschäfts nach § 181 BGB und zum anderen mit Befreiung vom Verbot der Mehrfachvertretung oder mit Befreiung in beiden Fällen erfolgen (vgl. *OLG Nürnberg* v. 12.2.2015 – 12 W 129/15 – Satzungsregelung: zum einen mit Befreiung vom Verbot des Insichgeschäfts nach § 181 BGB und zum anderen mit Befreiung vom Verbot der Mehrfachvertretung). In diesen Fällen muss die Anmeldung eindeutig sein (*OLG Nürnberg* a.a.O. zur Anmeldung eines unklaren Gesellschafterbeschlusses: „Herr S... (...) vertritt als alleiniger Geschäftsführer die Gesellschaft. Eine Befreiung von der Beschränkung des § 181 BGB ist gegeben..." – wegen fehlender Klarstellung, ob Befreiung nur von einer Variante oder von beiden Varianten der Satzung gemeint ist – Zurückweisung der Anmeldung; auch etwa *Gehrlein/Born/Simon* § 35 Rz. 27). § 181 BGB greift auch im Fall der Mehrfachvertretung (Geschäftsführer handelt z.B. für zwei GmbH – vgl. *BGH* v. 17.1.2023 – II ZB 6/22 – Vertretungsmacht (AG) – Bestellung als Geschäftsführer einer TochterG – Beschränkung des § 181 BGB – § 112 AktG nicht anwendbar – „Die Vertretungsmacht des Vorstandsmitglieds einer Aktiengesellschaft ist bei der Beschlussfassung über seine Bestellung als Geschäftsführer der Tochtergesellschaft nach § 181 Fall 1 BGB beschränkt.... § 112 Satz 1 AktG ist auf die Bestellung des Vorstandsmitglieds einer Aktiengesellschaft zum Geschäftsführer einer Tochtergesellschaft nicht anwendbar"; hierzu *Lutter/Hommelhoff* § 35 Rz. 51 a.E.; *Gehrlein/Born/Simon* § 35 Rz. 33); vgl. i.Ü. zur Befreiung des Geschäftsführers von den Beschränkungen des § 181 BGB bei Nutzung des Musterprotokolls im Fall der Satzungsänderung etc. – *OLG Düsseldorf* v. 30.4.2021 – 3 Wx 46/21, GmbHR 2021, 921 – UG – fehlende Anmeldung der geänderten besonderen Vertretungsbefugnis (Befreiung des Geschäftsführers von den Beschränkungen des § 181 BGB) – Entfallen der Befreiung mit Satzungsänderung – Geltung der allgemeinen Regeln für §§ 53 ff. – Neufassung nicht erforderlich – Erfordernis der unveränderten Übernahme der durch die Satzungsänderung nicht berührten Regelungen einschließlich der Vertretungsmacht und die Befreiung von § 181 BGB – Fehlen der Regelung im neu gefassten Gesellschaftsvertrag – Zurückweisung der Anmeldung.

Die Befreiung von den Beschränkungen des § 181 BGB scheint manchen Geschäfts- **14** führ dazu zu verführen, seine Treupflichten gegenüber der Gesellschaft außer Acht zu lassen (*Lutter/Hommelhoff* § 35 Rz. 22 f. m.w.N. einschlägiger Entscheidungen u.a. *BGH* v. 8.11.2022 – II ZR 91/21 – Missbrauch der Stellung als Geschäftsführer durch Einreichen einer materiell unrichtigen Gesellschafterliste zur Durchsetzung eigennütziger Interessen; *Gehrlein/Born/Simon* § 35 Rz. 37 f.; *Altmeppen* § 35 Rz. 100; *Noack* § 35 Rz. 61). Ist der Geschäftsführer von den Beschränkungen des § 181 BGB befreit und missbraucht er bewusst seine Vertretungsmacht zum Nachteil der Gesellschaft, so ist seine Willenserklärung nach § 138 BGB unwirksam (*Gehrlein/Born/Simon* § 35 Rz. 37 m. Hinw. auf die Entscheidung eines dreisten Falls durch *OLG Karlsruhe* v. 25.8.2020 – 9 U 29/19, GmbHR 2021, 261 – offensichtlicher Missbrauch der Vertretungsmacht des von § 181 BGB befreiten Geschäftsführers zum Nachteil der GmbH durch Veranlassung einer notariellen Urkunde (Schuldanerkenntnis zu Lasten der

GmbH weit über bereits bestehende Verpflichtungen der GmbH ohne Nachweispflicht für Geschäftsführer, ferner Anerkenntnis und Vollstreckungsunterwerfung der GmbH auch für zukünftige Forderungen ohne Abhängigkeit von Leistung und i.Ü. Anerkenntnis zukünftiger Entgeltforderung [Überstundenentgelt von 160.000,00 EUR und Erlass des Leistungsnachweises durch Geschäftsführer auch insoweit mit Unterwerfung unter Zwangsvollstreckung; vgl. auch *BGH* v. 6.12.2022 – II ZR 187-21, GmbHR 2023, 275 – **Unanfechtbarkeit sittenwidrig erwirkten Satzungsänderungsbeschlusses und Anspruch gem. § 826 BGB auf Wiederherstellung der ursprünglichen Satzung; vgl. ferner** *BGH* v. 9.1.2024 – II ZR 220/22 – Geltung der Grundsätze des Missbrauchs der Vertretungsmacht auch im Anwendungsbereich des Rechtscheintatbestands der § 15 Abs.1 HGB, §§ 35 Abs.1 S.1, 38 Abs.1 – Publizität des Handelsregisters: Berufung eines Dritten auf die fehlende Eintragung – Berufung eines Dritten auf fehlende Eintragung (§ 15 Abs.1 HGB) nur bei positiver Kenntnis von der einzutragenden Tatsache verwehrt.

15   **5. Annahme der Bestellung.** Die Bestellung muss vom Bestellten angenommen werden (formfrei, konkludent, auch von Gesellschaftergeschäftsführer durch Unterzeichnung der Satzung mit seiner Bestellung –*Lutter/Hommelhoff* § 6 Rz. 42; *Gehrlein/Born/Simon* § 6 Rz. 34m. Hinw. auf *BGH* v. 17.1.2023 – II ZB 6/22, NJW 2023, 1350 – Bestellung des Vorstands einer AG zum Geschäftsführer der Tochter-GmbH – Zugang der Bestellungserklärung; Scholz/*Schneider/Schneider* § 6 Rz. 91; *Wicke* § 6 Rz. 10).

Die „Legitimation" (vgl. § 8 Abs.1 Nr. 2) kann auch z.B. dadurch belegt werden, dass der Anstellungsvertrag den Anmeldungsunterlagen beigefügt wird oder auch mündlich erfolgen kann, sofern im Rahmen des Eintragungsverfahrens geeignete Bestellungsnachweise erbracht werden (*Lutter/Hommelhoff* § 8 Rz. 3; auch *Noack* § 8 Rz. 6; Scholz/*Veil* § 8 Rz. 9 m.w.N.).

16   Die teils vom Notar geübte Praxis der notariellen Beurkundung (Zusatzurkunde zum Gesellschaftsvertrag) ist überflüssig (*BGH* ZIP 1981, 609; vgl. *OLG Düsseldorf* NZG 2001, 229 – Prüfungsrecht des Registergerichts bei begründeten Zweifeln an der Richtigkeit der Erklärung [Nachweis der Genehmigung des Vertrages bei Abschluss durch vollmachtlosen Vertreter, Gesellschafterstellung fraglich]). Nicht empfehlenswert ist, die zum Register eingereichten „legitimierenden" Urkunden mit dem Anstellungsvertrag zu verquicken oder die Einzelheiten des Anstellungsverhältnisses in der Satzung zu übernehmen. Zum einen wird damit die Satzung überfrachtet. Zum anderen aber ist es nicht sinnvoll, den Inhalt des Anstellungsvertrages (z.B. mit Wettbewerbsabreden) der öffentlichen Einsicht zu überlassen (vgl. § 9 HGB, die genannten Urkunden sind Bestandteil des Sonderbandes). Des Weiteren ist hier zu beachten, dass eine Abberufung formal durchaus eine Satzungsänderung darstellen kann. Im Gesellschaftsvertrag sollte folglich nur der korporative Teil enthalten sein. Beachte *OLG Düsseldorf* NZG 2001, 229 – Prüfungsrecht des Registergerichts bei begründeten Zweifeln an der Richtigkeit der Erklärung (Nachweis der Genehmigung des Vertrages bei Abschluss durch vollmachtlosen Vertreter – Gesellschafterstellung fraglich).

17   Die Bestellung sollte im Gesellschaftsvertrag grundsätzlich nur als abstrakte Regelung enthalten sein (abw. gilt für die Gründung der UG (haftungsbeschränkt) mit Musterprotokoll, das Nr. 4 für entspr. Eintragungen vorhält). Satzungsregelungen müssen z.B. in Anmeldung und Gesellschafterbeschluss übereinstimmen und sich nicht widersprechen. Änderungen der Satzung auch bei fehlender Befreiung von § 181 BGB in der Satzung erfordern ein Vorgehen nach §§ 53 ff.; vgl. hierzu *Krafka* Rz. 952 m.w.N.; s.a. *OLG Zweibrücken* NZG 2000, 254 – Übertragung der Geschäftsanteile – Zulässigkeit der satzungsmäßigen Gestattung der Befreiung von § 181 BGB für Alleingesellschafter/-geschäftsführer – nachträgliche Befreiung nur durch Satzungsänderung; *OLG Celle* GmbHR 2000, 1098 – Erweiterung der Vertretungsbefugnis des Geschäftsführers – mehrgliedrige GmbH – Befreiung vom Verbot des § 181 BGB; Bestellung eines gesetzlichen Vertreters eines Gesellschafters zum Geschäftsführer ohne Befreiung von § 181 BGB bei Ein-Personen-GmbH; *Götze* GmbHR 2001, 217; *BayObLG* v. 23.5.2001 – 3Z BR 31/01, BB 2001, 13 – Zulässigkeit eines von einer Satzungsregelung abweichenden Beschlusses mit Zustimmung des beeinträchtigten Gesellschafters – Anmeldung der Neufassung der Satzung gemäß Gesellschafterbeschluss: „Der ausgeschüttete Gewinn steht den Gesellschaftern entsprechend ihren Geschäftsanteilen zu, soweit sie nicht unter Zustimmung des Betroffenen etwas anderes beschließen." Sieht die Satzung keine Vertretungsregelung vor, so ist bei einer Mehrheit von Geschäftsführern grds. von Gesamtvertretung auszugehen (vgl. § 35 Abs. 1, 2 S. 2).

6. Fehlende Bestellung. Ist kein Geschäftsführer bestellt, so ist die Anmeldung **18** zurückzuweisen – es fehlt die Person, die u.a. die persönlichen Versicherungen abzugeben hat (vgl. §§ 7 Abs. 2, 3, 8 Abs. 2, 3). Ebenso kann bei Wegfall oder z.B. Tod eines Geschäftsführers keine wirksame Anmeldung erfolgen (vgl. § 8 Abs. 2, 3). Hier liegen Eintragungshindernisse vor (so bereits *BGH* BB 1981, 992; hierzu auch *Lutter/Hommelhoff* § 6 Rz. 7, 8, 9). Das Anmeldungshindernis muss durch Neubestellung und Anmeldung beseitigt werden (*Lutter/Hommelhoff* § 6 Rz. 7, 8, 9; Scholz/*Schneider/ Schneider* § 6 Rz. 3; *Noack* § 6 Rz. 3). Entfällt der Geschäftsführer bei einer eingetragenen GmbH, so ist diese ohne Vertretung und besteht weiter; sie kann nicht durch Ordnungsgelder zu gesetzlichen Verhalten gezwungen werden (hierzu *KG* 45, 180; auch *Noack* § 6 Rz. 6; i.Ü. zur Pflicht der Gesellschafter zur Bestellung des Organs *BGH* WM 1985, 53). Diese Pflicht besteht nicht gegenüber dem Registergericht oder den Gesellschaftsgläubigern (*Lutter/Hommelhoff* § 6 Rz. 7). Die Gläubiger können bei Dringlichkeit die Bestellung eines Notgeschäftsführers bei dem Registergericht beantragen (hierzu Rz. 44 f. – § 29 BGB). Das Registergericht kann die Anmeldung nicht durch Androhung einer Ordnungsstrafe erzwingen, soll aber unter „engen Voraussetzungen" die Amtslöschung nach § 395 Abs. 1 FamFG (Löschung unrichtiger Eintragungen) einleiten dürfen. Die Gesellschafter treten nicht an die Stelle des Geschäftsführers (*Lutter/Hommelhoff* a.a.O.; Scholz/*Schneider/Schneider* § 6 Rz. 4 – str.).; zum Widerruf der Bestellung *BGH* v. 9.1.2024 – II ZR 220/22 – keine Befugnis des Geschäftsführers zum Verkauf eines Grundstücks nach wirksamem Widerruf auf Gesellschafterversammlung (vgl. § 38 Abs. 1)

Fehler hinsichtlich des Bestellungsaktes (unrichtige Vertretungsbefugnis, zu geringe, zu **19** hohe Zahl der Geschäftsführer, mangelnde persönliche Voraussetzung, Nichteinhaltung von Formalien hinsichtlich des Beschlusses) führen zu Eintragungshindernissen, die u.a. nach der Auflage durch das Registergericht beseitigt werden müssen. Andernfalls ist die Anmeldung zurückzuweisen. Daneben besteht für die Gesellschafter die Möglichkeit, den Beschluss anzufechten (vgl. *BGH* ZIP 1983, 155; vgl. *OLG Stuttgart* ZIP 2011, 2406 – Eintragung der Abberufung eines Geschäftsführers trotz Anfechtbarkeit des Beschlusses). Zu vorläufigen Eilmaßnahmen vgl. u. § 46; *Lutter/Hommelhoff* § 38 Rz. 5 – Abberufung; ferner *Schmitz/Herscheidt* ZAP 2000, Fach 15, S. 345; *Bayer* GmbHR 2001, 467.

20 **7. Ausländer als Geschäftsführer.** Auch Ausländer können zu Geschäftsführern bestellt werden (grundsätzlich erledigte Streitfrage – vgl. *Lutter/Hommelhoff* § 6 Rz. 14 f.; *Gehrlein/Born/Simon* § 6 Rz. 28 f.; *Altmeppen* § 6 Rz. 44; *Noack* § 6 Rz. 11 – jeweils m w.N. – zur älteren teils überholten Rechtsprechung s. Voraufl.; vgl. z.B. bereits *Wachter* Bestellung von Nicht-EU-Ausländern zu GmbH-Geschäftsführern, zugleich Anm. zum Beschl. *OLG Hamm* GmbHR 1999, 1089 m. Komm. *Haase*; *OLG Köln* NJW-RR 1999, 1637 = GmbHR 1999, 343 (Ls.) – Nicht-EU-Bürger mit Wohnsitz außerhalb der EU, Visumspflicht und restriktive Erteilung von Aufenthaltsgenehmigungen durch die Ausländerbehörden; *LG Gießen* EWiR § 6 GmbHG 1/2000, 1.

III. Amtsunfähigkeit

21 **1. Geschäftsunfähige und Betreute.** Die Qualifikation ist geregelt in dem jetzigen § 6 Abs. 2, der 2008 erheblich ergänzt worden ist. Nach wie vor können Gesellschafter auch Geschäftsführer sein. Auch Fremdgeschäftsführer können bestellt werden. Für die Ein-Personen-GmbH und die UG gilt nichts Abweichendes (Besonderheiten des Musterprotokolls sind zu beachten). Bereits nach früherem Recht war der Ein-Personen-GmbH-Gesellschafter berechtigt, sich auch zum Geschäftsführer zu bestellen. § 181 BGB galt insofern nicht (*BGHZ* 56, 97). Hier ist § 35 Abs. 3 zu beachten. Auch bei der **UG (haftungsbeschränkt)** können sich der oder die Gesellschafter zum Geschäftsführer bestellen.

22 Voraussetzung ist eine geschäftsfähige, natürliche Person (vgl. §§ 104 ff. BGB). Geschäftsführer kann nach § 6 Abs. 2 nur eine natürliche, unbeschränkt geschäftsfähige Person sein. Juristische Personen, Personengesellschaften (OHG, KG), Erbengemeinschaften und sonstige Rechtsgemeinschaften scheiden aus. Auch ein „KI-System" kommt nicht in Betracht (*Lutter/Hommelhoff* § 6 Rz. 11, 16 f.; *Gehrlein/Born/Simon* § 6 Rz. 5 [auch KI-System m. Hinw. auf *Dany* BB 2022, 1253]).

23 Aus § 6 Abs. 2 S. 1 folgt, dass geschäftsunfähige und beschränkt geschäftsfähige Personen nicht zum Geschäftsführer bestellt werden dürfen (*Lutter/Hommelhoff* § 6 Rz. 12; *Gehrlein/Born/Simon* § 6 Rz. 5). Folge des Eintritt der Geschäftsunfähigkeit ist Nichtigkeit (so bereits nach *BGH* v. 1.7.1991 – II ZR 292/90, GmbHR 1991, 356 – Nichtigkeit und Wegfall der organschaftlichen Vertretungsmacht, aber keine Berufung auf Nichtigkeit bei mit erforderlicher Sorgfalt Erkennbarkeit und Untätigkeit der Gesellschafter und Geschäftsführer; *BayObLG* GmbHR 1983, 152; *OLG Köln* GmbHR 2002, 360). Das gilt auch, wenn Ermächtigungen nach §§ 112, 113 BGB Einwilligung oder familiengerichtliche Genehmigung vorliegen (*Gehrlein/Born/Simon* a.a.O.; *OLG Karlsruhe* v. 9.11.2022 – 5 WF 77/22, GmbHR 2023, 281 – **Genehmigung einer gesellschaftsrechtlichen Beteiligung von Minderjährigen nach §§ 1643, 1697a BGB**; *OLG Karlsruhe* v. 11.8.2022 – 5 WF 72/22 – Voraussetzungen für die Erteilung der Genehmigung zum selbständigen Betrieb eines Erwerbsgeschäfts (Computerspiele) für Minderjährigen (psychische und charakterliche Reife wie ein Volljähriger und Verfügung über die im Geschäftsleben nötigen Fähigkeiten und Kenntnisse) – Versagung der Genehmigung (u.a. Manko in rechtlichen Fragen – rechtliche Verantwortung der Eltern für die geschäftliche Tätigkeit des Minderjährigen).

24 Ferner können Betreute nicht Geschäftsführer sein, wenn sie bei der Besorgung ihrer Vermögensangelegenheiten ganz oder teilweise einem Einwilligungsvorbehalt nach § 1903 BGB unterliegen (*Lutter/Hommelhoff* § 6 Rz. 12, 18; *Gehrlein/Born/Simon* § 6 Rz. 7 auch zur nach Eintragung erfolgende Betreuerbestellung).

2. Belehrung und Versicherung. Der Geschäftsführer muss z.b. durch einen Notar **25** (auch einen ausländischen Notar, Rechtsanwalt oder Konsularbeamten) persönlich belehrt werden (grundsätzlich formfrei – nicht ausreichend Erklärung der Versicherung durch belehrende Anwältin (*BGH* v. 28.6.2022 – II ZB 8/22, GmbHR 2022, 1027; auch *OLG Oldenburg* GmbHR 2018, 310; vgl. *Lutter/Hommelhoff* §6 Rz. 18; *Gehrlein/Born/Simon* §6 Rz. 41). Persönliches Erscheinen ist nicht erforderlich. Auch eine schriftliche Belehrung ist zulässig. Eine Vorlage des Schriftstücks etc. verlangt das Registergericht (vgl. §8 Abs. 3).

Die Geschäftsführer haben nach §8 Abs. 3 S. 1 jeder für sich (nicht „wir") zu versichern, **26** dass ihrer Bestellung nicht die §2 Abs. 2 Nr. 2. und Nr. 3 angeführten Umstände entgegenstehen. Die Versicherung muss die gesetzlichen Bestellungshindernisse (einschließlich der Verurteilung wegen vergleichbarer Straftaten) enthalten. Unvollständigkeit oder Unklarheit etc. führen zur Zurückweisung der Anmeldung. Insofern sind nach Rechtsprechung und Literatur strenge Maßstäbe auch für den jeweiligen Inhalt der Versicherung zu beachten (*BGH* v. 7.6.2011 – II ZB 24/10 – Versicherung mit nicht ausreichender Abstellung auf Urteilszeitpunkt, notwendig Abstellung auf Zeitpunkt der Rechtskraft des Urteils; auch v. 28.6.2022 – II ZB 8/22, GmbHR 2022, 1027 – unvollständige Versicherung ohne Bezug auf §§ 265c, 265d StGB; nicht ausreichende pauschale Bezugnahmen in der „Negativversicherung" *OLG Hamm* v. 19.5.2021 – 27 W 31/21, GmbHR 2021, 1105; **OLG Hamm v. 19.5.2021** – 27 W 31-21, GmbHR 2021, 1105 – fehlende Anführung der Straftatbestände mit Substantiierung und ohne Nichterfüllung der **Versicherung** nach §8 Abs. 3 S. 1 (Straftaten des §6 Abs. 2 S. 2 Nr. 3 [keine Erwähnung der einzelnen Straftatbestände in der Versicherungserklärung selbst, nur in der Versicherung aufgeführt ohne substantiierte Versicherung und fehlende Erklärung über Nichtverurteilung wegen Straftat im In- und Ausland). Insofern folgt die Literatur grundsätzlich den Entscheidungen insb. des BGH (a.a.O. – z.B. *Lutter/Hommelhoff* §6 Rz. 17; *Noack* §6 Rz. 10, 11).

3. Amtsunfähigkeit nach §2 Abs. 2 Nr. 2. und Nr. 3. – a) Berufsverbot durch Urteil **27** **oder Entscheidung einer Verwaltungsbehörde.** Ausgeschlossen sind Personen als Geschäftsführer, die rechtskräftig für die Dauer der Wirksamkeit des Urteils verurteilt wurden. Nicht ausreichend sind Verurteilungen mit Aussetzung zur Bewährung (§70a StGB) oder nach §132a StGB mit vorläufiger Anordnung (*Lutter/Hommelhoff* §6 Rz. 19; *Gehrlein/Born/Simon* §6 Rz. 8). Das gerichtliche Verbot muss sich auf den gesellschaftsvertraglichen oder tatsächlichen Unternehmensgegenstand beziehen und ganz oder teilweise mit dem Unternehmensgegenstand übereinstimmen (§6 Abs. 2 Nr. 2). Ist das der Fall, verliert der Geschäftsführer seine mit Eintritt der Rechtskraft sein Amt (*Lutter/Hommelhoff* a.a.O.; *Gehrlein/Born/Simon* a.a.O. – jeweils m.w.N.).

Geschäftsführer kann nicht sein, wenn er aufgrund einer vollziehbaren Entscheidung **28** einer Verwaltungsbehörde einen Beruf, Berufszweig, ein Gewerbe oder einen Gewerbezweig nicht ausüben darf (vgl. §35 Abs. 1, 8 GewO, nicht bei Untersagungsverfügung nach §16 Abs. 3 HandwO – vgl. *Lutter/Hommelhoff* §6 Rz. 20; *Gehrlein/Born/Simon* §6 Rz. 8 – jeweils m.w. Hinw. auf die ältere Rechtsprechung zu dieser Frage; vgl. auch *VG Bremen* v. 5.3.2020 – 5 K 840/18 – Gewerbeuntersagung gegenüber Geschäftsführer einer GmbH, GmbHR 2020, 843–849). Auch hier gilt, dass sich die vollziehbare Entscheidung (unanfechtbar kein Rechtsmittel mit aufschiebender Wirkung) auf den Unternehmensgegentand bezieht und das Verbot ganz oder teilweise mit dem Unternehmensgegenstand übereinstimmt (vgl. oben Rz. 28).

29 **b) Verurteilung wegen einer oder mehrerer vorsätzlich begangener Straftaten.** Wer rechtskräftig verurteilt ist wegen der in § 6 Abs. 2 S. 2 Nr. 3 i.V.m. S. 4 abschließend angeführten Straftaten im Inland und bei vergleichbarem ausl. Urteil (ausreichend Strafbefehl) wird, ist ungeeignet und darf nicht Geschäftsführer sein. Das gilt für Täter, Teilnahme oder Versuch für die Dauer von fünf Jahren (anders bei Verurteilung nach §§ 263a etc. StGB: 1 Jahr; i.Ü. *BGH* v. 3.12.2019 – II ZB 18/19 – Verlust der Organstellung kraft Gesetzes bei Entfallen der persönlichen Voraussetzung i.S.d. § 6 Abs. 2 – Beihilfe zum Bankrott – ausreichend Strafbefehl und Hilfeleistung i.S.d. § 27 Abs. 1 StGB – Löschung von Amts wegen – hierzu *Lutter/Hommelhoff* § 6 Rz. 23; *Gehrlein/Born/Simon* § 6 Rz. 11).

Bei Verurteilungen nach § 6 Abs. 2 S. 2 Nr. 3 ist unerheblich, ob die die Verurteilung sich auf Branche, Unternehmensgegenstand oder auf Zweck der Verurteilung bezieht. Die Bestellung ist unheilbar und wirkungslos (*Lutter/Hommelhoff* a.a.O.): Die Frist von fünf Jahren läuft mit Eintritt der Rechtskraft (ohne Anrechnung angeordneter Verwahrung in einer Anstalt) – vgl. § 6 Abs. 2 S. 2 Nr. 2).

30 Die Verurteilung wegen einer Straftat nach § 15a InsO (Insolvenzverschleppung durch Unterlassen des Antrags auf Eröffnung des Insolvenzverfahrens – Nichtstellung oder Nichtrechtzeitige Stellung des Antrags) ist für die Amtsunfähigkeit nach § 6 Abs. 2 S. 2 Nr. 3a erforderlich (vgl. *Gehrlein/Born/Simon* § 6 Rz. 11 m. Hinw. auf. *OLG Naumburg* GmbHR 2017, 403 [ausreichend Verwarnung unter Vorbehalt der Verhängung einer Geldstrafe nach § 59 Abs. 1 StGB]). Nicht betroffen von der Vorschrift ist die Verurteilung wegen Verletzung von Insolvenzanzeigepflichten gem. den §§ 311 Abs. 1, 333 Abs. 2 Nr. VAG, §§ 46b Abs. 1, 53 Abs. 1 KWG (*Lutter/Hommelhoff* a.a.O. m. Hinw. auf *Weiß* wistra 2009, 210).

31 Der weitere Fall der Verurteilung nach § 6 Abs. 2 S. 2 Nr. 3b wegen vorsätzliche falscher Angaben betrifft Bankrott nach §§ 283, 283a StGB, Verletzung der Buchführungspflicht nach §283b StGB und die Gläubiger- Schuldnerbegünstig nach §§ 283c, 283d StGB (*Lutter/Hommelhoff* § 6 Rz. 25; *BGH* v. 3.12.2019 – II ZB 18/19 – Verlust der Organstellung kraft Gesetzes bei Entfallen der persönlichen Voraussetzung i.S.d. § 6 Abs. 2 – Beihilfe zum Bankrott).

32 § 6 Abs. 2 S. 2 Nr. 3c und d betreffen falsche Angaben als Gesellschafter, Geschäftsführer oder Vorstand nach § 82 oder § 399 AktG bzw. falscher Darstellung nach § 400 AktG, § 331 HGB, § 17 PublG und § 346 UmwG).

33 Verurteilungen nach §§ 263–264a StGB oder §§ 265b–266a StGB mit mindestens einem Jahr nur gem. § 6 Abs. 2 S. 2 Nr. 3e (bei einer oder Gesamtstrafe mehrerer Strafen) – ohne Einrechnung anderer Katalogstrafen – begründen Amtsunfähigkeit der Geschäftsführers für die genannte Jahresfrist (hierzu ausführlich *BGH* v. 28.6.2022 – 6 StR 511/21, GmbHR 2022, 1027, 1033 – gewerbliche Untreue in 68 Fällen und Untreue in einem Fall – Gesamtfreiheitsstrafe von 1 Jahr und neun Monaten – Freiheitsstrafe über 1 Jahr (§ 6 Abs. 2 S. 2 Nr. 3e) – Unterschreiten der Einzelstrafen von 1 Jahr nicht relevant – vgl. i.Ü. *Lutter/Hommelhoff* § 6 Rz. 28, 29 [zu den Auswirkungen des MomiG und BGH, a.a.O. – auch *OLG Oldenburg* GmbHR 2018, 310]). Die Verurteilung im Ausland mit vergleichbaren Straftaten ist auch hier maßgeblich, da sich § 6 Abs. 2 S. 2 Nr. 3e und S. 3 auf alle in § 2 Abs. 2 geregelten Fälle bezieht (*Gehrlein/Born/Simon* § 6 Rz. 11).

IV. Verstoß gegen § 6 Abs. 2

Geschäftsführerbestellungen, die gegen § 6 Abs. 2 verstoßen, sind nichtig (§ 34 BGB). **34** Das folgt aus der Formulierung „kann nur" bzw. „kann nicht". Bei gesetzeswidriger Bestellung besteht ein Eintragungshindernis, das nur durch ordnungsgemäße Geschäftsführerbestellung beseitigt werden kann (vgl. hierzu *BayObLG* BB 1982, 200; auch *OLG Düsseldorf* GmbHR 1994, 114). Zur Ablehnung der Eintragung einer ausländischen Zweigniederlassung wegen eines im Inland gegen den Director einer Limited bestehenden Gewerbeverbots NJW 2007, 2328 – hierzu auch *Eidenmüller* NJW 2008, 28).

Die Bestellung einer amtsunfähigen Person als Geschäftsführer vor Anmeldung bzw. **35** Eintragung ist wegen Verstoßes gegen ein gesetzliches Verbot (§ 134 BGB) nichtig (*BGH* v. 9.3.2021 – II ZB 33/20, NZG 2021, 840, zur Nichtigkeit der Geschäftsführer-Bestellung *Lutter/Hommelhoff* § 6 Rz. 12; *Gehrlein/Born/Simon* § 6 Rz. 13, 23 m.w.N. der älteren Rechtsprechung; *Altmeppen* § 6 Rz. 25; *Noack* § 6 Rz. 17).

Fallen die persönlichen Voraussetzungen nach Anmeldung bzw. Eintragung (z.B. durch rechtskräftige Verurteilung) weg, entfällt die Organstellung, ohne dass es einer Abberufung bedarf (*Lutter/Hommelhoff* § 6 Rz. 12; *Gehrlein/Born/Simon* § 6 Rz. 52; *Altmeppen* § 6 Rz. 25). Hier kann es auch zur Löschung von Amts wegen kommen (hierzu ausführlich *BGH* v. 9.3.2021 – II ZB 33/20 – bei Wegfall allerdings keine Löschung der Geschäftsführer-Eintragung von Amts wegen [z.B. bei rechtskräftiger Gewerbeuntersagung]; dort auch zur Löschung von Amts wegen durch Registergericht nach § 395 Abs. 1 S. 1 FamFG und nicht nach § 398 FamFG trotz der Nichtigkeit der Bestellung nach § 134 BGB – keine Löschung allerdings erforderlich bei Anmeldung des Ausscheidens und Eintragung; vgl. auch *BGH* v. 3.12.2019 – II ZB 18/19, ZIP 2020, 73 – Löschung nicht nach § 398 FamFG trotz der Nichtigkeit der Bestellung nach § 134 BGB – allerdings keine Löschung erforderlich bei Anmeldung des Ausscheidens und Eintragung [Beihilfe zum Bankrott]).

Fällt die Amtsunfähigkeit später wieder weg, so tritt keine Heilung ein. Vielmehr ist **36** eine Neuanmeldung erforderlich (*BGH* v. 9.3.2021 – II ZB 33/20, NZG 2021, 840; *Gehrlein/Born/Simon* § 6 Rz. 12; vgl. auch *BayObLG* NJW-RR 1993, 612 [Wiedereinstellung]). Der Rechtsverkehr (gutgläubige Dritte) wird hinsichtlich der Vertretungsmacht durch § 15 HGB geschützt (*Lutter/Hommelhoff* § 6 Rz. 12; *Gehrlein/Born/Simon* § 6 Rz. 14). Das gilt allerdings nicht im Fall der Geschäftsunfähigkeit, da dies keine eintragungsfähige Tatsache ist (*Lutter/Hommelhoff* § 6 Rz. 12m. Hinw. auf *BGHZ* 115, 78; *Gehrlein/Born/Simon* § 6 Rz. 14m. Hinw. auf *BGHZ* 115, 78; *Altmeppen* § 6 Rz. 28; *Noack* § 6 Rz. 17). Nach allgemeinen Rechtsscheingrundsätzen wird die Berufung auf die Nichtigkeit versagt, wenn die Geschäftsunfähigkeit für die Gesellschafter bei mit erforderlicher Sorgfalt erkennbar war und sie untätig blieben (*BGH* v. 1.7.1991 – II ZR 292/90, *BGHZ* 115, 78, = GmbHR 1991, 356; *BayObLG* GmbHR 1983, 152; *OLG Köln* GmbHR 2002, 360; *Lutter/Hommelhoff* § 6 Rz. 12; *Gehrlein/Born/Simon* § 6 Rz. 14; *Altmeppen* § 6 Rz. 58; *Noack* § 6 Rz. 17).

V. Haftung der Gesellschafter Amtsunfähigkeit

Der durch §§ 6 Abs. 2, 39 Abs. 2 ausgeschlossene Personenkreis wird versuchen, **37** andere Personen formal vorzuschieben, selbst gleichwohl die Geschäftsführung tatsächlich in der Hand zu behalten. Sinn der Vorschrift des § 6 Abs. 5 ist es, dies den bestraften bzw. mit Berufsverbot belegten Personen die Geschäftsführung in die Hand zu geben und verbietet die Übertragung auf amtsunfähigen Personen.

38 Die Überlassung der „tatsächlichen Geschäftsführung" ohne ausdrückliche Bestellung (auch der Nichtabberufung) auf ausgeschlossene Personen sollte durch § 6 Abs. 5 verhindert werden. Hierunter fällt auch die Bestellung eines amtsfähigen Geschäftsführers, der dann einem amtsunfähigen „Strohmann" die tatsächliche Geschäftsführung gezielt überlässt (*Lutter/Hommelhoff* § 6 Rz. 47; *Altmeppen* § 6 Rz. 30). Die Überlassung an einen Vermögenslosen ist für sich nicht ausreichend, aber ausreichend und unzulässig, wenn nur als „Strohmann" die Geschäftsführung tatsächlich einem amtsunfähigen Dritten überlässt *Lutter/Hommelhoff* § 6 Rz. 47 m.w.N. [teils str.]; auch *Altmeppen* § 6 Rz. 30).

39 Unter „Überlassung" fällt auch die Führung der Geschäfte durch einen „faktischen Geschäftsführer", wenn dieser die Geschicke der Gesellschaft maßgeblich in die Hand nimmt (vgl. hierzu *OLG Düsseldorf* NZG 2000, 312 – Haftung als faktischer Geschäftsführer – Zurechnung der schadensstiftenden Handlung (gewerbliche Vermittlung von Termingeschäften) *OLG Weimar* GmbHR 1997, 473, 498; zum faktischem Geschäftsführer *Kratzsch* ZGR 1985, 506; *Drygala* ZIP 1992, 1628; ferner *Lutter/Hommelhoff* § 6 Rz. 48; *Gehrlein/Born/Simon* § 6 Rz. 15 zum Ausschluss des Stimmrechts des Gesellschafters, der der amtsunfähigen Person die Geschäftsführung überlassen hat [§ 47 Abs. 4]; *Altmeppen* § 6 Rz. 35; *Noack* § 6 Rz. 28).

40 Insofern ist, soweit ersichtlich, zumindest kaum neuere Rechtsprechung vorhanden. Hinzuweisen ist allerdings eine obergerichtliche Entscheidung, in der nahezu alle hier zu prüfenden Punkte behandelt werden (*OLG Düsseldorf* v. 14.11.2022 – 12 W 17/22, ZIP 2023, 202 – Ablehnung der Haftung für vorsätzliches oder fahrlässiges Auswahlverschulden durch Einsetzung eines angeblich „untauglichen" Geschäftsführers nach § 6 Abs. 5 – fehlender Vortrag zum Fehlen allgemeiner Anforderungen nach § 6 Abs. 2 S. 1, Abs. 3 S. 1 sowie zu Ausschlussgründen nach § 6 Abs. 2 S. 2–4 – keine Haftung für angeblich faktischen Geschäftsführer – auch kein sittenwidriges Verhalten durch Überlassung der Auswahl an wirtschaftlichen Inhaber der Geschäftsanteile (Treuhänderpflichten und Handeln nur nach Weisungen des Treugebers) – vage Vermutungen etc. für Überlassung der Geschäftsführung auf Hintermann).

Das gesetzeswidrige Vorgehen begründet die Haftung der Gesellschafter, bei mehreren als Gesamtschuldner (§ 6 Abs. 5). Wenn sich ein Mehrheitsgesellschafter insofern zum Geschäftsführer bestellt, ist § 47 Abs. 4 zu beachten. Ob ein Minderheitsgesellschafter, der gegen einen nach § 6 Abs. 2 unzulässigen Beschluss über die Bestellung eines amtsunfähigen Geschäftsführers vergeblich stimmt, weitere Schritte unternehmen muss, ist nach wie vor nicht unstr. (*Gehrlein/Born/Simon* § 6 Rz. 18, 19 [auch zur actio pro socio durch Minderheitsgesellschafter gegen GmbH]; ferner *Altmeppen* § 6 Rz. 33 – jeweils m.w.N.).

41 Die Überlassung der Geschäftsführung muss vorsätzlich oder grob fahrlässig (vgl. § 276 Abs. 1 1. Hs., Abs. 2, 3 BGB). Grundsätzlich hat der Gesellschafter keine Erkundigungs-, Prüfungs- oder Nachforschungspflichten, sofern nicht konkrete Verdachtsmomente für eine Amtsunfähigkeit sprechen oder insofern deutliche besondere Umstände vorliegen (z.B. Kenntnisse über frühere Vorstrafen, Anhaltspunkte für Strohmann-Einschaltung etc. – vgl. *Lutter/Hommelhoff* § 6 Rz. 50; *Gehrlein/Born/ Simon* § 6 Rz. 17; *Altmeppen* § 6 Rz. 30 [unerheblich: von vornherein bestehende oder erst um nachträglich auftretende Geschäftsunfähigkeit]). In jedem Fall muss der Gesellschafter nach Kenntnis von der Amtsunfähigkeit alle möglichen und zumutbaren Schritte unternehmen, um die Entziehung der weiteren Geschäftsführung zu erreichen (unverzügliches Verlangen der Einberufung der Gesellschafterversammlung oder Minderheitsgesellschafter Selbsteinberufung nach §50 Abs.3 – *Lutter/Hommelhoff* §6 Rz.50 m.w.N.; auch *Altmeppen* §6 Rz.32; auch *Noack* §6 Rz.28). Sofern es sich um juristische Personen oder eine Personenvereinigung als Gesellschafter handelt, kommt es auf das Wissen des organschaftlichen Vertreters bzw. sonstigen Repräsentanten an, sofern diese das Geschehen steuern können – auch Geltung für Mitglieder des Beirats oder Aufsichtsrates etc. *Lutter/Hommelhoff* §6 Rz.51, 52; auch *Gehrlein/Born/Simon* §6 Rz.21; *Altmeppen* §6 Rz.37; *Noack* §6 Rz.28). Die Beweislast für mangelndes Verschulden trifft den Gesellschafter (*Lutter/Hommelhoff* §6 Rz.60, 61 [zur Inanspruchnahme des Geschäftsführers] – i.Ü. m.w.N.; *Gehrlein/Born/Simon* §6 Rz.17).

Weitere Voraussetzung ist die Entstehung eines Schadens und die Ursächlichkeit hierfür durch Verletzung von Obliegenheiten durch die amtsunfähige Person (vgl. *OLG Düsseldorf* v. 14.11.2022 – 12 W 17/22, ZIP 2023, 202 zur Verursachung des Schadens (in concreto i.S.d. §92 InsO); sowie zu Ausschlussgründen für die Einsetzung eines angeblich „untauglichen" Geschäftsführers sind Ausschlussgründe i.S.d. §6 Abs.2 S.2–4 [Vortrag hierzu fehlt aber erforderlich]; *Lutter/Hommelhoff* §6 Rz.53, 55 [kein Schadensersatzanspruch gegen Geschäftsführer nach §43 Abs.2 bei Weisung, Billigung oder Verzicht, nicht bei Interesse der Gesellschaftsgläubiger oder im Allgemeininteresse]; *Altmeppen* §6 Rz.33; *Geißler* GmbHR 2021; vgl. ferner zur Geschäftsführerhaftung bei Pflichtverletzungen und stillschweigendem Einverständnis mit Zahlungen, *BGH* v. 8.2.2022 – II ZR 118/21).

Stellt das Registergericht fest, dass mit einer unzulässigen Gestaltung einzig und allein die erwähnten Vorschriften umgangen werden sollen, so wird es die Eintragung ablehnen (vgl. zu Umgehungsgeschäften allgemein *Grüneberg* §138 BGB Rz.26). Insofern ist fraglich, ob die Verstöße gegen §6 Abs.2, 5 als Umgehungsgeschäfte aufgefasst werden können, da es sich um gesetzliche Verbote handelt. Für eine Umgehung müsste eine Umgehungsabsicht feststellbar sein. Die Nichtigkeit folgt bereits aus dem gesetzlichen Verbot. Für den Registerrichter müssen jedenfalls ausreichende Anhaltspunkte für eine zulässige Gestaltung ersichtlich sein, was mit Blick auf die Gestaltungsmöglichkeiten und das Prüfungsverfahren selten sein dürfte. So wird z.B. nur der Umstand, dass einer der Gesellschafter nicht als Geschäftsführer wegen Amtsunfähigkeit in Betracht kommt und ein Dritter als Geschäftsführer bestellt wird, nicht ausreichen. Erforderlich ist, dass sich die Anhaltspunkte auf eine eindeutige formale Position beziehen und i.Ü. die Motive bei der Geschäftsführerbestellung eindeutig zum Ausdruck gekommen sind, das Gesetz zu umgehen. Zu Umgehungsgeschäften sind nichtig (vgl. *Grüneberg* a.a.O. zu Einzelfällen). Insoweit sind in diesem Zusammenhang, soweit ersichtlich, keine Entscheidungen anzutreffen (zu den möglichen Gefahren durch Gestaltungen z.B. *Lutter/Hommelhoff* §6 Rz.47 zu Verschleierungsversuchen durch Strohmann-Bestellung etc.; auch *Scholz/Schneider/Schneider* §6 Rz.45 zu den Fallgruppen).

H. Bartl

VI. Notgeschäftsführer

44   Die Bestellung eines Notgeschäftsführers ist im GmbHG nicht ausdrücklich geregelt – anders in § 15a InsO oder §§ 85 Abs. 1 (Vorstand), 104 Abs. 1 AktG (Aufsichtsrat – hierzu *OLG Frankfurt* v. 13.1.2022 – 20 W 5/22, 20 W 9/22 – unvollständiger mitbestimmter Aufsichtsrat (statt 12 nur 9 Mitglieder) – dringend erforderlich ergänzende Bestellung – unvollständige Besetzung „typischer dringender Fall"). Folglich ist bei einer GmbH auf die allgemeine Regelung des § 29 BGB (analog) zurückzugreifen. Die Vorschrift erlaubt eine Notgeschäftsführerbestellung bei Fehlen der erforderlichen Mitglieder des „Vorstands" in „dringenden Fällen" bis zur Behebung des Mangels. Bei GmbH wird insofern im Wesentlichen verlangt

- fehlender oder fehlende Geschäftsführer,
- „dringender Fall"
- voraussichtliche Schadensentstehung oder Unmöglichkeit einer erforderlichen Handlung
- keine Beseitigungsmöglichkeit innerhalb angemessener Zeit durch die Gesellschafter
- Bestellung als „ultima ratio".
  Weiterführend ist z.B. eine Entscheidung des *OLG Karlsruhe* (v. 27.4.2022 – 1 W 71/21 (Wx), NZG 2022, 1349 – Führerlosigkeit der GmbH durch Tod des Geschäftsführers; i.Ü. bereits *BGH* NJW-RR 2004, 1486; auch *Lutter/Hommelhoff* § 6 Rz. 16; *Gehrlein/Born/Simon* § 6 Rz. 42, 45).

45   Die Notbestellung greift in das Bestellungsrecht der Geschäftsführer nach § 46 Nr. 5 ein. Die Tatbestandsmerkmale des § 29 BGB sind eng auszulegen, insb. der Begriff „dringende Fälle" (s. hierzu *OLG Karlsruhe* v. 27.4.2022 – 1 W 71/21 (Wx) a.a.O.; auch *OLG Düsseldorf* v. 10.2.2021 – 3 Wx 5/21 – Bejahung eines „dringenden Falls" [Streit von Familienstämmen, Handlungsunfähigkeit, Nichterfüllung der Pflichten gegenüber staatlichen Stellen; *OLG Düsseldorf* v. 8.6.2016 – I-3 WX 302/15 –, dringlicher Fall" bei Streit **geschiedener Eheleute**; *OLG Köln* v. 27.6.2019 – 18 Wx 11/19 – **Versterben der beiden einzigen Geschäftsführer – keine Änderung der Eintragung in Gesellschafterliste**; vgl. auch *Lutter/Hommelhoff* § 6 Rz. 16;auch *Gehrlein/Born/Simon* § 6 Rz. 42, 45). Der Notgeschäftsführer kann befristet oder beschränkt entsprechend den Einzelfallumständen bestellt werden, um das Bestellungsrecht der Gesellschafter nicht unverhältnismäßig einzuschränken (§ 46 Nr. 5 – vgl. hierzu *OLG Karlsruhe* v. 27.4.2022 – 1 W 71/21 (Wx), NZG 2022, 1349 – Schaffung der Voraussetzungen Bestellung eines neuen Geschäftsführers zur Änderung der Gesellschafterliste und Einberufung einer Gesellschafterversammlung; *OLG Köln* v. 27.6.2019 – 18 Wx 11/19 – Beschränkung des Aufgabenkreises auf Einberufung der Gesellschafterversammlung zur Bestellung eines Geschäftsführers zur Änderung der Gesellschafterliste; *Lutter/Hommelhoff* § 6 Rz. 21; auch *Gehrlein/Born/Simon* § 6 Rz. 42, 45 – jeweils m.w.N. früherer Rechtsprechung des BGH und der OLG).

46   Liegt kein „dringender Fall" vor, so ist der Antrag zurückzuweisen (vgl. *OLG Düsseldorf* v. 13.3.2023 – 3 Wx 122/23 – nicht dringend wegen zu erwartender Löschung der Gesellschaft wegen Vermögenslosigkeit und Fehlen eines drohenden Schadens für Gläubiger; *Lutter/Hommelhoff* § 6 Rz. 17; *Gehrlein/Born/Simon* § 6 Rz. 45) Das ist auch anzunehmen, wenn die Gesellschafter selbst einen Geschäftsführer bestellen könnten und sich lediglich in der Gesellschafterversammlung nicht entscheiden können oder nicht wollen, obwohl die Entscheidung durch Mehrheitsbeschluss möglich wären. Das Gericht darf sich nicht grundlos in diesen Streit der Gesellschafter einmischen du diesen Streit durch Bestellung eines Notgeschäftsführers „schlichten". Wenn ein Gesellschafter mit einem entsprechenden Beschluss nicht einverstanden ist, hat er entsprechende gesetzliche Möglichkeiten (so grundsätzlich *OLG Düsseldorf* v. **10.2.2021 – 3 Wx 5/21** – aber einen Ausnahmefall bejahend; *Lutter/Hommelhoff* §6 Rz. 16; *Gehrlein/Born/Simon* §6 Rz. 42).

Unzulässig ist die Notgeschäftsführerbestellung, wenn die Folgen eines Fehlens des **47** Geschäftsführers durch einen weniger einschneidenden Schnitt beseitigt werden kann. Dies kann sein die Bestellung eines Prozesspflegers oder Verfahrenspflegers (§ 57 ZPO, § 4 InsO), die Befreiung vom Verbot des Selbstkontrahierens durch Gesellschafterbeschluss oder in der Einpersonengesellschaft durch Satzungsänderung/Satzungsdurchbrechung (vgl. §§ 35 Abs. 3, 53).

Antragsberechtigt sind Gesellschafter, Mitglieder des Aufsichtsrats bzw. Beirats, **48** Dritte (Konkretisierung von Recht und Gründe) sowie eine Verwaltungsbehörde, nicht die Staatsanwaltschaft (vgl. *Lutter/Hommelhoff* §6 Rz. 18, m. Hinw. auf *OLG Frankfurt* GmbHR 2014, 929, zur Antragsberechtigung der Staatsanwaltschaft; *Gehrlein/Born/Simon* §6 Rz. 42 – ablehnend für Staatsanwaltschaft).

Das Registergericht ist nicht an Anträge der Beteiligten gebunden, wird aber den **49** Beteiligten Gelegenheit zur Stellungnahme einräumen (*OLG München* v. 11.9.2007 – 31 Wx 49/07, BB 2007, 2311; *BayObLGZ* 1996, 129, 131; *Lutter/Hommelhoff* §6 Rz. 20). Allerdings ist das Gericht an die gesetzlichen Regelungen insb. des §6 Abs. 2 und statutarischen Eignungsvoraussetzung gebunden, sofern das nach §6 Abs. 2 wegen Zugehörigkeit zu einer Familie ausgeschlossen wäre (*OLG München* v. 11.9.2007 – 31 Wx 49/07, BB 2007, 2311; *BayObLG* v. 7.10.1980 – 1 Z 24/80, NJW 1981, 886; *Lutter/ Hommelhoff* §6 Rz. 20; *Gehrlein/Born/Simon* §6 Rz. 42).

Die zu bestellende Person wählt das Registergericht (ggf. aus den Vorschlägen des **50** Antragstellers bzw. der Beteiligten) aus. Hierbei ist die Pflicht zur Bestellung einer unparteiischen Person zu beachten; ferner kann ein Notgeschäftsführer nicht gegen seinen Willen bestellt werden. Eine Pflicht zur Annahme des Amts besteht nicht. Das Vorliegen der Bereitschaft bzw. zur Annahme ist vorab zu klären – ggf. z.B. durch Einschaltung der IHK etc. (*OLG München* v. 11.9.2007 – 31 Wx 49/07, BB 2007, 2311; *Lutter/Hommelhoff* a.a.O.; *Gehrlein/Born/Simon* §6 Rz. 43, 44).

Anträge sind zurückzuweisen, wenn eine geeignete und bereite Person nicht zur Ver- **51** fügung steht (*OLG München* a.a.O.; *OLG Frankfurt* v. 27.7.2005 – 20 W 280/05, GmbHR 2006, 204 – Zurückweisung des Antrags wegen fehlender Benennung einer bereiten und geeigneten Person trotz Möglichkeit des Antragstellers und erfolgloser Einschaltung des zuständigen Organs des Handelsstandes gem. § 126 FGG [vgl. jetzt § 384 FamFG]; *Lutter/Hommelhoff* a.a.O.; *Gehrlein/Born/Simon* §6 Rz. 43). Abgesehen von diesem Fall, sind Anträge, wenn z.B. die Versicherung des Notgeschäftsführers nach § 39c auf Verlangen nicht vorgelegt wird oder die Zahlung des angeforderten Kostenvorschusses durch den Antragsteller unterbleibt (*OLG Frankfurt* v. 9.1.2001 – 20 W 421/00, GmbHR 2001, 436 – fehlende Benennung einer bereiten Person u.a. bedingt wegen fehlender Gesellschaftsmittel – Zurückweisung wegen berechtigten Verlangens von Bereitschaftserklärung bzw. Vergütungsverzicht des Notgeschäftsführers und Zahlung des Kostenvorschusses auch bei Vorliegen der gesetzlichen Voraussetzungen; *Lutter/Hommelhoff* §6 Rz. 20; *Gehrlein/Born/Simon*

§ 6 Rz. 44). Erfolgt die Bestellung, so ist sie dem Notgeschäftsführer, der Gesellschaft und vorhandenen weiteren Geschäftsführen bekannt zu machen (*Lutter/Hommelhoff* § 6 Rz. 20 (nicht unstr.).

52 Die gerichtliche Bestellung hat einen Geschäftsbesorgungsvertrag nach §§ 611, 675 BGB zur Folge – mit der GmbH, die zur Zahlung der Vergütung verpflichtet ist (nicht die Gesellschafter – *Lutter/Hommelhoff* § 6 Rz. 20). Da das Gericht von dem Antragsteller eine Vergütungszusage und Vorschuss oder von dem zu bestellenden Notgeschäftsführer einen Vergütungsverzicht etc. verlangen wird, kann in diesem Fall die Bestellung auch für eine vermögenslose GmbH erfolgen (vgl. *OLG Frankfurt* v. 9.1.2001 – 20 W 421/00, GmbHR 2001, 436; hierzu auch *Lutter/Hommelhoff* § 6 Rz. 20, 24 m.w.N. auch zur str. Frage der [subsidiären] Staatshaftung; hierzu *Altmeppen* § 6 Rz. 59).

53 Das Amt des Notgeschäftsführers endet mit der Bestellung eines neuen Geschäftsführers durch das zuständige Gesellschaftsorgan oder mit Fristablauf (*BGH* NJW 1981, 1041; *Lutter/Hommelhoff* § 6 Rz. 25; *Gehrlein/Born/Simon* § 6 Rz. 47 – jeweils m.w.N.; *Altmeppen* § 6 Rz. 57; *Scholz/Schneider/Schneider* § 6 Rz. 107). Eine Abberufung des Notgeschäftsführers aus wichtigem Grund oder zum freien Widerruf nach § 38 Abs. 1, 2 kann weder durch die Gesellschafter, noch durch das Registergericht zulässig. Allerdings kann das Registergericht auf Antrag eines Beteiligten den Notgeschäftsführer aus wichtigem Grund abberufen (*Lutter/Hommelhoff* § 6 Rz. 25; *Gehrlein/Born/Simon* § 6 Rz. 47; *Altmeppen* § 6 Rz. 57; *Noack* § 6 Rz. 39 – vgl. *OLG Düsseldorf* GmbHR 2002, 159; *OLG München* GmbHR 1997, 549; *OLG Düsseldorf* ZIP 1997, 846).

§ 7 Anmeldung der Gesellschaft

(1) Die Gesellschaft ist bei dem Gericht, in dessen Bezirk sie ihren Sitz hat, zur Eintragung in das Handelsregister anzumelden.

(2) [1]Die Anmeldung darf erst erfolgen, wenn auf jeden Geschäftsanteil, soweit nicht Sacheinlagen vereinbart sind, ein Viertel des Nennbetrags eingezahlt ist. [2]Insgesamt muss auf das Stammkapital mindestens so viel eingezahlt sein, dass der Gesamtbetrag der eingezahlten Geldeinlagen zuzüglich des Gesamtnennbetrags der Geschäftsanteile, für die Sacheinlagen zu leisten sind, die Hälfte des Mindeststammkapitals gem. § 5 Abs. 1 erreicht.

(3) Die Sacheinlagen sind vor der Anmeldung der Gesellschaft zur Eintragung in das Handelsregister so an die Gesellschaft zu bewirken, dass sie endgültig zur freien Verfügung der Geschäftsführer stehen.

K. Beine

I. Allgemeines

2008 wurde lediglich Überschrift der Vorschrift ergänzt. **1**

Nach dem RegE (Begründung zu Nr. 8) soll i.Ü. künftig der Geschäftsanteil ggü. der Stammeinlage im Vordergrund stehen und mit einem Nennbetrag bezeichnet sein. Da die Nennbeträge der Geschäftsanteile nach § 3 Abs. 1 Nr. 4 notwendiger Inhalt des Gesellschaftsvertrags sind, wird auf die Mindesteinzahlung abgestellt. In § 5 Abs. 4 wird festgelegt, dass der Geschäftsanteil der Bezugspunkt für zu erbringende Sacheinlagen ist. Ferner wurde § 7 Abs. 2 S. 3 aufgehoben, da der Gesetzgeber hierin eine unnötige Komplizierung für die Einpersonen-GmbH sah (*Bormann/Ulrichs* GmbHR, Sonderheft 10/2008, 38; *Kindler* NJW 2008, 3251).

Die Reform 1980 hatte sich insb. mit § 7 Abs. 2 a.F. befasst. Entgegen ursprünglichen **2** weitergehenden Vorstellungen stellte man bereits 1980 in § 7 Abs. 2 den einzuzahlenden Mindestbetrag mit 12.500 € fest und wollte i.Ü. eine höhere Sicherheit für die Ein-Personen-GmbH schaffen. Die neue Fassung ändert insofern nichts, sofern von der UG (§ 5a) abgesehen wird. Hinsichtlich des mindestens einzuzahlenden Betrags wird zwischen Bar- und Sacheinlagen nicht mehr unterschieden. § 7 Abs. 2 S. 3 wurde aufgehoben, weil die Bestimmung bei der Ein-Personen-GmbH nach Ansicht der Praxis und des Gesetzgebers verzichtbar ist und i.Ü. nur eine unnötige Komplizierung der GmbH-Gründung darstellt. Folglich ist auch bei einer Ein-Personen-GmbH für bei Gründung noch nicht geleistete Einzahlungen keine Sicherheit mehr zu bestellen.

Entscheidungen: *BGH* v. 6.3.2012 – II ZR 56/10, ZIP 2012, 817 – unterbliebene Offen- **3** legung der wirtschaftlichen Neugründung und Unterbilanzhaftung; *KG* v. 7.12.2009 – 23 U 24/09, ZIP 2010, 852 = NZG 2010, 387, *Giedinghagen* EWiR 2010, 291 – wirtschaftliche Neugründung und Versicherung nach § 8 Abs. 2 S. 1 GmbHG – keine Offenlegung bei der Anmeldung; *OLG Stuttgart* v. 13.7.2011 – 8 W 252/11, ZIP 2011, 1612 – Prüfungspflicht bei Neuanmeldung bezieht sich nur auf Minderleistungen auf das Stammkapital, nicht auf Mehrleistungen; auch *OLG Stuttgart* v. 13.10.2011 – 8 W 341/11 – Erreichen des Mindeststammkapitals des § 7 Abs. 2 und Prüfung der Mindestleistungen; *OLG Düsseldorf* v. 20.7.2012 – I-16 U 55/11, ZIP 2012, 2011 – wirtschaftliche Neugründung und Unterbilanzhaftung auch bei Offenlegung; *OLG Nürnberg* v. 5.3.2010 – Zuständigkeit nach § 7 Abs. 1 und Anmeldung der Befreiung von den Beschränkungen des § 181 BGB ohne generelle Befreiung – Satzungsänderung; *OLG Nürnberg* v. 18.4.2011 – 12 W 631/11 – wirtschaftliche Neugründung und Mindesteinzahlung nach § 7 Abs. 3 sowie Anmeldung nach § 8 Abs. 2 S. 1 – s. auch § 8.

Literatur: *Manfred Born* WM 10/2023 Sonderbeilage 2, 2, Die neue Rechtsprechung des BGH zur GmbH; *Mayer/Knaier* Das Phänomen der „wirtschaftlichen Erstgründung", GmbHR 2021, 1013.

II. Das zuständige Gericht

Für die Anmeldung der GmbH ist das AG (§ 8 HGB, §§ 376, 377 FamFG) zuständig, **4** in dessen Bezirk die Gesellschaft ihren (Satzungs-)Sitz hat (§ 7 Abs. 1). Dies ist zwingend. Daran hat sich durch das „Gesetz über elektronische Handelsregister und Genossenschaftsregister sowie das Unternehmensregister" (EHUG v. 10.11.2006, BGBl. I 2006, S. 2552) grds. nichts geändert (wegen der Einzelheiten vgl. z.B. *Krafka* Rz. 9 ff.; auch *Noack* § 7 Rz. 2). Das zuständige Gericht ist das AG, in dessen Bezirk ein LG seinen Sitz hat; durch landesrechtliche Bestimmungen kann anderen oder zusätzlichen AG die Registerführung übertragen werden. Auch kann ein Registerbezirk insofern abw. festgelegt werden, wenn dies der schnelleren und rationelleren Führung des Handelsregisters dient – vgl. §§ 376, 377 FamFG. Hiervon haben nicht alle Länder Gebrauch gemacht. Auf Aktualität der landesrechtlichen Bestimmungen ist zu achten (*Krafka* Rz. 13, mit den Angaben zu den einzelnen Ländern – vgl. i. Ü. (www.handelsregister.de). Es wurde ein besonderes Übermittlungsverfahren für Handelsregisteranmeldungen entwickelt, das sog XML-Verfahren, das ermöglicht, Eintragungsinhalte aus der Anmeldung in den Eintragungsentwurf zu übernehmen (*Krafka* Rz. 139a). Insofern wird empfohlen, diesen Standard zu verwenden, um eine zügigere Bearbeitung und Eintragung zu erreichen (*Krafka* Rz. 139a, 139b: keine zwingende Datenübermittlung im XML-Format vorgesehen, aber für zügige Bearbeitung empfehlenswert). Die Dokumente sind nach § 12 Abs. 1 S. 1 und Abs. 2 S. 1 HGB elektronisch einzureichen (*Krafka* Rz. 139; *Hopt* § 12 Rz. 7 f.). Die Datenübernahme durch die Registergerichte hat nach § 25 HRV unverzüglich zu erfolgen. Der für die Zuständigkeit des AG maßgebliche Sitz ergibt sich aus der Satzung (wegen der weiteren Einzelheiten vgl. § 3 Rz. 7 ff.). Jede Gesellschaft kann grds. nur einen Sitz haben (vgl. § 4a Rz. 11). Zweigniederlassungen sind zulässig und sodann gem. § 13 HGB zu behandeln (Anmeldung bei dem Gericht der Hauptniederlassung). Vgl. die „Handelsregisterverordnung" v. 12.8.1937, DJ 1251, mehrfach geändert, zuletzt geändert durch Art. 13 MoMiG (vgl. §§ 9, 23, 29, 34, 40, 43 sowie Änderungen der Anlagen).

5 Die Eintragung durch ein unzuständiges Gericht berührt die Wirksamkeit grds. nicht (§ 2 Abs. 3 FamFG; s. i. Ü. auch § 25 Abs. 3 FamFG zum Einreichen bei unzuständigem Gericht, Weiterleitung an das zuständige und Wirksamkeit der Verfahrenshandlung bei Eingang bei zuständigem Gericht – hierzu *Bumiller/Harders/Schwamb* § 25 Rz. 7; auch *Krafka* Rz. 14; Scholz/*Veil* § 7 Rz. 9 m.w.N.).

6 Gegen die Zurückweisung der Anmeldung können die Anmelder, nicht die GmbH vorgehen (*BayObLG* DB 1985, 699; vgl. auch *BayObLG* GmbHR 1988, 71 – Ablehnung der Eintragung bei Satzungsänderung). Vor Zurückweisung einer Anmeldung wird das Registergericht im Regelfall in einer Zwischenverfügung entspr. Auflagen machen (vgl. hierzu *Krafka* Rz. 192 f.; auch *Noack* § 8 Rz. 4).

7 Wird die Anmeldung an das unzuständige Gericht eingereicht, so wird dieses Gericht dem Anmelder mitteilen, dass es unzuständig ist und gleichzeitig nach Gelegenheit zur Äußerung die Akten an das zuständige Gericht weiterleiten (hierzu § 25 Abs. 3 FamFG; auch *Bumiller/Harders/Schwamb* § 25 Rz. 7; auch etwa *Krafka* Rz. 14 m.w.N.). Beharren die Anmelder nach Benachrichtigung darauf, dass über ihren Antrag von dem angegangenen unzuständigen Gericht befunden wird, so wird dieses den Antrag auf Eintragung zurückweisen. Es liegt ein Eintragungshindernis vor. Die Zuständigkeitsregelung des § 7 Abs. 1 ist zwingend (Scholz/*Veil* § 7 Rz. 9).

III. Unterlassene Anmeldungen – Zurückweisung

8 Die Anmeldung ist Eintragungserfordernis (hierzu *Lutter/Hommelhoff* § 7 Rz. 1). Sie bedarf der notariellen Beglaubigung (vgl. § 12 Abs. 1 HGB, § 40 BeurkG). Notarielle Beurkundung ist nicht erforderlich, schadet aber nicht (Scholz/*Veil* § 7 Rz. 13). Sie ist elektronisch, in öffentlich beglaubigter Form (§ 39a BeurkG) einzureichen (§ 12 Abs. 1 S. 1 HGB; auch etwa Scholz/*Veil* § 7 Rz. 13; *Wicke* § 7 Rz. 1, und Hinw. auf § 12 Abs. 1 HGB, § 39 BeurkG; ferner *Hopt* § 12 Rz. 1; *Krafka* Rz. 139 f. m. Hinw. für die Praxis).

Anmeldungen sind nicht zu erzwingen (vgl. § 79 Abs. 2; *BayObLG* DB 1978, 880; *Noack* § 7 Rz. 2). Der Rechtsverkehr ist durch § 11 hinreichend geschützt. Es bleibt den Gründungsgesellschaftern überlassen, ob sie die Gesellschaft zur Eintragung anmelden lassen oder nicht (*Scholz/Veil* § 7 Rz. 5). Den bzw. die Geschäftsführer trifft die Anmeldungspflicht (aus Organstellung – keine Eintragungshindernisse oder entgegenstehende Gesellschafterweisungen – vgl. *Scholz/Veil* § 7 Rz. 6). Gründungsgesellschafter können gegen den Geschäftsführer auf Anmeldung klagen (*Scholz/Veil* § 7 Rz. 6 m.w.N.; auch *Lutter/Hommelhoff* § 7 Rz. 1; *Wicke* § 7 Rz. 2). Die Gesellschafter untereinander sind gehalten, alles zu unternehmen, um die Eintragung zu gewährleisten (*Scholz/Veil* § 7 Rz. 7 m.w.N.). Pflichtverletzungen können Schadensersatzansprüche zur Folge haben. Der Eintragungsantrag kann nach Zwischenverfügung (nicht zu beseitigendes Hindernis) und Fristsetzung zurückgewiesen werden (vgl. § 382 Abs. 3 FamFG; auch *Krafka* Rz. 192 f.).

Zurückgewiesene Anmeldungen begründen ein Beschwerderecht der Vor-GmbH, das **9** der/die Geschäftsführer in vertretungsberechtigter Anzahl wahrnehmen kann/können (*BGHZ* 117, 323, 325; hierzu auch *Noack* § 7 Rz. 4). Zur Beschwerde vgl. §§ 58 ff. FamFG.

IV. Anmeldepflichtige Personen – Einreichungsberechtigte

Die Anmeldung erfolgt durch alle Geschäftsführer persönlich (vgl. *BGH* NJW 1992, **10** 1824 f.). Vertretung ist im Hinblick auf § 8 Abs. 2 nicht zulässig (h.M. *BayObLG* NJW 1987, 135; *Wicke* § 7 Rz. 2; *Lutter/Hommelhof* § 7 Rz. 2; *Noack* § 7 Rz. 2; *Gustavus* GmbHR 1978, 224; vgl. allerdings § 12 Abs. 1 S. 2 HGB; hierzu allerdings a.A. *Krafka* Rz. 942 (nur die Versicherungen müssen von allen Geschäftsführern persönlich abgegeben werden) im Anschluss an *OLG Köln* NJW 1987, 135; auch *Hopt* § 12 HGB Rz. 3 f.). In der Praxis sollte zur Vermeidung von Problemen für die Anmeldung Stellvertretung nicht vorgesehen werden. Die Geschäftsführerversicherungen (einschließlich Stellvertreter-Geschäftsführer – vgl. § 44) müssen auf jeden Fall persönlich von allen abgegeben werden.

Die Anmeldung ist damit persönlich zu vollziehen. Alle Geschäftsführer nebst deren **11** Stellvertretern haben anzumelden (*Lutter/Hommelhoff* § 7 Rz. 1; vgl. § 78). Gesellschafter und andere Personen haben keine Anmeldebefugnis (*BayObLG* DB 1987, 215; vgl. allerdings *Krafka* Rz. 942 unter Hinw. auf *OLG Köln* NJW 1987, 135).

Von der Anmeldebefugnis ist die Befugnis zur Einreichung zu unterscheiden. Einreichen **12** konnte die Anmeldung grds. jeder Bote (Post, Gesellschafter). Ferner betraf dies den die Anmeldung beglaubigenden Notar (vgl. § 378 FamFG; *Scholz/Veil* § 7 Rz. 11; *Noack* § 7 Rz. 2). Nunmehr ist für das Einreichen der Anmeldung der beglaubigende Notar zuständig (vgl. § 12 Abs. 2 HGB, § 378 Abs. 2 FamFG – *Hopt* § 12 Rz. 1, 2; *Krafka* Rz. 137 f.).

V. Anmeldung und Inhalt

Die Anmeldung ist ein verfahrensrechtlicher Antrag (*Scholz/Veil* § 7 Rz. 12 m.w.N. – **13** nicht unstr.) und kann bis zur Eintragung formlos zurückgenommen werden – hierzu reicht Rücknahme durch einen Geschäftsführer aus (*Scholz/Veil* § 7 Rz. 12 m.w.N.).

Die Anmeldung bedarf nach § 12 Abs. 1, 2 HGB der öffentlich beglaubigten Form **14** (notarielle Beurkundung nicht erforderlich, aber unschädlich). Mängel der Anmeldung können in der erforderlichen Form durch sämtliche Geschäftsführer behoben werden. Erfolgt die Eintragung auf der Grundlage der fehlerhaften Anmeldung, so kommt die GmbH zur Entstehung (Scholz/*Veil* § 7 Rz. 15 m.w.N., str.). § 395 FamFG – kommt grds. nicht zur Anwendung – anders nach § 395 FamFG bei Anmeldung durch einen Unbefugten ohne Zustimmung der Geschäftsführer etc. (vgl. Scholz/*Veil* § 7 Rz. 16). Die Verletzung bloßer Ordnungsvorschriften rechtfertig eine Löschung von Amts wegen nicht, anders bei wesentlichen Verfahrensverstößen bei konstitutiven Eintragungen (*Krafka* Rz. 442).

Wegen des Inhalts der Anmeldung und weiterer Formalien vgl. § 8.

VI. Stammkapital und Anmeldungsvoraussetzungen

15 Voraussetzung der Eintragung ist die Erfüllung der Einlagepflichten vor der Anmeldung.

Bei der „Bargründung" sieht die 1980 novellierte Fassung des § 7 Abs. 2 vor, dass mindestens die Hälfte des Mindeststammkapitals von 25.000 € – somit 12.500 € – vor Anmeldung und Eintragung geleistet wird. Es spielt hierbei keine Rolle, wie hoch das Stammkapital ist. Es kann höher als die Mindestsumme von 25.000 € sein. § 7 Abs. 2 verlangt gleichwohl auch in diesem Fall keinen höheren Einzahlungsbetrag als 12.500 €. Bei der Unternehmergesellschaft des § 5a muss dagegen das Stammkapital (zwischen 1 € und 24.999 €) in voller Höhe vor der Anmeldung eingezahlt sein.

16 Daneben ist freilich zu beachten, dass auf jeden Geschäftsanteil (= Stammeinlage) aber mindestens ein Viertel dessen Nennbetrags einzuzahlen ist. Die Einzahlung von jeweils 25 % auf jede Stammeinlage muss jedoch insgesamt mindestens 12.500 € ergeben. Dies bedeutet, dass bei jeder GmbH mit einem Stammkapital von weniger als 50.000 € mehr als ein Viertel vom Stammkapital eingezahlt werden muss. Das Gesetz lässt es jedoch offen, auf welche der Einlagen über das erforderliche „Viertel" hinaus Mehreinzahlungen bis zum Betrag von 12.500 € erfolgen (Scholz/*Veil* § 7 Rz. 24; vgl. allerdings § 19 Abs. 1 und die dortigen Ausführungen zur Gleichbehandlung).

In Betracht kommt z.B. folgende Gestaltung:

17

Geschäftsanteil/Stammeinlage	Einzahlung
62 500 EUR	15 625 EUR (ein Viertel)
112 500 EUR	28 125 EUR
25 000 EUR	6 250 EUR
(Stammkapital 200 000 EUR)	(Mindesteinzahlungsbetrag 12 500 EUR)
oder:	
55 000 EUR	13 750 EUR (ein Viertel)
140 000 EUR	35 000 EUR
45 000 EUR	11 250 EUR
(Stammkapital 240 000 EUR)	(Mindesteinzahlungsbetrag 12 500 EUR)

18 Diese Beispiele zeigen, dass die Summe der auf die Geschäftsanteile – Stammeinlagen – erbrachten Geldleistungen immer zumindest 12.500 € erreichen muss, soweit es um das Stammkapital bis 50.000 € geht. Liegt das Stammkapital über 50.000 €, so ist grds. maßgeblich, dass mindestens ein Viertel auf jeden Geschäftsanteil eingezahlt werden muss, was rechnerisch den vorgegebenen Rahmen von 12.500 € entspr. übersteigt. Sacheinlagen sind voll einzubringen, aber bei der Berechnung des Mindesteinzahlungsbetrages zu berücksichtigen (Mindestvermögen 12.500 € – vgl. hierzu die Beispiele bei *Lutter/Hommelhoff* § 7 Rz. 5; ferner *Wicke* § 7 Rz. 5; *Noack* § 7 Rz. 5, 5a; *Krafka* Rz. 943).

Beispiel: Stammkapital 25.000 €   **19**

Geschäftsanteil	Einzahlung
1. Sacheinlage 5.000 EUR	5.000 EUR – Vollwert
2. Bareinlage 20.000 € – mindestens ein Viertel	5.000 EUR
3. Zahlung und Sacheinlagen	10.000 EUR – nicht 12.500 EUR erreichend
4. Mindestgesamtbetrag 50 % von 25.000 EUR = 12.500 EUR	
5. Differenz – Fehlbetrag: 2.500 EUR – „Aufschlag" auf Geschäftsanteil mit Bareinzahlung	2.500 EUR – „Aufschlag" auf Bareinzahlung zum Erreichen des „Mindestgesamtbetrags"
6. Gesamtbetrag der Einzahlungen	12.500 EUR

Hier wird der Registerrichter überprüfen, ob die Mindesteinzahlung von 12.500 € ins-   **20**
gesamt erreicht ist **und** von den Geschäftsanteilen jeweils mindestens ein Viertel eingezahlt ist – neben der vollen Leistung der Sacheinlage. Mit Blick auf die Versicherung des Geschäftsführers und der Sanktion bei Verletzung wird der Registerrichter
lediglich Zwischenverfügungen erlassen, wenn er „erhebliche Zweifel" an der Richtigkeit der Versicherung hat. Wie in § 8 Abs. 2 vorgesehen, können in diesem Fall „Nachweise wie insbesondere die Vorlage von Einzahlungsbelegen eines in der Europäischen Union niedergelassenen Finanzinstituts oder Zahlungsdienstleisters" verlangt
werden. Mit Recht wird jedoch im RegE 2008 betont, dass die Versicherung des
Geschäftsführers „ausreicht und weitere Nachweise (Einzahlungsbelege etc.)" grds.
nicht erforderlich sind. Das Verlangen weiterer Nachweise erfordert damit grds. konkrete Verdachtsmomente hinsichtlich der Unrichtigkeit der Versicherung (*Wicke* § 7
Rz. 12, auf die früher nicht selten anzutreffende Praxis hinweisend, dass Nachweise
auch ohne konkreten Anlass verlangt wurden; vgl. hierzu auch *Krafka* Rz. 946). Es ist
auf die Begründung des RegE 2008 zu verweisen: „I.Ü. wäre es auch eine nicht zutreffende Verkürzung, wenn das Gericht regelmäßig einen Einzahlungsbeleg über die
Einzahlung auf ein Konto der (künftigen) GmbH als Nachweis verlangen würde. Die
Leistung der Einlagen kann nämlich auf verschiedene Weise geschehen, es kommt
eine Barzahlung in Betracht, eine Einzahlung auf ein Anderkonto des Notars, ein
Bundesbank- bzw. LZB-garantierter Scheck (nicht mehr in § 54 Abs. 3 AktG als Zahlungsmittel vorgesehen – daher krit. Scholz/*Veil* § 7 Rz. 32 m.w.N.), die Einzahlung auf
ein Treuhandkonto des Geschäftsführers zugunsten der künftigen GmbH oder die
Einzahlung auf ein kreditorisches Privatkonto des Geschäftsführers. Die Einzahlung
auf ein Konto der zu gründenden GmbH ist regelmäßig schwierig, weil diese vor der
Eintragung noch nicht existiert. Die Praxis behilft sich damit, dass nach der Beurkundung, aber vor Eintragung ein Konto der Vor-GmbH eröffnet wird (nachgewiesene
Gutschrift). Das ist weiterhin ein denkbarer Weg, angesichts der dadurch eintretenden
erheblichen Verzögerung der Gründung aber nur einer von mehreren." Hierzu i.Ü.
Scholz/*Veil* § 7 Rz. 30 zur Zahlung – Einzahlung – „Ausgang" bei dem Gesellschafter
und „Eingang" im Sondervermögen der GmbH). Die Hingabe von Schecks oder
Wechseln reicht nicht aus (Scholz/*Veil* § 7 Rz. 32 f.). Die schwerwiegenden Folgen einer

falschen Versicherung des Geschäftsführers werden sich daher nicht schon bei Anmeldung bzw. vor der Eintragung, herausstellen. Es ist dann nur eine Scheingesellschaft entstanden, mit der Folge eines möglichen Amtslöschungsverfahrens (§§ 393 ff. FamFG). Anders als bei Sacheinlagen (sowie wesentlicher Überbewertung) dürfte sich die Bargründung jetzt daher erheblich unkomplizierter darstellen, ohne dass die Kapitalaufbringung gefährdet ist – zur Versicherung bei Kapitalerhöhung *BGH* NJW 2013, 2428 – Versicherung des Geschäftsführers: s.a. § 57 Abs. 2 S. 1).

21   Barzahlung verlangt Zahlung an die Vorgesellschaft (an Vorgründungsgesellschaft genügt nicht – *Lutter/Hommelhoff* § 7 Rz. 14 m.w.N.). Die Annahme anderer Leistungen statt der „Zahlung" ist nicht zulässig (z.b. an einen GmbH-Gläubiger auf Veranlassung der Gesellschaft – richtig Scholz/*Veil* § 7 Rz. 33 und h.M.; a.A. *Lutter/Hommelhoff* § 7 Rz. 16). Zum bisherigen Recht vgl. z.B. zum unzulässigen Hin- und Herzahlen Scholz/*Veil* § 7 Rz. 38 m.w.N.; so schon *BGH* v. 15.10.2007 – II ZR 263/06 – keine Tilgungswirkung; bei GmbH & Co. KG wird „wirtschaftliche Einheit" angenommen *BGH* v. 10.12.2007 – II ZR 180/06; Bareinzahlungen müssen im Zeitpunkt der Anmeldung dem Geschäftsführer zur Verfügung stehen (Überweisung auf Konto, Aufbewahrung in den Geschäftsräumen [Kasse]), hierzu *OLG Oldenburg* v. 29.8.2008 – 3 U 37/07; *Bormann/Ulrichs* GmbHR, Sonderheft 10/2008, 40; *Krafka* Rz. 945; ferner die weiteren Entscheidungen: Anforderungen an Bankbestätigung nach *BGH* NZG 2008, 304; Bareinlagen können vor Eintragung nicht durch nachträgliche Vereinbarungen in Sacheinlagen umgewandelt werden. Das gilt selbst dann, wenn die „Ersatzsacheinlage" die Geldeinlage wertmäßig übersteigt (*OLG Frankfurt* Rpfleger 1983, 318). Befreiende Wirkung haben die Barzahlungen bzw. das Überreichen eines bestätigten Bundesbankschecks (Scholz/*Veil* § 7 Rz. 32; *Noack* § 7 Rz. 8 f.). Da die Vor-GmbH bereits kontofähig ist, reicht die Gutschrift auf dem (inländischen Bank- oder Postgiro-) Konto der Gesellschaft aus (vgl. *BGHZ* 45, 347; *Lutter/Hommelhoff* § 7 Rz. 11; *Noack* § 7 Rz. 8 m.w.N.). Nichteinzahlungen oder Umgehungen zeigen sich nicht selten erst nach Jahren (z.B. im Rahmen einer Due Diligence bei einem Anteilsverkauf): *Brandenburg* GmbHR 2000, 238 – Zahlung auf Stammeinlage durch Unterbeteiligten bei entspr. Objektivierung der Kenntnis von Tilgungsabsicht und Akzeptanz des Tilgungswillens – Eingang der Zahlungen auf einen Stammeinlagenkonto der GmbH – keine Inanspruchnahme, da Tilgung der Stammeinlagenschuld; *OLG Schleswig* BB 2000, 2014 = GmbHR 2000, 1047 = NZG 2001, 84 – Inanspruchnahme des Gründungsgesellschafters auf Zahlung der Stammeinlage und des Geschäftsführers; *OLG Celle* GmbHR 2000, 1265 – Erfüllung der Einlageverpflichtung vor Eintragung; *LG Dresden* GmbHR 2001, 29 mit Komm. *Steinecke* – Voraussetzungen einer verdeckten Sacheinlage – **hierzu *BGHZ* 171, 113 = NGZ 2007, 300 nur, wenn die Einlage unmittelbar oder mittelbar an den Einleger zurückfließt.** Die Bestimmung zur Tilgung der Einlageschuld muss eindeutig sein (vgl. *BGH* NJW 2001, 1647 – Voraussetzungen des Nachweises der Einzahlung – erkennbare Zuordnung der Zahlung auf die Einlageschuld durch den Geschäftsführer Voraussetzung; *BGH* NJW 1998, 195 – Konzessionsverträge als Umgehung der Vorschriften der §§ 5 Abs 4, 19 Abs. 5 über die Sacheinlagen). Ein Umgehungstatbestand liegt vor, wenn zwar formell eine Bareinlage geleistet wird, der Einlagebetrag materiell jedoch nur der Vergütung einer Sachleistung dient und im Ergebnis wirtschaftlich der Gesellschaft nicht als Bareinlage zufließt. „Darunter fällt insbesondere die Leistung auf eine Forderung aus der Veräußerung sacheinlagefähiger Gegenstände durch sog. „Hin- und Herzahlen", wobei es gleichgültig ist, ob der bar bezahlte Betrag als Vergütung für die Sachübertragung wieder zurückfließt oder umgekehrt Mittel für die Einzahlung erst durch ein entsprechendes Geschäft mit der Gesellschaft beschafft werden"; *BGH* GmbHR 2001, 31 – Umwandlung einer ehemaligen Produktionsgenossenschaft in eine GmbH (vgl. §§ 17–19 UntG) uneingeschränkte Anwendung der Gründungsvorschriften des GmbHG; *OLG Köln* ZIP 2001, 1243 = BB 2001, 1423 – schuldbefreiende Wirkung einer Zahlung bereits vor notarieller Beurkundung; *OLG Celle* NZG 2001, 228 – wahrheitswidrige Erklärung bei Abtretung: volle Einzahlung der Stammeinlagen – Forderungen auf Leistung zur Stammeinlage können abgetreten werden – Revision *BGH* v. 12.3.2003 – XII ZA 18/00; *OLG Celle* GmbHR 2000, 240 – Pfändung der Einlageforderung; *BGH* NJW 1992, 2229 = GmbHR 1992, 522; *OLG Celle* GmbHR 2000, 1265 – Erfüllung der Einlageverpflichtung vor Eintragung; *OLG Düsseldorf* GmbHR 2000, 564 = NZG 2000, 690 – keine Befreiung von der Verpflichtung zu Einlagen auf Kapitalerhöhungen durch Zahlungen zwischen dem Antrag auf Eintragung der Kapitalerhöhung und deren Durchführung bei fehlender freier Verfügbarkeit des Geschäftsführers (*BGH* NJW-RR 1996, 1249) – Revision *BGH* v. 13.3.2000 – II ZR 234/99; *OLG Köln* NZG 2000, 489 – Ein-Personen GmbH-Kapitalerhöhung durch Bareinlagen; *BGH* NJW 1992, 2229; *OLG Dresden* NZG 2000, 487 – Entstehung der Bareinlageverpflichtung mit Beurkundung und Übernahme der neuen Anteile – Revision *BGH*: v. 16.9.2002 – II ZR 1/00; *OLG Dresden* NZG 2000, 150 (LS) – freie Verfügbarkeit bei Alleingesellschafter/Geschäftsführer; *OLG Hamm* GmbHR 2000, 386 = NZG 2000, 652 – keine Erfüllung der Einlagepflicht durch Zahlungen des Gesellschafters auf Konto der Komplementär-GmbH. Leistungen an Dritte können mit Zustimmung der GmbH bei vollwertigen, liquiden und fälligen Forderungen des Dritten gegen die GmbH zur Erfüllung der Einlageverpflichtung führen (*BGH* NJW 1986, 989 = ZIP 1986, 161 = GmbHR 1986, 115) – Revision *BGH* v. 20.9.1999 – II ZR 345/99; *OLG Naumburg* NZG 2001, 230 – Zahlung der Einlage auf debitorisches Konto – Revision *BGH* v. 18.3.2002 – II ZR 363, 364 und 369/00; *OLG Naumburg* NZG 2000, 152 – Prozesskostenhilfe abgelehnt – Eröffnung des Gesamtvollstreckungsverfahrens: kein Gesellschafterbeschluss nach bzw. Satzung erforderlich – Darlegungs- und Beweislast für die Leistung auf die Stammeinlage: Gesellschafter – keine Erfüllung durch Einbringen von Sacheinlagen (einzelkaufmännisches Unternehmen, Forderungen) bei Geldeinlage (Barzahlung oder Bundesbankscheck zur freien Verfügung); *OLG Oldenburg* NZG 2000, 316 – keine Befreiung von Bareinlagepflicht durch Sachleistungen – Barüberweisung mit geplanter anschließender Rücküberweisung: „verdeckte Sacheinlage" – Verletzung der Sachgründungsvorschriften: Unwirksamkeit des schuldrechtlichen Geschäfts, Wirksamkeit des Verfügungsgeschäfts – Ausschluss der Aufrechnung mit bereicherungsrechtlichem Anspruch nach; *OLG Schleswig* GmbHR 2000, 1045 – GmbH-Vorratsgesellschaft – Einzahlung des Stammkapitals und Darlehensgewährung in Höhe der eingezahlten Beträge – Rückzahlung zwei Monate später = Zahlung auf das Darlehen, nicht auf die Einlage – Aufrechnungsverbot – erneute Zahlung auf das Stammkapital; hierzu *Emde* GmbHR 2000, 1193 (abl.) gegen *Bormann/Halczinsky* GmbHR 2000, 1022 (zust.). Einzahlung auf ein Konto im EU-Ausland ist möglich (*Lutter/Hommelhoff* § 8 Rz. 11).

22 Ausreichend soll auch die Einzahlung auf das Konto eines uneigennützigen Treuhänders (z.B. Notars) sein (*Lutter/Hommelhoff* § 7 Rz. 11 m.w.N.). Die Einzahlung auf ein Konto der GmbH & Co KG reicht nicht aus (*OLG Stuttgart* ZIP 1985, 476). Sind

Schuldner (Gesellschafter) und kontoführende Bank identisch, so soll Kontogutschrift ausreichen (*Lutter/Hommelhoff* § 7 Rz. 11; *Scholz/Veil* § 7 Rz. 31 m.w.N., *Altmeppen* § 7 Rz. 27). Der Leistung an einen GmbH-Gläubiger auf Veranlassung der Gesellschaft wird nach h.M. die Erfüllungswirkung versagt (*BGHZ* 119, 177, 188); dies sei aber nicht anders zu beurteilen als die unbedenklich zulässige Barzahlung an den GmbH-Geschäftsführer, der diese Leistung an den Gläubiger weitergibt (*Lutter/Hommelhoff* § 7 Rz. 16). Diese h.M. wird als dogmatisch überholt angegriffen, da die gesetzliche Regelung nur auf die Mittelaufbringung ziele, wohingegen die freie Verfügbarkeit keinerlei Bedeutung für die Mittelverwendung habe. Der Schutz des Gesellschaftsvermögens und der Gläubiger ergebe sich aus der Vorbelastungshaftung (vgl. hierzu *Lutter/Hommelhoff* § 7 Rz. 16, 19, a.A. *Scholz/Veil* § 7 Rz. 33).

23 Einzahlungen müssen in Euro erfolgen. Schecks, Wechsel oder Einzahlungen in ausländischen Währungen erfüllen die Voraussetzung der Einzahlung nicht (*Lutter/Hommelhoff* § 7 Rz. 13; a.A. *Scholz/Veil* § 7 Rz. 32 für bestätigte Bundesbankschecks; *Noack* § 7 Rz. 9). Vgl. die Einzelfälle unter Rz. 20.

24 Freiwillige Leistungen vor Eintragung befreien nur, wenn der volle Wert der Einlage im Zeitpunkt der Anmeldung/Eintragung noch zur Verfügung steht (vgl. *Noack* § 7 Rz. 5a; *BGH* ZIP 1981, 394, 396 – zu Mehrleistungen bzw. Überzahlungen eines Gesellschafters vgl. *OLG München* ZIP 2007; ferner *BGHZ* 105, 300, m. zust. Anm. von *Joost* ZGR 89, 554; *Scholz/Veil* § 7 Rz. 46 m.w.N.). Zahlungen an die Vorgründungsgesellschaft befreien nicht, sofern sie nicht ungekürzt in das Vermögen der Gründungsgesellschaft einfließen, wofür eine Einzelübertragung von der Vorgründungsgesellschaft an die Vorgesellschaft erforderlich ist (*BGH* ZIP 1981, 1328 = WM 1981, 1300). Sämtliche Voreinzahlungen sind folglich nicht ungefährlich – vgl. auch die Einzelfälle unter Rz. 20.

25 **1. Sacheinlagen und „gemischte" Einlagen.** § 7 Abs. 3 (früher § 7 Abs. 2) hat die Frage ausdrücklich (und seit 1980 unverändert) geregelt, wann die Sacheinlagen zu leisten (zu bewirken) sind: Vor Anmeldung (*BGHZ* 80, 129, 136 = ZIP 1981, 394, 396; hierzu *Lutter/Hommelhoff* § 7 Rz. 17; *Noack* § 7 Rz. 12 f.; *Scholz/Veil* § 7 Rz. 42). Auch gilt der Grundsatz, dass die Gesellschaft die volle Verfügung erhält, wobei der Geschäftsführer vor Anmeldung als Organ frei über die Sacheinlagen endgültig verfügen können muss. Sacheinlagen müssen also in jedem Fall vollständig bewirkt worden sein. Maßgeblich ist die jeweilige Leistung (Abtretung von Forderungen, Übereignung von Gegenständen, Übertragung von Rechten etc.). Forderungen müssen der Gesellschaft abgetreten sein, weil ansonsten die freie Verfügungsmöglichkeit des Geschäftsführers fehlt. Es versteht sich von selbst, dass die Forderungen vollwertig, liquide und fällig sein müssen (vgl. *BGH* ZIP 1984, 698). Das Eigentum, z.B. an Kraftfahrzeugen, ist der GmbH i.G. zu übertragen und durch entspr. Vertrag ggf. nachzuweisen, sofern sich nicht aus dem Gesellschaftsvertrag bereits die entspr. Willenserklärungen ergeben. Auch für Sachgesamtheiten gilt nichts abw. Vgl. Einzelfälle in Rz. 20.

26 Grundstücksauflassungen und -belastungen bedürfen der Eintragung, die infolge der grundbuchfähigen Vor-GmbH möglich ist (*BGHZ* 45, 348; vgl. *Scholz/Veil* § 7 Rz. 43; *Noack* § 7 Rz. 14). Nach h.M. genügen die Auflassungserklärung, die Eintragungsbewilligung und die Stellung des Eigentumsumschreibungsantrages (hierzu *Wicke* § 7 Rz. 8; auch *Noack* § 7 Rz. 14 – str.; *Lutter/Hommelhoff* § 7 Rz. 17). Ob eine Vormerkung ausreicht, ist str. und wohl abzulehnen (vgl. *Noack* § 7 Rz. 14 m.w.N.; vgl. *Lutter/*

Hommelhoff § 7 Rz. 17; abl. z.B. Scholz/*Veil* § 7 Rz. 43; vgl. auch *BayObLG* DB 1979, 1500; *OLG Hamm* DB 1981, 1973). Wird die Vormerkung, was zu erwarten ist, nicht als ausreichend angesehen, können sich im Einzelfall durch die Zeitverzögerungen Probleme ergeben. Insb. fehlt die erforderliche „freie Verfügbarkeit" in diesen Fällen, so dass eine großzügige, wirtschaftliche Betrachtungsweise nicht angebracht ist (wie hier Scholz/*Veil* § 7 Rz. 43; *Sudhoff/Sudhoff* NJW 1982, 129 f.; a.A. z.B. *Lutter/Hommelhoff* § 7 Rz. 17; hierzu i.Ü. *BayObLG* DB 1979, 1500; *OLG Hamm* DB 1981, 1973).

Bei „Mischeinlagen" ist die Sachleistung vollständig, die Geldleistung in dem erforderlichen Verhältnis zu erbringen (§ 7 Abs. 3, § 8 Abs. 2). **27**

2. Freie Verfügung der (des) Geschäftsführer(s). Sowohl die Sacheinlage (§ 7 Abs. 3) **28** als auch die Geldeinlage (§ 8 Abs. 2 S. 1) müssen endgültig in der freien Verfügung der Geschäftsführer stehen. U.a. ist zu beachten, dass der Geschäftsführer infolge seiner organschaftlichen Stellung zur freien Verfügung für die Gesellschaft befugt ist und sein muss. S. auch Ziffer 22. Bareinzahlungen müssen im Zeitpunkt der Anmeldung dem Geschäftsführer zur Verfügung stehen (Überweisung auf Konto, Aufbewahrung in den Geschäftsräumen [Kasse]) hierzu *OLG Oldenburg* v. 29.8.2008 – 3 U 37/07. Wegen der Versicherung vgl. § 8. Der Registerrichter kann nur noch im Ausnahmefall auch den Nachweis verlangen (so Rz. 20; zum bisherigen Recht Scholz/*Veil* § 7 Rz. 43, 45 ff.; *Lutter/Hommelhoff* § 7 Rz. 18 f.; *Noack* § 7 Rz. 13; hierzu auch *BGHZ* 80, 129, 136 = ZIP 1981, 394, 396). Werden hier durch den/die Anmeldenden „erhebliche Zweifel" des Registerrichters nicht ausgeräumt, wird die Anmeldung nach erfolgloser Zwischenverfügung zurückgewiesen.

VII. Besonderheiten der Ein-Personen-GmbH

§ 7 Abs. 2 S. 3 a.F. wurde aufgehoben (vgl. oben Rz. 1), die früher für Einpersonen- **29** gründungen geforderte Sicherheitsleistung für nicht eingezahlte Teile des Stammkapitals ist somit entfallen. Für die Einpersonengründung gelten die Vorschriften über die Vollleistung der Sacheinlagen sowie die Bareinzahlungspflicht somit uneingeschränkt (vgl. hierzu *Lutter/Hommelhoff* § 7 Rz. 8 m.w.N.; ferner z.B. *OLG Oldenburg* NZG 2008, 32).

Das Gesetz a.F. verlangte hinsichtlich des nicht eingezahlten Teiles eine „Sicherung". **30** Eine Definition des Begriffes fehlte. Die verlangte Sicherheit sollte verhindern, dass die Gläubiger lediglich den Mindestbetrag von 12.500 € durchsetzen können (der zudem häufig auch schon aufgebraucht sein wird, wenn es zur Inanspruchnahme kommt). Abgesichert werden musste in diesem Fall das gesamte Stammkapital, mindestens also 25.000 €, soweit es vor der Eintragung nicht eingezahlt wird. Was als Sicherung in Betracht kommt, richtete sich danach, ob es den dargelegten Anforderungen im Ernstfall genügen kann. Die angebotenen Sicherungen hatte der Registerrichter zu untersuchen, dubiose Vorschläge waren abzulehnen. Den Gesellschaften waren entspr. Auflagen zu erteilen, denen bei Nichterfüllung die Eintragung zurückgewiesen werden musste. § 7 Abs. 2 S. 2 a.F. war zwingende Eintragungsvoraussetzung. I.Ü. waren hier Parallelen zur prozessualen Sicherheit (vgl. § 108 ZPO) bzw. zu § 232 ff. BGB zu ziehen.

§ 8 Inhalt der Anmeldung

(1) Der Anmeldung müssen beigefügt sein:

1. der Gesellschaftsvertrag und im Fall des § 2 Abs. 2 die Vollmacht der Vertreter, welche den Gesellschaftsvertrag unterzeichnet haben, oder eine beglaubigte Abschrift dieser Urkunden,

2. die Legitimation der Geschäftsführer, sofern dieselben nicht im Gesellschaftsvertrag bestellt sind,

3. eine von den Anmeldenden unterschriebene Liste der Gesellschafter nach den Vorgaben des § 40,

4. im Fall des § 5 Abs. 4 die Verträge, die den Festsetzungen zugrunde liegen oder zu ihrer Ausführung geschlossen worden sind, und der Sachgründungsbericht,

5. wenn Sacheinlagen vereinbart sind, Unterlagen darüber, dass der Wert der Sacheinlagen den Nennbetrag der dafür übernommenen Geschäftsanteile erreicht.

(2) [1]In der Anmeldung ist die Versicherung abzugeben, dass die in § 7 Abs. 2 und 3 bezeichneten Leistungen auf die Geschäftsanteile bewirkt sind und dass der Gegenstand der Leistungen sich endgültig in der freien Verfügung der Geschäftsführer befindet. [2]Das Gericht kann bei erheblichen Zweifeln an der Richtigkeit der Versicherung Nachweise (unter anderem Einzahlungsbelege) verlangen.

(3) [1]In der Anmeldung haben die Geschäftsführer zu versichern, dass keine Umstände vorliegen, die ihrer Bestellung nach § 6 Abs. 2 Satz 2 Nr. 2 und 3 sowie Satz 3 und 4 entgegenstehen, und dass sie über ihre unbeschränkte Auskunftspflicht gegenüber dem Gericht belehrt worden sind. [2]Die Belehrung nach § 53 Abs. 2 des Bundeszentralregistergesetzes kann schriftlich vorgenommen werden; sie kann auch durch einen Notar oder einen im Ausland bestellten Notar, durch einen Vertreter eines vergleichbaren rechtsberatenden Berufs oder einen Konsularbeamten erfolgen.

(4) In der Anmeldung sind ferner anzugeben:

1. eine inländische Geschäftsanschrift,

2. Art und Umfang der Vertretungsbefugnis der Geschäftsführer.

(5) Für die Einreichung von Unterlagen nach diesem Gesetz gilt § 12 Abs. 2 des Handelsgesetzbuchs entsprechend.

Übersicht

Entscheidungen: *BGH* NJW 2018, 2794 – zur aktuell erforderlichen Gesellschafterliste; *BGH* v. 17.12.2013 – II ZB 6/13, Rz. 9; *BGH* v. 14.2.2012 – II ZB 18/10, FGPRAX 2012, 128 – zur **Betreuungsgebühr des Notars** bei Einholung einer Stellungnahme der IHK vor Anmeldung einer GmbH; *BGH* v. 17.5.2010 – II ZB 5/10 – **Versicherung nach** § 8 Abs. 3 – **ausreichend:** „er sei" noch nie, weder im Inland noch im Ausland, wegen einer Straftat verurteilt worden" – Nichterforderlichkeit der Aufführung der in § 6 Abs. 2 S. 2 Nr. 3 genannten Straftatbestände nationalen und der vergleichbaren Bestimmungen des ausländischen Rechts in der Versicherung im Einzelnen; *BGH* v. 20.9.2011 – II ZB 17/10, FGPRAX 2012, 26 – zur Zurückweisung einer **Gesellschafterliste** – Voraussetzungen **des gutgläubigen Erwerb eines Geschäftsanteils;** *KG Berlin* v. 20.6.2011 – 25 W 25/11, FGPRAX 2012, 242 – Anwendbarkeit des § 126a BGB auf eine **vom Notar erstellte Gesellschafterliste** – Beschwerdeberechtigung des Notars; *KG Berlin* v. 22.2.2012 – 25 W 79/11, FGPRAX 2012, 172 – Nachweis der **Vertretungsbefugnis** des Directors einer Private Limited Company; *LG Freiburg* v. 20.2.2009 – 12 T 1/09 – Gesellschaftsanteile an einer werbenden Gesellschaft als **Sacheinlage und ausreichende Vorlage** der Bilanz der genannten Gesellschaft für ein Geschäftsjahr, die Gewinn- und Verlustrechnungen für mehrere Jahre und die Stellungnahme eines Wirtschaftsprüfers zum Wert der übernommenen Geschäftsanteile ausgehend von den über 3 Jahre erzielten durchschnittlichen Gewinnen anhand eines so genannten vereinfachten Ertragsverfahrens – bei Sacheinlagen Prüfung der Unterlagen und begründete Zweifel mit der Folge der wesentlichen Überbewertung; *OLG Bamberg* v. 2.2.2010 – 6 W 40/09 – Prüfung der vom Urkundsnotar eingereichten geänderten **Gesellschafterliste** auf formale Anforderungen des § 40 durch Registergericht – Beibehaltung der ursprünglich vergebenen Nummerierung der Geschäftsanteile (Anschluss an *LG Augsburg* NZG 2009, 1032 = Rpfleger 2009, 514 und gegen *LG Stendal* NotBZ 2009, 422); *OLG München* v. 12.5.2010 – 31 Wx 19/10 – bei **Abänderung des Musterprotokolls** Anwendung der allgemeinen Vorschriften für eine „normale GmbH-Gründung"; *OLG München* v. 21.5.2012 – 31 Wx 164/12 – **Unternehmensgegenstand** Anlage- und Vermögensberatung und ausdrücklicher Ausschluss erlaubnispflichtiger Tätigkeiten nach dem KWG – Unzulässigkeit der Verfügung des Registergerichts mit Pflicht zur Vorlage einer Genehmigung bzw. eines Negativattests der BaFin; *OLG München* v. 23.7.2010 – 31 Wx 128/10 – fehlende **Versicherung zur Belehrung über die unbeschränkte Auskunftspflicht** in der Anmeldung und Ergänzung der Urkunde ohne erneute Beglaubigung durch Notar – Ablehnung der Eintragung; *OLG München* v. 9.3.2010 – 31 Wx 36/10 – Eintragung der **Vertretungsberechtigung** in einem dem deutschen Handelsregister vergleichbaren ausländischen Register (japanisches Handelsregister) keine weiteren Ermittlungen ohne konkrete Anhaltspunkte; *OLG Nürnberg* v. 18.4.2011 – 12 W 631/11 – **wirtschaftliche Neugründung bei Verwendung des Mantels einer Vorrats-GmbH** – Prüfung analog § 9c der

Mindesteinzahlung auf Stammkapital (§ 7 Abs. 2) und der **Anmeldeversicherung** (§ 8 Abs. 2 S. 1) – Offenlegungspflicht ggü. – keine Unterscheidung zwischen Ein-Personen-GmbH und Mehr-Personen-GmbH – Anmeldeversicherung gem. § 8 Abs. 2: Mindestvermögen der Gesellschaft in Höhe der (gesamten) gesellschaftsvertraglichen Stammkapitalziffer; *OLG Nürnberg* v. 5.3.2010 – 12 W 376/10 – Erforderlichkeit der Satzungsregelung für die generelle **Befreiung des Geschäftsführers von § 181 BGB** – Erforderlichkeit einer Satzungsänderung nach § 53 bei fehlender Satzungsbestimmung; *OLG Stuttgart* v. 13.7.2011 – 8 W 252/11 – Prüfungspflicht bei der Anmeldung gem. § 9c Abs. 1 S. 1 nur auf die **Mindestleistungen** gem. § 7 Abs. 2, nicht auf Mehrleistungen – Erforderlichkeit korrekter Versicherung gem. § 8 Abs. 2 (fehlende Mehrleistung kein Eintragungshindernis); *OLG Stuttgart* v. 6.9.2011 – 8 W 319/ 11 – **Hin- und Herzahlen und Offenlegung** (AktG); *OLG Zweibrücken* v. 9.9.2010 – 3 W 70/ 10 – Bestellung von **Nicht-EU-Ausländern als Geschäftsführer** auch ohne jederzeitige Einreisemöglichkeit.

Literatur: *Busch* Eintragungstechniken und -formulierungen im Bereich des Handelsregisters, RpflStud 2010, 81; *Dörr* Umgang mit elektronischen Handelsregisteranmeldungen, ZNotP 2008,447; *Fischer* Die Gesellschafterliste der GmbH im einstweiligen Rechtsschutz, GmbHR 2018, 1257; *Heinze* Einreichungs- und Nachweispflichten bei nachträglichen Handelsregisteranmeldungen betreffend Zweigniederlassungen ausländischer Kapitalgesellschaften, RNotZ 2009, 586; *Hülsmann* GmbH-Geschäftsführer im Spiegel aktueller BGH-Rechtsprechung, GmbHR 2018, 393; *Körber/Effer-Uhe* Anforderungen an den Nachweis der Vertretungsmacht von Prokuristen und GbR-Gesellschaftern bei der Gründung von Kapitalgesellschaften, DNotZ 2009, 92; *Lieder/Cziupka* Berichtigung einer offenbar unrichtigen Gesellschafterliste im Anwendungsbereich des reformierten § 40 Abs. 1 GmbHG, GmbHR 2018, 231; *Melchior/ Böhringer* Sportwettbetrug, Gesellschafterliste und Eintragungsbescheinigung: Drei (Groß-)- Baustellen im Handelsregister, GmbHR 2017, 1074; *Omlor/Spies* Grundfragen der Gesellschafterliste, MittBayNot 2011, 353; *Pfeiffer* Vollmacht und Vertretungsnachweis bei Auslandsbezug im deutschen Handelsregisterverfahren, Rpfleger 2011, Heft 5; *Wachter* Neuregelungen bei der GmbH-Gesellschafterliste, GmbHR 2017, 1177; *Wolf* über die Aufbringung des Stammkapitals ggü. dem Registergericht, Rpfleger 2010, Heft 9/10; *Freier* Die neue Gesellschafterlistenverordnung, notar 7–8/2018, 292; *Miller* Gesellschafterlistenverordnung – Sinn und Unsinn gegenwärtiger Rechtsetzung, NJW 2018, 2518.

I. Allgemeines

1 Durch die Reform 2008 hatten sich folgende Änderungen ergeben: § 8 Abs. 1 Nr. 3 (Nummerierung der Anteile); § 8 Abs. 1 Nr. 5 (Nennbetrag der Anteile); § 8 Abs. 1 Nr. 5 Wegfall der Genehmigungsurkunde); § 8 Abs. 2 (Nachweise bei „erheblichen Zweifeln" des Registerrichters an der Richtigkeit der Versicherung); Aufhebung des früheren § 8 Abs. 2 S. 2 (keine Sicherheit mehr bei Einpersonen-GmbH); § 8 Abs. 2 S. 2 (Belehrung nach § 53 Abs. 2 BZRG); § 8 Abs. 4 Nr. 1 (inländische Geschäftsanschrift). Durch die Änderungen sollten die Anteilsübertragungen, die Eintragung ohne Vorlage der Genehmigungsurkunde, die Prüfungspflicht des Registerrichters hinsichtlich der Versicherung der Geschäftsführer, die Belehrungspflicht der Notare etc. erleichtert werden. Hinzu kommt, dass die Schnelligkeit des Verfahrens durch die Änderungen des § 12 HGB (elektronische Form) erheblich gefördert wurde (*Krafka* Rz. 139a f.). Darauf wird in § 8 Abs. 5 ausdrücklich Bezug genommen. Mit Recht wird allerdings darauf hingewiesen, dass die Anmeldung die beglaubigenden und insb. die beurkundenden Notare mit erheblichen Belehrungspflichten bei Entlastung der Registergerichte belasteten (vgl. hierzu *Katschinski/Rawert* ZIP 2008, 1994; auch *Römermann* GmbHR, Sonderheft 10/2008, 17, insb. im Zusammenhang mit der **UG (haftungsbeschränkt)**).

II. Anmeldungsunterlagen

Die in § 8 enthaltenen Anmeldungsunterlagen müssen in unbeanstandbarer Form der **2** Anmeldung beigefügt sein. Das Fehlen eines der in der Vorschrift genannten Erfordernisse führt zur Auflage des Registerrichters, die innerhalb angemessener Frist zu erledigen ist (nach § 382 Abs. 4 S. 2 FamFG: Zwischenverfügung mit Beschwerde anfechtbar, *Krafka* Rz. 192a; *BayObLG* ZIP 1999, 969, Sachgründungsbericht; *OLG München* v. 23.7.2010 – 31 Wx 128/10 – fehlende Versicherung zur Belehrung über die unbeschränkte Auskunftspflicht in der Anmeldung und Ergänzung der Urkunde ohne erneute Beglaubigung durch Notar – Ablehnung der Eintragung. Denkbar ist die Rücknahme des Antrags, die auch vom Registergericht empfohlen werden kann, wenn das Eintragungshindernis nicht beseitigt wird oder nicht beseitigt werden kann. Geschieht dies nicht, so ist die Anmeldung zurückzuweisen (*Noack* § 8 Rz. 2; *Lutter/ Hommelhoff* § 8 Rz. 24; *Scholz/Veil* § 8 Rz. 38; *Krafka* Rz. 192). Das Registergericht kann nach Beseitigung der Eintragungshindernisse durch Eintragung abhelfen. Eine Zurückweisung kann mit der Beschwerde angegriffen werden (vgl. § 382 Abs. 4 S. 2 FamFG). Nach der Zurückweisung nachgereichte Unterlagen bzw. beseitigte Mängel erfordern eine Neuanmeldung der Gesellschaft, da die erste Anmeldung infolge der kostenpflichtigen Zurückweisung „verbraucht" ist. Berichtigung und Ergänzung der Anmeldung können nicht erzwungen werden (*Noack* § 8 Rz. 2). Wird die Gesellschaft entgegen diesen Grundsätzen dennoch eingetragen, so werden die Mängel des Anmeldungsverfahrens geheilt. Eine Löschung kommt nur in Betracht, wenn die Voraussetzungen der §§ 397 ff. FamFG vorliegen. Allerdings kann das Nachreichen fehlender Unterlagen nach Eintragung über die Festsetzung von Zwangsgeldern nach § 14 HGB erzwungen werden, eine Löschung der GmbH ist jedoch ausgeschlossen (*Lutter/Hommelhoff* § 8 Rz. 25 m.w.N; vgl. *OLG Köln* ZIP 1981, 236). Vgl. i.Ü. § 9c.

III. Anmeldung und Form

Hierzu auch § 7 Rz. 4f. Die Anmeldung hat – wie auch sonst – gem. § 12 Abs. 1, 2 HGB **3** in öffentlich beglaubigter Form (vgl. § 129 BGB) elektronisch zu erfolgen. Zuständig hierfür sind die Notare (vgl. hierzu i.Ü. §§ 39, 40 BeurkG). Bei einem Formverstoß liegt ein Mangel der Anmeldung vor, der zur Zurückweisung der Anmeldung nach erfolgloser Zwischenverfügung führt. Die Gründungsanmeldung hat durch alle Geschäftsführer zu erfolgen. Melden nicht alle Geschäftsführer an, so ist die Anmeldung durch die übrigen nachzuholen. Andernfalls droht nach ergebnisloser Zwischenverfügung des Registerrichters Zurückweisung. Freilich stellt es eine Verletzung der Geschäftsführerpflichten dar, wenn der Geschäftsführer nicht die erforderlichen Schritte zügig einleitet oder die Gesellschafter nicht zur Vornahme eines etwa erforderlichen Gesellschafterbeschlusses auffordert. Pflichtverletzungen können Schadensersatzansprüche zur Folge haben (§ 43). I.Ü. wird der Geschäftsführer die Eintragung schon deshalb betreiben, um die Risiken der Handelndenhaftung gering zu halten.

Häufig wird bei einem Geschäftsführerwechsel vor Eintragung übersehen, dass auch **4** der neue Geschäftsführer die entspr. Versicherungen abzugeben und die Anmeldung vorzunehmen hat. Vgl. i.Ü. oben § 7 Rz. 4 ff.

IV. Beglaubigungen durch ausländische Notare

5 Beglaubigungen sind durch ausländische Notare regelmäßig nur unter bestimmten Voraussetzungen rechtlich zulässig (wegen der Einzelheiten so § 2 Rz. 11).

V. Beizufügende Anmeldeunterlagen

6 Prüfliste für die Anmeldung

Anmeldung – Form und Inhalt	GmbHG
Form – elektronische Form – in elektronisch beglaubigter Abschrift	§ 8 Abs 5 GmbHG/ § 12 Abs 2 HGB in entsprechender Anwendung
I. Beifügung I.1.1. des wirksamen Gesellschaftsvertrags (Gründungsproto-koll) – § 3 Abs 1, Abs 2 I.1.2. Gründungsvollmacht (en) der Vertreter – § 2 Abs 2 I.2. Legitimation der Geschäftsführer oder deren Bestellung im Gesellschaftsvertrag – §§ 3, 35 I.3. Vollständige Gesellschafterliste mit Gesellschafter etc – § 40 I.4. Bei Sacheinlagen – Vereinbarungen und Festsetzungen sowie Sachgründungsbericht – § 5 Abs 4 I.5 Wertnachweis der Sacheinlagen – 9c	§ 8 Abs 1
II.1 Unterschrift der Anmeldung durch sämtliche Geschäftsführer	§ 7 Abs 1, § 78
II.2. Versicherung über Bewirken der Leistung/en und freie Verfügung II.2.1. Angabe des/der Gesellschafter II.2.2. Angabe des/der Geschäftsanteils/e – Höhe und Übernehmer II.2.3. Angabe der Leistungen – Bar- und Sacheinlagen II.2.4. Versicherung über Bewirken der Barleistungen II.2.5. Versicherung über Erbringen der Sachleistungen II.2.6. Versicherung über freie Verfügung für Geschäftsführer	§ 8 Abs 2
III.1. Versicherung über das Nichtvorliegen von Bestellungshindernissen	§ 8 Abs. 3 Hs. 1
III.2. Versicherung über die Belehrung zur unbeschränkten Auskunftspflicht	§ 8 Abs. 3 Hs. 2 sowie S. 2
IV.1. Angabe der inländischen Geschäftsanschrift	§ 8 Abs 4 Nr 1
IV.2. Angabe der Art und Umfang der Vertretungsbefugnis einschließlich der Befreiung von § 181 BGB	§ 8 Abs 4 Nr 2
V. Urkunde über die Bestellung eines Aufsichtsrates mit den entsprechenden Angaben	§ 52 Abs 2

Vgl. hierzu auch *Krafka* Rz. 152 ff. – Prüfschema.

1. Gesellschaftsvertrag. Der Gesellschaftsvertrag ist in einer Ausfertigung (vgl. § 47 **7** BeurkG) bzw. in einer beglaubigten Abschrift (§§ 42, 51 Abs. 3 BeurkG) in Form des gesamten Errichtungsgeschäftes (Gründungsprotokoll, Übernahmeerklärung der Geschäftsanteile durch die Gründer, Satzung) elektronisch beizufügen. Die Urschrift verbleibt stets in der Urkundensammlung des Notars. Es muss sich um den vollständigen Gesellschaftsvertrag handeln – in einem Schriftstück (*OLG Frankfurt* BB 1981, 694; *BayObLG* DB 1988, 2354; *Scholz/Veil* § 8 Rz. 6; *Noack* § 8 Rz. 4; *Lutter/Hommelhoff* § 8 Rz. 2). Veranlassen die Gesellschafter vor Eintragung eine Änderung des Gesellschaftsvertrages, so ist entspr. §§ 53 ff. zu verfahren, woraus folgt, dass ein vollständiger Gesellschaftsvertrag elektronisch eingereicht werden muss (vgl. *Wicke* § 8 Rz. 2). Mit Recht wird dies dem § 54 Abs. 1 S. 2 entnommen, wonach der volle Wortlaut in einer Urkunde zur Verfügung stehen muss, weil anderenfalls interessierte Dritte u. U. nur mit Schwierigkeiten über den Inhalt informiert werden können (*Noack* § 8 Rz. 4, m.w.N.; ferner *OLG Zweibrücken* GmbHR 2000, 1204 – Änderung des Gesellschaftsvertrages vor Eintragung – entspr. Anwendung des § 54 Abs. 1 S. 2: Vorlage einer mit Notarbescheinigung versehenen vollständigen Fassung des Gesellschaftsvertrages – früher str. Punkte sind mit Blick auf die elektronische Übermittlung nicht mehr relevant: förmliche Anmeldung oder formloses Vorlegen durch die Geschäftsführer – keine analoge Anwendung des § 54 Abs. 1 S. 1: ausreichend danach formlose Vorlage ohne zusätzliche Anmeldung – Anmeldung ist erfolgt und wirkt fort – förmliche Anmeldung durch Notar stellte Verletzung der Pflicht zur billigsten Sachbehandlung dar (Aufhebung der Kostenrechnung des Notars); vgl. ferner *BayObLG* DB 1988, 2354; *Lutter/Hommelhoff* § 8 Rz. 2; *Scholz/Veil* § 8 Rz. 7). Die Besonderheiten der UG sind zu beachten (vgl. § 5a).

2. Vollmachten. Beizufügen sind ferner die Vollmachten i.S.d. § 2 Abs. 2 – s. auch die **8** dortigen Ausführungen. Sie sind in der Urschrift (beurkundet oder beglaubigt) oder in beglaubigter Abschrift elektronisch einzureichen. Hat bei einem Gesellschaftsvertrag ein gesetzlicher Vertreter eines Dritten mitgewirkt, so ist dessen Vertretungsbefugnis nachzuweisen (Handelsregisterauszug, Bestellungsurkunde etc.) – auch z.B. bei ausländischen Gesellschaften als Gründungsgesellschafter Heimatregister oder notarielle Vertretungsbescheinigung (*Scholz/Veil* § 8 Rz. 8; auch *Pfeiffer* Vollmacht und Vertretungsnachweis bei Auslandsbezug im deutschen Handelsregisterverfahren, Rpfleger 2011, Heft 5).

3. Legitimation. **Die Legitimation der Geschäftsführer** gehört zu den elektronisch **9** beizufügenden Anlagen, sofern dies nicht aus dem Gesellschaftsvertrag ersichtlich ist (*Noack* § 8 Rz. 5; *Wicke* § 8 Rz. 3 – Angabe für den Geschäftsführer mit vollem Namen und Wohnort, nicht Privatanschrift (vgl. § 43 Nr. 4 HRV – zur Geschäftsanschrift § 8 Abs. 4 Nr. 1). Man muss also dann, wenn sich aus dem Gründungsbeschluss zum Gesellschaftsvertrag nichts ergibt, die Bestellungsurkunde oder die schriftliche Bestätigung der Bestellung elektronisch übermitteln: Anders kann die „Legitimation" des Geschäftsführers nicht belegt werden; denn mündliche Erklärungen können nicht elektronisch „beigefügt" werden. Nicht ausgeschlossen ist eine mündliche Beschlussfassung mit einer darauf fußenden schriftlichen Bestätigung (*Noack* § 8 Rz. 6, *Scholz/Veil* § 8 Rz. 9; *Lutter/Hommelhoff* § 8 Rz. 3 m.w.N.). Um hier keine Schwierigkeiten zu bekommen, wird man den Gesellschafterbeschluss in der Gründungsurkunde oder gesondert schriftlich abfassen und elektronisch einreichen. Für die **UG (haftungsbeschränkt)** ist das Musterprotokoll zu beachten.

10 Hat der Registerrichter Zweifel an der „Legitimation" der angemeldeten Geschäftsführer, so hat die Gesellschaft die Bedenken auszuräumen. Der Registerrichter hat hier bei Anhaltspunkten im Rahmen des § 26 FamFG zu ermitteln. Auch stellvertretende Geschäftsführer (§ 44) müssen sich legitimieren. Für sie gilt nichts Besonderes. Zur Befreiung von den Schranken des § 181 BGB vgl. § 6 Rz. 47. Zu beachten ist ferner *OLG Celle* NZG 2000, 1034 – Fehlen einer Befreiung von § 181 BGB in der Satzung – nachträgliches Befreien des Geschäftsführers einer mehrgliedrigen GmbH mit allg. Befreiung vom Verbot des Selbstkontrahierens: Erforderlichkeit der Satzungsänderung nach den §§ 53 ff. Hierzu *OLG Nürnberg* v. 5.3.2010 – 12 W 376/10 – Erforderlichkeit der Satzungsregelung für die generelle Befreiung des Geschäftsführers von § 181 BGB – Erforderlichkeit einer Satzungsänderung nach § 53 bei fehlender Satzungsbestimmung.

11 **4. Die Gesellschafterliste.** Die nach Maßgabe des § 40 zu erstellende Gesellschafterliste ist von allen Geschäftsführern zu unterzeichnen (vgl. § 78; Stellvertretung ist ausgeschlossen, *OLG Brandenburg* NGZ 2022, 971; *Kammergericht Berlin* GmbHR 2022/696) und elektronisch einzureichen. Sie wurde durch die Reform 2008 aufgewertet (s. hierzu § 3 Rz. 46). Maßgeblich ist § 40 Abs. 1, nach dem aus der Liste die laufende Nummer, Name, Vorname, Geburtsdatum, Wohnort (nicht Straße und Nummer etc.) anzugeben sind (vgl. *Lutter/Hommelhoff* § 8 Rz. 3; *Katschinski/Rawert* ZIP 2008, 2000); ist der Gesellschafter selbst eine juristische Person oder rechtsfähige Personengesellschaft, sind in die Liste deren Firma oder Name, Sitz und das zuständige Registergericht und die Registernummer aufzunehmen; eine Gesellschaft bürgerlichen Rechts kann seit Inkrafttreten des MoPeG am 1.1.2024 nur in die Liste eingetragen und Veränderungen an ihrer Eintragung nur vorgenommen werden, wenn sie in das Gesellschaftsregister eingetragen ist, vgl. § 40 ferner *Wachter* GmbHR, Sonderheft 10/2008, 15). Nicht nur die Angabe der Nennbeträge, auch Nummerierung (Hilfe bei Identifizierung) ist erforderlich (vgl. RegE: „Die Nummerierung vereinfacht die eindeutige Bezeichnung eines Geschäftsanteils und führt damit zu einer erheblichen praktischen Erleichterung insb. im Rahmen von Anteilsübertragungen" (s. zur Nummerierungskontinuität *Krafka* Rz. 1104). Das Registergericht nimmt die Gesellschafterliste entgegen und verwahrt sie (*BGH* v. 17.12.2013 – II ZB 6/13, Rz. 96). Das Prüfungsrecht des Registergerichts bezieht sich auf formale Anforderungen des § 40. Es kann bei berechtigten Beanstandungen die Entgegennahme ablehnen (*BGH* v. 17.12.2013 – II ZB 6/13, Rz. 9 f.). Die Entgegennahme einer mit einem Testamentsvollstreckervermerk versehenen Liste darf das Registergericht ablehnen (*BGH* v. 24.2.2015 – II ZB 17/14, Rz. 8 f.). Die in das Handelsregister aufgenommene Gesellschafterliste vermittelt die formale Gesellschafterstellung, von der die materielle Gesellschafterstellung abweichen kann, wenn ein Gesellschafter zu Unrecht nicht mehr in der Gesellschafterliste geführt wird und die er dadurch nicht verliert. Nur gegenüber der Gesellschaft ist er an der Ausübung seiner Gesellschafterrechte gehindert; Abtretung und Pfändung bleiben zulässig (*Born* WM 10/2023, Sonderbeilage 2.2 E II 1.).

12 Die Nummerierung erhält zusätzliche Bedeutung durch die Möglichkeit der Teilung von Geschäftsanteilen. Gemäß § 1 (2) der am 1.7.2018 in Kraft getretenen Gesellschafterlistenverordnung (Verordnung über die Ausgestaltung der Gesellschafterliste – GesLV) darf eine einmal für einen Geschäftsanteil vergebene Nummer nicht für einen anderen Geschäftsanteil verwendet werden. Werden neue Geschäftsanteile geschaffen, Geschäftsanteile geteilt oder zusammengelegt, sind neue Einzelnummern durch Vergabe der nächsten freien ganzen arabischen Zahl zu vergeben. S. auch Rz. 13.

Da in der gem. § 40 zu erstellenden Liste der Gesellschafter die Geschäftsanteile **13** jeweils mit einem Nennwert bezeichnet werden müssen, müssen zudem auch die Nennbeträge der von jedem der Gesellschafter übernommenen Geschäftsanteile aus der mit der Anmeldung eingereichten Liste hervorgehen. Unvollständigkeit der Liste kann nach § 9c Abs. 1 zur Zurückweisung der Anmeldung führen (nach Zwischenverfügung). Für weitere Anteile muss die Gesellschafterliste mit nacheinander folgenden Nummern nummeriert geführt bzw. fortgeführt werden (vgl. *Wicke* § 8 Rz. 4; *Wachter* GmbHR, Sonderheft 10/2008, 15; *Katschinski/Rawert* ZIP 2008, 2000; *OLG Bamberg* v. 2.2.2010 – 6 W 40/09 – Prüfung der vom Urkundsnotar eingereichten geänderten Gesellschafterliste auf formale Anforderungen des § 40 durch Registergericht – Beibehaltung der ursprünglich vergebenen Nummerierung der Geschäftsanteile (Anschluss an *LG Augsburg* NZG 2009, 1032 = Rpfleger 2009, 514 und gegen *LG Stendal* NotBZ 2009, 422)). Unklarheiten sollten Notare hier nicht entstehen lassen (vgl. zu den Angaben bei OHG, KG: Firma und Sitz; Einzelkaufmann: Firma (Inhabername – str.) und Sitz (Wohnanschrift?); GbR: jedes Mitglied – volle Angaben wie bei natürlichen Personen – vgl. *Lutter/Hommelhoff* § 40 Rz. 16; ferner bereits *Wicke* § 40 Rz. 5; ferner *Wachter* GmbHR, Sonderheft 10/2008, 15; *Katschinski/Rawert* ZIP 2008, 2000). Vgl. i.Ü. für die **UG (haftungsbeschränkt)** das Musterprotokoll. Seit Inkrafttreten des MoPeG am 1.1.2024 kann eine BGB-Gesellschaft als Gesellschafterin einer GmbH nur dann gemäß § 40 (1) n.F. in die Gesellschafterliste eingetragen werden, wenn sie zuvor als eGbR in das Gesellschaftsregister eingetragen worden ist. Lässt sich eine bereits in der Gesellschafterliste eingetragene GbR in das Gesellschaftsregister eintragen, so muss sie diese „isolierte Umfirmierung" (*Lutter/Hommelhoff* § 40 Rz. 16b) mit einer neuen Gesellschafterliste anmelden. Das gilt sowohl bei Erwerb als auch beim Verkauf von GmbH-Geschäftsanteilen durch die BGB-Gesellschaft. Die Liste ist von dem/den Anmeldenden zu unterschreiben (nicht von dem beurkundenden Notar – vgl. *Wachter* GmbHR, Sonderheft 10/2008, 15, auch darauf hinweisend, dass eine Bescheinigung des Notars weder möglich noch zulässig ist). Seit dem 1.8.2022 ermöglicht die Online-Gründung auch die Einreichung einer Liste mit den qualifizierten elektronischen Signaturen der Geschäftsführer (§ 40 Abs. 1 S. 1).

Merkwürdigerweise fanden sich schon früher hinsichtlich dieser einfachen Unterlagen **14** nicht selten Fehler in der Praxis. Hier ist genau nach dem Wortlaut des § 8 Abs. 1 Nr. 3 zu verfahren. Der Geschäftssitz muss nicht dem Wohnsitz entsprechen. Es ist eine Selbstverständlichkeit, dass Liste und Satzung hinsichtlich der übernommenen Stammeinlagen übereinstimmen. Die Liste gibt keine Auskunft darüber, in welcher Form die Stammeinlagen erbracht werden müssen.

Fehlt die Gesellschafterliste, ist sie unvollständig oder unrichtig oder hat nur ein Teil **15** der Anmeldenden unterschrieben, so ist sie der Gesellschaft zur Ergänzung zurückzusenden oder der Gesellschaft die Auflage zu erteilen, eine neue Liste ohne Mängel nachzureichen. Geschieht keine Abhilfe, so ist die Eintragung zurückzuweisen. Vgl. i.Ü. § 40 sowie § 57 (Gesellschafterliste).

5. Vorzulegende Verträge und Sachbegründungsbericht. Vgl. Literatur zum aktuellen **16** Stand: *Blöse* Das reformierte Recht der Gesellschafterleistungen, GmbHR 2018, 1151; *Heckschen* Die GmbH-Gründung 10 Jahre nach MoMiG – Eine Bestandsaufnahme,

GmbHR 2018, 1093; *Lieder* 10 Jahre Kapitalschutz nach dem MoMiG, GmbHR 2018, 1116; *Porzelt* Ungeklärte Fragen der Gründerhaftung der Gesellschafter einer (Vor-) GmbH, GmbHR 2018, 663; *Verse* Aufsteigende Sicherheiten und Kapitalerhaltung, GmbHR 2018, 113.

Insofern hatte die Reform 2008 keine Veränderungen gebracht – abgesehen von der elektronischen Aufzeichnung. Gemeint sind die Verträge, die den „Festsetzungen" im Falle des § 5 Abs. 4 zugrunde liegen. Beispielhaft sind Ausführungsverträge sowie sonstige Erklärungen der Betroffenen (Scholz/*Veil* § 8 Rz. 14; *Lutter/Hommelhoff* § 8 Rz. 5). Eine bestimmte Form kann nur verlangt werden, wenn das Gesetz dies verlangt. Allerdings sind sowohl das schuldrechtliche Verpflichtungs- wie das dingliche Erfüllungsgeschäft (Auflassung bei Grundstücken) zu übermitteln (*Wicke* § 8 Rz. 5).

17 Erheblichere Bedeutung hatte der in § 5 Abs. 4 erwähnte Sachgründungsbericht schon seit 1980 erhalten. Er musste bereits nach früherem Recht der Anmeldung beigefügt sein. Fehlt er, ist die Anmeldung nicht vollständig. Wird dieser Anmeldungsfehler nicht beseitigt, so droht Zurückweisung. Das gilt auch, wenn es sich um einen unvollständigen Sachgründungsbericht handelt, der weder die „wesentlichen Umstände" noch z.B. im Fall des Unternehmensüberganges die Jahresergebnisse der letzten beiden Jahre offenbart. Auch hier liegt ein Eintragungshindernis vor, das zur Zurückweisung führen kann. Wegen der weiteren Einzelheiten wird auf § 5 Rz. 57 verwiesen.

18 **6. Der Wertnachweis bei Sacheinlagen.** Zur Literatur s. Rz. 16. Bereits vor der Reform 1980 war zumindest an größeren Registergerichten bereits seit geraumer Zeit stillschweigende Praxis geworden: Das Verlangen nach geeigneten Wertnachweisen bei Sacheinlagen. Wie dies erfolgt, wurde bereits oben in § 5 Rz. 67 f. dargelegt. Die Art des Nachweises hängt vom Gegenstand der Sacheinlage ab, z.B. Sachverständigengutachten bei Lizenzen, Urheberrechten etc. (*Wicke* § 8 Rz. 6; *Lutter/Hommelhoff* § 8 Rz. 6; hierzu *BayObLG* BB 1995, 117 (Grundstück); ferner Scholz/*Veil* § 8 Rz. 18; Nachweis der Aufbringung des Stammkapitals ggü. dem Registergericht, Rpfleger 2010, Heft 9/10; ferner *LG Freiburg* v. 20.2.2009 – 12 T 1/09 – Geschäftsanteile an einer werbenden Gesellschaft als Sacheinlage und ausreichende Vorlage der Bilanz der genannten Gesellschaft für ein Geschäftsjahr, die Gewinn- und Verlustrechnungen für mehrere Jahre und die Stellungnahme eines Wirtschaftsprüfers zum Wert der übernommenen Geschäftsanteile ausgehend von den über 3 Jahre erzielten durchschnittlichen Gewinnen anhand eines sog. vereinfachten Ertragsverfahrens – bei Sacheinlagen Prüfung der Unterlagen und begründete Zweifel mit der Folge der wesentlichen Überbewertung; vgl. ferner *Krafka* Rz. 978 – dort auch zur Beteiligung der berufsständischen Organe nach § 380 FamFG.

19 Die Prüfungspflicht des Registergerichts bezieht sich auf die wesentliche Überbewertung von Sacheinlagen nach § 9c Abs. 1 (s. dort). Bestehen hierfür konkrete Anhaltspunkte, so wird das Registergericht weitere Ermittlungen durchführen und z.B. Beweismittel hinzuziehen (vgl. § 26 FamFG). Reichen dem Registergericht eingereichte Schätzurkunden, Gutachten oder sonstige Unterlagen nicht aus, so kann es weitere Unterlagen verlangen. Werden diese nicht vorgelegt, wird die Eintragung zurückgewiesen, was mit der Beschwerde angefochten werden kann. Was verlangt wird, richtet sich nach pflichtgemäßem Ermessen im Einzelfall. Es empfiehlt sich insb. bei Einbringen von Unternehmen(-steilen) oder etwa Grundstücken als Sacheinlagen, vor Einreichung der Anmeldung bei dem Registergericht anzufragen. Das Ergebnis

K. Beine

der Voranfrage kann spätere Schwierigkeiten häufig wenigstens zum Teil ausräumen (*BayObLG* NJW 1995, 1971 – Sachverständigengutachten bei Grundstücken).

7. Die Genehmigungsurkunde – nicht mehr erforderlich. Die Vorlage einer etwa für **20** den Gegenstand des Unternehmens erforderlichen staatlichen Genehmigungsurkunde bei der GmbH-Gründung gemäß § 8 Abs. 1 Nr. 6 a.F. wurde mit dem MoMiG gestrichen, um den für die Eintragung erforderlichen Aufwand zu reduzieren (RegE: „Mit der Aufhebung von Abs. 1 Nr. 6 soll die Handelsregistereintragung von Gesellschaften erleichtert und beschleunigt werden, deren Unternehmensgegenstand genehmigungspflichtig ist. Bislang kann die Gesellschaft nur dann eingetragen werden, wenn bereits bei der Anmeldung zur Eintragung die staatliche Genehmigungsurkunde vorliegt. Zukünftig wird auf dieses Erfordernis verzichtet"). Ausgenommen sind registervorlagepflichtige, rechtsformunabhängige Genehmigungen, z.B. bei Bankgeschäften und bestimmten Anlage- und Vermögensberatungsformen nach dem KWG (*Heckschen/ Heidinger* Kap. 2 Rz. 80, 81 m.w.H.). Es gilt die Registersperre des § 43 Abs. 1 KWG (Genehmigung oder Negativattest der BaFin).

Diese frühere Rechtslage erschwerte die Unternehmensgründung erheblich. Dem **21** Gesetzgeber ist uneingeschränkt zu folgen. Zum Rechtszustand vor der Reform vgl. 7. Aufl. I.Ü. *OLG München* v. 21.5.2012 – 31 Wx 164/12.

Welche Voraussetzungen für Genehmigungen erfüllt sein müssen, damit die zuständige **22** Behörde die Erlaubnis/Genehmigung erteilt, folgt aus den einschlägigen Gesetzen (vgl. *Gottwald* MittBayNot 2001, 164). Die Genehmigungsurkunde ist nach Aufhebung des § 8 Abs. 1 Nr. 6 nicht mehr mit der Anmeldung vorzulegen; nach Eintragung der GmbH kann sie dann unmittelbar der Gesellschaft erteilt werden. Im Rahmen der Belehrungspflicht des Notars (§ 17 BeurkG) sind allerdings entspr. Genehmigungen erheblich, da nur die Vorlagepflicht beim Handelsregister entfallen ist, nicht die Einholung der Genehmigung (*Heckschen/Heidinger* Kap. II Rz. 88). Die wichtigsten Genehmigungen sind:

Eine Tabelle für erlaubnispflichtige und anzeigepflichtige Gewerbe ist abrufbar unter **23**

https://www.frankfurt-main.ihk.de/industrie-innovation-und-umwelt/industrie/abgrenzung-zum-handwerk/abgrenzung-zum-handwerk-grundsaetzliche-regelungen-5281430

Ein Verzeichnis der Gewerbe, die nach § 1 Abs. 2 HwO als zulassungspflichtige Hand- **24** werksgewerbe betrieben werden können findet sich dort in der Anlage A. Die Vorlage einer Genehmigung bei der Anmeldung zum Handelsregister ist nach der Änderung des § 8 Abs. 1 Nr. 6 nicht mehr erforderlich.

Ein Verzeichnis der Gewerbe, die nach § 18 Abs. 2 HwO als zulassungsfreie Hand- **25** werksgewerbe oder handwerksähnliche Gewerbe betrieben werden können findet sich dort in der Anlage B,

„Abschnitt 1: Zulassungsfreie Handwerksgewerbe"

„Abschnitt 2: Handwerksähnliche Gewerbe".

Wird die Gesellschaft eingetragen, ohne dass die erforderliche Genehmigung erteilt **26** ist, so kann eine Auflösungsklage gem. § 61 bzw. ein verwaltungsbehördliches Vorgehen (§ 62) die Folge sein, wenn eine Gewerbeuntersagung dazu führt, dass die Zweckerreichung der Gesellschaft unmöglich wird (MüKo GmbHG/*Limpert* § 62 Rz. 14).

Wegen der Folgen vgl. § 65. Nichtigkeit gem. § 75 bzw. Amtslöschung nach § 399 FamFG hingegen kommen nicht in Betracht hierzu *Leitzen* GmbHR 2009, 480 ff.; *Weigl* DNotZ 2011, 169; MüKo GmbHG/*Hillmann* § 75 Rz. 5).

VI. Die Versicherung der Geschäftsführer

27 **1. Die Versicherung.** Ohne die richtige und vollständige sowie persönliche Versicherung der Geschäftsführer – aller Geschäftsführer einschließlich der stellvertretenden Geschäftsführer – in der Anmeldung darf nicht eingetragen werden – Einreichen in elektronischer beglaubigter Form (*Lutter/Hommelhoff* § 8 Rz. 24). Die Versicherung hat den Zweck, dem Registergericht die erforderlichen Tatsachen zu vermitteln, aus denen sich die Erfüllung der gesetzlichen Voraussetzungen eindeutig ergibt. Zusammen mit § 7 Abs. 2 hat § 8 Abs. 2 den Sinn, für die Solidität der GmbH zu sorgen, eine Täuschung der Öffentlichkeit über die Kapitalstärke der Gesellschaft zu verhindern und dem Gläubigerschutz – speziell auch nach der Änderung – zu dienen (*Wicke* § 8 Rz. 2; *Bormann/Ulrichs* GmbHR, Sonderheft 10/2008, 40; auch *Römermann* GmbHR, Sonderheft 10/2008, 66; auch *BayObLG* DB 1993, 2524.). Ausreichend ist die Versicherung dann, wenn keine Zweifel aufkommen können, dass die erforderliche Leistung erbracht ist (*BayObLG* DB 1993, 2524). Der Begriff „Versicherung", „versichere ich" etc. muss nicht genutzt werden. Es muss jedoch eindeutig eine Erklärung vorliegen, die keine Zweifel aufkommen lässt (vgl. hierzu *OLG Karlsruhe* NZG 2012, 598; auch *Noack* § 8 Rz. 3; auch Scholz/*Veil* § 8 Rz. 23).

28 Es genügt, wenn ersichtlich ist, was wie auf welchen Geschäftsanteil geleistet ist und dass sich die Leistungsgegenstände endgültig in der freien Verfügung des (der) Geschäftsführer(s) befinden. Die Versicherung ist von allen Geschäftsführern, einschließlich eventueller Stellvertreter abzugeben, nicht lediglich von dem oder den Geschäftsführern mit entspr. Vertretungsrecht; eine Vertretung ist unzulässig Spätere, freilich noch vor Eintragung der Gesellschaft berufene Geschäftsführer haben die Versicherung nachzureichen (*Noack* § 8 Rz. 11 m.w.N.; *Lutter/Hommelhoff* § 8 Rz. 10; Scholz/*Veil* § 8 Rz. 25).

29 Die Versicherung hat in beglaubigter Form zu erfolgen („in der Anmeldung" – notwendiger Bestandteil der Anmeldung (Scholz/*Veil* § 8 Rz. 23) – ausreichend auch in einem gesonderten Schriftstück).

30 Das Wort „Versicherung" oder die Formulierung „versichere ich (wir)" müssen zwar nicht gewählt werden; dies ist jedoch empfehlenswert, weil die Registergerichte gerade in diesem Punkt mit Recht strenge Maßstäbe anlegen und sich i.Ü. lästige Auflagen und Rückfragen ergeben (Scholz/*Veil* § 8 Rz. 23).

31 Formeln, wie der „gesetzliche Teil" oder „die gesetzliche Mindestleistung" oder wie vor Einführung des Euro „ein Viertel, mindestens jedoch ein Betrag von 1 EUR –" reichen im Regelfall nicht aus; denn es sind die tatsächlichen und konkreten Umstände in die „Versicherung" aufzunehmen (*BayObLG* DB 1980, 438; *OLG Hamm* DB 1982, 945; *OLG Celle* GmbHR 1986, 809; *Lutter/Hommelhoff* § 8 Rz. 11; auch Scholz/*Veil* § 8 Rz. 26 f.).

32 Die Versicherung ist schließlich nicht nur „beizufügen", sondern in der „Anmeldung" abzugeben. Hieraus folgt, dass die Versicherung in der Form der Anmeldung, möglich auch in einer gesonderten Urkunde, zu erfolgen hat (Scholz/*Veil* § 8 Rz. 23 m.w.N.).

Maßgeblicher Zeitpunkt für die Richtigkeit der Versicherung ist nicht deren Abgabe, sondern der Zugang der Anmeldung beim Registergericht (*OLG München* v. 12.9.2022, GmbHR 2022, 1197; *Lutter/Hommelhoff* § 8 Rz. 9). Insofern ist zu bedenken, dass die Abgabe der Erklärung vor dem Notar und die Weiterleitung der Anmeldung zeitlich auseinanderfallen können. Es ist unschädlich, wenn die Versicherung zum Zeitpunkt der Beurkundung des Gesellschaftsvertrages abgegeben wird, obwohl die Einzahlung auf die Geschäftsanteile erst nachträglich erfolgt; sie muss lediglich im Zeitpunkt des Zugangs der Anmeldung beim Handelsregister richtig sein (*Lutter/ Hommelhoff* § 8 Rz. 9). Ein anderer Fall liegt dann vor, wenn das Eintragungsverfahren infolge einer Zwischenverfügung wegen der Bedenken gegen die Versicherung „gehemmt" wird. Insofern ist eine Wiederholung der Versicherung erforderlich (so *Lutter/Hommelhoff* § 8 Rz. 9). Unrichtige Versicherungen verlangen die Berichtigung der Versicherung (str., vgl. auch *Lutter/Hommelhoff* § 8 Rz. 9; *Noack* § 8 Rz. 14, „im Zeitpunkt der Anmeldung" – keine „Nachmeldepflicht" bei Änderungen des „Werts" etc. nach Anmeldung – str.; vgl. hierzu *LG Gießen* GmbHR 1986, 162 – bei Verzögerung wegen mangelhafter Anmeldung Wiederholung der Versicherung).

I.Ü. kommen Ansprüche der Gesellschaft nach § 9a sowie strafrechtliche Folgen nach **33** § 82 Abs. 1 in Betracht. Dies gilt insb., wenn sich nach der Anmeldung, aber vor der Eintragung, Anlass zur Berichtung der Versicherung wegen ihrer Unrichtigkeit der Versicherung ergibt (str. *Scholz/Veil* § 8 Rz. 27; die Rechtslage hat sich nach Aufgabe des Vorbelastungsverbots für Bargründungen geändert; zu nicht ausgeglichenen Vorbelastungen vor Eintragung und dem entspr. Streit *BGHZ* 80, 129 sowie u. Rz. 42; i.Ü. *Noack* § 8 Rz. 14 m.w.N. – str.). Mit den Folgen der falschen Versicherung befasst sich *OLG Celle* GmbHR 2001, 243 (Ls.) = NZG 2000, 1178 – falsche Versicherung des Geschäftsführers über Stammeinlageneinzahlung bei alsbaldiger Zurückzahlung der Einlage als Darlehen – Haftung nach § 9a – keine Berufung des Geschäftsführers auf § 19 (Anspruch der Gesellschaft gegen Gesellschafter auf Erbringen der Stammeinlage) – Gesamtschuldnerschaft des Geschäftsführers (§ 9) und des Gesellschafters (§ 19) – keine Haftung des Geschäftsführers nach § 43 infolge Sondervorschrift des § 9a – kein zusätzlicher Pflichtverstoß nach § 43 Abs. 2 bei Kenntnis und Wille der Gesellschafter und des Geschäftsführers von Nichteinzahlung/Nichteinforderung.

Handelt es sich um eine GmbH mit einem Stammkapital von z.B. 25.000 €, wird es **34** genügen, wenn folgende Versicherung abgegeben wird:

Beispiel: „Ich versichere, dass auf jeden Geschäftsanteil (Stammeinlage) ein Viertel einge- **35** zahlt ist und endgültig zu meiner Verfügung steht.

Von dem Stammkapital von 25.000 € haben übernommen und eingezahlt:

1. Gesellschafter N.N. – auf den Geschäftsanteil Nr. 1 von 15.000 € sind 10.000 € eingezahlt.

2. Gesellschafter N.N. – auf den Geschäftsanteil Nr. 2 von 10.000 € sind 2.500 € eingezahlt.

Damit sind insgesamt 12.500 € in Geld an die GmbH geleistet, die sich endgültig in meiner freien Verfügung befinden.

Das Vermögen der Gesellschaft ist, abgesehen von dem im Gesellschaftsvertrag festgesetzten Gründungsaufwand, nicht durch Verbindlichkeiten vorbelastet."

Hier ist schon aus den Beträgen deutlich ersichtlich, dass der Mindestbeitrag von 12.500 € erreicht ist, so dass dazu keine weitere Erläuterung erforderlich ist.

Auszugehen ist bei der zu wählenden Formulierung vom Sinn und Zweck der Erklärungen, die das Bewirken der Leistung zur endgültig freien Verfügung der Geschäftsführer in einer bestimmten Höhe sichern sollen (zum Sinn der Bestimmung bereits *BGHZ* 80, 129; auch z.B. *Noack* § 8 Rz. 12–14 m.w.N.; hierzu auch Scholz/*Veil* § 8 Rz. 27 ebenfalls m.w.N.).

Je konkreter die Versicherung gefasst ist, desto geringer ist die Wahrscheinlichkeit, dass registergerichtliche Beanstandungen vorgenommen werden.

36 **2. Die Versicherung bei Bareinlagen.** Hinsichtlich der Bareinlagen kommt es darauf an, ob es sich um eine Gesellschaft mit einem Stammkapital unter bzw. bis 50.000 € handelt. In diesem Fall muss die Versicherung sinngemäß (zum Inhalt i.Ü. Scholz/*Veil* § 8 Rz. 26) enthalten:

Beispiel: „Der Geschäftsführer, bei mehreren jeder für sich, versichert:

„Auf den Geschäftsanteil Nr. [Nummer] des Gesellschafters … ist ein Betrag von … (ein Viertel), auf den Geschäftsanteil Nr. [Nummer] des Gesellschafters … (ein Viertel zuzgl. … EUR), mithin insgesamt 12.500 EUR geleistet, die endgültig in der freien Verfügung der Geschäftsführer der Gesellschaft stehen. Das Vermögen der Gesellschaft ist, abgesehen von dem im Gesellschaftsvertrag übernommenen Gründungsaufwand von maximal … €, nicht durch Verbindlichkeiten vorbelastet.

37 **3. Die Versicherung bei der Sacheinlage.** Hinsichtlich der Sacheinlage wird das Publikum durch die Vorlage der Unterlagen i.S.d. § 8 Abs. 1 Nr. 5, die Bewirkung vor der Eintragung sowie die Versicherung des Geschäftsführers gem. § 8 Abs. 2 geschützt.

Hier wird folgende Formulierung ausreichend sein:

38 **Beispiel:** „Ich versichere, dass der Gesellschafter N.N. auf seinen Geschäftsanteil Nr. … von … € vereinbarungsgemäß die im Gesellschaftsvertrag festgelegte Sacheinlage, nämlich … (nähere Bezeichnung der Gegenstände) auf die Gesellschaft übertragen hat, so dass sie endgültig zur freien Verfügung der Geschäftsführer stehen."

Es kann noch (besser sollte noch) hinzugefügt werden:

„Hier beigefügt werden die Verträge, die den Festsetzungen der Sacheinlagen zugrunde liegen oder zu ihrer Ausführung geschlossen worden sind, der Sachgründungsbericht und die Unterlagen, die belegen, dass der Wert der Sacheinlagen den Betrag des dafür übernommenen Geschäftsanteils erreicht." (vgl. *Gustavus* Rz. 92.1)

39 Liegt eine „gemischte" Einlage mit Bar- und Sachleistungen vor, so könnte folgende Versicherung in Betracht kommen:

40 **Beispiel:** „Ich versichere, dass auf den Geschäftsanteil Nr. … des Gesellschafters (A) der Betrag von …, der einem Viertel des Geschäftsanteils entspricht, geleistet ist und endgültig zu meiner freien Verfügung steht. Der Gesellschafter (B) hat die auf den von ihm übernommenen Geschäftsanteil Nr. … zu leistende Sacheinlage (es folgt eine konkrete Beschreibung) auf die Gesellschaft übertragen, so dass diese endgültig zu meiner freien Verfügung steht. Wegen des Wertes verweise ich auf den Nachweis, der der Anmeldung beigefügt ist.

Ferner versichere ich, dass der Gesellschafter … weiterhin auf diesen Geschäftsanteil den Betrag von x = ein Viertel des „Barteils" geleistet hat, so dass auf diese Stammeinlage insgesamt ein Viertel geleistet ist und zu meiner freien Verfügung steht. Damit sind auf das Stammkapital (mehr als) 12.500 € geleistet."

Die Formulierung bei den Sacheinlagen kann im Einzelfall Schwierigkeiten bereiten und zu Beanstandungen Anlass geben. Es wird empfohlen, hier durch eine Voranfrage bei dem Registergericht Schwierigkeiten nicht erst entstehen zu lassen.

4. Besonderheiten bei der Ein-Personen-GmbH. Die in § 7 Abs. 2 S. 3 vorgesehene **41** Besonderheit bei Gründung von Ein-Personen-GmbH ist infolge Aufhebung dieser Vorschrift entfallen. Für die Versicherung genügte nach altem Recht das bisher Ausgeführte nicht, wenn keine Volleinzahlung erfolgt war. Vielmehr war zu versichern, dass eine Sicherheit hinsichtlich des nicht eingezahlten Betrages bewirkt war. Das ist nicht mehr erforderlich.

5. Keine Minderung des Anfangskapitals durch nicht angegebene Vorbelastungen. Da das Stammkapital im Zeitpunkt der Anmeldung (*Scholz/Veil* § 8 Rz. 24) vollwer- **42** tig zur Verfügung stehen muss und der Registerrichter dies nachzuprüfen hat, verlangen Registergerichte zusätzlich Versicherungen der Geschäftsführer zur Absicherung in dieser Beziehung (vgl. *BGH* DB 1981, 1032; ferner *BGH* NJW 1992, 3301; vgl. hierzu auch *Noack* § 8 Rz. 14 m.w.N.; *Wicke* § 8 Rz. 10; beachte allerdings *Scholz/ Veil* § 8 Rz. 27). Betroffen ist hier v.a. der wertzehrende Gründungsaufwand (str. wegen Aufgabe des Vorbelastungsverbots, vgl. hierzu *Noack* § 8 Rz. 14; auch *Scholz/ Veil* § 8 Rz. 27 m.w.N.). Das gilt dann nicht, wenn der Gründungsaufwand in der Satzung festgelegt ist (*Noack* § 8 Rz. 14; *Wicke* § 8 Rz. 10; *Scholz/Veil* § 8 Rz. 27). I.Ü. ist in die Versicherung aufzunehmen, ob solche wertmindernden Vorbelastungen vorhanden sind bzw. ob diese wieder ausgeglichen sind (*Wicke* § 8 Rz. 10). Wenn auch der Zeitpunkt der Anmeldung entscheidend ist, so kann das Registergericht bei längerer Dauer des Eintragungsverfahrens im Einzelfall eine ergänzende Versicherung nachverlangen (so *OLG Düsseldorf* DB 1998, 250; vgl. auch *Wicke* § 8 Rz. 10; *Noack* § 8 Rz. 14). Grds. ist allerdings der Zugang der Anmeldung bei dem Registergericht entscheidend, da Veränderungen nach diesem Zeitpunkt die Versicherung grds. nicht unrichtig machen (*Noack* § 8 Rz. 14 (str.); vgl. auch *Wicke* § 8 Rz. 10). Wegen des Gründungsaufwands bei der **UG (haftungsbeschränkt)** vgl. das Musterprotokoll (vgl. ferner *Wachter* GmbHR, Sonderheft 10/2008, 26 f.; auch *Römermann* GmbHR, Sonderheft 10/2008, 25).

Die Versicherung kann/sollte daher sicherheitshalber wie folgt ergänzt werden:

Beispiel: „Ich versichere, dass das Stammkapital nicht durch Verbindlichkeiten, abgesehen **43** von dem im Gesellschaftsvertrag festgesetzten Gründungsaufwand, vorbelastet ist."

Musterversicherung vgl. *Krafka* Rz. 947 a.E.

VII. Die Angabe der Vertretungsbefugnis der Geschäftsführer

In zahlreichen Anmeldungen ist die Vertretungsbefugnis unrichtig anzutreffen. Sie **44** muss mit der Bestellung (Gesellschaftsvertrag, gesonderter Beschluss, vgl. § 6 Rz. 23) sowie der Satzung übereinstimmen. Es reicht aber nicht aus, dass die Vertretungsbefugnis in entspr. Unterlagen enthalten ist. Sie muss in der Anmeldung wiedergegeben sein (*Scholz/Veil* § 8 Rz. 35; *Noack* § 8 Rz. 1, 7: „ausdrücklich, vollständig und generell formuliert"; ferner *Wicke* § 8 Rz. 18; s. auch *EuGH* BB 1974, 1500; *BGHZ* 63, 261; *BayObLG* DB 1980, 681; FGPrax 1997, 158; *OLG Düsseldorf* DB 1989, 1279; *OLG Frankfurt* DB 1993, 2478). Die bloße Bezugnahme auf die Satzung reicht nicht aus. Sowohl die generelle (abstrakte) wie auch die konkrete Befugnis einzelner Geschäftsführer ist anzumelden, wenn letztere abw. vorgesehen ist (*Wicke* § 8 Rz. 18; *BayObLG* DB 1980, 681).

45 Die Anmeldung der Vertretungsbefugnis muss im Zeitpunkt des Anmeldeverfahrens zutr. wiedergegeben werden. Ihre Anmeldung kann nachgeholt werden, wenn sie in der Anmeldung nicht enthalten ist. Dies muss in Wiederholung oder zumindest Ergänzung der (bislang fehlerhaften) Anmeldung und in notariell beglaubigter Form geschehen.

46 Die Anmeldung ist entspr. sinngemäßer Satzungsregelung bzw. legitimierender Gesellschaftererklärung wie folgt zu fassen (konkrete Vertretungsbefugnis):

„**Ich melde mich als Geschäftsführer der GmbH an. Gleichzeitig melde ich an, dass ich mit einem anderen Geschäftsführer oder gemeinsam mit einem Prokuristen vertrete. Bin ich nur alleiniger Geschäftsführer, so vertrete ich einzeln.**"

47 Wird der letzte Satz weggelassen, so ist die Anmeldung unvollständig und unrichtig, da der Geschäftsführer dann, wenn er alleiniger Geschäftsführer ist, einzelvertretungsbefugt ist und z.B. auch nicht an eine gemeinsame Vertretung mit einem Prokuristen gebunden werden kann.

48 Auch die Befreiung von den Beschränkungen des § 181 BGB ist anzumelden (*BGHZ* 87, 59 ff.; *BayObLG* DB 1984, 1517; auch *Wicke* § 8 Rz. 18; Scholz/*Veil* § 8 Rz. 27; *Noack* § 8 Rz. 19; *Lutter/Hommelhoff* § 8 Rz. 22). Insofern ist § 10 Abs. 1, 2 maßgeblich. Der BGH (ZIP 1983, 568 = DNotZ 1983, 633 = BB 1983, 857) nimmt an, dass die generelle Befreiung von den Beschränkungen des § 181 BGB eine eintragungspflichtige Tatsache ist. Ferner ist in der genannten Entscheidung festgestellt, dass eine solche Befreiung in der Satzung vorgesehen sein muss. Die Anbindung der Befreiung an den Alleingesellschafterstatus des Geschäftsführers ist allerdings nicht eintragungsfähig, da sich aus dem Register selbst der Umfang der Vertretungsmacht nicht beurteilen lässt, sondern es weiterer Nachforschungen bedarf (*BGH* ZIP 1983, 568).

49 Fehlt die Anmeldung der Vertretungsbefugnis oder ist eine unrichtige Anmeldung erfolgt, so ist die Eintragung nach erfolgloser Frist zur Beseitigung des Eintragungshindernisses zurückzuweisen.

50 Streitig ist, wie die Registergerichte die Vertretungsbefugnis einzutragen haben. Einzutragen ist die nach dem GmbHG bestehende oder die hiervon nach dem Gesellschaftsvertrag abweichende generell geltende Vertretungsbefugnis der Geschäftsführer. Gelten für einzelne Geschäftsführer Besonderheiten, so müssen diese – also die jeweilige spezielle Vertretungsbefugnis – eingetragen werden (hierzu *Krafka* Rz. 987 f.; *BGHZ* 87, 59; Scholz/*Veil* § 10 Rz. 12 m.w.N.).

VIII. Eintragung des Hauptbevollmächtigten, Geschäftsleiters

51 Entspr. der Übung der bisherigen Praxis, die eine Anmeldepflicht und Eintragungsfähigkeit i.S.d. KWG und eines Handlungsbevollmächtigten i.S.d. VAG von Zweigniederlassungen ausländischer Kreditinstitute bzw. Versicherungsgesellschaften trotz Bedenken bejahte (*BayObLG* NJW 1973, 2102), hat der Gesetzgeber die Eintragungspflicht (und damit inzidenter die Anmeldepflicht) bereits 1980 normiert. Geschäftsführer und Handlungsbevollmächtigter sind mit Namen und Wohnort in Spalte 6 des HR als „gesetzliche Vertreter der Zweigniederlassung" bzgl. ihrer Tätigkeit im Inland einzutragen (vgl. § 43 Nr. 4 der HRV). Sie sind daher befugt, spätere Anmeldungen bzgl. der Zweigniederlassung vorzunehmen. Nach hier vertretener Meinung dürfen sie auch Prokura unter Beschränkung auf die Zweigniederlassung erteilen.

IX. Die entfallene Zeichnung der Unterschrift durch die Geschäftsführer

Namenszeichnungen – bis 1.1.2007 erforderlich – wurden durch das EHUG ersatzlos **52** abgeschafft. Der Notar soll zur Unterschriftsbeglaubigung nach §§ 39 ff. BeurkG die Identität der anmeldenden Person, die die Anmeldung unterschreibt zweifelsfrei feststellen und sie im Beglaubigungsvermerk so bezeichnen, dass Zweifel und Verwechslungen ausgeschlossen sind (§§ 40 Abs. 4 i.V.m. 10 Abs. 1, 2 BeurkG, § 26 DONot – vgl. *Krafka* Rz. 80). Demgemäß ist die frühere Fassung des § 8 Abs. 5 nicht mehr maßgeblich (Zeichnung der Unterschrift der Geschäftsführer zur Aufbewahrung bei Gericht). Nunmehr ist nach § 8 Abs. 5 gem. § 12 Abs. 2 HGB zu verfahren.

Die Vorschrift lautet:

§ 12 HGB Anmeldungen zur Eintragung und Einreichungen
(1) [1]Anmeldungen zur Eintragung in das Handelsregister sind elektronisch in öffentlich beglaubigter Form einzureichen. [2]Die öffentliche Beglaubigung mittels Videokonferenz gemäß § 40a des Beurkundungsgesetzes ist zulässig. [3]Die gleiche Form ist für eine Vollmacht zur Anmeldung erforderlich. [4]Anstelle der Vollmacht kann die Bescheinigung eines Notars nach § 21 Absatz 3 der Bundesnotarordnung eingereicht werden. [5]Rechtsnachfolger eines Beteiligten haben die Rechtsnachfolge soweit tunlich durch öffentliche Urkunden nachzuweisen.

(2) [1]Dokumente sind elektronisch in einem maschinenlesbaren und durchsuchbaren Datenformat einzureichen. [2]Ist eine Urschrift oder eine einfache Abschrift einzureichen oder ist für das Dokument die Schriftform bestimmt, genügt die Übermittlung einer elektronischen Aufzeichnung; ist ein notariell beurkundetes Dokument oder eine öffentlich beglaubigte Abschrift einzureichen, so ist ein mit einem einfachen elektronischen Zeugnis (§ 39a des Beurkundungsgesetzes) versehenes Dokument zu übermitteln.

Wegen der Einzelheiten vgl. z.B. *Krafka* Rz. 80 ff. Gem. § 5a DONot sind Wohnanschriften (anders als Geschäftsanschriften) in an das Handelsregister oder an ein ähnliches Register zu übermittelnden Dokumenten nicht aufzunehmen oder unkenntlich zu machen (ebenso Seriennummern von Ausweisdokumenten oder Kontoverbindungen). Das gilt nicht, wenn die übermittelnde Stelle den Entwurf des Dokumentes nicht gefertigt hat. Ausnahmen nur bei Verwechslungsgefahr (dem Notar ist bekannt, dass am selben Ort zwei Personen mit demselben Namen und Geburtsdatum wohnen (*Krafka* Rz. 80).

X. Versicherung der Geschäftsführer über das Fehlen von Ausschlussgründen und über Belehrung nach § 53 Abs. 2 BZRG

Rechtsprechung: *OLG München* v. 26.4.2016 – 31 Wx 117/16 – zur Verfassungsmäßig- **53** keit einer Sperre eines Vorstandes nach Verurteilung wegen Marktmanipulation; *KG* v. 17.7.2018 – 22 W 34/18 – Löschung des Geschäftsführers nach Verurteilung – Strafbefehl steht Verurteilung gleich; *OLG Hamm* v. 27.9.2018 – 27 W 93/18 – Versicherung nach § 6 Abs. 2 S. 2 Nr. 3e <Ausnahmefall>; *OLG Oldenburg* v. 3.4.2018 – 12 W 39/18 – inhaltlich falsche Versicherung ist durch eine richtigstellende Versicherung zu ersetzen, andernfalls Zurückweisung der Eintragung; *OLG Frankfurt* v. 4.2.2016 – 20 W 28/16 – Anforderungen des § 8 Abs. 3 S. 1 – Versicherung kann bei mehreren Geschäftsführern nicht gemeinschaftlich, sondern nur einzeln abgegeben werden. Nach § 8 Abs. 3 S. 1 haben die Geschäftsführer zu versichern, dass keine Ausschlussgründe (vgl. § 6 Rz. 25) bestehen. Insofern ist § 6 Abs. 2 S. 2 Nr. 2 und Nr. 3 sowie § 6

Abs. 2 S. 3 maßgeblich (vgl. insofern *Wachter* GmbHR, Sonderheft 10/2008, 11; *Wicke* § 15). Zum Inhalt hat der BGH klarstellend festgestellt, dass überzogene Anforderungen an die Erklärung nicht erforderlich sind (*BGH* v. 17.5.2010 – II ZB 5/10, NZG 2010, 829 – Versicherung nach § 8 Abs. 3 – ausreichend wie folgt:... er sei „noch nie, weder im Inland noch im Ausland, wegen einer Straftat verurteilt worden" – Nichterforderlichkeit der Aufführung der in § 6 Abs. 2 S. 2 Nr. 3 genannten Straftatbestände nationalen und der vergleichbaren Bestimmungen des ausländischen Rechts in der Versicherung im Einzelnen; so auch *Noack* § 8 Rz. 15 m.w.N. der teils abw. Rechtsprechung wie *OLG Frankfurt* GmbHR 2011, 1156). Die konkreten Angaben sind sinnvoll und sollten trotz der Großzügigkeit des BGH vorgesehen werden. Maßgeblich i.Ü. die Rechtskraft der Entscheidung, nicht die Verurteilung (*BGH* NZG 2011, 871; *Noack* § 8 Rz. 16a; *Lutter/Hommelhoff* § 8 Rz. 16). Die Versicherung kann in die Anmeldung aufgenommen werden oder in einer selbstständigen notariell beglaubigten Urkunde abgegeben werden (§ 129 BGB – *Wicke* § 8 Rz. 15; auch *Wachter* GmbHR, Sonderheft 10/2008, 13, Rz. 26 u Hinw. auf einen Formulierungsvorschlag unter www.gmbhr.de/reform2008.htm; zu weiteren Formulierungsbeispielen *Krafka* Rz. 953b; *Meyer-Landrut* Formular-Kommentar GmbH-Recht, 5. Aufl. 2022). Sie wird elektronisch in/mit der Anmeldung elektronisch in öffentlich beglaubigter Form beim dem Registergericht eingereicht (§ 129 BGB, § 12 Abs. 2 HGB, 39a BeurkG). Die Verurteilung führt nur dann zum Ausschluss, wenn die Tat vorsätzlich (§ 15 StGB) begangen ist (§ 6 Abs. 2 Nr. 3) und die übrigen Einschränkungen (fünf Jahre seit Rechtskraft des Urteils etc., § 6 Abs. 2 Nr. 3 Hs. 2) nicht anzutreffen sind (*Wachter* GmbHR, Sonderheft 10/2008, 13). Die Versicherung muss sich darauf beziehen, dass während der letzten 5 Jahre keine Verurteilung rechtskräftig wurde, der bloße Hinweis, darauf, dass dem Geschäftsführer bekannt sei, dass die Frist erst mit Rechtskraft des Urteils in Gang gesetzt wird, reicht nicht aus (*OLG Oldenburg* DNotI-Report 17/2016). Bezüglich der Anforderungen an die Versicherung der Berufs- oder Gewerbeausübungsverbote (keine bloße am Wortlaut des § 6 Abs. 2 S. 2 Nr. 2 angelehnte Versicherung) s. *OLG Frankfurt a.M.* v. 9.4.2015, GmbHR 2015, 863, abl. Scholz/Veil § 8 Rz. 30b). Zulässiger Zeitablauf zwischen der Abgabe der Eignungsversicherung des Geschäftsführers und der Einreichung beim Handelsregister mehrere Wochen bis sechs Monate bzw. Grenzfrist von drei Monaten s. *Krafka* Rz. 953a m.w.N. sowie OLG München (NZG 2022, 1400) – neun Monate bei Verzögerung der Eintragung schädlich.

54 Das Vorliegen der Belehrung hat der Geschäftsführer zu versichern (§ 8 Abs. 3). Sie bezieht sich auf das unbeschränkte Auskunftsrecht des Registerrichters ggü. dem Bundeszentralregister (§ 41 Abs. 1 Nr. 1 BZRG) Das Gericht kann so die Richtigkeit der Versicherung des Geschäftsführers überprüfen. Die Belehrung kann nach § 8 Abs. 3 S. 2 auch schriftlich erfolgen. Belehrungen können Notare, ausländische Notare, durch Vertreter eines „vergleichbaren" rechtsberatenden Berufs (Rechtsanwälte – so die Begr. des RegE) oder durch Konsularbeamte (nur deutsche?) erfolgen (vgl. *Lutter/Hommelhoff* § 8 Rz. 18; auch bereits *Wachter* GmbHR, Sonderheft 10/2008, 13, teils krit.; auch *Wicke* § 8 Rz. 16).

XI. Angabe der inländischen Geschäftsanschrift

55 Gemäß § 8 Abs. 4 Nr. 1 muss in der Anmeldung eine inländische Geschäftsanschrift der Gesellschaft angegeben werden (keine Postfachanschrift), um Zustellungen gem. §§ 178 ff. ZPO zu ermöglichen. Sie muss nicht mit den Geschäftsräumen des Satzungssitzes oder des Verwaltungssitzes übereinstimmen, ist also frei wählbar – vgl. *Krafka* Rz. 947a, auch *Lutter/Hommelhoff* § 8 Rz. 20) – und in der Anmeldung anzugeben (§ 8 Abs. 4 Nr. 1). Sie wird in das HR eingetragen (§ 10 Abs. 1 S. 1) und bekannt gemacht. Sie ist damit jederzeit abrufbar. An diese Geschäftsanschrift kann wirksam zugestellt werden (vgl. § 35 Abs. 2 S. 4) – hierzu *BGH* v. 31.10.2018 – I ZR 20/18 – Zulässigkeit einer öffentlichen Zustellung nach § 185 Nr. 2 ZPO erst bei Unmöglichkeit der Zustellung an die GmbH an die im Handelsregister eingetragene Geschäftsanschrift. Zur Erfüllung dieser Pflicht müssen Straße, Hausnummer, Postleitzahl und Ort angegeben werden – eindeutig und vollständig. Üblicherweise wird hier die Adresse des Geschäftslokals, der Hauptverwaltung oder eines Betriebs angegeben. Fehlen Geschäftslokal etc., so muss eine andere Geschäftsanschrift angegeben werden (im Inland – auch z.B. inländische Wohnanschrift des Geschäftsführers, eines Gesellschafters oder eines Zustellungsbevollmächtigten im Inland (Anwalt, Notar, Steuerberater etc. – hierzu *Wicke* § 8 Rz. 16; *Wachter* GmbHR, Sonderheft 10/2008, 13, *Steffek* BB 2007, 2077). Fehlt die Angabe der „inländischen Geschäftsanschrift", so ist die Anmeldung unvollständig und kann nach Zwischenverfügung zurückgewiesen werden. Altgesellschaften sollten ihre „inländische Geschäftsanschrift" bis zum 31.10.2009 dem Registergericht mitgeteilt haben. Ist das nicht geschehen, wird die letzte bekannte Geschäftsanschrift vom Registergericht eingetragen, die die Gesellschaft gegen sich gelten lassen muss (vgl. die Übergangsregelung § 3 Abs. 1 EGGmbHG). Änderungen der inländischen Anschrift sind elektronisch unverzüglich zum Handelsregister in beglaubigter Form anzumelden (§§ 31, 12 HGB), wobei die Anmeldung durch Zwangsgeld erzwungen werden kann (§ 14 HGB). Bei Verletzung dieser Aktualisierungspflicht ist die bisherig eingetragene Anschrift maßgeblich (wobei das Zugangsproblem § 130 BGB nicht übersehen werden darf – hierzu etwa *Wicke* § 35 Rz. 30; *Steffek* BB 2007, 2079). Wegen der weiteren Einzelheiten vgl. § 35; i.Ü. *Wicke* § 35 Rz. 31 f.). Gem. § 10 Abs. 2 S. 2 kann freiwillig auch eine Person angemeldet werden, die für Willenserklärungen und Zustellungen im Inland empfangsberechtigt ist (*Krafka* Rz. 947a).

XII. Einreichung der Unterlagen nach § 12 Abs. 1 und Abs. 2 HGB in entsprechender Anwendung

Vgl. hierzu Rz. 3   **56**

XIII. Weitere vorzulegende Unterlagen nach anderen Rechtsvorschriften

Wegen der Liste der Aufsichtsratsmitglieder vgl. § 52 (auch *Wicke* § 52 Rz. 13) – Übermittlung als elektronische Aufzeichnung nach § 12 Abs. 2 HGB – hier im Fall der Gründung auch die die Vorlage der Urkunden über die Bestellung der Aufsichtsratsmitglieder. Die Aufsichtsratsliste wurde zum 1.1.2007 durch das EHUG eingeführt (vgl. *Krafka* Rz. 1004).   **57**

Daneben ist ggf. die elektronische Stellungnahme der IHK (sowie auch der HWK) gem. § 376 FamFG (§ 23 S. 3, 4 HRV – hierzu *Krafka* Rz. 164a – nur noch selten) einzuholen – vor der Eintragung.   **58**

Die Unbedenklichkeitsbescheinigung des Finanzamtes ist nicht mehr vorzulegen (vgl. Art. 5 f. der Novelle 1980, auch Rechtsausschuss BT-Drucks. 8/3908, 81).   **59**

60 Die Benachrichtigung der Beteiligten erfolgt nach § 383 Abs. 1 FamFG an den gesetzlichen Vertreter sowie auch alle, die von der Eintragung betroffen sind, § 40 Abs. 1 FamFG, *Krafka* Rz. 194; weitere Benachrichtigungen etc. Rz. 196 an IHK, HWK, Landwirtschaftskammer, bei Sitzverlegung an das neu zuständige Gericht bzw. nach Sitzverlegung an bisheriges Gericht; Finanzamt (Grunderwerbsteuer) bei Wechsel von Grundeigentum etc.

§ 9 Überbewertung der Sacheinlagen

(1) ¹**Erreicht der Wert einer Sacheinlage im Zeitpunkt der Anmeldung der Gesellschaft zur Eintragung in das Handelsregister nicht den Nennbetrag des dafür übernommenen Geschäftsanteils, hat der Gesellschafter in Höhe des Fehlbetrags eine Einlage in Geld zu leisten. ²Sonstige Ansprüche bleiben unberührt.**

(2) Der Anspruch der Gesellschaft nach Absatz 1 Satz 1 verjährt in zehn Jahren seit der Eintragung der Gesellschaft in das Handelsregister.

Übersicht

1 *Literatur: Blöse* Das reformierte Recht der Gesellschafterleistungen, GmbHR 2018, 1151; *Heckschen* Die GmbH-Gründung 10 Jahre nach MoMiG – Eine Bestandsaufnahme, GmbHR 2018, 1093; *Lieder* 10 Jahre Kapitalschutz nach dem MoMiG, GmbHR 2018, 1116; *Porzelt* Ungeklärte Fragen der Gründerhaftung der Gesellschafter einer (Vor-)GmbH, GmbHR 2018, 663; *Verse* Aufsteigende Sicherheiten und Kapitalerhaltung, GmbHR 2018, 113; *Wieneke* Die Differenzhaftung des Inferenten und die Zulässigkeit eines Vergleichs über ihre Höhe, NZG 2012, 136; *Priester* Eine Lanze für die Differenzhaftung bei Verschmelzung von GmbH, ZIP 2019, 646.

I. Übersicht über die Haftung und Kapitalerhaltung im GmbH-Recht

2

Haftung	§§ GmbHG	Verjährung
Differenzhaftung der Gesellschafter gegen über ggü der GmbH, sonstige Ansprüche bleiben unberührt	§ 9	10 Jahre ab Eintragung – § 9 Abs. 2
Ersatz- und Schadensersatzansprüche der GmbH gegen Gesellschafter und Geschäftsführer **für fehlende Einzahlungen** bei falschen Angaben zum Zweck der Eintragung – Befreiung bei Unkenntnis bzw fehlendem Kennenmüssen bei Sorgfalt eines ordentlichen Geschäftsmannes	§ 9a Abs. 1 und 3	5 Jahre ab Eintragung oder bei späterer Begehung mit Vornahme der Handlung, § 9b Abs. 2
Haftung bei vorsätzlicher oder grob fahrlässiger **Schädigung durch Einlagen und Gründungsaufwand** durch Gesellschafter – Befreiung bei Unkenntnis bzw fehlendes Kennenmüssen bei Sorgfalt eines ordentlichen Geschäftsmannes	§ 9a Abs. 2 und 3	Eintragung oder bei späterer Begehung mit Vornahme der Handlung, § 9b Abs. 2

K. Beine

Haftung	§§ GmbHG	Verjährung
Haftung von „Hintermännern" ohne Berufungsmöglichkeit auf eigene Unkenntnis bei Kenntnis oder Kennenmüssen eines ordentlichen Geschäftsmannes des für den „Hintermann" handelnden Gesellschafters	§ 9a Abs. 4	Eintragung oder bei späterer Begehung mit Vornahme der Handlung, § 9b Abs. 2
Unzulässigkeit von Verzicht und Vergleich bei Erforderlichkeit des Ersatzanspruchs zur Befriedigung der Gläubiger – Ausnahme bei Zahlungsunfähigkeit des Ersatzpflichtigen und Vergleich bzw Regelung im Insolvenzplan	§ 9b Abs. 1 und 2	Eintragung oder bei späterer Begehung mit Vornahme der Handlung, § 9b Abs. 2
Persönliche und solidarische **Haftung der Handelnden vor Eintragung**	§ 11 Abs. 2	
Keine Befreiung von der Einlagepflicht – Aufrechnung unzulässig bei Überlassung von Gegenständen bei Anrechnung auf die Einlagepflicht – kein Zurückbehaltungsrecht	§ 19 Abs. 2	10 Jahre nach Entstehung des Anspruchs, § 19 Abs. 6
Befreiung bei Kapitalherabsetzung höchstens in Höhe des herabgesetzten Stammkapitals	§ 19 Abs. 3	10 Jahre nach Entstehung des Anspruchs, § 19 Abs. 6
Haftung bei verdeckter Sacheinlage durch fortbestehende Barleistungspflicht mit Wertanrechnung der Sacheinlage	§ 19 Abs. 4	10 Jahre nach Entstehung des Anspruchs, § 19 Abs. 6
Vereinbarung einer wirtschaftlich als Rückzahlung anzusehenden Leistung vor Einlage (keine verdeckte Sacheinlage) befreit nur bei Deckung der Leistung durch vollwertigen Rückgewähranspruch mit jederzeitiger Fälligkeit bzw Fälligkeit durch Kündigung	§ 19 Abs. 5	10 Jahre nach Entstehung des Anspruchs, § 19 Abs. 6
Haftung für Verzugszinsen	§ 10	
Haftung für Ausfall bei Kaduzierung	§ 21 Abs. 3, zwingend nach § 25	
Haftung der Rechtsvorgänger	§ 22, zwingend nach § 25	
Haftung für nicht durch Einziehung oder Verkauf gedeckte und nicht aufgebrachte Fehlbeträge	§ 24, zwingend nach § 25	
Auszahlungsverbot aus Stammkapital bzw Vermögen	§ 30	
Anspruch der GmbH zur Erstattung verbotener Auszahlungen gegen Empfänger bzw Gesellschafter oder Geschäftsführer bei Verschulden	§ 31 Abs. 1–4	10 Jahre ab Leistung der Zahlung § 31 Abs. 5

K. Beine

II. Allgemeines und Reformen

3 Die Haftung nach § 9 bezieht sich auf die Differenz zwischen Nennwert des Geschäfts-anteils und dem im Zeitpunkt der Anmeldung anzutreffenden objektiven Wert der Sacheinlage. Hinsichtlich der Differenz verbleibt es bei der Pflicht zum Ausgleich in bar. Die Tilgungswirkung tritt nur in Höhe des wirklichen Wertes der Sacheinlage ein (vgl. *Lutter/Hommelhoff* § 9 Rz. 1; *BGHZ* 68, 191; zum Wesen der Differenzhaftung auch *Noack/Servatius/Haas* § 9 Rz. 7, 3; *Scholz/Veil* § 9 Rz. 5 – „ein die Sacheinlage ergänzender gesetzlicher Geldeinlageanspruch"). Stundung, Erlass, Aufrechnung etc. sind nicht zulässig (*Scholz/Veil* § 9 Rz. 5 – vgl. § 19 Abs. 2 und Abs. 3; ferner *Noack* § 9 Rz. 7 – grds. hierzu *BGH* NZG 2012, 69 zur AG).

4 Nach der Begründung des RegE (2008) ist der Nennbetrag des jeweiligen Geschäftsan-teils Bezugsgröße dafür, ob der Gesellschafter durch die Erbringung der Sacheinlage seine Einlageverpflichtung erfüllt. Dies wird in Abs. 1 S. 1 sprachlich nachvollzogen.

5 Die Ergänzung durch Abs. 1 S. 2 stellt in diesem Zusammenhang klar, dass die Diffe-renzhaftung nach § 9 Abs. 1 andere denkbare Ansprüche aus anderen Rechtsgründen, also insb. Ansprüche auf ein durch den Wert der Sacheinlage nicht vollständig gedeck-tes Agio, nicht ausschließt. Ein Agio nimmt also am Schutz des § 9 nach h.M. nicht teil (*Lutter/Hommelhoff* § 9 Rz. 4; *Scholz/Veil* § 9 Rz. 5). Entsprechendes gilt über § 19 Abs. 4 S. 1 zugleich auch im Fall einer verdeckten Sacheinlage.

6 Die Vorschrift war 1980 an die Stelle des bis dahin geltenden § 9 a.F. getreten und schuf eine neue Nachzahlungspflicht (RegE BT-Drucks. 8/1347, 34). § 9 a.F. wurde 1980 verändert in §§ 9a f. übernommen. Ziel der Bestimmung des § 9 war und ist es, neben der registerrichterlichen Überprüfung (vgl. auch Sachgründungsbericht, Versi-cherung der Geschäftsführer) in noch stärkerem Maße als bisher, eine Gläubigerge-fährdung durch eine eingetragene GmbH auszuschließen oder doch weitgehend zu verringern (RegE BT-Drucks. 8/1347, 35). Zur Novellierung 1980 vgl. z.B. *Lutter* DB 1980, 1319; *Ulmer* BB 1980, 1002. I.Ü. zum früheren Recht vgl. die Entwicklung vom Vorbelastungsverbot der Vor-GmbH zur Vorbelastungshaftung *BGH* NJW 1996, 1211 = BB 1996, 1349 = ZIP 1996, 590; zust. *Gehrlein* NJW 1996, 1193; dazu auch *Rai-ser/Veil* BB 1996, 1344; auch *Ulmer* ZIP 1996, 733; i.Ü. zur Differenzhaftung *Noack* § 9 Rz. 1, 4; *Lutter/Hommelhoff* § 9 Rz. 1; *Scholz/Veil* § 9 Rz. 1; zum Eingreifen des § 9 bereits *BGH* NJW 1996, 1473, 1476 = BB 1996, 813. Zur Kapitalerhöhung vgl. § 56 Abs. 2, zur Umwandlung die §§ 47 Abs. 2, 56b Abs. 2, 58 Abs. 2 UmwG (Stichtag der Umwandlungsbilanz maßgeblich – vgl. *Scholz/Veil* § 9 Rz. 4 m.w.N.; *Hennrichs* Bespr. *BGH* ZIP 1998, 2151 = GmbHR 1999, 31, ZGR 1999, 37; vgl. auch *BGH* 11.4.2011 – II ZB 9/10. Der Neugründung einer UG durch Abspaltung steht das Sacheinlagever-bot des § 5a Abs. 2 S. 2 entgegen).

III. Bewertung und Bewertungszeitpunkt

7 Maßgeblicher Ausgangspunkt für die Differenzhaftung des Gesellschafters bei Sach-einlagen ist nach dem Wortlaut der Vorschrift der Zeitpunkt der Anmeldung. Mithin ist der Eingang bei dem Registergericht maßgeblich und stellt den entscheidenden Bewertungsstichtag dar (*OLG* Köln, GmbHR 1999, 288, 293, *Lutter/Hommelhoff* § 9 Rz. 5). Es kommt folglich auf den Zeitpunkt der Einbringung bzw. der Überlassung an den Geschäftsführer nicht an. Ebenso wenig ist der Zeitpunkt der Eintragung für die hier betroffene Differenzhaftung erheblich (vgl. *BGHZ* 80, 129; ferner *Scholz/Veil* § 9

Rz. 11; *Lutter/Hommelhoff* § 9 Rz. 5). Die Differenzhaftung wird durch eine nach der Anmeldung eintretende Wertminderung nicht ausgelöst, ausgenommen bei einer Garantievereinbarung, führt aber zu einer Unterbilanz am Tage der Eintragung (*Altmeppen* § 9 Rz. 8), die ausschließlich durch die Vorbelastungshaftung gesichert ist, die nach h.M. alle Gesellschafter trifft (*Lutter/Hommelhoff* § 9c Rz. 19 und § 11 Rz. 41 ff.); eine Zahlungsunfähigkeit oder Überschuldung der Gesellschaft ist jedoch stets ein Eintragungshindernis (Scholz/*Veil* § 9c Rz. 29 m.w.N. zu abw. Rechtsprechung). Der Gesetzgeber wollte das Risiko eines Wertverlustes zwischen dem Abschluss des Gesellschaftsvertrages bzw. der tatsächlichen Leistung und Entstehung infolge Eintragung ausschließen (bereits bei Reform 1980 RegE BT-Drucks. 8/1347, 35; vgl. *BGH* NJW 1981, 1373, 1375 = DNotZ 1981, 582 = Rpfleger 1981, 230 = DB 1981, 1032; zum Ziel der Vorschrift i.Ü. etwa *Lutter/Hommelhoff* § 9 Rz. 1 m.w.N.). Bedeutsam war hierbei auch, dass es den Gesellschaftern vor der Anmeldung überlassen bleibt, wann sie ihre Leistungen erbringen, ob zeitlich nah oder fern von der Anmeldung. Schon nach altem vor 1980 geltendem Recht war für die Eintragung erforderlich, dass der Wert der Sacheinlage auch noch im Zeitpunkt der Eintragung gegeben sein musste (vgl. oben § 5 Rz. 35). Dies ist nunmehr in § 9c Abs. 1 S. 2 n.F. für den Fall der „nicht unwesentlichen Überbewertung für die Zurückweisung der Anmeldung ausdrücklich geregelt" (zur Reform 1980 vgl. RegE BT-Drucks. 8/1347, 35). Wird dem Registergericht das Absinken des Wertes bekannt, so hat es die Eintragung abzulehnen (vgl. *BGH* NJW 1981, 1373; *Lutter/Hommelhoff* § 9c Rz. 1). Das kann auch bei Anhaltspunkten für Ermittlungen nach § 26 FamFG gelten, v.a. bei erheblichem zeitlichem Abstand zwischen Anmeldung und Eintragung. Auch unwesentliche Überbewertungen sind nach wie vor im Rahmen des § 9 relevant und führen zur Differenzhaftung, nicht aber gem. § 9c Abs. 1 S. 2 zur Versagung der Eintragung (vgl. *Noack* § 9 Rz. 4). Eine Bewertung etwa von Gebrauchsgegenständen zu einem sechs Monate späteren Termin fällt anders aus als vor diesem Zeitpunkt (Fahrzeuge, Möbel, Maschinen etc.).

Maßgeblich ist der objektive Wert der Sacheinlage unter Zugrundelegung der maß- **8** geblichen Bewertungsgrundsätze. Sollen Unternehmen eingebracht werden, so ist der Ertrags-, nicht der Substanzwert maßgeblich (*OLG Düsseldorf* in Die Aktiengesellschaft 2011, 823, 824). Jede – auch die geringfügige – Überbewertung führt wiederum zur Differenzhaftung. Bewertungs- und Beurteilungsspielräume stehen den Gesellschaftern nicht zu. Im Streitfall entscheidet ein Sachverständiger oder der Börsen- bzw. Marktpreis, sofern diese feststellbar sind. Wenn sich kleinere Abweichungen tatsächlich nicht auswirken mögen, so ändert das am Prinzip nichts (vgl. hierzu *Wicke* § 9 Rz. 3; ferner u.a. *Lutter/Hommelhoff* § 9 Rz. 4; *Noack* § 9 Rz. 3; Scholz/*Veil* § 9 Rz. 12 m.w.N.; i.Ü. *OLG Düsseldorf* WM 1991, 1669).

Unerheblich ist die Ursache der Überbewertung (überhöhtes Wertgutachten, Ver- **9** schulden, Irrtümer, Fehlbewertungen, Marktbewegungen, tatsächliche Einwirkungen wie Beschädigung, Zerstörung) – die Gesellschafter tragen das Bewertungsrisiko uneingeschränkt (hierzu auch Scholz/*Veil* § 9 Rz. 14; *Noack* § 9 Rz. 3. Handelt es sich um mehrere Gegenstände oder auch Sachgesamtheiten, so müssen sie zusammen den Nominalwert der zu deckenden Stammeinlage erreichen (Scholz/*Veil* § 9 Rz. 15). Hieran ändert sich auch nichts, wenn der Registerrichter die Gesellschaft einträgt, ohne das Eintragungshindernis zu bemerken. Auch in diesen Fällen greift die Differenzhaftung ein. Die Beweislast für die Überbewertung liegt regelmäßig bei der GmbH (*Wicke* § 9 Rz. 4 mit Hinw. auf mögliche Beweiserleichterungen; Scholz/*Veil* § 9 Rz. 18;

auch z.B. *OLG Düsseldorf* AG 2011, 823; *OLG Naumburg* GmbHR 1998, 385; *Lutter/ Hommelhoff* § 9 Rz. 10; vgl. auch *OLG Düsseldorf* WM 1991, 1669 Darlegung von Zweifeln durch GmbH – Nachweis der Wertigkeit durch Gesellschafter).

IV. Ansprüche der Gesellschaft als Folge

10 Die Überbewertung führt zum Anspruch der Gesellschaft auf Ausgleich der Differenz durch den Gesellschafter, den insofern eine Pflicht zur Geldzahlung trifft – Bestehen der im Grunde primär eingreifenden Bareinlagepflicht (*Noack* § 9 Rz. 6; *Lutter/Hommelhoff* § 9 Rz. 1; *Scholz/Veil* § 9 Rz. 5). Gläubiger ist die GmbH, vertreten durch den/ die Geschäftsführer, Schuldner sind der überbewertende Gesellschafter bzw. auch sein Nachfolger als Anteilsinhaber, letztlich aber auch die übrigen Gesellschafter bei Ausfall des fehlerhaft bewertenden Gesellschafters (vgl. *Lutter/Hommelhoff* § 9 Rz. 6; auch *Noack* § 9 Rz. 7; vgl. hierzu *OLG Celle* GmbHR 2001, 243 (Ls.) = NZG 2000, 1178 – Falsche Versicherung des Geschäftsführers über Stammeinlageneinzahlung bei alsbaldiger Zurückzahlung der Einlage als Darlehen – Haftung nach § 9a – keine Berufung des Geschäftsführers auf § 19 (Anspruch der Gesellschaft gegen Gesellschafter auf Erbringen der Stammeinlage) – Gesamtschuldnerschaft des Geschäftsführers (§ 9a) und des Gesellschafters (§ 19) – keine Haftung des Geschäftsführers nach § 43 infolge Sondervorschrift des § 9a – kein zusätzlicher Pflichtverstoß nach § 43 Abs. 2 bei Kenntnis und Wille der Gesellschafter und des Geschäftsführers von Nichteinzahlung/Nichteinforderung; *OLG Schleswig* NZG 2001, 566 – vollwertige, fällige und liquide Forderungen können als Sacheinlagen eingebracht werden; *OLG Schleswig* BB 2000, 2014 = GmbHR 2000, 1047 = NZG 2001, 84 – Inanspruchnahme des Gründungsgesellschafters auf Zahlung des Stammkapitals und des Geschäftsführers aus Gründungshaftung; *LG Dresden* GmbHR 2001, 29 mit Komm. v. *Steinecke* – Voraussetzungen einer verdeckten Sacheinlage).

11 Die Höhe des Anspruchs entspricht der Differenz zwischen dem angesetzten Überbewertungsbetrag sowie dem objektiven Wert der Sacheinlage im Zeitpunkt der Anmeldung. Da es auf den Zeitpunkt der Anmeldung allein ankommt, können spätere Entwicklungen keine Bedeutung erhalten. Werterhöhungen fließen der Gesellschaft zu und können nur bei entspr. Festschreibung im Gesellschaftsvertrag zu Ausgleichsansprüchen des Gesellschafters führen (*Lutter/Hommelhoff* § 9 Rz. 5; *Scholz/Veil* § 9 Rz. 14). Die Beweislast für die fehlende Werthaltigkeit der Sacheinlage trifft die GmbH (Geschäftsführer, Insolvenzverwalter); vgl. *Scholz/Veil* § 9 Rz. 18. Allerdings liegen hier auch abw. Ansichten und Rspr. vor: *OLG Naumburg* DB 1998, 125; vgl. auch *LG Bonn* GmbHR 1999, 1291; *OLG Düsseldorf* WM 1991, 1669; *OLG München* GmbHR 1994, 712; zu den Einzelheiten ferner *Noack* § 9 Rz. 8; weiterhin *Lutter/Hommelhoff* § 9 Rz. 10; *Altmeppen* § 9 Rz. 9 teils für Umkehr der Beweislast – ausführlich *OLG Düsseldorf* AG 2011, 823.

12 Der Anspruch auf Zahlung der Differenz ist grds. sofort fällig, da er als Ersatz für die Sacheinlagepflicht und damit als Geldeinlageschuld zu verstehen ist (*Scholz/Veil* § 9 Rz. 23; *Noack* § 9 Rz. 8). Die Verzinsungspflicht folgt nach § 20 nach Einforderung des Geldbetrags (*Scholz/Veil* § 9 Rz. 23 m.w.N.).

13 Andere Ansprüche der Gesellschaft sind daneben nicht grds. ausgeschlossen und denkbar (z.B. Gewährleistungsansprüche, Leistungsstörungen, Gründungshaftung etc. – vgl. *Wicke* § 9 Rz. 6; *Noack* § 9 Rz. 11; auch *Scholz/Veil* § 9 Rz. 27 f. m.w.N.).

V. Verjährung

Der Anspruch der Gesellschaft verjährt nach der Reform in 10 Jahren. Eine Gesell- **14** schaft, die 10 Jahre lang ihre Verpflichtungen erfüllen kann, ist nach aller Lebenserfahrung ordnungsgemäß ausgestattet. Nicht zuletzt war auch zu bedenken, dass die Wertfeststellung nach Ablauf einer gewissen Zeit natürlich immer erheblichere Schwierigkeiten aufwirft, da es auf den objektiven Wert bei der Anmeldung ankommt. Die Verjährungsfrist beginnt **mit dem Tag, der auf die Eintragung** der GmbH in das HR folgt (§ 187 Abs. 1 BGB). Maßgeblich hierfür ist der Vermerk in Spalte 7 des Registers – nicht die Bekanntmachung. I.Ü. gelten für die Verjährungsfrist die allg. Grundsätze (vgl. §§ 187 ff., 194 ff. BGB; vgl. *BGH* WM 1985, 1066 = *BGHZ* 104, 300 = GmbHR 1985, 335; *Noack* § 9 Rz. 12; *Lutter/Hommelhoff* § 9 Rz. 8; auch *Scholz/Veil* § 9 Rz. 24). Die Verjährungsfrist kann verlängert (bis maximal 30 Jahre, § 202 Abs. 2 BGB), aber nicht verkürzt werden (vgl. *Noack* § 9 Rz. 12; ferner *Lutter/Hommelhoff* § 9 Rz. 8; auch *Scholz/Veil* § 9 Rz. 25). Zum Beginn der Verjährungsfrist für Unterbilanzhaftung bei Verwendung eines GmbH-Mantels in Altfällen *BGH* ZIP 2008, 217 = NJW-RR 2008, 483 = NZG 2008, 147 – Reaktivierung einer Mantelgesellschaft – Beginn mit der wirtschaftlichen Neugründung.

§ 9a Ersatzansprüche der Gesellschaft

(1) Werden zum Zweck der Errichtung der Gesellschaft falsche Angaben gemacht, so haben die Gesellschafter und Geschäftsführer der Gesellschaft als Gesamtschuldner fehlende Einzahlungen zu leisten, eine Vergütung, die nicht unter den Gründungsaufwand aufgenommen ist, zu ersetzen und für den sonst entstehenden Schaden Ersatz zu leisten.

(2) Wird die Gesellschaft von Gesellschaftern durch Einlagen oder Gründungsaufwand vorsätzlich oder aus grober Fahrlässigkeit geschädigt, so sind ihr alle Gesellschafter als Gesamtschuldner zum Ersatz verpflichtet.

(3) Von diesen Verpflichtungen ist ein Gesellschafter oder ein Geschäftsführer befreit, wenn er die die Ersatzpflicht begründenden Tatsachen weder kannte noch bei Anwendung der Sorgfalt eines ordentlichen Geschäftsmannes kennen musste.

(4) [1]Neben den Gesellschaftern sind in gleicher Weise Personen verantwortlich, für deren Rechnung die Gesellschafter Geschäftsanteile übernommen haben. [2]Sie können sich auf ihre eigene Unkenntnis nicht wegen solcher Umstände berufen, die ein für ihre Rechnung handelnder Gesellschafter kannte oder bei Anwendung der Sorgfalt eines ordentlichen Geschäftsmannes kennen musste.

Übersicht

I. Allgemeines

1 Die Vorschrift wurde durch die Reform 2008 lediglich redaktionell geändert (§ 9a Abs. 4: statt Stammeinlagen Geschäftsanteile). Die in § 9a enthaltene Haftung verschärfte bereits 1980 den bisherigen § 9 erheblich und dient dem Gläubigerschutz, Scholz/Veil § 9a Rz. 1. Modifiziert wurde damals auch § 43. Entgegen dem bisherigen Recht sieht das GmbHG seit 1980 nunmehr auch eine erweiterte Haftung der Gesellschafter vor, die es vor 1980 nicht nach dem Gesetz, sondern nach allg. Bestimmungen gab (Reform 1980 RegE BT-Drucks 8/1347, 35). Insofern liegt eine gewisse Anlehnung an die §§ 46 ff. AktG (vgl. Reform 1980 RegE a.a.O.; vgl. auch *BGH* 1981, 750) vor. Die Vorschrift gilt nur für nach dem 1.1.1981 eingetragene Gesellschaften, nicht für „Altgesellschaften"; für Umwandlungen nach dem UmwG ist die Vorschrift entsprechend anwendbar (vgl. § 47 Abs. 2, ferner §§ 36 Abs. 2 S. 2; 135 Abs. 2 S. 2 UmwG; i.Ü. Scholz/Veil § 9a Rz. 25. Die Haftung nach § 9a ist zwingend (*Lutter/Hommelhoff* § 9a Rz. 14; Scholz/Veil § 9a Rz. 7). Wegen Verzicht und Vergleich s. § 9b; ferner zur Aufrechnung vgl. § 19 Abs. 2 und die dortigen Ausführungen.

II. Haftende Personen: Gesellschafter, Geschäftsführer, „Hintermänner", „Gründungsbeteiligte"

2 Ansprüche aus § 9a greifen erst nach Eintragung ein – folglich sind ausgeschiedene Gesellschafter oder zuvor ausgeschiedene Geschäftsführer nicht betroffen (Scholz/Veil § 9a Rz. 24; *OLG Rostock* GmbHR 1995, 658; auch *Lutter/Hommelhoff* § 9a Rz. 2). Die Haftung soll deliktsrechtsähnlich sein (vgl. *OLG Düsseldorf* GmbHR 1992, 373; abl.: Scholz/Veil § 9a Rz. 6 m.w.N.).

3 Anspruchsberechtigt ist die eingetragene GmbH (Verschuldenshaftung zum Schutz der GmbH bzw. ihrer Gläubiger – vgl. Scholz/Veil § 9a Rz. 1, 6; *Lutter/Hommelhoff* § 9a Rz. 1; *Noack* § 9a Rz. 17). Der Anspruch setzt Eintragung der GmbH voraus (Scholz/Veil § 9a Rz. 24; *Wicke* § 9a Rz 2; *OLG Rostock* GmbHR 1995, 658; auch *Noack* § 9a Rz. 1, 19). Voraussetzung für die Geltendmachung ist ferner Beschluss der Gesellschafterversammlung – kein Stimmrecht für den betroffenen Gesellschafter (*Lutter/Hommelhoff* § 9a Rz. 1; *Noack* § 9a Rz. 20; auch Scholz/Veil § 9a Rz. 5 – Klage gegen Hintermänner verlangt keinen Gesellschafterbeschluss, da § 46 Nr. 8 nicht analog anwendbar ist). Zu den Voraussetzungen der Ablehnung der Haftung *OLG Celle* GmbHR 2000, 1265 – Erfüllung der Einlageverpflichtung vor Eintragung; *OLG Schleswig* BB 2000, 2014 = GmbHR 2000, 1047 = NZG 2001, 84 – zur Haftung der Gründungsgeschäftsführerin; *OLG Celle* GmbHR 2001, 243 (Ls.) = NZG 2000, 1178 – falsche Versicherung des Geschäftsführers über Stammeinlageneinzahlung bei alsbaldiger Zurückzahlung der Einlage als Darlehen.

4 Grds. sind von der Haftung Gründungsgesellschafter/Hintermänner und Geschäftsführer (nur Haftung nach Abs. 1) betroffen (*Lutter/Hommelhoff* § 9a Rz. 2; Scholz/Veil § 9a Rz. 23 ff.; *Noack* § 9a Rz. 4); keine Haftung nach § 9a vor Eintragung ausgeschiedener Gesellschafter (Haftung nach anderen Bestimmungen nicht ausgeschlossen – vgl. *OLG Rostock* GmbHR 1995, 658 – ebenso *Lutter/Hommelhoff* § 9a Rz. 2; zur Haftung der Bank (Einzahlungsbestätigung) vgl. *BGHZ* 113, 335; *OLG München* BB 1990, 1151; *Wicke* § 8 Rz. 9. Unerheblich ist, wer von den Genannten die Falschangaben macht. Grds. besteht Gesamtschuldnerschaft (*Noack* § 9a Rz. 5 – eventuell interner Ausgleich; *Wicke* § 9a Rz. 2). Die Korrektur erfolgt über das Verschulden (Scholz/Veil § 9a Rz. 41 m.w.N.; auch *Kion* BB 1984, 864).

Im „Innenverhältnis" kommen entsprechende Ausgleichsansprüche z.B. ggü. einem **5**
allein Schuldigen in Betracht – je nach Einzelfall (*Noack* § 9a Rz. 5 m.w.N.). Denkbar
ist auch die Haftung von Beratern, Sachverständigen, Notar etc. bei Mitwirkung im
Gründungsverfahren (Scholz/*Veil* § 9a Rz. 11 m.w.N. – sämtliche „Gründungsbetei-
ligte"). Es ist jedoch zu beachten, dass § 9a lediglich Gesellschafter, Geschäftsführer
und „Hintermänner" ausdrücklich nennt und damit die unmittelbare Haftung Dritter
für ihre Angaben fraglich ist (vgl. hierzu abl. *Bork/Schäfer* GmbHG § 9a Rz. 11; a.A.
h.M. für Haftung, so etwa *Lutter/Hommelhoff* § 9a Rz. 3; Scholz/*Veil* § 9a Rz. 10, 11
unter Hinw. auf *OLG Köln* GmbHR 1998, 42, Notar). Es handelt sich hier um eine
Zurechnungsfrage (Vorsatz, grobe Fahrlässigkeit bzw. Kenntnis oder Kennenmüssen).
Der von der h.M. angenommene deliktsähnliche Charakter, Ziel und Zweck der Vorschrift könnte für eine Ausweitung des Personenkreises sprechen. Anders ist dies,
wenn die Gesellschafter oder Geschäftsführer die Angaben Dritter übernehmen und
sie Bedeutung für die Gründung haben *Noack* § 9a Rz. 11 m. Hinw. auf *KG* NZW
2000, 841.

III. Falschangaben

Die Angaben müssen im Anmeldungsverfahren „zum Zweck der Errichtung" z.B. **6**
ggü. dem Registergericht gemacht werden (*Noack* § 9a Rz. 7; auch *Lutter/Hommelhoff*
§ 9a Rz. 3; Scholz/*Veil* § 9a Rz. 9). Damit sind Angaben außerhalb des Eintragungsverfahrens nicht relevant, sofern sie nicht einen engen Zusammenhang mit dem Gründungsverfahren aufweisen *Noack* § 9a Rz. 11.

Angaben sind insofern alle Erklärungen, Versicherungen, Hinweise auf Aufnahme der
Geschäftstätigkeit etc. (hierzu Scholz/*Veil* § 9a Rz. 13 – keine einschränkende Regelung wie in § 46 Abs. 1 S. 1 AktG; s. hierzu auch *Noack* § 9a Rz. 10). Entscheidend ist
der Bezug der Angabe zur Gründung und Eintragung (*Lutter/Hommelhoff* § 9a Rz. 3).

Falsche Angaben liegen dann vor, wenn ihre Unrichtigkeit objektiv feststeht. Ferner **7**
ist dies der Fall, wenn die Angaben unvollständig oder unterlassen worden sind
(*Noack* § 9a Rz. 12; *OLG Bremen* GmbHR 1998, 41; *OLG Oldenburg* NZG 2008, 32;
OLG Köln GmbHR 1999, 663; *Lutter/Hommelhoff* § 9a Rz. 4; Scholz/*Veil* § 9a Rz. 21
m.w.N.).

Nicht erforderlich ist, dass es sich um Angaben ggü. dem Registergericht handelt, son- **8**
dern auch ggü. Geschäftsführern und Sachverständigen, sofern enger Zusammenhang
mit dem Eintragungsverfahren besteht (*Noack* § 9a Rz. 11; *Lutter/Hommelhoff* § 9a
Rz. 3a). Die Unrichtigkeit kann sich z.B. beziehen auf die Versicherung des Geschäftsführers zu Sacheinlagen bzw. erbrachten Leistungen (vgl. §§ 8 Abs. 2, 7 Abs. 3), den
Gründungsaufwand, den Wert der Sacheinlagen, eine falsche Bankbestätigung (*Wicke*
§ 8 Rz. 12) oder früher auch die Sicherung für ausstehende Geldeinlagen bei der Einpersonengründung (Scholz/*Veil* § 9a Rz. 18 ff.; i.Ü. Scholz/*Veil* § 9a Rz. 14 f.: Angaben
betr. die Übernahme, Aufbringung des Stammkapitals und Gründungsaufwand).

Der Gesellschaft steht ein Ersatzanspruch zu – Erstattung der im Zusammenhang von **9**
Sacheinlagen und Gründungsaufwand entstandenen Schäden, (keine Differenzhaftung, sondern Einlageschuld, kein Schadensersatz, vgl. *Lutter/Hommelhoff* § 9a Rz. 7;
a.A. Scholz/*Veil* § 9a Rz. 30, Schadensersatz) sowie unzulässige Vergütungen sind
ebenso zu erstatten wie der „sonst entstehende Schaden" einschließlich entgangenen
Gewinns etc. (vgl. §§ 249 ff. BGB; *Lutter/Hommelhoff* § 9a Rz. 8; *Noack* § 9a Rz. 13, 16,

18). Insoweit sollten die Formulierungen in Abs. 1 (Leistung fehlender Einzahlungen, Ersatz nicht in den Gründungsaufwand übernommener Vergütung und Ersatz des sonst entstehenden Schadens) und Abs. 2 (Ersatz des durch Einlagen und Gründungsaufwand entstandenen Schadens) des § 9a beachtet werden. Das gilt auch hinsichtlich Befreiung von den Ansprüchen nach § 9a Abs. 3, die sowohl für die Ansprüche aus § 9a Abs. 1 und Abs. 2 eingreifen kann. Gegenüber der Gesellschaft kann ein Haftender nicht auf das Versagen eines anderen Gesellschafters oder Mitgeschäftsführers verweisen (mitwirkendes Verschulden der GmbH – vgl. § 254 Abs. 1 BGB, der hier unanwendbar ist; *BGH* ZIP 1983, 824; auch *Noack* § 9a Rz. 21; auch *Scholz/Veil* § 9a Rz. 34; auch *Lutter/Hommelhoff* § 9a Rz. 8). Gesellschafter und Geschäftsführer haften der GmbH nach § 9a Abs. 1 als Gesamtschuldner – interner Ausgleich nach § 426 BGB – teils problematisch vgl. *Noack* § 9a Rz. 5, 13 – 16 sowie 6, Verhältnis von Ansprüchen nach § 9a und Einlagepflichten; ferner *Lutter/Hommelhoff* § 9a Rz. 7; *Scholz/Veil* § 9a Rz. 41, 42, zum Zusammentreffen von Schadensersatzpflicht und Einlagepflicht – unechte Gesamtschuld; hierzu auch *OLG Hamm* GmbHR 1994, 399; *OLG Celle* NZG 2000, 1178; ferner zur Berücksichtigung interner Regress- und Ausgleichsansprüche durch die GmbH *BGH* NJW 1984, 1037 (Erstattungsanspruch nach § 31); a.A. *Noack* § 9a Rz. 21.

10 Die Inanspruchnahme nach § 9a Abs. 1 entfällt, wenn die Befreiung des Inanspruchgenommenen nach Abs. 3 eingreift. Aus der Formulierung der Vorschrift folgt, dass der Betroffene sich zu entlasten hat. Das Verschulden wird vermutet. Der Inanspruchgenommene hat insofern nachzuweisen, dass er die Gründe für die Ersatzpflicht im Zeitpunkt der Eintragung **nicht kannte (keine positive Kenntnis, somit kein Vorsatz) und auch nicht kennen musste (keine Fahrlässigkeit)** (*Lutter/Hommelhoff* § 9a Rz. 6 m. Hinw. auf den Beitrag *Bayer/Illhardt* GmbHR 2011, 505, 508). Dieser Entlastungsbeweis wird für die in die Gründung Involvierten schwierig und i.d.R. nicht zu führen sein. Der weitere Fall des **„Nichtkennenmüssens"** der Umstände wird ebenfalls i.d.R. nicht gelingen, zumal objektiv an den Pflichten eines „ordentlichen Geschäftsmannes" anzuknüpfen ist (vgl. hierzu auch unten zu § 43 Abs. 2). Zu den Pflichten eines ordentlichen Geschäftsmannes gehört es u.a., sich mit den Wertangaben für Sacheinlagen, mit Sachverständigengutachten oder sonstiger Dritter auseinanderzusetzen. Bei der Bestellung des Geschäftsführers ist sicherlich auch zu erwarten, dass die üblichen Auskünfte erfragt werden. Kein ordentlicher Geschäftsmann stellt ohne jedwede Nachfrage und ohne Vorlage bzw. Einsicht von Unterlagen Geschäftsführer einer GmbH ein. Mit Recht wird zwar vertreten, dass die Beweislastumkehr nicht „zu einer Art von Garantiehaftung" führen darf (*Lutter/Hommelhoff* § 9a Rz. 6 m. Hinw. auf *KG* NZG 2000, 843). Der Betroffene wird vortragen müssen, welche konkreten Maßnahmen er wie ein ordentlicher Geschäftsmann konkret unternommen hat. Es kommt dann darauf an, ob dies zur Entlastung ausreicht oder nicht (Prüfung von Unterlagen, Befragungen, Absicherung durch qualifizierte Dritte, Auskünfte und Überprüfungen von Angaben etc.). Wer hier keine konkreten Einzelheiten vortragen kann, dürfte den notwendigen Entlastungsbeweis nicht führen können. Keine Entlastung bringt der Hinw. auf fehlende Kenntnisse oder Unerfahrenheit (*Lutter/Hommelhoff* § 9a Rz. 6 m. Hinw. auf *KG* GmbHR 2011, 821; allgemeine Meinung vgl. auch *Noack* § 9a Rz. 17; *Scholz/Veil* § 9a Rz. 27).

11 Solange nach § 9a Abs. 3 kein gegenteiliger Beweis geführt wird (keine Kenntnis bzw. kein Kennenmüssen bei Anwendung der Sorgfalt eines ordentlichen Kaufmanns) besteht die Haftung nach § 9a Abs. 1 – *Lutter/Hommelhoff* § 9a Rz. 6; *Noack* § 9a

Rz. 17; Scholz/*Veil* § 9a Rz. 27 m.w.N.). Entlastungsbeweis ist also erforderlich. Kausalität zwischen Fehlverhalten und Schaden ist durch die Gesellschaft nachzuweisen (*Lutter/Hommelhoff* § 9a Rz. 6 a.E.; *Noack* § 9a Rz. 17).

Während § 9a Abs. 1 falsche Angaben betrifft, sieht § 9a Abs. 2 subsidiär zu § 9a Abs. 1 **12** die vorsätzliche oder grob fahrlässige Schädigung durch Einlagen bzw. den Gründungsaufwand als Anknüpfungspunkt für die Haftung aller Gesellschafter an (nicht genannt und nicht betroffen die Geschäftsführer – so zutr. etwa *Lutter/Hommelhoff* § 9a Rz. 9; auch Scholz/*Veil* § 9a Rz. 39). § 9a Abs. 2 betrifft Schäden, die nicht auf falsche Angaben, sondern auf andere Ursachen zurückzuführen sind. Die Haftung ist insofern subsidiär. Im Regelfall wird bereits § 9a Abs. 1 eingreifen; mit Recht wurde hier die Frage erörtert, ob es für § 9a Abs. 2 überhaupt noch einen Anwendungsbereich geben könne. Gleichwohl hat man Abs. 2 in die Vorschrift übernommen, um auch in den Fällen, in denen keine falschen Angaben i.S.d. § 9a Abs. 1 gemacht worden sind, einen Schutz der Gesellschaft und ihrer Gläubiger zu erreichen (*Lutter/Hommelhoff* § 9a Rz. 9; Scholz/*Veil* § 9a Rz. 35: geringe praktische Bedeutung). Das kann z.B. gegeben sein, wenn eine Vergütung zwar formal ordnungsgemäß als Gründungsaufwand im Gesellschaftsvertrag enthalten, gleichwohl völlig überhöht ist (z.B. unangemessene Beratungshonorare, ferner unbrauchbarer Einlagegegenstand etc.; vgl. Reform 1980 RegE BT-Drucks. 8/3908, 72; auch *Lutter/Hommelhoff* § 9a Rz. 9; weitere Beispiele bei Scholz/*Veil* § 9a Rz. 36; auch *Noack* § 9a Rz. 18, richtig bewerteter, aber für die GmbH unbrauchbarer Gegenstand, festgesetzter und angegebener, aber unangemessen hoher Gründungsaufwand).

Die Beweislast für Vorsatz bzw. grobe Fahrlässigkeit hat die Gesellschaft (Scholz/*Veil* **13** § 9a Rz. 37). Die genannte Schuldform muss bei mindestens einem Gesellschafter gegeben sein (*Lutter/Hommelhoff* § 9a Rz. 10). Abs. 3 gilt hinsichtlich der übrigen Gesellschafter (*Lutter/Hommelhoff* § 9a Rz. 10).

IV. Haftungsbefreiung

§ 9a Abs. 3 (sowie Abs. 4 S. 2) sieht eine Exkulpationsmöglichkeit für Gesellschafter, **14** Geschäftsführer und Hintermänner vor, deren Voraussetzung die betroffenen Personen zu beweisen haben (vgl. Rz. 9). Bewiesen werden muss allerdings die Unkenntnis der entscheidenden Tatsachen (z.B. unrichtige Angaben etc.) und/oder, dass sich der Betreffende wie ein ordentlicher Geschäftsmann verhalten und die einschlägige Sorgfalt angewandt hat (s. Rz. 9 – vgl. auch § 43 Abs. 2). Hier sind die Grundsätze maßgeblich, die für eine im Geschäftsverkehr agierende Person gelten, die über eine gewisse Erfahrung im Geschäftsleben verfügt. Hat ein Geschäftsführer diese Fähigkeiten nicht, so muss er sich fachkundiger dritter Personen bedienen (vgl. *Noack* § 9a Rz. 17; auch Scholz/*Veil* § 9a Rz. 27 m.w.N.). Wer sich als geschäftlich Unerfahrener an einer GmbH-Gründung beteiligt, muss entsprechende Kontrollvorkehrungen treffen und zumindest einen erfahrenen Geschäftsmann einschalten (zum Begriff des ordentlichen Geschäftsmannes s. § 43 Rz. 3; vgl. ferner oben Rz. 9).

V. Sonstige Ansprüche

Neben den erörterten Ansprüchen können Schadensersatzansprüche aus § 823 Abs. 2 **15** BGB i.V.m. § 82 StGB bzw. §§ 263, 266 StGB sowie nach § 826 BGB eingreifen (*Wicke* § 9a Rz. 3; vgl. *München* NJW-RR 1996, 746; *BGH* ZIP 1996, 637 – keine sittenwidrige

Schädigung der Gläubiger allein durch Fortführung des Betriebs durch andere GmbH; i.Ü. Scholz/*Veil* § 9a Rz. 43 f. – Haftung auch analog § 37 Abs. 1 S. 3 AktG (Bankbestätigung) – § 9a Abs. 1 als lex specialis zu § 43; auch *Noack* § 9a Rz. 1). Die Vorschrift ist nach h.M. bei wirtschaftlicher Neugründung entspr. anwendbar (*Noack* § 9a Rz. 1; *BGH* NZG 2011, 1066).

§ 9b Verzicht auf Ersatzansprüche

(1) ¹Ein Verzicht der Gesellschaft auf Ersatzansprüche nach § 9a oder ein Vergleich der Gesellschaft über diese Ansprüche ist unwirksam, soweit der Ersatz zur Befriedigung der Gläubiger der Gesellschaft erforderlich ist. ²Dies gilt nicht, wenn der Ersatzpflichtige zahlungsunfähig ist und sich zur Abwendung des Insolvenzverfahrens mit seinen Gläubigern vergleicht oder wenn die Ersatzpflicht in einem Insolvenzplan geregelt wird.

(2) ¹Ersatzansprüche der Gesellschaft nach § 9a verjähren in fünf Jahren. ²Die Verjährung beginnt mit der Eintragung der Gesellschaft in das Handelsregister oder, wenn die zum Ersatz verpflichtete Handlung später begangen worden ist, mit der Vornahme der Handlung.

Übersicht

I. Allgemeines

1   Die Vorschrift war nicht Gegenstand der Reform 2008 und blieb unverändert. Die Vorschrift wurde 1980 in Anlehnung an § 50 AktG eingefügt (vgl. die frühere Fassung des § 9 Abs. 2, Abs. 3). Hinsichtlich der Verjährung hat man sich an § 51 AktG orientiert. Der Rechtsausschuss hat hier die Vorstellungen aus dem RegE 1980 (BT-Drucks. 8/1347) mit redaktionellen Änderungen übernommen (vgl. BT-Drucks. 73908, 72). Die Bestimmung hat Gläubigerschutzfunktion. Sie erfordert nicht wie in § 50 AktG eine Sperrfrist oder ein Widerspruchsrecht einer Gesellschafterminderheit (RegE BT-Drucks. 8/1347, 36). Die Vorschrift ist bei Kapitalerhöhung und Umwandlung entspr. anzuwenden (Scholz/*Veil* § 9b Rz. 2; *Lutter/Hommelhoff* § 9b Rz. 7). Abs. 1 wurde durch das EGInsO v. 1994 mit Wirkung zum 1.1.1999 geändert (*Lutter/Hommelhoff* § 9b vor Rz. 1). Die Vorschrift gilt entspr. für Kapitalerhöhungen und Umwandlungen (Scholz/*Veil* § 9b Rz. 2).

II. Vergleich und Verzicht

2   Unter „Vergleich" fällt der Vergleich i.S.d. § 779 BGB, der Erlassvertrag i.S.d. § 397 BGB und der Prozessvergleich (*Lutter/Hommelhoff* § 9b Rz. 1; *Noack* § 9b Rz. 2; *Wicke* § 9b Rz. 1). Beim Vergleich handelt es sich um einen gegenseitigen Vertrag, durch den der Streit oder die Ungewissheit der Parteien über ein Rechtsverhältnis (im weitesten Sinne) beseitigt werden – und zwar im Wege des gegenseitigen Nachgebens (vgl. *Grüneberg/Sprau* § 779 Rz. 9; Scholz/*Veil* § 9b Rz. 7; *BGH* ZIP 1987, 1050 zur Verzichtswirkung einer Entlastung nach § 46 Nr. 5; zu Abtretung ohne hinreichende Gegenleistung und Annahme der unzureichenden Leistung an Erfüllung statt *Hamm* NZG 2001, 1144).

Der Vergleich, der gegen § 9b Abs. 1 verstößt, ist unwirksam; er unterliegt nicht (u.U. **3** nicht mehr) der an sich bestehenden Dispositionsbefugnis der Gesellschaft. Das gilt auch für Prozessvergleiche. Liegen die Voraussetzungen für die Unwirksamkeit im Zeitpunkt des Vergleichsabschlusses (Erforderlichkeit zur Gläubigerbefriedigung, andernfalls Überschuldung – nicht im Text des § 9b genannt, dennoch entspr. Anwendung vgl. *Scholz/Veil* § 9b Rz. 13 – oder Zahlungsunfähigkeit der GmbH) nicht vor, sondern tritt diese Bedingung später ein, so trifft die Unwirksamkeit den Vergleich zu diesem Zeitpunkt, relative Unwirksamkeit erfolgt ggü. der GmbH und ihren Gläubigern (vgl. *Noack* § 9b Rz. 2; *Scholz/Veil* § 9b Rz. 10 m.w.N.). Wird der Gesellschaft oder einer der betroffenen Personen die Schuld erlassen, so handelt es sich um einen Verzicht (Erlassvertrag gem. § 397 Abs. 1 BGB). Das gilt auch, wenn die Gesellschaft anerkennt, dass ihr gegen den Betroffenen nichts mehr zusteht (§ 397 Abs. 2 BGB). Zur Zulässigkeit von Vergleichen über aktienrechtliche Differenzhaftung ohne Zustimmung der Hauptversammlung *BGH* NJW-RR 2012, 866.

Lediglich dann, wenn der Schuldner zahlungsunfähig ist oder der Vergleich zur **4** Abwendung oder Beseitigung des Insolvenzverfahrens mit den Gläubigern erfolgt, greift § 9a Abs. 1 nicht ein (vgl. insofern § 17 Abs. 2 InsO; auch *Lutter/Hommelhoff* § 9b Rz. 2). Eben dies gilt auch für den Fall der Regelung der Ersatzpflicht in einem Insolvenzplan. Hier sollen die GmbH bzw. deren Gläubiger durch die Vorschrift nicht besser als die übrigen Gläubiger des Ersatzverpflichteten gestellt werden (*Scholz/Veil* § 9b Rz. 12; *Noack* § 9b Rz. 2). Betroffen sind damit die Insolvenz des Ersatzpflichtigen, die Abwendung der Insolvenz durch gerichtliches Vergleichsverfahren und der gerichtlich bestätigte Zwangsvergleich (*Scholz/Veil* § 9b Rz. 13–15; *Lutter/Hommelhoff* § 9b Rz. 3; vgl. auch *BGH* ZIP 1987, 1050: Verzichtswirkung einer Entlastung nach § 46 Nr. 5).

III. Verjährung

Die Bestimmung des § 9a Abs. 2 ist an § 51 AktG angelehnt. Von der Verjährung sind **5** Ansprüche aus der Gründungszeit der GmbH betroffen (vgl. § 9a: falsche Angaben, Schädigung durch Gründungsaufwand bzw. durch Einlagen). Maßgeblich für den Lauf der Verjährungsfrist ist grds. die Eintragung in das HR (s. Eintragungsdatum in Spalte 7 des Registers) – ausnahmsweise späterer Beginn bei späterer Begehung nach Eintragung in Haftungsfällen des § 9a Abs. 2 (*Scholz/Veil* § 9b Rz. 17; *Noack* § 9b Rz. 4; nicht Zeitpunkt der Heilung *KG* GmbHR 2011, 821 – verdeckte Sacheinlage: falsche Angaben im Zusammenhang mit einem Heilungsversuch; *Wicke* § 9b Rz. 2). Nicht entscheidend ist, wann der Schaden entstanden ist bzw. wann die Gesellschaft von den entspr. Ansprüchen Kenntnis erhalten hat (vgl. andererseits z.B. §§ 199 BGB; wie hier *Noack* § 9b Rz. 4; *Scholz/Veil* § 9b Rz. 17).

Eine Abkürzung der Verjährungsfrist scheidet aus – zwingende Bestimmung (*Scholz/* **6** *Veil* § 9b Rz. 19 m.w.N.). Hemmung und Unterbrechung der Verjährungsfrist richten sich nach den §§ 202 ff. BGB (*Scholz/Veil* § 9b Rz. 18 zu weiteren Einzelheiten).

§ 9c   Ablehnung der Eintragung

(1) [1]**Ist die Gesellschaft nicht ordnungsgemäß errichtet und angemeldet, so hat das Gericht die Eintragung abzulehnen.** [2]**Dies gilt auch, wenn Sacheinlagen nicht unwesentlich überbewertet worden sind.**

(2) Wegen einer mangelhaften, fehlenden oder nichtigen Bestimmung des Gesellschaftsvertrages darf das Gericht die Eintragung nach Absatz 1 nur ablehnen, soweit diese Bestimmung, ihr Fehlen oder ihre Nichtigkeit

1. **Tatsachen oder Rechtsverhältnisse betrifft, die nach § 3 Abs. 1 oder auf Grund anderer zwingender gesetzlicher Vorschriften in dem Gesellschaftsvertrag bestimmt sein müssen oder die in das Handelsregister einzutragen oder von dem Gericht bekanntzumachen sind,**
2. **Vorschriften verletzt, die ausschließlich oder überwiegend zum Schutze der Gläubiger der Gesellschaft oder sonst im öffentlichen Interesse gegeben sind, oder**
3. **die Nichtigkeit des Gesellschaftsvertrages zur Folge hat.**

Übersicht

Entscheidungen: *BGH* v. 11.4.2011 – II ZB 9/10 – Zurückweisung der Neugründung einer UG durch Abspaltung nach § 123 Abs 2 Nr. 2 UmwG; *BGH* GmbHR 2012, 1066–1070 – nochmalige Zahlung des Einlagebetrags nach fehlgeschlagener Voreinzahlung als **verdeckte Sacheinlage**; *BGH* ZIP 2012, 817 – Haftung bei unterbliebener Offenlegung der wirtschaftlichen Neugründung; *KG Berlin* FGPRAX 2012, 122 – Prüfungspflicht des Registergerichts **bei begründetem Zweifel** an der Richtigkeit der beurkundeten Erklärung; *KG Berlin* GmbHR 2012, 1138 – keine Unterbilanzhaftung des Gesellschafters bei Verwendung eines „alten" GmbH-Mantels vor Abwicklung seines Geschäftsbetriebs; *LG Augsburg* v. 28.4.2009 – 2HK T 902/09 – Beibehaltung der festgelegten Nummerierung bei Einreichung einer neuen **Gesellschafterliste;** *LG Freiburg* v. 20.2.2009 – 12 T 1/09 – ausreichend für Prüfung bei Einbringen von **Gesellschaftsanteilen an einer Gesellschaft als Sacheinlage**: Bilanz der Gesellschaft für ein Geschäftsjahr, Gewinn- und Verlustrechnungen für mehrere Jahre und die Stellungnahme eines Wirtschaftsprüfers zum Wert der übernommenen Geschäftsanteile ausgehend von den über 3 Jahre erzielten durchschnittlichen Gewinnen anhand eines so genannten vereinfachten Ertragsverfahrens – begründete Zweifel – wesentliche Überbewertung; *OLG Bamberg* v. 2.2.2010 – 6 W 40/09 – Prüfung der vom Urkundsnotar eingereichten **geänderten Gesellschafterliste** auf formale Anforderungen des § 40 – Beibehaltung der ursprünglich vergebenen Nummerierung (wie *LG Augsburg* NZG 2009, 1032 = Rpfleger 2009, 514 und gegen *LG Stendal* NotBZ 2009, 422); *OLG Düsseldorf* GmbHR 2012, 1135 = ZIP 2012, 2011- Unterbilanz- bzw. Vorbelastungshaftung auch bei **Offenlegung der wirtschaftlichen Neugründung;** *OLG München* GmbHR 2012, 1299 – bei verdeckter Sacheinlage keine Eintragung einer erneuten Leistung zum Zwecke der Heilung im Handelsregister; *OLG Nürnberg* v. 18.4.2011 – 12 W 631/11 – Erforderlichkeit der **Offenlegung der wirtschaftlichen Neugründung** – Prüfung analog nach § 9c bei Mantelverwendung der mit wirtschaftlicher Neugründung verbundenen Änderungen u.a. Mindesteinzahlung und entsprechende Anmeldeversicherung unterschiedslos für Ein-Personen-GmbH und Mehr-Personen-GmbH – Prüfung des Mindestvermögens in Höhe des Stammkapitals, Versicherung der Einzahlung und freien Verfügung von einem Viertel, mindestens von 12.500 €; *OLG Stuttgart* ZIP 2011, 1612 – Prüfungspflicht des Registergerichts nur der **Mindestleistungen, nicht der Mehrleistungen** – fehlende Mehrleistung kein Eintragungshindernis.

Literatur: *Blöse* Das reformierte Recht der Gesellschafterleistungen, GmbHR 2018, 1151; *Born* Die neuere Rechtsprechung des Bundesgerichtshofs zur Gesellschaft mit beschränkter Haftung, WM 10/2023, Sonderbeilage 2, 2; *Heckschen* Die GmbH-Gründung 10 Jahre nach MoMiG – Eine Bestandsaufnahme, GmbHR 2018, 1093; *Lieder* 10 Jahre Kapitalschutz nach dem MoMiG, GmbHR 2018, 1116; *Podewils* Unterbilanzhaftung bei **unterlassener Offenlegung** einer wirtschaftlichen Neugründung – zugleich Besprechung des *BGH* GmbHR 2012, 1175; *Porzelt* Ungeklärte Fragen der Gründerhaftung der Gesellschafter einer (Vor-)GmbH, GmbHR 2018, 663; *Verse* Aufsteigende Sicherheiten und Kapitalerhaltung, GmbHR 2018, 113, *Mayer/Knaier* Risiken und Rechtsfolgen einer Eintragung der GmbH vor Erbringung der Einlagen, GmbHR 2021, 1013 ff.

I. Allgemeines

Die Bestimmung wurde durch die Novelle 1980 eingefügt und ferner durch HRefG **1** 1998 (Einfügung des § 9c Abs. 2) sowie die GmbH-Reform 2008 (§ 9c Abs. 1 S. 2) geändert. Die bisherige Praxis der Prüfung ist nunmehr eingeschränkt – allerdings greifen i. Ü. die Grundsätze des § 26 FamFG ein (vgl. auch Reform 1980 RegE BT-Drucks. 8/ 1347, 36). Zur Prüfungspflicht nach früherem Recht vor dem HrefG *Groß* Rpfleger 1983, 213; *Bartl* BB 1984, 2154, 2155; *Baums* Eintragung und Löschung von Gesellschafterbeschlüssen, 1980, 16 ff.). Zweck der aktuellen Norm ist die Verhinderung der Eintragung nicht ordnungsgemäß errichteter bzw. angemeldeter GmbH (*Noack* § 9c Rz. 1; *Wicke* § 9c Rz. 1). Abs. 1 S. 2 stellt klar, dass das nunmehr auch im Fall der **nicht unwesentlichen Überbewertung** der Sacheinlagen gilt (Scholz/*Veil* § 9c Rz. 1). Das entspricht der bereits vor 1980 geltenden Praxis. Eine Änderung der materiellen Rechtslage ist ansonsten auch 2008 nicht eingetreten. Die Bestimmung ist für Umwandlungen und Kapitalerhöhungen sinngemäß anzuwenden (*Wicke* § 9c Rz. 7; *Noack* § 9c Rz. 5 f.). Abs. 2 zeigt die weiteren Grenzen der Prüfung auf (*Wicke* § 9c Rz. 7; *Noack* § 9c Rz. 5 f.). Abs. 2 wurde durch das HrefG (Art. 10) mit Wirkung v. 1.7.1998 eingefügt. Vgl. *Holzer* WIB 1997, 290; *Priester* DNotZ 1998, 691; weitere Lit. bei Scholz/*Veil* § 9c vor Rz. 1. Ob die eingeschränkte Prüfungspflicht des Registergerichts Vorteile bringt, darf nach wie vor bezweifelt werden. Gerade im Zusammenhang mit der Prüfungsbeschränkung bei unwesentlichen Überbewertungen von Sacheinlagen ist dies fraglich. Prüfungsfehler etc. stellen sich bekanntlich erst später vor allem in der Insolvenz heraus. So sehr das Interesse an einer schnellen Eintragung begründet ist, so sehr ist auch das Interesse der Gläubiger an einer werthaltigen Sacheinlage zu beachten. Andererseits soll die Vorschrift des § 9c Abs. 1 die Eintragung wegen einer unwesentlichen Überbewertung nicht verhindern. Grundlose weitere Ermittlungen scheiden aus (Scholz/*Veil* § 9c Rz. 34; auch *Lutter/Hommelhoff* § 9c Rz. 2; ebenso *Noack* § 9c Rz. 2; vgl. zur formellen und materiellen Prüfung auch *Krafka* Rz. 153 f.). Zu beachten sind ferner Schranken des § 9c Abs. 2, die die materielle Kontrolle des Gesellschaftsvertrags und die Zurückweisung der Eintragung betreffen.

Die Vorlage von Genehmigungen ist entspr. der Streichung des § 8 Abs. 1 Nr. 6 entfal- **2** len (s. dort).

II. Prüfungspflicht des Registergerichts

3 Allgemeines: Die Prüfungspflicht erstreckt sich auf Form und Inhalt der Anmeldungsunterlagen („ordnungsgemäße Errichtung und Anmeldung"). Die Ordnungsmäßigkeit
der „Errichtung" (Form und Inhalt des Gesellschaftsvertrags, Beachtung der für die
Gründung maßgeblichen Bestimmungen etc.) sowie der „Anmeldung" (Vollständig-
keit, formelle und materielle Richtigkeit etc.), bei einer Online-Gründung auch die
Beachtung der für eine Videokommunikation einschlägigen §§ 16a–e BeurkG, vgl.
hierzu Scholz/*Veil* § 9c Rz. 5 f.; auch *Lutter/Hommelhoff* § 9c Rz. 3; *Noack* § 9c Rz. 2;
BGHZ 113, 352; zur Ablehnung der Eintragung einer UG-Neugründung UG durch
Abspaltung nach § 9c *BGH* v. 11.4.2011 – II ZB 9/10 – keine „ordnungsgemäße"
Errichtung). Die Prüfung bezieht sich auf alle formellen und materiellen gesetzlichen
Eintragungsvoraussetzungen, den Inhalt und die Vollständigkeit der Anmeldung und
sämtliche eingereichte Unterlagen, u.a. der Versicherung des Geschäftsführers –
Scholz/*Veil* § 9c Rz. 5 f.; *Lutter/Hommelhoff* § 9c Rz. 3 f.; *Noack* § 9c Rz. 2; *Wicke* § 9c
Rz. 3; § 9c Rz. 10 ff.; auch *Krafka* Rz. 975 f., auch Rz. 155 f.). Bei beanstandungsfreier
Errichtung und Anmeldung haben die Betroffenen Anspruch auf Eintragung (*Noack*
§ 9c Rz. 2; auch *Lutter/Hommelhoff* § 9c Rz. 2). Grds. unumstritten sind das Prüfungsrecht und die Prüfungspflicht. Strittig ist vor allem die Reichweite der materiellen
Prüfungspflicht bzw. die Frage, unter welchen Voraussetzungen der Registerrichter
weitere Schritte zu unternehmen hat bzw. kann – vgl. § 26 FamFG. Insofern finden sich
allenthalben generelle Ausführungen und Generalklauseln, aber richtigerweise auch
der Hinw. auf die Umstände des Einzelfalls und insb. auf „begründete Zweifel" (z.B.
Scholz/*Veil* § 9c Rz. 13; ähnlich *Noack* § 9c Rz. 2). In § 8 Abs. 2 S. 2 ist hinsichtlich der
Versicherung des Geschäftsführers zu den erbrachten Leistungen von „erheblichen
Zweifeln" an der Richtigkeit der Versicherung die Rede (darauf weist *Lutter/Hom-
melhoff* § 9c Rz. 2 Fn. 6 mit Recht hin). I.Ü. werden „begründete Zweifel" verlangt,
wenn der Registerrichter bei Unvollständigkeit der Anmeldung oder behebbaren Eintragungshindernissen für die Beseitigung eine angemessene Frist setzt, bevor die
Anmeldung zurückgewiesen wird (hierzu etwa *Bumiller/Harders/Schwamb* § 382
Rz. 14 f.; auch etwa *OLG Stuttgart* ZIP 2011, 1612 – Prüfungspflicht des Registergerichts nur der Mindestleistungen, nicht der Mehrleistungen – fehlende Mehrleistung
kein Eintragungshindernis). Ohne entsprechende Zweifel sind weitere Ermittlungen,
Auflagen, Zwischenverfügungen etc. nicht zulässig. Richtigerweise sind daher Schritte
nach § 26 FamFG dann zulässig, wenn eine nachvollziehbare, sachliche Begründung
anzutreffen ist, die zudem Gegenstand der Beschwerde und damit nachprüfbar ist
(vgl. §§ 58 ff. FamFG). Maßgeblich ist der jeweilige Einzelfall. Kein Gegenstand der
Prüfung sind Zweckmäßigkeitsfragen, ungeschickte sprachliche Formulierungen oder
fehlende sprachliche Klarheit (sofern nicht für Außenstehende irreführend etc. – vgl.
Scholz/*Veil* § 9c Rz. 10, 11 m.w.N.). Der Richter hat folglich nur bei begründeten Zweifeln Anlass zu weiteren Ermittlungen – im Rahmen pflichtgemäßen Ermessens (vgl.
Krafka Rz. 975 f.; Scholz/*Veil* § 9c Rz. 7 m.w.N.). Vermutungen reichen nicht aus
(*Krafka* Rz. 923; auch *Noack* § 9c Rz. 2). Die Antragsteller haben einen Anspruch auf
Eintragung bei ordnungsgemäßer Errichtung und beanstandungsloser Anmeldung.
Durch überflüssige Prüfungen ohne Anhaltspunkte darf dieser Anspruch insb. nach
dem nunmehr intensivst verfolgten Ziel der Vorschrift – Beschleunigung – nicht eingeschränkt werden (*RegE* a.a.O.; i.Ü. auch § 9c Abs. 2 – hierzu auch *Gehrlein/Witt/Vol-
mer* 1. Kap. Rz. 68; *Noack* § 9c Rz. 2a; *Lutter/Hommelhoff* § 9c Rz. 1; vgl. *OLG Frank-*

furt DB 1992, 1282 = BB 1992, 1160; auch *BGHZ* 113, 335; *BayObLG* BB 1995, 117 – Grundstücke und Sachverständigengutachten – vgl. § 8 Abs. 1 Nr. 5).

Prüfungspflicht im Einzelnen: Geprüft werden formelle und materielle Eintragungs- **4** voraussetzungen unter Beachtung der Schranken des Abs. 1 und Abs. 2. Eine Prüfung der Zweckmäßigkeit etc. findet nicht statt (*Krafka* Rz. 977; auch z.B. *Wicke* § 9c Rz. 3). Die Prüfungspflicht betrifft mithin alle formellen und materiellen (hier v.a. die Anmeldung mit den Versicherungen und Anlagen – Vollständigkeit, Form, inländische Geschäftsanschrift, Vertretungsbefugnis etc. – vgl. §§ 12 HGB), Eintragungsvoraussetzungen (Zuständigkeit, Einreichung in elektronischer Form (vgl. EHUG), Errichtung, Vollständigkeit, Rechtzeitigkeit der Einreichung nachgeforderter Unterlagen, wesentliche Überbewertungen, Wirksamkeit der Satzungsbestimmungen im Rahmen des Abs. 2, Firmierung, Ausschluss bestimmter Personen von der Geschäftsführung, Versicherungen, Sicherheitsleistungen (nicht mehr bei der Einpersonen-GmbH – vgl. den Wegfall des § 7 Abs. 2 S. 2 a.F. – etc.; zur früheren Rechtslage 5. Aufl.; i.Ü. z.B. *Noack* § 9c Rz. 4 f.; ferner *Wicke* § 9c Rz. 3–6 m.w.N.). Insofern sind zahlreiche Entscheidungen ergangen (vgl. z.B. *BGH* v. 11.4.2011 – II ZB 9/10 – Zurückweisung der Neugründung einer UG durch Abspaltung nach § 123 Abs. 2 Nr. 2 UmwG; *KG* FGPRAX 2012, 122 – Prüfungspflicht des Registergerichts **bei begründetem Zweifel** an der Richtigkeit der beurkundeten Erklärung; *LG Freiburg* v. 20.2.2009 – 12 T 1/09 – ausreichend für Prüfung bei Einbringen von **Gesellschaftsanteilen an einer Gesellschaft als Sacheinlage:** Bilanz der Gesellschaft für ein Geschäftsjahr, Gewinn- und Verlustrechnungen für mehrere Jahre und die Stellungnahme eines Wirtschaftsprüfers zum Wert der übernommenen Geschäftsanteile ausgehend von den über 3 Jahre erzielten durchschnittlichen Gewinnen anhand eines sog. vereinfachten Ertragsverfahrens – begründete Zweifel – wesentliche Überbewertung; *OLG Bamberg* v. 2.2.2010 – 6 W 40/09 – Prüfung der vom Urkundsnotar eingereichten **geänderten Gesellschafterliste** auf formale Anforderungen des § 40 – Beibehaltung der ursprünglich vergebenen Nummerierung (wie *LG Augsburg* NZG 2009, 1032 = Rpfleger 2009, 514 und gegen *LG Stendal* NotBZ 2009, 422); *OLG Düsseldorf* GmbHR 2012, 1135 = ZIP 2012, 2011 – Unterbilanz- bzw. Vorbelastungshaftung auch bei **Offenlegung der wirtschaftlichen Neugründung**; *OLG Nürnberg* v. 18.4.2011 – 12 W 631/11 – Erforderlichkeit der **Offenlegung der wirtschaftlichen Neugründung** – Prüfung analog nach § 9c bei Mantelverwendung der mit wirtschaftlicher Neugründung verbundenen Änderungen u.a. Mindesteinzahlung und entsprechende Anmeldeversicherung unterschiedslos für Ein-Personen-GmbH und Mehr-Personen-GmbH – Prüfung des Mindestvermögens in Höhe des Stammkapitals, Versicherung der Einzahlung und freien Verfügung von einem Viertel, mindestens von 12.500 €; *OLG Stuttgart* ZIP 2011, 1612 – Prüfungspflicht des Registergerichts nur der **Mindestleistungen, nicht der Mehrleistungen** – fehlende Mehrleistung kein Eintragungshindernis. Ferner zur älteren Rechtsprechung *BGH* NJW 2003, 892; BB 2003, 2079 = NJW 2003, 3198 (Unterbilanz); *OLG München* NZG 2006, 35 – Satzungsklausel mit Bedeutung für Dritte; Rechtsfähigkeit einer ausländischen Gesellschaft als Gesellschafterin *KG* DB 1997, 1124; zu Gründungskosten und Aufwand *LG Essen* GmbHR 2003, 471, sowie *LG Gießen* GmbHR 2003, 544; gesetzliche Mindesteinlageleistung steht im Zeitpunkt der Eintragung nicht endgültig zur freien Verfügung des Geschäftsführers – *BayObLG* BB 1988, 789, 790; vgl. etwa *BGHZ* 113, 335; *OLG Karlsruhe* ZIP 1993, 118; *OLG Stuttgart* GmbHR 1984, 156; *OLG Hamburg* BB 1984, 1763; *BayObLG* BB 1983, 83; BB 1994, 1811; BB 1994, 2433; *OLG*

Hamm BB 1996, 975; *LG Dresden* DB 1994, 321). I.Ü. *BayObLG* NJW-RR 2000, 113 = DB 1999, 964 = BB 1999, 971 = GmbHR 1999, 199, 607 – Mantelverwendung – keine Eintragungsprüfung hinsichtlich der Unversehrtheit des Stammkapitals (gegen überwiegende Lit. und Rspr.), hierzu *Hirte* NJW 2000, 3321, 3327 m.w.N.; *OLG Düsseldorf* NJW-RR 1998, 898 = DB 1998, 250 = DStR 1998, 305 – Erforderlichkeit einer erneuten registerrechtlichen Kontrolle bei längerer Dauer des Eintragungsverfahrens; *KG* NJW-RR 1999, 762 – tatsächliche Häufigkeit verdeckter Sacheinlagen berechtigt grds. nicht zum Verlangen weiterer Nachweise; *BayObLG* GmbHR 2000, 872 = NJW-RR 2001, 898 – Genehmigung oder Negativattest (vgl. *BGHZ* 102, 209, 217 = GmbHR 1988, 135) – Unternehmensgegenstand ohne Konkretisierung auf ein bestimmtes Gebäude ausreichend: „Es reicht aus, wenn die Angaben zum Unternehmensgegenstand so konkret sind, dass die interessierten Verkehrskreise der Satzung entnehmen können, in welchem Geschäftszweig und in welcher Weise sich die Gesellschaft betätigen will." Eintragungshindernis bei Abweichen der tatsächlich allein beabsichtigten Tätigkeit vom Unternehmensgegenstand, Fehlen der ernsthaften Absicht zur Verwirklichung des Unternehmensgegenstandes innerhalb eines absehbaren Zeitraums unter Berücksichtigung der üblichen Anlauf- und Vorlaufzeiten: Nichtigkeit des entsprechenden Satzungsteils (*BGHZ* 117, 323 = GmbHR 1992, 451) – bei ernsthafter Zweckverfolgung keine Irreführung des Zusatzes „Klinik" i.S.d. § 18 Abs. 2 HGB – bloße Vermutungen des Registergerichts reichen nicht aus, um die Annahme eines ernsthaften Zwecks zu verneinen. Eine nicht zustellfähige Anschrift der Gesellschaft kann zur Zurückweisung der Anmeldung führen (*KG Berlin* v. 6.10.2021, BWNotZ 221, 479), ebenso eine unzulässige Firmierung mit Sonderzeichen, die in ihrer Aussprache nicht dem allg. Sprachgebrauch entsprechen („+", „&", „@" zulässig; unzulässig nicht artikulierbare Bildzeichen wie „/", „#", „*", *BGH* v. 25.1.2022, NZG 2022, 971, *Fleischauer/Wochner* I Muster 7 Erl. (2)).

5 **Eingeschränkte Prüfung bei Sacheinlagen:** Das Registergericht hat entspr. dem ausdrücklichen Wortlaut des Abs. 1 S. 2 (Sacheinlagen) nur noch eingeschränkt zu überprüfen, nämlich bei „wesentlicher Überbewertung". Diese Änderung soll die Eintragungszeiten deutlich verkürzen und die GmbH-Gründung beschleunigen (RegE). Die Pflicht zur Einreichung von Sachgründungsbericht und Unterlagen sowie die strafrechtliche Bewehrung falscher Angaben reichen dem Gesetzgeber aus, um ein vernünftiges Verhältnis zwischen Richtigkeitsgewähr und Aufwand zu erzielen. Die Vorschrift steht damit auch im Einklang zur Prüfung des Gerichts bei Bareinlagen (Begr. RegE). **Nach der Begründung des RegE** (Änderung von § 9c Abs. 1) wird die Werthaltigkeitskontrolle des Registergerichts bei Sacheinlagen künftig in Anlehnung an die Rechtslage bei der Aktiengesellschaft (§ 38 Abs. 2 S. 2 AktG) auf die Frage beschränkt, ob eine „nicht unwesentliche" Überbewertung vorliegt. Damit wird ein inhaltlich nicht begründbarer Widerspruch zwischen AktG und GmbHG beseitigt. Nach dem RegE prüfte das Registergericht bisher die Bewertung der Sacheinlagen jedenfalls in der Theorie umfassend und lehnte bei jeder auch nur geringfügigen Überbewertung die Eintragung ab. Hierdurch können lange Eintragungszeiten auftreten. In der Praxis sollen „bereits heute" die Gerichte kaum in der Lage gewesen sein, „mehr als eine Plausibilitätsprüfung vorzunehmen. Es bestehen aber unterschiedliche Handhabungen und infolgedessen Rechtsunsicherheiten. Mitunter wurde auch bei nur befürchteten Überbewertungen eine weitere, externe Prüfung veranlasst." § 38 Abs. 1 und 2 AktG lautet:

K. Beine

(1) ¹Das Gericht hat zu prüfen, ob die Gesellschaft ordnungsgemäß errichtet und angemeldet ist. ²Ist dies nicht der Fall, so hat es die Eintragung abzulehnen.

(2) ¹Das Gericht kann die Eintragung auch ablehnen, wenn die Gründungsprüfer erklären oder es offensichtlich ist, dass der Gründungsbericht oder der Prüfungsbericht der Mitglieder des Vorstands und des Aufsichtsrats unrichtig oder unvollständig ist oder den gesetzlichen Vorschriften nicht entspricht. ²Gleiches gilt, wenn die Gründungsprüfer erklären oder das Gericht der Auffassung ist, dass der Wert der Sacheinlagen oder Sachübernahmen nicht unwesentlich hinter dem geringsten Ausgabebetrag der dafür zu gewährenden Aktien oder dem Wert der dafür zu gewährenden Leistungen zurückbleibt.

Um eine Überbewertung auszuschließen, wurde – so die Begr. des RegE krit. zur bisherigen Praxis des Registergerichts – dabei ggf. zusätzlich zu den mit der Anmeldung eingereichten Unterlagen ein Sachverständigengutachten eingeholt, das weitere Kosten und Zeitverzögerung verursachte: „Die Prüfung durch das Registergericht kann dennoch i.d.R. nur kursorisch erfolgen, denn etwa im Fall der Unternehmensbewertung stehen für eine wirkliche Prüfung die zeitlichen Kapazitäten nicht zur Verfügung. Es ist deshalb auch auf Grundlage der bisherigen Fassung des § 9c Abs. 1 S. 2 nicht gewährleistet, dass der Wert der betr. Vermögensgegenstände beim Registergericht tatsächlich genau ermittelt wird. Die Verzögerung der Eintragung der Gesellschaft steht daher in keinem Verhältnis zu dem Nutzen der Prüfung." Nach dem Willen des Gesetzgebers sind zukünftig weitere Unterlagen „nur für den Fall, dass sich auf Grundlage der mit der Anmeldung eingereichten Unterlagen begründete Zweifel ergeben, die auf eine wesentliche Überbewertung der Sacheinlage hindeuten – und nur bei entspr. Anhaltspunkten (keine Einleitung der Ausforschungsermittlung zur Entscheidung über das Vorliegen einer „wesentlichen Überbewertung"), erforderlich. **6**

Für die Annahme einer „nicht wesentlichen Überbewertung" müssen konkrete Anhaltspunkte vorliegen, da andernfalls der Wille des Gesetzgebers unterlaufen würde (vgl. *Noack* § 9c Rz. 7; *Scholz/Veil* § 9c Rz. 13; *Lutter/Hommelhoff* § 9c Rz. 18; *Wicke* § 9c Rz. 6; auch *Gehrlein/Witt/Volmer* 1. Kap. Rz. 68). Anhaltspunkte können sich aus Unklarheiten, Unvollständigkeiten etc., z.B. des Sachberichts oder bei Widersprüchen in einem Sachverständigengutachten (vgl. auch § 5 Abs. 2 S. 2) ergeben – ferner bei offensichtlichen Überbewertungen bei Kfz etc. Konkrete Anhaltspunkte und nachvollziehbare Zweifel sind erforderlich. Gegen Zwischenverfügungen und die Ablehnung der Eintragung ist die Beschwerde zulässig vgl. § 382 Abs. 4 FamFG, hierzu *Noack* § 9c Rz. 3; *Wicke* § 9c Rz. 9; *Krafka* Rz. 166, 192; *Fleischhauer/Wochner* Handelsregisterrecht, A Rz. 183, 186). Eine teilw. Ablehnung ist zumindest bei einschränkungsloser Antragstellung unzulässig (Teilvollzug unter Ausklammerung z.B. einer beanstandbaren Satzungsbestimmung *BayObLG* WM 1987, 502). Als ausreichend hat das LG Freiburg (v. 20.2.2009 – 12 T 1/09 für Prüfung bei Einbringen von Gesellschaftsanteilen an einer Gesellschaft als Sacheinlage angesehen: Bilanz der Gesellschaft für ein Geschäftsjahr, Gewinn- und Verlustrechnungen für mehrere Jahre und die Stellungnahme eines Wirtschaftsprüfers zum Wert der übernommenen Geschäftsanteile ausgehend von den über 3 Jahre erzielten durchschnittlichen Gewinnen anhand eines sog. vereinfachten Ertragswertverfahrens – begründete Zweifel – wesentliche Überbewertung (i.Ü. hierzu auch *Noack* § 8 Rz. 9 auch *Lutter/Hommelhoff* § 9c Rz. 15 f. – jeweils m.w.N.). **7**

8 Schranken der Zurückweisung bei mangelhaften etc. Bestimmungen des Gesellschaftsvertrages: Infolge des durch das HRefG eingefügten Bestimmung des Abs. 2 sind erhebliche Grenzen der registerrechtlichen Prüfung zu beachten. Der Registerrichter hatte bereits vor Einfügung des Abs. 2 kein Recht, die beschlossenen Bestimmungen auf ihre Zweckmäßigkeit zu untersuchen (Scholz/*Veil* § 9c Rz. 11; *Noack* § 9c Rz. 2 – jeweils m.w.N.). Das galt und gilt auch für sprachliche und redaktionelle Fragen etc. Anders ist dies bei unklaren Fassungen oder Erklärungen, die eine Irreführung des Rechtsverkehrs hinsichtlich der prüfenden Punkte zur Folge haben können (einschränkend *Wicke* § 9c Rz. 3; Scholz/*Veil* § 9c Rz. 10; *BayObLG* DB 1971, 1612 = *OLGZ* 1971, 242). Verzögerungen, die durch pflichtwidrige Auflagen etc. entstehen, richten sich gegen Ansprüche der Gesellschafter auf Eintragung bzw. deren zügige Bearbeitung.

9 Zum Gesellschaftsvertrag s.o. § 3 Rz. 6 f.; ferner Scholz/*Veil* § 9c Rz. 16; *Noack* § 9c Rz. 7; *Lutter/Hommelhoff* § 9c Rz. 5 f. Frühere Rechtsprechung hat teils weitere Geltung. Zurückweisen kann der Registerrichter eine Anmeldung z.B. nach wie vor, wenn die Satzung im Gegenstand inhaltslose Floskeln enthält („Die Gesellschaft ist zu allen Geschäften und Rechtshandlungen befugt, die ihren Zwecken dienlich sind" – so *OLG Köln* ZIP 1981, 736 = Rpfleger 1981, 40 = DB 1981, 1596). Zu den Pflichten des Registerrichters gehört es auch, vor Eintragung die Klarstellung missverständlicher Satzungsbestimmungen zu verlangen, soweit einer der in Abs. 2 genannten Prüfungspunkte dies nicht ausschließt. Bewusst offen gelassene Fragen fallen hier jedoch nicht darunter, sofern die Satzung nur hinreichend klar ist (*OLG Stuttgart* Rpfleger 1980, 388; enger i.Ü. früher grds. *OLG Köln* ZIP 1981, 736; vgl. auch *LG Frankfurt* Rpfleger 1976, 251; *Groß* Rpfleger 1976, 237). Der Registerrichter darf jedenfalls eine von ihm als nichtig erkannte Bestimmung zurückweisen, wenn nicht die Schranke des § 9c Abs. 2 ihn daran hindert (vgl. hierzu Scholz/*Veil* § 9c Rz. 19; vgl. auch *Noack* § 9c Rz. 5c). Schon 1980 sowie durch die Änderungen infolge des HrefG wollte der Gesetzgeber allzu kleinlicher und verzögerlicher Prüfung durch Registergerichte und Richter (auf Kritik des DIHT) einen Riegel vorschieben. Es ist allerdings nicht ersichtlich, welche in der Tat erheblichen zeitlichen Verzögerungen insofern eingetreten sind bzw. welche angebliche Entlastung nunmehr infolge Abs. 2 eintritt. Der Prüfungsumfang ist jedenfalls und konnte wohl auch nicht merklich reduziert werden. Auswirkungen erheblicher Art durch diese „Reformen" sind nach wie vor nicht ersichtlich (vgl. auch *Noack* § 9c Rz. 5; zur „schwer verständlichen" Formulierung auch *Wicke* § 9c Rz. 7).

10 Mangelhafte, fehlende oder nichtige einzelne Bestimmungen der Satzung – Abs. 2 Nr. 1: Fehlende Bestimmungen liegen vor, wenn die Satzung nicht die Mindestbestandteile aufweist (vgl. § 3). Ferner Bestimmungen, die „auf Grund anderer zwingender gesetzlicher Vorschriften für die Satzung als Bestandteil vorgeschrieben sind (z.B. Festsetzung nach § 5 Abs. 4). Hierbei sind eintragungspflichtige und bekanntzumachende Tatsachen gemeint (hierzu *Krafka* Rz. 92 ff.). Hier ist für die GmbH v.a. § 10 maßgeblich (Firma, Sitz, Gegenstand, Stammkapital, Geschäftsführer und Vertretungsbefugnis, Zeitdauer, zustellungsberechtigte Person). Insoweit überschneidet sich dies mit dem Mindestinhalt der Satzung. Der Begriff der Mangelhaftigkeit ist unklar. Wenn überhaupt, so kommen in diesem Zusammenhang nur rechtlich erhebliche Mängel in Betracht.

Gesamtnichtigkeit der Satzung nach Abs. 2 Nr. 3: Die Nichtigkeit einzelner Bestim- **11**
mungen der Satzung ist in Abs. 2 Nr. 1 betroffen. Liegen diese „Mängel" vor, so ist die
gesamte Satzung nichtig (so § 3; *Noack* § 3 Rz. 22 f. – fehlerhafte Gesellschaft, Zurückweisung der Anmeldung). Die in Abs. 2 Nr. 3 angeführte Nichtigkeit bezieht sich auf
Gesamtnichtigkeit der Satzung infolge zahlreicher unwirksamer Bestimmungen der
Satzung. Insofern ist die Auslegungsregel des § 139 BGB heranzuziehen, soweit z.b.
mehrere oder zahlreiche Satzungsbestimmungen zur Gesamtnichtigkeit des Vertrags
führen (abl. *Wicke* § 9c Rz. 7; wie hier *Noack* § 9c Rz. 5c). Insoweit greift aber bereits
Abs. 2 Nr. 1 ein (z.B. *Noack* § 9c Rz. 5c).

Fehlen oder Nichtigkeit von Bestimmungen zum Schutz der Gläubiger oder im öffent- **12**
lichen Interesse nach Abs. 2 Nr. 2: Insoweit liegt eine mit § 241 Nr. 3 AktG vergleichbare Regelung vor. In Betracht kommen hier insb. Bestimmungen, die z.B. für den
Fall der Insolvenz der GmbH Gläubiger benachteiligen. Allerdings muss die Benachteiligung durch die Verletzung von Schutzvorschriften vorliegen, die ausschließlich
oder überwiegend (nicht nur mit untergeordneter Nebenwirkung z.B. auch für die
Gläubiger) dem Gläubigerschutz dienen (vgl. hierzu *Wicke* § 9c Rz. 7; *Noack* § 9c
Rz. 5b; *Scholz/Veil* § 9c Rz. 21). Hierzu gehörende Vorschriften sind Bestimmungen,
die Kapitalaufbringung und – erhalten betreffen (vgl. §§ 7, 9 ff., 16, 18 Abs. 2, 19, 22,
24, 30 f. – vgl. *Scholz/Veil* § 9c Rz. 21).

Vorschriften, die im öffentlichen Interesse bestehen und die durch deren Missachtung **13**
Unvollständigkeit der Satzung bzw. Nichtigkeit der Satzung zur Folge haben, können
zur Ablehnung der Eintragung führen. Das öffentliche Interesse muss sich zwingend
und maßgeblich in der jeweiligen Vorschrift niedergeschlagen haben (Strafvorschriften – vgl. ferner §§ 82, 41 ff. StGB; § 1 GWB, §§ 239 ff. HGB, MitbestG – vgl. *Scholz/
Veil* § 9c Rz. 22). § 138 BGB gehört ebenfalls zu diesen Vorschriften, soweit die Vorschrift den Schutz der Gläubiger bezweckt (*Scholz/Veil* § 9c Rz. 21).

Die insoweit vorgesehenen Schranken der Prüfungspflicht können nicht auf andere **14**
Tatbestände ausgedehnt werden, da dies dem Beschleunigungsgrundsatz im Eintragungsverfahren widerspräche. „Mängel" des Gesellschaftsvertrags, die nicht unter
Abs. 2 fallen, insb. Unklarheiten, Widersprüche, Auswirkungen zukünftiger ungewis-
ser Entwicklungen auf die Satzung, Wirtschaftlichkeit, Angemessenheit der Kapitalausstattung, Solvenz der Gründer führen nicht über § 9c zur Zurückweisung der
Anmeldung, können aber z.B. im Zusammenhang mit Versicherungen der Geschäftsführer erheblich werden (vgl. *Scholz/Veil* § 9c Rz. 5).

Vor der Zurückweisung des Antrags auf Eintragung hat das Gericht bei konkreten **15**
Anhaltspunkten oder nachvollziehbaren Zweifeln erforderliche Ermittlungen gem.
§ 26 FamFG zu unternehmen und ggf. durch Zwischenverfügung die maßgeblichen
Änderungen zu verlangen. Auch Zwischenverfügungen können grds. mit der
Beschwerde (Erinnerung) angefochten werden, sofern sie einen unmittelbaren Eingriff in Rechte des Antragstellers darstellen (*OLG Stuttgart* ZIP 2011, 1612; *OLG
Hamm* Rpfleger 1986, 389). Werden die Auflagen des Gerichts nicht fristgemäß erledigt, so erfolgt die kostenpflichtige Zurückweisung der Anmeldung. Zwischenverfügungen und Zurückweisungen gegen Zwischenverfügung und Zurückweisungsbeschluss sind beschwerdefähig (§§ 58 ff. FamFG; beschwerdebefugt ist die Vor-GmbH
(vgl. § 59 FamFG), so *BGHZ* 117, 323 (AG); ferner *BGHZ* 107, 1; i.Ü. *Krafka*
Rz. 2453; *Noack* § 9c Rz. 3; auch *Scholz/Veil* § 9c Rz. 37 ff.; die Anmelder bzw.

Geschäftsführer vgl. *BayObLG* DB 1985, 699 = DNotZ 1985, 112). Ein einzelvertretungsberechtigter Geschäftsführer reicht hierfür aus (*Krafka* Rz. 2453; *Noack* § 9c Rz. 3; vgl. auch *BGHZ* 117, 323, AG). IHK und HWK sind nur bei Zurückweisung ihrer eigenen Gegenanträge, nicht jedoch ansonsten beschwerdeberechtigt (*Krafka* Rz. 2463 f.; *Scholz/Veil* § 9c Rz. 41 m.w.N.). Auf die Beschwerde kann das Registergericht auch – ganz oder teilweise abhelfen (§ 68 FamFG, *Krafka* Rz. 2466). Hinweise und Meinungsäußerungen des Registergerichts sind nicht beschwerdefähig (formlose „Bedenkenmitteilung" – Gefahr der überflüssigen Verzögerung) – ebenso wenig innerdienstliche Maßnahmen (Anordnung einer Eintragung etc. – vgl. *Fleischhauer/Wochner* Handelsregisterrecht, A Rz. 183; *Krafka* Rz. 169).

16   Gegen die Eintragung findet die Beschwerde nicht statt (*BGHZ* 104, 63; *BayObLG* DB 1981, 1518; DB 1985, 383; *Fleischhauer/Wochner* Handelsregisterrecht, A Rz. 184; *Krafka* Rz. 2440 f., auch zu Meinungsäußerungen, Anfragebeantwortungen oder Äußerungen zu einem Urkundenentwurf; *Scholz/Veil* § 9c Rz. 42 m.w.N.). Die GmbH ist entstanden. Es bleiben hier nur die ansonsten bestehenden Möglichkeiten (Anregung des Amtslöschungsverfahrens nach §§ 397, 399 FamFG, vgl. auch § 75 etc.; hierzu *Krafka* Rz. 2462; *Scholz/Veil* § 9c Rz. 42; *Noack* § 9c Rz. 3).

III. Zurückweisung bei „wesentlicher" Überbewertung von Sacheinlagen

17   Der Registerrichter hat insofern die Unterlagen, die den Wert der Sacheinlage belegen sollen, zu überprüfen (vgl. § 9c sowie hier Rz. 5) – allerdings nur bei konkreten Anhaltspunkten für eine nicht unwesentliche Überbewertung (s. Rz. 5). Reichen dem Richter die Unterlagen im Ausnahmefall nicht aus, so kann er gem. § 26 FamFG weitere nachfordern (vgl. hierzu *Scholz/Veil* § 9c Rz. 34). Was der Registerrichter verlangt, richtet sich nach pflichtgemäßem Ermessen (vgl. § 26 FamFG). Insb. kann der Richter auch die Vorlage eines Sachverständigengutachtens verlangen, bei weiteren Zweifeln entsprechende Fragen durch den Sachverständigen erörtern lassen, oder einen ansonsten im Einzelfall geeigneten Weg beschreiten – jeweils mit dem Ziel, Bedenken und Zweifel auszuräumen. Die Eintragung darf nur erfolgen, wenn kein Anlass zu Zweifeln mehr besteht (*Lutter/Hommelhoff* § 9c Rz 16).

18   Wird festgestellt, dass die Sacheinlagen nicht unwesentlich überbewertet worden sind oder berechtigte Zweifel bestehen, so ist die Eintragung zurückzuweisen (*Noack* § 9c Rz. 9; *BGH* NJW 1981, 1373, 1375 = DNotZ 1981, 528 = Rpfleger 1981, 230; *Bartl* BB 1984, 2154, 2157; zutr. entgegen der h.M. auf den Zeitpunkt der Anmeldung abstellend *Noack* § 9c, Rz. 8; *Scholz/Veil* § 9c Rz. 33 – ausnahmsweise auf den Zeitpunkt der Eintragung abstellend, wenn die Ursachen bereits im Zeitpunkt der Anmeldung vorlagen *Scholz/Veil* § 9c Rz. 33 m.w.N.).

IV. Von der Eintragung nicht erfasste Satzungsbestimmungen – Ablehnung wegen Eintragungshindernissen

19   In Einzelfällen ergibt die Prüfung, dass die eine Satzungsbestimmung nichtig ist. Der normale Weg besteht darin, die Satzung zu ändern. In der Praxis werden derartige Satzungsbestimmungen teils aus Gründen der Zeit- und Kostenersparnis „von der Eintragung ausgenommen", was im HR (B Spalte 6) eingetragen und bekannt gemacht wird – seltene Fälle (vgl. *OLG Köln* ZIP 1981, 736), u.a. im Hinblick auf die nunmehr erheblich eingeschränkte Prüfungspflicht. Ferner bestehen insofern Bedenken, weil es nicht Aufgabe des Registergerichts sein kann, eine Satzungsänderung auf diesem Wege durchzusetzen. Das ist Sache der Gesellschafter. I.Ü. sind die Fälle, in denen das Registergericht die Eintragung zurückweisen kann, in § 9c Abs. 2 enthalten, nämlich

- Inhalt nach § 3 Abs. 1 Nr. 1 (Firma, Sitz, Gegenstand, Stammkapital, Nennbeträge **20** der Geschäftsanteile – vgl. hierzu Scholz/*Veil* § 9c Rz. 16; auch *Lutter/Hommelhoff* § 9c Rz. 5 – abschließender Katalog des § 9c Abs. 2; auch *Noack* § 9c Rz. 5 a–d),
- ausschließlich oder überwiegend dem Gläubigerschutz oder sonst dem öffentlichen Interesse dienende Vorschriften – Gläubigerschutzbestimmungen sind §§ 5, 9, 9a, 9b, 16 Abs. 2, 18 Abs. 2, 19, 22, 24, 30 ff. (vgl. Scholz/*Veil* § 9c Rz. 21; *Lutter/Hommelhoff* § 9c Rz. 9; auch *Noack* § 9c Rz. 5 a–d – jeweils m.w.N.; Vorschriften, die dem öffentlichen Interesse dienen, sind u.a. Strafvorschriften, § 1 GWB (Kartelle in Form der GmbH), Rechnungslegung nach §§ 41 ff. GmbHG, §§ 239 ff. HGB, im Falle der Verletzung wesentlicher Regelungen des MitbestG – hierzu Scholz/*Veil* § 9c Rz. 22; auch *Lutter/Hommelhoff* § 9c Rz. 6, 8 – nach hier vertretener Ansicht auch sittenwidriger Gegenstand der Satzung – hierzu § 3 Rz. 9).
- Gesamtnichtigkeit des Gesellschaftsvertrags (vgl. § 139 BGB) – anders als das Fehlen oder die Nichtigkeit einer einzelnen Satzungsbestimmung nach § 9c Abs. 2 Nr. 1 führt § 9c Abs. 2 Nr. 3 die Gesamtnichtigkeit des Gesellschaftsvertrags als Eintragungshindernis an. Insofern kommen vor allem die Fälle in Betracht, in denen die Satzung keine Bestimmung enthält, dass der Gesellschaftsvertrag bei Unwirksamkeit einer oder mehrerer Bestimmungen nicht unwirksam ist (vgl. hierzu *Lutter/Hommelhoff* § 9c Rz. 10; auch *Noack* § 9c Rz. 5 a–d; ferner Scholz/*Veil* § 9c Rz. 23 – jeweils m.w.N.).

Mängel des Gesellschaftsvertrags, die nicht unter § 9c Abs. 2 fallen, sind nicht Gegen- **21** stand der Prüfung durch das Registergericht (vollständige Prüfung durch Notar – vgl. *Noack* § 9c Rz. 5d; auch *Lutter/Hommelhoff* § 9c Rz. 9, krit. Rz. 13; s. i.Ü. *OLG München* GmbHR 2010, 870 – unzulässige Einziehungsklausel ohne Auswirkungen auf den Gläubigerschutz; wie hier *Noack* § 9c Rz. 5b m. w. Beispielen).

§ 10 Inhalt der Eintragung

(1) ¹Bei der Eintragung in das Handelsregister sind die Firma und der Sitz der Gesellschaft, eine inländische Geschäftsanschrift, der Gegenstand des Unternehmens, die Höhe des Stammkapitals, der Tag des Abschlusses des Gesellschaftsvertrags und die Personen der Geschäftsführer anzugeben. ²Ferner ist einzutragen, welche Vertretungsbefugnis die Geschäftsführer haben.

(2) ¹Enthält der Gesellschaftsvertrag Bestimmung über die Zeitdauer der Gesellschaft oder über das genehmigte Kapital, so sind auch diese Bestimmungen einzutragen. ²Wenn eine Person, die für Willenserklärungen und Zustellungen an die Gesellschaft empfangsberechtigt ist, mit einer inländischen Anschrift zur Eintragung in das Handelsregister angemeldet wird, sind auch diese Angaben einzutragen; Dritten gegenüber gilt die Empfangsberechtigung als fortbestehend, bis sie im Handelsregister gelöscht und die Löschung bekannt gemacht worden ist, es sei denn, dass die fehlende Empfangsberechtigung dem Dritten bekannt war.

(3) *(aufgehoben)*

K. Beine 181

I. Allgemeines

1 Vgl hierzu *Teichmann* Die elektronische Gründung von Kapitalgesellschaften, GmbHR 2018, 1–15: § 10 ist von der Reform 2008 in Abs 1 (inländische Geschäftsanschrift) und in Abs 2 S 2 (Empfangsberechtigung) geändert. Ab dem 1.7.2007 wird das HR ausschließlich elektronisch geführt (EHUG). Wegen der Einzelheiten ist die HRV maßgeblich. Der Inhalt der Eintragungen wird in § 43 HRV behandelt.

Das Register Abteilung B ua für die GmbH ist wie folgt konzipiert:

Handelsregister des Amtsgerichts Abteilung B Nummer der Firma: HR B

1	2	3	4	5	6	7
1 Nummer der Eintragung	a) Firma b) Sitz, Niederlassung, inländische Geschäftsanschrift, empfangsberechtigte Person Zweigniederlassungen c) Gegenstand des Unternehmens	Grund- oder Stammkapital	Prokura	a) Allgemeine Vertretung b) Vorstand, Leitungsorgan, geschäftsführende Direktoren, persönlich haftende Gesellschafter, Geschäftsführer, Vertretungsberechtigte und besondere Vertretungsbefugnis	a) Rechtsform, Beginn, Satzung oder Gesellschaftsvertrag b) Sonstige Rechtsverhältnisse	a) Tag der Eintragung b) Bemerkungen
2	...					
3	...					

2 Anmerkung: Die Kopfzeile und die Spaltenüberschriften müssen beim Abruf der Registerdaten auf dem Bildschirm stets sichtbar sein.

3 Auf sämtliche Registerdaten kann unter www.handelsregister.de zugegriffen werden. Ferner sind alle wesentlichen Unternehmensdaten in ein zentrales Unternehmensregister als reines Informationsmedium, dem gem. § 8b Abs. 2 Nr. 4 HGB n.F. ab 1.8.2022 auch Unterlagen zur Rechnungslegung zu übermitteln sind, eingestellt – www.unternehmensregister.de (wegen der Einzelheiten *Krafka* Rz. 37 ff.; vgl. § 374 FamFG).

4 Die Eintragung wirkt konstitutiv (vgl. § 11). Ist sie erfolgt, kann gegen sie nicht mit der Beschwerde etc. vorgegangen werden, auch wenn „Errichtungs- und Anmeldungsmängel" gegeben waren (hierzu § 9c Rz. 16; zur sog. Fassungsbeschwerde *Krafka* Rz. 2442 – hierzu auch *OLG München* 28.7.2010 – 31 Wx 129/10 – keine Bindung des Gerichts an die in der Anmeldung vorgeschlagene grafische Gestaltung (durchgehende Verwendung von Großbuchstaben); grds. ebenso *OLG München* v. 13.4.2011 – 31 Wx 79/11 (GmbHR 2011, 587) – Firmenname mit hochgestelltem Buchstaben „A³": Die hochgestellte Zahl muss nicht eingetragen werden; vgl. insofern bereits *Bay-*

ObLG 1985, 383 = NJW-RR 1986, 1161, ferner *Fleischhauer/Wochner* I Muster 7 Erl.
(2). An die Stelle der Rechtsbehelfe treten die im FamFG (§§ 58 ff., auch §§ 383 Abs. 3,
392, unbefugter Firmengebrauch, § 393, Löschung einer Firma, § 394, Löschung ver-
mögensloser GmbH, § 395, Löschung unzulässiger Eintragungen, § 397, Löschung
nichtiger GmbH, § 399 Abs. 4, Auflösung´wegen Satzungsmangels) vorgesehenen
Möglichkeiten, die von jedermann angeregt werden können (i.Ü. zur Rechtsbe-
schwerde z.B. *BGH* v. 11.4.2011 – II ZB 9/10 – unzulässige Neugründung einer UG
durch Abspaltung).

II. Eintragung in das Handelsregister

Wegen der Zuständigkeit des Registergerichts vgl. § 7 Abs. 1. 5

Zur Prüfungspflicht des Registergerichts bzgl. der ordnungsgemäßen Errichtung und 6
Anmeldung der Gesellschaft vgl. die Ausführungen zu § 9c.

Die Einzelheiten der Eintragung der GmbH richten sich nach § 43 Handelsregisterver- 7
ordnung (HRV); vgl. *Krafka* Rz. 175 ff., 983 f.; *Scholz/Veil* § 10 Rz. 4 ff. Zu unterscheiden sind anmeldepflichtige (vgl. § 14 HGB – Zwangsgeld) und nicht anmeldepflichtige
(kein Zwangsgeld nach § 14 HGB) Tatsachen sowie eintragungsfähige Tatsachen (vgl.
Krafka Rz. 92 f., 100 – auch § 43 HRV) – abgesehen von den Eintragungen, die von
Amts wegen vorzunehmen sind (vgl. §§ 394 ff. FamFG) – hierzu *Krafka* Rz. 87 ff.

Eingetragen werden können **nur eintragungsfähige Tatsachen** (vgl. *OLG München* 8
ZIP 2012, 672 = DB 2012, 1095 = GmbHR 2012, 750 = NJW-RR 2012, 614 = NZG
2012, 429 – Unzulässigkeit der Eintragung als „Sprecher der Geschäftsführung" –
zustimmend *Blasche* EWiR 2012, 485 – dort auch zu möglichen Konstellationen für
die, nur intern wirkende Gestaltung wie Koordination, Geschäftsordnung, Alleinent-
scheidung – str. –, Vetorecht etc.). Auch **nicht anmeldepflichtige Tatsachen können
eintragungsfähig** sein, sofern das Handelsregister dadurch nicht unübersichtlich zu
werden droht oder zu Missverständnissen Anlass gibt (*BGH* ZIP 1998, 152; *OLG
München* ZIP 2012, 672 = DB 2012, 1095 = GmbHR 2012, 750 = NJW-RR 2012,
614 = NZG 2012, 429; *Blasche* EWiR 2012, 485). Das Handelsregister hat nicht die
Aufgabe, sonstige Rechtsverhältnisse der Unternehmer und Unternehmen darzustellen, insb. nicht solche internen Verhältnisse, die z.B. auf die Vertretung der GmbH
durch Organe oder Prokuristen keinen Einfluss haben (*BGH* ZIP 1998, 152, *OLG
München* ZIP 2012, 672 = DB 2012, 1095 = GmbHR 2012, 750 = NJW-RR 2012,
614 = NZG 2012, 429; *Blasche* EWiR 2012, 485; *Krafka* Rz. 87 f., anmelde- und eintragungspflichtig Rz. 96, §§ 39 Abs. 1, 65 Abs. 1, 67 und 74, Befreiung von § 181 BGB,
Befugnis des Prokuristen zur Veräußerung und Belastung von Grundstücken;
Löschungen von Amts wegen nach §§ 393 ff. FamFG; **eintragungsfähig, aber nicht
anmeldepflichtig** Ersteintragung nach § 7, Satzungsänderung nach § 54, Stammkapitalerhöhung nach § 57 sowie Stammkapitalherabsetzung nach § 58 Abs. 1 Nr. 3).

Zu differenzieren ist i.Ü. nach § 10 zwischen den notwendigen Eintragungen (vgl. 9
Abs. 1) und den von dem einzelnen Gesellschaftsvertrag abhängigen möglichen Eintragungen (vgl. Abs. 2). Einige wichtige Punkte sind der Eintragung nicht zu entnehmen (z.B. Leistung von Sacheinlagen, vgl. freilich Abs. 2 – Zeitdauer – Empfangsberechtigte und inländische Anschrift). „Stellvertretung" von Geschäftsführern wird als
solche nicht eingetragen (hierzu § 44) – Eintragung als Geschäftsführer ohne Stellver-
treterzusatz (*BGH* GmbHR 1998, 181 = ZIP 1998, 152; *Noack* § 10 Rz. 2; *Wicke* § 10

Rz. 2; wegen der unzulässigen Eintragung „Sprecher der Geschäftsführung" vgl. *OLG München* ZIP 2012, 672 = DB 2012, 1095 = GmbHR 2012, 750 = NJW-RR 2012, 614 = NZG 2012, 429; *Blasche* EWiR 2012, 485). Die Eintragung der GmbH erfolgt in Abteilung B des HR (§§ 3 Abs. 3, 43 HRV). Das HR B weist 7 Spalten auf, in die grds. nur eintragungsfähige Tatsachen eingetragen werden können (hierzu Rz. 1). Gegen die Eintragung findet, wie oben unter Rz. 1 erwähnt, die Beschwerde (Erinnerung) nicht statt (§ 9c Rz. 13; *BayObLG* DB 1985, 383 = NJW-RR 1986, 1161 m.w.N.).

10 § 10 ist neben der Neugründung auch in den Fällen der Entstehung durch übertragende Umwandlung oder Verschmelzung anwendbar (vgl. §§ 3 Abs. 1 Nr. 2 (Verschmelzung), 124 (Spaltung), 191 Abs. 1 Nr. 2 (Formwechsel) UmwG; *Krafka* Rz. 1172 ff. ausführlich; i.Ü. Scholz/*Veil* § 10 Rz. 3; vgl. allerdings *BGH* v. 11.4.2011 – II ZB 9/10 – Unzulässigkeit einer Neugründung einer UG durch Abspaltung wegen Sacheinlageverbots – Ablehnung der Eintragung).

III. Notwendige Eintragungen

11 Die notwendigen Eintragungen stellen gewissermaßen das Spiegelbild eines Gesellschaftsvertrages mit Mindestinhalt zzgl. der Angaben zum Geschäftsführer dar (vgl. § 3 Abs. 1) – maßgeblich § 43 HRV.

Im Einzelnen sind einzutragen:

– in Spalte 1: die laufenden Nummern der die Gesellschaft betr. Eintragungen
– in Spalte 2: unter a) die Firma (§ 3 Abs. 1 Nr. 1) unter b) der Sitz (§ 3 Abs. 1 Nr. 1) unter c) der Gegenstand (§ 3 Abs. 1 Nr. 2 – in der Praxis wegen Weglassung floskelhafter Formulierungen häufig verkürzt – vgl. *BayObLG* GmbHR 1994, 60; auch etwa *Lutter/Hommelhoff* § 10 Rz. 4 Fn. 9, *Altmeppen* § 10 Rz. 2) sowie die inländische Geschäftsanschrift (vgl. oben Spalte 2 des HR) sowie der weitere Empfangsberechtigte mit inländischer Anschrift („Zustellungsanschrift", § 10 Abs. 1 und Person – fakultativ – hierzu *Lutter/Hommelhoff* § 10 Rz. 9; auch *Noack* § 10 Rz. 2, § 8 Rz. 17, geeignete Person, § 10 Abs. 2; Scholz/*Veil* § 10 Rz. 16) – Sitz und Geschäftsanschrift können auseinanderfallen (*Krafka* Rz. 947a).
– in Spalte 3: der Betrag des Stammkapitals, z.B. 25.000 €;
– in Spalte 4; die Geschäftsführer mit Vor- und Familiennamen, Wohnort (§ 43 Nr. 4b HRV – ohne Straßenbezeichnung);
– in Spalte 5: die Prokuristen mit Vornamen und Familiennamen, Wohnort, die Vertretungsbefugnis, z.B. Einzel- bzw. Gesamtprokura;
– in Spalte 6: die Art der Gesellschaft („Gesellschaft mit beschränkter Haftung");
– der Tag des Abschlusses des Gesellschaftsvertrages sowie vor Eintragung vorgenommene Änderungen – besondere Bestimmungen über die **Zeitdauer** der Gesellschaft – die **Vertretungsbefugnis** der Geschäftsführer und Liquidatoren – Änderungen des Gesellschaftsvertrages – Eintragungen betr. das Insolvenz- oder Vergleichsverfahren – Auflösung, Nichtigkeit, Erlöschen, Löschung von Amts wegen bei Vermögenslosigkeit – Aufhebung von Zweigniederlassungen von der Eintragung ausgenommene Bestimmungen (nichtige, unwirksame Bestimmungen des Gesellschaftsvertrages), Geschäftsleiter i.S.d. KWG, Hauptbevollmächtigte nach dem VAG bei ausländischen Zweigniederlassungen;
– in Spalte 7 u.a. Tag der Eintragung in das Register.

(Vgl. i.Ü. § 43 HRV)

1. Vertretungsbefugnis. Unproblematisch sind regelmäßig die Eintragungen in **12** Spalte 1–5.

Vertretungsbefugnis der Geschäftsführer: Hinsichtlich der Eintragung der Vertretungsbefugnis der Geschäftsführer bestand Streit, wie einzutragen ist. In Betracht kam zum einen die Eintragung der abstrakten Vertretungsbefugnis, gewissermaßen die Wiederholung des Satzungs- bzw. des Gesetzestextes. Zum anderen war die Eintragung der konkreten Vertretungsbefugnis des jeweils betroffenen Geschäftsführers denkbar.

Ausgangspunkt für die Beurteilung dieser Frage ist die Einfügung der §§ 8 Abs. 3, **13** Abs. 1 S. 2 a.F. durch das Gesetz zur Durchführung der Ersten Richtlinie des Rates der EG zur Koordinierung des Gesellschaftsrechts v. 15.8.1969 (BGBl. I 1969, S. 1146). Danach sollen alle „einschlägigen Angaben" hinsichtlich der Vertretungsbefugnis für jedermann ohne Schwierigkeiten dem HR zu entnehmen sein (*BayObLG* BB 1997, 1327 – auch bei Geltung der gesetzlichen Vertretung; ausführlich *Krafka* Rz. 987 – abstrakte und besondere Vertretungsbefugnis; zum Eintragungsinhalt 990 f.; *Fleischhauer/Wochner* Handelsregisterrecht, I Muster 7, Erl. (9), (10); *Wicke* § 10 Rz. 2; *Noack* § 10 Rz. 2; ferner *Lutter/Hommelhoff* § 10 Rz. 6 m.w.N. der Eintragungspraktiken; vgl. ferner *EuGH* BB 1974, 1500; *BGH* BB 1974, 808; i.Ü. *Scholz/Veil* § 10 Rz. 11, 12; *OLG Frankfurt* ZIP 1983, 182, 183 = Rpfleger 1983, 114). Aus dem HR selbst muss die Vertretungsbefugnis unmittelbar ersichtlich sein (Bsp. für Eintragungen *Krafka* Rz. 990 f., zu unzulässigen Anmeldungen und Eintragungen Rz. 993; auch *Fleischhauer/Wochner* Handelsregisterrecht, I, Muster 7, Erl. (9) (10)).

Die abstrakte Vertretungsbefugnis ist auch dann einzutragen, wenn sie von der gesetz- **14** lichen Regelung des § 35 Abs 2 S. 1 nicht abweicht, also immer (Scholz/*Veil* § 10 Rz. 11). Einzutragen ist die generelle Regelung der Vertretungsbefugnis, nicht also die konkrete Vertretungsregelung für einen Geschäftsführer (Scholz/*Veil* § 10 Rz. 12; *Lutter/Hommelhoff* § 10 Rz. 6, jeweils m.w.N.; auch *(Noack* § 10 Rz. 2). Der Begriff „Alleinvertretungsmacht" statt Einzelvertretungsbefugnis kann als irreführend beanstandet werden (*OLG Frankfurt* DB 1993, 2174; zuletzt *OLG Naumburg* GmbHR 1994, 119; hierzu auch Scholz/*Veil* § 10 Rz. 12).

Nur dann, wenn für einen Geschäftsführer Besonderheiten gelten, ist auch seine kon- **15** krete Vertretungsbefugnis einzutragen (Scholz/*Veil* § 10 Rz. 12; *Lutter/Hommelhoff* § 10 Rz. 6; *BGHZ* 87, 59; *BayObLG* BB 1974, 291).

Damit kommen folgende Möglichkeiten in Betracht (vgl. hierzu auch die Vorschläge **16** in *Krafka* Rz. 987, 990 ff. m.w.N.):

a) Fehlende Satzungsbestimmung. Die Satzung sieht nichts vor. Es gilt § 35 Abs. 1. **17** Einzutragen ist:

„Die Gesellschaft hat einen oder mehrere Geschäftsführer. Die Geschäftsführer vertreten gemeinsam mit allen anderen Geschäftsführern. Ist nur ein Geschäftsführer vorhanden, so vertritt er allein."

b) Satzungsbestimmung. Durch Gesellschaftsvertrag oder einen mit der Satzung im **18** Einklang stehenden Beschluss wird festgelegt, dass ein Geschäftsführer Einzelvertretungsrecht hat (vgl. § 6 Rz. 7; auch § 35 Rz. 5), so ist einzutragen:

„Der Geschäftsführer [Name, Vorname] hat Einzelvertretungsrecht."

Oder bei sog. unechter Gesamtvertretung (erforderlich mindestens zwei oder mehr Vertretungsberechtigte, weil die Vertretungsbefugnis des einzigen Geschäftsführers nicht an einen Prokuristen gebunden werden kann):

„**Der Geschäftsführer [Name, Vorname] vertritt gemeinsam mit einem anderen Geschäftsführer oder zusammen mit einem Prokuristen. Ist nur ein Geschäftsführer vorhanden, so vertritt er allein.**"

19 In Entscheidungen ist es mit Recht abgelehnt worden, in das Handelsregister die Möglichkeiten der Vertretungsbefugnis mehrerer Geschäftsführer bei Fassung entsprechender Beschlüsse der Gesellschafterversammlung einzutragen (*BayObLG* DB 1985, 383; *OLG Karlsruhe* BB 1984, 238; *OLG Frankfurt* DB 1984, 42 = BB 1984, 238).

20 Die Befreiung des/der Geschäftsführer/s von den Beschränkungen des § 181 BGB ist einzutragen (hierzu *OLG Nürnberg* 5.3.2010 – 12 W 376/10 – generelle Befreiung auch bei Beschränkung auf einen Geschäftspartner – Erforderlichkeit für generelle Befreiungen: satzungsmäßige Grundlage; auch *Noack* § 10 Rz. 2; *Lutter/Hommelhoff* § 10 Rz. 7; *Scholz/Veil* § 10 Rz. 13; *Wicke* § 10 Rz. 2; *OLG Stuttgart* DNotZ 2008, 303, mit krit. Anm. v. *Altmeppen*; *Krafka* Rz. 996 f.; auch *Fleischhauer/Wochner* Handelsregisterrecht, I, Muster 7, Erl. (9), (10); vgl. auch *BGHZ* 97, 59; *OLG Düsseldorf* GmbHR 1995, 51 – Befreiung nur für bestimmte Geschäfte eintragungsfähig; *BayObLG* GmbHR 2000, 91 = NZG 2000, 138 – zur Eintragung der Befreiung von § 181 BGB des Geschäftsführers der Komplementär-GmbH bei der GmbH & Co KG; vgl. auch *BayObLG* GmbHR 2000, 731 = NZG 2000, 684; ferner NZG 2000, 475 (Ls.); BB 2001, 13 = GmbHR 2001, 72 = NZG 2001, 128 – Bestellung eines gesetzlichen Vertreters eines Gesellschafters zum Geschäftsführer ohne Befreiung von § 181 BGB bei Ein-Personen-GmbH – Beschluss unwirksam und nicht nur anfechtbar – keine Nichtigkeit, sondern schwebende Unwirksamkeit nach §§ 177, 181 BGB; *Burhoff* NWB 2000, Fach 19, S. 2533; i.Ü. *OLG Köln* GmbHR 1980, 129; *BayObLG* BB 1980, 597; *Bartl* BB 1984, 2154, 2157 m.w.N.; *BGH* BB 1984, 1316; auch DNotZ 1983, 633 = ZIP 1983, 568 = BB 1983, 857). Das gilt u.a. auch im Hinblick auf § 35 Abs. 3 (*BGH* ZIP 1991, 650; *BGHZ* 87, 59; *Lutter/Hommelhoff* § 10 Rz. 4; hierzu auch Scholz/*Veil* § 10 Rz. 13 jeweils m.w.N.). Das *BayObLG* (BB 1981, 1127; so auch *OLG Frankfurt* Rpfleger 1983, 114 = ZIP 1983, 182 f.) verlangt des Weiteren für die Befreiung von den Beschränkungen des § 181 BGB die Aufnahme in die Satzung. Sieht die Satzung die Befreiung von den Beschränkungen des § 181 BGB nicht vor, so kann diese ohne vorherige Satzungsänderung nicht vorgenommen werden (*OLG Nürnberg* v. 5.3.2010 – 12 W 376/10; *Krafka* Rz. 999; *OLG Stuttgart* OLGZ 1985, 37; *OLG Frankfurt* ZIP 1983, 183, im Anschluss an *BayObLG* BB 1980, 1442; 1981, 869; *Bartl* BB 1984, 2154, 2160). Ohne Satzungsbestimmung bzw. -änderung kommt lediglich die Befreiung für einen Einzelfall durch Gesellschafterbeschluss in Betracht.

21 Die entsprechende Eintragung kann wie folgt lauten (vgl. *Krafka* Rz. 1002):

„**Die Geschäftsführer sind befugt, die Gesellschaft bei Rechtsgeschäften mit sich im eigenen Namen oder als Vertreter eines Dritten uneingeschränkt zu vertreten.**"

22 Handelt es sich um eine besondere Vertretungsbefugnis (kann auch auf die Befreiung von § 181 BGB zutreffen), so ist in Spalte 4 einzutragen:

„**b) Geschäftsführer: [*Name*], *[Geburtsdatum], einzelvertretungsberechtigt; mit der Befugnis, im Namen der Gesellschaft mit sich im eigenen Namen oder als Vertreter eines Dritten Rechtsgeschäfte abzuschließen.**"

Hinsichtlich des Liquidators sind entspr. Grundsätze maßgeblich (*BayObLG* BB 1985, 1148).

Zwingend einzutragen ist in Spalte 2 die „inländische Geschäftsanschrift" (vgl. § 8 **23** Abs. 4 Nr. 1). Insofern handelt es sich nach dem RegE (zu Nr. 13 – Änderung von § 10) um eine Folgeänderung des § 8 Abs. 4 Nr. 1 (zur „Zustellungsanschrift" § 10 Abs. 1 und Person – fakultativ – hierzu *Lutter/Hommelhoff* § 10 Rz. 5; auch *Noack* § 10 Rz. 4, 5 – „geeignete Person" – § 10 Abs. 2; *Scholz/Veil* § 10 Rz. 6) – Sitz und Geschäftsanschrift können auseinanderfallen (*Krafka* Rz. 947a). Einzutragen ist auch die empfangsberechtigte Person mit inländischer (Geschäfts-)Anschrift (Abs. 2 S. 2), sofern diese freiwillige Möglichkeit von der Gesellschaft genutzt wird (so RegE – ferner *Lutter/Hommelhoff* § 10 Rz. 9; auch *Noack* § 10 Rz. 4; auch Scholz/*Veil* § 10 Rz. 16, 17; *Wicke* § 10 Rz. 3). Diese Person soll den Gläubigern als zusätzlicher Zustellungsempfänger neben den Vertretern der Gesellschaft dienen (vgl. RegE Begründung zu Nr. 23 Buchstabe a und Art. 8). Hierbei kann es sich um einen Gesellschafter oder eine sonstige rechtsgeschäftlich empfangsberechtigte Person wie z.B. einen Steuerberater oder Notar handeln (hierzu *OLG Hamm* ZIP 2011, 2014 = GmbHR 2011, 595; auch *Lutter/Hommelhoff* § 10 Rz. 9; auch *Noack* § 10 Rz. 4, 5). Das entscheiden die Gesellschafter. Die Regelung ist vom Gesetzgeber ausdrücklich nur als Option ausgestaltet, nicht als gesetzliche Pflicht (vgl. RegE: „Zusätzlicher Aufwand und bürokratische Auflagen für die mittelständische Wirtschaft sollen gerade vermieden werden. Die normale GmbH und damit die ganz überwiegende Zahl der Gesellschaften werden keinen Grund haben, diesen Weg einzuschlagen und werden ihn folglich auch nicht gehen. Von der zusätzlichen Option werden vernünftigerweise nur solche Gesellschaften Gebrauch machen, die Bedenken haben, ob die eingetragene Geschäftsanschrift tatsächlich ununterbrochen für Zustellungen geeignet sein wird und sich dadurch Risiken aus öffentlichen Zustellungen ergeben könnten."). Die Anmeldung steht im Ermessen der Gesellschaft. Die Tatsache ist damit lediglich eintragungsfähig, nicht eintragungspflichtig. Daher kommt § 15 HGB nicht unmittelbar zur Anwendung. Um Unklarheiten zu vermeiden, die bei Anordnung einer entspr. Anwendung des § 15 HGB hätten auftreten können, hat der Gesetzgeber dies in Abs. 2 Hs. 2 ausdrücklich klargestellt. Wird der Empfangsberechtigte mit Anschrift eingetragen, so erstreckt sich auch die Registerpublizität auf die eingetragenen Tatsachen. Scheitert ein Zustellversuch an die eingetragene Person unter der eingetragenen Anschrift aus tatsächlichen Gründen, weil die Anschrift nämlich nicht mehr existiert, so hilft die Fiktion der fortbestehenden Empfangsberechtigung hier nicht weiter. Dem Gläubiger ist aber die Möglichkeit der Zustellung nach § 185 Nr. 2 ZPO eröffnet (RegE Begründung zu Art. 8; ferner *Lutter/Hommelhoff* § 10 Rz. 9; auch Scholz/*Veil* § 10 Rz. 17; *Noack* § 10 Rz. 4). Wegen der öffentlichen Zustellung – vgl. die Ausführungen zu § 35 Abs. 2 S. 2 sowie etwa *Lutter/Hommelhoff* § 10 Rz. 9).

2. Dauer der Gesellschaft. § 10 Abs. 2 verlangt, wenn der Gesellschaftsvertrag **24** Bestimmungen über die Dauer der Gesellschaft enthält (vgl. § 3), deren Eintragung. Es muss sich jedoch um eine Bestimmung über die „Zeitdauer" der Gesellschaft handeln und nicht lediglich um ein Kündigungsrecht (vgl. *Noack* § 10 Rz. 3, § 3 Rz. 27; Scholz/*Veil* § 10 Rz. 14). Wird die Zeitdauer entgegen der Satzung nicht eingetragen, so ist die Satzungsbestimmung nicht unwirksam (*OLG Hamm* GmbHR 1971, 57; Scholz/*Veil* § 10 Rz. 14; *Noack* § 10 Rz. 3). Ein Fall der „Zeitdauer" ist infolge Bestimmbarkeit auch anzunehmen, wenn Beendigungs-, Auflösungs- oder Kündigungsrechte bis zu einem bestimmt genannten Zeitpunkt ausgeschlossen oder „erstmals zum …" gekündigt werden können.

Beispiel: Die Gesellschaft besteht bis zum 31.12.2099

Ähnliches gilt auch, wenn eine Kündigung der Gesellschaft erstmals zu einem bestimmten Zeitpunkt ausgesprochen werden kann. Insofern findet sich meist folgende Formulierung:

„Die Gesellschaft kann erstmals mit einer Frist von 6 Monaten zum 31.10.2010 gekündigt werden."

Hier wird eingetragen:

„Die Gesellschaft kann erstmals zum 31.12.2010 gekündigt werden."

Denn es handelt es sich um ein Kündigungsrecht, das erst nach diesem Zeitpunkt ausgeübt werden kann, mithin die Gesellschaft also mindestens bis zu dem genannten Zeitpunkt „dauert" (hierzu *OLG Stuttgart* Rpfleger 1980, 388; *BayObLG* BB 1975, 249; auch *OLG Hamm* GmbHR 1971, 57). Wichtig ist die Dauer im Hinblick auf § 60 Abs. 1 Nr. 1 (Auflösung nach Zeitablauf).

25 Die Formulierung „Die Gesellschaft ist auf unbestimmte Dauer geschlossen." ist nicht eintragungsfähig, da sie dem gesetzlichen „Normalfall" entspricht (zutr. im Ergebnis Scholz/*Veil* § 10 Rz. 14 m.w.N.).

IV. Bekanntmachung

26 Eintragungen in das HR sind gem. § 10 HGB zu veröffentlichen. Die Vorschrift ist durch das DiRUG 2022 neu gefasst (vgl. *Hopt* § 10 Rz. 1). Die Bekanntmachung nach § 10 HGB erfolgt im elektronischen Informations- und Kommunikationssystem (www.handelsregister.de). Mit der dortigen erstmaligen Abrufbarkeit ist die Bekanntmachung erfolgt, nicht mehr durch eine Bekanntmachung im Bundesanzeiger oder in Tageszeitungen (Scholz/*Veil* § 10 Rz. 27). Für die Bekanntmachungen im elektronischen HR ist ein Muster in der HRV (dort Anlage 3 zu § 33 Abs. 5) vorgesehen, das nach § 33 Abs. 5 „möglichst" genutzt werden soll. Nach § 33 Abs. 3 HRV sollen die Registerbekanntmachungen „knapp gefasst und leicht verständlich sein." Mängel der Eintragung bzw. der Bekanntmachung hindern die Wirkung der Eintragung nicht (vgl. *Lutter/Hommelhoff* § 10 Rz. 10 – ggf. Berichtigung nach § 17 HRV; auch *Wicke* § 10 Rz. 2; *OLG Köln* NJW-RR 1996, 1382). Die Bekanntmachungen des Gerichts müssen unverzüglich erfolgen (§ 32 HRV).

27 Die Eintragung wird nach § 8a Abs. 1 HGB wirksam, sobald sie in den für die Eintragung bestimmten Datenspeicher aufgenommen ist und auf Dauer inhaltlich unverändert in lesbarer Form wiedergegeben werden kann (hierzu *Hopt* § 8a Rz. 2).

28 Für die Unterrichtung der Öffentlichkeit werden ferner die nach § 5 Abs. 4 S. 1 (Bestandteil der Anmeldung vgl. § 8 Abs. 1 Nr. 4) getroffenen „Festsetzungen" erfasst. Damit soll für die Publizität (die mit der erstmaligen Abrufbarkeit gem. § 10 Abs. 1 HGB gegeben ist) der wirtschaftlichen Verhältnisse gesorgt werden (vgl. Scholz/*Veil* § 10 Rz. 29).

29 Keine Eintragung der Aufsichtsratsmitglieder: Sind Mitglieder des Aufsichtsrats bereits vor der Eintragung der Gesellschaft bestellt worden, so erfolgt die Veröffentlichung ebenfalls durch das Registergericht (Anmeldung §§ 52 Abs. 2 S. 1, 37 Abs. 4 Nr. 3a AktG entspr.; i.Ü. Anmeldung nach § 8 – keine Eintragung).

K. Beine

Auszug aus § 37 AktG: „§ 37 Inhalt der Anmeldung (1) In der Anmeldung ist zu erklären, ... (2) In der Anmeldung haben die Vorstandsmitglieder zu versichern, ... (3) In der Anmeldung ... (4) Der Anmeldung sind beizufügen 1. ... 2. ... 3. ... 3a. eine Liste der Mitglieder des Aufsichtsrats, aus welcher Name, Vorname, ausgeübter Beruf und Wohnort der Mitglieder ersichtlich ist; 4. ... 5. ... (5) ..." – die Liste der Aufsichtsratsmitglieder ist bei Bestellung, Wechsel etc. zum Handelsregister einzureichen (hierzu *Lutter/Hommelhoff* § 8 Rz. 9, § 52 Rz. 162); auch Scholz/*Veil* § 10 Rz. 29; vgl. hierzu auch § 52; *Wicke* § 52 Rz. 13).

Ohne Eintragung ist die Bekanntmachung für die GmbH ohne Bedeutung; eine solche Bekanntmachung ist fehlerhaft und muss nach Eintragung wiederholt werden. **30** Fehlerhafte Veröffentlichungen müssen korrigiert werden (vgl. allerdings § 17 Abs. 1, 2, 3 HRV: nicht bei unwesentlichen Berichtigungen – § 17 Abs. 2 S. 2 HRV). Zur Problematik des § 15 Abs. 3 HGB (Wirkungen der unrichtigen Bekanntmachung) vgl. Scholz/*Veil* § 10 Rz. 30 m.w.N. Eine Obliegenheit der Gesellschaft zur Überprüfung von Eintragung und Bekanntmachung ist zu bejahen. In Betracht kommen bei falscher Eintragung bzw. unrichtiger Bekanntmachung auch Amtshaftungsansprüche (vgl. *Hopt* § 10 Rz. 1, § 15 Rz. 23; auch Scholz/*Veil* § 10 Rz. 32; zu § 15 HGB i.Ü. *Hopt* § 15 Rz. 1 ff.; z.B. auch *Hoffmann* JA 1980, 264.

Gemäß § 37 HRV, § 10 HBG, § 32 HRV ist die Bekanntmachung unverzüglich zu veranlassen. Antragsteller und sonstige Beteiligte erhalten Nachricht (vgl. § 383 Abs 1 **31** FamFG). Nach § 37 HRV erhalten IHK, HWK und Finanzamt Nachricht.

V. Kosten der Eintragung

Die Kosten der Eintragung richten sich nach der am 1.12.2004 in Kraft getretenen **32** HRegGebV (BGBl. I 2004, S. 2562; hierzu ausführlich *Krafka* Rz. 482 ff.; Ermächtigungsgrundlage § 58 GNotKG; detailliertes Gebührenverzeichnis; hierzu auch im Zusammenhang mit der Gründung einer **UG (haftungsbeschränkt)** *Wachter* GmbHR 2008, Sonderheft 10/2008, 15).

§ 11 Rechtszustand vor der Eintragung

(1) Vor der Eintragung in das Handelsregister des Sitzes der Gesellschaft besteht die Gesellschaft mit beschränkter Haftung als solche nicht.

(2) Ist vor der Eintragung im Namen der Gesellschaft gehandelt worden, so haften die Handelnden persönlich und solidarisch.

Übersicht

Rechtsprechung und Literatur: *Porzelt* Ungeklärte Fragen der Gründerhaftung der Gesellschafter einer (Vor-) GmbH, GmbHR 2018, 663; *BGH* ZIP 2012, 1804 = GmbHR 2012, 1070 – Verjährungsbeginn der Ansprüche aus Existenzvernichtungshaftung (§ 826 BGB im

Konzern); *BGH* ZIP 2011, 1761 – Handelndenhaftung analog § 11 Abs. 2 GmbHG nur bei Aufnahme der Geschäfte vor Offenlegung der wirtschaftlichen Neugründung und ohne Zustimmung durch alle Gesellschafter, bei falscher Versicherung über freie Verfügung Haftung des Geschäftsführers analog § 9a Abs. 1 GmbHG – hierzu auch *Nolting/Grünberg* EWiR 2011, 639; *BGH* v. 12.6.2012 – II ZR 256/11 – Rechtsscheinhaftung bei UG bei unrichtigem Zusatz („H-GmbH UG., i.G."); *KG Berlin* v. 26.4.2012 – 23 U 197/11 – Unterbilanzhaftung bei unterlassener Offenlegung einer wirtschaftlichen Neugründung; Vollstreckungstitel nach Festsetzung eines Ordnungsgeldes nur gegen GmbH und nicht gegen Geschäftsführer *BGH* ZIP 2012, 1431, *K. Schmidt* Unbeschränkte Außenhaftung/unbeschränkte Innenhaftung in FS Goette 2011, 459; *ders.* Die Verwendung von GmbH-Mänteln und ihre Haftungsfolgen, ZIP 2010, 857; *Ghassemi-Tabar/Eckner* Der Gewerberaummietvertrag mit einer GmbH in Gründung NJW 2012, 806; zur wirtschaftlichen Neugründung durch Mantelverwendung *Bachmann* Abschied von der „wirtschaftlichen Neugründung"?, NZG 2011, 441; *Herresthal/Servatius* Grund und Grenzen der Haftung bei der wirtschaftlichen Neugründung einer GmbH, ZIP 2012, 197; *Hüfer* Wirtschaftliche Neugründung und Haftung des Geschäftsführers, NZG 2011, 1257; *Peetz* Wirtschaftliche Neugründung einer GmbH und Haftung, GmbHR 2011, 178; *Podewils* Offene Fragen zur wirtschaftlichen Neugründung, GmbHR 2010, 684; *Beuthien* Wer sind die Handelnden? Warum und wie lange müssen sie haften?, GmbHR 2013, 1.

I. Reform 1980 und Stand der Dinge

1 § 11 wurde durch die Reform 2008 nicht geändert (abgesehen von einer Ergänzung der Überschrift). Im Rahmen der Reformdiskussion 1980 wurde auch eine Verschärfung des § 11 ins Auge gefasst. Insb. war in Anlehnung an § 41 Abs. 3 AktG vom Bundesrat vorgeschlagen, einen § 11 Abs. 3 einzufügen, der Verpflichtungen der Gesellschaft auf Übernahme nicht vertraglich vorgesehener Sondervorteile, Gründungsaufwand etc. ausschließen sollte (BT-Drucks. 8/1347, 67, 68); dem sind Rechtsausschuss und Bundestag nicht gefolgt (vgl. BT-Drucks. 8/3906, 12/13). Diesem Ziel dienen nunmehr in erster Linie die §§ 5, 7, 8, 9, 19 Abs. 4 und 5, 30, 31 etc. (Hinsichtlich der früheren Rechtslage sowie Rechtsprechung und Literatur vgl. HK GmbH-Recht, 7. Aufl.).

2 Nach Abs. 1 besteht die GmbH vor Eintragung „als solche" nicht. Die Stadien der GmbH vor Eintragung sind zu unterscheiden (beispielhaft hierzu zum Abschluss eines Gewerberaummietvertrags *Ghassemi-Tabar/Eckner* NJW 2012, 806 m.w.N.). Insofern sind die Vorgründungsgesellschaft (vor notarieller Beurkundung – GbR, OHG) und die Vor-GmbH (nach notarieller Beurkundung – „Innenhaftung" der Gesellschafter ggü. der später eingetragenen GmbH) und die GmbH nach Eintragung zu unterscheiden (Identität der GmbH mit der Vor-GmbH, § 13 Abs. 2; *Noack* § 11 Rz. 55 ff.; Scholz/ *Schmidt* § 11 Rz. 5, 7; *Lutter/Hommelhoff* § 11 Rz. 2, 5; *Wicke* § 11 Rz. 1; zur **Vor-GmbH und** Parteifähigkeit im Prozess auch nach Aufgabe der Eintragungsabsicht *BGH* GmbHR 2008, 654). Wird die Vor-GmbH aus welchen Gründen auch immer (Ablehnung der Eintragung, Insolvenzverfahren, Auflösungsbeschluss der Gesellschafter) beendet, so ist die „aufgelöste" Gesellschaft zu liquidieren (vgl. §§ 60 ff. *BGH* NJW 1998, 1079; § 11 Rz. 30 m.w.N.; *Lutter/Hommelhoff* § 11 Rz. 23).

3 Hinsichtlich der Vor-GmbH wird teils ferner zwischen der unechten (tatsächlich keine Eintragungsabsicht der Gesellschafter) und der fehlgeschlagenen (Scheitern der Eintragung infolge Ablehnung – Aufgabe der Eintragungsabsicht) Vor-GmbH unterschieden (*Lutter/Hommelhoff* § 11 Rz. 23, 24; *Noack* § 11 Rz. 32; auch instruktiv für die Praxis *Ghassemi-Tabar/Eckner* NJW 2012, 806; zur Entwicklung der Rechtsprechung und Literaturansichten ausführlich Scholz/*Schmidt* § 11 Rz. 86 f.).

Neben dieser Haftung steht die Handelndenhaftung des § 11 Abs. 2 als Organhaftung **4** (früher Straf-, heute Sicherungsfunktion/Druckfunktion (Beschleunigung der Eintragung – hierzu ausführlich *Lutter/Hommelhoff* § 10 Rz. 28 f.; ferner hierzu auch *Noack* § 11 Rz. 45 f.; *Scholz/Schmidt* § 11 Rz. 102 f.; ferner *Schwab* Handelndenhaftung und gesetzliche Verbindlichkeiten, NZG 2012, 481).

Letztlich entstanden und entstehen die Probleme durch ein Abgehen vom Gesetzestext, **5** aus dem sich an sich klar ergibt, dass die GmbH erst durch Eintragung entsteht und die Handelnden vor Eintragung persönlich und gesamtschuldnerisch haften. Die Fassung dieser Vorschrift stammt aus dem Jahr 1892 bzw. 1898. Zwischen Handeln vor und Handeln nach Eintragung gab es abgesehen von den Handelnden keinen Rechtsträger. Da die GmbH vor Eintragung nicht existiert, treten „handelnde" Personen sämtlich ggü. den Gläubigern auf – mit allen Rechten und Pflichten. Hiervon ist heute lediglich die Haftung der Personen im Stadium bis zur Errichtung der GmbH durch notariellen Akt geblieben- allerdings wiederum nicht nach § 11 Abs. 2, sondern nach den Grundsätzen der §§ 164, 179, 427 BGB (*BGH* GmbHR 1984, 316). Ferner besteht zwischen der Gesellschaft im sog. Vorgründungsstadium (GbR oder OHG) und der nach notarieller Errichtung entstandenen „Vor-GmbH" keine Kontinuität, mithin kein Übergang der Rechte und Pflichten auf die „Vor-GmbH" (*BGH* GmbHR 1984, 316). Anders ist dies hingegen bei der von der Rechtsprechung auf der Basis der rechtswissenschaftlichen Erkenntnisse angenommenen teilrechtsfähigen „Vor-GmbH" und der GmbH – Identität zwischen Vor-GmbH und eingetragener GmbH sowie Übergang der Rechte und Pflichten (*BGH* GmbHR 1981, 114 – Aufgabe des sog. „Vorbelastungsverbots" = unversehrtes Vermögen im Zeitpunkt der Eintragung). Damit wurden zwar frühere Fragen und Probleme beseitigt, allerdings neue komplexe, diffizile bis heute teils ungelöste und str. Fragen aufgeworfen (zur Entwicklung ausführlich Scholz/*Schmidt* §§ 11 ff., Rz. 6, 27 ff.; auch etwa *Lutter/Hommelhoff* § 11 Rz. 2, 5 ff.; *Noack* § 11 Rz. 6 ff., 36 ff.). Durch die „Erfindung" der „Vor-GmbH" ergaben sich zunächst drei Schnittstellen: 1. Vereinbarungen und Zusammenschluss als GbR bzw. OHG; 2. Errichtung der „Vor-GmbH"; 3. Eintragung der GmbH – ferner die mit den Zeitpunkten der Errichtung nach § 2, Anmeldung nach § 8 und der Eintragung nach § 10 verbundenen Probleme (Wertverlust, Änderungen etc.). Darüber hinaus stellte sich die Frage, wie zu verfahren ist, wenn die „Vor-GmbH" scheitert bzw. nicht zur Eintragung gelangt oder die Gründer die Tätigkeit ohne Eintragung fortsetzen (hierzu etwa *Lutter/Hommelhoff* § 11 Rz. 24 f. m.w.N.; auch *Noack* § 11 Rz. 32; ferner Scholz/*Schmidt* § 11 Rz. 64 f.). Besonderheiten ergaben und ergeben sich auch hinsichtlich der Mantelverwertung (*BGH* ZIP 2011, 1761; *BGH* ZIP 2012, 817; hierzu *Herresthal/Servatius* Grund und Grenzen bei der wirtschaftlichen Neugründung einer GmbH, ZIP 2012, 197). Wegen der weiteren Einzelheiten wird auf die nachfolgenden Ausführungen verwiesen.

II. Das Nichtbestehen der GmbH „als solcher" vor Eintragung –
Vorgründungsgesellschaft – Vor-GmbH – GmbH

1. Rechtszustand vor Eintragung. § 11 Abs. 1 drückt ein Negativum aus, ohne die **6** Rechtsfolgen davon näher zu klären. Lediglich in § 11 Abs. 2 wird die solidarische, persönliche Haftung der Handelnden festgeschrieben. Insofern hat der BGH heute die wesentlichen Streitfragen der einzelnen Stufen

1. Vor-Gründungsgesellschaft (vgl. *BGH* NJW 1998, 1645),
2. Vor-GmbH (*BGH* NJW 1993, 459) und

3. GmbH weitgehend unter überwiegender Zustimmung der Rechtslehre geklärt (*Noack* § 11 Rz. 6; *Lutter/Hommelhoff* § 11 Rz. 2, 5; *Gehrlein/Witt/Volmer* 1. Kap. Rz. 5; Scholz/*Schmidt* § 11 Rz. 7, 27).

7 Betrachtet man die Stufen der Entstehung der GmbH, so ist – unter Außerachtlassung zahlreicher Streitpunkte – von folgenden Möglichkeiten auszugehen:

8 **Vor-Gründungsgesellschaft:** Hierzu *Porzelt* Ungeklärte Fragen der Gründerhaftung der Gesellschafter einer (Vor-)GmbH, GmbHR 2018, 663; Zusammenschluss vor „Errichtung der Gesellschaft" durch notariellen Vertrag – Vorgründungsstadium/„Vorgründungsgesellschaft" – formlos, sofern keine Verpflichtung zum Abschluss des notariellen Vertrages (*Noack* §§ 2 Rz. 35, 11 Rz. 35, *Lutter/Hommelhoff* § 11 Rz. 5; *Wicke* § 11 Rz. 2; Scholz/*Schmidt* § 11 Rz. 12 m.w.N.) – OHG bei Betreiben eines Handelsgewerbes oder BGB-Gesellschaft – keine Handelndenhaftung nach § 11 Abs. 2 (*Lutter/Hommelhoff* § 11 Rz. 3; *Wicke* § 11 Rz. 2; *BGH* NJW 1984, 2164; *OLG Frankfurt* NJOZ 2006, 416 – persönliche unmittelbare Haftung der Gesellschafter nach GbR-Bestimmungen bzw. OHG-Recht (vgl. *Noack* § 11 Rz. 37; *Wicke* § 11 Rz. 2; *BGHZ* 91, 148 = BB 1984, 1315 = NJW 1984, 2164; BB 1982, 1433 = NJW 1982, 2822) – Handeln im eigenen Namen oder im Namen der Vorgründungsgesellschafter – „Teilrechtsfähigkeit" der GbR (vgl. *BGH* NJW 2001, 1056 = NZG 2001, 311; hierzu *K. Schmidt* NJW 2001, 993; *Westermann* NZG 2001, 289; *Peifer* NZG 2001, 296; *ders.* NZG 2001, 193; *Nagel* = NZG 2001, 202 – kein Vorläufer der Vor-GmbH bzw. der GmbH – Einzelübertragung bzw. Schuldübernahme für Übergang der Aktiva und Passiva auf die Vor-GmbH – persönliche unbeschränkte Haftung (Ausnahme: abw. Vereinbarungen mit Geschäftspartner) – Beendigung durch Zweckerreichung – Vor-GmbH bzw. Eintragung der GmbH – allerdings endet persönliche Haftung nicht mit GmbH-Eintragung (*Wicke* § 11 Rz. 2; *BGH* GmbHR 2001, 293 – Vermeidung der persönlichen Haftung durch Vereinbarung mit dem jeweiligen Vertragspartner (*Wicke* § 11 Rz. 2; *BGH* NJW 1999, 3483, GbR; auch *Noack* § 11 Rz. 37; hierzu auch *OLG Koblenz* NZG 2003, 32 – Haftung nach § 179 Abs. 1 BGB) Kündigungsmöglichkeiten nach den §§ 723 (kein Recht zur jederzeitigen Kündigung), 726 BGB (hierzu *BGH* NJW 1993, 2822; 92, 2698; *BGHZ* 91, 151; *Noack* § 11 Rz. 39; Scholz/ *Schmidt* § 11 Rz. 13, 19 ff.; *Lutter/Hommelhoff* § 11 Rz. 2; Rowedder/Pentz/*Raff* § 2 Rz. 131 f.); *BGHZ* 91, 148 = NJW 1984, 2164 = ZIP 1984, 950 – Verhältnis Vorgründungsgesellschaft zur Vor-GmbH und GmbH – **kein automatischer Übergang der Rechte und Pflichten** – notwendig eine Schuldübernahme oder eine umfassende Vertragsübernahme durch die Vor-GmbH – andernfalls Weiterbestehen der Gründerverpflichtung – auch keine (konkludente) Zustimmung des Vertragspartners der Vorgründungs-Gesellschaft infolge des Glaubens mit einer GmbH zu kontraktieren (Austausch eines unbeschränkt haftenden Vertragspartners gegen einen beschränkt haftenden); zur Rechtsnatur der Vorgründungsgesellschaft auch *BFH* GmbHR 2001, 537; *BGH* NJW 1998, 2897 = ZIP 1998, 1223 = DStR 1998, 1227 m. Anm. v. *Goette* – Handeln für eine noch nicht errichtete „Vor-Gründungsgesellschaft" – Verpflichtung dieses Verbandes auch bei Handeln „im Namen der GmbH", insb. bei einer natürlichen Person als Unternehmensträger statt der erwarteten GmbH. Auslegung eines Rechtsgeschäfts kann ergeben, dass nur die noch zu gründende GmbH Vertragspartner werden soll (aufschiebende Bedingung – ggf. auch stillschweigend vereinbar), m.d.F., dass das Rechtsgeschäft nach § 177 BGB genehmigungsbedürftig wird (BGHZ 229, 299 = NJW 2021, 2036).

Nichterreichen oder Vereitelung des gemeinsamen Zwecks (keine Errichtung der 9
GmbH durch notariellen Gesellschaftsvertrag) – Haftung im eigenen Namen oder im
Namen der Vorgründungsgesellschafter bei Vertretungsmacht – keine Handelnden-
haftung nach § 11 Abs. 2 – BGB-Gesellschaft oder OHG bei vollkaufmännischem
Handelsgewerbe (auch bei fälschlicher Bezeichnung als „GmbH i.G." (vgl. z.b. *BGH*
NJW 1983, 164; *OLG Düsseldorf* BB 1987, 1624 = GmbHR 1987, 430; *OLG Karlsruhe*
GmbHR 1988, 482; *Noack* § 11 Rz. 37; Scholz/*Schmidt* § 11 Rz. 16, jeweils m.w.N.).

Vor-GmbH: Errichtung der Gesellschaft durch notariellen Vertrag – zur Rechtsnatur der 10
Vorgesellschaft bzw. „Vor-GmbH" („Rechtsträger sui generis") i.Ü. *BGHZ* 120, 103 =
ZIP 1993, 144; auch *BFH* ZIP 2008, 1679, Scholz/*Schmidt* § 11 Rz. 27; *Noack* § 11 Rz. 6; *Lut-
ter/Hommelhoff* § 11 Rz. 5; *Wicke* § 11 Rz. 3 Vor-GmbH vor Eintragung – keine Identität
mit der Vorgründungsgesellschaft – keine Befreiung ggü. der Vor-GmbH durch Leistungen an die Vorgründungsgesellschaft – „Rechtsgebilde eigener Art" – Rechtsträger (Teilrechtsfähigkeit) – „Grundbuchfähigkeit" – „Kontofähigkeit" – Teilnahme an Gesellschaftsgründung möglich – aktive und passive Parteifähigkeit – Insolvenzfähigkeit –
Firma: „GmbH i.G." – Übertragbarkeit der Anteile vor Eintragung (str., v. h.M. abgelehnt – vgl. Scholz/*Schmidt* § 11 Rz. 49, diesen Standpunkt in Rz. 50 als überholt ansehend;
richtig mit h.M. *Lutter/Hommelhoff* § 11 Rz. 12, 14 – h.M. Änderung des Gesellschaftsvertrages erforderlich), Vererblichkeit der Mitgliedschaft, Identität mit der später eingetragenen GmbH – Vorbelastung durch Geschäfte der Vor-GmbH zulässig – unbeschränkte
„Innenhaftung" der Gesellschafter bis zur Eintragung der GmbH (*BGH* ZIP 1996, 590 =
NJW 1997, 1507 m. Anm. v. *Altmeppen*, s. auch oben Rz. 1 ff.) – nach Eintragung Differenz-
und Verlustdeckungshaftung, ansonsten beschränkte Haftung nach Eintragung (*BGH*
NJW 2006, 1594; ZIP 1996, 590 = BB 1996, 1349 = NJW 1996, 1210; i.Ü. *BGHZ* 80, 129 =
NJW 1981, 1373 = GmbHR 1981, 114; *Wicke* § 11 Rz. 8, 9; Scholz/*Schmidt* § 11 Rz. 21 ff., 88;
Noack § 11 Rz. 24 ff.; *Lutter/Hommelhoff* § 11 Rz 21, 22 jeweils m.w.N.). **Zu den neueren
Entscheidungen** vgl. – Parteifähigkeit der Vor-GmbH nach Aufgabe der Eintragungsab-
sicht *BGH* 31.3.2008 – II ZR 308/06 (entweder als Personengesellschaft oder als Abwick-
lungsgesellschaft) – Weitere Entscheidungen zur Übertragung der Anteile an einer Vor-
GmbH mit nachfolgender Betriebsaufspaltung, *BGH* NZG 2008, 354; zur Durchgriffshaf-
tung der Mitglieder eines eingetragenen Idealvereins – Kolpingwerk, *OLG Köln* NZG
2008, 670; Durchgriffshaftung bei faktischem Geschäftsführer wegen Vermischung von
Gesellschafts- und Privatvermögen – Vorschaltung eines „Scheingeschäftsführers" –
Strohmann – *KG* NZG 2008, 344 = ZIP 2008, 1535 (Revision beim *BGH* II ZR 4/08 durch
Beschluss v. 17.4.2008 mangels Begründung zurückgewiesen); zur persönlichen Haftung
des Geschäftsführers einer Bank für die Kreditvergabe, NZG 2008, 280; zur BQG als sog.
„Aschenputtel" – GmbH – Durchgriffshaftung wegen existenzvernichtenden Eingriffs,
NZG 2008, 680; **Vor-GmbH:** Parteifähigkeit im Prozess auch nach Aufgabe der Eintra-
gungsabsicht (*BGH* GmbHR 2008, 654 = NZG 2008, 466 = ZIP 2008, 1025; **Gesellschafter:**
Keine Haftung wegen existenzvernichtenden Eingriffs bei Einzug von Forderungen der
GmbH zur Schuldentilgung *BGH* GmbHR 2008, 929 = NZG 2008, 597 = ZIP 2008, 1329;
BGH ZIP 2012, 1804 = GmbHR 2012, 1070 – Verjährungsbeginn der Ansprüche aus Exis-
tenzvernichtungshaftung (§ 826 BGB im Konzern); **Gesellschafter:** Verzugszinsen wegen
Entziehung von Geldbeträgen unter dem Gesichtspunkt des existenzvernichtenden Ein-
griffs (*BGH* v. 13.12.2007 – IX ZR 116/06) *BGH* GmbHR 2008, 322; *BGH* BB 2001, 900 =
GmbHR 2001, 432 = NJW 2001, 2092 = NZG 2001, 561 = ZIP 2001, 789 – **Haftung der
Treugeber des Alleingesellschafters** nach Abtretung der Ansprüche gegen die Treugeber

(vgl. *OLG Oldenburg* NZG 2000, 378); ferner *BGHZ* 140, 35 = NJW 1999, 283 = ZIP 1998, 2151 = DStR 1999, 206 m. Anm. v. *Goette* – **Aufnahme der Geschäftstätigkeit vor Eintragung**, Ermittlung der Vorbelastungshaftung, zu erstellende Vorbelastungsbilanz nach Vertragswertmethode und Voraussetzungen; *BGHZ* 91, 148 = NJW 1984, 2164 = ZIP 1984, 950 – Verhältnis Vorgründungsgesellschaft zur Vor-GmbH und GmbH – **kein automatischer Übergang der Rechte und Pflichten**; *BGH* NJW 1998, 2897 = ZIP 1998, 1223 = DStR 1998, 1227 m. Anm. v. *Goette* – **Handeln für eine noch nicht errichtete „Vor-Gründungsgesellschaft"** *BGH* GmbHR 2001, 293 = NZG 2001, 561 – **Ende der Haftung der Gründer als Mitglieder der Vor-GmbH mit Eintragung**; *BGH* GmbHR 2000, 1041 m. Komm. v. *Emde* – **anteilige Haftung der Gesellschafter einer Vor-GmbH für Sozialversicherungsbeiträge**; *BSG* GmbHR 2000, 425 m. Komm. v. *Emde* – **anteilige Außenhaftung der Gesellschafter bei Vermögenslosigkeit der Vor-GmbH**.

11 Nichteintragung der GmbH bei errichteter Vor-GmbH (Aufgabe der Eintragungsabsicht mit 3/4-Mehrheit oder Scheitern der Eintragung) – Grund für Auflösung der Vor-GmbH – weitere Auflösungsgründe nach § 60 bzw. § 393 ff. FamFG, vgl. Rz. 10 – Abwicklung nach den §§ 60 ff. (soweit nicht Eintragung Voraussetzung) bzw. den §§ 730 ff. BGB (str., vgl. hierzu oben Rz. 2 a.E.; ferner etwa Scholz/*Schmidt* § 11 Rz. 64 f.) – unbeschränkte Haftung, sofern nach Aufgabe der Eintragungsabsicht und nicht sofortiger Einstellung der Geschäftstätigkeit keine Beschränkung der Haftung durch individuelles Rechtsgeschäft mit den Gläubigern vorliegt (Verlust des Vorteils der sog. „Innenhaftung" = Verlustdeckungshaftung ggü. der GmbH – vgl. hierzu *Noack* § 11 Rz. 25 m.w.N.; *Wicke* § 11 Rz. 7; *BGHZ* 152, 290 = NJW 2003, 429 = JZ 2003, 626 m. Anm. v. *Langebucher*; ferner *BGHZ* 80, 142; Scholz/*Schmidt* § 11 Rz. 88, krit. Rz. 91 f m.w.N.; *Wicke* § 11 Rz. 11) – Fortsetzung als Personengesellschaft (OHG oder GbR) möglich (Haftung für Altschulden der Vor-GmbH *BGH* ZIP 1996, 590 = BB 1996, 1349 = NJW 1996, 1210 – auch GmbHR 2003, 97 m. Anm. v. *K. Schmidt*; i.Ü. ausführlich Scholz/*Schmidt* § 11 Rz. 162 f.; *Lutter/Hommelhoff* § 11 Rz. 24 f.; auch *Noack* § 11 Rz. 33). Die Vor-GmbH ist (s. auch oben Rz. 2) von der „unechten" (keine ernstliche Eintragungsabsicht oder spätere Aufgabe der Gründungserrichtung) bzw. der fehlgeschlagenen Vor(-gründungs-)gesellschaft zu unterscheiden: keine Anwendung der Grundsätze der Vorgesellschaft; Eintritt der unbeschränkten Außenhaftung, hierzu *BGHZ* 152, 290 = NJW 2003, 429 = JZ 2003, 626, m. Anm. v. *Langebucher*; *Wicke* § 11 Rz. 12; *Noack* § 11 Rz. 32 f.; Scholz/*Schmidt* § 11 Rz. 98 f.

12 Eintragung der GmbH – Beendigung der Vor-GmbH – Entstehung der GmbH – Identität der Vor-GmbH mit der GmbH – Übergang aller Rechte und Pflichten auf die GmbH – beschränkte Haftung der Gesellschafter ab Eintragung – Differenz- und Verlustdeckungshaftung ggü. der Gesellschaft für Schulden der Vor-GmbH (unbeschränkte „Innenhaftung" *BGH* NJW 1997; 1507; *BSG* NZG 2000, 590; *BFH* NJW 1998, 2927; auch Scholz/*Schmidt* § 11 Rz. 88; (vgl. auch Rz. 10).

13 2. Einzelheiten. Die **Rechtsnatur** der **Gründungsgesellschaft, der sog. „Vor-GmbH"**, ist heute mehrheitlich dahingehend beantwortet, dass die genannte Gesellschaft als Gebilde eigener Art zu qualifizieren ist, die dem GmbHG als Sonderrecht unterliegt, soweit sich nicht aus dem Gesetz selbst ergibt, dass bestimmte Vorschriften die Eintragung voraussetzen (vgl. auch Rz. 10). Der BGH sieht in der Gründungsgesellschaft „eine Organisation, die einem Sonderrecht untersteht, das aus den im Gesetz oder im Gesellschaftsvertrag gegebenen Gründungsvorschriften und dem Recht der rechtsfähigen Gesellschaft, soweit es nicht die Eintragung voraussetzt, besteht" (*BGHZ* 51, 32; MDR 1980, 207; DB 1981, 1032; vgl. auch *BGH* BB 1981, 750; WM 1980, 955; s. auch *BGH* NJW 1983, 2822; vgl. auch *Bartl* BB 1984, 2154, 2156; i.Ü. m.w.N. bei Scholz/*Schmidt* § 11 Rz. 30; *Lutter/Hommelhoff* § 11 Rz. 5; *Noack* § 11 Rz. 6; hierzu auch *Schmidt* NJW 1981, 1345 ff.; *Priester* ZIP 1982, 1141 ff.; zur „Vorgründungsgesellschaft" und Abgrenzung zur „Vor-GmbH" *BGH* ZIP 1984, 950 f. = BB 1984, 1315 = DB 1984, 1716; auch *BGH* NJW 1983, 2822; zum Abschluss von Geschäften vor notariell beurkundetem Gründungsakt *BGH* WM 1980, 955; ferner *BGHZ* 80, 129, 135 = NJW 1981, 1373 = GmbHR 1981, 114, sowie für den Fall des Abschlusses des „Vorvertrages" und Klarheit des Auftretens des Handelnden für die zukünftige GmbH *BGH* NJW 1980, 287; *BGHZ* 22, 240; ferner *BGH* DNotZ 1980, 370; auch *Hüffer* JUS 1980, 485). Nach Aufgabe des Vorbelastungsverbots ist die frühere unbeschränkte interne Gründerhaftung überholt: Die Haftung der Vorgesellschaft für ihre Verbindlichkeiten mit ihrem Vermögen ist nahezu einhellig anerkannt. Die Gründer haften für die Verbindlichkeiten der Vor-GmbH mit einer unbeschränkten proratarischen Innenhaftung ggü. der GmbH und nicht direkt ggü. den Gläubigern der „Vor-GmbH" („Außenhaftung"). Dieser Auffassung des BGH (GmbHR 1997, 405, 406 ff.) und der h.M. steht eine starke Literaturmeinung entgegen, die von einer unbeschränkten Außenhaftung ausgeht (*Lutter/Hommelhoff* § 11 Rz. 20 ff.; Scholz/*Schmidt* § 11 Rz. 90 ff. – beide dies ausdrücklich begrüßend; auch *Noack* § 11 Rz. 21 ff: „Die rechtliche persönliche Außenhaftung ist in der Rechtsprechung des BGH durch eine einheitliche Gründerhaftung aus Verlustdeckungs- und Vorbelastungs-(Unterbilanz-)haftung als Innenhaftung ersetzt worden (*BGHZ* 134, 333). Die unmittelbare persönliche Inanspruchnahme der Gesellschafter durch Gläubiger der Vorgesellschaft scheidet damit bis auf Ausnahmefälle aus. . ." (Ausnahmefälle str., insb. Ein-Personen-Gründung, Vermögenslosigkeit der Vor-GmbH); vgl. auch Scholz/*Schmidt* § 11 Rz. 90 ff. zu Ausnahmen bzw. zum „Umschlagen" der Innen- in Außenhaftung; vgl. auch Rz. 10).

Die **Gesellschafter** haben die Pflicht, alles zu unternehmen, was die Eintragung fördert, indem Eintragungshindernisse etc. beseitigt werden oder z.B. auch die erforderlichen Bestellungen der Geschäftsführer erfolgen (vgl. *OLG Hamburg* ZIP 1983, 573, 576; *Lutter/Hommelhoff* § 11 Rz. 11; Scholz/*Schmidt* § 11 Rz. 52; *Noack* § 11 Rz. 8). **14**

Die Entstehung der GmbH infolge der Eintragung führt zu einem **automatischen** **15** **Übergang** der Aktiva und Passiva von der Vor-GmbH auf die GmbH (*BGH* DB 1981, 1032). Zum Gesellschafterwechsel *BGH* NJW 1997, 1507; *OLG Frankfurt* GmbHR 1997, 896; *Noack* § 11 Rz. 56; Zustimmung aller Gesellschafter, Änderungen mit allen Konsequenzen nach § 2, s. dort.

Die **Handelndenhaftung** bei Nichteintragung sowie die Haftung der Gründungsgesell- **16** schafter nach den Grundsätzen der Vor-GmbH setzen die **notarielle Errichtung** voraus. Ohne diesen Akt können die genannten Grundsätze auch dann nicht eingreifen, wenn für die GmbH i.G. gehandelt wird oder entspr. **Individualvereinbarungen** **vorliegen** (*BGH* NJW 1983, 2822; NJW 1981, 1452; zu diesem Komplex *Flume* NJW 1981, 1754 m.w.N.).

Nach Eintragung der GmbH kommt eine **persönliche Haftung** der Gründungsgesell- **17** schafter – abgesehen von der unbeschränkten „Innenhaftung" (Differenzhaftung, Vorbelastungshaftung, Unterbilanzhaftung) nur bei besonderen Umständen in Betracht – z.B. in Fall zusätzlicher vertraglicher Abreden (*BGH* NJW 1983, 2822; ZIP 1985, 1485

Schuldbeitritt des Gesellschafters bei zahlungsunfähiger GmbH; vgl. auch *LAG Bremen* DB 1979, 407; *BGH* GmbHR 2001, 293 = NZG 2001, 561 – **Ende der Haftung der Gründer als Mitglieder der Vor-GmbH mit Eintragung – vgl.** § 13 Abs. 2; hierzu zusammenfassend Scholz/*Schmidt* § 11 Rz. 93, 157 f. mit allerdings abw. Ansicht von der Rechtsprechung des *BGH* GmbHR 1997, 405 = NJW 1997, 1507; wie BGH *Noack* § 11 Rz. 24; auch *Lutter/Hommelhoff* § 11 Rz. 36 f.).

18 Bei deliktischen Ansprüchen wird § 31 BGB **(Organhaftung)** zur entspr. Anwendung gelangen (vgl. *OLG Stuttgart* NJW-RR 1989, 637; Scholz/*Schmidt* § 11 Rz. 104, § 13 Rz. 12; *Lutter/Hommelhoff* § 43 Rz. 79 f.).

19 Die **Vertretungsmacht** der Geschäftsführer bestand nach der früheren Rspr., die durch das überholte Vorbelastungsverbot geprägt war, für die notwendigen Maßnahmen, die der Entstehung der GmbH dienen – beschränkte Vertretungsmacht (hierzu *BGH* DB 1981, 1032, 1034 = NJW 1981, 1373 = ZIP 1981, 582 = Rpfleger 1981, 230; auch *BGH* ZIP 1984, 950 f. = BB 1984, 315 = DB 1984, 1716). Nach Aufgabe des Vorbelastungsverbotes lässt sich diese Beschränkung nicht mehr aufrechterhalten. Die Gesellschafter sind hier gegen eigenmächtig und pflichtwidrig handelnde Geschäftsführer geschützt (hierzu zutr. Scholz/*Schmidt* § 11 Rz. 72, 73 ggü. h.M.; vgl. auch *Lutter/Hommelhoff* § 11 Rz. 17; *Noack* § 11 Rz. 18, 19 – letztere teils einschränkend und differenzierend (str.).

20 Der Geschäftsführer muss für die „GmbH i.G." oder für die „Unternehmergesellschaft (haftungsbeschränkt) i.G.", also im Namen der Gesellschaft handeln, andernfalls trifft ihn die Wirkung des Geschäfts, die §§ 164, 179 BGB (*BGH* NJW 2012 2871, *Altmeppen* NJW 2012 2833 – Rechtsscheinhaftung bei der UG mit dem Zusatz „H-GmbH UG (i.G.)" – unrichtiger Zusatz GmbH – *BGH* NJW 2012 2871, ausführlich zum Streitstand). Da Vor-GmbH und GmbH keine unterschiedlichen Rechtsträger sind, reicht auch der Hinw. auf die „GmbH" aus (vgl. hierzu *OLG Celle* GmbHR 1990, 398; ferner Scholz/*Schmidt* § 11 Rz. 60, 69; ferner *Noack* § 11 Rz. 18 – jeweils m.w.N.). Eine unbeschränkte Vertretungsmacht analog § 37 Abs. 2 ist zu bejahen. Vgl. i.Ü. *OLG Oldenburg* GmbHR 2000, 822 (Ls.) = *OLGR* 2000, 204 – keine Mithaftung des Weiteren Geschäftsführers bei Benutzung eines Stempels ohne GmbH-Zusatz durch den anderen Geschäftsführer ohne Veranlassung der Benutzung des falschen Stempels. I.Ü. *Fiebig* BuW 2000, 541, 677; *OLG Naumburg* GmbHR 2000, 1258 (Ls.) – Haftung des Handelnden nach § 179 BGB bei Nichtexistenz des Unternehmensträgers oder bei Fehlen der Vollmacht.

21 Zur Zulässigkeit der Vor-GmbH als **Komplementär-GmbH** vgl. *BGH* DB 1981, 1032 = NJW 1981, 1373 = Rpfleger 1981, 230 = DNotZ 1981, 582; ferner *BGH* NJW 1985, 736: Der BGH bejaht unter Aufgabe seiner früheren Rspr. die „Komplementärfähigkeit" der „Vor-GmbH" mit Recht; *Noack* § 11 Rz. 16; *Lutter/Hommelhoff* § 11 Rz. 16, 53; Scholz/*Schmidt* § 11 Rz. 182; zur Entwicklung der Rspr. *Fleck* GmbHR 1983, 5; auch z.B. *John* BB 1982, 505 sowie *Priester* ZIP 1982, 1141.

22 Im Rechtsverkehr wird die Vorgesellschaft i.d.R. die Firma der GmbH mit dem Zusatz „i.G." oder „in Gründung" führen (vgl. hierzu Rz. 16; *BGH* NJW 1983, 2822; ferner *BGH* ZIP 1984, 950 = BB 1984, 1315 = DB 1984, 1716; auch *Bartl* BB 1984, 2154, 2156; Scholz/*Schmidt* § 11 Rz. 38 – dort auch zum Firmenschutz unter Hinw. auf die abzulehnende Entscheidung des *OLG München* BB 1990, 1153; vgl. auch *LG Düsseldorf* NJW-RR 1987, 874). Bei Auftreten ohne den Hinw. „in Gründung" kann es zur zusätzlichen persönlichen Haftung des Geschäftsführers kommen (vgl. *BGH* NJW 2012 2871, *Altmeppen* NJW 2012 2833 – Rechtsscheinhaftung bei der UG – auch Rz. 16; *OLG Stuttgart* GmbHR 1990, 398; Scholz/*Schmidt* § 11 Rz. 38). Die „GmbH i.G." ist berechtigt, ein Bankkonto zu führen, auf das Zahlungen geleistet werden können (*BGHZ* 45, 338 = NJW 1966, 1311 = GmbHR 1966, 139; Scholz/*Schmidt* § 11 Rz. 39; § 11 Rz. 14; *Lutter/Hommelhoff* § 11 Rz. 9 – jew. m.w.N.).

Eintragungen in das **Grundbuch** steht nichts entgegen (*BGHZ* 45, 338; hierzu *Boffer* **23** RpflStud 1980, 25 – ausführlich; i.ü. *OLG Hamm* ZIP 1981, 737 – zur Eintragung in das Grundbuch nach notarieller Errichtung, jedoch vor Eintragung der GmbH; ferner *BayObLG* DNotZ 1979, 502; in der Eintragung in das Grundbuch ist klar zum Ausdruck zu bringen, dass es sich um eine „GmbH i.G." handelt – *OLG Hamm* ZIP 1981, 737; zu den Kosten und der Haftung der „Vor-GmbH"-Gesellschafter im Fall der Grundbucheintragung *BayObLG* ZIP 1985, 1487). Die **Wechsel- und Scheckfähigkeit** der Vor-GmbH verneinte der *BGH* (NJW 1962, 1008; vgl. auch *BGHZ* 63, 45, 47; vgl. auch *BGHZ* 61, 59). Sie wird aber heute allg. anerkannt (vgl. *BGHZ* 117, 323, 326; *Noack* § 11 Rz. 15; Scholz/*Schmidt* § 11 Rz. 39; auch *Lutter/Hommelhoff* § 11 Rz. 9).

Zu bejahen sind heute uneingeschränkt **aktive und passive Parteifähigkeit** (*BGH* NJW **24** 2008, 2441 – Parteifähigkeit der Vor-GmbH auch nach Aufgabe der Eintragungsabsicht, nach Klagerhebung eingetretener Wandel in Abwicklungsgesellschaft führt weder zum Wegfall der Prozessfähigkeit noch zu einer Unterbrechung des Verfahrens bei Vertretung der Gesellschaft durch einen Prozessbevollmächtigten; vgl. ferner *BGH* ZIP 1996, 590 = BB 1996, 1349 = NJW 1996, 1210; *BGHZ* 79, 239; *BAG* GmbHR 1963, 110 = NJW 1963, 680 – passive Parteifähigkeit; *OLG Hamburg* BB 1973, 1505; Scholz/*Schmidt* § 11 Rz. 42; *Noack* § 11 Rz. 17).

Die Literatur sowie die Rspr. bejahen auch **Insolvenz- und Vergleichsfähigkeit** **25** (Scholz/*Schmidt* § 11 Rz. 43; *Lutter/Hommelhoff* § 11 Rz. 9; *Noack* § 11 Rz. 17). In dem mehrfach erwähnten Verfahren des *BGH* ZIP 1996, 590 = BB 1996, 1349 = NJW 1996, 1210) ging es um die Inanspruchnahme eines Gesellschafters einer gescheiterten Vor-GmbH durch den Insolvenzverwalter der „GmbH i.G.".

III. Die Ein-Personen-Vor-GmbH

Die GmbH kann durch eine oder mehrere Personen gegründet werden (§ 1). Anders **26** als bei der UG gibt es für die Einpersonen-Gründung keine Sonderbestimmungen. Strittige Fragen hat die Rechtsprechung weitgehend geklärt (vgl. *BGH* NJW-RR 2001, 1043: kein Übergang von Verbindlichkeiten begründet vor Errichtung der Vor-GmbH auf diese bzw. die GmbH; *BGH* NZG 1999, 960 – Erlöschen der Ein-Personen-Vor-GmbH nach Scheitern der Eintragung – Eintreten des Allein-Gesellschafters durch Gesamtrechtsnachfolge ohne Liquidation in Rechte und Pflichten der Vor-GmbH; *BGHZ* 134, 333 = GmbHR 1997, 405 – Verlustdeckungsanspruch direkt gegen Gründer, anders als bei GmbH ansonsten – dort keine direkte Inanspruchnahme der Gesellschafter durch Gläubiger, sondern nur gegen GmbH. Allerdings führte die Einpersonen-Gründung zu erheblichen dogmatischen Schwierigkeiten insb. im Zusammenhang mit der Vor-GmbH-Problematik, die allerdings durch die Anerkennung der Rechtsfähigkeit der Vor-GmbH weitgehend entfielen (*Lutter/Hommelhoff* § 11 Rz. 38). Die Rechtslage nach der Errichtung wurde und wird noch teils unterschiedlich und str. beurteilt (zum Stand Scholz/*Schmidt* § 11 Rz. 165 ff. – Schaffung der Verfassung durch

Errichtung, Sondervermögen oder Anerkennung der Ein-Personen-Vor-GmbH als Rechtsträger; vgl. auch *Wicke* § 11 Rz. 16; *Lutter/Hommelhoff* § 11 Rz. 38 „verselbstständigtes Sondervermögen"; *Noack* § 11 Rz. 40, 43 „Gesellschaftsvermögen" jeweils m.w.N.). Hier wird der Auffassung u.a. von *Scholz/Schmidt* § 11 Rz. 167, gefolgt und eine Anerkennung der Ein-Personen-Vor-GmbH als Rechtsträger angenommen. Dies bedeutet, dass im Wesentlichen die Ausführungen zur Rechtsnatur etc. der Vor-Gesellschaft maßgeblich sind, wenn sich hier auch Schwierigkeiten in einzelnen Bereichen ergeben können (z.B. äußerliche Erkennbarkeit der Übertragung der Vermögensgegenstände an Vor-GmbH, bei Scheitern der Eintragung: automatischer Rückfall des Vermögens an den Ein-Personen-Vor-GmbH-Gesellschafter etc.; vgl. hierzu *Lutter/Hommelhoff* § 11 Rz. 40; *Wicke* § 11 Rz. 16; *Scholz/Schmidt* § 11 Rz. 168). I.Ü. ist auch diese Vor-GmbH konto-, grundbuch-, wechsel- und scheckfähig etc., mithin teilrechtsfähig (*Scholz/Schmidt* § 11 Rz. 169 m.w.N.; auch *Noack* § 11 Rz. 43). Im Fall der Auflösung (Nichteintragung etc.) tritt unbeschränkte persönliche Haftung des Ein-Personen-Gründer-Gesellschafters ein (*Scholz/Schmidt* § 11 Rz. 168; *Noack* § 11 Rz. 43; *Lutter/Hommelhoff* § 11 Rz. 40 a.E.; vgl. auch *BGH* NZG 1999, 960; *BayObLG* GmbHR 1987, 393 – Aktiva und Passiva fallen dem Einmann-Gesellschafter ohne Liquidation an). Unbedingt zu beachten ist der Grundsatz, dass das Vermögen der Vor-GmbH und das des Gesellschafters strikt und erkennbar zu trennen ist – ferner nach § 8 Abs. 2 nachzuweisen, zu versichern und nach § 9c zu prüfen (*BayObLG* DB 1994, 524; *Noack* § 11 Rz. 43; auch § 11 Rz. 31). Die Grundsätze der Vorbelastungs- bzw. Unterbilanzhaftung greifen auch hier nach Eintragung grds. ein (*Scholz/Schmidt* § 11 Rz. 179; auch *Noack* § 11 Rz. 44. In Ausnahmefällen kann – anders als bei der Mehrpersonen-GmbH – auch eine unmittelbare „Außenhaftung" – direkte Inanspruchnahme durch die Gläubiger/Haftungsdurchgriff – den Ein-Personen-GmbH-Gründer treffen (vgl. *Scholz/Schmidt* § 11 Rz. 91, 175; *BGHZ* 134, 333 = GmbHR 1997, 405; *Noack* § 11 Rz. 44; *Wicke* § 11 Rz. 10, 16 – Vermögenslosigkeit der Vor-GmbH, masselose Insolvenz – vgl. *BGH* NZG 2006, 64).

27 Zur Zwangsvollstreckung gegen den Ein-Personen-GmbH-Gründer nach Ablehnung der Eintragung in die Vor-GmbH eingebrachter Vermögensgegenstände *LG Berlin* GmbHR 1988, 71.

28 Neben diese unbeschränkte persönliche Innenhaftung kann die Handelndenhaftung bei Geschäftsführer- und Gesellschafterstellung nach § 11 Abs. 2 treten (*Scholz/Schmidt* § 11 Rz. 176; auch *Lutter/Hommelhoff* § 11 Rz. 28; vgl. hierzu *BGHZ* 91, 148 – s. Rz. 21 f.).

IV. Die Haftung der Handelnden

29 Die Handelndenhaftung nach § 11 Abs. 2 greift im Zeitraum der Gründung der GmbH bis zu ihrer Eintragung ein, also für die Lebenszeit der Vor-GmbH (*Scholz/Schmidt* § 11 Rz. 107), Auf die Vorgründungsgesellschaft ist sie nicht anzuwenden (*Scholz/Schmidt* § 11 Rz. 24; *Lutter/Hommelhoff* § 11 Rz. 2 m.w.N.). Mit Errichtung der Vor-GmbH wird sie durch die sog. „Binnenhaftung" (Ansprüche der Vor-GmbH gegen die Gesellschafter) verdrängt. Nach Eintragung der GmbH entfällt die Handelndenhaftung (hierzu *BGH* NJW 1984 = GmbHR 1984, 316, nicht im Vorgründungsstadium; *BGH* GmbHR 1980, 55, kein Eingreifen von § 11 Abs. 2 nach Eintragung; vgl. hierzu *Scholz/Schmidt* § 11 Rz. 107 m.w.N.). Die Haftung nach § 11 Abs. 2 trifft Organe, also den/die bestellten Geschäftsführer, bzw. die Personen, die wie ein Geschäftsführer

auftreten – für die Vor-GmbH (Scholz/*Schmidt* § 11 Rz. 112, 115 m.w.N.). Nicht unter die „Handelnden" fallen Gesellschafter, Prokuristen und sonstige Hilfspersonen (Scholz/*Schmidt* § 11 Rz. 116 m.w.N.). Die Handelndenhaftung ist von der Rechtsscheinhaftung abzugrenzen, kann aber mit dieser zusammentreffen (vgl. im Einzelnen Scholz/*Schmidt* § 11 Rz. 111). § 11 Abs. 2 greift auch bei wirtschaftlicher Neugründung durch Mantelkauf und -verwendung ein (*BGH* NZG 2011, 1066 = GmbHR 2011, 1032; *Noack* § 11 Rz. 46; *Lutter/Hommelhoff* § 11 Rz. 29).

Die Vorschrift des § 11 Abs. 2 hat im Laufe der Zeit einen bedeutsamen Inhaltswandel **30** erfahren. Von der ursprünglichen Straf- und Druckfunktion mit dem Ziel, der Verhinderung des Tätigwerdens vor Eintragung und einer schnellen Anmeldung der nach Beurkundung des Gesellschaftsvertrages errichteten Gesellschaft durch ihre Geschäftsführer hat sich die Bestimmung zu einem Sicherungsinstrument entwickelt (vgl. Scholz/*Schmidt* § 11 Rz. 102 f.; vgl. auch *Lutter/Hommelhoff* § 11 Rz. 28; *Noack* § 11 Rz. 45 jeweils m.w.N.). Die Vorschrift soll i.Ü. auch für eine schnelle Eintragung sorgen, um die bis zu diesem Zeitpunkt bestehenden Risiken zu reduzieren (vgl. *BGHZ* 47, 25 = NJW 1967, 828; Scholz/*Schmidt* § 11 Rz. 103; *Lutter/Hommelhoff* § 11 Rz. 28; *Noack* § 11 Rz. 43; hierzu i.Ü. *Schmidt* GmbHR 1973, 146; *Fleck* ZGR 1975, 212; *Priester* ZIP 1982, 1141, 1152.

Schon im Hinblick auf die ältere Rspr. zur „Vor-GmbH" (*BGHZ* 80, 129 = DB 1981, **31** 1032 = BB 1981, 689 = GmbHR 1981, 114 = NJW 1981, 1373; auch *BGHZ* 80, 182 = ZIP 1981, 516 = BB 1981, 751 = DB 1981, 1036; auch *BGH* ZIP 1981, 1328 = DB 1981, 2599; ferner *BGH* NJW 1983, 2822; ZIP 1984, 950) kam der Handelndenhaftung keine große Bedeutung mehr zu. Angesichts der Entscheidung des BGH (ZIP 1996, 590 = BB 1996, 1349 = NJW 1996, 1210) und der Folgeentscheidungen (vgl. Rz. 10) hat sich diese Tendenz verstärkt.

Voraussetzung ist, wie dargestellt, das Handeln als Geschäftsführer für eine Vor- **32** GmbH vor Eintragung. Nicht anwendbar ist die Bestimmung nach Eintragung oder im Vorgründungsstadium, also vor Errichtung der GmbH durch notarielle Beurkundung der Satzung (hierzu *BGHZ* 91, 148 = NJW 1994, 2164 = GmbHR 1994, 316; auch *BGH* WM 1985, 479; GmbHR 1980, 55 (nach Eintragung); Scholz/*Schmidt* § 11 Rz. 107; auch *Noack* § 11 Rz. 46, 50, Vorgründungsstadium). Nicht anwendbar ist die Bestimmung damit auf alle Gestaltungen, die sich nach Eintragung der GmbH ergeben (Satzungsänderungen, Kapitalerhöhungen, Rechtsgeschäfte nach Eintragung – vgl. *OLG Hamburg* BB 1987, 505 = NJW-RR 1987, 811; auch *OLG Koblenz* BB 1987, 315; Scholz/*Schmidt* § 11 Rz. 108). Mit der Haftung nach § 179 BGB – Auftreten für eine nicht existente Vor-GmbH – hat die hier angesprochene Frage nichts zu tun (*KG* NJW 1989, 3100; *OLG Oldenburg* GmbHR 1990, 346 = NJW 1990, 1422; Scholz/ *Schmidt* § 11 Rz. 105, 111). Die Haftung setzt Bestellung des Geschäftsführers oder Auftreten wie ein Geschäftsführer für die Vor-GmbH voraus – nicht eingreifend bei Vorgründungsgesellschaft (Gesellschafterhaftung bzw. bei fehlender Vertretungsmacht (§ 179 Abs. 1 BGB – vgl. Rz. 8 – ferner Scholz/*Schmidt* § 11 Rz. 107; zutr. auch *Lutter/Hommelhoff* § 11 Rz. 30; *Noack* § 11 Rz. 45, 46 – jeweils m.w.N.).

Ferner müssen rechtsgeschäftliches oder rechtsgeschäftsähnliches Handeln vorliegen **33** (nicht also bei Erfüllung gesetzlicher Verbindlichkeiten – Sozialversicherungsbeiträge etc. – hierzu *BGHZ* 76, 325; *Noack* § 11 Rz. 49; *Lutter/Hommelhoff* § 11 Rz. 32).

34 I.Ü. kommt nur eine Haftung ggü. Dritten, nicht ggü. den Gesellschaftern in Betracht (*BGH* ZIP 2004, 1409, allerdings für AG; i.Ü. schon *BGHZ* 76, 320 = NJW 1980, 1630; *BSG* BB 1986, 2272; *OLG Saarbrücken* GmbHR 1992, 307; Scholz/*Schmidt* § 11 Rz. 120; *Noack* § 11 Rz. 49; *Wicke* § 11 Rz. 14). Die Vorschrift ist auch irrelevant, soweit es sich um interne Angelegenheiten zwischen dem Geschäftsführer und den Gesellschaftern etc. handelt (*OLG Hamm* NJW 1974, 1472; *Noack* § 11 Rz. 49).

35 Anzuwenden ist die Bestimmung auch auf die gemäß § 11 Abs. 1 TreuhandG aus „Volkseigenen Wirtschaftseinheiten" der ehemaligen DDR ins Handelsregister eingetragenen Gesellschaften mit beschränkter Haftung mit dem Zusatz „im Aufbau" (bis 30.6.1991), – s. auch § 15 TreuhandG, Rowedder/Pentz/*Wöstmann* § 11 Rz. 179.

36 **1. Betroffener Personenkreis.** Entgegen früherer Meinung wird heute von der Rspr. (*BGHZ* 63, 378; 66, 359; 80, 129; 91, 148) verlangt, dass der Handelnde zum Geschäftsführer bestellt ist oder doch zumindest wie ein solcher auftritt (h.M. vgl. Scholz/*Schmidt* § 11 Rz. 113, 115; *Noack* § 11 Rz. 47; *Lutter/Hommelhoff* § 11 Rz. 30). Gründer, Gesellschafter, Hilfspersonen des Geschäftsführers scheiden damit als Adressaten des § 11 Abs 2 grds. aus. Das gilt auch für Prokuristen. Auch für den Fall, dass das Geschäft von einer der genannten Personen gebilligt wird (vgl. *BGH* WM 1980, 955; *OLG Düsseldorf* DB 1987, 1413; i.Ü. Scholz/*Schmidt* § 11 Rz. 116; *Lutter/ Hommelhoff* § 11 Rz. 30; *Noack* § 11 Rz. 47 jeweils m.w.N.). Nicht ausreichend ist allerdings die nachträgliche Billigung, wenn der Handelnde das Rechtsgeschäft nicht gekannt und gebilligt oder hingenommen hat (*Lutter/Hommelhoff* § 11 Rz. 31 m.w.N.). Wer die Vor-GmbH aus dem Hintergrund führt, wird wie ein Geschäftsführer zu behandeln sein, also als Handelnder i.S.d. § 11 Abs. 2 (*BGH* WM 1980, 955; Scholz/ *Schmidt* § 11 Rz. 104). Wer als Geschäftsführer „handeln lässt" (durch Anweisungen, Vorgaben etc.), ist selbst Handelnder (*BGH* NJW 1970, 1043; *OLG Hamburg* WM 1986, 738 = NJW-RR 1986, 116 = ZIP 1985, 1489; *Lutter/Hommelhoff* § 11 Rz. 30 Scholz/*Schmidt* § 11 Rz. 114). Gewährenlassen, bloßes passives Billigen etc. wird regelmäßig nicht ausreichen (*OLG Hamburg* WM 1986, 738 = NJW-RR 1986, 116; ZIP 1985, 1490; Scholz/*Schmidt* § 11 Rz. 114 auf mögliche Ansprüche nach § 43 hinweisend). Zumindest werden Einflussnahme, Kenntnis und Hinnahme des Abschlusses erforderlich sein.

37 Erforderlich sind damit die Bestellung zum Geschäftsführer und/oder das Auftreten im Namen der GmbH vor der Eintragung wie ein Geschäftsführer; die Haftung im letzteren Fall ist auch dadurch bedingt, dass hier die nach Eintragung gegebene Publizität fehlt (*BGH* NJW 1970, 1043); auch *BGH* DNotZ 1980, 370 = WM 1980, 955 = NJW 1980, 287). Auf den Bestellungsakt kommt es hierbei nicht entscheidend an, sondern letztlich auf das Auftreten „wie ein Geschäftsführer" (*BGH* DNotZ 1980, 370 = WM 1980, 955 = NJW 1980, 287).

38 Die früher strittige Frage, ob der Handelnde haftet, wenn er „im Namen der Vor-GmbH" und nicht der künftigen, noch nicht eingetragenen GmbH auftritt, ist nach heute h.M. unerheblich (abl. früher *BGH* NJW 1974, 1284; *OLG Hamm* WM 1985, 660; bejahend und richtig *Lutter/Hommelhoff* § 11 Rz. 34; ebenfalls mit Recht infolge Identität von Vor-GmbH und GmbH Scholz/*Schmidt* § 11 Rz. 118; auch *Noack* § 11 Rz. 48.

39 Nicht erforderlich ist Vertretungsmacht (ganz h.M.), da es sich nicht um eine rechtsgeschäftliche, sondern um eine auf dem Gesetz beruhende Haftung handelt (Scholz/ *Schmidt* § 11 Rz. 119; *Lutter/Hommelhoff* § 11 Rz. 32). Für die Haftung des Geschäftsführers ist es ohne Bedeutung, ob er Kenntnis von der noch nicht eingetretenen Entstehung der GmbH hatte oder nicht, da § 11 Abs. 2 lediglich auf den objektiven Tatbestand des Handelns vor Eintragung abstellt. Daneben spielt es auch keine Rolle, ob der Vertragspartner die Kenntnis von der fehlenden Eintragung hatte, denn auch bei Wissen von diesem Umstand ändert sich an der Folge des § 11 Abs. 2 nichts, da die Haftung nur durch konkrete (nicht stillschweigende) Vereinbarung ausgeschlossen werden kann (Scholz/*Schmidt* § 11 Rz. 105, 121 f.).

Voraussetzung ist ferner **rechtsgeschäftliches Handeln** (*Wicke* § 11 Rz. 13; Scholz/ **40** *Schmidt* § 11 Rz. 117; *Lutter/Hommelhoff* § 11 Rz. 32; *Noack* § 11 Rz. 49). Eine Anwendung auf **rechtsgeschäftsähnliche Handlungen** ist str., aber zu bejahen (**ja:** *LG Karlsruhe* BB 1987, 1697; *Lutter/Hommelhoff* § 11 Rz. 32; *Noack* § 11 Rz. 49; **nein:** Scholz/*Schmidt* § 11 Rz. 117). Nicht anwendbar ist die Bestimmung auf die Haftung bei gesetzlichen Schuldverhältnissen (*Wicke* § 11 Rz. 13; Scholz/*Schmidt* § 11 Rz. 117 BAG NJW 1997, 3332; *BSG* ZIP 1986, 645 – Sozialversicherungsbeiträge; *Saarbrücken* GmbHR 1992, 307; *LAG Frankfurt* GmbHR 1992, 176 – Steuern; *BFH* GmbHR 1997, 187).

Auch der maßgebliche Einfluss eines Gesellschafters oder die Vermögenslosigkeit des **41** Geschäftsführers können die Handelndenhaftung für sich gesehen grds. nicht begründen (*BGH* WM 1980, 955). Andererseits greift § 11 Abs. 2 ein, wenn jemand wie ein Beauftragter auftritt, indessen der Beauftragende fehlt (*BGH* NJW 1980, 287).

Der **Erwerb des „Mantels"** (vgl. § 1 Rz. 28; auch z.B. *BGH* GmbHR 2011, 1032; ferner **42** etwa *Lutter/Hommelhoff* § 11 Rz. 29; *Noack* § 11 Rz. 46 m.w.N.; vgl. auch *OLG Brandenburg* GmbHR 1998, 1031) einer sog. Altgesellschaft zum Zwecke der Umgehung der seit dem 1.1.1981 geltenden Gründungsbestimmungen kann die Nichtigkeit des Geschäfts begründen und wie im Fall der Nichteintragung zur Handelndenhaftung führen (*BGH* GmbHR 2011, 1032; *OLG Hamburg* BB 1983, 1116 = ZIP 1983, 570 = GmbHR 1983, 219; allerdings auch BB 1987, 505 = GmbHR 1987, 219 = NJW-RR 1987, 811 = DB 1987, 627; hierzu *Ulmer* BB 1983, 1123; *Ehlke* DB 1985, 795; krit. zu diesem str. Komplex Scholz/*Schmidt* § 11 Rz. 109; vgl. auch *Lutter/Hommelhoff* § 11 Rz. 29; auch *Noack* § 11 Rz. 46).

Strittig ist, ob § 11 Abs. 2 entsprechend anzuwenden ist, wenn sich die Gründung der **43** GmbH **nicht durch Neugründung, sondern durch Satzungsänderung** auf der Grundlage eines GmbH-Mantels nach Erwerb des Mantels vollzieht (vgl. *BGHZ* 155, 327 = NZG 2003, 975; *OLG Koblenz* ZIP 1989, 165 = BB 1989, 315 = GmbHR 1989, 374 m.N. der abl. und befürwortenden Stimmen; krit., teils abl. Scholz/*Schmidt* § 11 Rz. 109); erfolgt der Mantelkauf bereits vor Vertragsschluss, aus dem die Handelndenhaftung hergeleitet werden soll, so wird die „Mantel-GmbH" grds. Vertragspartner ohne Rücksicht darauf, ob die beschlossenen Satzungsänderungen eingetragen werden oder nicht (*OLG Koblenz* ZIP 1989, 165 in einem allerdings besonders dargelegten Einzelfall).

Eine Inanspruchnahme nach § 11 Abs. 2 in Fällen der Umgründung einer GmbH, die **44** nicht durchgeführt wird, kommt nicht in Betracht. Die Vorschrift ist auch nicht entspr. anwendbar, *OLG Hamburg* BB 1987, 505 = GmbHR 1987, 219 = NJW-RR 1987, 811 = DB 1987, 627 (keine Handelndenhaftung eines Mitarbeiters der „umzugründenden" GmbH; hierzu Scholz/*Schmidt* § 11 Rz. 109 – keine Anwendung des § 11 Abs. 2, sondern des § 179 BGB bzw. der Grundsätze der Vertrauenshaftung).

45 Bei **Wettbewerbsverstößen** können die Vor-GmbH und der alleinige Gesellschafter als „Störer" i.S.d. UWG in Anspruch genommen werden (*OLG Frankfurt* DB 1985, 1334).

46 Zu beachten ist, dass die Handelndenhaftung grds. nur nach Abschluss des notariellen Errichtungsaktes eingreift, mithin anderweitige Erklärungen (Handeln für die GmbH i.G.) oder sonstige Individualabreden für sich gesehen nicht ausreichen (*BGH* ZIP 1984, 950; auch *BGH* NJW 1983, 2822 sowie *BGH* ZIP 1981, 516 = BB 1981, 750; *Bartl* BB 1984, 2154, 2156). Sie dient dazu, die Risiken zwischen der notariellen Errichtung und der Eintragung abzusichern. Sie erlischt mit der Eintragung der GmbH (*Lutter/Hommelhoff* § 11 Rz. 36; *Wicke* § 11 Rz. 14; *Noack* § 11 Rz. 46, 53; *BGH* NJW 1983, 2811; ZIP 1981, 516 = BB 1981, 750). In diesen Fällen spielt es in der Tat keine Rolle, ob für die „GmbH i.G." oder für die „GmbH i.G." und zugleich die „GmbH" gehandelt wird; denn die Haftung nach § 11 Abs. 2 greift ohnehin nur in den Fällen der Nichteintragung ein. Anders liegt dies nur dort, wo die Vorgründungsgesellschaft (zu diesem Begriff s. § 11 Rz. 6 ff.) betroffen ist und es nicht zu der durch die notarielle Errichtung entstehenden Vor-GmbH kommt. Hier haftet der Vertretene oder der vollmachtlose Vertreter der BGB-Gesellschaft oder der OHG (so *BGH* ZIP 1984, 950, 952). Zwischen der Vorgründungsgesellschaft und der Vor-GmbH besteht auch keine Kontinuität (*BGH* a.a.O.). In der Tat ist in den zuletzt genannten Fällen die Lösung in § 179 BGB zu sehen (*BGH* ZIP 1984, 950, 952 – in Aufgabe der früheren Rechtsprechung – vgl. ferner Scholz/*Schmidt* § 11 Rz. 118, m.w.N.; überholt *BGH* NJW 1982, 932; hiergegen *Schmidt* GmbHR 1982, 5). Keine entspr. Anwendung auf Geschäftsführer einer im EU-Ausland, nicht im deutschen HR eingetragenen Gesellschaft (zu diesem Problemkreis *Noack* § 11 Rz. 46 a.E.; *Lutter/Hommelhoff* § 11 Rz. 29; auch Anhang zu § 4a Rz. 15, *Wicke* § 11 Rz. 15; *BGH* NJW 2005, 1648).

47 **2. Haftung.** Der Handelnde haftet in der Weise, dass die Gläubiger aus der Nichteintragung der GmbH keine Nachteile zu tragen haben. Hieraus folgt, dass die Vermögenslage des Gläubigers herzustellen ist, die bestünde, wenn die GmbH eingetragen worden wäre; eine Besserstellung darüber hinaus kann über § 11 Abs. 2 nicht erreicht werden (*BGHZ* 53, 210; 69, 104; *OLG Köln* GmbHR 1966, 215; Scholz/*Schmidt* § 11 Rz. 123; *Lutter/Hommelhoff* § 11 Rz. 35; *Noack* § 11 Rz. 51).

48 Die Haftung aus § 11 Abs. 2 ist eigenständig. Eigene Ansprüche aus dem Geschäft mit der Vor-GmbH stehen dem Handelnden nicht zu, sondern der von ihm vertretenen Vorgesellschaft. Der Handelnde kann jedoch dem Dritten die Einwände der Gesellschaft entgegenhalten (z.B. §§ 320 ff. BGB; Verjährung etc. Scholz/*Schmidt* § 11 Rz. 123; vgl. *Noack* § 11 Rz. 51; i.Ü. *BGHZ* 69, 95 = NJW 1977, 1683). Der Geschäftsführer haftet als Handelnder i.S.d. § 11 Abs. 2 unbeschränkt (Scholz/*Schmidt* § 11 Rz. 124). Vereinbarungen mit Gläubigern sind indessen zulässig (*BGH* NJW 1973, 798; *Noack* § 11 Rz. 52; *Lutter/Hommelhoff* § 11 Rz. 35; Scholz/*Schmidt* § 11 Rz. 123).

49 Regressansprüche des Geschäftsführers gegen Vor-GmbH und eingetragene GmbH werden bejaht (*Noack* § 11 Rz. 54; *Lutter/Hommelhoff* § 11 Rz. 37; auch Scholz/*Schmidt* § 11 Rz. 126). Grundlage bildet der Anstellungsvertrag (§§ 611, 676, 670 BGB).

50 Von den **Gesellschaftern** soll der Handelnde im **Rückgriff** nur Leistungen bis zur Höhe der Einlage verlangen können – „Innenhaftung" der Gesellschafter (*BGHZ* 86, 122 = ZIP 1983, 159 = NJW 1983, 876 = GmbHR 1983, 46 – überholt durch *BGHZ* 134, 333 = NJW 1997, 1507 = GmbHR 1997, 405 str.; vgl. Scholz/*Schmidt* § 11 Rz. 127, 128 ausführlich; auch *Lutter/Hommelhoff* § 11 Rz. 37; *Noack* § 11 Rz. 54). Dies ist nicht unbillig, da nur dann ein Handeln im Rahmen der ordnungsgemäßen Geschäftsführung vorliegt, wenn der Handelnde „Verbindlichkeiten begründet, für die das Geschäftsvermögen aufkommen kann" (*BGHZ* 134, 333). Nur dann, wenn die Gesellschafter bereits im Stadium der Vor-GmbH im Einzelfall höhere Risiken eingegangen sind, kommt eine Inanspruchnahme der Gesellschafter durch den Geschäftsführer in Betracht. Indessen setzt dies eine entspr. Ermächtigung des Geschäftsführers durch die Gründungsgesellschafter voraus, die über das hinausgeht, was zur Entstehung der GmbH zu veranlassen ist (*BGHZ* 134, 333; vgl. auch *BGH* DB 1981, 1032 = NJW 1981, 1373 = ZIP 1981, 582 = Rpfleger 1981, 230). Diese Grundsätze haben Geltung, soweit es sich um eine Ein-Personen-GmbH handelt (vgl. *BGH* ZIP 1984, 950, 951). Insoweit sind aber die krit. Ausführungen von Scholz/*Schmidt* § 11 Rz. 128 (m.w.N.) zu beachten.

Die **Handelndenhaftung erlischt mit Eintragung** der GmbH (*BGH* NJW 1983, 2822; **51** auch ZIP 1981, 516 = BB 1981, 750; *Noack* § 11 Rz. 53; Scholz/*Schmidt* § 11 Rz. 130; *Lutter/Hommelhoff* § 11 Rz. 36). Ausnahmen können sich im Einzelfall infolge besonderer vertraglicher Abreden ergeben (vgl. *LAG Hamm* ZIP 1983, 63 – Anerkenntnisurteil). Infolge der Aufgabe der Rspr. zum „Vorbelastungsverbot", der „Unterbilanzhaftung" der Gesellschafter und dem automatischen Übergang der Aktiva und Passiva auf die entstandene GmbH haben sich die Risiken für den Fall der Nichteintragung auf den Geschäftsführer, für den Fall der Eintragung der GmbH auf die Gründungsgesellschafter verschoben (*Priester* ZIP 1982, 1141 ff.). Auf die frühere Differenzierung zwischen „eintragungserforderlichen" und „weitergehenden" Geschäften des Geschäftsführers vor Eintragung kommt es bei Nichteintragung (Belastung des nicht ermächtigten Geschäftsführers) sowie bei Eintragung (Rückgriff der Gründungsgesellschafter gegen den nicht ermächtigten Geschäftsführer im Innenverhältnis) nicht an (vgl. *BGH* ZIP 1993, 299).

Im Hinblick auf die Schwierigkeiten, die sich aus der Rechtsnatur der Vorgesellschaf- **52** ten und aus der knappen Fassung des § 11 ergeben, empfiehlt es sich für **Notare**, nicht nur auf die Haftungsfolgen hinzuweisen, sondern auch für den Fall Vorkehrungen zu treffen, dass die GmbH nicht eingetragen werden kann (Freistellung des Geschäftsführers im Falle der Inanspruchnahme gem. § 11 Abs. 2, entspr. Anwendung der GmbH-Vorschriften im Falle der Liquidation etc.).

Andernfalls wird für die Zukunft bereits im Zeitpunkt der Gründung eine nicht uner- **53** hebliche Rechtsunsicherheit eingeführt. Zur erforderlichen Einstellung der Praxis auf die mit der „Vorgründungsgesellschaft" und insb. der „Vor-GmbH" verbundenen Haftungsfragen vgl. instruktiv bereits *Priester* ZIP 1982, 1141, speziell 1144: Beschränkung auf notwendige Geschäfte zur Eintragung, schnelle Eintragung durch Scheinsitzwahl, Mantelkauf und Vorratsgründung, wobei **Priester** mit Recht auf die Problematik der zuletzt genannten Wege hinweist.

Handelt es sich um eine **Ein-Personen-GmbH**, so ist zunächst zu bemerken, dass der **54** Gesetzgeber in diesem Zusammenhang jedenfalls ausdrücklich keine Besonderheiten vorgesehen hat. § 11 Abs. 2 ist insofern nicht modifiziert worden (vgl. *BGH* ZIP 1984, 950 f.; *Lutter/Hommelhoff* § 11 Rz. 38). In Konsequenz dieses Gedankens trifft bei der „Vorgründungsgesellschaft" die Haftung den Einpersonen-Gesellschafter in jedem Fall, sofern er die Geschäfte selbst abschließt. Handelt ein Beauftragter, so sind die §§ 164, 179 BGB maßgeblich. Ist die „Ein-Personen-Vor-GmbH" durch notariellen

Akt errichtet, greift im Fall der Nichteintragung die Handelndenhaftung in unbeschränkter Höhe ein (*BGH* ZIP 1984, 950, 952). Handelt es sich um einen „Fremdgeschäftsführer", so kommt auch hier ein Regress gegen den Ein-Personen-Gesellschafter in Betracht. Handelt der Gesellschafter-Geschäftsführer, so greift § 11 Abs. 2 mit der Folge unbeschränkter Haftung ein, da hier die Regressfrage des ansonsten bestehenden „Innenverhältnisses" keine Rolle spielen kann. Wird die Ein-Personen-GmbH eingetragen, so gehen auch hier Aktiva und Passiva auf die entstandene GmbH über. Bei Differenzen zwischen dem Stammkapitalnennbetrag und dem Vermögen der GmbH im Zeitpunkt der Eintragung besteht die Pflicht des Gesellschafters zur Auffüllung in unbeschränkter Höhe. Bei einem Fremdgeschäftsführer kann der Gründer in diesem Fall Regress nehmen, sofern dieser seine Befugnisse überschritten hat (vgl. hierzu *BGH* ZIP 1984, 950 mit zahlreichen Nachweisen; i.Ü. zu diesem Komplex *Priester* ZIP 1982, 1141; *Ulmer* ZGR 1981, 593; *Hüffer* ZHR 142/1978, 486).

55   Zur persönlichen Haftung der Gesellschafter einer in Deutschland tätigen englischen Rechtsanwalts-LLP, *Triebel/Silny* NJW 2008, 1034.

§ 12   Bekanntmachungen der Gesellschaft

[1]Bestimmt das Gesetz oder der Gesellschaftsvertrag, dass von der Gesellschaft etwas bekannt zu machen ist, so erfolgt die Bekanntmachung im Bundesanzeiger (Gesellschaftsblatt). [2]Daneben kann der Gesellschaftsvertrag andere öffentliche Blätter oder elektronische Informationsmedien als Gesellschaftsblätter bezeichnen.

1   Die Vorschrift ist durch Art 12 des Justizkommunikationsgesetzes (JKmG) v 2.3.2005 (BGBl. I 2005, S. 837, 852), das am 1.4.2005 in Kraft getreten ist, eingeführt worden; § 12 a.F. betr. Zweigniederlassungen ist seit dem 1.1.1993 aufgehoben. Wegen der Zweigniederlassungen s. § 4a. I.Ü. §§ 13 ff. HGB. Satz 3 ist durch BanzDiG v. 22.12.2011 (BGBl. I 2011, S. 3044) aufgehoben.

2   **Elektronischer Bundesanzeiger als Pflichtmedium für Veröffentlichungen: Zwingend vorgeschrieben sind die Bekanntmachungen durch die Gesellschaft (www.ebundesanzeiger.de).** Betroffen sind zum einen die Pflichtbekanntmachungen der Gesellschaft – nur diese fallen unter § 12 – die im Gesetz vorgesehen sind (vgl. § 30 Abs. 2 S. 2, § 58 Abs. 1 Nr. 1, 3, § 65 Abs. 2 S. 2, §§ 73, 75 i.V.m. § 246 Abs. 4 AktG, § 19 Abs. 1 MitbestG) – hierzu *Lutter/Hommelhoff* § 12 Rz. 2; auch *Noack* § 12 Rz. 2, 3; zur Bekanntmachung auch *Krafka* Rz. 197 f. Zum anderen unterfallen der Regelung die im Gesellschaftsvertrag geforderten Bekanntmachungen (z.B. die Einberufung einer Gesellschafterversammlung mit Tagesordnung), vgl. *Scholz/Veil* § 12 Rz. 6.

3   Da die Änderung (vgl. Rz. 1) am 1.4.2005 ohne Übergangslösung in Kraft getreten ist, sieht S. 1 vor, dass es ausreicht, die Bekanntmachungen der Gesellschaft im elektronischen Bundesanzeiger durchzuführen, auch wenn die Satzung vorsieht, dass die Bekanntmachungen „im Bundesanzeiger" (papiergebunden) zu erfolgen haben (hierzu *Wicke* § 12 Rz. 4; auch *Noack* § 12 Rz. 6, Scholz/Veil § 12 Rz. 9). Insofern ist die Satzung dahingehend auszulegen, dass der „elektronische Bundesanzeiger" gemeint ist (*Wicke* § 12 Rz. 4; *Noack* § 12 Rz. 6; Scholz/Veil § 12 Rz. 9). Werden entsprechende Bestimmungen bei Neugründungen bzw. bei Satzungsänderungen mit der Formulierung „im Bundesanzeiger" angetroffen, so ist darunter der elektronische Bundesanzeiger zu verstehen. Um Missverständnisse zu vermeiden, sollte daher in der Satzung der Begriff „elektronischer Bundesanzeiger" benutzt werden oder eine entsprechende Bestimmung wegfallen (*Wicke* § 12 Rz. 4; *Apfelbaum* DNotZ 2007, 171; auch *Scholz/ Veil* § 12 Rz. 9). Sieht die Satzung lediglich z.b. Tageszeitungen als Veröffentlichungs-organ vor, so muss zwingend eine Veröffentlichung im „elektronischen Bundesanzei-ger" (primär) vorgenommen werden (vgl. *Noack* § 12 Rz. 6; auch *Wicke* § 12 Rz. 4). Auf diese zusätzlichen Bekanntmachungen sollte in der Satzung schon aus Kosten-gründen verzichtet werden. Solange aber eine entspr. Satzungsbestimmung zusätzliche Bekanntmachungsorgane vorsieht, muss dem zwingend zusätzlich entsprochen werden (mit Recht *OLG Stuttgart* NZG 2011, 29; *Noack* § 11 Rz. 6; *Wicke* § 11 Rz. 2: „nicht empfehlenswert" Kosten, Fehlerquellen). Wie allerdings S. 2 ausdrücklich enthält, können auch weitere Medien („öffentliche Blätter" oder elektronische Medien Web-site, private Dienstanbieter) in Betracht kommen, die allerdings einen eventuellen Fristenlauf nicht in Gang setzen. Dafür ist die Bekanntmachung im elektronischen Bundesanzeiger maßgeblich (*Wicke* § 12 Rz. 3; *Noack* § 12 Rz. 8 m.w.N.).

Abschnitt 2
Rechtsverhältnisse der Gesellschaft und der Gesellschafter

§ 13 Juristische Person; Handelsgesellschaft

(1) Die Gesellschaft mit beschränkter Haftung als solche hat selbstständig ihre Rechte und Pflichten; sie kann Eigentum und andere dingliche Rechte an Grundstü-cken erwerben, vor Gericht klagen und verklagt werden.

(2) Für die Verbindlichkeiten der Gesellschaft haftet den Gläubigern derselben nur das Gesellschaftsvermögen.

(3) Die Gesellschaft gilt als Handelsgesellschaft im Sinne des Handelsgesetzbuchs.

Übersicht

Neuere Rechtsprechung:

BGH v. 25.1.2022 – II ZR 50, ZIP 2022, 635 zur actio pro socio; *BGH* v. 30.11. 2021 – II ZR 8/21 – zur Rechtsverfolgung von Ansprüchen durch Gesellschafter und Bestellung eines besonderen Vertreters.

I. Allgemeines

Die Vorschrift ist seit 1892 unverändert und weder durch die Novelle 1980 noch durch   **1** die Reform 2008 betroffen. Sie behandelt die eigene Rechtspersönlichkeit der GmbH, die beschränkte Haftung und das Wesen der GmbH als Handelsgesellschaft. Vgl. hierzu die umfangreiche Lit. bei *Gehrlein/Born/Simon* vor § 13 Rz. 1; Scholz/*Bitter* § 13 nach Rz. 2; auch *Parmentier* ZIP 2001, 551 (zur Haftungsverantwortlichkeit öffentlich-rechtlicher Körperschaften; vgl. zur GmbH im öffentlichen Recht Scholz/*Bitter* § 13 Rz. 19 f.). Problematisch sind angesichts des „Trennungsprinzips" nach § 13 Abs. 2 „Durchgriffe" eines Gläubigers der GmbH gegen einen Gesellschafter – hierzu Scholz/*Bitter* § 13 Rz. 70; *Lutter/Hommelhoff* § 13 Rz. 65 ff.; 19 f.; *Gehrlein/Born/Simon* § 13 Rz. 20; *Altmeppen* § 13 Rz. 6; *Noack* § 13 Rz. 8).

II. Juristische Person – Rechtsfähigkeit

2 Die GmbH wird durch Eintragung juristische Person. Die Gesellschafter haften den Gläubigern der GmbH grundsätzlich nicht. Vermögen der GmbH und der Gesellschafter sind getrennt. Das Vermögen der Gesellschafter haftet nicht für die GmbH. Die GmbH ist juristische Person und unbeschränkt wie eine natürliche Person rechtsfähig. Sie kann damit Trägerin von Rechten und Pflichten sein. Ihr stehen in beschränktem Maße Persönlichkeitsrechte (soweit nicht natürliche Person Voraussetzung) sowie Firmen- und Namensrecht zu, GmbH kann Eigentümer und Besitzer sein, ist aktiv und passiv parteifähig, insolvenzfähig. Soweit nicht an natürliche Personen gebunden, kann sie Vermächtnisnehmer, Erbin, Testamentsvollstrecker, Nachlasspfleger, Nachlassverwalter (str.), Berechtigte von Schutzrechten, Patenten etc. sein, nicht jedoch Vormund, Pfleger oder Insolvenzverwalter, auch nicht Erfinder (vgl. *BGH* v. 11.6.2024 – X ZB 5/22 – Künstliche Intelligenz kein „Erfinder"), Urheber (*Wicke* § 13 Rz. 2; *Noack* § 13 Rz. 4; *Lutter/Hommelhoff* § 13 Rz. 2 f.; *Gehrlein/Born/Simon* § 13 Rz. 3 [Pivatrecht], 8 [Strafrecht], 9 [öffentliches Recht], 10 [Steuerrecht], 11 [selbst prozessfähig – str.]; *Altmeppen* § 13 Rz. 6). Der Bestand der GmbH ist unabhängig von den Gesellschaftern, deren Eintritt oder Ausscheiden, selbst (bei einer Kein-Mann-GmbH *Gehrlein/Born/Simon* § 13 Rz. 2; Scholz/*Bitter* § 13 Rz. 13 [Nichtigkeit des rechtsgeschäftlichen Erwerbs des letzten Anteils durch die GmbH]; Rowedder/*Pentz*/*Pentz* § 13 Rz. 4; Habersack/Caspar/Löbbe/*Raiser* § 13 Rz. 5).

3 Die GmbH ist grundrechtsfähig soweit nicht das betroffene Grundrecht auf natürliche Personen zugeschnitten ist (vgl. Art. 19 Abs. 3 GG [Eigentum etc.]; i.Ü. Scholz/*Bitter* § 13 Rz. 21). Das gilt allerdings nicht für ausländische juristische Personen Scholz/*Bitter* § 13 Rz. 2; vgl. Art. 19 Abs. 3 GG). Auch im öffentlichen Recht ist die GmbH als Rechtssubjekt anerkannt (Scholz/*Bitter* § 13 Rz. 19, 20; *Gehrlein/Born/Simon* § 13 Rz. 9). Die GmbH kann selbst deliktsfähig sein (§ 31 – Haftung für Handeln des Geschäftsführers auf Schadensersatz, *Lutter/Hommelhoff* § 13 Rz. 2a. E.; *Gehrlein/ Born/Simon* § 13 Rz. 4 – dort auch zu Handelsvertreter, Vertragsverhandlungen und -schluss [Übernahme von Leistungen]).

4 Die GmbH (keine natürliche Person) kommt nicht in Betracht für Vorstand, Aufsichtsrat oder Geschäftsführer bei AG oder GmbH oder Genossenschaft, ferner nicht für Vormund, Pfleger, Nachlassverwalter (str.), als Erblasser oder Insolvenzverwalter (*Lutter/Hommelhoff* § 13 Rz. 2; *Gehrlein/Born/Simon* § 13 Rz. 7; *Altmeppen* § 13 Rz. 4; *Noack* § 13 Rz. 4 – auch Nachlassverwalter). Sie kann nicht Handlungsbevollmächtigter, Prokurist, Handlungsgehilfe oder Arbeitnehmer sein (*Gehrlein/Born/Simon* § 13 Rz. 4; *Noack* § 13 Rz. 3).

5 Die GmbH ist Formkaufmann (§ 6 Abs. 1 HGB). Für sie gelten die Vorschriften des HGB (§ 13 Abs. 3). Insb. sind die Geschäfte der GmbH immer Handelsgeschäfte i.S.d. §§ 343 f. HGB. Gesellschafter und Geschäftsführer sowie der Alleingesellschafter-Geschäftsführer sind hingegen keine Kaufleute. Die GmbH ist Unternehmer i.S.d. § 14 BGB (*Lutter/Hommelhoff* § 13 Rz. 1; *Altmeppen* § 13 Rz. 12; MüKo GmbHG/*Markt* § 13 Rz. 83).

Die GmbH wird durch Eintragung rechtsfähig (vgl. §§ 10, 11 Abs. 1) – vor Eintragung **6**
und nach Errichtung durch notarielle Satzung sog. „Vor-GmbH" (s. hierzu *BGH* v.
15.4.2021 – III ZR 139/20 –Vorgründungsgesellschaft; § 11 Rz. 8 f.). Das Ende der
Rechtsfähigkeit tritt insb. bei (der nur deklaratorischer) Löschung nach § 394 FamFG
oder nach Auflösung und Eintragung (§ 60) ein (Scholz/*Bitter* § 13 Rz. 6 f. m.w. Nachw.;
Gehrlein/Born/Simon § 13 Rz. 2; vgl. zur Amtslöschung *BGH* v. 9.3.2021 – II ZB 33/20;
ferner *OLG Celle* GmbHR 2008, 211 – keine Fortsetzung einer GmbH nach Löschung
wegen Vermögenslosigkeit durch schlichten Fortsetzungsbeschluss; zur Prüfung der
Vermögenslosigkeit durch Registergericht *OLG Düsseldorf* 20.1.2011 – I-3 Wx 3/11 –
Vermögen von mehr als 3.000 € auf Bankkonto – unberechtigtes Verlangen des Origi-
nals eines Kontoauszugs; auch *OLG Jena* v. 18.3.2010 – 6 W 405/09 – Vermögenslosigkeit und sog. schwebende Geschäfte stehen Löschung nicht entgegen; vgl. insofern
Stalinski GmbH auf Tauchstation, Rpfleger 2012, Heft 12.

III. Haftung

Die Haftung für Gesellschaftsschulden ist auf das Gesellschaftsvermögen beschränkt **7**
und bezieht sich nicht auf das Vermögen der Gesellschafter („Trennungsprinzip"). Das
ergibt sich schon nach dem Wortlaut des § 13 Abs. 2. Folglich können Gesellschafter von
Gläubigern der GmbH grundsätzlich nicht direkt in Anspruch genommen werden (zur
„Kein-Personen-GmbH" als lediglich vorübergehendem Zustand Scholz/*Bitter* § 13
Rz. 9). Die Haftung des Gesellschafters ist auf ihre Einlage beschränkt. Demgemäß haf-
tet der Gesellschafter grundsätzlich nicht für Verpflichtungen der GmbH gegenüber
Dritten (*Lutter/Hommelhoff* § 13 Rz. 5; *Gehrlein/Born/Simon* § 13 Rz. 16; *Altmeppen* § 13
Rz. 67). Das gilt nicht, wenn ein Gläubiger auf das Gesellschaftervermögen mittelbar
über eine Pfändung der Ansprüche der GmbH über eine Zwangsvollstreckung in das
Gesellschaftsvermögen nach §§ 829, 835 ZPO vorgeht (*Lutter/Hommelhoff* a.a.O.; *Gehr-
lein/Born/Simon* a.a.O.; *Altmeppen* a.a.O.). Das gilt auch für den Fall, dass noch Einlagen, Nachschüsse, Beiträge aus Gründerhaftung etc. offen sind (*Gehrlein/Born/Simon*
§ 13 Rz. 17; *Noack* § 13 Rz. 7). Das Vermögen der GmbH setzt sich aus Einlagen, Agio
und Zuschüssen sowie allen weiteren Positionen der Aktivseite der Bilanz zusammen
(*Gehrlein/Born/Simon* § 13 Rz. 16). Ist die Gesellschaft vermögenslos oder gelöscht und
sind offensichtlich keine weiteren Gläubiger vorhanden, so soll es „vertretbar" sein,
dem unbefriedigten Gläubiger analog aktienrechtlichen Vorschriften (§ 93 Abs. 5 AktG
etc.) zu gestatten, den Anspruch der GmbH selbst ohne vorherige Pfändung an sich
selbst durchzusetzen (*Lutter/Hommelhoff* § 13 Rz. 6 m.w. Nachw.; auch *Altmeppen* § 13
Rz. 68).

Die „Durchgriffshaftung" betrifft nicht die Fälle eigener vertraglicher oder gesetzli- **8**
cher Pflichten der Gesellschafter oder Geschäftsführer bei Übernahme oder Garantie
einer Mitschuld oder Bürgschaft sowie bei Abgabe einer sog. Patronatserklärung, die
Haftung aus Rechtsschein, §§ 823 f. BGB, oder c.i.c. (§ 311 Abs. 2; vgl. *Grüneberg* § 311
BGB Rz. 48). Entsprechende Pflichten sind vom Gesellschafter zu erfüllen (vgl. *Lut-
ter/Hommelhoff* § 13 Rz. 7 [zu gegebenen Sicherheiten]; *Gehrlein/Born/Simon* § 13
Rz. 18; *Altmeppen* § 13 Rz. 67). Bei unbefristeten Verpflichtungen (etwa in Dauerschuldverhältnissen) kann sich der Gesellschafter durch die Kündigung aus wichtigem
Grund unter Berücksichtigung der Gläubigerinteressen (u.a. angemessene „Reakti-
onsfrist" für Gläubiger) befreien (z.B. auch Ausscheiden als wichtiger Grund, nicht
auf allgemeine Regeln wie den Wegfall der Geschäftsgrundlage, *Lutter/Hommelhoff*

§ 13 Rz. 7m. Hinw. auf *BGH* GmbHR 1985, 389; *OLG Zweibrücken* GmbHR 1986, 119). Wird ein Gesellschafter aus der für die Gesellschaft gegebene Sicherheit beansprucht, so muss zunächst bei dieser Rückgriff nehmen, bei den Mitgesellschaftern nur bei Ausfall der GmbH (*Lutter/Hommelhoff* § 13 Rz. 8m. Hinw. auf *BGH* GmbHR 1986, 304 – dort auch zu Ausgleich nach § 426 Abs. 1 BGB bei Mitübernahme der -Schuld durch Gesellschafter oder Dritte für Darlehen für GmbH).

IV. Ausnahmen vom „Trennungsgebot" und „Durchgriff"

9 Eine direkte Inanspruchnahme („Durchgriff") der Gesellschafter oder Geschäftsführer durch Gläubiger der GmbH ist nach § 13 Abs. 2 grundsätzlich ausgeschlossen (zur ökonomischen Rechtfertigung der beschränkten Haftung Scholz/*Bitter* § 13 Rz. 60 f.). Insoweit besteht Einigkeit, dass von diesem Grundsatz das Gesamtgefüge der GmbH beherrscht wird und die Rechtsform der juristischen Person nicht „leichtfertig und schrankenlos" übergangen werden darf. Hiervon ausgehend sind von Rechtsprechung und Literatur Ausnahmen für einen „Durchgriff" auf Gesellschafter und Geschäftsführer bei Inanspruchnahme durch Gläubiger bei Ansprüchen gegen die GmbH zugelassen worden. Insofern liegt kein Durchgriff vor bei selbstständigem Verpflichtungsgrund der Gesellschafter bzw. Geschäftsführer (eigene Beteiligung an den Vertragsverhandlungen oder am Vertragsschluss, Mitschuld, Bürgschaft, Anerkenntnis, unerlaubter Handlung, insb. bei Ansprüchen aus §§ 823 Abs. 2, 826 BGB ist möglich (s. Rz. 11). Von einer „Durchgriffshaftung" kann nur gesprochen werden, wenn das Prinzip der beschränkten Haftung durch die Inanspruchnahme eines Gesellschafters für Gesellschaftsschulden durch Gläubiger durchbrochen wird (vgl. Scholz/*Bitter* § 13 Rz. 13) und die Gesellschafter und Geschäftsführer wie bei Personengesellschaften (vgl. z.B. § 128 HGB) haften.

10 Rechtsliteratur (u.a. „Fallgruppen" und darauf ausgerichtete Ansätze) und Rechtsprechung (Haftung auf Basis des § 826 BGB) gehen teils unterschiedliche Wege mit anderen Ansätzen (hierzu zutreffend und klärend *Gehrlein/Born/Simon* § 13 Rz. 21 [BGH], 20 [Literatur]); *Lutter/Hommelhoff* § 13 Rz. 13 [Zuwendungsdurchgriff], 18 [Fallgruppen], 46 (kritisch zu BGH in Zusammenhang mit Existenzvernichtung) – m.w. Nachw.); auch Scholz/*Bitter* § 13 Rz. 159, 171; *Altmeppen* § 13 Rz. 108 ff.; *Noack* § 13 Rz. 45). Die Rechtsprechung hat sich zwar nicht ausdrücklich für oder gegen eine bestimmte Auffassung entschieden, bleibt aber hinsichtlich der Durchgriffshaftung zurückhaltend und folgt dem Ansatz aus § 826 BGB und erteilt dem Fehlen einer Gesetzeslücke eine klare Absage (*Gehrlein/Born/Simon* § 13 Rz. 21, Ausnahme bei Vermögensmischungshaftung „Durchgriff" nach § 128 HGB). Hierbei stellt sich die Frage, ob sich die grundsätzlichen Ausgangspunkte und Ansätze letztlich bei der Entscheidung im Einzelfall auswirken (vgl. hierzu (Scholz/*Bitter* § 13 Rz. 130 zu den Fallgruppen, Vermögensvermischung – Rz. 131 f., Unterkapitalisierung – Rz. 138, existenzvernichtender Eingriff – Rz. 153 f., Verletzung des Gesellschafters und Vermögensschaden der GmbH – Rz. 177); zu diesem Bereich auch *Noack* § 13 Rz. 40 f.; ferner *Lutter/Hommelhoff* § 13 Rz. 18 f., Vermögensvermischung, Unterkapitalisierung, Sphärenvermischung [ähnliche Firmen, gleiche Geschäftsräume, gleiches Personal], Rz. 23 existenzvernichtender Eingriff [krit. Rz. 46 f.]).

11 Zwei Fallengruppen haben sich nach der Rechtsprechung besonders entwickelt, einerseits die Fälle der Durchgriffshaftung (auf der Basis des §§ 242, 823 ff. BGB) – andererseits die Ansprüche gegen Gesellschafter wegen existenzvernichtenden Eingriffs

(§ 826 BGB). Speziell die Existenzvernichtungshaftung eines Gesellschafters wegen materieller Unterkapitalisierung nimmt die Rechtsprechung nur unter den Voraussetzungen z.b. des § 826 BGB an (*BGH* v. 28.4.2008 – II ZR 264/06 – ZIP 2008, 1232 – Gamma; hierzu *Altmeppen* ZIP 2008, 1201 – kein Fall der §§ 30, 31 – „Selbstbedienung"); Verzugszinsen wegen Entziehung von Geldbeträgen unter dem Gesichtspunkt des existenzvernichtenden Eingriffs *BGH* GmbHR 2008, 322; ferner *BGH* NJW 2007, 2691 – Trihotel; Durchgriffshaftung der Mitglieder eines eingetragenen Idealvereins *–OLG Köln* NZG 2008, 670 Kolpingwerk; hierzu *Altmeppen* ZIP 2008, 1201; andererseits keine Haftung wegen existenzvernichtenden Eingriffs bei Einzug von Forderungen der GmbH zur Schuldentilgung *BGH* GmbHR 2008, 929).

Weitere ältere Einzelfälle Rechtsprechung und Literatur (unter Berücksichtigung neuerer Rechtsprechung): *BGH* NZG 2009, 110 – Haftungsausschluss vollmachtloser Vertreter bei Handeln im Namen nicht existierender Rechtsträger; *BGH* NZG 2009, 57 – Keine persönliche Haftung des Treugebers für Gesellschaftsschulden; *Hofmeister* Zivilrechtliche Sanktionen bei unrechtmäßig eingetragenen Wirtschaftsverein – Durchgriffshaftung und/oder wettbewerbliche Abmahnung (zugleich Besprechung *BGH* v. 10.12.2007 – II ZR 239/05, ZIP 2008, 364 – Kolping); *Steffek* Der subjektive Tatbestand der Gesellschafterhaftung im Recht der GmbH – zugleich ein Beitrag zum Haftungsdurchgriff, JZ 2009, 77; *OLG Karlsruhe* NJW-RR 2009, 140 – zur Rechtsanwalts-GmbH – keine persönliche Haftung des Geschäftsführers einer Rechtsanwalts-GmbH; *OLG Dresden* NZG 2000, 598 m. Anm. v. *Grüner* – zur Haftung im qualifizierten faktischen Konzern – Durchgriff bei qualifizierter Unterkapitalisierung; *OLG Oldenburg* NZG 2000, 555 m. Anm. v. *Emmerich* – Haftungsdurchgriff bei erheblich unterkapitalisierter GmbH mit dem Zweck der Verhinderung vertraglicher direkter Beziehungen zwischen dem Gläubiger und einem Generalübernehmer und des Zugriffs auf Eigentum des Alleingesellschafters; *OLG Düsseldorf* GmbHR 2000, 283 m. Komm. v. *Keders*; *OLG Düsseldorf* GmbHR 1990, 44 – treuwidriges Berufen auf das Trennungsprinzip; *BGH* ZIP 1994, 868 – Vermögensvermischung und „ahnungsloser" Minderheitsgesellschafter; *BGH* DB 1985, 270 – Vermögensvermengung; *OLG Düsseldorf* GmbHR 2000, 332 – zur Trennung von Gesellschafts- und Privatvermögen; *BGH* NJW 1982, 383 – nicht ausreichend Überschuldung/beherrschende Stellung einer Bank; *BGH* WM 1980, 955 – Nutzung der Unternehmensform für sich gesehen nicht ausreichend; *BGH* NJW 1983, 1608 – Kreditnahme bei Überschuldung/Aufklärungspflicht; *BGH* NJW 1986, 188 – Haftungsdurchgriff bei faktischem Konzern; *BGH* ZIP 1992, 694 – Institutsmissbrauch (chancenlose GmbH, alle Risiken, keine Gewinnchance); weitere Einzelfälle insb. bei Scholz/*Bitter* § 13 Rz. 22 f. **12**

V. Gesellschafterklage – actio pro socio

Infolge der personalistischen Struktur werden heute allg. Treuepflichten der Gesellschafter untereinander und gegenüber der GmbH sowie umgekehrt angenommen. GmbH und Gesellschafter haben die Interessen loyal zu wahren und zu fördern. Welche Pflichten sich im Einzelnen insofern ergeben, ist Frage der jeweiligen Ausgestaltung. Insbesondere schließt auch die kapitalistische Ausgestaltung der GmbH grundsätzlich eine Treuebindung und entsprechende Pflichten nicht aus (*Noack* § 13 Rz. 37 f.; Scholz/*Bitter* §13 Rz. 53, dort auch vor Rz. 53 umfangreiche Lit.). Ausformung dieser Pflicht ist z.B. auch das sog. Gleichbehandlungsgebot, das v.a. willkürliche Maßnahmen verbietet (Scholz/*Bitter* a.a.O.; hierzu *OLG Düsseldorf* GmbHR 1994, 172 – **13**

Erschwerung der Klage infolge interner Machtverhältnisse; *OLG Stuttgart* NZG 2000, 490 m. Anm. v. *Rottnauer*; *OLG Hamm* GmbHR 2000, 673 – Treupflichtverletzungen bei Abstimmungen). Im Zusammenhang mit Gesellschafterklage betont der BGH diesbezügliche Treupflichten. Danach darf der Gesellschafter einer GmbH bei grundsätzlichem Vorrang der inneren Zuständigkeitsordnung der Gesellschaft unter bestimmten Voraussetzungen einen Mitgesellschafter aus der gesellschafterlichen Treuepflicht auf Leistung an die Gesellschaft in Anspruch zu nehmen (so bereits *BGH* v. 5.6.1975 – II ZR 23/74, *BGHZ* 65, 15, 21; *BGH* v. 28.6.1982 – II ZR 199/81, ZIP 1982, 1203; *BGH* v. 14.5.1990 – II ZR 185/89, WM 1990, 1240; *BGH* v. 29.11. 2004 – II ZR 14/03, ZIP 2005, 320, 321). Auch kann in der Verletzung der Organpflichten eines Gesellschafter-Geschäftsführers zugleich eine Verletzung der gesellschafterlichen Treuepflicht liegen (vgl. *BGH* v. 14.9.1998 – II ZR 175/97, ZIP 1999, 240; auch *BGH* v. 29.11.2002 – II ZR 14/03, ZIP 2005, 320, 321).

14 Mitgliedschaftliche Ansprüche der Gesellschaft gegen ihren Gesellschafter bzw. Geschäftsführer werden teils auch als Sozialansprüche bezeichnet (vgl. Scholz/*K. Schmidt* § 46 Rz. 161; *ders.* JZ 2018, 365, für GmbH & Co. KG). Die actio pro socio – societate ist anders als in § 148 AktG und in § 715b BGB (hierzu ist im GmbHG nichts ausdrücklich geregelt (§ 148 AktG ist auf die AG zugeschnitten und schließt außerhalb der Vorschrift eine actio pro socio aus – *BGH* v. 25.1.2022 – II ZR 50/21, ZIP 2022, 635). Mit § 715b BGB für die GbR erhält nur der durch die Rechtsprechung bereits bestimmte Anwendungsbereich der Gesellschafterklage eine gesetzliche Ausformulierung (*BGH* a.a.O. m. Hinw. auf *Bachmann* NJW 2021, 3073, 3076; *Fleischer* DStR 2021, 430, 436; *K. Schmidt* ZHR 2021, 16, 35). Das spricht aber nicht für eine weitergehende Zulassung der Gesellschafterklage im GmbH-Recht (z.B. gegen Fremdgeschäftsführer – *BGH* a.a.O., m. Hinw. auf *Fleischer* ZGR-Sonderheft 23, 2020, 1, 20 und 26).

15 Die Gesellschafterklage wurde nach h.M. seit längerem im Ausnahmefall grundsätzlich zugelassen – str. waren und sind allerdings wohl auch nach wie vor die Wege auch nach der BGH-Entscheidung v. 25.1.2022, a.a.O. (vgl. zum früheren Stand Scholz/*K. Schmidt* § 46 Rz. 161 m.w. Nachw.; auch *Lutter/Hommelhoff* § 13 Rz. 51 ff.; M *Gehrlein/ Born/Simon* § 13 Rz. 53 oben w. Nachw.; *Altmeppen* § 13 Rz. 53 oben w. Hinw.; *Noack* § 13 Rz. 38; MüKo GmbHG/*Merkt* § 13 Rz. 327). Grundsätzlich können nur mitgliedschaftsrechtliche Ansprüche der GmbH gegen einen Mitgesellschafter im Wege der actio pro socio geltend gemacht werden, wenn die GmbH dies nicht unternimmt. Hierbei handelt es sich um die subsidiäre Klagebefugnis des Gesellschafters (Scholz/ *K. Schmidt* § 46 Rz. 161; vgl. *Lutter/Hommelhoff* § 13 Rz. 51 ff.; *Gehrlein/Born/Simon* § 13 Rz. 53 oben w. Hinw. und Ausführungen; *Altmeppen* § 13 Rz. 27, 38; *Noack* § 13 Rz. 38). Zulässig ist die Gesellschaftermitgliedsklage nur zur Verfolgung und Durchsetzung mitgliedschaftsrechtlicher Ansprüche (Scholz/*K. Schmidt* § 46 Rz. 161; vgl. *Lutter/Hommelhoff* § 13 Rz. 51 ff.; *Gehrlein/Born/Simon* § 13 Rz. 53 oben w. Hinw und Ausführungen; *Altmeppen* § 13 Rz. 27, 38; *Noack* § 13 Rz. 38).

16 Eine weitergehende Klärung ist m.E. durch die Entscheidung des BGH (v. 25.1.2022 – II ZR 50/20) erfolgt, die die unzulässige Gesellschafterklage im eigenen Namen gegen einen Fremdgeschäftsführer zum Gegenstand hat, allerdings erfreulicherweise auch für grundsätzliche Klarstellungen maßgeblich ist. Der BGH (a.a.O.) zeigt in diesem Urteil seine Grundsätze und Entscheidungen zur actio pro socio in einer Weise auf, die man als Schlusspunkt der Diskussionen einstufen kann. Nach dem BGH, a.a.O., sind folgen Punkte erheblich: **1.** Unter der actio pro sociotate ist die Geltendmachung eines Anspruchs aus dem Gesellschaftsverhältnis durch einen Gesellschafter im eigenen Namen gegen einen Mitgesellschafter auf Leistung an die Gesellschaft zu verstehen. **2.** Die Befugnis wurzelt im Gesellschaftsverhältnis und ist Ausfluss des Mitgliedschaftsrechts des Gesellschafters Aufgrund dieser besonderen gesellschaftsrechtlichen Beziehung kann ein Gesellschafter einen Mitgesellschafter im Interesse der Gesellschaft in Anspruch nehmen (nicht gegen Fremdgeschäftsführer). **3.** Auch der Gesellschafter einer GmbH ist bei grundsätzlichem Vorrang der inneren Zuständigkeitsordnung der Gesellschaft unter bestimmten Voraussetzungen berechtigt, einen Mitgesellschafter aus der gesellschafterlichen Treuepflicht auf Leistung an die Gesellschaft in Anspruch zu nehmen. **4.** Auch kann in der Verletzung der Organpflichten eines Gesellschafter-Geschäftsführers zugleich eine Verletzung der gesellschafterlichen Treuepflicht liegen. **5.** Die dem Gesellschafter hiernach zukommende Klagebefugnis erstreckt sich jedoch grundsätzlich nicht auf Ansprüche gegen den Geschäftsführer, der nicht auch Gesellschafter der GmbH ist. **6.** Im Allgemeinen ist der Gesellschafter nicht befugt, den Schaden, den ein Dritter, der nicht in einer gesellschaftsrechtlichen Sonderbeziehung zu ihm steht, der GmbH zugefügt hat, als eigenen geltend zu machen. **7.** Dies gilt auch für den Schaden, den der dem Gesellschafter nicht durch eine solche Sonderbeziehung verbundene Fremdgeschäftsführer verursacht hat. **8.** Ausnahmefälle sind nach dem BGH bei folgenden Fallgestaltungen gegeben, wenn der Gesellschafter an der Geltendmachung ein berechtigtes Interesse hat, die anderen Gesellschafter die Einziehung der Forderung aus gesellschaftswidrigen Gründen verweigern und zudem der verklagte Gesellschaftsschuldner an dem gesellschaftswidrigen Verhalten beteiligt ist, da der klagende hier nicht auf den umständlichen und unnötigen Umweg verwiesen werden kann, zunächst die anderen Gesellschafter auf Mitwirkung an der Geltendmachung der Forderung zu verklagen. Diese aus bisherigen Urteilen ersichtlichen Grundsätze und Ausnahmefälle sind in der Entscheidung des BGH (a.a.O.) nachvollziehbar dargestellt. Damit dürften die Fragen zur Gesellschafterklage zumindest grundsätzlich geklärt sein (vgl. allerdings *Lutter/Hommelhoff* § 13 Rz. 53).

Im Einzelnen verlangt der BGH, a.a.O., das Vorliegen der Klagebefugnis in jeder **17** Lage des Verfahrens einschließlich der Revisionsinstanz (ebenso *BGH* v. 19.12. 2017 – II ZR 255/16, ZIP 2018, 276); *BGH* v. 14.7.2004 – VIII ZR 224/02, ZIP 2004, 1708 – betrifft keine organisationsrechtliche Frage, sondern die Voraussetzungen für die Entbehrlichkeit eines Geltendmachungsbeschlusses nach § 46 Nr. 8 (ebenso *BGH* v. 28.7.1982 – II ZR 199/81, ZIP 1982, 1203, 1204; *BGH* v. 4.2.1991 – II ZR 246/89, ZIP 1991, 583; *BGH* v. 29.11.2004 – II ZR 14/03, ZIP 2005, 320, 321; *BGH* v. 26.4.2010 – II ZR 69/09, ZIP 2010, 1232 Rz. 3; *BGH* v. 19.12.2017 – II ZR 255/16, ZIP 2018, 276 Rz. 11; *BGH* v. 22.1.2019 – II ZR 143/17, ZIP 2019, 1008 Rz. 10 m.w. Nachw.; *BGH* v. 22.3.2004 – II ZR 50/02, ZIP 2004, 804, 805 – Inanspruchnahme eines Mitgesellschafters im Interesse der Gesellschaft aufgrund besonderer gesellschaftsrechtlicher, grundsätzlich nicht aber gegen Personen mit Sonderrechtsbeziehung nur zur GmbH; *BGH* v. 19.12.2017 – II ZR 255/16, ZIP 2018, 276 Rz. 11; *BGH* v. 22.1.2019 – II ZR 143/17, ZIP 2019, 1008 Rz. 10 m.w. Nachw.; *BGH* v. 28.6.1982 – II ZR 199/81, ZIP 1982, 1203, 1204; *BGH* v. 4.2.1991 – II ZR 246/89, ZIP 1991, 583; *BGH* v. 29.11.2004 – II ZR 14/03, ZIP 2005, 320, 321 – die Zulassung der Gesellschafterklage gegen Fremdgeschäftsführer führt zum Verlust ihres prozessökonomischen Vorteils und im Streitfall der Erforderlichkeit von zwei Prozessen sowie im Einzelfall zu unzumutbarem Umweg und ist deshalb entbehrlich; *BGH* v. 29.11.2004 – II ZR 14/03, ZIP 2005, 320, 321 – die Zulassung der Gesellschafterklage gegen Fremdgeschäftsführer führt zum Verlust ihres prozessökonomischen Vorteils und im Streitfall der Erforderlichkeit von zwei Prozessen sowie im Einzelfall zu unzumutbarem Umweg und ist deshalb entbehrlich; *BGH* v. 30.11.2021 – II ZR 8/21 – zum Streit über die Frage, ob eine Anspruchsverfolgung im wohlverstandenen Interesse der Gesellschaft liegt oder ihm widerspricht, ist zwischen den Gesellschaftern auszutragen. Weigert sich die Gesellschafterversammlung, einen Anspruch gegen den Fremdgeschäftsführer zu verfolgen, kann jeder Gesellschafter die Rechtsverfolgung durch Anfechtungs- und Beschlussfeststellungsklage erzwingen – Bestellung eines besonderen Vertreters bei beherrschender Gesellschaft; *BGH* v. 30.11.2021 – II ZR 8/21 – zum Streit über die Frage, ob eine Anspruchsverfolgung im wohlverstandenen Interesse der Gesellschaft liegt oder ihm widerspricht, ist zwischen den Gesellschaftern auszutragen. Weigert sich die Gesellschafterversammlung, einen Anspruch gegen den Fremdgeschäftsführer zu verfolgen, kann jeder Gesellschafter die Rechtsverfolgung durch Anfechtungs- und Beschlussfeststellungsklage erzwingen – Bestellung eines besonderen Vertreters bei beherrschender Gesellschaft; *BGH* v. 5.6.1975 – II ZR 23/74, *BGHZ* 65, 15; *BGH* v. 14.5.1990 – II ZR 125/89, WM 1990, 1240, 1241 – treuewidriges Unterlassen der Geltendmachung von Schadensersatzansprüchen durch Gesellschaftermehrheit – Geltendmachung von Schadensersatzansprüchen durch Minderheitsgesellschafter im Wege der actio pro socio gegen die Mehrheitsgesellschafter.

18   Ergänzend kann im Anschluss an die BGH-Entscheidung (a.a.O.) noch zur Ergänzung auf die bisherige Literatur und Rechtsprechung aus den Vorauflagen verwiesen werden. So unterliegt nach § 48 Abs. 1 die Geltendmachung von Ersatzansprüchen der Gesellschafterversammlung. Hier handelt es sich um „Notmaßnahme" insb. bei willkürlichem Vorgehen etwa der Mehrheit, einem Ausnahmefall, bei dem der Vorrang der innergesellschaftlichen Zuständigkeitsordnung versagt (hierzu etwa *BGH* NJW 1969, 1712; WM 1982, 928; *OLG Düsseldorf* GmbHR 1994, 172; hierzu *Wicke* § 13 Rz. 23; *Noack* § 13 Rz. 40; *Scholz/Bitter* § 13 Rz. 53, m.w. Nachw.). Die Klage dient ausschließlich der Verfolgung mitgliedschaftsrechtlicher Ansprüche der Gesellschaft gegen Gesellschafter, nicht gegenüber Dritten, auch nicht gegenüber Geschäftsführern (vgl. *BGH* WM 1982, 928; zur Ausdehnung auf weitere Fälle *Noack* § 13 Rz. 39; *Wicke* § 13 Rz. 23; Hintermänner, Konzern, teils auch Geschäftsführer und Organmitglieder); auch *Scholz/Bitter* § 13 Rz. 53). Str. ist die Prozessführungsbefugnis für Klagen gegen einen Fremdgeschäftsführer nach § 43 Abs. 2 (verneinend *BGH* v. 25.1.2022 – II ZR 50/2, ZIP 2022, 635; wie BGH *Kumkar* NZG 2020, 1012 – a.A. *Lutter/Hommelhoff* § 13 Rz. 53 m.w. Nachw.). U.a. geht es um den Minderheitenschutz, der durch die Bindung des Geschäftsführers an die Mehrheitsgesellschafter (vgl. § 46 Nr. 8) ansonsten leerlaufen würde. Hieraus folgt, dass die actio pro socio nicht eingreifen kann, wenn das zuständige Organ z.B. Unterlassungs- oder Schadensersatzansprüche geltend macht (vgl. hierzu Scholz/*Bitter* § 13 Rz. 53; *Noack* § 13 Rz. 40 – jeweils m.w. Nachw.). Ein Ausschluss dieses Weges insb. für Minderheitsgesellschafter ist durch Satzung oder Beschluss der Gesellschafterversammlung nicht möglich (zutr. *Scholz/Bitter* § 13 Rz. 9; vgl. auch *BGH* BB 1985, 1623 [KommanditG]; *Schultz* Die Behebung einzelner **Mängel von Organisationsakten** in Kapitalgesellschaften, 1999;

Zeilinger Die **Einberufung** der Gesellschafterversammlung – Fallstricke für die Wirksamkeit von Gesellschafterbeschlüssen, GmbHR 2001, 541; *Caspar/Risse* Mediation von **Beschlussmängelstreitigkeiten**, ZIP 2000, 437; *Emde* ZIP 2000, 59; *Schick* DB 2000, 2105; *Berger* ZHR 164 (2000), 295; *Müther* GmbHR 2000, 966; *Schmitz-Herscheidt* ZAP 2000, Fach 15, S. 345; *Beyer* GmbHR 2001, 467; *Eickhoff* Die Praxis der Gesellschafterversammlung bei der GmbH und GmbH & Co KG, 1995; *ders.* GmbH-StB 1999, 851; *Fleischer* GmbHR 2001, 45; *Bacher* GmbHR 2001, 133; *van Venrooy* GmbHR 2000, 166; *Behrends* NZG 2000, 578.

Auch nach älteren Entscheidungen kommt es auf den Einzelfall an – vgl. etwa *BGH* **19** NZG 2000, 945 – zur Nichtigkeit eines Beschlusses bei **Angabe des TOP** „Vorstandsangelegenheiten" und fristloser Kündigung eines Vorstandsmitglieds; *BGH* NZG 2000, 372 (*OLG Frankfurt* NZG 1998, 910 m. Anm. v. *Hüffer* = NZG 1998, 991) – **Frist zur Übersendung der Gegenanträge von Aktionären**; *OLG München* NZG 2000, 105 – **Monatsfrist als Anfechtungsfrist** (§ 246 AktG); *LG Karlsruhe* GmbHR 2001, 393 – § 46 Nr. 8 gilt auch für Personengesellschaften (GmbH & Co. KG) für Bestellung eines besonderen Vertreters bei Schadensersatzklagen gegen den geschäftsführenden Gesellschafter; *Thür. OLG* GmbHR 2001, 243 (Ls.) = NZG 2001, 86 – **Bestand der Gesellschafterbeschlüsse bis zur Aufhebung auch bei Gesellschafterwechsel**; *BGH* GmbHR 2000, 187 – Zulässigkeit der **Verkürzung der Verjährungsfrist des § 43 Abs. 4** unter der Voraussetzung, dass der Schadensersatzbetrag zur Befriedigung der Gläubiger nicht erforderlich ist; *OLG Frankfurt* NZG 2000, 378 – Stimmrechtsbindung des GmbH-Gesellschafters – Revision BGH: v. 17.8.2000 – II ZR 302/99; *OLG Düsseldorf* NZG 2000, 377 – **Änderung des Gesellschaftsvertrages** unterliegt der Beschlussfassung der Gesellschafterversammlung; *OLG München* GmbHR 2000, 385 (Ls.) = NJW-RR 2000, 255 – **Monatsfrist des § 246 Abs. 1 AktG** gesetzliches Leitbild; *OLG Stuttgart* GmbHR 2000, 385 (Ls.) = *OLGR Stuttgart* 2000, 51 – **Anfechtungsfrist nach § 246 Abs. 1 AktG** regelmäßig ein Monat; *KG* GmbHR 2000, 385 (Ls.) = KGReport Berlin 2000, 85 – **Anfechtungsprozess** und Anerkenntnisfolgen – § 93 ZPO; *BGH* NJW 2000, 2983 – **Zuständigkeit für den Abschluss eines Geschäftsführeranstellungsvertrages** liegt bei der Gesellschafterversammlung; *OLG Köln* GmbHR 2001, 112 = NZG 2000, 1135 m. Anm. v. *Grunewald* – größerer **Ermessensspielraum bei Entlastung** des Geschäftsführers der GmbH im Vergleich zur AG; *OLG Hamm* GmbHR 2000, 1101 (Ls.) = NZG 2000, 938 – **Anfechtungsbefugnis eines Gesellschafterbeschlusses nur durch Gesellschafter** (vgl. §§ 243 ff. AktG); *OLG Karlsruhe* NZG 2000, 264 – **Stimmrechtsverbot** des abzuberufenden Geschäftsführers bei Abberufung aus wichtigem Grund (auch bei maßgeblich von ihm beeinflusster Personen-GmbH)- Revision BGH: v. 23.3.2000 – II ZR 177/97; *OLG Schleswig* NZG 2000, 318 – **Nichtigkeit des Beschlusses bei Einberufung der Gesellschafterversammlung durch Nichtbefugten** (§ 241 Nr. 1 AktG analog) – Revision BGH: 12.12.2000 – II ZR 242/99; *BayObLG* BB 2001, 13 = GmbHR 2001, 72 = NZG 2001, 128 – **Bestellung eines gesetzlichen Vertreters eines Gesellschafters zum Geschäftsführer** ohne Befreiung von § 181 BGB bei Einmann-GmbH; *OLG Celle* NZG 2001, 374 – **Voraussetzungen einer ordnungsgemäßen Beschlussfassung** (vgl. *Wöfle* ZfG 47 (1997), 52); *OLG Düsseldorf* GmbHR 2000, 1056 (Ls.) = *OLGR Düsseldorf* 2000, 290 – **Verstoß durch Gesellschafterbeschluss gegen Erforderlichkeit und Verhältnismäßigkeit**; *KG* NZG 2000, 787 – **Voraussetzungen der Zusammenlegung von Geschäftsanteilen: Volleinzahlung, keine Nachschusspflicht**; *OLG Köln* GmbHR 2001, 110 – **Ausreichen der einfachen Mehr-**

heit für Ausschlussbeschluss (str. vgl. *BGHZ* 9, 157, GmbHR 1953, 72; *OLG Frankfurt* GmbHR 1980, 56: nicht ausreichend einfache Mehrheit); *OLG Frankfurt* NZG 2000, 378 – **Stimmrechtsbindung des GmbH-Gesellschafters** – Revision BGH: v. 17.8.2000 – II ZR 302/99; *OLG Düsseldorf* NZG 2000, 1180 **Stimmrecht des kündigenden Gesellschafters in der Gesellschafterversammlung nach Kündigung vor Abtretung des Anteils**; *OLG Hamm* GmbHR 2001, 301 – Wirksamkeit einer **Anfechtungsfrist** (ein Monat) nach dem Tag der Protokollierung; *OLG Dresden* GmbHR 2000, 435 = NZG 2000, 429 – **Voraussetzungen der Nichtigkeit von Beschlüssen** (ordnungsgemäße Ladung, satzungsmäßige einfache Schriftform, Tages- und Unzeit der Versammlung, Tagesordnung etc.); zu Beschlussmängeln *BGH* NZG 1999, 1001 – Fehlen der förmlichen Einberufung; *BayObLG* NZG 1999, 1063 m. Anm. v. *Sieger/Gätsch* – Einladung durch Unbefugte; *OLG Frankfurt* = NZG 1999, 767 m. Anm. v. *Impelmann* – **unzulässige Mitwirkung des Gesellschafters/Geschäftsführers** bei gegen ihn gerichteten Schadensersatzansprüchen; *OLG Frankfurt* = NZG 1999, 833 m. Anm. v. *Heidinger* – unzulässige Eventualeinberufung; *OLG München* NZG 1999, 591 – Teilnahme gesellschaftsfremder Personen (KG); *OLG Naumburg* NZG 2000, 44 – **Verkürzung der Ladungsfrist** etc.; *OLG München* GmbHR 2000, 486 m. Komm. v. *Emde* – **Rechtsschutzinteresse bei Aufhebungsbeschlüssen** (bejaht).

Anhang zu § 13

Die persönliche Haftung der Gesellschafter der GmbH – vom qualifizierten faktischen Konzern zum „existenzvernichtenden Eingriff" in das Gesellschaftsvermögen der GmbH- Entscheidungen:

Rechtsprechung und Literatur: *BGH* v. 23.4.2012 – II ZR 252/10 – Wirtschaftsakademie, GmbH i.L., Veräußerung von Vermögen nicht unter Wert, Ausschüttung an Gesellschafter, Voraussetzungen der Anwendung des § 43a GmbHG; *BGH* ZIP 2012, 1804 – PPM (Verjährung des Anspruchs nach §§ 826, 195, 199 BGB – Haftung wegen Existenzvernichtung – keine grobfahrlässige Unkenntnis); *BGH* ZIP 2012, 2391 – Ehedarlehen – Anm. v. *Altmeppen* ZIP 2013, 801 m.w.N. Zur Haftung für sittenwidrige Schädigung von Kapitalanlegern nach § 826 BGB *BGH* NJW-RR 2013, 550; Zur Existenzvernichtungshaftung des GmbH-Gesellschafters bei Verschmelzung – *BGH* v. 6.11.2018 – II ZR 199/17.

Altmeppen Haftungsrisiken für Organwalter im Vorfeld der Konzerninsolvenz – Zugleich Besprechung BGH, ZIP 2013, 801; *Heeg/Manthey* GmbHR 2008, 798; *Mohr* GmbH-StB 2007, 217; *Stöber* Die Haftung für Existenzvernichtende Eingriffe, ZIP 2013, 2295.

Die §§ 30, 31 GmbHG gewähren keinen vollkommenen Schutz des Gesellschaftsvermögens. Die Rechtsprechung hat schon sehr früh nach Lösungen gesucht, um das Gesellschaftsvermögen den Gläubigern der Gesellschaft zu erhalten. Der Weg bis zur gegenwärtigen Rechtslage durch die Entscheidung des *BGH* v. 16.7.2007 war lang und von Widersprüchen geprägt, die vom Schrifttum immer wieder aufgezeigt wurden. Der BGH hat die in den Urteilen v. 16.7.2007 – Trihotel – und v. 28.4.2008 – GAMMA getroffenen grundsätzlichen Entscheidungen in den letzten Urteilen v. 23.4.2012 – II ZR 252/10 – Wirtschaftsakademie und v. 24.7.2012 – II ZR 177/11, ZIP 2012, 1804 – PPM weiter zutreffend verfolgt. Allerdings wird die nunmehr verfestigte zutreffende Rechtsprechung nach hier vertretener Ansicht zu Unrecht kritisiert (vgl. *Scholz/Bitter* § 13 Rz. 122 f., Durchgriffshaftung, 153 f.; auch *Noack* § 13 Rz. 57 f., 59 krit; *Lutter/Hommelhoff* § 13 Rz. 25 – zur Entwicklung Rz. 46 krit.).

Insbesondere muss darauf hingewiesen werden, dass der Gesetzgeber trotz mehrfacher Reformen z.b. in den Jahren 1980 und 2008 keinen Anlass gesehen, von der in den §§ 11 und 13 GmbHG enthaltenen Konzeption abzuweichen, so dass von einer Regelungslücke nicht ausgegangen werden kann. I.Ü. sollte auch unter dem Aspekt der Rechtssicherheit Zurückhaltung hinsichtlich der Entwicklung einer eigenständigen Haftungsfigur geboten sein. Richtig nimmt der BGH ferner Anspruchskonkurrenz der §§ 826, 249 BGB und §§ 30, 31 BGB an (vgl. hierzu *BGHZ* 173, 246 – Trihotel Rz. 40).

Wenn nachfolgend die historische Entwicklung der Rechtsprechung nachgezeichnet wird, so geschieht dies, um das Verständnis für die Problematik zu fördern und den Zugang zu erleichtern. Insofern ist es verständlich, wenn die hier betroffenen Fragen vor allem im Zusammenhang mit den in Konzernen auftretenden Problemen behandelt worden sind (Vgl *Scholz/Bitter* § 13 Rz. 155, zu den Einzelfällen Rz. 166 wie etwa Cashpool etc. – hierzu auch § 19 Rz. 165, *BGHZ* 166, 8 – Cash-Pool I; *BGHZ* 182, 203 = ZIP 2010, 1561 = GmbHR 2009, 926 – Cash-Pool II, vgl. auch *Lutter/Hommelhoff* § 19 Rz. 129 zum sog Cash-Pooling, zur Entwicklung der Rechtsprechung auch *Prütting* JuS 2018, 409 ff.).

I. Entwicklung der Rechtsprechung zum qualifizierten faktischen Konzern

Ein qualifizierter faktischer Konzern liegt nach der früheren Rechtsprechung des BGH dann vor, wenn das herrschende Unternehmen (vgl. Kap. II Rz. 30) die Geschäfte der abhängigen Gesellschaft dauernd und umfassend führt (vgl. *BGHZ* 95, 344; 107, 17; *BGH* GmbHR 1991, 522; 1997, 258; 2000, 1264) und ein Einzelausgleich nicht möglich ist. **1**

Herrschendes Unternehmen (vgl. hierzu auch Kap. II Rz. 30) ist derjenige Unternehmer, der über eine andere Gesellschaft unmittelbar oder mittelbar (über eine andere Gesellschaft, über Treuhandverträge, vgl. *BGH* GmbHR 1993, 284 oder Generalvollmachten) beherrschenden Einfluss ausüben kann. **2**

Die Gesellschafterstellung von Angehörigen ist grds. nicht dem „herrschenden" Gesellschafter zuzurechnen. Es gibt keinen Erfahrungssatz, dass Familienangehörige stets gleichgerichtete Interessen verfolgen (vgl. *BGHZ* 80, 73). Andererseits kann eine in der Vergangenheit gemeinsam betriebene Unternehmenspolitik eine ausreichend sichere Grundlage für die Ausübung gemeinsamer Herrschaft darstellen (*BGHZ* 80, 73; *BGH* GmbHR 1992, 165; 1993, 284). **3**

Eine dauernde und umfassende Leitung der abhängigen GmbH liegt insb. vor, wenn das herrschende Unternehmen im finanziellen Bereich die Leitung der abhängigen GmbH vollständig an sich gezogen hat (vgl. *Timm* GmbHR 1992, 218). Eine personelle Verflechtung (Bestellung von Vertrauensleuten des herrschenden Unternehmens zu Geschäftsführern der abhängigen GmbH) reicht nicht aus (*Timm* GmbHR 1992, 218). **4**

Die Leitungsmacht beurteilt sich nicht allein nach den Mehrheitsverhältnissen, sondern unter wirtschaftlichen Gesichtspunkten (*BGHZ* 95, 336; 107, 15; 122, 125; *BGH* GmbHR 1996, 366; *OLG Saarbrücken* GmbHR 1993, 39). **5**

Im qualifizierten faktischen Konzern werden weitgehend die Verhältnisse geschaffen, die einem vertraglichen Konzern zugrunde liegen. Es ist daher folgerichtig, auch die Rechtsfolgen eintreten zu lassen, die ein Vertragskonzern auslöst. Das bedeutet, dass die §§ 302 AktG (Verlustübernahmepflicht) und 303 AktG (Gläubigerschutz) entsprechend anzuwenden sind (*BGHZ* 107, 7; *BGH* GmbHR 1991, 520; *BGHZ* 122, 123; *BGH* GmbHR 1997, 258; *Noack* Anh. B. V. 1. Buchst. c Rz. 74; a.M. *Rowedder/Pentz/Schnorbus* Anh. nach § 52 Rz. 65 ff.). **6**

§ 303 Abs. 1 AktG gewährt den Gläubigern des abhängigen Unternehmens unter bestimmten Voraussetzungen einen unmittelbaren Anspruch gegen das herrschende Unternehmen. Dieser zunächst auf Sicherheitsleistung gehende Anspruch gilt für den qualifizierten faktischen Konzern mit der Maßgabe, dass nicht an die Beendigung des Beherrschungsvertrags bzw. dessen Eintragung in das Handelsregister anzuknüpfen ist, sondern an die tatsächliche Beendigung des Beherrschungsverhältnisses (*BGHZ* 95, 330).

7 Der Anspruch wandelt sich in einen Zahlungsanspruch, wenn die abhängige GmbH selbst nicht mehr in der Lage ist, den Anspruch zu erfüllen, soweit also der Ausfall feststeht (*OLG Frankfurt* NZG 2000, 934). Das gilt auch für den Fall, dass das Vermögen der abhängigen GmbH lediglich in dem Anspruch auf Verlustausgleich gegen das herrschende Unternehmen besteht. Dem unmittelbar in Anspruch genommenen herrschenden Unternehmen ist der Einwand, dass sich der Gläubiger zunächst an das abhängige Unternehmen halten müsse, nach § 242 BGB versagt (*BGHZ* 95, 330; *BGH* GmbHR 1991, 520; *OLG Koblenz* GmbHR 1991, 420; *OLG Saarbrücken* GmbHR 1993, 39).

8 Nach dem sog. Video-Urteil (*BGHZ* 115, 187) genügte für die Inanspruchnahme des herrschenden Unternehmens das Bestehen der dauernden und umfassenden Leitung der abhängigen GmbH. Es wird damit **vermutet, dass das herrschende Unternehmen keine angemessene Rücksicht auf die Belange des abhängigen Unternehmens genommen hat**. Der Kläger musste diese (schwer zu widerlegende) **Vermutung entkräften**, was praktisch zu einer uneingeschränkten Haftung führte. Die Beschränkung der Haftung einer GmbH (als herrschendes Unternehmen) auf das Gesellschaftsvermögen (§ 13 Abs. 2) war damit mehr oder weniger illusorisch. Entspr. ablehnend war die Reaktion im Schrifttum (vgl. *Kleindiek* ZIP 1991, 1336; *Timm* GmbHR 1992, 218, 219; *K. Schmidt* ZIP 1991, 1329; *Zöllner* JZ 1992, 384; *Kowalski* GmbHR 1993, 254).

Eine Wende **trat mit dem sog. TBB-Urteil** (GmbHR 1993, 283) ein (nach Ansicht des BGH allerdings lediglich eine Klarstellung). **Die in dieser Entscheidung erfolgte Abkehr von der Leitungsmacht als Anspruchsgrundlage und die Begründung der Haftung aus der Beeinträchtigung der Interessen der Gläubiger brachte auch eine Veränderung der Beweislast. Der Kläger hat danach die Umstände darzulegen und zu beweisen**, die die Annahme zumindest nahelegen, dass bei der Unternehmensführung im Hinblick auf das Konzerninteresse die eigenen Belange der GmbH über bestimmte, konkret ausgleichsfähige Einzeleingriffe hinaus beeinträchtigt worden sind (*BGH* GmbHR 1993, 283).

II. Haftung der Gesellschafter wegen „existenzvernichtenden Eingriffs"

9 Ausgangspunkt war die These, dass die §§ 30, 31 GmbHG keinen vollkommenen Schutz des Gesellschaftsvermögens ermöglichen. Die Lücke kam insb. in zwei Fallgruppen zum Ausdruck:

10 Eingriffe des Gesellschafters, die als solche oder deren Folgen in der für § 30 maßgeblichen Stichtagsbilanz nicht oder nur ungenügend abgebildet werden – die Schutzfunktion der Kapitalerhaltungsvorschriften versagt von vorneherein.

Beispiele: (1) Wegnahme von Geschäftschancen, die eigentlich der GmbH zustehen: der GmbH entgehen Einnahmen, die auf der Einnahmenseite und damit letztlich auch in der Bilanz keinen sichtbaren Niederschlag finden (vgl. hierzu etwa *Noack* § 13 Rz. 64, 72; *Frodermann/Jannott/Schubel* Handbuch des Aktienrechts, Kap. 14 Rz. 92).

(2) Wertloswerden von Produktionsmitteln bei Entnahme von Patenten (*Noack* § 13 Rz. 72).

(3) Kompensationslose „Überleitung" von Forderungen der GmbH auf den (Allein-)Gesellschafter (*BGH* GmbHR 2008, 257; auch *Noack* § 13 Rz. 72; vgl. ferner *Lutter/Hommelhoff* Anh. zu § 13 Rz. 14 f. – jeweils m.w.N.).

Eingriffe, bei denen die Rückgewähr nach § 31 allein die Insolvenz nicht mehr beseitigen kann (*Lutter/Hommelhoff* § 13 Rz. 38; *Schirrmacher* ZGR 2021, 2, 9; *Dauner-Lieb* DStR 2006, 2034). **11**

Bereits die frühere Rechtsprechung diente dem Schutz vor durch den Eingriff veranlassten Schäden „jenseits der Stammkapitalziffer" (also insb. der weitergehenden Kollateralschäden als Folge des Eingriffs (so schon *BGH* NZG 2007, 672). **12**

Im sog. Bremer-Vulkan-Urteil v. 17.9.2001 (*BGHZ* 149, 10) gab der BGH sodann seine Rechtsprechung zum qualifizierten faktischen Konzern auf, da die anstehenden Probleme damit nicht zu lösen waren. Die (deliktische) Haftung wird nun zutreffend auf den existenzvernichtenden Eingriff gestützt (vgl. auch *BGHZ* 151, 181). Seinen Abschluss findet der „existenzvernichtende Eingriff" in der Trihotel-Entscheidung (vgl. den folgenden Abschnitt).

III. Die Trihotel-Entscheidung des BGH v. 16.7.2007 – II ZR 3/04

Die Entscheidung des BGH (v. 16.7.2007, *BGHZ* 173, 246) ändert damit das Haftungskonzept grundsätzlich. Damit ist nunmehr eine gefestigte Rechtsprechung mit einer ausreichenden und befriedigenden Regelung der Haftung auch für das GmbH-Recht gegeben sowie Rechtsfrieden und Rechtssicherheit, soweit dies möglich und erforderlich ist, eingetreten (vgl. zur Entwicklung bis zur Trihotel-Entscheidung auch *Prütting* JuS 2018, 409 und *Schirrmacher* ZGR 2021, 2, 7). **13**

1. Grundsätze der Entscheidung. (1) An dem Erfordernis einer als „Existenzvernichtung" bezeichneten Haftung der Gesellschafter für missbräuchliche, zur Insolvenz der GmbH führende oder diese vertiefende kompensationslose Eingriffe in das der Zweckbindung zur vorrangigen Befriedigung der Gesellschaftsgläubiger dienende Gesellschaftsvermögen wird festgehalten (vgl. auch *BGH* GmbHR 2007, 927; *BGH* GmbHR 2008, 257). **14**

(2) **Aufgegeben wird das bisherige Konzept einer eigenständigen Haftungsfigur**, die an den Missbrauch der Rechtsform anknüpft und als Durchgriffs(außen-)Haftung des Gesellschafters gegenüber den Gesellschaftsgläubigern ausgestaltet, aber mit einer Subsidiaritätenklausel im Verhältnis zu den §§ 30, 31 GmbHG versehen war. **15**

(3) Die Existenzvernichtungshaftung wird an die **missbräuchliche Schädigung des im Gläubigerinteresse zweckgebundenen Gesellschaftsvermögens** geknüpft. **Rechtsgrundlage hierfür ist allein** § 826 BGB als eine besondere Fallgruppe der sittenwidrigen vorsätzlichen Schädigung **im Gleichlauf mit den gesellschaftsrechtlichen Schutznormen der** §§ 30, 31 GmbHG **als Innenhaftung** gegenüber der Gesellschaft (allg. Zustimmung im Schrifttum, vgl. *Ulrich* GmbHR 2007, 1292; *Schröder* GmbHR 2007, 934; *Altmeppen* NJW 2007, 2657; *Weller* ZIP 2007, 1681; *Vetter* BB 2007, 1965). Die deliktische Haftung aus § 826 BGB verlässt eine Haftung aus konzernrechtlichen Gesichtspunkten. Für die Haftung aus § 826 BGB ist ein Konzern weder erforderlich (es genügt jeder vorsätzliche Eingriff) noch reicht ein „faktischer Konzern" für eine Haftung des Gesellschafters allein aus. Der BGH greift damit einmal mehr auf § 826 BGB zurück, der sich mehr und mehr zur „dogmatischen Allzweckwaffe" entwickelt, **16**

die zu Lösungen von Sachverhalten herangezogen wird, bei denen die bestehende Rechtslage keine zufriedenstellenden Ergebnisse zu liefern scheint (anders s. *Stöber* ZIP 2013, 2295, der sich für eine Anwendung des § 280 Abs. 1 BGB auf das Sonderrechtsverhältnis zwischen Gesellschaft und Gesellschafter ausspricht).

Die verfestigte Rechtsprechung betont der BGH in *BGHZ 193, 96* – Wirtschaftsakademie – ausdrücklich wie folgt (Rz. 13):

„a) Nach der Senatsrechtsprechung liegt ein zum Schadensersatz nach § 826 BGB verpflichtender existenzvernichtender Eingriff dann vor, wenn der Gesellschaft von ihren Gesellschaftern in sittenwidriger Weise das zur Tilgung ihrer Schulden erforderliche Vermögen entzogen hat und damit eine Insolvenz verursacht wird (*BGHZ 193, 96*) – wobei im Liquidationsstadium ausreicht, dass der Vermögensentzug gegen § 73 Abs. 1 GmbHG verstößt (*BGHZ 179, 344*, Rz. 39 f. – Sanitary). Dabei müssen die Gesellschafter mit zumindest bedingtem Vorsatz handeln. Die Darlegungs- und Beweislast trägt die Gesellschaft bzw der Insolvenzverwalter (*BGHZ 173, 246* – Trihotel)."

17 (4) Das Eingriffsverhalten des Gesellschafters muss für diesen erkennbar (vgl. *BGH* NJW 2004, 448) auf die Insolvenz der Gesellschaft hinauslaufen. Dies kann etwa durch folgende Handlungen passieren:

– Gewährung hoher ungesicherter Kredite außerhalb von cash-pool-Verträgen im Einzelfall kann ein existenzvernichtender Eingriff sein (Scholz/*Bitter* § 13 Rz. 166; auch *Lutter/Hommelhoff* § 13 Rz. 35; auch z.B. bereits *Heeg/Manthey* GmbHR 2008, 801; vgl. auch *BSG* GmbHR 1995, 46).

– Umleitung von Aufträgen (*Mohr* GmbH-StB 2007, 219; *OLG Rostock* GmbHR 2004, 360).

– Kündigung von betriebsnotwendigen Mietverträgen (vgl. zur Übernahme von Mietverträgen nach Auflösung in Liquidation *BGHZ 193, 96* – Wirtschaftsakademie; Einzelheiten auch bereits *BGHZ 173, 246* – Trihotel; ferner *Mohr* GmbH-StB 2007, 219; *Noack* § 13 Rz. 72; meines Erachtens zweifelhaft).

– Verrechnungspreise: Es kann sich um einen existenzvernichtenden Eingriff handeln (vgl. *BGH* GmbHR 1989, 196; *BAG* GmbHR 1994, 625). Ein solcher Fall liegt nicht vor bei Leistungsbeziehungen von ausländischen Konzerngesellschaften mit deutscher Konzerngesellschaft, wenn diese i.R.d. § 1 AStG steuerlich anerkannt werden; die steuerliche Anerkennung bedeutet wohl auch rechtlich die Angemessenheit der Vergütung (vgl. *Heeg/Manthey* GmbHR 2008, 801).

Existenzvernichtender Eingriff ist bei folgenden Handlungen nicht gegeben (vgl. hierzu vor allem *BGHZ 193, 96* – Wirtschaftsakademie sowie *BGHZ 173, 246* – Trihotel):

– Durch Auszahlungen an die Gesellschafter wird zwar das Gesellschaftsvermögen vermindert, später führen die Gesellschafter aber ihrer GmbH wieder erhebliche Mittel zu (*BGH* GmbHR 2002, 549).

– Sicherungsübereignung von betrieblichen Gegenständen stellt deshalb keinen existenzvernichtenden Eingriff dar, weil dieses Anlagevermögen weiterhin dem Betrieb zur Verfügung steht (*BGH* GmbHR 2007, 927).

– Das *OLG Düsseldorf* (GmbHR 2007, 310) hatte in der strukturellen Benachteiligung einer materiell unterkapitalisierten „Aschenputtel-GmbH" einen existenzvernichtenden Eingriff gesehen (auf eine Beschäftigungs- und Qualifizierungs-GmbH waren im Rahmen eines Sanierungskonzepts die Arbeitsverhältnisse von Arbeitnehmern übertragen worden; die erforderliche finanzielle Ausstattung, die typischerweise voraussehbar bzw. sogar konkret planbar sein soll, wurde der GmbH von vorneherein vorenthalten. Damit sei „ihr Überleben auf Gedeih und Verderb vom Überleben gerade des zu sanierenden Unternehmens abhängig". Diese anfängliche Verwehrung der betriebsnotwendigen Ressourcen sei nicht anders zu bewerten als der nachträgliche Entzug von betriebsnotwendigen Ressourcen.) Der BGH hat diese Auffassung in seiner sog. „Gamma"-Entscheidung (v. 28.4.2008, GmbHR 2008, 805) abgelehnt: begrifflich liege kein Eingriff bzw. Zugriff auf das Gesellschaftsvermögen vor. Das Unterlassen gebotener Maßnahmen stehe dem nicht gleich. Eine Haftung wegen materieller Unterkapitalisierung wurde auch unter dem Gesichtspunkt des existenzvernichtenden Eingriffs abgelehnt.

– Der Gesellschafter ziehe zwar Forderungen der GmbH gegen Bitte auf ein eigenes Konto ein, begleiche damit jedoch Verbindlichkeiten der Gesellschaft und schieße zusätzlich in beträchtlichem Umfang eigenes Vermögen zur Tilgung von Gesellschaftsschulden bei (*BGH* GmbHR 2009, 929).

2. Voraussetzungen der Haftung im Einzelnen. – a) Begriff des existenzvernichtenden   **18**
Eingriffs. Existenzvernichtung liegt vor, wenn der Gesellschafter auf die Zweckbindung des Gesellschaftsvermögens keine angemessene Rücksicht nimmt, indem er der Gesellschaft durch offene oder verdeckte Entnahmen ohne angemessenen Ausgleich Vermögenswerte entzieht, die sie zur Erfüllung ihrer Verbindlichkeiten benötigt und sie dadurch in die Insolvenz führt oder eine bereits bestehende Insolvenz vertieft (*BGHZ* 193, 96 – Wirtschaftsakademie; *BGH* GmbHR 2005, 299; *BGH* GmbHR 2007, 927; *BGH* GmbHR 2008, 323).

Als Eingriff ist jeder kompensationslose Zugriff auf das Vermögen der Gesellschaft   **19**
oder deren Interessen zu werten, welcher der angemessenen Rücksichtnahme auf ihre Eigenbelange in einem ins Gewicht fallenden Maße entbehrt (*BGH* GmbHR 2007, 929; *BGH* GmbHR 2002, 902).

Ein Unterlassen („Versäumnis") stellt schon begrifflich keinen Eingriff in das zweck-   **20**
gebundene, den Gläubigern als Haftungsgrundlage dienende Gesellschaftsvermögen dar (*BGH* GmbHR 2008, 807); denn durch ein Unterlassen (Unterkapitalisierung der GmbH) wird das Stammkapital nicht angetastet (*BGH* GmbHR 2008, 807).

Managementfehler im weitesten Sinne sind grds. nicht als existenzvernichtender Ein-   **21**
griff zu werten (vgl. *BGH* GmbHR 2005, 299; *Mohr* KStB 2007, 21; *Heeg/Manthey* GmbHR 2008, 800). Ob ein solcher vorliegt ist nach einer ex-Ante-Beurteilung zu entscheiden (*OLG Köln* ZIP 2007, 28).

Beispiele: Als existenzvernichtende Eingriffe kommen alle Handlungen in Betracht, die letzt-   **22**
lich zu einer Insolvenz der Gesellschaft führen (können) bzw. eine Insolvenzlage vertiefen:
– unangemessen hohes Honorar für einen Gesellschafter aus einem Geschäftsbesorgungs-
  vertrag/Managementvertrag (*BGH* GmbHR 2007, 927);
– Verlagerung liquider Mittel auf einen Dritten, auch durch Einzug einer Forderung der
  Gesellschaft durch Gesellschafter (*OLG Jena* ZIP 2002, 631; *LAG Köln* ZIP 2003, 1893);
– i.Ü. hierzu *BGHZ 193, 96 – Wirtschaftsakademie*.

b) Kausalität: der Eingriff muss kausal für den Eintritt der Insolvenz bzw. der Insol-   **23**
venzreife sein. Kausal ist ein Verhalten, wenn darauf abgezielt wird, der GmbH Vermögenswerte zu entziehen (*Heeg/Manthey* GmbHR 2008, 800). Eine tatsächlich erfolgende Aushöhlung des Gesellschaftsvermögens auf Grund eines Gesamtplans kann

einen existenzvernichtenden Eingriff darstellen (*Heeg/Manthey* GmbHR 2008, 800). Merkmal eines Gesamtplans ist das Vorliegen eines in sich geschlossenen Konzepts und die Beherrschbarkeit der einzelnen Teilabschnitte durch die Gesellschafter (vgl. auch *BGHZ* 193, 96 – Wirtschaftsakademie).

24 c) Sittenwidrigkeit. Sittenwidrig ist der existenzvernichtende Eingriff, weil die Gesellschaft dadurch um Vermögen gebracht wird, das sie zur vorrangigen Befriedigung ihrer Gläubiger benötigt (*BGH* GmbHR 2007, 927; *BGH* GmbHR 2008, 323).

25 d) Vorsatz. Die Gesellschafter müssen vorsätzlich – mit zumindest bedingtem Vorsatz – handeln (*BGHZ* 193, 96 – Wirtschaftsakademie). Vorsätzlich handelt der Schädiger, wenn er die Schädigung billigend in Kauf genommen hat. Der in § 826 BGB vorausgesetzte Vorsatz braucht sich nicht auf den gesamten Kausalverlauf und den Umfang des Schadens zu erstrecken; er muss jedoch die gesamten Schadensfolgen umfassen (vgl. *BGH* NJW 1987, 320; *BGH* GmbHR 2008, 317). Vorsätzlich handelt sonach der Gesellschafter, dem bewusst ist, dass durch die von ihm selbst oder mit seiner Zustimmung veranlasste Maßnahme das Gesellschaftsvermögen sittenwidrig geschädigt wird. Dazu genügt es, dass ihm die Tatbestände bewusst sind, die den Eingriff sittenwidrig machen. Das Bewusstsein der Sittenwidrigkeit ist dabei nicht erforderlich. Ein Eventualdolus – die faktische dauerhafte Beeinträchtigung der Erfüllung der Verbindlichkeiten der Gesellschaft als voraussehbare Folge des Eingriffs und der Gesellschafter diese Rechtsfolge in Erkennung ihres möglichen Eintritts billigend in Kauf genommen hat – genügt (*BGHZ* 193, 96 – Wirtschaftsakademie; *BGH* NJW 1987, 3206; *BGH* GmbHR 2008, 317; vgl. auch *Werner* GmbHR 2008, 319).

26 3. Schaden. Zu ersetzen ist u.a. der Differenzgewinnausfall, soweit er für die Fähigkeit der Gesellschaft, ihre Schulden zu bezahlen, notwendig ist. Der Anspruch der Gesellschaft entfällt deshalb, wenn sie ihre Gläubiger selbst befriedigt (*Schirrmacher* ZGR 2021, 2, 32).

Zu dem zu ersetzenden Schaden gehören auch die Kosten des (vorläufigen) Insolvenzverwalters und des Insolvenzverfahrens, soweit die GmbH ohne den schädigenden Eingriff nicht insolvenzreif geworden wäre. Evtl. kommen auch die Kosten eines Prozessfinanzierers – abhängig vom Vertragsinhalt als Gegenstand des Ersatzanspruchs in Betracht. Der Anspruch der Rückgewähr ist ab der Entziehungshandlung zu verzinsen (Verzugszinsen nach § 286 Abs. 2 Nr. 4 BGB, *BGH* GmbHR 2008, 323; *Noack* § 13 Rz. 68).

27 4. Haftender. Als Haftende kommen in erster Linie Gesellschafter in Betracht, daneben aber auch Personen, die zwar nicht an der Gesellschaft beteiligt sind, wohl aber an einer Gesellschaft, die ihrerseits Gesellschafterin der GmbH ist (Gesellschafter-Gesellschafter). Das gilt jedenfalls dann, wenn der Gesellschafter einen beherrschenden Einfluss auf die geschädigte Gesellschaft ausüben kann (vgl. *BGH* NJW-RR 2005, 335). Maßgebend ist also nicht die formaljuristische Konstruktion, sondern die tatsächliche Einflussmöglichkeit als „faktischer Gesellschafter": „Wer in einer solchen Konstellation wie ein Gesellschafter handelt, muss sich auch wie ein solcher behandeln lassen" (*BGH* NZG 2007, 672).

28 Da es sich bei der Haftung um eine deliktische Haftung handelt, kommen die Vorschriften der §§ 823 ff. („Unerlaubte Handlungen") zur Anwendung, wodurch auch Mittäter und Beteiligte an der unerlaubten Handlung nach § 830 BGB herangezogen werden können.

Nicht ausgeschlossen wird durch § 826 BGB eine parallel mögliche Verantwortlichkeit **29** der Geschäftsführer nach § 43 Abs. 2 GmbHG (auch § 43a GmbHG, vgl. *BGH NZG* 2007, 672 – Wirtschaftsakademie; *Lutter/Hommelhoff* § 13 Rz. 44).

5. Geltendmachung der Ersatzansprüche. – a) Innenhaftung. Ist über das Vermögen **30** der GmbH das Insolvenzverfahren eröffnet, kann der Anspruch nur vom Insolvenzverwalter geltend gemacht werden (*BGH NZG* 2007, 672 – Wirtschaftsakademie; *Saenger/Inhester/Saenger* § 13 Rz. 124). § 93 InsO verbietet eine Geltendmachung durch die Gläubiger (*BGH GmbHR* 2002, 902; *BAG GmbHR* 2005, 987; *OLG Jena GmbHR* 2002, 112; vgl. *Wahl GmbHR* 2004, 994; *Schröder GmbHR* 2000, 990).

b) Außenhaftung. Kommt es nicht zur Insolvenzeröffnung (z.B. bei Masselosigkeit), **31** ist der geschädigte Gläubiger zur unmittelbaren Inanspruchnahme, des schädigenden Gesellschafters nicht berechtigt; er muss vielmehr einen Titel gegen die Gesellschaft erwirken und auf Grund dieses Titels den Anspruch der Gesellschaft gegen den Gesellschafter pfänden und sich den Anspruch überweisen lassen (*BGH NJW-RR* 2006, 254). Der BGH hält diesen Umweg deswegen für gerechtfertigt, weil auch bei Ansprüchen aus §§ 30, 31 gelte und eine Ausnahme hier nicht zu vertreten sei.

c) Kumulative Ansprüche. Der Anspruch aus § 826 BGB ist nicht subsidiär gegen **32** über den Ansprüchen aus §§ 30, 31. Ansprüche aus §§ 30, 31 können kumulativ bestehen oder auch ganz fehlen (vgl. *Noack* § 13 Rz. 60; auch *BGHZ* 193, 96 – Wirtschaftsakademie.

6. Darlegungs- und Beweislast. Der Kläger (d.h. in der Insolvenz der Insolvenzver **33** walter) trägt im Haftungsprozess für alle objektiven und subjektiven Tatbestandsmerkmale des Delikts die Darlegungs- und Beweislast (*BGHZ* 193, 96 – Wirtschaftsakademie; *BGHZ* 30, 226; *BGHZ* 160, 145; *BGH GmbHR* 2007, 927 mit Komm. *Schröder*; *BGH GmbHR* 2008, 258; vgl. auch *BGH GmbHR* 2008, 317; *Noack* § 13 Rz. 71; *Saenger/Inhester/Saenger* § 13 Rz. 122).

§ 14 Einlagepflicht

[1]Auf jeden Geschäftsanteil ist eine Einlage zu leisten. [2]Die Höhe der zu leistenden Einlage richtet sich nach dem bei der Errichtung der Gesellschaft im Gesellschaftsvertrag festgesetzten Nennbetrag des Geschäftsanteils. [3]Im Fall der Kapitalerhöhung bestimmt sich die Höhe der zu leistenden Einlage nach dem in der Übernahmeerklärung festgesetzten Nennbetrag des Geschäftsanteils.

Übersicht

Rechtsprechung und Literatur: *BGH* v. 12.4.2016 – II ZR 275/14, NZG 2016, 781 – zur Zustimmungspflicht aufgrund gesellschaftlicher Treuepflicht; *BGH* v. 3.11.2015 – II ZR 13/14, NZG 2015, 1396 – zur Treupflicht im Zusammenhang mit Kapitalerhöhungen nach §§ 54, 57; *BGH* v. 20.1.2015 – II ZR 369/13, NJW 2015, 1012 – zu Wettbewerbsverboten in schuldrechtlichen oder satzungsrechtlichen Vereinbarungen: Einhaltung des zeitl. und räuml. notwendigen Maßes erforderlich; *BVerfG* v. 26.4.2011 – 1 BvR 2658/10, ZIP 2011, 1051 – zur modifizierten Ertragswertmethode; *BGH* v. 26.4.2010 – II ZR 69/09, NJW-RR 2010, 1123; *BGH* v. 1.3.2010 – II ZR 249/08, NZG 2010, 783 – zur gesellschaftlichen Treuepflicht bei der actio pro socio; zudem *BGH* v. 2.6.2008 – II ZR 67/07, WM 2008, 1453; *OLG München* v. 23.1.2008 – 7 U 3291/07, GmbHR 2008, 541 = ZIP 2008, 1027 – zur Nichtigkeit nachträglicher Vinkulierungserklärung; *BVerfG* v. 7.11.2006, NJW 2007, 573, 583 f. – zur Ungeeignetheit des Stuttgarter Verfahrens; *OLG Düsseldorf* v. 31.1.2003 – 19 W 9/00 AktE, AG 2003, 329 – zum Discounted-Cash-Flow-Verfahren; *OLG München* v. 7.12.1994 – 7 U 4659/94, GmbHR 1995, 293 – zur Beweisfunktion von Anteilsscheinen; *BGH* v. 18.3.1994 – II ZR 36/92, NJW 1993, 2101, 2103 – zur Bewertung; *OLG Frankfurt a.M.* v. 18.3.1992 – 23 U 118/91, GmbHR 1993, 160; *BGH* v. 16.12.1991 – II ZR 58/91, ZIP 1992, 237 – zum Ausschluss des Austrittsrechts aus wichtigem Grund; *OLG Hamm* v. 9.12.1991 – 8 U 78/91, GmbHR 1992, 612; *OLG Hamburg* v. 28.6.1991 – 11 U 148/90, GmbHR 1992, 43 – zum Entzug von Sonderrechten; *BGH* v. 10.10.1988 – II ZR 3/88, WM 1989, 250 – zu § 35; *BGH* v. 27.6.1988 – II ZR 143/87, ZIP 1988, 1118; *BGH* v. 8.12.1986 – II ZR 55/86, NJW 1987, 780 – zur Anfechtung von Gesellschafterbeschlüssen und zu konkretisierten Vermögensansprüchen; *LG Bielefeld* v. 23.8.1985 – 15 O 158/85, ZIP 1985, 1327 – keine Zustimmungspflicht bei Kapitalerhöhungen bei unbedeutenden Gewinnerwartungen; *BGH* v. 16.2.1981 – II ZR 168/79, BGHZ 80, 69 – zum Entzug von Sonderrechten; *BGH* v. 17.1.1973 – IV ZR 142/70, NJW 1973, 509 – zum Verkehrswert; *BGH* v. 8.12.1971 – VIII ZR 113/70 zum Begriff des Geschäftsanteils; *BGH* v. 12.7.1971 – II ZR 127/69, GmbHR 1971, 207 – bzgl. Teilnahme an der Gesellschafterversammlung; *BGH* v. 8.11.1968 – V ZR 58/65, NJW 1969, 131 – zu Sonderpflichten; *BGH* v. 25.2.1965 – II ZR 287/63, BGHZ 88, 206 = NJW 1965, 1378 – zum Abspaltungsverbot; *BGH* v. 27.6.1957 – II ZR 15/56, BGHZ 25, 47 – zur gesellschaftlichen Treuepflicht bei der actio pro socio; *BGH* v. 14.7.1954 – II ZR 342/53, BGHZ 14, 264 – zu den „Grundmitgliedsrechten"; *RG* v. 24.4.1941 – II 117/40, RGZ 167, 65 – zur Unentziehbarkeit und Unverzichtbarkeit der Mitgliedschaftsrechte.

Bartl 4 Jahre GmbH-Novelle, BB 1984, 2154 – zum Ausschluss bzw. Entzug der Geschäftsführung; *Einhaus/Selter* Die Treuepflicht des GmbH-Gesellschafters zwischen Ausschüttungs- und Thesaurierungsinteresse, GmbHR 2016, 1177; *Fleischer/Harzmeier* Zur Abdingbarkeit der Treuepflichten bei Personengesellschaften und GmbH, NZG 2015, 1289; *Hippeli* Treuepflichten in der GmbH, GmbHR 2016, 1257; *Leitzen* Abfindungsklauseln bei Personengesellschaften und GmbHs – Aktuelle Entwicklungen und Auswirkungen der Erbschaftssteuerreform, RNotZ 2009, 315 – zum steuerlichen Einheitswert – Stuttgarter Verfahren; *Lutter* Die Treuepflicht des Aktionärs, ZHR 153 (1989), 446 – zur actio pro socio bei der AG; *Raiser* 100 Bände BGHZ: GmbH-Recht. Die Treuepflichten im GmbH-Recht als Beispiel der Rechtsfortbildung, ZHR 151/1987, 422 – zur gesellschaftlichen Treuepflicht bei der actio pro socio; *K. Schmidt* Die Behandlung treuwidriger Stimmen in der Gesellschafterversammlung und im Prozess, GmbHR 1992, 9 – zum Entzug von Sonderrechten; *Schulte/ Birnbaum/Hinkers* Unternehmensvermögen im neuen Erbschaftssteuer- und Bewertungsrecht – Zweifelsfragen und Gestaltungsansätze, BB 2009, 300 – zum steuerlichen Einheitswert – Stuttgarter Verfahren; *Westermann* Abberufung, 39 ff., 76 ff. – ausführl. zum Ausschluss bzw. Entzug der Geschäftsführung; *Winter* Eigeninteresse und Treuepflicht bei der Einmann-GmbH in der neuen BGH-Rechtsprechung, ZGR 1994, 570 – zu Treuepflichten.

I. Allgemeines, Begriff des Geschäftsanteils

1   Neufassung des § 14 erfolgte durch MoMiG vom 23.10.2008. Laut **RegE** (BT-Drucks. 16/6140, S. 37 li. Sp.) diene S. 1 lediglich der Klarstellung. Dies ist jedoch unzutreffend. Wortlaut und amtliche Paragraphenüberschrift formulieren vielmehr Pflicht des Gesellschafters zur Einlage, aus der korrespondierender **Anspruch der Gesellschaft**

erwächst. § 14 S. 1 ist daher Anspruchsgrundlage der Gesellschaft gegenüber dem Gesellschafter (MüKo GmbHG/*Weller/Reichert* § 14 Rz. 4). S. 2 und 3 bestimmen die Höhe der Einlagenpflicht im Falle der Errichtung bzw. Kapitalerhöhung anhand des im Gesellschaftsvertrag (§ 3 Abs. 1 Nr. 4) bzw. der Übernahmeerklärung (§ 55) festgesetzten Nennbetrags des betreffenden Geschäftsanteils.

§ 14 i.V.m. §§ 3 Abs. 1 Nr. 4, 5 Abs. 3 S. 2 verdeutlicht den Zusammenhang zwischen **2** Nennbetrag des Geschäftsanteils, (Stamm-)Einlage und Stammkapital, wobei die Summe der Nennbeträge aller Geschäftsanteile dem Stammkapital entsprechen und der Nennbetrag der einzelnen Geschäftsanteile auf ganze Euro lauten muss (§ 5 Abs. 2 S. 1). § 14 verpflichtet nur bei Errichtung oder Kapitalerhöhung aus Gesellschaftermitteln zur Einlage, nicht aber im Falle der Kapitalerhöhung aus Gesellschaftsmitteln (§§ 57c, 57h) oder bei Einziehung (§ 34). Der Geschäftsanteil mit seinem Nennbetrag legt daher zugleich die Beteiligungsquote des Gesellschafters an der GmbH in Form eines bestimmten Bruchteils des Stammkapitals der GmbH fest (MüKo GmbHG/*Weller/Reichert* § 14 Rz. 5ff.; *Wicke* § 14 Rz. 2; *Noack* § 14 Rz. 3 f.; auch Scholz/*Seibt* § 14 Rz. 11).

Der **Begriff des Geschäftsanteils** ist im Gesetz nicht definiert (zur „Stammeinlage" **3** s. § 3 Rz. 40; i.Ü. Scholz/*Seibt* § 14 Rz. 2). Er beschreibt die nach dem Betrag der übernommenen Stammeinlage bezeichnete Gesamtheit der Rechte und Pflichten eines Gesellschafters (*BGH* v. 8.12.1971 – VIII ZR 113/70; Scholz/*Seibt* § 14 Rz. 9 ff.) und vermittelt somit dessen Mitgliedschaft in der GmbH (MüKo GmbHG/*Weller/Reichert* § 14 Rz. 7), wobei ein Gesellschafter auch mehrere Geschäftsanteile übernehmen und halten kann (§ 5 Abs. 2 S. 2). Der Geschäftsanteil (zur Mitgliedschaft s. Rz. 7) entsteht erst mit Eintragung der Gesellschaft im Handelsregister (h.M., *Altmeppen* § 14 Rz. 8; BeckOK GmbHG/*Wilhelmi* § 14 Rz. 6; Saenger/Inhester/*Seanger* § 14 Rz. 3; *Wicke* § 14 Rz. 3), nicht bereits mit Beurkundung des Gesellschaftsvertrags (so aber MüKo GmbHG/*Weller/Reichert* § 14 Rz. 9 ff.). Er ist veräußerlich und vererblich (§ 15 Abs. 1) und geht mit Löschung der Gesellschaft im Handelsregister (§ 74 Abs. 1 S. 2), Einziehung (§ 34) oder gezielter Kapitalherabsetzung (§ 58, vgl. MüKo GmbHG/*Weller/Reichert* § 14 Rz. 13), nicht jedoch mit Erwerb durch die Gesellschaft (§ 33) oder Kaduzierung (§ 21), unter (zu Ausschluss und Austritt hier und § 15 Rz. 48 ff., 52 ff.). In der Satzung oder durch Gesellschafterbeschluss kann vorgesehen werden, dass **Anteilsscheine** über den Geschäftsanteil auszustellen sind; dann haben die Gesellschafter Anspruch auf Ausstellung (*Wicke* § 14 Rz. 3; *Noack* § 14 Rz. 8). Anteilsscheine sind keine Wertpapiere, sondern haben nur Beweisfunktion (*Noack* § 14 Rz. 8; vgl. auch *OLG München* v. 7.12.1994 – 7 U 4659/94, GmbHR 1995, 293). **Genussrechte** (im Falle von Verbriefung: Genussscheine) begründen kein Mitgliedschaftsrecht, sondern schuldrechtliche Ansprüche gegen die GmbH (allenfalls mitgliedschaftsähnliche Rechtspositionen – vgl. Lutter/Hommelhoff/*Bayer* § 14 Rz. 15; *Noack* § 14 Rz. 10).

Aus dem Anteil folgen Rechte und Pflichten des Gesellschafters und die Begründung **4** der Mitgliedschaft in der GmbH. Mitgliedschaft und Geschäftsanteil sind zu unterscheiden (vgl. Rz. 7). Wer Anteilsinhaber ist, folgt aus der jeweils aktuellen Gesellschafterliste (vgl. §§ 8 Abs. 1 Nr. 3, 16 Abs. 3 S. 1, 40 Abs. 1). Die Summe der Nennbeträge ist maßgeblich für die von der Höhe abhängigen Rechte und Pflichten (vgl. §§ 24, 31 Abs. 3, 29 Abs. 2, 47 Abs. 2, 72 – vgl. *Wicke* § 14 Rz. 3; auch *Noack* § 14 Rz. 10).

5 Nennbetrag und wirtschaftlicher Wert des Geschäftsanteils sind zu unterscheiden (*Wicke* § 14 Rz. 3; *Noack* § 14 Rz. 7). Der wirtschaftliche Wert eines Geschäftsanteils entspricht dem Wert des Anteils an der Gesellschaft und ihrem Vermögen, den der Geschäftsanteil vermittelt. Welcher das ist, ist eine Bewertungsfrage. Die Bewertung ist vorrangig eine betriebswirtschaftliche Aufgabe, die je nach Anlass jedoch bestimmten rechtlichen Maßgaben unterliegt (vgl. *BGH* v. 24.5.1993 – II ZR 36/92, NJW 1993, 2101, 2103) und unterschiedliche Bewertungsmethoden und Begriffe kennt (eingehend MüKo GmbHG/*Weller/Reichert* § 14 Rz. 26 ff.). Beispielsweise sind zu unterscheiden:

(1) **Verkehrswert** ist der Wert, der bei einer Veräußerung auf einem funktionierenden, freien Markt erzielt werden könnte (Berücksichtigung des Substanzwertes sowie der zukünftigen Ertragskraft der GmbH (vgl. *BGH* v. 17.1.1973 – IV ZR 142/70, NJW 1973, 509, 510; Scholz/*Seibt* § 14 Rz. 14 f. m.w.N.). Er hat Bedeutung bei Veräußerung, Zugewinnausgleich bei der Zugewinngemeinschaft, Erbauseinandersetzungen, Abfindung bei Einziehung sowie im Fall des Ausscheidens (*Noack* § 14 Rz. 7; Scholz/*Seibt* § 14 Rz. 18 ff. – dort auch zu den betriebswirtschaftlichen Methoden zur Bewertung). Hierzu i. Ü. auch zu Bewertungsfragen Scholz/*Seibt* § 14 Rz. 18 ff., modifizierte Ertragswertmethode – vgl. *BVerfG* v. 26.4.2011 – 1 BvR 2658/10, ZIP 2011, 1051, ferner Discounted-Cash-Flow-Verfahren – vgl. *OLG Düsseldorf* v. 31.1.2003 – 19 W 9/00 AktE, AG 2003, 329 – dort auch zu den weiteren Einzelheiten sowie in Rz. 20 zu abweichenden Anteilsbewertungen im Gesellschaftsvertrag, Austritt, Ausschluss, Einziehung etc.; zu Buchwert (Handelsbilanz), Substanzwert („Nettogesamtendvermögen" nach Liquidation) und Verkehrswert (Substanz, künftiger Ertrag etc.) s. Lutter/Hommelhoff/*Bayer* § 14 Rz. 9 ff.

6 (2) Der **steuerliche Wert** des Geschäftsanteils einer nicht börsennotierten Kapitalgesellschaft richtet sich nach dem sog. gemeinen Wert (§ 11 Abs. 2 S. 1 BewG), der durch den Preis bestimmt wird, der bei einer Veräußerung im gewöhnlichen Geschäftsverkehr zu erzielen wäre (§ 9 Abs. 2 BewG). Wenn möglich ist er aus vergleichbaren Verkäufen unter Dritten innerhalb des zurückliegenden Jahres abzuleiten (§ 11 Abs. 2 BewG), andernfalls anhand der Ertragsaussichten der Gesellschaft oder einer anderen anerkannten Methode, die ein Erwerber der Bemessung des Kaufpreises zu Grunde legen würde (§ 11 Abs. 2 S. 2). Statt des früher verwandten „Stuttgarter Verfahren" ist hierfür heute das vereinfachte Ertragswertverfahren der §§ 199 ff. maßgeblich (vgl. Scholz/*Seibt* § 14 Rz. 21; *Leitzen* RNotZ 2009, 315; *Schulte/Birnbaum/Hinkers* BB 2009, 300; MüKo GmbHG/*Weller/Reichert* § 14 Rz. 40).

II. Mitgliedschaft, Rechte und Pflichten

7 Die Mitgliedschaft entsteht bereits an der Vorgesellschaft mit deren Errichtung durch Beurkundung des Gesellschaftsvertrags (*Altmeppen* § 14 Rz. 8) und umfasst alle Rechte und Pflichten des Gesellschafters aus dem Gesellschaftsverhältnis (MüKo GmbHG/*Weller/Reichert* § 14 Rz. 45). Sie weist persönliche und vermögensmäßige Elemente auf (gesellschaftsrechtliche, schuldrechtliche und Sonderrechte, Gläubigerrechte; zu den Einteilungsversuchen Scholz/*Seibt* § 14 Rz. 22 ff. m.w.N.; *Noack* § 14 Rz. 11 ff.; *Wicke* § 14 Rz. 5). Die im Gesetz geregelten Tatbestände beziehen sich auf entziehbare und unentziehbare Rechte. Grundsätzlich darf kein Zustand geschaffen werden, der den Gesellschafter im Ergebnis von der Gesellschaft ausschließt (*RG* v. 24.4.1941 – II 117/40, *RGZ* 167, 65; Henssler/Strohn/*Verse* § 14 Rz. 34; Scholz/*Seibt* § 14 Rz. 40 ff.). I. Ü. ist hinsichtlich des jeweiligen Rechts zu prüfen, ob es unentziehbar ist, ob es eingeschränkt werden kann oder zur Disposition der Gesellschafter steht. Hierbei sind die gesetzlich behandelten Mitgliedschaftsrechte z.B. insoweit unentziehbar und unverzichtbar, als es um die Teilnahme an Gesellschafterversammlungen geht (*RG* v. 24.4.1941 – II 117/40, *RGZ* 167, 65; *BGH* v. 12.7.1971 – II ZR 127/69, GmbHR 1971, 207; *Scholz/Seibt* §14 Rz. 40, hier auch Auflistung unentziehbarer Rechte des Gesellschafters); ferner, soweit die gesetzlich vorgesehenen Minderheitsrechte (vgl. §§ 50, 61 und 66) betroffen sind. Zu nennen ist hier auch das Recht zur Anfechtung von Gesellschafterbeschlüssen bzw. die Berechtigung, die Nichtigkeit i.S.d. §75 geltend zu machen. Hinzu kommen Auskunfts- und Einsichtsrechte bei Vorliegen eines wichtigen Grundes (vgl. §45; i.Ü. §51a und 51b), weil andernfalls das Kontrollrecht eine Farce wird, wie bei einer völligen Beseitigung der „Grundmitgliedsrechte" (Stimmrecht, Gewinnrecht und Recht auf den Liquidationsanteil, vgl. *BGH* v. 14.7.1954 – II ZR 342/53, *BGHZ* 14, 264; auch *Scholz/Seibt* §14 Rz. 40; auch MüKo GmbHG/*Weller/Reichert* §14 Rz. 84 f.; *Noack* §14 Rz. 14; zum Ausschluss des Austrittsrechts wegen wichtigen Grundes *BGH* v. 16.12.1991 – II ZR 58/91, ZIP 1992, 237). Gesellschafterbeschlüsse, die ein unentziehbares Recht entziehen, sind nichtig (*Scholz/Seibt* §14 Rz. 42 m.w.N. – analog §241 Nr. 3 AktG; auch MüKo GmbHG/*Weller/Reichert* §14 Rz. 88). Satzungsbestimmungen, die dies vorsehen, sind ebenfalls nichtig. Sie sind vom Registerrichter im Eintragungsverfahren zu beanstanden, der Gesellschaftsvertrag ist zu ändern. Geschieht Letzteres nicht (Form beachten!), so hat der Richter die Eintragung zurückzuweisen, eventuell kann es ausreichen, dass die betreffende Satzungsbestimmung von der Eintragung ausgenommen wird und dies in Spalte 6 des Handelsregisters zur Eintragung gelangt. Allerdings ist zu bedenken, dass der Registerrichter nicht zur Satzungsänderung berechtigt ist und ferner die „Notmaßnahme" angesichts durch das elektronische Register und seine schnellen Bearbeitungsmöglichkeiten entbehrlich ist. I.Ü. aber können die Gesellschafter im Gesellschaftsvertrag Modifizierungen vornehmen oder auch entsprechende Beschlüsse fassen (vgl. §§45, 46 ff., s. dort). Sind einzelnen Gesellschaftern satzungsmäßig Sonderrechte eingeräumt worden, dann können diese nur mit Zustimmung des betroffenen Gesellschafters (z.B. §35 BGB: Geschäftsführung) und in dem Rahmen der §§53 ff. entzogen werden; lediglich dann, wenn ein wichtiger Grund vorliegt, ist die Zustimmung des Betroffenen entbehrlich (*Scholz/Seibt* §14 Rz. 34; *Noack* §14 Rz. 19; vgl. *BGH* v. 10.10.1988 – II ZR 3/88, WM 1989, 250 zu §35; zum Ausschluss bzw. Entzug der Geschäftsführung *Bartl* BB 1984, 2154, 2159 f.; ferner ausführlich *Westermann* Abberufung, 39 ff., 76 ff. mit zahlreichen Nachw.; vgl. ferner unten §§15, 38).

Ebenso wie die Sonderrechte müssen auch Sonderpflichten im Gesellschaftsvertrag **8** festgelegt sein (vgl. §3 Rz. 69 f.; Nichtigkeit einer nachträglichen Vinkulierungsbeschränkung in der Satzung mangels Zustimmung sämtlicher betroffener Gesellschafter *OLG München* v. 23.1.2008 – 7 U 3291/07, GmbHR 2008, 541 = ZIP 2008, 1027 (Ls.); auch ausführlich mit Gestaltungshinweisen *Scholz/Seibt* §14 Rz. 28 ff.).

Eine Auferlegung weiterer Sonderpflichten ohne Zustimmung aller scheidet im Hin- **9** blick auf §53 Abs. 3 (s. auch dort §53 Rz. 13) aus. In diesem Zusammenhang ist auf §38 Abs. 2 zu verweisen (Abberufung eines Geschäftsführers aus wichtigem Grund; zu Sonderpflichten *Scholz/Seibt* §14 Rz. 37 f. m.w.N.; auch *BGH* v. 8.11.1968 – V ZR 58/65, NJW 1969, 131; *OLG München* v. 23.1.2008 – 7 U 3291/07, GmbHR 2008, 541 = ZIP 2008, 1027 (Ls.); *Westermann* Abberufung, 39 ff., 76 ff. mit zahlreichen Nachw.; *Bartl* BB 1984, 2154, 2159 f.; ferner unten §38 Rz. 34 ff.).

10 Zu den Grundsätzen für die Mitgliedschaft (Gleichheitsgrundsatz, Willkürverbot, Treuepflicht etc.– insb. Zur Gleichbehandlungspflicht Scholz/*Seibt* § 14 Rz. 51 ff., 64 ff.; zudem Lutter/Hommelhoff/*Bayer* § 14 Rz. 46 ff.).

11 Mitgliedschaft und Anteil können nicht getrennt und als einzelne Teile selbstständig übertragen werden – Abspaltungsverbot (*BGH* v. 25.2.1965 – II ZR 287/63, NJW 1965, 1378; *BGH* v. 17.11.1986 – II ZR 96/86, NJW 1987, 780; *Noack* § 14 Rz. 20 m.w.N.; ausführlich Lutter/Hommelhoff/*Bayer* § 14 Rz. 22 ff.; Scholz/*Seibt* § 14 Rz. 50, teils str.; *Wicke* § 14 Rz. 6). Anderes gilt für „konkretisierte“ Vermögensrechte – Einzelansprüche, die sich aus den Mitgliedschaftsrechten wie Jahresgewinn etc. ergeben (Scholz/*Seibt* § 15 Rz. 20; *BGH* v. 19.9.1983 – II ZR 12/83, *BGHZ* 88, 206 = NJW 1965, 1378; *BGH* v. 17.11.1986 – II ZR 96/86, NJW 1987, 780; Lutter/Hommelhoff/*Bayer* § 14 Rz. 25; auch *Wicke* § 14 Rz. 6; auch *Noack* § 29 Rz. 58 f.). Allerdings können die Rechtsinhaber der Forderungen keine Kontroll- oder sonstige Mitgliedschaftsrechte geltend machen. Diese verbleiben bei dem Gesellschafter, solange nicht eine Abtretung nach § 15 vorgenommen wird (vgl. hierzu Scholz/*Seibt* § 15 Rz. 21; vgl. auch *Noack* § 29 Rz. 58 für Gewinnanspruch; ferner Lutter/Hommelhoff/*Bayer* § 14 Rz. 25 – Abtretung des schuldrechtlichen **Anspruchs, nicht aber „Vermögensstammrechte“**). I.Ü. kann in der Satzung auch vorgesehen werden, dass die Abtretung dieser Ansprüche in der Satzung ausgeschlossen oder eingeschränkt werden kann (**vgl. § 399 BGB** – ferner Scholz/*Seibt* § 15 Rz. 23).

III. Treuepflichten

12 Die gesellschaftsrechtlichen Treuepflichten (aktive Förderpflicht, Unterlassungs- und Loyalitätspflichten) sind von den Gesellschaftern zu beachten (*BGH* v. 26.4.2010 – II ZR 69/09 – Rechtsmissbrauch bei actio pro socio – Ausübung der Klagebefugnis unterliegt gesellschafterlichen Treuepflicht; auch *BGH* v. 1.3.2010 – II ZR 249/08, NZG 2010, 783; *BGH* v. 27.6.1957 – II ZR 15/56, *BGHZ* 25, 47, 50; *BGH* v. 2.6.2008 – II ZR 67/04, WM 2008, 1453, 1454; *Noack* § 13 Rz. 38; vgl. auch § 241 Abs. 2 BGB; i.Ü. Scholz/*Seibt* § 14 Rz. 64 ff.; *Wicke* § 13 Rz. 19 f.; *Raiser* ZHR 151/1987, 422; *Winter* ZGR 1994, 570; *Lutter* ZHR 153/1989, 446 (AG); *BGH* v. 27.6.1988 – II ZR 143/87, ZIP 1988, 1118; *OLG Hamm* v. 9.12.1991 – 8 U 78/91, GmbHR 1992, 612; *LG Bielefeld* v. 23.8.1985 – 15 O 158/85, ZIP 1985, 1327; *OLG Frankfurt a.M.* v. 18.3.1992 – 23 U 118/91, GmbHR 1993, 160, 161; weitere Nachw.). Zu Wettbewerbsverboten in schuldrechtlichen oder satzungsrechtlichen Vereinbarungen *BGH* v. 20.1.2015 – II ZR 369/13, Rz. 8 f. – Einhaltung des zeitl. und räuml. notwendigen Maßes erforderlich; im Regelfall nicht länger als zwei Jahre, geltungserhaltende Reduktion der Klausel auf zwei Jahre zulässig. Maßgeblich ist damit i.Ü. der jeweilige Einzelfall (Ausübung der Rechte, Schranken, Unterlassung von Handlungen, Leistungspflichten, ggf. auch Anfechtung von Beschlüssen etc.). Pflichtverletzungen begründen im Einzelfall Schadensersatzansprüche der GmbH, Ausschluss wegen wichtigen Grundes oder auch z.B. den Entzug von Sonderrechten (Scholz/*Seibt* § 14 Rz. 125; ausführl. auch Lutter/Hommelhoff/*Bayer* § 14 Rz. 44; *BGH* v. 16.2.1981 – II ZR 168/79, *BGHZ* 80, 69; *OLG Hamburg* v. 28.6.1991 – 11 U 148/90, GmbHR 1992, 43; zu allem auch *K. Schmidt* GmbHR 1992, 9).

13 Grundsätzlich besteht für Maßnahmen im Interesse der Gesellschaft Zweckförderung (Zumutbarkeit für den Gesellschafter) keine Zustimmungspflicht – Ausnahmen bei objektiv erforderlicher und für den Gesellschafter zumutbaren Maßnahmen zur

Erhaltung wesentlicher Werte oder zur Vermeidung erheblicher Verluste. Die Maßnahmen müssen i.Ü. zwingend geboten und die Zustimmung ohne vertretbaren Grund verweigert sein (hohe Anforderungen) – so *BGH* v. 12.4.2016 – II ZR 275/14, Rz. 13 f.; zur Treupflicht im Zusammenhang mit Kapitalerhöhungen nach §§ 54, 57 *BGH* v. 3.11.2015 – II ZR 13/14, Rz. 29 f.

§ 15 Übertragung von Geschäftsanteilen

(1) Die Geschäftsanteile sind veräußerlich und vererblich.

(2) Erwirbt ein Gesellschafter zu seinem ursprünglichen Geschäftsanteil weitere Geschäftsanteile, so behalten dieselben ihre Selbstständigkeit.

(3) Zur Abtretung von Geschäftsanteilen durch Gesellschafter bedarf es eines in notarieller Form geschlossenen Vertrags.

(4) [1]Der notariellen Form bedarf auch eine Vereinbarung, durch welche die Verpflichtung eines Gesellschafters zur Abtretung eines Geschäftsanteils begründet wird. [2]Eine ohne diese Form getroffene Vereinbarung wird jedoch durch den nach Maßgabe des vorigen Absatzes geschlossenen Abtretungsvertrag gültig.

(5) Durch den Gesellschaftsvertrag kann die Abtretung der Geschäftsanteile an weitere Voraussetzungen geknüpft, insbesondere von der Genehmigung der Gesellschaft abhängig gemacht werden.

Entscheidungen und Literatur: *Abramenko* Rechtliches Gehör vor dem Ausschluss eines Gesellschafters aus der GmbH, GmbHR 2001, 501; *Born* Die neuere Rechtsprechung des BGH zur GmbH, WM 2023, Heft 10, Sonderbeilage 2; *ders.* Die neuere Rechtsprechung des BGH zur GmbH, WM 2917, Heft 42, Sonderbeilage; *Goette* Ausschließung und Austritt aus der GmbH in der Rechtsprechung des BGH DStR 2001, 433; *Heidinger* Haftungsrisiken aus kapitalersetzenden Gesellschafterhilfen bei der Geschäftsanteilsabtretung, ZNotP 2000, 370; *Heine* Grunderwerbsteuerliche Auswirkungen von Kaufoptionen über Anteile an Gesellschaften mit Grundbesitz, GmbHR 2001, 551; *Jasper/Rust* Die Zusammenlegung von GmbH-Anteilen, DB 2000, 1549; *Klein-Benkers* Rechtsprechungsübersicht: Unternehmenskauf (Zivilrecht), NZG 2000, 964; *Lenz* Checkbuch Gesellschafterwechsel, 2000; *Lieder/Villegas* Treuhandverträge über GmbH-Geschäftsanteile – eine Frage der Form?, GmbHR 2018, 169; *Limmer* Die Anteilsveräußerung bei der GmbH & Co KG, ZNotP 2000, 297; *Lutz* Einstweiliger Rechtsschutz bei Gesellschafterstreit in der GmbH, BB 2000, 833; *Mohr* Bewertungsklauseln für GmbH-Anteile. Die Bemessung der Abfindung bei Ausscheiden aus einer GmbH, GmbH-StB 2000, 343; *ders.* Vertragsgestaltung beim Verkauf von GmbH-Anteilen. Was Sie bei den Kaufpreis-Verhandlungen beachten sollten, GmbH-StB 2000, 163; *Roth* Pfändung und Verpfändung von Gesellschaftsanteilen, ZGR 2000, 187; *Schick* Das Mehrheitserfordernis bei Ausschluss eines Minderheitsgesellschafters einer GmbH und Stimmrechtsverbote im Gesellschafterkonsortium, DB 2000, 2105; *Schindler* Das Austrittsrecht in Kapitalgesellschaften, 1999; *Vierhaus* Die Ausweitung des Kreises der Verantwortlichen durch das Bundes-Bodenschutzgesetz, NZG 2000, 241 (Durchgriff bei Unterkapitalisierung); *Westermann/Hornung* „Anteilswegverschmelzung" bei unklaren Gesellschafterverhältnissen, GmbHR 2018, 840; i.Ü. *auch BGH* 14.6.2018 – IX ZR 232/17 – Abtretung durch InsVerw an Dritte – wirksam und kein unzulässiger Verzicht – auch kein Verstoß gegen § 9c in entspr. Anwendung, da Vorschrift nicht für InsVerw gilt; ferner *EuGH* 8.11.2012 – C-244/11 – golden shares – „Vertragsverletzung eines Mitgliedstaats – Art 43 EG und Art 56 EG Regelung, wonach der Erwerb des Stimmrechts in einem Ausmaß von mehr als 20 % des Gesellschaftskapitals bestimmter ,strategischer Aktiengesellschaften' der vorherigen Genehmigung bedarf Verfahren zur nachträglichen Kontrolle bestimmter Beschlüsse dieser Gesellschaften"; *BFH* 28.3.2012 – II R 39/10 – Übertragung von Geschäftsanteilen als mittelbare Schenkung des Erlöses (gemischt-freigebige Zuwendung); *BGH* 17.7.2012 – II ZR 217/10 – unwirksame Übertragung und abgelehnte Umdeutung in Abtretung des Gewinnbezugsrechts; *BGH* ZIP 2011, 2357 – Auslegung einer Satzungsregelung für Abfindung ausscheidenden Gesellschafters („soweit gesetzlich zulässig"); *BGH* NZG 2010, 908 – Nichtigkeit der notariellen Beurkundung wegen Verstoß gegen Bestimmtheitsgrundsatz; *BGH* ZIP 2010, 1541 – unwirksamer Gesellschafterbeschluss über niedrigere Abfindung abweichend von der Satzung und Voraussetzungen einer Umdeutung; *KG Berlin* 21.1.2013 – 23 U 179/12 – Anwendung gesellschaftsvertraglicher Beschränkungen nach § 15 Abs. 5 GmbHG grds. auch auf die (Vereinbarungs-)Treuhand; *OLG Brandenburg* GmbHR 2011, 735 – *Schodder* EWiR 2011, 351 – Anfechtung des Veräußerungsvertrags wegen arglistiger Täuschung; *OLG Frankfurt* GmbHR 2012, 513 = NZG 212. 466 = ZIP 2012, 1125 – Formwirksamkeit der Abtretung eines Gesellschaftsanteils nach § 15 Abs. 3 GmbHG trotz Verstoßes gegen § 13 BeurkG (Nichtverlesung des Sanierungskonzepts, nur schuldrechtliche Bedingungen) – vgl. auch *Gerber* EWiR 2012, 521. *OLG Jena* GmbHR 2013, 145 – unwirksame Abtretung des Geschäftsanteils einer Vor-GmbH; *OLG Düsseldorf* ZIP 2011, 564 = FGPRAX 2011, 135 m Anm. v. *Dieckmann* – Formwirksamkeit der Übertragung bei Beurkundung durch Schweizer Notar – Einreichen durch Notar – auch *Gerber* EWiR 2011, 255; *OLG München* FGPRAX 2011, 139 – Erwerb und guter Glaube; *Gebele* Die Vertretung Minderjähriger bei der Schenkung von Geschäftsanteilen, BB 2012, 729; *Bayer* Gesellschafterliste: Einreichungspflichtige Veränderungen der Beteiligungsverhältnisse GmbHR 2012, 1; *Lange* Erbengemeinschaft an einem GmbH-Geschäftsanteil GmbHR 2013, 113; *Eickelberg/Mühlen* Versteckte Vorgaben für Unternehmenskaufverträge mit einer GmbH als Verkäuferin – Fragestellungen im Hinblick auf § 311b Abs. 3 BGB und § 179a AktG, NJW 2011, 2476 (vgl. insofern *OLG Hamm* NZG 2010, 1189); *Redeker* Die Verkäuferhaftung beim Unternehmens- und Grundstückskauf – Grenzziehung zwischen Gewährleistungsrecht und Informationshaftung, NJW 2012, 2471.

I. Reform 1980 sowie 2008

1 Die Vorschrift wurde weder durch die Novelle 1980 noch durch die Reform 2008 geändert (vgl. zur Reformbedürftigkeit Scholz/*Seibt* § 15 Rz. 2, 3 m.w.N.). Die Änderungen der §§ 16, 40 (Reform 2008) sind weiterhin zu beachten – Bedeutung der Gesellschafterliste (hierzu *Wachter* GmbHR 2008, SH 10/2008, 51 ff.; s. i.Ü. §§ 16, 40). § 15 gibt den Gesellschaftern das Recht zur Veräußerung sowie zur Vererbung des Geschäftsanteils. Allerdings ist die notarielle Form nach § 15 Abs. 2, 3 zu beachten (*Noack* § 15 Rz. 22; *Wachter* GmbHR 2008, SH 10/2008, 51; auch *Gehrlein/Witt/Volmer* 2. Kap. Rz. 1, 3, 4; grds. hierzu *Reichert* Das Zustimmungserfordernis zur Abtretung von Geschäftsanteilen in der GmbH, 1984; *Wachter* **Testamentsvollstreckung an GmbH-Anteilen**, GmbH-StB 2000, 79; *Mutter/Schörer* Die **beurkundungsfreie „Übertragung"** von GmbH-Geschäftsanteilen, GmbHR 2000, 1144; *Loritz*

Rechtsfragen zur **notariellen Beurkundung bei Verkauf und Abtretung** von GmbH-Geschäftsanteilen, DNotZ 2000, 90). Gesellschafter können bei Gründung und Kapitalerhöhung mehrere Anteile übernehmen (§§ 5 Abs. 2 S. 2, 55 Abs. 4). Die Geschäftsanteile behalten ihre Selbstständigkeit, was in § 15 Abs. 2 zum Ausdruck kommt. Sinn ist es, bei Nichteinzahlung auf den Anteil die Gläubiger zu schützen (*Gehrlein/Witt/Volmer* 2. Kap. Rz. 2).

II. Veräußerlichkeit und Vererblichkeit

Übertragbarkeit: Der Geschäftsanteil ist verkehrsfähig. Anders als die Aktie ist er **2** jedoch kein für den öffentlichen Kapitalmarkt vorgesehenes Finanzierungsmittel. Die Übertragbarkeit kann nach § 15 Abs. 5 (s.u. Rz. 4) beschränkt oder ausgeschlossen werden (vgl. *Lange* GmbHR 2012, 986).

Vererblichkeit und Schranken: Die Vererblichkeit kann nicht kraft Gesellschaftsver- **3** trages ausgeschlossen werden; allerdings können in der Satzung Nachfolgeregelungen enthalten sein (Einziehung oder Pflicht zur Übertragung auf eine bestimmte Person, Abfindungsbeschränkungen bzw. -ausschluss [erbrechtliche Ausgleichsansprüche] – *Scholz/Seibt* § 15 Rz. 24 f.; *Wicke* § 15 Rz. 7; *Gehrlein/Witt/Volmer* 2. Kap. Rz. 6; auch *Lutter/Hommelhoff* § 15 Rz. 12; *Noack* §§ 15 Rz. 2, 12 f. zu Satzungsregelungen; vgl. *BGHZ* 92, 386 = BB 1985, 477 = NJW 1985, 2592; zur Einräumung des Nießbrauchs als Ausgleich *BGH* NJW-RR 1996, 1377; *BGHZ* 105, 213 = NJW 1989, 834: Abfindungsbeschränkungen in Familien-GmbH; ferner *OGH* NZG 2000, 1127 – Vorkaufsrecht als absolutes Abtretungsverbot; zur Festsetzung des Geschäftswerts eines GmbH-Anteils bei Verkauf (objektiver Wert) sowie im Nachlassverfahren *BayObLG* DB 1983, 100; auch BB 1984, 7 (Bemessung des Geschäftswerts nach objektiven Merkmalen)). In Betracht kommt in diesen Fällen die Pflicht des Erben zur Abtretung bzw. die Befugnis des/der Gesellschafter/s zur Einziehung im Todesfall (zu dieser Gestaltung *BGH* BB 1985, 477 = ZIP 1985, 348; i.Ü. *Scholz/Seibt* § 15 Rz. 24, 26; hierzu *Käppler* ZGR 1978, 542). Hierzu auch *Lenz* GmbHR 2000, 927; *OLG Brandenburg* NZG 2000, 485 – **Tod des Gesellschafters und Vererbung (Ausscheiden „in jedem Fall"** – Abtretung des Anteils an die GmbH, Dritten oder Gesellschafter) – **Abfindung des Ausscheidenden** in jedem Fall nur zum **Nominalwert** (zulässig nach *BGHZ* 116, 359 = NJW 1992, 892: **Nichtigkeit** nach § 138 BGB bereits im Zeitpunkt des Beschlusses über die Satzung bei grobem Missverhältnis zwischen Nennwert und Vermögensverhältnissen der GmbH) – **Anspruch der Erben gegen GmbH auf alsbaldige Entscheidung der Gesellschafterversammlung über den weiteren Verbleib des Geschäftsanteils bei der GmbH, einem Dritten oder einem Gesellschafter** – gesellschaftsvertragliche Abfindungsklausel mit kurzer Frist ansonsten erforderlich (*BGHZ* 105, 218 = NJW 1989, 834) – **bei Nichtentscheidung der Gesellschafterversammlung:** entspr. Anwendung des § 162 BGB: **Fiktion des Ausschließungsbeschlusses** – Treuwidrigkeit der Vereitelung der Bedingung für die Auszahlung – kein Entgegenstehen des § 30 Abs. 1, da keine Beeinträchtigung des Stammkapitals (Unwahrscheinlichkeit mehrerer Erbfolgen und Überforderung der GmbH) – **keine Geltendmachung der außerordentlichen Kündigung durch Erbe des Anteils – Abfindung zum Nennwert** – zu **Nachfolgeklauseln**; i.Ü. *OLG Hamm* NZG 2000, 487 m. Anm. v. *Behnke* (qualifizierte Klausel); *Grunewald* JZ 1989, 958; *Fastrich* ZGR 1991, 307; *Schlei* WiB 1997, 361. Zur Formbedürftigkeit der Veräußerung künftiger GmbH-Anteile *Altmeppen* in FS Harm Peter Westermann, 2008. Bei der Gestaltung der Satzungsregeln ist Vorsicht geboten (so mit Recht *Lutter/Hommelhoff* § 15 Rz. 71 ff. m.w. Hinw. auf *Reithmann/Albrecht/ Kurz* Hdb. notarielle Vertragsgestaltung Rz. 1267 f., sowie auf *Langenfeld* GmbH-Vertragspraxis Rz. 318).

4 **Kein Ausschluss der Vererblichkeit:** Bestimmungen, die diesen Grundsätzen (Ausschluss der Vererblichkeit) nicht entsprechen, sind unzulässig – nicht jedoch Nachfolgeregelungen in der Satzung (vgl. vorherige Rz.; *Wicke* § 15 Rz. 7; *Gehrlein/Witt/Volmer* 2. Kap. Rz. 6; *Scholz/Seibt* § 15 Rz. 29 f.; auch *Lutter/Hommelhoff* § 15 Rz. 12; zu weiteren Fällen Rz. 13 ff., Pflicht der Erben zur Abtretung – *OLG Koblenz* GmbHR 1995, 586 – Rz. 40, 42 – Einziehung und Abfindung – *BGH* v. 16.12.1991 – II ZR 58/91, *BGHZ* 116, 359 = NJW 1992, 892; auch *Noack* § 15 Rz. 12, 13 – zur Abmilderung der Einziehungsfolgen durch Einziehungsfrist *BGH* BB 1977, 563; *OLG München* ZIP 1984, 1349; *BGH* NZG 2000, 647 – zum **Andienungsrecht im Gesellschaftsvertrag** und zum Schutz des veräußernden Gesellschafters als Dritte – nicht bei **Abtretung der Gesellschafter untereinander** – Schutz vor dem Eintritt gesellschaftsfremder Personen (Stattgabe entgegen *OLG Schleswig* NZG 1998, 856 m. Anm. v. *Rottnauer*; vgl. auch *OLG Brandenburg* NZG 1999, 828 m. Anm. v. *Michalski/de Vries*; ferner *KG* GmbHR 1998, 641 **satzungsmäßiges Zustimmungserfordernis**); zur Auslegung unvollständiger Nachfolgeklauseln in der Satzung *Promberger* ZHR 1986, 585; zu Vinkulierungsklauseln bei der Vererbung von GmbH-Anteilen *Leßmann* GmbHR 1986, 409; zur nachträglichen Vinkulierung von GmbH-Geschäftsanteilen *Fette* GmbHR 1986, 73). Zu Zustimmungsklauseln und Erbrecht *OLG Düsseldorf* DB 1987, 526 = ZIP 1987, 227; vgl. auch *Petzoldt* GmbHR 1977, 25 ff.; ferner *Leßmann* GmbHR 1986, 417. Der Registerrichter hat dies zu beanstanden.

5 **Ausschluss der Abtretung:** Anders als der unzulässige Ausschluss der Vererblichkeit kann die Satzung die Abtretbarkeit völlig ausschließen, obwohl § 15 Abs. 5 lediglich von „weiteren Voraussetzungen" spricht (*Lutter/Hommelhoff* § 15 Rz. 12 ff. unter Hinw. auf die heute allg. Meinung; vgl. auch *Scholz/Seibt* § 15 Rz. 102; auch *Noack* § 15 Rz. 38 m.w.N.; *BayObLG* DB 1989, 214). Das wird damit gerechtfertigt, dass dem Gesellschafter die Möglichkeiten zum Austritt bzw. zur Kündigung wegen wichtigen Grundes verbleibt (hierzu *Noack* § 15 Rz. 38; s. auch hierzu u. Rz. 48 f.; ferner auch § 34).

6 Der Gesellschafter wird insofern hinreichend durch das ihm in jedem Falle zustehende Recht zur **Kündigung aus wichtigem Grund** geschützt (so im Ergebnis *RGZ* 80, 175; *BayObLG* DB 1989, 214 = WM 1989, 139; *Fischer* GmbHR 1953, 135; *Lutter/Hommelhoff* § 15 Rz. 57; *Noack* § 15 Rz. 38; *Scholz/Seibt* § 15 Rz. 135; *Hachenburg/Zutt* § 15 Rz. 4 m.w.N.).

7 Einziehungsklauseln bzw. Erwerbsrechtsklauseln stellen regelmäßig den erforderlichen Schutz u.a. vor dem Überfremdungsrisiko in der Insolvenz eines Gesellschafters dar (hierzu ausführlich *Ulmer* ZHR 149 (1985), 28 ff. In Betracht kommen satzungsmäßige Bestimmungen, die die Abtretbarkeit von Bedingungen und weiteren Schranken abhängig machen (Zustimmung der Gesellschaft, Erwerbereigenschaften, Nichtausübung eines Vorkaufsrechtes etc. (hierzu der Formulierungsvorschlag von *Priester* Die Gestaltung, S. 59; i.Ü. auch *Lutter/Hommelhoff* § 15 Rz. 58 f.; *Scholz/Seibt* § 15 Rz. 80 ff.; *Noack* § 15 Rz. 36 ff.)). Das folgt aus § 15 Abs. 5 (zu diesen Möglichkeiten ausführlich *Scholz/Seibt* § 15 Rz. 116 ff.; *BGHZ* 48, 145 betr. Anbietungspflicht; zur Genehmigung auch *BGH* BB 1968, 1053 = WM 1968, 1037). Im Einzelnen kommen hier in Betracht:

- Genehmigung im Ermessen der Gesellschafter bzw. der Geschäftsführer,
- Zustimmung von Gremien wie Beirat,
- Zustimmung eines außenstehenden Dritten,
- Gesellschaftereigenschaften,
- Vorkaufsrecht der Gesellschaft oder anderer Personen,
- Familienzugehörigkeit,
- bestimmte Staatsangehörigkeit,
- Übernahme von Verpflichtungen durch Erwerber,
- Abtretung an Nichtgesellschafter nach vorherigem Angebot an die Gesellschafter etc.

Abtretungen, die diese Voraussetzungen nicht erfüllen, sind unwirksam bzw. bis zur **8** Genehmigung schwebend unwirksam (hierzu Scholz/Seibt § 15 Rz. 133, 134; auch Lutter/Hommelhoff § 15 Rz. 76, 77; Noack § 15 Rz. 47; vgl. BGHZ 13, 186). Beachte BGH v. 14.6.2018 – IX ZR 232/17 – Abtretung durch InsVerw an Dritte – wirksam und kein unzulässiger Verzicht – auch kein Verstoß gegen § 9c in entspr. Anwendung, da Vorschrift nicht für InsVerw gilt.

Satzungsregelungen: Wenn die Satzung der GmbH vorsieht (vgl. § 15 Abs. 5), dass **9** Geschäftsanteile nur mit Genehmigung der GmbH abgetreten werden können, so hat diese nach vorherigem Einholen der Zustimmung der Gesellschafter der Geschäftsführer zu erteilen. Grundlage der Zustimmung ist ebenso wie im Fall der Teilung eines Anteils ein entspr. Gesellschafterbeschluss, soweit die Satzung nichts Abw. vorschreibt (BGH BB 1988, 994f.). Die Satzung kann regeln, dass die Geschäftsführer eigenverantwortlich entscheiden dürfen, wem ein Gesellschafter seinen Geschäftsanteil abtreten darf (BGH BB 1988, 994f.; GmbHR 2000, 824 (Ls.) = NZG 2000, 647 – **gesellschaftsvertragliche Andienungspflicht vor Abtretung zur Sicherstellung** der Verhinderung des Eintritts fremder Personen in die GmbH; KG NZG 2000, 787 – **Notwendigkeit der Ersichtlichkeit der betroffenen Geschäftsanteile bei Abtretung, andernfalls Nichtigkeit** – Nichterforderlichkeit einer satzungsmäßigen Grundlage für die Zusammenlegung (vgl. BGHZ 42, 91; 63, 118) – konkludente/mündliche Stimmrechtsvollmacht bei Kenntnis und Nichtwiderspruch der Gesellschafter (BGHZ 49, 194) – **fehlende Vollmacht: Nichtigkeit des betroffenen Beschlusses** infolge Nichtbeachtung der gesetzlichen Einladungs- und Fristvorschriften (§§ 49 S. 1, 51 S. 1, 141 Abs. 1 AktG analog); KG NZG 2001, 508 – satzungsmäßiger Zustimmungsvorbehalt für Anteilsübertragung und Zustimmungspflicht; OLG Hamm NZG 2000, 1185 – **Ablehnung der Abtretung eines Anteils** (an Tochter).

Nicht abgetreten werden können **„Geschäftsanteile" der Vor-GmbH** (OLG Jena **10** GmbHR 2013, 145 – unwirksame Abtretung des Geschäftsanteils einer Vor-GmbH; Lutter/Hommelhoff § 15 Rz. 6).

Auch **künftige Geschäftsanteile** können abgetreten werden – selbst vor Eintragung **11** der GmbH (BGHZ 29, 303; zur Abtretung vor Eintragung in das Handelsregister BFH ZIP 2008, 1679 – Zulässigkeit der Abtretung zukünftiger Anteile unter aufschiebender Bedingung (Eintragung); Wicke § 15 Rz. 2; Noack § 15 Rz. 3, 4; Scholz/Seibt § 15 Rz. 12 m.w.N.; auch hier ist die Form zu beachten!).

Eine **Abtretung kann auch unter Bedingungen** vorgenommen werden, BGH ZIP **12** 1989, 235 f.; vgl. auch BGH GmbHE 2008, 702; Lutter/Hommelhoff § 15 Rz. 3; Noack § 15 Rz. 24; ein formfreier Verzicht auf die der Abtretung beigefügte Bedingung kann wirksam sein, *BGH* a.a.O., (keine der Form des § 15 unterliegende Vertragsänderung/ Nachweis des Verzichts so schwierig wie der Nachweis des Eintritts der Bedingung). Ferner *BGH* a.a.O.; auch *Lutter/Hommelhoff* § 14 Rz. 3). Zur Unabtretbarkeit einer Nachverhandlungsklausel in einem Unternehmenskaufvertrag *OLG Frankfurt* ZIP 2012, 32.

13 Ist die Wirksamkeit der Abtretung von der **Genehmigung durch die Gesellschaft** (Geschäftsführer) abhängig, so bedarf es der Genehmigung durch einen vollgeschäftsfähigen Geschäftsführer (*BayObLG* Rpfleger 1982, 428). Das Registergericht prüft i.Ü. nicht nach, ob ein Anteilserwerber Gesellschafter geworden ist. Die Prüfung steht der Gesellschaft zu (§ 16). Eine Anmeldepflicht besteht nicht. Eintragungsfähigkeit ist nicht gegeben. Lediglich die Ordnungsmäßigkeit der einzureichenden Liste prüft das Registergericht (allerdings zur Zurückweisung der Gesellschafterliste und dieser Problematik *BGH* v. 20.9.2011 – II ZB 17/10 – hierzu *Stamer* EWiR 2011, 811; auch *OLG München* ZIP 2011, 612 m. Anm. v. *Herrler* – gutgläubigen Erwerb bei aufschiebend oder auflösend bedingter Übertragung ablehnend – wie *OLG Hamburg* ZIP 2010, 2097 = GmbHR 2011, 32; vgl. auch zur früheren Rechtslage vor Neufassung des § 16 durch das MoMiG *BayObLG* BB 1985, 1149).

14 Bei **Zustimmungserfordernis durch die Gesellschaft** hinsichtlich der Abtretung erteilt der Geschäftsführer diese auf der Grundlage eines Gesellschafterbeschlusses, sofern ihm die Satzung nicht ein entspr. Recht einräumt (hierzu *OLG Koblenz* ZIP 1989, 302 = DB 1989, 672, Gesellschafterbeschluss mit einfacher Mehrheit – Auslegung der Satzung; *BayObLG* GmbHR 1991, 950, Zustimmung aller Gesellschafter nach Satzung – krit. die Formulierung „die Gesellschafter" = alle?; *OLG Hamm* NJW-RR 2001, 109, bei fehlender Satzungsregelung Zustimmung der Gesellschafter nach pflichtgemäßem Ermessen wegen gesellschaftsrechtlicher Pflichten der Gesellschafter – str.; vgl. hierzu *Lutter/Hommelhoff* § 15 Rz. 68 f. m.w.N.; Scholz/*Seibt* § 15 Rz. 119 f.; auch *Noack* § 15 Rz. 41 f.). Ohne entspr. Befugnis des Geschäftsführers wird die GmbH durch eine entspr. Erklärung im Außenverhältnis gebunden, sofern nicht der Ausnahmefall des erkannten oder sich „aufdrängenden" Missbrauchs der Vertretungsmacht seitens des Vertragspartners gegeben ist, *BGH* NJW 1988, 2241; auch z.B. *Noack* § 15 Rz. 42; *Lutter/Hommelhoff* § 15 Rz. 74; ferner Scholz/*Seibt* § 15 Rz. 129. Für die Erklärung sind die §§ 3, 182–184 BGB maßgeblich – Erklärung ggü. Erwerber oder Veräußerer – auch konkludent möglich (etwa durch Behandlung des Erwerbers wie Gesellschafter und Aufnahme in die Gesellschafterliste – Letzteres soll für sich allein nicht ausreichen, weil keine „Erklärung" – hierzu Scholz/*Seibt* § 15 Rz. 131; *Noack* § 15 Rz. 45; *Lutter/Hommelhoff* § 15 Rz. 74. Der Gesellschaftsvertrag kann eine Form vorsehen, deren Nichtbeachtung zur Nichtigkeit führen kann – vgl. § 125 S. 2 BGB – sofern nicht lediglich Beweisfunktion (vgl. *BGHZ* 22, 108; *OLG Hamm* NZG 1888, 600; auch *Noack* § 15 Rz. 45; Scholz/*Seibt* § 15 Rz. 131).

15 Grundsätzlich ist die gerichtliche Genehmigung für Erwerb oder Veräußerung durch einen Minderjährigen nicht erforderlich (vgl. §§ 1643 Abs. 1, 1822 Nr. 3 BGB; *BGHZ* 107, 23; anders im Ausnahmefall, keine bloße Kapitalbeteiligung; ferner wegen Beachtung des § 1822 Nr. 10 BGB bei Ausfallhaftung etc. – *BGH* a.a.O.; ferner *BGH* DNotZ 2007, 210 – auch *Lutter/Hommelhoff* § 15 Rz. 8; auch *Noack* § 15 Rz. 4 m.w.N.). Zum Erfordernis der vormundschaftlichen Genehmigung *OLG Hamm* (DB 1984, 1822: Beteiligung eines minderjährigen Erben; auch *BayObLG* NJW 2004, 2264; zu den

Ausnahmen und Erforderlichkeit der gerichtlichen Genehmigung *Noack* § 15 Rz. 3). Die Übertragung eines GmbH-Anteils an einen Minderjährigen bedarf, wie erwähnt, nur dann der vormundschaftsgerichtlichen Genehmigung, wenn damit zugleich eine fremde Verbindlichkeit (Einlage, Nebenleistung, Differenzunterbilanz – oder Ausfallhaftung) übernommen wird. Die schenkweise Übertragung bedarf dieser Genehmigung nicht (*BGH* NJW 1989, 1926). Zur Abtretung eines Auseinandersetzungsanspruches *BGH* MDR 1984, 122 = BB 1983, 2207 – formfrei. Die Zustimmung ist nicht widerruflich (*Noack* § 15 Rz. 47).

Fehlt die erforderliche Genehmigung bzw. Zustimmung, so ist die Abtretung – Abtre- **16** tungsvertrag – schwebend unwirksam. Wird die Zustimmung erteilt, so tritt ex tunc Wirksamkeit nach § 182 Abs. 1 BGB ein (vgl. aber § 16 Abs. 1 – Beachtung ggü. Gesellschaft). Wird die Zustimmung endgültig verweigert, so tritt Unmöglichkeit der Erfüllung ein (vgl. § 275 BGB – i.Ü. *BGHZ* 48, 166 – auch zur Verweigerung und späterer Zustimmung und Erforderlichkeit der formgerechten Neuvornahme; zur rechtswidrigen Genehmigungsverweigerung, § 242 BGB und Wirksamkeit des Abtretungsvertrags *BGHZ* 108, 380; *Lutter/Hommelhoff* § 15 Rz. 76, dort auch zur Wirksamkeit von Zwangsvollstreckung und Insolvenzverwaltung m.w.N.; auch *Scholz/Seibt* § 15 Rz. 133; ferner *Noack* § 15 Rz. 47).

Der Veräußerer ist verpflichtet, die erforderlichen Maßnahmen, die von ihm vorge- **17** nommen werden können, zu ergreifen, damit die Genehmigung – Zustimmung durch die Mitgesellschafter und Erklärung durch den Geschäftsführer erfolgen kann; andernfalls verletzt er Nebenpflichten aus dem Abtretungsvertrag ggü. dem Erwerber (vgl. §§ 280, 242 Abs. 2 BGB – *Lutter/Hommelhoff* § 15 Rz. 84 m.w.N., dort auch zu den Ausnahmefällen, in denen der veräußernde Gesellschafter im Verhältnis zu den Mitgesellschaftern die Zustimmung nicht erteilen darf: Gefahren der Abhängigkeit von Konkurrenzunternehmen – Anfechtbarkeit des Beschlusses nach *BGHZ* 80, 69; ferner *Noack* § 15 Rz. 47).

Haftung und Gewährleistung: Von Bedeutung ist hier u.a., ob lediglich ein oder mehrere **18** Geschäftsanteile oder alle Geschäftsanteile (bei wirtschaftlicher Sicht Unternehmenskauf) übertragen, Einzelgegenstände oder alle Gegenstände (Weiterführung des Unternehmens durch Käufer – Unternehmenskauf) verkauft werden. In den zuletzt genannten Fällen wird es sich um Rechts- oder Sachkauf handeln (ausführlich hierzu *BGH* v. 26.9.2018 – VIII ZR 187/17 – zur Mängelgewährleistung beim Rechtskauf nach § 453 BGB (hier: Kauf von Gesellschaftsanteilen – Gewährleistung nach den §§ 434 ff. BGB, wenn Gegenstand des Kaufvertrags der Erwerb sämtlicher oder nahezu sämtlicher Anteile an dem Unternehmen ist und sich der Anteilskauf damit sowohl nach der Vorstellung der Vertragsparteien als auch objektiv bei wirtschaftlicher Betrachtungsweise als Kauf des Unternehmens selbst und damit als Sachkauf darstellt, nicht aber wenn ein Käufer, der bereits 50 % der Mitgliedschaftsrechte an einer GmbH hält, weitere 50 % der Geschäftsanteile dieser Gesellschaft hinzuwirbt. *BGH* a.a.O., dort auch zur Störung der Geschäftsgrundlage bei irrtümlichen Ausgehen der Vertragsparteien von Solvenz der Gesellschaft. Die Konsequenzen der Einordnung als Anteilserwerb oder Unternehmenskauf sind erheblich. Handelt es sich um einen Anteilserwerb, so kommt eine Sachmängelhaftung – Haftung für die Beschaffenheit des Unternehmens – nicht in Betracht. Ein Mangel des Anteils liegt hier vor bei Insolvenz, Liquidation, nicht mit dem Anteil übereinstimmendes Stimmrecht bzw. Gewinnbeteiligung, drohende Kaduzierung wegen Ausstehens fälliger Einlagen etc. (*OLG Nürnberg* GmbHR 1977, 251; zu Aufklärungspflichten des Abtretenden *OLG Brandenburg* GmbHR 2011, 375 m. Anm. v. *Schodder* EWiR 2011, 351; auch *Hasselbach/Ebbinghaus* DB 2012, 216; *Noack* § 15 Rz. 6; vgl. auch *Scholz/Seibt* § 15 Rz. 165). Zur Abgrenzung von Anteilserwerb und Unternehmenskauf: *BGHZ* 138, 204 = NJW 1998, 2360; *BGHZ* 85, 367 = NJW 1983, 390 (100%iger Anteilserwerb); *OLG München* DB 1998, 1321 (75 % der Anteile); *BGH* NJW 2001, 2163; *BGH* WM 1970, 819 – ferner *Picot* a.a.O.; *Seibt/Schwarz* a.a.O.; *Grunewald* NZG 2003, 372; ferner auch *Weitnauer* NJW 2002, 2511 ff.; *Seibt/Raschke/Reiche* NZG 2002, 256; *Knott* NZG 2002, 249.

19 Die Haftung des Abtretenden ist folglich im GmbHG nicht geregelt (Geltung der BGB-Bestimmungen, insb. §§ 453, 434, 437, aber auch §§ 280, 241 Abs. 2, 311 Abs. 2, 3; *BGH* a.a.O., *Noack* § 15 Rz. 6, 7; *Wicke* § 15 Rz. 4; vgl. *Lutter/Hommelhoff* § 15 Rz. 9; ausführlich *Scholz/Seibt* § 15 Rz. 136 – dort auch die umfangreiche Literatur; ferner *Seibt/Schwarz* JUS 2012, 42; *Picot* DB 2009, 2587).

20 Der Kauf eines Geschäftsanteils ist damit grds. Rechtskauf (vgl. *BGH* a.a.O., *BGHZ* 65, 246; *BGH* NJW 1980, 2408; *Gehrlein/Witt/Volmer* 2. Kap. Rz. 21 f.; *Wicke* § 15 Rz. 4; *Scholz/Seibt* § 15 Rz. 136 f.; hierzu auch *Eickelberg/Mühlen* NJW 2011, 2476; *Böttcher/Fischer* NZG 2010, 1332). Damit scheidet bei Erwerb der Anteile eine Haftung für die Beschaffenheit des Unternehmens oder deren Gegenstände und Verbindlichkeiten i.d.R. aus (*Scholz/Seibt* § 15 Rz. 137; *BGH* NJW 1980, 2408; zum Unternehmenskauf *BGH* NJW 2002, 1043; vgl. ferner *Häublein* NJW 2003, 388).

21 Problematisch ist insb. auch die Reichweite der möglichen Informationspflichten und entsprechende Haftung nach §§ 280, 241 Abs. 2 BGB (vgl. hierzu *BGH* NJW 2011, 1217, Grundstückskauffalle; *BGH* NZG 2001, 751 = NJW 2001, 216; vgl. auch *Redeker* NJW 2012, 2471 zur Grenzziehung zwischen Gewährleistungsrecht und Informationshaftung; *Scholz/Seibt* § 15 Rz. 171 m.w.N.; *Lutter/Hommelhoff* § 15 Rz. 10; auch *Noack* § 15 Rz. 7 a.E. – Verkaufsinteresse und Interessen der Gesellschaft und der Gesellschafter stehen sich ggü.). Auch wird der Einzelfall entscheidend sein. Zur Haftung bei schuldhaft unrichtigen Angaben des Verkäufers i.Ü. bereits *BGH* WM 1980, 1006 = NJW 1980, 2408; insb. *Canaris* ZGR 1982, 395. Wird der Anteil einer Grundstücks-GmbH veräußert, die sich mit der Verpachtung von Gewerberäumen befasst und die einer dritten Firma das Eintrittsrecht in die Pachtverträge eingeräumt hat, so stellt der fehlende Hinw. auf dieses Eintrittsrecht keine Verletzung einer Aufklärungspflicht dar (*BGH* BB 1981, 700; vgl. allerdings *BGH* DB 1981, 1787). Der Erwerb eines Anteils an einer überschuldeten GmbH hat keine Ansprüche zur Folge, da lediglich die tatsächliche Gewinnerwartung entfällt. Auch die Rechtsmängelhaftung nach §§ 437, 440 BGB (s. Rz. 18) greift hier nicht ein. Der Erwerb von 60 % der Gesamtanteile stellt keinen Unternehmenskauf dar, sondern den Erwerb eines oder mehrerer Anteile, auf den §§ 434 ff. BGB auch nicht entspr. anwendbar sind (*BGH* DB 1981, 1786). Ausführlich zur Haftung des Verkäufers von Geschäftsanteilen für Unternehmensmängel *Prölls* ZIP 1984, 337. Eine Anfechtung wegen arglistiger Täuschung (Inanspruchnahme des Erwerbers wegen rückständiger Stammeinlagenbeträge) ist ggü. der Gesellschaft nicht erfolgreich (*BGH* ZIP 1982, 837; vgl. auch § 16).

22 Der rechtliche Bestand des verkauften Anteils ist für die wirksame Abtretung Voraussetzung. Existiert der Anteil nicht (weil nicht entstanden etc.), fehlt Verfügungsbefugnis wegen Vinkulierung etc., dann liegt kein Rechtsmangel, sondern Nichterfüllung vor (*Noack* § 15 Rz. 6; auch *Lutter/Hommelhoff* § 15 Rz. 3 m.w.N.; auch etwa *Grundewald* NZG 2003, 372; *Scholz/Seibt* § 15 Rz. 146, Rz. 147 bei Inhaberschaft eines Dritten subjektive Unmöglichkeit nach §§ 311a, 280 Abs. 1, 3, 281, 283 BGB). Ferner können Umstände erheblich sein, die den Geschäftsanteil in seinem Bestand gefährden (Vernichtbarkeit der Gesellschaft, Auflösungsgründe, Kaduzierung oder Einziehung, Überschuldung und Insolvenz; vgl. hierzu oben Rz. 18; *Scholz/Seibt* § 15 Rz. 171; *OLG Frankfurt* GmbHR 1962, 157 m. Anm. v. *Winter*).

I.Ü. sind folgende weitere Einzelfälle anzutreffen: *OLG Brandenburg* v. 29.6.2010 – 6 **23** U 169/98 – Voraussetzungen eines Scheingeschäfts bei Abtreten – Treuhand und Rückübertragung; *OLG Hamm* NZG 2010, 1189 – zur Übertragung des gesamten Vermögens nach § 311b BGB; hierzu auch *Eickelberg/Mühlen* NJW 2011, 7476; ferner *BGH* BB 2001, 1167 = GmbHR 2001, 516 m. Anm. v. *Bärwaldt* (ZIP 2001, 918) gesteigerte Aufklärungs- und Sorgfaltspflichten bei Unternehmenskauf und Kauf von GmbH-Anteilen; *BGH* NJW 2001, 226 – Abstraktheit der formwirksamen Abtretung; *BGH* NZG 2000, 992 m. Anm. v. *Mennicke* – zur Gewinngarantie bei Unternehmenskauf – Wegfall der Geschäftsgrundlage; *BGH* NZG 2000, 946 – Klausel über Nutzungszinsen in Unternehmenskaufvertrag; *OLG Hamm* ZIP 2001, 881 = BB 2001, 954 – Rückforderungsanspruch hinsichtlich der Anzahlung bei formungültigem Kauf von Geschäftsanteilen nach § 812 Abs. 1 S. 1 1. Alt. BGB; *OLG Stuttgart* GmbHR 2000, 721 m. Komm. v. *Emde* (krit.) = NZG 2001, 40 m. Anm. v. *Bauer* – Übertragung von Geschäftsanteilen durch Kaufvertrag; *OLG Hamm* NJW-RR 2000, 412 – Umsetzung eines Sanierungskonzepts als Geschäftsgrundlage; *OLG Hamm* OLGR Hamm 2001, 881 = GmbHR 2001, 522 (Ls.) – gescheiterter Kauf von Anteilen und Rückzahlung bereits geleisteter Anzahlungen, § 812 BGB); *OLG Frankfurt* GmbH 2009, 152 – Wahrnehmung und Ausübung der Gesellschafterrechte bzgl. eines zum Nachlass gehörenden GmbH-Anteils durch Testamentsvollstrecker; steuerrechtlich: *BFH* GmbHR 2009, 44 – Geschäftsanteile – Einlage einer wertgeminderten wesentlichen Beteiligung in das Einzelbetriebsvermögen mit den Anschaffungskosten; *BFH* GmbHR 2009, 43 = NJW-RR 2009, 106 – Geschäftsanteile – Erhöhung der Anschaffungskosten einer GmbH-Beteiligung durch verlorenes Sanierungsdarlehen.

III. Selbstständigkeit der Anteile

Seit dem MoMiG können Gesellschafter mehrere Geschäftsanteile, u.a. auch bereits bei **24** Gründung, übernehmen (vgl. § 5 Abs. 2 – s. dort). Der Erwerb mehrerer Anteile durch einen Gesellschafter führt nicht dazu, dass die Anteile vereinigt werden (§ 15 Abs. 2). Die Anteile behalten grds. die Selbstständigkeit. Dahinter steht der Gedanke, dass der Rückgriff auf die Vormänner (§ 22) sowie der Rückerwerb durch den Veräußerer (§ 22 Abs. 4) möglich sein muss, solange keine volle Einzahlung gegeben ist (hierzu *BGHZ* 63, 116; *KG* GmbHR 1997, 603; *Scholz/Seibt* § 15 Rz. 45; *Lutter/Hommelhoff* § 15 Rz. 23, nur noch klarstellende Funktion; *Noack* § 15 Rz. 18; *Wicke* § 15 Rz. 11; i.Ü. *Priester* GmbHR 1976, 130 f.). Hieraus folgt gleichzeitig, dass eine Zusammenlegung mehrerer Anteile jedenfalls dann keinen Bedenken begegnet, wenn die Einzahlungen auf die Stammeinlagen in vollem Umfange erfolgt sind und i.Ü. auch keine Nachschusspflicht angeordnet ist (so schon bereits *BGHZ* 42, 89; *BGHZ* 63, 117; *KG* GmbHR 1997, 603; auch etwa *Scholz/Seibt* § 15 Rz. 45 m.w.N.). Die Änderung des § 46 Nr. 4 – ergänzt für Zusammenlegung – ist zu beachten; insofern wurde die bisher h.M. durch den Gesetzgeber bestätigt (vgl. *BGHZ* 42, 91; *BGH* WM 1974, 1146; *Scholz/Seibt* § 15 Rz. 46; *Wicke*

§ 46 Rz. 12; i.Ü. *Hachenburg/Zutt* § 15 Rz. 140). Sind diese Voraussetzungen erfüllt, kann die Zusammenlegung mit Zustimmung des betroffenen Gesellschafters durch Beschluss erfolgen, wobei eine Ermächtigung in der Satzung nicht erforderlich sein wird (auch *Noack* § 15 Rz. 19; *Lutter/Hommelhoff* § 15 Rz. 23; weitergehend *Priester* GmbHR 1976, 130, 132; auch *Hachenburg/Zutt* § 15 Rz. 140, 142 im Anschluss an *RGZ* 142, 42 und *Gotschling* GmbHR 1965, 55); *OLG Schleswig* NZG 2000, 318. Nach der Streichung von § 17 durch Art. 1 Nr. 16 MoMiG ist für die Teilung keine Regelung vorhanden (vgl. aber §§ 45 Abs. 2, 46 Nr. 4). Die Teilung ist zulässig. Das gilt auch für die Veräußerung des Teilanteils mit formloser Zustimmung der Mitgesellschafter, soweit der Gesellschaftsvertrag keine abweichende Regelung enthält (*BGH* v. 17.12.2013 – II ZR 21/12, Rz. 25 f.). Zur **Zulässigkeit der Teilung von Anteilen nach § 17 Abs. 4 a.F. zum Zweck der Veräußerung** bereits *KG* GmbHR 2000, 1154 (Ls.) = NZG 2000, 787 – **Voraussetzungen der Zusammenlegung von Geschäftsanteilen**; zur Teilung nach altem Recht auch *Föhrl* RNotZ 2008, 409.

25   Entgegenstehen kann dem Beschluss zur Zusammenlegung die Fassung insb. älterer Satzungen, wenn diese die Stammanteile = jetzt Geschäftsanteile in der ursprünglichen Trennung anführen. Hier wird eine Änderung gem. den §§ 53 ff. erfolgen müssen. Freilich ist dieser Fall heute nur selten anzutreffen; denn die bzw. der Gründungsgesellschafter können nach der Änderung durch das MoMiG nicht nur eine, sondern beliebige Geschäftsanteile = Stammeinlagen übernehmen (s. hierzu oben § 3 Rz. 34). Bei Kapitalerhöhungen hingegen wird die Übernahme eines weiteren Anteils regelmäßig nicht zu einer Aufführung im Gesellschaftsvertrag führen. Vielmehr sind die Übernehmer nach dem entspr. Beschluss sowie der Übernehmerliste zu entnehmen (vgl. oben § 3 Rz. 34; ferner u. §§ 54, 55 – zu einem entspr. Formulierungsvorschlag für den Beschluss *Lutter/Hommelhoff* § 55 Rz. 16). Zur Teilung vgl. u. § 17 sowie zur Zusammenlegung § 46 Nr. 4).

IV. Formzwang

26   Der Abtretungsvertrag – auch die Abtretung des Anspruchs auf Übertragung des Geschäftsanteils – muss vollständig, bestimmt und notariell beurkundet sein (vgl. auch Sicherungs- und Treuhandabtretung – hierzu etwa *Noack* § 15 Rz. 25, 26, 29; *Lutter/Hommelhoff* § 15 Rz. 30). Das gilt nach § 15 Abs. 4 auch für Verpflichtung, durch die die Abtretung eines Geschäftsanteils „begründet" wird. Der Verstoß gegen diese Grundsätze führt zur Nichtigkeit, die von Amts wegen zu berücksichtigen ist (*BGH* ZIP 1995, 1089; *Lutter/Hommelhoff* § 15 Rz. 40 f.; auch *Noack* § 15 Rz. 29 jeweils m.w.N.; auch Scholz/*Seibt* § 15 Rz. 66 f.). Antrag und Annahme können getrennt und nacheinander erklärt werden – Wirksamwerden mit Zugang der Notarurkunde (*BGH* a.a.O.). Auch der Abschluss eines Treuhandvertrags unterliegt dem Formzwang *BGH* v. 22.9.2016 – III ZR 427/15, Rz. 15; vgl. auch *BGH* v. 14.12.2016 – IV ZR 7/15, Rz. 18 f. – Nichtigkeit des Treuhandvertrags über die Beteiligung an einer Komplementär-GmbH.

27   Die notarielle Urkunde muss alle „wesentlichen Teile der Willenserklärungen" einschließlich der Nebenabreden enthalten – sog. „Vollständigkeitsgrundsatz" (§ 15 Abs. 4 – hierzu *BGHZ* 82, 188; NJW 2002, 142; *Noack* § 15 Rz. 30; auch *Lutter/Hommelhoff* § 15 Rz. 26 ff., insb. Rz. 37, 39, jeweils m.w.N. 31; Scholz/*Seibt* § 15 Rz. 66). Unbestimmtheit des Abtretungsvertrags begründet Nichtigkeit Die Folgen des „Vollständigkeitsgebots" werden krit. gesehen (hierzu etwa Scholz/*Seibt* § 15 Rz. 66b m.w.N.). Die Komplikation beruht auf § 15 Abs. 4 und die dort anzutreffende Abstellung auf die Vereinbarung, durch die „die Verpflichtung… begründet wird". Ferner durch die in § 15 Abs. 4 S. 2 vorgesehene „Gültigkeit" des nach § 15 Abs. 3 notariell beurkundeten Abtretungsvertrags. Mit Recht wird jedoch darauf hingewiesen, dass eine Beschränkung nur auf die Abtretungsverpflichtung oder auf „wesentliche Vereinbarungen" wegen der Einheit des Verpflichtungsgeschäfts aus Gründen der Rechtssicherheit abzulehnen ist (*Noack* § 15 Rz. 30; auch *Lutter/Hommelhoff* § 15 Rz. 56). Heilung des Verpflichtungsgeschäfts nach § 15 Abs. 4 ist nur bei ansonsten wirksamem Abtretungsvertrag eingreifend. Keine formbedürftige Abtretung bzw. Übergang liegt vor bei Umwandlung, Einziehung, Übertragung durch Gerichtsvollzieher bei Zwangsvollstreckung, anders bei freihändigem Verkauf, Mitgliederwechsel in Gesamthand, Erbeintritt etc. (*Noack* § 15 Rz. 59; auch *Lutter/Hommelhoff* § 15 Rz. 63 ff. m.w.N.). § 15 Abs. 3 gilt auch nicht für die Abtretung einzelner Vermögensrechte des Geschäftsanteils (*BGH* DB 1983, 2513; *Noack* § 15 Rz. 27 m.w.N.). Abtretungen durch unbefugte Dritte gehen ins Leere.

Abtretung (§ 15 Abs. 3) und das, diese begründende Verpflichtungsgeschäft (§ 15 **28**
Abs. 4 – Heilung) bedürfen folglich entsprechend den zuvor anzutreffenden Ausführungen der notariellen Beurkundung (§ 15 Abs. 3, 4). Weitere Einzelentscheidungen so vor Rz. 1. Die **notarielle Beglaubigung** ist schon nach dem Wortlaut nicht ausreichend.

Der Form bedürfen i.ü. die Erklärungen beider Teile (*BGH* NJW 2007, 2117; *BGHZ* **29**
21, 247; *BGH* GmbHR 1963, 188; *BGH* BB 2007, 1354, Schenkungsversprechen; *Noack* § 15 Rz. 21, 30, 26; *Scholz/Seibt* §§ 15 Rz. 66; *Gehrlein/Witt/Volmer* 2. Kap. Rz. 9 – 11; *Wicke* § 15 Rz. 12; *OLG Stuttgart* GmbHR 2000, 721 m. Komm. v. *Emde* (krit.) = *NZG* 2001, 40 m. Anm. v. *Bauer* – **Übertragung von Geschäftsanteilen durch Kaufvertrag**; *Heidenhain* **Aufgabe des Beurkundungserfordernisses** beim Verkauf und der Abtretung von GmbH-Anteilen, ZIP 2001, 721; vgl. *Witt* ZIP 2000, 1033; *Schaub* NZG 2000, 853 (Legalisation, Apostille, Vorlage fremdsprachlicher Urkunden, Vertretung ausländischer Handelsgesellschaften); *Gätsch/Schulte* ZIP 1999, 1954; *Kröll* ZGR 2000, 111; vgl. *OLG Nürnberg* NZG 2001, 231 – **Wirksamkeit des notariellen Geschäftsanteilskauf- und Abtretungsvertrages**; *OLG Bamberg* NZG 2001, 509 – **Erforderlichkeit der notariellen Beurkundung bei Begründung eines Treuhandverhältnisses über einen GmbH-Geschäftsanteil** mit Pflicht des Gesellschafters zur Haltung seiner Anteile für den Treugeber – Nichtigkeit infolge Formmangels (*BGH* NJW 1999, 2594; ZIP 1995, 1089) – keine Heilung nach § 15 Abs. 4 S. 2 – **keine treuwidrige Berufung auf Formmangel** – Umdeutung in eine rechtswirksame Unterbeteiligung (formfrei möglich) wegen Vereitelung des Zwecks der Formvorschriften – Abwicklung nach §§ 812 ff. BGB; *OGH* NZG 2000, 375 – **Formbedürftigkeit der Sicherungsabrede:** jederzeitige Rückgängigmachung der erfolgten Übernahme durch einseitige Erklärung des Sicherungsnehmers; *OLG Celle* NZG 2000, 992.

Möglich ist die getrennte Beurkundung von Angebot und Annahme (§ 128 BGB – **30**
OLG München BB 1996, 1296; *Scholz/Seibt* § 15 Rz. 66). Für die Gesellschaft ist hinsichtlich der Abtretungsbefugnis die Gesellschafterliste maßgeblich (vgl. etwa *OLG Bremen* v. 20.6.2012 – 2 U 43/11 – fehlende Betroffenheit des früheren Gesellschafters von Gesellschafterbeschlüssen, Ausschluss, Anteilsübernahme). Hinsichtlich der Notarpflichten im Zusammenhang mit der Gesellschafterliste (§ 40 Abs. 2 S. 1 – Unterschrift und Einreichen – vgl. *Noack* § 40 Rz. 49 f.; auch schon *Wachter* GmbHR 2008, SH 10/2008, 58; *Wicke* § 15 Rz. 16) – zur Legitimation des Übernehmers – § 16 Abs. 1.

31 Eine Umdeutung bei einer formunwirksamen Abtretung ist nur bei konkreten Anhaltspunkten für entsprechenden Willen der Parteien zulässig (*BGH* v. 17.7.2012 – II ZR 217/10 – unwirksame Übertragung und abgelehnte Umdeutung – auf fehlerhafte Geschäftsanteilsübertragungen einer GmbH findet die Grundsätze der Lehre von der fehlerhaften Gesellschaft keine Anwendung – ständige Rechtsprechung, vgl. *BGH* ZIP 2010, 1590 Rz. 37, 44; ZIP 2007, 1271 Rz. 19; ZIP 2005, 253; ZIP 1995, 1085, 1086; ZIP 1990, 371, 374; ebenso *Habersack/Casper/Löbbe* § 16 Rz. 49; § 15 Rz. 139; Scholz/*Seibt* § 15 Rz. 103; MüKo GmbHG/*Reichert/Weller* § 15 Rz. 72). Umdeutung einer formunwirksamen Abtretung eines Geschäftsanteils in eine Abtretung des Gewinnbezugsrechts kann im Einzelfall bei ausreichenden Anhaltspunkten in Betracht kommen (vgl. Scholz/*Seibt* § 15 Rz. 105; MüKo GmbHG/*Reichert/Weller* § 15 Rz. 73).

32 **Übertragungsregelung in der Satzung:** Dem Formzwang ist genügt, wenn bereits der Gesellschaftsvertrag die gesellschaftsrechtliche Verpflichtung zur Übertragung des Geschäftsanteils unter bestimmten Voraussetzungen vorsieht und diese Voraussetzungen eintreten. Der notariellen Form bedarf freilich die Abtretung allerdings dann, wenn sie zu anderen – abweichenden – als den im Gesellschaftsvertrag vorgesehenen Bedingungen erfolgt. Die Nichtigkeit infolge Formmangels bezieht sich nicht auf die Teile einer „Gesamtvereinbarung", die für sich allein nicht formbedürftig sind (z.B. Übertragung eines Kommanditanteils) und die von den Betroffenen nicht zwingend mit der Abtretung des Gesellschaftsanteils an der GmbH verbunden werden (*BGH* ZIP 1986, 1046 = GmbHR 1986, 258; vgl. auch Scholz/*Seibt* § 15 Rz. 51; *Lutter/Hommelhoff* § 15 Rz. 51 ff.; s. auch *Noack* § 15 Rz. 31, 34). Zur Bedeutung von nichtigen, im Zusammenhang mit der Abtretung getroffenen Abreden für die Auslegung der Abtretungsurkunde (Berücksichtigung nur, wenn außerhalb der Urkunde liegende Umstände (Abreden mündlicher Art etc.) und der aus ihnen ermittelte rechtsgeschäftliche Wille in der Urkunde zumindest einen wenn auch nur unvollkommenen Ausdruck gefunden hat, *BGH* DB 1987, 1135).

33 **Vollständigkeits- und Bestimmtheitsgrundsatz:** Das gesamte Rechtsgeschäft ist zu beurkunden – mit allen Abreden (s. auch oben Rz. 26). Auch spätere Änderungen und Zusätze bedürfen der Form (vgl. hierzu *BGH* NJW 2002, 142; *BGHZ* 82, 188; *BGH* NJW 1969, 132; *OLG Hamburg* RNotZ 2007, 417; *Wicke* § 15 Rz. 17; *Noack* § 15 Rz. 30; Scholz/*Seibt* § 15 Rz. 66c). Unvollständigkeit (vgl. hierzu *OLG Frankfurt* GmbHR 2012, 513 = NZG 2012, 466 = ZIP 2012, 1125 – Formwirksamkeit der Abtretung eines Gesellschaftsanteils nach § 15 Abs. 3 trotz Verstoßes gegen § 13 BeurkG (Nichtverlesung des Sanierungskonzepts, nur schuldrechtliche Bedingungen – vgl. auch *Gerber* EWiR 2012, 521) und fehlende Bestimmtheit (*BGH* NZG 2010, 908 – Abtretung eines Teilgeschäftsanteils und fehlende hinreichende Bestimmtheit hinsichtlich des betroffenen Abtretungsgegenstands; auch Scholz/*Seibt* § 15 Rz. 89; *Lutter/Hommelhoff* § 15 Rz. 31; ferner *Noack* § 15 Rz. 22).

34 **Weitere Einzelfälle:** Unzutr. Kaufpreis (§ 117 Abs. 1, 2 BGB): Bei Protokollierung eines Preises von 100.000 DM und Vereinbarung eines Kaufpreises für den Anteil von 300.000 DM ohne Protokollierung ist der Vertrag nach § 15 Abs. 4 nichtig (*BGH* ZIP 1989, 234); das formnichtige Verpflichtungsgeschäft ist in diesem Fall auch nicht nach § 15 Abs. 4 S. 2 geheilt (vgl. *BGH* NZG 2010, 908; ferner *Gehrlein/Witt/Volmer* 2. Kap. Rz. 11) – Heilung nur durch Vollzug der Abtretung. Wegen der Prüfungs- und Belehrungspflicht des Notars vgl. §§ 17 ff. BeurkG.

Beurkundet werden müssen i.Ü. grds. auch Nebenabreden (*BGH* NJW 2002, 142; BB **35** 1969, 1242; *OLG Hamburg* RNotZ 2007, 417; vgl. zum Umfang der Beurkundung *BGH* BB 1981, 926; i.Ü. *Hachenburg/Schilling/Zutt* § 15 Rz. 49; *Scholz/Seibt* § 15 Rz. 66, 89 m.w.N.). Formbedürftig ist auch die Abtretung des Anspruchs auf Übertragung eines Anteils (*BGH* NJW 2002, 142; *OLG Hamburg* a.a.O.; *BGHZ* 19, 71; *BGH* GmbHR 1981, 55 = Rpfleger 1980, 147; *Lutter/Hommelhoff* § 15 Rz. 30; *Noack* § 15 Rz. 32, 33; 25; *Hachenburg/Zutt* § 15 Rz. 39; *Scholz/Seibt* § 15 Rz. 50 f.).

Formmangel – Heilung nach § 15 Abs. 4 S. 2: Mangels der erforderlichen Form tritt **36** Nichtigkeit des jeweiligen Schrittes ein (§ 125 BGB). Das Verpflichtungsgeschäft kann jedoch durch den notariell beurkundeten Abtretungsvertrag geheilt werden (§ 15 Abs. 4 S. 2). Vorausgesetzt ist Wirksamkeit der „heilenden" Abtretung (Bestimmtheit, Vollständigkeit, Form etc. so Rz. 26; ferner *BGH* a.a.O., NZG 2010, 908; NZG 2001, 940; WM 1985, 1000; auch *Scholz/Seibt* § 15 Rz. 69, 70; *Noack* § 15 Rz. 36; auch *Lutter/ Hommelhoff* § 15 Rz. 53). Zur Übertragung des Anteils an einer Personengesellschaft *BGH* DB 2008, 980 – Umgehungsgeschäft und Voraussetzungen.

Vollmacht: Anders als in § 2 Abs. 2 ist in § 15 für die Vollmacht zur Abtretung keine **37** besondere Form vorgesehen (vgl. auch § 167 Abs. 2 BGB), so dass die Abschlussvollmacht grds. nicht der notariellen Beurkundung bedarf (*BGH* WM 1984, 337; NJW 1996, 3338 = GmbHR 1996, 919; GmbHR 2009, 38; *Hachenburg/Zutt* § 15 Rz. 54; *Noack* § 15 Rz. 23; *Scholz/Seibt* § 15 Rz. 95; *Lutter/Hommelhoff* § 15 Rz. 32; vgl. jedoch *OLG Stuttgart* DB 1989, 1817; i.Ü. *BGHZ* 19, 72). Eine Ausnahme gilt für die „unkontrollierbare" Blankovollmacht, die von Hand zu Hand gehend die einzelnen Stationen verschleiert. Diese Vollmacht ist nichtig (auch in notarieller Form; zutr. *Schilling* JZ 1954, 635; *BGHZ* 13, 69 = JZ 1974, 634 – nichtig bei formloser Erteilung; hierzu auch *Roth* § 15 Rz. 5.1.; *Hachenburg/Zutt* § 15 Rz. 55; *Scholz/Seibt* § 15 Rz. 96 – str. – m.w.N.; ebenso *Noack* § 15 Rz. 23; *Lutter/Hommelhoff* § 15 Rz. 18). Zur Haftung des vollmachtlosen Vertreters bei Anteilsübertragung – *BGH* ZIP 2009, 221 = NZG 2009, 110 (infolge Kenntnis keine Haftung – vgl. § 179 Abs. 3 S. BGB).

Auch die Ermächtigung gem. § 181 BGB (Insichgeschäft) ist formlos gültig (vgl. vor- **38** herige Zitate). Ferner gilt dies für die Genehmigung nach § 182 Abs. 2 BGB (*Scholz/ Seibt* § 15 Rz. 95 m.w.N.; *Wicke* § 15 Rz. 17; *BGH* NJW 1996, 3338).

Ausländische Beurkundung: Wirksam sind grds. auch im Ausland vorgenommene **39** Beurkundungen, sofern die Ortsform gewahrt bleibt und eine „gleichwertige" Beurkundungsformen (vgl. *BGH* v. 17.12.2013 – II ZB 6/13, Rz. 13 f.; *KG* NJW 2018, 1828 – Beurkundung der Gründung einer deutschen GmbH durch Schweizer Notar mit Amtssitz im Kanton Bern erfüllt die Form des § 2 Abs. 1, wenn die Niederschrift in Gegenwart des Notars den Beteiligten vorgelesen, von ihnen genehmigt und eigenhändig unterschrieben worden ist und i.Ü. mit einer Beurkundung durch einen deutschen Notar gleichwertig ist (Art. 11 Abs. 1 1. Alt. EGBGB) – zur Formwirksamkeit der Übertragung von Geschäftsanteilen durch Notar in der Schweiz *OLG Düsseldorf* v. 2.3.2011 – I-3 Wx 236/10; i.Ü. Schweiz, Niederlande, Österreich, nicht jedoch Frankreich, Italien, Spanien etc., USA so *Lutter/Hommelhoff* § 15 Rz. 27; *Noack* § 15 Rz. 22a, 30; *Scholz/Seibt* § 15 Rz. 82, 83, 84, Gleichwertigkeit – anzutreffen sind (hierzu oben § 2 Rz. 10; ferner *OLG Düsseldorf* FG-PRAX 2011, 135 m. Anm. v. *Dieckmann* = ZIP 2011, 564; auch *Gerber* EWiR 2011, 255 – Beurkundung durch Schweizer Notar, formwirksam; *LG Frankfurt* NJW 2010, 683, m. Anm. v. *Pilger* – Beurkundung durch

Schweizer Notar; ferner *Wicke* § 15 Rz. 20; *Gehrlein/Witt/Volmer* 1. Kap. Rz. 30; *Grunewald* ZIP 2006, 687; *Saenger/Scheuch* BB 2008, 69; *Fetsch* RNotZ 2007, 534; vgl. zu einem speziellen Fall der Übertragung *OLG Frankfurt* DB 1981, 1456; auch *BayObLG* GmbHR 1978, 39 = NJW 1978, 500; *Noack* a.a.O.; auch *Scholz* § 15 Rz. 84 f.; *Hachenburg/Zutt* § 15 Rz. 59 jeweils m.w.N.; a.A. z.B. *LG München* DNotZ 1976, 501). Auf Art. 11 Abs. 1 EGBGB wird hingewiesen (ausführlich *Scholz/Seibt* § 15 Rz. 82 mit zahlreichen Nachw.). Es empfiehlt sich in diesen Fällen, keine Risiken einzugehen und insb. wegen angeblich bei „leichterer oder honorarmäßig günstigerer Ortsform" die der notariellen Beurkundung entspr. Form z.b. im Ausland zu wählen. Zu österreichischen, niederländischen, schweizerischen und den lateinischen Notariaten (Italien, Frankreich etc.) vgl. *Lutter/Hommelhoff* a.a.O., – vgl. *BGH* ZIP 1989, 1054, sowie *Schütze* DB 1992, 1971; zur Übertragung der Anteile ausländischer GmbH in Deutschland *OLG München* DB 1993, 876; *Bungert* DZWiR 1993, 934; auch *OLG Celle* NJW-RR 1992, 1126; auch *Noack* § 15 Rz. 22a, 30. Zur Nichterforderlichkeit der notariellen Beurkundung der Übertragung von Anteilen einer GbR, deren Vermögen aus einem GmbH-Anteil besteht *BGH* DB 2008, 980 – Ausnahme Umgehung der Formvorschriften durch Zwischenschaltung der GbR.

40   **Formfreiheit:** Keiner notariellen Beurkundung bedürfen u.a. Vereinbarungen über einen noch zu schaffenden Anteil, Maklervertrag, Geschäftsbesorgung, Kommission, einseitige Verpflichtungserklärungen, die Vereinbarung über die Abtretung des Anspruchs auf Auszahlung des Auseinandersetzungsguthabens (*BGH* MDR 1984, 122 = BB 1983, 2207; i.Ü. *Noack* § 15 Rz. 34, 35; *Scholz/Seibt* § 15 Rz. 92 f.; auch *Scholz/Seibt* § 15 Rz. 48). Formfrei ist die Abtretung einzelner Rechte, die dem Geschäftsanteil zugehörig sind (Gewinnansprüche, Auseinandersetzungsguthaben, Begründung von Unterbeteiligungen, vgl. *BGH* DB 1983, 2513 = ZIP 1983, 1327; *OLG Frankfurt* GmbHR 1987, 57; *Hachenburg/Zutt* § 15 Rz. 86 f.; auch § 15 Rz. 94; *Noack* § 15 Rz. 34; *Wicke* § 15 Rz. 17; vgl. freilich *BGHZ* 19, 71 sowie *BGH* Rpfleger 1980, 147: Abtretung des Anspruchs auf Übertragung eines Geschäftsanteils in der Form des § 15 Abs. 3; zur formfreien Ergänzung einer satzungsmäßigen Abfindungsvereinbarung *OLG Hamm* GmbHR 1980, 59; zur Formfreiheit des Bedingungsverzichts bei aufschiebend bedingter Anteilsübertragung *BGH* BB 1989, 372, sofern nicht auf diesem Wege die gesetzlich gewollte Form umgangen wird). Das wird insb. dann zu diskutieren sein, wenn die gesamte vermögensrechtliche Seite einer anderen Person zugerechnet werden soll. Wird ein Auseinandersetzungsanspruch vorausabgetreten und erfolgt sodann gleichwohl die Übertragung des Geschäftsanteils an einen Dritten, so geht die Abtretung des Auseinandersetzungsanspruchs ins Leere, da der genannte Anspruch in der Person des Abtretenden noch nicht entstanden ist (*BGH* MDR 1984, 122 = BB 1983, 2207). Zum Wesen der Unterbeteiligung und den daraus entstehenden Rechten s. *OLG Frankfurt* GmbHR 1987, 57 ff.

V. Verpfändung und Nießbrauch

41   Die **Verpfändung** ist zulässig (zur Pfändung und Überweisung eines Geschäftsanteils *LG Berlin* GmbHR 1988, 70; *Wicke* § 15 Rz. 28; i.Ü. *Lutter/Hommelhoff* § 15 Rz. 97 f.; *Noack* § 15 Rz. 48 f.; *Scholz/Seibt* § 15 Rz. 172 ff. m.w.N.). Auch der **Nießbrauch** am Gesellschaftsanteil ist zugelassen (*Teichmann* ZGR 172, 1; *Wicke* § 15 Rz. 30; ferner *Noack* § 15 Rz. 52 f.; *Scholz/Seibt* § 15 Rz. 212 f.). Wie die Abtretung bedarf die Bestellung der notariellen Beurkundung. Mitgliedschaftsrechte und -pflichten verbleiben wie das Stimmrecht bei dem Gesellschafter, der Pfandgläubiger hat Verwertungsrechte nach den §§ 1404, 1273 BGB (hierzu *Lutter/Hommelhoff* § 15 Rz. 100; *Scholz/Seibt* § 15 Rz. 214; *Noack* § 15 Rz. 53).

Lässt der Gläubiger des Gesellschafters den Geschäftsanteil pfänden, nachdem der **42** Gesellschafter den Anspruch auf die Abfindung oder das Auseinandersetzungsguthaben einem Dritten abgetreten hat, und ziehen die übrigen Gesellschafter sodann den Geschäftsanteil ein, so erwirbt der Dritte den Abfindungsanspruch belastet mit dem Pfändungspfandrecht des vollstreckenden Gläubigers (*BGH* NJW 1989, 458). Sie bedarf jedoch der notariellen Beurkundung (vgl. § 1274 Abs. 1 BGB, § 15 Abs. 3; i.Ü. *Scholz/Seibt* § 15 Rz. 195 f.; *Hachenburg/Schilling/Zutt* § 15 Anh. Rz. 39; auch *Fischer* § 15 Rz. 9a).

Dem Gläubiger steht hier das Befriedigungsrecht zu, die personenbezogenen Mit- **43** gliedschaftsrechte verbleiben dem Gesellschafter (Stimmrecht etc. *Scholz/Seibt* § 15 Rz. 196 f.; 158; *BGHZ* 20, 364 (Stimmrecht)). Zum Fall der Pfändung: *OLG Düsseldorf* v. 20.3.2000 – 3 W 429/99 (Ls.) – Pfändung – **keine Versteigerung ohne Möglichkeit der Errechnung eines Mindestpreises** – Ablehnung der beantragten Versteigerung wegen Verschleuderungsgefahr hinsichtlich des Schuldnervermögens.

Wegen der Einzelheiten bei Pfändung des Gesellschaftsanteils (vgl. § 857 ZPO) und **44** Insolvenz *Scholz/Seibt* § 15 Rz. 196 f.; *Noack* § 15 Rz. 60 f.). Die Satzung kann die Pfändung nicht ausschließen (*Noack* § 15 Rz. 60; *BGHZ* 32, 155; 65, 24 – Einziehungsklauseln), wobei vom vollwertigen Entgelt auszugehen ist, wenn keine speziellen Regelungen in der Satzung vorgesehen sind. Allerdings können diese Klauseln den Firmenwert bzw. stille Reserven unberücksichtigt lassen. Ebenso kann der Nennwert festgelegt werden oder aber die letzte Steuerbilanz als maßgeblich vorgesehen werden, solange die klauselmäßige Vorbelastung nicht die Schlechterstellung des Gläubigers in der Zwangsvollstreckung bzw. in der Insolvenz für den vergleichbaren Fall des Ausschlusses des Gesellschafters aus wichtigem Grund zur Folge hat (vgl. hierzu *BGHZ* 65, 22; auch *Scholz/Winter/Seibt* 15 Rz. 202; *Noack* § 15 Rz. 61; – str.; abl. z.B. *Bischoff* GmbHR 1984, 61; vgl. auch *OLG Frankfurt* DB 1977, 2040; *OLG Hamburg* DB 1982, 2344). Zur Vermeidung von Überraschungen empfiehlt sich eine Voranfrage bei dem Registergericht, soweit es um das Eintragungsverfahren geht. Zu einer Abfindungsklausel für den Fall der Pfändung und der Insolvenz im Gesellschaftsvertrag und den Grenzen *OLG Hamburg* DB 1982, 2344 = BB 1982, 2007 mit zahlreichen Nachw. aus Lit. und Rspr.; vgl. auch *Rupp/Fleischmann* Rpfleger 1984, 223 ff.; zu Einziehungsklauseln *Ulmer* ZHR 1985, 28.

Die Pfändung erfolgt nach § 857 ZPO. Die Gesellschaft ist Drittschuldner i.S.d. §§ 857, **45** 829 ZPO. Die Zustellung an Gesellschafter und GmbH ersetzt die Anmeldung nach § 16. Die Verwertung erfolgt auf Anordnung des Gerichts (vgl. § 844 ZPO). Im Fall der freihändigen Veräußerung ist die Form des § 15 ebenso zu beachten wie die Anmeldung an die GmbH nach § 16.

In der Insolvenz des Gesellschafters ist der Gesellschaftsanteil Massebestandteil. Die **46** Ausübung der Rechte erfolgt durch den Insolvenzverwalter.

Zur Pfändungszulässigkeit bei Geschäftseinstellung und Fehlen sonstiger Schulden **47** BGH (DB 1980, 1685 – Einwand nach § 19 Abs. 1 nicht ggü. Pfändungsgläubiger).

VI. Austritt und Ausschluss

48 **1. Austrittsrecht.** Das GmbHG sieht als Trennungsweg nur den Fall der Veräußerung vor, sofern man von den § 27 Abs. 1 sowie § 61 absieht. Vgl. insofern auch u. § 34 und die dort anzutr. Ausführungen. Vgl. insofern *Born* WM 2023 Heft 10, Sonderbeilage 2 sowie zuvor bereits WM 2017, Heft 42 Sonderbeilage 3, II. zum Austritt, III. zur Abfindung, jeweils m.w.N.

Die Satzung kann entspr. Regeln enthalten (*Noack* § 15 Rz. 16 f. – dort auch zu den Voraussetzungen. Das Recht besteht auch ohne Satzungsregelung (unverzichtbares Mitgliedsrecht *BGH* v. 18.2.2014 – II ZR 174/11). Der Austritt ohne wichtigen Grund begründet Abfindungsansprüche und führt zur Verwertung des Anteils zur Einziehung oder Verwertung – bei entsprechendem Willen der und Annahme durch die Gesellschaft, *BGH* a.a.O., Folglich können die Gesellschafter den Austritt oder die Kündigung eines Gesellschafters auch akzeptieren (*BGH* GmbHR 2010, 256 ff. und *Wilsing/Ogorek* NZG 2010, 379; ferner *OLG München* ZIP 2011, 2148 = GmbHR 2011, 1040 m. Anm. v. *Lieder* EWiR § 34 GmbHG 2/11; zu ins Leere gehenden Ausschluss-Beschluss, der Nichtgesellschafter betrifft – *OLG Bremen* v. 21.10.2011 – 2 U 43/11). In allen Fällen sind die Kapitalerhaltungsvorschriften zu beachten (§§ 19 Abs. 2, 30 Abs. 1, 33, 34 Abs. 3 – vgl. Scholz/*Seibt* Anh. § 34 Rz. 20 – volle Einzahlung auf den Geschäftsanteil – Abfindung auch aus Gesellschaftsvermögen zulässig wegen eingreifender Ausfallhaftung – vgl. *BGH* NZG 2012, 259 – zur Zwangseinziehung; auch *Noack* Anh. § 34 Rz. 25).

49 Bei Vorliegen eines wichtigen Grundes wird einem Gesellschafter heute jedoch ein einseitiges **Austrittsrecht zugebilligt** (*BGH* v. 18.2.20214 – II ZR 174/11 – zum Austritt wegen wichtigen Grunds *BGH* a.a.O.; hierzu ausführlich *Westermann* Abberufung und Ausschließung, S. 100 ff.; i.Ü. *BGH* ZIP 1981, 985 m.w.N. = NJW 1981, 2302; *BGHZ* 9, 157; *Schwerdtner* GmbHR 1976, 101; Scholz/*Seibt* Anh. § 34 Rz. 4 ff. – zur umfangreichen Literatur dort vor dem Anhang; *Noack* § 34 Anh. Rz. 18 ff.; *Hachenburg/Ulmer* § 34 Anh. Rz. 43). Voraussetzung ist jedoch, dass es keine andere zumutbare Möglichkeit der Trennung gibt (*Lutter/Hommelhoff* § 34 Rz. 111 ff.: „Notrecht"; *Noack* § 15 Rz. 22: „äußerster Mittel"; Scholz/*Seibt* Anh. § 34 Rz. 7 ff.; *Wicke* Anh. § 34 Rz. 10; „ergänzendes ... subsidiäres Austrittsrecht"); *OLG Brandenburg* NZG 2000, 1034 (Ls.) – **Satzungsregelung** für Abtretung und Einziehung auch auf den **Austritt** ergänzend anwendbar; *BGH* NJW 1998, 1225 – Ausschluss eines Gesellschafters **(KG)** wegen wichtigen Grundes.

50 Ferner wird verlangt – aus Gründen des Gläubigerschutzes –, dass der betreffende Anteil voll eingezahlt ist (so *Hachenburg/Ulmer* § 34 Anh. Rz. 47 im Anschluss an *RG* DR 1943, 811; *Noack* § 34 Anh. Rz. 23 m.w.N. – vgl. insofern *OLG Frankfurt* v. 12.10.2010 – 5 U 189/09 – Gesellschafterdarlehen mit Rangrücktritt sind Mittel aus freiem Vermögen der GmbH; zum Verkehrswert; *OLG Köln* NZG 1999, 1222; ferner *OLG München* DStR 2011, 1673 – Austrittserklärung als maßgeblicher Zeitpunkt).

51 Die Abfindung des ausgeschiedenen Gesellschafters gehört zu seinen Mitgliedsrechten. Der Ausschluss in der Satzung ist grds. sittenwidrig und nur in Ausnahmefällen zulässig – Satzungsbestimmung in entspr. Anwendung des § 241 Nr. 4 AktG nicht o.g. (*BGH* v. 29.4.2014 – II ZR 216/13, Rz. 14 ff. – dort auch zu den Ausnahmefällen wie Todesfall, zeitlich befristete Beteiligungen ohne Kapitaleinsatz – unzulässig auch: entschädigungsloser Ausschluss wegen (einziger) grober Pflichtverletzung). Besondere

Schwierigkeiten bereitet die Abwicklung (Abfindung nach Verkehrswert – Bewertungsmethode) (vgl. *BGH* GmbHR 1992, 257; auch *BGH* GmbHR 1993, 806; GmbHR 1994, 871; i.Ü. *Hachenburg/Ulmer* § 34 Anh. Rz. 51 ff.; auch *Scholz/Seibt* Anh. § 34 Rz. 22 f. m.w.N.; auch *Noack* Anh. § 34 Rz. 25). Der Gesellschaftsvertrag kann die Abfindungsmodalitäten regeln. Ein völliger Ausschluss des Abfindungsanspruches ist unzulässig. Die fehlende Verzinsung des Abfindungsguthabens auf die Höchstdauer von 6 Jahren ist unbedenklich (*BayObLG* DB 1983, 99 m.w.N.; zum Verlust eines Anteils und dem Erfordernis der satzungsmäßigen Abfindung *BGH* MDR 1984, 123). Zur Fassung einer Abfindungsklausel für den Fall der Pfändung, der Insolvenz sowie des Austritts *OLG Hamburg* BB 1982, 2007. Sieht der Gesellschaftsvertrag ein Kündigungsrecht vor und macht der Gesellschafter hiervon Gebrauch, so behält der Gesellschafter bis zum „Ausscheiden" aus der Gesellschaft sein Stimmrecht, sofern die Satzung nichts Abw. vorsieht (*BGH* ZIP 1983, 1444; auch *OLG Celle* ZIP 1983, 442).

2. Ausschluss des Gesellschafters. Auch der Ausschluss eines Gesellschafters aus wichtigem Grund ist – selbst ohne Satzungsregelung – zulässig (*Noack* Anh. § 34 Rz. 2 f.; *Scholz/Seibt* Anh. § 34 Rz. 25; ferner *Lutter/Hommelhoff* § 34 Rz. 111 f. – hierzu instruktiv *BGH* v. 24.1.2012 – II ZR 109/11 – satzungsgemäße Einziehung wegen wichtigen Grunds und Verlust der Gesellschafterstellung mit sofortiger Wirkung auch ohne Abfindung (str. – zutreffende Grundsatzentscheidung des BGH). Vgl. i.Ü. auch u. § 34 und die dort anzutreffenden Ausführungen. **52**

Vgl. hierzu *Westermann* Abberufung und Ausschließung von Gesellschaftern/ Geschäftsführern in Personal Gesellschaften und GmbH, 2. Aufl. 1982; *Vulka* Die gleichzeitige Ausschließung mehrerer Gesellschafter aus Personengesellschaften und GmbH, 1983; *Dorscheid* Austritt und Ausschluss eines Gesellschafters aus der personalistischen Kapitalgesellschaft, 1984; ferner *Eser* DB 1985, 29 ff. (zur Ausschließbarkeit außerhalb der Satzung); *Balz* Die Beendigung der Mitgliedschaft in der GmbH, 1984. Zum Schutz der GmbH vor Überfremdung *Ulmer* ZHR 1985, 28 (Zwangseinziehungsklauseln). **53**

Abgesehen vom Ausschluss nach §§ 21, 28 kommt ein Ausschluss bei Vorliegen eines wichtigen Grundes in der Person des Gesellschafters in Betracht (*BGHZ* 16, 317; *Scholz/Seibt* Anh. § 34 Rz. 25, 30 f.; *Noack* § 34 Anh. Rz. 2 ff.; *Lutter/Hommelhoff* § 34 Rz. 111 ff.; *BGH* NZG 2000, 35; *BGH* v. 8.12.2008 – II ZR 263/07 – Gesellschafterausschluss mit sofortiger Wirkung vor Zahlung einer Abfindung – Nichtigkeit des Einziehungsbeschlusses bei Unmöglichkeit der Abfindung aus freiem Vermögen aufbringen kann (*BGHZ* 144, 365, 369 f. = BB 2000, 1590). Die Satzung kann Konkretisierung des Ausschlusses vorsehen, darf jedoch den Ausschluss wegen wichtigen Grundes nicht beschränken (*Wicke* § 15 Rz. 2; *BGH* NJW 1992, 892; *OLG Jena* NZG 2006, 36; *BayObLG* NZG 2004, 99) – Ausschließung eines Gesellschafters auch ohne Satzungsregelung bei wichtigem Grund möglich – Zulässigkeit folgt aus der gesellschaftsrechtlichen Treupflicht (NJW 1981, 2302) – Ausschließung aber nur durch Urteil nach Ausschließungsklage und nicht durch Gesellschafterbeschluss – Ausschlussbeschluss führt nur zum Verlust der Gesellschafterstellung, nicht zum Verlust des Geschäftsanteils (*BGHZ* 9, 157 = NJW 1973, 780) – Unwirksamkeit des Beschlusses über Einziehung bei Zulassung im Gesellschaftsvertrag infolge fehlender Zustimmung des Gesellschafters (vgl. § 34 Abs. 1) – Wirksamkeit des Beschlusses nur bei Zustimmung des Gesellschafters – Einziehung/Amortisation nach § 34 Abs. 2 ohne Zustimmung bei Vorliegen der Voraus- **54**

setzungen bei Festsetzung im Gesellschaftsvertrag vor Anteilserwerb – Hilfsantrag zur Ausschließung – keine Erforderlichkeit eines besonderen Beschlusses über die Erhebung der Ausschließungsklage und die Geltendmachung der Gründe bei Mehrheit von 85 % des geschäftsführenden Gesellschafters (*BGH* ZIP 1991, 32, 36) – Entzug von liquiden Mitteln und Zuführung an andere Gesellschaften mit Beteiligung des Mehrheitsgesellschafters: Benachteiligung der GmbH und des Minderheitsgesellschafters – kein Ausschluss des Minderheitsgesellschafters, sondern Auflösung der GmbH (*BGH* NJW 1960, 866; für die Zwangseinziehung *BGH* ZIP 1995, 567, 569; zu den Voraussetzungen der Ausschließung *BGH* ZIP 1995, 567; WM 1990, 677 – zum Ausschluss und Einziehung; i.Ü. *OLG Dresden* NZG 1999, 29; *OLG Hamm* NZG 1999, 599; *OLG Brandenburg* NZG 1999, 828 m. Anm. v. *Michalski/de Vries*; *OLG Hamm* GmbHR 1998, 1081; *LG Köln* GmbHR 1998, 1083; *OLG Hamm* NZG 2000, 433 – Zulässigkeit der zwangsweisen Einziehung nur auf der Basis einer Satzungsregelung (Bestimmtheitsgrundsatz) – klare Umschreibung in Einziehungsklauseln ohne volle Abfindung (*BGH* NJW 1977, 2316) – Auslegung von Satzungsregelungen nach objektiven Kriterien auch bei personalistischer GmbH – Nichtigkeit der Beschlüsse hinsichtlich der Einziehung ohne gesellschaftsvertragliche Grundlage – *OLG Naumburg* NZG 2000, 541 zur Erleichterung und Erschwerung des Ausschlusses bei einer ARGE.

55 Der Ausschluss kann auch noch im Liquidationsstadium erfolgen (*BGHZ* 9, 157). Ein Gesellschafter, gegen den das Ausschlussverfahren läuft, kann das Auflösungsverfahren jedenfalls dann nicht erfolgreich durchführen, wenn seine Ausschließung gerechtfertigt erscheint (*BGH* ZIP 1981, 985 = NJW 1981, 2302).

56 Es handelt sich auch hier grds. um das „äußerste Mittel", bei dem andere, geeignete Schritte nicht zur Verfügung stehen (*Noack* Anh. § 34 Rz. 6; *Scholz/Seibt* Anh. § 34 Rz. 30 m.w.N. und § 15 Rz. 136 – allg. Meinung).

57 **Wichtiger Grund:** Voraussetzung ist ferner das Vorliegen eines „wichtigen Grundes" in der Person des Gesellschafters, der Mitgesellschafter oder den Gesellschaftsverhältnissen (Unzumutbarkeit für die anderen Gesellschafter, Gefährdung des Fortbestands der Gesellschaft etc.).

58 Wann ein „wichtiger Grund" zu bejahen ist, richtet sich nach den Gesamtumständen, wobei die Ausschlussgründe u.a. in der Person des Auszuschließenden in Betracht kommen (vgl. hierzu die Schwierigkeiten im Einzelfall *BGH* ZIP 1995, 567; i.Ü. *Westermann* Abberufung und Ausschließung, S. 102 m.w.N.; ferner *Scholz/Seibt* Anh. § 34 Rz. 26; *Noack* Anh. § 34 Rz. 3 – Schwere des Verstoßes muss vorliegen – Treupflichtverletzungen – schwere Zerwürfnisse der Gesellschafter – Denunziation – geschäftsschädigendes Auftreten in der Öffentlichkeit – Verschweigen relevanter Vorstrafen – Vorspiegeln von Fachkenntnissen etc.).

59 **Ausschluss bei Zwei-Personen-GmbH:** Besondere Schwierigkeiten ergeben sich bei einer „Zwei-Personen-GmbH". Zwar ist ein Beschluss entbehrlich (*BGH* NJW 1999, 370; *OLG Jena* NZG 2006, 36; *Wicke* § 15 Rz. 5) hier wird eine Abwägung der zuzurechnenden Umstände einschließlich der Verschuldensfrage stattfinden. Ein Ausschluss desjenigen kommt in Betracht, dessen Fehlverhalten etc. erheblich überwiegt (hierzu *BGH* ZIP 1995, 567; *Westermann* a.a.O.; auch z.B. *Roth* § 60, 6.2.1). Bei gleich schweren Beiträgen scheidet ein Ausschluss aus, der fortsetzungsunwillige Gesellschafter ist hier auf § 61 verwiesen (zum „wichtigen Grund" für die Auflösung einer personalistischen GmbH *BGH* BB 1981, 1729). Bei Beendigung der satzungsmäßig vorgesehenen Mitarbeit kann ein Ausschluss erfolgen, sofern dieser nicht willkürlich ist, sondern auf einem „sachlichen Grund" beruht (hierzu *BGH* MDR 1984, 123 = NJW 1983, 2881). Der Ausschluss muss nicht die „Ultima ratio" sein. Hierauf ist der *BGH* in seinen Entscheidungen v. 25.4.1983 (ZIP 1983, 1066) und v. 9.3.1987 (GmbHR 1987, 302) nicht mehr eingegangen. „Je personalistischer eine GmbH ausgestaltet ist, desto eher führen Störungen in der Person des Gesellschafters zur Unzumutbarkeit der unveränderten Fortsetzung des Gesellschaftsverhältnisses" (so zutr. *OLG Frankfurt* DB 1979, 2127; auch *Bartl* BB 1984, 2154, 2159). Derjenige, in dessen Person bei einer Zwei-Personen-GmbH Ausschlussgründe vorliegen und der in der GmbH verbleiben will, kann den Ausschluss des Mitgesellschafters nicht betreiben (*BGH* ZIP 1981, 985, 988 = NJW 1981, 2302; vgl. auch *BGH* BB 1990, 653; *Bartl* BB 1984, 2154, 2159). Vgl. auch *OLG Karlsruhe* NZG 2000, 264 – **Zwei-Personen-GmbH – Stimmrechtsverbots des abzuberufenden Geschäftsführers bei Abberufung aus wichtigem Grund** (auch bei maßgeblich von ihm beeinflusster Personen-GmbH); *OLG Köln* GmbHR 2001, 110 = NZG 2001, 82 – **Ausreichen der einfachen Mehrheit für Ausschlussbeschluss grds. nicht ausreichend, sondern Dreiviertelmehrheit** (str. vgl. *BGHZ* 9, 157 = GmbHR 1953, 72; *OLG Frankfurt* GmbHR 1980, 56: nicht ausreichend einfache Mehrheit – richtig Scholz/*Seibt* Anh. §34 Rz.39 m.w.N.) – **Schutz des Gesellschafters durch nachfolgende gerichtliche Prüfung ausreichend.**

Gesellschafterbeschluss und Ausschlussklage: Voraussetzung des Ausschlusses sind **60** Gesellschafterbeschluss und nachfolgende Ausschlussklage (*Wicke* §15 Rz.5; *Gehrlein/ Witt/Volmer* 3. Kap. Rz.46; *BGH* NJW 1981, 2302 = ZIP 1981, 985; *OLG Frankfurt* DB 1979, 2147). Der Ausschluss selbst erfolgt durch Gestaltungsurteil (*BGH* MDR 1984, 123 = NJW 1983, 2881; GmbHR 1987, 302). Das Urteil setzt auch die Abfindung fest (*BGHZ* 9, 157, 170 ff.; GmbHR 1977, 177; hierzu auch *Westermann* a.a.O., S.104 ff.). Die Ausschließungsklage ist durch die GmbH zu erheben (*OLG Frankfurt* a.a.O.).

Der Gesellschafterbeschluss soll einfache Mehrheit, nach richtiger a.A. Dreiviertel- **61** mehrheit erfordern (*BGH* NZG 2003, 284, 286; *Gehrlein/Witt/Volmer* 3. Kap. Rz.46; *BGHZ* 9, 157, 177; *Lutter/Hommelhoff* §34 Rz.121; *Hachenburg/Ulmer* Anh. §34 Rz.24; *Roth* §60, 6.2.2 im Hinblick auf §140 HGB sogar Dreiviertelmehrheit aller stimmberechtigten Gesellschafter verlangend; einfache Mehrheit ausreichend lassend Scholz/*Seibt* §34 Rz.27; *Noack* §34 Anh. Rz.9). Im Hinblick auf die Schwere des Schrittes spricht viel für eine Dreiviertelmehrheit. Freilich ist zu beachten, dass dann z.B. bei Familien-Gesellschaften erhebliche, zusätzliche Spannungen entstehen dürften. I.Ü. sollte das Schwergewicht der Entscheidung nicht im Bereich der Beschlussformalien liegen, sondern sich nach dem Vorliegen eines „wichtigen Grundes" richten. Da ohnehin ohne gerichtliche Inanspruchnahme kein Ausschluss möglich ist, ist eine kompetente Kontrollinstanz vorhanden (krit. *Scheifele* BB 1989, 792). Angesichts der mangelnden Regelung des Sachverhaltes durch das Gesetz ergeben sich erhebliche Bedenken gegen die Errichtung von Hürden durch Mehrheitserfordernisse. Das gilt auch für die Forderung, dass die Ausschließungsklage nur von einem Gesellschafter betrieben werden könne, der mindestens über 25 % des Stammkapitals hält (*v. Stetten* GmbHR 1982, 105). Hierfür besteht kein Anlass. I.Ü. sind diese Voraussetzungen auch wenig weiterhelfend, soweit es um eine Zwei-Personen-GmbH geht (vgl. *BGH* ZIP 1981, 985 = NJW 1981, 2302). Mit dem Gesellschafterbeschluss über die Ausschließung verliert der Gesellschafter seine Rechte (*BGH* ZIP 1983, 1444; anders bei einer Kündigung, vgl. *BGH* a.a.O.).

62 In dem Ausschlussbeschluss liegt keine Satzungsänderung (*OLG Frankfurt* DB 1979, 2127). Kritisch i.Ü. zu den Hürden für die Ausschließung durch Mehrheitserfordernisse *Westermann* a.a.O., S.104, 106 – mit Recht; i.Ü. *Bartl* BB 1984, 2154, 2159 m.w.N.

63 Angesichts der erheblichen Rechtsunsicherheiten empfiehlt es sich, in der Satzung entspr. Regelungen für den Ausschluss sowie den Austritt bzw. die Kündigung vorzusehen (vgl. *Priester* Die Gestaltung von GmbH-Verträgen, 2. Aufl. 1983, S. 75; mit einer Kündigungsregelung; zu den Regelungsmöglichkeiten bei der GmbH *Westermann* a.a.O., S. 137 f. m.w.N.). In Betracht kommen Regelungen, die eine einfache Mehrheit oder Einstimmigkeit vorsehen. Ferner können die Ausschlussgründe konkretisiert und beispielhaft angegeben werden. Des Weiteren wird die Frage der Abfindung zu regeln sein (hierzu *BGHZ* 32, 22; auch *Roth* § 60, 6.1.2.). Im Regelfall werden derartige Punkte im Gesellschaftsvertrag unter dem Aspekt der Einziehung behandelt (hierzu beispielhaft *Priester* a.a.O., S. 63: Zwangseinziehung bei wichtigem Grund, Stimmrechtsausschluss des betroffenen Gesellschafters, Entgeltregelung; hierzu i.Ü. auch *Westermann* a.a.O., S.138). Hinsichtlich der Abfindung muss natürlich § 30 Abs. 1 beachtet werden (*Hachenburg/Ulmer* § 34 Anh. Rz.33; auch zu den Abfindungsregelungen und deren Grenzen Scholz/*Seibt* Anh. § 34 Rz.52; auch *Gehrlein/Witt/Volmer* 3. Kap. Rz.50; *Noack* Anh. § 34 Rz.11 (Höhe: voller wirtschaftlicher Wert des Anteils – Sachverständigengutachten infolge Fehlens eines geregelten Marktes; mehrere Bewertungsmethoden kommen in Betracht *BGH* DStR 2006, 1006 – Ertragswertmethode – Discounted Cash-Flow-Verfahren – Substanzwertmethode – Satzungsregelung empfehlenswert; *Wicke* Anh. § 34 empfiehlt „neutrale Stelle" als Vorschlagende – Schiedsklausel – für den Fall der fehlenden Einigung)).

§ 16   Rechtsstellung bei Wechsel der Gesellschafter oder Veränderung des Umfangs ihrer Beteiligung; Erwerb vom Nichtberechtigten

(1) [1]**Im Verhältnis zur Gesellschaft gilt im Fall einer Veränderung in den Personen der Gesellschafter oder des Umfangs ihrer Beteiligung als Inhaber eines Geschäftsanteils nur, wer als solcher in der im Handelsregister aufgenommenen Gesellschafterliste (§ 40) eingetragen ist.** [2]**Eine vom Erwerber in Bezug auf das Gesellschaftsverhältnis vorgenommene Rechtshandlung gilt als von Anfang an wirksam, wenn die Liste unverzüglich nach Vornahme der Rechtshandlung in das Handelsregister aufgenommen wird.**

(2) Für Einlageverpflichtungen, die in dem Zeitpunkt rückständig sind, ab dem der Erwerber gemäß Absatz 1 Satz 1 im Verhältnis zur Gesellschaft als Inhaber des Geschäftsanteils gilt, haftet der Erwerber neben dem Veräußerer.

(3) [1]**Der Erwerber kann einen Geschäftsanteil oder ein Recht daran durch Rechtsgeschäft wirksam vom Nichtberechtigten erwerben, wenn der Veräußerer als Inhaber des Geschäftsanteils in der im Handelsregister aufgenommenen Gesellschafterliste eingetragen ist.** [2]**Dies gilt nicht, wenn die Liste zum Zeitpunkt des Erwerbs hinsichtlich des Geschäftsanteils weniger als drei Jahre unrichtig und die Unrichtigkeit dem Berechtigten nicht zuzurechnen ist.** [3]**Ein gutgläubiger Erwerb ist ferner nicht möglich, wenn dem Erwerber die mangelnde Berechtigung bekannt oder infolge grober Fahrlässigkeit unbekannt ist oder der Liste ein Widerspruch zugeordnet ist.** [4]**Die Zuordnung eines Widerspruchs erfolgt aufgrund einer einstweiligen Verfügung oder auf-**

grund einer Bewilligung desjenigen, gegen dessen Berechtigung sich der Widerspruch richtet. ⁵Eine Gefährdung des Rechts des Widersprechenden muss nicht glaubhaft gemacht werden.

Übersicht

Rechtsprechung und Literatur:

Born Die neuere Rechtsprechung des BGH zur GmbH, WM 2023, Heft 10, Sonderbeilage 2 m.w.N.; *ders.* Die neuere Rechtsprechung des Bundesgerichtshofs zur Gesellschaft mit beschränkter Haftung, WM 2017, Heft 42 Sonderbeilage 3, mit Hinw. auf *BGHZ* 199, 270 – Aufnahme in der im Handelsreg. eingetragenen Gesellschafterliste erforderlich; *BGH* NJW 2015, 1303 – kein Vertrauen der Gläubiger auf die Gesellschafterliste. Der BGH wendet i.Ü. die Grundsätze über die fehlerhafte Gesellschaft auf den Erwerb eines Anteils nicht mehr an, da dies Gesellschaft durch § 16 Abs. 1 ausreichend geschützt sei (*BGH* v. 27.1.2015 – KZR 90/13, Rz. 15). Auch *Harbarth/Friedrichson* 10 Jahre MoMiG – Welche Impulse benötigt das GmbH-Recht heute?, GmbHR 2018, 1174; ferner *BGH* ZIP 2012, 117 – Pflichten des Geschäftsführers hinsichtlich des Nachweises des Übergangs des Anteils nach § 16 Abs. 1 a.F. (Berücksichtigung gesellschaftsvertraglicher Bestimmungen zur Erschwerung der Abtretung); *BGH* NZG 2011, 1268 – vgl. *Jeep* NJW 2012, 658; auch *Stamer* EWiR 2011, 811 – berechtigte Zurückweisung einer nicht aktuellen Gesellschafterliste durch das Registergericht – kein gutgläubiger Erwerb eines aufschiebend bedingt abgetretenen Geschäftsanteils nach § 161 Abs. 3 BGB i.V.m. § 16 Abs. 3 GmbHG vor Bedingungseintritt durch Zweiterwerber; *BGH* 19.4.2010 – II ZR 150/09 – Veräußerer als Inhaber mehrerer Geschäftsanteile – Erforderlichkeit der hinreichenden Bestimmung des Geschäftsanteils bei Abtretung eines Teilgeschäftsanteils Inhaber mehrerer Geschäftsanteile, deren Wert jeweils den Wert des abgetretenen Teils – Unwirksamkeit der Abtretung und der Anmeldung; *BGH* ZIP 2012, 720 – für Erstellung der Gesellschafterliste bei GmbH-Gründung kein Notarbetreuungsgebühr nach § 147 Abs. 2 KostO (anders bei Einholung der Stellungnahme der IHK); *KG* ZIP 2010, 2047 – Widerspruch aufgrund einer einstweiligen Verfügung und Widerlegung der Dringlichkeitsvermutung nach § 16 Abs. 3 S. 5 GmbHG; *OLG Bremen* 21.10.2011 – 2 U 43/11 – Irrelevanz von Beschlüssen betreffend nicht in der Gesellschafterliste enthaltene Personen – Abstellung der GmbH auf Gesellschafterliste: nur der Eingetragene ist als Gesellschafter zu behandeln (bei Anfechtung der Abtretung kein rückwirkendes Wiedereinsetzen als Gesellschafter); *OLG Düsseldorf* ZIP 2011, 564 Anm. v. *Gerber* EWiR 2011, 255 zulässige Einreichung der geänderten Gesellschafterliste durch Schweizer Notar (Basel) bei von ihm wirksam beurkundeter Abtretung von Geschäftsanteilen einer deutschen Gesellschaft; *OLG München* ZIP 2011, 612 m Anm. v. *Herrler* – kein gutgläubiger Erwerb einer aufschiebend bedingten Veräußerung; *OLG München* ZIP 2013, 458 – Zurückweisung einer von Baseler Notar eingereichten Gesellschafterliste; *OLG München* 27.5.2009 – 31 Wx 38/09 – zur Bescheinigung nach § 40 Abs. 2 S. 2 GmbHG auch bei Einreichung der vorhergehenden Liste vor dem 1.11.2008; *OLG München* ZIP 2009, 2392, auch *Wachter* EWiR 2010, 185 – Kapitalerhöhung bei UG und Erforderlichkeit der Einreichung einer vollständigen notariell bescheinigten Satzung sowie neuer Gesellschafterliste; *Bayer* Gesellschafterliste: Einreichungspflichtige Veränderungen der Beteiligungsverhältnisse, GmbHR 2012, 1; *Flick* Die Gesellschafterliste bei einer Verschmelzung mit Kapitalerhöhung, NZG 2010, 170; *Jeep* Die ungenutzte Chance des BGH zur Aufwertung der GmbH-Gesellschafterliste, NJW 2012, 658; *Hellfeld* Ausschluss des gutgläubigen Zwischenerwerbs bei GmbH-Anteilen, NJW 2010, 411; *Ising* Gesellschafterliste nach Umwandlung: Probleme in der Praxis, NZG 2010, 812; *Löbbe* Zuständigkeit von Geschäftsführer und Notar für Inhalt und Einreichung der GmbH-Gesellschafterliste, GmbHR 2012, 7; *Melchior Kummer* mit der Nummer? Hinweise zur Nummerierung der GmbH-Geschäftsanteile in der Gesellschafterliste, NotBZ 2010, 213; *Brand/Kanzler* Neues zu Untreue und Bankrott in der GmbH, ZWH 2012, 1 (Einverständnis und § 16 GmbHG).

I. Reform 2008 – Hinweise

1 Die Bestimmung wurde nicht durch die Novelle von 1980 geändert, jedoch wesentlich durch die Reform 2008. Seitdem besteht diese Vorschrift unverändert fort. Zutreffend wird in der Literatur auf drei Aspekte hingewiesen, nämlich zum einen auf die Ablösung des Anmeldetatbestands durch die Eintragung in die in das Handelsregister aufgenommene Gesellschafterliste nach § 16 Abs. 1; die Haftung für rückständige Einlagen des Erwerbers neben dem Veräußerer nach § 16 Abs. 2 sowie den möglichen gutgläubigen Erwerb des Anteils nach § 16 Abs. 3 (vgl. insofern etwa Scholz/*Seibt* § 16 Rz. 3). Offensichtlich wurden im Schrifttum i.d.F. der §§ 16, 40 zahlreiche Probleme gesehen; denn kaum zu einer anderen Vorschrift liegen so zahlreiche Veröffentlichungen vor (vgl. v.a. zur Literatur Scholz/*Seibt* vor § 16 Rz. 1; aber auch *Noack* vor § 16 Rz. 1). Zu § 16 Abs. 1 GmbHG a.F. *BGH* ZIP 2013, 117, 118 – bei Überzeugungsbildung hinsichtlich des Nachweises des Übergangs mussten gesellschaftsvertragliche Bestimmungen berücksichtigt werden). Nunmehr betont § 16 Abs. 1 der aktuellen Fassung ausdrücklich, dass bei Änderung des Gesellschafters als Gesellschafter „nur gilt, wer als solcher in der in im HR aufgenommene Gesellschafterliste (§ 40) eingetragen ist." (hierzu *OLG Bremen* v. 21.10.2011 – 2 U 43/11 – Abstellung der GmbH auf Gesellschafterliste: nur der Eingetragene ist als Gesellschafter zu behandeln; auch etwa *Lutter/Hommelhoff* § 16 Rz. 19). Die Erstellung und Einreichung der Gesellschafterliste erfolgt durch Geschäftsführer nur auf Mitteilung (geschäftsähnliche Handlung) und Nachweis (vor allem durch Abtretungsurkunde – vgl. § 40 Abs. 1 – ferner *Noack* § 40 18 f., 25 f.).

2 Maßgebliche Bedeutung hat damit die Gesellschafterliste und deren unverzüglichen Aufnahme in das HR – hierzu *Born* in WM 2023, Heft 10, Sonderbeilage 2, Abschnitt E II. 1. (S. 7 ff.) m. Hinw. u.a. auf *BGHZ* 199, 270 – Aufnahme in der im HR eingetragenen

Gesellschafterliste erforderlich; *BGH* NJW 2015, 1303 – kein Vertrauen der Gläubiger auf die Gesellschafterliste. Nur derjenige, der in der im HR aufgenommenen Gesellschafterliste als Inhaber des Geschäftsanteils eingetragen ist, gilt gem. § 16 Abs. 1 S. 1 im **Verhältnis zur Gesellschaft als solcher.** **Die Eintragung und die Aufnahme der Liste in das Handelsregister sind zwar keine Wirksamkeitsvoraussetzungen für den Erwerb eines Geschäftsanteils.** **Ohne die Eintragung und Aufnahme der Liste in das Handelsregister bleibt dem Neugesellschafter jedoch die Ausübung seiner Mitgliedschaftsrechte gem. § 16 Abs. 1 S. 1 verwehrt** (BT-Drucks. 16/6140, 37). Nach § 16 Abs. 3 kann ferner ein Geschäftsanteil oder ein Recht daran unter bestimmten Voraussetzungen durch Rechtsgeschäft wirksam von einem Nichtberechtigten erworben werden, wenn der Veräußerer als Inhaber des Geschäftsanteils in der beim Handelsregister verwahrten Gesellschafterliste eingetragen ist. Wegen dieser nachteiligen Wirkungen für den wahren Rechtsinhaber ist die nach Eintritt einer Veränderung in den Personen der Gesellschafter oder des Umfangs ihrer Beteiligung den wahren Rechtszustand wiedergebende Gesellschafterliste nach ihrer Einreichung auch zügig in das Handelsregister aufzunehmen. Eine inhaltliche Prüfpflicht des Registergerichts würde dagegen unweigerlich in einer Vielzahl von Fällen zu nicht unerheblichen Verzögerungen führen – *BGHZ* 199, 270; vgl. auch *Born* a.a.O., S. 12.

Erstmalig seit MoMiG enthält die Vorschrift auch in Abs. 3 S. 2 allerdings den erwähn-   **3** ten gutgläubigen Erwerb eines Anteils. Betroffene können sich durch einen Widerspruch in der Gesellschafterliste mit einer (erleichterten) einstweiligen Verfügung zur Wehr setzen (*Noack* § 16 Rz. 1; auch Scholz/*Seibt* § 16 Rz. 3 zum Konzeptionswechsel im Vergleich zur früheren Rechtslage; hierzu auch etwa schon *Wachter* GmbHR 2008, SH 10/2008, 58; *Gehrlein/Witt/Volmer* 2. Kap. Rz. 42; *Wicke* § 16 Rz. 1). Die Vorschrift ist im Zusammenhang mit § 15 zu sehen und regelt die Rechtsstellung des neuen Gesellschafters im Verhältnis zur Gesellschaft. Zur erheblich aufgewerteten Gesellschafterliste vgl. § 40. § 16 enthält zwingendes Recht (*Lutter/Hommelhoff* § 16 Rz. 1: „grundsätzlich zwingend"; Scholz/*Seibt* § 16 Rz. 13; *Wicke* § 16 Rz. 1 a.E.). Die Bestimmungen zur Gesellschafterliste waren bereits durch das Handelsrechtsreformgesetz v. 22.6.1998 (BGBl. I 1998, S. 1474 ff.) nachgebessert und verschärft worden. Die Vorschrift gilt nicht nur bei rechtsgeschäftlicher Übertragung durch Abtretung, sondern bei allen Formen des Anteilsübergangs, insb. bei der Gesamtrechtsnachfolge (*Noack* § 16 Rz. 19; *Lutter/Hommelhoff* § 16 Rz. 4; Scholz/*Seibt* § 16 Rz. 18 f.). Die Verkehrsfähigkeit von GmbH-Anteilen wird hierdurch nicht eingeschränkt, da die Eintragung in die Gesellschafterliste sehr zeitnah erfolgen kann, wozu auch die elektronische Einreichung zum HR beiträgt (vgl. § 16 Abs. 1 S. 2). Durch die Neuregelung ist der Gesellschafterbestand stets aktuell, lückenlos und unproblematisch nachvollziehbar, denn es entspricht nunmehr einem Eigeninteresse des Erwerbers, für die Eintragung in die Gesellschafterliste durch den Geschäftsführer Sorge zu tragen (grds. zuständig – vgl. *OLG München* ZIP 2013, 458 – Zurückweisung einer von Baseler Notar eingereichten Gesellschafterliste, anders bei Mitwirken des Notars an der Veränderung der Gesellschafter etc.). Aber auch der Veräußerer hat ein Interesse daran, sein Ausscheiden wirksam werden zu lassen, wenn er auch nicht um seine Einlageverpflichtung herumkommt (vgl. § 16 Abs. 2). Seit der durch die geänderte 1. Gesellschaftsrechtliche RL (2003/58/EG) veranlassten vollständigen Einführung elektronischer HR in Deutschland ist eine Online-Abfrage bzw. eine jederzeitige Einsichtnahme auch hinsichtlich der Gesellschafterliste möglich. Vgl. *BGH* GmbHR 2009, 38 – Anforderungen an die Anmeldung eines neuen Gesellschafters nach Anteilserwerb.

II. Eintragungswirkung in die Gesellschafterliste

4 **1. Eintragung in die eingereichte Gesellschafterliste.** Das Registergericht ist insofern Verwahrstelle der eingereichten Gesellschafterliste, wobei es allerdings die Übereinstimmung der Liste mit § 40 Abs. 1 S. 1 überprüfen darf (*BGH* NZG 2011, 1268).

5 § 16 dient Abs. 1 neben dem konkreten Ziel der Missbrauchsbekämpfung auch dem allg. Anliegen, nämlich durch Transparenz über die Anteilseignerstrukturen der GmbH zu schaffen und Geldwäsche zu verhindern. Diese Transparenzforderungen entsprechen den Empfehlungen der Financial Action Task Force On Money Laundering (FATF), die durch die Richtlinie 2005/60/EG v. 26.10.2005 zur Verhinderung der Nutzung des Finanzsystems zum Zwecke der Geldwäsche und der Terrorismusfinanzierung in der Europäischen Union umgesetzt worden sind (Art. 7, 8, 13 Abs. 6). Die Änderung des § 16 lehnt sich an das Regelungsmuster des § 67 Abs. 2 AktG an. Danach gilt seit 2008 im Verhältnis zur GmbH **nur der in der im HR aufgenommenen Gesellschafterliste** Eingetragene als Gesellschafter. Eine Gesellschafterliste ist im HR aufgenommen, wenn sie in den für das entspr. Registerblatt bestimmten Registerordner (§ 9 Abs. 1 HRV) bzw. den sog. Sonderband des Papierregisters (§ 8 Abs. 2 HRV in der bis zum Inkrafttreten des Gesetzes über elektronische Handelsregister und Genossenschaftsregister (EHUG) v. 10.11.2006 (BGBl. I 2006, S. 2553) am 1.1.2007 geltenden Fassung) aufgenommen ist (zu den Zielen der Reform auch *Scholz/Seibt* § 16 Rz. 4).

6 Das Abstellen auf diesen Zeitpunkt dient der durch die Neufassung angestrebten Transparenz der Anteilsverhältnisse, da die Liste ab der Aufnahme im HR eingesehen werden kann (*Scholz* a.a.O.; auch *Lutter/Hommelhoff* § 16 Rz. 3 m.w.N.).

7 Die zeitnahe Information der Geschäftsführer über die Veränderung ist auch in den Fällen gewährleistet, in denen gem. § 40 Abs. 2 S. 1 der Notar zur Erstellung und Einreichung der Liste verpflichtet ist, da der Notar zusammen mit der Einreichung der Liste zum HR eine einfache Abschrift der Liste an die Gesellschaft zu übermitteln hat. Es obliegt aufgrund der allg. Sorgfaltspflicht den Geschäftsführern, bei entdeckten Fehlern der Liste für eine Berichtigung ggü. dem HR zu sorgen (zur Abgrenzung der Zuständigkeiten im Zusammenhang mit der Gesellschafterliste *OLG München* v. 6.3.2013 a.a.O.; *BGHZ* 199, 270 – Aufnahme in der im Handelsregister eingetragenen Gesellschafterliste erforderlich; *BGH* NJW 2015, 1303 – kein Vertrauen der Gläubiger auf die Gesellschafterliste; zu Einreichungspflichten *BGH* v. 17.12.2013 – II ZB 6/13 Rz. 12 f. – vgl. insofern § 40 Abs. 1 und 2 (s. dort)).

8 **2. Wirksamkeit der Anteilsübertragung nach § 15.** Die Vorschrift des § 16 Abs. 1 S. 1 bedeutet nicht, dass die Eintragung und die Aufnahme der Liste in das HR für den Erwerb des Geschäftsanteils Wirksamkeitsvoraussetzung wären *BGH* v. 24.2.2015 – II ZB 17/14 n 9. Die Wirksamkeit der Übertragung ist – abgesehen vom neu zu regelnden Fall des gutgläubigen Erwerbs – auch weiterhin unabhängig von der Eintragung in die Gesellschafterliste (vgl. u. Rz. 15). Materiell-rechtliche Anteilsübernahme (§ 15), Aufnahme in die Gesellschafterliste (§ 16 Abs. 1 S. 1) und Legitimation (§ 16 Abs. 1 S. 1) können daher auseinanderfallen (Scholz/*Seibt* § 16 Rz. 5; auch *Lutter/Hommelhoff* § 16 Rz. 22). Auch tritt mit der Aufnahme und Einreichung der Gesellschafterliste in das HR keine Heilung der Unwirksamkeit z.B. wegen Verstoßes gegen § 15 Abs. 2 ein (zu allem *Noack* § 16 Rz. 2; s. auch *Lutter/Hommelhoff* § 16 Rz. 22; Scholz/*Seibt* § 16 Rz. 5, 6).

3. Mitgliedschaftsrechte ohne Aufnahme der Gesellschafterliste in das Handelsregister.
Ohne die Eintragung und die Aufnahme der Liste in das HR bleibt dem Neugesell- 9
schafter allerdings die Ausübung seiner Mitgliedschaftsrechte verwehrt, da ihm ggü. der
Gesellschaft erst mit Aufnahme in die Gesellschafterliste und deren in das HR die
Gesellschafterstellung zukommt – fehlende Legitimationswirkung (vgl. allerdings u.
Rz. 15). Die Gesellschafterliste wurde dogmatisch an das Aktienregister bei der
Namensaktie angenähert, bei dem sich Probleme aus der relativen Rechtsstellung nicht
ergeben haben (vgl. hierzu auch *Lutter/Hommelhoff* § 16 Rz. 2; auch *Wicke* § 16 Rz. 3).

Die Eintragung in der Gesellschafterliste ändert nichts daran, dass die Wirkung der 10
Abtretung nach § 15 Abs. 3 vollzieht (Scholz/*Seibt* § 16 Rz. 5). Die GmbH darf allerdings Änderungen der Gesellschafter ohne eine entsprechende Mitteilung etc. nach
§ 40 Abs. 1 S. 2 nicht beachten (Scholz/*Seibt* § 16 Rz. 6). Ebenso gilt dies, wenn der entsprechende Nachweis ggü. dem Geschäftsführer unterbleibt (z. B. bei sicherer Kenntnis
des Geschäftsführers von der Unwirksamkeit der Abtretung – hierzu *Noack* § 16 Rz. 6).
Der bisherige Gesellschafter bleibt Gesellschafter mit allen Rechten und Pflichten –
trotz der Abtretung bis zur Anmeldung und Änderung der Gesellschafterliste. Der
Erwerber ist vor Anmeldung etc. nicht zur Gesellschafterversammlung zu laden
(*Noack* § 16 Rz. 14 m.w.N.). Die Sonderregelung in § 16 Abs. 1 S. 2 trägt allerdings dem
Bedürfnis der Praxis Rechnung, dem Erwerber die Möglichkeit zu eröffnen, **bereits vor
Aufnahme in die Liste und Aufnahme der Liste in das HR** unmittelbar nach Wirksamwerden des Erwerbs Rechtshandlungen in Bezug auf das Gesellschaftsverhältnis vorzunehmen, also bspw. an einem satzungsändernden Gesellschafterbeschluss oder einer
Bestellung neuer Geschäftsführer mitzuwirken (vgl. hierzu unten Rz. 15). Zu den
Ansprüchen des Erwerbers auf Aufnahme in die Gesellschafterliste bzw. Einreichung
s.u. Rz. 14.

4. Schwebende Unwirksamkeit des Gesellschafterwechsels vor Aufnahme in das Han- 11
delsregister. Nach **§ 16 Abs. 1 S. 2** sind derartige Rechtshandlungen vor Aufnahme in
das HR zunächst schwebend unwirksam (so zutreffend *Lutter/Hommelhoff* § 16 Rz. 36;
zu den Problemen infolge der schwebenden Unwirksamkeit auch *Noack* § 16 Rz. 21,
21a). Problematisch sind die Fälle, in denen es um die Bestellung eines Geschäftsführers unter Mitwirkung des noch nicht legitimierten Erwerbers kommt. Hier bestehen
die Probleme bedingt durch die schwebende Unwirksamkeit hinsichtlich der Bestellung des Geschäftsführers (mit dem Sonderproblem einseitiger Rechtsgeschäfte – vgl.
§ 180 S. 2 BGB), der schwebenden Unwirksamkeit der vom Geschäftsführer vorgenommenen Rechtshandlungen und bei Nichteintritt der Rückwirkungsfiktion infolge
nicht unverzüglicher Einreichung (endgültige Unwirksamkeit der Handlungen des
Geschäftsführers – vgl. zu diesen allseits erkannten Fragen Scholz/*Seibt* § 16 Rz. 48, 49;
Lutter/Hommelhoff § 16 Rz. 39, 40; *Noack* § 16 Rz. 21, 21a; vgl. *BGH* GmbHR 2008,
702 – aufschiebend bedingte Abtretung und Pflicht zur Geschäftsführerbestellung
durch Erwerber). Ist der Geschäftsführer im HR eingetragen, so ist der Rechtsverkehr durch § 15 Abs. 3 HGB geschützt. Andernfalls tragen Gesellschaft, Veräußerer
und Erwerber das mit dem Schwebezustand verbundene Risiko. Dies kann und sollte
nur dadurch ausgeschlossen werden, dass der Veräußerer der jeweiligen Rechtshandlung der Sicherheit halber ausdrücklich zustimmt oder dem Erwerber ebenfalls aus
Gründen Rechtssicherheit ausdrücklich bevollmächtigt (so *Lutter/Hommelhoff* § 16
Rz. 40; dem folgend Scholz/*Seibt* § 16 Rz. 50; auch *Noack* § 16 Rz. 21 a.E. unter Hinw.
auf *Wicke* NotBZ 2009, 1).

12 Der Erwerber muss bis zur Aufnahme in die Gesellschafterliste alle Rechtshandlungen gegen sich gelten lassen, die der Veräußerer ggü. der GmbH oder die GmbH diesem ggü. vornimmt (*Noack* § 16 Rz. 14; vgl. auch *Lutter/Hommelhoff* § 16 Rz. 32). Rechtshandlungen des Erwerbers nach Aufnahme in die Gesellschafterliste werden wirksam, wenn die Liste unverzüglich nach Vornahme der Rechtshandlung in das HR aufgenommen wird. Erfolgt die Aufnahme nicht unverzüglich, so sind die Rechtshandlungen endgültig unwirksam. Unmittelbar nach Wirksamwerden einer Anteilsabtretung kann die neue Gesellschafterliste elektronisch dem HR übermittelt werden. Die Aufnahme in den Registerordner erfolgt dann regelmäßig ebenfalls binnen sehr kurzer Zeit. Unverzüglichkeit liegt vor, wenn die Liste ohne schuldhaftes Zögern in das HR aufgenommen wird. Verzögerungen können sich durch Geschäftsführer, Notar oder Registergericht ergeben, worauf der Erwerber keinen Einfluss hat. Insofern ist schuldhaftes Verhalten des Geschäftsführers bzw. des Notars oder des Registergerichts erforderlich. Insofern werden Fristen zwischen zwei und vier Wochen genannt (vgl. *Noack* § 16 Rz. 20; auch *Lutter/Hommelhoff* § 16 Rz. 37; auch Scholz/*Seibt* § 16 Rz. 47 – jeweils m.w.N.). Bezieht man das Merkmal „unverzüglich" allein auf den Erwerber, so würde dies in Vielzahl der Fälle nicht eingreifen. Richtigerweise ist das unverzügliche Handeln durch Geschäftsführer, Notar bzw. Registergericht geboten. Allerdings muss dem Erwerber zumindest eine Kontrolle- und Nachfragepflicht auferlegt werden, wenn z.B. die auch von ihm im HR einsichtige geänderte Gesellschafterliste auch nach ca. zwei bis drei Wochen nicht in das HR aufgenommen ist. Es liegt in seinem Interesse, dass die rückwirkende Legitimation eintritt. Hieraus folgt, dass weder feste Fristen von zwei oder vier Wochen so wenig entscheidend sein können wie das Verhalten des Erwerbers (vgl. hierzu *Lutter/Hommelhoff* § 16 Rz. 37 m.w.N.).

13 Erfolgt die Abtretung aufschiebend bedingt, so kann die Rückbeziehung der Legitimationswirkung erst nach Eintritt der Bedingung und der unverzüglichen Einreichung der Gesellschafterliste an das HR erfolgen, da eine Veränderung noch nicht eingetreten ist. Vor Eintritt der Bedingung eingereichte Gesellschafterlisten wird das Registergericht die Gesellschafterliste zurückweisen, da sie „entgegen § 40 Abs. 1 S. 1, Abs. 2 S. 1 keine Veränderungen in den Personen der Gesellschafter oder des Umfangs ihrer Beteiligung ausweist, sondern nur solche ankündigt." (so *BGH* NZG 2011, 1268 – mit ausführlicher und zutreffender Auseinandersetzung mit abweichender Literatur und Rechtsprechung).

14 **5. Anspruch des Gesellschafters auf Einreichung der Liste zum Handelsregister.** Dem eintretenden Gesellschafter steht ein Rechtsanspruch auf Einreichung der Gesellschafterliste zum HR zu. Eine entspr. durch den Erwerber einklagbare Verpflichtung der Gesellschaft ggü. dem Neugesellschafter ist bei § 67 Abs. 2 AktG ohne ausdrückliche gesetzliche Regelung anerkannt (hierzu Scholz/*Seibt* § 16 Rz. 10; *Noack* § 16 Rz. 8; *Lutter/Hommelhoff* § 16 Rz. 19, 25, § 40 Rz. 22, 22b – jeweils m.w.N.). Gleiches gilt aufgrund der Parallelität der Vorschriften des AktG und des GmbHG auch für die GmbH. Insb. finden auch für den Anspruch auf Einreichung der Gesellschafterliste die Regeln des einstweiligen Rechtsschutzes Anwendung. Insofern kommen einstweilige Verfügungen in Betracht (*Noack* § 16 Rz. 8; *Noack* § 40 Rz. 30; vgl. *KG* ZIP 2010, 2047 – Widerspruch aufgrund einer einstweiligen Verfügung und Widerlegung der Dringlichkeitsvermutung nach § 16 Abs. 3 S. 5). In der Praxis dürfte es auf diese Rechtsfragen nur sehr selten ankommen, da die Einreichung der geänderten Gesellschafterliste im Zusammenhang mit der Beurkundung i.d.R. vom Notar veranlasst wird (§ 40 Abs. 2 S. 1). Die Gesellschaft ist jedenfalls nicht verpflichtet, von sich aus Nachforschungen etc. zu unternehmen, sofern nicht dem Geschäftsführer ggü. Mitteilung und Nachweis nach § 40 Abs. 1 S. 2 erfolgt. Es besteht auch keine selbstständige Berichtigungspflicht bzw. ein selbstständiges Berichtigungsrecht (vgl. *Noack* § 40 Rz. 38, 39). Der Neugesellschafter ist auch grds. nicht verpflichtet, die Veränderung der Liste zu melden (anders bei AG und Namensaktien nach § 67 Abs. 1 S. 2 AktG, der nicht in das GmbH-Recht übernommen wurde – vgl. *Noack* § 40 Rz. 24 str.).

Abgesehen davon gilt aber, dass mit dem Anteilserwerb ein gesetzliches Schuldverhältnis zwischen dem jeweiligen Gesellschafter und der Gesellschaft entsteht, aufgrund dem ausscheidenden wie dem eintretenden Gesellschafter ein Anspruch auf unverzügliche Aktualisierung der Gesellschafterliste durch die Gesellschaft zusteht. Bereits nach allg. bürgerlichen Leistungsstörungsrecht folgt aus der Verletzung dieser Pflicht ein Schadensersatzanspruch. Um etwaige Zweifel zu vermeiden, ist dieser Schadensersatzanspruch des Alt- und des Neugesellschafters in § 40 Abs. 3 ausdrücklich fixiert (vgl. RegE-Begr. – s. ferner u. § 40).

6. Unwiderlegliche Vermutung der Berechtigung durch Eintragung in die Gesellschaf- 15 terliste. Die Eintragung in die Gesellschafterliste begründet in entspr. Anwendung des § 67 Abs. 2 AktG eine unwiderlegliche Vermutung der materiellen Berechtigung des Gesellschafters ggü. der GmbH (*Noack* § 16 Rz. 11; *Lutter/Hommelhoff* § 16 Rz. 27 m Hinw. auf teils stritt Einordnung; ferner *Wicke* § 16 Rz. 3; *Gehrlein/Witt/Volmer* 2. Kap. Rz. 42; auch *Wachter* GmbHR 2008, SH 10/2008, 52).

Der Gesetzestext zu § 67 Abs. 2 AktG lautet:

(2) [1]Im Verhältnis zur Gesellschaft gilt als Aktionär nur, wer als solcher im Aktienregister eingetragen ist. [2]Jedoch bestehen Stimmrechte aus Eintragungen nicht, die eine nach Absatz 1 Satz 3 bestimmte satzungsmäßige Höchstgrenze überschreiten oder hinsichtlich derer eine satzungsmäßige Pflicht zur Offenlegung, dass die Aktien einem anderen gehören, nicht erfüllt wird. [3]Ferner bestehen Stimmrechte aus Aktien nicht, solange ein Auskunftsverlangen gemäß Absatz 4 Satz 2 oder Satz 3 nach Fristablauf nicht erfüllt ist.

Voraussetzung ist dementsprechend die Eintragung des Gesellschafters in die Gesell- 16 schafterliste und die Aufnahme derselben in das elektronische HR (vgl. *BGH* NJW 2015, 1303). Die Anmeldung der veränderten Beteiligungsverhältnisse reicht nach § 16 Abs. 1 S. 1 nicht aus. Das ist ausdrücklich in § 16 Abs. 1 S. 1 klargestellt. Sofern neue Gesellschafter vor Aufnahme der Gesellschafterliste in das Handelsreigster Rechtshandlungen vornehmen, was nach § 16 Abs. 1 S. 2 zulässig ist, gelten diese von Anfang an als wirksam, wenn die Liste unverzüglich (vgl. § 121 BGB) nach Vornahme der Rechtshandlung in das Handelsregister aufgenommen wird (so Rz. 11). Erfolgt die Aufnahme nicht oder nicht unverzüglich, so sind die schwebend unwirksamen Rechtshandlungen endgültig unwirksam (s.o. Rz. 11; so schon *Wachter* GmbHR 2008, SH 10/2008, 53). Damit hat sich die Legitimationsgrundlage seit 2008 und im Vergleich zu § 16 Abs. 1 a.F. nachhaltig verändert – von der Anmeldung zur Eintragung in die Gesellschafterliste und Aufnahme in das HR – vgl. z.B. *Scholz* § 16 Rz. 1 sowie umfassend *Born* in WM 2023, Heft 10, Sonderbeilage 2, Abschnitt E m.w.N.

III. Geschäftsführer und Notarpflichten

17   **1. Geschäftsführerpflichten.** Dem Geschäftsführer ist der Rechtsübergang mitzuteilen und nachzuweisen (s. hierzu unten die Ausführungen zu § 40; auch etwa *Zöllner/ Noack* in Baumbach/Hueck § 40 Rz. 18 f.). Bei berechtigten Zweifeln kann er weitere Nachweise verlangen (entspr. Urkunden sind im Original oder in beglaubigter Abschrift vorzulegen, einfache Kopien können nicht ausreichend sein – *Noack* § 40 Rz. 25, 26; so bereits *Wachter* GmbHR 2008, SH 10/2008, 54; vgl. auch *Wicke* § 16 Rz. 11; *Gehrlein/Witt/Volmer* 2. Kap. Rz. 43 – jeweils m.w. Hinw.). Es besteht jedoch keine Pflicht zu einer vollständigen Rechtsprüfung, die den Geschäftsführer überfordern würde (*Lutter/Hommelhoff* § 40 Rz. 11; auch *Noack* § 40 Rz. 25). Ohne entsprechenden Nachw. nimmt der Geschäftsführer die Aufnahme in die Gesellschafterliste nicht vor – Schadensersatzpflicht des Geschäftsführers nach § 40 Abs. 3 denkbar – hierzu *Noack* § 40 Rz. 44 f.). Ist der Nachweis ggü. dem Geschäftsführer eindeutig geführt, so ist dieser unter Berücksichtigung seiner ausreichenden Vertretungsmacht (§ 78) verpflichtet, unverzüglich für die Weiterleitung der von ihm persönlich unterschriebenen (keine Stellvertretung zulässig) Gesellschafterliste an das HR zu sorgen. Erfolgt dies nicht unverzüglich, so kommen Schadensersatzansprüche gegen den Geschäftsführer in Betracht (vgl. auch § 40 Abs. 3 – insofern *Zöllner/Noack* in Baumbach/Hueck § 40 Rz. 44 m.w.N.; früher bereits *Gehrlein/Witt/Volmer* 2. Kap. Rz. 43; *Wachter* GmbHR 2008, SH 10/2008, 55). Da der Geschäftsführer die Sorgfalt eines ordentlichen Kaufmanns zu beachten hat, können z.B. fehlerhafte Rechtskenntnisse des Geschäftsführers insofern keine Rolle spielen, zumal es vor allem um das Vorgehen ohne schuldhaftes Zögern geht, allerdings mit Umkehr der Beweislast nach § 93 Abs. 2 S. 2 AktG analog (*Noack* § 40 Rz. 44, auch etwa *Wachter* GmbHR 2008, SH 10/ 2008, 55; *Bednarz* BB 2008, 1858). Das Registergericht nimmt die unterschriebene Gesellschafterliste lediglich entgegen und hat keine inhaltliche Prüfung vorzunehmen, kann aber die unvollständige etc. Gesellschafterliste zurückweisen (*BGH* NZG 2011, 1268; auch bereits *Gehrlein/Witt/Volmer* 2. Kap. Rz. 43). Voraussetzung ist, dass die Gesellschafterliste unterschrieben und vollständig gem. § 8 Abs. 1 Nr. 3 ist. Erfolgt die Weiterleitung der Liste durch den Geschäftsführer nicht unverzüglich, so können der frühere Inhaber bzw. der Erwerber den Vorgang bei dem HR anzeigen. Das Registergericht kann dann nach §§ 388 ff. FamFG den Geschäftsführer ggf. durch Zwangsgeld zur Pflichterfüllung anhalten (*Lutter/Hommelhoff* § 40 Rz. 18; auch *Gehrlein/Witt/Volmer* 2. Kap. Rz. 43 m.w. Hinw.).

18   **2. Notarpflichten.** Hat der Notar an Veränderungen mitgewirkt, so greift § 40 Abs. 2 ein (Übermittlung der vom Notar erstellten, unterschriebenen „qualifizierten" Liste – elektronische Einreichung zum HR). Hierbei handelt es sich um eine öffentlich-rechtliche Amtspflicht, deren Verletzung zur Notarhaftung führt (§ 19 BNotO; hierzu *Zöllner/ Noack* in Baumbach/Hueck § 40 Rz. 72 f. – dort auch in Rz. 69 zur Einreichung durch ausländischen Notar, str. – zutreffend zur Beurkundung und zulässigen Einreichung durch Schweizer Notar – Basel – *OLG Düsseldorf* ZIP 2011, 564 = NGZ 2011, 388, Anm. v. *Gerber* EWiR 2011, 255; vgl. ferner *Wachter* GmbHR 2008, SH 10/2008, 58; *Mayer* DNotZ 2008, 414; *Gehrlein/Witt/Volmer* 2. Kap. Rz. 44 – dort auch zur Frage der Notarpflichten bei berechtigten Zweifeln an der von ihm vorgenommenen Beurkundung sowie zu Überwachungspflichten z.B. bei aufschiebender Bedingung und Bedingungseintritt). Die Gesellschafterliste muss mit der Bescheinigung des Notars nach § 40 Abs. 2 S. 2 versehen sein (vgl. hierzu *Wachter* GmbHR 2008, SH 10/2008, 57).

IV. Folgen der Eintragung in die Liste und der Aufnahme in das elektronische Register

Mit Aufnahme in die Gesellschafterliste stehen dem Übernehmer des Anteils alle **19** Rechte und Pflichten als Mitglied zu (Gesellschafterversammlungen, Stimm-, Auskunfts- und Anfechtungsrecht, Gewinnansprüche etc., aber auch die Pflicht zur Leistung der Einlage etc. – zwingend, vgl. oben Rz. 11; auch *Wicke* § 16 Rz. 3: unwiderlegliche Vermutung der materiellen Berechtigung ggü. der GmbH). Sämtliche Veränderungen der Beteiligungen sind erfasst (Kauf, Schenkung, Übergang durch Erbfolge, Umwandlung eines Gesellschafters etc. – zum erbrechtlichen Übergang *Lutter/Hommelhoff* § 16 Rz. 33 ff.; auch *Noack* § 16 Rz. 17; *Wicke* § 16 Rz. 6, 7; vgl. ferner *Wachter* GmbHR 2008, SH 10/2008, 52/53 – **keine Veränderungen** in diesem Sinne Belastungen des Anteils, Verfügungsbeschränkungen, Insolvenzverfahren eines Gesellschafters – vgl. *Bayer* GmbHR 2012, 1, zu „Veränderungen" ausführlich; Scholz/*Seibt* § 16 Rz. 20, 43; auch *Noack* § 16 Rz. 9, auch Rz. 17a). Die Legitimation für die volle Rechtsstellung tritt allerdings erst mit Aufnahme der veränderten Liste in das HR ein (§ 16 Abs. 1 S. 1 – so Rz. 11). Zwischenzeitlich vorgenommene Rechtshandlungen sind schwebend unwirksam und werden nur wirksam, wenn die unverzügliche Aufnahme der Liste in das HR erfolgt (§ 16 Abs. 1 S. 2 – so Rz. 11). Nur auf der Grundlage der in das HR aufgenommenen Liste ist der gutgläubige Erwerb möglich (§ 16 Abs. 3; vgl. u. Rz. 24).

V. Mängel der Rechtsübertragung

Mängel der Rechtsübertragung können im Zusammenhang mit der Prüfung des Nach- **20** weises des Übergangs durch den Geschäftsführer relevant sein (vgl. oben Rz. 17). I.Ü. berühren eventuelle Mängel nur das Verhältnis zwischen Veräußerer und Erwerber, nicht aber die durch § 16 Abs. 1 begründete Legitimationswirkung der in das HR aufgenommenen Gesellschafterliste (hierzu *Born* WM 2023, Heft 10, Sonderbeilage 2, Abschnitt E m.w.N.; Scholz/*Seibt* § 16 Rz. 25; *Wicke* § 16 Rz. 5; auch *Wicke* ZIP 2005, 1400). Das bedeutet, dass Nichtigkeit oder Anfechtbarkeit des Abtretungsvertrages durch die Aufnahme der Gesellschafterliste in das HR „geheilt" werden. Zum Schutz der GmbH ist die Eintragung in die Gesellschafterliste maßgeblich. Dementsprechend hat der Gesellschafter seine Pflichten zu erfüllen. Ob es von diesem Grundsatz Ausnahmen gibt, ist fraglich, wird gleichwohl für den Fall der Unwirksamkeit wegen Geschäftsunfähigkeit, bei fehlender Zurechenbarkeit z.B. wegen absoluter Gewalt oder bei Handeln eines Vertreters ohne Vertretungsmacht sowie im Fall des Verstoßes gegen § 33 Abs. 1 bejaht (vgl. hierzu *OLG Bremen* v. 21.10.2011 – 2 U 43/ 11 – kein rückwirkendes Wiedereinsetzen bei Anfechtung der Abtretung; ferner Scholz/*Seibt* § 16 Rz. 26; *Lutter/Hommelhoff* § 16 Rz. 26; *Wicke* § 16 Rz. 9 – Berufung des scheinbaren Gesellschafters auf die Nichtigkeit, Anspruch auf Korrektur der Gesellschafterliste durch die Gesellschaft; hierzu auch *Gehrlein/Witt/Volmer* 2. Kap. Rz. 51, unter Hinw. auf *BGH* BB 1990, 508 = NJW 1990, 1915; *BGHZ* 84, 47 = BB 1982, 1325 = NJW 1982, 2822; vgl. ferner *BGH* NJW 2007, 1085 verneinend für den Fall der arglistigen Täuschung; a.A. *OLG Hamm* NZG 2006, 268).

VI. Haftung für Rückstände

1. Gesamtschuldnerische Haftung. Mit der Änderung des § 16 Abs. 2 (früher § 16 **21** Abs. 3 a.F.) haften Veräußerer und Erwerber für alle Rückstände („Einlageverpflichtungen") als Gesamtschuldner. Im neu gefassten § 16 Abs. 2 wird die bisherige Regelung in § 16 Abs. 3 aufgegriffen. Für die bisherige Regelung in § 16 Abs. 2 bestand nach dem Gesetzgeber kein gesondertes Regelungsbedürfnis, da sich die dort geregelten Rechtsfolgen bisher schon aus 16 Abs. 1 ableiten ließen. Rückstände liegen bei fälligen, nicht bewirkten Leistungen vor (*Lutter/Hommelhoff* § 16 Rz. 40; *Noack* § 16 Rz. 22; *Scholz/Seibt* § 16 Rz. 53; *Wicke* § 16 Rz. 12; vgl. *BGHZ* 132, 133 = BB 1996, 711 = NJW 1996, 1286; zur Haftung des Erwerbers auf Erstattung von unzulässig an den Veräußerer ausgezahlten Einlagen zutreffend *OLG Köln* GmbHR 2011, 648 – hiergegen *Scholz/Seibt* § 16 Rz. 52; auch *Lutter/Hommelhoff* § 16 Rz. 40 ff.; auch *Noack* § 16 Rz. 23 – jeweils m.w.N. der str. Ansichten).

22   Die Haftung umfasst damit neben Einlageverpflichtungen die Differenzhaftung, eine Unterbilanzhaftung auch im Fall der wirtschaftlichen Neugründung, Nachschüsse, Nebenleistungen und die Ausfallhaftung – insb. ausstehende Resteinlagen (*Noack* § 16 Rz. 23 m.w.N.; auch *Wicke* § 16 Rz. 12; *Gehrlein/Witt/Volmer* 2. Kap. Rz. 49). Da die Mindesteinlage bereits bei Anmeldung erbracht sein muss (§ 7 Abs. 2 S. 2), geht es u.a. um fällige rückständige sowie um fällig werdende Zahlungen, speziell um „Resteinlagen" (Gesellschafterbeschluss und Anforderung durch Geschäftsführer – *Gehrlein/Witt/Volmer* 2. Kap. Rz. 49; *Wicke* § 16 Rz. 12). Allerdings ist bei noch nicht fälligen Leistungen nur der Erwerber, nicht der Veräußerer betroffen (*Gehrlein/Witt/Volmer* a.a.O.; *Wicke* a.a.O.; vgl. *BGHZ* 132, 133 = BB 1996, 711 = NJW 1996, 1286 zu § 16 Abs. 3 a.F.). Nicht um Einlageverpflichtungen handelt es sich bei Schadensersatzansprüche gegen den Veräußerer als Gesellschafter wegen Treupflichtverletzungen, da diese Ansprüche nicht mit dem Geschäftsanteil verbunden sind (str. – hierzu *Scholz/Seibt* § 16 Rz. 52 m.w.N.; *Gehrlein/Witt/Volmer* a.a.O.).

23   **2. Zeitlicher Anknüpfungspunkt.** Zeitlicher Anknüpfungspunkt ist hierfür – Abs. 1 folgend – nicht mehr die Anmeldung des Erwerbs bei der Gesellschaft, sondern der Zeitpunkt der Aufnahme der aktualisierten Gesellschafterliste im HR und die in diesem Zeitpunkt fälligen, aber nicht erbrachten Leistungen. Danach erst fällige Leistungen treffen nur den Erwerber, nicht aber den Veräußerer. Fälligkeit und Rückstand sind erforderlich (zutreffend *Lutter/Hommelhoff* § 16 Rz. 41). Insoweit wird auf Rz. 19 verwiesen. Die Unterlassung der Eintragung in die Gesellschafterliste bzw. die Weiterleitung zur Aufnahme in das HR wird nach neuem Recht kaum möglich sein – z.B. bei nur kurzfristig gehaltenem und weiterveräußerten Anteil, da auch diese Veränderung transparent zu machen ist – vgl. § 40 Abs. 1, 2. Mit Recht wird bemerkt, dass die Listen den historischen Gang der Übertragungen vollständig wiedergeben müssen (*Wicke* § 16 Rz. 12). Da Übertragungen der Beteiligung des Notars bedürfen (§ 40 Abs. 2), wird dieser verpflichtet sein, für Transparenz durch Weiterleitung der Liste zu sorgen (hierzu oben Rz. 11; ferner *Wachter* GmbHR 2008, SH 10/2008, 56), soweit er an Veränderungen mitgewirkt hat (vgl. hierzu auch *Apfelbaum* Notar 2008, 170; *Meyer* DNotZ 2008, 408; *Nossius* DB 2008, 2304; ferner *Wachter* a.a.O.; *Wicke* a.a.O.).

VII. Gutgläubiger Erwerb – guter Glaube an die Verfügungsbefugnis

24   **1. Rechtsgeschäftlicher Erwerb.** Vergleiche zum gutgläubigen Erwerb *Lutter/Hommelhoff* § 16 Rz. 63 ff. m.w.N. sowie *Born* WM 2023, Heft 10, Sonderbeilage 2, Abschnitt E 2. m.w.N. Nach § 16 Abs. 3 S. 1 ist seit 2008 der gutgläubige Erwerb eines Geschäftsanteils möglich. Kaum ein anderer Bereich der Reform erhielt in der Literatur so viel Beachtung wie § 16 Abs. 3 (s. hierzu etwa *Jeep* NJW 2012, 658; *Bayer* GmbHR 2011, 1254; *Altmeppen* in FS *Schurig*, 2012, S. 1 f.; i.Ü. hierzu *Lutter/Hommel-*

hoff § 16 vor Rz. 63 zur umfangreichen Literatur; auch *Scholz/Seibt* vor § 16; auch *Noack* § 16 vor Rz. 26). Betroffen sind nur Geschäftsanteile auf der Basis der in das HR aufgenommenen Gesellschafterliste als Rechtsscheinträger, die vom Registergericht lediglich „verwahrt", aber grds. nicht überprüft wird (*BGH* NZG 2011, 1268). Voraussetzung ist der – und schon nach dem Wortlaut des § 16 Abs. 3 nur dieser – rechtsgeschäftliche Erwerb, nicht der Erwerb von Todes wegen, der Erwerb durch Zuweisung durch Gesellschafterbeschluss (Einziehung) sowie etwa durch Zwangsversteigerung (*Scholz/Seibt* § 16 Rz. 64 f.; auch *Lutter/Hommelhoff* § 16 Rz. 64; *Noack* § 16 Rz. 30 f.; *Wicke* § 16S 18; hierzu bereits *Wachter* GmbHR, Sonderheft 10/2008, S. 59; *Gehrlein/Witt/Volmer* 2. Kap. Rz. 53; *Vossius* DB 2007, 2301). Grundvoraussetzungen des gutgläubigen Erwerbs sind:

- Existenz des Geschäftsanteils,
- unrichtige Anführung des Inhabers (und/oder des Umfangs der Beteiligung z.B. bei unrichtiger Stückelung – str.),
- rechtsgeschäftlicher Erwerb des Anteils,
- Zurechnung zu Lasten des Berechtigten oder Ablauf der dreijährigen Frist,
- fehlender Widerspruch,
- keine Kenntnis oder grobfahrlässige Unkenntnis von der Nichtberechtigung des Veräußerers auf Seiten des Erwerbers (so zusammenfassend und zutreffend *Noack* § 16 Rz. 27).

Insofern sind vom Gesetzgeber zum Schutz des Verkehrs vor unrichtiger Gesellschafterliste lediglich Präventivmaßnahmen wie die notarielle Beurkundung der Abtretung, Pflicht zur Einreichung, Kontrolle und Aktualisierung durch Notar bzw. Geschäftsführer, Widerspruchs- und Berichtigungsanspruch vorgesehen, nicht jedoch ein voller Gutglaubensschutz wie bei dem Erwerb von Grundstücken vorgesehen (vgl. hierzu instruktiv die Übersicht bei *Scholz/Seibt* § 16 nach Rz. 62). Der Erwerber trägt das Risiko der Belastungen des Geschäftsanteils, der fehlenden Leistungen auf die Einlagen, der satzungsmäßigen Verfügungsbeschränkungen, der Insolvenz des Verfügenden etc. (grds. hierzu *BGH* NZG 2011, 1268 – aufschiebend bedingte Abtretung). **25**

Im Einzelnen sind hier die zutreffenden Ausführungen des *BGH* NZG 2011, 1268 weiterführend: **26**

Nach § 16 Abs. 3 ist die Gesellschafterliste Anknüpfungspunkt für den gutgläubigen Erwerb eines Geschäftsanteils. Die Rechtsscheinwirkungen des § 16 Abs. 3 können nur so weit gehen, wie die Gesellschafterliste als Rechtsscheinträger den für den Rechtsverkehr maßgeblichen Vertrauenstatbestand begründen kann. Die Gesellschafterliste ist aber nicht geeignet, einen Rechtsschein dafür zu setzen, dass der in der Liste eingetragene Inhaber des Geschäftsanteils über diesen nicht bereits aufschiebend bedingt verfügt hat.

Der Wortlaut des § 16 Abs. 3 spricht dafür, dass die Gesellschafterliste nur eine Aussage über die Gesellschafterstellung trifft, nicht aber über die Belastung des Geschäftsanteils mit einem Anwartschaftsrecht. Der in § 16 Abs. 3 S. 1 Hs. 1 angesprochene Erwerb vom Nichtberechtigten wird im HS 2 dieser Vorschrift davon abhängig gemacht, dass der Veräußerer als Inhaber des Geschäftsanteils eingetragen ist. Danach erfasst die Reichweite des Gutglaubensschutzes der Gesellschafterliste nur den guten Glauben an die Rechtsinhaberschaft des eingetragenen Gesellschafters. Wer einen Geschäftsanteil erwirbt, soll darauf vertrauen dürfen, dass die in der **27**

Gesellschafterliste verzeichnete Person Gesellschafter ist... Auch nach der Gesetzesbegründung soll durch § 16 Abs. 3 der gutgläubige Erwerb von Geschäftsanteilen nur insoweit ermöglicht werden, als der Erwerber darauf soll vertrauen dürfen, dass die in der Gesellschafterliste verzeichnete Person auch wirklich Gesellschafter ist (hierzu *Born* WM 2023, Heft 10, Sonderbeilage 2, Abschnitt E 2. m.w.N.).

28 Die Gesellschafterliste begründet dagegen keinen Vertrauenstatbestand für die Freiheit des Geschäftsanteils von Belastungen oder dafür, dass der Gesellschafter in seiner Verfügungsmacht über den Geschäftsanteil nicht durch den Gesellschaftsvertrag beschränkt ist. Für die Beschränkung der Verfügungsmacht nach § 161 Abs. 1 BGB gilt nichts anderes.

29 **Es entspricht der überwiegenden Auffassung, dass § 16 Abs. 3 keinen gutgläubigen lastenfreien Erwerb in Bezug auf Pfandrechte oder Nießbrauchrechte an Geschäftsanteilen ermöglicht** (*OLG München* ZIP 2011, 612, 614).

30 Diese Fallgestaltungen unterscheiden sich von der hier zu beurteilenden zwar dadurch, dass Verfügungsbeschränkungen, die sich im Zusammenhang mit einem gutgläubig bedingungsfreien Zweiterwerb ergeben, anders als dingliche Belastungen nicht den Geschäftsanteil als solchen betreffen, sondern lediglich die Verfügungsmacht des Veräußerers. **Es besteht aber im Wesentlichen auch Einigkeit darüber, dass u.a. der gute Glaube an die freie Übertragbarkeit von Geschäftsanteilen nicht geschützt ist. Die bei der GmbH häufig anzutreffende Vinkulierung von Geschäftsanteilen nach § 15 Abs. 5 kann nicht mit Hilfe der Gesellschafterliste, aus der diese Verfügungsbeschränkung nicht ersichtlich ist, überwunden werden** (*OLG München* ZIP 2011, 612, 615).

31 Aus der Praxis im Grundbuchrecht, die die Eintragung von Verfügungsbeschränkungen, **auch der durch § 161 Abs. 1 BGB bewirkten, zulässt, denen gegenüber gutgläubiger Erwerb nach § 892 Abs. 1 S. 2 BGB möglich ist, ergibt sich nichts anderes.** Eine § 892 Abs. 1 S. 2 BGB entsprechende Regelung, nach der eine Verfügungsbeschränkung dem Erwerber ggü. nur wirksam ist, wenn sie aus dem Grundbuch ersichtlich oder dem Erwerber bekannt ist, wurde in § 16 Abs. 3 gerade nicht übernommen. Ausweislich der damaligen und weiterhin zutreffenden Begründung des Regierungsentwurfs lehnt sich § 16 Abs. 3 nur teilweise an § 892 BGB an (BT-Drucks. 16/6140, S. 38), wie u.a. auch daraus deutlich wird, dass in § 16 Abs. 3 S. 2 teilweise das Veranlasserprinzip verankert ist, in § 892 BGB aber nicht. Einen vollständigen Gleichlauf von § 892 BGB und § 16 Abs. 3 hat der Gesetzgeber nicht gewollt und für die Erreichung des gesetzgeberischen Ziels, den an der Abtretung eines Geschäftsanteils beteiligten Personen die Mühen, Kosten und Unsicherheiten der mitunter sehr langen Abtretungskette seit Gründung der Gesellschaft zu ersparen, auch als nicht erforderlich erachtet (vgl. BT-Drucks. 16/6140, S. 38). Hiervon abgesehen erstreckt sich der den gutgläubigen Erwerb rechtfertigende Rechtsschein des Grundbuchs nach herrschender Meinung auch nur auf eintragungsfähige Rechte und Verfügungsbeschränkungen.

32 Soweit die Gegenmeinung für ihre Ansicht anführt, nach dem der Regelung des § 161 Abs. 3 BGB zugrunde liegenden Grundgedanken könne es nicht sein, dass der gutgläubige Erwerber eines GmbH-Geschäftsanteils bei einem Erwerb vom (noch) Berechtigten weniger geschützt sei als beim Erwerb vom (gänzlich) Nichtberechtigten oder dass ein nicht in die Gesellschafterliste eingetragener, aufschiebend bedingter Erwerber besser gegen den gutgläubigen Verlust seiner Rechtsstellung geschützt sei

als der nicht eingetragene Vollrechtsinhaber, **wird dem oben bereits dargelegten Umstand nicht hinreichend Rechnung getragen, dass der gute Glaube auch bei § 161 Abs. 3 BGB nur in dem von den gesetzlichen Vorschriften gezogenen Rahmen geschützt ist, die über § 161 Abs. 3 BGB zur Anwendung kommen.** Hierzu gehört, dass ein geeigneter Rechtsscheinträger vorhanden sein muss, der den für den Rechtsverkehr maßgeblichen Vertrauenstatbestand begründet. **Das Anwartschaftsrecht des Ersterwerbers** (vgl. hierzu *BGHZ* 132, 218, 222) ist stärker geschützt als sein Vollrecht, weil die Gesellschafterliste über § 161 Abs. 3 BGB den durch § 161 Abs. 1 BGB vermittelten Schutz bei aufschiebend bedingten Verfügungen nicht relativiert (so zu Recht *D. Mayer/Färber* GmbHR 2011, 785, 791, s. hierzu auch umfassend *Born* WM 2023, Heft 10, Sonderbeilage 2, m.w.N.).

Aus den dargelegten Gründen greift auch der Einwand nicht durch, bei einer Ablehnung des gutgläubigen bedingungsfreien Zweiterwerbs werde das gesetzgeberische Ziel, die bei der Abtretung gebotenen Prüfungen zu vereinfachen und die damit verbundenen Kosten zu senken, verfehlt. Angesichts der aufgezeigten Grenzen der Legitimationswirkung der Gesellschafterliste hinsichtlich dinglicher Belastungen und im Gesellschaftsvertrag angeordneter Verfügungsbeschränkungen kann dieses Ziel ohnehin nur eingeschränkt erreicht werden. Diese Beschränkung hat der Gesetzgeber bewusst in Kauf genommen. **33**

Trotz damals intensiver Diskussion im Gesetzgebungsverfahren wurde der gutgläubige Erwerb in Bezug auf Pfandrechte oder Nießbrauchrechte an Geschäftsanteilen nicht in den Regelungsbereich des § 16 Abs. 3 aufgenommen (vgl. die Stellungnahme des Handelsrechtsausschusses des *DAV* NZG 2007, 211, 215 Rz. 37; hierzu *D. Mayer/Färber* GmbHR 2011, 785, 794; *Scholz* a.a.O., Nachtrag MoMiG, § 16 Rz. 73 f.; *Habersack/Casper/Löbbe* § 16 Rz. 124 und 132). **34**

Dem ist trotz der Kritik (für den Fall der aufschiebend bedingten Abtretung) in der Literatur zu folgen (zur Kritik v.a. *Scholz/Seibt* § 16 Rz. 80, insb. 80a f.; *Lutter/Hommelhoff* § 16 Rz. 71, 74; *Bayer* GmbHR 2011, 1254 und *Altmeppen* in FS *Schurig* 2012, S. 1). **35**

2. Existenz des Anteils – guter Glaube nur an Verfügungsbefugnis. Nach § 16 setzt der gutgläubige Erwerb einen bestehenden Geschäftsanteil oder ein Recht an einem existierenden Geschäftsanteil voraus. Existenz des Geschäftsanteils ist folglich erforderlich. Nach der Neuregelung wird nur der gute Glaube an die Verfügungsberechtigung auf der Basis der Eintragung in der im HR aufgenommenen Liste geschützt, nicht jedoch der gute Glaube an die Existenz oder daran, dass die Einlagen vollständig und schuldbefreiend geleistet sind (vgl. RegE-Begr.; *Noack* § 16 Rz. 28; ferner *Wachter* GmbHR, Sonderheft 10/2008, S. 59; *Wicke* § 16 Rz. 15; *Gehrlein/Witt/Volmer* 2. Kap. Rz. 54; *Böttcher/Blasche* NZG 2007, 565). Die Verfügungsberechtigung ist aus der in das HR aufgenommenen Gesellschafterliste ersichtlich – auch wenn die Eintragung in die Liste fehlerhaft ist (*Noack* § 16 Rz. 29; *Wicke* § 16 Rz. 17; *Gehrlein/Witt/Volmer* 2. Kap. Rz. 55; auch *Wachter* GmbHR, Sonderheft 10/2008, S. 59). Fehlerhafte Gesellschafterlisten (unrichtiges Geburtsdatum des Gesellschafters, falscher Anteilsbetrag) werfen erhebliche Probleme auf, da der Anteil **jedenfalls so nicht** besteht (zu diesem str. Problem *Scholz/Seibt* § 16 Rz. 70 f.; auch *Noack* § 16 Rz. 28; Gutglaubenserwerb insofern ablehnend *Lutter/Hommelhoff* § 16 Rz. 67 m.w.N.; s. auch *Wicke* § 16 Rz. 15; *Wachter* a.a.O., S. 59; *Gehrlein/Witt/Volmer* 2. Kap. Rz. 54; ferner *Böttcher/Bla-* **36**

sche NZG 2007, 569). Insofern ist nicht die Gesellschafterliste entscheidend, sondern allenfalls der Anteil „so wie er tatsächlich besteht". Die Gesellschafterliste ist im Zusammenhang mit einem Gutglaubenserwerb folglich lediglich nur insoweit maßgeblich, als sie den Verfügungsbefugten ausweist. Sie hat darüber hinaus keine Wirkung (z.B. hinsichtlich eines zu groß ausgewiesenen Geschäftsanteils – vgl. *Noack* § 16 Rz. 28; auch differenzierend *Scholz/Seibt* § 16 Rz. 72 f. – zur Unwirksamkeit einer Abtretung im Fall der Abtretung eines unbestimmten Teilgeschäftsanteils *BGH* v. 19.4.2010 – II ZR 150/09). Fehlerhafte Listen können insoweit die Haftung des Geschäftsführers oder des Notars zur Folge haben (vgl. oben Rz. 17, 18). Mit Recht wird in diesem Zusammenhang darauf hingewiesen, dass die Prüfung der Gesellschafterliste nach entspr. Nachweis zu erstellen und weiterzuleiten ist. Hierzu wurde bereits im RegE (Begr.) ausgeführt: „Da die Gesellschafterliste privat geführt wird und das Handelsregister nicht prüfende, sondern nur verwahrende und die allgemeine Kenntnisnahme ermöglichende Stelle ist, ist ein vollständiger Gleichlauf zum guten Glauben an den Inhalt des Grundbuchs wegen des Fehlens einer strengen, objektiven und vorgelagerten Richtigkeitsprüfung der Liste jedoch nicht möglich." Zu beachten ist jedoch, dass die Unrichtigkeit dem wahren Berechtigten zuzurechnen sein muss" (auch *BGH* a.a.O., aufschiebend bedingte Abtretung – hierzu u. Rz. 42).

37 **3. Zurechnung unrichtiger Listen.** Der Ausschluss des gutgläubigen Erwerbs (s. hierzu u. Rz. 44) nach § 16 Abs. 3 S. 2 zum Schutz des Berechtigten und des auf die in das HR aufgenommene unrichtige Gesellschafterliste vertrauenden Erwerbers ist eine angemessene Risikoverteilung (zur Einreichung unrichtiger Gesellschafterliste: *OLG München* v. 24.1.2024 – 23 U 9287/21, MDR 2024, 652 ff.; zur Risikoverteilung: *Noack* § 16 Rz. 13; auch *Scholz/Seibt* § 16 Rz. 99; zum Streit über die Fristdauer auch *Lutter/ Hommelhoff* § 16 Rz. 77).

38 Insofern ist zu unterscheiden zwischen der fehlenden Zurechenbarkeit vor und nach Erreichen der dreijährigen Frist. Sofern die dreijährige Frist abgelaufen ist, entfällt der Schutz der Vorschrift für den Berechtigten. Es tritt das Rechtsscheinprinzip ein – vor Ablauf der genannten Frist greift das (Mit-)Veranlassungsprinzip zu Lasten des Berechtigten ein (hierzu *Gehrlein/Born/Simon* § 16 Rz 45 ff.; *Scholz/Seibt* § 16 Rz. 99, 103). Die Darlegungs- und Beweislast für das Nichteingreifen des Gutglaubensschutzes trägt der Berechtigte (so *Scholz/Seibt* § 16 Rz. 99 a.E. m.w.N.).

39 Die Verfügungsbefugnis folgt aus der in das HR aufgenommenen Liste. § 16 Abs. 3 S. 1 greift nicht ein, wenn die Liste im Erwerbszeitpunkt weniger als drei Jahre unrichtig ist. Der Gesetzgeber geht davon aus, dass sich der Rechtsinhaber nach Erwerb um die Richtigkeit der Liste kümmert und dafür mit Sorge träge, dass er als Verfügungsbefugter im HR durch die Liste ausgewiesen ist (so schon im RegE-Begr.: „Dem wahren Rechtsinhaber, der sich nach Erwerb seines Geschäftsanteils nicht darum gekümmert hat, dass die Gesellschafterliste geändert wird und seine Rechtsstellung richtig wiedergibt, ist die Unrichtigkeit der Liste ohne Wartefrist zuzurechnen. Eine zurechenbare Unrichtigkeit liegt bspw. vor, wenn zunächst der Scheinerbe des früheren Gesellschafters in der Gesellschafterliste eingetragen wird und der wahre Erbe es unterlässt, die Geschäftsführer zur Einreichung einer korrigierten Liste zu veranlassen.").

40 Die Frist beginnt mit der Aufnahme der Liste in das HR, die erstmalig einen Nichtberechtigten als Inhaber des Geschäftsanteils ausweist, bei nachfolgend wiederum Aufnahme einer unrichtigen Liste mit der Aufnahme dieser Liste (RegE-Begr.; *Lutter/*

Hommelhoff § 16 Rz. 79; s. auch *Noack* § 16 Rz. 36; auch dem Fall der Ersetzung einer unrichtigen durch richtige Liste, Ende der Frist und Aufnahme sodann einer wiederum unrichtigen Liste (Neulauf) *Scholz/Seibt* § 16 Rz. 100; hierzu ferner *Wicke* § 16 Rz. 21; *Wachter* GmbHR 2008, SH 10/2008, 60; *Gehrlein/Witt/Volmer* 2. Kap. Rz. 57 – jeweils m.w.N.).

Neben der genannten Frist ist das Erfordernis der Zurechenbarkeit zu beachten – **41** 3-jährige Frist und Zurechenbarkeit müssen nebeneinander anzutreffen ein. Zuzurechnen ist die fehlerhafte Liste dem wahren Inhaber, wenn er die Unrichtigkeit (mit-)veranlasst oder sonst (mit-) zu verantworten hat. Das Gegenteil hat der materiell berechtigte Inhaber zu beweisen (vgl. hierzu *Scholz/Seibt* § 16 Rz. 99 a.E.; auch *Wicke* § 16 Rz. 21; *Gehrlein/Witt/Volmer* 2. Kap. Rz. 57; *Noack* DB 2007, 1398). Hieraus folgt, dass der erwerbende berechtigte Gesellschafter eine Kontrollpflicht hinsichtlich der in das HR aufgenommenen Liste hat. Das ist ihm auch zuzumuten, da das HR die jeweilige Liste in aktueller Form ausweist und folglich die erforderliche Transparenz sowie darauf basierende Kontrolle ermöglicht. Schließlich hat der Berechtigte drei Jahre Zeit, die Unrichtigkeit der Liste festzustellen und entspr. Schritte zu unternehmen. Unterlässt er dies, so kommt ein gutgläubiger Erwerb in Betracht (*Wachter* GmbHR 2008, SH 10/2008, 60; *Wicke* § 16 Rz. 21, 22). Folglich ist ein gutgläubiger Erwerb nach Ablauf der dreijährigen Frist sowie vor Ablauf der dreijährigen Frist bei Zurechenbarkeit möglich. Die Zurechnung ist verschuldensunabhängig. Ausreichend und maßgeblich ist, ob die Unrichtigkeit auch dem Risikobereich des Berechtigten zuzuordnen ist (*Noack* § 16 Rz. 33; auch *Scholz/Seibt* § 16 Rz. 105; *Lutter/Hommelhoff* § 16 Rz. 105). Als zuzurechnen sind in der Literatur folgende Beispiele anzutreffen: Kenntnis der Unrichtigkeit der Gesellschafterliste und Unterlassung zumutbarer Maßnahmen zur Richtigstellung, Zuordnung eines Widerspruchs im Wege der einstweiligen Verfügung, Austritt und fehlendes Hinwirken auf Änderung, Untätigkeit des wahren Erben bei Eintragung eines Nichterben, Kenntnis von Unwirksamkeit einer Abtretung und Untätigkeit etc. – hier etwa *Scholz/Seibt* § 16 Rz. 106; Beispiele auch bei *Noack* § 16 Rz. 35;– jeweils m.w.N. Maßgeblich ist der jeweilige Einzelfall. Hierbei dürfen auch „Obliegenheiten" des Berechtigten nicht unbeachtet bleiben, die sich auf die Kontrolle der mitgeteilten Eintragungen und Verlangen nach Richtigstellung beziehen (nicht unstr. – vgl. *Noack* § 16 Rz. 35). Als klassischer Fall dürfte sich die Untätigkeit des Berechtigten bei einer aufschiebend bedingten Abtretung und Bedingungseintritt darstellen, da hier bis zum Eintritt der Bedingung keine „Veränderung" und eine erst später eingreifende Aufnahme des Erwerbers in die Gesellschafterliste erfolgen kann (vgl. *BGH* NZG 2011, 1268 – aufschiebend bedingte Abtretung). Entsprechende Hinweise müssten sich insofern auch durch den Notar ergeben – nicht zuletzt deshalb, weil ein gutgläubiger Erwerb bei der aufschiebend bedingten Abtretung ausscheidet (*BGH* a.a.O.).

4. Fälle der Nichtzurechnung. Auch hier finden sich einige Beispiele in der Literatur **42** (Frage der „Zurechnungsfähigkeit" bei Minderjährigen bzw. Geschäftsunfähigen, unwiderstehliche Gewalt- oder Zwangslage, übliche zeitliche registerrechtliche Verzögerungen, nicht mehrmonatige Verzögerungen – Pflicht zur Nachfrage? etc. – *Scholz/ Seibt* § 16 Rz. 105; auch *Noack* § 16 Rz. 35). Nicht zuzurechnen sind dem Berechtigten in das Register aufgenommene Gesellschafterlisten (Bsp. in der Lit.), wenn ihm z.B. seine Erbfolge unbekannt blieb, der Notar die Weiterleitung der Liste nicht zur Aufnahme in das HR veranlasst (hier ist dem Veräußerer die Einsicht in das Register allerdings möglich) oder der Geschäftsführer ohne Wissen des Berechtigten eine unrichtige Gesellschafterliste einreicht, die den Berechtigten nicht als Gesellschafter ausweist (*Noack* § 16 Rz. 34, 35; *Scholz/Seibt* § 16 Rz. 106; *Gehrlein/Witt/Volmer* 2. Kap. Rz. 58; *Wicke* § 16 Rz. 22). Denkbar ist auch der Fall des dem Berechtigten unbekannt gebliebenen kollusiven Zusammenwirkens von Geschäftsführer und Nichtberechtigten. Es dürfte aber selbst in diesen Fällen ziemlich unwahrscheinlich sein, dass ein Gesellschafter drei Jahre lang eine unrichtige Liste nicht wahrnimmt bzw. „stehen lässt". Das gilt auch für gefälschte Gesellschafterlisten (vgl. hierzu *Scholz/Seibt* § 16 Rz. 83a).

43   Keine Rolle spielen diese Fragen, wenn die dreijährige Frist für die Unrichtigkeit eingreift. Insofern tritt der Schutz des Verkehrs ein (Rechtsscheinprinzip), so dass hier ein gutgläubiger Erwerb in Betracht kommt (vgl. hierzu *Scholz/Seibt* § 16 Rz. 99, 100).

44   **5. Gutgläubigkeit des Erwerbers.**   Vorab ist auf die obigen Ausführungen (Rz. 11 f.) zu verweisen, wonach der gute Glaube an Bestehen, Nichtbestehen des Anteils etc. nicht, vielmehr lediglich der gute Glaube an die durch die Gesellschafterliste ausgewiesene Verfügungsbefugnis geschützt ist (vgl. *Noack* § 16 Rz. 26). Nur das Vertrauen darauf, dass die in die Gesellschafterliste eingetragene Person Gesellschafter und Rechtsinhaber ist (*BGH* NZG 2011, 1268 – aufschiebend bedingte Abtretung).

45   Weiterhin ist der wirksame Erwerb nur möglich, wenn der Erwerber gutgläubig ist (§ 16 Abs. 3 S. 3). Bösgläubigkeit des Erwerbers liegt vor, wenn er die Unrichtigkeit der Gesellschafterliste kennt oder dies ihm infolge grober Fahrlässigkeit unbekannt bleibt. Hier kann auf die Erkenntnisse in Zusammenhang mit § 932 Abs. 2 BGB zurückgegriffen werden (vgl. *Grüneberg/Herrler* § 932 Rz. 9, 10 m.w.N.; auch *Lutter/Hommelhoff* § 16 Rz. 88). Kenntnis i.d.S. liegt vor, wenn der Erwerber weiß, dass er mit dem Nichtberechtigten abschließt. Insofern stellt sich die Frage, welcher Sorgfaltsmaßstab verletzt sein muss, um grobe Fahrlässigkeit annehmen zu können. Zweifel oder Anhaltspunkte für berechtigte Zweifel an der Verfügungsbefugnis des Veräußerers können auf grobe Fahrlässigkeit hindeuten (so *Scholz/Seibt* § 16 Rz. 85; *Noack* § 16 Rz. 38). Grob fahrlässig handelt, wer die im Verkehr erforderliche Sorgfalt nach den Gesamtumständen in ungewöhnlich großem Maße verletzt und das unbeachtet lässt, was im konkreten Einzelfall jedem hätte einleuchten müssen – objektivierter Maßstab (vgl. hierzu allgemein *BGH* NJW 2005, 1365; *Grüneberg/Herrler* § 932 Rz. 10; ferner *Scholz/Seibt* § 16 Rz. 86; auch *Noack* § 16 Rz. 38). Was im Einzelfall bei Abtretung eines Anteils zu unternehmen ist, ist schon mit Blick auf die notarielle Beurkundung nicht weit zu fassen. Mit Recht wird in der Literatur festgestellt, dass die Anforderungen insofern nicht überspannt werden dürfen (*Scholz/Seibt* § 16 Rz. 86). Nicht erforderlich ist im Regelfall z.B. die Inanspruchnahme von Rechtsberatung ohne Anhaltspunkte. Auch zu einer Due-Diligence-Prüfung ist der Erwerber grds. nicht verpflichtet. Anders ist dies auch hier bei konkreten Anhaltspunkten. Zweifel können sich im Einzelfall auch aus der Person des Veräußerers ergeben, insb. aber aus Unklarheiten aus der Gesellschafterliste selbst (*Scholz/Seibt* § 16 Rz. 86; *Noack* § 16 Rz. 38; *Lutter/Hommelhoff* § 16 Rz. 67; *Wicke* § 16 Rz. 23; auch *Wachter* GmbHR 2008, SH 10/2008, 60). Grob fahrlässig ist es, wenn der Erwerber die Liste selbst nicht einsieht; der Erwerb dürfte allerdings in diesen Fällen schon deshalb scheitern, weil der beurkundende Notar infolge der einfach zu erhaltenden Einsicht in die Handelsregisterliste keine Beurkundung vornehmen wird. Kenntnis und grobe Fahrlässigkeit hat der Berechtigte nachzuweisen (*Noack* §§ 16 Rz. 38 a.E.;

Wicke § 16 Rz. 23). Gutgläubiger Erwerb scheidet ferner aus, wenn der Eintragung des Gesellschafters in der bekannt gemachten Liste ein Widerspruch zugeordnet ist (s. hierzu nachfolgend).

Gutgläubigkeit muss im Zeitpunkt des Rechtserwerbs vorliegen. Insofern ist hierfür **46** auch ein eventueller Bedingungseintritt maßgeblich (aufschiebend bedingte Abtretung, Kaufpreiszahlung als Bedingung – str. vgl. hierzu *Scholz/Seibt* § 16 Rz. 87; auch *Noack* § 16 Rz. 38 – differenzierend: keine Bösgläubigkeit bei Abtretung mit aufschiebender Bedingung, anders bei Bedingung der Kaufpreiszahlung – ferner kartellrechtliche Freigabe; zum maßgeblichen Zeitpunkt auch *Lutter/Hommelhoff* § 16 Rz. 88, 89).

6. Widerspruch und Zuordnung zur Liste. Der Widerspruch ist der Gesellschafterliste **47** technisch so zuzuordnen, dass ein Abruf der Liste ohne den Widerspruch nicht möglich ist. Er ist in elektronischer Form einzureichen – § 12 Abs. 2 S. 1 HGB (zu allem *Lutter/Hommelhoff* § 16 Rz. 91; *Scholz/Seibt* § 16 Rz. 91; auch *Noack* § 16 Rz. 37 m. Hinw. auf § 9 HRV). Der Widerspruch ist inhaltlich eindeutig und bestimmt zu halten. Insb. muss er ausweisen, gegen welchen Gesellschafter und Anteil er sich richtet. (*Scholz/Seibt* § 16 Rz. 89 unter Hinw. auf § 899 BGB; auch *Lutter/Hommelhoff* § 16 Rz. 70; *Scholz/Seibt* § 16 Rz. 90).

Beispiel für Formulierung (vgl. Scholz/*Seibt* § 16 Rz. 89) – **Zutreffendes eintragen:**

„Widerspruch nach § 16 Abs 3 S 2 GmbHG zur Gesellschafterliste der .... GmbH – Amtsgericht .... HRB ....:

In der Gesellschafterliste ist der Gesellschafter .... als Inhaber des Geschäftsanteils Nr .... der .... GmbH eingetragen. Hiergegen wird die Eintragung eines Widerspruchs beantragt. Grundlage ist

O die einstweilige Verfügung des .... Gerichts vom .... mit dem Aktenzeichen ....

oder

O die Eintragungsbewilligung des eingetragenen Gesellschafters .... vom .... zugunsten des/der .... entsprechend Anlage ....

Ort ....

Datum ....

Name ....

Vorname ....

Unterschrift"

– Einreichung in elektronischer Form nach § 12 Abs. 2 S. 1 HGB.

Der Widerspruch schließt einen gutgläubigen Erwerb des Anteils aus. Der wahre **48** Berechtigte hat einen Anspruch auf Aufnahme des Widerspruchs in die Gesellschafterliste – Anspruch auf Zuordnung (Scholz/*Seibt* § 16 Rz. 88). Widerspruch kommt in zwei Fällen in Betracht: zum einen bei Zustimmung des in die Gesellschafterliste eingetragenen Gesellschafters und zum anderen infolge einer einstweiligen Verfügung (vgl. hierzu *KG* ZIP 2010, 2947 – auch Anm. *Omlor* EWiR 2010, 669 – Einziehung und einstweilige Verfügung; zutr. weist *Lutter/Hommelhoff* § 16 Rz. 73 darauf hin, dass der Fall der Einziehung als wichtigster Fall des Widerspruchs anzusehen ist).

49   Die Regelung des § 16 Abs. 3 berücksichtigt nach dem Willen des Gesetzgebers grds. die schutzwürdigen Interessen des wahren Berechtigten. Die Vorschrift ist § 899 BGB nachgebildet. Dem Berechtigten soll ein schnell erreichbares Instrument zur Verhinderung des Rechtsverlustes zur Verfügung stehen (vgl. Scholz/*Seibt* § 16 Rz. 88).

50   Zwischen der Übertragung des Anteils und der Eintragung in die Gesellschafterliste sowie der Aufnahme in das Register kann Zeit vergehen. Die hiermit verbundene Gefahr durch Zwischenverfügungen des bisherigen Gesellschafters kann durch den Widerspruch vermieden werden – u. a. auch bei zukünftigem oder bedingtem Erwerb, Sicherung des Rückerwerbs bei treuhänderischer Abtretung (*Lutter*/*Hommelhoff* § 16 Rz. 91 ff.; Scholz/*Seibt* § 16 Rz. 95). Der bisherige Gesellschafter könnte ohne Widerspruch andernfalls folglich den Anteil an einen weiteren gutgläubigen Erwerber übertragen (vgl. *Lutter*/*Hommelhoff* § 16 Rz. 93; auch schon *Wachter* GmbHR 2008, SH 10/2008, 61).

51   Bei dem ersten Fall der Unrichtigkeit der Gesellschafterliste kann daher der Listeneintragung im HR ein Widerspruch zugeordnet werden. Nach § 9 Abs. 1 S. 2 HRV muss der Widerspruch besonders hervorgehoben werden. Das Registergericht hat sicherzustellen, dass die Liste nicht ohne Hinw. auf den Widerspruch abrufbar ist. Der Widerspruch ist damit über das elektronische HR für Jedermann online einsehbar. Der Widerspruch zerstört die Gutglaubenswirkung des Abs. 3, allerdings nicht die relative Gesellschafterstellung nach Abs. 1. Der Widerspruch beseitigt nicht die Möglichkeit des tatsächlich Berechtigten, seinen Anteil wirksam zu veräußern. Er ist ggü. der Gesellschaft nach wie vor legitimiert (zur „Technik" der „Zuordnung" *Lutter*/*Hommelhoff* § 16 Rz. 93; auch Scholz/*Seibt* § 16 Rz. 91; hierzu *Wicke* § 16 Rz. 24; *Wachter* GmbHR 2008, SH 10/2008, 61).

52   Im zweiten Fall des Widerspruchs im Einvernehmen des Veräußerers und des Erwerbers kommt es auf die Unrichtigkeit der Gesellschafterliste nicht an. Das Registergericht hat insofern keine Prüfungskompetenz, sofern man von der Bewilligung des Listenberechtigten und einer formalen Prüfung (so das Muster für den Antrag) absieht (zutr. *Lutter*/*Hommelhoff* § 16 Rz. 93; vgl. auch Scholz/*Seibt* § 16 Rz. 95).

53   Sofern dem wahren Berechtigten die Unrichtigkeit der Liste nicht zuzurechnen ist (hierzu oben Rz. 37), hat er nach Eintritt der Unrichtigkeit drei Jahre Zeit, die Zuordnung eines Widerspruchs zur Gesellschafterliste zu veranlassen oder auf Korrektur der Liste hinzuwirken und auf diese Weise einen gutgläubigen Erwerb des ihm zustehenden Anteils auszuschließen. Da die Gesellschafterliste online einsehbar ist, ist es dem Berechtigten auch ohne nennenswerten Aufwand innerhalb der Drei-Jahres-Frist möglich, die Liste zu prüfen (hierzu oben Rz. 37).

54   Besteht Uneinigkeit zwischen mehreren Prätendenten, so ist diese zwischen den Beteiligten zivilrechtlich zu klären. Gleichfalls ist in einem zivilrechtlichen Verfahren die Verpflichtung des Geschäftsführers zur Korrektur der Liste oder die Rücknahme eines Widerspruchs einzuklagen. Widerspruchsberechtigt sind der tatsächliche oder angebliche Gesellschafter, nicht jedoch die übrigen Gesellschafter sowie der für die Gesellschafterliste zuständige Geschäftsführer (Letzteres str. – vgl. § 40 Abs. 1 – i. Ü. Scholz/*Seibt* § 16 Rz. 94; *Lutter*/*Hommelhoff* § 16 Rz. 74; *Wicke* § 16 Rz. 25; *Mayer* DNotZ 2008, 422; *Gehrlein*/*Witt*/*Volmer* 2. Kap. Rz. 61; *Wachter* GmbHR 2008, SH 10/2008, 60; *Harbarth* ZIP 2008, 61).

Zur Verhinderung von Missbräuchen setzt die Zuordnung eines Widerspruchs in Anleh- **55** nung an § 899 Abs. 2 BGB voraus, dass entweder derjenige zustimmt, gegen dessen Inhaberschaft sich der Widerspruch richtet, oder eine entspr. einstweilige Verfügung vorliegt, die nur erlassen wird, wenn der Anspruch auf Einreichung einer korrigierten Liste glaubhaft gemacht ist – eine Gefährdung des Rechts des Widersprechenden bedarf nicht der Glaubhaftmachung (vgl. § 16 Abs. 3 S. 5).

Der Widerspruch bleibt hinsichtlich des betroffenen Anteils der Gesellschafterliste **56** bestehen. Das gilt auch, wenn eine geänderte Gesellschafterliste eingereicht wird.

Ist der Widerspruch unberechtigt, so muss – falls die Löschung nicht durch den **57** Berechtigten bewilligt wird – gegen den Begünstigten auf Löschung geklagt werden (*Lutter/Hommelhoff* § 16 Rz. 75; *Scholz/Seibt* § 16 Rz. 100). Denkbar ist auch die Aufhebung des Widerspruchs nach einstweiliger Verfügung (*Lutter/Hommelhoff* a.a.O.; *Scholz* a.a.O.; vgl. ferner *KG* ZIP 2010, 2947 – auch Anm. *Omlor* EWiR 2010, 669).

Der Widerspruch wird nicht automatisch wieder gelöscht. Allerdings kann die Zuord- **58** nung jederzeit auf Antrag des Widersprechenden gelöscht werden (*Scholz/Seibt* § 16 Rz. 97; auch *Wachter* GmbHR 2008, SH 10/2008, 61). Folglich sollte bei einvernehmlicher Aufnahme des Widerspruchs bzw. bei Bewilligung durch den in die Gesellschafterliste eingetragenen Anteilsinhaber dafür Vorsorge getroffen werden, dass der Widerspruch etwa bei Eintritt von Bedingungen (Kaufpreiszahlung, Genehmigungen etc.) grundlos wird. Auch insofern können entsprechende „Löschungsbewilligungen" vorbereitet werden (*Scholz/Seibt* § 16 Rz. 97).

§ 17

(weggefallen)

§ 18 Mitberechtigung am Geschäftsanteil

(1) Steht ein Geschäftsanteil mehreren Mitberechtigten ungeteilt zu, so können sie die Rechte aus demselben nur gemeinschaftlich ausüben.

(2) Für die auf den Geschäftsanteil zu bewirkenden Leistungen haften sie der Gesellschaft solidarisch.

(3) [1]Rechtshandlungen, welche die Gesellschaft gegenüber dem Inhaber des Anteils vorzunehmen hat, sind, sofern nicht ein gemeinsamer Vertreter der Mitberechtigten vorhanden ist, wirksam, wenn sie auch nur gegenüber einem Mitberechtigten vorgenommen werden. [2]Gegenüber mehreren Erben eines Gesellschafters findet diese Bestimmung nur in Bezug auf Rechtshandlungen Anwendung, welche nach Ablauf eines Monats seit dem Anfall der Erbschaft vorgenommen werden.

I. Reform 1980

1 Durch die Reform 1980 wurde die Vorschrift ebenso wenig wie durch die Reform 2008 berührt. Die amtliche Überschrift wurde aufgrund MoMiG ergänzt. § 18 für die GmbH und § 69 AktG für die AG betreffen, mit entspr. Abweichungen, beide das Verhältnis mehrerer Gesellschafter bzw. Aktionäre zur entspr. Gesellschaft (zur AG: HK-Kommentar zum AktG, 4. Aufl. 2017, § 69 Rz. 1; zur GmbH: *Noack* § 18 Rz. 1). Sinn des § 18 ist es, die Rechtsstellung der GmbH in den Fällen der weiterhin zulässigen Mitberechtigung mehrerer Personen nicht zu verschlechtern oder zu erschweren (*Scholz/Seibt* § 18 Rz. 1, 2; *Wicke* § 18 Rz. 1; *Koch* ZHR 146 (1982), 118 ff.; *K. Schmid* ZHR 146 (1982), 525; *Hohner* NJW 1975, 718). § 18 regelt nur das Verhältnis der Mitberechtigten zur Gesellschaft, nicht die Rechtsverhältnisse der Mitberechtigten untereinander (*BGHZ* 49, 183, 191; *Scholz/Seibt* § 18 Rz. 2 m.w.N.; *Wicke* § 18 Rz. 2; *Noack* § 18 Rz. 2, 24. Der Anteil muss ungeteilt sein und mehreren Mitberechtigten gemeinsam zustehen (*Scholz/Seibt* § 18 Rz. 4).

II. Mitberechtigung am Anteil (Abs. 1)

2 Unter Mitberechtigung ist hier grds. nur die Bruchteils- oder Gesamthandsgemeinschaft nach den §§ 741 ff., 705 ff., 1415 ff. und 2038 ff. BGB zu verstehen. Der Erwerbsgrund ist nicht erheblich (*Noack* § 18 Rz. 2; *Scholz/Seibt* § 18 Rz. 3).

3 Auf Personenhandelsgesellschaften (OHG, KG, vgl. insofern § 124 HGB), Partnerschaftsgesellschaften sowie juristische Personen ist die Bestimmung nicht anwendbar (*Noack* § 18 Rz. 2; *Scholz/Seibt* § 18 Rz. 3; *Lutter/Hommelhoff* § 18 Rz. 3). Nach Anerkennung der Teilrechtsfähigkeit der GbR fällt auch diese nicht unter § 18 Abs. 1 (*Noack* § 18 Rz. 2; *Scholz/Seibt* § 18 Rz. 3a; *Wicke* § 18 Rz. 2 – nicht unstr.). Durch die Neufassung des § 705 Abs. 2 im BGB aufgrund Inkrafttreten des MoPeG, bleibt hier auch kein Raum mehr für die Anwendbarkeit des § 18 (*Noack* § 18 Rz. 2; *Scholz/Seibt* § 18 Rz. 3a; *Altmeppen* § 18 Rz. 2; *Lutter/Hommelhoff* § 18 Rz. 3 – jeweils m.w.N., a.A. und früher h.M.: *BGHZ* 78, 311, 313). Hinsichtlich der GbR ist § 40 Abs. 1 S. 2 und 3, geändert durch MoPeG, zu beachten. Hiernach kann eine GbR nur noch dann in die Gesellschafterliste eingetragen werden, sofern sie auch im Gesellschaftsregister eingetragen ist (s. hierzu § 707 BGB n.F.) (insgesamt hierzu *Born* WM 2023, Heft 10, Sonderbeilage 2, Abschnitt E m.w.N.; *Lutter/Hommelhoff* § 18 Rz. 3). Hinsichtlich des nichteingetragenen Vereins ist dies str. (*Scholz/Seibt* § 18 Rz. 3a differenzierend; keine Anwendung des § 18 *Noack* § 18 Rz. 2; *Wicke* § 18 Rz. 2).

4 Unterbeteiligungen sowie Nießbrauch und Pfandrecht fallen nicht unter § 18 (*Scholz/Seibt* § 18 Rz. 3; *Noack* § 18 Rz. 2; *Lutter/Hommelhoff* § 18 Rz. 3; *BGHZ* 50, 316; *OLG Frankfurt* GmbHR 1987, 57).

5 Durch § 18 Abs. 1 soll sichergestellt werden, dass eine einheitliche Ausübung der Gesellschafterrechte erfolgt (*BGHZ* 49, 183; *BGH* GmbHR 1989, 329; *Scholz/Seibt* § 18 Rz. 17; vgl. auch *Noack* § 18 Rz. 4, hierzu auch *OLG Jena* 18.4.2012 – 2 U 523/11, NJW-RR 2012, 999 ff.). Zum gemeinsamen Vertreter vgl. unten Rz. 7.

6 Ausreichend wird regelmäßig ein Mehrheitsbeschluss darüber sein, wer die Personenmehrheit ggü. der GmbH vertreten bzw. die Mitgliedschaftsrechte ausüben soll (vgl. *BGHZ* 49, 183). I.Ü. ergibt sich dies jedoch für das „Innenverhältnis" der Personenmehrheit aus den einschlägigen Gesetzesbestimmungen (§§ 741 ff., 705 ff. etc. BGB), da § 18 nur das Verhältnis der Mitberechtigten zur GmbH regelt (vgl. hierzu *BGH* DB 1981, 466 – BGB-Gesellschaft als Gründungsgesellschafter; *Scholz/Seibt* § 18 Rz. 17 ff. m.w.N.; vgl. auch *Noack* § 18 Rz. 3). Da nur die gemeinschaftliche Ausübung der Rechte (Gewinnansprüche, Informationsrechte, Stimmrecht etc.) in Betracht kommt, ist dies für die Gesellschaft ebenso wenig praktikabel wie für die Mitberechtigten. Empfohlen wird daher der zulässige Ausschluss der gemeinschaftlichen Ausübung und der Zwang zur Bestellung eines Vertreters in der Satzung der GmbH (zutr. *Lutter/Hommelhoff/Bayer* § 18 Rz. 3; auch *Noack* § 18 Rz. 6). Ohne eine entspr. Satzungsregelung kann die GmbH eine Bestellung eines gemeinsamen Vertreters nicht erzwingen. (*Noack* § 18 Rz. 5; *Lutter/Hommelhoff/Bayer* § 18 Rz. 7). Die Bestellung kann i.Ü. formlos erfolgen, wobei § 47 Abs. 3 zu beachten ist (*Noack* § 18 Rz. 5). Im Innenverhältnis gelten für die Bestellung die jeweiligen Rechtsvorschriften – i.d.R. ist der erwähnte Mehrheitsbeschluss zu fassen (vgl. *Lutter/Hommelhoff/Bayer* § 18 Rz. 8; *BGHZ* 49, 192 – nicht unstr.).

III. Gesamtschuldnerschaft (Abs. 2)

Hinsichtlich der zu bewirkenden Leistungen haften die Betroffenen nach § 18 Abs. 2 **7** zwingend als Gesamtschuldner (§ 421 BGB, *Noack* § 18 Rz. 8 m.w.N., *Lutter/Hommelhoff* § 18 Rz. 1). Erbrechtliche Ausnahmen sind insoweit durch § 18 verdrängt (*Scholz/Seibt* § 18 Rz. 25; *Hachenburg/Zutt* § 18 Rz. 26). Nicht ausgeschlossen ist freilich die Anwendung des § 2059 BGB über die Erbenhaftung (*Scholz/Seibt* § 18 Rz. 27 m.w.N.).

IV. Rechtshandlungen der Gesellschaft (Abs. 3)

Sofern nicht ein gemeinsamer Vertreter der GmbH mitgeteilt worden ist, kann die **8** Gesellschaft Rechtshandlungen mit Wirkung für alle dadurch vornehmen, dass sie ggü. einer Person aus dem Kreis der Mitberechtigten durchgeführt werden. Rechtshandlungen sind nur einseitige Rechtsgeschäfte und geschäftsähnliche Handlungen (einseitige Rechtsgeschäfte wie Zahlungsaufforderungen, Kündigungen, Einladungen zu Versammlungen etc. – nicht aber Zahlungen, Vertragsschlüsse bzw. Annahme oder Antrag; vgl. *Scholz/Seibt* § 18 Rz. 34 m.w.N.; auch *Noack* § 18 Rz. 9).

V. Gemeinsamer Vertreter

Die Mitberechtigten können, müssen aber keinen gemeinsamen Vertreter bestellen. **9** Der gemeinsame Vertreter hat die Funktion, die einheitliche Rechtsausübung für alle Mitberechtigten i.S.d. § 18 Abs. 1 zu ermöglichen (s. hierzu *OLG Stuttgart* ZIP 2015, 873) sowie die Entgegennahme für alle Mitberechtigten gem. § 18 Abs. 3 sicher zu stellen. Vertreter kann auch ein Dritter sein. Seine Bestellung erfolgt nach den für die Rechtsgemeinschaft maßgeblichen Bestimmungen, i.d.R. durch Mehrheitsbeschluss (vgl. § 745 Abs. 1 BGB; *Wicke* § 18 Rz. 6; *BGHZ* 49, 191; vgl. auch *OLG Nürnberg* ZIP 2014, 2081 – Bestellung eines gemeinschaftlichen Vertreters durch die Mitberechtigten). Ohne Bestellung eines gemeinsamen Vertreters reicht es aus, dass die Rechtshandlung (vgl. oben Rz. 8) nur ggü. einem Mitberechtigten vorgenommen wird (*Scholz/Seibt* § 18 Rz. 35 m.w.N.). Ausnahmen von § 18 Abs. 3 S. 1 gelten nach § 18 Abs. 3 S. 2 für Erbengemeinschaften innerhalb eines Monats nach dem Anfall der Erbschaft. Die Frist beginnt mit dem Tod des Gesellschafters. Dies bedeutet, dass eine Rechtshandlung innerhalb der Monatsfrist, die nicht den Erben ggü. erfolgt, keine Wirksamkeit entfaltet. Nach einem Monat hingegen gelten keine Besonderheiten (vgl. *Wicke* § 18 Rz. 5).

§ 19 Leistung der Einlagen

(1) Die Einzahlungen auf die Geschäftsanteile sind nach dem Verhältnis der Geldeinlagen zu leisten.

(2) [1]Von der Verpflichtung zur Leistung der Einlagen können die Gesellschafter nicht befreit werden. [2]Gegen den Anspruch der Gesellschaft ist die Aufrechnung nur zulässig mit einer Forderung aus der Überlassung von Vermögensgegenständen, deren Anrechnung auf die Einlageverpflichtung nach § 5 Abs. 4 Satz 1 vereinbart worden ist. [3]An dem Gegenstand einer Sacheinlage kann wegen Forderungen, welche sich nicht auf den Gegenstand beziehen, kein Zurückbehaltungsrecht geltend gemacht werden.

(3) Durch eine Kapitalherabsetzung können die Gesellschafter von der Verpflichtung zur Leistung von Einlagen höchstens in Höhe des Betrags befreit werden, um den das Stammkapital herabgesetzt worden ist.

(4) [1]Ist eine Geldeinlage eines Gesellschafters bei wirtschaftlicher Betrachtung und aufgrund einer im Zusammenhang mit der Übernahme der Geldeinlage getroffenen Abrede vollständig oder teilweise als Sacheinlage zu bewerten (verdeckte Sacheinlage), so befreit dies den Gesellschafter nicht von seiner Einlageverpflichtung. [2]Jedoch sind die Verträge über die Sacheinlage und die Rechtshandlungen zu ihrer Ausführung nicht unwirksam. [3]Auf die fortbestehende Geldeinlagepflicht des Gesellschafters wird der Wert des Vermögensgegenstandes im Zeitpunkt der Anmeldung der Gesellschaft zur Eintragung in das Handelsregister oder im Zeitpunkt seiner Überlassung an die Gesellschaft, falls diese später erfolgt, angerechnet. [4]Die Anrechnung erfolgt nicht vor Eintragung der Gesellschaft in das Handelsregister. [5]Die Beweislast für die Werthaltigkeit des Vermögensgegenstandes trägt der Gesellschafter.

(5) [1]Ist vor der Einlage eine Leistung an den Gesellschafter vereinbart worden, die wirtschaftlich einer Rückzahlung der Einlage entspricht und die nicht als verdeckte Sacheinlage im Sinne von Abs. 4 zu beurteilen ist, so befreit dies den Gesellschafter von seiner Einlageverpflichtung nur dann, wenn die Leistung durch einen vollwertigen Rückgewähranspruch gedeckt ist, der jederzeit fällig ist oder durch fristlose Kündigung durch die Gesellschaft fällig werden kann. [2]Eine solche Leistung oder die Vereinbarung einer solchen Leistung ist in der Anmeldung nach § 8 anzugeben.

(6) [1]Der Anspruch der Gesellschaft auf Leistung der Einlagen verjährt in zehn Jahren von seiner Entstehung an. [2]Wird das Insolvenzverfahren über das Vermögen der Gesellschaft eröffnet, so tritt die Verjährung nicht vor Ablauf von sechs Monaten ab dem Zeitpunkt der Eröffnung ein.

Übersicht

C. Schmitt

Rechtsprechung und Literatur: *BGH* v. 15.4.2021 – III ZR 139/20, NJW 2021, 2036 – zur Nichterfüllung der Einlagenpflicht bei Rückfluss; *BGH* v. 4.8.2020 – II ZR 171/19 – zur Unzulässigkeit des Zurückbehaltungsrechts gem. § 19 Abs. 2 S. 2; *BGH* v. 18.9.2018 – II ZR 312/16, NZG 2018, 1344 – zur Verjährungsfrist (zehn Jahre seit Entstehung, s. § 19 IV, auch zur Gesellschafterstellung i.S.d. § 24; *BGH* v. 4.8.2020 – II ZR 171/19 – zum Aufrechnungsverbot gem. § 19 Abs. 2 S. 2; *BGH* v. 17.9.2013 – II ZR 142/12, ZIP 2014, 261 – Darlegungs- und Beweislast für Erfüllung der Einlageschuld: Gesellschafter; *OLG München* v. 17.10.2012 – 31 Wx 352/12, ZIP 2012, 2149 – auch m. Anm. *Hangebrauck* EWiR 2013, 115 – erneute Leistung zum Zweck der Heilung einer vor dem MoMiG erbrachten verdeckten Sacheinlage nicht eintragungsfähig – keine Pflicht zur Offenlegung (Ausnahme wirtschaftliche Neugründung); *BGH* v. 10.7.2012 – II ZR 212/10, DB 2012, 2157 = NJW 2012, 3035 – Hin- und Herzahlen als verdeckte Sacheinlage i.S.d. § 19 Abs. 4 GmbHG; *BGH* v. 23.4.2012 – II ZR 252/10, NZG 2012, 667 – Wirtschaftsakademie, zur GmbH in Liquidation; *BGH* v. 12.4.2011 – II ZR 17/10, ZIP 2011, 1101 – auch m. Anm. *Cramer* EWiR 2011, 669 – Ablösung einer Bareinlage durch Darlehen keine verdeckte Sacheinlage – Ehegattendarlehen und bei wirtschaftlicher Gewährung durch Inferenten; *OLG München* v. 17.2.2011 – 31 Wx 246/10, ZIP 2011, 567 – Nachweis der Vollwertigkeit im Fall der Rückzahlung der Einlage beim Hin- und Herzahlen – auch m. Anm. *Hangebrauck* EWiR 2011, 383; *BGH* v. 22.3.2010 – II ZR 12/08, GmbHR 2010, 700 – AdCoCom – Verfassungsmäßigkeit des § 19 Abs. 4 – Gesellschaftsvermögen als Anrechnungsgrenze – Anwendung der §§ 30, 31 bei Unterbilanz und Überschuldung; *BGH* v. 1.2.2010 – II ZR 173/08 – Eurobike, NJW 2010, 1747 – zu verdeckten Sacheinlagen; *BGH* v. 20.7.2009 – II ZR 273/07, NJW 2009, 3091 – Cash-Pool II; *BGH* 16.2.2009 – II ZR 120/07 – Qivive, DStR 2009, 809 = AG 2009, 368; *BGH* v. 16.1.2006 – II ZR 76/04, NZG 2006, 344 – Cash-Pool I.

Altmeppen Rückwirkende Anwendung der reformierten Regeln über verdeckte Sacheinlagen – ADCOCOM, Anm. zu *BGH* v. 22.3.2010 – II ZR 12/08, NJW 2010, 1948, 1955 – zur Frage, ob die geänderten Vorschriften über die verdeckte Sacheinlage rückwirkend Anwendung finden; *Bayer/Illhardt* Darlegungs- und Beweislast im Recht der GmbH anhand praktischer Fallkonstellationen, GmbHR 2011, 505; *Blasche* Verdeckte Sacheinlage und Hin- und Herzahlen, GmbHR 2010, 288; *Bormann/Ulrichs* Kapitalaufbringung und Kapitalerhaltung nach dem MoMiG, Römermann/Wachter/Bormann/Ulrichs, GmbH-Beratung nach dem MoMiG, Sonderheft GmbHR 2008, S. 37 ff.; *Ceffinato* Die verdeckte Sacheinlage nach der Reform des GmbHG aus strafrechtlicher Sicht, wistra 2010, 171; *Göhmann* Sind bei der wirtschaftlichen Neugründung einer GmbH die Sacheinlagevorschriften und § 19 Abs. 5 GmbHG zu beachten?, RNotZ 2011, 290; *Habersack* Verdeckte Sacheinlage, nicht ordnungsgemäß offengelegte Sacheinlage und Hin- und Herzahlen – Geklärte und ungeklärte Fragen nach „Eurobike", GWR 2010, 107; *Henkel* Kapitalaufbringung bei der GmbH nach dem MoMiG – Verdeckte Sacheinlage, NZI 2010, 6 und *ders.* Kapitalaufbringung bei der GmbH nach dem MoMiG – Hin- und Herzahlen, NJW 2010, 84; *Hermanns* Grauzonen im Kapitalaufbringungsrecht der GmbH – die Abgrenzung der verdeckten Sacheinlage vom Hin- und Herzahlen – zugleich Anm. zum des *OLG Köln* vom 20.5.2010 – 18 U 122/09, DNotZ 2011, 325; *Herrler* Erleichterung der Kapitalaufbringung durch § 19 Abs. 5 GmbHG (sog. Hin- und Herzahlen)? Zweifelsfragen und Ausblick, DStR 2011, 2255 und *ders.* Handlungsoptionen bei tilgungsschädlicher Einlagenrückzahlung i.S.v. § 19 Abs. 5 GmbHG (sog. Hin- und Herzahlen), DStR 2011, 2300; *Kleindiek* Verdeckte (gemischte) Sacheinlage nach MoMiG: Rückwirkende Neuregelung und Wertanrechnung (zugleich Bespr. *BGH* v. 22.3.2010 – II ZR 12/08), ZGR 2011, 334; *J. Koch* Die verdeckte gemischte Sacheinlage im Spannungsfeld zwischen Kapitalaufbringung und Kapitalerhaltung, ZHR 175/2011, 55; *H.-F. Müller* Rechtsfolgen verdeckter Sacheinlagen, NZG 2011, 761; *K. J. Müller* Kapitalaufbringung: Keine verdeckte Sacheinlage bei Beratungsleistungen (*BGH* v. 1.2.2010 – II ZR 173/08 und Anm. dazu), GmbHR 2010, 424; *Sernetz* Anrechnung und Bereicherung bei der verdeckten Sacheinlage, ZIP 2010, 2173; *Stiller/Redeker* Aktuelle Rechtsfragen der verdeckten gemischten Sacheinlage, ZIP 2010, 865; *Ulmer* Sacheinlagenverbote im MoMiG – umgehungsfest?, GmbHR 2010, 1298; *Wachter* Dienstleistungen und Kapitalaufbringung, NJW 2010, 1715.

I. Allgemeines

1 §§ 19 ff. sichern die Kapitalaufbringung und dienen dadurch zusammen mit den Kapitalerhaltungsvorschriften dem Gläubigerschutz. § 19 wurde mit dem MoMiG 2008 in Abs. 1 und Abs. 2 neu gefasst, in den Abs. 3 und 5 durch Reform völlig neugestaltet. Abs. 1 betrifft den Gleichbehandlungsgrundsatz bei Einzahlungen auf die Geschäftsanteile, Abs. 2 das Befreiungs- und Aufrechnungsverbot, Abs. 3 Ausnahmen vom Befreiungsverbot im Fall der Kapitalherabsetzung, Abs. 4 die verdeckte Sacheinlage und Abs. 5 das sog. „Hin- und Herzahlen", bspw. im Rahmen eines Cash Pools. Abs. 1 konzentriert sich auf das Innenverhältnis zwischen Gesellschaft und Gesellschaftern und ist daher satzungsdispositiv (Lutter/Hommelhoff/*Bayer* § 19 Rz. 1), entgegen der Abs. 2–6 mit ihrem gläubigerschützenden Drittbezug (*Noack* § 19 Rz. 1 a.E.). Zusammen mit § 30 bildet § 19 gleichsam das „Kernstück des GmbH Rechts" (Scholz/*Veil* § 19 Rz. 3 m.w.N.). Die Normen sind hinsichtlich ihrer Schutzfunktion weiterhin streng auszulegen, wobei nach dem MoMiG die Wertungen der Neuregelung des Abs. 4 und 5 in Hinblick auf die gesamte Norm zu berücksichtigen sein dürften (Scholz/*Veil* § 19 Rz. 3 m.w.N.; *Noack* § 19 Rz. 3).

§ 19 dient zusammen mit den nachfolgenden §§ 20–25 der Sicherung der realen Kapitalaufbringung zugunsten der Gläubiger der GmbH. Die Vorschriften ergänzen die §§ 7 Abs. 2, 3, 8 Abs. 2, 9a, 9b, 55 ff. Infolge der Änderung des § 7 Abs. 2 S. 3 wurde § 19 Abs. 4 a.F. gestrichen. § 19 Abs. 4 schränkt die negativen Rechtsfolgen verdeckter Sacheinlagen im Vergleich zur alten Rechtslage deutlich ein (vgl. Lutter/Hommelhoff/*Bayer* § 19 Rz. 54 f., 75 ff.; auch *Wicke* § 19 Rz. 1; *Buschmann* Finanzplankredit und MoMiG, NZG 2009, 91; *Pentz* Verdeckte Sachanlagen nach dem MoMiG und prozessuale Folgen des Übergangsrechts, GmbHR 2009, 126; weitere Hinweise auf die umfangreichere Literatur bei Scholz/*Veil* vor § 19; auch *Noack* vor § 19 Rz. 1; ferner Lutter/Hommelhoff/*Bayer* insb. vor Rz. 54 zu § 19 Abs. 4 und vor Rz. 101 zu § 19 Abs. 5).

2 **Übersicht**

§ 19 Abs. 1	Gleichbehandlungsgrundsatz bei Bareinlagen
§ 19 Abs. 2 1. HS	Verbot der Befreiung von der Pflicht zur Leistung, Zulässigkeit der Aufrechnung mit einer Forderung aus Überlassung von Gegenständen bei Satzungsvereinbarung nach § 5 Abs. 4 S. 1
§ 19 Abs. 2 2. HS	Ausschluss des Zurückbehaltungsrechts an der Sacheinlage mit Forderungen ohne Sacheinlagenbezug
§ 19 Abs. 3	Ausnahme vom verbot Leistungsfreiheit bei Kapitalherabsetzung
§ 19 Abs. 4	keine Befreiung von der Leistungspflicht bei verdeckten Sacheinlagen bei Wirksamkeit der Vereinbarungen und Anrechnung entsprechend Werthaltigkeit

| §19 Abs. 5 | Befreiung von der Einlagepflicht bei Rückzahlung der Einlage und Deckung durch vollwertigen Rückgewähranspruch – Cash-Pooling – Hin- und Her-Zahlungen |
| §19 Abs. 6 | Verjährung der Einlageansprüche. |

II. Anwendungsbereich

§ 19 bezieht sich auf alle Einlageleistungen (Bar- und Sacheinlagen), mit Ausnahme **3** des Abs. 1, der nur Barleistungen betrifft. § 19 gilt für Gründung und Kapitalerhöhung sowie den Zeitraum vor und nach Eintragung (*Wicke* § 19 Rz. 2; vgl. *Noack* § 19 Rz. 4; a.A. Lutter/Hommelhoff/*Bayer* § 19 Rz. 4 für Vorgründungsgesellschaft; vgl. *BGH* DB 1980, 1685), auch für Ansprüche nach § 9 (Differenzhaftung), die Haftung für Verluste und Vorbelastungen im Gründungsstadium sowie die Ausfall- und Rechtsvorgängerhaftung nach den §§ 21 Abs 3, 22, 24 (Lutter/Hommelhoff/*Bayer* § 19 Rn 3; Scholz/*Veil* § 19 Rz. 6; *Wicke* § 19 Rz. 2). Zur umstr. Anwendbarkeit des § 19 Abs. 4 (wohl ja) und des § 19 Abs. 5 (ja) auf die UG weiterführend Lutter/Hommelhoff/*Bayer* § 19 Rz. 69 m.w.N., zu § 19 Abs. 4, sowie Rz. 54, 1, 101 zu § 20, § 19 Abs. 5 m.w.N.

Nicht zum Anwendungsbereich des § 19 gehören Verzugszinsen, Vertragsstrafen, **4** Nebenleistungen oder Nachschüsse sowie ein etwaiges Aufgeld (Agio) (h.M.; vgl. Scholz/*Veil* § 19 Rz. 47; *Wicke* § 19 Rz. 2; *Noack* § 19 Rz. 5; Lutter/Hommelhoff/*Bayer* § 19 Rz. 3).

III. Gleichbehandlungsgrundsatz

§ 19 Abs. 1 verlangt die Einzahlung nach dem Verhältnis der Geldanlagen. Insofern ist **5** einerseits die Einforderung durch Gesellschafterbeschluss und andererseits die Anforderung durch den Geschäftsführer erforderlich, soweit die Satzung nicht Abweichendes vorsieht. Die Bestimmung ist nur auf Bareinlagen anzuwenden. Sacheinlagen müssen bereits vor Anmeldung der Gründung oder Kapitalerhöhung geleistet sein (§ 7 Abs. 3, § 56a) und sind folglich von § 19 Abs. 1 nicht betroffen, es sei denn, dass sie vor Eintragung durch eine Bareinlage ersetzt wurden. Dann gelten die Grundsätze für Bareinlagen. Bei gemischten Einlagen ist nur der Baranteil von § 19 Abs. 1 erfasst (hierzu *Wicke* § 19 Rz. 3; *Noack* § 19 Rz. 9; Scholz/*Veil* § 19 Rz. 18). Die Gleichbehandlung hat sich nicht nur auf die Leistung selbst, sondern auch auf die Anforderungszeit zu erstrecken (*RG* v. 15.5.1931 – II 459/30, *RGZ* 132, 396; *Noack* § 19 Rz. 9; Lutter/ Hommelhoff/*Bayer* § 19 Rz. 5).

Schuldner des Einlagenanspruchs der Gesellschaft sind die Gesellschafter zum Fällig- **6** keitszeitpunkt (vgl. § 16), frühere Gesellschafter haften ggf. nach § 22, Mitgesellschafter nach § 24 (*Wicke* § 19 Rz. 5; vgl. *OLG Hamm* v. 27.10.1999 – 8 U 273/98, NJW-RR 2001, 1182 – bzgl. des ausgeschiedenen Gesellschafters).

Die Beschlussfassung unterliegt bei Fehlen einer Satzungsbestimmung grds. dem **7** unternehmerischen Ermessen der Gesellschafter (Scholz/*Veil* § 19 Rz. 15). Der Grundsatz der Gleichbehandlung wirkt nur intern (vgl. hierzu *BGH* v. 2.6.1980 – VIII ZR 64/ 79, WM 1980, 865 = ZIP 1980, 551). Bei Leistungsunfähigkeit oder -unwilligkeit können die anderen Gesellschafter herangezogen werden (Scholz/*Veil* § 19 Rz. 22).

Einforderungsbeschlüsse der Gesellschafter, die gegen § 19 Abs. 1 verstoßen, sind **8** anfechtbar (nicht nichtig – Scholz/*Veil* § 19 Rz. 25; Lutter/Hommelhoff/*Bayer* § 19

Rz. 7; *Noack* § 19 Rz. 11 – h.M.). Bei der Beschlussfassung ist der mitbetroffene Gesellschafter stimmberechtigt (Scholz/*Veil* § 19 Rz. 13; i.Ü. *BGH* v. 9.7.1990 – II ZR 9/90, NJW 1991, 172). Liegen Ungleichbehandlungen vor, so kann der betroffene Gesellschafter dies durch Anfechtungsklage klären lassen. Unterlässt er dies, so bleibt seine Leistungsverpflichtung unberührt (Scholz/*Veil* § 19 Rz. 25; *Gehrlein/Witt/Volmer*Kap. 6 Rz. 6, m.w.N.).

9   Die neben der Satzungsbestimmung bzw. dem Gesellschafterbeschluss erforderliche Anforderung der Einlage erfolgt durch den Geschäftsführer, was sowohl vor als auch nach Eintragung geschehen kann, wenngleich sich die Pflicht nach § 19 Abs. 1 grds. auf die Zahlung des „Restes" nach der Eintragung bezieht (Scholz/*Veil* § 19 Rz. 11, 13; *Gehrlein/Witt/Volmer*Kap. 6 Rz. 5). Die Anforderung ist Voraussetzung für die Fälligkeit, soweit nicht die Satzung abw. („feste") Fälligkeitstermine konkret und bestimmt festlegt (*Noack* § 19 Rz. 6 ff.). Wird bei der Anforderung gegen den Gleichbehandlungsgrundsatz verstoßen, so steht dem benachteiligten Gesellschafter ein Leistungsverweigerungsrecht zu. Er kann insofern auch Auskunft hinsichtlich der Anforderung verlangen und bis zur Erteilung der Auskunft seine Zahlung ohne Eintreten des Verzugs zurückhalten (Scholz/*Veil* § 19 Rz. 25; so auch bereits *Gehrlein/Witt/Volmer*Kap. 6 Rz. 6, m.w.N.).

10   Maßgeblich für die Einzahlungen ist das Verhältnis der Stammeinlagen zueinander. In diesem Verhältnis sind die Leistungen anzufordern. Gleichbehandlung bedeutet, dass nur gleiche Anteile gleich sind, i.Ü. aber eine gleichmäßige, verhältnismäßige Behandlung zu erfolgen hat. Herangezogen werden die Gesellschafter entspr. der Satzung (fester Zahlungstermin) oder nach Gesellschafterbeschluss bei offenem Zahlungstermin, also ohne entspr. Satzungsbestimmung (vgl. § 46 Nr. 2; Scholz/*Veil* § 19 Rz. 13 m.w.N.).

11   Die Vorschrift ist unterschiedslos auf alle Geschäftsanteile anzuwenden. Der Gleichbehandlungsgrundsatz bezieht sich folglich auf Fälligkeit (Satzung oder Beschluss), Anforderung, Anforderungszeit und Höhe (vgl. Scholz/*Veil* § 19 Rz. 17, 20 ff. m.w.N., auch *Noack* § 19 Rz. 9). Der betroffene Gesellschafter kann insofern Auskunft verlangen (*Noack* § 19 Rz. 11; Scholz/*Veil* § 19 Rz. 25; auch Lutter/Hommelhoff/*Bayer* § 19 Rz. 7). Bis zur Klärung durch die Auskunft tritt kein Verzug ein. Der Gesellschafter kann Zahlung verweigern (Lutter/Hommelhoff/*Bayer* § 19 Rz. 7; Scholz/*Veil* § 19 Rz. 25; *Noack* § 19 Rz. 11).

12   § 19 Abs. 1 ist abdingbar (Scholz/*Veil* § 19 Rz. 1; Lutter/Hommelhoff/*Bayer* § 19 Rz. 6; *Noack* § 19 Rz. 10). Abweichungen können satzungsmäßig oder mit Zustimmung des betroffenen Gesellschafters vereinbart werden, solange nicht gegen Kapitalerhaltungspflichten verstoßen wird (*Noack* § 19 Rz. 10; Lutter/Hommelhoff/*Bayer* § 19 Rz. 6; auch Scholz/*Veil* § 19 Rz. 1).

13   Nach st. Rspr. des BGH kann die Einlageforderung abgetreten und verpfändet werden – und ist pfändbar (s. nur *BGH* v. 29.9.1977 – II ZR 157/76, *BGHZ* 69, 274). Allerdings muss die Gesellschaft eine vollwertige Gegenleistung erhalten (Befreiung von einer liquiden, fälligen und vollwertigen Zahlungspflicht oder Leistung in Geld – h.M. Scholz/*Veil* § 19 Rz. 105, *Wicke* § 19 Rz. 16). Besonderheiten hinsichtlich der Vollwertigkeit der Forderung gelten für das Liquidationsstadium bei Einstellung des Geschäftsbetriebs, Vermögenslosigkeit und wenn die Abtretung oder Pfändung zugunsten eines einzigen Gläubigers erfolgt (vgl. etwa *BGH* v. 15.6.1992 – II ZR 229/91, NJW 1992, 2229; *OLG Hamm* v. 17.2.1992 – 8 U 153/91, GmbHR 1992, 370; *Wicke*

§19 Rz. 16; Scholz/*Veil* §19 Rz. 106 – zu vollwertigen Gegenleistungen Rz. 108 ff.; zur Ablehnung der Eröffnung eines Insolvenzverfahrens mangels Masse oder Löschung nach §394 FamFG vgl. Scholz/*Veil*§19 Rz. 109; auch *Noack* §19 Rz. 42).

IV. Einzahlungen auf Geschäftsanteile

Sofern keine Sacheinlage vereinbart ist (§§5 Abs. 4, 56), hat die Einlage als Bareinlage **14** zu erfolgen (*Noack* §19 Rz. 12). Erfüllung tritt ein, wenn der entsprechende Betrag in das Vermögen der GmbH fließt und zur freien Verfügung steht. Da Handhabung größerer Summen Bargelds nicht immer unproblematisch ist, kommt der Zahlung gleichgestellte Erfüllung in Betracht (z.b. bestätigte Bundesbankschecks – vgl. Scholz/*Veil* §19 Rz. 32; *MHLS/Ebbing* §19 Rz. 32). Einzahlung ist somit grundsätzlich Barzahlung, zulässig sind allerdings auch Überweisungen auf ein Gesellschaftskonto vor allem bei Angabe in der Anforderung (Scholz/*Veil* §19 Rz. 32, 33 – vgl. auch hierzu *BGH* v. 24.9.1990 – II ZR 203/89, NJW 1991, 226 zur Verrechnung der Bank mit Krediten etc.). In zahlreichen Fällen können allerdings die Grundsätze des §19 Abs. 4 und 5 GmbHG betroffen sein (s.u. Rz. 31 ff.). Diese Fälle sollten nicht mit §19 Abs. 1 vermischt, sondern getrennt betrachtet werden. Die Erfüllung der Einlage bzw. Resteinlage verlangt einen vollwertigen, unbeschränkten und bestimmten Vermögenszufluss an die Gesellschaft hinsichtlich der Mindesteinzahlung bei Gründung zur freien Verfügung durch den Geschäftsführer (§§7 Abs. 2, 8 Abs. 2) sowie für die „Resteinlagen" nach Beschluss und Anforderung (auch direkte Zahlung an einen Gläubiger auf Veranlassung der Gesellschaft bei vollwertigem Vermögensvorteil oder Zahlung auf ein Konto der GmbH mit uneingeschränktem Zugriff des Geschäftsführers – vgl. Scholz/*Veil* §19 Rz. 33, 39 ff.; *Gehrlein/Witt/Volmer* Kap. 6 Rz. 10, 13 ff., 27 ff.; *Wicke* §19 Rz. 6). Einzahlung auf debitorisch geführte Konten stellen Erfüllung nur dar, wenn die Empfängerbank insoweit einschränkungslos Kredit einräumt – nicht aber dann, wenn die Geschäftsführung nicht uneingeschränkt über den eingezahlten Betrag verfügen kann, weil der gewährte Kreditrahmen überschritten ist, der Kredit gekündigt ist oder die Bank ohne Einwirkungsmöglichkeit des Geschäftsführers den Betrag mit dem Schuldsaldo verrechnet bzw. das Gesellschaftskonto gepfändet wird. Entscheidend ist, ob der Geschäftsführer über den Betrag frei verfügen kann (ausreichender förmlicher Kreditrahmen oder zumindest stillschweigende Gestattung der Bank – vgl. *BGH* v. 12.4.2011 – II ZR 17/10, ZIP 2011, 1101 = GmbHR 2011, 705 = NZG 2011, 667; *BGH* v. 8.11.2004 – II ZR 362/02, DStR 2005, 164; vgl. ferner *BGH* v. 18.3.2002 – II ZR 363/ 00, *BGHZ* 150, 197 = BB 2002, 957 = NJW 2002, 1716, weiteres Konto der GmbH mit einem den Einlagebetrag erreichenden oder übersteigenden Kredit bei entspr. Tilgungsbestimmung durch den Gesellschafter; anders bei sofortiger Verrechnung durch die Bank mit Schuldsaldo *BGH* v. 3.12.1990 – II ZR 215/89, DNotZ 1991, 828 (m. Anm. *Gehling*); auch *BGH* v. 24.9.1990 – II ZR 203/89, NJW 1991, 226; hierzu ausführlich Scholz/*Veil* §19 Rz. 34; *Gehrlein/Witt/Volmer*Kap. 6 Rz. 10 m.w.N.; ferner auch *Wicke* §19 Rz. 6). Infolgedessen sollten entspr. Überweisungen, die grds. einer Bareinzahlung gleichgestellt werden können, nur nach entspr. Vorabklärung und empfehlenswerter eindeutiger Tilgungsbestimmung (wenn auch grds. nicht erforderlich) vorgenommen werden. Der Verpflichtete hat die Beweislast für die Erfüllung der Einlagepflicht (*BGH* v. 17.9.2013 – II ZR 142/12 – Darlegungs- und Beweislast für Erfüllung der Einlageschuld: Gesellschafter; *Noack* §19 Rz.15; *Wicke* §19 Rz. 8 m.w.N.; ferner *BGH* v. 9.7.2007 – II ZR 222/06, NZG 2007, 790; auch *Gehrlein/Witt/Volmer*Kap. 6

Rz. 7 a.E.). Insofern können sich die Anforderungen an die Beweisführung bei längere Zeit zurückliegenden Vorgehen reduzieren (vgl. *BGH* v. 9.7.2007 – II ZR 222/06, GmbHR 2007, 1042; auch *OLG Köln* v. 29.1.2009 – 18 U 19/08, NZG 2009, 505 = GmbHR 2009, 1209; ferner *OLG Koblenz* v. 7.3.1001 – 6 U 1220/00, NZG 2002, 821; Lutter/Hommelhoff/*Bayer* § 19 Rz. 15; auch *Noack* § 19 Rz. 15). Leistungen erfüllungshalber sind ausreichend, wenn der Gesellschaft der Wert tatsächlich uneingeschränkt zugeflossen ist (Wechsel, Scheck bei Erfüllungswirkung mit Einlösungszeitpunkt – vgl. zu Sachleistungen auf die Bareinlageschuld Scholz/*Veil* § 19 Rz. 104). Auch Vorauszahlungen im Gründungsstadium können ausnahmsweise als ausreichend angesehen werden, wenn der Betrag geleistet und unversehrt auf die Vor-GmbH übergeht, sofern kein Geschäftsbetrieb eröffnet und mit seinen Aktiva und Passiva auf die Vorgesellschaft übertragen wird (*Gehrlein/Witt/Volmer* Kap. 6 Rz. 8 a.E. u. Verweis auf *BGH* v. 22.3.2004 – II ZR 7/02, ZIP 2004, 1046 = GmbHR 2004, 896); *BGH* v. 22.6.1992 – II ZR 30/91, BB 1992, 1806 = NJW 1992, 2689 – vgl. insofern § 7 Abs. 2).

15 Keine Erfüllung der Verpflichtung ist bei Leistungen unter Vorbehalt oder unter einer Bedingung anzunehmen *(Noack* § 19 Rz. 12; Lutter/Hommelhoff/*Bayer* § 19 Rz. 13; *Wicke* § 19 Rz. 6; vgl. i.Ü. die nachfolgenden Ausführungen in § 19 Abs. 2–5). Nicht ausreichend waren ferner Leistungen an Erfüllungs statt, weil – so die Argumentation – dadurch eine Überbewertung nicht ausgeschlossen gewesen wären – auch höherwertige Leistungen, die den Betrag der Bareinlage übersteigen, reichten nicht aus (Scholz/*Veil* § 19 Rz. 117). Insofern können nunmehr im Einzelfall die Grundsätze des § 19 Abs. 4 GmbHG eingreifen (werthaltige verdeckte Sacheinlage als Erfüllungswirkung – vgl. Scholz/*Veil* § 19 Rz. 100, 102; auch Lutter/Hommelhoff/*Bayer* § 19 Rz. 18, 70; auch *Noack* § 19 Rz. 62 m.w.N.).

16 Ähnliche Folgen können sich bei Leistungen des Gesellschafters an Dritte ergeben. Insoweit soll die Leistung befreiend sein, wenn das Vollwertigkeitsprinzip beachtet ist (vgl Scholz/*Veil* § 19 Rz. 41 m. Hinw auf *BGH* v. 12.4.2011 – II ZR 17/10, ZIP 2011, 1101 = GmbHR 2011, 705 = NZG 2011, 667; *BGH* v. 25.11.1985 – II ZR 48/85, NJW 1986, 989, nicht für Mindestleistung bei Gründung – zu diesem Problemkreis auch *Noack* § 19 Rz. 13 – sowie weitere OLG-Entscheidungen; auch Lutter/Hommelhoff/ *Bayer* § 19 Rz. 45).

V. Verbot der Befreiung von der Einlagepflicht

17 § 19 Abs. 2 S. 1 verbietet die Befreiung der Gesellschafter von ihrer Einlagepflicht. Die Vorschrift gilt für Bar- wie für Sacheinlagen. Ausgeschlossen sind sämtliche rechtsgeschäftlichen Verringerungen der Einlagepflicht (also durch Erlass, Stundung, Forderungsauswechslung, negatives Schuldverhältnis, Novation, Annahme der Leistung an Erfüllungs statt (vgl. hier allerdings § 19 Abs. 4 Rz. 32 ff.; zu § 19 Abs. 1 s. Rz. 15), Hinausschieben der Fälligkeit, Vergleich im Insolvenzplan (str.; s. Scholz/*Veil* § 19 Rz. 67; zum Vergleich im Allgemeinen s.u. Rz. 19) oder Liquidation etc. (*Noack* § 19 Rz. 19 ff.; *Wicke* § 19 Rz. 9; *Gehrlein/Witt/Volmer* Kap. 6 Rz. 7 ff.; Scholz/*Veil* § 19 Rz. 52 ff.). Bei Verstoß bleibt die Einlagepflicht unverändert und das Rechtsgeschäft ist nach § 134 BGB nichtig. Fehlt die Tilgung durch die Leistung, so hat der Gesellschafter nochmals zu leisten (Scholz/*Veil* § 19 Rz. 43). § 19 Abs. 2 sichert die reale Kapitalaufbringung und verbietet jede rechtsgeschäftliche Maßnahme, die die Pflicht zur Leistung auf den Geschäftsanteil (Stammeinlage) reduziert (vgl. so schon zum früheren § 19 Abs. 5 a.F. *BGH* v. 18.9.2000 – II ZR 365/98, DB 2000, 2315 = NJW 2001,

67) – **Voreinzahlungen tilgen die später entstandene Einlageverpflichtung nur dann,
wenn sich der Betrag im Zeitpunkt des Entstehens der Einlageverpflichtung noch im
Vermögen der Gesellschaft befindet** – Rohmaterialien können als Sacheinlagen eingebracht werden, müssen sich aber im Vermögen der Gesellschaft befinden (ansonsten
Nichtigkeit nach § 306 BGB) – **der eingebrachte „Firmenwert" als Sacheinlage ist
nachzuweisen** – die Nichtigkeit nach § 306 BGB (Rohmaterialien etc.) kann sich nach
§ 139 BGB auch auf die Einbringung des Firmenwerts und des Sachanlagevermögens
erstrecken – **bei Nichtigkeit der Sacheinlagenvereinbarung besteht Anspruch auf Bareinlage**; hierzu auch *BGH* v. 4.3.1996 – II ZB 8/95, *BGHZ* 132, 141 = NJW 1996, 1473;
ferner *BGH* v. 29.1.2001 – II ZR 183/00, NJW 2001, 1647 – **Voraussetzungen des
Nachweises der Einzahlung** – erkennbare Zuordnung der Zahlung auf die Einlageschuld durch den Geschäftsführer Voraussetzung – entgegenstehende Umstände:
weitere Zahlung auf eigenes Konto ohne endgültige freie Verfügbarkeit des Geschäftsführers – Voraussetzungen für das Einbringen eines Einzelunternehmens als
Sacheinlage – Beweispflichtigkeit des einzahlenden Gesellschafters – eventuelle Vorbelastungshaftung des Beklagten im Fall einer Unterbilanz; zur Übertragung von
Gesellschaftsanteilen *Geck* DStR 1996, 627; ferner *OLG Hamm* v. 26.10.1999 – 7 U
111/99, NZG 2000, 652; zur Haftung bei der Vor-GmbH *BFH* v. 7.4.1998 – VII R 82/
97, NJW 1998, 2926; *LAG Köln* v. 17.3.2000 – 3 Sa 1060/99, NZA-RR 2001, 129).

Insofern sind die Auswirkungen der in § 19 Abs. 4 und 5 GmbHG enthaltenen Änderungen zu beachten (s.u. Rz. 31 ff.).

§ 19 Abs. 2 soll damit sicherstellen, dass die geschuldeten Geld- und Sacheinlagen in   **18**
jedem Fall zur Verfügung stehen. Die Vorschrift enthält damit zwingenden Gläubigerschutz und ist entspr. eng auszulegen (zutr. Scholz/*Veil* § 19 Rz. 44 – Grundsatz der
realen Kapitalaufbringung; auch Lutter/Hommelhoff/*Bayer* § 19 Rz. 18; *Noack* § 19
Rz. 16). Sie bezieht sich auch auf alle Neben- und Folgeansprüche (Ausfallhaftung,
Rechtsvorgängerhaft, Differenzhaftung etc.; Scholz/*Veil* § 19 Rz. 46).

Vergleiche sind aufgrund des ihnen meist innewohnenden Teilverzichts im Zweifel   **19**
unzulässig und allenfalls unter engen Voraussetzungen zulässig (zum zulässigen „echten" Vergleich *BGH* v. 19.7.2004 – II ZR 65/03, BB 2004, 1870. So sollen Vergleiche
allenfalls zur Beilegung von Streit oder Rechtsunsicherheit in Betracht kommen,
bspw. wenn ernsthafte Zweifel über Bestand und Umfang der Einlagenforderung oder
ordnungsgemäße Erfüllung der Einlageverpflichtung bestehen (Zweifel über bereits
erfolgte Zahlung oder die Fehlerfreiheit der Sacheinlage vgl. *Noack* § 19 Rz. 20;
Scholz/*Veil* § 19 Rz. 64; Lutter/Hommelhoff/*Bayer* § 19 Rz. 20; zur AG *BGH* v.
6.12.2011 – II ZR 149/10 – Babcock, AG 2012, 87 = NZG 2012, 69; *BayObLG* v.
30.10.1984 – BReg. 3 Z 204/84, ZIP 1985, 33 = DB 1985, 107 – unzulässig ist Anerkenntnis, vgl. hierzu *OLG Köln* v. 13.10.1988 – 1 U 37/88, ZIP 1989, 176). Problematisch sind alle „Vergleiche", die Elemente des Erlasses, des Verzichts oder auch der
Stundung enthalten (hierzu auch *Noack* § 19 Rz. 20 m.w.N.; Lutter/Hommelhoff/*Bayer*
§ 19 Rz. 20 – im Einzelnen: sämtliche Stimmen in der Literatur sind zurückhaltend).
Insb. ist ein Vergleich nicht zulässig, wenn Zweifel an der Zahlungsfähigkeit eines
Gesellschafters bestehen (*BayObLG* v. 30.10.1984 – BReg. 3 Z 204/84, ZIP 1985, 33,
auch Scholz/*Veil* § 19 Rz. 66 m.w.N.). Damit kommen grds. nur Vergleiche i.S.d. § 779
BGB in Betracht, auch Prozessvergleiche (vgl. *BGH* v. 22.5.1975 – KZR 9/74, NJW
1976, 194). Voraussetzung ist in diesen Fällen, dass ein rechtlich oder tatsächlich

begründeter Streit mit nicht unerheblichem Prozessrisiko durch beiderseitiges Nachgeben beendet wird (*BayObLG* v. 30.10.1984 – BReg. 3 Z 204/84, ZIP 1985, 33 = DB 1985, 107; auch *BGH* v. 6.11.1991 – VII ZR 168/90, NJW-RR 1992, 363; *Grüneberg/ Sprau* § 779 Rz. 4 ff.). **§ 19 Abs. 2 S. 2 ist auch auf Ansprüche nach § 31 Abs. 1 entspr. anzuwenden** (*BGH* v. 27.11.2000 – II ZR 83/00, NJW 2001, 830 = GmbHR 2001, 142 m. Anm. v. *Müller*, NZG 2001, 272). Der Vergleich bedarf der Zustimmung der Gesellschafterversammlung (wie hier für GmbH *Noack* § 19 Rz. 20; Scholz/*Veil* § 19 Rz. 69; ebenso Lutter/Hommelhoff/*Bayer* § 19 Rz. 20; anders bei AG: keine Zustimmung der Hauptversammlung erforderlich *BGH* v. 6.12.2011 – II ZR 149/10, Rz. 25 ff. – Babcock).

20 Auch **Stundung** ist unzulässig, denn darin liegt ein Hinausschieben der Leistungszeit, was zu Zinsverlusten führt und Ausfallrisiken verlängert (*Noack* § 19 Rz. 21 – allg. Ansicht). Untersagt ist damit jedes vertragliche Hinausschieben der Fälligkeit zwischen den Beteiligten (s. nur Scholz/*Veil* § 19 Rz. 60). D.h. jedes Abweichen von der satzungsmäßigen Festlegung oder bei entspr. Fehlen der Festlegung die Abweichung vom Einforderungsbeschluss der Gesellschafter gem. § 46 Nr. 2 verstößt gegen das Befreiungsverbot nach Abs. 2 S. 1 (Lutter/Hommelhoff/*Bayer* § 19 Rz. 19; MüKo GmbH/*Schwandtner* § 19 Rz. 76). Die schlichte Untätigkeit der Gesellschafter bzw. der Geschäftsführer, sofern die Einforderung ihnen gesellschaftsvertraglich übertragen wird, ist keine Stundung. Ein Fehlverhalten des Geschäftsführers i.S.d. § 43 kann vorliegen, wenn er es unterlässt, die Zahlung fällig gestellter Forderungen zu verlangen (Lutter/Hommelhoff/*Bayer* § 19 Rz. 19; Scholz/*Veil* § 19 Rz. 61; MüKo GmbH/ *Schwandtner* § 19 Rz. 78; Habersack/Casper/Löbbe/*Casper* § 19 Rz. 73). Unzulässig sind entspr. Vereinbarungen oder Zusagen, sich insofern nicht satzungsmäßig zu verhalten, wie bspw. durch die Gewährung eines Zahlungsmoratoriums für einen vorübergehend zahlungsunfähigen Gesellschafter (Scholz/*Veil* § 19 Rz. 63; MüKo GmbH/ *Schwandtner* § 19 Rz. 77). Eine solche Vereinbarung ist nichtig gem. § 134 BGB (s. nur Habersack/Casper/Löbbe/*Casper* § 19 Rz. 70).

VI. Aufrechnung

21 Die Fälle der **Aufrechnung durch den Gesellschafter und durch die GmbH** sind zu unterscheiden (vgl. hierzu etwa Scholz/*Veil* § 19 Rz. 73 ff. für die GmbH einerseits und Rz. 83 ff. für die Gesellschafter andererseits; auch Lutter/Hommelhoff/*Bayer* § 19 Rz. 24 ff. – Gesellschafter bzw. Rz. 27 ff. – GmbH; *Noack* § 19 Rz. 30 ff. bzw. Rz. 33 ff.; auch *Gehrlein/Witt/Volmer* Kap. 6 Rz. 40 – Gesellschafter sowie Rz. 41 ff. – GmbH; *Wicke* § 19 Rz. 10 ff. bzw. Rz. 14).

22 Die einseitige **Aufrechnung des Gesellschafters** gegen den Anspruch der Gesellschaft ist grundsätzlich unzulässig. § 19 Abs. 2 entspricht auch insofern im Wesentlichen § 19 Abs. 5 a.F. (RegE, BT-Drucks. 16/6140, S. 39 re. Sp.). Die Ausnahme des § 19 Abs. 2 S. 2 betrifft **Aufrechnung mit Entgeltansprüchen** aus Sachübernahmen im Rahmen der Gründung oder Kapitalerhöhung (§ 56 Abs. 2), sofern diese den Anforderungen des § 5 Abs. 4 S. 1 genügt (vgl. hierzu o. § 5; ferner Scholz/*Veil* § 19 Rz. 83), wobei jedoch § 7 Abs. 3 und § 56a zu beachten sind und den Anwendungsbereich entsprechend einschränken (vgl. Scholz/*Veil* § 19 Rz. 83 f.; *Altmeppen* § 19 Rz. 38 unter der Maßgabe des § 5 Abs. 4 S. 1; MüKo GmbHG/*Schwandtner* § 19 Rz. 80 f.; Lutter/Hommelhoff/*Bayer* § 19 Rz. 26; klarstellend: Einschränkung auf das Gründungsstadium bis zur Handelsregisteranmeldung sowie mit Abrederfordernis bzw. vor Eintragung der Kapitalerhö-

hung *Noack* §19 Rz.30f., 40 ebenso BeckOK GmbHG/*Ziemons* §19 Rz.115). Der Gesellschafter wird insofern von seiner Einlagepflicht zumindest in Höhe des Wertes (Rest nach Differenzhaftung gem. §9) frei (zutreffend Scholz/*Veil* §19 Rz.84). Die verbotswidrige Aufrechnung ist wirkungslos (Lutter/Hommelhoff/*Bayer* §19 Rz.25).

Von der Aufrechnung des Gesellschafters ist die **Aufrechnung der Gesellschaft** mit 23 der Einlagenforderung gegen eine Forderung des Gesellschafters zu unterscheiden. Diese ist zwar nicht vom Wortlaut des §19 Abs.2 umfasst, jedoch je nach Sachverhalt gleichwohl problematisch: Gab es eine **Vorabsprache** über die Aufrechnung, gelten i.Zw. die Regeln der Sacheinlage (§§5 Abs.4 S.1, 56) bzw. der verdeckten Sacheinlage (§19 Abs.4). Entscheidet sich die Gesellschaft hingegen erst nach Eintragung zur Aufrechnung, ist §30 zu beachten (*Altmeppen* §19 Rz.41). Auch muss die Forderung des Gesellschafters gegen die Gesellschaft, gegen die die Gesellschaft mit ihrer eigenen Einlagenforderung aufrechnet, fällig, unstreitig, und wirtschaftlich vollwertig sein (vgl. *Altmeppen* §19 Rz.44 m.w.N.). Daran fehlt es bspw. in der Krise der Gesellschaft (keine wirtschaftliche Vollwertigkeit mehr) oder wenn der Anspruch des Gesellschafters bereits verjährt ist (st. Rspr. und h.L., z.B. *BGH* v. 21.2.1994 – II ZR 60/93, *BGHZ* 125, 141 = DNotI-Report 1994, 8; ausf. und m.w.N. bei Scholz/*Veil* §19 Rz.73ff.; auch *Noack* §19 Rz.37; Lutter/Hommelhoff/*Bayer* §19 Rz.27f. mit dem zutr. Hinw., dass „Altforderungen" aus dem Gründungsstadium als Sacheinlagen hätten eingebracht werden müssen). Insofern soll durch den Verrechnungsvertrag nur ein Hin- und Herzahlen vermieden werden (Lutter/Hommelhoff/*Bayer* §29 Rz.93).

Fällig in diesem Sinne sind Forderungen nach §271 BGB, wenn der Gläubiger die Leis- 24 tung verlangen kann. Insofern werden regelmäßig Vereinbarungen der Parteien vorliegen (vgl. *BGH* v. 25.10.2007 – III ZR 91/07, ZIP 2008, 510; auch *Grüneberg/Grüneberg* §271 Rz. 4). Liquide sind Forderungen, die nach Prüfung keinen Zweifeln des Geschäftsführers unterliegen (und unbestritten sowie durchsetzbar sind) (vgl. *OLG Köln* v. 7.1.1986 – 22 U 93/85, ZIP 1986, 571; Scholz/*Veil* §19 Rz.75; *Noack* §19 Rz.37). Weitere Voraussetzung ist die Vollwertigkeit der Forderung, die nur vorliegt, wenn das Gesellschaftsvermögen zur Befriedigung sämtlicher Forderungen sicher ausreicht, nicht also bei überschuldeter oder zahlungsunfähiger GmbH (*BGH* v. 12.4.2011 – II ZR 17/ 10, ZIP 2011, 1101 = GmbHR 2011, 705 = NZG 2011, 667; auch *Noack* §19 Rz.37 m.w.N.; Scholz/*Veil* §15 Rz.76; ferner Lutter/Hommelhoff/*Bayer* §19 Rz.31 sowie 36, wonach ein kurzfristiger Liquiditätsengpass unschädlich sein soll, ebenda außerdem Rz.39, wonach bei der Gefährdung der Einlageforderung aufgerechnet werden kann, vgl. Grds. der realen Kapitalerhaltung). Hierbei ist ein objektiver Maßstab anzulegen (*RG* v. 4.12.1931 – II 135/31, *RGZ* 134, 268; *Noack* §19 Rz.37).
Die Darlegungs- und Beweislast für die zulässige Aufrechnung trägt grds. der Einlagenschuldner (dazu ausführl. Habersack/Casper/Löbbe/*Casper* §19 Rz.101; Lutter/Hommelhoff/*Bayer* §19 Rz.37; zur Aufrechnungsvereinbarung auch *BGH* v. 6.12.2011 – II ZR 149/10, Rz.44 – Babcock: Beweislast für Vollwertigkeit trägt Aktionär; *OLG Köln* v. 7.1.1986 – 22 U 93/85, ZIP 1986, 569; *OLG Düsseldorf* v. 22.7.1993 – 6 U 214/92, GmbHR 1994, 247; ausführlich *Bayer/Illhardt* GmbHR 2011, 505).

Die Aufrechnung durch die GmbH widerspricht dem Rechtsgedanken des §19 Abs.2 25 S.2 GmbHG nicht, sofern es sich um „Neuforderungen" des Gesellschafters gegen die GmbH handelt: Derartige Neuforderungen können auch im Einvernehmen zwischen der GmbH und dem Gesellschafter (Verrechnungsabrede) oder durch einseitige

Erklärung des Geschäftsführers aufgrund pflichtgemäßen Ermessens gegen die Einlagepflicht verrechnet werden (Lutter/Hommelhoff/*Bayer* § 19 Rz. 25, 27 f., 36, 66; *Noack* § 19 Rz. 36 m. Gestaltungsbsp. u. ebenda Rz. 40; vgl auch Rz. 27). § 19 Abs. 2 S. 2 untersagt damit nicht nur dem Gesellschafter die Aufrechnung gegen eine Einlageforderung der GmbH. Das Verbot richtet sich dem Wortlaut nach zwar gegen die Gesellschafter, grds. ist aber über den Wortlaut hinaus auch der GmbH die Aufrechnung wegen des Kapitalschutzes verwehrt (*BGH* v. 19.7.2004 – II ZR 65/03, BB 2004, 1870; auch Lutter/Hommelhoff/*Bayer* § 19 Rz. 27; auch *BGH* v. 16.9.2002 – II ZR 1/00, GmbHR 2002, 1193 = NJW 2002, 3774, 3776).

26 Das Aufrechnungsverbot gilt grundsätzlich auch im Liquidationsstadium (*BGH* v. 18.11.1969 – II ZR 83/68, NJW 1970, 469; Scholz/*Veil* § 19 Rz. 89; auch Lutter/Hommelhoff/*Bayer* § 19 Rz. 52 f.). Ferner im Fall der Löschung wegen Vermögenslosigkeit nach § 394 FamFG bzw. § 60 Abs. 1 Nr. 7 GmbHG. Insofern sind jedoch Ausnahmen zu beachten, in denen das Aufrechnungsverbot wirtschaftlich irrelevant wäre (Scholz/*Veil* § 19 Rz. 89). Das ist nach der Rechtsprechung verkürzt gesagt der Fall, wenn die Grundsätze der Stammkapitalaufbringung und -erhaltung, die Zweck des § 19 Abs. 2 GmbHG sind, keine Bedeutung mehr haben. Diese Grundsätze sind nicht mehr bedeutsam, wenn die Befriedigung aller Gesellschaftsgläubiger eingetreten ist, die Vermögensgegenstände verwertet wurden, der Geschäftsbetrieb eingestellt ist und neue Schulden nicht entstehen werden bzw. aus vorhandenem Restvermögen bezahlt werden können (*BGH* v. 21.9.1978 – II ZR 214/77, NJW 1979, 216; Scholz/*Veil* § 19 Rz. 89 m.w.N.; ferner Lutter/Hommelhoff/*Bayer* § 19 Rz. 53). In der Insolvenz der GmbH kommen Aufrechnungen grds. ungeachtet der §§ 94 ff. InsO nicht in Betracht, es sei denn sämtliche Gläubiger sind befriedigt und mit neuen Verbindlichkeiten ist nicht zu rechnen ist (z.B. *BGH* v. 21.9.1978 – II ZR 214/77, NJW 1979, 216; *BGH* v. 30.11.1967 – II ZR 68/65 Rz. 39, BGHZ 49, 117 = GmbHR 1968, 162; *RG* v. 12.11.1935 – II 48/35, RGZ 149, 293, 298; ferner Scholz/*Veil* § 19 Rz. 90 f.).

27 Bei der Erklärung der Aufrechnung (auch bei Abschluss eines Verrechnungsvertrages) wird die GmbH durch den Geschäftsführer vertreten. Ein Gesellschafterbeschluss reicht nicht aus. Ob der Geschäftsführer die Aufrechnung für die GmbH erklärt, liegt in seinem pflichtgemäßen Ermessen (Prüfung, keine Zweifel an der Vollwertigkeit etc.; hierzu *OLG Hamburg* v. 24.11.1989 – 11 U 163/89, NJW-RR 1990, 741). Ist der Gesellschafter-Geschäftsführers vom Selbstkontrahierungsverbots nach § 181 BGB befreit, so kann er auch bei der Aufrechnungserklärung die Gesellschaft wirksam vertreten (*BGH* v. 16.9.2002 – II ZR 1/00, BGHZ 152, 37 = GmbHR 2002, 1193, 1195 = NJW 2002, 3774, 3776).

28 Eine Aufrechnung der Gesellschaft gegen einen Rückzahlungsanspruch des Gesellschafters aus einem Gesellschafterdarlehen dürfte angesichts dessen insolvenzrechtlicher Rangfolge (§ 39 Abs. 1 Nr. 5 InsO) und der Treuebindung des Gesellschafters (vgl. *BGH* v. 7.3.2013 – IX ZR 7/12, NZI 2013, 483, 485; *BGH* v. 4.7.2013 – IX ZR 229/12, BGHZ 198, 77 = NZG 2013, 1033, 1035 f. = NZI 2013, 804, 806 f.; ebenso *OLG Bamberg* v. 17.6.2006 – 6 U 56/04, NZG 2005, 808; *BaFin* Merkblatt Hinweise zum Tatbestand des Einlagengeschäfts, NZG 2014, 379, 382) je nach Situation der Gesellschaft problematisch (mangelnde wirtschaftliche Vollwertigkeit) und ggf. auch anfechtbar sein (§ 135 Abs. 1 S. 2 InsO; vgl. *Altmeppen* § 19 Rz. 47).

VII. Zurückbehaltungsrecht bei Sacheinlagen

Zurückbehaltungsrechte an dem Gegenstand der Sacheinlage stehen dem Gesell- **29** schafter nicht zu. Das gilt auch für Bareinlagen, wenn auch § 19 Abs. 2 S. 3 sich lediglich ausdrücklich auf Sacheinlagen bezieht. Bei Bareinlagen wäre ein Zurückbehaltungsrecht ebenfalls unzulässig, da das dem Zweck des § 19 Abs. 2 widersprechen und im Ergebnis einer Aufrechnung gleichkäme (*BGH* v. 4.8.2020 – II ZR 171/19; *Noack* § 19 Rz. 41; Scholz/*Veil* § 19 Rz. 97; Lutter/Hommelhoff/*Bayer* § 19 Rz. 41; vgl. auch *Wicke* § 19 Rz. 15). Ebenso wenig wie die Aufrechnung ist damit auch die Zurückbehaltung, einschließlich des kaufmännischen Zurückbehaltungsrechts nach §§ 369, 370 HGB zulässig (MüKo GmbHG/*Schwandtner* § 19 Rz. 127). Ein Zurückbehaltungsrecht ist lediglich dann gem. § 19 Abs. 2 S. 3 ausnahmsweise für Sacheinlagen zugelassen, wenn die die Zurückbehaltung begründende Gegenforderung des Gesellschafters sich auf den Gegenstand der Sacheinlage bezieht (fälliger Verwendungsersatzanspruch gem. §§ 1000, 1001 BGB oder Schadenersatzanspruch gem. § 273 Abs. 2 BGB; *Noack* § 19 Rz. 41; Scholz/*Veil* § 19 Rz. 98; Lutter/Hommelhoff/*Bayer* § 19 Rz. 41).

VIII. Kapitalherabsetzung

Nur bei der Kapitalherabsetzung findet das ansonsten strikt geltende Verbot der **30** Befreiung von der Einlagepflicht eine Ausnahme (BeckOK GmbHG/*Ziemons* § 19 Rz. 95). § 19 Abs. 3 wurde in Anlehnung an § 66 Abs. 3 AktG 1980 eingefügt und lässt lediglich eine Beitragsbefreiung in Höhe des Betrages zu, um den das Stammkapital herabgesetzt wird. Der Herabsetzungsbetrag bildet die Obergrenze für die gesamte Verringerung der Einlagen (*Noack* § 19 Rz. 18). Ein solcher Erlass muss durch Vertrag zwischen dem Geschäftsführer und den Gesellschaftern vereinbart werden (hierzu ausf. MüKo GmbHG/*Schwandtner* § 19 Rz. 169 ff.). Zudem kann dies zwingend nur nach Ablauf des Sperrjahrs gem. § 58 Nr. 3 geschehen (BeckOK GmbHG/*Ziemons* § 19 Rz. 95). Abs. 3 ist nicht bei der vereinfachten Kapitalherabsetzung gem. § 58a anwendbar (MüKo GmbHG/*Schwandtner* § 19 Rz. 161).

IX. Verdeckte Sacheinlage

§ 19 Abs. 4 in der durch das MoMiG geändert Fassung regelt nun erstmals ausdrück- **31** lich die „verdeckte Sacheinlage" (vgl. hierzu ausf. Scholz/*Veil* § 19 Rz. 116, 117–118; auch Lutter/Hommelhoff/*Bayer* § 19 Rz. 54 f., *Wicke* § 19 Rz. 19; *Bormann/Ulrichs* in Römermann/Wachter/Bormann/Ulrichs, GmbH-Beratung nach dem MoMiG, Sonderheft GmbHR 2008, S. 37, 38; ferner *Gehrlein/Witt/Volmer* Kap. 6 Rz. 48 ff.). Die entspr. Problematik war vorher nicht Gegenstand der Kodifizierung (zu den bisherigen Problemen vgl. Scholz/*Veil* § 19 Rz. 116; auch Lutter/Hommelhoff/*Bayer* § 19 Rz. 54 f.; auch *Noack* § 19 Rz. 47: „katastrophal empfundene[...] Rechtsfolgen" der früheren Rechtslage; auch bereits *Gehrlein/Witt/Volmer* Kap. 6 Rz. 48 ff.; *Wicke* § 19 Rz. 19; ferner *BGH* v. 11.2.2008 – II ZR 171/06, DB 2008, 751; *BGH* v. 16.1.2006 – II ZR 76/04 – Cash-Pool I, NJW 2006, 1736). Durch die Neufassung von Abs. 4 und die Aufhebung des Abs. 5 werden die Rechtsfolgen verdeckter Sacheinlagen auf eine Differenzhaftung des Gesellschafters im Sinne einer „Anrechnungslösung" beschränkt (so RegE, ursprüngl. BT-Drucks. 16/6140, S. 40 sowie in Reaktion auf die Kritik BT-Drucks. 16/9737, S. 56). Bis heute ist die Kritik an der Konzeption nicht verstummt (hierzu Scholz/*Veil* § 19 Rz. 118; besonders krit. Lutter/Hommelhoff/*Bayer* § 19 Rz. 57 unter Hinw. auf die Probleme in der neueren Rechtsprechung *BGH* v. 16.2.2009 – II ZR 120/07 – Qivive,

DStR 2009, 809 sowie *BGH* v. 1.2.2010 – II ZR 173/08 – Eurobike, NJW 2010, 1747).
Es wird sogar eine gesetzliche Neuregelung verlangt (Lutter/Hommelhoff/*Bayer* § 19
Rz. 57: „dringend geboten").

32 Die Vorschrift definiert in Abs. 4 S. 1 Hs. 1 die „verdeckte Sacheinlage" als Geldeinlage eines Gesellschafters, die bei wirtschaftlicher Betrachtung und aufgrund einer im
Zusammenhang mit der Übernahme der Geldeinlage getroffenen Abrede vollständig
oder teilweise als Sacheinlage zu bewerten ist (vgl. u. Rz. 40). Sie liegt danach in Übereinstimmung mit der bisherigen Rechtsprechung vor, wenn zwar formell eine Bareinlage vereinbart und geleistet wird, die Gesellschaft bei wirtschaftlicher Betrachtung
aber aufgrund einer im Zusammenhang mit der Übernahme der Einlage getroffenen
Absprache einen Sachwert erhalten soll (hierzu *BGH* v. 1.2.2010 – II ZR 173/08 –
Eurobike; ferner bereits *BGH* v. 11.2.2008 – II ZR 171/06, BB 2008, 1085 = NZG
2008, 311; *BGH* v. 16.9.2002 – II ZR 1/00, GmbHR 2002, 1193 = NJW 2002, 3774;
BGH v. 2.12.2002 – II ZR 101/02, NJW 2003, 825; *BGH* v. 16.1.2006 – II ZR 76/04,
NJW 2006, 1738; *Wicke* § 19 Rz. 18; auch *Gehrlein/Witt/Volmer* Kap. 6 Rz. 47; *Bor-
mann/Ulrichs* in Römermann/Wachter/Bormann/Ulrichs, GmbH-Beratung nach dem
MoMiG, Sonderheft GmbHR 2008, S. 37, 38). Insofern bedurfte es einer **Abrede** der
Gesellschafter, nicht Geld, sondern eine Sacheinlage durch den Gesellschafter erbringen zu lassen. Damit war wirtschaftlich das Ergebnis trotz Angabe der Bareinlage in
der Anmeldung etc. ohne die entspr. Prüfung im Eintragungsverfahren zu erreichen
(vgl. die vorhergehende Anm.). Das war bislang in entspr. Anwendung des § 19
Abs. 5 a.F. wegen der damit verbundenen Umgehung der gesetzlichen Sacheinlagevorschriften der Unwirksamkeit sowohl des schuldrechtlichen Teils der verdeckten Sacheinlage als auch des dinglichen Erfüllungsgeschäfts analog § 27 Abs. 3 S. 1 AktG nicht
zulässig. Die Bareinlagepflicht des Inferenten bestand fort, so dass dieser in der Insolvenz die übernommene Einlage im wirtschaftlichen Ergebnis im Einzelfall noch nach
Jahren zweimal erbringen musste, obwohl sich sein Anspruch gegen die GmbH auf
Rückgewähr der Leistung hingegen mitunter in einer wertlosen Insolvenzforderung
erschöpfte (so RegE, BT-Drucks. 16/6140, S. 40). Geändert haben sich durch das
MoMiG folglich nicht der Begriff der „verdeckten Sacheinlage", Eintragung in das
HR als maßgeblicher Zeitpunkt und der Bestand der Einlageverpflichtung. Geändert
haben sich freilich die Folgen (keine Unwirksamkeit der Abrede und Anrechnung).
Betroffen sind lediglich Gründung und Kapitalerhöhung. Zu beachten ist ferner, dass
Dienstleistungen als Gegenstand einer Sacheinlage nicht in Betracht kommen, da
Dienstleistungen nicht „sacheinlagefähig" sind. Damit können auch die Grundsätze
der verdeckten Sacheinlage hier nicht in Betracht kommen. In derartigen Fällen ist
lediglich der Umgehungstatbestand des § 19 Abs. 5 (Hin- und Herzahlen) zu prüfen
(*BGH* v. 16.2.2009 – II ZR 120/07 – Qivive; auch *BGH* v. 1.2.2010 – II ZR 173/08 –
Eurobike; hierzu teils krit. und abl. Lutter/Hommelhoff/*Bayer* § 19 Rz. 59). In der Ent-
scheidung betont der BGH i.Ü., dass sich aus der fehlenden Sacheinlagefähigkeit
nicht ergibt, dass im GmbH-Recht kein „Verbot" der Verabredung entgeltlicher
Dienstleistungen des Inferenten besteht und § 19 Abs. 4 analog auch auf diese Fälle
anzuwenden wäre: „Andernfalls hätten z.B. der oder die Gesellschafter, welche sich
an einer Barkapitalerhöhung beteiligen, keine Möglichkeit, anschließend als
Geschäftsführer der GmbH entgeltlich tätig zu werden, sondern müssten einen
Fremdgeschäftsführer einstellen. Für die Gläubiger der GmbH wäre damit nichts
gewonnen [...]." (*BGH* v. 16.2.2009 – II ZR 120/07, Rz. 12 – Qivive – m.w.N. auch der

gegenteiligen Ansichten; teils krit. Lutter/Hommelhoff/*Bayer* §19 Rz. 59 – allerdings wenig weiterführende Lösung mit Abstellung auf eine „sinnvoll[e ...] und auch nicht unangemessen[e Vergütung]"). Erfolgt die Einzahlung der Einlage ordnungsgemäß und werden später Zahlung an den Geschäftsführer für geleistete Dienste erbracht, so der BGH zutreffend, „ist ein derartiges Hin- und Herzahlen nicht gegeben" (*BGH* v. 16.2.2009 – II ZR 120/07, Rz. 17 – Qivive). §19 Abs. 5 greift in diesen Fällen ebenso wenig ein wie §19 Abs. 4 (*BGH* v. 16.2.2009 – II ZR 120/07, Rz. 15 ff.).

Die von der Rechtsprechung nach früherem Recht ermöglichte **Heilung** verdeckter Sacheinlagen durch Umwandlung der Bar- in eine Sacheinlage hatte in der Praxis nur geringe Bedeutung, da verdeckte Sacheinlagen häufig erst in der Insolvenz entdeckt wurden und eine Heilung in diesem Zeitpunkt nicht mehr möglich war. Der RegE (BT-Drucks. 16/6140, S. 40) sah davon ab, Heilungsmöglichkeiten ausdrücklich in das Gesetz aufzunehmen; sie werden nach dem Willen des Gesetzgebers durch die Reform aber keineswegs eingeschränkt oder gar abgeschafft (vgl. zu Heilungsmöglichkeiten Scholz/*Veil* §19 Rz. 162, 163 m.w.N.; *Gehrlein/Witt/Volmer* Kap. 6 Rz. 49 f. m.w.N.). Die Heilung ist also noch möglich, verlangt aber kumulativ satzungsändernden Beschluss, Bericht über die Umwandlung der Einlage, Nachweis der Vollwertigkeit und Versicherung des Geschäftsführers zu Wert und Verfügungsfreiheit (*BGH* v. 4.3.1996 – II ZB 8/95, *BGHZ* 132, 141, Rz. 30 = ZIP 1996, 668; Scholz/*Veil* §19 Rz. 163; auch Lutter/Hommelhoff/*Bayer* §19 Rz. 95 ff.; *Noack* §19 Rz. 66 ff. m.w.N.). **33**

Die Betroffenen sollen nach der 2008 eingetretenen Rechtslage (RegE, BT-Drucks. 16/6140, S. 40) von der Aufdeckung unerkannter verdeckter Sacheinlagen nicht mehr überrascht und von ihren Folgen hart getroffen werden. Das sei – so der RegE – nicht Sinn der neuen Regelung. Vielmehr solle sichergestellt werden, dass der Gesellschafter die Einlage wertmäßig nur einmal zu leisten habe. Gläubigerschutzlücken entstünden jedenfalls bei vollwertiger Sacheinlage nicht (vgl. auch Scholz/*Veil* §19 Rz. 118). **34**

Der Betroffene wird durch die verdeckte Sacheinlage nicht von seiner Einlagepflicht befreit. Das ist in §19 Abs. 4 S. 1 ausdrücklich festgehalten. Er ist weiterhin grds. zur Bareinlage verpflichtet (vgl. *Noack* §19 Rz. 54; hierzu bereits *Bormann/Ulrichs* in Römermann/Wachter/Bormann/Ulrichs, GmbH-Beratung nach dem MoMiG, Sonderheft GmbHR 2008, S. 37, 39). Allerdings sind die Verträge über die Sacheinlage einschließlich der entspr. Rechtshandlungen nicht unwirksam (§19 Abs. 4 S. 2). Schon damit verbessert sich die Position des Gesellschafters nach dem Willen des Gesetzgebers. **35**

Die Versicherung des Geschäftsführers nach §8 Abs. 2 GmbHG ist im Falle der verdeckten Sacheinlage jedoch inhaltlich falsch und kann bei Kenntnis sogar strafbar sein (§82 Abs 1 Nr 1 GmbHG – hierzu etwa auch *Noack* §19 Rz. 47, 54). Die Gesellschafter haften nach §9a Abs. 1 und Abs. 2, der Geschäftsführer nach §43 Abs. 2 GmbHG, sofern und soweit Schäden entstehen (so richtig Lutter/Hommelhoff/*Bayer* §19 Rz. 86, 87 m.w.N.). **36**

Insofern sind i.Ü. die von der Rechtsprechung entwickelten Grundsätze – nach dem Willen des Gesetzgebers – in die Fassung des §19 Abs. 4 S. 1 GmbHG eingeflossen – als gesetzliche Definition (so zutreffend Scholz/*Veil* §19 Rz. 119, m. Verweis auf Begr. RegE, BT-Drucks. 16/6140, S. 40; Lutter/Hommelhoff/*Bayer* §19 Rz. 58 m.w.N.). **37**

Mehrere Entscheidungen mussten sich mit den insofern bestehenden Problemen befassen. Hierbei hat sich entgegen der oben angeführten Kritik nicht gezeigt, dass die von der Kritik aufgeworfenen Fragen auf der Basis des §19 Abs. 4 GmbHG nicht **38** befriedigend lösbar sind (vgl. insofern *BGH* v. 16.2.2009 – II ZR 120/07 – Qivive; *BGH* v. 1.2.2010 – II ZR 173/08 – Eurobike; *BGH* v. 23.4.2012 – II ZR 252/10 – Wirtschaftsakademie; *BGH* v. 12.4.2011 – II ZR 17/10, ZIP 2011, 1101 – auch *Cramer* EWiR 2011, 669 – Ablösung einer Bareinlage durch Darlehen; *BGH* v. 10.7.12 – II ZR 212/10, DB 2012, 2157 = NJW 2012, 3035 – Hin- und Herzahlen; *OLG München* v. 17.2.2011 – 31 Wx 246/10, ZIP 2011, 567 – Nachweis der Vollwertigkeit). Wegen der Literatur s. vor Rz. 1.

39   Der BGH stellte nach MoMiG bereits klar, dass die Neufassung von § 19 Abs. 4 GmbHG nichts an seiner Rechtsprechung zu der Frage ändere, wann eine verdeckte Sacheinlage vorliege: „Um eine verdeckte Sacheinlage handelt es sich nach der Rechtsprechung des Senats, wenn die gesetzlichen Regeln für Sacheinlagen dadurch unterlaufen werden, dass zwar eine Bareinlage vereinbart wird, die Gesellschaft aber bei wirtschaftlicher Betrachtung von dem Einleger aufgrund einer im Zusammenhang mit der Übernahme der Einlage getroffenen Absprache einen Sachwert erhalten soll […].“ (*BGH* v. 16.2.2009 – II ZR 120/07, *BGHZ* 180, 38 – 50, Rz. 8 – Qivive).

40   Die Geldeinlage muss also bei wirtschaftlicher Betrachtung teils oder voll als Sacheinlage einzustufen sein. Maßgeblich ist eine objektive Betrachtung (Scholz/*Veil* § 19 Rz. 120). Erforderlich sind also eine Bareinlage, eine entsprechende hierauf bezogene Abrede über den Erhalt eines Vermögensgegenstands und im Regelfall der Rückfluss des Bareinlagebetrags an den Gesellschafter (Scholz/*Veil* § 19 Rz. 120, 130 m.w.N.). Die Rückzahlung kann auch zugunsten des Anteilsinhabers an einen Dritten erfolgen, wenn der Anteilsinhaber dadurch wirtschaftlich, wie bei der direkten Rückzahlung, begünstigt wird (*BGH* v. 1.2.2010 – II ZR 173/08, GmbHR 2010, 421 – Eurobike; auch Lutter/Hommelhoff/*Bayer* § 19 Rz. 72; vgl. ferner Scholz/*Veil* § 19 Rz. 126). Bei Ein-Personen-GmbH tritt das entsprechende Vorhaben des Alleingesellschafters an die Stelle der Abrede (*BGH* v. 22.3.2010 – II ZR 12/08, Rz. 11, GmbHR 2010, 700 = DB 2010, 1226 – AdCoCom; z.B. auch Lutter/Hommelhoff/*Bayer* § 19 Rz. 64).

41   Weiter ist eine „in Zusammenhang“ mit der Übernahme der Geldeinlage getroffene Abrede erforderlich. Hierbei ist ein sachlicher nicht notwendigerweise zeitlicher Zusammenhang erforderlich, wobei ein enger zeitlicher Zusammenhang jedoch Vermutungswirkung haben kann (vgl. *BGH* v. 22.3.2010 – II ZR 12/08, GmbHR 2010, 700 – AdCoCom – enger zeitlicher Zusammenhang zwischen Einzahlung und Rückfluss und darauf basierende Vermutung). Der sachliche Zusammenhang ergibt sich aus der Abrede für die Gründung bzw. Kapitalerhöhung. Wie groß der zeitliche Abstand zwischen Abrede, Bareinlage und Veräußerungsgeschäft sein darf, bevor er den Zusammenhang in Frage stellt, wird nicht einheitlich beantwortet. Vielfach werden 6 Monate als noch zusammenhängend, 8 Monate teilweise hingegen als bereits zusammenhangslos angesehen. Die vor dem MoMiG anzutreffende Rechtsprechung geht bei entsprechend geringem zeitlichen Abstand von einer tatsächlichen Vermutung für das Vorliegen einer Abrede aus (*BGH* v. 22.3.2010 – II ZR 12/08 = GmbHR 2010, 700 – AdCoCom; auch bereits *BGH* Urt. u. Teilversäumnisurt. v. 18.2.2008 – II ZR 132/06, *BGHZ* 175, 265 – Rheinmöve; Lutter/Hommelhoff/*Bayer* § 19 Rz. 62, 63; auch Scholz/*Veil* § 19 Rz. 130 ff.; *Noack* § 19 Rz. 49a, zum engen zeitlichen Zusammenhang dort a.E.).

42   Wenn der GmbH der Wert der Sacheinlage wirtschaftlich uneingeschränkt zufließt, so vermindert sich oder erlischt die Bareinlageverpflichtung in entsprechender Höhe, da der Wert der Sacheinlage dem Gesellschafter ohne Weiteres (ipso iure) „angerechnet“

wird, § 19 Abs. 4 S. 3 GmbHG („automatisch" – *Gehrlein/Witt/Volmer* Kap. 6 Rz. 52;
Altmeppen § 19 Rz. 94; BeckOK GmbHG/*Ziemons* § 19 Rz. 181 vgl. *Bormann/Ulrichs*
in Römermann/Wachter/Bormann/Ulrichs, GmbH-Beratung nach dem MoMiG, Sonderheft GmbHR 2008, S. 37, 38). Die Anrechnung erfolgt nach § 19 Abs. 4 S. 4
GmbHG nicht vor Eintragung der GmbH in das HR (Scholz/*Veil* § 19 Rz. 138; auch
Noack § 19 Rz. 59). Es bedarf keiner zusätzlichen Erklärungen durch den Gesellschafter oder die GmbH (*Noack* § 19 Rz. 59 m.w.N.; auch *Gehrlein/Witt/Volmer* Kap. 6
Rz. 52; *Seibert/Decker* ZIP 2008, 1210; *Bormann/Ulrichs* in Römermann/Wachter/Bor-
mann/Ulrichs, GmbH-Beratung nach dem MoMiG, Sonderheft GmbHR 2008, S. 37,
39). Die Anrechnung erfolgt gem. § 19 Abs. 4 S. 4 GmbHG nicht vor Eintragung bzw.
zum Zeitpunkt der Überlassung für den Fall, dass diese nach der Eintragung erfolgt.
Angerechnet wird der Wert der Leistung. Erreicht die Leistung nicht den vollen Wert,
so liegt nur eine Teilerfüllung vor. Die Differenz ist in bar zu leisten (vgl. Scholz/*Veil*
§ 19 Rz. 152 ff.; auch *Noack* § 19 Rz. 63; Lutter/Hommelhoff/*Bayer* § 19 Rz. 81 mit dem
zutr. Hinw. auf die weiterbestehende Haftung der Mitgesellschafter aus § 24; auch
Wicke § 19 Rz. 26; auch *Gehrlein/Witt/Volmer* Kap. 6 Rz. 52). Damit soll sichergestellt
werden, dass der Gesellschafter nur einmal – allerdings voll entweder durch die Leistung und/oder durch die Barnachzahlung – zu leisten hat. Entscheidend ist die wirtschaftliche Betrachtungsweise, ferner der enge zeitliche und sachliche Zusammenhang
(s. o. Rz. 41).

Damit fallen z.B. gewöhnliche Umsatzgeschäfte im laufenden Geschäftsverkehr zwi-   **43**
schen GmbH und Gesellschafter (keine „vorherige Abrede") nicht unter die verdeckte Sacheinlage (vgl. *BGH* v. 22.3.2010 – II ZR 12/08, GmbHR 2010, 700 – AdCo-
Com: „[…] grundsätzlich nicht verboten, aber dann schädlich, wenn sie dazu bestimmt
sind, die eingezahlten Mittel wieder an den Inferenten zurückfließen zu lassen[…]";
vgl. auch *BGH* v. 16.2.2009 – II ZR 120/07 – Qivive, Dienstleistungen nicht als Sacheinlage; in der Entscheidung zu „gewöhnlichen Umsatzgeschäften" offengelassen; vgl.
hierzu *Noack* § 19 Rz. 29a; *Wicke* § 19 Rz. 23; Scholz/*Veil* § 19 Rz. 132; vgl. auch *BGH*
v. 11.2.2008 – II ZR 171/06, DB 2008, 751 = NZG 2008, 311; ferner nicht bei Rückzahlungen über die Anlage hinaus in die freie Rücklage: *BGH* v. 15.10.2007 – II ZR 249/
06, ZIP 2008, 26 = NZG 2008, 76; *Haberstock* NZG 2008, 220 – beachte allerdings
BGH v. 11.2.2008 – II ZR 171/06, DB 2008, 751 = NZG 2008, 311, *Wicke* § 19 Rz. 23,
a.A. differenzierend MüKo GmbHG/*Schwandtner* § 19 Rz. 190).

Damit fallen sämtliche Fälle des Hin- und Herzahlens zur Umgehung einer unzulässigen Aufrechnung nach § 19 Abs. 2 S. 2, Sachübernahmen ohne die erforderlichen Festsetzungen sowie Leistungen an Erfüllungs statt (§ 364 BGB) unter § 19 Abs. 4 (verdeckte Sacheinlage), wenn die übrigen Voraussetzungen (wirtschaftliche Betrachtung,
Zusammenhang und vorherige Abrede) erfüllt sind (vgl. hierzu etwa *Noack* § 19
Rz. 23 ff., 28a; auch *Wicke* § 19 Rz. 21, 24). Die Anrechnungsfolge als „Bonus" führt
allerdings nicht dazu, dass verdeckte Sacheinlagen erlaubt sind (richtig u.a. *Noack* § 19
Rz. 29; *Wicke* § 19 Rz. 24; *BGH* v. 16.2.2009 – II ZR 120/07 – Qivive). Vielmehr sind
die zwingenden Vorschriften über die Offenlegung von Sacheinlagen zu beachten, so
dass die Gesellschaft insofern kein „Wahlrecht" hat (*BGH* v. 16.2.2009 – II ZR 120/
07 – Qivive; vgl. § 7 Abs. 2, § 8 Abs. 2, § 9c, § 57 Abs. 2, § 82 Abs. 2 Nr. 1 – Versicherung
des Geschäftsführers über endgültige freie Verfügung). Das stellt § 19 Abs. 4 S. 3 sicher
(keine Anrechnung vor Eintragung der GmbH – *Goette* WPg 2008, 234; *Wicke* § 19
Rz. 27; MüKo GmbHG/*Schwandtner* § 19 Rz. 282; auch *Bormann/Ulrichs* in Römer-

mann/Wachter/Bormann/Ulrichs, GmbH-Beratung nach dem MoMiG, Sonderheft GmbHR 2008, S. 37, 40).

44 Der Einlageverpflichtete trägt nach § 19 Abs. 4 S. 5 im Fall der verdeckten Sacheinlage die Beweislast für die Vollwertigkeit seiner Leistung (*Noack* § 19 Rz. 65; Lutter/Hommelhoff/*Bayer* § 19 Rz. 79; auch *Bormann/Ulrichs* in Römermann/Wachter/Bormann/ Ulrichs, GmbH-Beratung nach dem MoMiG, Sonderheft GmbHR 2008, S. 37, 41, u. Hinweis auf RegE, BT-Drucks. 16/6140, S. 40). Darüber hinaus kommt eine Haftung der Gesellschafter nach § 9a Abs. 2 bzw. der Geschäftsführer nach § 43 für einen Schaden in Betracht, der der Gesellschaft infolge der verdeckten Sacheinlage entstanden ist (vgl. Lutter/Hommelhoff/*Bayer* § 19 Rz. 86). Diese Sanktionen erschienen dem Gesetzgeber ausreichend, um die Beteiligten davon abzuhalten, die Verpflichtung zur Offenlegung der Sacheinlage bewusst zu missachten. Der Anreiz zur Umgehung der Sachgründungsvorschriften wird nach dem RegE (BT-Drucks. 16/6140, S. 40) zudem durch die Vereinfachung der Prüfung des Registergerichts bei einer Sacheinlage und durch die Herabsetzung des Mindestkapitals ohnehin verringert (vgl. Scholz/*Veil* § 19 Rz. 134).

45 Die abstrakte Umschreibung der Voraussetzungen für das Vorliegen einer verdeckten Sacheinlage in Abs. 4 S. 1 setzt auf die in der Rechtsprechung übliche Definition auf, so dass insofern eine Kontinuität gewahrt bleiben soll (vgl. RegE, BT-Drucks. 16/ 6140, S. 40; ferner *BGH* v. 1.2.2010 – II ZR 173/08 – Eurobike, Rz. 15 m.w.N.; Scholz/ *Veil* § 19 Rz. 119; auch bereits *Bormann/Ulrichs* in Römermann/Wachter/Bormann/ Ulrichs, GmbH-Beratung nach dem MoMiG, Sonderheft GmbHR 2008, S. 37, 39; krit. zur Definition *Gsell* BB 2007, 2246). Die verdeckte Sacheinlage erfordert folgende Tatbestandmerkmale:

46 – Vorliegen einer Sacheinlage – sacheinlagefähige Leistung (*BGH* v. 16.2.2009 – II ZR 120/07 – Qivive; auch *BGH* v. 1.2.2010 – II ZR 173/08 – Eurobike – nicht bei Dienstleistungsverpflichtungen *BGH* v. 1.2.2010 – II ZR 173/08 –Eurobike),
– die wirtschaftliche Entsprechung – Einschätzung bei wirtschaftlicher Betrachtung,
– und die im Zusammenhang (sachlich und zeitlich) mit der Übernahme der Geldeinlage getroffene Abrede.

47 Sind nicht alle Merkmale erfüllt, liegt eine verdeckte Sacheinlage nicht vor, die Bareinlage ist nicht zu beanstanden, der Vorgang ist dann möglicherweise nach § 30 zu beurteilen (vgl. *Gehrlein/Witt/Volmer* Kap. 6 Rz. 51; *Veil* ZIP 2007, 1241 – auch RegE, BT-Drucks. 16/6140, S. 40).

48 Eine spezielle Frist hinsichtlich des „zeitlichen Zusammenhangs" wurde bewusst nicht festgelegt (s.o.), so dass es insofern auf den Einzelfall wie bisher ankommt (*BGH* v. 22.3.2010 – II ZR 12/08, GmbHR 2010, 700, Rz. 14 f. – AdCoCom; auch bereits *BGH* Urt. u. Teilversäumnisurt. v. 18.2.2008 – II ZR 132/06, *BGHZ* 175, 265, Rz. 13 – Rheinmöve; vgl. *OLG Köln* v. 2.2.1999 – 22 U 116/98, ZIP 1999, 399, 440; Lutter/Hommelhoff/*Bayer* § 19 Rz. 62, 63; Scholz/*Veil* § 19 Rz. 130 ff.; *Noack* § 19 Rz. 49a a.E.; *Wicke* § 19 Rz. 20; vgl. *BGH* v. 4.3.1996 – II ZR 89/95, ZIP 1996, 595, 596 = NJW 1996, 1286, 1288: regelmäßig 6 Monate; *BGH* GmbHR 2002, 1193, 1195 =NJW 2002, 3774, 3777 – Fristüberschreitung bei 8 Monaten – kein enger zeitlicher Zusammenhang; hierzu auch *Gehrlein/Witt/Volmer* Kap. 6 Rz. 51).

Entgegen tlw. geäußerten Forderungen verzichtete der Gesetzgeber damit auf eine **49** feste Frist für den „zeitlichen Zusammenhang" zwischen der Übernahme der Geldeinlage und dem Verkehrsgeschäft, den die Rechtsprechung als Indiz für eine Abrede über den wirtschaftlichen Erfolg einer Sacheinlage wertet. Eine solche Frist – so der Gesetzgeber (RegE, BT-Drucks. 16/6140, S. 41) wäre in jedem Fall leicht zu unterlaufen; zudem dürfte infolge der erheblichen Abmilderung der Rechtsfolgen verdeckter Sacheinlagen für den Gesellschafter zugleich das Bedürfnis nach einer entspr. Regelung sinken. „Angesichts dessen würde eine solche ausdrückliche gesetzliche Fristenregelung eher eine zusätzliche Komplizierung des positiven Rechts anstelle einer Vereinfachung bringen. Die Rechtsprechung ist aber weiterhin frei, die Voraussetzungen der verdeckten Sacheinlage innerhalb der gegebenen Definition zu entwickeln und Beweisregeln mit Zeitfaktoren zu verbinden." (RegE, BT-Drucks. 16/6140, S. 41).

Zur Anordnung der Rückwirkung des § 19 Abs. 4 vgl. § 3 Abs. 4 EGGmbHG (vgl. § 1) **50** auch auf sämtliche Einlageleistungen, die vor dem Inkrafttreten des MoMiG (1.11.2008) bewirkt worden sind, *BGH* v. 22.3.2010 – II ZR 12/08 = GmbHR 2010, 700 – AdCoCom; vgl. hierzu auch *Herrler* DB 2008, 2350; ferner *Bormann/Ulrichs* in Römermann/Wachter/Bormann/Ulrichs, GmbH-Beratung nach dem MoMiG, Sonderheft GmbHR 2008, S. 37, 41, 44; *Wicke* § 19 Rz. 30).

X. Zurückgewährung der Einlage und Rückgewähranspruch

Soweit es sich um Rückzahlungen eingezahlter Beträge handelt, die nicht schon unter **51** § 19 Abs. 4 (verdeckte Sacheinlage) fallen, sieht § 19 Abs. 5 S. 1 für das „Hin- und Herzahlen" eine Befreiung des Gesellschafters unter folgenden Voraussetzungen vor:
– keine verdeckte Sacheinlage nach § 19 Abs. 4,
– Pflicht zur Bareinlage des Gesellschafters,
– Vereinbarung einer Rückzahlung an Gesellschafter vor Einlage,
– Einzahlung der Bareinlage durch Gesellschafter,
– wirtschaftliches Entsprechen der Rückzahlung der Einlage an Gesellschafter vor Einlage,
– Befreiungswirkung nur bei Deckung durch vollwertigen, jederzeit fälligen Rückgewähranspruch bzw. dessen jederzeitige Fälligkeit durch fristlose Kündigung durch die GmbH.

Entscheidend ist zunächst, dass es sich nicht um eine verdeckte Sacheinlage handelt, **52** die nach § 19 Abs. 4 GmbHG zu beurteilen ist. § 19 Abs. 4 verdrängt insoweit die Privilegierung des § 19 Abs. 5 GmbHG (hierzu etwa *BGH* v. 10.7.2012 – II ZR 212/10, DB 2012, 2157 = NJW 2012, 3035 – Hin- und Herzahlen; *Noack* § 19 Rz. 72; krit. zur Lösung des Gesetzgebers etwa Lutter/Hommelhoff/*Bayer* § 19 Rz. 104, zum Verhältnis zu Abs. 4 ebenda Rz. 105).

Mit Recht wird in der Lit. angemerkt, dass sich § 19 Abs. 5 „mehr oder weniger auf die **53** Fälle der darlehensweisen Rückgewähr der erhaltenen Einlageleistung" (Bareinlage) reduziert (*Bormann/Ulrichs* in Römermann/Wachter/Bormann/Ulrichs, GmbH-Beratung nach dem MoMiG, Sonderheft GmbHR 2008, S. 37, 43). Vor allem hatte der Gesetzgeber das sog. Cash-Pooling im Blick (Lutter/Hommelhoff/*Bayer* § 19 Rz. 107 – hierzu ebenda u. Rz. 129 ff.). I.Ü. ist § 19 Abs. 5 nachrangig nach § 19 Abs. 4. Nach früherem Recht leistete der Gesellschafter nach den Grundsätzen der Kapitalaufbringung nichts. Entspr. Darlehensvereinbarungen wurden als unwirksam angesehen, wobei allerdings mit der Rückzahlung des Barbetrags Erfüllung angenommen wurde (vgl. zum bisherigen Recht Lutter/Hommelhoff/*Bayer* § 19 Rz. 101 f.; ferner Scholz/*Veil* § 19 Rz. 171 f. m.w.N.; *Wicke* § 19 Rz. 38; *BGH* v. 21.11.2005 – II ZR 140/04, GmbHR 2006, 43 = NJW 2006, 509; auch *BGH* v. 9.1.2006 – II ZR 72/05, ZIP 2006, 331 = NJW 2006, 906; *BGH* v. 15.10.2007 – II ZR 262/06, DB 2008, 1430; *OLG Hamburg* v. 31.10.2006 – 11 U 4/06, ZIP 2007, 580 = NZG 2007, 393; ferner *Bormann/Ulrichs* in Römermann/Wachter/Bormann/Ulrichs, GmbH-Beratung nach dem MoMiG, Sonderheft GmbHR 2008, S. 37, 43). Nach § 19 Abs. 5 kommt nunmehr unter den engen Voraussetzungen (s. Rz. 51) eine Befreiung von der Einlageschuld in Betracht.

54 Betroffen ist der Fall, dass der Gesellschafter seine Einlagepflicht durch Barzahlung erfüllt und sodann das Geleistete durch Barzahlung oder auch Sachwerte (Forderungen, Sachdarlehen) an ihn zurückfließt (*Noack* § 19 Rz. 74; Scholz/*Veil* § 19 Rz. 179). Str. ist, ob auch der umgekehrte Ablauf (GmbH gewährt Darlehen, Gesellschafter zahlt mit Darlehensbetrag ein) unter § 19 Abs. 5 fällt. Mit Blick auf die wirtschaftliche Vergleichbarkeit ist dies zu bejahen (hierzu *BGH* v. 1.2.2010 – II ZR 173/08 – Eurobike; Scholz/*Veil* § 19 Rz. 180 m.w.N.; Lutter/Hommelhoff/*Bayer* § 19 Rz. 128; *Bayer/Lieder* NZG 2010, 86; *Wachter* DStR 2010,1240; a.A. u.a. *Noack* § 19 Rz. 75; MüKo GmbHG/*Schwandtner* § 19 Rz. 330).

55 Voraussetzung ist die ausdrücklich verlangte Vereinbarung (bei Ein-Personen-GmbH ausreichend Vorhaben des Alleingesellschafters) zwischen dem Inferenten mit der Gesellschaft oder den Mitgesellschaftern. Diese Vereinbarung muss vor Leistung der Einlage getroffen werden (ansonsten Fall des § 30 – hierzu *Noack* § 19 Rz. 73). Allerdings wird die Vorabsprache bei zeitlichem und sachlichem Zusammenhang zwischen Einlageleistung und Rückgewähr vermutet (vgl. hierzu Lutter/Hommelhoff/*Bayer* § 19 Rz. 108, 109 m.w.N.). Wird die Vermutung widerlegt oder liegt keine entsprechende Absprache vor, so kann § 19 Abs. 5 nicht eingreifen, wohl aber § 30 (Lutter/Hommelhoff/*Bayer* § 19 Rz. 109; auch *Noack* § 19 Rz. 73; ferner Scholz/*Veil* § 19 Rz. 177 f.).

56 Die von S. 2 des § 19 Abs. 5 geforderte Angabe der Leistung oder Vereinbarung in der Anmeldung nach § 8 ist keine Voraussetzung für die Befreiung von der Einlageverpflichtung, sondern bloße Pflicht der Geschäftsführer. Das folgt aus dem Wortlaut, der die Befreiungsvoraussetzungen in S. 1 aufzählt und die Pflicht zur Anmeldung getrennt davon in S. 2 aufführt (str.; a.A. wohl h.M.; vgl. Darstellung in *Noack* § 19 Rz. 80).

57 Der Rückzahlungsanspruch der GmbH muss vollwertig sein. Hierbei ist nach dem Willen des Gesetzgebers wie in § 30 eine bilanzielle Betrachtungsweise (100 % angesetzt) maßgeblich, sofern nicht der GmbH Gründe für niedrigeren Teilwert bekannt sind – nach a.A. tatsächlicher Verkehrswert (RegE, BT-Drucks. 16/6140, S. 41; auch *BGH* v. 1.12.2008 – II ZR 102/07 – MPS, BGHZ 179, 71; Scholz/*Veil* § 19 Rz. 184; Lutter/Hommelhoff/*Bayer* § 19 Rn 114, 115; ferner *Wicke* § 19 Rz. 32a f.; krit. hierzu *Bormann/Ulrichs* in Römermann/Wachter/Bormann/Ulrichs, GmbH-Beratung nach dem MoMiG, Sonderheft GmbHR 2008, S. 37, 44; krit. *Noack* § 19 Rz. 76). Insofern ist auf die Grundsätze der Forderungsbewertung nach dem HGB, insb. auf § 253 Abs. 3 S. 2 HGB, zurückzugreifen. Forderungen (vgl. § 266 Abs. 2 S. 2) sind zum Nennwert anzusetzen; zweifelhafte Forderungen sind nach ihrem wahrscheinlichen Wert anzusetzen, uneinbringliche Forderungen sind abzuschreiben (vgl. MüKo HGB/*Ballwieser* § 253 Rz. 61 – krit. zum Nennwert *Bormann/Ulrichs* in Römermann/Wachter/Bormann/Ulrichs, GmbH-Beratung nach dem MoMiG, Sonderheft GmbHR 2008, S. 37, 44). Zu beachten ist, dass hier das „Alles-oder-Nichts-Prinzip" gilt; ist die Forderung nicht vollwertig und nicht liquide, also auch bei lediglich teilweiser Vollwertigkeit, greift die Befreiungswirkung des § 19 Abs. 5 S. 1 nicht ein. Es müssen sämtliche Voraussetzungen des § 19 Abs. 5 erfüllt sein (vollwertig, fällig oder sicheres Fälligwerden). Auch eine Teilanrechnung erfolgt nicht. Die Einlagepflicht besteht weiter (Scholz/*Veil* § 19 Rz. 183 ff.; Lutter/Hommelhoff/*Bayer* § 19 Rz. 114; *Noack* § 19 Rz. 84: „Alles-oder-Nichts-Prinzip"; *Herrler* DB 2008, 2348, 2349 m.w.N.; auch *Bormann/Ulrichs* in Römermann/Wachter/Bormann/Ulrichs, GmbH-Beratung nach dem MoMiG, Sonderheft GmbHR 2008, S. 37, 43). Str. ist die Frage, ob auch die ordnungsgemäße Anmeldung nach § 8 für die Erfüllungswirkung nach § 19 Abs. 5 Voraussetzung ist, was in Anbetracht des eindeutigen Wortlauts allerdings entgegen der wohl h.M. abzulehnen ist (zur h.M. vgl. *BGH* v. 16.2.2009 – II ZR 120/07 – Qivive; auch *OLG Koblenz* v. 17.3.2011 – 6 U 879/10, GmbHR 2011, 579, Rz. 31, mit abl. Anm. v. *Zabel*; *OLG Nürnberg* v. 13.10.2010 – 12 U 1528/09, DZWiR 2011, 167; *OLG München* v. 17.2.2011 – 31 Wx 246/10, GmbHR 2011, 422; hierzu Scholz/*Veil* § 19 Rz. 185; auch *Noack* § 19 Rz. 80 – jeweils m.w.N.; a.A. Lutter/Hommelhoff/*Bayer* § 19 Rz. 122).

Neben der Vollwertigkeit muss der Rückgewähranspruch jederzeit fällig sein oder **58** jederzeit durch fristlose Kündigung durch die GmbH fällig werden können („voll liquider Anspruch so gut wie Bargeld" – hierzu *Noack* § 19 Rz. 78 krit. hinsichtlich der Realisierbarkeit; Scholz/*Veil* § 19 Rz. 187; Lutter/Hommelhoff/*Bayer* § 19 Rz. 115, 121). Maßgeblicher Zeitpunkt für die Vollwertigkeit ist die Auszahlung bzw. Leistung an den Gesellschafter (str. wie hier *Noack* § 19 Rz. 79; Lutter/Hommelhoff/*Bayer* § 19 Rz. 115; differenziert Scholz/*Veil* § 19 Rz. 185; a.A. MüKo GmbHG/*Schwandtner* § 19 Rz. 352), (grds. Zeitpunkt der Anmeldung). Hieraus folgt, dass nachträgliche Änderungen der Erfüllungswirkung nicht entgegenstehen – allerdings können Ansprüche gegen den Geschäftsführer bei nicht rechtzeitiger Geltendmachung bzw. Fälligstellung oder Forderung nach Besicherung in Betracht kommen (vgl. *Bormann/Ulrichs* in Römermann/Wachter/Bormann/Ulrichs, GmbH-Beratung nach dem MoMiG, Sonderheft GmbHR 2008, S. 37, 43; auch *Herrler* DB 2008, 2347, 2348 f. m.w.N.).

Die Vollwertigkeit ist bei Anmeldung üblicherweise in geeigneter Form darzulegen. **59** Das Gericht muss zwar keinen Nachweis verlangen und kann sich grds. auf die Versicherung des Geschäftsführers verlassen, muss aber bei konkreten Anhaltspunkten für Zweifel an der Fälligkeit und Vollwertigkeit des Rückgewähranspruchs Klärung durch Zwischenverfügung veranlassen, da nur bei eindeutig vollwertigem und liquidem Rückgewähranspruch die Einlagepflicht erfüllt ist (*OLG München* v. 17.2.2011 – 31 Wx 246/10 = GmbHR 2011, 422 – dazu *Hangebrauck* EWiR 2011, 383; Scholz/*Veil* § 19 Rz. 188, *Herrler* DB 2008, 2347, 2349 m.w.N.– eine analoge Anwendung des § 9c Abs. 1 S. 2 mit Recht abl.; vgl. ferner *Ulmer* ZIP 2008, 45, 54). Dementsprechend sind die Formulierungen nach § 19 Abs. 5 S. 2 zu beachten, entsprechende Unterlagen zu erarbeiten und der Anmeldung beizufügen (vgl. hierzu *OLG München* v. 17.2.2011– 31 Wx 246/10 = GmbHR 2011, 422; Formulierungsbeispiel bei *Bormann/Ulrichs* in Römermann/Wachter/Bormann/Ulrichs, GmbH-Beratung nach dem MoMiG, Sonderheft GmbHR 2008, S. 37, 44). Diese Grundsätze gelten auch für Cash-Pooling-Systeme, die der Gesetzgeber bei der Neuregelung u.a. im Blick hatte (hierzu u. Rz. 67; auch bereits *Herrler* DB 2008, 2347, 2349; vgl. auch *Gehrlein/Witt/Volmer*-Kap. 6 Rz. 47; *Wicke* § 19 Rz. 31 – dort auch zur Rechtslage bei Komplementär-GmbH; Henssler/Strohn/*Verse* § 19 Rz. 83; s. hierzu nach früherem Recht *BGH* v. 10.12.2007 – II ZR 180/06, DB 2008, 173).

60 Der Gesellschafter hat die Vollwertigkeit und Liquidität zu beweisen (vgl. *BGH* v. 20.7.2009 – II ZR 273/07, GmbHR 2009, 926 – Cash-Pool II, m. Anm. v. *Bormann*; auch *Lieder* GmbHR 2009, 1177; ferner hierzu Lutter/Hommelhoff/*Bayer* § 19 Rz. 117 m.w.N.; auch *Noack* § 19 Rz. 81; auch Scholz/*Veil* § 19 Rz. 186). Zwar ist dies nicht wie in § 19 Abs. 4 ausdrücklich im Gesetzestext enthalten, folgt aber aus der Formulierung, dass die Befreiungswirkung nur dann eintritt, wenn die in § 19 Abs. 5 S. 1 anzutreffenden Voraussetzungen erfüllt sind (vor allem Lutter/Hommelhoff/*Bayer* a.a.O., zur h.M.; ferner Henssler/Strohn/*Verse* § 29 Rz. 88; *Gehrlein* Der Konzern 2007, 781; *Herrler* DB 2008, 2347, 2349; *Bormann/Ulrichs* in Römermann/Wachter/Bormann/Ulrichs, GmbH-Beratung nach dem MoMiG, Sonderheft GmbHR 2008, S. 37, 40, auch zu den Anforderungen an die Beweisführung).

61 Anders als bei der Einlageverbindlichkeit ist die GmbH i.Ü. – auf den Rückgewähranspruch angewiesen, wenn die Voraussetzungen erfüllt sind (s.o. Rz. 58, 59) – die Inanspruchnahme des Rechtsvorgängers nach § 22, des Rechtsnachfolgers (§ 16 Abs. 2), die subsidiäre Haftung der anderen Gesellschafter (§ 24) sowie die Kaduzierung (§ 21) kommen nicht in Betracht; denn die Leistung hat bei Erfüllung der Voraussetzungen des § 19 Abs. 5 zur Folge, dass die Haftung einschließlich der Haftung des Rechtsvorgängers, Rechtsnachfolgers und Mitgesellschafter nach den §§ 22–24 GmbHG erloschen ist (*Noack* § 19 Rz. 83; auch Lutter/Hommelhoff/*Bayer* § 19 Rz. 121; Habersack/Casper/Löbbe/*Casper* § 19 Rz. 221; auch *Herrler* DB 2008, 2347, 2348; *Apfelbaum* Notar 2008, 160, 167).

62 Zur Rückwirkung vgl. oben Rz. 50. Auch *BGH* v. 22.3.2010 – II ZR 12/08, GmbHR 2010, 700 – AdCoCom zur Verfassungsmäßigkeit der Rückwirkung. Nach § 3 Abs. 4 S. 1 EGGmbHG gelten § 19 Abs. 4 und 5 auch für Einlageleistungen, die vor dem 1.11.2005 erbracht wurden, aber früher keine Erfüllungswirkung hatten, sofern gem. § 3 Abs. 4 S. 2 EGGmbHG weder ein rechtskräftiges Urteil oder eine wirksame Vereinbarung der GmbH und der Gesellschafter vorliegen – in den zuletzt genannten Fällen Geltung des alten Rechts vor 2008 (hierzu Lutter/Hommelhoff/*Bayer* 19. Aufl. § 19 Rz. 136; *Noack* § 19 Rz. 89 ff., ausführlich hierzu *Pentz* in FS K. Schmidt, 2009, S. 1265 ff.). Zur Zinsforderung nach § 20 vgl. *BGH* v. 22.3.2010 – II ZR 12/08, GmbHR 2010, 700, Rz. 23, 28 – AdCoCom – dort auch zum prozessualen Kostenerstattungsanspruch.

XI. Verjährung

63 Die Vorschrift des Abs. 6 wurde 2004 eingeführt, um die als unangemessen angesehene kurze Verjährungsfrist des § 195 BGB (drei Jahre seit Schuldrechtsmodernisierungsgesetz 2002) zu ersetzen (Scholz/*Veil* § 19 Rz. 194). Ansprüche der GmbH gegen den einlagepflichtigen Gesellschafter nach § 19 Abs. 4 verjähren in zehn Jahren. Maßgeblich für den Lauf der Frist ist der Zeitpunkt der „Entstehung", d.h. mit Fälligkeit des Anspruchs (vgl. oben Rz. 51, 58); vgl. hierzu *BGH* v. 18.9.2018 – II ZR 312/16, NZG 2018, 1344 zur Verjährung in zehn Jahren nach seiner Entstehung. Im Fall der Eröffnung des Insolvenzverfahrens tritt die Verjährung jedoch nicht vor Ablauf von sechs Monaten ein. Die Verjährungsfrist betrifft nur Einlageforderungen (Bar- und Sacheinlageforderungen), nicht Nebenleistungen oder Agio (§§ 195, 199 BGB) (*Noack* § 19 Rz. 86 – vgl. zu Agio bei AG *BGH* v. 6.12.2011 – II ZR 149/10 – Babcock). Der Lauf der Verjährungsfrist beginnt mit Fälligkeit (nicht mit Entstehung – so *Noack* § 19 Rz. 86 m.w.N.; Scholz/*Veil* § 19 Rz. 196). Die Frist kann nicht verkürzt, aber verlängert werden (vgl. § 202 Abs. 2 BGB – Scholz/*Veil* § 19 Rz. 196; *Wicke* § 19 Rz. 39; MüKo GmbHG/*Schwandtner* § 19 Rz. 378).

Sofern das Insolvenzverfahren über das Vermögen der GmbH eröffnet wird, tritt nach **64** § 19 Abs. 6 S. 2 Ablaufhemmung (vgl. §§ 187, 188 BGB) ein. Dadurch soll dem Insolvenzverwalter die Prüfung der Ansprüche etc. ermöglicht werden (*Noack* § 19 Rz. 86; auch *Scholz/Veil* § 19 Rz. 197).

Lassen die Geschäftsführer Verjährung eintreten, so können Ansprüche der GmbH **65** nach § 43 Abs 1-4 gegen den Geschäftsführer in Betracht kommen (Schadensersatz – vgl. *Noack* § 19 Rz. 86. Vgl. auch *BGH* v. 18.9.2018 – II ZR 152/17, zur AG = NZG 2018, 1301 – Ansprüche gegen Geschäftsführer und Verjährung – Zurückgewährung von Einlagen an Aufsichtsratsmitglieder („Verjährungskarussell im Organhaftungsrecht").

XII. Cash-Pooling

Cash-Pooling dient dem Liquiditätsmanagement und der Finanzierung in Konzernen, **66** indem teilnehmende Mutter- und Tochtergesellschaften ihre Liquidität zusammenführen (poolen) und eine zentrale Kreditaufnahme betreiben. Grundlage bilden meist ein sog. Cash-Management-Vertrag mit einer oder mehreren Banken, die die zahlungsverkehrstechnische Abwicklung übernehmen, sowie eine Vereinbarung zwischen den teilnehmenden Konzerngesellschaften über ihre gegenseitigen Leistungsbeziehungen. Eine Gesellschaft, meist die Muttergesellschaft, übernimmt dabei die Rolle der Poolführerin, d.h. überschüssige Liquidität der teilnehmenden Tochtergesellschaften wird von deren Bankkonten (teilnehmende Konten) auf ein Bankkonto der Muttergesellschaft überwiesen (Poolkonto). Etwaiger Liquiditätsbedarf der teilnehmenden Tochtergesellschaften wird durch Überweisungen vom Poolkonto auf das betreffende teilnehmende Konto gedeckt. Kommt es insgesamt zu einem Kreditbedarf des Konzerns, erfolgt die Kreditaufnahme zentral durch die Muttergesellschaft. Gleiches gilt im umgekehrten Fall für die Anlage überschüssiger Liquidität. Das führt im Ergebnis zu reduziertem Kreditbedarf bei attraktiveren Konditionen. Zwischen den teilnehmenden Konzerngesellschaften und der Obergesellschaft entstehen durch das Cash-Pooling Darlehensverhältnisse, wobei die einzelnen Liquiditätstransfers – je nach Situation – Darlehensgewährungen oder -tilgungen darstellen.

Ein Cash-Pooling kann insbesondere bei Gründung, aber auch bei Kapitalerhöhung **67** problematisch sein, weil Bareinlagen der Muttergesellschaft auf ein teilnehmendes Konto im Rahmen des Cash-Poolings ggf. sofort wieder an die Muttergesellschaft auf deren Poolkonto zurückfließen, was dann aus Sicht der Tochter-GmbH zivilrechtlich entweder ein Darlehen an ihre Gesellschafterin oder die Tilgung eines Gesellschafterdarlehens darstellt. Das birgt die Gefahr von *Verstößen gegen die Kapitalaufbringungs- und Kapitalerhaltungsvorschriften* (s. § 30), bspw. in Form verdeckter Sacheinlagen nach § 19 Abs. 4 oder unzulässigen Hin- und Herzahlens i.S.d. § 19 Abs. 5 GmbHG. Von der Einbeziehung einer GmbH in zeitlicher Nähe zu ihrer Neugründung ist daher abzuraten. Die rechtlichen Risiken (insbes. Verstoß ggü. §§ 7 Abs. 2, 8 Abs. 2) dürften die Vorteile überwiegen. Wenn möglich sollten auch Kapitalerhöhungen im Cash-Pool vermieden werden oder zumindest das Einlagenkonto der GmbH kein teilnehmendes Konto des Cash-Pools sein.

Die mit Verstößen gegen die Kapitalaufbringungs- und Kapitalerhaltungsvorschriften **68** im Rahmen eines Cash-Poolings verbundenen Sanktionen für die Gesellschafter und die Geschäftsführer waren vor dem MoMiG erheblich (Doppelzahlung, Strafbarkeit nach § 82 Abs. 1 etc.). Wie in der Literatur zutreffend bemerkt wurde, hatte man unternehmensseitig die Probleme entweder nicht gesehen oder nicht ernst genommen (so zutr. Lutter/Hommelhoff/*Bayer* § 19 Rz. 129). Das wurde schlagartig anders, als es zu ersten Entscheidungen des BGH kam, in denen sich die Verstöße gegen Kapitalaufbringung und Kapitalerhaltung schwerwiegend auswirkten (*BGH* v. 24.11.2003 – II ZR 171/01, *BGHZ* 157, 72 – „Novemberurteil"). Insofern liegen zahlreiche Veröffentlichungen vor (bereits früh *Bayer* in FS Lutter, 2000, S. 1011, 1019 ff.; *Bayer/Lieder* ZGR 2005, 133; *Habersack/Schürnbrand* ZGR 2004, 669; *Goette* ZIP 2005, 1481; vgl. auch die Literatur bei Lutter/Hommelhoff/*Bayer* § 19 vor Rz. 129). Insb. in zwei weiteren Entscheidungen hatte der BGH festgestellt, dass es für das Cash-Pooling kein Sonderrecht bzw. Ausnahmen von den §§ 19 Abs. 4 und Abs. 5 gibt (*BGH* v. 12.4.2011 – II ZR 17/10, ZIP 2011, 1101 = GmbHR 2011, 705 = NZG 2011, 667 und *BGH* v. 16.1.2006 – II ZR 76/04 – Cash-Pool I, *BGHZ* 166, 8 = NJW 2006, 1736). Der Gesetzgeber sah sich daher veranlasst, durch Neufassung der § 19 Abs. 4 und Abs. 5 das weit verbreitete und allgemein als betriebswirtschaftlich sinnvoll angesehene Cash-Pooling zu ermöglichen (RegE, BT-Drucks. 16/6140, S. 34, 40 f.; vgl. auch Lutter/Hommelhoff/*Bayer* § 19 Rz. 129; auch *Noack* § 19 Rz. 84a, zu Abs. 5 ebenda Rz. 84b).

69 Ja nach Stand des bei der Muttergesellschaft geführten Verrechnungskontos der GmbH kann sich die Rückzahlung einer Einlage im Rahmen des Cash-Poolings als Fall des Abs. 4 oder Abs. 5 darstellen: Weist das Verrechnungskonto der GmbH einen Sollsaldo auf, hat also die Muttergesellschaft gegen die GmbH aus dem Cash-Pooling eine Forderung, sind Ein- und Rückzahlung von und an die Muttergesellschaft im Rahmen einer Gründung oder Kapitalerhöhung als verdeckte Sacheinlage nach § 19 Abs 4 anzusehen (*BGH* v. 16.1.2006 – II ZR 76/04 – Cash-Pool I sowie *BGH* v. 20.7.2009 – II ZR 273/07 – Cash-Pool II). Denn durch die Rückzahlung der Einlage im Rahmen des Cash-Poolings tilgt die GmbH die Forderung ihrer Muttergesellschaft, was wirtschaftlich der Einbringung dieser Gesellschafterforderung als Sachwert entspricht, wobei die Cash-Pooling-Vereinbarung zwischen den Konzerngesellschaften die „Abrede" i.S.d. § 19 Abs. 4 darstellt.

70 Weist das Verrechnungskonto der GmbH hingegen zum Zeitpunkt der Rückzahlung der Einlage einen ausgeglichenen oder positiven Saldo auf, erhält die GmbH durch die Rückzahlung der Einlage einen Darlehensrückzahlungsanspruch gegen ihre Muttergesellschaft, was einen Fall des § 19 Abs. 5 darstellt (*BGH* v. 16.2.2009 – II ZR 120/07 – Qivive; *BGH* v. 20.7.2009 – II ZR 273/07 – Cash-Pool II, Rz. 26).

71 Weist das Verrechnungskonto zum Zeitpunkt der Rückzahlung zwar einen Sollsaldo auf, übersteigt die Rückzahlung diesen jedoch und führt somit zu einem positiven Saldo, liegt teilweise eine verdeckte Sacheinlage i.S.d. Abs. 4, teilweise ein Hin- und Herzahlen i.S.d. Abs. 5 vor (vgl. *Maier-Reimer/Wenzel* ZIP 2008, 1449, 1454; *Bormann/Ulrichs* DStR 2009, 641, 645; *Noack* § 19 Rz. 84 f.).

72 Die Relevanz des Saldos, den das Verrechnungskontos zum Zeitpunkt der Rückzahlung der Einlage an die Muttergesellschaft aufweist, wird insbesondere im Hinblick auf die von der h.M. (entgegen der hier vertretenen Auffassung) für eine Befreiung von der Einlagenpflicht vorausgesetzte Anmeldung nach § 19 Abs. 5 S. 2 als problematisch angesehen. Denn der Geschäftsführer der GmbH weiß bei Anmeldung i.d.R. nicht, welchen Stand das Verrechnungskonto seiner GmbH zum Zeitpunkt des Eingangs der Rückzahlung auf dem Poolkonto der Muttergesellschaft haben wird (vgl. *Noack* § 19 Rz. 84b, 84c).

§ 20 Verzugszinsen

Ein Gesellschafter, welcher den auf die Stammeinlage eingeforderten Betrag nicht zur rechten Zeit einzahlt, ist zur Entrichtung von Verzugszinsen von Rechts wegen verpflichtet.

Übersicht

I. Allgemeines

Die Bestimmung wurde weder durch die Reform 2008, noch durch die Reform 1980 **1** berührt. Der Wortlaut hat sich seit 1892 nicht verändert. Nur die amtliche Überschrift wurde durch das MoMiG v. 23.10.2008 eingefügt. Die §§ 20–24 beziehen sich auf die Rechtsfolgen versäumter Zahlung. Sie ist nur auf die Bareinlage anzuwenden, da Sacheinlagen grds. vor der Eintragung in das Handelsregister vollständig zu leisten sind (vgl. *Wicke* § 20 Rz. 1, 2; *Noack* § 20 Rz. 2 m.w.N.). Die Bestimmung ist nach neuerer Literatur als zwingend anzusehen, obwohl sie nicht in § 25 angeführt ist (*Noack* § 20 Rz. 1 m.w.N. – „fehlende Nennung von § 20 in § 25 ist ein Redaktionsversehen"). § 20 bezieht sich auf alle Verpflichtungen, die die Leistungspflichten hinsichtlich der **Bareinlagen** betreffen (Differenzhaftung, Vorbelastungshaftung etc.; *Noack* § 20 Rz. 2; *Lutter/Hommelhoff* § 20 Rz. 1 h.M.; *Wicke* § 19 Rz. 2). Auf andere Pflichten findet die Bestimmung keine Anwendung (Agio, Nebenpflichten, Nachschüsse (*Noack* § 20 Rz. 2 m.w.N.; *Wicke* § 19 Rz. 2; ferner auch hierzu *OLG Nürnberg* v. 13.10.2010 – 12 U 1528/09).

II. Verpflichtung zur Zinszahlung

Die Fälligkeit der Zinsforderung setzt grds. entweder die Festlegung in der Satzung **2** oder die „Einforderung" durch die GmbH (und hier grds. einen Gesellschafterbeschluss) voraus (*Lutter/Hommelhoff* § 20 Rz. 3) und betrifft nur die Stammeinlage in Geld (*Noack* § 20 Rz. 2). Vor Eintragung der GmbH ist insofern der Geschäftsführer zuständig. Für die Einforderung ist vor Eintragung grds. ebenfalls der Geschäftsführer zuständig.

Nach Eintragung ist grds. ein Gesellschafterbeschluss erforderlich, soweit die Satzung nichts anderes, insb. Fälligkeitstermine, vorsieht (§ 46 Nr. 2; str. für den Fall der satzungsmäßigen Bestimmung; vgl. *Noack* § 20 Rz. 3). Nach Eintragung ist ein Einforderungsbeschluss (Beachtung des Gleichbehandlungsgrundsatzes!) der Gesellschafter erforderlich, soweit nicht die Satzung Abweichendes bestimmt. Einforderungen ohne (wirksamen) Gesellschafterbeschluss sind grds. unwirksam (*Noack* § 20 Rz. 3). Ausnahmen gelten für Insolvenz oder Liquidation – ein Beschluss ist nicht erforderlich (*Noack* § 20 Rz. 3).

Für die Einforderung ist keine Form vorgeschrieben (*Lutter/Hommelhoff* § 20 Rz. 4). Die Zahlungen sind sofort (= so schnell wie möglich) zu leisten, nicht „unverzüglich", da es auf ein Verschulden nicht ankommt (h.M. u.a. *Wicke* § 19 Rz. 4; *Noack* § 20 Rz. 5, § 19 Rz. 5). So *OLG Brandenburg* NZG 2001, 366 – **Pflicht zur Zahlung der Verzugszinsen** bei Nichtzahlung der auf die Stammeinlage angeforderten Beträge; *LG Dresden* GmbHR 2001, 29 m. Komm. *von Steinecke* – **auch anwendbar bei einer verdeckten Sach-**

einlage bzw. durch Hin- und Herzahlen (objektivierende Betrachtung). Eine Aufrechnung gegen den Zinsanspruch (nicht gegen die Einlage, s. § 19 Abs. 2) ist grds. zulässig (*Noack* § 20 Rz. 7). Nur der säumige Gesellschafter haftet für die Zinspflicht, nicht aber die weiteren Mitgesellschafter oder Rechtsvorgänger (ebenso *Noack* § 20 Rz. 7).

III. Höhe der Zinsen

3 Es handelt sich um einen Fälligkeitszinssatz und beträgt gem. § 246 BGB 4 % (*Wicke* § 19 Rz. 5; *OLG Oldenburg* DB 2007, 2197). § 352 HGB ist nicht anwendbar. Die Satzung kann höhere Zinsen vorsehen. Die Zinsen können freilich nicht niedriger als 4 % festgesetzt werden (hierzu *Noack* § 20 Rz. 1; *Lutter/Hommelhoff* § 20 Rz. 5). Eine Festlegung einer Vertragsstrafe für den Fall nicht rechtzeitiger Leistung kann in der Satzung festgeschrieben werden (*Lutter/Hommelhoff* § 20 Rz. 7; *Noack* § 20 Rz. 9). Die §§ 339 ff. BGB sind in diesem Fall zu beachten.

§ 21 Kaduzierung

(1) ¹Im Fall verzögerter Einzahlung kann an den säumigen Gesellschafter eine erneute Aufforderung zur Zahlung binnen einer zu bestimmenden Nachfrist unter Androhung seines Ausschlusses mit dem Geschäftsanteil, auf welchen die Zahlung zu erfolgen hat, erlassen werden. ²Die Aufforderung erfolgt mittels eingeschriebenen Briefes. ³Die Nachfrist muss mindestens einen Monat betragen.

(2) ¹Nach fruchtlosem Ablauf der Frist ist der säumige Gesellschafter seines Geschäftsanteils und der geleisteten Teilzahlungen zugunsten der Gesellschaft verlustig zu erklären. ²Die Erklärung erfolgt mittels eingeschriebenen Briefes.

(3) Wegen des Ausfalls, welchen die Gesellschaft an dem rückständigen Betrag oder den später auf den Geschäftsanteil eingeforderten Beträgen der Stammeinlage erleidet, bleibt ihr der ausgeschlossene Gesellschafter verhaftet.

Übersicht

Rechtsprechung und Literatur: *BGH* 9.1.2024 – II ZR 65/23 – Anspruch der Gesellschaft auf Leistung der Einlagen; Kaduzierungsverfahren – Verjährung; *BGH* 27.9.2016 – II ZR 299/15 – Zahlungsaufforderung durch Einwurf – Einschreiben der Post (§ 21 Abs. 1 S 2); *BGH* 19.5.2015 – II ZR 291/14 – Ausscheiden vor Fälligkeit der Einlageschuld und Ausfallhaftung – Anspruch der Gesellschaft nur bei Voraussetzungen der §§ 21-23; *OLG Düsseldorf* DNotZ 2013, 70 – Kaduzierung bei Vorbelastungsgebot (Vorrats-GmbH); *KG* GmbHR 2011, 821 – Drehbuch – Vorgehen nach § 21 vor Eingreifen des § 24; *OLG Hamm* GmbHR 2011, 588 – Rechtsvorgängerhaftung bei 100 €-Anteil und Kaduzierung; *BGH* ZIP 2005, 121 – Kaduzierungsverfahren nach § 21 – Rechtskraft – Klage auf Inanspruchnahme des Mitgesellschafters nach § 24 ohne Bindung an Vorprozess.

Altmeppen Abschied von der „unwiderlegbar vermuteten" Mitgliedschaft des Scheingesellschafters in der Kapitalgesellschaft, ZIP 2009, 345; *Bialluch* Der eingeschriebene Brief im Gesellschaftsrecht NZG 2017, 9; *Maier-Reimer* Zwangsabtretung von GmbH-Anteilen durch die Satzung?, GmbHR 2017, 1325–1334; *Otto* Die „unfreundliche Übernahme" der GmbH mittels Zwangseinziehung der Mehrheitsbeteiligung, GmbHR 2018, 123.

I. Allgemeines

Die Vorschrift wurde weder durch die Reform 2008, noch durch die Reform 1980 **1** berührt (vgl. hierzu *Hachenburg/Coerdeler* § 21 Rz. 2 m.w.N. zur Reformdiskussion 1980; auch *Fabricius* GmbHR 1970, 193; *Lutter* Probleme der GmbH-Reform, 1970, S. 69; *Gessler* GmbHR 1966, 107). Die Bestimmungen der §§ 21 ff. sind zwingend – vgl. § 25; sie dienen der Sicherung der Einzahlungen (*BGH* GmbHR 1963, 68 = BB 1963, 1391; hierzu auch *Noack* § 21 Rz. 1). Die Vorschrift hat in der Rspr. keine große Bedeutung, spielt aber wohl in der Praxis als Druckmittel hinsichtlich zahlungsunwilliger Gesellschafter eine nicht unerhebliche Rolle (*Wicke* § 21 Rz. 1; *Noack* § 21 Rz. 1; vgl. auch *Lutter/Hommelhoff* § 21 Rz. 1; ausführlich *Melber* Die Kaduzierung der GmbH, 1993; *Hörstel* NJW 1994, 965). Die Kaduzierung kommt nur für rückständige Bareinlagen, für in Bareinlagen zurückverwandelte Sacheinlagen, für Ansprüche aus Differenz- und Unterbilanzhaftung sowie für den Bareinlageteil aus gemischter Sacheinlage in Betracht (*Lutter/Hommelhoff* § 21 Rz. 3; *Noack* § 21 Rz. 3). Für Sacheinlagen greift die Bestimmung nicht ein. Für andere Ausschließungsfälle (Austritt, Ausschließung wegen wichtigen Grundes) ist die Bestimmung nicht einschlägig. Neben dem Kaduzierungsverfahren ist auch der Klageweg mit Vollstreckung in das Vermögen des Gesellschafters möglich (*Noack* § 21 Rz. 3); zur Unwirksamkeit der Kaduzierung u. Rz. 26). Die Ausdehnung der Kaduzierung außerhalb der Sicherung der Einlageverpflichtung auf andere Fälle (Nichterfüllung von Nebenpflichten, Ausschluss wegen wichtigen Grundes etc.) ist nicht ausgeschlossen, aber im Einzelfall wegen der konkurrierenden Möglichkeiten nicht empfehlenswert – i.Ü. auch nicht zulässig, soweit die Kapitalaufbringung gefährdet ist (*Scholz* § 21 Rz. 5b; *Noack* § 21 Rz. 2; vgl. *BGH* NJW 1983, 2880; zu den Schranken der Kaduzierung bei Abtretung, Pfändung und Verpfändung *OLG Celle* GmbHR 1994, 801; vgl. auch *Wicke* § 19 Rz. 2; i.Ü. auch *Scholz* § 21 Rz. 12: Kaduzierung Sache der GmbH).

II. Das Recht zur Kaduzierung

Das Recht zur Kaduzierung steht der GmbH zu. Sie „kann" davon Gebrauch machen, **2** muss es jedoch nicht (vgl. *Wicke* § 21 Rz. 1; *Noack* § 21 Rz. 6; *Lutter/Hommelhoff* § 21 Rz. 6). Ein Verzicht ist ausgeschlossen. Ebenso entspr. Vereinbarungen in der Satzung (*Lutter/Hommelhoff* § 21 Rz. 1). Sind mehrere Gesellschafter säumig, so kann unterschiedlich vorgegangen werden, sofern hierfür sachliche Gründe gegeben sind (*Noack* § 21 Rz. 7 m.w.N.). Vgl. auch *OLG Hamm* v. 26.1.2011 – I-8 U 142/10, GmbHR 2011, 588; auch *OLG Düsseldorf* v. 20.7.2012 – I-16 U 55/11, DNotZ 2013, 70; z.B. auch *LG Ulm* GmbHR 2000, 241 (Ls.) = EWiR § 21 GmbHG 1/2000, 29 (*Kowalski*) – **Ausschließung eines Gesellschafters durch Insolvenzverwalter**; ferner *OLG Hamm* NJW-RR 2001, 105 = GmbHR 2001, 346 (Ls.) – **Pattsituation bei Gesellschaftern**.

III. Voraussetzungen der Kaduzierung im Einzelnen

Zuständig für die Aufforderung etc. sind die Geschäftsführer in vertretungsberechtigter **3** Zahl oder der alleinvertretungsberechtigte Geschäftsführer (*Noack* § 21 Rz. 6; vgl. z.B. *OLG Köln* ZIP 1993, 1389). Die Kaduzierung ist in das pflichtgemäße Ermessen des Geschäftsführers gestellt, der der Gesellschaft und den übrigen Gesellschaftern insofern verantwortlich ist (vgl. § 43; i.Ü. *Noack* § 21 Rz. 6). Im Insolvenzfall ist der Insolvenzverwalter zuständig – vgl. *OLG Düsseldorf* a.a.O., und *OLG Hamm* a.a.O. – keine Erforderlichkeit eines Gesellschafterbeschlusses im Insolvenzfall – auch *OLG Hamm* a.a.O.; *Wicke* § 21 Rz. 5; *OLG Jena* NZG 2007, 717; *OLG Köln* NJW-RR 1994, 1194). Nach Einforderungsbeschluss durch die Gesellschafter ist kein zusätzlicher Gesellschafterbeschluss erforderlich (*Noack* § 21 Rz. 6; vgl. auch *Lutter/Hommelhoff* § 21 Rz. 7). Erfolgt gleichwohl ein entspr. (zusätzlicher) Beschluss, so ist der Geschäftsführer gebunden (*Noack* § 21 Rz. 6; auch *OLG Düsseldorf* GmbHR 1962, 158).

4 Gläubiger (nach Abtretung oder Pfändung) sind für die Einleitung des Kaduzierungsverfahrens nicht zuständig (*Lutter/Hommelhoff* § 21 Rz. 4; *Noack* § 21 Rz. 6). Das Kaduzierungsrecht ist nicht übertragbar.

5 Adressat der erneuten Aufforderung ist der säumige Gesellschafter (vgl. §§ 16, 18 Abs. 3); begonnene Kaduzierungsverfahren sind bei Gesellschafterwechsel gegenüber legitimierten Gesellschaftern fortzusetzen (*Noack* § 21 Rz. 7 m.w.N.). Im Insolvenzverfahren eines Gesellschafters ist der Insolvenzverwalter Adressat. Das Verfahren muss sich bei mehreren Anteilen eines Gesellschafters eindeutig auf einen bestimmten Anteil beziehen.

6 Die Aufforderung nach § 21 kommt nur nach Eintragung in die Gesellschafterliste (vgl. § 16) in Betracht (*Scholz* § 21 Rz. 13 m.w.N.).

7 Eine „erneute Aufforderung" (zweiter Schritt) setzt eine ordnungsgemäße Einforderung (Fälligkeit) voraus. Es empfiehlt sich streng formales Vorgehen, da sonst die später erfolgende Ausschlusserklärung wirkungslos bleibt (*Lutter/Hommelhoff* § 21 Rz. 18; auch *Noack* § 21 Rz. 17 – auch bei „geringfügigen Mängeln des Verfahrens").

8 Die Voraussetzungen sind Gegenstand der Prüfung, wie dies die Ausführungen des *OLG Hamm* GmbHR 2011, 588 darlegen:

„Der Geschäftsanteil „XY" muss wirksam nach § 21 Abs. 1, Abs. 2 kaduziert worden sein. Hierfür ist erforderlich, dass der Gesellschafter mit der Einzahlung von Bareinlagen in Verzug war, dass ihm eine Nachfrist von mindestens einem Monat unter Androhung des Ausschlusses mit dem Geschäftsanteil gesetzt worden war und dass er nach fruchtlosem Fristablauf des Geschäftsanteils für verlustig erklärt worden ist. Diese Voraussetzungen sind gegeben.

9 Der Anspruch auf Zahlung der Stammeinlage war in voller Höhe fällig. Nach § 3 des Gesellschaftsvertrages war vor Anmeldung der Gesellschaft lediglich die Hälfte der Stammeinlage zur Zahlung fällig. Wegen der zweiten Hälfte der Stammeinlage ist „XY" von dem Kläger mehrfach zur Einzahlung aufgefordert worden, so dass insoweit ebenfalls Fälligkeit eingetreten ist. Eines Gesellschafterbeschlusses nach § 46 Nr. 2 bedurfte es nach Insolvenzeröffnung nicht mehr (*Noack* § 19 Rz. 7).

10 Der Kläger hat dem „XY" auch eine hinreichende Nachfrist mit Androhung der Ausschließung gesetzt. Zwar war die in dem vorgelegten Schreiben vom 26.2.2007 gesetzte Nachfrist zum 25.3.2007 zu kurz bemessen, da die Monatsfrist des § 21 Abs. 1 S 3 nicht eingehalten worden ist. Eine zu kurze Frist ist unwirksam und setzt nach ganz herrschender Meinung nicht etwa eine angemessen lange Frist in Gang (*Thüringisches OLG* NZG 2007, 717; *Noack* § 21 Rz. 5 m.w.N.). Der Kläger hatte „XY" jedoch zuvor ein inhaltsgleiches Schreiben vom 16.1.2007 zugesandt, wie sich aus der vom Senat beigezogenen Akte 44 O 42/07 *LG Essen* ergibt, mit dem eine Nachfrist bis zum 25.2.2007 gesetzt wurde. Diese Frist ist hinreichend lang und erfüllt die Voraussetzungen des § 21 Abs. 1 S. 3. Dieses Schreiben ist bereits vom LG herangezogen und in den Tatbestand des angefochtenen Urteils aufgenommen worden.

Nach Ablauf der vorgenannten Frist hat der Kläger mit weiterem anwaltlichen Schreiben vom 30.3.2007 den Gesellschafter seines Anteils für verlustig erklärt, § 21 Abs. 2 GmbHG." **11**

Grds. ist damit eine („erste") Einforderung (vgl. § 46 Nr. 2) neben der „erneuten Auf- **12** forderung" nach Fälligkeit und Säumnis notwendig, wobei der erste und zweite Schritt zeitlich nicht erheblich auseinanderliegen müssen (Zeit zur Prüfung) – sie dürfen allerdings nicht miteinander verbunden werden (*Scholz* § 21 Rz. 13. Als „erste Auffor- derung" soll ein Gesellschafterbeschluss betr. die unverzügliche Leistung ausreichen (str. *Lutter/Hommelhoff* § 20 Rz. 7; *OLG Hamburg* GmbHR 1991, 578; nach *Noack* § 21 Rz. 4 bedenklich). Folgt die Fälligkeit bereits konkret aus der Satzung zu bestimmten Terminen, so soll eine „erste Anforderung" entbehrlich sein (h.M. – vgl. *Noack* § 21 Rz. 4; vgl. auch *BGH* MDR 1961, 748).

Erforderlich ist sodann eine erneute, genau bezifferte Zahlungsaufforderung, die von **13** der Fälligstellung zu unterscheiden ist und nicht mit dieser verbunden werden kann, da Säumnis nach Fälligkeit Voraussetzung ist (*Lutter/Hommelhoff* § 21 Rz. 9; *Noack* § 21 Rz. 4; *OLG München* GmbHR 1985, 56). Unzutreffende Bezifferung (niedriger, höher) soll unschädlich sein (*OLG Hamburg* WM 1993, 1751; *Noack* § 21 Rz. 5; *Lutter/ Hommelhoff* § 21 Rz. 9).

Neben der Aufforderung zur Leistung mit entspr. Bezifferung sind erforderlich: **14**

– das Setzen einer angemessenen Nachfrist,
– die Androhung des Ausschlusses mit dem Geschäftsanteil,
– und die „Mindestform" mittels eingeschriebenen Briefes
– sowie der ergebnislose Fristablauf und Ausschlusserklärung mit der „Mindestform" Einschreiben.

Die Nachfrist ist als Mindestfrist von einem Monat (vgl. §§ 187 ff. BGB) ausgestaltet. **15** Sie beginnt mit dem Zugang der Zahlungsaufforderung (*Lutter/Hommelhoff* § 21 Rz. 10; *Noack* § 21 Rz. 5). Sie kann allg. („innerhalb von einem Monat nach Zugang der Aufforderung") oder unter konkreter Terminangabe („bis zum 15.5.2009") formu- liert sein. Die Gesellschaft ist für den Zugang zwar nicht beweispflichtig, nur für die rechtzeitige Absendung – Einschreiben beweist die Absendung, nicht Zugang (Ein- schreiben mit Rückschein). Der Gesellschafter kann aber verspäteten oder nicht erfolgten Zugang beweisen (*Noack* § 21 Rz. 8). Jedenfalls tritt Wirksamkeit nach § 130 Abs. 1 BGB ein (*Noack* § 21 Rz. 8; auch *Lutter/Hommelhoff* § 21 Rz. 8). Hier sollte man sich strikt an die gesetzliche Bestimmung halten und darüber hinaus Beweisfra- gen vermeiden. Zu kurze Fristen, Formfehler etc. begründen die Unwirksamkeit der Aufforderung (vgl. z.B. *Noack* § 21 Rz. 5, 8; vgl. auch *OLG Rostock* GmbHR 1997, 449; *OLG Dresden* GmbHR 1997, 948).

Zwingend vorgeschrieben ist ferner die Androhung des Ausschlusses. Sie muss für den **16** Gesellschafter hinreichend deutlich sein. Unklare Formulierungen reichen nicht aus (*Noack* § 21 Rz. 5; *Lutter/Hommelhoff* § 21 Rz. 11; *OLG Hamm* GmbHR 1993, 360). Bestimmte Formulierungen sind zwar nicht vorgeschrieben; gleichwohl empfiehlt sich eine enge Anlehnung an den Gesetzestext.

17 Zu beachten ist weiterhin, dass keine Verjährung hinsichtlich des Anspruchs auf Einzahlung der Einlage eingetreten ist – s. hierzu *BGH* v. 9.1.2024 – II ZR 65/23. Bei Einleitung des Kaduzierungsverfahrens war der Anspruch bereits verjährt.

IV. Die Ausschlusserklärung

18 Die Ausschlusserklärung ist ein einseitiges Gestaltungsrecht der Gesellschaft. Die Gesellschaft muss nach Ablauf der Frist den Ausschluss nicht in jedem Fall erklären. Denkbar ist daneben auch noch z.B. Klagerhebung (*Noack* § 21 Rz. 10; vgl. *OLG Düsseldorf* GmbHR 1962, 158). Ob ein Ausschluss erfolgt, steht daher auch hier im pflichtgemäßen Ermessen des Geschäftsführers, das allerdings auch dadurch eingeschränkt ist, dass ein Verzicht auf das Kaduzierungsrecht unzulässig ist (*Noack* § 21 Rz. 10). Die Ausschlusserklärung ist empfangsbedürftige Willenserklärung der Gesellschaft (§ 130 Abs. 1 BGB). Für sie ist als „Mindestform" Einschreiben erforderlich. Sie wird mit Zugang wirksam. Eine „unverzügliche" Ausschlusserklärung ist nicht geboten. Allerdings kann das Recht verwirkt werden, sofern nicht trotz Zeitablaufs dem Gesellschafter die Verfolgung seines Ausschlusses deutlich gemacht wird (vgl. *OLG Hamburg* WM 1993, 1751 = ZIP 1993, 1388; *Noack* § 21 Rz. 10; *Wicke* § 21 Rz. 10). Hier sollte im Interesse der Beteiligten für Klarheit gesorgt werden. Erfolgt die Erklärung (Zugang), so ist sie nicht widerruflich (*Noack* § 21 Rz. 10). Erklärungen mit Zugang vor Ablauf der Frist sind nichtig, können aber nachgeholt werden (so *Lutter/Hommelhoff* § 21 Rz. 12).

19 Der Inhalt der Erklärung muss eindeutig sein. Die Formulierung sollte sich eng am Gesetzestext orientieren (*Wicke* § 21 Rz. 10; *Lutter/Hommelhoff* § 21 Rz. 12; *Noack* § 21 Rz. 10).

20 Die Ausschlusserklärung setzt keinen Gesellschafterbeschluss voraus. Allerdings sind Geschäftsführer an entspr. Beschlüsse gebunden (*Noack* § 21 Rz. 10; *OLG Düsseldorf* GmbHR 1962, 158; ZIP 1984, 1476). Eine Ausschlusserklärung entgegen ausdrücklicher Weisung ist unzulässig (*OLG Düsseldorf* GmbHR 1962, 158).

V. Wirkung der Kaduzierung

21 Die Kaduzierung hat den Verlust der Mitgliedschaftsrechte für die Zukunft zur Folge – das gilt in vollem Umfang für alle mit der Mitgliedschaft verbundenen Rechte und Pflichten (*Noack* § 21 Rz. 11; auch *Lutter/Hommelhoff* § 21 Rz. 14). Eine Rückwirkung tritt nicht ein. Zuvor erfolgte Gewinnverteilungsbeschlüsse wirken zugunsten des ausgeschlossenen Gesellschafters (*Lutter/Hommelhoff* § 21 Rz. 14; *Noack* § 21 Rz. 11; *OLG Hamm* DB 1989, 167). Andererseits muss der Ausgeschlossene alle bis zum Ausschluss entstandenen Pflichten erfüllen (*Noack* § 21 Rz. 11 m.w.N.). Es bleibt freilich – unbefristet – bei der subsidiären Ausfallhaftung des § 21 Abs. 3 (*Lutter/Hommelhoff* § 21 Rz. 17; *Noack* § 21 Rz. 15).

22 Ein Widerruf der Ausschlusserklärung ist nicht möglich. Die Rechtsfolgen nach der Erklärung, der Gesellschafter sei seines Anteils verlustig, folgen aus dem Gesetz. Es besteht keine Möglichkeit, die Rechtsfolgen rückgängig zu machen. Dies hätte der ausgeschlossene Gesellschafter durch Zahlung vor Ausschlusserklärung erreichen können, nicht aber danach. Zulässig ist aber die Abtretung des Geschäftsanteils an den ausgeschlossenen Gesellschafter durch die GmbH bei Zustimmung aller Gesellschafter (*Lutter/Hommelhoff* § 21 Rz. 16 – Entscheidungen liegen nicht vor – str.).

Der Geschäftsanteil bleibt als treuhänderisch gebundenes Sondervermögen der **23** Gesellschaft, nicht als „trägerloses Recht" bestehen, bis die nach §§ 21 ff. vorgesehenen Maßnahmen zu einer Klärung geführt haben (*Noack* § 21 Rz. 12; *Lutter/Hommelhoff* § 21 Rz. 15 m.w.N.; *BGHZ* 42, 92; auch *BGH* MDR 1984, 123). Bis zum Erwerb des Anteils durch *Vormann* oder Dritten ruhen Stimm- und sonstige Mitgliedschaftsrechte aus dem Anteil (*Noack* § 21 Rz. 12). Gewinne nach Ausschluss stehen dem späteren Erwerber zu (*Noack* § 21 Rz. 12 m.w.N.). Die Gesellschaft darf über den Anteil nur nach § 22 verfügen. Die Zwangsvollstreckung während des Verfahrens nach § 22 ist ausgeschlossen. Die Aktivierung in der Bilanz der Gesellschaft ist nicht zugelassen (*Noack* § 21 Rz. 12; *Lutter/Hommelhoff* § 21 Rz. 15). Alle bis zum Ausschluss begründeten Rechte Dritter gehen unter (*Noack* § 21 Rz. 13 m.w.N.).

Die Gesellschaft hat die Vormänner des Ausgeschlossenen in Anspruch zu nehmen **24** (§ 22), sodann einen Verkaufsversuch gem. § 23 durchzuführen, eventuell den Ausgeschlossenen (§ 21 Abs. 3) und letztendlich die anderen Gesellschafter anzugehen (§ 24). Hinsichtlich der Ausfallforderung darf die Gesellschaft keinen Verzicht, keine Stundung oder keine Aufrechnung zulassen. Dies würde gegen § 19 Abs. 2 verstoßen (allg. M. vgl. *Scholz/Emmerich* § 21 Rz. 33 f.; auch *Noack* § 21 Rz. 14 f.). Die Ausnahme des § 19 Abs. 2 S. 2 (Aufrechnung) infolge der Änderung durch die Reform 2008 ist zu beachten (vgl. oben § 19 Rz. 25 f.).

Hinsichtlich der Verjährung des Anspruchs enthält § 21 nichts. In Betracht kommt die **25** Regelverjährungsfrist der §§ 1295, 199 BGB (vgl. *OLG Düsseldorf* DNotZ 2013, 70: drei Jahre mit Hinw. auf vgl. *BGH* v. 6.3.2012 – II ZR 56/10, juris Rz. 40). Demgegenüber will die h.M. § 19 Abs. 6 auf § 21 Abs. 3 entspr. anwenden (hierzu *Noack* § 21 Rz. 13 f. m.w.N.).

Mängel des Kaduzierungsverfahrens begründen die Unwirksamkeit des Verfahrens, **26** gegen die sich der ausgeschlossene Gesellschafter z.B. mit der Feststellungsklage zur Wehr setzen kann (*Noack* § 21 Rz. 18; *Lutter/Hommelhoff* § 21 Rz. 18). Mängel können vorliegen bei fehlender Fälligkeit, angefochtener Einforderungsbeschluss, fehlende Säumnis sowie etwa bei rechtzeitiger Zahlung. Es wird jedoch darauf hingewiesen, dass viele Mängel z.B. durch rechtzeitige Nachholung geheilt werden können (*Lutter/Hommelhoff/Bayer* § 21 Rz. 18).

§ 22 Haftung der Rechtsvorgänger

(1) Für eine von dem ausgeschlossenen Gesellschafter nicht erfüllte Einlageverpflichtung haftet der Gesellschaft auch der letzte und jeder frühere Rechtsvorgänger des Ausgeschlossenen, der im Verhältnis zu ihr als Inhaber des Geschäftsanteils gilt.

(2) Ein früherer Rechtsvorgänger haftet nur, soweit die Zahlung von dessen Rechtsnachfolger nicht zu erlangen ist; dies ist bis zum Beweis des Gegenteils anzunehmen, wenn der Letztere die Zahlung nicht bis zum Ablauf eines Monats geleistet hat, nachdem an ihn die Zahlungsaufforderung und an den Rechtsvorgänger die Benachrichtigung von derselben erfolgt ist.

(3) ¹Die Haftung des Rechtsvorgängers ist auf die innerhalb der Frist von fünf Jahren auf die Einlageverpflichtung eingeforderten Leistungen beschränkt. ²Die Frist beginnt mit dem Tag, ab welchem der Rechtsnachfolger im Verhältnis zur Gesellschaft als Inhaber des Geschäftsanteils gilt.

(4) Der Rechtsvorgänger erwirbt gegen Zahlung des rückständigen Betrags den Geschäftsanteil des ausgeschlossenen Gesellschafters.

I. Allgemeines

1 **Die Vorschrift ist in** Abs. 1 **und** Abs. 3 **mit Blick auf** § 16 aufgrund von dem MoMiG v. **23.10.2008 geändert worden**; sie war durch die Reform 1980 nicht betroffen. Ursprünglich war 1980 vorgesehen, die Rechtsvorgänger erst nach der Verwertung des Geschäftsanteils durch die Gesellschaft haften zu lassen (vgl. jedoch RegE BT-Drucks. 8/1347, sowie Bericht des Rechtsausschusses BT-Drucks. 8/3908). Die Vorschrift ist zwingend, kann aber durch die Satzung verschärft werden (*Lutter/Hommelhoff* § 22 Rz. 1; *Noack* § 22 Rz. 1, 3). Solange die Kaduzierung nicht erfolgt, haftet der Rechtsvorgänger nur nach § 16 Abs. 2. Diese Haftung besteht bei Kaduzierung fort (*Noack* § 22 Rz. 2 m.w.N. der allg. M.).

II. Voraussetzung der Rechtsvorgängerhaftung

2 Nur dann, wenn ein ordnungsgemäßes Kaduzierungsverfahren gegen den „Nachmann" durchgeführt worden ist, kommt die Haftung der früheren Gesellschafter in Betracht (*RGZ* 86, 420; *Hachenburg/Coerdeler* § 21 Rz. 3; *Noack* § 22 Rz. 4; *Lutter/Hommelhoff* § 22 Rz. 1 „wirksamer Ausschluss als Voraussetzung"; *BGH* v. 18.9.2018 – II ZR 312/16). Fehler des genannten Verfahrens kann auch der in Anspruch genommene *Vormann* geltend machen. Maßgeblich ist, dass die frühere Gesellschafterstellung der GmbH gegenüber wirksam geworden ist. Insofern ist entscheidend, dass die Rechtsvorgänger in die Gesellschafterliste eingetragen waren – auch die Gründungsgesellschafter (zu beachten ist hierbei die mit Wirkung zum 1.7.2018 in Kraft getretene Gesellschafterlistenverordnung (GesLV) im Hinblick auf die Anforderungen bei (Neu-)Einreichung einer Gesellschafterliste – insb. fortlaufende Nummerierung der Geschäftsanteile und eindeutige Zuordnung an den/die Gesellschafter; vgl. ferner *Wicke* § 22 Rz. 2; auch *Wachter* GmbHR 2008, SH 10/2008, 52; ferner oben § 16, auch *Lutter/Hommelhoff* § 22 Rz. 4 m.w.N.; *Noack* § 22 Rz. 4 m.w.N.).

3 Grds. sind in die Gesellschafterliste aufgenommene unmittelbare Vorgänger betroffen (s.o. Anmerkungen zu den Anforderungen gem. GesLV, vgl. § 16 – zum Staffel- oder Stufenregress *Wicke* § 22 Rz. 3; *Noack* § 22 Rz. 5; *BGH* v. 19.5.2015 – II ZR 291/14). Auf die Zahlungsfähigkeit des ausgeschlossenen Gesellschafters kommt es nicht an (*Wicke* § 22 Rz. 3, mit Hinw. auf *OLG Dresden* GmbHR 2008, 1998, 884; *Noack* § 22 Rz. 7 m.w.N.). Des Weiteren kommen auch diejenigen in Betracht, die Anteilsinhaber z.B. im Wege der Gesamtrechtsnachfolge (Erben) geworden sind (*Wachter* GmbHR, SH 10/2008, S. 52 zu den einzelnen Veränderungen der Beteiligungsverhältnisse; ferner *Noack* § 22 Rz. 4). Gemeinschaftlich Berechtigte haften als Gesamtschuldner (vgl. § 9a Abs. 1, 2; *LG Ulm* GmbHR 2000, 241 (Ls.) = EWiR § 21 GmbHG 1/2000, 29 m. Anm. *Kowalski* – Ausschließung eines Gesellschafters durch Insolvenzverwalter.

Die Haftung erstreckt sich auf den Betrag, der von dem Ausgeschlossenen nicht **4** geleistet worden ist (fällige und rückständige Bareinlage, hierzu auch *Noack* § 22 Rz. 5 ff., insb. Rz. 8 mit Verweis auf § 19 Abs. 2 m.w.N.). Maßgeblich ist folglich die Schuld, die der Ausgeschlossene zu begleichen hätte, wenn er noch Gesellschafter wäre (*Lutter/Hommelhoff* § 22 Rz. 2). Das gilt auch dann, wenn die Sacheinlagepflicht im Hinblick z.B. auf § 9 in eine Barverpflichtung übergegangen ist (*Lutter/Hommelhoff* § 22 Rz. 2;). Die Haftung bezieht sich immer nur auf den offenen Rest, so dass Teilleistungen der Vormänner zu berücksichtigen sind (*Lutter/Hommelhoff* § 22 Rz. 2). Damit sind Sacheinlagen selbst- oder rückständige Nebenleistungen oder auch Vertragsstrafen nicht Gegenstand der Regressschuld (*Lutter/Hommelhoff* § 22 Rz. 2).

Die jeweiligen Stationen der Inanspruchnahme richten sich nach der zeitlichen Rei- **5** henfolge des Erwerbs, wobei von dem Ausgeschlossenen auf den jeweils früheren Anteilsinhaber zurückgegangen wird. Ein beliebiges Herausgreifen eines zahlungsfähigen Vormanns ist nicht zulässig („Staffel- bzw Stufenregress" – *Wicke* a.a.O.; vgl. *Noack* § 22 Rz. 5; *Lutter/Hommelhoff* § 22 Rz. 4 m.w.N.). Ein „Sprungregress" ist nicht zulässig. Das erfordert eine sukzessive Vorgehensweise in umgekehrter Reihenfolge des Erwerbs (hierzu statt vieler *Noack* § 22 Rz. 5).

Der jeweilige Vorgänger muss zahlungsunfähig gewesen sein (*Noack* § 22 Rz. 6). Den **6** Nachweis hat die Gesellschaft in geeigneter Form zu führen. Hierbei hilft der GmbH die in § 22 Abs. 2 enthaltene gesetzliche Vermutung (*Lutter/Hommelhoff* § 22 Rz. 6). Sie setzt jedoch voraus, dass eine Zahlungsaufforderung mit Fristsetzung von einem Monat an den Zahlungsunfähigen herausgegangen ist, die Frist fruchtlos verstrichen und im Übrigen der nunmehr in Anspruch zu nehmende von den zuerst genannten Schritten benachrichtigt worden ist. Fehlen diese Voraussetzungen, die die Gesellschaft darzulegen und zu beweisen hat (Einschreiben gegen Rückschein empfehlenswert, wenn auch keine Form vorgeschrieben ist), so greift die Vermutung nicht ein. Die Frist von einem Monat läuft ab Zahlungsaufforderung und Benachrichtigung (*Wicke* § 22 Rz. 3; *Lutter/Hommelhoff* § 22 Rz. 5; *Noack* § 22 Rz. 6; *Hachenburg/Coerdeler* § 22 Rz. 10). Die Vermutung des § 22 Abs. 2 ist widerlegbar. Der Betroffene kann den Gegenbeweis erbringen, dass einer seiner Vorgänger zahlungsfähig ist. Eine gegen ihn erhobene Klage ist in diesen Fällen abzuweisen (*Lutter/Hommelhoff* § 22 Rz. 5; *Noack* § 22 Rz. 6; *Hachenburg/Coerdeler* § 22 Rz. 10).

III. Zeitliche Schranken

§ 22 Abs. 3 sieht eine Haftung innerhalb eines Zeitraums von fünf Jahren vor. Die **7** Regressschuld entfällt hinsichtlich der Bareinlagen, die erst fünf Jahre nach dem Ausscheiden des Gesellschafters fällig geworden sind (*Noack* § 22 Rz. 9; *Lutter/Hommelhoff* § 22 Rz. 8). Maßgeblich für die Fälligkeit ist grds. die Aufforderung nach § 19 durch den Geschäftsführer (*Wicke* § 22 Rz. 2; *Noack* § 22 Rz. 9; *Lutter/Hommelhoff* § 22 Rz. 8; vgl. *OLG Hamm* DB 1988, 1311).

Die Fünfjahresfrist beginnt gem. § 187 Abs. 1 BGB mit dem Tag, an dem der Über- **8** gang des Anteils auf den Nachfolger gegenüber der Gesellschaft gilt, mithin entspr. § 16 Abs. 1 mit Eintragung in die in das Handelsregister aufgenommene Gesellschafterliste. Das gilt für alle Fälle der Veränderung der Gesellschafterliste (vgl. § 16 Abs. 1; auch *Wachter* GmbHR, SH 10/2008, S. 52; *Lutter/Hommelhoff* § 22 Rz. 8). Die früher nach § 16 Abs. 1 a.F. vorgesehene Anmeldung ist nicht mehr maßgeblich. Auch die früher problematischen Fälle des Fristenlaufs bei Übergang durch Erbfolge infolge fehlender Anmeldung sind durch die Reform des § 16 wie alle übrigen Gestaltungen (Umwandlung, Anwachsung etc. – vgl. *Wachter* a.a.O.) als geklärt zu betrachten (vgl. zum bisherigen Recht in Erbfällen *Lutter/Hommelhoff* § 22 Rz. 8; zur Versteigerung des Anteils und Erlöschen der Haftung *BGHZ* 42, 92; *Lutter/Hommelhoff* § 22 Rz. 8).

IV. Folge der Zahlung durch den in Anspruch Genommenen

9 Gem. § 22 Abs. 4 erwirbt der Rechtsvorgänger ohne Rücksicht auf seinen Willen und mit allen Rechten und Pflichten den Geschäftsanteil, wenn er den rückständigen (auch z.b. den Rest-)Betrag zahlt, da dieser an ihn zurückfällt (vgl. *BGHZ* 42, 92; *Wicke* § 22 Rz. 4; *Noack* § 22 Rz. 10 f. m.w.N.). Die Zahlung durch einen Rechtsvorgänger, der nach der Reihenfolge noch nicht „dran" ist, weil die Zahlungsunfähigkeit des Rechtsvorgängers noch nicht feststeht, führt nicht zum Erwerb (*Noack* § 22 Rz. 10; auch *Wicke* § 22 Rz. 4). Die Haftung nach § 22 ist Voraussetzung für den Übergang des Anteils (*Noack* § 22 Rz. 10; *OLG Hamm* DB 1988, 1311). Nur der in der „Kette" jeweils verpflichtete Regressschuldner kann Zahlung mit der Folge des Anteilsübergangs leisten (*Noack* § 22 Rz. 10).

10 Der Rechtsübergang erfolgt kraft Gesetzes. Eine Anmeldung nach § 16 sowie Aufnahme in die Gesellschafterliste ist nicht erforderlich (*Noack* § 22 Rz. 11 – Aufnahme in die Gesellschafterliste ist allerdings Voraussetzung zur Geltendmachung von Gesellschafterrechten, § 16). Der Erwerb des Anteils erfolgt so, wie er sich im Zeitpunkt des Übergangs darstellt. Der Erwerb erfolgt nicht mit ex-nunc-Wirkung, da die GmbH den Geschäftsanteil treuhänderisch für den späteren Erwerber hält (h.M. *Scholz* § 22 Rz. 22; *Wicke* § 22 Rz. 6; a.A. *Lutter/Hommelhoff* § 22 Rz. 11 m.w.N., auch *OLG Düsseldorf* v. 20.7.2012 – I-16 U 55/11 – Verwendung einer Vorratsgesellschaft). Der zahlende Erwerber erwirbt i.Ü. lastenfrei von früher bestehenden Rechten. Rechte Dritter sind durch die Kaduzierung erloschen (*Wicke* § 22 Rz. 6; *Noack* § 22 Rz. 12; vgl. auch *Lutter/Hommelhoff* § 22 Rz. 12).

§ 23 Versteigerung des Geschäftsanteils

[1]**Ist die Zahlung des rückständigen Betrags von Rechtsvorgängern nicht zu erlangen, so kann die Gesellschaft den Geschäftsanteil im Wege öffentlicher Versteigerung verkaufen lassen.** [2]**Die Versteigerung kann auch durch einen Notar erfolgen.** [3]**Eine andere Art des Verkaufs ist nur mit Zustimmung des ausgeschlossenen Gesellschafters zulässig.**

Übersicht

	Rz		Rz
I. Allgemeines	1	III. Der „Verkauf"	4
II. „Verkaufsrecht"	2		

I. Allgemeines

1 Die Vorschrift wurde weder durch die Novelle 1980 noch durch das MoMiG v. 23.10.2008 geändert, in 2008 wurde nur die amtliche Überschrift ergänzt. In der Bestimmung ist für die GmbH eine weitere Möglichkeit geschaffen, rückständige Geldeinlagen auszugleichen. Auch dies dient der Sicherung der Kapitalaufbringung.

A. Bartl

Die Vorschrift hat daher zwingenden Charakter (§ 25; *Wicke* § 23 Rz. 1; *Noack* § 23 Rz. 1; *Lutter/Hommelhoff* § 22 Rz. 12). Allerdings kann die Gesellschaft die Art der Verwertung durch die Satzung in bestimmter Weise regeln, sofern der vorgeschriebene Weg beachtet wird. Hierbei kann freilich nicht generell auf den „Zwangsverkauf" verzichtet werden (*Noack* § 23 Rz. 1).

II. „Verkaufsrecht"

Nach Ausschließung des säumigen Gesellschafters und erfolgloser Inanspruchnahme **2** der Rechtsvorgänger „kann" die Gesellschaft den kaduzierten Geschäftsanteil nach § 23 verwerten. Str. ist, ob die Gesellschaft den kaduzierten Anteil verwerten muss (bejahend *Lutter/Hommelhoff* § 22 Rz. 3; a.A. *Noack* § 23 Rz. 3, jeweils m.w.N.). Richtigerweise muss der Gesellschaft unter Beachtung pflichtgemäßen Ermessens das Recht zugestanden werden, den günstigsten Zeitpunkt für die Verwertung zu bestimmen (*Wicke* § 23 Rz. 2; *OLG Nürnberg* NZG 2002, 578). Mithin ist eine Verpflichtung zur „sofortigen" bzw. unverzüglichen Verwertung nicht zu bejahen. Der Geschäftsführer muss ein möglichst günstiges Ergebnis erzielen und kann folglich eine angemessene Zeit abwarten, ohne dass die bisherigen Gesellschafter eine Möglichkeit haben, den Verkauf zu erzwingen. Allerdings darf der Geschäftsführer günstige Möglichkeiten nicht übergehen. Ferner ist er an Gesellschafterbeschlüsse gebunden, wenn auch ein Beschluss grds. nicht erforderlich ist (*Noack* § 23 Rz. 3; ähnlich im Ergebnis auch *Lutter/Hommelhoff* § 22 Rz. 3). Das zwingt letztlich den Geschäftsführer, hier alle Möglichkeiten im Interesse der Kapitalaufbringung auszuschöpfen. In jedem Fall müssen Verwertungsversuche unternommen werden – Ausnahme: Insolvenz der Gesellschaft, da hier ein Erlös nicht zu erwarten ist (vgl. *Lutter/Hommelhoff* § 22 Rz. 3; auch *OLG Hamm* GmbHR 1993, 362).

Dieser Schritt – Verwertungsversuch – ist Voraussetzung für den Rückgriff gegenüber **3** dem ausgeschlossenen Gesellschafter nach § 21 Abs. 3 bzw. den übrigen Gesellschaftern nach § 24 (s. hierzu auch *BGH* v. 19.5.2015 – II ZR 291/14 m.w.N.).

III. Der „Verkauf"

Der „Verkauf" des Geschäftsanteils im Namen der Gesellschaft erfolgt regelmäßig **4** durch öffentliche Versteigerung (vgl. §§ 383 Abs. 3, 156 BGB). Der Ausgeschlossene kann mitbieten, auch die Mitgesellschafter, jedoch nicht die GmbH selbst (vgl. § 33 Abs. 1; i.Ü. *Noack* § 23 Rz. 4 m.w.N.; *Lutter/Hommelhoff* § 23 Rz. 4 m.w.N.). Die Versteigerung ist öffentlich und folglich bekannt zu machen. Die Durchführung obliegt dem Gerichtsvollzieher oder einer anderen zur Versteigerung befugten Person. Sie kann an jedem Erfolg versprechenden Ort erfolgen, wenngleich in erster Linie am Sitz der GmbH maßgeblich sein wird. Der Verkauf wird durch Zuschlag wirksam (Gesellschaft kann sich freilich Genehmigung vorbehalten, vgl. *Noack* § 23 Rz. 4 m.w.N.). Mit dem Zuschlag wird der Ersteher Gesellschafter. Er erhält den Anteil frei von Belastungen (vgl. § 1242 Abs. 2 BGB, der zur entspr. Anwendung gelangt). Die Formvorschriften des § 15 Abs. 3, 4 sowie Vinkulierungen nach § 15 Abs. 5 finden keine Anwendung; die GmbH kann sich indessen die Genehmigung vorbehalten. Zur Legitimation des Erwerbers gegenüber der GmbH ist § 16 Abs. 1 (Aufnahme der geänderten Liste in das HR – vgl. *Wicke* § 22 Rz. 3). Die Rechtsvorgänger des ausgeschlossenen Gesellschafters werden von ihrer Haftung befreit (vgl. § 22; *BGHZ* 42, 92). Mit der Zahlung des Kaufpreises erfüllt der neue Gesellschafter die bis zu diesem Zeitpunkt bestehenden Einzahlungspflichten, lediglich hinsichtlich später fällig werdender Verpflichtungen hat er einzustehen (im Ergebnis *Noack* § 23 Rz. 7; *Lutter/Hommelhoff* § 23 Rz. 8 – „ex nunc"). I.Ü. trifft ihn keine Haftung nach § 24 (h.M.; vgl. *Noack* § 23 Rz. 7; *Lutter/Hommelhoff* § 22 Rz. 8). Der Mehrerlös fließt der GmbH zu. Bei Mindererlös greift die Ausfallhaftung des Ausgeschlossenen und subsidiär die Haftung der übrigen Gesellschafter ein (§ 21 Abs. 3, § 24 – abw. für Mehrerlös; wie hier *Noack* § 23 Rz. 8; *Lutter/Hommelhoff* § 23 Rz. 8). Der Erwerber kann gegen den Kaufpreisanspruch nicht aufrechnen (*BGHZ* 42, 93; *Noack* § 23 Rz. 8; *Lutter/Hommelhoff* § 23 Rz. 8). Die §§ 20 ff. greifen ein, wenn der Käufer des Anteils seinen Verpflichtungen zur Zahlung ganz oder tlw. nicht nachkommt (*BGHZ* 42, 89; *Lutter/Hommelhoff* § 23 Rz. 9).

5 Mit Zustimmung des Ausgeschlossenen kann auch ein freihändiger Verkauf bzw. eine „andere Art des Verkaufs" durchgeführt werden, was i.Ü. auch durch die Satzung vorgesehen werden kann. Der freihändige Verkauf ist nach den Formvorschriften des § 15 Abs. 2–5 abzuwickeln (*Wicke* § 23 Rz. 3; vgl. *BGHZ* 42, 89; *Lutter/Hommelhoff* § 23 Rz. 5; *Noack* § 23 Rz. 5).

6 Bei „Unverkäuflichkeit" des Anteils verfällt dieser der Gesellschaft zu Eigentum (*RGZ* 86, 421; *Noack* § 23 Rz. 6; *Lutter/Hommelhoff* § 23 Rz. 6; *Wicke* § 23 Rz. 4). Der Kaduzierte und die Mitgesellschafter haften freilich weiter (§ 21 Abs. 2, § 24; *Noack* § 23 Rz. 6; *Lutter/Hommelhoff* § 23 Rz. 6).

7 Verstöße gegen die §§ 21–23 machen den Zwangsverkauf unwirksam. Allerdings kann der ausgeschlossene Gesellschafter bei Verfahrensfehlern i.S.d. § 23 (z.B. keine öffentliche Versteigerung) nachträglich zustimmen (vgl. § 185 Abs. 2 BGB) und Wirksamkeit herbeiführen (*Wicke* § 23 Rz. 6; *Noack* § 23 Rz. 10; a.A. *Lutter/Hommelhoff* § 23 Rz. 10 unter Hinweis auf die §§ 1243, 1244 BGB; zur Unwirksamkeit bei unterlassenem Rückgriff gegen Rechtsvorgänger *OLG Hamm* GmbHR 1988, 266). Bei unwirksamer Veräußerung haftet die GmbH gegenüber dem Erwerber nach den § 311a Abs. 2 BGB (*Wicke* § 23 Rz. 4; *Noack* § 23 Rz. 10 m.w.N.).

§ 24 Aufbringung von Fehlbeträgen

[1]Soweit eine Stammeinlage weder von den Zahlungspflichtigen eingezogen, noch durch Verkauf des Geschäftsanteils gedeckt werden kann, haben die übrigen Gesellschafter den Fehlbetrag nach Verhältnis ihrer Geschäftsanteile aufzubringen. [2]Beiträge, welche von einzelnen Gesellschaftern nicht zu erlangen sind, werden nach dem bezeichneten Verhältnis auf die übrigen verteilt.

I. Reform 1980 – Allgemeines

1 Die Bestimmung wurde weder durch die Novelle 1980 noch durch das MoMiG v. 23.10.2008 geändert. Es wurde nur 2008 eine amtliche Überschrift eingefügt, obwohl bereits 1980 Änderungsvorschläge zu § 24 vorlagen (vgl. ausführlich zu der Vorschrift

K. Schmidt BB 1985, 154 ff.). Die Bestimmung ist zwingend gem. § 25, wobei Verschärfungen zulässig sind (allg. M., s. hierzu *Noack* § 24 Rz. 1). Ist der „Zwangsverkauf" nach § 23 gescheitert, die Kaduzierung nach § 21 durchgeführt und die Inanspruchnahme der Rechtsvorgänger nach § 22 erfolglos, so greift die Haftung der übrigen Gesellschafter nach § 24 ein, wenn auch die Inanspruchnahme des Ausgeschlossenen nach § 21 Abs. 3 fruchtlos war (*Lutter/Hommelhoff* § 24 Rz. 2). Die Haftung nach § 24 greift folglich als letzter Schritt ein. Die Haftung bezieht sich nur auf rückständige Bareinlagen (s.u. Rz. 2). Die Beweislast für die Voraussetzungen der subsidiären Ausfallhaftung nach § 24 trägt die Gesellschaft (*OLG Karlsruhe* GmbHR 1971, 7; *OLG Köln* ZIP 1993, 1389 – Aussichtslosigkeit des Verkaufsversuchs; *OLG Hamm* DB 1993, 1765 – Insolvenz der GmbH; *OLG Celle* GmbHR 1994, 801 – Beweis der Zahlungsunfähigkeit des Ausgeschlossenen; i.Ü. *Noack* § 24 Rz. 3). Die Bestimmung bezieht sich bei Kapitalerhöhungen auf alte und neue Gesellschafter für Rückstände bei allen Anteilen (h.M.; *Noack* § 24 Rz. 5; *LG Mönchengladbach* ZIP 1986, 306; zum Streitstand auch *Robrecht* GmbHR 1995, 809; *Gaiser* GmbHR 1999, 210; *Gätsch* BB 1999, 701).

II. Voraussetzungen der Ausfallhaftung

Die Haftung bezieht sich nur auf Geld-/Bareinlagen (*BGH* WM 1966, 1262; *Noack* § 24 **2** Rz. 2). Sie greift auch hinsichtlich des Geldeinlageanteils bei der gemischten Sacheinlage sowie bei in Geldeinlagen verwandelten Sacheinlagen und i.Ü. bei Differenz- oder Vorbelastungshaftung ein (*Noack* § 24 Rz. 2; auch *K. Schmidt* BB 1985, 154 m.w.N.).

Erforderlich ist, dass:
– der Gesellschafter angeforderte Leistungen nicht erbrachte,
– gegen diesen Gesellschafter das Ausschlussverfahren nach § 21 durchgeführt wurde,
– bei den Rechtsvorgängern i.S.d. § 22 keine Zahlung erreicht wurde,
– die Verkaufsbemühungen nach § 23 erfolglos waren oder zu einem Mindererlös führten,
– der ausgeschlossene Gesellschafter vergeblich in Anspruch genommen wurde (§ 21 Abs. 3).

Hinsichtlich der erfolglos nach § 21 Abs. 3 durchgeführten Inanspruchnahme ist der **3** **Nachweis der Zahlungsunfähigkeit des Ausgeschlossenen erforderlich** (*Wicke* § 24 Rz. 2; *OLG Celle* GmbHR 1994, 801; *OLG Köln* GmbHR 2004, 1587; zur Unzumutbarkeit der Inanspruchnahme im Ausland *BGH* DStR 1993, 1528; auch *BGH* NZG 2005, 180, rechtskräftige Feststellung nicht gezahlter Einlage und Bindungswirkung, insgesamt hierzu auch *BGH* v. 19.5.2015 – II ZR 291/14 m.w.N.). Die subsidiäre Haftung richtet sich in der Höhe nach dem rechnerischen Verhältnis der Geschäftsanteile – Nennbeträge. Kann ein Gesellschafter den von ihm verlangten Betrag nicht aufbringen, so werden die verbleibenden Gesellschafter wegen dieses Betrages nochmals anteilsmäßig herangezogen (*Noack* § 24 Rz. 7; *Lutter/Hommelhoff* § 24 Rz. 5). Ansprüche auf der Grundlage der Ausfallhaftung verjähren analog § 19 Abs. 6 in 10 Jahren (*BGH* v. 9.1.2024 – II ZR 65/23 – Anspruch der Gesellschaft auf Leistung der Einlagen; Kaduzierungsverfahren – Verjährung; *Lutter/Hommelhoff* § 24 Rz. 14 m.w.N.; *OLG Köln* ZIP 1993, 1389; *Noack* § 24 Rz. 9).

4 Die Geltendmachung der Ansprüche nach § 24 obliegt dem Geschäftsführer. Es handelt sich um Ansprüche der GmbH (*Wicke* § 24 Rz. 6; *Noack* § 24 Rz. 9). § 19 Abs. 2 ist in der Neufassung zu beachten (vgl. *Noack* § 24 Rz. 9). Vgl. die verneinende Entscheidung des *OLG Celle* GmbHR 2000, 1265 – **Erfüllung der Einlageverpflichtung vor Eintragung.**

III. Die „übrigen Gesellschafter"

5 Die „übrigen Gesellschafter" i.S.d. § 24 sind alle Gesellschafter, die im Zeitpunkt der Fälligkeit der betreffenden Stammeinlage noch Gesellschafter sind (*BGH* v. 19.5.2016 – II ZR 291/14), d.h. alle Gründungsgesellschafter und weitere Gesellschafter, deren Anmeldung nach § 16 Abs. 1 erfolgte bzw. für die früher keine Anmeldepflicht bestand, insb. aber die Gesellschafterliste eingetragenen und in das HR eingetragenen Gesellschafter (die seit dem 1.7.2018 geltende GesLV ist im Hinblick auf die Anforderungen an die Gesellschafterliste ebenfalls zu beachten; vgl. zum bisherigen Recht *Lutter/Hommelhoff* § 24 Rz. 6). Von § 24 nicht betroffen sind der kaduzierte Ausgeschlossene (vgl. § 21 Abs. 3), dessen Rechtsvorgänger (vgl. § 22) sowie der nach § 23 Erwerbende, sondern dieser nicht einen weiteren Anteil hält (*Wicke* § 24 Rz. 3). Bei Kapitalerhöhungen sind Alt- und Neugesellschafter nach § 24 verpflichtet (h.M. *Wicke* § 24 Rz. 3; *Noack* § 24 Rz. 5; *Lutter/Hommelhoff* § 24 Rz. 6; *LG Mönchengladbach* ZIP 1986, 306; so auch *BGH* v. 18.9.2018 – II ZR 312/16).

6 Dem Gesellschafter soll der Treugeber gleichstehen, in dessen Auftrag und für dessen Rechnung der Strohmann/Treuhänder sich an der Gründung beteiligte (*BGHZ* 31, 258; 118, 107; *BGH* NJW 1992, 2023; *OLG Hamburg* DB 1984, 1515; vgl. auch *OLG Düsseldorf* DB 1992, 938, so auch *Noack* § 24 Rz. 4 – str.; vgl. hierzu *Wicke* § 24 Rz. 3; *Lutter/Hommelhoff* § 24 Rz. 12 m.w.N.). Zahlende Gesellschafter können bei dem Ausgeschlossenen sowie den Nichtzahlenden Regress nehmen (*Noack* § 24 Rz. 10; *Lutter/ Hommelhoff* § 24 Rz. 11; *OLG Hamm* GmbHR 1993, 362). Bei Verletzung der Sorgfaltspflichten besteht die Möglichkeit der Inanspruchnahme des Geschäftsführers (*Lutter/Hommelhoff* § 24 Rz. 11; a.A. *Noack* § 24 Rz. 10 – nur die GmbH, nicht Gesellschafter).

7 Das sog. Kleinbeteiligungs- oder Kleingesellschafterprivileg findet hier keine Anwendung (*Lutter/Hommelhoff* § 24 Rz. 11, jeweils m.w.N.).

IV. Zeitpunkt

8 Der Zeitpunkt ist in § 24 nicht ausdrücklich bestimmt. Zutreffend kommt es hier auf die Gesellschafterstellung im Zeitpunkt der Fälligkeit der Einlageschuld an, nicht jedoch auf den der Fälligkeit der Ausfallhaftung unter den Voraussetzungen des § 24 (str. wie hier *Noack* § 24 Rz. 6; *Lutter/Hommelhoff* § 24 Rz. 6; *OLG Köln* ZIP 1993, 1389; ferner *LG Aachen* GmbHR 1992, 751). Der Gesellschafter kann der Inanspruchnahme durch Veräußerung nicht entgehen (*Wicke* § 24 Rz. 4; vgl. *BGH* NJW 1996, 2306; *BGH* v. 19.5.2015 – II ZR 291/14). Die Gesellschafterstellung folgt aus der Gesellschafterliste (§ 16 Abs. 1; s. dort). Vorgesellschafter, die ihren Anteil vor Eintragung der GmbH veräußern, sollen von der Haftung nicht betroffen sein (*Wicke* § 24 Rz. 4; *OLG Köln* GmbHR 1997, 546; *BGH* v. 18.9.2018 – II ZR 312/16).

§ 25   Zwingende Vorschriften

Von den in den §§ 21 bis 24 bezeichneten Rechtsfolgen können die Gesellschafter nicht befreit werden.

Die Vorschrift wurde weder durch die Novelle 1980 noch durch das MoMiG v. **1** 23.10.2008 geändert, durch das MoMiG wurde lediglich die amtliche Überschrift ergänzt.

§ 25 stellt sicher, dass Haftungsvereinbarungen sowie Bestimmungen im Gesellschafts- **2** vertrag, die von den §§ 21–24 abweichen, nichtig sind, soweit diese auf eine Haftungsbefreiung, -milderung oder sonstige Einschränkung hinauslaufen. § 25 stellt das Ziel der §§ 21–24 (Sicherung der Kapitalaufbringung) sicher (bestätigend so nochmals *BGH* v. 18.9.2018 – II ZR 312/16). Der Registerrichter hat die Bestimmungen der Satzung zu überprüfen. Nichtige Bestimmungen müssen im Wege der §§ 53 ff. geändert werden. Andernfalls ist die betr. Vorschrift von der Eintragung auszunehmen (Eintragung in Spalte 6 – fraglich, ob die Registergerichte dem im Einzelfall folgen) oder im Extremfall die Eintragung zurückzuweisen (bei untrennbarer Verquickung nichtiger und wirksamer Satzungsbestandteile) – s. hierzu auch *Lutter/Hommelhoff* § 25; *Noack* § 25.

Zulässig sind nach allg. Auffassung freilich **Verschärfungen** der in §§ 21–24 vorgesehe- **3** nen Rechtsfolgen. Insoweit wird auf die Ausführungen zu den einzelnen Vorschriften verwiesen. Die Abweichungen zugunsten der Gesellschaft (höhere Sicherheit für das Haftungskapital) sind im Gesellschaftsvertrag vorzusehen (vgl. hierzu *Noack* § 25).

§ 26   Nachschusspflicht

(1) Im Gesellschaftsvertrag kann bestimmt werden, dass die Gesellschafter über die Nennbeträge der Geschäftsanteile hinaus die Einforderung von weiteren Einzahlungen (Nachschüssen) beschließen können.

(2) Die Einzahlung der Nachschüsse hat nach Verhältnis der Geschäftsanteile zu erfolgen.

(3) Die Nachschusspflicht kann im Gesellschaftsvertrag auf einen bestimmten, nach Verhältnis der Geschäftsanteile festzusetzenden Betrag beschränkt werden.

Übersicht

	Rz		Rz
I. Allgemeines	1	III. Verpflichtete und Umfang	7
II. Voraussetzungen der Nachschuss-			
pflicht	3		

Rechtsprechung und Literatur: *OLG Brandenburg* v. 28.3.2006 – 6 U 107/05, NZG 2006, 756 = ZIP 2006, 1675; *OLG München* v. 24.1.2000 – 17 U 4879/99, GmbHR 200, 981; *KG Berlin* v. 20.12.1999 – 2 U 6691/98, GmbHR 2000, 981 = NZG 2000, 688; *OLG Schleswig* v. 23.9.1993 – 5 U 176/92, GmbHR 1994, 250; *OLG Frankfurt* v. 10.1.1992 – 10 U 308/90, GmbHR 1992, 665; auch *BGH* v. 6.6.1994 – II ZR 221/93, DStR 1994, 1129, *BFH* v. 11.7.2017 – IX R 36/15, DStR 2017, 2098 = ZIP 2017, 1905, Rz. 37.

Weisser Zur Nachschusspflicht von GmbH-Gesellschaftern für sog. Milestone Payments im Insolvenzfall GmbHR 2004, 1370; *Memminger/Schwarz* Zu Haftungsrisiken für Investoren im Fall der Insolvenz einer Portfoliogesellschaft, BB 2024, 131; *Winter* In Übersicht über die Ergebnisse der Umfrage zur rechtstatsächlichen Struktur der GmbH (Teil II), GmbHR 1969, 146.

I. Allgemeines

1 § 26 Abs. 1 wurde durch das MoMiG v. 23.10.2008 sprachlich angepasst und die amtliche Überschrift ergänzt. Die Vorschrift hat nach allg. Meinung in der Praxis wenig Bedeutung (*Wicke* § 26 Rz. 1; *Noack* § 26 Rz. 1; Lutter/Hommelhoff/*Bayer* § 26 Rz. 1; Scholz/*Emmerich* § 26 Rz. 2; vgl. ferner *Winter* GmbHR 1969, 146). Grundsatzentscheidungen des *BGH* sind nicht ersichtlich (vgl. aber z.B. *OLG Brandenburg* v. 28.3.2006 – 6 U 107/05, NZG 2006, 756 = ZIP 2006, 1675; *OLG München* v. 24.1.2000 – 17 U 4879/99, GmbHR 2000, 981; *KG Berlin* v. 20.12.1999 – 2 U 6691/98, GmbHR 2000, 981 = NZG 2000, 688; *OLG Schleswig* v. 23.9.1993 – 5 U 176/92, GmbHR 1994, 250; *OLG Frankfurt* v. 10.1.1992 – 10 U 308/90, GmbHR 1992, 665; auch *BGH* v. 6.6.1994 – II ZR 221/93, DStR 1994, 1129, *BFH* v. 11.7.2017 – IX R 36/15, DStR 2017, 2098 = ZIP 2017, 1905, Rz. 37; hierzu auch *FG Köln* v. 18.5.2010 – 13 K 1148/05; *FG Hannover* v. 19.5.2011 – 11 K 496/10). Zusammen mit § 27 und § 28 regelt § 26 die Nachschusspflichten der Gesellschafter. Wenn die Gesellschafter nicht den Weg über eine Kapitalerhöhung nach den §§ 53 ff. wählen wollen, stehen ihnen neben der Vereinbarung von Nachschüssen in der Satzung andere Wege zur Verfügung (Darlehen, Nebenpflichten, freiwillige Zahlungen etc.; u.a. Scholz/*Emmerich* § 26 Rz. 2, 5 ff. m.w.N.; ausführl. zur Abgr. anderer Gesellschafterleistungen Habersack/Casper/Löbbe/*Leuschner* § 26 Rz. 20 ff.). Stammeinlagen, Nachschüsse und andere Gesellschafterleistungen sind streng zu unterscheiden. Für Nachschüsse gelten grds. nicht die Bestimmungen, die für Stammeinlagen maßgeblich sind (Ausnahme: entsprechende Anwendung gem. § 28), insb. greift § 24 nicht ein (*Noack* § 26 Rz. 2).

2 Es wird unterschieden zwischen

– der unbeschränkten Nachschusspflicht (§ 27),

– der beschränkten Nachschusspflicht (§ 28),

– sowie die gemischt beschränkt und unbeschränkte Nachschusspflicht (§§ 27 Abs. 4, 28 Abs. 1 S. 2, Abs. 2).

II. Voraussetzungen der Nachschusspflicht

3 Anders als nach § 737 S. 1 BGB n.F. besteht für die GmbH keine gesetzliche Nachschuss- und Verlustausgleichspflicht (*BGH* v. 13.12.1982 – II ZR 282/81, ZIP 1983, 159).

4 Voraussetzung der Nachschusspflicht nach § 26 ist daher ihre satzungsmäßige Verankerung (*Noack* § 26 Rz. 3; Lutter/Hommelhoff/*Bayer* § 26 Rz. 7; zu Gestaltungsmöglichkeiten: MüKo GmbHG/*Schütz* § 26 Rz. 52 ff.; *RG* v. 18.2.1913 – VII ZR 482/12, *RGZ* 81, 368; *OLG München* GmbHR 2000, 981 – **nachträgliche Vereinbarung einer Nachschusspflicht mit korporativem, nicht allein schuldrechtlichem Charakter** (vgl. *BGH* v. 8.2.1993 – II ZR 24/92, NJW-RR 1993, 607 = GmbHR 1993, 214: schuldrechtliche Verpflichtung) – **Erforderlichkeit der Satzungsänderung und Eintragung in das Handelsregister bei Bindung an den Gesellschaftsanteil**; *KG Berlin* v. 20.12.1999 – 2 U 6691/98, NZG 2000, 688 – **keine Regelung der Nachschusspflicht im Gesellschaftsver-**

trag – **Erforderlichkeit der Zustimmung aller Gesellschafter zur Satzungsänderung und der notariellen Beurkundung nach** § 53 Abs 3 (*OLG Hamm* v. 2.2.1977 – 8 U 229/76, GmbHR 1978, 271) – **Nichtigkeit bei Formmangel**; *LG Berlin* v. 18.11.1999 – 21 O 708/98, GmbHR 2000, 234 m. Komm. *Peetz*). Kann in der Gründungssatzung oder in einer späteren Satzungsänderung vorgesehen sein. Ohne entspr. Satzungsbestimmung kommen Nachschüsse nicht in Betracht. Die Satzung kann weitere Voraussetzungen vorschreiben (Lutter/Hommelhoff/*Bayer* § 26 Rz. 7 f., 11 f.). Eine Konkretisierung empfiehlt sich dringend (vgl. *OLG Schleswig* GmbHR 1994, 250). § 26 Abs. 3 sieht insofern eine gleichmäßige Heranziehung der Gesellschafter vor. Die Vorschrift ist indessen dispositiv, so dass mit Zustimmung aller Gesellschafter abw. Regelungen festgeschrieben werden können (Scholz/*Emmerich* § 26 Rz. 19; *Noack* § 26 Rz. 4; MüKo GmbHG/*Schütz* § 26 Rz. 86).

Weitere Voraussetzung ist der **Einforderungsbeschluss** der Gesellschafter (*Wicke* § 26   **5** Rz. 4; *Noack* § 26 Rz. 8; Scholz/*Emmerich* § 26 Rz. 20; Lutter/Hommelhoff/*Bayer* § 26 Rz. 4, 8; *OLG Frankfurt* v. 10.1.1992 – 10 U 308/90, GmbHR 1992, 665). Für den Beschluss ist die in der Satzung vorgesehene Stimmenmehrheit erforderlich, bei Fehlen einer entspr. Regelung ist die einfache Mehrheit ausreichend (*Noack* § 26 Rz. 8; Scholz/*Emmerich* § 26 Rz. 21). Ohne diese Voraussetzungen (satzungsmäßige Festlegung und Gesellschafterbeschluss) bestehen keine Ansprüche der Gesellschaft, kein pfändbarer oder übertragbarer Anspruch der Gläubiger etc. (*Noack* § 26 Rz. 8; Scholz/*Emmerich* § 26 Rz. 24). Hinsichtlich der Einforderung bzw. des Beschlusses ist grds. der Gleichbehandlungsgrundsatz zu beachten, sofern nicht der betroffene Gesellschafter Ungleichbehandlung zustimmt oder die Satzung Abw. vorsieht (*Noack* § 26 Rz. 9; Scholz/*Emmerich* § 26 Rz. 23, 35 f.; Lutter/Hommelhoff/*Bayer* § 26 Rz. 8). Willkürliche Inanspruchnahmen begründen ein Leistungsverweigerungsrecht der betroffenen Gesellschafter (Scholz/*Emmerich* § 26 Rz. 23). Mit Zustimmung aller betroffenen Gesellschafter kann eine unterschiedliche Einforderung beschlossen werden, da § 26 Abs. 2 dispositiv ist (Scholz/*Emmerich* § 26 Rz. 36; Lutter/Hommelhoff/*Bayer* § 26 Rz. 8; *Noack* § 26 Rz. 3, 6). Die Nachschüsse vermehren das Vermögen der Gesellschaft, stellen jedoch keine Leistungen auf die Stammeinlagen dar. Die §§ 24 ff. (keine Ausfallhaftung im Rahmen des § 26) sowie § 19 Abs. 2, 5 (Stundung, Erlass, Aufrechnung, Verzicht, auch Sachleistung an Erfüllungs statt sind im Rahmen des § 26 zulässig) kommen nicht zur Anwendung (Scholz/*Emmerich* § 26 Rz. 34, 28; *Noack* § 26 Rz. 2, 11; MüKo GmbHG/*Schütz* § 26 Rn 94). Im Fall des Erlasses etc. sowie der Rückzahlung ist § 30 zu beachten (Lutter/Hommelhoff/*Bayer* § 26 Rz. 9; vgl. auch Scholz/*Emmerich* § 26 Rz. 10, 17). Weitere Voraussetzung ist die vollständige Einforderung, nicht die vorherige vollständige Einzahlung der Stammeinlagen. Über Notwendigkeit und Zeitpunkt der Einforderung des „Nachschusses" entscheiden die Gesellschafter, was auch dann geschehen kann, wenn z.B. im Hinblick auf die Liquidität eine Einforderung nicht erforderlich ist. Missbräuchliche Gesellschafterbeschlüsse können anfechtbar sein (Scholz/*Emmerich* § 26 Rz. 23; *Noack* § 26 Rz. 9).

Freiwillige „Nachschüsse" werden als Darlehen oder Schenkung aufzufassen sein. Der   **6** Gesellschafter, der die Gewährung eines Darlehens etc. behauptet, trägt die Beweislast (Scholz/*Emmerich* § 26 Rz. 12).

III. Verpflichtete und Umfang

7 Verpflichtete sind diejenigen, die im Zeitpunkt des Einforderungsbeschlusses Gesellschafter sind (Gründungsgesellschafter oder angemeldete Erwerber, § 16 Abs. 1, *Noack* § 26 Rz. 8; Habersack/Casper/Löbbe/*Leuschner* § 26 Rz. 49). Bei Veräußerung des Anteils nach Fälligkeit (Gesellschafterbeschluss) greift § 16 Abs. 2 ein (Scholz/*Emmerich* § 26 Rz. 30; auch *Noack* § 26 Rz. 10).

8 Die Nachschusspflicht führt zu einer Forderung der Gesellschaft gegen den Gesellschafter auf Zahlung des Nachschussbetrages (Scholz/*Emmerich* § 26 Rz. 33). Die übrigen Gesellschafter trifft keine Ausfallhaftung nach § 24 (Scholz/*Emmerich* § 26 Rz. 34; *Noack* § 26 Rz. 2 m.w.N.; Lutter/Hommelhoff/*Bayer* § 26 Rz. 10).

9 Ist eine beschränkte Nachschusspflicht vorgesehen, so besteht kein Preisgaberecht (vgl. § 27 Abs. 1; Lutter/Hommelhoff/*Bayer* § 26 Rz. 11). Bei eigenen Geschäftsanteilen der GmbH besteht keine Nachschusspflicht der GmbH an sich selbst (Scholz/*Emmerich* § 26 Rz. 32). Die Anteile der GmbH zählen bei der Aufteilung der Nachschüsse mit *Noack* § 26 Rz. 10; Scholz/*Emmerich* § 26 Rz. 35).

10 Die Verjährung eingeforderter Nachschüsse tritt § 195 BGB nach 3 Jahren ein, da es sich nicht um Einlageforderung, sondern eine normale schuldrechtliche Forderung handelt. (*Noack* § 26 Rz. 11 m.w.N.; Scholz/*Emmerich* § 26 Rz. 33; MüKo GmbHG/*Schütz* § 26 Rz. 92 f.).

§ 27 Unbeschränkte Nachschusspflicht

(1) [1]Ist die Nachschusspflicht nicht auf einen bestimmten Betrag beschränkt, so hat jeder Gesellschafter, falls er die Stammeinlage vollständig eingezahlt hat, das Recht, sich von der Zahlung des auf den Geschäftsanteil eingeforderten Nachschusses dadurch zu befreien, dass er innerhalb eines Monats nach der Aufforderung zur Einzahlung den Geschäftsanteil der Gesellschaft zur Befriedigung aus demselben zur Verfügung stellt. [2]Ebenso kann die Gesellschaft, wenn der Gesellschafter binnen der angegebenen Frist weder von der bezeichneten Befugnis Gebrauch macht, noch die Einzahlung leistet, demselben mittels eingeschriebenen Briefes erklären, dass sie den Geschäftsanteil als zur Verfügung gestellt betrachte.

(2) [1]Die Gesellschaft hat den Geschäftsanteil innerhalb eines Monats nach der Erklärung des Gesellschafters oder der Gesellschaft im Wege öffentlicher Versteigerung verkaufen zu lassen. [2]Eine andere Art des Verkaufs ist nur mit Zustimmung des Gesellschafters zulässig. [3]Ein nach Deckung der Verkaufskosten und des rückständigen Nachschusses verbleibender Überschuss gebührt dem Gesellschafter.

(3) [1]Ist die Befriedigung der Gesellschaft durch den Verkauf nicht zu erlangen, so fällt der Geschäftsanteil der Gesellschaft zu. [2]Dieselbe ist befugt, den Anteil für eigene Rechnung zu veräußern.

(4) Im Gesellschaftsvertrag kann die Anwendung der vorstehenden Bestimmungen auf den Fall beschränkt werden, dass die auf den Geschäftsanteil eingeforderten Nachschüsse einen bestimmten Betrag überschreiten.

C. Schmitt

Rechtsprechung: *OLG Schleswig* v. 23.9.1993 – 5 U 176/92, GmbHR 1994, 250; *RG* Gutachten v. 7.2.1930 – II 247/29, *RGZ* 128, 17.

I. Allgemeines

Die Vorschrift ist im Zusammenhang mit § 26 zu lesen. Nach § 26 Abs. 1 würde der **1** Gesellschafter bei unbeschränkter Nachschusspflicht unbeschränkt persönlich haften. § 27 soll das Privatvermögen des Gesellschafters schützen, indem er diesem ermöglicht, der Nachschusspflicht unter Preisgabe seines Geschäftsanteils zu entgehen. Daher ist die Vorschrift bei unbeschränkter Nachschusspflicht zwingend (*Noack* § 27 Rz. 2; *Scholz/Emmerich* § 27 Rz. 4). Die Satzung kann die Anwendbarkeit der Vorschrift gem. Abs. 4 auf solche Fälle beschränken, in denen die eingeforderten Nachschüsse einen zuvor bestimmten (Höchst-)Betrag übersteigen. Ferner kann die Satzung bestimmen, dass die Vorschrift auch dann eingreift, wenn beschränkte Nachschüsse vorgesehen werden (*Noack* § 27 Rz. 1). Die Satzung kann längere Fristen, jedoch nicht kürzere Fristen als einen Monat vorsehen (*Noack* § 27 Rz. 2; *Scholz/Emmerich* § 27 Rz. 19). Mehrere Anteile eines Gesellschafters sind hinsichtlich der Nachschüsse als selbstständig zu behandeln (*Noack* § 27 Rz. 1).

II. Die unbeschränkte Nachschusspflicht

§ 27 setzt voraus, dass die Satzung keine betragsmäßige Beschränkung der Nach- **2** schusspflicht enthält (unbeschränkte Nachschusspflicht; bei beschränkter Nachschusspflicht s. § 28). Nach Abs. 4 ist auch eine kombinierte Regelung möglich. Hierfür muss die Satzung eine betragsmäßige Obergrenze vorsehen. Nachschussforderungen bis zu dieser Obergrenze unterliegen dann den Regelungen für beschränkte Nachschusspflichten. Erst ab Überschreiten der Obergrenze gilt der Schutz des § 27, d.h. das Preisgaberecht im Falle unbeschränkter Nachschusspflichten (*Scholz/Emmerich* § 27 Rz. 9).

III. Das Abandonrecht des § 27

Das Preisgaberecht (auch: Abandonrecht) führt dazu, dass die Gesellschaft grds. nur **3** Befriedigung aus dem Geschäftsanteil suchen kann (*Noack* § 27 Rz. 1; *Lutter/Hommelhoff/Bayer* § 27 Rz. 1). Der Gesellschafter haftet insofern hinsichtlich des Nachschusses nicht mit seinem sonstigen Vermögen (*Lutter/Hommelhoff/Bayer* § 27 Rz. 1; *Scholz/Emmerich* § 27 Rz. 29). Voraussetzung ist immer die vollständige Einzahlung der Stammeinlagen (*Scholz/Emmerich* § 27 Rz. 11; *Noack* § 27 Rz. 4). Sind die Stammeinlagen nicht eingezahlt, so ist die Gesellschaft auf die Kaduzierung nach § 21 angewiesen (*Scholz/Emmerich* § 27 Rz. 12; *Noack* § 27 Rz. 4). Bis zu diesem Zeitpunkt fällig gewordene Nachschüsse verpflichten den Gesellschafter (*Scholz/Emmerich* § 27 Rz. 12).

C. Schmitt

4 Die Einforderung der ausstehenden Stammeinlagenbeträge reicht nicht aus *(Noack* § 27 Rz. 4). Weitere Voraussetzung ist neben einer entspr. Satzungsbestimmung der Beschluss der Gesellschafter sowie die Anforderung (und Zugang) durch die Gesellschaft (Scholz/*Emmerich* § 27 Rz. 14, 16; *Noack* § 27 Rz. 3). Zahlungsfähigkeit spielt in diesem Zusammenhang keine Rolle (Habersack/Casper/Löbbe/*Leuschner* § 26 Rz. 20 m.w.N.; *Noack* § 27 Rz. 5; *RG* Gutachten v. 7.2.1930 – II 247/29, *RGZ* 128, 17).

5 Preisgabeberechtigt ist der Gesellschafter (vgl. § 16; *Noack* § 27 Rz. 5). Ferner nach Veräußerung etc. der in der Gesellschafterliste des HR eingetragene Erwerber (Scholz/*Emmerich* § 27 Rz. 21). Bei mehreren Mitberechtigten ist § 18 zu beachten (Erklärung sämtlicher Gesellschafter; Scholz/*Emmerich* § 27 Rz. 21).

6 Der Abandon (Preisgabe) ist ein Recht, keine Pflicht. Es handelt sich um eine formlose empfangsbedürftige Erklärung gegenüber dem Geschäftsführer *(Noack* § 27 Rz. 5; Lutter/Hommelhoff/*Bayer* § 27 Rz. 2). Inhaltlich muss er so gestaltet sein, dass der Gesellschafter seinen Anteil der Gesellschaft zur Befriedigung zur Verfügung stellt. Ein bestimmter Wortlaut ist nicht vorgeschrieben *(Noack* § 27 Rz. 5; Scholz/*Emmerich* § 27 Rz. 24). Der Wille des Gesellschafters muss eindeutig feststellbar sein. Wirksamkeit tritt mit Zugang der Erklärung ein. Die Erklärung ist unwiderruflich, aber nach den §§ 119 ff. BGB anfechtbar (Scholz/*Emmerich* § 27 Rz. 24 f.).

7 Die Zahlungsaufforderung der Gesellschaft setzt die Monatsfrist in Gang (Lutter/Hommelhoff/*Bayer* § 27 Rz. 2). Ist die Frist abgelaufen, kann die Gesellschaft auf die Einhaltung verzichten und die Erklärung auch noch nach Ablauf akzeptieren (Scholz/*Emmerich* § 27 Rz. 20). Die Frist kann durch die Satzung verlängert, aber nicht verkürzt werden (Scholz/*Emmerich* § 27 Rz. 19; *Noack* § 27 Rz. 5). Nach Fristablauf steht das Preisgaberecht dem Gesellschafter nicht mehr zu. Während der Monats- oder Satzungsfrist kann die Erklärung jederzeit erfolgen.

8 Die Preisgabeerklärung des Gesellschafters schafft nur das Verwertungsrecht der Gesellschaft, beseitigt nicht die Gesellschafterstellung (Lutter/Hommelhoff/*Bayer* § 27 Rz. 2). Der Gesellschafter bleibt Gesellschafter mit allen übrigen Rechten und Pflichten. Bis zur dinglichen Übertragung des Anteils kann er die Wirkungen des Abandons durch Zahlung beseitigen (Lutter/Hommelhoff/*Bayer* § 27 Rz. 2). Nach der Preisgabeerklärung haftet der Gesellschafter hinsichtlich der Nachschüsse nur noch mit seinem abandonierten Gesellschaftsanteil (Scholz/*Emmerich* § 27 Rz. 29, 31). Nach Preisgabeerklärung sind Verfügungen des Gesellschafters über den Anteil unwirksam (*Altmeppen* § 27 Rz. 12 m.w.N.; Scholz/*Emmerich* § 27 Rz. 31).

IV. Der fingierte Abandon

9 Nach § 27 Abs. 1 S. 2 kann die Gesellschaft den Anteil als zur Verfügung gestellt betrachten, wenn
– auf den Anteil voll eingezahlt ist,
– die Aufforderung zur Nachschusszahlung erfolgt ist,
– der Gesellschafter die Monatsfrist (oder die in der Satzung vorgesehene Frist) nicht für eine freiwillige Preisgabe nutzt bzw.
– den Nachschuss nicht zahlt.

10 Was die Gesellschaft unternimmt, steht in ihrem Ermessen („kann"). Die Gesellschaft hat die Vorteile und Nachteile einer möglichen Befriedigung aus dem Anteil zu tragen, v.a. auch den Absatz unter Verlust. Für die Gesellschaftserklärung besteht keine

Frist. Notwendig sind Einschreiben, aus dem die Erklärung der Gesellschaft ersichtlich ist, und Zugang bei dem Gesellschafter (hierzu auch *Noack* § 27 Rz. 6 m.w.N.; Scholz/*Emmerich* § 27 Rz. 26 f.; Habersack/Casper/Löbbe/*Leuschner* § 27 Rz. 43)

V. Der Verkauf bzw. die Verwertung des Anteils

Der „Verkauf" des Anteils kann durch öffentliche Versteigerung, mit Zustimmung des **11** Gesellschafters auf andere Weise erfolgen. Das gilt auch für den Verzicht auf eine Verwertung z.b. infolge Aussichtslosigkeit (/*Emmerich* § 27 Rz. 38, 40 m.w.N.; s. u. Rz. 17). Veräußerer ist die Gesellschaft (Haftung als Verkäufer; *Noack* § 27 Rz. 9). Erwerben können Gesellschaft, Gesellschafter und Dritte. Die Gesellschaft kann den Anteil verwerten. Sie kann aber auch den Nachschuss gegen den Gesellschafter durchsetzen. Die Vorgehensweise steht in ihrem Ermessen. Der Geschäftsführer wird zu prüfen haben, welcher Weg der erfolgversprechendere ist (Habersack/Casper/ Löbbe/*Leuschner* § 27 Rz. 40; Scholz/*Emmerich* § 27 Rz. 27; Rowedder/Pentz/*Pentz/ Maul* § 27 Rz. 35). Erklärt die Gesellschaft, dass sie den Geschäftsanteil als zur Verfügung gestellt betrachtet, ist das Wahlrecht ausgeübt. Dieses Wahlrecht besteht auch nur bis zu dem Zeitpunkt, in dem der Gesellschafter den Nachschuss zahlt (Scholz/ *Emmerich* § 27 Rz. 16).

Die Gesellschaft hat zwar den Anteil innerhalb einer Monatsfrist zu veräußern. Die **12** Frist, die i.Ü. durch Gesellschaftsvertrag oder durch Abrede mit dem betroffenen Gesellschafter verlängert werden kann, kann überschritten werden. Dies löst aber ggf. Schadensersatzansprüche des betroffenen Gesellschafters aus, wenn dadurch ursächlich der Verkaufserlös niedriger ausfällt (Scholz/*Emmerich* § 27 Rz. 34).

Mit dem Verkauf verliert der Gesellschafter seinen Anteil (bis zu diesem Zeitpunkt **13** besteht die Möglichkeit, ihn durch Zahlung zu halten) (BeckOGK GmbHG/*Lauterbach/J. Vetter* § 27 Rz. 105, 112). Teilzahlungen reichen nicht aus (Scholz/*Emmerich* § 27 Rz. 17; Rowedder/Pentz/*Pentz/Maul* § 27 Rz. 14).

Der Erwerber wird Gesellschafter, ohne der konkreten Nachschussforderung ausge- **14** setzt zu sein. Rechte Dritter an dem Anteil erlöschen durch Verwertung (Scholz/ *Emmerich* § 27 Rz. 33). Der Erwerber wird Gesellschafter mit allen Rechten und Pflichten (z.B. auch Haftung gem. § 16 Abs. 2), ausgenommen die Nachschusspflicht (*Noack* § 27 Rz. 8).

Überschüsse aus dem Verkauf sind an den ausgeschiedenen Gesellschafter auszukeh- **15** ren. Etwaige Rechte Dritter (z.B. Pfandrecht) beziehen sich auf die Überschussforderung (Scholz/*Emmerich* § 27 Rz. 43; Lutter/Hommelhoff/*Bayer* § 27 Rz. 3). Gegen den Anspruch des Gesellschafters auf Auszahlung des Überschusses kann die Gesellschaft mit Gegenforderungen aufrechnen (Scholz/*Emmerich* § 27 Rz. 43; *Noack* § 27 Rz. 8; *Altmeppen* § 27 Rz. 19).

Der Zuschlag darf zu jedem Preis erfolgen. Volle Deckung der Nachschussforderung **16** ist nicht erforderlich. Die Verweigerung des Zuschlags durch die Gesellschaft ist möglich, wenn durch den Verkaufserlös z.B. die Forderung der Gesellschaft oder auch die Verwertungskosten nicht abgedeckt werden (Scholz/*Emmerich* § 27 Rz. 36 f.). Eine Verweigerung des Zuschlags kommt auch in Betracht, wenn der Erwerber z.B. Konkurrent der Gesellschaft ist (Scholz/*Emmerich* § 27 Rz. 36 f. m.w.N.).

VI. Erfolglose Verkaufsbemühungen

17 Nach Abs. 3 fällt der Anteil der Gesellschaft zu, sofern ein Verkauf des Anteils nicht möglich ist. Dasselbe gilt, wenn sowohl Gesellschaft wie Gesellschafter gemeinsam auf einen Verkaufsversuch verzichten (Scholz/*Emmerich* § 27 Rz. 45). Bereits ein erfolgloser Verkaufsversuch ist ausreichend (Habersack/Casper/Löbbe/*Leuschner* § 27 Rz. 58; s. dazu auch *Altmeppen* § 27 Rz. 20). Steht die Unverkäuflichkeit des Anteils fest oder verzichten Gesellschaft und Gesellschafter infolge Aussichtslosigkeit auf den Verkauf, so wird die Gesellschaft Anteilsinhaberin. Sie kann nach Erwerb kraft Gesetzes über den Anteil verfügen, wobei der Erwerber nicht Rechtsnachfolger des ausgeschiedenen Gesellschafters ist (*Noack* § 27 Rz. 9; Scholz/*Emmerich* § 27 Rz. 46). Eine Anmeldung dieses Erwerbers ist nicht erforderlich.

§ 28 Beschränkte Nachschusspflicht

(1) [1]**Ist die Nachschusspflicht auf einen bestimmten Betrag beschränkt, so finden, wenn im Gesellschaftsvertrag nicht ein anderes festgesetzt ist, im Fall verzögerter Einzahlung von Nachschüssen die auf die Einzahlung der Stammeinlagen bezüglichen Vorschriften der §§ 21 bis 23 entsprechende Anwendung.** [2]**Das Gleiche gilt im Fall des § 27 Abs. 4 auch bei unbeschränkter Nachschusspflicht, soweit die Nachschüsse den im Gesellschaftsvertrag festgesetzten Betrag nicht überschreiten.**

(2) Im Gesellschaftsvertrag kann bestimmt werden, dass die Einforderung von Nachschüssen, auf deren Zahlung die Vorschriften der §§ 21 bis 23 Anwendung finden, schon vor vollständiger Einforderung der Stammeinlagen zulässig ist.

Übersicht

	Rz		Rz
I. Allgemeines	1	III. Voraussetzungen der Anwendbar-	
II. Beschränkte Nachschusspflicht	2	keit der §§ 21–23; Rechtsfolgen	5

I. Allgemeines

1 § 28 betrifft die beschränkte Nachschusspflicht, bei der kein Bedarf für den Schutz des § 27 besteht (vgl. Habersack/Casper/Löbbe/*Leuschner* § 28 Rz. 1; auch *Noack* § 28 Rz. 1). Die Nachschüsse können bei satzungsmäßiger Festlegung auch bereits vor vollständiger Einzahlung der Stammeinlagen eingefordert werden. Nach fruchtloser Einforderung der Nachschüsse kann die Gesellschaft wählen, ob sie die ausstehenden Beträge klageweise durchsetzt oder das Kaduzierungsverfahren nach den §§ 21–23 betreibt, wobei die §§ 24 und 25 nicht anwendbar sind (Scholz/*Emmerich* § 28 Rz. 2). Die Bestimmung ist dispositiv hinsichtlich Verfahren und abw. Rechtsfolgen (*Noack* § 28 Rz. 1, 3; vgl. auch Lutter/Hommelhoff/*Bayer* § 28 Rz. 2, 4; ausführlich und mit möglichen Gestaltungen BeckOGK GmbHG/*Lauterbach/J. Vetter* § 28 Rz. 8, 44 f., 46 ff.). Eine Grenze bildet lediglich der Grundsatz, dass das Aufbringen und die Erhaltung des Stammkapitals nicht gefährdet seien dürfen (Scholz/*Emmerich* § 28 Rz. 10). § 25 ist nicht anwendbar. Das Kaduzierungsverfahren kann abw. von den §§ 21 ff. geregelt werden. An die Stelle des Kaduzierungsverfahrens kann in der Satzung auch das Preisgabeverfahren vorgesehen werden (Scholz/*Emmerich* § 28 Rz. 10; Lutter/Hommelhoff/*Bayer* § 28 Rz. 6).

II. Beschränkte Nachschusspflicht

Bei beschränkter Nachschusspflicht ist die Stellung der GmbH stärker als im Falle des **2** § 27; denn sie kann hier neben der üblichen Verfolgung ihrer Ansprüche (Stammeinlage, Nachschüsse) das Kaduzierungsverfahren nach den §§ 21–23 betreiben (vgl. die dortige Kommentierung).

Beschränkte Nachschusspflichten liegen vor, wenn die entspr. Pflichten in der Höhe **3** auf einen bestimmten Betrag beschränkt sind. Eine solche Beschränkung ist im Zweifel zu Gunsten des Gesellschafters anzunehmen.

I.Ü. gelten die in dieser Vorschrift abgehandelten Grundsätze nach § 28 Abs. 1 S. 2 **4** auch dann, wenn im Fall des § 27 Abs. 4 die Nachschüsse den im Gesellschaftsvertrag vorgesehenen Höchstbetrag nicht überschreiten – also bis zum Erreichen der satzungsmäßig vorgesehenen Grenze (Lutter/Hommelhoff/*Bayer* § 28 Rz. 5).

III. Voraussetzungen der Anwendbarkeit der §§ 21–23; Rechtsfolgen

Sofern der Gesellschaftsvertrag nichts anderes vorschreibt, verweist § 28 im Falle ver- **5** zögerter Einzahlung der geforderten Nachschüsse auf die §§ 21–23. Danach setzt eine Kaduzierung Säumnis des Gesellschafters und erneute Aufforderung zur Einzahlung unter Androhung des Ausschlusses und mit einer Nachfrist von mindestens einem Monat voraus (vgl. § 21 Rz. 3 ff.). Sofern die Satzung keine anderweitige Regelung trifft, muss die Stammeinlagen zuvor vollständig eingefordert sein (*Noack* § 28 Rz. 2; auch Scholz/*Emmerich* § 28 Rz. 12 f.).

Da § 28 nur auf die §§ 21–23, nicht aber die §§ 24 und 25 verweist, trifft die übrigen **6** Gesellschafter keine Ausfallhaftung. § 19 Abs. 2 ist unanwendbar. Gleichwohl ist der Gleichbehandlungsgrundsatz von der Gesellschaft zu beachten (Scholz/*Emmerich* § 28 Rz. 11).

Für die Rückstände haften neben dem ausgeschlossenen Gesellschafter nach § 22 **7** sämtliche Rechtsvorgänger des Ausgeschlossenen (vgl. insofern auch § 22 Abs. 3; *Noack* § 28 Rz. 6). I.Ü. ist § 30 Abs. 2 S. 3 zu beachten. Bei einer Konkurrenz zwischen Einlagehaftung und Nachschusshaftung darf die Aufbringung der Stammeinlage nicht gefährdet werden, so dass die Kaduzierung wegen Rückständen auf die Stammeinlage Vorrang hat (vgl. Scholz/*Emmerich* § 28 Rz. 6; *Noack* § 28 Rz. 8; Lutter/Hommelhoff/ *Bayer* § 28 Rz. 3 f.; *Altmeppen* § 28 Rz. 7; Henssler/Strohn/*Verse* § 28 Rz. 6 f.).

§ 29 Ergebnisverwendung

(1) [1]Die Gesellschafter haben Anspruch auf den Jahresüberschuss zzgl. eines Gewinnvortrags und abzgl. eines Verlustvortrags, soweit der sich ergebende Betrag nicht nach Gesetz oder Gesellschaftsvertrag, durch Beschluss nach Abs. 2 oder als zusätzlicher Aufwand auf Grund des Beschlusses über die Verwendung des Ergebnisses von der Verteilung unter die Gesellschafter ausgeschlossen ist. [2]Wird die Bilanz unter Berücksichtigung der teilweisen Ergebnisverwendung aufgestellt oder werden Rücklagen aufgelöst, so haben die Gesellschafter abweichend von Satz 1 Anspruch auf den Bilanzgewinn.

(2) Im Beschluss über die Verwendung des Ergebnisses können die Gesellschafter, wenn der Gesellschaftsvertrag nichts anderes bestimmt, Beträge in Gewinnrücklagen einstellen oder als Gewinn vortragen.

(3) [1]Die Verteilung erfolgt nach Verhältnis der Geschäftsanteile. [2]Im Gesellschaftsvertrag kann ein anderer Maßstab der Verteilung festgesetzt werden.

(4) [1]Unbeschadet der Abs. 1 und 2 und abweichender Gewinnverteilungsabreden nach Abs. 3 Satz 2 können die Geschäftsführer mit Zustimmung des Aufsichtsrats oder der Gesellschafter den Eigenkapitalanteil von Wertaufholungen bei Vermögensgegenständen des Anlage- und Umlaufvermögens in andere Gewinnrücklagen einstellen. [2]Der Betrag dieser Rücklagen ist in der Bilanz gesondert auszuweisen; er kann auch im Anhang angegeben werden.

Übersicht

I. Allgemeines

1 Die Vorschrift behandelt den Gewinnanspruch der Gesellschafter (Abs. 1, 3), den Ergebnisverwendungsbeschluss (Abs. 2), den Grundsatz der gleichmäßigen Verteilung entsprechend den Anteilen (Abs. 3) sowie die Rücklagenbildung bei Wertaufholungen (Abs. 4). Die Bestimmung ist, was Gewinnbezug, Gewinnverwendung und Gewinnverteilung betrifft, dispositiv (*Noack* § 29 Rz. 3). Nach Abs. 1 und 3 haben die Gesellschafter ein Recht auf Teilhabe an einem verwendbaren Jahresergebnis anteilig ihrer Geschäftsanteile. Dies steht allerdings unter dem Vorbehalt, dass es zu keiner anderweitigen Verwendung des Ergebnisses kommt. Eine Gewinnthesaurierung ist nach Abs. 2 ohne Satzungsgrundlage zulässig. Abs. 4 der Norm stellt sich als Ergänzung zum Bilanzrecht des HGB dar. Zur verdeckten Gewinnausschüttung in Scholz/*Verse* § 29 Rz. 115 ff. m.w.N.; Lutter/Hommelhoff/*Hommelhoff* § 29 Rz. 48 m.w.N.; *Noack* § 29 Rz. 68 ff.; *Wicke* § 29 Rz. 22; weitere Lit. z.B. bei Scholz/*Verse* §§ 29 Vorb. Rz. 1; *Gehrlein* NJW 2000, 1089. I.Ü. zu § 29 *Hommelhoff* Anmerkungen zum Ergebnisverwendungs-Entscheid der GmbH-Gesellschafter, GmbHR 2010, 1328; *Leuering/Rubner* Vorabgewinnausschüttungen im Recht der GmbH, NJW-Spezial 2011, 207; *Waitz* Disquotale Gewinnverteilung als Kompensation für den Wegfall von ertragssteuerlichen Verlustvorträgen durch Gesellschafterwechsel bei einer GmbH, BB 2010, 2535.

2 Die Vorschrift wurde durch das Bilanzrichtlinien-Gesetz 1985 (BGBl. I 1985, S. 2355) grundlegend geändert. Im Gegensatz zum § 29 a.F., der bei Abwesenheit anderweitiger Satzungsbestimmungen noch ein Vollausschüttungsgebot vorsah, stellt § 29 n.F. die Ergebnisverwendung nun grds. in das Ermessen der Mehrheit der Gesellschafter (§ 29 Abs. 1 S. 1, Abs. 2). Die Änderung wurde als erforderlich angesehen, um der GmbH auch nach Umsetzung der Bilanzrichtline eine Reservenbildung auch gegen den Willen von Minderheitsgesellschaftern zu ermöglichen (vgl. *Noack* § 29 Rz. 1, 34).

3 Für Altgesellschaften, die zum Zeitpunkt des Inkrafttretens des Bilanzrichtlinien-Gesetzes am 1.1.1986 bereits im Handelsregister eingetragen waren, beließ es eine Übergangsregelung in Art. 12 § 7 GmbHGuaÄndG a.F. zunächst beim Vollausschüttungsgebot. Diese wurde mittlerweile jedoch aufgehoben (Art. 43 des BRBG 2010 (BGBl. I 2010, S. 1864) (vgl. *Noack* § 29 Rz. 5).

Die fristgerechte Aufstellung des gesetzlich vorgeschriebenen Jahresabschlusses ist **4** Teil der Rechenschaftspflicht der Geschäftsführung gegenüber den Gesellschaftern sowie Organpflicht gegenüber der Gesellschaft (BeckOGK GmbHG/*Anzinger* § 29 Rz. 135 dort sowie ebenda Rz. 136, 285 f. auch zur Durchsetzbarkeit und den Rechtsfolgen).

II. Jahresüberschuss, Ergebnisverwendung und Gewinnbezugsrecht

Nach Abs. 1 S. 1 haben die Gesellschafter Anspruch auf den Jahresüberschuss, zuzüg- **5** lich eines Gewinnvortrags und abzüglich eines Verlustvortrags. Im Falle des S. 2 haben die Gesellschafter Anspruch auf den „Bilanzgewinn". Der Jahresüberschuss ist das positive Ergebnis (sonst: Jahresfehlbetrag) der nach § 275 aufzustellenden Gewinn- und Verlustrechnung (vgl. § 275 Abs. 2 Nr. 17 bzw. Abs. 3 Nr. 16 HGB). Ein etwaiger Gewinn- bzw. Verlustvortrag aus den vorangegangenen Rechnungsperioden (§ 266 Abs. 2 A IV HGB) ist dem Jahresüberschuss hinzuzurechnen bzw. von diesem abzuziehen. Der Bilanzgewinn wird aus der Summe des Jahresergebnisses abzgl. des bereits verwendeten Teils (z.B. Bildung von Rücklagen) zzgl. einer Rücklagenauflösung gebildet (vgl. § 268 Abs. 1 HGB; zur Terminologie *Wicke* § 29 Rz. 6; Scholz/*Verse* § 29 Rz. 30; Lutter/Hommelhoff/*Hommelhoff* § 29 Rz. 2; auch *Noack* § 29 Rz. 10a). Der „zusätzliche Aufwand" i.S.d. § 29 Abs. 1 liegt insb. in der höheren Steuerbelastung (Körperschaftssteuersatz), wenn größere Teile des Gewinns als ursprünglich von den Geschäftsführern bei der Bilanzaufstellung vorgesehen, durch die Gesellschafter beschlossen werden (*Wicke* § 29 Rz. 7; *Noack* § 29 Rz. 17). Wegen der Einzelheiten wird auf die Kommentierung der §§ 42 f. verwiesen.

Jahresüberschuss und Bilanzgewinn ergeben sich aus dem Jahresabschluss, der nach **6** den §§ 249 ff., 264 ff. HGB für das Geschäftsjahr aufzustellen ist. Diese Aufgabe ist Sache der Geschäftsführer (vgl. § 42a). Die Feststellung des Jahresabschlusses ist bei fehlender abw. Regelung im Gesellschaftsvertrag den Gesellschaftern zugewiesen (vgl. §§ 42a Abs. 2, 45 Abs. 2, 46 Nr. 1). Bei pflichtwidriger Verzögerung der Aufstellung des Jahresabschlusses durch die Geschäftsführer können diese angewiesen werden (Gesellschafterversammlung oder auch Aufsichtsrat). Geschäftsführerabberufung sowie die Geltendmachung von Schadensersatzansprüchen sind möglich (Scholz/*Verse* § 29 Rz. 17 ff. unter Hinweis auf die mögliche actio pro socio; Habersack/Casper/ Löbbe/*Leuschner* § 29 Rz. 24; BeckOGK GmbHG/*Anzinger* § 29 Rz. 135). Hinsichtlich der Zuständigkeit können die Feststellung des Jahresabschlusses und die Entscheidung über die Gewinnverwendung auch anderen Organen zugewiesen werden (Scholz/*Verse* § 29 Rz. 14). Für den Gesellschafterbeschluss sind die in § 42a Abs. 2 vorgesehenen Fristen zu beachten (8 Monate bzw. 11 Monate für die „kleine GmbH"). Die Gesellschafter haben einen klagbaren Anspruch auf Beschlussfassung (*Noack* § 29 Rz. 40; Lutter/Hommelhoff/*Hommelhoff* § 29 Rz. 12a – Einzelheiten umstr.: Näheres dazu s. Scholz/*Verse* § 29 Rz. 19).

Die Gesellschafter sind nicht an den vom Geschäftsführer aufgestellten Abschluss **7** gebunden. Beliebige Änderungen sind möglich, soweit Gesetz, Satzung und die Grundsätze ordnungsgemäßer Buchführung beachtet werden (vgl. *BGH* v. 1.3.1982 – II ZR 23/ 81, *BGHZ* 83, 341; *BGH* v. 12.7.1982 – II ZR 201/81, *BGHZ* 84, 385; Scholz/*Verse* § 29 Rz. 13a). Nichtigkeit z.B. nach § 256 AktG bzw. (i.d.R.) Anfechtbarkeit insb. bei unzulässiger Kürzung des Gewinnbezugsrechts sind möglich (vgl. *BayObLG* v. 17.9.1987 – BReg 3 Z 122/87, NJW 1988, 426 = GmbHR 1988, 102; Scholz/*Verse* § 29 Rz. 24; auch

Noack § 29 Rz. 43; Lutter/Hommelhoff/*Hommelhoff* § 29 Rz. 14 f.). Mithin hat der konkrete Gewinnanspruch des Gesellschafters grds. folgende Voraussetzungen:

– Ablauf des Geschäftsjahres,
– Aufstellung des ordnungsgemäßen Jahresabschlusses durch das zuständige Organ,
– Ausweis des Jahresüberschusses oder des Bilanzgewinns im Jahresabschluss sowie
– Feststellung und Gewinnverwendungsbeschluss der Gesellschafter (*BayObLG* v. 17.9.1987 – BReg 3 Z 122/87, NJW 1988, 426 = GmbHR 1988, 102; Scholz/*Verse* § 29 Rz. 36 ff., dort auch Ausnahmen).

8 Für den Verteilungsmaßstab ist § 29 Abs. 3 (Gleichbehandlungsgrundsatz – Verhältnis der Anteile) maßgeblich, sofern nicht die Satzung einen anderen Maßstab festlegt. Hierbei sind zahlreiche Möglichkeiten gegeben (ungleicher Verteilungsmaßstab, Abhängigkeit von Volleinzahlung der Stammeinlagen oder einem Zeitpunkt etc.; *Noack* § 29 Rz. 51 f.; Scholz/*Verse* § 29 Rz. 72 ff.; Lutter/Hommelhoff/*Hommelhoff* § 29 Rz. 38). Die Gesellschafter können ausgeschlossen werden (alle, einzelne, Gewinnabführungsverträge; Scholz/*Verse* § 29 Rz. 74). Eigene Anteile der Gesellschaft sind stets ausgeschlossen und werden nicht mitgerechnet (Lutter/Hommelhoff/*Hommelhoff* § 29 Rz. 38; Scholz/*Verse* § 29 Rz. 73; *Noack* § 29 Rz. 54). Im Regelfall werden folglich eigene Anteile der Gesellschaft nicht berücksichtigt (*BGH* v. 30.1.1995 – II ZR 45/94, NJW 1995, 1027; vgl. hierzu *Noack* § 29 Rz. 54; Scholz/*Verse* § 29 Rz. 77a – im Einzelnen str.). Auch in diesem Fall entscheidet der Gewinnverwendungsbeschluss der Gesellschafter. Die Satzung sollte für diese Fälle eine Regelung vorsehen.

9 Der Gewinnanspruch ist auf Zahlung gerichtet, wobei die Satzung auch andere Wege vorsehen kann. Individuelle Regelungen zwischen einzelnen Gesellschaftern und der Gesellschaft sind möglich. Begrenzt werden Auszahlungen durch § 30 Abs. 1 (Kapitalerhaltungsgrundsatz – strikte Geltung; *Noack* § 29 Rz. 56; Scholz/*Verse* § 29 Rz. 91). Der Geldanspruch verjährte früher in 30 Jahren, nunmehr nach § 195 BGB in drei Jahren (vgl. zum früheren Recht *BGH* v. 6.4.1981 – II ZR 186/80, *BGHZ* 80, 357; Scholz/*Verse* § 29 Rz. 95; *Noack* § 29 Rz. 57; Lutter/Hommelhoff/*Hommelhoff* § 29 Rz. 41). Die Verjährungsfrist kann durch Satzung verkürzt, jedoch nicht verlängert werden (vgl. § 202 BGB ab 1.1.2002 nach Änderung durch G zur Modernisierung des Schuldrechts *Noack* § 29 Rz. 57; Lutter/Hommelhoff/*Hommelhoff* § 29 Rz. 41; Scholz/*Verse* § 29 Rz. 95). Vorabausschüttungen sind zulässig, soweit Zahlung aus dem Gesellschaftsvermögen unter Beachtung des § 30 möglich ist. Ausgangspunkt für entspr. Entscheidungen ist eine sorgfältige kaufmännische Beurteilung (fundierte Prognose über zu erwartenden Überschuss; Scholz/*Verse* § 29 Rz. 108, zweifelnd; *Noack* § 29 Rz. 61; Lutter/Hommelhoff/*Hommelhoff* § 29 Rz. 45; vgl. auch *Renkl* BB 1988, 2069; *Vonnemann* BB 1989, 877). Ohne entspr. aussagekräftige Unterlagen (z.B. freilich nicht zwingend Zwischenbilanz) darf hier keine Vorabausschüttung vorgenommen werden. Regelmäßig bedarf es eines Gesellschafterbeschlusses, sofern die Satzung keine abw. Bestimmungen vorsieht (§ 46 Nr. 1 – *Wicke* § 29 Rz. 18 m.w.N.; Scholz/*Verse* § 29 Rz. 107 f.; *Noack* § 29 Rz. 60; vgl. auch *OLG Hamm* v. 5.2.1992 – 8 U 159/91, GmbHR 1992, 456). Ergibt sich später (Jahresabschluss und Ergebnisverwendungsbeschluss) die Nichtberechtigung der Auszahlung, so ist der Gesellschafter nach § 812 Abs. 1 S. 2 BGB zur Rückzahlung verpflichtet, sofern nicht bereits die §§ 30, 31 eingreifen (*Noack* § 29 Rz. 61; Scholz/*Verse* § 29 Rz. 108 f.; Lutter/Hommelhoff/*Hommelhoff* § 29 Rz. 46). Auch sonstige „Vor-Auszahlungen" jedweder Art sind nicht ausgeschlossen, solange die in § 30 enthaltenen Grundsätze gewahrt bleiben (feste Gewinnbezüge, Entnahmerechte etc.;

Noack § 29 Rz. 62 ff.; Scholz/*Verse* § 29 Rz. 112 ff.; Lutter/Hommelhoff/*Hommelhoff* § 29 Rz. 47). Diese Rechte werden satzungsmäßig festgelegt, wobei die Sicherstellung des Gesellschaftsvermögens i.S.d. § 30 zu beachten ist.

Das sog. „Ausschüttungsrückholverfahren" (auch „Schütt-aus-Hol-zurück-Verfahren", **10** beruhend auf steuerlichen Erwägungen – gespaltener Steuersatz, §§ 23, 27 ff. KStG) führt zur Gewinnausschüttung und sodann erfolgender Rückführung eines Teils des Gewinns an die GmbH (Gesellschafterdarlehen, stille Beteiligung, Einzahlungen auf freie Rücklagen etc.) und soll steuerliche Vorteile mit der Sicherstellung der erforderlichen Mittel für die Gesellschaft in Einklang bringen (vgl. *BGH* v. 18.2.1981 – II ZR 104/90, *BGHZ* 113, 335 = NJW 1991, 1754; *OLG Köln* v. 22.5.1990 – 22 U 272/89, ZIP 1990, 717; *LG Aachen* v. 19.12.1989 – 41 O 11/89, GmbHR 1990, 512; *Roth* NJW 1991, 1913; *Priester* ZIP 1991, 345; *Crezelius* ZIP 1991, 499; *Noack* § 29 Rz. 65; ausführlich Scholz/*Verse* § 29 Rz. 114). Möglich sind hier auch schuldrechtliche Vereinbarungen der Gesellschafter untereinander (*Noack* § 29 Rz. 66). Bei Einstellung als Eigenkapital in die Kapitalrücklage kommt Erhöhung des Stammkapitals aus Gesellschaftsmitteln in Betracht (*Noack* § 29 Rz. 67; vgl. auch § 272 Abs. 2 Nr. 4 HGB; *Wicke* § 29 Rz. 20; vgl. *BGH* v. 26.5.1997 – II ZR 69/96, *BGHZ* 135, 381 = NJW 1997, 2516; auch *LG Aachen* v. 19.12.1989 – 41 O 11/89, GmbHR 1990, 512).

Verdeckte Gewinnausschüttungen sind in vielerlei Form denkbar. Hier wird den **11** Gesellschaftern eine Leistung ohne adäquate Gegenleistung über die Gewinnausschüttung hinaus zugestanden (*Noack* § 29 Rz. 68 ff.; Scholz/*Verse* § 29 Rz. 115 ff.; Lutter/Hommelhoff/*Hommelhoff* § 29 Rz. 48 ff.). Beispielhaft sind Warenlieferungen unter Marktpreis oder zum Vorzugspreis, Überlassung von Eigentum der Gesellschaft zur Nutzung ohne Entgelt oder gegen geringe Vergütung, überhöhtes Entgelt für Gesellschafterleistungen oder als Geschäftsführergehalt, überhöhte Verzinsung für Gesellschafterdarlehen, niedrige oder unverzinsliche Darlehen der GmbH an Gesellschafter etc. – mithin alle Fälle, in denen keine gleichwertige Gegenleistung erbracht wird (vgl. *BGH* v. 1.12.1986 – 306/85, NJW 1987, 1194 – Bauleistungen; *BGH* v. 14.12.1959 – II ZR 187/57, *BGHZ* 31, 275 – Bezug zu überhöhten Preisen; *BGH* v. 14.5.1990 – II ZR 126/90, *BGHZ* 111, 224 – Geschäftsführerbezüge; weitere Beispiele bei Scholz/*Verse* § 29 Rz. 115; *Noack* § 29 Rz. 69 zu Beispielen). Die Abgrenzung zwischen zulässigen Geschäften und verdeckter Gewinnausschüttung ist im Einzelfall schwierig. Maßgeblich ist, ob ein nach ordentlichen kaufmännischen Gesichtspunkten handelnder Geschäftsführer – Beurteilungsspielraum eingeschlossen – das betreffende Geschäft auch mit einem Nichtgesellschafter so abgeschlossen hätte (*BGH* v. 14.5.1990 – II ZR 126/90, *BGHZ* 111, 224; *BGH* v. 1.12.1986 – 306/85, NJW 1987, 1194; *OLG Düsseldorf* v. 13.7.1989 – 8 U 187/88, DB 1989, 1963; *OLG Celle* v. 18.8.1992 – 8 U 3/92, NJW 1993, 739; *Noack* § 29 Rz. 70; Scholz/*Verse* § 29 Rz. 116; *Lutter/Hommelhof/Hommelhofff* § 29 Rz. 50). Anzulegen ist ein objektiver Maßstab mit dem Geschäftsführer zuzugestehenden kaufmännischen Entscheidungsspielraum. Selbstverständlich müssen § 30 sowie der Gleichbehandlungsgrundsatz beachtet werden, zumal die Gefahr besteht, dass die in den §§ 29, 46 Nr. 1 enthaltenen Grundsätze und Kompetenzen umgangen oder ausgehöhlt werden (vgl. *BGH* v. 14.5.1990 – II ZR 126/90, *BGHZ* 111, 224 = GmbHR 1990, 344 = NJW 1990, 2625; Scholz/*Verse* § 29 Rz. 116 f.; *Noack* § 29 Rz. 72, 73). Zu Voraussetzungen einer verdeckten Gewinnausschüttung innerhalb einer Familien-GmbH *BFH* v. 19.6.2007 – VIII R 54/05, NJW 2008, 688 (Ls.), 688 = DStR 2007, 1625; hierzu *Kohlhepp* DB 2007, 2446.

C. Schmitt 317

12 Unzulässige verdeckte Gewinnausschüttungen sind zurückzugewähren (Zahlung, Rückgabe, Erstattung der Nutzungsvorteile etc.). Die Rechtsgrundlage ist str. – abgesehen von dem Fall des Verstoßes gegen § 30 (vgl. § 31). Vertreten werden Ansprüche nach § 31 Abs. 1 in entspr. Anwendung sowie Ansprüche nach den §§ 812 ff. BGB, wobei zusätzliche Schadensersatzansprüche der Gesellschaft gegen die bevorzugten Gesellschafter (Treuepflicht) nicht auszuschließen sind. Denkbar sind auch Ansprüche gegen den Geschäftsführer. Es wird hierbei auf den Einzelfall ankommen (vgl. *Noack* § 29 Rz. 77 f.; Lutter/Hommelhoff/*Hommelhoff* § 29 Rz. 54 – § 31 Abs. 1 analog für den Rückgewähranspruch; Scholz/*Verse* § 29 Rz. 125 f. – Ansprüche nach den §§ 812 ff. BGB – im Einzelnen str.; ausführl. Henssler/Strohn/*von Stelle* § 29 Rz. 68 ff.).

III. Gewinnabhängige Vergütungen Dritter/Gewinnabführungsverträge

13 Die Gewinnbeteiligung von Dritten (Nichtgesellschafter, Tantiemen (Geschäftsführer, Aufsichtsrat), partiarische Rechtsverhältnisse, Genussrechte (vgl. *BGH* v. 9.11.1992 – 230/91, NJW 1993, 400), stille Beteiligungen Dritter, satzungsmäßig verankerte Gewinnabführungsverträge etc.) werden überwiegend nicht als echte Gewinnbeteiligung, sondern als gewinnmindernde Ansprüche betrachtet (*BGH* v. 16.7.2019 – II ZR 175/18, NZG 2018, 1149 Rz. 24, *Wicke* § 29 Rz. 21; *Noack* § 29 Rz. 79 ff.; Scholz/*Verse* § 29 Rz. 134 ff.). Es handelt sich um Geschäftskosten, steuerrechtlich um Betriebsausgaben (*BGH* v. 29.9.1955 – II ZR 225/54, *BGHZ* 18, 208; *Noack* § 29 Rz. 81; Scholz/*Verse* § 29 Rz. 134). § 30 ist auch hier in jedem Fall zu beachten.

IV. Wertaufholung

14 Abs. 4 gewährt ein Wahlrecht, etwaige Wertaufholungen (§ 253 Abs. 5 HGB) in spezielle Gewinnrücklagen („Wertaufholungsrücklagen") einzustellen. Wertaufholungen auf Gegenstände des Anlage- oder Umlaufvermögens korrigieren Wertabschreibungen früherer Rechnungsperioden und erhöhen rechnerisch den verteilungsfähigen Jahresüberschuss. Abschreibungen und Wertaufholungen sind jedoch hinsichtlich ihrer zeitlichen Zuordnung und Bewertung nicht immer frei von Unschärfen. Es kann daher im Interesse der Gesellschaft sein, die Wertaufholung eines offensichtlich volatilen Vermögenswertes nicht vollständig der Ausschüttungsfähigkeit zuzuführen. Die fakultative Rücklagenbildung erfolgt durch Einstellung des jew. Eigenkapitalanteils, d.h. dem Betrag der Wertaufholung abzgl. der darin enthaltenen steuerlichen Belastung (*Noack* § 29 Rz. 19). Angesichts der ohnehin bestehenden Ergebnisverwendungsfreiheit der Gesellschafter gewinnt das Wahlrecht dadurch Bedeutung, dass es allgemeinen Ergebnisverwendungsbeschlüssen und Satzungsabreden vorgeht („unbeschadet"; vgl. Scholz/*Verse* § 29 Rz. 98). Da Abs. 4 gleichwohl dispositiv ist, kann die Regelung durch spezielle Satzungsregelungen ersetzt werden (*Noack* § 29 Rz. 18).

§ 30 Kapitalerhaltung

(1) ¹Das zur Erhaltung des Stammkapitals erforderliche Vermögen der Gesellschaft darf an die Gesellschafter nicht ausgezahlt werden. ²Satz 1 gilt nicht bei Leistungen, die bei Bestehen eines Beherrschungs- oder Gewinnabführungsvertrags (§ 291 des Aktiengesetzes) erfolgen oder durch einen vollwertigen Gegenleistungs- oder Rückgewähranspruch gegen den Gesellschafter gedeckt sind. ³Satz 1 ist zudem nicht anzuwenden auf die Rückgewähr eines Gesellschafterdarlehens und Leistungen auf Forderungen aus Rechtshandlungen, die einem Gesellschafterdarlehen wirtschaftlich entsprechen.

(2) [1]Eingezahlte Nachschüsse können, soweit sie nicht zur Deckung eines Verlustes am Stammkapital erforderlich sind, an die Gesellschafter zurückgezahlt werden. [2]Die Zurückzahlung darf nicht vor Ablauf von drei Monaten erfolgen, nachdem der Rückzahlungsbeschluss nach § 12 bekannt gemacht ist. [3]Im Fall des § 28 Abs. 2 ist die Zurückzahlung von Nachschüssen vor der Volleinzahlung des Stammkapitals unzulässig. [4]Zurückgezahlte Nachschüsse gelten als nicht eingezogen.

Literatur und Rechtsprechung: *Blöse* Insolvenz, Liquidation und Wandel vom Eigenkapitalersatz zum Recht der Gesellschaftereigenleistungen, in *Römermann/Wachter/Bormann/ Ulrichs*, GmbH-Beratung nach dem MoMiG, Sonderheft GmbHR 2008, S. 2ff.; *Bormann/ Ulrichs* Kapitalaufbringung und Kapitalerhaltung nach dem MoMiG, in *Römermann/Wachter/Bormann/Ulrichs*, GmbH-Beratung nach dem MoMiG, Sonderheft GmbHR 2008, S. 37 ff.; *Born* WM 10/2023, Sonderbeilage 2, 2; *Brinkmann* Zwei Brennpunkte im Recht der Gesellschafterdarlehen, ZGR 2017, 708; *Klein* Pflichten und Haftungsrisiko der Geschäftsleitung beim Cash Pooling, ZIP 2017, 258; *Kleindiek* Das reformierte Recht der Gesellschafterdarlehen – eine Zwischenbilanz, ZGR 2017, 731; *Gribbohm* Untreue zum Nachteil der GmbH ZGR 1990, 1; *Otto* Die „unfreundliche Übernahme" der GmbH mittels Zwangseinziehung der Mehrheitsbeteiligung, GmbHR 2018, 123; *Poertzgen* Haftung des Geschäftsführers: Verantwortlichkeit für Zahlungen nach Insolvenzreife und Verjährung (Anm. zu *OLG München* v. 18.5.2017 – 23 U 5003/16), GmbHR 2017, 1090; *Schneider* Mittelbare verdeckte Gewinnausschüttungen im GmbH-Konzern ZGR 1985, 279; *Wachter* in Römermann/Wachter/Bormann/Ulrichs, GmbH-Beratung nach dem MoMiG, Sonderheft GmbHR 2008, S. 99 ff.; *Zinger* Zur Haftung von Gesellschaftern für die Abfindung ausscheidender GmbH-Gesellschafter (m. Anm. zu *BGH* v. 10.5.2016 – II ZR 342/14), ZGR 2017, 196.

BGH Versäumnisurt. v. 11.7.2023 – II ZR 116/21 zu § 30 Abs. 1 S. 1 bzgl. Beachtung des Kapitalerhaltungsgrds. bei Gestaltungsurteil zum Gesellschafterausschluss; *OLG Oldenburg* v. 18.1.2018 – 1 U 16/17, GmbHR 2018, 521 zur Anwendbarkeit des Gesellschafterdarlehensrechts bei tatsächlich den bestimmenden Einflussnahme durch ein Organ; *BGH* v. 23.11.2017 – IX ZR 218/16 – stille Beteiligung als Darlehen; *OLG München* Endurt. v. 9.11.2017 – 23 U 239/17, GmbHR 2018, 196 – Anspruch auf Rückzahlung einer vom Gesellschafter veranlassten Überweisung vom Geschäftskonto der GmbH auf Gesellschafter-Privatkonto *BGH* v. 21.3.2017 – II ZR 93/16 – Auszahlung zu Lasten des Stammkapitals durch dingliche Sicherheit für unsicheren Darlehensrückzahlungsanspruch; auch *BGH* v. 10.1.2017 – II ZR 94/15 – zur Vollwertigkeit: Unwahrscheinlich des Ausfalls des Sicherungsnehmers; *BGH* v. 29.1.2015 – IX ZR 279/13 – Nutzungsüberlassung und kapitalersetzendes Darlehen: Nutzungsüberlassung und Kapitalbindung i.S.d. § 30 Abs. 1 S. 3 verneint; *BGH* v. 9.12.2014 – II ZR 360/13 – verbotene Zahlung aus dem Vermögen einer KG an einen Gesellschafter der Komplementär-GmbH; *BGH* v. 16.2.2009 – II ZR 120/07 – Quivive; *BGH* v. 23.4.2012 – II ZR 252/10 – Wirtschaftsakademie; *BGH* v. 1.2.2010 – II ZR 173/08 – Eurobike; *BGH* v. 1.12.2008 – II ZR 102/07, GmbHR 2009, 199; *BGH* v. 13.11.2007 – XI ZR 294/07, AG 2008, 120 = ZIP 2008, 118 – enger sachlicher und zeitlicher Zusammenhang und

Leistung wegen künftiger Aktionärsstellung; *BGH* v. 16.7.2007 – II ZR 3/04 – Trihotel – zu § 30 als Anspruchsgrundlage und Anspruchskonkurrenz zu § 826 BGB; *BGH* v. 24.11.2003 – II ZR 171/01, *BGHZ* 157, 72 = DB 2004, 371 = NJW 2004, 1111.

I. Allgemeines

1 Die §§ 30, 31 normieren den Grundsatz der Kapitalerhaltung für die GmbH. Gesellschaftsvertragliche Regelung zur Abbedingung oder Abschwächung des Kapitalschutzes ist wegen des Gläubigerschutzes unzulässig, Abs. 1 S. 1, insoweit zwingendes Recht (*Wicke* § 30 Rz. 1, Scholz/*Verse* § 30 Rz. 6). Daher auch weite Auslegung (*Altmeppen* § 30 Rz. 3). Ausnahme gem. Abs. 1 S. 2 Alt. 1 mit Beherrschungs- und Gewinnabführungsvertrag (s.u. Rz. 23 ff.) oder im Wege der Kapitalherabsetzung, §§ 58 ff. Abs. 1 S. 2 und 3 durch MoMiG 2008 hinzugefügt. § 30 Abs. 1 S. 1 blieb unverändert (zu „Altfällen" *BGH* Hinw. v. 1.3.2010 – II ZR 13/09, ZIP 2010, 1078 – qualifizierter Rangrücktritt; auch *BGH* v. 11.1.2011 – II ZR 157/09, ZIP 2011, 328; *OLG München* v. 6.5.2010 – 23 U 1564/10, ZIP 2010, 1236). Danach darf das „Vermögen" der Gesellschaft nicht an die Gesellschafter ausgezahlt werden. Allerdings sind in § 30 Abs. 1 S. 2 und 3 drei Ausnahmen vorgesehen, nämlich

– Leistungen im Rahmen eines Beherrschungs- oder Gewinnabführungsvertrags (vgl. § 291 AktG);
– Leistungen bei Deckung durch einen vollwertigen Gegenleistungs- oder Rückgewähranspruch sowie
– Rückgewähr eines Gesellschafterdarlehens und Leistungen auf Forderungen aus Rechtshandlungen, die einem Gesellschafterdarlehen wirtschaftlich entsprechen.

Ergänzend regelt § 31 die Rückzahlungspflicht bei gegen § 30 verstoßenden Auszahlungen: Die §§ 32a, 32b wurden in das Insolvenzrecht verlagert (vgl. RegE, BT-Drucks. 16/6140, S. 42, 56 f.– s. § 39 und § 135 Abs. 2 InsO – zu Insolvenz etc. *Blöse* in Römermann/Wachter/Bormann/Ulrichs, GmbH-Beratung nach dem MoMiG, Sonderheft GmbHR 2008, S. 71 ff.). Ohne die §§ 30 ff. wäre die Garantiefunktion des Stammkapitals und damit der Gläubigerschutz nicht gesichert. Unterdeckung und Überschuldung durch Überlassung des Gesellschaftsvermögens sollen verhindert werden. Damit handelt es sich bei der Vorschrift, die den Kapitalerhaltungsgrundsatz normiert, um einen „Grundpfeiler" des GmbH-Rechts (vgl. *BGH* v. 30.6.1958 – II ZR 213/56, BGHZ 28, 77 Rz. 7: zusammen mit § 19 „Kernstück des GmbH-Recht"; hierzu Scholz/*Verse* § 30 Rz. 1 m.w.N.; auch *Noack* § 30 Rz. 1, 3; Lutter/Hommelhoff/*Hommelhoff* § 30 Rz. 1). Die Vorschrift ist nicht Schutzgesetz i.S.d. § 823 Abs. 2 BGB zugunsten von Gläubigern oder Gesellschaftern (*BGH* v. 19.2.1990 – II ZR 268/88, *BGHZ* 110, 342; *BGH* v. 25.6.2001 – II ZR 38/99, GmbHR 2001, 772 m. Anm. *Harnier*; h.M. vgl. *Wicke* § 30 Rz. 1; *Noack* § 30 Rz. 1b). Die Vorschrift ist zwingend und eng auszulegen und nicht abdingbar (*BGH* v. 26.11.1979 – II ZR 104/77, *BGHZ* 75, 334 335; *BGH* v. 21.9.1981 – II ZR 104/80, *BGHZ* 81, 311, 315; *BGH* v. 2.12.1968 – II ZR 144/67, *BGHZ* 51, 157; Scholz/*Verse* § 30 Rz. 6; Lutter/Hommelhoff/*Hommelhoff* § 30 Rz. 1; Habersack/Casper/Löbbe/*Habersack* § 30 Rz. 7).

2 Für die **UG** gilt § 30 Abs. 1 uneingeschränkt (*Noack* § 30 Rz. 2; Habersack/Casper/Löbbe/*Habersack* § 30 Rz. 17a). Auch hier sind Auszahlungen untersagt, wenn und insoweit dadurch das Nettoaktivvermögen (hierzu u. Rz. 6) unter das Stammkapital absinkt. Zudem sind die §§ 30 f. auf die gesetzlichen Rücklagen (§ 5a Abs. 3) der UG entsprechend anwendbar, da diese das bei der UG fehlende gebundene Stammkapital

(§ 5 Abs. 1) kompensieren sollen (Habersack/Casper/Löbbe/*Habersack* § 30 Rz. 17a m.w.N.). Gleiches gilt für noch zu bildende Rücklagen, wobei Auszahlungen in diesem Fall nach § 31 analog nicht vollständig, sondern lediglich in Höhe des einzustellenden in die Rücklagen einzustellenden Anteils zu erstatten sind (25 % – vgl. Wortlaut § 5a Abs. 3), (Habersack/Casper/Löbbe/*Habersack* § 30 Rz. 17a; Scholz/*Verse* § 30 Rz. 11). § 30 gilt hingegen nicht für die **Vorgesellschaft** (Habersack/Casper/Löbbe/*Habersack* § 30 Rz. 17).

Abs. 1 sieht ein **generelles Auszahlungsverbot** vor, wenn das Gesellschaftsvermögen **3** unter den Betrag des Stammkapitals fällt (Ausnahmen so Rz. 1), während sich Abs. 2 mit der Rückzahlung von Nachschüssen befasst. Um eine angemessene Eigenkapital-ausstattung über das Stammkapital hinaus geht es grds. nicht (*BGH* v. 24.3.1980 – II ZR 213/77, *BGHZ* 76, 326, 333; *Noack* § 30 Rz. 6; Lutter/Hommelhoff/*Hommelhoff* § 30 Rz. 4). Die Bestimmung hat neben dem Auszahlungsverbot u.a. Bedeutung in den Fällen der verdeckten Gewinnausschüttung sowie für Umgehungsgeschäfte (vgl. allerdings Scholz/*Verse* § 30 Rz. 6; Lutter/Hommelhoff/*Hommelhoff* § 30 Rz. 1, 5). Die Vorschrift unterscheidet sich i.Ü. erheblich von den weitergehenden Vorschriften für Aktiengesellschaften (vgl. §§ 57 Abs. 1 u. 3, 58, 62 Abs. 1 S. 2, 150 Abs. 1, 3 u. 4, 158 AktG; hierzu Scholz/*Verse* § 30 Rz. 7 f.; Habersack/Casper/Löbbe/*Habersack* § 30 Rz. 18 ff.; weitergehende Lit. Scholz/*Verse* § 30 vor Rz. 1; ferner *Bormann/Ulrichs* in Römermann/Wachter/Bormann/Ulrichs, GmbH-Beratungen nach dem MoMiG, Sonderheft GmbHR 2008, S. 37, 46 f.; sowie *Wachter* Ausgewählte Hinweise auf weiter-führende aktuelle Literatur zur GmbH-Reform – Stand 23.9.2008, in Römermann/Wachter/Bormann/Ulrichs, GmbH-Beratung nach dem MoMiG, Sonderheft GmbHR 2008, S. 99; zur älteren Lit. und Rechtsprechung vgl. die Voraufl.). Vgl. *Commandeur/Schmitz/Nienerza* Keine Verdopplung der Verjährungsfristen für GmbH-Geschäfts-führer bei verbotener Auszahlung gem. § 30 GmbHG (Anm. zu BGH v. 29.9.2008 – II ZR 234/07), NZG 2009, 20; *Lorenz* Die Auswirkungen des MoMiG auf vor dem 1.11.2008 entstandene Ansprüche nach §§ 30, 31 GmbHG (analog), GmbHR 2009, 135; *Spliedt* MoMiG in der Insolvenz – ein Sanierungsversuch, ZIP 2009, 149; *BGH* v. 26.1.2009 – II ZR 260/07, *BGHZ* 179, 249 – Früheres Eigenkapitalersatzrecht auch nach Inkrafttreten des MoMiG in „Altfällen" weiterhin anwendbar. Mit dem MoMiG 2008 erfolgte die Rückkehr zur bilanziellen Betrachtungsweise, nachdem die Rechtsprechung des BGH die Darlehnshingabe ohne Rücksicht auf die Vollwertig-keit des Rückzahlungsanspruchs als Verstoß gegen § 30 Abs. 1 GmbHG eingestuft hatte (*BGH* v. 24.11.2003 – II ZR 171/01, *BGHZ* 157, 72 = DB 2004,371 = NJW 2004, 1111; aufgegeben in *BGH* v. 1.12.2008 – II ZR 102/07 – MPS, *BGHZ* 179, 71 = GmbHR 2009, 199 (m. Anm. *Podewils*) – hierzu *Noack* § 30 Rz. 7, 8). Dem entspricht § 30 Abs. 1 S. 2 GmbHG. Insofern wollte der Gesetzgeber auch das Cash-Pooling im Konzern erleichtern (vgl. *BGH* v. 16.1.2006 – II ZR 76/04 – Cash-Pool I, *BGHZ* 166, 8; *BGH* v. 20.7.2009 – II ZR 273/07 – Cash-Pool II, *BGHZ* 182, 103; ferner *Noack* § 30 Rz. 8). Vgl. auch *BGH* Teilversäumnisurt. u. Teilendurt. v. 6.11.2018 – II ZR 199/17, *BGHZ* 220, 179 – keine Differenzhaftung des Übertragenden bei Verschmelzung mit Kapitalerhöhung beim Übernehmenden – Voraussetzungen des existenzvernich-tenden Eingriffs.

II. Das Auszahlungsverbot

4 Von der Systematik dienen die §§ 5 Abs. 4, 7 Abs. 2 u. 3, 8 Abs. 2, 9, 9a, 9b und 19 der Sicherstellung des aufzubringenden Kapitals, die §§ 30, 31, 32, 33 und 43a der Erhaltung des Stammkapitals sowie die früheren, nunmehr in die InsO verlagerten §§ 32a, b der Absicherung im Fall des Eigenkapitalersatzes (vgl. Scholz/*Verse* § 30 Rz. 1; BT-Drucks. 16/6140 S. 42). Neben den genannten Vorschriften sind die strafrechtlichen Folgen (vgl. § 266 StGB) i.V.m. § 823 Abs. 2 BGB zu beachten (zu den Zusammenhängen vgl. Lutter/Hommelhoff/*Hommelhoff* § 30 Rz. 1, 6, 7: Existenzschutz; vgl. auch *Noack* § 30 Rz. 11, dort auch zur Innenhaftung gem. § 826 BGB und *BGH* v. 16.7.2007 – II ZR 3/04 – Trihotel).

5 Geschützt ist das Vermögen der GmbH bis zur Höhe des Stammkapitals – insofern besteht ein generelles Auszahlungsverbot (nicht allein Geldleistungen, sondern weitere Leistungen aller Art, die wirtschaftlich das zum Stammkapitalerhalt notwendige Gesellschaftsvermögen mindern) nach § 30 Abs. 1 (*BGH* Versäumnisurt. v. 11.7.2023 – II ZR 116/21, Rz. 26; *BGH* v. 21.3.2017 – II ZR 93/16, *BGHZ* 214, 258 Rz. 14; vgl. *Noack* § 30 Rz. 2, 33; Lutter/Hommelhoff/*Hommelhoff* § 30 Rz. 23 f.) – bloße Unterlassung der Geltendmachung eines Befreiungs-, Rückgriffs- oder Sicherungsanspruches keine Auszahlung i.S.d. § 30 Abs. 1 S. 1, wobei nach Rspr. und h.M. die Grenze dort liegt, wo ein Willensakt die Entscheidung impliziert, den Anspruch nicht geltend machen zu wollen, z.B. durch bewusste Nichtausübung eines Kündigungsrechts (Habersack/Casper/Löbbe/*Habersack* § 30 Rz. 109, 99; *BGH* v. 21.3.2017 – II ZR 93/16, GmbHR 2017, 643, Rz. 23; *Noack* § 30 Rz. 43 auch impliziert durch „konsequente[s] Nichtgeltendmachen"; abweichende Terminologie, aber i. Erg. auch Scholz/*Verse* § 30 Rz. 23, 103: „Stehenlassen" als bewusste Entscheidung den Anspruch trotz Kenntnis nicht geltend zu machen, ebenda Rz. 88 mit Verweis auf „Ungereimtheiten" der BGH-Rspr.; *Altmeppen* § 30 Rz. 145 ff. zur praktischen Einordnung) – unzulässig daher Verzicht des Geschäftsführers auf Anspruch auf Freistellung oder auf Sicherheitsleistung für die drohende Inanspruchnahme der Sicherheit – bloße Unterlassung der Geltendmachung noch kein Verzicht, da Fortbestehen des Anspruchs; so Habersack/Casper/Löbbe/*Habersack* § 30 Rz. 54; sowie *BGH* v. 10.1.2017 – II ZR 94/15, *BGHZ* 213, 224 = GmbHR 2017, 643 Rz. 23 – dort auch zur Unwahrscheinlichkeit des Ausfalls des Sicherungsnehmers, Rz. 19. Zum Verjährenlassen *BGH* v. 18.9.2018 – II ZR 152/17, *BGHZ* 219, 356, zur AG – Ansprüche gegen Geschäftsführer und Verjährung – Zurückgewährung von Einlagen an Aufsichtsratsmitglieder.

6 Hinsichtlich der Höhe des Stammkapitals ist der Nennwert gem. § 3 Abs. 1 Nr. 3 maßgeblich – als rechnerische Vergleichsgröße (Scholz/*Verse* § 30 Rz. 55). Maßgeblich ist satzungsmäßig ausgewiesenes Stammkapital – HR-Eintragung – nicht das eingezahlte Kapital (vgl. Scholz/*Verse* § 30 Rz. 55). Ferner ist entscheidend, dass sich die Gesellschaft im Zeitpunkt der Auszahlung im Stadium der Unterbilanz befindet oder dass durch die Auszahlung eine Unterbilanz entsteht (Scholz/*Verse* § 30 Rz. 52; *Noack* § 30 Rz. 19; MüKo GmbHG/*Ekkenga* § 30 Rz. 202; auch Lutter/Hommelhoff/*Hommelhoff* § 30 Rz. 10 ff.). Das Gesellschaftsvermögen besteht aus den Aktiva der Bilanz abzgl. der Verbindlichkeiten ohne Rücklagen einschließlich der Rückstellungen für ungewisse Verbindlichkeiten (Lutter/Hommelhoff/*Hommelhoff* § 30 Rz. 11 ff.; auch *Noack* § 30 Rz. 15 ff.; auch Scholz/*Verse* § 30 Rz. 52 ff.). Die bilanzielle Überschuldung führt für sich noch nicht zur insolvenzrechtlichen Überschuldung (vgl. §§ 64 Abs. 1 GmbHG,

15a, 19 InsO, nicht Buchwerte, sondern Verkehrswerte und negative Fortführungsprognose – hierzu etwa Scholz/*Verse* § 30 Rz. 54). Das Vermögen der GmbH wird nicht in seiner gegenständlichen Zusammensetzung, sondern lediglich in seinem „rechnerischen Wert" auf der Grundlage der bilanziellen Betrachtung geschützt (Lutter/Hommelhoff/*Hommelhoff* § 30 Rz. 3 mit Hinw. auf Begr., BR-Drucks. 354/07, S. 94). Dem Stammkapital ist das „Nettoaktivvermögen" (Aktiva minus Passiva ohne Eigenkapital) gegenüberzustellen. Übersteigt das „Nettoaktivvermögen" das Stammkapital nicht (Unterbilanz) oder unterschreitet es das Stammkapital (bilanzielle Überschuldung, nicht insolvenzrechtliche Überschuldung), so greift § 30 Abs. 1 GmbHG ein (hierzu grundlegend schon *BGH* v. 5.2.1990 – II ZR 114/90, GmbHR 1990, 249; i. Ü. Scholz/*Verse* § 30 Rz. 53, 54 m. w. N.; auch *Noack* § 30 Rz. 19 f.; Lutter/Hommelhoff/*Hommelhoff* § 30 Rz. 10 ff.; auch MüKo GmbHG/*Ekkenga* § 30 Rz. 89 f.).

Auszahlungsfähigkeit ist daher nur gegeben, wenn durch eine Bilanz (ggf. Zwischenbilanz) im Auszahlungszeitpunkt das Vermögen in diesem Sinne ermittelt ist (vgl. Scholz/*Verse* § 30 Rz. 53, 54 f.; *Noack* § 30 Rz. 22; Lutter/Hommelhoff/*Hommelhoff* § 30 Rz. 11 f., 17). Übereinstimmung besteht darin, dass es sich um eine ordnungsgemäße Bilanz zu den fortgeführten Buchwerten handeln muss (vgl. § 42; i. Ü. Scholz/*Verse* § 30 Rz. 54 f.; *Noack* § 30 Rz. 18; vgl. Lutter/Hommelhoff/*Hommelhoff* § 30 Rz. 11). Stille Reserven dürfen in ihr nicht aufgelöst werden; „Zerschlagungswerte" müssen nicht zugrunde gelegt werden (Lutter/Hommelhoff/*Hommelhoff* § 30 Rz. 12; *Noack* § 30 Rz. 18; Scholz/*Verse* § 30 Rz. 18b; auch *BGH* v. 24.3.1980 – II ZR 213/77, *BGHZ* 76, 335; *BGH* v. 11.5.1987 – II ZR 226/86, DB 1987, 1782). **7**

Berechnung, Ansätze und Bewertungen sind nach den allg. Grundsätzen für die Jahresbilanz vorzusehen. Geschützt wird nicht das Gesellschaftsvermögen in seiner gegenständlichen Zusammensetzung, sondern sein rechnerischer Wert (*Joost* Grundlagen und Rechtsfolgen der Kapitalerhaltungsregeln in der GmbH, ZHR 148, 27, 43 (1984); Lutter/Hommelhoff/*Hommelhoff* § 30 Rz. 3). Unzulässig sind Auszahlungen im Fall der Unterbilanz oder dann, wenn diese durch die Auszahlung entstehen würde (*BGH* v. 14.12.1959 – II ZR 187/57, *BGHZ* 31, 276; a. M. vgl. *Noack* § 30 Rz. 13; auch Scholz/*Verse* § 30 Rz. 52 m. w. N.). **8**

Im Allg. greift Auszahlungsverbot im Fall der Unterbilanz bzw. Überschuldung (Passiva überschreiten die Aktiva), (vgl. *BGH* v. 5.2.1990 – II ZR 114/89, NJW 1990, 1730; *Noack* § 30 Rz. 19, 20 m. w. N. der h. M.; auch Scholz/*Verse* § 30 Rz. 53, 54). Ohne Vorliegen einer Unterbilanz soll im Ausnahmefall die Weggabe einzelner Vermögensgegenstände unzulässig sein, sofern sich dies für die Gesellschaft existenzbedrohend auswirkt (vgl. hierzu o. § 16; Lutter/Hommelhoff/*Hommelhoff* § 30 Rz. 6; beachte i. Ü. § 266 StGB hierzu *BGH* v. 24.8.1988 – 3 StR 232/88, *BGHSt* 35, 333; *Gribbohm* Untreue zum Nachteil der GmbH ZGR 1990, 1; zum „gegenstandsbezogenen" Vermögensschutz neben dem wertbezogenen Stammkapitalschutz Lutter/Hommelhoff/*Hommelhoff* § 30 Rz. 6 f. – str.). Die Frage des existenzvernichtenden Eingriffs nach § 826 BGB ist indessen von dem hier betroffenen Problem getrennt zu beachten (vgl. o. Anh. zu § 16 m. w. N. – vgl. i. Ü. zur Anspruchskonkurrenz von § 826 BGB und §§ 30, 31 GmbHG: *BGH* v. 16.7.2007 – II ZR 3/04, *BGHZ* 173, 246 – Trihotel sowie MHLS/*Heidinger* § 30 Rz. 147). **9**

§ 30 betrachtet die verbotswidrige Auszahlung schlicht als unzulässig. Auszahlung ist jede Verringerung des Gesellschaftsvermögens z. B. durch Verrechnung oder Abtretung von Ansprüchen an Dritte (*OLG Hamburg* v. 24.3.2000 – 11 U 77/98, GmbHR **10**

2000, 937 (Ls.) = NZG 2000, 839 – Verstoß durch Auszahlung von gewinnabhängiger Tantieme). Auszahlungen sind folglich Leistungen aller Art (reale Verringerung des Vermögens durch Geldzahlungen, Sachleistungen, unentgeltliche Übereignungen etc.), sofern keine gleichwertige Gegenleistung anzutreffen ist (Lutter/Hommelhoff/ *Hommelhoff* § 30 Rz. 8; *Noack* § 30 Rz. 33; Scholz/*Verse* § 30 Rz. 18, 21 ff. mit zahlreichen Bsp.). Der Begriff der „Auszahlung" ist weit zu fassen und erfasst jede Vermögensminderung zugunsten des Gesellschafters *(Scholz/Verse* § 30 Rz. 18). Liegt keine reale Verminderung vor, so kommt es auf die weitere Prüfung der Unterbilanz etc. zunächst nicht an, sondern erst bei dem danach erfolgenden Schritt der Ermittlung der Unterbilanz (vgl. Scholz/*Verse* § 30 Rz. 18; zur Trennung der Fragen – Auszahlung und relevante Wirkung auch Lutter/Hommelhoff/*Hommelhoff* § 30 Rz. 9; ähnlich *Noack* § 30 Rz. 33, 37). Ebenso ist erst in einem weiteren Schritt festzustellen, ob die Leistung nicht nach § 30 Abs. 1 S. 2 im Ausnahmefall zulässig ist. Werden Ansprüche wegen Verstoßes gegen das Auszahlungsverbot geltend gemacht, so müssen die Hürden Auszahlung, ausnahmsweise Zulassung sowie Unterbilanz vom Kläger genommen werden. In der Rechtsprechung und Literatur werden diese Fragen nicht immer eindeutig getrennt, was die Schwierigkeiten zusätzlich vermehrt (vgl. etwa Scholz/*Verse* § 30 Rz. 18 ff., vor allem auch Rz. 20 m. Hinw. auf *BGH* v. 31.5.2011 – II ZR 141/09, NZG 2011, 829 Rz. 25 f. – Telekom III; auch *Noack* § 30 Rz. 29 zu echten Drittgeschäften – s. allerdings §§ 47 a f.). Betroffen können aber vor allem sein: Gewinnauszahlung, Entnahmen, Abfindungen bei Einziehung, Austritt und Ausschluss, Vergütungen für Leistungen der Gesellschafter oder Geschäftsführer, verdeckte Gewinnausschüttungen, Kreditgewährungen, Überlassung von Gegenständen, Sicherheiten für Gesellschafter bei Inanspruchnahme etc. (vgl. *Noack* § 30 Rz. 47a, Kasuistik; auch Scholz/ *Verse* § 30 Rz. 21, 35 ff.; Lutter/Hommelhoff/*Hommelhoff* § 30 Rz. 8 m.w.N. der auch der älteren Rechtsprechung). Auch Verzicht kann unter den weit zu fassenden Begriff der „Auszahlung" fallen (vgl. *BGH* v. 21.3.2017 – II ZR 93/16; Scholz/*Verse* § 30 Rz. 23 m.w.N.; vgl. insofern auch *BGH* v. 9.2.2009 – II ZR 292/07, GmbHR 2009, 601 – „Säumnis"; *BGH* v. 31.1.2000 – II ZR 189/99, NZG 2000, 544 m. Anm. *Haas* – keine „Auszahlung" bei Einverständnis aller Gesellschafter mit Geschäftsführungsmaßnahme; zu Vergleich *OLG Dresden* v. 5.7.2002 – 2 U 0729/02, GmbHR 2002, 1245; zur Verhinderung von „Gewinnchancen" *Noack* § 30 Rz. 34); zum Verjährenlassen *BGH* v. 18.9.2018 – II ZR 152/17, *BGHZ* 219, 356 – zur AG – Ansprüche gegen Geschäftsführer und Verjährung – Zurückgewährung von Einlagen an Aufsichtsratsmitglieder.

11 Weitere Entscheidungen: Nach *BGH* v. 27.11.2000 – II ZR 83/00, BB 2001, 165 = NJW 2001, 830 sind **Auszahlungen ohne Rechtsgrund** (fehlender Gesellschafterbeschluss) nach § 31 Abs. 1 zurückzuerstatten. Nach *BGH* v. 29.5.2000 – II ZR 118/98, BB 2000, 1483 = GmbHR 2000, 771 = NZG 2000, 883 **„Balsam/Procedo I"** kommt **kein Fortfall des einmal entstandenen Erstattungsanspruchs** nach § 30 Abs. 1 durch zwischenzeitlich nachhaltige anderweitige Wiederherstellung des Gesellschaftskapitals in Betracht (Aufgabe von *BGH* v. 11.5.1987 – II ZR 226/86= ZIP 1987, 1113 = GmbHR 1987, 390; *BGH* v. 31.1.2000 – II ZR 189/99, GmbHR 2000, 330 = NZG 2000, 544 m. Anm. *Haas*, Haftung des alleinigen Gesellschaftergeschäftsführers ggü. der Gesellschaft). Nur „Auszahlungen" an Gesellschafter sind betroffen, nicht aber die bloße Belastung des Gesellschaftsvermögens mit Ansprüchen Dritter; andernfalls Unterlaufen des Prinzips der beschränkten Haftung, bisher offen gelassen durch *BGH* für existenzgefährdende Maßnahme des Alleingesellschafters *(BGH* v. 10.5.1993 – II ZR 74/92, *BGHZ* 122,

333, 336 = GmbHR 1993, 427). Rückerstattung entgegen Auszahlungsverbot überlassener Nutzungsentgelte – keine Rückerstattungspflicht im Einzelfall – Untervermietung: *OLG Schleswig* v. 19.10.2000 – 5 U 138/99, NZG 2001, 273; vgl. auch zum Verjährenlassen *BGH* v. 18.9.2018 – II ZR 152/17, *BGHZ* 219, 356, AG – Ansprüche gegen Geschäftsführer und Verjährung – Zurückgewährung von Einlagen an Aufsichtsratsmitglieder.

Grundsätzlich betrifft das Auszahlungsverbot nur **Leistungen an den Gesellschafter** 12
aufgrund seines Gesellschaftsverhältnisses – „Gesellschaftergeschäfte" (hierzu *KG Berlin* v. 11.1.2000 – 14 U 7683/97, GmbHR 2000, 775 (Ls.) = NZG 2000, 479 mit Anm. *Kleindiek*). Maßgeblicher **Zeitpunkt ist bei § 30 Abs. 1 für die Beurteilung der Gesellschaftereigenschaft: die Begründung der Auszahlungsverpflichtung** hierzu etwa Scholz/*Verse* § 30 Rz. 34, Rz. 53 anders für Unterbilanz und Zeitpunkt: Auszahlungszeitpunkt maßgebl.; vgl. *KG Berlin* v. 23.5.2000 – 14 U 6481/98, GmbHR 2000, 1265 (Ls.) = NZG 2000, 1032 **keine Haftung aus faktischer Geschäftsführung** des Alleingesellschafters; *HansOLG Bremen* v. 9.11.2000 – 2 U 8/99, NZG 2001, 226 – **Auszahlungsverbot des § 30 Abs. 1 betrifft auch Gesellschafter** (hierzu u. Rz. 16).

Geschäfte mit **Nichtgesellschaftern** unterfallen grds. nicht dem Verbot des § 30 Abs. 1. 13
Nicht erfasst sind daher sog. „echte Drittgeschäfte". Etwas anderes gilt, wenn das betreffende Geschäft zwischen Gesellschaft und Nichtgesellschafter einem Gesellschafter zuzurechnen ist, bspw. weil die Leistung an den Dritten nach den Einzelfallumständen zugleich Zuwendung an den Gesellschafter unter bewusster Umgehung des Auszahlungsverbots ist und diesem daher zugerechnet werden muss (Erfüllung der Verbindlichkeit des Gesellschafters, Übernahme, Sicherheit – Problem der „Nähe": Leistungen Treugeber – Strohmann, Angehörige im Einzelfall, z.B. Erfüllung von Unterhaltsleistungen – vgl. ausführl. Scholz/*Verse* § 30 Rz. 38 ff., 50 ff. je m.w.N.; *Noack* § 30 Rz. 27). Die Frage, unter welchen Voraussetzungen eine Zurechnung zu erfolgen hat, ist im Einzelnen umstritten (*Noack* § 30 Rz. 24). Ein Verstoß gegen Abs. 1 wird bei Umsatzgeschäften etc. nicht in Betracht kommen, wenn eine vollwertige Gegenleistung vorliegt (hierzu allerdings *Noack* § 30 Rz. 29 – zu den Grenzen bei Überschreitung angemessener vertraglicher Vergütung – etwa *Brandenburgisches OLG* v. 23.9.1998 – 7 U 78/98, GmbHR 1999, 298).

Anders im Einzelfall, wenn „mittelbare Auszahlungen" vorliegen (Leistung der 14
Gesellschaft an **Dritten** zur Erfüllung von Verbindlichkeiten des Gesellschafters – vgl. *BGH* v. 21.3.2017 – II ZR 93/16 – Leistungen an Dritte bei Weisung oder Bestellung einer Sicherheit; *OLG Düsseldorf* v. 21.10.2016 – 16 U 178-15 – Auszahlungen an „Dritte" – bei Leistungen an einen Dritten reicht Auszahlung bei Zuwendung an den Gesellschafter (z.B. Zahlung auf oder Sicherheitenbestellung für eine Schuld des Gesellschafters) oder die Leistung an den Dritten auf Veranlassung des Gesellschafters erfolgte und durch dessen Eigeninteresse motiviert – Haftung nach § 31 Abs. 1 so auch *BGH* v. 10.5.1993 – II ZR 74/92 – und *BGH* v. 21.9.1981 – II ZR 104/80), **Strohmänner/Treugeber** eingeschaltet sind oder „Näheverhältnisse" (Familienangehörige, verbundene Unternehmen *BGH* v. 21.2.2013 – IX ZR 32/12 – Dritter auch das mit Gesellschafter verbundene Unternehmen; auch *BGH* v. 29.1.2015 – IX ZR 279/13; ferner *BGH* v. 18.7.2013 – IX ZR 219/11) bestehen (hierzu Scholz/*Verse* § 30 Rz. 35 f.; auch *Noack* § 30 Rz. 24 ff.; Lutter/Hommelhoff/*Hommelhoff* § 30 Rz. 21 f.; zur „Nähe" *BGH* v. 12.4.2011 – II ZR 17/10, ZIP 2011, 1101 = GmbHR 2011, 705 m. Anm. *Pode-*

wils; vgl. ferner *BGH* v. 29.5.2000 – II ZR 118/98, BB 2000, 1483 = GmbHR 2000, 771 = NZG 2000, 883 – „Balsam/Procedo I"; *OLG Frankfurt a.M.* v. 24.2.2000 – 16 U 80/99, GmbHR 2000, 937 (Ls.) = OLGR Frankfurt 2000, 221 – Identität von Gesellschaftern der GbR und der GmbH; *OLG Köln* v. 29.6.2000 – 18 U 31/00, GmbHR 2001, 73 = NZG 2000, 1137 – Auszahlung einer Abfindung an langjährige Lebensgefährtin; ferner *BGH* v. 30.4.2001 – II ZR 322/99 – Zahlungen der GmbH an Dritte durch Vorstandsmitglied der AG und Geschäftsführer der GmbH; *KG Berlin* v. 11.1.2000 – 14 U 7683/97, GmbHR 2000, 775 (Ls.) = NZG 2000, 479 mit Anm. *Kleindiek* – Bestellung einer Sicherheit als Leistung der Gesellschaft (Grundschuld); *KG Berlin* v. 23.5.2000 – 14 U 6481/98, GmbHR 2000, 1265 (Ls.) = NZG 2000, 1032 – Geschäftsführerhaftung nach § 43 Abs. 3 S. 1 – Auszahlung aus dem zur Erhaltung des Stammkapitals erforderlichen Vermögens entgegen § 30 an einen Gesellschafter, Einzelheiten s.o. Rz. 1; *BGH* v. 29.3.1973 – II ZR 25/70, *BGHZ* 60, 330 – Leistung an Dritte zur Erfüllung von Gesellschafterverbindlichkeit; *BGH* v. 14.12.1959 – II ZR 187/57, *BGHZ* 31, 266 – Strohmanngründung; *BGH* v. 26.11.1979 – II ZR 104/77, *BGHZ* 75, 335 – Gesellschafterdarlehen als haftendes Stammkapital; *BGH* v. 20.2.1989 – II ZR 167/88, *BGHZ* 107, 7 – Bank als Treugeberin; *BGH* v. 9.12.2014 – II ZR 360/13 – Zahlung aus dem Vermögen einer KG an Gesellschafter der Komplementär-GmbH; *OLG Hamburg* v. 27.4.1984 – 11 U 29/84, DB 1984, 1515 – Leistung an Treugeber; *BGH* v. 28.9.1981 – II ZR 223/80, *BGHZ* 81, 365; sowie *BGH* Teilurt. v. 14.10.1985 – II ZR 276/84, WM 1986, 237; ebenso *BGH* v. 18.2.1991 – II ZR 259/89, DB 1991, 798 – Ehegatten, Kinder; *BGH* v. 21.9.1981 – II ZR 104/80, *BGHZ* 81, 311 – verbundene Unternehmen; dazu auch *BGH* v. 16.12.1991 – II ZR 294/90, NJW 1992, 1168; vgl. auch *BGH* v. 24.9.1990 – II ZR 174/89, NJW 1991, 357 – zum mittelbaren Gesellschafter; *Schneider* Mittelbare verdeckte Gewinnausschüttungen im GmbH-Konzern ZGR 1985, 279; *Noack* § 30 Rz. 24 ff.; Scholz/*Verse* § 30 Rz. 35 ff.; Lutter/Hommelhoff/*Hommelhoff* § 30 Rz. 21).

15 Auch eine **Bestellung von Sicherheiten** aus dem Gesellschaftsvermögen kann unter das Auszahlungsverbot des § 30 fallen. Hat die Gesellschaft ihrem Gesellschafter eine schuldrechtliche Sicherheit (bspw. Bürgschaft, Garantie) zur Besicherung von dessen Forderung gegen einen Dritten bestellt, liegt eine Auszahlung i.S.v. § 30 nicht bereits bei Bestellung, sondern erst bei Leistung auf die Inanspruchnahme vor (*Noack* § 30 Rz. 60 m.w.N.). Hat die Gesellschaft hingegen eine dingliche Sicherheit bestellt (bspw. Sicherungsübereignung, Sicherungszession, Grundschuld), wird teilweise vertreten, dass bereits die Bestellung (Habersack/Casper/Löbbe/*Habersack* § 30 Rz. 100), anderer Ansicht nach hingegen erst die Inanspruchnahme (*Noack* § 30 Rz. 60) eine Auszahlung darstellt. Hat die Gesellschaft Gläubigern des Gesellschafters Sicherheit für dessen Verbindlichkeiten gewährt (bspw. im Zusammenhang mit **Leveraged oder Management Buy-Outs**), stellt bereits die Bestellung eine Auszahlung i.S.d. § 30 dar (*BGH* v. 21.3.2017 – II ZR 93/16, *BGHZ* 214, 258 = NZG 2017, 658; vgl. *Noack* § 30 Rz. 60 f.), wobei auch nach Änderung durch MoMiG 2008 nicht allein bilanzielle Betrachtung, sondern auch tatsächlicher Vermögensabfluss maßgeblich ist (*Noack* § 30 Rz. 61 u.V.a. *BGH* v. 21.3.2017 – II ZR 93/16, *BGHZ* 214, 258 = NZG 2017, 685). Entsprechend ist Übernahme eines Risikos für die Verbindlichkeit des Gesellschafters ohne marktgerechte Gegenleistung (Avalprovision) bereits als Auszahlung zu qualifizieren (*Noack* § 30 Rz. 61). Ferner ist für die Frage der Zulässigkeit nach Abs. 1 S. 2 Alt. 2 auf die Wahrscheinlichkeit der Inanspruchnahme und die Werthaltigkeit des

Aufwendungsersatz- bzw. Rückgriffsanspruchs abzustellen (vgl. Scholz/*Verse* § 30
Rz. 97, 99; auch *Noack* § 30 Rz. 62; i.Ü. z.B. *Peltzer/Bell* ZIP 1993, 1757, 1761 m.w.N.),
die nach Rechtsprechung des BGH voraussetzt, dass nach vernünftiger kaufmännischer Beurteilung ein Forderungsausfall unwahrscheinlich ist (*BGH* v. 21.3.2017 –
II ZR 93/16, *BGHZ* 214, 258 = NZG 2017, 658). Die Geschäftsführung treffen daher
bereits bei Sicherheitenbestellung entsprechende Prognose- und Sorgfaltspflichten,
wobei das Risiko einer späteren unzulässigen Inanspruchnahme üblicherweise durch
Klauseln im Sicherheitenvertrag über eine Beschränkung der Leistungspflicht (**limitation language**) begrenzt wird.

Auszahlungen fallen grds. nur unter § 30 Abs. 1, wenn sie an den Gesellschafter „in sei- **16**
ner Eigenschaft als solcher" erfolgen und sie ihre Veranlassung im Gesellschaftsverhältnis finden (causa societatis – vgl. *BGH* v. 24.3.1954 – II ZR 23/53, *BGHZ* 13, 49,
54; BeckOK GmbHG/*Schmolke* § 30 Rz. 129; MüKo GmbHG/*Ekkenga* § 30 Rz. 151;
Noack § 30 Rz. 29; Scholz/*Verse* § 30 Rz. 28, 30 m.w.N.). Gesellschafter ist derjenige, der
in der in das HR aufgenommene Gesellschafterliste verzeichnet ist (§ 16 Abs. 1; *Noack*
§ 30 Rz. 23; Scholz/*Verse* § 30 Rz. 29; auch Lutter/Hommelhoff/*Hommelhoff* § 30 Rz. 18;
z. maßgeblichen Zeitpunkt s.u. Rz. 17). Klassisch sind Auszahlungen an Listengesell-
schafter wie Gewinn- und Vorabausschüttungen, Abfindungszahlungen bei Einziehung gem. § 34 Abs. 3, Ausschluss und Austritt aus wichtigem Grund sowie Leistungen
an Geschäftsführer-Gesellschafter (vgl. Scholz/*Verse* § 30 Rz. 31; BeckOK GmbHG/
Schmolke § 30 Rz. 136 ff.). Im zuletzt genannten Fall liegt infolge der Doppelstellung
als Geschäftsführer und Geschäftsführer der erforderliche Bezug zur Gesellschafterstellung vor. Ausgewogenheit von Leistung und Gegenleistung relevant für Frage der
Vollwertigkeit nach § § 30 Abs. 1 S. 2 (a.A. wohl Scholz/*Verse* § 30 Rz. 19, 30a).

Maßgeblicher **Zeitpunkt für die Beurteilung der Gesellschafterstellung** ist die Begrün- **17**
dung der Auszahlungsverpflichtung, nicht deren Durchführung (*BGH* v. 13.7.1981 –
II ZR 256/79, *BGHZ* 81, 252, 258; *Noack* § 30 Rz. 23; Scholz/*Verse* § 30 Rz. 34; Lutter/
Hommelhoff/*Hommelhoff* § 30 Rz. 8 mit Hinw. auf *OLG Rostock* v. 3.9.1997 – 6 U
557/96, GmbHR 1998, 329). Hinsichtlich der Beurteilung, ob eine Unterbilanz vorliegt, kommt es hingegen auf den Erfüllungszeitpunkt (Auszahlung) an (über die Verpflichtung hinauswirkendes Auszahlungsverbot – Scholz/*Verse* § 30 Rz. 53; *Noack* § 30
Rz. 23). Die **künftige Gesellschaftereigenschaft** ist relevant, wenn im Zeitpunkt der
Begründung der Auszahlungsverpflichtung bereits absehbar und im Zusammenhang
stehend (vgl. hierzu *BGH* v. 13.11.2007 – XI ZR 294/07, AG 2008, 120 – enger sachlicher und zeitlicher Zusammenhang und Leistung wegen künftiger Aktionärsstellung –
diese Entscheidung wird nicht nur für das AktG, sondern auch für das GmbHG als
zutreffend angesehen – vgl. Scholz/*Verse* § 30 Rz. 33, 34; auch *Noack* § 30 Rz. 23 –
zurückhaltend und vor Verallgemeinerung warnend m.w.N.; MüKo GmbHG/*Ekkenga*
§ 30 Rz. 177).

III. Die Rechtsfolgen der unzulässigen Auszahlung

Das Verbot des § 30 gilt nach Wortlaut generell. Adressat ist somit jeder, der eine **18**
unzulässige Auszahlung veranlassen könnte, bspw. Geschäftsführer, Prokuristen, ver-
bots- oder weisungswidrig anweisende oder handelnde, stehlende oder unterschla-
gende Gesellschafter (vgl. hierzu zutreffend *Noack* § 30 Rz. 64: maßg. wer Veranlasser
der Auszahlung ist; ferner ähnlich Lutter/Hommelhoff/*Hommelhoff* § 30 Rz. 2, 3; einschränkend Scholz/*Verse* § 30 Rz. 24 auf die der GmbH zurechenbaren Akte – nicht

Diebstahl und Unterschlagung durch Gesellschafter). Der Veranlassende haftet je nach Stellung (bspw. Geschäftsführer gem. § 43 Abs. 3, Prokurist nach allgemeinen Grundsätzen, d.h. ggf. Haftung aus Anstellungsvertrag (so *BGH* v. 25.6.2001 – II ZR 38/99, NJW 2001, 3123 = GmbHR 2001, 771 m. Anm. *Harnier*; *OLG Brandenburg* v. 26.2.2002 – 11 U 141/01, GmbHR 2002, 854; auch *Noack* § 30 Rz. 64; Lutter/Hommelhoff/*Hommelhoff* § 30 Rz. 3; zu allem auch MüKo GmbHG/*Ekkenga* § 30 Rz. 148 ff.). Angesichts des eindeutigen Wortlauts keine Einschränkung des Adressatenkreises, sondern allenfalls der Rechtsfolgen (bspw. keine Haftung des schuldlos verbotswidrig auszahlenden Prokuristen oder bevollmächtigtem Angestellten; Adressaten einschränkend jedoch Lutter/Hommelhoff/*Hommelhoff* § 30 Rz. 3; s.a. Scholz/*Verse* § 30 Rz. 24 m.w.N.). Immerhin wird das Verbot dann eingreifen, wenn die Geschäftsführer (vgl. auch § 43 Abs. 2) keine oder nicht ausreichende Kontrollmaßnahmen vorgesehen haben (z.B. Hinweise für Personal und Gesellschafter). Ferner wird es auch dem Gesellschafter bekannt und bewusst sein, dass er sich aus dem Vermögen der GmbH nicht selbst bedienen darf.

19   Die mitgliedschaftlichen Pflichten erfordern, dass Gesellschafter die Annahme unzulässiger Auszahlung sofern möglich verweigern (vgl. *BGH* v. 10.12.1984 – II ZR 308/83, NJW 1985, 1030; *Noack* § 30 Rz. 64; zurechenbarer Akt nach Scholz/*Verse* § 30 Rz. 24).

20   Die Darlegungs- und Beweislast für Auszahlung nach Abs. 1 trifft die GmbH, für die Voraussetzungen des Abs. 1 S. 2 den in Anspruch genommene Gesellschafter – ebenso für das Vorliegen eines unschädlichen „Drittgeschäfts" (*Noack* § 30 Rz. 65 m.w.N.; ausführlich auch Scholz/*Verse* § 30 Rz. 113 ff. und 115, 116).

21   Die Verpflichtung der Gesellschaft zur Auszahlung ist nicht gem. § 134 BGB nichtig, ihr Vollzug jedoch so lange „gehemmt", wie Unterbilanz besteht, wobei die Hemmung endet, wenn die Unterbilanz beseitigt ist (so *BGH* v. 23.6.1997 – II ZR 20/95, GmbHR 1997, 790; *BGH* v. 25.6.2001 – II ZR 38/99, NJW 2001, 3123; Lutter/Hommelhoff/*Hommelhoff* § 30 Rz. 51 f.; auch Scholz/*Verse* § 30 Rz. 120; ebenso *Noack* § 30 Rz. 67). § 30 entgegenstehende Gesellschafterbeschlüsse sind nicht vollziehbar. Eine generelle Nichtigkeit (vgl. § 134 BGB) des Verpflichtungs- und Verfügungsgeschäfts liegt grds. nicht vor (zu dieser Problematik Lutter/Hommelhoff/*Hommelhoff* § 30 Rz. 51 f.; keine Nichtigkeit selbst bei bewusstem Verstoß *BGH* v. 25.6.2001 – II ZR 38/99, NJW 2001, 3123; *Noack* § 30 Rz. 67; Scholz/*Verse* § 30 Rz. 120 mit ausführl. Begründung).

22   I.Ü. greift beim Auszahlungsverbot die gesellschaftsrechtliche Erstattungspflicht nach § 31 ein, auf dessen Kommentierung verwiesen wird.

IV. Bestehen eines Beherrschungs- oder Gewinnabführungsvertrags – vollwertige Deckung

23   Nach dem durch MoMiG 2008 eingefügten S. 2 gilt Auszahlungsverbot des S. 1 nicht für Leistungen, die im Rahmen eines bestehenden Beherrschungs- oder Gewinnabführungsvertrags (§ 291 AktG) erfolgen oder durch einen vollwertigen Gegenleistungs- oder Rückgewähranspruch gegen den betreffenden Gesellschafter gedeckt sind. Die Ergänzung erfolgte vor dem Hintergrund der Unsicherheit über die Zulässigkeit von Darlehen und anderen Leistungen mit Kreditcharakter durch die GmbH an ihren Gesellschafter („**upstream loans**") und der in Konzernen verbreiteten Praxis des sog. Cash Poolings (so RegE, BT-Drucks. 16/6140, S. 41 li. Sp.; zum Begriff vgl.

hier § 19). Cash Pooling ist meist ökonomisch sinnvoll und auch im Interesse der eingebundenen Konzerntöchter (so RegE, BT-Drucks. 16/6140, S. 41 li. Sp.). Die Anwendung der Kapitalerhaltungsregeln auf das Cash Pooling kann abhängig von ihrer Interpretation international tätige Konzerne vor erhebliche praktische Schwierigkeiten stellen. Im RegE (BT-Drucks. 16/6140, S. 41 li. Sp.) wird insofern unter Hinweise auf die Entscheidung des *BGH* v. 24.11.2003 – II ZR 171/01, *BGHZ* 157, 72 = DB 2004, 371 = NJW 2004, 1111) und die damit entstandene Unsicherheit in der Praxis hingewiesen (vgl. nunmehr *BGH* v. 16.1.2006 – II ZR 76/04, *BGHZ* 166, 8 – Cash-Pool I sowie *BGH* v. 20.7.2009 – II ZR 273/07, *BGHZ* 182, 103 – Cash-Pool II – vgl. i.Ü. § 19).

Die Ausnahme des S. 2 Alt. 1 gilt für Beherrschungs- wie auch Gewinnabführungsver- **24** trag (§ 291 Abs. 1 AktG), nicht aber für sonstige Unternehmensverträge gem. § 292 AktG (Scholz/*Verse* § 30 Rz. 73, 74, auch nicht entsprechende Anwendung; *Noack* § 30 Rz. 44 f., *Bormann/Ulrichs* in Römermann/Wachter/Bormann/Ulrichs, GmbH-Beratungen nach dem MoMiG, Sonderheft GmbHR 2008, S. 47; auch Rowedder/Pentz/ *Pentz* § 30 Rz. 123; BeckOK GmbHG/*Schmolke* § 30 Rz. 161). Die Ausnahme wird mit Blick auf die Verlustausgleichspflicht der Muttergesellschaft nach § 302 AktG analog für vertretbar gehalten. Allerdings wird dies nicht gelten, wenn die Ausgleichspflicht der Muttergesellschaft zweifelhaft ist. Sobald die Solvenz der Muttergesellschaft zweifelhaft ist, kommt die Kündigung der Unternehmensverträge nach § 297 Abs. 1 S. 2 AktG analog als wichtigem Grund in Betracht. Gerät die Muttergesellschaft mit ihrer Solvenz in Zweifel, ruhen die Pflichten der abhängigen Gesellschaft aus den Unternehmensverträgen. Bei Unterlassen der Kündigung oder Weiterbefolgung der Weisungen der Muttergesellschaft durch die Geschäftsführung haftet die GmbH. Der Geschäftsführung obliegen folglich entspr. Pflichten, insb. die Prüfung der Bonität der Obergesellschaft (vgl. hierzu *Noack* § 30 Rz. 45; Scholz/*Verse* § 30 Rz. 75; auch Lutter/ Hommelhoff/*Hommelhoff* § 30 Rz. 41 ff.; vgl. hierzu auch *BGH* v. 1.12.2008 – II ZR 102/07, GmbHR 2009, 199; auch *Bormann/Ulrichs* in Römermann/Wachter/Bormann/ Ulrichs, GmbH-Beratungen nach dem MoMiG, Sonderheft GmbHR 2008, S. 47 m.w.N.) – und zwar auch bei Weisungen der Muttergesellschaft, Leistungen z.B. an andere Konzern- oder in Geschäftsverbindung stehende Unternehmen (zu den Pflichten der Geschäftsführer Lutter/Hommelhoff/*Hommelhoff* § 30 Rz. 41a f., 41d; *Klein* Pflichten und Haftungsrisiko der Geschäftsleitung beim Cash Pooling, ZIP 2017, 258; *BGH* v. 1.12.2008 – II ZR 102/07, GmbHR 2009, 199; *Wicke* § 30 Rz. 14; *Bormann/ Ulrichs* in Römermann/Wachter/Bormann/Ulrichs, GmbH-Beratungen nach dem MoMiG, Sonderheft GmbHR 2008, S. 47/48). Bei Cash Pooling-Systemen muss der entsprechende Rahmenvertrag bereits den Vorgaben des § 30 Abs. 1 S. 1 entsprechen (Vollwertigkeitsanspruch, Informations- und Reaktionssystem der Geschäftsführer und der Konzerngeschäftsleitung, Pflicht und Recht des Geschäftsführers zur außerordentlichen Kündigung des Rahmenvertrags bzw. des Unternehmensvertrags – hierzu ausführl. Lutter/Hommelhoff/*Hommelhoff* § 30 Rz. 38, insges. 37–46; Scholz/*Verse* § 30 Rz. 73 darauf hinweisend, dass § 30 Abs. 1 S. 2 weiter geht als die §§ 57 Abs. 3 S. 3, 291 Abs. 3 AktG, weil die Kapitalbindung „bei Bestehen" eines Beherrschungs- oder Gewinnabführungsvertrags für sämtliche Leistungen nicht eingreift; auch *Noack* § 30 Rz. 45 – dort auch m.w.N. der hinsichtlich bei Unterbilanz und Geschäftsführerpflichten sowie Haftung str. Ansichten; zum Verbot existenzgefährdender Anweisungen der Muttergesellschaft *OLG Düsseldorf* v. 7.6.1990 – 19 W 13/86, AG 1990, 492).

25 Es wäre vom Gesetzgeber zu erwarten gewesen, dass auch in diesen Fällen der Unternehmensverträge klargestellt worden wäre, dass die Vollwertigkeit des Anspruchs auch bei diesen Verträgen ihre Bedeutung nicht verloren hat (vgl. Scholz/*Verse* § 30 Rz. 75; auch bereits *Bormann/Ulrichs* in Römermann/Wachter/Bormann/Ulrichs, GmbH-Beratungen nach dem MoMiG, Sonderheft GmbHR 2008, S. 48; ferner der RegE, BT-Drucks. 16/6140, S. 41 re. Sp.: „In allen Fällen nämlich, in denen die vertragliche Leistung an den Gesellschafter durch einen vollwertigen Gegenleistungs- oder Rückerstattungsanspruch gegen diesen gedeckt wird, kann es zur Annahme einer verbotenen Auszahlung nur kommen, wenn man den Anspruch auf Gegenleistung oder Rückerstattung geistig ausblendet, also Abschied nimmt von der bilanziellen Betrachtungsweise. Dies würde aber zugleich den Schutz des § 30 von einem Vermögensschutz zu einem gegenständlichen Schutz erweitern. In § 30 Abs. 1 S. 1 heißt es jedoch, dass „das Vermögen" nicht ausgezahlt werden darf." Nur bei einer Leistung, die durch einen vollwertigen Gegenleistungs- oder Rückerstattungsanspruch gedeckt wird, wird nach dem RegE (BT-Drucks. 16/6140, S. 41 re. Sp.) ein Aktivtausch vorgenommen: „Die Durchsetzbarkeit der Forderung ist Teil der Definition des Begriffs der Vollwertigkeit und bedarf daher keiner besonderen Erwähnung. Spätere nicht vorhersehbare negative Entwicklungen der Forderung gegen den Gesellschafter und bilanzielle Abwertungen führen nicht nachträglich zu einer verbotenen Auszahlung." Letztlich bürdet die Neufassung dem Geschäftsführer der GmbH erhebliche Sorgfaltspflichten auf, wenn er entsprechende Forderungen stehen lässt, obwohl er sie hätte einfordern können. Ferner weist der Gesetzgeber (RegE, BT-Drucks. 16/6140, S. 41 re. Sp.) darauf hin, dass spätere Abwertungen auch zur Verlustanzeigepflicht nach § 49 Abs. 3 führen können. Das Deckungsgebot verlangt bei einem Austauschvertrag nicht nur die Vollwertigkeit des Zahlungsanspruchs gegen den Gesellschafter, sondern auch die wertmäßige Deckung nach Marktwerten und nicht nach Abschreibungswerten des geleisteten Gegenstands (RegE, BT-Drucks. 16/6140, S. 41 re. Sp.). § 30 ist i.Ü. nach dem Gesetzgeber als vor dem Hintergrund anderer Schutzinstrumente im Gesellschaftsrecht zu sehen, dem Deliktsrecht, den Rechtsprechungsregeln über den existenzvernichtenden Eingriff, der Geschäftsführerhaftung nach § 43 und der Insolvenzanfechtung sowie dem neuen § 64 Abs. 2 zu sehen, der Ausplünderungen durch Gesellschafter im Vorfeld der Insolvenz verhindert (zum „Gesamtsystem" des Kapitalschutzes etwa Lutter/Hommelhoff/*Hommelhoff* § 30 Rz. 1 m.w.N.).

26 Geschützt ist das „Vermögen" der GmbH. Damit sind Leistungen, die eine Unterbilanz „herbeiführen oder vertiefen", nicht zulässig. Das „Vermögen" ist durch einen Vergleich des Stammkapitals mit dem nach allg. Bilanzierungsgrundsätzen ermittelten Gesellschaftsvermögen zu ermitteln (vgl. o. Rz. 7, 8, 10).

V. Rückgewähr von Gesellschafterdarlehen und Leistungen

27 Durch den mit MoMiG 2008 eingefügten Abs. 1 S. 3 findet das Auszahlungsverbot des Abs. 1 S. 1 auf die Rückgewähr eines Gesellschafterdarlehens und Leistungen auf Forderungen aus Rechtshandlungen, die einem Gesellschafterdarlehen wirtschaftlich entsprechen, keine Anwendung. Dadurch wird die Rechtsfigur des eigenkapitalersetzenden Gesellschafterdarlehens aufgegeben und wie in S. 2 durch eine bilanzielle Betrachtungsweise ersetzt (RegE, BT-Drucks. 16/6140, S. 42 li. Sp.). Tilgungsleistungen auf solche Forderungen können folglich keine nach S. 1 verbotenen Auszahlungen des zur Erhaltung des Stammkapitals erforderlichen Vermögens sein (zu den Zielen des Gesetzgebers nach den Auswirkungen der Entscheidung *BGH* v. 24.11.2003 – II ZR 171/01, *BGHZ* 157, 72 = DB 2004, 371 = NJW 2004, 1111, ausführlich Scholz/ *Verse* § 30 Rz. 107 f. m.w.N.; s. auch BT-Drucks. 16/6140 S. 41 li. Sp.). Gleiches gilt für Zahlung marktgerechter Zinsen (Habersack/Casper/Löbbe/*Habersack* § 30 Rz. 114). Hintergrund der Novellierung war u.a. das Ziel des Gesetzgebers, das durch das sog. Novemberurteil des *BGH* a.a.O., bedrohte Cash-Pooling als „im Grundsatz ökonomisch sinnvollen" Weg zuzulassen (Lutter/Hommelhoff/*Hommelhoff* § 30 Rz. 37; Scholz/*Verse* § 30 Rz. 78).

Durch den Verzicht auf die Rechtsprechungsregelungen zu eigenkapitalersetzenden **28** Gesellschafterdarlehen und den gleichzeitigen Ausbau der weiteren Bestimmungen, sog. Novellen-Regelungen (vgl. insb. Art. 9 Nr. 5, 6, 8 und 9 sowie Art. 11 MoMiG) wollte der Gesetzgeber die Rechtslage erheblich einfacher und übersichtlicher gestalten. Auszahlungen auf Forderungen aus Gesellschafterdarlehen unterliegen auch hier nur den allg. insolvenzrechtlichen Regelungen (vgl. §§ 39 Abs. 1 Nr. 5, 135 Abs. 1 InsO). Nach neuer Rechtslage ist damit die Kreditgewährung an einen hinreichend solventen Gesellschafter auch dann zulässig, wenn sich die GmbH bereits in der Unterbilanz befindet, mithin in den Fällen, in denen einem kreditwürdigen Gesellschafter ein angemessen verzinstes Darlehen gewährt wird, obwohl das Stammkapital nicht durch das Gesellschaftsvermögen gedeckt ist (Scholz/*Verse* § 30 Rz. 107; MüKo GmbHG/*Ekkenga* § 30 Rz. 263; *Winter* DStR 2007, 1484, 1485). Grundsätzlich zulässig sind Darlehen, Austauschverträge oder auch Bürgschaften etc. Finanzierungshilfen (hierzu Scholz/*Verse* § 30 Rz. 107: „wirtschaftlich entsprechen"), wenn die Gesellschaft einen vollwertigen Gegenleistungs- oder Rückgewähranspruch erhält. Das gilt selbst dann, wenn die Gesellschaft im Augenblick der Auszahlung eine Unterbilanz aufweist (hierzu o. Rz. 9; hierzu z.B. Lutter/Hommelhoff/*Hommelhoff* § 30 Rz. 25 f.).

§ 30 Abs. 1 S. 2 verlangt die Beachtung des Deckungsgebots (zur Bedeutung neben **29** dem Vollwertigkeitsgebot Lutter/Hommelhoff/*Hommelhoff* § 30 Rz. 32, 33; auch Scholz/*Verse* § 30 Rz. 78, 79, 81). Insofern ist der Vermögensabfluss auf der Basis des Marktwerts im Zeitpunkt der Erfüllung maßgeblich. Sofern die GmbH und der Gesellschafter den von der GmbH veräußerten Gegenstand bei Abschluss des Verpflichtungsgeschäfts angemessen bewerten und dieses Austauschgeschäft einem sog. Drittvergleich standhält, liegt keine verbotene Auszahlung vor (Scholz/*Verse* § 30 Rz. 82; ferner *Noack* § 30 Rz. 39; auch Lutter/Hommelhoff/*Hommelhoff* § 30 Rz. 32). Vollwertigkeit richtet sich nach dem Willen des Gesetzgebers nach bilanziellen Grundsätzen des § 253 Abs. 1, Abs. 3 HGB. Damit wird der unter diesem Aspekt der ansonsten nach § 30 Abs. 1 S. 1 durchzuführende „Drittvergleich" entbehrlich (Erleichterung insb. des Cash-Pooling – hierzu Scholz/*Verse* § 30 Rz. 84; auch *Noack* § 30 Rz. 42).

Solange der Anspruch auf Verlustausgleich z.B. gegen die Muttergesellschaft vollwer **30** tig ist, können also auch Zahlungen aus dem gebundenen Kapital erfolgen (*Bormann/ Ulrichs* in Römermann/Wachter/Bormann/Ulrichs, GmbH-Beratungen nach dem MoMiG, Sonderheft GmbHR 2008, S. 48). Hier ergeben sich entscheidende Unterschiede zwischen § 30 und § 19 Abs. 5. Schutzlücken sollen nach Gesetzgeber dadurch nicht entstehen bzw. werden durch flankierende Regelungen im Anfechtungsrecht geschlossen RegE, BT-Drucks. 16/6140, S. 42 li. Sp.). Die Rückzahlung des Gesellschafterkredits ist während des normalen Lebens der Gesellschaft grds. unproblematisch und wird erst in der Insolvenz krit. so dass es wenig Bedarf für andere Instrumente gibt; zudem werden Zahlungen im Vorfeld der Insolvenz regelmäßig im Ein-Jahreszeitraum vor der Insolvenz stattfinden und damit von § 135 InsO erfasst (RegE, BT-Drucks. 16/6140, S. 42 li. Sp.). Des Weiteren ist zugunsten der Gläubiger für den Fall der Anfechtung außerhalb des Insolvenzverfahrens eine Korrektur der Anfechtungsfrist nach § 6 AnfG vorgesehen. Auch wird im Anfechtungsgesetz eine Schutzlücke geschlossen, die durch das Fehlen einer dem geltenden § 32b entspr. Regelung bedingt war (vgl. Art. 11 Nr. 1 MoMiG).

31 Spätere, nicht vorhersehbare negative Entwicklungen der Forderung gegen den Gesellschafter und bilanzielle Abwertungen sind grds. irrelevant, da der maßgebende Zeitpunkt der der Leistung ist, es sei denn die Geschäftsführerpflichten nach § 43 sind verletzt (Stehenlassen der Forderung trotz Einforderungsgebots; BT-Drucks. 16/6140, S. 41 re. Sp.; vgl. hierzu Scholz/*Verse* § 30 Rz. 88 m.w.N.; *Wicke* § 30 Rz. 11). Damit sind auch Zahlungen in einen Cash Pool (vgl. hierzu Muster 20), nach dem Gesetzgeber eine sinnvolle Finanzierungspraxis (RegE, BT-Drucks. 16/6140, S. 40 re. Sp.), bei Vollwertigkeit der Ansprüche der GmbH unbedenklich (Scholz/*Verse* § 30 Rz. 84 ff.; ausführlich Lutter/Hommelhoff/*Hommelhoff* § 30 Rz. 37 f.; *Bormann/Ulrichs* in Römermann/Wachter/Bormann/Ulrichs, GmbH-Beratungen nach dem MoMiG, Sonderheft GmbHR 2008, S. 50). Grds. gilt dies auch für Sicherheiten zugunsten von Gläubigern des Gesellschafters sowie für Austauschverträge zwischen der GmbH und den Gesellschaftern (vgl. RegE, BT-Drucks. 16/6140, S. 41 re. Sp.; ausführlich hierzu Scholz/*Verse* § 30 Rz. 96 f.; zu Sicherheiten in Cash-Pool-Systemen Lutter/Hommelhoff/*Hommelhoff* § 30 Rz. 37, 42 ff.; *Wicke* § 30 Rz. 12, 13; auch *Bormann/Ulrichs* in Römermann/Wachter/Bormann/Ulrichs, GmbH-Beratungen nach dem MoMiG, Sonderheft GmbHR 2008, S. 40; zum Fehlen banküblicher Sicherheiten *BGH* v. 1.12.2008 – II ZR 102/07, GmbHR 2009, 199).

32 I.Ü. ist auf die weitere Fallgestaltung der Rückgewähr von Gesellschafterdarlehen und Leistungen auf Forderungen nach § 30 Abs. 1 S. 3 zu verweisen, die die dritte Ausnahme vom Auszahlungsverbot bildet. Voraussetzung ist zunächst, dass eine Rückgewähr von Gesellschafterdarlehen betroffen ist. Das bedeutet, dass die Rückzahlung von Darlehen, die nicht aus zur Erhaltung des Stammkapitals stammen, zulässig sind – allerdings greifen insofern die §§ 39 Abs. 1 Nr. 5 InsO (Nachrangigkeit in der Insolvenz), 135 Abs. 1 Nr. 2 InsO (Anfechtung bei Rückzahlungen innerhalb eines Jahres vor Insolvenzantrag) und u.a. auch §§ 6a, 11 Abs. 3 AnfG) ein (vgl. Scholz/*Verse* § 30 Rz. 107, 108). Diese Grundsätze greifen auch ein, sofern wirtschaftlich Gesellschafterdarlehn entsprechende Leistungen auf Forderungen betroffen sind.

33 Einzelfragen

– Leveraged Buy-Out (LBO) – Transaktionen und Frage der Durchsetzbarkeit der Forderungen bei mit geringen Mitteln ausgestatteter Erwerbsgesellschaft und Problem der Vollwertigkeit des Darlehensrückzahlungsanspruches – soll in der Regel nicht gegeben sein (vgl. RegE, BT-Drucks. 16/6140, S. 41; hierzu Scholz/*Verse* § 30 Rz. 87 – Einzelfall entscheidend; *Noack* § 30 Rz. 42; hierzu auch *Riegger* Kapitalgesellschaftsrechtliche Grenzen der Finanzierung von Unternehmensübernahmen durch Investoren, ZGR 2008, 233; *Söhner* Leveraged-Buy-outs und Kapitalschutz, ZIP 2011, 2085; auf Einzelfall abstellend *Käpplinger* „Upstream"-Darlehen an Akquisitionsvehikel: Sind diese wirklich mit § 30 GmbHG unvereinbar? NZG 2010, 1411).

– Auszahlungsverbot in der GmbH & Co KG – Für die Komplementär-GmbH greift die Auszahlungssperre ebenfalls ein. Auszahlungen aus dem Vermögen der GmbH sind nach den o. dargelegten Grundsätzen zu behandeln (auch bei der UG mit entsprechenden Besonderheiten – hierzu Scholz/*Verse* § 30 Rz. 129 f.; *Noack* § 30 Rz. 68 ff.; ausführl. Lutter/Hommelhoff/*Hommelhoff* § 30 Rz. 60 ff. – hierzu *BGH* v. 29.3.1973 – II ZR 25/70, *BGHZ* 60, 324; *BGH* v. 10.12.2007 – II ZR 180/06, NZG 2008, 143). Denkbar sind Verstöße bei Zahlungen der GmbH an „Kommanditisten-GmbH-Gesellschafter" oder Zahlungen der KG an vom GmbH-Gesellschafter beherrschte KG; auch an Nur-Kommanditisten – vgl. Scholz/*Verse* § 30 Rz. 131; ferner *Noack* § 30 Rz. 68, 70).

VI. Nachschussrückzahlungen

Die Vorschrift des § 30 Abs. 2 ist durch die Reform nicht verändert worden. Nachschüsse unterliegen nicht der strengen Bindung wie das Stammkapital. Gleichwohl dürfen sie wie bisher nur zurückgezahlt werden, wenn   **34**

– die entspr. Beträge nicht zur Deckung des Verlusts am Stammkapital nötig sind (keine Unterbilanz bzw. Überschuldung!),
– ein entspr. Gesellschafterbeschluss nach § 46 Nr. 3 vorliegt,
– die Dreimonatsfrist nach Bekanntmachung des Beschlusses (Sperrfrist) abgelaufen ist.

Die Sperrfrist soll die Gläubiger sicherstellen. Die Bekanntmachung hat in den satzungsmäßigen Veröffentlichungsblättern und bei Fehlen einer entspr. Bestimmung nach den §§ 10, 11 HGB zu erfolgen.   **35**

Eine besondere Regelung hat der Fall des § 28 Abs. 2 erfahren. Er lässt die Einforderung von Nachschüssen vor voller Einforderung des Stammkapitals zu. In dem von § 30 betroffenen Zusammenhang wird für diese Fälle die Volleinzahlung vor Rückzahlung der Nachschüsse angeordnet.   **36**

Die Bestimmung ist – wie § 30 Abs. 1 – zwingend und eng auszulegen. Sie gilt auch für verdeckte Rückzahlungen (*Noack* § 30 Rz. 72; auch Lutter/Hommelhoff/*Hommelhoff* § 30 Rz. 68).   **37**

Werden Nachschüsse entgegen § 30 Abs. 2 zurückgezahlt, so besteht ein Erstattungsanspruch nach § 31. Entscheidungen sind, soweit ersichtlich, nicht vorliegend.   **38**

§ 31   Erstattung verbotener Rückzahlungen

(1) Zahlungen, welche den Vorschriften des § 30 zuwider geleistet sind, müssen der Gesellschaft erstattet werden.

(2) War der Empfänger in gutem Glauben, so kann die Erstattung nur insoweit verlangt werden, als sie zur Befriedigung der Gesellschaftsgläubiger erforderlich ist.

(3) ¹Ist die Erstattung von dem Empfänger nicht zu erlangen, so haften für den zu erstattenden Betrag, soweit er zur Befriedigung der Gesellschaftsgläubiger erforderlich ist, die übrigen Gesellschafter nach Verhältnis ihrer Geschäftsanteile. ²Beiträge, welche von einzelnen Gesellschaftern nicht zu erlangen sind, werden nach dem bezeichneten Verhältnis auf die übrigen verteilt.

(4) Zahlungen, welche auf Grund der vorstehenden Bestimmungen zu leisten sind, können den Verpflichteten nicht erlassen werden.

(5) ¹Die Ansprüche der Gesellschaft verjähren in den Fällen des Abs. 1 in zehn Jahren sowie in den Fällen des Abs. 3 in fünf Jahren. ²Die Verjährung beginnt mit dem Ablauf des Tages, an welchem die Zahlung, deren Erstattung beansprucht wird, geleistet ist. ³In den Fällen des Abs. 1 findet § 19 Abs. 6 Satz 2 entsprechende Anwendung.

(6) ¹Für die in den Fällen des Abs. 3 geleistete Erstattung einer Zahlung sind den Gesellschaftern die Geschäftsführer, welchen in Betreff der geleisteten Zahlung ein Verschulden zur Last fällt, solidarisch zum Ersatz verpflichtet. ²Die Bestimmungen in § 43 Abs. 1 und 4 finden entsprechende Anwendung.

Übersicht

Rechtsprechung zu §§ 30, 31 Abs. 3 S. 1, Abs. 5 S. 2 *BGH* v. 21.3.2017 – II ZR 93/16 – Auszahlung zu Lasten des Stammkapitals durch Sicherheit für unsicheren Rückzahlungsanspruch; *Altmeppen* Wie lange noch gilt das alte Kapitalersatzrecht?, ZIP 2011, 641; auch *Hölzle* Bindung von Gesellschafterhilfen in der Krise der GmbH durch Richterrecht? – Zur Vermeidung von Schutzlücken im MoMiG, ZIP 2011, 650; *Meister* Die Sicherheitsleistung der GmbH für Gesellschafterverbindlichkeiten, WPM 1980, 390; *Müller* Fortbestand oder Untergang des Erstattungsanspruchs aus § 31 GmbHG bei Wegfall der Auszahlungssperre?, ZIP 1996, 941; *Nassall* Kapitalersatz bei der GmbH – Abschied für immer oder Wiederkehr in anderer Gestalt?, NJW 2010, 2305; *Peltzer/Bell* Besicherung von Gesellschafterkrediten mit dem GmbH-Vermögen?, ZIP 1993, 1757; *K. Schmidt* Summenmäßige Grenzen der Haftung von Mitgesellschaftern aus eigenständigen Rücklagen (§ 24 GmbHG) und verbotenen Ausschüttungen (§ 31 Abs. 3 GmbHG), BB 1985, 154 ff.; vgl. auch *Zinger* Zur Haftung von Gesellschaftern für die Abfindung ausscheidender GmbH-Gesellschafter, ZGR 2017, 196.

I. Allgemeines

1 Die Vorschrift wurde weder durch die Reform 2008 noch durch die Reform 1980 berührt. Der eigenständige Anspruch ist gesellschaftsrechtlicher Natur und beinhaltet einen Rückgewähranspruch bei Verstoß gegen § 30 Abs. 1 S. 1 oder Abs. 2 (*Noack* § 31 Rz. 1, 3; MüKo GmbHG/*Ekkenga* § 31 Rz. 1; Scholz/*Verse* § 31 Rz. 1; Lutter/Hommelhoff/*Hommelhoff* § 31 Rz. 1; *BGH* v. 14.12.1959 -II ZR 187/59 *BGHZ* 31, 258, 265; *OLG München* v. 9.12.1982 – 24 U 227/82, DB 1983, 166). Praktische Bedeutung entfaltet die Vorschrift meist erst bei der Insolvenz der GmbH (hierzu näher MüKo GmbHG/*Ekkenga* § 31 Rz. 2) Bereicherungsrechtliche Ansprüche können daneben bestehen (*Noack* § 31 Rz. 4; Scholz/*Verse* § 31 Rz. 31; Lutter/Hommelhoff/*Hommelhoff* § 31 Rz. 2). Die Vorschrift ist zwingend, sie dient der Kapitalaufbringung, -erhaltung und dem Gläubigerschutz (*Noack* § 31 Rz. 1 f.). Zur Ausfallhaftung nach § 31 Abs. 3 s. u. Rz. 11; ferner schon *K. Schmidt* Summenmäßige Grenzen der Haftung von Mitgesellschaftern aus eigenständigen Rücklagen (§ 24 GmbHG) und verbotenen Ausschüttungen (§ 31 Abs. 3 GmbHG), BB 1985, 154 ff. Vgl. i. Ü. die Rspr. *BGH* v. 8.12.1986 –

II ZR 55/86, NJW 1987, 779 = ZIP 1987, 370, 371; *BGH* v. 11.5.1987 – II ZR 226/86, NJW 1988, 139; ferner *Müller* Fortbestand oder Untergang des Erstattungsanspruchs aus § 31 GmbHG bei Wegfall der Auszahlungssperre?, ZIP 1996, 941. Zur Anwendung auf die UG vgl. o. § 30 Rz. 2; auch Scholz/*Verse* § 31 Rz. 4). Zu Altfällen vgl. *BGH* Teilversäumnisurt. v. 20.7.2009 – II ZR 36/08 – Computer-Anlage; auch *Altmeppen* Wie lange noch gilt das alte Kapitalersatzrecht?, ZIP 2011, 641; auch *Hölzle* Bindung von Gesellschafterhilfen in der Krise der GmbH durch Richterrecht? – Zur Vermeidung von Schutzlücken im MoMIG, ZIP 2011, 650; *Nassall* Kapitalersatz bei der GmbH – Abschied für immer oder Wiederkehr in anderer Gestalt?, NJW 2010, 2305.

II. Der Erstattungsanspruch der Gesellschaft

Voraussetzung für den Anspruch ist ein Verstoß gegen § 30 Abs. 1 bzw. 2. Der **2** Anspruch ist bei Vorliegen der Voraussetzungen des § 30 sofort fällig (Scholz/*Verse* § 31 Rz. 21; auch *Wicke* § 31 Rz. 2; *BGH* v. 8.12.1986 – II ZR 55/86, NJW 1987, 779 = ZIP 1987, 370, 371; auch *BGH* v. 11.5.1987 – II ZR 226/86, NJW 1988, 139 = ZIP 1987, 1113; *Noack* § 31 Rz. 5; Lutter/Hommelhoff/*Hommelhoff* § 31 Rz. 11). Nach h.M. lässt eine danach erfolgende nachhaltige Behebung der Unterbilanz infolge des damit verbundenen erreichten Zwecks (Kapitalerhaltung und Gläubigerschutz) den Anspruch nicht erlöschen (Scholz/*Verse* § 30 Rz. 25; so *BGH* v. 11.5.1987 – II ZR 226/86, NJW 1988, 139 = ZIP 1987, 1113; Aufgabe dieser Rechtsprechung in *BGH* v. 29.5.2000 – II ZR 118/98, *BGHZ* 144, 336, bestätigt durch *BGH* v. 23.4.2012 – II ZR 252/10, Rz. 29 – Wirtschaftsakademie; krit. zur früheren Rechtsprechung Lutter/Hommelhoff/*Hommelhoff* § 31 Rz. 12; Scholz/*Verse* § 31 Rz. 25f m.w.N.; ferner *Noack* § 31 Rz. 17 ebenfalls m.w.N.; hierzu auch *Müller* Fortbestand oder Untergang des Erstattungsanspruchs aus § 31 GmbHG bei Wegfall der Auszahlungssperre?, ZIP 1996, 941). Ein Gesellschafterbeschluss gem. § 46 Nr. 2 GmbHG ist für die Fälligkeit nicht erforderlich (*BGH* v. 8.12.1986 – II ZR 55/86, ZIP 1987, 370, 371; Scholz/*Verse* § 31 Rz. 21; *Noack* § 31 Rz. 5; Lutter/Hommelhoff/*Hommelhoff* § 31 Rz. 11).

Gläubiger ist die Gesellschaft, nicht der Gesellschaftsgläubiger, wenn auch der **3** Anspruch der Gesellschaft zur Befriedigung eines Gläubigers abtretbar etc. ist (Lutter/Hommelhoff/*Hommelhoff* § 31 Rz. 3, 4; Scholz/*Verse* § 31 Rz. 7; auch *Noack* § 31 Rz. 6). Früher wurde in diesen Fällen Vollwertigkeit der Forderung des Gesellschaftsgläubigers verlangt. Seit einigen Jahren erlauben Rspr. und wohl h.L. Abtretung im Einzelfall auch dann, wenn die Forderung des Gesellschaftsgläubigers zwar fällig, aber wegen der Lage der Gesellschaft nicht vollwertig ist (*BGH* v. 7.11.1994 – II ZR 270/93, NJW 1995, 326; auch *OLG Karlsruhe* v. 11.10.1990 – 9 U 137/88, BB 1991, 1728; str. – hierzu *Noack* § 31 Rz. 6; ausführl. Scholz/*Verse* § 31 Rz. 28 f.; auch Lutter/Hommelhoff/*Hommelhoff* § 30 Rz. 4 – demnach nicht, wenn Abtretungsempfänger gesellschaftsfremder Dritter ist; MüKo GmbHG/*Ekkenga* § 31 Rz. 19 f.: bei fälliger Forderung des Drittgläubigers Vollwertigkeit irrelevant; jeweils m.w.N.). Im Fall der GmbH & Co KG gilt für unzulässige Auszahlungen an die GmbH-Gesellschafter, dass der Anspruch der KG zusteht und von der GmbH geltend gemacht wird (vgl. *BGH* v. 29.3.1979 – II ZR 25/70, *BGHZ* 60, 324, 329 f.; – str.; vgl. Scholz/*Verse* § 31 Rz. 7, 91 m. Hinw. auf st. BGH-Rspr.; *Noack* § 31 Rz. 7 m.w.N.).

Schuldner ist der Gesellschafter, der die verbotswidrige Leistung erhalten hat. Die **4** Gesellschafterstellung muss bei Begründung der Verpflichtung vorliegen (*BGH* v. 13.7.1981 – II ZR 256/79, *BGHZ* 81, 252 = ZIP 1981, 974 = DB 1981, 2066 = NJW

1981, 2570; *Noack* § 31 Rz. 8 m.w.N. der h.M.). Ausgeschiedene Gesellschafter bleiben insofern verpflichtet, die frühere Gesellschafterstellung reicht für die Inanspruchnahme aus (vgl. *BGH* v. 12.12.1983 – II ZR 14/83, NJW 1984, 1037, dort auch zur Reihenfolge der Inanspruchnahme; Lutter/Hommelhoff/*Hommelhoff* § 31 Rz. 7; *Noack* § 31 Rz. 8; auch Scholz/*Verse* § 31 Rz. 10, 11). Nehmen Dritte für den Gesellschafter die Leistung entgegen, so haftet grds. nur der Gesellschafter (mittelbarer Empfänger; vgl. *BGH* v. 28.9.1981 – II ZR 223/80, *BGHZ* 81, 365, 368; *Noack* § 31 Rz. 9 unter Hinweis auf die h.M.; auch Scholz/*Verse* § 31 Rz. 13 – vgl. hierzu o. § 30 Rz. 13 f.). Erfüllt die Gesellschaft Verbindlichkeiten des Gesellschafters, so ist er Leistungsempfänger und nicht der Dritte (vgl. *BGH* v. 28.9.1981 – II ZR 223/80, *BGHZ* 81, 365, 368; auch *BGH* v. 20.9.1982 – II ZR 268/81, WPM 1982, 1402; *Noack* § 31 Rz. 10; Lutter/Hommelhoff/ *Hommelhoff* § 30 Rz. 6; auch Scholz/*Verse* § 30 Rz. 13).

5 Leistungen an Dritte können i.Ü. betroffen sein, wenn diese auf besonderer enger persönlicher oder rechtlicher Verbindung zum Gesellschafter beruht. Maßgeblich ist der Einzelfall (Treugeber, Familienangehörige, verbundene Unternehmen etc.; (vgl. hierzu *OLG Hamburg* v. 27.4.1984 – 11 U 29/84, DB 1984, 1515 (Treugeber); *BGH* v. 28.9.1981 – II ZR 223/80, *BGHZ* 81, 365; *BGH* v. 14.10.1985 – II ZR 276/80, WM 1986, 237 (Familienangehörige); *BGH* v. 24.9.1990 – II ZR 174/89, NJW 1991, 357 (doppelstöckige Beteiligung); *BGH* v. 7.11.1988 – II ZR 46/88, *BGHZ* 106, 7; *BGH* v. 13.7.1992 – II ZR 251/91, *BGHZ* 119, 191 (Pfandrecht, stille Beteiligung); hierzu *Noack* § 31 Rz. 12, 13 m.w.N.).

6 Wird der Anspruch der Gesellschaft abgetreten oder gepfändet, so haftet der Empfänger (Zessionar, Pfändungsgläubiger) der Leistung gegenüber der Gesellschaft (vgl. § 404 BGB), der sich an den Gesellschafter halten kann (str. wie hier die h.M.; Lutter/ Hommelhoff/*Hommelhoff* § 31 Rz. 6 f.; auch *Noack* § 31 Rz. 11; sowie Scholz/*Verse* § 31 Rz. 14 m.w.N.).

7 Der Anspruch richtet sich auf vollständige Rückgewähr der erhaltenen Leistung (Geldbetrag, Gegenstände etc.). Das Auszahlungsgeschäft ist in vollem Umfange rückgängig zu machen. Hierbei ist grds. von der gegenständlichen Rückübertragung auszugehen (vgl. *Noack* § 31 Rz. 16; auch Lutter/Hommelhoff/*Hommelhoff* § 31 Rz. 9). Ob auch ein Wertausgleich in Betracht kommt, ist str. (hierzu *BGH* v. 17.3.2008 – II ZR 24/07: Darlehenstilgung durch Abtretung eines später wertlos gewordenen Geschäftsanteils – keine Ursächlichkeit; zur Verwertung von Sicherheiten *OLG Köln* v. 10.1.2008 – 18 U 203/06; vgl. *Noack* § 31 Rz. 16 f.; auch Lutter/Hommelhoff/*Hommelhoff* § 31 Rz. 9 – immer für Wertausgleich; *Joost* Grundlagen und Rechtsfolgen der Kapitalerhaltungsregeln in der GmbH, ZHR 148, 27, 53 f. (1984)). Grds. wird man nach dem Sinn der Bestimmung (Ziel: Rückführung des Auszahlungsgeschäftes auf den früheren Stand vor der verbotenen Auszahlung) den Wertausgleich ausreichen lassen, soweit durch die Zahlung ein vollständiger Ausgleich erfolgt und nicht besondere Umstände z.B. die Herausgabe des verbotswidrig überlassenen Gegenstandes verlangen – zu einem Sonderfall *BGH* v. 21.3.2017 – II ZR 93/16, GmbHR 2018, 113 – zur Auszahlung zu Lasten des Stammkapitals durch Sicherheit für unsicheren Rückzahlungsanspruch.

III. Haftungsumfang bei gutem Glauben

§ 31 Abs. 2 privilegiert den „gutgläubigen Empfänger" der Leistung. Bei Vorliegen der **8** „Gutgläubigkeit" ist nicht voller Ersatz zu leisten, sondern nur der für die Gläubigerbefriedigung erforderliche Betrag. Der gute Glaube bezieht sich auf die tatsächlichen Umstände (Unterbilanz, Vermögenslage der GmbH; vgl. § 30). Kenntnis bzw. grob fahrlässige Unkenntnis schließen den guten Glauben aus. Sorgfaltsmaßstabs ähnlich § 932 Abs. 2 BGB (vgl. *Wicke* § 31 Rz. 5; *Noack* § 31 Rz. 18a: „ähnlich wie in § 932 Abs. 2 BGB"; zum Sorgfaltsmaßstab – str. Lutter/Hommelhoff/*Hommelhoff* § 31 Rz. 17 f.; Scholz/*Verse* § 38 Rz. 38, 39; auch *Noack* § 31 Rz. 18a; i. Ü. hierzu *Meister* Die Sicherheitsleistung der GmbH für Gesellschafterverbindlichkeiten WPM 1980, 390; *Peltzer/Bell* Besicherung von Gesellschafterkrediten mit dem GmbH-Vermögen?, ZIP 1993, 1757). Die Kenntnis der gesetzlichen Bestimmungen ist nicht erforderlich, diesbezügliche Unkenntnis schließt Bösgläubigkeit im Einzelfall nicht aus (*Noack* § 31 Rz. 18a m.w.N.; vgl. *KG Berlin* v. 23.5.2000 – 14 U 6481/98, GmbHR 2000, 1265 – *HansOLG Bremen* v. 9.11.2000 – 2 U 8/99, NZG 2001, 226 – **Auszahlungsverbot des § 30 Abs. 1 betrifft auch Gesellschafter**; *OLG München* v. 9.12.1982 – 24 U 227/82, DB 1983, 166, 167; hierzu *K. Schmidt* Summenmäßige Grenzen der Haftung von Mitgesellschaftern aus eigenständigen Rücklagen (§ 24 GmbHG) und verbotenen Ausschüttungen (§ 31 Abs. 3 GmbHG, BB 1984, 1588). Entscheidend ist der Zeitpunkt der Entgegennahme der Leistung, spätere Bösgläubigkeit entscheidet nicht (*Noack* § 31 Rz. 18a).

Ist der Empfänger ein Dritter, also ein Nichtgesellschafter, stellt sich die Frage der **9** Zurechnung der Bösgläubigkeit des Gesellschafters. Ist dieser Dritte gutgläubig, so wird ihm die Bösgläubigkeit der Gesellschaft oder des Gesellschafters grds. nur zugerechnet, wenn besondere „Beziehungen" zwischen ihm und dem Gesellschafter bestehen („Nähetatbestand" – gesetzliche Vertretung, Strohmann/Hintermann, Familienangehörige etc.; vgl. *Noack* § 31 Rz. 18a; Lutter/Hommelhoff/*Hommelhoff* § 31 Rz. 18; Scholz/*Verse* § 31 Rz. 42). Die Beweislast für die Gutgläubigkeit trifft den Empfänger, die Beweislast für die Erforderlichkeit des Betrags zur Gläubigerbefriedigung die Gesellschaft (*Noack* § 31 Rz. 20; auch Scholz/*Verse* § 31 Rz. 46; Lutter/Hommelhoff/ *Hommelhoff* § 31 Rz. 17, 19; MüKo GmbHG/*Ekkenga* § 31 Rz. 52).

Guter Glaube entlastet den Gesellschafter folglich nur insoweit, als die Gesellschafts **10** gläubiger auch ohne seine Inanspruchnahme befriedigt werden können (MüKo GmbHG/*Ekkenga* § 31 Rz. 50; *BGH* v. 22.9.2003 – II ZR 229/02, GmbHR 2003, 1420 m. Anm. *Blöse* = NZG 2003, 1116; *BGH* v. 13.7.1981 – II ZR 256/79, DB 1981, 2066 = NJW 1981, 2570); vgl. auch *BGH* v. 10.10.1983 – II ZR 233/82, BB 1983, 2205 = NJW 1984, 1036; *Noack* § 31 Rz. 18). Fehlen die Voraussetzungen, so steht dem Gesellschafter/Empfänger ein Leistungsverweigerungsrecht zu. Str. ist, ob die Entlastung nicht eintritt, wenn lediglich Zahlungsstockung vorliegt (hierzu Lutter/Hommelhoff/*Hommelhoff* § 31 Rz. 19; Scholz/*Verse* § 31 Rz. 43; *Noack* § 31 Rz. 19 – m. Hinw. a. *BGH* v. 22.9.2003 – II ZR 229/02, GmbHR 2003, 1420 m. Anm. *Blöse* = NZG 2003, 1116; a.A. MüKo GmbHG/*Ekkenga* § 31 Rz. 50).

IV. Haftung der Mitgesellschafter

Betroffen sind die übrigen Gesellschafter, die zum Zeitpunkt der Leistung Gesell **11** schafter waren (§ 16 Abs. 1). Im Falle nachfolgender Veräußerung haften die Rechtsnachfolger nach § 16 Abs. 2 (*Noack* § 31 Rz. 21 f.; vgl. Scholz/*Verse* § 31 Rz. 56 ff.; Lut ter/Hommelhoff/*Hommelhoff* § 31 Rz. 20; ferner *BGH* v. 20.2.1991 – 2 StR 421/90, BB 1991, 713). Eine Haftung der Gesellschaft aus eigenen Anteilen scheidet im Ergebnis aus (*Noack* § 31 Rz. 21; Scholz/*Verse* § 31 Rz. 55). Voraussetzung ist die Nichtdurchsetzbarkeit eines Erstattungsanspruchs gegen den Empfänger der Leistung sowie die Erforderlichkeit des Betrages zur Gläubigerbefriedigung (doppelt subsidiäre Solidarhaftung, verschuldensunabh. – Lutter/Hommelhoff/*Hommelhoff* § 31 Rz. 20; *Noack* § 31 Rz. 21; Scholz/*Verse* § 30 Rz. 48). Grds. ist von dem Betrag auszugehen, den der erfolgreich nicht zu belangende Empfänger der Leistung hätte leisten müssen; allerdings wird prinzipiell der rechnerisch feststehende Betrag des Stammkapitals als Obergrenze angesehen (*Noack* § 31 Rz. 24; auch Lutter/Hommelhoff/*Hommelhoff* § 31 Rz. 22, h.M., Rspr. vgl. Scholz/*Verse* § 31 Rz. 61; auch *K. Schmidt* Summenmäßige Grenzen der Haftung von Mitgesellschaftern aus eigenständigen Rücklagen (§ 24 GmbHG) und verbotenen Ausschüttungen (§ 31 Abs. 3 GmbHG), BB 1985, 1588; vgl. *BGH* v. 25.2.2002 – II ZR 196/00, *BGHZ* 150, 61 = NJW 2002, 1803; *BGH* v. 22.9.2003 – II ZR 229/02, GmbHR 2003, 1420 m. Anm. *Blöse*; *BGH* v. 29.3.1973 – II ZR 25/70, *BGHZ* 60, 331; ferner *BGH* v. 5.2.1990 – II ZR 114/89, NJW 1990, 1730 = WM 1990, 502).

12 Liegt bei den Gesellschaftern Verschulden – in welcher Form auch immer – vor, so traf nach früherem Recht die Gesellschafter die umfassende Haftung ohne Begrenzung auf das Stammkapital (schuldhafte Mitwirkung; vgl. nunmehr *BGH* v. 25.2.2002 – II ZR 196/00, NJW 2002, 1803; *BGH* v. 22.9.2003 – II ZR 229/02, GmbHR 2003, 1420 m. Anm. *Blöse*; vgl. *BGH* v. 10.12.1984 – II ZR 308/83, *BGHZ* 93, 146; *Noack* § 31 Rz. 25; auch Scholz/*Verse* § 31 Rz. 61 m.w.N.). Insoweit kann eine Haftung nach der Rechtsnatur des existenzgefährdenden Eingriffs eingreifen – § 826 – hierzu Anh. zu § 13; *BGH* v. 16.7.2007 – II ZR 3/04, *BGHZ* 173, 246 – Trihotel; früher *BGH* v. 21.6.1999, NJW 1999, 2817; *BGH* v. 25.2.2002 – II ZR 196/00, *BGHZ* 150, 61 = NJW 2002, 1803; *Wicke* § 31 Rz. 6; ferner *Noack* § 31 Rz. 25; Scholz/*Verse* § 31 Rz. 68 m.w.N.; vgl. auch MüKo GmbHG/*Ekkenga* § 31 Rz. 71).

13 Gesellschafter, die als Gesamtschuldner die persönliche Mithaftung übernommen haben, sind im Innenverhältnis als Gesamtschuldner regelmäßig nur in Höhe ihres Anteils verpflichtet, bei Bürgschaft in Höhe ihrer Bürgschaft (*BGH* v. 27.9.2016 – XI ZR 81/15, NZG 2017, 25; zur anteiligen Haftung Scholz/*Verse* § 31 Rz. 64; ebenso *Noack* § 31 Rz. 23; zu Regressansprüchen MüKo GmbHG/*Ekkenga* § 31 Rz. 70, 88 ff.; sowie Scholz/*Verse* § 31 Rz. 67).

V. Erlass

14 § 31 Abs. 4 verbietet einen Erlass der Rückerstattungs- und Ausfallansprüche, so dass ein solcher, unabhängig von der rechtlichen Gestaltung (bspw. Erlassvereinbarung oder negatives Schuldanerkenntnis) stets nichtig ist (*Noack* § 31 Rz. 26). Stundung, Annahme an Erfüllungs statt sowie Aufrechnungen durch die Gesellschafter seit MoMiG 2008 entgegen älterer Rspr. nun wohl zulässig (vgl. *Noack* § 31 Rz. 26 m.w.N.; Scholz/*Verse* § 31 Rz. 69; ebenda Rz. 71 – Stundung; ebenda Rz. 74 – Aufrechnung; ebenda Rz. 76 – Annahme an Erfüllungs statt; *Wicke* § 31 Rz. 7; *BGH* v. 27.11.2000 – II ZR 83/00, NJW 2001, 830; *BGH* v. 24.11.2000 – II ZR 171/00, NZG 2004, 233). Die Vorschrift ist zwingend. Satzungsbestimmungen mit entgegenstehendem Inhalt sind nichtig und im Anmeldungsverfahren zu beanstanden (eventuell Zurückweisung bzw. Ausschluss der Bestimmung von der Eintragung, Vermerk in Spalte 6 – nicht oder nicht durchgängig von den Registergerichten praktiziert). Insofern ist ein strenger Maßstab anzunehmen, der auch wirtschaftlich gleichgelagerte Umgehungsgeschäfte verbietet (*Noack* § 31 Rz. 26; vgl. auch *OLG Karlsruhe* v. 11.10.1990 – 9 U 137/88, BB 1991, 1728 – Ein-Personen-GmbH: Entnahmen).

VI. Verjährung

Ansprüche der Gesellschaft aus § 31 Abs. 1 und 2 verjähren in zehn Jahren – Ansprüche nach § 31 Abs. 3 verjähren in fünf Jahren (hierzu *Wicke* § 31 Rz. 8; *Noack* § 31 Rz. 27; vgl. zur früheren Rechtslage *OLG Köln* v. 29.6.2000 – 18 U 31/00, GmbHR 2001, 73 = NZG 2000, 1137, **Auszahlung einer Abfindung an langjährige Lebensgefährtin**, Verjährung vertraglicher Ansprüche nach §§ 43 Abs. 2, 64 Abs. 2, Verjährung beginnt nicht erst bei Insolvenzeröffnung, keine Hinweispflicht des Alleingesellschafters/-geschäftsführers, **keine Pflicht zur Einleitung gerichtlicher Maßnahmen zur Verjährungsunterbrechung.** Maßgeblich für den Beginn der Verjährungsfrist ist die rechtswidrige Zahlung (Ablauf des Tages der unzulässigen Auszahlung; vgl. *Wicke* § 31 Rz. 8; *Noack* § 31 Rz. 27; *OLG München* v. 9.12.1982 – 24 U 227/82, DB 1983, 166, 167; Lutter/Hommelhoff/*Hommelhoff* § 30 Rz. 30; Scholz/*Verse* § 31 Rz. 77; vgl. *RG* v. 15.12.1941 – II 103/41, *RGZ* 168, 292 zur Problematik der Entstehung des Anspruchs bei Sicherheitenbestellung (Hypothek). In Fall der Insolvenzeröffnung kommt es zur Ablaufhemmung von 6 Monaten analog § 19 Abs. 6 S. 2 (vgl. Scholz/*Verse* § 31 Rz. 78; MüKo GmbHG/*Ekkenga* § 31 Rz. 82). Soweit Ansprüche aus § 31 Abs. 3 betroffen sind, so verjähren diese auch im Fall des bewussten Mitwirkens der Gesellschafter an der unzulässigen Leistung zugunsten des primären Schuldners nach fünf Jahren (*Noack* § 31 Rz. 28 unter Hinw. auf Begr. des RegE).

VII. Geschäftsführerhaftung

Die Geschäftsführer haften gegenüber der GmbH gesamtschuldnerisch gem. § 43 Abs. 1, 3 nach allg. kaufmännischen Sorgfaltsmaßstäben (Scholz/*Verse* § 31 Rz. 82, 84; *Meister* Die Sicherheitsleistung der GmbH für Gesellschafterverbindlichkeiten, WPM 1980, 390, 398). Geschäftsführergesellschafter haften auch nach § 31 Abs. 3 (Scholz/*Verse* § 31 Rz. 84; *Noack* § 31 Rz. 29).

Gegenüber den nach § 31 Abs. 3 (nicht bei Inanspruchnahme nach Abs. 1 und 2) in Anspruch genommenen Gesellschaftern haften die Geschäftsführer gesamtschuldnerisch bei schuldhafter Auszahlung (vgl. § 43 Abs. 3). Ein entspr. verbotswidriger Gesellschaftsbeschluss entlastet den Geschäftsführer nicht von den Pflichten des § 30; allerdings wird seine Inanspruchnahme durch die Gesellschafter unzulässig sein, wenn der Geschäftsführer die Gesellschafter auf die Unzulässigkeit der Auszahlung hingewiesen hat oder wenn die Gesellschafter sich bewusst über den § 30 hinweggesetzt haben (*Noack* § 31 Rz. 30; Scholz/*Verse* § 31 Rz. 85).

Ansprüche gegen den Geschäftsführer verjähren analog §§ 31 Abs. 5, 43 Abs. 4 in fünf Jahren beginnend mit der Zahlung des nach Abs. 3 haftenden Gesellschafters (h.M.; Beginn str. – Zahlung oder Zeitpunkt der Geltendmachung; vgl. *Noack* § 31 Rz. 30; Lutter/Hommelhoff/*Hommelhoff* § 31 Rz. 34; Scholz/*Verse* § 31 Rz. 87).

15

16

17

18

§ 32   Rückzahlung von Gewinn

Liegt die in § 31 Abs. 1 bezeichnete Voraussetzung nicht vor, so sind die Gesellschafter in keinem Fall verpflichtet, Beträge, welche sie in gutem Glauben als Gewinnanteile bezogen haben, zurückzuzahlen.

Übersicht

BGH v. 2.12.2021 – IX ZR 111/20, dort Rz. 30 zum Ausschluss der Anwendbarkeit des § 32, wenn die Voraussetzungen des § 31 Abs. 1 erfüllt sind; ebenso *BGH* v. 2.12.2021 – IX ZR 110/20.

I. Allgemeines

1 Die Bestimmung wurde durch die Reformen 1980 und 2008 nicht geändert. Die Bestimmung schützt den gutgläubigen Gewinnbezieher, sofern das Stammkapital durch die Gewinnauszahlung nicht betroffen ist, und damit der Erstattungsanspruch gem. § 31 Abs. 1 nicht in Betracht kommt, vor bereicherungs- oder gesellschaftsrechtlichen Rückforderungsansprüchen der Gesellschaft, z.B. bei Mängeln von Gewinnverteilungsbeschlüssen (vgl. Lutter/Hommelhoff/*Hommelhoff* § 32 Rz. 1; Scholz/*Verse* § 32 Rz. 1, 2; *Wicke* § 32 Rz. 1; *Noack* § 32 Rz. 1, 2). Bei Zusammentreffen mit einem Verstoß gegen den Kapitalerhaltungsgrundsatz des § 30 hingegen kann die Vorschrift zugunsten des Gesellschafters ebenso wenig eingreifen wie im Fall fehlender Gutgläubigkeit des Gesellschafters (dann ggf. Erstattungspflicht gem. § 31 Abs. 1 mit Gutglaubensschutz gem. § 31 Abs. 2; zum Grundgedanken der Vorschrift Scholz/*Verse* § 32 Rz. 1, 2).

Die Norm ist eng auszulegen, jedoch sind Einschränkungen oder Abbedingung der Norm im Gesellschaftsvertrag möglich (MüKo GmbHG/*Roßkopf/Notz* § 32 Rz. 11, 12)

II. Schutz des gutgläubigen Gewinnbeziehers

2 Voraussetzungen sind:
– kein Verstoß gegen § 30 Abs. 1,
– Gewinnbezug im Vollzug des § 29, auf der Grundlage eines Gewinnverwendungsbeschlusses oder Gewinnabführungsvertrages (d.h. Dividenden – sowohl Bar- als auch Sachdividenden –, nicht Zinsen, Gewinnvorschüsse, zurückgezahlte Nachschüsse, sonstige Zahlungen an den Gesellschafter auch bei Gewinnabhängigkeit (Tantiemen), verdeckte Gewinnausschüttungen, Doppelzahlungen, Zahlen an falsche Empfänger),
– Fehlerhaftigkeit des Gewinnverwendungsbeschlusses (Nichtigkeit, rechtskräftige Anfechtung, Satzungswidrigkeit etc.),
– Gutgläubigkeit des begünstigten Gesellschafters.

Im Einzelnen *Noack* § 32 Rz. 2–7; Lutter/Hommelhoff/*Hommelhoff* § 32 Rz. 2–5; Scholz/*Verse* § 32 Rz. 3 ff.

3 Der gute Glaube des Gesellschafters muss den Gewinnbezug betreffen. Das ist der Fall, wenn der Gesellschafter die Nichtigkeit oder Anfechtbarkeit ohne grobe Fahrlässigkeit (leicht fahrlässige Unkenntnis unschädlich) nicht kannte, vgl. § 932 Abs. 2 BGB

(*Noack* § 32 Rz. 7; *Scholz/Verse* § 32 Rz. 12; Lutter/Hommelhoff/*Hommelhoff* § 32 Rz. 4; Henssler/Strohn/*Fleischer* § 33 Rz. 9). Maßgebender Zeitpunkt ist der Augenblick des Gewinnbezugs/Empfangs, also regelmäßig bei Gutschrift auf dem Konto (*Noack* § 32 Rz. 7; *Scholz/Verse* § 32 Rz. 13 m.w.N.).

Geschützt werden Gesellschafter. Sind die Ansprüche abgetreten, so kommt es nur **4** auf die Gutgläubigkeit des Gesellschafters an (vgl. § 401 BGB; Lutter/Hommelhoff/ *Hommelhoff* § 32 Rz. 4 f.; *Noack* § 32 Rz. 6; *Scholz/Verse* § 32 Rz. 13; so auch im Grundsatz Rowedder/Pentz/*Pentz* § 32 Rz. 16, 17). Ebenso gilt die Gutgläubigkeit des Gesellschafters grds. für den Pfändungspfandgläubiger, § 835 Abs. 1 ZPO (*Scholz/Verse* § 33 Rz. 10 m.w.N.) und den Pfandgläubiger (Habersack/Casper/Löbbe/*Habersack* § 33 Rz. 8). Auch der Nießbraucher des Gesellschaftsanteils wird durch § 32 geschützt (*Scholz/Verse* § 33 Rz. 11 m.w.N.; Habersack/Casper/Löbbe/*Habersack* § 33 Rz. 9). Die Gutgläubigkeit ist vom Gesellschafter nachzuweisen (*Noack* § 32 Rz. 6; Lutter/Hommelhoff/*Hommelhoff* § 32 Rz. 8; *Scholz/Verse* § 32 Rz. 17).

Bei Gutgläubigkeit sind Rückforderungsansprüche der Gesellschaft ausgeschlossen **5** (vgl. §§ 812 ff. BGB, ggf. §§ 985 ff. BGB – anwendbar). § 32 gewährt dem Gesellschafter eine dauernde rechtshindernde Einwendung gegen Rückforderungsansprüche (*Scholz/Verse* § 32 Rz. 1; Henssler/Strohn/*Fleischer* § 32 Rz. 1).

§§ 32a, 32b

(weggefallen)

Zur Rechtslage vor Inkrafttreten des MoMiG vgl. 5. Aufl.; ferner z.B. Scholz/ **1** *K. Schmidt* nach § 32 zu §§ 32a, 32b a.F. und dort Hinw. auf die §§ 39 Abs. 1 Nr. 5, 44a, 129 a, 135, 143 InsO, §§ 6, 6a AnfG sowie Art. 103d EGInsO.

§ 33 Erwerb eigener Geschäftsanteile

(1) Die Gesellschaft kann eigene Geschäftsanteile, auf welche die Einlagen noch nicht vollständig geleistet sind, nicht erwerben oder als Pfand nehmen.

(2) ¹Eigene Geschäftsanteile, auf welche die Einlage vollständig geleistet ist, darf sie nur erwerben, sofern sie im Zeitpunkt des Erwerbs eine Rücklage in Höhe der Aufwendungen für den Erwerb bilden könnte, ohne das Stammkapital oder eine nach dem Gesellschaftsvertrag zu bildende Rücklage zu mindern, die nicht zur Zahlung an die Gesellschafter verwandt werden darf. ²Als Pfand nehmen darf sie solche Geschäftsanteile nur, soweit der Gesamtbetrag der durch Inpfandnahme eigener Geschäftsanteile gesicherten Forderungen oder, wenn der Wert der als Pfand genommenen Geschäftsanteile niedriger ist, dieser Betrag nicht höher ist als das über das Stammkapital hinaus vorhandene Vermögen. ³Ein Verstoß gegen die Sätze 1 und 2 macht den Erwerb oder die Inpfandnahme der Geschäftsanteile nicht unwirksam; jedoch ist das schuldrechtliche Geschäft über einen verbotswidrigen Erwerb oder eine verbotswidrige Inpfandnahme nichtig.

(3) Der Erwerb eigener Geschäftsanteile ist ferner zulässig zur Abfindung von Gesellschaftern nach § 29 Abs. 1, § 122i Abs. 1 Satz 2, § 125 Satz 1 i.V.m. § 29 Abs. 1 und § 207 Abs. 1 des Umwandlungsgesetzes, sofern der Erwerb binnen sechs Monaten

nach dem Wirksamwerden der Umwandlung oder nach der Rechtskraft der gerichtlichen Entscheidung erfolgt und die Gesellschaft im Zeitpunkt des Erwerbs eine Rücklage in Höhe der Aufwendungen für den Erwerb bilden könnte, ohne das Stammkapital oder eine nach dem Gesellschaftsvertrag zu bildende Rücklage zu mindern, die nicht zur Zahlung an die Gesellschafter verwandt werden darf.

Übersicht

I. Allgemeines/Bilanzrichtlinien-Gesetz/Umwandlungsgesetz

1 Die Novelle 1980 änderte und verschärfte die Vorschrift. Ferner ergaben sich Änderung und Ergänzung des BiRiLiG (1985) sowie des UmwG (1994). Dagegen war die Vorschrift durch die Reform 2008 nicht betroffen. Zwischenzeitlich sind die Vorschriften des BilMoG (2009) maßgeblich (Erwerb voll eingezahlter eigener Geschäftsanteile bilanziell wie Kapitalherabsetzung – hierzu Scholz/*Verse* § 33 Rz. 1; auch Lutter/Hommelhoff/*Hommelhoff* § 31 Rz. 5 – vgl. § 272 Abs. 1a sowie Abs. 1b HGB –Veräußerung der Geschäftsanteile). Die Norm regelt den Erwerb eigener Anteile durch die Gesellschaft. In Abs. 1 ist zwingend das Verbot des Erwerbs bzw. der Inpfandnahme vor vollständiger Einzahlung auf die Einlage, in Abs. 2 die Möglichkeit des Erwerbs nach vollständiger Einzahlung auf die Stammeinlage sowie in Abs. 3 der Erwerb in den Fällen der Verschmelzung, des Formwechsels oder der Spaltung nach dem Umwandlungsgesetz vorgesehen. Im Gegensatz zur Einziehung nach § 34 bleibt der Anteil im Fall des § 33 erhalten. Zur Lit. vgl. Scholz/*Verse* § 33 vor Rz. 1; auch Lutter/Hommelhoff/*Hommelhoff* § 33 vor Rz. 1; *Noack* § 33 vor Rz. 1).

2 Da die Norm dem Schutz der Kapitalaufbringung sowie des Kapitalerhalts und dem Gläubigerschutz dient, ist sie zwingend. Eine weitergehende Verschärfung durch Satzung ist zulässig (Scholz/*Verse* § 33 Rz. 1, 17; *Noack* § 33 Rz. 1). Verboten ist auch jegliche sonstige Umgehung der gesetzlichen Wertungen des § 33 (MüKo GmbHG/*Roßkopf/Notz* § 33 Rz. 26).

II. Unzulässigkeit von Erwerb oder Inpfandnahme

3 Wenn auf die Einlage nicht vollständig oder nur tlw. geleistet ist, ist der Erwerb durch die Gesellschaft zwingend ausgeschlossen. Da die Bestimmung der Kapitalaufbringung dient, greift die Bestimmung auch im Fall der Differenz- sowie Vorbelastungshaftung (vgl. § 9; Scholz/*Verse* § 33 Rz. 46; MüKo GmbHG/*Roßkopf/Notz* § 33 Rz. 48; Habersack/Casper/Löbbe/*Paura* § 33 Rz. 28) ein. Irrelevant ist die Einforderung ausstehender Beträge. Auch irrtümliche Annahmen der Volleinzahlung sind unbeachtlich. Nicht betroffen sind sonstige Leistungen (Agio, Nebenleistung, Zinsen, Nachschüsse etc.; Lutter/Hommelhoff/*Hommelhoff* § 33 Rz. 8; *Noack* § 33 Rz. 2; Scholz/*Verse* § 33 Rz. 6).

4 Zwischen entgeltlichem Erwerb und unentgeltlichem Erwerb z.B. aufgrund Schenkung od. Vermächtnis wird nicht unterschieden (Scholz/*Verse* § 33 Rz. 39 m.w.N.). Das Kaduzierungsverfahren nach §§ 21 f. unterliegt dieser Sonderregelung nicht und verdrängt insofern § 33 (Lutter/Hommelhoff/*Hommelhoff* § 33 Rz. 10; Habersack/Casper/ Löbbe/*Paura* § 33 Rz. 132 *Noack* § 33 Rz. 4; Scholz/*Verse* § 33 Rz. 31). Ebenso umfasst § 33 nicht den Abandon, also die Freigabe des Gesellschaftsanteils gem. § 27 sowie die Eiziehung gem. § 34 (MüKo GmbHG/*Roßkopf/Notz* § 33 Rz. 31; Habersack/Casper/ Löbbe/*Paura* § 33 Rz. 132).

Die Inpfandnahme durch die GmbH ist dem Erwerb gleichgestellt, § 33 Abs. 1 Alt. 2. **5** Das gilt in Fällen rechtsgeschäftlicher Pfandrechtsbestellung zugunsten der Gesellschaft gem. § 1274 BGB, sowie nach h.M. beim gesetzlichen Übergang des Pfandrechts gem. § 401 BGB, § 1250 Abs. 1 BGB, § 1273 Abs. 2 BGB in Folge der Abtretung von mit Pfandrecht an Gesellschaftsanteilen gesicherten Forderungen an die Gesellschaft (Scholz/*Verse* § 33 Rz. 42; MHLS/*Sosnitza* § 33 Rz. 9; MüKo GmbHG/*Roßkopf/Notz* § 33 Rz. 66 m.w.N.). Umstritten ist, ob auch das Pfändungspfandrecht, § 804 ZPO umfasst ist (befürwortend MüKo GmbHG/*Roßkopf/Notz* § 33 Rz. 66; zudem Habersack/Casper/Löbbe/*Paura* § 33 Rz. 17; ferner MHLS/*Sosnitza* § 33 Rz. 10; ablehnend Scholz/*Verse* § 33 Rz. 43; sowie Lutter/Hommelhoff/*Hommelhoff* § 33 Rz. 29 und *Noack* § 33 Rz. 5).

Über das Pfandrecht hinaus wird die Bestellung anderer Rechte nicht von § 33 erfasst (Scholz/*Verse* § 33 Rz. 44; MHLS/*Sosnitza* § 33 Rz. 11; *Noack* § 33 Rz. 5).

Volleinzahlung muss im Zeitpunkt des Abschlusses des schuldrechtlichen (Grund-)- **6** Geschäfts gegeben sein (*Altmeppen* § 33 Rz. 10; MüKo GmbHG/*Roßkopf/Notz* § 33 Rz. 57; Habersack/Casper/Löbbe/*Paura* § 33 Rz. 33). Ist auch nur ein geringer Teil der Einlage offen, so tritt Wirksamkeit nicht ein (Lutter/Hommelhoff/*Hommelhoff* § 33 Rz. 11).

Das zwingende Erwerbsverbot führt zur Nichtigkeit des Erwerbs nach § 134 BGB **7** (*Noack* § 33 Rz. 6: Verfügungs- und Verpflichtungsgeschäft; Scholz/*Verse* § 33 Rz. 58; Lutter/Hommelhoff/*Hommelhoff* § 33 Rz. 11; *Wicke* § 33 Rz. 4). Der Gesellschafter bleibt Inhaber des Anteils. Erfolgten Zahlungen, so ist das Entgelt nach §§ 812 ff. BGB zurückzugewähren (*Noack* § 33 Rz. 6). Vor Volleinzahlung können folglich Ansprüche des veräußernden Gesellschafters nicht entstehen. Auch eine nachträgliche Volleinzahlung führt nicht zur Heilung (*Noack* § 33 Rz. 6). Ggf. nach § 16 Abs. 3 gutgläubiger Erwerb des Anteils durch einen Dritten von der (nichtberechtigten) GmbH (*Noack* § 33 Rz. 6). Zulässig ist eine schuldrechtliche Vereinbarung unter der aufschiebenden Bedingung, § 158 Abs. 1 BGB der Volleinzahlung, wobei diese den rechtsgeschäftlichen und den dinglichen Erwerb umfassen muss (MüKo GmbHG/ *Roßkopf/Notz* § 33 Rz. 71, 58). Wegen eventueller Schäden kann der Geschäftsführer von der GmbH in Anspruch genommen werden (vgl. § 43; *Noack* § 33 Rz. 6).

III. Erwerb oder Inpfandnahme nach vollständiger Einzahlung

Zulässig ist der Erwerb gem. Abs. 2 nach vollständiger Einzahlung, wenn **8**

– die Gesellschaft aus freiem Vermögen ohne Verletzung des Stammkapitals (Grundsatz der Stammkapitalerhaltung) leistet und
– die GmbH die nach § 272 Abs. 4 HGB vorgesehene Rücklage ohne Verletzung des Stammkapitals und ohne eine Minderung einer nach dem Gesellschaftsvertrag vorgesehenen Rücklage, aus der nicht an Gesellschafter geleistet werden darf, bildet.

9 Maßgeblicher Zeitpunkt ist jedenfalls der der Zahlung durch die GmbH (*BGH* v. 29.6.1998 – II ZR 353/97, NJW 1998, 3121, 3122; dort Verweis auf die Rspr. zu §§ 30, 31 s. nur *BGH* v. 14.11.1988 – II ZR 115/88; *Scholz/Verse* § 33 Rz. 80; *Lutter/Hommelhoff/Hommelhoff* § 33 Rz. 16). In der Literatur wird die Gegebenheit der Volleinzahlung teilweise sowohl im Zeitpunkt des Abschlusses des Verpflichtungsgeschäfts als auch im Zeitpunkt des Erfüllungsgeschäfts gefordert (str.; dafür *Noack* § 33 Rz. 2, 11, 11a m.w.N.; vgl. *OLG Hamm* v. 9.12.1992 – 8 U 183/91, GmbHR 1994, 179). Dies ist aus Gründen der Vorsicht ratsam (so auch *Wicke* § 33 Rz. 6).

10 Fehlt eine der Voraussetzungen, so ist zwar der dingliche Erwerb wirksam, nicht aber das schuldrechtliche Geschäft, Abs. 2 S. 3 (nichtig – zu den Komplikationen zutr. Lutter/Hommelhoff/*Hommelhoff* § 33 Rz. 20, 21; *Scholz/Verse* § 33 Rz. 81). Die Nichtigkeit des Verpflichtungsgeschäfts begründet das Leistungsverweigerungsrecht der GmbH. Im Fall der erfolgten Leistung muss die Gesellschaft das Geleistete zurückfordern (vgl. § 30). Daneben kann auf § 812 BGB zurückgegriffen werden (Lutter/Hommelhoff/*Hommelhoff* § 34 Rz. 21; auch *Noack* § 33 Rz. 14; zum Verhältnis zwischen § 33 und § 30 *Scholz/Verse* § 33 Rz. 82). Bei Verschulden kommt auch hier die Geschäftsführerhaftung nach § 43 in Betracht (*Scholz/Verse* § 33 Rz. 91).

11 Auch im Fall der Inpfandnahme darf der Gesamtbetrag der Forderungen freies Vermögen nicht übersteigen, soweit zur Sicherung der Forderungen der eigene Anteil als Pfand genommen wird (Schutz des Stammkapitals im Fall der Pfandverwertung; vgl. *Noack* § 33 Rz. 13 m.w.N.).

12 Zur bilanziellen Darstellung von Erwerb und Veräußerung beispielhaft Lutter/Hommelhoff/*Hommelhoff* § 33 Rz. 26 ff.; auch *Scholz/Verse* § 33 Rz. 19 ff.

IV. Abfindung in Umwandlungsfällen

13 Abs. 3 wurde durch das UmwBerG v. 28.10.1994 (BGBl. I 1994, S. 3210, in Kraft seit dem 1.1.1995) eingeführt. Die Norm enthält eine Ausnahme von Abs. 1 Alt. 1 und regelt die Zulässigkeit des Erwerbs eigener Anteile durch die Gesellschaft im Rahmen von Umwandlungsfällen, womit sie in einem gesetzlich begrenzten Maße den Kapitalschutz durchbricht (vgl. *Scholz/Verse* § 33 Rz. 97, zu den Voraussetzungen ebenda Rz. 98 ff.; *Noack* § 33 Rz. 15; *Altmeppen* § 33 Rz. 50; *Wicke* § 33 Rz. 16). Zulässig ist der Erwerb eigener Anteile, wenn

– dies der Abfindung von Gesellschaftern in den Fällen der umwandlungsrechtlichen Verschmelzung, formwechselnden Umwandlung oder der Spaltung erfolgt (vgl. §§ 29 Abs. 1, 36 Abs. 1, 122i Abs. 1 S. 1, 125 S. 1, 207 Abs. 1 S. 1 UmwG),
– der Erwerb binnen sechs Monaten nach wirksamer Umwandlung oder nach Rechtskraft der gerichtlichen Entscheidung über den Abfindungsanspruch vorgenommen wird
– und die Gesellschaft in der Lage ist, den Erwerb aus dem ungebundenen Vermögen zu leisten, d.h. die Gesellschaft die nach § 272 Abs. 4 HGB vorgeschriebene Rücklage ohne Eingriff in das Stammkapital oder Minderung einer satzungsmäßigen Rücklage mit Auszahlungsverbot an die Gesellschafter bilden könnte.

14 Anwendungsfall ist die nach dem Umwandlungsrecht gebotenen Abfindung von Minderheitsgesellschaftern, die der Umwandlungsmaßnahme bei Beschlussfassung nicht zugestimmt hat und Widerspruch in der beschlussfasssenden Versammlung zur Niederschrift des Notars erklärt hat (vgl. MüKo GmbHG/*Roßkopf/Notz* § 33 Rz. 129).

Der Anteilserwerb durch die übernehmende GmbH kann auch dann erfolgen, wenn auf die Einlage noch nicht vollständig geleistet ist, d.h. die Einlageforderung noch offen ist. Die offene Forderung geht mit auf die im Zuge der Umwandlung erwerbende GmbH über, welche die Anteile nun gem. § 33 Abs. 3 trotz noch offener Einlageforderung erwerben kann (vgl. MüKo GmbHG/*Roßkopf/Notz* § 33 Rz. 123). Um dem Grundsatz des Kapitalschutzes – der in Abs. 3 begrenzt durchbrochen wird – Rechnung zu tragen, dürfen die Erwerbsaufwendungen (Abfindung) nicht aus der (fiktiven) Rücklage gezahlt werden (*Wicke* § 33 Rz. 17; MHLS/*Sosnitza* § 33 Rz. 41). Ist das nicht möglich, so darf die Abfindung nicht ausgezahlt werden. Das wiederum hat auch zur Folge, dass die Umwandlungsmaßnahme nicht durchgeführt werden kann (vgl. *Noack* § 33 Rz. 16; *Wicke* § 33 Rz. 17; auch Scholz/*Verse* § 33 Rz. 111, mit der Folge, dass ein entgegenstehender Umwandlungsbeschluss anfechtbar wäre; zu den Rechtsfolgen beim Verstoß gegen die Kapitalgrenze: Scholz/*Verse* § 33 Rz. 110 ff. und 116 ff.).

Abs. 3 ist auch auf den Erwerb nicht volleingezahlte Anteile anwendbar (allg.M. Lutter/Hommelhoff/*Hommelhoff* § 33 Rz. 30; *Altmeppen* § 33 Rz. 52; *Noack* § 33 Rz. 16 – Folgen des Erwerbs: Erlöschen des Anspruchs durch Konfusion – wie hier auch Scholz/*Verse* § 33 Rz. 125; Lutter/Hommelhoff/*Hommelhoff* § 33 Rz. 32; a.A. *Altmeppen* § 33 Rz. 52). Der Abfindungsanspruch ist um die noch offene Einlageforderung zu kürzen (*Wicke* § 33 Rz. 18; Lutter/Hommelhoff/*Hommelhoff* § 33 Rz. 31). **15**

V. Sonderfälle

Problematisch ist im Kontext des § 33 Abs. 1 Alt. 1 der Erwerb sämtlicher eigener Anteile, die sog. „Kein-Mann-GmbH" – vorübergehende Vereinigung der Anteile bei der GmbH nicht unmittelbar unwirksam, da z.B. beim Erbgang oder bei der Kaduzierung notwendig, aber Auflösungsgrund gegeben, bei fehlender Beendigung des Zustands nach angemessener Zeit (vgl. hierzu *Noack* § 33 Rz. 19 m.w.N.; *Altmeppen* § 33 Rz. 29; MHLS/*Sosnitza* § 33 Rz. 53, der allerdings mangels verlässlichen Maßstabs für die zeitliche Komponente stets eine Auflösung befürwortet, die durch Fortsetzungsbeschluss später revidiert werden kann). **16**

Bei der GmbH & Co. KG ist in Fällen des Erwerbs von Geschäftsanteilen durch die KG fraglich, ob § 33 Anwendung findet. Mit Neufassung durch das MoPeG (BGBl. I 2021, S. 3436) ist die Möglichkeit der Beteiligung der KG an der Komplementärgesellschaft nun in § 172 Abs. 5 S. 1 HGB sowie in § 170 Abs. 2 HGB gesetzlich anerkannt (vgl. dazu Scholz/*Verse* § 33 Rz. 170). Auch ein Erwerb sämtlicher Geschäftsanteile ist möglich, vgl. § 170 Abs. 2 HGB (sog. Einheitsgesellschaft). Insoweit ist allerdings die analoge Anwendbarkeit Abs. 1 umstritten (befürwortend Scholz/*Verse* § 33 Rz. 171; sowie MHLS/*Sosnitza* § 33 Rz. 44; zudem *Noack* § 33 Rz. 20; auch *BeckOK GmbHG/Schindler* § 33 Rz. 90; ablehnend mangels Konfusion beim Erwerb ihrer Komplementärin durch die KG MüKo GmbHG/*Roßkopf/Notz* § 33 Rz. 207; ebenso Habersack/Casper/*Löbbe/Paura* § 33 Rz. 123; ferner BeckOGK GmbHG/*Tiling/Poelzig* § 33 Rz. 266; sowie *Altmeppen* § 33 Rn 48). Abs. 2 ist grds. unpassend, jedoch ausnahmsweise anwendbar, wenn eine Rückwirkung des Erwerbsentgelts auf das zum Stammkapitalerhalt gebundene Vermögen der GmbH bei wirtschaftlicher Betrachtung vorliegt. Dies kann der Fall sein, wenn der Haftungsanspruch der Komplementärin gegenüber dem Anteilsveräußerers gem. § 126 HGB n.F. wegen der finanziellen Lage der KG nicht durch einen vollwertigen Regressanspruch im Innenverhältnis gem. **17**

§ 105 Abs. 3 HGB i.V.m. § 716 Abs. 1 BGB n.F. ausgeglichen wird (vgl. Scholz/*Verse* § 33 Rz. 172; *Altmeppen* § 33 Rz. 49). Insofern str., ob eine direkt oder analog Anwendung stattfindet (die analoge Anwendung befürwortend: BeckOGK GmbHG/*Tiling/Poelzig* § 33 Rz. 267; Scholz/*Verse* § 33 Rz. 172; sowie Habersack/Casper/Löbbe/*Paura* § 33 Rz. 124; *Altmeppen* § 33 Rz. 49; ferner MüKo GmbHG/*Roßkopf/Notz* § 33 Rz. 208; für die direkte Anwendung: BeckOK GmbHG/*Schindler* § 33 Rz. 93).

18   Zum Umgehungsschutz ausführlich Scholz/*Verse* § 33 Rz. 1. Dort zur Konstellation der sog. Konzernsachverhalte (Erwerb durch abhängige Unternehmen; ebenda Rz. 157 ff.) sowie dem Erwerb durch im eigenen Namen aber auf Rechnung der GmbH handelnde Dritte, also Treuhand oder mittelbare Stellvertretung (ebenda Rz. 166 ff.).

§ 34   Einziehung von Geschäftsanteilen

(1) Die Einziehung (Amortisation) von Geschäftsanteilen darf nur erfolgen, soweit sie im Gesellschaftsvertrag zugelassen ist.

(2) Ohne die Zustimmung des Anteilsberechtigten findet die Einziehung nur statt, wenn die Voraussetzungen derselben vor dem Zeitpunkt, in welchem der Berechtigte den Geschäftsanteil erworben hat, im Gesellschaftsvertrag festgesetzt waren.

(3) Die Bestimmung in § 30 Abs. 1 bleibt unberührt.

Übersicht

Rechtsprechung und Literatur: *BGH* Versäumnisurt. v. 11.7.2023 – II ZR 116/21 zur Beachtung des Kapitalerhaltungsgrds. bei Gestaltungsurteil zum Gesellschafterausschluss; *KG Berlin* v. 30.3.2023 – 22 W 9/23; *OLG München* v. 1.2.2023 – 7 U 4346/21; *Brandenburgisches OLG* Teilurt. v. 29.6.2022 – 4 U 214/21 – zu §§ 30 Abs. 1 S. 1, 34 Abs. 3 – Nichtigkeit des Einziehungsbeschlusses; *Brandenburgisches OLG* v. 13.4.2022 – 4 U 123/12; *OLG Hamm* v. 16.6.2021 – 8 U 112/21 – zu § 30 Abs. 1 und 2; *OLG München* v. 16.6.2021 – 7 U 7279/20 – zu § 30 Abs. 3; *BGH* v. 24.9.2013 – II ZR 216/11 – zum wichtigen Grund der Zwangseinziehung, § 34 Abs. 2; *BGH* v. 10.5.2016 – II ZR 324/14 – Voraussetzungen der Einziehung (Abfindung aus freiem Vermögen); *BGH* Versäumnisurt. v. 2.12.2014 – II ZR 322/13 – zur Divergenz zwischen Nennbeträgen und Stammkapital; *OLG Stuttgart* v. 19.12.2012 – 14 U 10/12, GmbHR 2013, 414 m. Anm. *Werner*; *LG Dortmund* v. 1.3.2012 – 13 O 47/11, ZIP 2012, 1247 – Einziehungsbeschluss und Auseinanderfallen von Stammkapital und Nennbeträgen (keine Nichtigkeit) – keine Zahlung der Abfindung aus nicht freiem Vermögen – verfristete Anfechtungsklage; *BGH* v. 24.1.2012 – II ZR 109/11, ZIP 2012, 422 = NZG 2012, 259 = EWiR 2012, 177 m. Anm. *Lutter*; *OLG Saarbrücken* v. 1.12.2011 – 8 U 315/10-83, ZIP 2012, 729 = EWiR 2012, 205 m. Anm. *Niemeyer* – keine Nichtigkeit bei Einziehung ohne Übereinstimmung der Nennbeträge mit dem Stammkapital – Zwei-Personen-GmbH; *OLG München* v. 28.7.2011 – 23 U 750/11, ZIP 2011, 2148 = EWiR 2011, 747 m. Anm. v. *Lieder*; *LG Neubrandenburg* v. 31.3.2011 – 10 O 62/09, ZIP 2011, 1214 – Nichtigkeit der Einziehung bei fehlender Überstimmung von Nennbetrag und Stammkapital; *BGH* Teilurt. v. 5.4.2011 – II ZR 263/08 – Einziehung I, ZIP 2011, 1104 = EWiR 2011, 537 m. Anm. *Schult/Wahl*; *KG Berlin* v. 1.4.2010 – 2 W 36/10, ZIP 2010, 2047 = EWiR 2010, 669 m. Anm. *Omlor*.

Altmeppen Ausschlussklage und Gewinnbeteiligung des ausscheidenden Gesellschafters der Personengesellschaft und der GmbH, FS für *H.G. Roth*, 2011, S. 1 ff; *ders.* Die Dogmatik des Abfindungsanspruchs und die offenen Fragen zum Ausscheiden aus der GmbH, ZIP 2012, 1685; *Blath* Der Vollzug des Ausscheidens von GmbH-Geschäftsanteilen, GmbHR 2012, 657; *ders.* Einziehung und Nennbetragsanpassung – Konvergenzgebot und Konvergenzherstellung vor dem Hintergrund des MoMiG, GmbHR 2011, 1177; *Born* Die neuere Rechtsprechung des BGH zur GmbH, WM 2023, Heft 10, Sonderbeilage 2, 2; *Nolting* Disquotale Aufstockung der Nennbeträge von GmbH-Geschäftsanteilen bei der Einziehung, ZIP 2011, 1292; *Otto* Die „unfreundliche Übernahme" der GmbH mittels Zwangseinziehung von Mehrheitsbeteiligung, GmbHR 2018, 123-134; *Priester* Einziehungsbeschluss trotz Zahlungssperre aus § 30 GmbHG!, ZIP 2012, 658; *Schneider/Hoger* Einziehung von Geschäftsanteilen und Gesellschafterhaftung, NJW 2013, 502; *Schockenhoff* Rechtsfragen zur Zwangseinziehung von GmbH-Geschäftsanteilen, NZG 2012, 449; *Stehmann* Die Einziehung von Geschäftsanteilen des Gesellschafters einer GmbH, GmbHR 2013, 574.

I. Allgemeines

Die Bestimmung wurde durch die Reformen 1980 und 2008 nicht betroffen. Die Norm **1** dient in der Praxis vor allem der Entledigung von missliebigen Gesellschaftern und dem Schutz vor dem Eindringen von Gläubigern und Erben in die Gesellschaft (MüKo GmbHG/*Strohn* § 34 Rz. 2) Zur Problematik bereits *Niemeier* Rechtstatsachen und Rechtsfragen bei der Einziehung von GmbH-Anteilen, 1982; auch *Esch* Die mitgliedschaftliche und steuerrechtliche Wirkung der Ausschließung oder des Austritts aus der GmbH aus wichtigem Grund, GmbHR 1981, 25; weiteres Schrifttum so – ferner z.B. bei Scholz/*H.P. Westermann/Seibt* § 34 vor Rz. 1; auch *Gessler* Zur Buchwertabfindung bei Ausscheiden aus einer GmbH, GmbHR 1984, 29; auch *Bischoff* Zur pfändungs- und konkursbedingten Einziehung von Geschäftsanteilen, GmbHR 1984, 61; ferner *Ulmer* Die Sicherung der GmbH gegen das Überfremdungsrisiko in der Insolvenz eines Gesellschafters – Voraussetzungen der Insolvenzfestigkeit entsprechender Klauseln, ZHR 1985, 28. Die Vorschrift regelt Voraussetzungen und Wirkungen nicht erschöpfend (*Noack* § 34 Rz. 1; *Reinersdorff* Musterklauseln für GmbH-Verträge – § 10 Einziehung von Geschäftsanteilen, WiB 1994, 414; *Wolf* Abberufung und Ausschluss in der Zwei-Personen-GmbH, ZGR 1998, 92; *Haibt* Abfindungsklauseln in GmbH-Verträgen, MittRhNotK 1998, 261; *Lutter* Ausschluss von Gesellschaftern, Einziehung von Geschäftsanteilen und gesellschafterliche Treuepflicht, GmbHR 1997, 1134; *Peetz* Voraussetzungen und Folgen der Einziehung von GmbH-Geschäftsanteilen. Gesellschafts- und steuerrechtliche Gesichtspunkte, GmbHR 2000, 749). Die Vorschrift hat einige offene Fragen aufgeworfen (z.B. Erforderlichkeit der Übereinstimmung von der Summe aller Geschäftsanteile und Stammkapital – *OLG Saarbrücken* v. 1.12.2011 – 8 U 315/10-83; hierzu auch *Blath* Einziehung und Nennbetragsanpassung, GmbHR 2011, 1177; *Nolting* Disquotale Aufstockung der Nennbeträge von GmbH-Geschäftsanteilen bei der Einziehung, ZIP 2011, 1292). Erfreulich und begrüßenswert ist die Entscheidung des *BGH* v. 24.1.2012 – II ZR 109/11 – Einziehung II – hinsichtlich der Wirksamkeit der Einziehung mit Mitteilung sowie zur anteiligen Abfindung des ausgeschiedenen Gesellschafters durch die verbleibenden Gesellschafter. Gerade auch diese Entscheidung sorgt für Rechtssicherheit in einer langjährigen Streitfrage und bietet i.Ü. auch einen gerechten Ausgleich zwischen den Betroffenen.

Die Einziehung führt zur Vernichtung des Geschäftsanteils (weitere Literatur bei **2** Scholz/*H.P. Westermann/Seibt* § 34 vor Rz. 1). Sie stellt die einzige ausdrückliche gesetzliche Regelung dar, nach der die Rechte und Pflichten eines Gesellschafters zum Erlöschen gebracht werden können. Daneben haben Rspr. und Rechtslehre die Institute der Ausschließung und des Austritts entwickelt (hierzu o. § 15 Rz. 48 ff., 52 ff.; i.Ü. auch zum Ausschluss und Austritt *Noack* § 34 Anh.; auch *Wicke* § 34 Anh.; vgl. hier § 15).

3 Die Einziehung des Anteils ist ein häufig anzutreffendes Instrument, einen Gesellschafter auszuschließen (vgl. *BGH* v. 24.9.2013 – II ZR 216/11 – Satzungsregelungen; ferner o. Rechtsprechung a.E.; so schon *BGH* v. 14.9.1998 – II ZR 172/97, NJW 1998, 3646; *BayObLG* v. 25.10.1991 – BReg. 3 Z 125/91, GmbHR 1992, 42 sowie die nachfolgenden Entscheidungen; *BGH* v. 20.6.1983 – II ZR 237/82, MDR 1984, 123; auch *OLG München* v. 6.7.1984 – 23 U 1899/84, ZIP 1984, 1349).

4 Einzelheiten in älteren Entscheidungen:

Zur Kaduzierung vgl. o. § 21; i.Ü. *OLG Nürnberg* v. 29.3.2000 – 12 U 33/00, GmbHR 2001, 108 – **Einziehung zum Zwecke des Ausschlusses aus wichtigem Grund (Vermietung von Geschäftsräumen durch Gesellschafter an Konkurrenten)** – Zulässigkeit der Einziehung bei Satzungsregelung neben Ausschließungsklage – kein Erfordernis der Ausschlussklage bei satzungsmäßig vorgesehener Einziehungsmöglichkeit durch Beschluss – **gravierende Treuepflichtverletzung durch Errichtung/Vermietung an Konkurrenzunternehmen in unmittelbarer Nähe** – Zulässigkeit des Nachschiebens von Gründen in der Person des Auszuschließenden in Zwei-Personen-GmbH (*BGH* v. 14.10.1991 – II ZR 239/90, ZIP 1992, 32 = GmbHR 1992, 38; *OLG Naumburg* v. 25.1.1996 – 2 U 31/95, GmbHR 1996, 934) – Wirksamkeit der Abfindungsklausel für die Einziehungsklausel und Gesellschafterbeschluss nicht relevant; *OLG Hamm* v. 20.9.1999 – 8 U 12/99, NZG 2000, 433 – **Zulässigkeit der zwangsweisen Einziehung nur auf der Basis einer Satzungsregelung** (Bestimmtheitsgrundsatz) – **klare Umschreibung in Einziehungsklauseln ohne volle Abfindung** (*BGH* v. 19.9. 1966 – II ZR 11/76, NJW 1977, 2316) – Auslegung von **Satzungsregelungen nach objektiven Kriterien** auch bei personalistischer GmbH – **Nichtigkeit der Beschlüsse hinsichtlich der Einziehung ohne gesellschaftsvertragliche Grundlage** – *OLG Brandenburg* v. 24.3.1999 – 7 U 249/98, NZG 1999, 830 m. Anm. *Michalki/de Vries* – Verdacht des Anlagenbetrugs als **wichtiger Grund** für die Einziehung und Beendigung des Geschäftsführervertrags; *OLG Celle* v. 31.7.1998 – 9 U 1/98, NZG 1999, 167 m. Anm. *Ebbing* – Schiedsfähigkeit von Einziehungsbeschlüssen; *OLG Dresden* v. 17.8.1998 – 2 U 596/98, NZG 1999, 29 – **Handeln des abberufenen und gekündigten Gesellschafters/Geschäftsführers als wichtiger Grund für Einziehung**; *OLG Dresden* v. 14.7.1998 – 12 U 464/99, NZG 1999, 1220 und nachgehend *BGH* v. 7.9.2001 – II ZR 254/99 – Äußerungen des Geschäftsführers in der Öffentlichkeit über Insolvenzgefahr; *OLG Hamm* v. 11.1.1999 – 8 U 42/98, NZG 1999, 597 – Abfindungshöhe, auch *OLG Köln* v. 26.3.1999 – 19 U 108/96, NZG 1999, 1222; *OLG Hamm* v. 11.2.1999 – 27 U 187/98, NZG 1999, 599 – **Wirksamkeit der Abfindungsklausel, Unwirksamkeit der Einziehungsklausel**; *OLG Dresden* v. 15.11.1999 – 2 U 2303/99, GmbHR 2000, 435 = NZG 2000, 429; *Schleswig-Holsteinisches OLG* v. 27.1.2000 – 5 U 154/98, GmbHR 2000, 935 = NZG 2000, 703 m. Anm. *Sosnitza* – **Nichtigkeit eines Gesellschafterbeschlusses über die Einziehung infolge unterbliebener Ladung des Gesellschafters zur Versammlung** – Gesellschafter bleibt Gesellschafter trotz vorgehenden Einziehungsbeschlusses bis zur Abgabe einer Einziehungserklärung und Zahlung des nach dem Gesellschaftsvertrag vorgesehenen Einziehungsentgelts – **Zahlung des Einziehungsentgelts aus den frei verfügbaren Mitteln**

C. Schmitt

der Gesellschaft ist Bedingung für die Wirksamkeit der Einziehung (h.M. *OLG Frankfurt a.M.* v. 26.11.1996 – 5 U 111/95, NJW-RR 1997, 612, m.w.N. – offen gelassen in *BGH* v. 20.2.1995 – II ZR 46/94, NJW-RR 1995, 667 = GmbHR 1995, 377; *BGH* v. 30.11.2009 – II ZR 208/08, GmbHR 2010, 256 Rz. 17 – **kein „Ruhen" der Mitgliedschaft bis zur Zahlung** Scholz/*Seibt* Anh. § 34 Rz. 17; MüKo GmbHG/*Strohn* § 34 Rz. 211; Lutter/Hommelhoff/*Kleindiek* § 34 Rz. 153; a.A. Habersack/Casper/Löbbe/ *Ulmer/Habersack* Anh. § 34 Rz. 60 ff.) – Berufung auf Nichtigkeit des Beschlusses **kein Rechtsmissbrauch**; *OLG Karlsruhe* v. 4.5.1999 – 8 U 153/97, NZG 2000, 264 – **strenge Voraussetzungen an die Abberufung wegen wichtigen Grundes bei Zwei-Personen-GmbH** – *LG Köln* v. 18.11.1999 – 83 O 43/99, GmbHR 2000, 141 m. Komm. *Kierdorf* – **Ausreichen der einfachen Mehrheit für Ausschließungsbeschluss**; *OLG Brandenburg* v. 16.8.2000 – 9 W 82/00, NZG 2000, 1034 (Ls.) – **Satzungsregelung für Abtretung und Einziehung auch auf den Austritt ergänzend anwendbar.**

II. Voraussetzungen der Einziehung

Die Einziehung hat folgende Voraussetzungen: 5

– Zulassung im Gesellschaftsvertrag – für Regelung freiwilliger Einziehung (Abs. 1) durch spätere Satzungsänderung genügt Dreiviertelmehrheit nach § 53 Abs. 2 (*Noack* § 34 Rz. 5 f. m.w.N.); Zustimmung aller (betroffenen) Gesellschafter nach § 53 Abs. 3 jedoch bei nachträglicher Regelung der Zwangseinziehung (Abs. 2) erforderlich (*BGH* v. 15.12.1975 – II ZR 177/74, WM 1976, 204, 206; auch Lutter/ Hommelhoff/*Kleindiek* § 34 Rz. 30, *BGH* Teilurt. v. 5.4.2011 – II ZR 263/08 – Einziehung I, Einziehung bei einer länger als acht Wochen dauernden Zwangsvollstreckung – allerdings Nichtigkeit wegen Verstoßes gegen §§ 34 Abs. 1, § 30 Abs. 1 GmbHG; vgl. ferner zur Satzungsgrundlage *Noack* § 34 Rz. 7 f.);
– Gesellschafterbeschluss nach § 46 Nr. 4 mit einfacher Mehrheit ohne Satzungsregelung (anders bei Satzungsabweichung – weitere Literatur bei Scholz/*H. P. Westermann/Seibt* § 34 Rz. 42) – betroffener Gesellschafter hat grds. Stimmrecht, allerdings kein Stimmrecht des/der Betroffenen bei Einziehung wegen wichtigen, in seiner/ihrer Person liegenden Grundes (vgl. *BGH* v. 20.12.1976 – II ZR 115/76, DB 1977, 342, 343 = GmbHR 1977, 81; hierzu auch weitere Literatur bei Scholz/ *H. P. Westermann/Seibt* § 34 Rz. 41 m.w.N.);
– Wirksamkeit mit der Mitteilung des Beschlusses an den betroffenen Gesellschafter durch Geschäftsführer (*BGH* v. 24.1.2012 – II ZR 109/11 – überflüssig bei Teilnahme des Gesellschafters an der Versammlung) – Einziehungserklärung (zugangsbedürftig) mit Zugang wirksam, nicht erst mit Abfindung (*BGH* Teilurt. v. 5.4.2011 – II ZR 263/08 – Einziehung I sowie *BGH* v. 24.1.2012 – II ZR 109/11 – Einziehung II Rz. 10 f. mit ausführlicher Darstellung der sechs vertretenen Ansichten und zutreffender und abwägender Entscheidung Rz. 19: Abfindung pro rata richtig);
– grundsätzliche Erforderlichkeit der Zustimmung des Gesellschafters und Satzungsregelung nach § 34 Abs. 1 und Abs. 2 (*Noack* § 34 Rz. 4 m.w.N.) oder Einziehungsgründe/Ausschlussgründe in Satzung (*Noack* § 34 Rz. 9, 9a, sachlicher Grund, Rz. 10, anerkannte wichtige Gründe etc.) – bei Ausschluss wegen wichtigen Grundes nach Prüfung aller Umstände des Einzelfalls, insbesondere auch der überwiegenden Verursachung etc. – so *BGH* v. 24.9.2013 – II ZR 216/11;

– im Regelfall Abfindungsregelung, ansonsten Abfindung entspr. vollem wirtschaftlichem Wert (*BGH* v. 13.6.1994 – II ZR 38/93, NJW 1994, 2536; m.w.N. zu weiterer Literatur bei Scholz/*H. P. Westermann/Seibt* § 34 Rz. 26a; Beachtung der Schranken der §§ 19 Abs. 2, 30 Abs. 1 bei Auszahlung – Zulässigkeit nur bei voll erbrachter Einlageleistung – so *BGH* v. 2.12.2014 – II ZR 322/13 – für den Fall, dass die GmbH die Abfindung wg. drohenden Verstoß gg. § 30 Abs. 1 nicht leisten darf, haben die Gesellschafter selbst die Abfindung entsprechend ihrer Beteiligung zu zahlen – richtig *BGH* v. 10.5.2016 – II ZR 342/14, *BGHZ* 210, 186; *BGH* v. 24.1.2012 – II ZR 109/11 – Einziehung II, Rz. 12, 13; ebenso u.a. *Altmeppen* § 34 Rz. 20 ff.; MüKo GmbHG/*Strohn* § 34 Rz. 76 ff. dort differenziert und ausführlich); ferner zur Abfindung *Noack* § 34 Rz. 22 f. – zu den Grenzen in Satzungsregelungen Rz. 25; Fälligkeit mit Mitteilung der Einziehung (*BGH* v. 24.1.2012 – II ZR 109/11 – Einziehung II – zu Wirksamwerden der Einziehung, nicht erst mit Abfindung Rz. 13 f.;
– Volleinzahlung des Anteils grds. Voraussetzung (*BGH* Versäumnisurt. v. 2.12.2014 – II ZR 322/13, NJW 2015, 1385; *BGH* v. 1.4.1953 – II ZR 253/52, *BGHZ* 9, 168 weitere Literatur bei Scholz/*H. P. Westermann/Seibt* § 34 Rz. 52, 30 ff.; auch Lutter/Hommelhoff/*Kleindiek* § 34 Rz. 25; auch ferner *Noack* § 34 Rz. 11 unter Hinw. auf § 19 Abs. 2 S. 1);
– Beachtung des Gleichbehandlungsgrundsatzes (*BGH* v. 16.12.1991 – II ZR 58/91, *BGHZ* 116, 359; weitere Literatur bei Scholz/*H. P. Westermann/Seibt* § 34 Rz. 43);
– Möglichkeit der Abfindung aus freiem, die Stammkapitalziffer nicht beeinträchtigendem Vermögen (*BGH* v. 10.5.2016 – II ZR 342/14, Rz. 13 – vgl. § 30 Abs. 1 (*BGH* Teilurt. v. 5.4.2011 – II ZR 263/08 – Einziehung I Rz. 13–15: Abfindung nach Buchwerten der stichtagsbezogenen Handelsbilanz – Rz. 19: Geltung auch bei Ausschließung – Rz. 21: Einziehungs- und Ausschließungsbeschluss nichtig; auch *BGH* v. 24.1.2012 – II ZR 109/11 – Einziehung II Rz. 7; auch etwa ferner *Noack* § 34 Rz. 12, 40a). Steht bereits bei Beschlussfassung über Einziehung fest, dass das Einziehungsentgelt nicht aus freiem Vermögen (ohne Beeinträchtigung des Stammkapitals) der Gesellschaft gezahlt werden kann, ist der Beschluss analog § 241 Nr. 3 AktG nichtig (*Noack* § 34 Rz. 12, 40a, *BGH* v. 10.5.2016 – II ZR 342/14. Ist die Gesellschaft zur Zahlung der Abfindung nicht in der Lage, können die übrigen Gesellschafter zur anteiligen Zahlung persönlich verpflichtet sein (zu den Voraussetzungen und Treuewidrigkeit im Einzelfall *BGH* v. 10.5.2016 – II ZR 342/14, Rz. 22 f.).

6 § 34 Abs. 1 verlangt sowohl für die freiwillige als auch die zwangsweise Einziehung ausdrücklich die Zulassung der Einziehung **im Gesellschaftsvertrag** (vor dem Erwerb des Anteils – vgl. *BGH* v. 24.9.2013 – II ZR 216/11). Bezüglich der freiwilligen Einziehung gebietet dies das Schutzbedürfnis der anderen Gesellschafter (MüKo GmbHG/*Strohn* § 34 Rz. 8). Mithin ist die Einziehung von Anfang an vorgesehen oder aber sie muss im Wege der Satzungsänderung gem. den §§ 53 ff. vor Erwerb des Geschäftsanteils durch den Betroffenen aufgenommen werden.

7 Ein einfacher Gesellschafterbeschluss genügt ebenso wenig wie die insofern nicht gedeckte Erklärung des Geschäftsführers (MüKo GmbHG/*Strohn* § 34 Rz. 8).

8 Die Zustimmung eines Gesellschafters reicht ohne Satzungsregelung ebenfalls nicht aus (*Noack* § 34 Rz. 4). Ausreichend ist umgekehrt allerdings allein eine Satzungsbestimmung, nach der die (Zwangs-)Einziehung zulässig ist (z.B. Gründe, die die Einziehung nach dem Gesellschaftsvertrag voraussetzt, nur für den Fall der Zwangseinziehung; *Noack* § 34 Rz. 7 ff.; MüKo GmbHG/*Strohn* § 34 Rz. 44).

Erforderlich ist damit grds. die Zustimmung des betroffenen Gesellschafters **und** eine **9** entspr. Satzungsregelung. Klauseln, nach denen die Einziehung zulässig ist, wiederholen lediglich § 34, reichen aber für die Einziehung mit Zustimmung des Gesellschafterbeschlusses sowie Mitteilung bzw. Kenntnis bei Teilnahme an der Versammlung aus (MüKo GmbHG/*Strohn* § 34 Rz. 7).

I.Ü. hat der Gesellschaftsvertrag die konkreten Voraussetzungen insb. der Zwangsein- **10** ziehung in nachprüfbarer Form zu regeln – mithin müssen dort hinreichend konkretisierte Tatbestände geschaffen sein (hierzu ausführlich *Noack* § 34 Rz. 9, 9a, 10; weitere Literatur bei Scholz/*H. P. Westermann/Seibt* § 34 Rz. 21, „hinreichende[...] Konkretheit"; auch Lutter/Hommelhoff/*Kleindiek* § 34 Rz. 44 ff., „exakt formulierte Gründe" – genau; vgl. *BGH* v. 30.11.2009 – II ZR 208/08, ZIP 2010, 324 – Verlust bestimmter Gesellschafter-Eigenschaften; auch *BGH* v. 19.6.2000 – II ZR 73/99, BB 2000, 1590 = GmbHR 2000, 822 = NZG 2000, 1027 (vorgehend *OLG Hamm* v. 11.2.1999 – 27 U 187/98, NZG 1999, 599); entspr. Anwendung des § 242 Abs. 2 AktG im Aktien- und GmbH-Recht – Nichtigkeit einer GmbH-Satzungsbestimmung: Pfändung – unter dem Verkehrswert liegendes Entgelt nicht auch für die Fälle der Ausschließung aus wichtigem Grund geregelt (gleiche Regelung) – Nichtigkeit des Beschlusses über die Einziehung eines Geschäftsanteils bei bereits bei Beschlussfassung feststehender Zahlung aus gebundenem Vermögen der GmbH und fehlende Klarstellung der Zahlung nur aus ungebundenem Vermögen im Beschluss; *OLG München* v. 3.11.1993 – 7 U 2905/ 93, DB 1994, 320 – Regelung bereits bei Erwerb des Anteils vorhanden; i.Ü. zu Rechten Dritter am Anteil *Noack* § 34 Rz. 6, 19; vgl. auch *BGH* v. 12.6.1975 – II ZB 12/73, *BGHZ* 65, 22; *Michalski* Die Zwangseinziehung eines GmbH-Anteils im Falle einer Anteilspfändung, ZIP 1991, 147; *BGH* v. 19.9.1977 – II ZR 11/76 Rz. 14 f.; *OLG München* v. 6.7.1984 – 23 U 1899/84, ZIP 1984, 1349 – die Frage offenlassend, ob eine Einziehung „nach freiem Ermessen" Bestand hat).

Für eine nachträgliche Satzungsänderung, die die Zwangseinziehung vorsieht, wird **11** eine Zustimmung aller betroffenen Gesellschafter, d.h. Einstimmigkeit gem. § 53 Abs. 3, erforderlich sein (str., wie hier *Noack* § 34 Rz. 8; MüKo GmbHG/*Strohn* § 34 Rz. 13, 15; Lutter/Hommelhoff/*Kleindiek* § 34 Rz. 43 m.w.N., zu differenzieren bei Regelung für zukünftige Anteile (Kapitalerhöhung), für die die satzungsändernde Mehrheit gem. § 53 Abs. 2 genügen soll, vgl. *Noack* § 34 Rz. 8; weitere Literatur bei Scholz/*H. P. Westermann/Seibt* § 34 Rz. 14; hierzu *BGH* v. 1.4.1953 – II ZR 235/52, *BGHZ* 9, 160; *BGH* v. 16.12.1991 – II ZR 58/91, *BGHZ* 116, 359, 372; *BGH* v. 19.9.1977 – II ZR 11/76, NJW 1977, 2316; *BayObLG* v. 25.7.78 – BReg 1 Z 69/78, DB 1978, 2164).

Ferner erfordert § 34 Abs. 2 die Festsetzung der Voraussetzungen vor dem Zeitpunkt **12** des Anteilserwerbs = spätestens im Zeitpunkt des Erwerbs (vgl. *Noack* § 34 Rz. 7).

Speziell Abfindungsklauseln sind nicht uneingeschränkt zulässig (vgl. hierzu *Zinger* **13** Zur Haftung von Gesellschaftern für die Abfindung ausscheidender GmbH-Gesellschafter, ZGR 2017, 196 dort zugleich Bespr. v. *BGH* v. 10.5.2016 – II ZR 342/14). Sie müssen die Interessen des betroffenen Gesellschafters und auch der Gesellschaftergläubiger berücksichtigen (*Noack* § 34 Rz. 26; Lutter/Hommelhoff/*Kleindiek* § 34 Rz. 164 ff. zu satzungsmäßigen Abfindungsbeschränkungen: auch *Noack* § 34 Rz. 27 f.,

29 – Vermeidung von grobem Missverhältnis zwischen Verkehrswert und satzungsmäßigem Abfindungswert, Gleichbehandlungsgrundsatz; Scholz/*H. P. Westermann/Seibt* § 34 Rz. 76 – Konkretisierung; Lutter/Hommelhoff/*Kleindiek* § 34 Rz. 168: grds. kein vollständiger Ausschluss der Abfindung bei Zwangseinziehung, krit. „Buchwertklauseln", Nennwertklauseln, Substanzwertklauseln (allg. unbedenklich), Abfindung zum Vermögensteuerwert (allg. unbedenklich) sowie Ertragswertklauseln (allg. unbedenklich). Im Einzelfall kann dies zur Abfindung in angemessener Höhe führen (hierzu im Einzelnen auch MüKo GmbHG/*Strohn* § 34 Rz. 257 ff.; *BGH* v. 16.12.1991 – II ZR 58/91, *BGHZ* 116, 359 – zur Sittenwidrigkeit der Abfindungsregelung und deren Voraussetzungen sowie Abfindungsregelung bei grobem Missverhältnis von Abfindung und Anteilswert nicht anwendbar; vgl. ferner *BGH* v. 20.9.1993 – II ZR 104/92, *BGHZ* 123, 281 – zur Wirksamkeit der Abfindungsregelung bei grobem Missverhältnis von Abfindungswert und realem Anteilswert; auch *BGH* v. 13.6.1994 – II ZR 38/93, *BGHZ* 126, 226; i.Ü. Scholz/*H. P. Westermann/Seibt* § 34 Rz. 73 ff.; *Noack* § 34 Rz. 27 f. zu den Fällen des groben Missverhältnisses).

14 Notwendig ist schließlich ein voll eingezahlter Geschäftsanteil, da wegen der Einziehungsfolge (Vernichtung) Rechte und Pflichten untergehen (*BGH* Versäumnisurt. v. 2.12.2014 – II ZR 322/13; *Noack* § 34 Rz. 11; Lutter/Hommelhoff/*Kleindiek* § 34 Rz. 3, 25, 34; Scholz/*H. P. Westermann/Seibt* § 34 Rz. 30).

15 Zulässig ist die Einziehung eigener Anteile. Diese sind schon wegen § 33 Abs. 1 voll eingezahlt. Eine Abfindung entfällt. Allerdings ist auch eine satzungsmäßige Grundlage erforderlich (h.M. Habersack/Casper/Löbbe/*Ulmer/Habersack* § 34 Rz. 25, 27; *Noack* § 34 Rz. 13; auch Lutter/Hommelhoff/*Kleindiek* § 34 Rz. 23 f. – lässt aber bei Fehlen einer Satzungsregelung aller Gesellschafter ausreichen, m. einf. Mehrheit nach § 46 Nr. 4; teils a.A. weitere Literatur bei Scholz/*H. P. Westermann/Seibt* § 34 Rz. 38 m.w.N. der abw. Stimmen).

III. Folgen der Einziehung

16 Der Geschäftsanteil wird vernichtet (Zugang der wirksamen Geschäftsführererklärung maßgeblich), Rechte Dritter gehen unter (Lutter/Hommelhoff/*Kleindiek* § 34 Rz. 3; *Noack* § 34 Rz. 19). Das Stammkapital bleibt in seiner Höhe grds. erhalten (*Noack* § 34 Rz. 20). Es entstehen Differenzen zwischen der Summe der Anteile/Nennbeträge und dem Stammkapital (Divergenzen führen nicht zur Nichtigkeit bzw. Anfechtbarkeit des Gesellschafterbeschlusses *BGH* Versäumnisurt. v. 2.12.2014 – II ZR 322/13; zu allem *Noack* § 34 Rz. 17a – früher sehr str. vgl. insofern bereits keine Nichtigkeit annehmend *OLG Saarbrücken* v. 1.12.2011 – 8 U 315/10/83, *ZIP* 2012, 729; hierzu auch *Blath* Der Vollzug des Ausscheidens aus der GmbH – dogmatische und praktische Fragen, GmbHR 2012, 657; *ders.* Einziehung und Nennbetragsanpassung, GmbHR 2011, 1177; auch *Nolting* Disquotale Aufstockung der Nennbeträge von GmbH-Geschäftsanteilen bei der Einziehung, ZIP 2011, 1292; § 5 Abs. 3 S. 2 GmbHG greift nur für die Gründung ein. Der Wert des eingezogenen Anteils wächst den verbliebenen Gesellschaftern an (Lutter/Hommelhoff/*Kleindiek* § 34 Rz. 3; *BGH* v. 24.1.2012 – II ZR 109/11 – Einziehung II Rz. 21 – Lösung möglicherweise durch Anpassung der Anteile durch Gesellschafterbeschluss mit einfacher Mehrheit ohne notarielle Beurkundung; *BGH* v. 6.6.1988 – II ZR 318/87, NJW 1989, 168; *BayObLG* v. 25.10.1991 – BReg. 3 Z 125/91, GmbHR 1992, 42 = DB 1991, 2537). Die Auffüllung der Anteile kann auch durch Bildung eines neuen Geschäftsanteils (Zustimmung aller

Gesellschafter bei Fehlen besonderer Satzungsregelung) erfolgen, die lediglich die Ausgleichung eines rechnerischen Schönheitsfehlers darstellen soll (hierzu *Scholz/ H. P. Westermann/Seibt* § 34 Rz. 66 m.w.N.; *Wicke* § 34 Rz. 3, speziell zu den Problemen der Anpassung; *Noack* § 34 Rz. 17a m.w.N., Anteil soll der Gesellschaft zustehen (*Noack* § 34 Rz. 20; auch *Scholz/H. P. Westermann/Seibt* § 34 Rz. 66 f.; *OLG Hamburg* v. 3.2.1984 – 11 U 208/83, ZIP 1984, 707 – zum Anspruch auf Befreiung des Gesellschafters von der Bürgenhaftung für Gesellschaftsanteile bei Einziehung).

IV. Verstöße gegen § 34

Bei Verstoß gegen die §§ 30, 19 Abs. 2 ist von Rückzahlungspflichten auszugehen (vgl. **17** zur Nichtigkeit *BGH* Versäumnisurt. v. 11.7.2023 – II ZR 116/21, Rz. 26; *BGH* Teilurt. v. 5.4.2011 – II ZR 263/08 – Einziehung I sowie *BGH* v. 24.1.2012 – II ZR 109/11 – Einziehung II (vor Rz. 1); ferner *BGH* v. 19.6.2000 – II ZR 73/99, NJW 2000, 2819; *BGH* v. 17.9.2001 – II ZR 245/99, DStR 2001, 1898; *BGH* v. 1.4.1953 – II ZR 235/52, BGHZ 9, 173; *Noack* § 34 Rz. 39; *Scholz/H. P. Westermann/Seibt* § 34 Rz. 52 – nichtiger Einziehungsbeschluss). Bei Unklarheit anlässlich der Beschlussfassung über die Abfindung aus dem Stammkapital sollte der Beschluss nach früherer Auffassung aufschiebend bedingt wirksam sein (vgl. *Wicke* § 34 Rz. 11).

Noack § 34 Rz. 41 ff. zu neueren Tendenzen in der BGH-Rspr.; *Scholz/H. P. Westermann/Seibt* § 34 Rz. 55 f. – richtig Nichtigkeit wie *BGH* Versäumnisurt. v. 11.7.2023 – II ZR 116/21, Rz. 26; *BGH* Teilurt. v. 5.4.2011 – II ZR 263/08 – Einziehung I und v. 24.1.2012 – II ZR 109/11 – Einziehung II; zum früheren Streitstand; vgl. i.Ü. *OLG Düsseldorf* v. 23.1.2006 – 6 U 283/05, NZG 2007, 278 = GmbHR 2007, 538; *OLG München* v. 11.12.2007 – 31 Wx 048/07, NZG 2008, 200; offen gelassen von *BGH* v. 17.7.2006 – II ZR 313/05, DStR 2006, 1900 m. Anm. *Goette*; abw. *KG Berlin* v. 6.2.2006 – 23 U 206/04, NZG 2006, 437). Der nach der „Bedingungstheorie" auftretende Schwebezustand ist für alle Beteiligten problematisch. Daher hat sich der BGH in mehreren Entscheidungen sukzessive von der zuvor herrschenden „Bedingungslösung" gelöst und stattdessen der sog. „Haftungslösung" zugewandt, nach der subsidiär eine anteilige Haftung der Gesellschafter, die den Einziehungsbeschluss gefasst haben, greifen kann, wenn diese treuwidrig nicht entweder dafür sorgen, dass die Abfindung aus ungebundenem Vermögen der Ges. geleistet werden kann, oder sie nicht stattdessen die Ges. zwecks Liquidation und Befriedigung auflösen, sondern diese unter Verzicht auf Maßnahmen zur Befriedigung des Abfindungsanspruchs fortsetzen und sich auf diese Weise den Mehrwert des eigezogenen Anteils treuwidrig ausgleichslos „einverleiben" (*BGH* Versäumnisurt. v. 11.7.2023 – II ZR 116/21, Rz. 20 ff.; s. *Noack* § 34 Rz. 43 m.V.a. *BGH* v. 24.1.2012 – II ZR 109/11, BGHZ 192, 236 = NZG 2012, 259 Rz. 12 ff., 21; *BGH* v. 10.5.2016 – II ZR 342/14, NZG 2016, 742 Rz. 23).

Abschnitt 3
Vertretung und Geschäftsführung

§ 35 Vertretung der Gesellschaft

(1) [1]Die Gesellschaft wird durch die Geschäftsführer gerichtlich und außergerichtlich vertreten. [2]Hat eine Gesellschaft keinen Geschäftsführer (Führungslosigkeit), wird die Gesellschaft für den Fall, dass ihr gegenüber Willenserklärungen abgegeben oder Schriftstücke zugestellt werden, durch die Gesellschafter vertreten.

(2) [1]Sind mehrere Geschäftsführer bestellt, sind sie alle nur gemeinschaftlich zur Vertretung der Gesellschaft befugt, es sei denn, dass der Gesellschaftsvertrag etwas anderes bestimmt. [2]Ist der Gesellschaft gegenüber eine Willenserklärung abzugeben, genügt die Abgabe gegenüber einem Vertreter der Gesellschaft nach Absatz 1. [3]An die Vertreter der Gesellschaft nach Absatz 1 können unter der im Handelsregister eingetragenen Geschäftsanschrift Willenserklärungen abgegeben und Schriftstücke für die Gesellschaft zugestellt werden. [4]Unabhängig hiervon können die Abgabe und die Zustellung auch unter der eingetragenen Anschrift der empfangsberechtigten Person nach § 10 Abs. 2 Satz 2 erfolgen.

(3) [1]Befinden sich alle Geschäftsanteile der Gesellschaft in der Hand eines Gesellschafters oder daneben in der Hand der Gesellschaft und ist er zugleich deren alleiniger Geschäftsführer, so ist auf seine Rechtsgeschäfte mit der Gesellschaft § 181 des Bürgerlichen Gesetzbuchs anzuwenden. [2]Rechtsgeschäfte zwischen ihm und der von ihm vertretenen Gesellschaft sind, auch wenn er nicht alleiniger Geschäftsführer ist, unverzüglich nach ihrer Vornahme in eine Niederschrift aufzunehmen.

Übersicht

M. Schmitt

M. Schmitt

Literatur: *Altmeppen* Gestattung zum Selbstkontrahieren in der GmbH, NJW 1995, 1182; *Arens* Die Amtsniederlegung durch den GmbH-Geschäftsführer, NWB 2018, 336; *ders.* Die umstrittene Figur des faktischen Geschäftsführers, NWB 2018, 1015; *Armbruster* Verschwiegenheitspflicht des GmbH-Geschäftsführers und Abtretung von Vergütungsansprüchen, GmbHR 1997, 56; *Arleaga* Checkbuch Geschäftsführer-Altersversorgung, 2000; *Auktor* Praktische Probleme bei der Mehrfachvertretung von Gesellschaften, NZG 2006, 334; *Ballof* Der Notgeschäftsführer in der GmbH, GmbH-Stp 2017, 207; *Bauer* BGH contra BAG: Schadensersatz nach § 628 Abs. 2 BGB wegen Abberufung und/oder Nichtbestellung eines GmbH-Geschäftsführers?, DB 2003, 2687; *Bauer/Baeck/Lösler* Schriftform- und Zustandekommensprobleme beim Aufstieg eines Angestellten zum Geschäftsführer einer GmbH, ZIP 2003, 1821; *Bauer/Diller* Koppelung von Abberufung und Kündigung bei Organmitgliedern – zulässige Gestaltung oder sittenwidrige Falle?, GmbHR 1998, 809; *dies.* Nachvertragliche Wettbewerbsverbote mit GmbH-Geschäftsführern, GmbHR 1999, 885; *Bauer/Gragert* Der GmbH-Geschäftsführer zwischen Himmel und Hölle, ZIP 1997, 2177; *Bauer/Krieger* Formale Fehler bei Abberufung und Kündigung vertretungsberechtigter Organmitglieder, ZIP 2004, 1247; *Bayer/Illhardt* Darlegungs- und Beweislast im Recht der GmbH anhand praktischer Fallkonstellationen: Geschäftsführer, Aufsichtsrat, Gesellschafterversammlung, GmbHR 2011, 751; *Bayer/Lieder* Die Lehre vom fehlerhaften Bestellungsverhältnis, NZG 2012, 1; *Bergmann* Sozialversicherungsrechtlicher Status mitarbeitender Gesellschafter, INF 2003, 754; *Bergwitz* Die GmbH im Prozess gegen ihren Geschäftsführer, GmbHR 2008, 225; *ders.* Möglichkeiten des abberufenen GmbH-Geschäftsführers zur Befreiung vom Wettbewerbsverbot, GmbHR 2006, 1129; *Blasche* Die Vertretungsbefugnis des verbleibenden Geschäftsführers bei Verhinderung oder Fortfall aller anderen Geschäftsführer, GmbHR 2017, 123; *Boemke* Aktuelles zum GmbH-Geschäftsführer aus arbeitsrechtlicher Sicht RdA 2018,1; *Bongen/Renaud* Gerichtliche Zuständigkeit für Rechtsstreitigkeiten des Geschäftsführers mit der GmbH, GmbHR 1992, 797; *Burhoff* Das Verbot des Selbstkontrahierens unter besonderer Berücksichtigung des Gesellschaftsrechts, NWB Fach 19, 2533; *Dahlbender* Tantieme für (Fremd-)Geschäftsführer. Musterklauseln für den Anstellungsvertrag, GmbH-StB 2004, 119; *Daumke/Keßler* Der GmbH-Geschäftsführer 3. Aufl. 2009; *Deutler* „Betreute" als Geschäftsführer – Versicherung bei der Anmeldung, GmbHR 1992, 552; *Diller* Kündigung des GmbH-Geschäftsführers wegen Spesenbetrugs, GmbHR 2006, 333; *Döge/Jobst* Abmahnung von GmbH-Geschäftsführern in befristeten Anstellungsverhältnissen, GmbHR 2008, 527; *Dollmann* Die Rückkehr zum ruhenden Arbeitsverhältnis des Geschäftsführers durch § 623 BGB, Vertragliche Gestaltungsanforderungen angesichts einer zu erwartenden Modifikation der BAG-Rechtsprechung, BB 2003, 1838; *Fest* Gesetzliche

Vertretung und Prozessfähigkeit einer führungslosen Gesellschaft nach dem MoMiG, NZG 2011, 130; *Fichtelmann* Die Rechtsstellung des Geschäftsführers der GmbH in der Insolvenz der Gesellschaft, GmbHR 2008, 76; *Fischer* Die Bestellung von Arbeitnehmern zu Organmitgliedern einer juristischen Person und das Schicksal ihres Arbeitsvertrags; NJW 2003, 2417; *Flatten* Nachvertragliches Wettbewerbsverbot aus Unternehmersicht, ZIP 1999, 1701; *ders.* Dauer von Geschäftsführerverträgen – Ein Leitfaden für Vertragsverhandlungen, GmbHR 2000, 922; *Fleck* Das Dienstverhältnis der Vorstandsmitglieder und Geschäftsführer in der Rechtsprechung des BGH, WM 1994, 1957; *Flore* Die Vergütung des GmbH-Geschäftsführers, GmbH-StB 1998, 230; *Floro/Schmidt* Checkbuch Geschäftsführer-Vergütungen, 2000; *Fröhlich* Vertragsstrafen im Geschäftsführervertrag, GmbH-StB 2003, 267; *ders.* Durchsetzung der Geschäftsführervergütung im Urkundenprozess, GmbH-StB 2007, 322; *ders.* Nachvertragliches Wettbewerbsverbot mit dem Geschäftsführer, GmbH-StB 2014, 59; *Gach/Koch* Rentenversicherungspflicht von Gesellschafter-Geschäftsführern einer GmbH und ähnlichen Selbstständigen, NJW 2006, 1098; *Gach/Pfüller* Die Vertretung der GmbH gegenüber ihrem Geschäftsführer, GmbHR 1998, 64; *Geitzhaus* Die Generalbevollmächtigung – empfehlenswertes Instrument der Unternehmensführung?, GmbHR 1989, 229 und 278; *Gessner* Insolvenzanträge des GmbH-Geschäftsführers bei drohender Zahlungsunfähigkeit entgegen dem Willen der Gesellschafter? NZI 2018, 185; *Goette* Das Anstellungsverhältnis des GmbH-Geschäftsführers in der Rechtsprechung des Bundesgerichtshofs, DStR 1998, 1137; *ders.* Zur Umdeutung der fristlosen in eine ordentliche Kündigung des Geschäftsführer-Anstellungsvertrags, DStR 2000, 525; *Gottwald/Haas Insolvenzrechts-Handbuch, 6. Aufl.* 2020; *Graf/Heilemann* Das Bundesarbeitsgericht und der GmbH-Geschäftsführer, GmbHR 2015, 225; *Grams* Anspruch auf Insolvenzgeld und Arbeitnehmerschaft des GmbH-Fremdgeschäftsführers, GmbHR 2003, 29; *Gustavus* Probleme mit der GmbH ohne Geschäftsführer, GmbHR 1992, 15; *Haack* Der Anstellungsvertrag des GmbH-Geschäftsführers, NWB Fach 18, 3445; *Haase* Das ruhende Arbeitsverhältnis eines zum Vertretungsorgan einer GmbH bestellten Arbeitnehmers und das Schriftformerfordernis gemäß § 623 BGB, GmbHR 2004, 279; *ders.* Erholungsurlaub des Geschäftsführers einer GmbH aus rechtlicher Sicht, Teil 1 GmbHR 2005, 265, Teil 2 S. 338; *ders.* Der Anspruch des Geschäftsführers einer GmbH auf Fortzahlung seiner Vergütung im Krankheitsfall, GmbHR 2005, 1260; *Heller* Nachvertragliches Wettbewerbsverbot bei Geschäftsführern, GmbHR 2000, 371; *Helmschrott* Der Notgeschäftsführer – eine notleidende Regelung, ZIP 2001, 636; *Hillmann-Stadtfeld* Beendigung von Geschäftsführer-Dienstverträgen –, Hier: Koppelungsklauseln bei befristeten Verträgen, GmbHR 2004, 1457; *ders.* Sozialversicherungspflicht von Geschäftsführern – Risiko: Verlust von Renten- und Arbeitslosengeldansprüchen, GmbHR 2004, 1204; *Hoffmann/Liebs* Der GmbH-Geschäftsführer, 3. Aufl. 2009; *Horstmeier* Können angestellte Leitungsorgane von Gesellschaften ohne vorherige Abmahnung außerordentlich gekündigt werden?, GmbHR 2006, 400; *Jäger* Der Anstellungsvertrag des GmbH-Geschäftsführers, 5. Aufl. 2009; *Kamanabrou* Teilverbindlichkeit überschießender nachvertraglicher Wettbewerbsverbote für GmbH-Geschäftsführer, ZGR 2002, 898; *Kießling/Eichele* Amtsniederlegung des GmbH-Geschäftsführers und Registerlöschung, GmbHR 1999, 1165; *Kögel* Die Not mit der Notgeschäftsführung bei der GmbH, NZG 2000, 20; *Krause* Das Schriftformerfordernis des § 623 BGB beim Aufstieg eines Arbeitnehmers zum Organmitglied, ZIP 2000, 2284; *Kuntze* Bemessungsgrundlage der Tantieme des Gesellschafter-Geschäftsführers (Musterformulierungen), GmbH-StB 1999, 328; *ders.* Pensionszusage für GmbH-Geschäftsführer: worauf Sie bei der Formulierung achten sollten, GmbH-StB 2000, 11; *Leuchten* Beschäftigungsanspruch des GmbH-Geschäftsführers, GmbHR 2001, 750; *Louven* Aus der Rechtsprechung des Bundessozialgerichts zum sozialrechtlichen Status des GmbH-Geschäftsführers, DB 1999, 1061; *Luke/Funke* Das Wettbewerbsverbot vertretungsberechtigter Organmitglieder, NWB Fach 18, 4235; *Lutz* Prozessvertretung der GmbH gegenüber dem Geschäftsführer und actio pro socio bei einstweiligen Verfügungen, NZG 2015, 424; *Manger* Das nachvertragliche Wettbewerbsverbot des

GmbH-Geschäftsführers, GmbHR 2001, 89; *Meier N.* Das zuständige Gesellschaftsorgan für den Abschluss einer Änderung des Dienstvertrages und dem Gesellschafter-Geschäftsführer einer GmbH, GmbHR 2001, 913; *Moll* Arbeitsverhältnis nach „Beförderung" zum Organmitglied, GmbHR 2009, 1024; *Müller* Das nachvertragliche Wettbewerbsverbot von GmbH-Geschäftsführern, GmbHR 2014, 964; *Nägele* Der Ausstellungsvertrag des Geschäftsführers. Eine Bestandsaufnahme, BB 2001, 305; *Nägele/Nestal* Entlastung des GmbH-Geschäftsführers und des AG-Vorstands – Chancen und Risiken in der Praxis, BB 2000, 1253; *Niehues* Langfristige Erfolgsorientierung bei Geschäftsführer-Vergütungen, DB 2006, 799; *Niemann* § 626 BGB Rz. 209, ErfK; *Oberrath* Anwendung von Arbeitsrecht auf den GmbH-Geschäftsführer, MDR 1999, 134; *oV* Sozialversicherungspflicht: Sozialversicherungsrechtliche Beurteilung eines Gesellschafter-Geschäftsführers, GmbHR 2004, 942; *Peetz* Der faktische Geschäftsführer – faktisch oder eine Fiktion, GmbHR 2017, 57; *Peters* Ressortaufteilung zwischen GmbH-Geschäftsführern und ihre Folgen, GmbHR 2008, 682; *Priester* Geschäftsführerbezüge und Kapitalerhaltung in: Gesellschaftsrechtliche Unternehmenspraxis – Aktuelle Probleme im Lichte der neueren Rechtsprechung, JbFSt 1993/94, 274; *Pröpper* Der Geschäftsführervertrag bei Change of Control-Ereignissen, GmbH-StB 2007, 222; *ders.* Der GmbH-Geschäftsführer als Interimsmanager, GmbH-StB 2007, 353; *ders.* Kündigung und Abberufung eines faktischen Geschäftsführers, GmbH-StB 2008, 87; *ders.* Die Ressortaufteilung in der Geschäftsführung, GmbH-StB 2008, 214; *ders.* Der GmbH-Geschäftsführer – ein Arbeitnehmer? Eine völlige Kehrtwendung in der Rechtsprechung, DStR 2000, 31; *Reiserer/Heß-Emmerich/Peters* Der GmbH-Geschäftsführer, 3. Aufl. 2008; *Roemer* Vorbeugende Gestaltungen in Anstellungsverträgen von Gesellschafter-Geschäftsführern bei möglicher Fehleinschätzung der Sozialversicherungspflicht, INF 2000, 142; *Schauf* Rolle und Kompetenzen des GmbH-Geschäftsführers in einer Matrix-Struktur, BB 2017, 2883; *K. Schmidt* Führungslosigkeit der GmbH oder GmbH & Co KG im Prozess, GmbHR 2011, 113; *Schmitt-Rolfes/Bergwitz* Beginn der Verjährung nach § 93 VI AktG, § 43 IV GmbHG und § 34 VI GenG, NZG 2006, 535; *Schmitz* Die Vernehmung der GmbH-Geschäftsführung im Zivilprozess, GmbHR 2000, 1140; *Schneider* Der Anstellungsvertrag des Geschäftsführers einer GmbH im Konzern, GmbHR 1993, 10; *ders.* Abmahnung des Geschäftsführers vor Kündigung des Anstellungsvertrages aus wichtigem Grund?, GmbHR 2003, 1; *Schnelle* Wettbewerbsverbot für Gesellschafter-Geschäftsführer bei Unternehmenskauf, GmbHR 2000, 599; *Schrader/Straube* Aufstieg und Fall eines Geschäftsführers, GmbHR 2005, 904; *Schumacher* Die aufschiebend bedingte Geschäftsführerbestellung – Anmerkungen und Beratungshinweise zu BGH v. 24.10.2005 – II 2 R 55/04, GmbHR 2006, 924; *Schwedhelm* Steuerorientierte Festsetzung der Geschäftsführerbezüge, GmbH-StB 2003, 19; *Siegmann/Vogel* Die Verantwortlichkeit des Strohmanngeschäftsführers einer GmbH, ZIP 1994, 1821; *Slabschi* Die Einhaltung der Frist des § 626 Abs. 2 BGB als Voraussetzung der Wirksamkeit eines Gesellschafterbeschlusses?, ZIP 1999, 391; *Spörlein/Tausend/ Ballreich* Handbuch für den Geschäftsführer der GmbH, 19. Aufl. 2008; *Stagat* Der Rechtsweg des GmbH-Geschäftsführers zum Arbeitsgericht, NZA 2015, 193; *Strohn* Faktische Organe – Rechte, Pflichten, Haftung, DB 2011, 158; *Stück* Der GmbH-Geschäftsführer im Sozialrecht, GmbHR 2001, 1099; *Tänzer* Aktuelle Geschäftsführervergütung in kleinen GmbH – Was darf ein Geschäftsführer in kleinen GmbH verdienen? GmbHR 1997, 16; *ders.* Aktuelle Geschäftsführervergütung in der kleinen GmbH; GmbHR 2000, 596; *ders.* Die aktuelle Geschäftsführervergütung 2005, 1256; *Theiselmann* Pflichten der GmbH-Geschäftsführung in der Krise, GmbH-StB 2016, 232; *Thiele* Rechte und Pflichten des Sanierungsgeschäftsführers, GmbH-Stpr 2018, 176; *Thusing* Nachorganschaftliche Wettbewerbsverbote bei Vorständen und Geschäftsführern, NZG 2004, 9; *Tiedke* Zur Form der Gestaltung von In-sich-Geschäften des geschäftsführenden Mitgesellschafters einer GmbH, GmbHR 1993, 385; *Tillmann/Mohr* GmbH-Geschäftsführer, 10. Aufl. 2013; *van Venrooy* Widersprüchliche Ausübung des arbeitsrechtlichen Direktionsrechts durch mehrere GmbH-Geschäftsführer, GmbHR 2001, 7; *ders.* Der Mehrfachgeschäftsführer, GmbHR 2006, 785

M. Schmitt

(Teil I) und GmbHR 2006, 860 (Teil II); *Wackerbarth* Die Festlegung der Vergütung des Gesellschafter-Geschäftsführers, GmbHR 2009, 65; *Wagner* Geschäftsführeraußenhaftung bei Compliance-Verstößen der GmbH, ZNotP 2016, 10; *Winzer* Die Abmahnung des GmbH-Geschäftsführers, GmbHR 2007, 1190.

I. Allgemeines

Durch das Gesetz zur Modernisierung des GmbH-Rechts und zur Bekämpfung von Missbräuchen (MoMiG) vom 23.10.2008 (BGBl. I 2008, S. 2026) wurden S. 2 des Abs. 1 eingefügt und Abs. 3 aufgehoben. Abs. 4 wurde zu Abs. 3. **1**

II. Geschäftsführer als Organ der Gesellschaft – Regelungsinhalt

Da die GmbH als juristische Person nicht selbst handlungsfähig ist, muss sie zwingend **2** „einen oder mehrere Geschäftsführer haben" (§ 6 Abs. 1; zu den persönlichen Anforderungen an den Geschäftsführer vgl. § 6 Abs. 2). § 35 Abs. 1 bestimmt, dass die Gesellschaft (nur) durch ihre Geschäftsführer gerichtlich und außergerichtlich vertreten wird. Es handelt sich nicht um eine rechtsgeschäftliche, sondern um eine **organschaftliche Vertretungsmacht**. In Ausnahmefällen kann die Vertretungsbefugnis eines anderen Organs gegeben sein (vgl. Rz. 8). Die organschaftliche Vertretungsmacht schließt (schon aus praktischen Gründen) eine rechtsgeschäftliche, von den Geschäftsführern abgeleitete Vertretungsmacht (Prokuristen, Handlungsbevollmächtigte, Generalbevollmächtigte) nicht aus.

§ 35 gilt bereits für die Vor-GmbH, nicht jedoch für die in Liquidation befindliche **3** Gesellschaft (vgl. § 68).

Die unbeschränkte und unbeschränkbare Vertretungsmacht kann nur im Innenver- **4** hältnis durch Beschränkung der Geschäftsführungsbefugnis eingeschränkt werden (§ 37 Abs. 1).

Die Geschäftsführer sind als solche im HR einzutragen und auf den Geschäftsbriefen **5** (§ 35a) anzugeben. I.Ü. bleibt die **Zuerkennung von Titeln** (Direktor, Generaldirektor u.Ä.) der Regelung der Gesellschafter vorbehalten (im Gesellschaftsvertrag oder durch besonderen Gesellschafterbeschluss, str.; Gesellschafterbeschluss ausreichend: Rowedder/Pentz/*Raff* § 6 Rz. 5; MüKo GmbHG/*WGoette* § 6 Rz. 14). Dass der **Titel „Vorstand"** wegen Verwechslung mit der AG irreführend sein soll, ist nicht einzusehen, da er nicht nur auf AG beschränkt ist, sondern allg. gebraucht wird (vgl. z.B. § 31 BGB für den Vereinsvorstand) und außerdem im Schriftverkehr die GmbH eindeutig gekennzeichnet wird (§ 35a; str., ebenso MHLS/*Tebben*/*Kämper* § 6 Rz. 10; a.A. *Noack* § 6 Rz. 2; *Altmeppen* § 6 Rz. 3).

Abs. 2 behandelt die Gesamtvertretung. Abs. 3 regelt die Besonderheiten des Insichge- **6** schäfts bei der sog. Einmanngesellschaft (eingefügt S. 1 durch die GmbH-Novelle 1980, S. 2 durch das Gesetz zur Durchführung der 12. Richtlinie v. 18.12.1991, BGBl. I 1991, S. 2206). I.Ü. Änderung durch das MoMiG.

III. Geschäftsführerbestellung

Der Geschäftsführer kann im Gesellschaftsvertrag (§ 6 Abs. 2 S. 2; vgl. hierzu die Aus- **7** führungen zu § 6) oder nach Maßgabe der §§ 35 ff. (vgl. § 6 Abs. 3 S. 2) bestellt werden. Auch bei Bestellung nach Eintragung muss der Geschäftsführer den persönlichen

Anforderungen des § 6 Abs. 2 genügen (vgl. dort). Mehrfachbestellung (Bestellung für mehrere GmbHs) ist zulässig (einschränkend *Van Venrooy* GmbHR 2006, 792).

8   **1. Bestellung durch das zuständige Organ.** Zuständig sind grds. die Gesellschafter in ihrer Gesamtheit (vgl. § 46 Nr. 5, näher dort). Die Satzung kann ein anderes Organ (z.B. Beirat, Aufsichtsrat) bestimmen.

9   Der Gesellschafter, der zum Geschäftsführer bestellt werden soll, ist zwar nicht vom **Stimmrecht** ausgeschlossen, jedoch unterliegt er den Beschränkungen des § 181 BGB, wenn er von anderen Gesellschaftern zur Stimmabgabe bevollmächtigt ist (vgl. *BGHZ* 112, 339 = GmbHR 1991, 60). In der Bevollmächtigung kann unter bestimmten Voraussetzungen die Befreiung vom Selbstkontrahierungsverbot des § 181 BGB liegen. Das ist nicht der Fall bei einer allg. Vollmacht; es muss sich vielmehr um eine auf eine bestimmte Gesellschafterversammlung bezogene Vollmacht handeln (vgl. *BGHZ* 66, 86; *BGH* GmbHR 1991, 61). Bei Verstoß gegen § 181 BGB ist die Geschäftsführerbestellung nichtig (*BGH* GmbHR 1991, 61). Der Alleingesellschafter kann sich selbst zum Geschäftsführer bestellen; § 181 BGB ist zu beachten.

10   Bei mitbestimmten Gesellschaften ist grds. der Aufsichtsrat zur Bestellung der Geschäftsführer berufen (vgl. § 31 MitbestG)

11   **2. Bestellungsrecht einzelner Gesellschafter/Gesellschafterstämme – Präsentationsrecht.** Durch den Gesellschaftsvertrag kann einzelnen Gesellschaftern das Recht eingeräumt werden, der Gesellschaft einen Geschäftsführer vorzuschlagen. Dieses Recht kann inhaltlich verschieden sein: a) als reines **Vorschlagsrecht (Präsentationsrecht)**, dem die Mehrheit der Gesellschafter zustimmen muss (Vorschlagsrecht ohne **unmittelbare Vollzugswirkung)** oder b) als Bestellungsrecht mit unmittelbarer Vollzugswirkung (die berechtigten Gesellschafter bestellen ohne Zustimmung der anderen Gesellschafter den Geschäftsführer, vgl. *OLG München* GmbHR 1990, 220).

12   Welche Bedeutung einer entspr. Satzungsbestimmung zukommt, ist ggf. durch Auslegung zu ermitteln (vgl. *BGH* GmbHR 1973, 279). I.d.R. handelt es sich um ein Recht, nicht auch um eine Pflicht der Gesellschafter. Sie müssen also nicht von einem Bestellungs- bzw. Präsentationsrecht Gebrauch machen. Zur Pflicht wird es erst dann, wenn die Gesellschaft nicht handlungsfähig ist (z.B. wenn einer von zwei nach der Satzung erforderlichen Geschäftsführern fehlt, vgl. *OLG München* GmbHR 1990, 221). Die Weigerung zur Benennung eines Geschäftsführers kann die anderen Gesellschafter berechtigen, die Zustimmung zur Abberufung eines Geschäftsführers zu verweigern (*OLG München* GmbHR 1990, 220).

13   Das Recht des Gesellschafters auf Bestellung eines Geschäftsführers kann nur im Rahmen der (durch Gesellschafterbeschluss) festgelegten Zahl der Geschäftsführer ausgeübt werden (*OLG Stuttgart* GmbHR 1999, 587). Hat der berechtigte Gesellschafter (temporär) auf die Bestellung seines Geschäftsführers verzichtet, kann er sein Recht nur ausüben (gesellschaftsrechtliche Treuepflicht, von der Gesellschaft Schaden abzuwenden), wenn die Abberufung eines vorhandenen Geschäftsführers auch zur Beendigung des Anstellungsvertrags führt (vgl. *Fichtelmann* GmbHR 1999, 813; a.A. offenbar *OLG Stuttgart* GmbHR 1999, 537).

14   Die satzungsmäßig verankerte Zustimmungspflicht ist nicht Ausfluss einer Stimmbindung (so aber *OLG München* GmbHR 1990, 220), sondern ist unmittelbarer Ausfluss des Rechts

Die zustimmungspflichtigen Gesellschafter können im Einzelfall berechtigt sein, die **15** Zustimmung aus wichtigem Grund zu verweigern (*OLG München* GmbHR 1990, 221)

3. Annahme der Bestellung. Die Bestellung zum Geschäftsführer bedarf der **16** Annahme durch den Bestellten. Eine besondere Annahme ist nicht nötig, wenn der Geschäftsführer als Gesellschafter für seine Bestellung gestimmt hat (vgl. Habersack/ Casper/*Löbbe*/*Paefgen* § 35 Rz. 32). Der als Geschäftsführer Bestellte ist zur Annahme nicht verpflichtet (*Altmeppen* § 6 Rz. 56), es sei denn, dass sich etwas anderes aus dem Gesellschaftsvertrag, aus einem bereits abgeschlossenen Anstellungsvertrag oder aus einem sonstigen Rechtsgrund ergibt.

4. Bestellungsdauer – Bestellung unter einer Bedingung. Die Dauer der Bestellung **17** ist in der nicht mitbestimmten GmbH kein Problem: es gibt weder eine Mindest- noch eine Höchstdauer. Nach § 31 Abs. 1 MitbestG können Geschäftsführer auf höchstens 5 Jahre bestellt werden (§ 84 Abs. 1 AktG).

Die Zulässigkeit der Geschäftsführerbestellung unter einer (aufschiebenden oder auf- **18** lösenden) Bedingung wird von der überwiegenden Ansicht bejaht (die Zulässigkeit einer auflösenden Bedingung bejahend: *BGH* v. 24.10.2005 – II ZR 55/04 = NZG 2006, 63; *OLG Stuttgart* NZG 2004, 472, 473; Rowedder/Pentz/*Belz* § 35 Rz. 39; *Werner* NZA 2015, 1234; *von Westphalen* NZG 2020, 321; *Koehler* NZG 2019, 1406; *Holthausen* NZG 2022, 731).

5. Fehlerhafte Geschäftsführerbestellung – Faktischer Geschäftsführer. Beschlüsse **19** über die Bestellung zum Geschäftsführer, die gegen § 6 Abs. 2 verstoßen, sind nichtig, satzungswidrige hingegen nur anfechtbar (Rowedder/Pentz/*Belz* § 35 Rz. 89). Vgl. näher § 47.

Der fehlerhaft bestellte, aber die Geschäfte tatsächlich führende Geschäftsführer wird **20** für die Zeit bis zur Geltendmachung des Mangels als wirksam bestellt behandelt (*Noack* § 6 Rz. 77). Von ihm vorgenommene Rechtshandlungen binden die Gesellschaft (vgl. § 15 HGB; Rowedder/Pentz/*Belz* § 35 Rz. 8). Zur weiteren Auswirkung s. bei den einzelnen Bestimmungen, z.B. für die Haftung § 43 Rz. 10 ff. Das AGG dürfte auf den Bestellungsakt anwendbar sein (str., vgl. zur Anwendung des AGG auf den Geschäftsführer *BGH* v. 23.4.2012 – II ZR 163/10 = GmbHR 2012, 845 m. Anm. *Brötzmann; BGH* v. 26.3.2019 – II ZR 244/17; *Bauer/Arnold* ZIP 2008, 793, 797; MüKo GmbHG/*Jaeger*/*Steinbrück* § 35 Rz. 269 ff.; *Altmeppen* § 6 Rz. 63 ff.).

Beim **faktischen Geschäftsführer** fehlt jeglicher Bestellungsakt. Er wird auf Grund **21** einer tatsächlichen Machtstellung tätig (z.B. als Alleingesellschafter oder maßgeblicher Kreditgeber). Ein organschaftliches Handeln kommt nicht in Betracht, so dass die Gesellschaft grds. nicht verpflichtet wird. Eine Haftung der Gesellschaft oder des faktischen Geschäftsführers kann sich jedoch aus **Rechtsscheingründen** ergeben (vgl. *Noack* § 6 Rz. 76).

IV. Notgeschäftsführer

1. Erforderlichkeit der Bestellung eines Notgeschäftsführers – Rechtsgrundlage. Da **22** die Gesellschaft nur durch ihre Geschäftsführer (Organ) handlungsfähig ist, anderer- seits eine Pflicht der Gesellschafterversammlung ggü. den Gläubigern der Gesellschaft oder dem Registergericht zur Bestellung von Geschäftsführern nicht besteht (*BGH* NJW 1985, 637; vgl. auch *Gustavus* GmbHR 1992, 15: keine Zwangsgeldfestsetzung), muss auf andere Art und Weise sichergestellt werden, dass von der Gesellschaft oder einem Beteiligten Schaden abgewendet wird bzw. wenn die Gesellschaft gehindert ist, ihren öffentlich-rechtlichen Pflichten nachzukommen (vgl. MHLS/*Tebben/Kämper* § 6 Rz. 76). Dies erfolgt durch die Bestellung von Notgeschäftsführern.

23 Für die GmbH fehlt eine in § 85 AktG – in dringenden Fällen ist auf Antrag eines Beteiligten vom Gericht ein erforderliches Vorstandsmitglied zu bestellen – entspr. Bestimmung. Es wird deshalb § 29 BGB (Notbestellung bei Vereinen) analog angewendet (*BGHZ* 82, 182; *OLG Hamm* GmbHR 1996, 210; *BayObLG* GmbHR 1995, 896; *BayObLG* GmbHR 1997, 1002 und GmbHR 1998, 1123; *OLG Frankfurt* GmbHR 2001, 436; *OLG Düsseldorf* NJW-RR 2016, 1183; vgl. aber *OLG Köln* FGPrax 2019, 219; insgesamt *Krafka* Rz. 1254 ff.).

24 Im Falle der Führungslosigkeit (= die Gesellschaft hat keinen vertretungsberechtigten Geschäftsführer, vgl. *OLG Düsseldorf* NJW-RR 2016, 1183) wird die Gesellschaft durch die Gesellschafter vertreten (so dass sich die Bestellung eines Notgesellschafters erübrigt), deren Namen beim Handelsregister erfragt werden können (vgl. § 40 Abs. 1 S. 1). Von der Vertretung der Gesellschaft durch die Gesellschafter ging vor der Gesetzesänderung bereits das *OLG München* (GmbHR 1994, 122) aus. Die Abgabe ggü. Einem Gesellschafter genügt (Abs. 2 S. 2). Die Zustellung kann unter der Geschäftsanschrift erfolgen (Abs. 2 S. 3). Die Zustellung von Schriftstücken kann stets unter der Geschäftsanschrift vorgenommen werden (vgl. auch Rz. 62).

25 **2. Voraussetzungen der Bestellung.** Ein Notgeschäftsführer ist in dringenden Fällen auf Antrag eines Beteiligten durch das Gericht zu bestellen. Ein **dringender Fall** liegt (bei erforderlicher enger Auslegung, *BayObLG* GmbHR 1998, 1124; vgl. aber *OLG Köln* FGPrax 2019, 219) nur vor, wenn die Gesellschaft sich nicht durch eigene Maßnahmen (z.B. Einberufung einer Gesellschafterversammlung) selbst helfen kann, der GmbH oder einem Beteiligten Schaden droht oder ein alsbald erforderliches Handeln nicht vorgenommen werden könnte (*BayObLG* GmbHR 1995, 896; *OLG Köln* FGPrax 2019, 219). Als Schaden im vorgenannten Sinne ist die Beeinträchtigung von Rechtspositionen zu verstehen, nicht nur Vermögensschäden (*BayObLG* GmbHR 1995, 896). Über das Verhältnis zum Verfahrenspfleger in der Insolvenz vgl. *OLG Zweibrücken* GmbHR 2001, 571, und zum Prozesspfleger nach § 57 ZPO vgl. *BAG* NZG 2008, 270.

26 Die Bestellung eines Notgeschäftsführers kommt nur in Betracht, wenn sie die einzige Möglichkeit ist, die Vertretung der Gesellschaft sicherzustellen. Daher scheidet eine Bestellung auf Antrag des einzigen Gesellschafters aus, da dieser jederzeit in der Lage ist, einen Geschäftsführer (auch sich selbst) zu bestellen (*OLG Frankfurt* GmbHR 1962, 232; vgl. auch *BayObLG* GmbHR 1995, 896). Es ist nicht Aufgabe des Gerichts, durch Bestellung eines Notgeschäftsführers Differenzen zwischen den Gesellschaftern über die Bestellung eines Geschäftsführers zu entscheiden (*OLG München* FGPrax 2007, 281; *OLG Frankfurt* GmbHR 2001, 436; zust. *Hohlfeld* GmbHR 2001, 437). Nur ausnahmsweise kann in solchen Fällen Dringlichkeit bestehen, wenn die Erfüllung gesetzlicher Pflichten wg. Anhaltender Differenzen der Gesellschafter untereinander gefährdet ist (*OLG München* FGPrax 2007, 281; *OLG Frankfurt* BeckRS 2011, 22734).

27 Die Bestellung ist erforderlich, wenn kein Geschäftsführer vorhanden ist, der für die Gesellschaft handeln kann oder wenn bei Gesamtvertretung der vorhandene Geschäftsführer allein nicht vertretungsberechtigt ist (vgl. *OLG München* GmbHR

M. Schmitt

1994, 408; *OLG Frankfurt* NZG 2011, 1277; *OLG Düsseldorf* NJW-RR 2016, 1183 bejaht die Erforderlichkeit bereits bei „unklarer" Vertretungslage; *OLG Köln* FGPrax 2019, 219). Die Verhinderung kann tatsächlicher oder rechtlicher Natur sein (Geschäftsführer ist verstorben, durch Krankheit verhindert oder amtsunfähig geworden; Verbot des Selbstkontrahierens, vgl. *Helmschrott* ZIP 2001, 636 f.). Die Verhinderung kann auf Dauer bestehen oder sich auf einen Einzelfall beschränken (vgl. *BGHZ* 33, 189). Treuewidrigkeit und unzweckmäßige Ausübung der Geschäftsführertätigkeit reicht zur Bestellung eines Notgeschäftsführers nicht aus (*OLG Frankfurt* GmbHR 1986, 432).

Erforderlich ist die Bestellung, wenn die Gesellschafter selbst nicht in der Lage sind, **28** den Mangel in angemessener Frist zu beseitigen (z.B. wenn ein Mehrheitsbeschluss nicht zustande kommt, einem Beteiligten ohne die Notbestellung Schaden droht oder eine als bald erforderliche Handlung nicht vorgenommen werden könnte, *BayObLG* GmbHR 1997, 1002; *LG Frankenthal* GmbHR 2003, 587; *OLG Frankfurt* NZG 2011, 1277). Die Weigerung eines Geschäftsführers, einzelne Geschäftsführungshandlungen vorzunehmen, begründet keinen Anspruch auf Bestellung eines Notgeschäftsführers (MüKo GmbHG/*Stephan/Tieves* § 35 Rz. 64); anders kann es sich bei grds. Weigerung verhalten. Ein Anspruch entfällt aber in diesem Fall, wenn die Situation durch Abberufung des Geschäftsführers (und Neubestellung) bereinigt werden kann. Ein Anspruch auf Bestellung eines Notgeschäftsführers entfällt, wenn unanfechtbar feststeht, dass die Abberufung eines Geschäftsführers unwirksam ist (*BayObLG* GmbHR 1999, 1273).

Die Bestellung eines Notgeschäftsführers unterbleibt, wenn trotz Ausschöpfung der **29** gebotenen Ermittlungsmöglichkeiten keine zur Übernahme des Amts bereite Person zur Verfügung steht (*OLG Hamm* GmbHR 1996, 210; *OLG Frankfurt* GmbHR 2006, 205). Gegen seinen Willen kann das Gericht einen Gesellschafter grds. Nicht zum Notgeschäftsführer bestellen (*BGH* GmbHR 1985, 149; *KG* GmbHR 2000, 660 m. Anm. *Hohlfeld*; *Noack* § 6 Rz. 38; Rowedder/Pentz/*Belz* § 35 Rz. 82; *Krafka* Rz. 1256); es kann sich allenfalls ausnahmsweise eine Pflicht zur Bereitschaft und Annahme der Bestellung aus Gesellschaftsvertrag oder gesellschaftsrechtlicher Treuepflicht ergeben.

3. Antragsberechtigung. Antragsberechtigt ist jeder, der ein Interesse an der Bestel- **30** lung hat (Gesellschafter, Geschäftsführer, Aufsichtsratsmitglied, jeder Dritte, der einen Anspruch gegen die Gesellschaft durchsetzen möchte, z.B. ein Gläubiger, *LG Frankenthal* GmbHR 2003, 587 oder auch eine Behörde, vgl. *Hohlfeld* GmbHR 1986, 181; *Kögel* NZG 2000, 20, 22). Der Antragsteller hat keinen Anspruch auf Bestellung einer bestimmten Person; unberührt bleibt sein Recht, eine geeignete Person vorzuschlagen.

4. Bestellungsverfahren. Die Bestellung erfolgt nicht von Amts wegen, sondern nur **31** **auf Antrag** einer antragsberechtigten Person. Die Voraussetzungen für die Bestellung sind glaubhaft zu machen. Das gilt auch für die Antragsberechtigung. Der Antragsteller muss seinen Anspruch gegen die Gesellschaft nicht nachweisen; es genügt die Darlegung der Absicht der Geltendmachung.

Das Gericht hat den Gesellschaftern vor der Entscheidung **Gelegenheit zur Stellung-** **32** **nahme** zu geben (*BayObLG* NJW 1981, 996).

33 Zum Geschäftsführer kann nur eine Person bestellt werden, die die gesetzlichen oder statutarischen Eignungsvoraussetzungen erfüllt (vgl. *OLG Düsseldorf* NJW-RR 2016, 1183). Eine Ausnahme gilt für statutarische Voraussetzungen, wenn sonst ein Geschäftsführer überhaupt nicht bestellt werden könnte (z.B. bei Zugehörigkeit zu einem bestimmten Familienstamm, vgl. *BayObLG* NJW 1981, 996).

34 Die Bestellung bedarf der **Annahme**. Die Annahme ist ggb. der Gesellschaft oder ggb. dem Registergericht zu erklären (vgl. Henssler/Strohn/*Oetker* § 35 Rz. 9). Eine Verpflichtung zur Annahme besteht nicht, nicht einmal für einen Gesellschafter (*BGH* GmbHR 1985, 149, vgl. Rz. 29). Erst mit der Annahme wird die Rechtsstellung als Geschäftsführer begründet (*KG* GmbHR 2000, 661 und Anm. *Hohlfeld* S. 663), soweit der Gesellschaftsvertrag keine andere Regelung enthält.

35 Zum Bestellungsverfahren allg. vgl. *OLG Hamm* GmbHR 1996, 210.

36 Das Registergericht kann die Bestellung eines Notgeschäftsführers ablehnen, wenn trotz Ausschöpfung der gebotenen Ermittlungsmöglichkeiten keine zur Übernahme bereite Person zur Verfügung steht (*OLG Hamm* GmbHR 1996, 210; *OLG Frankfurt* GmbHR 2006, 205).

37 **5. Anforderungen an den Notgeschäftsführer.** Da ein ohne Einschränkung bestellter Notgeschäftsführer in vollem Umfange in die Rechtstellung des Geschäftsführers eintritt, muss er die besonderen Anforderungen erfüllen, die nach dem Gesetz oder in der Satzung festgelegt sind (*BayObLG* GmbHR 1992, 1125). I.Ü. kann der Tatrichter nach freiem Ermessen handeln (*BayObLG* DB 1978, 2166; *OLG Düsseldorf* NJW-RR 2016, 1183).

38 **6. Rechtsstellung des Notgeschäftsführers.** Durch die Annahme der Bestellung kommt zwischen dem Notgeschäftsführer und der Gesellschaft ein Geschäftsbesorgungsvertrag zustande, der einen Vergütungsanspruch gegen die Gesellschaft begründet (*OLG Frankfurt* GmbHR 2006, 205).

39 Der Notgeschäftsführer unterscheidet sich in seiner Rechtsstellung nicht von einem bestellten Geschäftsführer; er tritt im Rechtsverkehr nicht etwa als Notgeschäftsführer auf. Er ist in das HR einzutragen (vgl. *BayObLG* DB 1986, 422; *Krafka* Rz. 1258).

40 Der Umfang der Vertretungsmacht bestimmt sich nach dem Gesellschaftsvertrag (z.B. Gesamtvertretung oder Einzelvertretung). Seine Vertretungsmacht ist unbeschränkt und unbeschränkbar auch für den Fall, dass er nur für bestimmte Wirkungskreise bestellt ist (*BayObLG* DB 1986, 422). Beschränkt werden kann aber die Geschäftsführungsbefugnis (*BayObLG* GmbHR 1986, 189; GmbHR 1998, 1125). Das bestellende Gericht hat die Geschäftsführungsbefugnis auf das sachlich Notwendige zu beschränken (*BayObLG* GmbHR 1998, 1126; GmbHR 1999, 1292; *OLG Düsseldorf* GmbHR 2002, 160). Soweit in der Satzung vorgesehen, kann das Gericht auch von den Beschränkungen des § 181 BGB befreien (*OLG Düsseldorf* GmbHR 2002, 160).

41 Mit der Annahme der Bestellung wird mit der Gesellschaft ein **Geschäftsbesorgungsvertrag** begründet; nur gegen diese richtet sich ein **Vergütungsanspruch** (*BGH* GmbHR 1985, 149, *OLG Frankfurt* GmbHR 2006, 205; *Altmeppen* § 6 Rz. 58). Der Notgeschäftsführer hat Anspruch auf Ersatz seiner **notwendigen Auslagen**. Ein Streit über die Höhe der Vergütung ist im Zivilprozess auszutragen; das Registergericht ist hierfür nicht zuständig (*BayObLG* DB 1988, 1946; *Krafka* Rz. 1256). Allerdings ist der

Aufwand des Notgeschäftsführers im Zusammenhang mit der allgemeinen Prozesskostenvorbereitung im Regelfall nicht als notwendige Kosten der Rechtsverfolgung erstattungsfähig (*OLG Karlsruhe* GmbHR 2003, 39). Für geeignete Fälle ist daher auch eine einfachere Vertretungsregel möglich, z.b. die Bestellung eines Prozesspflegers nach § 57 ZPO (*BGH* NZG 2011, 26, 27, *OLG Zweibrücken* GmbHR 2007, 544; *K. Schmidt* GmbHR 2011, 113, 114; *Fest* NZG 2011, 130, 131).

7. Rechtsmittel. Gegen die ablehnende Entscheidung des Registergerichts ist im Verfahren der **freiwilligen Gerichtsbarkeit** die einfache Beschwerde gegeben (*BayObLG* GmbHR 1999, 1293). Rechtsmittelberechtigt sind auch die Gläubiger der Gesellschaft (*OLG Hamm* GmbHR 1996, 210). **42**

Gegen die Bestellung zum Notgeschäftsführer sind beschwerdeberechtigt: (1) die Gesellschaft, (2) die Geschäftsführer und (3) die Gesellschafter (*BayObLG* NJW-RR 1997, 289; GmbHR 1998, 1123). Die Entscheidung über die Auswahl des Notgeschäftsführers kann nicht nach Angemessenheit oder Zweckmäßigkeit überprüft werden, sondern nur daraufhin, ob das Gericht von seinem Ermessen keinen oder rechtlich fehlerhaft Gebrauch gemacht oder wesentliche Umstände unerörtert gelassen hat (*BayObLG* Rpfleger 1992, 114; GmbHR 1998, 1123). **43**

8. Beendigung der Notgeschäftsführung. Das Amt des Notgeschäftsführers endet ohne weiteres mit der Behebung des Mangels bzw. mit der Erledigung der zugewiesenen Aufgabe (MüKo GmbHG/*Stephan/Tieves* § 35 Rz. 78). **44**

Eine Abberufung des Notgeschäftsführers nach § 38 Abs. 1 oder aus wichtigem Grund (§ 38 Abs. 2) scheidet aus (*OLG München* GmbHR 1994, 259). Eine Abberufung ist nur durch das Gericht auf Antrag möglich (*BayObLG* DB 1978, 2166; *OLG Düsseldorf* GmbHR 1997, 549 und GmbHR 2002, 160; a.A. *Hohlfeld* GmbHR 2002, 161). Erforderlich ist auch hier ein wichtiger Grund (*OLG Düsseldorf* GmbHR 1997, 550). Die Abberufung erfolgt durch Bestellung eines anderen Notgeschäftsführers (*OLG Düsseldorf* GmbHR 1997, 550). Die Beendigung ist zum HR anzumelden (§ 39 Abs. 1). Zum Vorliegen eines wichtigen Grundes vgl. *OLG Düsseldorf* GmbHR 2002, 159. **45**

V. Vertretung der Gesellschaft

1. Geschäftsführer als Organ der Gesellschaft. Die Gesellschaft ist als solche nicht handlungsfähig. Sie wird durch die Geschäftsführer gerichtlich und außergerichtlich vertreten. Es handelt sich um eine sog. **Organschaftliche**, nicht um eine rechtsgeschäftliche **Vertretungsmacht.** Auf die Bestellung von Geschäftsführern kann deshalb nicht verzichtet werden. Es ist unzulässig, einem sog. **Generalbevollmächtigten** neben oder anstelle der Geschäftsführer eine organschaftliche Vertretungsmacht einzuräumen (*BGH* NJW 1977, 199; *BGH* NZG 2002, 814; *KG* GmbHR 1991, 579; MüKo GmbHG/*Stephan/Tieves* § 35 Rz. 243). *Zulässig ist die* davon zu unterscheidende **rechtsgeschäftliche Generalvollmacht,** die auch als Generalhandlungsvollmacht (*KG* GmbHR 1991, 579) bezeichnet wird (*vgl.* MüKo GmbHG/*Stephan/Tieves* § 35 Rz. 241 ff.). Die Zustimmung der Gesellschafter macht eine unzulässige Generalvollmacht nicht zulässig (*BGH* NZG 2002, 814). **46**

Die Generalvollmacht kann als Vollmacht nach §§ 164 ff. BGB oder ggf. als (erweiterte) Prokura ausgestaltet sein (Scholz/*Schneider* § 35 Rz. 20; MüKo GmbHG/*Stephan/Tieves* § 35 Rz. 243 a.A.). Sie berechtigt grds. zu allen Rechtsgeschäften, bei **47** denen eine Vertretung zulässig ist (*OLG Zweibrücken* GmbHR 1990, 401), z.B. nicht zur Stellung des Insolvenzantrags (Scholz/*Schneider* § 35 Rz. 20). Soweit der Umfang der Vertretungsmacht nicht eindeutig festgelegt ist, ist einschränkende Auslegung geboten (*OLG Zweibrücken* GmbHR 1990, 401). Eine prokuraähnliche Generalvollmacht bedarf der Eintragung in das HR (Scholz/*Schneider* § 35 Rz. 20).

48 Im Zusammenhang mit der Frage der Nichtigkeit einer Neubestellung des Geschäftsführers (Liquidators) vertritt derjenige die GmbH, der im Falle eines Obsiegens der Gesellschaft als deren Geschäftsführer anzusehen ist (*BGH* GmbHR 1981, 195; *KG* GmbHR 1997, 1000). Zur Anscheinsvollmacht bei Gebrauch englischer/amerikanischer Bezeichnungen (z.B. Generalmanager) vgl. *Borsch* GmbHR 2004, 1376.

49 **2. Umfang der Vertretungsmacht – Unbeschränkte und unbeschränkbare Vertretungsmacht.** Die Vertretungsmacht der Geschäftsführer ist grds. unbeschränkt (das folgt daraus, dass es ohne abw. Regelung im Gesellschaftsvertrag kein anderes Vertretungsorgan gibt) und auch nicht beschränkbar. Davon zu unterscheiden sind nur im Innenverhältnis wirksame Beschränkungen der Geschäftsführungsbefugnis (§ 37 Abs. 2).

50 Die Vertretungsmacht für Rechtsgeschäfte, die der Betrieb des Unternehmens mit sich bringt, ist selbstverständlich (*OLG München* GmbHR 1992, 533). Sie umfasst aber auch Rechtsgeschäfte, die mit dem **Unternehmensgegenstand** nicht vereinbar sind (str., vgl. *OLG Karlsruhe* NZG 2000, 264, 264; *Altmeppen* § 37 Rz. 23–27).

51 Die Vertretungsmacht umfasst auch den **Erwerb von Beteiligungen** (an Personen- und Kapitalgesellschaften) sowie die Gründung von Kapital- und Personengesellschaften und die Veräußerung der Beteiligungen bzw. die Kündigung von Gesellschaften (vgl. *BGH* DB 1979, 644).

52 Für die Einräumung einer **stillen Beteiligung** am Handelsgewerbe der GmbH (§ 230 Abs. 1 HGB) besteht grds. Vertretungsmacht der Geschäftsführer (vgl. *Altmeppen* § 35 Rz. 22; MHLS/*Lenz* § 35 Rz. 39; Scholz/*Schneider* § 35 Rz. 56), jedoch nicht für den Fall, dass die Gewinnbeteiligung des stillen Gesellschafters einen bedeutenden Umfang annimmt (str., *Noack* § 35 Rz. 9). Die erforderliche Zustimmung der Gesellschafter kann, da es sich nicht um eine Satzungsänderung handelt, in jeder beliebigen Form erteilt werden (*Fichtelmann* Rz. 64).

53 Die Geschäftsführer haben keine Vertretungsmacht zum Abschluss eines Verschmelzungsvertrags (§ 13 UmwG) sowie bei Spaltung (§ 125 UmwG i.V.m. § 13 Abs. 1 UmwG) und Formwechsel (§ 193 Abs. 1 UmwG). In diesen Fällen ist jeweils ein Beschluss der Gesellschafterversammlung erforderlich. Zum Abschluss von Beherrschungs- und Gewinnabführungsverträgen vgl. Kap. II Rz. 83 ff.

54 Die Wahrnehmung von Beteiligungsrechten geschieht durch die Geschäftsführer (z.B. Ausübung von Stimmrechten in einer Tochtergesellschaft).

55 Die Zuständigkeit der Geschäftsführer zur Prozessvertretung ergibt sich aus der allg. Vertretungsbefugnis. Die Hervorhebung in Abs. 1 hat keine besondere Bedeutung. Die Prozessvertretung umfasst die Vornahme aller Prozesshandlungen (Klageerhebung, Klagerücknahme, Erteilung von Prozessvollmachten). Zur Anmeldung beim HR vgl. § 78.

56 Für einen **Prozess mit einem Geschäftsführer** ist ein besonderer Vertreter zu bestellen (§ 46 Nr. 8, vgl. § 46 Rz. 111 ff.). Amtierende Geschäftsführer sind Partei, können im Prozess also nicht als Zeugen vernommen werden (*OLG Koblenz* GmbHR 1987, 276, vgl. § 455 Abs. 1 ZPO). Ausgeschiedene Geschäftsführer sind ebenso wie Gesellschafter Zeugen. Wird der Geschäftsführer vorübergehend abberufen, um eine Vernehmung als Zeuge zu ermöglichen, dürfte dies grds. rechtsmissbräuchlich und damit unwirksam sein (vgl. *Schmitz* GmbHR 2000, 1140; *Noack* § 38 Rz. 2*)*.

Zur Abgabe der **eidesstattlichen Versicherung** sind die Geschäftsführer verpflichtet, denen im Zeitpunkt des Termins zur Abgabe die gesetzliche **Vertretungsbefugnis zusteht** (*OLG Hamm* GmbHR 1985, 219; *Altmeppen* § 35 Rz. 28). Der bisherige Geschäftsführer bleibt zur Abgabe verpflichtet, wenn die Amtsniederlegung bzw. die Abberufung als Geschäftsführer mit dem Ziel erfolgt, sich der Verpflichtung zur Abgabe zu entziehen (*OLG Hamm* GmbHR 1985, 318, 319). **57**

In Prozessen einer Zweimann-Gesellschaft oder einer Gesellschaft mit zwei festgefügten Gesellschafterblöcken zwischen Gesellschaft und Gesellschaftermehrheit vertritt die Gesellschafterminderheit anstelle des abhängigen Geschäftsführers die Gesellschaft (*OLG München* WM 1982, 1061). **58**

Bei sog. **Innengeschäften** – Rechtsgeschäfte, die das Innenverhältnis der Gesellschaft betreffen – ist die Vertretungsmacht der Geschäftsführer umstr. Grds. ist sie jedoch zu bejahen, z.B. bei Zustimmung zur Anteilsübertragung nach § 15 Abs. 4 (vgl. *BGH* GmbHR 1988, 260; *OLG Hamburg* GmbHR 1992, 609; a.M. auch im Schrifttum, vgl. jedoch *Noack* § 35 Rz. 18, 19). I.Ü. wird auf die Erläuterungen zu den einzelnen Vorschriften verwiesen. Im Innenverhältnis ist der Geschäftsführer jedoch verpflichtet, die Zustimmung der Gesellschafterversammlung einzuholen, soweit die Satzung nicht etwas anderes bestimmt (vgl. *BGH* GmbHR 1988, 280). Die Grundsätze des Missbrauchs der Vertretungsmacht können eingreifen, z.B. auch, wenn der Geschäftsführer zugleich Gesellschafter ist und als solcher über die Mehrheit der Stimmen verfügt (vgl. *BGH* GmbHR 1988, 260; vgl. auch § 37 Rz. 39 ff.). **59**

Die Geschäftsführer besitzen keine Vertretungsmacht zur Verpflichtung zur Satzungsänderung (vgl. Habersack/Casper/Löbbe/*Ulmer*/*Casper* § 53 Rz. 42 f.) sowie zum Abschluss des Übernahmevertrags bei einer Kapitalerhöhung nach § 55 (*BGHZ* 49, 119; Habersack/Casper/Löbbe/*Ulmer*/*Casper* § 53 Rz. 42 f.). **60**

3. Vertretung bei Empfang von Willenserklärungen. Zugegangen ist eine Willenserklärung, wenn sie so in den Bereich des Empfängers (GmbH) gelangt, dass dieser unter normalen Verhältnissen die Möglichkeit hat, vom Inhalt Kenntnis zu nehmen (vgl. § 130 Abs. 1 BGB). Hat die GmbH mehrere Geschäftsführer, so genügt es, wenn die Erklärung ggü. einem Geschäftsführer abgegeben wird (Abs. 2 S. 3). Es kommt dabei nicht darauf an, wie die Vertretungsmacht der mehreren Geschäftsführer geregelt ist (Einzelvertretung oder Gesamtvertretung). Der Zugang ist auch dann bewirkt, wenn die Erklärung einem Geschäftsführer in seinem privaten Bereich (Einlegung in das private Postschließfach) erreicht (§§ 178 Abs. 1 Nr. 2 ZPO, 180 ZPO). Zugegangen ist die Willenserklärung an dem Tag, an dem nach der **Verkehrsanschauung** mit einer Abholung zu rechnen ist (*BGH* NZG 2003, 922). Man wird von einer täglichen Leerung ausgehen können, ausgenommen Sonn- und Feiertage. Da die Verkehrsanschauung maßgebend ist, wird es dem Geschäftsführer nur ausnahmsweise gelingen, einen anderen Modus der Leerung durchzusetzen. Erleichterungen der Zustellung sind durch Abs. 1 S. 2 (eingefügt durch das MoMiG, vgl. Rz. 2) eingetreten (Zugang unter der Anschrift der Gesellschaft, so wie sie im HR eingetragen ist). Bei Gesellschaften ohne Geschäftsführer bewirkt nun S. 4 des Abs. 2 eine Erleichterung des Zugangs: Zustellung an jeden Gesellschafter. **61**

62 **4. Vertretung durch Gesellschafter zum Empfang von Willenserklärungen bei Führungslosigkeit der Gesellschaft.** Durch das MoMiG wurde erstmals die Abgabe von Willenserklärungen oder die Zustellung von Schriftstücken gesetzlich geregelt, wenn kein Geschäftsführer (bzw. Liquidator) vorhanden ist, die Ges führungslos ist (Abs. 1 S. 2); faktischer Geschäftsführer genügt wohl nicht, str. vgl. *Altmeppen* § 35 Rz. 10; *Noack* § 35 Rz. 29. Die Führungslosigkeit tritt mit Amtsniederlegung bzw. Abberufung ein (beachte aber § 15 HGB); Inhaftierung, Krankheit, Abwesenheit o.ä. per se genügen nicht (vgl. *AG Hamburg* NJW 2009, 304; str. *Passarge* GmbHR 2010, 295, 296). Die Bestellung eines Notgeschäftsführers erübrigt sich in solchen Fällen, was einen erheblichen Beitrag zur Vereinfachung der Abläufe innerhalb der GmbH und zur Missbrauchsbekämpfung darstellt. Die Gesellschaft wird bei Führungslosigkeit von ihren Gesellschaftern vertreten (die im Entwurf vorgesehene Vertretung durch die Mitglieder des Aufsichtsrats wurde aus praktischen Erwägungen heraus nicht gesetzlich umgesetzt). Empfangsberechtigt ist jeder einzelne Gesellschafter, nicht die Gesamtheit der Gesellschafter. An welchen Gesellschafter – diese sind aus der beim Gericht eingereichten Gesellschafterliste ersichtlich (vgl. § 40) – sich der Berechtigte wenden will, bleibt seinem Ermessen überlassen. In erster Linie wird der Hauptgesellschafter als Adressat in Betracht kommen. Als Ausfluss der gesellschaftsrechtlichen Treuepflicht wird man verlangen müssen, dass der betroffene Gesellschafter die anderen Gesellschafter unterrichtet (soweit diese ohne weiteres greifbar sind). Auf die Wirksamkeit der entgegengenommenen Willenserklärung hat dies jedoch keinen Einfluss. Die Ausführungen unter Rz. 61 gelten sinngemäß.

VI. Vertretung bei mehreren Geschäftsführern

63 **1. Gesamtvertretung als gesetzliche Regelung.** Soweit nicht eine abw. Regelung im Gesellschaftsvertrag vorgesehen ist, muss die Willenserklärung und Zeichnung durch sämtliche Gesellschafter erfolgen (Gesamtvertretung, Abs. 2 S. 1, vgl. *BGH* v. 24.3.2016 – IX ZB 32/15 Rz. 12). Daran ändert auch die Eröffnung eines Insolvenzverfahrens nicht (vgl. *BGH* v. 24.3.2016 – IX ZB 32/15 Rz. 13). Zu den notwendigen Geschäftsführern gehören auch die stellvertretenden Geschäftsführer. Das Rechtsgeschäft ist insgesamt nichtig, wenn auch nur die Erklärung eines Geschäftsführers nichtig ist (vgl. *BGHZ* 53, 214: geschäftsunfähiger Geschäftsführer).

64 Die Zahl der mitwirkungsbedürftigen Geschäftsführer bestimmt sich nach dem Zeitpunkt der Abgabe der Willenserklärung. Scheiden alle Geschäftsführer bis auf einen aus, vertritt dieser allein die Gesellschaft (vgl. *Noack* § 35 Rz. 35*).* **Bei Wegfall von gesamtvertretungsberechtigten Geschäftsführern gilt Folgendes:**

(1) Verhinderung eines Geschäftsführers

Ein solcher Fall kann eintreten z.B. bei einer längeren Auslandsreise. Durch die Verhinderung entsteht keine Einzelvertretungsbefugnis des anderen Geschäftsführers (*BGHZ* 34, 27; *BGH* GmbHR 1975, 131 und 200; *BGH* GmbHR 1993, 508; *Altmeppen* § 35 Rz. 44).

(2) Rechtlicher zeitlicher Wegfall

Beurteilung wie unter (1) dargestellt (*BGH* GmbHR 1975, 131; *Buß* GmbHR 2002, 374)

(3) Dauerhafter Wegfall

nach wohl überwiegender Ansicht wird der andere Geschäftsführer alleinvertretungs- **65** berechtigt (*BGH* v. 4.5.2007 – II ZR 330/05; *BGH* GmbHR 1975, 201; *Noack* § 35 Rz. 35; *Altmeppen* § 35 Rz. 43; MüKo GmbHG/*Stephan/Tieves* § 35 Rz. 143; *Blasche* GmbHR 2017, 123). Nach a.A. soll es bei der Gesamtvertretung verbleiben (vgl. *OLG Hamburg* GmbHR 1987, 67 Rowedder/Pentz/*Belz* § 35 Rz. 38–40).

Zum **Empfang von Willenserklärungen** ist jeder Geschäftsführer berechtigt (Abs. 2 **66** S. 2). Darunter fallen nicht nur Willenserklärungen, sondern auch rechtsgeschäftsähnliche Handlungen (z.b. Mahnung, Mängelrüge, Kündigung, Fristsetzung, Zahlungsaufforderung u.a.). Die Vorschrift ist zwingend und kann durch den Gesellschaftsvertrag nicht ausgeschlossen oder abgeändert werden (vgl. *Altmeppen* § 35 Rz. 65; *Noack* § 35 Rz. 52). Das gilt nur für Erklärungen, die ggü. dem gesetzlichen Vertreter zwingend abgegeben werden müssen. Andere Erklärungen können auch ggü. sonstigen Bevollmächtigten (z.b. Prokuristen) abgegeben werden.

2. Wirksamkeit von Erklärungen der Geschäftsführer. Eine Erklärung der Gesamt- **67** vertreter kann auf folgende Weise zustande kommen:

(1) Die Erklärung wird gemeinsam abgegeben, z.b. wenn eine schriftliche Erklärung von allen Geschäftsführern unterzeichnet ist.

(2) Die Willenserklärungen werden getrennt abgegeben **(Teilerklärungen)**, sie erge- **68** ben aber zusammen eine rechtswirksame Willenserklärung der Gesellschaft (vgl. *BGH* NJW 1959, 1183). Wirksam wird die Willenserklärung erst, wenn der letzte Geschäftsführer seine Willenserklärung wirksam abgegeben hat und die Erklärungen der anderen Geschäftsführer noch wirksam sind. Zur Wirksamkeit gehört auch die Beachtung von Formvorschriften (*BGH* NJW 1970, 808; *Noack* § 35 Rz. 37; *ausf. Grunewald* NZG 2021, 805).

(3) Genehmigung der durch einen Geschäftsführer abgegebenen Willenserklärung. Der **69** als Einzelvertreter auftretende Gesamtvertreter handelt ohne Vertretungsmacht. Die Wirksamkeit seiner Erklärung hängt von der Genehmigung durch die übrigen Geschäftsführer ab (§ 177 BGB). Die Genehmigung wirkt auf den Zeitpunkt des Abschlusses durch den Geschäftsführer ohne Vertretungsmacht zurück (§ 184 Abs. 2 BGB). Hierin liegt der wesentliche Unterschied zu Teilerklärungen nach (2). Die Genehmigung bedarf nicht der Form, die für das Rechtsgeschäft selbst erforderlich ist (§ 182 Abs. 2 BGB). Sie muss nicht ggü. dem Antragspartner abgegeben werden (*BGHZ* 34, 30).

(4) Ermächtigung. Die zur Gesamtvertretung berechtigten Geschäftsführer können **70** einzelne Geschäftsführer zur Vornahme bestimmter Rechtsgeschäfte ermächtigen (§ 78 Abs. 4 AktG). Die Bestimmung ist auf die GmbH analog anwendbar (*BGH* NJW 1975, 1117; *Noack* § 35 Rz. 39). Eine allg. Ermächtigung zu allen Rechtsgeschäften **(Generalermächtigung)** ist unzulässig, da es sonst in der Macht der Geschäftsführer läge, die von den Gesellschaftern gewollte Gesamtvertretung außer Kraft zu setzen (vgl. *BGH* GmbHR 1979, 271; *Noack* § 35 Rz. 39; Scholz/*Schneider* § 35 Rz. 95; *Altmeppen* § 35 Rz. 64; vgl. *OLG München* ZIP 2013, 1955 zur (zulässigen) ressortmäßigen Aufteilung).

Die Ermächtigung ist **organschaftlicher Akt**, keine rechtsgeschäftliche Vertretungs- **71** macht, auf Grund dessen die gesetzliche Vertretungsmacht des Geschäftsführers zur Alleinvertretungsbefugnis erstarkt (*BGHZ* 64, 72; *BGH* GmbHR 1992, 117; zur Kritik vgl. *Noack* § 35 Rz. 39).

M. Schmitt

72   Die Ermächtigung ist formfrei, auch dann, wenn die vom Ermächtigten vorzunehmende Rechtshandlung formbedürftig ist (§ 167 Abs. 2 BGB). Eine konkludente Ermächtigung ist möglich (*OLG München* ZIP 2013, 1955). Die Ermächtigung ist ggü. dem zu ermächtigenden Geschäftsführer oder dem Dritten zu erklären (§ 167 Abs. 1 BGB analog).

73   Die Ermächtigung kann jederzeit ohne Angabe von Gründen **widerrufen** werden (*Altmeppen* § 35 Rz. 63; *Noack* § 35 Rz. 41). Es genügt der Widerruf durch einen Gesamtvertreter *(Altmeppen* § 35 Rz. 63). Bei fehlender Ermächtigung ist das Rechtsgeschäft schwebend unwirksam und kann noch genehmigt werden.

74   Auf die Erteilung der Ermächtigung sind die Grundsätze über die **Anscheins- und Duldungsvollmacht** anwendbar (vgl. *BGH* NJW 1982, 1513; *Noack* § 35 Rz. 26; *Altmeppen* § 35 Rz. 61).

75   **3. Gesellschaftsvertragliche Regelung.** Die gesetzliche Regelung als Gesamtvertretung erweist sich insb. bei größeren Gesellschaften mit umfangreichem Geschäftsverkehr als unzweckmäßig. Eine abw. Regelung ist daher üblich. Diese Regelung kann durch **Feststellung in der Satzung** (jede Änderung ist Satzungsänderung) oder durch **Ermächtigung der Gesellschafter** in der Satzung, die Vertretungsform zu bestimmen, erfolgen (*BGH* GmbHR 1975, 201; *Noack* § 35 Rz. 44; *Altmeppen* § 35 Rz. 46; MüKo GmbHG/*Stephan*/*Tieves* § 35 Rz. 36). Den Geschäftsführern kann die Bestimmung nicht überlassen werden (*Noack* § 35 Rz. 44).

76   Als Möglichkeiten der Regelung kommen in Betracht:

(1) Einzelvertretungsmacht, die für alle Geschäftsführer oder einzelne von ihnen gelten kann. Unzulässig ist eine Einzelvertretungsmacht für bestimmte Bereiche oder für den Verhinderungsfall (*Noack* § 35 Rz. 45; *Scholz*/*Schneider* § 35 Rz. 117). Einzelvertretungsbefugnis und Alleinvertretungsbefugnis sind als synonyme Begriffe zu sehen (*BGH* GmbHR 2007, 705).

77   (2) Echte Gesamtvertretung, bei der die Zahl der Geschäftsführer festzulegen ist, andernfalls gilt die gesetzliche Regelung. Bei Wegfall eines von zwei Geschäftsführern erwirbt der verbleibende Geschäftsführer – anders als bei der gesetzlichen Gesamtvertretung – nicht automatisch Alleinvertretungsmacht (*OLG Hamburg* GmbHR 1988, 67 m. Anm. *Huber*; *Altmeppen* § 35 Rz. 71; *Noack* § 35 Rz. 49).

78   (3) Unechte Gesamtvertretung, Die Gesellschaft wird nicht durch mehrere Geschäftsführer, sondern durch einen Geschäftsführer und einen Prokuristen gemeinsam vertreten (§ 78 Abs. 3 S. 1 AktG analog, vgl. *Altmeppen* § 35 Rz. 71). Das hat Auswirkungen auf die Rechtsstellung des Prokuristen: er bleibt nicht gewillkürter Vertreter, sondern wird zur gesetzlichen Vertretung der Gesellschaft berufen (*BGHZ* 13, 64; *BayObLG* GmbHR 1973, 199; *Noack* § 35 Rz. 50; MüKo GmbHG/*Stephan*/*Tieves* § 35 Rz. 130; *Rowedder/Pentz/Baukelmann* § 35 Rz. 58). Der Umfang der Vertretungsmacht des Prokuristen bestimmt sich nach der Vertretungsmacht der Geschäftsführer; die Einschränkung des § 49 Abs. 2 HGB gilt nicht (*BGHZ* 13, 64; 62, 166; *Noack* § 35 Rz. 50; *Rowedder/Pentz/Baukelmann* § 35 Rz. 58).

79   Unechte Gesamtvertretung ist unzulässig, wenn Gesellschaft nur einen Geschäftsführer hat, weil sonst dem Prokuristen eine Vetoposition zufiele. Eine dennoch in das HR erfolgte Eintragung ist wirksam; der Geschäftsführer wird nicht alleinvertretungsbe-

rechtigt (*Altmeppen* § 35 Rz. 71; Habersack/Caspar/Löbbe/*Paefgen* § 35 Rz. 109; *Noack* § 35 Rz. 49). Bei der Vielzahl möglicher Gestaltungen ist zu beachten, dass eine Vertretung der Gesellschaft ohne Prokurist möglich sein muss.

Die unechte Gesamtvertretung ist nur mit einem Prokuristen möglich, nicht mit **anderen vertretungsberechtigten Personen** (z.b. Handlungsbevollmächtigten) oder anderen Organmitgliedern, soweit diesen nicht Vertretungsbefugnis eingeräumt ist (vgl. *Noack* § 35 Rz. 51).   **80**

VII. Zeichnung der Geschäftsführer

Die ursprüngliche Formulierung des Abs. 3 verlangte eine bestimmte Form der Zeichnung. Es handelte sich um eine Ordnungsvorschrift, deren Verletzung keine Auswirkung hatte. Die Bestimmung wurde durch das MoMiG gestrichen. Entscheidend ist, dass die Willenserklärung im Namen der Gesellschaft (§ 164 Abs. 1 BGB) abgegeben wird (vgl. *OLG München* NZG 2000, 893; MüKo GmbHG/*Stephan/Tieves* § 35 Rz. 151 ff.).   **81**

VIII. Anmeldung der Vertretungsbefugnis

Die Anmeldung muss die Vertretungsbefugnis ausdrücklich offenlegen; es genügt nicht, dass sie durch Schlussfolgerungen (vgl. *BayObLG* GmbHR 1981, 59) oder durch Bezugnahme auf dem Registergericht eingereichte Unterlagen erschlossen werden kann (*BayObLG* BB 2000, 1054, vgl. *Krafka* Rz. 948–952).   **82**

Ist nur ein Geschäftsführer vorhanden, ist bei der Anmeldung anzugeben, dass dieser die Gesellschaft allein vertritt (*BayObLG* GmbHR 1997, 741). Ist die Vertretungsbefugnis für bestimmte Geschäftsführer besonders geregelt, ist diese spezielle Befugnis zusätzlich anzumelden und einzutragen (*BayObLG* DB 1980, 181; *BayObLG* GmbHR 1997, 741).   **83**

IX. Selbstkontrahieren der Geschäftsführer

1. Grundsätzliches Verbot des Selbstkontrahierens – Anwendungsbereich des § 181 BGB. Der Geschäftsführer kann im Namen der Gesellschaft weder mit sich im eigenen Namen noch als Vertreter eines Dritten ein Rechtsgeschäft vornehmen (§ 181 BGB). Die Bestimmung ist auf die Vornahme von Rechtsgeschäften durch Organe juristischer Personen anwendbar (*BGHZ* 91, 334). § 181 BGB gilt auch für den Fall, dass der Geschäftsführer beim Rechtsgeschäft einen Dritten vertritt (als gesetzlicher oder rechtsgeschäftlicher Vertreter oder als Organ – sog. **Mehrfachvertretung**, vgl. *Noack* § 35 Rz. 55 ff.).   **84**

Unter § 181 BGB fallen auch Rechtsgeschäfte, die der Geschäftsführer der **Komplementär-GmbH** in einer GmbH & Co KG für die KG mit sich selbst abschließt (vgl. *BGH* v. 15.4.2014 – II ZR 44/13, Rz. 12 ff.; *BGH* ZIP 1955, 377; *BayObLG* BB 2000, 1054; *Noack* § 35 Rz. 55; MüKo GmbHG/*Stephan/Tieves* § 35 Rz. 180).   **85**

Das Verbot des Selbstkontrahierens gilt nicht wenn es sich ausschließlich um die Erfüllung einer Verbindlichkeit handelt (z.B. wenn sich der Geschäftsführer sein Gehalt auszahlt, vgl. *Noack* § 35 Rz. 57) oder das Rechtsgeschäft für die Gesellschaft lediglich rechtliche Vorteile bringt (vgl. *BGHZ* 84, 235; *BGH* NJW 2543; *Noack* § 35 Rz. 58). Zur Ausstellung eines Schecks an sich vgl. Art. 12 ScheckG: keine wirksame Verpflichtung der Gesellschaft als Scheckaussteller. Keine Anwendung des § 181   **86**

BGB, wenn der Insolvenzverwalter einer GmbH, der zugleich Insolvenzverwalter über das Vermögen eines säumigen Gesellschafters ist, sich selbst ggü. die Ausschließung des säumigen Gesellschafters erklärt: die GmbH erlangt einen rechtlichen Vorteil, und für den säumigen Gesellschafter wird nur eine Verbindlichkeit erfüllt (*LG Ulm* GmbHR 2000, 241).

87   **2. Folgen unzulässigen Selbstkontrahierens.** Das Rechtsgeschäft ist nicht nichtig, sondern schwebend unwirksam; §§ 177–180 BGB sind anwendbar (vgl. *BGH* GmbHR 1994, 122). Es wird mit Genehmigung des Vertretenen (der GmbH) wirksam (§ 177 Abs. 1 BGB). Grds. zuständig ist die Gesellschafterversammlung (*BGHZ* 87, 60; *BGH* GmbHR 1994, 12); die Genehmigung kann auch durch schlüssige Handlung der Gesellschafter erfolgen (BeckOGK GmbH/*Bayer/J. Schmidt* § 35 Rz. 279 ff.; *Schaefer* DStR 2020, 2379). Die Genehmigung kann auch von einem Geschäftsführer erteilt werden, der das unwirksame Rechtsgeschäft mit dem Vertragspartner abschließen könnte, oder den durch den Vertreter ohne Vertretungsmacht selbst, wenn er nachträgliche Vertretungsmacht erhält (vgl. *BGH* GmbHR 1994, 122). Die Genehmigung hat rückwirkende Kraft (§ 184 Abs. 1 BGB).

3. Voraussetzung wirksamen Selbstkontrahierens – Kenntlichmachung nach außen.

88   Das Insichgeschäft setzt zu seiner Wirksamkeit generell (nicht nur für den geschäftsführenden Alleingesellschafter) und unabhängig von Abs. 3 (vgl. Rz. 84) voraus, dass es nach außen erkennbar vorgenommen wird (*BGH* NJW 1991, 1730; Einzelheiten sind umstr.). Der notwendige Schutz des redlichen Geschäftsverkehrs gegen Manipulationen, insb. gegen nach Inhalt und Zeitpunkt vorgetäuschte Insichgeschäfte, verlangt strenge Anforderungen an den Nachweis solcher Geschäfte (*BGH* NJW 1991, 1730; *OLG Düsseldorf* GmbHR 1993, 583; Rowedder/Pentz/*Belz* § 35 Rz. 60). Eine besondere Form der Kenntlichmachung ist zwar nicht vorgeschrieben, i.d.R. ist das Rechtsgeschäft jedoch durch schriftliche Aufzeichnungen zu belegen (*BGHZ* 75, 358; *OLG Düsseldorf* GmbHR 1993, 583; *OLG Koblenz* GmbHR 2005, 476).

89   Nach h.A. macht eine ausreichende fehlende Kenntlichmachung das Rechtsgeschäft nicht nichtig (vgl. *BGH* NJW 1991, 1730; MüKo BGB/*Schubert* § 181 Rz. 108 m.w.N.). Zur Protokollierung bei Rechtsgeschäften des alleingeschäftsführenden Alleingesellschafters vgl. Rz. 97 ff.

90   **4. Befreiung vom Verbot des Selbstkontrahierens.** § 181 BGB greift nicht ein, wenn dem Vertreter das Selbstkontrahieren vom Vertretenen gestattet ist.

Rechtlich handelt es sich um die Erklärung der Ermächtigung des Vertretenen zur Vornahme von Rechtsgeschäften. Die Einwilligung kann sich auf bestimmte Rechtsgeschäfte beschränken, aber auch ganz allg. gelten. Die generelle Befreiung von den Beschränkungen des § 181 BGB oder die Befreiung für bestimmte Arten von Geschäften bedeutet eine Änderung der (gesetzlichen) Vertretungsbefugnis. Sie stellt deshalb nach Auffassung der Rechtsprechung eine **Satzungsänderung** dar, die im Regelfall den Anforderungen des § 53 (Gesellschafterbeschluss mit qualifizierter Mehrheit und notarieller Beurkundung) genügen muss (*BGH* GmbHR 2000, 137; *BayObLG* DB 1984, 1587; *OLG Stuttgart* GmbHR 1985, 221; *OLG Köln* GmbHR 1993, 37; *OLG Celle* GmbHR 2000, 1098; *KG* GmbHR 2006, 653; im Schrifttum tlw. umstritten, vgl. zur Gegenansicht: MüKo GmbHG/*Stephan/Tieves* § 35 Rz. 188, 189; *Altmeppen* § 35 Rz. 101). Die Befreiung eines namentlich benannten Geschäftsführers ist nicht eintragungsfähig (*BayObLG* NZG 2000, 684).

Enthält die Satzung die Bestimmung, dass die Gesellschafter die Befreiung gestatten **91** können, genügt ein einfacher Gesellschafterbeschluss (vgl. *BGH* GmbHR 2000, 137; *BayObLG* DB 1984, 1587; *OLG Hamm* GmbHR 1998, 683; *Altmeppen* § 35 Rz. 102). Auch der Notgeschäftsführer kann von den Beschränkungen des § 181 BGB befreit werden, wenn die Satzung dies für Geschäftsführer vorsieht (*OLG Düsseldorf* GmbHR 2002, 158). Vorschlag für die Satzung *Schmidt* EstB 2002, 42: „Die Geschäftsführer können durch Beschluss der Gesellschafterversammlung von den Beschränkungen aus § 181 BGB befreit werden." Die Befreiung besteht in der Liquidation fort (*BFH* GmbHR 2001, 927).

Enthält die Satzung keine Regelung, kann (nur) für den **Einzelfall** (Satzungsdurchbre- **92** chung) Befreiung durch die Gesellschafter mit **einfacher Mehrheit** erteilt werden (*Blasche/König* NZG 2012, 812, 813); jedoch genügt **formlose Zustimmung** aller Gesellschafter außerhalb der Gesellschafterversammlung, auch schlüssiges Verhalten (*KG* GmbHR 2002, 327; vgl. *Blasche/König* NZG 2012, 812, 813 f.; krit. MüKo GmbHG/*Stephan/Tieves* § 35 Rz. 189 m.w.N.).

Die Befreiung von den Beschränkungen des § 181 BGB gehört zu den **eintragungspflich- 93 tigen Tatsachen** (§ 10 Abs. 1 S. 2; *BGHZ* 87, 60; *BayObLG* DB 1984, 1517; *LG Köln* GmbHR 1993, 502; Rowedder/Pentz/*Belz* § 35 Rz. 56). Umstr ist, inwieweit eine **Sat- zungsbestimmung**, wonach die Gesellschafter die Geschäftsführer von den Beschränkun- gen des § 181 BGB befreien können, eintragungsfähig bzw. eintragungspflichtig ist (vgl. zum Ganzen *OLG Frankfurt* GmbHR 1994, 118: nicht eintragungsfähig; *OLG Hamm* GmbHR 1993, 500: nicht eintragungspflichtig, offengelassen, ob eintragungsfähig; *OLG Karlsruhe* BB 1984, 238: nicht eintragungspflichtig; *LG Köln* GmbHR 1993, 502; eintra- gungsfähig). Zutr. ist wohl die Ansicht, dass es sich nicht um eintragungspflichtige Tatsa- chen handelt (ebenso *Altmeppen* § 35 Rz. 80 ff.; *ders.* NZG 2013, 401, 408; *Noack* § 35 Rz. 57). Nicht wirksam beschlossen und daher nicht eintragungsfähig ist die Regelung, dass der Geschäftsführer von den Beschränkungen befreit sein soll, wenn er alleiniger Gesellschafter ist (*BGHZ* 87, 59; Rowedder/Pentz/*Belz* § 35 Rz. 56).

Der Gesetzgeber hat durch das MoMiG (in der Praxis aufgrund ihrer Starrheit z.T. **94** wenig beachtete) Voraussetzungen für eine vereinfachte Unternehmensgründung in Deutschland geschaffen und für die GmbH (und die haftungsbeschränkte Unterneh- mergesellschaft, UG) ein Musterprotokoll als Vorlage für eine schnellere Gründung bereitgestellt. Darin ist die Befreiung von § 181 BGB für den (Gründungs-) Geschäfts- führer zwingend enthalten; diese Regelung wird als unechter Satzungsbestandteil behandelt (*OLG Bremen* NZG 2009, 745, 755). Wird später ein weiterer Geschäfts- führer berufen, sind beide Geschäftsführer i.d.R. gesamtvertretungsbefugt; die Befrei- ung von § 181 BGB gilt jedoch nicht ohne weiteres für den hinzugekommenen Geschäftsführer (vgl. *OLG Nürnberg* NZG 2016, 153; N.; str., ob Befreiung durch das Bestellungsorgan ohne Satzungsänderung erfolgen darf, vgl. *OLG Hamm* GmbHR 2011, 87, abw. *Noack* § 35 Rz. 55 ff.). Nach den seit 1.8.2022 geänderten Musterproto- kollen nach § 2 Abs. 3 GmbHG i.V.m. §§ 16a ff. BeurkG und Anlage 2a und 2b sind bei der vereinfacht gegründeten GmbH immer alle Geschäftsführer zwingend von den Beschränkungen des § 181 BGB befreit.

5. Insichgeschäfte bei mehreren gesamtvertretungsberechtigten Geschäftsführern. Will **95** ein Geschäftsführer mit der Gesellschaft ein Rechtsgeschäft abschließen, kann grds. die Gesellschaft durch einen anderen einzelvertretungsberechtigten Geschäftsführer vertreten werden. Besteht Gesamtvertretungsbefugnis, können die Schranken des § 181 BGB dadurch beseitigt werden, dass der andere Geschäftsführer zum alleinigen Handeln ermächtigt wird. Die Gesellschaft wird dann wirksam durch den ermächtigten Geschäftsführer vertreten (vgl. *BGHZ* 64, 72; jedoch str., a.A. *Altmeppen* § 35 Rz. 90; MüKo GmbHG/*Stephan/Tieves* § 35 Rz. 204; *Noack* § 35 Rz. 57). Für die Ermächtigung müssen klare Verhältnisse geschaffen werden. Geben zwei Gesamtvertreter gemeinsam eine Erklärung ab und verstößt dabei die Mitwirkung eines Geschäftsführers gegen § 181 BGB, kann die Erklärung nicht in eine zulässige Ermächtigung des anderen Alleinvertreters umgedeutet werden (*BGH* GmbHR 1992, 107).

Nach den seit 1.8.2022 geänderten Musterprotokollen nach § 2 Abs. 3 GmbHG i.V.m. §§ 16a ff. BeurkG und Anlage 2a und 2b sind bei der vereinfacht gegründeten GmbH immer alle Geschäftsführer zwingend von den Beschränkungen des § 181 BGB befreit.

96 **6. Abschluss mit Unterbevollmächtigten?** Bei einem Alleingeschäftsführer erhebt sich die Frage, ob dieser einen Bevollmächtigten mit der Vertretung der Gesellschaft beauftragen kann (z.B. Prokuristen oder Handlungsbevollmächtigten). Das wird von der Rechtsprechung mit der Begründung bejaht, dass kein Fall des § 181 BGB vorliege und die Bestimmung auch nicht analog anzuwenden sei (vgl. *BGHZ* 91, 334; differenzierend MüKo GmbHG/*Stephan/Tieves* § 35 Rz. 210; abl. Rowedder/Pentz/*Belz* § 35 Rz. 28; *Noack* § 37 Rz. 61). Eine Bevollmächtigung scheidet aus, wenn es sich um **weisungsgebundene Personen** handelt. Das ist wohl nicht der Fall bei Prokuristen und bei Handlungsbevollmächtigten, deren Berufung der Zustimmung der Gesellschafter bedarf (str., vgl. § 46 Nr. 7; zust. MüKo GmbHG/*Stephan/Tieves* § 35 Rz. 211, 211; anders *Noack* § 37 Rz. 61; vgl. auch *BGHZ* 91, 334).

X. Selbstkontrahieren in der Einmann-Gesellschaft (Abs. 3)

97 **1. Anwendungsbereich der Vorschrift.** § 181 BGB gilt auch für den Fall, dass der Alleingesellschafter zugleich der alleinige Geschäftsführer ist (Abs. 3 S. 1). Diese zunächst überflüssig erscheinende Bestimmung (bereits eingefügt durch die GmbH-Novelle 1980) war die Reaktion auf die Rechtsprechung des BGH, wonach § 181 BGB in diesen Fällen nicht anwendbar sei (vgl. *BGHZ* 75, 360).

98 Für die Anwendung des Abs. 3 ist es gleichgültig, ob diese Lage von Anfang an bestand oder erst nachträglich eingetreten ist. Die Bestimmung findet (über den Wortlaut hinaus) Anwendung, wenn die Gesellschaft zwar mehrere Geschäftsführer hat, die Gesellschaft aber bei Abschluss des Rechtsgeschäfts vom Alleingesellschafter vertreten wird (*Noack* § 35 Rz. 56) und in den Fällen der Mehrfachvertretung, wenn der Geschäftsführer unmittelbar oder mittelbar alle Anteile hält (MüKo GmbHG/*Stephan/Tieves* § 35 Rz. 181).

99 Nicht anwendbar ist Abs. 3 auf die Selbstbestellung zum Geschäftsführer (str.; *Altmeppen* § 35 Rz. 91 ff.), jedoch auf den Abschluss des Anstellungsvertrags (*Altmeppen* § 35 Rz. 91 ff.).

100 **2. Befreiung von den Beschränkungen des § 181 BGB.** Die Befreiung kann nur durch den Gesellschaftsvertrag, nicht durch einfachen Gesellschafterbeschluss erfolgen (str., so. *BGHZ* 87, 59; *OLG Köln* GmbHR 1993, 37; *BGHZ* 114, 167, 170; *KG* ZIP 2006, 2085, 2087; a.A. *Altmeppen* NJW 1995, 1182; *Altmeppen* NZG 2013, 401). Die Satzung kann bestimmen, dass durch Gesellschafterbeschluss die Befreiung ausgesprochen werden kann (dazu *Noack* § 35 Rz. 56 f.; *BayObLG* GmbHR 1985, 116). Der Beschluss bedarf der ordnungsgemäßen Protokollierung (*BayObLG* GmbHR 1985, 116).

Eine in einer mehrgliedrigen GmbH dem Gesellschafter-Geschäftsführer erteilte **101** Befreiung bleibt erhalten, wenn sich die Gesellschaft nachträglich in eine Einmann-Gesellschaft wandelt (vgl. *BGHZ* 114, 171).

Die Befreiung vom Selbstkontrahierungsverbot gilt grds. nicht für das Liquidations- **102** verfahren, auch wenn der Geschäftsführer zum (geborenen) Liquidator geworden ist (*BayObLG* 1996, 56; *OLG Hamm* GmbHR 1997, 553; *OLG Düsseldorf* GmbHR 1989, 465; *OLG Zweibrücken* GmbHR 1999, 237; im Schrifttum sind die Ansichten geteilt). Für einen Sonderfall (Alleingesellschafter als Geschäftsführer und Liquida-tor) hat der BFH (GmbHR 2001, 927) sich für eine Fortgeltung entschieden. In einer Einmann-GmbH seien die Interessen des einzigen Gesellschafters nicht durch die Befreiung von den Beschränkungen des § 181 BGB berührt, so dass der Gesellschafts-vertrag dahin auszulegen sei, dass die Befreiung auch für die Liquidation gelte. Offen bleibt weiterhin, wie bei einer Mehrpersonengesellschaft zu entscheiden ist. Es gilt insoweit weiterhin die Ansicht der OLG.

3. Protokollierungspflicht (Abs. 3 S. 2). – a) Umfang der Protokollierungspflicht. Abs. 3 **103** S. 2 schreibt vor, dass Rechtsgeschäfte (nicht nur Verträge) zwischen dem Alleingesell-schafter und der GmbH unverzüglich nach ihrer Vornahme in eine Niederschrift aufzu-nehmen sind. Die Verpflichtung besteht auch dann, wenn der Gesellschafter oder der einzige Geschäftsführer ist (MüKo GmbHG/*Stephan/Tieves* § 35 Rz. 214; *Schimmelpfen-nig/Hauschka* NJW 1992, 944). Die Protokollierungspflicht ist unabhängig davon, ob der Geschäftsführer einzel- oder gesamtvertretungsberechtigt ist (MüKo GmbHG/*Ste-phan/Tieves* § 35 Rz. 214). Es kommt auch nicht darauf an, ob die Gesellschaft durch den (Allein-)Gesellschafter (bei Abschluss des Anstellungsvertrags) oder durch den Geschäftsführer vertreten wird (*Schimmelpfennig/Hauschka* NJW 1992, 944).

b) Art und Weise der Protokollierung. Die Niederschrift hat unverzüglich zu erfol- **104** gen. Unverzüglich bedeutet ohne schuldhaftes Zögern (§ 121 BGB).

Nach allg. Ansicht ist eine bestimmte **Form** nicht vorgeschrieben, so dass auch dauer- **105** hafte Datenträger als ausreichend angesehen werden (vgl. MüKo GmbHG/*Stephan/ Tieves* § 35 Rz. 215). Streitig sind die Anforderungen an den Nachweis, bspw. soll es einer Unterschrift nicht bedürfen (Rowedder/Pentz/*Belz* § 35 Rz. 51-58; Saenger/ Inhester/*Lücke/Simon* § 35 Rz. 40; MHLS/*Lenz* § 35 Rz. 103). Nach älterer Rechtspre-chung sollten sich Zeitpunkt der Vornahme und Inhalt des Rechtsgeschäfts ergeben (*BGHZ* 75, 358; *OLG Düsseldorf* GmbHR 1993, 583; *OLG Koblenz* GmbHR 2005, 476). Aber es wird genügen, dass ein Dritter nachträglich nachvollziehen kann, dass und zwischen welchen Parteien das Rechtsgeschäft erfolgt ist (*BGH* v. 8.3.2004 – II ZR 316/01; *OLG Rostock* v. 27.8.2015 – 3 U 93/13; vgl. statt aller MüKo GmbHG/*Ste-phan/Tieves* § 35 Rz. 215: „wesentlichen Eckpunkte und der Zeitpunkt der Vornahme des Geschäfts"). Speicherung auf dauerhaftem Datenträger ist ausreichend (vgl. Habersack/Casper/Löbbe/*Paefgen* § 35 Rz. 74). Zu einer ordnungsgemäßen Nieder-schrift sollten aber aus Gründen der Vorsorge u.a. der Zeitpunkt der Vornahme des Rechtsgeschäfts bzw. des Vertragsabschlusses, Inhalt und Höhe der Gegenleistung (*OLG Rostock* v. 27.8.2015 – 3 U 93/13; MüKo GmbHG/*Stephan/Tieves* § 35 Rz. 215) aufgenommen werden.

106 **c) Folgen einer unterlassenen Protokollierung.** Die Rechtsfolgen sind umstritten. Nach einer Ansicht macht sie das Rechtsgeschäft nichtig (*OLG Düsseldorf* GmbHR 1993, 583; *OLG Rostock* NZG 2016, 382; 383; nach der wohl überw. vertretenen Gegenansicht (*OLG Köln* v. 13.3.2008 – 18 U 85/06 Rz. 37; *Noack* § 35 Rz. 61; *Altmeppen* § 35 Rz. 109; *Altmeppen* NJW 1995, 1182, 1185; MüKo GmbHG/*Stephan*/*Tieves* § 35 Rz. 216) soll dies nicht der Fall sein. Unklar ist dann aber, ob die fehlende Dokumentation Schadensersatzansprüche auslösen kann und gegen wen diese zu richten sind (dazu *Noack* § 35 Rz. 61; *Altmeppen* § 35 Rz. 109).

107 Einer Protokollierung steht die schriftliche Abfassung des Rechtsgeschäfts gleich (z.B. notariell beurkundeter Kaufvertrag).

XI. Haftung der GmbH für Verschulden des Geschäftsführers

108 Die Frage, ob § 278 BGB (Haftung für Verschulden von Erfüllungsgehilfen als eigenes Verschulden der GmbH) auch für den Geschäftsführer der GmbH gilt, ist mit der h.M. zu verneinen. Die **Haftung für Organe** ergibt sich ausschließlich aus § 31 BGB (vgl. MüKo BGB/*Grundmann* § 278 Rz. 10). Der Unterschied zwischen den beiden Ansichten wird in § 278 S 2 deutlich: der Haftungsausschluss des § 276 Abs. 2 i.V.m. § 278 S 2 findet auf Organe keine Anwendung (vgl. MüKo BGB/*Leuschner* § 31 Rz. 29; *BGH* NJW 1973, 457).

109 Nach § 31 BGB (die Bestimmung spricht zwar nur von Vereinen, gilt jedoch allg. für juristische Personen, vgl. MüKo BGB/*Leuschner* § 31 Rz. 3) ist die GmbH für den Schaden verantwortlich, den der Geschäftsführer durch eine in Ausführung der ihm zustehenden Verrichtungen begangenen und zum Schadensersatz verpflichtenden Handlung einem Dritten zugefügt hat.

110 § 31 BGB findet auf die GmbH und ihren Geschäftsführer auch im Rahmen **unerlaubter Handlungen** Anwendung; ein Entlastungsbeweis nach § 831 BGB ist der GmbH versagt. Das Gleiche gilt für **culpa in contrahendo** und bei sonstiger gesetzlicher Haftung (z.B. nach §§ 228, 904 BGB, § 18 StVG; vgl. MüKo BGB/*Leuschner* § 31 Rz. 20 f.).

111 Die Haftung nach § 31 BGB knüpft nicht an die Vertretungsmacht, sondern an die Fähigkeit des Organs an, für die juristische Person zu handeln (*BGH* NJW 1962, 538; *BGHZ* 98, 148). Die Haftung der GmbH nach § 31 BGB setzt deshalb nicht voraus, dass sich der Geschäftsführer in den Grenzen seiner Vertretungsmacht gehalten hat; entscheidend ist allein, dass sein Handeln in den ihm zugewiesenen Wirkungskreis fällt (*BGHZ* 49, 23; *BGH* GmbHR 1986, 380; 1987, 227).

112 Das Handeln des Geschäftsführers ist nicht der GmbH zuzurechnen, wenn das schadenstiftende Verhalten so sehr **außerhalb seines Aufgabenbereichs** liegt, dass ein innerer Zusammenhang zwischen dem Handeln und dem allg. Rahmen der ihm übertragenen Geschäfte nicht mehr erkennbar ist (*BGH* GmbHR 1987, 227).

113 Die schadenstiftende Handlung des Geschäftsführers muss in die Zeit fallen, in der die Geschäftsführungsbefugnis bestand. Bloße **Vorbereitungshandlungen** begründen keine Haftung der Gesellschaft (*BGH* GmbHR 1987, 227; *Altmeppen* § 35 Rz. 110; diff. *Noack* § 35 Rz. 70).

XII. Der Anstellungsvertrag

1. Verhältnis von Organstellung und Anstellungsvertrag. Mit der Bestellung zum **114** Geschäftsführer wird nur die Organstellung begründet. Die persönliche Rechtsstellung des Geschäftsführers (auch des Gesellschafter-Geschäftsführers), z.B. Gehalt, Urlaub, Gehaltsfortzahlung im Krankheitsfall, Nebentätigkeit, Wettbewerbsverbot, Alters- und Hinterbliebenenversorgung u.a., ist in einem gesonderten Schuldrechtsverhältnis zu regeln (sog. **Trennungstheorie** vgl. *BGH* NJW 1984, 733; *BGH* NJW 2011, 920; *BGH* NJW 2010, 2343; *BGH* NJW 1981, 757; *BAG* NJW 1999, 3096; MüKo GmbHG/*Jaeger*/*Steinbrück* § 35 Rz. 254, 255; *Noack* § 38 Rz. 95, h.M.; anders die früher vertretene sog. **Einheitstheorie**).

Die Regelung der persönlichen Rechtsstellung des Geschäftsführers kann in einem **115** **besonderen Vertrag** (Anstellungs-Auftrag) oder im Gesellschaftsvertrag **als unechter Satzungsbestandteil** erfolgen. Als **echter Satzungsbestandteil** kann nur die Rechtsstellung des Gesellschafter-Geschäftsführers geregelt werden (vgl. MüKo GmbHG/*Jaeger*/ *Steinbrück* § 35 Rz. 288 f.). Die Gesellschaft ist nicht verpflichtet zum Abschluss eines solchen Vertrages. In der Praxis sind vertragliche Regelungen jedoch üblich, schon aus steuerlichen Gründen. Die vertragliche Regelung ist einer satzungsmäßigen vorzuziehen, weil im letzteren Fall die Erschwernisse einer Satzungsänderung zu überwinden sind (Kosten, erforderliche Mehrheit).

Bes Ausstellungsvertrag kann zeitlich befristet oder (auflösend) bedingt abgeschlossen **116** werden (vgl. *OLG Stuttgart* GmbHR 2004, 417; *Dahlbender* Der GmbH-StB 2003, 207). Die Erfüllung der vertraglichen Pflichten kann durch Vereinbarung von Vertragsstrafen abgesichert werden (vgl. *Fröhlich* GmbH-StB 2003, 267 – mit Musterformulierungen).

2. Rechtsnatur des Anstellungsvertrags. Nach h.M. handelt es sich um einen **117** **Geschäftsbesorgungsvertrag**, auf den die Regeln des Dienstvertrags anzuwenden sind (§§ 675, 611 ff. BGB), nicht um einen Arbeitsvertrag (St. Rspr. seit *BGH* v. 9.2.1978 – II ZR 189/76; zuletzt *BGH* NZA 2021, 207, 208; *Noack* § 37 Rz. 101 f.; *Altmeppen* § 6 Rz. 78). Das schließt nicht aus, einzelne arbeitsrechtliche Bestimmungen anzuwenden, wobei die mehr oder minder große Abhängigkeit des Geschäftsführers von Bedeutung ist. Der Geschäftsführer ist grds. **kein Arbeitnehmer** (vgl. *Noack* § 37 Rz. 102; *BGH* NJW 2000, 1638; *BGH* NJW 1984, 2528; aber *BGH* NJW 2019, 2086; *BAG* v. 27.4.2021 – 2 AZR 540/20; *Felisiak*/*Sorber* ArbRAktuell 2024, 85. Laut BAG ist Geschäftsführung der GmbH „angestellte berufliche Tätigkeit" – str., damit wäre Geschäftsführer Verbraucher, und sein Anstellungsvertrag unterläge der AGB-Kontrolle, vgl. *BAG* NJW 2010, 2827; krit. *Noack* § 37 Rz. 102).

Maßgebend ist jedenfalls die Sicherung der persönlichen und wirtschaftlichen Existenz **118** tenz (vgl. *Noack* § 37 Rz. 101 f.). Daraus ergibt sich:

Anwendbare Vorschriften **119**

– Anspruch auf Zeugniserteilung nach § 630 BGB (*BGHZ* 49, 31).
– **Pfändungsschutz nach** §§ 850 ff. ZPO (*BGH* v. 8.12.1977 – II ZR 219/75 = NJW 1978, 756 (AG); v. 17.11.1997 – II ZR 367/96 = DStR 1998, 576 m. Anm.; *BGH* v. 16.11.2016 – VII ZB 52/15 = NJW-RR 2017, 161 f.), soweit überhaupt Pfändbarkeit gegeben ist (vgl. hierzu *OLG Frankfurt* GmbHR 1995, 656, das im Rahmen des § 85 Abtretbarkeit – und damit Pfändbarkeit – verneint). Pfändungsschutz kann

auch der beherrschende Gesellschafter-Geschäftsführer in Anspruch nehmen, soweit das Entgelt die Existenzgrundlage bildet und die Arbeitskraft zu einem wesentlichen Teil in Anspruch genommen wird (Habersack/Casper/Löbbe/*Paefgen* § 35 Rz. 319). Der Pfändungsschutz gilt auch für Ruhegehaltsansprüche (Habersack/Casper/Löbbe/*Paefgen* § 35 Rz. 320).

- **Urlaubsabgeltung in Geld** ist zwar grds. möglich (vgl. *BGH* NJW 1963, 535), jedoch ist Folgendes zu beachten: Grds. Ist der Urlaubsanspruch durch Gewährung von Freizeit abzugelten. Eine Barabfindung könnte der Geschäftsführer verlangen, wenn das BurlG anwendbar wäre (§§ 1, 7 Abs. 4 BurlG), was aber nicht der Fall ist; denn dieses gilt nur für sozialabhängige Arbeitnehmer, nicht aber für Organmitglieder. Die Anwendung tarifvertraglicher Regelungen kann aber vereinbart werden (*OLG Frankfurt* GmbHR 2007, 1223). Das kann eine Einbeziehung des BurlG begründen.
- **Ausnahmsweise** kann ein Geschäftsführer bei Beendigung des Anstellungsvertrags eine Abfindung in bar verlangen, wenn die Gewährung von Freizeit wegen der Beendigung des Dienstverhältnisses nicht mehr möglich ist (z.B. bei fristloser Kündigung) oder der Umfang der geleisteten Arbeit und die Verantwortung für das Unternehmen die Gewährung von Freizeit im Urlaubsjahr ausgeschlossen haben (*OLG Düsseldorf* GmbHR 2000, 278).
- Die Darlegungslast, dass der Geschäftsführer nicht betriebsbedingt daran gehindert war, seinen Urlaub zu nehmen, trifft die GmbH. Dieser Darlegungslast für negative Tatsachen hat die GmbH dadurch genügt, dass sie die entspr. Behauptung aufstellt (primäre Darlegungslast). Nunmehr muss der Geschäftsführer darlegen (sekundäre Darlegungslast), aus welchen Gründen er im Einzelnen zwingend daran gehindert war, seinen Urlaub vollständig einzubringen. Dazu muss er im Einzelnen darlegen, welche Umstände ihn zwingend daran gehindert haben, seinen Urlaub zu nehmen (*OLG Düsseldorf* GmbHR 2000, 278). Eine Regelung im Anstellungsvertrag, unter welchen Voraussetzungen eine Barabfindung verlangt werden kann, ist zu empfehlen.
- Zu den Kündigungsfristen: Anwendung entweder von § 621 BGB oder § 622 BGB analog, str. vgl. Rz. 192.

120   (2) Nicht anwendbare Vorschriften (vgl. zusammenfassend *Boemke* RdA 2018, 1):

- einzelne Vorschriften des Kündigungsschutzgesetzes (*BGHZ* 12, 1; *OLG Hamm* GmbHR 2007, 820; *BAG* GmbHR 2008, 431). Offen sind die Auswirkungen von EuGH (*Balkaya/Kiesel* Abbruch- und Recycling Technik) = NZA 2015, 861 auf die Anwendung des Kündigungsschutzes auf Geschäftsführer, dazu *Lunk* NZA 2015, 915; *Boemke* RdA 2018, 1. Vgl. i.Ü. auch *BAG* NZA 2018, 353, dazu *Baumert* NZG 2018, 536.
- SchwerbehindertenG (*BGH* NJW 1978, 1435),
- Arbeitnehmer-Erfinderrecht (*BGH* NJW-RR 1990, 349),
- der arbeitsrechtliche Grundsatz der Haftungsbeschränkung für gefahrgeneigte Arbeit (*BGH* WM 1975, 467),
- der arbeitsrechtliche Grundsatz der Gleichbehandlung (*BGH* WM 1969, 686; diff. *BGH* GmbHR 1990, 389; vgl. aber *OLG München* v. 25.11.2020 – 7 U 1297/20 = GmbHR 2021, 320, 321f.: keine Anwendung des arbeitsrechtlichen Gleichbehandlungsgrundsatzes auf Geschäftsführer einer GmbH, dazu *Kauffeld/Vollmer/Brugger* NZG 2021, 717, 718 f.),
- das Betriebsverfassungsgesetz (BetrVG; *BAG* 2008, 431).

Die Beurteilung durch den BGH und der h.M. im Schrifttum wird vom BAG nicht in **121** vollem Umfange geteilt (vgl. *Boemke* RdA 2018, 1; zu den Folgen *Felisiak/Sorber* ArbRAktuell 2024, 85). Zwar wird auch hier anerkannt, dass durch den Anstellungsvertrag i.d.r. ein freies Dienstverhältnis begründet wird, aber es sich andererseits auch um ein Arbeitsverhältnis handeln kann (*BAG* v. 27.4.2021 – 2 AZR 540/20; *BAG* GmbHR 1999, 816; *BAG* GmbHR 1999, 926; *BAG* NJW 2015, 572; vgl. auch *OLG Frankfurt* GmbHR 1999, 859). Maßgebendes Abgrenzungsmerkmal ist die interne Weisungsabhängigkeit (*BAG* v. 27.4.2021 – 2 AZR 540/20; *BAG* GmbHR 1999, 817). S. zur Einordnung des GmbH-Geschäftsführers als Arbeitnehmer i.S.d. Massenentlassungsrichtlinie *EuGH* (*Balkaya/Kiesel* Abbruch- und Recycling Technik) = NZA 2015, 861; vgl. *Freyler* NZG 2021, 1348. Zuständig sind in jedem Falle die ordentlichen Gerichte (§ 5 Abs. 1 S. 3 ArbGG).

Bei unentgeltlicher Tätigkeit liegt ein Auftrag i.S.d. § 662 BGB vor (*OLG Hamburg* NZG 2000, 698).

Für den Fall, dass ein bisheriger Arbeitnehmer der GmbH zum Geschäftsführer **122** bestellt wird, hat die Rechtsprechung im Zweifel ein Ruhen des Arbeitsverhältnisses angenommen, das nach Abberufung als Geschäftsführer fortgesetzt wird (*BAG* GmbHR 1986, 263; GmbHR 1988, 179). Das gilt nicht für den Fall, dass der Verlust des Kündigungsschutzes durch eine wesentlich höhere Vergütung aufgewogen wird (*BAG* GmbHR 1988, 179; GmbHR 1994, 243; GmbHR 1997, 265). Eine wesentliche Einschränkung erfährt diese Rechtsprechung durch das Urteil des BAG (v. 8.6.2000, GmbHR 2000, 1092): Ein leitender Angestellter einer GmbH wird zum Geschäftsführer einer neu gegründeten GmbH bestellt, die wesentliche Teilaufgaben des Betriebs seiner bisherigen Arbeitgeberin (Ausgliederung einer Bauträger-GmbH aus einem Architektur-Büro) übernimmt. Im Zweifel – so das BAG – wird das Arbeitsverhältnis aufgehoben.

Seit 1.5.2000 ist nach § 623 BGB für die Aufhebung des Arbeitsverhältnisses Schrift- **123** form erforderlich. Die Geschäftsführerbestellung löst das Arbeitsverhältnis nicht auf. In dem Abschluss eines Geschäftsführer-Dienstvertrags liegt im Zweifel die konkludente Aufhebung des bisherigen Arbeitsverhältnisses (*BAG* GmbHR 2006, 592 und 1101; *BAG* GmbHR 2007, 1220; *LAG Baden-Württemberg* GmbHR 2007, 708). Das gilt auch unter Berücksichtigung der Anwendbarkeit des Rechts der allg. Geschäftsbedingungen auf Arbeitsverhältnisse (*BAG* GmbHR/GmbH-Report 2007, R 250): es gelte die Vermutung, dass durch den Abschluss des Geschäftsführervertrags eine Beendigung des Arbeitsverhältnisses herbeigeführt werden sollte. Für die Aufhebung des Arbeitsverhältnisses durch den Abschluss eines schriftlichen Mustervertrages genügt es, dass dieser den Formerfordernissen des § 623 BGB entspricht, sich der Wille der Parteien zur Aufhebung des Arbeitsverhältnisses aus dem Vertrag ergibt und ihm zumindest konkludent die Auflösung des Arbeitsverhältnisses entnommen werden kann. § 623 BGB begründet keine über die bisherige Rechtsprechung hinausgehenden Anforderung an den Inhalt der vertraglichen Erklärungen (*LAG Baden-Württemberg* GmbHR 2007, 709; vgl. *Gravenhorst* mit dem Hinweis, dass die Zuständigkeiten für den Abschluss des Mustervertrages und die Aufhebung des Arbeitsverhältnisses auseinanderfallen, GmbHR 2007, 710). Wird ein Geschäftsführer nach seiner Abberufung weiterbeschäftigt, wird nach den Umständen ausdrücklich oder konkludent ein Arbeitsverhältnis begründet (*BAG* GmbH 1987, 266).

124 **3. Anstellungsvertrag mit Dritten.** Der Anstellungsvertrag wird i.d.R. mit der Gesellschaft abgeschlossen. In Ausnahmefällen kann es anders ein. Zu nennen sind hier die Anstellung des Geschäftsführers der Komplementär-GmbH in der GmbH & Co KG mit der KG (vgl. *Noack* § 6 Rz. 66 f.) oder bei einer konzernangehörigen GmbH mit der Obergesellschaft (vgl. *BAG* GmbHR 1994, 547; *BAG* GmbHR 1997, 837; *BAG* GmbHR 2000, 1092; *OLG Celle* GmbHR 1980, 32). Die gegen die Zulässigkeit einer solchen Handhabung vorgebrachten Bedenken, dadurch werde die Unabhängigkeit der Geschäftsführer beeinträchtigt, sind nicht stichhaltig. Ggü. der Obergesellschaft ist der Geschäftsführer ohnehin weisungsgebunden.

125 Nach allg. Ansicht kann Vertragspartner auch jeder Gesellschafter oder jeder Dritte sein (*Noack* § 6 Rz. 65 f.). Da der Abschluss des Anstellungsvertrags in die Zuständigkeit der Gesellschafterversammlung (in Ausnahmefällen auch eines anderen Organs, z.B. Aufsichtsrat) fällt, bedarf in diesen Fällen der Abschluss des Anstellungsvertrags der Zustimmung dieses Organs (*Noack* § 6 Rz. 68). Ein ohne die erforderliche Zustimmung abgeschlossener Anstellungsvertrag ist schwebend unwirksam. Etwas anderes gilt dann, wenn dem Dritten ohnehin die Leitungsmacht in der GmbH zusteht (z.B. im Konzern bei Abschluss mit der Muttergesellschaft). Bestimmungen des Anstellungsvertrags, die in die Rechtsverhältnisse der Gesellschaft eingreifen (z.B. Zustimmung zu bestimmten Geschäftsführungsmaßnahmen), sind nichtig und können u.U. zur Nichtigkeit des Anstellungsvertrags führen (§ 139 BGB). Der Gesellschaft erwachsen aus dem Anstellungsvertrag keinerlei Verpflichtungen, soweit nicht eine ausdrückliche Erstattungsvereinbarung vorliegt.

126 **4. Mängel des Anstellungsvertrages – Der faktische Geschäftsführer.** Für die Geltendmachung von Mängeln (Nichtigkeit, Anfechtung) sind zu unterscheiden:

(1) Der Geschäftsführer hat seine Tätigkeit noch nicht aufgenommen: Jeder Vertragspartner kann sich auf den Mangel berufen bzw. Erklärungen abgeben, die rückwirkend die Nichtigkeit herbeiführen (z.B. Anfechtung wegen arglistiger Täuschung, vgl. *BGH* GmbHR 1995, 306; *OLG Düsseldorf* GmbHR 1990, 134).

127 (2) Der Geschäftsführer hat seine Tätigkeit auf Grund des Anstellungsvertrags mit Wissen des für den Abschluss des Anstellungsvertrags zuständigen Organs oder eines Organmitgliedes der GmbH aufgenommen: Mängel können nur für die Zukunft geltend gemacht werden. Die Vereinbarung ist für die Dauer der tatsächlichen Geschäftsführertätigkeit als wirksam zu behandeln mit allen gegenseitigen Rechten und Pflichten (*BGHZ* 41, 287; 65, 190; *BGH* GmbHR 1995, 306; *KG* NZG 2000, 44). Eine Abwicklung nach Bereicherungsgrundsätzen ist ausgeschlossen. Dem Geschäftsführer stehen deshalb die vereinbarten Bezüge zu, nicht nur solche in angemessener Höhe (*BGHZ* 41, 287; *BGH* GmbHR 1995, 282; MHLS/*Tebben/Kämper* § 6 Rz. 205; *Noack* § 6 Rz. 75).

128 Die Beendigung des fehlerhaften Anstellungsverhältnisses erfolgt durch Geltendmachung des Mangels durch die berechtigte Partei (z.B. welcher das Anfechtungsrecht zusteht). Soweit ein Anfechtungstatbestand verwirklicht ist, sind die entspr. Fristen einzuhalten. Grenzen der Rechtsausübung können sich aus § 242 BGB ergeben.

129 **5. Zuständigkeit zu Abschluss, Änderung oder Aufhebung des Anstellungsvertrags.** Zuständig ist die Gesellschafterversammlung, nicht andere Geschäftsführer (*BGHZ* 89, 55; *BGH* GmbHZ 1991, 363; GmbHR 1997, 548; MHLS/*Tebben/Kämper* § 6

Rz. 141; Rowedder/Pentz/*Belz* § 35 Rz. 45). Der Gesellschaftsvertrag kann die Zuständigkeit auf ein anderes Organ übertragen (z.B. Aufsichtsrat oder Beirat). Der Aufsichtsrat/Beirat kann ein oder mehrere Mitglieder oder Geschäftsführer zum Abschluss ermächtigen (vgl. *OLG Köln* GmbHR 1991, 157; Rowedder/Pentz/*Belz* § 35 Rz. 45 f.). In die Zuständigkeit des für den Abschluss zur Fortgeltung eines mit der AG abgeschlossenen Dienstverhältnisses nach Umwandlung in eine GmbH (vgl. *BGH* BB 1997, 1327) zuständigen Organs fallen auch die **Abänderung oder die Auflösung** des Anstellungsvertrags (*BGH* GmbHR 1991, 363; *OLG Schleswig-Holstein* GmbHR 1993, 156).

In der Einmann-Gesellschaft setzt der wirksame Abschluss die Befreiung von den **130** Beschränkungen des § 181 BGB voraus (vgl. § 35 Abs. 3; *BayObLG* GmbHR 2001, 72; Scholz/*Schneider* § 35 Rz. 153). Der künftige Alleingesellschafter kann bereits als Vertreter ohne Vertretungsmacht für die Gesellschaft handeln und später den Vertrag genehmigen (*BGH* GmbHR 1997, 548). Außerdem ist die Protokollierung nach Abs. 3 S. 2 erforderlich, wonach die Bestimmung des § 181 BGB unanwendbar ist, dafür aber schriftliche Niederlegung des Anstellungsvertrags verlangt wird, um Manipulationen zu verhindern.

In der mitbestimmten GmbH ist der Aufsichtsrat zur Bestellung und zum Widerruf **131** der Bestellung zuständig (§ 31 MitbestG). Das gilt auch für den Abschluss und die Änderung/Aufhebung des Anstellungsvertrags (*BGHZ* 89, 48; MüKo GmbHG/*Jaeger/Steinbrück* § 35 Rz. 263).

Eine besondere Form ist für den Abschluss nicht erforderlich, so dass er auch konklu- **132** dent zustande kommen kann (*BGH* DStR 1997, 459, 932; *BGH* GmbHR 1999, 1140; *Noack* § 6 Rz. 55), wenn auch eingeräumt werden muss, dass dieser Fall nur selten zutreffen wird (gegen konkludenten Abschluss *OLG Düsseldorf* GmbHR 1994, 318). Ist Schriftform vereinbart – beweispflichtig ist der, der sich darauf beruft (vgl. *BGH* GmbHR 1997, 548) –, ist § 154 Abs. 2 BGB nicht anwendbar, wenn die Parteien den nur mündlich geschlossenen Vertrag einvernehmlich durchführen (*BGH* GmbHR 1997, 548). Die Berufung auf den Formmangel kann gegen Treu und Glauben verstoßen (*BGH* GmbHR 1997, 548).

6. Pflichten des Geschäftsführers. Mit der Annahme der Geschäftsführerbestellung **133** ist der Geschäftsführer verpflichtet, die sich aus Gesetz und Satzung ergebenden Aufgaben wahrzunehmen. Er hat dabei die Sorgfalt eines ordentlichen Geschäftsmannes zu beachten (§ 43 Abs. 1). Eine gleichartige (im Wesentlichen deckungsgleiche) Verpflichtung übernimmt der Geschäftsführer durch die Vereinbarung eines Anstellungsvertrags. Der Inhalt der Pflichten eines Geschäftsführers lässt sich nicht generalisierend festlegen, sondern kann nur durch einzelne Pflichten konkretisiert werden (z.B. die Pflicht zur gegenseitigen Überwachung und Kontrolle, vgl. § 37 Rz. 28).

Einzelne wesentliche Pflichten werden nachstehend behandelt.

a) Treuepflicht. Der Geschäftsführer hat die Interessen der Gesellschaft wahrzuneh- **134** men und alles zu unterlassen, was ihr schaden könnte. Der **alleinige Gesellschafter** unterliegt keiner Treuepflicht; er ist daher nicht schadensersatzpflichtig, wenn er der GmbH Vermögen entzieht und dabei nicht gegen Kapitalerhaltungsvorschriften verstößt (vgl. *BGH* GmbHR 1993, 427).

Die Treuepflicht findet ihren Ausdruck vor allem in folgenden Fällen:

135 aa) Wettbewerbsverbot – Wahrung von Geschäftschancen. Im GmbHG fehlt eine in den § 112 HGB, § 88 AktG vergleichbare Regelung, die den geschäftsführenden Gesellschaftern einer OHG (KG) und Vorstandsmitgliedern einer AG ein Wettbewerbsverbot auferlegen. Aus § 43 Abs.1 ist jedoch zu folgern, dass der Geschäftsführer in allen Angelegenheiten die Interessen der Gesellschaft zu wahren hat und nicht den eigenen Vorteil oder den Vorteil Dritter im Auge haben darf (vgl. *BGH* GmbHR 1986, 42; *Altmeppen* § 6 Rz.92). Ein Wettbewerb zum Nachteil der Gesellschaft ist damit nicht vereinbar; Geschäftschancen sind für die Gesellschaft zu verwerten (zu den steuerlichen Folgen für die GmbH s. *BFH* GmbHR 2003, 183). Das Wettbewerbsverbot beginnt mit der Amtsübernahme bzw. der tatsächlichen Aufnahme der Geschäftsführung (in der Vorgesellschaft) und endet mit Beendigung der Organstellung. Besteht der Anstellungsvertrag weiter, ist der Geschäftsführer nach Treu und Glauben (nachwirkende Treuepflicht) bis zur Einstellung der Zahlungen verpflichtet, Wettbewerbshandlungen zu unterlassen (*OLG Oldenburg* NZG 2001, 1038). Im Zweifel hat der Geschäftsführer die Entscheidung der Gesellschaft einzuholen. „Der Inhaber einer Vertrauensstellung, wie es die Stellung eines Geschäftsführers ist, muss dann, wenn er zu seinem Vorteil handelt, ein besonderes Maß an Korrektheit walten lassen und beim geringsten Zweifel die Zustimmung der Gesellschafter einholen" (*OLG Karlsruhe* GmbHR 1988, 484, vgl. auch *BGH* GmbHR 1989, 366). Der Geschäftsführer kann vom Wettbewerbsverbot befreit werden. Allg. **Befreiung** ist nur durch die Satzung möglich (MüKo GmbHG/*Jaeger/Steinbrück* § 35 Rz.384). Für die Befreiung bei fest umrissenen Maßnahmen genügt einfacher Gesellschafterbeschluss (vgl. § 88 Abs.1 AktG; str. MüKo GmbHG/*Jaeger/Steinbrück* § 35 Rz.384). Zur Abgrenzung von Vorbereitungshandlungen (Ideenstadium) ggü. Wettbewerbsverstößen vgl. *OLG Celle* GmbHR 2005, 542; auch *OLG Oldenburg* IVZG 2000, 1038).

136 Bei Verstoß gegen das Wettbewerbsverbot kann die Gesellschaft **Unterlassung** verlangen. Außerdem ist der Geschäftsführer zum **Schadensersatz** verpflichtet. Der Gesellschaft steht ein **(internes) Eintrittsrecht**, nicht jedoch ein externes (mit Außenwirkung ggü. dem Dritten) zu (*BGHZ* 89, 162). Die Gesellschaft kann die Zahlung der Dienstbezüge nur in Ausnahmefällen verweigern (Arglisteinrede), z.B. wenn sich der Geschäftsführer grob unanständig verhalten hat (vgl. *BGH* GmbHR 1988, 100).

137 Der Wettbewerbsverstoß kann einen **wichtigen Grund** für die Abberufung als Geschäftsführer darstellen und die Kündigung des Anstellungsvertrags (§ 626 BGB) rechtfertigen (vgl. *OLG Karlsruhe* GmbHR 1985, 484; MüKo GmbHG/*Jaeger/Steinbrück* § 35 Rz.383). Steht das Ende des Dienstverhältnisses auf Grund Befristung oder ordentlichen Kündigung bevor, so sind an die Zulässigkeit einer außerordentlichen Kündigung besonders strenge Anforderungen zu stellen (*OLG Celle* GmbHR 2005, 542; krit. zu Recht *Moll* GmbHR 2005, 544).

138 bb) Nachvertragliches Wettbewerbsverbot. Nach Beendigung der Organtätigkeit besteht kein gesetzliches Wettbewerbsverbot (*BGH* GmbHR 1977; 43; MüKo GmbHG/*Jaeger/Steinbrück* § 35 Rz.385). Es ist aber grds. zulässig, ein Wettbewerbsverbot für die Zeit nach Beendigung der Organstellung zu vereinbaren (st. Rspr., *BGHZ* 91, 5; *BGH* GmbHR 1990, 77; *BGH* NJW 2002, 1875; *OLG Düsseldorf* GmbHR 1993, 581; *OLG Düsseldorf* GmbHR 1999, 121; *OLG Hamm* GmbHR 2017, 245–247; *OLG München* GmbHR 2018, 1310-1314), auch ohne Entschädigung

(*BGHZ* 91, 5; ZIP 1992, 543; *BGH* GmbHR 2002, 432), wobei es gleichgültig ist, ob dies im Anstellungsvertrag oder in einer gesonderten Vereinbarung geschieht. Für Gesellschafter kann dies auch generell im Gesellschaftsvertrag geschehen (*BGH* DStR 1997, 2038; *Manger* GmbHR 2001, 89, Anm. 3). Die Beschränkungen der §§ 74 ff. HGB gelten für den Geschäftsführer nicht (*BGH* GmbHR 1984, 234; GmbHR 1991, 310; GmbHR 1992, 263; str. MüKo GmbHG/*Jaeger*/*Steinbrück* § 35 Rz. 386 ff m.w.N.); insb. scheidet eine Anrechnung des § 74c HGB (Anrechnung anderweitiger Einkünfte) aus (*BGH* GmbHR 2008, 930).

Das Wettbewerbsverbot ist nur zulässig, wenn **139**

(1) es dem Schutz berechtigter Interessen der Gesellschaft dient (vgl. zur rein kapitalistischen Minderheitsbeteiligung am Wettbewerber *OLG Stuttgart* NZG 2017, 582; *OLG Hamm* GmbHR 2017, 245–247; *Altmeppen* § 6 Rz. 93; MüKo GmbHG/*Jaeger*/*Steinbrück* § 35 Rz. 389 f.)

und

(2) die Berufsausübung oder wirtschaftliche Betätigung des Geschäftsführers nicht unbillig erschwert (*BGHZ* 91, 7; *BGH* NJW 2002, 1875; *OLG Düsseldorf* GmbHR 1993, 581; *OLG Düsseldorf* GmbHR 1999, 121; *OLG Hamm* GmbHR 2017, 245–247; *OLG München* GmbHR 2018, 1310). Es darf letztlich nur zu dem Zweck vereinbart werden, die Gesellschaft vor illoyaler Verwertung ihr zustehender Arbeitserfolge und vor missbräuchlicher Ausnutzung der Berufsfreiheit zu ihren Lasten zu schützen (*OLG Düsseldorf* GmbHR 1999, 121; *OLG Hamm* GmbHR 2017, 245–247).

Das Wettbewerbsverbot muss auf das örtlich, zeitlich und gegenständlich notwendige **140** Maß beschränkt bleiben (*BGHZ* 91, 6 ff.; *BGH* GmbHR 1991, 16; *BGH* NJW 2002, 1875; *BGH* ZIP 2008, 1719; *OLG Düsseldorf* GmbHR 1999, 121; MüKo GmbHG/*Jaeger*/*Steinbrück* § 35 Rz. 392). Die zeitliche Dauer wird im Allgemeinen zwei Jahre nicht übersteigen dürfen (*BGH* GmbHR 1984, 234; *Noack* § 37 Rz. 120; MüKo GmbHG/*Jaeger*/*Steinbrück* § 35 Rz. 393). Ein schutzwürdiges Interesse der Gesellschaft besteht grds. nicht daran, dass der ehemalige Geschäftsführer unbefristet oder für eine gewisse Zeit vollständig als Wettbewerber ausgeschlossen wird (*OLG Düsseldorf* GmbHR 1999, 121). Ein Wettbewerbsverbot ist nur dann berechtigt, wenn unter angemessenen Bedingungen verhindert werden soll, dass der ehemalige Geschäftsführer Kunden abzieht, zu denen er nur auf Grund seiner Geschäftsführertätigkeit Verbindung gewinnen konnte oder dass er sich sonstige interne Informationen zunutze macht, zu denen er sich nur durch seine Geschäftsführertätigkeit Zugang hat verschaffen können (*BGHZ* 91, 7; *OLG Düsseldorf* GmbHR 1993, 581; *OLG Düsseldorf* GmbHR 1999, 121; *OLG Hamm* GmbHR 2017, 245–247). Wenn der Geschäftsführer berechtigt aus wichtigem Grund sein Amt niedergelegt hat, soll die Gesellschaft ein nachvertragliches Wettbewerbsverbot aus dem Anstellungsvertrag nicht durchsetzen können (*OLG Celle* v. 24.9.2013 – U 121/12). Da die §§ 74 ff. HGB keine Anwendung finden (*BGH* GmbHR 2008, 1032), ist eine Karenzentschädigung nicht in jedem Falle Wirksamkeitsvoraussetzung des Wettbewerbsverbots (MüKo GmbHG/*Jaeger*/*Steinbrück* § 35 Rz. 397). Eine fehlende oder zu geringe Entschädigung kann aber die Berufsausübung und wirtschaftliche Betätigung unbillig erschweren und daher nach § 138 BGB, Art. 12 GG zur Nichtigkeit der Vereinbarung führen (*OLG München* GmbHR 2018, 1310–1314; MüKo GmbHG/*Jaeger*/*Steinbrück* § 35 Rz. 397). Eine angemessene Entschädigung kann sich an die Regelung der §§ 74 ff. HGB anschließen.

Nach Ansicht des *OLG Düsseldorf* DB 1990, 1960 ist eine Mindestentschädigung nach Maßgabe von § 74 Abs. 2 HGB nicht zu beanstanden (zust. *Heller* GmbHR 2000, 373; *Jäger* DStR 1995, 724, 728; vgl. auch *Bauer/Diller* BB 1995, 1136).

141 Maßgebend für die Beurteilung der Nichtigkeit sind die Verhältnisse im Zeitpunkt des Ausscheidens des Geschäftsführers (*OLG Celle* NZG 2001, 132; MüKo GmbHG/*Jaeger/Steinbrück* § 35 Rz. 403). Ist die Wettbewerbsvereinbarung nichtig, sind Rechtsfolgen insgesamt ausgeschlossen. Eine Reduzierung auf ein angemessenes Maß (sog. **geltungserhaltende Reduktion**) scheidet aus (*BGH* NJW 1979, 1605; NJW-RR 1989, 800; GmbHR 1991, 17; DStR 1997, 1413; DStR 1997, 2038 m. Anm. *Goette; OLG Düsseldorf* GmbHR 1999, 122; MüKo GmbHG/*Jaeger/Steinbrück* § 35 Rz. 404).

142 **Vorbeugende Feststellungsklage** ist zulässig, wenn der Geschäftsführer an der Klärung der Rechtswirksamkeit des Wettbewerbsverbots ein rechtliches Interesse hat (*BGH* DStR 1997, 2038 mit zust. Anm. *Goette* DStR 1997, 2038). Desgleichen wird ein **einstweiliger Rechtsschutz** bejaht (*OLG Celle* NZG 2001, 132).

143 **cc) Verschwiegenheitspflicht.** Der Geschäftsführer ist verpflichtet, Betriebs- und Geschäftsgeheimnisse zu wahren. Die Verletzung ist unter Strafe gestellt (§ 85 Abs. 1; näher s. dort). Die Verpflichtung besteht auch nach Beendigung der Geschäftsführerstellung fort (*OLG Hamm* GmbHR 1985, 157).

144 **b) Buchführungs- und Rechnungslegungspflichten.** Vgl. die Ausführungen zu §§ 41, 42, 42a.

145 **c) Weitere Pflichten.** Weitere Pflichten des Geschäftsführers werden an den einschlägigen Stellen behandelt (z.B. Einreichung der Gesellschafterliste nach § 40, Auskunftspflicht bei § 51a).

146 Den Geschäftsführern ist es verboten, Schmiergelder, Provisionen o.Ä. (*BGH* GmbHR 1976, 12; NJW 2001, 2477) anzunehmen. Rechtsgrundlage ist die Treuepflicht (*OLG Düsseldorf* GmbHR 2000, 669). Der Gesellschaft steht ein Anspruch auf Herausgabe zu (*OLG Düsseldorf* GmbHR 2000, 669; *BFH* GmbHR 1987, 492). Der Geschäftsführer begeht bei Vorenthalten keine strafbare Untreue.

147 **7. Geschäftsführerbezüge. – a) Erfordernis der Angemessenheit.** Die Bezüge der Geschäftsführer werden erfahrungsgemäß vertraglich vereinbart. Sie bestehen i.d.R. aus einem Festgehalt, einer (meist gewinnabhängigen) Tantieme und einer Alters- und Hinterbliebenenversorgung. Eine Vergütung für Überstunden und Mehrarbeit kann der Geschäftsführer nur verlangen, wenn hierüber eine ausdrückliche Vereinbarung besteht (*OLG Dresden* NJW-RR 1997, 1535; Henssler/Strohn/*Oetker* § 35 Rz. 31). Die Angemessenheit der Bezüge spielt bei Gesellschafter-Geschäftsführern insofern eine Rolle, als diese gegen den Gleichheitsgrundsatz oder gegen die Treuepflicht, in Ausnahmefällen gegen § 138 BGB verstoßen können. Es ist unzulässig, einem Gesellschafter einen Vermögensvorteil zuzuwenden, der durch keine entspr. **Gegenleistung** gedeckt ist, wenn den anderen Gesellschaftern nicht ein ebensolcher Vorteil eingeräumt wird (*BGH* GmbHR 1972, 224; 1990, 345). Die Verhältnisse des Einzelfalls sind entscheidend. Den Gesellschaftern steht ein **Ermessensspielraum** zu, innerhalb dessen ein bestimmter Vergütungsbetrag nicht deswegen als unangemessen bezeichnet werden kann, weil eine andere Bemessung sich ebenso gut oder besser vertreten ließe (*BGH* GmbHR 1990, 345).

Die Angemessenheit ist danach zu beurteilen, was ein fremder Geschäftsführer für die **148** gleiche Tätigkeit erhalten hätte (vgl. *BGH* GmbHR 2008, 1093: evtl. Sachverständigengutachten). Zu berücksichtigen sind insb. Art und Umfang der Tätigkeit, Größe und Leistungsfähigkeit des Betriebs, sowie Alter, Ausbildung, Berufserfahrung und Fähigkeiten des Geschäftsführers (vgl. *BGH* GmbHR 1992, 606). Auch wenn die steuerliche Beurteilung als verdeckte Gewinnausschüttung für die gesellschaftsrechtliche Betrachtung nicht maßgebend ist (vgl. *OLG Frankfurt* GmbHR 2005, 553), kann sie doch wertvolle Hilfe sein, zumal die steuerliche Rechtsprechung recht umfangreich ist (im Einzelnen vgl. *Zimmermann* GmbHR 2002, 353 und *Rischner* GmbH 2003, 15) vgl. auch *BMF* v. 14.10.2002, BStBl. I 2002, S. 972).

Die Vereinbarung einer unangemessenen Vergütung macht den Vertrag nicht nichtig. **149** Anfechtbar ist allenfalls der Gesellschafterbeschluss

b) Nichtigkeit der Vereinbarung wegen Sittenwidrigkeit. Die Vereinbarung kann gegen **150** die guten Sitten verstoßen (§ 138 BGB), wenn zwischen Leistung und Gegenleistung über längere Zeit ein Missverhältnis besteht, das den Schluss auf eine verwerfliche Gesinnung des die übermäßigen Vorteile beanspruchenden Vertragsteils zulässt (*KG* GmbHR 1996, 613). Maßgebend für die Beurteilung ist der Zeitpunkt der Vornahme der Vereinbarung. Es ergibt sich dann ein Anspruch auf angemessene Vergütung nach § 612 Abs. 2 BGB. Soweit die Bezüge aus dem zur Erhaltung des Stammkapitals erforderlichen Vermögen geleistet werden, tritt § 30 in Geltung: die Bezüge sind zurückzuzahlen, soweit sie unangemessen sind. § 30 findet keine Anwendung in Ansehung des angemessenen Teils der Vergütung, da dieser eine Gegenleistung gegenübersteht. Die Gegenleistung besteht in den eingesparten Aufwendungen der Gesellschaft (*BGH* GmbHR 1992, 606). Der Erstattungsanspruch der Gesellschaft ist sofort zur Rückzahlung fällig; eines Gesellschafterbeschlusses bedarf es nicht (*BGH* BB 1987, 293).

c) Anpassung der Bezüge. Bei unangemessenen Bezügen kann eine Anpassung – **151** nach oben oder unten – erforderlich werden. Eine solche Anpassung stellt einen Eingriff in einen bestehenden Vertrag dar und kann daher nur mit Zustimmung des betroffenen Geschäftsführers erfolgen. Soweit diese verweigert wird, muss sie notfalls im Wege einer Klage herbeigeführt werden. § 87 AktG, der ein einseitiges Gestaltungsrecht vorsieht, findet auf die GmbH keine Anwendung (vgl. *Bujong* JbFSt 1993/1994, 276).

Die Herabsetzung kann nicht rückwirkend vorgenommen werden **(Vertrauensschutz).** **152** Maßgebend ist der Zeitpunkt, in dem die GmbH berechtigterweise die Herabsetzung verlangt (*Bujong* JbFSt 1993/1994, 276). Würde man auf den Zeitpunkt der Rechtskraft abstellen, würde das nur die Prozessfreudigkeit fördern; außerdem würde die finanzielle Entlastung der Gesellschaft i.d.R. zu spät kommen.

Bei einer wesentlichen **Verschlechterung der wirtschaftlichen Lage** der Gesellschaft **153** kann der Geschäftsführer (Gesellschafter-Geschäftsführer und Fremdgeschäftsführer sind gleich zu behandeln) ausnahmsweise verpflichtet sein, einer Reduzierung seiner Bezüge zuzustimmen (*BGH* GmbHR 1992, 607; *Lunk/Stolz* NZA 2010, 121; *Altmeppen* § 6 Rz. 105). Die Gesellschaft hat die Darlegungs- und Beweislast (*BGH* GmbHR 1992, 605; *Noack* § 37 Rz. 130). Ein solches Verlangen der Gesellschaft findet ihre Rechtfertigung in § 242 BGB (Treuepflicht) (*Altmeppen* § 6 Rz. 105). Auf die tatbestandlichen Voraussetzungen des § 87 Abs. 2 AktG soll es nicht ankommen (str., zust. *Noack* § 37 Rz. 130; *Altmeppen* § 6 Rz. 105; *Rowedder/Pentz/Belz* § 35 Rz. 106).

154 Das Verlangen auf Herabsetzung der Bezüge ist nur bei einer **wesentlichen Verschlechterung** der wirtschaftlichen Lage der Gesellschaft nach Festsetzung der Bezüge und einer daraus resultierenden schweren Unbilligkeit für die Gesellschaft begründet, bspw. wenn der Gesellschaft durch Zahlung der Vergütung unmittelbar existenznotwendige Mittel entzogen werden (*Noack* § 37 Rz. 130). Ob ein solcher Fall vorliegt, ist nach den Umständen des Einzelfalls zu entscheiden. Eine starre Beurteilung ist nicht angebracht. Es ist ein strenger Maßstab anzulegen (vgl. *Bujong* JbFSt 1993/1994, 276), aber ein strengerer Maßstab als in § 87 Abs. 2 AktG erscheint für die GmbH nicht begründet (*Noack* § 37 Rz. 130). Der Umstand, dass die Bezüge aus dem zur Erhaltung des Stammkapitals erforderlichen Vermögen geleistet werden müssen, rechtfertigt allein noch nicht deren Herabsetzung. Das gilt auch für gewinnunabhängige Tantiemen (*BGH* GmbHR 1992, 607).

155 Für eine Erhöhung der Bezüge sind der Gesellschafter-Geschäftsführer und der Fremdgeschäftsführer zu unterscheiden. Bei einem Gesellschafter-Geschäftsführer ist die Gesellschaft zu einer Erhöhung verpflichtet, wenn durch veränderte Umstände die Bezüge offensichtlich unangemessen geworden sind (*Noack* § 37 Rz. 129). Auch als Einrede steht dem Gesellschafter-Geschäftsführer kein Recht auf Selbsterhöhung zu (*BGH* GmbHR 1998, 278). Ein Fremdgeschäftsführer hat unter den gleichen Voraussetzungen einen Erhöhungsanspruch, wenn er entweder keine Möglichkeit hat, sich aus dem Vertragsverhältnis alsbald zu lösen oder ihm die Lösung nicht zumutbar ist (vgl. *BGH* GmbHR 2008, 1093: auch rückwirkend).

156 Bei Geschäftsführern mit Arbeitnehmerstatuts – nicht oder nur gering an der Gesellschaft beteiligt – kann sich ein Anspruch auf Erhöhung unter dem Gesichtspunkt der **arbeitsrechtlichen Gleichbehandlung** ergeben. Der Gleichbehandlungsgrundsatz gilt indes nicht schlechthin, sondern nur im Verhältnis zu Mitgeschäftsführern, allenfalls unter bestimmten zusätzlichen Voraussetzungen im Verhältnis zu leitenden Angestellten, nicht jedoch mit normalen Angestellten oder Geschäftsführern im Konzern (vgl. *BGH* GmbHR 1990, 389; aber *OLG München* v. 25.11.2020 – 7 U 1297/20 = GmbHR 2021, 320, 321 f.: keine Anwendung des arbeitsrechtlichen Gleichbehandlungsgrundsatzes auf Geschäftsführer einer GmbH, dazu *Kauffeld/Vollmer/Brugger* NZG 2021, 717, 718 f.).

157 Die **Beweislast** trifft diejenige Partei, die sich auf eine veränderte wirtschaftliche Situation beruft: die Gesellschaft bei Herabsetzung der Bezüge, der Geschäftsführer bei deren Erhöhung (vgl. *BGH* GmbHR 1992, 605; *BGH* GmbHR 2008, 1093; *Noack* § 37 Rz. 130).

158 **d) Tantiemen.** Die Tantieme ist ein wichtiges Instrument der Vergütungsgestaltung. Sie dient der Stärkung der unternehmerischen Verantwortung des Geschäftsführers und der Steigerung der Identifikation mit dem Unternehmen (vgl. *Tanzer* GmbHR 2000, 596).

159 Eine Tantieme muss besonders vereinbart sein. Dies erfolgt in der Praxis regelmäßig (*Noack* § 37 Rz. 124).

160 Es kann sich um eine Gewinntantieme oder auch um eine Umsatztantieme handeln. Die weniger gebräuchliche Umsatztantieme birgt für den Gesellschafter-Geschäftsführer zusätzlich die Gefahr der steuerlichen Nichtanerkennung in sich (vgl. *BFH* BStBl. II 1999, S. 321). Das gilt auch für den Fall, dass der begünstigte Gesellschafter-

Geschäftsführer Minderheitsgesellschafter ist (*BFH* BStBl. II 1999, S. 321). Ausnahmsweise stellt die Vereinbarung einer Umsatztantieme keine verdeckte Gewinnausschüttung dar, wenn sich die Gesellschaft in der Aufbauphase befindet oder bei ausschließlicher Vertriebstätigkeit (vgl. *BFH/NV* 1994, 124).

Haben sich die Vertragsparteien zwar über die Zusage einer Tantieme geeinigt, aber keine Bestimmung über die Bemessungsgrundlage getroffen, ist der Tantiemeanspruch in entspr. Anwendung des §315 Abs. 3 S. 2 BGB nach billigem Ermessen zu bestimmen, wobei ein Abwägen aller für die Bemessung maßgeblichen Interessen beider Vertragsteile erforderlich ist (*OLG Oldenburg* NZG 2000, 940 mit krit. Anm. *Gitter* NZG 2000, 942; vgl. auch *BGH* GmbHR 1994, 546; *Noack* §37 Rz. 124).

Zur Vereinbarung einer Mindesttantieme vgl. *OLG München* GmbHR 1999, 184; **161** MüKo GmbHG/*Jaeger/Steinbrück* §35 Rz. 336.

Tantiemeansprüche sind nicht generell unabtretbar, da diese nicht typischerweise die **162** ihnen durch §85 verbotene Offenbarung von Betriebsgeheimnissen beinhalten. Das gilt jedenfalls für den maßgebenden Gewinn, der dem nach §325 HGB zu veröffentlichenden Jahresabschluss entnommen werden kann (*BGH* GmbHR 2000, 86; zu den Besonderheiten bei einer Tantieme des Geschäftsführers einer Komplementär-GmbH, die am Gewinn der KG orientiert ist, vgl. *BGH* GmbHR 2000, 87).

Bei nachträglicher Änderung des Gewinns (z.B. durch eine Betriebsprüfung) kommt **163** es darauf an, ob die Anbindungsgrundlage der handelsrechtliche oder der steuerliche Gewinn ist. Keine Auswirkungen ergeben sich, wenn der handelsrechtliche Gewinn maßgebend ist und die Handelsbilanz nicht der Steuerbilanz angepasst wird. Gewinnerhöhungen sind auch dann ohne Auswirkung, soweit diese auf Zuwendungen an den Geschäftsführer beruhen (z.B. wenn Reisekosten nicht in vollem Umfang anerkannt werden (vgl. *BFH* BStBl. II 1999, S. 321; vgl. auch GmbHR 2001, 292).

e) Private Pkw-Nutzung und Spesenabrechnung. „Unregelmäßigkeiten" (oder das, **164** was die eine Seite gern als solche qualifizieren würde) in Ansehung von privater Pkw-Nutzung oder bei Abrechnung von Spesen (Reisekosten oder sog. Geschäftsessen) werden vom Arbeitgeber häufig dazu benutzt, einen (aus anderen Gründen) missliebigen Geschäftsführer „billig" los zu werden. Dem kann der Geschäftsführer nur insoweit entgegenwirken, als er auf aussagekräftigen Formulierungen im Anstellungsvertrag besteht und selbstverständlich sein tatsächliches Verhalten genau danach einrichtet. Wegen Einzelheiten wird v.a. auf die Ausführungen von *Diller* (GmbHR 2006, 333) und auf die BGH-Entscheidung v. 28.10.2002 (GmbHR 2003, 33) verwiesen. Zum Auslagenersatz vgl. *Noack* §37 Rz. 123.

8. Altersruhegeld/Hinterbliebenenversorgung. – a) Wirksamkeit einer Zusage. Ein **165** Anspruch auf Altersversorgung/Hinterbliebenenversorgung entsteht nur auf Grund einer **besonderen Zusage**, nicht auf Grund einer betrieblichen Ruhegeldordnung, einer betrieblichen Übung oder nach dem arbeitsrechtlichen Gleichbehandlungsgrundsatz (*BGH* WM 1978, 1403; GmbHR 1994, 113).

Die Zusage ist formlos wirksam. Weder der Gesellschafterbeschluss für den Anstel- **166** lungsvertrag bedarf einer besonderen Form noch ergibt sich ein Formbedürfnis aus dem BetrAVG (vgl. *BGH* GmbHR 1994, 113). Die für die steuerliche Anerkennung von Pensionsrückstellungen erforderliche Form des §6a Abs. 1 Nr. 3 EstG steht der rechtlichen Anerkennung nicht entgegen (*BGH* GmbHR 1994, 113).

167   b) Anwendbarkeit des BetrAVG-Insolvenzschutzes. Arbeitnehmern i.S.d. § 1 BetrAVG steht ein Anspruch auf Insolvenzsicherung zu (§ 7 BetrAVG). Als Arbeitnehmer gelten auch Personen, wenn ihnen Leistungen der Alters-, Invaliditäts- oder Hinterbliebenenversorgung aus Anlass ihrer Tätigkeit für ein Unternehmen zugesagt worden ist (§ 17 Abs. 1 S. 2 BetrAVG; vgl. *BAGE* 66, 5; *BAG* BB 1997, 2486). Voraussetzung ist, dass sie nicht selbst Unternehmer sind. Als Unternehmer gelten der Alleingesellschafter und der Mehrheitsgesellschafter (*BGHZ* 77, 101, 241; *BGHZ* 108, 333; *BAG* GmbHR 1991, 458), nicht jedoch der Treuhänder ohne Rücksicht auf den Umfang der Beteiligung (*BGH* GmbHR 1991, 456). Das BetrAVG ist ein Arbeitnehmerschutzgesetz (vgl. *BGHZ* 77, 94; *BGH* NJW-RR 1991, 746). Der BGH hat die Anwendung des BetrAVG grds. auf Geschäftsführer einer GmbH bejaht, wenn sie als Gesellschafter mit weniger als 50 v. 100 beteiligt sind und damit nach Vermögen und Einfluss nicht so stark mit dem Unternehmen verbunden sind, dass sie es als ihr eigenes Unternehmen betrachten können (*BGHZ* 77, 101, 242; *BAGE* 66, 5), wenn sie also bei der Führung des Unternehmens keine Möglichkeit zu beherrschendem Einfluss haben (*BAG* BB 1997, 2486). Das gilt auch für den Fall, dass der Minderheitsgesellschafter zusammen mit dem Mehrheitsgesellschafter die Geschäfte führt (*BGH* GmbHR 1990, 73).

168   Auch ein Minderheitsgesellschafter kann ausnahmsweise als Unternehmer anzusehen sein:

(1) wenn er über Stimmbindungsverträge mehr als 50 v. 100 der Geschäftsanteile repräsentiert. Sein maßgebender Einfluss im Unternehmen lässt ihn wie einen Unternehmer erscheinen (*BGH* GmbHR 1997, 843),

(2) wenn der Minderheitsgesellschafter nicht einem Mehrheitsgesellschafter ggü. steht, sondern mehrere Minderheitsgesellschafter vorhanden sind. Der Minderheitsgesellschafter ist dann als Unternehmer anzusehen, wenn er mehr als nur unwesentlich an der Gesellschaft beteiligt ist (*BGHZ* 77, 233; *BGHZ* 108, 330; *BGH* GmbHR 1997, 844). Mehrere jeweils minderheitlich beteiligte Gesellschafter, die gemeinsam die Anteilsmehrheit halten, sind bei einem gemeinsamen Vorgehen kraft ihrer Stimmenmehrheit in der Lage, die Entscheidungen in der Gesellschaft unter Ausschluss anderer Gesellschafter zu treffen. Jeder von ihnen wird deshalb als Unternehmer behandelt. Eine nicht ganz unwesentliche Beteiligung liegt danach vor, wenn der Geschäftsführer einen Anteil von 10 % an der Gesellschaft hält (*BGH* NJW-RR 1990, 800; GmbHR 1997, 864). Zweifel an dieser Rechtsprechung hat das *BAG* geäußert (BB 1997, 2487). Die theoretische Möglichkeit, zusammen mit anderen Gesellschaftern eine Gesellschaft zu beherrschen, besage weder, dass dies so sein müsse noch das es typischerweise so sei. Auch der BGH selbst hat inzwischen Bedenken gegen die den Anwendungsbereich des § 17 Abs. 1 S. 2 BetrAVG weit einschränkende Rechtsprechung angemeldet (vgl. *BGH* GmbHR 1997, 845). Im Grunde steckt aber in der Rechtsprechung des BGH ein wahrer Kern; entscheidend sind die Umstände des Einzelfalls. Zur Zusammenrechnung der Anteile an einer Gesamthandsgemeinschaft vgl. *BGH* GmbHR 1997, 845. Bei einer Komplementär-GmbH ist für die Frage, ob eine Beteiligung von mehr als 50 v. 100 vorliegt, die Summe der Beteiligungen unmittelbar an der KG und mittelbar über die Komplementär-GmbH (*BGH* DB 1980, 1437; *OLG Köln* GmbHR 1989, 82) maßgebend. Zur Beteiligung über eine Gesamthandsgemeinschaft vgl. *BGH* GmbHR 1997, 843.

c) Widerruf der Zusage/Einstellung von Leistungen. Eine Zusage auf Altersversorgung **169** (die Unverfallbarkeit kann vereinbart werden, vgl. *BGH* GmbHR 2002, 381) hat Entgeltcharakter (*BGH* NJW-RR 1997, 348) und kann deshalb nach Treu und Glauben nur bei schwersten Verfehlungen von der Gesellschaft widerrufen werden, z.b. wenn der Geschäftsführer unter Missachtung seiner Stellung das Unternehmen fortgesetzt schädigt und dadurch dessen wirtschaftliche Grundlage gefährdet (vgl. *BGH* NJW-RR 1997, 348; *BGH* GmbHR 1997, 936; *OLG München* NZG 2002, 978). Pflichtverletzungen, die nach Art, Ausmaß und Folgen dieses außerordentliche Gewicht nicht haben, reichen zu einem Widerruf auch dann nicht aus, wenn auf sie eine fristlose Kündigung des Dienstverhältnisses nach § 626 BGB gestützt werden könnte (*BGH* GmbHR 1984, 76). Die Erfüllung der Zusage kann nicht von ständigem Wohlverhalten abhängig gemacht werden (*BGH* NJW-RR 1997, 348). UU kann die Versorgung auf Grund einer Gesamtabwägung auf einen Teil der zugesagten Leistungen zu begrenzen sein (*BGH* GmbHR 1984, 76). Im Einzelfall kann Berufung auf Unverfallbarkeit rechtsmissbräuchlich sein (*OLG Frankfurt* GmbHR 2000, 671), nämlich dann, wenn sich das pflichtwidrige Verhalten des Geschäftsführers als eine besonders grobe Verletzung der Treuepflicht darstellt. Das ist u.a. dann der Fall, wenn der Versorgungsberechtigte die Gesellschaft in eine ihre Existenz bedrohende Lage gebracht hat (*BGH* GmbHR 2002, 381). Ob im Einzelfall wegen der besonderen Umstände das Verhalten des Geschäftsführers und der extremen Höhe des von ihm angerichteten Schadens ohne Existenzgefährdung ausnahmsweise der Einwand des Rechtsmissbrauchs zulässig ist, hat der (*BGH* GmbHR 2002, 381) offengelassen. Zum Fortfall der Zusage bei Kündigung des Dienstverhältnisses, wenn Pensionszusage mit der Maßgabe erteilt worden ist, dass sie bei Ausscheiden aus dem aktiven Dienst bei Vollendung des 65. Lebensjahres gezahlt wird (vgl. *OLG Frankfurt* GmbHR 2000, 665).

Bei bestandsgefährdender Notlage kann die Gesellschaft die Zahlungen einstweilen **170** einstellen oder kürzen, falls diese Maßnahme voraussichtlich zur Gesundung des Unternehmens beitragen kann.

Gegen Ruhegehaltsansprüche des (ausgeschiedenen) Geschäftsführer kann aufge **171** rechnet werden, allerdings beschränkt auf die in sechs Monaten fällig werdenden Zahlungen (*BGH* GmbHR 2006, 1042; gegen die Beschränkung *Schneider/Brouwer* GmbHR 2006, 1019).

Der Alleingesellschafter-Geschäftsführer fällt nicht in den Anwendungsbereich des **172** BetrAVG, es sei denn, es wäre ein ihn besserstellendes Versprechen gegeben worden (*BGH* GmbHR 2008, 256).

9. Sozialversicherungspflicht des Geschäftsführers. – a) Allg. Definition des Arbeit 173 nehmerbegriffs im Sozialversicherungsrecht. Der Geschäftsführer unterliegt der gesetzlichen Sozialversicherung, sondern die Voraussetzungen nach § 7 Abs. 1 SGB IV der für alle Bereiche der Sozialversicherung gilt, (vgl. *BSG* GmbHR 2000, 619) gegeben sind. Sozialversicherungspflichtig ist grds. die Beschäftigung in nichtselbststständiger Arbeit, insb. in einem Arbeitsverhältnis. Die persönliche Abhängigkeit stellt das wesentliche, das charakteristische Merkmal des Beschäftigungsverhältnisses dar (*BSG* GmbHR 2000, 619). Persönliche Abhängigkeit bedeutet Eingliederung in den Betrieb und Unterordnung unter das Weisungsrecht des Arbeitgebers (Zeit, Dauer und Ort der Arbeitsleistung). Das Weisungsrecht kann besonders bei Diensten höherer Art (wie bei einem Geschäftsführer) erheblich eingeschränkt sein und zur „funktionsgerecht dienenden Teilhabe am Arbeitsprozess verfeinert" sein. Es darf aber nicht vollständig entfallen (*BSG* GmbHR 2000, 619). Für die **selbstständige Tätigkeit** ist kennzeichnend das Unternehmerrisiko, die Verfügungsmöglichkeit über die eigene Arbeitskraft und die Möglichkeit, frei über Arbeitsort und Arbeitszeit zu verfügen. Im Zweifelsfall kommt es darauf an, welche Merkmale überwiegen. Maßgebend sind die Umstände des Einzelfalls. Die vertragliche Ausgestaltung steht im Vordergrund, die allerdings zurücktritt, wenn die tatsächlichen Verhältnisse entscheidend davon abweichen (*BSG* GmbHR 2000, 619).

174 **b) Geschäftsführer als Arbeitnehmer.** Auch für den Geschäftsführer gelten die allg. Grundsätze, s. Rz. 173. Nach st. Rspr. schließt das Vorliegen einer Organstellung wie die des Geschäftsführers eine Sozialversicherungspflicht nicht allein aus (zuletzt *BSG* v. 19.9.2019 – B 12 R 25/18 R = NZS 2020, 183, 184; *BSG* v. 14.3.2018 – B 12 KR 13/17 R = NZS 2018, 778, 780).

175 Der **nicht an der Gesellschaft beteiligte Geschäftsführer** wird insoweit regelmäßig als Arbeitnehmer anzusehen sein, da er den Weisungen der Gesellschafter unterliegt (*BSG* v. 14.3.2018 – B 12 KR 13/17 R: „ausnahmslos"; *BSG* NZS 2021, 643, Rz. 17 ff.; *BSG* DStR 2021, 2477, Rz. 14 ff.; bereits *BSG* GmbHR 1987, 351; 2000, 620; *LSG Hessen* GmbHR 2007, 488, m. Anm. *Löw* GmbHR 2007, 489; vgl. auch *LSG Bayern* GmbHR 2007, 491; krit. *Altmeppen* § 6 Rz. 128 ff.; *Altmeppen* NJW 2022, 2785). Ausnahmsweise kann es anders sein, wenn der Geschäftsführer nach Gutdünken „schalten und walten" kann, wie er will, weil er die Gesellschafter persönlich dominiert oder weil diese wirtschaftlich von ihm abhängig sind (vgl. *BSGE* 13, 200; *BSG* GmbHR 2000, 620; weitergehend *Altmeppen* NJW 2022, 2785). Eine Sonderstellung konnte nach der früheren Rechtsprechung des BSG der Geschäftsführer in einer Familiengesellschaft einnehmen (zur früheren Rechtsprechung vgl. *BSG* GmbHR 2000, 620). Diese Rechtsprechung hat das BSG aufgegeben (*BSG* v. 14.3.2018 – B 12 KR 13/17 R; vgl. *Lau* NZS 2019, 452).

176 Bei einer **Minderheitsbeteiligung** ist grds. die Arbeitnehmereigenschaft zu bejahen (*BSG* GmbHR 1993, 355; krit. *Altmeppen* NJW 2022, 2785). Etwas anderes soll allenfalls gelten, wenn der Geschäftsführer über eine Sperrminorität verfügt und damit ihm nicht genehme Entscheidungen der Gesellschafter verhindern kann (*BSG* GmbHR 1998, 1127; einschränkend: *BSG* v. 29.7.2015 – B 12 KR 23/13 R; *BSG* v. 1.2.2022 – B 12 R 19/19 R; *BSG* v. 1.2.2022 – B 12 KR 37/19 R; *BSG* v. 1.2.2022 – B 12 R 20/19 R; dazu *Burkert-Vavilova* GWR 2023, 65; *Lau* NZS 2019, 452; *Fabritius/Markgraf* NZS 2016, 808; 810 f.; *Altmeppen* § 6 Rz. 129; *Altmeppen* NJW 2022, 2785).

177 Versicherungspflicht besteht grds. nicht, wenn der Geschäftsführer als **Mehrheitsgesellschafter** (mehr als 50 v. 100) nicht den Weisungen der übrigen Gesellschafter unterliegt, aber auch bei Beteiligung von 50 v. 100 scheidet eine Abhängigkeit aus, da die übrigen 50 v. 100 keinen Weisungsbeschluss fassen können (*BSG* GmbHR 1995, 584; GmbHR 1997, 697; GmbHR 2000, 1127; *BSG* v. 14.3.2018 – B 12 KR 13/17 R, NZS 2018, 778, 780; *Schlegel* NZA 2021, 310; *Lau* NZS 2019, 452). Entscheidend ist, ob der Geschäftsführer im Wesentlichen seine Tätigkeit frei gestalten kann (*BSG* GmbHR 1987, 352; vgl. *Lau* NZS 2019, 452, 455). Die Höhe der Beteiligung ist dann nicht entscheidend, wenn der Gesellschafter-Geschäftsführer an der uneingeschränkten Ausübung der ihm zustehenden Rechte auf Grund der tatsächlichen Gestaltung der gesellschaftsrechtlichen Beziehungen gehindert ist (*BSG* GmbHR 1989, 32;

GmbHR 1995, 584; GmbHR 1997, 697), z.B. bei Erteilung einer unwiderruflichen Stimmrechtsvollmacht (*BSG* GmbHR 1995, 584) oder bei Treuhandstellung (*BSG* GmbHR 1995, 584; 1997, 698; i.Ü. *Lau* NZS 2019, 452, 454).

Werden Beiträge entrichtet, obwohl Versicherungspflicht nicht besteht, wird ein **178** Anspruch nicht erworben (*BSG* GmbHR 1987, 351; *Altmeppen* § 6 Rz. 131). Anders kann es sein, wenn über Jahre hinweg Pflichtbeiträge entgegengenommen werden, ohne auf die bestehende Rechtslage hinzuweisen (*LSG Niedersachsen* GmbHR 1987, 353: **venire contra factum proprium**).

Durch das Urteil des BSG (v. 24.11.2005, GmbHR 2006, 367) wurde der Allein- **179** Gesellschafter Geschäftsführer einer GmbH, der selber keine versicherungspflichtigen Arbeitnehmer beschäftigt, als arbeitnehmerähnlicher Selbstständiger nach § 2 S. 1 Nr. 9b SGB VI eingestuft und der Rentenversicherungspflicht unterworfen (die anderen Sozialversicherungspflichten, z.B. Krankenversicherung, werden von der Entscheidung nicht betroffen.). Nach heftigen Protesten (der betroffenen Kreise) hat der Gesetzgeber durch eine entspr. Änderung des § 2 S. 1 Nr. 9b SGB VI und des S. 4 Nr. 2 SGB VI durch das Haushaltbegleitgesetz 2006 (BGBl. I 2006, S. 1402) das Urteil des BSG wieder zur Makulatur gemacht.

c) Ansprüche des Geschäftsführers. Ist der Geschäftsführer als Arbeitnehmer einzu- **180** stufen (er zahlt Beiträge an den Sozialversicherungsträger), hat er auch Ansprüche auf Sozialleistungen: Anspruch auf Arbeitslosenversicherungs-Anspruch auf Kurzarbeitsgeld (vgl. *SG Kassel* DB 2006, 1567; vgl. auch *Rück* GmbHR 2007, 1101) – Mutterschaftsgeld (vgl. *BSG* v. 16.2.2005, n.v. zit. nach *Rück* GmbHR 2007, 1101; Anm. 21). Zum Anspruch auf Insolvenzgeld vgl. Rz. 223.

10. Beendigung des Anstellungsverhältnisses. – a) Allgemeines – Zuständigkeit. Der **181** Widerruf der Bestellung zum Geschäftsführer (§ 38) lässt den Anstellungsvertrag grds. unberührt (*BGHZ* 78, 38; *BGH* GmbHR 1978, 85; *BGH* NJW 2011, 920; *Noack* § 38 Rz. 95). Geschäftsführerbestellung und Anstellungsvertrag können jedoch miteinander verbunden werden (z.B. durch eine auflösende Bedingung, *BGH* v. 24.10.2005 – II ZR 55/04 = NZG 2006, 63; *BGH* GmbHR 1990, 346; vgl. bereits *BGH* GmbHR 1989, 416 für den Vorstand einer AG; *Noack* § 38 Rz. 96 m.w.N.).

Das Anstellungsverhältnis wird beendet: (1) durch Zeitablauf, wenn der Vertrag für **182** eine bestimmte Zeit geschlossen worden ist (eine Kündigung ist für diese Zeit i.d.R. ausgeschlossen; (2) durch Aufhebung im Einvernehmen beider Parteien (vgl. *BGHZ* 78, 82; *OLG Hamm* GmbHR 1991, 466); (3) durch Eintritt einer auflösenden Bedingung. Ist die auflösende Bedingung die Abberufung als Geschäftsführer, tritt die Beendigung des Anstellungsvertrags, wenn nicht zugleich ein wichtiger Grund gegeben ist, erst mit Ablauf der Frist des § 622 Abs. 2 S. 2 BGB ein (vgl. *BGH* GmbHR 1989, 416; vgl. auch *BGH* GmbHR 1990, 345); (4) durch ordentliche oder außerordentliche Kündigung (vgl. Rz. 188 ff.); (5) durch den Tod des Geschäftsführers (die Geschäftsführerstellung ist nicht vererblich); (6) durch Übernahme der Gesellschaft (str. *Pröpper* GmbH-StB 2007, 222; vgl. *BAG* GmbHR 2003, 707; dazu MHLS/*Lenz* § 35 Rz. 122).

Das Anstellungsverhältnis wird nicht beendet: (1) durch Abberufung als Geschäftsfüh- **183** rer (vgl. § 38 Rz. 43; *OLG Rostock* OLG-NL 2005, 58); (2) durch Amtsniederlegung (vgl. *BGHZ* 78, 82; *BGH* GmbHR 1978, 85; *Lohr* RnotZ 2002, 164 ff.); (3) durch Auflösung der Gesellschaft bzw. durch deren Erlöschen (z.B. bei Verschmelzung, vgl. *BAG GmbHR* 2003, 767). Bei formwechselnder Umwandlung in eine GmbH & Co KG mutiert das Anstellungsverhältnis des Geschäftsführers nicht in ein dem Kündigungsschutz unterliegendes Arbeitsverhältnis (*BGB GmbH* 2007, 172); (4) durch Eröffnung des Insolvenzverfahrens über das Vermögen der Gesellschaft. Der Geschäftsführer vertritt die GmbH als Schuldnerin (Rowedder/Pentz/*Schneider/M. Schmidt-Leithoff* Anh. I § 60 Rz. 261–267); (5) durch Wegfall der Geschäftsgrundlage. I.d.R. besteht nur ein Kündigungsgrund (vgl. *MüKo GmbHG/Jaeger/Steinbrück* § 35 Rz. 421 f.).

184   § 613a BGB (Übergang von Arbeitsverhältnissen bei Betriebsübergang) findet auf den Anstellungsvertrag des Geschäftsführers auch keine entspr. Anwendung (*BAG GmbHR* 2003, 767; *OLG Celle GmbHR* 1978, 208; *OLG Hamm GmbHR* 2001, 466; weitgehende Zustimmung im Schrifttum; anders – natürlich – im Fall eines Arbeitsvertrags, vgl. *BAG* v. 20.7.2023 – 6 AZR 228/22).

185   Es ist jeweils gesondert zu prüfen, ob die Gründe für die Abberufung als Geschäftsführer auch die Beendigung des Dienstverhältnisses rechtfertigen (vgl. *BGH GmbHR* 1990, 345).

186   Die Auflösung des Anstellungsvertrags fällt grds. in die Zuständigkeit der Gesellschafterversammlung (*BGHZ* 78, 39; *BGH GmbHR* 1991, 363; *MüKo GmbHG/Jaeger/ Steinbrück* § 35 Rz. 439). Grundsätzlich gilt, dass das gleiche Organ für die Kündigung zuständig ist, das auch für den Abschluss des Anstellungsvertrags zuständig ist (*MüKo GmbHG/Jaeger/Steinbrück* § 35 Rz. 439; *Noack* § 46 Rz. 36; zur Kündigung des Anstellungsvertrags bei GmbH & Co. KG vgl. *Werner* NZG 2022, 441).

187   Ist das Anstellungsverhältnis in ein gewöhnliches Arbeitsverhältnis umgewandelt worden und wird dieses gekündigt, sind die Geschäftsführer zuständig (vgl. *BGH* WM 1984, 533; *Noack* § 46 Rz. 38). Eine abw. Regelung in der Satzung ist zulässig (vgl. auch *BGHZ* 91, 219).

188   Bei Kündigung durch die Gesellschaft wird diese durch die Gesellschafter vertreten, die sich jedoch eines Bevollmächtigten (Gesellschafter, Geschäftsführer) bedienen können (*BGH* WM 1968, 570; *Noack* § 46 Rz. 40).

189   Der bei Auflösung des Anstellungsvertrags zu zahlende Abfindungsbetrag kann im Wege des Urkundenprozesses geltend gemacht werden, soweit sämtliche zur Begründung des Anspruchs erforderliche Tatsachen durch Urkunden bewiesen werden (str. *LG München GmbHR* 2007, 45; a.A. *OLG Düsseldorf GmbHR* 2005, 991).

190   **b) Kündigung des Anstellungsvertrags. – aa) Ordentliche Kündigung. – (1) Kündigungsfrist.** Eine ordentliche Kündigung ist zulässig, soweit die Dauer des Anstellungsverhältnisses nicht bestimmt ist (§ 620 Abs. 2 BGB). Mit Rücksicht auf seine Vertrauensstellung als organschaftlicher Vertreter der Gesellschaft mit Unternehmerfunktion bedarf die Kündigung keines sie rechtfertigenden Grundes. Sie ist auch dann wirksam, wenn sie sich auf keinen anderen Grund als den Willen des kündigungsberechtigten Organs stützen kann (*BGH* NZG 2004, 91; vgl. auch *OLG Schleswig GmbHR* 2004, 1583). Auf die Motive für die Kündigung kommt es nicht an; erforderlich ist nur die Einhaltung der formellen Voraussetzungen für die Kündigung. Im Anstellungsvertrag kann innerhalb der Grenzen des § 621 BGB die Kündigungsfrist vereinbart werden. Im Allgemeinen wird es sich um eine Verlängerung handeln. Zu den Kündigungsfristen vgl. unten Rz. 192.

(2) Kündigungsschutz / Kündigungsfristen. Der beherrschende Gesellschafter bedarf **191** als Geschäftsführer keines besonderen arbeitsrechtlichen Kündigungsschutzes (*BGH* GmbHR 1987, 263; *OLG Hamm* GmbHR 1992, 379). Das ist unter dem Gesichtspunkt, dass sich der Geschäftsführer als Unternehmer betätigt, gerechtfertigt. Ein besonderes Bedürfnis für den Kündigungsschutz käme ohnehin nur in der Insolvenz zum Tragen und ginge dann allein zu Lasten der Gesellschaftsgläubiger.

Kündigungsschutz nach KSchG gilt auch nicht für den nichtbeherrschenden **192** Geschäftsführer (vgl. § 14 Abs. 1 Nr. 1 KSchG), auch nicht, wenn im Einzelfall Arbeitsverhältnis vorliegt oder ein Arbeitnehmer zum Geschäftsführer bestellt wird (st. Rspr., vgl. *BAG* NJW 2020, 2824, Rz. 16 m.w.N.; in Ausnahmefällen gelangt die Rechtsprechung zur singulären Anwendung des KSchG, dazu krit. *Altmeppen* § 6 Rz. 84 f.).

Kündigungsfristen: BGH wendet auf den beherrschenden Gesellschafter-Geschäftsführer die (kürzere) Frist des § 621 BGB an, hingegen auf den Fremdgeschäftsführer und den nicht maßgeblich beteiligten Gesellschaftergeschäftsführer (§ 622 BGB analog: *BGH* NJW 1981, 1270; NJW 1984, 2528; NJW 1987, 2073; *OLG München* WM 1984, 896; *OLG Düsseldorf* NZG 2000, 1044; **a.A.** *BAG* NJW 2020, 2824; ausf. *Zaumseil* NZA 2020, 1448; der Ansicht des BGH folgend: *Noack* § 38 Rz. 137; MüKo GmbHG/Jaeger/*Steinbrück* § 35 Rz. 434 ff.; dem BAG folgend: *Altmeppen* NJW 2022, 2785; ders. § 6 Rz. 134–139; *Uffmann* NJW 2020, 3210).

In Einzelheiten ist vieles streitig.

Ist ein Arbeitnehmer zum Geschäftsführer aufgestiegen und vereinbaren sie nach **193** Beendigung des Anstellungsvertrags eine Weiterbeschäftigung ohne wesentliche Änderung seiner Aufgaben, wird die Zeit der Beschäftigung als Geschäftsführer auf das neu begründete Arbeitsverhältnis angerechnet; eine solche Anrechnung ist als **vereinbart** anzunehmen (*BAG* GmbHR 2006, 595); sie bedarf jedoch eines sachlichen Grundes (*BAG* DB 2006, 110; zust. *Haase* GmbHR 2006, 597; eingehend *Zaumseil* NZA 2020, 1448).

Das Schwerbehindertengesetz findet keine Anwendung (*BGH* NJW 1978, 1435; *OLG* **194** *Hamm* GmbHR 1987, 308; MüKo GmbHG/Jaeger/*Steinbrück* § 35 Rz. 300).

Ist der Anstellungsvertrag auf die Lebensdauer des Geschäftsführers, auf das Beste- **195** hen der Gesellschaft oder für längere Zeit als fünf Jahre abgeschlossen, kann (nur) der Geschäftsführer nach Ablauf von fünf Jahren ordentlich kündigen (§ 624 S 1 BGB; *Noack* § 38 Rz. 144; MHLS/*Tebben/Kämper* § 6 Rz. 216). § 624 BGB findet keine Anwendung, wenn die Geschäftsführung als statutarische Nebenpflicht übernommen wurde (Gottwald/Haas/Haas/Kolmann/*Kurz* § 90 Rz. 380).

Ob eine Kündigung vor Dienstantritt zulässig ist, ist zunächst nach der getroffenen **196** Vereinbarung zu entscheiden (Vertragsauslegung, vgl. hierzu *BGH* DStR 1998, 861 m. Anm. *Goette*; bejahend MHLS/*Tebben/Kämper* § 6 Rz. 217). Im Zweifel ist die Kündigung nicht zulässig (vgl. *OLG Hamm* GmbHR 1985, 155; *Noack* § 38 Rz. 139).

bb) Außerordentliche Kündigung. Das Dienstverhältnis kann von jedem Vertragsteil **197** (zur Kündigung durch den Geschäftsführer vgl. *BGH* NZG 2000, 207) aus wichtigem Grund ohne Einhaltung einer Kündigungsfrist gekündigt werden, wenn Tatsachen vorliegen, auf Grund derer dem Kündigenden unter Berücksichtigung aller Umstände des Einzelfalls und unter Abwägung der Interessen beider Vertragsteile die Fortsetzung des Dienstverhältnisses bis zum Ablauf der Kündigungsfrist oder bis zur vereinbarten Beendigung des Dienstverhältnisses nicht zugemutet werden kann (§ 626 Abs. 1 BGB), z.B. ein Kompetenzverstoß (vgl. *BGH* NJW-RR 2017, 808, Rz. 10 ff.). Das Vorliegen des wichtigen Grunds hat wie stets derjenige darzulegen und zu beweisen, der sich darauf beruft (*BGH* NZG 2009, 1158, Rz. 35; *BGH* NJW-RR 2017, 808, Rz. 17). Eine vorhergehende Abmahnung ist (regelmäßig) nicht erforderlich (St. Rspr. *BGH* GmbHR 2000, 431; *BGH* GmbHR 2001, 1159; *BGH* GmbHR 2007, 936; zust. *Noack* § 38 Rz. 114; *Altmeppen* § 6 Rz. 148; MüKo GmbHG/*Jaeger/Steinbrück* § 35 Rz. 452; abl. *Teigelkötter* GmbHR 2001, 1161; *Horstmeier* GmbHR 2006, 400; differenzierend *Schneider* GmbHR 2003, 1; *Koch* ZIP 2005, 1621). Ob die in § 314 BGB ausgesprochene Notwendigkeit einer Abmahnung bei Dauerschuldverhältnissen auch für Geschäftsführer-Anstellungsverträge gilt (vgl. hierzu *Haase* GmbHR 2007, 824), ist umstritten, aber wohl zu verneinen (vgl. auch *OLG Hamm* GmbHR 2007, 823, das auf diese Frage nicht eingeht, obwohl Veranlassung hierzu bestanden hätte; vgl. auch *Winzer* GmbHR 2007, 1190: grds. Abmahnung erforderlich). Maßgebend ist nicht die subjektive Beurteilung des Kündigenden, sondern die **Sicht eines verständigen Betrachters** (*Noack* § 38 Rz. 110). Der „wichtige Grund" ist ein unbestimmter Rechtsbegriff, dessen Rechtsanwendung durch das Revisionsgericht nur beschränkt nachprüfbar ist. Dem Tatsachengericht steht ein Beurteilungsspielraum zu. Der Begriff ist richtig angewandt, wenn geprüft ist, ob ein bestimmter Sachverhalt ohne die besonderen Umstände des Einzelfalls geeignet ist, einen wichtigen Grund zu bilden. Bei der erforderlichen Interessenabwägung müssen alle vernünftigerweise in Betracht kommenden Umstände des Einzelfalls darauf abgewogen werden, ob es dem Kündigenden zumutbar ist, das Dienstverhältnis bis zum Ablauf der Frist für die ordentliche Kündigung fortzusetzen (*BAG* GmbHR 2003, 108). Ein Ermessensfehler der Tatsacheninstanz liegt insb. vor, wenn es wesentliche Tatsachen außer Acht lässt oder nicht vollständig gewürdigt hat (*BGH* GmbHR 1992, 301; *BAG* GmbHR 2003, 108; *BGH* GmbHR 2008, 256).

198 **(1) Vorliegen eines wichtigen Grundes.** Ein wichtiger Grund i.S.d. § 38 Abs. 2 ist nicht notwendigerweise ein wichtiger Grund nach § 626 Abs. 1 BGB (vgl. *BGH* GmbHR 1978, 85; *Noack* § 38 Rz. 110*)*. Der wichtige Grund kann sowohl in der Person des Geschäftsführers als auch bei der Gesellschaft zu suchen sein. Der wichtige Grund erfordert kein pflichtwidriges oder gar schuldhaftes Verhalten des Geschäftsführers oder der Gesellschaft. Ein wichtiger Grund kann z.B. der Wegfall der Geschäftsfähigkeit oder eine unheilbare Krankheit sein, die die Arbeitsunfähigkeit zur Folge hat.

199 Der Gesellschaftsvertrag kann das Kündigungsrecht nicht erschweren. Eine Vereinbarung, bei außerordentlicher Kündigung eine Abfindung zu zahlen, ist nichtig (§ 134 BGB), da dies eine unzumutbare Erschwerung des außerordentlichen Kündigungsrechts i.S.d. § 626 Abs. 1 BGB führt (*BGH* GmbHR 2000, 677 mit zust. Anm. von *Haase* GmbHR 2000, 877). Die Satzung kann bestimmen, welche Umstände als wichtiger Grund gelten. Eine willkürliche Festlegung ist jedoch nicht wirksam. In erster Linie wird es sich um Umstände handeln, die die besonderen Belange der Gesellschaft betreffen (z.B. Geheimhaltung). Holt der Geschäftsführer satzungswidrig die Zustimmung der Gesellschafterversammlung zu einer Beteiligungsvereinbarung nicht ein, kann ein wichtiger Grund zur fristlosen Kündigung fehlen, wenn besondere Umstände den Verstoß gegen die innergesellschaftliche Kompetenzordnung in einem „milderen" Licht erscheinen lassen (*BGH* GmbHR 2008, 487).

M. Schmitt

Als wichtige Gründe können in Betracht kommen:

(1) Auf Seiten des Geschäftsführers: i.d.R. der Widerruf der Geschäftsführerbestel- **200**
lung (*Noack* § 38 Rz. 120), (diskriminierende) Einschränkung der Geschäftsführungsbefugnis (vgl. *OLG Frankfurt* GmbHR 1993, 288) oder der Vertretungsmacht (*OLG
Frankfurt a.M.* v. 17.12.1992 – 26 U 54/92; *OLG Karlsruhe* v. 23.3. 2011 – 7 U 81/10),
Zuweisung eines unzumutbaren Aufgabenbereichs, Zumutung gesetzwidriger Handlungen (*BGH* v. 9.2.1978 – II ZR 189/76), haltlose Vorwürfe (in kränkender Form)
durch Gesellschafter oder Geschäftsführer (vgl. *BGH* GmbHR 1992, 301), Vorenthal-
tung eines nicht unerheblichen Teil des Gehalts (*BGH* GmbHR 1988, 100), unterbliebene Bestellung zum Geschäftsführer (eines bisherigen Angestellten, *BAG* GmbHR
2003, 107), Gesundheitsgefährdung durch die Tätigkeit (vgl. GmbH-StB 2003, 43).

(2) Auf Seiten der Gesellschaft: als Kündigungsgründe erkennt die Rechtsprechung **201**
zum einen schwerwiegende Pflichtverletzungen des Geschäftsführers, insbesondere im
Bereich seiner organschaftlichen Pflichten, an, zum anderen gravierende, oft strafrechtlich relevante Verletzungen seiner Treuepflicht gegenüber der Gesellschaft, z.B.:

Erhebliche oder wiederholte Pflichtverletzungen (z.B. Annahme von Schmiergeldern,
vgl. *BAG* NJW 1973, 533; unberechtigte Verwendung von Material oder Arbeitskraft für
privaten Hausbau (*BGH* DStR 1997, 1338), unberechtigte Verwendung der Firmenkre-
ditkarte für private Aufwendungen, ohne diese Beträge zeitnah zu erstatten (*OLG Brandenburg* GmbHR 2007, 875); Verletzung der Vertraulichkeit (vgl. *OLG Hamm* GmbHR
1985, 157), Unfähigkeit (*OLG Düsseldorf* BB 1986, 567), Widersetzlichkeit gegen Weisungen der Gesellschafter (*BGH* DStR 1995, 695; *OLG Düsseldorf* ZIP 1984, 1476), Verletzung der Pflicht zur Überwachung der wirtschaftlichen Entwicklung (*BGH* GmbHR
1995, 300), Verweigerung von Auskünften ggü. Gesellschaftern (*OLG Frankfurt* DB
1993, 2324; vgl. auch *OLG München* DB 1994, 828), Krankheit des Geschäftsführers, die
eine ordnungsgemäße Geschäftsführung unmöglich macht, Fälschung von Buchungsun-
terlagen (*OLG Hamm* GmbHR 1985, 119), Verstöße gegen Wettbewerbsverbot (vgl.
BGH DStR 1995, 695; *OLG Karlsruhe* GmbHR 1988, 484), Disharmonie zwischen den
Geschäftsführern (*BGH* DStR 1995, 695; *OLG Koblenz* ZIP 1986, 1120), Verletzung der
Berichtspflicht ggü. den Gesellschaftern, Betriebseinstellung wegen wirtschaftlichen Nie-
dergangs (unter Einhaltung einer angemessenen Kündigungsfrist, *BGH* WM 1975, 761;
BGH GmbHR 2003, 35), sexuelle Belästigung von Mitarbeiterinnen (*OLG Frankfurt*
GmbHR 2009, 488; *Haase* GmbHR 2007, 823) oder Nichteinschreiten gegen sexuelle
Belästigungen von Mitarbeiterinnen durch andere Betriebsangehörige oder Geschäfts-
führer (*OLG Hamm* GmbHR 2007, 823), unberechtigte Amtsniederlegung (*OLG Celle*
GmbHR 2004, 425).

Eine außerordentliche Kündigung kann bereits bei Verdacht einer schweren Pflicht- **202**
verletzung gegeben sein. Voraussetzung für eine Verdachtskündigung ist, dass der
nicht sofort auszuräumende Verdacht einer schweren Pflichtverletzung, insb. der Verdacht strafbaren Verhaltens, besteht und allein schon durch den bloßen Verdacht das
Vertrauensverhältnis zum Geschäftsführer nachhaltig erschüttert ist und deshalb eine
Fortsetzung des Angestelltenverhältnisses nicht mehr zumutbar ist. Zum Verdacht
müssen objektive Anhaltspunkte vorhanden sein, die eine erhebliche Wahrscheinlichkeit begründen; denn der Geschäftsführer darf nicht durch haltlose Verdächtigungen
der willkürlichen Beendigung des Anstellungsvertrags ausgesetzt werden (*OLG Celle*
NZG 2003, 820). Von einer Verdachtskündigung darf im Prozess zu einer Tatkündi-

gung übergegangen werden (*BAG* NJW 2002, 3651). Vor einer Verdachtskündigung muss dem Geschäftsführer Gelegenheit zu einer Stellungnahme gegeben werden (*BAG* NZA 2005, 1085; *Noack* § 38 Rz. 114; MüKo GmbHG/*Jaeger*/*Steinbrück* § 35 Rz. 450). Für eine Verdachtskündigung trägt die GmbH die Darlegungs- und Beweislast. Hat sie Strafantrag gestellt, kann sie das Ergebnis der Ermittlungen der Staatsanwaltschaft abwarten; dann erst beginnt die Frist des § 626 Abs. 2 BGB zu laufen (*OLG Celle* NZG 2003, 820).

203 Die Kündigung ist innerhalb von zwei Wochen seit Kenntnis vom wichtigen Grund (§ 626 Abs. 2 BGB: **Kündigungserklärungsfrist**) auszusprechen (st. Rspr. vgl. *BGH* v. 9.4.2013 – II ZR 273/11, Rz. 11; *BGH* NJW-RR 2002, 173; *BGHZ* 139, 89; *BGH* NJW 1980, 2411; zur Problematik der Anwendbarkeit des § 626 BGB vgl. MüKo GmbHG/*Jaeger*/*Steinbrück* § 35 Rz. 453 ff.).

204 Die Zweiwochenfrist ist eine Ausschlussfrist; eine außerhalb der Frist erklärte Kündigung ist unwirksam (MüKo GmbHG/*Jaeger*/*Steinbrück* § 35 Rz. 453). Für die Kenntnis – auf das Kennenmüssen kommt es nicht an (ErfK/*Niemann* § 626 BGB Rz. 209) – ist die Kenntnis des zur Kündigung zuständigen Organs (im Regelfall also der Gesellschafterversammlung), nicht der Gesellschaft erforderlich (*BGH* NJW 2013, 2425 Rz. 11; *BGH* NJW-RR 2002, 173; *BGHZ* 139, 89; *BGH* WM 1992, 2142; *Noack* § 38 Rz. 123; *Altmeppen* § 6 Rz. 158).

205 Ist vereinbart, dass die Kündigungserklärung durch „Zustellung" bekannt zu geben ist, so ist damit nicht die förmliche Zustellung nach §§ 166 ff. ZPO zu verstehen, sondern entsprechend dem allgemeinen Sprachgebrauch die einfache Übergabe bzw. der Zugang schlechthin (*KG* NZG 2000, 425; *Noack* § 38 Rz. 131).

206 Für den Fristbeginn nach § 626 Abs. 2 BGB ist ausschlaggebend, wann der Kündigungsberechtigte (also die Gesellschafter bzw. die Gesellschafterversammlung, also des zur Entscheidung berufenen und bereiten Gremiums der Gesellschaft, vgl. *BGH* GmbHR 1998, 827 und GmbHR 2001, 1159) von den für die Kündigung maßgebenden Tatsachen Kenntnis erlangt hat (vgl. *BGH* GmbHR 1997, 998). Entscheidend ist die **Kenntnis der Organmitglieder in ihrer Gesamtheit als Mitwirkende an der kollektiven Willensbildung** (*BGH* v. 9.4.2013 – II ZR 273/11, Rz. 11; *BGH* NJW-RR 2002, 173; *BGHZ* 139, 89; *BGH* WM 1992, 2142; *Noack* § 38 Rz. 123). Kenntnis der Gesellschafter als kollektives Beratungs- und Beschlussorgan liegt daher erst dann vor, wenn der für die Tatsachenkenntnis maßgebliche Sachverhalt hinsichtlich der Entlassung des Geschäftsführers einer Gesellschafterversammlung (§ 48 Abs. 1 GmbHR) unterbreitet wird. § 626 Abs. 2 BGB beruht auf dem Gedanken, dass der Berechtigte aus seiner Kenntnis die seiner Ansicht nach gebotenen Konsequenzen ziehen kann. Hierzu seien die Gesellschafter, selbst wenn sämtliche Gesellschafter als einzelne Gesellschafter außerhalb der Gesellschafterversammlung Kenntnis erlangt hätten, nicht ohne Zusammentritt als Kollegialorgan in der Lage (*BGH* NJW 1998, 3274 unter Aufgabe der bisherigen Rechtsprechung, wonach die Frist für die Kündigung spätestens mit der Kenntnis aller Gesellschafter beginne, sofern die Gesellschafterversammlung innerhalb der Zweiwochenfrist zusammen treten, wirksam beschließen und die Kündigung dem Geschäftsführer zugehen lassen kann, vgl. *BGH* WM 1976, 380; GmbHR 1981, 157; GmbHR 1997, 998). Werden sämtliche Geschäftsanteile der den Geschäftsführer anstellenden GmbH von einer juristischen Person gehalten, kommt es für den Beginn der Frist darauf an, wann das für die Kündigung vertretungsberechtigte Organ dieser juristischen Person die maßgebliche Kenntnis erhielt (*OLG Düsseldorf* GmbHR 2003, 1133). Wenn die Zustimmung eines Dritten erforderlich ist, soll die zweiwöchige Erklärungsfrist erst nach Eingang der Zustimmung zu laufen beginnen. Die Kündigungsmöglichkeit kann allerdings verwirkt sein, wenn sich der Kündigungsberechtigte nach Kenntniserlangung nicht unverzüglich um die Zustimmung bemüht (*BGH* v. 9.4.2013 – II ZR 273/11, Rz. 26; *Noack* § 38 Rz. 123).

Bei unangemessener Verzögerung der Einberufung der Gesellschafterversammlung **207** nach Kenntniserlangung von dem Kündigungssachverhalt muss sich die Gesellschafterversammlung so behandeln lassen, als wäre die Gesellschafterversammlung mit der billigerweise zumutbaren Beschleunigung einberufen worden. Den Sinn für diese Beurteilung sieht der BGH darin, dass auf diese Weise der Gesellschafterversammlung die Ausschlussfrist in vollem Umfange erhalten bleibe und nicht vorweg ganz oder tlw. durch die Zeit aufgezehrt werde, die die Einberufung der Gesellschafterversammlung erfordere. Im Schrifttum hat die Entscheidung weitgehend Zustimmung gefunden (vgl. *Noack* § 38 Rz. 123 f.; *Goette* DStR 1998 1101; *Stein* ZGR 1999, 264; *Riegger* BB 1998, 1810; a.A. *Slabschi* ZIP 1999, 391). Zur Wahrung der Frist bei sog. Verdachtskündigung, wenn kein Strafantrag gestellt wird (vgl. *OLG Celle* NZG 2003, 820).

cc) Koppelung von Geschäftsführerstellung und Anstellungsvertrag. Da Organver- **208** hältnis und Dienstverhältnis selbstständige Rechtsverhältnisse sind (sog. **Trennungstheorie**; st. Rspr. *BGH* NJW 1984, 733; *BGH* NJW 2011, 920; *BGH* NJW 2010, 2343; *BGH* NJW 1981, 757; *BAG* NJW 1999, 3096; MüKo GmbHG/*Jaeger/Steinbrück* § 35 Rz. 254, 255; *Noack* § 38 Rz. 95), bedeutet die Beendigung des einen Rechtsverhältnisses nicht zugleich die Beendigung des anderen Rechtsverhältnisses. Die Abberufung als Geschäftsführer, die keiner Begründung bedarf (§ 38 Abs. 1), lässt das Dienstverhältnis grds. unberührt. Eine Verknüpfung der beiden Rechtsverhältnisse in einer Weise, dass die Beendigung des einen Rechtsverhältnisses auch die Beendigung des anderen zur Folge haben soll, ist zulässig (allg.A.; zu den sog. **Kopplungsverträgen**: *Werner* NZA 2015, 1234; *von Westphalen* NZG 2020, 321; *Koehler* NZG 2019, 1406; *Holthausen* NZG 2022, 731). Im Allgemeinen wird es sich um die Abberufung als Geschäftsführer handeln, die auch die Auflösung des Dienstverhältnisses zur Folge haben soll. Dem umgekehrten Fall, dass die Kündigung des Dienstverhältnisses auch die Abberufung als Geschäftsführer bedeuten soll, kommt wegen der freien Abberufbarkeit von der Organstellung nach § 38 keine große praktische Bedeutung zu (vgl. auch *BGHZ* 79, 41 – in der Kündigung des Dienstverhältnisses ist regelmäßig die Abberufung als Geschäftsführer zu sehen; vgl. Rowedder/Pentz/*Ganzer* § 46 Rz. 37).

Diese Koppelung, deren grds. Zulässigkeit im Prinzip unbestritten ist (vgl. *BGH* DStR **209** 1998, 861; *OLG Düsseldorf* NZG 2000, 209; *Koehler* NZG 2019, 1406; *Noack* § 6 Rz. 53) muss § 622 Abs. 5 BGB beachten (vgl. *BGHZ* 112, 115; *Koehler* NZG 2019, 1406, 1411). Sie kann als Bedingung ausgestaltet sein (mit der Abberufung als Geschäftsführer endet auch das Dienstverhältnis) oder nur ein Recht zur Kündigung (zum nächstmöglichen Zeitpunkt, *OLG Düsseldorf* NZG 2000, 209: die Beschlussfassung über die Abberufung ist zugleich Beschlussfassung über die Kündigung des Anstellungsvertrags) beinhalten (zur Auslegung solcher Regelungen vgl. auch *BGH* DStR 1998, 861).

dd) Umdeutung der außerordentlichen Kündigung in eine ordentliche. Eine außeror- **210** dentliche Kündigung ist nicht selten unwirksam, weil die vorgebrachten Gründe eine sofortige Lösung des Dienstverhältnisses nicht tragen (Bsp. nennt MüKo GmbHG/

Jaeger/Steinbrück § 35 Rz. 444). In diesem Falle erhebt sich die Frage, inwieweit eine Umdeutung in eine ordentliche Kündigung vorgenommen werden kann. Eine Umdeutung ist zulässig, wenn nach Sachlage anzunehmen ist, dass die ordentliche Kündigung dem Willen des Kündigenden entspricht und dieser Wille in der Erklärung für den Empfänger der Kündigung erkennbar zum Ausdruck kommt (vgl. *BGH* GmbHR 1985 256; GmbHR 1997, 1062 m. zust. Anm. *Goette* DStR 1997, 2037; *BAG* NJW 1988, 581; *KG* GmbHR 1999 818; *BGH* GmbHR 2000, 376; *Noack* § 38 Rz. 135).

211 Sollen im Prozess Gründe nachgeschoben werden, ist hierfür ein Gesellschafterbeschluss erforderlich (*BGH* v. 1.12.2003 – II ZR 161/02; *Noack* § 38 Rz. 127). Ein Nachschieben von Gründen, die in keinem sachlichen Zusammenhang mit dem ursprünglichen Grund steht, kann aber gegen Treu und Glauben verstoßen (*OLG Naumburg* GmbHR 2003, 38). Zur Beweislast vgl. *OLG Celle* GmbHR 2003, 775). I.Ü. ist die Nachschiebung von Gründen, die bei Anspruch der Kündigung bereits vorlagen, aber nicht bekannt waren, zulässig (*BGH* v. 1.12.2003 – II ZR 161/02; *OLG Hamm* GmbHR 2007, 823).

212 Feststellungsklage, dass Kündigung unwirksam ist, ist zulässig (*OLG Celle* GmbHR 2003, 775). Die Gründe für eine außerordentliche Kündigung hat der Kündigende darzulegen und zu beweisen. Mögliche Rechtfertigungsgründe für das gerügte Verhalten sind vom Geschäftsführer darzulegen; der Kündigende kann diese Gründe widerlegen (*BGH* NJW-RR 1995, 670; vgl. auch *BAG* NJW 1988, 438; MüKo GmbHG/*Jaeger/Steinbrück* § 35 Rz. 462 f.).

213 **c) Folgen der Beendigung des Dienstverhältnisses – Schadensersatzansprüche. – aa) Ansprüche und Verpflichtungen des Geschäftsführers.** Der Geschäftsführer kann die Ausstellung eines Zeugnisses, nicht aber seine Entlastung verlangen (*BGHZ* 94, 326; vgl. auch § 46 Rz. 61 ff.), wohl aber mit einer Feststellungsklage gegen die Gesellschaft mit dem Inhalt vorgehen, dass dieser keine Ersatzansprüche zustehen (*BGHZ* 94, 328). Ist die GmbH mit der Zahlung von Gehältern in Verzug, bestimmt sich der Umfang von Verzugszinsen nach dem Bruttobetrag, nicht nach Abzug von Steuern und Sozialversicherungsbeiträgen (*OLG München* GmbHR 1999, 184).

214 Der Geschäftsführer hat Rechnung zu legen und sämtliche Geschäftsunterlagen zurückzugeben. Ein Zurückbehaltungsrecht steht ihm nicht zu (*BGH* v. 22.6.2021 – II ZR 140/20 = NZG 2021, 1356).

215 Hat ein Gesellschafter-Geschäftsführer die Bürgschaft für die GmbH übernommen, so stellt die Aufgabe der Geschäftsführerstellung keinen Wegfall der Geschäftsgrundlage dar (*BGH* ZIP 1999, 877).

216 **bb) Schadensersatz.** Wird die Kündigung durch vertragswidriges Verhalten des anderen Teils veranlasst, so ist dieser zum Ersatz des durch die Auflösung des Dienstverhältnisses entstehenden Schadens verpflichtet (§ 628 Abs. 2 BGB). Die Bestimmung gilt sowohl dann, wenn ein Arbeitsverhältnis vorliegt als auch bei einem freien Dienstverhältnis (*BAG* GmbHR 2003, 108). Für die Anwendung des § 628 Abs. 2 BGB ist es gleichgültig, ob das Vertragsverhältnis durch fristlose Kündigung oder in anderer Weise beendet worden ist, sofern nur der Kündigungsempfänger durch vertragswidriges schuldhaftes Verhalten den Anlass für die Beendigung gegeben hat. Grund für den Anspruch des § 628 Abs. 2 BGB ist das Auflösungsverschulden und nicht der Formalakt der fristlosen Kündigung (*BGHZ* 44, 274; *BAG* GmbHR 2003, 108). Zum

Schadensersatz wird die Gesellschaft nicht verpflichtet, wenn sie von ihrem Recht auf Widerruf der Organstellung nach § 38 Abs. 1 Gebrauch macht; es liegt kein vertragswidriges Verhalten der Gesellschaft vor (*BGB* GmbHR 2003, 101, vgl. auch *OLG Karlsruhe* GmbHR 2003, 442).

Für das Verhalten eines anderen Geschäftsführers hat die Gesellschaft nach § 31 BGB einzustehen (*BGH* GmbHR 1992, 303). Wegen der Folgen für einen Pensionsanspruch vgl. Rz. 169 und für ein Wettbewerbsverbot vgl. Rz. 137.

Kündigt der Geschäftsführer, so steht ihm ein Schadenersatzanspruch nur zu, wenn **217** für die Kündigung ein wichtiger Grund gegeben war (Veranlassung der Kündigung durch die Gesellschaft). Vertragliche Ansprüche entfallen dann aber (*BGH* NJW 2012, 1656). Kritik an der Geschäftsführung berechtigt zum Schadensersatz nach § 628 Abs. 2 BGB nur, wenn sie ohne Grundlage oder maßlos überzogen oder grob beleidigend ist (*OLG Karlsruhe* GmbHR 2003, 772; vgl. auch *BAG* GmbHR 2003, 108).

11. Pfändungsschutz – Verfügungen (Abtretung) des Geschäftsführers über Gehalts- **218** **ansprüche.** Fremd- und Gesellschaftergeschäftsführer ohne wesentliche Beteiligung genießen **Pfändungsschutz nach** §§ 850 ff. ZPO, auch für Ruhegehaltsansprüche (*BGH* GmbHR 1978, 38; *BGH* v. 8.12.1977 – II ZR 219/75 = NJW 1978, 756 (AG); *BGH* v. 17.11.1997 – II ZR 367/96 = DStR 1998, 576 m. Anm.; *BGH* v. 16.11.2016 – VII ZB 52/ 15 = NJW-RR 2017, 161 f.). Nach überwiegender Meinung im Schrifttum gilt der Pfändungsschutz allg., also auch bei wesentlicher Beteiligung (MüKo GmbHG/*Jaeger*/ *Steinbrück* § 35 Rz. 350 m.w.N.). Zur Frage der Pfändbarkeit überhaupt vgl. Rz. 119.

Verfügungen über Ansprüche aus dem Dienstverhältnis (Abtretungen) verstoßen **219** nicht generell gegen den Schutzzweck des § 85 und sind daher **nicht generell nichtig** (*BGH* GmbHR 1996, 612; NZG 2000, 207; *OLG Köln* NZG 2000, 210; *Armbrüster* GmbHR 1997, 56). Es kann aber Fälle geben, in denen bei der Geltendmachung (z.B. wenn Anspruch von der GmbH bestr. Wird, z.B. bei Tantiemen) Geheimnisse i.S.d. § 85 offengelegt werden müssen (vgl. *BGH* v. 8.11.1999 – II ZR 7/98; MüKo GmbHG/ *Jaeger/Steinbrück* § 35 Rz. 349; stets abtretbar: *Altmeppen* § 6 Rz. 116).

12. Das Anstellungsverhältnis des Geschäftsführers in der Insolvenz der Gesellschaft. Das Dienstverhältnis mit dem Geschäftsführer wird von der Eröffnung des Insol- **220** venzverfahrens nicht berührt; es besteht (was an sich selbstverständlich ist) nach ausdrücklicher Vorschrift des § 108 Abs. 1 S. 1 InsO fort. Ein außerordentliches Kündigungsrecht wird durch die Eröffnung des Insolvenzverfahrens nicht begründet (*BAG* NJW 1969, 524). Ein aus anderen Gründen bestehendes außerordentliches Kündigungsrecht nach § 626 BGB bleibt bestehen (Altmeppen § 6 Rz. 142), aber weder Masseamut noch mangelnde Möglichkeit der Weiterbeschäftigung des Geschäftsführers stellen einen wichtigen Grund dar (*OLG Düsseldorf* NZG 2000, 1044). Ein Dienstverhältnis kann nach § 113 InsO – davon werden auch Anstellungsverträge mit dem Geschäftsführer erfasst (vgl. *BGH* v. 20.6.2005 – II ZR 18/03 = GmbHR 2005, 1049, 1051; *OLG Hamm* GmbHR 2001, 392) – vom Insolvenzverwalter und vom Geschäftsführer ohne Rücksicht auf eine getroffene Vereinbarung mit einer Frist von drei Monaten zum Monatsende gekündigt werden, soweit nicht eine kürzere Frist maßgeblich ist (§ 113S 1 InsO). Der Geschäftsführer kann bei einer Kündigung durch den Insolvenzverwalter Schadensersatz als Insolvenzgläubiger geltend machen (§ 113 S. 2 InsO).

M. Schmitt 399

221 Bei Insolvenzeröffnung rückständige Forderungen des Geschäftsführers sind (gewöhnliche) Insolvenzforderungen. Eine Geschäftsführervergütung, die auf die Zeit nach Eröffnung des Insolvenzverfahrens entfällt, stellt eine Masseschuld nach § 55 Abs. 1 Nr. 2 InsO dar (*OLG Rostock* v. 12.11.2003 – 6 U 44/02).

222 Die tlw. vertretene Ansicht (vgl. Rowedder/Pentz/*Belz* § 38 Rz. 84; *Noack* § 38 Rz. 143), dass der Insolvenzverwalter das Dienstverhältnis mit einem beherrschenden Gesellschafter-Geschäftsführer ohne Einhaltung einer Kündigungsfrist lösen könne, ist abzulehnen (gleiche A. *Altmeppen* § 6 Rz. 136; *BGHZ* 75, 211; *OLG Hamm* GmbHR 1992, 379; *OLG Düsseldorf* NZG 2000, 1044).

223 Anspruch auf Insolvenzgeld: Der Geschäftsführer ist Arbeitnehmer i.S.d. § 183 SGB III, wenn er nicht an der GmbH beteiligt ist bzw. zwar am Kapital beteiligt ist, er aber weder über die Mehrheit der Geschäftsanteile noch über eine Sperrminorität verfügt (*BGH* GmbHR 2003, 474; *BSG* GmbHR 1997, 696; *BSG* GmbHR 2007, 1324; *LSG Stuttgart* GmbHR 2006, 266; *LSG Baden-Württemberg* v. 19.7.2006 – L 7 AL 1433/05). Ihm steht daher ein Anspruch auf Insolvenzgeld zu. Ausnahmsweise ist die Arbeitereigenschaft des Geschäftsführers, der Minderheitsgesellschafter ist, zu verneinen, wenn er die Geschäftsführung mit weiteren Geschäftsführern ausübt, die sämtlich auch zugleich (Minder-)Gesellschafter sind. In diesem Falle fehle es an einer die Arbeitereigenschaft kennzeichnenden Weisungsgebundenheit (*LSG Stuttgart* GmbHR 2006, 266; *LSG Baden-Württemberg* v. 19.7.2006 – L 7 AL 1433/05; vgl. auch *Stück* GmbHR 2007, 1100).

224 Arbeitslosengeld: Dem Geschäftsführer steht ein Anspruch auf Arbeitslosengeld zu, wenn er nur Minderheitsgesellschafter ist und ihm auch keine Sperrminorität zusteht und wenn er bei seiner Tätigkeit der Kontrolle der Gesellschafter unterliegt und diese die Gesellschafterrechte tatsächlich ausüben (*BSG* GmbHR 2002, 324; *BSG* GmbHR 2004, 495).

225 Für den geschäftsführenden Alleingesellschafter ist ein Regelinsolvenzverfahren mit dem Ziel der Restschuldbefreiung zulässig (*LG Köln* GmbHR 2004, 1588).

226 **13. Rechtsweg.** Nach § 2 Abs. 1 Nr. 3 Buchst. b ArbGG sind die ArbG zuständig für bürgerlich-rechtliche Streitigkeiten zwischen Arbeitnehmer und Arbeitgeber über das Bestehen oder Nichtbestehen eines Arbeitsverhältnisses. Diese Zuständigkeit erstreckt sich nicht auf Geschäftsführer; denn nach § 5 Abs. 1 S. 3 ArbGG gelten der Gesellschafter-Geschäftsführer und Fremdgeschäftsführer nicht als Arbeitnehmer i.S.d. ArbGG, so dass für Streitigkeiten aus dem Dienstverhältnis die ordentlichen Gerichte zuständig sind (*BAG* GmbHR 1986, 263; GmbHR 1988, 180; *BGH* WM 1969, 686; *BAG* NJW 2003, 3290, 3291; *BAG* GmbHR 2011, 1200, 1202; *Noack* § 37 Rz. 103 f.; ausführlich *Boemke* RdA 2018, 1, 21 ff.; *Stagat* NZA 2015, 193; *Baumert* NZG 2018, 536). Das gilt auch für den Fall, dass der Geschäftsführer geltend macht, er sei wegen seiner eingeschränkten Zuständigkeit in Wirklichkeit Arbeitnehmer (*BAG* GmbHR 1999, 816; *LAG Schleswig-Holstein* GmbHR 2001, 1162). Die Zuständigkeit der ordentlichen Gerichte besteht auch für die Vor-GmbH (*BAG* GmbHR 1996, 681), die Komplementär-GmbH einer GmbH & Co KG (*OLG Hamm* NZA-RR 1998, 372; *ArbG Aachen* GmbHR 2002, 792; *OLG München* GmbHR 2003, 774) und für den Fall, dass der Anstellungsvertrag mit der Muttergesellschaft abgeschlossen worden ist. (*BAG* GmbHR 2003, 1208; *LAG Hamm* GmbHR 2004, 1588). Die ArbG sind zuständig, wenn nach Beendigung der Organstellung das Dienstverhältnis als

Arbeitsverhältnis fortgesetzt wird (*OLG Frankfurt* GmbHR 1999, 859). Die Zuständigkeit der ArbG bleibt auch für den Fall bestehen, dass der Arbeitnehmer nach Vermögenslosigkeit der GmbH seinen Anspruch im Wege der Durchgriffshaftung gegen die Gesellschafter geltend macht (*BAG* GmbHR 1997, 1061). Die gesellschaftsrechtliche Durchgriffshaftung wird als prozessuale Rechtsnachfolge i.S.d. § 3 ArbGG beurteilt (*BAGE* 53, 317; *BAG* GmbHR 1997, 1061). Wird bei einem Konzernrechtsverhältnis der Anstellungsvertrag für den Geschäftsführer einer Konzerntochter mit der Konzernmutter abgeschlossen, kann ein Arbeitsverhältnis gegeben sein (*OLG Frankfurt* GmbHR 1997, 1106).

Wird der Dienstvertrag vor der Organbestellung abgeschlossen (der Regelfall), kommt aber die Bestellung zum Geschäftsführer nicht zustande, bleibt die Zuständigkeit der ordentlichen Gerichte erhalten; das Dienstverhältnis wandelt sich nicht in ein Arbeitsverhältnis. Das gilt auch bei Vereinbarung einer Probezeit (st. Rspr. *BAG* v. 25.6.1997 – 5 AZB 41/96 = NZA 1997, 1363). Gleiches gilt bei Abberufung als Geschäftsführer (*BAG* v. 25.6.1997 – 5 AZB 41/96 = NZA 1997, 1363). **227**

Wird ein Angestellter zum Geschäftsführer bestellt, war nach früherer Rechtsprechung von einem Wiederaufleben des Arbeitsverhältnisses auszugehen, wenn die Organstellung beendet wird. Dies sollte nicht gelten, wenn der durch die Aufhebung des Arbeitsverhältnisses eintretende Verlust des gesetzlichen Kündigungsschutzes durch eine wesentlich höhere Vergütung aufgewogen wurde (*BAG* GmbHR 1986, 263; zweifelnd *BAG* GmbHR 1994, 243). **228**

Eine Änderung vollzog das BAG in seiner Entscheidung v. 8.6.2000 (GmbHR 2000, 1092). Danach wird das Arbeitsverhältnis mit dem leitenden Angestellten im Zweifel (auch bei nur geringer Anhebung der Geschäftsführerbezüge) aufgehoben, wenn er zum Geschäftsführer bestellt wird. Für Ansprüche aus dem wieder aufgelebten Arbeitsverhältnis waren die ArbG zuständig. Die Rechtslage hat sich ab 1.5.2000 grds. geändert: Eine konkludente Aufhebung des Arbeitsverhältnisses ist nicht mehr möglich, da § 623 BGB nunmehr hierfür Schriftform fordert. Ohne Beachtung der Form besteht das Arbeitsverhältnis fort (vgl. *Haase* GmbHR 2000, 1098).

Das ArbG prüft seine Zuständigkeit von Amts wegen. Ist die Zuständigkeit zu verneinen, wird die Klage nicht als unzulässig abgewiesen, sondern an das zuständige Gericht verwiesen (§ 48 Abs. 1 ArbGG i.V.m. § 17a Abs. 2 GVG). Die Zuständigkeit des Gerichts kann vorab festgestellt werden; auf Rüge einer Partei muss das Gericht über die Zuständigkeit vorab entscheiden (§ 48 Abs. 1 ArbGG i.V.m. § 17a Abs. 3 S. 2 GVG). **229**

§ 35a   Angaben auf Geschäftsbriefen

(1) ¹Auf allen Geschäftsbriefen gleichviel welcher Form, die an einen bestimmten Empfänger gerichtet werden, müssen die Rechtsform und der Sitz der Gesellschaft, das Registergericht des Sitzes der Gesellschaft und die Nummer, unter der die Gesellschaft in das Handelsregister eingetragen ist, sowie alle Geschäftsführer und, sofern die Gesellschaft einen Aufsichtsrat gebildet und dieser einen Vorsitzenden hat, der Vorsitzende des Aufsichtsrats mit dem Familiennamen und mindestens einem ausgeschriebenen Vornamen angegeben werden. ²Werden Angaben über das Kapital der Gesellschaft gemacht, so müssen in jedem Fall das Stammkapital sowie, wenn nicht alle in Geld zu leistenden Einlagen eingezahlt sind, der Gesamtbetrag der ausstehenden Einlagen angegeben werden.

(2) Der Angaben nach Absatz 1 Satz 1 bedarf es nicht bei Mitteilungen oder Berichten, die im Rahmen einer bestehenden Geschäftsverbindung ergehen und für die üblicherweise Vordrucke verwendet werden, in denen lediglich die im Einzelfall erforderlichen besonderen Angaben eingefügt zu werden brauchen.

(3) ¹Bestellscheine gelten als Geschäftsbriefe im Sinne des Abs. 1. ²Abs. 2 ist auf sie nicht anzuwenden.

(4) ¹Auf allen Geschäftsbriefen und Bestellscheinen, die von einer Zweigniederlassung einer Gesellschaft mit beschränkter Haftung mit Sitz im Ausland verwendet werden, müssen das Register, bei dem die Zweigniederlassung geführt wird, und die Nummer des Registereintrags angegeben werden; im Übrigen gelten die Vorschriften der Absätze 1 bis 3 für die Angaben bezüglich der Haupt- und der Zweigniederlassung, soweit nicht das ausländische Recht Abweichungen nötig macht. ²Befindet sich die ausländische Gesellschaft in Liquidation, so sind auch diese Tatsache sowie alle Liquidatoren anzugeben.

Literatur: *Beurskens* What's in a name? – Rechtsformzusatz und Haftungsbeschränkung, NZG 2016, 681; *Böhlke/Richter/Schweinoch* E-Mails als elektronische Geschäftsbriefe mit Nebenwirkungen, CR 2007, 167; *Bohnenkamp* Mindestangaben des eV auf seinen geschäftlichen Schreiben und E-Mails NZG 2007, 292; *Bredol* Angaben auf Geschäftsbriefen bei Handeln Dritte, NZG 2017, 611; *Glaus/Gabel* Praktische Umsetzung der Anforderungen zu Pflichtangaben in E-Mails, BB 2007, 1744; *Kreplin* Erweiterte Angabenpflicht auf Geschäftsbriefen für Aktiengesellschaften, Kommanditgesellschaften auf Aktien und Gesellschaften mit beschränkter Haftung, BB 1969, 1112; *Meyer-Ladewig* Die Durchführung der Ersten Richtlinie des Rates der Europäischen Gemeinschaften zur Koordinierung des Gesellschaftsrechts in der Bundesrepublik, MDR 1969, 818; *Mutter* Pflichtangaben auf Geschäftsbriefen auch im E-Mail-Verkehr?, GmbHR 2001, 336; *Seibert* Die Umsetzung der Zweigniederlassung-Richtlinie der EG im deutschen Raum, GmbHR 1992, 738.

I. Ziel und Zweck der Vorschrift

1 § 35a regelt, welche Pflichtangaben auf Geschäftsbriefen erforderlich sind; Adressatin dieser Verpflichtung ist die GmbH. Die Vorschrift soll dem Geschäftspartner ermöglichen, die GmbH als solche zu identifizieren.

Vorschrift beruht auf der Publizitäts-RL durch Art. 3 Nr. 4 Gesetz zur Durchführung der europäischen Publizitäts-RL (BGBl. I 1969, S. 1146); mit Gesetz vom 22.7.1993 (BGBl. I 1993, S. 1282) wurde Abs. 4 entsprechend der Zweigniederlassungs-RL eingefügt. Durch Art. 10 Nr. 3 Gesetz über elektronische Handelsregister und Genossenschaftsregister sowie das Unternehmensregister (EHUG) vom 10.11.2006 (BGBl. I 2006, S. 2553) in Umsetzung der entsprechenden Änderung von Art. 4 Publizitäts-RL durch die RL 2003/58/EG wurde klargestellt, dass sich der Anwendungsbereich auf Geschäftsbriefe „gleichviel welcher Form" erstreckt.

Eine weitere Einfügung („für die Angaben bezüglich der Haupt- und der Zweigniederlassung") wurde mittels MoMiG vom 23.10.2008 (BGBl. I 2008, S. 2026) in Abs. 4 vorgenommen. Der deutsche Gesetzgeber ist von den europäischen Vorgaben abgewichen; daher sind die Grundsätze richtlinienkonformer Auslegung heranzuziehen (zur Kritik dazu MüKo GmbHG/*Stephan*/*Tieves* §35a Rz. 3).

II. Angaben auf Geschäftsbriefen an bestimmte Empfänger

Unter einem Geschäftsbrief i.S.d. Vorschrift ist bei weiter Auslegung jede nach außen **2** gerichtete Mitteilung der Gesellschaft an einen bestimmten Empfänger zu verstehen, die ihre geschäftliche Betätigung betrifft (*Noack* §35a Rz. 3).

Dies erfasst nach h.A. nicht Mitteilungen an Konzernunternehmen (*Noack* §35a Rz. 6; diff. MüKo GmbHG/*Stephan*/*Tieves* §35a Rz. 13, abl. Rowedder/Pentz/*Belz* §35a Rz. 6) sowie an einzelne Arbeitnehmer (str., zust. *Noack* §35a Rz. 6), soweit es sich nicht um Weisungen im Rahmen des Dienstverhältnisses handelt (also z.B. bei Kündigung, MüKo GmbHG/Stephan/Tieves §35a Rz. 13).

Mitteilungen an Gesellschafter (die ohnehin Bescheid wissen müssen, z.B. Ladung zur Gesellschafterversammlung und sonstige innerbetriebliche Mitteilungen, vgl. *BGH* GmbHR 1997, 548) sind ebenfalls nicht vom Anwendungsbereich der Vorschrift erfasst.

(Geschäfts-)Briefe sind – auf die äußere Form (daher auch Postkarten) oder den inhaltlichen Umfang kommt es nicht an – bei erforderlicher weiter Auslegung auch Preislisten, Rechnungen und Quittungen, Geschäftsrundschreiben und formularmäßige Mitteilungen (*LG Heidelberg* GmbHR 1997, 447). Dazu gehören auch E-Mail und Fax (MüKo GmbHG/*Stephan*/*Tieves* §35a Rz. 8). Schecks sind nicht erfasst (str., *Noack* §35a Rz. 5, 5a).

Nach ausdrücklicher gesetzlicher Regelung gelten auch Bestellscheine als Geschäftsbriefe **3** (Abs. 3 S. 1). Mangels bestimmter Empfänger fallen darunter nicht Postwurfsendungen, Werbemitteilungen oder öffentliche Anzeigen (*LG Heidelberg* GmbHR 1997, 447).

Der Umfang der notwendigen Angaben ergibt sich aus Abs. 1 S. 1. Dieser Angaben **4** bedarf es nicht bei Mitteilungen oder Berichten, die im Rahmen einer bestehenden Geschäftsverbindung ergehen und für die üblicherweise Vordrucke verwendet werden, in denen lediglich die im Einzelfall erforderlichen besonderen Angaben eingefügt zu werden brauchen (Abs. 2). Abs. 2 gilt nicht für Bestellscheine (Abs. 3 S. 2).

Angaben über das Kapital der Gesellschaft müssen nicht gemacht werden; werden sie **5** gemacht, schreibt Abs. 1 S. 2 vor, welche zu machen sind.

Abs. 4 behandelt die Besonderheiten von Geschäftsbriefen und Bestellscheinen von **6** Zweigniederlassungen ausländischer Gesellschaften im Inland. Die Vorschrift entspricht §80 Abs. 4 AktG und kann analog für inländische Betriebsstätten ausländischer Gesellschaften und ggf. für nicht eingetragene Zweigniederlassungen gelten (vgl. *Altmeppen* §35a Rz. 6; *Noack* §35a Rz. 25). Vom Inland ausgehender Schriftverkehr von entsprechenden Gesellschaften mit Sitz im Ausland (Zweigniederlassung) unterliegt sämtlichen Anforderungen nach Abs. 1 (vgl. Abs. 4 Neufassung durch das MoMiG). Die ausländische Gesellschaft muss der GmbH entsprechen (vgl. *Seibert* GmbHR 1992, 741; MüKo GmbHG/*Stephan*/*Tieves* §35a Rz. 43). Wg. §80 Abs. 4 AktG erübrigt sich die Abgrenzung zur AG.

7 Anzugeben ist das inländische Register, bei der die Zweigniederlassung geführt wird (§ 13 HGB) und die Nummer des Registereintrags. I.Ü. verweist Abs. 4 auf die Abs. 1– 3: Anzugeben ist danach die vollständige ausländische Firma nebst Rechtsformzusatz (zur Fehlbezeichnung der UG als GmbH, vgl. *BGH* v. 12.6.2012 – II ZR 265/11 m. Anm. *Beck/Schaub* GmbHR 2012, 1331), wobei die ausländische Rechtsform nicht zu übersetzen ist, wohl aber erläuternde Klammersätze (z.B. GmbH eines bestimmten ausländischen Staates; vgl. MüKo GmbHG/*Stephan*/*Tieves* § 35a Rz. 47) erlaubt sind. Die Angabe des Registers der Zweigniederlassung genügt (*Noack* § 35a Rz. 26), die Angaben des Registers der ausländischen Gesellschaft sind wohl entbehrlich (*Noack* § 35a Rz. 26; *Altmeppen* § 35a Rz. 6). Soweit das ausländische Recht sie nötig macht, sind Abweichungen ausdrücklich zugelassen (Abs. 4 S. 1 Hs. 2).

8 Der Geschäftsbrief muss an einen bestimmten Empfänger gerichtet sein; Werbeschriften – sie richten sich an einen unbestimmten Empfängerkreis – fallen nicht unter § 35a (*LG Heidelberg* GmbHR 1997, 447).

III. Rechtsfolgen eines Verstoßes – Beweislast

9 Ein Verstoß gegen die Bestimmung hat auf die Wirksamkeit der in dem „Geschäftsbrief" enthaltenen Willenserklärung keinen Einfluss (*Altmeppen* § 35a Rz. 7). Soweit damit eine Täuschung verbunden ist, kann sich u.U. ein Anfechtungsrecht (*Noack* § 35a Rz. 30) oder ein Schadensersatzanspruch aus culpa in contrahendo oder aus Rechtsscheinhaftung ergeben (*Noack* § 35a Rz. 31). Die Rechtsscheinhaftung setzt voraus, dass der Adressat die wahren Verhältnisse weder gekannt hat noch hätte erkennen müssen und dass er im Vertrauen auf die unbeschränkte Haftung seine Leistung erbracht hat (*LG Heidelberg* GmbHR 1997, 447; MüKo GmbHG/*Stephan*/*Tieves* § 35a Rz. 56). Ein Verstoß gegen die Vorschrift kann nach neuerer Auffassung Sanktionen nach §§ 8–10 UWG auslösen (vor allem irreführende geschäftliche Handlung (§ 3 Abs. 1 UWG, § 5 Abs. 1 UWG), ggf. durch Unterlassen (MüKo GmbHG/*Stephan*/ *Tieves* § 35a Rz. 59 m.w.N.). Der Geschäftspartner der GmbH muss nicht den Nachweis führen, dass er die wahren Verhältnisse weder gekannt hat noch kennen haben müsste und dass die Tatsache, dass der Personenfirma kein mbH-Zusatz hinzugefügt war, für seine Entschließung zum Abschluss des Rechtsgeschäfts ursächlich gewesen ist (vgl. *BGH* GmbHR 1982, 154; *BGH* NZG 2012, 989, 992).

10 Das Registergericht kann Geschäftsführer und Liquidatoren durch Zwangsgelder zur Einhaltung des § 35a anhalten (§ 79 Abs. 1 S. 1).

11 § 35a Abs. 1 ist Schutzgesetz i.S.d. § 823 Abs. 2 BGB (str. *LG Detmold* GmbHR 1991, 23; MüKo GmbHG/*Stephan*/*Tieves* § 35a Rz. 54; Rowedder/Pentz/*Belz* § 35a Rz. 10; *Altmeppen* § 35a Rz. 8; a.A. *Noack* § 35a Rz. 31). Im Wege des Haftungsdurchgriffs kann sich auch ein Ersatzanspruch gegen den geschäftsführenden Alleingesellschafter ergeben (*LG Detmold* GmbHR 1991, 23).

IV. GmbH & Co. KG

12 § 125a Abs. 1 und 2 HGB verweist für die GmbH & Co. KG, bei der keine natürliche Person persönlich haftender Gesellschaft ist, auf § 35a GmbHG.

§ 36 Zielgrößen und Fristen zur gleichberechtigten Teilhabe von Frauen und Männern

[1]Die Geschäftsführer einer Gesellschaft, die der Mitbestimmung unterliegt, legen für den Frauenanteil in den beiden Führungsebenen unterhalb der Geschäftsführer Zielgrößen fest. [2]Die Zielgrößen müssen den angestrebten Frauenanteil an der jeweiligen Führungsebene beschreiben und bei Angaben in Prozent vollen Personenzahlen entsprechen. [3]Legen die Geschäftsführer für den Frauenanteil auf einer der Führungsebenen die Zielgröße Null fest, so haben sie diesen Beschluss klar und verständlich zu begründen. [4]Die Begründung muss ausführlich die Erwägungen darlegen, die der Entscheidung zugrunde liegen. [5]Liegt der Frauenanteil bei Festlegung der Zielgrößen unter 30 Prozent, so dürfen die Zielgrößen den jeweils erreichten Anteil nicht mehr unterschreiten. [6]Gleichzeitig sind Fristen zur Erreichung der Zielgrößen festzulegen. [7]Die Fristen dürfen jeweils nicht länger als fünf Jahre sein.

Übersicht

Literatur: *Backhaus* Die Quotengesetzgebung nach dem FüPoG II und die Kommanditgesellschaft auf Aktien, AG 2021, 653; *Bayer/Hoffmann* Frauenquote: Ja – Mitbestimmung: Nein – GmbH mit Frauenquote ohne Mitbestimmung?, GmbHR 2017, 441; *DAV* Stellungnahme zum Referentenentwurf eines Gesetzes für die gleichberechtigte Teilhabe von Frauen und Männern an Führungspositionen in der Privatwirtschaft und im öffentlichen Dienst, NZG 2014, 1214; *Ewelt-Knauer/Schneider/Hofmann* Schafft die Frauenquote Transparenz für Investoren? WPg 2018, 649; *Gersdorf* Frauenförderung als Element des Regulierungsrechts am Beispiel der Frauenquote für die Wirtschaft, FS Schmidt-Preuß, 2018, 600; *Groß* Geschlechter- und Frauenquote für Vorstand und Aufsichtsrat nach dem FüPoG II. Ab wann anzuwenden und ab wann berichtspflichtig?, AG 2021, 693; *Habersack/Kersten* Chancengleiche Teilhabe an Führungspositionen in der Privatwirtschaft – Gesellschaftsrechtliche Dimensionen und verfassungsrechtliche Anforderungen, BB 2014, 2819; *Hippeli/Litschen* Das Zweite Führungspositionengesetz (FüPoG II) und der Vorstand der Aktiengesellschaft, DZWIR 2021, 382; *Jung* Herausforderung Frauenquote, DStR 2014, 960; *Junker/Schmidt-Pfitzner* Quoten und Zielgrößen für Frauen (und Männer) in Führungspositionen – Die neue Gesetzeslage und Handlungsempfehlungen, NZG 2015, 929; *Killinger/Schettler* Das Zweite Führungspositionen-Gesetz – Fortschritte für die Gleichstellung im öffentlichen Dienst, Recht und Politik 2021, 82; *Klaaßen-Kaiser/Wilk* Environment – Social – Governance 2021: Geschlechter- und Frauenquoten in Führungspositionen der Privatwirtschaft, DB Beilage 2/2021, 23; *Küster/Zimmermann* Die Frauenquote – Gesetzliche Vorgaben und praktische Fragen der Umsetzung, ArbAktuell 2015, 264; *Leuering/Konstant* Das Zweite Führungspositionen-Gesetz – FüPoG II, NJW-Spezial 2021, 527; *Leydecker/Bahlinger* Frauenquoten im Gesellschaftsrecht. Eine Kritik am Entwurf eines zweiten Gesetzes zur Teilhabe von Frauen an Führungspositionen (FüPoG II), NZG 2020, 1212; *Mense/Klie* Update zur Frauenquote – Wie die Besetzungsziele für Aufsichtsrat, Geschäftsleitung und Führungsebenen in der Praxis umzusetzen sind, GWR 2015, 441; *Merath* Auswirkung des geplanten FüPoG II auf Aktiengesellschaften, GWR 2021, 69; *Müller-Bonanni* Frauenquoten in Führungspositionen der GmbH GmbHR 2015, 621; *Mutter* Geschlechterbalance oder Frauenförderung in der EU?, AG 2020, 830; *dies.* Das Update zum „Update Frauenquote" – das FüPoG II, AG 2021, R56; *Neuhoff* Entwurf eines

Zweiten Führungspositionen-Gesetzes: Feste Frauenquote auf dem Vormarsch?, BB 2020, 1784; *Ohmann-Sauer/Langemann* Der Referentenentwurf zur Einführung einer „gesetzlichen Frauenquote", NZA 2014, 1120; *Olbrich/Krois* Das Verhältnis von „Frauenquote" und AGG, NZA 2015, 1288; *Pieper/Riecken* Verbindliche Vorgaben für mehr Frauen in Vorständen, NZG 2021, 169; *Röder/Arnold* Zielvorgaben zur Förderung des Frauenanteils in Führungspositionen NZA 2015, 1281; *Röhm-Kottmann/Gundel* Frauenquote und Zielgrößen für den Frauenanteil WPg 2015, 1110; *Schwarz* Geschlechterquote und Zielgrößenfestlegung in Kapitalgesellschaften, 2020; *Seibert* Frauenförderung durch Gesellschaftsrecht – Die Entstehung des Frauenfördergesetzes, NZG 2016, 16; *ders.* Frauen in Leitungsorganen und Führungspositionen – RegE zum Zweiten Führungspositionen-Gesetz, DB 2021, 438; *Stüber* Regierungsentwurf zur sog „Frauenquote" – Eine Übersicht der Neuerungen, CCZ 2015, *dies.* Frauenquote: Der Praxisleitfaden und weitere Entwicklungen, BB 2015, 2243; *dies.* Die Frauenquote ist da – Das Gesetz zur gleichberechtigten Teilhabe und die Folgen für die Praxis, DStR 2015, 1120; *Spindler* Die Einführung der Geschlechterquote auf Vorstandsebene – das FüPoG II, WM 2021, 817; *Steiner* Die Sanktionierung der flexiblen Frauenquote in Großunternehmen, 2018; *ders.* Die Mindestbeteiligung von Frauen in deutschen Vorständen im Spannungsfeld zwischen Gesellschaftspolitik und Gesellschaftsrecht, NZG 2021, 276; *Weller/Benz* Frauenförderung als Leitungsaufgabe, AG 2015, 467; *Weller/Harms/Rentsch/Thomale* Der internationale Anwendungsbereich der Geschlechterquote für Großunternehmen, ZGR 2015, 361; *Winter/Marx/De Decker* Zielgrößen für den Frauenanteil in Führungspositionen bei mitbestimmten Unternehmen, DB 2015, 1331.

I. Allgemeines – Inhalt der Bestimmungen

1 § 36 verpflichtet die Geschäftsführer der GmbH zur Festlegung von Zielgrößen in den beiden Führungsebenen unter der Geschäftsführung. Diese Vorschrift ist durch Art. 15 des Gesetzes für die gleichberechtigte Teilhabe von Frauen und Männern an Führungspositionen in der Privatwirtschaft und im öffentlichen Dienst (GlTeilhG) aufgenommen worden (BGBl. I 2015, S. 642; zur Entstehung *Seibert* NZA 2016, 16) und Teil eines Gesamtpaketes zur Erhöhung des Frauenanteils an Führungspositionen in der Privatwirtschaft (vgl. RegE, BT-Drucks. 18/3784, 123), vgl. § 36 GmbHG sowie für Aufsichtsräte und Geschäftsführer § 52 Abs. 2; entsprechende Vorschriften für die AG finden sich in § 76 Abs. 4 AktG für börsennotierte oder mitbestimmte Aktiengesellschaften; ebenso vgl. § 96 Abs. 2 AktG für Aufsichtsräte börsennotierter oder paritätisch mitbestimmter Aktiengesellschaften. Im Gegensatz zur AG schreibt das Gesetz für die GmbH keine zwingenden Mindestquoten vor; vielmehr werden Zielvorgaben verlangt, verbunden mit Höchstfristen und einem Verschlechterungsverbot bezogen auf eine Schwelle von 30 %. Es wurde festgestellt, dass sich viele der betroffenen Unternehmen – aus unterschiedlichen Gründen – entweder gar keine Zielgröße oder eine Zielgröße Null gegeben haben (*Leydecker/Bahlinger* NZG 2020, 1212, 1215). Mit dem FüPoG II vom 7.8.2021 (BGBl. I 2021, S. 3311) hat der Reformgesetzgeber daher eine verschärfte Begründungspflicht eingefügt, die durch eine Bußgeldbewehrung flankiert wird.

II. Mitbestimmte Gesellschaften

2 § 36 gilt nur für **mitbestimmte** Gesellschaften (ausweislich der Gesetzesbegründung: MitbestG, Montan-MitbestG, MitbestErgG, DrittelbG). Freiwillige Formen der Mitbestimmung werden nicht erfasst (*Noack* § 36 Rz. 3, 4); ebenso wenig wie die von der unternehmerischen Mitbestimmung zu unterscheidende betriebliche Mitbestimmung nach dem BetrVG (krit. *DAV* NZG 2014, 1214, 1223).

III. Zuständigkeit der Geschäftsführer

Pflichten aus §36 treffen die Geschäftsführer der GmbH, vorbehaltlich anderslautender **3** Regelungen im Gesellschaftsvertrag ist gemeinsam und einstimmig zu entscheiden. Strittig, ob es etwa bei erstmaliger Anwendung eine Pflicht zur Einholung der Zustimmung der Gesellschafterversammlung gibt (bejahend *Altmeppen* §36 Rz. 11; abl. *Noack* §36 Rz. 4); Gesellschafterversammlung darf aber jedenfalls Weisung erteilen.

IV. Festlegung der Zielgrößen

Zielgrößen sind für die beiden „Führungsebenen unterhalb der Geschäftsführer" fest- **4** zulegen. Gemeint sind die tatsächlich im konkreten Unternehmen (wohl nicht: im Konzern, vgl. Beschlussempfehlung des Ausschusses für Familie, Senioren, Frauen und Jugend BT-Drucks. 18/4227, 22, zust. in MünchKomm/*Fleischer* GmbHG §36 Rz. 6; *Noack* §36 Rz. 7) eingerichteten Hierarchieebenen unterhalb der Geschäftsleitung (RegE, BT-Drucks. 18/3784, 119) einschließlich der im Ausland eingesetzten Führungskräfte (MünchKomm/*Fleischer* §36 Rz. 6), wobei eine Hierarchieebene als organisatorische Einheiten beschrieben wird, welche untereinander gleichberechtigt, aber einer gemeinsamen Führung untergeordnet sind (RegE, BT-Drucks. 18/3784, 119). Die tatsächlich bestehenden Hierarchieebenen sind zunächst zu identifizieren; dabei besteht weiter Ermessensspielraum der Geschäftsführer (Beschlussempfehlung des Ausschusses für Familie, Senioren, Frauen und Jugend RegE, BT-Drucks. 18/4227, 21). Auch bei den Zielvorgaben sind die Geschäftsführer ausweislich der amtlichen Begründung (RegE, BT-Drucks. 18/3784, 119 f., 134) nicht gebunden; insbesondere ist keine Mindestzielgröße vorgesehen; eine Ausnahme gilt im Fall des Verschlechterungsverbots nach S. 5: Liegt der Frauenanteil bei Festlegung der Zielgrößen unter 30 %, dürfen die Zielgrößen den jeweils erreichten Anteil danach nicht mehr unterschreiten. Auch eine Zielgröße von 0 % ist nach überwiegender Ansicht zulässig, vgl. *Noack* §36 Rz. 10; *Altmeppen* §36 Rz. 10. Eine entsprechende Entscheidung der Geschäftsführung ist jedoch zu begründen und die Beweggründe für die Entscheidung darlegen (§36 S. 3, 4 GmbHG). Laut Gesetzesbegründung muss erkennbar sein, welche Umstände die Geschäftsführung wie berücksichtigt hat („im Regelfall" 100–150 Wörter). Die Begründung soll die Entscheidung für die Öffentlichkeit plausibel machen; gleichwohl können die Anforderungen an die Detaillierung im Einzelfall variieren. Der Schutz von Betriebs- und Geschäftsgeheimnissen oder die Einhaltung von Vertraulichkeitsvereinbarungen bleibt jedenfalls unberührt (RegE, BT-Drucks. 19/26689, 85).

Mit der Festlegung der Zielgrößen sind gleichzeitig Fristen zur Erreichung festzulegen; **5** innerhalb der gesetzlichen Höchstfrist von fünf Jahren können die Geschäftsführer beliebige Fristen bestimmen (RegE, BT-Drucks. 18/3784, 119, 134), z.B. auch stufenweise Erhöhung in mehreren Etappen. Nach Ablauf der Fristen ist neu zu entscheiden.

V. Zu den Folgen von Rechtsverstößen

Die Festlegung der Zielgrößen einschließlich der Fristen gehört zum gesetzlichen **6** Pflichtenkreis der Geschäftsführer. Von gesetzlichen Sanktionen hat der Gesetzgeber gleichwohl abgesehen (RegE BT-Drucks. 18/3784, 120). Die Verletzung der Pflichten, z.B. bei Verweigerung einer Festlegung oder Missachtung des Verschlechterungsverbots kann zur Haftung nach §43 Abs. 2 führen, vorausgesetzt, es ist ein vermögenwerter Nachteil der Gesellschaft als adäquate Folge der Pflichtverletzung entstanden (*Müller-Bonanni* GmbHR 2015, 621, 622). § 36 dürfte kein Schutzgesetz i.S.d. § 823 Abs. 2 BGB darstellen (überwiegende Ansicht, vgl. *Müller-Bonanni* GmbHR 2015, 621, 622; *Noack* § 36 Rz. 21). Zu weiteren denkbaren Rechtsfolgen von Verstößen vgl. MüKo GmbHG/*Fleischer* § 36 Rz. 14.

§ 37 Beschränkungen der Vertretungsbefugnis

(1) Die Geschäftsführer sind der Gesellschaft gegenüber verpflichtet, die Beschränkungen einzuhalten, welche für den Umfang ihrer Befugnis, die Gesellschaft zu vertreten, durch den Gesellschaftsvertrag oder, soweit dieser nicht ein anderes bestimmt, durch die Beschlüsse der Gesellschafter festgesetzt sind.

(2) [1]Gegen dritte Personen hat eine Beschränkung der Befugnis der Geschäftsführer, die Gesellschaft zu vertreten, keine rechtliche Wirkung. [2]Dies gilt insbesondere für den Fall, dass die Vertretung sich nur auf gewisse Geschäfte oder Arten von Geschäften erstrecken oder nur unter gewissen Umständen oder für eine gewisse Zeit oder an einzelnen Orten stattfinden soll, oder dass die Zustimmung der Gesellschafter oder eines Organs der Gesellschaft für einzelne Geschäfte erforderlich ist.

Literatur: *Altmeppen* Gestattung zum Selbstkontrahieren in der GmbH, NJW 1995, 1182; *ders.* NJW 2022, 2785; *Eisenhardt* Zum Weisungsrecht der Gesellschafter in den nicht mitbestimmten GmbH, FS Pfeiffer, 1989, S. 839; *Geißler* Begrenzungen bei der Weisungsbindung des GmbH-Geschäftsführers, GmbHR 2009, 1071; *Lutter/Leinekugel* Kompetenzen von Hauptversammlung und Gesellschafterversammlung beim Verkauf von Unternehmensteilen, ZIP 1998, 225; *Mennicke* Zum Weisungsrecht der Gesellschafter und der Folgepflicht des Geschäftsführers in der mitbestimmungsfreien GmbH, NZG 2000, 622; *Peters* Ressortverteilung zwischen GmbH-Geschäftsführern und ihre Folgen, GmbHR 2008, 682; *Vedder* Das Vorsatzerfordernis beim Missbrauch der Vertretungsmacht durch GmbH-Geschäftsführer, GmbHR 2008, 736; *van Venrooy* Einstimmigkeitsprinzip oder Mehrheitsprinzip in der Geschäftsführung?, GmbHR 1999, 685; *ders.* Zwingende Zustimmungsvorbehalte der Gesellschafterversammlung gegenüber der Geschäftsführung, GmbHR 2005, 1243.

I. Allgemeines – Inhalt der Bestimmungen

Die seit 1892 unveränderte Bestimmung handelt in Abs. 1 von den Wirkungen einer **1** Beschränkung der Geschäftsführungsbefugnis (im Innenverhältnis) zwischen Gesellschaft und Geschäftsführer. Die Geschäftsführer sind verpflichtet, Beschränkungen ihrer Geschäftsführungsbefugnis (nicht Vertretungsbefugnis, wie der Wortlaut wiedergibt), die sich aus dem Gesellschaftsvertrag oder durch Beschlüsse der Gesellschafter ergeben, einzuhalten (unabhängig von der unbeschränkten und unbeschränkbaren Vertretungsbefugnis nach außen, vgl. Abs. 2).

II. Gesetzliche Geschäftsführungsbefugnis

Der Unternehmensgegenstand (vgl. § 3 Abs. 1 Nr. 2) legt den Umfang der Tätigkeit **2** der Gesellschaft fest. Der Geschäftsführer ist berechtigt und verpflichtet, innerhalb dieser Grenzen alle Maßnahmen zu ergreifen, um den Geschäftszweck zu erreichen. Der Geschäftsführer hat dabei die Sorgfalt eines ordentlichen Geschäftsmannes anzuwenden (§ 43 Abs. 1; vgl. § 43 Rz. 15).

III. Beschränkungen der Geschäftsführungsbefugnis

1. Allgemeines. Die unbeschränkte und unbeschränkbare Vertretungsbefugnis (nach **3** außen vgl. Abs. 2) hindert nicht, den Geschäftsführer im Innenverhältnis Beschränkungen aufzuerlegen. Geschäftsführer sind der Gesellschaft ggü. verpflichtet, diese Beschränkungen einzuhalten (Abs. 1). Solche Schranken können sich ergeben (1) aus dem Gesetz selbst (z.B. bei mitbestimmten Gesellschaften), (2) aus dem Gesellschaftsvertrag und (3) durch Beschlüsse der Gesellschafter (generell, z.B. für die Bestimmung der Geschäftspolitik oder im Einzelfall).

Die Geschäftsführungsbefugnis beschränkt sich von vornherein auf Geschäfte im Rahmen des Gegenstands des Unternehmens (§ 3 Abs. 1 Nr. 2).

2. Beschränkung der Geschäftsführungsbefugnis aus dem Gesetz. Das Gesetz behält **4** den Gesellschaftern bestimmte Rechtshandlungen vor, sofern der Gesellschaftsvertrag nicht eine andere Regelung enthält (vgl. § 46; Abschlussfeststellung nach § 42a Abs. 2, § 46 Nr. 1; Ergebnisverwendung nach § 29 Abs. 2, § 46 Nr. 1). Diese sog. Innengeschäfte bedürfen jedoch der Ausführung durch die Geschäftsführer nach außen, wenn sie wirksam werden sollen (z.B. Bestellung zum Prokuristen, vgl. § 46 Nr. 7).

3. Bestimmung der Unternehmenspolitik. Die Festlegung der Unternehmenspolitik **5** fällt nach allg. M. in die Zuständigkeit der Gesellschafter. Eine langjährige praktizierte Geschäftspolitik (z.B. die nahezu ausschließliche Zusammenarbeit mit einem bestimmten anderen Unternehmen) darf der Geschäftsführer ohne Zustimmung der Gesellschafterversammlung nicht ändern (*BGH* GmbHR 1991, 197; *OLG Düsseldorf* ZIP 1984, 1479; allg. M. auch im Schrifttum, vgl. *Altmeppen* § 37 Rz. 23; diff. Rowedder/Pentz/*Belz* § 37 Rz. 10; a.A. *Noack* § 37 Rz. 47). Die Gesellschafter selbst sind bei der Festlegung der Geschäftspolitik an die satzungsmäßige Festlegung des Unternehmensgegenstandes gebunden, unabhängig davon, dass sie jederzeit durch Satzungsänderung diesen anders bestimmen können.

6 **4. Ungewöhnliche Maßnahmen.** Über ungewöhnliche Maßnahmen entscheiden die Gesellschafter; denn nach § 49 Abs. 2 ist die Gesellschafterversammlung zu berufen, wenn es im Interesse der Gesellschaft erforderlich ist (str. *BGH* NJW 1973, 1039; NJW 1984, 1462; *BGH* NZG 2019, 505, 509 f.; *OLG Frankfurt* GmbHR 1989, 255; Rowedder/Pentz/*Belz* § 37 Rz. 10 ff.; *Altmeppen* § 37 Rz. 23; diff. *Noack* § 37 Rz. 47).

7 Ungewöhnlich sind Maßnahmen, die vom Unternehmensgegenstand oder von der von den Gesellschaftern bestimmten Unternehmenspolitik abweichen. Ungewöhnlich sind auch Maßnahmen, die wegen ihrer finanziellen Bedeutung oder wegen des damit verbundenen Risikos Ausnahmecharakter haben, z. B. Verkauf von Betrieben oder Betriebsteilen, Kauf von Unternehmen, erhebliche Beteiligung an anderen Unternehmen (vgl. *Altmeppen* § 37 Rz. 24; MüKo GmbHG/Stephan/*Tieves* § 37 Rz. 153) oder Vergabe oder Aufnahme erheblicher Kredite (*Lutter/Leinekugel* ZIP 1998, 231). In vielen Fällen wird bei solchen Geschäften bereits ein Verstoß gegen die bestehende Geschäftspolitik gegeben sein.

8 Der Abschluss einer **stillen Gesellschaft** wird als ungewöhnliche Maßnahme angesehen (vgl. *BGH* NZG 2019, 505 zum Teilgewinnabführungsvertrag; MüKo GmbHG/ *Stephan/Tieves* § 37 Rz. 153 a.E.), jedoch wird man auf den Umfang der Beteiligung abstellen müssen (vgl. *Fichtelmann* Rz. 64).

9 Als ungewöhnlich ist eine Maßnahme auch dann – ohne dass auf die Bedeutung abzustellen wäre – anzusehen, wenn mit dem **Widerspruch** eines Gesellschafters zu rechnen ist, wenn er hiervon Kenntnis hätte (*OLG Frankfurt* GmbHR 1989, 255; MüKo GmbHG/*Stephan/Tieves* § 37 Rz. 144).

10 **5. Zölibatsgeschäftsführer.** Als Zölibatsgeschäftsführer (Zölibatsklausel) wird ein Geschäftsführer bezeichnet, dem die Geschäftsführungsbefugnis weitgehend entzogen ist (*OLG Koblenz* NZG 2008, 397, 398: „ressortloser Geschäftsführer"). Seine Funktion besteht nicht in der aktiven Geschäftsführung, sondern in der innergesellschaftlichen Kontrolle der anderen Geschäftsführer (z.B. als „Aufpasser" einer Gesellschafterminderheit). Bei Gesamtgeschäftsführung steht ihm die Teilnahme an den Sitzungen zu. Außerdem stehen ihm wie den anderen Geschäftsführern die innerbetrieblichen Informationswege offen. Von der Gesamtverantwortung kann er ebenso wenig entbunden werden wie von öffentlich-rechtlichen Pflichten. Unter Beachtung dieser Mindestbefugnisse ist die Zölibatsgeschäftsführung als zulässig anzusehen (vgl. *OLG Koblenz* NZG 2008, 397 ff.; Habersack/Casper/Löbbe/*Paefgen* § 37 Rz. 30; MüKo GmbHG/*Stephan/Tieves* § 37 Rz. 93 a.E.).

11 **6. Weisungsrecht der Gesellschafter.** Der Geschäftsführer der GmbH leitet die Gesellschaft – anders als der Vorstand der AG, vgl. § 76 Abs. 1 AktG – nicht eigenverantwortlich (vgl. *Noack* § 37 Rz. 35; *Konzen* NJW 1989, 2979). Die Gesellschafter können daher den Geschäftsführern Weisungen erteilen (Abs. 1). Die Erteilung von Weisungen steht im **Ermessen der Gesellschafter**. Sie sind hierzu einerseits nicht verpflichtet, auch nicht auf Anforderung durch die Geschäftsführer (vgl. *OLG Düsseldorf* ZIP 1984, 1478; MüKo GmbHG/*Stephan/Tieves* § 37 Rz. 123 ff.), andererseits dürfen sie es nicht so extensiv in Anspruch nehmen, dass die Geschäftsführer dadurch zu reinen Exekutivorganen der Gesellschafter werden, denen jeder Spielraum zu eigenen Entscheidungen fehlt (MüKo GmbHG/*Stephan/Tieves* § 37 Rz. 27; a.A. *Altmeppen* § 37 Rz. 15 ff.).

M. Schmitt

Weisungsbefugt sind grds. die Gesellschafter, jedoch kann das Weisungsrecht durch **12** den Gesellschaftsvertrag auf ein anderes Organ (Beirat, Aufsichtsrat) oder einen Gesellschafter als Sonderrecht übertragen werden, da das Weisungsrecht nicht zum unverzichtbaren Kernbereich von Gesellschaftsrechten gehört (*Noack* § 37 Rz. 41; *Konzen* NJW 1989, 2980). Eine Übertragung des Weisungsrechts auf einen **Dritten**, der nicht Gesellschafter ist, scheidet aus (*Rowedder/Pentz/Belz* § 37 Rz. 20), da eine solche Fremdbestimmung mit der Organisation der GmbH nicht zu vereinbaren ist. Anders verhält es sich bei Konzernverhältnissen (Beherrschungsverträge), die ausdrücklich zugelassen sind, die aber dann auch die konzernrechtliche Haftung auslösen.

Die Weisung hat durch **Gesellschafterbeschluss** zu erfolgen (*OLG Düsseldorf* ZIP **13** 1984, 1478). Einzelne Gesellschafter sind nicht weisungsbefugt, auch dann nicht, wenn sie (als Mehrheitsgesellschafter) jederzeit einen derartigen Beschluss herbeiführen könnten (*Noack* § 37 Rz. 33). Der Alleingesellschafter kann ohne förmlichen Gesellschafterbeschluss Weisungen erteilen (*BGHZ* 31, 278).

Die Weisung kann genereller Art sein (z.B. allg. Richtlinien für die Geschäftspolitik, **14** generelle Weisungen für einzelne Maßnahmen, z.B. Zustimmungspflicht für Investitionen ab einer bestimmten Höhe) oder konkret auf Einzelmaßnahmen (z.B. Verkauf eines bestimmten Grundstücks, Anstellung einer bestimmten Person) gerichtet sein (*Rowedder/Pentz/Belz* § 37 Rz. 26). Der Geschäftsführer hat auch Weisungen zu befolgen, die der Gesellschaft offensichtlich wirtschaftlich nachteilig sind; denn die Gesellschaft hat kein „eigenes, vom Gesellschafterwillen unabhängiges Recht auf langes Leben" (*OLG Frankfurt* GmbHR 1997, 348). Auch die mit der Weisung verbundene Absicht, aus steuerlichen Gründen Gewinne im Ausland zu verlagern, steht der Rechtmäßigkeit der Weisung nicht entgegen. Es endet erst dort, wo die Weisung greifbar naheliegend zur Insolvenz führt, weil dadurch Dritte geschädigt würden (*OLG Frankfurt* GmbHR 1997, 348; *Altmeppen* § 37 Rz. 6 f.; *Noack* § 37 Rz. 25a; *Ristelhuber* NZI 2021, 417).

Die Weisung bedarf keiner **Form**. Sie muss aber deutlich als Weisung zu erkennen **15** sein. Erforderlichenfalls muss sich aber der Geschäftsführer durch Rücksprache vergewissern.

Die (verbindliche) Weisung ist von der unverbindlichen Weisungsäußerung (ohne **16** Rechtsfolgen) abzugrenzen (vgl. auch *BGH* GmbHR 2003, 173).

Die Gesellschafterversammlung kann einen Bevollmächtigten mit der Erteilung von **17** Weisungen beauftragen (*OLG Koblenz* GmbHR 2003, 1062) – bei genereller Übertragung der Weisungsbefugnis aber problematisch, weil dadurch ein zusätzliches Organ geschaffen wird, das weder im Gesetz noch in der Satzung vorgesehen ist. Weisungen, die über die erteilte Vollmacht hinausgehen, sind unwirksam und dürfen von den Geschäftsführern nicht befolgt werden. Handelt der Geschäftsführer in gutem Glauben, haftet er nicht nach § 43 Abs. 2. Etwas anderes gilt, wenn für ihn erkennbar ist, dass die Weisung unter Missbrauch der Vollmacht erteilt worden ist. Von der Vollmacht ist die Übermittlung eines von den Gesellschaftern gefassten Beschlusses (Bote) zu unterscheiden.

Zur Folgepflicht der Geschäftsführer vgl. § 43 Rz. 20 ff. **18**

IV. Erweiterung der gesetzlichen Geschäftsführerbefugnis

19 Die Geschäftsführungsbefugnis der Geschäftsführer kann vom gesetzlichen Rege-
lungsinhalt abw. – also auch erweiternd – geregelt werden. Zulässig ist es z.b., die
Geschäftsführer von Weisungen der Gesellschafter (für bestimmte Bereiche, nicht
jedoch ausnahmslos) freizustellen (vgl. MüKo GmbHG/*Stephan*/*Tieves* § 37 Rz. 4 ff.).
Den Geschäftsführern kann die Feststellung des Jahresabschlusses (MüKo GmbHG/
Stephan/*Tieves* § 37 Rz. 85 ff.) und die Entscheidung über die Ergebnisverwendung
übertragen werden (MüKo GmbHG/*Stephan*/*Tieves* § 37 Rz. 86).

20 Für die Freiberufler-GmbH (z.b. für Zahnärzte-GmbH vgl. *BGH* GmbHR 1994, 325,
Anwalts-GmbH vgl. *BayObLG* GmbHR 1995, 43) ist die Freistellung von der Weisungsbefugnis der Gesellschafter hinsichtlich der Ausübung der freiberuflichen Tätigkeit Voraussetzung der rechtlichen Anerkennung (Eintragung) der GmbH (vgl. *Bay-
ObLG* GmbHR 1995, 45).

21 Die Erweiterung der gesetzlichen Geschäftsführungsbefugnis setzt eine satzungsmäßige Grundlage voraus. Eine abw. Geschäftsordnung oder Vereinbarungen im Anstellungsvertrag reicht nicht aus (MüKo GmbHG/*Stephan*/*Tieves* § 37 Rz. 85 f.). Die
Gesellschaft kann sich bei Verletzung des Anstellungsvertrags jedoch schadensersatzpflichtig machen, auch wenn der Geschäftsführer einen Erfüllungsanspruch nicht
durchsetzen kann (vgl. MüKo GmbHG/*Stephan*/*Tieves* § 37 Rz. 86).

**V. Geschäftsführung bei mehreren Geschäftsführern – Geschäftsverteilung durch
Geschäftsordnung**

22 **1. Geschäftsführung – Grundsatz der Einstimmigkeit.** Grds. steht die Geschäftsführung den Geschäftsführern gemeinschaftlich (Gesamtgeschäftsführung) zu (allg. A.
Noack § 37 Rz. 12; *Altmeppen* § 37 Rz. 32–34; *Rowedder*/*Pentz*/*Belz* § 37 Rz. 16.
Gesamtgeschäftsführung bedeutet, dass alle Maßnahmen durch alle Geschäftsführer,
auch die stellvertretenden, zu beschließen sind, nicht nur durch die bei der Sitzung
anwesenden (vgl. MüKo GmbHG/*Stephan*/*Tieves* § 37 Rz. 82). Es gilt der Grundsatz
der Einstimmigkeit. § 28 i.V.m. § 32 Abs. 1 BGB (Mehrheitsentscheidung) findet keine
Anwendung (MüKo GmbHG/*Stephan*/*Tieves* § 37 Rz. 82; a.A. *Venrooy* GmbHR 1999,
685 – Mehrheitsprinzip).

23 Die Beschlussfassung bedarf keiner Form (str., vgl. *BGH* WM 1990, 1248; MüKo
GmbHG/*Stephan*/*Tieves* § 37 Rz. 112, 113). Ein in der Sitzung nicht anwesender
Geschäftsführer kann seine Zustimmung nachträglich erteilen bzw. telefonisch oder
telegrafisch mitwirken (*Altmeppen* § 37 Rz. 35 ff.).

24 Bei mehreren Geschäftsführern kann ein **Vorsitzender** (Sprecher) bestimmt werden
(durch die Satzung, z.B. der jeweiligen Geschäftsführer in einer bestimmten Funktion oder
durch Gesellschafterbeschluss). Dem Vorsitzenden stehen keine Vorrechte zu, können
ihm aber besonders zugewiesen werden (z.B. Stichentscheid, vgl. MüKo GmbHG/*Stephan*/
Tieves § 37 Rz. 75 f.; vgl. aber *BGH* v. 6.3.2012 – II ZR 76/11, NJW 2012, 1656).

25 **2. Abweichende Regelung – Erlass einer Geschäftsordnung.** Die Gesamtgeschäftsführung kann sich als sehr hinderlich erweisen, insb. bei größeren Gesellschaften. Eine
abw. Regelung ist nicht nur zulässig, sondern auch zweckmäßig, in vielen Fällen sogar
geboten. Inhaltlich ist jede abw. Regelung zulässig, z.B. Mehrheitsentscheidung, evtl.
Stichentscheid durch den Vorsitzenden, Einzelgeschäftsführung bzw. durch zwei
Geschäftsführer.

Die Geschäftsführerbefugnis muss nicht einheitlich geregelt sein (z.B. bei Einzelge- **26** schäftsführung dürfen einzelne Geschäftsführer nur zusammen mit einem anderen Geschäftsführer handeln).

Die Geschäftsführungsbefugnis ist von der Geschäftsverteilung begrifflich zu unter- **27** scheiden, wenn sie auch mit dieser im engen Zusammenhang steht und weitgehend identisch ist (vgl. *Wicke* § 37 Rz. 8 ff.). Eine **Geschäftsverteilung** (Ressortverteilung) gibt nur Sinn, wenn sie mit einer entspr. Geschäftsführungsbefugnis einhergeht.

Trotz einer Ressortverteilung (durch eine Geschäftsordnung) bleibt die Gesamtver- **28** antwortung jedes Geschäftsführers; er muss auch die ressortbezogene Tätigkeit der anderen Geschäftsführer beobachtend kontrollieren (vgl. *BGH* WM 1992, 2144; *Altmeppen* § 37 Rz. 38). Eine umfassende Überwachungspflicht besteht jedoch nicht (*OLG Düsseldorf* GmbHR 1992, 677). Die Geschäftsführer haben sich gegenseitig zu informieren (*Altmeppen* § 37 Rz. 36), wie auch jeder Geschäftsführer von den anderen Geschäftsführern Auskunft verlangen kann (*OLG Koblenz* GmbHR 2008, 38). Ist ein Geschäftsführer mit einer Maßnahme eines anderen Geschäftsführers nicht einverstanden, kann er widersprechen (*Noack* § 37 Rz. 12 f.: analog § 115 HGB). Die Satzung kann eine andere Regelung enthalten (*Noack* § 37 Rz. 12).

Die Regelung der Geschäftsverteilung kann bereits in der Satzung enthalten sein; sie **29** kann aber auch, soweit die Satzung nicht entgegensteht, durch Gesellschafterbeschluss (z.B. als **Geschäftsordnung**) erfolgen. Der Beschluss kann mit einfacher Mehrheit ergehen (vgl. *OLG Stuttgart* GmbHR 1992, 48; *Noack* § 37 Rz. 15, str.).

Nach überwiegender Aauffassung können sich die Geschäftsführer selbst, soweit der **30** Gesellschaftsvertrag oder eine Gesellschafterentscheidung nicht entgegenstehen, eine Geschäftsordnung geben (so *Noack* § 37 Rz. 16 *m.w.N.*, auch ohne dahingehende Ermächtigung der Gesellschafter; vgl. auch *Sina* GmbHR 1990, 60; *Noack* § 37 Rz. 16 unter Berufung auf § 77 Abs. 1 S. 2 AktG). Dagegen bestehen nur insoweit Bedenken, wenn man damit zu einer schwächeren Verantwortlichkeit der Geschäftsführer kommt (vgl. § 43 Rz. 4), denn diese können sich nicht selbst von Pflichten befreien, denen sie nach dem Gesetz oder nach der Satzung unterworfen sind.

Alle Geschäftsführer müssen „ihrer" Geschäftsordnung zustimmen (*BGH* v. **31** 6.11.2018 – II ZR 11/17, NZG 2019, 225 Rz. 14 ff., MüKo GmbHG/*Stephan/Tieves* § 37 Rz. 103; Rowedder/Pentz/*Belz* § 37 Rz. 42). Zulässig erscheint der Erlass einer Geschäftsordnung durch die Geschäftsführer, wenn diese von den Gesellschaftern (mit bestimmten Vorgaben) zur Auflage gemacht worden ist (Rowedder/Pentz/*Belz* § 37 Rz. 42).

Soweit eine Regelung der Geschäftsführungsbefugnis weder in der Satzung noch **32** durch Gesellschafterbeschluss erfolgt ist, kommen die Satzungsbestimmungen über die **Vertretungsbefugnis entspr.** zur Anwendung (z.B. Einzelvertretungsbefugnis = Einzelgeschäftsführungsbefugnis, vgl. *Noack* § 37 Rz. 77). Betrachtet man diese Auslegung als Ausfluss der Satzung, dann stellt eine abw. Regelung durch die Gesellschafter eine Satzungsänderung dar, die der satzungsändernden Mehrheit bedarf (*vgl. Altmeppen* § 37 Rz. 32 f.).

Die Geschäftsordnung bedarf zwar keiner Form (*BGH* NZG 2019, 225, Rz. 17 ff.), **33** jedoch ist die schriftliche Niederlegung unbedingt anzuraten. Eine andere Frage ist, inwieweit die darauf beruhende Geschäftsverteilung nachgewiesen ist. Jedenfalls trifft den Geschäftsführer, der sich darauf beruft, die Beweislast (*BGH* NZG 2019, 225, Rz. 24). Die vom BFH (GmbHR 1989, 171) geforderte schriftliche Festlegung ist als Ausfluss der steuerlichen Besonderheiten nicht auf die zivilrechtliche Rechtslage übertragbar (*BGH* NZG 2019, 225, Rz. 24; vgl. auch MüKo GmbHG/*Fleischer* § 43 Rz. 143; vgl. auch *BGH* ZIP 1986, 1248, in der Regel schriftlich, damit die Geschäftsführer sich nicht gegenseitig die Verantwortung zuschieben können. Dieser Gefahr kann durch eine entspr. Beweislastregel begegnet werden).

VI. Wirkung der Beschränkung der Vertretungsmacht

34 **1. Grundsätzliche Unbeschränkbarkeit.** Die Vertretungsmacht der Geschäftsführer, auch der stellvertretenden (vgl. MüKo GmbHG/*Stephan/Tieves* § 37 Rz. 173), ist im Interesse der Sicherheit des Rechtsverkehrs nicht beschränkbar (Abs. 2 S. 1). Abs. 2 S. 2 gibt nur Beispiele, keine Einschränkung (vgl. *Noack* § 37 Rz. 52).

35 **2. Einschränkungen der Vertretungsmacht. – a) Wirkung im Verhältnis zu Gesellschaftern und anderen Organen.** Gesellschafter und Mitglieder anderer Organe haben die Beschränkungen der Geschäftsführungsbefugnis grds. gegen sich gelten zu lassen (*BGHZ* 38, 32; Rowedder/Pentz/*Belz* § 37 Rz. 53), jedenfalls, soweit sich diese aus der Satzung ergeben (Rowedder/Pentz/*Belz* § 37 Rz. 53). Bei durch Gesellschafterbeschluss getroffenen Beschränkungen (Ausübung der Weisungsbefugnis) kann es anders sein, wenn der Gesellschafter diese nicht kannte (vgl. *Noack* § 37 Rz. 42). Diese Grundsätze gelten auch zugunsten des Gesellschafters (z.B. bei Kündigung eines Gesellschafters als Arbeitnehmer, vgl. *BAG* GmbHR 1994, 631).

36 Ist die GmbH **Komplementärin einer GmbH & Co KG**, soll Folgendes gelten:

(1) Rechtsgeschäfte zwischen GmbH und KG: die Beschränkungen gelten und nicht nur, wenn die GmbH-Anteile in Händen der KG sind, sondern schon bei bloß weitreichender materieller Identität der Inhaberschaft. (2) Bei Rechtsgeschäften der GmbH (oder der KG, vertreten durch die GmbH) mit Kommanditisten gelten die Beschränkungen, wenn die KG Gesellschafterin der GmbH ist und Kommanditisten in der KG bestimmenden Einfluss haben (Rowedder/Pentz/*Belz* § 37 Rz. 56 f.). Meines Erachtens ist auf die formale Beteiligung abzustellen. Der Kommanditist muss die Beschränkung nicht gegen sich gelten lassen, wenn er nicht zugleich an der GmbH beteiligt ist. Auf die Beteiligung der KG an der GmbH kommt es nicht an.

37 Liegen **gemischte Rechtsgeschäfte** vor (am Rechtsgeschäft sind auch Nichtgesellschafter beteiligt, z.B., wenn Gesellschafter und Nichtgesellschafter von der GmbH ein Grundstück erwerben, dessen Veräußerung die Gesellschafter untersagt haben), dann ist das Rechtsgeschäft unwirksam (vgl. § 139 BGB).

38 Soweit die Beschränkungen nach außen wirksam werden, handelt der **Geschäftsführer ohne Vertretungsbefugnis** (§ 177 BGB). Die Gesellschafterversammlung kann das Rechtsgeschäft genehmigen (§ 177 Abs. 2 BGB).

39 **b) Missbrauch der Vertretungsmacht.** Von einem Missbrauch der Vertretungsmacht des Geschäftsführers kann gesprochen werden, wenn dieser wirksam ein Rechtsgeschäft abschließt, zu dem er nach den im Innenverhältnis gezogenen Grenzen nicht befugt ist. Die Überschreitung der dem Geschäftsführer gezogenen Grenzen stellt stets einen Missbrauch seiner Vertretungsmacht dar. Das Abstellen hierauf würde jedoch dem Grundsatz der Nichtbeschränkbarkeit der Vertretungsmacht zuwiderlau-

fen und dem Geschäftspartner die Ungewissheit über den Umfang der Geschäftsführungsbefugnis aufbürden. Zum relevanten Missbrauch und damit zur **Unwirksamkeit des Rechtsgeschäfts** wird die Überschreitung der Geschäftsführungsbefugnis erst dann, wenn auf Seiten des Vertragspartners gewisse Voraussetzungen hinsichtlich der Kenntnis bzw. der fahrlässigen Nichtkenntnis erfüllt sind. Missbrauch der Vertretungsmacht ist nach BGH erst dann gegeben, wenn der Vertragspartner der Gesellschaft weiß oder wenn es sich ihm aufdrängen musste, dass der Geschäftsführer die Grenzen überschreitet, die seiner Vertretungsbefugnis im Innenverhältnis gezogen sind (vgl. *BGH* GmbHR 1988, 260; 1996, 113; *BGH* NJW 1999, 2883; *BGH* wistra 2003, 266; vgl. auch *KG* GmbHR 1995, 52; *OLG Zweibrücken* NZG 2001, 763; vgl. auch *Noack* § 37 Rz. 73; vgl. zu den Besonderheiten bei einem Insichgeschäft *BGH* v. 18.10.2017 – I ZR 6/16, Rz. 24 ff. = NJW-RR 2018, 222). Gravierendster Fall ist die **Kollusion**, also das vorsätzliche Zusammenwirken von GFührer und Geschäftspartner zum Schaden der Gesellschaft. Ausreichend kann aber auch sein, dass der Geschäftsführer seine Befugnisse überschreitet, ohne mit dem Geschäftspartner zusammenzuwirken, und dies nach außen evident wird oder der Geschäftspartner davon Kenntnis hat (*BGH* NJW 2012, 1718, Rz. 21).

Beweisschwierigkeiten kommt der BGH dadurch entgegen, dass er aus äußeren Umständen auf die Kenntnis bzw. das Kennenmüssen schließt. Das ist z.B. der Fall, wenn die Vertragskonditionen für die Gesellschaft grob nachteilig sind oder wenn die Bestimmung der Vergütung weitgehend dem Vertragspartner der Gesellschaft überlassen ist und eine effektive Kontrolle der Höhe der Vergütung der Gesellschaft nicht möglich ist (vgl. *BGHZ* 113, 320; *BGH* GmbHR 1996, 113).

Das unter Missbrauch der Vertretungsbefugnis zustande gekommene Rechtsgeschäft **40** ist schwebend unwirksam (§§ 177 ff. BGB) und kann von der Gesellschafterversammlung oder einem anderen Geschäftsführer genehmigt werden (*OLG Zweibrücken* NZG 2001, 763). Es handelt sich nicht nur um eine Arglisteinrede der Gesellschaft, wenn sich der Geschäftspartner auf das Rechtsgeschäft beruft (so aber *KG* GmbHR 1995, 52). Darauf, ob der Geschäftsführer zum Nachteil der Gesellschaft gehandelt hat, kommt es nicht an (*BGH* GmbHR 2006, 877; *OLG Hamm* NZG 2006, 828).

c) Wirkung im Verhältnis zu Dritten (§ 137 Abs. 2). Grundsätzlich wirken Beschrän- **41** kungen der Vertretungsmacht nicht gegen Dritte (Vertragspartner), weil es für diesen praktisch undurchführbar, jedenfalls aber unzumutbar ist, im Einzelfall den Umfang der Vertretungsmacht festzustellen. Der Vertrauensschutz begrenzt aber zugleich die Anwendbarkeit. Der Zweck der Vorschrift ist jedenfalls dann nicht betroffen, wenn dem Dritten die Überschreitung des Befugnis des Geschäftsführers bekannt ist, z.B., weil der Zuständigkeitsvorbehalt (anderer Gesellschaftsorgane – Gesellschafterversammlung oder Aufsichtsrat) zum Gegenstand (Vertragsinhalt) des mit dem Dritten abgeschlossenen Rechtsgeschäfts (Wirksamkeitsbedingung) gemacht worden ist (*BGH* GmbHR 1997 837). Ob es sich bei dem entschiedenen Fall um ein eingeschränktes Vertretungsrecht handelt, erscheint zweifelhaft. Es dürfte sich vielmehr um ein bedingtes Rechtsgeschäft gehandelt haben (mit der Zustimmung als Vertragsbedingung). Unabhängig davon, wird man auch außerhalb einer Vertragsbedingung, also bei **bloßer Kenntnis** von der Beschränkung der Vertretungsmacht die Wirksamkeit des Rechtsgeschäfts verneinen müssen.

42 **d) Prozessführung.** Grundsätzlich vertritt der Geschäftsführer die Gesellschaft auch gerichtlich (§ 35 Abs. 1 S. 1); daran ändert auch § 35 Abs. 1 S. 2 nichts (*BGH* NZG 2011, 26; *K. Schmidt* GmbHR 2011, 113, 115 f., *Fest* NZG 2011, 130 f.). Beschränkungen in der Satzung haben keine Außenwirkung und führen nicht zur Klageabweisung mangels Vertretungsbefugnis. Das gilt auch für Prozesse gegen Gesellschafter (a.A. *Beise* GmbHR 1987, 259).

43 Ist die GmbH nicht ordnungsgemäß vertreten (also ohne Geschäftsführer oder Liquidator), ist sie nicht prozessfähig (§ 52 ZPO), denn sie hat – z.B. infolge Amtsniederlegung – ihren gesetzlichen Vertreter verloren. Eine gegen die Gesellschaft gerichtete Klage wäre dann mangels gesetzlicher Vertretung unzulässig (auch nach der Neufassung des § 35 Abs. 1 S. 2 seit 1.11.2008, vgl. *BFH* v. 28.8.2012 – I B 69/12, Rz. 11). Bei ursprünglicher Prozessunfähigkeit wird das Verfahren nicht unterbrochen (*OLG Hamm* GmbHR 1997, 1155). Bei fehlender Prozessfähigkeit findet § 5 HGB keine Anwendung (*OLG Hamm* GmbHR 1997, 1155).

44 Die fehlende Prozessfähigkeit hindert nicht, wirksam Berufung einzulegen (*BGH* NJW-RR 1986, 1119; *OLG Hamm* GmbHR 1997, 1155).

45 Der Geschäftsführer der GmbH ist im Prozess Partei; er kann deshalb **nicht als Zeuge** vernommen werden. Eine Amtsniederlegung zu dem Zweck, die Zeugeneigenschaft zu erlangen, ist i.d.R. rechtsmissbräuchlich (vgl. zur missbräuchlichen Abberufung *Schmitz* GmbHR 2000, 1140; *Noack* § 38 Rz. 2).

VII. Geschäftsführungsbefugnis des Arbeitsdirektors

46 In der mitbestimmten GmbH ist als gleichberechtigtes Mitglied des zur gesetzlichen Vertretung des Unternehmens befugten Organs ein Arbeitsdirektor zu bestellen (§ 33 Abs. 1 S. 1 MitbestG). Das verlangt keine Einzelgeschäftsführung. Er kann auch Mehrheitsentscheidungen unterworfen werden (*Noack* § 37 Rz. 21; *Altmeppen* § 37 Rz. 38, 32 ff.), jedoch ist ein Vetorecht anderer Geschäftsführer nicht anzuerkennen (*BGHZ* 89, 58; *Saenger/Inhester/Lücke/Simon* § 37 Rz. 30; *Noack* § 37 Rz. 20). Das Aufgabengebiet des Arbeitsdirektors muss die Angelegenheit der Belegschaft wenigstens im Kernbereich umfassen (*Noack* § 37 Rz. 20). In Einzelheiten ist vieles umstr. Auf die einschlägige Spezialliteratur wird verwiesen.

§ 38 Widerruf der Bestellung

(1) Die Bestellung der Geschäftsführer ist zu jeder Zeit widerruflich, unbeschadet der Entschädigungsansprüche aus bestehenden Verträgen.

(2) [1]**Im Gesellschaftsvertrag kann die Zulässigkeit des Widerrufs auf den Fall beschränkt werden, dass wichtige Gründe denselben notwendig machen.** [2]**Als solche Gründe sind insbesondere grobe Pflichtverletzung oder Unfähigkeit zur ordnungsmäßigen Geschäftsführung anzusehen.**

(3) [1]**Der Geschäftsführer hat das Recht, um den Widerruf seiner Bestellung zu ersuchen, wenn er wegen Mutterschutz, Elternzeit, der Pflege eines Familienangehörigen oder Krankheit seinen mit der Bestellung verbundenen Pflichten vorübergehend nicht nachkommen kann und mindestens ein weiterer Geschäftsführer bestellt ist.** [2]**Macht ein Geschäftsführer von diesem Recht Gebrauch, muss die Bestellung dieses Geschäftsführers**

1. widerrufen und dabei die Wiederbestellung nach Ablauf des Zeitraums der in § 3 Absatz 1 und 2 des Mutterschutzgesetzes genannten Schutzfristen zugesichert werden,

2. in den Fällen der Elternzeit, der Pflege eines Familienangehörigen oder der Krankheit widerrufen und dabei die Wiederbestellung nach einem Zeitraum von bis zu drei Monaten entsprechend dem Verlangen des Geschäftsführers zugesichert werden; von dem Widerruf der Bestellung kann abgesehen werden, wenn ein wichtiger Grund vorliegt.

[3]In den in Satz 2 Nummer 2 genannten Fällen kann die Bestellung des Geschäftsführers auf dessen Verlangen für einen Zeitraum von bis zu zwölf Monaten widerrufen werden. [4]§ 77a Absatz 2 findet auf Bestellungen während des Zeitraums nach den Sätzen 2 oder 3 keine Anwendung, wenn das Beteiligungsgebot ohne den Widerruf eingehalten wäre.

Übersicht

Literatur: *Blöse* Die Abberufung des GmbH-Geschäftsführers aus wichtigem Grund, GmbH-Stpr 2024, 39; *Buchner/Schlobach* Die Auswirkungen der Umwandlung von Gesellschaften auf die Rechtsstellung ihrer Organe, GmbHR 2004, 1; *Dahlbender* Freistellung und Suspendierung des GmbH-Geschäftsführers, GmbH-StB 2006, 147; *ders.* Abberufung und Kündigung von Gesellschafter-Geschäftsführern, GmbH-StB 2007, 154; *Dörrwächter* Auswirkungen des Bestellungswiderrufs nach FüPoG II auf Geschäftsführungsbefugnis, Vertretung und Haftung des Vorstands, NZG 2022, 195; *Dubovitskaya* Auszeit von Geschäftsführern nach § 38 Abs. 3 GmbHG, GmbHR 2023, 1083; *Freund* Abberufung und außerordentliche Kündigung des Geschäftsführers, GmbHR 2010, 117; *Freyler* Der gesellschaftsrechtliche Mutterschutz der GmbH-Geschäftsführerin NZG 2021, 1348; *Haertlein* Abberufung eines GmbH-Geschäftsführers aus wichtigem Grund FS Schwark 2009, S. 157; *Heller* Die Rechtsverhältnisse der GmbH nach streitiger Abberufung des Geschäftsführers, GmbHR 2002, 1227; *Holthausen* Vertrauensentzug, Abberufung, Koppelungsklausel und Kündigungsfrist im Dienstvertrag von Vorstandsmitgliedern und Geschäftsführern NZG 2022, 731; *Khatib-Shahidi/Bögner* Die rechtsmissbräuchliche oder zur Unzeit erklärte Amtsniederlegung des Geschäftsführers einer GmbH, BB 1997, 1161; *Kreklau* Abberufung des Gesellschafter-Geschäftsführers der GmbH – Probleme auch für jeden Investor?, GmbHR 2007, 365; *Kubis* Geklärte und ungeklärte Fragen bei der Geschäftsführer-Abberufung aus wichtigem Grund. Liber amicorum für Martin Winter, 2011, S. 387; *Lohr* Schutz des Geschäftsführers vor freier Abberufbarkeit – Satzungsregelungen zum Schutz vor einer vorzeitigen Abberufung, GmbH-StB 2004, 90; *ders.* Amtsniederlegung des GmbH-Geschäftsführers, GmbH-StB 2011, 59; *Lotz* Nachträglicher einstweiliger Rechtsschutz des abberufenen GmbH-Gesellschafter-Geschäftsführers, NZG 2023, 498; *Lutz* Der Gesellschafterstreit, 2. Aufl. 2011; *Morawietz* Die Abberufung des Gesellschafter-Geschäftsführers in der Zweipersonen-GmbH bei tiefgreifendem Zerwürfnis, GmbHR 2000, 637; *Schubert* Der Diskriminierungsschutz der Organvertreter und die Kapitalverkehrsfreiheit der Investoren im Konflikt, ZIP 2013, 289; *Tschöpe/Wortmann* Abberufung und außerordentliche Kündigung von geschäftsführenden Organvertretern, NZG 2009 85, 161; *van Venrooy* Der amtsunwillige GmbH-Geschäftsführer GmbHR 2011, 283; *Wachter* Amtsniederlegung von GmbH-Geschäftsführern – Zugleich Anmerkungen zu OLG Naumburg v. 28.2.2008 – 7 W 85/00, GmbHR 2001, 509, 2001, 1129; *Weber/Dahlbender* Vorzeitige Beendigung des Geschäftsführervertrages, GmbH-StB 2002, 242 mit Musterformulierungen; *Weber/Haller* Die Rechtsverhältnisse der GmbH nach streitiger Abberufung des Geschäftsführers, GmbHR 2002, 1227; *Weber/Müller* Die Beendigung des Geschäftsführervertrags, GmbH-StB 1999, 262; *Weimar/Grote* Kündigung des Geschäftsführervertrags aus wichtigem Grund, BuW 2003, 508.

I. Regelungsinhalt – Abweichende Regelung im Gesellschaftsvertrag

1 § 38 Abs. 1, 2 sind seit 1892 unverändert geblieben und regeln den Widerruf der Bestellung zum Geschäftsführer. Der (jederzeit) und ohne Begründung zulässige Widerruf (ex nunc) ist eine der Möglichkeiten der Beendigung der Organstellung. Der Widerruf lässt den davon unabhängigen Anstellungsvertrag unberührt. Dieser ist nach den dafür geltenden Regeln zu beenden (vgl. Rz. 8). Durch das FüPoG II wurde § 38 um Abs. 3 ergänzt, der dem Geschäftsführer das Recht einräumt, in bestimmten Situationen (Schwangerschaft, Elternzeit, Krankheit, Pflege von Familienangehörigen) Widerruf der Bestellung und anschließend Wiederbestellung zu verlangen.

2 Der Gesellschaftsvertrag kann den gesetzlichen Normalfall des jederzeitigen Widerrufs auf den Fall beschränken, dass ein wichtiger Grund vorliegt. Das Gesetz nennt als Beispiele grobe Pflichtverletzung oder Unfähigkeit zur ordnungsgemäßen Geschäftsführung (Abs. 2 S. 2). Auch das AGG kann nach – umstrittener – Rechtsprechung des EuGH im Einzelfall die jederzeitige Abberufbarkeit einschränken (*EuGH* v.

M. Schmitt

11.11.2010 – C-232/09 – *Danosa* = NJW 2011, 2343); dazu *Fischer* NJW 2011, 2329 *Schubert* ZIP 2013, 289; vgl. *Noack* § 38 Rz. 26: einschränkende Anwendung der EuGH-Rechtsprechung auf Kündigung des Anstellungsverhältnisses geboten (nicht auf Abberufung), vgl. i.Ü. *BGH* GmbHR 2012, 845).

Für die Abberufung aus wichtigem Grund macht es keinen Unterschied, ob es sich um **3** einen Fremdgeschäftsführer oder um einen Gesellschafter-Geschäftsführer handelt. Auch der durch statutarisches Sonderrecht berufene Geschäftsführer kann aus wichtigem Grund abberufen werden.

Für die mitbestimmte GmbH gelten Sonderregelungen (vgl. Rz. 62). **4**

II. Beendigung der Geschäftsführerstellung aus allgemeinen Gründen

Die Geschäftsführerstellung endet bei Eintritt bestimmter Voraussetzungen bzw. **5** Ereignisse:

1. Tod des Geschäftsführers. Die Geschäftsführerstellung ist als höchstpersönliches **6** Recht nicht vererblich, so dass sie nicht auf einen Erben übergehen kann. Der Tod des Geschäftsführers hat die Beendigung des Amts zur Folge. Das gilt auch dann, wenn es sich um Sonderrecht des Gesellschafters handelt (MüKo GmbHG/*Stephan*/*Tieves* § 38 Rz. 75). Im Gesellschaftsvertrag kann ein Anspruch des Erben auf Einräumung der Geschäftsführerstellung begründet werden.

2. Ablauf der Befristung der Geschäftsführerstellung. Bei befristeter Bestellung **7** endet das Geschäftsführeramt mit Ablauf der bestimmten Zeit (z.B. Erreichung eines bestimmten Lebensalters). Die Befristung kann sich aus der Satzung oder aus dem Bestellungsakt ergeben. Sonderregelungen gelten für die mitbestimmte GmbH (vgl. Rz. 62).

3. Beendigung des Anstellungsverhältnisses. Anstellungsverhältnis und Organstel- **8** lung sind getrennt voneinander zu betrachten. Die Beendigung des Anstellungsvertrags hat grds. **keine** Auswirkungen auf Organstellung (sog. **Trennungstheorie**, st. Rspr. *BGH* NJW 1984, 733; *BGH* NJW 2011, 920; *BGH* NJW 2010, 2343; *BGH* NJW 1981, 757; *BAG* NJW 1999, 3096; MüKo GmbHG/*Jaeger*/*Steinbrück* § 35 Rz. 254, 255; *Noack* § 38 Rz. 95). Auslegung kann ergeben, dass mit der Kündigung auch die Abberufung gewollt ist (soweit die Voraussetzungen der außerordentlichen Kündigung gegeben sind). Die Abberufung wandelt jedenfalls den Anstellungsvertrag des Geschäftsführers nicht **per se** in einen Arbeitsvertrag; Umstände können aber nahelegen, dass Gesellschaft Änderungskündigung gerichtet auf Vertragsanpassung erreichen wollte. Amtsniederlegung durch Geschäftsführer enthält u.U. nach §§ 133, 157 BGB i.d.R. auch Kündigungserklärung (*BGH* NJW 1978, 1435; vgl. *Noack* § 38 Rz. 96). „Kopplung" der beiden Rechtsverhältnisse ist grds. zulässig, vgl. § 35 Rz. 208.

4. Wegfall der gesetzlichen Eignungsvoraussetzungen. Als gesetzliche Beendigungs- **9** gründe kommen z.B. in Betracht: der Wegfall der Geschäftsfähigkeit (§ 6 Abs. 2) oder der Eintritt gesetzlicher Ausschließungsgründe (z.B. Rechtskraft eines Strafurteils wegen einer Insolvenzstraftat; vgl. *Noack* § 6 Rz. 17). Die Organstellung endet ohne weiteres mit Eintritt des Grundes (*OLG Düsseldorf* GmbHR 1994, 114). Eine Aufenthaltsbefugnis ist nicht erforderlich, vgl. *OLG München* NZG 2010, 157; *Noack* § 6 Rz. 11; Saenger/Inhester/*Lücke*/*Simon* § 38 Rz. 105).

10 **5. Beendigung durch vertragliche Aufhebung.** Sie ist auch dann zulässig, wenn die Satzung für die Abberufung einen wichtigen Grund verlangt.

11 **6. Beendigung bei Verschmelzung/Formwechsel.** Die Organstellung des Geschäftsführers der übertragenden GmbH endet mit dem Erlöschen der übertragenden GmbH. Das ist der Zeitpunkt der Eintragung der Verschmelzung in das HR (§ 20 Abs. 1 Nr. 2 UmwG). Ohne Auswirkung für die Organstellung bleibt es bei der Abspaltung und Ausgliederung (vgl. *Buchner/Schlobach* GmbHR 2004, 1; *Altmeppen* § 6 Rz. 177).

12 **7. Amtsniederlegung. – a) Zulässigkeit der Amtsniederlegung.** Die Amtsniederlegung ist grds. jederzeit, fristlos und ohne Angabe eines wichtigen Grundes zulässig, vgl. *BGHZ* 121, 257 = *BGH* NJW 1993, 1198, 1199; NJW 1980, 2415; *OLG Düsseldorf* GmbHR 2015, 1271, 1272; *BFH* v. 28.8.2012 – I B 69/12, Rz. 16 (eine Ausnahme gilt für den Fall, dass die Geschäftsführung als Nebenleistungspflicht (§ 3 Abs. 2) im Gesellschaftsvertrag begründet worden ist, vgl. *OLG Hamm* GmbHR NZG 2002, 421).

Die Amtsniederlegung wirkt aus Gründen der Rechtssicherheit grds. sofort (*Khatib-Shahidi/Bögner* BB 1997, 1161); das gilt auch für den Fall, dass sie nicht auf einen wichtigen Grund gestützt wird (*BGHZ* 121, 257 = NJW 1993, 1198; *BGH* NJW 1995, 2850; *OLG Frankfurt* GmbHR 1993, 38: jedenfalls für eine GmbH mit mehreren Geschäftsführern). Der BGH hat die Frage offengelassen, ob das auch dann gilt, wenn die Satzung nur die Abberufung aus wichtigem Grunde vorsieht. Da eine solche Satzungsbestimmung dem Schutz des Geschäftsführers dient, ist kein Argument ersichtlich, ihn auch zu seinem Nachteil daran festzuhalten (Einzelheiten str., vgl. *MüKo GmbHG/Stephan/Tieves* § 38 Rz. 61; *Noack* § 38 Rz. 74 ff.). Die Amtsniederlegung berührt regelmäßig nicht das (fortbestehende) Sonderrecht des Gesellschafters zur Geschäftsführung (Auslegungsfrage – *OLG Düsseldorf* GmbHR 2007, 91). Ob eine Verpflichtung zur Geschäftsführung sich nur aus einer Nebenleistungsverpflichtung nach § 3 Abs. 2 GmbHG ergeben kann (so *OLG Hamm* NZG 2002, 421), erscheint zweifelhaft.

13 In Ausnahmefällen kann die Amtsniederlegung **rechtsmissbräuchlich** sein, z.B. wenn sie zur Unzeit erfolgt (vgl. *BFH* v. 28.8.2012 – I B 69/12, Rz. 16 f.; *OLG Bamberg* ZIP 2017, 1466; *OLG Hamm* GmbHR 1989, 35; *BayObLG* GmbHR 1992, 671; *BGH* GmbHR 1993, 216; *OLG Koblenz* GmbHR 1995, 31; offen gelassen *BGHZ* 121, 257) oder (im Allg.) wenn der Alleingesellschafter und Alleingeschäftsführer nicht gleichzeitig einen neuen Geschäftsführer bestellt (*BayObLG* GmbHR 1999, 980; *OLG Düsseldorf* GmbHR 2001, 144; *OLG Köln* GmbHR 2008, 544; *OLG Bamberg* ZIP 2017, 1466). Dasselbe soll gelten, wenn die GmbH zwei Geschäftsführer hat, die auch die alleinigen Gesellschafter sind, und die zugleich ihr Amt niederlegen (*KG* GmbHR 2001, 147).

Dass die GmbH durch die Amtsniederlegung handlungsunfähig wird, reicht allein nicht aus, sie für missbräuchlich zu erklären (str.). Eine Ausnahme kann allerdings bestehen, wenn die GmbH dadurch handlungsunfähig wird und sich in einer Krise befindet (vgl. *BFH* v. 28.8.2012 – I B 69/12, Rz. 16 f.).

Wenn die Missbräuchlichkeit auch nicht dadurch ausgeschlossen wird, dass der Geschäftsführer über längere Zeit kein Entgelt erhalten hat, so kann man wohl davon ausgehen, dass die Amtsniederlegung des Alleingesellschafters und Alleingeschäfts-

M. Schmitt

führers grds. als missbräuchlich anzusehen ist (vgl. *OLG Zweibrücken* GmbHR 2006, 430; *OLG Düsseldorf* v. 17.12.2010 – 25 Wx 56/10 m.w.N. zum Streitstand; *OLG Bamberg* ZIP 2017, 1466). Gegen diese Auffassung werden in der Literatur tlw. Bedenken geäußert (vgl. auch *Hohlfeld* GmbHR 2001, 145; zu den Rechtsfolgen: MüKo GmbHG/*Stephan/Tieves* § 38 Rz. 67; *Noack* § 38 Rz. 75: trotzdem wirksam).

Die Amtsniederlegung ist – als einseitige, empfangsbedürftige Willenserklärung, die **14** auch bedingt oder befristet abgegeben werden kann (*BGH* GmbHR 2003, 544) – ggü. dem Organ abzugeben, das die Bestellung vornimmt (i.d.R. also die Gesellschafterversammlung, keinesfalls ein anderer Geschäftsführer (*OLG Düsseldorf* GmbHR 2005, 932; *OLG Hamm* NZG 2010, 1114); str. *OLG Frankfurt* WM 1983, 1025; *OLG Naumburg* GmbHR 2001, 569; abl. *KG* GmbHR 2012, 795). Einzelheiten sind str.; nach wohl überwiegender Ansicht genügt die Erklärung ggü. einem Gesellschafter, wenn diese den anderen Gesellschaftern zur Kenntnis gebracht wird (*BGH* NJW-RR 2011, 1184; *BGH* GmbHR 2002, 27; *BGH* GmbHR 1993, 217; Rowedder/Pentz/*Belz* § 38 Rz. 36; *Noack* § 38 Rz. 75; MüKo GmbHG/*Stephan/Tieves* § 38 Rz. 68). Nach strengerer Auffassung muss Erklärung in – beschlussfähiger – Gesellschafterversammlung abgegeben werden bzw. außerhalb der Gesellschafterversammlung gegenüber allen Gesellschaftern (*OLG Düsseldorf* NJW-RR 2005, 1199; *Altmeppen* § 38 Rz. 77; *Schuhmann* NZG 2002, 706, 707; wohl auch *Schneider/Schneider* NZG 2002, 43, 45 (Anm. zu *BGH* v. 17.9.2001 – II ZR 378/99).

Die Erklärung bedarf keiner Form und keiner Begründung; sie kann deshalb auch **15** mündlich abgegeben werden (*BGHZ* 121, 262; *Lohr* RNotZ 2002, 164, 165). Zur Auslegung der Erklärung vgl. *BGH* GmbHR 2003, 544; *OLG Naumburg* GmbHR 2002, 1237. Ob mit der Amtsniederlegung auch die Kündigung des Anstellungsvertrags verbunden sein kann, ist Auslegungsfrage (*OLG Düsseldorf* v. 26.9.2006 – 3 Wx 77/06).

Die Amtsniederlegung kann stillschweigend rückgängig gemacht werden (*BGH* **16** GmbHR 1997, 26; *LG Stendal* GmbHR 2000, 88; vgl. auch *BFH* BStBl. II 1985, S. 566; a.A. *Lohr* RNotZ 2002, 164, 170: konkludente Neubestellung).

b) Schadensersatzpflicht des Geschäftsführers? Die Wirksamkeit der Amtsniederlegung beantwortet die Frage nicht, inwieweit der Geschäftsführer seine (vertraglichen) **17** Pflichten verletzt und sich deshalb schadensersatzpflichtig macht. Grundsätzlich ist der Geschäftsführer nach dem Anstellungsvertrag zur Geschäftsführung verpflichtet. Kommt er dieser Verpflichtung nicht nach, macht er sich bei schuldhaftem Handeln wegen positiver Vertragsverletzung schadensersatzpflichtig (*BGHZ* 78, 82; 121, 257; *OLG Koblenz* GmbHR 1995, 780, *Noack* § 38 Rz. 78; *Lohr* RNotZ 2002, 164, 171). Schuldhaft handelt der Geschäftsführer i.d.R., wenn für die Amtsniederlegung kein wichtiger Grund vorliegt (*BGHZ* 78, 92; vgl. *Noack* § 38 Rz. 79).

Von einer Ersatzpflicht kann sich der Geschäftsführer im Allgemeinen nur befreien, **18** wenn er sich gleichzeitig aus dem Anstellungsvertrag löst bzw. lösen kann.

8. Beendigung der Notgeschäftsführung. Das Amt des Notgeschäftsführers endet **19** ohne weiteres mit der Behebung des Mangels (die Gesellschafterversammlung bestellt die nach der Satzung erforderliche Anzahl von Geschäftsführern) bzw. mit der Erledigung der zugewiesenen Aufgabe (MüKo GmbHG/*Stephan/Tieves* § 35 Rz. 78). Zur Abberufung nach Abs. 1 oder Abs. 2 vgl. Rz. 39 f.

M. Schmitt

20 **9. Beendigung durch Bedingungseintritt.** Die Bestellung zum Geschäftsführer kann nach wohl überwiegender Ansicht mit einer (auflösenden) Bedingung versehen werden (*BGH* v. 24.10.2005 – II ZR 55/04, NZG 2006, 63; *OLG Stuttgart* v. 11.2.2004 – 14 U 58/03; *Noack* § 38 Rz. 81; MüKo GmbHG/*Stephan*/*Tieves* § 38 Rz. 74). Der Auffassung des BGH ist zuzustimmen; denn die Geschäftsführerbestellung gehört nicht zu den bedingungsfeindlichen Rechtsgeschäften und sie berührt auch die Belange der Rechtssicherheit nicht in stärkerem Maße als in anderen Fällen der Abberufung von Geschäftsführern. Auch Gläubigerschutz und die berechtigten Interessen der Gesellschafter stehen einer Bestellung zum Geschäftsführer unter einer auflösenden Bedingung nicht entgegen. Die (zunächst) fortbestehende Eintragung als Geschäftsführer im Handelsregister schützt den Rechtsgeschäftspartner (§ 15 HGB). Die Bestellung zum Geschäftsführer unter einer (auflösenden) Bedingung ist nicht eintragungsfähig (*BGH* NZG 2006, 63). Mit dem Eintritt der Bedingung wird der Geschäftsführer zum faktischen Geschäftsführer.

21 Zweifelsfragen (z.B. ob die Bedingung eingetreten ist) lassen sich nur in einem Feststellungsverfahren (§ 256 ZPO), nicht durch Anfechtung des Gesellschafterbeschlusses über die bedingte Geschäftsführerbestellung klären; denn der Gesellschafterbeschluss ist wirksam zustande gekommen (soweit nicht andere Mängel dem Beschluss anhaften). Die Streitfrage betrifft nur den Inhalt des Beschlusses.

22 Die (auflösende) Bedingung kann mit einer Befristung verbunden werden, z.B. dergestalt, dass die Bestellung erst bestimmte Zeit nach Eintritt der Bedingung endet.

23 Die Feststellungsklage wirkt nur zwischen den Prozessparteien. Erforderlich ist rechtliches Interesse an der Feststellung (*BGH* WM 1990, 2130). Die Feststellungsklage kann auch zwischen Gesellschaftern erhoben werden, auch wenn die Gesellschaft von der Rechtskraft nicht erfasst wird (*BGH* GmbHR 1990, 343; *BGH* GmbHR 1993, 216).

24 Die Feststellungsklage kann auch von einem Geschäftsführer erhoben werden (vgl. *BGH* NZG 2005, 714), wenn er ein Interesse an der Feststellung hat, dass seine Geschäftsführerstellung noch besteht (wenn dies von anderer Seite bestritten wird) oder nicht mehr besteht (wenn der Geschäftsführer selbst ein Interesse an der Beendigung hat).

III. Beendigung der Organstellung durch Abberufung

25 **1. Der Grundsatz der freien Abberufbarkeit – Abberufungsorgan.** Die Bestellung zum Geschäftsführer (die Organstellung) ist jederzeit widerruflich (vgl. *BAG* GmbHR 2008, 430). Zum Schutz der Geschäftsführer vor freier Abberufbarkeit vgl. *Lohr* GmbH-StB 2004, 90. Die Abberufung fällt in die Zuständigkeit der Gesellschafterversammlung (§ 46 Nr. 5), sofern nicht der Gesellschaftsvertrag ein anderes Organ (Aufsichtsrat, Beirat, auch einem Gesellschafter kann ein solches Recht eingeräumt werden) bestimmt. Daran ändert die Eröffnung des Insolvenzverfahrens über das Vermögen einer GmbH nichts; die Gesellschafterversammlung behält das Recht, den oder die Geschäftsführer abzuberufen (*BGH* NZG 2007, 231 Rz. 21; *BGH* v. 24.3.2016 – IX ZB 32/15, Rz. 19). I.d.R. wird man annehmen können, dass die übertragene Zuständigkeit zur Bestellung auch zur Abberufung ermächtigt (*OLG Düsseldorf* GmbHR 1990, 219; *Noack* § 38 Rz. 29; Rowedder/Pentz/*Ganzer* § 46 Rz. 48). Für einen in die Insolvenzmasse fallenden Geschäftsanteil kann der Insolvenzverwalter auch die Abberufung des Geschäftsführers mitbeschließen (*AG Berlin-Charlottenburg* GmbHR 1996, 620).

Ist das zuständige Organ handlungsunfähig, so lebt, wenn Zuwarten nicht zumutbar   **26**
ist, die Zuständigkeit der Gesellschafterversammlung wieder auf (*BGHZ* 12, 340, vgl.
Noack § 38 Rz. 29).

Haben bestimmte Gesellschafter ein Benennungs- oder Präsentationsrecht, so können   **27**
sie auch zur Abberufung die Zustimmung der anderen Gesellschafter verlangen
(*BGH* GmbHR 1990, 76; *Cramer* NZG 2011, 171). Zur prozessualen Geltendmachung
vgl. § 46 Rz. 54. Das Recht des Gesellschafters oder Gesellschafterstammes kann auch
so gestaltet sein, dass er unmittelbar zur Bestellung allein berechtigt ist (Bestellungsrecht, Abberufungsrecht). Dann wird die Bestellung bzw. Abberufung mit der Erklärung durch den berechtigten Gesellschafter (Gesellschafterstamm) wirksam (vgl.
OLG Düsseldorf GmbHR 1990, 220). Die verpflichteten Gesellschafter können die
Zustimmung verweigern, wenn das vorrangige Interesse der Gesellschaft entgegensteht (*OLG Düsseldorf* GmbHR 1990, 220). Das Abberufungsrecht betrifft auch den
„eigenen" Geschäftsführer.

Soweit eine Sonderregelung nicht besteht, steht das Abberufungsrecht der Gesamt-   **28**
heit der Gesellschafter (Gesellschafterversammlung) zu. Der einzelne Gesellschafter
hat auch dann kein Abberufungsrecht, wenn mit dem Verbleiben des Geschäftsführers Gefahr im Verzug ist (*OLG Hamburg* BB 1954, 978; *Altmeppen* § 38 Rz. 11).

Die vorherige Anhörung ist zur Wirksamkeit der Abberufung nicht erforderlich   **29**
(Goette/*Goette* Die GmbH, § 8 Rz. 30; *Noack* § 38 Rz. 33; diff. MüKo GmbHG/*Stephan*/*Tieves* § 38 Rz. 29–31; vgl. auch *BGH* GmbHR 1960, 220).

Der Abberufung steht es nicht entgegen, dass kein vertretungsberechtigter Geschäfts-   **30**
führer mehr vorhanden ist (auch der einzige Geschäftsführer kann abberufen werden,
ohne gleichzeitig einen neuen zu bestellen).

Die Wirkung der Abberufung tritt ex nunc ein (die Gesetzesformulierung „widerruf-   **31**
lich", eine rückwirkende Aufhebung andeutend, ist insoweit ungenau), soweit nicht
ein anderer Zeitpunkt bestimmt ist. Denkbar ist z.B. die Abberufung ab einem
bestimmten Zeitpunkt. Die Abberufung wird mit Zugang des Abberufungsbeschlus-
ses wirksam; eine besondere Form ist nicht erforderlich (*BGH* GmbHR 1969, 287;
OLG Düsseldorf GmbHR 2004, 420).

Die Abberufung ist **rechtsmissbräuchlich**, wenn diese nur erfolgt, um den Geschäfts-   **32**
führer als Zeugen in einem Prozess zur Verfügung zu haben (vgl. *Schmitz* GmbHR
2000, 1140; *Noack* § 38 Rz. 2). Sie ist ferner rechtsmissbräuchlich, wenn der alleinige
Gesellschafter-Geschäftsführer nicht zugleich einen neuen Geschäftsführer bestellt
oder die Abberufung aus wichtigem Grund erfolgt (*OLG Zweibrücken* GmbHR 2006,
430 in Übereinstimmung mit der Rechtsprechung zur Amtsniederlegung, vgl. Rz. 12).

Ist der Geschäftsführer zugleich Gesellschafter, können sich Beschränkungen der   **33**
freien Abberufbarkeit unter dem Gesichtspunkt von Treuebindungen ergeben, auch
wenn die Satzung dies nicht ausdrücklich vorsieht (*BGH* GmbHR 1998, 374;
OLG Zweibrücken NZG 2003, 932). Dabei dürfen die Anforderungen nicht auf das
Vorliegen eines wichtigen Grundes gesteigert werden. Es genügt das Vorliegen eines
sachlichen Grundes, der einen verständigen Entscheidungsträger zur Abberufung veranlassen würde (*BGH* GmbHR 1998, 374; *OLG Zweibrücken* NZG 2003, 932), z.B.
Krankheit über fünf Monate (*OLG Zweibrücken* NZG 2003, 932; vgl. auch *Kreklau*
GmbHR 2007, 365).

34 **2. Beschränkung der Abberufbarkeit auf wichtige Gründe durch die Satzung – Vorliegen wichtiger Gründe.** Abs. 1 enthält keine zwingende Regelung. Die Satzung kann jede Einschränkung festlegen, ausgenommen die Abberufung aus wichtigem Grund (vgl. *BGH* NJW 1969, 1483). Zwischen der freien Abberufung nach Abs. 1 und der Beschränkung auf wichtige Gründe (Abs. 2) bleibt Raum für gesellschaftsvertragliche Regelungen, z.B. Beschränkung auf sachliche Gründe, die sich (noch) nicht zu einem wichtigen Grund verdichtet haben (vgl. *Haase* GmbHR 2003, 103). Nach allg. Ansicht kann die Beschränkung auf wichtige Gründe nur in der Satzung vorgenommen werden (*BGH* GmbHR 2003, 101; *Noack* § 38 Rz. 29). Etwas anderes kann aber gelten, wenn die Gesellschafter außerhalb der Satzung diesbezügliche Bindungen (z.B. Abberufung nur mit Zustimmung des Geschäftsführers) eingegangen sind (vgl. *BGH* GmbHR 1987, 96). Eine Abberufung entgegen einer entspr. Beschränkung im Anstellungsvertrag macht die Gesellschaft schadensersatzpflichtig. Eine Umgehung des § 38 ist in einer solchen Zusage nicht zu sehen. Für die Möglichkeit der Einschränkung der Abberufbarkeit macht es keinen Unterschied, ob es sich um Fremdgeschäftsführer oder um Gesellschafter-Geschäftsführer handelt (Rowedder/Pentz/*Belz* § 38 Rz. 9; vgl. bereits *BGH* GmbHR 1989, 78).

35 Ein wichtiger Grund ist gegeben, wenn der weitere Verbleib des Geschäftsführers in seinem Amt der Gesellschaft und den Gesellschaftern bei Würdigung aller Umstände unter Berücksichtigung der widerstreitenden Interessen nicht länger zugemutet werden kann, insb. aufgrund grober Pflichtverletzungen (*BGH* GmbHR 1985, 256, 258; *BGH* v. 4.4.2017 – II ZR 77/16; *OLG Hamburg* GmbHR 1992, 45; *Noack* § 38 Rz. 111 ff.). Gefordert ist ein Abwägen aller Umstände, die für die Frage der Zumutbarkeit oder Unzumutbarkeit einer Weiterbeschäftigung in Betracht kommen (*BGH* GmbHR 1985, 259; *BGH* v. 4.4.2017 – II ZR 77/16); das ist Aufgabe des Tatrichters. Das Revisionsgericht kann dessen tatrichterliche Wertung nur daraufhin überprüfen, ob der Rechtsbegriff des wichtigen Grundes richtig erkannt und die Grenzen des dem Tatrichter eingeräumten Ermessens bei der Würdigung des von ihm festgestellten Sachverhalts eingehalten worden sind; ein Ermessensfehler liegt insbesondere dann vor, wenn wesentliche Tatsachen außer Acht gelassen oder nicht vollständig gewürdigt worden sind (*BGH* ZIP 2008, 684, Rz. 2; *BGH* v. 4.4.2017 – II ZR 77/16, Rz. 17). Das Gesetz nennt als wichtigen Grund grobe Pflichtverletzung und Unfähigkeit zur ordnungsgemäßen Geschäftsführung. Ein wichtiger Grund setzt nicht notwendigerweise pflichtwidriges oder schuldhaftes Verhalten voraus (*BGH* GmbHR 1992, 38; 1992, 299; *OLG Düsseldorf* GmbHR 1994, 884; Habersack/Casper/Löbbe/*Paefgen* § 38 Rz. 36; *Altmeppen* § 38 Rz. 38). Auch ein Schaden der Gesellschaft wird nicht vorausgesetzt (*OLG Hamm* GmbHR 1985, 119).

36 Ein Zerwürfnis unter den Geschäftsführern stellt einen wichtigen Grund dar, wenn der Geschäftsführer durch sein – nicht notwendigerweise schuldhaftes – Verhalten dazu beigetragen hat und eine gedeihliche Zusammenarbeit nicht mehr zu erwarten ist (*BGH* GmbHR 1992, 300; vgl. auch *OLG Düsseldorf* GmbHR 1994, 884). Es muss nicht notwendigerweise der Schuldige abberufen werden, wenn die Interessen der Gesellschaft das erfordern (vgl. *Noack* § 38 Rz. 12 m.w.N.; *OLG Stuttgart* NZG 2002, 971 für eine kleine AG).

Einzelfälle eines wichtigen Grundes: 37

Tätlichkeit ggü. Mitarbeitern (*OLG Stuttgart* GmbHR 1995, 229); **Fälschung von Abrechnungsbelegen**, auch wenn der Gesellschaft dadurch kein Vermögensschaden entstanden ist (*OLG Hamm* GmbHR 1985, 119); **langjährige Bilanzmanipulationen und Steuerhinterziehung** (*OLG Düsseldorf* GmbHR 1992, 670); nachhaltige und andauernde **Widersetzlichkeit ggü.** Weisungen der Gesellschafter; schwerer Vertrauensbruch (*BGH* GmbHR 1968, 141); andauernde **Krankheit**, Geistesschwäche oder Drogenabhängigkeit (*BAG* NJW 1968, 1693; *OLG Zweibrücken* NZG 2003, 932; *Picker* GmbHR 2011, 629; *vgl.* auch BeckOGK GmbHG/*Dubovitskaya* § 38 Rz. 103); **Beleidigung** ggü. Mitarbeitern, Gesellschaftern oder Kunden (vgl. *BGH* WM 1984, 29); **Verlust des Vertrauens** von Kunden, Kreditgebern u.a. (MHLS/*Terlau* § 38c); Annahme von **Schmiergeldern** bzw. Bestechlichkeit (*OLG Hamm* GmbHR 1985, 119; *Noack* § 38 Rz. 9–12; vgl. hierzu auch *OLG Düsseldorf* GmbHR 2000, 669); nachhaltige Verstöße gegen **Wettbewerbsverbot** (*OLG Karlsruhe* v. 25.6.2008 – 7 U 133/07, NZG 2008, 785); ggf. **Überschuldung**, jedoch nur bei Hinzutreten weiterer Umstände, bspw. wenn dies sich gleichzeitig als Ausdruck unordentlichen Wirtschaftens darstellt (z.B. Spielschulden oder sonstiges leichtfertiges Finanzgebaren, wobei Spielleidenschaft schon für sich einen wichtigen Grund abgeben kann, wenn es für die GmbH darauf ankommt, in der öffentlichen Meinung Seriosität zu zeigen). Das ist insb. der Fall, wenn die Rückzahlung (Tilgung und Zinsen) nicht mehr gewährleistet ist, insb. in der Insolvenz, oder bei sonstigen Unredlichkeiten (str. a.A. die h.M., vgl. WM 1960, 291; vgl. auch *OLG Hamburg* BB 1954, 978; *OLG Düsseldorf* NZG 2000, 1044; *Noack* § 38 Rz. 13–16). Eröffnung des Verbraucherinsolvenzverfahrens (*OLG Stuttgart* GmbHR 2004, 1259; *OLG Stuttgart* GmbHR 2006, 1258; *OLG Hamm* GmbHR 2016, 1154; zust. *Dollmann* GmbHR 2006, 1269; diff. MüKo GmbHG/*Stephan*/*Tieves* § 38 Rz. 107). Entscheidend sind letztlich die Umstände des Einzelfalls (vgl. *Noack* § 38 Rz. 6). Vertrauensverlust ist grds. kein wichtiger Grund, weil das auf die Zulässigkeit der freien Abberufbarkeit hinauslaufen würde (*OLG Köln* GmbHR 1989, 79; bej. *OLG Hamm* (8. Zivilsenat) v. 25.7.2016 – 8 U 160/15; im Schrifttum umstr., vgl. *Altmeppen* § 38 Rz. 41: nur bei Vertrauensverlust, dem sachliche Gründe zugrunde liegen). Beim beherrschenden Gesellschafter-Geschäftsführer kann Vertrauensverlust beim Minderheitsgesellschafter nicht zur Abberufung führen, weil er (da der Geschäftsführer von der Abstimmung ausgeschlossen ist) sonst jederzeit durch den Minderheitsgesellschafter abberufen werden könnte; **Verluste der Gesellschaft** über einen längeren Zeitraum bzw. Gewinne, die unter dem Branchendurchschnitt liegen, rechtfertigen allein nicht die Annahme der Ungeeignetheit des Geschäftsführers (*OLG Köln* GmbHR 1989, 79, *Noack* § 38 Rz. 16). Zu berücksichtigen sind besondere Umstände, insb. inwieweit die Gesellschafter selbst durch Bestimmung der Geschäftspolitik bzw. durch Weisungen negativen Einfluss genommen haben; Spesenbetrug (*KG* GmbHR 2001; 925). Auch das Verlangen eines Dritten (z.B. der Hausbank, die die Verlängerung eines Kredits von der Abberufung abhängig macht, zumindest bei Insolvenzreife der Gesellschaft) auf Abberufung kann ein wichtiger Grund sein (*BGH* NZG 2007, 1890 für die AG; vgl. auch *Fischer* DStR 2006, 1507); Kündigung wegen Verletzung der Insolvenzauftragspflicht (*BGH* NZG 2008, 148).

3. Zuständigkeit. Die Abberufung kann allein von der Gesellschafterversammlung 38 bzw. dem in der Satzung hierfür bestimmten Organ (z.B. Aufsichtsrat, vgl. *BGH* GmbH 20004, 259) vorgenommen werden (auch im Insolvenzverfahren, vgl. *BGH*

NZG 2007, 231, Rz. 21; *BGH* v. 24.3.2016 – IX ZB 32/15, Rz. 19). Das Gericht ist hierzu nicht befugt. § 29 BGB gibt nur das Recht, einen Notgeschäftsführer zu bestellen (vgl. *OLG Frankfurt* NJW 1966, 504). § 66 Abs. 3 (Abberufung eines Liquidators durch das Gericht) ist wegen des Ausnahmecharakters dieser Bestimmung nicht anwendbar. Auch die analoge Anwendung der §§ 117, 127 HGB ist nach der h.M. ausgeschlossen (vgl. *BGHZ* 86, 1180; *OLG Hamburg* GmbHR 1992, 45; *BayObLG* GmbHR 1998, 1126).

IV. Nachschieben von Gründen im Prozess – Aufrechterhaltung als Abberufung ohne wichtigen Grund – Verwirkung

39 **1. Nachreichen von Gründen im Prozess – Aufrechterhaltung als Abberufung ohne wichtigen Grund.** Hat die Gesellschaft die Abberufung auf bestimmte wichtige Gründe beschränkt, so kann sie weitere Gründe später nachschieben (z.B. wenn zu erkennen ist, dass die bisher angeführten Gründe die Abberufung nicht tragen). Voraussetzung hierfür ist ein **zusätzlicher Beschluss** der Gesellschafterversammlung, wenn das im Prozess handelnde Organ nicht das ist, das über die Abberufung befinden muss (*BGHZ* 60, 335; *OLG Zweibrücken* NZG 2003, 932; *BGH* GmbH 2004, 184; MüKo GmbHG/*Stephan/Tieves* § 38 Rz. 185). In der Zweimann-Gesellschaft ist ein weiterer Gesellschafterbeschluss nicht erforderlich, wenn es um die Abberufung des anderen Gesellschafter-Geschäftsführer geht und der Gesellschafter, der den Abberufungsbeschluss gefasst hat, derjenige ist, der die Gesellschaft in dem über die Wirksamkeit der Abberufung geführten Rechtsstreit vertritt (*BGH* GmbHR 1992, 39; *Noack* § 38 Rz. 18).

40 Liegen Gründe für eine Abberufung aus wichtigem Grunde nicht vor, kann in den Fällen, in denen die Abberufung nicht auf wichtige Gründe beschränkt ist, eine Aufrechterhaltung der Abberufung ohne wichtigen Grund in Betracht kommen; denn die Gesellschafter, die aus wichtigem Grunde abberufen, wollen regelmäßig auch die an weniger Voraussetzungen geknüpfte Abberufung ohne wichtigen Grund (*BGH* GmbHR 1985, 256). Voraussetzung ist, dass ein entsprechender Gesellschafterbeschluss gefasst wurde. Die Mehrheit für eine Abberufung aus wichtigem Grunde rechtfertigt nicht ohne weiteres die Abberufung ohne wichtigen Grund; denn bei dieser Abstimmung ist der abzuberufende Gesellschafter-Geschäftsführer nicht von der Abstimmung ausgeschlossen. Wenn eine Mehrheit für eine Abberufung ohne wichtigen Grund zustande kommt, sollte, insb. bei Nachweisschwierigkeiten für einen wichtigen Grund, auf eine ausdrückliche Abberufung aus wichtigem Grunde verzichtet werden.

41 **2. Verwirkung.** Das Recht auf Abberufung aus wichtigem Grunde kann nach allg. Grundsätzen verwirkt werden, wenn die Gesellschaft die Umstände, die die Abberufung begründen, über längere Zeit hinweg nicht zum Anlass nimmt, die Abberufung auszusprechen und der Geschäftsführer auf Grund dieses Verhaltens der Gesellschaft nach Treu und Glauben annehmen durfte, sie wolle auf diese Umstände nicht mehr zur Begründung einer Abberufung zurückkommen (*BGH* GmbHR 1992, 38; *Altmeppen* § 38 Rz. 45).

V. Rechtsfolgen der Beendigung der Organstellung

1. Beendigung der Geschäftsführungs- und Vertretungsbefugnis. Mit der rechtswirk- **42** samen Erklärung der Abberufung endet die Geschäftsführungs- und Vertretungsbefugnis des Geschäftsführers (*OLG Düsseldorf* GmbHR 2003, 421). Das gilt auch dann, wenn die Abberufung noch nicht im HR eingetragen ist. Über § 15 HGB kann die Gesellschaft ggü. Gutgläubigen verpflichtet werden (*BGHZ* 115, 80; *BGH* NZG 2019, 861; *Noack* § 38 Rz. 45). Zur fehlerhaften Abberufung vgl. Saenger/Inhester/ *Lücke/Simon* § 38 Rz. 59 ff. Vgl. auch Rz. 53. Die Beendigung der Organstellung tritt unabhängig davon ein, ob die Gesellschaft noch rechtswirksam vertreten ist (Neubestellung, erforderlichenfalls Bestellung eines Notgeschäftsführers). § 84 Abs. 3 S. 4 AktG (die Abberufung eines Vorstandsmitglieds ist wirksam, bis seine Unwirksamkeit rechtskräftig festgestellt ist) ist auf gleichberechtigte Gesellschafter-Geschäftsführer in einer Zweipersonengesellschaft nicht analog anwendbar, weil sonst einer der Gesellschafter mit der Behauptung, der andere sei aus wichtigem Grund nicht mehr tragbar, diesen abberufen könne; denn in diesem Falle wäre der andere Gesellschafter vom Stimmrecht ausgeschossen, die Wirksamkeit der Abberufung hänge dann ausschließlich von der materiellen Rechtslage ab (*BGHZ* 86, 181; *OLG Köln* GmbHR 1995, 299). Zur Entscheidung des Registergerichts bei der Eintragung vgl. § 39 Rz. 14. § 84 Abs. 3 S. 4 AktG soll analog anwendbar sein bei Fremdgeschäftsführern (vgl. *Heller* GmbHR 2002, 1228 m.w.N.).

2. Auswirkungen auf den Anstellungsvertrag. Die Abberufung als Geschäftsführer ist **43** nach herrsch Trennungstheorie von der Auflösung des Dienstverhältnisses zu trennen. Abberufung bedeutet nicht notwendig Beendigung des Anstellungsvertrags (vgl. st. Rspr. *BGH* NJW 1984, 733; *BGH* NJW 2011, 920; *BGH* NJW 2010, 2343; *BGH* NJW 1981, 757; *BAG* NJW 1999, 3096; MüKo GmbHG/*Jaeger/Steinbrück* § 35 Rz. 254, 255; *Noack* § 38 Rz. 95); „Kopplung" der beiden Rechtsverhältnisse ist grds. zulässig, vgl. § 35 Rz. 208). Vgl. § 35 Rz. 183. Zur Verpflichtung zur Leistung von Diensten bei Fortbestehen des Dienstvertrages vgl. Rz. 51 (vgl. auch § 35 Rz. 190 ff.). Die Beendigung der Organstellung hat nicht die Umwandlung des Dienstverhältnisses in ein Arbeitsverhältnis zur Folge (*BGH* GmbHR 1995, 375; *BGH* NJW 2000, 1865; *BGH* GmbHR 2003, 473; *BAG* GmbHR 1994, 547; NJW 1998, 261).

3. Verknüpfung von Abberufung und Dienstverhältnis. Geschäftsführer und Gesell- **44** schaft können im Wege einer auflösenden Bedingung im Anstellungsvertrag vereinbaren, dass die Beendigung der Organstellung zugleich zur Beendigung des Anstellungsvertrags führt (*BGH* v. 24.10.2005 – II ZR 55/04, NZG 2006, 63; vgl. bereits *BGH* GmbHR 1989, 415; 1990, 345; *Werner* NZA 2015, 1234; *von Westphalen* NZG 2020, 321; *Koehler* NZG 2019, 1406; *Holthausen* NZG 2022, 731). der Beschluss über die Abberufung mit Zustimmung des Geschäftsführers gefasst worden, so liegt darin das Einverständnis zur sofortigen Aufhebung des Anstellungsvertrages (*BGH* NZG 2008, 319).

4. Anmeldung zum Handelsregister. Die Abberufung des Geschäftsführers ist zum **45** HR anzumelden (§ 39 Abs. 1), auch wenn Streit über die Wirksamkeit besteht (Saenger/Inhester/*Lücke/Simon* § 38 Rz. 80).

Ein in das HR eingetragener Gesellschafterbeschluss über die Abberufung eines **46** Geschäftsführers kann **als nichtig gelöscht werden**, wenn er durch seinen Inhalt gegen zwingende Vorschriften des Gesetzes verstößt und seine Beseitigung im öffentlichen Interesse liegt. Diese Voraussetzungen sind nicht gegeben bei Verletzung von Vorschriften über die Einberufung bzw. Abstimmung oder weil der Inhalt Satzungsbestimmungen verletzt (*BayObLG* GmbHR 1996, 442).

47 **5. Kündigung des Anstellungsvertrags.** Die Beendigung des Anstellungsvertrags ist unabhängig von der Beendigung der Organstellung zu beurteilen. Wird aus wichtigem Grunde nach § 626 BGB abberufen, wird darin im Allg. auch die Kündigung des Anstellungsvertrags zu sehen sein (vgl. MHLS/*Terlau* § 38 Rz. 26; Rowedder/Pentz/*Belz* § 38 Rz. 69).

48 Bei einer ordentlichen Kündigung gilt die vereinbarte Frist, sofern nicht die gesetzliche Kündigungsfrist (§ 622 Abs. 5 BGB) länger ist (*Gravenhorst* GmbHR 2007, 417; Rowedder/Pentz/*Belz* § 38 Rz. 66). Die Abberufung als Geschäftsführer wird im Allg. nicht gleichzeitig als ordentliche Kündigung anzusehen sein (*Werner* NZA-RR 2020, 235). Bei Vereinbarung einer festen Laufzeit des Geschäftsführervertrags und bei Vereinbarung fester Kündigungsfristen kann der Anstellungsvertrag nur bei Vorliegen eines wichtigen Grundes mit sofortiger Wirkung gekündigt werden (§ 626 Abs. 1 BGB; vgl. *BGH* v. 1.12.1997 – II ZR 232/96, NZG 1998, 347; *BGH* v. 29.5.1989 – II ZR 220/88, NJW 1989, 2683; *OLG Karlsruhe* NZG 2017, 226.). Fristlose Kündigung ist regelmäßig berechtigt bei unberechtigter Amtsniederlegung durch den Geschäftsführer (*OLG Celle* GmbHR 1995, 729; diff. *Altmeppen* § 38 Rz. 78). Fristlose Kündigung ist auch berechtigt, wenn wichtige Informationen über die finanzielle und wirtschaftliche Lage der Gesellschaft verweigert werden (*OLG Hamm* GmbHR 1996, 939).

49 Die Kündigung ist bei mehreren Geschäftsführern durch einen Mitgeschäftsführer auszusprechen; die Gesellschafterversammlung kann andere Personen damit beauftragen (*OLG Celle* GmbHR 1995, 729).

50 Die Abberufung aus wichtigem Grund berechtigt den Geschäftsführer zu einer Kündigung des Anstellungsvertrags aus wichtigem Grund. Er verliert dabei seine Ansprüche aus dem Anstellungsvertrag (*BGH* GmbHR 2003; 101; vgl. auch *OLG Karlsruhe* GmbHR 2003, 473).

51 **6. Verpflichtung zur Arbeitsleistung nach Abberufung.** Der abberufene Geschäftsführer muss sich bei Fortbestehen des Dienstverhältnisses nach überwiegender Meinung (vgl. *BGH* NJW 2011, 920; *BGH* GmbHR 1966, 277; *OLG Karlsruhe* GmbHR 1996, 651; *Noack* § 38 Rz. 101) mit einer seinen Kenntnissen und Fähigkeiten angemessenen anderen leitenden Stellung zufriedengeben, will er nicht wegen Arbeitsverweigerung eine fristlose Kündigung riskieren. Maßgebend ist die Zumutbarkeit im Einzelfall, die bei einer kleineren GmbH nach Eingliederung in einen Konzern auch eine Sachbearbeitertätigkeit sein kann (*OLG Nürnberg* GmbHR 2001, 73; a.A. *Kothe-Heggemann/Dahlbender* GmbHR 1996, 652, die Gesellschaft wird durch Anbieten der geschuldeten Leistung als Geschäftsführer in Annahmeverzug gesetzt, § 615 S. 1, § 296 BGB, so dass der ehemalige Geschäftsführer seinen Vergütungsanspruch behält).

52 Grundsätzlich ist „wörtliches" Anerbieten, auch konkludent z.B. durch Geltendmachung des Gehaltsanspruchs, erforderlich. Das Anerbieten entfällt, wenn die Gesellschaft zu erkennen gibt, dass sie unter keinen Umständen zur Weiterbeschäftigung bereit ist, was auch durch Bestellung eines neuen Geschäftsführers zum Ausdruck gebracht werden kann (*BGH* GmbHR 2000, 1257). Er muss sich jedoch das anrechnen lassen, was er infolge des Unterbleibens der Dienstleistung erspart oder durch anderweitige Verwendung seiner Dienste erwirbt oder zu erwerben böswillig unterlässt (§ 615 S. 2 BGB; vgl. *BGH* GmbHR 2000, 1257).

M. Schmitt

VI. Wirkung der Abberufung aus wichtigem Grund – Schadensersatzpflicht bei außerordentlicher Kündigung – Einstweiliger Rechtsschutz

Die Wirksamkeit einer Abberufung richtet sich danach, ob tatsächlich ein wichtiger **53** Grund vorliegt. Das aber wird erst mit der Rechtskraft der gerichtlichen Entscheidung festgestellt. Bis dahin besteht ein Schwebezustand (*OLG Karlsruhe* GmbHR 1993, 155; *Noack* § 38 Rz. 62; *Alles/Liebscher* ZIP 2015, 1).

Der Fremdgeschäftsführer kann den Beschluss über seine Abberufung nicht anfech- **54** ten. Auch eine Feststellungsklage mit der Begründung, es sei kein wirksamer Beschluss gefasst worden, ist ihm versagt (*BGH* NZG 2008, 319; gleiche A. *Noack* § 38 Rz. 51 f.). Die allg. Feststellungsklage steht dem Fremdgeschäftsführer nur bei nichtigem Abberufungsbeschluss zu (*BGH* NZG 2008, 319; *Noack* § 38 Rz. 51 f.).

Die insb. in der Zweimann-GmbH bestehende Unsicherheit – jeder Gesellschafter **55** kann den anderen abberufen, da der Abzuberufende nicht stimmberechtigt ist – lässt sich nur durch eine einstweilige Verfügung nach §§ 935 ff. ZPO beseitigen (*BGHZ* 86, 181 ff.; *OLG Frankfurt* GmbHR 1999, 718; MüKo GmbHG/*Stephan/Tieves* § 38 Rz. 170).

Der Erlass einer einstweiligen Verfügung setzt eine besonders schwere Beeinträchti- **56** gung der Interessen des Antragstellers voraus (*OLG Hamm* GmbHR 1993, 163; *OLG Frankfurt* GmbHR 1993, 162; *OLG Zweibrücken* GmbHR 1998, 373; *OLG München* v. 22.10.2009 – 23 U 3430/09, NZG 2010, 185; *Lotz NZG 2023, 498*). Sie kann zum Inhalt haben, dass ein abberufener Geschäftsführer weiter als Geschäftsführer fungieren bzw. ein Geschäftsführer nicht abberufen werden darf (*OLG München* v. 22.10.2009 – 23 U 3430/09, NZG 2010, 185; *BayObLG* GmbHR 1999, 719) oder dass einem amtierenden Geschäftsführer die Ausübung der Geschäftsführertätigkeit untersagt wird (*OLG Frankfurt* GmbHR 1993, 162; *OLG Zweibrücken* GmbHR 1998, 374; *OLG Stuttgart* GmbHR 2006, 1260 mit Kommentar *Dollmann* GmbHR 2006, 1261).

Antragsberechtigt sind sowohl die Gesellschaft (vgl. *OLG Hamm* DB 1977, 765) als **57** auch der Gesellschafter, der den anderen abberufen hat (*BGHZ* 86, 183; MüKo GmbHG/*Stephan/Tieves* § 38 Rz. 178; *Lotz* NZG 2023, 498 ff.), und der abberufene Gesellschafter selbst. Die Gesellschaft bedarf eines hierzu besonders bestellten Prozessvertreters (§ 46 Nr. 8: Beschluss der Gesellschafterversammlung, vgl. *OLG Karlsruhe* GmbHR 1993, 155).

Das Registergericht kann, wenn einer der beiden Gesellschafter-Geschäftsführer die **Ein- 58 tragung** beantragt, dass der andere nicht mehr Geschäftsführer sei, das Verfahren aussetzen und eine Frist zur Klageerhebung zwecks Klärung der Wirksamkeit der Abberufung setzen. Läuft die Frist ohne Nachweis der Klageerhebung ab, wird die erhobene Rechtspflegererinnerung/Beschwerde unzulässig (*OLG Köln* GmbHR 1995, 299).

Das Bestehen einer Schiedsgerichtsvereinbarung schließt nicht aus, dass durch ein **59** Gericht eine einstweilige Anordnung erlassen wird; das kann vor oder nach Beginn des schiedsrichterlichen Verfahrens geschehen (§ 1033 ZPO). Das Schiedsgericht ist daneben zuständig (§ 1041 ZPO; vgl. *Noack* § 38 Rz. 68).

Für Fremdgeschäftsführer gibt es keinen vorläufigen Rechtsschutz (*OLG Hamm* v. **60** 17.9.2001 – 8 U 126/01, NZG 2002, 50; vgl. Rowedder/Pentz/*Belz* § 38 Rz. 22 ff.; MHLS/*Terlau* § 38 Rz. 71). Zu einer Feststellungsklage vgl. *BGH* NJW-RR 2008, 706;

BGH GmbHR 1999, 477. Der Gesellschafter-Geschäftsführer kann im Wege vorläufigen Rechtsschutzes grds. nicht verlangen, dass die übrigen Gesellschafter die Einberufung einer Gesellschafterversammlung unterlassen, um ihn auf dieser Versammlung abzuberufen. (*OLG Jena* NZG 2002, 89).

VII. Suspendierung des Geschäftsführers

61 Vorläufige Amtsenthebung (z.B. um eine Klärung erhobener Vorwürfe abwarten zu können) mit der Folge, dass Geschäftsführerbefugnis und Vertretungsmacht zeitweilig ruhen, ist unzulässig (vgl. Rowedder/Pentz/*Belz* § 38 Rz. 32). Das ergibt sich meines Erachtens schon daraus, dass eine Eintragung in das HR nicht zulässig ist. Zulässig ist die (allerdings die Vertretungsmacht nicht beschränkende) Weisung der Gesellschafter an den Geschäftsführer, sich einer weiteren Tätigkeit zu enthalten (Rowedder/Pentz/*Belz* § 38 Rz. 32). Setzt sich der Geschäftsführer über diese Anweisung hinweg, kann ihm durch einstweilige Verfügung das untersagt werden (*Dahlbender* GmbH-StB 2003, 359). Die Suspendierung ist einer Regelung in der Satzung oder im Anstellungsvertrag zugänglich (*Dahlbender* GmbH-StB 2003, 360). Soweit nichts anderes vereinbart ist, bleiben Gehaltsansprüche des Geschäftsführers unberührt. Auf die Erfüllung gesetzlicher Pflichten hat die Suspendierung keinen Einfluss (Habersack/Casper/Löbbe/*Paefgen* § 38 Rz. 265).

VIII. Widerruf der Bestellung in der mitbestimmten Gesellschaft

62 Für den Widerruf der Bestellung gelten die für die Bestellung (§ 31 Abs. 2–4 MitbestG) anwendbaren Vorschriften entsprechend (§ 31 Abs. 5 MitbestG), soweit sich nicht aus den Abs. 2–4 etwas anderes ergibt. Von Bedeutung ist insb., dass der Widerruf vom Aufsichtsrat mit 2/3-Mehrheit vorgenommen werden muss (§ 31 Abs. 5 i.V.m. Abs. 2 MitbestG).

63 **1. Überblick.** Das Beschäftigungsverbot des § 3 MuSchG erfasst nur das Anstellungsverhältnis, nicht aber die davon zu trennende Organstellung. Vor diesem Hintergrund wurde Abs. 3 durch das FüPOG II („Gesetz zur Ergänzung und Änderung der Regelungen für die gleichberechtigte Teilhabe von Frauen an Führungspositionen in der Privatwirtschaft und im öffentlichen Dienst" (BGBl. I 2021, S. 3311; in Kraft seit 12.8.2021) eingefügt (dazu *Freyler* NZG 2021, 1348; *Grolig/Hausner* DB 2021, 2285 m.w.N.; vgl. i.Ü. Danosa-Urteil des *EuGH* EuZW 2011, 74 – C-232/09 –*Danosa*).

Parallele Vorschrift findet sich in § 84 Abs. 3 AktG.

64 **2. Zeitweiser Widerruf der Bestellung.** Abs. 3 gibt Geschäftsführern das Recht auf zeitweisen Widerruf ihrer Bestellung, wenn sie aus familiären Gründen (vor allem Mutterschutz, Elternzeit, Pflegebedürftigkeit eines Angehörigen oder Krankheit) vorübergehend ihren Pflichten nicht nachkommen können. Diese Möglichkeit kommt nur in Betracht, soweit mindestens ein weiterer Geschäftsführer bestellt ist (Abs. 3 S. 1). Während des konkreten Zeitraums bestehen keine Pflichten – und Haftungsrisiken! – des Geschäftsführers aus Organstellung; laut Gesetzgeber handelt es sich um die Beendigung durch Widerruf, verbunden mit einer erneuten Bestellung. (BT-Drucks. 19/30514, S. 21). Die schuldrechtlichen Pflichten des Geschäftsführers aus dem Anstellungsverhältnis werden nicht erfasst (BT-Drucks. 19/30514, S. 21 f.; *Dörrwächter* NZG 2022, 195, 201). Mit Blick auf den Mutterschutz richtet sich dann das Anstellungsverhältnis u.U. nach dem MuSchG, das aber nur auf Geschäftsführer mit Arbeitnehmerstatus Anwendung findet (*Freyler* NZG 2021, 1348, 1350 ff., zu dieser Frage *Altmeppen* NJW 2022, 2785).

3. Anspruch auf zeitweisen Widerruf. Im Fall des Mutterschutzes (§ 3 Abs. 1, 2 **65** MuSchG) besteht ein zwingender Anspruch auf Aussetzung der Geschäftsführerstellung für die gesetzlichen Schutzfristen; eine Abwägung kommt nicht in Betracht. In den Fällen des S. 2 Nr. 2 (Elternzeit, Krankheit, Pflege eines Familienangehörigen) kann Aussetzung für einen Zeitraum von bis zu drei Monaten (nur) bei Vorliegen eines wichtigen Grundes verweigert werden (insb. bei Abberufung zur Unzeit oder konkret drohenden Gefahren für die Gesellschaft, vgl. *Noack* § 38 Rz. 21a). Ablehnung ist schriftlich zu begründen. Die Gesellschafterversammlung darf über eine darüber hinausgehende Aussetzung nach freiem Ermessen entscheiden, ohne dass ein wichtiger Grund erforderlich wäre (BT-Drucks. 19/30514, S. 21). Maximal kann diese Aussetzung zwölf Monate betragen (BT-Drucks. 19/30514, S. 21).

Geschäftsführer und Bestellungsorgan können die Auszeit einvernehmlich abkürzen. Fraglich, ob Bestellungsorgan die Auszeit nach Abs. 3 S. 2 Nr. 2 einseitig verkürzen könnte, wenn die Gründe für die Auszeit nicht mehr vorliegen (MüKo GmbHG/*Stephan/Tieves* § 38 Rz. 192: nur bei Vereinbarung eines entsprechenden Vorbehalts).

4. Beweislast. Das Vorliegen der Gründe, welche zu einem Anspruch auf zeitweisen **66** Widerruf berechtigen, ist durch den jeweiligen Geschäftsführer zu beweisen (BT-Drucks. 19/30514, S. 21; dazu *Noack* § 38 Rz. 21b; krit. MüKo GmbHG/*Stephan/Tieves* § 38 Rz. 195).

§ 39 Anmeldung der Geschäftsführer

(1) Jede Änderung in den Personen der Geschäftsführer sowie die Beendigung der Vertretungsbefugnis eines Geschäftsführers ist zur Eintragung in das Handelsregister anzumelden.

(2) Der Anmeldung sind die Urkunden über die Bestellung der Geschäftsführer oder über die Beendigung der Vertretungsbefugnis in Urschrift oder öffentlich beglaubigter Abschrift beizufügen.

(3) [1]Die neuen Geschäftsführer haben in der Anmeldung zu versichern, dass keine Umstände vorliegen, die ihrer Bestellung nach § 6 Abs. 2 Satz 2 Nr. 2 und 3 sowie Satz 3 und 4 entgegenstehen und dass sie über ihre unbeschränkte Auskunftspflicht gegenüber dem Gericht belehrt worden sind. [2]§ 8 Abs. 3 Satz 2 ist anzuwenden.

(4) *(aufgehoben)*

Übersicht

Literatur: *Bärwaldt* Die Anmeldung des eigenen Ausscheidens als Geschäftsführer, GmbHR 2001, 290; *Bokelmann* Anmeldung und Eintragung der Vertretungsbefugnis von Geschäftsführern und Vorstandsmitgliedern in das HR nach neuem EWG-Recht, NJW 1969, 2120; *Lohr* Anmeldungen und Mitteilungen zum Handelsregister nach Insolvenzeröffnung; GmbH-StB 2017, 330; *Renaud/Heinsen* Die Vertretungsbefugnis des Prokuristen für Anmeldungen zum Handelsregister bei einer GmbH und einer GmbH & Co KG, GmbHR 2008, 687; *Römermann* Münchener Anwaltshandbuch GmbH-Recht, 5. Aufl. 2023.

I. Zweck und Bedeutung der Vorschrift

1 Die Offenlegung der Vertretungsverhältnisse der Gesellschaft dient der Sicherheit des Rechtsverkehrs. § 39 ist insoweit die Fortsetzung zu § 10 Abs. 1 – Vertretungsverhältnisse bei Gründung der Gesellschaft –, als spätere Änderungen betroffen sind.

Abs. 1 ist seit 1898 unverändert geblieben, Abs. 2 beruht auf gesetzlichen Vorgaben aus 1937 (vgl. MüKo GmbHG/*Stephan/Tieves* § 39 Rz. 3). Abs. 3 wurde 1980 eingefügt. Das DiRug hat die Verweisung in Abs. 3 auf den neu geschaffenen § 6 Abs. 2 S. 3 erweitert. Abs. 4 wurde 2006 aufgehoben.

2 Abs. 1 spricht zwar nur von Änderungen in der Person des Geschäftsführers, ist aber auch auf Änderungen in der Vertretungsbefugnis (z.B. Übergang von Einzelvertretungsbefugnis zur Gesamtvertretung u.Ä.) anwendbar. Die Eintragung wirkt nicht konstitutiv (*OLG Köln* GmbHR 1993, 155; *BGH* GmbHR 1996, 50; *OLG Hamm* v. 7.9.2010 – 15 W 253/10; *Hanseatisches OLG Hamburg* NZG 2000, 698). Der Geschäftsführer erlangt seine Organstellung mit der Bestellung, nicht erst mit der Eintragung. Etwas anderes gilt nur für den Fall, dass damit eine Satzungsänderung verbunden ist (vgl. § 54 Abs. 3; *Noack* § 39 Rz. 24).

3 Bei nichtiger oder unzulässiger Geschäftsführerbestellung besteht keine Anmeldepflicht. Das gilt auch bei unzulässiger Eintragung. In letzterem Fall kommt nur eine Löschung von Amts wegen nach § 395 FamFG in Betracht (MüKo GmbHG/*Stephan/Tieves* § 39 Rz. 8; vgl. schon *KG* GmbHR 1999, 861 zur Vorgängernorm § 142 FGG).

II. Anmeldepflichtige Tatsachen

4 **1. Veränderungen in der Person des Geschäftsführers.** Dazu rechnen der Wechsel der Geschäftsführer und die Änderung persönlicher Merkmale des Geschäftsführers. Anmeldepflichtig sind z.B. die Neubestellung, die Bestellung eines stellvertretenden Geschäftsführers oder eines Notgeschäftsführers, nicht jedoch die Wiederbestellung eines bereits eingetragenen Geschäftsführers ohne zeitliche Unterbrechung (*Noack* § 39 Rz. 3), wenn damit keine Änderung der Vertretungsbefugnis verbunden ist. Nicht eintragungsfähig ist die künftige Bestellung zum Geschäftsführer (*OLG Düsseldorf* GmbHR 2000, 232). Anzumelden ist auch die Beendigung des Geschäftsführeramts (z.B. durch Tod, Abberufung, Amtsniederlegung oder Eintritt der Geschäftsunfähigkeit). Bei Amtsniederlegung verlangt das *OLG Naumburg* (GmbHR 2001, 509) den Nachweis des Zugangs der Erklärung (meines Erachtens zu weitgehend).

5 Die Eintragung der Beendigung ist auch dann vorzunehmen, wenn die Eintragung der Bestellung unterblieben ist (*OLG Köln* v. 3.6.2015 – 2 Wx 117/15, MittBayNot 2015, 504; *Noack* § 39 Rz. 4).

6 Der ausgeschiedene Geschäftsführer hat gegen die Gesellschaft einen Anspruch auf Anmeldung seiner Amtsbeendigung, der eingeklagt werden kann. Vollstreckung erfolgt nach § 894 ZPO (MüKo GmbHG/*Stephan/Tieves* § 39 Rz. 26 m.w.N.).

M. Schmitt

Die Änderung in der Person des Geschäftsführers betrifft die Festlegung seiner Iden-   7
tität. Jede Änderung, die daran Zweifel aufkommen lässt, ist einzutragen. Dazu gehört
jedenfalls die **Änderung des Familiennamens.** I.Ü. ist streitig, welche Änderungen einzutragen sind (auch Vornamen: *BGH* v. 3.2.2015 – II ZB 12/14, NZG 2015, 685; MüKo
GmbHG/*Stephan/Tieves* § 39 Rz. 5). Nicht eintragungspflichtig sind Änderungen des
Wohnorts, des Berufs und der nicht zum Namen gehörenden Titel (z.B. Professor).

2. Veränderungen in der Vertretungsbefugnis. Der Wortlaut des § 39 Abs. 1 ist nach   8
allg. M. zu eng gefasst. Einzutragen ist nach dem Zweck der Vorschrift auch jede Veränderung in der Vertretungsbefugnis (*OLG Frankfurt* GmbHR 2006, 765). Auszugehen ist
von der bisherigen Eintragung (vgl. § 10 Abs. 1 S. 2; § 10 Rz. 12 ff.): Die Einzelvertretungsbefugnis ist mit „der Befugnis, die Gesellschaft allein zu vertreten", zutreffend eingetragen (*BGH* v. 19.3.2007 – II ZB 19/06, NJW 2007, 3287, 3288).

III. Anmeldpflichtige und anmeldeberechtigte Personen

Zur Anmeldung berechtigt und verpflichtet sind die Geschäftsführer (§ 78) in vertre-   9
tungsberechtigter Zahl (*Noack* § 39 Rz. 11), auch nach Eröffnung des Insolvenzverfahrens besteht die Anmeldpflicht des Geschäftsführers fort, vgl. *OLG Hamm* ZIP
2017, 820; Rpfleger 2003, 444). Besteht im Zeitpunkt der Abgabe der Erklärung noch
Gesamtvertretung, reicht die Unterzeichnung der Anmeldung durch den späteren
Alleingeschäftsführer nicht aus (*BayObLG* GmbHR 2003, 1356). Anmeldung durch
Bevollmächtigte soll genügen (*Altmeppen* § 39 Rz. 7 m.w.N.; *OLG Düsseldorf* NZG
2018, 381: öffentliche Beglaubigung erforderlich). Ein neu bestellter Geschäftsführer
kann die ihn betreffende Anmeldung vornehmen, da er die Geschäftsführerstellung
nicht erst durch die Eintragung, sondern mit der Bestellung erlangt. Der ausgeschiedene Geschäftsführer ist nicht mehr anmeldeberechtigt (str. MüKo GmbHG/*Stephan/
Tieves* § 39 Rz. 26 m.w.N.), es sei denn, dass seine Geschäftsführerstellung erst mit Eintragung (aufschiebende Bedingung) enden soll (*BayObLG* GmbHR 1982, 214; *Hamm*
GmbHR 1985, 36 allg. M. auch im Schrifttum, vgl. *Wicke* § 39 Rz. 3).

Der alleinige Gesellschafter kann die Niederlegung seines Amts als Geschäftsführer
zur Eintragung anmelden, wenn ein unmittelbarer zeitlicher Zusammenhang besteht
(*LG Berlin* Rpfleger 1993, 202; *LG Köln* GmbHR 1988, 183 – zust. *A. Müller* BB
1998, 329 – nachwirkende Befugnis aus seiner Stellung als Geschäftsführer; vgl. auch
OLG Frankfurt NJW-RR 1994, 105). Zum Umfang der Vorlage von Urkunden zum
Nachweis der Amtsniederlegung vgl. *OLG Düsseldorf* (GmbHR 2004, 1533): Bei
streitiger Abberufung in einer Zweipersonengesellschaft kann das Registergericht die
Eintragung nach § 21 FamFG – früher § 127 FGG aussetzen und eine Frist zum Nach-
weis der Klageerhebung zwecks Klärung der Wirksamkeit der Abberufung setzen
(*OLG Köln* GmbHR 1995, 299).

Für das Insolvenzverfahren ist umstritten, wer für die Anmeldung zur Eintragung von   **10**
Abberufung und Neubestellung zuständig ist. Die überwieg. A. bejaht die fortbestehende
Zuständigkeit des Geschäftsführers (*OLG Hamm* NZG 2017, 747; *OLG Köln* NJW-RR
2001, 1417; *LG Rostock* v. 17.12.2002 – 6 W 52/02; MüKo GmbHG/*Herrler* § 78 Rz. 32;
Habersack/Casper/Löbbe/*Casper* § 78 Rz. 16, 17; *Noack* § 78 Rz. 11). Nach einer Mindermeinung soll diese Aufgabe auf den Insolvenzverwalter übergehen (*OLG Frankfurt*
GmbHR 2006, 1152 für Amtsniederlegung; *Altmeppen* § 78 Rz. 9). Da solche Anmeldungen die Insolvenzmasse nicht unmittelbar berühren, sondern lediglich die Vertretungsverhältnisse der Gesellschaft betreffen, ist der überwiegenden Ansicht zu folgen.

M. Schmitt   433

IV. Form der Anmeldung – Beizufügende Unterlagen

11 Die Anmeldung muss in elektronischer Form zu erfolgen (§ 12 Abs. 1 S. 1 HGB i.V.m. § 126a BGB). Der Anmeldung sind die in Abs. 2 aufgeführten Urkunden beizufügen. Bei Abberufung eines Geschäftsführers genügt grds. die Vorlage des entsprechenden Gesellschafterbeschlusses; der Zugang der Abberufungserklärung (vgl. § 38 Rz. 26) ist nur bei Vorliegen besonderer Gründe zu fordern (*OLG Hamm* GmbHR 2003, 111; *AG Berlin-Charlottenburg* GmbHR 1996, 620; *LG Baden-Baden* GmbHR 1996, 682). Bei einer Einmann-Gesellschaft erübrigt sich die Vorlage eines Gesellschafterbeschlusses (*Thür. OLG* GmbHR 2003, 113; vgl. auch *BayObLGZ* 1973, 160). Die Anmeldung hat klar und eindeutig zu sein (ist der Auslegung aber zugänglich, vgl. *KG* NJW-RR 2018, 1441).

V. Zeichnung der Unterschrift

12 Unterschriftsprobe oder sonstige Zeichnung der Geschäftsführer ist seit Streichung von § 39 Abs. 4 im Jahr 2008 nicht mehr erforderlich.

VI. Versicherung der Geschäftsführer

13 Die neuen Geschäftsführer haben die in Abs. 3 vorgesehene Versicherung abzugeben. Vgl. hierzu § 6 Rz. 19 ff. Falsche Angaben in der Versicherung sind strafbar nach § 82 Abs. 1 Nr. 5.

VII. Umfang der Prüfungspflicht des Registergerichts

14 Es ist Aufgabe des Registergerichts, die Eintragung unrichtiger oder tatsächlich nicht bestehender Rechtsverhältnisse zu verhindern (*KG* Rpfleger 1997, 440). Regelmäßig ist das Registergericht bei Vornahme deklaratorischer Eintragungen – die Anmeldung von Geschäftsführern gehört dazu, da die Bestellung durch die Gesellschafterversammlung erfolgt und damit abgeschlossen ist – der Prüfung enthoben, ob die angemeldeten Tatsachen richtig sind. Nur bei **begründetem Zweifel** ist es berechtigt und verpflichtet, den wahren Sachverhalt aufzuklären (vgl. *BGH* ZIP 2011, 1562; *OLG Hamm* GmbHR 1996, 614; *BayObLG* GmbHR 1992, 305; *OLG Düsseldorf* NZG 2001, 229; *Noack* § 39 Rz. 16; MüKo GmbHG/*Stephan/Tieves* § 39 Rz. 39; ausf. *Altmeppen* § 39 Rz. 16 f.; a.A. *OLG Köln* GmbHR 1990, 83; GmbHR 2002, 494 – Prüfungspflicht erstreckt sich auf die Ordnungsmäßigkeit der Bestellung zum Geschäftsführer; zur Eintragung wird deshalb der Nachweis der Legitimation der Vollmacht erteilenden Personen gefordert; MüKo GmbHG/*Stephan/Tieves* § 39 Rz. 38). Somit besteht nur eine Mindestprüfpflicht des RegGerichts; jedenfalls kommt ihm nicht per se eine umfassende Amtsermittlungspflicht zu (*BGH* ZIP 2011, 1562). Die Prüfung, ob ein Gesellschafterbeschluss ordnungsgemäß zustande gekommen ist, (*OLG Hamm* GmbHR 2001, 921), dürfte auf offenkundige Fehler zu beschränken sein (die grds. Prüfungspflicht bejahend *KG* ZIP 2016, 1772). Die Anmeldung der Niederlegung des Geschäftsführeramtes erfordert die Vorlage der Niederlegungserklärung und den Nachweis des Zugangs beim zuständigen Organ, da erst mit Zugang die Niederlegung wirksam wird (*OLG Düsseldorf* GmbHR 2004, 1533). Bei Anmeldung von Satzungsänderungen hat das Gericht die Rechtswirksamkeit der Satzungsänderung zu prüfen (*OLG Hamm* GmbHR 1996, 363; *OLG Hamm* GmbHR 2001, 921). Die Abberufung eines Geschäftsführers, die sich als rechtsmissbräuchlich erweist und daher nichtig ist, darf

nicht eingetragen werden (*OLG Zweibrücken* GmbHR 2006, 430). Wird ein Gesellschafter in der Gesellschafterversammlung durch ein Organ vertreten, das (wie z.B. ein Bürgermeister) an Recht und Gesetz gebunden ist, hat das Registergericht mangels gegenteiliger Anhaltspunkte davon auszugehen, dass er die für sich in Anspruch genommene Vertretungsmacht auch besitzt (*OLG Hamm* GmbHR 1996, 614).

Bei mehreren einzutragenden Gegenständen – neben der Bestellung bzw. Abberufung   **15**
von Geschäftsführern ist bei anderen Geschäftsführern eine einzutragende Namensänderung eingetreten – kann nur einheitlich entschieden werden. Die Eintragung ist auch dann zurückzuweisen, wenn in einigen Punkten eine Eintragung erfolgen könnte (*OLG Düsseldorf* GmbHR 2000, 234).

VIII. Kosten der Eintragung – Geschäftswert

Der Geschäftswert für die Anmeldung mehrerer Veränderungen wird auch dann   **16**
durch die Addition der Einzelwerte jeder Veränderung gebildet, wenn die Veränderung (z.B. Abberufung und Neubestellung eines Geschäftsführers) auf einem einzigen Gesellschafterbeschluss beruhen (*KG* NZG 2000, 789; *OLG Zweibrücken* NJW-RR 2000, 1567).

§ 40   Liste der Gesellschafter, Verordnungsermächtigung

(1) ¹Die Geschäftsführer haben unverzüglich nach Wirksamwerden jeder Veränderung in den Personen der Gesellschafter oder des Umfangs ihrer Beteiligung eine von ihnen unterschriebene oder mit ihrer qualifizierten elektronischen Signatur versehene Liste der Gesellschafter zum Handelsregister einzureichen, aus welcher Name, Vorname, Geburtsdatum und Wohnort derselben sowie die Nennbeträge und die laufenden Nummern der von einem jeden derselben übernommenen Geschäftsanteile sowie die durch den jeweiligen Nennbetrag eines Geschäftsanteils vermittelte jeweilige prozentuale Beteiligung am Stammkapital zu entnehmen sind. ²Ist ein Gesellschafter selbst eine juristische Person oder rechtsfähige Personengesellschaft, sind in die Liste deren Firma oder Name, Sitz und, soweit gesetzlich vorgesehen, das zuständige Registergericht und die Registernummer aufzunehmen. ³Eine Gesellschaft bürgerlichen Rechts kann nur in die Liste eingetragen und Veränderungen an ihrer Eintragung können nur vorgenommen werden, wenn sie in das Gesellschaftsregister eingetragen ist. ⁴Hält ein Gesellschafter mehr als einen Geschäftsanteil, ist in der Liste der Gesellschafter zudem der Gesamtumfang der Beteiligung am Stammkapital als Prozentsatz gesondert anzugeben. ⁵Die Änderung der Liste durch die Geschäftsführer erfolgt auf Mitteilung und Nachweis.

(2) ¹Hat ein Notar an Veränderungen nach Abs. 1 Satz 1 mitgewirkt, hat er unverzüglich nach deren Wirksamwerden ohne Rücksicht auf etwaige später eintretende Unwirksamkeitsgründe die Liste anstelle der Geschäftsführer zu unterschreiben oder mit seiner qualifizierten elektronischen Signatur zu versehen, zum Handelsregister einzureichen und eine Abschrift der geänderten Liste an die Gesellschaft zu übermitteln. ²Die Liste muss mit der Bescheinigung des Notars versehen sein, dass die geänderten Eintragungen den Veränderungen entsprechen, an denen er mitgewirkt hat, und die übrigen Eintragungen mit dem Inhalt der zuletzt im Handelsregister aufgenommenen Liste übereinstimmen.

(3) Geschäftsführer, welche die ihnen nach Abs.1 obliegende Pflicht verletzen, haften denjenigen, deren Beteiligung sich geändert hat, und den Gläubigern der Gesellschaft für den daraus entstandenen Schaden als Gesamtschuldner.

(4) Das Bundesministerium der Justiz und für Verbraucherschutz wird ermächtigt, durch Rechtsverordnung mit Zustimmung des Bundesrates nähere Bestimmungen über die Ausgestaltung der Gesellschafterliste zu treffen.

(5) ¹Die Landesregierungen werden ermächtigt, durch Rechtsverordnung zu bestimmen, dass bestimmte in der Liste der Gesellschafter enthaltene Angaben in strukturierter maschinenlesbarer Form an das Handelsregister zu übermitteln sind, soweit nicht durch das Bundesministerium der Justiz und für Verbraucherschutz nach § 387 Abs.2 des Gesetzes über das Verfahren in Familiensachen und in den Angelegenheiten der freiwilligen Gerichtsbarkeit entsprechende Vorschriften erlassen werden. ²Die Landesregierungen können die Ermächtigung durch Rechtsverordnung auf die Landesjustizverwaltungen übertragen.

Literatur: *Bayer* Gesellschafterliste und Aktienregister – Gemeinsamkeiten, Unterschiede, Überlegungen de lege ferenda, Liber amicorum Martin Winter, 2011; *ders.* Gesellschafterliste: Einreichungspflichtige Veränderungen der Beteiligungsverhältnisse, GmbHR 2012, 1; *Becker/Lieder* Die Gesellschafterlistenverordnung NotBZ 2018; 321; *Bednarz* Die Gesellschafterliste als Rechtsscheinträger für einen gutgläubigen Erwerb von GmbH-Geschäftsanteilen, BB 2008, 1854; *Böcker* Streit zwischen Gesellschaftern einer GmbH auf dem vermeintlichen Nebenkriegsschauplatz Gesellschafterliste, DZWir 2023, 342; *Cramer* Das Prüfungsrecht des Registergerichts bei fehlenden oder fehlhaften Prozentangaben in der GmbH-Gesellschafterliste, NZG 2018, 721; *Cziupka/Lieder* Berichtigung einer offenbar unrichtigen Gesellschafterliste im Anwendungsbereich des reformierten § 40 I GmbHG, GmbHR 2018, 231; *Dittert* Einstweiliger Rechtsschutz gegen falsche GmbH-Gesellschafterliste, NZG 2015, 221; *Eickelberg/Ries* Bedingt listenfähig – Aktuelles von der GmbH-Gesellschafterliste, NZG 2015, 1103; *Fischer* Die Gesellschafterliste der GmbH im einstweiligen Rechtsschutz, GmbHR 2018 1257; *Frank/Schaub* Standardisierung der GmbH-Gesellschafterliste – Die Vorgaben der Gesellschafterlistenverordnung DSTR 2018, 1822; *Götze/Mörtel* Zulässigkeit der Einreichung der GmbH-Gesellschafterliste durch einen ausländischen Notar, NZG 2014, 369; *Gottschalk* Neue Regelungen für die Gesellschafterliste und die Geschäftsanteile sowie der gutgläubige Erwerb von Geschäftsanteilen nach dem MoMiG, DZWIR 2009, 45; *Gustavus* Die Neuregelungen im Gesellschaftsrecht nach dem Regierungsentwurf eines Handelsrechtsreformgesetzes, GmbHR 1998, 17; *Heilmeier* Listeneinreichungszuständigkeit bei mittelbarer Mitwirkung eines Notars nach § 40 GmbHG, NZG 2012, 217; *Heinze* GmbH-Gesellschafterliste und Erbfall – Nachweis der Erbfolge

M. Schmitt

NJW 2023, 1635; *Jeep* Die ungenutzte Chance des BGH zur Aufwertung der GmbH-Gesellschafterliste, NJW 2012, 658; *Lieder* Einstweiliger Rechtsschutz gegen die Gesellschafterliste, GmbHR 2016, 271; *Löbbe* Zuständigkeit von Geschäftsführer und Notar für Inhalt und Einreichung der GmbH-Gesellschafterliste, GmbHR 2012, 7; *Menkel* Die Funktion der Gesellschafterliste nach Einziehung eines Geschäftsanteils mit nachfolgender Kapitalerhöhung, NZG 2018, 891; *Nast* Pflicht zur Aktualisierung der Gesellschafterliste bei Umfirmierung der GmbH, GWR 2023, 349; *Miller* Gesellschafterlistenverordnung – Sinn und Unsinn gegenwärtiger Rechtsetzung NJW 2018, 2518; *Omlor* Verkehrsschutz im Kapitalmarktsrecht (2010); *Punte/Stefanink* Meine Anforderungen an Inhalt und Gestaltung von GmbH-Gesellschafterlisten GWR 2018, 131; *Prühs* GmbH-Gesellschafterliste: Die neue Verordnung zur Ausgestaltung der Liste GmbH-Stpr 2018, 301; *Ries* Aktuelle Fragen der Praxis zur Gesellschafterliste, GWR 2011, 54; *Rubner/Leuering* Die Gesellschaftlistenverodnung, NJW-Spezial 2018, 463; *Schulze* Beurkundung von Gesellschaftsanteilen in Zürich und Basel (Anm. zu *LG Frankfurt am Main* NJW 2010, 683 und *OLG Düsseldorf* NJW 2011, 1370), IPrax 2011, 365; *Stock* Die gesellschaftsrechtlichen Voreintragungserfordernisse nach dem MoPeG NZG 2023, 361; *Szalai* Die Ausgestaltung der Gesellschafterliste erhält einen rechtlichen Rahmen NWB 2018, 2121; *ders.* Neuigkeiten zur GmbH – Die Gesellschafterlistenverordnung (GesLV) kommt! GWR 2018, 250; *Wachter* GmbH-Gesellschafterliste: 10 Jahre nach MoMiG GmbHR 2018, 1129; *Wicke* Die GmbH-Gesellschafterliste im Fokus der Rechtsprechung, DB 2011, 1037; *Wicke* Inhalts- und Verfahrensfragen der Gesellschafterliste – ein aktueller Überblick, NotBZ 2022, 401; *Ziegler* Überlegungen zur Gesellschafterliste, Rpfleger 1989, 181; *ders.* Die Liste der GmbH-Gesellschafter – ein Stiefkind im Registerwesen, GmbHR 2000, R 201.

I. Regelungsinhalt

§ 40 wurde nach 93 Jahren nahezu unveränderter Geltung durch das MoMiG v. **1** 23.10.2008 (BGBl. I 2008, S. 2026) neu gefasst sowie durch das Gesetz zur Umsetzung der 4. EU-Geldwäscherichtlinie, zur Ausführung der EU-Geldtransferverordnung und zur Neuorganisation der Zentralstelle für Finanztransaktionsuntersuchungen (BGBl. I 2017, S. 1822 ff.) geändert. § 40 Abs. 4 wurde durch Art. 14 Nr. 3 Buchst. c des Gesetzes zur Umsetzung der Vierten EU-Geldwäscherichtlinie, zur Ausführung der EU-Geldtransferverordnung und zur Neuorganisation der Zentralstelle für Finanztransaktionsuntersuchungen (v. 23.6.2017, BGBl. I 2017, S. 1822) eingefügt. Zum 1.7.2018 trat die GesLV (Verordnung über die Ausgestaltung der Gesellschafterliste v. 20.6.2018, BGBl. I 2018, S. 870) in Kraft, mit der unterschiedliche Fragen zu Nummerierung von Anteilen, Veränderungsspalte und Prozentangaben klarer geregelt werden sollen (vgl. dazu *Frank/Schaub* DStR 2018, 1822 ff.). Seit 1.8.2022 (DiRUG v. 5.7.2021, BGBl. I 2021, S. 3338) wurde in Abs. 1 S. 1 und Abs. 2 S. 1 klargestellt, dass auch die qualifizierte elektronische Signatur (§§ 126 Abs. 3, 126a BGB) zugelassen ist. Das MoPeG (BGBl. I 2021, S. 3436) hat mit Wirkung ab dem 1.1.2024 § 40 Abs. 1 S. 2 modifiziert mit dem Ziel, die durch das Gesetz zur Umsetzung der Vierten EU-Geldwäscherichtlinie, zur Ausführung der EU-Geldtransferverordnung und zur Neuorganisation der Zentralstelle für Finanztransaktionsuntersuchungen v. 23.6.2017 (BGBl. I 2017, S. 1822, 1863 f.) verursachten Unklarheiten zu beseitigen. Der gleichzeitig eingefügte S. 3 gestattet eine Aufnahme einer GbR in die Liste nur noch, wenn sie in das Gesellschaftsregister eingetragen ist, um dem Rechtsverkehr Einblick in die Gesellschafter der GbR zu ermöglichen (dazu *Bolkart* MittBayNot 2024 110; *Wertenbruch/Alm* GmbHR 2024, 225).

2 Das Handelsregister soll jederzeit den augenblicklichen Stand der Beteiligung jedes Gesellschafters wiedergeben. Dazu dient die Verpflichtung der Geschäftsführer, nach Wirksamwerden jeder Veränderung in den Personen der Gesellschafter oder des Umfangs ihrer Beteiligung die Veränderung sowie die wirtschaftliche Berechtigung von Gesellschaftern, insbesondere die Beteiligungen von mehr als 25 % zum Handelsregister anzumelden. Außerdem sind konkrete Angaben für den Sonderfall vorgeschrieben, dass eine Personengesellschaft oder eine juristische Person die Beteiligung an der GmbH hält (Abs. 1 S. 2). Zum zeitlichen Anwendungsbereich des § 40 n.F. vgl. *BGH* NJW 2018, 2794. Ergänzt wird die Verpflichtung der Geschäftsführer durch die Mitwirkungspflicht des an der Veränderung mitwirkenden Notars.

3 Abs. 4 und 5 wurden 2017 neu eingefügt; sie ermächtigen zum Erlass von Durchführungsverordnungen. Die auf dieser Grundlage ergangene Verordnung über die Ausgestaltung der Gesellschafterliste (GesLV) ist am 1.7.2018 in Kraft getreten (BGBl. I 2018, S. 870). Die Gesellschafterlistenverordnung regelt überwiegend technische Detailfragen der Listenerstellung und dient damit der Vereinheitlichung und Übersichtlichkeit der geführten Listen sowie der Erleichterung der Eintragung durch die Registergerichte (RegE BT-Drucks. 18/11555, S. 174 f.). Eine die Anforderungen von § 40 erfüllende Gesellschafterliste kann die zusätzliche Meldung an das Transparenzregister nach §§ 18 ff. GWG ersetzen (vgl. § 20 Abs. 2 GWG).

II. Anzeige der Veränderungen

4 Die Geschäftsführer haben bei jeder Veränderung in den Personen der Gesellschafter oder des Umfangs ihrer Beteiligung unverzüglich eine von ihnen unterschriebene Liste der Gesellschafter zum Handelsregister einzureichen, welche die Anforderungen nach Abs. 1 S. 1 erfüllt (s. Rz. 9).

5 **1. Wirksamwerden der Veränderung.** Die Veränderung ist unverzüglich, also ohne schuldhaftes Zögern (§ 121 Abs. 1 BGB), nach Wirksamwerden der Veränderung anzuzeigen. Unter Wirksamwerden ist nicht der Zeitpunkt der eingetretenen Veränderung (Abtretung von Geschäftsanteilen) zu verstehen (was die Geschäftsführer ohnehin nicht erfahren müssen), sondern im Falle der Veräußerung von Geschäftsanteilen der Zeitpunkt der Anzeige des Erwerbs bei der Gesellschaft § 16 Abs. 1). Ab diesem Zeitpunkt gilt die Verpflichtung der Geschäftsführer zur Einreichung der Gesellschafterliste. Zum Begriff der „Veräußerung" vgl. die Kommentierung zu § 16. Die Einreichungspflicht besteht auch während des Insolvenzverfahrens.

6 **2. Veränderung in den Personen der Gesellschafter.** Auf den Grund der Veränderung kommt es nicht an (er ist deshalb auch nicht mitzuteilen, z.B. durch Abtretung, im Wege des Erbfalls oder aus anderen Gründen, vgl. *Frank/Schaub* DStR 2018, 1822, 1823). Veränderung in der Person ist auch die Namensänderung (z.B. durch Heirat, vgl. *Altmeppen* § 40 Rz. 7–10), der Austritt eines Gesellschafters oder die Einziehung eines Geschäftsanteils.

7 **3. Veränderung in den Beteiligungsverhältnissen.** Eine Änderung des Beteiligungsverhältnisses kann z.B. eintreten durch die Abtretung bzw. Erwerb von Geschäftsanteilen durch einen Gesellschafter oder infolge einer Kapitalerhöhung bzw. Kapitalherabsetzung. Auch die Vereinigung aller Anteile in einer Hand bzw. in einer Hand und der Gesellschaft ist mitteilungspflichtig (zum tlw. vertretenen Erfordernis von „Zwischenlisten" vgl. *OLG Köln* ZIP 2014, 779, kritisiert in NJW-Spezial 2014, 17, abl. *Altmeppen* § 40 Rz. 127).

Bei Kaduzierung ist bis zum Erwerb des Geschäftsanteils durch einen Dritten oder die **8**
Gesellschaft der bisherigen Gesellschafter aufzuführen mit dem Zusatz der Kaduzierung (*Noack* § 40 Rz. 4 ff.).

III. Inhalt der einzureichenden Gesellschafterliste

Bei jeder Veränderung (und sei sie noch so minimal, vgl. *OLG München* ZIP 2017, **9**
2475) ist eine vollständige Gesellschafterliste einzureichen; sie muss folgende Angaben enthalten:

(1) Name und Vorname

Jede Namensänderung (z.B. durch Verheiratung) verpflichtet zur Einreichung einer
neuen Liste

(2) Geburtsdatum und Wohnort

Jede Veränderung des Wohnorts hat die Einreichung einer neuen Gesellschafterliste
zur Folge.

(3) Nennbetrag und laufende Nummer des Geschäftsanteils sowie

(4) die durch den Nennbetrag eines Geschäftsanteils vermittelte prozentuale Beteiligung am Stammkapital.

(5) Hält den Anteil eine Gesellschaft, ist bei eingetragenen Gesellschaften zusätzlich
deren Firma, Satzungssitz, zuständiges Register und Registernummer anzugeben; bei
nicht eingetragenen Gesellschaften deren jeweilige Gesellschafter mit Name, Vorname, Geburtsdatum und Wohnort.

(6) Hält ein Gesellschafter mehr als einen Geschäftsanteil, ist der Gesamtumfang seiner Beteiligung am Stammkapital (als Prozentsatz) gesondert anzugeben.

Die Angabe der Nummer des Geschäftsanteils in der Gesellschafterliste ist die Folge **10**
der in § 8 Abs. 1 Nr. 3 angeordneten Nummerierung (zur Bedeutung der Nummerierung vgl. dort), vgl. außerdem § 1 GesLV (einschließlich der Möglichkeit einer „Berei-
nigungsliste", wenn die Gesellschafterliste sonst unübersichtlich würde.

Unterlagen (z.B. Abtretungsvertrag) sind nicht einzureichen. Die Angabe des Zeit- **11**
punktes der Veränderung ist nicht erforderlich (vgl. aber *LG München* v. 20.8.2009 –
17 HKT 13711/09). Die Geschäftsführer müssen sichere Kenntnis von der Veränderung erlangt haben, z.B. durch Anzeige nach § 16 Abs. 1.

Nach Abs. 1 S. 2 erfolgt die Änderung der Liste – entsprechend der Regelung beim **12**
Aktienregister (§ 67 Abs. 3 AktG) – auf „Mitteilung und Nachweis", was bedeutet,
dass den Geschäftsführern eine Prüfungspflicht auferlegt ist (BT-Drucks. 354/07, 99).
Zur Ausgestaltung der Liste vgl. Verordnung über die Ausgestaltung der Gesellschafterliste (Gesellschafterlistenverordnung – GesLV, v. 20.6.2018 BGBl. I 2018, S. 870;
dazu *Lieder/Becker* NotBZ 2018, 321 ff.; *Miller* NJW 2018, 2518 ff.).

IV. Unterzeichnung der Liste

Die Liste ist von den Geschäftsführern in vertretungsberechtigter Zahl persönlich **13**
(Vertretung ist nicht zulässig, vgl. MüKo GmbHG/*Heidinger* § 40 Rz. 187) zu unterzeichnen und auf elektronischem Weg einzureichen. Einer notariellen Beurkundung
bedarf es nicht (*Noack* § 40 Rz. 37).

V. Prüfungspflicht des Registergerichts – Sanktionen bei Nichteinreichung

14 Das Registergericht ist nur „Verwahrstelle" (*BGH* BB 2011, 2832, Rz. 10). Es hat nicht die inhaltliche Richtigkeit zu prüfen, sondern nur, ob die Liste den Anforderungen des § 40 GmbHG entspricht (*BGH* BB 2011, 2832; *BGH* NJW 2018, 2794; *BGH* NZG 2014, 219; *OLG München* ZIP 2009, 1911, 1912; ZIP 2009, 1421; *OLG Bamberg* ZIP 2010, 1394; *OLG Jena* ZIP 2010, 831, 832). Erkennt es inhaltlich Unrichtigkeiten, hat es diese zu beanstanden und darf die Entgegennahme verweigern (*BGH* NJW 2018, 2794; *Noack* § 40 Rz. 75 ff.).

15 Die Einreichung der Liste kann mit Zwangsgeld durchgesetzt werden (§ 14 HGB; § 388 FamGG; vgl. *Noack* § 40 Rz. 29 f., vgl. *OLG Hamm* ZIP 2012, 425).

VI. Einreichungspflicht des mitwirkenden Notars

16 Jetzige Fassung der Vorschrift hat eine weitgehende Verpflichtung des an einer Veränderung in den Personen der Gesellschafter oder Umfangs ihrer Beteiligung mitwirkenden Notars begründet (Abs. 2). Mitwirkung des Notars ist nicht nur die Beurkundung (§ 15 Abs. 3) der Abtretung von Geschäftsanteilen, sondern betrifft alle Vorgänge, die zu einer Veränderung geführt haben (z.B. Kapitalerhöhung, die zu neuen Anteilen oder Erhöhungen bestehender Anteile geführt hat). Der Notar wirkt nicht mit in vorstehendem Sinne, wenn er selbst Beteiligter (Gesellschafter) ist. In diesem Falle bleibt es bei der Einreichungspflicht der Geschäftsführer.

17 Der „mitwirkende" Notar hat unverzüglich nach dem Wirksamwerden einer der in Abs. 1 genannten Veränderungen an Stelle der Geschäftsführer (deren Verpflichtung insoweit entfällt) die Liste zu schreiben, zum Handelsregister einzureichen und eine Abschrift der geänderten Liste an die Gesellschaft zu übermitteln (Abs. 2 S. 1; vgl. *BGH* BB 2011, 2832, Rz. 18). Der Notar hat bei Erfüllung seiner Verpflichtung keine Rücksicht auf etwaige später eintretende Unwirksamkeitsgründe zu nehmen. Die Liste muss mit der Bescheinigung des Notars versehen sein, dass die geänderten Eintragungen den Veränderungen entsprechen, an denen er mitgewirkt hat. Er hat ferner zu bestätigen, dass die übrigen Eintragungen mit dem Inhalt der zuletzt im Handelsregister aufgenommenen Liste übereinstimmen.

VII. Haftung der Geschäftsführer als Gesamtschuldner – Haftung der Notare

18 Geschäftsführer haften für den bei Verletzung der Verpflichtung nach Abs. 1 (Nichteinrichtung bzw. Einreichung einer fehlerhaften Liste) den Gesellschaftern und den Gläubigern der Gesellschaft entstehenden Schaden als Gesamtschuldner (Abs. 3). Die Haftung setzt Verschulden der Geschäftsführer voraus (allg. M.; dazu *Noack* § 40 Rz. 72 ff.; *Altmeppen* § 40 Rz. 49: kein Schutzgesetz i.S.d. § 823 Abs. 2 BGB). Nach § 92 Abs. 2 S. 1 AktG analog müssen die Geschäftsführer ihr fehlendes Verschulden darlegen und beweisen (z.B. dass sie über den Gesellschafterwechsel nicht informiert waren).

19 Als Schaden kommen z.B. die Kosten für die vergebliche Inanspruchnahme eines falschen Gesellschafters (vgl. *Gustavus* GmbHR 1998, 17) in Betracht.

20 Eine Haftung für den Notar ist nicht angeordnet. Abs. 2 ist kein Schutzgesetz i.S.v. § 823 Abs. 2 BGB (str. *Altmeppen* § 40 Rz. 49 m.w.N.). Notar haftet aber nach berufsrechtlichen Vorschriften (§ 19 BNotO), wenn er schuldhaft die durch Abs. 2 begründete Amtspflicht zur Einreichung der Gesellschafterliste zum Register verletzt oder die Einreichungsnachricht an die Gesellschafter unterlässt (vgl. *Noack* § 40 Rz. 72 ff.; *Altmeppen* § 40 Rz. 49).

§ 41 Buchführung

Die Geschäftsführer sind verpflichtet, für die ordnungsmäßige Buchführung der Gesellschaft zu sorgen.

Übersicht

Literatur: *Fischer-Böhnlein/Körner* Rechnungslegung von Kapitalgesellschaften im Insolvenzverfahren, BB 2001, 191; *Hüttche* Zur Rechnungslegung der gemeinnützigen GmbH, GmbHR 1997, 1095; *Lüdenbach* Unterzeichnung des Jahresabschlusses bei Dissens zwischen Geschäftsführern, StuB 2022, 31; *Oppenländer/Trölitzsch* Praxishandbuch der GmbH-Geschäftsführung, 3. Aufl. 2020; *Schnorr* Geschäftsleiteraußenhaftung für fehlerhafte Buchführung, ZHR 2006, 9; *Stapelfeld* Außenhaftung des Geschäftsführers bei Verletzung der Buchführungspflicht, GmbHR 1991, 94.

I. Allgemeines zur gesetzlichen Regelung

Die Bestimmung regelt die Verpflichtung der Geschäftsführer zur ordnungsmäßigen **1** Buchführung. Sie entspricht (Änderung durch das BiRiLiG v. 19.12.1985, BGBl. I 1985, S. 2355) dem bisherigen Abs. 1. Die ehemaligen Abs. 2 und 3 wurden aufgehoben und inhaltlich in das HGB übernommen.

II. Buchführungspflicht als öffentliche-rechtliche Pflicht

Zur Führung von Büchern ist die GmbH als Formkaufmann (§ 13 Abs. 3 GmbHG) **2** verpflichtet (§§ 6 Abs. 1, 238 Abs. 1, 242 HGB). Diese Buchführungspflicht wird in § 41 zu einer Pflicht der Geschäftsführer (Kompetenzzuweisung, vgl. *Noack* § 41 Rz. 1; Oppenländer/Trölitzsch/*Brösztl-Reinsch* § 32 Rz. 1). Während des Insolvenzverfahrens besteht keine Buchführungspflicht der Geschäftsführer; diese geht vielmehr auf den Insolvenzverwalter über, auch für die Zeit vor Eröffnung des Verfahrens und unabhängig davon, ob das Unternehmen fortgeführt wird (*Noack* § 41 Rz. 10; *OGH-Österreich* NZG 2001, 987).

§ 41 ist zwingendes Recht (*Noack* § 41 Rz. 1). Der Gesellschaftsvertrag kann nur **3** ergänzende Regelungen treffen (Henssler/Strohn/*Büteröwe* § 41 Rz. 19; *Altmeppen* § 41 Rz. 14).

Verpflichtet ist jeder einzelne Geschäftsführer, bei Liquidation jeder Liquidator (§ 71 **4** Abs. 4 i.V.m. § 41). Verpflichtet ist auch der faktische Geschäftsführer, wenn er tatsächlich als solcher tätig wird.

Eine Delegation von Geschäftsführungsaufgaben (vgl. hierzu § 37 Rz. 25 ff.) befreit **5** den Geschäftsführer, dem der Aufgabenbereich Buchführung nicht übertragen ist, nicht von seiner Verpflichtung, schränkt diese jedoch ein. Eine Überwachungs-, Kontroll- und Informationspflicht verbleibt jedem Geschäftsführer; erforderlichenfalls muss er für Abhilfe sorgen (vgl. *BGH* v. 6.11.2018 – II ZR 11/17 (KG), NZG 2019, 225; *Altmeppen* § 41 Rz. 15; MüKo GmbHG/*Fleischer* § 41 Rz. 12 ff.).

III. Inhalt der Buchführungspflicht

6   Die Buchführungspflicht bedeutet keineswegs, dass der Geschäftsführer sie persönlich erfüllen muss. Die Übertragung auf geeignete Mitarbeiter (in größeren Betrieben die Regel), auch auf externe Unternehmen (z.b. durch Steuerberater) ist zulässig. In jedem Fall muss die ordnungsmäßige Erfüllung der Aufgaben sichergestellt sein. Die Durchführung von (gesetzlichen) Abschlussprüfungen reicht zur Erfüllung der Überwachungspflicht nicht aus.

7   Der Inhalt der Buchführungspflicht ergibt sich aus den §§ 238 ff. HGB. Die Geschäftsführer sind verpflichtet, das Rechnungswesen der Gesellschaft entsprechend den gesetzlichen Bestimmungen (zu denen auch die Grundsätze über die ordnungsgemäße Buchführung gehören) einzurichten (vgl. MüKo GmbHG/*Fleischer* § 41 Rz. 13).

8   Vorschrift schreibt eine bestimmte Form der Buchführung nicht ausdrücklich vor. Wegen der Anforderungen nach § 238 HGB sowie der nach § 242 Abs. 2 HGB erforderlichen Gewinn- und Verlustrechnung wird allg. Pflicht zur **doppelten Buchführung** bejaht und ist auch üblich (*Noack* § 41 Rz. 9; *Altmeppen* § 41 Rz. 9; MüKo GmbHG/ *Fleischer* § 41 Rz. 6; Rowedder/Pentz/*Tiedchen* § 41 Rz. 58).

9   In den meisten Fällen wird sich eine Buchführungs- und Bilanzierungspflicht für steuerliche Zwecke bereits aus § 141 AO ergeben.

10   Die Buchführung muss den Grundsätzen ordnungsgemäßer Buchführung entsprechen. Eine bestimmte äußere Form wird nicht vorgeschrieben (vgl. § 239 Abs. 2 HGB); EDV-gestützte Buchführung (§ 239 Abs. 4 HGB) ist zulässig und üblich (vgl. Rowedder/Pentz/*Tiedchen* § 41 Rz. 62 f.).

11   Die **Buchführungspflicht beginnt** mit dem ersten buchungspflichtigen Geschäftsvorfall. Die Eintragung der GmbH in das HR ist nicht erforderlich. Der erste relevante Vorgang wird im Allg. die Einforderung der Stammeinlagen sein (vgl. MüKo GmbHG/*Fleischer* § 41 Rz. 19; *Noack* § 41 Rz. 7).

12   Die Verpflichtung zur **Buchführung endet** mit Beendigung der Liquidation (*Noack* § 41 Rz. 8; Rowedder/Pentz/*Tiedchen* § 41 Rz. 46).

IV. Folgen der Verletzung der Buchführungspflicht

13   Der Geschäftsführer haftet bei Verletzung der Buchführungspflicht der Gesellschaft nach § 43 (*BGH* NJW 1974, 1468; *BGH* NZI 2006, 365; *Noack* § 41 Rz. 18). Maßgebend ist ein objektiver Verschuldensmaßstab. Der Geschäftsführer kann sich nicht auf seine mangelnde Buchführungskompetenz berufen (*Noack* § 41 Rz. 18). Der (alleinige) Gesellschafter, der nicht für die ordnungsgemäße Buchführung sorgt, muss sich so behandeln lassen, wie wenn er persönlich das Unternehmen betrieben hätte. Das bedeutet unbeschränkte Haftung wegen nicht klarer Abgrenzung von Betriebsvermögen und Privatvermögen (*OLG Celle* GmbHR 2001, 1043).

14   Nach h.M. (vgl. *BGH* GmbHR 1994, 459; *BGH* v. 11.12.2018 – II ZR 455/17, DStR 2019, 805; *Altmeppen* § 41 Rz. 12; Rowedder/Pentz/*Tiedchen* § 41 Rz. 13 m.w.N.; zweif. *Noack* § 41 Rz. 19 ff.) ist § 41 kein Schutzgesetz i.S.d. § 823 Abs. 2 BGB, so dass Dritte

aus der Verletzung der Buchführungspflicht keine Ansprüche herleiten können. Das wird der Bedeutung der Buchführung bzw. der Bilanz nicht gerecht (Rowedder/Pentz/ *Tiedchen* § 41 Rz. 20 f.). Immerhin ist die unrichtige Wiedergabe der Vermögensverhältnisse der Gesellschaft in der Eröffnungsbilanz, im Jahresabschluss, im Lagebericht oder im Zwischenabschluss nach § 340a Abs. 3 HGB und nach § 331 Nr. 1 HGB strafbar. Vgl. auch § 334 HGB. Die §§ 331 und 334 HGB gelten aber als Schutzgesetze. Anerkannt ist, dass Schadensersatzansprüche aus § 826 BGB begründet werden können), dessen Voraussetzungen jedoch nicht allein aus der unterlassenen Buchführungspflicht hergeleitet werden können (Rowedder/Pentz/*Tiedchen* § 41 Rz. 15).

Geschäftsführer, die der Pflicht zur Aufstellung eines Jahresabschlusses nicht nachkommen, können vom Registergericht durch Zwangsgeld hierzu angehalten werden (§ 335 Abs. 1 Nr. 1 HGB). Eine **actio pro socio** zur Erzwingung der Buchführungspflicht ist nicht zulässig (a.A. Rowedder/Pentz/*Tiedchen* § 41 Rz. 11). **15**

Die Unterlassung der Buchführung kann ein wichtiger Grund für die Abberufung des Geschäftsführers bzw. die fristlose Kündigung des Anstellungsvertrags sein (*OLG Rostock* NZG 1999, 216; dazu *Noack* § 38 Rz. 115). **16**

Satzungsklauseln oder Weisungen der Gesellschafter, die im Widerspruch zu gesetzlichen Bestimmungen der Buchführung/Bilanzierung stehen, darf der Geschäftsführer nicht beachten. Er kann sich durch die Nichtbefolgung nicht schadensersatzpflichtig machen. Durch die Satzung bzw. Weisungen kann der Umfang der Buchführung erweitert werden (z.B. auf die besonderen Belange der Gesellschaft zugeschnitten werden). **17**

V. Aufbewahrungspflichten

Zu den Buchführungspflichten gehört die Aufbewahrung bestimmter Unterlagen der Buchführung (vgl. § 257 HGB, § 74 GmbHG). **18**

§ 42 Bilanz

(1) In der Bilanz des nach den §§ 242, 264 des Handelsgesetzbuchs aufzustellenden Jahresabschlusses ist das Stammkapital als gezeichnetes Kapital auszuweisen.

(2) [1]Das Recht der Gesellschaft zur Einziehung von Nachschüssen der Gesellschafter ist in der Bilanz insoweit zu aktivieren, als die Einziehung bereits beschlossen ist und den Gesellschaftern ein Recht, durch Verweisung auf den Geschäftsanteil sich von der Zahlung der Nachschüsse zu befreien, nicht zusteht. [2]Der nachzuschießende Betrag ist auf der Aktivseite unter den Forderungen gesondert unter der Bezeichnung „Eingeforderte Nachschüsse" auszuweisen, soweit mit der Zahlung gerechnet werden kann. [3]Ein dem Aktivposten entsprechender Betrag ist auf der Passivseite in dem Posten „Kapitalrücklage" gesondert auszuweisen.

(3) Ausleihungen, Forderungen und Verbindlichkeiten gegenüber Gesellschaftern sind in der Regel als solche jeweils gesondert auszuweisen oder im Anhang anzugeben; werden sie unter anderen Posten ausgewiesen, so muss diese Eigenschaft vermerkt werden.

Literatur: *Broll/Sattler* Der Jahresabschluss der GmbH, 1998; *Carstensen/Leibfried* Auswirkungen von IAS/IFRS auf mittelständische GmbH und GmbH & Co KG, GmbHR 2004, 804; *Farr* Der Jahresabschluss der kleinen GmbH, GmbHR 1996, 92 und 185; *ders.* Der Jahresabschluss der mittelgroßen GmbH, GmbHR 1996, 755; *Hemmerich/Schütte* Der Ausweis von Ansprüchen und Verbindlichkeiten gegenüber Gesellschaftern, StuB 2016, 87; *Heuser/ Theile* Auswirkungen des Bilanzrechtsreformgesetzes auf den Jahresabschluss und Lagebericht der GmbH, GmbHR 2005, 201; *Hüttche* Zur Rechnungslegung der gemeinnützigen GmbH, GmbHR 1997, 1095; *Nietsch* Grundsatzfragen der Organhaftung bei Kartellverstößen, ZHR 2020, 60; *Lohr* Stärkung der Rechte des Minderheitsgesellschafters bei der Gewinnverwendung, GmbH-StB 2023, 156; *Ott* Der Jahresabschluss der GmbH: Aufstellung, Prüfung, Feststellung und Offenlegung, LSW Gruppe 13, 53; *Rauch* Konsequenzen der unterlassenen Pflichtprüfung einer GmbH. Bilanzpolitische Möglichkeiten nach dem Abschlussstichtag zur Vermeidung der Prüfungspflicht, BB 1997, 35.

I. Inhalt und Bedeutung der Vorschrift

1 Für den Jahresabschluss der GmbH gelten zunächst die allg. Vorschriften nach §§ 242 ff. HGB sowie die sie ergänzenden Vorschriften für Kapitalgesellschaften (§§ 264 ff. HGB). Die Regelung der §§ 264 ff. HGB geht derjenigen nach §§ 242 ff. HGB vor (vgl. *Noack* § 42 Rz. 2). Abs. 1 nimmt hierauf ausdrücklich Bezug.

2 § 42 regelt einige speziell die GmbH betreffende Bilanzansätze, nämlich den Ausweis des gezeichneten Kapitals (Stammkapital, Abs. 1), die Aktivierung von Nachschüssen (Abs. 2) und den Ausweis von Forderungen und Verbindlichkeiten ggü. Gesellschaftern (Abs. 3). Das GmbHG enthält keine Vorschriften über die Konzernrechnungslegung; es gelten allein die allg. Vorschriften der §§ 290 ff. HGB.

II. Verhältnis zur steuerlichen Bilanzierung – Der Grundsatz der Maßgeblichkeit und der Grundsatz der umgekehrten Maßgeblichkeit der Handelsbilanz

3 Die handelsrechtlichen Grundsätze ordnungsmäßiger Buchführung gelten auch für die steuerliche Gewinnermittlung (§ 5 Abs. 1 S. 1 EStG: Maßgeblichkeitsgrundsatz).

4 Steuerrechtliche Wahlrechte dürfen nur in Übereinstimmung mit der handelsrechtlichen Jahresbilanz ausgeübt werden (Grundsatz der umgekehrten Maßgeblichkeit, § 5 Abs. 1 S. 2 EStG).

III. Ausweis des gezeichneten Kapitals (Abs 1)

5 Gezeichnetes Kapital ist das Kapital, auf das die Haftung der Gesellschafter für Verbindlichkeiten der Kapitalgesellschaft ggü. den Gläubigern beschränkt ist (§ 272 Abs. 1 S. 1 HGB). Bei der GmbH ist das das im Gesellschaftsvertrag festgelegte Stammkapital

(§ 3 Abs. 1 Nr. 3). Der Begriff des gezeichneten Kapitals war Neuschöpfung des BiRiLiG als Oberbegriff für alle Kapitalgesellschaften (Rowedder/Pentz/*Tiedchen* § 42 Rz. 4).

Maßgebend ist das am jeweiligen Bilanzstichtag im HR eingetragene Stammkapital. **6** Kapitalerhöhungen bzw Kapitalherabsetzungen sind erst mit der Eintragung zu berücksichtigen. Der Ansatz erfolgt zum Nennbetrag (§ 238 HGB).

Im Posten gezeichnetes Kapital dürfen weder ein Aufgeld noch sonstige Zubußen der **7** Gesellschafter verbucht werden; sie sind zwingend einer Kapitalrücklage zuzuführen (§ 272 Abs 2 HGB).

Das gezeichnete Kapital ist auf der Passivseite der Bilanz auszuweisen (§ 266 Abs 3 **8** HGB). Bei ausstehenden Einlagen kann wie folgt verfahren werden:

(1) die ausstehenden Einlagen sind auf der Aktivseite vor dem Anlagevermögen gesondert auszuweisen und entspr zu bezeichnen. Eingeforderte Einlagen sind entspr zu vermerken (§ 272 Abs 1 S 2 HGB, sog. **Bruttoausweis**).

oder

(2) Nicht eingeforderte Einlagen dürfen auch von dem Posten „Gezeichnetes Kapital" (auf der Passivseite) offen abgesetzt werden; in diesem Falle ist der verbleibende Betrag als Posten „Eingefordertes Kapital" in der Hauptspalte der Passivseite auszuweisen; der eingeforderte, aber noch nicht eingezahlte Betrag ist unter den Forderungen gesondert auszuweisen und entspr zu bezeichnen (§ 272 Abs. 1 S. 3 HGB; sog. **Nettoausweis**).

Beispiele: **(1) Bruttoausweis** (§ 272 Abs 1 S 2 HGB) **9**

Aktiva		Passiva	
A. Ausstehende Einlagen auf das gezeichnete Kapital, davon eingefordert 20.000	50.000	A. Eigenkapital I. Gezeichnetes Kapital	100.000
C. Umlaufvermögen Bankguthaben	50.000		
	100.000		100.000

(2) Nettoausweis (§ 272 Abs 1 S 3 HGB)

(Das Stammkapital erscheint nur in einer Vorspalte)

Aktiva		Passiva	
A. ...		A. Eigenkapital	
B. Umlaufvermögen II. Forderungen und sonstige Vermögensgegenstände ...		I. Gezeichnetes Kapital 100.000 Nicht eingeforderte Einlage 25.000 Eingefordertes Kapital	
4. Eingeforderte, aber noch ausstehende Einlagen	20.000		75.000
IV. Bankguthaben	55.000		
	75.000		75.000

IV. Bilanzierung von Nachschüssen (Abs. 2)

10 Als Nachschüsse i.S.d. Vorschrift sind nur Nachschüsse auf der Grundlage des Gesellschaftsvertrags anzusehen, nicht hingegen freiwillige Zuschüsse der Gesellschafter (Rowedder/Pentz/*Tiedchen* § 42 Rz. 13).

11 Nachschüsse sind unter einer doppelten Voraussetzung zu aktivieren: Die Einziehung von Nachschüssen ist beschlossen und den Gesellschaftern steht (bei unbeschränkter Nachschusspflicht, vgl. § 27 Abs. 1 S. 1) ein Recht, durch Verweisung auf den Geschäftsanteil sich von der Zahlung zu befreien, nicht zu (S. 1). Zur Einforderung von Nachschüssen vgl. §§ 26–28.

12 Die Aktivierungsfähigkeit eines Nachschusses beurteilt sich nach den Verhältnissen am Bilanzstichtag; die Aktivierung setzt einen Einforderungsbeschluss voraus (MüKo GmbHG/*Fleischer* § 42 Rz. 15; Rowedder/Pentz/*Tiedchen* § 42 Rz. 14). Für den Ablauf der Frist zur Preisgabe des Geschäftsanteils kommt es auf die Verhältnisse im Zeitpunkt der Bilanzaufstellung an (Rowedder/Pentz/*Tiedchen* § 42 Rz. 14).

13 Bei beschränkter Nachschusspflicht (§ 28) ist der nachzuschießende Betrag unter den Forderungen (§ 266 Abs. 2 B. II. HGB) gesondert unter der Bezeichnung „Eingeforderte Nachschüsse" auszuweisen. Die Höhe des Ansatzes richtet sich nach dem Wert der Forderung, nicht nach dem Nennwert („soweit mit der Zahlung gerechnet werden kann", S. 2; Rowedder/Pentz/*Tiedchen* § 42 Rz. 14).

14 Die Aktivierung ist durch einen Passivposten auszugleichen (Kapitalrücklage, § 266 Abs. 3 A. II. HGB), um zu verhindern, dass die Beträge zum ausschüttungsfähigen Gewinn gerechnet werden (Rowedder/Pentz/*Tiedchen* § 42 Rz. 15). Bei freiwilligen Leistungen ist die Einstellung in eine Kapitalrücklage nach § 272 Abs. 2 Nr. 4 HGB geboten.

15 Nach Einziehung der Nachschüsse sind diese als Kapitalrücklage nach § 272 Abs. 2 Nr. 4 HGB auszuweisen. Die aktivierte Forderung und der entsprechenden Passivposten sind aufzulösen.

16 Bei unbeschränkter Nachschusspflicht ist die Bilanzierung erst und insoweit vorzunehmen, als die Gesellschafter ihr Abandonrecht (§ 27 Abs. 1) verloren haben (*Noack* § 42 Rz. 9). Zur Rückzahlung von Nachschüssen vgl. § 30 Abs. 2.

V. Forderungen und Verbindlichkeiten gegenüber Gesellschaftern (Abs. 3)

17 **1. Gegenstand des gesonderten Ausweises.** Abs. 3 fordert den gesonderten Ausweis von Ausleihungen, Forderungen und Verbindlichkeiten ggü. Gesellschaftern oder die Angabe im Anhang (Hs. 1); werden sie unter anderen Posten ausgewiesen, muss diese Eigenschaft vermerkt werden (Hs. 2).

18 Dem Begriff der Ausleihung ist eine gewisse Dauer eigen (*Noack* § 42 Rz. 12). Auf eine bestimmte Laufzeit kommt es indes nicht an (Rowedder/Pentz/*Tiedchen* § 42 Rz. 19).

19 Forderungen sind alle in Geld ausgedrückte oder in Geld bewertbare Ansprüche (Rowedder/Pentz/*Tiedchen* § 42 Rz. 20), Darlehen, soweit nicht unter Ausleihungen zu erfassen.

Verbindlichkeiten sind alle das Vermögen der GmbH belastende Verpflichtungen.   **20**
Rückstellungen stellen keine Verbindlichkeit i.d.S. dar (noch keine Verbindlichkeit,
vgl. Rowedder/Pentz/*Tiedchen* § 42 Rz. 21).

Rangrücktritt: Es sind (nach der Rechtsprechung des *BGH* GmbHR 2001, 190) ein ein-   **21**
facher und ein qualifizierter Rangrücktritt zu unterscheiden. Im einfachen Rangrücktritt kommt zum Ausdruck, dass der Gesellschafter als Gläubiger erst nach Befriedigung
aller Gesellschaftsgläubiger Befriedigung suchen wird, während beim qualifizierten
Rangrücktritt noch die Befriedigung im Gleichklang mit den Einlagerückgewährungs-
ansprüchen seiner Mitgesellschafter hinzukommt. Auf den Ausweis als Passivposten in
der Bilanz der Gesellschaft hat der Rangrücktritt keine Auswirkungen: die Verbindlichkeit ist weiterhin zu bilanzieren, da die wirtschaftliche Belastung unverändert bleibt
(vgl. *BMF-Schreiben* v. 8.9.2006, BStBl. I 2006, S. 479; *Altmeppen* § 42 Rz. 33). Beim qua-
lifizierenden Rangrücktritt ergeben sich jedoch Auswirkungen auf den Vermögensstatus
zur Feststellung der Überschuldung– ein Ansatz unterbleibt, so dass damit unter
Umständen eine Überschuldung verhindert wird und damit ein Antrag auf Öffnung des
Insolvenzverfahrens unterbleiben kann. Mit einem Rangrücktritt belastete Verbindlichkeiten sind in der Bilanz besonders zu kennzeichnen, z.B. durch den Zusatz „davon mit
Rangrücktritt" oder „Kapital ersetzend" (Henssler/Strohn/*Büteröwe* § 42 Rz. 24).

Nach der Neufassung durch das MoMiG gibt es keine Kapital ersetzenden Gesell-   **22**
schafterdarlehen mehr (Aufhebung der §§ 32a, 32b). Als nachrangige Insolvenzforderungen i.S.d. § 39 Abs. 1 Nr. 5 InsO werden alle Forderungen auf Rückgewähr von
Gesellschaftsdarlehen und Forderungen aus Rechtshandlungen, die einem solchen
Darlehen wirtschaftlich entsprechen, behandelt. Lässt man für die Außerachtlassung
einer Verbindlichkeit im Vermögensstatus die Einreihung als Insolvenzforderung nach
§ 39 Abs. 1 Nr. 5 InsO (n.F.) genügen (vgl. *K. Schmidt* JbFSt 2002/03, 279), dann sind
alle unter die Bestimmung fallenden Forderungen der Gesellschafter nicht als Verbindlichkeit auszuweisen. Die Neufassung des § 39 Abs. 1 Nr. 5 InsO wirkt sich günstig
für einen Vermögensstatus aus.

2. Gesellschafter. Gesellschafter i.S.d. Abs. 3 ist nach h.A. der jeweilige Inhaber eines   **23**
Geschäftsanteils (*Altmeppen* § 42 Rz. 28; MüKo GmbHG/*Fleischer* § 42 Rz. 19). Das
Abstellen auf die Meldung bei der Gesellschaft entspricht zwar der Praktikabilität
und Rechtssicherheit, erfüllt aber nicht die Forderung nach einer Offenlegung der tat-
sächlichen Verhältnisse zwischen Gesellschaft und Gesellschafter (MüKo GmbHG/
Fleischer § 42 Rz. 19). Auch ein Treugeber ist Gesellschafter i.S.d. § 42 (MüKo
GmbHG/*Fleischer* § 42 Rz. 19).

Auf den Umfang der Beteiligung kommt es nicht an; Zwergbeteiligung ist ausreichend   **24**
(MüKo GmbHG/*Fleischer* § 42 Rz. 19).

3. Ausweismodalitäten. Das Gesetz sieht drei Möglichkeiten des Ausweises vor: **25**

(1) I.d.R. gesonderter Ausweis, (2) Ausweis im Anh. und (3) Ausweis unter anderen
Posten mit Kenntlichmachung der Beträge, die einer Beziehung zu einem Gesellschaf-
ter zuzuordnen sind. In welchem Umfange ein Wahlrecht der Gesellschaft besteht, ist
umstr. Zutreffend ist wohl ein freies Wahlrecht nach (1) und (2) (so auch *Noack* § 42
Rz. 14), nicht aber zu (3) (sachliche Rechtfertigung erforderlich, vgl. *Noack* § 42
Rz. 14).

26 4. Rechtsbeziehungen zu verbundenen Unternehmen. Sind Forderungen bzw. Verbindlichkeiten ggü. einem Gesellschafter zugleich solche gegen ein verbundenes Unternehmen, ist fraglich, in welchem Verhältnis § 42 Abs. 3 zu § 266 Abs. 2 Pos B II Abs. 3 Pos C 6 HGB steht. § 42 Abs. 3 wird man Vorrang einräumen müssen (str. *Noack* § 42 Rz. 14; *Altmeppen* § 42 Rz. 30, 31; a.A. MüKo GmbHG/*Fleischer* § 42 Rz. 19).

§ 42a Vorlage des Jahresabschlusses und des Lageberichts

(1) ¹Die Geschäftsführer haben den Jahresabschluss und den Lagebericht unverzüglich nach der Aufstellung den Gesellschaftern zum Zwecke der Feststellung des Jahresabschlusses vorzulegen. ²Ist der Jahresabschluss durch einen Abschlussprüfer zu prüfen, so haben die Geschäftsführer ihn zusammen mit dem Lagebericht und dem Prüfungsbericht des Abschlussprüfers unverzüglich nach Eingang des Prüfungsberichts vorzulegen. ³Hat die Gesellschaft einen Aufsichtsrat, so ist dessen Bericht über das Ergebnis seiner Prüfung ebenfalls unverzüglich vorzulegen.

(2) ¹Die Gesellschafter haben spätestens bis zum Ablauf der ersten acht Monate oder, wenn es sich um eine kleine Gesellschaft handelt (§ 267 Abs. 1 des Handelsgesetzbuchs), bis zum Ablauf der ersten elf Monate des Geschäftsjahrs über die Feststellung des Jahresabschlusses und über die Ergebnisverwendung zu beschließen. ²Der Gesellschaftsvertrag kann die Frist nicht verlängern. ³Auf den Jahresabschluss sind bei der Feststellung die für seine Aufstellung geltenden Vorschriften anzuwenden.

(3) Hat ein Abschlussprüfer den Jahresabschluss geprüft, so hat er auf Verlangen eines Gesellschafters an den Verhandlungen über die Feststellung des Jahresabschlusses teilzunehmen.

(4) ¹Ist die Gesellschaft zur Aufstellung eines Konzernabschlusses und eines Konzernlageberichts verpflichtet, so sind die Abs. 1–3 entsprechend anzuwenden. ²Das Gleiche gilt hinsichtlich eines Einzelabschlusses nach § 325 Abs. 2a des Handelsgesetzbuchs, wenn die Gesellschafter die Offenlegung eines solchen beschlossen haben.

Übersicht

Literatur: *Bascope/Hering* Gewinn- und sonstige Auszahlungsansprüche von GmbH-Gesellschaftern aus dem Gesellschaftsvermögen, GmbH 2006, 183; *Hommelhoff/Priester* Bilanzrichtliniengesetz und GmbH-Satzung, ZGR 1986, 463; *Huth* § 42a GmbHG – Die unterschätzte Pflicht des Geschäftsführers auf Vorlage des Jahresabschlusses, GmbHR 2024, 577; *Prühs* Die Zuflussfiktion bei Gehaltsbestandteilen von beherrschenden Gesellschafter-Geschäftsführern, GmbH-Stpr 2024, 65; *Schockenhoff* Der Gewinnauszahlungsanspruch des GmbH-Minderheitsgesellschafters, ZGR 2023, 1; *Trinks* Schadensersatz wegen pflichtwidriger Gewinnthesaurierung im GmbH-Recht, NZG 2021, 587; *van Venroy* Feststellung von GmbH-Jahresabschlüssen, GmbHR 2003, 125.

I. Allgemeines

Die Bestimmung wurde zunächst neu gefasst durch das BiRiLiG 1985. Abs. 4 wurde **1** geändert durch das Transparenz- und Publizitätsgesetz (TransPuG) v. 19.7.2002 und das Bilanzrechtsreformgesetz (BiLReG) v. 4.12.2004.

§ 46 Nr. 1 begründet die Zuständigkeit der Gesellschafterversammlung zur Feststellung des Jahresergebnisses und zur Ergebnisverwendung. § 42a regelt das Verfahren zwischen Aufstellung und Feststellung des Jahresergebnisses (Ergebnisverwendung). Nach Abs. 1 haben die Geschäftsführer einen Entwurf des Jahresabschlusses den Gesellschaftern vorzulegen. Abs. 2 begründet die Verpflichtung der Gesellschafter zur Feststellung und Ergebnisverwendung. Abs. 3 verpflichtet den Abschlussprüfer zur Teilnahme an den Verhandlungen über die Feststellung des Jahresabschlusses. Abs. 4 enthält eine zusätzliche Bestimmung für den Konzernabschluss (GmbH als Konzernmutter). Zum Erfordernis einer förmlichen Feststellung vgl. Rz. 79. § 42a ist zwingendes Recht, soweit Publizitäts- und Prüfungsrechte sowie zwingende Rechnungslegungsvorschriften betroffen sind, i.Ü. dispositiver Natur (*Altmeppen* § 42a Rz. 54 f.).

II. Vorlagepflicht der Geschäftsführer (Abs. 1)

1. Inhalt der Vorlagepflicht. Die Geschäftsführer sind verpflichtet, den Jahresab- **2** schluss und den Lagebericht (§ 289 HGB) vorzulegen. Jahresabschluss ist die Bilanz und die Gewinn- und Verlustrechnung (§ 243 Abs. 3 HGB). Für Kapitalgesellschaften ist der Jahresabschluss um einen Anhang zu erweitern, der mit der Bilanz und der Gewinn- und Verlustrechnung eine Einheit bildet (§ 264 Abs. 1 S. 1, §§ 284 ff. HGB), also nicht in den Jahresabschluss einbezogen ist. Die Verpflichtung ist für alle Größenklassen (vgl. § 267 HGB) gleich.

3 **2. Vorlage an die Gesellschafter bzw. das zuständige Organ.** Grundsätzlich sind der Jahresabschluss und der Lagebericht den Gesellschaftern vorzulegen. Da der Zweck der Vorlage die Feststellung des Jahresabschlusses und die Ergebnisverwendung ist, erübrigt sich eine Vorlage an die Gesellschafter, wenn durch den Gesellschaftsvertrag die Zuständigkeit eines anderen Organs (z.b. Beirat oder Aufsichtsrat) begründet worden ist (vgl. Rowedder/Pentz/*Tiedchen* § 42a Rz. 8; a.A. *Altmeppen* § 42a Rz. 12, 32). Die Vorlage ist **an das zuständige Organ** vorzunehmen. Die Zulässigkeit der Kompetenzverlagerung wird sehr weit gefasst, z.b. Übertragung auf einen Teil der Gesellschaftergesamtheit (vgl. *Noack* § 42a Rz. 16; MüKo GmbHG/*Fleischer* § 42a Rz. 24;) oder auch auf einen gesellschaftsfremden Dritten (vgl. *BGH* GmbHR 1965, 194; MüKo GmbHG/*Fleischer* § 42a Rz. 24) sowie einvernehmliche Feststellung durch Geschäftsführung und Beirat/Aufsichtsrat (vgl. *Noack* § 42a Rz. 16).

4 Die Gesellschafter können die Geschäftsführer im Fall der Verletzung der Vorlagepflicht anweisen; Auskunftserzwingung entspr. § 51b kommt jedoch nicht in Betracht; genauso wenig wie Festsetzung eines Zwangsgeldes nach § 355 HGB. Gesellschafter werden auf Leistungsklage verwiesen; der einzelne Gesellschafter kann über die actio pro socio vorgehen (allg. A., vgl. *LG München* GmbHR 2005, 937; MüKo GmbHG/*Fleischer* § 42a Rz. 19; Rowedder/Pentz/*Tiedchen* § 42a Rz. 13). Mittel der Wahl dürfte aber Abberufung sein.

5 Ist für die Feststellung des Jahresabschlusses ein anderes Organ als die Gesellschafterversammlung zuständig, bleibt den Gesellschaftern zur Information nur das **Auskunftsrecht des** § 51a; jeder Gesellschafter kann für sich die entsprechende Auskunft verlangen (vgl. *Noack* § 43 Rz. 12; str. aber Anwendbarkeit von § 51a Abs. 2 – Auskunftsverweigerungsrecht der Geschäftsführer, dazu MüKo GmbHG/*Fleischer* § 42a Rz. 17; *Altmeppen* § 42a Rz. 17).

6 **3. Vorlagepflichtige Geschäftsführer.** Vorlagepflichtig ist jeder Geschäftsführer (*Noack* § 42a Rz. 4, 6; a.A. MüKo GmbHG/*Fleischer* § 42a Rz. 10; a.A. Rowedder/Pentz/*Tiedchen* § 42a Rz. 7: Geschäftsführer in ihrer Gesamtheit als Organ der Gesellschaft), jedoch ist eine Ressortverteilung zu beachten, so dass nur der zuständige Geschäftsführer verpflichtet wird (MüKo GmbHG/*Fleischer* § 42a Rz. 15).

7 **4. Zeitpunkt der Vorlage.** Der Zeitpunkt der Vorlage ist von der Frist für die Aufstellung des Jahresabschlusses zu unterscheiden. Jahresabschluss und Lagebericht sind nach Aufstellung umgehend vorzulegen, d.h. ohne schuldhaftes Zögern (§ 121 Abs. 1 S. 1 BGB. Unabhängig davon haben die Geschäftsführer für eine zügige Erstellung des Jahresabschlusses zu sorgen. Eine Vorlagepflicht von einem Monat wird allg. als zu lang angesehen (vgl. *Noack* § 42a Rz. 7). Das erscheint dann zutreffend, wenn man mit der „Aufstellung" des Jahresabschlusses den Zeitpunkt ansieht, in dem die Geschäftsführer den von Hilfskräften und Beratern aufgestellten Entwurf gebilligt haben, wenn also der Jahresabschluss vorlagereif ist.

8 **5. Art und Weise der Vorlage.** Jahresabschluss und Lagebericht sind dem für die Feststellung zuständigen Organ „vorzulegen". Das wird so verstanden, dass jedes Organmitglied die Möglichkeit hat, von den Vorlagen so Kenntnis zu nehmen, dass er darauf seine Entscheidung über die Feststellung des Jahresabschlusses und die Ergebnisverwendung stützen kann (vgl. *Noack* § 42a Rz. 8). Dieses Informationsrecht der Gesellschaftergesamtheit zur Vorbereitung der Beschlussfassung ist von dem Informationsrecht nach § 51a (mitgliedschaftliches Informationsrecht) zu unterscheiden. Der einzelne Gesellschafter kann sein Informationsrecht nur auf § 51a stützen. Überschneidungen von § 42a Abs. 1 S. 1 mit § 51a ergeben sich nicht (*OLG Hamm* GmbHR 1998, 336; vgl. auch Rowedder/Pentz/*Tiedchen* § 42a Rz. 12; *Noack* § 42a Rz. 10).

Aus dem Recht auf Kenntnisnahme folgt ein Recht auf **Aushändigung (Übersendung)** **9** **der Unterlagen** an die Gesellschafter (str. *Noack* § 42a Rz. 10; MüKo GmbHG/*Fleischer* § 42a Rz. 16). Das gilt mindestens bei geringer Gesellschafterzahl, wohl aber auch bei nicht überschaubarem Gesellschafterkreis (ebenso: MüKo GmbHG/*Fleischer* § 42a Rz. 16; Rowedder/Pentz/*Tiedchen* § 42a Rz. 11).

Die Aushändigung kann durch Übergabe von Abschriften, aber etwas auch durch **10** Übersendung per E-Mail erfolgen (Rowedder/Pentz/*Tiedchen* § 42a Rz. 11).

Das Organmitglied, das nicht über die notwendige Sachkenntnis verfügt, kann einen **11** **sachkundigen Berater** zuziehen (Rowedder/Pentz/*Tiedchen* § 42a Rz. 10; *Noack* § 42a Rz. 11). Str., ob durch die Satzung eine Beschränkung auf Personen vorgenommen werden kann, die zur Verschwiegenheit verpflichtet sind, z.B. Anwälte oder Wirtschaftsprüfer (vgl. MüKo GmbHG/*Fleischer* § 42a Rz. 18). Ein gänzlicher Ausschluss ist jedoch unzulässig (*Noack* § 42a Rz. 11).

Ausnahmsweise kann die Kenntnisnahme für einen Gesellschafter ausgeschlossen **12** sein. Da § 42a selbst keine Regelung enthält, ist umstritten, in welchem Umfange und unter welchen Voraussetzungen. Eine Einschränkung wäre widersinnig, soweit es sich um Unterlagen handelt, die ohnehin der Publizität unterliegen (vgl. Rowedder/Pentz/ *Tiedchen* § 42a Rz. 12). Wenn **Einschränkungen** zu machen sind, kann es sich allenfalls um den **Prüfungsbericht** handeln. Die wohl h.M. wendet die Grundsätze des § 51a Abs. 2 (vgl. näher dort) entsprechend an (str. vgl. MüKo GmbHG/*Fleischer* § 42a Rz. 17). § 170 Abs. 3 S. 2 AktG ist nicht entsprechend anzuwenden (*Noack* § 42a Rz. 12). Der betroffene Gesellschafter hat in der Gesellschafterversammlung kein Stimmrecht (*Noack* § 42a Rz. 45).

6. Vorlage bei Prüfungspflicht. Unterliegt die Gesellschaft der Prüfung durch einen **13** Abschlussprüfer, so ist dessen Bericht von den Geschäftsführern zusammen mit dem Jahresabschluss und dem Lagebericht unverzüglich nach Eingang vorzulegen (Abs. 1 S. 2). Der Prüfungspflicht unterliegen Kapitalgesellschaften, die nicht kleine i.S.d. § 267 Abs. 1 HGB sind (§ 316 Abs. 1 S. 1 HGB). Der Prüfungsauftrag wird von den Geschäftsführern erteilt, es sei denn, die Gesellschaft hat einen Aufsichtsrat, der den Auftrag erteilt (*Altmeppen* § 42a Rz. 13).

Die Vorlagepflicht besteht auch für Gesellschaften, die sich freiwillig einer Abschluss- **14** prüfung unterziehen (Abs. 1 S. 2; vgl. *Noack* § 42a Rz. 3).

Für die Aushändigung des Prüfungsberichts vgl. Rz. 13 (*Altmeppen* § 42a Rz. 13). **15**

Die Aushändigung bzw. Kenntnisnahme kann bei Missbrauchsgefahr verweigert wer- **16** den (*BayOLG* NZG 2000, 99).

7. Vorlage bei Gesellschaften mit Aufsichtsrat. Besteht ein (fakultativer oder obliga- **17** torischer) Aufsichtsrat, ist der Bericht des Abschlussprüfers ebenfalls unverzüglich vorzulegen (Abs. 1 S. 3). Zum Begriff des Aufsichtsrats vgl. § 52 Rz. 5 ff. Sowohl für den fakultativen als auch für den obligatorischen Aufsichtsrat (vgl. § 25 Abs. 1 MitbestG) findet § 171 AktG entsprechende Anwendung.

III. Feststellung des Jahresabschlusses

1. Bedeutung und Wirkung der Feststellung – Rechtsnatur. – a) Inhalt der Feststellung.

18 Die Gesellschafter haben über die Feststellung des Jahresabschlusses zu beschließen. Die Feststellung ist die Anerkennung seiner Richtigkeit (*Noack* § 42a Rz. 15) durch die Gesellschafter bzw. das für die Feststellung zuständige Organ. Mit der Feststellung wird der vorher nur als Entwurf anzusehende Jahresabschluss für die Gesellschaft und die Gesellschafter verbindlich (*BGH* JZ 1994, 683; *BGH* NZG 2002, 518; Rowedder/Pentz/ *Tiedchen* § 42a Rz. 64, 65; *Noack* § 42a Rz. 15). Der festgestellte Jahresabschluss ist Voraussetzung für den Beschluss über die Ergebnisverwendung (vgl. Rz. 69). Die Bilanzfeststellung bewirkt die Festlegung der in der Bilanz ausgewiesenen innergesellschaftlichen Verbindlichkeiten, insb. der Ansprüche der Gesellschaft gegen die Gesellschafter (*OLG Düsseldorf* NJW-RR 1994, 1457; *OLG Hamm* NZG 2006, 431). Forderungen gegen die Gesellschafter sind nach § 42 Abs. 3 gesondert auszuweisen. In der Einmann-Gesellschaft kann der Feststellungsbeschluss auch konkludent zum Gegenstand der Steuererklärung gefasst werden, z.B. indem der Jahresabschluss zum Gegenstand der Steuererklärung gemacht wird (*OLG Hamm* NZG 2006, 431).

19 Feststellungsbeschluss und Ergebnisverwendungsbeschluss sind auseinanderzuhalten, auch wenn sie gleichzeitig gefasst werden.

20 Die GmbH ist verpflichtet, einen Jahresabschluss aufzustellen. Der Gesellschaftsvertrag kann eine abw. Regelung nicht vorsehen.

21 **b) Änderung des Entwurfs.** Da die Vorlage der Geschäftsführer nur einen Entwurf darstellt, kann die Gesellschafterversammlung bzw. das zuständige Organ Abänderungen vornehmen (*Noack* § 42a Rz. 21). Sie sind zur Änderung verpflichtet, soweit die Vorlage nicht den gesetzlichen Vorschriften (Grundsätze ordnungsmäßiger Buchführung) oder den ergänzenden Bestimmungen des Gesellschaftsvertrags entspricht. Die Gesellschafter sind bei Änderungen an „die für seine Aufstellung geltenden Vorschriften gebunden" (S. 3). Abänderungen dürfen nur insoweit vorgenommen werden, als sie mit den Bilanzierungsvorschriften in Einklang stehen. In erster Linie wird es sich um die Ausübung von Wahlrechten handeln, jedoch sind auch Änderungen zulässig, soweit sie innerhalb eines gegebenen Ermessensrahmens bleiben (z.B. Bewertungsfragen). Von der Änderung des Entwurfs der Geschäftsführer ist die Änderung des festgestellten Jahresabschlusses zu unterscheiden (vgl. Rz. 32).

22 Auch die Geschäftsführer können ihren vorgelegten Jahresabschluss ändern. Die rechtzeitige Feststellung des Jahresabschlusses (vgl. Rz. 35) darf hierdurch jedoch nicht in Frage gestellt werden. Sie sind hierzu verpflichtet, wenn sie nachträglich Mängel feststellen. Eine formelle Änderung (Einreichung einer neuen Bilanz) ist nicht erforderlich, wenn sich nur einzelne Punkte ändern. U.U. genügt ein einfacher Hinweis an die Gesellschafter, die Änderung bei der Feststellung zu berücksichtigen.

23 Wird der Jahresabschluss oder der Lagebericht geändert, hat der Abschlussprüfer diese Unterlagen erneut zu prüfen, soweit es die Änderung erfordert (§ 316 Abs. 3 S. 1 HGB). Der Abschlussprüfer hat über das Ergebnis der Prüfung zu berichten; der Bestätigungsvermerk ist entsprechend zu ergänzen (§ 316 Abs. 3 S. 2 HGB).

24 **2. Feststellungsbeschluss. – a) Einberufung der Gesellschafterversammlung – Einberufungsfrist.** Die Frist für die Einberufung der Gesellschafterversammlung beträgt nach § 51 Abs. 1 S. 2 mindestens eine Woche. Nach allg. M. (vgl. Rowedder/Pentz/*Tiedchen*

§ 42a Rz. 67) ist diese Frist im Hinblick auf das Erfordernis einer umfangreichen Vorbereitung zu kurz. Es wird eine Frist von etwa einem Monat gefordert, die aber auch als ausreichend angesehen wird.

Die Ladung muss als Gegenstand der Beschlussfassung den Jahresabschluss ausweisen. „Erörterung der Bilanz" genügt nicht (*OLG Karlsruhe* GmbHR 1989, 207). **25**

b) Gegenstand der Feststellung. Die Feststellung erfolgt durch Beschluss der Gesellschafterversammlung (§ 46 Nr. 1) bzw. durch die im Gesellschaftsvertrag bestimmte Stelle (Rowedder/Pentz/*Tiedchen* § 42a Rz. 66 ff.). Gegenstand der Feststellung ist nur der Jahresabschluss, nicht auch der Lagebericht (Rowedder/Pentz/*Tiedchen* § 42a Rz. 663; *Noack* § 42a Rz. 14). **26**

Der Beschluss der Gesellschafter ist mit einfacher Mehrheit zu fassen, auch wenn für den Ergebnisverwendungsbeschluss eine qualifizierte Mehrheit vorgesehen ist (vgl. *Noack* § 42a Rz. 17). Die Beschlussfassung kann in jeder zulässigen Form erfolgen (z.B. im Umlaufverfahren). **27**

Die geschäftsführenden Gesellschafter sind vom Stimmrecht nicht ausgeschlossen (MüKo GmbHG/*Fleischer* § 42a Rz. 25). **28**

Der Beschluss kann unter Beifügung einer (auflösenden) Bedingung ergehen (vgl. GmbHR 2000, 231). Zur Frage, inwieweit ein (von der Beschlussfassung) abweichender KSt-Bescheid eine Änderung der Feststellung bewirken kann, vgl. *BGH* GmbHR 1998, 327. **29**

Sind alle Gesellschafter zugleich Geschäftsführer und haben sie die Bilanz unterzeichnet, kann darin zugleich die Feststellung liegen (*BGH* WM 1971, 1084; *Noack* § 42a Rz. 17). **30**

Beschluss kann formlos, sogar konkludent und außerhalb der Gesellschafterversammlung gefasst werden (*Noack* § 42a Rz. 17; MüKo GmbHG/*Fleischer* § 42a Rz. 25). Gesellschaftsvertrag kann strengere Vorgaben vorsehen. **31**

c) Änderung des festgestellten Jahresabschlusses. Der Beschluss über die Feststellung des Jahresabschlusses kann aufgehoben und durch einen neuen ersetzt werden (*Noack* § 42a Rz. 21 ff.). Die Änderung ist nicht mehr möglich, wenn bereits ein Gewinnverteilungsbeschluss ergangen ist, durch den Gläubigerrechte der Gesellschafter auf den Gewinn entstanden sind (vgl. *BGHZ* 23, 154; 65, 234; *Noack* § 42a Rz. 22). Die Änderung ist zulässig, wenn alle Gesellschafter damit einverstanden sind, also auf den bereits entstandenen Gewinnanspruch verzichten (*Noack* § 42a Rz. 22) oder wenn der Feststellungsanspruch mit Erfolg angefochten ist. Ein nichtiger Jahresabschluss kann stets geändert werden, da ein Jahresabschluss im rechtlichen Sinne nicht vorliegt. Hier besteht sogar die Pflicht zur (erneuten) Feststellung, bei der die allg. Regeln gelten. **32**

Eine willkürliche Änderung (also ohne ersichtlich vernünftigen Grund) dürfte ausgeschlossen sein (vgl. auch *Noack* § 42a Rz. 23), wobei die nachträgliche Änderung zur Erreichung einer steuerlichen Vergünstigung (Maßgeblichkeitsgrundsatz) als zulässig zu betrachten ist. **33**

Ein bereits offengelegter Jahresabschluss (vgl. § 325 HGB) steht der Änderung grds. nicht entgegen. § 325 Abs. 1 S. 4 Hs. 2 HGB schreibt nur vor, dass auch die Änderung einzureichen ist (gleiche A. Rowedder/Pentz/Tiedchen § 42a Rz. 74). **34**

35 **3. Feststellungsfristen.** Die Gesellschafter haben die Feststellung des Jahresabschlusses innerhalb der in Abs. 2 S. 2 bestimmten Frist zu treffen. Die Frist beträgt grds. 8 Monate und verlängert sich für kleine Gesellschaften (§ 267 Abs. 1 HGB) auf 11 Monate, jeweils nach Ablauf des Geschäftsjahres.

36 Die Frist ist zwingend und kann durch den Gesellschaftsvertrag nicht verlängert werden (Abs. 2 S. 2). Es soll damit die fristgerechte Einreichung beim HR und die Erfüllung der Publizitätspflicht (§ 325 HGB) sichergestellt werden. Eine Verkürzung durch den Gesellschaftsvertrag ist grds. zulässig; sie muss jedoch ausreichend Zeit für die Aufstellung und Prüfung lassen (*BGH* v. 11.2.2020 – VIII ZR 193/19; Rowedder/Pentz/*Tiedchen* § 42a Rz. 69; *Noack* § 42a Rz. 19).

37 Die Überschreitung der Frist zieht keine direkten Sanktionen nach sich; jedoch kann die Gesellschaft bei Nichtbefolgung der Offenlegung nach §§ 325 ff. HGB durch Zwangsgeld hierzu angehalten werden (§ 335 Abs. 1 HGB), vgl. MüKo GmbHG/*Fleischer* § 42a Rz. 27 ff.

38 Ein außerhalb der Frist gefasster Feststellungsbeschluss ist weder nichtig noch anfechtbar (*BGH* v. 11.2.2020 – VIII ZR 193/129).

39 **4. Verweigerung der Feststellung durch Gesellschafter.** Kommt ein Feststellungsbeschluss nicht zustande, ist str., ob der einzelne Gesellschafter etwas dagegen unternehmen kann (dazu BeckOGK GmbHG/*Markworth* § 42a Rz. 41 f.). Nach verbreiteter Auffassung (vgl. insb. MüKo GmbHG/*Ekkenga* § 29 Rz. 47; *Noack* § 42a Rz. 20) kann ein Gesellschafter die Beteiligung gerichtlich durchsetzen, wenn ein Feststellungsbeschluss nicht zustande kommt. Das kann geschehen: (1) durch Klage gegen die Gesellschaft auf Feststellung eines bestimmten Jahresabschlusses (das Gericht habe bei Ansatz bestimmter Werte bzw. bei Ausübung von Wahlrechten nach billigem Ermessen zu entscheiden; Gestaltungsurteil, vgl. MüKo GmbHG/*Liebscher* § 46 Rz. 25; *Noack* § 46 Rz. 12); (2) durch Klage gegen einen widersprechenden Gesellschafter. Aus der Treuepflicht ergebe sich die Verpflichtung, einem nach Gesetz, den Grundsätzen ordnungsmäßiger Buchführung und den Bestimmungen des Gesellschaftsvertrags aufgestellten Jahresabschluss zuzustimmen (*Noack* § 46 Rz. 12).

40 Für den Beschluss genügt einfache Mehrheit (*Altmeppen* § 42a Rz. 36). Die ohne Grund die Feststellung verweigernde Stimmabgabe (soweit zur Mehrheitsbildung erforderlich) kann missbräuchlich sein (vgl. *Noack* § 46 Rz. 13; *BGHZ* 102, 178; *BGH* NJW 1991, 846; *OLG Hamburg* GmbHR 1992, 43). Kommt es nicht zu einer förmlichen Beschlussfeststellung, kann auf dessen positive Feststellung geklagt werden (vgl. MüKo GmbHG/*Liebscher* § 46 Rz. 24; vgl. § 47 Rz. 57). Allerdings gibt es grds. keinen Anspruch auf Feststellung eines bestimmten Jahresabschlusses *(*MüKo GmbHG/*Liebscher* § 46 Rz. 24).

41 Jedenfalls wird das Problem i.d.R. durch das aufgezeigte Vorgehen zu lösen sein. Die Auflösung der Gesellschaft bzw. der Austritt aus der Gesellschaft als Alternativlösungen erscheinen in den Auswirkungen nicht nur überzogen, sondern auch nicht erforderlich.

42 **5. Mängel des Feststellungsbeschlusses – Anfechtung. – a) Nichtigkeit des Feststellungsbeschlusses.** § 256 AktG regelt die Nichtigkeit von Feststellungsbeschlüssen der AG. Da das GmbHG keine eigene Regelung enthält, gelten diese Bestimmungen (weitgehend) analog (allg. M., vgl. *Noack* § 42a Rz. 24, 108; Rowedder/Pentz/*Tiedchen* § 42a Rz. 77). In Einzelheiten ist vieles umstr (vgl. *Noack* § 42a Rz. 108).

M. Schmitt

Soweit Nichtigkeit nach allg. Grundsätzen gegeben ist, wird auf die Ausführungen zu **43** § 47 Rz. 72 ff. verwiesen. An dieser Stelle werden lediglich den Feststellungsbeschluss betreffende Sonderfragen behandelt.

Die Nichtigkeitsgründe (§ 256 Abs. 1 AktG analog) im Einzelnen:

(1) Der Feststellungsbeschluss verletzt durch seinen Inhalt Vorschriften, die aus- **44** schließlich oder überwiegend zum Schutz der Gläubiger der Gesellschaft gegeben sind (§ 256 Abs. 1 Nr. 1 AktG).

Relevant ist nur der Verstoß gegen gesetzliche Vorschriften, einschließlich der Grundsätze ordnungsmäßiger Buchführung (vgl. *BGHZ* 124, 117; *Noack* § 42a Rz. 24). Die Verletzung von Satzungsbestimmungen ist nicht einschlägig (*Noack* § 42a Rz. 24; vgl. zur Anfechtung bei Verletzung von Satzungsbestimmungen § 47 Rz. 118).

Die Bestimmungen über den Jahresabschluss dienen überwiegend dem Gläubiger- schutz (Rowedder/Pentz/*Tiedchen* § 42a Rz. 78).

Es muss sich um wesentliche Verstöße handeln (*Noack* § 42a Rz. 24). Das ist jedenfalls der Fall, wenn ein Teil des Jahresabschlusses fehlt (z.B. die G+V-Rechnung, *Noack* § 42a Rz. 24; Rowedder/Pentz/*Tiedchen* § 42a Rz. 78). Das Fehlen des Lageberichts ist hingegen bedeutungslos (vgl. *BGHZ* 124, 122; *Noack* § 42a Rz. 108). Beispiele: Akti- vierung eines nicht entgeltlich erworbenen Vermögensgegenstandes entgegen § 248 Abs. 2 HGB; Unterlassen der Geltendmachung eines Rückgewähranspruchs aus ver- deckter Gewinnausschüttung (vgl. hierzu auch *Wichmann* GmbHR 1992, 643).

(2) Unterlassen der gesetzlich vorgeschriebenen Prüfung (§ 256 Abs. 1 Nr. 2 AktG). **45**

Die Prüfungspflicht ergibt sich aus § 316 Abs. 1 und 3 HGB.

(3) Die gesetzlich vorgeschriebene Prüfung wird von einer Person vorgenommen, die nicht **46** zum Abschlussprüfer bestellt ist oder nicht Abschlussprüfer ist (§ 256 Abs. 1 Nr. 3 AktG).

(4) Bei der Feststellung sind die Bestimmungen des Gesetzes oder der Satzung über die **47** Einstellung von Beträgen in Kapital- oder Gewinnrücklagen oder über die Entnahme von Beträgen aus Kapital- oder Gewinnrücklagen verletzt (§ 256 Abs. 1 Nr. 4 AktG).

(5) Die Feststellung ist in einer Gesellschafterversammlung beschlossen worden, die **48** nicht ordnungsgemäß (vgl. §§ 49 Abs. 1, 51 Abs. 1) berufen worden ist, es sei denn, dass alle Gesellschafter erschienen oder vertreten waren (§ 256 Abs. 3 Nr. 1 AktG).

(6) Der Jahresabschluss ist auf Anfechtung hin für nichtig erklärt worden (vgl. § 256 **49** Abs. 3 Nr. 3 AktG).

(7) Verstoß gegen die Gliederungsvorschriften des Jahresabschlusses, soweit seine Klar- **50** heit und Übersichtlichkeit dadurch wesentlich beeinträchtigt ist (§ 256 Abs. 4 AktG).

(8) Verstoß gegen die Bewertungsvorschriften, wenn Posten über- oder unterbewertet **51** sind und dadurch die Vermögens- und Ertragslage der Gesellschaft **vorsätzlich** unrich- tig wiedergegeben oder verschleiert wird (§ 256 Abs. 5 S. 1 AktG; vgl. Rowedder/ Pentz/*Tiedchen* § 42a Rz. 84). Vorsatz ist ausgeschlossen, wenn sich nach Feststellung des Jahresabschlusses die Rechtsprechung geändert hat (phasengleiche Aktivierung von Gewinnansprüchen an eine Tochtergesellschaft, vgl. *BGH* GmbHR 1998, 324 im Gegensatz zur bisherigen Rechtsprechung; vgl. *BGHZ* 65, 230, die Verpflichtung zur phasengleichen Aktivierung verneinte).

M. Schmitt 455

52 Zur Über- oder Unterbewertung vgl. § 256 Abs. 5 S. 2 und 3 AktG (vgl. auch *OLG Hamm* GmbHR 1996, 51; *Wimmer* DStR 1997, 1931). Bei Über- oder Unterbewertung kommt eine Nichtigkeit nur dann in Betracht, wenn eine den Grundsätzen ordnungsmäßiger Bilanzierung widersprechende Bilanzierung ihrem Umfange nach nicht bedeutungslos ist (*BGHZ* 83, 347). Das gilt in gleicher Weise, wenn gegen das Gebot der vollständigen Bilanzierung verstoßen worden ist (*BGH* GmbHR 1998, 326). Zum Einfluss verdeckter Gewinnausschüttungen auf die Nichtigkeit des Jahresabschlusses vgl. auch *Wichmann* GmbHR 1992, 643.

53 **b) Geltendmachung der Nichtigkeit.** Die Nichtigkeit wirkt allgemein. Sie kann von jedermann geltend gemacht werden (vgl. § 47 Rz. 73), auch von dem Gesellschafter, der dem Feststellungsbeschluss zugestimmt hat (Rowedder/Pentz/*Tiedchen* § 42a Rz. 84; *Noack* § 42a Rz. 25).

54 Die Nichtigkeit wird geheilt innerhalb bestimmter Fristen nach näherer Maßgabe des § 256 Abs. 6 AktG, der analog gilt (*Noack* § 42a Rz. 32). Heilung ist ausgeschlossen, wenn der Jahresabschluss überhaupt nicht geprüft oder der Jahresabschluss für nichtig erklärt worden ist (*Noack* § 42a Rz. 32). Eine anhängige Nichtigkeitsklage hemmt den Ablauf der Frist (§ 256 Abs. 6 S. 2 AktG analog).

55 **c) Anfechtbarer Feststellungsbeschluss.** Soweit bei Verstößen der Jahresabschluss nicht nichtig ist, kann Anfechtbarkeit gegeben sein. § 257 Abs. 1 S. 2 AktG ist im GmbH-Recht nicht anwendbar (*BGH* GmbHR 1998, 326). Beispiele: Verstöße gegen Gliederungsvorschriften ohne wesentliche Beeinträchtigung der Klarheit und Übersichtlichkeit; Unterbewertung ohne Vorsatz i.S.d. § 256 Abs. 5 Nr. 2 AktG; Rücklagenbildung über das im Gesellschaftsvertrag festgelegte Maß hinaus. Vgl. *OLG Nürnberg* v. 9.7.2008 – 12 U 690/07 näher § 46 Rz. 22.

56 Anfechtungsbefugt ist jeder Gesellschafter (nicht Geschäftsführer, vgl. Rowedder/Pentz/*Tiedchen* § 42a Rz. 95), sofern er nicht der Feststellung zugestimmt hat (*Noack* § 42a Rz. 41).

57 Das im Anfechtungsprozess ergehende Urteil führt zur Nichtigkeit der Feststellung (§§ 241 Nr. 5, 256 Abs. 3 Nr. 3 AktG analog), nicht zur Feststellung eines anderen Jahresabschlusses. Die Zulässigkeit der Verbindung mit einer positiven Feststellungsklage ist umstr. (*Noack* § 42a Rz. 37).

IV. Ergebnisverwendungsbeschluss

58 **1. Allgemeines – Notwendigkeit der Beschlussfassung.** Die Feststellung des Jahresabschlusses sagt nichts darüber aus, was mit dem festgestellten Jahresergebnis geschehen soll. Dazu ist grds. ein besonderer Ergebnisverwendungsbeschluss erforderlich (Abs. 2 S. 1; vgl. auch § 46 Nr. 1), der vom Feststellungsbeschluss zu unterscheiden ist.

59 Der Ergebnisverwendungsbeschluss ist nicht zwingend. Der Gesellschaftsvertrag kann darauf verzichten; über die Ergebnisverwendung ist dann im Feststellungsbeschluss mit zu entscheiden (MüKo GmbHG/*Fleischer* § 42a Rz. 30 f.). Ein besonderer Ergebnisverwendungsbeschluss erübrigt sich, wenn die Satzung die Vollausschüttung vorsieht (vgl. auch *OLG Hamm* GmbHR 1989, 126, für den Gewinnanspruch eines ausgeschlossenen Gesellschafters; vgl. i.Ü. *Noack* § 42a Rz. 36 ff.).

2. Zuständigkeit. Zuständig ist, soweit der Gesellschaftsvertrag nicht eine andere **60** Regelung enthält (z.B. Aufsichtsrat, Beirat, besonderer Gesellschafterausschuss, vgl. *Noack* § 42a Rz. 35; vgl. bereits *OLG Düsseldorf* GmbHR 1983, 125), die Gesellschafterversammlung (§ 46 Nr. 1). Die Zuständigkeit kann abw. von der Zuständigkeit für die Feststellung geregelt werden (*Noack* § 42a Rz. 35).

3. Gegenstand der Ergebnisverwendung. Gegenstand der Ergebnisverwendung ist **61** der Jahresabschluss unter Einbeziehung eines evtl. bestehenden Gewinn- oder Verlustvortrags (§ 29 Abs. 1 S. 1) oder des Bilanzgewinns (§ 29 Abs. 1 S. 2).

Der Inhalt des Ergebnisverwendungsbeschlusses ist nicht vorgeschrieben (anders **62** § 174 Abs. 2 AktG für die AG). Er kann beinhalten: Einstellung in die Gewinnrücklage, Ausweis als Gewinnvortrag, Ausschüttung an die Gesellschafter (vgl. *Noack* § 42a Rz. 36; Rowedder/Pentz/*Tiedchen* § 42a Rz. 89), Tilgung des Anspruchs der Gesellschaft aus der Vorbelastung der Gesellschafter (vgl. *Noack* § 42a Rz. 36).

Die Bildung von Rücklagen und Gewinnvorträgen gehört in die Gewinnverwendung, **63** nicht in die Feststellung des Jahresabschlusses (MüKo GmbHG/*Fleischer* § 42a Rz. 30; *BGH* BB 1976, 948). Hingegen ist die Auflösung von Rücklagen Sache der Feststellung des Jahresabschlusses (§ 29 Abs. 1 S. 2; MHLS/*Sigloch/Egner/Farwick* § 42a Rz. 7 f.). Die Unterscheidung hat Bedeutung für die Frage der Nachprüfung nach § 316 Abs. 3 HGB. Vgl. Rz. 23.

Ein Gewinnverwendungsbeschluss erübrigt sich, wenn der festgestellte Jahresab- **64** schluss einen Fehlbetrag oder einen Verlust ausweist (*Noack* § 42a Rz. 37), jedoch ist zu bedenken, dass der Fehlbetrag/Verlust z.B. aus einem Gewinnvortrag gedeckt werden kann und ein noch daraus verbleibender Betrag ausgeschüttet werden kann. In diesem Falle ist ein Ergebnisverwendungsbeschluss notwendig. Zur Auflösung von Rücklagen vgl. Rz. 63.

Für den Ergebnisverwendungsbeschluss ist die Feststellung eines geprüften Jahresab- **65** schlusses erforderlich. Nicht relevant ist, ob der Bestätigungsvermerk eingeschränkt erteilt wurde; zulässig ist aber Beschluss über Vorabausschüttung, der unter dem Vorbehalt der Feststellung des JA steht (vgl. *Noack* § 42a Rz. 36, dazu Rz. 69).

Zur Unterscheidung zwischen verwendbaren Ergebnis und ausschüttungsfähigen **66** Ergebnis vgl. § 29 sowie MünchHdB GesR III/*Möller/Heiser* § 57 Rz. 37 ff.

4. Frist – Anspruch der Gesellschafter auf Gewinnverwendungsbeschluss. Die Gesell- **67** schafter haben innerhalb der auch für die Feststellung des Jahresabschlusses geltenden Frist des Abs. 2 S. 1 über die Ergebnisverwendung zu beschließen. Vgl. die entspr. geltenden Ausführungen zu Rz. 35.

Die Gesellschafter haben einen klagbaren Anspruch darauf, dass ein Gewinnverwen- **68** dungsbeschluss gefasst wird. Die Klage ist nur auf die Beschlussfassung gerichtet und nicht auf einen bestimmten Inhalt des zu fassenden Beschlusses (*OLG Düsseldorf* NZG 2001, 10; offengelassen von *BGH* NJW 1998, 3646; vgl. dazu *Noack* § 42a Rz. 39; Saenger/Inhester/*Bayer* §42a Rz. 40). Ein auf Klage eines Gesellschafters gefasster Gewinnverwendungsbeschluss, der nicht den Vorstellungen des Klägers entspricht, kann angefochten werden, wenn dieser gegen Bestimmungen des Gesetzes oder des Gesellschaftsvertrags verstößt (*OLG Düsseldorf* NZG 2001, 10). Ein Klageanspruch scheidet aus, wenn der Gesellschafter die Voraussetzungen des § 50 Abs. 3 erfüllt: Einberufung der Gesellschafterversammlung unter Mitteilung des Punktes, über den Beschluss gefasst werden soll (*OLG Düsseldorf* NZG 2001, 10).

69 **5. Voraussetzungen des Ergebnisverwendungsbeschlusses.** Der Ergebnisverwendungsbeschluss setzt die rechtswirksame Feststellung des (geprüften) Jahresabschlusses voraus. Es ist dabei gleichgültig, ob der Bestätigungsvermerk uneingeschränkt, ergänzt oder eingeschränkt erteilt oder versagt worden ist (*Noack* § 42a Rz. 37). Fehlt die Feststellung des Jahresabschlusses oder ist die Feststellung nichtig, ist der Ergebnisverwendungsbeschluss ebenfalls nichtig (*Noack* § 42a Rz. 37). Die Anfechtbarkeit des Beschlusses über die Feststellung des Jahresabschlusses hat auf die Ergebnisverwendung keinen Einfluss. Wird der Beschluss auf Anfechtung für nichtig erklärt, ist auch die Ergebnisverwendung nichtig (§ 253 Abs. 1 AktG analog; *Noack* § 42a Rz. 37).

70 Eine **Vorabausschüttung** ist vor Feststellung des Jahresabschlusses zulässig (vgl. *OLG Hamm* GmbHR 1992, 456; Henssler/Strohn/*Büteröwe* § 42a Rz. 22). Vgl. auch § 29 Rz. 10.

71 **6. Gesellschafterbeschluss – Anfechtung.** Grundsätzlich genügt einfache Mehrheit (Rowedder/Pentz/*Tiedchen* § 42a Rz. 92). Die Überschreitung der Frist für die Beschlussfassung löst keine Sanktionen aus (Rowedder/Pentz/*Tiedchen* § 42a Rz. 93). Vgl. auch Rz. 37.

72 Zur Erzwingung eines Ergebnisverwendungsbeschlusses vgl. Rz. 68. Nichtigkeit und Anfechtbarkeit beurteilen sich nach allgemeinen Regeln. Von Bedeutung ist insb. die Anfechtung wegen **Verstoßes gegen die Treuepflicht** (wenn die Gesellschaft unberechtigterweise Gewinne vorenthält, z.B. durch Gewinnthesaurierung, die im Interesse der Gesellschaft nicht erforderlich ist, vgl. *Noack* § 42a Rz. 41).

V. Teilnahme des Abschlussprüfers an der Gesellschafterversammlung zur Feststellung des Jahresabschlusses (Abs. 3)

73 Der Abschlussprüfer hat auf Verlangen eines Gesellschafters an den Verhandlungen über die Feststellung des Jahresabschlusses teilzunehmen (**Abs. 3**). Die Teilnahmepflicht gilt für Pflichtprüfungen und freiwillige Prüfungen (MüKo GmbHG/*Fleischer* § 42a Rz. 36).

Der Zweck des Abs. 3 liegt im Informationsbedürfnis der Gesellschafter zur sachgerechten Feststellung des Jahresabschlusses. Den Prüfer trifft daher eine Auskunftspflicht, soweit es der Erläuterung und Ergänzung des Prüfungsberichts dient (MüKo GmbHG/*Fleischer* § 42a Rz. 38; *Noack* § 42a Rz. 44).

Der Abschlussprüfer kann sich nicht auf ein Auskunftsverweigerungsrecht berufen. Jedoch kann die Gesellschafterversammlung im Einzelfall Auskunftsverweigerung beschließen, wenn befürchtet wird, dass der einzelne Gesellschafter die Auskunft treuwidrig zu Lasten der Gesellschaft oder einem verbundenen Unternehmen verwenden will (Rowedder/Pentz/*Tiedchen* § 42a Rz. 104).

74 Der Prüfer ist zur persönlichen Teilnahme (bei Prüfungsgesellschaften der verantwortliche Prüfer) verpflichtet (dies ist eine Pflicht, aber kein Recht auf Teilnahme, vgl. *Noack* § 42a Rz. 44). Er ist mit einer „angemessenen" Frist zu laden. § 51a Abs. 1 ist nicht anwendbar; gleichwohl erscheint eine Ladungsfrist von einer Woche als angemessen (Rowedder/Pentz/*Tiedchen* § 42a Rz. 104).

Abs. 3 schafft eine eigene Rechtsgrundlage, auch für freiwillige Prüfungen (MüKo **75**
GmbHG/*Fleischer* § 42a Rz. 36).

Der Prüfer hat „auf Verlangen eines Gesellschafters" teilzunehmen. Der Wortlaut ver- **76**
leiht wohl einen direkten Anspruch des Gesellschafters (MüKo GmbHG/*Fleischer*
§ 42a Rz. 36 a.A. Habersack/Casper/Löbbe/*Paefgen* § 42a Rz. 53; Rowedder/Pentz/
Tiedchen § 42a Rz. 101, 102: Verlangen ist an Geschäftsführer zu adressieren, welche
den Abschlussprüfer zur Teilnahme auffordern).

Das Fernbleiben des Prüfers hindert zwar nicht die Feststellung des Jahresabschlusses **77**
und die Beschlussfassung über die Ergebnisverwendung (Rowedder/Pentz/*Tiedchen*
§ 42a Rz. 105), jedoch dürfte darin ein Anfechtungsgrund zu sehen sein. Der Prüfer
kann sich schadensersatzpflichtig machen (Rowedder/Pentz/*Tiedchen* § 42a Rz. 105).

VI. Aufstellung eines Konzernabschlusses (Abs. 4)

Ist die GmbH Konzernmutter (vgl. § 290 Abs. 1 HGB) und zur Aufstellung eines Kon- **78**
zernabschlusses verpflichtet, findet Abs. 1 Anwendung: Konzernabschluss (§§ 290
HGB), Konzernlagebericht (§ 315 HGB) sowie der Prüfungsbericht des Konzernab-
schlussprüfers (§ 316 Abs. 2 HGB) sind von den Geschäftsführern der Gesellschafterversammlung vorzulegen (vgl. *Noack* § 42a Rz. 48).

Der Konzernabschluss ist nach Prüfung (§ 316 Abs. 2 HGB) zu **billigen** (nicht „festzu- **79**
stellen", vgl. § 46 Nr. 1b; dazu Habersack/Casper/Löbbe/*Paefgen* § 42a Rz. 63, Rz. 147;
MüKo GmbHG/*Fleischer* § 42a Rz. 41; *Noack* § 42a Rz. 48). Zuständig ist die Gesellschafterversammlung (§ 46 Nr. 1b; vgl. näher *Altmeppen* § 42a Rz. 53).

§ 43 Haftung der Geschäftsführer

**(1) Die Geschäftsführer haben in den Angelegenheiten der Gesellschaft die Sorg-
falt eines ordentlichen Geschäftsmannes anzuwenden.**

**(2) Geschäftsführer, welche ihre Obliegenheiten verletzen, haften der Gesellschaft
solidarisch für den entstandenen Schaden.**

**(3) [1]Insbesondere sind sie zum Ersatz verpflichtet, wenn den Bestimmungen des
§ 30 zuwider Zahlungen aus dem zur Erhaltung des Stammkapitals erforderlichen Vermögen der Gesellschaft gemacht oder den Bestimmungen des § 33 zuwider eigene
Geschäftsanteile der Gesellschaft erworben worden sind. [2]Auf den Ersatzanspruch
finden die Bestimmungen in § 9b Abs. 1 entsprechende Anwendung. [3]Soweit der
Ersatz zur Befriedigung der Gläubiger der Gesellschaft erforderlich ist, wird die Verpflichtung der Geschäftsführer dadurch nicht aufgehoben, dass dieselben in Befolgung
eines Beschlusses der Gesellschafter gehandelt haben.**

**(4) Die Ansprüche auf Grund der vorstehenden Bestimmungen verjähren in fünf
Jahren.**

Übersicht

M. Schmitt

Literatur: *Altmeppen* Ungültige Vereinbarungen zur Haftung von GmbH-Pflichten.
Zugleich Besprechung von BGH-Urt. v. 15.11.1999 (GmbHR 2000, 187), DB 2000, 261; *ders.*
Zur Disponibilität der Geschäftsführerhaftung in der GmbH. Zugleich Besprechung von
BGH-Urt. v. 31.1.2000, DB 2000, 657; *ders.* Organhaftung wegen des Verjährenlassens von
Ansprüchen der Kapitalgesellschaft, ZIP 2019, 1253; *Arends/Müller* Aktuelle Rechtspre-
chung zur Geschäftsführer-Haftung in Krise und Insolvenz der GmbH, GmbHR 2008, 169;
Arens Im Blickpunkt: die persönliche Haftung des GmbH-Geschäftsführers, NWB 2024,
1268; *Armbrüster* Schutz der GmbH und ihrer Gesellschafter/Geschäftsführer vor einem
Rückgriff durch Sachversicherer, BB 1998, 1376; *Bachmann/Becker* Haftung des Insolvenz-
Geschäftsführers in der Eigenverwaltung NJW 2018, 2235; *ders.* Haftungsfreiheit für den
GmbH-Geschäftsführer NZG 2023, 316; *Bittmann* Keine Strafbarkeit nach § 266a Abs. 1
StGB ohne Lohnzahlung, wistra 1999, 441; *ders.* Beitragsvorenthaltung bei Insolvenzreife
der GmbH, wistra 2004, 327; *ders.* Beitragsvorenthaltung, Geschäftsführerhaftung und Einheit der Rechtsordnung, wistra 2007, 406; *Brammsen/Sonnenburg* Geschäftsführeraußenhaftung in der GmbH NZG 2019, 681; *Burgard/Heimann* Haftungsrisiken des Alleingesellschafter-Geschäftsführers einer Ein-Personen-GmbH, NZG 2018, 601; *Dollmann* Haftung
gemäß § 43 GmbHG: Verjährung von Regressansprüchen im Innenverhältnis, GmbHR
2004, 1330; *Dregelies* Die Haftung des GmbH-Geschäftsführers für Patent- und andere
Immaterialgüterrechte, GRUR 2018, 8; *Dreher* Die persönliche Außenhaftung von Geschäftsführern auf Schadensersatz bei Kartellrechtsverstößen, WuW 2009, 133; *Drescher* Die
Haftung des GmbH-Geschäftsführers, 6 Aufl. 2009; *Ehlers* Die Haftungsressource Managerhaftung, ZInsO, 2008, 524; *Erne* Haftungsvermeidung des Geschäftsführers durch Früh-
warnsysteme bei Nutzung von Cash Pooling, GWR 2010, 314; *Eufinger* Die Regresshaftung
von Vorstand und Geschäftsführer für Kartellverstöße der Gesellschaft WM 2015, 1265;
Fichtelmann Die Rechtsstellung des Geschäftsführers der GmbH in der Insolvenz der
Gesellschaft, GmbHR 2008, 76; *Fiedler* Die Haftung des Geschäftsführers für Zahlungen
nach Insolvenzreife und D&O Versicherungsschutz, VersR 2018, 1298; *Fleischer* Kompe-
tenzüberschreitung von Geschäftsleitern im Personen- und Kapitalgesellschaftsrecht, DStR
2009; 1204; *ders.* Aktuelle Entwicklungen der Managerhaftung, NJW 2009, 2337; *ders.* Zur
GmbH-rechtlichen Verantwortlichkeit des faktischen Geschäftsführers, GmbHR 2011, 337;
ders. Das unternehmerische Ermessen des GmbH-Geschäftsführers und seine GmbH-spezi-
fischen Grenzen, NZG 2011, 521; *ders.* Aufsichtsratshaftung – Anspruchsverjährung –
Selbstbezichtigung: Das Easy-Software-Urteil des BGH, ZIP 2018, 2341; *ders.* Vorstandshaf-
tung wegen pflichtwidrig unterlassener Einholung eines Zustimmungsbeschlusses des Aufsichtsrats, DB 2018, 2619; *ders.* Die Beweislastumkehr nach § 93 Abs. 2 Satz 2 AktG: Rechts-
geschichte – Rechtsvergleichung – Rechtspolitik, FS Thümmel, 2020, 157; *ders./Danninger*
Darlegungs- und Beweislast bei Organhaftung und Gesamtrechtsnachfolge, AG 2020,
193; *ders./Pendl* Verschwiegenheitspflicht und Pflicht zum Geheimnismanagement von
Geschäftsleitern, ZIP 2020, 1321; *Flöther/Korb* Das Verhältnis zwischen dem Erstattungsanspruch nach § 64 GmbHG und der Insolvenzanfechtung, ZIP 2012, 2333; *Fritz* Haftungsbe-
grenzung bei Führungskräften NZA 2017, 673; *Fröhlich/Schulz* Entlastung und Generalbe-
reinigung für Geschäftsführer, GmbH-StB 2008, 54 (mit Musterformulierungen); *Froesch*
Managerhaftung – Risikominimierung durch Delegation?, DB 2009, 722; *Geißler* Strittige
Restanten bei der Haftung des GmbH-Geschäftsführers aus culpa in contrahendo, ZIP
1997, 2184; *ders.* Die Haftung des faktischen Geschäftsführers, GmbHR 2003, 1106; *ders.*
Aktuelle Abgrenzungsfragen bei der Geschäftsführerhaftung, INF 2004, 392; *Gerlein*
Beweislast für Sorgfaltspflichtverletzungen von Geschäftsleitern, NJW 1997, 1905; *Grisar/
Volhard* Vertraglich verbindliche Nachhaltigkeitsverpflichtungen in GmbH und AG, NZG
2024, 515; *Goette* Die Haftung des GmbH-Geschäftsführers in der Rechtsprechung des
BGH, DStR 1999, 1308; *Göz/Gehlich* Die Haftung von Gesellschaftern und Geschäftsfüh-
rern bei Verwendung eines GmbH-Mantels, ZIP 1999, 1653; *Graef* Haftung der Geschäftsführer bei fehlerhafter Kreditvergabe, GmbHR 2004, 327; *Haas/H. Müller* Haftungsrisiken

des GmbH-Geschäftsführers im Zusammenhang mit Unternehmensverkäufen, GmbHR 2004, 1169; *Habersack/Schürnbrand* Die Rechtsnatur der Haftung aus §§ 93 Abs. 3 AktG, 43 Abs. 3 GmbHG, WM 2005, 957; *Hamdan* GmbH-Geschäftsführerhaftung – Haftungsbeschränkung aufgrund von Entlastung und Jahresabschlussfeststellung, GmbHR 2023, 834; *Hasselbach* Der Verzicht auf Schadensersatzansprüche gegen Organmitglieder; DB 2010, 2037; *ders./Seibel* Die Freistellung des GmbH-Geschäftsführers von der Haftung für Kartellrechtsverstöße, GmbHR 2009, 354; *Haß* Die persönliche Haftung des GmbH-Geschäftsführers bei Wettbewerbsverstößen und Verletzung der gewerblichen Schutzrechte, GmbHR 1994, 666; *Hauschka* Ermessensentscheidungen bei der Unternehmensführung, GmbHR 2007, 11; *Herl/Russenschuck* Die persönliche Haftung des GmbH-Geschäftsführers – Im Blickpunkt: Grundsätze der sogenannten „Managerprodukthaftung", BB 1998, 1749; *Janert* Neues zur Generalbereinigung?, Zugleich ein Beitrag zum Urt. des BGH v. 7.4.2003 – IIZR 193/02, GmbHR 2003, 712 m. Anmerkung *Blöse*, GmbHR 2003, 830; *ders.* Rechtliche Gestaltungsmöglichkeiten zur Beschränkung der Geschäftsführerhaftung, BB 2013, 3016; *Jestaedt* Neue und alte Aspekte zur Haftung des GmbH-Geschäftsführers für Sozialversicherungsbeiträge, GmbHR 1998, 672; *Joussen* Der Sorgfaltsmaßstab des § 43 Abs. 1 GmbHG, GmbHR 2005, 441; *Keller* Außenhaftung des GmbH-Geschäftsführers bei Wettbewerbsverstößen und Verletzung gewerblicher Schutzrechte, GmbHR 2005, 1235; *Kersting* Organhaftung für Kartellverstöße, ZIP 2016, 1266; *Kleindiek* Deliktshaftung und juristische Person, 1997; *ders.* Geschäftsführerhaftung nach der GmbH-Reform, Festschrift *K. Schmidt,* 2009, S. 893; *Klumpp* Aktuelle Fragen der Haftung des GmbH-Geschäftsführers, 1998; *König* Geschäftsleiterhaftung bei Einsatz von KI aus der Perspektive eines Praktikers, BB 2023, 1923; *Kort* Corporate Governance-Grundsätze als haftungsrechtlich relevante Verhaltensstandards?, Festschrift *K. Schmidt,* 2009, S. 945; *Krieger/Schneider* Handbuch der Managerhaftung, 2. Aufl. 2010; *Kuntz* Geltung und Reichweite der Business Judgment Rule in der GmbH, GmbHR 2008, 121; *Leinekugel/Skauradszun* Geschäftsführerhaftung bei eigenmächtig gestelltem Insolvenzantrag, GmbHR 2011, 1121; *Lotze* Haftung von Vorständen und Geschäftsführern für gegen Unternehmen verhängte Kartellbußgelder NZKart 2014, 162; *Lutter* Haftung und Haftungsfreiräume des GmbH-Geschäftsführers – 10 Gebote an den Geschäftsführer, GmbHR 2000, 301; *Lutter/Banerjea* Die Haftung des Geschäftsführers für existenzvernichtende Eingriffe, ZIP 2003, 2177; *Medicus* Außenhaftung des GmbH-Geschäftsführers, GmbHR 1993, 533; *ders.* Deliktische Außenhaftung der Vorstandsmitglieder und Geschäftsführer, ZGR 1998, 570; *ders.* Neue Rechtsprechung zur Außenhaftung von GmbH-Geschäftsführern wegen Nichtabführung von Sozialversicherungsbeiträgen, GmbHR 2000, 7; *ders.* Die Außenhaftung des Führungspersonals juristischer Personen im Zusammenhang mit Produktmängeln, GmbHR 2002, 809; *Meyke* Die Haftung des GmbH-Geschäftsführers, 2. Aufl. 2000; *Neusel* Die persönliche Haftung des Geschäftsführers für Steuern der GmbH, GmbHR 1977, 1129; *Nietsch/Peus* Der Geschäftsleiterregress im Zusammenhang mit Kartellvergehen, NJW 2024, 471; *Pröpper* Inanspruchnahme des Geschäftsführers durch die GmbH – Hinweise zur Beschlussfassung der Gesellschafter auf Schadensersatz, GmbH-StB 2004, 286; *Ring* Die Entwicklung des Personengesellschafts- und GmbH-Rechts durch die Rechtsprechung des BGH im Jahre 2023, NJW 2024, 103; *Rubner* Garantenstellung des GmbH-Geschäftsführers bei Patentverstoß, NJW-Spezial 2018, 335; *Reck* Die Strafbarkeit des GmbH-Geschäftsführers wegen Vorenthaltens von Sozialversicherungsbeiträgen in Abhängigkeit der zugrundeliegenden Berechnungsmethode, GmbHR 1999, 102; *Sander* Die Pflichten des GmbH-Geschäftsführers in Krise und Insolvenz nach dem SanInsFoG, ZHR 2024, 8; *Schiemziek/Repta* Vorstands- und Geschäftsführerhaftung bei Datenschutzverletzungen NWB 2018, 3014; *Schneider* Die Wahrnehmung öffentlich-rechtlicher Pflichten durch den Geschäftsführer, FS 100 Jahre GmbHG, 1992, S. 473; *ders.* Die Pflichten des Geschäftsführers in der Krise der GmbH, GmbHR 2011, 57; *Schneider/Schneider* Die zwölf goldenen Regeln des GmbH-Geschäftsführers zur Haftungsvermeidung und Vermögenssicherung, GmbHR 2005, 1229; *Scholz* Rechtmäßiges Alternativverhalten bei der Verletzung von Zustimmungsvorbehalten und Berichtspflichten, AG 2020, 453; *ders.* Darlegungs- und Beweislast bei der Durchsetzung von Organhaftungsansprüchen, ZZP 133/2020, 491; *Schwartz* Haftung der Geschäftsführung in der Eigenverwaltung analog §§ 60, 61 InsO, NZG 2018, 1013; *Steffek* Die Innenhaftung von Vorständen und Geschäftsführern – Ökonomische Zusammenhänge und rechtliche Grundlagen, JuS 2010, 295; *Strothmann* Haftung des GmbH-Geschäftsführers und Verjährung, GmbHR 2023, 896; *Strohn* Geschäftsführerhaftung als Innen- und Außenhaftung, ZInsO 2009, 1417; *Stein* Haftung des Alleingesellschafter-Geschäftsführers einer GmbH, NJW-Spezial 2017, 399; *Sturm* Geschäftsführer-Innenhaftung: Dispositivität der fünfjährigen Verjährungsfrist der § 43 Abs. 4 GmbHG – zugleich Besprechung der Entscheidung des BGH v. 16.9.2002 – II ZR 107/01, GmbHR 2002, 1197; 2003, 573; *Taras* Haftung der Geschäftsleitung in der Eigenverwaltung, NJW-Spezial 2018, 405; *Thümmel* Persönliche Haftung von Managern und Aufsichtsräten, 4. Aufl. 2008; *Tiedke/Peterak* Zu den Pflichten des organschaftlichen Vertreters einer Kapitalgesellschaft, trotz Insolvenzreife der Gesellschaft Sozialabgaben und Lohnsteuer abzuführen, GmbHR 2008, 617; *van Venroy* Die Geschäftsführerhaftung im Unternehmenskauf, GmbHR 2008, 1; *Weber/Lohr* Aktuelle Rechtsprechung zur Innenhaftung von GmbH-Geschäftsführern nach § 43 Abs. 3 GmbHG, GmbHR 2000, 698; *Werner* Sorgfaltspflichten des Geschäftsführers bei Unternehmensakquisitionen – Due Diligence, Informationspflichten und Haftungsrisiken, GmbHR 2007, 678; *ders.* Die Haftung des GmbH-Geschäftsführers für die Verletzung gewerblicher Schutzrechte, GRUR 2009 820; *Wiedemann* Verantwortung in der Gesellschaft – Gedanken zur Haftung der Geschäftsleiter und der Gesellschafter in der Kapitalgesellschaft, ZGR 2011, 183.

I. Inhalt der Regelung – Zur Zulässigkeit abweichender Regelungen

In den Abs. 1, 2 und 4 gilt die Vorschrift unverändert seit 1892, lediglich Abs. 3 S. 2 **1** wurde durch die GmbH-Novelle 1980 geändert.

Die Bestimmung behandelt die Haftung des Geschäftsführers ggü. der Gesellschaft. **2** Abs. 1 bestimmt den Sorgfaltsmaßstab (Sorgfalt eines ordentlichen Geschäftsmannes). Abs. 2 beinhaltet eine eigene Anspruchsgrundlage. Abs. 3 regelt die Haftung in zwei Sonderfällen und Abs. 4 die Verjährung.

Die Haftung des Geschäftsführers ggü. der GmbH knüpft unmittelbar an die Verletzung der organschaftlichen Pflichten an. Sie ist nicht vom Vorliegen eines Anstellungsvertrags abhängig (*BGH* 18.6.2013 – II ZR 86/11, Rz. 17) oder von der Eintragung ins Handelsregister (*BGH* NJW 1994, 2027).

Die Bestimmung gilt auch für den stellvertretenen Geschäftsführer, den Notgeschäftsführer und den Arbeitsdirektor (*Noack* § 43 Rz. 2; Habersack/Casper/Löbbe/*Paefgen* § 43 Rz. 17; zum faktischen Geschäftsführer vgl. Rz. 12), ebenfalls für den Geschäftsführer einer Komplementär-GmbH in einer GmbH & Co KG für die KG, wenn die Geschäftsführung die wesentliche Aufgabe der GmbH ist – Vertrag zugunsten der KG (*OLG Hamm* GmbHR 1999, 819). Der Prokurist ist nicht Normadressat (*BGH* GmbHR 2001, 794; *OLG Brandenburg* NZG 2002, 675), soweit er nicht als faktischer Geschäftsführer anzusehen ist (vgl. Rz. 12).

Die Haftung des Geschäftsführers ggü. der Gesellschaft wird ergänzt durch **Sonderre- 3 gelungen** in den §§ 9a, 31 Abs. 4, 57 Abs. 4. § 9a schließt § 43 aus, da es sich bei § 9a um eine Spezialvorschrift ggü. § 43 handelt (*OLG Rostock* GmbHR 1995, 658; *OLG Celle* NZG 2000, 1179; *Wicke* § 43 Rz. 2; *Altmeppen* § 43 Rz. 1; Habersack/Casper/Löbbe/ *Paefgen* § 43 Rz. 6; MüKo GmbHG/*Fleischer* § 43 Rz. 9). Neben dem Anspruch aus § 43 kommt dem Haftungsanspruch aus dem Geschäftsführervertrag eine eigenständige Bedeutung nicht zu (*BGH* GmbHR 1989, 365; MüKo GmbHG/*Fleischer* § 43 Rz. 9; *Altmeppen* § 43 Rz. 2; i.E. auch *Noack* § 43 Rz. 111). Bedeutung hat die unterschiedliche Beurteilung für die Verjährung (vgl. Rz. 68). Unberührt bleibt die Haftung des Geschäftsführers, der zugleich Gesellschafter ist, aus der Verletzung der gesellschaftsrechtlichen Treuepflicht (*BGH* GmbHR 1989, 365). Ggü. § 9a tritt die Haftung aus § 43 zurück (*Noack* § 43 Rz. 110 m.w.N.).

4 Für die AG ist die in § 93 Abs. 4 S. 3 AktG getroffene Regelung zwingend. Für die GmbH wird der zwingende Charakter des § 43 jedenfalls für die Abs. 2 und 3 überwiegend bejaht (vgl. *Altmeppen* § 43 Rz. 118; diff. Rowedder/Pentz/*Schnorbus* § 43 Rz. 8 ff.; *Noack* § 43 Rz. 40: Abs. 3). Was den Abs. 1 betrifft, so ist hier vieles umstritten: sowohl der Maßstab als auch der Weg, auf dem eine abw. Regelung getroffen werden kann. Soweit es sich um den Gläubigerschutz handelt, ist eine **Minderung des Sorgfaltsmaßstabs**, z.B. auf grob fahrlässiges Verhalten, nicht möglich (dazu *BGH* NJW 2002, 3777; *Noack* § 43 Rz. 39 ff.). I.Ü. erscheint eine Haftungsminderung (keine Haftung bei leichter Fahrlässigkeit) zulässig (vgl. *Noack* § 43 Rz. 39). Eine allg. gültige Entscheidung lässt nur schwer treffen; es kommt auf den Inhalt der Regelung im Einzelfall an.

5 Die **Haftungsminderung** kann sich aus dem Gesellschaftsvertrag, aus einer durch Gesellschafterbeschluss erlassenen Geschäftsordnung oder aus dem Anstellungsvertrag ergeben (*Noack* § 43 Rz. 39; a.A. Habersack/Casper/Löbbe/*Paefgen* § 43 Rz. 11).

6 § 43 erfasst nach seinem Wortlaut nur Geschäftsführer. Für Aufsichtsratsmitglieder gelten § 93 Abs. 1 und 2 AktG analog (§ 52 Abs. 1 GmbHG); BGH zieht Abs. 1 entsprechend heran (*BGH* NJW 2001, 3123). Vgl. § 52 Rz. 54 ff.

II. Geschäftsführer

7 Der Haftungstatbestand kann ab Bestellung zum Geschäftsführer (Annahme durch den Geschäftsführer) verwirklicht werden (Habersack/Casper/Löbbe/*Paefgen* § 43 Rz. 18; *Wicke* § 43 Rz. 3). Auf die Eintragung im HR oder den Abschluss eines Anstellungsvertrags kommt es nicht an (vgl. Rz. 2; *BGH* 18.6.2013 – II ZR 86/11, Rz. 17; *BGH* NJW 1994, 2027; *Wicke* § 43 Rz. 3).

8 Der Haftungstatbestand kann nach Beendigung der Geschäftsführerbestellung (z.B. Abberufung) im Regelfall nicht mehr verwirklicht werden (MHLS/*Ziemons* § 43 Rz. 43; Haftung ausnahmsweise denkbar, wenn der Geschäftsführer nachwirkende Pflichten aus seiner Organstellung verletzt; vgl. *Noack* § 43 Rz. 2). Andere Personen als Geschäftsführer (z.B. Prokuristen) haften nicht nach § 43 (*OLG Brandenburg* NZG 2002, 674; dazu MHLS/*Heidinger* § 30 Rz. 20). Zur Haftung des Geschäftsführers nach §§ 60, 61 InsO bei Eigenverwaltung im Insolvenzverfahren vgl. *BGH* v. 26.4.2018 – IX ZR 238/17; dazu *Schwartz* NZG 2018, 1013).

9 § 43 gilt bereits für die Vor-GmbH (*BGH* GmbHR 1986, 303; vgl. auch *KG* GmbHR 2003, 592 für die strafrechtliche Verantwortlichkeit nach § 266a StGB).

Geschäftsführer i.d.S. sind auch Arbeitsdirektoren in der mitbestimmten GmbH, die stellvertretenden Geschäftsführer und Notgeschäftsführer (*Noack* § 43 Rz. 2; Habersack/Casper/Löbbe/*Paefgen* § 43 Rz. 17).

M. Schmitt

Als Geschäftsführer gilt auch derjenige, dessen Bestellung nichtig (fehlerhafte Organ- **10** stellung) ist (*Noack* § 43 Rz. 4) oder dessen Organstellung zwar rechtlich beendet ist, aber tatsächlich fortgeführt wird (vgl. *BGHZ* 47, 343; *Noack* § 43 Rz. 4).

Ein fehlerhafter, unwirksamer oder fehlender Anstellungsvertrag hat auf die Organ- **11** stellung keinen Einfluss (*BGH* v. 18.6.2013 – II ZR 86/11; *Noack* § 43 Rz. 5), soweit nicht ausnahmsweise ein Junktim dergestalt besteht, dass die Unwirksamkeit des Anstellungsvertrags zugleich die Abberufung als Geschäftsführer beinhaltet.

Geschäftsführer i.S.d. § 43 ist nach wohl überwiegender Ansicht auch der **faktische** **12** **Geschäftsführer** (str.). Ob das der Fall ist, richtet sich nach dem Gesamterscheinungs- bild seines Auftretens. Es ist nicht erforderlich, dass der Handelnde die gesetzliche Geschäftsführung völlig verdrängt. Entscheidend ist vielmehr, dass der Betreffende die Geschicke der Gesellschaft – über die interne Einwirkung auf die satzungsmäßige Geschäftsführung hinaus – durch eigenes Handeln im Außenverhältnis, das die Tätig- keit des rechtlichen Geschäftsführerorgans nachhaltig prägt, maßgeblich in die Hand genommen hat (*BGHZ* 150, 69; *BGH* GmbHR 2005, 1127; vgl. auch *Bender* GmbHR 2002, 552). Die Verfügungsgewalt über das Bankkonto begründet keine faktische Geschäftsführerstellung (*BGH* NZG 2008, 469). Die Abgrenzung der tatsächlichen Geschäftsführung zur dauerhaften Einflussnahme (*OLG München* NJW-Spezial 2019, 113; *Rowedder/Pentz/Schnorbus* § 43 Rz. 6 kann im Einzelfall schwierig sein. Die Ein- schränkung auf Fälle, in denen kein Geschäftsführer vorhanden ist oder ein vorhande- ner durch den faktischen Geschäftsführer verdrängt wird (so *Noack* § 6 Rz. 77; einen solchen Fall der verdrängenden faktischen Geschäftsführung behandelt *OLG Düssel- dorf* GmbHR 1993, 318), erscheint zu eng, weil keinen ausreichenden Schutz der Gesellschaft garantierend (zum Meinungsstand insgesamt vgl. Habersack/Casper/ Löbbe/*Paefgen* § 43 Rz. 20 ff.; a.A. *Altmeppen* § 43 Rz. 99).

Der Hintermann des wegen § 6 Abs. 2 vorgeschobenen Strohmannes haftet als Geschäfts- **13** führer. Ein **Strohmannverhältnis** besteht aber nicht schon dann, wenn ein Gesellschafter einen Geschäftsführer beherrscht und anweist (*BGHZ* 31, 278).

Prokuristen fallen allenfalls unter § 43, wenn sie die Geschäfte der GmbH wie ein **14** (Mit-)Geschäftsführer führen (*BGH* GmbHR 1988, 299; *BGH* GmbHR 2001, 772).

III. Haftungsmaßstab – Sorgfalt eines ordentlichen Geschäftsmannes (Abs. 1)

1. Verschulden des Geschäftsführers. Der Geschäftsführer haftet, wenn er nicht die **15** Sorgfalt, die ein ordentlicher Geschäftsmann in verantwortlich leitender Position bei selbständiger Wahrnehmung fremder Vermögensinteressen zu beachten hat, an den Tag legt (MüKo GmbHG/*Fleischer* § 43 Rz. 308; *Altmeppen* § 43 Rz. 3 f.). Diese Sorg- faltspflicht geht über die eines ordentlichen Kaufmannes hinaus (*OLG Zweibrücken* GmbHR 1999, 715; *OLG Düsseldorf* GmbHR 1995, 227 spricht von einer weiterge- henden Sorgfalt eines selbstständigen treuhänderischen Verwalters fremder Bezugsin- teressen. Eine Pflichtverletzung liegt jedenfalls nicht vor, wenn der Geschäftsführer bei einer unternehmerischen Entscheidung vernünftigerweise annehmen durften, auf der Grundlage angemessener Information zum Wohle der Gesellschaft zu handeln, zur Anwendung der **business judgement rule** s. *BGH* v. 18.6.2013 – II ZR 86/11, Rz. 27; ausf. *Noack* § 43 Rz. 33 ff.). Allerdings kommt das Haftungsprivileg nur in Betracht, wenn das unternehmerische Handeln des Geschäftsführers auf der sorgfältigen Ermittlung und Auswertung der Entscheidungsgrundlagen beruht. Auf dieser Grundlage sind die Risiken der unternehmerischen Entscheidung sorgfältig abschätzen (*BGHZ* 135, 244; *BGH* NJW 2008, 3361; Rz. 11; *BGH* v. 18.6.2013 – II ZR 86/11, Rz. 30). Zur Sorgfaltspflicht bei Erwerb eines Unternehmens vgl. *Werner* GmbHR 2007, 678). Art und Umfang des Unternehmens können von Bedeutung sein (*Noack* § 43 Rz. 8; vgl. bereits *OLG Zweibrücken* GmbHR 1999, 715). Der Geschäftsführer hat bei seiner Tätigkeit einen weitreichenden, gerichtlich nicht überprüfbaren Ermessensspielraum, solange er nicht dem Willen der Gesellschaft zuwiderhandelt (*BGHZ* 135, 253; *OLG Oldenburg* GmbHR 2006, 1264; vgl. auch *Werner* GmbHR 2007, 679). Bei dieser objektiven Betrachtung sind **persönliche Eigenschaften**, wie Alter, Unerfahrenheit, Ausbildung oder Krankheit, für die Beurteilung der Einhaltung der Sorgfaltspflichten unerheblich (*OLG Koblenz* GmbHR 1991, 417; *OLG Celle* NZG 2000, 1179; *OLG Naumburg* NZG 2001, 137; *Noack* § 43 Rz. 8). Die Haftung trifft auch den Geschäftsführer, der nur als Strohmann fungiert (z.B. bei Darlehensgewährung an Gesellschafter aus dem gebundenen Vermögen, vgl. *BGH* GmbHR 2004, 303). Dieser kann sich nicht darauf berufen, dass die Darlehensgewährung ohne sein Wissen und Wollen erfolgt sei. Die Geschäftsführer trifft eine Überwachungspflicht von Mitgeschäftsführern (*BGH* WM 1994, 1030) oder anderen zur Vertretung der GmbH berechtigten Personen (Prokuristen und Handlungsbevollmächtigte, vgl. *BGH* GmbHR 2001, 772).

16 Dem Geschäftsführer obliegt eine **Leitungspflicht**; er muss nicht alle Tätigkeiten selbst ausüben oder ausüben können. Er muss aber dafür Sorge tragen, dass **fachkundiges Personal** eingesetzt wird. Für dessen pflichtwidriges Verhalten muss er nicht einstehen. Ein Verschulden kann darin liegen, dass er es unterlässt, fachkundigen Rat (insb. in Rechts- und Steuerangelegenheiten) einzuholen. Zum Unterlassen der Beaufsichtigung eines Mitgesellschafters vgl. *BGH* NZG 2003, 528; zum erforderlichen Einschreiten gegen pflichtwidrige Handlungen anderer Geschäftsführer in der AG vgl. *BGH* v. 28.4.2015 – II ZR 63/14, Rz. 27). Auf fachkundigen Rat kann sich der Geschäftsführer verlassen, auch wenn er die Unzulänglichkeit bei gehöriger Sorgfalt hätte erkennen können (*BGH* GmbHR 1997, 550; vgl. aber zu den strengen Anforderungen im Falle eines Rechtsirrtums *BGH* v. 28.4.2015 – II ZR 63/14, Rz. 28 (AG)). Ein (Mit)Verschulden kommt nur dann in Betracht, wenn er etwas versäumt, was in den Bereich seiner eigenen Verantwortlichkeit fällt (*BGH* WM 1992, 62), insb., wenn er es unterlässt, den Berater wahrheitsgemäß und vollständig über den maßgeblichen Sachverhalt zu informieren (*BGH* WM 1996, 1832).

17 Das Risiko gehört zwingend zur unternehmerischen Tätigkeit; das Eingehen von Risiken verstößt nicht schlechthin gegen die Sorgfaltspflicht des Geschäftsführers (*LG Düsseldorf* GmbHR 2005, 1299). Das Verhalten des Geschäftsführers ist deshalb gerichtlich nur eingeschränkt überprüfbar, nämlich auf die Einhaltung der normativen Vorgaben sowie der Grundregeln ordnungsgemäßer Unternehmensführung; die Zweckmäßigkeit einer Maßnahme fällt in den nicht überprüfbaren Ermessensspielraum (*BGHZ* 135, 244 für die AG, dessen Grundsätze aber auch für die GmbH gelten, vgl. *Barta* GmbHR 2005, 1301; *OLG Düsseldorf* ZIP 1996, 187; *OLG Naumburg* NZG 2001, 137; *BGH* GmbHR 2008, 1033). Der Geschäftsführer schuldet nicht einen bestimmten Erfolg, sondern ein branchen-, größen- und situationsadäquates Bemühen für Erreichung der vorgegebenen Ziele (Rowedder/Pentz/*Schnorbus* § 43 Rz. 16).

Für den anzuwendenden Sorgfaltsmaßstab ist es gleichgültig, ob es sich um einen **18** Fremdgeschäftsführer oder um einen Gesellschafter-Geschäftsführer handelt. Der Gesellschafter-Geschäftsführer hat nicht nur für die Sorgfalt einzustehen, die er in eigenen Angelegenheiten anzuwenden pflegt. § 708 BGB ist auf die GmbH nicht anwendbar (*BGHZ* 75, 327; MüKo GmbHG/*Fleischer* § 43 Rz. 417).

Von dem (gesetzlichen) Sorgfaltsmaßstab kann der Geschäftsführer nicht von vornhe- **19** rein freigestellt werden (z.b. nur Haftung für grobe Fahrlässigkeit. Vgl. auch Rz. 3.

Beispiele für Sorgfaltsverletzungen: Der Geschäftsführer wird bei **(1)** unberechtigten Entnahmen aus der Geschäftskasse durch einen Angestellten (Angehöriger des Geschäftsführers) nicht tätig, um weitere Entnahmen zu verhindern (*OLG Koblenz* GmbHR 1991, 417), **(2)** Verkauf von Waren, wenn von vornherein feststeht, dass die Abnehmer den Kaufpreis nicht werden zahlen können (*BGH* GmbHR 1986, 303), **(3)** Niederlegung der Geschäftsführung ohne ausreichenden Grund mit sofortiger Wirkung ohne Ankündigung, wenn die Gesellschaft dadurch handlungsunfähig wird (*OLG Koblenz* GmbHR 1995, 730), **(4)** der Geschäftsführer gewährt seiner Ehefrau als Arbeitnehmerin der GmbH ein Darlehen unter Bedingungen, die einem nicht zu den Angehörigen rechnenden Arbeitnehmer nicht zugestanden worden wären (*OLG Düsseldorf* GmbHR 1995, 227, anders jedoch, wenn der Geschäftsführer vernünftigerweise annehmen durfte, zum Wohne der Gesellschaft zu handeln; in diesem Fall ist es irrelevant, wenn der Ehefrau ein Vorteil entsteht, vgl. *OLG Brandenburg* v. 7.2.2018 – 7 U 132/16, dazu *Torka* GWR 2018, 177), **(5)** gewagte Geschäfte sind nicht gleich. pflichtwidrig, da der Erfolg eines Unternehmens vielfach auch davon abhängt, inwieweit ein unternehmerisches Risiko in Kauf genommen wird. Risiko und möglicher Gewinn müssen in einer vernünftigen Relation zueinander stehen (*OLG Zweibrücken* GmbHR 1999, 715). Entscheidend ist zunächst der Rahmen, der durch die Bestimmung der Geschäftspolitik gegeben ist. Handelt der Geschäftsführer innerhalb dieses Spielraums, wird im Zweifel kein Pflichtverstoß anzunehmen sein. Reine Spekulationsgeschäfte sind dem Geschäftsführer untersagt (vgl. diff. MüKo GmbHG/*Fleischer* § 43 Rz. 114); Eine für die Gesellschaft nachteilige Vertragsänderung (etwa die Streichung einer Kundenschutzklausel) ist stets Pflichtverletzung des Geschäftsführers, wenn es für sie keinen vernünftigen wirtschaftlichen Grund gibt (vgl. *OLG München* DB 2018, 1659). **(6)** Existenzgefährdende Maßnahmen, z.B. gezielte Eingriffe in das Gesellschaftsvermögen, durch die der Gesellschaft zum Nachteil ihrer Gesellschafter die für ihr Überleben wesentliche Vermögenswerte entzogen werden oder Geschäfte mit spekulativem Charakter, deren Risiko außer Verhältnis zu den Vermögensverhältnissen steht, führen zur Schadensersatzpflicht (offen gelassen *BGH* NZG 2000, 544), deren dogmatische Grundlagen allerdings als zweifelhaft beurteilt werden (vgl. *Haas* NZG 2000, 545). **(7)** Haftung bei Verlusten aus Exportgeschäften bei unzureichender Sicherung (*Thür. OLG* NZG 2001, 87). **(8)** Errichtung schwarzer Kassen (*BGH* NJW 2010, 3458). Zur Offenbarung von Betriebs- und Geschäftsgeheimnissen durch den Geschäftsführer vgl. *BGH* NJW-RR 2017, 682. **(9)** Bei Kenntnis von einer Patentrechtverletzung durch die GmbH Haftung auch des ressortfremden Geschäftsführers möglich, vgl. *OLG Düsseldorf* NJW-Spezial 2018, 335.

2. Freistellung durch Weisung der Gesellschafter. Haben die Gesellschafter – auch **20** stillschweigend (vgl. hierzu § 37 Rz. 11 ff.) – eine bestimmte Weisung erteilt, denen die Geschäftsführer zu folgen verpflichtet sind, werden sie von der Haftung freigestellt (vgl. *BGH* v. 18.6.2013 – II ZR 86/11, Rz. 33; NJW 2010, 64; NJW-RR 2003, 895; NJW 2008, 2437; *OLG Stuttgart* GmbHR 2000, 1049; *BGHZ* 31, 278; *BGH* GmbHR 1993, 39; *Altmeppen* § 43 Rz. 121; *Noack* § 43 Rz. 16; Habersack/Casper/Löbbe/*Paefgen* § 43 Rz. 215). Erfolgt die Weisung durch den Vertreter des Alleingesellschafters, so haftet der Geschäftsführer, wenn für ihn erkennbar war, dass die Weisung unter Missbrauch der Vertretungsbefugnis erteilt worden ist (*OLG Koblenz* GmbHR 2003, 1062 – nur LS). Eine Haftung kommt auch nicht in Betracht, wenn die Gesellschafter mit dem Handeln des Geschäftsführers – auch stillschweigend – einverstanden sind, solange kein Fall des Abs. 3 oder der Existenzvernichtung vorliegt (*BGH* NJW 2013, 3636; *BGH* NJW-RR 2003, 895 = NZG 2003, 528 = ZIP 2003, 945; *BGHZ* 176, 204 = NJW 2008, 2437 = NZG 2008, 547, Rz. 39).

21   Die Verbindlichkeit der Weisung setzt einen Gesellschafterbeschluss voraus, der nur in der Einmann-Gesellschaft entbehrlich ist (vgl. *BGH* GmbHR 1993, 38). Entsprechendes gilt, wenn der alleinige Gesellschafter zugleich als Geschäftsführer handelt (*Altmeppen* § 43 Rz. 135 f., vgl. auch Rz. 49 ff.). Zu Treuhandverhältnissen vgl. *BGH* GmbHR 1993, 39.

22   Der Geschäftsführer wird von der Haftung nicht befreit, wenn eine Folgepflicht nicht besteht, z.B. wenn ein nicht weisungsbefugtes Organ (z.B. Aufsichtsrat oder Beirat, dem in der Satzung eine solche Befugnis nicht zuerkannt wurde), ein einzelner Gesellschafter oder der Mehrheitsgesellschafter ohne förmlichen Beschluss die Weisung erteilt (vgl. *Altmeppen* § 43 Rz. 121; *Noack* § 43 Rz. 18).

23   Bloße Kenntnis der Gesellschaft von der Handlung des Geschäftsführers stellt nicht von der Haftung frei (*Noack* § 43 Rz. 33).

24   In welchem Umfang eine Weisung den Geschäftsführer entlastet, ist in Einzelheiten umstritten. Wohl gilt Folgendes:

25   Nichtige Gesellschafterbeschlüsse darf der Geschäftsführer nicht befolgen (*Noack* § 43 Rz. 18; Rowedder/Pentz/*Schnorbus* § 43 Rz. 93).

26   Unwirksamer Beschluss: Da ein Beschluss nicht besteht, liegt eine Weisung nicht vor, die der Geschäftsführer befolgen könnte bzw. müsste (*Noack* § 43 Rz. 18).

27   Weisungen, die inhaltlich gegen das Gesetz verstoßen (z.B. verbotene Rückzahlung der Einlage, § 30 oder die Weisung, keine Versicherungsbeiträge abzuführen, *OLG Naumburg* GmbHR 1999, 1029), sind für den Geschäftsführer nicht verbindlich. Vgl. Rz. 40.

28   Der Geschäftsführer muss keine Weisung ausführen, durch die er sich strafbar machen würde.

29   Anfechtbare Gesellschafterbeschlüsse: Ein Verweigerungsrecht steht dem Geschäftsführer dann nicht zu, wenn der Beschluss unanfechtbar geworden ist (vgl. *Noack* § 43 Rz. 19; *BGHZ* 76, 159). Die Beurteilung kann für den Geschäftsführer schwierig sein, da die Anfechtungsfrist nicht festbestimmt ist (vgl. § 47 Rz. 126). Bei noch anfechtbaren Beschlüssen wird man dem Geschäftsführer grds. ein (wenigstens vorübergehendes) Verweigerungsrecht einräumen müssen, jedoch kann sich bei Abwägung der Interessenlage auch eine Folgepflicht ergeben (ähnlich *Noack* § 43 Rz. 18). Angefochtene Beschlüsse sind nicht bindend (*Altmeppen* § 43 Rz. 125).

30   Die Entscheidung, ob einer Weisung Folge zu leisten ist, muss der Geschäftsführer selbst treffen. Seine Lage ist nicht einfach (MüKo GmbHG/*Stephan/Tieves* § 37 Rz. 131).

31   **3. Mitwirkendes Verschulden – Arglisteinrede.** Auf ein **Mitverschulden eines Geschäftsführers** kann sich der in Anspruch genommene Geschäftsführer nicht berufen. § 254 BGB ist nicht anwendbar (*BGH* NJW 1983, 1856; *BGH* NJW-RR 2008, 484; *BGH* ZIP 2015,

166). Die Geschäftsführer bilden zusammen eine Haftungsgemeinschaft (vgl. *BGH* GmbHR 1983, 300; MHLS/*Ziemons* § 43 Rz. 376). Das Gleiche gilt für ein Verschulden eines Angestellten der GmbH, das sich (nur) die Gesellschaft nach § 278 BGB zurechnen lassen muss (*Noack* § 43 Rz. 48).

Mitverschulden der Gesellschaft kann die Verpflichtung des Geschäftsführers mindern (§ 254 Abs. 1 BGB). Die Frage, ob ein Mitverschulden der Gesellschaft darin liegen kann, dass ein Ungeeigneter zum Geschäftsführer bestellt wurde, ist umstritten (dazu *Bayer/Scholz* GmbHR 2016, 841, 846 ff.; MüKo GmbHG/*Fleischer* § 43 Rz. 315; *Noack* § 43 Rz. 65). Die Möglichkeit eines Mitverschuldens generell zu verneinen (*BGH* NJW 1983, 1856; Rowedder/Pentz/*Schnorbus* § 43 Rz. 83), dürfte der Sache nicht gerecht werden (vgl. auch Rowedder/Pentz/*Schnorbus* § 43 Rz. 83). Hingegen erscheint es zutreffend, ein mitwirkendes Verschulden der Gesellschafter bei mangelnder Überwachung der Geschäftsführer zu verneinen; denn diese sind für die Geschäftsführung allein verantwortlich (vgl. *BGH* NJW 1983, 1856; str. *Noack* § 43 Rz. 64 f.; Rowedder/Pentz/*Schnorbus* § 43 Rz. 83). Dem Geschäftsführer ist es auch verwehrt, einem Insolvenzverwalter § 254 BGB entgegenzuhalten, wenn dieser es versäumt hat, eine bestehende D&O-Versicherung aufrechtzuerhalten oder Haftpflichtansprüche anzumelden (*BGH* ZIP 2016, 1126). **32**

Die Durchsetzung des Anspruchs durch die Gesellschaft kann **arglistig** sein (MHLS/ *Terlau* § 10 Rz. 63), z.B. wenn der Insolvenzantrag auf Verlangen der Gesellschafter nicht rechtzeitig gestellt worden ist (vgl. *BGH* BB 1974, 855). Der Arglisteinwand kann auch gegen einen Dritten erhoben werden, der den Anspruch der Gesellschaft gepfändet hat (vgl. MHLS/*Ziemons* § 43 Rz. 401*).* **Ausgeschlossen ist die Arglisteinrede, wenn der** Anspruch auf Abs. 3 gestützt wird (Garantenstellung der Geschäftsführer, vgl. MHLS/*Ziemons* § 43 Rz. 402). **33**

4. Umfang des Schadensersatzanspruches. Schaden ist jede gesellschaftszweckwidrige Minderung des geldwerten Gesellschaftsvermögens (*OLG Naumburg* GmbHR 1998, 1182); der Geschäftsführer muss jeden vermögenswerten Nachteil für die GmbH ausgleichen, der bei pflichtgemäßem Verhalten nicht eingetreten wäre (*Altmeppen* § 43 Rz. 101). Schadensbegriff des §§ 249 ff. BGB ist nach allg. A. anwendbar (MüKo GmbHG/*Fleischer* § 43 Rz. 316 auch m.w.N. zu der als überholt geltenden Gegenansicht). Zu ersetzen ist auch der entgangene Gewinn, der nach den regelmäßigen Umständen zu erwarten gewesen wäre (§ 252 BGB, vgl. *BGH* v. 22.6.2009 – II ZR 143/ 08, NJW 2009, 2598). Vermögensgefährdung dürfte grds. nicht ausreichend sein (vgl. *BGH* NJW 2004, 2248 (AG); MüKo GmbHG/*Fleischer* § 43 Rz. 318; diff. *Altmeppen* § 43 Rz. 164). **34**

Erlangte Vorteile, die im adäquat kausalem Zusammenhang mit dem Schadensereignis stehen, sind grds. zu berücksichtigen (überwiegende Ansicht, *BGH* NZG 2011, 1271; NJW 2013, 1958). Ausnahmen können bspw. bestehen, wo der Geschäftsführer durch die Vorteilsausgleichung unbillig entlastet (MüKo GmbHG/*Fleischer* § 43 Rz. 328). **35**

Zur Darlegungs- und Beweislast vgl. Rz. 60.

5. Einzelfälle der Schadensersatzpflicht. (1) Ungerechtfertigte Absetzung einer nach § 50 Abs. 1 einberufenen Gesellschafterversammlung (*OLG Hamburg* GmbHR 1997, 795). **36**

(2) Verursachung eines Verkehrsunfalls mit dem Firmenwagen infolge Telefonierens mit Handy am Steuer (*OLG Koblenz* GmbHR 1999, 334).

(3) Fehlbeträge in der Buchführung sind über die Buchhaltung nicht aufklärbar – Haftung des Geschäftsführers nur, wenn die in Betracht kommenden Geschäftsvorfälle auch durch mögliche anderweitige Ermittlungen nicht aufklärbar sind (*OLG Stuttgart* GmbHR 2000, 1049).

(4) Nichtbeantragung von Kurzarbeit (*BGH* GmbHR 2003, 114).

(5) Der Anspruch der GmbH auf Rückzahlung nicht vertragsgemäßer Geschäftsführervergütung umfasst auch die von der GmbH einbehaltene und abgeführte Lohnsteuer. Soweit diese Steuer nicht an den Geschäftsführer zurückfließt, kommt u.U. der Einwand der Entreicherung (§ 818 Abs. 3 BGB) zum Zuge (*BGH* GmbHR 2008, 146).

(6) Unterlassen eines Insolvenzantrags trotz vorliegender Überschuldung ohne eigene Plausibilitätsprüfung mit der alleinigen Begründung, dass eine Prüfung der aktuellen Fortführungsprognose in Auftrag gegeben wurde und der Geschäftsführer davon ausgegangen sei, damit „auf der sicheren Seite" zu sein (*BGH* NZI 2020, 180).

(7) Falsche Buchführung in Kombination mit Barabhebungen von den Girokonten der GmbH und Entnahmen aus deren Barkasse zum Nachteil der Gesellschaft (*BGH* v. 31.3.2022 – 4 StR 494/21).

IV. Solidarische Haftung der Geschäftsführer

37 Soweit mehrere Geschäftsführer für den Schaden verantwortlich sind, haften sie der Gesellschaft „solidarisch" (als **Gesamtschuldner** i.S.d. §§ 421 ff. BGB). Die solidarische Haftung setzt voraus, dass jeder Gesellschafter für sich die Haftungsvoraussetzungen erfüllt. Zur Haftung bei Zuweisung bestimmter Geschäftsführungsaufgaben bei mehreren Geschäftsführern vgl. Rz. 51. Eine Haftung kommt für den nicht zuständigen Geschäftsführer sowie bei Übertragung von Aufgaben auf Mitarbeiter nur bei Verletzung der Überwachungs- bzw. Organisationspflichten in Betracht (vgl. *Sina* GmbHR 1990, 65).

38 Die gesamtschuldnerische Haftung hat zur Folge, dass jeder Geschäftsführer der Gesellschaft für den gesamten Schaden aufzukommen hat. Welchen Geschäftsführer die Gesellschaft in Anspruch nehmen will, steht in ihrem Belieben (§ 421 BGB), jedoch sind die Geschäftsführer untereinander zum Ausgleich verpflichtet (§ 426 BGB, vgl. *Konzen* NJW 1989, 2986; *Noack* § 43 Rz. 60). Die grds. Verteilung zu gleichen Teilen kommt jedoch nur dann zum Zuge, wenn nicht ein anderes bestimmt ist (§ 426 Abs. 1 S. 1 BGB). Die „andere Bestimmung" kann sich bei mehreren gesamtvertretungsberechtigten Geschäftsführern aus Art und Umfang der Tätigkeit des beteiligten Geschäftsführers ergeben. Der „federführende" Geschäftsführer ist in größerem Maße verantwortlich. Bei Zuweisung von Geschäftsführeraufgaben ergibt sich die alleinige Verantwortlichkeit des Geschäftsführers, in dessen Ressort der Schaden entstanden ist. Die Verletzung der eigenen Überwachungspflicht begründet zwar die Haftung ggü. der Gesellschaft, führt jedoch im Verhältnis zum zuständigen Geschäftsführer nicht zur Ausgleichspflicht (a.M., vgl. *Leuering/Dornhegge* NZG 2010, 13, 16; *Noack* § 43 Rz. 60 ff.).

V. Sonderfälle der Haftung nach Abs. 3

Abs. 3 behandelt zwei Sonderfälle der Haftung nicht nur des Geschäftsführers. Das **39** Auszahlungsverbot des § 30 richtet sich gegen jeden, der wirksam über das Vermögen der GmbH verfügen kann, z.B. gegen den Prokuristen. Der Prokurist haftet aus positiver Vertragsverletzung des mit der GmbH abgeschlossenen Anstellungsvertrags (*BGH* NJW 2001, 3123, 3124). Es handelt sich nicht um eine Garantiehaftung, sondern um eine Haftung im Rahmen des § 43 (vgl. „insbesondere"), die Verschulden voraussetzt (*BGH* NJW 2009, 68, 70; Rowedder/Pentz/*Schnorbus* § 43 Rz. 99). Verschulden liegt dann vor, wenn der Geschäftsführer die Verbotswidrigkeit der Zahlung oder des Erwerbs der Geschäftsanteile kannte oder kennen musste (*BGH* NJW 2008, 68, 70).

1. Zahlungen an Gesellschafter entgegen § 30 Abs. 1. Dem Geschäftsführer ist es **40** untersagt, Zahlungen an Gesellschafter aus dem zur Erhaltung des Stammkapitals erforderlichen Vermögen der Gesellschaft (§ 30 Abs. 1) zu leisten (Abs. 3 S. 1). Das gilt auch für Darlehen und zwar auch dann, wenn der Rückzahlungsanspruch vollwertig ist (*BGH* GmbHR 2004, 303) und der Darlehensanspruch ordnungsgemäß verzinst wird (vgl. *Altmeppen* § 43 Rz. 119 ff.). Offen gelassen wurde vom BGH (GmbHR 2004, 304), ob eine Darlehensgewährung aus gebundenem Vermögen zulässig ist, wenn die Darlehensgewährung im Interesse der Gesellschaft liegt. Darlegungs- und beweispflichtig wäre der Gesellschafter (*BGH* GmbHR 2004, 304). Der Schaden besteht in Höhe der zu Unrecht gewährten Darlehen. Das Gleiche gilt für Zahlungen aus dem Vermögen einer überschuldeten Gesellschaft (*Altmeppen* § 43 Rz. 119) oder wenn das Stammkapital bereits verbraucht ist (*BGH* NJW 1990, 1732; *KG* NZG 2000, 1225. Die Rückzahlung nachrangiger Gesellschafterdarlehen in der Krise der GmbH steht dem gleich (*Altmeppen* § 43 Rz. 119).

Eine Zahlung an den Alleingesellschafter ist nicht darin zu sehen, dass dieser das **41** Gesellschaftsvermögen infolge Pflichtverletzung ggü. einem Dritten durch Schadensersatzleistungen mindert. Der Alleingesellschafter-Geschäftsführer haftet der GmbH auch dann nicht, wenn er dadurch das Stammkapital beeinträchtigt, wenn es zur Insolvenz der Gesellschaft kommt. In dem Schadensersatz ist keine „Auszahlung" zu sehen (*BGH* NZG 2000, 544, vgl. zur Haftung des Alleingesellschafter-Geschäftsführers auch *Burgard/Heimann* NZG 2018, 601).

Neben dem Geschäftsführer haftet der Empfänger der Leistung nach § 31 Abs. 1. **42** Gesellschafter und Geschäftsführer sind insoweit Gesamtschuldner (str. *Altmeppen* § 43 Rz. 119; a.A. BeckOGK GmbHG/*Bayer/Scholz* § 43 Rz. 635). Der empfangende Gesellschafter wird allerdings dem Geschäftsführer i.d.R. ausgleichspflichtig sein (*Noack* § 43 Rz. 92). Prokuristen und sonstige verfügungsberechtigte Angestellte haften nicht nach § 30. Ein Prokurist kann jedoch aus positiver Vertragsverletzung seines Anstellungsvertrags haftbar sein, wenn er eine unter § 30 fallende Auszahlung entgegen der Weisung des Geschäftsführers vornimmt. Das haftet nicht, wenn er auf Weisung oder mit erklärtem Einverständnis des Geschäftsführers gehandelt hat und die Voraussetzungen einer deliktischen Haftung nicht gegeben sind. Er haftet nur beschränkt nach Abs. 3 S. 3, wenn er ohne Weisung des Geschäftsführers, aber in Befolgung eines Gesellschafterbeschlusses gehandelt hat (*BGH* GmbHR 2001, 771, m. Anm. *Harnier* GmbHR 2001, 774).

43 Die übrigen Gesellschafter haften nach § 31 Abs. 3 (gesamtschuldnerische Haftung mit den Geschäftsführern, wobei jedoch im Innenverhältnis die Geschäftsführer allein haften, § 31 Abs. 4).

44 Die **Rückzahlung von Nachschüssen** nach § 30 Abs. 2 S. 1 wird auch bei Verstoß gegen § 30 Abs. 2 S. 2 nicht von Abs. 3 S. 1 erfasst (*Noack* § 43 Rz. 86).

45 Der Geschäftsführer verletzt u. U. seine Pflicht aus Abs. 3 auch dann, wenn er einen Rückforderungsanspruch nicht geltend macht (*Noack* § 43 Rz. 88 m. w. N.).

46 **2. Erwerb eigener Geschäftsanteile.** Der Erwerb eigener Anteile entgegen § 33 (zu den zum Ersatz verpflichtenden Handlungen vgl. dort) macht den Geschäftsführer schadensersatzpflichtig. Neben Geschäftsführern haften in erster Linie die veräußernden Gesellschafter nach § 31, ergänzend ist § 812 BGB anwendbar, soweit nicht § 814 BGB eingreift (vgl. *Noack* § 43 Rz. 91).

47 **3. Unzulässigkeit von Verzicht und Vergleich.** § 43 Abs. 3 erklärt § 9b Abs. 1 für entsprechend anwendbar. Das bedeutet, dass über die Ersatzansprüche der Gesellschaft gegen den Geschäftsführer ein Verzicht oder ein Vergleich unwirksam ist, soweit der Ersatz zur Befriedigung der Gläubiger erforderlich ist. Die Entlastung hat keine schuldbefreiende Wirkung (*Altmeppen* § 43 Rz. 122; bereits *BGH* GmbHR 1986, 302).

48 **4. Umfang des Ersatzanspruchs.** Der zu ersetzende Schaden besteht bei Erwerb eigener Anteile mindestens in Höhe des unzulässigerweise gezahlten Erwerbspreises. Der Geschäftsführer kann Zug um Zug Abtretung des Anspruchs gegen den Veräußerer verlangen (MüKo GmbHG/*Fleischer* § 43 Rz. 360).

49 Zahlungen entgegen § 30 sind in vollem Umfange zu ersetzen. Der Schaden kann aber auch höher sein (*Altmeppen* § 43 Rz. 119; *Noack* § 43 Rz. 52).

50 **5. Beweislast.** Die Gesellschaft hat den Eintritt des Schadens und die Verursachung durch das pflichtwidrige Verhalten des Geschäftsführers zu beweisen (*BGH* GmbHR 1992, 167). Wegen Beweiserleichterungen, die auch hier anwendbar sind, vgl. *BGH* GmbHR 1992, 167 (vgl. Rz. 54). Der Geschäftsführer muss beweisen, dass er die gebotene Sorgfalt beachtet hat (*Noack* § 43 Rz. 81). Einzelheiten siehe Rz. 60.

51 **6. Haftung bei Handlungen auf Weisung der Gesellschafter.** Handeln die Geschäftsführer auf Weisung der Gesellschafter (Geschäftsführer dürfen gesetzwidrige Handlungen nicht befolgen, vgl. Rz. 20 ff.), tritt eine Beschränkung der Haftung ein: sie beschränkt sich auf den Betrag, der zur Befriedigung der Gläubiger erforderlich ist. Die Beweislast trägt die Gesellschaft bzw. der Gläubiger, der sich den Anspruch nach Pfändung hat überweisen lassen (*Noack* § 43 Rz. 73 f.). § 43 Abs. 3 S. 3 findet auf Prokuristen Anwendung, wenn dieser ohne Weisung der Geschäftsführer, aber in Befolgung eines Gesellschafterbeschlusses gehandelt hat (*BGH* GmbHR 2001, 772).

VI. Haftung des Allein-Gesellschafter-Geschäftsführers

52 Der Alleingesellschafter (maßgebend hierfür ist die wirtschaftliche Stellung als Alleingesellschafter, vgl. *BGH* GmbHR 1993, 39), der zugleich Alleingeschäftsführer der GmbH ist, haftet dieser weder aus § 43 noch aus unerlaubter Handlung für Schäden, die durch sein Verhalten der GmbH zugefügt werden (vgl. Rz. 40; *OLG Karlsruhe* DStR 2000, 1024; *Burgard/Heimann* NZG 2018, 601). Er wird so behandelt, wie wenn er als Alleingesellschafter sich als Geschäftsführer bindende Weisungen erteilt habe, für deren Ausführung der Geschäftsführer grds. nicht haftet (*BGH* GmbHR 1993, 39; *BGH* GmbHR 1993, 427; ausführlich *Stein* NJW-Spezial 2017, 399; *zur* Haftung der Geschäftsführer bei Weisungen vgl. Rz. 20 ff.). Ein Geschäftsführer, der sich „wie ein Alleingesellschafter" geriert, handelt objektiv pflichtwidrig. Das Verschulden kann zu verneinen sein, wenn nach dem Geschäftsanteilsübertragungsvertrag mit dem Wirksamwerden der Anteilsübertragung kurzfristig gerechnet werden kann (*BGH* GmbHR 2003, 117).

Für die Gesellschafterweisung ist ein förmlicher Gesellschafterbeschluss nicht erforderlich, auch dann nicht, wenn die Anteile treuhänderisch für den Gesellschafter-Geschäftsführer gehalten werden (vgl. *BGH* GmbHR 1993, 39; *Altmeppen* § 43 Rz. 135 ff.). **53**

Maßgebend ist der Zeitpunkt der Vornahme der schädigenden Handlung; der spätere Verlust der Alleingesellschafterstellung ändert daran nichts. **54**

Unberührt bleibt die Haftung, soweit durch die Handlung des Geschäftsführers der Gesellschaft Vermögen entzogen wird, das zur Erhaltung des Stammkapitals erforderlich ist (§ 43 Abs. 3; vgl. *BGH* GmbHR 1993, 427). **55**

Ein Anspruch der Gesellschaft ergibt sich auch nicht aus einer Treueverletzung des Geschäftsführers; denn ein von der Gesamtheit der Gesellschafterinteressen unabhängiges Gesellschaftsinteresse, dem eine Treuepflicht ggü. der Gesellschaft Rechnung zu tragen hätte, ist nicht anzuerkennen (*BGH* GmbHR 1993, 39, 427; 1994, 460). **56**

Ob eine Haftung eintritt, wenn eine bestimmte Maßnahme die Existenz der Gesellschaft gefährdet, hat der *BGH* (GmbHR 1993, 427) offengelassen (vgl. auch *BGH* GmbHR 1994, 460; *BGH* GmbHR 2000, 331) I.d.R. wird jedoch ein Ausgleich nach §§ 30, 31 (§ 43 Abs. 3) ausreichen. **57**

Die Grundsätze der Einmann-Gesellschaft finden auf mehrgliedrige Gesellschaften Anwendung, soweit die Gesellschafter einvernehmlich handeln (*BGH* GmbHR 1993, 427). **58**

VII. Geltendmachung von Ansprüchen gegen die Geschäftsführer

1. Gerichtsstand. Für Ansprüche aus Abs. 2 besteht der Gerichtsstand nach § 29 ZPO (Sitz der GmbH); denn es handelt sich um Streitigkeiten aus einem Vertragsverhältnis (*BGH* NJW-RR 1992, 800; *Goette/Goette* Die GmbH, Rz. 211; *Altmeppen* § 43 Rz. 2). Str. ob Gerichtsstand der unerlaubten Handlung (§ 32 ZPO) auf Schadensersatzansprüche aus § 43 Anwendung findet (wohl bejahend *BGH* NJW 2003, 828, abl. MüKo GmbHG/*Fleischer* § 43 Rz. 415). Schiedsklauseln sind grundsätzlich zulässig (*Leuering* NJW 2014, 657). **59**

2. Beweislast. § 93 Abs. 2 S. 2 AktG ist analog anzuwenden (*BGH* NZG 2021, 1356; Rowedder/Pentz/*Schnorbus* § 43 Rz. 84). **60**

Die Gesellschaft hat als Klägerin Schaden, Schadensverursachung und die Möglichkeit einer Pflichtverletzung des Geschäftsführers darzulegen – ggf. gem. § 287 ZPO erleichtert, vgl. *BGH* NZG 2020, 1343; *BGH* GmbHR 2008, 488 – und zu beweisen (*BGH* GmbHR 1986, 19; GmbHR 1991, 101; GmbHR 1992, 167; GmbHR 1992, 376; GmbHR 1994, 459; *BGH* NJW 2003, 358; *BGH* GmbHR 2006, 538; Rowedder/Pentz/ *Schnorbus* § 43 Rz. 84; *Altmeppen* § 43 Rz. 110; *Noack* § 43 Rz. 76). Wegen der damit für den Kläger (Insolvenzverwalter) verbundenen Schwierigkeiten besteht eine sekundäre Darlegungslast des Geschäftsführers (*BGH* GmbHR 2003, 466; *BGH* GmbHR 2006, 538). Nach den Umständen des Einzelfalls kann der Geschäftsführer davon befreit sein. In erster Linie ist darauf abzustellen, ob und ggf. in welchem Umfang dem Geschäftsführer auch nach seinem Ausscheiden aus dem Amt Unterlagen oder Erkundigungsmöglichkeiten zur Verfügung stehen oder ob er einschlägige Erkenntnis hat (*BGH* NJW 2003, 358; Einzelheiten bei MüKo GmbHG/*Fleischer* § 43 Rz. 343: Beweislast kann im Verfahren mehrfach hin- und herwechseln).

61 Der Geschäftsführer hat zu beweisen, dass er keine Pflicht verletzt hat, ihn kein Verschulden trifft, oder der Schaden auch bei pflichtgemäßen Alternativverhalten eingetreten wäre (st. Rspr., *BGH* NZG 2020, 1343; *BGH* NZG 2013, 1021; *BGHZ* 152, 280; Rowedder/Pentz/*Schnorbus* § 43 Rz. 86). Liegt der Sorgfaltspflichtverstoß in einem Unterlassen, besteht die Pflichtverletzung des Geschäftsführers in der Nichtverhinderung der Schadensentstehung, die positiv auf anderen Ursachen beruht. Voraussetzung der Haftung des Geschäftsführers ist dann, dass dessen pflichtgemäßes Eingreifen den Schaden verhindert hätte und dies dem Geschäftsführer auch möglich gewesen wäre (*OLG Rostock* GmbHR 2006, 1334). Beruft sich der Geschäftsführer auf eine bindende Weisung der Gesellschafter, hat er diese zu beweisen (*Altmeppen* § 43 Rz. 112).

62 Der Gesellschaft profitiert von **Beweiserleichterungen**, wenn es sich um Vorgänge im Verantwortungsbereich des Geschäftsführers handelt (*BGH* BB 1980, 1344). An den Nachweis dürfen keine Anforderungen gestellt werden, die die Gesellschaft nicht erfüllen kann (*BGH* GmbHR 1991, 101). Zum Nachweis bei Fehlbeträgen im Kassen- oder Warenbestand vgl. (*BGH* BB 1985, 1754): Die Gesellschaft hat lediglich nachzuweisen, dass und inwieweit der tatsächliche Bestand hinter dem aus den Büchern ersichtlichen Sollbeständen zurückbleibt. Den Gegenbeweis, dass der angebliche Fehlbestand auf unzutreffende Buchführung beruht und tatsächlich nicht in dieser Höhe existiert, muss der Geschäftsführer führen (z.B. dadurch, dass er die Verwendung bzw. den Verbleib der angeblichen Fehlbestände nachweist; vgl. *OLG Stuttgart* GmbHR 2000, 1049).

63 Ist der Verbleib von Gesellschaftsmitteln, die der Geschäftsführer für diese vereinnahmt hat, auf Grund nicht ordnungsgemäßer, von ihm zu verantwortender Buch- und Kassenführung nicht mehr klärbar, so muss der Geschäftsführer, auch wenn sich aus der Buchführung kein Kassenfehlbestand ergibt, nachweisen, dass er die Mittel pflichtgemäß an die Gesellschaft abgeführt hat (*BGH* GmbHR 1991, 101; vgl. auch *BGH* GmbHR 1992, 168; MüKo GmbHG/*Fleischer* § 43 Rz. 339).

64 Besondere Bedeutung kommt **Beweiserleichterungen bei Ansprüchen aus § 826 BGB** zu. Das gilt v.a. deshalb, weil bedingter Vorsatz genügt, der aber im Regelfall nur sehr schwer nachzuweisen ist. Ein besonders leichtfertiges Verhalten kann den Schluss rechtfertigen, dass der Schaden nicht nur grob fahrlässig, sondern mit bedingtem Vorsatz herbeigeführt worden ist. Diese Beweiserleichterung gewährt der BGH, weil es sich um innere Vorgänge handelt, bei denen ein bedingter Vorsatz sich nur durch den Nachweis erbringen lasse, der Schädiger habe so leichtfertig gehandelt, dass er eine Schädigung des anderen in Kauf genommen haben müsse (vgl. *BGH* GmbHR 1994, 465). Hat sich der Geschäftsführer dritter Personen bedient und ist einem anderen dadurch ein Schaden entstanden, ist zu untersuchen, ob er sich ebenso blind auf die (angeblichen) Erfahrungen und Verbindungen des Dritten verlassen hätte, wenn er nicht Geschäftsführer, sondern im eigenen Namen und deshalb mit dem Risiko gehandelt hätte, notfalls selbst für die Forderungen des Geschäftspartners einstehen zu müssen (*BGH* GmbHR 1994, 465; *OLG Stuttgart* NJOZ 2006, 2211). Der Geschäftsführer muss im Organisationsbereich der GmbH tätige Dritte konkret einer Kontrolle unterziehen, bevor im Vertrauen auf die Tätigkeit des Dritten Verpflichtungen eingegangen werden (vgl. auch *Engelke* GmbHR 1994, 466).

Bedingt vorsätzlich handelt, wer einen anderen veranlasst, wertvolle Vorleistungen zu **65** erbringen, ohne auch einigermaßen Sicherheit zu haben, die zur Bezahlung nötigen Mittel herbeischaffen zu können (*BGH* GmbHR 1994, 465).

3. Geltendmachung von Ansprüchen der GmbH & Co KG gegen den Geschäftsführer **66** **der Komplementär-GmbH.** Der Anspruch steht unmittelbar der KG zu, da die Schutzwirkung des zwischen der GmbH und dem Geschäftsführer bestehenden Dienstverhältnisses sich auch auf die KG erstreckt, wenn die wesentliche Aufgabe der GmbH in der Geschäftsführung für die KG besteht (*BGHZ* 75, 324; *BGHZ* 76, 337; *BGH* GmbHR 2002, 589; *OLG Düsseldorf* GmbHR 2000, 669) bzw. die Gesellschafter beider Gesellschaften personenidentisch sind (*LG Kassel* GmbHR 2002, 912, LS). Vgl. i.Ü. *BGH* NZG 2020, 1343.

4. Einstweiliger Rechtsschutz. Einstweiliger Rechtsschutz für die Geltendmachung **67** von Schadensersatzansprüchen wird selten gewährt (*OLG Zweibrücken* GmbHR 1998, 373), kann aber in Einzelfällen möglich und geboten sein (*Noack* § 43 Rz. 75; *Hardung/Nober* MDR 2018, 1421).

VIII. Verjährung (Abs. 4)

Ansprüche gegen Geschäftsführer verjähren in fünf Jahren. Fahrlässige und vorsätzliche **68** che Pflichtverletzung stehen gleich. Es kann sich um Verletzung organschaftlicher Pflichten oder um Verletzung von Pflichten aus dem Anstellungsvertrag handeln; denn § 43 nimmt die Haftung aus Verletzungen des Anstellungsvertrags in sich auf (*BGH* GmbHR 1989, 366; *Noack* § 43 Rz. 46). Zu den organschaftlichen Pflichten gehört auch die Antragstellung nach §§ 15a, b InsO (Verletzung eines Schutzgesetzes nach § 823 BGB; vgl. *OLG Saarbrücken* GmbHR 1999, 1296; *OLG Stuttgart* GmbHR 2001, 75; *Noack* § 43 Rz. 131).

Abs. 4 findet keine Anwendung **69**
– auf Ansprüche aus Drittgeschäften (Kaufvertrag oder Mietvertrag, z.B. *BGH* GmbHR 2000, 1259 – Rückzahlung von Vorschüssen, Verjährung in 3 Jahren nach § 195 BGB; *Noack* § 43 Rz. 101),
– auf deliktische Ansprüche der Gesellschaft (Anspruchskonkurrenz zu § 43; vgl. *BGH* BB 1989, 1637; 1992, 726; *Noack* § 43 Rz. 101 – die Verjährung richtet sich nach §§ 195, 199 BGB,
– auf Schadensersatzansprüche aus Verletzung gesellschaftsrechtlicher Treuepflicht (*BGH* GmbHR 1999, 186 – 3 Jahre; *Noack* § 43 Rz. 102; *Altmeppen* § 43 Rz. 146).

Die Unterscheidung in Ansprüche aus § 43 und deliktische Ansprüche ist von prakti- **70** scher Bedeutung, weil die Verjährung nach § 43 GmbHG und §§ 195, 199 BGB Unterschiede in dem Beginn der Verjährung aufweist. Während § 43 auf die Entstehung des Anspruchs abstellt, verlangt § 852 BGB die Kenntnis von dem Schaden und der Person des Ersatzpflichtigen. Das kann dazu führen, dass Ansprüche aus unerlaubter

Handlung (§§ 823 ff. BGB) trotz der kürzeren Verjährungsfrist von drei Jahren später verjähren als solche aus § 43 GmbHG.

71 Die fünfjährige **Verjährungsfrist beginnt** – unabhängig von der Kenntnis – mit der Entstehung des Anspruchs dem Grunde nach (*BGH* GmbHR 2008, 1319; GmbHR 2005, 544; *OLG Köln* GmbHR 2001, 73), im Falle des § 9 Abs. 2 mit der Eintragung der GmbH und im Falle des § 57 Abs. 4 mit der Eintragung des Kapitalerhöhungsbeschlusses bei verbotenen Zahlungen nach § 30 Abs. 1 ab Zahlung (*BGH* GmbHR 2008, 1321: unterlässt der Geschäftsführer die Geltendmachung des Rückforderungsanspruchs bis zum Eintritt der Verjährung, wird dadurch nicht eine weitere Schadensersatzverpflichtung nach § 43 Abs. 2 mit einer erst von da an laufenden Verjährungsfrist nach § 43 Abs. 4 ausgelöst, a.A. *BGH* GmbHR 2008, 1321), spätestens mit der Beendigung der Organstellung (*BGH* GmbHR 1989, 366). Zur Darlegungs- und Beweislast für Beginn und Ablauf der Verjährung vgl. *BGH* NJW 2017, 248; *OLG Düsseldorf* NZG 2023, 1279. Der Schaden muss nicht bezifferbar sein; es genügt, wenn er im Wege der Feststellungsklage geltend gemacht werden könnte (*BGHZ* 100, 231; *BGHZ* 101, 199; *BGH* GmbHR 2005, 544, *Dollmann* GmbHR 2004, 1330). Ein nur drohender Schaden ist i.d.S. nicht entstanden. Auf die Kenntnis von der Entstehung des Schadens kommt es nicht an (*BGH* GmbHR 1989, 367), auch nicht bei Verheimlichung der schädigenden Handlung (*BGH* GmbHR 2005, 545).

72 Eine Verlängerung der Verjährungsfrist durch den Gesellschaftsvertrag oder durch den Anstellungsvertrag ist nur nach Maßgabe des § 202 BGB zulässig (*Noack* § 43 Rz. 107). Eine Verkürzung der Verjährungsfrist ist zulässig, z.B. durch Hinweis auf BAT (*OLG Stuttgart* GmbHR 2003, 835), solange nicht die Pflichtverletzung des Geschäftsführers darin besteht, dass er entgegen § 43 Abs. 3 an der Auszahlung gebundenen Kapitals der GmbH an Gesellschafter mitgewirkt hat (*BGH* GmbHR 2002, 1198 unter Aufgabe von *BGH* GmbHR 2000, 187). Die Zulässigkeit der Verkürzung bezieht sich auf alle Ansprüche, auch deliktische (*OLG Stuttgart* GmbHR 2005, 837).

73 Die Hemmung der Verjährung durch Erhebung der Klage auf Leistung oder auf Feststellung des Anspruchs (§ 204 Abs. 1 Nr. 1 BGB) tritt auch dann ein, wenn der nach § 46 Nr. 8 erforderliche Gesellschafterbeschluss noch nicht gefasst ist (*BGH* BB 1999, 1346). Zur Verjährung der Ausgleichsansprüche der Geschäftsführer vgl. *Dollmann* GmbHR 2004, 1330.

IX. Haftung der Geschäftsführer aus Delikt – Sittenwidrige Schädigung der Gesellschaft

74 Die deliktische Haftung der Geschäftsführer besteht neben der organschaftlichen; es besteht Anspruchskonkurrenz, vgl. Rz. 3). In erster Linie kommt eine Haftung wegen sittenwidriger Schädigung nach § 826 BGB in Betracht, daneben Ansprüche aus § 823 Abs. 2 BGB i.V.m. § 263 StGB (Betrug; vgl. *OLG Stuttgart* GmbHR 2001, 75), § 246 StGB (Unterschlagung) oder § 266 BGB (Untreue: *OLG Celle* GmbHR 2006, 378: Hinnahme der Bildung schwarzer Kassen durch Gesellschafter). Ein Anspruch der Gesellschaft aus § 826 BGB setzt voraus, dass die Organstellung zur Durchsetzung eigener Interessen in einer Weise missbraucht wird, die als grobe Missachtung des Mindestmaßes an Loyalität und Rücksichtnahme zu werten ist, dessen Aufrechterhaltung die Gemeinschaft als für ihre Ordnung maßgebenden Wert für geboten erachtet. Dabei ist regelmäßig auf die Verkehrsanschauungen eines begrenzten Personenkreises abzustellen, soweit nur dieser durch das Verhalten berührt wird (*BGH* GmbHR 1989, 368). Sittenwidrig handelt z.b. ein Geschäftsführer, wenn er die Möglichkeit, ein Grundstück zu einem günstigen Preis für die Gesellschaft zu erwerben nicht nutzt, sondern den Erwerb einem anderen Unternehmen überlässt, an dessen Gewinn er beteiligt ist, um sodann den Ankauf von diesem Unternehmen durch die GmbH zu einem unverhältnismäßig höheren Preis vorzunehmen (*BGH* GmbHR 1989, 368; vgl. auch *BGH* ZIP 1992, 695; *BAG* BB 1999, 1385).

Zu einer möglichen Verwirkung vgl. *BGH* (GmbHR 1989, 368). **75**

X. Haftung gegenüber Gesellschaftern

Den Geschäftsführern obliegen ggü. den Gesellschaftern (der Anstellungsvertrag ist **76** grds. nicht als Vertrag zugunsten der Gesellschafter als Dritte zu qualifizieren, *OLG Stuttgart* GmbHR 2006, 760) keine Pflichten zur ordnungsgemäßen Geschäftsführung (allg. M. *OLG Stuttgart* GmbHR 2006, 760). Eine solche Verpflichtung besteht nur ggü. der Gesellschaft. Die Geschäftsführer haften deshalb nur der Gesellschaft (Abs. 2). Das schließt eine Haftung ggü. den Gesellschaftern grds. aus (*Noack* §43 Rz. 115ff). Eine Haftung aus unerlaubter Handlung lässt sich über §43 Abs. 2 nicht begründen, da die Bestimmung kein Schutzgesetz i.S.d. §823 Abs. 2 BGB ist (allg. M., vgl. *Noack* §43 Rz. 117 f.; *Altmeppen* §43 Rz. 58).

Nach Ansicht des *BGHZ* 110, 323 zum Vereinsrecht kommt eine Haftung nach §823 **77** Abs. 1 BGB in Betracht, wenn der Geschäftsführer in den Kern der Mitgliedschaft schuldhaft eingreift (str., wohl a.A. *OLG Stuttgart* GmbHR 2006, 761, wo auch in Zweifel gezogen wird, ob *BGHZ* 110, 323 auf die GmbH anwendbar ist). Das Schrifttum ist dem *BGH* nur teilweise gefolgt (Einzelheiten sind umstritten, Nachw. bei MüKo GmbHG/*Fleischer* §43 Rz. 419).

Als Schutzgesetze i.S.d. §823 Abs. 2 BGB kommen jedoch andere Bestimmungen des **78** GmbHG in Betracht (z.B. §9a, §82; vgl. MüKo GmbHG/*Fleischer* §43 Rz. 420).

Einen Sonderfall der Haftung der Geschäftsführer ggü. den Gesellschaftern stellt §31 **79** Abs. 6 dar (*Noack* §43 Rz. 115).

XI. Haftung der Geschäftsführer gegenüber Dritten (Außenhaftung)

1. Übersicht. Der Grundsatz, wonach für Verbindlichkeiten der Gesellschaft ggü. **80** Dritten nur das Gesellschaftsvermögen haftet (§13 Abs. 2), gilt nicht lückenlos. Eine persönliche Haftung des Geschäftsführers kann v.a. begründet werden aus

- unerlaubter Handlung §§823 ff. BGB; vgl. *OLG Celle* GmbHR 1994, 467; *BGH* NJW 2019, 2164). Auch bei Insolvenzverschleppung greift §823 Abs. 2 BGB i.V.m. §15a InsO ein (*BGH* v. 27.2.2021 – II ZR 164/20, NZG 2021, 1406; *BGH* GmbHR 1993, 733). Der BGH bejaht zudem eine Außenhaftung analog §§60, 61 InsO gegenüber den Beteiligten des Insolvenzverfahrens, wenn Eigenverwaltung angeordnet wird (*BGH* NJW 2018, 2125, 2130).
- aus vertraglichen Vereinbarungen wie Garantieversprechen, Schuldanerkenntnissen etc. sowie aus §280 Abs. 1 BGB i.V.m. §311 Abs. 3 BGB.

2. Haftung aus unerlaubter Handlung. – a) Allgemeine Grundsätze. Grds. haftet der **81** Geschäftsführer nur im Innenverhältnis der Gesellschaft (*OLG Rostock* GmbHR 2007, 762). Der Geschäftsführer haftet aber für einen eigenhändig einem Dritten zugefügten Schaden (z.B. durch einen Verkehrsunfall auf einer Geschäftsfahrt mit dem Firmen-Pkw). Es kann sich dabei um Ansprüche aus § 823 Abs. 1 oder 2 BGB i.V.m. einem Schutzgesetz (z.B. Betrug nach § 263 StGB oder Insolvenzverschleppung wegen Verstoß gegen §§ 15a, b InsO, vgl. zur Vorgängernorm des § 64 *OLG Celle* GmbHR 1999, 983) handeln. § 41 ist nach wohl überwiegender Ansicht kein Schutzgesetz nach § 823 Abs. 2 BGB (*Altmeppen* § 43 Rz. 66; *Schlosser/Stephan-Wimmer* GmbHR 2019, 449, 452; Rowedder/Pentz/*Tiedchen* § 41 Rz. 13; *Noack* § 41 Rz. 20a).

82 **b) Sittenwidrige Schädigung.** Eine sittenwidrige Schädigung (§ 826 BGB) liegt insb. vor bei unterlassener Offenbarung der Vermögenslage der Gesellschaft. Eine Verpflichtung zur **Offenbarung der Vermögenslage** bei Verhandlungen über den Abschluss oder die Fortführung von Verträgen besteht dann, wenn dem Vertragspartner unbekannte Umstände vorliegen, die ihm nach Treu und Glauben bekannt sein müssen, weil sein Verhalten bei den Vertragsverhandlungen und die von ihm zu treffenden Entscheidungen davon wesentlich beeinflusst werden (*BGH* GmbHR 1985, 51; 1991, 411; *Noack* § 43 Rz. 130), z.B. wenn die Gesellschaft wegen Zahlungsunfähigkeit nicht in der Lage sein wird, die übernommenen Verpflichtungen zu erfüllen.

83 Dem steht es gleich, wenn der Geschäftsführer Angestellten der Gesellschaft die Leistungsfähigkeit der Gesellschaft behaupten lässt und nicht dagegen einschreitet (vgl. *BGH* GmbHR 1988, 481; vgl. auch *BGH* GmbHR 1994, 465).

84 Eine sittenwidrige Schädigung ist auch darin zu sehen, dass das Risiko einseitig auf den Geschäftspartner verlagert wird (z.B. durch Kalkulationsfehler, vgl. *BGH* GmbHR 1992, 364).

85 Eine sittenwidrige Schädigung liegt nicht vor bei Einstellung des Geschäftsbetriebs einer GmbH mit dem Ziel einer Fortführung durch eine neu gegründete GmbH. Der Entzug von Vermögen ist durch Anfechtung zu beseitigen. Neben § 3 AnfG, §§ 129 f. InsO liegt ein sittenwidriger Verstoß nur dann vor, wenn über den Anfechtungstatbestand hinausgehende besondere Umstände die Annahme einer Sittenwidrigkeit rechtfertigen (*BGH* GmbHR 1996, 366).

Zu Beweiserleichterungen vgl. Rz. 64.

86 **c) Umfang der Haftung – Schadenshöhe.** Der Vertragspartner hat Anspruch darauf, so gestellt zu werden, als hätte er den Vertrag (mit dem insolvenzreifen Unternehmen) nicht abgeschlossen (*BGH* GmbHR 1995, 126: für den Fall der Insolvenzverschleppung).

87 **3. Haftung des Geschäftsführers aus § 280 Abs. 1 BGB i.V.m. § 311 Abs. 3 BGB.** Für die Verletzung vorvertraglicher Aufklärungs- und Obhutspflichten haftet nach allg. Grundsätzen grds. nur die GmbH. Ausnahmsweise kann auch der Vertreter/das Organ ersatzpflichtig sein, (1) wenn er persönlich in besonderem Maße das Vertrauen des Verhandlungspartners in Anspruch genommen hat oder (2) wenn er wirtschaftlich selbst stark an dem Vertragsschluss interessiert ist und aus dem Geschäft eigenen Nutzen zieht (dazu *BGH* NJW 2019, 2164, 2165). Eine sog. **Repräsentantenhaftung** wird vom BGH ausdrücklich abgelehnt (*BGH* GmbHR 1994, 542; diff. *Altmeppen* § 43 Rz. 55).

88 **a) Haftung aus Inanspruchnahme eines besonderen Vertrauens.** Grds. nimmt der Geschäftsführer einer GmbH, wenn er für diese Verhandlungen führt, nur das normale Vertrauen in Anspruch, für dessen Verletzung nur die GmbH einzustehen hat.

Ein persönliches Vertrauen des Geschäftsführers kann allenfalls dann angenommen werden, wenn er beim Verhandlungspartner ein zusätzlich von ihm ausgehendes Vertrauen auf die Vollständigkeit und Richtigkeit seiner Erklärungen hervorgerufen hat (*BGH* GmbHR 1991, 409; *BGHZ* 126, 189; *BGH* GmbHR 2003, 714; *OLG Köln* GmbHR 1996, 767) und dadurch die Vertragsverhandlungen beeinflusst hat (*BGH* NJW-RR 2002, 1309, 1310; *OLG Koblenz* GmbHR 2003, 420; vgl. auch *OLG Zweibrücken* NZG 2002, 423). Diese Voraussetzungen sind nicht erfüllt, wenn das Verhalten des Geschäftsführers sich darin erschöpft, eine Aufklärung über die finanziellen Verhältnisse der Gesellschaft, zu der er angesichts ihrer wirtschaftlichen Lage verpflichtet wäre, zu unterlassen (*BGH* GmbHR 1994, 542, vgl. auch *OLG Köln* NZG 2000, 439).

Eine Haftung kommt auch in Betracht, wenn er beim Geschäftspartner in zurechenbarer Weise den Eindruck erweckt, er persönlich werde die ordnungsgemäße Abwicklung der Geschäfte selbst dann gewährleisten, wenn er der Gesellschaft nicht oder nur wenig vertraut. Die Geschäftsführererklärungen müssen im **Vorfeld der Garantieerklärung** liegen (*BGH* GmbHR 1994, 539; vgl. auch *BGH* GmbHR 1995, 130). Zwischen dem Geschäftsführer und einem stillen Gesellschafter besteht kein Treueverhältnis (*BGH* GmbHR 2006, 763). **89**

b) Haftung wegen wirtschaftlichen Eigeninteresses. Die ältere Rechtsprechung hatte ein die Eigenhaftung begründendes Eigeninteresse des Geschäftsführers bereits in den Fällen angenommen, in denen dieser maßgeblich, v.a. als Allein- oder Mehrheitsgesellschafter an der GmbH beteiligt ist (vgl. *BGH* GmbHR 1983, 44). Diesen Standpunkt hat der BGH früh aufgegeben (vgl. *BGH* GmbHR 1986, 43; *BGH* NJW 1994, 2220). Für die Haftung aus wirtschaftlichem Eigeninteresse bleibt danach wenig Raum. Eine gesellschaftsrechtliche Beteiligung des Geschäftsführers reicht nicht aus, ebenso wenig wie der Umstand, dass der Geschäftsführer als Sicherheitengeber für Verbindlichkeiten der Gesellschaft haftet. Eine Haftung dürfte daher nur in den Fällen in Betracht kommen, in denen der Geschäftsführer als procurator in rem suam (also gleichsam in eigener Sache) aufgetreten ist (MüKo GmbHG/*Fleischer* § 43 Rz. 433). **90**

Die Haftung nach allg. Rechtsscheingrundsätzen bleibt unberührt (dazu MüKo GmbHG/*Fleischer* § 43 Rz. 435). Dazu Rz. 94. **91**

4. Haftung bei Wettbewerbsverstößen oder Verletzung von Warenzeichen oder Immaterialgüterrechten. Der Geschäftsführer haftet persönlich, wenn sie als Störer für die Rechtsverletzung ursächlich sind (*BGH* GmbHR 1986, 83; st. Rspr.). Störer ist derjenige, der durch eine eigene Handlung eine derartige Rechtsverletzung verursacht (*BGH* GmbHR 1986, 83). Aus der allg. Verantwortlichkeit des Geschäftsführers für den Geschäftsbetrieb der GmbH kann eine Störerhaftung nicht abgeleitet werden; der Geschäftsführer haftet daher nicht, wenn er an der rechtsverletzenden Handlung nicht teilgenommen hat und auch nichts von ihr wusste (*Ruess/Delpy* GWR 2013, 455, 457). **92**

Wusste er davon, muss er die Möglichkeit gehabt haben, die Verletzungen zu unterbinden (*BGH* GmbHR 1986, 86; vgl. *Ruess/Delpy* GWR 2013, 455, 457; *OLG Düsseldorf* 1.1.2018 – 3 Kart 80/17 m. Anm. *Rubner* NJW-Spezial 2018, 335). Die Haftung tritt auch dann ein, wenn der Geschäftsführer wegen fahrlässiger Unkenntnis die Verletzung nicht unterbindet (*Ruess/Delpy* GWR 2013, 455, 457; *Ottofülling* GmbHR 1991, 308).

M. Schmitt

93 Soweit der Geschäftsführer als Störer zu behandeln ist, kann gegen ihn ein Unterlassungsanspruch nach § 1004 BGB (auch unter dem Gesichtspunkt der Erstbegehungsgefahr und ggf. im Wege einer einstweiligen Verfügung) bestehen (*BGH* GmbHR 1986, 84; MHLS/*Ziemons* § 43 Rz. 538; *Ruess/Delpy* GWR 2013, 455).

94 **5. Haftung aus Rechtsscheingründen.** Der Geschäftsführer haftet persönlich aus veranlasstem Rechtschein ggü. Dritten, wenn er als Personen- oder Sachfirma ohne GmbH-Zusatz, wie es § 4 verlangt, zeichnet und deshalb der Vertragspartner davon ausgeht, es handele sich nicht um eine Kapitalgesellschaft, sondern um ein Einzelunternehmen oder eine Personengesellschaft (*BGHZ* 62, 222; 64, 16; *BGH* GmbHR 1990, 212; 1991, 361; *LG Wuppertal* NJW-RR 2002, 178; Habersack/Casper/Löbbe/ *Paefgen* § 43 Rz. 337 ff.).

95 Die Haftung trifft nur den auf diese Weise handelnden Geschäftsführer. Eine Haftung des anderen Geschäftsführers wird nicht begründet, auch wenn er den Stempel ohne GmbH-Zusatz hat herstellen lassen, dessen Verwendung durch den anderen Geschäftsführer aber weder veranlasst noch gefördert hat (*OLG Oldenburg* GmbHR 2000, 811).

96 Die Rechtsscheinhaftung analog § 179 BGB besteht neben derjenigen der GmbH als Gesamtschuld (*BGH* NJW 2012, 2871, 2873). Im Zweifel hat der in Anspruch genommene Geschäftsführer einen Rückgriffsanspruch gegen die Gesellschaft, wenn er diese verpflichten wollte (Habersack/Casper/Löbbe/*Paefgen* § 43 Rz. 342; *BGH* GmbHR 1991, 361).

XII. Haftung aus Verletzung öffentlich-rechtlicher Pflichten

97 **1. Zuständigkeit der Geschäftsführer.** Zu den Aufgaben eines Geschäftsführers gehört es, dafür Sorge zu tragen, dass sich die Gesellschaft nach außen ordnungsgemäß verhält und ihre die ihr auferlegten öffentlich-rechtlichen Pflichten erfüllt (*BGH* NJW 2012, 3439; *BGH* GmbHR 1997, 26; *Altmeppen* § 43 Rz. 6–28). Dazu gehört v.a. die Erfüllung steuerlicher Pflichten sowie die Abführung von Sozialversicherungsbeiträgen der Arbeitnehmer.

98 Die Erfüllung öffentlich-rechtlicher Verpflichtungen obliegt den Geschäftsführern. Grds. besteht **Allzuständigkeit** (*Altmeppen* § 43 Rz. 31). Bei mehreren Geschäftsführern trifft im Grundsatz jeden von ihnen diese Pflicht zur Geschäftsführung und damit auch für die Geschäftsführung im Ganzen; denn die Führung der Geschäfte umfasst nicht in erster Linie die Besorgung bestimmter Geschäfte, sondern die verantwortliche Leitung der Geschäfte in ihrer Gesamtheit (*BGH* NJW 2019, 1067; GmbHR 1985, 30; 1990, 298; 1997, 26). Grds. ist daher jeder Geschäftsführer für die Erfüllung der öffentlich-rechtlichen Pflichten der GmbH verantwortlich. Die Geschäftsführer können sich dieser Pflichten weder durch Zuständigkeitsverteilung innerhalb der Geschäftsleitung noch durch Delegation besonderer Aufgaben auf Personen außerhalb der Geschäftsleitung entledigen. Jedoch kann eine Geschäftsverteilung unter den Geschäftsführern zu Beschränkungen führen (*Altmeppen* § 37 Rz. 35 ff.). Es bleiben dem Geschäftsführer in jedem Falle gewisse Überwachungspflichten, die insb. dann von Bedeutung werden (und zum Eingreifen verpflichten), wenn Anhaltspunkte dafür bestehen, dass die Erfüllung der der Gesellschaft obliegenden Aufgaben durch den zuständigen Geschäftsführer nicht gewährleistet ist (vgl. *BGH* NJW 2001, 969; GmbHR 1990, 298, 501; 1997, 27). Diese Grundsätze gelten erst recht, wenn die Bearbeitung einem Prokuristen oder einem sonstigen Angestellten überlassen worden ist (*OLG Frankfurt* GmbHR 2019, 940, 945; *BGH* GmbHR 1997, 27). Zur Wirksamkeit von Geschäftsverteilungsregelungen vgl. §37 Rz. 25 ff.

2. Haftung für Sozialversicherungsbeiträge. – a) Arbeitgeber- und Arbeitnehmerbei- **99** **träge.** Für die Haftung der Geschäftsführer sind Arbeitgeber- und Arbeitnehmeranteile zu unterscheiden:

Arbeitgeberanteile sind eine eigene Schuld des Arbeitgebers (§20 SGB IV), während **100** Arbeitnehmeranteile vom Arbeitgeber treuhänderisch verwaltete Teile des Arbeitslohns sind, die der Arbeitgeber an die Sozialversicherungsträger abzuführen hat (§28e SGB IV).

Für die Arbeitgeberanteile obliegen dem Geschäftsführer keine besonderen Pflichten **101** ggü. den Sozialversicherungsträgern. Er haftet deshalb nicht persönlich, wenn die Beiträge von der GmbH nicht abgeführt werden (*BGH* NJW 2009, 2599; NJW-RR 2001, 1536, 1537, GmbHR 1982, 272).

Der Geschäftsführer haftet nicht für Insolvenzgeld, das das Arbeitsamt (Bundesagen- **102** tur für Arbeit) ausgezahlt hat; es besteht kein Anspruch aus §823 Abs. 2 BGB i.V.m. §§ 15a, b InsO wegen Insolvenzverschleppung, da das Arbeitsamt nicht zu dem geschützten Personenkreis der Gesellschaftsgläubiger gehört (*ArbG Offenbach* GmbHR 2002, 792; vgl. auch *Thür. OLG* GmbHR 2002, 792).

b) Haftung für Arbeitnehmeranteile. – aa) Voraussetzungen der persönlichen Haftung **103** **des Geschäftsführers.** Der Geschäftsführer macht sich nach §266a StGB strafbar, wenn er die Arbeitnehmeranteile nicht abführt. §266a StGB ist Schutzgesetz i.S.d. §823 Abs. 2 BGB (st. Rspr.; *BGH* NJW 2005, 3546; NJW 2002, 1122; NJW 2000, 2993; VersR 1989, 922; GmbHR 1997, 25; *BGH* GmbHR 1998, 280; h.M. auch im Schrifttum: *Altmeppen* §43 Rz. 70; *MHLS/Ziemons* §43 Rz. 671, jew. m.w.N.), so dass sich der Geschäftsführer schadensersatzpflichtig machen kann.

Geschäftsführer kann auch der faktische Geschäftsführer sein (vgl. *BGH* NJW 2002, **104** 2480). Keine Haftung trifft den nicht eingetragenen Geschäftsführer einer Vor-GmbH; denn die Vor-GmbH ist keine Kapitalgesellschaft und hat daher keine Organe. Die Eintragung der GmbH hat zwar zur Folge, dass die Handlungen der Geschäftsführer nunmehr der GmbH zugerechnet werden, was jedoch für die strafrechtliche Verantwortlichkeit nicht gilt (§14 Abs. 1 Nr. 1 StGB). Auch eine Handelsgesellschaft i.S.d. §14 Abs. 1 Nr. 2 StGB ist die Vor-GmbH nicht (*KG* GmbHR 2002, 381; *KG* GmbHR 2003, 591). Der Geschäftsführer wird erst mit seiner Bestellung zum Organ der GmbH für die Abführung der Arbeitnehmeranteile verantwortlich; für Pflichtwidrigkeiten des früheren Geschäftsführers haftet er nicht (*BGH* NJW 2002, 2480). Die Pflicht zur Einbehaltung und Abführung endet mit der Beendigung seiner Organstellung; deshalb keine Haftung nach wirksamer Amtsniederlegung (*BGH* GmbHR 2003, 544) bzw. bei Fälligkeit erst nach Abberufung (*OLG Düsseldorf* GmbHR 2003, 421).

§266a StGB erfasst auch betrugsähnliche Begehungsweisen, so dass die Bestimmung **105** bei Vorenthalten von Arbeitnehmer- und Arbeitgeberanteilen auch nach neuem Recht dem Betrug als lex specialis vorgeht (*BGH* wistra 2007, 307).

Der objektive Tatbestand des §266a StGB ist mit der Nichtabführung bei Fälligkeit ver- **106** wirklicht (*BGH* wistra 1990, 353; GmbHR 1992, 170; 1997, 26; *BGH* GmbHR 2001, 147; *KG* GmbHR 2003, 595). Es genügt, dass Lohn entstanden ist, Zahlung ist nicht erforderlich (*BGH* GmbHR 2000, 816, mit zust. Anm. *Haase* GmbHR 2000, 819; *BGH* wistra 2002, 341; *OLG Düsseldorf* GmbHR 2000, 939; a.A. *OLG Hamm* GmbHR 1999, 916; jetzt Gesetzesfassung auf Grund des Gesetzes zur Erleichterung der Bekämpfung von illegaler Beschäftigung und Schwarzarbeit v. 23.7.2002). Ein Geschäftsführer, der nach Eintritt der Fälligkeit bestellt wird, haftet für vorher entstandene Zahlungen. Er enthält sie weiter vor, wenn er nicht bezahlt (*OLG Celle* GmbHR 2000, 820).

107 Die Strafbarkeit setzt voraus, dass die Abführung wegen Zahlungsunfähigkeit im Zeitpunkt der Fälligkeit oder aus anderen Gründen tatsächlich nicht unmöglich ist (*BGH* NJW 2002, 2480; GmbHR 1997, 29). Unmöglichkeit ist z.B. gegeben, wenn Fälligkeit erst nach Anordnung eines allgemeinen Veräußerungsverbots eintritt (*BGH* GmbHR 1998, 280). Unmöglichkeit ist nicht gegeben, wenn zwar die Löhne/Gehälter noch ausgezahlt werden, die Arbeitnehmeranteile jedoch nicht abgeführt werden. Eine Unmöglichkeit der Pflichterfüllung ist nicht schon dann gegeben, wenn der Arbeitgeber überschuldet und nicht mehr in der Lage ist, seine Verbindlichkeiten ggü. den Gläubigern generell zu erfüllen (*BGH* GmbHR 1997, 30). Zahlungsunfähigkeit, die zur Unmöglichkeit der Leistung führt, ist erst dann gegeben, wenn dem Arbeitgeber die Mittel nicht mehr zur Verfügung stehen, um ganz konkret die fälligen Arbeitnehmeranteile (nur diese) abzuführen (*BGH* GmbHR 1997, 30). Auf die Fähigkeit zur Erfüllung anderer Verbindlichkeiten kommt es nicht an (*BGH* GmbHR 1997, 30). Die Haftung entfällt nicht, wenn ein Dritter (Auffanggesellschaft) die (Netto-)Löhne für die Zeit vor der Betriebsübernahme auszahlt (*OLG Düsseldorf* GmbHR 2000, 1261).

108 Der Geschäftsführer macht sich nach § 823 Abs. 2 BGB i.V.m. § 266a StGB schadensersatzpflichtig, wenn er nach Ablauf der dreiwöchigen Frist zur Stellung des Antrags auf Insolvenzeröffnung nach § 15a Abs. 1 InsO seine Verpflichtung zur Abführung der Arbeitnehmeranteile zur Sozialversicherung nicht erfüllt; er handelt hingegen mit der Sorgfalt eines ordentlichen Geschäftsleiters), wenn er seiner Abführungspflicht in der Dreiwochenfrist nachkommt (*BGH* GmbHR 2007, 757; GmbHR 2008, 815; GmbHR 2008, 1325; vgl. Rz. 121 zur Problematik des Zahlungsverbotes nach § 15b Abs. 1 S. 1 InsO). Nach Ablauf der Dreiwochenfrist ohne Antragstellung tritt die Ersatzpflicht ein. Der Arbeitgeber soll sich nicht darauf berufen können, dass der Insolvenzverwalter die Zahlung hätte anfechten können (vgl. hierzu auch Rz. 117). Die Haftungsfreistellung hat zur Voraussetzung, dass der Geschäftsführer Zahlungen an andere Gläubiger nicht geleistet hat (*BGH* GmbHR 2008, 1325).

109 Der Schadensersatzanspruch setzt eine **vorsätzliche Straftat** voraus; bedingter Vorsatz genügt (*BGH* GmbHR 1992, 170; 1997, 28; NZG 2008, 628). Zur Schuld, wenn ab Eintritt der Insolvenz nicht gezahlt wird, vgl. *OLG Naumburg* GmbHR 2007, 1327. Vorsätzliches Vorenthalten der Beiträge nach § 266a StGB setzt das Bewusstsein und den Willen voraus, die geschuldeten Beiträge bei Fälligkeit nicht abzuführen (*BGH* GmbHR 1992, 170; *BGH* GmbHR 1997, 305; *OLG Düsseldorf* GmbHR 2003, 421). Die Absicht, die Beiträge auf Dauer vorzuenthalten, ist nicht erforderlich (*BGH* GmbHR 1997, 28). Schuldhaft handelt der Geschäftsführer auch dann, wenn er unterlässt, Rücklagen zu bilden, wenn sich auf Grund konkreter finanzieller Situation deutliche Bedenken aufdrängen, ob am Fälligkeitstag ausreichende Mittel vorhanden sein werden (*BGH* GmbHR 1997, 305; GmbHR 2001, 149; *BGH* wistra 2002, 340; *BGH* GmbHR 2006, 1333). Eine Privilegierung ggü. Gläubigern anderer Ansprüche lässt sich aus der Strafbewehrung nicht herleiten (*BGH* GmbHR 2005, 876, st. Rspr.).

Nicht erforderlich ist das Bewusstsein, selbst zum Handeln verpflichtet zu sein. Es **110** genügt, dass der Täter diejenigen Umstände kennt, die seine Handlungspflicht begründen (*BGH* GmbHR 1997, 28). Er unterliegt einem Verbots- bzw. Gebotsirrtum (der nur bei Unvermeidbarkeit entschuldigt), nicht einem Tatsachenirrtum, wenn er glaubt, nicht für die Abführung der Beiträge Sorge tragen zu müssen (vgl. *BGHSt* 16, 158; 19, 295; *BGH* GmbHR 1997, 28). *OLG Düsseldorf* GmbHR 2000, 939): Zahlung von Löhnen aus eigenem Vermögen vermeidbarer Verbotsirrtum, der ihn nicht entlastet; vgl. auch *BGH* GmbHR 2001, 149).

An die Gründe, die ein Handeln als Geschäftsführer als unzumutbar erscheinen lassen **111** (z.B. Krankheit), sind strenge Anforderungen zu stellen (*BGH* GmbHR 1997, 28).

bb) Umfang der Schadensersatzpflicht. Der Anspruch gegen den Geschäftsführer **112** richtet sich auf Ersatz des Schadens, der durch die Nichtabführung der Arbeitnehmeranteile entstanden ist (§ 823 Abs. 2 BGB i.V.m. § 832 Abs. 1 BGB). Das bedeutet zunächst Ersatz der bisher nicht geleisteten Beiträge. Die Haftung soll sich nicht auf Säumniszuschläge und Kosten erstrecken (vgl. *BGH* GmbHR 1985, 335; *KG* GmbHR 2007, 1330;), jedoch kann wohl im Rahmen des Schadensersatzes auch ein Zinsverlust (Säumniszuschläge) geltend gemacht werden (§ 249 Abs. 1 BGB; vgl. *AG Berlin* GmbHR 2003, 838, a.A. *Forkert* GmbHR 2003, 841). Ein Schaden ist nicht entstanden, wenn eine Beitragszahlung im Insolvenzverfahren erfolgreich angefochten worden wäre (*BGH* GmbHR 2001, 149; GmbHR 2005, 876; NJW 2010, 870).

cc) Fälligkeit. Die Fälligkeit bestimmt sich nach öffentlichem Recht. Das ist der Zeit- **113** punkt, zu dem der Schuldner die Leistung erbracht haben muss (*BGH* GmbHR 1998, 281). Die Fälligkeit kann durch eine Stundung hinausgeschoben werden. Die Duldung verspäteter Zahlung durch die Einzugsstelle ist keine Stundung (*OLG Brandenburg* GmbHR 2003, 596). Als solche gilt nicht eine Vereinbarung zwischen Arbeitgeber und Einzugsstelle über Teilzahlungen zur Vermeidung der Zwangsvollstreckung (*OLG Düsseldorf* GmbHR 1999, 717). Zur Zuständigkeit der Einzugsstelle vgl. *OLG Dresden* (NJW-RR 2000, 1199).

dd) Tilgung der Arbeitnehmeranteile – Tilgungsbestimmung. Der Geschäftsführer **114** kann bei einer Teilzahlung bestimmen, dass die Arbeitnehmeranteile vorrangig zu befriedigen sind (vgl. *BGH* NJW 2001, 967; NZI 2001, 588; NJW-RR 2001, 1536). Diese Bestimmung kann auch stillschweigend getroffen werden. Erforderlich für die Annahme einer stillschweigenden Tilgungsbestimmung ist aber, dass sie „greifbar in Erscheinung getreten" ist (*BGH* NJW 2001, 967; NZI 2001, 588; NJW-RR 2001, 1536; NJW-RR 1991, 565; NJW-RR 1995, 1258). Ist keine Bestimmung getroffen, soll eine Verteilung je zur Hälfte vorgenommen werden (Beitragsverfahrensverordnung, BGBl. I 2006, S. 1138).

ee) Darlegungs- und Beweislast. Darlegungs- und Beweislast richten sich nach den **115** allgemeinen Regeln: Der Sozialversicherungsträger muss die Zahlungsfähigkeit der Gesellschaft im Zeitpunkt der Fälligkeit der Arbeitnehmerbeiträge beweisen. Der Geschäftsführer muss den Vortrag des Sozialversicherungsträgers substantiiert bestreiten und sich aufgrund seiner Sachnähe konkret äußern (sekundäre Beweislast). Eine besondere Dokumentationspflicht zur Abwehr einer möglichen Haftung nach diesen Vorschriften besteht aber nicht (*BGH* NZG 2005, 600). Erst recht kommt eine Umkehr der Beweislast nicht in Betracht (*BGH* NJW 2001, 967; NZI 2001, 588; NJW-RR 2001, 1536).

116   3. Haftung für Steuern der GmbH und der Arbeitnehmer. Die Haftung für Steuerschulden hat in der AO (§§ 69 ff.) bzw. in Einzelsteuergesetzen (z.B. § 42d EstG) eine umfassende eigenständige Regelung gefunden. An dieser Stelle kann nur ein Überblick gegeben werden. Wegen Einzelheiten muss auf die einschlägige Steuerliteratur verwiesen werden.

117   a) Haftung der Geschäftsführer. – aa) Haftung als gesetzliche Vertreter einer juristischen Person für deren Steuern. Geschäftsführer haften, soweit Ansprüche aus dem Steuerschuldverhältnis infolge vorsätzlicher oder grob fahrlässiger Verletzung der ihnen auferlegten Pflichten nicht oder nicht rechtzeitig festgesetzt oder erfüllt oder soweit infolgedessen Steuervergütungen oder Steuererstattungen ohne rechtlichen Grund gezahlt werden (§ 69S 1 AO). Von Bedeutung ist v.a. die Haftung für Lohnsteuer. Die Pflicht des Geschäftsführers zur Einhaltung und Abführung der LSt steht der Pflicht zur Sicherung der Masse nach § 15b Abs. 1 S. 1 InsO ggü. (*BGH* NZG 2011, 303; ausf. *Altmeppen* § 43 Rz. 77): Ab Insolvenzreife darf der Geschäftsführer keine Zahlungen mehr vornehmen. § 15b Abs. 8 InsO sieht dazu aber vor, dass keine Verletzung steuerrechtlicher Zahlungspflichten gegeben ist, wenn zwischen dem Eintritt des Insolvenzgrundes nach § 17 InsO oder § 19 InsO und der Entscheidung des Insolvenzgerichts über den Antrag Ansprüche aus dem Steuerschuldverhältnis nicht oder nicht rechtzeitig erfüllt werden, sofern der Geschäftsführer seine Verpflichtungen aus § 15a InsO nachgekommen ist (vgl. Rz. 121).

118   bb) Haftung bei Steuerhinterziehung. Steuerhinterziehungen, deren Täter der Geschäftsführer ist, kommen in der Praxis nicht selten vor. Der Grund ist meistens in Liquiditätsschwierigkeiten der GmbH zu sehen. Die Haftung erstreckt sich auf die verkürzte Steuer (§ 71 AO).

119   b) Haftung der Gesellschaft. – aa) Haftung für Steuereinbehaltung. Eine Haftung der Gesellschaft für (fremde) Steuerschulden kann sich u.a. ergeben als Arbeitgeber für Lohnsteuer ihrer Arbeitnehmer (§ 42d EstG) oder als Schuldner von Gewinnanteilen aus einer stillen Gesellschaft (§ 20 Abs. 1 Nr. 4 EstG). Die GmbH ist verpflichtet, die Kapitalertragsteuer, deren Schuldner der stille Gesellschafter ist, einzubehalten (§ 43 Abs. 1 Nr. 3 EstG). Wird die Steuer nicht einbehalten und abgeführt, haftet die Gesellschaft nach § 44 Abs. 5 S. 1 EstG, der Geschäftsführer nach § 69 AO.

120   bb) Haftung bei Organverhältnissen. Die GmbH kann im steuerlichen Sinne Organträger oder Organgesellschaft sein. Die Steuer (z.B. Ust) gilt als Steuer der Organträgerin und wird bei dieser festgesetzt. Die Organgesellschaft ist nicht Steuerschuldnerin. Sie haftet jedoch für solche Steuern des Organträgers, für welche die Organschaft zwischen ihnen von Bedeutung ist (§ 73 S. 1 AO).

121   4. Leistung von Sozialversicherungsbeiträgen und (Lohn-)Steuer in der Insolvenz der Gesellschaft. Der Eintritt der materiellen Insolvenzreife versetzt den Geschäftsführer in eine prekäre Lage: Nach § 266a StGB ist er zur rechtzeitigen Beitragsabführung verpflichtet, während § 15b InsO Zahlungen verbietet. Mit diesem Dilemma hatte sich die Rechtsprechung bereits unter Geltung der Vorgängernorm § 64 a.F. auseinandergesetzt. Nach der 2005 entwickelten sog. „Vorgängerrechtsprechung" des 5. Strafsenats des BGH waren Beitragsansprüche vorrangig vor Ansprüchen anderer Gläubiger zu befriedigen; zwecks Sanierungsprüfung wurde ihm ein Sonderrechtfertigungsgrund während des Laufs der Antragspflicht zugebilligt. Nach Ablauf dieser Frist sollte der Rechtfertigungsgrund entfallen (*BGH* NJW 2005, 3650). § 15b Abs. 8 InsO sieht indes eine ausdrückliche Regelung der steuerrechtlichen Zahlungspflichten vor. Danach ist eine Pflichtverletzung ausgeschlossen, wenn die Ansprüche zwischen Eintritt der Insolvenz und Entscheidung des Insolvenzgerichts über den Antrag nicht erfüllt werden. Dies gilt nach § 15b Abs. 8 S. 3 aber nicht, wenn der Geschäftsführer seiner Pflicht zur Stellung eines Insolvenzantrags nicht oder nicht rechtzeitig nachgekommen ist. Zur Nichtabführung der Beiträge nach § 266a StGB äußert sich § 15b Abs. 3 InsO jedoch nicht. Der Umgang mit der Abführungspflicht ist daher auch weiterhin komplex und in den Einzelheiten strittig (Einzelheiten bei *Bitter* ZIP 2021, 321; *Altmeppen* ZIP 2021, 2413; MüKo GmbHG/*Fleischer* § 43 Rz. 448 ff.; Rowedder/Pentz/*Schnorbus* § 43 Rz. 133a ff.).

§ 43a Kreditgewährung aus Gesellschaftsvermögen

[1]Den Geschäftsführern, anderen gesetzlichen Vertretern, Prokuristen oder zum gesamten Geschäftsbetrieb ermächtigten Handlungsbevollmächtigten darf Kredit nicht aus dem zur Erhaltung des Stammkapitals erforderlichen Vermögen der Gesellschaft gewährt werden. [2]Ein entgegen Satz 1 gewährter Kredit ist ohne Rücksicht auf entgegenstehende Vereinbarungen sofort zurückzugewähren.

Übersicht

Literatur: *Fromm* Rückforderung von Krediten an GmbH-Leitungspersonen wegen Verstoßes gegen den Kapitalerhaltungsgrundsatz, GmbHR 2008, 537; *Jula* Kredite an GmbH-Gesellschafter als Haftungsfalle für Geschäftsführer und Mitgesellschafter, INF 2004, 954; *Kuntze* Darlehensvertrag zwischen GmbH und Gesellschaftern, GmbH-StB 1999, 80; *Michelfeit* Kapitalaufbringung und -erhaltung nach dem MoMiG – Welche Grenzen zieht § 43a GmbHG?; MittBayNot 2009, 435; *Müller* Darlehensgewährung der GmbH an ihre Gesellschafter, BB 1998, 1804; *Schäfer* Darlehensgewährung an Gesellschafter als verbotene Ausschüttung i.S.v. § 30 GmbHG – Todesstoß für das konzernweite Cash Pooling?, GmbHR 2005, 133; *Sotiropoulos* Fragen der Darlehensgewährung der GmbH an ihre Gesellschafter, insb. im Gründungs- und Liquidationsstadium, GmbHR 1996, 653; *ders.* Kredite und Kreditsicherheiten der GmbH zugunsten ihrer Gesellschafter und nahestehender Dritter, 1996.

I. Gesetzliche Regelung – Rechtsgehalt der Vorschrift

Die Bestimmung verbietet, Geschäftsführern und anderen gesetzlichen Vertretern, Prokuristen oder zum gesamten Geschäftsbetrieb ermächtigten Handlungsbevollmächtigten Kredite zu gewähren, die aus dem zur Erhaltung des Stammkapitals erforderlichen Vermögen der Gesellschaft zu leisten sind. Die gesetzliche Regelung kann im Gesellschaftsvertrag nicht ausgeschlossen oder eingeschränkt, wohl aber verschärft werden   **1** (z.B. durch Einführung weiterer Grenzen für die Kreditgewährung oder durch Erweiterung der Personen, die vom Kreditverbot erfasst werden). Soweit nichts anderes bestimmt ist, können Kredite, die aus Vermögen oberhalb des Stammkapitals finanziert werden, unter Beachtung des Sorgfaltsmaßstabs des § 43 frei gewährt werden.

2   Bei Darlehensgewährung unter Verstoß gegen § 43a wird in **abstrakt-generalisierender Betrachtungsweise** unterstellt, dass die Forderung gegen den Darlehensnehmer nicht werthaltig ist (vgl. *Noack* § 43a Rz. 1). Die Kreditgewährung ist auch dann verboten, wenn der Rückzahlungsanspruch werthaltig oder anderweitig ausreichend besichert ist (*BGH* GmbHR 2004, 303). Konkrete Auswirkungen ergeben sich dadurch bei der Feststellung des zur Erhaltung des Stammkapitals erforderlichen Vermögens.

II. Voraussetzungen der Nichtigkeit der Kreditgewährung

3   **1. Betroffene Kreditnehmer.** Kredite dürfen nicht an Geschäftsführer, andere gesetzliche Vertreter, Prokuristen oder zum gesamten Geschäftsbetrieb ermächtigte Handlungsbevollmächtigte (§ 54 HGB) gegeben werden. Zu den „anderen gesetzlichen Vertretern" gehören z.B. die Liquidatoren. Die **Aufzählung** der Personen, an die Kredite nicht ausgereicht werden dürfen, ist **abschließend**. Eine Ausdehnung z.B. auf leitende Angestellte, Aufsichtsratsmitglieder (vgl. *Noack* § 43a Rz. 8) oder Gesellschafter (vgl. hierzu Rz. 4) ist nicht zulässig. Das Aufsichtsratsmitglied fällt jedoch dann darunter, wenn ihm satzungsgemäß Geschäftsführungsaufgaben übertragen sind.

4   Gesellschafter, auch beherrschende Gesellschafter, fallen nicht unter die Bestimmung. Darlehen an diese sind nach § 30 zu beurteilen (*BGH* GmbHR 2004, 303; *Altmeppen* § 43a Rz. 7; *Noack* § 43a Rz. 8; Rowedder/Pentz/*Schnorbus* § 43a Rz. 2; str. für den Gesellschafter-Geschäftsführer, h.M. wohl bejahend vgl. Rowedder/Pentz/*Schnorbus* § 43a Rz. 3 m.w.N.; a.A. *Altmeppen* § 43a Rz. 8). Das gilt auch für den Finanzierungs- und Liquiditätsausgleich zwischen verbundenen Unternehmen (Cash-Pool-Management), für die kein Beherrschungs- bzw. Gewinnabführungsvertrag besteht, soweit dabei gegen § 30 verstoßen wird, wenn die Erhaltung des Stammkapitals nicht hinreichend abgesichert ist (*OLG München* NZG 2006, 196; a.A. *Schäfer* GmbHR 2005, 133). Vgl. näher Konzernrecht. Den Tatbestand des § 43a erfüllen auch Kredite an dem bezeichneten Personenkreis nahestehende Personen (z.B. Ehegatten oder Kinder, vgl. *BGH* NJW 1982, 386; vgl. auch *BGHZ* 81, 365; *Noack* § 43a Rz. 9).

5   Der Kreditnehmer muss **bei Kreditgewährung** zu dem genannten Personenkreis gehören (*Altmeppen* § 43a Rz. 6). Das gilt auch für den Fall, eine Verbindlichkeit ggü. Dritten zu besichern (*Noack* § 43a Rz. 2–4 f.).

6   **2. Kreditgewährung.** Der Begriff „Kredit" ist weit zu fassen. Es fallen darunter alle Vorleistungen der Gesellschaft (vgl. *Altmeppen* § 43a Rz. 5): Waren- und Geldkredite, Nichtgeltendmachung fälliger und unstreitiger Forderungen, Stundung von Forderungen, Stundung von Forderungen, Vorschüsse auf Gehalt oder Pension, Übernahme von Bürgschaften. Str. bei werthaltiger Sicherung (vgl. *BGH* v. 24.11.2003 – II ZR 171/01; MüKo GmbHG/*Roßkopf/Notz* § 43a Rz. 11; Habersack/Casper/Löbbe/*Paefgen* § 43a Rz. 32).

7   **3. Das „zur Erhaltung des Stammkapitals erforderliche Vermögen".** Vgl. hierzu zunächst die Ausführungen § 30 Rz. 3 ff. Die Auszahlung eines Darlehens ist an sich ein das Vermögen der GmbH nicht berührender (gewinnneutraler) Vorgang, da der

Auszahlung des Darlehens eine gleichhohe Forderung gegenübersteht. Durch die Fiktion des § 43a S. 1 wird aber die Forderung der Gesellschaft nicht berücksichtigt.

Beispiel: Die Gesellschaft gewährt ihrem Geschäftsführer am 2.5.2006 ein Darlehen von 50.000 €. In der Bilanz zum 31.12.2005 weist die Gesellschaft eine Rücklage von 40.000 € aus. 2006 schließt die GmbH mit einem Gewinn von 200.000 € ab.

Geht man von der Rücklage zum 31.12.2005 aus, kann die Gesellschaft ein Darlehen **8** nur bis zu 40.000 € gewähren. Der Rest von 10.000 € unterliegt den Beschränkungen des § 43a. Nun hat allerdings die Gesellschaft im Jahr der Darlehensgewährung einen Gewinn erwirtschaftet, aus dem ohne Rückgriff auf das Stammkapital das Darlehen hätte gewähr werden können. Ist dieser Gewinn für die Darlehensgewährung verwendbar? Das ist wohl nicht der Fall. Allg. wird davon ausgegangen, dass die Darlehensgewährung nur aus den **freien Rücklagen oder Gewinnvorträgen** zulässig ist (Habersack/Casper/Löbbe/*Paefgen* § 43a Rz. 33). Die Kreditgewährung aus dem laufenden Gewinn – der zum Ende des Geschäftsjahres ausgewiesene Gewinn muss nicht, auch nicht anteilig, im Zeitpunkt der Kreditgewährung bestanden haben; insofern bestehen schon Schwierigkeiten für eine Feststellung, ob überhaupt ein Gewinn und damit ein verwendbares Vermögen der GmbH im Zeitpunkt der Kreditgewährung realisiert war – würde zur Folge haben, dass insoweit der Gesellschafterversammlung die Entscheidung über die Gewinnverwendung (vgl. § 29: Gewinnausschüttung, Gewinnvortrag oder Einstellung in eine Rücklage) entzogen würde.

Aus der Feststellung, dass Kreditgewährungen nur aus freien Rücklagen zulässig sind, **9** ergibt sich zwangsläufig, dass das Vermögen der GmbH nach **Bilanzierungsgrundsätzen**, nicht nach wahren Vermögenswerten zu ermitteln ist. Stille Reserven sind also nicht zu berücksichtigen (vgl. *Wicke* § 43a Rz. 4).

Das zur Erhaltung des Stammkapitals erforderliche Vermögen muss **bei Ausreichung** **10** **des Kredits** vorhanden sein. Spätere Minderungen des Vermögens der GmbH sind unbeachtlich (gl. A. *Noack* § 43a Rz. 2; *Altmeppen* § 43a Rz. 4).

III. Rechtsfolgen eines Verstoßes gegen das Kreditgewährungsverbot

1. Rückzahlungspflicht. Ein Verstoß lässt sowohl die **Rechtswirksamkeit** des Darle- **11** hensvertrags oder sonstigen Rechtshandlungen als auch deren Erfüllung unberührt (vgl. Rowedder/Pentz/*Schnorbus* § 43a Rz. 11; *Noack* § 43a Rz. 18; i.E. wohl anders *Altmeppen* § 43a Rz. 11), es ist umstritten, ob der Gesellschaft vor Auszahlung eine Leistungsverweigerungspflicht oder ein Leistungsverweigerungsrecht zusteht (str., für Leistungsverweigerungsrecht: MüKo GmbHG/*Roßkopf/Notz* § 43a Rz. 78 m.w.N.; für Leistungsverweigerungspflicht: Rowedder/Pentz/*Schnorbus* § 43a Rz. 9). Nach Auszahlung besteht ein gesetzlicher **Rückgewähranspruch** zu (§ 43a S. 2; MüKo GmbHG/*Roßkopf/Notz* § 43a Rz. 78 a.E.). Der Rückgewähranspruch beschränkt sich auf den Teil des Darlehens, der zur Auffüllung des Stammkapitals erforderlich ist (vgl. S. 1). Da der schuldrechtliche Darlehensvertrag fortbesteht, bleibt es bis zur Rückzahlung bei der **Zinspflicht** (überwiegende Ansicht *Noack* § 43a Rz. 18; a.A. *Altmeppen* § 43a Rz. 11).

Der Anspruch ist von den Geschäftsführern geltend zu machen. Schuldner ist der **12** Empfänger. Bei Leistung an einen Dritten, z.B. an die Ehefrau des Geschäftsführers, ist zur Rückzahlung derjenige verpflichtet, dem der Dritte zugerechnet wird, sowie in Gesamtschuldnerschaft auch der Dritte selbst (MüKo GmbHG/*Roßkopf/Notz* § 43a Rz. 91; *Noack* § 43a Rz. 17).

13 Die Rückzahlung kann auch durch Aufrechnung (Aufrechnungsvertrag) erfolgen, da ein Aufrechnungsverbot (etwa entspr. § 19 Abs. 5) nicht besteht. Erforderlich ist, dass die Gegenforderung fällig, vollwertig und liquide ist (MüKo GmbHG/*Roßkopf/Notz* § 43a Rz. 98). Bei einem Aufrechnungsvertrag hat die GmbH (Insolvenzverwalter) bei Rückforderung des Darlehens die Darlegungs- und Beweislast dafür, dass eine Aufrechnungslage tatsächlich nicht bestand (*OLG Naumburg* GmbHR 1998, 1181).

14 **2. Einschränkung der Rückzahlungspflicht.** Die für die Erhaltung des Stammkapitals maßgebenden Bestimmungen des § 31 Abs. 2 (Rückzahlung bei gutem Glauben des Empfängers), § 31 Abs. 4 (kein Erlass der Verpflichtung) und § 31 Abs. 5 (Verjährung) werden teilweise für anwendbar gehalten (dazu MüKo GmbHG/*Roßkopf/Notz* § 43a Rz. 104 f. m.w.N.; Rowedder/Pentz/*Schnorbus* § 43a Rz. 11), jedoch ist dies für § 31 Abs. 2 nicht überzeugend, da es auf den guten Glauben des Kreditempfängers nicht ankommt (h.A. MüKo GmbHG/*Roßkopf/Notz* § 43a Rz. 104; Rowedder/Pentz/*Schnorbus* § 43a Rz. 11).

15 **3. Haftung der Geschäftsführer.** Geschäftsführer, die entgegen § 43a Kredite gewähren, haften der Gesellschaft nach § 43 Abs. 2 und 3 (MüKo GmbHG/*Roßkopf/Notz* § 43a Rz. 106). Die Haftung trifft auch den Geschäftsführer, der nur als sog. Strohmann fungiert. Er kann sich nicht darauf berufen, dass die Kredite ohne sein Wissen und Wollen gewährt worden sind (*BGH* GmbHR 2004, 304). Er muss auch durch geeignete Kontrollmaßnahmen dafür sorgen, dass die Kreditauszahlung unterbleibt (*BGH* GmbHR 1986, 302). Der Anspruch steht der Gesellschaft zu (MüKo GmbHG/*Roßkopf/Notz* § 43a Rz. 106). Auch ohne Verletzung des § 43a kann bei Kreditgewährung eine Haftung des Geschäftsführers in Betracht kommen, z.B. bei unangemessenen Kreditbedingungen (vgl. *Noack* § 43a Rz. 14: unkündbares Darlehen).

§ 44 Stellvertreter von Geschäftsführern

Die für die Geschäftsführer gegebenen Vorschriften gelten auch für Stellvertreter von Geschäftsführern.

Übersicht

Literatur: *Van Venrooy* Bestellung und Funktion von Stellvertretenden Geschäftsführern, GmbHR 2010, 169.

I. Zulässigkeit stellvertretender Geschäftsführer und deren Zuständigkeit

1 Die Vorschrift regelt die Zulässigkeit der Bestellung von Geschäftsführern „als Stellvertreter". Auf den stellvertretenden Geschäftsführer sind die Bestimmungen über den Geschäftsführer anwendbar (z.B. Bestellung und Abberufung durch das Organ, das für die Bestellung zum Geschäftsführer zuständig ist).

Zu unterscheiden sind Außen- und Innenverhältnis: Das **Außenverhältnis** kennt keinen „Stellvertreter". Durch das Gleichstellungsgebot ist der stellvertretende Geschäftsführer mit den gleichen Befugnissen ausgestattet wie der ordentliche Geschäftsführer: er ist gesetzlicher Vertreter der GmbH (*Altmeppen* §44 Rz. 1 f.). Er hat dieselbe Vertretungsbefugnis wie ein ordentlicher Geschäftsführer. Gilt Einzelvertretungsbefugnis, gilt diese auch für den Stellvertreter (vgl. MüKo GmbHG/*W. Goette* §44 Rz. 3), soweit sich aus der Satzung nicht eine Einschränkung ergibt. Im Prozess der GmbH kann er nicht Zeuge sein (Habersack/Casper/Löbbe/*Paefgen* §44 Rz. 17). Die Unterschiede werden nur im Innenverhältnis deutlich. Die Beschränkung im Innenverhältnis kann sich im Wege der Auslegung („nur" stellvertretend) aus der Bestellung oder aus einer entsprechenden Regelung im Gesellschaftsvertrag ergeben (vgl. *BGH* GmbHR 1998, 182). Eine Regelung der Zuständigkeit (z.B. nur bei Verhinderung eines ordentlichen Geschäftsführers, vgl. bereits *OLG Karlsruhe* GmbHR 1998, 1085 – nur LS) durch den Gesellschaftsvertrag oder auch nur durch eine Geschäftsordnung ist zu empfehlen, um die Verantwortlichkeit festzulegen.

Str., ob außerhalb der festgelegten Zuständigkeit den stellvertretenden Geschäftsführer **Handlungspflichten** wie Insolvenzantragspflicht, Kapitalerhaltungsgrundsätze etc. treffen können; wohl überwiegende Ansicht bejaht dies unter Hinweis auf den Normzweck entsprechender Handlungspflichten („im Dienste der Allgemeinheit", vgl. MüKo GmbHG/*W. Goette* §44 Rz. 20; *Noack* §44 Rz. 12).

II. Stellvertretende Geschäftsführer in der mitbestimmten GmbH

Nach §33 MitbestG darf ein Arbeitsdirektor nicht als Stellvertreter geführt werden, **2** sofern darin eine unberechtigte Zurücksetzung liegt. Ob eine Bestellung zum stellvertretenden Geschäftsführer generell zulässig ist – die vorübergehende Bestellung ist jedenfalls zulässig, z.B., zur Einarbeitung (ebenso *Noack* §44 Rz. 11; a.A. MüKo GmbHG/*W. Goette* §44 Rz. 9) – wird von der wohl überwiegenden Ansicht verneint (str. MüKo GmbHG/*W. Goette* §44 Rz. 9; *Noack* §44 Rz. 11; Habersack/Casper/Löbbe/*Paefgen* §44 Rz. 22).

III. Haftung

Der stellvertretende Geschäftsführer haftet nach §43. Er hat deshalb dieselbe Sorg- **3** faltspflicht wie der ordentliche Geschäftsführer, soweit er im Innenverhältnis zu handeln berechtigt ist (MüKo GmbHG/*W. Goette* §44 Rz. 20).

IV. Eintragung in das Handelsregister

Stellvertretende Geschäftsführer sind zur Eintragung anzumelden. Die Eigenschaft als **4** „stellvertretender" Geschäftsführer ist **nicht eintragungsfähig** (bereits *BGH* GmbHR 1998, 181).

§45 Rechte der Gesellschafter

(1) Die Rechte, welche den Gesellschaftern in den Angelegenheiten der Gesellschaft, insbesondere in Bezug auf die Führung der Geschäfte zustehen, sowie die Ausübung derselben bestimmen sich, soweit nicht gesetzliche Vorschriften entgegenstehen, nach dem Gesellschaftsvertrag.

(2) In Ermangelung besonderer Bestimmungen des Gesellschaftsvertrags finden die Vorschriften der §§ 46 bis 51 Anwendung.

Übersicht

I. Die Gesellschafterversammlung als oberstes Organ – Allzuständigkeit

1 § 45 – die Bestimmung ist seit 1892 unverändert, die Ergänzung der amtlichen Überschrift durch das MoMiG v. 23.10.2008 – regelt die Rechte der Gesellschafter in ihrer Gesamtheit (Scholz/K. *Schmidt/Bochmann* § 45 Rz. 1; das schließt nicht aus, dass es sich beim einzelnen Gesellschafter um den Ausfluss seines Mitgliedschaftsrechts handelt), zu unterscheiden von Rechten, die einzelnen Gesellschaftern (auch als Minderheit) zur Verfügung stehen. Da die Gesellschafter die ihnen zustehenden Rechte nur in der Gesellschafterversammlung (oder den sie ersetzenden Verfahren, z.B. schriftliche Abstimmung) ausüben können, ist es berechtigt, die Gesellschafter als Gesellschafterversammlung (Gesellschafterversammlung als solche, *Noack* § 45 Rz. 4) als oberstes Organ anzusehen. Die Gesellschafter als solche (auch nicht in ihrer Gesamtheit, so aber Scholz/K. *Schmidt/Bochmann* § 45 Rz. 5; *Lutter/Hommelhoff* § 45 Rz. 2; *Altmeppen* § 45 Rz. 2; Roweder/Pentz/*Koppensteiner* § 45 Rz. 3) stellen kein Organ dar, da sie außerhalb der Gesellschafterversammlung keine Organbefugnisse haben.

2 Die im Prinzip gegebene Allzuständigkeit der Gesellschafterversammlung ist nicht schrankenlos. Zu Einschränkungen vgl. Rz. 8.

3 Die Gesellschafterversammlung ist grds. Willensbildungsorgan, nicht Vertretungsorgan, jedoch bestehen Ausnahmen bei bestimmten körperschaftlichen Rechtsgeschäften.

II. Umfang der Rechte der Gesellschafter – Maßgeblichkeit des Gesellschaftsvertrags

4 Der Gesellschaftsvertrag ist in erster Linie dafür maßgebend, welche Rechte der Gesellschafterversammlung zustehen. § 45 Abs. 2 regelt die Zuständigkeit nur für den Fall, dass der Gesellschaftsvertrag keine (abw.) Regelung enthält. Die Satzung hat Vorrang und kann gegenüber § 46 Einschränkungen, aber auch Erweiterungen der Zuständigkeit enthalten (*Lutter/Hommelhoff* § 45 Rz. 3; *Noack* § 45 Rz. 3) und auch die Regelungen der §§ 47–51 modifizieren. Somit gilt hier die Normenhierarchie (so auch MüKo GmbHG/*Liebscher* § 45 Rz. 4; *Lutter/Hommelhoff* § 45 Rz. 5): zunächst sind die zwingenden Vorschriften zu beachten, danach ist die Satzung auszurichten und, sofern die Satzung keine Regelungen enthält, gelten §§ 46–51.

5 Die Erweiterung der Befugnisse der Gesellschafterversammlung kommt gegenüber den Geschäftsführern zum Tragen. Da aber eine Beschränkung der Vertretungsmacht nicht in Betracht kommt (vgl. § 35 Rz. 49 ff.), können Einschränkungen nur im Innenverhältnis wirken. Beschränkungen dürfen jedoch nicht so weit gehen, dass der Geschäftsführer nur noch Vollzugsorgan der Gesellschafter ist und praktisch nur noch als leitender Angestellter fungiert (*Noack* § 46 Rz. 92; *Lutter/Hommelhoff* § 45 Rz. 8). Zur Weisungsbefugnis und deren Schranken vgl. § 37 Rz. 11 ff.

III. Beschränkungen der Befugnisse der Gesellschafter – Verlagerung auf andere Organe

Die Übertragung von Zuständigkeiten auf andere Organe (Aufsichtsrat, Beirat) ist **6** zulässig, soweit nicht gegen zwingende Vorschriften verstoßen wird (Scholz/ *K. Schmidt/Bochmann* § 45 Rz. 8). Die Mitglieder dieser Organe unterliegen den gleichen Treu- und Sorgfaltspflichten wie die Gesellschafter bei Gesellschafterbeschlüssen (*Lutter/Hommelhoff* § 45 Rz. 12; Rowedder/Pentz/*Koppensteiner* § 45 Rz. 11).

Bei Handlungsunfähigkeit des anderen Organs fällt die Zuständigkeit an die Gesell- **7** schafterversammlung zurück (Scholz/*K. Schmidt/Bochmann* § 45 Rz. 10; *Hachenburg/ Hüffer* § 45 Rz. 23; Rowedder/Pentz/*Koppensteiner* § 45 Rz. 9; Voraussetzungen nicht unbestritten). Dieser Rückfall der Kompetenzen (*Lutter/Hommelhoff* § 45 Rz. 13 m.w.N.) endet, sobald das eingesetzte Organ wieder handlungsfähig ist (*Lutter/Hommelhoff* a.a.O.).

Die Übertragung von Zuständigkeiten darf nicht dazu führen, dass die Stellung der **8** Gesellschafter als oberstes Organ in ihrem Kern oder auf Dauer in Frage gestellt wird (*Lutter/Hommelhoff* § 45 Rz. 10 m.w.N.; Scholz/*K. Schmidt/Bochmann* § 45 Rz. 8; *Hachenburg/Hüffer* § 45 Rz. 22). **Immanente Schranken** ergeben sich aus der Treuepflicht und aus dem Grundsatz der Gleichbehandlung der Gesellschafter, sofern die betroffenen Gesellschafter nicht zustimmen; Sonderrechte und (zwingende) Minderheitsrechte sind zu achten (*Lutter/Hommelhoff* § 45 Rz. 7).

Nicht zur Disposition stehende Gesellschafterrechte: das Recht zur Satzungsänderung **9** (*Lutter/Hommelhoff* § 45 Rz. 4). Die Gesellschafter können daher auch bestehende (fakultative) Organe wieder abschaffen; das Recht, Grundlagenentscheidungen zu treffen (z.B. Kapitalerhöhung, Kapitalherabsetzung, Auflösung bzw. Fortsetzung einer in Liquidation befindlichen Gesellschaft); alle Änderungen der Rechtsform nach dem UmwG bzw. Strukturänderungen (Scholz/*K. Schmidt/Bochmann* § 45 Rz. 8).

IV. Zuständigkeit der Gesellschafterversammlung im Insolvenzerfahren und in der Liquidation

Die Gesellschafterversammlung behält grds. ihre Kompetenz im Insolvenzverfahren **10** der Gesellschaft (z.B. kann sie eine Kapitalerhöhung beschließen; Satzungsänderungen vornehmen oder Geschäftsführer abberufen oder bestellen). Sie ist in allen Bereichen beschränkt, soweit darin eine Verfügung über die Insolvenzmasse zu sehen ist, da dem Insolvenzverwalter die alleinige Verwaltungs- und Verfügungsbefugnis zusteht (§ 80 Abs. 1 InsO). Nicht mehr zuständig ist sie z.B. zur Einforderung von Stammeinlagen § 46 Nr. 2 (*OLG Naumburg* NZG 2000, 153 m.w.N.).

Die Zuständigkeit während der Liquidation wird durch den Liquidationszweck vorge- **11** geben. Das schließt nicht aus, die Fortsetzung der Gesellschaft zu beschließen und damit die Liquidation aufzuheben (Scholz/*K. Schmidt/Bochmann* § 45 Rz. 17).

V. Besonderheiten bei der mitbestimmten GmbH

Die Rechte der Gesellschafter(versammlung) sind in vielfältiger Weise eingeschränkt. **12** So werden z.B. Geschäftsführer zwingend durch den (obligatorischen) Aufsichtsrat bestellt (vgl. § 31 MitbestG, § 77 BetrVG 1952). Wegen Einzelheiten wird auf die einschlägige Spezialliteratur verwiesen.

§ 46   Aufgabenkreis der Gesellschafter

Der Bestimmung der Gesellschafter unterliegen:

1. die Feststellung des Jahresabschlusses und die Verwendung des Ergebnisses;
1a. die Entscheidung über die Offenlegung eines Einzelabschlusses nach internationalen Rechnungslegungsstandards (§ 325 Abs. 2a des Handelsgesetzbuchs) und über die Billigung des von den Geschäftsführern aufgestellten Abschlusses;
1b. die Billigung eines von den Geschäftsführern aufgestellten Konzernabschlusses;
2. die Einforderung der Einlagen;
3. die Rückzahlung von Nachschüssen;
4. die Teilung, die Zusammenlegung sowie die Einziehung von Geschäftsanteilen;
5. die Bestellung und die Abberufung von Geschäftsführern sowie die Entlastung derselben;
6. die Maßregeln zur Prüfung und Überwachung der Geschäftsführung;
7. die Bestellung von Prokuristen und von Handlungsbevollmächtigten zum gesamten Geschäftsbetrieb;
8. die Geltendmachung von Ersatzansprüchen, welche der Gesellschaft aus der Gründung oder Geschäftsführung gegen Geschäftsführer oder Gesellschafter zustehen, sowie die Vertretung der Gesellschaft in Prozessen, welche sie gegen die Geschäftsführer zu führen hat.

Übersicht

A. Bartl

Literatur: *Bascopé/Hering* Gewinn- und sonstige Auszahlungsansprüche vom GmbH-Gesellschaftern aus dem Gesellschaftsvermögen, GmbHR 2006, 183; *Bergwitz* Die GmbH im Prozess gegen ihren Geschäftsführer, GmbHR 2008, 225; *Binnewies* Vorabausschüttungen. Zivilrechtliche Wirksamkeit, steuerrechtliche Bedeutung. Musterbeschluss, GmbH-StB 2002, 266; *Born* Die neuere Rechtsprechung des BGH zur GmbH in WM 2023, Heft 10 Sonderbeilage 2; *Brete/Thomsen* Nichtigkeit und Heilung von Jahresabschlüssen der GmbH, GmbHR 2008, 176; *Drenckhan* Gläubigerschützende Gesellschafterpflichten in der Krise der GmbH, GmbHR 2006, 1296; *Fleischer* Die Sonderprüfung im GmbH-Recht – Überlegungen de lege lata und de lege ferenda, GmbHR 2001, 45; *Geßler* Die Klage des GmbH-Gesellschafters gegen den Geschäftsführer, INF 2004, 791; *Janert* Neues zur Generalbereinigung? Zugleich ein Beitrag zum Urt. des BGH v. 9.4.2003 – II ZR 193/02, GmbHR 2003, 712 mit Anm. *Blöse*, GmbHR 2003, 830; *Kort* Actio pro socio auch bei Klagen gegen Nicht-Gesellschafter, DStR 2001, 2162; *Leinekugel* Voraussetzungen und Grenzen einer GmbH-rechtlichen Sonderprüfung gemäß § 646 Nr. 6 GmbHG bei Konflikten unter Gesellschaftern, GmbHR 2008, 632; *Nägele/Nestle* Entlastung des GmbH-Geschäftsführers und des AG-Vorstands – Chancen und Risiken, BB 2000, 1253; *Peters/Dechow* Sonderprüfungsrecht für GmbH-Minderheitsgesellschafter, GmbHR 2007, 236; *Pröpper* Inanspruchnahme des Geschäftsführers durch die GmbH – Hinweise zur Beschlussfassung der Gesellschafter auf Schadensersatz, GmbH-StB 2004, 286; *Remmert/Schmalz* Wirksamkeit von Gesellschafterbeschlüssen unter Beteiligung von Mehrheitsgesellschafter-Geschäftsführer über die Einführung oder Erhöhung seiner Geschäftsführervergütung, GmbHR 2008, 85; *Schwichtenberg* Horizontale und vertikale Interessenkonflikte bei Entlastungsbeschlüssen im GmbH-Recht, GmbHR 2007, 400; *van Venrooy* Die Bestellung von Prokuristen und Generalbevollmächtigten nach § 46 Nr. 7 GmbHG und das „Innenverhältnis", GmbHR 1999, 800; *ders* Feststellung von GmbH-Jahresabschlüssen, GmbHR 2003, 125; *ders* Die Geschäftsführerhaftung im Unternehmenskauf, GmbHR 2008, 1; *Weilep/Weilep* Nichtigkeit von Jahresabschlüssen: Tatbestandsvoraussetzungen sowie Konsequenzen für die Unternehmensleitung, BB 2006, 147.

I. Allgemeines

Die Nr. 1 ist durch das BiRiLiG angepasst worden. Nr. 1a und 1b eingefügt durch das **1** BilReg 2004. Im Übrigen unverändert seit 1892, sprachliche Anpassungen sowie Ergänzung, u.a. der amtlichen Überschrift, durch MoMiG v. 23.10.2008.

§ 46 regelt die Zuständigkeit der Gesellschaftergesamtheit. Die Gesellschafter treffen **2** ihre Entscheidung durch Beschlussfassung (§ 47 Abs. 1); die Beschlüsse werden in der Gesellschafterversammlung gefasst (§ 48 Abs. 1).

3 Für die Gesellschafter (als oberstes Organ der Gesellschaft) besteht weitgehend Allzuständigkeit (*Lutter/Hommelhoff* § 46 Rz. 1). Treffen die Gesellschafter im Gesellschaftsvertrag keine Regelung, tritt § 46 ein. Die Gesellschafter können von § 46 abw. Regelungen treffen (§ 45 Abs. 2). Änderungen nach Gründung der Gesellschaft stellen Satzungsänderungen dar, für die § 53 Abs. 2 zu beachten ist. Satzungsänderung liegt auch dann vor, wenn der Gesellschaftsvertrag keine Regelung enthält (also § 46 anwendbar ist), nun aber eine davon abw. Regelung gelten soll.

4 Gegenstand von Gesellschafterbeschlüssen kann auch die Auslegung der Satzung sein. Einem solchen Beschluss kann Dauerwirkung zukommen oder nur für einen konkreten Vorgang Bedeutung gewinnen (*BGH* GmbHR 2003, 171).

5 Die Zuständigkeit der Gesellschafterversammlung kann auch dadurch eingeschränkt werden, dass bestimmte Funktionen auf einen Dritten (Aufsichtsrat, Beirat) übertragen werden, der dadurch zum Organ der Gesellschaft wird (*Noack* § 46 Rz. 5).

6 Bei **Übertragung von Zuständigkeiten** auf andere Organe bleibt der Gesellschaft jedoch ein „Kernbereich eigener Zuständigkeit" (*Noack* § 46 Rz. 6, 94; *Scholz/ K. Schmidt/Bochmann* § 45 Rz. 5 und 10), den die Gesellschafter ohne Satzungsänderung wahrnehmen können (z.B. Prüfung und Überwachung der Geschäftsführer, vgl. näher *Noack* § 46 Rz. 6).

7 Ist das mit der Zuständigkeit betraute Organ handlungsunfähig, fällt die Zuständigkeit an die Gesellschafterversammlung zurück (*Noack* § 46 Rz. 6; einschränkend: nur bei Eilbedürftigkeit, *Lutter/Hommelhoff* § 45 Rz. 13, § 46 Rz. 1; *Scholz/K. Schmidt/ Bochmann* § 46 Rz. 5, § 45 Rz. 11).

8 Die Regelungsfreiheit der Gesellschafter findet in gesetzlichen Ausnahmefällen ihre Grenze, in denen die **Zuständigkeit der Gesellschafterversammlung zwingend ist.** Es sind hier vor allem zu nennen: (1) Satzungsänderungen (§ 53) sowie Beschlüsse über Kapitalerhöhung (§§ 55 ff.) und Kapitalherabsetzung (§§ 58 ff.), (2) Beschlüsse in Umwandlungsfällen nach dem UmwG (z.B. bei Spaltung oder Verschmelzung, vgl. § 13 Abs. 1 UmwG, § 125 i.V.m. § 13 Abs. 1 UmwG), (3) Unternehmensverträge (vgl. § 293 Abs. 1 S. 1 AktG analog), (4) Auflösung und Fortsetzung der Gesellschaft (vgl. § 60 Abs. 1 Nr. 2, vgl. *Lutter/Hommelhoff* § 60 Rz. 28 ff.), (5) Ausschließung von Gesellschaftern (vgl. *Lutter/Hommelhoff* § 34 Rz. 26, 27), (6) Verweigerung der Auskunft nach § 51a (§ 51a Abs. 2 S. 2). Außergewöhnliche Maßnahmen fallen grds. in die Zuständigkeit der Gesellschafterversammlung (vgl. *Priester* JbFSt 1998/99, 238).

9 In der Einheits-GmbH & Co KG wird die KG als einzige Gesellschafterin der Komplementär-GmbH von den Geschäftsführern der GmbH vertreten. Diese beschließen in der Gesellschafterversammlung, z.B. über die Bestellung und Abberufung von Geschäftsführern (vgl. *BGHZ* 12, 340; *BGH* GmbHR 1970, 132; GmbHR 2007, 1134) bzw. den Abschluss oder die Kündigung des Anstellungsvertrags (*BGH* GmbHR 2007, 1034). Im Schrifttum ist dies umstr.

II. Feststellung des Jahresabschlusses (Nr. 1)

10 **1. Rechtsnatur der Feststellung.** Die Gesellschafter beschließen über die Feststellung des Jahresabschlusses, soweit nicht durch die Satzung die Zuständigkeit auf ein anderes Organ (auch Geschäftsführer, nicht jedoch Dritte) übertragen ist (*Noack* § 46 Rz. 16 f.; *Scholz/K. Schmidt/Bochmann* § 46 Rz. 46). Die Satzung kann vorsehen, dass der von den

Geschäftsführern vorgelegte Jahresabschluss unter bestimmten Voraussetzungen (z.B. wenn die Gesellschafter nicht binnen einer bestimmten Frist über die Feststellung beschließen) als festgestellt gilt. Eine gesonderte Feststellung ist entbehrlich, wenn alle Gesellschafter den Jahresabschluss unterzeichnet haben und die Unterschrift als schriftliche Stimmabgabe zu werten ist (*BGH* BB 1971, 1213); unterliegt die Gesellschaft der Prüfung, tritt Feststellung erst nach Prüfung ein. Der Beschluss über die Gewinnverwendung kann gleichzeitig die Feststellung bedeuten (*OLG Hamm* DB 1991, 1925).

Der Feststellung geht die **Aufstellung durch die Geschäftsführer** voraus (§ 264 Abs. 1 **11** S. 1 HGB, § 41). Bis zur Feststellung durch die Gesellschafter existiert der Jahresabschluss nur als Entwurf, der jederzeit (unter Beachtung der Bilanzierungsgrundsätze) von den Gesellschaftern geändert werden kann. **Rechtsverbindlichkeit** tritt erst mit der Feststellung ein (z.B. für die Gewinnverwendung). Zur Vorlage durch die Geschäftsführer vgl. § 42a.

2. Abstimmung und Gegenstand der Feststellung – Nichtigkeit des Feststellungsbe- **12** **schlusses.** Der Feststellungsbeschluss ist mit einfacher Mehrheit zu fassen, soweit die Satzung nicht eine abw. Mehrheit vorsieht. Stimmberechtigt sind auch die Gesellschafter-Geschäftsführer (*Noack* § 46 Rz. 9; Scholz/*K. Schmidt/Bochmann* § 46 Rz. 16; Rowedder/Pentz/*Koppensteiner* § 46 Rz. 4; *Lutter/Hommelhoff* § 46 Rz. 4).

Gegenstand des Feststellungsbeschlusses sind die Jahresbilanz, die Gewinn- und Ver- **13** lustrechnung und der Anhang. Bei einer prüfungspflichtigen GmbH, oder sofern dies in der Satzung festgelegt ist, kann der Abschluss nicht ohne Prüfung festgestellt werden (§ 316 Abs. 1 S. 2 HGB).

Ein nichtiger Feststellungsbeschluss muss neu gefasst werden (*Noack* § 46 Rz. 15 a.E., **14** jedoch str., vgl. *Brete/Thomsen* GmbHR 2008, 176). Die Nichtigkeit des Feststellungsbeschlusses richtet sich (analog) nach § 256 AktG (vgl. *BGHZ* 83, 143; *Brete/Thomsen* GmbHR 2008, 176). Die Heilung der Nichtigkeit richtet sich nach den Vorschriften, die für die AG gelten (*BGH* WM 1984, 473; vgl. auch *Brete/Thomsen* GmbHR 2008, 176).

3. Änderung des festgestellten Jahresabschlusses. Für eine Änderung des festgestell- **15** ten Jahresabschlusses ergeben sich aus § 46 Nr. 1 keine Beschränkungen. § 325 Abs. 1 S. 4 Halbs. 2 HGB geht von der **Zulässigkeit der Änderung** aus und verlangt lediglich die Offenlegung bzw. Einreichung beim HR (gl.A. Scholz/*K. Schmidt/Bochmann* § 46 Rz. 25; a.A. die h.M., vgl. *Noack* § 46 Rz. 22; *Rowedder/Pentz/Wiedmann* § 42a Rz. 54). Eine beim Finanzamt eingereichte Bilanz kann nur geändert (zu unterscheiden von der Berichtigung unrichtiger Bilanzansätze, § 4 Abs. 2 S. 1 EStG) werden, wenn die Änderung, soweit sie den Grundsätzen ordnungsmäßiger Buchführung unter Befolgung der Vorschriften der EStG nicht entspricht (§ 4 Abs. 2 S. 1 Halbs. 1 EStG); auch eine solche Änderung ist nicht zulässig, wenn die Bilanz einer Steuerfestsetzung zugrunde liegt, die nicht mehr aufgehoben oder geändert werden kann (§ 4 Abs. 2 S. 1 Halbs. 2 EStG). I.Ü. ist eine Änderung der Bilanz nur zulässig, wenn sie in einem engen zeitlichen und sachlichen Zusammenhang mit einer Änderung nach § 46 Nr. 1 (so) steht und soweit die Auswirkung der Änderung nach § 46 Nr. 1 (so) auf den Gewinn reicht (vgl. näher R 4.4 EStR und H 4.4 ESt-Handbuch 2005).

Der Änderung sind Grenzen gesetzt, wenn aus dem festgestellten Jahresabschluss **16** (und dem Gewinnverteilungsbeschluss) bereits Gewinnansprüche entstanden sind und sich diese durch die Änderung verringern würden; dann ist die **Zustimmung** der betroffenen Gesellschafter erforderlich (Scholz/K. *Schmidt/Bochmann* § 46 Rz. 25). Die Änderung ist zulässig, wenn sich die Gewinnansprüche erhöhen. Aus der hier vertretenen Ansicht ergibt sich, dass dem Unterschied zwischen Berichtigung (ein falscher Bilanzansatz wird durch einen richtigen ersetzt) und Änderung (ein zulässiger Bilanzansatz wird durch einen anderen zulässigen Bilanzansatz – Wahlrecht – ersetzt) keine Bedeutung zukommt.

17 **4. Offenlegung nach internationalen Rechnungslegungsstandards – Billigung des Konzernabschlusses.** Die Bestimmungen § 46 Nr. 1a und § 46 Nr. 1b sind durch das BilReg 2004 eingefügt worden. Die Entscheidung über die Offenlegung eines Einzelabschlusses nach internationalen Rechnungsstandards (§ 325 Abs. 2a WGB) obliegt den Gesellschaftern ebenso wie die Billigung des von den Geschäftsführern aufgestellten Abschlusses. Den Gesellschaftern obliegt weiterhin die „Billigung" des von den Geschäftsführern aufgestellten Konzernabschlusses (*Noack* § 46 Rz. 25).

III. Beschluss über die Ergebnisverwendung (Nr. 1)

1. Grundsätze der Gewinnverwendung – Änderung des Gewinnverteilungsbeschlusses.
18 Der Beschluss über die Ergebnisverwendung ist vom Beschluss über die Feststellung des Jahresabschlusses zu unterscheiden (*OLG München* GmbHR 2008, 363). Er ist nicht konkludent in diesem enthalten, kann aber hiermit verbunden werden (*Noack* § 46 Rz. 19). Die Ergebnisverwendung richtet sich inhaltlich nach § 29 und den Regelungen des Gesellschaftsvertrags. Mit dem Beschluss über die Ergebnisverwendung entstehen Ansprüche der Gesellschafter auf den Gewinn (vgl. *BGH* GmbHR 1998, 324; *BGH* GmbHR 1998, 1177).

19 Der Gesellschaftsvertrag kann von einem besonderen Gewinnverwendungsbeschluss absehen (Scholz/K. *Schmidt/Bochmann* § 46 Rz. 26). Die Entscheidung über die Feststellung des Jahresabschlusses ist dann zugleich Entscheidung über die Gewinnverwendung: der festgestellte Gewinn ist vollständig auszuschütten (vgl. *Lutter/Hommelhoff* § 46 Rz. 22). Einer Beschlussfassung bedarf es ferner nicht, wenn die Satzung die volle Gewinnausschüttung vorschreibt (vgl. *Lutter/Hommelhoff* § 29 Rz. 22 m.w.N.).

20 Der Gewinnverwendungsbeschluss kann nur über den im Feststellungsbeschluss enthaltenen Gewinn verfügen. Ein nicht festgestellter Gewinn kann nicht ausgeschüttet werden. Zur Gewinnverwendung allg. vgl. die Ausführungen zu § 29.

21 Der Gewinnverwendungsbeschluss ist mit einfacher Mehrheit zu fassen; die Satzung kann eine abw. Regelung vorsehen.

22 Im Rahmen der Satzung und des § 29 können die Gesellschafter das Jahresergebnis an die Gesellschafter ausschütten, in Rücklagen einstellen oder auf neue Rechnung vortragen. Bei ihrer Entscheidung haben die Gesellschafter einerseits die Belange der Gesellschaft (Kapitalbildung) und andererseits die Interessen der Gesellschafter (insb. einer Minderheit) zu berücksichtigen. Im Einzelfall kann es die gesellschaftsrechtliche Treuepflicht gebieten, einer Rücklage zuzustimmen; die jahrelange Übung begründet jedoch eine solche Pflicht noch nicht (vgl. *OLG Düsseldorf* NJW 1963, 2080; Scholz/K. *Schmidt/Bochmann* § 46 Rz. 30). Es gibt keine allg. Pflicht zur **Gewinnthesaurierung**.

23 Vorabausschüttung: Die Gesellschaft kann bereits vor Feststellung des Jahresabschlusses (also schon während des Gewinnermittlungszeitraums) eine Vorabausschüttung beschließen. Der Beschluss kann auch stillschweigend gefasst werden (*BGHZ* 152,

41). Einer besonderen Ermächtigung im Gesellschaftsvertrag bedarf es nicht. Den Beschluss wird man auch dann als rechtmäßig ansehen müssen, wenn zur Zeit der Beschlussfassung mit einem Gewinn in Höhe der Vorabausschüttung nicht zu rechnen ist. Gesellschafter, vor allem Gesellschaftergeschäftsführer, die die angespannte Situation kannten, machen sich wegen Treueverletzung u.U. schadensersatzpflichtig. Die Gesellschafter müssen die empfangenen Beträge zurückerstatten; denn der Vorabausschüttungsbetrag steht unter der stillschweigenden auflösenden Bedingung (§ 158 BGB), dass ein ausschüttungsfähiger Gewinn in gleicher Höhe erwirtschaftet wird. Eventuell kann auch ein Anspruch aus ungerechtfertigter Bereicherung nach § 812 BGB in Betracht kommen (*OLG Hamm* GmbHR 2002, 457). Eine Vorabausschüttung kann nicht mehr beschlossen werden, wenn der Gewinn auf Grund des vorliegenden Jahresabschlusses endgültig bestimmt werden kann (*OLG Hamm* a.a.O.).

Eine Änderung ist nur insoweit zulässig, als nicht in bestehende (Gewinn-)Ansprüche **24** der Gesellschafter eingegriffen wird. I.Ü. ist eine Änderung mit Zustimmung des betroffenen Gesellschafters zulässig (vgl. Scholz/*K. Schmidt/Bochmann* § 46 Rz. 34). Die Aufrechnung mit einer Gegenforderung der Gesellschaft ist kein Gewinnverwendungsbeschluss (a.A. *OLG München* NZG 2008, 340).

Unterlassen es die Gesellschafter, einen Gewinnverwendungsbeschluss zu fassen, **25** muss ein Gesellschafter zumindest versuchen, über § 50 Abs. 3 einen Beschluss herbeizuführen. Bei Vorliegen der Voraussetzungen des § 50 Abs. 3 fehlt für eine direkte Klage das Rechtsschutzbedürfnis. Eine Klage kann im Übrigen nur auf Herbeiführung eines Gewinnverwendungsbeschlusses gerichtet sein, ohne dessen Inhalt festzulegen (*OLG Düsseldorf* NZG 2001, 1086). Einen gefassten Beschluss kann der Gesellschafter nur anfechten, wenn er gegen das Gesetz oder die Satzung verstößt.

2. Nichtigkeit und Anfechtbarkeit von Ergebnisverwendungsbeschlüssen. Die Ergeb- **26** nisverteilung ist (§ 253 AktG analog) nichtig, wenn (1) der zugrunde liegende Beschluss über die Feststellung des Jahresabschlusses nichtig ist (z.B. auf Grund einer Anfechtung, vgl. Scholz/*K. Schmidt/Bochmann* § 46 Rz. 42; *Noack* § 47 Anh. Rz. 63), (2) mehr als der ausgewiesene Gewinn verteilt wird und die Gesellschaft nicht über die entspr. Rücklagen verfügt, so dass ein Verstoß gegen § 30 vorliegt (vgl. *Noack* § 29 Rz. 43; Scholz/*K. Schmidt/Bochmann* § 46 Rz. 42), (3) der Gewinnverteilung kein festgestellter Jahresabschluss zugrunde liegt (*Noack* § 29 Rz. 43) und (4) schon bestehende Gewinnansprüche berührt werden (Scholz/*K. Schmidt/Bochmann* § 46 Rz. 43; s. jedoch Rz. 12 f.).

Bei anderen Rechtsverstößen ist der Ergebnisverwendungsbeschluss nur anfechtbar **27** (§ 243 AktG analog, nicht § 254 AktG; vgl. Scholz/*K. Schmidt/Bochmann* § 46 Rz. 44; a.A. *Noack* Anh. § 47 Rz. 107, § 29 Rz. 29 ff.).

Ein Gewinnverteilungsbeschluss, der gegen Kapitalerhaltungsvorschriften verstößt, ist **28** nicht unwirksam; es wird lediglich der Vollzug des Beschlusses gehindert (*BGHZ* 69, 280; *BGH* GmbHR 1997, 790).

IV. Einforderung von Einzahlungen auf die Stammeinlagen (Nr. 2)

Zur Eintragung der GmbH bzw. der Kapitalerhöhung (**§ 57 Abs. 2 S. 1**) ist lediglich der **29** Nachweis der Einzahlung von mindestens einem Viertel (25 %) der Stammeinlagen (Bareinlage) erforderlich (vgl. § 7 Abs. 2 S. 1). Die Bestimmung bezieht sich nicht nur auf Stammeinlagen, sondern auch auf darüberhinausgehende Aufgelder, es spielt dabei keine Rolle, ob es sich um in der Satzung verankerte Ansprüche der Gesellschaft oder um schuldrechtliche Forderungen der Gesellschaft handelt (*BGH* NZG 2008, 73). Der Einforderungsbeschluss – das gilt auch für die Einmanngesellschaft, vgl. *OLG Jena* NZG 2008, 717 – ist Voraussetzung der Geltendmachung (*BGH* GmbHR 1987, 224; *OLG Celle* GmbHR 1997, 748; *Noack* § 46 Rz. 25). Der Einforderungsbeschluss kann auch konkludent gefasst werden, z.b. dadurch, dass die Einlageforderung nicht mehr in der Bilanz ausgewiesen wird (*BGH* GmbHR 2002, 1193). Die Bestimmung gilt auch für ein auf Grund statutarischer Festlegung zu best. Agio (*BGH* GmbHR 2008, 148). Der Einforderungsbeschluss ist auch dann erforderlich, wenn der Gesellschafter sich berühmt, die Einlage bereits vollständig geleistet zu haben (*OLG Jena* NZG 2008, 718). Aufgabe der Geschäftsführer ist die Einforderung; erst hierdurch tritt Fälligkeit ein. Die Bestimmung gilt nicht für die Rückforderung verbotswidriger Auszahlungen des Stammkapitals (*Noack* § 46 Rz. 25).

30 Zur Beschlussfassung genügt **einfache Mehrheit**. Stimmberechtigt ist jeder Gesellschafter. Für die bei Beschlussfassung anwesenden Gesellschafter ist eine weitere Zahlungsaufforderung durch die Geschäftsführer zur Fälligkeit nicht erforderlich (*Lutter/Hommelhoff* § 46 Rz. 7; *Noack* § 46 Rz. 25; z.T. a.A. *Scholz/K. Schmidt/Bochmann* § 46 Rz. 49). Gegenüber nicht anwesenden Gesellschaftern tritt Fälligkeit erst mit Anforderung durch die Geschäftsführer ein (*Noack* § 46 Rz. 25; a.A. offenbar *OLG Celle* GmbHR 1997, 349: der Geschäftsführer fordert den durch Gesellschafterbeschluss fällig gestellten Betrag an, vgl. auch *OLG München* GmbHR 1985, 56).

31 Die Entscheidung über die Einforderung kann durch Satzung auf andere Organe, auch Geschäftsführer, übertragen werden (*Noack* § 46 Rz. 29). Dazu bedarf es einer eindeutigen Festlegung (*OLG Celle* GmbHR 1997, 749).

32 Ein Gesellschafterbeschluss zur Einforderung ist entbehrlich, wenn die Satzung eine entspr. Regelung enthält (z.B. feste Zahlungstermine). Abänderung ist Satzungsänderung und bedarf der hierfür erforderlichen Mehrheit (*Noack* § 46 Rz. 26).

33 Für die Geltendmachung bei Nichtleistung sind die Geschäftsführer zuständig (Mahnung, Klage). Ein Gesellschafterbeschluss zur Einforderung ist nicht erforderlich in der Insolvenz; der **Insolvenzverwalter** kann die Einlageforderungen auf Grund seines Verwaltungs- und Verfügungsrechts geltend machen (vgl. *BGH* GmbHR 2008, 149; *OLG Naumburg* GmbHR 1998, 737 und NZG 2000, 153; § 80 Abs. 1 InsO). Dasselbe gilt für den **Liquidator**. In beiden Fällen ist Voraussetzung, dass die Beträge zur Abwicklung des Insolvenzverfahrens bzw. der Liquidation (Gläubigerbefriedigung) erforderlich sind.

34 Bei **Pfändung der Stammeinlage** tritt Fälligkeit auch ohne Gesellschafterbeschluss ein (der Bedarf ist offensichtlich, vgl. *Noack* § 46 Rz. 27; *Lutter/Hommelhoff* § 46 Rz. 14; *Rowedder/Pentz/Koppensteiner* § 46 Rz. 16; *Hachenburg/Hüffer* § 46 Rz. 27).

35 Der betroffene Gesellschafter kann nicht einwenden, dass die Geltendmachung nur gegen ihn gegen das Gleichheitsgebot verstoße (vgl. *BGH* WM 1980, 865).

36 Kommt ein Gesellschafterbeschluss nicht zustande, wird die dennoch vorgenommene Einforderung nicht wirksam (kein Verzug des Gesellschafters, vgl. *Noack* § 46 Rz. 25; *OLG Celle* GmbHR 1997, 748).

Mit einer actio pro socio kann der fehlende Gesellschafterbeschluss nicht unterlaufen **37** werden (Rowedder/Pentz/*Koppensteiner* § 46 Rz. 17: zweifelnd; Scholz/*K. Schmidt/ Bochmann* § 46 Rz. 57); denn die actio pro socio setzt einen einklagbaren Anspruch voraus, der aber bei fehlendem Gesellschafterbeschluss fehlt. Sie ist zulässig, wenn ein Gesellschafter seiner Verpflichtung nicht nachkommt und der/die Geschäftsführer die Geltendmachung pflichtwidrig unterlassen (Scholz/*K. Schmidt/Bochmann* § 46 Rz. 58).

Die Gesellschafter können sich auf einen fehlenden Gesellschafterbeschluss nicht **38** berufen, wenn die ausstehenden Einlagen zur Erhaltung der Gesellschaft erforderlich sind (z.b. um eine drohende Zahlungsunfähigkeit abzuwenden, vgl. Scholz/*K. Schmidt/ Bochmann* § 46 Rz. 57).

V. Rückzahlung von Nachschüssen (Nr. 3)

Zur Einforderung von Nachschüssen vgl. § 26. Die Rückzahlung von Nachschüssen **39** darf nur auf Grund eines Gesellschafterbeschlusses vorgenommen werden; die Regelung einer anderen Zuständigkeit im Gesellschaftsvertrag ist jedoch zulässig (*Lutter/ Hommelhoff* § 46 Rz. 8; Scholz/*K. Schmidt/Bochmann* § 46 Rz. 61; *Noack* § 46 Rz. 30; Rowedder/Pentz/*Koppensteiner* § 46 Rz. 18). Das Einforderungsrecht kann auch auf die Geschäftsführer übertragen werden.

Die Rückzahlung darf nur unter Beachtung des § 30 Abs. 2 erfolgen (Scholz/ **40** *K. Schmidt/Bochmann* § 46 Rz. 60; *Lutter/Hommelhoff* § 46 Rz. 8).

VI. Teilung und Einziehung von Geschäftsanteilen (Nr. 4)

Der Genehmigung der Gesellschaft unterliegen „die Teilung sowie die Einziehung **41** von Geschäftsanteilen".

1. Teilung von Geschäftsanteilen. Die Gesetzesformulierung ist insofern missver- **42** ständlich, als die Teilung Sache des Inhabers des Geschäftsanteils ist; die Gesellschafter genehmigen lediglich die Teilung (vgl. § 17 Abs. 2). Wirksam wird die Teilung (nach entspr. Gesellschafterbeschluss, so auch *BGH* v. 17.12.2013 – II ZR 21/12) durch die Erklärung der Geschäftsführer.

Der Gesellschaftsvertrag kann eine abw. Regelung vorsehen (z.B. die Teilung in **43** bestimmten Fällen oder generell genehmigungsfrei stellen, vgl. *Noack* § 46 Rz. 31 oder die Genehmigung einem anderen Organ (z.B. Geschäftsführer) übertragen. Eine von den Geschäftsführern erteilte Genehmigung ist auch ohne Gesellschafterbeschluss wirksam (a.A. *Noack* § 34 Rz. 17); in Ausnahmefällen kann sie sich als Missbrauch der Vertretungsmacht darstellen und unwirksam sein (Scholz/*K. Schmidt/Bochmann* § 46 Rz. 66). Der betroffene Gesellschafter ist bei der Beschlussfassung stimmberechtigt.

2. Einziehung von Geschäftsanteilen. Es sind zu unterscheiden: (1) die Einziehung **44** auf Grund einer Regelung in der Satzung und (2) die Einziehung aus wichtigem Grund (auch wenn sie keine Rechtsgrundlagen in der Satzung hat). Der Gesellschafterbeschluss ist notwendige materielle Voraussetzung für die Erhebung der Ausschließungsklage (*BGHZ* 9, 177; *BGH* GmbHR 2003, 351; *BGH* GmbHR 2003, 356). Bei Fehlen ist die Klage als unbegründet, nicht als unzulässig abzuweisen.

Ob der Gesellschafterbeschluss ordnungsgemäß zustande gekommen ist, ist in einem **45** Anfechtungsprozess zu entscheiden (*BGHZ* 104, 66; *BGH* GmbHR 2003, 351); die Prüfung eines wichtigen Grundes für den Ausschluss gehört in das Verfahren über die

Ausschließung (*BGH* GmbHR 2003, 351). Das Anfechtungsverfahren über den Gesellschafterbeschluss ist vorgreiflich gem. § 148 ZPO für das Ausschließungsverfahren (*BGH* GmbHR 2003, 351).

46 Der Gesellschafterbeschluss hat keine unmittelbare Auswirkung; erst durch die Erklärung der Geschäftsführer gegenüber dem auszuschließenden Gesellschafter tritt die Einziehung ein.

47 Neben der Anfechtungsklage fehlt für eine Feststellungsklage nach § 256 ZPO das Rechtsschutzbedürfnis; Gleiches gilt für eine Feststellungsklage anstelle einer Anfechtungsklage (*BGH* GmbHR 2003, 356). Zur Formulierung einer gesellschaftsvertraglichen Regelung des Ausschlusses (vgl. *Mohr* GmbH-StB 1997, 117).

48 Ist in der Satzung die Einziehung von Geschäftsanteilen nicht geregelt, ist diese nur bei Vorliegen eines wichtigen Grundes zulässig (*Noack* § 46 Rz. 33, § 34 Rz. 14, 17a ff.). Der Gesellschafterbeschluss über die Erhebung einer Einziehungsklage bedarf einer Mehrheit von 3/4 der abgegebenen Stimmen entsprechend § 60 Abs. 1 Nr. 2 für die Auflösung der Gesellschaft; der betroffene Gesellschafter ist dabei nicht stimmberechtigt (*BGHZ* 9, 177; *BGH* GmbHR 2003, 351; GmbHR 2003, 356).

49 Das Einziehungsrecht kann nicht unbefristet ausgeübt werden; es besteht vielmehr eine dem Einziehungsgrund immanente zeitliche Schranke, die sich danach bestimmt, ob durch den Einziehungsgrund (im Urteilsfalle durch die Eröffnung des Insolvenzverfahrens über das Vermögen des Gesellschafters) Belange der Gesellschaft tangiert werden. Bei Eröffnung des Insolvenzverfahrens kann dies innerhalb eines Zeitraums von 1–1 1/2 Jahren geschehen (*OLG Düsseldorf* GmbHR 2008, 263).

VII. Bestellung, Abberufung und Entlastung von Geschäftsführern (Nr. 5)

50 **1. Bestellung und Abberufung.** Die grds. Zuständigkeit der Gesellschafterversammlung kann durch die Satzung anders geregelt werden. Für die mitbestimmte GmbH bestehen Sonderregelungen. Zur Bestellung sog. Mehrfachgeschäftsführer vgl. *van Venrooy* GmbHR 2006, 485.

51 Die Satzung kann auch die Zuständigkeit eines Dritten begründen, der damit zum Organ der Gesellschaft wird, mit den entspr. Pflichten (*Lutter/Hommelhoff* § 46 Rz. 1; *Noack* § 6 Rz. 19; Rowedder/Pentz/*Koppensteiner* § 38 Rz. 6; a.A. Scholz/*K. Schmidt/ Bochmann* § 46 Rz. 72), nicht jedoch die der Geschäftsführer, soweit es sich nicht um Gesellschafter-Geschäftsführer handelt (*Lutter/Hommelhoff* § 46 Rz. 1).

52 Der betroffene Geschäftsführer kann an der Abstimmung teilnehmen, ausgenommen bei der Abberufung aus wichtigem Grund (*BGH* NJW 1969, 1483; *OLG Stuttgart* GmbHR 1995, 228; *OLG Düsseldorf* 1999, 1098; *Heller* GmbHR 2002, 1227; *Noack* § 46 Rz. 34).

53 Ein **unverbindliches Vorschlagsrecht** steht jedem Gesellschafter als Ausfluss des mitgliedschaftlichen Verwaltungsrechts zu (*OLG Hamm* GmbHR 1987, 268). Bei einem **Benennungsrecht** (als Sonderrecht eines Gesellschafters oder eines Gesellschafterstammes) sind die Gesellschafter verpflichtet, den Benannten zum Geschäftsführer zu bestellen; sie können ihre Stimme nur aus sachlichen Gründen verweigern (*OLG Hamm* a.a.O.). Steht einem Gesellschafter (Gesellschafterstamm) ein rechtsverbindliches Präsentationsrecht zu, so kann die Bestellung nur unter den Bedingungen versagt werden, unter denen ein sofortiger Widerruf aus wichtigem Grund (§ 38 Abs. 1) zulässig wäre (*OLG Hamm* a.a.O.; *Lutter/Hommelhoff* § 46 Rz. 1, 2).

Bei Weigerung der Gesellschafter ist **Klage auf Zustimmung** geboten. Im Übrigen ist **54** zu prüfen, ob die Satzung nicht dahin auszulegen ist, dass dem Vorschlagsberechtigten ein Bestellungsrecht zukommt. Der Gesellschafter kann auf sein Bestellungsrecht verzichten. Er muss dann im Regelfall zur Ausübung zuwarten, bis (im Rahmen der satzungsgemäßen Zahl der Geschäftsführer) die Abberufung eines Gesellschafters (ohne Fortgeltung des Anstellungsvertrags) möglich ist (vgl. *Fichtelmann* GmbHR 1999, 813; *OLG Stuttgart* GmbHR 1999, 538).

Bei Stimmbindung scheidet i.d.R. eine einstweilige Verfügung aus (*KG* GmbHR 1997, 175). **55**

2. Die Gesellschaft als Anspruchsberechtigte. Die Geschäftsführer, die ihre Oblie- **56** genheiten verletzen, haften der Gesellschaft für den entstandenen Schaden. § 46 Nr. 2 begründet keine Schadensersatzansprüche einzelner Gesellschafter (*BGH* GmbHR 2006, 760). Es soll damit erreicht werden, dass Schadensersatzleistungen der Geschäftsführer allen Gesellschaftsgläubigern zugutekommen (s. hierzu *BGH* v. 30.11.2021 – II ZR 8/21, NJW 2022, 1017 – Bestellung eines besonderen Vertreters zur Geltendmachung von Ansprüchen wegen Pflichtverletzung des Geschäftsführers auch bei Inanspruchnahme einer beherrschten Gesellschaft; *BGH* v. 7.6.2010 – II ZR 210/ 09 – Anspruchsdurchsetzung gegen organschaftlichen Vertreter). Ein einseitiges Vorgehen einzelner Gesellschafter und ein Wettlauf um eine besonders günstige Ausgangslage wird dadurch vermieden (*BGH* a.a.O.).

Die Ausnahmefälle zugunsten des Kommanditisten oder stillen Gesellschafters – bei **57** der GmbH & Co KG bzw. bei der stillen Gesellschaft, wenn die wesentlichen Aufgaben der Komplementär-GmbH darin bestehen, die Geschäfte der KG zu führen vgl. *BGH* GmbHR 1980, 17 für die GmbH & Co KG; *BGH* GmbHR 2002, 588, s. auch *KG* v. 24.2.2011 – 19 U 83/10 (Haftung des GmbH-Geschäftsführers einer Komplementär-GmbH) für die stille Gesellschaft – sind nicht auf die GmbH anwendbar (*BGH* GmbHR 2006, 760).

3. Abschluss, Aufhebung, Kündigung und Änderung des Anstellungsvertrags. Die **58** Zuständigkeit zu Abschluss, Aufhebung, Kündigung oder Änderung des Anstellungsvertrags der Gesellschafterversammlung umfasst nicht nur die Willensbildung, sondern auch die Vertretung der GmbH (allg. M., vgl. *BGH* v. 3.7.2018 – II ZR 452/17; *BGH* GmbHR 1991, 363; DStR 1997 m. Anm. *Goette* und DStR 1997, 1053 m. Anm. *Goette*; *OLG Schleswig-Holstein* GmbHR 1993, 156; *OLG Frankfurt* GmbHR 2006, 651; *Lutter/ Hommelhoff* § 46 Rz. 1; *Scholz/Schneider* § 35 Rz. 173; *Hachenburg/Hüffer* § 46 Rz. 50; *Noack* § 46 Rz. 36; *Altmeppen* § 46 Rz. 23). Die Gesellschafter können einen Vertreter (Gesellschafter, Geschäftsführer) beauftragen oder eine Vertretung eines vollmachtlosen Vertreters genehmigen (*BGH* GmbHR 2000, 876; *OLG Schleswig-Holstein* GmbHR 1993, 156; *Scholz/K. Schmidt/Bochmann* § 46 Rz. 71). Von einer schlüssigen Erteilung einer Vollmacht an den verbleibenden Geschäftsführer kann nicht ausgegangen werden (*OLG Frankfurt* GmbHR 2006, 651). Die Zuständigkeit der Gesellschafterversammlung gilt auch für eine nachträgliche Pensionszusage (*BGH* NJW 1991, 1680).

Zahlung von Geschäftsführergehältern ohne entsprechenden Gesellschafterbeschluss **59** sollen nur dann Schadensersatzansprüche auslösen, wenn die geleisteten Dienste wertmäßig nicht der Vergütung entsprechen (*BGH* GmbHR 2007, 262). Dagegen hat sich zurecht *Wackerbarth* (GmbHR 2007, 263) ausgesprochen, weil dadurch die Treuepflicht der Gesellschafter in ihr Gegenteil verkehrt werde, indem sie ein besonders bösartiges Verhalten der anderen Gesellschafter auch noch privilegiere.

60 Zur Beschlussfähigkeit in der Einheits-GmbH & Co. KG vgl. Rz. 9. Nach entsprechender Beschlussfassung haben die Geschäftsführer mit dem betroffenen Geschäftsführer einen Anstellungsvertrag abzuschließen bzw. diesen zu kündigen (*BGH* GmbHR 2007, 1034).

61 **4. Entlastung der Geschäftsführer.** Die Entlastung ist die Billigung der Geschäftsführung für die Vergangenheit; mit ihr wird gleichzeitig für die künftige Geschäftsführung das Vertrauen ausgesprochen, soweit sich nicht aus den Umständen ergibt, dass nur eine Entlastung für die Vergangenheit gewollt ist (z.B. bei Ausscheiden des Geschäftsführers, vgl. *BGH* GmbHR 1985, 357). Bei der Entscheidung über die Entlastung steht den Gesellschaftern ein relativ weites Ermessen, im Einklang mit der bzw. beschränkt durch für die Gesellschafter geltenden Treuepflicht, zu (*BGH* GmbHR 2020, 1344 Rz. 16 m.w.N.; *OLG Düsseldorf* NZG 2001, 994; vgl. auch *OLG Hamm* DB 1992, 2130).

62 Die Entlastung hat einen Verzicht auf Ersatzansprüche (nicht nur für das letzte Jahr der Geschäftsführung, *OLG Hamburg* GmbHR 2000, 1263) und auf Gründe für die Abberufung bzw. Kündigung des Anstellungsvertrags zur Folge, soweit nicht Vorbehalte gemacht worden sind (vgl. *OLG Hamburg* GmbHR 2000, 1263). Zu den Auswirkungen auf ein nachvertragliches Wettbewerbsverbot vgl. *OLG Köln* GmbHR 1997, 743. Betroffen sind nur Gründe und Umstände, die der Gesellschafterversammlung bei sorgfältiger Prüfung aller Vorgänge und Berichte erkennbar sind oder von denen alle Gesellschafter privat Kenntnis erhalten haben (*BGH* a.a.O.; *OLG Hamburg* GmbHR 2000, 1263; *Noack* § 46 Rz. 41). Hat der Geschäftsführer schwere Pflichtverletzungen begangen und damit der Gesellschaft möglicherweise erheblichen Schaden zugefügt, ist die in Kenntnis dieser Umstände erteilte Entlastung treuwidrig (*OLG Düsseldorf* NZG 2001, 994).

63 Der Geschäftsführer hat, entgegen der früher h.M. (ausführlich hierzu *Weitemeyer* ZGR 2005, 280, 304 f.), **keinen Anspruch** auf Entlastung (*BGH* GmbHR 1985, 357; *Altmeppen* § 46 Rz. 36; *Lutter/Hommelhoff* § 46 Rz. 28; *Tellis* GmbHR 1989, 116). Das gilt auch für den Fall, dass die Ablehnung willkürlich ist (a.A. *Noack* § 46 Rz. 41, 46). Dem Geschäftsführer bleibt es dann überlassen, hierauf zu reagieren, bspw. mit Amtsniederlegung, evtl. in Verbindung mit einer fristlosen Kündigung des Geschäftsführeranstellungsvertrages sowie möglicherweise einer Schadensersatzforderung (*Altmeppen* § 45 Rz. 65; *Scholz/K. Schmidt/Bochmann* § 46 Rz. 102). Der Geschäftsführer kann daher nicht auf Entlastung klagen. Zulässig ist eine **Feststellungsklage** nach allg. Grundsätzen, wenn sich die GmbH konkreter Ansprüche berühmt (*BGH* GmbHR 1985, 358; *Altmeppen* § 46 Rz. 36; *Rowedder/Pentz/Koppensteiner* § 46 Rz. 31).

64 In der Entlastung steht den Gesellschaftern ein weiter Ermessensspielraum zu. Der entspr. Gesellschafterbeschluss kann angefochten werden (vgl. *OLG Köln* GmbHR 2001, 112).

65 Fassen die Gesellschafter überhaupt keinen Beschluss oder verweigern sie grundlos die Entlastung, kann das Anlass für den Geschäftsführer sein, die Geschäftsführung niederzulegen und den Anstellungsvertrag zu kündigen bzw. Schadensersatz zu verlangen (*Lutter/Hommelhoff* § 46 Rz. 28; Rowedder/Pentz/*Koppensteiner* § 46 Rz. 31; *Noack* § 46 Rz. 45 ff.).

Von der Entlastung ist die sog. **Generalbereinigung** aus Anlass des Ausscheidens als **66** Geschäftsführer (vgl. *BGHZ* 97, 389; *BGH* GmbHR 1998, 278; GmbHR 2003, 713) zu unterscheiden (vgl. *BGH NJW* 1975, 1273; *Scholz/K. Schmidt/Bochmann* § 46 Rz. 103; *Lutter/Hommelhoff* § 46 Rz. 29). Sie setzt einen entspr. Gesellschafterbeschluss (materielle Voraussetzung) voraus (*BGHZ* 98, 382; *BGH* GmbHR 1998, 278). Sie ist ein Vertrag (Erlassvertrag, vgl. *Janert* GmbHR 2003, 831) zwischen Gesellschaft und Geschäftsführer und geht über die Entlastung hinaus (*Lutter/Hommelhoff* § 46 Rz. 29; Rowedder/Pentz/*Koppensteiner* § 46 Rz. 32; *Noack* § 46 Rz. 49). Inhaltlich kann sie den Verzicht auf alle denkbaren Ansprüche (nicht nur konkrete) oder ein negatives Schuldanerkenntnis (vgl. *OLG Düsseldorf* BB 1997, 2237; *Scholz/K. Schmidt/Bochmann* § 46 Rz. 103) umfassen.

Ein Anspruch auf Generalbereinigung besteht grds. nicht (vgl. *Scholz/K. Schmidt/* **67** *Bochmann* § 46 Rz. 103; *Lutter/Hommelhoff* § 46 Rz. 16).

Grundsätzlich ist es Sache der Gesellschafter, darüber zu befinden, ob ein Geschäfts- **68** führer wegen etwaiger Pflichtverletzungen zur Rechenschaft gezogen wird oder ob auf Ansprüche gegen ihn durch Entlastungs- oder Generalbereinigungsbeschluss verzichtet wird (*BGH* GmbHR 2002, 1197; *BGH* GmbHR 2003, 713; s. hierzu auch *BGH* v. 30.11.2021 – II ZR 8/21, NJW 2022, 1017). Die Grenze ist dort gezogen, wo ein Verzicht auf eine gem. § 30 verbotene Auszahlung an einen Gesellschafter-Geschäftsführer hinausläuft (*BGH* GmbHR 1993, 427) oder gem. § 43 Abs. 3 unverzichtbare Ersatzansprüche zum Gegenstand hat (*BGH* GmbHR 2003, 713). Ob die Grenze überschritten ist, ist nach den Gegebenheiten zur Zeit des Haftungsverzichts zu beurteilen (*BGH* GmbHR 2003, 713). Dabei bleibt es auch, wenn der Schadensersatzbetrag später zur Gläubigerbefriedigung benötigt würde (*BGH* GmbHR 2002, 1197).

Ein mit Mängeln belasteter Entlastungs- bzw. Generalbereinigungsbeschluss ist **69** grundsätzlich nicht nichtig, sondern nur anfechtbar; das gilt auch dann, wenn sein Gegenstand ein eindeutiges und schwerwiegendes Fehlverhalten des Geschäftsführers ggü. der Gesellschaft beinhaltet (*BGH* ZIP 2003, 387; *BGH* GmbHR 2003, 714). Ausnahmsweise ist Nichtigkeit gegeben, wenn der Entlastungsbeschluss „seinem inneren Inhalt nach in einer sittenwidrigen Schädigung **nicht anfechtungsberechtigter Personen** besteht" (*BGHZ* 15, 386).

Eine Erörterung der Frage der Folgen der Nichtigkeit bzw. der Folgen der wirksamen **70** Anfechtung des Entlastungs- bzw. Generalbereinigungsbeschlusses muss davon ausgehen, dass es sich um einen Erlassvertrag nach § 397 BGB zwischen Geschäftsführer und Gesellschaft handelt (*BGH* GmbHR 1975, 182; vgl. auch *Scholz/K. Schmidt/Bochmann* § 46 Rz. 105; *Janert* GmbHR 2003, 831). Bei Nichtigkeit oder wirksamer Anfechtung des Gesellschafterbeschlusses ist auch kein Erlass zustande gekommen, so dass Ersatzansprüche weiterhin geltend gemacht werden können. Die Wirksamkeit der Entlastung bzw. Generalbereinigung hängt untrennbar von einem wirksamen Gesellschafterbeschluss ab. Ohne diesen gibt es keine Entlastung bzw. Generalbereinigung. Die Ansicht von *Janert* (GmbHR 2003, 833; vgl. auch *Michalski/Römermann* PartGG § 46 Rz. 324), der davon ausgeht, dass die Nichtigkeit des Gesellschafterbeschlusses nicht notwendigerweise die Unwirksamkeit des Erlasses zur Folge haben müsse, ist nicht zu folgen. Die Berufung auf die BGH-Entscheidung v. 13.3.1975 (GmbHR 1975,

182) ist insofern nicht behilflich, als es sich dort um die Aufhebung eines Gesellschafterbeschlusses durch Anerkenntnisurteil handelt. Allg. Rechtsfolgen lassen sich daraus nicht ziehen. Ein einmal wirksam gewordener Erlass kann gegenüber dem betroffenen Geschäftsführer nicht einseitig zurückgenommen werden.

71 **5. GmbH & Co. KG.** Für den Geschäftsführer einer Komplementär-GmbH einer GmbH & Co. KG ist allein die Gesellschafterversammlung der GmbH zuständig (*BGH* GmbHR 2007, 607).

VIII. Maßregeln zur Prüfung und Überwachung der Geschäftsführung (Nr. 6)

72 Die Gesellschafterversammlung (in ihrer Gesamtheit) hat das Recht zur Kontrolle der Geschäftsführer. Eine Aufsichtspflicht erwächst daraus nicht (*Drenckhan* GmbHR 2006, 1297). Davon zu unterscheiden ist das Auskunfts- und Informationsrecht des einzelnen Gesellschafters nach § 51a (zum Verhältnis zu § 51a vgl. *Keßler* GmbHR 2000, 71, 75). Die Rechte der Gesellschafterversammlung kann der einzelne Gesellschafter (z.B. wenn die Gesellschafterversammlung dies ablehnt) nicht im Wege einer actio pro socio geltend machen (vgl. *BGH* GmbHR 1992, 365). Die Maßnahme der Gesellschafter muss zur Kontrolle geeignet sein und sie darf nicht unverhältnismäßig sein. Als geeignete Maßnahmen kommen u.a. in Betracht: Anforderung von Berichten, Vorlage von Büchern und sonstigen Unterlagen, Besichtigung von Betriebsanlagen, Anhörung von Sachverständigen und Betriebsangehörigen, Genehmigungsvorbehalte. Besondere Bedeutung erlangt die Anordnung einer **Sonderprüfung** (als Ausfluss des § 46 Nr. 6, vgl. Scholz/*K. Schmidt/Bochmann* § 46 Rz. 117; *Noack* § 46 Rz. 50: „ähnlich" der Anwendung des § 142 Abs. 1 AktG).

73 Die Gesellschafterversammlung entscheidet durch Beschluss mit einfacher Mehrheit. Die Frage, inwieweit der Gesellschafter-Geschäftsführer von der Stimmabgabe ausgeschlossen ist, ist streitig. Von Beschlüssen über künftige Maßnahmen wird man den Gesellschafter-Geschäftsführer nicht ausschließen können, da es ein generelles **Stimmverbot** bei Interessenkollision nicht gibt (gl.A. Scholz/*K. Schmidt/Bochmann* § 46 Rz. 118; vgl. auch § 47 Rz. 38). Wenn über abgeschlossene Vorgänge abgestimmt wird (z.B. ob eine Sonderprüfung durchzuführen ist), scheidet ein Stimmrecht aus (Scholz/*K. Schmidt/Bochmann* § 46 Rz. 118; *Altmeppen* § 46 Rz. 40; *Noack* § 46 Rz. 50). Das gilt insb. dann, wenn es sich um Beschlüsse im Vorfeld der Entlastung der Geschäftsführer handelt (vgl. auch Rowedder/Pentz/*Koppensteiner* § 47 Rz. 63).

74 Das Bestehen eines Aufsichtsrats oder eines Beirats schränkt die Rechte der Gesellschafterversammlung nicht ein, auch nicht bei einem Muss-Aufsichtsrat. Zur Berichtspflicht gegenüber einem fakultativen Aufsichtsrat vgl. *Meier* DStR 1997, 1894.

75 Die Kontrolle der Geschäftsführung kann in der Satzung einem anderen Organ (also nicht einem außenstehenden Dritten) übertragen werden. Ein gänzlicher Entzug der Aufsicht durch die Gesellschafter ist jedoch nicht möglich (vgl. Scholz/*K. Schmidt/Bochmann* § 46 Rz. 112; *Noack* § 46 Rz. 51). Die Geschäftsführung kann nicht von jeder Kontrolle freigestellt werden (*Noack* § 46 Rz. 51).

76 Das Recht der Gesellschafterversammlung wird auch bei Verlagerung der Aufsichtskompetenz nicht ausgeschlossen, wenn besondere Gründe hierfür vorliegen (*Noack* § 46 Rz. 51).

Die Gesellschafter sind zur Prüfung und Überwachung berechtigt, eine Verpflichtung **77** ergibt sich hieraus nicht; denn das Überwachungsrecht besteht im eigenen Interesse der Gesellschafter, nicht der Gesellschaft (*Lutter/Hommelhoff* § 46 Rz. 30; Rowedder/ *Pentz/Koppensteiner* § 46 Rz. 33; nach Scholz/K. *Schmidt/Bochmann* § 46 Rz. 113, handelt es sich um eine Obliegenheit der Gesellschafter). Ein mitwirkendes Verschulden der Gesellschafter (§ 254 BGB) kann der Geschäftsführer gegenüber Gesellschaftsgläubigern nicht einwenden (vgl. *BGH* NJW 1983, 1856).

Ein Sonderprüfungsrecht der Minderheitsgesellschafter besteht nicht. Zu einer Rege- **78** lung in der Satzung vgl. *Peters/Dechow* GmbHR 2007, 236.

IX. Bestellung von Prokuristen und Handlungsbevollmächtigten (Nr. 7)

Die Bestellung von Prokuristen und Handelsbevollmächtigten (nur soweit Handlungs- **79** vollmacht für den gesamten Geschäftsbetrieb erteilt werden soll) fällt in die Zuständigkeit der Gesellschafter. Als Handlungsvollmacht ist die nach § 54 Abs. 1 HGB gemeint, nicht die (unzulässige) organvertretende Generalvollmacht (Scholz/ *K. Schmidt/Bochmann* § 46 Rz. 122). Zum Prokuristen kann auch ein Gesellschafter bestellt werden, nicht jedoch der Geschäftsführer (h.M., statt vieler: *Noack* § 46 Rz. 52 m.w.N.; *Altmeppen* § 46 Rz. 52; Rowedder/Pentz/*Koppensteiner* § 46 Rz. 36; a.A. Scholz/K. *Schmidt/Bochmann* § 46 Rz. 120).

Die Gesellschafterversammlung erteilt nicht die Prokura/Handlungsvollmacht; das ist **80** Sache der Geschäftsführer. Die Zustimmung betrifft nur das Innenverhältnis (*BGHZ* 62, 169; a.A. *van Venrooy* GmbHR 1999, 800). Eine ohne Zustimmung der Gesellschafterversammlung erteilte Prokura/Handlungsvollmacht ist deshalb wirksam, da die Erteilung der Prokura/Handelsvollmacht als nach außen gerichtetes Rechtsgeschäft wirksam wird (§ 35 Abs. 2, vgl. *BGHZ* 62, 169).

Widerruf der Prokura/Handlungsvollmacht bedarf nicht der Zustimmung der Gesell- **81** schafterversammlung. Der Gesellschaftsvertrag kann jedoch eine andere Regelung treffen (Scholz/K. *Schmidt/Bochmann* § 46 Rz. 133). Der Geschäftsführer darf sich hierbei nicht in Widerspruch zu den Gesellschaftern stellen (z.B. den Abschluss eines Anstellungsvertrags, der in die alleinige Zuständigkeit des Geschäftsführer fällt, ablehnen oder Prokurabestellung alsbald ohne triftigen Grund widerrufen). Im Übrigen bleibt es der Gesellschafterversammlung unbenommen, Weisungen auch z.B. für den Inhalt des Anstellungsvertrags zu erteilen (*Noack* § 46 Rz. 53).

Die Anmeldung erfolgt von den Geschäftsführern in vertretungsberechtigter Zahl **82** (§ 78). Eine **Prüfungspflicht**, ob ein Gesellschafterbeschluss der Anmeldung zugrunde liegt, besteht für das Registergericht nicht (*BGHZ* 62, 169; *Noack* § 46 Rz. 55; *Lutter/ Hommelhoff* § 46 Rz. 30; Rowedder/Pentz/*Koppensteiner* § 46 Rz. 36; tlw. abw. Scholz/ K. *Schmidt/Bochmann* § 46 Rz. 132).

X. Geltendmachung von Ersatzansprüchen (§ 46 Nr. 8, 1. Alt)

1. Anwendungsbereich – Zuständigkeit der Gesellschafterversammlung. Die Bestim- **83** mung erfasst Ersatzansprüche, welche der Gesellschaft aus der Geschäftsführung gegen Geschäftsführer oder Gesellschafter zustehen. Die Bestimmung ist auf Aufsichtsratsmitglieder oder Mitglieder anderer Gesellschaftsorgane entspr. anwendbar (*Noack* § 46 Rz. 58, 59; Scholz/K. *Schmidt/Bochmann* § 46 Rz. 146; *Hachenburg/Hüffer*

§ 46 Rz. 90; s. auch *BGH* v. 30.11.2021 – II ZR 8/21, NJW 2022, 1017 – Bestellung eines besonderen Vertreters zur Geltendmachung von Ansprüchen wegen Pflichtverletzung des Geschäftsführers auch bei Inanspruchnahme einer beherrschten Gesellschaft). Die Bestimmung ist Spezialvorschrift gegenüber § 57 ZPO (*Hohlfeld* GmbHR 2001, 574).

84 Betroffen sind Ersatzansprüche vertraglicher oder außervertraglicher Art (z.b. aus unerlaubter Handlung, *BGH* GmbHR 2004, 1282, aus § 687 Abs. 2 BGB, vgl. *BGH* BB 1975, 578; Auskunftsansprüche oder Feststellungsklagen, vgl. *BGH* NJW 1975, 977 oder bereicherungsrechtliche Ansprüche, *BGH* NJW 1986, 2250; *OLG Hamm* GmbHR 1998, 337). Das gilt auch gegenüber ausgeschiedenen Geschäftsführern (vgl. *BGH* v. 22.3.2016 – II ZR 253/15; *BGHZ* 28, 357; *BGH* GmbHR 1999, 921; *BGH* GmbHR 2004, 1282; *OLG Düsseldorf* GmbHR 1995, 232; *Noack* § 46 Rz. 58; *Altmeppen* § 46 Rz. 61) und ihren Erben (*Lutter/Hommelhoff* § 46 Rz. 35). Die Art der Geltendmachung ist nicht entscheidend; auch die Aufrechnung ist Geltendmachung i.d.S. (*OLG Düsseldorf* GmbHR 1995, 232).

85 Die Gesellschafterversammlung entscheidet auch über die Geltendmachung von Unterlassungsansprüchen gegen Geschäftsführer und Gesellschafter (z.b. bei Wettbewerbsverstößen, vgl. *Lutter/Hommelhoff* § 46 Rz. 36 ff.; Scholz/*K. Schmidt/Bochmann* § 46 Rz. 147; *Noack* § 46 Rz. 57; Rowedder/Pentz/*Koppensteiner* § 46 Rz. 42).

86 Um die Geltendmachung von Ersatzansprüchen handelt es sich nicht bei **Erfüllung von Einlageversprechen** (z.b. wenn eine verschleierte Sacheinlage geleistet wird oder die Einzahlung der Stammeinlage unzulässigerweise durch Aufrechnung erbracht worden ist; Ausfallhaftung nach § 16 Abs. 3; Unterbilanzhaftung, Rückgewährungsansprüche nach § 31 oder Rückforderung nach §§ 32a, 32b, vgl. Scholz/*K. Schmidt/Bochmann* § 46 Rz. 148). Zuständig für die Geltendmachung sind die Gesellschafter.

87 Die Entscheidung über die Geltendmachung kann negativ (Ersatzansprüche werden nicht geltend gemacht) oder positiv sein. Geltendmachung ist jede Form der Einforderung einer Leistung. Sie beginnt nicht erst mit der Einleitung eines gerichtlichen Verfahrens (Mahnbescheid, Klageerhebung). Hierfür vorbereitende Maßnahmen fallen bereits darunter (Aufforderung zur Leistung, Mahnung). Betroffen sind ferner Verfügungen über den Anspruch (z.b. Aufrechnung, *OLG Düsseldorf* GmbHR 1995, 232, Stundung, Verzicht oder Vergleich, vgl. Scholz/*K. Schmidt/Bochmann* § 46 Rz. 151; *Altmeppen* § 46 Rz. 63), Annahme erfüllungshalber oder an Erfüllungs statt (*Noack* § 46 Rz. 60) und Klagerücknahme. Beschlussfassung ist auch bei einer Widerklage erforderlich (*BGH* GmbHR 2008, 145).

88 Eines Beschlusses der Gesellschafterversammlung bedarf es nicht: 1. in der **Insolvenz** der Gesellschaft und 2. bei Einmanngesellschaften, wenn der Einmanngesellschafter unmissverständlich zu erkennen gibt, dass Schadensersatzansprüche geltend gemacht werden sollen (*BGH* GmbHR 1995, 343; GmbHR 1997, 163; GmbHR 2004, 1282). Das Verwaltungs- und Verfügungsrecht steht dem Insolvenzverwalter zu (§ 80 Abs. 1 InsO), das insoweit die Befugnis der Gesellschafterversammlung hinfällig macht (*BGH* NJW 1979, 236; GmbHR 2004, 1279; *OLG Schleswig* NZG 2001, 84; vgl. Scholz/*K. Schmidt/Bochmann* § 46 Rz. 152; *Noack* § 46 Rz. 60; *Altmeppen* § 46 Rz. 54; *Lutter/Hommelhoff* § 46 Rz. 22). Anders verhält es sich bei einer **Liquidation ohne Insolvenzverfahren** (z.b. wenn das Insolvenzverfahren mangels Masse nicht eröffnet worden ist). Die Unterscheidung zum Insolvenzverfahren besteht darin, dass in der

A. Bartl

Liquidation eine Änderung der Zuständigkeit nicht eintritt. Gesellschafterversammlung und Geschäftsführer/Liquidatoren behalten ihre Funktion in vollem Umfang, lediglich beschränkt durch den Zweck der Liquidation. Die Geltendmachung in der Liquidation erfordert daher einen Beschluss der Gesellschafterversammlung (*BGHZ* 28, 357; a.A. Scholz/*K. Schmidt/Bochmann* § 46 Rz.152; nun auch *BGH* GmbHR 2004, 1282 für den Fall, dass die GmbH keine Geschäftstätigkeit mehr ausübt und deshalb das Argument entfällt, ihr dürfe die Geltendmachung keinen Nachteil bringen. Es gehe in diesem Fall vorrangig um das Interesse der Gläubiger; gl.A. *Goette* Die GmbH, 2. Aufl. § 7 Rz.19). In einer Einmann-GmbH ist eine zusätzliche Dokumentation eines förmlichen Gesellschafterbeschlusses entbehrlich (*BGH* GmbHR 1995, 373 und 1997, 164; *Noack* § 46 Rz.63 m.w.N.).

Die **Pfändung** des Anspruchs der Gesellschaft entzieht diesen der Verfügungsmacht **89** der Gesellschafter; der Pfandgläubiger ist zur Geltendmachung allein befugt (*Lutter/ Hommelhoff* § 46 Rz.38; Scholz/*K. Schmidt/Bochmann* § 46 Rz.152; *Altmeppen* § 46 Rz.54; *Noack* § 46 Rz.60). Das gleiche gilt für die Geltendmachung einer **abgetretenen Forderung** durch den Zessionar (Scholz/*K. Schmidt/Bochmann* § 46 Rz.152; *Altmeppen* § 46 Rz.54). Eine andere Frage ist, inwieweit die Abtretung der Zustimmung der Gesellschafterversammlung bedarf; denn es handelt sich auch in diesem Falle wohl um eine „Geltendmachung" der Forderung. Auswirkungen auf die Geltendmachung durch den Zessionar ergeben sich durch diesen Mangel jedoch nicht.

Nicht unter Nr.8 fallen **eigene Ansprüche eines Gesellschafters** gegen einen Geschäfts- **90** führer oder einen anderen Gesellschafter (vgl. *BGH* NJW 1969, 1712; *Lutter/ Hommelhoff* § 46 Rz.37; *Altmeppen* § 46 Rz.66).

2. Gesellschafterbeschluss als Voraussetzung der Geltendmachung. Der Gesellschaf- **91** terbeschluss ist **materielle Voraussetzung** (*BGH* GmbHR 1986, 260; GmbHR 1999, 714; NJW 1998, 1646; GmbHR 2004, 1282) der Geltendmachung und wirkt unmittelbar im Außenverhältnis (zur GmbH: *BGH* v. 18.6.2013 – II ZR 86/11). Anders ist es bei Ansprüchen der KG gegen den Geschäftsführer der Komplementär-GmbH (s. hierzu ebenso *BGH* v. 18.6.2013 – II ZR 86/11; *BGHZ* 76, 326; *BGH* GmbHR 1992, 303; GmbHR 2004, 1282). Eine Geltendmachung ohne Gesellschafterbeschluss erzeugt keine Rechtswirkung (z.B. keine wirksame Mahnung), es sei denn es ist über das Vermögen der Gesellschaft ein Insolvenzverfahren eröffnet (*BGH* v. 18.6.2013 – II ZR 86/11). Eine ohne Gesellschafterbeschluss erhobene Klage ist wegen Fehlens einer materiellen Anspruchsvoraussetzung (es handelt sich nicht nur um eine Prozessvoraussetzung) als unbegründet abzuweisen (h.M., vgl. *BGHZ* 28, 359; 97, 382; *BGHZ* 1997, 390; *OLG Köln* GmbHR 1993, 816; Scholz/*K. Schmidt/Bochmann* § 46 Rz.159; *Noack* § 46 Rz.61; Rowedder/Pentz/*Koppensteiner* § 46 Rz.43; *Hachenburg/Hüffer* § 46 Rz.98; *Lutter/Hommelhoff* § 46 Rz.39). Das gilt auch gegenüber dem ausgeschiedenen Geschäftsführer (*BGHZ* 28, 357). Das Erfordernis eines Gesellschafterbeschlusses gilt auch für die **Anspruchserledigung** (*Noack* § 46 Rz.61 m.w.N.). Der fehlende Gesellschafterbeschluss ist vom Amts wegen zu beachten (vgl. näher Scholz/ *K. Schmidt/Bochmann* § 46 Rz.159).

3. Beschlussfassung. Die Beschlussfassung erfolgt vorbehaltlich einer abw. Regelung **92** im Gesellschaftsvertrag mit einfacher Mehrheit. Der betroffene Gesellschafter ist von der Stimmabgabe nach § 47 Abs.4 S.2 ausgeschlossen (*OLG Düsseldorf* GmbHR 1994, 172; *Lutter/Hommelhoff* § 46 Rz.39; Rowedder/Pentz/*Koppensteiner* § 46 Rz.43;

Scholz/K. Schmidt/Bochmann § 46 Rz. 155; *Noack* § 46 Rz. 61, § 47 Rz. 8). Ausgeschlossen ist auch der Gesellschafter, der mit dem in Anspruch zu nehmenden Gesellschafter gemeinsam die zum Schadensersatz führende Pflichtverletzung begangen hat (vgl. *BGHZ* 97, 28). Bei einer Zweimann-Gesellschaft genügt ein Beschluss des anderen Gesellschafters (*Scholz/K. Schmidt/Bochmann* § 46 Rz. 155).

93 **4. Beschlussinhalt.** Der Gesellschafterbeschluss muss die vorgeworfene Pflichtverletzung und die betreffende Angelegenheit hinreichend genau bezeichnen (*OLG Düsseldorf* GmbHR 1995, 232, s. auch *BGH* v. 21.6.1999 – II ZR 47/98; zum Bestimmtheitsgrundsatz des Gesellschafterbeschlusses auch *BGH* v. 17.12.2013 – II ZR 21/12). Der Beschluss muss erkennen lassen, welcher Anspruch geltend gemacht werden soll. Er kann dem Geschäftsführer Weisungen erteilen, in welcher Weise vorzugehen ist (z.B. Aufrechnung). Zum späteren Verzicht (Vergleich) ist ein **erneuter Beschluss** dieses Inhalts erforderlich.

94 Die Geschäftsführer sind zur Ausführung des Beschlusses verpflichtet. Der Betroffene kann auf Grund des gefassten Beschlusses (Anspruchsberühmung) negative Feststellungsklage erheben (*Scholz/K. Schmidt/Bochmann* § 46 Rz. 156).

95 Ein Beschluss, einen bestimmten Anspruch (vorerst) nicht geltend zu machen, stellt keine Entlastung dar. Ein Beschluss zur Geltendmachung kann innerhalb der Verjährungsfrist nachgeholt werden, jedoch kann der Anspruch verwirkt sein (*Scholz/ K. Schmidt/Bochmann* § 46 Rz. 157). Das gilt insb. für Gesellschafter, die an der Gesellschafterversammlung teilgenommen haben und denen deshalb die Umstände eines negativen Beschlusses bekannt sind.

96 **5. Beschlussmängel.** Beschlussmängel sind nicht ohne Einfluss auf die Klage. Bei **Nichtigkeit** des Beschlusses fehlt eine Anspruchsgrundlage, so dass die Klage abzuweisen ist. Das Gericht hat die Nichtigkeit inzidenter zu prüfen (*Noack* § 46 Rz. 64). Die Nichtigkeit eines negativen Beschlusses (vgl. Rz. 95) ersetzt nicht einen erforderlichen positiven Beschluss, so dass ebenfalls Klageabweisung geboten ist (*Noack* § 46 Rz. 64).

97 Die Anfechtbarkeit eines Beschlusses schränkt zunächst die materiellen Voraussetzungen nicht ein. Die Anfechtung ist außerhalb des Prozesses zu betreiben (vgl. *OLG Köln* GmbHR 1993, 817). Wird einer Anfechtungsklage stattgegeben, entfällt der Anspruch. Da der Anspruch somit vom Ausgang des Anfechtungsprozesses abhängt, ist das Verfahren auszusetzen.

98 **6. Nachholung des erforderlichen Beschlusses.** Wird nach Klageerhebung der Beschluss nachgeholt, werden damit insoweit die anspruchsbegründenden Tatsachen geschaffen. Die zunächst unbegründete Klage ist begründet (vgl. *BGH* BB 1999, 1346). Der Beschluss kann auch noch in der Revisionsinstanz gefasst werden (*BGH* GmbHR 1999, 714; GmbHR 2004, 1281). Eine andere Frage ist, inwieweit er noch in das Verfahren eingeführt werden kann (vgl. *BGH* GmbHR 2004, 1201).

99 **7. Geltendmachung von Ansprüchen durch einen Gesellschafter – Gesellschafterklage (actio pro socio). – a) Zulässigkeit der actio pro socio.** Werden Ansprüche, die der Gesellschaft gegen einen Gesellschafter oder Geschäftsführer (vgl. jedoch Rz. 104) zustehen, von den Geschäftsführern (z.B. auf Weisung der Gesellschaftermehrheit) nicht geltend gemacht, lässt die Rechtsprechung bei Personengesellschaften die sog. actio pro socio zu: der Gesellschafter kann **im eigenen Namen auf Leistung an die**

Gesellschaft klagen. Diese Grundsätze gelten auch für die GmbH (*BGHZ* 65, 15; *BGH* NJW 1990, 2627; *OLG Köln* NJW-RR 1994, 616; *OLG Düsseldorf* ZIP 1994, 619; *Lutter/Hommelhoff* § 13 Rz. 7; *Scholz/Emmerich* § 13 Rz. 43; *Noack* § 13 Rz. 37; *Hachenburg/Raiser* § 14 Rz. 36; *Altmeppen* § 13 Rz. 35). Die Terminologie ist nicht einheitlich. Neben der Bezeichnung actio pro socio (Klage als Gesellschafter, vgl. *Kübler/ Assmann* Gesellschaftsrecht, S. 283) wird auch der Begriff der actio pro societate (Klage für die Gesellschaft) verwendet (vgl. *Lutter/Hommelhoff* § 13 Rz. 7; dagegen *Noack* § 13 Rz. 37 m.w.N.). Unterschiedliche Auswirkungen sind aus den unterschiedlichen Bezeichnungen nicht herzuleiten.

Die Zulässigkeit der actio pro socio kann (als **Ausdruck des Minderheitenschutzes**) im **100** Gesellschaftsvertrag nicht ausgeschlossen werden (vgl. *BGHZ* 65, 21 sog. ITT-Fall, der allerdings für *K. Schmidt* Gesellschaftsrecht, S. 641, kein Fall der actio pro socio ist; h.M. *Noack* § 13 Rz. 37; a.A. *BGH* ZIP 1985, 1137; Ausschluss durch einstimmigen Gesellschafterbeschluss); etwas anderes gilt nur für den Fall, dass auf andere Weise für einen wirksamen Schutz der Minderheit gesorgt ist (vgl. *Scholz/Emmerich* § 13 Rz. 43a; *Noack* § 13 Rz. 38; vgl. auch *BGH* BB 1985, 1623 – für die KG).

Die Klagebefugnis des Gesellschafters ist ein Fall **gesetzlicher Prozessstandschaft** (vgl. **101** *OLG Düsseldorf* ZIP 1994, 621; *Noack* § 13 Rz. 37; a.A. *Altmeppen* § 13 Rz. 17 mit der Begründung, dass sich der Gesellschafter nicht auf ein fremdes, sondern auf ein eigenes Recht beziehe; vgl. auch *Rowedder/Pentz* § 13 Rz. 117; vgl. auch *Lutter/Hommelhoff* § 13 Rz. 54). Die Ansicht, dass der Gesellschafter ein eigenes Recht geltend mache (vgl. hierzu umfassend m.w.N. *Lutter/Hommelhoff* § 13 Rz. 54), ist abzulehnen. Praktische Bedeutung kommt der Frage ohnehin nicht zu (vgl. *Scholz/Emmerich* § 13 Rz. 45).

b) Voraussetzung der actio pro socio. Die actio pro socio ist grds. bei **mitgliedschaftli-** **102** **chen Ansprüchen** der Gesellschaft gegen einen Gesellschafter zulässig (*Scholz/Emmerich* § 13 Rz. 9; *Lutter/Hommelhoff* § 13 Rz. 39; *Noack* § 13 Rz. 36, 38).

c) Der actio pro socio unterliegende Ansprüche. Als der actio socio unterfallende **103** Ansprüche kommen u.a. in Betracht: Rückforderungsansprüche aus verdeckter Gewinnausschüttung (vgl. *BGHZ* 65, 15), Ansprüche aus Einlagen und Nachschüssen, Rückzahlungsansprüche aus § 31, Ansprüche auf Unterlassung, z.B. bei Wettbewerbsverstößen oder Schadensersatzansprüchen.

Ansprüche gegen **Geschäftsführer oder andere Organmitglieder** (z.B. Aufsichtsrats- **104** mitglieder) können mit der actio pro socio grds. nicht verfolgt werden (*Lutter/Hommelhoff* § 13 Rz. 18; *Scholz/Emmerich* § 13 Rz. 47; *Altmeppen* § 13 Rz. 98; *Noack* § 13 Rz. 39). Eine Ausnahme besteht nur, wenn die verletzte Organpflicht zugleich mitgliedschaftliche Pflicht ist (also z.B. in der Satzung festgelegt ist, vgl. *Lutter/Hommelhoff* § 13 Rz. 53; *Noack* § 13 Rz. 39).

Ansprüche aus sog. **Drittgeschäften** zwischen Gesellschaft und Gesellschafter können **105** nicht mit der actio pro socio geltend gemacht werden (*Noack* § 13 Rz. 39; *Scholz/ Emmerich* § 13 Rz. 47; *Lutter/Hommelhoff* § 13 Rz. 53).

d) Verfahrensfragen. Der Gesellschafter darf nicht in beliebiger Weise in die Kompe- **106** tenz der Geschäftsführer oder Gesellschafterversammlung eingreifen (*OLG Düsseldorf* GmbHR 1994, 173; *Noack* § 13 Rz. 36 ff.). Die Organe haben Vorrang. Deshalb ist grds. ein entspr. **Gesellschafterbeschluss nach** § 46 Nr. 2 oder 8 erforderlich (*OLG Hamm* GmbHR 1998, 337). Einen die Geltendmachung ablehnenden Gesellschafterbeschluss muss der Gesellschafter zunächst anfechten (*OLG Köln* GmbHR 1993, 816; s. hierzu auch *Lutter/Hommelhoff* § 13 Rz. 53 m.w.N. für den Fall der einstweiligen Verfügung der GmbH gegen ihren einzigen vertretungsberechtigten Geschäftsführer – entgegen der h.M. wird hier die actio pro socio nicht generell ausgeschlossen). Die Wirksamkeit eines Gesellschafterbeschlusses kann nicht als Vorfrage im Prozess entschieden werden (*OLG Köln* a.a.O.; *OLG Düsseldorf* GmbHR 1994, 173), jedoch ist Nichtigkeit zu berücksichtigen (*Noack* § 13 Rz. 39).

107 **Ausnahmsweise** ist die actio pro socio **ohne vorherigen Gesellschafterbeschluss** zulässig, wenn eine Schadensersatzklage der Gesellschaft durch den schädigenden Gesellschafter so erschwert wird, dass es für den betroffenen Gesellschafter ein unzumutbarer Umweg wäre, wenn er zunächst die Gesellschaft zu einer Schadensersatzklage zwingen müsste (*BGHZ* 65, 19; vgl. auch *OLG Düsseldorf* GmbHR 1994, 173; a.M.), wenn ein Schadensersatzanspruch der Gesellschaft undurchführbar oder für die Minderheit der Gesellschafter unzumutbar erschwert ist (vgl. *BGH* NJW 1969, 1712, weitergehend in Richtung einer allg. zulässigen actio pro socio jedoch Scholz/*Emmerich* § 13 Rz. 47) oder, wenn von den Geschäftsführern nicht erwartet werden kann, dass sie einen derartigen Ersatzanspruch noch durchsetzen (vgl. *BGH* GmbHR 1990, 343).

108 **e) Wirkung einer actio pro socio.** In welchem Verhältnis das Klagerecht des Gesellschafters zu dem der Gesellschaft steht – das hat vor allem Bedeutung für die Erstreckung der Rechtskraft einer Entscheidung – ist nicht hinreichend geklärt. Zutreffend ist wohl, dass der Verzicht oder ein Vergleich im Gesellschafterprozess nicht für die Gesellschaft wirkt (m.w.N. *Lutter/Hommelhoff* § 13 Rz. 56 ff.). Geht man von einer Prozessstandschaft aus (vgl. Rz. 101), so ist die notwendige Folge die Erstreckung der Rechtskraft auf die GmbH (so die mittlerweile h.M., statt vieler *Noack* § 13 Rz. 39 a.E.). Der Prozessgegner muss davor geschützt werden, von der Gesellschaft noch einmal in Anspruch genommen zu werden (vgl. *Schellhammer* Zivilprozess, 6. Aufl., Rz. 1206). Das ist keine unbillige Folge; die Gesellschaft hätte den Anspruch selbst geltend machen können.

109 Dem Wesen der Prozessstandschaft widerspricht es, daneben einen Prozess der Gesellschaft für zulässig zu halten (hierzu *Lutter/Hommelhoff* § 13 Rz. 55).

110 Zur Problematik einer Prozessstandschaft vgl. *Altmeppen* § 13 Rz. 37 ff. m.w.N.

XI. Vertretung der Gesellschaft in Prozessen mit dem Geschäftsführer (§ 46 Nr. 8, 2. Alt)

111 Den Gesellschaftern (Gesellschafterversammlung) obliegt die Vertretung der Gesellschaft in Prozessen (in allen Angelegenheiten, ausgenommen normale Verkehrsgeschäfte – *Noack* § 46 Rz. 89) mit einem Geschäftsführer, soweit nicht ein Aufsichtsrat besteht, dem die Vertretung übertragen ist (*Noack* § 46 Rz. 94; *KG* NZG 2000, 143). Das gilt auch für bereits ausgeschiedene Geschäftsführer, solange die Gesellschafter von ihrer Befugnis keinen Gebrauch machen (*BGH* v. 2.2.2016 – II ZB 2/15; *BGH* NZG-RR 1992, 993) z.B. für Abfindungsansprüche *Lutter/Hommelhoff* § 46 Rz. 42; a.A. *OLG Brandenburg* GmbHR 1998, 600 – nur für amtierende Geschäftsführer). Die Gesellschafter können die Vertretung einem Gesellschafter (*BGH* ZIP 1992, 171), einem Geschäftsführer oder einem Dritten übertragen. In einem solchen Fall kann nur noch der – wirksam bestellte – Prozessvertreter wirksam Prozessvollmacht erteilen (*BGH* v. 2.2.2016 – II ZB 2/15). In jedem Falle unterliegt der Prozessvertreter den Weisungen der Gesellschafter (*Lutter/Hommelhoff* § 46 Rz. 45). Eine Vertreterbestel-

lung kann unterbleiben, wenn die Gesellschaft durch die anderen Geschäftsführer satzungsmäßig vertreten wird (*BGH* WM 1981, 1354; GmbHR 1992, 300).

Die Zuständigkeit der Gesellschafter bezieht sich auf alle Prozesse mit dem **112** Geschäftsführer (Anstellung, Vertragsänderungen, Abfindungen, sowie z.B. auch Abberufung aus wichtigem Grund, vgl. *OLG Karlsruhe* GmbHR 1993, 155, str. bzgl. ausgeschiedenem Geschäftsführer: zum Streit *Noack* § 46 Rz. 67 m.w.N.; *Leinekugel/ Heusel* GmbHR 2012, 309 ff.; Scholz/*K. Schmidt/Bochmann* § 46 Rz. 70 a.E.; a.A. *Noack* § 46 Rz. 38a); es muss nicht notwendigerweise ein Bezug zur Organstellung oder zum Anstellungsvertrag bestehen (Scholz/*K. Schmidt/Bochmann* § 46 Rz. 166). Der in Anspruch zu nehmende Gesellschafter-Geschäftsführer kann bei der Beschlussfassung als Gesellschafter nicht mitstimmen (§ 47 Abs. 4). Das gilt auch für den Gesellschafter, der mitverklagt werden soll oder sonst an der Rechtsverletzung mitgewirkt hat (*BGHZ* 97, 35; *BGH* GmbHR 1992, 102; Scholz/*K. Schmidt/Bochmann* § 46 Rz. 170). Von der Beschlussfassung nicht ausgeschlossen ist der Gesellschafter, der zur Vertretung bestellt werden soll (*BGHZ* 97, 28).

Für den Prozessvertreter gilt im Innenverhältnis Auftragsrecht (Scholz/*K. Schmidt/* **113** *Bochmann* § 46 Rz. 173). Ist ein Dritter zum Prozessbevollmächtigten bestellt, kann er von den Geschäftsführern Einsicht in die Bücher und Unterlagen verlangen, soweit dies für die Prozessführung erforderlich ist (*Lutter/Hommelhoff* § 46 Rz. 27; vgl. auch *OLG München* DB 1996, 1967).

In der mitbestimmten GmbH ist die Vertretung dem Aufsichtsrat übertragen; eine **114** abw. Regelung im Gesellschaftsvertrag ist nichtig (§ 25 MitbestG i.V.m. § 112 AktG; *Lutter/Hommelhoff* § 46 Rz. 24, 42; Scholz/*K. Schmidt/Bochmann* § 46 Rz. 165; Rowedder/Pentz/*Koppensteiner* § 46 Rz. 46; s. auch *Noack* § 46 Rz. 69; *Altmeppen* § 46 Rz. 56).

§ 47 Abstimmung

(1) Die von den Gesellschaftern in den Angelegenheiten der Gesellschaft zu treffenden Bestimmungen erfolgen durch Beschlussfassung nach der Mehrheit der abgegebenen Stimmen.

(2) Jeder Euro eines Geschäftsanteils gewährt eine Stimme.

(3) Vollmachten bedürfen zu ihrer Gültigkeit der Textform.

(4) [1]Ein Gesellschafter, welcher durch die Beschlussfassung entlastet oder von einer Verbindlichkeit befreit werden soll, hat hierbei kein Stimmrecht und darf ein solches auch nicht für andere ausüben. [2]Dasselbe gilt von einer Beschlussfassung, welche die Vornahme eines Rechtsgeschäfts oder die Einleitung oder Erledigung eines Rechtsstreits gegenüber einem Gesellschafter betrifft.

Übersicht

A. Bartl

Literatur: *Abramenko* Rechtliches Gehör vor dem Ausschluss eines Gesellschafters aus der GmbH, GmbHR 2001, 501; *ders.* Die Nachholung der Beschlussfeststellung außerhalb der Gesellschafterversammlung, GmbHR 2003, 1471; *Bacher* Das Stimmverbot bei Beteiligungsverhältnissen bei Befangenheit eines Geschäftsführers analog § 47 Abs. 4 GmbHG, GmbHR 2002, 143; *ders.* Darlegungs- und Beweislastfragen im Falle der Stimmverbote nach § 47 Abs. 4 GmbHG, GmbHR 2002, 412; *Bacher/Spieth* Die Anfechtbarkeit der Nichtigkeit fehlerhafter Abfindungsklauseln in der GmbH-Satzung, GmbHR 2003, 973; *Bahnsen* Der Stimmrechtsausschluss der Komplementärin in einer GmbH & Co KG, GmbHR 2001, 317; *Bärwaldt/Günzel* Der GmbH-Gesellschafterbeschluss und die Form der Stimmrechtsvollmacht, GmbHR 2002, 1112; *Berner/Stadler* Die uneinheitliche Stimmabgabe beim GmbH-Geschäftsanteil – Gesetzesverstoß oder sinnvolles, gleichermaßen auch zulässiges Gestaltungsmittel?, GmbHR 2003, 1407; *Beyer* Vorbeugender Rechtsschutz gegen die Beschlussformung der GmbH-Gesellschafterversammlung, GmbHR 2001, 467; *Böttcher/Grewe* Der Versammlungsleiter in der Gesellschaft mit beschränkter Haftung, NZG 2002, 1086; *Bracher* Die Abdingbarkeit des Stimmverbots nach § 47 Abs. 4 GmbHG in der Satzung, GmbHR 2000, 133; *Bremer* Stimmrechtsausschlüsse von Gesellschaftern, GmbHR 1999, 651; *Casper* Das Anfechtungsklageerfordernis im GmbH-Beschlussmängelrecht, ZHR 1999, 54; *Casper/Risse* Mediation von Beschlussmängelstreitigkeiten, ZIP 2000, 437; *Eickhoff* Die Praxis der Gesellschafterversammlung, 4. Aufl. 2006; *Emde* Der Angriff eines Mitgesellschafters gegen die Beschlussfeststellungsklage, ZIP 1998, 1475; *ders.* Die Bestimmtheit von Gesellschafterbeschlüssen, ZIP 2000, 59; *Erle/Becker* Der Gemeinderat als Gesellschafterversammlung einer GmbH, NZG 1999, 58; *Fichtelmann* Anerkenntnisurteil im Beschlussanfechtungsverfahren der GmbH?, GmbHR 2006, 810; *Geißler* Die Kassation anfechtbarer Gesellschafterbeschlüsse im GmbH-Recht, GmbHR 2002, 520; *ders.* Einstweiliger Rechtsschutz gegen die Registersperre bei antragungspflichtigen Gesellschafterbeschlüssen, GmbHR 2008, 128; *Götze* „Selbstkontrahieren" bei der Geschäftsführerbestellung in der GmbH, GmbHR 2001, 217; *Grohmann* Der Stimmrechtsausschluss bei der Einpersonen-GmbH, GmbHR 2008, 1255; *Hoffmann/Köster* Beschlussfeststellung und Anfechtungsklageerfordernis im GmbH-Recht, GmbHR 2003, 1327; *Honert* Gesellschafterbeschlüsse zur Euro-Umstellung, GmbH-StB 1999, 21; *Klein* Verteidigung gegen Gesellschafterbeschlüsse, Anleitung für wirksame Maßnahmen vor, während und nach einer Gesellschafterversammlung, GmbH-StB 1999, 227; *Kröll* Beurkundung gesellschaftsrechtlicher Vorgänge durch einen ausländischen Notar, ZGR 2000, 111; *Lenz* Schiedsklauseln in GmbH-Gesellschaftsverträgen hinsichtlich Beschlussmängelstreitigkeiten, GmbHR 2000, 552; *Lutz* Einstweiliger Rechtsschutz bei Gesellschafterstreit in der GmbH, BB 2000, 833; *Michalski* Verbot der Stimmabgabe bei Stimmverboten und nicht nach § 16 Abs. 1 GmbHG legitimierten Nichtgesellschaftern mittels einstweiliger Verfügung, GmbHR 1991, 12; *Müller* Stimmbindung von GmbH-Gesellschaftern, GmbHR 2007, 113; *Müther* Zur Nichtigkeit führende Fehler bei der Einberufung der GmbH-Gesellschafterversammlung, GmbHR 2000, 966; *Nehls* Die Anfechtungsfrist für GmbH-Gesellschafterbeschlüsse, GmbHR 1995, 703; *Nietsch* Die Zustellung der Anfechtungsklage des GmbH-Geschäftsführers, GmbHR 2004, 1518; *ders* Einstweiliger Rechtsschutz bei Beschlussfassung in der GmbH-Gesellschafterversammlung, GmbHR 2006, 393; *Papmehl* Die Schiedsfähigkeit gesellschaftsrechtlicher Streitigkeiten, Frankfurt/M. 2001;

Peters/Strothmann Der Stimmrechtsausschluss gemäß § 47 Abs. 4 GmbHG, FS Meilicke, 2010, S. 511; *Priester* Drittbindung des Stimmrechts und Satzungsautonomie, Festschrift *Werner*, 1985, 657; *Pröpper* Bevollmächtigung bei Gründung, Abtretung und Stimmabgabe, GmbH-StB 2004, 27; *Schäfer* Der stimmrechtslose Geschäftsanteil, 1997; *ders* Stimmrechtslose Anteile in der GmbH, Teil 1: Zulässigkeit der Bildung stimmrechtsloser Anteile, GmbHR 1998, 113; Teil 2: Die Rechtsstellung stimmrechtsloser Gesellschafter, GmbHR 1998, 168; *Schick* Das Mehrheitserfordernis bei Ausschluss eines Minderheitsgesellschafters einer GmbH und Stimmrechtsverbote im Gesellschafterkonsortium, DB 2000, 2105; *K. Schmidt* Nichtigkeitsklagen als Gestaltungsklagen, JZ 1988, 729; *ders.* Die Behandlung treuwidriger Stimmen in der Gesellschafterversammlung und im Prozess, GmbHR 1992, 9; *Schneider* Stimmverbote im GmbH-Konzern, ZHR 1986, 609; *B. Schneider* Schiedsverfahren in GmbH-Beschlussmängelstreitigkeiten – Anforderungen an Schiedsvereinbarungen in Gesellschaftsverträgen, GmbHR 2005, 86; *Schnorr* Teilfehlerhafte Gesellschafterbeschlüsse, 1997; *Seidenfus* Die Hinzuziehung von Beratern zur Gesellschafterversammlung, INF 1999, 86; *Slabschi* Die Einhaltung der Frist des § 626 Abs. 2 BGB als Voraussetzung der Wirksamkeit eines Gesellschafterbeschlusses. Eine Besprechung des Urt. des BGH v. 15.6.1998, ZIP 1990, 391; *Sommer/Nachreiner* Schiedsklauseln in der GmbH-Satzung, GmbH-StB 2000, 287; *Steinmeyer/Seidel* Das Verhältnis von Anfechtungs- und Nichtigkeitsklagen im Recht der Aktiengesellschaft und GmbH, DStR 1999, 2077; *Weber* Anfechtung von Gesellschafterbeschlüssen bei Verstoß gegen die side-letter-Abreden, DStR 1997, 824; *Weber/Fröhlich* Einberufung einer Gesellschafterversammlung – Beraterhinweise und Musterformulierungen zum Einladungsschreiben, GmbH-StB 2002, 272; *Weimar/Grote* Typische Fehler bei Gesellschafterbeschlüssen in der GmbH, INF 2004, 232; *Wellkamp* Das Stimmrecht des Aktionärs als uneigennütziges Individualrecht, INF 1998, 367; *Werner* Das Beschlussfeststellungsrecht des Versammlungsleiters, GmbHR 2006, 127.

I. Allgemeines

1 Fassung aufgrund des MoMiG v. 23.10.2008, Anpassung sowie Ergänzung der amtlichen Überschrift.

2 Abs. 2 geändert durch EuroEG (Umstellung auf Euro). In Abs. 3 wurden die Wörter „der schriftlichen Form" durch die Wörter „in Textform", ersetzt (Gesetz zur Änderung der Formvorschriften des Privatrechts und anderer Vorschriften an den modernen Rechtsverkehr v. 13.7.2001, BGBl. I 1942, in Kraft ab 1.1.2002); Abs. 2 geändert durch das MoMiG (2008).

3 Die Gesamtheit der Gesellschafter als oberstes Organ der GmbH bildet ihren Willen durch Beschlussfassung. § 47 ist im Zusammenhang mit den §§ 48–51 zu sehen. Die Beschlussfassung erfolgt durch Stimmabgabe der Gesellschafter (in der Regel in der Gesellschafterversammlung, § 48 Abs. 1, ausnahmsweise durch schriftliche Stimmabgabe, § 48 Abs. 2). Grundsätzlich ist zur Beschlussfassung die Mehrheit der abgegebenen Stimmen erforderlich (Abs. 1), soweit nicht ausdrücklich ein anderes bestimmt ist (z.B. Dreiviertelmehrheit für Satzungsänderung). Dass bei Mehrfachbestellung die Zustimmung aller Gesellschafter erforderlich sein soll (vgl. *van Venrooy* GmbHR 2006, 792), ist nur schwer nachvollziehbar.

II. Rechtsnatur der Beschlussfassung und der Stimmabgabe

4 Der Gesellschafterbeschluss ist nach h.M. mehrseitiges Rechtsgeschäft, soweit er wenigstens einen innerverbandlichen Rechtserfolg herbeiführen soll (*OLG Brandenburg* GmbHR 1997, 750; *Noack* § 47 Rz. 4 ff.; *Lutter/Hommelhoff* § 47 Rz. 1; Scholz/

K. Schmidt/Bochmann § 45 Rz. 18; *Hachenburg/Hüffer* § 45 Rz. 3; Rowedder/Pentz/ *Koppensteiner* § 47 Rz. 3; *Emde* ZIP 2000, 59). Es setzt Rechtsfolgewillen voraus (*OLG Brandenburg* GmbHR 1997, 750; Scholz/*K. Schmidt/Bochmann* § 45 Rz. 18; *Noack* § 47 Rz. 4). Die hieraus folgende grds. Anwendbarkeit der allg. Bestimmungen des BGB über Rechtsgeschäfte erfährt jedoch nicht unwesentliche Einschränkungen (z.B. für die Nichtigkeit bzw. Anfechtbarkeit, vgl. näher Rz. 66 ff.). Nicht anwendbar sind die Vorschriften über Willensmängel (§§ 116–123 BGB). Beschlüsse können grds. aufschiebend oder auflösend bedingt oder befristet gefasst werden (*Noack* § 47 Rz. 5).

Der Beschluss betrifft die Willensbildung, die im Allg. zur Wirksamkeit nach außen **5** der Erklärung bedarf (im Allg. durch die Geschäftsführer). Für bestimmte Gesellschafterbeschlüsse besteht Formzwang (z.B. bei Umwandlungen oder Satzungsänderungen, § 53 Abs. 2 S. 1). Ist der Geschäftsführer in der Gesellschafterversammlung anwesend, kann dies so aufgefasst werden, dass dieser dem ebenfalls anwesenden Vertragspartner ein Angebot macht, das dieser stillschweigend annimmt. Das gilt selbstverständlich nicht, wenn das Rechtsgeschäft formbedürftig ist. Die Vereinbarung wird nicht dadurch rückgängig gemacht, dass der Gesellschafterbeschluss aufgehoben wird (sei es auf Anfechtung hin oder durch Gesellschafterbeschluss, *BGH* GmbHR 2003, 954).

Die Stimmabgabe ist einseitige Willenserklärung des Gesellschafters (gh.M., *BGHZ* **6** 14, 264, 267; *OLG Frankfurt* GmbHR 2003, 416; Rowedder/Pentz/*Koppensteiner* § 47 Rz. 23; *Noack* § 47 Rz. 7; *Hachenburg/Hüffer* § 45 Rz. 41), und zwar empfangsbedürftige Willenserklärung (= mehrseitiges Rechtsgeschäft, h.M. – statt vieler *Lutter/Hommelhoff* § 47 Rz. 1 m.w.N.). Empfänger ist die Gesellschaft (*OLG Frankfurt* a.a.O.). Bei der Einmann-GmbH oder nur einem erschienenen Gesellschafter ist die Stimmabgabe wirksam, auch wenn die Gesellschaft nicht anderweitig vertreten ist (*Noack* § 47 Rz. 7; zutr. wohl zulässiges In-Sich-Geschäft, § 35 Abs. 4 S. 2 ist nicht anwendbar; a.A. Rowedder/Pentz/*Koppensteiner* § 47 Rz. 23: Empfangsbedürftigkeit entfällt). Auf die Stimmabgabe sind die zivilrechtlichen Vorschriften über Zugang, Anfechtbarkeit und Nichtigkeit von Willenserklärungen anwendbar (*Hachenburg/Hüffer* § 45 Rz. 7; *Noack* § 47 Rz. 7). Die Stimmabgabe eines vollmachtlosen Vertreters kann nach § 180S 2 BGB genehmigt werden (*LG Hamburg* GmbHR 1998, 987). Das gilt auch für die Einmann-GmbH (*OLG Frankfurt* GmbHR 2003, 416).

III. Inhaber des Stimmrechts

Stimmberechtigt sind grds. alle Gesellschafter (natürliche und juristische Personen), **7** Personengesellschaften oder sonstige Gesamthandsgemeinschaften, z.B. Erbengemeinschaft (vgl. Scholz/*K. Schmidt/Bochmann* § 47 Rz. 14; wegen der Ausübung des Stimmrechts in diesen Fällen vgl. § 18, auch *Noack* § 47 Rz. 32 ff.). Stimmberechtigt sind grds. alle Gesellschafter, die nach § 16 in der Gesellschafterliste stehen oder bereits hierzu angemeldet sind (bzgl. der Form der Gesellschafterliste ist die GesLV, in Kraft seit dem 1.7.2018, zu beachten; *Noack* § 47 Rz. 35, 36). Bei Nachlassverwaltung, Testamentsvollstreckung (soweit die Satzung nichts anderes vorschreibt – die Stimmrechte werden dann von den Gesellschaftern ausgeübt, *OLG Frankfurt* GmbHR 2009, 152, s. hierzu auch *BGH* v. 13.5.2014 – II ZR 250/12 bzgl. Testamentsvollstrecker „Richter in eigener Sache" ohne Gesellschafter zu sein) oder Insolvenz bleibt zwar der Gesellschafter Inhaber des Stimmrechts, jedoch wird die Ausübung durch den Nachlassverwalter, Testamentsvollstrecker oder Insolvenzverwalter wahrgenommen (*OLG Brandenburg* GmbHR 1998, 1037; Scholz/*K. Schmidt/Bochmann* § 47 Rz. 16). Nießbraucher und Pfandgläubiger sind nicht stimmberechtigt. Das gleiche gilt für eigene Anteile der GmbH (§ 71b AktG analog; vgl. für h.M.: *Noack* § 47 Rz. 57 „Ruhen des Stimmrechts" für eigene Anteile). Das Stimmrecht ist ferner ausgeschlossen für abhängige oder konzerngebundene GmbHs (*OLG München* GmbHR 1995, 590; s.a. *Noack/Beurskens* AnhKonzernR Rz. 27, 35 ff.).

8 Das Stimmrecht steht dem Gesellschafter unabhängig davon zu, in welchem Umfange die Stammeinlage geleistet ist, soweit die Satzung nicht etwas anderes vorsieht. Einem ausgeschlossenen Gesellschafter steht ein Stimmrecht nicht mehr zu (*BGHZ* 32, 23).

9 Sieht die Satzung die Kündigung durch einen Gesellschafter vor, so bleibt der kündigende Gesellschafter bis zur Einziehung seines Geschäftsanteils bzw. der Übernahme durch einen Gesellschafter stimmberechtigt (*OLG Düsseldorf* NZG 2000, 1181, anders bei Einziehung eines Geschäftsanteils aus wichtigem Grund: *BGH* v. 2.2.2014 – II ZR 322/13); die Satzung kann jedoch eine andere Regelung vorsehen (*BGH* GmbHR 1984, 94). Eine Einschränkung des Stimmrechts, z.B. auf Gegenstände der Beschlussfassung, die seine Abfindung betreffen, findet nicht statt (*BGH* GmbHR 1984, 95). Jedoch ist die Ausübung seines Stimmrechts in besonderem Maße der fortbestehenden Treuepflicht unterworfen. Diese verbietet es, ohne triftigen Grund gegen eine von den anderen Gesellschaftern vorgeschlagene und sachlich vertretbare Maßnahme zu stimmen, die seine Interessen weder unmittelbar noch mittelbar in irgendeiner Weise beeinträchtigen können (*BGH* GmbHR 1994, 95).

IV. Stimmrechtsabspaltung

10 Unter Stimmrechtsabspaltung ist die von der Mitgliedschaft losgelöste Übertragung des Stimmrechts auf einen Dritten oder einen Mitgesellschafter zu verstehen. Nach allg. Meinung ist sie grds. unzulässig (**Abspaltungsverbot**, vgl. *BGHZ* 43, 261; *BGH* NJW 1987, 780; *BayObLG* GmbHR 1986, 87; *OLG Frankfurt* GmbHR 1990, 81; *OLG Hamburg* GmbHR 1990, 42; *OLG Koblenz* GmbHR 1992, 464; Scholz/*K. Schmidt/Bochmann* § 47 Rz. 20; *Noack* § 47 Rz. 40; *Hachenburg/Hüffer* § 47 Rz. 52; *Altmeppen* § 47 Rz. 19.1; *Lutter/Hommelhoff* § 47 Rz. 4). Keine unzulässige Stimmrechtsabspaltung liegt vor bei Anordnung einer Dauertestamentsvollstreckung (vgl. *BGH* GmbHR 1990, 28; vgl. auch *Groß* GmbHR 1994, 596). Eine unzulässige Ermächtigung zur Ausübung des Stimmrechts im eigenen Namen kann regelmäßig in eine Stimmrechtsvollmacht umgedeutet werden (*OLG Hamburg* GmbHR 1990, 42).

11 Für Ausnahmen bzw. Einschränkungen des Grundsatzes des Verbots der Stimmrechtsabspaltung (vgl. z.B. Rowedder/Pentz/*Koppensteiner* § 47 Rz. 24) besteht kein Raum; die Bevollmächtigung zur Stimmabgabe genügt den wirtschaftlichen Bedürfnissen (vgl. Scholz/*K. Schmidt/Bochmann* § 47 Rz. 20).

12 Die Stimmrechtsabspaltung ist zu unterscheiden von der **Legitimationszession**. Eine solche liegt vor, wenn ein Gesellschafter einen Mitgesellschafter oder einen Dritten ermächtigt, Mitgliedschaftsrechte, vor allem das Stimmrecht, im eigenen Namen auszuüben. Die Zulässigkeit ist umstr. (dafür: *Hachenburg/Hüffer* § 47 Rz. 54; Rowedder/Pentz/*Koppensteiner* § 47 Rz. 27; *Altmeppen* § 47 Rz. 16; unentschieden: *BayObLG* GmbHR 1986, 87; *OLG Hamburg* GmbHR 1990, 42), aber abzulehnen (vgl. Scholz/ *K. Schmidt/Bochmann* § 47 Rz. 21).

V. Ausübung und Umfang des Stimmrechts – Gespaltene Stimmrechtsabgabe

Grundsätzlich steht dem Gesellschafter das Recht zu, nach seinem Gutdünken abzu-   **13**
stimmen. Ein mit der erforderlichen Mehrheit gefasster Beschluss bedarf keiner sachlichen Rechtfertigung (vgl. *BGHZ* 76, 353; *Scholz/K. Schmidt/Bochmann* § 47 Rz. 26).
Zum Stimmrechtsmissbrauch vgl. Rz. 54 ff.

Nach Abs. 2 gewährt jeder EUR eines Geschäftsanteils eine Stimme (Stimmkraft). Der   **14**
Gesellschafter kann seine Stimme nur einheitlich abgeben (*BGH* GmbH 1965, 32 für
den Fall, dass der Gesellschafter nur einen Gesellschaftsanteil besitzt; *BGHZ* 104, 74;
OLG Köln GmbHR 1997 174; h.M. auch im Schrifttum z.b. *Scholz/K. Schmidt/Boch-
mann* § 47 Rz. 69). Der Ansicht (vgl. *Altmeppen* § 47 Rz. 29; *Rowedder/Pentz/Koppen-
steiner* § 48 Rz. 40; *Noack* § 47 Rz. 20: grds. einheitlich; abw. Stimmabgabe nur bei schutz-
würdigem Interesse, z.B. bei Stimmbindung), dass bei mehreren Geschäftsanteilen eine
uneinheitliche Stimmabgabe zulässig sei (vgl. *Altmeppen* § 47 Rz. 29 m.w.N.; vgl. auch
Berner/Stadler GmbHR 2003, 1407), kann nicht gefolgt werden (der Gesellschafter kann
sich nur für das eine oder andere entscheiden; u.U. kann darin eine Stimmenthaltung zu
sehen sein). Nur Ja-Stimmen zählen. Stimmenthaltungen sind nicht als Neinstimmen zu
werten (*OLG Celle* GmbHR 1998, 143). Von dem Grundsatz, dass die Mehrheit der
Stimmen entscheidet (Abs. 1), kann in der Satzung abgewichen werden (Erfordernis
einer **qualifizierten Mehrheit**; Einstimmigkeit für bestimmte Gegenstände). Einstimmigkeit ist wegen der gravierenden Auswirkung nur bei eindeutiger Aussage des Gesellschaftsvertrags anzunehmen (*BGH* GmbHR 1990, 75).

In der Satzung kann festgelegt werden, dass **Familienstämme** nur einheitlich abstim-   **15**
men können, um einer Zersplitterung vorzubeugen. In einem solchen Falle ist eine
doppelte Mehrheitsbildung erforderlich: die Abstimmung im Familienstamm wird
durch Mehrheitsentscheidung erreicht; der Mehrheitswille kommt dann in der Gesellschaft zum Tragen. Eine andere Mehrheitsbildung im Familienstamm muss im Gesellschaftsvertrag enthalten sein (*BGH* GmbHR 1990, 75).

Das Stimmrecht für einen Geschäftsanteil einer Erbengemeinschaft kann nur einheit-   **16**
lich ausgeübt werden. Können sich die Erben nicht einigen, hat die Ausübung des
Stimmrechts zu unterbleiben (*BayObLG* GmbHR 1997, 1002).

Die Satzung kann Einschränkungen (**stimmrechtslose Geschäftsanteile**) und Erweite-   **17**
rungen (**Mehrstimmrechte**) des Stimmrechts vorsehen (vgl. *Schäfer* GmbHR 1998,
113). Ein Mehrstimmrecht kann ausnahmsweise nichtig sein, wenn darin eine Aushöhlung des Abspaltungsverbots zu sehen ist, z.B. wenn eine Beteiligung von 1 von Hundert 49, 52 von Hundert der Stimmen erhält (vgl. *OLG Frankfurt* GmbHR 1990, 81).

Die Schaffung stimmrechtsloser Geschäftsanteile, deren Zulässigkeit unbestritten ist   **18**
(vgl. *BGHZ* 14, 264; *OLG Frankfurt* GmbHR 1990, 81; *Scholz/K. Schmidt/Bochmann*
§ 47 Rz. 11; *Noack* § 47 Rz. 70, 70a), kann ein Weg sein, die Wirkungen einer unzulässigen Abspaltung des Stimmrechts zu vermeiden (vgl. *OLG Frankfurt* GmbHR 1990,
81). Die gespaltene Stimmabgabe – die Stimme eines Gesellschafters wird unterschiedlich abgegeben; z.B. bei einer BGB-Gesellschaft stimmt ein Teil für einen
bestimmten Beschluss, ein anderer Teil dagegen – wird im Schrifttum unterschiedlich
beurteilt. Für eine gespaltene Stimmabgabe hat sich das *LG München* (GmbHR 2006,
431) ausgesprochen, wenn diese eine satzungsmäßige Grundlage hat (zust. *Schüppen*
GmbHR 2006, 432). Dem wird man zustimmen können für einen Gesellschafter, der

aus mehreren Personen besteht (z.B. für BGB-Gesellschaften, deren Gesellschafter unterschiedliche Interessen verfolgen). Ist der Gesellschafter der GmbH eine Person, besteht für eine gespaltene Stimmabgabe kein Bedürfnis: der Gesellschafter kann nicht gleichzeitig für und gegen einen bestimmten Gesellschafterbeschluss stimmen (vgl. *BGH* GmbHR 1965, 32; GmbHR 1988, 304).

VI. Stimmrechtsbindung

19 1. Zulässigkeit der Stimmrechtsbindung. Vereinbarungen über die Ausübung des Stimmrechts (Stimmrechtsbindungsverträge) zwischen Gesellschaftern oder zwischen Gesellschafter und Gesellschaft sowie zwischen Gesellschaftern und Dritten (z.B. Geschäftsführern) sind zulässig (*BGH* v. 12.4.2016 – II ZR 275/14 – Treuepflicht; *BGHZ* 48, 163; *OLG Köln* GmbHR 1989, 113; *Lutter/Hommelhoff* § 47 Rz. 19; *Noack* § 47 Rz. 111, 113; *Altmeppen* § 47 Rz. 38, einschränkend Scholz/*K. Schmidt/Bochmann* § 47 Rz. 42). Ob eine Stimmbindung beabsichtigt ist, ist nicht nach der gewählten Bezeichnung, sondern nach dem Inhalt der Vereinbarung zu entscheiden (*OLG Hamm* GmbHR 2000, 673). Die Stimmbindung kann als Satzungsbestandteil (dann auch Wirkung ggü. Erwerbern von Geschäftsanteilen) oder als schuldrechtlich wirkende Verpflichtung zwischen den Vertragsparteien ausgestaltet sein (vgl. *Noack* § 47 Rz. 112).

20 Die **Rechtsnatur** der rechtsgeschäftlichen Stimmbindung ist umstritten. Eine einheitliche Qualifikation ist wohl ohnehin nicht denkbar. Nach dem Willen der Vertragsparteien kommen in Betracht: Geschäftsbesorgung oder Gesellschaft (z.B. wenn sich mehrere Gesellschafter zu einem einheitlichen Vorgehen in der Abstimmung verpflichten oder wenn gegenseitige Verpflichtungen begründet werden, vgl. Scholz/*K. Schmidt/Bochmann* § 47 Rz. 35). Es kann sich auch um eine Nebenpflicht aus einem anderen Rechtsgeschäft handeln (z.B. im Zusammenhang mit dem Erwerb von Geschäftsanteilen). Vielfach wird es sich um einen Vertrag eigener Art handeln; maßgebend sind die Vereinbarungen im Einzelfall.

21 Die schuldrechtliche Verpflichtung zur Stimmbindung bedarf keiner besonderen Form, auch nicht bei einer Verpflichtung zur Satzungsänderung (*OLG Köln* GmbHR 2003, 416); allg. M. auch im Schrifttum, vgl. *Müller* GmbHR 2007, 114). Als Nebenverpflichtung aus einem anderen Vertrag unterliegt sie dessen Form (z.B. bei Übertragung von Geschäftsanteilen, vgl. § 15 Abs. 3 und 4).

22 Die Zulässigkeit der Stimmbindung ggü. Dritten wird im Schrifttum unterschiedlich beurteilt. Die Ansichten reichen von der Zulässigkeit (*Altmeppen* § 47 Rz. 38) über eine mögliche Unzulässigkeit für Satzungsänderungen (*Lutter/Hommelhoff* § 47 Rz. 19; Scholz/*Tebben* § 53 Rz. 36) bis zur gänzlichen Unzulässigkeit (*Hachenburg/Hüffer* § 47 Rz. 75). Von einer gänzlichen Unzulässigkeit wird man nicht ausgehen können. Es kann Fälle geben, in denen eine Bindung ggü. Dritten sinnvoll sein kann, z.B. zur Vorbereitung von Umwandlungen. Entscheidend sind die Umstände des Einzelfalls (vgl. auch *Müller* GmbHR 2007, 116).

23 Die Stimmbindung ist unwirksam, wenn das Stimmrecht nach Weisung einer vom Stimmrecht ausgeschlossenen Person ausgeübt werden soll (vgl. *BGHZ* 48, 166; *Noack* § 47 Rz. 114; Rowedder/Pentz/*Koppensteiner* § 47 Rz. 28). Das gilt auch im Verhältnis zu Dritten, wenn der Dritte, wäre er Gesellschafter, vom Stimmrecht ausgeschlossen wäre (vgl. Scholz/*K. Schmidt/Bochmann* § 47 Rz. 47). Unwirksamkeit ist ferner gegeben, wenn die Stimmbindung mit der Vinkulierung der Geschäftsanteile kollidiert (Scholz/*K. Schmidt/Bochmann* § 47 Rz. 48; *Noack* § 47 Rz. 113, 114).

Unwirksamkeit ist nicht allein deshalb gegeben, weil sich die Verpflichtung auf eine **24** Satzungsänderung oder eine strukturändernde Maßnahme (z.B. Verschmelzung) bezieht (*Noack* § 47 Rz. 114; Rowedder/Pentz/*Koppensteiner* § 47 Rz. 28; Scholz/ *K. Schmidt/Bochmann* § 47 Rz. 42). Soweit der Gesellschafter selbst frei über solche Maßnahmen befinden kann, ist auch eine Bindung ggü. Dritten (die durchaus sinnvoll und im Interesse der Gesellschaft sein kann, z.B. ggü. einem künftigen Erwerber von Geschäftsanteilen zur Sanierung der Gesellschaft) wirksam. Die Lösung ist auf anderem Wege zu suchen (z.B. kann eine solche Vereinbarung, wie im Übrigen jede Stimmbindung, im Einzelfall treuewidrig oder gar sittenwidrig sein, vgl. *Lutter/Hommelhoff* § 47 Rz. 20, 21; *Noack* § 47 Rz. 113). Eine Stimmbindung, einen Geschäftsführer nicht abzuberufen, ist weder nach § 138 BGB noch analog § 47 Abs. 4 unwirksam, wenn es sich nicht um eine Abberufung aus wichtigem Grund handelt (*OLG Frankfurt* NZG 2000, 378).

2. Auswirkungen der Stimmabgabe – Durchsetzung der Stimmrechtsbindung – Einst- 25 weiliger Rechtsschutz. Eine Stimmabgabe, die nicht der Stimmbindungsvereinbarung entspricht, ist ggü. der Gesellschaft wirksam. Eine Anfechtung des gefassten Gesellschafterbeschlusses kommt grds. nur in Ausnahmefällen in Betracht, nämlich wenn alle Gesellschafter die Stimmbindung vereinbart haben (*BGH* NJW 1983, 1911; NJW 1987, 1892; *OLG Hamm* GmbHR 2000, 674).

Beschlüsse, die mit Stimmen zustande gekommen sind, denen eine unwirksame **26** Stimmbindung zugrunde liegt, sind wirksam. Die „bindungsgemäße" Ausübung des Stimmrechts begründet für sich keinen Inhaltsmangel des Beschlusses (*OLG Nürnberg* GmbHR 1990, 166; Scholz/*K. Schmidt/Bochmann* § 47 Rz. 54). Die Unwirksamkeit der Stimmbindung macht die Stimmabgabe (in Übereinstimmung mit der vermeintlichen Verpflichtung) nicht nichtig. Die Stimme ist mitzuzählen (*Noack* § 47 Rz. 117; Scholz/*K. Schmidt/Bochmann* § 47 Rz. 54).

Die wirksame Stimmbindungsvereinbarung verleiht einen klagbaren und vollstreckba- **27** ren Anspruch (*OLG Köln* GmbHR 1989, 77; *OLG Celle* GmbHR 1991, 580; *Lutter/ Hommelhoff* § 47 Rz. 24; *Altmeppen* § 47 Rz. 38; Scholz/*K. Schmidt/Bochmann* § 47 Rz. 55). Die Vollstreckung erfolgt nach § 894 ZPO (vgl. *BGHZ* 48, 173). Wegen der Verurteilung zu künftiger Stimmabgabe (§ 259 ZPO) vgl. *OLG Saarbrücken* (GmbHR 2007, 144). Wegen Einzelheiten vgl. Scholz/*K. Schmidt/Bochmann* § 47 Rz. 56.

Die Zulässigkeit einstweiligen Rechtsschutzes bei drohender vereinbarungswidriger **28** Stimmabgabe (§ 936 ZPO) ist umstr. Für die Zulässigkeit haben sich u.a. das *OLG Koblenz* (GmbHR 1986, 429) und das *Hans. OLG Hamburg* (GmbHR 1991, 468) ausgesprochen, dagegen u.a. das *KG* (GmbHR 1997, 175 – nur LS „in der Regel") und das *OLG Stuttgart* (GmbHR 1997, 312), wobei allerdings zu beachten ist, dass es nicht um Fälle von Stimmbindung ging, sondern ganz allg. um die Einflussnahme auf das Stimmverhalten. Auch das Schrifttum ist geteilter Meinung (für die Zulässigkeit: *Lutter/Hommelhoff* § 47 Rz. 23, 24; *K. Schmidt* in einer Anm. zu *OLG Hamburg* GmbHR 1991, 469; gegen die Zulässigkeit *Noack* § 47 Rz. 120; Rowedder/Pentz/*Koppensteiner* § 47 Rz. 36; Hachenburg/*Schilling* 7. Aufl., § 47 Rz. 33; *Michalski/Römermann* PartGG § 47 Rz. 549; einschränkend *Altmeppen* § 47 Rz. 52).

29 Die Lösung ist zwischen Vorwegnahme der Hauptsache und nachträglicher Wiedergutmachung (vgl. *Altmeppen* a.a.O.) zu suchen. Grundsätzlich wird man die Zulässigkeit einer einstweiligen Verfügung nicht in Frage stellen können; denn mit der abw. Stimmabgabe kann gerade ein Zustand geschaffen werden, der in vielen Fällen eine Korrektur ausschließt oder zumindest erheblich erschwert (keine Anfechtung des mit der rechtswidrigen Stimmabgabe gefassten Gesellschafterbeschlusses). Das Problem liegt wohl mehr auf der Seite der Glaubhaftmachung verfügungsrelevanter Umstände.

VII. Stimmabgabe durch Vertreter/Amtswalter

30 **1. Stimmabgabe durch gesetzliche Vertreter.** Gesetzliche Vertreter (GmbH-Geschäftsführer, Vorstände von AG, Eltern für ihre minderjährigen Kinder) bedürfen keiner Vollmacht; Abs. 3 gilt nur für rechtsgeschäftliche Vertreter. Gesetzliche Vertreter haben nur ihre Vertretungsbefugnis in geeigneter Form nachzuweisen (z.B. Auszug aus dem HR).

31 **2. Stimmabgabe durch Amtswalter.** Im Insolvenzverfahren des Gesellschafters der GmbH übt der Insolvenzverwalter das Stimmrecht aus (vgl. § 80 Abs. 1 InsO, umfassend HK InsO/*Kayser/Thole* § 80 Rz. 16, 18 ff. m.w.N.). Der Testamentsvollstrecker übt das Stimmrecht aus, soweit seine Befugnis reicht. Ist er nach Abs. 4 S. 1 vom Stimmrecht ausgeschlossen, üben die Erben das Stimmrecht aus (*BGH* GmbHR 1989, 331), z.B. wenn es um die Entlastung des Testamentsvollstreckers als Beiratsmitglied geht (*BGH* GmbHR 1989, 331). Das Stimmrecht der Erben ist ausgeschlossen, wenn sich ihr Interesse mit dem des Testamentsvollstreckers deckt, z.B. bei Abschluss eines Rechtsgeschäfts zwischen Gesellschaft und Nachlass (*BGH* GmbHR 1989, 331).

32 **3. Stimmabgabe durch rechtsgeschäftlichen Vertreter.** Von der Zulässigkeit der Stimmabgabe durch einen Vertreter geht Abs. 3 aus (kein höchstpersönliches Recht, *OLG Celle* GmbHR 2007, 319); der Gesellschaftsvertrag kann eine abw. Regelung treffen (*Lutter/Hommelhoff* § 47 Rz. 25 ff.; Scholz/*K. Schmidt/Bochmann* § 47 Rz. 96). Ein totales Vertretungsverbot dürfte jedoch unzulässig sein (vgl. Scholz/*K. Schmidt/Bochmann* § 47 Rz. 96). Die Zulassung eines Vertreters kann sich u.U. aus der gesellschaftsrechtlichen Treupflicht ergeben, z.B. wenn ein Gesellschafter durch Krankheit verhindert ist. Ein Steuerberater verstößt gegen Art. 1 § 1 RBerG; seine Stimmabgabe ist daher nichtig (*OLG Köln* GmbHR 2002, 916).

33 In der Auswahl des Vertreters ist der Gesellschafter zwar grds. frei, jedoch sind die Gesellschaftsinteressen zu berücksichtigen. Einen **unzumutbaren Vertreter** kann die Gesellschafterversammlung durch Beschluss zurückweisen, z.B. wenn der Verrat von Gesellschaftsgeheimnissen zu befürchten ist (vgl. *Lutter/Hommelhoff* § 47 Rz. 32).

34 Die Erteilung der **Vollmacht** bedarf der Schriftform (Abs. 3). Durch die Neufassung ist jede in „Textform" erteilte Vollmacht ausreichend. Die Vorlage der schriftlichen Vollmacht ist jedoch nicht Wirksamkeitsvoraussetzung für eine ordnungsgemäße Beschlussfassung, sondern lediglich **Legitimationsmittel** (vgl. *LG Berlin* GmbHR 1996; 51; Scholz/*K. Schmidt/Bochmann* § 47 Rz. 85). Die Vollmacht kann deshalb auch mündlich oder konkludent erteilt werden, wenn die Erteilung sämtlichen Gesellschaftern bekannt ist und niemand Widerspruch erhebt (*KG* NZG 2000, 787). Die Vorlage einer Vollmacht in ausländischer Sprache ist grds. kein Zurückweisungsgrund und jedenfalls dann ein Verstoß gegen § 242 BGB, wenn diese sich nur als ein mit der gesellschaftsrechtlichen Treupflicht nicht zu vereinbarendes Beharren auf einer for-

malen Rechtsposition erweist (*OLG Brandenburg* GmbHR 1998, 1037). Wird eine schriftliche Vollmacht nicht vorgelegt und wird der Vertreter zurückgewiesen, so zählt seine Stimme nicht mit; eine Anfechtung des Beschlusses scheidet aus (*Lutter/Hommelhoff* § 47 Rz. 30). Eine vollmachtlose Stimmabgabe ist eine Willenserklärung eines vollmachtlosen Vertreters und als solche gültig; sie wird durch Genehmigung wirksam (vgl. § 184 BGB; *BayObLG* GmbHR 1989, 252; GmbHR 1998, 987; *Lutter/Hommelhoff* § 47 Rz. 30 m.w.N.). Bei einer Zweipersonengesellschaft kann ein Gesellschafter auch als vollmachtloser Vertreter des anderen Gesellschafters handeln und eine Gesellschafterversammlung abhalten, wenn der vertretene Gesellschafter das Handeln des Mitgesellschafters genehmigt (*BayObLG* GmbHR 1989, 252). Letztlich gilt das auch für eine Einmanngesellschaft, auch wenn man von einem einseitigen Rechtsgeschäft ausgeht. Da hierauf aber die Vorschriften für Verträge anwendbar sind (§ 180 S. 2 BGB), könne die Stimmabgabe eines vollmachtlosen Vertreters nachträglich genehmigt werden (§ 177 Abs. 1 BGB) und zwar mit rückwirkender Kraft (*OLG Frankfurt* GmbHR 2003, 415).

Eine **unwiderrufliche Vollmacht** ist unzulässig und daher unwirksam (*Lutter/Hommel-* **35** *hoff* § 47 Rz. 28; einschränkend in *Noack* § 47 Rz. 50: die an sich zulässige unwiderrufliche Vollmacht endet, wenn das zugrunde liegende Rechtsverhältnis endet und wenn sie aus wichtigem Grund widerrufen werden kann), jedenfalls in dem Fall, wenn der Gesellschafter mit der Unwiderruflichkeit auf sein Stimmrecht verzichtet hat (sog. verdrängende Vollmacht, vgl. *KG* GmbHR 1999, 714).

Bei Vertretung durch einen Mitgesellschafter ist § 181 BGB nicht anwendbar (s. hierzu **36** *Lutter/Hommelhoff* § 47 Rz. 32; *Noack* § 47 Rz. 46).

Von der Stimmrechtsausübung durch Stellvertreter (also im Namen des Gesellschaf- **37** ters) ist die Legitimationszession (Legitimationsübertragung (Handeln im eigenen Namen, aber mit Zustimmung des Gesellschafters) zu unterscheiden. Diese Handlungsform hat der Gesetzgeber für die AG anerkannt (§ 129 Abs. 3 AktG). Sie wird zunehmend im Schrifttum auch für die GmbH akzeptiert (vgl. *Altmeppen* § 47 Rz. 19; Rowedder/Pentz/*Koppensteiner* § 47 Rz. 27; *Lutter/Hommelhoff* § 47 Rz. 32; a.A. Scholz/*K. Schmidt/Bochmann* § 47 Rz. 21). Nachdem sowohl das *BayObLG* (GmbHR 1986, 87) als auch das *OLG Hamburg* (GmbHR 1990, 42) diese Frage offengelassen haben, hat sich nunmehr das *OLG Celle* (GmbHR 2007, 319) für die Zulässigkeit ausgesprochen. Ist der Handelnde ohne Zustimmung des Gesellschafters aufgetreten, bedarf sein Handeln der Genehmigung des Gesellschafters und ist bis dahin schwebend unwirksam (*Noack* § 47 Rz. 55). Die Stimmabgabe kann aber durch Genehmigung des Vertretenen gem. § 180 S. 2 BGB i.V.m. § 177 BGB wirksam werden. Diese soll „im Interesse klarer Bestimmung der organschaftlichen Zuständigkeit" (*OLG Celle* GmbHR 2007, 319) keine Rückwirkung haben, sondern erst ab Erteilung der Genehmigung wirken (§ 184 Abs. 1 BGB: „soweit nicht ein anderes bestimmt ist" (*OLG Celle* GmbHR 2007, 319). Ob dieses Argument ausreicht, die Rückwirkung zu verweigern, erscheint zweifelhaft.

VIII. Stimmverbote

1. Ausschluss des Stimmrechts. Der Gesellschafter ist von der Stimmabgabe in den in **38** Abs. 4 bezeichneten Fällen wegen Interessenkollision ausgeschlossen (vgl. *BGH* v. 7.2.2012 – II ZR 230/09; *BGH* v. 21.6.2010 – II ZR 230/08). Das Stimmverbot bezieht sich nicht auf den Erwerber von Geschäftsanteilen (vgl. *BGH* GmbHR 2008, 1093). Abs. 4 findet keine Anwendung auf Strukturänderungen oder die Auflösung der Gesellschaft (Scholz/*K. Schmidt/Bochmann* § 47 Rz. 114). Zweck der Bestimmung ist der Schutz des Gesellschaftsvermögens ggü. einzelnen Gesellschaftern zugunsten der Gesamtheit der Gesellschafter, nicht zugunsten der Gesellschaftsgläubiger. Es kommt nicht darauf an, ob sich im Einzelfall die **Interessenkollision** tatsächlich nachteilig für die Gesellschaft auswirken würde (*Noack* § 47 Rz. 76). Andererseits beinhaltet die Bestimmung kein allg. Stimmverbot bei jeder Interessenkollision (vgl. *BGH* v. 21.6.2010 – II ZR 230/08 (Rz. 22); *BGHZ* 68, 107; 80, 69; 97, 28; *OLG Hamburg* GmbHR 1992, 43; Scholz/*K. Schmidt/Bochmann* § 47 Rz. 101; *Lutter/Hommelhoff* § 47 Rz. 34 ff.; *Noack* § 47 Rz. 76). Die starren Grenzen der Bestimmung dienen der Rechtssicherheit, die nicht von Fall zu Fall verschoben werden können (vgl. *BGH* GmbHR 1990, 452). Anderen Fällen der Interessenkollision als den in Abs. 4 genannten ist durch die Anwendung der Grundsätze über den Stimmrechtsmissbrauch (vgl. Rz. 54) zu begegnen (*Lutter/Hommelhoff* § 47 Rz. 36). Das gilt insb. für den Fall, dass man von einer weitgehenden gesellschaftsvertraglichen Ausschließbarkeit des Stimmverbots (vgl. Rz. 42) ausgeht. Erfolgt die Abtretung eines Geschäftsanteils zum Zwecke der Umgehung des Stimmverbotes, so ist sowohl der Erwerber als auch der Übertragende vom Stimmrecht ausgeschlossen (*OLG Düsseldorf* GmbHR 2001, 1053).

39 Abs. 4 findet auch Anwendung auf Rechtsgeschäfte mit Unternehmen, auf die der Gesellschafter maßgeblichen Einfluss hat (*BGHZ* 68, 107) bzw. ihm allein gehören (Alleingesellschafter, vgl. *OLG München* GmbHR 1996, 231; Scholz/*K. Schmidt/Bochmann* § 47 Rz. 157). Die Bestimmung findet keine Anwendung auf Rechtsgeschäfte mit nahen Angehörigen (*BGHZ* 56, 47; 80, 69; *OLG Hamm* GmbHR 1992, 802; *OLG Düsseldorf* GmbHR 1996, 691). Etwas anderes gilt nur dann, wenn der Gesellschafter z.B. an dem rechtswidrigen Verhalten des Angehörigen beteiligt war (*OLG Düsseldorf* GmbHR 1996, 691).

40 Der Ausschluss vom Stimmrecht bedeutet nicht zugleich Ausschluss von der Teilnahme an der Gesellschafterversammlung. Dem Gesellschafter muss Gelegenheit gegeben werden, seinen Standpunkt darzulegen.

41 Bei Abs. 4 handelt es sich um zwei Grundtatbestände:

(1) In-sich-Geschäfte und (2) Richten in eigener Sache (vgl. *K. Schmidt* NJW 1986, 2019). Diese Voraussetzungen sind nicht erfüllt, wenn ein Interessengegensatz zwischen Gesellschafter und Gesellschaftergesamtheit nicht aufkommen kann. Das ist der Fall bei der Einmann-GmbH (*BGH* GmbHR 1989, 25; *BayObLG* GmbHR 1985, 116; Scholz/*K. Schmidt/Bochmann* § 47 Rz. 105; *Lutter/Hommelhoff* § 47 Rz. 33).

42 Die Frage, inwieweit die Stimmverbote des Abs. 4 **zwingendes Recht** darstellen (also eine abw. Regelung im Gesellschaftsvertrag ausgeschlossen ist), ist streitig und lässt sich daher nicht eindeutig beantworten (hierzu umfassend Scholz/*K. Schmidt/Bochmann* § 47 Rz. 173). Soweit ein Stimmverbot besteht, gilt dies auch für eine Folgeversammlung (*OLG Hamm* NZG 2003, 632). Gegen eine Erweiterung bzw. Ergänzung des Stimmverbots bestehen jedenfalls keine Bedenken (*Noack* § 47 Rz. 73), jedoch ist eine schrankenlose Beseitigung des Stimmverbots nicht zulässig (so aber offenbar *Bacher* GmbHR 2001, 133). Zwingend ist das Stimmverbot bei **Entlastung** von Gesellschaftern, wobei es gleichgültig ist, in welcher Eigenschaft sie tätig geworden sind (als Geschäftsführer, Aufsichtsrat, Beirat, vgl. *BGH* GmbHR 1989, 331; *OLG Stuttgart*

GmbHR 1996, 231; zust. *Noack* § 47 Rz. 77 m.w.N.) sowie bei Erlass einer Verbindlichkeit (*BGH* GmbHR 1989, 331) oder bei Einleitung oder Erledigung eines Rechtsstreites (*OLG Hamm* GmbHR 1993, 815). Als grds. abdingbar wird man das Stimmverbot bei Vornahme von Rechtsgeschäften ansehen können (*OLG Hamm* GmbHR 2003, 415: Änderung des Geschäftsführerdienstvertrags; *Noack* § 47 Rz. 106; einschr. Rowedder/Pentz/*Koppensteiner* § 47 Rz. 70). Da von den Beschränkungen des § 181 BGB befreit werden kann, ist nicht einzusehen, warum das ggü. einem Gesellschafter nicht gelten sollte.

Im Einzelnen handelt es sich um folgende Fälle:

a) Entlastung eines Gesellschafters. Es handelt sich um die Entlastung eines Gesell- **43** schafters in seiner Eigenschaft als Geschäftsführer, Liquidator, Beirat oder Aufsichtsrat. Wegen der Personen, die einem Gesellschafter gleichstehen vgl. Rz. 31. Das Stimmverbot (es gilt auch für eine Folgeversammlung, *OLG Hamm* NZG 2003, 632) findet seine Rechtfertigung darin, dass mit der Entlastung (vgl. hierzu § 46 Rz. 61 ff.) ein Verzicht auf Ersatzansprüche verbunden ist. Wegen dieser Wirkung ist auch eine satzungsmäßige Beseitigung des Stimmverbots unzulässig (vgl. Rz. 42), weil sonst ein Mehrheitsgesellschafter die Geltendmachung von Ansprüchen gegen sich blockieren könnte. Bei Entlastung eines anderen Organmitglieds (Geschäftsführer) kann der Gesellschafter-Geschäftsführer nur dann mitstimmen, wenn ausgeschlossen ist, dass eine Mithaftung in Betracht kommt (vgl. hierzu *BGH* GmbHR 2003, 713; *Lutter/ Hommelhoff* § 47 Rz. 43). Ausgeschlossen ist das Stimmrecht auch dann, wenn das Organ (z.B. Beirat), dem der Gesellschafter angehört, insgesamt entlastet werden soll (*BGH* GmbHR 1989, 331; *Lutter/Hommelhoff* § 47 Rz. 43, 44).

Über die Entlastung hinaus gilt das Stimmverbot für alle Gesellschafterbeschlüsse, die **44** darauf abzielen, das Verhalten des Gesellschafters (im weitesten Sinne vgl. *OLG Düsseldorf* GmbHR 2000, 1052) oder seine Funktion in der Gesellschaft zu billigen oder zu missbilligen (*BGH* v. 7.2.2012 – II ZR 230/09; allg. M. im Schrifttum, vgl. *Lutter/ Hommelhoff* § 47 Rz. 38; Scholz/*K. Schmidt/Bochmann* § 47 Rz. 133; *Altmeppen* § 47 Rz. 62; einschränkend *Noack* § 47 Rz. 77). Als solche Fälle kommen in Betracht Kaduzierung, Ausschluss aus wichtigem Grund (vgl. *BGHZ* 9, 178; *BGH* GmbHR 1977, 81; *OLG Stuttgart* GmbHR 1989, 466 – kein Richter in eigener Sache; *OLG Celle* GmbHR 1998, 141; Scholz/*K. Schmidt/Bochmann* § 47 Rz. 139; *Lutter/Hommelhoff* § 47 Rz. 45; *Roth* § 47 Anm. 5.2.4; Rowedder/Pentz/*Koppensteiner* § 47 Rz. 59), soweit satzungsmäßige Grundlage besteht (vgl. *BGH* GmbHR 1999, 1194), Abberufung als Geschäftsführer aus wichtigem Grund (*BGHZ* 86, 177), außerordentliche Kündigung des Anstellungsvertrags als Geschäftsführer (*BGH* NJW 1987, 1889), Beschlussfassung über die Einholung eines Gutachtens zur Prüfung, ob Schadensersatzansprüche gegen den betroffenen Gesellschafter bestehen (vgl. *BGH* v. 9.7.1990 – II ZR 9/90, ZIP 1990, 1194, 1195, bestätigt in *BGH* v. 7.2.2012 – II ZR 230/09). Das Stimmrecht bleibt dagegen erhalten bei ordentlicher Abberufung als Geschäftsführer oder Kündigung des Anstellungsvertrags (vgl. *OLG Düsseldorf* ZIP 1989, 1554). Ist der geschäftsführende Gesellschafter satzungsgemäß zum Versammlungsleiter berufen, unterliegt er bei der Abstimmung über den Antrag, ihm die Versammlungsleitung in Bezug auf einzelne Gegenstände der Tagesordnung (Geschäftsführerabberufung, Einziehung seiner Geschäftsanteile, Kündigung) zu entziehen, keinem Stimmverbot (*BGH* v. 21.6.2010 – II ZR 230/08 (Ls., Rz. 22 ff.)).

45 **b) Befreiung von einer Verbindlichkeit.** Es kann sich um Verbindlichkeiten vertraglicher oder außervertraglicher (z.B. aus Delikt) Natur handeln. Die Verbindlichkeit kann ein Tun oder Unterlassen (Wettbewerbsverbot, vgl. *BGH* GmbHR 1981, 189; *OLG Köln* GmbHR 2000, 1052) beinhalten. Ein Zusammenhang mit dem Gesellschaftsverhältnis muss nicht bestehen. Das Stimmverbot gilt auch für Gesellschafter, die als Bürgen für die Schuld eines anderen ggü. der Gesellschaft haften (*Noack* § 47 Rz. 79; *Lutter/Hommelhoff* § 47 Rz. 46; *Altmeppen* § 47 Rz. 63; *Rowedder/Pentz/Koppensteiner* § 47 Rz. 67; *Scholz/K. Schmidt/Bochmann* § 47 Rz. 124). Haben mehrere Gesellschafter gemeinsam eine Pflichtverletzung begangen, so sind sie auch wechselseitig von der Abstimmung ausgeschlossen, unabhängig davon, ob in einem Akt oder für jeden Beteiligten gesondert abgestimmt wird (*OLG Düsseldorf* GmbHR 2000, 1052).

46 Der Begriff der Befreiung ist weit zu fassen: negatives Schuldanerkenntnis, Vergleich, Erlassvertrag, pactum de non petendo u.a. Stundung fällt als zeitweilige Befreiung darunter (*Noack* § 47 Rz. 79). Zur Geltendmachung vgl. § 46 Nr. 8, s. dort Rz. 83 ff.

47 **c) Vornahme eines Rechtsgeschäfts gegenüber dem Gesellschafter.** Als Rechtsgeschäft ist nicht nur der Abschluss, sondern auch dessen Auflösung, Kündigung oder Anfechtung zu verstehen (*Lutter/Hommelhoff* § 47 Rz. 48). Zu abw. Regelung in der Satzung vgl. § 46 Rz. 3 ff.

48 Erfasst werden Rechtsgeschäfte jeder Art, neben Verträgen auch einseitige Rechtsgeschäfte (Kündigung, Anfechtung, Rücktritt) und rechtsgeschäftliche Handlungen (z.B. Mahnung, vgl. *Noack* § 47 Rz. 81). Die Erfüllung eines Rechtsgeschäfts gegenüber einem Gesellschafter („Insichgeschäft") wird man (in Anwendung des Grundgedankens des § 181 BGB) nicht unter die Bestimmung rechnen können (zust. *Rowedder/Pentz/Koppensteiner* § 47 Rz. 68; jedoch str., a.A. *Noack* § 47 Rz. 81; *Altmeppen* § 47 Rz. 64; *Hachenburg/Hüffer* § 47 Rz. 152).

49 Ohne Einschränkung unter das Stimmverbot fallen **Drittgeschäfte** (also Rechtsgeschäfte ohne gesellschaftsrechtlichen Bezug), z.B. Kauf, Miete, Werkverträge, Kreditgeschäfte (*Noack* § 47 Rz. 81; s. auch *Lutter/Hommelhoff* § 47 Rz. 48). Es kommt nicht darauf an, ob der Beschluss dieses selbst vornimmt oder nur den Geschäftsführer anweist oder nur ermächtigt (*OLG Stuttgart* GmbHR 1992, 48; *Noack* § 47 Rz. 81; *Rowedder/Pentz/Koppensteiner* § 47 Rz. 69; *Scholz/K. Schmidt/Bochmann* § 47 Rz. 120; *Lutter/Hommelhoff* § 47 Rz. 48).

50 **Vom Stimmverbot ausgenommen** sind Rechtshandlungen, die sich typischerweise als Ausübung der Mitgliedschaft darstellen (sog **Sozialakte**, vgl. *OLG Frankfurt* GmbHR 1989, 254). Davon unberührt bleibt nach Ansicht der Rechtsprechung (vgl. *BGH* GmbHR 1989, 330; 1991, 60; zust. *Lutter/Hommelhoff* § 47 Rz. 49; *Noack* § 47 Rz. 82) die Anwendbarkeit des § 181 BGB. Ein Testamentsvollstrecker für Gesellschafter-Erben kann danach bei seiner Bestellung zum Organ der Gesellschaft nicht mitwirken (*BGH* GmbHR 1989, 330; meines Erachtens zweifelhaft). Unzweifelhaft unterliegen Bestellung und ordentliche Abberufung als Organ (vor allem Geschäftsführer) nicht dem Stimmverbot (*BGHZ* 51, 215; *KG* NZG 2004, 665; *Noack* § 47 Rz. 83, 84; *Lutter/Hommelhoff* § 47 Rz. 50). Eine andere Beurteilung greift Platz, wenn die Abberufung aus wichtigem Grund erfolgt (*BGH* v. 4.4.2017 – II ZR 77/16; *OLG Düsseldorf* GmbHR 1989, 468; GmbHR 1994, 884; *OLG Stuttgart* GmbHR 1995, 228; GmbHR 1999, 1098; *OLG Düsseldorf* GmbHR 2000, 1053; *Hachenburg/Hüffer* § 47 Rz. 173;

Lutter/Hommelhoff § 47 Rz. 50; im Ergebnis, wenn auch mit anderer Begründung *Noack* § 47 Rz. 85). Die Grundsätze über die Bestellung zum Geschäftsführer finden auf den Anstellungsvertrag Anwendung (*BGHZ* 18, 210; *BGH* GmbHR 2007, 262; *Lutter/Hommelhoff* § 47 Rz. 44; *Hachenburg/Hüffer* § 47 Rz. 171; Rowedder/Pentz/ *Koppensteiner* § 47 Rz. 71; a.A. *Altmeppen* § 47 Rz. 65). Zu den Sozialakten gehören ferner die Einforderung von Stammeinlagen (*BGH* GmbHR 1990, 452; *OLG München* GmbHR 1990, 263), die Einziehung von Geschäftsanteilen (*BGH* v. 2.12.2014 – II ZR 322/13; nach Pfändung von Geschäftsanteilen zweier Gesellschafter, in deren Folge die Einziehung beschlossen werden soll, soll auch der jeweils andere Gesellschafter vom Stimmrecht ausgeschlossen sein, *Thür. OLG* GmbHR 2002, 115; zust. *Löffler* GmbHR 2002, 117) und Ausschluss aus der Gesellschaft (ausgenommen aus wichtigem Grund), die Abtretungsgenehmigung nach § 15 Abs. 5 (*BGHZ* 48, 163). In Einzelheiten ist vieles umstr. i.Ü. wird auf die Erläuterungen zu den einzelnen Bestimmungen verwiesen.

d) Einleitung oder Erledigung eines Rechtsstreits gegenüber einem Gesellschafter. **51** Der Begriff Rechtsstreit ist weit auszulegen. Er umfasst streitige Verfahren jeder Art sowie Vollstreckungsakte, Arrest und einstweilige Verfügung (Scholz/*K. Schmidt/ Bochmann* § 47 Rz. 127), auch die vorprozessuale Geltendmachung, z.B. Bestellung eines Vertreters nach § 46 Nr. 8 (*BGHZ* 97, 34; *Noack* § 47 Rz. 93), Mahnung, Fristsetzung (*Noack* § 47 Rz. 93; einschränkend Scholz/*K. Schmidt/Bochmann* § 47 Rz. 129). Auch sog. Sozialakte sind betroffen (*Hachenburg/Hüffer* § 47 Rz. 155; Rowedder/ Pentz/*Koppensteiner* § 47 Rz. 75; Scholz/*K. Schmidt/Bochmann* § 47 Rz. 127) oder Prüfung etwaiger Schadensersatzansprüche gegen den betroffenen Gesellschafter (vgl. *BGH* v. 9.7.1990 – II ZR 9/90, ZIP 1990, 1194, 1195; bestätigt in *BGH* v. 7.2.2012 – II ZR 230/09). Der Rechtsstreit muss gegenüber dem Gesellschafter gegeben sein. Es genügt, wenn der Gesellschafter als Dritter nach §§ 64 ff. ZPO am Rechtsstreit beteiligt ist (Rowedder/Pentz/*Koppensteiner* § 47 Rz. 76; Scholz/*K. Schmidt/Bochmann* § 47 Rz. 128). Erledigung des Rechtsstreits ist jede seine Beendigung betreffende Maßnahme, z.B. Klagerücknahme, Vergleich, Erledigung der Hauptsache (*Noack* § 47 Rz. 93; Scholz/*K. Schmidt/Bochmann* § 47 Rz. 130; *Hachenburg/Hüffer* § 47 Rz. 157).

2. Rechtsfolgen des Stimmverbots. Das Stimmverbot hindert den Gesellschafter **52** nicht an der Teilnahme an der Gesellschafterversammlung und an der Beratung (*BGH* WM 1985, 567). Er kann Anträge stellen und Auskunft verlangen. Entgegen dem Stimmverbot abgegebene Stimmen sind nichtig und dürfen nicht mitgezählt werden (*OLG Düsseldorf* GmbHR 2000, 1053; vgl. auch *OLG Düsseldorf* NZG 2000, 1180). Über den Ausschluss vom Stimmrecht entscheidet (zunächst) der Sitzungsleiter. Bei ernstlichen Zweifeln ist vom Fehlen eines Stimmverbots auszugehen; der Gesellschafter ist zur Abstimmung zuzulassen, seine Stimme zählt bei der Beschlussfassung. Die endgültige Entscheidung über den Ausschluss vom Stimmrecht kann nur durch Anfechtung des festgestellten Beschlusses getroffen werden (*BGH* NJW 1986, 2052; *OLG Düsseldorf* GmbHR 1999, 1099; *Lutter/Hommelhoff* § 47 Rz. 51 ff.; Rowedder/Pentz/*Koppensteiner* § 47 Rz. 82; Scholz/*K. Schmidt/Bochmann* § 47 Rz. 275, § 45 Rz. 180); denn ein Verstoß gegen ein Stimmverbot bewirkt lediglich die Anfechtbarkeit, nicht aber, dass die Beschlüsse ohne weiteres als ohne die ausgeschlossene Stimme zustande gekommen behandelt werden können (*BGH* NJW 1986, 2052).

53 Hat die Abtretung eines Geschäftsanteils den Zweck, das Abstimmungsverbot des Abs. 4 zu umgehen, so ist sowohl der Erwerber als auch der Veräußerer vom Stimmrecht ausgeschlossen (*OLG Düsseldorf* NZG 2001, 992). Ein schuldhafter Verstoß gegen das Stimmverbot kann schadensersatzpflichtig machen, z.b. wenn der Versammlungsleiter wider besseres Wissen eine Stimme trotz Stimmverbots mitzählt.

IX. Stimmrechtsmissbrauch

54 Dem Stimmrecht sind immanente Schranken insofern gezogen, als seine Ausübung nicht missbräuchlich sein darf. Es darf nicht zur Verfolgung von Sonderinteressen ausgeübt werden. Die Grenzen des Stimmrechts werden durch die Treuepflicht des Gesellschafters gezogen (*BGH* v. 12.4.2016 – II ZR 275/14 – Grenzen der Treuepflicht; vgl. *Lutter/Hommelhoff* § 47 Rz. 36). Allg. Regeln lassen sich nur sehr schwer aufstellen (vgl. *BGHZ* 76, 352), jedoch muss Sittenwidrigkeit nicht gegeben sein. Stimmmissbrauch ist z.b. gegeben, wenn ein Gesellschafter, der seine Mitgliedschaft gekündigt hat, aber noch nicht ausgeschieden ist, ohne vernünftigen Grund gegen die von anderen Gesellschaftern vorgeschlagenen Maßnahmen stimmt, die seine Vermögensinteressen in keiner Weise berühren (*BGHZ* 83, 328, s. auch *BGH* v. 4.5.2009 – II ZR 168/07).

55 Eine **rechtsmissbräuchlich abgegebene Stimme** ist unwirksam (*BGHZ* 102, 172; *BGH* GmbHR 1991, 569; *OLG Hamburg* GmbHR 1992, 43; *Scholz/K. Schmidt/Bochmann* § 47 Rz. 32); sie darf nicht mitgezählt werden (*BGHZ* 102, 172; *OLG Hamburg* GmbHR 1992, 43; *K. Schmidt* GmbHR 1992, 11). Es kann sich um Ja- oder Neinstimmen handeln (*OLG Hamburg* GmbHR 1992, 47; *OLG Düsseldorf* DB 1994 1029). Es bleibt zunächst dem Versammlungsleiter vorbehalten, die Stimmen mitzuzählen oder sie zu ignorieren und das Beschlussergebnis entspr. festzustellen. Ist ein positiver Beschluss auf Grund einer treuwidrigen Gegenstimme nicht zustande gekommen, so muss die positive Stimmpflicht prozessual durchgesetzt werden (*BGH* GmbHR 1990, 454).

56 Liegt eine förmliche Beschlussfeststellung vor, ist der Beschluss bei Mitzählung einer treuwidrigen Stimme mangelhaft und anfechtbar (*BGHZ* 76, 357; 80, 71; 88, 320; *OLG Hamburg* GmbHR 1992, 43; *Lutter/Hommelhoff* § 47 Rz. 52; *Scholz/K. Schmidt/ Bochmann* § 47 Rz. 32). Anfechtbarkeit ist nicht gegeben, wenn der Beschluss auch ohne die missbräuchliche Stimme zustande gekommen wäre (*BGHZ* 14, 264; *BGH* GmbHR 1990, 162).

57 Fehlt eine verbindliche Beschlussfeststellung, ist anstelle einer Anfechtungsklage auch eine Feststellungsklage dahin, dass der Beschluss gefasst wurde, zulässig (vgl. *BGH* GmbHR 1996, 47; *Scholz/K. Schmidt/Bochmann* § 47 Rz. 32).

58 Zur Durchsetzung der Treuepflicht der Gesellschafter ist **vorläufiger Rechtsschutz** zulässig (*Scholz/K. Schmidt/Bochmann* § 47 Rz. 32; *OLG Hamburg* GmbHR 1991, 467; a.A. *OLG Koblenz* GmbHR 1991, 21), im Allg. i.S.d. Verbots eines treuwidrigen Abstimmungsverhaltens, ausnahmsweise auch im Sinne eines bestimmten Abstimmungsverhaltens (*Scholz/K. Schmidt/Bochmann* § 47 Rz. 32).

59 Die treuwidrige Stimmabgabe kann zu **Schadensersatzansprüchen** führen (a.M., vgl. *Scholz/K. Schmidt/Bochmann* § 47 Rz. 33; *Noack* § 47 Rz. 109; *Hachenburg/Hüffer* § 47 Rz. 196), sowohl der Gesellschaft als auch der Mitgesellschafter. Verschuldensmaßstab ist grds. § 276 BGB (*Noack* § 47 Rz. 109; a.A. *Schneider* ZGR-Sonderheft 6,

131 zur Haftung bei Vorsatz im Rahmen des § 826 BGB). Ist rechtzeitige Anfechtung des Gesellschafterbeschlusses versäumt worden, kann Schadensersatzanspruch nach § 254 BGB eingeschränkt sein (Scholz/K. Schmidt/Bochmann § 47 Rz. 33; a.A. Hachenburg/Hüffer § 47 Rz. 196 – kein Schadensersatzanspruch). Kein Schadensersatzanspruch, wenn Gesellschafter dem Beschluss zugestimmt haben (Noack § 47 Rz. 109).

X. Beschlussfeststellung – Beschlussfeststellungsklage

Die Beschlussfeststellung ist die förmliche Feststellung und Verkündung des Abstimmungsergebnisses durch den Versammlungsleiter (OLG München GmbHR 1996, 231). Ihr stehen gleich die Dokumentation des Beschlusses nach § 48 Abs. 3 (BayObLG GmbHR 2001, 72). Zur Beschlussfeststellung vgl. näher § 48 Rz. 12 ff. Eine Beschlussfeststellung durch notarielle Beurkundung ist zwar von Gesetzes wegen nicht vorgesehen, einem Gesellschafter wird man ein solches Recht zugestehen müssen, wenn er die Kosten übernimmt (vgl. Scholz/K. Schmidt/Bochmann § 48 Rz. 38). Ein von einem Notar beurkundeter Gesellschafterbeschluss steht einem vom Versammlungsleiter festgestellten Beschluss gleich (BayObLG GmbHR 1992, 41; zweifelnd Werner GmbHR 2006, 132). **60**

Die Wirksamkeit eines gefassten Beschlusses tritt auch ohne förmliche Feststellung oder Protokollierung ein (BGHZ 88, 329; BGH GmbHR 2007, 262); es kann daher ein Gesellschafterbeschluss konkludent zustande kommen (OLG Hamm NZG 2000, 1186; Noack § 47 Rz. 26; Scholz/K. Schmidt/Bochmann § 48 Rz. 57; Hachenburg/Hüffer § 48 Rz. 26). Das gilt auch für die Feststellung des Jahresabschlusses (BGH WM 1985, 569). Die Satzung kann jedoch festlegen, dass Gesellschafterbeschlüsse nur bei Ergebnisfeststellung wirksam werden (Noack § 47 Rz. 27). **61**

Ein vom Versammlungsleiter festgestellter Beschluss ist mit seinem ausgewiesenen Inhalt vorläufig verbindlich. Er kann regelmäßig nur durch Anfechtung beseitigt werden (BGH GmbHR 1988, 304; BayObLG GmbHR 1992, 306). Nur ein festgestellter Gesellschafterbeschluss soll nach Ansicht des BGH (vgl. GmbHR 1999, 478; GmbHR 2008, 427) angefochten werden können. Das erscheint zweifelhaft. Entscheidend kann meines Erachtens nur sein, ob nachweislich ein Gesellschafterbeschluss vorliegt (vgl. BGH GmbHR 2007, 262). Die Verbindlichkeit gilt auch gegenüber dem Registergericht (BGH GmbHR 1993, 741). **62**

Eine Beschlussfeststellungsklage kann sowohl bei förmlicher Feststellung als auch bei nicht förmlicher Feststellung in Betracht kommen (Noack Anh. § 47 Rz. 124 m.w.N.; § 256 ZPO, § 248 AktG analog). Sie ist erforderlich, wenn allein mit der Anfechtung des Gesellschafterbeschlusses das angestrebte Ziel nicht erreicht werden kann, z.B. weil der Beschluss in veränderter Form fortbestehen, aber nicht aufgehoben werden soll (vgl. OLG Düsseldorf GmbHR 1999, 1098; Lutter/Hommelhoff Anh. § 47 Rz. 52). Bei förmlicher Beschlussfeststellung ist die Beschlussfeststellungsklage nur in Verbindung mit einer Anfechtungsklage zulässig (BGHZ 88, 320; 97, 28). Bei nicht förmlicher Feststellung ist eine isolierte Feststellungsklage zulässig, da ein Gesellschafterbeschluss, der angefochten werden könnte, nicht vorhanden ist. Ziel der Feststellungsklage ist die verbindliche Feststellung des Abstimmungsergebnisses (positive oder negative Feststellung, vgl. BGHZ 76, 156; BGH GmbH 1996, 47; OLG München GmbHR 1996, 452). **63**

64 Die isolierte Feststellungsklage ist zeitnah zu erheben; eine besondere Frist ist nicht zu beachten (*BGH* DStR 1999, 769), wohl aber die Verwirkung (*BGH* GmbHR 2008, 427). Prozessgegner ist die GmbH. Sie kann über den Beschluss nicht verfügen, so dass eine Anerkennung durch sie nicht möglich ist (*OLG München* GmbHR 1996, 452). Jeder Gesellschafter kann als streitgenössischer Nebenintervenient der Gesellschaft auftreten (*Emde* ZIP 1998, 1475).

65 Die Gesellschafter sind von den Geschäftsführern von der Anfechtungsklage zu informieren (*Lutter/Hommelhoff* Anh. § 35 ff.; *Scholz/K. Schmidt/Bochmann* § 45 Rz. 182; *Emde* a.a.O.; evtl. auch das Gericht, vgl. *Altmeppen* § 47 Rz. 156; *Emde* a.a.O.). Die rechtskräftige Entscheidung bei isolierter Feststellungsklage wirkt (§ 248 AktG analog) zwischen den Gesellschaftern, ihren Organen und der Gesellschaft wie bei einer mit Anfechtungsklage verbundenen positiven Feststellungsklage (*OLG München* GmbHR 1996, 452).

XI. Fehlerhafte Gesellschafterbeschlüsse

66 **1. Anwendbare Vorschriften.** Gesellschafterbeschlüsse sind zwar als Rechtsgeschäfte zu qualifizieren (vgl. Rz. 4), jedoch lassen sich bei Mängeln auftretende Probleme nicht mit den allg. Vorschriften über Rechtsgeschäfte lösen. Im AktG wurde eine Spezialregelung durch den Gesetzgeber herbeigeführt. Für die GmbH fehlt eine entspr. gesetzliche Regelung. Nach allg. Ansicht sind die §§ 241 ff. des AktG analog anwendbar, soweit sie mit der Regelungsstruktur der GmbH vereinbar sind (*BGHZ* 11, 231; 51, 210; 108, 21; *Lutter/Hommelhoff* Anh. § 47 Rz. 1; *Rowedder/Pentz/Koppensteiner* § 47 Rz. 86; *Noack* Anh. § 47 Rz. 1; *Scholz/K. Schmidt/Bochmann* § 45 Rz. 36). Nicht anwendbar ist § 246 AktG (Klagefrist, vgl. *BGHZ* 104, 69; *BGH* WM 1992, 2010; *Steinmeyer/Seidel* DStR 1999, 2077).

67 Nicht anfechtbar sind Gesellschafterbeschlüsse, in denen lediglich die Satzung ausgelegt wird. Es besteht für eine Anfechtung kein Rechtsschutzbedürfnis, da eine spätere Auslegung durch ein Gericht ohne Einschränkung zulässig ist (*OLG München* NZG 2001, 762). Die „Auslegung" der Satzung ist von einer Satzungsänderung abzugrenzen.

68 **2. Arten fehlerhafter Gesellschafterbeschlüsse – Begriffsbestimmungen. Fehlerhafte Beschlüsse lassen sich wie folgt einteilen in:**
(1) **nichtige Beschlüsse**; sie enthalten Fehler, die den Beschluss ipso jure nichtig machen. Für die Nichtigkeit gilt das Enumerationsprinzip (§ 241 AktG). Eine Erweiterung der Nichtigkeitsgründe ist ausgeschlossen. Auf die Nichtigkeit kann sich jedermann ohne weiteres berufen (*Noack* Anh. § 47 Rz. 1, 17; *Altmeppen* § 47 Rz. 91);

69 (2) **anfechtbare Beschlüsse**; sie enthalten Fehler, die den Beschluss nicht nichtig, aber durch Anfechtung vernichtbar machen;

70 (3) **unwirksame Beschlüsse**; das sind Beschlüsse, denen ein Wirksamkeitserfordernis fehlt (vgl. *Lutter/Hommelhoff* Anh. § 47 Rz. 2, 3; *Noack* Anh. § 47 Rz. 1, 20; *Scholz/K. Schmidt/Bochmann* § 45 Rz. 37; *Rowedder/Pentz/Koppensteiner* § 47 Rz. 88; *Altmeppen* § 47 Rz. 91).

71 Von fehlerhaften Beschlüssen sind **schwebend unwirksame Beschlüsse** zu unterscheiden, deren Wirksamkeit vom Eintritt weiterer Umstände aufschiebend bedingt abhängt, z.B. bei Entzug von Sonderrechten, solange die Zustimmung des betroffenen Gesellschafters fehlt (*Lutter/Hommelhoff* Anh. § 47 Rz. 3; *Altmeppen* § 47 Rz. 92). Der

Beschluss wird endgültig wirksam, wenn das Wirksamkeitserfordernis nachträglich eintritt; er wird endgültig unwirksam, wenn der Eintritt des Wirksamkeitserfordernisses ausgeschlossen ist (z.b. wenn eine erforderliche behördliche Genehmigung unanfechtbar abgelehnt worden ist).

3. Nichtige Beschlüsse. – a) Nichtigkeitsgründe – Wirkung der Nichtigkeit. Für die **72** Nichtigkeit von Gesellschafterbeschlüssen gilt das Enumerationsprinzip: nur die im Gesetz – § 241 AktG gilt analog für die GmbH – aufgezählten Gründe führen die Nichtigkeit herbei (*BGHZ* 51, 210; *Lutter/Hommelhoff* Anh. § 47 Rz. 10; *Scholz/ K. Schmidt/Bochmann* § 45 Rz. 63; vgl. auch *BGHZ* 105, 373). Besondere Fälle der Nichtigkeit enthalten §§ 57j S. 2; § 57n Abs. 2 S. 3 und 4 (s. § 57j und § 57n). Der Gesellschaftsvertrag kann die Nichtigkeitsgründe weder erweitern noch einschränken (*Lutter/Hommelhoff* Anh. § 47 Rz. 1). Ein Verstoß gegen eine Satzungsbestimmung macht einen Gesellschafterbeschluss nicht nichtig (*BGHZ* 134, 364 – Tomberger II).

Der Nichtigkeitsgrund macht den Beschluss von Anfang an unwirksam. Auf die Nichtig- **73** keit kann sich jedermann berufen. Organe haben die Nichtigkeit zu beachten; sie dürfen nichtige Beschlüsse nicht ausführen (z.b. nicht zum HR anmelden). Nichtige Beschlüsse dürfen nicht in das HR eingetragen werden (*OLG Köln* GmbHR 1993, 164; *Noack* Anh. § 47 Rz. 23; Rowedder/Pentz/*Koppensteiner* § 47 Rz. 111). Auf den nichtigen Beschluss kann sich auch der Gesellschafter berufen, der für ihn gestimmt hat. Die Nichtigkeit tritt in jedem Fall ein; es kommt nicht darauf an, ob der Mangel für die Entscheidung der Gesellschafter kausal war (*Lutter/Hommelhoff* Anh. § 47 Rz. 10).

b) Nichtigkeitsgründe im Einzelnen. – aa) Einberufungsmängel (§ 241 Nr. 1 AktG ana- 74 log). Der in der Gesellschafterversammlung gefasste Beschluss ist nichtig, wenn die Gesellschafterversammlung nicht ordnungsgemäß einberufen war, es sei denn, dass alle Gesellschafter erschienen oder vertreten waren (*BGHZ* 87, 2; *OLG Düsseldorf* GmbHR 1996, 447; *OLG Brandenburg* GmbHR 2005, 995; *Lutter/Hommelhoff* Anh. § 47 Rz. 12; *Hachenburg/Raiser* Anh. § 47 Rz. 33; *Noack* Anh. § 47 Rz. 45; *Scholz/ K. Schmidt/Bochmann* § 45 Rz. 64).

Ein zur Nichtigkeit führender Mangel liegt vor, (1) wenn ein Unbefugter die Gesell- **75** schafterversammlung einberufen hat (vgl. § 121 Abs. 2 AktG, *BGHZ* 87, 1; *OLG Schleswig* NZG 2000, 318). Zur Einberufungsbefugnis vgl. §§ 49, 50, (2) wenn nicht sämtliche nach § 16 angemeldeten Gesellschafter eingeladen waren oder eine Ladung überhaupt unterblieben ist (*OLG Düsseldorf* GmbHR 1996, 447; *BGHZ* 49, 189); der Nichtladung steht es gleich, wenn dem Gesellschaft die Teilnahme faktisch unmöglich gemacht wird. Das ist der Fall, wenn die Ladung per E-Mail in den Abendstunden des Vortags auf den frühen Vormittag des nächsten Tages erfolgt (*BGH* NZG 2006, 350). (3) wenn die Einladung nicht in der vorgeschriebenen Form (vgl. § 51 Rz. 1 ff.) erfolgt. Der Mangel der Einladung eines Gesellschafters genügt zur Nichtigkeit (*Scholz/ K. Schmidt/Bochmann*§ 51 Rz. 51; *Lutter/Hommelhoff* Anh. § 47 Rz. 12), (4) wenn Ort und Zeit der Gesellschafterversammlung (vgl. § 48 Rz. 25 ff.) nicht angegeben sind (*Lutter/Hommelhoff* Anh. § 47 Rz. 12), (5) ein Beschluss in einer vom Geschäftsführer abgesetzten Gesellschafterversammlung gefasst wird; das gilt auch bei Einberufung nach § 50 Abs. 1, nicht jedoch bei § 50 Abs. 3 (*OLG Hamburg* GmbHR 1997, 795).

Nichtigkeit tritt nicht ein, (1) wenn die Ladung eines Gesellschafters bei einer eher **76** publikumsorientierten Gesellschaft versehentlich unterblieben ist und das Fehlen des Gesellschafters unter keinem möglichen Gesichtspunkt das Abstimmungsergebnis beeinflusst hat (*Lutter/Hommelhoff* Anh. § 47 Rz. 12), (2) bei Verletzung der Ladungs- und Ankündigungsfrist nach § 51 Abs. 1 und 3, (3) wenn die Beschlussgegenstände nicht oder nicht ordnungsgemäß angekündigt worden sind, (4) wenn die Gesellschafterversammlung an einen unzulässigen Ort einberufen wurde (*OLG Celle* GmbHR 1997, 748; vgl. auch *BGH* GmbHR 1987, 424).

77 Bei schriftlicher Beschlussfassung (§ 48 Abs. 2) liegt Nichtigkeit vor, wenn nicht sämtliche zur Beschlussfassung berufenen Gesellschafter dazu aufgerufen oder ihnen nicht die Beschlussanträge mitgeteilt werden (*Lutter/Hommelhoff* Anh. § 47 Rz. 13).

78 **bb) Beurkundungsmängel (§ 241 Nr. 2 AktG analog).** Beschlüsse der Hauptversammlung einer AG sind grds. notariell zu beurkunden (§ 130 AktG). Eine solche generelle Beurkundungspflicht besteht für die GmbH nicht. Das GmbHG sieht eine Beurkundungspflicht nur für satzungsändernde Beschlüsse vor (§ 53). Weitgehende Beurkundungspflicht ergibt sich aus dem UmwG (vgl. § 233 UmwG). Nur insoweit kommt eine Nichtigkeit in Betracht. Ein Verstoß gegen zwingende Vorschriften des Beurkundungsgesetzes führt zur Nichtigkeit (*OLG Köln* GmbHR 1991, 165).

79 **cc) Wesensfremder oder schutzrechtswidriger Gesellschafterbeschluss (§ 241 Nr. 3 AktG analog.** Ein Gesellschafterbeschluss ist nichtig, wenn er mit dem Wesen der GmbH nicht vereinbar ist oder seinem Inhalt nach Vorschriften verletzt, die ausschließlich oder überwiegend dem Gläubigerschutz dienen oder sonst im öffentlichen Interesse erlassen sind. In beiden Fällen muss der Inhalt des Beschlusses zu beanstanden sein (vgl. *Lutter/Hommelhoff* Anh. § 47 Rz. 16; vgl. auch *OLG München* GmbHR 1995, 232). Mit dem Wesen der GmbH unvereinbar sind Beschlüsse (in erster Linie kommen satzungsändernde Beschlüsse in Betracht), die die eigene Rechtspersönlichkeit der GmbH missachten (z.B. die persönliche Haftung vorsehen), in unentziehbare Minderheitsrechte eingreifen. Inwieweit unentziehbare Individualrechte der Gesellschafter zum Wesen der GmbH gehören, ist umstr. (bejahend *Lutter/Hommelhoff* Anh. § 47 Rz. 17; a.A. einschränkend *Noack* Anh. § 47 Rz. 50).

80 Vorschriften zum Schutz der Gläubiger sind alle Regelungen der Kapitalaufbringung und Kapitalerhaltung (z.B. §§ 30, 31). Zu den Vorschriften im öffentlichen Interesse gehören z.B. die Eignungsvoraussetzungen für Geschäftsführer (§ 6 Abs. 2) oder die Mitbestimmungsregelungen (*Lutter/Hommelhoff* Anh. § 47 Rz. 18; *Altmeppen* § 47 Rz. 97 f.; *Noack* Anh. § 47 Rz. 51; *BGHZ* 89, 50).

81 **dd) Beschlüsse, die ihrem Inhalt nach gegen ein gesetzliches Verbot oder gegen die guten Sitten verstoßen (§ 241 Nr. 4 AktG analog).** Nichtigkeit des Gesellschafterbeschlusses tritt nur ein, wenn er seinem Inhalt nach gegen die guten Sitten verstößt. Das sittenwidrige Verfahren oder das sittenwidrige Motiv aller oder einzelner Gesellschafter an der Beschlussfassung reicht nicht aus (vgl. *OLG München* GmbHR 1995, 232; *OLG Nürnberg* NZG 2000, 702; *Lutter/Hommelhoff* Anh. § 47 Rz. 49, 51; *Scholz/K. Schmidt/ Bochmann* § 45 Rz. 76; einschränkend *Noack* Anh. § 47 Rz. 55). Nicht jeder Verstoß gegen die guten Sitten führt zur Nichtigkeit (*Lutter/Hommelhoff* Anh. § 47 Rz. 47 ff.). Es muss sich um einen schweren Verstoß handeln, der eine bloße Anfechtbarkeit nicht ausreichend erscheinen lässt (*Scholz/K. Schmidt/Bochmann* § 45 Rz. 76).

82 Ein Gewinnverwendungsbeschluss ist nicht wegen eines Verstoßes gegen §§ 134, 138 BGB nichtig, weil die Beteiligten mit der von ihnen gewählten Gestaltung Steuern haben sparen wollen. Nur solche Abreden, die zur Verkürzung von Steuern führen,

sind insgesamt nichtig, deren Hauptzweck auf die Steuerhinterziehung gerichtet ist (*BGHZ* 14, 26; *BGH* GmbHR 1997, 790).

ee) Nichtigkeit durch Urteil im Anfechtungsverfahren. Ein anfechtbarer Beschluss **83** ist nichtig, wenn er auf Anfechtungsklage hin durch rechtskräftiges Urteil für nichtig erklärt wird (§ 241 Nr. 5 AktG analog). Vgl. Rz. 142.

ff) Nichtigkeit durch Löschung im Handelsregister. Ein Gesellschafterbeschluss ist **84** nichtig, wenn er nach § 398 FamFG – früher § 144 Abs. 2 FGG – auf Grund rechtskräftiger Entscheidung als nichtig gelöscht worden ist (§ 241 Nr. 6 AktG analog).

Ein nichtiger Beschluss darf nicht im HR eingetragen werden (*Noack* Anh. § 47 **85** Rz. 68; *Scholz/K. Schmidt/Bochmann* § 45 Rz. 83). Der Nichtigkeitsmangel wird durch die Eintragung geheilt (vgl. näher *Scholz/K. Schmidt/Bochmann* § 45 Rz. 83, 89; sowie *Noack* Anh. § 47 Rz. 74), das Registergericht hat jedoch eine Prüfungspflicht diesbezüglich (*Noack* Anh. § 47 Rz. 68) und hat die Eintragung zu löschen, wenn der Beschluss durch seinen Inhalt (nicht aus anderen Gründen, *Rowedder/Pentz/Zimmermann* § 54 Rz. 36; *Noack* Anh. § 47 Rz. 57, 68) zwingende Vorschriften verletzt und seine Beseitigung im öffentlichen Interesse erforderlich erscheint (*Scholz/K. Schmidt/Bochmann* § 45 Rz. 83).

c) Teilnichtigkeit. Stehen auf der Tagesordnung der Gesellschafterversammlung meh- **86** rere Beschlussgegenstände an, haben die Gesellschafter bzw. der Versammlungsleiter die Wahl, entweder gemeinsam über alle Tagesordnungspunkte abzustimmen (so dass nur ein Beschluss gefasst wird) oder gesondert über jeden Tagesordnungspunkt abzustimmen und Beschluss zu fassen (jeder Tagesordnungspunkt führt zu einem Beschluss im Rechtssinne). Welches Verfahren eingeschlagen wird, hängt von verschiedenen Umständen ab. Es würde meines Erachtens der Treuepflicht widersprechen, wenn über mehrere Gegenstände gemeinsam abgestimmt würde, wenn für einen Gesellschafter ein Stimmverbot besteht, das sich jedoch nur auf einen bestimmten Tagesordnungspunkt erstreckt, der damit auch für die anderen Tagesordnungspunkte ausgeschlossen wäre.

Die Frage der Teilnichtigkeit stellt sich im eigentlichen Sinne wohl nur, wenn mehrere **87** (verschiedene) Tagesordnungspunkte in einem Beschluss zusammengefasst werden. Die Folgen einer Teilnichtigkeit richten sich nach § 139 BGB (*BGH* NJW 1988, 1214; *OLG München* DB 1993, 925; *Scholz/K. Schmidt/Bochmann* § 45 Rz. 42; *Lutter/Hommelhoff* Anh. § 47 Rz. 25). Ist ein Teil des Beschlusses nichtig, so ist der ganze Beschluss nichtig, wenn nicht anzunehmen ist, dass er auch ohne den nichtigen Teil zustande gekommen wäre (vgl. *Scholz/K. Schmidt/Bochmann* § 45 Rz. 42; *OLG Stuttgart* GmbHR 1992, 49).

Von der Teilnichtigkeit ist der Fall zu unterscheiden, dass bei mehreren in einer **88** Gesellschafterversammlung gefassten Beschlüssen die Nichtigkeit eines Beschlusses die Wirksamkeit eines anderen Beschlusses tangiert. Ein solcher Zusammenhang kann sich aus der Sache ergeben (*Scholz/K. Schmidt/Bochmann* § 45 Rz. 42); er kann von den Gesellschaftern ausdrücklich oder konkludent hergestellt werden. Die Ergebnisverwendung ist z.B. nichtig, wenn die Feststellung des Jahresabschlusses nichtig ist. § 139 BGB findet auf diese Fälle keine Anwendung.

d) Heilung von Nichtigkeitsmängeln. Die Heilung von Mängeln des Gesellschafter- **89** beschlusses ist von der Heilung von Mängeln vor der Beschlussfassung zu unterscheiden. Ein Mangel des Beschlusses liegt z.B. nicht vor, wenn sich die Gesellschafter trotz

der Einberufungsmängel rügelos auf die Abstimmung einlassen (Scholz/*K. Schmidt*/
Bochmann § 45 Rz. 85).

90 Die **Nichtigkeit von Einberufungsmängeln** wird geheilt, wenn die in der Gesellschafterversammlung nicht erschienenen bzw. nicht vertretenen Gesellschafter nachträglich den
Beschluss genehmigen (Scholz/*K. Schmidt*/*Bochmann* § 45 Rz. 87; vgl. auch *OLG Frankfurt* GmbHR 1984, 100: Geltendmachung der Nichtigkeit ausgeschlossen, wenn der
Gesellschafter die Beschlussfassung unverzüglich genehmigt). Der Einwand (vgl. *Noack*
Anh. § 47 Rz. 17 ff.), dass ein nichtiges Rechtsgeschäft nicht genehmigungsfähig sei, sondern vielmehr (vgl. § 141 Abs. 1 BGB) dessen Neuvornahme erfordere (Wirkung ex
nunc), ist zwar im Prinzip berechtigt, schließt aber die Argumentation des OLG Frank-
furt (GmbHR 1984, 100) nicht aus. Außerdem ist durch § 242 Abs. 2 S. 4 AktG (eingefügt
durch das G v. 2.8.1994), der für die GmbH analog gilt (vgl. *Noack* Anh. § 47 Rz. 75), die
Genehmigungsfähigkeit für bestimmte Fälle der Nichtigkeit nun gesetzlich bestimmt.
Die Nichtigkeit wird geheilt, wenn nicht innerhalb der Dreijahresfrist (§ 242 Abs. 2
AktG analog) ab Eintragung in das HR die Anfechtung bzw. Geltendmachung der
Nichtigkeit erfolgt (*BGHZ* 80, 216; *OLG Schleswig* NZG 2000, 896).

91 Die **mangelnde Beurkundung** von Gesellschafterbeschlüssen wird durch die Eintra-
gung geheilt (§ 242 Abs. 1 AktG analog; vgl. *Lutter/Hommelhoff* Anh. § 47 Rz. 26;
Rowedder/Pentz/Koppensteiner § 47 Rz. 93; *Noack* Anh. § 47 Rz. 73; Scholz/*K. Schmidt*/
Bochmann § 45 Rz. 75).

92 Die **Nichtigkeit eintragungspflichtiger Beschlüsse** (z.B. Satzungsänderung) nach § 241
Nr. 1, 3 oder 4 AktG kann in entspr. Anwendung des § 241 Abs. 2 S. 1 AktG nicht
mehr geltend gemacht werden, wenn seit der Eintragung in das HR **drei Jahre** verstrichen sind (vgl. *BGHZ* 80, 216; *BGH* GmbHR 2000, 822; *BayObLG* GmbHR 1991,
573; *OLG Düsseldorf* GmbHR 1990, 266; Scholz/*K. Schmidt*/*Bochmann* § 45 Rz. 89)
und eine Nichtigkeitsklage vor Ablauf nicht erhoben worden ist (Scholz/*K. Schmidt*/
Bochmann § 45 Rz. 89). Die Frist kann nur durch Erhebung der Nichtigkeitsklage
gewahrt werden, nicht in sonstiger Weise (z.B. durch eine Feststellungsklage nach
§ 256 ZPO oder durch Geltendmachung als Vorfrage in einem Zivilprozess, vgl.
Rowedder/Pentz/Koppensteiner § 47 Rz. 94; *Lutter/Hommelhoff* Anh. § 47 Rz. 30;
Scholz/*K. Schmidt*/*Bochmann* § 45 Rz. 89), weil nur auf diesem Wege die Nichtigkeit
mit Wirkung für und gegen jedermann festgestellt werden kann (vgl. *BGH* WM 1984,
473; *Hachenburg/Raiser* Anh. § 47 Rz. 81; *Lutter/Hommelhoff* Anh. § 47 Rz. 29 ff.;
Scholz/*K. Schmidt*/*Bochmann* § 45 Rz. 94). Es genügt, wenn die Nichtigkeitsklage bei
Ablauf der Frist rechtshängig ist (§ 242 Abs. 2 S. 2 AktG analog, vgl. Scholz/*K. Schmidt*/
Bochmann § 45 Rz. 89). Es ist ausreichend, wenn die Klage rechtzeitig eingereicht und
demnächst zugestellt wird (§ 270 Abs. 3 ZPO; vgl. Scholz/*K. Schmidt*/*Bochmann* § 45
Rz. 89; vgl. auch *BGH* NJW 1989, 904 zum AktG).

93 Der Ablauf der Frist schließt eine Amtslöschung nach § 395 FamFG – früher § 142
Abs. 1 und § 398 FamFG – früher § 144 Abs. 2 FGG – nicht aus (§ 242 Abs. 2 S. 3 AktG;
BGHZ 99, 217; *BGH* GmbHR 2000, 823; vgl. *Noack* Anh. § 47 Rz. 75). Das gilt auch
für Satzungsänderungen bzw. für nichtige Bestimmungen der ursprünglichen Satzung
(*BGH* GmbHR 2000, 823).

94 **e) Nichtigkeitsklage.** Der Nichtigkeitsantrag schließt den Anfechtungsantrag ein
(*BGHZ* 134, 366; *BGH* NJW 2004, 3562; *OLG Düsseldorf* GmbHR 2005, 1353), da
beide dasselbe materielle Ziel, die richterliche Klärung der Nichtigkeit des Gesell-

schafterbeschlusses, verfolgen. Für die Nichtigkeitsklage gilt § 249 AktG analog (a.M., vgl. *OLG Düsseldorf* GmbHR 1996, 444; für Organe der Gesellschaft unter Anwendung des § 249 Abs. 1 AktG; allg. *OLG Brandenburg* GmbHR 2005, 995; *Scholz/K. Schmidt/Bochmann* § 45 Rz. 44; *Noack* Anh. § 47 Rz. 69).

aa) Feststellungsinteresse – Aktivlegitimation. Zur Erhebung der Nichtigkeitsklage **95** bedarf es keines besonderen Feststellungsinteresses (*BGHZ* 43, 265; *OLG Düsseldorf* GmbHR 1996, 446; 2000, 1052; *OLG Brandenburg* GmbHR 2005, 994).

Aktiv legitimiert ist zunächst jeder Gesellschafter i.S.d. § 16 (*BGH* GmbHR 2008, 426; **96** GmbHR 2009, 40: Dritte nicht legitimiert; *OLG Schleswig* NZG 2000, 895; *Noack* Anh. § 47 Rz. 69; *Lutter/Hommelhoff* Anh. § 47 Rz. 32), auch wenn er dem Beschluss zugestimmt hat. Die Geschäftsführer können Nichtigkeitsklage erheben, jedenfalls dann, wenn sie sich durch die Ausführung schadensersatzpflichtig (§ 43 Abs. 3) oder strafbar machen würden (insoweit a.M., vgl. *Noack* Anh. § 47 Rz. 69; *Rowedder/Pentz/Koppensteiner* § 47 Rz. 142; *Lutter/Hommelhoff* Anh. § 47 Rz. 29). Weitergehend – nämlich generelle Aktivlegitimation – ein großer Teil des Schrifttums (vgl. *Noack* Anh. § 47 Rz. 69; *Rowedder/Pentz/Koppensteiner* § 47 Rz. 142). Die Klagebefugnis eines Organs endet mit Beendigung der Organstellung (*OLG Brandenburg* GmbHR 2005, 995); zulässig bleibt jedoch eine Feststellungsklage, dass der Beschluss nichtig sei (*OLG Brandenburg* GmbHR 2005, 995; *Scholz/K. Schmidt/Bochmann* § 45 Rz. 134).

Aufsichtsratmitglieder können nach § 245 Nr. 5 AktG (analog) anfechtungsberechtigt **97** sein (näher vgl. *Noack* Anh. § 47 Rz. 69).

Die Erhebung der Nichtigkeitsklage setzt i.d.R. eine Abmahnung (den Beschluss auf- **98** zuheben) nicht voraus (vgl. *OLG Frankfurt* GmbHR 1993, 224).

Die Klage darf nicht rechtsmissbräuchlich sein, (z.B. wenn sich der Kläger eine unbe- **99** gründete und objektiv unsachgemäße Klage abkaufen lassen will, vgl. *BGHZ* 107; 296; *BGH* NJW 1990, 322).

bb) Passivlegitimation. Die Klage ist gegen die Gesellschaft, vertreten durch die **100** Geschäftsführer, zu richten (*OLG Brandenburg* GmbHR 2005, 994), zu richten (*BGH* NJW 1981, 1041; *OLG Hamm* GmbHR 1985, 119; *OLG Hamburg* GmbHR 1992, 43; *Lutter/Hommelhoff* Anh. § 47 Rz. 32). Die Geschäftsführer haben die Gesellschafter von der Klageerhebung zu unterrichten (vgl. § 246 Abs. 4 AktG; *BGHZ* 97, 28). Die nicht klagenden Gesellschafter können sich der Klage als streitgenössische Nebenintervenienten (§ 69 ZPO) anschließen. Jeder Gesellschafter kann auf Seiten der Gesellschaft dem Rechtsstreit beitreten (streitgenössischer Nebenintervenient, § 69 ZPO), weil das ergehende Urteil auch ihm gegenüber wirkt. Ein Rechtsmittelverzicht der Gesellschaft wirkt nicht gegen ihn. Im Einzelnen vgl. *BGH* GmbHR 2008, 661. Vertreten wird die Gesellschaft durch ihre Geschäftsführer. Der Rechtsstreit wird durch die Eröffnung des Insolvenzverfahrens über das Vermögen der GmbH nicht unterbrochen (*OLG München* GmbHR 1995, 232).

cc) Wirkung der gerichtlichen Entscheidung. Das die Nichtigkeit des Gesellschafter- **101** beschlusses feststellende Urteil wirkt mit **Rechtskraft gegen alle Gesellschafter** sowie gegen **alle Organe der Gesellschaft** und ihre Mitglieder, auch soweit sie nicht Partei gewesen sind (§ 248 Abs. 1 S. 1 AktG analog). Bei Klageabweisung beschränkt sich die Rechtskraft auf die Prozessparteien (*Lutter/Hommelhoff* Anh. § 47 Rz. 31, 32). Eine **Anmeldung zum HR** ist nur dann vorzunehmen, wenn ein anmeldepflichtiger

Beschluss Gegenstand der Klage war (§ 248 Abs. 1 S. 2 und 3 AktG analog, vgl. *Lutter/ Hommelhoff* Anh. § 47 Rz. 39).

102 **f) Nichtigkeitsfeststellungsklage.** Die Klage auf Feststellung der Nichtigkeit eines Gesellschafterbeschlusses kann jeder erheben, der ein Feststellungsinteresse nach § 256 ZPO hat (*BGH* GmbHR 2009, 40; *OLG Düsseldorf* GmbHR 1996, 450; *Noack* Anh. § 47 Rz. 69). Die Feststellungsklage wird durch die Nichtigkeitsklage nicht ausgeschlossen (§ 249 Abs. 1 S. 2 AktG analog). Die Feststellungsklage gewinnt vor allen dann Bedeutung, wenn der Kläger zur Erhebung der Nichtigkeitsklage nicht berechtigt ist. Mit Abweisung einer negativen Feststellungsklage steht positiv fest, dass der Erfolg (z.B. Einziehung eines Geschäftsanteils) eingetreten ist (vgl. *OLG Schleswig* NZG 2000, 704).

103 Dem Feststellungsinteresse als Prozessvoraussetzung kommt nur Bedeutung für ein stattgebendes Urteil zu. Fehlt ein Anspruchsgrund, ist die Feststellungsklage als unbegründet abzuweisen (*OLG Düsseldorf* GmbHR 1996, 450).

104 **4. Anfechtbare Gesellschafterbeschlüsse. – a) Abgrenzung zu nichtigen Beschlüssen – Anwendbare Vorschriften.** Auf die Anfechtung von Gesellschafterbeschlüssen finden die §§ 243 ff. AktG analog Anwendung, soweit sie dem Wesen der GmbH nicht widersprechen (allg. M., vgl. *BGHZ* 51, 210; *BGH* NZG 1999, 723; *Scholz/K. Schmidt/Bochmann* § 45 Rz. 45; *Noack* Anh. § 47 Rz. 83; *Lutter/Hommelhoff* Anh. § 47 Rz. 1; *OLG Düsseldorf* GmbHR 1996, 448). Die Nichtanwendbarkeit ist von Fall zu Fall zu prüfen. Nicht anwendbar ist z.B. § 245 Nr. 1–3 AktG (*Noack* Anh. § 47 Rz. 136).

105 Fehlerhafte Gesellschafterbeschlüsse sind nur in den besonders ausgewiesenen Fällen (vgl. § 241 AktG analog; vgl. näher Rz. 67 ff.) nichtig; in den übrigen Fällen kann ein Gesellschafterbeschluss wegen Verletzung des Gesetzes oder des Gesellschaftervertrags anfechtbar sein (§ 243 Abs. 1 AktG analog).

106 **b) Wirkung anfechtbarer Gesellschafterbeschlüsse.** Gesellschafterbeschlüsse, die Mängel aufweisen, die nicht zur Nichtigkeit führen, sind vorläufig wirksam, aber anfechtbar, wenn ein Ergebnis festgestellt worden ist (*BayObLG* GmbHR 1992, 41; *Wolf* ZGR 1998, 96; *Noack* Anh. § 47 Rz. 118; *Lutter/Hommelhoff* Anh. zu § 47 Rz. 38). Das gilt nicht für die aus wichtigem Grund erfolgte Abberufung des Geschäftsführers, an der zwei Gesellschafter je zur Hälfte beteiligt sind. Es entsteht bei Anfechtung ein Schwebezustand bis zur rechtskräftigen Feststellung (*BayObLG* GmbHR 1998, 1124). Endgültig wirksam wird ein anfechtbarer Beschluss mit Verstreichen der Anfechtungsfrist. Die Nichtigkeit anfechtbarer Beschlüsse kann nur im Wege einer Anfechtungsklage erreicht werden (*Scholz/K. Schmidt/Bochmann* § 45 Rz. 93; *Lutter/Hommelhoff* Anh. § 47 Rz. 41).

107 **c) Anfechtungsgründe.** Voraussetzung der Anfechtung ist die Gesetzes- oder Satzungswidrigkeit des Gesellschafterbeschlusses. Gesetzesverstoß ist jeder Gesetzesverstoß, nicht nur der gegen das GmbHG. Satzungsverstoß liegt nur bei der Verletzung echter Satzungsbestimmungen (vgl. näher *Scholz/K. Schmidt/Bochmann* § 45 Rz. 116). Als Anfechtungsgründe kommen Verfahrens- und Inhaltsmängel in Betracht. Anders als bei den Nichtigkeitsgründen gibt es bei den Anfechtungsgründen keine Beschränkung auf bestimmte Verstöße.

108 Anfechtbar sind auch satzungsauslegende Beschlüsse, auch wenn sie nur auf eine unverbindliche Meinungsäußerung ohne Rechtsfolgewirkung gerichtet sind (*BGH*

GmbHR 2003, 173; vgl. jedoch Scholz/*K. Schmidt/Bochmann* § 45 Rz. 19, 34: bis innergesellschaftsrechtlicher Übung zur Unterlassungs- und Feststellungsklage).

aa) Verfahrensmängel als Anfechtungsgründe. Ein Verfahrensmangel stellt dann einen **109** Anfechtungsgrund dar, wenn er für das Ergebnis der Beschlussfassung relevant ist. Die Rechtsprechung geht von einer tatsächlichen Vermutung der Ursächlichkeit aus (vgl. *BGH* GmbHR 1987, 94; *OLG Celle* GmbHR 1997, 749). Ob die Ursächlichkeit fehlt, ist nach einem objektiven Maßstab zu beurteilen (*BGHZ* 36, 140). Als Anfechtungsgründe kommen (soweit nicht ohnehin schon Nichtigkeit gegeben ist) z.B. in Betracht: (1) Fehler bei der Vorbereitung der Beschlussfassung, z.B. Nichtbeachtung von Form und Frist der Einberufung, Ankündigungsmängel, schriftliche Abstimmung ohne Zustimmung der Gesellschafter, (2) Fehler beim Abstimmungsverfahren oder bei der Versammlungsleitung (Beschlussfassung trotz Beschlussunfähigkeit, Abweichen von der Tagesordnung, Absetzung von Tagesordnungspunkten), (3) Verletzung von Informations- oder Teilnahmerechten (z.B. Nichtzulassung eines vom Stimmrecht ausgeschlossenen Gesellschafters zur Gesellschafterversammlung oder von der Antragstellung), (4) Fehler bei der Beschlussfeststellung (z.B. Nichtzählen wirksamer Stimmen, Zählen unwirksamer Stimmen), (5) Zulassung Dritter zur Gesellschafterversammlung, (6) Unbestimmtheit von Gesellschafterbeschlüssen (vgl. *Emde* ZIP 2000, 59). Anfechtbar sind auch satzungsauslegende Beschlüsse, auch wenn sie nur auf eine unverbindliche Meinungsäußerung ohne Rechtsfolgewirkung gerichtet sind (*BGH* GmbHR 2003, 173); vgl. jedoch Scholz/*K. Schmidt/Bochmann* § 45 Rz. 19, 34: bei innergesellschaftlicher Übung nur Unterlassungs- und Feststellungsklage).

Verfahrensverstöße machen den Gesellschafterbeschluss nicht anfechtbar, wenn er in **110** keiner Weise für die Wirksamkeit des Beschlusses von Bedeutung war (mangelnde Kausalität), z.B. wenn der Gesellschafter zwar zu Unrecht von der Abstimmung ausgeschlossen worden ist, der Beschluss aber auch ohne seine Stimme zustande gekommen wäre. Andererseits entfällt die Anfechtbarkeit nur dann, wenn klar zu Tage tritt, dass der Beschluss auch bei Ordnungsmäßigkeit der Einladung in gleicher Weise zustande gekommen wäre, bei vernünftiger Beurteilung also unter keinen Umständen in Betracht kommt, dass der von dem Mangel betroffene Gesellschafter das Ergebnis hätte beeinflussen können (*BGH* ZIP 1987, 1119; GmbHR 1998, 137). Zum Sonderfall in einer Zwei-Mann-Gesellschaft vgl. *OLG Hamm* (GmbHR 1998, 138). Die Verletzung von Ordnungsvorschriften begründet kein Anfechtungsrecht (Scholz/*K. Schmidt/Bochmann* § 45 Rz. 99).

bb) Inhaltsmängel. Als solche kommen alle Verstöße gegen zwingendes objektives **111** Recht in Betracht, sofern der Beschluss dadurch nicht schon nichtig oder unwirksam ist (Scholz/*K. Schmidt/Bochmann* § 45 Rz. 104). Als Inhaltsmängel sind u.a. zu nennen:

(1) **willkürliche Ungleichbehandlung von Gesellschaftern** (h.M. *BGHZ* 111, 227; 116, **112** 373; *Noack* Anh. § 47 Rz. 91; Rowedder/Pentz/*Koppensteiner* § 47 Rz. 124; Scholz/ *K. Schmidt/Bochmann* § 45 Rz. 105; *Hachenburg/Raiser* Anh. § 47 Rz. 118);

(2) **Missbrauch der Mehrheitsherrschaft** (*BGH* GmbHR 1974, 110; Scholz/*K. Schmidt/* **113** *Bochmann* § 45 Rz. 107). Das gilt insb. bei Verstößen gegen die Treuepflicht (*BGH* v. 12.4.2016 – II ZR 275/14; *BGHZ* 76, 352; 80, 74; 88, 328; *OLG Düsseldorf* GmbHR 2001, 301; *Thür. OLG* GmbHR 2006, 987; *Hachenburg/Raiser* Anh. § 47 Rz. 121; Rowedder/Pentz/*Koppensteiner* § 47 Rz. 103). Eine missbräuchlich abgegebene Stimme ist wirkungslos, die Stimme ist für die Beschlussfeststellung nicht mitzuzählen.

Ein festgestellter Beschluss ist anfechtbar. Bei nicht festgestelltem Beschluss ist die Treuwidrigkeit durch Feststellungsklage geltend zu machen;

114 (3) (Versuch der) **Verfolgung von Sonderinteressen** durch einen Gesellschafter mit der Stimmabgabe zum Schaden der Gesellschaft oder der anderen Gesellschafter, wenn der Beschluss geeignet ist, diesem Zweck zu dienen (§ 243 Abs. 2 S. 1 AktG analog; *Noack* Anh. § 47 Rz. 87; im Ergebnis, wenn auch mit anderer Begründung *Scholz/ K. Schmidt/Bochmann* § 45 Rz. 108). Sondervorteil für einen Gesellschafter oder einen Dritten ist jeder Vorteil, den diese zum Nachteil der Gesellschaft erlangen. In erster Linie ist hier wohl an verdeckte Gewinnausschüttungen zu denken.

115 Die Anfechtbarkeit setzt subjektiv voraus, dass der Gesellschafter Sondervorteile zu erlangen „suchte" und objektiv, dass der Beschluss „geeignet ist, diesem Zweck zu dienen". Das verlangt Vorsatz des abstimmenden Gesellschafters, der sich jedoch nur auf den Sondervorteil, nicht auch auf den Schaden beziehen muss (*Noack* Anh. § 47 Rz. 88; *Scholz/K. Schmidt/Bochmann* § 45 Rz. 111).

116 Die Anfechtbarkeit ist nicht gegeben, wenn den anderen Gesellschaftern ein angemessener Ausgleich für ihren Schaden gewährt wird (§ 243 Abs. 2 S. 2 AktG). Die analoge Anwendung auf die GmbH wird allerdings teilweise bezweifelt (vgl. *Scholz/ K. Schmidt/Bochmann* § 45 Rz. 112);

117 (4) **Verletzung der positiven Stimmpflicht.** Eine positive Stimmpflicht (entschieden für Kapitalerhöhung, vgl. *BGHZ* 98, 276; *BGH* NJW 1987, 3192) kann bestehen, wenn der zu fassende Beschluss im objektiven Interesse der Gesellschaft und der Mitgliedschafter erforderlich und für die widerstrebenden Gesellschafter zumutbar ist. Ein positiver Beschluss ist auf dem Weg einer positiven Feststellungsklage herbeizuführen. Eine Verweisung auf eine Leistungsklage und Vollstreckung nach § 984 ZPO ist meines Erachtens aus Gründen der Prozessökonomie abzulehnen (gl. A. wohl auch *Scholz/K. Schmidt/Bochmann* § 45 Rz. 113).

118 **cc) Inhaltsverstöße gegen die Satzung oder Gesellschaftervereinbarungen.** Ein Beschluss, der gegen die Satzung verstößt, ist anfechtbar (*Noack* Anh. § 47 Rz. 110; *Scholz/K. Schmidt/Bochmann* § 45 Rz. 114; *Lutter/Hommelhoff* Anh. § 47 Rz. 43). Die Verletzung schuldrechtlicher Nebenabreden unter Gesellschaftern (zu Stimmbindungsverträgen vgl. Rz. 15 ff.) ist im Allgemeinen kein Anfechtungsgrund. Etwas anderes soll dann gelten, wenn es sich um organisationsrechtliche Nebenabreden handelt und die Rechtsverletzung nur durch Rückgängigmachung des Beschlusses behoben werden kann (*Scholz/K. Schmidt/Bochmann* § 45 Rz. 116; vgl. auch *BGH* GmbHR 1983, 196). Die Verletzung schuldrechtlicher Abreden mit Dritten stellt keinen Anfechtungsgrund dar (vgl. zu Treuhandverhältnissen *BGH* BB 1962, 385; NJW 1966, 1459).

119 Durch die Satzung können die Anfechtungsgründe nicht beschränkt werden, insb. ist eine numerus-clausus-Regelung unzulässig (*BGHZ* 14, 273).

120 **dd) Anfechtungsgründe bei der Einmann-GmbH.** In der Einmann-GmbH fehlt ein Interessengegensatz zwischen den Gesellschaftern. Formelle Mängel (z.B. über die Ladung zur Gesellschafterversammlung) werden kaum auftreten, da der Gesellschafter (als Gesellschafterversammlung) immer beschlussbereit ist. In anderen Fällen gibt die Anfechtung von Gesellschafterbeschlüssen wenig Sinn. Deshalb ist dem BayObLG (GmbHR 2001, 72) zu folgen, wonach die gegen § 181 BGB verstoßende Bestellung zum Geschäftsführer nicht anfechtbar, sondern unwirksam ist. Praktische

Folgerungen sind in erster Linie für die Eintragung zu ziehen. Das Registergericht muss die Eintragung einer nicht zustande gekommenen Geschäftsführerbestellung ablehnen (*BayObLG* a.a.O.). Das Ergebnis der Entscheidung lässt sich meines Erachtens auch auf andere Beschlüsse übertragen.

d) Heilung von Beschlussmängeln – Bestätigungsbeschluss. Die Anfechtung ist aus- **121**
geschlossen, wenn die anfechtungsberechtigten Gesellschafter **nachträglich zustimmen**. Die Anfechtung kann ferner ausscheiden, wenn die Gesellschafter den anfechtbaren (nicht einen nichtigen Beschluss, vgl. *BGH* NZG 2004, 235; NZG 2006, 191: für die AG) Beschluss durch einen neuen Beschluss bestätigen, der ohne Beschlussmängel zustande kommt (§ 244 AktG analog; vgl. *BGH* NZG 2006, 191; *OLG Düsseldorf* GmbHR 1996, 448; *OLG Stuttgart* NZG 2004, 822; *Lutter/Hommelhoff* Anh. § 47 Rz. 57; *Noack* Anh. § 47 Rz. 131). Die Wirkung tritt ex nunc ein (*Noack* § 47 Rz. 131 m.w.N.; *Hachenburg/Raiser* Anh. § 47 Rz. 4; *Scholz/K. Schmidt/Bochmann* § 45 Rz. 121). Bestätigungsbeschlüsse sind nach allgemeinen Regeln anfechtbar.

Formnichtige Beschlüsse werden in sinngemäßer Anwendung des § 242 AktG (Ver- **122**
stoß gegen Beurkundungsgebot) geheilt, wenn sie nach registergerichtlicher Prüfung in das HR eingetragen werden (*BGH* GmbHR 1996, 49).

**e) Anfechtungsverfahren. – aa) Wesen der Anfechtungsklage/Anfechtungsgegner/Zustän- 123
diges Gericht.** Die Anfechtungsklage ist auf ein kassatorisch-gestaltendes Urteil gerichtet (*Lutter/Hommelhoff* Anh. § 47 Rz. 42). Ein besonderes Rechtsschutzbedürfnis ist nicht erforderlich (*BGHZ* 43, 265; *OLG Düsseldorf* GmbHR 2000, 1052). Sie kann mit einer positiven Beschlussfeststellungsklage verbunden werden, in der der wirkliche und rechtswirksam beschlossene Inhalt des Gesellschafterbeschlusses festgestellt wird (*BGH* BGHZ 97, 28; *Lutter/Hommelhoff* Anh. § 47 Rz. 42).

Anfechtungsgegner ist die Gesellschaft; das gilt auch bei einer Zweimanngesellschaft **124**
(*OLG Rostock* NZG 2004, 191).

Zuständiges Gericht ist die Kammer für Handelssachen; § 246 Abs. 3 S. 2 AktG ist ent- **125**
sprechend anwendbar (*OLG München* GmbHR 2007, 1108).

bb) Anfechtungsfrist. Die Monatsfrist des § 246 Abs. 1 AktG ist auf die Anfechtung **126**
von GmbH-Beschlüssen nicht anwendbar (allg. M., vgl. *BGH* GmbHR 1989, 120; *BGHZ* 104, 66; *BGH* GmbHR 1995, 303; *OLG Hamburg* GmbHR 1985, 120; *KG* GmbHR 1995, 735; *Scholz/K. Schmidt/Bochmann* § 45 Rz. 142; *Lutter/Hommelhoff* Anh. § 47 Rz. 60, 62; *Rowedder/Pentz/Koppensteiner* § 47 Rz. 139; *Noack* Anh. § 47 Rz. 145 m.w.N.); sie kann jedoch im Gesellschaftsvertrag wirksam vereinbart werden (*OLG Hamm* GmbHR 2001, 301; *OLG Naumburg* NZG 2001, 1043). Soweit nichts Anderes vereinbart ist, gilt „eine nach den Umständen des Einzelfalls zu bemessende angemessene Frist". Die vereinbarte Monatsfrist soll nichtig sein, wenn diese mit der Absendung des Beschlussprotokolls zu laufen beginnt (insgesamt hierzu *OLG Düsseldorf* GmbHR 2005, 1353). Dabei kann jedoch die Monatsfrist, die dem Gesellschafter auf jeden Fall zur Verfügung stehen muss, als „Leitbild herangezogen werden" (*BGHZ* 111, 224; a.A. *Nehls* GmbHR 1995, 703, der für eine starre Festlegung der Frist eintritt). Die Monatsfrist ist stets ausreichend, ihre Überschreitung nicht stets schädlich (*OLG Hamm* GmbHR 2004, 587: auch geringfügige Überschreitung ist schädlich, wenn nicht besondere Gründe diese rechtfertigen; *Scholz/K. Schmidt/Bochmann* § 45 Rz. 142). Gegenteilige Satzungsbestimmungen sind unwirksam; es gilt dann

eine angemessene Frist (*OLG Brandenburg* GmbHR 1996, 540; vgl. auch *OLG München* GmbHR 2004, 586). Die Monatsfrist bleibt die Regel. Sie kann nur aus zwingenden Gründen im Einzelfall überschritten werden, wenn sie sich trotz aller zumutbaren Beschleunigung nicht einhalten lässt (*BGH* GmbHR 1992, 801; NJW 1993, 129; *KG* GmbHR 1995, 735). Im Einzelfall entscheidet die Schwierigkeit der Sach- und Rechtslage, die der Gesellschafter vor einer Anfechtung zu prüfen hat (vgl. *BGHZ* 111, 224), z.b. Verhandlungen über eine einvernehmliche Regelung (*OLG Dresden* NJW-RR 1997, 1535). Die Frist gilt auch für die Einführung der Anfechtungsgründe in den Rechtsstreit. Sie müssen „in ihrem wesentlichen Kern" fristgerecht geltend gemacht werden (*BGH* NJW 1993, 400; *OLG Düsseldorf* NZG 2000, 1181; *Thür. OLG* GmbHR 2002, 116). Statthaft ist die Vertiefung und Ergänzung des Vorbringens (*Thür. OLG* GmbHR 2002, 117).

127 Gründe für eine Verlängerung der Anfechtungsfrist können sein: anhängige Verhandlungen über die Abänderung des Gesellschafterbeschlusses (vgl. *OLG Düsseldorf* GmbHR 1983, 124; *Lutter/Hommelhoff* Anh. § 47 Rz. 56), die mehr personalistische Struktur der Gesellschaft, in der dem Gesellschafter in der auf das bestehende Vertrauensverhältnis angewiesenen GmbH Zeit zu einer einvernehmlichen Lösung gelassen werden soll (*BGH* GmbHR 1992, 801), die individuellen Fähigkeiten und Kenntnisse des anfechtenden Gesellschafters (vgl. *BGH* GmbHR 1992, 801 – Fristverlängerung bei Notwendigkeit anwaltlicher Beratung). Letztlich sind die Gesamtumstände entscheidend (*BGHZ* 111, 224 – zweieinhalb Monate; *OLG Düsseldorf* GmbHR 1983, 124 – dreieinhalb Monate).

128 Die Abhängigkeit der Frist von den Umständen des Einzelfalls führt zu einer beträchtlichen Unsicherheit; denn die Entscheidung des Gerichts ermangelt der Vorhersehbarkeit (vgl. auch *Nehls* GmbHR 1995, 703). Niemand wird sich von vornherein auf eine längere Frist als die Monatsfrist einlassen, so dass der Frage wohl nur in den Fällen praktische Bedeutung zukommt, in denen aus irgendwelchen Gründen die Monatsfrist nicht eingehalten worden ist.

129 Angesichts der Unsicherheit der Rechtslage ist es zweckmäßig, in der Satzung eine Regelung vorzunehmen. Eine Verlängerung der Frist über einen Monat hinaus ist wirksam. Eine Verwirkung kann in dieser Zeit nicht eintreten (*BGH* GmbHR 1995, 497; *OLG Hamm* GmbHR 1992, 805). Eine Verkürzung der Frist auf weniger als einen Monat ist unwirksam.

130 Nach § 246 Abs. 1 AktG beginnt die Anfechtungsfrist mit Beschlussfassung, die Kenntnis vom Mangel wird dabei nicht vorausgesetzt. Auf die GmbH wird diese Bestimmung nicht angewendet; der Beginn ist im Schrifttum umstr. Denkbar sind folgende Lösungen: Zeitpunkt der Beschlussfassung (vgl. *OLGR Schleswig* 1998, 265; Scholz/ *K. Schmidt/Bochmann* § 45 Rz. 145) bzw. Kenntnis davon (vgl. *OLG Hamm* BB 1992, 33; NZG 2003, 630; den nicht an der Gesellschafterversammlung teilnehmenden Gesellschafter kann die Pflicht treffen, sich über den Inhalt evtl. Beschlussfassung in Kenntnis zu setzen, *OLG Hamm* NZG 2003, 631). Kenntnis erlangt der Gesellschafter nur bei schriftlicher Übermittlung. Das gilt insb. bei mehreren Beschlüssen. Eine kurze telefonische Vorinformation setzt Frist ist in Kauf (*OLG Hamm* NZG 2003, 631), soweit Einladungsfehler vorliegt (Rowedder/Pentz/*Koppensteiner* § 47 Rz. 139), Kenntnis vom Mangel, Kenntnis von der Beschlussfassung (*OLG Schleswig* NZG 2000, 896; *Lutter/Hommelhoff* Anh. § 47 Rz. 57, 58), Zeitpunkt der Erkennbarkeit des

Mangels (*Noack* Anh. § 47 Rz. 153 m.w.N.). Bei Veräußerung des Gesellschaftsanteils ist die Kenntnis des früheren Gesellschafters maßgebend (*OLG Schleswig* NZG 2000, 896). Der Beginn der Frist kann in der Satzung bestimmt werden (*OLG München* GmbHR 2004, 586: Tag der Protokollierung).

Die Erhebung der Anfechtungsklage wird durch Zustellung der Klageschrift wirksam **131** (§ 253 Abs. 1 ZPO). Nach § 167 ZPO genügt die rechtzeitige Einreichung der Klageschrift bei Gericht, jedoch wird vorausgesagt, dass die Zustellung demnächst, d.h. in nicht allzu erheblichen zeitlichen Abstand erfolgt (vgl. *OLG München* GmbHR 2007, 1108); Die Zustellung hat an den Geschäftsführer zu erfolgen. Sind vertretungsberechtigte Organe nicht vorhanden (Führungslosigkeit), findet § 35 Abs. 1 S. 2 (i.d.F. des MoMiG) Anwendung. Die Vertretung der GmbH durch die Gesellschafter beschränkt sich auf die Abgabe von Willenserklärungen gegenüber der Gesellschaft bzw. auf die Zustellung von Schriftstücken. Eine Vertretungsbefugnis im Prozess ist meines Erachtens damit nicht verbunden.

Die Problematik der Festlegung des Fristbeginns wird in vielen Fällen bereits durch **132** die bewegliche Anfechtungsfrist entschärft; im Übrigen wird man differenzieren müssen: Wer an der Gesellschafterversammlung teilgenommen hat, für den wird dieser Zeitpunkt maßgebend sein. Wer von der Gesellschafterversammlung nicht unterrichtet war, kann Überlegungen zur Anfechtung erst mit Kenntnis der Gesellschafterversammlung bzw. nach Kenntnis des Inhalts des gefassten Beschlusses anstellen.

cc) Anfechtungsbefugnis. Die Anfechtungsbefugnis ist Sachbefugnis, nicht Prozess- **133** voraussetzung (*BGH* DB 1992, 1567; *Noack* Anh. § 47 Rz. 134, 135; *Hachenburg/Raiser* Anh. § 47 Rz. 151; *Lutter/Hommelhoff* Anh. § 47 Rz. 70, 77; a.A. *Scholz/K. Schmidt/Bochmann* § 45 Rz. 127).

Anfechtungsbefugt ist jeder Gesellschafter, der bei der Gesellschaft nach § 16 Abs. 1 **134** angemeldet ist (analog §§ 243 ff. AktG; *OLG Hamm* NZG 2000, 938, s. auch GesLV zu den Anforderungen an die Gesellschafterliste); es kommt nicht darauf an, ob er in der Gesellschafterversammlung teilgenommen oder bei Teilnahme Widerspruch erhoben hat (*Noack* Anh. § 47 Rz. 135). Widerspruch ist auch dann nicht erforderlich, wenn Protokollierung in der Satzung vorgesehen ist oder notarielle Beurkundung erfolgt ist (*Noack* Anh. § 47 Rz. 135). Steht der Geschäftsanteil mehreren Personen in Bruchteilsgemeinschaft zu, kann jeder Berechtigte Anfechtungsklage erheben. Gleiches gilt für die Erbengemeinschaft (§ 2038 Abs. 1 S. 2 Hs. 2 BGB; *BGH* GmbHR 1989, 330; *Noack* Anh. § 47 Rz. 135). Ist Testamentsvollstreckung angeordnet, steht dem Testamentsvollstrecker die Anfechtungsbefugnis zu, soweit seine Verwaltungsbefugnis reicht (*BGH* GmbHR 1989, 330). Die Anfechtungsbefugnis steht den Erben zu für einen Gesellschafterbeschluss, an dem der Testamentsvollstrecker unzulässigerweise mitgewirkt hat (*BGH* GmbHR 1989, 330). Im Insolvenzverfahren des Gesellschafters ist der Insolvenzverwalter anfechtungsbefugt (*OLG Düsseldorf* GmbHR 1996, 448; Scholz/*K. Schmidt/Bochmann* § 45 Rz. 128). Bei Treuhandschaft ist lediglich der Treuhänder anfechtungsbefugt. Gesellschafter ist, wer i.S.d. § 16 als Gesellschafter gilt (vgl. *OLG Düsseldorf* GmbHR 1996, 451; *OLG Hamm* GmbHR 1998, 138).

Die **Gesellschaftereigenschaft** muss im **Zeitpunkt der Klageerhebung** bestehen, **135** jedoch wird nach Veräußerung dem bisherigen Gesellschafter die Fortführung des Prozesses nach § 265 ZPO gestattet, sofern er ein rechtliches Interesse daran hat (a.M., vgl. *BGHZ* 43, 267; *BGH* DB 1974, 717; *Noack* Anh. § 47 Rz. 138; Rowedder/

Pentz/*Koppensteiner* § 47 Rz. 117; *Lutter/Hommelhoff* Anh. § 47 Rz. 70; Scholz/ *K. Schmidt/Bochmann* § 45 Rz. 133). Der Rechtsnachfolger des Gesellschafters kann mit Zustimmung der Gesellschaft und des Klägers in den Rechtsstreit eintreten (*Noack* Anh. § 47 Rz. 138).

136 Da das Anfechtungsrecht Bestandteil des Geschäftsanteils ist (vgl. *Lutter/Hommelhoff* Anh. § 47 Rz. 70), ist bei Erwerb vor Klageerhebung der Erwerber anfechtungsberechtigt (*Lutter/Hommelhoff* Anh. § 47 Rz. 62). Veräußert ein Gesellschafter alle seine Anteile, geht das Anfechtungsrecht auf den Erwerber des zuletzt übertragenen Anteils über (*OLG Schleswig* NZG 2000, 895; Rowedder/Pentz/*Koppensteiner* § 47 Rz. 135; Scholz/*K. Schmidt/Bochmann* § 45 Rz. 146; *Noack* Anh. § 47 Rz. 137).

137 Zur Aktivlegitimation von Organen und Organmitgliedern vgl. die entspr. geltenden Ausführungen zur Nichtigkeitsklage Rz. 95 ff. Geschäftsführer sind ausnahmsweise anfechtungsberechtigt bei Gesellschafterbeschlüssen, die Weisungen enthalten, denen der Geschäftsführer wegen ihres Inhaltes nicht folgen muss (vgl. hierzu § 43 Rz. 20 ff.).

138 **dd) Streitgegenstand.** Die Frage, ob Streitgegenstand der Gesellschafterbeschluss allein oder auch der zugrunde liegende Sachverhalt ist, ist umstr. Um ein Nachschieben von Gründen nach Ablauf der Anfechtungsfrist zu verhindern, erscheint es zutreffend, einen bestimmten Sachverhalt einzubeziehen (*Lutter/Hommelhoff* Anh. § 47 Rz. 66; a.A. *Noack* Anh. § 47 Rz. 166). An die Substantiierung des Klagebegehrens sind keine übertriebenen Anforderungen zu stellen. Nicht zum Streitgegenstand gehört die rechtliche Würdigung des Klagevorbringens (*BGHZ* 32, 323). Ein besonderes Rechtsschutzbedürfnis muss nicht dargetan werden (*BGHZ* 43, 265; *Lutter/Hommelhoff* Anh. § 47 Rz. 61). Über den Streitgegenstand kann durch Anerkenntnis verfügt werden (*Fichtelmann* GmbHR 2006, 810; a.A. *LG Koblenz* GmbHR 2004, 260).

139 Gerichtliche Zuständigkeit. In analoger Anwendung des § 246 Abs. 3 AktG ist die Kammer für Handelssachen ausschließlich zuständig (*OLG München* NZG 2007, 948).

140 **ee) Entscheidung und Wirkung der Entscheidung.** Fehlt die Anfechtungsbefugnis (vgl. Rz. 133 ff.), ist die Klage als unbegründet abzuweisen, nicht als unzulässig (*Noack* Anh. § 47 Rz. 134; a.A. Scholz/*K. Schmidt/Bochmann* § 45 Rz. 127). Das gilt auch für eine rechtsmissbräuchlich erhobene Klage. **Rechtsmissbräuchlich** ist eine Klage, wenn der Kläger von vornherein darauf abzielt, die Gesellschaft oder Mitgesellschafter in grob eigennütziger Weise zu Leistungen zu veranlassen, auf die er keinen Anspruch hat und billigerweise auch nicht erheben kann (vgl. *Lutter/Hommelhoff* Anh. § 47 Rz. 72).

141 Verstößt ein Gesellschafterbeschluss, durch den für die Zukunft dauerhaft in die Mitgliedschaftsrechte eines Gesellschafters eingegriffen wird, gegen die Grundsätze der Erforderlichkeit und Verhältnismäßigkeit, so ist er auch dann insgesamt für nichtig zu erklären, wenn ein zeitweiser Eingriff in die Mitgliedschaftsrechte gerechtfertigt war (*OLG Düsseldorf* GmbHR 2000, 1056).

142 Eine als unbegründet abgewiesene Klage wirkt nur zwischen den Prozessparteien (*Noack* Anh. § 47 Rz. 176). Ist die Anfechtungsklage begründet, wird der angefochtene Gesellschafterbeschluss für nichtig erklärt; die Wirkung tritt ex tunc ein (*BGH* BB 1993, 1681). Zur Wirkung des Urteils gegen Dritte und zur Anmeldepflicht siehe die entspr. geltenden Ausführungen unter Rz. 101 ff.

f) Verbindung von Anfechtungsklage und positiver Beschlussfeststellungsklage. Wird **143** in der Gesellschafterversammlung ein Beschluss festgestellt (insoweit vorläufig verbindlich), der so nicht gefasst wurde (z.B. Beschlussablehnung, weil zu Unrecht ein Gesellschafter vom Stimmrecht ausgeschlossen wurde), so führt die Anfechtung, wenn sie erfolgreich ist, nur zur Aufhebung des festgestellten Beschlusses. Eine Beschlussfeststellung (z.B. der Beschluss ist gefasst, wenn die Stimme des von der Beschlussfassung ausgeschlossenen Gesellschafters mitgezählt wird) ist damit nicht verbunden. Mit der Nichtigerklärung wird ein Zustand geschaffen wie bei nicht festgestellter Beschlussfassung. Es wird der Weg frei für eine positive Beschlussfeststellungsklage. Um ein doppeltes Verfahren zu vermeiden, lässt die h.M. eine Verbindung der Anfechtungsklage mit einer positiven Beschlussfeststellungsklage (§ 248 AktG analog) zu (statt vieler *Lutter/Hommelhoff* Anh. § 47 Rz. 40 m.w.N.; *BGHZ* 97, 30).

5. Verhältnis der Nichtigkeitsklage zur Anfechtungsklage. Nichtigkeits- und Anfech- **144** tungsklage stehen nicht in einem Eventualverhältnis zueinander (wie die Rechtsprechung bisher angenommen hatte, vgl. *BGHZ* 32, 322; *BGH* NJW 1952, 98), der Nichtigkeitsantrag schließt vielmehr den Anfechtungsantrag ein (*BGHZ* 134, 364 – Tomberger II, allg. M. auch im Schrifttum; *Scholz/K. Schmidt/Bochmann* § 45 Rz. 152; *Noack* Anh. § 47 Rz. 166). Es sei eine vom *BGH* durch Subsumtion zu beantwortende revisionsrechtliche Rechtsfrage, ob die Vorschrift des § 248 AktG oder die des § 249 AktG Anwendung findet. Zu den prozessualen Auswirkungen vgl. *Steinmeyer/Seidel* DStR 1999, 2177.

6. Streitwert von Nichtigkeits- und Anfechtungsklagen – Kostenentscheidung. Grund- **145** sätzlich finden die Bestimmungen des AktG (§ 247 AktG) Anwendung (vgl. *Noack* Anh. § 47 Rz. 171; *Lutter/Hommelhoff* Anh. § 47 Rz. 73; *Hachenburg/Raiser* Anh. § 47 Rz. 228; *OLG München* GmbHR 2008, 1267). Das gilt jedenfalls unstreitig für § 47 Abs. 1. Danach ist der Streitwert unter Berücksichtigung aller Umstände des Einzelfalls, insb. der Bedeutung der Sache für die Parteien, nach billigem Ermessen zu bestimmen. Nach diesen Grundsätzen ist auch der Wert einer Beschwerde (z.B. für die Zulässigkeit einer Revision, vgl. § 546 ZPO) zu ermitteln (vgl. *BGH* GmbHR 1995, 302 für die AG). Welche Umstände entscheidungsrelevant sind und welche Bedeutung die Sache für die Parteien hat, hängt entscheidend vom Inhalt und Gegenstand des Gesellschafterbeschlusses ab, nach denen sich die wirtschaftlichen und gesellschaftsrechtlichen Auswirkungen bemessen (*BGH* 1995, 302). Nicht maßgebend sind Art und Anzahl der geltend gemachten Anfechtungs- bzw. Nichtigkeitsgründe (*BGH* GmbHR 1995, 302).

Die Streitwertbegrenzung des § 247 Abs. 1 S. 2 AktG findet nach h.M. keine Anwen- **146** dung auf die GmbH (*OLG Karlsruhe* GmbHR 1995, 302; zust. *Noack* Anh. § 47 Rz. 171; *Lutter/Hommelhoff* Anh. § 47 Rz. 83; a.A. *Scholz/K. Schmidt/Bochmann* § 45 Rz. 153), jedoch die Abs. 2 und 3 (*Lutter/Hommelhoff* Anh. § 47 Rz. 83).

Der Kläger muss vor Klageerhebung schon aus Gründen der Prozessökonomie die **147** Aufhebung des nichtigen Gesellschafterbeschlusses zu erreichen versuchen. Unterlässt er dies und wird der Klageanspruch sofort anerkannt, erhebt sich die Frage, inwieweit § 93 ZPO (dem Kläger fallen die Prozesskosten zur Last, wenn der Beklagte durch sein Verhalten zur Erhebung der Klage keine Veranlassung gegeben hat und er den Anspruch sofort anerkennt) anwendbar ist, was grundsätzlich zu bejahen ist (*OLG Naumburg* GmbHR 1998, 744, jedoch umstr.).

148 Das *OLG Frankfurt* (GmbHR 1993, 161) hat die Notwendigkeit einer Abmahnung dann verneint, wenn die Gefahr besteht, dass ein unwirksamer Beschluss in das Handelsregister eingetragen wird oder der Rechtsschein seiner Wirksamkeit auf andere Weise besteht, bevor der Beschluss durch eine neue Gesellschafterversammlung förmlich aufgehoben wird. In einem solchen Fall sei § 93 ZPO auch dann nicht anwendbar, wenn die GmbH den Klageanspruch sofort anerkenne.

149 Das KG geht von der Annahme aus, dass eine Abmahnung erforderlich ist, wenn dies zumutbar ist. Der Begriff der Zumutbarkeit wird dabei eng ausgelegt. Zumutbar (und daher erforderlich) ist eine Abmahnung in einer Zweipersonengesellschaft (*KG* GmbHR 2000, 385), nicht jedoch bei größerem Gesellschafterkreis (*KG* GmbHR 2005, 1359). Neben dem Ausmaß des Gesellschafterkreises können auch andere Zumutbarkeitsumstände in Betracht kommen (vgl. *KG* GmbHR 2005, 1359). Eine evtl. erforderliche Abmahnung ist an die Geschäftsführer zu richten, die auch für ein Anerkenntnis des Klageanspruchs zuständig sind (*Fichtelmann* GmbHR 2006, 810).

150 **7. Einstweiliger Rechtsschutz.** Einstweilige Verfügungen (§ 940 ZPO) sind grds. auch in Ansehung nichtiger bzw. anfechtbarer Gesellschafterbeschlüsse zulässig (*OLG Stuttgart* GmbHR 1987, 482; *OLG Hamburg* GmbHR 1991, 467; *OLG Frankfurt* GmbHR 1993, 161; *OLG Hamm* GmbHR 1993, 163; *OLG München* GmbHR 1999, 719; *Lutter/Hommelhoff* Anh. § 47 Rz. 89; Rowedder/Pentz/*Koppensteiner* § 47 Rz. 145; Scholz/ *K. Schmidt/Bochmann* § 45 Rz. 183; *Noack* Anh. § 47 Rz. 195 ff.). Es sind jedoch zu unterscheiden: (1) Verfügungen gegen die Beschlussfassung (Stimmverhalten der Gesellschafter) und (2) Verfügungen gegen den Vollzug gefasster Beschlüsse. Der vorläufige Rechtsschutz hat sich am Gebot des geringstmöglichen Eingriffs zu orientieren. Verfügungen gegen die Beschlussfassung sind daher nur zulässig, wenn mit Verfügungen gegen den Vollzug des Beschlusses die Anspruchssicherung nicht erreicht werden kann (Scholz/*K. Schmidt/Bochmann* § 45 Rz. 183). Grds. kann mit einer einstweiligen Verfügung nicht Einfluss auf das Stimmverhalten der Gesellschafter genommen werden, z.B. eine Gesellschafterversammlung nicht einzuberufen (*OLG Jena* NZG 2002, 89). Ausnahmsweise ist eine auf ein bestimmtes Stimmverhalten gerichtete einstweilige Verfügung zulässig, wenn zugunsten des Antragstellers eine eindeutige Rechtslage oder ein überwiegendes Schutzbedürfnis besteht und die Verfügung nicht am Gebot des geringstmöglichen Eingriffs scheitert (vgl. *OLG Stuttgart* GmbHR 1987, 482; *OLG Hamburg* GmbHR 191, 467; *OLG Frankfurt* GmbHR 1993, 161; *OLG Hamm* 1993, 164; *Lutter/Hommelhoff* Anh. § 47 Rz. 89; *Hachenburg/Raiser* Anh. § 47 Rz. 257; Scholz/*K. Schmidt/Bochmann* § 45 Rz. 183; *Michalski* GmbHR 1991, 12 und GmbHR 1993, 163; vgl. auch die ausführliche Darstellung bei *Nietsch* GmbHR 2006, 393; a.A. *Noack* Anh. § 4 Rz. 199 für nicht eintragungsbedürftige Beschlüsse).

151 Antragsgegner ist die GmbH (vertreten durch die Geschäftsführer), wenn der Vollzug des Beschlusses (z.B. Eintragung im HR) verhindert werden soll, der Gesellschafter, wenn sein Stimmverhalten in Rede steht.

152 Zum einstweiligen Rechtsschutz bei Verstößen gegen Stimmbindungsvereinbarungen vgl. Rz. 28 und bei Abberufung von Geschäftsführern vgl. § 38 Rz. 55 ff.

153 Eine eigenständige Regelung des vorläufigen Rechtsschutzes besteht bei Verschmelzung/Spaltung nach dem UmwG (§§ 16 Abs. 3 UmwG (Verschmelzung), § 125 UmwG i.V.m. § 16 Abs. 3 UmwG (Spaltung)), die die allg. Regelung verdrängt (vgl. *Geißler* GmbHR 2008, 131).

8. Schiedsverfahren. Beschlussmängelstreitigkeiten sind nicht schiedsfähig (*BGH* **154**
GmbHR 1996, 439; a.A. *OLG Karlsruhe* GmbHR 1995, 455; s. auch *Lutter/Hommel-
hoff* Anh. § 47 Rz. 95). Der BGH begründet seine Entscheidung damit, dass die §§ 248
Abs. 1 S. 1, 249 Abs. 1 S. 1 AktG auf Entscheidungen privater Schiedsgerichte nicht
entspr. anwendbar seien. Die Erstreckung der Rechtskraft für und gegen alle Gesellschafter und Gesellschaftsorgane (wesentliche Folge gerichtlicher Entscheidungen) sei
im Schiedsverfahren, in dem die Entscheidung nur zwischen den Parteien wirke
(§ 1040 ZPO), nicht zu erreichen (vgl. auch schon *BGHZ* 1991, 1232). Mit der Entscheidung des BGH ist eine lang andauernde Auseinandersetzung um die Schiedsfähigkeit (im Schrifttum weitgehend bejaht, vgl. *Noack* Anh. § 47 Rz. 33 ff. m.w.N.) in
zutreffender Weise beendet worden (a.A. *Lenz* GmbHR 2000, 552).

XII. Löschung nichtiger Gesellschafterbeschlüsse

Die Eintragung eines nichtigen Gesellschafterbeschlusses in das HR ist unzulässig **155**
(*OLG Köln* GmbHR 1993, 164). Die Heilung des Mangels durch Eintragung (vgl.
OLG Köln a.a.O.) – zum Umfang des Prüfungsrechts bzw. der Prüfungspflicht des
Registergerichts vgl. Rz. 85 – hindert nicht die Verpflichtung zur Löschung von Amts
wegen, wenn der Beschluss durch seinen Inhalt (nicht auch bei Verstoß gegen zwin-
gende Verfahrensvorschriften) gegen zwingende Vorschriften des Gesetzes und die
Beseitigung im öffentlichen Interesse erforderlich erscheint (§ 398 FamFG – früher
§ 144 Abs. 2 FGG). Das gilt auch für den Fall, dass die Nichtigkeit des Beschlusses
durch Ablauf der Dreijahresfrist (§ 242 Abs. 2 AktG analog) geheilt ist (Scholz/
K. Schmidt/Bochmann Rz. 83 zu § 45). Vgl. auch *Custodis* GmbHR 2006, 904 insb. zum
Verhältnis des § 397 FamFG – früher § 144 FGG zu § 395 FamFG – früher § 142 FGG.

§ 48 Gesellschafterversammlung

**(1) Die Beschlüsse der Gesellschafter werden in Versammlungen gefasst. Versamm-
lungen können auch fernmündlich oder mittels Videokommunikation abgehalten werden, wenn sämtliche Gesellschafter sich damit in Textform einverstanden erklären.**

**(2) Der Abhaltung einer Versammlung bedarf es nicht, wenn sämtliche Gesellschaf-
ter sich in Textform mit der zutreffenden Bestimmung oder mit der Abgabe der Stimmen in Textform einverstanden erklären.**

**(3) Befinden sich alle Geschäftsanteile der Gesellschaft in der Hand eines Gesell-
schafters oder daneben in der Hand der Gesellschaft, so hat er unverzüglich nach der
Beschlussfassung eine Niederschrift aufzunehmen und zu unterschreiben.**

Übersicht

Literatur: *Abramenko* Zum Rechtsschutz gegen fehlerhafte Protokolle über Gesellschafterversammlungen, GmbHR 2003, 1043; *ders.* Die Einberufung der Gesellschafterversammlung durch Unbefugte, GmbHR 2004, 723; *Bayer/Möller* Beschlussfassung in der GmbH-Gesellschafterversammlung im Pandemiemodus, GmbHR 2021, 461 ff.; *Beck* Die virtuelle Gesellschafterversammlung in der GmbH, GmbHR 2021, 901 ff.; *K. Schmidt/Bochmann* § 48 I 2 GmbH-E des DiREG-Referentenentwurfs als Digitalisierungsbremse im Recht der GmbH-Gesellschafterversammlung in NZG 2022, 531 ff.; *Fingerhut/Schröder* Recht des GmbH-Gesellschafters auf Beiziehung eines juristischen Beraters in der Gesellschaftsversammlung, BB 1999, 1230; *Hohlfeld* Virtuelle GmbH-Gesellschafterversammlung, GmbHR 2000, R 53; *Hüffer* Die Gesellschafterversammlung – Organ der GmbH oder bloßes Beschlussverfahren?, FS 100 Jahre GmbH-Gesetz, 1992, S. 521; *Leinekugel* GmbH-Gesellschafterversammlungen per Telefon oder Videokonferenz gem. § 48 I S. 2 GmbH in DB 2022, 2840 ff.; *Seidenfus* Die Hinzuziehung von Beratern zur Gesellschafterversammlung, INF 1999, 86; *Werner* Präsenz anwaltlicher Berater in der Gesellschafterversammlung der GmbH, GmbHR 2006, 871; *Wicke* Gründungen mit Bar- oder Sacheinlagen und Gesellschafterbeschlüsse im Onlineverfahren: Neuerungen durch das DiREG in GmbHR 2022, 516 ff.; *Wiester* Die Durchführung von Gesellschafterversammlungen bei der zerstrittenen Zweipersonen-GmbH, GmbHR 2008, 189; *Zwissler* Gesellschafterversammlung und Internet, GmbHR 2000, 28.

I. Allgemeines

1 Änderung der Fassung aufgrund des Gesetzes zur Ergänzung der Regelungen zur Umsetzung der Digitalisierungsrichtlinie (DiREG) und zur Änderung weiterer Vorschriften v. 15.7.2022 (BGBl. I 2002, S. 1146), in Kraft getreten am 1.8.2022.

Abs. 1 wurde aufgrund des Gesetzes zur Ergänzung der Regelungen zur Umsetzung der Digitalisierungsrichtlinie und zur Änderung weiterer Vorschriften v. 15.7.2022 (BGBl. I 2022, S. 1146), in Kraft getreten am 1.8.2022 um „Versammlungen können auch fernmündlich oder mittels Videokommunikation abgehalten werden, wenn sämtliche Gesellschafter sich damit in Textform einverstanden erklären" ergänzt.

Änderung der Fassung aufgrund des Gesetzes zur Anpassung der Formvorschriften **2** des Privatrechts und anderer Vorschriften an den modernen Rechtsgeschäftsverkehr v. 13.7.2001 mit Wirkung v. 1.8.2001. Amtliche Überschrift eingefügt durch MoMiG v. 23.10.2008.

Abs. 3 wurde eingefügt durch die GmbH-Novelle 1980. In Abs. 2 ist das Wort „schrift- **3** lich" durch die Wörter „in Textform" ersetzt (G zur Änderung der Formvorschriften des Privatrechts und anderer Vorschriften an den modernen Rechtsgeschäftsverkehr v. 13.7.2001, BGBl. I 2001, S. 1542; in Kraft ab 1.1.2002).

II. Gesellschafterversammlung – Beschlussfähigkeit

In § 48 wird die Art und Weise der Beschlussfassung durch die Gesellschafter geregelt **4** (hierzu statt vieler *Lutter/Hommelhoff* § 48 Rz. 1). Die Beschlüsse der Gesellschafter werden in einer (Gesellschafter-)Versammlung gefasst. Grds. und in Einklang mit § 48 Abs. 1 S. 1 handelte es sich hierbei um eine Präsenzversammlung. Daneben, und nur, sofern die Satzung es zugelassen hatte, konnte bei Zustimmung sämtlicher Gesellschafter eine Gesellschafterversammlung auch mithilfe von elektronischen Kommunikationsmitteln durchgeführt werden (*Lutter/Hommelhoff* § 48 Rz. 1, 29). Hiervon wurde seit der Corona-Pandemie verstärkt Gebrauch gemacht. Im März 2020 wurde durch Art. 2 § 2 Covid-19-Gesetz (COVMG – Gesetz zur Abmilderung der Folgen der COVID-19-Pandemie im Zivil-, Insolvenz- und Strafverfahrensrecht v. 27.3.2020, BGBl I 2020, S. 569 ff.) geregelt, dass auch ohne Zustimmung sämtlicher Gesellschafter Beschlüsse in Textform (gem. § 126b BGB) oder durch schriftliche Abgabe der Stimmen gefasst werden konnten. Diese Regelung wurde zweimal verlängert und galt bis 31.8.2022. Erfasst hiervon wurden grundsätzlich sämtliche Beschlüsse (näher hierzu *Lutter/Hommelhoff* § 48 Rz. 32 ff. m.w.N.), nach h.M. (noch streitig) sollen Umwandlungsbeschlüsse hiervon – bislang – nicht erfasst sein (*Lutter/Hommelhoff* § 48 Rz. 35 m.w.N., zusammenfassend zum Streit: *Bayer/Möller* GmbHR 2021, S. 461 Rz 12 m.w.N.).

Auf danach gefasste Beschlüsse ist diese Erleichterung (kein Erfordernis der Zustimmung sämtlicher Gesellschafter) allerdings nicht mehr anwendbar (*Gehrlein/Born/ Simon* § 48 Rz. 28 m.w.N.; *Lutter/Hommelhoff* § 48 Rz. 32 ff.).

Seit Einfügung des § 48 Abs. 1 S. 2 aufgrund DiREG können Gesellschafterversammlungen, sofern das Einverständnis sämtlicher Gesellschafter vorliegt, dies aber nicht in der Satzung vorgesehen ist, auch fernmündlich oder mittels einer Videokommunikation stattfinden.

Beschlussorgan sind die erschienenen Gesellschafter. Die Satzung kann die Voraussetzungen der Beschlussfassung abw. regeln (z.B. Erfordernis einer Mindestvertretung des Stammkapitals: Gesellschafter, die mindestens ... von Hundert des Stammkapitals vertreten). Die Verhinderung einer Beschlussfassung durch Fernbleiben kann Treuepflichtverletzung darstellen (vgl. *OLG Hamburg* WM 1992, 272). Die Anteile der Gesellschafter, die trotz nicht ordnungsgemäßer Ladung zwar erschienen sind, aber der Abstimmung widersprechen, zählen für die Beschlussfähigkeit nicht (*OLG München* GmbHR 1994, 126). Sieht die Satzung vor, dass bei Nichterreichen des Quorums eine erneute Versammlung stattfinden hat, bei der ohne oder mit einem geringeren Quorum zu entscheiden ist (sog. **Folgeversammlung**), so liegt eine solche Folgeversammlung nicht vor (also ursprüngliches Quorum erforderlich), wenn die am Quorum gescheiterte Versammlung nicht ordnungsgemäß berufen war (*LG Köln* GmbHR 1992, 809) oder wenn die zweite Versammlung als Gegenversammlung von anderen Geschäftsführern einberufen wurde (*OLG Hamm* DB 1992, 263). Die Folgeversammlung kann mit vereinfachtem Quorum nur über die Tagesordnung der ersten Versammlung entscheiden. Stimmverbote gelten auch für eine Folgeversammlung (*OLG Hamm* NZG 2003, 623). Eine Abstimmung über andere (ordnungsgemäß angekündigte) Tagesordnungspunkte ist zwar nicht ausgeschlossen, jedoch bedarf es hierzu des ursprünglichen Quorums (*OLG München* GmbHR 1994, 127).

III. Teilnahmerecht

5   Jeder Gesellschafter hat das Recht auf Teilnahme an der Gesellschafterversammlung und auf rechtliches Gehör, unabhängig davon, ob er ein Stimmrecht (stimmrechtsloser Geschäftsanteil) hat (*BGH* GmbHR 1971, 207) oder von der Abstimmung ausgeschlossen ist (*BGH* NJW 1972 2225; vgl. auch *Noack* § 48 Rz. 6; *Lutter/Hommelhoff* § 48 Rz. 2, 3). Das Teilnahmerecht kann zwar in der Satzung geregelt werden; es kann jedoch nicht eingeschränkt oder gar ausgeschlossen werden (*OLG Frankfurt* GmbHR 1984, 100; *Lutter/Hommelhoff* § 48 Rz. 3; *Scholz/Seibt* § 48 Rz. 15). Es muss der **unverzichtbare Kernbereich der Mitgliedschaft** erhalten bleiben (*BGH* GmbHR 1989, 120; *Rowedder/Pentz/Koppensteiner* § 48 Rz. 9; *Scholz/Seibt* § 48 Rz. 15; *Hachenburg/Hüffer* § 48 Rz. 23, 68). Dieser Kernbereich ist grds. erst dann berührt, wenn dem Gesellschafter eine von seinem eigenen Willen getragene Wahrnehmung seiner Gesellschafterrechte nicht mehr zugestanden wird (*BGH* GmbHR 1989, 120), z.B. wenn dem Gesellschafter statt seiner Organe ein Vertreter aufgezwungen wird, auf dessen Wahl und Abstimmungsverhalten er keinen Einfluss nehmen kann (*BGH* GmbHR 1989, 120). Die Satzung kann Vertretung vorschreiben, sofern das Recht des Gesellschafters auf eigenverantwortliche Auswahl, Berufung und Abberufung nicht angetastet wird (*BGH* GmbHR 1989, 120).

6   Ausnahmsweise kann die Teilnahme auch ohne Satzungsgrundlage verwehrt werden, wenn schwere auf andere Weise nicht zu verhindernde **Gefahr für die Gesellschaft** besteht (vgl. *Altmeppen* § 48 Rz. 4; *Scholz/Seibt* § 48 Rz. 15; *Lutter/Hommelhoff* § 48 Rz. 3). Ein unberechtigter Ausschluss eines Gesellschafters von der Teilnahme führt zur Nichtigkeit des in Abwesenheit des Gesellschafters gefassten Beschlusses (*OLG Frankfurt* GmbHR 1984, 100; *OLG Hamm* NZG 2003, 926: verweigerter Zutritt – trotzdem gefasste Beschlüsse sollen anfechtbar sein).

7   **Pfleger, Testamentsvollstrecker, Insolvenzverwalter und Nachlassverwalter** haben ein Teilnahmerecht, jedoch entfällt das Teilnahmerecht des Gesellschafters (*Noack* § 48 Rz. 8; *Lutter/Hommelhoff* § 48 Rz. 2).

8   Für die **Vertretung in der Gesellschafterversammlung** gilt Folgendes: Der Gesellschafter kann sich vertreten lassen (§ 47 Abs. 3, vgl. dort Rz. 29 ff.). Dann ruht das Teilnahmerecht des Gesellschafters (*OLG Stuttgart* GmbHR 1994, 259). Bei Teilnahme des Gesellschafters besteht für einen Vertreter (Beistand) kein Teilnahmerecht (*OLG Düsseldorf* GmbHR 1992, 611; *Scholz/Seibt* § 48 Rz. 22; *Rowedder/Pentz/Koppensteiner* § 48 Rz. 10; *OLG Stuttgart* GmbHR 1994, 259), jedoch kann durch die Satzung oder durch einen Gesellschafterbeschluss die Teilnahme gestattet werden (*OLG Düsseldorf* a.a.O.; *OLG Stuttgart* a.a.O.; *Lutter/Hommelhoff* § 48 Rz. 4).

Ausnahmsweise ist der Gesellschafter zur **Beiziehung eines Bevollmächtigten** berechtigt, wenn es sich um einen Angehörigen der rechtsberatenden Berufe handelt und dieser zugezogen wird, um im Verhältnis zu den anderen Gesellschaftern bestehende erhebliche fachliche Benachteiligung des Vertretenen auszugleichen (*OLG Düsseldorf* GmbHR 1992, 611; *OLG Düsseldorf* GmbHR 2002, 62; auch durch einstweilige Verfügung; *Lutter/Hommelhoff* § 48 Rz. 8; Scholz/*Seibt* § 48 Rz. 22; vgl. auch *Werner* GmbHR 2006, 871). **9**

Geschäftsführer haben kein Teilnahmerecht (*Lutter/Hommelhoff* § 48 Rz. 5; Scholz/*Seibt* § 48 Rz. 16), sind jedoch auf Verlangen der Gesellschafter zur Teilnahme verpflichtet. **10**

In Gesellschaften mit obligatorischem Aufsichtsrat steht den Mitgliedern des **Aufsichtsrats** ein Teilnahmerecht zu (§ 25 Abs. 1 S. 1 Nr. 2 MitbestG, § 77 Abs. 1 S. 2 BetrVG i.V.m. § 118 Abs. 2 AktG), jedoch besteht auch bei Aufforderung durch die Gesellschafter keine Teilnahmeverpflichtung. Die Mitglieder eines fakultativen Aufsichtsrats haben nur dann ein Teilnahmerecht, wenn dies die Satzung oder ein Gesellschafterbeschluss vorsieht. **11**

Die Prüfung der Teilnahmeberechtigung nimmt (soweit bestellt) der Versammlungsleiter vor (*Noack* § 48 Rz. 6; Scholz/*Seibt* § 48 Rz. 24). Ist kein Versammlungsleiter vorhanden, entscheidet im Zweifel die Gesellschafterversammlung mit einfacher Mehrheit. Die Entscheidung hat stets nur vorläufigen Charakter. Bei Anfechtung des gefassten Beschlusses entscheidet letztlich das Gericht. Wegen der Anfechtung von Beschlüssen bei unberechtigtem Ausschluss von der Teilnahme bzw. bei unberechtigter Zulassung nicht teilnahmeberechtigter Personen vgl. § 47 Rz. 52. **12**

IV. Versammlungsleiter

1. Bestimmung des Versammlungsleiters. Der Versammlungsleiter kann bereits in der Satzung bestimmt werden (*Noack* § 48 Rz. 16). Von einer namentlichen Benennung ist jedoch abzuraten, weil die Bestellung eines anderen Versammlungsleiters (z.B. wenn dieser verstirbt) nur durch eine Satzungsänderung (umständlich und kostenträchtig) möglich ist. Sinnvoll erscheint die Bestellung eines bestimmbaren Versammlungsleiters, z.B. des ältesten anwesenden Gesellschafters oder des Gesellschafters mit dem größten Anteilsbesitz. **13**

Einen Versammlungsleiter kann die Gesellschafterversammlung bestimmen, wenn ein solcher nicht bereits nach oben dargestellten Gesichtspunkten vorhanden ist. Streitig ist teilweise, ob hierzu ein einstimmig gefasster Beschluss erforderlich ist (vgl. *OLG Frankfurt* GmbHR 1999, 551) oder ob ein mit einfacher Mehrheit gefasster Beschluss genügt (so wohl zutr. *München* GmbHR 2005, 624; *OLG Celle* GmbHR 1999, 35; weitgehende Zustimmung im Schrifttum: *Altmeppen* § 48 Rz. 26; Scholz/*Seibt* § 49 Rz. 58, s. hierzu auch *Lutter/Hommelhoff* § 48 Rz. 14 m.w.N.). Der mit dem (gefassten und festgestellten) Gesellschafterbeschluss nicht einverstandene Gesellschafter kann gegen diesen Beschluss nur auf gerichtlichem Wege vorgehen (zum nicht festgestellten Beschluss vgl. Rz. 25). Vor Gericht wird man dem festgestellten Beschluss keine größere Wirkung beimessen können als dem nicht festgestellten. Ein festgestellter Beschluss ist aber immer noch besser als eine unsichere Rechtslage ohne besondere Feststellung durch den Versammlungsleiter (vgl. *Werner* GmbHR 2006, 127). **14**

15 Soweit die Satzung nicht ein solches Vorgehen ausdrücklich zulässt, kann der Versammlungsleiter nicht mit Wirkung auch für künftige Gesellschafterversammlungen bestellt werden (*OLG München* GmbHR 2005, 624 m. Anm., zust. *Werner* GmbHR 2006, 127). Dass das Gesetz eine solche Bestellung nicht verbietet, ist kein Argument für dessen Zulässigkeit; denn nicht alles, was nicht verboten ist, ist deshalb erlaubt. Das Gleiche gilt für den Hinweis (vgl. *Werner* GmbHR 2006, 127), dass der bestellte Versammlungsleiter durch die Gesellschafterversammlung jederzeit abberufen werden kann; denn beim Einstimmigkeitserfordernis (vgl. Rz. 14) ist das gerade nicht der Fall.

16 **2. Befugnisse des Versammlungsleiters.** Der Versammlungsleiter hat nicht nur die Stimmen zu zählen, sondern auch zu prüfen, ob die Stimmabgabe wirksam ist. Er muss z.B. prüfen und entscheiden, ob ein Gesellschafter an der Stimmabgabe nach § 47 Abs. 4 (vgl. dort Rz. 52) gehindert war. Der Einwand, dass damit der Versammlungsleiter überfordert werde (vgl. *K. Schmidt* GmbHR 1992, 9; *Delrichs* GmbHR 1995, 863), kann nicht überzeugen; denn letztlich ist entscheidend, dass ein anfechtbarer Gesellschafterbeschluss entsteht, zumal der Ausschluss des Stimmrechts vielfach der Grund für die Anfechtung selbst ist (vgl. *Werner* a.a.O.; *Zöllner/Noack* in Noack § 48 Rz. 16 ff.).

17 Eine Ausnahme kann nur dann gelten, wenn der Versammlungsleiter zusätzlich ein Beschlussergebnis feststellt, das so von den Gesellschaftern nicht beschlossen wurde (*Scholz/Seibt* § 48 Rz. 58; *Hoffmann/Koster* GmbHR 2003, 1327). In diesem Falle ist zu verfahren, wie wenn eine Feststellung nicht stattgefunden hätte (vgl. Rz. 25).

Weitere Ausnahmen von der Beschlussfeststellung (Rechtsprechung hierzu gibt es, soweit ersichtlich, nicht):
– Abberufung eines Gesellschafter-Geschäftsführers, der mit mindestens 50 von Hundert beteiligt ist, und die Abberufung auf einem wichtigen Grund beruht;
– Die Interessen des Versammlungsleiters werden durch den festzustellenden Beschluss unmittelbar berührt (*Hoffmann/Koster* a.a.O.; a.A. *Werner* a.a.O.).

18 Das Feststellungsrecht des Versammlungsleiters ist nicht ausgeschlossen bei satzungsändernden Beschlüssen (gl.A. *Werner* a.a.O.; a.A. *Hoffmann/Koster* a.a.O.), jedoch ist wegen der zwingenden Mitwirkung eines Notars (§ 53 Abs. 2 S. 1), der selbstständig die Voraussetzungen einer Satzungsänderung prüfen muss, die praktische Auswirkung gering, da jedenfalls die notarielle Beurkundung der Feststellung durch den Versammlungsleiter vorgeht.

19 **3. Feststellung durch den Versammlungsleiter.** Die Feststellung des Beschlusses erfolgt durch Verkündung des Versammlungsleiters ggü. der Gesellschafterversammlung (*OLG Stuttgart* GmbHR 1995, 228). Eine schriftliche Niederlegung ist zwar empfehlenswert (schon aus Nachweisgründen), jedoch für die Beschlusswirkung ohne Bedeutung (gl.A. *Werner* a.a.O.; a.A. *Hoffmann/Koster* GmbHR 2003, 133). Die Anfertigung und Unterzeichnung eines Beschlussprotokolls ersetzt die (ausdrückliche) Beschlussfeststellung nicht (*OLG München* GmbHR 1990, 263; *OLG Celle* GmbHR 1997, 172; weitgehend auch im Schrifttum; a.A. *Altmeppen* § 47 Rz. 133).

20 Eine Beschlussfeststellung kann nicht mehr nach Schluss der Gesellschafterversammlung erfolgen (*OLG Stuttgart* GmbHR 1995, 228; *Werner* a.a.O.; a.A. *Abramenko* GmbHR 2003, 1471).

Ein schriftliches Festhalten der Feststellung ist grundsätzlich ebenso wenig erforder- **21** lich wie die Festlegung des gefassten Gesellschafterbeschlusses (*BGHZ* 88, 304 für die AG). Im Schrifttum wird die Meinung vertreten, dass der Versammlungsleiter auch ohne besonderes Verlangen im Zweifel zur Aufnahme eines Protokolls verpflichtet sei (*Scholz* § 48 Rz. 3; *Werner* a.a.O.; a.A. Rowedder/Pentz/*Koppensteiner* § 48 Rz. 17). Die Protokollanfertigung ist für sich keine Beschlussfeststellung. Durch sie wird lediglich die getroffene Beschlussfeststellung dokumentiert. Ist eine Beschlussfeststellung nicht erfolgt, ist das Protokoll unrichtig, Wer sich darauf beruft, muss das beweisen. Zunächst spricht eine gewisse Vermutung dafür, dass die Beschlussfeststellung stattgefunden hat.

Es besteht keine gesetzliche Pflicht zur Protokollierung der Versammlung, solange es **22** sich nicht um satzungsändernde Beschlüsse handelt (so auch *Noack* § 48 Rz. 22). Unterzeichnung durch den Versammlungsleiter oder Protokollierungspflicht aufgrund Satzung ist möglich (*Noack* § 48 Rz. 22, 23). (Eine Verlesung des Protokolls ist ebenfalls nicht erforderlich (meist auch insb. bei zahlreichen Beschlüssen nicht möglich, da ein größerer Zeitraum für die Anfertigung benötigt wird).

Auch wenn man das Protokoll als Privaturkunde ansieht, ist sie nicht ohne Beweiswert **23** (a.A. *Michalski/Römermann* § 48 Rz. 170), jedoch ist der Beweis des Gegenteils zulässig. Beweispflichtig hierfür ist, wer sich auf eine andere Version der Beschlussfeststellung bzw. darauf beruft, dass eine Beschlussfeststellung nicht stattgefunden hat. Dem anfechtenden Gesellschafter sind gewisse Beweiserleichterungen zuzubilligen (*Werner* a.a.O., 131; *Abramenko* GmbHR 2003, 1045).

Nimmt ein Notar an der Gesellschafterversammlung teil – man wird einem Gesell- **24** schafter das Recht auf Teilnahme eines Notars zugestehen müssen, wenn er die Kosten dafür übernimmt (Scholz/*Seibt* § 48 Rz. 38) –, stellt sich die Frage, welche Auswirkungen auf die Beschlussfeststellung dies hat. Da der Notar nur den tatsächlichen Ablauf beurkundet und nicht zu rechtlichen Schlussfolgerungen berechtigt ist, kann er z.B., wenn der Versammlungsleiter das unterlässt, nicht an dessen Stelle die Beschlussfeststellung vornehmen bzw. beurkunden. Die notarielle Beurkundung der Gesellschafterversammlung stellt nur bestimmte Tatsachen fest, aus denen im Anfechtungsprozess das Gericht Schlüsse zu ziehen hat.

V. Festhalten des Beschlussergebnisses auf andere Weise als durch Feststellung durch den Versammlungsleiter

Die Feststellung des Beschlussergebnisses verfolgt das Ziel, Unsicherheiten über das **25** Bestehen eines wirksamen Beschlusses zu beseitigen. Dieses Ziel des förmlichen Festhaltens kann auch auf andere Weise als durch Feststellung durch den Versammlungsleiter erreicht werden. Entscheidend ist allein, ob dadurch die Unsicherheit über die Fassung eines Gesellschafterbeschlusses beseitigt wird (*Lutter/Hommelhoff* § 47 Rz. 18), z.B. Anfertigung eines Protokolls und Unterschreiben durch einen Gesellschafter sowie Übersendung an die Gesellschafter (*BGH* GmbHR 2008, 427).

VI. Ort und Versammlungslokal der Gesellschafterversammlung

Der Ort, an dem die Gesellschafterversammlung abzuhalten ist, ist gesetzlich nicht **26** bestimmt. Enthält auch die Satzung keine Regelung, bestimmt der Einberufende den Ort. Grundsätzlich soll der Sitz der Gesellschaft (§ 3 Nr. 1) als Ort der Gesellschafterversammlung (Geschäftslokal) bestimmt werden (*OLG Naumburg* NZG 2000, 45; *OLG Düsseldorf* NZG 2003, 975; Scholz/*Seibt* § 48 Rz. 4; *Lutter/Hommelhoff* § 48 Rz. 11; allg. M. im Schrifttum; anders bei kleineren Gesellschaften mit überschaubarem Gesellschafterkreis, wenn feststeht, dass der vom Sitz abw. Ort für alle Gesellschafter leicht zu erreichen ist); § 121 Abs. 4 AktG ist analog anzuwenden (*BGH* GmbHR 1985, 256). Es darf kein Ort gewählt werden, durch den den Gesellschaftern die Teilnahme unangemessen erschwert wird. Das kann z.B. bei einer Gesellschafterversammlung im Ausland der Fall sein, obwohl ein generelles Verbot insoweit nicht besteht (vgl. *Lutter/Hommelhoff* § 48 Rz. 12; Scholz/*Seibt* § 48 Rz. 6). Probleme können sich bei Notwendigkeit einer notariellen Beurkundung ergeben.

27 Mit Zustimmung aller Gesellschafter kann jeder Ort zur Abhaltung der Gesellschafterversammlung bestimmt werden (vgl. *OLG Düsseldorf* GmbHR 1990, 169; Scholz/*Seibt* § 48 Rz. 7).

28 Bei schikanöser Ortswahl sind die in der Gesellschafterversammlung gefassten Beschlüsse anfechtbar (*OLG München* NZG 2023, 945; *OLG Hamm* NZG 2003, 926; *Lutter/Hommelhoff* § 48 Rz. 12).

29 Der Ort der Gesellschafterversammlung kann, soweit nicht die Satzung eine bestimmte Regelung enthält, vom Einladenden bestimmt werden. Hat die Gesellschafterversammlung nach der Satzung am Sitz der Gesellschafter stattzufinden, wird die in den Geschäftsräumen stattzufinden haben, deren Eignung hierfür vorausgesetzt. Die Einberufung an einen anderen Ort ist jedoch nicht grds. rechtsmissbräuchlich. Das kann aber der Fall sein, wenn bei verfeindeten Gesellschaftern in die Wohnung des Mehrheitsgesellschafters eingeladen wird (*OLG Celle* GmbHR 1997, 748; Scholz/*Seibt* § 48 Rz. 4).

VII. Zeit der Gesellschafterversammlung

30 Der Zeitpunkt der Gesellschafterversammlung wird durch den Einladenden festgesetzt; er kann nur unter Beachtung der Einladungsfrist von einer Woche (§ 51 Abs. 1) bestimmt werden. Bei der zeitlichen Festlegung ist auf die Belange der Gesellschafter Rücksicht zu nehmen. Nach den gegebenen Umständen (z.B. Eilbedürftigkeit) kann auch eine Gesellschafterversammlung an einem Sonn- oder Feiertag gerechtfertigt sein (vgl. Scholz/*Seibt* § 48 Rz. 9; a.A. *LG Darmstadt* BB 1981, 72).

31 Es besteht kein Wartegebot bei Nichterscheinen eines Gesellschafters. In Ausnahmefällen kann dies jedoch die gesellschaftsrechtliche Treuepflicht verlangen (*OLG Dresden* NZG 2000, 429).

VIII. Das schriftliche Abstimmungsverfahren nach Abs. 2

32 **1. Anwendungsbereich.** Die Bestimmung sieht zwei Fälle vor, in denen es der Abhaltung einer Gesellschafterversammlung zur Beschlussfassung nicht bedarf. Grds. gilt das schriftliche Abstimmungsverfahren für alle Gesellschafterbeschlüsse (z.B. auch für eine Satzungsänderung, vgl. *Noack* § 48 Rz. 27, bei der sich die Beurkundung jedoch als reichlich kompliziert herausstellt, vgl. § 53; Auflösungsbeschluss, *BayObLG* GmbHR 1995, 54; zust. *Noack* § 48 Rz. 27). Die gesetzliche Regelung kann im Gesellschaftsvertrag eingeschränkt (bis zum gänzlichen Ausschluss schriftlicher Abstimmung) oder auch erweitert werden. In Einzelfällen ist wegen der Bedeutung der

Sache die Beschlussfassung in der Gesellschafterversammlung zwingend vorgeschrieben (z.b. in Umwandlungsfällen nach dem UmwG, vgl. § 13 Abs. 1 S. 2 UmwG, § 125 UmwG i.V.m. § 13 Abs. 1 S. 2 UmwG). Keine Einschränkungen ergeben sich aus dem Bestehen eines Aufsichtsrats nach den Mitbestimmungsgesetzen (vgl. *Noack* § 48 Rz. 29; in Einzelheiten jedoch umstr.).

2. Einstimmige Beschlussfassung. Der Abhaltung einer Gesellschafterversammlung **33** bedarf es nicht, wenn sämtliche Gesellschafter in Textform (vgl. § 126b BGB) mit der zu treffenden Bestimmung einverstanden sind (Abs. 2 1. Alt.; *Thür.* OLG GmbHR 206, 986). Gesellschafter sind alle an der Gesellschafterversammlung teilnahmeberechtigten Gesellschafter, also auch diejenigen, die kein Stimmrecht haben (*Lutter/Hommelhoff* § 48 Rz. 10; *Rowedder/Pentz/Koppensteiner* § 48 Rz. 20; *Noack* § 48 Rz. 30; *Scholz/Seibt* § 48 Rz. 63; *OLG Düsseldorf* GmbHR 1989, 468).

Die Abstimmung erfolgt durch Erklärung ggü. der Gesellschaft (*Noack* § 48 Rz. 31; **34** *Lutter/Hommelhoff* § 48 Rz. 23; *Scholz/Seibt* § 48 Rz. 65; *Hachenburg/Hüffer* § 48 Rz. 50). Die Gesellschaft wird beim Empfang der Abstimmungserklärung durch die Geschäftsführer bzw. den durch die Satzung bestimmten Versammlungsleiter vertreten. Zur Stimmabgabe durch Zirkular vgl. *Noack* § 48 Rz. 31.

„Schriftlich" oder Textform gem. § 126b BGB ist nicht gleich zu setzen mit „Schrift- **35** form" i.S.d. § 126 BGB, die eigenhändige Unterschrift verlangt. Erforderlich ist lediglich, dass die Abstimmungserklärung oder das Einverständnis der schriftlichen Abstimmung als schriftlich verkörperte Willenserklärung zugeht (allg. M., vgl. *Lutter/Hommelhoff* § 48 Rz. 24 ff.; *Hachenburg/Hüffer* § 48 Rz. 42; *Rowedder/Pentz/Koppensteiner* § 48 Rz. 21; *Noack* § 48 Rz. 32; *Scholz/Seibt* § 48 Rz. 62). Ausreichend ist daher auch ein Fernschreiben, ein Fax, eine Email oder ein Telegramm (*Lutter/Hommelhoff* § 48 Rz. 24).

Der Beschluss kommt erst mit Eingang der letzten Zustimmung zustande. Einer **36** Beschlussfeststellung bedarf es nicht (*Noack* § 48 Rz. 33 ff.; *Lutter/Hommelhoff* § 48 Rz. 12; a.A. *BGHZ* 15, 329 – Beschlussfassung erst mit Mitteilung an die Gesellschafter, falls Zweifel über Wesen und Ergebnis der Abstimmung auftauchen können).

3. Schriftliche Abgabe der Stimmen. Der Abhaltung einer Gesellschafterversamm- **37** lung bedarf es ferner nicht, wenn sämtliche Gesellschafter sich mit der schriftlichen Abgabe der Stimmen einverstanden erklären (§ 48 Abs. 2 2. Alt.). Die Zustimmung aller Gesellschafter bezieht (im Gegensatz zur 1. Alt.) sich nur auf das schriftliche Verfahren; in der Sache ist Einstimmigkeit nicht erforderlich. Der Gesellschafterbeschluss kommt nach allg. Grundsätzen zustande.

Die Zustimmung zur schriftlichen Stimmabgabe muss von allen Gesellschaftern vor- **38** liegen (vgl. Rz. 33). Zur Schriftlichkeit vgl. Rz. 34. Die Einverständniserklärung ist Willenserklärung ggü. der Gesellschaft (vgl. Rz. 34), die formlos erteilt werden kann (*Noack* § 48 Rz. 35). Bloßes Schweigen auf eine Zustimmungsaufforderung ist nicht als Einverständnis zu werten (*Scholz/Seibt* § 48 Rz. 64). Die Zustimmung zum schriftlichen Verfahren kann noch abgegeben werden, solange sie nicht verweigert ist; evtl. auch nach der Abstimmung (*Noack* § 48 Rz. 36). Ein ohne Zustimmung gefasster Beschluss ist schwebend unwirksam. Heilung tritt mit Einverständniserklärung ein (*OLG Düsseldorf* GmbHR 1989, 468).

39 Die Entscheidung, ob ein Gesellschafterbeschluss mit entspr. Mehrheit zustande gekommen ist, richtet sich nach den binnen angemessener Frist (die zweckmäßigerweise in der Satzung geregelt werden sollte) tatsächlich abgegebenen Stimmen. Der Beschluss ist (bei entspr. Mehrheit) als mit Ablauf der Frist gefasst anzusehen. Eine nachträglich abgegebene Stimme zählt nicht. Eine ausdrückliche Beschlussfeststellung ist zwar nicht erforderlich, aber sinnvoll. Seit 2002 genügt jede Stimmabgabe in Textform.

40 **4. Abgabe der Stimme per E-Mail.** Sie wird für zulässig gehalten, wenn die Satzung dies vorsieht (*Lutter/Hommelhoff* § 48 Rz. 24; *Zwissler* GmbHR 2000, 28; *Noack* ZGR 1998, 595).

41 **5. Stillschweigende Beschlussfassung.** Sie wird für zulässig gehalten, wenn der gefasste Beschluss (z.B. Pensionszusage an den Geschäftsführer) anschließend in die Tat umgesetzt wird (*OLG Stuttgart* GmbHR 1998, 1035; *BGH* NJW 1996, 1678).

42 **6. Folgen eines Verstoßes gegen § 48 Abs. 2.** Nichtigkeit des im schriftlichen Verfahren gefassten Beschlusses ist nur gegeben, wenn einzelne Gesellschafter bei der Abstimmung unberücksichtigt geblieben sind. Im Übrigen ist ein Gesellschafterbeschluss nur anfechtbar (*Thür. OLG* GmbHR 2006, 986; vgl. Scholz/*Seibt* § 45 Rz. 95).

IX. Beschlussfassung ohne Gesellschafterversammlung/schriftliche Beschlussfassung

43 **1. Änderung durch den eingefügten § 48 Abs. 1 S. 2.** Seit der Änderung des § 48 Abs. 1 durch Einfügung des S. 2 durch DiReg ist das Abhalten einer Gesellschafterversammlung fernmündlich oder mittels einer Videokonferenz bei Einverständnis sämtlicher Gesellschafter in Textform auch ohne Regelung in der Satzung möglich (*Lutter/Hommelhoff* § 48 Rz. 1).

44 **2. Beschlussfassung gem. § 48 Abs. 2.** Eine Gesellschafterversammlung muss dann nicht abgehalten werden, sofern sämtliche Gesellschafter hierauf verzichten. Hieran ändert auch die Änderung in § 48 Abs. 1 S. 2 nichts.

Auch Gesellschafter, die kein Stimmrecht haben, müssen ihr Einverständnis erklärt haben (hierzu *Gehrlein/Born/Simon* § 48 Rz. 28). Die vorgenannte Erleichterung durch COVMG galt nur für Beschlüsse, die bis zum 31.8.2022 gefasst wurden.

45 In der Entscheidung v. 20.3.2002 (NZG 2002, 823) hatte, soweit ersichtlich, erstmals ein Gericht (*OLG Celle*) zu dieser Frage (Entschließung genannt) bejahend Stellung genommen. Vorausgesetzt wird zur Wirksamkeit einer solchen Entschließung, dass hierfür ein allseitiges Einverständnis vorliegt, der Umfang für die Gesellschafter klar ist und die Gesellschafter zudem das Bewusstsein haben, sie sollen gerade als Gesellschafter (und nicht nur als Geschäftsführer) eine Angelegenheit der Gesellschaft auf Grund bestimmter in der Satzung geregelter Erfordernisse verbindlich regeln (im Entscheidungsfalle handelte es sich um einen Beschluss nach § 46 Nr. 8, der als nicht gefasst angesehen wurde).

X. Kombinierte Beschlussfassung

46 Unter einer kombinierten Beschlussfassung ist eine Beschlussfassung zu verstehen, die tlw. in der Gesellschafterversammlung, tlw. schriftlich erfolgt (s. hierzu auch *Noack* § 48 Rz. 27). Eine kombinierte Beschlussfassung war, bis zur Einfügung des § 48 Abs. 1 S. 2 durch DiREG, nur zulässig, wenn eine solche Entscheidungsform in der Satzung **ausdrücklich** vorgesehen war. War das nicht der Fall, waren die gefassten Beschlüsse unzulässig (bislang h.M. aber umstritten – s. hierzu u.a. *BGH* GmbHR 2006, 706 Rz. 10 m.w.N.; *OLG München* BB 1978, 471 ff.; *Lutter/Hommelhoff* § 48 Rz. 30). Durch die Einfügung des § 48 Abs. 1 S. 2 aufgrund DiREG wurde diese (rechtliche) Unsicherheit beseitigt. Der Austausch der Gesellschafter sowie die Beschlussfassung per Telefon und/oder in einer Videokonferenz wurde ausdrücklich aufgenommen, eine kombinierte Beschlussfassung ist somit möglich (*Lutter/Hommelhoff* § 48 Rz. 31). Voraussetzung ist hier allerdings das Einverständnis sämtlicher Gesellschafter in Textform (§ 126b BGB). Eine Abstimmung aufgrund eines fehlerhaften Verfahrens, hier fehlendes Einverständnis, könnte zumindest zur Anfechtbarkeit führen, vereinzelt wird auch Nichtigkeit angenommen (*Lutter/Hommelhoff* § 48 m.w.N.; vorsichtig hierzu *Wicke* GmbHR 2022, 516, 521).

Seit dem 1.8.2023 ist auch die Beurkundung von satzungsändernden Beschlüssen (s. hierzu § 53 Abs. 3 S. 2 n.F.) möglich.

XI. Beschlussfassung in der Einmann-Gesellschaft

Für die Einmann-Gesellschaft sieht § 48 Abs. 3 eine Sonderregelung vor: nach der **47** Beschlussfassung hat der Gesellschafter unverzüglich eine Niederschrift aufzunehmen und zu unterschreiben.

1. Einmann-Gesellschaft. Als Einmann-Gesellschaft gilt die Gesellschaft, bei der ein **48** Gesellschafter sämtliche Geschäftsanteile innehat, wobei eigene Anteile der Gesellschaft (§ 33) außer Betracht bleiben. Maßgebend ist der **wirtschaftliche Alleingesellschafter** (*BGH* GmbHR 1995, 450). Einmann-Gesellschaft ist auch die GmbH & Co. KG, wenn die KG sämtliche Anteile an der GmbH besitzt (sog. Einheitsgesellschaft, *OLG Köln* BB 1993, 1388; *LAG Hessen* GmbHR 2001, 299). Einmann-Gesellschaft ist auch gegeben, wenn alle Anteile einer OHG oder KG gehören (*Noack* § 48 Rz. 46).

Eine **Einmann-Gesellschaft liegt** in folgenden Fällen **nicht vor:** (1) wenn auch nur ein **49** geringer Anteil einem anderen Gesellschafter gehört (*Altmeppen* § 48 Rz. 30), (2) wenn der einzige Gesellschafter einen Teil seiner Geschäftsanteile auf einen **Treuhänder** übertragen hat (*Noack* § 48 Rz. 46; *Lutter/Hommelhoff* § 48 Rz. 42), (3) wenn sich Anteile in der Hand einer **abhängigen Gesellschaft** befinden, (4) wenn die Anteile einer **Erbengemeinschaft** oder **Gütergemeinschaft** zustehen (*Noack* § 48 Rz. 46), (5) wenn in der Gesellschafterversammlung nur ein Gesellschafter anwesend ist oder wenn der andere Gesellschafter nicht stimmberechtigt ist (*Scholz/Seibt* § 48 Rz. 19; a.A. *Altmeppen* § 48 Rz. 30).

2. Beschlussfähigkeit – Beschlussfassung – Formerfordernisse. Der Einmann-Gesell- **50** schafter ist jederzeit beschlussfähig (*BGHZ* 12, 339; *Scholz/Seibt* § 48 Rz. 75; *Noack* § 48 Rz. 50). Er kann Beschlüsse mit oder ohne förmliche Gesellschafterversammlung fassen (*Lutter/Hommelhoff* § 48 Rz. 43; *Scholz/Seibt* § 48 Rz. 75; *LAG Hessen* GmbHR 2001, 299), auch konkludent (*OLG Hamm* NZG 2006, 431).

Der Einmann-Gesellschafter hat unverzüglich nach der Beschlussfassung eine **Nieder-** **51** **schrift** aufzunehmen und zu unterschreiben (*Altmeppen* § 48 Rz. 55). Dies gilt nur in den Fällen, in denen ein anderes Formerfordernis (notarielle Beurkundung, z.B. bei Satzungsänderung) nicht besteht (*BayObLG* GmbHR 1988, 60). Protokollierung ist nicht erforderlich, wenn es sich um die Kündigung des Anstellungsvertrags handelt und die Kündigung schriftlich ausgesprochen wird. Die Kündigung muss unverzüglich nach Beschlussfassung erstellt und unterzeichnet werden (*KG* GmbHR 1999, 818).

52   Aus der Niederschrift müssen sich Ort, Zeit und Inhalt der Beschlussfassung ergeben: Sie ist vom Gesellschafter zu unterschreiben, wenn ein Protokollführer zugezogen worden ist, auch von diesem (*Lutter/Hommelhoff* § 48 Rz. 46; *Scholz/Seibt* § 48 Rz. 77). „Unverzügliche" Aufnahme der Niederschrift bedeutet alsbaldige Aufnahme. Eine nachträgliche Erstellung ist auch dann unzulässig, wenn die Verspätung unverschuldet ist (*Scholz/Seibt* § 48 Rz. 77).

53   **3. Rechtsfolgen einer unterlassenen Protokollierung.** Die unterlassene Protokollierung macht nach allg. M. den Beschluss nicht nichtig (*BGH* NJW 1995, 1750; *OLG Hamm* NZG 2006, 431; *Scholz/Seibt* § 48 Rz. 78; *Lutter/Hommelhoff* § 48 Rz. 47; *Rowedder/Pentz/Koppensteiner* § 48 Rz. 23; *Hachenburg/Hüffer* § 48 Rz. 67; *Noack* § 48 Rz. 48). Danach muss sich die Gesellschaft und der Gesellschafter auch nicht protokollierte Beschlüsse entgegenhalten lassen (z.B. Weisungen an die Geschäftsführer, Bestellung von Geschäftsführern, vgl. *Noack* § 48 Rz. 48). Ganz ohne Folgen ist die unterlassene Protokollierung auch nach h.M. nicht; denn bei Abs. 3 handelt es sich nicht um eine bloße Sollvorschrift (*Scholz/Seibt* § 48 Rz. 78; *Lutter/Hommelhoff* § 48 Rz. 46): Einmann-Gesellschafter und GmbH können sich auf den Beschluss nicht berufen, solange eine Protokollierung nicht erfolgt ist; ein Beweis auf anderem Wege ist ausgeschlossen (vgl. *OLG Köln* GmbHR 1993, 734); zumindest im Insolvenzfall, wenn der Insolvenzverwalter eine Forderung gegen den Gesellschafter-Geschäftsführer geltend macht, (*OLG Hamm* NZG 2006, 432; *Rowedder/Pentz/Koppensteiner* § 48 Rz. 23; *Scholz/Seibt* § 48 Rz. 78; *K. Schmidt* NJW 1980, 1776; einschränkend *Noack* § 48 Rz. 48 – keine Berufung auf Gesellschafterbeschluss, wenn Inhalt nicht auf andere Weise bewiesen werden kann oder bei Verstoß gegen Treu und Glauben – venire contra factum proprium). Andererseits können sich Dritte auf den Beschluss berufen, wenn er unstreitig oder bewiesen ist (*Scholz/Seibt* § 48 Rz. 78). Dritter ist nicht der Geschäftsführer (*Lutter/Hommelhoff* § 48 Rz. 8).

54   Die unterlassene Protokollierung kann zu einem Schadensersatzanspruch gegen den Gesellschafter führen, z.B. wenn der Gesellschaft dadurch ein vorteilhaftes Geschäft entgangen ist (vgl. *Scholz/Seibt* § 48 Rz. 78).

55   Eine andere Frage ist, inwieweit es sich bei dem „Beschluss" um einen Beschluss im rechtlichen Sinne handelt. So hat dies der BGH für eine bindende Weisung an den Geschäftsführer verneint (vgl. *BGH* GmbHR 1993, 38 und 427; 1995, 450). Legt man diese Beurteilung zugrunde, kann die Weisung mit jedem Beweismittel bewiesen werden (zum Ganzen vgl. *Noack* § 48 Rz. 50).

56   Eine entspr. Anwendung des Abs. 3 auf sog. Einmann-Beschlüsse in einer Mehrpersonen-GmbH (nur ein Gesellschafter ist in der Gesellschafterversammlung anwesend) wird man nach dem eindeutigen Wortlaut (er stellt auf den Gesellschafter als Beteiligten ab) nicht befürworten können (so auch *Lutter/Hommelhoff* § 48 Rz. 43 a.E.; *Noack* § 48 Rz. 50; *Hachenburg/Hüffer* § 48 Rz. 65; a.A. *Altmeppen* § 48 Rz. 30), obwohl vom Sinn her für eine solche Ausdehnung gute Gründe geltend gemacht werden können (vgl. *Rowedder/Pentz/Koppensteiner* § 48 Rz. 24).

§ 49 Einberufung der Versammlung

(1) Die Versammlung der Gesellschafter wird durch die Geschäftsführer berufen.

(2) Sie ist außer den ausdrücklich bestimmten Fällen zu berufen, wenn es im Interesse der Gesellschaft erforderlich erscheint.

(3) Insbesondere muss die Versammlung unverzüglich berufen werden, wenn aus der Jahresbilanz oder aus einer im Laufe des Geschäftsjahres aufgestellten Bilanz sich ergibt, dass die Hälfte des Stammkapitals verloren ist.

Übersicht

Literatur: *Abramenko* Die Einberufung der Gesellschafterversammlung durch Unbefugte, GmbHR 2004, 723; *Dahlbender* Einladung zu einer außerordentlichen Gesellschafterversammlung, GmbH-StB 20087, 290; *Ettinger/Reiff* Die Gelatineentscheidung des BGH: Auswirkungen auf die Kompetenzverteilung in der GmbH bei Ausgliederung außerhalb des Umwandlungsgesetzes, GmbHR 2007, 617; *Geissler* Die Einberufung der Gesellschafterversammlung in der Krise der UG (haftungsbeschränkt), DZWiR 2010, 98; *ders.* Die gesetzlichen Veranlassungen zur Einberufung einer GmbH-Gesellschafterversammlung, GmbHR 2010, 457; *van Venrooy* Delegation der Einberufungsbefugnis der Geschäftsführer aus § 49 Abs. 1 GmbHG, GmbHR 2000, 166; *Seeling/Zwickel* Typische Fehlerquellen bei der Vorbereitung und Durchführung der Gesellschafterversammlung einer GmbH, DStR 2009, 1097.

I. Allgemeines

Ergänzung der amtlichen Überschrift durch MoMiG v. 23.10.2008. **1**

Die Bestimmung regelt die Kompetenz der Geschäftsführer zur jederzeitigen Einberufung der Gesellschafterversammlung (Abs. 1), in Abs. 2 und 3 die Verpflichtung der Geschäftsführer zur Einberufung in bestimmten Fällen. § 49 wird ergänzt durch § 50: Abs. 1 für die Einberufungspflicht und Abs. 3 für die Zuständigkeit einer Minderheit von Gesellschaftern zur Einberufung der Gesellschafterversammlung. Wegen der Formulierung des Einladungsschreibens vgl. *Dahlbender* GmbH-StB 2007, 291.

II. Einberufungskompetenz der Geschäftsführer – Abbestellung einer einberufenen Gesellschafterversammlung

Zuständig für die Einberufung der Gesellschafterversammlung sind die Geschäftsführer (Abs. 1). Bei Gesamtvertretungsbefugnis ist jeder Geschäftsführer für sich einberufungsberechtigt (*BayObLG* GmbHR 1999, 985; *OLG Düsseldorf* GmbHR 2004, 578; *Noack* § 49 Rz. 3; *Lutter/Hommelhoff* § 49 Rz. 2; *Koppensteiner* in Rowedder/Schmidt-Leithoff* § 49 Rz. 2; Scholz/*Seibt* § 49 Rz. 5; *OLG Frankfurt* GmbHR 1976, 110, h.M.). Die Zulässigkeit der Einberufung durch Bevollmächtigte ist umstr. (vgl. **2** hierzu *Römermann* GmbHR 2004, 583, ablehnend *Lutter/Hommelhoff* § 49 Rz. 4; *OLG Hamm* GmbHR 1955, 736 ff.). Die Entscheidung hängt davon ab, ob man in der Einberufung ein Rechtsgeschäft sieht oder nicht. Erforderlich ist, dass aus der Einberufung selbst hervorgeht, dass diese auf einem Entschluss des Geschäftsführers beruht (so bereits *BGH* GmbHR 1962, 28 ff.; *OLG Düsseldorf* GmbHR 2004, 578).

3   Die Einberufungsbefugnis steht auch dem zu Unrecht im HR eingetragenen Geschäftsführer zu (*BGH* v. 8.11.2016 – II ZR 304/15 zur Befugnis des abberufenen, aber noch im HR eingetragenen Geschäftsführers, *OLG Hamm* DB 1992, 265; *OLG Düsseldorf* GmbHR 2004, 578; *Scholz/Seibt* § 49 Rz. 5; *Lutter/Hommelhoff* § 49 Rz. 2, 4; jedoch str. vgl. Rowedder/Pentz/*Koppensteiner* § 49 Rz. 2; *Römermann* GmbHR 2004, 582).

4   Bei Amtsniederlegung besteht die Kompetenz weiter bis zur Eintragung (s.a. *BGH* 8.11.2016 – II ZR 304/15; *AG Syke* GmbHR 1985, 27; *Lutter/Hommelhoff* § 49 Rz. 2). Nach Auflösung der GmbH treten die Liquidatoren an die Stelle der Geschäftsführer (*Scholz/Seibt* § 49 Rz. 6; *Lutter/Hommelhoff* § 49 Rz. 3). Dem Insolvenzverwalter steht nach h.M. ein Einberufungsrecht nicht zu (*Scholz/Seibt* § 49 Rz. 6; Rowedder/Pentz/*Koppensteiner* § 49 Rz. 2, a.A. *Lutter/Hommelhoff* § 49 Rz. 3, wenn und soweit die Einschaltung der Geschäftsführer innerhalb des Insolvenzverfahrens erforderlich wird). Soweit normalerweise die Gesellschafterversammlung zuständig ist, kann der Insolvenzverwalter alleine handeln (z.B. Einforderung der Stammeinlage – nach § 46 Nr. 2 in die Zuständigkeit der Gesellschafterversammlung fallend – kann vom Insolvenzverwalter ohne einen Gesellschafterbeschluss geltend gemacht werden), so dass sich die Frage der Einberufung der Gesellschafterversammlung für den Insolvenzverwalter im Allg. nicht stellt.

5   Den Gesellschaftern steht die Einberufungskompetenz nur in den in § 50 genannten Fällen zu. Davon zu unterscheiden ist die sog. **Universalversammlung der Gesellschafter**, bei der sie einvernehmlich eine Gesellschafterversammlung abhalten. Die Einberufung ist zwar fehlerhaft; in der Einvernehmlichkeit der Gesellschafter zur Abhaltung einer außerordentlichen Gesellschafterversammlung liegt aber der Verzicht auf die Einhaltung der Formalitäten und Fristen (*OLG München* GmbHR 1995, 233).

6   Der Gesellschaftsvertrag kann eine abw. Einberufungskompetenz vorsehen (z.B. Aufsichtsrat – hierzu *Lutter/Hommelhoff* § 49 Rz. 6 m.w.N.). Abw. Regelungen ergeben sich aus den Mitbestimmungsgesetzen (vgl. § 25 Abs. 1 S. 1 MitbestG, § 77 BetrVG). Eine vollständige Entziehung der Einberufungskompetenz der Geschäftsführer erscheint zweifelhaft (*OLG Hamm* GmbHR 1995, 736 ff.; so auch *Lutter/Hommelhoff* § 49 Rz. 4 m.w.N.) und ist jedenfalls ausgeschlossen in den Fällen des Abs. 3.

7   Der Geschäftsführer (oder die andere zuständige Person) kann die von ihm einberufene Gesellschafterversammlung abbestellen, jedoch nicht mehr, sobald die Gesellschafter zur Gesellschafterversammlung zusammengetreten sind (*Altmeppen* § 49 Rz. 5). Die Abberufung kann formlos geschehen (*Lutter/Hommelhoff* § 49 Rz. 9a). Ist auch nur ein teilnahmeberechtigter Gesellschafter abbestellt worden, ist die Einberufung fehlerhaft. Eine nach Abbestellung erneut einberufene Gesellschafterversammlung muss die allg. Einberufungskriterien erfüllen. Bei wiederholter Absetzung kann das Selbsthilferecht der Gesellschafter nach § 50 Abs. 3 eingreifen (*OLG Hamburg* GmbHR 1977, 795). Auch bei unberechtigter Absetzung kann die Gesellschafterversammlung nicht unter Berufung auf § 242 BGB als nicht abgesagt behandelt werden (*OLG Hamburg* a.a.O.).

III. Einberufungspflicht der Geschäftsführer

Eine Verpflichtung zur Einberufung der Gesellschafterversammlung kann sich für den **8** Geschäftsführer ergeben: (1) aus den im Gesetz bzw. der Satzung ausdrücklich bestimmten Fällen, (2) aus Abs. 2: wenn das Interesse der Gesellschaft die Einberufung erfordert (Generalnorm) und (3) bei Verlust der Hälfte des Stammkapitals (Abs. 3).

1. Einberufung in den „ausdrücklich bestimmten Fällen". Die Abgrenzung zu den **9** Fällen der Einberufung im Interesse der Gesellschaft ist unklar und daher umstr.. Zu den ausdrücklich bestimmten Fällen gehören jedenfalls die in § 49 Abs. 3, § 50 Abs. 1 genannten Fälle (Scholz/*Seibt* § 49 Rz. 15).

2. Einberufung im Interesse der Gesellschafter. Die Regelung umfasst zwei Fallgrup- **10** pen: (1) die Gesellschafterversammlung ist einzuberufen, wenn im Interesse der Gesellschaft über eine Frage zu entscheiden ist, die nach Gesetz oder Satzung in die Zuständigkeit der Gesellschafterversammlung fällt (z.B. Feststellung des Jahresabschlusses nach § 46 Nr. 1). Eine Beschlussfassung im Interesse der Gesellschaft ist erforderlich bei außergewöhnlichen Maßnahmen und wenn die Geschäftsführer davon ausgehen müssen, dass eine geplante Maßnahme auf Widerspruch stößt. Die Einberufung ist notwendig, wenn ein Gesellschafter sie verlangt (Scholz/*Seibt* § 49 Rz. 19). Die Geschäftsführer können die Gesellschafterversammlung einberufen (2) in Angelegenheiten ihrer eigenen Zuständigkeit, wenn sie eine Entscheidung der Gesellschafter für erforderlich halten. Zur Kompetenzverteilung bei Ausgliederung außerhalb des UmwG vgl. *Ettinger/Reiff* GmbHR 2007, 617.

3. Einberufung bei Verlust der Hälfte des Stammkapitals. Die Gesellschafterver- **11** sammlung ist unverzüglich einzuberufen (und durchzuführen), wenn sich aus der Jahresbilanz oder aus einer im Laufe des Geschäftsjahres aufgestellten Bilanz ergibt, dass die Hälfte des Stammkapitals verloren ist (Abs. 3). Maßgebend sind die **Wertansätze in der Bilanz** (Stichwort „going-concern-Werte"), nicht die einer Vermögensbilanz; stille Reserven sind also nicht zu berücksichtigen.

Von der Einberufung der Gesellschafterversammlung kann abgesehen werden, wenn alle Gesellschafter in Kenntnis des Einberufungserfordernisses auf die Einberufung verzichten (Scholz/*Seibt* § 49 Rz. 24). Ein Verfahren nach § 48 Abs. 2 (vgl. dort Rz. 32 ff.) genügt ebenso wie eine bloße Verlustanzeige nach § 84 Abs. 1 (s. dort) grds. nicht (Scholz/*Seibt* § 49 Rz. 28; *Lutter/Hommelhoff* § 49 Rz. 17 m.w.N.). Eine Einberufungspflicht besteht selbstverständlich nicht, wenn die Geschäftsführer die einzigen Gesellschafter sind.

Den Wortlaut des Abs. 3 überschreitend wird die Ansicht vertreten, dass eine Einbe- **12** rufungspflicht auch dann bestehe, wenn die Geschäftsführer vom relevanten Absinken des Stammkapitals auf anderem Wege als durch eine Bilanz erfahren oder auch nur einen entspr. Verdacht haben (vgl. *BGH* ZIP 1995, 561; *Noack* § 49 Rz. 20; vgl. auch Scholz/*Seibt* § 49 Rz. 23; *Lutter/Hommelhoff* § 49 Rz. 16). Dem wird man zustimmen können aus dem allg. Grundsatz heraus, dass die Geschäftsführer die Interessen der Gesellschaft zu wahren haben. Diesem Interesse kann es entsprechen, die Gesellschafter möglichst frühzeitig auf eine Sanierungsnotwendigkeit hinzuweisen.

Die Einberufungspflicht gilt nicht bei Liquidation, da das Absinken des Vermögens **13** des Stammkapitals dem Zweck der Liquidation entspricht (vgl. Scholz/*Seibt* § 49 Rz. 17).

A. Bartl

14 Eine **Entscheidungspflicht** der Gesellschafter ergibt sich aus der Einberufungspflicht nicht (*Lutter/Hommelhoff* § 49 Rz. 22).

IV. Verletzung der Einberufungspflicht

15 Bei schuldhafter Verletzung der Einberufungspflicht können sich die Geschäftsführer schadensersatzpflichtig machen (§ 43 Abs. 2). Die Ersatzpflicht beschränkt sich auf den Schaden, der bei rechtzeitiger Einberufung durch Maßnahmen der Gesellschafterversammlung hätte vermieden werden können (*Lutter/Hommelhoff* § 49 Rz. 22; *Altmeppen* § 49 Rz. 16).

16 Ein Verstoß gegen die Einberufungspflicht bei Verlust der Hälfte des Stammkapitals zieht strafrechtliche Folgen nach sich (§ 84 Abs. 1, vgl. § 84 Rz. 2).

V. Folgen der Einberufung durch einen Unbefugten

17 Die in einer solchen Gesellschafterversammlung gefassten Beschlüsse sind analog § 241 Nr. 1 AktG nichtig, es sei denn, dass sämtliche Gesellschafter erschienen sind (s. hier den Wortlaut zu § 53 Abs. 3 sowie *BGHZ* 87, 2; *OLG Hamm* GmbHR 1993, 743; *BayObLG* GmbHR 1999, 985; *OLG München* GmbHR 2000, 486; *OLG Saarbrücken* GmbHR 2006, 989; weitgehend Zustimmung im Schrifttum). Einstweiliger Rechtsschutz (z.B. dergestalt, dass eine Anmeldung der Eintragung eines Geschäftsführers untersagt wird) ist möglich (*OLG Saarbrücken* GmbHR 2006, 991).

§ 50   Minderheitsrechte

(1) Gesellschafter, deren Geschäftsanteile zusammen mindestens dem zehnten Teil des Stammkapitals entsprechen, sind berechtigt, unter Angabe des Zwecks und der Gründe die Berufung der Versammlung zu verlangen.

(2) In gleicher Weise haben die Gesellschafter das Recht zu verlangen, dass Gegenstände zur Beschlussfassung der Versammlung angekündigt werden.

(3) ¹Wird dem Verlangen nicht entsprochen oder sind Personen, an welche dasselbe zu richten wäre, nicht vorhanden, so können die in Absatz 1 bezeichneten Gesellschafter unter Mitteilung des Sachverhältnisses die Berufung oder Ankündigung selbst bewirken. ²Die Versammlung beschließt, ob die entstandenen Kosten von der Gesellschaft zu tragen sind.

Übersicht

Literatur: *Abramenko* Die Einberufung der Gesellschafterversammlung durch Unbefugte, GmbHR 2004, 723; *Altmeppen* Einberufung der Gesellschafterversammlung einer GmbH auf Verlangen der Minderheit in GmbHR 2017, 788 ff.

I. Einberufungsverlangen der Gesellschafter

Ergänzung der amtlichen Überschrift durch MoMiG v. 23.10.2008. **1**

Grds. haben die Gesellschafter kein Recht zur Einberufung der Gesellschafterver- **2** sammlung. § 50 macht hiervon eine Ausnahme, indem Abs. 1 einer Minderheit von Gesellschaftern das Recht gibt, von den Geschäftsführern die Einberufung zu verlangen bzw. gem. Abs. 2, dass Gegenstände der Beschlussfassung für eine bereits einberufene Gesellschafterversammlung angekündigt werden. Wird dem (berechtigten) Verlangen der Gesellschafter nicht entsprochen, so können die in Abs. 1 bezeichneten Gesellschafter die Berufung und die Ankündigung selbst bewirken (Abs. 3).

Die in § 50 gewährten Minderheitsrechte sind nach heute h.M. zwingend (so schon **3** *OLG Stuttgart* GmbHR 1974, 257 ff.; *Scholz/Seibt* § 50 Rz. 6; *Altmeppen* § 50 Rz. 2 – jeweils m.w.N.) und können durch den Gesellschaftsvertrag nicht eingeschränkt, wohl aber erweitert werden (unstr. *Lutter/Hommelhoff* § 50 Rz. 5 m.w.N.).

Die Minderheit i.S.d. § 50 kann natürlich auch eine Mehrheit von Gesellschaftern sein. **4** Diese haben jedoch auch die Möglichkeit, über eine Anweisung an die Geschäftsführer die Einberufung zu erreichen. Zur rechtsmissbräuchlichen Einberufung vgl. *OLG Hamburg* NZG 2003, 133 (für die AG).

II. Voraussetzungen der Einberufung durch die Gesellschafter

1. Mindestbeteiligung von 10 v. Hundert. Nach Abs. 1 haben Gesellschafter, deren **5** Geschäftsanteile mindestens 10 v. Hundert des Stammkapitals entspr., das Recht, unter Angabe des Zwecks und der Gründe, die Einberufung der Gesellschafterversammlung zu verlangen. Die Minderheit kann auch ein Gesellschafter bilden, der über entspr. Geschäftsanteile verfügt. Vgl. auch Rz. 6.

Die 10 v. Hundert der Geschäftsanteile beziehen sich auf das Stammkapital, jedoch blei- **6** ben eigene Anteile der Gesellschaft (§ 33), eingezogene Anteile, kaduzierte oder nach § 27 Abs. 1 aufgegebene Anteile, solange sie der Gesellschaft gehören, außer Ansatz (*Lutter/Hommelhoff* § 50 Rz. 5; *Noack* § 50 Rz. 1, 23; Rowedder/Pentz/*Koppensteiner* § 50 Rz. 3; *Altmeppen* § 50 Rz. 3; einschränkend Scholz/*Seibt* § 50 Rz. 10). Mitgerechnet werden stimmrechtslose Anteile (Rowedder/Pentz/*Koppensteiner* § 50 Rz. 3). Stimmrechtslosen Gesellschaftern steht auch das Einberufungsrecht nach § 50 zu (*Lutter/Hommelhoff* § 50 Rz. 3, 5). Auf die Höhe der Einzahlung auf die Stammeinlage kommt es nicht an, so dass auch ein säumiger Gesellschafter die Rechte aus § 50 besitzt (Scholz/*Seibt* § 50 Rz. 11; *Noack* § 50 Rz. 23, 24; *Altmeppen* § 50 Rz. 3). Die Voraussetzungen der 10-v.-Hundert-Beteiligung müssen bei Antragstellung vorliegen (Scholz/*Seibt* § 50 Rz. 8; *Altmeppen* § 50 Rz. 3; *Lutter/Hommelhoff* § 50 Rz. 6).

2. Form des Einberufungsverlangens. Das Einberufungsverlangen kann formlos **7** gestellt werden, also auch mündlich. Es ist an einen Geschäftsführer oder an ihre Gesamtheit oder an einen sonstigen Einberufungsberechtigten (vgl. § 49 Rz. 6 sowie *Noack* § 50 Rz. 5) zu richten.

8 Der Antrag bedarf der **Begründung** (Nachweis der 10 v.-Hundert-Beteiligung; Gegenstand der Beschlussfassung und Begründung der Eilbedürftigkeit, vgl. *Lutter/Hommelhoff* § 50 Rz. 7; Scholz/*Seibt* § 15 Rz. 15; Rowedder/Pentz/*Koppensteiner* § 50 Rz. 5). Die Anforderungen dürfen jedoch nicht übertrieben werden; ausformulierte Anträge sind nicht erforderlich (vgl. Scholz/*Seibt* § 50 Rz. 15; 4; Rowedder/Pentz/*Koppensteiner* § 50 Rz. 4).

III. Verpflichtung der Geschäftsführer zur Einberufung der Gesellschafterversammlung – Folgen der Unterlassung

9 Erfüllt der Antrag der Gesellschafter die Voraussetzungen des Abs. 1 (s. zu den Voraussetzungen *BGH* v. 8.11.2016 – II ZR 304/15), haben die Geschäftsführer unverzüglich die Gesellschafterversammlung einzuberufen (zur Wirksamkeit der Einberufung durch einen vorläufig abberufenen, noch nicht aus dem HR ausgetragenen Geschäftsführer: *BGH* v. 8.11.2016 – II ZR 304/15). Kommen die Geschäftsführer dieser Verpflichtung nicht nach, so haben die Gesellschafter keine Möglichkeit der **Erzwingung**; die Einberufung kann insb. nicht durch eine Klage durchgesetzt werden (Scholz/*Seibt* § 50 Rz. 33; *Altmeppen GmbHR 2017, 788 ff. m.w.N.; Altmeppen* § 50 Rz. 9). Es fehlt das Rechtsschutzbedürfnis jedenfalls insoweit, als die Gesellschafter nach Abs. 3 (vgl. Rz. 12) vorgehen können, weil dies der einfachere und effektivere (die Einberufung nach Abs. 3 kann i.d.R. früher erfolgen als bei einer erfolgreichen Klage) Weg ist. Aus den gleichen Gründen ist auch eine einstweilige Verfügung unzulässig (Scholz/*Seibt* § 50 Rz. 33). In Ausnahmefällen kann eine Feststellungsklage in Betracht kommen, wenn für künftige Fälle ein Feststellungsinteresse besteht (Scholz/*Seibt* § 50 Rz. 33).

10 Die Geschäftsführer können sich durch die Unterlassung der Einberufung schadensersatzpflichtig machen (§ 43). Der Anspruch steht der Gesellschaft zu, der u.U. im Wege der actio pro socio durch einen Gesellschafter geltend gemacht werden kann (Scholz/*Seibt* § 50 Rz. 33). Eigene Schadensersatzansprüche entstehen i.d.R. nicht (*Seibt* a.a.O.), jedoch erscheinen sie nicht gänzlich ausgeschlossen, z.B. bei ungerechtfertigter Absetzung einer Gesellschafterversammlung (*OLG Hamburg* GmbHR 1997, 795).

IV. Verlangen auf Ergänzung der Tagesordnung

11 Liegt bereits die Einberufung einer Gesellschaftsversammlung vor, können die Minderheitsgesellschafter unter den gleichen Voraussetzungen wie bei der Einberufung die Ergänzung der Tagesordnung verlangen (Abs. 2). Die Dringlichkeit muss nicht dargelegt werden (*Lutter/Hommelhoff* § 50 Rz. 10). Der Ergänzungsantrag muss so rechtzeitig gestellt werden, dass die Frist des § 51 Abs. 4 gewahrt werden kann (*Lutter/Hommelhoff* § 50 Rz. 10). Ist das nicht der Fall, ist eine neue Gesellschafterversammlung einzuberufen. Der Ergänzungsantrag ist u.U. als Einberufungsantrag anzusehen.

V. Selbsthilferecht der Gesellschafter nach Abs. 3

12 **1. Voraussetzungen und Durchführung der Selbsteinberufung.** Die nach Abs. 1 berechtigten Gesellschafter können die Gesellschafterversammlung selbst einberufen oder die Ankündigung selbst vornehmen, wenn dem Verlangen auf Einberufung bzw. Ankündigung nicht entsprochen wird oder Personen nicht vorhanden sind, an die das Verlangen zu richten wäre (Abs. 3 S. 1). Die Ablehnung der Einberufung muss endgültig sein (*KG* GmbHR 1997, 1001). Das Selbsthilferecht besteht nicht, solange die Einberufung durch den Geschäftsführer (Liquidator) noch zu erwarten ist (*BGH* GmbHR 1983, 267).

Den Geschäftsführern muss eine **angemessene Frist** bleiben, dem Verlangen nach- **13** zukommen. Erst nach Ablauf einer angemessenen Frist können die Gesellschafter handeln. Die Angemessenheit der Frist ist unter Berücksichtigung der Umstände des Einzelfalls zu bestimmen. Im Allg. wird eine Monatsfrist als ausreichend angesehen (*Lutter/Hommelhoff* § 50 Rz. 13, vgl. auch *BGH* GmbHR 1982, 256: sieben Wochen jedenfalls ausreichend; *OLG München* GmbHR 2000, 486 mit Komm *Emde* 489; in Eilfällen kürzer, s. auch *Noack* § 50 Rz. 16).

Personen, an die das Verlangen zu richten wäre, sind nicht vorhanden, wenn ein **14** Geschäftsführer nicht bestellt, eine Bestellung widerrufen oder der Geschäftsführer auf absehbare Zeit nicht erreichbar oder handlungsunfähig ist (s. hierzu auch *BGH* v. 9.1.2024 – II ZR 2022/22, ZIP 2024, 567 ff. – zur Abberufung eines Geschäftsführers aus wichtigem Grund, Publizität des Handelsregisters, Verwehrung der Berufung auf fehlende Eintragung nur bei positiver Kenntnis, Anwendbarkeit der Grundsätze des Missbrauchs der Vertretungsmacht, Selbsthilferecht zur Einberufung; Scholz/*Seibt* § 50 Rz. 24). Dasselbe gilt, wenn dem Geschäftsführer durch einstweilige Verfügung jede Tätigkeit untersagt worden ist (*BGH* WM 1980, 2411).

Die Gesellschafter müssen bei der Einberufung Form und Frist des § 51 beachten. In **15** der Ladung muss der Sachverhalt mitgeteilt werden, auf den sich das Selbsthilferecht stützt, um die anderen Gesellschafter zu unterrichten, die sich nicht an der Einberufung bzw. der Ergänzung beteiligt haben (*Lutter/Hommelhoff* § 50 Rz. 13).

2. Verhältnis von Selbsteinberufung und Einberufung durch Geschäftsführer. Das **16** Einberufungsrecht der Geschäftsführer wird durch das Selbsthilferecht der Gesellschafter nicht verdrängt (*Lutter/Hommelhoff* § 50 Rz. 14 ff.). Erfolgt die Einberufung durch die Geschäftsführer zu demselben Gegenstand, nachdem die Gesellschafter die Einberufung vorgenommen haben, bleibt die Einberufung durch die Gesellschafter rechtmäßig (*BGH* GmbHR 1985, 256). Eine von den Gesellschaftern einberufene Gesellschafterversammlung kann der Geschäftsführer nicht abberufen (*OLG Hamburg* GmbHR 1997, 795).

3. Folgen einer mangelhaften Selbsteinberufung. Sind die Voraussetzungen für eine **17** Einberufung durch die Gesellschafter nicht gegeben, sind die in einer solchen Gesellschafterversammlung gefassten Beschlüsse mit Mängeln behaftet. Die Folgen hängen von der Art des Mangels ab. **Nichtigkeit** (analog § 241 Nr. 1 i.V.m. § 121 Abs. 1 S. 1 AktG) ist gegeben, wenn die einberufenen Gesellschafter das Quorum von 10 vom Hundert nicht erreicht haben (Scholz/*Seibt* § 50 Rz. 34). Das Gleiche gilt, wenn die Gesellschafterversammlung einberufen wurde, ohne den Geschäftsführern angemessene Zeit zur Einberufung zu lassen (*Lutter/Hommelhoff* § 50 Rz. 16; Scholz/*Seibt* § 50 Rz. 34; *BGHZ* 87, 1; *OLG Dresden* GmbHR 1995, 589; *OLG Stuttgart* GmbHR 2013, 535 ff.) oder der Gesellschafter nicht zuvor unter Angabe des Zwecks und der Gründe die Einberufung der Gesellschafterversammlung ohne Erfolg verlangt hat (*OLG Köln* GmbHR 1999, 296). Zur Einschränkung der Nichtigkeit vgl. *Abramenko* GmbHR 2004, 726.

18 Der Mangel ist geheilt, wenn sich sämtliche Gesellschafter rügelos an der Gesellschafterversammlung beteiligen und abstimmen (Scholz/*Seibt* § 50 Rz. 21 m.w.N.; *Lutter/ Hommelhoff* § 50 Rz. 16).

19 **4. Kosten.** Eine Entscheidung über die Kosten der Gesellschafterversammlung ist nur in den Fällen der Einberufung durch die Gesellschafter erforderlich (Abs. 3 S. 2); bei einer Einberufung durch die Geschäftsführer trägt die Gesellschaft ohnehin die Kosten (vgl. *Lutter/Hommelhoff* § 50 Rz. 18).

20 Als Kosten kommen z.B. Notarkosten, Aufwendungen für die Miete eines Versammlungslokals in Betracht. Die Entscheidung über die Kosten ist kraft Gesetzes Tagesordnungspunkt. Die Entscheidung trifft die Gesellschafterversammlung mit einfacher Mehrheit; die einberufenden Gesellschafter sind stimmberechtigt (*Noack* § 50 Rz. 21; *Lutter/Hommelhoff* § 50 Rz. 17; Scholz/*Seibt* § 50 Rz. 33). Die Entscheidung bezieht sich nur auf Aufwendungen der Gesellschaft, nicht aber auf Aufwendungen der Gesellschafter (z.B. deren Reisekosten).

21 Die Entscheidung steht nicht im Belieben der Gesellschafter. Sie haben diese vielmehr nach billigem Ermessen unter Berücksichtigung der gesellschaftsrechtlichen Treuepflicht zu treffen (Scholz/*Seibt* § 50 Rz. 33 ff.). Bei sachdienlicher Einberufung trägt die Gesellschaft die Kosten (*Lutter/Hommelhoff* § 50 Rz. 17, 18).

22 Der die Kostenübernahme ablehnende Beschluss ist mit einer **positiven Beschlussfeststellungsklage** anfechtbar (*Noack* § 50 Rz. 22; zur kombinierten Anfechtungs- und Beschlussfeststellungsklage *Lutter/Hommelhoff* § 50 Rz. 17 m.w.N.). In klaren Fällen wird auch eine Leistungsklage gegen die Gesellschaft für zutr. gehalten (Scholz/*Seibt* § 50 Rz. 36), aber wohl nur dann, wenn der Gesellschafter Kostenerstattung verlangt. Erstattungsansprüche der einberufenden Gesellschafter außerhalb des § 50 Abs. 2 S. 2 (z.B. aus Geschäftsführung ohne Auftrag) kommen nicht in Betracht, da es sich um eine abschließende Regelung handelt. Nicht ausgeschlossen sind Schadensersatzansprüche.

§ 51 Form der Einberufung

(1) Die Berufung der Versammlung erfolgt durch Einladung der Gesellschafter mittels eingeschriebener Briefe. [2]Sie ist mit einer Frist von mindestens einer Woche zu bewirken.

(2) Der Zweck der Versammlung soll jederzeit bei der Berufung angekündigt werden.

(3) Ist die Versammlung nicht ordnungsmäßig berufen, so können Beschlüsse nur gefasst werden, wenn sämtliche Gesellschafter anwesend sind.

(4) Das Gleiche gilt in Bezug auf Beschlüsse über Gegenstände, welche nicht wenigstens drei Tage vor der Versammlung in der für die Berufung vorgeschriebenen Weise angekündigt worden sind.

Übersicht

Literatur: *Dahlbender* Einladung zu einer außerordentlichen Gesellschafterversammlung, GmbH-StB 2007, 290; *Emde* Einberufung der GmbH-Gesellschafterversammlung mittels Kuriers?, Rechtsfortbildung oder Widerspruch zu §51 Abs.1 GmbHG?, GmbHR 2002, 8; *Loritz* Die Berechnung der Einberufungsfrist bei Gesellschafterversammlungen der GmbH, GmbHR 1992, 790; *Tettinger* Gesellschaftsrechtliche Einberufungspflichten, Kündigungsfristen und der Anwendungsbereich des §193 BGB, GmbHR 2008, 346; *Thelen* Die Ankündigung des Zwecks der Gesellschafterversammlung bei der Einberufung, GmbHR 1992, 796; *Zwissler* Gesellschafterversammlung und Internet, GmbHR 2000, 28.

I. Form und Frist der Einberufung

Amtliche Überschrift ergänzt durch MoMiG v. 23.10.2008.   **1**

Die Einberufung der Gesellschafterversammlung erfolgt durch Einladung der Gesellschafter mittels eingeschriebener Briefe (§ 51 Abs. 1 S. 1). Einladungsberechtigt sind die Geschäftsführer. Einladung durch andere Personen (z.B. Prokuristen) führt zu Nichtigkeit der gefassten Beschlüsse, es sei denn, diese Person handelt (eindeutig) im Namen der Geschäftsführer (*LG Mannheim* NZG 2008, 112). Zur Formulierung des Einberufungsschreibens vgl. *Dahlbender* GmbH-StB 2007, 291. Zur Frage der Einberufung durch Kurier vgl. *Emde* GmbHR 2002, 8 und durch Einwurfeinschreiben vgl. GmbHR 2002, 166 und *LG Mannheim* NZG 2008, 111. Die Einladung muss die Unterschrift des einladenden Geschäftsführers enthalten (*BGH* GmbHR 2006, 539; im Schrifttum umstr, vgl. Scholz/*Seibt* § 51 Rz. 2). Eine E-Mail-Ladung setzt eine entspr. Satzungsregelung voraus (*BGH* GmbHR 2006, 539; vgl. auch *Stuppi* GmbHR 2006, 540 – auch zur Anwendung des §126a BGB). Bei Einberufung durch eine **Minderheit der Gesellschafter** (§ 50 Abs. 3) müssen alle einberufenen Gesellschafter aus der Einladung hervorgehen. Der Gesellschaftsvertrag kann eine andere Form der Einladung (z.B. mittels einfachen Briefes) vorsehen (*Thür. OLG* GmbHR 1996, 537). Die Ladung des Gesellschafters zur Gesellschafterversammlung dient der Sicherung des Teilnahmerechts an der Gesellschafterversammlung und der damit verbundenen Einflussmöglichkeit auf die Willensbildung der Gesellschaft (*BGH* WM 1971, 1151; *BGH* GmbHR 2006, 539). Das Teilnahmerecht geht über das Recht, an der Abstimmung mitzuwirken, hinaus. Es ist auch dann unentziehbar, wenn der Gesellschafter in der Gesellschafterversammlung nicht stimmberechtigt ist (*BGH* GmbHR 1985, 256; *BGH* GmbHR 2006, 539). Die Nichtigkeit eines Gesellschafterbeschlusses wird nicht dadurch berührt, dass der Beschluss auch ohne den die Nichtigkeit begründenden Mangel zustande gekommen wäre (*BGH* GmbHR 2006, 540).

Die Ladung muss Ort und Zeit der Versammlung enthalten und ist mit einer Frist von   **2**
mindestens einer Woche zu bewirken (Abs.1 S.2; vgl. *BGH* v. 24.3.2016 – IX ZB 32/15 sowie *BGH* v. 24.3.2016 – IX ZB 31/15 „Ort"; *BGH* GmbHR 1987, 424). Die Frist kann durch die Satzung nicht verkürzt werden (*OLG Naumburg* NZG 2000, 44). Für die Berechnung der Frist gelten die allg. Vorschriften der §§ 186 ff. BGB (gh.M., statt vieler *Noack* §51 Rz. 20 m.w.N.). Die Frist läuft danach an demselben Wochentag ab, an dem die Einladung in der vorhergehenden Woche bewirkt worden ist. Die Frist darf auch bei Gefahr im Verzuge nicht unterschritten werden (*OLG Hamm* GmbHR 1992, 468). U.U. kann sich aus der Treuepflicht der Gesellschafter ergeben, eine unterschrittene Frist nicht zu rügen (Scholz/*Seibt* § 51 Rz.14).

Die Frist von einer Woche gilt nicht nur bei Erstberufung, sondern auch bei einer Verlegung (*BGH* GmbHR 1987, 425) oder bei einer weiteren Einberufung, wenn die erste Gesellschafterversammlung nicht beschlussfähig war. Eine sog. Eventualeinberu-   **3** fung vor Durchführung der ersten Gesellschafterversammlung ist nicht zulässig (*BGH GmbHR* 1998, 287). Einvernehmlich können die Gesellschafter die Einhaltung verzichten, z.B. eine neue Versammlung verabreden (*BGH GmbHR* 1995, 232; *OLG Köln GmbHR* 2002, 495).

4 Für den Fristbeginn ist die Zugangsregel des § 130 Abs. 1 BGB nicht anwendbar, da es nicht um die Folgen einer rechtsgeschäftlichen Willenserklärung gegen den Gesellschafter geht, sondern einfach um die Rechtzeitigkeit einer Einberufung und Ladung als rein innergesellschaftliches Verfahren (*BGH GmbHR* 1987, 425). Die Wochenfrist beginnt daher mit dem Tag, an dem mit der Zustellung des Einschreibebriefes an den letzten Gesellschafter unter normalen Umständen gerechnet werden kann (*BGHZ* 100, 264 ff.; *BGH GmbHR* 1994, 408; *OLG Naumburg* BB 1997, 1914; insg. auch *Noack* § 51 Rz. 19). Die Ladungsfrist setzt sich aus der üblicherweise zu erwartenden Zustellungsfrist für Einschreiben einerseits und der wöchentlichen „Dispositionsfrist" andererseits zusammen, weil andernfalls der Schutzzweck der Norm, das Teilnahmerecht eines jeden Gesellschafters sicherzustellen, nicht gewährleistet ist (*BGH GmbHR* 1987, 425; 1994, 408; *Lutter/Hommelhoff* § 51 Rz. 13; *Scholz/Seibt* § 51 Rz. 15). Die Einschreibefrist wird allg. im Inland mit zwei bis drei Tagen angenommen, so dass die Ladung ordnungsgemäß neun Tage nach Aufgabe zur Post bewirkt ist (vgl. *OLG Naumburg* BB 1997, 1914; *OLG Hamm* NZG 2003, 631).

5 Das Ende der Frist an einem Samstag, Sonn- und Feiertag bewirkt nicht, dass die Frist erst am nächsten Werktag endet. Die Anwendbarkeit von § 193 BGB analog ist streitig. § 193 betrifft nur die Abgabe von Willenserklärungen oder die Bewirkung von Leistungen, nicht aber den Ablauf einer Frist vor einer Gesellschafterversammlung (s. insg. hierzu *OLG Hamm* NZG 2003, 631; *OLG Naumburg GmbHR* 1998, 92; *Tettinger GmbHR* 2008, 346 ff.; *Lutter/Hommelhoff* § 51 Rz. 13; *Scholz/Seibt* § 51 Rz. 14).

6 Für den Fristbeginn wurde zunächst auf den tatsächlichen Zugang, d.h. tatsächliche Einlieferung des Briefes, abgestellt (früher h.M. – so u.a. *RGZ* 60, 144 ff.; *OLG Düsseldorf* NJW-RR 1990, 806). Nach heutiger Auffassung in Rpsr. und Lehre wird auf den nach den normalen Umständen anzunehmenden Zugang abgestellt (hierzu *Scholz/Seibt* § 51 Rz. 14; *Lutter/Hommelhoff* § 51 Rz. 14 sowie *BGH GmbHR* 1987, 424 ff.; *OLG Hamm GmbHR* 2003, 843 ff.; *OLG Naumburg GmbHR* 1998, 90 ff.). Voraussetzung ist, dass eine zuletzt mitgeteilte Anschrift des Gesellschafters verwendet wird, d.h. es darf keine andere Anschrift bekanntgegeben worden sein. Im Übrigen muss der Gesellschafter selbst für eine ladungsfähige Anschrift sorgen, andernfalls er sich auf einen Ladungsmangel nicht berufen kann.

Wegen Ort und Zeit der Gesellschafterversammlung vgl. § 48 Rz. 26.

II. Abladen der einberufenen Gesellschafterversammlung

7 Abladen kann nur derjenige, der die Gesellschafterversammlung einberufen hat (*BGH GmbHR* 1994, 408; *OLG München GmbHR* 2002, 858, 1994, 406). Die in einer abgeladenen Gesellschafterversammlung gefassten Beschlüsse sind nichtig (*OLG Hamburg GmbHR* 1997, 796). Für eine Neueinladung gelten die allg. Vorschriften.

III. Angabe des Zwecks der Versammlung

Der Zweck der Gesellschafterversammlung (Tagesordnung) „soll" angegeben werden 8
(Abs. 2): der Empfänger der Tagesordnung muss sich ein hinreichendes Bild machen
können, worüber abgestimmt werden soll (*OLG Düsseldorf* GmbHR 2008, 262; vgl.
auch *Noack* § 51 Rz. 24). Die Übersendung einer Beschlussvorlage ist nicht erforderlich. Ist sie in der Einladung unterblieben, muss sie spätestens drei Tage vor der Versammlung nachgeholt werden (Abs. 4). Die Angabe muss so genau sein, dass der
Gesellschafter ersehen kann, worüber beschlossen werden soll (vgl. *OLG Karlsruhe*
GmbHR 1989, 207); denn der Gesellschafter muss sich angemessen vorbereiten können (vgl. *OLG Düsseldorf* GmbHR 2000, 1052). Eine „Strategie der Überraschungen"
(vgl. *Noack* § 51 Rz. 24) läuft dem Gesetzeszweck zuwider (vgl. auch *BGH* ZIP 2000,
1336). Der Tagesordnungspunkt „Verschiedenes" ist grds. keine ausreichende Angabe
des Beschlussgegenstands (vgl. *OLG München* GmbHR 1994, 259). Eine andere
Beurteilung kann nur dann Platz greifen, wenn es sich um weniger wichtige Punkte
handelt, die keine Gesellschafterrechte berühren und die die Gesellschafter ad hoc
entscheiden können (vgl. *Lutter/Hommelhoff* § 51 Rz. 16). Beratungsgegenstände,
über die kein Beschluss gefasst werden soll, müssen nicht angekündigt werden (*Lutter/
Hommelhoff* § 51 Rz. 21; Scholz/*Seibt* § 51 Rz. 20; *OLG München* GmbHR 1994, 259;
Zweckmäßigkeit umfassender Ankündigung: *Noack* § 51 Rz. 24).

Beispiele: Keine genügende Ankündigung: „Erörterung der Bilanz" für Ankündigung der 9
Bilanzfeststellung (*OLG Karlsruhe* GmbHR 1989, 207); „Beschlussfassung über die Zulassung des nach dem Zeitpunkt der Einladung eingegangenen TOP („Tagesordnungspunkt")"
(*OLG Düsseldorf* NZG 2000, 1181); eine nur mündliche Mitteilung durch den Geschäftsführer (im Allg. schon aus Nachweisgründen zu vermeiden). Keinesfalls genügt die Mitteilung an einen Dritten (Ehegatten), wenn dieser keine schriftliche Vollmacht (vgl. § 47
Abs. 3) des Gesellschafters besitzt (*OLG Karlsruhe* a.a.O.); „Abberufung eines Geschäftsführers", wenn mehrere Geschäftsführer vorhanden sind und nicht erkennbar ist, welcher
gemeint ist (vgl. auch *Noack* § 51 Rz. 25). **Genügende Ankündigung:** „Abberufung des
Geschäftsführers X aus wichtigem Grunde, hilfsweise nach § 38 Abs. 1 GmbHG" (*OLG
Nürnberg* GmbHR 1990, 166); „Bestellung eines neuen Geschäftsführers" jedenfalls dann,
wenn der neue Geschäftsführer allg. bekannt ist (*OLG Nürnberg* a.a.O.; meines Erachtens
zweifelhaft); Zustimmung zur Anteilsübertragung deckt auch die Vorfrage der Zustim-
mungsbedürftigkeit (*BGH* GmbHR 2003, 174); Hinweis auf eine Satzungsbestimmung bei
Einziehung von Geschäftsanteilen nach § 34 (*OLG Düsseldorf* GmbHR 2008, 262).

Bei Satzungsänderung genügt grds. Hinweis, welche Bestimmung geändert werden soll 10
(*Noack* § 51 Rz. 26) Satzungsänderung an sich obliegt der Entscheidung der Gesellschafter. Ausnahmsweise ist eine genaue Angabe erforderlich, wenn sich aus dem Hinweis
auf die Satzung keine Anhaltspunkte über die geplante Änderung entnehmen lassen
(aus der Änderung der Bestimmung über die Festsetzung des Stammkapitals lässt sich
auf eine Kapitalerhöhung schließen). Je komplizierter in rechtlicher und wirtschaftlicher Hinsicht die geplante Änderung ist, desto genauer wird die Ankündigung sein müssen. Zu einem bloßen Formalismus darf die Ankündigung nicht erstarren.

Bei Kapitalerhöhung sind Angaben zur Art sowie zum ungefähren Ausmaß erforder- 11
lich (h.M. *Noack* § 51 Rz. 26; *Altmeppen* § 51 Rz. 10; Scholz/*Seibt* § 51 Rz. 22).

IV. Wirkung fehlerhafter Einberufung/Ankündigung

12 Die Folgen der mit Einberufungsmängeln behafteten Gesellschafterversammlung hängen von der Schwere der Mängel ab. Ein gefasster Beschluss kann nichtig oder nur anfechtbar sein. In Einzelheiten ist vieles umstr. Vgl. § 47 Rz. 66 ff. Nichtigkeit tritt bei schweren Einberufungsmängeln (z.B. E-Mail-Einladung am Abend vor der Gesellschafterversammlung, *BGH* GmbHR 2006, 539) ein oder bei Nichtladung oder Ladung durch einen Nichtberechtigten (*BGH* v. 8.11.2016 – II ZR 304/15 zur Einberufung durch vorl. abberufenen, noch nicht aus dem HR ausgetragenen Geschäftsführer; *Scholz/Seibt* § 51 Rz. 27 ff.). Nur Anfechtbarkeit ergibt sich bei Mängeln, die Form, Frist oder Inhalt der Einberufung betreffen (*Scholz/Seibt* § 51 Rz. 26), § 241 Nr. 1 AktG ist analog anwendbar (*BGH* GmbHR 2006, 539).

13 In einer **Universal- oder Vollversammlung** (sie wird in den Abs. 3 und 4 vorausgesetzt) gefasste Beschlüsse sind trotz Einberufungsmangel weder nichtig noch anfechtbar, wenn alle Gesellschafter zu der Versammlung erschienen sind und keiner von ihnen der Erörterung oder Beschlussfassung unter Hinweis auf vorangegangene Einberufungsmängel widerspricht (*BGH* GmbHR 1999, 922; *OLG Hamm* GmbHR 1992, 806; *LG Koblenz* GmbHR 2003, 953; *Noack* § 51 Rz. 31; *Lutter/Hommelhoff* § 51 Rz. 31 f.). Abs. 3 lässt es zu, dass die Versammlung ohne Mitwirkung eines anderen Organs von sich aus zusammentritt, wenn das von allen Gesellschaftern getragen wird (*OLG München* GmbHR 2002, 858). Anwesend ist auch ein Gesellschafter, der durch einen vollmachtlosen Vertreter vertreten wird, wenn eine nachträgliche Genehmigung erfolgt (*OLG Dresden* GmbHR 2001, 1048). Nicht anwesend i.S.d. Abs. 3 ist ein erschienener Gesellschafter, wenn er der Beschlussfassung widerspricht (*BGH* GmbHR 1987, 406; *Lutter/Hommelhoff* § 51 Rz. 32; *Scholz/Seibt* § 51 Rz. 36; *Hachenburg/Hüffer* § 51 Rz. 29; *OLG Stuttgart* GmbHR 1994, 258; *BayObLG* GmbHR 1993, 223; *Noack* § 51 Rz. 33). Wegen Widerspruchs nur gegen bestimmte Beschlussgegenstände vgl. *OLG Hamburg* (GmbHR 1997, 796).

14 Die fehlende, unzureichende oder verspätete Ankündigung macht zwar die Beschlussfassung unzulässig, jedoch sind trotzdem gefasste Beschlüsse nach a.M. nicht nichtig, sondern nur anfechtbar (*BGH* GmbHR 1989, 120; *Rowedder/Pentz/Koppensteiner* § 51 Rz. 12; *Lutter/Hommelhoff* § 51 Rz. 33; *Scholz/Seibt* § 51 Rz. 36). Die Grundsätze der Vollversammlung (vgl. § 49 Rz. 5) finden Anwendung (also Abstimmung), sofern kein Gesellschafter widerspricht (*OLG Hamm* GmbHR 1992, 806).

15 War die Ankündigung nur ggü. einzelnen Gesellschaftern mangelhaft, besteht nur für diese ein Anfechtungsrecht. Die Anfechtbarkeit wird nachträglich beseitigt, wenn diese Gesellschafter dem Beschluss (nachträglich) zustimmen oder auf Rüge der Ladungsmängel verzichten (*Noack* § 51 Rz. 38; *Scholz/Seibt* § 51 Rz. 34 ff.). Die Anwesenheit eines nicht ordnungsgemäß geladenen Gesellschafters führt nicht zwingend zur Heilung des Ladungsmangels (*OLG Naumburg* BB 1997, 1914).

16 Eine Rüge nach Beschlussfassung genügt nicht für den Ausschluss der Heilungswirkung (*BGH* GmbHR 2003, 174; vgl. auch *BGH* GmbHR 1987, 424; *BGH* ZIP 2000, 1336).

§ 51a Auskunfts- und Einsichtsrecht

(1) Die Geschäftsführer haben jedem Gesellschafter auf Verlangen unverzüglich Auskunft über die Angelegenheiten der Gesellschaft zu geben und die Einsicht der Bücher und Schriften zu gestatten.

(2) [1]Die Geschäftsführer dürfen die Auskunft und die Einsicht verweigern, wenn zu besorgen ist, dass der Gesellschafter sie zu gesellschaftsfremden Zwecken verwenden und dadurch der Gesellschaft oder einem verbundenen Unternehmen einen nicht unerheblichen Nachteil zufügen wird. [2]Die Verweigerung bedarf eines Beschlusses der Gesellschafter.

(3) Von diesen Vorschriften kann im Gesellschaftsvertrag nicht abgewichen werden.

Übersicht

Literatur: *Biermeier/Bongen/Renaud* Informationsrechte der Gesellschafter bei Betriebsaufspaltungen, GmbHR 1988, 169; *Binz/Freudenberg/Sorg* Informationsrechte in der GmbH & Co KG, BB 1991, 785; *v. Bitter* Das Informationsrecht der GmbH-Gesellschafter in §§ 51a, 51b, GmbHG, ZIP 1981, 825; *Bremer* Herausgabe von Informationen im Rahmen einer Due Dilligence, GmbHR 1000, 176; *Flore* Auskunfts- und Einsichtsrechte ausgeschiedener Gesellschafter und Dritter, GmbH-StB 2002, 295; *Flore/Lewinski* Informationsrecht der Gesellschafter in der GmbH, GmbH-StB 2001, 115; *Gansen* Zum Schutzgesetzcharakter des § 51a GmbHG, GmbHR 1987, 458; *Grunewald* Einsichts- und Auskunftsrecht des GmbH-Gesellschafters nach neuem Recht, ZHR 1982, 211; *Hirte* Die Ausübung des Informationsrechts der Gesellschafter durch Sachverständige, BB 1985, 2208; *Ivens* Informationsverweigerung gem. § 51a Abs. 2 GmbHG gegenüber Konkurrenzgesellschaftern, GmbHR 1989, 273; *Kiethe* Das Informationsrecht des ausscheidenden Gesellschafters, DStR 1993, 1708; *Kretschmar* Zur Konkretisierung des Auskunftsrechts nach § 51a GmbHG, AG 1987, 121; *Martens* Die GmbH und der Minderheitenschutz, GmbHR 1984, 265; *Meilcke/Hollands* Schutz der GmbH vor nachträglichem Missbrauch der nach § 51a

GmbHR erlangten Informationen, GmbHR 2000, 964; *K. Müller* Schranken des Informationsrechts nach § 51a GmbHG, GmbHR 1987, 87; *Oppenländer* Grenzen der Auskunftserteilung durch Geschäftsführer und Gesellschafter beim Verkauf von GmbH-Geschäftsanteilen, GmbHR 2000, 535; *Peters/Dechow* Sonderprüfungsrecht für GmbH-Minderheitsgesellschafter, GmbHR 2007, 236; *Reuter* GmbHG-quo vadis?, BB 1986, 1653; *Robrecht* Der Informationsanspruch des GmbH-Gesellschafters nach Eröffnung des Insolvenzverfahrens, GmbHR 2002, 692; *A. Schmidt* Auskunftsverlangen eines Gesellschafters – Fragestellung – Verweigerung – Erzwingung, GmbH-StB 2001, 265 (mit Musterformulierungen); *B. Schneider* Informationsrecht von GmbH-Gesellschaftern – Inhalt und Grenzen, GmbHR 2008, 638; *Uhlenbruck* Die Auskunfts- und Mitwerbungspflichten des GmbH-Geschäftsführers im Insolvenzverfahren, GmbHR 2002, 941; *Ziegler* „Due Diligence" im Spannungsfeld zur Geheimhaltungspflicht von Geschäftsführern und Gesellschaftern, DStR 2000, 249; vgl. auch die Lit. zu § 51b.

I. Vorbemerkung – Auskunfts- und Einsichtsrecht als einheitliches Informationsrecht – Zwingende Regelung des § 51a

1   Die Bestimmung wurde durch die GmbH-Novelle von 1980 in das Gesetz eingefügt. Ergänzung der amtlichen Überschrift durch das MoMiG v. 23.10.2008.

2   Sie gewährt dem Gesellschafter ein umfassendes Informationsrecht. Es ist kein Minderheitsrecht, sondern ein jedem Gesellschafter zustehendes Individualrecht (*Lutter/Hommelhoff* § 51a Rz. 2). Das Informationsrecht des Gesellschafters ist im Zusammenhang zu sehen mit der Informationspflicht des Geschäftsführers einerseits und dem kollektiven Informationsrecht der Gesellschafterversammlung andererseits (*Lutter/Hommelhoff* § 51a Rz. 1). Im Verhältnis zu § 42a ergibt sich keine Überschneidung, da es sich bei § 42a um ein Informationsrecht der Gesellschaftergesamtheit handelt (*OLG Hamm* GmbHR 1998, 336, *BayObLG* NZG 2000, 100; a.M. im Schrifttum; vgl. *Altmeppen* § 51a Rz. 10; *Rowedder/Pentz/Wiedmann* § 42a Rz. 11). Zum Verhältnis zu § 46 Nr. 8 vgl. dort.

3   Ein Sonderprüfungsrecht, wie es §§ 142 ff. AktG für Aktionäre vorsehen, hat im GmbH-Recht keine ausdrückliche Regelung gefunden (die im RegE vorgesehenen §§ 51a–e der Novelle 1980, die ein Individualrecht auf Durchführung einer Sonderprüfung vorsahen, wurde nicht Gesetz und auch das MoMiG brachte keine Änderung), jedoch wird in der Lit. ein solches bejaht. Als Rechtsgrundlage wird eine analoge Anwendung des § 142 AktG befürwortet (vgl. *Noack* § 46 Rz. 50), eine direkte Ableitung aus § 46 Nr. 6 (*Scholz/K. Schmidt* § 46 Rz. 112; *Fleischer* GmbHR 2001, 45) oder eine Herleitung aus § 46 Nr. 8 (*Peters/Dechow* GmbHR 2007, 236). Wenn auch die Herleitung aus den verschiedenen Bestimmungen Zweifeln begegnet (insgesamt abl. *Altmeppen* R 51a Rz. 1), so bleibt doch die Regelung in der Satzung unbenommen (*Fleischer* GmbHR 2001, 45; *Peters/Dechow* a.a.O.), bei der eine Mindestanzahl von die Sonderprüfung begehrenden Gesellschaftern sinnvoll erscheint (vgl. *Fleischer* a.a.O.).

4   Aus der Formulierung des Gesetzes „Auskunft über die Angelegenheiten der Gesellschaft zu geben und die Einsicht der Bücher und Schriften zu gestatten" ist der Schluss gezogen worden, es handele sich um zwei kumulativ und gleichrangig nebeneinander bestehende Ansprüche (*KG* GmbHR 1988, 222; zust. *Lutter/Hommelhoff* § 51a Rz. 7). Eine Aufspaltung in ein Auskunftsrecht und Einsichtsrecht lässt sich aus dem Gesetz nicht ableiten. Vielmehr kann auch ein Einsichtsrecht für das Informationsbedürfnis des Gesellschafters ausreichend sein (*ThürOLG* GmbHR 2004, 1588 ff.;

OLG München BeckRS 2016, 0542, aber auch *Lutter/Hommelhoff* § 51a Rz. 11; kritischer *Altmeppen* § 51a Rz. 5). Das Recht des Gesellschafters konkretisiert sich in seinem Informationsbedürfnis, das durch Auskunft und/oder Einsicht zu befriedigen ist (vgl. *Thür. OLG* GmbHR 2004, 1588). Ob Auskunft oder Einsicht, bestimmt sich nach dem Informationsbedürfnis des Gesellschafters im Einzelfall (vgl. *Scholz/K. Schmidt* § 51a Rz. 19; *Altmeppen* § 51a Rz. 6; *Hachenburg/Hüffer* § 51a Rz. 6; *OLG Düsseldorf* GmbHR 1991, 18). Daraus ist zu folgern, dass der Anspruch des Gesellschafters auf eine bestimmte Information geht. Wenn es befriedigt wird, kann die Gesellschaft das Mittel selbst wählen.

§ 51a ist **zwingendes Recht**; hiervon kann im Gesellschaftsvertrag nicht abgewichen **5** werden (§ 51a Abs. 3). Zulässig ist eine Erweiterung der Befugnisse des Gesellschafters (*Lutter/Hommelhoff* § 51a Rz. 41). Abs. 3 schließt eine Ordnung des Verfahrens der Informationserteilung nicht aus, soweit damit nicht eine fühlbare Einschränkung der Gesellschafterrechte einhergeht. Unzulässig ist z.B., Anfragen auf eine Stunde im Monat zu begrenzen (*BayObLG* WM 1988, 1791); das Informationsrecht von einem vorgängigen Beschluss der Gesellschafterversammlung abhängig zu machen (*OLG Köln* GmbHR 1986, 385); die Übertragung auf ein Schiedsgericht (vgl. § 51b Rz. 4); das Gebot, die Einsicht durch einen Dritten vornehmen zu lassen (*Scholz/K. Schmidt* § 51a Rz. 51; *Lutter/Hommelhoff* § 51a Rz. 24, 32); das Verbot, einen Sachverständigen zuzuziehen (*BayObLG* WM 1988, 1797); das Verlangen, bestimmte Fristen einzuhalten oder die Beschränkung des Einsichtsrechts auf die Wochenenden (*Lutter/Hommelhoff* § 51 Rz. 28).

Zulässig ist die Anweisung, dass Anfragen schriftlich zu stellen sind (*Lutter/Hommel-* **6** *hoff* § 51a Rz. 30; *BayObLG* WM 1988, 1791).

II. Anspruchsgegner

Der Anspruch des Gesellschafters richtet sich gegen die GmbH, nicht gegen den **7** Geschäftsführer (*OLG Karlsruhe* GmbHR 1995, 60; *OLG Hamm* GmbHR 1986, 384; *KG* GmbHR 1988, 222; *BayObLG* GmbHR 2003, 718), auch im Insolvenzverfahren (*OLG Hamm* GmbHR 2002, 163). Die Ansprüche sind von den Geschäftsführern bzw. dem Insolvenzverwalter zu erfüllen (*Lutter/Hommelhoff* § 51a Rz. 7, 8, bei Zwangsvollstreckung: keine Pfändbarkeit der Informationsrechte des Gesellschafters – *BGH* v. 29.4.2013 – VII ZB 14/12), die die Aufgaben jedoch delegieren können. Ein Auskunftsrecht ggü. Arbeitnehmern oder dem Abschlussprüfer besteht nicht (vgl. *Altmeppen* § 51 Rz. 16).

Bei **Konzernverhältnissen** richtet sich der Anspruch, wenn Informationen über eine **8** Tochtergesellschaft verlangt werden, nicht gegen diese, sondern gegen die Muttergesellschaft; jedoch kann es auch Ausnahmen geben, z.B. bei Holdinggesellschaften (vgl. *OLG Köln* GmbHR 1985, 362). Vgl. auch Rz. 24.

III. Voraussetzungen des Informationsanspruchs

1. Allgemeines – Kein besonderes Informationsinteresse. Das Auskunfts- und Ein- **9** sichtsrecht des Gesellschafters hängt von folgenden Voraussetzungen ab:

(1) Der Antragsteller muss Gesellschafter sein (vgl. Rz. 12) und (2) es muss sich um eine Angelegenheit der Gesellschaft handeln.

10 Ob ein besonderes **Informationsinteresse** vorhanden sein muss, ist umstr. (*BGHZ* 135, 54; *BGHZ* 152, 344; *BGHZ* 198, 181; *KG* GmbHR 1988, 223; *Lutter/Hommelhoff* § 51a Rz. 10; a.A. *Scholz/K. Schmidt* § 51a Rz. 8; *Noack* § 51a Rz. 27 ff. m.w.N.). Das Erfordernis eines besonderen Informationsinteresses würde den Gesellschafter nötigen, die Gründe vorzubringen, die er ja erst durch die Information erlangen möchte (m.w.N. *Noack* § 51a Rz. 27; vgl. auch *OLG Stuttgart* GmbHR 1983, 243 sowie für sog. Publikumsgesellschaften – *KG* GmbHR 1988, 223). Der Gesellschafter muss jedoch das schonendste Mittel zur Erfüllung seines Informationsbedürfnisses wählen (*Noack* § 51a Rz. 26 m.w.N.; *Thür. OLG* GmbHR 2004, 1588: Teilnahme an einer zeitnah stattfindenden Gesellschafterversammlung, wenn diese das mildere Mittel ggü. der Einsichtnahme ist).

11 Das bedeutet aber keinesfalls ein Informationsrecht ohne Schranken. Es findet seine Grenzen im Verbot **rechtsmissbräuchlichen** Verhaltens (*Thür. OLG* GmbHR 2004, 1588). Es darf nicht gegen Treu und Glauben und gegen Sinn und Zweck des Informationsrechts verstoßen. Die Beweislast hierfür trägt die Gesellschaft (*KG* GmbHR 1988, 223; *OLG Stuttgart* GmbHR 1983, 223; *Altmeppen* § 51a Rz. 6; *Lutter/Hommelhoff* § 51a Rz. 9).

12 **2. Anspruchsberechtigter Gesellschafter.** Der Anspruch auf Auskunft und Einsicht (gesellschaftsrechtliches Individualrecht) steht dem Gesellschafter zu, der im Zeitpunkt der Entscheidung noch Gesellschafter ist (*Thür. OLG* GmbHR 1996, 699). Maßgebend ist die formgültige Übertragung des Anteils (*BayObLG* GmbHR 1993, 743; *OLG Frankfurt* GmbHR 1997, 130; vgl. auch *OLG Karlsruhe* NZG 2000, 435), auch wenn sich der Gesellschafter zum Ausscheiden aus der Gesellschaft verpflichtet hat (*BayObLG* NZG 2000, 100). Zum Ausscheiden bei Einziehung von Gesellschaftsanteilen vgl. *OLG München* GmbHR 2008, 105. Tritt Ausscheiden nach Klageerhebung ein, erledigt sich der Rechtsstreit in der Hauptsache (*OLG Karlsruhe* NZG 2000, 435). Anspruchsberechtigt sind nicht (1) der ausgeschlossene Gesellschafter, auch wenn der Ausschluss angefochten ist (*Thür. OLG* GmbHR 1996, 699). Das gilt nicht, wenn der Ausschluss nichtig ist (nach den in § 241 AktG vergleichbaren Gründen), (2) der aus der Gesellschaft ausgeschiedene und „abgemeldete" Gesellschafter (*BGH* BB 1988, 1927; *BayObLG* BB 1993, 1547), (3) der Treugeber (entscheidend ist der Treuhandvertrag, vgl. *KG* GmbHR 1988, 222), (4) Pfandgläubiger oder Nießbraucher (*Lutter/Hommelhoff* § 51a Rz. 5).

13 Der Anspruch steht auch einem stimmrechtslosen Gesellschafter zu, weil er auch in diesem Falle berechtigt ist, in der Gesellschafterversammlung seine Argumente vorzutragen (*OLG Karlsruhe* GmbHR 1985, 60; *Noack* § 51a Rz. 6).

14 Das Auskunfts- und Einsichtsrecht steht jedem Gesellschafter ohne Rücksicht auf die Höhe seiner Beteiligung zu. Der Rechtsmissbräuchlichkeit ist jedoch besondere Aufmerksamkeit zu schenken.

15 Eine höchstpersönliche Ausübung des Anspruchs ist nicht gefordert; der Gesellschafter kann deshalb eine (sachverständige) Person hinzuziehen (*BGHZ* 25, 123) oder einen Bevollmächtigten beauftragen. Es muss sich um Personen handeln, die von Berufs wegen zur Verschwiegenheit verpflichtet sind (z.B. Rechtsanwälte oder Wirtschaftsprüfer, vgl. *Lutter/Hommelhoff* § 51a Rz. 5).

Gesetzliche Vertreter sind berechtigt, die Rechte des Vertretenen wahrzunehmen. **16** Erforderlich ist lediglich, dass sie die gesetzliche Vertretungsbefugnis in geeigneter Weise darlegen.

3. Ansprüche ausgeschiedener Gesellschafter. Einem Gesellschafter, dem ein Infor- **17** mationsrecht nach § 51a nicht mehr zusteht, steht ein Anspruch auf Einsichtnahme in Geschäftsunterlagen der GmbH zu, soweit dies zur Prüfung der Frage von Bedeutung ist, ob ihm Forderungen gegen die Gesellschaft aus der Zeit vor seinem Ausscheiden zustehen (ständige Rechtsprechung, vgl. *BGH* GmbHR 1988, 436; *OLG Köln* GmbHR 1989, 208; *Lutter/Hommelhoff* § 51a Rz. 3; Rowedder/Pentz/*Koppensteiner* § 51a Rz. 3; vgl. auch Scholz/*K. Schmidt* § 51a Rz. 13).

Ansprüche aus § 810 BGB können nicht in einem Verfahren nach § 51b geltend **18** gemacht werden, sondern nur in einem Zivilprozess (vgl. *BayObLG* GmbHR 1993, 743; vgl. auch *OLG Hamm* GmbHR 1998, 336). Ein nach § 51a unbegründeter Anspruch kann nicht in einen Anspruch aus § 810 BGB umgedeutet werden.

4. Keine zeitliche Begrenzung der Geltendmachung. Das Gesetz enthält keine zeitli- **19** che Beschränkung. Die Grenze ist da zu ziehen, wo aus den Vorgängen keine Folgerungen mehr gezogen werden können, weil „organisatorische Maßnahmen zwecklos sind und Ersatzansprüche nicht bestehen oder verjährt sind" (*KG* GmbHR 1988, 223). Auf die gesetzlichen Aufbewahrungsfristen oder die Verjährungsfrist des § 43 Abs. 4 kann nicht abgestellt werden (*KG* a.a.O.). Die Zustimmung zum Jahresabschluss und zur Entlastung der Geschäftsführer bedeutet nicht generell einen Verzicht auf das Informationsrecht; es kann jedoch verwirkt werden (*KG* a.a.O.).

IV. Inhalt des Rechts auf Auskunft und Einsicht

Der Begriff des Anspruchs auf Auskunft und Einsicht ist weit auszulegen. Es soll den **20** Gesellschafter in den Stand setzen, seine Mitgliedschaftsrechte in der Gesellschafterversammlung verantwortungsbewusst und sachgerecht auszuüben und zugleich seine Individualrechte zu wahren (vgl. *BGHZ* 135, 51; *BGH* GmbHR 2003, 297; *BayObLG* NZG 2000, 100). Das Auskunfts- und Einsichtsrecht erstreckt sich auf alle Angelegenheiten der Gesellschaft (*Lutter/Hommelhoff* § 51a Rz. 11; Rowedder/Pentz/*Koppensteiner* § 51a Rz. 6; *Noack* § 51a Rz. 10; Scholz/*K. Schmidt* § 51a Rz. 19). Dazu gehören alle die Unternehmensführung betr. und für die Gewinnermittlung und -verwendung wesentlichen Tatsachen und Daten. Der Begriff ist nicht auf die unmittelbare Unternehmensführung beschränkt (*OLG Karlsruhe* GmbHR 1985, 57). Er umfasst z.B. auch den Bereich des Aufsichtsrats (h.M. bejaht das Einsichtsrecht in die Protokolle des Aufsichtsrats, *BGHZ* 135, 48; *OLG Karlsruhe* GmbHR 1985, 60: Einsicht in die Protokolle, auch der mitbestimmten Gesellschaft, *BGH* GmbHR 1997, 7006; vgl. auch *Lutter/Hommelhoff* § 51a Rz. 15; *Hachenburg/Hüffer* § 51a Rz. 40; a.A. *Noack* § 51a Rz. 22). Das Auskunftsrecht umfasst auch das **Gehalt jedes einzelnen Geschäftsführers** (*OLG Köln* GmbHR 1985, 358 ff.; *Lutter/Hommelhoff* § 51a Rz. 13; a.A. *Noack* § 51a Rz. 11, aber eingeschränkt, s. Rz. 28: nur, soweit Gesellschafterversammlung darüber entscheidet, was allerdings i.d.R. der Fall ist). Auskunft über Planungszahlen für das laufende Geschäftsjahr kann grds. nicht verlangt werden, da für die Beurteilung der Tätigkeit im abgelaufenen Geschäftsjahr nicht von Bedeutung (*BayObLG* NZG 2001, 610).

21 Ist die GmbH Komplementärin einer **GmbH & Co. KG**, gehören zu den Angelegenheiten der GmbH auch diejenigen der KG (*OLG Düsseldorf* GmbHR 1991, 18; *BGH* GmbHR 1988, 434; *OLG Hamm* GmbHR 1986, 384; *Scholz/K. Schmidt* § 51a Rz. 53; *Lutter/Hommelhoff* § 51a Rz. 22). Vorausgesetzt wird dabei, dass die GmbH ggü. der KG befugt ist, die Information weiterzuleiten (*Scholz/K. Schmidt* § 51a Rz. 53).

22 Der Gesellschafter der GmbH, der zugleich Kommanditist ist, darf nicht auf das Auskunftsrecht des § 166 HGB verwiesen werden (*OLG Düsseldorf* GmbHR 1991, 18; *OLG Hamm* GmbHR 1986, 384; *KG* GmbHR 1988, 221; *OLG Karlsruhe* GmbHR 1998, 691; *OLG Karlsruhe* NZG 2000, 435; *Scholz/K. Schmidt* § 51a Rz. 52; *Lutter/Hommelhoff* § 51a Rz. 18).

23 Der **Nur-Kommanditist** kann nicht Auskunft über die GmbH verlangen, auch wenn sich das Auskunftsersuchen an diese richtet (*Lutter/Hommelhoff* § 51a Rz. 22; *Hachenburg/Hüffer* § 51a Rz. 76; *Scholz/K. Schmidt* § 51a Rz. 52).

24 Das Informationsrecht des Gesellschafters erstreckt sich auf die Beziehungen der GmbH zu **verbundenen Unternehmen** (vgl. *OLG Köln* GmbHR 1985, 358; *OLG Hamm* GmbHR 1986, 384; *LG Bielefeld* GmbHR 1985, 365; *Rowedder/Pentz/Koppensteiner* § 51a Rz. 7; *Scholz/K. Schmidt* § 51a Rz. 20). Es ist kein allzu strenger Maßstab anzulegen (*BayObLG* NZG 2001, 610; vgl. auch *Grunewald* ZHR 146, 211, 234; *Thür. OLG* GmbHR 2004, 1588: weit auszulegen, z.B. auch die Frage nach der Höhe der Geschäftsführergehälter). Der Gesellschafter kann allerdings von seiner Gesellschaft – nur gegen diese richtet sich überhaupt sein Anspruch (vgl. *Scholz/K. Schmidt* § 51a Rz. 17) – nur Auskunft, nicht Einsicht bei der Konzerngesellschaft (als Organgesellschaft oder als Organträger) verlangen (*Lutter/Hommelhoff* § 51a Rz. 18 ff.), es sei denn, es handele sich um eine 100%ige Tochtergesellschaft als quasi-Betriebsabteilung (*Lutter/Hommelhoff* § 51a Rz. 18, 22). Ein unbeschränktes Auskunftsrecht besteht nicht. So werden Angelegenheiten des herrschenden Unternehmens nur insoweit als Angelegenheiten des abhängigen Unternehmens angesehen, soweit sie für deren Interessen von Bedeutung sind (vgl. näher *Scholz/K. Schmidt* § 51a Rz. 20). Es muss eine gewisse Erheblichkeitsschwelle erreicht werden (*BayObLG* NJW-RR 1999, 1487).

25 **Einschränkungen des Auskunfts- bzw. Einsichtsrechts.** Es besteht insoweit von Anfang an kein Anspruch; zu unterscheiden von der Verweigerung eines an sich bestehenden Rechts des Gesellschafters, das aber unter den Voraussetzungen des Abs. 2 ausnahmsweise nicht zu erfüllen ist. Diese Unterscheidung wird nicht immer durchgehalten (vgl. z.B. *Lutter/Hommelhoff* § 51a Rz. 34, wo auch bei missbräuchlicher Rechtsausübung von einem Verweigerungsrecht die Rede ist):

26 (1) Kein Auskunftsrecht, wenn sich der Geschäftsführer dadurch strafbar machen würde (*Müller* GmbHR 1987, 92). Der Straftatbestand des § 85 Abs. 1 wird durch die Auskunft nicht verwirklicht ggü. einem Gesellschafter, da keine unbefugte Offenbarung eines Geschäftsgeheimnisses vorliegt (*Müller* GmbHR 1987, 92; *OLG Hamm* GmbHR 1988, 218). (2) Ein Auskunftsrecht besteht nicht, soweit die Auskunftserteilung der Gesellschaft unmöglich ist (vgl. *Noack* § 51a Rz. 44, z.B. wenn eine Zeit betroffen ist, für die eine Aufbewahrungspflicht für Geschäftsunterlagen, vgl. § 257 HGB, nicht mehr besteht). Auf welche Gründe die Unmöglichkeit zurückzuführen ist, spielt dabei keine Rolle (vgl. *Müller* GmbHR 1987, 90), jedoch kann sich bei schuldhafter Unmöglichkeit ein Schadensersatzanspruch ergeben). (3) Das Verlangen nach

Auskunft oder Einsicht darf nicht gegen den Grundsatz der Erforderlichkeit und Verhältnismäßigkeit bei der Ausübung eines Rechts (§ 242 BGB) verstoßen. Es darf nicht zu einer unverhältnismäßigen Belastung der Geschäftstätigkeit der Gesellschaft führen (vgl. *OLG Düsseldorf* GmbHR 1991, 19; vgl. auch Scholz/*K. Schmidt* § 51a Rz. 37; *Altmeppen* § 51a Rz. 36). Weiterhin unterliegt die Übermittlung personenbezogener Daten den Beschränkungen der DS-GVO.

Macht ein Gesellschafter, der im Zeitraum, auf den sich sein Auskunftsrecht bezieht, **27** einer der Geschäftsführer der Gesellschaft ist, Informationsrechte geltend, bedarf deren Ausübung besonderer Begründung (*OLG München* NZG 2006, 598). Wird mit einem ausscheidenden Gesellschafter-Geschäftsführer ein Verzicht auf Auskunfts- und Einsichtsrechte vereinbart, ist dieser nichtig, wenn er keine vertraglich eingeräumte Ungleichheit hat, sich einen Überblick über die Berechnungsgrundlage des ihm zustehenden Gewinnanteils zu verschaffen (*OLG München* a.a.O.).

Die Ausübung des Auskunftsrechts kann gegen Treu und Glauben (§ 242 BGB) ver- **28** stoßen. Das Auskunftsrecht kann verwirkt sein (*BayObLG* GmbHR 2003, 719).

Nach Eröffnung des Insolvenzverfahrens richtet sich das Auskunftsorgan gegen den **29** Insolvenzverwalter. Der Anspruch erlischt zwar durch die Insolvenzeröffnung nicht, die Beurteilung der Voraussetzungen und des Umfangs muss aber dem Funktionswandel der Gesellschafterstellung Rechnung tragen, der mit der Eröffnung des Insolvenzverfahrens eintritt. Der Anspruch setzt die Darlegung und Glaubhaftmachung eines konkreten Informationsbedürfnisses voraus (*OLG Hamm* GmbHR 2002, 166). Ein Anspruch besteht nur für Vorgänge vor Eröffnung der Insolvenzverfahren (vgl. *BayObLG* GmbHR 2005, 1361).

V. Art und Weise der Auskunftserteilung bzw. der Einsichtnahme

Auskunft und Einsicht sind „unverzüglich" (also ohne schuldhaftes Zögern, § 121 **30** Abs. 1 S. 1 BGB) zu gewähren. § 51a ist in der Gesellschafterversammlung nicht anwendbar (*Lutter/Hommelhoff* § 51a Rz. 28).

Ein Zuwarten kann zulässig sein bei Vorliegen besonderer Gründe (*OLG Frankfurt* **31** GmbHR 1994, 115).

Eine besondere Form der Auskunft ist im Gesetz nicht vorgesehen und steht daher **32** grds. im Ermessen des Geschäftsführers (*OLG Düsseldorf* GmbHR 1991, 18 f.; *Noack* § 51a Rz. 16; Scholz/*K. Schmidt* § 51a Rz. 23; *Lutter/Hommelhoff* § 51a Rz. 30: außerhalb der Gesellschafterversammlung nur mit Einverständnis des Gesellschafters mündlich; vgl. auch *Hachenburg/Hüffer* § 51a Rz. 33). Andererseits kann ein Bedürfnis des Gesellschafters bestehen, beweiskräftige Aussagen (z.B. über die Richtigkeit der Auskunft in einem Schadensersatzprozess gegen die Gesellschaft) zu erhalten. Diese beiden Interessen gilt es gegeneinander abzuwägen. Das kann u.U. bedeuten, dass der Geschäftsführer die Auskunft schriftlich erteilen muss (z.B. bei umfangreichen Unterlagen, die der Gesellschafter bei mündlicher Erteilung nicht aufnehmen kann, vgl. *OLG Düsseldorf* GmbHR 1991, 18). Nach (mündlicher) Erteilung der Auskunft kann sich zusätzlich ein Anspruch auf Überprüfung durch Einsicht ergeben.

Ein Anspruch auf Übersendung schriftlicher Unterlagen (Fotokopien) besteht nach **33** allg. Auffassung nicht (vgl. *LG* Mönchengladbach GmbHR 1991, 323; *BayObLG* NZG 2000, 101). Angesichts des geringen damit verbundenen Aufwandes erscheint dies zumindest für Fotokopien nicht mehr vertretbar, die sich der Gesellschafter aber jedenfalls auf eigene Kosten machen kann (*OLG Köln* GmbHR 1985, 3; *OLG Düsseldorf* GmbHR 1991, 19; *OLG München* GmbHR 2005, 625 mit zust. Anm. *Römermann* GmbHR 2005, 627). Zum Jahresabschluss vgl. § 42a Rz. 3 f.

34 Das Einsichtsrecht erstreckt sich auf alle Vorgänge, die auch Gegenstand des Auskunftsrechts sind (vgl. *OLG Hamburg* GmbHR 1985, 121; *OLG Düsseldorf* GmbHR 1991, 18). Einsicht ist in alle schriftlichen Unterlagen der Gesellschaft zu gewähren (*Noack* § 51a Rz. 21). Zu den schriftlichen Unterlagen gehören auch Vorgänge der IT.

35 Die Einsicht braucht nur in den Geschäftsräumen der Gesellschaft gewährt zu werden (*Noack* § 51a Rz. 23); der Gesellschafter kann nicht die Überlassung von Geschäftspapieren verlangen. Er kann sich aber an Ort und Stelle Notizen und auf seine Kosten Fotokopien machen (*OLG Düsseldorf* GmbHR 1991, 18; *Lutter/Hommelhoff* § 51a Rz. 24; *Hachenburg/Hüffer* § 51a Rz. 43; *Noack* § 51a Rz. 18: zwar grds., jedoch ausnahmsweise nicht, wenn schutzwürdige Interessen der Gesellschaft entgegenstehen). Wegen der Benutzung von IT-Anlagen vgl. *Noack* § 51a Rz. 23; *OLG Hamburg* GmbHR 2002, 913. Das Personal der GmbH kann der Gesellschafter nicht einspannen; er kann von diesem auch keine Auskünfte verlangen (*OLG Hamburg* GmbHR 2002, 913; *Scholz/K. Schmidt* § 51a Rz. 42).

36 Kosten der Auskunftserteilung hat die GmbH zu tragen (a.M. *Noack* § 51a Rz. 18).

37 Kosten, die dem Gesellschafter entstehen (z.B. bei Einsicht durch einen Sachverständigen, Anfertigung von Fotokopien, Reisekosten), hat dieser selbst zu tragen.

VI. Pflicht zur vertraulichen Behandlung der Informationen

38 Das sehr weitgehende Auskunfts- und Einsichtsrecht des Gesellschafters bedingt zum Schutze der Gesellschaft andererseits, dass die so bekanntgewordenen Angelegenheiten der Gesellschaft nicht zu ihrem Nachteil verwendet werden. Die erhaltene Information dient allein dem Gesellschafter; für Nichtgesellschafter (die Öffentlichkeit) sind sie nicht bestimmt. Dem Informationsrecht des Gesellschafters immanent ist die Verpflichtung, die gewonnenen Erkenntnisse vertraulich zu behandeln (*BGH* GmbHR 2003, 297; *Lutter/Hommelhoff* § 51a Rz. 21, 31 ff.: Ausfluss der Treuepflicht).

39 Die Verletzung der Vertraulichkeit kann zu einem Unterlassungsanspruch der Gesellschaft führen und den Gesellschafter zu Schadensersatz verpflichten. Außerdem können sich Auswirkungen für die künftige Erteilung von Auskünften bzw. die Einsicht ergeben. Vgl. Rz. 40.

VII. Informationsverweigerung (Abs. 2)

40 **1. Verweigerungsgründe.** Die Auskunft bzw. Einsicht ist zu verweigern (sonst eventuell Schadensersatzpflicht des Geschäftsführers nach § 43), wenn die in Abs. 1 geforderten Voraussetzungen nicht vorliegen (z.B. kein Gesellschafter; rechtsmissbräuchliches Verlangen). Eine über die Grenzen des § 51a hinausgehende Geltendmachung des Informationsrechts rechtfertigt aber keinesfalls den Ausschluss aus der Gesellschaft (*OLG Dresden* NZG 2001, 809).

41 Trotz formaler Berechtigung kann (nach *Noack* § 51a Rz. 27, 38 muss die Auskunft bzw. Einsicht verweigert werden) die Auskunft bzw. Einsicht verweigert werden, wenn zu besorgen ist, dass der Gesellschafter sie zu gesellschaftsfremden Zwecken verwen-

den und daher der Gesellschaft oder einem verbundenen Unternehmen einen nicht unerheblichen Nachteil zufügen wird (Abs. 2; *BayObLG* NZG 2000, 100). Das kann nicht der Fall sein für Jahresabschluss und Lagebericht; denn der Jahresabschluss lässt sich keinem geheimschutzbedürftigen Bereich zuordnen (*BayObLG* a.a.O.; vgl. auch *Ivens* GmbHR 1989, 274). Diese vorgenannten Besorgnisgründe (Gefahr) müssen konkret bestehen (*OLG München* GmbHR 2008, 819 ff.; *Altmeppen* § 51a Rz. 33; *Scholz/K. Schmidt* § 51a Rz. 41).

Gesellschaftsfremd ist das Verlangen eines Gesellschafters nicht schon dann, wenn er **42** damit keinen konkreten gesellschaftsrelevanten Zweck verfolgt. Gesellschaftsfremd ist die Auskunftserteilung erst dann, wenn sie einem konkreten Zweck dienen soll, der als gesellschafterfremd erscheint, weil „seine Verfolgung nicht mehr als legitimes Interesse des Gesellschafters anzuerkennen ist" (*Müller* GmbHR 1987, 88). Gesellschaftsfremd ist jedenfalls die Verwendung für ein Konkurrenzunternehmen (*Scholz/K. Schmidt* § 51a Rz. 39; *OLG Karlsruhe* GmbHR 1985, 363).

Gesellschaftsfremd ist nicht mit gesellschaftswidrig gleichzusetzen (*Müller* GmbHR **43** 1987, 88). Die Gesellschaftswidrigkeit spielt erst als weitere Verweigerungsvoraussetzung („einen nicht unerheblichen Nachteil") eine Rolle.

Der „nicht unerhebliche Nachteil" muss in einem kausalen Zusammenhang mit dem **44** gesellschaftsfremden Zweck des Informationsbegehrens stehen.

Nachteil bedeutet nicht (Vermögens-)Schaden oder Vermögensgefährdung. Es genügt **45** jede Beeinträchtigung von Gesellschaftsinteressen (*Müller* GmbHR 1987, 88), z.B. auch eine Rufschädigung (*Scholz/K. Schmidt* § 51a Rz. 40; *Noack* § 51a Rz. 35; *Hachenburg/Hüffer* § 51a Rz. 51).

Die Entscheidung, ob ein Nachteil eintreten wird, ist in die Zukunft gerichtet. Das **46** Gesetz bringt das mit der Formulierung „wenn zu besorgen ist" zum Ausdruck. Der Begriff der Besorgnis ist zunächst subjektiv zu verstehen. Das bedeutet nicht, dass die konkrete Einstellung der Gesellschafter der alleinige Maßstab ist. Die Besorgnis darf nicht aus der Luft gegriffen sein. Ein gewisses Maß an Objektivierbarkeit muss hinzukommen, deren Anforderungen aber auch nicht übertrieben werden dürfen. Es gilt eine sorgfältige Interessenabwägung vorzunehmen, wobei im Zweifel dem Interesse der Gesellschaft der Vorzug zu geben ist. Bei einem Wettbewerber wird diese Besorgnis immer bestehen, wenn **wettbewerbsrelevante Auskünfte** (die nicht unbedingt von aktuellem Interesse sein müssen, vgl. *Ivens* GmbHR 1989, 275) verlangt werden (gl.A. *OLG Karlsruhe* GmbHR 1985, 363; *Ivens* GmbHR 1989, 274; vgl. auch *Scholz/K. Schmidt* § 51a Rz. 39; a.A. *Müller* GmbHR 1987, 89; wonach sich aus vorangegangenen Vorgängen oder aus der Persönlichkeitsstruktur des Gesellschafters objektive Anhaltspunkte ergeben müssen, die die Verwendung der Information zu Wettbewerbszwecken als naheliegende Möglichkeit befürchten lassen). Die Voraussetzungen für eine Verweigerung werden bei rein innerbetrieblichen Vorgängen im Allgemeinen nicht vorliegen (z.B. Auskunft über den Erwerb eines Grundstücks, vgl. *Ivens* GmbHR 1989, 274).

Der Nachteil muss für die Gesellschaft oder ein verbundenes Unternehmen zu besor- **47** gen sein. Der Begriff des verbundenen Unternehmens ergibt sich aus §§ 15 ff. AktG (*Noack* § 51a Rz. 36; vgl. auch 2. Kap. Rz. 18).

48 Der Nachteil eines Gesellschafters oder eines Geschäftsführers genügt nach dem Wortlaut der Bestimmung nicht, soweit der Gesellschafter nicht ein verbundenes Unternehmen (z.B. bei Mehrheitsbesitz, vgl. *Noack* § 51a Rz. 36) ist (vgl. *Scholz/K. Schmidt* § 51a Rz. 40). Die Erweiterung auf Nachteile für Gesellschafter ergibt sich meines Erachtens aus der Treuepflicht, die auch die Ausübung der Rechte der Gesellschafter untereinander bestimmt (vgl. *Noack/Hueck* § 13 Rz. 27; vgl. auch *Noack* § 51a Rz. 12; *Hachenburg/Hüffer* § 51a Rz. 51). Das Informationsrecht steht als Eingriffsrecht unter dem Verbot rechtsmissbräuchlicher Ausübung (*BayObLG* NZG 2000, 100). Der Nachteil eines Gesellschafters wird zudem vielfach zugleich ein Nachteil für die Gesellschaft sein (*Scholz/K. Schmidt* § 51a Rz. 40; *Noack* § 51a Rz. 36). Auf ein Zurückbehaltungsrecht kann sich die Gesellschaft nicht berufen (*BGH* NJW 1978, 1157; *OLG Frankfurt* GmbHR 2008, 503).

49 **2. Entscheidungsverfahren – Beschluss der Gesellschafter.** Die Ablehnung der Auskunft bzw. der Einsicht aus den in Abs. 2 genannten Gründen durch die Geschäftsführer bedarf eines vorangehenden Gesellschafterbeschlusses. Die Ablehnung ohne Gesellschafterbeschluss ist rechtswidrig (*OLG Karlsruhe* GmbHR 1985, 363). Die Geschäftsführer sind an die Entscheidung der Gesellschafter gebunden. Es ist darin eine Weisung an die Geschäftsführer zu sehen (*Scholz/K. Schmidt* § 51a Rz. 43).

50 Eines Gesellschafterbeschlusses bedarf es nur insoweit, als die Ablehnung auf Abs. 2 gestützt wird, also nicht bei Verweigerung nach Erfüllung des Verlangens oder bei Rechtsmissbrauch (*Scholz/K. Schmidt* § 51a Rz. 28; *Noack* § 51a Rz. 38, 43; *Altmeppen* § 51a Rz. 32; *BayObLG* GmbHR 1989, 203; a.A. *Rowedder/Pentz/Koppensteiner* § 51a Rz. 27; *Lutter/Hommelhoff* § 51a Rz. 38, die allerdings auch bei fehlender Gesellschaftereigenschaft oder bei Berufung des Geschäftsführers auf Strafbarkeit die alleinige Zuständigkeit der Geschäftsführer bejahen).

51 Bei der Beschlussfassung hat der betr. Gesellschafter kein **Stimmrecht** (*Lutter/Hommelhoff* § 51a Rz. 38; *Hachenburg/Hüffer* § 51a Rz. 53; *Scholz/K. Schmidt* § 51a Rz. 42; *Rowedder/Pentz/Koppensteiner* § 51a Rz. 26; a.A. *Grunewald* ZHR 1982, 233).

52 Der abl. Beschluss bedarf nach a.M. **keiner Begründung** ggü. dem Gesellschafter, wohl aber habe der Geschäftsführer der Gesellschafterversammlung eine Begründung abzugeben (vgl. *Lutter/Hommelhoff* § 51a Rz. 38; *Noack* § 51 Rz. 39). Der Hinweis, dass der betr. Gesellschafter in der Gesellschafterversammlung, in der über sein Begehren entschieden wird, teilnehmen könne und daher die Begründung der Geschäftsführer kenne, reicht meines Erachtens nicht aus, die Erfolgsaussichten eines Prozesses zu beurteilen. Man wird daher eine Begründungspflicht bejahen müssen (vgl. auch *Altmeppen* § 51a Rz. 31; *Rowedder/Pentz/Koppensteiner* § 51a Rz. 23). Die Begründungspflicht darf nicht so weit gehen, dass damit praktisch die Auskunft erteilt wird (*BGHZ* 32, 168).

53 Der mangelnde Gesellschafterbeschluss macht, wie schon ausgeführt (vgl. Rz. 49), die Ablehnung durch den Geschäftsführer rechtswidrig. Daraus können sich Schadensersatzansprüche des Gesellschafters ergeben (vgl. Rz. 58). Weitere Folgerungen lassen sich daraus nicht ableiten. Insb. ist eine anhängige Klage nicht unzulässig (vgl. § 51b Rz. 16).

54 Der die Ablehnung aussprechende Gesellschafterbeschluss kann selbstständig nicht angefochten werden, auch wenn er mit Fehlern behaftet ist, die nach allg. Grundsätzen die Anfechtung rechtfertigen würden. Es fehlt dafür das Rechtsschutzbedürfnis, weil die Aufhebung des Beschlusses nicht Voraussetzung der Anfechtung nach § 51b ist (*BGH* GmbHR 1988, 213); denn dem Beschluss kommt keine eigenständige, rechtssetzende, rechtsgestaltende oder eine bestimmte Rechtsfolge verbindlich feststellende Bedeutung in dem Sinne zu, dass er der materiellen Rechtskraft oder auch nur einer in anderen Verfahren zu beachtenden Tatbestandswirkung fähig wäre (*BGH* GmbHR 1988, 214; zust. *Noack* § 51a Rz. 45; *Scholz/K. Schmidt* § 51a Rz. 42 und 47; *Rowedder/Pentz/Koppensteiner* § 51a Rz. 29; *Hachenburg/Hüffer* § 51a Rz. 53; a.A. *OLG Hamburg* GmbHR 1987, 480). In Ausnahmefällen schließt auch der BGH (GmbHR 1988, 214; *OLG Hamburg* GmbHR 1987, 480) eine gesonderte Anfechtung nicht aus (gl.A. *Noack* § 51a Rz. 45; *Lutter/Hommelhoff* § 51a Rz. 53; *Scholz/K. Schmidt* § 51a Rz. 42; a.A. *Rowedder/Pentz/Koppensteiner* § 51a Rz. 29), ohne allerdings anzugeben, unter welchen Bedingungen das geschehen könnte. Die Durchsetzung eines Schadensersatzanspruchs wegen Verweigerung der Information auf Grund des Gesellschafterbeschlusses rechtfertigt meines Erachtens eine Anfechtung nicht (s. hierzu auch *OLG Nürnberg* v. 21.4.2012 – 12 U 2235/09).

VIII. Schadensersatzpflicht

1. Ansprüche der Gesellschaft. – a) gegen den Geschäftsführer. Der Gesellschaft   **55**
kann ein Schaden dadurch entstehen, dass der Geschäftsführer die Auskunft/Einsicht zu Unrecht gewährt oder zu Unrecht ablehnt (soweit eine Haftung nicht durch den als Weisung aufzufassenden Gesellschafterbeschluss ausgeschlossen ist). Dafür haften die Geschäftsführer nach § 43 (*Noack* § 51a Rz. 51; *Lutter/Hommelhoff* § 51a Rz. 45). Ein Schaden kann für die Gesellschaft z.B. in der Verursachung unnötiger Prozesskosten entstehen.

Die nachhaltige Weigerung zur Informationserteilung kann ein Grund zur fristlosen   **56**
Kündigung des Anstellungsvertrags sein (vgl. *OLG Frankfurt* GmbHR 1994, 115; *OLG Hamm* GmbHR 1996, 939; *Altmeppen* § 51a Rz. 37).

b) gegen den auskunftbegehrenden Gesellschafter. Ein Anspruch gegen den Gesell-   **57**
schafter kann sich ergeben, wenn er die gebotene Vertraulichkeit verletzt (vgl. *Lutter/ Hommelhoff* § 51a Rz. 46; *Rowedder/Pentz/Koppensteiner* § 51a Rz. 29; *Hachenburg/ Hüffer* § 51a Rz. 11; *Noack* § 51a Rz. 53; *Altmeppen* § 51a Rz. 25).

2. Ansprüche des Gesellschafters. – a) gegen den Geschäftsführer. Es ergeben sich   **58**
keine unmittelbaren Ansprüche gegen den Geschäftsführer, da sich der Anspruch auf Informationserteilung gegen die Gesellschaft richtet und nur diese dafür haftet (*Noack* § 51a Rz. 51, 52; vgl. auch *Lutter/Hommelhoff* § 51a Rz. 47; *Hachenburg/Hüffer* § 51a Rz. 70).

§ 51a ist kein Schutzgesetz i.S.d. § 823 Abs. 2 BGB (allg. M. vgl. *Noack* § 51a Rz. 51;   **59**
Lutter/Hommelhoff § 51a Rz. 51; *Hachenburg/Hüffer* § 51a Rz. 70; *Scholz/K. Schmidt* § 51a Rz. 48; *Gansen* GmbHR 1987, 458; a.A. *Altmeppen* § 51a Rz. 37), so dass sich auch ein deliktischer Anspruch nicht ergibt. In Ausnahmefällen kann § 826 BGB zum Zuge kommen.

b) gegen die Gesellschaft (die Gesellschafter). Ein Anspruch gegen die Gesellschaft   **60**
kann sich bei unberechtigter Verweigerung der Information ergeben. U.U. kann sich auch ein Anspruch gegen die Gesellschafter ergeben, die dem Verweigerungsbeschluss zugestimmt haben (*Noack* § 51a Rz. 53; *Rowedder/Pentz/Koppensteiner* § 51a

Rz. 38). Für die Haftung aus § 823 Abs. 2 BGB gelten die Ausführungen zu Rz. 59 entspr. (kein Schutzgesetz).

3. Ansprüche eines Gesellschafters gegen den auskunftbegehrenden Gesellschafter.
61 Ein Schadensersatzanspruch kann entstehen, wenn durch den Informationsgebrauch ein Gesellschafter geschädigt wird und damit gegen das Treuverhältnis der Gesellschafter untereinander verstoßen wird (vgl. *Noack* § 51a Rz. 54).

§ 51b Gerichtliche Entscheidung über das Auskunfts- und Einsichtsrecht

[1]Für die gerichtliche Entscheidung über das Auskunfts- und Einsichtsrecht findet § 132 Abs. 1, 3 und 4 des Aktiengesetzes entsprechende Anwendung. [2]Antragsberechtigt ist jeder Gesellschafter, dem die verlangte Auskunft nicht gegeben oder die verlangte Einsicht nicht gestattet worden ist.

Übersicht

Literatur: *Driesen* Gerichtliche Zuständigkeit für Informationserzwingungsverfahren nach § 51b GmbHG, GmbHR 1987, 103 und GmbHR 1988, 228; *ders.* Zuständigkeiten für gerichtliche Entscheidungen nach § 51b GmbH, GmbHR 2000, 1252; *Gustavus* Das Informationserzwingungsverfahren nach § 51b GmbHG in der Praxis, GmbHR 1989, 181; *Jestaedt* Die Actio pro socio bei Informationsverweigerung in Zweipersonen-GmbH – Besprechung der Entscheidung des OLG Saarbrücken v. 3.12.1993, U 16/93-2, GmbHR 1994, 442; *K. Schmidt* Schiedsklausel und Informationsrecht des GmbH-Gesellschafters, ZIP 1987, 218; *Sommer/Nachreiner* Schiedsklauseln in der GmbH-Satzung, GmbH-StB 2000, 287; *Stangier/Bork* Das Informationserzwingungsverfahren nach dem GmbH-Gesetz, GmbHR 1982, 169.

I. Gesetzliche Regelung – Abweichende Regelung im Gesellschaftsvertrag

1 Die Bestimmung ist durch das G. v. 4.7.1980 (BGBl. I 1980, S. 836) eingefügt worden. Ergänzung der amtlichen Überschrift durch das MoMiG v. 23.10.2008. Das FamFG ist mit Wirkung zum 1.9.2009 an die Stelle des FGG getreten. Diese Änderungen haben sich auch auf § 51b ausgewirkt. Durch das 2. KostenrechtsmodernisierungsG (BGBl. I 2013, S. 2586) wurde der Verweis auf § 132 AktG geändert (§ 132 Abs. 1, 3 und 4 AktG). Aus der bisherigen KostO wurde das GNotKG.

2 Das Verfahren der gerichtlichen Entscheidung über das Auskunfts- und Einsichtsrecht wird durch Verweisung auf § 132 AktG geregelt. § 132 AktG verweist in Abs. 3 auf Bestimmungen des § 99 AktG, so dass auch diese für die GmbH anwendbar sind.

Rechtspolitisch werden gegen die Regelung Bedenken geltend gemacht (vgl. z.B. 3
Scholz/*K. Schmidt* § 51b Rz. 3).

Die Frage, ob die Zuständigkeit eines Schiedsgerichts (Schiedsvertrag oder Schieds- 4
klausel in der Satzung) nach §§ 1025 ff. ZPO begründet werden kann, ist umstr. (dafür
LG Mönchen-Gladbach GmbHR 1986, 390; *OLG Hamm* NZG 2000, 1183; *OLG
Koblenz* GmbHR 1990, 556; *Lutter/Hommelhoff* § 51b Rz. 2; Scholz/*K. Schmidt* § 51b
Rz. 5; *Sommer/Nachreiner* GmbH-StB 2000, 284; dagegen *OLG Köln* GmbHR 1989,
208; Rowedder/Pentz/*Koppensteiner* § 51b Rz. 4).

II. Durchsetzung der Ansprüche – Verfahren

1. Zuständigkeit. Zuständig ist ausschließlich das LG (Kammer für Handelssachen) am 5
Sitz der Gesellschaft (§§ 123, 99 AktG). § 349 ZPO findet keine Anwendung (vgl. *Gusta-
vus* GmbHR 1989, 184; *OLG Hamm* NJW-RR 1999, 684). Durch Rechts-VO kann die
Landesregierung die Entscheidung für die Bezirke mehrerer LG einem der LG übertra-
gen, wenn dies der Sicherung einer einheitlichen Rechtsprechung dient (§ 51b i.V.m.
§ 132 Abs. 1 S. 3 AktG). Möglich ist auch, dass für die Bezirke mehrerer OLG einem der
OLG zur Sicherung einer einheitlichen Rechtsprechung die Entscheidung über die
Beschwerde (vgl. Rz. 18) übertragen wird (§ 51b i.V.m. §§ 132 Abs. 3, 99 Abs. 3 S. 8
AktG). Vgl. hierzu die Zusammenstellungen bei *Driesen* GmbHR 2000, 1252.

Das Verfahren richtet sich nach dem FamFG (vgl. Rz. 9 ff.). Eine Verbindung mit 6
anderen Ansprüchen, für deren Geltendmachung die ZPO maßgebend ist, ist nicht
zulässig, da die Verfahren erheblich voneinander abw. (vgl. *Gustavus* GmbHR 1989,
184). Für eine Leistungsklage auf Erteilung der Information fehlt – § 51b geht vor –
das Rechtsschutzbedürfnis (vgl. *BGH* GmbHR 1988, 213; *OLG Saarbrücken* GmbHR
1994, 475).

Soweit das Auskunfts- bzw. Informationsrecht in einem Prozess nur als **Vorfrage** auf- 7
tritt (z.B. wenn aus der verweigerten Auskunft ein Schadensersatzanspruch abgeleitet
wird), unterliegt die Entscheidung nur dem allg. Zivilprozessrecht; ein (vorrangiges)
Verfahren nach § 51b ist nicht erforderlich (vgl. *BGH* GmbHR 1988, 213; *OLG Hamburg* GmbHR 1985, 120; *Lutter/Hommelhoff* § 51b Rz. 14; Scholz/*K. Schmidt* § 51b
Rz. 9; Rowedder/Pentz/*Koppensteiner* § 51b Rz. 2). Vielfach wird dafür auch das
Rechtsschutzbedürfnis fehlen.

Ist auch ein Verfahren nach § 51b anhängig, kann das Prozessgericht das Verfahren 8
nach § 148 ZPO aussetzen (Scholz/*K. Schmidt* § 51b Rz. 9). Umgekehrt kann auch eine
Aussetzung des Verfahrens nach § 51b erfolgen, wenn eine Vorfrage des Informations-
erzwingungsverfahrens Gegenstand eines Zivilprozesses ist (vgl. *OLG Köln* GmbHR
1989, 208).

2. Verfahren nach dem FamFG. Das Verfahren richtet sich nach dem FamFG (Amts- 9
ermittlungsgrundsatz), § 26 FamFG i.V.m. §§ 99 Abs. 1, 132 Abs. 3 S. 1 AktG), jedoch
haben die besonderen Vorschriften des § 132 AktG Vorrang. Es handelt sich nicht um
ein typisches FG-Verfahren, sondern um ein Streitverfahren der freiwilligen Gerichtsbarkeit, auf das einzelne Grundsätze des Zivilprozesses anwendbar sind (Scholz/
K. Schmidt § 51b Rz. 22; vgl. auch *BayObLG* GmbHR 1993, 743). Der Amtsermitt-
lungsgrundsatz verbietet Säumnisentscheidungen nach den §§ 330 ff. ZPO (Scholz/
K. Schmidt § 51b Rz. 25).

10 Die Erhebung von Beweisen erfolgt nach § 26 FamFG – früher § 12 FGG vom Amts wegen. Die Feststellungslast trifft die GmbH, dem Antrag ist also stattzugeben, wenn unklar ist, ob die GmbH ein Verweigerungsrecht hat bzw. die Auskunft ordnungsgemäß erteilt hat. Sowohl Antragsteller als auch Antragsgegner können im Verfahren Gründe nachschieben.

11 Die Vorschriften über die Wiederaufnahme des Verfahrens sind analog anwendbar (*BGH* NZG 2006, 594). Die Aussetzung des Verfahrens ist entspr. § 148 ZPO zulässig (*OLG Hamm* NZG 2007, 110).

12 **3. Antrag.** Das Gericht wird nur auf schriftlichen Antrag tätig. Anwaltszwang besteht für das Verfahren nicht. Der Antrag ist an keine Frist gebunden; der Abs. 2 des § 132 AktG (2-Wochenfrist) ist in § 51b S. 1 nicht erwähnt (Scholz/*K. Schmidt* § 51b Rz. 14; Rowedder/Pentz/*Koppensteiner* § 51b Rz. 5; a.A. BayObLG NZG 2001, 609; auch zur Fristwahrung bei Eingehen des Antrags bei einem unzuständigen Gericht *Lutter/ Hommelhoff* § 51b Rz. 3: angemessene Frist) und muss hinreichend bestimmt sein, so dass ein Entscheidungstenor formuliert werden kann, aus dem die Vollstreckung möglich ist (*OLG Düsseldorf* GmbHR 1995, 902).

13 Antragsteller kann nur ein Gesellschafter sein, dem die verlangte Auskunft verweigert worden ist (vgl. § 51a Rz. 12 ff.; *OLG Karlsruhe* GmbHR 1985, 362). Auf die Höhe seiner Beteiligung kommt es nicht an.

14 Das Auskunfts- und Einsichtsbegehren eines Gesellschafters, der zu der Zeit, auf die sich das Begehren richtet, Geschäftsführer war, bedarf einer besonderen Begründung (*OLG Frankfurt* GmbHR 2006, 206).

15 Wann die Gesellschaftereigenschaft bestehen muss (bei Antragstellung oder bei Entscheidung), ist umstr (vgl. Scholz/*K. Schmidt* § 51b Rz. 13). Nach wohl h.M. (vgl. *BayObLG* GmbHR 1993, 743 m.w.N.; *Lutter/Hommelhoff* § 51b Rz. 14) wird, wenn der Gesellschafter während des Verfahrens seine Gesellschaftereigenschaft verliert, der Antrag unbegründet und ist abzuweisen. Über die Anträge ist nach den Grundsätzen über die Erledigung der Hauptsache zu entscheiden. Das erscheint nicht unproblematisch, weil gerade ein ausgeschiedener Gesellschafter ein besonderes Interesse an der Information haben kann (vgl. *Gustavus* GmbHR 1989, 185; vgl. auch Scholz/ *K. Schmidt* § 51b Rz. 13: es genügt Gesellschafterstellung bei Antragstellung). In diese Richtung geht auch das OLG Frankfurt (GmbHR 2006, 206), wonach eine Vereinbarung mit einem ausscheidenden Gesellschafter auf Verzicht auf Auskunfts- und Einsichtsrecht dann nicht zum Tragen kommt, wenn der Ausscheidende keine vertraglich eingeräumte Möglichkeit hat, sich einen Überblick über die Berechnungsgrundlagen des ihm noch zustehenden Gewinnanteils zu verschaffen. Bei Erbfolge wird das Verfahren nach § 239 ZPO unterbrochen.

16 Der Antrag setzt weder eine vorherige Geltendmachung ggü. der Gesellschaft noch einen Beschluss der Gesellschafter nach § 51a Abs. 2 S. 2 voraus (vgl. *Lutter/Hommelhoff* § 51b Rz. 12; *Noack* § 51b Rz. 4; vgl. jedoch Rowedder/Pentz/*Koppensteiner* § 51b Rz. 6, wenn die Gesellschafter den Beschluss hinauszögern), jedoch können sich Auswirkungen bei den Kosten ergeben.

17 **4. Antragsgegner.** Antragsgegner ist die GmbH, nicht der Geschäftsführer (*BGH* NJW 1988, 1090; *OLG Saarbrücken* GmbHR 1994, 475).

5. Entscheidung – Rechtsmittel. Die Entscheidung ergeht durch Beschluss, gegen den 18
die sofortige Beschwerde statthaft ist (§ 51b S. 2 i.V.m. §§ 132 Abs. 3, 99 Abs. 3 S. 2
AktG). Zulässigkeitsvoraussetzung ist die Zulassung der sofortigen Beschwerde durch
das LG (§ 132 Abs. 3 S. 2 AktG). Die Zulassung soll nur erfolgen, wenn dadurch die
Klärung einer Rechtsfrage von grds. Bedeutung zu erwarten ist (§ 132 Abs. 3 S. 3
AktG). An die Nichtzulassung ist das OLG gebunden (*BayObLGZ* 1966, 428; *Bay-
ObLG* GmbHR 1988, 263; *OLG Frankfurt* NJW-RR 1996, 678; *OLG Düsseldorf*
GmbHR 2003, 666).

Hat das LG die Beschwerde nicht zugelassen, kann die Zulassung eines Rechtsmittels 19
nicht mit dem Beschwerdeangriff gegen die Entscheidung über die Nichtzulassung
herbeigeführt werden (*OLG Hamm* BB 1997, 222; vgl. auch *OLG Düsseldorf*
GmbHR 2003, 666).

Ein Rechtsmittel unter dem Gesichtspunkt greifbarer Gesetzwidrigkeit (vgl. *BGH* 20
NJW-RR 1986, 738; *BayObLG* GmbHR 1988, 264; *OLG Hamm* BB 1997, 222) kann
nicht dadurch begründet werden, dass der Beschwerdeführer die Entscheidung des
LG, auch soweit diese die teilweise Abweisung des Antrags als unzulässig wegen feh-
lenden Rechtsschutzinteresses betrifft, mit Sachargumenten angreift (*OLG Hamm*
BB 1997, 222).

Streitig ist, ob vorläufiger Rechtsschutz möglich ist (umfassend u.a. *Noack* § 51b 21
Rz. 10a m.w.N.; ebenso Scholz/*K. Schmidt* § 51b Rz. 32; Rowedder/Pentz/*Koppensteiner*
§ 51b Rz. 8).

Der Durchsetzung des Informationsbedürfnisses dient ausschließlich § 51b, wobei es 22
gleichgültig ist, aus welchen Gründen die Auskunft verweigert wird. Eine Anfechtung
des Verweigerungsbeschlusses (Anfechtungsklage) ist nur zulässig, wenn ein über das
Informationsbedürfnis hinausgehendes Interesse besteht, dessen Durchsetzung die
vorherige Beseitigung des Verweigerungsbeschlusses erfordert (*BGH* GmbHR 1988,
213; *OLG Schleswig* GmbHR 2008, 435).

Neben dem Informationsrecht aus § 51b kann ein **Auskunftsrecht nach anderen** 23
Bestimmungen gegeben sein (z.B. nach § 810 BGB). Für diese Verfahren gilt das Verfahren nach dem FamFG nicht (*Noack* § 51b Rz. 15). Zur Verweisung durch ein
ordentliches Gericht an das Gericht der freiwilligen Gerichtsbarkeit vgl. *OLG Frankfurt* GmbHR 1995, 901. Bei unzutr. Entscheidung im ordentlichen Verfahren ist Berufung nach Maßgabe des streitigen Verfahrens zulässig (*OLG Hamm* GmbHR 1998,
336); eine Entscheidung des Gerichts über die Zulässigkeit der Berufung ist in diesem
Falle nicht erforderlich (*Noack* § 51b Rz. 1; auch *BGH* NJW-RR 1995, 1183 für den
Fall, dass das Gericht zunächst unrichtig im streitigen Verfahren entschieden hat:
Übergang zum Verfahren der freiwilligen Gerichtsbarkeit).

Zur Zulässigkeit der Vereinbarung eines Schiedsverfahrens vgl. Rz. 4. Wegen Muster- 24
formulierungen vgl. *Sommer/Nachreiner* GmbH-StB 2000, 287.

6. Kosten. – a) Kostenberechnung – Geschäftswert. Für die Verfahrenskosten gilt nun- 25
mehr das am 1.8.2013 in Kraft getretene GNotKG, das die bisherige Kostenordnung vollständig ersetzt. Gem. § 3 GNotKG richten sich die anfallenden Gebühren grds. „nach
dem Wert, den der Gegenstand des Verfahrens oder des Geschäfts hat (Geschäftswert)".
Der Geschäftswert richtet sich nach §§ 35 ff. GNotKG. Der grundsätzliche Geschäftswert
ergibt sich aus § 35 GNotKG und beträgt bei Anwendung der Tabelle A maximal 30 Mio.

€, bei Anwendung der Tabelle B max. 60 Mio. € (§ 34 GNotKG, Anl. 2 zur GNotKG). Der allgemeine Geschäftswert richtet sich nach § 36 GNotKG und bestimmt sich nach allgemeinem Ermessen und darf max. 1 Mio. € nicht überschreiten. Sofern keine Anhaltspunkte für die Bemessung des Geschäftswertes bestehen, beträgt der (von Amts wegen) festzulegende Geschäftswert regelmäßig 5.000 € (s. hierzu § 132 Abs. 5 AktG i.V.m. §§ 3 Abs. 1, 36 GNotKG). Die einfachen Verfahrensgebühren ergeben sich aus den vorgenannten Tabellen A und B i.V.m. § 34 GNotKG.

26   Die Verfahrenskosten, basierend auf den oben dargelegten Grundsätzen ermittelten Geschäftswert, ergeben sich aus dem Kostenverzeichnis zum GNotKG (§ 3 GNotKG Abs. 2, Anl. 1, Hauptabschnitt 5 („Übrige Angelegenheiten der freiwilligen Gerichtsbarkeit")). Im Verfahren im ersten Rechtszug, und sofern das Gericht feststellt, dass der zugrunde liegende Vertrag zu beanstanden ist, werden Gebühren in Höhe des 0,5–2,0-fachen Satzes der sich aus Tabelle A oder B ergebenden einfachen Gebühr der anfallenden Verfahrenskosten berechnet (s. hierzu Anl. 1, Hauptabschnitt 5, Unterabschnitt 1). Im zweiten Rechtszug (Beschwerde) werden Verfahrensgebühren zwischen 0,3–3,0-fachen Satzes berechnet (s. hierzu Anl. 1, Hauptabschnitt 5, Unterabschnitt 2).

Gem. § 35 GNotKG werden mehrere Verfahrensgegenstände zu einem Geschäftswert addiert.

27   **b) Kostenverteilung.**   Die Entscheidung, wem die Gerichtskosten aufzuerlegen sind, trifft das Gericht nach billigem Ermessen (§ 132 Abs. 5 AktG).

28   Außergerichtliche Kosten werden i.d.R. nicht erstattet (*OLG Saarbrücken* GmbHR 1994, 475), denn es gilt der Grundsatz, dass jeder seine Kosten regelmäßig selbst zu tragen hat (*BayObLG* NZG 2001, 609), jedoch kann das Gericht die Erstattung anordnen (§ 85 FamG; vgl. Scholz/*K. Schmidt* § 51b Rz. 31; *BayObLG* GmbHR 1988, 265). Darüber ist von Amts wegen zu befinden (*Gustavus* GmbHR 1989, 186). Ist eine solche Entscheidung unterblieben, so kann Ergänzung nur innerhalb von zwei Wochen nach Zustellung beantragt werden (*OLG Frankfurt* GmbHR 1987, 432; *Gustavus* a.a.O., 186; zweifelnd hinsichtlich der Frist wohl zurecht Scholz/*K. Schmidt* § 51b Rz. 31). Die Entscheidung über außergerichtliche Kosten kann von der Entscheidung über Gerichtskosten abweichen (*KG* NJW 1969, 1030; *BayObLG* NZG 2001, 609).

29   Bei Erledigung der Hauptsache (die geforderten Informationen werden während des Verfahrens erteilt) wird im Allgemeinen und weiterhin eine dem Gedanken des § 91a ZPO entspr. Kostenentscheidung sachgerecht sein (vgl. Scholz/*K. Schmidt* § 51b Rz. 31).

30   **c) Rechtsmittel.**   Gegen die Streitwert- und Kostenfestsetzung kann auch dann Beschwerde erhoben werden, wenn in der Hauptsache mangels Zulassung der sofortigen Beschwerde durch das LG ein Rechtsmittel nicht möglich ist (*OLG Köln* GmbHR 1995, 301; a.A. *BayObLG* GmbHR 1995, 592: kein Rechtsmittel bei isolierter Kostenentscheidung; vgl. auch *OLG Düsseldorf* GmbHR 2003, 666 und *OLG Stuttgart* GmbHR 2008, 1218), hierzu §§ 81 ff. GNotKG.

31   **d) Anwaltskosten.**   Es handelt sich um eine sonstige Angelegenheit nach § 118 BRAGO; i.d.R. entsteht eine 10/10-Gebühr (*OLG Köln* GmbHR 1995, 301; *OLG Naumburg* NZG 2002, 828).

III. Anmeldung der Entscheidung zum Handelsregister

Die rechtskräftige Entscheidung hat der Geschäftsführer unverzüglich zum HR anzu- **32** melden (§ 99 Abs. 5 S. 3 AktG; allg. M., vgl. *Noack* § 51b Rz. 14; *Scholz/K. Schmidt* § 51b Rz. 27). Die Regelung erscheint überflüssig und wird in der Praxis offenbar auch nicht befolgt (vgl. *Gustavus* GmbHR 1989, 186).

IV. Vollstreckung – Zwangsgeldverfahren

Die Zwangsvollstreckung gegen die Gesellschaft findet nach den Vorschriften der **33** ZPO statt (§ 51b S. 1 i.V.m. § 132 Abs. 4 S. 2 AktG). Das in Haft umgewandelte Zwangsgeld richtet sich hingegen gegen den Geschäftsführer (*München* GmbHR 2008, 209). Materielle Einwendungen sind unzulässig; sie sind im Klageverfahren nach § 767 ZPO geltend zu machen (z.b. der Einwand, dass der Antragsteller nicht mehr Gesellschafter sei, *München* GmbHR 2008, 209). Auf die unvertretbare Handlung findet § 888 ZPO Anwendung (*BayObLGZ* 1974, 487; *BayObLG* GmbHR 1989, 204; *OLG Frankfurt* GmbHR 1991, 577; *BayObLG* GmbHR 1996, 455; vgl. jedoch auch *Gustavus* GmbHR 1989, 186, der auch für die Anwendung des § 883 ZPO eintritt). Die Vollstreckung ist ausgeschlossen bei Unmöglichkeit der Auskunftserteilung (*OLG München* GmbHR 2008, 210). Bei gegen die Gesellschaft gerichteter Vollstreckungstitel kann nach Eröffnung des Insolvenzverfahrens nicht gem. § 727 ZPO gegen den Insolvenzverwalter umgeschrieben werden (*OLG Hamm* GmbHR 2008, 662).

Eine vorläufige Vollstreckbarkeit ist ausgeschlossen (*Lutter/Hommelhoff* § 51b Rz. 9; **34** *Scholz/K. Schmidt* § 51b Rz. 32).

V. Einstweiliger Rechtsschutz

Neben dem Verfahren nach § 51b gibt es keinen (einstweiligen) Rechtsschutz (einst- **35** weilige Verfügung oder Klage). Die Regelung nach dem FamG ist abschließend (*Scholz/K. Schmidt* § 51b Rz. 32; *Altmeppen* § 51b Rz. 6).

§ 52 Aufsichtsrat

(1) ¹Ist nach dem Gesellschaftsvertrag ein Aufsichtsrat zu bestellen, so sind § 90 Abs. 3, 4, 5 Satz 1 und 2, § 95 Satz 1, § 100 Abs. 1 und 2 Nr. 2 und Abs. 5, § 101 Abs. 1 Satz 1, § 103 Abs. 1 Satz 1 und 2, §§ 105, 107 Abs. 3 Satz 2 und 3 und Abs. 4, §§ 110 bis 114, 116 des Aktiengesetzes i.V.m. ²§ 93 Abs. 1 und 2 Satz 1 und 2 des Aktiengesetzes, § 124 Abs. 3 Satz 2, §§ 170, 171, 394 und 395 des Aktiengesetzes entsprechend anzuwenden, soweit nicht im Gesellschaftsvertrag ein anderes bestimmt ist.

(2) ¹Ist nach dem Drittelbeteiligungsgesetz ein Aufsichtsrat zu bestellen, so legt die Gesellschafterversammlung für den Frauenanteil im Aufsichtsrat und unter den Geschäftsführern Zielgrößen fest, es sei denn, sie hat dem Aufsichtsrat diese Aufgabe übertragen. ²Ist nach dem Mitbestimmungsgesetz, dem Montan-Mitbestimmungsgesetz oder dem Mitbestimmungsergänzungsgesetz ein Aufsichtsrat zu bestellen, so legt der Aufsichtsrat für den Frauenanteil im Aufsichtsrat und unter den Geschäftsführern Zielgrößen fest. ³Die Zielgrößen müssen den angestrebten Frauenanteil am jeweiligen Gesamtgremium beschreiben und bei Angaben in Prozent vollen Personenzahlen entsprechen. ⁴Wird für den Aufsichtsrat oder unter den Geschäftsführern die Zielgröße Null festgelegt, so ist dieser Beschluss klar und verständlich zu begründen. ⁵Die

Begründung muss ausführlich die Erwägungen darlegen, die der Entscheidung zugrunde liegen. [6]**Liegt der Frauenanteil bei Festlegung der Zielgrößen unter 30 Prozent, so dürfen die Zielgrößen den jeweils erreichten Anteil nicht mehr unterschreiten.** [7]**Gleichzeitig sind Fristen zur Erreichung der Zielgrößen festzulegen.** [8]**Die Fristen dürfen jeweils nicht länger als fünf Jahre sein.**

(3) [1]Werden die Mitglieder des Aufsichtsrats vor der Eintragung der Gesellschaft in das Handelsregister bestellt, gilt § 37 Abs. 4 Nr. 3 und 3a des Aktiengesetzes entsprechend. [2]Die Geschäftsführer haben bei jeder Änderung in den Personen der Aufsichtsratsmitglieder unverzüglich eine Liste der Mitglieder des Aufsichtsrats, aus welcher Name, Vorname, ausgeübter Beruf und Wohnort der Mitglieder ersichtlich ist, zum Handelsregister einzureichen; das Gericht hat nach § 10 des Handelsgesetzbuchs einen Hinweis darauf bekannt zu machen, dass die Liste zum Handelsregister eingereicht worden ist.

(4) Schadensersatzansprüche gegen die Mitglieder des Aufsichtsrats wegen Verletzung ihrer Obliegenheiten verjähren in fünf Jahren.

Literatur: *Bayer/Hoffmann* Gesetzeswidrige Mitbestimmungslücken bei der GmbH, GmbHR 2015, 909; *Bremer* Auswirkungen des „KonTraG" auf Aufsichtsräte und vergleichbare Gremien in der GmbH, GmbHR 1999, 116; *Böttcher* Unzulässige Besetzung von Aufsichtsräten, NZG 2012, 809; *Dahlbender* Errichtung eines fakultativen Aufsichtsrats, GmbH-StB 2008, 21; *Erker/Freund* Verschwiegenheitspflicht von Aufsichtsratsmitgliedern bei der GmbH, GmbHR 2001, 463; *Fröhlich* Mitbestimmter Aufsichtsrat bei der GmbH, GmbH-StB 2009, 201; *Gaul* Information und Vertraulichkeit des Aufsichtsrats einer GmbH, GmbHR

1986, 296; *Gaul/Otto* Auswirkungen des TransPuG auf das Verhältnis zwischen GmbH-Geschäftsführung und Aufsichtsrat, GmbHR 2003, 6; *Gernoth* Aufsichtsrat und Prüfungsausschuss: Praktische Auswirkungen des Bilanzrechtsmodernisierungsgesetzes auf die Corporate Governance der GmbH, NZG 2010, 292; *Härer* Erscheinungsformen und Kompetenzen des Beirats in der GmbH, 1991; *Höhn* Die gesetzwidrige Teilüberwachung der Geschäftsführung durch den Aufsichtsrat, GmbHR 1995, 861; *Huber* Beirat und Beiratsmitglied – praxisrelevante Aspekte für ihre Tätigkeit, GmbHR 2004, 772; *ders* Der Beirat, Praxisratgeber für Gesellschaften, Beiräte und ihre Berater, 1. Aufl. 2004; *Keiluweit* Unterschiede zwischen obligatorischen und fakultativen Aufsichtsgremien – ein Vergleich zwischen Aktiengesellschaft und GmbH; BB 2011, 1795; *Keßler* Die kommunale GmbH – Gesellschaftsrechtliche Grenzen politischer Instrumentalisierung, GmbHR 2000, 71; *Kiefner/Langen* Massesicherungspflicht und Versagen des Überwachungsorgans – Zum Haftungsgefälle zwischen obligatorischem und fakultativem Aufsichtsrat, NJW 2011, 192; *Knapp* Die Entwicklung des Rechts des Aufsichtsrats – Aktuelle Gesetze und Rechtsprechung für die Praxis, DStR 2010, 56, 2011, 25; *Lange* Der Beirat als Element der Corporate Governance in Familienunternehmen, GmbHR 2006, 897; *Lutter/Krieger* Rechte und Pflichten des Aufsichtsrats, 5. Aufl. 2009; *Meyer* Der praktische Fall: Die zahlenmäßige Aufstockung des Aufsichtsrats einer mitbestimmten GmbH nach dem Mitbestimmungsgesetz 1976, GmbHR 2005, 1349; *Müller-Bonanni* Frauenquoten in Führungspositionen der GmbH, GmbHR 2015, 621; *Müller/Wolff* Freiwilliger Aufsichtsrat nach § 52 GmbHG und andere freiwillige Organe, NZG 2003, 751; *dies.* Verlagerung von Zuständigkeiten auf den Beirat der GmbH, GmbHR 2003, 810; *Noack* Zur Haftung des Aufsichtsrats für Zahlungen in der Insolvenzkrise der Gesellschaft, FS Goette, 2011, S. 345; *Potthoff/Trescher* Das Aufsichtsratsmitglied, 4. Aufl. 2003; *Röder/Arnold* Zielvorgaben zur Förderung des Frauenanteils in Führungspositionen, NZA 2015, 1281; *Rohde* Beratungsverträge zwischen der GmbH und ihrem Aufsichtsratsmitglied, GmbHR 2007, 1128; *Schilling* Die GmbH und der fakultative Aufsichtsrat, BB 1995, 109; *Schwerdtfeger* Gesellschaftsrechtliche Ausgestaltung der Rechte und Pflichten des GmbH-Aufsichtsrats als Grundentscheidung für die strafrechtliche Risikoexposition seiner Mitglieder, NZG 2017, 455; *Simon* Bestellung und Abberufung des Aufsichtsrats in GmbH und GmbH & Co KG, GmbHR 1999, 257; *Streicher* Zustimmungsvorbehalte in der mitbestimmten GmbH, GmbHR 2014, 1188; *Thiessen* Haftung des Aufsichtsrats für Zahlungen nach Insolvenzreife, ZGR 2011, 275; *Thümmel* Möglichkeiten und Grenzen der Kompetenzverlagerung auf Beiräte in der Personengesellschaft und in der GmbH, DB 1995, 2461; *Turner* Der Beirat als fakultatives Organ in sog. Ein-Kammer-System, DB 1996, 1609; *Ullrich* Beratungsverträge mit Aufsichtsratsmitgliedern, GmbHR 2012, 1153; *Wachter* Liste der Aufsichtsratsmitglieder, AG 2016, 776; *Werner* Der fehlerhafte Beiratsbeschluss, GmbHR 2015, 577; *Wessing/Max* Zur Rückfallkompetenz der Gesellschafterversammlung bei Funktionsunfähigkeit des Beirats, FS Werner, S. 975; *Wilhelm* Öffentlichkeit und Haftung bei Aufsichtsräten in einer kommunalen GmbH, DB 2009, 944; *Wohlfarter/Rodewald* Gesellschafterweisungen in der GmbH mit (fakultativem oder obligatorischem) Aufsichtsrat, GmbHR 2013, 689; *Ziemons* Beraterverträge mit Mitgliedern des Aufsichtsrats, GWR 2012, 451.

§ 52 Abs. 2 wurde durch das Gesetz zur Ergänzung und Änderung der Regelungen für **1** die gleichberechtigte Teilhabe von Frauen an Führungspositionen in der Privatwirtschaft und im öffentlichen Dienst geändert und ist zum 12.8.2021 in Kraft getreten (BGBl. I 2021, S. 3311).

Mit diesem Gesetz bezweckt der Gesetzgeber eine Verbesserung der Repräsentanz von Frauen in der deutschen Wirtschaft. Anders als für die AG werden die Gremien der GmbH ohne starre Quoten nur zur Festlegung von Zielgrößen verpflichtet. § 52 wurde in der Folge geändert durch die Aktienrechtsnovelle 2016 vom 22.12.2015 (BGBl. I 2015, S. 2565) und das Abschlussprüfungsreformgesetz v. 10.5.2016 (BGBl. I 2016, S. 1142).

Abs. 1 ist neu gefasst durch das Bilanzrechtsreformgesetz v. 4.12.2004 (BGBl. I 2004, S. 3166); S. 1 wurde geändert, Abs. 2 S. 2 neu gefasst durch das EHUG v. 10.11.2006 (BGBl. I 2006, S. 2553). Änderung aufgrund des Gesetzes zur Angemessenheit der Vorstandsvergütung (VorstAG) v. 31.7.2009 mit Wirkung v. 5.8.2009. Abs. 4 ist seit 1892 im Wortlaut unverändert (vormals Abs. 3).

I. Fakultativer und obligatorischer Aufsichtsrat – Anwendbare Vorschriften beim fakultativen Aufsichtsrat

2   Die Bestimmung regelt die Zulässigkeit der Einrichtung eines Aufsichtsrats. Das GmbHG kennt, anders als das AktG, keinen Pflichtaufsichtsrat. Der Gesellschaftsvertrag kann die Einrichtung vorsehen („Ist nach dem Gesellschaftsvertrag ein Aufsichtsrat zu bestellen …" Abs. 1). In bestimmten Fällen ist ein Aufsichtsrat zu bestellen (Pflichtaufsichtsrat oder obligatorischer Aufsichtsrat, vgl. Rz. 83 f.).

3   Auf den Aufsichtsrat finden die Vorschriften des AktG entspr. Anwendung, soweit der Gesellschaftervertrag nichts anderes bestimmt (Abs. 1). Auf den obligatorischen Aufsichtsrat findet die Bestimmung keine Anwendung; es gelten die jeweiligen gesetzlichen Bestimmungen (Scholz/*Seyfarth* § 52 Rz. 8; vgl. Rz. 83).

4   Der Aufsichtsrat ist ein Gesellschaftsorgan, das zwischen Gesellschafterversammlung und Geschäftsführung steht. Laut *BGH* übernimmt der fakultative Aufsichtsrat „Teilaufgaben der Überwachung der Geschäftsführer" für die Gesellschafterversammlung (*BGH* v. 20.9.2010 – II ZR 78/09 – DOBERLUG = NJW 2011, 221 Rz. 32 des Urteils). Eine wesentliche Stärkung der Rechtstellung des Aufsichtsrats ist durch das KonTraG eingetreten (näher vgl. Rz. 19 des Urteils).

II. Begriffsbestimmung – Satzungsregelung als Grundlage der Bestellung eines Aufsichtsrats

5   Errichtung, Zusammensetzung und Funktion des Aufsichtsrats bestimmen sich grds. aus der Satzung. Die Verweisung auf aktienrechtliche Vorschriften erlangt nur dann Bedeutung, wenn und soweit der Gesellschaftsvertrag keine abw. Regelung enthält (vgl. *Bremer* GmbHR 1999, 116; *Lutter/Hommelhoff* § 52 Rz. 3). Die besonderen Belange der GmbH sind zu berücksichtigen (vgl. *BGH* v. 20.9.2010 – II ZR 78/09, DOBERLUG = NJW 2011, 221 (Rz. 29 ff.)).

6   Das Wesen des Aufsichtsrats als Organ der Gesellschaft besteht in der **Überwachung der Geschäftsführung**: Ist nach der Satzung einem Gremium diese Funktion übertragen, kommt es auf die Bezeichnung nicht an. Als Aufsichtsrat kann dann auch ein Beirat, Gesellschafterausschuss u. Ä. anzusehen sein. Ein „Aufsichtsrat" als Gesellschaftsorgan liegt nicht vor, wenn lediglich auf schuldrechtlicher Basis ein besonderes Gremium geschaffen wird (vgl. Scholz/*Seyfarth* § 52 Rz. 13, 19; *Lutter/Hommelhoff* § 52 Rz. 6, 32), z.B. zur Überwachung von Krediten. Einem solchen Gremium können organschaftliche Befugnisse nicht eingeräumt werden.

7   Der Aufsichtsrat muss eine satzungsmäßige Grundlage haben. Eine Satzungsänderung, die die Bildung vorsieht, bedarf der satzungsändernden Mehrheit (s. hierzu *Lutter/Hommelhoff* § 52 Rz. 10).

III. Anforderungen an die Person des Aufsichtsratsmitglieds

Aufsichtsratsmitglied kann nur eine natürliche Person sein, die voll geschäftsfähig ist **8** (§ 100 Abs. 1 S. 1 AktG). Die Einschränkung für Betreute (§§ 1896 ff. BGB) in § 100 Abs. 1 S. 2 AktG – Betreute die bei Besorgung ihrer Vermögensangelegenheiten ganz oder tlw. einem Einwilligungsvorbehalt nach § 1903 BGB unterliegen – gilt nicht für die GmbH.

Dem Aufsichtsrat können nicht angehören: Geschäftsführer (ausgenommen Gesell- **9** schafter-Geschäftsführer), stellvertretende Geschäftsführer, Prokuristen, Generalbevollmächtigte (§ 105 Abs. 1 AktG) sowie gesetzliche Vertreter von Unternehmen, die von der GmbH abhängig sind (§ 100 Abs. 2 Nr. 2 AktG). Nicht ausgeschlossen sind gesetzliche Vertreter eines herrschenden Unternehmens im Aufsichtsrat der abhängigen GmbH.

IV. Zusammensetzung und Bestellung

Die zahlenmäßige Zusammensetzung unterliegt der Regelung im Gesellschaftsvertrag. **10** Fehlt eine solche Regelung, ist § 95 S 1 AktG – der Aufsichtsrat besteht aus drei Mitgliedern – entspr. anwendbar (vgl. *Lutter/Hommelhoff* § 52 Rz. 11; *Rowedder/Pentz/Koppensteiner* § 52 Rz. 8; *Scholz/Seyfarth* § 52 Rz. 123; *Simon* GmbHR 1999, 267).

Die Bestellung erfolgt durch die Gesellschafterversammlung mit einfacher Mehrheit **11** (§ 47 Abs. 1 i.V.m. § 101 Abs. 1 AktG), soweit die Satzung nicht eine andere Regelung enthält (z.B. Entsendungsrecht bestimmter Gesellschafter, auch für bestimmte Gesellschafterstämme, oder Kooptation, vgl. *Scholz/Seyfarth* § 52 Rz. 133, 134).

Die Bestellung bedarf der Annahme (*Scholz/Seyfarth* § 52 Rz. 132). Eine Verpflichtung **12** zur Annahme besteht grds. nicht, auch nicht für den Gesellschafter. Eine Verpflichtung kann sich jedoch aus einer schuldrechtlichen Verpflichtung oder als Nebenverpflichtung aus der Satzung ergeben. Nur höchst selten wird die gesellschaftsrechtliche Treuepflicht zur Übernahme verpflichten.

Das Amt beginnt mit der Übernahme bzw. mit einem späteren, im Bestellungsbe- **13** schluss genannten oder sich aus der Satzung ergebenden Zeitpunkt (Amtsperiode des Aufsichtsrats).

Soweit die Satzung keine Regelung enthält, ist das Amt des Aufsichtsrats unbefristet **14** (§ 102 AktG ist in § 52 nicht genannt und gilt auch nicht entspr., vgl. *Scholz/Seyfarth* § 52 Rz. 178; *Simon* GmbHR 1999, 259). Eine Wiederwahl ist zulässig.

Ist der Aufsichtsrat nach dem Drittelbeteiligungsgesetz zu bestellen, muss die Gesell- **15** schafterversammlung nach Abs. 2 Zielgrößen für den Frauenanteil im Aufsichtsrat und auf der Geschäftsführerebene selbst festlegen oder diese Aufgabe an den Aufsichtsrat delegieren. Ist der Aufsichtsrat nach dem Mitbestimmungsgesetz vorgesehen, obliegt die Aufgabe unmittelbar dem Aufsichtsrat. Die Festlegung starrer Quoten oder Mindestzielgrößen ist ausdrücklich nicht vorgesehen. Bei der Festlegung der Zielgrößen besteht ein weiter Ermessensspielraum; dabei ist sich an den jeweiligen Unternehmensstrukturen zu orientieren (Begr. RegE, BT-Drucks. 18/3784, 134, 123). Der in 2021 neu eingefügte S. 3 hat klarstellende Wirkung und enthält die Pflicht zur Beschreibung des Frauenanteils im Aufsichtsrat. Wird gem. neu eingefügtem S. 4 die Zielgröße „Null" festgelegt, so ist dieser Beschluss klar und verständlich zu begründen. Durch die Einfügungen von S. 3–5, sieht S. 6 (vormals S. 3) ein Verschlechterungs-verbot vor: Liegt der Frauenanteil bei Festlegung der Zielgrößen unter 30 %, dürfen die Zielgrößen den jeweils erreichten Anteil zukünftig nicht mehr unterschreiten. Mehrjährige Planungen sind möglich; ebenso wie spätere Anpassungen und Aufhe-bungen.

Nach Abs. 2 S. 7 sind gleichzeitig Fristen zur Erreichung der festgelegten Zielgrößen zu bestimmen. Gem. Abs. 1 S. 8 dürfen diese Fristen nicht länger als fünf Jahre sein.

V. Rechte und Pflichten des Aufsichtsrats und seiner Mitglieder

16 **1. Allgemeines.** Die Pflicht des Aufsichtsrats als Organ der Gesellschaft besteht in erster Linie in der **Überwachung der Geschäftsführung** (*BGH* NJW 2011, 221 (Rz. 34). Ohne diese Funktion stellt der Aufsichtsrat kein Organ der Gesellschaft dar. Welche Aufgaben dem Aufsichtsrat im Einzelnen zukommen sollen, ist durch die Satzung zu bestimmen.

17 Der Aufsichtsrat ist am Willensbildungs- und Entscheidungsprozess beteiligt (*Lutter/ Hommelhoff* § 52 Rz. 35), besitzt aber grds. keine Vertretungsbefugnis. Es ist ihm ver-wehrt, nach außen für die Gesellschaft aufzutreten, rechtsgeschäftlich tätig zu werden oder Erklärungen (z.B. Presseerklärungen zur Geschäftspolitik) abzugeben oder Informationen (z.B. von Banken) anzufordern (*Lutter/Hommelhoff* § 52 Rz. 39). Ver-stöße hiergegen können zur Abberufung von Aufsichtsratsmitgliedern führen (*Lutter/ Hommelhoff* § 52 Rz. 39).

18 Die Regelung der Organisation des Aufsichtsrats ist Sache der Satzung. Im Rahmen der Satzung kann sich der Aufsichtsrat eine Geschäftsordnung geben, soweit die Gesellschafterversammlung nicht bereits eine solche erlassen hat (*Scholz/Seyfarth* § 52 Rz. 48). Soweit weder eine Satzungsregelung noch eine Geschäftsordnung besteht, sind die §§ 107–109 AktG i.d.R. entspr. anwendbar (*Lutter/Hommelhoff* § 52 Rz. 6 ff.; *Scholz/Seyfarth* § 52 Rz. 5).

19 Aufsichtsratsmitglieder haben ohne Einschränkung die Interessen der Gesellschaft zu wahren (*Noack* § 52 Rz. 64). Sie sind zur Verschwiegenheit verpflichtet über „vertrau-liche Angaben und Geheimnisse der Gesellschaft, namentlich über Betriebs- oder Geschäftsgeheimnisse" (§ 89 Abs. 1 S. 2 AktG; vgl. *Gaul* GmbHR 1986, 297; zu weitge-hend wohl *Noack* § 52 Rz. 64). Die Geheimhaltungspflicht besteht nicht gegenüber Gesellschaftern und Geschäftsführern, da diese selbst der gleichen Pflicht unterliegen (vgl. *Lutter/Hommelhoff* § 52 Rz. 86; *Hachenburg/Raiser* § 52 Rz. 140; z.T. abw. *Noack* § 52 Rz. 64). Im Übrigen bleibt es den Gesellschaftern unbenommen, in der Satzung den Umfang der Verschwiegenheitspflicht zu regeln (*Noack* § 52 Rz. 64).

20 Der Aufsichtsrat kann seinen Pflichten, insb. der Überwachungspflicht, nur nachkom-men, wenn er ausreichend über die Verhältnisse der Gesellschaft informiert ist. Er kann deshalb von den Geschäftsführern jederzeit einen Bericht über die Angelegen-heiten verlangen (vgl. § 93 Abs. 3 AktG). Eine weitergehende Berichtspflicht nach § 90 Abs. 1 und 2 AktG ist in § 52 nicht vorgesehen (vgl. *Noack* § 52 Rz. 121; *Scholz/Sey-farth* § 52 Rz. 67). Der Aufsichtsrat kann selbst Einsicht in Unterlagen der Gesellschaft nehmen (§ 111 Abs. 3 AktG i.V.m. § 52 Abs. 1; *Scholz/Seyfarth* § 52 Rz. 68). Auch das einzelne Aufsichtsratsmitglied kann Informationen an den Aufsichtsrat verlangen (§ 90 Abs. 3 AktG i.V.m. § 52). Die Art der Information (schriftlich oder nur mündlich) hängt von den Umständen ab. Die Satzung kann Regelungen über den Umfang der Informationspflicht enthalten, auch vom Gesetz abw.

Auf Grund des Gesetzes zur Kontrolle und Transparenz im Unternehmensbereich – **21** KonTraG (in Kraft seit 1.5.1998) haben sich verschiedene Änderungen des AktG ergeben, die auf Grund der Verweisung in § 52 auch für die GmbH von Bedeutung sind (vgl. *Claussen* DB 1998, 181 ff.).

1. Erteilung des Prüfungsauftrags (§ 111 Abs. 2 AktG): Durch die Erteilung des Prüfungsauftrags für den Jahres- und Konzernabschluss (§ 290 HGB) soll die Hilfsfunktion des Prüfers hinsichtlich der Kontrolltätigkeit des Aufsichtsrats sowie die Unabhängigkeit des Prüfers von der Geschäftsführung unterstrichen werden. Der Aufsichtsrat hat damit die Möglichkeit, eigene Prüfungspunkte festzulegen und das Honorar zu vereinbaren (vgl. *Bremer* GmbHR 1999, 116).
2. Aushändigung des Jahresabschlusses, des Lageberichts und des Prüfungsberichts: Sie sind jedem Mitglied des Aufsichtsrats auszuhändigen (§ 170 Abs. 3 AktG).
3. Prüfung von Konzernabschlüssen: Der Aufsichtsrat eines Mutterunternehmens i.S.d. § 290 HGB muss den Konzernabschluss prüfen; eine anschließende Feststellung des Konzernabschlusses ist nicht vorgesehen.
4. Teilnahme der Prüfer an Bilanzsitzungen des Aufsichtsrats: § 171 Abs. 1 S. 2 AktG i.V.m. § 52 GmbHR sieht vor, dass der Abschlussprüfer an der entspr. Bilanzsitzung des Aufsichtsrats teilnimmt und dabei über die wesentlichen Ergebnisse seiner Prüfung berichtet. Der Aufsichtsrat kann auf die Teilnahme verzichten (wegen evtl. Folgen vgl. *Bremer* GmbHR 1999, 117).

Ein Recht zur Teilnahme an der Gesellschafterversammlung haben Aufsichtsratsmit- **22** glieder nicht; § 118 Abs. 2 AktG, der eine abw. Regelung enthält, ist in § 52 Abs. 1 nicht genannt (vgl. *Noack* § 52 Rz. 125, str.). Über Beschlüsse der Gesellschafterversammlung ist der Aufsichtsrat zu informieren, soweit seine Zuständigkeit tangiert wird (vgl. *Noack* § 52 Rz. 125).

2. Anspruch auf Vergütung. Ein Anspruch auf Vergütung besteht nur dann, wenn dies **23** in der Satzung allg. oder durch besonderen Beschluss der Gesellschafterversammlung festgelegt ist (§ 113 AktG; vgl. *Noack* § 52 Rz. 60; *Gehrlein/Born/Simon* § 52 Rz. 37, 39). § 612 Abs. 1 BGB – stillschweigende Vereinbarung, wenn die Dienstleistung den Umständen nach nur gegen Vergütung zu erwarten ist – findet keine Anwendung (*Noack* § 52 Rz. 60; a.A. Rowedder/Pentz/*Koppensteiner* § 52 Rz. 15; Hachenburg/*Raiser* § 52 Rz. 122). Die Vergütung kann für die einzelnen Mitglieder unterschiedlich hoch sein, darf jedoch keine Diskriminierung enthalten (z.B. zulässig höhere Vergütung für den Vorsitzenden, jedoch keine Unterschiede von Anteilsinhabern und Arbeitnehmervertretern, vgl. *OLG Celle* GmbHR 1998, 288).

Ein Anspruch auf Ersatz von Aufwendungen (z.B. Reisekosten) besteht auch ohne **24** ausdrückliche Vereinbarung; er ergibt sich i.d.R. aus §§ 670, 675 BGB (vgl. *Noack* § 52 Rz. 61). Die Mitglieder des Aufsichtsrats stehen nicht in einem Dienstverhältnis zur Gesellschaft.

Zur Gewährung von Darlehen an Aufsichtsratsmitglieder vgl. § 43a Rz. 3.

3. Beraterverträge einzelner Aufsichtsratsmitglieder. Sonderverträge mit Aufsichts- **25** ratsmitgliedern (bspw. Beraterverträge) sind nur in den Grenzen der §§ 113, 114 AktG zulässig (vgl. *BGHZ* 114, 127). Die Verpflichtung zu einer Tätigkeit im Rahmen eines

Dienstvertrags, durch den ein Arbeitsvertrag nicht begründet wird – Arbeitsverträge mit der Gesellschaft sind nicht betroffen, vgl. *Noack* § 52 Rz. 60 –, oder durch einen Werkvertrag gegenüber der Gesellschaft zu einer Tätigkeit höherer Art, bedarf der Zustimmung des Aufsichtsrats (§ 114 Abs. 1 AktG). Die Satzung kann die Anwendung des § 114 AktG ausschließen (*Noack* § 52 Rz. 62). Ein Beratervertrag ist nichtig, wenn sich der Gegenstand der Beratung aus diesem mit der Beratung deckt, die der Berater aus seiner Stellung als Aufsichtsrat ohnehin schuldet (vgl. *Gehrlein/Born/Simon* § 52 Rz. 39; Scholz/*Seyfarth* § 52 Rz. 266; vgl. *BGHZ* 114, 127). Im Einzelnen vgl. Rz. 85 ff.

VI. Aufgaben und Zuständigkeit des Aufsichtsrats

26 Die Aufgabe, die die Funktion als Aufsichtsrat bestimmt, ist die Überwachung der Geschäftsführung durch die Geschäftsführer (nicht der Gesellschafterversammlung oder eines anderen Organs, soweit diese Geschäftsführungsentscheidungen treffen, vgl. *BGH* NJW 2011, 221 (Rz. 34)). Ohne die Zuständigkeit zur Kontrolle der Geschäftsführung stellt der Aufsichtsrat kein Organ der Gesellschaft dar (vgl. § 111 Abs. 1 AktG; vgl. *Noack* § 52 Rz. 100).

27 Oberstes Gebot der Überwachung ist die Sicherung der Existenz der Gesellschaft als Wirtschaftsunternehmen. Das verlangt die Überwachung aller Maßnahmen, die diesem Ziel dienen. Der zu überwachende Tätigkeitsbereich der Geschäftsführer ist entspr. weit zu fassen, jedoch sollte der Grundsatz minima ne curat praetor beachtet werden. Die Überwachung erstreckt sich auf das ordnungsgemäße Wirtschaften ebenso wie auf die Einhaltung rechtlicher Vorschriften sowie Beachtung (betriebs-)wirtschaftlicher Grundsätze der Organisation und Planung der Betriebsabläufe. Das ist nur möglich bei Bestehen interner Kontrollmechanismen (z.B. Rechnungswesen, Kostenkontrolle). Entscheidend sind die Umstände des Einzelfalls, zu denen auch soziale Verpflichtungen gehören (insgesamt hierzu *Gehrlein/Born/Simon* § 52 Rz. 41 ff. m.w.N.).

Die Überwachung erstreckt sich auf die Beziehungen zu verbundenen Unternehmen (vgl. § 90 Abs. 3 S. 1 AktG).

28 Die Überwachung lässt sich nur sehr unvollkommen verwirklichen, wenn sie sich auf die Vergangenheit beschränkt. Damit ist das umstr. Problem angesprochen, inwieweit der Aufsichtsrat auch in die Zukunft hinein Einfluss nehmen kann. Grds. wird man die Mitwirkung des Aufsichtsrats auch an erst zu treffenden Entscheidungen bejahen müssen (vgl. *BGHZ* 114, 129; Rowedder/Pentz/*Koppensteiner* § 52 Rz. 11; *Noack* § 52 Rz. 101). Eine Regelung in der Satzung erscheint sinnvoll (vgl. § 111 Abs. 4 AktG analog). Ob daraus eine **Verpflichtung zur Beratung** wird, erscheint fraglich (im Einzelnen vgl. *Höhn* GmbHR 1993, 777).

29 Neben der Überwachung der Geschäftsführung ist die **Prüfung des Jahresabschlusses** einschließlich Anh. und Lagebericht und Vorschlag für die Verwendung des Bilanzgewinns die wichtigste Aufgabe (vgl. §§ 170, 171 i.V.m. § 52 Abs. 1), wobei allerdings zu beachten ist, dass diese – wie der Aufsichtsrat selbst – der Disposition der Gesellschafter unterliegt, also abbedungen werden kann (*Lutter/Hommelhoff* § 52 Rz. 15; Rowedder/Pentz/*Koppensteiner* § 52 Rz. 11).

30 Die **Feststellung des Jahresabschlusses** ist in Abs. 1 nicht als Aufgabe des Aufsichtsrats ausgewiesen (die Bestimmung verweist nicht auf § 172 AktG). Sie kann selbstverständlich durch die Satzung dem Aufsichtsrat übertragen werden (*Noack* § 52 Rz. 112).

Gegenüber Geschäftsführern (auch früheren, vgl. *OLG München* NZG 2003, 635; **31** *BGH* GmbHR 2004, 260) wird die Gesellschaft gerichtlich und außergerichtlich durch den Aufsichtsrat vertreten (§ 52 i.V.m. § 112 AktG), soweit die Satzung nicht eine abw. Regelung getroffen hat (*BGH* GmbHR 1990, 298). Vertretung durch den Aufsichtsrat bedeutet Aufsichtsrat in seiner Gesamtheit (nur dieser ist Vertretungsorgan), nicht einzelne Mitglieder, auch nicht der Vorsitzende (Scholz/*Seyfarth* § 52 Rz. 225). Der Aufsichtsrat kann aber seinerseits den Vorsitzenden oder ein einzelnes Mitglied mit der Vertretung beauftragen. Die Vertretung durch eine nicht zuständige Person (z.b. Geschäftsführer) kann der Aufsichtsrat genehmigen, bzw. in den Prozess eintreten (*OLG München* NZG 2003, 635). Der Mangel der Vertretung ist vom Gericht von Amts wegen zu beachten (*BGH* GmbHR 1990, 298).

Erklärungen, die gegenüber dem Aufsichtsrat abzugeben sind, werden wirksam, wenn **32** sie dem Vorsitzenden zugehen (Scholz/*Seyfarth* § 52 Rz. 225; *Hachenburg/Raiser* § 52 Rz. 106). Die GmbH wird für den Fall, dass sie keinen Geschäftsführer hat (Führungslosigkeit, § 35 Abs. 2 S. 4 Hs. 2 vgl. § 35 Rz. 62), nicht durch den Aufsichtsrat vertreten, wenn der Gesellschaft gegenüber Willenserklärungen abgegeben oder Schriftstücke zugestellt werden. Der in diesem Sinne lautende Gesetzesentwurf des MoMiG ist nicht Gesetz geworden.

VII. Einberufung und Beschlussfassung

Soweit die Satzung oder die Geschäftsordnung keine Regelung enthält, ist der Auf- **33** sichtsrat i.d.R. viermal im Kalenderjahr einzuberufen (§ 110 Abs. 3 AktG). Der Vorsitzende – soweit ein solcher vorhanden ist; der Aufsichtsrat muss nicht notwendigerweise einen Vorsitzenden haben – muss den Aufsichtsrat berufen, wenn die Lage der Gesellschaft es erfordert oder wenn ein Aufsichtsratsmitglied oder die Geschäftsführer dies verlangen (§ 110 Abs. 1 AktG; *Noack* § 52 Rz. 86).

Die Einberufung erfolgt durch den Vorsitzenden, soweit ein solcher bestellt ist. Die **34** Satzung kann im Übrigen die Modalitäten der Einberufung regeln. Die Ladung ist nicht formbedürftig; die Satzung kann bestimmte Erfordernisse vorschreiben. Die Einberufung muss jedenfalls enthalten: die Sitzungstermine, die Tagesordnung und die Übersendung der notwendigen Unterlagen zur Vorbereitung der Sitzung. Zwischen Einladung und Sitzung muss eine angemessene Frist liegen.

Bei ordnungsgemäßer Einladung ist der Aufsichtsrat stets ohne Rücksicht auf die **35** Zahl der **erschienenen Mitglieder beschlussfähig**; § 108 Abs. 2 AktG ist nicht anwendbar (*Noack* § 52 Rz. 86).

Zu den Beratungen einzelner Tagesordnungspunkte können **Sachverständige und** **36** **Auskunftspersonen** zugezogen werden (§ 109 Abs. 1 S. 2 AktG); dem einzelnen Aufsichtsratsmitglied steht ein solches Recht nicht zu. Eine Verletzung des § 109 AktG führt jedoch nicht zur Nichtigkeit des Beschlusses (*BGHZ* 47, 346).

Seine Entscheidung fällt der Aufsichtsrat mit einfacher Mehrheit durch Beschluss **37** (§ 108 Abs. 1 AktG; *Gehrlein/Born/Simon* § 52 Rz. 55). Bei Stimmengleichheit kann dem Vorsitzenden das Recht zum Stichentscheid durch die Satzung eingeräumt werden. Eine vom Sitzungsleiter – der auch erst in der Versammlung gewählt werden kann – getroffene Beschlussfeststellung – sie ist für die Entscheidung nicht erforderlich, aber aus vielerlei Gründen zweckmäßig – ist nicht verbindlich und kann durch

Feststellungsklage angefochten werden (*BGH* NJW 1997, 1926 ff.; *Gehrlein/Born/ Simon* § 52 Rz. 56; *Noack* § 52 Rz. 90). Vgl. auch § 47 Rz. 62.

38 Aufsichtsratsmitglieder sind grds. stimmberechtigt, aber vom **Stimmrecht** ausgeschlossen in den Fällen des anwendbaren § 34 BGB, § 47 Abs. 4 analog (*Gehrlein/Born/ Simon* § 52 Rz. 55; *Noack* § 52 Rz. 89).

39 Geschäftsführer haben kein Teilnahmerecht, sind aber auf Anforderung hin hierzu verpflichtet (*Noack* § 52 Rz. 87).

VIII. Beschlussmängel – Anfechtung und Nichtigkeit von Aufsichtsratsbeschlüssen

40 Ein Aufsichtsratsbeschluss ist fehlerhaft, wenn er durch ein mit Mängeln behaftetes Beschlussverfahren zustande gekommen ist oder seinem Inhalt nach gegen gesetzliche Vorschriften oder die Satzung verstößt (vgl. *Scholz/Seyfarth* § 52 Rz. 310). Als **Ermessensentscheidung** unterliegen Beschlüsse nur einer eingeschränkten richterlichen (Inhalts-)Kontrolle. Eine Reduktion des Ermessens auf Null kann nur in Ausnahmefällen angenommen werden (*OLG Düsseldorf* GmbHR 1995, 662: zur Frage, ob ein Schadensersatzanspruch gegen einen Geschäftsführer erhoben werden soll. Es sind auch Gründe zu prüfen, die im Interesse der Gesellschaft gegen eine Klageerhebung sprechen).

41 Verstöße gegen Gesetz oder Satzung dem Inhalt nach haben **Nichtigkeit des Beschlusses** zur Folge, wenn die verletzte Vorschrift zwingend ist, also im öffentlichen Interesse besteht (*Scholz/Seyfarth* § 52 Rz. 310; *Gehrlein/Born/Simon* § 52 Rz. 56; *BGH* DB 1993, 1609; WM 1994, 22, z.B. wenn der Aufsichtsrat einen Geschäftsführer bestellt, dem die persönliche Eignung hierzu fehlt oder wenn ein nichtiger Jahresabschluss festgestellt wird, vgl. *BGH* WM 1994, 22).

42 Wesentliche Verfahrensverstöße führen grds. zur Nichtigkeit (vgl. *BGH* WM 1994, 22). Die Verletzung bloßer Ordnungsvorschriften begründet hingegen keine Nichtigkeit, sondern lediglich die **Anfechtbarkeit**. Wird der Verstoß nicht unverzüglich gerügt, ist das Anfechtungsrecht verwirkt (*Scholz/Seyfarth* § 52 Rz. 311; *Noack* § 52 Rz. 56). In Einzelheiten, insb. die Abgrenzung von Anfechtbarkeit zur Nichtigkeit, ist vieles umstr. (vgl. hierzu *Noack* § 52 Rz. 91 ff.).

43 Die Nichtigkeit eines Beschlusses ist durch **Feststellungsklage** geltend zu machen; eine Anfechtungsklage ist nicht zulässig (*Gehrlein/Born/Simon* § 52 Rz. 56; *Scholz/Seyfarth* § 52 Rz. 311a; *Noack* § 52 Rz. 91 ff.).

44 Die **Klage** ist **gegen die Gesellschaft** zu richten, nicht gegen den Aufsichtsrat oder die übrigen Aufsichtsratsmitglieder (*BGHZ* 122, 344; *BGHZ* 83, 144 ff.; *OLG Schleswig* NZG 2003, 822; *Scholz/Seyfarth* § 52 Rz. 311b; *Gehrlein/Born/Simon* § 52 Rz. 56).

45 Die Gesellschaft wird durch die Geschäftsführer vertreten (*BGHZ* 64, 325 für die AG; str. a.A. *Stodolkowitz* ZHR 1990, 17: durch die übrigen Aufsichtsratsmitglieder).

46 Die Feststellung der Nichtigkeit kann jedes Aufsichtsratsmitglied (vgl. *BGHZ* 122, 342; *OLG Düsseldorf* GmbHR 1995, 662), jeder Geschäftsführer und jeder Gesellschafter gerichtlich verfolgen (*Scholz/Seyfarth* § 52 Rz. 311a). Voraussetzung ist das Vorhandensein eines besonderen **Feststellungsinteresses** (Rechtsschutzbedürfnisses; vgl. *Noack* § 52 Rz. 93). Außenstehenden Dritten wird i.d.R. das Rechtsschutzbedürfnis fehlen (vgl. *Scholz/Seyfarth* § 52 Rz. 311a; *Noack* § 52 Rz. 96: tendenziell für Einschränkung der Geltendmachung).

IX. Beendigung des Aufsichtsratsmandats – Abberufung

Für die Abberufung sind im Zweifel die gleichen Zuständigkeiten gegeben wie zur **47** Bestellung. Die Abberufung ist jederzeit möglich (§ 103 Abs. 1 S. 1 AktG; vgl. auch *Gehrlein/Born/Simon* § 52 Rz. 33 m.w.N.); ein wichtiger Grund ist hierfür nicht erforderlich. Die Abberufung erfordert eine 3/4-Mehrheit, auch bei Vorliegen eines wichtigen Grundes (§ 103 Abs. 1 S. 2 AktG; vgl. *Noack* § 47 Rz. 33, str.). Die Satzung kann die Abberufung erleichtern oder erschweren (*Noack* § 52 Rz. 47). Der abzuberufende Aufsichtsrat kann als Gesellschafter bei der Abberufung mitwirken, ausgenommen bei Abberufung aus wichtigem Grund (*Noack* § 52 Rz. 47).

Entsandte Mitglieder können durch den Entsendungsberechtigten jederzeit abberufen **48** werden (§ 103 Abs. 2 AktG analog; einschränkend *Simon* GmbHR 1999, 263). Bei Vorliegen eines wichtigen Grundes ist Entsendungsberechtigter zur Abberufung verpflichtet (*Noack* § 52 Rz. 47; vgl. auch *Scholz/Seyfarth* § 52 Rz. 200 und *Hachenburg/ Raiser*, wonach Gesellschafterversammlung mit 3/4 Mehrheit zur Abberufung berechtigt sein soll; zweifelhaft).

Eine Abberufung durch das Gericht, wie in § 103 Abs. 3 AktG für die AG vorgesehen, **49** ist für die GmbH nicht möglich; § 52 Abs. 1 verweist nicht auf diese Bestimmung (vgl. *Noack* § 52 Rz. 47).

Der Aufsichtsrat kann sein Mandat jederzeit **niederlegen** (*Gehrlein/Born/Simon* § 52 **50** Rz. 35). Man wird den Aufsichtsrat nicht schlechter stellen können als den Geschäftsführer (vgl. *BGH* GmbHR 1993, 216). Die Satzung kann die Amtsniederlegung auf bestimmte (wichtige) Gründe beschränken.

Die Amtsniederlegung ist eine empfangsbedürftige Willenserklärung. Der Empfänger **51** ist umstr. (vgl. *Scholz/Seyfarth* § 52 Rz. 210: Geschäftsführer oder auch Vorsitzende des Aufsichtsrats). Eine besondere Form ist nicht vorgeschrieben; mündliche Erklärung genügt deshalb (vgl. *BGH* GmbHR 1993, 216 zur Amtsniederlegung des Geschäftsführers). Eine Amtsniederlegung zur Unzeit hat keine Auswirkungen auf die Wirksamkeit der Amtsniederlegung *Gehrlein/Born/Simon* § 52 Rz. 35 m.w.N.). Unter Umständen kommen gegen das Aufsichtsratsmitglied Schadensersatzansprüche in Betracht.

Das Aufsichtsratsmandat endet ferner bei Verlust der persönlichen Voraussetzungen **52** des Amtsträgers (vgl. Rz. 8 f.), Beseitigung des Aufsichtsrats durch Satzungsänderung sowie in bestimmten Fällen nach dem UmwG (z.B. § 203 S. 2 UmwG). Das Aufsichtsmitglied ist zur Rückgabe überlassener Gesellschaftsunterlagen verpflichtet (*BGH* GmbHR 2008, 1214).

Kein Beendigungsgrund ist der Beginn der Liquidation der Gesellschaft oder die **53** Eröffnung des Insolvenzverfahrens (vgl. *Noack* § 52 Rz. 58).

X. Schadensersatzpflicht der Aufsichtsratsmitglieder

Die Mitglieder des Aufsichtsrats haben bei Ausübung ihres Amtes die Sorgfalt zu **54** beachten, die für einen **ordentlichen und gewissenhaften Geschäftsführer** bzw. Überwacher gilt (§§ 93, 116 AktG i.V.m. § 52 Abs. 1). Verletzen sie diese, sind sie zum Ersatz des Schadens verpflichtet (vgl. *BGH* 2007, 186). Ist ein Verschulden streitig, trifft die Beweislast den Aufsichtsrat (§ 93 Abs. 2 S. 2 AktG). Die Haftung tritt grds.

bei Vorsatz und Fahrlässigkeit ein; die Satzung kann einen minderen Haftungsmaßstab (z.B. Haftung nur bei Vorsatz und grober Fahrlässigkeit) festlegen, (vgl. *Gehrlein/Born/Simon* § 52 Rz. 42, 43; *Noack* § 52 Rz. 70).

55 Im Gegensatz zum obligatorischen Aufsichtsrat ist der fakultative Aufsichtsrat nicht im Interesse der Allgemeinheit in die Pflicht genommen und hat keine über die ihm von der Gesellschafterversammlung übertragenen Aufgaben hinausgehenden öffentlichen Belange zu wahren. Daher haftet er lt. BGH nur für solche Schäden, die bei der Gesellschaft und nicht bei gesellschaftsfremden Dritten entstanden sind (*BGH* v. 20.9.2010, NJW 2011, 221 (Rz. 32)).

56 Ein Aufsichtsrat wird nicht dadurch entlastet, dass er gegen den Beschluss gestimmt hat oder sich der Stimme enthält. Er ist vielmehr verpflichtet, gegen die fehlerhafte Mehrheitsentscheidung vorzugehen (*Scholz/Seyfarth* § 52 Rz. 332). Die Mitglieder des (fakultativen) Aufsichtsrats haften bei zustimmungspflichtigen Rechtsgeschäften der Geschäftsführung, wenn sie die Genehmigung erteilen, ohne sich vorher über die Risiken zu informieren (*BGH* GmbHR 2007, 308 mit Anm. *Huber*).

57 Ein **Gesellschafterbeschluss entlastet** im Allgemeinen den Aufsichtsrat im gleichen Umfang wie Geschäftsführer (vgl. § 46 Rz. 61 ff.; vgl. *Gehrlein/Born/Simon* § 52 Rz. 46). Das gilt jedoch nur dann, wenn die Gesellschafter ausreichend und zutr. informiert waren (vgl. *BGHZ* 69, 207).

58 Der Schadensersatzanspruch richtet sich gegen das einzelne Aufsichtsratsmitglied persönlich, nicht gegen den Entsender (*Hachenburg/Raiser* § 52 Rz. 145). Ist das Aufsichtsratsmitglied Organ einer juristischen Person, kommt deren Haftung nach § 31 BGB in Betracht (*Noack* § 52 Rz. 76).

59 Der Anspruch steht der Gesellschaft zu; nur in besonderen Ausnahmefällen ist auch der einzelne Gesellschafter anspruchsberechtigt (*Lutter/Hommelhoff* § 52 Rz. 32).

60 Die Gesellschaft kann auf den Anspruch verzichten. § 93 Abs. 4 S. 3 AktG, der einen **Haftungsverzicht** ausschließt, ist in Abs. 1 nicht genannt (*Noack* § 52 Rz. 74). Erforderlich ist ein Beschluss der Gesellschafterversammlung.

61 Der Anspruch verjährt in fünf Jahren (Abs. 4). Die Frist ist zwingend (*BGH* NJW 1975, 1318; jedoch str. – das Schrifttum hält weitgehend eine Verkürzung durch die Satzung für möglich, vgl. *Scholz/Seyfarth* § 52 Rz. 362a; *Lutter/Hommelhoff* § 52 Rz. 35; *Rowedder/Pentz/Koppensteiner* § 52 Rz. 17; *Noack* § 52 Rz. 78; *Altmeppen* § 52 Rz. 30; *Gehrlein/Born/Simon* § 52 Rz. 45). Verlängerung der Verjährung ist ausgeschlossen; *Noack* § 52 Rz. 75; *Hachenburg/Raiser* § 52 Rz. 147).

62 Die **Entlastung des Aufsichtsrats** hat im Gesetz keine Regelung gefunden: Allg. wird seinen Mitgliedern ein solcher Anspruch in angemessenen Zeitabständen nach Rechnungslegung und Rechenschaftsbericht zugestanden (vgl. *Gehrlein/Born/Simon* § 52 Rz. 46; *Noack* § 52 Rz. 79; *Lutter/Hommelhoff* § 52 Rz. 36). Zuständig für die Entlastung ist die Gesellschafterversammlung; die für die Geschäftsführer geltenden Grundsätze (vgl. § 46 Rz. 99) finden Anwendung. Die Entlastung hat die gleiche Wirkung wie bei den Geschäftsführern, also Verzicht auf Ersatzansprüche (vgl. *Noack* § 52 Rz. 79). Die Verzichtswirkung tritt jedoch nur ein, wenn die Gesellschafter über die Maßnahmen zutr. unterrichtet waren (*Scholz/Seyfarth* § 52 Rz. 361).

XI. Veröffentlichung der Bestellung bzw. des Wechsels von Aufsichtsratsmitgliedern

Bei Bestellung von Aufsichtsratsmitgliedern vor Eintragung der Gesellschaft ist bei **63** der Anmeldung der Gesellschaft die Urkunde über die Bestellung (§ 37 Abs. 4 Nr. 3 AktG) zum HR einzureichen. In die Bekanntmachung der Eintragung sind Name, Beruf und Wohnung der Mitglieder des Aufsichtsrats aufzunehmen (Abs. 2 S. 1). Bei späterer Bestellung sowie bei Wechsel der Aufsichtsratsmitglieder haben die Geschäftsführer nach Abs. 2 S. 2 zu verfahren. Auch die Abschaffung des Aufsichtsrats ist anmeldepflichtig (*Gehrlein/Born/Simon* § 52 Rz. 67; *Noack* § 52 Rz. 126 ff.). Eine Eintragung erfolgt nicht. Eine Beglaubigung der Liste der Aufsichtsratsmitglieder ist nicht erforderlich (§ 12 Abs. 1 HGB).

XII. Beirat

1. Zulässigkeit der Schaffung von Beiräten – Rechtsnatur. Die Bildung von Beiräten – **64** auch als Verwaltungsrat, Gesellschafterausschuss, Familienrat, Delegiertenversammlung, Schiedsausschuss u. Ä. bezeichnet. Die Einengung auf Beirat bzw. Gesellschafterausschuss auf Grund bestimmter Funktionen, vgl. *Noack* § 45 Rz. 13, hat sich nicht durchgesetzt und ist auf Grund der Vielfältigkeit von Gestaltungsmöglichkeiten auch wenig hilfreich – ist eine nicht seltene Erscheinung bei der GmbH. Gegen die Einrichtung auf Grund der Satzungsautonomie (vgl. *Noack* § 45 Rz. 17; *Lutter/Hommelhoff* § 52 Rz. 115 ff.; nur vereinzelt in Frage gestellt) keine rechtlichen Bedenken (vgl. *OLG Köln* GmbHR 1991, 157; *Scholz/K. Schmidt/Bochmann* § 45 Rz. 13). Die Satzungsautonomie beinhaltet aber auch, dass die Gesellschafterversammlung jederzeit (durch Satzungsänderung) einen bestehenden Beirat wieder abschaffen kann (*Noack* § 45 Rz. 17).

Dem Beirat kann eine Vielzahl von Aufgaben zugeteilt werden (z. B. Repräsentation **65** von Gesellschafterstämmen, Vertretung der Gesellschaft bei Rechtsgeschäften mit den Geschäftsführern einschließlich der Bestellung und Abberufung, schiedsrichterliche Funktionen bei Streitigkeiten der Gesellschafter untereinander oder von Gesellschaftern mit der Gesellschaft – s. hierzu *Gehrlein/Born/Simon* § 52 Rz. 148). Zu den Beiratstypen vgl. *Sigle* NZG 1998, 619.

Seiner **Rechtsnatur** nach kann der Beirat Organ der Gesellschaft sein (*Gehrlein/Born/* **66** *Simon* § 52 Rz. 149), wenn ihm entspr. Aufgaben der Gesellschafterversammlung bzw. der Geschäftsführung übertragen worden sind (z. B. Bestellung von Geschäftsführern). Übt er überwiegend die Überwachung der Geschäftsführung aus, handelt es sich inhaltlich um einen Aufsichtsrat (vgl. *Scholz/K. Schmidt/Bochmann* § 45 Rz. 13). Er kann aber auch ohne organschaftliche Funktion sein (z. B. bei nur beratenden Aufgaben). Entscheidend ist die Regelung in der Satzung (*Gehrlein/Born/Simon* § 52 Rz. 149).

Der Beirat kann Gesamtorgan, aber auch nur Interessenvertreter einer bestimmten **67** Gesellschaftergruppe – Familienstamm – sein (vgl. *BGH* NJW 1985, 1990).

2. Satzungsmäßige Grundlage des Beirats. Der Beirat mit organschaftlichen Aufga- **68** ben bedarf einer Satzungsgrundlage, in der die organschaftlichen Aufgaben festgelegt sind (*Altmeppen* § 52 Rz. 39). Die Ermächtigung zur Einrichtung eines Beirats genügt nicht. Die weitere Regelung der Aufgabenzuteilung durch eine Geschäftsordnung der Gesellschafterversammlung (mit einfacher Mehrheit) oder gar durch den Beirat selbst (vgl. auch *Hachenburg/Raiser* § 52 Rz. 320) würde die Wahrnehmung satzungsmäßiger

Aufgaben der Zuständigkeit der Gesellschafterversammlung entziehen und ist daher nicht zulässig. Die Geschäftsordnung, die sich der Beirat selbst geben kann, muss sich auf das von ihm einzuhaltende Verfahren beschränken.

69 Ein Beirat ohne satzungsmäßige Grundlage ist kein Organ der Gesellschaft (vgl. *Hachenburg/Raiser* § 52 Rz. 307; *Noack* § 45 Rz. 17). Seine Stellung zur Gesellschaft ist rein schuldrechtlicher Natur (*Altmeppen* § 52 Rz. 50; *Gehrlein/Born/Simon* § 52 Rz. 149); Organaufgaben können nicht übertragen werden.

70 **3. Zuständigkeit des Beirats.** Dem Beirat können auf Grund der Satzungsautonomie weitgehend Aufgaben der Geschäftsführung bzw. der Gesellschafterversammlung zugewiesen werden; ausgenommen sind Aufgaben, die einem Organ zwingend zugewiesen sind (*Altmeppen* § 52 Rz. 54). Übertragen werden können nicht (1) **auf Seiten der Geschäftsführung**: die organschaftliche Vertretung der GmbH, die Pflicht zur Buchführung und zur Aufstellung des Jahresabschlusses, Anmeldepflichten gegenüber dem HR, Maßnahmen zur Erhaltung des Stammkapitals (§§ 30, 31; vgl. *Gehrlein/Born/Simon* § 52 Rz. 152 m.w.N). Darüber hinaus muss man alle öffentlich-rechtlichen Pflichten, insb. steuerliche Pflichten, als nicht übertragbar ansehen (a.A. offenbar *Lutter/Hommelhoff* § 52 Rz. 115 ff.); (2) **auf Seiten der Gesellschafterversammlung**: die Befugnis zur Satzungsänderung (vgl. *BGHZ* 43, 264) und zu strukturändernden Grundlagenbeschlüssen (wie Unternehmensverträge, Umwandlungen, Verschmelzung, Einforderung von Nachschüssen). Zu der Restkompetenz, die den Gesellschaftern verbleiben muss, gehört das Recht, die Auflösung der Gesellschaft zu beschließen bzw. eine aufgelöste Gesellschaft fortzusetzen, durch Satzungsänderung in die Kompetenz des Beirats einzugreifen oder ihn ganz abzuschaffen sowie die Beiratsmitglieder aus wichtigem Grund abzuberufen. Auch als Vertreter der Gesellschaft im Prozess gegen den Geschäftsführer, vgl. *BGH* NZG 2016, 429.

71 Die in § 46 genannten Maßnahmen unterliegen der Disposition der Gesellschafter (vgl. § 46 Rz. 5).

72 Dem Beirat kann auch die Feststellung des Jahresabschlusses und die Entscheidung über die Gewinnverwendung übertragen werden (vgl. *OLG Düsseldorf* GmbHR 1983, 125; *Lutter/Hommelhoff* § 52 Rz. 116; zweifelhaft). Im Übrigen besteht über Einzelheiten Streit (vgl. *Lutter/Hommelhoff* § 52 Rz. 116); (3) **auf Seiten der Gesellschafter** die individuellen Mitwirkungsrechte (z.B. das Auskunftsrecht) und die gesetzlichen Minderheitsrechte (z.B. zur Einberufung der Gesellschafterversammlung nach § 50).

73 **4. Voraussetzungen der Bestellung und Rechtsstellung der Beiratsmitglieder – Haftung.** Zum Beirat kann jede natürliche, unbeschränkt geschäftsfähige Person bestellt werden; sie muss nicht Gesellschafter sein. Die Inkompatibilität der §§ 100 Abs. 2 Nr. 2 AktG, 105 AktG finden auf den Beirat keine Anwendung. Soweit nicht die Überwachung der Geschäftsführung in Rede steht, kann auch ein Geschäftsführer dem Beirat angehören (*Scholz/Seyfarth* § 52 Rz. 161). Im Einzelfall kann wegen **Interessenkollision** ein Stimmverbot bestehen (vgl. *Scholz/Seyfarth* § 52 Rz. 161).

74 Die Beiratsmitglieder unterliegen als Organ der Gesellschaft der **Treuepflicht**. Sie haben ihr Amt im Interesse der Gesellschaft auszuüben und die Sorgfalt eines ordentlichen und gewissenhaften Beiratsmitgliedes zu beachten. Vgl. die Ausführungen zum Aufsichtsrat Rz. 54.

Eine Pflichtverletzung führt bei Verschulden zu **Ersatzansprüchen** der Gesellschaft. **75**
Die Haftungsgrundlage ist umstr., aber wohl in einer analogen Anwendung der §§ 43,
52 i.V.m. §§ 116, 93 AktG zu sehen (vgl. *Lutter/Hommelhoff* § 52 Rz. 123; *Hachenburg/
Raiser* § 52 Rz. 356). In der Satzung kann der Verschuldensmaßstab festgelegt werden.
vgl. auch Rz. 54. Eine Beschränkung der Haftung ist nicht zulässig, soweit die Tätigkeit des Beirats in Geschäftsführungsaufgaben besteht (vgl. *Lutter/Hommelhoff* § 52
Rz. 123).

Die Ansprüche der Gesellschaft verjähren in 5 Jahren (Abs. 4) und § 93 Abs. 6 AktG **76**
analog; vgl. *Altmeppen* § 52 Rz. 62).

Das Rechtsverhältnis des Beiratsmitglieds zur Gesellschaft wird i.d.R. ein Dienstver- **77**
trag/Geschäftsbesorgungsvertrag sein (*Altmeppen* § 52 Rz. 59).

Eine **Vergütung** steht dem Beiratsmitglied grds. nur zu, wenn eine solche vereinbart ist **78**
(vgl. Rz. 23). Das gilt jedenfalls, wenn es sich um Gesellschafter handelt. Bei gesellschaftsfremden Beiräten, bei denen es der Gesellschaft auf ihre Sachkompetenz als
Berater ankommt, wird man § 612 Abs. 1 BGB entspr. anwenden können. Die Höhe
der Vergütung steht im Belieben der Gesellschafter (*BGH* NJW-RR 1991, 1248). Eine
unterschiedliche Festsetzung – z.B. höherer Betrag für den Vorsitzenden – ist nichtig
(*OLG Celle* GmbHR 1998, 288).

5. Abberufung. Die Abberufung kann jederzeit durch das für die Bestellung zustän- **79**
dige Organ erfolgen. Eines wichtigen Grundes bedarf es nicht (vgl. *Gehrlein/Born/
Simon* § 52 Rz. 150). Ob die Gesellschafterversammlung ohne Zuständigkeit aus wichtigem Grunde abberufen kann (so *Lutter/Hommelhoff* § 52 Rz. 115; *Hachenburg/Rai-
ser* § 52 Rz. 329), erscheint zweifelhaft. Vgl. auch *Sina* GmbHR 1999, 72.

6. Fehlerhafte Beschlüsse. Soweit dem Beirat nur beratende Funktion zukommt, schei- **80**
det eine Anfechtung aus, da der Beratung keine Rechtswirkung zukommt. Gegen Entscheidungen in Geschäftsführungsangelegenheiten kann von Seiten der Gesellschafter
nichts unternommen werden; es bleibt nur die Geltendmachung von Schadensersatzansprüchen (*Lutter/Hommelhoff* § 52 Rz. 125 ff.). Nimmt der Beirat Aufgaben der Gesellschafterversammlung wahr, gelten die §§ 241 ff. AktG entspr. (*Rowedder/Pentz/
Koppensteiner* § 45 Rz. 20; *Scholz/K. Schmidt/Bochmann* § 45 Rz. 185; a.A. *Noack* Anh.
§ 47 Rz. 208; zweifelnd auch *Altmeppen* § 52 Rz. 32 i.V.m. 48).

7. Bekanntmachungspflicht. Eine Bekanntmachungspflicht, wie sie für Aufsichtsrats- **81**
mitglieder gilt, besteht für Beiräte nicht

8. Rückfallkompetenz. Welche Folgen sich aus dem Wegfall eines Beiratsmitglieds **82**
ergeben, richtet sich nach der Regelung in der Satzung. Ist eine solche Regelung nicht
getroffen, kommt es in erster Linie auf den mit der Schaffung des Beirats verbundenen Funktion an. Da eine Ersatzbestellung durch das Gericht ausscheidet, kann z.B.
bei einem zur Geschäftsführung berufenen Beirat eine Abberufung nur erfolgen,
wenn gleichzeitig ein neues Mitglied bestellt wird, um die Handlungsfähigkeit zu wahren. Im Zweifel wird man annehmen müssen, dass die Kompetenz an die Gesellschafter zurückfällt. Im Einzelnen vgl. *Sina* GmbHR 1999, 72.

XIII. Pflichtaufsichtsrat

83   Nach einer Reihe von Gesetzen (v.a. Mitbestimmungsgesetzen) ist ein Pflichtauf-sichtsrat zu bestellen. Es handelt sich um folgende Fälle: (1) Gesellschaften im sog. Montanbereich nach dem Montanmitbestimmungsgesetz 1951; (2) Gesellschaften mit i.d.R. mehr als 2.000 Arbeitnehmern nach dem Mitbestimmungsgesetz 1976; (3) Gesellschaften mit mehr als 500 Arbeitnehmern nach dem BetrVG 1952; (4) nach dem Mitbestimmungsergänzungsgesetz (MitbestErgG) und (5) bei Kapitalanlagege-sellschaften (§ 3 KAGG).

84   Auf den Pflichtaufsichtsrat finden weitgehend die Bestimmungen des AktG Anwen-dung (vgl. z.B. § 77 Abs. 1 BetrVG). Das Mitbestimmungsergänzungsgesetz hat keine praktische Bedeutung, da offenbar keine GmbH dem Gesetz unterfällt (vgl. *Noack* § 52 Rz. 283). Wegen Einzelheiten muss auf die einschlägige Spezialliteratur verwiesen werden. Bei einem Pflichtaufsichtsrat (z.B. nach dem MitbestG) kommt eine Ersatz-bestellung durch das Gericht entspr. § 102 AktG in Frage (*OLG Hamm* DStR 2000, 1194).

XIV. Beraterverträge mit Aufsichtsrats- oder Beiratsmitgliedern

85   Nach § 52 Abs. 1 ist u.a. § 114 AktG anwendbar. Das gilt auch für die Anwendung der Rechtsprechung zu den Bestimmungen des AktG. Die Satzung kann die Anwendbar-keit ausschließen. § 114 Abs. 1 AktG bestimmt, dass Dienstverträge, die kein Arbeits-verhältnis sind, oder Werkverträge, die Tätigkeiten höherer Art beinhalten (z.B. als Steuerberater oder Anwalt), der Zustimmung des Aufsichtsrats bedürfen. Damit ist klargestellt, dass solche Verträge zulässig sind. Die Beratertätigkeit darf nicht Gegen-stände umfassen, die zu den Aufgaben des Aufsichtsrats gehören (*BGH* BB 2007, 230; BB 2007, 1296; Scholz/*Seyfarth* § 52 Rz. 266).

86   Beraterverträge sind nur wirksam, wenn sie zu einer zusätzlichen Leistung verpflich-ten, also zu einer Leistung, zu der die betr. Person nicht bereits als Aufsichtsratsmit-glied verpflichtet ist (Scholz/*Seyfarth* § 52 Rz. 266a).

87   § 114 AktG ist nicht anwendbar, wenn es sich nur um Bagatellsachen (wenn also die Zuwendung nur auf Grund des Beratervertrages im Vergleich zur Aufsichtsratsvergü-tung einen zu vernachlässigenden Umfang hat, vgl. *Rohde* GmbHR 2007, 1129) han-delt oder wenn die Beraterleistung abstrakt betrachtet eine ganz geringfügige Leis-tung darstellt (*BGH* BB 2007, 230; *Rohde* GmbHR 2007, 1129).

88   Ist der Beratervertrag vor der Bestellung zum Aufsichtsrat abgeschlossen worden, ver-liert die Vereinbarung ihre Wirkung für die Dauer der Bestellung zum Aufsichtsrat (*BGH* DB 2007, 1296; *Rohde* GmbHR 2007, 1129). Verträge, die Tätigkeiten enthal-ten, die bereits dem Aufsichtsrat obliegen, sind nicht genehmigungsfähig, weil sie wegen eines Verstoßes gegen § 114 AktG nichtig sind (§ 134 BGB; vgl. *Rohde* GmbHR 2007, 1129).

89   Im GmbH-Recht kommt der Gesellschafterversammlung eine Allzuständigkeit zu, so dass sie auch an Stelle des Aufsichtsrats die Genehmigung erteilen kann (*Rohde* GmbHR 2007, 1132). Einem nicht genehmigungsfähigen Beratervertrag kann auch die Gesellschafterversammlung nicht zustimmen (*Rohde* GmbHR 2007, 1132).

In der Sitzung des Aufsichtsrats hat das Mitglied, für den die Zustimmung beschlossen **90** werden soll, kein Stimmrecht; an der Sitzung kann er jedoch teilnehmen (vgl. § 47 Rz. 38 ff.).

Der Berater haftet auch dann, wenn der Beratervertrag nichtig ist, weil er entweder **91** nicht genehmigungsfähig ist oder die Genehmigung vom Aufsichtsrat verweigert wird. Als Rechtsgrundlage wird Geschäftsführung ohne Auftrag oder die Hinweispflicht nach § 311 Abs. 2 BGB genannt (*Rohde* GmbHR 2007, 1132; vgl. auch *BGH* DB 2007, 1298). Beim zwingend einzurichtenden Aufsichtsrat sind Beraterverträge mit eigenen Mitgliedern grds. nicht zulässig (vgl. Scholz/*Seyfarth* § 52 Rz. 266).

Erhält der Aufsichtsrat Vergütungen für nicht genehmigte Tätigkeiten oder für nicht **92** genehmigungsfähige Tätigkeiten, so hat er diese sofort zurückzuzahlen (Scholz/*Seyfarth* § 52 Rz. 269). Die strengen Regeln für den Aufsichtsrat finden auf Beiräte keine Anwendung.

Abschnitt 4

Abänderungen des Gesellschaftsvertrags

§ 53   Form der Satzungsänderung

(1) Eine Abänderung des Gesellschaftsvertrags kann nur durch Beschluss der Gesellschafter erfolgen.

(2) [1]Der Beschluss bedarf einer Mehrheit von drei Vierteln der abgegebenen Stimmen. [2]Der Gesellschaftsvertrag kann noch andere Erfordernisse aufstellen.

(3) [1]Der Beschluss muss notariell beurkundet werden. [2]Erfolgt die Beschlussfassung einstimmig, so ist § 2 Absatz 3 Satz 1, 3 und 4 entsprechend anzuwenden.

(4) Eine Vermehrung der den Gesellschaftern nach dem Gesellschaftsvertrag obliegenden Leistungen kann nur mit Zustimmung sämtlicher beteiligter Gesellschafter beschlossen werden.

Übersicht

I. Allgemeines

§ 53 wurde durch Gesetz zur Ergänzung der Regelungen zur Umsetzung der Digitali- **1** sierungsrichtlinie und zur Änderung weiterer Vorschriften (DiRUG), in Kraft getreten am 1.8.2023, geändert (BGBl. I 2023, S. 1146). Die Änderungen fußen auf den Erleichterungen durch das Gesetz zur Abmilderung der Folgen der COVID-19-Pandemie im Zivil-, Insolvenz- und Strafverfahrensrecht (gültig zwischen dem 28.3.2020 bis zum 31.12.2021. Von der Erleichterung erfasst wurden auch beurkundungsbedürftige Beschlüsse (vgl. statt vieler *Gehrlein/Born/Simon* § 53 Rz. 1 m.w.N.). Durch das DiRUG wurde nun § 53 dahingehend angepasst, dass online-Beurkundungen auch über den Gründungsvorgang hinaus auf satzungsändernde Beschlüsse erweitert wurde (s. u. Rz. 6 f.).

§ 53 wurde durch die Reform 2008 nicht betroffen. Abs. 2 wurde geringfügig durch das BeurkG 1969 geändert. Des Weiteren wurde die amtliche Überschrift durch das MoMiG v. 23.10.2008 ergänzt. Nach dem abgelehnten RegE (Begr.) war vorgesehen, dass Beschlüsse über spätere Änderungen eines unter Verwendung des in Anlage 1 enthaltenen Musters geschlossenen Gesellschaftsvertrags ebenso wie der Gründungsvertrag nicht der Beurkundungspflicht unterfallen. Das ist nicht Gesetz geworden. Folglich sind Satzungsänderungen wie bisher durch notariell beurkundeten Beschluss mit einer Dreiviertelmehrheit durchzuführen.

II. Änderung des Gesellschaftsvertrages

2 Eine „**Abänderung**" des Gesellschaftsvertrages (Satzung, Statut vgl. § 2 Rz. 2, s. auch *Lutter/Hommelhoff* § 53 Rz. 1) liegt bei jeder Aufhebung oder Ergänzung der Satzungsbestimmungen vor. Auch eine bloße Fassungsänderung fällt darunter. Es kommt auch nicht darauf an, ob die betr. Vorschrift bedeutungsvoll, notwendig (vgl. § 3) oder fakultativ ist (z. B. Aufsichtsrat). Die Änderung der inneren Organisation, die Schaffung oder Beseitigung von Gremien sind Abänderungen (*Wicke* § 53 Rz. 2; *Noack* § 53 Rz. 21, bzgl. Einrichtung eines Beirats auch *OLG München* ZIP 2012, 1756). Ob eine Satzungsänderung vorliegt, hängt auch davon ab, ob die betroffene Bestimmung nach dem Willen der Gesellschafter zum echten Inhalt des Gesellschaftsvertrages und zur bindenden (nicht lediglich schuldrechtlichen) Regelung gehören soll (vgl. *Hachenburg/Ulmer* § 3 Rz. 41 ff.; auch oben § 3; i. Ü. vgl. *Noack* § 53 Rz. 20, 21 „unechte Satzungsänderung"; auch *BGHZ* 38, 161). Angeblich sollen Bestimmungen, die nur bei „Gelegenheit" aufgenommen worden sind, aber zu ihrer Wirksamkeit nicht der Aufnahme bedurften, ohne die Form des § 53 abänderbar sein. (*Hachenburg/Ulmer* § 53 Rz. 7 ff., unterscheidet zwischen materiellen und formellen Satzungsbestandteilen sowie schuldrechtlichen Nebenabreden, wobei die Abgrenzung schuldrechtlicher Nebenabreden, die als formelle Satzungsbestandteile Aufnahme in diese gefunden haben, fließend werde). Vgl. hierzu § 2 Rz. 16. Auch lediglich redaktionelle Änderungen fallen unter § 53 (*Wicke* § 53 Rz. 2; *OLG Brandenburg* NZG 2001, 129). Dafür sprechen Rechtssicherheitsgründe.

3 Die Abänderbarkeit formeller Satzungsbestandteile ohne die Formstrenge des § 53 wird v. a. hinsichtlich der Bestellung des Geschäftsführers in der Satzung selbst vertreten, sofern es sich nicht um ein Sonderrecht auf Geschäftsführung (und damit einen mitgliedschaftrechtlichen Akt) handelt (vgl. hierzu etwa *Noack* § 53 Rz. 35 zu Sonderrechten und der Unanwendbarkeit des § 179 Abs. 3 AktG, auch *BGHZ* a. a. O.; zum Bezugsrechtsausschluss auch *OLG München* ZIP 2012, 330 m.w.N.; i. Ü. oben § 6 m.w.N.). Dies steht im Gegensatz zu der Formstrenge des § 53. Ferner widerspricht dies dem Grundsatz, dass der vollständige Gesellschaftsvertrag in jeweils gültiger Fassung vorliegen muss. Man muss daher gegen diese Auffassung sowie die daraus fließende Praxis erheblichste Bedenken anmelden. Der Geschäftsführer sollte im „Vorspann" des notariell beurkundeten Gesellschaftsvertrages oder durch einfachen Beschluss der Gesellschafter – und nicht in der Satzungsurkunde – bestellt werden.

Keine Änderung liegt i.Ü. in den Beschlüssen über Abschlagszahlungen auf das gesellschaftsvertraglich festgesetzte Abfindungsentgelt (hierzu *OLG Hamm* GmbHR 1979, 59) bzw. über die Festsetzung des Gehalts des Geschäftsführers. Klassische Abänderungen i.S.d. §53 sind die Änderungen der Firma, des Gegenstandes (*Bay-ObLG* GmbHR 1980, 11), des Sitzes (hierzu *OLG Oldenburg* BB 1977, 12), der Dauer sowie etwa der Vertretungsbefugnis (vgl. *Noack* §53 Rz.28 ff. – Gesellschaftszweck, Unternehmensgegenstand, Stammkapital, Vermehrung der Gesellschafterleistungen, nachträgliche Vinkulierung, Sonderrechte, neue Ausschlussgründe etc.; i.ü. z.B. *BGH* NJW 1959, 673; zur Satzungsänderung während der Liquidation bzw. des Insolvenzverfahrens vgl. *BGHZ* 24, 286). Zur Änderung in der mitbestimmten GmbH s. §52 a.E. Die nachträgliche generelle Befreiung des Geschäftsführers von den Beschränkungen des §181 BGB ist nur durch Satzungsänderung möglich (u.a. *OLG Nürnberg* MDR 2010, 822, so §6 Rz.47; §35 Rz.106).

Änderungen des Gesellschaftsvertrages vor der Ersteintragung sind nur gem. §2 mög- **4** lich, also Mitwirkung aller Gesellschafter erforderlich, ebenso bei Gesellschafterwechsel oder deren Ausscheiden bzw. Neueintritt (*Noack* §2 Rz.13; zur Wiederaufhebung satzungsändernder Beschlüsse vor ihrer Eintragung – keine Satzungsänderung – *Noack* §53 Rz.25; auch *OLG München* ZIP 2010, 1081). Keine Satzungsänderungen liegen vor bei satzungsmäßig vorbehaltener Einziehung von Anteilen, Auflösung der GmbH, Errichtung einer Zweigniederlassung, Veräußerung von Teilen des Gesellschaftsvermögens anders bei Veräußerung des Vermögens als Ganzes, vgl. *Wicke* §53 Rz.3, Ausschluss von Gesellschaftern, Geschäftsjahresänderungen bei fehlender Aufnahme einer entspr. Bestimmung in die Satzung (*Noack* §53 Rz.25, 26 m.w.N.). Unbenommen bleibt es den Gesellschaftern schuldrechtliche Abreden zu treffen, wenn diese nur zwischen ihnen gelten und darüber hinaus keine Wirkung entfalten (*Wicke* §53 Rz.2; *ders.* hierzu DNotZ 2006, 419). Wie eine Satzungsänderung sind Umwandlung, Verschmelzung, Spaltung, Abschluss eines Unternehmensvertrages sowie die bereits erwähnte Veräußerung des Vermögens als Ganzes zu sehen (*Wicke* §53 Rz.3; *Noack* §53 Rz.36 Umwandlung, Rz.37 Unternehmensverträge; vgl. auch *BGH* NJW 2004, 1860 – teils str.; vgl. hierzu auch *Krafka* Rz.1110 f., 1172 f., 1199 f.).

III. Qualifizierte Mehrheit von drei Vierteln

Jede Änderung, einschließlich einfacher Fassungsänderungen (vgl. oben Rz.2), bedarf **5** einer Mehrheit von drei Vierteln der abgegebenen Stimmen (nicht der Anzahl der Gesellschafter, *OLG München* (ZIP 2012, 330 ff. m.w.N.), vgl. hierzu i.Ü. §47 Rz.4; anders bei der AG, dort gilt §179 Abs.1 AktG). Von diesem Erfordernis kann die Satzung nicht abweichen; sie kann jedoch z.B. Einstimmigkeit sowie Sonderstimmrechte für einzelne Gesellschafter (Zustimmungsrechte) verlangen (*Wicke* §53 Rz.8; *Noack* §53 Rz.61 ff.; zu allem auch *Krafka* Rz.1012 ff.). Aus der Gesellschafter-Treupflicht können sich Mitwirkungspflichten ergeben, Stimmpflichten aber i.d.R. nur in Ausnahmefällen (vgl. hierzu *BGHZ* 98, 279; NJW 2003, 3127; *Wicke* §53 Rz.21). Möglich sind auch schuldrechtliche Stimmbindungsvereinbarungen zwischen den Gesellschaftern (Anerkennung der Außenwirkung ggü. Dritten nur ausnahmsweise; vgl. i.Ü. *Wicke* a.a.O., Rz.21, 23, 24 m.w.N.; auch in *Noack* §53 Rz.78 f.). Unzulässig ist es freilich, diese Rechte außenstehenden Dritten zu übertragen, weil dadurch der mitgliedschaftsrechtliche „Kernbereich" ausgehöhlt wird (*Noack* §53 Rz.61–64 mit auf die hier nicht eingreifende abw. Bestimmung des §179 Abs.1 S.2 AktG; *Wicke* §53 Rz.4;

RGZ 169, 80). Eine Beschlussfähigkeit sieht § 53 nicht vor. Es reichen daher die Stimmen aus, die abgegeben werden und drei Viertel der abgegebenen Stimmen ausmachen. Enthaltungen stellen keine „Nein-Stimmen", sondern nicht abgegebene Stimmen dar (vgl. § 47 Rz. 4; *Noack* § 53 Rz. 67; *OLG München* ZIP 2012, 330 ff.). Notwendig ist die Einhaltung der Formalien nach den §§ 47 ff. (s. dort). Bei Nichterreichen der Drei-Viertel-Mehrheit und gleichwohl erfolgender unrichtiger Feststellung durch den Versammlungsleiter ist der Beschluss nur anfechtbar (*Wicke* § 53 Rz. 8; auch *Noack* § 53 Rz. 48 ff., 68; hierzu auch *Krafka* Rz. 1027 – auch fehlerhafter Gesellschafterbeschluss etc. für Registergericht vorläufig verbindlich; *OLG Frankfurt* v. 5.6.2018 – 11 U 16/17 zur Anfechtung eines Gesellschafterbeschlusses; *OLG Düsseldorf* NJW-RR 2018, 361 zu den Anforderungen an die Mehrheitsverhältnisse bei Entscheidung der Gesellschafter). Für die „Ein-Personen-GmbH" gilt nichts Besonderes. Der Gesellschafter beschließt allein (wegen der Niederschrift vgl. § 48). Erscheint nur ein Gesellschafter, so kann er allein beschließen, da er auf jeden Fall über drei Viertel der „abgegebenen" Stimmen verfügt. Soweit die Satzung keine besonderen Bestimmungen enthält können sich Gesellschafter bei der Beschlussfassung vertreten lassen – vgl. § 47 (Textform für Vollmacht – *Wicke* § 53 Rz. 5, s. auch *OLG München* ZIP 2011, 772). Allerdings ist § 181 BGB bei Vertretung der Gesellschafter durch einen Mitgesellschafter etc. zu beachten (*BGH* NJW 1989, 169; *Wicke* § 53 Rz. 5 – dort auch zur Vertretung von Minderjährigen und deren Eltern gleichzeitig als Gesellschafter unzulässig: Ergänzungspfleger erforderlich, regelmäßig nicht vormundschaftsgerichtliche Genehmigung – vgl. *BGH* NJW 1992, 300). Zum Streichen einer Satzungsbestimmung soll nur die Zustimmung des betroffenen Gesellschafters erforderlich sein, aber nicht eine Mehrheit von drei Vierteln der Gesellschafter (*OLG München* v. 23.1.2008 – 7 U 3292/07). Hiergegen bestehen Bedenken. Problematisch sind befristete (zulässig bei klarer Erkennbarkeit) bzw. bedingte Satzungsregelungen (unzulässig infolge Rechtsunsicherheit – vgl. hierzu *Noack* § 53 Rz. 58; a.A. teils *Wicke* § 53 Rz. 9m. Hinw. auf *BGH* NZG 2006, 62 auflösend bedingte Geschäftsführerbestellung; ferner *Scheel* DB 2004, 2355). Satzungsänderungen werden i.Ü. im Außenverhältnis grds. erst mit Eintragung wirksam – abgesehen von der Problematik des § 15 HGB (grds. keine Rückwirkung – vgl. *Noack* § 53 Rz. 60; *Wicke* § 53 Rz. 10; vgl. auch *OLG Schleswig* NJW-RR 2000; *OLG Frankfurt* GmbHR 1999, 484).

IV. Der Änderungsbeschluss und seine Form

6   Der Beschluss bedarf der notariellen Beurkundung (vgl. §§ 8 ff., 36, 37 BeurkG; *Wicke* § 53 Rz. 13; *Noack* § 53 Rz. 75: Beurkundung nach §§ 36, 37 BeurkG und Hinw. auf die Gegenauffassungen, die §§ 8 ff. BeurkG eingreifen lassen wollen; *OLG Celle* v. 13.2.2017 – 9 W 13/17). Die gerichtliche Beurkundung ist durch die Änderung BeurkG v. 28.8.1969 (BGBl. I 1969, S. 1513) entfallen. Fehlt die notarielle Beurkundung der Satzungsänderung, so ist der Beschluss nichtig (§ 125 BGB; vgl. allerdings *Wicke* § 53 Rz. 13: Nichtigkeit analog § 241 Nr. 2 AktG; *Noack* § 53 Rz. 69a).

Die notarielle Beurkundung des Gesellschaftsvertrags kann gem. § 53 Abs. 3 i.V.m. § 2 Abs. 3 S. 1, 3 und 4 nun „auch mittels Videokommunikation gemäß den §§ 16a–16e des Beurkundungsgesetzes erfolgen, sofern andere Formvorschriften nicht entgegenstehen". Insoweit greifen hier die Erleichterungen für eine online-Beurkundung, sofern die Beschlussfassung einstimmig erfolgte.

Die Eintragung hat der Registerrichter abzulehnen (allerdings gilt hier die „Schranke" des § 9c infolge der fehlenden Verweisung nicht – vgl. *Wicke* § 54 Rz. 6). Wird gleichwohl eingetragen, so kommt eine Löschung der Eintragung im HR in Betracht (§ 395 FamFG – früher § 142 FGG). Erfolgt eine unzulässige Eintragung infolge fehlender Beurkundung (kaum denkbar), so soll entspr. § 242 Abs. 1 AktG Heilung eintreten (vgl. *Wicke* § 13m Hinw. auf *BGH* NJW 1996, 257). S. hierzu auch § 54. Das Beurkundungserfordernis gilt auch für die Unternehmergesellschaft (beschränkt).

Das Beurkundungserfordernis dient der Beweissicherung, der Rechtssicherheit und **7** durch die Einschaltung des Notars zum Schutz der Beteiligten (vgl. *Wicke* ZIP 2006, 977). Wegen der Einzelheiten des BeurkG vgl. oben § 2 Rz. 5; insb. §§ 8 ff., 36, 37 BeurkG vgl. oben; i.Ü. gilt hinsichtlich der Vollmacht § 47 Abs. 3 (Textform – s. d.). Bzgl. der Anmeldungsvollmacht ist § 12 Abs. 2 HGB zu beachten (s. auch § 54). Gesetzliche Vertreter haben sich zu legitimieren (Registerauszug, Bestallung, notarielle Bescheinigung gem. § 21 BNotO, vgl. § 12S 13 BeurkG; i.Ü. zur Stimmrechtsvollmacht *Neustadt* GmbHR 1952, 59; auch oben § 47 Rz. 5).

V. Beurkundung durch ausländische Notare

Bei der Beurkundung von Satzungsänderungen durch ausländische Notare ist auf die **8** Funktion der Formvorschrift des § 53 und den damit verfolgten Zweck abzustellen (hierzu auch *LG Frankfurt* v. 7.10.2009 – 3-13 O 46/09; *Hasselmann* ZIP 2010, 2486 ff.; *Noack* § 53 Rz. 75, jeweils m.w.N.). Anders als bei der Beurkundung des Errichtungsaktes (vgl. oben § 2 Rz. 5) entfällt bei der Beurkundung nach § 53 eine Prüfungs- und Belehrungspflicht des Notars, da die Beurkundung sich lediglich auf tatsächliche Wahrnehmungen bezieht (str. – so *Hachenburg/Ulmer* § 53 Rz. 47). Die inhaltliche Prüfungspflicht im Hinblick auf etwaige Mängel liegt hier in erster Linie bei den Registergerichten. Deshalb bestehen grds. gegen die Beurkundung durch ausländische Notare keine Bedenken, soweit ihre Urkundstätigkeit mit der eines deutschen Notars vergleichbar ist. Die Vergleichbarkeit richtet sich nach der Vorbildung der Urkundsperson, ihrer Stellung im Rechtsleben und dem für die Beurkundung maßgeblichen Verfahrensrecht (*BGHZ* 80, 76 ff. = NJW 1981, 1160 unter Bejahung der Gleichwertigkeit eines Schweizer Amtsnotars Zürich/Altstadt; *OLG Düsseldorf* NJW 1989, 2200, Zulässigkeit der Beurteilung durch einen niederländischen Notar und *LG Köln* Rpfleger 1990, 121 zur Beurkundung durch einen Notar des Kantons Zürich mit krit. Anm. *Heckschen* = MittRhNotK 1990, 14; i.Ü. *Wicke* § 53 Rz. 13 krit. unter Hinweis auf *Goette* DStR 1996, 709; ferner *Noack* § 53 Rz. 75 – Beurkundung in Schweiz und Österreich unbedenklich).

Für die Beurkundung des Errichtungsaktes durch einen ausländischen Notar gilt **9** jedoch etwas anderes (vgl. *Noack* § 2 Rz. 9 sowie *Noack* § 53 Rz. 75; ferner die Ausführungen hier zu § 2). Hier ist auf die Prüfungs- und Belehrungsfunktion des § 17 BeurkG abzustellen. Ob diese Funktion ein ausländischer Notar erfüllen kann, ist str. (vgl. *Roth* § 2 Anm. 3.2; *Balser* Rz. 12). Auch diese Frage entscheidet sich nach den vom *BGH* (a.a.O.) aufgestellten Grundsätzen, mithin die ausländische Beurkundung einer durch einen deutschen Notar vorgenommen im Hinblick auf dessen Prüfungs- und Belehrungspflicht gleichwertig ist (krit auch *Wicke* § 53 Rz. 13; *Goette* DStR 1996, 709). In Einzelfällen hat sich hierzu das Max-Planck-Institut für Rechtsvergleichung in Hamburg mehrfach gutachterlich geäußert.

A. Bartl 603

10 Mit *Goette* (DStR 1996, 709 ff.; auch *Wicke* § 53 Rz. 13) ist eine Auslandsbeurkundung dann abzulehnen, wenn es sich um Vorgänge handelt, die die Verfassung der Gesellschaft betreffen. Dieses sind außer Gründung und Satzungsänderung die Verschmelzung, Spaltung, Vermögensübertragung und formwechselnde Umwandlung.

11 Die Frage hat i.Ü. nichts damit zu tun, inwiefern die ausländische Urkunde im Inland anerkannt wird (Legalisation etc.).

VI. Weitergehende Erfordernisse im Gesellschaftsvertrag

12 § 53 Abs. 2 S. 1 ist zwingend. Die dort genannte Mehrheit darf nicht unterschritten werden. Zulässig ist nach dem Gesetz jedoch eine Erschwerung, die über die Drei-Viertel-Mehrheit hinausgeht (so Rz. 5). Dies kann geschehen durch die Festsetzung von Einstimmigkeit, von 80 % etc. Auch eine Kapitalmehrheit kommt in Betracht, solange sie nur drei Viertel der abgegebenen Stimmen ausmacht (*OLG München* ZIP 2012, 330 ff.). Das folgt bereits aus § 47 Abs. 2, wonach jeder Euro eines Geschäftsanteils grds. eine Stimme gewährt. Auch ein Sonderrecht eines Gesellschafters (Zustimmungsrecht) kann vorgesehen werden. Die Abänderungen der Erschwernisse aus dem Gesellschaftsvertrag unterliegen ebenfalls den §§ 53 ff. Insb. können die Gesellschafter die Erschwernisse nachträglich wieder beseitigen und auf die gesetzliche Regelung zurückgreifen. Für diese Abänderung muss dann freilich die qualifizierte Mehrheit aus dem Gesellschaftsvertrag gegeben sein (vgl. hierzu *Noack* § 53 Rz. 76 m.w.N.; auch oben Rz. 5; i.Ü. *OLG Stuttgart* GmbHR 1974, 257; auch zu diesem Problem *Semler* GmbHR 1974, 255).

VII. Vermehrung der Gesellschafterleistungen

13 Sie kommt grds. in Betracht, sofern nur alle betroffenen Gesellschafter zustimmen. Nicht erforderlich ist die Zustimmung der Nichtbetroffenen. Eine Herabsetzung von Leistungen kommt in Betracht, solange i.Ü. die Grundsätze der Kapitalerhaltung gewahrt bleiben. Der diesbezügliche Beschluss kann in diesem Fall mit einfacher Mehrheit gefasst werden. Typische „Vermehrungen" i.S.d. § 53 Abs. 3 sind die

– Einführung von Nebenpflichten (vgl. oben § 3 Rz. 69 – *RGZ* 136, 241),
– Einforderung von nicht im Gesellschaftsvertrag vorgesehenen Nachschüssen (vgl. hierzu § 28 Rz. 6; *OLG München* GmbHR 2000, 981),
– Abschlüsse von Gewinnabführungsverträgen,
– Beschränkungen hinsichtlich der Veräußerlichkeit der Anteile (Zustimmungserfordernisse etc.),
– Verlängerung der Dauer über den vorgesehenen Zeitpunkt hinaus (vgl. § 3 Rz. 62),
– Beschlüsse über die Einführung von Einziehungsrechten an Geschäftsanteilen (vgl. § 34 Rz. 5; *BGH* GmbHR 1981, 131; *BayObLG* GmbHR 1978, 270).

14 Bedenklich ist die Entscheidung des *OLG Stuttgart* (NJW 1974, 1566; vgl. *OLG München* BeckRS 2008, 2845; *OLG Dresden* GmbHR 2004, 1080; *Wicke* § 53 Rz. 16), wonach die Aufhebung der satzungsmäßig beschränkten Abtretbarkeit der Anteile (vgl. § 15 Abs. 5; § 15 Rz. 2) nicht betroffen sein soll. Gleichwohl wird man dem zu folgen haben, da hier keine Vermehrung, sondern ein „Weniger" vorliegt (so wohl auch *Wicke* § 53 Rz. 16; i.Ü. hierzu *LG Bonn* GmbHR 1979, 142; *BGHZ* 9, 160 – Einziehung von Anteilen; auch *Möhring* GmbHR 1963, 201 – Beschränkung der freien Veräußerbarkeit; auch *Noack* § 53 Rz. 32 ff.; zu allem auch *Wicke* § 53 Rz. 14 f.). Verkürzungen der Dauer hingegen sind zulässig. I.Ü. gilt dies für alle Erleichterungen, sofern sie nicht als janusköpfige Erscheinungen Erschwernisse mit sich bringen (etwa Änderung der Richtlinien zur Gewinnverteilung, vgl. hierzu *Noack* § 53 Rz. 83); selbstverständlich bedarf auch die Kapitalerhöhung der Zustimmung des Betroffenen, was bereits durch die Übernahmeerklärung (vgl. § 55 Abs. 1) klar wird. Die Zustimmung ist empfangsbedürftige Willenserklärung ggü. der Gesellschaft – eine Form ist nicht vorgeschrieben. Fehlt die Zustimmung, so sind entspr. Beschlüsse schwebend unwirksam (*Noack* § 53 Rz. 83). Sind mehrere Gesellschafter betroffen, so ist die Zustimmung sämtlicher Betroffener erforderlich (*Noack* § 53 Rz. 35 m.w.N. – dort auch „Teilunwirksamkeit" bei mehreren Gesellschaftern). Bei Fehlen der Zustimmung ist der Beschluss anfechtbar (*Wicke* § 53 Rz. 17; vgl. auch in *Noack* § 53 Rz. 68, 78, 83). Die Zustimmung kann vorher, gleichzeitig oder nachträglich erfolgen (*Noack* a.a.O.).

§ 54 Anmeldung und Eintragung der Satzungsänderung

(1) **¹Die Abänderung des Gesellschaftsvertrags ist zur Eintragung in das Handelsregister anzumelden. ²Der Anmeldung ist der vollständige Wortlaut des Gesellschaftsvertrags beizufügen; er muss mit der Bescheinigung eines Notars versehen sein, dass die geänderten Bestimmungen des Gesellschaftsvertrags mit dem Beschluss über die Änderung des Gesellschaftsvertrags und die unveränderten Bestimmungen mit dem zuletzt zum Handelsregister eingereichten vollständigen Wortlaut des Gesellschaftsvertrags übereinstimmen.**

(2) Bei der Eintragung genügt, sofern nicht die Abänderung die in § 10 bezeichneten Angaben betrifft, die Bezugnahme auf die bei dem Gericht eingereichten Dokumente über die Abänderung.

(3) Die Abänderung hat keine rechtliche Wirkung, bevor sie in das Handelsregister des Sitzes der Gesellschaft eingetragen ist.

Fassung aufgrund des Gesetzes über elektronische Handelsregister und Genossenschaftsregister sowie des Unternehmensregisters (EHUG) v 19.11.2006 mit Wirkung v 1.1.2007. Amtliche Überschrift ergänzt durch MoMiG v 23.10.2008, iÜ unverändert.

I. Anmeldung durch Geschäftsführer

Die Anmeldung, der Gesellschafterbeschluss (Abschrift) und der vollständige Wortlaut des geänderten Gesellschaftsvertrags (Abschrift) sind in öffentlich beglaubigter Form zum HR einzureichen (§ 39a BeurkG – hierzu *Krafka* Rz. 80 f.; auch *Wicke* § 54 Rz. 3, 5). **1**

2 Anmeldung durch Geschäftsführer: Die Vorschrift wurde durch die Reform 2008 nicht geändert. Die Abänderung des Gesellschaftsvertrages ist **durch die Geschäftsführer** in vertretungsberechtigter Zahl zum HR **anzumelden** (§ 35 Abs. 2; hierzu auch *OLG München* ZIP 2010, 1182). (Zur Anmeldung durch sämtliche Geschäftsführer § 78; i.Ü. *Krafka* Rz. 1018). Eine Anmeldung in unechter Gesamtvertretung ist zulässig, da § 54 das Recht auf die Anmeldung nicht auf die Geschäftsführer beschränkt und bei der unechten Gesamtvertretung die organschaftliche Stellung des Prokuristen auf die Stufe des Geschäftsführers angehoben wird (*RGZ* 134, 307; *KG* GmbHR 62, 136; *Krafka* a.a.O.; *Altmeppen* § 54 Anm. 2.1; vgl. auch *Wicke* § 54 Rz. 2; zur Zuständigkeit für die Anmeldung durch die Geschäftsführer im Insolvenzverfahren *Wicke* § 2; *BayObLG* DNnotZ 2004, 881; *Krafka* Rz. 1143). Das Registergericht kann entspr. § 79 Abs. 2 die Anmeldung der Satzungsänderung nicht erzwingen. Die Geschäftsführer sind zur unverzüglichen Anmeldung verpflichtet; die Unterlassung oder Verzögerung der Anmeldung kann zu Schadensersatzansprüchen der Gesellschaft führen (auch Abberufung aus wichtigem Grund – vgl. *Wicke* § 54 Rz. 4; *Noack* § 54 Rz. 16, 17). Anders liegt dies, wenn die Gesellschafter abw. Anweisungen für den Geschäftsführer treffen oder ein nichtiger/unwirksamer Beschluss vorliegt (Geschäftsführer hat auch Interessen der Gesellschaft zu beachten – hierzu *Noack* § 54 Rz. 16; *Wicke* § 54 Rz. 4). Bei lediglich anfechtbaren Beschlüssen besteht Anmeldepflicht. Die Anweisungen für einen Aufschub der Anmeldung durch die Gesellschafter unterliegen nicht der Beliebigkeit; vergeht längere Zeit nach Gesellschafterbeschluss, ist der Beschluss vor Anmeldung zu bestätigen, um die Benachteiligung künftiger Anteilswerber zu schützen (*Noack* § 54 Rz. 17 m.w.N.). Anmeldungen können vor Eintragung zurückgenommen werden (grds. Gesellschafterbeschluss, vgl. *Noack* § 54 Rz. 18; zur formlosen Rücknahme der Anmeldung *Krafka* Rz. 83 f.).

3 Eine **Stellvertretung** in der Anmeldung ist möglich. Die Vollmacht bedarf wie die Anmeldung selbst der Form des § 12 Abs. 1, 2 HGB (s. hierzu auch *OLG Jena* v. 24.9.2015 – 2 W 375/15; *Noack* § 54 Rz. 4; *Krafka* Rz. 1018). **Anmeldung durch Notar:** Auch der eine zur Eintragung erforderliche Erklärung **beurkundende Notar** kann zur Einreichung berechtigt sein (§ 129 FGG; hierzu ausführlich *Krafka* Rz. 119 ff.; allerdings hat der Notar kein eigenständiges Antragsrecht; von der Vollmacht des beglaubigenden oder beurkundenden Notars ist grds. auszugehen (*OLG Karlsruhe* v. 31.1.2011 – 11 Wx 2/11); zum Beschwerderecht des Notars *Krafka* a.a.O., Rz. 125 f.). Die Vorschrift gilt nur für einen deutschen Notar. Dieser handelt dabei kraft seines Amtes (*Keidel/Kuntze/Winkler* § 129 FGG Rz. 2). Nach dem Gesetzeswortlaut ist er zu einer Anmeldung nur für den zu einer solchen Verpflichteten befugt. § 378 FamFG – früher § 129 FGG gilt daher nur für die Fälle, in denen eine gesetzliche Verpflichtung zur Anmeldung besteht. Gleichwohl ist in den Fällen, in denen nur ein Recht zur Anmeldung besteht, von dem Notar keine Vollmacht zu verlangen, da davon auszugehen ist, dass der Notar aufgrund seiner beruflichen Stellung und der ihm obliegenden Standespflichten nicht ohne Vollmacht handeln wird (*BayObLGZ* 1976, 230, 233; *OLG Karlsruhe* v. 31.1.2011 – 11 Wx 2/11). In allen Fällen aber muss der Notar die zur Eintragung erforderlichen Erklärungen beurkundet haben. Der Notar, der z.B. den Gesellschaftsvertrag einer GmbH beurkundet hat, ist zur Anmeldung der darin enthaltenen abstrakten Vertretungsbefugnis im Namen der Geschäftsführer berechtigt (*LG München* DNotZ 1976, 682).

Eine gleichzeitige Anmeldung durch die Geschäftsführer ist nicht erforderlich, da die **4** Wirkungen des Beschlusses erst mit dessen Eintragung eintreten, Abs. 3.

Satzungsänderungen im Gründungsstadium müssen durch sämtliche Geschäftsführer **5** angemeldet werden, §§ 7, 78 (vgl. oben § 2).

Zuständiges Registergericht: Anzumelden ist beim Handelsregister des Sitzes der **6** Gesellschaft, bei Sitzverlegung beim Gericht des bisherigen Sitzes. Hat die Gesellschaft einen Doppelsitz (vgl. § 3), so erfolgt die Anmeldung bei den Gerichten der Sitze (zur Zuständigkeit *Krafka* Rz. 9 ff.).

Benennung der Änderung von einzutragenden Tatsachen: In den Anmeldungen müs- **7** sen die Änderungen der Bestimmungen des Gesellschaftsvertrages, die gem. §§ 10, 54 Abs. 2 in das HandReg einzutragen sind, ausdrücklich und konkret genannt werden (*BayObLG* GmbHR 1979, 15), wobei eine schlagwortartige Kennzeichnung ausreicht (*BGH* GmbHR 1987, 423; *OLG Düsseldorf* GmbHR 1978, 155; *BayObLG* Rpfleger 1985, 241 = BB 1985, 1218; *Noack* § 54 Rz. 7 m.w.N. – allerdings unrichtig Bezugnahme auf die Änderungen ausreichen lassend; auch *Wicke* § 54 Rz. 3; *Krafka* Rz. 1019). Hierbei ist eine pauschale Verweisung auf „die Abänderungen gemäß dem beiliegenden Beschluss" in diesen Fällen nicht zulässig, sonst (nicht eintragungspflichtige Tatsachen) ausreichend. Es empfiehlt sich jedoch, in allen Fällen den Gegenstand der Abänderung genau zu bezeichnen, um möglichen Fehlerquellen beim Vergleich der alten und der neuen Satzung vorzubeugen. Bei völliger Aufhebung und Neufassung ist die schlagwortartige Bezeichnung erforderlich, soweit eintragungspflichtige Tatsachen betroffen sind (*BGH* NJW 1987, 3191; *OLG Hamm* BB 2001, 2496 = NZG 2002; 782; *BayObLGZ* 1985, 82 = DNotZ 1986, 52; *Krafka* Rz. 1019).

II. Beifügung des Gesellschaftsvertrags in vollständiger neuer Fassung

Der **vollständige Wortlaut des Gesellschaftsvertrages in der neuen Fassung** ist der **8** Anmeldung beizufügen. (S. 2 eingefügt durch Art. 3 Ziff. 5 KoordG; hierzu ausführlich *Krafka* Rz. 1019, 1020 zur Bescheinigung mit Formulierungsvorschlag). Die Vorschrift gilt in sinngemäßer Anwendung auch für Abänderungen des Gesellschaftsvertrages im Gründungsstadium (*OLG Schleswig* GmbHR 1975, 183; *OLG Stuttgart* DNotZ 79, 359), um die jederzeitige ungehinderte Unterrichtung Dritter von der derzeitigen Fassung zu ermöglichen. Die Einreichung bzw. die Einreichung eines vollständigen Textes des notariell bescheinigten Gesellschaftsvertrags kann das Registergericht nicht erzwingen (§ 14 HGB; vgl. *BayObLG* BB 1984, 804, 325; *Noack* § 54 Rz. 1 a.E.; ferner *Krafka* Rz. 1018). Die Herstellung des vollständigen geänderten Gesellschaftsvertrags ist Sache der Geschäftsführer. Sie werden aber i.d.R. einen Notar damit beauftragen, der für die Bescheinigung zuständig ist. Ohne entsprechende notarielle Bescheinigung des der Anmeldung beizufügenden vollständigen Gesellschaftsvertrags ist die Anmeldung unvollständig.

Der Gesellschaftsvertrag muss mit der notariellen Bescheinigung versehen sein, dass **9** die geänderten Bestimmungen mit dem Beschluss, die unveränderten mit dem zuletzt zum Handelsregister eingereichten Wortlaut des Gesellschaftsvertrages, übereinstimmen. Eine sinngemäße Bescheinigung muss genügen, eine wörtliche Wiederholung des Gesetzestextes ist nicht notwendig (*Krafka* Rz. 1023 mit Formulierungsvorschlag).

10 Der notariellen Bescheinigung bedarf es auch jedenfalls seit Einführung des elektronischen Handelsregisters, wenn anlässlich der Gesellschaftsvertrag dieser neu gefasst wird und eine vom Notar bescheinigte Ausfertigung der Neufassung zu den Registerakten eingereicht wird (zutr. *Krafka* Rz. 1023, unter Hinweise auf die **früher str. Frage**; vgl. *OLG Celle* Rpfleger 82, 288; *OLG Zweibrücken* Rpfleger 84, 104; a.A. bereits zu früherem Recht *Meyer-Landrut/Miller/Niehus* Gesetz betreffend die Gesellschaften mit beschränkter Haftung (GmbHG) § 54 Rz. 6).

11 Wird ein satzungsändernder Beschluss durch Urteil für nichtig erklärt, so ist in entspr. Anwendung des § 248 Abs. 2 AktG bei Einreichen des Urteils zum HR der vollständige Wortlaut des Gesellschaftsvertrages, wie er sich unter Berücksichtigung des Urteils ergibt, mit notarieller Bescheinigung nach § 54 versehen, beizufügen; vgl. § 44 Handelsregisterverordnung (HRV).

12 Sofern der Beschluss hinsichtlich seiner Wirksamkeit die Zustimmung einzelner Gesellschafter erfordert, ist zusätzlich eine Aufzeichnung der Zustimmungserklärung elektronisch zu übermitteln (*Wicke* § 54 Rz. 5; vgl. *OLG Köln* NJW-RR 1993, 223).

13 Folglich erfordert eine rechtlich nicht zu beanstandende Anmeldung
– Anmeldung durch den/die Geschäftsführer oder Anmeldebevollmächtigte,
– Beglaubigung der Anmeldung nach § 12 Abs. 1 HGB,
– die Beifügung folgender Unterlagen,
– beglaubigte Anmeldevollmachten (vgl. § 12 Abs. 2 HGB),
– notariell beurkundeter wirksamer Gesellschafterbeschluss und Zustimmungserklärungen (§ 53 Abs. 1–3),
– vollständiger neuer Gesellschaftsvertrag mit notarieller Vollständigkeits- und Übereinstimmungsbescheinigung (§ 54 Abs. 1 S. 2).

III. Notarielle Urkunden

14 Die notariellen Urkunden über die Abänderung sind entweder in Ausfertigung oder beglaubigter Abschrift einzureichen.

IV. Eintragung durch das Registergericht

15 Das Registergericht hat die Abänderung der wesentlichen Bestandteile des Gesellschaftsvertrages in § 10 Abs. 1 und 2 genannten Angaben ausdrücklich einzutragen. Das sind Änderung der Firma, des Sitzes, des Gegenstandes, der Höhe (nicht Zusammensetzung) des Stammkapitals und der Vertretungsbefugnis der Geschäftsführer und die Zeitbestimmung. Ist ein Geschäftsführer ausdrücklich mit bindender Satzungswirkung in dieser bestellt, so ist ein Geschäftsführerwechsel eine Abänderung des Gesellschaftsvertrages und als solche einzutragen (vgl. hierzu § 53 Rz. 1). Die Befreiung des Alleingesellschafter-Geschäftsführers von dem Verbot, Geschäfte der GmbH mit sich selbst abzuschließen, ist ebenfalls in das HR einzutragen (vgl. *BGH* BB 1983, 857, so § 6 Rz. 47; § 35 Rz. 93). Bei der Änderung des Gegenstandes, der einer staatlichen Genehmigung bedarf (vgl. § 8), ist diese vorzulegen. Auf alle übrigen Änderungen der Satzung kann bei der Eintragung Bezug genommen werden (vgl. § 43 Abs. 6 f. HRV). Der Tag des Abänderungsbeschlusses ist im Handelsregister zu vermerken. Die Bekanntmachungen erfolgen wie bei §§ 10 Abs. 3, 12 (vgl. dort). Ist eine andere als die in § 10 Abs. 1 und 2 genannten Bestimmungen geändert, genügt die Bekanntmachung, dass der Gesellschaftsvertrag geändert wurde.

A. Bartl

Für Gesellschaften, die vor dem 1.1.1986 eingetragen wurden und nach dem 1.1.1986 **16**
eine Satzungsänderung anmelden, tritt jedoch eine Registersperre nach Art.
12 § 7 GmbHÄndG ein, wenn in der Satzung keine Regelung über die Gewinn- oder Ergebnisverwendung enthalten ist (vgl. § 29 Rz. 4).

V. Wirksame Änderung erst durch Eintragung

Die Gesellschaftsvertragsänderung wird im Außenverhältnis erst mit der Eintragung **17**
in das Handelsregister wirksam (§ 54 Abs. 3; *Krafka* Rz. 1014; *Noack* § 54 Rz. 36; *Wicke*
§ 54 Rz. 7; *Altmeppen* § 54 Anm. 4.1). Die Bekanntmachung ist für die Wirksamkeit
der Satzungsänderungen nicht relevant (*Noack* § 54 Rz. 40. Ihre Publizitätswirkung
(positiv und negative) gem. § 15 Abs. 1–3 HGB tritt erst mit der Bekanntmachung ein
(einschränkend *Noack* a.a.O.). Aufgrund der Änderung getroffene Ausführungsmaß-
nahmen sind durch die Eintragung aufschiebend bedingt. Zu § 15 HGB u.a. *Hofmann*
JA 1980, 264.

VI. Keine Rückwirkung des Änderungsbeschlusses

Die Abänderung der Satzung kann von der Gesellschafterversammlung **zwar grund-** **18**
sätzlich mit rückwirkender Kraft beschlossen werden (str. *Krafka* Rz. 1014). Eine
rückwirkende Änderung bzgl. des Geschäftsjahres ist jedenfalls nach allgemeiner Auffassung dann nicht mehr möglich, wenn der Jahresabschluss bereits durch Gesellschafterbeschluss verabschiedet wurde bzw. wenn das Geschäftsjahr/Rumpfgeschäftsjahr
bereits beendet ist (str. bzgl. Rechtzeitigkeit des Beschlusses oder der Anmeldung,
hierzu auch *Krafka* Rz. 1014 m.w.N.; sowie vgl. *OLG Schleswig* NJW-RR 2000, 1425;
OLG Frankfurt GmbHR 1999, 484; *Wicke* § 53 Rz. 10; *LG Frankfurt* GmbHR 1978,
112, das die Rückwirkung bei Ausschluss jedweder Gläubigerbenachteiligung zulässt
(bedenklich; zur Rückwirkung vgl. i.Ü. bereits früher *Roth* § 54 Anm. 4.1; ferner *Dem-*
pewolf NJW 58, 1215; *Jacobs/Woeste* AG 1958, 211; auch § 181 AktG)).

§ 54 Abs. 3 bietet zwei Möglichkeiten der Auslegung:
1. er betrifft nur das Inkrafttreten der Gesellschaftsvertragsänderung,
2. er begrenzt den zeitlichen Geltungsbereich des Inhalts der Änderung.

Letzterer Auffassung ist der Vorrang einzuräumen, jedoch mit Einschränkungen.
Rückwirkungen von normativen Regeln sind mit dem Rechtsstaatsprinzip nur vereinbar, wenn ein unumstößlicher Vertrauenstatbestand noch nicht geschaffen ist. Entspr.
diesem Grundsatz ist für einen an der Gesellschaft nicht beteiligten Dritten der Zeitpunkt der Vorhersehbarkeit von Gesellschaftsvertragsänderungen und damit seines
Vertrauens in die Gültigkeit der vertraglichen Bestimmungen auf den Zeitpunkt der
Eintragung in das HR beschränkt (vgl. hierzu oben § 53 Rz. 5 a.E.). Die Eintragung
bezweckt die Offenlegung der Verfassung der Gesellschaft für jedermann. Der
Rechtsverkehr muss darauf vertrauen können, dass die beim Handelsregister eingetragenen Bestimmungen zur Zeit der Einsichtnahme nicht nur formell in Kraft sind,
sondern sachlich auch bis zur Zeit der Eintragung einer Änderung in Geltung bleiben
werden (*Zilian* JZ 1959, 1212). Ausnahmsweise kann eine Rückwirkung zulässig sein,
wenn es ausgeschlossen ist, dass ein Dritter dadurch Nachteile erleidet (grds. oben
§ 53 Rz. 5; ferner *Wicke* § 53 Rz. 10; auch *Noack* § 53 Rz. 60: keine Rückwirkung im
Außenverhältnis). Im Innenverhältnis ist Rückwirkung bei Einvernehmlichkeit der
Gesellschafter zulässig (*Noack* a.a.O., m.w.N.; auch *Wicke* § 53 Rz. 10). **Vgl. zur AG:**

Für die AG ist die rückwirkende Herabsetzung der Aufsichtsratsbezüge für zulässig erachtet, wenn alle AR-Mitglieder zustimmen.

VII. Empfehlenswerte Maßnahmen bei Satzungsänderungen

19 Bei Änderungen der Satzung, v.a. bei Gegenstand, Firma, Sitz sowie auch nicht täglich vorkommender Gestaltungen, ist empfehlenswert, sich durch eine Voranfrage bei dem Registergericht, der IHK sowie der HWK abzusichern. Desgleichen sollte man in der notariellen Urkunde eine Änderungsvollmacht sowie eine Anmeldungsvollmacht – soweit zulässig – aufnehmen, damit die Gesellschafter bei Auflagen des Gerichts etc. nicht nochmals zusammenkommen müssen.

20 Hinsichtlich der Anmeldung der Sitzverlegung einer Gesellschaft im Inland ist § 13h HGB zu beachten, s. Muster in Kap. IV, K. Ziff. 46 f.

VIII. Registerkontrolle

21 Satzungsänderungsbeschluss und Anmeldung unterfallen der **Registerkontrolle.** Anders als in § 9c Abs. 2 ist die Prüfung mangels Verweisung nicht beschränkt (*Wicke* § 54 Rz. 6m. Hinw. auf h.M.; *KG* DNotZ 2006, 304; *BayObLG* NJW-RR 2002, 248; krit. *Priester* GmbHR 2007, 299; auch *Noack* § 54 Rz. 19). Gegenstand sind die Ordnungsmäßigkeit der Anmeldung, der Beschlussfassung (*BayObLG* BB 1983, 83), insb. hinsichtlich Form und Mehrheit, der Zustimmungserklärungen, aber auch der Gesellschaftereigenschaft, sofern die in der nach § 40 einzureichenden Gesellschafterliste genannten Personen nicht mit den Beschlussfassenden übereinstimmen (*OLG Köln* Rpfleger 1989, 287 m. Anm. *Gustavus* zum Stand der Meinungen). Bei der Kontrolle der Anmeldung findet eine Prüfung hinsichtlich der Legitimation der Anmelder, der Form der Anmeldung, der Vollständigkeit der beizufügenden Urkunden sowie der inhaltlichen Übereinstimmung zwischen Beschluss- und Anmeldungsinhalt statt (*Noack* § 54 Rz. 19).

22 Bei der Anmeldung von Satzungsänderungen ohne Neufassung des gesamten Gesellschaftsvertrags soll der Richter unveränderte Satzungsbestandteile nicht überprüfen dürfen (vgl. *Wicke* a.a.O.; *Priester* a.a.O.). Als Ausnahmen werden die in Art. 12 § 7 Abs. 2 GmbHGÄndG bzw. Art. 2 § 1 EGGmbHG genannten Fälle angeführt. Schon um die erforderliche Beschleunigung des Eintragungsverfahrens (nicht so dringend wie bei Ersteintragung) zu erreichen, wird man dem zustimmen. Folglich sind grds. nur die geänderten Satzungsbestimmungen Gegenstand insoweit der Prüfung (*Krafka* Rz. 1033 empfehlen mit Recht „Zurückhaltung" des Richters). Widersprüche zwischen geänderten und bisherigen Satzungsbestimmungen sind ebenfalls nur dann Gegenstand der Prüfung, wenn Regelungen betroffen sind, die Dritte, also Nichtgesellschafter, betreffen (*Krafka* a.a.O.; *BayObLGZ* 1992, 318; WM 1985, 572). Andererseits sollen unklare und missverständliche neue Satzungsbestandteile mit lediglich gesellschaftsinterner Bedeutung nicht beanstandet werden (*Noack* § 54 Rz. 20 a.E.; *BayObLG* WM 1985, 572). Krit. ist hierzu anzumerken, dass unklare Bestandteile der Satzung schon vom Notar nicht beurkundet werden dürfen. I.Ü. ist die Grenze zwischen unklaren und missverständlichen Satzungsbestandteilen, deren Eindeutigkeit auch nicht durch Auslegung ermittelt werden kann, und davon zu unterscheidenden Bestimmungen schwierig. Mit Zwischenverfügungen des Registerrichters ist daher zu rechnen.

A. Bartl

Anders ist dies bei einer Neufassung des gesamten Gesellschaftsvertrags. Hier hat der **23** Registerrichter sämtliche Satzungsänderungen sowie auch bisher nicht beanstandete Bestimmungen zu überprüfen (*Wicke* § 54 Rz. 6; *KG* DNotZ 2006, 304; *München* NZG 2006, 35; ferner *Krafka* Rz. 1033; a.A. *Priester* a.a.O.). Folgt man dieser Ansicht, so dürften sich nicht unerhebliche Zeitverluste durch die richterliche Prüfung ergeben. Zumindest sollte daher in der Anmeldung ergeben werden, welche Satzungsbestandteile unverändert und welche verändert (was ohnehin verlangt wird) wurden, um dem Registerrichter die Prüfung zu erleichtern. In diesen Fällen dürfte es sich freilich nicht um eine „Neufassung", sondern vielfach lediglich um eine in bestimmten Punkten geänderte bzw. ergänzte Fassung mit eventueller redaktioneller Überarbeitung handeln. Ob damit nicht *Priester* (a.a.O.) gefolgt werden sollte, der eine eingeschränkte Prüfungspflicht annimmt, ist zu erwägen. Gegen diese Ansicht dürften indessen Gründe der Rechtssicherheit jedenfalls dann bestehen, wenn von einer „Neufassung" die Rede ist. Das Registergericht ist ebenfalls gehalten, den Inhalt des Beschlusses auf Nichtigkeits- oder Unwirksamkeitsgründe hin zu prüfen. In diesen Fällen darf eine Eintragung nicht erfolgen. Dem steht nicht entgegen, dass durch die Eintragung Heilung eintreten kann (hierzu *Wicke* § 54 Rz. 6; *Noack* § 54 Rz. 37 m.w.N.). Im Einzelfall ist bei entspr. Anhaltspunkten von Amts wegen zu ermitteln (§ 26 FamFG, früher § 12 FGG), ohne dass nach verborgenen Nichtigkeitsgründen gesucht werden muss. Das gilt auch für den Fall fehlender Zustimmungserklärungen (*Wicke* a.a.O.; *OLG Köln* NJW-RR 1993, 223). Bestehen zwischen den Beteiligten Missverständnisse oder Streitigkeiten kann der Registerrichter das Verfahren aussetzen (§ 21 FamFG; *Noack* § 54 Rz. 22).

Bei Anfechtbarkeit ist es grds. Sache der betroffenen Gesellschafter, diese im Wege **24** der Anfechtungsklage geltend zu machen. Hier hat der Registerrichter einzutragen, wenn nicht fristgerecht Anfechtungsklage erhoben wurde (str. wie hier *Wicke* § 54 Rz. 6; auch in *Noack* § 54 Rz. 27 – jeweils m.w.N.). Das Registergericht wird jedoch immer den Beschlussinhalt auf Verstöße gegen zwingende Vorschriften des GmbHG hin untersuchen und bei nachvollziehbaren Bedenken die Anmeldung zurückweisen (*Noack* § 54 Rz. 23 ff.). Bei teilweiser Unwirksamkeit einer Satzungsbestimmung soll § 139 BGB nicht zur Unwirksamkeit der Gesamtsatzung führen. Dem ist zumindest dann zu folgen, wenn eine salvatorische Klausel in der Satzung enthalten ist. Zur Prüfungspflicht des Registerrichters auch *Baums* Eintragung und Löschung von Gesellschafterbeschlüssen, S. 16 m.w.N. Ferner *Ullrich* Registerrechtliche Inhaltskontrolle von Gesellschaftsverträgen und Satzungsänderungsbeschlüssen, 2006; vgl. ferner oben § 1 Rz. 14 ff.

Trägt das Registergericht fehlerhafte Beschlüsse ein, so werden Beurkundungsmängel **25** durch die Eintragung entspr. den Vorschriften des AktG (§ 242 Abs. 1 AktG) geheilt. Nichtigkeitsgründe können mit dem Ablauf von drei Jahren nach der Eintragung nicht mehr geltend gemacht werden, wenn nicht vorher Nichtigkeitsklage erhoben wurde (so *BGH* NJW 1981, 2125 in entspr. Anwendung des § 242 Abs. 2 AktG für die GmbH). Ist der Satzungsänderungsbeschluss dagegen nur anfechtbar, so tritt dessen ungeachtet die Wirksamkeit nach Abs. 3 ein.

Trägt das Registergericht einen satzungsändernden Beschluss ohne (oder aufgrund **26** fehlerhafter) Anmeldung ein, so hat die Eintragung keine Wirkung (*Hachenburg/Ulmer* § 54 Rz. 33). Der Mangel in der Anmeldung kann freilich nachträglich behoben werden (hierzu ausführlich oben § 47 Rz. 85).

§ 55 Erhöhung des Stammkapitals

(1) [1]Wird eine Erhöhung des Stammkapitals beschlossen, so bedarf es zur Übernahme jedes Geschäftsanteils an dem erhöhten Kapital einer notariell aufgenommenen oder beglaubigten Erklärung des Übernehmers. [2]Die notarielle Aufnahme oder Beglaubigung der Erklärung kann auch mittels Videokommunikation gemäß den §§ 16a bis 16e und 40a des Beurkundungsgesetzes erfolgen.

(2) [1]Zur Übernahme eines Geschäftsanteils können von der Gesellschaft die bisherigen Gesellschafter oder andere Personen, welche durch die Übernahme ihren Beitritt zu der Gesellschaft erklären, zugelassen werden. [2]Im letzteren Fall sind außer dem Nennbetrag des Geschäftsanteils auch sonstige Leistungen, zu welchen der Beitretende nach dem Gesellschaftsvertrag verpflichtet sein soll, in der in Absatz 1 bezeichneten Urkunde ersichtlich zu machen.

(3) Wird von einem der Gesellschaft bereits angehörenden Gesellschafter ein Geschäftsanteil an dem erhöhten Kapital übernommen, so erwirbt derselbe einen weiteren Geschäftsanteil.

(4) Die Bestimmungen in § 5 Abs. 2 und 3 über die Nennbeträge der Geschäftsanteile sowie die Bestimmungen in § 19 Abs. 6 über die Verjährung des Anspruchs der Gesellschaft auf Leistung der Einlagen sind auch hinsichtlich der an dem erhöhten Kapital übernommenen Geschäftsanteile anzuwenden.

Übersicht

I. Allgemeines

1 § 55 wurde durch das Gesetz zur Ergänzung der Regelungen zur Umsetzung der Digitalisierungsrichtlinie und zur Änderung weiterer Vorschriften (DiRUG), in Kraft getreten am 1.8.2023, geändert.

Fassung aufgrund des Gesetzes zur Modernisierung des GmbH-Rechts und zur Bekämpfung von Missbräuchen (MoMiG) v. 23.10.2008 mit Wirkung zum 1.11.2008.

2 Wie bei der Gründung der Gesellschaft übernimmt der Gesellschafter bei der Kapitalerhöhung einen „Geschäftsanteil" an dem erhöhten Kapital und keine „Einlage".

3 Bei der Änderung in Abs. 4 handelt es sich zudem um eine Folgeänderung zu Nr. 5 (RegE-Begr.). Insofern handelt es sich bei den Änderungen lediglich um redaktionelle Änderungen, mithin keine Änderung in der Sache.

4 Das GmbHG sieht nur die **Kapitalerhöhung** in der einfachen Form vor, nicht also bedingte Kapitalerhöhungen und genehmigtes Kapital wie im Fall der AG (*Wicke* § 55 Rz. 2; *Noack* § 55 Rz. 2). Zugelassen ist auch die Kapitalerhöhung aus Gesellschaftsmitteln (§§ 57c ff.). Die Angabe des Stammkapitals ist wesentlicher Bestandteil des Gesellschaftsvertrages (vgl. oben § 3 Rz. 31). Eine Änderung desselben bringt folglich immer eine Satzungsänderung mit sich, die den §§ 53, 54 sowie den zusätzlichen

Bestimmungen der §§ 55–57 unterliegt (vgl. hierzu *Gehrlein/Witt/Volmer* 6. Kap. Rz. 53; *Noack* § 55 Rz. 2). Ihre Durchführung setzt einen Gesellschafterbeschluss sowie die Übernahmeerklärung des Übernehmers voraus, für die unterschiedliche Grundsätze gelten (s. u.). Die Kapitalerhöhung wird vom Gesetz als Unterfall der Satzungsänderung angesehen. Demgemäß sind Kapitalerhöhungsbeschluss, Bezugsrechtsausschluss, Zulassungsbeschluss, Übernahmeerklärung, Leistung der Einlage, Anmeldung (§ 57), Registerprüfung (§ 57a) und Eintragung und Bekanntmachung erforderlich.

II. Voraussetzungen

Die Kapitalerhöhung verlangt zunächst das Bestehen der GmbH, mithin ihre Eintra- 5
gung. Gleichwohl sind auch vor der Eintragung bereits Erhöhungsbeschlüsse und Übernahmeerklärungen möglich, sofern die Übernehmer mit den Gründungsgesellschaftern identisch sind. Der diesbezügliche Beschluss bzw. die Übernahmeerklärung erfordern jedoch zu ihrer Wirksamkeit, dass die Eintragung erfolgt, weil es sich andernfalls nicht um eine Kapitalerhöhung, sondern um eine Änderung der Errichtung handelt, was freilich einstimmig durch die Gründungsgesellschafter in analoger Anwendung der §§ 53 ff. geschehen kann. Eine Änderung des errichtenden Gesellschaftsvertrages vor Eintragung kann auch durch einen Wechsel der Gesellschafter bzw. durch den Eintritt eines weiteren Gesellschafters geschehen. Dies muss dann jedoch einstimmig unter Beteiligung der Gründungsgesellschafter geschehen und stellt im Prinzip nichts anderes dar als die Aufhebung des ersten Gesellschaftsvertrages und den Abschluss eines neuen Gesellschaftsvertrages mit u.U. höherem Kapital. Unter Einbeziehung der Änderung ist eine Neuanmeldung unter Beachtung der §§ 53 ff. (zusätzlich) vorzunehmen (vgl. oben § 2).

III. Insolvenz/Auflösung

Der Kapitalerhöhung steht nicht entgegen, dass die Gesellschaft sich in Liquidation 6
befindet, obwohl der Zweck der Liquidation die Verwertung und die Verteilung des Restvermögens ist, da es den Gesellschaftern unbenommen bleibt, einer Kapitalerhöhung auch während der Liquidation zuzustimmen (s. hierzu *Gehrlein/Born/Simon* § 55 Rz. 66 m.w.N.). Auch eine bereits erfolgte Eröffnung des Insolvenzverfahrens hindert die Kapitalerhöhung nicht, namentlich, wenn sie der Beschaffung von Mitteln zur Gläubigerbefriedigung dient und Fortsetzung der Gesellschaft nach Durchführung des Insolvenzverfahrens angestrebt ist. Eine Kapitalerhöhung vor Eröffnung des Insolvenzverfahrens wird die Übernehmer nicht mehr an ihre Leistungspflicht binden, es sei denn, die Stammeinlagen sind bereits gezeichnet, die Mindesteinlagen bereits geleistet und die Erhöhung zum Handelsregister angemeldet. Einer Eintragung stünde nichts im Wege (hierzu *Noack* § 55 Rz. 8a; *Wicke* § 55 Rz. 3; vgl. *Hachenburg/Ulmer* § 55 Rz. 25–27). Bei Liquidation oder Insolvenz wird die Kapitalerhöhung nicht automatisch unwirksam, wenn nach Gesellschafterbeschluss, aber noch vor deren Eintragung das Insolvenzverfahren eröffnet wird. Allerdings ist die Aufhebung des Beschlusses oder die Rücknahme des Beschlusses neben der Anfechtung der Übernahmeerklärung möglich (*BGH* GmbHR 1995, 113; *KG* NZG 2000, 104; *Wicke* § 55 Rz. 3; *Noack* § 55 Rz. 5).

Ausdrücklich gesetzlich zugelassen ist die Kapitalerhöhung bei Gesellschaften, die 7
infolge des Ablaufs der Übergangsfrist der GmbH-Novelle 80 zum 31.12.1985 wegen Unterkapitalisierung aufgelöst sind (Art. 12 § 1 Abs. 3 der GmbH-Novelle 80; s. Teil 8). Eine Befristung hierfür hat der Gesetzgeber nicht vorgesehen.

IV. Zweck

8 Der Zweck der Kapitalerhöhung ist beliebig, sofern nicht Verstöße gegen §§ 134, 138 BGB erfolgen sollen. Grds. geht es um die Vermehrung des Stammkapitals durch Zuführung neuer Mittel, sog. Effektive Kapitalerhöhung (*Noack* § 55 Rz. 3). Als Zwecke kommen in Betracht:

- Zuführen von weiteren Betriebsmitteln;
- Ausgleich von Verlusten bei Koppelung von Kapitalerhöhung und -herabsetzung;
- Einbringen von Leistungen zur Durchführung der Verschmelzung (vgl. §§ 19 ff. des Gesetzes über die Kapitalerhöhung aus Gesellschaftsmitteln und Verschmelzung von GmbH, Teil 2);
- Festigung der Kreditwürdigkeit speziell bei der Umwandlung von Darlehen in Kapital.

V. Erhöhungsbeschluss

9 Der Erhöhungsbeschluss stellt eine Satzungsänderung dar und muss den Anforderungen der §§ 53 ff. entsprechen und muss zwingend Folgendes enthalten: fest bestimmter Erhöhungsbetrag (auch Maximal- oder Mindestbetrag, anders wenn es sich um eine Erhöhung nach Maßgabe der bestehenden Beteiligung handelt – hierzu auch *Lutter/Hommelhoff* § 55 Rz. 10), Ausgabepreis (Nennwert, Aufgeld), Sacheinlagen (§ 56), Nennbetrag jedes Anteils auf volle Euro, Übernahme mehrerer Anteile durch einen Gesellschafter, ferner Zulassungsbeschluss, Übernahmeerklärung. Der Beschluss bedarf zwingend einer Mehrheit von drei Vierteln der abgegebenen Stimmen (§ 53 Abs. 2). Eine Frist für die Übernahme des Erhöhungsbetrags muss nicht Gegenstand des Beschlusses sein, aber unverzügliche Durchführung ist erforderlich (*Wicke* § 55 Rz. 5 und Hinw. auf § 55a). Der Erhöhungsbeschluss ist unmittelbar satzungsändernd, ohne dass es hierfür eines ausdrücklichen Beschlusses bedarf – keine zwingende Spezifizierung des Wortlauts der neuen Satzung im Erhöhungsbeschluss (*BGH* DB 2007, 2827; *Wicke* § 55 Rz. 5; vgl. auch *OLG Frankfurt* GmbHR 1964, 248; zur Formulierung des GmbH-Vertrages in diesem Falle vgl. *Priester* GmbHR 1973, 169). Der Eintritt der Änderungswirkung ist jedoch gem. § 57 Abs. 1 erst mit der Durchführung gegeben (*Fischer* § 55 Anm. 5a). Der Beschluss bedarf als **Satzungsänderung der Form des § 53 Abs. 2** (s. zur Formrüge nach Eintragung *BGH* NJW 2018, 703), soweit nicht lediglich schuldrechtliche Nebenabreden getroffen sind, die keine Bedeutung im mitgliedschaftsrechtlichen Bereich haben (*BGH* NJW 1978, 128; i.Ü. auch oben § 3 Rz. 53). Auch muss die in § 53 vorgesehene Mehrheit gegeben sein, sofern nicht der Gesellschaftsvertrag weitere Erfordernisse enthält (vgl. § 53 Rz. 5). Für den Beschluss genügt die einfache privatschriftliche Vollmacht (§ 47 Abs. 3; auch *Fischer* § 55 Anm. 5a). Hiervon zu unterscheiden ist die Form für die Übernahmeerklärung (vgl. § 55 Abs. 1).

10 Normalerweise lautet der Beschluss wie folgt:

„Die Erschienenen beschließen:

1. Das Stammkapital wird um ... EUR erhöht auf ... EUR.
2. Der Gesellschaftsvertrag wird in § ... nach Maßgabe dieses Beschlusses geändert und lautet nunmehr wie folgt (bei voller Einzahlung des Stammkapitals!): „Das Stammkapital beträgt ... EUR."
3. Zur Übernahme der neuen Stammeinlage wird... zugelassen.
4. Der Geschäftsführer (falls in der Satzung vorgesehen) erteilt hierzu für die GmbH seine Zustimmung."

Es folgt dann die notariell aufgenommen oder beglaubigte Übernahmeerklärung des **11** Übernehmers, s.u. Die notarielle Aufnahme oder Beglaubigung kann gem. § 55 Abs. 1 S. 2 nunmehr auch mittels Videokonferenz, unter Beachtung der Anforderungen der §§ 16a–16e, 40a BeurkG, erfolgen.

Aus den obigen Ausführungen folgt, dass der Beschluss genau den ziffernmäßigen Betrag angeben muss. Zulässig ist es freilich, einen Mindest- oder Höchstbetrag vorzusehen, der sodann durch die Übernahmeerklärung konkretisiert wird (dann muss natürlich auch der vollständige Gesellschaftsvertrag dies berücksichtigen). Die neuen Stammeinlagen müssen sich aus dem Beschluss, i.Ü. weder im Betrag noch in der Zahl ergeben, weil dies ebenfalls aus der erwähnten Übernahmeerklärung folgt (hierzu *Noack* § 55 Rz. 8; *Altmeppen* § 55 Anm. 2.1).

Die Aufnahme der auf das erhöhte Kapital zu leistenden Stammeinlagen und deren **12** Übernehmer in die **Satzung** ist ebenfalls nicht erforderlich, auch dann nicht, wenn die neuen Stammeinlagen nicht voll eingezahlt sind; § 3 Abs. 1 Nr. 4 ist nicht entspr. anzuwenden (vgl. *Noack* § 55 Rz. 12; *Wicke* § 55 Rz. 8 – Ausnahme keine neuen Geschäftsanteile, sondern Erhöhung des Nennbetrags aller oder einzelner Anteile (aber notwendig volle Einzahlung oder noch in der Hand des Übernehmers/Gesamtrechtsnachfolgers bzw. bei Ausschluss auf Rückgriff auf *Vormann* – *KG* NZG 2005, 397; *Hachenburg/ Ulmer* § 55 Rz. 17; *BayObLG* DNotZ 1982, 177). Bei der Neufassung des Gesellschaftsvertrages müssen die Angaben über die ursprüngl. Stammeinlagen einschließlich der Person ihrer Übernehmer beibehalten werden, solange die Stammeinlagen nicht voll eingezahlt sind (vgl. *Wicke* a.a.O.; *OLG Hamm* Rpfleger 1984, 274).

VI. Möglichkeiten der Leistung

Die Kapitalerhöhung kann in der Weise erfolgen, dass eine **Barleistung** erbracht **13** wird – **zur notariellen Belehrungspflichten** *BGH* ZIP 2008, 1928 **(Vorauszahlung überzogenes Konto der GmbH)**. Es kann sich jedoch – ebenfalls wie bei der Errichtung – auch um eine **Sacheinlage** handeln. Hier gelten keine Besonderheiten (vgl. §§ 56, 56a). Der Beschluss kann auch einen Ausgabekurs vorsehen, der freilich nicht unter dem Nennbetrag liegen darf, da andernfalls der Kapitalzufluss ausbleibt, der nominell vorgespiegelt wird. Ein Aufgeld (Agio) ist auch hier zulässig, wird jedoch anders als im AktG (s. dort §§ 36, 188) vom Registerrichter nicht überprüft. Das Aufgeld muss ausdrücklich im Kapitalerhöhungsbeschluss genannt sein (*BGH* DB 2007, 2826; *OLG Köln* NZG 2007, 108; *Wicke* § 55 Rz. 6; vgl. hierzu auch *OLG Stuttgart* NZG 2000, 156 – kein Ausschluss des Bezugsrechts und mögliche „Verwässerung" der Anteile). Schuldrechtliche Vereinbarungen der Gesellschafter zu Zuzahlungspflichten können außerhalb des Kapitalerhöhungsbeschlusses vereinbart werden (*BGH* a.a.O.; *BayObLG* NZG 2002, 583; *Wicke* § 55 Rz. 6).

Eine Volleinzahlung des bisherigen Stammkapitals ist nur dann notwendig, wenn im **14** Gesellschaftsvertrag die Gründungsgesellschafter nicht mehr aufgeführt werden (hierzu *Hachenburg/Ulmer* § 3 Rz. 38 m.w.N.; a.A. *BayObLG* GmbHR 1997, 73 = DNotZ 1997, 506; aus diesem Grunde ist oben im Muster die volle Einzahlung erwähnt). Ansonsten ist eine Kapitalerhöhung grds. auch zulässig, wenn die übrigen Anteilsinhaber ihre Einlagen nicht voll erbracht haben – anders als im AktG, vgl. dort § 182 Abs. 4; i.Ü. *Noack* § 55 Rz. 44; auch *Fischer* § 55 Rz. 2; so bereits *RGZ* 132, 398. Wegen der Haftung für alte und neue Anteile vgl. § 24 Rz. 3 und 5.

15 § 53 Abs. 3 (Vermehrung der Leistungen) greift hier nicht ein (auch oben § 53 Rz. 12; i.Ü. *RGZ* 122, 163).

16 Zur Frage der berichtigenden Ergänzung des Kapitalerhöhungsbeschlusses (statt Bareinlage Erhöhung aus Gesellschaftsmitteln) vgl. *LG Essen* BB 1982, 1821.

17 Altgesellschaften, die mit einem Stammkapital von weniger als 50.000 DM eingetragen sind, müssen im Zuge der GmbH-Novelle bis zum 31.12.1985 ihr Stammkapital auf mindestens 25.000 € erhöhen, andernfalls sie mit Ablauf der Frist aufgelöst sind (Art. 12 § 1 der GmbH-Novelle 1980).

18 In der Übergangszeit kann das Kapital auch auf einen unter 25.000 € liegenden Betrag erhöht werden (so *LG Münster* MDR 1982, 325; *OLG Frankfurt* NJW 1983, 1743; vgl. auch *Schoenes* NJW 1983, 373; a.A. *BayObLG* § 5 Rz. 34a).

VII. Durchführung

19 Die Durchführung der Kapitalerhöhung erfolgt durch den Gesellschafterbeschluss sowie insb. den Übernahmevertrag, die im Regelfall in einer notariellen Urkunde enthalten sind, was freilich nicht sein muss. Beide Tatbestände können auch getrennt erledigt werden. Wird die Übernahme gesondert erklärt, so bedarf sie der notariellen Form (Beurkundung oder Beglaubigung; *Wicke* § 55 Rz. 12; vgl. *BGH* WM 1966, 1263 – Form nur für Übernahmeerklärung, nicht für den Übernahmevertrag, der gesondert neben dem Gesellschaftsbeschluss steht; vgl. i.Ü. auch *RGZ* 149, 395). Für den gesamten Vorgang reicht eine Anmeldung, die freilich von allen Geschäftsführern vollzogen werden muss, § 78. In der Anmeldung muss die Änderung des Gesellschaftsvertrages angeführt sein. Daneben ist die Versicherung der (des) Geschäftsführer(s.) – wie bei der Errichtung – erforderlich. Wegen der weiteren Einzelheiten vgl. § 57. Übernahmeerklärung (notarielle Form) und Übernahmevertrag sind zu unterscheiden.

20 **1. Übernahmevertrag.** Der **Übernahmevertrag** hat körperschaftlichen Charakter und wird zwischen dem Übernehmer und der Gesellschaft geschlossen, wobei infolge der mitgliedschaftsrechtlichen Auswirkungen des Schrittes die Gesellschafter auf Seiten der Gesellschaft tätig werden müssen (hierzu *BGHZ* 140, 258 = *BGH* NZG 1999, 495 = NJW 1999, 1252; *BGH* NJW-RR 2008, 486). Mithin handelt es sich nicht um eine Art rechtsgeschäftliche Aufnahme *(Fischer* § 55 Rz. 12). Allerdings werden Beschluss, Übernahmeerklärung und Übernahmevertrag erst mit Eintragung in das HR wirksam. Bis dahin steht nicht nur der Erwerb der Mitgliedschaft bzw. des Anteils sowie der Übernahmevertrag unter dem Vorbehalt der Wirksamkeit durch Eintragung *(Gehrlein/Witt/Volmer* 6. Kap. Rz. 53). Auch ein Erfüllungsanspruch des Übernehmers zur Durchführung der Kapitalerhöhung bzw. Erwerb der Mitgliedschaft besteht erst mit Eintragung der Kapitalerhöhung *(BGHZ* 140, 258 = *BGH* NZG 1999, 495 = NJW 1999, 1252; *Gehrlein/Witt/Volmer* a.a.O.). Allerdings sind Schadensersatzansprüche denkbar *(Noack* § 55 Rz. 38; vgl. allerdings *BGH* a.a.O.; *Wicke* § 55 Rz. 15). Bei der Annahme der Übernahmeerklärung wird die GmbH durch die Gesellschafter vertreten, die allerdings Vollmacht erteilen können *(Wicke* § 55 Rz. 12). Die Annahme kann formlos erklärt werden, da sie nicht formgebunden ist *(Wicke* § 55 Rz. 12). Ohne eine ausdrückliche Bevollmächtigung (für die ein Mehrheitsbeschluss der Gesellschafter genügt, vgl. *OLG Frankfurt* BB 1981, 1360) kann der Geschäftsführer für die Gesellschafter nicht tätig werden. Seine gesetzliche Vertretungsmacht reicht hierzu nicht aus *(BGHZ* 49, 119 = NJW 1968, 398; *Fischer* § 55 Rz. 12; auch *Noack* § 55 Rz. 20; a.A. hinsichtlich des Charakters des Übernahmevertrages *Eder* Handbuch, 511). Im Hinblick auf das Selbstkontrahierungsverbot des § 181 BGB wird sich freilich eine ausdrückliche Bevollmächtigung (oder auch eine stillschweigende) des Geschäftsführers empfehlen, insb. dann, wenn alle Gesellschafter Stammeinlagen übernehmen (*BayObLG* GmbHR 1978, 63). Der Geschäftsführer kann sodann die Übernahmeerklärung für die Gesellschaft entgegennehmen, nachdem die Gesellschafter durch Beschluss die betreffende Person zur Übernahme zugelassen haben. Für den Ein-Personen-Gesellschafter-Geschäftsführer ist § 181 BGB nicht anzuwenden (*Noack* § 55 Rz. 35; *LG Berlin* Rpfleger 1985, 446).

Die Übernahmeerklärung ist i.Ü. rechtsgeschäftliche Erklärung, für die freilich die **21** Besonderheit gilt, dass die Grundsätze des BGB über Anfechtung wegen Irrtums etc. nur solange eingreifen können, als nicht die Kapitalerhöhung infolge der Eintragung „Außenwirkung" erhalten hat. In diesem Falle geht das Interesse des Rechtsverkehrs vor (vgl. *Noack* § 55 Rz. 42 m.w.N.). Mit der Eintragung in das Handelsregister erwirbt der Übernehmer die volle Stellung als Gesellschafter. Bis dahin kommt i.Ü. auch eine Kündigung in Betracht, wenn etwa die Anmeldung erheblich verzögert wird oder aber auch z.B. von dem neuen Gesellschafter die erforderlichen Zahlungen nicht geleistet werden (*Noack* § 55 Rz. 37; auch *Wicke* § 55 Rz. 15). Wegen des Austritts bzw. des Ausschlusses i.Ü. vgl. § 15 Rz. 23.

2. Zulassung. **Zur Übernahme können** die bisherigen Gesellschafter sowie Dritte **22** zugelassen werden (über die Zulassung kann mehrheitlich beschlossen werden, *OLG Frankfurt* BB 1981, 1360). Bisherige Gesellschafter haben nach h.M. ein gesetzliches Bezugsrecht auf das verteilte Stammkapital entspr. ihrem Anteil (*BGH* NZG 2005, 552; *Noack* § 55 Rz. 20; *Wicke* § 55 Rz. 11). Der erforderliche Zulassungsbeschluss ist nur dann nicht erforderlich, wenn das Bezugsrecht ganz oder teilweise ausgeschlossen wird. Soll das Bezugsrecht eines Gesellschafters ausgeschlossen werden, wird ein Beschluss mit einer Drei-Viertel-Mehrheit verlangt, teils sogar ein darüber hinaus gehender Beschluss verlangt (*Noack* § 55 Rz. 21 a.E., 26: Sachgrund, Erforderlichkeit, Verhältnismäßigkeit; *Wicke* § 55 Rz. 11). Insofern wird § 186 Abs. 3 S. 1 AktG entspr. herangezogen (mindestens 3/4-Mehrheit). Insb. muss der Ausschluss im Interesse der Gesellschaft liegen und der für die Gesellschaft entstehende Vorteil nicht außer Verhältnis zum Nachteil des Gesellschafters sein (z.B. Voraussetzung für einen Sanierungserfolg – vgl. *Wicke* § 55 Rz. 11; auch *Noack* § 55 Rz. 25, 26 m.w.N.). Der Bezugsrechtsausschluss ist anfechtbar (*BGH* NZG 2005, 553).

Hinsichtlich der Person des Übernehmers gilt nichts, was von der Errichtung der **23** Gesellschaft abweicht (vgl. § 2 Rz. 21–25). Eine Erbengemeinschaft, die bereits einen Anteil im Erbgang erworben hat, kann einen neuen Anteil im Falle des Surrogationserwerbes übernehmen (vgl. § 2041 BGB; i.Ü. *OLG Hamm* GmbHR 1975, 83; auch *Maiberg* DB 1975, 2419). Schreibt der Gesellschaftsvertrag für neue Gesellschafter bestimmte Qualifikationen vor, so müssen diese anzutreffen sein (oben § 2 Rz. 21). Ein automatisches Bezugsrecht der bisherigen Gesellschafter besteht nicht (anders als bei der AG, so auch *Meyer-Landrut/Miller/Niehus* Gesetz betreffend die Gesellschaften mit beschränkter Haftung (GmbHG) einschließlich Rechnungslegung zum Einzelsowie zum Konzernabschluss § 55 Rz. 22). Freilich muss hier darauf geachtet werden, dass über den Weg der Kapitalerhöhung nicht ein schwerwiegender Missbrauch ermöglicht wird. Bei der Übernahme durch die bisherigen Gesellschafter ist der

Gleichbehandlungsgrundsatz zu wahren (vgl. *BGHZ* 33, 186; auch *Fischer* § 55 Rz. 7). Ein Bezugsrecht kann im Gesellschaftsvertrag ausgeschlossen werden (hierzu i.Ü. *Skibbe* GmbHR 1963, 46; *Fischer* § 55 Rz. 9; auch *Noack* § 55 Rz. 14). Die Gesellschaft kann selbst keine neue Stammeinlage übernehmen (*BGHZ* 15, 391; *Fischer* § 55 Rz. 12; *Hachenburg/Hohner* § 33 Rz. 55, 46 jetzt a.M. *Noack* § 55 Rz. 19, i.Ü. *Lutter* DB 1980, 1322; *Deutler* GmbHR 1980, 150; *Schmidt* NJW 1980, 1773; vgl. *Rodewald/Pohl* NZG 2009, 32) jeweils im Zusammenhang mit § 33; a.A. z.B. *Winkler* GmbHR 1972, 75). Anderes gilt nur bei einer Kapitalerhöhung aus Gesellschaftsmitteln (hierzu §§ 57c ff.). Zum Verzicht bzw. Nichtausübung eines Gesellschafters *Kühne/Dietel* NZG 2009, 15. Tritt ein Vertreter auf, so kann er die Übernahmeerklärung nur mit notarieller Vollmacht (vgl. § 2 Abs. 2) abgeben. Die Annahme der Übernahmeerklärung durch die Gesellschaft hingegen ist formlos wirksam (*BGH* WM 1966, 1263; *RGZ* 127, 69). Sie kann auch in der Anmeldung zum Handelsregister gesehen werden (stillschweigende Erklärung). Anders als der Beschluss muss die Übernahmeerklärung eine genaue Bestimmung der Stammeinlage enthalten, damit dem Eintretenden der Umfang seiner Verpflichtungen einschließlich eventueller Nebenpflichten und Nachschussverbindlichkeiten erkenntlich ist (Aufgeld, Konkurrenzverbot, tätige Mitarbeit; vgl. hierzu *Noack* § 55 Rz. 33).

24 Erfolgt die Kapitalerhöhung durch Sacheinlagen, so muss die Übernahmeerklärung die entsprechenden Festsetzungen enthalten (vgl. § 56 Abs. 1). Ist die Leistung der Stammeinlage in Geld vorgesehen, kann eine Aufrechnung mit einem Gesellschafterdarlehen, selbst wenn die Forderung fällig, liquide und vollwertig ist, nicht erfolgen (*Köln* BB 1984, 1636). Vorauszahlung auf eine zukünftige Kapitalerwägung müssen diese Zweckbestimmung eindeutig ausweisen, sonst erlischt nicht die später übernommene Einlageverpflichtung (*OLG Düsseldorf* BB 1989, 1710; *BGH* GmbHR 1995, 113; differenzierter *BGH* DNotZ 1997, 495).

25 **3. Neue Anteile.** Die **neuen Anteile** behalten ihre Selbstständigkeit, § 55 Abs. 3, neben z.B. bereits gehaltenen weiteren Anteilen. Das ist seit der Reform 2008 unproblematisch, da jeder Gesellschafter mehrere Anteile erwerben kann. Unter den Voraussetzungen des § 15 (vgl. oben § 15 Rz. 3) ist freilich im Ergebnis eine Stammkapitalerhöhung auch in der Weise vollziehbar, dass der Nennbetrag eines Geschäftsteils erhöht wird, unabhängig von voller Einzahlung und fehlender Nachschusspflicht, sofern die Inhaber der Anteile zu den Gründern gehören (*OLG Hamm* GmbHR 1983, 102). Gehört der Übernehmer nicht zu den Gründern, ist volle Einzahlung notwendig (*OLG Frankfurt* GmbHR 1974, 111). Der Anteilsbetrag kann dann bei 1 € liegen (früher 100 €, solange er nur durch fünfzig teilbar ist, da § 5 Abs. 1 nur die Bildung selbstständiger Anteile verbot, die unter 100 € lagen (*BGH* GmbHR 1975, 35 = NJW 1975, 118). I.Ü. Auch muss der Gesamtbetrag der Stammeinlagen dem Stammkapital entsprechen, sofern nicht der Fall der Einziehung vorliegt (zu diesem Ausnahmefall vgl. oben § 34 Rz. 5.).

26 Zu den Kosten der Beurkundung etc. *Wicke* § 55 Rz. 17.

§ 55a Genehmigtes Kapital

(1) [1]Der Gesellschaftsvertrag kann die Geschäftsführer für höchstens fünf Jahre nach Eintragung der Gesellschaft ermächtigen, das Stammkapital bis zu einem bestimmten Nennbetrag (genehmigtes Kapital) durch Ausgabe neuer Geschäftsanteile gegen Einlagen zu erhöhen. [2]Der Nennbetrag des genehmigten Kapitals darf die Hälfte des Stammkapitals, das zur Zeit der Ermächtigung vorhanden ist, nicht übersteigen.

(2) Die Ermächtigung kann auch durch Abänderung des Gesellschaftsvertrags für höchstens fünf Jahre nach deren Eintragung erteilt werden.

(3) Gegen Sacheinlagen (§ 56) dürfen Geschäftsanteile nur ausgegeben werden, wenn die Ermächtigung es vorsieht.

Übersicht

I. Allgemeines

Vorschrift eingefügt durch das Gesetz zur Modernisierung des GmbH-Rechts und zur **1** Bekämpfung von Missbräuchen (MoMiG) v. 23.10.2008 mit Wirkung v. 1.11.2008. Der Wortlaut entspricht §§ 202 Abs. 1–3, 205 AktG.

Durch das MoMiG wird erstmals für die GmbH, ähnlich wie in §§ 202 ff. AktG, die **2** Kapitalerhöhung mittels genehmigten Kapitals eingeführt (*Wicke* § 55a Rz. 1; *Gehrlein/Witt/Volmer* 6. Kap. Rz. 63; *Bormann/Ulrichs* GmbHR, Sonderheft 10/2008, S. 45). Dadurch soll auch der GmbH die flexible, schnelle und unkomplizierte Möglichkeit der Kapitalbeschaffung zur Verfügung stehen (Bundesrat BR-Drucks. 354/07; Rechtsausschuss BT-Drucks. 16/9737). Die Satzung soll es den Geschäftsführern erlauben, das Stammkapital durch die Ausgabe neuer Geschäftsanteile zu erhöhen. Da die Kapitalerhöhung nach § 55 im Grunde ebenfalls relativ schnell erledigt werden kann, dürfte die praktische Bedeutung normalerweise gering sein, sofern man z.B. von Joint-Venture-Konstellationen absieht (*Bormann/Ulrichs* a.a.O., S. 45). In zuletzt genannten Fall ergeben sich Aufwand- und Kostenersparnisse (Beurkundungskosten etc.). Die Entscheidung wird infolge der Ermächtigung von der Gesellschafterversammlung auf die Geschäftsführer verlagert. Gesellschafterversammlungen können indessen bei der GmbH auch kurzfristig – anders als bei AG die Hauptversammlung – durchgeführt werden, so dass auch in eiligen Fällen ohne den Weg über § 55a schnell gehandelt werden kann.

II. Vorgehensweise

Genehmigtes Kapital kann bereits bei der Gründung in die Satzung aufgenommen **3** oder nachträglich durch Satzungsänderung durchgeführt werden. Nachträgliche Satzungsänderungen unterliegen den §§ 53 ff. In diesen Fällen entscheidet der Geschäftsführer nach pflichtgemäßem Ermessen über die Erhöhung sowie die einzelnen Kondi-

tionen über die Ausgabe der Anteile durch Beschluss. Die Übernahme der Geschäftsanteile erfolgt sodann gem. § 55 (notariell beglaubigte Form). Für Sacheinlagen ist § 56
neben § 55a Abs. 3 zu beachten (Beifügung der zugrunde liegenden Verträge, Wertnachweis etc.). Wird das genehmigte Kapital ausgenutzt, so ist dies wie ansonsten
auch elektronisch in beglaubigter Form zur Eintragung in das Handelsregister anzumelden (§ 57 – auch Beifügung der notariell bescheinigten Satzung nach Anpassung
durch Geschäftsführer bzw. Notar in entspr. Anwendung des § 179 Abs. 1 S. 2 AktG –
vgl. *Wicke* § 55a Rz. 5; *Bormann/Ulrichs* GmbHR, Sonderheft 10/2008, S. 46, empfehlen die ausdrückliche zusätzliche Ermächtigung für die Geschäftsführer bzw. den
Notar zur Satzungsänderung betr. die Bestimmung über das Stammkapital). Würde
man den Geschäftsführern bzw. dem Notar die Satzungsänderung nicht zugestehen,
müsste ein Gesellschafterbeschluss nach § 53 gefasst werden, was dem Ziel des
Gesetzgebers, der schnellen und unkomplizierten Durchführungsmöglichkeit, zuwi-
derlaufen würde.

III. Ermächtigung und Inhalt

4   Die Ermächtigung nach Abs. 1 S. 2 kann in der Gründungssatzung (*Lutter/Hommel-
hoff* § 55a Rz. 5; *Gehrlein/Born/Simon* § 55a Rz. 11) oder der nachträglich geänderten
Satzung (*Lutter/Hommelhoff* § 55a Rz. 6; *Gehrlein/Born/Simon* § 55a Rz. 11) enthalten
sein. Für die Satzungsänderung sind die §§ 53 ff. zu beachten (Dreiviertelmehrheit,
notarielle Beurkundung). Da die Ermächtigung den Geschäftsführer zu Handeln nach
pflichtgemäßem Ermessen bindet, können die Gesellschafter den Geschäftsführer
nicht zusätzlich binden oder anweisen, die Kapitalerhöhung durchzuführen, da sie dies
durch die Ermächtigung aus der Hand gegeben haben. Allerdings ist die Haftung des
Geschäftsführers nach § 43 zu beachten. Eine Kapitalerhöhung aus Gesellschaftsmitteln ist auf diesem Weg ausgeschlossen (*Wicke* § 55a Rz. 7 m. Hinw. auf die aktienrechtlichen Bestimmungen). Es kommt auch lediglich eine Erhöhung über das Mindeststammkapital (§ 5 Abs. 1) in Betracht. Die Ermächtigung muss zwingend enthalten

– die Frist von höchstens fünf Jahren nach Eintragungsdatum der Gesellschaft bzw.
  der Satzungsänderung,
– Nennung eines bestimmten Nennbetrags ohne Übersteigen der Hälfte des Stammkapitals,
– Ausgabe der Anteile gegen Sacheinlagen, falls vorgesehen.

5   Sieht der Ermächtigungsbeschluss keine oder eine längere Frist vor, ist der entspr.
Beschluss in entspr. Anwendung des § 241 Nr. 3 AktG nichtig. Ob eine Heilung durch
Eintragung (vgl. § 242 Abs. 1 AktG) eingreift, ist str. (vgl. *Wicke* § 55a Rz. 9 a.E.).

6   Neben der Höchstfrist von fünf Jahren ist der Nennbetrag im Beschluss konkret zu
beziffern. Eindeutig besagt Abs. 1 S. 2, dass es auf das Stammkapital ankommt, das zur
Zeit der Ermächtigung „vorhanden" ist. Notwendig ist daher, dass eventuell erfolgte
Erhöhungen des Stammkapitals durch Eintragung bereits wirksam geworden sind. Ob
zeitgleiche Kapitalerhöhungen nach § 55 und aus genehmigtem Kapital aus § 55a
zulässig sind, hat der Gesetzgeber nicht behandelt. Bei formeller Betrachtungsweise
scheidet dieser Weg an sich aus. Indessen wird hier in analoger Anwendung des § 202
Abs. 3 S. 1 AktG das gleichzeitig „miterhöhte" Stammkapital neben dem genehmigten
Kapital auf der Grundlage der Ermächtigung berücksichtigt (vgl. *Krafka* Rz. 1476;
Wicke § 55a Rz. 10 m.w.N.). Insofern dürfte die vorherige Abstimmung mit dem Regis-

terrichter zu empfehlen sein. Überschreitet der Nennwert des genehmigten Kapitals den Nennwert des eingetragenen Kapitals ist auch hier in entsprechender Anwendung des § 242 Abs. 2 AktG Nichtigkeit die Folge (vgl. zur Heilung nach § 242 Abs. 2 AktG analog nach drei Jahren *Wicke* § 55a Rz. 10: allerdings nur Heilung in Höhe des zulässigen Höchstbetrags). Es wäre zu erwarten gewesen, dass der Gesetzgeber auch diese Fragen der analogen Anwendung der aktienrechtlichen Vorschriften ausdrücklich geklärt hätte. Ferner kann die Ermächtigung die Ausgabe mehrerer Anteile (vgl. § 5 Abs. 2 S. 2) sowie auch die Erhöhung der Nennwerte bisheriger Anteile enthalten bzw. vom Geschäftsführer angeordnet werden – nach pflichtgemäßem Ermessen.

Weitere Regelungen im Ermächtigungsbeschluss sind möglich und empfehlenswert (Ausschluss von Bezugsrechten – vgl. § 55 Rz. 22; von bisheriger Rechtlage abw. Regelungen für die neuen Geschäftsanteile, Zustimmung des Aufsichtsrats/Beirats etc. sowie die Befugnis zur Fassungsänderung der Satzung durch Geschäftsführer bzw. Notar – vgl. *Wicke* § 55a Rz. 11; *Bormann/Ulrichs* GmbHR, Sonderheft 10/2008, S. 45, 46). Mit Recht wird darauf hingewiesen, dass sich bei fehlenden (zulässigen!) Regelungen der genannten Punkte im Ermächtigungsbeschluss erhebliches Konfliktpotential bei der Nutzung der Ermächtigung für den Geschäftsführer ergeben kann.   **7**

IV. Nutzung des genehmigten Kapitals durch Geschäftsführer

Die Geschäftsführer entscheiden über die Kapitalerhöhung auf der Grundlage des Ermächtigungsbeschlusses nach pflichtgemäßem Ermessen durch Beschluss (so auch *Lutter/Hommelhoff* § 55a Rz. 9). Gegenstand des Beschlusses sind die Durchführung der Kapitalerhöhung und die Ausgabe neuer Anteile. Sie bestimmen Zeitpunkt, Umfang, Ausgabe neue Anteile bzw. Nennwerterhöhung bisheriger Anteile und über den Ausschluss des Bezugsrechts unter Beachtung des Gleichheitsgrundsatzes (zum Bezugsrechtsausschluss s. *OLG München* NJW-RR 2012, 612). Hierbei sind sie grds. nur an den Inhalt des Ermächtigungsbeschlusses und i.Ü. an § 55a bzw. die weiteren einschlägigen Bestimmungen des GmbH-Rechts gebunden. Die Geschäftsführer können innerhalb der Frist von fünf Jahren den gesamten Erhöhungsbetrag oder Teile davon (Tranchen) bestimmen. Die Zustimmung der Gesellschafterversammlung ist zuvor im Ermächtigungsbeschluss erteilt, so dass es weiterer Zustimmung der Gesellschafterversammlung oder auch des Aufsichtsrats/Beirats grds. nicht bedarf. Allerdings ergeben sich für die eigene Entscheidung der Geschäftsführer die Grenzen aus dem Rahmen des pflichtgemäßen Ermessens (vgl. hierzu *Wicke* § 55a Rz. 13). Weitergehende Vorgaben existieren nicht. Gleichwohl dürfte es für die Geschäftsführer empfehlenswert sein, sich hier entspr. abzusichern.   **8**

V. Anmeldung, Prüfung und Eintragung

Für die elektronische Anmeldung ist § 57 zu beachten. Es gelten die allgemeinen Vorschriften, soweit sich nicht aus § 55a Besonderheiten ergeben. Erforderlich sind die Übernahmeerklärung (notariell beglaubigt gem. § 55 Abs. 1) sowie der Abschluss des Übernahmevertrags. Die §§ 7 Abs. 2 S. 1, 3, Abs. 3, 19 Abs. 5 sind entspr. anzuwenden (s. dort). Die Anmeldung ist, wie ansonsten auch, durch sämtliche Geschäftsführer anzumelden §§ 57, 78) – allerdings erst, wenn die Kapitalerhöhung in vollem Umfange übernommen wurde.   **9**

10 Der Anmeldung sind die Unterlagen wie sonst auch – mit Ausnahme des bereits eingetragenen Beschlusses betr. die Erhöhung durch genehmigtes Kapital – beizufügen (kein Geschäftsführerbeschluss, wenn Entspr. in der Anmeldung enthalten). Ferner der vollständige, vom Notar bestätigte Gesellschaftsvertrag sowie die aktuelle Gesellschafterliste nach § 40 Abs. 2).

11 Das Registergericht prüft die Rechtmäßigkeit der Kapitalerhöhung formell und materiell, insb. die Zulässigkeit der Kapitalerhöhung im Rahmen des § 55a sowie v.a. mit Blick auf die entspr. anzuwendenden §§ 7 Abs. 2 S. 1, 3, Abs. 3, 19 Abs. 5 sowie v.a. die Voraussetzungen der rechtmäßigen Kapitalerhöhung durch Sacheinlagen (Abs. 3 s.u. Rz. 12). Mit Eintragung wird die Kapitalerhöhung wirksam (konstitutiv). Bei fehlendem Ermächtigungsbeschluss hat die Eintragung keine heilende Wirkung (*Wicke* § 55a Rz. 17; vgl. zur Prüfung bei der AG auch *Krafka* Rz. 1406). Die fehlerhafte Kapitalerhöhung wird nach h.M. nach den Grundsätzen fehlerhafter Gesellschaften behandelt (vorläufige Wirksamkeit, Unwirksamkeit wegen der Mängel nur ex nunc – vgl. *Wicke* § 55a Rz. 17; ferner *BGH* NJW 2006, 374; *Busch* NZG 2006, 81).

VI. Sacheinlagen

12 Wie § 55a ausdrücklich vorsieht, dürfen Kapitalerhöhungen aus genehmigtem Kapital nur bei entspr. Ermächtigungsbeschluss durchgeführt werden. Insofern ist auf dessen Inhalt abzustellen, der auch auf eine konkrete Sacheinlage bzw. einen Teilbetrag oder auch nur auf eine Sacheinlage bezogen sein kann (s. auch *Lutter/Hommelhoff* § 55a Rz. 30). Die Einzelheiten des Ermächtigungsbeschlusses sind vom Geschäftsführer zu beachten. §§ 56, 56a sind i.Ü. zu beachten (s. dort). Die Prüfung des Registerrichters bezieht sich insb. auf die erforderlichen Festsetzungen in der eingetragenen Ermächtigungsgrundlage bzw. im Geschäftsführerbeschluss, die Versicherung der Geschäftsführer über die Bewirkung der Leistung etc. Es handelt sich im Grunde zwar um eine erleichterte Kapitalerhöhung, bei der jedoch die ansonsten für die Prüfung der Sacheinlage maßgeblichen Grundsätze der Prüfung des Registers eingreifen.

§ 56   Kapitalerhöhung mit Sacheinlagen

(1) ¹**Sollen Sacheinlagen geleistet werden, so müssen ihr Gegenstand und der Nennbetrag des Geschäftsanteils, auf den sich die Sacheinlage bezieht, im Beschluss über die Erhöhung des Stammkapitals festgesetzt werden.** ²**Die Festsetzung ist in die in § 55 Abs. 1 bezeichnete Erklärung des Übernehmers aufzunehmen.**

(2) Die §§ 9 und 19 Abs. 2 und Abs. 4 finden entsprechende Anwendung.

Übersicht

I. Allgemeines

1 Fassung aufgrund des Gesetzes zur Modernisierung des GmbH-Rechts und zur Bekämpfung von Missbräuchen (MoMiG) v. 23.10.2008 mit Wirkung v. 1.11.2008.

Die Änderung des Abs. 1 bezieht sich auf § 5 Abs. 4 sowie die in § 19 Abs. 2 S. 2 enthal- **2**
tene Regelung zur Aufrechnung durch den Gesellschafter sowie die Rechtsfolgen bei
verdeckten Sacheinlagen (§ 19 Abs. 4). Ferner hat der Gesetzgeber eine entspr. Verweisung in § 56 Abs. 2 aufgenommen, da sich die genannten Vorschriften (anders als
z.B. die allg. Regelung in § 19 Abs. 2 S. 1) aufgrund der Bezugnahme auf § 5 Abs. 4 bzw.
auf die Anmeldung der Gesellschaft zur Eintragung in das HR unmittelbar nur auf die
GmbH-Gründung beziehen. § 56 betrifft Sacheinlagen als Gegenstand einer Kapitalerhöhung nach Eintragung, also nicht auf die Gründung. Die Bestimmung wurde i.Ü.
durch die GmbH-Novelle 1980 neu gefasst, ohne dass eine sachliche Änderung im
Vergleich zum vorherigen Recht eintrat. Die Bestimmung soll die Werthaltigkeit der
Sacheinlage durch die registerrechtliche Prüfung sicherstellen (vgl. *Wicke* § 56 Rz. 1;
ferner *Krafka* Rz. 1054 f.).

II. Begriff

Zum Begriff der Sacheinlage vgl. § 5 Rz. 35; i.Ü. auch *Wicke* § 56 Rz. 2; *Noack* § 56 **3**
Rz. 2 m.w.N.). Der Begriff der Sacheinlage ist mit dem bei Gründung der GmbH iden-
tisch. Gegenstand der Sacheinlage können alle Vermögensgegenstände sein (*BGH*
DNotZ 2005; *Gehrlein/Witt/Volmer* 6. Kap. Rz. 39; *Wicke* § 56 Rz. 2).

I.Ü. gilt für die Kapitalerhöhung mit Sacheinlage sinngemäß das, was für die Über- **4**
nahme eines Anteils mit Sachleistung im Gründungsstadium maßgeblich ist, vgl. § 57.
Der Registerrichter prüft die Werthaltigkeit der Sacheinlage wie bei der Gründung
(vgl. *LG Memmingen* NZG 2005, 322). Allerdings verlangt das Gesetz hier keinen
„Sachgründungsbericht" (§ 5 Abs. 4 S. 2) (vgl. *Noack* § 56 Rz. 17; *Krafka* Rz. 1056; *Altmeppen* § 56 Anm. 2.; *Meyer-Landrut/Miller/Niehus* Gesetz betreffend die Gesellschaften mit beschränkter Haftung (GmbHG) § 56 Rz. 10). Jedoch kann das Registergericht
im Rahmen der ihm durch seine Prüfungspflicht nach §§ 57a, 9c auferlegten Amtsermittlung (§ 26 FamFG, früher § 12 FGG) die Vorlage eines Sachgründungsberichts
oder vergleichbarer Nachweise verlangen (*OLG Stuttgart* BB 1982, 397; vgl. auch
Happ BB 1985, 1927 ff.).

III. Beschluss

Im Beschluss über die Kapitalerhöhung (vgl. §§ 55, 55a – Ermächtigungsbeschluss) **5**
und in der Übernahmeerklärung sind der Gegenstand der Sacheinlage, ihr Wert sowie
der ziffernmäßige Nennbetrag des Anteils unmissverständlich und eindeutig anzugeben (hierzu im Einzelnen § 5 Rz. 35). Anstelle eines Kapitalerhöhungsbeschlusses mit
Festsetzung reicht eine gleichzeitig beschlossene Satzungsänderung mit entspr. Inhalt
aus (kann auch Übernahmeerklärung enthalten – vgl. *BGH* NZG 2008, 146 auch zur
Änderung vor Eintragung und Mehrwert der bereits geleisteten Sacheinlage für eine
weitere Erhöhung, *Wicke* § 56 Rz. 5). Eine für den Mehrwert der Sacheinlage
gewährte Vergütung, auch in Form eines Gesellschafterdarlehens, ist im Gesellschaftsvertrag anzugeben (*OLG Stuttgart* a.a.O., zur verdeckten Sacheinlage bei Leistung der
Bareinlage zur Ablösung eines Darlehens s. *BGH* ZIP 2011, 1101; *BGH* v. 9.1.2016 –
II ZR 303/14 (bei Klage des Insolvenzverwalters) sowie *BGH* v. 19.1.2016 – II ZR 61/
15 – mit Verweis auf § 19 Abs. 4). Ebenso wie bei der Errichtung ist auch eine Mischeinlage zulässig (§ 5). Sind Beschluss und Übernahmeerklärung in einem notariellen
Protokoll enthalten, so ist dies ausreichend (vgl. *BGH* a.a.O.; BB 1966, 1410).

IV. Formvorschriften

6 Enthält der Kapitalerhöhungsbeschluss bzw. die Übernahmeerklärung die erforderlichen Festsetzungen nicht, darf die Kapitalerhöhung nicht eingetragen werden. Erfolgt gleichwohl eine Eintragung, so wird die Kapitalerhöhung als Barkapitalerhöhung wirksam (*Wicke* § 56 Rz. 5 a.E. m.w.N.; *Noack* § 56 Rz. 16). Ein Verstoß gegen die Formvorschrift des § 56 Abs. 1 oder auch das Fehlen der erforderlichen Angaben führen zur Unwirksamkeit ggü. der Gesellschaft (vgl. § 183 Abs. 2 AktG analog; vgl. § 5. Es handelt sich folglich lediglich um eine relative Unwirksamkeit, nicht um eine Nichtigkeit. I.Ü. sind die entspr. anzuwendenden §§ 9, 19 Abs. 2 S. 2, Abs. 4 entspr. anzuwenden. Auf die dortigen Ausführungen wird verwiesen.

§ 56a Leistungen auf das neue Stammkapital

Für die Leistungen der Einlagen auf das neue Stammkapital finden § 7 Abs. 2 Satz 1 und Abs. 3 sowie § 19 Abs. 5 entsprechende Anwendung.

Übersicht

I. Allgemeines

1 Fassung aufgrund des Gesetzes zur Modernisierung des GmbH-Rechts und zur Bekämpfung von Missbräuchen (MoMiG) v. 23.10.2008 mit Wirkung v. 1.11.2008. Die speziellen Regelungen zur Einpersonengesellschaft sind hier entfallen.

2 § 56a wurde durch Art. 1 Nr. 22 der GmbH-Novelle neu eingefügt und ersetzt § 57 Abs. 2 a.F. Vgl. auch § 56 Rz. 1. Durch die Reform 2008 ist der Begriff Stammeinlagen durch den Begriff „Geschäftsanteilen" ersetzt, ohne dass sich eine sachliche Änderung ergibt.

3 Er regelt die Verpflichtung des Zeichners des neuen Anteils. § 7 Abs. 2 S. 1 (Einzahlung von ein Viertel des Nennbetrags) und § 56a Abs. 3 (Sacheinlagen zur freien Verfügung des Geschäftsführers) sowie § 19 Abs. 5 (Befreiung von der Rückzahlungspflicht vollwertigem Rückzahlungsanspruch) sind entspr. anzuwenden.

II. Leistungen der Einlage

4 Auf jeden neuen Geschäftsanteil muss bei einer Barerhöhung vor Anmeldung mindestens ein Viertel eingezahlt sein (vgl. hierzu § 7 Rz. 15, 18; *Noack* § 56a Rz. 2 sowie *BGH* NJW 2013, 2428), sofern nicht Satzung oder Erhöhungsbeschluss die Fälligkeit nicht abw. bestimmen (z.B. sofortige Volleinzahlung). Auf § 7 Abs. 2 S. 2 ist in § 56a nicht verwiesen (Mindesteinzahlung in Höhe der Hälfte des Mindeststammkapitals; 12.500 €). Folglich bleibt es im Rahmen des § 56a bei der Einzahlungspflicht i.H.v. einem Viertel. Ob auf die bisherigen Anteile volle oder lediglich Teileinzahlung erfolgt, ist für § 56a ohne Belang (vgl. *BayObLG* ZIP 1986, 708; wie hier *Wicke* § 56a Rz. 1; *Noack* § 56a Rz. 2). Aufgeld (Agio) wird hinsichtlich des Viertels nicht einbezogen und ist folglich auch nicht vor Anmeldung zu bewirken (*Wicke* § 56a Rz. 1). Die frühere Regelung für die Ein-Personen-GmbH (§ 7 Abs. 2 S. 3 a.F.) ist gestrichen, so

A. Bartl

dass auch in diesem Fall die zuvor dargestellten Grundsätze gelten. Da der Gesellschafter dieser GmbH weitere Anteile übernehmen kann, so muss auf diese mindestens ein Viertel eingezahlt sein.

Liegt eine Sacheinlage vor, muss diese voll erbracht werden (§ 7 Abs. 3, s. auch *Noack*   **5** § 56a Rz. 16; *Lutter/Hommelhoff* § 56a Rz. 3, auch mit Verweis auf Einbringung von Grundstücken). Handelt es sich um eine Mischeinlage (so zur rückwirkenden Änderung des Geschäftsjahres vgl. *OLG Schleswig* NJW-RR 2000, 1425; *OLG Frankfurt* GmbHR 1999, 484; *Wicke* § 53 Rz. 10; *LG Frankfurt* GmbHR 1978, 112), die die Rückwirkung bei Ausschluss jedweder Gläubigerbenachteiligung zulässt (bedenklich; zur Rückwirkung vgl. i.Ü. bereits früher *Roth* § 54 Anm. 4.1; ferner *Dempewolf* NJW 58, 1215; *Jacobs/Woeste* AG 1958, 211; auch § 181 AktG), so müssen die volle Sacheinlage und der eingezahlte Geldbetrag mindestens ein Viertel des Wertes der übernommenen Stammeinlage ausmachen.

Im Fall des nunmehr gesetzlich geregelten „Hin- und Herzahlens" ist die Einlage-   **6** pflicht erfüllt, wenn sie durch einen vollwertigen Rückzahlungsanspruch gedeckt ist (§ 19 Abs. 5 in entspr. Anwendung; vgl. § 19 Rz. 51 f.).

Wie bei der Gründung müssen die Leistungen des Gesellschafters auch hier zur freien   **7** Verfügung der Geschäftsführer stehen (vgl. § 57 Abs. 2; i.Ü. § 8 Abs. 2). Der Geschäftsführer hat Entsprechendes wie bei der Gründung zu versichern. Endgültig zur freien Verfügung der Geschäftsführung ist geleistet, wenn die Leistung uneingeschränkt zur Verfügung steht und nicht an den Anteilsinhaber zurückfließt (*Wicke* § 56a Rz. 4; *BGH* NZG 2005, 180; *OLG Jena* NZG 2006, 752). Anders als bei der Gründung ist eine wertgleiche Deckung im Anmeldezeitpunkt oder bei Eintragung in das Handelsregister nicht erforderlich (*Wicke* § 56a Rz. 4). Es geht hier auch nur um die Werthaltigkeit der betroffenen Einlage, da es anders als bei der Gründung nicht um das Gesamtvermögen der Gesellschaft geht (keine Unterbilanz- oder Vorbelastungshaftung; vgl. *Wicke* a.a.O.).

Voreinzahlungen in einer finanziellen Notsituation auf eine künftige Kapitalerhöhung   **8** haben nur dann Tilgungswirkung, wenn der eingezahlte Betrag im Zeitpunkt des Kapitalerhöhungsbeschlusses und der Übernahmeerklärung noch endgültig zur freien Verfügung des Geschäftsführers steht und insb. neben der Zweckbestimmung der Vorleistung ein enger zeitlicher Zusammenhang zwischen der Voreinzahlung, der Gesellschafterversammlung und dem Kapitalerhöhungsbeschluss besteht (vgl. hierzu *BGH* NJW 2007, 515; zur Belehrungspflicht des Notars in diesen Fällen *BGH* DB 2008, 1316; auch *Wicke* § 56a Rz. 5; ferner *Noack* § 56a Rz. 9 f.).

III. Kapitalerhöhung für Alt-Gesellschaften

Die Frist für die Anhebung auf 25.000 € endete am 31.12.1985.   **9**

§ 57   Anmeldung der Erhöhung

(1) Die beschlossene Erhöhung des Stammkapitals ist zur Eintragung in das Handelsregister anzumelden, nachdem das erhöhte Kapital durch Übernahme von Geschäftsanteilen gedeckt ist.

(2) ¹In der Anmeldung ist die Versicherung abzugeben, dass die Einlagen auf das neue Stammkapital nach § 7 Abs. 2 Satz 1 und Abs. 3 bewirkt sind und dass der Gegenstand der Leistungen sich endgültig in der freien Verfügung der Geschäftsführer befindet. ²§ 8 Abs. 2 Satz 2 gilt entsprechend.

(3) Der Anmeldung sind beizufügen:

1. die in § 55 Abs. 1 bezeichneten Erklärungen oder eine beglaubigte Abschrift derselben;
2. eine von den Anmeldenden unterschriebene oder mit einer qualifizierten elektronischen Signatur versehene Liste der Personen, welche die neuen Geschäftsanteilen übernommen haben; aus der Liste müssen die Nennbeträge der von jedem übernommenen Geschäftsanteile ersichtlich sein;
3. bei einer Kapitalerhöhung mit Sacheinlagen die Verträge, die den Festsetzungen nach § 56 zugrunde liegen oder zu ihrer Ausführung geschlossen worden sind.

(4) Für die Verantwortlichkeit der Geschäftsführer, welche die Kapitalerhöhung zur Eintragung in das Handelsregister angemeldet haben, finden § 9a Abs. 1 und 3, § 9b entsprechende Anwendung.

I. Allgemeines

1 § 57 wurde durch das Gesetz zur Ergänzung der Regelungen zur Umsetzung der Digitalisierungsrichtlinie und zur Änderung weiterer Vorschriften (DiRUG), in Kraft getreten am 1.8.2023, geändert (BGBl. I 2023, S. 1146).

Fassung aufgrund des Gesetzes zur Modernisierung des GmbH-Rechts und zur Bekämpfung von Missbräuchen (MoMiG) v. 23.10.2008 mit Wirkung v. 1.11.2008.

2 § 57 wurde geändert durch Art. 1 Nr. 23 der GmbH-Novelle 1980, was auf die Änderung der §§ 7–9b zurückzuführen war. Die durch die Reform 2008 vorgenommenen Änderungen sind Folgeänderungen anderer Bestimmungen bzw. sprachliche Anpassungen (vgl. Begr. RegE, BT-Drucks. 16/6140). § 57 ist eine Ergänzung des § 54 für Kapitalerhöhungen.

II. Anmeldung als Voraussetzung für die Eintragung

3 Die Anmeldung muss in notariell beglaubigter Form von den Geschäftsführern unterschrieben und elektronisch in notariell beglaubigter Form zum Handelsregister angemeldet werden (vgl. §§ 129 BGB, 40 BeurkG, 12 HGB). Sie darf nach § 57 Abs. 1 erst erfolgen, wenn der Erhöhungsbetrag des Stammkapitals durch die Übernahmeverträge vollständig gedeckt ist. Die Anmeldung der Kapitalerhöhung ist Voraussetzung für die Eintragung des Kapitalerhöhungsbeschlusses und damit auch für sein Wirksamwerden (§ 54 Abs. 3). Die Anmeldung darf erst erfolgen, wenn das erhöhte Kapital vollständig gezeichnet ist, wenn auch das GmbH-Recht im Gegensatz zum Aktienrecht nur die Anmeldung des Beschlusses, nicht seiner Durchführung kennt. Die Durchführung erfolgt durch die Übernahmeerklärung des neuen Anteilsinhabers. Wird eine Übernahme nicht oder nicht vollständig erreicht, ist die Anmeldung zurückzuweisen, falls nicht entspr. Erklärungen nachgereicht werden. Mangelt es an einer vollständigen Übernahme, hilft nur eine Abänderung des Erhöhungsbeschlusses (vgl. *Noack* § 57 Rz. 4, 5; vgl. hierzu auch *Krafka* Rz. 1045 ff.).

III. Anmeldung durch Geschäftsführer

Die Anmeldung erfolgt durch alle Geschäftsführer, § 78. Sie muss nicht in einer **4** Anmeldungsurkunde enthalten sein. Vielmehr kann die Anmeldung des einen oder anderen Geschäftsführers gesondert eingereicht werden. Die Anmeldung einer Kapitalerhöhung durch Bevollmächtigte ist unzulässig (§ 78; *Wicke* § 57 Rz. 1; vgl. auch *Noack* § 57 Rz. 2; *BayObLG* NJW-RR 1987, 95), soweit es sich um die Einzahlungsversicherung handelt (persönliche Versicherung jedes Geschäftsführers), ansonsten soll rechtsgeschäftliche Stellvertretung zulässig sein (*OLG Köln* NJW-RR 1987, 95). Auch im Insolvenzfall haben die Geschäftsführer die Kapitalerhöhung noch anzumelden (*Wicke* § 57 Rz. 4; *BayObLG* DNotZ 2004, 881, s. hierzu auch *BGH* NJW 2013, 2428).

IV. Inhalt der Anmeldung

Die Anmeldung muss enthalten: **5**

1. den Kapitalerhöhungsbeschluss in seinem wesentlichen Inhalt (insb. den geänderten Paragraphen der Satzung sowie den Erhöhungsbetrag: „Das Stammkapital ist um 30.000 EUR auf 80.000 EUR erhöht und der Gesellschaftsvertrag in § ... abgeändert worden."),
2. die Versicherungen sämtlicher Geschäftsführer darüber, dass
   a) auf jede neue Stammeinlage ein Viertel geleistet ist,
   die Sacheinlage voll erbracht ist,
   bei der Mischeinlage die Sacheinlage voll und von dem Rest ein Viertel in bar (hierzu *Hachenburg/Ulmer* § 7 Rz. 25 m.w.N.) erbracht ist und die eingezahlten Beträge bzw. der Gegenstand der Sacheinlage endgültig zur freien Verfügung stehen (Bewirkung der Leistung und freie Verfügbarkeit; vgl. zum Inhalt der Versicherung § 8 Rz. 36 ff.). Hinsichtlich der Bareinlagen ist es nicht erforderlich, dass die Einlagen noch im Zeitpunkt der Anmeldung unverändert zur freien Verfügung stehen (vgl. *Wicke* § 56a Rz. 4; *BGH* NJW 2007, 515; NZG 2005, 180; NZG 2002, 522; *OLG Jena* NZG 2002, 752), anders bei Sacheinlagen (§ 56a; *Wicke* § 57 Rz. 4; § 57a Rz. 1: Stichtag nach h.M. Anmeldezeitpunkt, *OLG Düsseldorf* NJW-RR 1996, 605; a.A. *OLG Jena* GmbHR 1994, 710: Zeitpunkt des Kapitalerhöhungsbeschlusses; vgl. auch *BGH* NZG 2002, 522; NZG 2005, 181). Keine Berücksichtigung des Aufgelds bei der richterlichen Prüfung (*LG Augsburg* NJW-RR 1996, 606; *Wicke* § 57a Rz. 1; auch *Lutter/Hommelhoff* § 67 Rz. 6 zur befreienden Rückzahlung an Gesellschafter bei Cash-Pooling).

6 Bei der Versicherung genügt jedoch nicht die Angabe, dass mindestens 25 % des übernommenen Anteils eingezahlt sind (hierzu auch *BGH* NJW 2013, 3039) es müssen vielmehr konkrete Angaben dazu gemacht werden, welchen ziffernmäßigen Betrag jeder der Übernehmer geleistet hat, soweit nicht Volleinzahlung vorliegt (*Krafka* Rz. 1050, m.w.N.; vgl. hierzu *BayObLG* ZIP 1979, 458; ZIP 1981, 1207; *OLG Hamm* DNotZ 1982, 706). Ist in dem Kapitalerhöhungsbeschluss auch bestimmt, dass die neuen Stammeinlagen in voller Höhe sofort einzuzahlen sind, so genügt die Versicherung, dass die Einlagen vollständig erbracht sind (*Krafka* a.a.O.; *OLG Düsseldorf* GmbHR 1986, 267; auch *Lutter/Hommelhoff* § 57 Rz. 16 zur Haftung der Geschäftsführer bei falschen/unrichtigen Angaben in der Anmeldung m.w.N. auch *Noack* § 57 Rz. 30 ff.). Nicht gefolgt werden kann der Meinung, dass auch die Art und Weise der Leistung zu versichern ist (so *Hachenburg/Ulmer* § 57 Rz. 7). Allerdings kann sich aus der Prüfungspflicht des Registergerichts (§§ 9c, 57a) ergeben, neben der förmlichen Versicherung die Zahlungsumstände zu konkretisieren oder nachzuweisen (*OLG Düsseldorf* GmbHR 1986, 266).

7 Für die Verantwortlichkeit der Geschäftsführer hinsichtlich der Richtigkeit der von ihnen gemachten Angaben gilt das Gleiche wie bei der Gründung. §§ 9a Abs. 1 und Abs. 3, 9b gelten entspr.: Haftung für fehlende Einlagen, Ersatz der Vergütung, die nicht in den Kapitalerhöhungsaufwand aufgenommen ist, und Schadenersatz für sonst entstehenden Schaden, § 9a Abs. 1 (vgl. dort). Keine Haftung bei Nichtkenntnis, § 9a Abs. 3 (vgl. dort). Verzicht auf Ersatzanspruch durch die Gesellschaft ist unwirksam, § 9b (vgl. auch *Wicke* § 57 Rz. 6; *Noack* § 57 Rz. 30 f.; *Gehrlein/Witt/Volmer* 1. Kap. Rz. 23; *Kion* BB 1984, 864).

8 Für die Kapitalerhöhung bei der Ein-Personen-GmbH gilt nichts Besonderes, da hier die Grenze von 25.000 € wie bei der Gründung keine Rolle spielt. Es reicht eine Einzahlung von einem Viertel auf die Einlage. Die früher nach § 57 Abs. 2 S. 3 a.F. vorgesehene Sicherung ist entfallen.

V. Beizufügende Unterlagen

9 Der Anmeldung sind beizufügen:

– **Erhöhungsbeschluss** (elektronische beglaubigte Abschrift des notariell beurkundeten Erhöhungsbeschlusses);
– **Übernahmeerklärung** (elektronisch beglaubigte Abschrift der Übernahmeerklärungen Ausnahme: bereits in der notariellen Urkunde neben dem Kapitalerhöhungsbeschluss enthalten);
– eine **Gesellschafterliste der Übernehmer** der neuen Stammeinlagen mit Angabe der von jedem neuen Gesellschafter übernommenen Einlage (§ 40 Abs. 2); mit Wirkung zum 1.1.2024 und aufgrund MoPeG (s. hierzu § 40) ist die Liste von sämtlichen Geschäftsführern zu unterzeichnen, nunmehr ausreichend ist hier eine mit einer qualifizierten elektronischen Signatur versehenen Liste der Übernehmer (zusätzlich muss allerdings weiterhin eine aktuelle Gesellschafterliste eingereicht werden).
– elektronische Aufzeichnung der Übernehmerliste – unterzeichnet von sämtlichen Geschäftsführern – mit Angabe der Namen, Vornamen, Geburts- und Wohnort mit den Beträgen der übernommenen Angaben bzw. bei Nennwerterhöhung des Aufstockungsbetrages (juristische Personen: Firma und Sitz; bei GbR Angaben zu allen Mitgliedern – vgl. *Wicke* § 57 Rz. 5: Nummerierung empfohlen – vgl. i.Ü. Abs. 3 Nr. 2);

- im Fall der **Kapitalerhöhung durch Sacheinlagen die Verträge, die der Festsetzung zugrunde liegen** oder zu ihrer Ausführung geschlossen worden sind (Abs. 3 Ziff. 3, § 56), soweit nicht formlos getroffen (*Wicke* § 57 Rz. 5). Diese Ziffer wurde 1980 eingeführt und entspricht der Neuregelung bei der Sachgründung (§ 8 Abs. 1 Nr. 4, vgl. dort). Sie ist notwendig, damit nicht die Gründungsvorschriften auf dem Wege einer Kapitalerhöhung umgangen werden;
- elektronisch beglaubigter vollständiger Wortlaut der nunmehr geltenden Satzung gem. § 54 mit Notarbestätigung;
- Wertnachweise nach § 8 Abs. 1 Nr. 5 bzw. Sachkapitalerhöhungsbericht.

Nicht mehr vorzulegen ist eine Unbedenklichkeitsbescheinigung des Finanzamtes **10** durch Neueinfügung des § 7 Abs. 5 KVStDV. Der Wegfall der bisher bestehenden Verpflichtung wird mit der geringen Bedeutung der Einzahlung der Steuer im Hinblick auf ihren geringen Betrag ggü. sonstigen, auch steuerlichen Verpflichtungen begründet (Rechtsausschuss BT-Drucks. 8/3908, 81). Ferner ist nicht mehr eine entspr. Genehmigungsurkunde für den Fall der Änderung des Gegenstands vorzulegen – gestrichen ist § 8 Abs. 1 Nr. 6 a.F.).

VI. Anmeldung beim Registergericht

Elektronisch anzumelden ist bei dem Registergericht des Sitzes der Gesellschaft, falls **11** Doppelsitz bei beiden Gerichten (vgl. § 376 FamFG – früher § 125 FGG).

VII. Inhalt und Bekanntmachung der Eintragung

Für die Eintragung der Kapitalerhöhung gilt § 54 Abs. 2 S. 1. Da die Kapitalerhöhung eine **12** der in § 10 Abs. 1 genannten Angaben betrifft, ist sie ausdrücklich in das Handelsregister einzutragen. Die Eintragung kann etwa folgenden Wortlaut haben: „Durch Beschluss der Gesellschafterversammlung vom … ist das Stammkapital um 20.000 EUR auf 50.000 EUR erhöht und der Gesellschaftsvertrag in § 3 (Stammkapital) geändert."

Hinsichtlich der Bekanntmachung der Eintragung ist § 57b aufgehoben (vgl. EHUG, **13** BGBl. I 2006, S. 2553, s. auch Begr. RegE zur Streichung des § 57b, BT-Drucks. 16/960).

VIII. Unrichtige Angaben

Wegen der Strafbarkeit der Geschäftsführer für unrichtige Angaben bei der Versiche- **14** rung vgl. § 82.

§ 57a Ablehnung der Eintragung

Für die Ablehnung der Eintragung durch das Gericht findet § 9c Abs. 1 entsprechende Anwendung.

Übersicht

I. Allgemeines

Diese Vorschrift wurde neu eingefügt durch Art. 1 Nr. 24 der GmbH-Novelle 1980, die **1** amtliche Überschrift ergänzt durch MoMiG v. 23.10.2008. Sie verweist wegen der Frage, in welchem **Umfang das Registergericht zur Prüfung der Vorgänge bei einer**

Kapitalerhöhung verpflichtet ist, auf § 9c Abs. 1. Einschränkungen für die Prüfung nach § 9c Abs. 2 bestehen nicht, da § 57a nur auf § 9c Abs. 1 verweist. § 57b wurde gestrichen (vgl. EHUG – Begr. RegE zu § 57b a.F.). Der Registerrichter hat nicht nur ein Prüfungsrecht, sondern eine Prüfungspflicht (*Noack* § 57a Rz. 2; vgl. auch *Krafka* Rz. 1025 f.). Zur „wesentlichen" Überbewertung der Sacheinlagen und registerrichterlicher Prüfung vgl. § 9c Rz. 17.

II. Prüfungskriterien

2   **Wegen der Prüfung der Anmeldung vgl. ferner** § 8 Rz. 7 ff.; § 57.

Das Registergericht hat danach zu überprüfen:

1. die Ordnungsmäßigkeit – Vollständigkeit – der Anmeldung (vgl. § 57),
2. die Ordnungsmäßigkeit des Kapitalerhöhungsbeschlusses sowohl in formeller (Einhaltung der Beurkundungsvorschriften) als auch in materieller (Beachtung der §§ 55, 56) Hinsicht,
3. die Übernahmeerklärungen,
4. die abzugebenden Versicherungen;
5. die Bewertung der Sacheinlagen;
6. vollständiger, notariell bestätigter Gesellschaftsvertrag.

Wegen der Einzelheiten wird auf §§ 9c Abs. 1, 56a, 57 verwiesen.

III. Bewertungsprobleme

3   **Wegen der Bewertung vgl.** § 5; auch § 9c Rz. 5 f. – eingeschränkte Prüfung bei Sacheinlagen. Zu den Schranken der Prüfung i.Ü. vgl. § 9c Rz. 8 f.

IV. Ablehnung der Eintragung

4   **Wie im Fall des** § 9c ist die Eintragung abzulehnen, wenn die beschlossene Kapitalerhöhung formell (hierzu *BGH* NJW 2018, 703) bzw. materiell fehlerhaft oder unvollständig ist oder der Anmeldung nicht die nach § 57 Abs. 3 vorgesehenen Unterlagen nicht beigefügt sind. Insb. ist die Eintragung abzulehnen, wenn die Kapitalerhöhung Gesetz oder Satzung widerspricht (*BayObLG* NZG 2002, 583; a.A. *Noack* § 57a Rz. 3; zu den weiteren Einzelheiten. *Krafka* Rz. 1026 f.; zur Kapitalerhöhung Rz. 1048). Vor der Zurückweisung der Anmeldung bzw. der Ablehnung Eintragung wird der Registerrichter bei Behebbarkeit etwaiger Mängel eine Zwischenverfügung erlassen (anderes bei Nichtvollziehbarkeit der Eintragung – vgl. *Krafka* Rz. 166, unter Hinweis auf § 26 S. 2 HRV; auch Rz. 192 zur Zurückweisung der Anmeldung; vgl. auch § 21 FamFG – früher § 127 FGG). Der Zurückweisungsbeschluss ist zu begründen (§ 26 S. 1 HRV). Der Zurückweisungsbeschluss ist mit der unbefristeten Beschwerde anfechtbar (§ 36 FamFG – früher §§ 19, 20 FGG; *Krafka* Rz. 193; *BayObLG* GmbHR 1987, 391). Zuständig ist das LG, für die weitere Beschwerde das OLG).

§ 57b

(weggefallen)

§ 57c Kapitalerhöhung aus Gesellschaftsmitteln

(1) Das Stammkapital kann durch Umwandlung von Rücklagen in Stammkapital erhöht werden (Kapitalerhöhung aus Gesellschaftsmitteln).

(2) Die Erhöhung des Stammkapitals kann erst beschlossen werden, nachdem der Jahresabschluss für das letzte vor der Beschlussfassung über die Kapitalerhöhung abgelaufene Geschäftsjahr (letzter Jahresabschluss) festgestellt und über die Ergebnisverwendung Beschluss gefasst worden ist.

(3) Dem Beschluss über die Erhöhung des Stammkapitals ist eine Bilanz zugrunde zu legen.

(4) Neben den §§ 53 und 54 über die Abänderung des Gesellschaftsvertrags gelten die §§ 57d bis 57o.

Übersicht

I. Allgemeines

Die Vorschrift wurde durch die Reform 2008 nicht verändert, die amtliche Überschrift **1** durch MoMiG v. 23.10.2008 ergänzt.

Bei der Kapitalerhöhung aus Gesellschaftsmitteln erübrigen sich Einzahlungen der **2** Gesellschafter, denn der Betrag, um den das Kapital erhöht werden soll, ist bereits im Gesellschaftsvermögen enthalten. Es handelt sich lediglich um eine „nominelle" Kapitalerhöhung durch Umwandlung von Rücklagen in haftendes Kapital (Stammkapital, s. auch *Noack* § 57c Rz. 1). Es fließt nicht von außen neues Kapital zu: § 30 greift insoweit ein (Auszahlungsverbot – s. § 30). Bei dieser Form der Kapitalerhöhung werden Posten auf der Passivseite der Bilanz geändert, ohne dass damit eine Änderung der reinen Vermögenslage der Gesellschaft verbunden wäre. Die Kapitalerhöhung aus Gesellschaftsmitteln und die gegen Einlagen sind, sowohl rechtlich als auch wirtschaftlich, zwei ganz verschiedene Vorgänge. Daher ist eine Verbindung beider Kapitalerhöhungsarten in einem Beschluss nicht zulässig (*Noack* § 57c Rz. 8 – getrennte und klar abgegrenzte Wege bzw. Beschlüsse, wenn auch in einer Gesellschafterversammlung möglich). Keine Bedenken bestehen gegen eine gleichzeitige Beschlussfassung beider Arten der Kapitalerhöhung, wobei es sich um zwei Beschlüsse handelt, die getrennt zu behandeln sind. Handelt es sich um eine personenbezogene GmbH und wirken alle Gesellschafter an der einheitlichen Kapitalerhöhung einverständlich mit, bestehen gegen deren Wirksamkeit keine Bedenken (*OLG Düsseldorf* BB 1986, 1732; NJW 1986, 2060, auch zur Geltung des Sacheinlageverbots für eine Unternehmergesellschaft *BGH* NJW 2011, 1881).

Die §§ 53, 54 finden uneingeschränkt Anwendung (zwingend Gesellschafterbeschluss **3** mit drei Vierteln der abgegebenen Stimmen (*Wicke* § 57c Rz. 2; *Noack* § 57c Rz. 2; *Lutter/Hommelhoff* § 57c Rz. 6). Eine Übernahme findet hier nicht statt, vielmehr stehen die neuen Anteile zwingend den bisherigen Gesellschaftern zu (§§ 57j, 57l). Es können unter Beachtung dieser zwingenden Regelung auch neue Anteile oder die Erhöhung der Nennbeträge beschlossen werden (§ 57h; *Wicke* § 57c Rz. 1). Voraussetzungen sind drei Beschlüsse:

- Feststellung des Jahresabschlusses,
- Gewinnverwendung,
- Kapitalerhöhung (*Wicke* § 57c Rz. 4).

Der Kapitalerhöhungsbeschluss darf erst erfolgen, wenn Jahresabschluss festgestellt ist und Gewinnverwendungsbeschluss (vgl. § 29) vorliegt (Wirksamkeitsvoraussetzung des Kapitalerhöhungsbeschlusses – *Noack* § 57c Rz. 4, 5; *Wicke* § 57c Rz. 4). Ist das nicht der Fall, so ist der Kapitalerhöhungsbeschluss zunächst schwebend unwirksam (str. – wie hier *LG Duisburg* GmbHR 1990, 85; *Noack* a.a.O., Rz. 5; *Wicke* a.a.O.; a.A. h.M. *Lutter/ Hommelhoff* § 57c Rz. 13: Nichtigkeit; auch *Altmeppen* § 57c Rz. 14 und Hinweis auf § 241 Nr. 3 AktG). Das Abweichen von der chronologischen Reihenfolge sollte nicht entscheidend sein. Allerdings spricht der Wortlaut des § 57c Abs. 2 („kann erst beschlossen werden") hiergegen. Daher dürfte es sich empfehlen, die Reihenfolge Feststellung des Jahresabschlusses, Ergebnisverwendungsbeschluss und sodann Beschluss der Kapitalerhöhung einzuhalten. Der Registerrichter könnte sich in dieser streitigen Frage nach der h.M. entscheiden (Nichtigkeit). Wird die Reihenfolge eingehalten, so können alle Feststellungen bzw. Beschlüsse Gegenstand einer Gesellschafterversammlung sein (*Noack* § 57c Rz. 4a; *Wicke* § 57c Rz. 4; *Altmeppen* § 57c Rz. 13 unter Beachtung der Reihenfolge). Der Inhalt des Kapitalerhöhungsbeschusses erfordert die Angabe des exakten Erhöhungsbetrages, die Angabe, dass die Erhöhung aus Gesellschaftsmitteln erfolgt, die Angabe der zugrunde gelegten Bilanz sowie die Erhöhung des Nennbetrags bzw. die Bildung neuer Anteile unter Angabe der Übernehmer dieser Anteile (Übernahme mehrerer neuer Anteile möglich) sowie ggf. eine abw. Regelung von § 57n – Gewinnbeteiligung (vgl. *Noack* § 57c Rz. 3; *Wicke* § 57c Rz. 6; *Altmeppen* § 57c Rz. 10 – vgl. §§ 57d, f). Wegen der zwingenden Verteilung der Geschäftsanteile vgl. § 57j. Vorschriften über Kapitalerhöhungen mit Sacheinlagen (§ 56) spielen hier regelmäßig keine Rolle (*Wicke* § 57c Rz. 5; *OLG Hamm* DStR 2008, 988).

II. Umwandlung von Rücklagen

4   Eine Kapitalerhöhung aus Gesellschaftsmitteln ist nur durch Umwandlung von Rücklagen zulässig (zur Umwandlungsfähigkeit der Rücklagen vgl. § 57d). Damit scheidet die Möglichkeit der Umwandlung von Gewinnen aus, was die Gesellschafter nicht hindert, durch Beschluss einen Gewinn in eine Rücklage einzustellen, Abs. 2 (Ergebnisverwendungsbeschluss). Hierbei ist jedoch der Gewinnanspruch des § 29 zu beachten. Erfolgt ein Beschluss über die Zuweisung von Gewinn in eine Rücklage unter Verletzung des § 29, so ist der Beschluss anfechtbar (vgl. oben § 29; ferner *Wicke* Anh. § 47 zur Nichtigkeit und Anfechtbarkeit von Gesellschafterbeschlüssen). Eine erfolgreiche Anfechtung beseitigt die Rücklage und entzieht damit dem Kapitalerhöhungsbeschluss, der diese Rücklage umwandeln soll, die Grundlage. Das Gleiche gilt auch für einen Gewinnvortrag.

III. Änderung des Gesellschaftsvertrages

5   Die Kapitalerhöhung aus Gesellschaftsmitteln bedeutet immer eine Änderung des Gesellschaftsvertrages (vgl. oben Rz. 3), denn die Höhe des Stammkapitals ist notwendiger Bestandteil dessen (§ 3 Abs. 1 Ziff. 3). Deshalb verweist Abs. 4 auf die Vorschriften über die Änderung des Gesellschaftsvertrages und seiner Anmeldung. Der Kapitalerhöhungsbeschluss bedarf danach der Mehrheit von drei Vierteln der abgegebenen Stimmen, wobei der Gesellschaftsvertrag eine höhere Mehrheit vorsehen kann. I.Ü. vgl. §§ 53, 54, wegen der Anmeldung auch § 57i.

IV. Feststellung des Jahresabschlusses

Die Erhöhung des Nennkapitals kann erst beschlossen werden, wenn der Jahresab-   **6**
schluss für das letzte Geschäftsjahr, das vor der Beschlussfassung über die Kapitalerhöhung abgelaufen ist, festgestellt und über die Verteilung des Reingewinns dieses Geschäftsjahres ein Beschluss gefasst worden ist (§ 46 Ziff. 1). Die Formulierung „kann erst" bedeutet, dass die Vorschrift zwingend ist (*Noack* § 57c Rz. 4 f.). Die Gesellschafter sollen sich zunächst über die wirtschaftliche Lage des Unternehmens unterrichten, und es muss feststehen, dass die für die Kapitalerhöhung notwendigen Beträge auch vorhanden sind und zur Verfügung stehen. Ein vor der Feststellung gefasster Beschluss ist anfechtbar, nicht nichtig (vgl. oben Rz. 1, 3). Der Kapitalerhöhungsbeschluss kann aber auch im unmittelbaren Anschluss an den Beschluss über die Feststellung der Bilanz und der Gewinnverteilung in einer Gesellschafterversammlung gefasst werden (vgl. oben Rz. 1, 3).

Im Fall, dass die neuen Anteilsrechte bereits am Gewinn des letzten, vor der   **7**
Beschlussfassung über die Kapitalerhöhung abgelaufenen Geschäftsjahres teilnehmen sollen, § 57n Abs. 2, kann die Beschlussfassung über die Kapitalerhöhung vor dem Gewinnverteilungsbeschluss gefasst werden, jedoch nicht vor der Bilanzfeststellung (vgl. § 57n Abs. 2). Zur fehlerhaften Eintragung und Heilung nach § 242 AktG *Noack* § 57d Rz. 11 mit Verweisen sowie § 57i Rz. 18; auch *Wicke* § 54a Rz. 2; *Altmeppen* § 57c Rz. 14 – s. auch u. § 57i.

V. Bilanz

Dem Beschluss über die Erhöhung des Nennkapitals ist eine Bilanz zugrunde zu   **8**
legen. Nur sie gibt darüber Aufschluss, welche umwandlungsfähigen Rücklagen vorhanden sind. Wegen der einzelnen Bilanzerfordernisse §§ 57e und 57f. Existiert eine Bilanz nicht oder ist sie nichtig, so hat das die Nichtigkeit des Kapitalerhöhungsbeschlusses zur Folge (*Noack* § 57c Rz. 6, 7). Bei der Bilanz kann es sich um die Jahresbilanz oder eine Zwischenbilanz (beachte § 57e Abs. 1) handeln. Im Kapitalerhöhungsbeschluss muss die jeweilige Bilanz konkret bezeichnet werden (zu den Anforderungen an die Bestätigung einer Bilanz bei Kapitalerhöhung *OLG Hamm* ZIP 2010, 2347; sowie *Noack* § 57c Rz. 6, 7). I.Ü. vgl. §§ 57d, f. zu den Einzelheiten der Bilanz.

VI. Steuerrecht

Vgl. insofern §§ 1 (neue Anteile keine Einkünfte) und 3 (keine Änderung des Wertan-   **9**
satzes von Anteilen der Gesellschafter in deren Bilanz) KapErhStG; ferner *Noack* Vorbem. § 57c Rz. 3; auch *Altmeppen* § 57c Rz. 15, 16 (Einkommenssteuer) sowie *BFH* v. 9.11.2010 – IX R 24/09 (steuerliche Konsequenzen einer nicht verhältniswahrenden Verschmelzung) sowie *FG Köln* v. 26.5.2009 – 8K 335/07 (zum selben Verfahren).

§ 57d Ausweisung von Kapital- und Gewinnrücklagen

(1) Die Kapital- und Gewinnrücklagen, die in Stammkapital umgewandelt werden sollen, müssen in der letzten Jahresbilanz und, wenn dem Beschluss eine andere Bilanz zugrunde gelegt wird, auch in dieser Bilanz unter „Kapitalrücklage" oder „Gewinnrücklagen" oder im letzten Beschluss über die Verwendung des Jahresergebnisses als Zuführung zu diesen Rücklagen ausgewiesen sein.

(2) Die Rücklagen können nicht umgewandelt werden, soweit in der zugrunde gelegten Bilanz ein Verlust, einschließlich eines Verlustvortrags, ausgewiesen ist.

(3) Andere Gewinnrücklagen, die einem bestimmten Zweck zu dienen bestimmt sind, dürfen nur umgewandelt werden, soweit dies mit ihrer Zweckbestimmung vereinbar ist.

Übersicht

I. Umwandlungsfähige Rücklagen

1 Die Bestimmung wurde durch die Reform 2008 nicht verändert, die amtliche Überschrift durch MoMiG v. 23.10.2008 ergänzt. Die Bestimmung verlangt zugunsten der Gläubiger, dass das Vermögen der GmbH ausreichend vorhanden ist. Rücklagen, die in Kapital umgewandelt werden sollen, müssen in der Bilanz als solche bezeichnet sein. Sie müssen unter „Rücklagen" – „Kapitalrücklage" oder „Gewinnrücklage" – erscheinen (vgl. § 268 Abs. 1 HGB). Stille Reserven sind nicht umwandlungsfähig; sie müssen zuvor in der nächsten Jahresbilanz aufgelöst und in offene Rücklagen verwandelt werden (*Wicke* § 57d Rz. 7). Gleiches gilt für einen Gewinnvortrag. Wird eine andere als die Jahresbilanz zur Grundlage der Kapitalerhöhung gemacht, so muss auch diese die Rücklagen als solche ausweisen, zusätzlich zur vorhergehenden Jahresbilanz (*Noack* § 57d Rz. 3). Allerdings eröffnet Abs. 1 auch die Möglichkeit, dass durch Beschluss der Gesellschafter ein Jahresergebnis als Zuführung zu Rücklagen ausgewiesen wird, ohne dass die Bilanz dies aussagt. Wegen der Unternehmergesellschaft (haftungsbeschränkt) vgl. § 5a Abs. 3.

2 Abs. 1 bestimmt, welche Rücklagen umwandlungsfähig sind. Es sind grds. alle in der Bilanz als solche ausgewiesenen Rücklagen. Der Ausschluss der Umwandlungsmöglichkeit von gesetzlichen Rücklagen in bestimmten Umfang spielt für die GmbH keine Rolle, da für sie keine gesetzlichen Rücklagen i.S.d. § 150 AktG vorgesehen sind und die Sonderrücklagen gem. § 35 Abs. 3 BilG ausdrücklich in voller Höhe umgewandelt werden kann.

3 Nicht umwandlungsfähig waren vor Inkrafttreten des Bilanzrichtliniengesetzes Lastenausgleichsrücklagen, Pensionsrücklagen und Rücklagen, die erst bei der Auflösung der Gesellschaft zu versteuern waren.

II. Umwandlungsverbot

4 Die Umwandlung von Rücklagen kann insoweit nicht erfolgen, als die Bilanz einen Verlust oder einen Verlustvortrag ausweist (hierzu auch *Lutter/Hommelhoff* § 57d Rz. 7 ff.). Dabei vermindert sich der Betrag der umwandlungsfähigen Rücklagen um

diesen Betrag, da es insoweit an einem Überschuss des Eigenkapitals über das Nennkapital fehlt. Ein Verstoß gegen die Vorschrift des §57d Abs.1 und 2 macht den Kapitalerhöhungsbeschluss nichtig, denn es handelt sich um zwingende Vorschriften, die im öffentlichen Interesse sicherstellen sollen, dass nur wirklich vorhandene und frei verfügbare Beträge zur Kapitalerhöhung verwendet werden (*Lutter/Hommelhoff* §57d Rz.1; auch *Wicke* §57d Rz.8, 9). Das Registergericht darf einen unter Verletzung dieser Vorschriften gefassten Beschluss nicht eintragen (*Geßler* BB 1960, 8, zu den Folgen bei Unterdeckung auch *Noack* §57d Rz.8).

III. Bedingt umwandlungsfähige Posten

Bedingt umwandlungsfähig sind andere Gewinnrücklagen, die zu einem bestimmten 5 Zweck gebildet wurden. Die Umwandlung kann nur dann erfolgen, wenn das mit ihrem Zweck vereinbar ist oder die Zweckbindung aufgehoben oder abgeändert wird. Die die Umwandlung hindernde Zweckbestimmung kann auch zugleich mit dem Kapitalerhöhungsbeschluss durch die Gesellschafterversammlung aufgehoben werden. Sieht der Gesellschaftsvertrag eine Rücklagenbildung zu einem bestimmten Zweck vor, so kann dies die Gesellschafterversammlung durch einen Abänderungsbeschluss beseitigen. Bleibt die Zweckbestimmung bestehen, so kommt es darauf an, ob die Verwendung dieser Rücklagen zur Kapitalerhöhung dem widerspricht. Das ist z.B. dann zu verneinen, wenn die Kapitalerhöhung zur Beschaffung von Vermögenswerten dienen soll, die in der Bilanz als Aktiva aufgenommen werden und somit einen Gegenwert für das erhöhte Stammkapital bilden können; vgl. *Geßler* BB 1960, 8. Ein Verstoß gegen §57d Abs.3 führt zur Anfechtbarkeit des Beschlusses (*Wicke* §57d Rz.5).

§57e Zugrundelegung der letzten Jahresbilanz; Prüfung

(1) Dem Beschluss kann die letzte Jahresbilanz zugrunde gelegt werden, wenn die Jahresbilanz geprüft und die festgestellte Jahresbilanz mit dem uneingeschränkten Bestätigungsvermerk der Abschlussprüfer versehen ist und wenn ihr Stichtag höchstens acht Monate vor der Anmeldung des Beschlusses zur Eintragung in das Handelsregister liegt.

(2) Bei Gesellschaften, die nicht große im Sinne des §267 Abs.3 des Handelsgesetzbuchs sind, kann die Prüfung auch durch vereidigte Buchprüfer erfolgen; die Abschlussprüfer müssen von der Versammlung der Gesellschafter gewählt sein.

Übersicht

	Rz		Rz
I. Bilanz	1	II. Bilanzstichtag	3

I. Bilanz

Die Bestimmung wurde durch die Reform 2008 nicht verändert, die amtliche Überschrift durch MoMiG v. 23.10.2008 ergänzt. 1

Dem Kapitalerhöhungsbeschluss muss gem. §57c Abs.3 eine Bilanz zugrunde gelegt 2 werden. Dies kann sowohl die Jahresbilanz als auch eine zu diesem Zweck besonders erstellte Bilanz (§57f, s. dort) sein. Zweckmäßigerweise wird die Jahresbilanz zu wählen sein, wobei §57e die hierfür erforderlichen Voraussetzungen bestimmt: Die Jahresbilanz muss geprüft und mit dem uneingeschränkten Prüfungsvermerk versehen sein (vgl. § 322 HGB, auch *Noack* § 57e Rz. 2). Für Gesellschaften, die nach den Bestimmungen des Bilanzrichtliniengesetzes der Prüfungspflicht unterliegen, gilt nichts Besonderes. Bei kleinen" Gesellschaften i.S.d. § 267 Abs. 1 und Abs. 2 HGB genügt es, dass die Prüfung durch vereidigte Buchprüfer erfolgt, die von der Gesellschafterversammlung zu wählen sind (Abs. 2). Nach der Änderung der Wirtschaftsprüferordnung können künftig auch Steuerberater und Rechtsanwälte vereidigte Buchprüfer werden (§§ 130–131b WPO). Der Wahl steht der schriftliche Beschluss nach § 48 Abs. 2 gleich. Auch bei Prüfung durch vereidigte Buchprüfer ist ein uneingeschränkter Bestätigungsvermerk erforderlich, was sich aus § 57f Abs. 2 und § 57i Abs. 1 S. 1 ergibt. Erfolgt ein Beschluss über die Kapitalerhöhung, ohne dass ein geprüfter und mit uneingeschränktem Bestätigungsvermerk versehener Abschluss vorliegt, ist dieser Beschluss in entspr. Anwendung des § 241 Nr. 3 AktG nichtig. Wird die Kapitalerhöhung dennoch eingetragen, tritt mit Ablauf vor drei Jahren eine Heilung ein (entspr. § 242 Abs. 2 AktG).

II. Bilanzstichtag

3 Der Stichtag der Bilanz darf höchstens acht Monate vor der Anmeldung der Kapitalerhöhung liegen, wobei es auf den Eingang der Anmeldung bei Gericht ankommt, auf den Zeitpunkt der Eintragung kommt es nicht an (*Noack* § 57e Rz. 4).

4 Die Einhaltung der Bestimmung ist durch das Registergericht nachzuprüfen. Bei einem Verstoß darf das Registergericht die Kapitalerhöhung nicht eintragen. Eine dennoch vorgenommene Eintragung heilt die formalen Mängel.

§ 57f Anforderungen an die Bilanz

(1) [1]Wird dem Beschluss nicht die letzte Jahresbilanz zugrunde gelegt, so muss die Bilanz den Vorschriften über die Gliederung der Jahresbilanz und über die Wertansätze in der Jahresbilanz entsprechen. [2]Der Stichtag der Bilanz darf höchstens acht Monate vor der Anmeldung des Beschlusses zur Eintragung in das Handelsregister liegen.

(2) [1]Die Bilanz ist, bevor über die Erhöhung des Stammkapitals Beschluss gefasst wird, durch einen oder mehrere Prüfer darauf zu prüfen, ob sie dem Absatz 1 entspricht. [2]Sind nach dem abschließenden Ergebnis der Prüfung keine Einwendungen zu erheben, so haben die Prüfer dies durch einen Vermerk zu bestätigen. [3]Die Erhöhung des Stammkapitals kann nicht ohne diese Bestätigung der Prüfer beschlossen werden.

(3) [3]Die Prüfer werden von den Gesellschaftern gewählt; falls nicht andere Prüfer gewählt werden, gelten die Prüfer als gewählt, die für die Prüfung des letzten Jahresabschlusses von den Gesellschaftern gewählt oder vom Gericht bestellt worden sind. [2]Im Übrigen sind, soweit sich aus der Besonderheit des Prüfungsauftrags nichts anderes ergibt, § 318 Absatz 1 Satz 2, § 319 Absatz 1 bis 4, § 319b Absatz 1, § 320 Absatz 1 Satz 2 und Absatz 2, die §§ 321 und 323 des Handelsgesetzbuchs sowie bei Gesellschaften, die Unternehmen von öffentlichem Interesse nach § 316a Satz 2 des Handelsgesetzbuchs sind, auch Artikel 5 der Verordnung (EU) Nr. 537/2014 des Europäischen Parlaments und des Rates vom 16. April 2014 über spezifische Anforderungen an die Abschlussprüfung bei Unternehmen von öffentlichem Interesse und zur Aufhebung des Beschlusses

2005/909/EG der Kommission (ABl. L 158 vom 27.5.2014, S. 77; L 170 vom 11.6.2014, S. 66). [3]Bei Gesellschaften, die nicht große i.S.d. § 267 Abs. 3 des Handelsgesetzbuchs sind, können auch vereidigte Buchprüfer zu Prüfern bestellt werden.

I. Zwischenbilanz

§ 57 f wurde durch das Gesetz zur Stärkung der Finanzmarktintegrität (Finanzmarktin- **1** tegritätsstärkungsgesetz – FISG), in Kraft getreten am 1.7.2021, geändert (BGBl. I 2021, S. 1534). Zusätzlich aufgenommen wurden die Berücksichtigung spezifischer Prüfungsanforderungen bei Unternehmen von öffentlichem Interesse nach § 316a S. 2 HGB sind, auch Art. 5 der Verordnung (EU) Nr. 537/2014 des Europäischen Parlaments und des Rates vom 16. April 2014 über spezifische Anforderungen an die Abschlussprüfung bei Unternehmen von öffentlichem Interesse und zur Aufhebung des Beschlusses 2005/909/EG der Kommission (ABl. L 158 v. 27.5.2014, S. 77; L 170 v. 11.6.2014, S. 66).

Fassung aufgrund des Gesetzes zur Modernisierung des Bilanzrechts (Bilanzrechtsmodernisierungsgesetz – BilMoG) v. 25.5.2009 m.W.v. 29.5.2009, amtliche Ergänzung der Überschrift durch MoMiG v. 28.10.2008.

Die Bestimmung wurde durch die Reform 2008 nicht verändert, aber aufgrund des **2** BilMoG angepasst. Liegt dem Kapitalerhöhungsbeschluss nicht die letzte Jahresbilanz zugrunde, so ist eine besondere Bilanz nach den Vorschriften über die Gliederung und über die Wertansätze in der Jahresbilanz aufzustellen – (Zwischenbilanz). In der Praxis wird eine solche besondere Bilanz selten aufgestellt werden, weil sie mit zusätzlichen Aufwendungen verbunden ist (vgl. *Wicke* § 57g Rz. 2). Sie kommt in Betracht, wenn die Achtmonatsfrist nicht mehr eingehalten werden kann und die Gesellschaft mit der Kapitalerhöhung nicht bis zur Erstellung der nächsten Jahresbilanz warten will. Sie muss hinsichtlich der umzuwandelnden Rücklagen der letzten Jahresbilanz entsprechen, denn diese müssen nach § 57d schon in dieser enthalten sein. Auch hier gelten ähnliche Voraussetzungen wie bei der Jahresbilanz.

Ihr Stichtag darf höchstens acht Monate vor der Anmeldung der Kapitalerhöhung lie- **3** gen § 57i Abs. 2; strenge Handhabe durch die h.M., vgl. *Wicke* §§ 57e–57g Rz. 1).

II. Prüfung und Bestätigungsvermerk

Die Zwischenbilanz muss geprüft und mit einem Bestätigungsvermerk des Prüfers **4** versehen sein (*OLG Hamm* ZIP 2010, 2347). Die Prüfung und die Erteilung des Bestätigungsvermerks kann, wie nach § 57e, durch einen vereidigten Buchprüfer erfolgen. Für die Wahl der Prüfer ist § 57 Abs. 3 maßgeblich (Wahl durch Gesellschafter – Prüfer des letzten Jahresabschlusses gelten als gewählt – Bestellung durch Registergericht – i.Ü. wird auf die handelsrechtlichen Bestimmungen verwiesen – bei nicht großen GmbH i.S.d. § 267 Abs. 3 HGB: auch vereidigte Buchprüfer als Prüfer zulässig).

Der oder die Prüfer haben sich darüber zu vergewissern, dass die Bilanz den Erfor- **5** dernissen des Abs. 1 entspricht. Der Bestätigungsvermerk muss deshalb die Erklärung enthalten, dass auch hinsichtlich der Erfordernisse des § 57f Abs. 1 keine Einwendungen zu erheben sind.

6 Auch hier ist das Registergericht zur Prüfung der Einhaltung dieser Vorschrift verpflichtet. Das zu § 57e Gesagte gilt auch hier. Fehlende Prüfung oder fehlender Bestätigungsvermerk des Abschlussprüfers führen in entspr. Anwendung des § 241 Nr. 3 AktG zur Nichtigkeit des Kapitalerhöhungsbeschlusses (*Wicke* §§ 57e–57g Rz. 4; *BayObLG* DNotZ 2002, 407 AG).

§ 57g   Vorherige Bekanntgabe des Jahresabschlusses

Die Bestimmungen des Gesellschaftsvertrags über die vorherige Bekanntgabe des Jahresabschlusses an die Gesellschafter sind in den Fällen des § 57f entsprechend anzuwenden.

1 Die Bestimmung wurde durch die Reform 2008 nicht verändert, die amtliche Überschrift durch MoMiG ergänzt. Liegt dem Kapitalerhöhungsbeschluss nicht die letzte Jahresbilanz, sondern die besondere Bilanz des § 57f zugrunde, so gelten gesellschaftsvertragliche Regeln über die Bekanntgabe der Jahresbilanz auch für diese. Die für die AG geltenden Grundsätze (Auslegung der Bilanz in den Geschäftsräumen) kommen nicht zur Anwendung. Eine Verletzung dieser Vorschrift gibt den Gesellschaftern ein Anfechtungsrecht.

§ 57h   Arten der Kapitalerhöhung

(1) ¹Die Kapitalerhöhung kann vorbehaltlich des § 57l Abs. 2 durch Bildung neuer Geschäftsanteile oder durch Erhöhung des Nennbetrags der Geschäftsanteile ausgeführt werden. ²Die neuen Geschäftsanteile und die Geschäftsanteile, deren Nennbetrag erhöht wird, müssen auf einen Betrag gestellt werden, der auf volle Euro lautet.

(2) ¹Der Beschluss über die Erhöhung des Stammkapitals muss die Art der Erhöhung angeben. ²Soweit die Kapitalerhöhung durch Erhöhung des Nennbetrags der Geschäftsanteile ausgeführt werden soll, ist sie so zu bemessen, dass durch sie auf keinen Geschäftsanteil, dessen Nennbetrag erhöht wird, Beträge entfallen, die durch die Erhöhung des Nennbetrags des Geschäftsanteils nicht gedeckt werden können.

Übersicht

I. Ausführungsarten

1 Fassung aufgrund des Gesetzes zur Modernisierung des GmbH-Rechts und zur Bekämpfung von Missbräuchen (MoMiG) v. 23.10.2008 mit Wirkung v. 1.11.2008.

2 Die Bestimmung wurde durch die Reform 2008 geändert. Die neuen Anteile müssen auf volle Euro (mindestens 1 € und durch 1 teilbar sein) lauten (§ 5 Abs. 2, auch *Lutter/Hommelhoff* § 57h Rz. 1; *Noack* § 57h Rz. 2). Diese Vorschrift regelt die Ausführung der Kapitalerhöhung entweder durch Bildung neuer Geschäftsanteile oder Erhöhung des Nennbetrags der Anteile und Zuweisung an die Gesellschafter. Gesellschafter können auch mehrere Anteile übernehmen (§ 5 Abs. 2 S. 2), die in ihrer Höhe unterschiedlich bestimmt sein können (§ 5 Abs. 2 S. 1).

Die Gesellschafter bleiben dieselben. Geschäftsanteile können nicht anderen Perso- **3** nen als den Gesellschaftern zugeteilt werden (§ 57j – im Verhältnis ihrer bisherigen Anteile. Ein entspr. Beschluss wäre nichtig. Besitzt die Gesellschaft eigene Geschäftsanteile, so erhält sie auch entspr. ihrer Beteiligung neue eigene Anteile (§ 57l Abs. 1). Den Gesellschaftern können neue Anteile nur zugewiesen werden, wenn die alten Geschäftsanteile voll eingezahlt sind (hierzu auch *BFH* BB 2011, 278; *KG* DNotZ 2005, 716; *BGH* NJW-RR 2005, 1619; § 57l Abs. 2). Ist dies nicht der Fall, bleibt nur der Weg über die Erhöhung des Nennbetrags der alten Geschäftsanteile. Aber eine Kombination ist zulässig. Wie § 57l Abs. 2 S. 3 sagt, kann bei bestimmten Geschäftsanteilen eine Erhöhung des Nennbetrags, bei anderen die Bildung neuer Geschäftsanteile erfolgen, auch bei ein und demselben Gesellschafter (*Noack* § 57h Rz. 6).

Jedoch ist auch hier der Grundsatz der gleichmäßigen Behandlung aller Gesellschafter **4** zu beachten, denn die Vergütungsmöglichkeit über neue, selbstständige Geschäftsanteile ist eine andere als bei einer Nennwerterhöhung. Ein besonderer Grund für eine unterschiedliche Behandlung kann aber vorliegen, wenn auf einzelne Geschäftsanteile Spitzenbeträge entfallen, für die die Bildung neuer Geschäftsanteile erfolgen muss.

Alle Geschäftsanteile, die neugebildeten oder die erhöhten alten Geschäftsanteile, **5** müssen einen Nennbetrag haben, der auf volle Euro. Ist dies nicht möglich, weil eventuell übrigbleibende Spitzenbeträge nicht zur Bildung neuer Geschäftsanteile ausreichen, ist ggf. z.B. ein neuer Anteil über einen vollen Euro mit Teilrechten der betroffenen Gesellschafter zu bilden (*Wicke* § 57h Rz. 2 mit Beispielen).

II. Angaben im Erhöhungsbeschluss

Der Kapitalerhöhungsbeschluss muss in jedem Fall angeben, welche Art der Kapital- **6** erhöhung gewählt ist, also Angaben zu deren Durchführung machen (Abs. 2) – Bildung neuer Anteile oder Erhöhung des Nennbetrags der bisherigen Anteile.

III. Verstoßfolgen

Die Vorschriften der Abs. 1 S. 2 und Abs. 2 S. 1 sind zwingend. Ein Verstoß hiergegen **7** macht den Beschluss nichtig. § 241 Nr. 3 AktG ist entspr. anzuwenden (*Wicke* § 57h Rz. 4 – dort auch zu den Folgen der Eintragung: Eingreifen der Grundsätze fehlerhafter Gesellschaft). Die übrigen Bestimmungen liegen nur im Interesse der betroffenen Gesellschafter. Ein unter Verstoß dieser Bestimmungen gefasster Beschluss ist lediglich anfechtbar.

§ 57i Anmeldung und Eintragung des Erhöhungsbeschlusses

(1) [1]Der Anmeldung des Beschlusses über die Erhöhung des Stammkapitals zur Eintragung in das Handelsregister ist die der Kapitalerhöhung zugrunde gelegte, mit dem Bestätigungsvermerk der Prüfer versehene Bilanz, in den Fällen des § 57f außerdem die letzte Jahresbilanz, sofern sie noch nicht nach § 325 Abs. 1 des Handelsgesetzbuchs eingereicht ist, beizufügen. [2]Die Anmeldenden haben dem Registergericht gegenüber zu erklären, dass nach ihrer Kenntnis seit dem Stichtag der zugrunde gelegten Bilanz bis zum Tag der Anmeldung keine Vermögensminderung eingetreten ist, die der Kapitalerhöhung entgegenstünde, wenn sie am Tag der Anmeldung beschlossen worden wäre.

**(2) Das Registergericht darf den Beschluss nur eintragen, wenn die der Kapitaler-
höhung zugrunde gelegte Bilanz für einen höchstens acht Monate vor der Anmeldung
liegenden Zeitpunkt aufgestellt und eine Erklärung nach Absatz 1 Satz 2 abgegeben
worden ist.**

**(3) Zu der Prüfung, ob die Bilanzen den gesetzlichen Vorschriften entsprechen, ist
das Gericht nicht verpflichtet.**

**(4) Bei der Eintragung des Beschlusses ist anzugeben, dass es sich um eine Kapital-
erhöhung aus Gesellschaftsmitteln handelt.**

Übersicht

I. Anmeldung

1 Fassung aufgrund des Gesetzes über elektronische Handelsregister und Genossenschaftsregister sowie des Unternehmensregisters (EHUG) v. 10.11.2006 mit Wirkung
v. 1.1.2007, amtliche Überschrift durch MoMiG v. 23.10.2008 ergänzt.

2 Die Bestimmung ist durch die Reform 2008 nicht geändert. Die Kapitalerhöhung
bedarf als Gesellschaftsvertragsänderung (§ 57c Rz. 4) der Eintragung in das Handelsregister (§ 54 Abs. 3). Sie ist daher zur Eintragung anzumelden. Die Anmeldung ist in
elektronisch beglaubigter Form zum Handelsregister einzureichen (§ 12 HGB).

II. Anmelder

3 Die Anmeldung erfolgt durch sämtliche Geschäftsführer einschließlich etwaiger Stellvertreter (bzgl. Stellvertreter s. auch *Lutter/Hommelhoff* § 78 Rz. 2). Es gilt das gleiche
wie bei einer Kapitalerhöhung gegen Einlage. Durch die ausdrückliche Verweisung in
§ 78 auf § 57i Abs. 1 ist dies klargestellt.

4 Für eine Mitwirkung von Prokuristen im Rahmen unechter Gesamtvertretung ist
ebenso wie bei § 55 kein Raum.

5 Eine Anmeldung durch Bevollmächtigte ist möglich; die Versicherung nach § 57i
Abs. 2 S. 2 ist aber nur höchstpersönlich zulässig.

III. Erklärung gem. Abs. 1 S. 3

6 In der Anmeldung ist von den Anmeldenden die Erklärung abzugeben, dass nach
ihren Kenntnissen seit dem Stichtag der zugrunde gelegten Bilanz bis zum Tag der
Anmeldung keine Vermögensverminderung eingetreten ist, die der Kapitalerhöhung
im Wege stünde, wenn sie am Tag der Anmeldung beschlossen worden wäre. Die
Erklärung ist für den Fall ihrer Unrichtigkeit mit Strafe bewehrt (§ 82 Abs. 1 Nr. 4).
Die Geschäftsführer müssen durch eigene Prüfung positive Gewissheit verschaffen.
Die Erklärung kann auch in die Anmeldung aufgenommen werden. In jedem Fall ist
die Einreichung in elektronisch beglaubigter Form erforderlich (§ 12 HGB).

A. Bartl

IV. Anlagen zur Anmeldung

Der Anmeldung sind beizufügen – elektronisch in beglaubigter Form: **7**
1. die Bilanz mit dem Bestätigungsvermerk des Prüfers (vgl. § 322 HGB (auch *OLG Hamm* 6.7.2010 – 15 W 334/09)),
2. die letzte Jahresbilanz, falls die zu a) genannte nicht die letzte Jahresbilanz ist,
3. der Erhöhungsbeschluss,
4. die Neufassung des Gesellschaftsvertrages mit notarieller Bescheinigung gem. § 54,
5. die Abschrift der aktuellen notariellen Gesellschafterliste mit den erhöhten oder neuen Anteilen (§ 40 Abs. 2).

V. Prüfungspflicht des Gerichts

Das Registergericht hat die eingereichten Unterlagen (Rz. 7) nach allgemeinen **8** Regeln zu prüfen (so auch *Lutter/Hommelhoff* § 57i Rz. 8), insb. ob die in §§ 57e und 57f vorgeschriebene Achtmonatsfrist eingehalten ist und die erforderliche Versicherung abgegeben haben. Ist dies nicht der Fall, so hat es die Eintragung – ggf. nach Zwischenverfügung – abzulehnen. Ungeprüfte oder untestierte Bilanzen führen zur Nichtigkeit des Kapitalerhöhungsbeschlusses (analog § 241 Nr. 3 AktG; vgl. *BayObLG* ZIP 2002, 1398 = DNotZ 2002, 407 AG). Das gilt ferner auch für die geringste Fristüberschreitung (Achtmonatsfrist) von einem Tag (*OLG Frankfurt* BB 1981, 1511). Erfolgt dennoch eine Eintragung, so wird der Mangel geheilt, da kein dem § 241 AktG entspr. Nichtigkeitsgrund vorliegt *Altmeppen* § 57i Rz. 11.

Das Gericht ist nicht zur Prüfung verpflichtet, ob die Bilanz den gesetzlichen Erfor- **9** dernissen entspricht (§ 57i Abs. 3). Dies schließt jedoch eine Prüfung bei Zweifeln nicht aus. Dies ist grds. Sache des Wirtschafts- oder Buchprüfers (vgl. § 267 Abs. 1 HGB), der bei Verletzung gesetzlicher Vorschriften den Bestätigungsvermerk nicht erteilen darf (vgl. hierzu *Krafka* Rz. 1062; auch *Wicke* § 57i Rz. 2; *Noack* § 57i Rz. 13). Das Registergericht prüft nicht, ob die Wahl der Prüfer ordnungsgemäß ist. Das Vorhandensein des Bestätigungsvermerks aber hat das Registergericht zu überprüfen.

VI. Eintragungsinhalt

Im Handelsregister ist neben dem Erhöhungsbetrag sowie dem Datum von Beschluss **10** und Eintragung ausdrücklich zu vermerken, dass es sich um eine Kapitalerhöhung aus Gesellschaftsmitteln handelt. Jeder Außenstehende soll erkennen, dass zur Kapitalerhöhung keine neuen Beträge der Gesellschaft zugeflossen sind (s. hierzu auch *OLG Schleswig* v. 3.4.2024 – 2 Wx 57/23, ZIP 2024, 945 – Erhöhung des Stammkapitals/keine Erforderlichkeit der proportionalen Erhöhung der Geschäftsanteile). Die Eintragung hat konstitutive Wirkung für die Kapitalerhöhung (vgl. § 54 Abs. 3). Damit entstehen die Anteilsrechte (ohne Durchführung und ohne Übernahmeerklärungen – vgl. *Noack* § 57i Rz. 15 ff.; *Altmeppen* § 57i Rz. 10).

§ 57j   Verteilung der Geschäftsanteile

[1]**Die neuen Geschäftsanteile stehen den Gesellschaftern im Verhältnis ihrer bisherigen Geschäftsanteile zu.** [2]**Ein entgegenstehender Beschluss der Gesellschafter ist nichtig.**

Übersicht

I. Proportionale Beteiligung

1   Die Bestimmung wurde durch die Reform 2008 nicht geändert, die amtliche Überschrift durch MoMiG v. 23.10.2008 ergänzt.

2   Die für die Kapitalerhöhung notwendigen Beträge befinden sich im Besitz der Gesellschaft, so dass wirtschaftlich gesehen die Gesellschafter schon an ihr beteiligt sind. Bei der Umwandlung in Stammkapital sind deshalb alle Gesellschafter gleich zu behandeln. Diesen Grundsatz wiederholt § 57j. Die neuen Geschäftsanteile fallen den Gesellschaftern nach ihrem prozentualen Anteil am bisherigen Stammkapital zu (s. hierzu auch *OLG Schleswig* v. 3.4.2024 – 2 Wx 57/23, ZIP 2024, 945 – Erhöhung des Stammkapitals/keine Erforderlichkeit der proportionalen Erhöhung der Geschäftsanteile). Dabei ist es gleichgültig, ob neue Geschäftsanteile gebildet werden oder der Nennbetrag der alten erhöht wird. Bleibt bei der rechnerischen Umsetzung ein Spitzenbetrag übrig, so werden neue Geschäftsanteile gebildet, die den betroffenen Gesellschaftern teilw. zustehen (vgl. §§ 57h, 57k). Der Grundsatz der Gleichbehandlung kann in diesem Fall nicht durchbrochen werden; auch nicht, wie sonst möglich, durch Zustimmung aller d.h. auch der betroffenen Gesellschafter. Ein dieser Bestimmung entgegengesetzter Beschluss ist nichtig (so die h.M., vgl. statt vieler m.w.N.: *Noack* § 57j Rz. 4; *Lutter/Hommelhoff* § 57j Rz. 6). Der Beschluss kann auch nicht etwa unter der Bedingung gefasst werden, dass ein Gesellschafter zugleich die Verpflichtung eingeht, sich an einer gewöhnlichen Kapitalerhöhung zu beteiligen (*Noack* a.a.O.) oder den ihm zugewachsenen Anteil zu veräußern.

II. Automatischer Anteilserwerb

3   Mit Eintragung der Kapitalerhöhung im Handelsregister erwirbt der Gesellschafter automatisch die neuen Anteilsrechte (§ 57i Rz. 10). Ein besonderer Erwerbsakt ist nicht erforderlich. Auch der Gesellschafter erwirbt, der gegen die Erhöhung gestimmt hat. Der automatische Erwerb tritt auch bei Teilrechten (§ 57k) ein.

4   Nach Wirksamwerden der Kapitalerhöhung können die Gesellschafter über ihre Anteile frei verfügen, soweit sich aus § 17 nicht ein anderes ergibt.

III. Abweichende Beschlüsse

5   Nach S. 2 wird ein der Regel des S. 1 entgegenstehender Beschluss der Gesellschafterversammlung ausdrücklich für nichtig erklärt; dies gilt auch für geringfügige Abweichungen (*OLG Dresden* DB 2001, 584 = NZG 2001, 756 AG; *Altmeppen* § 57j Rz. 3; *Noack* § 57i Rz. 4).

6   Die Nichtigkeit einer entgegen § 9 vorgenommenen Verteilung muss aber nicht zwangsläufig die Nichtigkeit des gesamten Kapitalerhöhungsbeschlusses zur Folge haben. Es kommt darauf an, ob anzunehmen ist, dass die Kapitalerhöhung auch ohne die ungleichmäßige Verteilung beschlossen worden wäre, § 139 BGB (vgl. *Noack* § 57i Rz. 4; *Altmeppen* § 57j Rz. 3 – nicht unstr.).

§ 57k Teilrechte; Ausübung der Rechte

(1) Führt die Kapitalerhöhung dazu, dass auf einen Geschäftsanteil nur ein Teil eines neuen Geschäftsanteils entfällt, so ist dieses Teilrecht selbstständig veräußerlich und vererblich.

(2) Die Rechte aus einem neuen Geschäftsanteil, einschließlich des Anspruchs auf Ausstellung einer Urkunde über den neuen Geschäftsanteil, können nur ausgeübt werden, wenn Teilrechte, die zusammen einen vollen Geschäftsanteil ergeben, in einer Hand vereinigt sind oder wenn sich mehrere Berechtigte, deren Teilrechte zusammen einen vollen Geschäftsanteil ergeben, zur Ausübung der Rechte (§ 18) zusammenschließen.

In dieser Vorschrift (nicht durch die Reform 2008 geändert, amtliche Überschrift 1 ergänzt durch MoMiG v. 23.10.2008) ist der Fall geregelt, dass auf einen Anteil am bisherigen Nennkapital nur ein Teil eines neuen Anteilsrechts (sog Spitzenbeträge, *Noack* § 57k Rz. 1) entfällt. Das kann dadurch entstehen, dass bei Verteilung entspr. der prozentualen Beteiligung am Stammkapital Beträge übrig bleiben, die zur Bildung neuer Anteilsrechte nicht ausreichen, weil sie nicht auf volle oder zumindest einen Euro lauten (§ 57h Abs. 1). Es müssen in diesem Fall neue Geschäftsanteile gebildet werden, die den in Betracht kommenden Gesellschaftern tlw. zustehen.

Über diese Teilrechte können die Gesellschafter wirksam verfügen und sie vererben 2 (so auch Lutter/Hommelhoff § 57k Rz. 2, 3). Dagegen können sie die sich aus ihnen ergebenden Gesellschaftsrechte (Stimmrecht, Dividendenberechtigung) nur gemeinsam mit den Teilberechtigten ausüben, wenn die Summe der Teilrechte ein volles Anteilsrecht ergibt. Sie bilden dann mit den anderen Teilberechtigten i.d.R. eine Gesellschaft bürgerlichen Rechts zum Zweck der Ausübung des Anteilsrechts (so auch Lutter/Hommelhoff § 57k Rz. 3). Für diesen Fall kommt § 18 zur Anwendung. Sie können ihre Rechte nur gemeinschaftlich ausüben oder einen gemeinschaftlichen Vertreter bestellen. Ist kein gemeinsamer Vertreter der Mitberechtigten vorhanden, so sind Rechtshandlungen, die die Gesellschafter gegen den Inhaber des Anteils vorzunehmen hat, wirksam, wenn sie ggü. einem der Inhaber vorgenommen werden.

§ 57l Teilnahme an der Erhöhung des Stammkapitals

(1) Eigene Geschäftsanteile nehmen an der Erhöhung des Stammkapitals teil.

(2) [1]Teileingezahlte Geschäftsanteile nehmen entsprechend ihrem Nennbetrag an der Erhöhung des Stammkapitals teil. [2]Bei ihnen kann die Kapitalerhöhung nur durch Erhöhung des Nennbetrags der Geschäftsanteile ausgeführt werden. [3]Sind neben teileingezahlten Geschäftsanteilen vollständig eingezahlte Geschäftsanteile vorhanden, so kann bei diesen die Kapitalerhöhung durch Erhöhung des Nennbetrags der Geschäftsanteile und durch Bildung neuer Geschäftsanteile ausgeführt werden. [4]Die Geschäftsanteile, deren Nennbetrag erhöht wird, können auf jeden Betrag gestellt werden, der auf volle Euro lautet.

I. Eigene Anteile

1 Fassung aufgrund des Gesetzes zur Modernisierung des GmbH-Rechts und zur Bekämpfung von Missbräuchen (MoMiG) v. 23.10.2008 mit Wirkung v. 1.11.2008.

2 Die Bestimmung wurde durch die Reform 2008 angepasst. Die von der Gesellschaft selbst innegehaltenen Geschäftsanteile nehmen an der Kapitalerhöhung teil. Die Gesellschaft erhält neue eigene Anteilsrechte; § 57j gilt auch für diese Anteile. Das ist selbstverständlich, denn die Gesellschaft war auch an den eigenen Rücklagen, wirtschaftlich betrachtet, beteiligt (vgl. § 57j).

II. Teileingezahlte Geschäftsanteile

3 Abs. 2 stellt klar, dass auch nicht voll eingezahlte Geschäftsanteile an der Kapitalerhöhung teilnehmen. Auch das ist selbstverständlich, denn die Nichteinzahlung eines Teils seiner Einlage kann nicht zu einer Benachteiligung führen, da die Übernahme einer Einlage die gesamten gesellschaftsrechtlichen Rechte nach sich zieht, grds. gleichgültig, ob voll oder nur tlw. geleistet wird. Andererseits können die Rücklagen nicht dazu verwandt werden, die bisher nur tlw. eingezahlten Geschäftsanteile zu voll eingezahlten zu machen. Dies würde keine Kapitalerhöhung bedeuten, sondern es läge ein nach § 19 Abs. 2 unzulässiger Verzicht auf die rückständigen Einlagen vor. Dennoch kann hier so vorgegangen werden, dass die Gesellschafterversammlung die Auflösung freier Rücklagen beschließt und sie als Gewinn ausschüttet, welchen der betroffene Gesellschafter zur Einzahlung der Rückstände benutzen kann. Dieser Vorgang aber ist ein reiner Gewinnausschüttungsvorgang, der sich sowohl bilanzmäßig als auch steuerlich anders auswirkt als ein Kapitalerhöhungsbeschluss.

III. Voll- und teileingezahlte Geschäftsanteile

4 Sind neben volleingezahlten auch teileingezahlte Anteile vorhanden, ist es aber zulässig, bezüglich der voll eingezahlten Anteile neue Anteile zuzuweisen, auch bei ein und demselben Gesellschafter, der mehrere Anteile erwerben kann. Im Fall von nur teilweise eingezahlten Geschäftsanteilen dürfen keine neuen Geschäftsanteile zugewiesen werden; es kann nur der Nennbetrag der Anteile der betroffenen Gesellschafter erhöht werden, da andernfalls die Zugriffsmöglichkeit der GmbH nach §§ 21, 23 sowie im Kaduzierungsverfahren bestehen bleiben soll. Die Vorschrift dient dem Gläubigerschutz und führt bei Verstoß zur Nichtigkeit nach § 241 Nr. 3 AktG (analog – vgl. *Noack* § 57l Rz. 3; *Altmeppen* § 57l Rz. 3). Für volleingezahlte Anteile bleibt es bei der in § 57h enthaltenen Regelung. Verstöße gegen die zwingende Bestimmungen des § 57i Abs. 1, 2, S. 1 und 2 führen zur Nichtigkeit des Erhöhungsbeschlusses (§ 241 Nr. 3 AktG; *Wicke* § 57i Rz. 1).

§ 57m   Verhältnis der Rechte; Beziehungen zu Dritten

(1) Das Verhältnis der mit den Geschäftsanteilen verbundenen Rechte zueinander wird durch die Kapitalerhöhung nicht berührt.

(2) [1]Soweit sich einzelne Rechte teileingezahlter Geschäftsanteile, insbesondere die Beteiligung am Gewinn oder das Stimmrecht, nach der je Geschäftsanteil geleisteten Einlage bestimmen, stehen diese Rechte den Gesellschaftern bis zur Leistung der noch ausstehenden Einlagen nur nach der Höhe der geleisteten Einlage, erhöht um den auf den Nennbetrag des Stammkapitals berechneten Hundertsatz der Erhöhung des Stammkapitals, zu. [2]Werden weitere Einzahlungen geleistet, so erweitern sich diese Rechte entsprechend.

(3) Der wirtschaftliche Inhalt vertraglicher Beziehungen der Gesellschaft zu Dritten, die von der Gewinnausschüttung der Gesellschaft, dem Nennbetrag oder Wert ihrer Geschäftsanteile oder ihres Stammkapitals oder in sonstiger Weise von den bisherigen Kapital- oder Gewinnverhältnissen abhängen, wird durch die Kapitalerhöhung nicht berührt.

Übersicht

I. Allgemeines

Die Vorschrift ist durch die Reform 2008 nicht berührt, die amtliche Überschrift durch   **1** MoMiG v. 23.10.2008 ergänzt.

§ 57m Abs. 1 und 3 stellen allgemeine Grundsätze der Rechte der Gesellschafter unter-   **2** einander und im Verhältnis zu Dritten auf. Sie sind § 41 des alten EURBilG nachgebildet. Abs. 2 gibt Erläuterungen der genannten Grundsätze für den besonderen Fall nur tlw. eingezahlter Anteile.

II. Keine Änderung im Verhältnis der Mitgliedschaftsrechte

Nach Abs. 1 führt die Kapitalerhöhung nicht zu einer Änderung der Rechte der   **3** Gesellschafter untereinander. Für den Fall, dass alle Geschäftsanteile mit gleichen Rechten ausgestattet sind, ergibt sich keine Schwierigkeit: An der Rechtslage ändert sich durch die Kapitalerhöhung nichts. Sind einzelne Anteile mit Sonderrechten verbunden, z.B. mit einem Mehrstimmrecht, mit einem besonderen Bezugsrecht oder einer Vorzugsdividende, so darf die Kapitalerhöhung auch hier nicht zu einer Verschiebung der Rechte der Gesellschafter in ihrem Verhältnis zueinander führen. Bei einem Mehrstimmrecht eines Gesellschafters bedeutet dies z.B., dass nach der Kapitalerhöhung prozentual die gleichen Stimmanteile vorhanden sein müssen wie vorher. Ebenso müssen bei Dividendenvorrechten die Gesellschafter nach der Kapitalerhöhung den gleichen Prozentsatz vom Gewinn erhalten wie vorher (*Geßler* BB 1960, 8).

Was für die Rechte der Gesellschaft gilt, muss auch für deren Pflichten gelten. Das   **4** ergibt sich auch aus § 216 Abs. 3 S. 2 AktG, der von den Nebenpflichten der Aktionäre spricht (vgl. *Altmeppen* § 57m Rz. 6; *Noack* § 57m Rz. 5; vgl. auch *Wicke* § 57m Rz. 2 mit Bsp.). Dies ist für die Nebenpflichten des GmbH-Rechts entspr. anzuwenden.

Voraussetzung aber ist immer, dass die Pflichten und Rechte von den ipso iure eintretenden Kapitalverhältnissen abhängig sind. Die Gesellschafter haben die Satzung ggf. entspr. anzupassen, obwohl die Änderung an sich automatisch eintritt. Es kann sich folglich Änderungsbedarf hinsichtlich der Satzung ergeben. Fehlt eine entspr. Anpassung, so könnte das Registergericht dies beanstanden. Eine abweichende Regelung von der automatisch eintretenden Satzungsanpassung können die Gesellschafter allerdings mit Zustimmung aller treffen, da § 57i Abs. 1 nicht zwingend ist (*Altmeppen* § 57m Rz. 8; *Wicke* § 57i Rz. 3; *Noack* § 57i Rz. 5).

III. Sonderregelung bei teileingezahlten Anteilen

5 Abs. 2 regelt den Sonderfall nur tlw. eingezahlter Geschäftsanteile, wenn sich die Rechte der Gesellschafter nach der Höhe der von ihnen auf ihren Geschäftsanteil geleisteten Einlagen richten. Auch dann sollen ihnen nach der Kapitalerhöhung nur die Rechte entspr. der Höhe der von ihnen geleisteten Einlagen zustehen, aber erhöht um den auf den Nennbetrag des Nennkapitals berechneten Hundertsatz der Erhöhung des Nennkapitals. Zahlt der Gesellschafter auf die ausstehenden Einlagen weitere Beträge, so erhöhen sich seine Rechte entspr.

6 Am Liquidationsüberschuss sind die Gesellschafter grds. im Verhältnis der Nennwerte ihrer Geschäftsanteile beteiligt. Da das Gesetz bei Vorhandensein teileingezahlter Anteile keine Bestimmung über diese Anteilslage getroffen hat, gilt nach a.M. entspr. (vgl. hierzu *Noack* § 57m Rz. 6-8; auch *Altmeppen* § 57m Rz. 11).

7 Bei der Verteilung des Vermögens im Fall der Liquidation sind, wenn die Einlagen auf alle Geschäftsanteile nicht in demselben Verhältnis geleistet sind, die geleisteten Einlagen einschließlich des vollen auf jeden Geschäftsanteil entfallenden Erhöhungsbetrages zu erstatten. Erst dann ist ein Überschuss nach dem Verhältnis der Nennbeträge der Geschäftsanteile zu verteilen.

IV. Drittbeziehungen

8 Dass die nominelle Kapitalerhöhung das Verhältnis der Rechte der Gesellschafter untereinander unberührt lässt, wird durch Abs. 3 auch auf das Verhältnis zu Dritten erweitert, soweit der wirtschaftliche Inhalt vertraglicher Beziehungen zu Dritten von einer Gewinnausschüttung, dem Nennbetrag oder Wert der Anteile oder des Nennkapitals der Gesellschaft oder in sonstiger Weise von den bisherigen Kapital- oder Gewinnverhältnissen abhängt. Die Vorschrift ist bedeutsam für alle am wirtschaftlichen Wohl der Gesellschaft orientierten Ansprüche, in erster Linie für Geschäftsführer- oder Aufsichtsratsbezüge, deren Höhe sich z.B. nach der Jahresdividende, dem Stammkapital oder dem Reingewinn richten. Abs. 3 gilt nur für laufende Verträge, innerhalb deren Laufzeit eine Kapitalerhöhung aus Gesellschaftsmitteln vorgenommen wird.

9 Zu dem Problem bei Abkopplung von Sonderrechten vom Verhältnis der Nennbeträge (Gewinn vorab, Verwaltungsrechte) und zu den Auswirkungen auf kapital- oder gewinnbezogene Rechte Dritter vgl. *Noack* § 57 Rz. 11; auch *Altmeppen* § 57m Rz. 12, 13; auch bereits *Scholz/Priester* § 13 KapErhG, Rz. 4 ff.

§ 57n Gewinnbeteiligung der neuen Geschäftsanteile

(1) Die neuen Geschäftsanteile nehmen, wenn nichts anderes bestimmt ist, am Gewinn des ganzen Geschäftsjahres teil, in dem die Erhöhung des Stammkapitals beschlossen worden ist.

(2) [1]Im Beschluss über die Erhöhung des Stammkapitals kann bestimmt werden, dass die neuen Geschäftsanteile bereits am Gewinn des letzten vor der Beschlussfassung über die Kapitalerhöhung abgelaufenen Geschäftsjahrs teilnehmen. [2]In diesem Fall ist die Erhöhung des Stammkapitals abweichend von § 57c Abs. 2 zu beschließen, bevor über die Ergebnisverwendung für das letzte vor der Beschlussfassung abgelaufene Geschäftsjahr Beschluss gefasst worden ist. [3]Der Beschluss über die Ergebnisverwendung für das letzte vor der Beschlussfassung über die Kapitalerhöhung abgelaufene Geschäftsjahr wird erst wirksam, wenn das Stammkapital erhöht worden ist. [4]Der Beschluss über die Erhöhung des Stammkapitals und der Beschluss über die Ergebnisverwendung für das letzte vor der Beschlussfassung über die Kapitalerhöhung abgelaufene Geschäftsjahr sind nichtig, wenn der Beschluss über die Kapitalerhöhung nicht binnen drei Monaten nach der Beschlussfassung in das Handelsregister eingetragen worden ist; der Lauf der Frist ist gehemmt, solange eine Anfechtungs- oder Nichtigkeitsklage rechtshängig ist.

Übersicht

I. Gesetzliche Regelung

Fassung aufgrund des Gesetzes zur Umsetzung der Aktionärsrichtlinie v. 30.7.2009 mit Wirkung v. 1.9.2009, amtliche Überschrift ergänzt durch MoMiG v. 23.10.2008. **1**

Die Vorschrift ist durch die Reform 2008 nicht geändert. Grds. nehmen die neuen **2** Anteilsrechte am Gewinn des ganzen Geschäftsjahres teil, in dem die Kapitalerhöhung beschlossen wird. Die Jahresbilanz für das letzte Geschäftsjahr vor der Kapitalerhöhung weist bereits die Rücklagen, die umgewandelt werden sollen, aus. Sie nehmen daher im Unternehmen eine wirtschaftliche Rolle ein, weil dieses Kapital schon in der Gesellschaft vorhanden ist und mit ihm gearbeitet wurde. Die auch aus dieser Tatsache resultierenden Gewinne sollen sich auf die neuen Anteile auswirken. Die Dividendenrechte der einzelnen Gesellschafter erhöhen sich im gleichen Verhältnis wie ihnen neue Anteile zugewiesen werden. Es kommt darauf an, wann die Kapitalerhöhung beschlossen wurde; es reicht aus, wenn sie am letzten Tag vor Ablauf eines Geschäftsjahres erfolgt, um an dem in diesem Jahr erzielten Gewinn teilzunehmen. Auf die Eintragung der Kapitalerhöhung kommt es nicht an (vgl. *Noack* § 57n Rz. 1). Der Gesellschaftsvertrag oder der Beschluss über die Kapitalerhöhung können eine davon abweichende Regelung treffen.

II. Vertragliche Regelung

Die Gesellschafter können im Kapitalerhöhungsbeschluss bestimmen, dass die neuen **3** Anteilsrechte bereits am Gewinn des letzten vor der Beschlussfassung über die Kapitalerhöhung abgelaufenen Geschäftsjahres teilnehmen. Abweichend von § 57c Abs. 2 ist in diesem Fall der Kapitalerhöhungsbeschluss schon vor dem Beschluss über die

Gewinnverteilung für das letzte abgelaufene Geschäftsjahr zu fassen, Abs. 2. Wird die Reihenfolge nicht eingehalten, so liegt im Einzelfall ein Eingriff in bereits entstandene Gewinnansprüche vor, sofern nicht alle Gesellschafter zustimmen (*Wicke* § 57n Rz. 2; zu diesem Problem auch *Noack* § 57n Rz. 6 – Abänderung vorgängiger Gewinnverteilungsbeschlüsse, aufschiebende Wirkung des neuen Beschlusses bis zu seiner Wirksamkeit? S. auch *Altmeppen* § 57n Rz. 3 f. zu den Folgen in diesen Fällen). Es wird daher empfohlen, die in § 57n Abs. 2 vorgesehene Reihenfolge einzuhalten bzw. auf jeden Fall die Zustimmung sämtlicher Gesellschafter zu erhalten.

4   Der Beschluss über die Gewinnverteilung wird aber erst mit der Eintragung der Kapitalerhöhung in das HR wirksam (*Noack* § 57n Rz. 8, 9 – vgl. Wortlaut der Bestimmung). In jedem Fall muss der Kapitalerhöhungsbeschluss binnen drei Monaten seit seiner Beschlussfassung in das HR eingetragen sein. Ist das nicht der Fall, so sind Gewinnergebnis- und Kapitalerhöhungsbeschluss nach dem klaren Wortlaut des § 57n Abs. 2 S. 4 nichtig. Mit Recht wird insofern darauf hingewiesen, dass eine Vorklärung mit dem Registergericht ebenso zu empfehlen ist wie eine sofortige Anmeldung (vgl. *Noack* § 57n Rz. 9). Die Dreimonatsfrist wird aber gehemmt, solange eine Anfechtungs- oder Nichtigkeitsklage rechtshängig (§ 261 ZPO) ist. Hemmung bedeutet, dass der Zeitraum der Rechtshängigkeit oder der zwischen Antragstellung und Erteilung der Genehmigung in die Dreimonatsfrist nicht eingerechnet wird (vgl. § 209 BGB).

§ 57o   Anschaffungskosten

[1]**Als Anschaffungskosten der vor der Erhöhung des Stammkapitals erworbenen Geschäftsanteile und der auf sie entfallenden neuen Geschäftsanteile gelten die Beträge, die sich für die einzelnen Geschäftsanteile ergeben, wenn die Anschaffungskosten der vor der Erhöhung des Stammkapitals erworbenen Geschäftsanteile auf diese und auf die auf sie entfallenden neuen Geschäftsanteile nach dem Verhältnis der Nennbeträge verteilt werden.** [2]**Der Zuwachs an Geschäftsanteilen ist nicht als Zugang auszuweisen.**

1   Eine Änderung ist durch die Reform 2008 nicht erfolgt, amtliche Überschrift eingefügt durch MoMiG v. 23.10.2008.

2   Geschäftsanteile, die zum Betriebsvermögen eines Kaufmanns gehören, müssen in der Bilanz erscheinen und dürfen dort höchstens mit den Anschaffungskosten eingesetzt werden. Da dies den Grundsätzen ordnungsgemäßer Buchführung (vgl. §§ 238 f., 255 HGB; §§ 3, 7 KapErhG) entspricht, gilt der ausdrücklich in §§ 153 Abs. 1, 155 Abs. 1 S. 3 AktG normierte Grundsatz für alle Kaufleute. Für die durch eine nominelle Kapitalerhöhung geschaffenen Anteile entstehen keine Anschaffungskosten. § 57o bestimmt, dass die alten und neuen Anteile gleich zu bewerten sind, weshalb die Anschaffungskosten für die bisherigen Anteile auf die alten und die neuen Anteile nach dem Verhältnis ihrer Nennbeträge zu verteilen sind (s. auch zum betrieblichen Aufwand bei vereinfachter Kapitalherabsetzung *BFH* v. 10.8.2005 – VIII R 26/03; sowie zur Kapitalerhöhung gegen Einlagen bei wesentlicher Beteiligung, *BFH* v. 21.1.1999 – IV R 27/97).

3   Der Zuwachs an Anteilsrechten (S. 2), d.h. die neuen Anteilsrechte, sind nicht als Zugang auszuweisen (vgl. § 268 Abs. 2 HGB – ferner *Noack* § 57o Rz. 3; auch *Altmeppen* § 57o Rz. 3 – darauf hinweisend, dass dies nicht gilt, wenn der Gesellschafter Teil-

rechte nach § 57k hinzuerwirbt). Dies würde nämlich zu einem Gewinnausweis führen, der gar nicht erwirtschaftet wurde, weil die umgewandelten Rücklagen bereits schon vorher im Gesellschaftsvermögen enthalten waren.

§ 58 Herabsetzung des Stammkapitals

(1) Eine Herabsetzung des Stammkapitals kann nur unter Beobachtung der nachstehenden Bestimmungen erfolgen:

1. **der Beschluss auf Herabsetzung des Stammkapitals muss von den Geschäftsführern in den Gesellschaftsblättern bekannt gemacht werden; in dieser Bekanntmachung sind zugleich die Gläubiger der Gesellschaft aufzufordern, sich bei derselben zu melden; die aus den Handelsbüchern der Gesellschaft ersichtlichen oder in anderer Weise bekannten Gläubiger sind durch besondere Mitteilung zur Anmeldung aufzufordern;**
2. **die Gläubiger, welche sich bei der Gesellschaft melden und der Herabsetzung nicht zustimmen, sind wegen der erhobenen Ansprüche zu befriedigen oder sicherzustellen;**
3. **die Anmeldung des Herabsetzungsbeschlusses zur Eintragung in das Handelsregister erfolgt nicht vor Ablauf eines Jahres seit dem Tage, an welchem die Aufforderung der Gläubiger in den Gesellschaftsblättern stattgefunden hat;**
4. **mit der Anmeldung ist die Bekanntmachung des Beschlusses einzureichen; zugleich haben die Geschäftsführer die Versicherung abzugeben, dass die Gläubiger, welche sich bei der Gesellschaft gemeldet und der Herabsetzung nicht zugestimmt haben, befriedigt oder sichergestellt sind.**

(2) ¹Die Bestimmung in § 5 Abs. 1 über den Mindestbetrag des Stammkapitals bleibt unberührt. ²Erfolgt die Herabsetzung zum Zweck der Zurückzahlung von Einlagen oder zum Zweck des Erlasses zu leistender Einlagen, dürfen die verbleibenden Nennbeträge der Geschäftsanteile nicht unter den in § 5 Abs. 2 und 3 bezeichneten Betrag herabgehen.

Übersicht

I. Allgemeines

Fassung aufgrund des Gesetzes zur Umsetzung der Aktionärsrichtlinie v. 30.7.2009 mit **1** Wirkung vom 1.9.2009, Änderung und amtliche Überschrift ergänzt durch MoMiG v. 23.10.2008. § 58 ist durch die Reform 2008 verändert worden (Abs. 2 S. 2). Er betrifft die

Kapitalherabsetzung, die im Aktienrecht als ordentliche Kapitalherabsetzung bezeichnet ist – im Gegensatz zur vereinfachten Kapitalherabsetzung nach den §§ 58a ff.

2 Eine Kapitalherabsetzung durch Einziehung ist im GmbHG nicht vorgesehen (anders §§ 237 ff. AktG), obwohl zwar § 34 eine Einziehung zulässt, diese aber das Stammkapital nicht berührt (vgl. dort).

II. Ziffernmäßige Herabsetzung

3 Die Kapitalherabsetzung besteht in einer **ziffernmäßigen Herabsetzung des im Gesellschaftsvertrag genannten Stammkapitals** und stellt damit zunächst einen reinen Buchungsvorgang dar (*Noack* § 58 Rz. 1). Sie verringert nicht automatisch das Gesellschaftsvermögen, denn es kann z.B. der Betrag, um den herabgesetzt wird, in die Rücklage eingestellt werden. Sie beinhaltet aber eine Minderung des haftenden Kapitals und führt zu einer Gefährdung der Gläubiger, die deshalb besonders geschützt werden (vgl. Rz. 11 ff.). Zweck der Kapitalherabsetzung kann ein beliebiger sein. Die häufigsten Fälle sind: a) Beseitigung einer Unterbilanz durch „nominelle" Kapitalherabsetzung (Verringerung der Passiva der Bilanz, da das Stammkapital auf der Passivseite der Bilanz erscheint), b) Abstoßen überflüssigen Kapitals durch eine „effektive" oder „materielle" Kapitalherabsetzung zur Anpassung des Stammkapitals an die verringerten Erfordernisse des Betriebes und Verteilung des freiwerdenden Vermögens, c) Rückzahlung von Stammeinlagen oder Erlass der auf sie zu leistenden Einzahlungen (§ 58 Abs. 2; vgl. § 19 Abs. 2; i.Ü. *Wicke* § 58 Rz. 1; auch *Noack* § 58 Rz. 1).

III. Zweck

4 Der **Zweck der Kapitalherabsetzung** ist in sinngemäßer Anwendung des § 222 Abs. 3 AktG in allen Fällen im Herabsetzungsbeschluss anzugeben (h.M. – BayObLG BB 1979, 240; *Hachenburg/Ulmer* § 58 Rz. 31; a.A. *Noack* § 58 Rz. 20, auch *Wicke* § 58 Rz. 4).

IV. Auswirkung der Kapitalherabsetzung auf die Geschäftsanteile

5 Nach der Kapitalherabsetzung müssen der Betrag des neuen Stammkapitals und die Summe der Nennbeträge der Geschäftsanteile übereinstimmen (vgl. § 5 Abs. 2, 3, volle Euro). Bereits früher a.M. sowohl für die Fälle, dass mit der Kapitalherabsetzung der Erlass von Einlageforderungen, Rückzahlung von Einlagen, Beseitigung einer Unterbilanz oder Einstellung in Rücklagen bezweckt werden wird (vgl. *Noack* § 58 Rz. 1; *Lutter/Hommelhoff* § 58 Rz. 11). Im Regelfall werden sämtliche Anteile im Nennbetrag herabgesetzt. Das frühere Problem, das auf dem Mindestbetrag von 100 € beruhte, spielt keine Rolle mehr, da nunmehr Anteile mit einem Euro zulässig sind.

V. Keine Unterschreitung des Stammkapitals

6 Das nach § 5 Abs. 1 vorgeschriebene **Stammkapital darf** durch die Kapitalherabsetzung **nicht unterschritten** werden (25.000 €).

VI. Zulässigkeit eines gleichzeitigen Beschlusses über eine Kapitalerhöhung

7 Mit der Kapitalherabsetzung kann **zugleich eine Kapitalerhöhung** beschlossen werden, z.B. um die Gesellschaft zu sanieren. Die Beschlüsse sind einheitlich zu fassen, jedoch können beide nicht vor Ablauf des Sperrjahres (§ 58 Abs. 1 Nr. 3) eingetragen werden. Die vorherige Eintragung nur der Kapitalerhöhung würde nicht den Willen des Sanierungsbeschlusses wiedergeben (*KG* HRR 1930, 1047). Entspr. § 228 Abs. 2 AktG oder § 58a Abs. 4 analog sind derartige Vorgehensweisen grds. zuzulassen, solange das Mindeststammkapital nach § 5 Abs. 1 gewahrt ist und nach dem Beschluss der Gesellschafter Kapitalerhöhung und Kapitalherabsetzung nur zusammen wirksam werden (*Wicke* § 58 Rz. 2 in Übereinstimmung mit *Noack* § 58 Rz. 4 – str.) Eine Umwandlung der GmbH in eine **UG (haftungsbeschränkt)** mit entspr. Kapitalherabsetzung ist ausgeschlossen (*Wicke* § 58 Rz. 2 a.E.; vgl. auch hier § 5a).

VII. Eintragung

Die Eintragung der Kapitalherabsetzung führt zu deren Wirksamkeit (vgl. § 54 Abs. 3). Auch die Eintragung einer Kapitalherabsetzung bei einer **Liquidationsgesellschaft** ist nicht grds. ausgeschlossen. Sie darf aber ebenfalls nicht vor Ablauf des Sperrjahres nach § 73 Abs. 1 erfolgen, den der Liquidator nachweisen muss (*OLG Frankfurt* GmbHR 1974, 90; offensichtlich a.M. vgl. *Noack* § 58 Rz. 34; auch *Lutter/Hommelhoff* § 58 Rz. 19; *Wicke* § 58 Rz. 1 a.E.; *Altmeppen* § 58 Rz. 10 unpraktikabel; vgl. zur AG *BGHZ* 138, 71 = NZG 1998, 422; s. auch § 69 Rz. 7). **8**

VIII. Kapitalherabsetzungsbeschluss als Gesellschaftsvertragsänderung

Der Kapitalherabsetzungsbeschluss ist, wie der Beschluss über die Kapitalerhöhung, stets eine **Gesellschaftsvertragsänderung.** Er bedarf daher mindestens drei Viertel der abgegebenen Stimmen und einer notariellen Beurkundung (vgl. § 53 i.Ü.). Der Beschluss muss den ziffernmäßigen Betrag angeben, auf den das Stammkapital herabgesetzt wird. Str. ist, ob auch die Angabe der herabgesetzten Nennbeträge im Beschluss erforderlich ist. Nach h.M. soll dies nur dann notwendig sein, wenn vom Regelfall der quotenmäßigen Herabsetzung aller Anteile abgewichen wird (zur Anforderung an die Form des Beschlusses über eine vereinfachte Kapitalerhöhung *OLG Hamm* NJW-RR 2011, 685; *Wicke* § 58 Rz. 3; *Noack* § 58 Rz. 18, 19; krit. *Altmeppen* § 58 Rz. 13 – Rechtsklarheit bei fehlender Angabe?). Für die Praxis ist zu empfehlen, auch die Angabe der herabgesetzten Nennbeträge in den Gesellschafterbeschluss aufzunehmen. Es ist auch zulässig, die Herabsetzung bis zu einem bestimmten Betrag (Höchstgrenze) zu beschließen, wobei das in § 5 Abs. 1 geforderte Mindestkapital (so § 5) nicht unterschritten werden darf (*Noack* § 58 Rz. 4, 18: Bestimmbarkeit erforderlich; das Mindeststammkapital (25.000 €, zur Pflicht des Geschäftsführers zur Einhaltung der Liquidität der GmbH s. auch *BGH* NJW 1999, 2809) darf zwar grds. nicht unterschritten werden, allerdings anders, wenn das Mindeststammkapital durch eine gleichzeitige Kapitalerhöhung gewahrt bleibt (vgl. oben Rz. 7). Der Beschluss kann dabei die Geschäftsführer ermächtigen, den wirklichen Betrag der Herabsetzung festzustellen (*Noack* § 58 Rz. 19). Die Angabe des Zwecks der Kapitalherabsetzung ist in allen Fällen erforderlich (so auch h.M. vgl. oben Rz. 4; *Hachenburg/Ulmer* § 58 Rz. 31). Der Beschluss bedarf keiner sachlichen Rechtfertigung (*BGH* NJW 1998, 2954 AG; *Wicke* § 58 Rz. 4). **9**

IX. Art der Durchführung

Über die Art der Durchführung der Kapitalherabsetzung braucht der Beschluss nichts auszusagen, sie obliegt dem Geschäftsführer. **10**

X. Schutz der Gläubiger

11 Das Gesetz **schützt die durch die Kapitalherabsetzung betroffenen Gläubiger** besonders. Unbekannte Gläubiger sind durch die dreimalige Bekanntmachung (Abs. 1 Nr. 1 1. Hs.), bekannte Gläubiger durch die besondere Mitteilung mit der Aufforderung zur Meldung geschützt.

12 **1. Bekanntmachung.** Der Geschäftsführer (im Rahmen seiner Vertretungsmacht, auch allein bei Gesamtvertretung, auch Prokuristen –*Noack* § 58 Rz. 23) muss den Beschluss über die Kapitalherabsetzung (inhaltsmäßig, nicht wörtlich) im elektronischen Bundesanzeige und ggf. in den sonstigen Gesellschaftsblättern **bekannt machen.** Ausreichend ist die einmalige Bekanntmachung (*Noack* § 58 Rz. 23). In der Bekanntmachung sind die Gläubiger der Gesellschaft aufzufordern, sich bei ihr zu melden; der Zweck der Kapitalherabsetzung muss nach h.M. (Diskretion – vgl. *Noack* § 58 Rz. 23a; auch *Lutter/Hommelhoff* § 58 Rz. 19; auch *Wicke* § 58 Rz. 4; a.A. *Altmeppen* § 58 Rz. 16 unter Hinweis auf *BayObLG* GmbHR 1979, 111) nicht bekannt gemacht werden (wie hier auch *Hachenburg/Ulmer* § 58 Rz. 43). Fragenden Gläubigern ist jedoch Auskunft über den Zweck zu erteilen. Um nicht später bei Anmeldung der Kapitalherabsetzung Probleme zu bekommen, sollte hier lieber ein Schritt mehr als ein Schritt zu wenig getan werden.

13 **2. Bekannte Gläubiger.** Die der Gesellschaft bekannten, d.h. aus ihren Büchern und dergleichen ersichtlichen oder sonst bekannten **Gläubiger (auch bedingte, befristete, streitige Forderungen** – *Altmeppen* § 58 Rz. 18) **sind** durch die Geschäftsführer in besonderer Mitteilung **aufzufordern,** ihre Ansprüche anzumelden (so auch *Lutter/ Hommelhoff* § 58 Rz. 23 ff.). Die Aufforderung muss zumindest in gleicher Weise wie die Bekanntmachung erkennen lassen, dass eine Kapitalherabsetzung beschlossen wurde. Dabei sind die Gläubiger auf ihre Rechte hinzuweisen (a.A. *Altmeppen* § 58 Rz. 17). Die Unterlassung des Hinweises macht zwar die Aufforderung nicht unwirksam, den Geschäftsführer aber u.U. schadensersatzpflichtig (str. – nur bei Unterlassung der Mitteilung vgl. *Altmeppen* § 58 Rz. 18; *OLG Hamburg* GmbHR 2001, 392). Es sind alle Gläubiger aufzufordern, gleich, ob deren Forderungen bedingt oder betagt oder fällig sind, soweit die Forderung am Tag der letzten Bekanntmachung bestand. Dabei kommt es nur darauf an, ob die die Forderung begründenden Entstehungstatsachen vor dem Stichtag lagen, der daraus resultierende Schaden kann später eintreten. Nach h.M. ist der Zeitpunkt der öffentlichen Bekanntmachung (*Noack* § 58 Rz. 24; vgl. auch *Wicke* § 58 Rz. 5 a.E.: Aufforderung an bekannte Gläubiger „unverzüglich" nach Bekanntmachung).

14 Die Form der Mitteilung an die bekannten Gläubiger ist nicht vorgeschrieben, mündliche Mitteilung ist zulässig, erschwert aber u.U. den Nachweis (vgl. *Noack* § 58 Rz. 24). Die Anmeldefrist läuft mindestens ein Jahr, spätestens jedoch bis zum Tag der Registeranmeldung (str.).

15 **3. Sicherstellung.** Die Gläubiger müssen ihren Wunsch auf Befriedigung bzw. Sicherstellung oder ihr fehlendes Einverständnis mit der Kapitalherabsetzung der Gesellschaft ggü. zum Ausdruck bringen (geschäftsähnliche Handlung – vgl. *Noack* § 58 Rz. 26 ff. – str.). Ein eigenes Recht zur Verhinderung der Anmeldung der Kapitalerhöhung steht ihnen nicht zu (auch keine Verhinderung der Eintragung durch einstweilige Verfügung –*Noack* § 58 Rz. 28, 29; a.A. *Wicke* § 58 Rz. 6 e.E.). Gläubiger, die sich bei der Gesellschaft (Meldung allein soll nicht ausreichen, sondern konkrete Forderung nach Befriedigung bzw. Sicherstellung erforderlich – str. vgl. *Wicke* §58 Rz. 6 m.w.N.) melden und dem Kapitalherabsetzungsbeschluss nicht zustimmen, sind wegen der erhobenen Ansprüche zu **befriedigen oder sicherzustellen** (Abs. 1 Ziff. 2). Zu befriedigen sind die Gläubiger, deren Forderungen fällig sind (und deren Inhalt einer alsbaldigen Befriedigung nicht im Wege steht). Andernfalls sind die Gläubiger sicherzustellen (vgl. §§ 233 ff. BGB – zur Sicherheitsleistung bei Dauerschuldverhältnissen *BGH* NJW 1996, 1539). Ob Befriedigung oder Sicherstellung erfolgt, liegt im pflichtgemäßen Ermessen der Geschäftsführer, ohne dass das Registergericht prüfen könnte, ob das eine oder das andere hätte gewährt werden müssen. Haben die Gläubiger schon eine vollwertige Sicherheit (Hypothek, Pfand oder dgl.), so ist keine weitere Sicherheit zu leisten (*Noack* §58 Rz. 33). Der Anspruch auf Befriedigung oder Sicherstellung ist klagbar. Ist die Forderung unbegründet, so kann der Geschäftsführer die Versicherung nach Ziff. 4 ohne Sicherstellung oder Befriedigung abgeben, aber auf seine Gefahr. Ist die Forderung doch begründet, so haftet der Geschäftsführer aus §43 und evtl. §823 Abs. 2 BGB, da §58 insoweit Schutzgesetz ist (vgl. insofern *Altmeppen* §58 Rz. 21).

Widerspricht ein Gläubiger einer Eintragung der Kapitalherabsetzung, weil eine **16** Befriedigung oder Sicherstellung durch einen Geschäftsführer abgelehnt wurde, kann das Registergericht nach §21 FamFG – früher §127 FGG eine Frist zur Erhebung der Klage setzen und nach Klageerhebung seine Entscheidung bis zur Rechtskraft des Urteils aussetzen (z.B. *Altmeppen* §58 Rz. 25). Die Gläubiger, die sich nicht melden, oder der Kapitalherabsetzung zustimmen, haben keine besonderen Rechte. Ihnen steht nur das Gesellschaftsvermögen nach Kapitalherabsetzung haftungsmäßig zur Verfügung.

XI. Voraussetzungen der Anmeldung

Die (elektronisch in notariell beglaubigter Form – §12 HGB) Anmeldung der Kapital- **17** herabsetzung zum Handelsregister (Ziff. 3) setzt **Ablauf des Sperrjahres** voraus. Sie kann nicht vor Ablauf eines Jahres seit dem Tag der letzten notwendigen öffentlichen Aufforderung an die Gläubiger erfolgen. Vorzeitige Anmeldungen sind vom Registergericht zurückzuweisen (*Noack* §58 Rz. 34; *Lutter/Hommelhoff* §58 Rz. 29, 30).

Mithin sind folgende Voraussetzungen elektronisch zu erfüllen: **18**
- elektronisch beglaubigte Anmeldung nach §12 HGB,
- Ablauf des Sperrjahrs – §58 Abs. 1 Nr. 3,
- elektronisch beglaubigte und unterschriebene Versicherung der Geschäftsführer – §58 Abs. 1 Nr. 4 (kann in Anmeldung enthalten sein),
- elektronische Aufzeichnung der Belege über die dreimalige Bekanntmachung – §58 Abs. 1 Nr. 4,
- elektronisch beglaubigte Abschrift der notariellen Urkunde über den Herabsetzungsbeschluss (§54 Abs. 1 S. 2),
- elektronisch beglaubigte Abschrift des vollständigen Gesellschaftsvertrags mit Notarbestätigung (§54 Abs. 1 S. 2),
- elektronisch beglaubigte Abschrift der aktuellen notariellen Gesellschafterliste (§40 Abs. 2).

Die Anmeldung muss durch sämtliche Geschäftsführer erfolgen (§78). Mit der **19** Anmeldung sind die in Abs. 1 Ziff. 4 genannten Belege über die dreimalige Bekanntmachung elektronisch einzureichen bzw. je ein Exemplar des weiteren Bekanntmachungsblattes (§ 58 Abs. 1 Nr. 4: „die Bekanntmachungen" – Auszug reicht (so), wenn Name des Blattes und Erscheinungstag erkennbar); ferner die persönliche Versicherung der Geschäftsführer (keine Vertretung möglich – s.u.). Nicht erforderlich ist der Nachweis, wann und wie die der Gesellschaft bekannten Gläubiger aufgefordert wurden (*BayObLG* GmbHR 1974, 287 = BB 1964, 1362; s. freilich *Altmeppen* § 58 Rz. 24 weitergehend), da dieser Nachweis in der Praxis mangels Formvorschrift kaum geführt werden kann.

20 Die **Versicherung** muss dahin lauten, dass die Gläubiger, die sich bei der Gesellschaft gemeldet und der Kapitalherabsetzung nicht zugestimmt haben, entweder befriedigt oder sichergestellt sind. Haben sich keine Gläubiger gemeldet, oder haben die sich meldenden Gläubiger der Kapitalherabsetzung zugestimmt, so ist auch dieser Sachverhalt zu versichern (*BayObLG* a.a.O.).

21 Daneben sind die für die Eintragung einer Gesellschaftsvertragsänderung notwendigen Urkunden einzureichen (vgl. §§ 53, 54).

XII. Prüfung durch den Registerrichter

22 Der Registerrichter prüft die Anmeldung formell und materiell. Sofern sich Anhaltspunkte für Zweifel ergeben, dass die Versicherung der Geschäftsführer unrichtig ist, kann er Nachweise für die Befriedigung bzw. die Sicherstellung verlangen (§ 26 FamFG – früher § 12 FGG – vgl. *Altmeppen* § 58 Rz. 25; *Wicke* § 58 Rz. 8 mit Hinweis auf *OLG Frankfurt* NJW 1974, 463; auch *Noack* § 58 Rz. 44; *Lutter/Hommelhoff* § 58 Rz. 34). Nicht zu prüfen ist die besondere Mitteilung an Gläubiger (*Noack* § 58 Rz. 45, 50m. Hinw. auf *BayObLG* GmbHR 1974, 287 = BB 1964, 1362). Das Übergehen von Gläubigern bzw. Forderungen oder Sicherstellung kann der Registerrichter selbst prüfen oder nach § 21 FamFG – früher § 127 FGG – aussetzen (*Altmeppen* § 58 Rz. 26; auch *Noack* a.a.O.).

XIII. Eintragung und Wirkung

23 Der Herabsetzungsbeschluss wird mit seiner Eintragung in das Handelsregister wirksam (§§ 54 Abs. 2 S. 1, 10 Abs. 1, 54 Abs. 3; *OLG München* ZIP 2011, 2062). Die Eintragung der Abänderung des Gesellschaftsvertrages kann daher auch nicht vorher erfolgen. Der eingetragene Kapitalherabsetzungsbeschluss kann nicht mehr aufgehoben werden. Eine Rückbeziehung auf einen früheren Stichtag ist nicht zulässig (*RGZ* 101, 201; vgl. zum Problem der Rückwirkung von Gesellschaftsvertragsänderungen § 54 Rz. 18). Nichtige Beschlüsse liegen vor, wenn das Stammkapital 25.000 € unterschreitet (vgl. hier Rz. 9 – str. bei fehlender Zustimmung des von der Kapitalherabsetzung stärker betroffenen Gesellschafters – vgl. *Wicke* § 58 Rz. 9). Anfechtbarkeit ist anzunehmen, wenn die Anteile nicht auf volle Euro lauten (krit. wegen § 58 Abs. 2 S. 2) oder der Gleichbehandlungsgrundsatz verletzt wurde (vgl. *Wicke* a.a.O., – dort auch zur Verantwortlichkeit der Geschäftsführer; ebenso *Noack* § 58 Rz. 52; *Altmeppen* § 58 Rz. 18, 24). Eintragungen mit der Folge der Gläubigerbenachteiligung kann zur Löschung der Eintragung nach § 395 FamFG – früher § 142 Abs. 1 FGG führen (so zutr. *Altmeppen* § 58 Rz. 28). Die Eintragung ist bekannt zu machen (§ 54 Abs. 2, § 10, auch *Lutter/Hommelhoff* § 58 Rz. 36 – Eintragung erfolgt von Amts wegen).

XIV. Rückzahlung

Rückzahlungen an die Gesellschafter dürfen erst nach Eintragung vorgenommen wer- **24**
den – Eintritt der Wirksamkeit der Kapitalherabsetzung (vgl. *Altmeppen* § 58 Rz. 27).

§ 58a Vereinfachte Kapitalherabsetzung

(1) Eine Herabsetzung des Stammkapitals, die dazu dienen soll, Wertminderungen auszugleichen oder sonstige Verluste zu decken, kann als vereinfachte Kapitalherabsetzung vorgenommen werden.

(2) ¹Die vereinfachte Kapitalherabsetzung ist nur zulässig, nachdem der Teil der Kapital- und Gewinnrücklagen, der zusammen über zehn vom Hundert des nach der Herabsetzung verbleibenden Stammkapitals hinausgeht, vorweg aufgelöst ist. ²Sie ist nicht zulässig, solange ein Gewinnvortrag vorhanden ist.

(3) ¹Im Beschluss über die vereinfachte Kapitalherabsetzung sind die Nennbeträge der Geschäftsanteile dem herabgesetzten Stammkapital anzupassen. ²Die Geschäftsanteile müssen auf einen Betrag gestellt werden, der auf volle Euro lautet.

(4) ¹Das Stammkapital kann unter den in § 5 Abs. 1 bestimmten Mindestnennbetrag herabgesetzt werden, wenn dieser durch eine Kapitalerhöhung wieder erreicht wird, die zugleich mit der Kapitalherabsetzung beschlossen ist und bei der Sacheinlagen nicht festgesetzt sind. ²Die Beschlüsse sind nichtig, wenn sie nicht binnen drei Monaten nach der Beschlussfassung in das Handelsregister eingetragen worden sind. ³Der Lauf der Frist ist gehemmt, solange eine Anfechtungs- oder Nichtigkeitsklage rechtshängig ist. ⁴Die Beschlüsse sollen nur zusammen in das Handelsregister eingetragen werden.

(5) Neben den §§ 53 und 54 über die Abänderung des Gesellschaftsvertrags gelten die §§ 58b bis 58f.

Übersicht

I. Allgemeines

Fassung aufgrund des Gesetzes zur Umsetzung der Aktionärsrichtlinie v. 30.7.2009 mit **1**
Wirkung v. 1.9.2009, Änderung sowie Ergänzung der amtlichen Überschrift durch
MoMiG v. 23.10.2008.

Durch die Reform 2008 ist § 58a Abs. 2 S. 2, S. 3 geändert (Anteile auf volle Euro, **2**
Streichung des S. 3). Die Vorschriften über die vereinfachte Kapitalherabsetzung
(§§ 58a–58f) sind nahezu wörtlich den aktienrechtlichen Bestimmungen der §§ 228–236
AktG nachgebildet. Deshalb kann für die Auslegung auf die Kommentierungen und
Erläuterungen zu den aktienrechtlichen Regelungen verwiesen werden. Die verein-

fachte Kapitalherabsetzung dient dem Ausgleich von Wertminderungen oder sonstigen Verlusten. Auf die Einhaltung des Sperrjahrs, die Benachrichtigung, Befriedigung und Sicherstellung der Gläubiger wird verzichtet, weil keine Vermögensverteilung – auch nicht über Ausschüttungen von Buchgewinnen bzw. die Bildung oder Auflösen von Rücklagen – erfolgt (vgl. *Altmeppen* § 58a Rz. 3). Die vereinfachte Kapitalherabsetzung ist Satzungsänderung nach den §§ 53, 54. Wegen des Sonderfalls der Abspaltung bzw. Ausgliederung nach § 139 UmwG vgl. *Noack* § 58a Rz. 3). Die vereinfachte Kapitalherabsetzung ist auch im Insolvenzverfahren zulässig (*BGHZ* 138, 78 – Sachsenmilch; *Wirt* DB 1996, 867 zur AG; *Noack* § 58a Rz. 5).

II. Erlaubte Zwecke der vereinfachten Kapitalherabsetzung

3 Nach dem Gesetzeswortlaut ist die vereinfachte Kapitalherabsetzung zulässig, um **„Wertminderungen"** auszugleichen oder **„sonstige Verluste"** zu decken. Dabei ist der Wortlaut insoweit höchst missverständlich, als nicht jede Wertminderung oder jeder Verlust zum Anlass einer vereinfachten Kapitalherabsetzung genommen werden kann. Zulässig ist die vereinfachte Kapitalherabsetzung nur, wenn die eingetretenen Verluste nicht nur vorübergehend sind und durch offenes Eigenkapital nicht mehr gedeckt werden können, d.h. im Sanierungsfall (so auch *Lutter/Hommelhoff* § 58a Rz. 2). Maßgeblich ist allein, dass der Verlust bzw. die Wertminderung tatsächlich entstanden ist. Drohende Verluste aus schwebenden Geschäften reichen dann aus, sofern für diese nach § 249 Abs. 1 S. 1 HGB Rückstellungen gebildet werden müssten (*BGHZ* 119, 305 = NJW 1993, 27 AG; vgl. auch *OLG Frankfurt* WM 1989, 1690 = AG 1989, 207 AG; *Noack* § 58a Rz. 12; auch *Wicke* § 58a Rz. 2; *Altmeppen* § 58a Rz. 4). Den entspr. Verlust stellen die Gesellschafter im Kapitalherabsetzungsbeschluss fest, wobei von einem Beurteilungsspielraum für die Gesellschafter auszugehen ist. Die Verlustgründe sind nachvollziehbar zu spezifizieren. Vertretbare Fehleinschätzungen, die sich im Nachhinein feststellen lassen, berechtigen nicht zur Anfechtung (*OLG Hamm* NJW-RR 2011, 685; *Altmeppen* § 58a Rz. 5; vgl. *OLG Frankfurt* WM 1989, 1690; auch *Wicke* § 58a Rz. 2. **Insoweit sind Prüfungsrecht bzw. die -pflicht des Registerrichters entspr. eingeschränkt, sofern sich im registerrechtlichen Verfahren überhaupt Anhaltspunkte für Zweifel ergeben** (vgl. *Krafka* Rz. 1077 – str. hinsichtlich der Reichweite des Prüfungsrechts sowie der Maßnahmen im Einzelfall – Verlangen nach plausibler Darlegung der wirtschaftlichen Grundlagen, Vorlage einer Zwischenbilanz?; z.B. *Noack* § 58a Rz. 32: nur überschlägige Richtigkeitskontrolle; vgl. auch *Altmeppen* § 58a Rz. 5).

4 Aus welchen Gründen die Verluste eingetreten sind, ist unerheblich. Sie können sowohl durch Wirtschaftsentwicklungen, Zahlungsunfähigkeit vom Schuldner, missglückte Geschäfte als auch durch Veruntreuungen eingetreten sein.

5 Die durch die Kapitalherabsetzung gewonnenen Beträge dürfen nach § 58b Abs. 2 „daneben" auch in die Kapitalrücklage eingestellt werden. Allerdings darf die Rücklagenstärkung nicht alleiniger Zweck der vereinfachten Kapitalherabsetzung sein. Sie kann nur zusammen mit einem Verlustausgleich vorgenommen werden.

6 Für die als Nebenzwecke zugelassene Einstellung in die Kapitalrücklage zieht das Gesetz allerdings enge Grenzen. Nach § 58b Abs. 2 ist die Einstellung nur zulässig, soweit die Kapitalrücklage 10 % des Stammkapitals nicht übersteigt. Als Stammkapital gilt dabei der Betrag, der sich durch die Herabsetzung ergibt, mindestens aber der nach § 5 Abs. 1 zulässige Mindestnennbetrag.

A. Bartl

III. Auflösung von Rücklagen (Abs. 2)

Die vereinfachte Kapitalherabsetzung ist nach Abs. 2 nur zulässig, wenn vorher der 7
Teil der Kapital- und Gewinnrücklagen aufgelöst wird, der zusammen 10 % des nach
der Herabsetzung verbleibenden Stammkapitals übersteigt. Es besteht allerdings
keine Auflösungspflicht hinsichtlich stiller Reserven, in Anlehnung an § 249 Abs. 1
und 2 HGB (*Noack* § 58a Rz. 14; *Lutter/Hommelhoff* § 58a Rz. 13 ff.).

Nur offene Rücklagen sind von der Auflösungspflicht betroffen. Stille Reserven unter- 8
liegen hingegen nicht dem Auflösungsgebot.

IV. Beseitigung eines Gewinnvortrags

Die vereinfachte Kapitalherabsetzung ist unzulässig, solange ein Gewinnvortrag vor- 9
handen ist (Abs. 2 S. 2). Ein Gewinnvortrag muss nicht vorweg bilanziell beseitigt werden, er muss aber zunächst für die Beseitigung eines Verlustes verwendet werden,
bevor das Kapital in vereinfachter Form herabgesetzt werden darf.

V. Kapitalherabsetzungsbeschluss

1. Anzuwendende Vorschriften. Da es sich auch bei der vereinfachten Kapitalherab- 10
setzung um eine Satzungsänderung handelt, sind neben den Spezialregelungen der
§§ 58–58f auch die §§ 53, 54 anwendbar.

Abs. 5 ordnet dieses – überflüssigerweise – nochmals ausdrücklich an.

Der Beschluss bedarf daher der notariellen Beurkundung und einer Mehrheit von 11
mindestens 3/4 der abgegebenen Stimmen, soweit nicht die Satzung eine höhere
Mehrheit vorsieht

2. Beschlussinhalt. Infolge str. Punkte ist zu empfehlen, dass im Beschluss angegeben 12
wird, dass es sich um eine vereinfachte Kapitalerhöhung nach § 58a handelt, dass und
wie die Nennbeträge (volle Euro) der Anteile dem herabgesetzten Stammkapital
angepasst sind und welchem konkreten Zweck die Kapitalherabsetzung dient, um
Probleme und Zwischenverfügungen des Registerrichters auszuschließen (vgl. zum
Streit *Noack* § 58a Rz. 17, 18, 19 – jeweils m.w.N. zu den einzelnen Punkten sowie auch
Lutter/Hommelhoff § 58a Rz. 15, 23 m.w.N.). Der Beschluss selbst muss daher zunächst
angeben, dass das Stammkapital herabgesetzt werden soll und dass es sich um eine
vereinfachte Kapitalherabsetzung handelt, denn nur so werden Öffentlichkeit und
Registerrichter darauf hingewiesen, dass für Voraussetzung und Gläubigerschutz
§§ 58a–58e gelten und nicht § 58 (*Noack* § 58a Rz. 19; vgl. auch *Wicke* § 58a Rz. 4; *Altmeppen* § 58a Rz. 11 f.).

Der Beschluss muss darüber hinaus festlegen, um welchen Betrag das Kapital herab- 13
gesetzt werden soll. Der Mindestbetrag des Stammkapitals gem. § 5 Abs. 1 ist dabei
grds. einzuhalten, es sei denn, die Kapitalherabsetzung wird mit einer gleichzeitigen
Kapitalerhöhung verbunden, durch die der Mindestbetrag wieder erreicht wird.

Grds. ist ein bestimmter Herabsetzungsbetrag festzusetzen. Ein Höchstbetrag ist dann 14
ausreichend, wenn der Beschluss Angaben enthält, unter welchen Voraussetzungen
eine geringere Herabsetzung in Betracht kommt; z.B. Verminderung um freiwillige
Zuzahlungen der Gesellschafter oder spätere Feststellung eines geringeren Verlustes
(*Noack* § 58a Rz. 17; *Lutter/Hommelhoff* § 58a Rz. 22 m.w.N.).

15 Entgegen § 229 Abs. 1 S. 2 AktG sieht § 58a nicht vor, dass der Zweck der Herabsetzung – also die Verlustdeckung und daneben ggf. die Einstellung in die Kapitalrücklage – im Beschluss anzugeben ist.

16 Nach der Gesetzesbegründung anlässlich der Reform 1980 (BT-Drucks. 12/3803, S. 87 ff.) sollte bei der GmbH nichts anderes gelten. Durch die textliche Abweichung sollte ein Gegenschluss bei § 58 vermieden werden.

17 Erforderlich aber auch genügend ist daher die Angabe, dass die Herabsetzung zur Deckung von Verlusten erfolgt (Zweckangabe – vgl. § 229 Abs. 1 S. 2 AktG; *Noack* § 58 Rz. 19; vgl. auch *Wicke* § 58a Rz. 4; *Altmeppen* § 58a Rz. 12 – str.). Nicht nötig ist die Angabe, worauf die Verluste zurückzuführen sind.

18 Sollen neben der Verlustdeckung Beträge auch in die Kapitalrücklage eingestellt werden, ist auch dieser Zweck im Beschluss zu nennen.

19 Abs. 3 S. 1 schreibt vor, dass der Herabsetzungsbeschluss die Anpassung der Nennbeträge der Geschäftsanteile an das herabgesetzte Stammkapital enthalten muss. Die Geschäftsanteile müssen auf volle Euro umgestellt werden (§ 58a Abs. 2 S. 2).

20 **3. Gemeinschaftliche Geschäftsanteile.** Die Bestimmung des § 58a Abs. 3 S. 3 a.F. ist durch die Reform 2008 gestrichen

VI. Anmeldung zum Handelsregister

21 Wie jede Satzungsänderung bedarf auch die vereinfachte Kapitalherabsetzung zu ihrer Wirksamkeit der Eintragung im Handelsregister. Sie ist daher elektronisch in öffentlich beglaubigter Form durch die Geschäftsführer in vertretungsberechtigter Zahl anzumelden.

22 Da die Anmeldung der vereinfachten Kapitalherabsetzung keine strafbewehrte Versicherung enthält wie bei der Kapitalerhöhung oder ordentlichen Kapitalherabsetzung, ist für eine entspr. Anwendung des § 78 HS 2 kein Raum (*Scholz* § 58a Anm. 25; a.A. *Wicke* § 58a Rz. 4; *Noack* § 58a Rz. 21).

23 Der Anmeldung sind als Anlagen elektronisch, das notarielle Protokoll über die Kapitalherabsetzung in Ausfertigung oder beglaubigter Abschrift und der vollständige Wortlaut des Gesellschaftsvertrages beizufügen.

24 Neben den normalen Prüfungspflichten bei Satzungsänderungen hat der Registerrichter zusätzlich zu prüfen, ob die Voraussetzungen der vereinfachten Kapitalherabsetzung eingehalten sind, ob also ein erlaubter Zweck vorliegt (Rz. 3 ff.), ob die Rücklagen gem. Abs. 2 aufgelöst sind und ggf. ein Gewinnvortrag beseitigt ist (Rz. 9). Bei der Einstellung in die Kapitalrücklage ist die Einhaltung der 10 %-Grenze zu überwachen (vgl. oben Rz. 12).

25 Die auszugleichenden Verluste und die Auflösung der Kapitalrücklagen ergeben sich regelmäßig schon aus dem vorausgegangenen Jahresabschluss. Liegt dieser nicht vor, kann das Gericht zur Prüfung der Voraussetzungen für die vereinfachte Kapitalherabsetzung die Vorlage von Zwischenbilanzen verlangen. Diese müssen weder geprüft noch testiert sein (vgl. oben Rz. 12 m.w.N.).

A. Bartl

VII. Unterschreitung des Mindeststammkapitals

Der in § 5 Abs. 1 bestimmte Mindestbetrag des Stammkapitals von 25.000 € ist grds. **26** die unterste Grenze einer Kapitalherabsetzung (§ 58 Abs. 2 S. 1). Nach Abs. 4 kann diese Mindestgrenze dann unterschritten werden, wenn sie durch eine gleichzeitig beschlossene Kapitalerhöhung wieder erreicht wird.

Diese im Aktienrecht schon lange zulässige Maßnahme (vgl. § 228 AktG) erlaubt nun- **27** mehr auch im GmbH-Recht die Verlustbeseitigung und damit die Sanierung von Gesellschaften, die nur das gesetzliche Mindestkapital ausweisen (vgl. *Wicke* § 58a Rz. 7).

Das Mindestkapital darf nur bei gleichzeitiger Kapitalerhöhung unterschritten wer- **28** den, d.h., beide Beschlüsse müssen in derselben Gesellschafterversammlung gefasst werden. Es genügt, wenn das Mindeststammkapital wieder erreicht wird. Die Wieder- herstellung der alten Höhe des Stammkapitals ist nicht erforderlich. Die Kapitalerhö- hung kann selbstverständlich über das Mindeststammkapital und auch über die ursprüngliche Kapitalhöhe hinausgehen.

Für den zur Erreichung des Mindeststammkapitals erforderlichen Betrag kommt nur **29** eine Barkapitalerhöhung in Frage, für einen darüber hinausgehenden Betrag können auch Sacheinlagen vorgesehen werden (h.M. vgl. *Altmeppen* § 58a Rz. 22; auch *Wicke* a.a.O.; *Noack* § 58a Rz. 34).

Liegen die Voraussetzungen vor (vgl. Rz. 28, 29), gibt es für die Herabsetzung keine **30** Mindestgrenze; die Herabsetzung darf bis auf Null erfolgen.

Die Beschlüsse über die Kapitalherabsetzung und über die Kapitalerhöhung müssen **31** binnen drei Monaten nach der Beschlussfassung im HR eingetragen sein. Die bloße Anmeldung zum HR genügt nicht (*Noack* § 58a Rz. 36: *Wicke* a.a.O.: Nichtigkeit der Beschlüsse nach § 58a Abs. 4 S. 2).

Die Dreimonatsfrist beginnt mit der Beschlussfassung. Deren Datum ist maßgebend. **32**

Die Frist ist gehemmt, solange eine Anfechtungs- oder Nichtigkeitsklage rechtshängig ist. **33**

Nach Abs. 4 S. 4 sollen beide Beschlüsse nur gemeinsam im HR eingetragen werden. **34** Ein Verstoß gegen dieses Gebot ist dann ohne die Folgen, wenn die spätere Eintragung vor Ablauf der Dreimonatsfrist erfolgt.

Nach Ablauf der Dreimonatsfrist darf der Registerrichter eine Eintragung nicht mehr **35** verfügen, denn beide Beschlüsse sind dann nach ausdrücklicher gesetzlicher Anord- nung nichtig (Abs. 4 S. 2).

§ 58b Beträge aus Rücklagenauflösung und Kapitalherabsetzung

(1) Die Beträge, die aus der Auflösung der Kapital- oder Gewinnrücklagen und aus der Kapitalherabsetzung gewonnen werden, dürfen nur verwandt werden, um Wert- minderungen auszugleichen und sonstige Verluste zu decken.

(2) [1]Daneben dürfen die gewonnenen Beträge in die Kapitalrücklage eingestellt werden, soweit diese zehn vom Hundert des Stammkapitals nicht übersteigt. [2]Als Stammkapital gilt dabei der Nennbetrag, der sich durch die Herabsetzung ergibt, min- destens aber der nach § 5 Abs. 1 zulässige Mindestnennbetrag.

(3) Ein Betrag, der auf Grund des Absatzes 2 in die Kapitalrücklage eingestellt worden ist, darf vor Ablauf des fünften nach der Beschlussfassung über die Kapitalherabsetzung beginnenden Geschäftsjahrs nur verwandt werden

1. **zum Ausgleich eines Jahresfehlbetrags, soweit er nicht durch einen Gewinnvortrag aus dem Vorjahr gedeckt ist und nicht durch Auflösung von Gewinnrücklagen ausgeglichen werden kann;**
2. **zum Ausgleich eines Verlustvortrags aus dem Vorjahr, soweit er nicht durch einen Jahresüberschuss gedeckt ist und nicht durch Auflösung von Gewinnrücklagen ausgeglichen werden kann;**
3. **zur Kapitalerhöhung aus Gesellschaftsmitteln.**

Übersicht

I. Allgemeines

1 Amtliche Überschrift ergänzt durch MoMiG v. 23.10.2008.

Die Vorschrift stellt klar, zu welchem Zweck die aus der Auflösung der Rücklagen und der Kapitalherabsetzung gewonnenen Beträge zu verwenden sind. Die Vorschrift verbietet zwar nicht ausdrücklich eine Zahlung an die Gesellschafter wie die entspr. Bestimmung im Aktienrecht (vgl. § 230 AktG), durch die zwingenden Verwendungsgebote wird aber eine andere Zweckverwendung verhindert.

II. Gebotsinhalt

2 Abs. 1 schreibt vor, dass die aus der Auflösung der Kapital- oder Gewinnrücklagen und aus der Kapitalherabsetzung gewonnenen Beträge **nur** verwendet werden dürfen, um Wertminderungen auszugleichen und sonstige Verluste zu decken. Zu einem anderen Zweck dürfen die Beträge vorbehaltlich Abs. 2 nicht verwendet werden. Verboten sind insb. Zahlungen an die Gesellschafter; allerdings nur Zahlungen ohne entspr. Gegenleistung der Gesellschafter. Zahlungen, die auf Grund von Rechtsverhältnissen nicht gesellschaftsrechtlicher Art z.B. für Dienstleistungen oder Warenlieferungen erfolgen, sind hingegen nicht verboten.

3 Nach Abs. 2 dürfen **daneben** die gewonnenen Beträge in die Kapitalrücklage eingestellt werden, sofern dieses im Herabsetzungsbeschluss vorgesehen war und die Rücklage nicht bereits eine Höhe ausweist, die eine weitere Erhöhung aus einer Kapitalherabsetzung ausschließt. Nur soweit die Rücklage zehn vom Hundert nicht erreicht hat und nur bis zu dieser Obergrenze ist eine Einstellung zulässig.

4 Die Obergrenze von 10 vom Hundert bemisst sich nach dem Stammkapitalbetrag, der sich nach der Herabsetzung ergibt. Eine mit der Herabsetzung gleichzeitig verbundene Erhöhung des Stammkapitals bleibt dabei unberücksichtigt.

5 Da die Rücklage aber eine gewisse Mindesthöhe nicht unterschreiten soll, sieht Abs. 2 S. 2 vor, dass der in § 5 Abs. 1 gesetzlich bestimmte Mindestnennbetrag des Stammkapitals für die Berechnung der zehn vom Hundert maßgebend ist, wenn durch die Kapitalherabsetzung eine Herabsetzung des Stammkapitals unter die Mindestgrenze des § 5 Abs. 1 erfolgen sollte. Eine derartige Herabsetzung unter den Mindestnennbetrag kann aber nur erfolgen, wenn gleichzeitig eine den Mindestnennbetrag wieder erreichende oder ihn überschreitende Kapitalerhöhung beschlossen wird (§ 58a Abs. 4 S. 1).

III. Verwendungsbeschränkung, Abs. 3

Die in die Kapitalrücklage eingestellten Beträge dürfen nach Abs. 3 nur für drei Zwecke verwendet werden. **6**

Zulässig ist die Verwendung nach Ziff. 1 zum Ausgleich eines Jahresfehlbetrages, soweit dieser nicht durch einen Gewinnvortrag aus dem Vorjahr oder durch Auflösung von Gewinnrücklagen ausgeglichen werden kann (s. hierzu auch § 266 Abs. 3, A. III HGB, § 275 Abs. 2 Nr. 20 HGB). **7**

Nach Ziff. 2 dürfen die eingestellten Beträge zum Ausgleich eines Verlustvortrages aus dem Vorjahr verwendet werden, soweit er nicht durch einen Jahresüberschuss gedeckt ist und ein Ausgleich nicht durch Auflösung von Gewinnrücklagen möglich ist (s. hierzu auch § 266 Abs. 3, A. III Nr. 3, 4 HGB). **8**

Schließlich lässt Nr. 3 eine Verwendung der Rücklagenbeträge zur Kapitalerhöhung aus Gesellschaftsmitteln zu. **9**

Sinn dieser Verwendungsbeschränkung ist es, eine Ausschüttung der durch die vereinfachte Kapitalherabsetzung gewonnenen und in die Kapitalrücklage eingestellten Beträge an die Gesellschafter zu verhindern. Die Ausschüttungssperre ist aber auf einen Zeitraum von fünf vollen Geschäftsjahren begrenzt. Nach diesem Fristablauf ist ein weiterer Schutz der Gläubiger vor Ausschüttungen dieser Beträge an die Gesellschafter nicht mehr erforderlich. **10**

IV. Verstoßfolgen

Verstoßen die Gesellschafter gegen die Verwendungsgebote, indem Beträge entgegen den Abs. 1–3 in der Jahresbilanz anderweitig ausgewiesen oder ausgezahlt werden, so sind sowohl der Jahresabschluss als auch ein darauf beruhender Gewinnverwendungsbeschluss nichtig (*Noack* § 58b Rz. 11 f.; *Wicke* § 58b Rz. 4; *Altmeppen* § 5b Rz. 8). **11**

Haben die Gesellschafter unzulässige Zahlungen erhalten, sind sie zur Rückzahlung verpflichtet. Nach *Noack* § 58b Rz. 14 aus § 31 Abs. 1, nach *Scholz* (§ 58b Anm. 11) folgt die Zahlungsverpflichtung aus § 812 BGB (auch *Lutter/Hommelhoff* § 58b Rz. 7; vgl. *Altmeppen* § 58b Rz. 8). **12**

Die Geschäftsführer haften der Gesellschaft daneben auf Schadensersatz gem. § 43 (*Wicke* § 58b Rz. 4). **13**

§ 58c Nichteintritt angenommener Verluste

[1]Ergibt sich bei Aufstellung der Jahresbilanz für das Geschäftsjahr, in dem der Beschluss über die Kapitalherabsetzung gefasst wurde, oder für eines der beiden folgenden Geschäftsjahre, dass Wertminderungen und sonstige Verluste in der bei der Beschlussfassung angenommenen Höhe tatsächlich nicht eingetreten oder ausgeglichen waren, so ist der Unterschiedsbetrag in die Kapitalrücklage einzustellen. [2]Für einen nach Satz 1 in die Kapitalrücklage eingestellten Betrag gilt § 58b Abs. 3 sinngemäß.

Übersicht

I. Zweck der Vorschrift

1   Amtliche Überschrift wurde ergänzt durch MoMiG v. 23.10.2008. S. 1 entspricht § 232 AktG.

2   Die Vorschrift soll gewährleisten, dass die aus der vereinfachten Kapitalherabsetzung gewonnenen Beträge nur für die im § 58a bezeichneten Zwecke verwendet werden und dass die diese Zwecke überschießenden Beträge nicht von der Bindung zugunsten der Gesellschaftsgläubiger befreit werden (*Noack* § 58c Rz. 1).

3   Der Schutz der Gläubiger ist der Hauptzweck der Vorschrift (auch *BGHZ* 119, 305).

Sie trägt der Tatsache Rechnung, dass der Herabsetzungsbetrag irrtümlich zu hoch bemessen wurde, weil der Verlust niedriger war, als bei der Beschlussfassung angenommen (vgl. *Noack* § 58c Rz. 1).

II. Voraussetzungen der Einstellungspflicht

4   Einzustellen in die Kapitalrücklage ist der Unterschiedsbetrag zwischen dem bei der Beschlussfassung angenommenen und den später tatsächlich nicht in dieser Höhe eingetretenen Verlusten oder wenn der angenommene Verlust zwar eingetreten, aber anderweitig ausgeglichen war.

5   Die Einstellung hat nur zu erfolgen, wenn sich die Unrichtigkeit über die Verlusthöhe bei der Aufstellung der Jahresbilanz für das Geschäftsjahr der Beschlussfassung sowie für die folgenden beiden Geschäftsjahre ergibt. Die Einstellungspflicht ist also auf drei der Beschlussfassung folgende Jahresabschlüsse begrenzt (vgl. *Noack* § 58c Rz. 2, 3; *Lutter/Hommelhoff* § 58c Rz. 6).

6   Die Rücklagenzuführung hat dabei nur in der Bilanz des Jahres zu erfolgen, in dem sich die Unrichtigkeit ergibt. Frühere Jahresüberschüsse bleiben unberührt.

7   Mit der Einstellung in die Kapitalrücklage unterliegen diese Beträge der Verwendungssperre des § 58b Abs. 3.

8   Eine Einstellung darf nicht deshalb unterbleiben, weil diese bereits 10 vom Hundert erreicht hat. Die Höchstgrenze des § 58b Abs. 2 gilt hier nicht. Selbst wenn die Kapitalrücklage die Grenze von 10 vom Hundert des Stammkapitals erreicht hat, hat eine Einstellung zu erfolgen. Die Vorschrift des § 58c S. 1 geht vor und muss unter allen Umständen eingehalten werden.

III. Folgen eines Verstoßes

9   Erfolgt die Einstellung des Unterschiedsbetrages entgegen der gesetzlichen Bestimmung nicht im festgestellten Jahresabschluss, ist dieser ebenso wie ein auf ihm beruhender Gewinnverteilungsbeschluss nichtig (so auch *Lutter/Hommelhoff* § 58c Rz. 10).

10   Die Gesellschafter haben die an sie erfolgten Ausschüttungen zu erstatten; die Geschäftsführer sind schadensersatzpflichtig (vgl. § 58b Rz. 12 f.).

§58d Gewinnausschüttung

(1) [1]Gewinn darf vor Ablauf des fünften nach der Beschlussfassung über die Kapitalherabsetzung beginnenden Geschäftsjahrs nur ausgeschüttet werden, wenn die Kapital- und Gewinnrücklagen zusammen zehn vom Hundert des Stammkapitals erreichen. [2]Als Stammkapital gilt dabei der Nennbetrag, der sich durch die Herabsetzung ergibt, mindestens aber der nach §5 Abs.1 zulässige Mindestnennbetrag.

(2) [1]Die Zahlung eines Gewinnanteils von mehr als vier vom Hundert ist erst für ein Geschäftsjahr zulässig, das später als zwei Jahre nach der Beschlussfassung über die Kapitalherabsetzung beginnt. [2]Dies gilt nicht, wenn die Gläubiger, deren Forderungen vor der Bekanntmachung der Eintragung des Beschlusses begründet worden waren, befriedigt oder sichergestellt sind, soweit sie sich binnen sechs Monaten nach der Bekanntmachung des Jahresabschlusses, auf Grund dessen die Gewinnverteilung beschlossen ist, zu diesem Zweck gemeldet haben. [3]Einer Sicherstellung der Gläubiger bedarf es nicht, die im Fall des Insolvenzverfahrens ein Recht auf vorzugsweise Befriedigung aus einer Deckungsmasse haben, die nach gesetzlicher Vorschrift zu ihrem Schutz errichtet und staatlich überwacht ist. [4]Die Gläubiger sind auf die Befriedigung oder Sicherstellung durch eine gesonderte Erklärung hinzuweisen, die der das Unternehmensregister führenden Stelle gemeinsam mit dem Jahresabschluss elektronisch zur Einstellung in das Unternehmensregister zu übermitteln ist.

Übersicht

I. Zweck der Vorschrift

§58d wurde durch Gesetz zur Ergänzung der Regelungen zur Umsetzung der Digitalisierungsrichtlinie und zur Änderung weiterer Vorschriften (DiRUG), in Kraft getreten am 1.8.2023, geändert (BGBl. I 2023, S. 1146). **1**

Fassung aufgrund des Gesetzes über elektronische Handelsregister und Genossenschaftsregister sowie das Unternehmensregister (EHUG) v. 10.11.2006 mit Wirkung v. 1.1.2007, amtliche Überschrift ergänzt durch MoMiG v. 23.10.2008.

Die Vorschrift beinhaltet einen weiteren Gläubigerschutz. Sie gilt nur für den Fall der **2** vereinfachten Kapitalherabsetzung und will eine zeitbegrenzte Gewinnausschüttung (fünf Jahre) an die Gesellschafter unterbinden bzw. einschränken.

II. Gewinnausschüttungsverbot

Vom Verbot erfasst wird nur die Gewinnausschüttung, gleichgültig, woher der Gewinn **3** kommt.

Nicht erfasst werden hingegen Zahlungen an die Gesellschafter zur Erfüllung von **4** Kaufverträgen oder Darlehensrückzahlungen.

5 Betroffen sind hingegen Gewinnabführungen auf Grund von Unternehmensverträgen (*Noack* § 58d Rz. 4, auch zur Rückabwicklung von Gesellschafterauszahlungen bei Gesellschaft in Liquidation, *OLG Düsseldorf* v. 21.11.2007 – 15 U 192/06).

6 Das Gewinnausschüttungsverbot ist auf die Dauer von 5 Jahren beschränkt. Es beginnt mit dem Zeitpunkt des Kapitalherabsetzungsbeschlusses, nicht mit der Eintragung des Herabsetzungsbeschlusses im HR, da es auf die Herabsetzung des Stammkapitals hier nicht ankommt (*Noack* § 58a Rz. 5: maßgeblich Fassung des Kapitalherabsetzungsbeschlusses – m.w.N.).

III. Ausschüttungssperre vor Rücklagenauffüllung, Abs. 1

7 Während der Fünfjahresfrist darf ein Gewinn – gleich in welcher Höhe – nicht ausgeschüttet werden, solange nicht die Kapital- und Gewinnrücklagen 10 % des Stammkapitals erreichen. Als Stammkapital gilt dabei der sich durch die Herabsetzung ergebende Nennbetrag, mindestens aber 25.000 €. Die Rücklagen müssen also mindestens die Höhe von 2.500 € erreichen (vgl. hierzu auch *Lutter/Hommelhoff* § 58d Rz. 3).

8 Abs. 1 verbietet eine Gewinnausschüttung, bevor die Rücklage zehn vom Hundert des Stammkapitals erreicht hat. Die Vorschrift ordnet damit aber nicht an, dass jeder Gewinn der Rücklage zugeführt werden muss. Sie begründet keinen Zuführungszwang. Der Gewinn kann daher auch anderweitig verwendet werden, z.B. als Gewinnvortrag oder zur Kapitalerhöhung aus Gesellschaftsmitteln, er darf nur nicht ausgeschüttet werden (vgl. *Wicke* § 58d Rz. 2; *Noack* § 58d Rz. 2; *Altmeppen* § 58d Rz. 3).

IV. Begrenzung der Ausschüttungshöhe, Abs. 2

9 **1. Grundsatz.** Selbst wenn die Rücklagen auf 10 % des Stammkapitals aufgefüllt worden sind, sind höhere Gewinnausschüttungen als vier vom Hundert des Stammkapitals erst zulässig für ein Geschäftsjahr, das später als zwei Jahre nach der Beschlussfassung beginnt (vgl. hierzu auch *Lutter/Hommelhoff* § 58d Rz. 4).

10 Bemessungsgrundlage ist hier der Nennbetrag des jeweiligen Stammkapitals, auf das Gewinn verteilt werden soll; nicht der Nennbetrag zum Zeitpunkt des Herabsetzungsbeschlusses. Etwaige Kapitalerhöhungen sind also hier – abw. von Abs. 1 – bei der Berechnung des zulässigen Gesamtausschüttungsbetrages zu berücksichtigen.

11 **2. Ausnahmen.** Da die höhenmäßige Gewinnausschüttungsbegrenzung des Abs. 2 dem Gläubigerschutz dient, besteht dann kein Grund für eine derartige Beschränkung, wenn die Gläubiger **befriedigt oder sichergestellt** sind (so *Noack* § 58d Rz. 12).

12 Nach Abs. 2 S. 2–4 befreit das Gesetz die Gesellschaft von der Gewinnausschüttungsbeschränkung, wenn die Befriedigung oder Sicherstellung der Gläubiger in gleicher Weise wie bei der ordentlichen Kapitalherabsetzung erfolgt (vgl. § 58 Rz. 13).

13 Die Gläubiger sind auf das Recht Befriedigung oder Sicherung zu verlangen in der Bekanntmachung des Jahresabschlusses oder in der Bekanntmachung über die Einreichung des Jahresabschlusses beim Handelsregister hinzuweisen. Abs. 2 S. 4 wurde aufgrund des Umsetzung des DiRUG neu gefasst. Die Offenlegung der Rechnungslegungsunterlagen erfolgt nun durch Einstellung in das Unternehmensregister (anstelle der Bekanntmachung im Bundesanzeiger), erstmalig anwendbar für Jahresabschlüsse nach dem 1.1.2022 (§ 11 Abs. 2 EEGmbHG). Die Gläubiger sind nunmehr auf ihren Befriedigungsanspruch oder Sicherstellung ihres Anspruchs durch gesonderte Erklärung hinzuweisen. Die gesonderte Erklärung ist, zusammen mit dem Jahresabschluss, elektronisch zur Einstellung in das Unternehmensregister vorzunehmen. Für die Geltendmachung dieses Befriedigungsanspruchs bzw. der Sicherung dieses Anspruchs gilt eine Frist von 6 Monaten ab Einstellung im Unternehmensregister. Erst nach Ablauf dieser Frist darf dann nach Befriedigung der Gläubiger, die sich hierauf gemeldet haben, mehr als 4 % ausgeschüttet werden (hierzu *Lutter/Hommelhoff* § 58a Rz. 10 m.w.N.).

Außerdem müssen sich die Gläubiger innerhalb von sechs Monaten nach dieser Bekanntmachung bei der Gesellschaft melden. **14**

Einen höheren Gewinn als vier vom Hundert darf die Gesellschaft erst nach Ablauf dieser 6-Monatsfrist auszahlen und auch nur wenn die Gläubiger, die sich rechtzeitig gemeldet haben, befriedigt oder sichergestellt sind. **15**

V. Folgen eines Verstoßes

Ausschüttungsbeschlüsse, die gegen die Vorschriften der Abs. 1 oder 2 verstoßen, sind nichtig (§ 241 Nr. 3 AktG analog). Gesellschafter haben unzulässig erhaltene Zahlungen zurückzuerstatten. Für etwaige Ausfälle sind die Geschäftsführer schadensersatzpflichtig (vgl. *Wicke* § 58d Rz. 4; *Noack* § 58d Rz. 16 mit weiteren Einzelheiten; auch *Altmeppen* § 58d Rz. 16). **16**

§ 58e Beschluss über die Kapitalherabsetzung

(1) ¹**Im Jahresabschluss für das letzte vor der Beschlussfassung über die Kapitalherabsetzung abgelaufene Geschäftsjahr können das Stammkapital sowie die Kapital- und Gewinnrücklagen in der Höhe ausgewiesen werden, in der sie nach der Kapitalherabsetzung bestehen sollen. ²Dies gilt nicht, wenn der Jahresabschluss anders als durch Beschluss der Gesellschafter festgestellt wird.**

(2) Der Beschluss über die Feststellung des Jahresabschlusses soll zugleich mit dem Beschluss über die Kapitalherabsetzung gefasst werden.

(3) ¹**Die Beschlüsse sind nichtig, wenn der Beschluss über die Kapitalherabsetzung nicht binnen drei Monaten nach der Beschlussfassung in das Handelsregister eingetragen worden ist. ²Der Lauf der Frist ist gehemmt, solange eine Anfechtungs- oder Nichtigkeitsklage rechtshängig ist.**

(4) Der Jahresabschluss darf nach § 325 des Handelsgesetzbuchs erst nach Eintragung des Beschlusses über die Kapitalherabsetzung offengelegt werden.

Übersicht

I. Zweck der Vorschrift

Fassung aufgrund des Gesetzes zur Umsetzung der Aktionärsrichtlinie v. 30.7.2009 mit Wirkung v. 1.9.2009; amtliche Überschrift ergänzt durch MoMiG v. 23.10.2008. **1**

2 Die Vorschrift gestattet der Gesellschaft eine bilanzmäßige Rückwirkung der vereinfachten Kapitalherabsetzung auf einen vor der Beschlussfassung liegenden Zeitpunkt, allerdings nur für das Stammkapital sowie die Kapital- und Gewinnrücklagen. In der Lit. ist von „Bilanzkosmetik" bzw. rückwirkender „Bilanzschönung" die Rede (vgl. *Wicke* § 5f Rz. 1; *Altmeppen* § 58e Rz. 1, auch *OLG München* v. 6.7.2005 – 7 U 2230/05 – keine verbotenen Einlagenrückgewähr bei Übertragung von liquiden Mitteln auf hundertprozentige Tochter- oder Enkelgesellschaft).

3 Insoweit handelt es sich um eine Durchbrechung des Stichtagsprinzips. Dadurch soll die Offenlegung von Verlusten vermieden werden, die die Kreditwürdigkeit der Gesellschaft schmälern könnten.

4 Nach der Norm kann die Gesellschaft von der bilanziellen Gestaltungsmöglichkeit Gebrauch machen; verpflichtet ist sie dazu nicht.

Die Vorschrift ändert auch nichts daran, dass die Kapitalherabsetzung materiell erst mit Eintragung im Handelsregister wirksam wird (§ 54 Abs. 3).

II. Voraussetzungen der bilanziellen Rückwirkung

5 Zwingende Voraussetzung für die rückwirkende Gestaltung ist nach Abs. 1 S. 2, dass der Jahresabschluss durch Beschluss der Gesellschafter festgestellt wird.

6 Weist im Einzelfall der Gesellschaftsvertrag die Abschlussfeststellung einem anderen Organ zu, muss die Gesellschafterversammlung den Vertrag ändern oder durchbrechen (*Noack* § 58e Rz. 5).

7 Berücksichtigt werden kann die rückwirkende Kapitalherabsetzung nur im Jahresabschluss für das letzte vor der Beschlussfassung abgelaufene Geschäftsjahr; nicht hingegen für noch früher abgeschlossene Geschäftsjahre.

8 Nach Abs. 2 soll der Kapitalherabsetzungsbeschluss **zugleich** mit dem Feststellungsbeschluss des betroffenen Jahresabschlusses gefasst werden, d.h., sie sollen in derselben Gesellschafterversammlung erfolgen.

9 Da es sich hier nur um eine Sollbestimmung handelt, bleibt ein Verstoß ohne Folgen.

III. Frist für Handelsregistereintragung, Abs. 3

10 Der Kapitalherabsetzungsbeschluss muss nach Abs. 3 innerhalb von drei Monaten nach seiner Fassung im Handelsregister eingetragen sein.

11 Wird diese Frist nicht eingehalten, sind sowohl der Beschluss über die Kapitalherabsetzung als auch derjenige über die Feststellung des Jahresabschlusses nichtig (vgl. auch *Lutter/Hommelhoff* § 58e Rz. 10).

12 Maßgebend für den Fristbeginn ist grds. das Datum der Beschlussfassung. Sollten entgegen Abs. 2 die Beschlüsse an verschiedenen Tagen gefasst worden sein, ist der frühere Beschluss maßgebend.

13 Gewährt wird die Dreimonatsfrist nur durch den Registereintrag. Rechtzeitiger Eingang der Anmeldung reicht nicht.

14 Ist die Frist abgelaufen, hat der Registerrichter die Eintragung abzulehnen. Ist gleichwohl eine Eintragung erfolgt, tritt eine Heilung des nichtigen Kapitalherabsetzungsbeschlusses nach Ablauf der Dreijahresfrist analog § 242 Abs. 2 AktG ein. Die Heilung des Kapitalherabsetzungsbeschlusses erfasst auch den nichtigen Jahresabschluss.

IV. Offenlegungssperre, Abs. 4

Nach Abs. 4 darf der Jahresabschluss erst nach Eintragung des Kapitalherabsetzungs-   **15** beschlusses zum Handelsregister eingereicht oder veröffentlicht werden. Da erst mit der Eintragung der Herabsetzung des Stammkapitals feststeht, dass das bereits im Jahresabschluss ausgewiesene neue Kapital richtig ist, soll so das Vertrauen der Gläubiger in einen gültigen Jahresabschluss geschützt werden.

§ 58f   Kapitalherabsetzung bei gleichzeitiger Erhöhung des Stammkapitals

(1) ¹Wird im Fall des § 58e zugleich mit der Kapitalherabsetzung eine Erhöhung des Stammkapitals beschlossen, so kann auch die Kapitalerhöhung in dem Jahresabschluss als vollzogen berücksichtigt werden. ²Die Beschlussfassung ist nur zulässig, wenn die neuen Geschäftsanteile übernommen, keine Sacheinlagen festgesetzt sind und wenn auf jeden neuen Geschäftsanteil die Einzahlung geleistet ist, die nach § 56a zur Zeit der Anmeldung der Kapitalerhöhung bewirkt sein muss. ³Die Übernahme und die Einzahlung sind dem Notar nachzuweisen, der den Beschluss über die Erhöhung des Stammkapitals beurkundet.

(2) ¹Sämtliche Beschlüsse sind nichtig, wenn die Beschlüsse über die Kapitalherabsetzung und die Kapitalerhöhung nicht binnen drei Monaten nach der Beschlussfassung in das Handelsregister eingetragen worden sind. ²Der Lauf der Frist ist gehemmt, solange eine Anfechtungs- oder Nichtigkeitsklage rechtshängig ist. ³Die Beschlüsse sollen nur zusammen in das Handelsregister eingetragen werden.

(3) Der Jahresabschluss darf nach § 325 des Handelsgesetzbuchs erst offengelegt werden, nachdem die Beschlüsse über die Kapitalherabsetzung und Kapitalerhöhung eingetragen worden sind.

Übersicht

I. Zweck der Vorschrift

Fassung aufgrund des Gesetzes zur Umsetzung der Aktionärsrichtlinie v. 30.7.2009 mit   **1** Wirkung v. 1.9.2009, Anpassung der Begriffe sowie Ergänzung der amtlichen Überschrift durch MoMiG v. 23.10.2008.

Die Vorschrift ergänzt § 58e. Wie im Falle des rückwirkenden bilanziellen Vollzugs   **2** einer vereinfachten Kapitalherabsetzung gestattet die Norm für den Fall einer mit der Herabsetzung verbundenen Kapitalerhöhung, dass in der Bilanz über das vor der Beschlussfassung abgelaufene Geschäftsjahr das Stammkapital in der Höhe ausgewiesen wird, wie es sich nach der Sanierungsmaßnahme darstellt (vgl. insofern z.B. *Altmeppen* § 58f Rz. 1; auch *Noack* § 58f Rz. 1).

Die Kapitalveränderung kann im vorangegangenen Jahresabschluss bereits als vollzo-   **3** gen berücksichtigt werden, eine Verpflichtung hierzu besteht nicht.

4 Um Missbräuche zu verhindern, ist die Zulässigkeit des bilanziellen Vollzugs einer Kapitalerhöhung an besondere Voraussetzungen geknüpft. Dadurch soll sichergestellt werden, dass die Kapitalerhöhung auch tatsächlich verwirklicht wird (vgl. zur Notarhaftung bei Kapitalerhöhungen: Nachfrage- und Aufklärungspflicht bzgl. evtl. erfolgter Vorauszahlung auf künftige Einlageschuld im Rahmen einer Kapitalerhöhung *BGH* GmbHR 2008, 766, mit Komm *v. Wachter* = NZG 2008, 512).

II. Voraussetzungen der bilanziellen Rückwirkung

5 Ein rückwirkender Vollzug der Kapitalerhöhung ist nur zulässig, wenn die Beschlüsse über Kapitalherabsetzung und -erhöhung **zugleich** beschlossen werden, d.h. in derselben Gesellschafterversammlung. Anders als in § 58e handelt es sich hier nicht um eine Sollvorschrift. Die gleichzeitige Beschlussfassung ist hier zwingend vorgesehen.

6 Weitere Voraussetzung für eine mögliche Rückwirkung ist eine ausschließliche Kapitalerhöhung in Form einer Barerhöhung. Die Festsetzung von Sacheinlagen wird ausdrücklich verboten. Durch die ausschließliche Zulassung einer Barkapitalerhöhung soll sichergestellt werden, dass tatsächlich neue Mittel zugeführt werden.

7 Darüber hinaus ist erforderlich, dass die neuen Stammeinlagen bereits übernommen sind. Im Interesse der Kapitalsicherung und einer Schadensverhütung Dritter verlangt die Regelung eine Übernahmeerklärung vor Beschlussfassung.

8 Zulässig ist aber auch eine gleichzeitige notarielle Protokollierung von Erhöhungsbeschluss und Übernahmeerklärung, wobei die Reihenfolge der Erklärungen keine Rolle spielt.

9 Die Übernahme erfolgt selbstverständlich unter der Bedingung, dass die beschlossene Kapitalerhöhung wirksam wird. Tritt die Bedingung nicht ein, hat der Übernehmer einen Rückerstattungsanspruch aus ungerechtfertigter Bereicherung.

10 Auf die übernommenen neuen Stammeinlagen müssen schließlich jeweils mindestens 25 % vor Beschlussfassung eingezahlt sein. Die Einzahlungen müssen dabei zur endgültigen freien Verfügung der Gesellschaft erfolgen. Da das Gesetz ausdrücklich eine Voreinzahlung verlangt, ist eine deutliche Kennzeichnung als Einlageleistung wichtig.

11 Dem den Kapitalerhöhungsbeschluss beurkundenden Notar sind die Übernahme der neuen Stammeinlagen und die Einzahlungen nachzuweisen. Darüber, in welcher Weise der Nachweis zu erbringen ist, entscheidet der Notar nach pflichtgemäßem Ermessen. Unproblematisch ist der Nachweis der Übernahmeerklärung. Sollte sie ausnahmsweise einmal nicht in der gleichen Urkunde mit dem Erhöhungsbeschluss erklärt werden, ist sie ihm in notariell beglaubigter Form vorzulegen (§ 55 Abs. 1). Die erfolgten Einzahlungen wird sich der Notar durch Überweisungsbelege oder durch schriftliche Bestätigung der kontoführenden Bank nachweisen lassen (vgl. *BGH* oben Rz. 3).

12 Wird ein Jahresabschluss mit Rückwirkung festgestellt, obwohl die Voraussetzungen des Abs. 1 nicht vorgelegen haben, so verstößt der Beschluss gegen eine überwiegend im Gläubigerinteresse erlassene Vorschrift und ist deshalb nichtig (§ 241 Nr. 3 AktG analog).

A. Bartl

III. Frist für Handelsregistereintragung, Abs. 2

Sowohl der Kapitalherabsetzungsbeschluss als auch der Erhöhungsbeschluss müssen **13** innerhalb von drei Monaten gerechnet ab Beschlussdatum im Handelsregister eingetragen sein.

Wird diese Frist nicht eingehalten, sind nicht nur diese Beschlüsse sondern auch der **14** Feststellungsbeschluss des Jahresabschlusses nichtig (vgl. i.Ü. § 58e Rz. 13 ff.).

IV. Offenlegungssperre, Abs. 3

Vor Eintragung der Kapitalherabsetzung und der Kapitalerhöhung gilt auch hier das **15** Verbot der Offenlegung des Jahresabschlusses. Vgl. dazu im Einzelnen § 58e Rz. 15.

§ 59

(weggefallen)

Abschnitt 5
Auflösung und Nichtigkeit der Gesellschaft

§ 60 Auflösungsgründe

(1) Die Gesellschaft mit beschränkter Haftung wird aufgelöst:

1. **durch Ablauf der im Gesellschaftsvertrag bestimmten Zeit;**
2. **durch Beschluss der Gesellschafter; derselbe bedarf, sofern im Gesellschaftsvertrag nicht ein anderes bestimmt ist, einer Mehrheit von drei Vierteln der abgegebenen Stimmen;**
3. **durch gerichtliches Urteil oder durch Entscheidung des Verwaltungsgerichts oder der Verwaltungsbehörde in den Fällen der §§ 61 und 62;**
4. **durch die Eröffnung des Insolvenzverfahrens; wird das Verfahren auf Antrag des Schuldners eingestellt oder nach der Bestätigung eines Insolvenzplans, der den Fortbestand der Gesellschaft vorsieht, aufgehoben, so können die Gesellschafter die Fortsetzung der Gesellschaft beschließen;**
5. **mit der Rechtskraft des Beschlusses, durch den die Eröffnung des Insolvenzverfahrens mangels Masse abgelehnt worden ist;**
6. **mit der Rechtskraft einer Verfügung des Registergerichts, durch welche nach § 399 des Gesetzes über das Verfahren in Familiensachen und in den Angelegenheiten der freiwilligen Gerichtsbarkeit ein Mangel des Gesellschaftsvertrags festgestellt worden ist;**
7. **durch die Löschung der Gesellschaft wegen Vermögenslosigkeit nach § 394 des Gesetzes über das Verfahren in Familiensachen und in den Angelegenheiten der freiwilligen Gerichtsbarkeit.**

(2) Im Gesellschaftsvertrag können weitere Auflösungsgründe festgesetzt werden.

Übersicht

I. Auflösung

1 **Auflösung der Gesellschaft** (nicht gleich Beendigung) bedeutet Übergang von einer werbend tätigen Gesellschaft unter Aufgabe ihrer produktiven Zwecke (*Wicke* § 60 Rz. 1; *Noack* § 60 Rz. 2) in eine Abwicklungsgesellschaft, die ihre Aktiva veräußert, Schulden tilgt und Vermögensüberschuss an die Gesellschafter verteilt (über Einschränkungen vgl. § 70). Durch die Auflösung wird daher weder die Rechtspersönlichkeit der Gesellschaft noch ihre Handlungsfähigkeit vernichtet. Sie besteht solange fort, wie noch Vermögen vorhanden ist (Vermögensbegriff vgl. § 141a FGG; seit 1.9.2009 § 394 FamFG). Trotz Auflösung bleibt die Gesellschaft z.B. in einem Prozess parteifähig (*BAG* NJW 2003, 2231 = ZIP 2003, 1033 „nach Ablehnung mangels Masse"; zur Bestellung eines Prozesspflegers zur Abwicklung einer vermögenslosen GmbH (*BGH* NZG 2008, 270); Keine Fortsetzung einer GmbH nach Löschung wegen Vermögenslosigkeit durch schlichten Fortsetzungsbeschluss (*OLG Celle* GmbHR 2008, 211 = NZG 2008, 271; i.Ü. bereits *OLG Frankfurt* BB 1979, 1630). Erst mit Wegfall des letzten Vermögensstückes und der Eintragung der Löschung der Gesellschaft im Handelsregister erlischt die Gesellschaft, verliert also ihre Existenz (Beendigung) (vgl. *Noack* § 60 Rz. 7; *Passarge/Torwegge/Passarge* Rz. 55; *Saenger/Inhester/Frank* § 60 Rz. 11; MüKo GmbHG/*Berner* § 60 Rz. 18).

II. Folgen für die Firma

2 Die Firma bleibt im Fall der Auflösung erhalten, jedoch ist ihr ein auf die Abwicklung hindeutender Zusatz (i.L., i.Abw.) beizufügen, vgl. oben § 4). An die Stelle des Geschäftsführers tritt der Liquidator. Ist im Gesellschaftsvertrag nichts anderes bestimmt, wird der bisherige Geschäftsführer auch Liquidator. Sein Wirkungskreis ist entspr. dem jetzigen Zweck eingeschränkt (§ 70). Hinsichtlich Prokura vgl. § 68.

3 **Nießbrauch** und **persönliche Dienstbarkeiten** erlöschen mit der Beendigung der Liquidation, im Zweifel mit der Eintragung des Erlöschens der Gesellschaft im Handelsregister.

III. Gesetzliche Auflösungsgründe

4 Die gesetzlichen Auflösungsgründe sind unabdingbar.

1. Auflösung durch Zeitablauf (Nr. 1). Die Gesellschaft wird durch Ablauf der im 5 Gesellschaftsvertrag bestimmten Zeit aufgelöst (von Rechts wegen – auch ohne Eintragung der Befristung in das Handelsregister – vgl. *Noack* § 60 Rz. 16). Eine anderweitige mündliche oder privatschriftliche Vereinbarung der Gesellschafter reicht nicht aus (*OLG Köln* GmbHR 1973, 11). Der Zeitpunkt muss eindeutig bestimmbar sein, eine kalendermäßige Bestimmung ist nicht notwendig. Zulässig z.b. Vereinbarung der Auflösung bei Tod oder Austritt (vgl. auch *Wicke* § 60 Rz. 3; *Noack* § 60 Rz. 14; Passarge/Torwegge/*Passarge* Rz. 66; Henssler/Strohn/*Arnold* § 60 Rz. 11) eines Gesellschafters. Wird sich jedoch auf ein Ereignis, dessen Eintritt ungewiss ist, bezogen (z.b. Kündigung), liegt ein Auflösungsgrund nach Abs. 2 vor (*Noack* § 60 Rz. 14). Die Dauer der Gesellschaft kann auch an eine auflösende Bedingung i.S.d. § 158 Abs. 2 BGB gekoppelt sein, z.b. bei Wegfall gesetzlicher Subventionsansprüche. Der Zeitpunkt kann durch Abänderung des Gesellschaftsvertrages verlängert oder verkürzt werden; zur Wirksamkeit der Vereinbarung ist jedoch die Eintragung notwendig, § 10 Abs. 2 (Saenger/Inhester/*Frank* § 60 Rz. 22).

2. Auflösung durch Gesellschafterbeschluss (Nr. 2). Notwendig ist eine Zustimmung 6 von drei Vierteln der abgegebenen Stimmen. Der Gesellschaftsvertrag kann aber eine höhere oder eine geringere Mehrheit vorsehen, z.b. einfache Mehrheit. Letzteres aber nur dann, wenn der Auflösungsbeschluss nicht zugleich eine Gesellschaftsvertragsänderung beinhaltet, da sonst Verstoß gegen § 53 Abs. 2 vorläge. Zulässig ist auch eine gesellschaftsvertragliche Regel, dass der Auflösungsbeschluss nur mit Zustimmung eines bestimmten Gesellschafters erfolgen kann oder bei Tod eines Gesellschafters. Sieht der Gesellschaftsvertrag generell die „Unauflöslichkeit" der Gesellschaft vor, kann gleichwohl mit Zustimmung aller Gesellschafter die Auflösung beschlossen werden (*Noack* § 60 Rz. 17; *Hofmann* GmbHR 1975, 219). Für den Auflösungsbeschluss ist keine Formvorschrift gegeben, soweit nicht gleichzeitig eine Gesellschaftsvertragsänderung erfolgt (*Noack* § 60 Rz. 19; *OLG Frankfurt* GmbHR 1980, 56). Sind Nebenleistungen bedungen, müssen alle Gesellschafter der Verlängerung der Dauer der Gesellschaft zustimmen (*RGZ* 136, 185, 188), § 53 Abs. 3, oder es muss ihnen der Austritt gegen volle Entschädigung gewährt werden (vgl. *Hofmann* GmbHR 1975, 217 ff.).

Der zeitlich vor der erstmaligen Kündigungsmöglichkeit einstimmig gefasste Auflö- 7 sungsbeschluss der Gesellschafter ist nicht der vorzeitigen Kündigung aller Gesellschafter gleichzustellen und unterliegt deshalb nicht als Satzungsänderung der Formvorschrift des § 53 Abs. 2 (vgl. hierzu *Noack* § 60 Rz. 18; *OLG Karlsruhe* Rpfleger 1982, 289 = GmbHR 1982, 276). Schriftliches Verfahren ist nach § 48 Abs. 2 möglich. Der Auflösungsbeschluss kann befristet oder bedingt sein (Passarge/Torwegge/*Passarge* Rz. 70). Die Auflösung tritt mit der Wirksamkeit des Beschlusses ein, seine Eintragung wirkt nur deklaratorisch. Der Auflösungsbeschluss durch eine Mehrheit kann u.U. rechtsmissbräuchlich und damit unwirksam sein, wenn er mit einer unerlaubten Vorwegnahme der Liquidation zugunsten der Mehrheit und auf Kosten der Gesellschaft erfolgt (*BGH* BB 1980, 550 = NJW 1980, 1278; zum Rechtsmissbrauch auch *Noack* § 60 Rz. 15, 20; auch *Timm* JZ 1980, 665; *Lutter* ZGR 1981, 171). Zum Auflösungsbeschluss vgl. auch *Hofmann* GmbHR 1975, 218. Änderungen der in der Satzung bestimmten Zeit etc. können nur durch Satzungsänderung erfolgen (§ 53 Abs. 2). Bei Verschlechterung oder Änderung der Nebenpflichten oder Sonderrechte ist die Zustimmung der Betroffenen erforderlich (*Noack* § 60 Rz. 15). Die Verweigerung der Zustimmung kann rechtsmissbräuchlich sein (einschränkend *OLG München* NWB 2015, 398).

Koch 671

8 **3. Auflösung durch gerichtliches Urteil oder Entscheidung der Verwaltungsbehörde (Nr. 3; vgl. §§ 61, 62).** Auch dieser Auflösungsgrund ist zwingend. Eine Einschränkung dieses gesetzlichen Auflösungsgrundes liegt schon in der gesellschaftsvertraglichen Vereinbarung, dass für den Fall der Auflösungsklage die Fortsetzung der Gesellschaft unter den verbleibenden Gesellschaftern festgelegt ist (*BayObLG* GmbHR 1978, 269).

9 **4. Auflösung durch Eröffnung des Insolvenzverfahrens (Nr. 4).** Durch die Eröffnung des Insolvenzverfahrens wird die Gesellschaft zwingend aufgelöst. Insolvenzgründe sind Zahlungsunfähigkeit (§ 17 InsO), drohende Zahlungsunfähigkeit (§ 18 InsO) und Überschuldung (§ 19 InsO). Die Stunde der Insolvenzeröffnung ist der Auflösungszeitpunkt (s. dazu insgesamt: Passarge/Torwegge/*Passarge* Rz. 86 ff.).

10 **5. Ablehnung der Eröffnung des Insolvenzverfahrens mangels Masse (Nr. 5).** Nr. 5 ist mit Wirkung ab 1.1.1999 eingefügt worden und übernimmt ohne sachliche Änderung § 1 Abs. 1 S. 1 des LöschG v. 9.10.1934. Mit der rechtskräftigen Ablehnung des Antrags auf Eröffnung des Insolvenzverfahrens (§ 26 InsO) ist die Gesellschaft aufgelöst und kann auch dann nicht fortgesetzt werden, wenn die Insolvenzgründe beseitigt wurden (*BGH* v. 25.1.2022 – II ZB 8/21, NJW-RR 2022, 837). Die Gesellschafter müssten die Gesellschaft im Vorfeld der Entscheidung des Insolvenzgerichts mit liquiden Mitteln ausstatten. Die Eintragung der Auflösung erfolgt im Handelsregister von Amts wegen.

11 **6. Auflösung durch Verfügung des Registergerichts (Nr. 6).** Vgl. Kommentierungen zu § 399 FamFG.

12 **7. Löschung wegen Vermögenslosigkeit nach § 394 FamFG (Nr. 7).** Die Verweisung auf § 394 FamFG (bis zum 31.8.2009: § 141a FGG) führt nur ausnahmsweise dann zu einem Auflösungstatbestand, wenn die Gesellschaft trotz angenommener Vermögenslosigkeit noch Vermögen besitzt oder noch an sonstigen Abänderungsmaßnahmen mitwirken muss. Der Begriff der Vermögenslosigkeit ist nicht identisch mit Überschuldung, Unterbilanz, Unterkapitalisierung oder Masselosigkeit (vgl. insgesamt Passarge/Torwegge/*Passarge* Rz. 104). Maßgeblich ist, ob ein Liquidationsverfahren sinnvoll ist (*Wicke* § 60 Rz. 9; *OLG Frankfurt* NJOZ 2006, 414; *KG* NZG 2007, 474 behauptete Forderung). Vermögenslosigkeit kann bereits ausgeschlossen sein, wenn noch 3.000 € auf einem Girokonto der Gesellschaft vorhanden sind (*OLG Düsseldorf* GmbHR 2011, 312). Registerrichter hat ggf. von Amts wegen zu ermitteln (§ 26 FamFG, ehemals § 12 FGG – *OLG Karlsruhe* NZG 2000, 150; vgl. zur Verfahrensunterbrechung auch *BAG* DB 2008, 416; zu Ermittlungen des Registergerichts vor Löschung einer GmbH aus Gründen der Vermögenslosigkeit vgl. *OLG München* NZG 2013, 188).

8. Weitere gesetzliche Auflösungen in anderen Vorschriften.

13 – Auflösung infolge Umwandlung (s. Kap. III).
– Auflösung bei Vermögenslosigkeit (vgl. § 394 FamFG, bis 31.8.2009: § 141a FGG).

14 – **Auflösung durch Verbot** nach §§ 3, 17 VereinsG. Eine GmbH kann in drei Fällen verboten werden. Es handelt sich dabei um die besonderen Fälle des Schutzes der verfassungsmäßigen Ordnung, der Völkerverständigung und der Durchführung strafrechtlicher Vorschriften aus Gründen des Staatsschutzes. Bei Vorliegen der gesetzlichen Voraussetzungen kann die oberste Landesbehörde oder, wenn die Tätigkeit der Gesellschaft sich über die Landesgrenzen hinaus erstreckt, der Bun-

desinnenminister eine Verbotsverfügung (§ 3 VereinsG) erlassen. Darin ist die Auflösung der Gesellschaft anzuordnen.
Regelmäßig sind damit die Beschlagnahme und Einziehung des Gesellschaftsvermögens verbunden. Die Abwicklung richtet sich dann ausschließlich nach § 13 VereinsG, nicht nach §§ 66 ff. Die Auflösung und das Erlöschen sind auf Anzeige der Behörde in das Handelsregister einzutragen (§§ 7 Abs. 2, 17 VereinsG).

– **Auflösung bei Nichtigkeit des Gesellschaftsvertrages** im Wege einer Nichtigkeits- 15
klage gem. § 75 (vgl. Passarge/Torwegge/*Passarge* Rz. 115).

– **Auflösung durch Anordnung der Bundesanstalt für Finanzdienstleistungen (BaFin)** 16
(§ 38 KWG). Nimmt das Bundesaufsichtsamt die Erlaubnis zum Betreiben von Bankgeschäften zurück oder erlischt die Erlaubnis, so kann es (pflichtgemäßes Ermessen) die Auflösung bestimmen. Die Anordnung wirkt wie ein Auflösungsbeschluss der Gesellschafterversammlung. Die Anordnung ist nach Mitteilung durch das Bundesaufsichtsamt im Handelsregister einzutragen, § 38 Abs. 1 S. 3 KWG. Auf Antrag des Amtes hat das Registergericht Liquidatoren zu bestellen, wenn die sonst dazu berufenen Personen keine Gewähr für ordnungsgemäße Liquidation bieten. Ist die Auflösung verfügt, dem Betroffenen aber noch nicht zugestellt, so ist ein von den Gesellschaftern zwischenzeitlich gefasster Auflösungsbeschluss dann unwirksam, wenn er die der Gesellschaft bereits bekannte Absicht des Bundesaufsichtsamtes infolge eines durch die Gesellschaft bestellten, ihr „genehmeren" Liquidators durchkreuzen will (dazu insgesamt: Passarge/Torwegge/*Passarge* Rz. 118).

– **Auflösung nach §§ 42 f. VAG.** 17

– **Auflösung durch Art. 12 § 1 der GmbH-Novelle 1980.** Erhöht eine GmbH, die mit 18
einem Stammkapital von unter 50.000 DM in das Handelsregister eingetragen ist, das Stammkapital bis zum 31.12.1985 nicht auf mindestens 50.000 DM, so ist sie mit Ablauf dieses Tages aufgelöst.

– Wegen der Sitzverlegung in das Ausland so § 4a Rz. 17 (a.A. Passarge/Torwegge/ 19
Passarge Rz. 119).

IV. Andere Gründe

Keine gesetzlichen Auflösungsgründe sind Gesellschafter- oder Geschäftsführerinsol- 20
venz, Einstellung des Gewerbebetriebes, Veräußerung des Unternehmens mit der Firma, Tod eines Gesellschafters oder Kündigung, Einziehung sämtlicher Geschäftsanteile oder Erwerb aller durch die Gesellschaft, Entziehung der behördlichen Genehmigung wobei die Gesellschaft einen anderen Gegenstand wählen kann (*Noack* § 60 Rz. 82 ff.). Diese Gründe können aber allesamt zu gesellschaftsvertraglichen Auflösungsgründen bestimmt werden (vgl. dazu *Wicke* Rz. 11).

V. Fortsetzung aufgelöster Gesellschaften

Die Fortsetzung aufgelöster Gesellschaften ist in der Literatur und Rechtsprechung 21
ein nicht ganz unumstrittenes Feld. Wenn die Gesellschaft durch Urteil aufgelöst ist (§§ 60 Abs. 1 Nr. 3, 61, 62), ist die Fortsetzung nur mit Zustimmung des Auflösungsklägers möglich (*BayObLG* DB 1978, 2164 f.). Die Fortsetzung ist ausgeschlossen bei Auflösung der Gesellschaft nach § 17 VereinsG (a.A. *Scholz* GmbHR 1982, 228, 229) sowie bei rechtskräftiger Ablehnung der Insolvenzeröffnung (*BGH* v. 25.1.2022 – II

ZB 8/21, NJW-RR 2022, 837; *OLG Frankfurt* v. 27.7.2017 – 20 W 112/14). In anderen Fällen der Auflösung ist, obwohl das Gesetz dies ausdrücklich für den in § 60 Abs. 1 Nr. 4 genannten Fall regelt, die Fortsetzung möglich (hierzu *BGH* GmbHR 2015, 814, 816). Sie setzt einen dementsprechenden Gesellschafterbeschluss mit Drei-Viertel-Mehrheit (falls keine höhere Mehrheit in der Satzung vorgesehen) voraus, der nur gefasst werden kann, wenn mit der Verteilung des Vermögens noch nicht begonnen wurde (*Noack* § 60 Rz. 91 und 91a; a.A. *Erle* GmbHR 1997, 973, 975 f.). Zweckmäßigerweise werden dies die Gesellschafter in einer Präambel zum Fortsetzungsbeschluss feststellen, anderenfalls hat der Registerrichter eigene Ermittlungen anzustellen. Es ist auch möglich, dass der Geschäftsführer diesen Sachverhalt in der Anmeldung versichert (vgl. zu allem *Fichtelmann* GmbHR 2003, 67; im Einzelnen zu den strittigen Fragen auch *Altmeppen* § 60 Rz. 40 ff., insb. zu dem Komplex Vermögensverteilung). Es soll ausreichen, dass der Auflösungsgrund beseitigt ist, die Gesellschaft nicht insolvenzreif oder masselos ist (*Altmeppen* § 60 Rz. 44, str.). Mit Inkrafttreten des ESUG zum 1.3.2012 kann auch der gestaltende Teil des Insolvenzplans die Fortsetzung der aufgelösten Gesellschaft regeln, ohne dass es daneben noch eines Gesellschafterbeschlusses bedarf (§§ 225a Abs. 3, 254a Abs. 2 InsO i.d.F. des ESUG; Gesetz zur weiteren Erleichterung der Sanierung von Unternehmen v. 7.12.2011, BGBl. I 2011, S. 2582). Gem. § 210a InsO i.d.F. des ESUG ist ein solcher Insolvenzplan auch bei Masseunzulänglichkeit zulässig.

22   Die Fortsetzung einer Gesellschaft, die gem. § 394 FamFG im Handelsregister gelöscht ist, ist nach wohl überwiegender Meinung dann zulässig, wenn sich nachträglich noch Gesellschaftsvermögen in der gesetzlich geforderten Mindesthöhe herausstellt (*OLG Düsseldorf* GmbHR 1979, 227; *Noack* Anh. § 77 Rz. 19 ff.; *Keidel/Kuntze/Winkler* Freiwillige Gerichtsbarkeit, Kommentar zum FFG, Anh. § 144 Rz. 6; *Hachenburg/Ulmer* § 60 Rz. 106 und *Scholz* GmbHR 1982, 230) halten die Fortsetzung der Gesellschaft als werbende Gesellschaft für unzulässig, weil die GmbH nach ihrer Löschung nicht mehr existiert. Das gelte nur dann nicht, wenn die Löschung auf einem Verfahrensmangel beruht, sie ihrerseits nach § 395 FamFG (ehemals § 142 FGG) mit Rückwirkung gelöscht werden müsste.

23   Über die Fortsetzung **beschließt** die **Gesellschafterversammlung**. Umstritten ist, mit welcher Mehrheit der Beschluss zu fassen ist. In Anlehnung an § 274 Abs. 1 AktG wird man auch hier eine 3/4-Mehrheit des bei der Beschlussfassung anwesenden oder vertretenen Stammkapitals fordern, wobei der Gesellschaftsvertrag, ebenso wie bei der Beschlussfassung über die Auflösung, eine höhere Mehrheit oder Einstimmigkeit verlangen kann (über den Stand des Meinungsstreits vgl. *Noack* § 60 Rz. 92a; *Passarge/Torwegge*/*Passarge* Rz. 622). Dem hierbei überstimmten Gesellschafter wird man das Recht auf Austritt aus der Gesellschaft weiter nur bei Vorliegen der allgemeinen Voraussetzungen, u.a. aus wichtigem Grund, einräumen.

§ 61 Auflösung durch Urteil

(1) Die Gesellschaft kann durch gerichtliches Urteil aufgelöst werden, wenn die Erreichung des Gesellschaftszweckes unmöglich wird, oder wenn andere, in den Verhältnissen der Gesellschaft liegende, wichtige Gründe für die Auflösung vorhanden sind.

(2) **¹Die Auflösungsklage ist gegen die Gesellschaft zu richten. ²Sie kann nur von Gesellschaftern erhoben werden, deren Geschäftsanteile zusammen mindestens dem zehnten Teil des Stammkapitals entsprechen.**

(3) Für die Klage ist das Landgericht ausschließlich zuständig, in dessen Bezirk die Gesellschaft ihren Sitz hat.

Übersicht

I. Recht auf Klage

§ 61 gewährt einem Gesellschafter in gewissen Fällen das Recht, auf **Auflösung der** 1 **GmbH zu klagen**. Mit der Rechtskraft des die Auflösung aussprechenden Urteils ist die Gesellschaft aufgelöst, § 60 Abs. 1 Nr. 3.

§ 61 ist zwingendes Recht. Die Wirkungen des § 61 dürfen durch den Gesellschaftsver- 2 trag nicht erschwert werden (unabdingbares Minderheitenrecht). Eine unzulässige Einschränkung dieses Auflösungsgrundes liegt schon in der gesellschaftsvertraglichen Vereinbarung, dass für den Fall der Auflösungsklage die Fortsetzung der Gesellschaft unter den verbleibenden Gesellschaftern festgelegt ist (*BayObLG* GmbHR 1978, 269). Unwirksam ist weiterhin eine Satzungsbestimmung, die die Einziehung des Geschäftsanteils bei Erhebung der Auflösungsklage vorsieht (*OLG München* GmbHR 2010, 870). Der Gesellschaftsvertrag kann aber die Auflösung durch Urteil über die in § 61 genannten Fälle hinaus erleichtern, z.b. bei Tod oder Kündigung eines Gesellschafters (*Noack* § 61 Rz. 2, 4). Ebenso können Gründe, die eine Auflösung rechtfertigen sollen, im Gesellschaftsvertrag bestimmt werden. Es können jedoch keine in Wirklichkeit unwichtige zu wichtigen Gründen bestimmt werden (über wichtige Gründe vgl. Rz. 3).

II. Klagegrund

Für die Auflösungsklage ist Klagegrund, dass ein **wichtiger Grund für die Auflösung** 3 vorliegt, der im Verhältnis der Gesellschaft liegt. Als solche nennt Abs. 1 beispielhaft die Unmöglichkeit, den Gesellschaftszweck zu erreichen. Sie liegt vor, wenn jede Aussicht fehlt, das Unternehmen allgemein oder gerade mit diesen Gesellschaftern **ersprießlich** fortzusetzen (vgl. *BGHZ* 80, 346; *OLG Koblenz* NZG 2006, 66; auch *Wicke* § 61 Rz. 2), wobei es auf ein Verschulden einzelner Gesellschafter nicht ankommt. Ein tiefgreifendes Zerwürfnis zwischen den Gesellschaftern, insb. bei einer Zweimann-GmbH mit paritätischer Beteiligung, bildet einen Grund zur Auflösung (*BGH* NJW 1985, 1901 = WM 1085, 916; *OLG München* NZG 2005, 554; zum Auflösungsgrund von miteinander nicht zu vereinbarenden Unternehmenskonzepten zweier Gesellschafter vgl. *Geißler* GmbHR 2012, 1049). Die Auflösung durch das Gericht stellt das äußerste Mittel dar. Sie kommt daher erst dann in Frage, wenn die Unmöglichkeit nicht behoben werden kann, z.B. durch Kapitalerhöhung, Einziehen von Nachschüssen oder Übernahme des Geschäftsanteils zum vollen Verkehrswert (*BGH* NJW 1985, 1901; sog. Subsidiarität der Auflösungsklage, vgl. Passarge/Torwegge/*Passarge* Rz. 75 ff.). Rein persönliche Zerwürfnisse sind grundsätzlich kein ausreichender Auflösungsgrund. Bestand ein solches aber und hat dieses dazu geführt, dass in den vergangenen Jahren erforderliche einstimmige Gesellschafterbeschlüsse nicht gefasst werden konnten, so wird ein unheilbares Zerwürfnis vermutet (*OLG Naumburg* GmbHR 2013, 37).

4 Ein **sonstiger wichtiger Grund** muss dergestalt vorliegen, dass dem Gesellschafter die Fortsetzung der Gesellschaft aus in der Gesellschaft liegenden Gründen nicht länger zugemutet werden kann. Gründe, die ausschließlich in der privaten Sphäre eines Gesellschafters liegen, finden keine Beachtung, es sei denn, sie wirken sich nachhaltig auf das Verhältnis der Gesellschafter aus. So ist ein tiefgreifendes Zerwürfnis der Gesellschaft durch z.b. fortgesetzten, die Arbeit der Gesellschaft auf Dauer lahmlegenden Missbrauch des Stimmrechts durch einen Gesellschafter anzunehmen (*Hofmann* GmbHR 1975, 221). Hierbei ist zu beachten, dass der Kläger sich nicht durch eigenes Handeln einen Auflösungsgrund schafft, da sonst einer Minderheit die Möglichkeit gegeben wäre, aus egoistischen Motiven das Werk der Gesamt- oder Mehrheit zu zerstören. In diesen Fällen reicht Ausschluss des betreffenden Gesellschafters aus, z.B. bei Veruntreuung von Gesellschaftsvermögen (zum Ausschluss § 15 Rz. 23). Ob ein wichtiger Grund vorliegt, entscheidet das Prozessgericht nach pflichtgemäßem Ermessen (zum wichtigen Grund vgl. § 38 Rz. 4). Für die Dauer der Auflösungsklage kann die Amtsenthebung des Geschäftsführers durch einstweilige Verfügung bewirkt werden. Diese muss sich gegen den Geschäftsführer richten (*OLG Frankfurt* BB 1979, 1630, bedenklich).

III. Klagebefugte Gesellschafter

5 Der Anspruch auf Auflösung ist durch Klage geltend zu machen. Klagebefugt sind nur Gesellschafter, die allein oder zusammen mindestens **ein Zehntel des Stammkapitals** besitzen und gem. § 16 ausgewiesen sind (vgl. §§ 16 Abs. 1, 40 Abs. 2 – in das Handelsregister aufgenommene Gesellschafterliste; Passarge/Torwegge/*Passarge* Rz. 83). Bei der Berechnung sind etwa eingezogene Anteile oder eigene Bestandteile der Gesellschaft außer Betracht zu lassen (*Noack* § 61 Rz. 14). Der Gesellschaftsvertrag kann ein geringeres, nie ein höheres Quorum vorsehen.

6 Nur solche Gesellschafter sind klagebefugt, die bis zum Schluss der letzten mündlichen Verhandlung Gesellschafter sind. Veräußerung des Geschäftsanteils während des Prozesses muss zur Klageabweisung führen (*Noack* § 61 Rz. 14), wenn nicht die den Klägern verbleibenden Geschäftsanteile noch zusammen 10 % des Stammkapitals bzw. der Stammeinlagen ausmachen. Ein Eintritt eines Rechtsnachfolgers ist nur mit Zustimmung der Gesellschaft möglich (Klageänderung nach § 263 ZPO – vgl. *Noack* § 60 Rz. 14). Nach der Kaduzierung (§ 21) und Zurverfügungstellung eines Geschäftsanteils im Nachschussverfahren (§ 27) sowie bei erfolgter Einziehung eines Geschäftsanteils (§ 34) besitzt der betroffene Gesellschafter keine Klagebefugnis mehr (vgl. auch MüKo GmbHG/*Limpert* § 61 Rz. 41).

7 Läuft das Ausschließungsverfahren gegen einen Gesellschafter und erscheint die Ausschließung gerechtfertigt, ist die gleichzeitig erhobene Auflösungsklage abzuweisen (*BGH* NJW 1981, 2302).

8 Hingegen wird die Klagebefugnis nicht dadurch beeinträchtigt, dass ein Geschäftsanteil belastet oder gepfändet ist. Ein Pfandgläubiger muss der Klage nicht zustimmen (*Noack* § 61 Rz. 15, MüKo GmbHG/*Limpert* § 61 Rz. 44). In der Insolvenz kann ein Klagerecht nur von dem Insolvenzverwalter ausgeübt werden. Die Klage setzt die Eintragung der Gesellschaft in das Handelsregister voraus.

IV. Gesellschaft als beklagte Partei

Die Klage richtet sich **gegen die Gesellschaft**. Diese wird im Prozess von dem **9**
Geschäftsführer vertreten, § 35. Ist der klagende Gesellschafter zugleich Geschäftsführer, muss für diesen nach § 29 BGB, § 57 ZPO ein Vertreter bestellt werden (zu dieser
Problematik *Noack* § 60 Rz. 17, 18; auch *Altmeppen* § 61 Rz. 9; ferner *Wicke* § 61 Rz. 3).
Die anderen Gesellschafter können als selbstständige Nebenintervenienten beitreten,
§ 69 ZPO. Erhebt ein Gesellschafter Auflösungsklage gegen eine GmbH, so werden
seine Mitgesellschafter in ihrem Recht auf Gehör verletzt, wenn über die Klage entschieden wird, ohne dass die Mitgesellschafter von ihr Kenntnis und damit Gelegenheit erhalten, dem Rechtsstreit beizutreten (*BVerfG* BB 1982, 514).

V. Zuständiges Gericht

Für die **Klage ist ausschließlich das LG des Sitzes der Gesellschaft zuständig**, funktio- **10**
nell die Kammer für Handelssachen, § 95 Ab 1 4a GVG. Diese Zuständigkeitsregelung
schließt nicht aus, dass im Gesellschaftsvertrag stattdessen die Zuständigkeit eines
Schiedsgerichts i.S.d. §§ 1025 ff. ZPO begründet wird. In diesem Fall wird aber die
Gesellschaft erst mit der Vollstreckbarerklärung des Schiedsspruches aufgelöst (vgl.
§ 1060 ZPO – *BayObLG* DB 1984, 1240 = BB 1984, 746).

Zum Streitwert der Auflösungsklage – Bruchteil des Verkehrswerts – vgl. *OLG Köln* **11**
BB 1988, 365.

VI. Urteil

Mit der **Rechtskraft des Urteils** ist die Gesellschaft aufgelöst. Das Gericht kann keine **12**
vorläufige Vollstreckbarkeit erklären, tut es dies trotzdem, tritt dennoch keine Auflösung dadurch ein (*Noack* § 61 Rz. 22). Die Rechtskraft eines Auflösungsurteils erledigt
alle anderen Auflösungsklagen. Die Abweisung der Klage hindert andere Minderheiten nicht, erneut auf Auflösung zu klagen.

VII. Anmeldungspflicht

Der **Geschäftsführer hat die Auflösung** zum Handelsregister **anzumelden (§ 65)**, der **13**
Zwang hierzu richtet sich nach § 14 HGB.

§ 62 Auflösung durch eine Verwaltungsbehörde

(1) Wenn eine Gesellschaft das Gemeinwohl dadurch gefährdet, dass die Gesellschafter gesetzwidrige Beschlüsse fassen oder gesetzwidrige Handlungen der Geschäftsführer wissentlich geschehen lassen, so kann sie aufgelöst werden, ohne dass deshalb ein Anspruch auf Entschädigung stattfindet.

(2) Das Verfahren und die Zuständigkeit der Behörden richtet sich nach den für streitige Verwaltungssachen landesgesetzlich geltenden Vorschriften.

Übersicht

I. Allgemeines

1 Diese unverändert gebliebene Vorschrift hat keine große praktische Bedeutung erlangt (Passarge/Torwegge/*Passarge* Rz. 85). Der Wortlaut des Abs. 2 S. 2 und 3 ist durch die VwGO v. 21.1.1960 (BGBl. I 1960, S. 17) an sich überholt. Die **Auflösung kann nach § 60 Abs. 1 Nr. 3, 61 grds. nur noch durch Urteil eines VG erfolgen** (*Konow* GmbHR 1973, 218), wobei allerdings die nach wie vor in § 62 Abs. 1 enthaltene Ermächtigungsgrundlage daneben zu beachten ist. Eine Anpassung an das AktG, § 396, das bei der AG für entspr. Fälle die Zuständigkeit der ordentlichen Gerichte vorsieht, ist im Rahmen der GmbH-Novellen 1980 bzw. 2008 nicht vorgenommen worden. Die auch in § 60 Abs. 1 Nr. 3 erwähnten zuständigen Verwaltungsbehörden können bei Erfüllung der Voraussetzungen einen Verwaltungsakt erlassen, gegen den sich die GmbH auf dem üblichen Weg vor den VG wenden kann (§§ 42, 80 VwGO – vgl. *Noack* § 62 Rz. 11; *Altmeppen* § 62 Rz. 4; auch *Wicke* § 62 Rz. 3).

II. Auflösungsgründe

2 **Gesetzwidrige Beschlüsse** der Gesellschafter: Es ist hierbei gleichgültig, gegen welche Gesetze verstoßen wird, z.B. Strafrecht, Zivilrecht, Gesellschaftsrecht, Wirtschaftsrecht, öffentliches Recht. Verstöße allein gegen den Gesellschaftsvertrag reichen nicht aus (*Noack* § 62 Rz. 7, 8). Auf ein Verschulden kommt es dabei nicht an.

3 **Wissentliches Geschehenlassen** (Dulden) **gesetzwidriger Handlungen der Geschäftsführer** durch die Gesellschafter: Erforderlich ist positive Kenntnis (nicht fahrlässige Unkenntnis) der Mehrheit der Gesellschafter (*Noack* § 62 Rz. 8) von der Handlung und deren Gesetzwidrigkeit.

4 In beiden Fällen ist eine **Gefährdung des Gemeinwohls** erforderlich. Eine solche liegt z.B. dann vor, wenn es sich um besonders grobe Verstöße handelt, die auf die Interessen weiterer Verkehrskreise nachhaltig auswirken und sie gefährden (*Noack* § 62 Rz. 9; auch *Altmeppen* § 62 Rz. 3), etwa illegales Abkippen von Giftmüll in der Nähe einer Wohnsiedlung oder in Fischereifangzonen oder Ableiten von Giftstoffen in Gewässer, die zur Trinkwasserbereitung dienen; bei Unterstützung staatsfeindlicher Bestrebungen durch Schlüsselunternehmen; illegaler Waffenhandel etc. Aber auch in diesen Fällen sind die verwaltungsrechtlichen Grundsätze (Eignung des Eingriffs, Erforderlichkeit und Verhältnismäßigkeit) zu beachten; ferner spezielle Regelungen wie § 38 Abs. 1 KWG; §§ 3, 7, 17 VereinsG (vgl. *Noack* § 62 Rz. 10; *Wicke* § 62 Rz. 1; auch *Altmeppen* § 62 Rz. 8 f.; Passarge/Torwegge/*Passarge* Rz. 85).

§ 63

(weggefallen)

Aufgehoben durch das Gesetz zur Fortentwicklung des Sanierungs- und Insolvenzrechts vom 22.12.2020 (Sanierungs- und Insolvenzrechtsfortentwicklungsgesetz, BGBl. I 2020, S. 3256) mit Wirkung zum 1.1.2021.

§ 64

(weggefallen)

§ 65   Anmeldung und Eintragung der Auflösung

(1) ¹Die Auflösung der Gesellschaft ist zur Eintragung in das Handelsregister anzumelden. ²Dies gilt nicht in den Fällen der Eröffnung oder der Ablehnung der Eröffnung des Insolvenzverfahrens und der gerichtlichen Feststellung eines Mangels des Gesellschaftsvertrags. ³In diesen Fällen hat das Gericht die Auflösung und ihren Grund von Amts wegen einzutragen. ⁴Im Falle der Löschung der Gesellschaft (§ 60 Abs. 1 Nr. 7) entfällt die Eintragung der Auflösung.

(2) ¹Die Auflösung ist von den Liquidatoren in den Gesellschaftsblättern bekannt zu machen. ²Durch die Bekanntmachung sind zugleich die Gläubiger der Gesellschaft aufzufordern, sich bei derselben zu melden.

I. Anmeldung der Auflösung

Die Norm ist mit Blick auf die Änderung des § 19 Abs. 5 a.F. angepasst (Folgeänderung). Die Anmeldung (elektronisch in beglaubigter Form – vgl. § 12 HGB, § 129 BGB, § 39a BeurkG) der Auflösung zur Eintragung in das Handelsregister wirkt nur deklaratorisch, weshalb die Wirkungen des § 15 HGB erst mit der Eintragung eintreten, ausgenommen, wenn die Auflösung mit einer Änderung des Gesellschaftsvertrages verbunden ist. Die Anmeldung hat unverzüglich i.S.d. § 121 BGB zu erfolgen. Werden die Handelsregisteranmeldungen wesentlich vor dem Auflösungsdatum angemeldet, können diese durch das Registergericht zurückgewiesen werden (vgl. *OLG Frankfurt a.M.* v. 8.9.2021 – 20 W 154/21 – Zurückweisung bei Anmeldung sieben Monate im Voraus). Nicht anzumelden sind die Fälle der **Auflösung**, die vom **Amts wegen** eingetragen werden: a) Eröffnung des Insolvenzverfahrens, § 60 Abs. 1 Nr. 4; b) Verfügung des Registergerichts nach § 399 FamFG (ehemals § 144a FGG); c) Nichteinhaltung der in § 19 Abs. 4 S. 1 genannten Verpflichtung des Geschäftsführers (vgl. § 395 FamFG, ehemals § 142 FGG); d) Auflösung nach § 60 Abs. 1 Nr. 5 (rechtskräftige Abweisung, der Antrag auf Eröffnung des Insolvenzverfahrens mangels Masse). **1**

Ebenfalls anzumelden und einzutragen ist ein die Auflösung aufhebender Fortsetzungsbeschluss, soweit dieser zulässig nach Eintritt des Auflösungstatbestandes beschlossen wird (vgl. § 60). Vor der Eintragung der Auflösung ist die Fortsetzung nicht verpflichtend einzutragen (*Altmeppen* § 60 Rz. 10). Anzumelden sind auch die Liquidatoren, vgl. § 67. **2**

II. Anmeldepflichtige Personen

Das Gesetz nennt nicht die **anmeldepflichtigen Personen**; es können jedoch nur die Vertretungsorgane der Gesellschaft sein, § 78. Es sind in erster Linie die Liquidatoren, da bei der Anmeldung der Auflösung deren Wirkungen bereits eingetreten sind (*Noack* § 65 Rz. 7). Ist der Geschäftsführer ausgeschieden und ein Liquidator noch nicht bestellt, so ist nach § 29 BGB zu verfahren. Eine Anmeldung in vertretungsberechtigter Zahl genügt, § 78. Die Anmeldung ist erzwingbar. Der Zwang richtet sich gegen die anmeldepflichtige Person. Zum Zwangsgeld vgl. § 79 GmbHG, § 14 HGB. **3**

III. Zuständiges Registergericht/Form der Anmeldung

4 Die Anmeldung erfolgt bei dem **Registergericht des Sitzes der Gesellschaft**, falls Doppelsitz bei beiden Gerichten. Die Form richtet sich nach § 12 HGB. Zwar wird durch das Gesetz nicht gefordert, dass der Anmeldung bestimmte Unterlagen beizufügen sind, jedoch muss diese das Registergericht infolge des Amtsermittlungsgrundsatzes des § 26 FamFG ohnehin anfordern. Es sind solche Unterlagen vorzulegen, aus denen sich die Auflösung ergibt. Bezüglich der Nachweispflicht vgl. *OLG Frankfurt* NJW 1974, 463. Im Auflösungsfall des § 60 Abs. 1 Nr. 1 genügt ein Hinweis auf den Gesellschaftsvertrag.

IV. Bekanntmachungspflicht

5 Die Auflösung ist durch die Gesellschaft **bekannt zu machen.** (Die Veröffentlichung der Eintragung der Auflösung erfolgt durch das Registergericht, § 10 HGB.) Sie hat in dem elektronischen Bundesanzeiger sowie ggf. in je drei Nummern der Gesellschaftsblätter zu erfolgen. In der Bekanntmachung sind die Gläubiger aufzufordern, sich bei der Gesellschaft zu melden (vgl. auch § 58 Rz. 11); jedoch müssen entgegen § 58 die bekannten Gläubiger nicht gesondert aufgefordert werden. Vgl. aber auch § 73 Abs. 2. Die Bekanntmachung ist nicht erzwingbar und an keine Frist gebunden. Ihre Unterlassung oder Verspätung macht den Bekanntmachungspflichtigen nach §§ 43, 71 verantwortlich. Unterbleibt die Bekanntmachung, so kann mit der Verteilung des Vermögens nicht begonnen werden, § 73 Abs. 1.

6 Bei Verstoß gegen die Verpflichtung zur Anmeldung tritt nur eine Haftung gegenüber der Gesellschaft ein, §§ 43, 71 Abs. 2.

§ 66 Liquidatoren

(1) In den Fällen der Auflösung außer dem Fall des Insolvenzverfahrens erfolgt die Liquidation durch die Geschäftsführer, wenn nicht dieselbe durch den Gesellschaftsvertrag oder durch Beschluß der Gesellschafter anderen Personen übertragen wird.

(2) Auf Antrag von Gesellschaftern, deren Geschäftsanteile zusammen mindestens dem zehnten Teil des Stammkapitals entsprechen, kann aus wichtigen Gründen die Bestellung von Liquidatoren durch das Gericht erfolgen.

(3) [1]Die Abberufung von Liquidatoren kann durch das Gericht unter derselben Voraussetzung wie die Bestellung stattfinden. [2]Liquidatoren, welche nicht vom Gericht ernannt sind, können auch durch Beschluss der Gesellschafter vor Ablauf des Zeitraums, für welchen sie bestellt sind, abberufen werden.

(4) Für die Auswahl der Liquidatoren findet § 6 Abs. 2 Satz 2 bis 4 entsprechende Anwendung.

(5) [1]Ist die Gesellschaft durch Löschung wegen Vermögenslosigkeit aufgelöst, so findet eine Liquidation nur statt, wenn sich nach der Löschung herausstellt, dass Vermögen vorhanden ist, das der Verteilung unterliegt. [2]Die Liquidatoren sind auf Antrag eines Beteiligten durch das Gericht zu ernennen.

I. Liquidation

Grundsätzlich ist in allen Fällen der Auflösung für die GmbH zwingend die **Liquida-** 1
tion vorgeschrieben. Ausgenommen sind die Fälle der Auflösung durch Insolvenzverfahren, jedoch nur für seine Dauer (Ausnahmen: s. Saenger/Inhester/*Kolmann/Riede-
mann* § 66 Rz. 2) (bei Vermögenslosigkeit vgl. § 394 FamFG). Zur Abwicklung im Fall
der Auflösung nach § 17 VereinsG vgl. § 60.

§ 66 findet grundsätzlich auch Anwendung auf eine Gesellschaft, die zur Eintragung in 2
das Handelsregister angemeldet, aber dort noch nicht eingetragen ist (vgl. *Noack* § 66
Rz. 3).

II. Rechtspersönlichkeit der Gesellschaft/Bestellung von Liquidatoren

Die Liquidation ändert an der **Rechtspersönlichkeit der Gesellschaft** nichts. Für sie 3
gelten bis zur Beendigung der Liquidation die Vorschriften des GmbHG und des
Gesellschaftsvertrages, vgl. auch § 60.

1. Geschäftsführer. Die Geschäftsführer sind gesetzlich zu Liquidatoren berufen 4
(Abs. 1), sie sind „**geborene**" Liquidatoren. Daran ändert auch ein anderslautender
Dienst- oder Anstellungsvertrag nichts. Grundsätzlich setzt sich bei den geborenen Liqui-
datoren ihr Dienstverhältnis fort, so dass etwa für die Entlohnung die Regelungen des
Arbeitsvertrages fortgelten (*LG Halle* v. 10.3.2017 – 5 O 170/15). Durch Beschluss der
Gesellschafterversammlung können andere Liquidatoren bestellt werden, „**gekorene**"
Liquidatoren. Zur Beschlussfassung genügt die einfache Mehrheit. Zu Liquidatoren
können bestellt werden: a) natürliche Personen, (vgl. aber Abs. 4) und b) juristische
Personen (vgl. § 265 Abs. 2 AktG), z.B. echte Treuhandgesellschaften (*Noack* § 66
Rz. 6).

2. Antrag von Gesellschaftern. Das **Registergericht** kann Liquidatoren bestellen 5
(Abs. 2), sog. „**befohlene**" Liquidatoren, und zwar auf **Antrag von Gesellschaftern**, die
zusammen mindestens 10 % des Stammkapitals innehaben (der Gesellschaftsvertrag
kann eine geringere Mehrheit, nicht eine höhere Mehrheit vorsehen) und wenn hierzu
ein **wichtiger Grund** vorliegt. Was ein wichtiger Grund ist, ist eine Einzelfallentscheidung (vgl. oben § 34 Rz. 6); z.B. Zweifel an der unparteilichen und sachgerechten
Durchführung der Liquidation (*BayObLG* NJW 1955, 1678; *KG* NZG 2005, 934;
OLG Köln GmbHR 2003, 360 Nachtragsliquidator), grobe Pflichtverletzung oder
Unfähigkeit zur ordnungsgemäßen Führung der Geschäfte ähnlich § 38 Abs. 2 (*Noack*
§ 66 Rz. 20); Unredlichkeit der Liquidatoren, Verfeindung, die eine Zusammenarbeit
erschwert, berechtigtes Misstrauen. Fehlen auf Dauer ordentliche Liquidatoren, so
stellt dies einen wichtigen Grund für eine gerichtliche Bestellung dar, auch wenn die
Gesellschaft einen Notliquidator hat (*BayObLG* Rpfleger 1987, 250 – vgl. insgesamt:
Saenger/Inhester/*Kolmann/Riedemann* § 66 Rz. 31). Über die Bestellung entscheidet

das Registergericht (§ 7 Abs. 1), der Prozessweg ist ausgeschlossen. „Kann" bedeutet kein Ermessen für das Gericht, bei Vorliegen eines wichtigen Grundes muss es einen Liquidator bestellen (*OLG Düsseldorf* MDR 1979, 318). Gegen die Bestellung oder seine Ablehnung ist die sofortige Beschwerde gegeben, § 402 FamFG (ehemals § 145 FGG). Beschwerdeberechtigt sind nur die Gesellschaft oder die Minderheit der Gesellschafter, die den Antrag gestellt hat, nicht andere Gesellschafter und nicht der Geschäftsführer oder der Aufsichtsrat (vgl. MüKo GmbHG/*Müller* § 66 Rz. 46). Der durch das Gericht bestellte Liquidator braucht sein Amt nicht anzunehmen (*KGJ* 45, 180), weshalb es zweckmäßig ist, seine Zustimmung zur Übernahme des Amtes im Fall seiner Bestellung vorweg einzuholen.

6 **3. Dringende Fälle.** Das Registergericht muss in **dringenden Fällen** auch Liquidatoren für die Zeit bis zur Behebung eines Mangels auf Antrag eines Beteiligten ernennen (§§ 29, 48 BGB entsprechend, sog. Nachtragsliquidatoren). Das Bestellungsrecht des Registergerichts besteht grds. neben seinem Ernennungsrecht (*BayObLG* GmbHR 1977, 201).

III. Abberufung von Liquidatoren

7 Die **Abberufung von Liquidatoren** (Abs. 3) erfolgt wie ihre Berufung: durch Gesellschafterbeschluss, wobei einfache Mehrheit genügt und der Liquidator mitbestimmen darf, soweit seine Entlastung nicht in Frage steht. Der Beschluss kann auch vor Ablauf des Zeitraumes, für den der Liquidator bestellt ist, gefasst werden, ferner durch das Gericht. Es kann sowohl die von ihm selbst bestellten als auch die durch Gesellschaftsbeschluss bestellten Liquidatoren abberufen (vgl. *KG* GmbHR 2018, 1070). Die gerichtlich bestellten Liquidatoren können nicht durch Gesellschafterbeschluss abberufen werden (S. 2). Die Abberufung erfolgt nur auf Antrag bei wichtigem Grund, wobei ein Verschulden nicht vorliegen muss (*BayObLG* GmbHR 1969, 152). Wegen wichtigen Grunds vgl. Rz. 5. Gegen den eine Abberufung aussprechenden Beschluss ist die Beschwerde, § 59 FamFG (ehemals § 20 FGG), gegeben. Sie kann von der Gesellschaft oder dem Abberufenen erhoben werden. Eine einstweilige Verfügung auf Abberufung ist nicht möglich, wohl aber auf Untersagung jeder Tätigkeit.

8 Für die Niederlegung des Amtes gilt § 38. Vgl. dort (*Wicke* § 66 Rz. 7 ff.; *BayObLG* NJW-RR 1994, 617; hierzu auch *BGH* BB 1968, 230 = WM 1968, 282).

IV. Erforderliche Eigenschaften von Liquidatoren

9 Die **Liquidatoren** müssen **bestimmte Eigenschaften** haben (Abs. 4); § 6 Abs. 2 S. 3 ist auf sie entspr. anzuwenden. Auch juristische Personen sind hierfür denkbar (*Altmeppen* § 66 Rz. 12). Der neu eingefügte Abs. 4 dient den gleichen Zwecken wie § 6 Abs. 2 und 3: Personen, die wegen bestimmter Delikte bestraft wurden oder gegen die ein Berufsverbot verhängt wurde, sollen ihr Geschäfte nicht wieder unter „dem Deckmantel einer anonymen Kapitalgesellschaft" aufnehmen können und hierdurch Dritte gefährden. Zur Eignung eines sonst vorbestraften Liquidators *BayObLG* BB 1989, 1843.

10 Die geforderten Eigenschaften gelten sowohl für natürliche Personen als auch für die gesetzlichen Vertreter von juristischen Personen. Vgl. i.Ü. § 6 Rz. 11 und § 67 Rz. 3 zur Qualifikation der Vertretungsorgane.

V. Liquidation nach Abs. 5

Eine Liquidation nach dieser Bestimmung setzt eine Löschung der Gesellschaft nach **11** § 394 FamFG voraus. Die Vorschrift entspricht dem früheren § 2 Abs. 3 LöschG und ist mit Wirkung ab 1.1.1999 in § 66 angefügt worden. Da sich inhaltliche Änderungen nicht ergeben, ist die zu § 2 Abs. 3 LöschG ergangene Rspr. und Lit. weiter heranzuziehen.

Stellt sich nach Löschung das Vorhandensein von Vermögen heraus, das der Vertei- **12** lung unterliegt (kein Vermögen, wenn gelöschte GmbH Gläubigerin einer nicht valutierten Grundschuld ist, *AG Frankfurt* v. 9.3.1977 – 72 HRB 14769), so bleibt das Gesellschaftsverhältnis bestehen, die Gesellschaft ist weiterhin partei- und handlungsfähig, es hat eine Liquidation, sog. Nachtragsliquidation, stattzufinden (*BGH* NJW 1968, 297, 298; *Wicke* § 69 Rz. 1). Der Anspruch der Gesellschaft auf Resteinzahlung einer Stammeinlage gegen einen Gesellschafter rechtfertigt eine Nachtragsliquidation (*BayObLG* GmbHR 1985, 215). Die Gesellschaft ist als Liquidationsgesellschaft wieder in das Handelsregister einzutragen. Auf Antrag eines Beteiligten (Gesellschafter, Gläubiger) hat das Gericht einen Liquidator zu ernennen und diese von Amts wegen einzutragen (*BGH* v. 26.7.2022 – II ZB 20/21, Rz. 12). Eine Beschränkung seiner Befugnisse auf bestimmte Aufgabenbereiche ist nicht zulässig (*BayObLG* BB 1976, 998), denn sie widerspräche der gesetzlichen Vertretungsbefugnis. Auch wenn nur einzelne Liquidationsmaßnahmen zu treffen sind (z.B. Abgabe einer Lösungsbewilligung), kann eine Eintragung nicht mehr unterbleiben. Zur Frage der Notwendigkeit der gerichtlichen Liquidatorbestellung vgl. *Kirberger* Rpfleger 1975, 341. Die Bestellung wird schon durch telefonische Bekanntgabe des Bestellungsbeschlusses an den Bestellten wirksam (*Hamm* Rpfleger 1987, 251).

Ausnahmsweise ist eine **Rückumwandlung in eine werbende Gesellschaft** auch nach **13** deren Löschung im Handelsregister möglich. Voraussetzung hierfür ist ein entsprechender Gesellschafterbeschluss, ferner, dass die Abwicklung noch nicht beendet ist und die Gesellschaft noch über Vermögen in Höhe des gesetzlichen Mindestkapitals verfügt (vgl. grundlegend *KG* DR 1941, 1543 m. Anm. *Groschuff*; *OLG Düsseldorf* GmbHR 1979, 227). Nach einer Mindermeinung (*KG* 1971, 848) muss für diesen Fall das gesellschaftsvertragliche Stammkapital noch vorhanden sein; vgl. wegen weiterer Einzelheiten MüKo GmbHG/*Berner* § 60 Rz. 257. Zur Fortsetzung des Verfahrens gegen vermögenslose GmbH nach deren Löschung *BAG* NJW 2008, 603, mit Erörterung der Möglichkeiten für andere Partei nach Unterbrechung wegen Verlusts der Prozessfähigkeit (Durchsetzung der Ernennung von Liquidatoren, Bestellung eines Liquidators analog § 273 Abs. 4 AktG oder auch Bestellung eines Prozesspflegers analog § 57 ZPO).

§ 67 Anmeldung der Liquidatoren

(1) Die ersten Liquidatoren sowie ihre Vertretungsbefugnis sind durch die Geschäftsführer, jeder Wechsel der Liquidatoren und jede Änderung ihrer Vertretungsbefugnis sind durch die Liquidatoren zur Eintragung in das Handelsregister anzumelden.

(2) Der Anmeldung sind die Urkunden über die Bestellung der Liquidatoren oder über die Änderung in den Personen derselben in Urschrift oder öffentlich beglaubigter Abschrift beizufügen.

(3) [1]In der Anmeldung haben die Liquidatoren zu versichern, dass keine Umstände vorliegen, die ihrer Bestellung nach § 66 Abs. 4 i.V.m. § 6 Abs. 2 Satz 2 Nr. 2 und 3 sowie Satz 3 und 4 entgegenstehen, und dass sie über ihre unbeschränkte Auskunftspflicht gegenüber dem Gericht belehrt worden sind. [2]§ 8 Abs. 3 Satz 2 ist anzuwenden.

(4) Die Eintragung der gerichtlichen Ernennung oder Abberufung der Liquidatoren geschieht von Amts wegen.

(5) *(aufgehoben)*

Übersicht

I. Anmeldung zur Eintragung

1 Die Vorschrift ist durch die Reform 2008 nicht geändert. Abs. 3 S. 1 ist durch das DiRUG zur Anpassung an den geänderten § 6 Abs. 2 S. 3 angepasst worden. Die durch Gesellschafterbeschluss **bestellten Liquidatoren** und ihre Vertretungsbefugnis müssen zur Eintragung in das Handelsregister **angemeldet** werden, die **gerichtlich Bestellten** und ihre Vertretungsbefugnis trägt das Registergericht **von Amts wegen ein** (Abs. 4) (zur Anmeldung der abstrakten und konkreten Vertretungsbefugnis vgl. *BGH NZG* 2007, 595). Die entsprechenden Unterlagen sind in elektronischer Form beizufügen (vgl. § 12 Abs. 2 HGB).

2 Die ersten Liquidatoren haben die Geschäftsführer in vertretungsberechtigter Zahl anzumelden, soweit nicht ihr Amt erloschen ist (*Oldenburg* GmbHR 2005, 367; so i.E. *LG Bielefeld* NJW 1987, 1089, dass die jeweils berechtigten Vertretungsorgane die Anmeldung vorzunehmen haben; bei Wirksamkeit der Auflösung erst nach Satzungsänderung Anmeldung durch Geschäftsführer *BayObLG* GmbHR 1994, 478). Für den Fall, dass durch die Gesellschaft durch Gesellschafterbeschluss unter im § 66 abweichender Vertretung beschlossen wurde *OLG Köln* BB 1984, 1066) Jeder Wechsel im Amt oder in der Vertretungsbefugnis ist ebenfalls anzumelden (*BGH* NJW-RR 2017, 162, 164; vgl. auch § 8 Rz. 9). § 39 Abs. 1 gilt entspr. (vgl. *OLG Köln* BB 1984, 1066). Die Pflicht zur Anmeldung besteht auch dann, wenn zugleich das Erlöschen der Firma angemeldet wird (*BayObLG* Rpfleger 1982, 429 = ZIP 1982, 1205). Die Anmeldung kann durch das Gericht erzwungen werden, § 14 HGB. Es besteht kein Grundsatz, dass eine gesellschaftsvertragliche Befreiung des Geschäftsführers von den Beschränkungen des § 181 BGB auch für ihn als geborenen Liquidator weitergelten soll (*BayObLG* Rpfleger 1985, 301). § 67 Abs. 1 und 3 gilt auch im Fall der Auflösung der Gesellschaft infolge Insolvenzabweisung mangels Masse für die bisherigen Geschäftsführer als nunmehr geborene Liquidatoren, *BayObLG* GmbHR 1987, 468. Vgl. auch *Ziegler* Rpfleger 1987, 287.

II. Abgabe von Versicherungen

3 In der Anmeldung haben die Liquidatoren eine **Versicherung** abzugeben, dass sie die persönlichen Eigenschaften, dieses Amt zu übernehmen, besitzen, § 66 Abs. 4 i.V.m. § 6 Abs. 2 S. 3 und 4 (s. dazu: *OLG Schleswig* NJW-RR 2015, 96), und dass sie belehrt worden sind, § 8 Abs. 3 S. 1. Die Belehrung kann auch durch einen Notar vorgenommen werden, Abs. 3 S. 2 Hs. 2 (vgl. i.Ü. § 6 Rz. 19 ff.; zur Abschwächung der inhaltlich

hohen Anforderungen an die Versicherung des Liquidators *OLG München* NZG 2009, 717; *BGH* WM 2010, 1368).

Bei einer gerichtlichen Bestellung des Liquidators kann nach h.M. auf die Abgabe der **4** Versicherung verzichtet werden (Saenger/Inhester/*Kolmann/Riedemann* § 67 Rz. 13). Wird der Geschäftsführer kraft Gesetzes Liquidator, so hat er die Versicherungen jedenfalls auch dann abzugeben, wenn er diese in seiner Eigenschaft als Geschäftsführer noch nicht abgegeben hatte (*BayObLG* GmbHR 1987, 468), anderenfalls erscheinen sie entbehrlich.

Der Anmeldung beizufügen sind in elektronischer Form die Urkunden über die **5** Bestellung durch die Gesellschafter in Urschrift oder öffentlich beglaubigter Form. Eine notarielle Beurkundung des Beschlusses ist nicht erforderlich, aber im Hinblick auf die Belehrung zweckdienlich. Die Liquidatoren haben ihre Unterschrift, nicht die Firma, zu zeichnen. Haben sie schon als Geschäftsführer ihre Unterschrift gezeichnet, so ist nochmalige Zeichnung entbehrlich. Siehe zur Form insgesamt Habersack/Casper/Löbbe/*Paura* § 67 Rz. 13.

§ 68 Zeichnung der Liquidatoren

(1) ¹Die Liquidatoren haben in der bei ihrer Bestellung bestimmten Form ihre Willenserklärungen kundzugeben und für die Gesellschaft zu zeichnen. ²Ist nichts darüber bestimmt, so muss die Erklärung und Zeichnung durch sämtliche Liquidatoren erfolgen.

(2) Zeichnen Liquidatoren für die Gesellschaft, ist der Firma ein auf die Liquidation hinweisender Zusatz hinzuzufügen.

Übersicht

I. Liquidatoren als gesetzliche Vertreter

Die Liquidatoren sind die gesetzlichen Vertreter der GmbH i.L. Es können einer oder **1** mehrere Liquidatoren bestellt werden. Ihre Vertretungsbefugnis kann durch den Gesellschaftsvertrag festgelegt werden (vgl. § 8 Rz. 9). Ein Beschluss hierüber kann „bei der Bestellung der Liquidatoren" oder auch später gefasst werden. Auch das Registergericht kann bei der gerichtlichen Bestellung der Liquidatoren eine Vertretungsregelung treffen. Nur wenn keine Regelung getroffen ist, gilt Abs. 1 S. 2: Gesamtvertretung aller Liquidatoren (wie bei den Geschäftsführern).

II. Vertretungsbefugnis

Die Vertretungsbefugnis der Liquidatoren ist der der Geschäftsführer ähnlich (vgl. **2** § 37; auch *Fischer* § 68 Rz. 2; Saenger/Inhester/*Kolmann/Riedemann* § 68 Rz. 12). Sie ist grds. unbeschränkt und unbeschränkbar (*Noack* § 70 Rz. 2; vgl. auch *Wicke* § 68 Rz. 1 – auch für die Fälle der Führungslosigkeit der Gesellschaft). Allerdings gelten die Bestimmungen, die für die Befugnis des Geschäftsführers galten (z.B. Alleinvertretungsberechtigung) nicht in der Liquidation fort (*BGH* NZG 2009, 72). Sie enden mit Auflösung der Gesellschaft, auch wenn der Geschäftsführer unmittelbar zum Liquidator wird. Dies gilt bspw. auch für die Befreiung des Geschäftsführers von § 181 BGB. Aus § 66 Abs. 1 GmbHG ergibt sich insoweit nur eine Amts-, jedoch keine Kompetenzkontinuität (vgl. *BGH* NZG 2009, 72; a.A. Scholz/K. *Schmidt/Scheller* GmbHG § 66 Rz. 5).

3 Die unbeschränkte Vertretungsmacht soll der Sicherheit des Rechtsverkehrs dienen. Der Dritte soll nicht prüfen müssen, ob der Liquidator im Rahmen des Liquidationszwecks handelt (vgl. auch *EuGH* BB 1974, 1500; *Fischer* § 68 Rz. 2; Passarge/Torwegge/*Passarge* Rz. 365). Dies gilt jedoch nur für die Vertretungsmacht nach außen. Ausnahmen sind etwa in Fällen von Kollusion denkbar (Habersack/Casper/Löbbe/*Paura* § 70 Rz. 27). Hinsichtlich der Geschäftsführungsbefugnis vgl. . § 70. Die Vertretungsmacht des Liquidators erstreckt sich auch auf Prozesse über Anfechtung oder Nichtigkeit des Auflösungsbeschlusses (*BGHZ* 36, 207; *Fischer* § 68 Rz. 2). Im Prozess ist ihnen zuzustellen. Zustellung an einen von ihnen genügt, auch wenn Gesamtvertretung herrscht. Für die GmbH sind sie als Partei zu vernehmen. Sie geben die eidesstattliche Versicherung ab, vgl. § 35.

III. Willenserklärung von Dritten

4 In § 68 wird nichts über die Willenserklärungen gesagt, die von Dritten gegenüber der Gesellschaft abzugeben sind. Auch hierfür gilt § 35 Abs. 2 S. 3; eine Erklärung gegenüber einem der Liquidatoren genügt (vgl. *Noack* § 68 Rz. 3 und § 35).

IV. Kenntlichmachung

5 Im Liquidationsstadium ist der Firma, die ansonsten unverändert bleibt, ein die Liquidation kenntlich machender Zusatz, beizufügen. Üblich ist die abgekürzte Form „i.L." oder „i.Abw.". Das Unterlassen ist für die Rechtsverbindlichkeit der Handlungen des Liquidators unerheblich, führt aber unter Umständen zur Anfechtung wegen Irrtums über eine verkehrswesentliche Eigenschaft nach § 119 Abs. 2 BGB durch einen Vertragspartner (Habersack/Casper/Löbbe/*Paura* § 68 Rz. 16). Der Liquidator kann sich bei Verstoß persönlich ersatzpflichtig machen (aus culpa in contrahendo). Daneben kommt eine Vertrauenshaftung der GmbH mit Rückgriff auf den Liquidator in Betracht.

V. Weiterhin Erteilung von Prokura möglich

6 Die Liquidationsgesellschaft kann weiterhin Prokuristen haben und neue Prokura erteilen. Die früher h.L., die sich auch bei der GmbH auf das bis 1965 geltende aktienrechtliche Verbot der Prokura stützte, ist durch die Aufhebung des Verbots überholt. Auch hier ist wegen der gleichen Interessenlage bei beiden Kapitalgesellschaften die Prokurenzulassung des AktG auf die GmbH zu übernehmen. Die Prokura ist auch in der Form der unechten Gesamtvertretung durch einen Liquidator und einen Prokuristen zulässig (*Noack* § 68 Rz. 8; Habersack/Casper/Löbbe/*Paura* § 68 Rz. 12). Zum Meinungsstand vgl. *Schmidt* BB 1989, 229.

§ 69   Rechtsverhältnisse von Gesellschaft und Gesellschaftern

(1) Bis zur Beendigung der Liquidation kommen ungeachtet der Auflösung der Gesellschaft in Bezug auf die Rechtsverhältnisse derselben und der Gesellschafter die Vorschriften des zweiten und dritten Abschnitts zur Anwendung, soweit sich aus den Bestimmungen des gegenwärtigen Abschnitts und aus dem Wesen der Liquidation nicht ein anderes ergibt.

(2) Der Gerichtsstand, welchen die Gesellschaft zur Zeit ihrer Auflösung hatte, bleibt bis zur vollzogenen Verteilung des Vermögens bestehen.

Übersicht

I. Allgemeines

§ 69 soll die **Rechtsverhältnisse von Gesellschaft und Gesellschaftern** regeln. Die **1** schon seit längerem bemängelte Fassung (*Noack* § 69 Rz. 1) ist leider noch nicht auf eine dem Aktienrecht entsprechende Fassung gebracht worden. § 264 Abs. 3 AktG lautet: „Soweit sich aus diesem Unterabschnitt oder aus dem Zweck der Abwicklung nichts anderes ergibt, sind auf die Gesellschaft bis zum Schluss der Abwicklung die Vorschriften weiterhin anzuwenden, die für nicht aufgelöste Gesellschaften gelten." Dieser Grundsatz muss auch auf die GmbH angewendet werden, da bei beiden Kapitalgesellschaften insoweit eine vergleichbare Rechtslage gegeben ist. An dem Wortlaut des § 69 sollte daher nicht festgehalten werden (vgl. *OLG Köln* GmbHR 1985, 23 zur Anwendbarkeit der Bestimmungen des GmbH-Rechts, soweit nicht „das Wesen der Liquidation" Abweichungen verlangt; *Fischer* § 69 Rz. 2 unter Bezug auf § 264 Abs. 3 AktG).

II. Anwendbarkeit der Vorschriften

Anwendbar sind die Vorschriften des **GmbHG** wie folgt: **2**

1. Erster Abschnitt. Die Gründungsvorschriften sind ihrer Natur nach nicht anwend- **3** bar mit Ausnahme des § 4 bei Firmenänderung, der §§ 6–8 durch Verweisung der §§ 66, 67 und die §§ 9 Abs. 2, 9a, 9b.

2. Zweiter Abschnitt. Die §§ 13–34 sind grds. anwendbar. Insb. müssen die Gesell- **4** schafter ihre Verpflichtungen aus der Übernahme der Stammeinlage weiter erfüllen. Aber auch hier ist eine Grenze durch den Zweck der Liquidation gesetzt, so dass Leistungen von den Gesellschaftern nur gefordert werden können, wenn und soweit sie zur Befriedigung von Gläubigern benötigt werden. § 19 Abs. 2 ist deshalb bei Befriedigung der Gläubiger, Einstellung jeden Geschäftsbetriebes und Erlöschen der Firma unanwendbar. § 29 ist unanwendbar, der Gewinnanspruch entfällt; was übrigbleibt, wird unter den Gesellschaftern aufgeteilt, § 76. Die §§ 30 Abs. 1 und 31 sind nur dann anwendbar, wenn durch § 73 verbotene vorzeitige Zahlungen an die Gesellschafter zugleich das Stammkapital antasten. § 30 Abs. 2: Rückzahlungen von Nachschüssen kommen erst in Betracht, wenn alle Gläubiger befriedigt oder sichergestellt sind.

5 **3. Dritter Abschnitt.** Die §§ 35–52 sind anwendbar, soweit sie nicht durch Sonderregelungen der Liquidationsvorschriften ersetzt sind. § 35 ist größtenteils durch die §§ 68 und 70 ersetzt; §§ 36 und 37 sind anwendbar (vgl. aber § 68 Rz. 2). Das einem Minderheitsgesellschafter eingeräumte Sonderrecht, die Veräußerung von Anlagevermögen von seiner Zustimmung abhängig zu machen, kann nicht mehr uneingeschränkt für den Zeitraum der Liquidation gelten. Ob es ersatzlos fortgefallen ist oder mit dem Liquidationszweck angepassten Inhalt fortgilt, ist Einzelfallentscheidung (*OLG Hamm* GmbHR 1979, 141). § 38 ist ersetzt durch § 66 Abs. 3. § 39 ist ersetzt durch § 67. § 40 Abs. 2, Gesellschafterliste, ist anwendbar. § 41 ist anwendbar, s. § 71. § 42 Bilanzaufstellung, anwendbar. § 43 Abs. 2, 3 und 4 ist durch die Verweisung des § 71 anwendbar, Abs. 3 ersetzt durch § 73 Abs. 3; §§ 44, 45 anwendbar, § 46 ersetzt durch § 71 Abs. 2. §§ 47, 48 anwendbar, ebenso § 49 Abs. 1 und 2; Abs. 3 passt nicht in die Liquidation, § 71. §§ 50–51 sind anwendbar, der Aufsichtsrat behält seine Stellung und Funktion.

6 **4. Vierter Abschnitt.** Er ist grds. anwendbar (*Noack* § 69 Rz. 20 f.). Es gelten jedoch gewisse Einschränkungen. So ist eine Satzungsänderung nur insofern zulässig, als sie mit dem Liquidationszweck vereinbar ist, etwa bei einer Firmenänderung, wenn das Unternehmen mit seiner bisherigen Firma veräußert wird; ferner im Fall der zulässigen Sitzverlegung (häufig aus Kostenersparnisgründen anzutreffen: Verlegung an den Sitz des Liquidators). Umstritten war die Zulässigkeit von Kapitalerhöhungen, wird aber heute ebenfalls wie die Kapitalherabsetzung als grundsätzlich zulässig angesehen (bejahend teils einschränkend *Altmeppen* § 69 Rz. 10; *OLG Frankfurt* NJW 1974, 463 m.w.N. zur Kapitalherabsetzung, ebenfalls nicht ausgeschlossen; vgl. auch insofern *Noack* § 69 Rz. 22; *OLG Frankfurt* NJW 1974, 463). Bedeutung erhält die genannte Frage vor allem im Hinblick auf die Rückumwandlung in eine werbende GmbH; vgl. auch *Altmeppen* § 69 Rz. 10. Man wird auch in diesem Fall die Kapitalerhöhung zulassen, da sowohl die Rückumwandlung als auch die Kapitalerhöhung erst infolge der Eintragung wirksam werden und kein Anlass besteht, den Schutz des Rechtsverkehrs in diesem Zusammenhang in den Vordergrund zu rücken. Einige Stimmen gehen noch weiter und lassen eine Kapitalerhöhung stets zu, außer sie kann offensichtlich keinem vernünftigen Zweck zukommen (*Noack* § 69 Rz. 21).

7 Werden neben den Voraussetzungen des § 58 die Gläubigerschutzbestimmungen des § 65 Abs. 2 und § 73 eingehalten, ist eine Kapitalherabsetzung zulässig (vgl. Rz. 6; auch § 58 Rz. 8; *OLG Frankfurt* NJW 1974, 463).

8 **5. Fünfter Abschnitt.** Vollständig anwendbar; Für die Haftung der Liquidatoren bei Zahlung nach Zahlungsunfähigkeit oder Überschuldung sowie bei Herbeiführung der Zahlungsunfähigkeit gilt § 15b Abs. 4 und 5 InsO (vorher § 64). Auch eine vereinfachte Kapitalherabsetzung ist möglich.

9 **6. Gerichtsstand.** Voll anwendbar; die Auflösung ändert nichts am Gerichtsstand des Gesellschaftssitzes, § 17 ZPO. Der Gerichtsstand bleibt selbst dann bestehen, wenn eine Sitzverlegung während der Liquidation erfolgt (*Altmeppen* § 69 Rz. 16 f.; *Noack* § 69 Rz. 26).

§ 70 Aufgaben der Liquidatoren

[1]Die Liquidatoren haben die laufenden Geschäfte zu beendigen, die Verpflichtungen der aufgelösten Gesellschaft zu erfüllen, die Forderungen derselben einzuziehen und das Vermögen der Gesellschaft in Geld umzusetzen; sie haben die Gesellschaft gerichtlich und außergerichtlich zu vertreten. [2]Zur Beendigung schwebender Geschäfte können die Liquidatoren auch neue Geschäfte eingehen.

I. Allgemeines

In § 70 sind Regeln über die **Geschäftsführungsbefugnis der Liquidatoren** enthalten. Die **1** Rechtsstellung der Liquidatoren ist im Wesentlichen mit derjenigen der Geschäftsführer vergleichbar, infolge des besonderen Liquidationszwecks ist ihre Befugnis jedoch nicht die gleiche wie die eines Geschäftsführers (Passarge/Torwegge/*Passarge* Rz. 388; Habersack/Casper/Löbbe/*Paura* § 70 Rz. 5). Sie sind an die Beschlüsse der Gesellschafterversammlung gebunden, soweit diese nicht dem Liquidationszweck entgegenstehen oder sonst gesetzwidrig sind (vgl. aber auch § 37 Rz. 3). Hat die Gesellschaft ein Überwachungsorgan (Aufsichtsrat oder Verwaltungsrat), so unterliegen sie dessen Aufsicht. Die Haftung eines Liquidators ist die gleiche wie die eines Geschäftsführers. Wie ein Geschäftsführer kann auch ein Liquidator nicht Mitglied des Aufsichtsrats sein. Seine Aufgabe ist es, das gesamte Gesellschaftsvermögen zu versilbern und zur Bezahlung aller Gesellschaftsschulden sowie zur Abfindung der Gesellschafter zu verwenden: Ziel ist es, die Geschäftstätigkeit insgesamt zu beenden (*Noack* § 70 Rz. 4). Insb. haben die Liquidatoren für die nach § 72 durchzuführende Vermögensverteilung möglichst hohes Restvermögen zu erreichen. Hierbei sind sie verpflichtet, sich einen Überblick über die Lage zu verschaffen und bei Nichteinstellung der Geschäftstätigkeit ein Liquidationskonzept zu entwickeln (speziell bei Veräußerung des Unternehmens oder von Unternehmensteilen – vgl. *Wicke* § 70 Rz. 3). Die Weisungsbefugnis der Gesellschafter ist ebenfalls durch den Liquidationszweck beschränkt sowie durch zwingendes Gesetzesrecht (vgl. MüKo GmbHG/*Müller* § 70 Rz. 7). Liquidatoren dürfen ausstehende Stammeinlagen ohne Gesellschafterbeschluss bei Erforderlichkeit zur Erreichung des Liquidationszwecks einziehen (vgl. § 46 Nr. 2; *Altmeppen* § 70 Rz. 11). Insgesamt haben die Liquidatoren nach pflichtgemäßem Ermessen unter Beachtung zulässiger Gesellschafterweisung, des Gesellschaftsvertrags und nach allgemeinen Grundsätzen auszuüben (§ 43 Abs. 1; *Altmeppen* § 70 Rz. 22; ferner *Noack* § 70 Rz. 3). Bei Überschuldung bzw. Zahlungsunfähigkeit besteht die Pflicht zur Beantragung des Insolvenzverfahrens innerhalb von drei Wochen (vgl. § 71 Abs. 4, § 15a Abs. 1 S. 2 InsO).

II. Beendigung laufender Geschäfte

Die Liquidatoren haben die **laufenden Geschäfte zu beendigen.** Vertragliche und **2** sonstige Verpflichtungen sind zu erfüllen (§ 362 BGB). Ein Dauerschuldverhältnis ist zu kündigen, u.U. mag die Tatsache der Liquidation eine fristlose Kündigung rechtfertigen (vgl. allerdings § 313 BGB). Die Liquidatoren vertreten die Gesellschaft auch hier gerichtlich und außergerichtlich. Sie können Prokura oder Handlungsvollmacht erteilen, vgl. § 68 Rz. 6, soweit dies mit dem Liquidationszweck vereinbar ist. Für eine gleichmäßige oder quotenmäßige Befriedigung der Gläubiger hat der Liquidator nicht zu sorgen, solange die Insolvenzantragsgründe vorliegen (*Altmeppen* § 70 Rz. 14; auch *Wicke* § 70 Rz. 4). Unzulässig sind Auszahlungen etc., die gegen die Kapitalerhaltungs-vorschriften verstoßen (vgl. *Noack* § 70 Rz. 6; *Altmeppen* § 70 Rz. 19, 21). Seit dem 1.1.2021 in § 15b Abs. 5 InsO geregelt (§ 64 S. 3 a.F.) ist, dass Zahlungen des Geschäfts-führers an Gesellschafter, die zur Zahlungsunfähigkeit oder Überschuldung führen mussten, gegen die vorrangige Befriedigung der Gläubiger verstoßen. Dies gilt auch während der Liquidierungsphase für die Liquidatoren (*Umnuß/Willemsen* Compli-ance-Checklisten, § 8. Rz. 12, *Noack* § 70 Rz. 9; *Schmidt* InsO, § 15b Rz. 17). Entlastung ist nur möglich, soweit die Zahlung mit der Sorgfalt eines ordentlichen und gewissen-haften Kaufmanns vereinbar ist (NZG 2021, 443). Pflichtverletzungen können zur Abberufung (vgl. *Passarge/Torwegge/Passarge* Rz. 388) bzw. zu Schadenersatz gegen-über der GmbH führen. Daran ändert sich auch nichts, wenn die Zahlung des Liqui-dators auf Weisung eines Gesellschafters vorgenommen wurde, denn der Ersatz dient schließlich der Befriedigung der Gläubiger (zumindest bei Insolvenzreife *OLG Düssel-dorf* NZI 2022, 337; *Schmidt* InsO, § 15b Rz. 31).

3 Auf eine vorzeitige Beendigung der Liquidation haben Dritte allerdings keinen Anspruch (*RGZ* 72, 236, 240). Anhängige Gerichtsverfahren werden von dem Liqui-dator unter der Liquidationsfirma fortgesetzt. Die Auflösung unterbricht keine anhän-gigen Verfahren, soweit geborene Liquidatoren vorhanden sind. Müssen erst Liquida-toren bestellt oder ernannt werden, so wird der Prozess unterbrochen (§ 241 ZPO) und kann bis zu Neubestellung ausgesetzt werden (§ 241 ZPO).

III. Einziehung von Forderungen

4 Die Liquidatoren haben die **Forderungen der Gesellschaft einzuziehen.** Es sind daher alle Ansprüche gegen Dritte zu realisieren, gleichgültig, auf welcher Rechtsgrundlage sie beruhen. Die Liquidatoren können Forderungen auch anderweitig verwerten, z.B. sie abtreten oder mit ihnen aufrechnen (*Noack* § 70 Rz. 7). Zu den Forderungen zäh-len nicht nur diejenigen, die gegen Dritte bestehen, sondern auch solche gegen Gesell-schafter, z.B. auf Zahlung rückständiger Stammeinlagen oder sonstigen Nebenleistun-gen, mögen sie gesellschaftsvertraglich vereinbart sein oder nicht. Die Gewährung versprochener Darlehenszusagen durch Gesellschafter an die Gesellschaft gehören auch dazu. Leistungen von Gesellschaftern kann der Liquidator freilich nur insoweit verlangen, wie diese zur Befriedigung der Gläubiger benötigt werden (*Noack* § 70 Rz. 7; a.A. *Passarge/Torwegge/Passarge* Rz. 411). Dass sie nicht benötigt werden, hat der Gesellschafter zu beweisen (*Noack* § 70 Rz. 7). Eine Aufrechnung des Gesellschaf-ters mit dem zu erwartenden Liquidationserlös ist nicht zulässig (*Passarge/Torwegge/ Passarge* Rz. 410). Die Realisierung ausstehender Forderungen ist nicht grenzenlos. Vollstreckungsversuche hinsichtlich aussichtsloser Forderungen (z.B. wenn der Schuldner vermögenslos ist und dies feststeht, bei Löschung nach § 141a – früher § 2 LöschG, Abgabe der eidesstattlichen Versicherung) sind zu unterlassen. Im Einzelfall entscheidet der Liquidator nach pflichtgemäßem Ermessen (*Passarge/Torwegge/Pas-sarge* Rz. 415).

IV. Liquidation des Vermögens

Die Liquidatoren haben **das gesamte Vermögen in Geld umzusetzen**, nicht nur den 5
Teil, der zur Befriedigung der Gläubiger notwendig ist, um die Gläubiger und die Verteilung des Überschusses an die Gesellschafter vornehmen zu können – natürlich nur insoweit, als es sich um Gegenstände der GmbH i.L. handelt. Die Umsetzung geschieht entweder durch freihändigen Verkauf einzelner Vermögensstücke bzw. des Unternehmens als Ganzes oder durch private oder öffentliche Versteigerung. Einzelne oder alle Vermögensstücke können nach Vereinbarung der Gesellschafter diesen zugeteilt werden. Die Übertragung des Unternehmens als Ganzes samt Firma bedarf eines Gesellschafterbeschlusses mit der Mehrheit wie bei einer Gesellschaftsvertragsänderung (vgl. §§ 71 Abs. 4 i.V.m. § 49 Abs. 1, 2; Habersack/Casper/Löbbe/ *Paura* § 70 Rz. 19). Auf Beschluss der Gesellschaftersammlung durch einfache Mehrheit kann eine Versilberung des Vermögens, soweit sie zur Befriedigung der Gläubiger nicht erforderlich ist, unterbleiben (*RGZ* 62, 56, 58; auch *Fischer* § 70 Rz. 3).

V. Befriedigung der Gläubiger

Die Liquidatoren haben **die Gläubiger der Gesellschaft zu befriedigen.** Reichen die 6
Mittel der Gesellschaft hierzu nicht aus, müssen sie notfalls das Vergleichs- oder Insolvenzverfahren beantragen (vgl. oben Rz. 1). Die Reihenfolge der Befriedigung steht in ihrem pflichtgemäßen Ermessen (z.B. nach den Fälligkeitsdaten der Forderungen oder der Meldung der Gläubiger), eine vorgeschriebene Reihenfolge oder Pflicht zur Quotelung gibt es jedoch nicht (vgl. Passarge/Torwegge/*Passarge* Rz. 404). Der Steuergläubiger genießt außerhalb des Insolvenzverfahrens keinen Vorrang (*BayObLG* BB 1982, 1749). Hinsichtlich bestrittener Forderungen wird der Liquidator den nötigen Betrag bis zur Klärung zurückhalten, ebenfalls bei noch nicht fälligen Schulden. Er kann aber auch Vergleiche schließen (Habersack/Casper/Löbbe/*Paura* § 70 Rz. 10). Ein Recht auf gleichmäßige Befriedigung haben die Gläubiger nicht. Die Befriedigung der Gläubiger als Dritte hat Vorrang. Mit Inkrafttreten des MoMiG zählen nunmehr auch Gesellschafterdarlehen zu den Verbindlichkeiten gegenüber Dritten. Die Rückzahlungssperre nach analog §§ 30, 31 a.F. wurde aufgehoben. Erst nach vollständiger Erfüllung aller Verbindlichkeiten Dritten gegenüber kann Befriedigung der gesellschaftsrechtlichen Ansprüche der Gesellschafter erfolgen (Passarge/Torwegge/ *Passarge* Rz. 408). Im Vorfeld der Insolvenz ist das Zahlungsverbot nach § 15b Abs. 5 (§ 64 Abs. 3 a.F.) zu beachten.

Die Vermögensverteilung unter den Gesellschaftern regelt § 72. 7

VI. Abwicklung neuer Geschäfte möglich

Die Liquidatoren können **zur Beendigung schwebender Geschäfte auch neue einge-** 8
hen. Der Wortlaut der Vorschrift wird als zu eng angesehen (u.a. *Altmeppen* § 70 Rz. 5; *Noack* § 70 Rz. 10). Hierunter fallen alle neuen Geschäfte, die der Liquidation dienen, nicht nur die, die der Beendigung schwebender Geschäfte dienen. Die Liquidatoren können daher alle Rechtshandlungen vornehmen, die der Abwicklung der Verwaltung und Erhaltung des Gesellschaftsvermögens dienen (*Noack* § 70 Rz. 10). Darunter fallen z.B. der Einkauf von Waren zur Erfüllung einer entspr. Verbindlichkeit, die Belastung von Grundstücken, die Anmietung von Geschäftsräumen, die Beauftragung von

Wirtschaftsprüfern oder Einstellung von Buchprüfern (vgl. auch § 71 Rz. 1). Ob die Gründung einer neuen Gesellschaft der Abwicklung dient, ist Tatfrage. Die Liquidatoren dürfen jedoch keine werbenden Geschäfte eingehen, wobei deren Beurteilung eine rein wirtschaftliche Frage ist. Vgl. zur Problematik insgesamt Passarge/Torwegge/ *Passarge* Rz. 401.

VII. Nachtragsliquidation

9 Für den Fall, dass sich nachträglich unverteiltes Vermögen herausstellt, kann eine Nachtragsliquidation durch das Registergericht angeordnet werden, sofern ein entsprechender Antrag gestellt wird (vgl. hierzu *BayObLG* BB 1985, 7 – nichteingezahlte Stammeinlage und Nachtragsliquidation – keine Anordnung bei unschlüssiger Darstellung der Forderung). S. auch unter § 74 Rz. 5.

§ 71 Eröffnungsbilanz; Rechte und Pflichten

(1) Die Liquidatoren haben für den Beginn der Liquidation eine Bilanz (Eröffnungsbilanz) und einen die Eröffnungsbilanz erläuternden Bericht sowie für den Schluss eines jeden Jahres einen Jahresabschluss und einen Lagebericht aufzustellen.

(2) ¹Die Gesellschafter beschließen über die Feststellung der Eröffnungsbilanz und des Jahresabschlusses sowie über die Entlastung der Liquidatoren. ²Auf die Eröffnungsbilanz und den erläuternden Bericht sind die Vorschriften über den Jahresabschluss entsprechend anzuwenden. ³Vermögensgegenstände des Anlagevermögens sind jedoch wie Umlaufvermögen zu bewerten, soweit ihre Veräußerung innerhalb eines übersehbaren Zeitraums beabsichtigt ist oder diese Vermögensgegenstände nicht mehr dem Geschäftsbetrieb dienen; dies gilt auch für den Jahresabschluss.

(3) ¹Das Gericht kann von der Prüfung des Jahresabschlusses und des Lageberichts durch einen Abschlussprüfer befreien, wenn die Verhältnisse der Gesellschaft so überschaubar sind, dass eine Prüfung im Interesse der Gläubiger und der Gesellschafter nicht geboten erscheint. ²Gegen die Entscheidung ist die Beschwerde zulässig.

(4) Im Übrigen haben sie die aus §§ 37, 41, 43 Abs. 1, 2 und 4, § 49 Abs. 1 und 2 und aus § 15b der Insolvenzordnung sich ergebenden Rechte und Pflichten der Geschäftsführer.

(5) Auf den Geschäftsbriefen ist anzugeben, dass sich die Gesellschaft in Liquidation befindet; im Übrigen gilt § 35a entsprechend.

Übersicht

I. Allgemeines

1 Die Vorschrift wurde seinerzeit durch das Bilanzrichtliniengesetz dem ebenfalls durch dieses Gesetz geänderten § 42a angepasst (s. dort). Die Liquidatoren haben neben der Liquidationseröffnungsbilanz (Rz. 3) einen Jahresabschluss und einen Lagebericht aufzustellen – von der Eröffnungsbilanz zu unterscheidende Schlussbilanz der werben-

den GmbH (vgl. *Wicke* § 71 Rz. 3; *BayObLG* GmbHR 1994, 331; vgl. auch § 74 – „Schlussrechnung" – vgl. auch § 273 Abs. 1 AktG). Die Gesellschafter haben über ihre Feststellung zu beschließen sowie über die Entlastung der Liquidatoren. Durch das erwähnte Bilanzrechtliniengesetz wurden die Regeln über die Ausweisung bestimmter Vermögenswerte im Jahresabschluss (§ 71 Abs. 2 S. 3), sowie über die Möglichkeit der gerichtlichen Befreiung von der Prüfung des Jahresabschlusses und Lageberichts in den Fällen, in denen sie entbehrlich erscheint (§ 71 Abs. 3), eingefügt. Die früheren Abs. 2 und 3 wurden ohne Veränderungen zu Abs. 4 und 5. Zu beachten sind folgende Schritte des Liquidators:

– Liquidationseröffnungsbilanz,
– erläuternder Bericht zur Eröffnungsbilanz,
– Jahresabschluss für jedes Liquidationsjahr,
– Bilanz für das Liquidationsjahr,
– Gewinn- und Verlustrechnung für das Liquidationsjahr,
– Lagebericht für jedes Liquidationsjahr,
– Einberufung der Gesellschafterversammlung,
– Beschluss über die Feststellung der Eröffnungsbilanz und des Jahresabschlusses,
– Entlastung der Liquidatoren durch die Gesellschafterversammlung,
– Liquidationsschlussbilanz – „Schlussrechnung" nach § 72.

Der letzte Jahresabschluss unterliegt nach den allgemeinen Regeln der Abschlussprü- **2** fung und Offenlegung, vgl. §§ 41 f. Über die Feststellung der Liquidationseröffnungsbilanz, des Jahresbeschlusses sowie über die Entlastung des Liquidators haben die Gesellschafter nach § 71 Abs. 2 zu beschließen. Ferner sind Offenlegungspflichten zu beachten (vgl. §§ 325 ff. HGB – Saenger/Inhester/*Kolmann/Riedemann* § 71 Rz. 51).

II. Liquidationseröffnungsbilanz

Die Liquidatoren haben die Verpflichtung, Eröffnungsbilanz und erläuternden Bericht **3** aufzustellen (vgl. hierzu i.E. *Noack* § 71 Rz. 2, 3 m.w.N.; vgl. auch § 42). Die §§ 41 ff. sind von den Liquidatoren zu beachten, soweit sich nicht aus den Liquidationsvorschriften Abweichendes ergibt. Damit können sich hier für die **„Liquidationseröffnungsbilanz"** Modifizierungen ergeben. Fest steht, dass sie „bei Beginn" zu erstellen ist. Stichtag ist der Tag, an dem die Liquidation begonnen wird (vgl. *Altmeppen* § 71 Rn 10; *Wicke* § 70 Rz. 2). Diese Bilanz ist innerhalb der Dreimonatsfrist des § 264 Abs. 1 S. 2 HGB zu errichten. Ob für kleinere Gesellschaften die längere Frist (bis 6 Monate) gilt, ist strittig (vgl. § 264 Abs. 1 S. 3 HGB; vgl. *Noack* § 71 Rz. 12 – abl., allerdings Gegenstimmen anführend – z.B. Lutter/Hommelhoff/*Kleindiek* § 71 Rz. 6). Die letzte Bilanz der werbenden GmbH kann zugrunde gelegt werden, sie ersetzt jedoch nicht die Liquidationseröffnungsbilanz. Das gilt selbst dann, wenn sich seit der Aufstellung der letzten Bilanz keine Veränderungen ergeben haben (Habersack/Casper/Löbbe/*Paura* § 71 Rz. 12). Sinn der Pflicht ist es, dass der Liquidator sich eindeutige Klarheit über die Vermögensverhältnisse der GmbH schafft. Erfolgt die Auflösung im Laufe des Geschäftsjahres, so ist eine Schlussbilanz nur für den abgelaufenen Teil des Geschäftsjahres aufzustellen („Rumpfgeschäftsjahr", *Noack* § 71 Rz. 2; Lutter/Hommelhoff/*Kleindiek* § 71 Rz. 8), wobei sich die Liquidatoren der Hilfe Dritter bedienen können (Wirtschafts- oder Buchprüfer). Die Liquidationsbilanz ist nicht mehr wie in § 42 eine Gewinnverteilungs-, sondern eine schlichte Vermögensbilanz (*Wicke* § 71 Rz. 2). Gewinn ist nicht mehr auszuweisen. Stille Reserven etc. sind nicht vorzusehen.

4 Gemäß § 71 Abs. 2 S. 3 sind Vermögensgegenstände des Anlagevermögens wie Umlaufvermögen zu bewerten, wenn ihre Veräußerung in einem überschaubaren Zeitraum beabsichtigt ist oder diese Gegenstände nicht mehr dem Geschäftsbetrieb dienen (vgl. *Saenger/Inhester/Kolmann/Riedemann* § 71 Rz. 32). Die Gesellschaft wird nicht mehr werbend tätig; i.Ü. wegen der Einzelheiten *Noack* § 71 Rz. 9 ff. Hinsichtlich der Bewertungsgrundsätze gelten keine Besonderheiten. Eine Ausnahme bildet § 71 Abs. 2 S. 3 (Bewertung des Anlagevermögens wie Umlaufvermögen bei Veräußerungs- absicht und Nichteinsatz für den Geschäftsbetrieb – mithin bei Herausnahme aus dem laufenden Geschäftsbetrieb; vgl. *Altmeppen* § 71 Rz. 23, 24; im Einzelnen auch *Noack* § 71 Rz. 20). Der erläuternde Bericht tritt bei der Liquidationseröffnungsbilanz an die Stelle von Anhang und Lagebericht. Auf ihn sind nach § 71 Abs. 2 S. 2 die Vorschriften über den Jahresabschluss entspr. anzuwenden (vgl. §§ 284 ff. HGB; *Noack* § 71 Rz. 20).

III. Liquidationsjahresabschluss

5 Die Liquidatoren haben weiterhin zum Schluss eines jeden Jahres **einen Liquidations- jahresabschluss** zu erstellen. Gemeint ist das Abwicklungsjahr, das regelmäßig dem bisherigen Geschäftsjahr entspricht, aber nicht entsprechen muss (Rumpfgeschäfts- jahr, neues Geschäftsjahr – vgl. *Altmeppen* § 71 Rz. 12, 13; auch *Wicke* § 71 Rz. 4). Grds. beginnt mit dem Auflösungsdatum ein neues Geschäftsjahr. Wird ein neues Geschäftsjahr in Satzung oder durch Gesellschafterbeschluss festgelegt, so beginnt zunächst ein Rumpfgeschäftsjahr ab Auflösungsdatum (*Wicke* § 71 Rz. 4). Der jewei- lige Jahresabschluss (§ 242 HGB) ist um einen Anhang (§§ 284–288 HGB) zu erwei- tern und bildet mit der Bilanz (§ 266 HGB) sowie der Gewinn- und Verlustrechnung eine Einheit (vgl. MüKo GmbHG/*Müller* § 71 Rz. 42 ff.). Ferner ist der Lagebericht (auch für kleine GmbH – § 289 HGB) aufzustellen (vgl. § 264 Abs. 1 HGB – zu den Einzelheiten *Hopt* § 264 Rz. 3 ff.; auch *Noack* § 71 Rz. 27). Nach § 71 Abs. 3 kann das Gericht von der Pflicht zur Prüfung des Liquidationsjahresabschlusses und des Lage- berichts auf Antrag befreien (vgl. §§ 316 ff. HGB). Voraussetzung ist Überschaubar- keit, Fortschritt der Liquidation, Größe und Komplexität des Unternehmens etc. (*Alt- meppen* § 71 Rz. 36; auch *Noack* § 71 Rz. 32). Trotz der Befreiung bleibt es grds. bei der Offenlegungspflicht (zu allem *OLG München* NZG 2006, 69; DB 2008, 229). Insofern besteht keine Befreiungsmöglichkeit.

IV. Liquidationsabschlussbilanz

6 Die Liquidationsabschlussbilanz – „Schlussrechnung" – vgl. § 72 – ist gesetzlich nicht ausdrücklich vorgesehen. Sie ist indessen mit Ablauf des letzten (Rumpf-)Geschäfts- jahres der Liquidation zu erstellen und mit der Gewinn- und Verlustrechnung zu verbinden. Erforderlich ist ein erläuternder Anhang, der auch den Vorschlag zur Ver- teilung des Liquidationsüberschusses enthalten muss (vgl. *Noack* § 71 Rz. 28). Ein Lagebericht ist nach h.M. nicht erforderlich (*Noack* § 71 Rz. 28; *Wicke* § 71 Rz. 5). Die in § 74 Abs. 1 erwähnte „Schlussrechnung" wird durch die Liquidationsabschlussbilanz dann ersetzt, wenn keinerlei weitere Erkenntnisse über die genannte Bilanz hinaus ersichtlich sind und folglich die „Schlussrechnung" lediglich wiederholenden Charak- ter ausweise. Dann ist sie entbehrlich (*Noack* § 71 Rz. 29; *auch Wicke* § 71 Rz. 5; *Alt- meppen* § 71 Rz. 34 – anders möglicherweise bei zu früh aufgestellter Liquidationsab- schlussbilanz).

V. Angaben auf Geschäftsbriefen

§ 71 Abs. 5 wurde durch die Reform 2008 geändert, ohne dass sachlich hinsichtlich der   **7**
Angaben auf den Geschäftsbriefen eine Änderung eintritt. Die Vorschrift, die die
erforderlichen Angaben auf **Geschäftsbriefen verlangt**, entspricht § 35a. Das dort
Gesagte gilt auch hier mit der Besonderheit, dass ein Hinweis auf die Gesellschaft in
Liquidation erforderlich ist). Ein entspr. Zusatz zur Firma (vgl. § 68 Rz. 5) reicht aus
(„i.L.", „i.Abw." etc.). Sanktionen können durch Festsetzung von Zwangsgeld (§ 79
Abs. 1) gegen die Geschäftsführer bzw. Liquidatoren zur Folge haben.

§ 72   Vermögensverteilung

**¹Das Vermögen der Gesellschaft wird unter die Gesellschafter nach Verhältnis ihrer
Geschäftsanteile verteilt.** ²**Durch den Gesellschaftsvertrag kann ein anderes Verhältnis
für die Verteilung bestimmt werden.**

Übersicht

	Rz		Rz
I. Anspruch auf Auszahlung	1	III. Unrichtige Verteilung	5
II. Verteilung des Restvermögens	2		

I. Anspruch auf Auszahlung

Die **Gesellschafter haben einen Anspruch auf Auszahlung des Vermögens** entspre-   **1**
chend ihrem Geschäftsanteil, einer entsprechenden anderen Satzungsbestimmung
oder einem einstimmigen Beschluss der Gesellschafter (vgl. *Wicke* § 72 Rz. 3). Der
Anspruch ist durch gemeinsamen Beschluss aller Gesellschafter auch entziehbar (vgl.
Noack § 72 Rz. 13 z.B. aus steuerlichen Gründen; Habersack/Casper/Löbbe/*Paura* § 72
Rz. 8; *BGHZ* 14, 272). Der Anspruch rangiert jedoch hinter den Forderungen der
Gläubiger der Gesellschaft, die ihr als Dritte gegenüberstehen, und ist daher erst dann
zu befriedigen, wenn alle diese Gläubiger befriedigt oder sichergestellt sind und das
Sperrjahr (§ 73) abgelaufen ist. Auch dann erst kann ein Gesellschafter auf Zahlung
klagen. Der Anspruch ist grds. auf Geld gerichtet. Die auf die Anteile eingezahlten
Beträge (bei Sacheinlagen ohne Rücksicht auf Wertverfall) werden zurückgewährt
(vgl. § 271 Abs. 3 AktG; dazu insgesamt auch MüKo GmbHG/*Müller* § 72 Rz. 9; *Wicke*
§ 72 Rz. 2). Sind Gegenstände zur Nutzung überlassen, so sind sie dem Gesellschafter
vor der Vermögensverteilung auszuhändigen (*Wicke* § 72 Rz. 2). Bei Einverständnis
aller Gesellschafter können auch Gegenstände der GmbH übertragen werden (*Noack*
§ 72 Rz. 11 – keine Zustimmung bei „gerechter Ausschüttung" erforderlich).

II. Verteilung des Restvermögens

Das (Rest-)**Vermögen der Gesellschaft, das nach Berichtigung aller Gesellschafts-**   **2**
schulden verbleibt, ist unter den Gesellschafter zu verteilen. Infolge der Haftungsbeschränkung findet eine Schuldenverteilung nicht statt. Eigene Geschäftsanteile der
Gesellschaft bleiben bei der Verteilung unberücksichtigt (Habersack/Casper/Löbbe/
Paura § 72 Rz. 4)

Zur **Verteilung berufen sind die Liquidatoren**, obwohl das Gesetz dies nicht ausdrück-   **3**
lich sagt. Es ergibt sich aber aus § 73 Abs. 3 und dem Aufgabenkreis der Liquidatoren.
Sind die Liquidatoren zugleich Gesellschafter, so können sie an sich selbst verteilen,

§ 181 BGB hindert nicht. Grds. ist bar auszuzahlen. Die Gesellschafter können durch Mehrheitsbeschluss auch die Verteilung von einzelnen Vermögensstücken beschließen oder die Abgabe von Aktien bzw. Anteilscheinen anderer Gesellschafter vorsehen – mit Einverständnis des Liquidators natürlich (vgl. *RGZ* 124, 300).

4 Bei der Verteilung ist der **Grundsatz der Gleichbehandlung der Gesellschafter** zu beachten. Bei der Vermögensverteilung sind Bevorzugungen einzelner Anteile nur mit Zustimmung der benachteiligten Gesellschafter möglich; ebenso alle Beschlüsse, die eine Beeinträchtigung der Liquidationsquote zur Folge haben (vgl. Saenger/Inhester/*Kolmann/Riedemann* § 72 Rz. 10), z.B. die gesellschaftsvertragliche Vereinbarung einer Verfallfrist für die Ausübung des Rechts auf den Liquidationsanteil.

III. Unrichtige Verteilung

5 Bei unrichtiger Verteilung bestehen zunächst Ansprüche der liquidierten Gesellschaft gegen den Liquidator (§§ 71 Abs. 4, 43). Gesellschafter können gegen den Liquidator deliktsrechtliche Ansprüche geltend machen (z.B. § 826 BGB). Der benachteiligte Gesellschafter hat Ansprüche gegen die Gesellschafter nach § 812 BGB oder infolge der gesellschaftsvertraglichen Treuepflicht – teils wird hier ein Ausgleich direkt zwischen den Gesellschaftern infolge der Treuepflicht angenommen (vgl. hierzu *Altmeppen* § 72 Rz. 11 f.; auch *Noack* § 72 Rz. 19 f.; *Wicke* § 72 Rz. 3).

6 Die Liquidation kann bei einem Streit der Gesellschafter über die Verteilung des Restvermögens der Gesellschaft durch Hinterlegung des streitigen Betrages zugunsten der Gesellschafter beendet werden (*BayObLG* BB 1979, 185).

§ 73 Sperrjahr

(1) Die Verteilung darf nicht vor Tilgung oder Sicherstellung der Schulden der Gesellschaft und nicht vor Ablauf eines Jahres seit dem Tage vorgenommen werden, an welchem die Aufforderung an die Gläubiger (§ 65 Abs. 2) in den Gesellschaftsblättern erfolgt ist.

(2) [1]Meldet sich ein bekannter Gläubiger nicht, so ist der geschuldete Betrag, wenn die Berechtigung zur Hinterlegung vorhanden ist, für den Gläubiger zu hinterlegen. [2]Ist die Berichtigung einer Verbindlichkeit zurzeit nicht ausführbar oder ist eine Verbindlichkeit streitig, so darf die Verteilung des Vermögens nur erfolgen, wenn dem Gläubiger Sicherheit geleistet ist.

(3) [1]Liquidatoren, welche diesen Vorschriften zuwiderhandeln, sind zum Ersatz der verteilten Beträge solidarisch verpflichtet. [2]Auf den Ersatzanspruch finden die Bestimmungen in § 43 Abs. 3 und 4 entsprechende Anwendung.

Koch

I. Allgemeines

§ 73 enthält **Gläubigerschutzvorschriften**, ohne deren Einhaltung nicht, auch nicht tlw., **1** mit der Vermögensverteilung begonnen werden darf – „absolute Ausschüttungssperre" (zwingendes Recht – *OLG Rostock* GmbHR 1996, 621; *Wicke* § 73 Rz. 1; *Noack* § 73 Rz. 2a). Ausgenommen ist der – praktisch kaum denkbare – Fall, dass alle Gläubiger dem zustimmen, sowie Einzelfälle, in denen die Gesellschaft über kein verteilungsfähiges Vermögen verfügt (*OLG Jena* ZIP 2016, 25, 26; *OLG Hamm* GmbHR 2017, 930 m. Anm. *Wachter*). Die Einhaltung der Vorschrift müssen alle an der Verteilung Beteiligten beachten (auch staatliche Einrichtungen wie Grundbuchamt, Katasteramt oder auch private Institutionen, deren sich der Liquidator zur Erfüllung seiner Aufgaben bedient wie Treuhandgesellschaften). Bei einem Verstoß ist die Mitwirkung zu versagen. Eine dennoch erfolgte Verteilung ist zwar wirksam, aber die Liquidatoren haften, Abs. 3, und die Gesellschafter sind an die Gesellschaft rückzahlungspflichtig, analog § 31 (vgl. *BGH* GmbHR 2009, 712; *Noack* § 73 Rz. 17a kein Bereicherungsanspruch – str.; *Schmidt* zur Gläubigersicherung im Liquidationsrecht, ZIP 1981, 1 ff.).

II. Voraussetzungen der Verteilung

Die Voraussetzungen der Verteilung sind a) **Tilgung oder Sicherstellung der Gesell-** **2** **schaftsschuld** und b) **Ablauf des Sperrjahres**, d.h. eines Jahres seit dem Tag der Aufforderung an die Gläubiger gem. § 65 Abs. 2. Die Befriedigung der Gesellschaftsschulden durch Tilgung oder Sicherstellung ist sofort vorzunehmen, wenn sich ein Gläubiger meldet sowie seine Forderungen begründet und fällig sind. Wegen der Reihenfolge der Befriedigung vgl. § 70. Gesellschafter kommen als Gläubiger nur in Frage, soweit sie echte „Drittgläubiger" sind (*BGH* GmbHR 1973, 199).

III. Forderungen der Gläubiger

Die Forderung eines Gläubigers wird ihm nicht dadurch entzogen, dass er sich nicht **3** meldet, denn eine Ausschlussfrist zur Meldung besteht nicht (*RGZ* 109, 392). Ist ordnungsgemäß verteilt, so kann er seine Forderung nicht mehr realisieren. Die Gesellschafter haften ihm nicht, denn sie sind nicht unmittelbar aus seinem Vermögen bereichert (*Noack* § 73 Rz. 9). Er kann nur dann etwas erlangen, wenn sich nach Verteilung weiteres Vermögen herausstellt. Zugunsten bekannter Gläubiger ist zu hinterlegen, soweit dies § 372 BGB zulässt. Bekannt ist ein Gläubiger, wenn der Liquidator seine Forderungen nach Grund und Betrag im Wesentlichen kennt (*RG* JW 1930, 2943; vgl. auch Habersack/Casper/Löbbe/*Paura* § 73 Rz. 11 ff.); es genügt nicht, dass er sie bei der ihm zuzumutenden Aufmerksamkeit kennen musste (*Noack* § 73 Rz. 6).

IV. Sicherheitsleistung

Ist die Berichtigung einer Verbindlichkeit zurzeit nicht ausführbar, weil z.B. der Auf- **4** enthalt des Gläubigers nicht bekannt ist, oder ist die Verbindlichkeit streitig, so darf die Verteilung des Vermögens nur erfolgen, wenn **dem Gläubiger Sicherheit geleistet ist.** Die Sicherheitsleistung richtet sich nach §§ 232 ff. BGB (Habersack/Casper/Löbbe/*Paura* § 73 Rz. 27 ff.). Sie kann nicht durch einfache Bürgschaft erfolgen (*RGZ* 143, 301, 302 – ausreichend aber selbstschuldnerische Bürgschaft; *Noack* § 73 Rz. 7; vgl. aber *Wicke* § 73 Rz. 3 – Bürgschaft; ebenso *Altmeppen* § 73 Rz. 6: einem Gläubiger kann aber eine Gesellschafterbürgschaft nicht aufgezwungen werden). Der Gläubiger kann Sicherheit erst verlangen, wenn die Verteilung bevorsteht, denn vorher besteht keine Gefahr des Verlustes (*RGZ* 143, 301, 304). Eine offensichtlich unbegründete Forderung können die Liquidatoren unberücksichtigt lassen. Stellt sich später eine Begründetheit heraus, so haften sie. Besitzt der Gläubiger bereits eine ausreichende Sicherheit, ist keine weitere zu leisten.

V. Haftung der Liquidatoren/Erstattungspflicht der Gesellschafter

5 **Die Liquidatoren haften**, wenn sie schuldhaft diesen, d.h. den gesetzlichen aber auch den gesellschaftsvertraglichen, Verteilungsvorschriften zuwiderhandeln, der Gesellschaft gesamtschuldnerisch (§§ 421 ff. BGB) auf Ersatz der verteilten Beträge. Sie haben das zu ersetzen, was sie an Geld- oder Sachwerten zu Unrecht verteilt haben. Den Gesellschaftern und den Gläubigern haften sie nach allgemeinen Grundsätzen (vgl. hierzu *BGH* NJW-RR 2018, 738). Die Haftung setzt voraus, dass der Gesellschaft ein Schaden dadurch entstanden ist, dass ein Gläubiger durch Verschulden der Liquidatoren zu wenig erhalten hat (Kausalität). **Die Gesellschafter** müssen zuviel gezahlte Beträge nach § 31 oder aus ungerechtfertigter Bereicherung erstatten (vgl. zu den Folgen eines Verstoßes *Noack* § 73 Rz. 12 f.; auch *Altmeppen* § 73 Rz. 14 f. – im Einzelnen nicht unstr.). Die vom BGH entwickelten Grundsätze zur Existenzvernichtungshaftung in Form der Innenhaftung der Gesellschafter gegenüber der Gesellschaft gelten gerade und erst recht auch im Stadium der Liquidation (*BGH* GmbHR 2009, 601, „Sanitary", mit Komm. *Podewils*). Die Haftung setzt einen Gesellschafterbeschluss voraus, §§ 69, 46 Nr. 8 (str. – vgl. *Altmeppen* § 73 Rz. 20; abl. *Noack* § 73 Rz. 13); jedoch gilt dies dann nicht, wenn der Ersatzanspruch bereits durch einen Gläubiger gepfändet wurde (*RG* HRR 29, 2119). Verzicht und Vergleich sind i.d.R. unwirksam (§§ 43 Abs. 3, 9 Abs. 2).

VI. Verjährung

6 Der Ersatzanspruch **verjährt** in fünf Jahren gem. § 43 Abs. 4 (s. im Einzelnen § 43 Rz. 6 ff.); wegen der Haftung des Liquidators für Steuerschulden vgl. *BFH* DB 1971, 2048; 1973, 1218.

§ 74 Schluss der Liquidation

(1) ¹Ist die Liquidation beendet und die Schlussrechnung gelegt, so haben die Liquidatoren den Schluss der Liquidation zur Eintragung in das Handelsregister anzumelden. ²Die Gesellschaft ist zu löschen.

(2) ¹Nach Beendigung der Liquidation sind die Bücher und Schriften der Gesellschaft für die Dauer von zehn Jahren einem der Gesellschafter oder einem Dritten in Verwahrung zu geben. ²Der Gesellschafter oder der Dritte wird in Ermangelung einer Bestimmung des Gesellschaftsvertrags oder eines Beschlusses der Gesellschafter durch das Gericht bestimmt.

(3) ¹Die Gesellschafter und deren Rechtsnachfolger sind zur Einsicht der Bücher und Schriften berechtigt. ²Gläubiger der Gesellschaft können von dem Gericht zur Einsicht ermächtigt werden.

I. Allgemeines

Abs. 1 ist eingefügt worden durch das Gesetz zur Durchführung der Elften gesellschafts- **1**
rechtlichen Richtlinie des Rates der EG und über Gebäudeversicherungsverhältnisse v.
22.7.1993 (BGBl. I 1993, S. 1282). Die Abs. 2 und 3 sind seit 1892 unverändert.

Folgen und Schritte nach der Liquidation:

– Vermögensverteilung – Sicherstellung etc. vgl. (§ 71 Rz. 1),
– Liquidationsschlussbilanz bzw. „Schlussrechnung" – Schlussentlastung des Liqui-
  dators,
– Anmeldung zur Eintragung in das Handelsregister in elektronisch beglaubigter
  Form,
– Löschung der Gesellschaft – Erlöschen des Liquidatorenamts,
– Aufbewahrung der Bücher etc. für zehn Jahre,
– eventuelle Nachtragsliquidation.

II. Beendigung der Liquidation

Die Anwendung des § 74 setzt die Beendigung der Liquidation voraus. Sie tritt ein, **2**
wenn das Sperrjahr abgelaufen ist und das gesamte Gesellschaftsvermögen verteilt ist
(vgl. *Wicke* § 74 Rz. 2). Ob eine Beendigung vorliegt, ist objektiv zu beurteilen: Es
reicht nicht aus, wenn dies die Liquidatoren lediglich erklären. Das Sperrjahr muss
verstrichen sein, vgl. § 73; es dürfen keine Prozesse mehr anhängig sein. Ausnahmsweise kommt es auf den Ablauf des Sperrjahres nicht an, wenn das Vermögen durch
die Befriedigung der Gläubiger aufgebracht ist und an die Gesellschafter nichts verteilt werden kann. Das hat der Liquidator gegenüber dem Registergericht darzustellen
und zu versichern (*OLG Köln* NZG 2005, 83; *Wicke* § 74 Rz. 2. Siehe auch *OLG
Hamm* GmbHR 2017, 930 m. Anm. *Wachter*).

III. Schlussrechnung

Für die Beendigung der Liquidation ist nach dem Wortlaut eine **Schlussrechnung** **3**
erforderlich. Wie o. (§ 71 Rz. 6) ausgeführt, reicht die Liquidationsschlussbilanz aus
bzw. ersetzt die „Schlussrechnung", über die ebenso beschlossen ist wie über die Entlastung des Liquidators (vgl. § 71 Abs. 2).

IV. Folgen der Beendigung

Mit Beendigung der Liquidation erlischt die Firma und scheidet damit aus dem **4**
Rechtsleben aus. Daher haben die Liquidatoren in vertretungsberechtigter Zahl das
Erlöschen der Firma zum Handelsregister anzumelden (§ 74). Die Anmeldung ist
erzwingbar, § 14 HGB. Die Eintragung wirkt nur deklaratorisch (str. vgl. Meinungen
bei *Tavakoli/Eisenberg* GmbHR 2018, 75, 81). Besitzt die Gesellschaft trotz Löschung
der Firma noch Vermögen, so bleibt sie bestehen (*Wicke* § 74 Rz. 6; *Altmeppen* § 74

Rz. 21). Sie ist daher in Prozessen, die das Vorhandensein von Vermögen voraussetzen, parteifähig. (Hierzu *BGH* GmbHR 1994, 260; auch *BAG* NZG 2008, 279; *OLG Koblenz* NZG 2007, 431; ferner *Wicke* § 74 Rz. 7 m.w.N.; für jegliche „Abwicklungsmaßnahmen" auch ohne Vermögensbezug *KG* v. 7.9.2021 – 22 W 51/21). Bei Abwicklungsmaßnahmen ohne Vermögensbezug kann nur ein berechtigtes Interesse der Beendigung der Liquidation entgegenstehen (berechtigtes Interesse verneinend für die passive Beteiligung an einem Steuerverfahren: *BGH* v. 17.5.2022 – II ZB 11/21).

V. Nachtragsliquidation

5   Stellt sich nach der Löschung der Gesellschaft im Handelsregister heraus, dass weitere Abwicklungsmaßnahmen nötig sind, so hat eine **Nachtragsliquidation** stattzufinden. Zwar sagt auch hierüber das GmbHG nichts aus, § 273 Abs. 4 AktG ist jedoch entspr. anzuwenden (*Saenger/Inhester/Kolmann/Riedemann* § 74 Rz. 47).

6   Weitere Abwicklungsmaßnahmen sind insb. dann notwendig, wenn noch Vermögen vorhanden ist, das verteilt werden kann; vgl. § 66 Abs. 5 sowie zu den Voraussetzungen *BayObLG* BB 1985, 7; *Wicke* § 74 Rz. 7, 8; *OLG Jena* NZG 2007, 717 – lediglich Zustellung eines Schriftstücks, Nachtragsliquidation unverhältnismäßig). Einem früheren Liquidator und GmbH-Gesellschafter steht kein Beschwerderecht gegen die Bestellung eines Nachtragsliquidators durch das Gericht zu (*KG* ZIP 1982, 59). Zu den Voraussetzungen der Nachtragsliquidation (schlüssige Behauptung noch vorhandenen Vermögens) vgl. *BayObLG* ZIP 1985, 33 = BB 1985, 7. In dem Antrag auf eigene Bestellung zum Nachtragsliquidator ist gleichzeitig die konkludente antizipierte Annahme der gerichtlichen Bestellung zu sehen (*BFH* GmbHR 2012, 1320). Das Vorhandensein von Vermögen muss konkret dargelegt werden, mindestens kostendeckendes Vermögen (*LG* FGPrax 2007, 185; *OLG Frankfurt* FGPrax 2005, 271; *OLG Celle* GmbHR 1997, 752; hierzu ferner *Altmeppen* § 74 Rz. 23; *Wicke* § 74 Rz. 9; zur sofortigen Beschwerde *OLG München* DB 2008, 1311; *OLG Schleswig* NJW-RR 2000, 769; zur Beschränkung der Vertretungsmacht des Liquidators auf einzelne Aufgaben *OLG München* DB 2008, 1311; *KG* NZG 1999, 163; a.A. *OLG Koblenz* NZG 2007, 431; vgl. auch *BAG* NJW 2003, 80). Die Nachtragsliquidation führt das bisherige Liquidationsverfahren fort, aber keine Fortsetzung der GmbH (*OLG Celle* GmbHR 2008, 211; zur Klage eines Gesellschafters einer wegen Vermögenslosigkeit gelöschten GmbH *BGH* NZG 2005, 216; s. zur Nachtragsliquidation insg. *Passarge/Torwegge/Passarge* Rz. 768 ff.).

VI. Aufbewahrung von Büchern

7   Die **Bücher und Schriften der GmbH** sind 10 Jahre, gerechnet ab dem Tag der Übergabe zur Verwahrung, von einem Gesellschafter oder einem Dritten aufzubewahren. Die Person des Aufbewahrers kann durch den Gesellschaftsvertrag oder einem mit einfacher Mehrheit zu fassenden Gesellschafterbeschluss bestimmt werden. Hierfür kommt auch ein privates Archivierungsbüro in Betracht (*AG Jena* Rpfleger 2009, 323). In Ermangelung einer solchen Bestimmung kann die Person durch das Gericht des Sitzes der Gesellschaft (AG-Handelsregister) nach §§ 402, 375 Nr. 6 FamFG (ehemals §§ 146, 148 FGG) bestimmt werden. Dies kann jede Person sein, die hierzu auch durch den Gesellschaftsvertrag, einen Beschluss oder eine Einigung hätte bestimmt werden können; sie darf nur nicht offensichtlich ungeeignet sein (*OLG Düsseldorf* GmbHR 2010, 817). Ein Zwang durch das Gericht findet nicht statt. Die §§ 407, 273

Abs. 2 AktG finden keine entspr. Anwendung (*BayObLG* NJW 1968, 56). Die Bestellung eines Verwahrers begründet für diesen keine Verwahrungspflicht, hierzu bedarf es seines Einverständnisses (z.B. Steuerberater *Wicke* § 74 Rz. 4). Antragsberechtigt ist jeder Liquidator, Gesellschafter oder auch ein Dritter (*Wicke* § 74 Rz. 4; *OLG Stuttgart* BB 1984, 2169). Die Kosten für die Aufbewahrung ist Sache des Liquidators bzw. der Gesellschafter. Der Liquidator darf die dafür erforderlichen Mittel nicht zurückhalten (*Noack* § 74 Rz. 11 – str.).

Aufzubewahren sind alle Bücher und Schriften der GmbH, also nicht nur die Handelsbücher, sondern auch Handelsbriefe, Bilanzen, Gesellschafterbeschlüsse, Gesellschafterlisten (vgl. *Tavakoli/Eisenberg* GmbHR 2018, 75, 81). Der nach Einstellung des Insolvenzverfahrens mangels Masse zwischen dem Insolvenzverwalter und der Gesellschaft entstehende Streit über die Verwahrungspflicht kann nicht im Verfahren nach § 74 GmbHG, §§ 402, 375 Nr. 6 FamFG entschieden werden (*OLG Stuttgart* BB 1984, 2169). Vgl. zur Aufbewahrung insgesamt Passarge/Torwegge/*Passarge* Rz. 742ff. **8**

VII. Befugnis zum Einsehen der Bücher

Gesellschafter und deren Rechtsnachfolger dürfen diese Unterlagen **einsehen.** Die **9** Gläubiger der Gesellschaft bedürfen zur Einsicht einer Ermächtigung durch das Handelsregistergericht, dem sie ein berechtigtes Interesse hierzu glaubhaft zu machen haben (vgl. *OLG Braunschweig* GmbHR 1993, 509). Das Einsichtsrecht kann z.B. durch das Bankgeheimnis eingeschränkt sein (*BayObLG* GmbHR 2003, 478). Gegen die Ablehnung der Einsicht ist die sofortige Beschwerde gegeben (§ 402 FamFG). Die Einsicht kann durch das genannte Gericht durch Androhung und Verhängung von Zwangsgeldern erzwungen werden, § 89 FamFG (ehemals § 33 FGG). Der Einsichtsnehmer darf sich von allen Vorgängen Aufzeichnungen anfertigen, einen Anspruch auf Erteilung solcher hat er nicht. Er darf sich bei der Einsicht auch sachverständiger Hilfe bedienen (hierzu *KG* JW 1937, 2289). Zur Rechtsnatur des Einsichtsrecht *OLG Celle* NZG 2018, 265.

Vor Beendigung der Liquidation steht den Gesellschaftern das Auskunfts- und Einsichtsrecht entspr. § 51a und 51b zu (s. dort). **10**

§ 74 findet auf Gesellschaften, die gem. § 394 FamFG gelöscht wurden, entspr. Anwendung (*OLG Oldenburg* GmbHR 1983, 200). **11**

§ 75 Nichtigkeitsklage

(1) Enthält der Gesellschaftsvertrag keine Bestimmungen über die Höhe des Stammkapitals oder über den Gegenstand des Unternehmens oder sind die Bestimmungen des Gesellschaftsvertrags über den Gegenstand des Unternehmens nichtig, so kann jeder Gesellschafter, jeder Geschäftsführer und, wenn ein Aufsichtsrat bestellt ist, jedes Mitglied des Aufsichtsrats im Wege der Klage beantragen, dass die Gesellschaft für nichtig erklärt werde.

(2) Die Vorschriften der §§ 246 bis 248 des Aktiengesetzes finden entsprechende Anwendung.

I. Allgemeines

1 § 75 kann an sich in der Praxis keine besondere Bedeutung haben; denn die hier genannten Nichtigkeitsgründe führen nach § 9c zur Zurückweisung der Eintragung. Damit hat die Vorschrift einen mehr vorbeugenden Charakter und stellt die trotz der fehlerhaften Eintragung zunächst erforderliche Rechtssicherheit hinsichtlich der Existenz der GmbH sicher (vgl. Saenger/Inhester/*Nordmeyer* § 75 Rz. 3). Auch wenn eine derartige fehlerhafte Eintragung erfolgt, kann dies die Gesellschaft nur nachträglich in Frage stellen. Solange nicht die Rechtskraft des Nichtigkeitsurteils vorliegt, besteht folglich die GmbH, was Folgen für den Rechtsverkehr sowie die Gesellschafter wie Geschäftsführer hat, deren Rechte und Pflichten uneingeschränkt maßgeblich sind (vgl. hierzu etwa *Noack* § 75 Rz. 2; auch *Wicke* § 75 Rz. 1). Neben der Nichtigkeitsklage kommt zusätzlich auch ein Einschreiten des Registergerichts nach den §§ 397, 394 FamFG in Betracht (maßgeblich die erste rechtskräftige Entscheidung – ansonsten Aussetzung des Verfahrens nach § 148 ZPO bzw. §§ 21, 381 FamFG (ehemals § 127 FGG) – vgl. *Wicke* § 75 Rz. 7). Anstelle der früher in Abs. 2 genannten §§ 272, 273 HGB sind die §§ 246–248 AktG (aufgenommen in Anh. 2) getreten (krit. zu der Verweisung auf diese Vorschriften *Noack* § 75 Rz. 3: „schludriger Stil" – „missglückt" – „offensichtlich unsinnig" – „wenig überlegt"). Das Nichtigkeitsurteil führt zur Auflösung der GmbH (§ 77 Abs. 1).

2 Die Sicherheit und das Vertrauen des Rechtsverkehrs erfordern demnach (vgl. oben Rz. 1), dass eine GmbH, die in das Handelsregister eingetragen ist, auch existent ist. Dies gilt auch, wenn dem Gründungsvertrag Mängel anhaften. Deshalb lässt § 75 die **Vernichtbarkeit der ganzen Gesellschaft** nur in den in Abs. 1 genannten beiden Fällen zu. Die Nichtigkeitsgründe des § 75 Abs. 1 sind abschließend (*BGHZ* 21, 378; *OLG Frankfurt* NZG 2002, 294; *Altmeppen* § 75 Rz. 3; *Noack* § 75 Rz. 12). Die Gesellschaft ist damit nur vernichtbar mit nachfolgender Auflösung, wenn a) der Gesellschaftsvertrag keine Bestimmung über die Höhe des Stammkapitals enthält, oder b) wenn er keine Bestimmungen über den Gegenstand des Unternehmens enthält oder c) eine enthaltene Bestimmung über den Gegenstand nichtig ist. Alle übrigen Verstöße gegen § 3 Abs. 1 oder eine sonstige Gesetzesverletzung führen aus den genannten Gründen der Rechtssicherheit nicht zur Vernichtbarkeit (detailliert Habersack/Casper/Löbbe/*Paura* § 75 Rz. 7). Damit ist die Nichtigkeitsklage des § 75 praktisch bedeutungslos, denn es ist kaum vorstellbar, dass eine GmbH ohne Angaben über Stammkapital oder Gegenstand in das Register eingetragen wird. Diese beiden Fälle sind eindeutig. Lediglich für den Fall, dass die Bestimmungen über den Gegenstand (Inhalt) des Unternehmens nichtig sind, können zweifelhafte Fragen auftreten. Insoweit ist auf die allgemeinen Grundsätze der §§ 134, 138 BGB zurückzugreifen (Saenger/Inhester/*Nordmeyer* § 75 Rz. 15). Mithin muss ein Verstoß gegen ein gesetzliches Verbot oder die guten Sitten vorliegen (vgl. Steuerhinterziehung als Hauptzweck – vgl. Grüneberg/*Ellenberger* §§ 134 Rz. 23, 138 Rz. 44; ferner Drogenhandel als Gegenstand des Unternehmens). Insofern ist auch der Gesellschaftszweck in die Überlegungen einzubezie-

hen (vgl. § 1 Rz. 19; auch z.B. *Wicke* § 1 Rz. 6, 7). Wann die Nichtigkeitsgründe entstanden oder der Verstoß eingetragen ist, ist nicht entscheidend, sondern entscheidend ist, dass die fehlerhafte Eintragung erfolgt ist. Die Benennung des Gegenstandes nur zum Schein und dessen Folgen sind Nichtigkeit (vgl. insofern § 117 BGB; zum Vorliegen von Scheingeschäften vgl. Grüneberg/*Ellenberger* § 117 Rz. 3). Insofern kommt eine Nichtigkeitsklage nach § 75 in Betracht (vgl. für AG *BGHZ* 117, 323; so auch *Noack* § 75 Rz. 15; *Wicke* § 75 Rz. 3). Umstritten ist der Fall, dass Satzungsgegenstand und tatsächlicher Gegenstand vollständig auseinanderfallen (dazu MüKo GmbHG/*Hillmann* § 75 Rz. 12). Da es auf die Nichtigkeit des eingetragenen Gegenstands ankommt, kann hier § 75 nicht eingreifen. Der Fall liegt hier anders als bei Nichtigkeit infolge eines echten Scheingeschäfts, bei dem sich die Nichtigkeit aus § 117 BGB ergibt. So stellen z.B. auch Umgehungsgeschäfte keine nichtigen Geschäfte dar (vgl. Grüneberg/*Ellenberger* § 117 Rz. 5). Daher wird der Betroffene z.B. beim Registergericht die Prüfung anregen, ob ein Einschreiten erforderlich ist (vgl. hierzu o. § 1 Rz. 27; i.Ü. hierzu *Altmeppen* § 75 Rz. 12; *Noack* § 75 Rz. 16 mit Hinweis auf § 397 FamFG; nicht ganz eindeutig *Wicke* § 75 Rz. 3; Rowedder/Pentz/*Baukelmann/Belz* § 75 Rz. 19). Zur Zulässigkeit von Vorratsgründungen Habersack/Casper/Löbbe/*Paura* § 75 Rz. 19. Wegen der Heilung von Mängeln des Gegenstands vgl. § 76.

Abgesehen von den in § 75 enthaltenen Nichtigkeitsgründen kommen infolge der **3** abschließenden Regelung weitere nicht in Betracht, auch keine analoge Anwendung des § 75 auf weitere Fälle (vgl. *Noack* § 75 Rz. 12). Sofern weitere Satzungsbestimmungen außerhalb des Anwendungsbereichs des § 75 unwirksam oder nichtig sind, kann § 139 BGB in diesem Zusammenhang nicht angewandt werden; andernfalls würde vielfach über die Anwendung des § 139 BGB Nichtigkeit eintreten. Das ist nicht der Sinn des § 75 (*Wicke* § 75 Rz. 4; Rowedder/Pentz/*Baukelmann/Belz* § 75 Rz. 6; *Altmeppen* § 75 Rz. 18). Kritisch ist, ob bei Nichtigkeit sämtlicher Beitrittserklärungen § 75 anzuwenden ist: Das ist zu verneinen (vgl. *KG* ZIP 2001, 2253 = NZG 2001, 225 – Geschäftsunfähigkeit des einzigen Gesellschafters; offen gelassen in *OLG Frankfurt* NZG 2002, 294). Diese „Scheingesellschaften" sind nach § 395 FamFG) zu löschen (vgl. hierzu *Noack* § 75 Rz. 11; *Wicke* § 75 Rz. 4; a.A. *KG* ZIP 2001, 2253; *Altmeppen* § 75 Rz. 17; vgl. hierzu auch *Grooterhorst* NZG 2007, 605). Unklare, aber wenigstens vorhandene oder nicht hinreichend individualisierte Unternehmensgegenstände, zu geringes Mindeststammkapital, Benennung nicht Euro etc. fallen nicht unter § 75, sondern lösen ggf. Schritte des Registergerichts nach § 399 bzw. § 395 FamFG aus (vgl. *Noack* § 75 Rz. 13).

II. Nichtigkeitsklage

Voraussetzung für die Nichtigkeitsklage ist, dass die Eintragung der GmbH erfolgte **4** (vgl. *Noack* § 75 Rz. 4; *Wicke* § 75 Rz. 1 – auch für aufgelöste, aber noch nicht gelöschte Gesellschaften). Die Klageerhebung ist auch als Widerklage zulässig, nicht aber können die Nichtigkeitsgründe lediglich einredeweise geltend gemacht werden (*Noack* § 75 Rz. 17; *Wicke* § 75 Rz. 5). Die Anhängigkeit des Verfahrens beseitigt Rechtsschutzbedürfnis für die Klage nicht, anders bei erfolgter Löschung (*Noack* § 75 Rz. 4). Teils wird verlangt, dass die Nichtigkeitsklage erst erhoben werden kann, wenn die Gesellschaft zuvor zur Beseitigung des Mangels aufgefordert wurde, um ihr Gelegenheit zur Heilung des Verstoßes zu geben (str. *Noack* § 75 Rz. 27: § 275 Abs. 2 AktG analog; a.A. überwiegende Meinung: Gelegenheit zur vorherigen Heilung nach Treu

und Glauben sowie in Anlehnung an § 272 Abs. 2 AktG). Eventuelle Verwirkung des
Rechts steht Amtslöschung nach § 395 FamFG nicht entgegen (*Altmeppen* § 75 Rz. 24).

III. Fristlosigkeit, Klagebefugnis, Beklagte

5 Die Nichtigkeitsklage ist Gestaltungsklage (statt vieler *Noack* § 75 Rz. 17). Ziel ist die
Auflösung der GmbH. Die Zuständigkeit folgt aus § 246 Abs. 3 S. 1 AktG (LG – Sitz
der GmbH – möglich auch Schiedsgericht – vgl. *Noack* § 75 Rz. 25; *Wicke* § 75 Rz. 5).
Eine Klagefrist ist nicht vorgesehen (h.M. *Altmeppen* § 75 Rz. 24; *Wicke* § 75 Rz. 5).
Das Recht kann aber verwirkt sein *(Altmeppen* § 75 Rz. 24; zum Begriff Grüneberg/
Grüneberg § 242 Rz. 87 f.), Nach a.A. ist § 275 Abs. 3 AktG (drei Jahre) entsprechend
anzuwenden (*Noack* § 75 Rz. 26 – s. auch Rz. 4).

6 **Klagebefugt** ist jeder Gesellschafter, jeder Geschäftsführer und jedes Aufsichtsratsmitglied, sofern ein Aufsichtsrat bestellt ist, § 52 – ferner bei Liquidation die Liquidatoren (MüKo GmbHG/*Hillmann* § 75 Rz. 15 ff.). Die Höhe der Anteile ist nicht erheblich. Bei Klage mehrerer klagebefugten Personen (Verbindung nach §§ 246 Abs. 3, 249
Abs. 2 AktG) besteht notwendige Streitgenossenschaft – ebenso bei Teilberechtigung
nach § 18 – (§ 62 ZPO; *Noack* § 75 Rz. 20; *Altmeppen* § 75 Rz. 21). Beklagte ist die
GmbH (*Wicke* § 75 Rz. 5). Vertreten wird die Gesellschaft durch die Geschäftsführer
(Liquidatoren) und, soweit vorhanden, den Aufsichtsrat. Ist eines der Vertretungsorgane Kläger, so wird die Gesellschaft durch das jeweils andere Vertretungsorgan vertreten (Habersack/Casper/Löbbe/*Paura* § 75 Rz. 27). Klagt der alleinige Geschäftsführer, und ist ein Aufsichtsrat nicht vorhanden, so ist nach § 57 ZPO oder entsprechend
§ 29 BGB (Notgeschäftsführer) zu verfahren (*Noack* § 75 Rz. 24; *Altmeppen* § 75
Rz. 22; *Wicke* § 75 Rz. 5: Bestellung eines Vertreters durch Gesellschafterbeschluss
analog § 46 Nr. 8). Nicht klagende Gesellschafter, Geschäftsführer und Aufsichtsratsmitglieder sind vom Gericht über die Klage in Kenntnis zu setzen (vgl. Art. 103 Abs. 1
GG – *Noack* § 75 Rz. 28). Die Geschäftsführer haben die Klageerhebung sowie den
Termin der mündlichen Verhandlung im elektronischen Bundesanzeiger sowie ggf. in
den Gesellschaftsblättern unverzüglich bekannt zu machen (vgl. § 246 Abs. 4 AktG).
Ein Verstoß hiergegen kann zur Haftung aus § 43 führen. Ist eine Nichtigkeitsklage
erhoben, so müssen die Vertretungsorgane so handeln, dass sie eine etwa notwendig
werdende Abwicklung nicht erschweren oder vereiteln oder ihr vorgreifen. Wegen
Einzelheiten zur Frage des Streitwertes vgl. die Kommentierung zu § 247 AktG. Vgl.
§ 47 Rz. 66 ff. Vgl. *BGH* GmbHR 2009, 39 – Gesellschafterbeschluss – Allgemeine
Feststellungsklage auf Nichtigkeit durch einen Nichtgesellschafter.

IV. Urteilswirkung

7 Das Urteil wirkt für und gegen alle Gesellschafter, Geschäftsführer und Aufsichtsratsmitglieder (vgl. *Noack* § 75 Rz. 29). Die von Dritten mit der Gesellschaft getätigten
Rechtsgeschäfte werden von dem Urteil nicht berührt, § 77 Abs. 2 – Wirkung nur unter
den Beteiligten (vgl. *Wicke* § 75 Rz. 6).

8 Das Urteil ist mit Rechtskraftzeugnis unverzüglich zum Handelsregister einzureichen,
§ 248 Abs. 1 S. 2 AktG – abw. hiervon durch die Liquidatoren. Einer Anmeldung
bedarf es hierzu nicht (str. wie hier *Wicke* § 75 Rz. 6; *Altmeppen* § 75 Rz. 28; *Noack* § 75
Rz. 32; a.A. Lutter/Hommelhoff/*Kleindiek* § 75 Rz. 5). Die Verpflichtung zur Einreichung kann erzwungen werden, § 14 HGB. Das Registergericht hat das Urteil in das

Handelsregister einzutragen und die Eintragung bekannt zu machen (§ 44 HRV). Nach erfolgter Eintragung tritt die Gesellschaft in das Liquidationsstadium, da das die Nichtigkeit der Gesellschaft aussprechende Urteil wie ein Auflösungsbeschluss wirkt, § 77. Nach § 67 Abs. 1 sind die ersten Liquidatoren und ihre Vertretungsbefugnis zur Eintragung in das Handelsregister anzumelden (§ 12 HGB), was zweckmäßigerweise mit der Einreichung des Urteils verbunden werden sollte. Über die Folgen der Auflösung vgl. §§ 66 ff.; i.Ü. auch *Noack* § 75 Rz. 29). Mit der Rechtskraft des Urteils ist die Gesellschaft nichtig. Vgl. i.Ü. § 77.

Dass die Nichtigkeit der Gesellschaft aussprechende rechtskräftige Urteil führt i.v.m. der   **9** Eintragung die Nichtigkeit der Gesellschaft herbei; die für die Abwicklung maßgeblichen Bestimmungen finden entspr. Anwendung (§ 77; hierzu *Noack* § 75 Rz. 5, 6, 29).

§ 76 Heilung von Mängeln durch Gesellschafterbeschluss

Ein Mangel, der die Bestimmungen über den Gegenstand des Unternehmens betrifft, kann durch einstimmigen Beschluss der Gesellschafter geheilt werden.

§ 76 sieht zunächst nur die Heilung vor, wenn es sich um den fehlenden Unterneh-   **1** mensgegenstand sowie die Nichtigkeit der entspr. Satzungsregelung über den Gegenstand handelt. Nicht unter die Bestimmung fallen nach dem Wortlaut die anderen in § 75 Abs. 1 genannten Nichtigkeitsgründe (fehlende Bestimmung über Höhe des Stammkapitals bzw. den Gegenstand des Unternehmens). Demgemäß wird zwischen heilbarem Mangel (§ 76) und nicht heilbaren Mängeln teils nicht unterschieden (vgl. etwa *Noack* § 76 Rz. 3 f. unter Hinweis auf die Gegenstimmen; auch *Altmeppen* § 76 Rz. 1, 2; *Wicke* § 76 Rz. 1). Wenn nach § 399 FamFG die Heilung auch nichtiger Bestimmungen zulässig ist, so sollte dies im Rahmen des § 76 auch hinsichtlich der weiteren Nichtigkeitsgründe des § 75 bejaht werden (vgl. *Noack* § 76 Rz. 3; *Wicke* § 76 Rz. 1; auch *Altmeppen* § 76 Rz. 3 – überhaupt keine Bestimmung und Bestimmbarkeit des Stammkapitals). In diesen Streitfällen ist es erforderlich, diese Fragen mit dem Registerrichter in einer Vorabklärung zu erledigen.

In allen Fällen liegt eine Satzungsänderung mit allen Konsequenzen vor (§§ 53 ff.).   **2** Zwar sieht § 76 insofern lediglich einen Gesellschafterbeschluss vor. Gleichwohl ist hier eine Satzungsänderung erforderlich – in qualifizierter Form (*Noack* § 76 Rz. 6; auch Lutter/Hommelhoff/*Kleindiek* § 76 Rz. 2; *Altmeppen* § 76 Rz. 4; *Wicke* § 75 Rz. 1). Der Beschluss soll wie bei sonstigen Satzungsänderungen mit einer Drei-Viertel-Mehrheit der abgegebenen Stimmen (§ 53 Abs. 2) beschlossen werden können, zu dem allerdings alle Gesellschafter zustimmen müssen. Das ist nicht zutreffend; denn wenn man schon eine erweiterte Heilung zulässt, sollte man sich nicht noch mehr von der qualifizierten Satzungsänderung in § 76 entfernen. Hiergegen sprechen zwar durchaus gute Gründe. Indessen haben die Gesellschafter sowohl während der Nichtigkeitsklage und dem Amtslöschungsverfahren hinreichend Zeit, für eine Heilung durch entsprechende Satzungsänderung zu sorgen, ohne in die hier dargestellten Komplikationen zu geraten. I.Ü. ist auch an entspr. Treupflichten der Gesellschafter zu erinnern. Jedenfalls erledigt eine Heilung durch einstimmige Satzungsänderung sowohl das Amtslöschungsverfahren als auch die Nichtigkeitsklage (vgl. insofern die nicht überzeugenden Ausführungen v.a. praktischer Sicht bei *Noack* § 76 Rz. 5 ff.; auch *Altmeppen* § 76 Rz. 5 f.; *Wicke* § 76 Rz. 1). Nach Eintragung der Satzungsänderung wird sie wirksam. Die Satzungsänderung ist entspr. § 54 zu behandeln. Eine Frist ist für die Satzungsänderung nicht vorgesehen (vgl. *Altmeppen* § 76 Rz. 8). In dem Heilungsbeschluss kommt gleichzeitig der Fortsetzungswille der Gesellschafter zum Ausdruck (vgl. hierzu *Noack* § 76 Rz. 7).

§ 77 Wirkung der Nichtigkeit

(1) Ist die Nichtigkeit einer Gesellschaft in das Handelsregister eingetragen, so finden zum Zwecke der Abwicklung ihrer Verhältnisse die für den Fall der Auflösung geltenden Vorschriften entsprechende Anwendung.

(2) Die Wirksamkeit der im Namen der Gesellschaft mit Dritten vorgenommenen Rechtsgeschäfte wird durch die Nichtigkeit nicht berührt.

(3) Die Gesellschafter haben die versprochenen Einzahlungen zu leisten, soweit es zur Erfüllung der eingegangenen Verbindlichkeiten erforderlich ist.

I. Feststellung der Nichtigkeit

1 Die Feststellung der Nichtigkeit einer GmbH kann auf zwei Wegen erfolgen:

1. durch **Nichtigkeitsurteil** gem. § 75 und
2. durch einen entspr. **Beschluss des Registergerichts** nach § 397 FamFG (zuvor § 144 FGG).

Sind die Entscheidungen rechtskräftig, so sind die Feststellungen in das Handelsregister einzutragen (vgl. § 45 Abs. 2 HR 5). Mit der Eintragung ist die Gesellschaft jedoch nicht in ihrer Rechtspersönlichkeit vernichtet. Die nichtige Gesellschaft ist tatsächlich in das Rechtsleben getreten und hat in aller Regel am Rechtsverkehr teilgenommen. Der in § 75 genannte Verkehrsschutz gebietet es, die von der nichtigen GmbH eingegangenen Rechtsbeziehungen nicht alle für unwirksam zu erklären (Rz. 2). Die Gesellschaft muss daher abgewickelt werden (vgl. MüKo GmbHG/*Hillmann* § 77 Rz. 1). **Die Auflösungswirkungen treten** mit der Rechtskraft des Urteils oder Beschlusses ein, nicht erst **mit der Eintragung der Nichtigkeit.** Andernfalls könnte der Liquidator die entstandene Wirkung durch zögerliches Einreichen etc. beeinflussen (vgl. *Noack* § 77 Rz. 3). Die Gesellschaft erlischt wie jede andere Liquidationsgesellschaft mit der Eintragung des Erlöschens der Firma (vgl. hierzu § 74).

II. Wirkungen der Nichtigkeit

2 Zum Schutz des Rechtsverkehrs bleiben die Rechtsgeschäfte, die im Namen der Gesellschaft vor Eintragung deren Nichtigkeit mit Dritten vorgenommen wurden, wirksam. Kraft Gesetzes ist von dieser Wirkung kein Dritter ausgenommen. Dies bedeutet, dass die Regelung auch zugunsten bösgläubiger Dritter gilt, § 15 HGB ist nicht anzuwenden. Soweit es zur Befriedigung der Gläubiger erforderlich ist, haben die Gesellschafter die versprochenen Einzahlungen zu leisten (Abs. 3 – vgl. Komm. bei Habersack/Casper/Löbbe/*Paura* § 77 Rz. 6).

III. Rechtsbeziehungen einer nichtigen GmbH

Über den Wortlaut der Abs. 2 und 3 hinaus haftet die nichtige GmbH Dritten für **3** unerlaubte Handlungen ihrer Organe nach § 31 BGB. Die Rechtsbeziehungen der GmbH zu ihren Gesellschaftern und alle körperschaftsrechtlichen Vorgänge bleiben wirksam (*Fischer* § 77 Rz. 2). Abs. 3 gilt sinngemäß auch für eine nichtige, aber eingetragene Kapitalerhöhung (*RGZ* 143, 399; *Fischer* § 77 Rz. 2).

Zur Eintragung und Löschung vgl. auch die §§ 395 ff. FamFG (ehemals §§ 142–144a FGG).

Abschnitt 6
Sondervorschriften bei Beteiligung des Bundes

§ 77a Besetzung von Organen bei Gesellschaften mit Mehrheitsbeteiligung des Bundes

(1) [1]Gesellschaften mit beschränkter Haftung mit Mehrheitsbeteiligung des Bundes sind Gesellschaften mit beschränkter Haftung mit Sitz im Inland,

1. deren Anteile zur Mehrheit vom Bund gehalten werden oder
2. die große Kapitalgesellschaften (§ 267 Absatz 3 des Handelsgesetzbuchs) sind und deren Anteile zur Mehrheit von Gesellschaften gehalten werden, deren Anteile ihrerseits zur Mehrheit vom Bund gehalten werden, oder
3. die in der Regel mehr als 500 Arbeitnehmerinnen und Arbeitnehmer haben und deren Anteile zur Mehrheit von Gesellschaften gehalten werden, deren Anteile ihrerseits zur Mehrheit
   a) vom Bund gehalten werden oder
   b) von Gesellschaften gehalten werden, bei denen sich die Inhaberschaften an den Anteilen in dieser Weise bis zu Gesellschaften fortsetzen, deren Anteile zur Mehrheit vom Bund gehalten werden.

[2]Anteile, die über ein Sondervermögen des Bundes gehalten werden, bleiben außer Betracht. [3]Dem Bund stehen öffentlich-rechtliche Anstalten des Bundes, die unternehmerisch tätig sind, gleich.

3. die in der Regel mehr als 500 Arbeitnehmerinnen und Arbeitnehmer haben und deren Anteile zur Mehrheit von Gesellschaften gehalten werden, deren Anteile ihrerseits zur Mehrheit

(2) [1]Hat eine Gesellschaft mit beschränkter Haftung mit Mehrheitsbeteiligung des Bundes mehr als zwei Geschäftsführer, muss mindestens ein Geschäftsführer eine Frau und mindestens ein Geschäftsführer ein Mann sein. [2]Eine Bestellung eines Geschäftsführers unter Verstoß gegen das Beteiligungsgebot ist nichtig. [3]Gilt das Beteiligungsgebot nach Satz 1, entfällt eine Pflicht zur Zielgrößensetzung für die Geschäftsführung.

(3) [1]Für die Zusammensetzung des Aufsichtsrats einer Gesellschaft mit beschränkter Haftung mit Mehrheitsbeteiligung des Bundes gilt unabhängig von einer Geltung des Mitbestimmungsgesetzes, des Montan-Mitbestimmungsgesetzes oder des Mitbestimmungsergänzungsgesetzes § 96 Absatz 2 des Aktiengesetzes entsprechend. [2]Eine Pflicht zur Zielgrößensetzung besteht insoweit nicht.

(4) ¹Die Länder können die Vorgaben der Absätze 2 und 3 durch Landesgesetz auf Gesellschaften mit beschränkter Haftung erstrecken, an denen eine Mehrheitsbeteiligung eines Landes entsprechend Absatz 1 besteht. ²In diesem Fall gelten für Gesellschaften mit Mehrheitsbeteiligung eines Landes, die der Mitbestimmung unterliegen, die gesetzlichen Regelungen und Wahlordnungen zur Mitbestimmung in Unternehmen mit Mehrheitsbeteiligung des Bundes entsprechend.

I. Allgemeines

1 Im Rahmen des FüPoG II m.W.v. August 2021 eingefügt (BGBl. I 2021, S. 3311). Er gilt für GmbHs mit inländischem Satzungssitz und einer unmittelbaren Beteiligung des Bundes von mehr als 50 Prozent der Anteile. Ebenfalls unter die Vorschrift fallen einstufige und mehrstufige mittelbare Mehrheitsbeteiligungen, sofern die beteiligten Gesellschaften selbst oder in dessen Fortsetzung zur Mehrheit durch den Bund gehalten werden. Werden Anteile über ein Sondervermögen des Bundes gehalten, bleiben diese gem. S. 2 außer Betracht. Werden Anteile unmittelbar oder mittelbar von öffentlich-rechtlichen Anstalten gehalten, werden diese erfasst, S. 3.

II. Mindestbeteiligungsgebot

2 Hat eine Gesellschaft i.S.d. Abs. 1 mehr als zwei Geschäftsführer (gleich zu § 393a Abs. 2 AktG, Unterschied zu § 76 Abs. 3 S. 1 AktG – dort „mehr als drei") gilt eine Mindestbeteiligungsquote von einer Frau und einem Mann. Wächst die Geschäftsführeranzahl ist keine Proportionalität einzuhalten. Bei Neubestellung eines oder mehrerer Geschäftsführer ist die Mindestbeteiligung jedoch stets einzuhalten, bei Verstoß ist die Bestellung jeweils nichtig (vgl. „en bloc_Bestellung": MüKo GmbHG/*Fleischer* § 77a Rz. 13). Teilen sich zwei oder mehrere Geschäftsführer ein Geschäftsführeramt („Job-Sharing") können diese auf Tatbestandsebene wegen der damit einhergehenden Bewerbungsumstände wohl nur als ein Geschäftsführer zählen (WM 36/2023, 1673). Auf Rechtsfolgeseite kann bei vollumfänglichen Geschäftsführerbefugnissen eines jeden Job-Sharers das unterrepräsentierte Geschlecht als ausreichend vertreten gelten (WM 36/2023, 1673). Werden Stimmrechte in Zusammenhang mit der geteilten Position reduziert oder können diese nur geteilt wahrgenommen werden, entspricht dies nicht dem Zweck des Mindestbeteiligungsgebots (dann nur anteilige Zählweise: WM 36/2023, 1673).

III. Geschlechterquote Aufsichtsrat

3 Der Aufsichtsrat einer GmbH ist gem. Abs. 3 wegen der entsprechenden Geltung des § 96 Abs. 2 AktG zu mindestens 30 % mit Männern und mindestens 30 % mit Frauen zu besetzen. Bei einem Verstoß ist die Entsendung in den Aufsichtsrat nichtig (Sanktion des leeren Stuhls: MüKo GmbHG/*Fleischer* § 77a Rz. 18; *Noack* § 77a Rz. 22; *Altmeppen* § 77a Rz. 13). Die Regelung erfasst ausschließlich den vorgeschriebenen Aufsichtsrat, nicht den freiwilligen (dazu ausführlich *Noack* § 77a Rz. 17).

Koch

IV. Länderöffnungsklausel

Durch Abs. 4 sind die Länder befugt durch Landesrecht die Vorgaben aus Abs. 2 **4** und 3 auf GmbH zu erweitern, an denen eine Mehrheitsbeteiligung eines Landes entsprechend Abs. 1 besteht (zur Herleitung MüKo GmbHG/*Fleischer* § 77a Rz. 24).

V. Transparenz

Die Entwicklung des Frauenanteils auf der Führungsebene und in dem entsprechen- **5** den Überwachungsorgan soll im jährlichen Corporate Governance Bericht nach dem PCGK dargestellt werden und auf der Internetseite des Unternehmens einsehbar sein (Nr. 7.1 PCGK, *Altmeppen* § 77a Rz. 14). Weitere Transparenz bezüglich der Geschlechterquote wird durch die Beteiligungsberichte des Bundes geschaffen, abrufbar über den Internetauftritt des BMF.

Abschnitt 7
Ordnungs-, Straf- und Bußgeldvorschriften

§ 78   Anmeldepflichtige

Die in diesem Gesetz vorgesehenen Anmeldungen zum Handelsregister sind durch die Geschäftsführer oder die Liquidatoren, die in § 7 Abs. 1, § 57 Abs. 1, § 57i Abs. 1, § 58 Abs. 1 Nr. 3 vorgesehenen Anmeldungen sind durch sämtliche Geschäftsführer zu bewirken.

Übersicht

I. Allgemeines

§ 78 wurde durch die GmbH-Novelle 1980, nicht jedoch durch die Reform 2008, geän- **1** dert. Ergänzt wurde die Vorschrift seinerzeit durch das Gesetz zur Bereinigung des Umwandlungsrechts bezüglich § 57i Abs. 1.

II. Anmeldung zum Handelsregister

Die Anmeldung muss schriftlich erfolgen und ist in notariell beglaubigter Form zu **2** unterzeichnen und elektronisch einzureichen (§ 12 Abs. 1 HGB, § 129 BGB, §§ 39, 40 BeurkG; vgl. z.B. *Gustavus* A 91). Die Anmeldungen zum Handelsregister sind grds. von den gegenwärtigen Amtsinhabern (Geschäftsführern oder Liquidatoren) in vertretungsberechtigter Zahl vorzunehmen. Es handelt sich um ein Grundlagengeschäft, so dass Prokura und Handlungsvollmacht keine ausreichende Vertretungsbefugnis vermitteln (*OLG Düsseldorf* FGPrax 2012, 175; *OLG Karlsruhe* NJW-RR 2015, 94). Ein Prokurist darf nur in unechter Gesamtvertretung anmelden. Ein Generalbevollmächtigter (vgl. *BGHZ* 34, 27 = DNotZ 2003, 47) darf nicht anmelden, eben so wenig wie ein Handlungsbevollmächtigter, ein Geschäftsleiter i.S.d. KWG, der aber regelmäßig mindestens gleichzeitig Prokurist der Gesellschaft ist oder ein Hauptbevollmächtigter (vgl. § 8 Rz. 3; vgl. hierzu *Noack* § 78 Rz. 4; *Wicke* § 78 Rz. 2). Ausgeschiedene Geschäftsführer und Liquidatoren können ihr eigenes Ausscheiden nicht anmelden, sofern nicht ihr eigenes Ausscheiden erst zu einem späteren Zeitpunkt (z.B. nach dem Eintragungszeitpunkt) wirksam wird (*Wicke* § 78 Rz. 3; *OLG Zweibrücken* GmbHR 1999, 479 – zur Anmeldung durch einen späteren Alleingeschäftsführer im Zeitpunkt der Anmeldung bei noch bestehender Gesamtvertretung *BayObLG* NZG 2004, 421; *LG Berlin* ZIP 1993, 197 zum ausgeschiedenen Alleingeschäftsführer und unzulässige eigene Anmeldung; auch *LG Köln* GmbHR 1998, 183; zu Unrecht krit. *Altmeppen* § 78 Rz. 7 f.). Anmeldungen sind elektronisch einzureichen.

3 Eine ausdrückliche Anmeldungsvollmacht ist zulässig; sie bedarf der Form der Anmeldung (vgl. *Noack* § 78 Rz. 6 ff.). Die Anmeldungsvollmacht erlischt nicht durch das Ausscheiden des Geschäftsführers, der die Vollmacht erteilt hat (*OLG Hamm* GmbHR 2012, 903 mit Komm. *Eickhoff*).

4 Gegenüber den Anmeldepflichtigen besteht die Sanktion des § 14 HGB – vgl. aber § 79 Abs. 2. Weigert sich ein Anmeldepflichtiger, so kann er zu der Handlung auch auf Klage hin verurteilt werden. Liegt ein entsprechendes Urteil vor, genügt die Anmeldung der Übrigen. Die höchstpersönlichen Versicherungen können nicht durch Urteil ersetzt werden. Weigert sich ein Anmeldepflichtiger, sie abzugeben, hilft nur seine Abberufung (wegen Anmeldung durch Notar, § 378 FamFG (ehemals § 129 FGG), vgl. § 8 Rz. 3). Ausnahmsweise müssen alle Geschäftsführer anmelden: a) die Gründung einer GmbH, § 7 Abs. 1; b) die Kapitalerhöhung, § 57 Abs. 1; c) die Kapitalerhöhung aus Gesellschaftsmitteln, § 57i Abs. 1 und d) eine Kapitalherabsetzung, § 58 Abs. 1 Nr. 3 (s. bei den jeweiligen Kommentierungen; *Noack* § 78 Rz. 13 ff.).

5 Die Eintragungen der errichteten Gesellschaft und einer Gesellschaftsvertragsänderung wirken konstitutiv, §§ 11, 54 Abs. 3. Alle anderen Eintragungen in das Handelsregister wirken lediglich deklaratorisch, jedoch mit den Folgen des § 15 HGB (hierzu *Altmeppen* § 78 Rz. 17 f.; *Wicke* § 78 Rz. 6).

6 Zum Beschwerderecht (§§ 58, 70 ff. FamFG, ehemals §§ 129, 27, 28 FGG; *Wicke* § 78 Rz. 6) des Anmeldenden bei beanstandeten oder zurückgewiesenen Anmeldungen vgl. *BGH* NJW 1992, 1824; NJW 1989, 295; *OLG Köln* GmbHR 2001, 923, *BayObLG* NJW-RR 1988, 873, *OLG Zweibrücken* FGPrax 2013, 223.

§ 79 Zwangsgelder

(1) ¹**Geschäftsführer oder Liquidatoren, die §§ 35a, 71 Abs. 5 nicht befolgen, sind hierzu vom Registergericht durch Festsetzung von Zwangsgeld anzuhalten; § 14 des Handelsgesetzbuchs bleibt unberührt. ²Das einzelne Zwangsgeld darf den Betrag von fünftausend Euro nicht übersteigen.**

(2) In Ansehung der in §§ 7, 54, 57 Abs. 1, § 58 Abs. 1 Nr. 3 bezeichneten Anmeldungen zum Handelsregister findet, soweit es sich um die Anmeldung zum Handelsregister des Sitzes der Gesellschaft handelt, eine Festsetzung von Zwangsgeld nach § 14 des Handelsgesetzbuchs nicht statt.

Übersicht

I. Zwangsgelder

Das Registergericht soll **Anmeldepflichtige zur Befolgung ihrer Verpflichtung durch** 1
Zwangsgelder anhalten. § 14 HGB lautet:

„**Wer seiner Pflicht zur Anmeldung, zur Zeichnung der Unterschrift oder zur Einreichung von Schriftstücken zum Handelsregister nicht nachkommt, ist hierzu von dem
Registergericht durch Festsetzung von Zwangsgeld anzuhalten. Das einzelne Zwangsgeld darf den Betrag von fünftausend Euro nicht übersteigen.**"

Das Zwangsgeld ist nur zulässig gegen Geschäftsführer oder Liquidatoren, nicht 2
gegen Aufsichtsratsmitglieder, Prokuristen, Gesellschafter oder Prüfer (vgl. Haber-
sack/Casper/Löbbe/*Ransiek* § 79 Rz. 4). Das **Verfahren** richtet sich nach §§ 388 ff.
FamFG (ehemals §§ 132 ff. FGG): Aufforderung zur Anmeldung durch Androhen
eines Zwangsgeldes mit angemessener Fristsetzung oder Rechtfertigung des Unterlassens durch Einspruch. Da es sich bei der Aufforderung nach nunmehr § 388 FamFG
nicht um eine Endentscheidung handelt, findet gegen sie nach § 58 Abs. 1 FamFG auch
keine Beschwerde statt (*Prütting/Helms* FamFG, § 388 Rz. 2). Unterbleibt beides,
erfolgt die Festsetzung des Zwangsgeldes (§ 389 FamFG, ehemals § 133 FGG) unter
erneuter Aufforderung zur Anmeldung und Androhung eines neuen Zwangsgeldes.
Wird Einspruch eingelegt, so gelten §§ 390 f. FamFG (ehemals §§ 134 f. FGG).

II. Angaben auf Geschäftsbriefen

Darüber hinaus dehnt § 79 Abs. 1 die Sanktionsgewalt des Registergerichts auf die 3
Befolgung der § 35a (erforderliche Angaben auf den Geschäftsbriefen) und 71 Abs. 3
(Angaben auf den Geschäftsbriefen im Fall der Liquidation) aus. Auch hierfür gilt das
oben Gesagte (vgl. § 71 Rz. 7).

III. Ausnahmen

Abs. 2 machte eine Ausnahme von § 14 HGB: Er verbietet den Zwang in den Fällen, 4
in denen die Eintragung konstitutiv wirkt. Die Anmeldung der Errichtung einer
GmbH, einer Gesellschaftsvertragsänderung oder einer Kapitalerhöhung und -herab-
setzung stehen dergestalt im Belieben der Beteiligten: Sie können die Rechtsänderung
durch Einreichung nach Belieben herbeiführen oder dies unterlassen (vgl. MüKo
GmbHG/*Goette* § 79 Rz. 14 ff.). Ist eine Anmeldung zum Handelsregister des Haupt-
sitzes der Gesellschaft bewirkt, so ist die Einreichung der Zweitstücke für die Registergerichte der Zweigniederlassungen erzwingbar.

Zur Möglichkeit der Festsetzung von Zwangsgeld nach § 316 UmwG, § 335 HGB 5
i.V.m. § 388 FamFG (ehemals § 132 FGG), vgl. dort.

§§ 80, 81

(weggefallen)

§ 82 Falsche Angaben

(1) Mit Freiheitsstrafe bis zu drei Jahren oder mit Geldstrafe wird bestraft, wer

1. **als Gesellschafter oder als Geschäftsführer zum Zweck der Eintragung der Gesellschaft über die Übernahme der Geschäftsanteile, die Leistung der Einlagen, die Verwendung eingezahlter Beträge, über Sondervorteile, Gründungsaufwand und Sacheinlagen,**
2. **als Gesellschafter im Sachgründungsbericht,**
3. **als Geschäftsführer zum Zweck der Eintragung einer Erhöhung des Stammkapitals über die Zeichnung oder Einbringung des neuen Kapitals oder über Sacheinlagen,**
4. **als Geschäftsführer in der in § 57i Abs. 1 Satz 2 vorgeschriebenen Erklärung oder**
5. **als Geschäftsführer einer Gesellschaft mit beschränkter Haftung oder als Geschäftsleiter einer ausländischen juristischen Person in der nach § 8 Abs. 3 Satz 1 oder § 39 Abs. 3 Satz 1 abzugebenden Versicherung oder als Liquidator in der nach § 67 Abs. 3 Satz 1 abzugebenden Versicherung**

falsche Angaben macht.

(2) Ebenso wird bestraft, wer

1. **als Geschäftsführer zum Zweck der Herabsetzung des Stammkapitals über die Befriedigung oder Sicherstellung der Gläubiger eine unwahre Versicherung abgibt oder**
2. **als Geschäftsführer, Liquidator, Mitglied eines Aufsichtsrats oder ähnlichen Organs in einer öffentlichen Mitteilung die Vermögenslage der Gesellschaft unwahr darstellt oder verschleiert, wenn die Tat nicht in § 331 Nr. 1 oder 1a des Handelsgesetzbuchs mit Strafe bedroht ist.**

Übersicht

I. Allgemeines

1 Die Vorschrift wurde durch die Reform 2008 geändert (§ 82 Abs. 1 Nr. 1 (Geschäftsanteile, Sacheinlagen – Folgeänderungen). Ferner trat in § 84 Abs. 1 Nr. 5 eine Erweiterung mit Blick auf § 13g Abs. 2 HGB ein, indem der Kreis erweitert wurde (vgl. Begr. ReGE). Die Vorschrift wurde i.Ü. bereits 1980 geändert und gem. des Art. 4 des Gesetzes zur Bereinigung des Umwandlungsrechts bzgl. Nr. 4 ergänzt (vgl. hierzu *Schmidt* NJW 1980, 1771; *Tiedemann* ZIP 1982, 653; *Richter* GmbHR 1984, 113, 137; zu §§ 331 ff. StGB)

II. Strafandrohung als Garantie für die Befolgung der Vorschriften

2 § 82 garantiert durch Strafandrohung die Befolgung von Vorschriften, welche bei Gründung einer GmbH und Kapitalerhöhung das Vorhandensein des Stammkapitals verbürgen; aber ebenso bei Kapitalherabsetzung die Erhaltung des notwendigen Stammkapitals. Damit stellt § 82 generell eine Täuschung über die Vermögenslage unter Strafe. § 82 ist Schutzgesetz i.S.d. § 823 Abs. 2 BGB, auch zugunsten zukünftiger

Gesellschafter (Saenger/Inhester/*Saenger* § 82 Rz. 8; vgl. auch *BGH* GmbHR 2016, 1088). Falsche Angaben, unwahre Versicherungen und unwahre Darstellungen oder Verschleierungen gehören zu den einzelnen Tatbeständen. Das Verschweigen erheblicher Umstände ist das Unterlassen von Angaben, die verpflichtend zu tätigen sind, oder durch welche bereits getätigte Angaben einen anderen Sinn erhalten (unvollständige Angaben; vgl. *Wicke* § 82 Rz. 2, 3). Bei der Norm handelt es sich um ein abstraktes Gefährdungsdelikt. Eine konkrete Gefährdung oder ein Schaden müssen nicht eingetreten sein (*Wicke* § 82 Rz. 4; § 82 ist ein echtes Sonderdelikt betr. nur die in der Vorschrift genannten Personen *BGHSt* 46, 62). Betroffen sind Gründungsschwindel (§ 82 Abs. 1 Nr. 1), Sachgründungsschwindel (§ 82 Abs. 1 Nr. 1), Kapitalerhöhungsschwindel (§ 82 Abs. 1 Nr. 3, 4), Eignungsschwindel (§ 84 Abs. 1 Nr. 5), Kapitalherabsetzungsschwindel (§ 82 Abs. 2 Nr. 1) und Geschäftslagetäuschung (§ 4 Abs. 2 Nr. 2). Die Straftaten sind Vergehen (§ 12 Abs. 2 StGB; hierzu *Wicke* § 82 Rz. 5; *Noack* § 82 Rz. 1 – Verjährungsfrist fünf Jahre nach § 78 Abs. 3 Nr. 4 StGB). Die Strafbarkeit verlangt Vorsatz (bedingter Vorsatz reicht, *Wicke* § 82 Rz. 5).

III. Täter

Als Täter kommen nach Abs. 1 Nr. 1 nur Geschäftsführer oder Gesellschafter oder **3** Geschäftsleiter ausländischer juristischer Personen in Betracht. Dies gilt auch für stellvertretende Geschäftsführer. Auch der faktische Geschäftsführer ist als Täter geeignet (*BGHSt* 46, 62 = NJW 2000, 2285 = ZIP 2000, 1390; krit. *Jordan* JZ 2001, 310). Die Gesellschafter wirken dabei meist in Form der mittelbaren Täterschaft. Auftraggeber sind Anstifter oder Gehilfen. Sind juristische Personen Gesellschafter, so werden ihre Organe strafrechtlich belangt. Vgl. dazu insgesamt Habersack/Casper/Löbbe/*Ransiek* § 82 Rz. 10 ff.

IV. Strafbare falsche Angaben

Falsche Angaben müssen betreffen: die Übernahme von Stammeinlagen (§ 5), die **4** Leistung der Einlagen (§§ 7, 8), die Verwendung der eingezahlten Beträge, den Gründungsaufwand, Sacheinlagen oder auch Sicherungen bei nicht volleingezahlten Einlagen. Strafbar sind unrichtige Angaben im Sachgründungsbericht (Gesellschafter) sowie bei Kapitalerhöhungen (Übernahme, Einbringung, Sacheinlagen, Aufdeckung von Vermögensminderungen – Geschäftsführer); ferner Versicherungen der Geschäftsführer nach den §§ 8 Abs. 3 S. 1, 39 Abs. 3 S. 1 (vgl. *KG* GmbHR 2014, 868; *LG Leipzig* GmbHR 2017, 406). Eine Strafbarkeitslücke besteht im Liquidationsstadium bezüglich der Liquidatoren (Lutter/Hommelhoff/*Kleindiek* § 82 Rz. 5). Zum Tatbestandsirrtum vgl. *BayObLG* NJW-RR 1987, 675.

Strafbar sind darüber hinaus falsche Angaben des Geschäftsführers im Zusammen- **5** hang mit der Kapitalherabsetzung über die Befriedigung und Sicherstellung der Gläubiger, § 58 (unrichtige Versicherung). Das gilt auch für Geschäftsführer, Liquidatoren und Aufsichtsratsmitglieder (oder ähnliches Organ), die in einer für das Publikum gedachten Mitteilung unwahre oder verschleiernde Angaben über die Vermögenslage machen. Hierbei ist die Täuschung durch öffentliche Mitteilung betroffen, sofern die Tat nicht schon nach § 331 Nr. 1 HGB mit Strafe bedroht ist. § 82 Abs. 2 Nr. 2 gilt daher hauptsächlich für den Personenkreis, deren Gesellschaft nicht zur Offenlegung von Eröffnungsbilanz, Jahresabschluss und Lagebericht verpflichtet ist (vgl. MüKo GmbHG/*Altenhain* § 82 Rz. 101 ff.).

V. Rechtswidrigkeit – subjektiver Tatbestand

6   Für die Rechtswidrigkeit des Verhaltens gelten die allgemeinen Grundsätze des Strafrechts. Sie wird durch die Tat indiziert. Als Rechtfertigungsgründe kommen Notstand, Notwehr (schwer vorstellbar) oder Einwilligung in Betracht (letzteres auch irrelevant). Bzgl. des Schuldvorwurfs wird auf Rz. 2 verwiesen.

7   Für einen Irrtum gelten die allgemeinen Grundsätze des Strafrechts. Ein Tatbestandsirrtum schließt den Vorsatz aus; bei einem Verbotsirrtum kommt es darauf an, ob er vermeidbar war (vgl. hierzu ausführlich *Noack* § 82 Rz. 19 f. m.w.N.).

8   Die fünfjährige Verjährungsfrist bei der Gründungstäuschung (§ 82 Abs. 1 Nr. 1 GmbHG, § 78 Abs. 3 Nr. 4 StGB) beginnt spätestens mit der Eintragung der GmbH in das Handelsregister (*BGH* GmbHR 1988, 195).

VI. Strafmaß

9   Der Strafrahmen umfasst Freiheitsstrafe bis zu drei Jahren oder Geldstrafe. Die Bestimmung des § 82 sieht weder mildernde noch erschwerende Umstände vor.

§ 83

(weggefallen)

§ 84   Verletzung der Verlustanzeigepflicht

(1) Mit Freiheitsstrafe bis zu drei Jahren oder mit Geldstrafe wird bestraft, wer es als Geschäftsführer unterlässt, den Gesellschaftern einen Verlust in Höhe der Hälfte des Stammkapitals anzuzeigen.

(2) Handelt der Täter fahrlässig, so ist die Strafe Freiheitsstrafe bis zu einem Jahr oder Geldstrafe.

Übersicht

I. Allgemeines

1   § 84 wurde bereits durch die **GmbH-Novelle 1980** in inhaltlicher Übereinstimmung mit § 401 AktG neu gefasst und erweitert. Neben dem schon bisher geltenden Straftatbestand des Unterlassens der Stellung eines Antrages auf Eröffnung des Insolvenzverfahrens schuf man mit § 84 einen neuen **Straftatbestand: die Nichtaufklärung der Gesellschafter über bestimmte Verluste der Gesellschaft.** Darin sah man einen Schritt nach vorn im Bemühen um die Bekämpfung der Wirtschaftskriminalität. Vgl. auch *Richter* GmbHR 1984, 113, 118 ff., 137 ff.; *Tiedemann* ZIP 1982, 653; *Uhlenbruck* BB 1985, 1277 ff. Die Strafbarkeit wegen Verletzung der Insolvenzantragspflicht ist nunmehr durch die Reform 2008 in § 15a Abs. 4 und 5 InsO unter Einbeziehung von Gesellschaftern aufgenommen worden (nicht juristische Personen *Leipold* NJW-Spezial 2008, 216; *Wicke* § 84 Rz. 1). § 84 ist Schutzgesetz i.S.d. § 823 Abs. 2 BGB, auch zugunsten der GmbH (str. vgl. *Wicke* § 84 Rz. 1; a.A. *Altmeppen* § 84 Rz. 11 – nur zugunsten der Gesellschafter).

II. Strafbarkeit des Geschäftsführers

Strafbar ist der Geschäftsführer, der es unterlässt, den Gesellschaftern einen Verlust **2** in Höhe der Hälfte des Stammkapitals anzuzeigen (Abs. 1 Nr. 1). Abweichend vom RegE (BT-Drucks. 9/1347, 58) wird die Strafsanktion nicht an die Nichteinberufung der Gesellschafterversammlung geknüpft (vgl. § 401 AktG), sondern an die mangelnde Unterrichtung der Gesellschafter. Auf welchem Weg der Geschäftsführer den Gesellschaftern den Verlust zur Kenntnis bringt, bleibt ihm überlassen (MüKo GmbHG/*Altenhain* § 84 Rz. 12). Ein Bilanzerfordernis ist nicht gegeben. Eine mangels Bilanzierung nach § 49 Abs. 3 nicht bestehende Pflicht zur Unterrichtung ist allein nicht strafbewährt. Er muss aber sicherstellen, dass die Gesellschafter Kenntnis erlangen (vgl. Habersack/Casper/Löbbe/*Ransiek* § 84 Rz. 13). Die Unterrichtung kann aber durch die Einberufung einer Gesellschafterversammlung erfolgen; die nach § 49 Abs. 2 hierzu bestehende Verpflichtung wird durch die Vorschrift nicht berührt. Zur gesteigerten Überwachungspflicht des Geschäftsführers hinsichtlich der Abführung von Sozialversicherungsbeiträgen ohne Rücksicht auf Geschäftsführerresortzuständigkeit *BGH* NJW-RR 2008, 1253.

III. Täter

Täter kann nur ein Geschäftsführer, auch der faktische Geschäftsführer (vgl. *BGH* **3** GmbHR 1983, 43; *OLG Düsseldorf* GmbHR 1988, 191; *Wicke* § 84 Rz. 3; *Altmeppen* § 84 Rz. 4 ff. m.w.N.) sein. Hat die Gesellschaft einen Aufsichtsrat und verletzt dieser seine Überwachungsfunktion, indem er es unterlässt, dafür zu sorgen, dass der Geschäftsführer seinen gesetzlichen Pflichten nachkommt, so haftet er zwar zivilrechtlich, nicht aber strafrechtlich, es sei denn als Gehilfe (Habersack/Casper/Löbbe/*Ransiek* § 84 Rz. 7).

IV. Strafe bei Unterlassung

Abs. 1 Nr. 2 stellt das vorsätzliche oder auch fahrlässige (z.B. bei pflichtwidrigem **4** Nichtbemerken) Unterlassen der Anzeige unter Strafe. Verzicht der Gesellschafter entlastet nicht, da auch Interessen der GmbH und der Gläubiger betroffen sind (Saenger/Inhester/*Saenger* § 84 Rz. 23 ff.). Die Anzeige ist unverzüglich zu erstatten. Die Anzeigepflicht ist erfüllt, wenn alle Gesellschafter Kenntnis erhalten haben (*Wicke* § 84 Rz. 4; *Noack* § 84 Rz. 8). Die Anzeige kann formlos erfolgen (vgl. § 49 Abs. 3). Im Unterschied zu § 49 Abs. 3 muss sich der Verlust nicht aus einer Bilanz ergeben (str., vgl. *Wicke* § 84 Rz. 2; a.A. wohl *Altmeppen* § 84 Rz. 14). Ferner knüpft § 84 Abs. 1 nicht an die Einberufung einer Gesellschafterversammlung an.

Zur gesteigerten Überwachungspflicht des Geschäftsführers hinsichtlich der Abfüh- **5** rung von Sozialversicherungsbeiträgen s. Rz. 2.

V. Strafmaß

Strafe ist bei vorsätzlicher Handlung Freiheitsstrafe bis zu drei Jahren oder Geldstrafe, **6** nicht beides. Hat der Täter nur fahrlässig gehandelt, so beträgt die Freiheitsstrafe höchstens ein Jahr.

§ 85   Verletzung der Geheimhaltungspflicht

(1) Mit Freiheitsstrafe bis zu einem Jahr oder mit Geldstrafe wird bestraft, wer ein Geheimnis der Gesellschaft, namentlich ein Betriebs- oder Geschäftsgeheimnis, das ihm in seiner Eigenschaft als Geschäftsführer, Mitglied des Aufsichtsrats oder Liquidator bekannt geworden ist, unbefugt offenbart.

(2) [1]Handelt der Täter gegen Entgelt oder in der Absicht, sich oder einen anderen zu bereichern oder einen anderen zu schädigen, so ist die Strafe Freiheitsstrafe bis zu zwei Jahren oder Geldstrafe. [2]Ebenso wird bestraft, wer ein Geheimnis der in Absatz 1 bezeichneten Art, namentlich ein Betriebs- oder Geschäftsgeheimnis, das ihm unter den Voraussetzungen des Absatzes 1 bekannt geworden ist, unbefugt verwertet.

(3) [1]Die Tat wird nur auf Antrag der Gesellschaft verfolgt. [2]Hat ein Geschäftsführer oder ein Liquidator die Tat begangen, so sind der Aufsichtsrat und, wenn kein Aufsichtsrat vorhanden ist, von den Gesellschaftern bestellte besondere Vertreter antragsberechtigt. [3]Hat ein Mitglied des Aufsichtsrats die Tat begangen, so sind die Geschäftsführer oder die Liquidatoren antragsberechtigt.

I. Allgemeines

1   § 85 wurde durch die **GmbH-Novelle 1980** eingefügt und schaffte in inhaltlicher Übereinstimmung mit § 404 AktG einen weiteren **Straftatbestand: die Verletzung der Geheimhaltungspflicht.** Sie kann begangen werden durch (einschließlich ausgeschiedener) Geschäftsführer, Mitglieder des Aufsichtsrats oder Liquidatoren – aber auch faktische Geschäftsführer (*Wicke* § 85 Rz. 2; auch *Altmeppen* § 85 Rz. 2). Einen besonders schweren Fall berücksichtigt Abs. 2. Abs. 3 bestimmt, dass es sich um ein Antragsdelikt handelt und durch wen der Antrag zurücknehmbar ist. Die Vorschrift ist Schutzgesetz i.S.d. § 823 Abs. 2 BGB zugunsten der Gesellschaft (auch der Gesellschafter, str., vgl. *Altmeppen* § 85 Rz. 4 m.N. der weitergehenden Ansichten; – nur zugunsten GmbH: *Noack* § 85 Rz. 30).

II. Verletzung der Verschwiegenheitpflicht

2   Unter Strafe gestellt ist die Verletzung der Verschwiegenheitpflicht. Besonders hervorgehoben ist vom Gesetz die **Offenbarung eines Betriebs- oder Geschäftsgeheimnisses.** Die Formulierung entspricht § 2 Nr. 1 des am 26.4.2019 in Kraft getretenen GeschGehG (BGBl. I 2019, S. 466, §§ 17–19 UWG dadurch aufgehoben). Voraussetzung ist u.a. ein Geheimnis – d.h. keine Offenkundigkeit, nur begrenztem Personenkreis bekannt, erforderliches Geheimhaltungsinteresse der Gesellschaft (objektive Bestimmung – vgl. *OLG Karlsruhe* NJOZ 2006, 2190), Geheimhaltungswille (Erforderlichkeit str. – nicht erforderlich, weil andernfalls die Strafbarkeit von willkürlicher Festlegung abhängen würde); vgl. *BGH* NJW 1996, 2576 = ZIP 1996, 1341 zur Frage der

Offenkundigkeit. Im Regelfall wird es sich z.B. um technische Daten, Rezepturen, Kalkulationsunterlagen etc. handeln (vgl. *Köhler/Bornkamm/Feddersen* UWG, 2018, § 17 Rz. 12). Zu den Verschwiegenheitspflichten des Geschäftsführers nach dessen Ausscheiden vgl. *Tauth/Roeder* BB 2013, 1333 ff.

Die Tat besteht im unbefugten Offenbaren des Geheimnisses etc. an eine Person, der **3** dies nicht bekannt ist – Unterlassen ist ebenfalls möglich (*Noack* § 85 Rz. 12; *Wicke* § 85 Rz. 4). Keine Strafbarkeit liegt bei Einwilligung vor – z.B. durch (schlüssigen) Gesellschafterbeschluss (*Wicke* § 85 Rz. 4; auch *Noack* § 85 Rz. 14). Ferner kann die Offenbarung durch Rechtfertigungsgründe gedeckt sein (anerkannte Rechtfertigungsgründe: Auskunftspflichten, Aussagepflichten als Zeuge, Schutz überwiegender Interessen etc.; kommunale GmbH und presserechtliche Auskunftsansprüche *LG München I* WRP 2007, 99; keine Pflichtverletzung bei Abtretung des Gehaltsanspruchs des Geschäftsführers *BGH* NJW 1996, 2576; *OLG Köln* NZG 2000, 210).

Die Strafe beträgt eine Haft bis zu einem Jahr oder Geldstrafe. Der Rechtsausschuss **4** 1980 hatte die Frage erörtert, ob diese Strafandrohung angemessen ist. Er hat sich zur Beibehaltung entschieden, da in vergleichbaren Straftatbeständen, z.B. § 203 StGB, ebenfalls lediglich Freiheitsstrafe bis zu einem Jahr angedroht ist.

III. Schwere Fälle von Geheimnisverrat

Abs. 2 behandelt zwei schwere Fälle des **Geheimnisverrats**. Mit Freiheitsstrafe bis zu **5** zwei Jahren oder Geldstrafe wird derjenige bestraft, der einen Geheimnisverrat nach Abs. 1 gegen Entgelt oder in der Absicht begeht, sich oder einen anderen zu bereichern oder einen anderen zu schädigen. Entgelt ist jede vermögenswerte Leistung, die der Täter für die Tat von einem anderen erhält. Bereicherung ist der rechtswidrige Vermögensvorteil (§ 263 StGB), ohne dass hier eine Entreicherung des anderen gefordert ist. Zur Erfüllung der Tat reicht auch die Absicht aus, seinem oder dem Vermögen eines anderen etwas hinzuzufügen. Der Eintritt einer tatsächlichen Bereicherung ist nicht erforderlich. Unter Schädigung eines anderen ist jedes Zufügen eines Nachteils zu verstehen. Dieser kann beliebiger Art sein, in Betracht kommen Vermögensanteile, Nachteile im Ansehen der Person, insb. des Rufs. Auch hier genügt die Absicht der Schädigung. Zu Details vgl. MüKo GmbHG/*Altenhain* § 85 Rz. 40 ff.

IV. Unbefugte Verwertung von Geheimnissen

Ebenso wird bestraft, wer ein Geheimnis i.S.d. Abs. 1 unbefugt verwertet. Unter unbe- **6** fugter Verwertung ist nicht allein eine Verwendung zu gewerblichen Zwecken (vgl. *RGSt* 63, 2 ff.) zu verstehen, sondern mit Ausnahme ideeller Ziele jede Verwendung, gleich zu welchem Zweck (*Noack* § 85 Rz. 18). Es kommt dabei nicht darauf an, ob der Verwendungszweck tatsächlich erreicht wurde. Vgl. auch *Richter* GmbHR 1984, 113, 115 ff.

V. Strafantrag

In allen Fällen handelt es sich um ein Antragsdelikt. Abs. 3 hebt dabei die Besonder- **7** heit der GmbH hervor, dass diese nicht immer einen Aufsichtsrat hat. Ist Täter ein Geschäftsführer oder Liquidator, so kann der Strafantrag vom Aufsichtsrat gestellt werden. Hat die GmbH keinen Aufsichtsrat, muss von der Gesellschafterversammlung per Beschluss ein besonderer Vertreter bestellt werden. Kommt der Aufsichtsrat als Täter in Betracht, so ist der Geschäftsführer oder der Liquidator zur Stellung des Strafantrages berufen. Obwohl abweichend von § 404 Abs. 3 AktG nichts über die Rücknahme eines solchen Antrages gesagt ist, gilt das dort Maßgebliche auch hier (insb. §§ 77 ff. StGB). Die Antragsberechtigten können ihren Antrag zurücknehmen. Vgl. Habersack/Casper/Löbbe/*Ransiek* § 85 Rz. 39 ff.

§ 86   Verletzung der Pflichten bei Abschlussprüfungen

Mit Freiheitsstrafe bis zu einem Jahr oder mit Geldstrafe wird bestraft, wer als Mitglied eines Aufsichtsrats oder als Mitglied eines Prüfungsausschusses einer Gesellschaft, die ein Unternehmen von öffentlichem Interesse nach § 316a Satz 2 Nummer 1 oder 2 des Handelsgesetzbuchs ist,

1. eine in § 87 Absatz 1, 2 oder 3 bezeichnete Handlung begeht und dafür einen Vermögensvorteil erhält oder sich versprechen lässt oder

2. eine in § 87 Absatz 1, 2 oder 3 bezeichnete Handlung beharrlich wiederholt.

§ 87   Bußgeldvorschriften

(1) Ordnungswidrig handelt, wer als Mitglied eines Aufsichtsrats oder als Mitglied eines Prüfungsausschusses einer Gesellschaft, die ein Unternehmen von öffentlichem Interesse nach § 316a Satz 2 Nummer 1 oder 2 des Handelsgesetzbuchs ist,

1. die Unabhängigkeit des Abschlussprüfers oder der Prüfungsgesellschaft nicht nach Maßgabe des Artikels 4 Absatz 3 Unterabsatz 2, des Artikels 5 Absatz 4 Unterabsatz 1 Satz 1 oder des Artikels 6 Absatz 2 der Verordnung (EU) Nr. 537/2014 des Europäischen Parlaments und des Rates vom 16. April 2014 über spezifische Anforderungen an die Abschlussprüfung bei Unternehmen von öffentlichem Interesse und zur Aufhebung des Beschlusses 2005/909/EG der Kommission (ABl. L 158 vom 27.5.2014, S. 77, L 170 vom 11.6.2014, S. 66) überwacht oder

2. eine Empfehlung für die Bestellung eines Abschlussprüfers oder einer Prüfungsgesellschaft vorlegt, die den Anforderungen nach Artikel 16 Absatz 2 Unterabsatz 2 oder 3 der Verordnung (EU) Nr. 537/2014 nicht entspricht oder der ein Auswahlverfahren nach Artikel 16 Absatz 3 Unterabsatz 1 der Verordnung (EU) Nr. 537/2014 nicht vorangegangen ist.

(2) Ordnungswidrig handelt, wer als Mitglied eines Aufsichtsrats, der einen Prüfungsausschuss nicht bestellt hat, einer Gesellschaft, die ein Unternehmen von öffentlichem Interesse nach § 316a Satz 2 Nummer 1 oder 2 des Handelsgesetzbuchs ist, den Gesellschaftern einen Vorschlag für die Bestellung eines Abschlussprüfers oder einer Prüfungsgesellschaft vorlegt, der den Anforderungen nach Artikel 16 Absatz 5 Unterabsatz 1 der Verordnung (EU) Nr. 537/2014 nicht entspricht.

(3) Ordnungswidrig handelt, wer als Mitglied eines Aufsichtsrats, der einen Prüfungsausschuss bestellt hat, einer in Absatz 2 genannten Gesellschaft den Gesellschaftern einen Vorschlag für die Bestellung eines Abschlussprüfers oder einer Prüfungsgesellschaft vorlegt, der den Anforderungen nach Artikel 16 Absatz 5 Unterabsatz 1 oder Unterabsatz 2 Satz 1 oder Satz 2 der Verordnung (EU) Nr. 537/2014 nicht entspricht.

(4) Die Ordnungswidrigkeit kann mit einer Geldbuße bis zu fünfhunderttausend Euro geahndet werden.

(5) Verwaltungsbehörde im Sinne des § 36 Absatz 1 Nummer 1 des Gesetzes über Ordnungswidrigkeiten ist bei einer Gesellschaft, die ein Unternehmen von öffentlichem Interesse nach § 316a Satz 2 Nummer 2 des Handelsgesetzbuchs ist, die Bundesanstalt für Finanzdienstleistungsaufsicht, im Übrigen das Bundesamt für Justiz.

§ 88 Mitteilungen an die Abschlussprüferaufsichtsstelle

(1) Die nach § 87 Absatz 5 zuständige Verwaltungsbehörde übermittelt der Abschlussprüferaufsichtsstelle beim Bundesamt für Wirtschaft und Ausfuhrkontrolle alle Bußgeldentscheidungen nach § 87 Absatz 1 bis 3.

(2) [1]In Strafverfahren, die eine Straftat nach § 86 zum Gegenstand haben, übermittelt die Staatsanwaltschaft im Falle der Erhebung der öffentlichen Klage der Abschlussprüferaufsichtsstelle die das Verfahren abschließende Entscheidung. [2]Ist gegen die Entscheidung ein Rechtsmittel eingelegt worden, ist die Entscheidung unter Hinweis auf das eingelegte Rechtsmittel zu übermitteln.

Kapitel II
Konzernrecht

Kommentierung

Übersicht

Koch

Literatur: *Authenrieth* Geschäftsführerhaftung bei fehlerhaftem Gewinnabführungsvertrag, GmbHR 1990, 113; *Bachmann* Zum Verbot von In-sich-Geschäften im GmbH-Konzern, ZIP 1999, 85; *Baetge* Konzernbilanzen, 3. Aufl. 1997; *Basserjea* Haftungsfragen in Fällen materieller Unterkapitalisierung und im qualifizierten faktischen Konzern – Zugleich Besprechung des Urteils des BAG v. 3.9.1998 (ZIP 1999, 24), ZIP 1999, 1153; *Bayer/Hoffmann* Gesellschafterstrukturen deutscher GmbH, GmbHR 2014, 12; *Bayer/Lieder* Kapitalaufbringung im Cash-Pool, GmbHR 2006, 449; *Beckemper* Untreuestrafbarkeit des GmbH-Gesellschafters bei einverständlicher Vermögensverschiebung, GmbHR 2005, 592; *Bitter/Bitter* Alles klar im qualifiziert faktischen Konzern?, Oder: Die Auswertung der BGH-Rechtsprechung durch das BAG. Anmerkungen zum Konzernhaftungsrecht aus Anlass der Entscheidung des BAG v. 1.8.1995, BB 1997, 2153; *Böcker* Insolvenz im GmbH-Konzern, GmbHR 2004, 1257 und 1314; *Bouchon* Konzerneingangschutz im GmbH- und Aktienrecht, 2003; *Bruns* Existenz- und Gläubigerschutz in der GmbH – das Vulkan-Konzept, WM 2003, 815; *Bungert* Die Beendigung von Beherrschungs- und Gewinnabführungsverträgen im GmbH-Konzern, NJW 1995, 1118; *Busse von Colbe* Konzernabschluss, 7. Aufl. 2003; *Campos Nave* Cash Pooling als konzerninternes Finanzierungsinstrument, SteuerConsultant 2007, 38; *Drygala* Verhaltenshaftung im faktischen GmbH-Konzern, GmbHR 1993, 317; *ders.* Abschied vom qualifizierten faktischen Konzern – oder Konzernrecht für alle?, GmbHR 2003, 729; *Emmerich/Habersack* Aktien- und GmbH-Konzernrecht, 10. Aufl. 2022; *Esters* Die GmbH als taugliches Objekt von Konzernfinanzierungen und LBO nach „Bremer Vulkan" und „KBV" GmbHR 2004, 105; *Fey/Meyer* Verlustnutzung nach Umstrukturierung im Konzern: Auswahl des Reorganisationsfachs unter steuerlichen Gesichtspunkten, GmbHR 2000, 705; *Fleischer* Konzernrechtliche Vertrauenshaftung, ZHR 1999, 461; *ders.* Konzernuntreue zwischen Straf- und Gesellschaftsrecht – das *Bremer* Vulkan-Urteil, NJW 2004, 2867; *ders.* Europäisches Konzernrecht: Eine akteurzentrierte Annäherung, ZGR 2017, 1; *Flore* Einsatzmöglichkeiten der Treuhandschaft an GmbH-Geschäftsanteilen, Der GmbH-Steuer-Berater 1999, 258; *Freitag* §§ 30, 31 GmbHG, „Bremer Vulkan-Urteil" und „Limitation Language", (Ab-)Wege in der GmbH-Konzernfinanzierung?, WM 2003, 805; *Früh* Kreditsicherung und Mithaftung bei Rechten an Konzernunternehmen, GmbHR 2000, 105; *Gäbelein* Unternehmensverträge mit abhängigen GmbH, GmbHR 1989, 502; *ders.* Ende der Haftungsgrenzen im Konzern?, GmbHR 1992, 273; *ders.* Unternehmensverträge bei der Einmann-GmbH, GmbHR 1992, 786; *Gätsch* Gläubigerschutz im qualifizierten faktischen GmbH-Konzern, 1997; *Geck* Haftung im faktischen Konzern, NWB Fach 18, S. 2305; *Geng* Erneute Ausgleichs- und Abfindungsansprüche beim Beitritt zu einem Beherrschungsvertrag, NZG 1998, 715; *Göhmann/Winnen* Anforderungen an die Beendigung von Unternehmensverträgen mit einer abhängigen GmbH RNotZ 2015, 53; *Göth* Das Eigenkapital im Konzernabschluss – Bilanzielle Darstellung, Ergebnis-Verwendungsrechnung, Konsolidierungstechnik, 1997; *Großfeld/Luttermann* Bilanzrecht, 4. Aufl. 2005; *Heurung/Engel/Müller-Thomczyk* Der „wichtige" Grund zur Beendigung des Gewinnabführungsvertrags, GmbHR 2012, 1227; *Heuser/Theile* Auswirkungen des Bilanzrechtsreformgesetzes auf den Konzernabschluss und Konzernlageberichts der GmbH, GmbHR 2005, 1539; *Hörstel* Die Haftung einer Stafetten-GmbH, BB 1997, 1645; *Hoffmann* Das GmbH-Konzernrecht nach dem „Bremer Vulkan"-Urteil, NZG 2002, 68; *Hoffmann/Lüdenbach* Bilanzrechtsreformgesetz – Seine Bedeutung für den Einzel- und Konzernabschluss der GmbH, GmbHR 2004, 145; *Hommelhoff* Die qualifizierte faktische Konzernierung, JbFSt 1992/93, 508; *ders.* Die qualifizierte faktische Unternehmensverbindung: ihre Tatbestandsmerkmale nach dem TBB-Urteil und deren rechtsdogmatisches Fundament, ZGR 1994, 395; *Jäger* Kapitalaufbringung und Haftungsrisiken in Cash-Management-Systemen von GmbH-Konzernen, DStR 2000, 1653; *Joussen* Die konzernrechtlichen Folgen von Gesellschaftervereinbarungen in einer Familien-GmbH, GmbHR 1996, 574; *ders.* Die Kündigung von Beherrschungsverträgen und Anteilsveräußerung – Hinweise zur Vertragsgestaltung, GmbHR 2000, 221; *Kahling* Bilanzierung bei konzerninternen Verschmelzungen, 1999; *Kerkhof* Abschluss und Beendigung von GmbH-Beherrschungs- und Gewinnabführungsverträgen, GmbHR 1999, 226; *Kleinert/Lahl* Sind Zustimmungsbeschlüsse zu Unternehmensverträgen zwingend zu beurkunden?, Überlegungen anhand von Gestaltungsbeispielen, GmbHR 2003, 698; *Koch* Rechtliche und ökonomische Aspekte des Schutzes von Gläubigern konzernverbundener GmbH, 1997; *Kölling* Der qualifizierte faktische GmbH-Konzern, NZG 2000, 8; *Kort* Zur Vertragsfreiheit bei Unternehmensverträgen, BB 1988, 79; *Kowalski* „TBB" – Rückkehr zu „Autokran"?, GmbHR 1993, 253; *ders.* Die Gesellschafterklage und § 46 Nr. 8 GmbHG – eine unlösbares Problem, ZIP 1995, 1315; *Krieger/Jannott* Änderung und Beendigung von Beherrschungs- und Gewinnführungsverträgen im Aktien- und GmbH-Recht, DStR 1995, 1473; *Kübler/Assmann* Gesellschaftsrecht, 6. Aufl. 2006; *Leuering/Rubner* Das Schädigungsverbot im GmbH-Konzernrecht, NJW Spezial 2018, 527; *Lutter* Konzernrecht im Ausland, 1994; *Lutter/Drygala* Grenzen der Personalverflechtung und Haftung im Gleichordnungs-Konzern, ZGR 1995, 557; *Mansdörfer/Timmerbeil* Zurechnung und Haftungsdurchgriff im Konzern – Eine rechtsgebietsübergreifende Betrachtung, WM 2004, 362; *Mohr* Das neue Konzept zum Gläubigerschutz bei der GmbH – von der Konzernhaftung zur Haftung wegen „Existenzvernichtung", GmbHR 2003, 52; *ders.* Haftung im mittelständischen GmbH-Konzern, GmbH-StB 2007, 247; *Mülbert* Auf dem Weg zu einem europäischen Konzernrecht?, ZHR 179 (2015), 645; *Philippi/Neveling* Unterjährige Beendigung von Gewinnabführungsverträgen im GmbH-Konzern – Beendigungsgründe und Rechtsfolgen, BB 2003, 1685; *Reuter* Keine Erfüllung des Verlustausgleichsanspruchs aus § 302 AktG durch Aufrechnung?, DB 2005, 2339; *Sauerbruch* Kein Freigabeverfahren für strukturändernde Gesellschafterbeschlüsse in der GmbH, GmbHR 2004, 189; *Schaumberger* Kapitalschutz in der GmbH, INF 2003, 276; *Schaumburg* Steuerrecht und steuerorientierte Gestaltungen im Konzern, 1998; *Schlögell* Die Beendigung von Unternehmensverträgen im GmbH-Konzern, GmbHR 1995, 401; *Schmidt* Gesellschafterhaftung und „Konzernhaftung" bei der GmbH – Bemerkungen zum „Bremer Vulkan"-Urteil des BGH v. 17.9.2000, NJW 2001, 3577; *Schreiber* Beherrschungsvertrag und Verlustausgleich im GmbH-Konzern, GmbHR 2018, 1003; *Sieger/Hasselbach* Konzernfinanzierung durch Cash Pools und Kapitalerhöhung, BB 1999, 645; *Stein/Becker* Steuerplanung beim Erwerb von Auslandsbeteiligungen im Kapitalgesellschaftskonzern, GmbH 2003, 84; *Strobel* Die Neuerungen der KapCoRiLiG für den Einzel- und Konzernabschluss, DB 2000, 53; *Timm* Geklärte und offene Fragen im Vertragskonzernrecht der GmbH, GmbHR 1987, 8; *ders.* Unternehmensverträge im GmbH-Recht, GmbHR 1989, 11; *ders.* Neue Entwicklungen im GmbH-(Vertrags-)Konzern, GmbHR 1992, 213; *Timm/Geuting* Gesellschafterbeteiligung bei der Aufhebung von Beherrschungs- und Gewinnabführungsverträgen im „einheitlichen" GmbH-Konzern, GmbHR

1996, 229; *Ulmer* Fehlerhafte Unternehmensverträge im GmbH-Recht, BB 1989, 10; *Ulrich* Gewinnabführungsverträge im GmbH-Konzern – Abschluss und Beendigung, insbesondere im Veräußerungsfall, GmbHR 2004, 1000; *ders.* Durchbrechung der Haftungsbeschränkung im GmbH-Unternehmensverbund und ihre Grenzen, GmbHR 2007, 1289; *ders.* Business Combination Agreements – erforderlich, aber rechtlich umstritten, GmbHR 2012, R261; *Vetter* Zur Aufhebung eines Beherrschungs- und Gewinnabführungsvertrags im GmbH-Recht, ZIP 1995, 345; *Wahl* Die Haftung für „existenzvernichtende Eingriffe" in der instanzgerichtlichen Rechtsprechung, GmbHR 2004, 994; *Weigl* Die Haftung im (qualifizierten) faktischen Konzern, 1996; *Windbichler* Konzernrecht: Gibt es das?, NZG 2018, 1241; *Zöllner* Die formellen Anforderungen an Beherrschungs- und Gewinnabführungsvertrag bei der GmbH, DB 1989, 913.

A. Vorbemerkung – Fehlen einer gesetzlichen Regelung – Anwendbare Vorschriften

1   Mit der Bezeichnung Konzern verbindet sich im Allgemeinen die Vorstellung von Großunternehmen. Die wirtschaftliche Wirklichkeit widerspricht jedoch einer solchen Einschätzung. Konzernverbindungen sind in kleineren und mittleren Unternehmen ebenso verbreitet, zutreffender ist daher von „Unternehmensgruppen" zu sprechen. Vielfach wird es den beteiligten Gesellschaften/Gesellschaftern gar nicht bewusst, dass eine Konzernverbindung besteht. Die Rechtsprechung hatte an dieser Entwicklung entscheidenden Anteil durch die Annahme sog. faktischer (also ohne vertragliche Regelung zustande gekommene) Konzerne (in einfacher oder qualifizierter Form, vgl. hierzu nun Rz. 174 ff.). Manche Gesellschaft oder ein einzelner Gesellschafter sieht sich plötzlich in der Rolle einer Konzernmutter mit Folgen, die gerade für den Gesellschafter als Einzelunternehmer kaum abzuschätzen sind.

2   Die Anzahl der GmbH-Konzerne ist groß, wenngleich statistische Angaben hierüber fehlen. Dies liegt auch daran, dass es sich vielfach um sog. faktische Konzerne handelt, deren Existenz erst dann erkannt wird, wenn irgendwelche Folgen, z.B. durch Geltendmachung von Haftungsansprüchen, manifest werden (vgl. Scholz/*Emmerich* Anh. § 13 Rz. 3: 30–40 v.H. – nach Abzug der Komplementär-GmbH in GmbH & Co KG über 50 v.H. – sind in irgendeiner Weise mit anderen Unternehmen verbunden).

3   Das GmbHG enthält keine spezielle Regelung des Konzernrechts. Einzelne Regelungen enthält das GmbHG selbst (z.B. § 33: Verbot wechselseitiger Beteiligung; § 47 Abs. 4: Stimmverbot des herrschenden Unternehmens bei der abhängigen GmbH). Gesetzgeberische Ansätze zu einer umfassenden Regelung sind bisher nicht verwirklicht worden; einzelne Regelungen befassen sich auch mit dem Konzernrecht der GmbH (z.B. Konzernrechnungslegung in den §§ 290 ff. HGB).

4   Die Notwendigkeit einer gesetzlichen Regelung des Konzernrechts ist unabweisbar. Mangels einer eigenen Regelung bietet es sich an, auf die Vorschriften des AktG zurückzugreifen, das eine umfangreiche Kodifizierung aufweist. Die rechtlichen Unterschiede sind dabei zu beachten; eine generelle Übernahme kommt nicht in Betracht (vgl. Scholz/*Emmerich* Anh. Konzernrecht, Rz. 9 ff.; *Lutter/Hommelhoff* Anh. § 13 Rz. 8 ff.).

5   Unstreitig ist zunächst, dass die §§ 15–19 AktG wegen ihrer rechtsformunabhängigen Fassung unmittelbar anwendbar sind (vgl. *Lutter/Hommelhoff* Anh. § 13 Rz. 8; *Rowedder/Pentz/Schnorbus* Anh. nach § 52 Rz. 6; *Noack* Anh. A. II. Rz. 12; *Kübler/Assmann*

Gesellschaftsrecht, 6. Aufl., S. 435), wenngleich diesen Bestimmungen nur eine definitorische Bedeutung zukommt und deshalb keine unmittelbaren Rechtsfolgen nach sich ziehen (vgl. *Noack* Anh. A. II. Rz. 12).

Die Mitteilungspflichten der §§ 20–22 AktG greifen dann ein, wenn der andere Teil **6** eine AG ist (Scholz/*Emmerich* Anh. § 13 Rz. 11; Rowedder/Pentz/*Schnorbus* Anh. nach § 52 Rz. 2; *Noack* Anh. A. II. Rz. 12; *Lutter/Hommelhoff* Anh. § 13 Rz. 15). Einzelne Vorschriften greifen ein, wenn die GmbH von einer AG abhängig ist (z.B. §§ 56 Abs. 2, 71d S. 2, 136 Abs. 2 S. 1 AktG, vgl. *Noack* Anh. A. II. Rz. 12).

§ 328 AktG ist bei wechselseitiger Beteiligung einer GmbH mit einer AG anwendbar **7** (*Noack* Anh. A. II. Rz. 15). Von besonderer Bedeutung ist die Anwendbarkeit der Vorschriften über Unternehmensverträge (§§ 291 ff. AktG; Rowedder/Pentz/*Schnorbus* Anh. nach § 52 Rz. 6; *Noack* Anh. A. II. Rz. 15; Scholz/*Emmerich* Anh. § 13 Rz. 13; *Lutter/Hommelhoff* Anh. § 13 Rz. 64). Vgl. näher Rz. 60 ff.

Die Vorschriften über die Verantwortlichkeit bei Fehlen eines Beherrschungsvertrags **8** (§§ 311–318 AktG) erfassen die GmbH nur als herrschendes Unternehmen und auch nur dann, wenn beherrschtes Unternehmen eine AG oder KGaA ist (*Noack* Anh. A. II. Rz. 15; vgl. auch *Lutter/Hommelhoff* Anh. § 13 Rz. 15).

Keine Anwendung finden die Vorschriften über die Eingliederung (§§ 319–327 AktG; **9** vgl. *Noack* Anh. A. II. Rz. 15).

Das AktG, soweit es direkt oder analog anwendbar ist, deckt nicht alle relevanten **10** Probleme des GmbH-Konzerns ab. Das gilt insb. (1) für den Schutz der Gesellschaftsgläubiger und (2) für den Schutz der Gesellschafterminderheit in der abhängigen GmbH. Wie diese Probleme zu lösen sind, ist methodologisch nicht hinreichend geklärt. Eine unbeschränkte Übernahme des Aktienkonzernrechts verbietet sich schon deshalb, weil das GmbH-Recht nicht unbedeutende Strukturunterschiede zur AG aufweist (z.B. Weisungsrecht der Gesellschafter, Minderheitenschutz nach §§ 50, 61, 66, Auskunftsrecht nach § 51a; vgl. Scholz/*Emmerich* Anh. § 13 Rz. 13; *Lutter/Hommelhoff* Anh. § 13 Rz. 40; *Noack* Anh. A. II. Rz. 15; Rowedder/Pentz/*Schnorbus* Anh. nach § 52 Rz. 5).

Die Unzulässigkeit einer Gesamtanalogie schließt indes nicht aus, einzelne Vorschriften **11** ten analog anzuwenden (Rowedder/Pentz/*Schnorbus* Anh. nach § 52 Rz. 5). Darüber hinaus können allg. Begriffe und Wertungen für die Rechtsfindung von Bedeutung sein (vgl. auch *Noack* Anh. A. II. Rz. 16).

Die Entwicklung eines eigenständigen GmbH-Konzernrechts ist maßgeblich durch die **12** Rechtsprechung des BGH (zum faktischen Konzern) beeinflusst worden. Ausgangspunkt ist die Erkenntnis, dass die allgemeinen Haftungsnormen des Gesellschaftsrechts (Schadensersatzpflicht wegen Treuepflichtverletzung, Kapitalerhaltungsbestimmungen) oder des bürgerlichen Rechts (v.a. Ansprüche aus §§ 823, 826 BGB) als Schutzinstrumente nicht ausreichen. Mit bestimmten Herrschaftsverhältnissen können für die abhängige GmbH besondere Gefahren verbunden sein, die sich daraus ergeben, dass der i.d.R. bei selbstständigen Gesellschaften vorhandene weitgehende Gleichlauf der Interessen der Gesellschaft und ihrer Gesellschafter nicht mehr vorauszusetzen ist, wenn einer von ihnen noch anderweitige unternehmerische Interessen verfolgt und diese durch seine Einwirkungsmöglichkeiten bei der abhängigen Gesellschaft zum Tragen bringen kann (vgl. *BGH* GmbHR 1993, 283). Diese Interessenlage

hat die Rechtsprechung bewogen, in Anlehnung an den aktienrechtlichen Vertragskonzern besondere Haftungsregeln zu entwickeln (vgl. *BGHZ* 95, 330). Diese Rechtsprechung begegnet keinen verfassungsrechtlichen Bedenken (*BVerfG* GmbHR 1993,
578). Zur Aufgabe der Rechtsprechung zum faktischen Konzern vgl. Rz. 174.

B. Internationales Konzernrecht

13   Konzernverbindungen mit ausländischen Unternehmen sind möglich und kommen in
der Tat häufig vor (internationale Konzerne). Dabei kann es sich um inländische Mut-
tergesellschaften und ausländische Tochtergesellschaften oder um inländische Tochtergesellschaften einer im Ausland ansässigen Muttergesellschaft handeln.

14   Ist die GmbH das inländische herrschende Unternehmen, beschränkt sich die Anwendung deutschen Rechts auf das inländische Unternehmen (*Großfeld* Internationales
und Europäisches Unternehmensrecht, 2. Aufl. 1997; *Lutter/Hommelhoff* Anh. § 13
Rz. 124; Rowedder/Pentz/*Schnorbus* Anh. nach § 52 Rz. 27). Ist die GmbH das abhängige Unternehmen, so ist das deutsche Konzernrecht auf dieses anwendbar. Das ausländische herrschende Unternehmen unterliegt nur im Verhältnis zum inländischen
Partner dem deutschen materiellen Recht (z. B. bei Schutzvorschriften vgl. *Lutter/
Hommelhoff* Anh. § 13 Rz. 124; Rowedder/Pentz/*Schnorbus* Anh. nach § 52 Rz. 27;
Noack Anh. A. III. Rz. 17).

15   Die Beurteilung, ob ein inländisches bzw. ausländisches Unternehmen vorliegt, erfolgt
nach der Gründungstheorie (*Lutter/Hommelhoff* Anh. § 4a Rz. 9).

16   Steuerlich wird ein Ergebnisabführungsvertrag einer inländischen GmbH mit einer
ausländischen Organmutter unter den in § 18 KStG genannten Voraussetzungen anerkannt.

Zum Konzernabschluss vgl. Rz. 185 ff.

C. Konzernrechtliche Begriffsbestimmungen

17   Die §§ 15–19 AktG enthalten Bestimmungen, die wegen ihrer Rechtsform – Neutrali-
tät – unmittelbar für die GmbH anwendbar sind (vgl. Rz. 5).

I. Verbundene Unternehmen

18   **1. Begriff des verbundenen Unternehmens (§ 15 AktG).**   Verbundene Unternehmen
sind rechtlich selbstständige Unternehmen, die im Verhältnis zueinander

1. in Mehrheitsbesitz stehende Unternehmen und mit Mehrheit beteiligte Unternehmen (§ 16 AktG, vgl. Rz. 23),
2. abhängige und herrschende Unternehmen (§ 17 AktG, vgl. Rz. 30),
3. Konzernunternehmen (§ 18 AktG, vgl. Rz. 39) oder
4. wechselseitige Beteiligungen (§§ 19, 328 AktG, vgl. Rz. 45),
5. Vertragsteile eines Unternehmensvertrags (§§ 291, 292 AktG, vgl. Rz. 60)

sind. Mit Ausnahme der unter (3) genannten Konzernunternehmen, die multilaterale
Beziehungen darstellen, handelt es sich um bilaterale Verhältnisse.

19   **2. Begriff des Unternehmens.**   Die Rechtsform des Unternehmens spielt keine Rolle.
Als Unternehmen kommen in Betracht: Kapitalgesellschaften, Personengesellschaften
(jeder Art), Genossenschaften, Vereine, Stiftungen, Gebietskörperschaften und v. a.

auch natürliche Personen (vgl. Scholz/*Emmerich* Anh. § 13 Rz. 19; vgl. auch *BGHZ* 95, 337; *OLG Köln* GmbHR 1990, 456). Die natürliche Person muss nicht gewerblich tätig sein (*Lutter/Hommelhoff* Anh. § 13 Rz. 10; *BGH* DB 1994, 2385). Voraussetzung ist nur, dass sie sich außerhalb der Gesellschaft unternehmerisch betätigt (auch als Freiberufler möglich, Scholz/*Emmerich* Anh. § 13 Rz. 19). Unternehmer kann auch die öffentliche Hand sein (*BGHZ* 69, 338; *OLG Celle* GmbHR 2001, 345; *Lutter/Hommelhoff* Anh. § 13 Rz. 10; *Noack* Anh. A. IV. 1. Rz. 18).

Der Begriff des Unternehmens setzt nicht eine Gewinnerzielungsabsicht voraus; es **20** kann sich sogar um eine gemeinnützige GmbH handeln (*Noack* Anh. A. IV. 1. Rz. 18).

Unternehmereigenschaft ist gegeben, wenn der Gesellschafter neben seiner Beteili- **21** gung an der Gesellschaft auf mindestens eine weitere Gesellschaft maßgeblichen Einfluss ausüben kann, neben seiner Beteiligung ein Einzelunternehmen betreibt oder einer freiberuflichen Tätigkeit nachkommt (vgl. *BGHZ* 115, 191; *Lutter/Hommelhoff* Anh. § 13 Rz. 10). Bei öffentlich-rechtlichen Gebietskörperschaften genügt eine Beteiligung (*BGHZ* 135, 1; *OLG Celle* GmbHR 2001, 345).

Der BGH (GmbHR 1994, 466) hat die Frage offengelassen, ob der Alleingesellschaf- **22** ter einer GmbH, der sich sonst nicht anderweitig unternehmerisch betätigt, dadurch zum Unternehmer im konzernrechtlichen Sinne wird, dass sich die GmbH an einem einzigen weiteren Unternehmen beteiligt. Die Beteiligung der GmbH an einer Innengesellschaft erfüllt jedenfalls diese Voraussetzungen nicht (*BGH* GmbHR 1994, 466).

3. Mehrheitsunternehmen (§ 16 AktG). § 16 ist auf die GmbH anwendbar (vgl. **23** Rowedder/Pentz/*Schnorbus* Anh. nach § 52 Rz. 11). Eine Mehrheitsbeteiligung liegt vor (§ 16 Abs. 1 AktG), wenn

1. die Mehrheit der Anteile eines rechtlich selbstständigen Unternehmens einem anderen Unternehmen gehört oder
2. einem anderen Unternehmen die Mehrheit der Stimmrechte eines rechtlich selbstständigen Unternehmens zusteht.

Das Unternehmen, an dem die Mehrheitsbeteiligung besteht, ist „ein in Mehrheitsbe- **24** sitz stehendes Unternehmen", das andere Unternehmen ist „ein an ihm mit Mehrheit beteiligtes Unternehmen" (§ 16 Abs. 1 AktG).

Die Anteilsmehrheit berechnet sich nach dem Verhältnis des Nennbetrags der **25** Anteile, die der Mehrheitsgesellschaft gehören, zum Gesamtbetrag der Anteile der betr. Gesellschaft (§ 16 Abs. 2 S. 1 AktG). Eigene Anteile der Gesellschaft sind von deren Nennkapital abzusetzen (§ 16 Abs. 2 S. 2 AktG). Den eigenen Anteilen stehen Anteile gleich, die einem anderen für Rechnung des Unternehmens gehören (§ 16 Abs. 2 S. 3 AktG). Ohne Bedeutung ist, ob das Stimmrecht ausgeschlossen ist oder die Stammeinlage voll eingezahlt ist.

Als Anteile, die einem Unternehmen gehören, gelten auch die Anteile, die einem von **26** ihm abhängigen Unternehmen oder einem anderen für Rechnung des Unternehmens oder eines von diesem abhängigen Unternehmen gehören. Ist der Inhaber des Unternehmens ein Einzelkaufmann, gehören auch Anteile dazu, die sonstiges Vermögen des Inhabers sind (§ 16 Abs. 4 AktG).

Welcher Teil der Stimmrechte einem Unternehmen gehört (§ 16 Abs. 1 AktG) bzw. **27** welcher Teil diesem zuzurechnen ist (§ 16 Abs. 4 AktG), bestimmt sich nach dem Verhältnis der Stimmrechte, die es aus den ihm gehörenden bzw. zuzurechnenden Anteilen ausüben kann, zur Gesamtzahl der Stimmrechte (§ 16 Abs. 3 S. 1 AktG).

28 Bei der GmbH ist auf Grund der Satzungsautonomie (vgl. § 45) eine weitgehende Differenzierung der Stimmrechte möglich. Probleme ergeben sich z.B., wenn qualifizierte Stimmrechte nur für bestimmte Beschlussgegenstände bestehen. Eine Mehrheitsbeteiligung auf Grund von Stimmenmehrheit kann in solchen Fällen nur angenommen werden, wenn sich das Mehrstimmrecht auf Gegenstände bezieht, die für die Gesellschaft und ihr selbstständiges Auftreten am Markt von besonderer Bedeutung sind (z.B. Weisungsrecht an die Geschäftsführer, vgl. Scholz/*Emmerich* Anh. § 13 Rz. 29; *Lutter/Hommelhoff* Anh. § 13 Rz. 13; Rowedder/Pentz/*Schnorbus* Anh. nach § 52 Rz. 11; *Noack* Anh. A. IV. 2. b) Rz. 25). Das Gleiche gilt, wenn ein Gesellschafter das alleinige Recht (als Sonderrecht) hat, Geschäftsführer zu berufen bzw. abzuberufen oder Weisungen zu erteilen; auf die Mehrheit der Stimmrechte kommt es in diesem Falle nicht an (*Lutter/Hommelhoff* Anh. § 13 Rz. 13).

29 Als Folge der Mehrheitsbeteiligung ist u.a. zu nennen
– Die im Mehrheitsbesitz eines Unternehmens stehende und das an ihm beteiligte Unternehmen sind verbundene Unternehmen (§ 15 AktG).
– Von einem im Mehrheitsbesitz stehenden Unternehmen wird vermutet, dass es von dem an ihm beteiligten Unternehmen abhängig ist (§ 17 Abs. 2 AktG). Wird diese Vermutung nicht widerlegt, greifen außer den für Mehrheitsbeteiligungen bestehenden Vorschriften auch die für abhängige Unternehmen ein.
– Von einem abhängigen Unternehmen wird vermutet, dass es mit dem herrschenden Unternehmen einen Konzern bildet (§ 18 Abs. 1 S. 3 AktG).

30 **4. Abhängige und herrschende Unternehmen (§ 17 AktG).** Ein Konzernverhältnis kann durch das Vorliegen eines Abhängigkeitsverhältnisses entstehen. Abhängige Unternehmen sind rechtlich selbstständige Unternehmen, auf die ein anderes Unternehmen (herrschendes Unternehmen) unmittelbar oder mittelbar einen beherrschenden Einfluss ausüben kann (§ 17 Abs. 1 AktG). Von einem im Mehrheitsbesitz stehenden Unternehmen wird vermutet, dass es von dem an ihm mit Mehrheit beteiligten Unternehmen abhängig ist (§ 17 Abs. 2 AktG). Mehrere Gesellschafter, die zusammen eine Mehrheitsbeteiligung halten, über Jahre hinweg als einheitliche Interessengruppe auftreten, können als herrschendes Unternehmen angesehen werden.

31 Abhängigkeit liegt vor, „wenn das herrschende Unternehmen über Mittel verfügt, die es ihm ermöglichen, das andere Unternehmen seinem Willen zu unterwerfen und diesen bei ihm durchzusetzen" (*RGZ* 167, 49; krit. Rowedder/Pentz/*Schnorbus* Anh. nach § 52 Rz. 12). Das kann auf Grund der Kapital- und Stimmenmehrheit sein. Die Entscheidung, ob ein abhängiges Unternehmen vorliegt, ist dabei jeweils anhand der Umstände des Einzelfalls zu treffen (vgl. auch unten, Rz. 43). Minderheitsbeteiligungen und/oder existenzwichtige Geschäftsbeziehungen reichen für eine Beherrschung grundsätzlich nicht aus (*BGHZ* 90, 381; *Lutter/Hommelhoff* Anh. § 13 Rz. 10). Im Einzelfall kann es anders sein (vgl. *BGHZ* 69, 347; 125, 369; 135, 114; bei Einfluss auf die Personalpolitik Scholz/*Emmerich* Anh. § 13 Rz. 32; Rowedder/Pentz/*Schnorbus* Anh. nach § 52 Rz. 12). Die Abhängigkeit besteht auch gegenüber einem Gesellschafter, der auf Grund der Satzung (Sonderrecht) den Geschäftsführern Weisungen erteilen kann bzw. die Befugnis zur Bestellung von Geschäftsführern bzw. deren Abberufung besitzt (Scholz/*Emmerich* Anh. § 13 Rz. 34; vgl. auch *OLG München* WM 1995, 900).

Es genügt die Möglichkeit der Beherrschung. Es ist nicht erforderlich, dass von ihr **32** auch tatsächlich Gebrauch gemacht wird (*BGHZ* 62, 193; Scholz/*Emmerich* Anh. § 13 Rz. 30). Der beherrschende Einfluss muss sich auf das gesamte Unternehmen beziehen (Rowedder/Pentz/*Schnorbus* Anh. nach § 52 Rz. 12).

Ob Abhängigkeit besteht, ist aus der Sicht des abhängigen Unternehmens zu beurteilen **33** (*BGHZ* 62, 193; *Prühs* DB 1972, 1002; Frodermann/Jannott/*Schubel* Kap. 14 Rz. 16 m.w.N.).

Die Abhängigkeit ist nicht von einer bestimmten Zeitdauer abhängig; andererseits **34** begründet eine Zufallsmehrheit in der Gesellschafterversammlung noch keine Abhängigkeit (Scholz/*Emmerich* Anh. § 13 Rz. 30; Frodermann/Jannott/*Schubel* Kap. 14 Rz. 18).

Die Abhängigkeitsvermutung kann widerlegt werden. Dazu muss nachgewiesen werden, **35** dass die Mehrheitsbeteiligung nicht die Möglichkeit vermittelt, die personelle Zusammensetzung der Unternehmensleitung direkt oder indirekt zu bestimmen und dass die Weisungsbefugnis ausgeschlossen ist (Rowedder/Pentz/*Schnorbus* Anh. nach § 52 Rz. 13). Solche Folgerungen können sich auf Grund der Satzung oder aus Vertrag zwischen Gesellschaft und Mehrheitsgesellschafter (der mit dem Begriff „Entherrschungsvertrag" umschrieben wird, vgl. Rowedder/Pentz/*Schnorbus* Anh. nach § 52 Rz. 13; Frodermann/Jannott/*Schubel* Kap. 14 Rz. 18) ergeben.

Der Umstand, dass die GmbH der Mitbestimmung unterliegt, widerlegt nicht die **36** Abhängigkeit, weil davon das Weisungsrecht der Gesellschafter nicht berührt wird (Rowedder/Pentz/*Schnorbus* Anh. nach § 52 Rz. 13).

Eine GmbH kann von mehreren Unternehmen abhängig sein. Das kann geschehen, **37** wenn die von der Muttergesellschaft abhängige Tochtergesellschaft B die Enkelgesellschaft C beherrscht; die Enkelgesellschaft ist dann mittelbar von der Muttergesellschaft abhängig (vgl. *OLG Hamm* GmbHR 1990, 263; Rowedder/Pentz/*Schnorbus* Anh. nach § 52 Rz. 14). Die GmbH kann aber auch **Gemeinschaftsunternehmen mehrerer Unternehmen** sein. Voraussetzung ist, dass die herrschenden Unternehmen ihre Einflussmöglichkeit koordiniert wahrnehmen. Die Ausübung gemeinschaftlichen Handels muss auf ausreichend sicherer Grundlage stehen (vgl. *BGHZ* 62, 199; *BGH* NJW 1994, 3290). Ein Vertrag ist dazu nicht unbedingt erforderlich (*BGH* WM 1992, 271; *BGHZ* 122, 125; Rowedder/Pentz/*Schnorbus* Anh. nach § 52 Rz. 14). Gesellschafteridentität bei den Obergesellschaften reicht aus (*BGHZ* 62, 200).

Werden in einer GmbH & Co KG die Anteile an der Komplementär-GmbH von der **38** KG gehalten, so ist die GmbH ein von der KG abhängiges Unternehmen (Rowedder/Pentz/*Schnorbus* Anh. nach § 52 Rz. 15; Scholz/*Emmerich* Anh. Konzernrecht § 13 Rz. 53).

5. Konzerne (§ 18 AktG). Ein Konzern setzt voraus, dass mehrere rechtlich eigen- **39** ständige Unternehmen miteinander verbunden sind. Dies liegt vor, wenn (1) ein herrschendes und ein oder mehrere abhängige Unternehmen unter einheitlicher Leitung zusammengefasst sind (sog. **Unterordnungskonzern**, § 18 Abs. 1 S. 1 AktG) oder (2) Unternehmen unter einheitlicher Leitung zusammengefasst sind, ohne dass ein Unternehmen von dem anderen Unternehmen abhängig ist (sog. **Gleichordnungskonzern**, § 18 Abs. 2 AktG). Die einzelnen Unternehmen sind Konzernunternehmen (§ 18 Abs. 1 S. 1 Hs. 2, Abs. 2 Hs. 2 AktG).

Innerhalb der Unterordnungs- und Gleichordnungskonzerne werden Vertragskon- **40** zerne und faktische Konzerne unterschieden.

41 Das entscheidende Kriterium des Konzerns ist die **einheitliche Leitung**, deren Anforderungen jedoch umstritten sind (vgl. Rowedder/Pentz/*Schnorbus* Anh. nach § 52 Rz. 17). Es wird ein enger und ein weiter Konzernbegriff unterschieden. Nach dem engen Begriff liegt ein Konzern nur vor, wenn die Konzernspitze für alle zentralen Unternehmensbereiche eine einheitliche Planung aufstellt und bei den Konzernunternehmen durchsetzt. Zu den zentralen unternehmerischen Bereichen zählt in erster Linie die Finanzplanung (Rowedder/Pentz/*Schnorbus* Anh. nach § 52 Rz. 17). Der weite Konzernbegriff lässt eine einheitliche Planung und Durchsetzung in einem zentralen Unternehmensbereich (z.B. Einkauf, Verkauf, Personalwesen, Organisation) genügen, allerdings unter der einschränkenden Bedingung, dass durch die Rückwirkung auf den Konzern eine selbstständige Planung für das einzelne Konzernunternehmen unmöglich gemacht wird. In keinem Falle ist erforderlich, dass durch Einzelanweisungen oder laufende Eingriffe die Geschäftsführung beeinflusst wird.

42 Die beiden Ansichten sind nicht so weit auseinander, wie es den Anschein hat. Durch die verlangte Rückwirkung erfährt der weite Konzernbegriff bereits eine wesentliche Einschränkung, denn es ist sehr unwahrscheinlich, dass z.B. allein durch die Personalplanung ein Konzern geführt werden kann.

43 Von einem abhängigen Unternehmen wird vermutet, dass es mit dem herrschenden Unternehmen einen Konzern bildet (§ 18 Abs. 1 S. 3 AktG). Die Vermutung kann widerlegt werden.

44 Das Wesen des **Gleichordnungskonzerns** besteht darin, dass dessen Mitglieder nicht nur rechtlich selbstständig, sondern auch weder in einem Mehrheitsbesitzverhältnis (§ 16 AktG) noch voneinander abhängig sind (§ 17 AktG), aber unter einheitlicher Leitung zusammengefasst sind. Die einheitliche Leitung kann auf verschiedene Weise hergestellt werden, z.B. durch Personalunion der Organe, Gründung eines gemeinsamen Verwaltungsrats oder den Abschluss eines schuldrechtlichen Vertrags, der regelmäßig eine BGB-Gesellschaft begründen wird (Interessengemeinschaft).

45 **6. Wechselseitig beteiligte Unternehmen (§ 19 AktG). – a) Begriffsbestimmung – Gefahren der wechselseitigen Beteiligung.** Wechselseitig beteiligte Unternehmen sind Unternehmen mit Sitz im Inland in der Rechtsform einer Kapitalgesellschaft oder bergrechtlichen Gewerkschaft, die dadurch verbunden sind, dass jedem Unternehmen mehr als der vierte Teil der Anteile (d.h. 25 %; die Anteile von Mutter- und Tochtergesellschaften sind zusammenzurechnen, § 16 Abs. 4 AktG; vgl. Scholz/*Emmerich* Anh. § 13 Rz. 46) des anderen Unternehmens gehört (§ 19 Abs. 1 S. 1 AktG; vgl. hierzu Scholz/*Emmerich* Anh. § 13 Rz. 46).

46 Die wechselseitige Beteiligung beinhaltet v.a. zwei Gefahren (*RGZ* 149, 305 – sog. Iduna-Fall, in dem zwei Versicherungsgesellschaften mit 94,7 v.H. und 94,1 v.H. wechselseitig beteiligt waren):

47 **aa) Die Kapitalverschleierung.** Durch die wechselseitige Beteiligung kann das Verbot des Erwerbs eigener Anteile umgangen werden. Es wird dadurch ein Kapital vorgespiegelt, das in Wirklichkeit nicht vorhanden ist, da das Kapital des einen Unternehmens in Höhe der Beteiligung von dem anderen Unternehmen aufgebracht wird, dessen Kapital aber selbst in entsprechender Höhe von jenem Unternehmen stammt. Vgl. näher § 33 GmbHG.

bb) Willensbildung durch die Organe. In der Gesellschafterversammlung übt das ver- **48**
tretungsberechtigte Organ der jeweils anderen Gesellschaft das Stimmrecht aus. Bei
Mehrheitsbeteiligungen entscheiden allein die Organe die Geschicke des Unternehmens. Eine Kontrolle der Organe durch die Gesellschafterversammlung ist nicht mehr
gegeben.

Bei Beteiligungen von mehr als 25 vom Hundert wird von einer einfachen wechselsei- **49**
tigen Beteiligung, bei Beteiligungen von mehr als 50 vom Hundert von einer qualifizierten wechselseitigen Beteiligung gesprochen (Frodermann/Jannott/*Schubel* Kap. 14
Rz. 33 f.; Scholz/*Emmerich* Anh. § 13 Rz. 46 ff.). Wenn die Beteiligung auf der einen
Seite einfach, auf der anderen Seite qualifiziert ist, handelt es sich um eine einseitig
qualifizierte Beteiligung. Ist die wechselseitige Beteiligung auf beiden Seiten qualifiziert, besteht eine beidseitig qualifizierte wechselseitige Beteiligung (vgl. Frodermann/
Jannott/*Schubel* Kap. 14 Rz. 33).

Von § 19 Abs. 1 AktG werden nur wechselseitige Beteiligungsverhältnisse zwischen **50**
zwei Kapitalgesellschaften erfasst, nicht solche zwischen drei und mehr Gesellschaften
(Frodermann/Jannott/*Schubel* Kap. 14 Rz. 32, jedoch umstr.).

b) Einfache wechselseitige Beteiligung. Die wechselseitig beteiligten Unternehmen **51**
sind verbundene Unternehmen i.S.d. § 15 AktG und damit den gesetzlichen Vorschriften unterworfen, die an diesen Begriff anknüpfen.

Im Falle der einfachen wechselseitigen Beteiligung zwischen einer AG und einer **52**
GmbH kommt § 328 AktG zur Anwendung. Danach tritt bei Verletzung der Mitteilungspflicht nach §§ 20 Abs. 3, 21 Abs. 1 AktG unter dort näher beschriebenen Voraussetzungen eine Beschränkung der Rechte ein (§ 328 Abs. 1 AktG).

Der Erwerb wechselseitiger Beteiligungen stellt sich der Sache nach als eine mittel- **53**
bare Einlagenrückgewähr an die Gesellschafter dar. Die Begründung einer solchen
wechselseitigen Beteiligung ist daher (entspr. § 33 Abs. 2 GmbHG) nur zulässig, wenn
der Erwerb nicht zu Lasten des Stammkapitals geht, also aus freien Rücklagen aufgebracht werden kann und außerdem die nach § 272 Abs. 4 HGB vorgeschriebene Rücklage gebildet werden kann (um zu verhindern, dass das gebundene Vermögen der
GmbH doch noch an die Gesellschafter ausgeschüttet wird, vgl. die Ausführungen zu
§ 33.

c) Qualifizierte wechselseitige Beteiligung (§ 19 Abs. 2 und 3 AktG). § 328 AktG fin- **54**
det keine Anwendung (§ 19 Abs. 4 AktG), es treten die Rechtsfolgen der Abhängigkeit ein.

Ist die GmbH herrschendes und die AG abhängiges Unternehmen, greifen die Schutz- **55**
vorschriften der §§ 31 ff. AktG ein (Scholz/*Emmerich* Anh. § 13 Rz. 51). Der abhängigen AG ist die Zeichnung und der Erwerb von Geschäftsanteilen an der herrschenden
GmbH verboten (§ 33 Abs. 2; vgl. Scholz/*Emmerich* Anh. § 13 Rz. 51). Die AG hat ferner kein Stimmrecht in der GmbH (vgl. *LG Berlin* GmbHR 1987, 396; Scholz/*Emmerich* Anh. § 44 Rz. 52).

Ist die AG herrschendes Unternehmen und die GmbH abhängiges Unternehmen, so **56**
finden die §§ 56 Abs. 2, 71b, 71d S. 4, 136 Abs. 2 AktG Anwendung (Scholz/*Emmerich*
Anh. § 13 Rz. 50). Das gleiche gilt für die beidseitig qualifizierte wechselseitige Beteiligung (§ 19 Abs. 3 AktG).

57 Allg. finden die Vorschriften des § 19 Abs. 2 und 3 AktG auch Anwendung auf wechselseitige Beteiligungen zwischen einer GmbH und einer anderen Kapitalgesellschaft (Scholz/*Emmerich* Anh. § 13 Rz. 52).

58 **d) Wechselseitige Beteiligungen mit ausländischen Unternehmen.** Vgl. hierzu Rz. 13.

59 **e) Wechselseitige Beteiligungen mit Personengesellschaften.** In erster Linie ist hierbei an die wechselseitige Beteiligung in einer GmbH & Co KG zu denken (die GmbH ist an der KG beteiligt, die KG an der GmbH, vgl. *LG Berlin* GmbHR 1987, 396: die KG ist von der Beteiligung an der Kapitalerhöhung der GmbH ausgeschlossen; vgl. auch Scholz/*Emmerich* Anh. § 13 Rz. 53).

D. Unternehmensverträge

I. Rechtsnatur der Unternehmensverträge

60 Die Integration eines Unternehmens in einen Konzern erfolgt häufig durch den Abschluss von Unternehmensverträgen. Die Vertragteile eines Unternehmens (§§ 291, 292 AktG) sind verbundene Unternehmen (§ 15 AktG). Bei Bestehen eines Unternehmensvertrags werden vielfach auch die Voraussetzungen für ein anderes in § 15 AktG genanntes verbundenes Unternehmen gegeben sein (z.B. Mehrheitsbeteiligung, Beherrschungsvertrag).

61 § 15 AktG verweist für Unternehmensverträge auf §§ 291, 292 AktG. Die dort vorgenommene Aufzählung ist erschöpfend. Es sind zu unterscheiden:

(1) Beherrschungsvertrag und Gewinnabführungsvertrag (§ 291 AktG) einerseits und

(2) die anderen, in § 292 AktG genannten Unternehmensverträge andererseits.

Der Unterschied besteht in der rechtlichen Qualifikation.

62 Unternehmensverträge des § 291 Abs. 1 AktG (Beherrschungs- und Gewinnabführungsverträge einschließlich Geschäftsführungsverträge) sind keine schuldrechtlichen Verträge, sondern gesellschaftsrechtliche Organisationsverträge, die satzungsgleich den rechtlichen Status der Gesellschaft ändern und die schuldrechtlichen Bestimmungen überlagern (vgl. *BGHZ* 103, 4; 105, 331; *BGHZ* 116, 43 BayObLG WM 1988, 1229; *Würdinger* DB 1958, 1447; *Lutter/Hommelhoff* Anh. zu § 13 Rz. 72). Diese Änderung besteht darin, dass die Weisungskompetenz der Gesellschafterversammlung der beherrschten GmbH auf die beherrschende Gesellschaft übertragen wird, der Gesellschaftszweck am Konzerninteresse ausgerichtet ist und bei der Gewinnabführung in das Gewinnbezugsrecht der Gesellschafter eingegriffen wird (*Lutter/Hommelhoff* Anh. zu § 13 Rz. 72; vgl. *BGHZ* 105, 331; *OLG Koblenz* GmbHR 1991, 420; a.A. *Emmerich/Habersack* § 291 Rz. 39 ff.).

63 Die Regeln über die faktische Gesellschaft sind auf organisationsrechtliche Unternehmensverträge anwendbar (vgl. *BGHZ* 103, 4; *Ulmer* Fehlerhafte Unternehmensverträge im GmbH-Recht, BB 1989, 10).

64 Unternehmensverträge, die nicht Beherrschungs- oder Gewinnabführungsverträge sind, sind schuldrechtliche Verträge, auf die die allg. schuldrechtlichen Bestimmungen anwendbar sind (vgl. Frodermann/Jannott/*Schubel* Kap. 14 Rz. 145 ff. m.w.N.; *Emmerich/Habersack* § 292 Rz. 4).

Zur Zulässigkeit von Unternehmensverträgen mit einer Unternehmergesellschaft (nach dem MoMiG) vgl. *Veil* GmbHR 2004, 1080.

II. Arten von Unternehmensverträgen

1. Beherrschungsvertrag. Ein Beherrschungsvertrag ist Gesellschaftsrechtlicher **65** Organisationsvertrag, durch den sich eine Gesellschaft der Leitung eines anderen Unternehmens unterstellt (§ 291 Abs. 1 S. 1 AktG). Der Gesellschaftszweck wird am Interesse des Gesamtkonzerns ausgerichtet; insoweit wird der Status der beherrschten Gesellschaft geändert (vgl. *BGHZ* 103, 1; 105, 324; *KG* NZG 2000, 1223). Mit der Unterstellung wird nicht die Geschäftsführung des abhängigen Unternehmens dem herrschenden Unternehmen unterstellt, sondern die Gesellschaft als Rechtsperson. Ist das beherrschende Unternehmen mehrheitlich an der abhängigen GmbH beteiligt, steht ihr diese Position bereits auf Grund ihres Weisungsrechts als Gesellschafter zu. Es ist jedoch zu bedenken, dass die einzelne Weisung eines Gesellschafterbeschlusses bedarf (was u.U. sehr aufwendig sein kann). Auf Grund des Beherrschungsvertrags kann die beherrschende Gesellschaft den Umweg über die Gesellschafterversammlung vermeiden und direkt Weisungen erteilen. Ob ein Beherrschungsvertrag vorliegt, richtet sich nach dem materiell-rechtlichen Inhalt der Vereinbarung, nicht nach der gewählten Bezeichnung (*KG* NZG 2000, 1223).

Der Beherrschungsvertrag gewährleistet den **Vorrang des Konzerninteresses** vor dem **66** Interesse der abhängigen Gesellschaft, so dass die Weisungen für die abhängige Gesellschaft auch nachteilig sein können (vgl. § 308 AktG analog). Bei Weisung der beherrschenden Gesellschaft entfällt auch eine Anfechtungsmöglichkeit, die bei einer Weisung durch Gesellschafterbeschluss möglich wäre (vgl. §§ 243 ff. AktG analog).

Durch den Beherrschungsvertrag wird die Weisungsbefugnis der Gesellschafter durch **67** die **Weisungsbefugnis der beherrschenden Gesellschaft** ersetzt. Es genügt ein Weisungsrecht insofern, als damit ein auf das Gesamtinteresse des Konzerns ausgerichtete Zielkonzeption durchgesetzt werden kann (*BGHZ* 103, 1; *KG* NZG 2000, 1223). Sie geht allen in der Satzung festgelegten Weisungsrechten vor (soweit ein solches einem anderen Organ als der Gesellschafterversammlung übertragen ist, z.B. Aufsichtsrat). Der Beherrschungsvertrag muss nicht notwendigerweise mit einem Gewinnabführungsvertrag verbunden sein, obwohl die Verbindung die Regel ist. Systematisch handelt es sich nicht um einen einheitlichen Vertrag, sondern um getrennte Verträge. Bei Verbindung von Beherrschungs- und Gewinnabführungsvertrag wird in Anlehnung an die steuerliche Terminologie auch von Organschaft (vgl. §§ 14 ff. KStG) gesprochen (vgl. *Altmeppen* Anh. § 13 Rz. 18; Scholz/*Emmerich* Anh. § 13 Rz. 171 f.; Frodermann/Jannott/*Schubel* Kap. 14 Rz. 142).

Der Beherrschungsvertrag begründet einen Vertragskonzern (§ 18 Abs. 1 S. 2 AktG). **68**

2. Gewinnabführungsvertrag. Durch den Gewinnabführungsvertrag verpflichtet sich **69** ein Unternehmen, den **ganzen** Gewinn an ein anderes Unternehmen abzuführen (§ 291 Abs. 1 S. 1 AktG). Als Vertrag über die Abführung des ganzen Gewinns gilt auch ein Vertrag, durch den ein Unternehmen es übernimmt, ihr Unternehmen für Rechnung eines anderen Unternehmens zu führen (Betriebsführungsvertrag, § 291 Abs. 1 S. 2 AktG; vgl. auch Rz. 85). Die Gewinnabführungsverpflichtung wird mit Feststellung des Jahresabschlusses fällig (Rowedder/Pentz/*Schnorbus* Anh. nach § 52 Rz. 117).

70 Nicht als Gewinnabführungsvertrag im vorgenannten Sinne gilt ein Vertrag, mit dem sich eine GmbH im Rahmen eines Austauschvertrags verpflichtet, einen Teil ihres Gewinnes an ein anderes Unternehmen abzuführen (*BayObLG* GmbHR 2003, 534). Darunter fallen gewinnabhängige Schuldverhältnisse (partiarische Darlehen) und stille Gesellschaften.

71 Notwendige Folge des Gewinnabführungsvertrags ist die Pflicht des beherrschenden Unternehmens, einen Fehlbetrag der abhängigen GmbH zu übernehmen (§ 302 AktG analog). Insoweit gibt die Bezeichnung „Gewinnabführungsvertrag" den Tatbestand nicht vollständig wieder. Zutreffend ist der Ausdruck „Ergebnisabführungsvertrag", der auch zunehmend Eingang in die Terminologie findet. Der Ergebnisabführungsvertrag erlangt v.a. auf steuerlichem Gebiet für einen Verlustausgleich Bedeutung.

72 Erträge und Aufwendungen (Verlustübernahme) auf Grund eines Ergebnisabführungsvertrags sind jeweils gesondert unter entsprechender Bezeichnung auszuweisen (§ 277 Abs. 3 S. 2 HGB). Sie sind nicht als Erträge aus Beteiligungen i.S.d. § 275 Abs. 2 Nr. 9 HGB auszuweisen (*Hopt* § 275 Rz. 13).

73 **3. Gewinngemeinschaft.** Eine Gewinngemeinschaft liegt vor, wenn sich eine Gesellschaft verpflichtet, ihren Gewinn oder den Gewinn aus einzelnen ihrer Betriebe ganz oder z.T. mit dem Gewinn anderer Unternehmen oder einzelner Betriebe anderer Unternehmen zur Aufteilung des gemeinschaftlichen Gewinns zusammenzulegen (§ 292 Abs. 1 Nr. 1 AktG, Gewinn-Poolung). Eine Gewinn-Poolung liegt nicht vor, wenn der Gewinn für gemeinschaftliche Zwecke (z.B. Interessengemeinschaft im Rahmen eines Gleichordnungskonzerns nach § 18 Abs. 2 AktG) verwendet wird (vgl. Rz. 44).

74 Der Gewinn-Poolungs-Vertrag ist seiner Rechtsform nach, eine Gesellschaft des bürgerlichen Rechts (§§ 705 ff. BGB, vgl. *BGHZ* 24, 279; Frodermann/Jannott/*Schubel* Kap. 14 Rz. 147; *Emmerich/Habersack* § 292 Rz. 14). Wird auch die Geschäftsführung koordiniert, dann liegt zugleich eine Verwaltungsgemeinschaft oder – bei einheitlicher Leitung – ein Gleichordnungskonzern vor (vgl. *Kübler/Assmann* Gesellschaftsrecht, S. 430; *Emmerich/Habersack* § 292 Rz. 14).

75 Die Gewinn-Poolung beinhaltet nicht zugleich Verlust-Poolung. Das AktG enthält hierüber keine Regelung, so dass ein solcher einer ausdrücklichen Vereinbarung bedarf. Die Verlust-Poolung steht außerhalb der Gewinngemeinschaft. Einen Unternehmensvertrag stellt sie nur dann dar, wenn sie mit einer Gewinn-Poolung verbunden ist (Frodermann/Jannott/*Schubel* Kap. 14 Rz. 147).

76 Die Voraussetzungen für den Abschluss eines Gewinn-Poolungs-Vertrags sind weitgehend ungeklärt (vgl. Scholz/*Emmerich* Anh. § 13 Rz. 299). In der Gewinn-Poolung wurde nach bisher verbreiteter Meinung eine Satzungsänderung gesehen, der die Gesellschafterversammlung mit qualifizierter Mehrheit zustimmen muss. Für Teilgewinnabführungsverträge legte der BGH nun in einer neueren Rechtsprechung fest, dass diese keinen besonderen Wirksamkeitsvoraussetzungen unterliegen, solange sie keine satzungsüberlagernde Wirkung entfalten (*BGH* v. 16.7.2019 – II ZR 175/18, *BGHZ* 223, 13–30). Wegen der vergleichbaren Gefährlichkeit von Gewinngemeinschaft-Verträgen, wird in der Literatur nun der Schluss gezogen, auch für diese geringere Wirksamkeitsanforderungen zu stellen (zum Meinungswechsel in Scholz/*Emmerich* Anh. § 13 Rz. 300; *Emmerich/Habersack* § 292 Rz. 22). Stellt die Gewinngemeinschaft in Wirklichkeit eine

Teilgewinnabführung dar, sind die dafür erforderlichen Voraussetzungen (vgl. Rz. 77) zu erfüllen (Scholz/*Emmerich* Anh. § 13 Rz. 301 ff.).

4. Teilgewinnabführungsvertrag. Ein Teilgewinnabführungsvertrag liegt vor, wenn **77** sich eine Gesellschaft verpflichtet, einen Teil ihres Gewinns oder den Gewinn einzelner ihrer Betriebe ganz oder z. T. an einen anderen abzuführen (§ 292 Abs. 1 Nr. 2 AktG). Der Empfänger der Gewinnabführung muss nicht Unternehmer sein.

Teilgewinnabführungsverträge stehen weitgehend einem Gewinnabführungsvertrag **78** gleich (vgl. zu weiteren Details: MüKo GmbHG/*Liebscher* Anh. § 13 Rz. 715 ff.). Mit der Rechtsprechung des BGH ist nun auch die Frage des wirksamen Abschlusses geklärt – einer qualifizierten Mehrheit bedarf es mangels Anwendbarkeit der § 53 und § 54 nicht (*BGH* v. 16.7.2019 – II ZR 175/18, *BGHZ* 223, 13–30). Auch die Eintragung in das Handelsregister ist grundsätzlich entbehrlich. Findet eine Umwandlung der GmbH in eine AG nach Abschluss eines Teilgewinnabführungsvertrages statt, ändert dies nichts an der Wirksamkeit des Vertrages (Scholz/*Emmerich* Anh. § 13 Rz. 306). Allerdings ist sodann eine deklaratorisch wirkende Eintragung vorzunehmen, § 294.

5. Betriebspacht- und Betriebsüberlassungsvertrag. Betriebspacht- und Betriebsüber- **79** lassungsverträge (§ 292 Abs. 1 Nr. 3 AktG) stellen nur dann Unternehmensverträge dar, wenn sie den ganzen Betrieb umfassen. Gemeinsam ist beiden Vertragstypen, dass die Gesellschaft aufhört, das Unternehmen selbst zu betreiben. Im Falle der Betriebspacht betreibt der Pächter den Betrieb im eigenen Namen und für eigene Rechnung (§§ 581 ff. BGB; vgl. Scholz/*Emmerich* Anh. § 13 Rz. 308), beim Betriebsüberlassungsvertrag wird der Betrieb auf Grund einer Vollmacht im Namen des überlassenden Unternehmens betrieben (vgl. Scholz/*Emmerich* Anh. § 13 Rz. 309). Unter „Überlassung" ist jede nicht pachtrechtliche Gebrauchsüberlassung zu verstehen.

Als Vertragspartner eines Betriebspacht- und Betriebsüberlassungsvertrags kommt **80** jede Person in Betracht.

Als Folge eines Betriebspacht- oder Betriebsüberlassungsvertrags bestimmt § 302 **81** Abs. 2 AktG, dass bei Verpachtung/Überlassung durch die abhängige Gesellschaft an das beherrschende Unternehmen das herrschende Unternehmen jeden während der Vertragsdauer sonst entstehenden Jahresfehlbetrag auszugleichen hat, soweit die vereinbarte Gegenleistung das angemessene Entgelt nicht erreicht.

Die Regelung des § 302 Abs. 2 AktG wird für die GmbH dann als ausreichend angese- **82** hen, wenn Verpächter und Pächter als abhängiges bzw. beherrschendes Unternehmen anzusehen sind. Da der abhängigen Gesellschaft dieselben Gefahren drohen wie bei einem Beherrschungs- oder Gewinnabführungsvertrag, wird gefordert, bei einer abhängigen GmbH die Regeln des Beherrschungs- oder Gewinnabführungsvertrags anzuwenden (vgl. *Lutter/Hommelhoff* Anh. § 13 Rz. 102).

Auch auf den Abschluss eines Betriebspacht- oder Betriebsüberlassungsvertrags wird **83** sich die neue Rechtsprechung des BGH ausweiten lassen können, sodass eine qualifizierte Mehrheit zumindest bei „satzungsüberlagernder Wirkung" erforderlich wird. (vgl. Scholz/*Emmerich* Anh. § 13 Rz. 311; *Lutter/Hommelhoff* Anh. § 13 Rz. 102; *Emmerich/Habersack* § 292 Rz. 54).

Der Betriebspacht- oder Betriebsüberlassungsvertrag kann einen Beherrschungs- **84** oder Gewinnabführungsvertrag verbergen. Dann ist den strengeren Anforderungen dieser Verträge Genüge zu leisten (vgl. Scholz/*Emmerich* Anh. § 13 Rz. 314).

85   6. Betriebsführungsvertrag. Der Betriebsführungsvertrag gilt als eine Unterart des auf den ganzen Gewinn gerichteten Gewinnabführungsvertrags (§ 291 Abs. 1 S. 2 AktG). Durch diesen verpflichtet sich die GmbH, ihr Unternehmen für Rechnung eines anderen zu führen. Die GmbH wird nur noch als Geschäftsführer tätig, so dass sie das Erlangte an den Vertragspartner herausgeben muss (§ 667 BGB).

86   Der Betriebsführungsvertrag ist das Gegenstück zum Geschäftsführungsvertrag, wo der andere Vertragsteil das Unternehmen für Rechnung der überlassenden Gesellschaft führt.

E. Vertragskonzern

I. Konzernbildung auf vertraglicher Grundlage

87   Als Vertragskonzern wird der Konzern bezeichnet, der durch einen besonderen Vertrag zwischen herrschendem und abhängigem Unternehmen (Beherrschungsvertrag, § 291 AktG) zustande kommt (vgl. *Noack* Anh. C. II. Rz. 101). Im Allgemeinen wird mit dem Beherrschungsvertrag auch eine Ergebnisabführungsverpflichtung verbunden (Organschaftsvertrag, der als einheitliches Vertragswerk anzusehen ist, *OLG Karlsruhe* GmbHR 2001, 523; Scholz/*Emmerich* Anh. § 13 Rz. 172; zur Entstehung des Konzerns ist dies jedoch nicht unbedingte Voraussetzung. Zur Entstehung eines Unterordnungskonzerns durch Nebenabreden vgl. *Joussen* GmbHR 1996, 574).

88   Die Beurteilung des Vertragskonzerns wird von der Aufgabe der Rechtsprechung zum qualifiziert faktischen Konzern nicht berührt (vgl. *Römermann/Schröder* GmbHR 2001, 1016; *Altmeppen* ZIP 2001, 1838). Für Details zu Unternehmensverträgen s. Rz. 65.

II. Wirksamkeitsvoraussetzungen des Beherrschungsvertrags

89   Die Wirksamkeit eines Beherrschungsvertrags setzt voraus:

1. Schriftform,
2. Zustimmung der Gesellschafterversammlung sowohl des herrschenden als auch des abhängigen Unternehmens,
3. Eintragung des Beherrschungsvertrags im HR des abhängigen Unternehmens.

90   Diese Voraussetzungen müssen auch dann erfüllt werden, wenn das herrschende Unternehmen eine AG ist. Die Besonderheiten und Gefahren, die sich aus dem Beherrschungsvertrag ergeben, beruhen auf der Eigenart der rechtlichen Gestaltung dieser Vertragsart und werden von der Rechtsform des herrschenden Unternehmens nicht beeinflusst (vgl. *BGH* GmbHR 1992, 253). Das Gleiche gilt, wenn das abhängige Unternehmen zu 100 % im Besitz des herrschenden Unternehmens ist (*BGH* GmbHR 1992, 254).

91   Bei Verstoß gegen Wirksamkeitsvoraussetzungen kommen die Grundsätze über die fehlerhafte Gesellschaft zur Anwendung, wenn das Rechtsverhältnis in Vollzug gesetzt worden ist (*OLG Oldenburg* NZG 2000, 1198).

92   1. Schriftform.   Der Unternehmensvertrag (Beherrschungsvertrag, Gewinnabführungsvertrag) bedarf zu seiner Wirksamkeit der Schriftform (*BGHZ* 105, 342; Rowedder/Pentz/*Schnorbus* Anh. nach § 52 Rz. 101; Scholz/*Emmerich* Anh. § 13 Rz. 185; *Lutter/Hommelhoff* Anh. § 13 Rz. 74). **Notarielle Beurkundung** ist ausnahmsweise erforderlich, wenn der Vertrag ein Umtausch- oder Abfindungsangebot (§ 15 Abs. 4) enthält (*Lutter/Hommelhoff* Anh. § 13 Rz. 74; Scholz/*Emmerich* Anh. § 13 Rz. 185; vgl. auch *BGHZ* 190, 45).

2. Zustimmung der Gesellschafterversammlung. – a) Zustimmung der Gesellschafter- **93** **versammlung der abhängigen GmbH.** Die Zustimmungspflicht der Gesellschafterversammlung der abhängigen GmbH ergibt sich aus der Rechtsnatur des Unternehmensvertrags als eines gesellschaftsrechtlichen Organisationsvertrags, der die Satzung überlagert (vgl. *BGHZ* 105, 332; *Lutter/Hommelhoff* Anh. § 13 Rz. 75). § 293 Abs. 1 AktG verlangt ausdrücklich die Zustimmung der Hauptversammlung der AG. Für die GmbH ergibt sich die Zustimmungspflicht schon daraus, dass die Geschäftsführer zum Abschluss von Unternehmensverträgen nicht zuständig sind, da Änderungen in der Organisationsverfassung allein der Entscheidung der Gesellschafter unterfallen. Das gilt auch für den Fall, dass das abhängige Unternehmen eine 100%ige Tochter des herrschenden Unternehmens ist (*BGH* GmbHR 1992, 255; *Lutter/Hommelhoff* Anh. § 13 Rz. 79).

Umstritten ist, welche Mehrheit für den Gesellschafterbeschluss erforderlich ist. Der **94** BGH (BGHZ 105, 324) hat die Frage offengelassen (es handelte sich um eine Einmann-Gesellschaft, bei der dem Problem keine Relevanz zukommt). Im Schrifttum wird überwiegend Einstimmigkeit gefordert (vgl. *Noack* Anh. C. II. 1. Rz. 106; Scholz/ *Emmerich* Anh. § 13 Konzern, Rz. 189; *Ebenroth/Müller* BB 1991, 358; *Timm* GmbHR 1989, 11 und GmbHR 1992, 213; a.A. *Lutter/Hommelhoff* Anh. § 13 Rz. 88 f.; Rowedder/Pentz/*Schnorbus* Anh. nach § 52 Rz. 95 m.w.N.).

Entscheidend ist letztlich, was mit Minderheitsgesellschaftern zu geschehen hat: **95**
1. Begnügt man sich mit einer Mehrheit unter der Einstimmigkeit, bedarf es des Schutzes der Minderheitsgesellschafter. Dieser kann dadurch verwirklicht werden, dass man durch analoge Anwendung der §§ 304, 305 AktG das herrschende Unternehmen verpflichtet, den außenstehenden Gesellschaftern einen angemessenen Ausgleich sowie eine Barabfindung (evtl. Umtausch ihrer Anteile gegen Anteile an der herrschenden Gesellschaft) anzubieten (*LG Dortmund* GmbHR 1998, 941; *Lutter/Hommelhoff* Anh. § 13 Rz. 89). Der Minderheitenschutz ist in diesem Falle im Unternehmensvertrag selbst festzulegen. Gerichtliche Kontrolle erfolgt durch Anfechtung des Gesellschafterbeschlusses (*Lutter/Hommelhoff* Anh. § 13 Rz. 86). Zur Anwendung der §§ 304, 305 AktG vgl. *BGH* GmbHR 2002, 1120.
2. Bei Zustimmungspflicht aller Gesellschafter ist die Minderheit in der Lage, durch Verweigerung der Zustimmung selbst für die Wahrung ihrer Rechte zu sorgen. Besonderer Schutzvorschriften bedarf es in diesem Falle nicht.

Die Zustimmungspflicht aller Gesellschafter wahrt den Schutz der Minderheit besser **96** als die Abfindungsregelung. Der Ansicht unter 1. ist daher zuzustimmen.

Das herrschende Unternehmen kann als Gesellschafter des abhängigen Unterneh- **97** mens an der Abstimmung teilnehmen. Das Stimmverbot nach § 47 Abs. 4 S. 2 greift nicht, weil in Fragen der Satzungsänderung das Stimmrecht generell nicht greift (vgl. *Lutter/Hommelhoff* Anh. § 13 Rz. 75).

b) Zustimmung der Gesellschafterversammlung der herrschenden GmbH. Die Zu- **98** stimmungspflicht der Gesellschafterversammlung der herrschenden GmbH wird vom BGH (*BGHZ* 105, 333) bejaht (so auch *Noack* Anh. C. II. 2. Rz. 110: vgl. jedoch

Gäbelein GmbHR 1989, 506). Der Beschluss bedarf einer Dreiviertelmehrheit (*BGHZ* 105, 333; *BGH* GmbHR 1992, 253; *Timm* GmbHR 1992, 213).

99   c) Formerfordernisse. Der Zustimmungsbeschluss der Gesellschafterversammlung der abhängigen Gesellschaft bedarf der notariellen Beurkundung, nicht jedoch der Beschluss der herrschenden Gesellschaft (*BGHZ* 105, 333; Ausnahme nur bei AG: Scholz/*Emmerich* Anh. § 13 Rz.197).

100   d) Folgen rückwirkender Vereinbarungen. Der Beherrschungsvertrag kann schon seiner Natur nach nicht rückwirkend vereinbart werden (m.w.N. *Altmeppen* Anh. § 13 Rz.32; vgl. auch *LG Kassel* GmbHR 1996, 293; *OLG Karlsruhe* GmbHR 2001, 523). Zulässig ist jedoch die rückwirkende Vereinbarung einer Ergebnisabführung (*BGH* GmbHR 1994, 446; vgl. auch *OLG Hamburg* GmbHR 1991, 417; *OLG München* AG 1991, 358; vgl. auch *OLG Frankfurt* GmbHR 1996, 859: Übereinstimmung mit steuerlicher Gewinnabführung, zweifelhaft; so auch *LG Frankfurt* GmbHR 1997, 799). Ist ein Teil des Vertrags nichtig (z.B. wegen nichtiger Rückwirkung), so wird der übrige Vertragsinhalt dann nicht berührt, wenn es sich nicht um essenzielle Bestandteile handelt. § 139 BGB kommt nicht zur Anwendung (vgl. *OLG Hamburg* GmbHR 1991, 417).

101   3. Eintragung in das Handelsregister. Der Unternehmensvertrag bedarf zu seiner Wirksamkeit der Eintragung in das HR des abhängigen Unternehmens (*BGHZ* 105, 332; *BGH* GmbHR 1992, 254; *BayObLG* GmbHR 1988, 389; h.M. auch im Schrifttum, vgl.: *Altmeppen* Anh. § 13 Rz.32; MüKo GmbHG/*Liebscher* Anh. § 13 Rz.795; *Lutter/Hommelhoff* Anh. § 13 Rz.85). Das gilt auch für die Einmann-GmbH (Scholz/ *Emmerich* Anh. § 13 Rz.204; vgl. jedoch auch die Bedenken bei *Gäbelein* GmbHR 1989, 502 und GmbHR 1992, 786; *Flume* DB 1989, 665). Die Eintragungspflicht besteht nicht bei Personengesellschaften wie z.B. der KG, auch nicht analog, da hier der Gesellschaftsvertrag selbst originär schon nicht eintragungspflichtig ist (*OLG München* GmbHR 2011, 377). Dann ist konsequenterweise auch keine durch Unternehmensvertrag erfolgte Überlagerung desselben eintragungspflichtig.

102 Eine **Eintragung beim herrschenden Unternehmen** ist zur Wirksamkeit nicht erforderlich (*AG Erfurt* GmbHR 1997, 75; *Noack* Anh. C. II. 1. Rz.109; a.A. *LG Bonn* GmbHR 1993, 443; Scholz/*Emmerich* Anh. § 13 Rz.205). Die Eintragungsfähigkeit wird man jedoch bejahen können.

103 Einzutragen sind

1. Abschluss und Art des Unternehmensvertrags,
2. Zustimmungsbeschluss der Gesellschafterversammlung des abhängigen Unternehmens und
3. Name des anderen Vertragspartners (vgl. *BGHZ* 105, 324). Wegen des weiteren Inhalts kann auf den Unternehmensvertrag und die Zustimmungsbeschlüsse der beteiligten Unternehmen Bezug genommen werden.

104 Der **Anmeldung** sind in Abschrift beizufügen (§ 54 Abs. 1 S. 2 Hs. 2): (1) der Unternehmensvertrag und (2) die Zustimmungsbeschlüsse der beteiligten Unternehmen. Die Anmeldung ist vor der Gesellschaft vorzunehmen, vertreten durch die gesetzlichen Organe. Bei Ablehnung der Eintragung ist deshalb auch die Gesellschaft als solche beschwerdefähig (§ 36 FamFG – früher § 20 Abs. 2 FGG; vgl. *BGHZ* 105, 324).

III. Wirksamkeitsvoraussetzungen des Gewinnabführungsvertrags

Auf den Gewinnabführungsvertrag finden grds. die Vorschriften über den Beherr- **105**
schungsvertrag Anwendung (vgl. Scholz/*Emmerich* Anh. § 13 Rz. 286). Der Gewinn-
führungsvertrag kann zusammen mit einem Beherrschungsvertrag, aber auch isoliert –
und dies v.a. aus steuerlichen Gründen, vgl. § 14 KStG – vorkommen (vgl. Scholz/
Emmerich Anh. § 13 Rz. 285). Bei Zusammentreffen von Beherrschungs- und Gewinnabführungsvertrag wird von einem Organschaftsverhältnis gesprochen.

Die Gewinnabführungsverpflichtung kann sich auf einen Teil des Gewinns beschrän- **106**
ken (vgl. Scholz/*Emmerich* Anh. § 13 Rz. 284). Die beherrschte Gesellschaft hat ihren
Zustimmungsbeschluss in der Regel einstimmig zu treffen, bei der herrschenden
Gesellschaft genügt die qualifizierte Mehrheit. Der Zustimmung aller Gesellschafter
der verpflichteten GmbH bedarf es nicht, wenn dafür angemessene Gegenleistungen
an die Minderheit entsprechend § 304 und § 305 AktG erbracht werden (Scholz/
Emmerich Anh. § 13 Rz. 287).

IV. Auswirkungen des Vertragskonzerns

1. Beherrschungsvertrag. – a) Weisungsbefugnis des herrschenden Unternehmens.
Durch den Beherrschungsvertrag wird die Weisungsbefugnis der Gesellschafterver- **107**
sammlung der abhängigen GmbH beseitigt bzw. eingeschränkt; die Weisungskompetenz geht insoweit auf das herrschende Unternehmen über (*BGHZ* 105, 324; vgl. auch
Zöllner ZGR 1992, 182; *Altmeppen* Anh. § 13 Rz. 49 f.). Wegen der Beherrschungs-
möglichkeit können auch in der Praxis übliche Business Combination Agreements als
Beherrschungsvertrag behandelt werden (vgl. *Ulrich* GmbHR 2012, 261), wenn im
Vorfeld einer Übernahme durch ein solches BCA die Leitung der einen Gesellschaft
der anderen unterstellt wird und somit Zielkonzeptionen einseitig durchgesetzt werden können (*LG München* ZIP 2008, 560). Entscheidend ist das Ausmaß der Einflussmöglichkeit der übernehmenden Gesellschaftsführung. In diesen Fällen sind entsprechende Vorverträge wegen ihrer Nähe zum Beherrschungsvertrag gleichermaßen
formbedürftig.

Weisungsadressat sind die Geschäftsführer der abhängigen GmbH. Weisungen der **108**
Gesellschafterversammlung dürfen die Geschäftsführer nicht befolgen, es sei denn,
dass dies (für bestimmte Bereiche) im Beherrschungsvertrag ausdrücklich gestattet ist.

Die Weisungsbefugnis des herrschenden Unternehmens findet ihre **Schranke** im **109**
Gesellschaftsvertrag (Unternehmensgegenstand) der abhängigen Gesellschaft. Das
herrschende Unternehmen kann keine Weisungen erteilen, die außerhalb des Gesellschaftszwecks liegen. Einschränkungen sind auch im Beherrschungsvertrag möglich
(vgl. *Lutter/Hommelhoff* Anh. § 13 Rz. 70), die jedoch nicht so weit gehen dürfen, dass
eine „Beherrschung" nicht mehr gegeben ist.

Das herrschende Unternehmen kann Weisungen erteilen, die der abhängigen Gesell- **110**
schaft **nachteilig** sind (§ 308 Abs. 1 S. 2 AktG analog), sofern sie nur dem herrschenden
Unternehmen oder einem anderen Konzernunternehmen dienen (*Noack* Anh. C. III.
2. Rz. 120; Scholz/*Emmerich* Anh. § 13 Rz. 241).

Unzulässige Weisungen verpflichten das herrschende Unternehmen zu **Schadensersatz** **111**
aus positiver Vertragsverletzung (Rowedder/Pentz/*Schnorbus* Anh. nach § 52 Rz. 116;
Scholz/*Emmerich* Anh. § 13 Rz. 253).

112 Gesetzliche Vertreter des herrschenden Unternehmens haften auch **persönlich** analog § 309 Abs. 2 AktG (Scholz/*Emmerich* Anh. § 13 Rz. 253; *Wellkamp* WM 1993, 2155).

113 Der Ersatzanspruch kann von jedem Gesellschafter geltend gemacht werden (§ 309 Abs. 4 S. 1 AktG analog; vgl. Rowedder/Pentz/*Schnorbus* Anh. nach § 52 Rz. 116), jedoch kann nur Leistung an die Gesellschaft verlangt werden (§ 309 Abs. 4 S. 2 AktG analog; vgl. Rowedder/Pentz/*Schnorbus* Anh. nach § 52 Rz. 116).

114 **b) Verlustübernahmepflicht.** Wesentliches Element des Gläubigerschutzes ist die Verpflichtung des herrschenden Unternehmens zur Übernahme von Fehlbeträgen der abhängigen GmbH (§ 302 AktG analog; vgl. *Noack* Anh. C. III. 3. Rz. 121; Rowedder/Pentz/*Schnorbus* Anh. nach § 52 Rz. 120; *BGHZ* 103, 5; *BGH* NJW 1992, 505; *Timm* GmbHR 1987, 12).

115 Zu übernehmen ist der während der Vertragsdauer entstandene Jahresfehlbetrag, soweit dieser nicht dadurch ausgeglichen wird, dass den anderen Gewinnrücklagen Beträge entnommen werden, die während der Vertragsdauer in sie eingestellt worden sind (§ 302 Abs. 1 AktG analog). Die Verlustübernahmeverpflichtung entsteht als Folge des Beherrschungsvertrags auch ohne ausdrückliche Vereinbarung (vgl. jedoch MüKo GmbHG/*Liebscher* Anh. § 13 Rz. 888 ff.). Die Verlustübernahme ist der Preis, den das herrschende Unternehmen für die Beherrschung der abhängigen GmbH zu leisten hat.

116 Der Anspruch der abhängigen GmbH entsteht am Stichtag der Jahresbilanz. Der Anspruch wird zu diesem Zeitpunkt auch fällig (*BGH* GmbHR 1999, 1299). Die Höhe des Anspruchs wird nicht durch den festgestellten Jahresabschluss der abhängigen GmbH festgestellt. Maßgebend ist allein der zum Bilanzstichtag zutreffend ausgewiesene Fehlbetrag (*BGH* GmbHR 2005, 630). Werden Aufstellung und Feststellung des Jahresabschlusses verzögert, ist der Fehlbetrag anhand der Ansätze einer Zwischenbilanz zu ermitteln. Ergibt sich bei der späteren Feststellung des Jahresabschlusses ein niedrigerer Ausgleichsbetrag, steht dem herrschenden Unternehmen ein Rückforderungsanspruch zu (*BGH* GmbHR 1999, 1299); vgl. auch *Brauer* GmbHR 1999, 1301).

117 Bei unterjähriger Beendigung des Unternehmensvertrags wird man eine anteilsmäßige Aufteilung vornehmen müssen (vom *BGH* GmbHR 1999, 1299 offengelassen, vgl. auch *Brauer* GmbHR 1999, 1302).

118 Gläubiger des Verlustausgleichsanspruchs ist die abhängige GmbH, Schuldner das herrschende Unternehmen (*Noack* Anh. C. III. 3. Rz. 121). In der Insolvenz der abhängigen GmbH obliegt die Geltendmachung dem Insolvenzverwalter. Gläubigern der abhängigen GmbH steht ein direkter Anspruch gegen das herrschende Unternehmen nicht zu. Für diese bleibt nur der Umweg über die Pfändung des Anspruchs der abhängigen GmbH. Gegen den Anspruch der abhängigen GmbH kann mit einer werthaltigen Forderung aufgerechnet werden, wobei die Beweislast dem herrschenden Unternehmen obliegt (*BGH* GmbHR 2006, 929).

119 Die Gesellschafter der abhängigen GmbH können im Wege der actio pro socio deren Ansprüche zur Leistung an die GmbH geltend machen (*Noack* Anh. C. III. 3. Rz. 123; näher vgl. § 46 Rz. 99 ff.).

120 Der Anspruch geht auf Abdeckung des Jahresfehlbetrags. Eine Beschränkung auf stammkapitalschmälernde Verluste (Rowedder/Pentz/*Schnorbus* Anh. nach § 52 Rz. 120; *Noack*

Anh. C. III. 3. Rz. 121) verkennt, dass es hierbei nicht nur um den Gläubigerschutz geht, sondern auch um die Bewahrung der Rechte der Gesellschafter.

Die abhängige GmbH kann während der Dauer des Beherrschungsvertrags auf den **121** Ausgleichsanspruch nicht verzichten. Ein Verzicht bzw. Vergleich hierüber ist frühestens drei Jahre nach dem Tag, an dem die Eintragung der Beendigung des Vertrags in das HR nach § 10 HGB als bekannt gemacht gilt, zulässig (§ 303 Abs. 3 S. 1 AktG). Diese Beschränkung gilt nicht, wenn das ausgleichspflichtige Unternehmen zahlungsunfähig ist und sich zur Abwendung oder Beseitigung des Insolvenzverfahrens mit seinen Gläubigern vergleicht (§ 302 Abs. 3 S. 2 AktG).

Soweit herrschendes Unternehmen eine Einzelperson ist, haftet diese nicht nur mit **122** dem gewerblichen Vermögen, sondern mit dem **Gesamtvermögen** (*Noack* Anh. C. III. 3. Rz. 121).

Zur Sicherheitsleistung bei Beendigung des Beherrschungsvertrags vgl. Rz. 137. **123**

Der Anspruch der abhängigen GmbH auf Verlustausgleich ist ab dem Zeitpunkt der **124** Fälligkeit gem. §§ 353 S. 1, 352 HGB zu verzinsen (*BGH* GmbHR 1999, 1299). Der Anspruch auf Verlustausgleich verjährt seit Einführung des § 302 Abs. 4 AktG im Jahre 2004 in zehn Jahren seit dem Tag, an dem die Eintragung der Beendigung des Unternehmensvertrages gem. § 10 HGB als bekannt gemacht gilt. Diese Regelung des AktG findet auch Anwendung für das GmBH-Vertragskonzernrecht (s. auch MüKo GmbHG/*Liebscher* Anh. § 13 Rz. 934).

Im Prozess muss die abhängige GmbH lediglich den sich bei ordnungsgemäßer Bilan- **125** zierung ergebenden Fehlbetrag darlegen und beweisen (*BGH* GmbHR 2005, 630).

2. Gewinnabführungsvertrag. Aus dem Gewinnabführungsvertrag folgt die Verpflich- **126** tung des herrschenden Unternehmens, jeden Jahresfehlbetrag der abhängigen GmbH auszugleichen (vgl. § 302 Abs. 1 AktG). Die Übernahme eines Fehlbetrags kann nicht durch Aufrechnung vorgenommen werden (*Thür. OLG* GmbHR 2005, 1059; zust. *Petersen* GmbHR 2005, 1031). Es stellt sich das gleiche Ergebnis ein wie bei einem Beherrschungsvertrag. Vgl. die Ausführung Rz. 107.

V. Vertragsänderung – Kündigung

Die Änderung des Unternehmensvertrags ist an die Zustimmung der Gesellschafter- **127** versammlung gebunden (vgl. § 295 Abs. 1 S. 1 AktG; *OLG Karlsruhe* GmbHR 2001, 523; Rowedder/Pentz/*Schnorbus* Anh. nach § 52 Rz. 124). Die Änderung des Unternehmensvertrags steht einer Satzungsänderung gleich und bedarf der hierfür erforderlichen qualifizierten Mehrheit wie bei Vertragsabschluss (Scholz/*Emmerich* Anh. § 13 Rz. 255; Rowedder/Pentz/*Schnorbus* Anh. nach § 52 Rz. 124).

Ein Unternehmensvertrag kann aus **wichtigem Grund** ohne Einhaltung einer Kündi- **128** gungsfrist gekündigt werden (§ 297 Abs. 1 S. 1 AktG). Die Kündigung bedarf der Schriftform (§ 297 Abs. 3 AktG). Bei einem Organschaftsvertrag (vgl. Rz. 87) ist nur eine einheitliche Kündigung zulässig, sie kann also nicht auf dem Beherrschungs- oder Ergebnisabführungsvertrag beschränkt werden (*OLG Karlsruhe* GmbHR 2001, 523). Das herrschende Unternehmen kann der abhängigen GmbH nicht die Weisung erteilen, den Unternehmensvertrag zu kündigen (§ 299 AktG). Ein wichtiger Grund ist insb. gegeben, wenn das andere Unternehmen voraussichtlich nicht in der Lage sein

Koch 743

wird, seine vertraglichen Verpflichtungen zu erfüllen (§ 297 Abs. 1 S. 2 AktG), z.B. wenn wirtschaftliche Schwierigkeiten beim herrschenden Unternehmen den Verlustausgleich gefährden (vgl. *LG Bochum* GmbHR 1987, 24; *OLG Karlsruhe* GmbHR 2001, 524; Scholz/*Emmerich* Anh. § 13 Rz. 270). Steuerliche Auswirkungen, die bei Antragsabschlag nicht beabsichtigt waren, stellen keinen wichtigen Grund zur Kündigung dar (zur Kündigung aus wichtigem Grund bei ertragsteuerlicher Organschaft vgl. *Heurung/Engel/Müller-Thomczik* GmbHR 2012, 1227 ff.). Im Übrigen kann festgelegt werden, welche Umstände als wichtiger Grund gelten sollen (*BGHZ* 122, 228; *OLG München* GmbHR 2009, 151). Vgl. auch die Beschränkungen des § 297 Abs. 2 AktG.

129   Die schlechte wirtschaftliche Entwicklung der abhängigen GmbH stellt für das herrschende Unternehmen grds. keinen Kündigungsgrund dar, da letztlich dieses auf Grund des Beherrschungsvertrags dafür verantwortlich ist (*OLG Karlsruhe* GmbHR 2001, 524; Rowedder/Pentz/*Schnorbus* Anh. nach § 52 Rz. 126). Gleiches gilt für den Gewinnabführungsvertrag.

130   Die Eröffnung des Insolvenzverfahrens beim herrschenden Unternehmen kann für die beherrschte Gesellschaft Grund zu einer außerordentlichen Kündigung sein (vgl. *BGHZ* 103, 1). Die Insolvenz der abhängigen GmbH ist kein Grund zu einer außerordentlichen Kündigung; denn richtigerweise kann sie auf Grund der Ausgleichspflicht des herrschenden Unternehmens gar nicht entstehen (zweifelnd offenbar *BGHZ* 103, 1).

131   Ein ordentliches Kündigungsrecht steht einem Unternehmen nur zu, wenn dies vertraglich vereinbart ist (Rowedder/Pentz/*Schnorbus* Anh. nach § 52 Rz. 127; *BGHZ* 122, 217).

VI. Aufhebung des Unternehmensvertrags

132   Die Aufhebung eines Beherrschungs- oder Gewinnabführungsvertrags bedarf als bloße Maßnahme der Geschäftsführung bei der AG nach § 296 Abs. 1 AktG nicht der Zustimmung der Hauptversammlung. Es erhebt sich die Frage, ob diese Grundsätze auf die GmbH analog anwendbar sind oder ob die Aufhebung als Satzungsänderung den Bestimmungen der §§ 53, 54 unterliegt. *OLG Karlsruhe* (GmbHR 1994, 807; auch *OLG Frankfurt* GmbHR 1994, 809) halten entgegen *BGH* ZIP 2011, 1467, *LG Konstanz* (GmbHR 1993, 443) und wesentlichen Teilen des Schrifttums (vgl. Scholz/*Emmerich* Anh. § 13 Rz. 276; *Lutter/Hommelhoff* Anh. § 13 Rz. 117; *Noack* Anh. C. V. 2. c) Rz. 133) weder bei der herrschenden noch bei der abhängigen GmbH die Zustimmung der Gesellschafterversammlung für erforderlich (zust. *Kallmeyer* GmbHR 1995, 578; *Ebenroth/Wilken* WM 1993, 1617; *Timm/Geuting* GmbHR 1996, 229; *Schlögell* GmbHR 1995, 403; so auch *OLG Frankfurt* GmbHR 1994, 809;). Dem ist zu folgen. Es ist kein Grund ersichtlich, bei einer GmbH strengere Anforderungen als bei der AG zu stellen. Siehe zur Stimmberechtigung des beherrschenden Gesellschafters *BGHZ* 190, 45.

133   Etwas anderes gilt lediglich für den Fall der Verpflichtung zum Ausgleich bzw. zur Abfindung. Hier bedarf es (§ 296 Abs. 2 AktG analog) eines Sonderbeschlusses der außenstehenden Gesellschafter der abhängigen GmbH (vgl. *Timm/Geuting* GmbHR 1996, 229; *Altmeppen* Anh. § 13 Rz. 108 mit Verweis auf Rz. 101; *LG Essen* GmbHR 1998, 943).

Ist in einem Beherrschungs- und Gewinnabführungsvertrag einem Gesellschafter ein **134** Mindestgewinn zugesagt, kann der Unternehmensvertrag nur mit seiner Zustimmung aufgehoben werden (*LG Essen* GmbHR 1998, 943).

Die Auflösung ist zum Ende des Geschäftsjahres (vgl. *BGH* NJW-RR 2015, 1175; **135** *OLG Oldenburg* NZG 2000, 1138; *OLG München* GmbHR 2012, 645) bzw. des sonst vertraglich bestimmten Zeitraums zulässig (§ 296 Abs. 1 S. 1 AktG). Nach anderer (Literatur-)Ansicht ist auch ein unterjähriger Aufhebungsvertrag möglich (*Noack* Anh. C. V. 2. c) Rz. 134; Rowedder/Pentz/*Schnorbus* Anh. nach § 52 Rz. 125). Rückwirkende Auflösung ist unzulässig (§ 296 Abs. 1 S. 2 AktG analog; vgl. Scholz/*Emmerich* Anh. § 13 Rz. 279). Die Aufhebung bedarf der Schriftform (§ 296 Abs. 1 S. 3 AktG analog), so dass (aus Gründen der Rechtssicherheit) eine stillschweigende Aufhebung ausscheidet (*Kallmeyer* GmbHR 1995, 578).

Die Eröffnung des Insolvenzverfahrens führt nach Ansicht des *BGH* (vgl. *BGHZ* 103, **136** 1) durch Vertragsauslegung (§ 157 BGB) zur Beendigung des Unternehmensvertrags, weil vernünftige Parteien die Beendigung für diesen Fall vereinbart hätten, wenn sie den Insolvenzfall bei Abschluss des Vertrags bedacht hätten. Dieser Beurteilung kann in der Begründung nicht gefolgt werden. Des Rekurses auf eine ergänzende Vertragsauslegung hätte es ohnehin nicht bedurft, da die Eröffnung des Insolvenzverfahrens die Beherrschung beendet; denn der Insolvenzverwalter erlangt mit der Insolvenzeröffnung die Verfügungsmacht (§ 80 Abs. 1 InsO). An Weisungen der Gesellschafter ist er nicht gebunden; eine Beherrschung durch ein anderes Unternehmen scheidet damit aus.

Nach Beendigung des Beherrschungs- oder Gewinnabführungsvertrags hat das herr- **137** schende bzw. gewinnabführungsberechtigte Unternehmen den Gläubigern der abhängigen GmbH **Sicherheit** zu leisten (§ 303 Abs. 1 AktG analog). Anspruchsberechtigt sind diejenigen Gläubiger der Gesellschaft, deren Forderungen begründet worden sind, bevor die Eintragung der Beendigung in das HR nach § 10 HGB als bekannt gemacht gilt. Der Anspruch auf Sicherheitsleistung besteht nur, wenn sich der Gläubiger innerhalb von sechs Monaten nach der Bekanntmachung der Eintragung zu diesem Zweck bei der herrschenden Gesellschaft meldet (§ 303 Abs. 1 S. 1 AktG). Die Gläubiger sind in der Bekanntmachung der Eintragung auf dieses Recht hinzuweisen (§ 303 Abs. 1 S. 2 AktG). Zur zeitlichen Begrenzung der Sicherheitsleistung vgl. *OLG Hamm* GmbHR 2009, 43.

Zur Frage der Geltendmachung bei Zahlungsunfähigkeit vgl. Rz. 190.

VII. Unternehmensverträge bei Verschmelzung

Bei einer Verschmelzung zur Aufnahme (§§ 4 ff. UmwG) geht das Vermögen der über- **138** tragenden Gesellschaft im Wege der Gesamtrechtsnachfolge auf die aufnehmende Gesellschaft über (§ 20 Abs. 1 Nr. 1 UmwG). Ist die übertragende Gesellschaft herrschende Gesellschaft, so geht der Beherrschungs- bzw. Gewinnabführungsvertrag auf die aufnehmende Gesellschaft über (*LG Bonn* GmbHR 1996, 774).

VIII. Eintragung der Beendigung in das Handelsregister

Die Beendigung des Beherrschungs- oder Gewinnabführungsvertrags bedarf zur **139** Wirksamkeit nicht der Eintragung; denn die Eintragung hat keine konstitutive Wirkung (*Lutter/Hommelhoff* Anh. § 13 Rz. 115; *BGH* GmbHR 1992, 34). Das ändert nichts daran, dass die Beendigung zur Eintragung anzumelden ist.

140 Das Registergericht hat nicht zu prüfen, ob der Gesellschafterbeschluss (vgl. Rz. 132) vorhanden ist, da dieser die Wirksamkeit der Beendigung nicht beeinflusst (vgl. *Kallmeyer* GmbHR 1995, 579; a.A. *OLG München* für das Vorliegen eines außerordentlichen Kündigungsrechts, GmbHR 2009, 148). Es kann allerdings das Vorliegen eines Kündigungsgrundes prüfen, wenn Anhaltspunkte dafür vorliegen, dass ein solcher nicht gegeben ist (*OLG München* BB 2009, 632).

141 Für die Gläubiger des abhängigen Unternehmens gilt der Schutz des § 303 AktG. Auch nach Beendigung des Vertrags haftet das herrschende Unternehmen für Forderungen, die vor Bekanntmachung der Eintragung nach § 10 HGB entstanden sind (§ 303 Abs. 1 S. 1 AktG analog).

IX. Haftung der gesetzlichen Vertreter

142 Beim Beherrschungsvertrag haften die gesetzlichen Vertreter – beim Einzelkaufmann der Inhaber des herrschenden Unternehmens – gegenüber dem abhängigen Unternehmen bei Erteilung von Weisungen mit der Sorgfalt eines ordentlichen und gewissenhaften Geschäftsführers (§ 309 AktG). Bei Pflichtverletzung haben sie dem abhängigen Unternehmen Ersatz zu leisten (§ 309 Abs. 2 S. 1 AktG). § 309 AktG ist auf die GmbH entspr. anwendbar (*Altmeppen* Anh. § 13 Rz. 79).

X. Der fehlerhafte Vertragskonzern

143 **1. Anwendung der Grundsätze über die fehlerhafte Gesellschaft.** Ein Unternehmensvertrag, der nicht die Wirksamkeitsvoraussetzungen (vgl. Rz. 89) erfüllt, ist rechtsunwirksam; Rechte und Verpflichtungen können daraus nicht entstehen. Etwas anderes gilt dann, wenn er bereits vollzogen worden ist. Er ist dann nach den Grundsätzen über die fehlerhafte Gesellschaft als wirksam zu behandeln (*BGHZ* 103, 1; *BGHZ* 116, 34). Auf die Gründe der Unwirksamkeit kommt es dabei nicht an (*BGHZ* 116, 34; vgl. auch *Ulmer* BB 1989, 15; einschränkend *Kleindiek* ZIP 1988, 624; *Kort* AG 1988, 374; *Scholz/Emmerich* Anh. § 13 Rz. 219 ff. – Unterscheidung nach Art und Schwere des Mangels; *BGHZ* 116, 37).

144 Die Anwendung der Grundsätze über die fehlerhafte Gesellschaft auf nichtige, aber durchgeführte Unternehmensverträge erübrigt sich nach Auffassung des BGH (*BGHZ* 116, 37) nicht deshalb, weil nach den Grundsätzen über den qualifiziert faktischen Konzern (Verlustausgleichspflicht nach § 302 AktG) das gleiche Ergebnis erreicht werden könne. Begründet wird dies u.A. damit, dass der Nachweis der Durchführung des Unternehmensvertrags regelmäßig leichter zu führen sei als die Tatsache, dass das beherrschende Unternehmen in einer Intensität und Breite auf die Belange der abhängigen Gesellschaft eingewirkt habe, wie es erforderlich ist, um einen qualifizierten faktischen Konzern annehmen zu können. Das Rechtsinstitut des qualifiziert faktischen Konzerns ist inzwischen vom BGH aufgegeben und durch eine Haftung nach § 826 BGB (vgl. *Scholz/Emmerich* Anh. § 13 Rz. 7 ff.) ersetzt worden. Ein Einfluss auf die Anwendung der Grundsätze über die fehlerhafte Gesellschaft ergibt sich dadurch nicht.

2. Vollzug des Unternehmensvertrags. Zum Vollzug des Unternehmensvertrags **145** reicht es aus, wenn das durch ihn geschaffene Organisationsgefüge „in Gang gesetzt" worden ist, also zu leben begonnen hat. Das kann durch Ausgleich von Verlusten der abhängigen Gesellschaft oder durch Eingriff in die Geschäftsführung geschehen (vgl. *BGHZ* 116, 37). Ein Unternehmensvertrag ist z.b. vollzogen, wenn auf Grund eines (unwirksamen) Gewinnabführungsvertrags über Jahre hinweg die entstandenen Verluste übernommen werden und damit die nach dem Vertrag obliegende Leistung erfüllt wird (vgl. *BGHZ* 103, 1; 116, 37; *OLG Koblenz* GmbHR 1991, 421).

Als Folge des Vollzugs eines Unternehmensvertrags ergibt sich die Verpflichtung, die- **146** sen (bis zur Beendigung, vgl. Rz.149) entsprechend der Vereinbarung zu erfüllen. Der aus einem Gewinnabführungsvertrag in Anspruch Genommene kann sich nicht darauf berufen, dass die eingetretenen Verluste auf Umständen beruhen, die mit der Ausübung der Leitungsmacht nichts zu tun haben. Der Gewinnabführungsvertrag setzt weder eine tatsächliche Beherrschung noch das Recht und die Möglichkeit zu nachteiliger Einflussnahme voraus. Die Verlustübernahmepflicht nach § 302 AktG tritt allein unter dem Gesichtspunkt des Ausgleichs für die Pflicht des beherrschten Unternehmens zur Gewinnabführung ein.

Handelt es sich bei dem unwirksamen Unternehmensvertrag um einen Beherr- **147** schungsvertrag, scheidet ein Entlastungsbeweis aus, da das Gesetz an diesen die unwiderrufliche Vermutung knüpft, dass das herrschende Unternehmen von der eingeräumten Befugnis der Leistungsmacht Gebrauch gemacht hat. Das beherrschende Unternehmen hat deshalb das volle Unternehmerrisiko der beherrschten Gesellschaft zu tragen.

3. Bestätigung des fehlerhaften Unternehmensvertrags. Ein fehlerhafter Unterneh- **148** mensvertrag kann nachträglich unter Beachtung der Wirksamkeitsvoraussetzungen geheilt werden. Soweit er bereits vollzogen war, bleibt es bei der Wirksamkeit von Anfang an (a.A. offenbar *Lutter/Hommelhoff* Anh. § 13 Rz.112, „materiell ex nunc"). Ein noch nicht vollzogener Unternehmensvertrag wird erst mit der Erfüllung aller Wirksamkeitsvoraussetzungen voll wirksam (Wirkung ex nunc).

4. Beendigung fehlerhafter Unternehmensverträge. Ein in Vollzug gesetzter Unter- **149** nehmensvertrag (z.B. Ergebnisabführungsvertrag) wird als wirksam angesehen, solange die Beteiligten diesen durchführen (z.B. Gewinnabfuhren oder Verlustübernahmen, vgl. *BGH* BGHZ 103, 1; *BGHZ* 116, 37).

Die Beendigung kann von jedem Vertragsteil jederzeit vorgenommen werden (vgl. **150** *BGH* GmbHR 2002, 62; *Noack* Anh. C. II. 3. Rz.115; *Lutter/Hommelhoff* Anh. § 13 Rz.112). Bei einem Gewinnabführungsvertrag genügt die einfache Erklärung, künftig keine Verluste mehr übernehmen zu wollen. Bei einem Beherrschungsvertrag ist die Aufgabe der Beherrschung erforderlich (vgl. *BGHZ* 103, 4).

Die Eröffnung des Insolvenzverfahrens über das Vermögen eines Beteiligten führt **151** regelmäßig zur Beendigung des Unternehmensvertrags (vgl. *BGHZ* 103, 1, 4).

Für die Frage, welche Maßnahmen bei erkannter Nichtigkeit des Unternehmensver- **152** trags zu ergreifen sind, wird nach beherrschender und beherrschter Gesellschaft unterschieden. Die Geschäftsführer der herrschenden Gesellschaft haben zunächst die Gesellschafterversammlung einzuberufen, wenn die Heilung des Vertrags durch diese möglich bzw. deren Mitwirkung nötig ist. Lehnt diese die Heilung der Mängel ab, kann das als Weisung an die Geschäftsführer anzusehen sein, den Unternehmensvertrag zu beenden (vgl. *Lutter/Hommelhoff* Anh. § 13 Rz. 112). Eine Entscheidungsfreiheit der Geschäftsführer unabhängig von der Gesellschafterversammlung ist m.E. nicht gegeben (Scholz/*Emmerich* Anh. § 13 Rz. 229; a.A. *Noack* Anh. C. II. 3. Rz. 115; *Authenrieth* GmbHR 1990, 15). Soweit die Zuständigkeit der Geschäftsführer bejaht wird, haben diese ihre Entscheidung mit pflichtgemäßer Sorgfalt zu treffen (vgl. *Noack* Anh. C. II. 3. Rz. 115). Das Interesse der Gesellschaft ist entscheidend.

153 Kommt ein Beschluss über die Beendigung des Unternehmensvertrags nicht zustande und widerspricht eine Mehrheit der Gesellschafter der Beendigung, so sollen die Geschäftsführer im Interesse des Schutzes der Gesellschafterminderheit zur Beendigung verpflichtet sein (Scholz/*Emmerich* Anh. § 13 Rz. 230). Im Weigerungsfalle kann die Gesellschaft durch Gesellschafter im Wege einer actio pro socio hierzu angehalten werden, die außerdem den Minderheitsgesellschaftern das Recht einräumen – Notzuständigkeit –, den Vertrag selbst zu „kündigen" (Scholz/*Emmerich* Anh. § 13 Rz. 230). I.Ü. sollen auch Gesellschafter direkt im Wege einer Schadensersatzklage (Rückgängigmachung der Konzerneingliederung) vorgehen können (Scholz/*Emmerich* Anh. § 13 Rz. 230 meines Erachtens zweifelhaft).

154 Die „Kündigung" durch die abhängige Gesellschaft bedarf als ungewöhnliche Geschäftsführungsmaßnahme der Zustimmung der Gesellschafterversammlung mit einfacher Mehrheit (Scholz/*Emmerich* Anh. § 13 Rz. 261; a.A. *Authenrieth* GmbHR 1990, 117 – Sonderbeschluss der außenstehenden Gesellschafter nach § 296 Abs. 2 AktG).

155 Die Beendigung des nichtigen Vertrags ist grds. nicht treuwidrig (*Lutter/Hommelhoff* Anh. § 13 Rz. 112; vgl. auch *Ulmer* BB 1989, 15 und 18).

156 Unterlassen die zuständigen Organe die Beendigung des Unternehmensvertrags, haben die Gesellschafter in der Regel ein Interesse an der Feststellung der Nichtigkeit (*Noack* Anh. C. II. 3. Rz. 115).

157 **5. Folgen der Beendigung des Unternehmensvertrags.** Bis zur Beendigung ist der Unternehmensvertrag als wirksam zu behandeln. Das beherrschende Unternehmen muss z.B. bei einem Gewinnabführungsvertrag die Verluste weiterhin übernehmen. Endet der Gewinnabführungsvertrag während des Wirtschaftsjahres der beherrschten Gesellschaft, so beschränkt sich die Verlustübernahme auf den Verlust des Rumpfwirtschaftsjahres. Zu diesem Zweck hat die beherrschte Gesellschaft eine Stichtagsbilanz zu erstellen (vgl. *BGHZ* 103, 4 ff.).

158 **6. Andere Unternehmensverträge als Gewinnabführungs- und Beherrschungsverträge.** Auch andere Verträge als Ergebnisabführungs- und Beherrschungsverträge können als Unternehmensverträge zu qualifizieren sein (vgl. MüKo GmbHG/*Liebscher* Anh. § 13 Rz. 680 f.). Bei diesen Verträgen handelt es sich nicht um gesellschaftsrechtliche Organisationsverträge, sondern um **Schuldverhältnisse**, aus denen keine Vertragspartei Ansprüche auf Erfüllung geltend machen kann. Die übrigen Folgen ergeben sich aus den allg. schuldrechtlichen Bestimmungen (z.B. Ansprüche aus culpa in contrahendo). Besonderheiten aus der Tatsache, dass es sich um Unternehmensverträge handelt, ergeben sich nicht.

F. Der faktische GmbH-Konzern

I. Ausgangspunkt – Begründung und Vermeidung der faktischen Abhängigkeit

Die Mehrzahl der GmbH-Konzerne sind faktische Konzerne. Die Bezeichnung „faktischer" Konzern ist insofern ungenau, als i.d.R. nicht tatsächliche Umstände den Konzern begründen, sondern Rechtsbeziehungen (Anteilsbesitz z.B., vgl. *Lutter/Hommelhoff* Anh. § 13 Rz. 61 ff.; vgl. auch *Noack* Anh. B. Rz. 29: Nichtvertragskonzern). Vertragskonzerne, in denen die Beherrschung vertraglich geregelt ist, sind relativ selten anzutreffen. Gewinnabführungsverträge, die aus steuerlichen Gründen eingegangen werden und weit verbreitet sind (vgl. §§ 14 ff. KStG), begründen keine vertragliche Beherrschung. Bei Bestehen eines Gewinnabführungsvertrags kann allenfalls ein faktischer Konzern gegeben sein. **159**

Die Tatsache, dass faktische Konzerne bei der GmbH häufiger anzutreffen sind als Vertragskonzerne findet ihre Begründung darin, dass das GmbH-Recht – anders als bei der AG – die Beherrschung einer abhängigen Gesellschaft durch die Mehrheit der Gesellschafter auch ohne besonderen Beherrschungsvertrag ermöglicht. Die Mehrheit der Gesellschafter (Gesellschafterversammlung) kann z.B. die Geschäftsführer bestellen (bei der AG ist für die Bestellung des Vorstands der Aufsichtsrat zuständig, § 84 AktG), die ihrerseits von den Weisungen der Gesellschafterversammlung abhängig sind (§ 37; anders bei der AG, bei der der Vorstand „unter eigener Verantwortung", vgl. § 76 Abs. 1 AktG handelt). Der bei der GmbH bereits kraft Gesetzes bestehende Zustand kann bei der AG nur durch einen Beherrschungsvertrag hergestellt werden. **160**

Der leichte Übergang der GmbH zur Abhängigkeit mag im Einzelfall den Intentionen der Beteiligten entsprechen. Er birgt jedoch auch die Gefahr des „Hineinschlitterns" in ein Konzernverhältnis in sich (das insb. von Minderheitsgesellschaftern nicht gewollt sein kann). **161**

Zunächst ist es Aufgabe der GmbH (in der Satzung), solchen Konstellationen entgegenzuwirken (z.B. durch Vinkulierung der Geschäftsanteile, vgl. *Noack* Anh. B. I. 1. Rz. 32 ff.; Wettbewerbsverbote, Stimmrechtserweiterungen bzw. -beschränkungen, vgl. *Rowedder/Pentz/Schnorbus* Anh. nach § 52 Rz. 55 ff.; *Scholz/Emmerich* Anh. § 13 Rz. 97 ff.; *Noack* Anh. B. I. 1. Rz. 34 ff.). Der Übergang zur Abhängigkeit kann entstehen durch Erwerb der Mehrheit (der Anteile oder der Stimmrechte) und, soweit es sich um einen Gesellschafter handelt, diesem die Unternehmereigenschaft zukommt. **162**

Besondere Bedeutung kommt einem Wettbewerbsverbot zu, dem der beherrschende Gesellschafter jedenfalls in einer personalistisch strukturierten GmbH auch ohne entsprechende Satzungsbestimmung entspr. § 112 HGB unterliegt (vgl. *BGH* GmbHR 1984, 203; weitgehende Zustimmung im Schrifttum, vgl. *Noack* Anh. B. I. 1. Rz. 36; *Lutter/Hommelhoff* Anh. § 13 Rz. 44; vgl. auch *Rowedder/Pentz/Schnorbus* Anh. nach § 52 Rz. 36 ff.; *Scholz/Emmerich* Anh. § 13 Rz. 70). **163**

Die Gesellschafter sind auf Grund der Treuepflicht gehalten, alles zu tun, um die Selbstständigkeit der Gesellschaft zu erhalten. Jede Handlung, durch die die Abhängigkeit der Gesellschaft droht, stellt eine Treuepflichtverletzung dar (*Scholz/Emmerich* Anh. § 13 Rz. 68 ff.; *Lutter/Hommelhoff* Anh. § 13 Rz. 53, z.B. Veräußerung einer Mehrheitsbeteiligung: Erforderlichkeit eines Gesellschafterbeschlusses, a.A. Rowedder/Pentz/*Schnorbus* Anh. nach § 52 Rz. 40a). Strukturändernde Beschlüsse können **164** gegen den Willen der Minderheit nur gefasst werden, wenn diese gegen die Gefahren der Abhängigkeit geschützt werden (*Lutter/Hommelhoff* Anh. § 13 Rz. 51).

165 Die Gesellschafter sind verpflichtet, autonomiegefährdende Änderungen sich gegenseitig mitzuteilen (Scholz/*Emmerich* Anh. § 13 Rz. 73; *Lutter/Hommelhoff* Anh. § 13 Rz. 56; *Noack* Anh. B. I. 2. Rz. 38).

166 Die §§ 311 ff. AktG sind wegen des unterschiedlichen Systems im Verhältnis zur GmbH auf den GmbH-Konzern nicht anwendbar (allg. M., *BGHZ* 95, 340; vgl. *Noack* Anh. B. II. 1. Rz. 46). Es ist daher eine eigene Lösung erforderlich. Ausgangspunkt sind die allg. Schranken der Mehrheitsherrschaft auf Grund der Treuepflicht der Gesellschafter (vgl. *Lutter/Hommelhoff* Anh. § 13 Rz. 42 ff.). Die Rechtsprechung hat eine lange Entwicklung hinter sich.

II. Entwicklung der Rechtsprechung – Einschränkung der Mehrheitsherrschaft

167 (1) Die ursprüngliche Rechtsprechung hatte der Mehrheitsherrschaft keine Schranken gezogen, später jedoch unter Berufung auf §§ 138, 826 BGB das Verbot der Verfolgung gesellschaftsfremder Sondervorteile zum Schaden der Gesellschaft entwickelt (vgl. Scholz/*Emmerich* Anh. § 13 Rz. 102). Diese einschränkende Haltung, die nur geringe praktische Bedeutung besaß, fand zunächst in der Rechtsprechung des BGH zur Treuepflicht der Gesellschafter ihre Ergänzung. Der Gesellschafter hat diese Treuepflicht nicht nur der Gesellschaft gegenüber zu üben; die Gesellschafter sind auch untereinander hierzu verpflichtet. Zunächst ergaben sich Beschränkungen der Stimmrechtsausübung (vgl. *BGHZ* 9, 163; 14, 38). Für die Haftung der Mehrheit aus dem Weisungsrecht an die Geschäftsführer blieb zunächst § 826 BGB die einzige Rechtsgrundlage (vgl. *BGHZ* 31, 278; 36, 296).

168 (2) Eine Wende in Richtung Konzernrecht ist in dieser Rechtsprechung noch nicht zu erkennen. Aus den §§ 311 ff. AktG konnte wegen der unterschiedlichen Systeme eine Lösung nicht gefunden werden (allg. M., vgl. Scholz/*Emmerich* Anh. § 13 Rz. 101). Es galt also, eigene Grundsätze für den GmbH-Konzern zu entwickeln. Ausgangspunkt hierfür war zwar wiederum die Treuepflicht der Gesellschafter (zur Treuepflicht der Gesellschafter untereinander vgl. *BGHZ* 9, 163; 14, 38), jedoch in einer akzentuierteren Form als die frühere Rechtsprechung (Schädigungsverbot Scholz/*Emmerich* Anh. § 13 Rz. 103 und 163 ff.).

169 Ein entscheidender Schritt wurde in dem sog. ITT-Urteil getan (*BGH* NJW 1976, 191): Ausgangspunkt ist, wie schon ausgeführt, die gesellschaftsrechtliche Treuepflicht der Gesellschafter, die ihren Grund darin hat, dass bei der GmbH unbeschadet ihrer körperschaftlichen Verfassung die nähere Ausgestaltung ihrer Organisation und ihre wirtschaftliche Betätigung oft in erheblichem Maß dem unmittelbaren Einfluss ihrer Gesellschafter unterliegen und die inneren Verhältnisse der GmbH daher auf eine deutliche Nähe zu den Personengesellschaften angelegt sein können. Die Möglichkeit der Gesellschafter-Mehrheit durch Einflussnahme auf die Geschäftsführung die gesellschaftsbezogenen Interessen der Mitgesellschafter zu beeinträchtigen, verlangt als **Gegengewicht die gesellschaftsrechtliche Pflicht, auf diese Interessen Rücksicht zu nehmen.**

170 In der genannten Entscheidung handelt es sich um die Leistung einer Konzernumlage durch eine abhängige GmbH & Co KG; die Leistung wurde durch den Mehrheitsgesellschafter einer Zweimann-GmbH, die satzungsgemäß die Geschäfte der KG führt, veranlasst. Dieser Einzelvorgang führt zur Verpflichtung, die gezahlten Beträge der KG zu erstatten. Damit war praktisch der GmbH-Konzern geboren (wenn auch vorläufig nur in Gestalt des sog. einfachen faktischen Konzerns). Zu Recht wird diese Entscheidung als ein Markstein bezeichnet (vgl. *Ulmer* NJW 1976, 192).

(3) Der Übergang zu einer allg. konzernrechtlichen Haftung (in entspr. Anwendung **171** der §§ 303, 324 Abs. 2 und 3 AktG) erfolgt in der Entscheidung v. 16.9.1985 (GmbHR 1986, 78 – sog. Autokran-Urteil). **Herrschendes Unternehmen kann auch eine Einzelperson sein**, die ihre wirtschaftlichen Interessen nicht nur in der betroffenen Gesellschaft, sondern **auch in anderen Unternehmen maßgeblich verfolgen kann**. Voraussetzung ist, dass sie die **Geschäfte der abhängigen GmbH dauernd und umfassend geführt** hat. Sie haftet dann den Gläubigern der abhängigen GmbH direkt. Zur Beweislast vgl. Rz. 193.

(4) Eine Konkretisierung der Konzernhaftung wird in der Entscheidung v. 20.2.1989 **172** (GmbHR 1989, 196) vorgenommen: Der abhängigen GmbH steht gegen das herrschende Unternehmen (§ 302 AktG analog) ein Anspruch auf **Verlustausgleich** zu, wenn dieses die Geschäfte der GmbH im finanziellen Bereich dauernd und umfassend geführt hat und nicht dartun kann, dass die entstandenen Verluste nicht auf der Geschäftsführung beruhen (sog. Tiefbau-Urteil).

(5) Als herrschendes Unternehmen kommen alle Unternehmen in Betracht, die Trä- **173** ger von Rechten und Verbindlichkeiten sein können, also auch natürliche Personen und Personengesellschaften (*BGH* GmbHR 1993, 283; 1994, 171; *KG* GmbHR 2001, 245). Die unternehmerische Tätigkeit kann auch eine freiberufliche Tätigkeit sein (*BGH* GmbHR 1994, 881). Es gilt ferner der Verlustausgleich (*BGH* GmbHR 1991, 520 – sog. Video-Urteil; vgl. auch *BGH* GmbHR 1993, 283 – sog. TBB-Urteil). Die unternehmerische Betätigung kann sich in der Einflussnahme auf andere Gesellschaften erschöpfen (*BGH* GmbHR 1994, 171; 1997, 258 – sog. **multipler Mehrheitsbesitz**).

III. Der faktische GmbH-Konzern – Begriffsbestimmung und Abgrenzung

Der **faktische GmbH-Konzern** beruht auf der Abhängigkeit einer GmbH außerhalb **174** vertraglicher Regelungen. Der Begriff der Abhängigkeit ergibt sich aus § 17 AktG (vgl. Rz. 31). Die GmbH ist von einem anderen Unternehmen abhängig, wenn dieses auf die GmbH unmittelbar oder mittelbar einen beherrschenden Einfluss ausüben kann.

Bisher wurden der einfache und der qualifizierte faktische Konzern unterschieden. **175** Nach Aufgabe des Instituts des qualifizierten faktischen Konzerns durch den BGH (vgl. im Einzelnen Scholz/*Emmerich* Anh. zu § 13 Rz. 7 ff.) erübrigt sich diese Unterscheidung. Es würde genügen, von einem faktischen Konzern zu sprechen – der einfache faktische Konzern lässt rein sprachlich vermuten, dass es auch einen weiteren faktischen Konzern gibt, was nun nicht mehr der Fall ist. Der (einfache) faktische Konzern wird von der Aufgabe der Rechtsprechung zum qualifizierten faktischen Konzern nicht berührt (vgl. Scholz/*Emmerich* Anh. § 13 Rz. 169, *Römermann/Schödel* GmbHR 2005, 1017).

Im (einfachen) faktischen Konzern handelt es sich um einzelne, ziffernmäßig feststell- **176** bare Schmälerungen (konkret ausgleichsfähige Einzeleingriffe, *BGH* GmbHR 1993, 283) des Vermögens der abhängigen GmbH (vgl. *BGHZ* 65, 15). Einem **Einzelaus-**

gleich, der durch Eröffnung des Insolvenzverfahrens über das Vermögen der abhängigen Gesellschaft ausgeschlossen wird (*OLG München* GmbHR 1998, 285), zugänglich sind z.B. Ansprüche, die in der Buchführung vollständig erfasst sind (*BGH* GmbHR 1993, 283) und auch bei der abhängigen GmbH zur Bildung einer Rückstellung geführt haben oder bei Verzicht auf eine Forderung, die zum Ausgleich wieder begründet wird (*BGH* GmbHR 2000, 1264). Ein Ausgleich ist nicht mehr möglich, wenn die Einstellung des Geschäftsbetriebs nicht auf dem gesetzlich vorgeschriebenen Weg durch Gesellschafterbeschluss und anschließende Liquidation vollzogen wird, sondern die Gesellschaft durch den Abzug aller Vermögenswerte in eine Insolvenz geführt wird (*BGH* GmbHR 1966, 367; vgl. auch *Kowalski* GmbHR 1993, 257; *Drygala* GmbHR 1993, 321).

177   Ausgangspunkt der Beurteilung faktischer Konzerne ist die Erkenntnis, dass nicht nur die Beziehungen zwischen Gesellschafter und Gesellschaft, sondern auch die der Gesellschafter untereinander von der gesellschaftsrechtlichen Treuepflicht bestimmt sein können (vgl. *BGHZ* 65, 15 – sog. ITT-Fall). Den inneren Grund hierfür sieht der BGH darin, dass bei der GmbH unbeschadet ihrer körperschaftlichen Verfassung die nähere Ausgestaltung ihrer Organisation und ihre wirtschaftliche Betätigung oft in erheblichem Maße der unmittelbaren Einflussnahme ihrer Gesellschafter unterliegen und die inneren Verhältnisse der GmbH daher auf eine deutliche Nähe zu den Personengesellschaften angelegt sein können. Die für eine Gesellschaftermehrheit bestehende Möglichkeit, durch Einflussnahme auf die Geschäftsführung die gesellschaftsrechtlichen Interessen der Mitgesellschafter zu benachteiligen, verlangt als Gegengewicht die gesellschaftsrechtliche Pflicht, auf diese Interessen Rücksicht zu nehmen (vgl. *BGH* GmbHR 2000, 1264).

178   Aus dieser gesellschaftsrechtlichen Rücksichtnahme ergibt sich für Minderheitsgesellschafter, dass sie

1. Maßnahmen ergreifen können, durch die der Eintritt eines Schadens verhindert wird und
2. dass ihnen ein Anspruch auf Ausgleich eingetretener Schäden zusteht.

179   Als Maßnahmen gegen drohende Konzerneingriffe kommen in Betracht:

1. Unterlassungsklage gegen die Gesellschaft, auch wenn der Geschäftsführer auf Grund einer Weisung des beherrschenden Unternehmens handelt (Scholz/*Emmerich* Anh. § 13 Rz. 159; weitergehend *Noack* Anh. B. II. 2. Rz. 51; Rowedder/Pentz/*Schnorbus* Anh. nach § 52 Rz. 62).
2. Anfechtung von Gesellschafterbeschlüssen wegen Zweckwidrigkeit, soweit die Maßnahme Gegenstand eines Gesellschafterbeschlusses ist (*Noack* Anh. B. II. 2. Rz. 50).
3. Beschlussfassung über einzelne Rechtsgeschäfte mit dem herrschenden Unternehmen oder über die Art und Weise der Geschäftsführung. Der Minderheitsgesellschafter muss diese geplanten Maßnahmen zum Gegenstand der Tagesordnung machen. Der Gesellschafter (das herrschende Unternehmen), mit dem das Rechtsgeschäft abgeschlossen werden soll, darf hierbei nicht mitstimmen (§ 47 Abs. 4). Auf diese Weise kann der Minderheitsgesellschafter die Geschäftsführer anweisen, bestimmte Rechtsgeschäfte nicht vorzunehmen (*Noack* Anh. B. II. 2. Rz. 49, die jedoch auch auf die Schwierigkeiten bei der Durchführung hinweisen).

Der Anspruch auf Ausgleich eines eingetretenen Schadens steht der Gesellschaft zu. **180**
Der geschädigte Minderheitsgesellschafter hat keinen Anspruch auf (anteiligen) Schadensausgleich (vgl. *Noack* Anh. B. V. 1. a) Rz. 69).

Schaden ist jede Beeinträchtigung des Gesellschaftszweckes (*Noack* Anh. B. V. 1. a) **181**
Rz. 66). Der Schadensersatz ist grds. durch Rückgängigmachung des schädigenden
Zustandes zu leisten (Erstattung geleisteter Zahlungen, Wiederbegründung einer
erlassenen Verbindlichkeit, vgl. *Scholz/Emmerich* Anh. § 13 Rz. 117; *Noack* Anh. B. V.
1. a) Rz. 67). Geldersatz kommt nur bei Unmöglichkeit der Leistung in Betracht
(*Noack* Anh. B. V. 1. a) Rz. 67).

Der der abhängigen GmbH zustehende Anspruch ist grds. auch von dieser geltend zu **182**
machen. Ist die Gesellschaft zur Geltendmachung nicht bereit (was bei der bestehenden Abhängigkeit häufig der Fall sein wird), muss der Minderheitsgesellschafter sie
auf gerichtlichem Wege hierzu zwingen. Zumindest bei einer Zweimanngesellschaft
hält es der BGH *(BGHZ 65, 15)* für zulässig, dass der Minderheitsgesellschafter in
einer Art actio pro socio unmittelbar das herrschende Unternehmen auf Zahlung an
das abhängige Unternehmen verklagt. Zur Möglichkeit der Bestellung eines Prozessvertreters (§ 46 Nr. 8, vgl. *Noack* Anh. B. V. 1. a) Rz. 69; m.E. zweifelhaft, da § 46 Nr. 8
die Geltendmachung von Ansprüchen gegen Geschäftsführer im Auge hat).

Die Frage, ob ein Austrittsrecht aus wichtigem Grund (vgl. Rz. 189) zusteht, beurteilt **183**
sich nach den Umständen des Einzelfalls (Höhe und Dauer der Eingriffe). Generell
ablehnen wird man es nicht können.

IV. Der qualifizierte faktische Konzern

Der qualifizierte faktische Konzern hat durch die Rechtsprechung sein Ende gefun- **184**
den. An seine Stelle ist ein Schadensersatzanspruch aus § 826 BGB wegen existenzvernichtenden Eingriffs getreten (*BGHZ* 173, 246, 252 ff., Rz. 16 ff.). Vgl. hierzu *Scholz/
Emmerich* Anh. zu § 13 Rz. 7 ff.

G. Konzernabschluss

I. Sinn und Zweck des Konzernabschlusses

Die §§ 290 ff. HGB regeln den Konzernabschluss und Konzernlagebericht. Die GmbH **185**
kann Konzernmutter oder Konzerntochter sein. In diesem Zusammenhang interessiert
nur die GmbH als Konzernmutter; denn sie ist zur Aufstellung des Konzernabschlusses verpflichtet. Der Konzernabschluss besteht aus der Konzernbilanz, der Konzern-
Gewinn- und Verlustrechnung und dem Konzernanhang, die eine Einheit bilden (§ 297
Abs. 1 HGB).

Der Pflicht zur Aufstellung eines besonderen Konzernabschlusses liegt die Erkenntnis **186**
zugrunde, dass der Jahresabschluss der einzelnen Konzernunternehmen an Aussagekraft dadurch verliert, weil das Konzernunternehmen weitgehend von der Konzernspitze abhängt (z.B. Gewährung von Darlehen durch eine Konzerngesellschaft an eine
andere Gesellschaft auf Weisung der Konzernmutter). Eine zutreffende Darstellung
kann daher nur der Konzern insgesamt vermitteln **(Konzernbilanz)**. Ziel des Konzernabschlusses ist es, den Adressaten der Rechnungslegung zusätzliche Informationen über
die tatsächlichen Verhältnisse der Vermögens-, Finanz- und Ertragslage des Konzerns
zu vermitteln, § 297 Abs. 2 S. 2 HGB (vgl. auch *Lutter/Hommelhoff* Vor § 41 Rz. 47).

187   Die Konzernbilanz ist nicht eine Zusammenfassung der Jahresabschlüsse der einzelnen Konzernunternehmen, sondern eine eigene Bilanz, in der die Konzernunternehmen wie Betriebsabteilungen eines einheitlichen Unternehmens **(Einheitstheorie)** behandelt werden. Es sind also Korrekturen vorzunehmen **(Konsolidierung)**; der Konzernabschluss wird daher auch **konsolidierter Jahresabschluss** genannt. Im konsolidierten Jahresabschluss sind alle Bilanzansätze auszuscheiden, die im Jahresabschluss eines einheitlichen Unternehmens (als Innenbeziehung) nicht erscheinen dürfen (§ 303 Abs. 1 HGB; vgl. auch *Großfeld/Luttermann* Rz. 1512; *Lutter/Hommelhoff* Vor § 41 Rz. 48).

II. Pflicht zur Aufstellung des Jahresabschlusses

188   Eine GmbH ist ein zur Konzernrechnungslegung verpflichtetes Mutterunternehmen, wenn entweder eine andere Gesellschaft (in jeder Rechtsform, nicht notwendigerweise eine Kapitalgesellschaft, auch im Ausland) unter einheitlicher Leitung (vgl. § 18 AktG) der GmbH steht (§ 290 Abs. 1 HGB) oder diese nach Maßgabe des § 290 Abs. 2 AktG die Kontrolle über die andere Gesellschaft ausübt. Erforderlich ist für § 290 Abs. 1 AktG – neben der Beteiligung i.S.d. § 271 Abs. 1 HGB – dass das Unternehmen die Möglichkeit hat, die Geld- und Finanzpolitik eines anderen Unternehmens dauerhaft zu bestimmen (Bestimmung der Geschäftspolitik und der grds. Fragen der Geschäftsführung des Tochterunternehmens; eine völlige Unterordnung ist nicht erforderlich, *Großfeld/Luttermann* Rz. 1267; *Hopt* § 290 Rz. 7). Ein Konzernabschluss ist immer aufzustellen, wenn eines der in § 290 Abs. 2 HGB genannten Kriterien erfüllt ist. Es kommt nicht darauf an, ob die mögliche Einflussnahme ausgeübt wird. Kleinkonzerne nach § 293 HGB sind von der Konzernrechnungslegung befreit.

189   Im Gleichordnungskonzern besteht grundsätzlich keine Konzernrechnungslegungspflicht – das Konzept der „einheitlichen Leitung" wurde zur Annäherung an die IFRS (International Financial Reporting Standards) aufgegeben (*Lutter/Hommelhoff* Vor § 41 Rz. 49; *Hopt* § 290 HGB Rz. 7).

190   Der Konzernabschluss ist von den gesetzlichen Vertretern des Mutterunternehmens mit Sitz im Inland aufzustellen (§ 290 Abs. 1 S. 1 HGB). Zur Feststellung des Konzernabschlusses vgl. Rz. 201.

191   Die Pflicht zur Erstellung eines Konzernabschlusses beschränkt sich auf Mutterunternehmen mit einer bestimmten Größe; die Merkmale ergeben sich aus § 293 Abs. 1 HGB. Kleinere Mutterunternehmen sind befreit.

III. Befreiung vom Konzernabschluss – Teilkonzernabschluss

192   Eine Gesellschaft kann zugleich Mutterunternehmen und Tochterunternehmen sein. In diesem Falle ist sie als Mutterunternehmen vom Konzernabschluss befreit, wenn sie mit allen ihren Tochterunternehmen in den Konzernabschluss ihres Mutterunternehmens einbezogen ist (§ 291 Abs. 1 S. 1 HGB).

193   Die Befreiung vom Konzernabschluss kann nach Maßgabe des § 291 Abs. 3 HGB durch deren Gesellschafter verhindert werden; dann ist ein Teilkonzernabschluss zu erstellen.

IV. Konsolidierungskreis

In den Konzernabschluss sind das Mutterunternehmen und grds. alle Tochterunter- **194**
nehmen i.S.d. § 290 Abs. 1 und 2 HGB (§ 294 Abs. 1 HGB) und Enkelunternehmen
(§ 290 Abs. 3 HGB) einzubeziehen.

Mit der Angleichung an internationale Standards der Rechnungslegung ist das Verbot **195**
der Einbeziehung von im Konzernprofil branchenfremden Unternehmen, wie das
§ 295 HGB a.f. vorsah, entfallen (§ 295 HGB ist durch das BilReG v. 4.12.2004,
BGBl. I 2004, S. 3166 aufgehoben worden). Auch diese Konzerngesellschaften sind
nun zu konsolidieren (vgl. im Einzelnen *Großfeld/Luttermann* Rz. 1336).

Unter den Voraussetzungen des § 296 HGB braucht ein Tochterunternehmen nicht in **196**
den Konzernabschluss einbezogen zu werden. Die Nichteinbeziehung ist im Konzernanhang zu begründen (§ 296 Abs. 2 HGB).

Assoziierte Unternehmen – Unternehmen, das nicht in den Konzernabschluss einbe- **197**
zogen ist, auf das aber ein einbezogenes Unternehmen maßgeblichen Einfluss auf die
Geschäfts- und Finanzpolitik ausübt; das den Einfluss ausübende Unternehmen muss
am assoziierten Unternehmen nach § 271 Abs. 1 HGB beteiligt sein – sind in der Konzernbilanz unter einem besonderen Posten mit entsprechender Bezeichnung auszuweisen (§ 311 Abs. 1 S. 1 HGB). Ein maßgeblicher Einfluss wird vermutet, wenn ein
Unternehmen bei einem anderen Unternehmen mindestens 20 von Hundert der
Stimmrechte der Gesellschaft innehat (§ 311 Abs. 1 S. 2 HGB).

Eine anteilsmäßige Konsolidierung **(Quotenkonsolidierung)** lässt § 310 Abs. 1 HGB **198**
für den Fall zu, dass ein in den Konzernabschluss einbezogenes Mutter- oder Tochterunternehmen ein anderes Unternehmen gemeinsam mit einem oder mehreren nicht
im Konzernabschluss einbezogenen Unternehmen führt (*Hopt* § 300 HGB Rz. 1,
jedoch str., ob Gemeinschaftsunternehmen die Voraussetzungen des § 290 HGB erfüllen kann). Das Wahlrecht entfällt, wenn die Voraussetzungen der Vollkonsolidierung
bestehen.

V. Form und Inhalt des Konzernabschlusses

Der Konzernabschluss ersetzt nicht die Jahresabschlüsse der einbezogenen Unterneh- **199**
men. Der Konzernabschluss ist weder Grundlage der Gewinnausschüttung noch der
Besteuerung (der Konzern ist im steuerlichen Sinne kein Steuersubjekt). Die Bedeutung des Konzernabschlusses liegt allein **in seinem Informationsgehalt** (*Lutter/Hom-
melhoff* Vor § 41 Rz. 47). Diese gegenüber der Handels- bzw. Steuerbilanz veränderte
Zweckbestimmung hat zur Folge, dass die allgemeinen Bilanzierungsgrundsätze nicht
automatisch gelten (vgl. § 297 Abs. 2 S. 2 HGB: „unter Berücksichtigung der Grundsätze ordnungsmäßiger Buchführung"). § 298 Abs. 1 HGB verweist auf bestimmte Vorschriften über den Jahresabschluss, die jedoch nur dann anwendbar sind, soweit die
Eigenart des Konzernabschlusses keine Abweichungen bedingt.

Die Vorschriften über die Aufstellung des Konzernabschlusses sind allgemeiner Natur; **200**
sie betreffen nicht nur die GmbH. Wegen Einzelheiten muss daher auf die einschlägige Spezialliteratur verwiesen werden.

VI. Feststellung des Konzernabschlusses

201   Der von den Geschäftsführern aufgestellte Konzernabschluss bedarf der Billigung durch die Gesellschafterversammlung (§ 46 Nr. 1 b). Für die Aufstellung des Konzernabschlusses sind die Abs. 1–3 des § 42a entsprechend anzuwenden (§ 42a Abs. 4 S. 1). Zum Begriff der Billigung vgl. Rz. 78.

Kapitel III
Die Besteuerung der GmbH

Kommentierung

Übersicht

A. Vorbemerkung

1   Die GmbH steht – wie andere Rechtssubjekte auch – in vielfältigen rechtlichen Beziehungen. Zu den wirtschaftlich bedeutsamsten und rechtlich schwierigsten gehören auch die steuerlichen Verhältnisse der GmbH. Dies macht es notwendig, einem Kommentar zum GmbH-Recht einen steuerrechtlichen Teil beizugeben.

2   Der Schwerpunkt der Darstellung liegt – entspr. der Bedeutung für die Praxis – bei den Ertragsteuern (Körperschaftsteuer einschließlich Solidaritätszuschlag, Gewerbesteuer, Einkommensteuer).

3   Auf Grund der Abschaffung der Gewerbekapitalsteuer und der Nichterhebung der Vermögensteuer ab 1997 spielen die Substanzsteuern für die GmbH keine Rolle mehr. Insoweit wird auf die 4. Aufl. Teil VII Rz. 317 ff. und 334 verwiesen.

4   Verkehrsteuerliche Fragestellungen (Umsatzsteuer, Grunderwerbsteuer) werden behandelt, soweit sie für die GmbH von Bedeutung sind.

5   Tiefgreifende steuerrechtliche Änderungen haben sich ab dem Veranlagungszeitraum (VZ) 2001 durch die Abschaffung des körperschaftsteuerlichen Anrechnungsverfahrens und die damit verbundene Rückkehr zur „klassischen (Doppel-)Besteuerung" der Kapitalgesellschaften ergeben. Auf das körperschaftsteuerliche Anrechnungsverfahren wird hier nicht mehr eingegangen. Wegen der Wirkungsweise des bis VZ 2000 anzuwendenden Anrechnungsverfahrens wird auf die Darstellung in der 4. Aufl. Teil VII Rz. 231 ff. verwiesen.

Vergleichbare Änderungen sind ab 2008 durch das Unternehmensteuerreformgesetz eingetreten. **6**

Schließlich ist zu beachten, dass für die GmbH-Gesellschafter ab 2009 bei der Einkommensbesteuerung der Gewinnausschüttungen i.d.R. die sog. Abgeltungsteuer von 25 % zur Anwendung kommt. **7**

Die nachfolgende Darstellung beruht auf der am 1.1.2024 geltenden Rechtslage.

Die nachfolgenden Ausführungen zur steuerlichen Behandlung der GmbH gelten auch für die „**Unternehmergesellschaft (haftungsbeschränkt)**" (kurz: UG): die UG ist mit ihrem Einkommen ebenso körperschaftsteuer- und gewerbesteuerpflichtig wie die GmbH. Die Umfirmierung der UG in eine GmbH (nach Erhöhung ihres Stammkapitals auf mind. 25.000 €) ändert daher an der steuerlichen Situation der UG nichts. **8**

Die Darstellung gliedert sich in folgende Abschnitte: **9**
– laufende Besteuerung der GmbH (Teil B),
– Besteuerung der GmbH-Gründung (Teil C),
– Besteuerung der GmbH-Beendigung (Teil D).

B. Die laufende Besteuerung der GmbH

I. Körperschaftsteuer

1. Steuerpflicht. – a) Unbeschränkte/beschränkte Körperschaftsteuerpflicht. Die GmbH ist gem. § 1 Abs. 1 Nr. 1 KStG Subjekt der Körperschaftsteuer. Das Körperschaftsteuerrecht unterscheidet zwischen unbeschränkter und beschränkter Körperschaftsteuerpflicht. **10**

Unbeschränkt körperschaftsteuerpflichtig sind diejenigen Körperschaften, die ihre Geschäftsleitung oder ihren Sitz im Inland haben. **11**

Beschränkte Körperschaftsteuerpflicht besteht dagegen für solche Steuersubjekte, die weder ihre Geschäftsleitung noch ihren Sitz im Inland haben. Während die unbeschränkt steuerpflichtige Körperschaft im Grundsatz sämtliche in- und ausländischen Einkünfte der deutschen Körperschaftsteuer zu unterwerfen hat (§ 1 Abs. 2 KStG), sind bei beschränkter Körperschaftsteuerpflicht nur die inländischen Einkünfte im Inland zu versteuern. Eine beschränkt steuerpflichtige GmbH ist insoweit möglich, als diese ihren Sitz und ihre Geschäftsleitung in einen anderen Staat verlegt. Soweit die Verlegung des Sitzes und der Geschäftsleitung ins Ausland zu einer Beschränkung oder dem Ausschluss des Besteuerungsrechts der Bundesrepublik Deutschland führen, sind die stillen Reserven des Gesellschaftsvermögens der GmbH aufzudecken und zu versteuern (§ 12 Abs. 1 KStG; „Steuerentstrickung"). **12**

Die unbeschränkte Körperschaftsteuerpflicht der GmbH umfasst grds. alle in- und ausländischen Einkünfte der GmbH (§ 1 Abs. 2 KStG; sog. „Welteinkommensprinzip"). Praktisch relevante Einschränkungen erfährt dieser Grundsatz – von Steuerbefreiungen nach einzelnen Vorschriften (z.B. § 8b KStG für Dividenden und Gewinne aus der Veräußerung von Kapitalanteilen) abgesehen – durch die mit über 100 Staaten geschlossenen Abkommen zur Vermeidung der Doppelbesteuerung auf dem Gebiet der Steuern vom Einkommen und vom Vermögen (Doppelbesteuerungsabkommen – DBA). Danach kann das Besteuerungsrecht der Bundesrepublik Deutschland an den im Ausland erzielten Einkünften eingeschränkt oder ausgeschlossen sein. **13**

14   b) Beginn und Ende der Steuerpflicht. – aa) Beginn der Körperschaftsteuerpflicht. Das KStG regelt den Beginn der Körperschaftsteuerpflicht nicht ausdrücklich. Es knüpft lediglich an die (bestehende) Rechtsform der (eingetragenen) GmbH an. Die verschiedenen Phasen der GmbH-Gründung haben aber auch steuerrechtliche Bedeutung.

15   Die verschiedenen Gründungsphasen ergeben sich aus der nachfolgenden Grafik:

16   Die Körperschaftsteuerpflicht beginnt nicht mit dem Entstehen der GmbH als juristischer Person durch die Eintragung im Handelsregister (§ 11 Abs. 1 GmbHG), sondern mit der „Errichtung" der GmbH durch Abschluss des Gesellschaftsvertrages in notarieller Form. Die mit dem notariellen Gründungsakt errichtete „Vor-GmbH" ist zwar noch keine juristische Person, untersteht aber bereits als körperschaftlich strukturiertes Gebilde dem Recht der GmbH, soweit dieses nicht die Eintragung voraussetzt (vgl. oben § 11 Rz. 13).

17   Die Vor-GmbH ist als selbstständiger Rechtsträger daher schon körperschaftsteuerpflichtig (*BFH* v. 20.10.1982 – I R 118/78, BFHE 137, 265 = BStBl. II 1983, S. 247/248). Da sie mit der später eingetragenen GmbH rechtlich – auch steuerrechtlich – identisch ist, beginnt die Körperschaftsteuerpflicht der GmbH im Ergebnis schon mit der Errichtung der Vor-GmbH.

Zur Besteuerung der GmbH in der Gründungsphase vgl. ausführlich Rz. 448 ff.

18   bb) Ende der Körperschaftsteuerpflicht. Die Körperschaftsteuerpflicht der GmbH endet mit der Beendigung der Liquidation. Die Auflösung der GmbH und der Beginn der Liquidation berührt ihre Steuerpflicht nicht. Ebenso wenig ist die Löschung der Firma im Handelsregister (§§ 29, 31 HGB) von Bedeutung. Die Körperschaftsteuerpflicht besteht daher solange fort, bis die Liquidation rechtsgültig abgeschlossen ist (R 11 Abs. 2 KStR 2022).

Die Körperschaftsteuerpflicht kann auch dadurch enden, dass die GmbH im Wege der **19** Verschmelzung oder des Formwechsels in eine Personengesellschaft oder in ein Einzelunternehmen umgewandelt wird (§§ 2 ff., 199 ff. UmwG).

Das Gleiche gilt bei der Umwandlung in/auf eine andere Kapitalgesellschaft (AG, **20** GmbH, KGaA) für die übertragende (untergehende) GmbH. Die übernehmende (neue) Kapitalgesellschaft bleibt dagegen körperschaftsteuerpflichtig.

Zur Besteuerung bei Beendigung der GmbH vgl. ausführlich Rz. 539 ff.

c) Steuerbefreiungen. § 5 Abs. 1 KStG normiert einige persönliche und sachliche **21** Steuerbefreiungen, die tlw. auch für die GmbH in Betracht kommen.

Steuerbefreit ist insb. eine GmbH, die nach der Satzung und nach der tatsächlichen **22** Geschäftsführung ausschließlich und unmittelbar **gemeinnützige, mildtätige oder kirchliche Zwecke** verfolgt. Die Steuerbefreiung ist jedoch ausgeschlossen, soweit die GmbH einen sog. **wirtschaftlichen Geschäftsbetrieb** unterhält (§ 5 Abs. 1 Nr. 9 KStG). Diese partielle Steuerbefreiung setzt also Nachstehendes voraus (zu Einzelheiten vgl. die Kommentierung von *Tipke/Kruse* AO/FGO, zu §§ 51–68 AO).

aa) Steuerbegünstigter Zweck. Die GmbH kann gemeinnützige, mildtätige oder **23** kirchliche Zwecke verfolgen. Praktisch relevant ist vor allem die gemeinnützige Zwecke verfolgende GmbH. Eine GmbH verfolgt gemeinnützige Zwecke, wenn ihre Tätigkeit darauf gerichtet ist, die Allgemeinheit auf materiellem, geistigem oder sittlichem Gebiet selbstlos zu fördern (§ 52 Abs. 1 S. 1 AO). Zu den einzelnen anerkannten gemeinnützigen Zwecken vgl. § 52 Abs. 2 AO.

bb) Selbstlosigkeit der Förderung. Die GmbH muss den steuerbegünstigten Zweck **24** selbstlos verfolgen. Selbstlosigkeit setzt v.a. voraus, dass nicht in erster Linie eigenwirtschaftliche Zwecke – z.B. gewerbliche Zwecke oder sonstige Erwerbszwecke – verfolgt werden und die Mittel der GmbH nur für die begünstigten satzungsmäßigen Zwecke verwendet werden (§ 55 AO).

cc) Ausschließlichkeit der Zweckverfolgung. Die GmbH darf nur ihre steuerbegüns- **25** tigten satzungsmäßigen Zwecke verfolgen (§ 56 AO). Bestimmte Ausnahmen, die der mittelbaren Förderung des begünstigten Zweckes dienen, sind in § 58 AO zugelassen. Unschädlich ist auch die Betätigung der GmbH im Rahmen eines sog. wirtschaftlichen Geschäftsbetriebes; die GmbH wird jedoch insoweit körperschaftsteuerpflichtig (§ 5 Abs. 1 Nr. 9 S. 2 KStG).

dd) Unmittelbarkeit der Zweckverfolgung. Die Steuerbegünstigung der GmbH setzt **26** voraus, dass sie ihre Zwecke unmittelbar, d.h. selbst, verwirklicht (§ 57 Abs. 1 S. 1 AO). Dieser Grundsatz wird jedoch wiederum durch einzelne Ausnahmen in § 58 AO durchbrochen. Wendet eine steuerbegünstigte GmbH Mittel einer anderen Körperschaft zu, darf sie unter den Voraussetzungen des § 58a Abs. 2 AO darauf vertrauen, dass die empfangene Körperschaft steuerbegünstigt ist und die Zuwendungen für steuerbegünstigte Zwecke verwendet.

27 **ee) Satzungsmäßige Zweckbestimmung.** Das Vorliegen der vorgenannten Voraussetzungen muss sich unmittelbar und eindeutig aus der GmbH-Satzung ergeben (§§ 59,
60 AO).

28 **ff) Tatsächliche Geschäftsführung.** Die tatsächliche Geschäftsführung der GmbH
muss selbstverständlich mit den begünstigten Satzungszwecken in Übereinstimmung
stehen (§ 63 Abs. 1 AO). Die GmbH muss durch ordnungsmäßige Aufzeichnung der
Einnahmen und Ausgaben nachweisen, dass ihre Geschäftsführung dem Satzungsinhalt entspricht.

29 Die Finanzverwaltung prüft i.d.R. alle 3 Jahre durch Übersenden von Fragebogen
oder Körperschaftsteuererklärungen nach, ob die Voraussetzungen für die Steuerbefreiung wegen Verfolgung steuerbegünstigter Zwecke noch gegeben sind. Die Einhaltung der Voraussetzungen für die Steuervergünstigung wird in einem eigenständigen
Feststellungsbescheid verbindlich festgestellt (§ 60a AO). Sind die vorgenannten
Voraussetzungen gegeben, so ist die GmbH gem. § 5 Abs. 1 Nr. 9 KStG von der Körperschaftsteuer befreit.

Ab 2024 führt das Bundeszentralamt für Steuern an Zuwendungsempfängerregister,
in dem die Körperschaften geführt werden, die die Voraussetzungen für steuerbegünstigte Zwecke erfüllen (§ 60b AO).

30 Soweit die GmbH einen wirtschaftlichen Geschäftsbetrieb unterhält, ist die Steuerbefreiung ausgeschlossen. Ein **wirtschaftlicher Geschäftsbetrieb** ist gem. § 14 S. 1 AO
eine selbstständige nachhaltige Tätigkeit, durch die Einnahmen oder andere wirtschaftliche Vorteile erzielt werden und die über den Rahmen einer Vermögensverwaltung hinausgeht. Bloße Vermögensverwaltung liegt regelmäßig vor, wenn Vermögen
genutzt, z.B. Kapitalvermögen verzinslich angelegt oder unbewegliches Vermögen vermietet oder verpachtet wird (§ 14 S. 3 AO).

31 Auch wenn die Tätigkeit der GmbH die Merkmale eines wirtschaftlichen Geschäftsbetriebes erfüllt, so bleibt die Steuerbegünstigung dennoch erhalten, wenn und soweit
die Tätigkeit die Voraussetzungen eines **Zweckbetriebes** (§§ 65–68 AO) erfüllt. Hierunter fallen in erster Linie Betätigungen, die dazu dienen, den steuerbegünstigten
satzungsmäßigen Zweck der GmbH zu verwirklichen, sofern der Zweck nur durch
einen solchen Geschäftsbetrieb erreicht werden kann und die GmbH hierdurch nicht
zu nichtsteuerbegünstigten Betrieben derselben Art in größerem Umfang in Wettbewerb tritt, als es bei Erfüllung der steuerbegünstigten Zwecke unvermeidbar ist (§ 65
AO). Wegen einzelner Zweckbetriebe vgl. §§ 67a, 68 AO.

Die vier steuerlich relevanten Bereiche einer gemeinnützigen GmbH ergeben sich aus 32
der folgenden Übersicht:

Wirtschaftlicher Geschäftsbetrieb (§§ 64, 14 AO)		Zweckbetrieb (§§ 65–68 AO)	Vermögensverwaltung (§ 14 S. 3 AO)	Gemeinnütziger Tätigkeitsbereich (§ 52 AO)
selbstständige, nachhaltige Tätigkeit, durch die Einnahmen oder andere wirtschaftliche Vorteile erzielt werden und die über die Vermögensverwaltung hinausgeht; z.b. Betrieb einer Gaststätte, Druckerei usw.		wirtschaftlicher Geschäftsbetrieb, der der Verwirklichung der satzungsmäßigen Zwecke dient (§ 65 AO); z.b.	Z.B. Verpachtung von Grundbesitz (Vereinsgaststätte), verzinsliche Anlage von Kapitalvermögen	Beiträge, Spenden
Einnahmen über 45.000 € p.a.	Einnahmen bis 45.000 € p.a.	– sportliche Veranstaltungen gem. § 67a AO (Einnahmen inkl. USt bis 45.000 € p.a.) – kulturelle Veranstaltungen und Einrichtungen (ohne Verkauf von Speisen und Getränken)		
steuerschädlich	*steuerbegünstigt*			

Steuerbefreit ist auch eine GmbH, die eine rechtsfähige Unterstützungskasse i.S.d. § 1 33
Abs. 4 BetrAVG unterhält (§ 5 Abs. 1 Nr. 3 KStG). Wegen der einzelnen Voraussetzungen für die Steuerbefreiung vgl. den Wortlaut des § 5 Abs. 1 Nr. 3 KStG.

2. Zu versteuerndes Einkommen. – a) Grundlagen. Gegenstand der Körperschaft- 34
steuer ist das **Einkommen** der GmbH. Bemessungsgrundlage der Körperschaftsteuer
ist das sog. **zu versteuernde Einkommen** (§ 7 Abs. 1 KStG); dieses ist bei der GmbH
identisch mit dem nach § 8 KStG ermittelten Einkommen.

Da die GmbH als **Formkaufmann** (§ 6 HGB; § 13 Abs. 3 GmbHG) verpflichtet ist, 35
Bücher nach den Vorschriften des HGB zu führen (§ 238 HGB), ist das Einkommen
der GmbH nach dem Wirtschaftsjahr zu ermitteln, für das sie regelmäßig Abschlüsse
macht (§ 7 Abs. 4 S. 1 KStG). Bei vom Kalenderjahr **abw.** Wirtschaftsjahr gilt das Einkommen als in dem Kalenderjahr erzielt, in dem das Wirtschaftsjahr endet (§ 7 Abs. 4
S. 2 KStG). Für dieses Kalenderjahr ist die Körperschaftsteuer als Jahressteuer festzusetzen (§ 7 Abs. 3 S. 1 KStG, § 49 Abs. 1 KStG, § 25 EStG).

Die Ermittlung des Einkommens der GmbH geschieht nach den Vorschriften des 36
EStG und den Sondervorschriften der §§ 8–19 KStG (§ 8 Abs. 1 KStG). Als buchführungspflichtige Körperschaft hat die GmbH immer **Einkünfte aus Gewerbebetrieb**,

gleichgültig, ob sie tatsächlich ein Gewerbe betreibt oder nicht (§ 8 Abs. 2 KStG). Auch eine GmbH, die nur ihr gehörende Grundstücke vermietet und verwaltet, oder die ihr Vermögen (Unternehmen) als Ganzes verpachtet hat, erzielt Einkünfte aus Gewerbebetrieb. Die übrigen sechs Einkunftsarten des § 2 Abs. 1 EStG spielen daher für die GmbH keine Rolle.

37 Voraussetzung ist jedoch, dass überhaupt Einkünfte i.S.d. § 2 EStG vorliegen. Nach der BFH-Rspr. (*BFH* v. 4.12.1996 – I R 54/95, BFHE 182, 123 = HFR 1997, 327.) hat eine GmbH **keine außerbetriebliche Sphäre**; es stellt sich danach nicht die Frage der Betätigung ohne Gewinnerzielungsabsicht (sog Liebhaberei; so noch *BFH* v. 4.3.1970 – I R 123/68, BFHE 98, 259: Betreiben eines Gestüts durch eine GmbH). Bei einer Tätigkeit, die nach objektiven Verhältnissen auf Dauer nicht geeignet ist, ein positives Gesamtergebnis (sog Totalgewinn) zu erwirtschaften, dürfte sich i.d.R. die Frage der verdeckten Gewinnausschüttung an die Gesellschafter stellen (dazu unten Rz. 106 ff.).

38 Ausgangspunkt der Einkommensermittlung bei der GmbH ist der durch **Betriebsvermögensvergleich** ermittelte Gewinn/Verlust, der wiederum nach dem Maßgeblichkeitsgrundsatz (§ 5 Abs. 1 EStG) von dem **Handelsbilanzergebnis** abgeleitet wird. Die Ermittlung des zu versteuernden Einkommens der GmbH erfolgt daher nach folgendem Schema (detailliert: R 7.1 KStR 2022):

Ermittlung des zu versteuernden Einkommens der GmbH:

Jahresüberschuss/Jahresfehlbetrag gem. Handelsbilanz 1 (§ 266 HGB)

+/- Bilanzsteuerrechtliche Korrekturen (§ 60 Abs. 2 EStDV)

Steuerbilanzgewinn/-verlust (Betriebsvermögensvergleich)

+ Nichtabziehbare Aufwendungen nach EStG/AO

+ Nichtabziehbare Aufwendungen nach KStG
– Satzungspflichtaufwendungen (§ 10 Nr. 1 KStG)
– Nichtabziehbare Steuern (§ 10 Nr. 2 KStG)
– Geldstrafen (§ 10 Nr. 3 KStG)
– Hälfte der Aufsichtsratsvergütungen (§ 10 Nr. 4 KStG)

./. Abziehbare Erträge (Steuerfreie Vermögensmehrungen)
– Steuerfreie Einnahmen
– Erstattung nichtabziehbarer Aufwendungen

./. Gesellschaftereinlagen (insb. verdeckte Einlagen)

+ Gewinnausschüttungen (insb. verdeckte Gewinnausschüttungen)

= **Körperschaftsteuerpflichtiger Gewinn** (Einkünfte aus Gewerbebetrieb, § 8 Abs. 2 KStG)

./. Ausländische Steuern vom Einkommen (§ 26 Abs. 2 KStG i.V.m. § 34c EStG)

./. Spenden und Beiträge, soweit abzugsfähig (§ 9 Nr. 2 KStG)

+ Zuzurechnendes Einkommen der Organgesellschaften (§§ 14 ff. KStG)

= **Gesamtbetrag der Einkünfte**

./. Verlustabzug (§ 10d EStG)

= **Einkommen = zu versteuerndes Einkommen**

b) Ergebnis nach Handelsbilanz/Steuerbilanz. Ausgangspunkt der Einkommenser- **39**
mittlung bei der GmbH ist der durch Betriebsvermögensvergleich ermittelte Gewinn/
Verlust, der wiederum nach dem **Maßgeblichkeitsgrundsatz** (§ 5 Abs. 1 EStG) von dem
Handelsbilanzergebnis abgeleitet wird.

Da die GmbH immer Einkünfte aus Gewerbebetrieb erzielt (§ 8 Abs. 2 KStG), ist **40**
Ausgangspunkt für die Einkommensermittlung die Feststellung des Gewinns der
GmbH (§ 2 Abs. 2 Nr. 1 EStG). Gewinn ist gem. § 4 Abs. 1 S. 1 EStG der Unterschieds-
betrag zwischen dem Betriebsvermögen am Schluss des Wirtschaftsjahres und dem
Betriebsvermögen am Schluss des vorangegangenen Wirtschaftsjahres, vermehrt um
den Wert der Entnahmen und vermindert um den Wert der Einlagen.

Für den zur Gewinnermittlung vorzunehmenden **Betriebsvermögensvergleich** ist bei **41**
buchführungspflichtigen Steuersubjekten das Betriebsvermögen anzusetzen, das nach
den handelsrechtlichen Grundsätzen ordnungsmäßiger Buchführung auszuweisen ist
(§ 5 Abs. 1 EStG). Dieser Grundsatz der Maßgeblichkeit der Handelsbilanz für die
steuerliche Gewinnermittlung (Maßgeblichkeitsgrundsatz) gilt auch für die GmbH. Er
ist allg. insoweit eingeschränkt, als nach § 5 Abs. 6 EStG die steuerlichen Vorschriften
über Entnahmen und Einlagen, über die Zulässigkeit der Bilanzänderung, über die
Betriebsausgaben, über die Bewertung und über die Absetzungen für Abnutzung
oder Substanzverringerung zu beachten sind. Der Maßgeblichkeitsgrundsatz gilt daher
nicht, soweit die Bilanzansätze in der Handelsbilanz gegen die vorgenannten steuerrechtlichen Vorschriften verstoßen.

Dennoch besteht nach geltendem Recht keine Verpflichtung, eine selbstständige **Steu-** **42**
erbilanz aufzustellen. § 60 Abs. 2 S. 1 EStDV verlangt lediglich, dass Ansätze oder
Beträge der Handelsbilanz, die den steuerlichen Vorschriften nicht entsprechen, durch
Zusätze oder Anmerkungen den steuerlichen Vorschriften anzupassen sind. Die
GmbH ist jedoch nicht gehindert, eine Bilanz unter Berücksichtigung der steuerlichen
Vorschriften aufzustellen; dann kann man von einer „Steuerbilanz" sprechen (§ 60
Abs. 2 S. 2 EStDV).

Steuerbilanz ist somit die nach den handelsrechtlichen Bestimmungen und den **43**
Grundsätzen ordnungsmäßiger Buchführung erstellte Bilanz, bei deren Aufstellung
die zwingenden steuerlichen Ansatz- und Bewertungsvorschriften beachtet wurden.
Das Mehr oder Weniger an steuerlichem Betriebsvermögen als Saldogröße gegenüber
dem Eigenkapital der Handelsbilanz wird dabei in den gesonderten Steuerbilanz als
„Steuerausgleichsposten" ausgewiesen.

Vielfach werden aber bei kleineren GmbHs zum einen die steuerlichen Vorschriften **44**
schon bei Aufstellung der Handelsbilanz berücksichtigt und zum anderen bestehen im
konkreten Fall keine zwingenden handelsrechtlichen Abweichungen, so dass die
Bilanz für handelsrechtliche und steuerliche Zwecke dient (sog. **Einheitsbilanz**).

45   Abweichungen zwischen Handelsbilanz und Steuerbilanz können sich sowohl bei der Frage der Bilanzierung als solcher (Ansatz eines Aktiv- oder Passivpostens dem Grunde nach) als auch bei der Bewertung eines Bilanzpostens (Ansatz der Höhe nach) ergeben.

46   Hinsichtlich des Ansatzes dem Grunde nach gilt: was handelsrechtlich aktiviert werden muss, ist auch steuerrechtlich zu aktivieren (**Aktivierungsgebot**); was in der Handelsbilanz passiviert werden muss, ist auch in der Steuerbilanz zu passivieren (**Passivierungsgebot**). Was handelsrechtlich nicht aktiviert oder passiviert werden darf, darf auch steuerrechtlich nicht aktiviert bzw. passiviert werden (**Aktivierungs- bzw. Passivierungsverbot**).

47   Abweichungen der Steuerbilanz von der Handelsbilanz können auch in den unterschiedlichen Bewertungsvorschriften ihre Ursache haben: Die handelsrechtlichen Bewertungsregeln (§§ 252–256 und 279–283 HGB) gelten gem. § 5 Abs. 6 EStG steuerlich nur insoweit, als die §§ 6, 7 EStG keine andere Bewertung vorschreiben.

48   Die in der Vergangenheit bestehende partielle Umkehrung des Maßgeblichkeitsgrundsatzes dadurch, dass die Inanspruchnahme bestimmter steuerlicher Vergünstigungen von einer entspr. Bilanzierung in der Handelsbilanz abhängig war (§ 5 Abs. 1 S. 2 EStG a.F.), ist durch das Bilanzrechtsmodernisierungsgesetz vom 25.5.2009 weggefallen.

49   Der nach den o.a. Grundsätzen ermittelte Steuerbilanzgewinn bzw. -verlust ist Ausgangspunkt für die Feststellung des körperschaftsteuerpflichtigen Gewinns und damit für die Ermittlung des körperschaftsteuerpflichtigen Einkommens i.S.d. § 8 Abs. 1 KStG. Es sind jedoch noch zahlreiche Zurechnungen und Abzüge erforderlich, bis die körperschaftsteuerliche Bemessungsgrundlage ermittelt ist (vgl. vorstehendes Schema).

50   **c) Nichtabziehbare Aufwendungen nach EStG und AO.**   Die bei der Feststellung des Jahresüberschusses/Jahresfehlbetrages berücksichtigten Aufwendungen (§ 275 HGB) stellen in aller Regel auch bei der steuerlichen Gewinnermittlung abzugsfähige Betriebsausgaben dar; das sind Aufwendungen, die durch den Betrieb veranlasst sind (§ 4 Abs. 4 EStG).

51   Obwohl durch den Betrieb veranlasst, sind bestimmte Aufwendungen der GmbH aufgrund steuerlicher Abzugsverbote bei der Gewinnermittlung jedoch nicht zu berücksichtigen; dies gilt gem. § 8 Abs. 1 KStG grds. auch für die Abzugsverbote nach dem EStG und der AO. Es handelt sich dabei in erster Linie um Aufwendungen, die einen Bezug zur privaten Lebensführung oder zum sonstigen steuerlich irrelevanten Bereich haben.

52   **aa) Nichtabziehbare Betriebsausgaben gem. § 4 Abs. 5, 7 EStG.**   Aus dem Katalog des § 4 Abs. 5 S. 1 EStG sind auf die GmbH anwendbar:

Nr. 1:   Geschenke an Nicht-Arbeitnehmer mit Anschaffungs-/Herstellungskosten über 50 €

Nr. 2:   Bewirtungskosten, soweit sie 70 % der angemessenen Kosten übersteigen.

Nr. 3:   Aufwendungen für Gästehäuser.

Nr. 4:   Aufwendungen für Jagd, Fischerei usw.

Nr. 7:   Unangemessene Repräsentationsaufwendungen (bei Vermischung mit Interessen des Gesellschafters besteht das Problem der verdeckten Gewinnausschüttung: z.B. Rennwagen als Geschäftswagen der GmbH).

Nr. 8: Geldbußen, Ordnungs- und Verwarnungsgelder (auch wenn sie betrieblich veranlasst sind); Geldstrafen fallen unter das Abzugsverbot des § 10 Nr. 3 KStG (vgl. Rz. 65). Abzugsfähig sind dagegen Wiedergutmachungsleistungen, wenn sie betrieblich veranlasst sind. Ersetzt die GmbH einem Geschäftsführer eine gegen diesen aus betrieblichem Zusammenhang (z.b. Verstoß gegen Umweltschutzvorschriften) verhängte Geldbuße, so ist diese Zahlung bei der GmbH abzugsfähiger Aufwand. Beim Geschäftsführer liegen jedoch (lohn-) steuerpflichtige Einnahmen vor; die Geldbuße ist bei ihm wiederum nicht als Werbungskosten abziehbar.

Nr. 8a: Hinterziehungszinsen i.S.d. § 235 AO.

Nr. 9: Ausgleichszahlungen an außenstehende Anteilseigner: Bei der Eingliederung einer GmbH in das Unternehmen eines Organträgers setzt der Abschluss des erforderlichen Gewinnabführungsvertrages die Zusicherung sog. Ausgleichs-zahlungen an die außenstehenden Gesellschafter entspr. § 304 AktG voraus (§§ 14–17 KStG); diese Zahlungen dürfen das Einkommen der GmbH nicht mindern.

Nr. 10: Schmier- und Bestechungsgelder, wenn durch die Handlung ein Straftatbe-stand oder eine Ordnungswidrigkeit verwirklicht wird; die Verurteilung des Empfängers oder des Gebers deswegen ist nicht erforderlich.

Nr. 11: Aufwendungen im Zusammenhang mit der Tonnage-Gewinnermittlung in der Seeschifffahrt.

Nr. 12: Steuerzuschläge wegen Verletzung von Dokumentationspflichten (§ 162 Abs. 4 AO).

Nr. 13: Jahresbeiträge nach § 12 Abs. 2 des Restrukturierungsfondsgesetzes (Banken-abgabe).

Soweit die Aufwendungen nach den o.a. Nr. 1–4 und 7 abzugsfähig sind, dürfen sie bei **53** der steuerlichen Gewinnermittlung jedoch nur dann berücksichtigt werden, wenn sie **einzeln** und **getrennt** von den sonstigen Betriebsausgaben **aufgezeichnet** worden sind; der Verstoß gegen die Aufzeichnungspflicht führt zur Nichtabziehbarkeit der Aufwen-dungen (§ 4 Abs. 7 EStG).

bb) Sonstige Abzugsverbote. § 3c EStG: Abzugsverbot für Betriebsausgaben, die mit **54** steuerfreien Einnahmen in unmittelbarem wirtschaftlichen Zusammenhang stehen (z.B. Aufwendungen im Zusammenhang mit den nach § 8b KStG steuerfreien Divi-dendeneinnahmen oder steuerfreien Gewinnen aus der Veräußerung von Anteilen an anderen Kapitalgesellschaften sowie Einnahmen, die nach einem Doppelbesteue-rungsabkommen in der Bundesrepublik Deutschland von der Körperschaftsteuer frei-gestellt sind);

§§ 4c, 4d EStG: Nichtabziehbare Zuwendungen an Pensions- und Unterstützungskassen;

§ 160 AO: Ausgaben sind gem. § 160 Abs. 1 AO regelmäßig nicht zu berücksichtigen, wenn der Steuerpflichtige trotz Aufforderung des FA den Empfänger nicht benennt.

d) Nichtabziehbare Aufwendungen nach KStG. Neben den vorgenannten Abzugsverbo- **55** ten sind bei der GmbH noch die besonderen Regelungen des § 10 KStG zu beachten.

aa) Satzungspflichtaufwendungen, § 10 Nr. 1 KStG. Nach § 10 Nr. 1 KStG sind nicht- **56** abziehbar die Aufwendungen für die Erfüllung von Zwecken des Steuerpflichtigen, die durch Stiftungsgeschäft, Satzung oder sonstige Verfassung vorgeschrieben sind. Das Abzugsverbot ist trotz des uneingeschränkten Wortlautes von seiner Entstehungsgeschichte her vor allem auf **Stiftungen** und **sonstige Zweckvermögen** zugeschnitten; für die GmbH hat es nahezu keine praktische Bedeutung. Insb. darf bei der GmbH die Gewinnverwendung bereits nach § 8 Abs. 3 S. 1 KStG das Einkommen nicht mindern, auch wenn sie als satzungsmäßiger Zweck festgelegt sein sollte.

Beispiel: Eine GmbH hat nach ihrer Satzung den gesamten Gewinn an eine sie beherrschende steuerbefreite Stiftung abzuführen. Die Gewinnabführung darf als Gewinnausschüttung das Einkommen der GmbH nicht mindern (§ 8 Abs. 3 KStG).

§ 10 Nr. 1 KStG beruht ebenso wie § 8 Abs. 3 KStG auf dem allg. Gedanken, dass die **Verwendung** des erzielten Einkommens keinen Einfluss auf die Bemessungsgrundlage der Ertragsteuer (KSt/ESt) haben darf. Unberührt bleiben die Vorschriften über die Ermittlung des Einkommens, insb. den Betriebsausgabenabzug.

57 bb) Nichtabziehbare Steuern, § 10 Nr. 2 KStG. Parallel zur einkommensteuerlichen Regelung des § 12 Nr. 3 EStG sind auch bei der GmbH die folgenden Steuern bei der Einkommensermittlung nicht abziehbar:

– Steuern vom Einkommen:
  – Körperschaftsteuer,
  – Kapitalertragsteuer auf von der GmbH bezogene (!) Kapitalerträge: Die zu Lasten der GmbH einbehaltene Kapitalertragsteuer stellt eine besondere Form der Erhebung der Körperschaftsteuer dar.
  – Solidaritätszuschlag von z.Zt. 5,5 % der KSt und der KapESt,
  – Ausländische Steuern vom Einkommen.
– Sonstige Personensteuern:
  – Vermögensteuer, die aber seit dem VZ 1997 nicht mehr erhoben wird (*BVerfG* 2 BvL 37/91, BStBl. II 1995, S. 655),
  – Erbschaftsteuer,
  – Pauschsteuer gem. § 5 KapErhStG.
– Umsatzsteuer in bestimmten Fällen:
  – Umsatzsteuer für Umsätze, die Entnahmen oder verdeckte Gewinnausschüttungen sind,
  – Vorsteuerbeträge für nach §§ 4 Abs. 5 S. 1 Nr. 1–4 und 7 sowie Abs. 7 EStG nicht abziehbare Betriebsausgaben.

58 Zur Vermeidung einer doppelten Hinzurechnung ist die in einer – dem Einkommen der GmbH hinzugerechneten – verdeckten Gewinnausschüttung enthaltene Umsatzsteuer nicht nochmals gem. § 10 Nr. 2 KStG hinzuzurechnen (R 8.6 KStR 2022).

59 Mit den vorgenannten nichtabziehbaren Steuern im Zusammenhang stehende **Säumniszuschläge** (§ 240 AO), **Verspätungszuschläge** (§ 152 AO) und **Zwangsgelder** (§ 329 AO) sind ebenfalls bei der Einkommensermittlung nicht abziehbar (§ 10 Nr. 2 KStG; R 10.1 Abs. 2 KStR 2022). Dies gilt auch für **Hinterziehungszinsen**, die bei den nichtabziehbaren Steuern anfallen (§ 4 Abs. 5 Nr. 8a EStG), sowie für Nachzahlungs-, Stundungs- und Aussetzungszinsen i.S.d. §§ 233a, 234 und 237 AO (§ 10 Nr. 2 KStG).

60 Ausländische Personensteuern unterliegen ebenfalls grds. dem Abzugsverbot des § 10 Nr. 2 KStG. Zur Milderung der Doppelbesteuerung ausländischer Einkommensteile ist in § 26 Abs. 6 KStG i.V.m. § 34c EStG jedoch der Abzug ausländischer Steuern bei der Ermittlung des Gesamtbetrages der Einkünfte zugelassen; vgl. dazu oben das Schema zu Rz. 38 sowie die Erläuterungen zu Rz. 191 ff.

Soweit die Steuern (und eventuelle Nebenleistungen) dem Abzugsverbot des § 10 **61**
Nr. 2 KStG unterfallen, sind sie außerhalb der Bilanz (z.B. im Rahmen der Körperschaftsteuer-Veranlagung) dem Handels- bzw. Steuerbilanzergebnis **hinzuzurechnen,**
sofern sie – was üblich und zutr. ist – als Aufwand behandelt worden sind. Gem. dem
Maßgeblichkeitsgrundsatz sind insb. auch Körperschaftsteuer-Rückstellungen in die
Steuerbilanz zu übernehmen, so dass sie sich gewinnmindernd ausgewirkt haben und
dementsprechend außerhalb der Bilanz eine Hinzurechnung zu erfolgen hat.

Umgekehrt sind Erstattungen nichtabziehbarer Steuern, die den Jahresüberschuss/ **62**
Bilanzgewinn erhöht haben, bei der Einkommensermittlung abzuziehen.

Dies gilt nach der BFH-Rspr. (4.12.1991 – I R 26/91, BFHE 167, 32 = BStBl. II 1992, **63**
S. 686) nicht, wenn die Steuern der GmbH von einem Dritten aufgrund einer Schadensersatzverpflichtung erstattet werden, z.B. durch einen steuerlichen Berater, der
wegen einer von ihm zu vertretenden überhöhten Körperschaftsteuerfestsetzung
Ersatz zu leisten hat. Der BFH zählt die Erstattungsleistung bei der GmbH zu den
steuerpflichtigen Einnahmen.

Folgt man der BFH-Rspr., dann muss konsequenterweise der Schadensersatz auch die **64**
von der GmbH auf die Schadensersatzleistung zu zahlende Körperschaftsteuer umfassen (so *BGH* v. 9.11.1978 – VII ZR 19/78, WM 1979, 161 = DB 1979, 1971):

Beispiel: Bei einer wegen eines Beratungsfehlers um 10.000 € zu hoch festgesetzten KSt
muss der Schadensersatz des Steuerberaters daher bei einer durchschnittlichen Ertrag-
steuer-Belastung von 30 % 100/70 von 10.000 € = 14.285,71 € betragen. Bezieht man den in
diesen Fällen regelmäßig noch anfallenden Zinsschaden mit ein, so ergeben sich häufig –
neben dem Ausgleich der überhöhten Steuer – weitere Schadensersatzleistungen, die den
eigentlichen Steuerschaden deutlich übersteigen.

cc) Geldstrafen und ähnliche Rechtsnachteile, § 10 Nr. 3 KStG. Nichtabziehbar sind **65**
gem. § 10 Nr. 3 KStG auch in einem Strafverfahren festgesetzte **Geldstrafen,** sonstige
Rechtsfolgen vermögensrechtlicher Art, bei denen der Strafcharakter überwiegt und
Leistungen zur Erfüllung von Auflagen oder Weisungen, soweit die Auflagen oder
Weisungen nicht lediglich der Wiedergutmachung des durch die Straftat verursachten
Schadens dienen.

Nach deutschem Strafrecht sind Geldstrafen sowie Auflagen oder Weisungen gegen- **66**
über juristischen Personen nicht zulässig; insoweit hat § 10 Nr. 3 KStG nur Bedeutung
für die von einem ausländischen Gericht verhängten Geldstrafen usw. Ein Betriebsausgabenabzug ist in diesen Fällen jedoch dann möglich, wenn die Geldstrafe usw.
wesentlichen Grundsätzen der deutschen Rechtsordnung (ordre public) widerspricht.

Bedeutung hat § 10 Nr. 3 KStG daher vor allem für die Verhängung von Rechtsfolgen **67**
vermögensrechtlicher Art, bei denen der Strafcharakter überwiegt, gegen die GmbH,
wie z.B. die Einziehung von Gegenständen nach den §§ 74, 75 StGB.

Verfahrenskosten (Anwalts-, Steuerberater-, Gerichtskosten), die im Zusammenhang **68**
mit den o.a. Rechtsnachteilen anfallen, unterliegen ebenfalls dem Abzugsverbot des
§ 10 Nr. 3 KStG, wenn sie nach dem 31.12.2018 entstanden sind (§ 34 Abs. 6c KStG).

dd) Aufsichtsratsvergütungen, § 10 Nr. 4 KStG. Nach § 10 Nr. 4 KStG ist nichtabzieh- **69**
bar die Hälfte der Vergütungen jeder Art, die an Mitglieder des Aufsichtsrats, Verwaltungsrats oder andere mit der Überwachung der Geschäftsführung beauftragte Perso-

nen gewährt werden. Zum Aufsichtsrat bei der GmbH vgl. oben die Kommentierung zu § 52. Der angebliche rechtspolitische Zweck der Vorschrift, die Höhe von Aufsichtsratsvergütungen in angemessener Weise zu begrenzen, ist weder sachlich gerechtfertigt noch wird er durch das Abzugsverbot erreicht.

70   Der Vergütungsempfänger muss mit der Überwachung der Geschäftsführung beauftragt sein. Diese Überwachung muss nicht ausschließlicher Gegenstand der Beauftragung des Empfängers sein; es reicht aus, wenn sie wesentlich die Überwachung zum Inhalt hat. Die Rspr. legt den Auftrag zur Überwachung der Geschäftsführung weit aus (vgl. im Einzelnen R 10.3 Abs. 3 S. 1 KStR 2022).

71   Zu den nur hälftig abziehbaren Vergütungen zählen alle Leistungen an die Mitglieder des Überwachungsorgans, die diese für ihre Kontrolltätigkeit erhalten: Laufende Vergütungen, Einmaltantiemen, Sachleistungen und sonstige geldwerte Vorteile, Tagegelder, Reisegelder und sonstige Aufwandsentschädigungen. Nicht das Abzugsverbot fällt jedoch der dem einzelnen Aufsichtsratsmitglied aus der Wahrnehmung seiner Tätigkeit erwachsene Aufwand, soweit ihm dieser Aufwand gesondert erstattet worden ist (R 10.3 Abs. 1 S. 3 KStR 2022).

72   Eine Trennung der Tätigkeit des Aufsichtsrats- bzw. Beiratsmitgliedes in eine Überwachungstätigkeit und andere Tätigkeiten und dementsprechend eine Trennung der gewährten Vergütungen in eine nur hälftig abziehbare Vergütung und i.Ü. voll abziehbare Vergütung lehnt die Rspr. regelmäßig ab. Etwas anderes gilt, wenn die sonstige Tätigkeit des Aufsichtsratsmitgliedes aufgrund eines besonderen, klar abgrenzbaren Auftrages erbracht wird und nicht zur Überwachungstätigkeit gehört.

73   **ee) Durchführung und Auswirkungen des Abzugsverbotes.**   Die nach § 10 KStG nichtabziehbaren Aufwendungen dürfen weder die einzelnen Einkünfte noch das zu versteuernde Einkommen insgesamt mindern, auch nicht durch Bildung von Rückstellungen. Die Aufwendungen sind daher dem Einkommen der GmbH außerhalb der Bilanz wieder hinzuzurechnen, soweit sie den Gewinn gemindert bzw. einen Verlust erhöht haben. Die Hinzurechnung erfolgt in der Praxis i.d.R. bei der entspr. Steuerveranlagung durch das Finanzamt.

74   **e) Abziehbare Erträge.**   Die bei der Ermittlung des Jahresüberschusses/Jahresfehlbetrages erfassten Erträge (§ 275 HGB) sind i.d.R. körperschaftsteuerpflichtige Einnahmen der GmbH. Ausnahmen gelten für Vermögensmehrungen, die aufgrund besonderer gesetzlicher Anordnung von der Körperschaftsteuer befreit sind, oder die in der Erstattung bzw. Rückzahlung nichtabziehbarer Aufwendungen bestehen.

75   **aa) Steuerfreie Einnahmen.**   Sachliche Steuerbefreiungen sind bei Kapitalgesellschaften selten; wichtigster Fall ist die Steuerfreiheit von Dividenden einer anderen Kapitalgesellschaft (§ 8b Abs. 1 und 4 KStG) und Gewinne aus der Veräußerung von Anteilen an einer anderen Kapitalgesellschaft (§ 8b Abs. 2 KStG).

76   Zu beachten ist, dass die Steuerfreiheit der o.a. Einnahmen nur für die Ermittlung des mit der tariflichen Körperschaftsteuer zu belastenden Einkommens der GmbH gilt. Schüttet die GmbH die körperschaftsteuerfrei erzielten Erträge (z.B. die von einer anderen Kapitalgesellschaft bezogenen Dividenden) an die Gesellschafter aus, so führen sie bei dem Gesellschafter zu steuerpflichtigen Einnahmen aus Kapitalvermögen (§ 20 Abs. 1 Nr. 1 EStG).

bb) Erstattung nichtabziehbarer Aufwendungen. Die bei der Einkommensermittlung **77** der GmbH nichtabziehbaren Aufwendungen werden dem Einkommen der GmbH wieder hinzugerechnet, wenn sie – wie üblich – als Aufwand behandelt worden sind.

Zur Vermeidung einer doppelten steuerlichen Erfassung sind daher (spätere) Erstat- **78** tungen nicht-abziehbarer Aufwendungen, die einmal einkommenserhöhend hinzuge-rechnet wurden, vom Jahresüberschuss/Bilanzgewinn abzuziehen. Das gleiche gilt, wenn eine außerhalb der Bilanz wieder hinzugerechnete Rückstellung für nicht abziehbare Aufwendungen gewinnerhöhend aufgelöst wird: Der aus der Auflösung resultierende Ertrag ist bei der Einkommensermittlung abzusetzen.

Hat die Erstattung bzw. Auflösung der Rückstellung einen Jahresfehlbetrag/Bilanzver- **79** lust vermindert, so ist der Fehlbetrag bzw. Verlust entspr. zu erhöhen.

Zur Erstattung nicht abziehbarer Aufwendungen durch Dritte aufgrund einer Scha- **80** densersatzverpflichtung vgl. oben Rz. 64.

f) Gesellschaftereinlagen. Gegenstand der Körperschaftsteuer ist der von der GmbH **81** erwirtschaftete Ertrag (Einkommen). Vermögensmehrungen der GmbH, die ihre Ursa-che nicht in deren werbender („wirtschaftlicher") Tätigkeit haben, sondern auf den gesellschaftsrechtlichen Beziehungen der GmbH zu ihren Gesellschaftern beruhen, dür-fen daher keine Auswirkung auf das Bilanzergebnis der GmbH haben. Die betriebliche Sphäre der GmbH ist von ihrer gesellschaftlichen (= gesellschaftsrechtlichen) Sphäre streng zu trennen (*BFH* v. 24.3.1987 – I R 202/83, BFHE 149, 542 = BStBl. II 1987, S. 705).

Vermögensmehrungen der GmbH durch ihre Gesellschafter auf gesellschaftsrechtli- **82** cher Grundlage sind deshalb – vergleichbar den Einlagen eines Einzelunternehmers in sein Betriebsvermögen – aus dem Bilanzergebnis der GmbH auszuscheiden. Solche auf dem Gesellschaftsverhältnis beruhenden Kapitalzuwendungen eines Gesellschaf-ters an seine GmbH („causa societatis") werden üblicherweise als Einlagen bezeich-net (gesellschaftliche Einlage zur Abgrenzung von der Einlage des Einzelunterneh-mers in seinen Betrieb i.S.d. § 4 Abs. 1 S. 8 EStG).

Unterschieden werden **offene Einlagen**, das sind den gesellschaftsrechtlichen Vor- **83** schriften entsprechende Einlagen (daher auch gesellschaftsrechtliche Einlagen genannt), und **verdeckte Einlagen**, die nicht als offene Kapitalzuführung erbracht wer-den, sondern regelmäßig in ein anderes Rechtsgewand gekleidet sind (z.B. Forde-rungsverzicht des Gesellschafters gegenüber der GmbH). Beiden ist gemeinsam, dass sie als Vermögensmehrungen auf gesellschaftlicher, nichtbetrieblicher Grundlage aus dem steuerpflichtigen Einkommen der GmbH auszuscheiden sind. Sie werden daher im Ergebnis steuerlich gleichbehandelt (*BFH* v. 24.3.1987 – I R 202/83, BFHE 149, 542 = BStBl. II 1987, S. 705).

aa) Offene Einlagen. Offene (gesellschaftsrechtliche) Einlagen können aufgrund **84** einer eingegangenen Verpflichtung des Gesellschafters oder freiwillig als Geld- oder Sachleistung erfolgen.

Offene Einlagen sind bei der GmbH zunächst die Leistungen der Gesellschafter auf **85** die – bei Gründung oder Stammkapitalerhöhung – übernommenen **Stammeinlagen** (§§ 5, 19, 56, 56a GmbHG). Da diesen Vermögensmehrungen ein entspr. Passivposten (gezeichnetes Kapital, § 272 Abs. 1 HGB) gegenübersteht, tritt eine Gewinnerhöhung nicht ein.

86 Dies gilt auch für die gem. § 272 Abs. 2 HGB als **Kapitalrücklage** auszuweisenden Gesellschafterleistungen:

- **Aufgelder (Agio)** aus der Übernahme von Stammeinlagen bei Gründung und bei Kapitalerhöhung (§ 272 Abs. 2 Nr. 1 HGB);
- Aufgelder und sonstige Entgelte, die bei der Ausgabe von Schuldverschreibungen für Wandlungsrechte und Optionsrecht zum Erwerb von Anteilen erzielt werden (§ 272 Abs. 2 Nr. 2 HGB);
- Zuzahlungen der Gesellschafter gegen Gewährung von Vorzügen, z.B. abgesichertes Geschäftsführerrecht, erhöhter Gewinnanteil (§ 272 Abs. 2 Nr. 3 HGB);
- sonstige freiwillige Leistungen der Gesellschafter (Zuschüsse, Forderungsverzicht), sofern sie offen – d.h. aufgrund einer besonderen Vereinbarung – in das Eigenkapital geleistet werden (§ 272 Abs. 2 Nr. 4 HGB);
- Nachschussverpflichtungen (§ 26 GmbHG) der Gesellschafter, die gem. § 42 Abs. 2 GmbHG gesondert in der Kapitalrücklage auszuweisen sind.

87 Da die offenen Einlagen ergebnisneutral, d.h. ohne Durchlauf in der Gewinn- und Verlust-Rechnung, in die Eigenkapitalpositionen eingestellt werden, ist eine Korrektur des Bilanzergebnisses nicht veranlasst.

88 **bb) Verdeckte Einlagen.** Demgegenüber ist bei verdeckten Einlagen, d.h. solchen „die sich hinter einer anderen schuldrechtlichen Vereinbarung verbergen" (*BFH* v. 20.8.1986 – I R 41/82, BFHE 147, 502 = BStBl. II 1987, S. 65, 70), die Gewinnneutralität der Vermögensmehrung regelmäßig nicht gewährleistet.

89 Eine verdeckte Einlage liegt nach der BFH-Rspr. vor, „wenn der Gesellschafter oder eine ihm nahestehende Person seiner Kapitalgesellschaft einen Vermögensvorteil gewährt und die Zuwendung ihre Ursache im Gesellschaftsverhältnis hat" (*BFH* v. 9.3.1983 – I R 182/78, BFHE 139, 139 = BStBl. II 1983, S. 744).

90 Die Ursächlichkeit des Gesellschaftsverhältnisses ist gegeben, wenn ein Nichtgesellschafter bei Anwendung der Sorgfalt eines ordentlichen Kaufmanns den Vermögensvorteil der Gesellschaft nicht eingeräumt hätte (R 8.9 Abs. 3 S. 2 KStR 2022).

91 Die **verdeckte Einlage** setzt daher voraus:

- unmittelbare oder mittelbare Zuwendung des Gesellschafters an die GmbH,
- einlagefähiger Vermögensvorteil,
- Ursächlichkeit des Gesellschaftsverhältnisses.

92 Die Zuwendung des Vermögensvorteils kann unmittelbar, d.h. durch den Gesellschafter selbst aus seinem Vermögen, oder mittelbar, d.h. durch eine dem Gesellschafter **nahestehende Person** zu Lasten ihres Vermögens im Interesse des Gesellschafters erfolgen. Nahestehend können natürliche Personen sein, zu denen der Gesellschafter eine besondere persönliche oder sachliche Beziehung hat (Ehegatte, Verwandte i.S.d. § 15 AO, enger Geschäftsfreund), aber auch juristische Personen, z.B. eine andere GmbH, an der der Gesellschafter oder eine ihm nahestehende Person unmittelbar oder mittelbar beteiligt ist, sowie Personenhandelsgesellschaften, denen der Gesellschafter angehört (H 8.5 KStH 2022 „Nahestehende Person" m.w.N.).

93 Die Vorteilsgewährung hat ihre Ursache im Gesellschaftsverhältnis, wenn ein (gedachter) Nichtgesellschafter der GmbH den Vorteil nicht gewährt haben würde. Als Abgrenzungsmaßstab zieht der BFH die Sorgfaltspflichten eines ordentlichen

Kaufmanns (§ 347 HGB) heran, auch dann, wenn der Gesellschafter kein Unternehmer ist (*BFH* v. 9.3.1983 – I R 182/78, BFHE 139, 139 = BStBl. II 1983, S. 744).

Fraglich ist, von welcher Art der Vermögensvorteil sein muss, um Gegenstand einer **94** verdeckten Einlage sein zu können. Der BFH macht in ständiger Rspr. (3.2.1971 – I R 51/66, BHFE 101, 501 = BStBl. II 1971, S. 408) die Einlagefähigkeit eines Vermögensvorteils von dessen konkreter **Bilanzierungsfähigkeit** abhängig. Er begründet dies vor allem damit, dass nach § 4 Abs. 1 S. 8 EStG eine Einlage im Vermögensbereich und damit eine Vermögensmehrung gegeben sein müsse, nicht nur eine Einsparung von Ausgaben im Gewinnbereich.

Danach kann eine verdeckte Einlage nur dann vorliegen, wenn der zugewendete Vor- **95** teil zuvor in der Bilanz der Kapitalgesellschaft durch Ansatz oder Erhöhung eines Aktivpostens bzw. durch Fortfall oder Verminderung eines Passivpostens ausgewiesen worden ist. Damit konnten früher immaterielle Wirtschaftsgüter wie der Geschäfts- oder Firmenwert im Hinblick auf das Aktivierungsverbot des § 5 Abs. 2 EStG (§ 248 Abs. 2 HGB) nicht verdeckt eingelegt werden. Diese Auffassung hat der BFH (26.10.1987 – GrS 2/86, BFHE 151, 523 = BStBl. II 1988, S. 348) jedoch aufgegeben, indem er dem Gebot der steuerlichen Trennung des gesellschaftlichen und des betrieblichen Bereichs der Kapitalgesellschaft Vorrang vor dem Aktivierungsverbot des § 5 Abs. 2 EStG eingeräumt hat.

Aus dem Erfordernis der Bilanzierungsfähigkeit des zugewendeten Vermögensvorteils **96** hat der BFH weiterhin gefolgert, dass in der Zuwendung von **Nutzungs- oder Gebrauchsvorteilen** eine verdeckte Einlage nicht gesehen werden könne (*BFH* v. 26.10.1987 – GrS 2/86, BFHE 151, 523 = BStBl. II 1988, S. 348). Danach können Nutzungen grds. nicht Gegenstand einer Einlage des Gesellschafters in die Kapitalgesellschaft sein. Die durch die unentgeltliche bzw. verbilligte Nutzungsüberlassung bewirkte Gewinnerhöhung bei der GmbH ist danach ebenso wenig zu korrigieren, wie die entspr. Gewinnminderung beim Gesellschafter. Gewährt der Gesellschafter der GmbH also ein Darlehen zinslos oder zu einem unangemessen niedrigen Zins oder überlässt er der GmbH ein Grundstück unentgeltlich oder zu einem unangemessen niedrigen Mietzins zur Nutzung, so ist darin keine verdeckte Einlage zu sehen (vgl. auch H 8.9 KStH 2022 „einlagefähiger Vermögensvorteil" und die dort genannte BFH-Rspr.).

Anders ist nach der BFH-Rspr. dagegen die unentgeltliche oder unangemessen verbil- **97** ligte **Lieferung** von Waren des Gesellschafters an die GmbH zu behandeln. Der zugewendete Preisvorteil ist bei der GmbH außerhalb der Bilanz einkommensmindernd abzusetzen und als – nicht zu versteuernde – Einlage zu behandeln. Beim Gesellschafter tritt in Höhe des zugewendeten Vorteils Gewinnrealisierung ein, und auf dem Beteiligungskonto für den GmbH-Anteil erfolgt eine entspr. Aktivierung.

Diese unterschiedliche Behandlung der Unterpreisleistung (Nutzungsvorteil) und der **98** Unterpreislieferung (Übertragungsvorteil) ist im Schrifttum kritisiert worden; der BFH hat jedoch an ihr festgehalten (26.10.1987 – GrS 2/86, BFHE 151, 523 = BStBl. II 1988, S. 348).

Von der verdeckten Einlage zu unterscheiden ist das Problem des verdeckten Stamm- **99** kapitals (verdecktes Eigenkapital). Dort geht es um die Frage, ob das der GmbH von dem Gesellschafter zur Verfügung gestellte Fremdkapital (Darlehen, typisch stille

Beteiligung) körperschaftsteuerlich unter bestimmten Voraussetzungen wie Eigenkapital zu behandeln ist. Folge wäre u.a., dass auf das Fremdkapital geleistete Zinsen bzw. Gewinnanteile bei der GmbH nicht als Betriebsausgabe abzugsfähig wären, sondern als verdeckte Gewinnausschüttung dem körperschaftsteuerpflichtigen Einkommen der GmbH zuzurechnen wären.

Die Behandlung dieser Frage erfolgt daher in dem folgenden Abschnitt „Gewinnausschüttungen" (Rz. 222 ff.).

100 **g) Gewinnausschüttungen.** Ebenso wie gesellschaftlich veranlasste Vermögensmehrungen dürfen auch Vermögensminderungen, die ihre Ursache im Gesellschaftsverhältnis haben, das körperschaftsteuerliche Einkommen der GmbH nicht beeinflussen. Gewinnausschüttungen der GmbH bleiben daher ohne Einfluss auf ihren (steuerlichen) Gewinn. Gewinn ist das Ergebnis vor Ausschüttung. Einkommenserzielung (Gewinn) und Einkommensverwendung (Ausschüttung) sind auch bei der GmbH zu trennen.

Gleichgültig ist hierbei, ob der Gewinn offen oder verdeckt ausgeschüttet wird.

101 **aa) Offene Ausschüttungen.** Offene Ausschüttungen sind solche, die auf einem gesellschaftsrechtlichen Gewinnverteilungsbeschluss beruhen, gleichgültig, ob die Ausschüttung der Gewinnanteile an die Gesellschafter aus dem Gewinn des letzten Geschäftsjahres (per Gewinnverteilungskonto) oder aus in früheren Jahren erzielten, thesaurierten Gewinnen (per Rücklagekonto) vorgenommen wird.

102 Ob der Gewinnverteilungsbeschluss den gesellschaftsrechtlichen Vorschriften entspricht, also **ordnungsgemäß** gefasst ist, hatte Bedeutung für die Erhöhung bzw. Minderung der Körperschaftsteuer durch die Ausschüttung nach den Regeln des grds. bis VZ 2000 geltenden körperschaftsteuerlichen Anrechnungsverfahrens (vgl. dazu 4. Aufl. Teil VIII Rz. 231 ff. zu §§ 27 ff. KStG a.F.).

103 In Anbetracht der nach § 42a Abs. 2 GmbHG geltenden **Befristung** des Gewinnverteilungsbeschlusses stellt sich die Frage, ob die verspätet beschlossene Gewinnausschüttung eine ordnungsgemäße offene Ausschüttung i.d.S. ist. Dies wird von der Finanzverwaltung (*BMF* DB 1987, 1512) zu Recht bejaht (ebenso *Institut der Wirtschaftsprüfer* Wpg 1986, 625).

104 Die erstmalige Beschlussfassung bzw. die Änderung eines Gewinnverteilungsbeschlusses kann nicht zeitlich unbegrenzt rückwirkend durchgeführt werden, da dem die 4-jährige Festsetzungsfrist gem. § 169 Abs. 2 S. 1 Nr. 2 AO entgegensteht (zzgl. maximal 3-jähriger Anlaufhemmung gem. § 170 Abs. 2 AO und eventuell der Dauer einer Ablaufhemmung gem. § 171 AO). Die BFH-Rspr. ist jedoch recht großzügig, sofern die späte Beschlussfassung nicht willkürlich ist (*BFH* v. 5.6.1985 – I R 276/82, BFHE 144, 348 = BStBl. II 1986, S. 81: bis 3 Jahre).

105 Nach der BFH-Rspr. (11.4.1990 – I R 38/39, BFHE 161, 443 = BStBl. II 1990, S. 998) entspricht auch ein **nachträglich erweiterter Gewinnverteilungsbeschluss** über Mehrgewinne, die z.B. aufgrund einer Betriebsprüfung nachträglich entstehen, grds. den gesellschaftsrechtlichen Vorschriften. Es handelt sich daher insoweit um einen steuerrechtlich anzuerkennenden Gewinnausschüttungsbeschluss für ein abgelaufenes Wirtschaftsjahr.

Schlarb

bb) Verdeckte Gewinnausschüttung. Ebenso wenig wie offene dürfen verdeckte **106** Gewinnausschüttungen (vGA) das Einkommen der GmbH mindern. Das Wesen der vGA besteht darin, dass den Gesellschaftern von der Gesellschaft Gewinn in einer Form zugeführt wird, dass er nicht als Gewinn erscheint, sondern unter anderen Bezeichnungen verborgen ist. Es wird steuerrechtlich etwas als Gewinn angesehen, was bürgerlich-rechtlich etwas anderes ist, z.B. Gehalt, Darlehen, Zins usw.

Nach der **Rspr.** des I. Senats des BFH ist eine **vGA** „eine Vermögensminderung oder **107** verhinderte Vermögensmehrung, die durch das Gesellschaftsverhältnis veranlasst ist, sich auf die Höhe des Einkommens auswirkt und nicht auf einem den gesellschaftsrechtlichen Vorschriften entspr. Gewinnverteilungsbeschluss beruht" (*BFH* v. 11.10.1989 – I R 12/87, BFHE 158, 390 = BStBl. II 1990, S. 89 sowie R 8.5 Abs. 1 KStR 2022).

Hat diese Vorteilszuwendung bei der GmbH zu einer Einkommensminderung geführt **108** (was – wie unten gezeigt wird – nicht immer der Fall sein muss), so ist gem. § 8 Abs. 3 S. 2 KStG eine entspr. Hinzurechnung vorzunehmen.

(1) Voraussetzungen der vGA. Nach der umfangreichen Rspr. des BFH gibt es zwei **109** Erscheinungsformen der verdeckten Gewinnausschüttung:
– verdeckte Gewinnausschüttung durch Vorteilsgewährung,
– verdeckte Gewinnausschüttung durch Verletzung des Rückwirkungs- oder Nachzahlungsverbots.

Da für beide Erscheinungsformen unterschiedliche Voraussetzungen bestehen, müssen sie auseinandergehalten werden.

Verdeckte Gewinnausschüttung durch Vorteilsgewährung. Voraussetzungen einer sol- **110** chen vGA sind, vgl. R 8.5 Abs. 1 KStR 2022:
– Vermögensminderung (z.B. überhöhte Aufwendungen) oder verhinderte Vermögensmehrung (z.B. Verzicht auf Erträge) bei der Kapitalgesellschaft,
– durch das Gesellschaftsverhältnis veranlasst;
– Auswirkung auf die Höhe des Einkommens der Kapitalgesellschaft (unabhängig vom Vermögensabfluss bei der Körperschaft und Zufluss beim Gesellschafter);
– kein Zusammenhang mit einer offenen Ausschüttung.

Eine verdeckte Gewinnausschüttung kommt danach z.B. in folgenden Fällen in **111** Betracht:
– überhöhtes Gehalt des Gesellschafter-Geschäftsführers;
– zinsloses oder zinsverbilligtes Darlehen der GmbH an Gesellschafter;
– Darlehensgewährung durch Gesellschafter an GmbH zu überhöhtem Zins;
– GmbH übernimmt Schulden des Gesellschafters.

Verdeckte Gewinnausschüttung wegen Verletzung des Rückwirkungsverbotes. **112** Voraussetzungen dieser Form der vGA sind:
– beherrschender Gesellschafter;
– Leistungsaustausch zwischen Gesellschafter und Gesellschaft;
– Entgelt für die Leistung des Gesellschafters ist
    – entweder nicht von vornherein klar und eindeutig, zivilrechtlich wirksam, vereinbart
    – oder zwar von vornherein klar und eindeutig vereinbart, aber die Entgeltvereinbarung wird nicht tatsächlich durchgeführt, d.h. es wird nicht einer klaren Vereinbarung entspr. verfahren.

113   Die vGA wegen Verletzung des Rückwirkungsverbots ist **vorrangig** zu prüfen, da in diesem Fall das gesamte Entgelt Gegenstand der vGA ist. Sofern keine vGA wegen Verletzung des Rückwirkungsverbotes vorliegt, muss zusätzlich untersucht werden, ob eine vGA wegen Vorteilsgewährung in Betracht kommt.

114   Eine **beherrschende Stellung** erfordert grds. die Mehrheit der Stimmrechte (H 8.5 III KStH 2022 „beherrschender Gesellschafter" m.w.N.). Eine Beteiligung von 50 % oder weniger reicht jedoch bei Vorliegen besonderer Umstände aus. Es genügt z.B., wenn mehrere Gesellschafter einer GmbH mit gleichgerichteten Interessen zusammenwirken.

Beispiel: 3 Gesellschafter-Geschäftsführer, die zu je 1/3 an der GmbH beteiligt sind, erhalten jeweils eine rückwirkende Gehaltserhöhung.

115   I.Ü. reicht die Tatsache, dass die Gesellschafter nahe Angehörige sind, allein nicht aus, um gleichgerichtete Interessen anzunehmen; es müssen vielmehr weitere Anhaltspunkte hinzutreten.

116   Ehegattenanteile sind bei der Beurteilung einer beherrschenden Stellung nur dann zusammenzurechnen, wenn konkrete Anhaltspunkte für gleichgerichtete wirtschaftliche Interessen der Eheleute bestehen – wie bei fremden Dritten (*BFH* v. 1.2.1989 – I R 73/85, BFHE 156, 155 = BStBl. II 1989, S. 522).

117   Eine vGA durch Vorteilsgewährung kommt auch dann in Betracht, wenn die Zuwendung eines Vermögensvorteils an eine dem Gesellschafter **nahestehende Person** erfolgt (R 8.5 Abs. 1 S. 3 KStR 2022).

118   Außerdem gilt das Rückwirkungsverbot auch bei einer dem beherrschenden Gesellschafter nahestehenden Person. Auch bei dem beherrschenden Gesellschafter nahestehenden Personen bedarf eine Vereinbarung über die Höhe eines Entgelts für eine Leistung der vorherigen und eindeutigen Regelung.

119   Der Begriff der nahestehenden Person geht über den Begriff des „Angehörigen" nach § 15 AO, z.B. Ehegatten, hinaus. Zur Begründung des „Nahestehens" reicht jede familienrechtliche, gesellschaftsrechtliche, schuldrechtliche oder tatsächliche Beziehung.

120   Es ist nicht erforderlich, dass die Zuwendung einen Vorteil für den Gesellschafter selbst zur Folge hat (*BFH* v. 18.12.1996 – I R 139/94, BFHE 182, 184 = BStBl. II 1997, S. 301).

Beispiel: An einer GmbH ist die Ehefrau zu 100 % beteiligt. Alleiniger Geschäftsführer ist der Ehemann.

Eine rückwirkende Gehaltserhöhung für den Ehemann stellt eine vGA wegen Verletzung des Nachzahlungsverbots dar, weil der Geschäftsführer nahestehende Person der Alleingesellschafterin ist.

Die verdeckte Gewinnausschüttung ist dem beherrschenden Gesellschafter zuzurechnen, es sei denn, die nahestehende Person ist gleichfalls an der Kapitalgesellschaft beteiligt.

121   **Gemeinsame Voraussetzungen. Gegenstand** der Vorteilszuwendung können materielle oder immaterielle Werte jeder Art, Nutzungs- und Gebrauchsvorteile sowie Dienstleistungen sein; ausgenommen sind lediglich ideelle Vorteile ohne Geldeswert.

122   Anders als nach der BFH-Rspr. zur verdeckten Einlage (vgl. oben Rz. 88) ist ein „einlagefähiges Wirtschaftsgut" als Vermögensvorteil nicht erforderlich.

Eine vGA ist daher auch in folgenden Fällen gegeben: der Gesellschafter 123
- vermietet der GmbH ein Grundstück zu einem überhöhten Mietzins;
- erhält von der GmbH ein zinsloses Darlehen;
- setzt Arbeitnehmer der GmbH bei seinem privaten Hausbau ein;

(weitere Bsp. in H 8.5 V KStH 2022).

Die Feststellung und Bemessung des Vorteils, insb. bei einem Leistungsaustausch zwi- 124
schen GmbH und Gesellschafter, hängt v.a. von der Feststellung des angemessenen
(„richtigen") Leistungsentgelts ab. Dass bei den gegebenen Beurteilungsspielräumen
unterschiedliche Auffassungen zwischen dem Steuerpflichtigen und der Finanzverwaltung an der Tagesordnung sind, liegt auf der Hand. Klassisches Beispiel: Der Streit um
die angemessene Vergütung für den Gesellschafter-Geschäftsführer (dazu unten
Rz. 190 ff.).

Die Erfassung der vGA beim **Gesellschafter** setzt voraus, dass dieser zu Lasten der 125
GmbH **bereichert** worden ist. Einkommensminderung bei der GmbH und Einkommensmehrung beim Gesellschafter erfolgen dabei i.d.R. im gleichen Zeitpunkt; dies
ist jedoch nicht zwingend. Hat z.B. die GmbH ihrem Gesellschafter-Geschäftsführer
eine unangemessen hohe Pensionszusage erteilt und demzufolge eine überhöhte Pen-
sionsrückstellung gebildet, so ist der überhöhte Betrag bei der GmbH jeweils im Jahr
der Rückstellungsbildung bzw. -erhöhung als vGA zu berücksichtigen. Beim Gesellschafter ist der Vorteil jedoch erst im Zeitpunkt des Zuflusses der Pensionszahlungen
als vGA zu erfassen (zu den bilanztechnischen Problemen in diesen Fällen vgl.
Dötsch/Pung/Möhlenbrock/*Lang* § 8 Abs. 3 Teil C KStG Rz. 171, Bsp. 2).

Vorteilszuwendungsabsicht der GmbH (des Geschäftsführers bzw. der Gesellschafter) 126
ist nur in dem eingeschränkten Sinne erforderlich, dass **ein Organ der GmbH** durch
ein Handeln, Dulden oder bewusstes Unterlassen über den Vorteil zugunsten des
Gesellschafters verfügen muss. Nach der BFH-Rspr. (14.10.1992 – I R 14/92, BFHE
169, 340 = BStBl. II 1993, S. 351) kommt es auf eine Handlung der GmbH-Organe
nicht an, wenn diese – durch Tun oder Unterlassen – einem Gesellschafter oder einer
ihm nahestehenden Person die Möglichkeit verschafft haben, über Gesellschaftsvermögen zu disponieren (z.B. bei einem beherrschenden Treugeber-Gesellschafter).

Bei wechselseitiger Vorteilszuwendung zwischen GmbH und Gesellschafter stellt sich 127
das Problem des **Vorteilsausgleichs**.

Beispiel: Der Gesellschafter vermietet der GmbH ein Grundstück zu einem unter der orts-
üblichen Miete liegenden Mietzins; zugleich gewährt die GmbH dem Gesellschafter ein
zinsloses Darlehen.

Die BFH-Rspr. (8.6.1977 – I R 95/5, BFHE 122, 491 = BStBl. II 1977, S. 704) lässt eine 128
Saldierung der wechselseitigen Vorteile aus mehreren Geschäften zu, wenn sie wirtschaftlich als **einheitliches Geschäft** anzusehen sind, was insb. dann anzunehmen ist,
wenn die GmbH dem Gesellschafter den Vorteil gerade im Hinblick auf den ihr
gewährten Vorteil einräumt. Maßgebend ist auch hier die Sicht eines ordnungsgemäß
handelnden Geschäftsleiters.

Bei grenzüberschreitenden Geschäften zwischen gesellschaftsrechtlich verbundenen 129
Unternehmen (z.B. ausländische Muttergesellschaft mit inländischer Tochter-GmbH)
will die Finanzverwaltung den Vorteilsausgleich nur anerkennen, wenn spätestens zum

Ende des Wirtschaftsjahres bestimmt ist, wann und in welcher Weise ausgeglichen werden soll; der Ausgleich soll innerhalb eines „überschaubaren Zeitraums" erfolgen müssen (Tz. 3.28 der Verwaltungsgrundsätze Verrechnungspreise 2023 v. 6.6.2023, BStBl. I 2023, S. 1093 und die Betriebsstätten-Verwaltungsgrundsätze v. 24.12.1999, BStBl. I 1999, S. 1076; H 8.5 II KStH 2022 „Vorteilsausgleich").

130   Eine vGA setzt voraus, dass der **Empfänger** des Vorteils Gesellschafter der zuwendenden GmbH oder eine dem Gesellschafter nahestehende Person ist. Beim Gesellschafter ist eine bestimmte Mindestbeteiligungshöhe nicht erforderlich.

131   Vorteilsempfänger kann auch der Gründungsgesellschafter der – noch nicht eingetragenen – Vor-GmbH sein. Eine vGA liegt jedoch nicht vor, wenn durch die Vorteilszuwendung die Person erst als Gesellschafter gewonnen werden soll (*BFH* v. 3.7.1968 – I 83/65, BFHE 93, 514 = BStBl. II 1969, S. 14). Eine Vorteilszuwendung ist andererseits auch noch nach Beendigung des Gesellschaftsverhältnisses (z.B. durch Gesellschafteraustritt) oder im Rahmen der Liquidation der GmbH möglich, sofern der Vorteil mit Rücksicht auf das – frühere – Gesellschaftsverhältnis gewährt wird.

132   Zur Vorteilsgewährung an eine Schwestergesellschaft der GmbH (nahestehende Person ist eine andere Kapitalgesellschaft, an der der GmbH-Gesellschafter ebenfalls beteiligt ist) oder zwischen Tochter- und Muttergesellschaft vgl. *Gosch* § 8 KStG Rz. 235 ff.

133   Da die Vorteilsgewährung der GmbH außerhalb der gesellschaftsrechtlichen Gewinnverteilung erfolgt, scheiden offene Ausschüttungen, die den §§ 29, 46 Nr. 1 GmbHG entsprechen, aus dem Anwendungsbereich der vGA aus.

134   Dies gilt im Grundsatz auch für „verunglückte" offene Ausschüttungen (z.B. wenn der Gewinnverwendungsbeschluss nichtig ist, weil der Jahresabschluss nichtig oder auf Anfechtungsklage hin für nichtig erklärt worden ist, § 253 Abs. 1 AktG analog).

135   Weitere Voraussetzung einer vGA ist, dass die Zuwendung der GmbH an den Gesellschafter ihre **Ursache im Gesellschaftsverhältnis** hat, dass sie also „causa societatis" erfolgt.

136   Die Ursächlichkeit des Gesellschaftsverhältnisses ist im Allg. gegeben, wenn die Kapitalgesellschaft bei Anwendung der Sorgfalt eines ordentlichen und gewissenhaften Geschäftsleiters den Vermögensvorteil einem Nichtgesellschafter unter sonst gleichen Umständen nicht gewähren würde (*BFH* v. 8.10.1985 – VIII R 284/83, BFHE 146, 108 = BStBl. II 1986, S. 481 m.w.N.).

137   Der Sorgfaltsmaßstab des **ordentlichen und gewissenhaften Geschäftsleiters** folgt aus § 43 Abs. 1 GmbHG, § 93 Abs. 1 AktG, § 347 Abs. 1 HGB. Hätte der gedachte GmbH-Geschäftsführer den Vorteil auch einer fremden Person eingeräumt, so war das Gesellschaftsverhältnis für die Vorteilszuwendung nicht kausal; eine vGA liegt nicht vor. Ein dem Geschäftsführer zustehender Beurteilungsspielraum ist dabei zu berücksichtigen.

138   Die Denkfigur des ordentlichen und gewissenhaften Geschäftsleiters und der Vergleich mit einem hypothetischen Geschäft mit einem Nichtgesellschafter passen nicht als Abgrenzungsmaßstab bei Geschäften, die nur zwischen der GmbH und einem ihrer Gesellschafter vorkommen können. Eine unter Verstoß gegen §§ 30, 31 GmbHG vorgenommene Einlagenrückgewähr oder eine unter Verstoß gegen das Verbot der

Ungleichbehandlung der Gesellschafter erfolgte Vorteilsgewährung stellen daher in jedem Fall eine vGA dar (*BFH* v. 22.11.1983 – VIII R 133/82, BFHE 140, 69).

Ebenso wenig kann auf die Denkfigur des ordentlichen und gewissenhaften **139** Geschäftsleiters abgestellt werden, wenn ein Rechtsverhältnis zu beurteilen ist, das im Rahmen der sog. **Erstausstattung** der GmbH zustande gekommen ist, z.b. eine Vergütungsvereinbarung zwischen einer als Vertriebsgesellschaft gegründeten GmbH und ihren unternehmerisch tätigen Gesellschaftern. Eine vGA liegt in diesem Fall vor, wenn die Gestaltung darauf abstellt, den Gewinn der GmbH nicht über eine angemessene Verzinsung des eingezahlten Stammkapitals und eine Vergütung für das Risiko des nicht eingezahlten Stammkapitals hinaus zu steigern („Gewinnabsaugung", vgl. H 8.5 V KStH 2022 „Erstausstattung der Kapitalgesellschaft" m.w.N.).

Typische Beispielsfälle von vGA sind danach (vgl. auch H 8.5 V KStH 2022 „Einzelfälle"): **140**
– Ein Gesellschafter übernimmt die Geschäftsführung und erhält dafür ein unangemessen hohes Gehalt.
– Die GmbH zahlt an einen Gesellschafter besondere Umsatzvergütungen neben einem angemessenen Gehalt.
– Ein Gesellschafter erhält ein Darlehen von der Gesellschaft zinslos oder zu einem außergewöhnlich geringen Zinsfuß.
– Ein Gesellschafter erhält von der Gesellschaft ein Darlehen, obwohl schon bei der Darlehenshingabe mit der Uneinbringlichkeit gerechnet werden muss.
– Ein Gesellschafter gibt der Gesellschaft ein Darlehen zu einem außergewöhnlich hohen Zinsfuß.
– Ein Gesellschafter liefert an die Gesellschaft Waren oder erwirbt von der Gesellschaft Waren und sonstige Wirtschaftsgüter zu ungewöhnlichen Preisen oder erhält besondere Preisnachlässe und Rabatte.
– Ein Gesellschafter verkauft Aktien an die Gesellschaft zu einem höheren Preis als dem Kurswert, oder die Gesellschaft verkauft Aktien an einen Gesellschafter zu einem niedrigeren Preis als dem Kurswert.
– Eine Gesellschaft übernimmt zum Vorteil eines Gesellschafters eine Schuld oder sonstige Verpflichtungen wie z.B. Bürgschaften.
– Eine Gesellschaft verzichtet auf Rechte, die ihr einem Gesellschafter gegenüber zustehen.
– Ein Dritter, der nicht für die Gesellschaft, sondern auch für einen Gesellschafter persönlich tätig ist, erhält dafür eine Gesamtvergütung, welche die Gesellschaft unter Kosten verbucht.
– Ein Gesellschafter beteiligt sich an der Gesellschaft als stiller Gesellschafter und erhält dafür einen unangemessen hohen Gewinnanteil.
– Die an einer Personengesellschaft beteiligte Kapitalgesellschaft stimmt einer rückwirkenden Neuverteilung des Gewinnes zu, die ihre Gewinnbeteiligung zugunsten ihres gleichfalls an der Personengesellschaft beteiligten Gesellschafters einschränkt.

(2) Rechtsfolgen der vGA. Die vGA hat Auswirkungen sowohl bei der GmbH als **141** auch bei dem Gesellschafter.

Rechtsfolgen der vGA bei der GmbH. Bei der GmbH ist im Hinblick auf eine festge- **142** stellte vGA vor allem zu prüfen, ob die vGA das steuerliche Einkommen der GmbH gemindert hat.

143 Gemäß § 8 Abs. 3 S. 2 KStG mindern vGA das Einkommen nicht. Daher ist zunächst festzustellen, ob die vGA das Einkommen der GmbH überhaupt gemindert bzw. eine Vermögensmehrung bei der GmbH verhindert hat.

144 I.d.R. hat die vGA eine Einkommensminderung bei der GmbH zur Folge gehabt, sei es durch überhöhte Aufwendungen, sei es durch Verzicht auf Einnahmen, sei es durch sonstige Vermögensminderungen (*BFH* v. 22.2.1989 – I R 44/85, BFHE 156, 177 = BStBl. II 1989, S. 475).

Beispiel: Der Gesellschafter vermietet der GmbH ein Grundstück zu einem um 20.000 € p.a. überhöhten Mietzins. Der verdeckt ausgeschüttete Betrag von 20.000 € ist dem Einkommen der GmbH außerhalb der Bilanz – bei der Einkommensermittlung in der Körperschaftsteuererklärung – hinzuzurechnen.

145 Eine Hinzurechnung hat dagegen zu unterbleiben, wenn die vGA (ausnahmsweise) das Einkommen der GmbH nicht geschmälert hat.

Beispiel: Der Gesellschafter verkauft der GmbH ein unbebautes Grundstück zu einem um 100.000 € überhöhten Kaufpreis von 400.000 €. Da es sich um einen bloßen Tausch von Aktivposten (Buchung: Grundstück an Bank 400.000 €) handelt, hat der Vorgang das Einkommen der GmbH nicht gemindert. Eine einkommenserhöhende Hinzurechnung von 100.000 € ist daher nicht vorzunehmen.

146 Eine andere Frage ist, ob das Grundstück in der GmbH-Bilanz mit dem tatsächlich gezahlten Betrag (im Bsp.: 400.000 €) oder mit dem Verkehrswert (300.000 €) anzusetzen ist. Zutreffend ist das Grundstück mit den **angemessenen Anschaffungskosten** (Verkehrswert von 300.000 €) zu bilanzieren, da die Mehrzahlung von 100.000 € nicht betrieblich, sondern gesellschaftlich veranlasst ist. Außerdem wird so die zutr. Erfassung eines späteren Veräußerungsgewinns sichergestellt.

147 Die dadurch bewirkte Vermögens- und somit Gewinnminderung bei der GmbH ist durch eine Hinzurechnung der vGA außerhalb der Bilanz (hier: 100.000 €) wieder auszugleichen. Insgesamt hat sich aber das Einkommen der GmbH dadurch nicht erhöht.

148 Lediglich die angemessenen Anschaffungskosten sind auch dann zu aktivieren, wenn es sich um ein abschreibungsfähiges Wirtschaftsgut handelt, z.B. wenn eine GmbH von einem Gesellschafter ein bebautes Grundstück erwirbt. Die Mehrzahlung ist auch hier im Zeitpunkt der Anschaffung des Wirtschaftsgutes in voller Höhe außerhalb der Bilanz dem Einkommen der GmbH hinzuzurechnen; abzuschreiben sind dann lediglich die angemessenen Anschaffungskosten.

149 Besteht der zugewendete Vermögensvorteil nicht in Geld, so stellt sich die Frage der zutreffenden **Bewertung des Vorteils.** Maßstab muss das sein, was der ordentliche und gewissenhafte Geschäftsleiter gezahlt bzw. gefordert hätte. I.d.R. ist die vGA bei der GmbH daher mit dem sog. **gemeinen Wert** i.S.d. § 9 BewG zu bewerten (*BFH* v. 27.11.1974 – I R 250/72, BFHE 114, 236 = BStBl. II 1975, S. 306).

150 „Der gemeine Wert wird durch den Preis bestimmt, der im gewöhnlichen Geschäftsverkehr nach der Beschaffenheit des Wirtschaftsgutes bei einer Veräußerung zu erzielen wäre. Dabei sind alle Umstände, die den Preis beeinflussen, zu berücksichtigen" (§ 9 Abs. 2 S. 1 und 2 BewG).

Abw. von § 9 Abs. 2 S. 3 BewG sind bei der Bewertung der vGA jedoch auch unge- **151**
wöhnliche oder persönliche Verhältnisse zu berücksichtigen, wenn sie der ordnungsgemäß handelnde Geschäftsleiter in Betracht gezogen hätte.

Der gemeine Wert umfasst auch die auf die Leistung entfallende **Umsatzsteuer.** Zur **152**
Vermeidung einer zweifachen Hinzurechnung ist daher bei einer unentgeltlichen Leistung der GmbH an den Gesellschafter die anfallende Umsatzsteuer auf den Eigenver-
brauch (§ 1 Abs. 1 Nr. 2 UStG) nicht zusätzlich nach § 10 Nr. 2 KStG hinzuzurechnen
(R 8.6 KStR 2022).

Rechtsfolgen der vGA beim Gesellschafter. VGA führen ebenso wie offene Ausschüt- **153**
tungen beim Gesellschafter zu Kapitalerträgen.

Die Einnahmenerhöhung im konkreten Fall hängt davon ab, ob die GmbH-Beteiligung beim Gesellschafter zum (steuerlichen) Privatvermögen oder Betriebsvermögen
gehört und inwieweit der Betrag der vGA bereits im Einkommen des Gesellschafters
enthalten ist.

Gehört der **GmbH-Anteil** beim Gesellschafter zum steuerlichen **Privatvermögen,** so **154**
erzielt der Gesellschafter aufgrund der vGA **Einnahmen aus Kapitalvermögen** i.S.d.
§ 20 Abs. 1 Nr. 1 EStG im Zeitpunkt des Zuflusses (§ 11 EStG) des Vermögensvorteils.
Die Bewertung des zugeflossenen Vermögensvorteils ist dabei beim Gesellschafter –
rechtlich unabhängig von der Bewertung bei der GmbH – gem. § 8 Abs. 2 EStG nach
dem „üblichen Endpreis am Abgabeort" des Gesellschafters vorzunehmen. Praktisch
stimmt dieser Wert jedoch regelmäßig mit dem bei der GmbH anzusetzenden gemeinen Wert überein.

Statt der – bis 2001 erfolgten – Anrechnung von KSt auf die ESt des Gesellschafters **155**
wurde seit 2002 – wie bei offenen Ausschüttungen – nur die Hälfte der (verdeckten)
Gewinnausschüttung dem steuerpflichtigen Einkommen des Gesellschafters hinzugerechnet; die andere Hälfte blieb steuerfrei (§ 3 Nr. 40 S. 1 Buchst. d EStG). Hierdurch
sollte die Doppelbesteuerung von Dividenden mit KSt der GmbH und ESt des Gesellschafters abgemildert werden.

Ab dem VZ 2009 unterliegt die vGA – wie die offene Gewinnausschüttung – regelmä- **156**
ßig der Abgeltungsteuer von 25 % auf die Brutto-Dividende (§ 32d Abs. 1 EStG).

Inwieweit es durch die (i.d.R. spätere) Aufdeckung der vGA bei dem betr. Gesell- **157**
schafter zu einer **Einkommenserhöhung** kommt, hängt davon ab, ob der Betrag der
vGA beim Gesellschafter einkommensteuerlich bisher schon erfasst war oder nicht.

Beispiele:
(1) Der Gesellschafter hat der GmbH ein Privatgrundstück zu einem um 100.000 € überhöhten Preis verkauft. Sofern kein privates Veräußerungsgeschäft („Spekulationsgeschäft")
i.S.d. § 23 Abs. 1 Nr. 1 EStG vorliegt, hat die Kaufpreiszahlung beim Gesellschafter bisher
nicht zu steuerpflichtigen Einnahmen geführt. Sein steuerpflichtiges Einkommen erhöht
sich durch die vGA daher um 100.000 €, das der Abgeltungsteuer von 25 % unterliegt.

(2) Der Gesellschafter hat als Geschäftsführer der GmbH von dieser eine um 100.000 € p.a.
überhöhte Geschäftsführervergütung bezogen. Die Behandlung der Überzahlung als vGA
führt in Höhe der Überzahlung zu einer Umqualifizierung der Einkünfte des Gesellschafter-Geschäftsführers: Die Einkünfte aus nichtselbstständiger Arbeit (§ 19 EStG) sind um
100.000 € zu vermindern, die Einkünfte aus Kapitalvermögen (§ 20 Abs. 1 Nr. 1 EStG) um
100.000 € zu erhöhen (ab 2009 ist wegen der Abgeltungsteuer ein Werbungskostenabzug

nicht mehr möglich; § 20 Abs. 9 S. 1 EStG). Der Gesellschafter hat daher nach Aufdeckung der vGA mit 25 % besteuerte Einkünfte aus Kapitalvermögen statt in voller Höhe steuerpflichtiger Einkünfte aus nichtselbstständiger Arbeit.

158 Dieser Steuervorteil des Gesellschafters wird jedoch von der GmbH durch eine höhere Körperschaft- und Gewerbesteuer überkompensiert!

159 Die Umqualifizierung von Leistungsvergütungen (z.B. Geschäftsführergehalt, Darlehenszinsen, Mieten usw.) der GmbH an den Gesellschafter in eine vGA führt insgesamt zu einer höheren Steuerbelastung, da bei der GmbH der gesamte Betrag der vGA den Ertragsteuern unterliegt und diese die Dividende des Gesellschafters nicht mindert.

160 Die Mehr-Ertragsteuern bis 2008 (letztmals „Halbeinkünfte") und ab 2009 (Abgeltungsteuer von 25 %) ergeben sich aus der nachfolgenden Übersicht:

Wirkung verdeckter Gewinnausschüttungen bis 2008/ab 2009					
	vor vGA	**nach vGA**			
			2008		**ab 2009**
	%		%		%
Einkommen GmbH	0,00		100,00		100,00
Gewerbesteuer (Hebesatz 400 %)		14 %	14,00	14 %	14,00
Körperschaftsteuer		15 %	15,00	15 %	15,00
Solidaritätszuschlag		5,50 %	0,83	5,50 %	0,83
Ertragssteuern GmbH	**0,00**		**29,83**		**29,83**
Brutto-Dividende Gesellschafter	0,00		100,00		100,00
Einkünfte Gesellschafter	100,00		50,00		100,00
Einkommensteuer	42,00	42 %	21,00	25 %	25,00
Solidaritätszuschlag	2,31	5,50 %	1,16	5,50 %	1,38
Ertragsteuern Gesellschafter	**44,31**		**22,16**		**26,38**
Nettovermögen nach Steuern	55,69		48,02		43,79
Ertragsteuern gesamt	**44,31**		**51,99**		**56,21**
Mehr-Steuern durch vGA			**7,68**		**11,90**

Beispiel: Mietzahlungen der X-GmbH an den Gesellschafter sind im VZ 2008 bzw. 2009 i.H.v. 10.000 € als vGA zu behandeln. Die ertragsteuerlichen Konsequenzen sind: Die vGA führte in 2008 zu einer Mehrsteuerbelastung von 7,67 % des Betrages der vGA (= 767 €); ab VZ 2009 (auch in 2024) beträgt die Mehrbelastung sogar 11,90 % (= 1.190 €)!

161 Der die vGA vereinnahmende Gesellschafter profitiert – isoliert betrachtet – von der Umqualifizierung seiner Einkünfte wegen der (ab 2009) niedrigeren Abgeltungsteuer, jedoch auf Kosten der GmbH und damit auf Kosten der Mitgesellschafter. In den

Gesellschaftsverträgen sollten daher **Ausgleichsverpflichtungen** der begünstigten Gesellschafter vorgesehen werden.

Diese könnten wie folgt formuliert werden: **162**

1. Nimmt die Finanzverwaltung eine verdeckte Gewinnausschüttung bei einem Gesellschafter an, so ist dieser verpflichtet, den Betrag der Gesellschaft unverzüglich zurückzuerstatten, sofern dies zur Vermeidung einer verdeckten Gewinnausschüttung möglich ist.

2. Lässt sich hierdurch die Annahme einer verdeckten Gewinnausschüttung nicht vermeiden, so wird der verdeckt ausgeschüttete Betrag auf die nächste offene Gewinnausschüttung an den betr. Gesellschafter angerechnet.

3. Soweit eine solche Anrechnung nicht möglich ist, haben die übrigen Gesellschafter Anspruch auf eine zusätzliche offene Gewinnausschüttung entspr. ihrer Beteiligungshöhe.

4. Hat der betroffene Gesellschafter nach den zivilrechtlichen Vereinbarungen zwischen ihm und der Gesellschaft auf den von der Finanzverwaltung als verdeckte Gewinnausschüttung beurteilten Vermögensvorteil einen Anspruch, so ist lediglich die auf die verdeckte Gewinnausschüttung entfallende Ertragsteuerbelastung der Gesellschaft zwischen den Gesellschaftern auszugleichen. Zu diesem Zweck wird die den übrigen Gesellschaftern anteilig gebührende Zusatzdividende mit dem 1-fachen der auf die verdeckte Gewinnausschüttung entfallenden Ertragsteuerbelastung festgelegt.

Die Einkommensmehrung beim Gesellschafter **ist unabhängig von der Art des Vorteils**, den der Gesellschafter bezogen hat. Dies gilt auch bei der Vorteilsgewährung durch unentgeltliche oder verbilligte Leistungen der GmbH an den Gesellschafter (z.B. die GmbH gewährt dem Gesellschafter ein zinsloses Darlehen). Hierbei ist jedoch zu prüfen, ob der Gesellschafter, wenn er die Leistung der GmbH angemessen vergütet hätte, seine Aufwendungen als Betriebsausgaben, Werbungskosten oder Sonderausgaben bei seiner Einkommensbesteuerung hätte geltend machen können. Ist dies der Fall, so sind die **(fiktiven) Aufwendungen** entspr. zu berücksichtigen. **163**

Beispiel: Der Gesellschafter erhält von der GmbH ein zinsloses Darlehen von 100.000 € für den Bau eines Mietshauses. Die Zinsersparnis stellt abzugsfähige Werbungskosten bei den Einkünften des Gesellschafters aus Vermietung und Verpachtung dar (*BFH* v. 25.9.1970 – VI R 122/67, BFHE 100, 301 = BStBl. II 1971, S. 53). Eine sofortige Saldierung der vGA mit dem Werbungskostenabzug würde zu einem unzutr. Ergebnis führen, da die vGA (ab 2009) mit der Abgeltungsteuer ermäßigt besteuert wird.

Der **GmbH-Anteil** kann beim Gesellschafter zu dessen gewerblichem, land- und forstwirtschaftlichem oder der selbstständigen Arbeit dienenden **Betriebsvermögen** gehören. Die Einnahmen aus der GmbH-Beteiligung, also auch eventuelle vGA, gehören dann zu seinen jeweiligen Gewinneinkünften (§ 20 Abs. 8 EStG). Als Betriebseinnahmen ist ab 2009 60 % (bis 2008: 50 %) des gemeinen Werts des gewährten Vorteils zu erfassen (§ 3 Nr. 40 S. 1 Buchst. d EStG), und zwar im Jahr der Vorteilsgewährung. **164**

Ob und inwieweit die vGA zu einer Einkommenserhöhung beim Gesellschafter führt, hängt auch hier davon ab, inwieweit der Vermögensvorteil im Einkommen des Gesellschafters bereits enthalten ist. **165**

Beispiele:
(1) Der Gesellschafter hat der GmbH ein zum Betriebsvermögen seines Einzelunternehmens gehörendes Grundstück zum Kaufpreis von 300.000 € verkauft. Der Buchwert des

Grundstückes laut Bilanz des Einzelunternehmens hat 120.000 € betragen, sein Teilwert (Verkehrswert) 200.000 €. Der Veräußerungsgewinn des Gesellschafters ist i.H.v. 180.000 € (300.000 € abzgl. 120.000 €) als Betriebseinnahme erfasst. Der betrieblich veranlasste Gewinn beträgt jedoch lediglich 80.000 € (200.000 € abzgl. 120.000 €). In Höhe von 100.000 € (300.000 € abzgl. 200.000 €) liegt eine vGA vor, die den betrieblichen Gewinn um 60 % von 100.000 € erhöht (§ 3 Nr. 40 S. 2 EStG).

(2) Die GmbH vermietet ein Grundstück an ihren Gesellschafter für dessen Einzelunternehmen zu einem um 20.000 € p.a. zu niedrigen Mietzins. Der angemessene – fiktiv um 20.000 € erhöhte – Mietzins ist beim Gesellschafter als Betriebsausgabe in seinem Einzelunternehmen abzugsfähig. Die Einkommenserhöhung durch die vGA beträgt auf der anderen Seite nur 60 % von 20.000 €. Per Saldo ergibt sich daher beim Gesellschafter eine Einkommensminderung von 8.000 €!

(3) Die GmbH veräußert an ihren Gesellschafter für dessen Gewerbebetrieb eine gebrauchte Maschine zum Preis von 40.000 €; der Verkehrswert der Maschine beträgt 90.000 €. Die Maschine ist im Unternehmen des Gesellschafters mit dem Verkehrswert (90.000 €) zu bilanzieren. Dadurch ergibt sich beim Betriebsvermögensvergleich eine Gewinnerhöhung von 50.000 €, die zu 60 % = 30.000 € als Einkommenserhöhung beim Einzelunternehmen des Gesellschafters zu erfassen ist. Die Absetzungen für Abnutzung der Maschine berechnen sich von 90.000 €, so dass sich – unter Berücksichtigung der über die Nutzungsdauer der Maschine vorzunehmenden Gesamt-AfA von 90.000 € – insgesamt eine Einkommensminderung von (Mehr-AfA von 50.000 € ./. Einkommenserhöhung von 30.000 €) = 20.000 € ergibt.

166 **VGA und Kapitalertragsteuer.** Die vGA unterliegt als Einnahme i.S.d. § 20 Abs. 1 Nr. 1 EStG der Kapitalertragsteuer (KapESt) i.H.v. 25 % (§§ 43 Abs. 1 Nr. 1, 43a Abs. 1 Nr. 1, 43 Abs. 4 EStG). Schuldner der Kapitalertragsteuer ist der den Vorteil empfangende Gesellschafter (§ 44 Abs. 1 S. 1 EStG). Die GmbH hat jedoch die Kapitalertragsteuer im Zeitpunkt des Zuflusses des Vorteils beim Gesellschafter von dem zufließenden Betrag einzubehalten und bis zum 10. des Folgemonats an das für die GmbH zuständige Finanzamt abzuführen (§ 44 Abs. 1 EStG).

167 Beim Gesellschafter wird die Kapitalertragsteuer auf die Einkommensteuerschuld angerechnet (§ 36 Abs. 2 Nr. 2 EStG), es sei denn, der Gesellschafter ist nur beschränkt einkommensteuerpflichtig – sog. Steuerausländer.

168 Bei einer vGA unterbleibt aber der Kapitalertragsteuerabzug i.d.R., da die Beteiligten – bewusst oder unbewusst – nicht vom Vorliegen einer kapitalertragsteuerpflichtigen Ausschüttung ausgehen. Es stellt sich daher bei der Aufdeckung der vGA i.d.R. die Frage, ob der Kapitalertragsteuerabzug nachzuholen ist.

169 Da die Kapitalertragsteuer als Quellensteuer in erster Linie Sicherungsfunktion für das Steueraufkommen hat, entfällt die Notwendigkeit der Nacherhebung, wenn die Festsetzung und Erhebung der auf die vGA entfallenden ESt (bei Körperschaften als Gesellschafter: KSt) des Gesellschafters in anderer Weise sichergestellt ist; z.B. dadurch, dass die vGA beim Gesellschafter bereits der Lohnsteuer unterlegen hat (z.B. überhöhte Geschäftsführervergütung), oder die vGA im Rahmen der Einkommensbesteuerung des Gesellschafters ohne weiteres berücksichtigt werden kann, z.B. wenn nur wenige Gesellschafter von der vGA betroffen sind (*BFH* v. 25.9.1970 – VI R 122/67, BFHE 100, 301 = BStBl. II 1971, S. 53).

Eine **Nacherhebung** der Kapitalertragsteuer ist jedoch dann erforderlich, wenn   **170**
- der Gesellschafter nicht unbeschränkt einkommensteuerpflichtig/körperschaftsteuerpflichtig ist (Steuerausländer), da dann die Einkommensbesteuerung gerade im Wege des Kapitalertragsteuerabzuges erfolgt; eine Veranlagung zur ESt findet insoweit nicht statt (§ 50 Abs. 2 S. 1 EStG);
- die vGA bei der Einkommensbesteuerung des Gesellschafters aus verfahrensrechtlichen Gründen (z.B. Eintritt der Festsetzungsverjährung gem. §§ 169 ff. AO) nicht mehr berücksichtigt werden kann;
- eine große Zahl von Gesellschaftern betroffen ist, so dass die Überwachung der zutreffenden Erfassung der vGA bei allen Gesellschaftern einen unverhältnismäßigen Verwaltungsaufwand verursachen würde;
- die Kapitalertragsteuer (ausnahmsweise) von der GmbH zwar einbehalten, aber nicht an das Finanzamt abgeführt worden ist.

Sonstige steuerliche Wirkungen der vGA. Neben den Auswirkungen auf das Einkom-   **171** men und die KSt- bzw. ESt-Belastung der GmbH und des Gesellschafters kann die vGA auch noch Auswirkungen auf andere Steuern haben. Darauf kann hier nur kurz eingegangen werden.

1. Gewerbesteuer   172
Die Erhöhung des Einkommens bei der GmbH und dem Gesellschafter führt zu einem erhöhten Gewerbeertrag i.S.d. § 7 GewStG, so dass die vGA im Falle der Einkommenserhöhung auch eine höhere Gewerbesteuerbelastung zur Folge hat (beim Gesellschafter nur, wenn er den GmbH-Anteil im Betriebsvermögen eines Gewerbebetriebes hält; insoweit kommt allerdings auch die Kürzung des Gewerbeertrages um die Bruttodividende nach § 9 Nr. 2a GewStG bei einer mindestens 15%igen Beteiligung an der GmbH in Betracht).
Die anfallenden Mehrsteuern (z.B. nach einer Betriebsprüfung, in der die vGA aufgedeckt wird), können zu Lasten des Wirtschaftsjahres verbucht werden, in dem mit der Nachforderung mittels geänderter Gewerbesteuerbescheide zu rechnen ist, oder zu Lasten der Wirtschaftsjahre, zu denen sie wirtschaftlich gehören, d.h. in denen die vGA stattgefunden hat (vgl. H 4.9 EStH 2022 „Rückstellung für künftige Steuernachforderungen").

2. Grunderwerbsteuer   173
Überlässt die GmbH dem Gesellschafter ein Grundstück zu einem unangemessen niedrigen Kaufpreis, so ist die Grunderwerbsteuer nicht vom angemessenen, sondern vom **tatsächlich gezahlten** Kaufpreis zu berechnen; in der vGA liegt keine Gegenleistung i.S.d. § 9 GrEStG (*BFH* v. 26.10.1977 – II R 115/69, BFHE 124, 237 = BStBl. II 1978, S. 201).

3. Umsatzsteuer   174
Unentgeltliche Lieferungen und Leistungen einer GmbH an ihre Gesellschafter oder diesen nahestehende Personen stellen nach der BFH-Rspr. (3.11.1983 – V R 4/3, BStBl. II 1984, S. 169) steuerbare „unentgeltliche Wertabgaben" i.S.d. § 3 Abs. 1b und Abs. 9a UStG dar.

Bemessungsgrundlage für die Umsatzbesteuerung einer (unentgeltlichen) vGA ist bei   **175** Lieferungen der Einkaufspreis zzgl. Nebenkosten bzw. die Selbstkosten (§ 10 Abs. 4 S. 1 Nr. 1 UStG), bei sonstigen Leistungen die entstandenen Kosten (§ 10 Abs. 4 S. 1 Nr. 2 UStG). Die USt gehört dabei nicht zur Bemessungsgrundlage (§ 10 Abs. 4 S. 2 UStG).

Beispiel: Die GmbH überlässt dem Gesellschafter unentgeltlich Waren, die sie üblicherweise zum Preis von 1.000 € (gemeiner Wert = Verkehrswert) veräußert. Der Einkaufspreis beträgt 500 € netto. Die vGA beträgt 1.000 € einschließlich Umsatzsteuer. Darin enthalten ist Umsatzsteuer in Höhe 19/119 von 1.000 € = 159,66 €. Bemessungsgrundlage für die Umsatzsteuer ist aber der Einkaufspreis:

Einkaufspreis: 500 €

Umsatzsteuer (19 %): 95 €

Da die Umsatzsteuer im Betrag der vGA schon enthalten ist, wird auf eine weitere Zurechnung zum Einkommen der GmbH gem. § 10 Nr. 2 KStG verzichtet (R 8.6 KStR 2022).

Umsatzsteuerlich entspricht die Umsatzsteuerschuld dem Vorsteuerabzug (95 €); die Zahllast ist also 0 €.

176   **Verbilligte** Leistungen der GmbH an ihre Gesellschafter stellen Lieferungen oder sonstige Leistungen i.S.d. § 1 Abs. 1 Nr. 1 UStG dar. Gem. § 10 Abs. 5 UStG ist Bemessungsgrundlage der Umsatzsteuer jedoch nicht das unangemessen niedrige Entgelt des Gesellschafters, sondern die auch bei unentgeltlicher Leistung anzusetzende Bemessungsgrundlage (Einkaufspreis bzw. Kosten).

177   Zahlt der Gesellschafter im Fall also 400 € einschließlich Umsatzsteuer an die GmbH (vGA also 600 €), so ist die Umsatzsteuer auf den Einkaufspreis von 500 € zu berechnen; sie beträgt also auch hier 95 €. Die Umsatzsteuer ist bei der KSt-Veranlagung abziehbare Betriebsausgabe.

178   Der in der vGA enthaltene Umsatzsteueranteil (19/119 von 600 € = 95,80 €) fällt nicht unter das Abzugsgebot des § 10 Nr. 2 KStG, da eine unentgeltliche Wertabgabe nicht vorliegt. Die anteilige Umsatzsteuer ist jedoch, da die vGA mit dem gemeinen Wert anzusetzen ist, im Betrag der vGA – einkommenserhöhend – enthalten.

179   **(3) Verhinderung und Rückgängigmachung der steuerlichen Folgen einer vGA.** Die vGA führt in aller Regel zu einer ertragsteuerlichen Mehrbelastung der GmbH (vgl. oben Rz. 158). Es stellt sich daher die Frage, ob die Folgen einer vGA verhindert werden können.

180   **Rückgängigmachung der vGA?** Ein verwirklichter Steuertatbestand ist – anders als z.B. ein Rechtsgeschäft – grds. nicht mit rückwirkender Kraft aufhebbar (§ 38 AO). Die vGA kann daher grds. nicht durch Vereinbarung und/oder Rückgewährung des Vorteils rückgängig gemacht werden (*Tipke/Kruse* § 38 AO Rz. 29 m.w.N.). Die Aufhebung z.B. eines für den Gesellschafter unangemessen vorteilhaften Kaufvertrages ex tunc beseitigt daher nicht die verwirklichte vGA.

181   Von diesem Grundsatz hat der BFH (10.4.1962 – I 65/61 U, BFHE 74, 690 = BStBl. III 1962, S. 255) aus Billigkeitsgründen eine Ausnahme zugelassen, wenn die steuerlichen Folgen bei der GmbH und ihrem Gesellschafter so hart sind, dass die Beteiligten bei Kenntnis der Auswirkungen die zur vGA führende Rechtsgestaltung zweifellos unterlassen hätten.

182   Im Urteil vom 2.8.1983 (VIII R 15/80, BFHE 139, 79 = BStBl. II 1983, S. 736) ist der BFH von dieser älteren Rspr. jedoch abgerückt und verweist darauf, dass eine vom gesetzlichen Tatbestand abw. Besteuerung nur gem. § 163 Abs. 1 AO aus persönlichen Billigkeitsgründen möglich ist. In der Besteuerungspraxis spielt diese Möglichkeit aber eine völlig untergeordnete Rolle.

Verhinderung und Rückgängigmachung der vGA-Folgen durch Rückgewährverpflich- **183**
tung? Stark umstr. ist die Frage, ob die steuerlichen Folgen einer vGA aufgrund einer
zivilrechtlichen Rückgewähr- oder Schadensersatzverpflichtung des Gesellschafters
verhindert werden können. Solche Rückgewähransprüche der GmbH können sich aus
den Kapitalschutzvorschriften (§§ 30, 31 GmbHG), der gesetzlichen Treuepflicht der
Gesellschafter und dem Gleichbehandlungsgebot ergeben, aber auch aus sog. **Steuer-**
und Satzungsklauseln.

Steuerklauseln sind Vertragsbestimmungen, denen zufolge ein Rechtsgeschäft ganz **184**
oder tlw. als aufgelöst oder als nicht abgeschlossen angesehen werden oder unwirksam
sein und dementsprechend behandelt werden soll, wenn sich herausstellt, dass sich
nach Auffassung der für die Besteuerung zuständigen Stelle (Finanzamt, Finanzge-
richt) an das Rechtsgeschäft andere – insb. ungünstigere – Steuerfolgen knüpfen, als
die Vertragsparteien vorausgesetzt oder erwartet haben. Insb. zur Vermeidung einer
vGA wird nicht selten in die GmbH-Satzung und/oder das jeweilige Rechtsgeschäft
eine Klausel aufgenommen, dass die Organe der Gesellschaft zu verdeckten Gewinnausschüttungen nicht befugt und dass deshalb solche Ausschüttungen unwirksam und
der GmbH zu erstatten seien, welche die Finanzbehörde oder das FG als vGA qualifiziert (*Tipke/Kruse* § 41 AO Rz. 60).

Satzungsklauseln sind Steuerklauseln, die von Kapitalgesellschaften in ihre Satzungen **185**
aufgenommen werden. In der Satzungsklausel wird daher dem GmbH-Geschäftsführer untersagt, Gesellschaftern oder Dritten Zuwendungen zu machen, die als vGA zu
qualifizieren sind. Stellt sich die vGA heraus, so soll aufgrund der angenommenen
anfänglichen Unwirksamkeit der Zuwendung der Zuwendungsempfänger zur Rückzahlung an die GmbH verpflichtet sein (*Tipke/Kruse* § 41 AO Rz. 60 ff. mit Hinweisen
auf die BFH-Rechtsprechung). Da in der GmbH-Bilanz der Rückforderungsanspruch
nicht bilanziert ist, soll die Bilanz dahin zu berichtigen sein, dass der Rückforderungsanspruch gegen den Gesellschafter bzw. den Dritten aktiviert und ein entspr. höherer
Gewinn ausgewiesen wird. Über diesen Mehrgewinn müsste ein Gewinnverwendungsbeschluss gefasst werden, und es könnte dieser Mehrgewinn nunmehr offen an den
Gesellschafter ausgeschüttet werden.

Welche Wirkung solchen Steuer-/Satzungsklauseln zukommt, ist durchaus umstr. (vgl. **186**
Neumann vGA und verdeckte Einlagen, 2. Aufl. 2006, S. 448 f.; *Tipke/Kruse* § 41 AO
Rz. 60 ff.).

Der BFH hat es im Urteil vom 23.5.1984 (I R 266/81, BFHE 141, 261 = BStBl. II 1984, **187**
S. 723) abgelehnt, dass die betroffene GmbH ihre ursprüngliche Bilanz zum Schluss des
Jahres der Vorteilsgewährung an den Gesellschafter mit dem Ziel ändert, den Rückforderungsanspruch noch im Jahr der vGA zu erfassen, obwohl eine Satzungsklausel der
GmbH einen Rückforderungsanspruch mit Wirkung ex tunc zusicherte. Nach Auffassung des BFH ist der Rückgewähranspruch gegen den begünstigten Gesellschafter erst
dann als bilanzierungsfähiges Wirtschaftsgut anzusetzen, wenn er hinreichend konkretisiert ist, was wiederum die Kenntnis der GmbH von dem Vorliegen der vGA und die
Kundgabe ihres Willens, die Rückgewähr zu verlangen, voraussetze. Mit der Bilanzfeststellung würden die Gesellschafter aber erst die endgültige Entscheidung treffen, ob
und ggf. welche Ansprüche gegen einen Gesellschafter zu realisieren seien. Die
ursprüngliche Bilanz sei daher weder objektiv noch subjektiv unrichtig; ihre nachträgliche Änderung scheide daher als willkürlich und damit unbeachtlich aus.

188   Im Urteil vom 29.4.1987 (I R 176/83, BFHE 150, 337 = BStBl. II 1987, S. 733) hat der BFH die Auffassung der Finanzverwaltung (*BMF* BStBl. I 1981, S. 599) bestätigt, dass der Rückforderungsanspruch der GmbH den Charakter einer **Einlageforderung** hat, so dass die durch die vGA bewirkte Einkommensminderung durch die Einbuchung des Rückforderungsanspruchs nicht ausgeglichen wird (ebenso *BFH* v. 14.10.1992 – I R 14/92, BFHE 169, 340 = BStBl. II 1993, S. 351). Der BFH lässt allerdings offen, ob die Rückgewähr der vGA auch aus der Sicht des Gesellschafters als Einlage zu beurteilen ist (so die Finanzverwaltung, BStBl. I 1981, S. 599 für beherrschende Gesellschafter), oder ob es sich insoweit um einkommensmindernde negative Einnahmen aus Kapitalvermögen handelt. Für die letztere Alternative spricht die vom BFH postulierte Notwendigkeit, die vGA und ihre Rückgängigmachung spiegelbildlich zu behandeln (*BFH* v. 29.4.1987 – I R 176/83, BFHE 150, 337 = BStBl. II 1987, S. 733 – „contrarius actus").

189   **(4) Einzelfälle verdeckter Gewinnausschüttungen.** VGA der GmbH an ihre Gesellschafter können in mannigfacher Erscheinungsform vorkommen, insb. im Rahmen von Austauschgeschäften zwischen GmbH und Gesellschafter. Zwei in der Besteuerungspraxis bedeutende und umstr. Fälle sollen nachfolgend dargestellt werden.

190   **Vergütungen an Gesellschafter-Geschäftsführer.** Insb. bei personenbezogenen GmbH stellt sich häufig die Frage nach dem Vorliegen einer vGA im Zusammenhang mit der Vergütung für den als Geschäftsführer tätigen Gesellschafter. Grds. sind die Gehaltszahlungen an den Gesellschafter-Geschäftsführer ebenso als Betriebsausgabe abzugsfähig wie entspr. Vergütungen an Nichtgesellschafter. Voraussetzung für den Abzug ist aber insb., dass die Gesamtbezüge des Gesellschafter-Geschäftsführers sich im Rahmen dessen halten, was ein fremder Dritter für die entspr. Tätigkeit in einem vergleichbaren Unternehmen erhalten würde.

191   Zur Vermeidung einer vGA sind an die Vergütungen der Gesellschafter-Geschäftsführer folgende Anforderungen zu stellen:

1. bürgerlich-rechtlich wirksame Vereinbarung,
2. klare und eindeutige Vereinbarung,
3. tatsächliche Durchführung der Vereinbarung,
4. Angemessenheit der Vergütung,
5. kein Verstoß gegen das Nachzahlungsverbot bei beherrschenden Gesellschafter-Geschäftsführern.

192   **Zu 1.: Bürgerlich-rechtlich wirksame Vereinbarungen.** (Dienst-)Leistungen eines Gesellschafters an die GmbH können sowohl auf (dienst-) vertraglicher, als auch auf gesellschaftsrechtlicher Grundlage erfolgen. Es besteht keine Vermutung für die eine oder andere Ausgestaltung der Leistungsbeziehungen.

193   Da nur im ersten Fall abzugsfähige Betriebsausgaben vorliegen, ist eine entspr. wirksame Vereinbarung notwendig. Dies setzt wiederum voraus, dass die Vereinbarung nicht wegen Verstoßes gegen das **Selbstkontrahierungsverbot** des § 181 BGB unwirksam ist. Nach § 181 BGB, der auch für den GmbH-Geschäftsführer gilt (so § 35 Rz. 84), kann der Geschäftsführer im Namen der Gesellschaft mit sich weder im eigenen Namen noch als Vertreter eines Dritten ein Rechtsgeschäft vornehmen. Dies gilt gem. § 35 Abs. 4 GmbHG auch für den Gesellschafter-Geschäftsführer einer Einmann-GmbH.

Das wegen Verstoßes gegen § 181 BGB schwebend unwirksame Rechtsgeschäft kann **194**
jedoch von dem zuständigen Organ (z.b. Gesellschafterversammlung) genehmigt werden; die Genehmigung hat nach neuerer Rspr. des BFH auch steuerlich rückwirkende
Kraft (*BFH* v. 23.10.1996 – I R 71/95, BFHE 181, 328 = BStBl. II 1999, S. 35).

Zu 2.: Klare und eindeutige Vereinbarung. Die Vereinbarungen zwischen der GmbH **195**
und dem Gesellschafter-Geschäftsführer müssen auch **klar und eindeutig** sein, damit
Gewinnmanipulationen – und damit vGA – durch nachträgliche Festlegung des Leistungsentgelts ausgeschlossen sind. Die Vereinbarung eines „angemessenen Gehalts"
oder einer „angemessenen Tantieme" genügen dem nicht. Die einzelnen Vertragsbe-
standteile sind so zu fixieren, dass allein durch Rechenvorgänge die Höhe der Vergütung ermittelt werden kann, ohne dass es noch der Ausübung irgendwelcher Ermessens-
akte seitens der Geschäftsführung oder der Gesellschafterversammlung bedarf (*BFH*
v. 30.1.1985 – I R 37/82, BFHE 143, 263 = BStBl. II 1985, S. 345 zur Gewinntantieme).

Insb. sind die Bemessungsgrundlage einer dem Gesellschafter-Geschäftsführer zu zah- **196**
lenden (i.d.R. Gewinn-)**Tantieme** sowie die sonstigen Vergütungsbestandteile möglichst exakt zu definieren. Hierzu zählt die Finanzverwaltung (*BMF* BStBl. I 2012,
S. 478) auch die Vereinbarung über die Nutzung gesellschaftseigener Pkw zu Privat-
fahrten und Fahrten zwischen Wohnung und Arbeitsstätte einschließlich Mittagsheim-
fahrten durch den Gesellschafter-Geschäftsführer.

Zu 3.: Tatsächliche Durchführung der Vereinbarung. Die wirksam klar und eindeutig **197**
getroffenen Vereinbarungen der GmbH mit ihrem Gesellschafter-Geschäftsführer
müssen – um steuerlich anerkannt zu werden – auch **tatsächlich durchgeführt** werden
(*BFH* v. 5.10.1977 – I R 230/75, BFHE 124, 164 = BStBl. II 1978, S. 234; vgl. auch
H 8.5 I. KStH 2022 „Tatsächliche Durchführung von Vereinbarungen"). Nicht durchgeführte Vereinbarungen werden daher steuerlich nicht anerkannt. Erforderlich ist,
dass die Folgerungen aus dem Vertrag gezogen werden, vor allem durch entspr. Ver-
buchung der aus dem Vertrage sich ergebenden Leistungen und Leistungsentgelte.

Zu 4.: Angemessenheit der Vergütung. Kernfrage bei der Vergütungsvereinbarung **198**
zwischen GmbH und Gesellschafter ist die **Angemessenheit der Vergütung.** Dies gilt
auch für die Vergütung des als Geschäftsführer tätigen Gesellschafters. Der unangemessene Teil der Vergütung ist gesellschaftlich veranlasst und stellt daher eine vGA
dar; nur soweit die Vergütung angemessen ist, ist sie Betriebsausgabe der GmbH.
Abzustellen ist dabei auf die Gesamtvergütung des Gesellschafter-Geschäftsführers
(*BFH* v. 5.10.1994 – I R 50/94, BFHE 176, 523 = BStBl. II 1995, S. 549). Neben laufen-
dem Gehalt und Tantiemen sind daher auch Pensionszusagen, Mietwert einer überlassenen Wohnung, private Pkw-Nutzung und sonstige Nebenleistungen einzubeziehen.

Pensionszusagen sind dabei mit der fiktiven Jahresprämie anzusetzen, die sich bei **199**
Abschluss einer entspr. Versicherung ergäbe (*BFH* v. 4.8.1959 – I 4/59 S, BFHE 69, 299
= BStBl. III 1959, S. 374; vgl. auch FinMin. NRW v. 15.12.1982, BStBl. I 1982, S. 988).
Umsatzbezogene Tantiemen sind nach BFH (5.10.1977 – I R 230/75, BFHE 124, 164 =
BStBl. II 1978, S. 234) nur in besonders gelagerten Fällen steuerlich zulässig, z. B. in der
Aufbauphase einer GmbH (*BFH* v. 19.5.1993 – I R 83/92, BFH/NV 1994, 124).

Naturgemäß lässt sich der Wert einer Dienstleistung nicht mit mathematischer Exakt- **200**
heit festlegen. Im konkreten Fall geht es daher darum, eine Grenzlinie zu bestimmen,
bei der eine angemessene Geschäftsführervergütung nicht mehr angenommen werden

kann. Dementsprechend liegt eine vGA nur dann vor, wenn ein krasses Missverhältnis zwischen Leistung und Entgelt besteht; dies ist anzunehmen, wenn die Angemessenheitsgrenze um mehr als 20 % überschritten wird (*BFH* v. 28.6.1989 – I R 89/95, BFHE 157, 408 = BStBl. II 1989, S. 854).

201 Für die Beurteilung der **Angemessenheit der Geschäftsführerbezüge** sind v.a. folgende Gesichtspunkte maßgebend (vgl. auch *BMF* BStBl. I 2002, S. 972):

– Wert der Dienstleistung des geschäftsführenden Gesellschafters für die GmbH;
– ausschlaggebend ist das Gesamtbild der Dienstleistung, insb. Art und Umfang der Tätigkeit des Geschäftsführers;
– Vergleich mit der Vergütung, die ein gesellschaftsfremder Dritter als Geschäftsführer erhalten würde;
– Ertragsaussichten der GmbH.

202 Einem Fremd-Geschäftsführer würden die GmbH-Gesellschafter in aller Regel nur solche Bezüge zubilligen, die eine rentierliche Verzinsung des Eigenkapitals der GmbH gewährleisten würden. Ist eine solche angemessene Verzinsung des GmbH-Kapitals gegeben, so kann eine vGA dennoch vorliegen, wenn anzunehmen ist, dass die Gesellschafter einem fremden Geschäftsführer die fraglichen Bezüge nicht zubilligen würden, da sie zu einer nachhaltigen Herabsetzung des GmbH-Gewinnes führen würden.

203 **Einflussgrößen** für die Geschäftsführer-Vergütung sind in der Praxis i.d.R. die folgenden Umstände:

Unternehmensgröße. Die Unternehmensgröße, ausgedrückt v.a. in Umsatzerlösen und Beschäftigtenzahl, ist der wichtigste Einflussfaktor auf die Vergütungshöhe. Selbst bei Unternehmen gleicher Größenordnung ist jedoch die Schwankungsbreite der Geschäftsführervergütung +/-50 % um den Mittelwert.

Kapitalbeteiligung. Die Beteiligung des Geschäftsführers am Stammkapital der GmbH hat i.d.R. wesentlichen Einfluss auf die Vergütungshöhe. Gesellschafter-Geschäftsführer verdienen tendenziell mehr als angestellte Geschäftsführer.

Ertragssituation. Die Ertragslage ist nach der Unternehmensgröße der wichtigste Einflussfaktor. Höhere Gewinne wirken sich sowohl direkt über höhere Gewinntantiemen als auch mittelbar über höhere Grundvergütungen aus.

Hierarchische Stellung. Die hierarchische Stellung innerhalb des Geschäftsführergremiums, z.B. als Sprecher oder Vorsitzender, beeinflusst in mittleren und großen GmbH die Höhe der Gesamtbezüge. Zuschläge von 40–60 % werden durchschnittlich gewährt.

Bei kleinen GmbH spielt dieser Gesichtspunkt i.d.R. jedoch keine allzu große Rolle.

204 **Weitere Einflussfaktoren:**

Ausbildung. Personenbezogenheit der Tätigkeit (z.B. Steuerberatungsgesellschaft, Werbeagentur).

Vergütungsstruktur. Die Geschäftsführervergütung setzt sich i.d.R. zusammen aus:

Feste Grundvergütung. Die feste Grundvergütung beträgt durchschnittlich etwa 60 % der Gesamtbezüge. Empfehlenswert sind Spannungsklauseln, mit denen die Fortschreibung der Grundvergütung an bestimmte Faktoren, z.b. die Entwicklung der Tarifbezüge, gekoppelt wird.

Tantieme. Die variablen Bezüge der Geschäftsführer sind regelmäßig an den Gewinn der GmbH gekoppelt. Ein „üblicher" Gewinnprozentsatz der Tantieme ist nicht feststellbar.

Gewinntantiemen von 20–30 % des Gewinns sind nicht selten, können jedoch nicht für alle GmbH verallgemeinert werden. Maßgebend ist die konkrete Unternehmens- und Gewinnsituation.

Die Tantieme muss von vornherein klar und eindeutig vereinbart sein. Sie muss durch einfachen Rechenvorgang berechnet werden können, ohne dass es eine Ermessensentscheidung der Gesellschafter oder des Geschäftsführers bedarf.

Umsatztantiemen werden i.d.R. von der Finanzverwaltung nicht akzeptiert. Sie kommen allenfalls bei Branchen in Betracht, bei denen die Umsatzbeteiligung üblich ist (z.B. bei Handelsvertretern).

Gewinntantiemen erkennt der BFH steuerlich nur noch bis zur Höhe von maximal 25 % der Gesamtvergütung an (*BFH* v. 5.10.1994 – I R 50/94, BFHE 176, 523 = BStBl. II 1995, S. 549): die Tantieme ist danach i.d.R. vGA, soweit sie 1/3 der Summe der übrigen Bezüge (einschl. Festgehalt) des Gesellschafter-Geschäftsführers übersteigt.

Die Finanzverwaltung (*BMF* BStBl. I 2002, S. 219) wendet die o.a. 25:75-Regel grds. an. Außerdem dürfen nach Ansicht des BFH (5.10.1994 – I R 50/94, BFHE 176, 523 = BStBl. II 1995, S. 549) die Tantiemezusagen gegenüber mehreren Gesellschafter-Geschäftsführern in der Summe nicht die Grenze von 50 % des Jahresüberschusses übersteigen, da sonst nach den Regeln des Anscheinsbeweises eine „Gewinnabschöpfung" und damit eine vGA angenommen wird.

Betriebliche Altersversorgung. Regelmäßig erhält der Geschäftsführer eine betriebliche Pensionszusage.

Die Pension schwankt von 50–75 % des letzten Grundgehalts. Die Witwenbezüge betragen durchschnittlich 60 % der Geschäftsführer-Rente.

Dienstwagen. Firmenwagen gehören für den Geschäftsführer zur Normalausstattung. Die Privatnutzung ist üblicherweise unbegrenzt gestattet.

Sonstige Zusatzleistungen. Sonstige übliche Vergütungen für Geschäftsführer sind der Abschluss einer Unfallversicherung zur Abdeckung des privaten und dienstlichen Risikos sowie die Gehaltsfortzahlung bei Krankheit und Tod.

Anhaltspunkte für eine angemessene Geschäftsführervergütung bieten daher der innere und der äußere Betriebsvergleich.

Beim **inneren Betriebsvergleich** werden die Bezüge der Gesellschafter-Geschäftsführer mit den Bezügen der nächsthöheren Angestellten verglichen. Zwar hat der BFH (28.6.1989 – I R 89/85, BFHE 157, 408 = BStBl. II 1989, S. 854) einen solchen Vergleich nicht gelten lassen, da sich die Bewertung hochwertiger Führungsaufgaben eines großen Unternehmens der Einordnung in feste Richtlinien entziehe. Dennoch kann ein solcher Vergleich Anhaltspunkte für die Angemessenheitsprüfung liefern. Als Faustregel kann dabei angehalten werden, dass die Geschäftsführerbezüge etwa das Zwei- bis Dreifache der Bezüge des bestbezahlten Angestellten nach ihm betragen können **205**

(*Streck/Schwedhelm* § 8 KStG Anhang Rz. 286, Rz. 150 Stichwort „Dienstverhältnis" Nr. 5; a.A. *Hess. FG* EFG 2000, 1032).

206 Beim **äußeren Betriebsvergleich** werden die Geschäftsführerbezüge mit den Bezügen der Geschäftsführer in anderen Betrieben gleicher Größenordnung und gleicher Branche verglichen. Dieser Gesichtspunkt wird v.a. von der Finanzverwaltung im Rahmen der steuerlichen Außenprüfung ins Spiel gebracht. Diese Methode ist deswegen fragwürdig, weil vom Steuerpflichtigen wegen des von der Finanzverwaltung zu wahrenden Steuergeheimnisses nicht überprüft werden kann, ob der sog. Vergleichsbetrieb tatsächlich mit dem Betrieb der GmbH vergleichbar ist. Darüber hinaus werden die Geschäftsführerbezüge nicht nur nach quantitativen Gesichtspunkten, sondern nach den individuellen Erfahrungen, Fähigkeiten und Eigenschaften des Geschäftsführers bemessen.

207 Anhaltspunkte für die tatsächlich gezahlten Geschäftsführerbezüge geben die Veröffentlichungen der verschiedenen Vergütungs-Beratungsunternehmen sowie partiell Veröffentlichungen der Finanzverwaltung (vgl. *OFD Karlsruhe* v. 3.4.2009 – S 2742/ 84 – St 221 sowie DStR 2001, 792).

208 Übersteigt die Geschäftsführervergütung die Angemessenheitsgrenze, so ist nur der als unangemessen zu betrachtende Teil als vGA zu qualifizieren (*BFH* v. 5.10.1994 – I R 50/94, BFHE 176, 523 = BStBl. II 1995, S. 549). Kann die Unangemessenheit einem bestimmten Teilentgelt zugeordnet werden, so ist dessen unangemessener Teil als vGA zu behandeln.

209 Ist nur die Gesamtvergütung (Summe der Teilvergütungen) als unangemessen anzusehen, so bestehen keine Regeln, welche der Teilvergütungen ganz oder tlw. als vGA zu behandeln ist. Praktikabel ist es, nach der zeitlichen Folge vorzugehen und die zuletzt gewählten Vergütungen – zuletzt zugesagt oder zuletzt zufließend, z.B. die Pensionszusage – als vGA zu behandeln (*BMF* BStBl. I 2002, S. 972, Tz. 8).

210 Die **Finanzverwaltung** (*OFD Karlsruhe* 17.4.2001, DStR 2001, 792; *BMF* BStBl. I 2002, S. 972) geht bei der **steuerlichen Anerkennung** der Geschäftsführervergütung als Betriebsausgabe der GmbH von folgenden Grundsätzen aus:

Beurteilungskriterien für die Angemessenheit der Gesellschafter-Geschäftsführervergütung sind:

– Art und Umfang der Tätigkeit
  – maßgebend ist vorrangig die Größe des Unternehmens, die sich aus dem Umsatz und der Beschäftigtenzahl ergibt;
  – Abschläge sind gerechtfertigt bei unternehmerischer Tätigkeit außerhalb der Geschäftsführer-Funktion (z.B. Mehrfach-Geschäftsführer) und bei mehreren Geschäftsführern, insb. bei kleineren Gesellschaften;
  – künftige Ertragsaussichten des Unternehmens.
– Verhältnis des Geschäftsführer-Gehalts zum Gesamtgewinn und zur verbleibenden Kapitalverzinsung
  – maßgebend ist die Relation Gesamtvergütung Geschäftsführer – Gesamtgewinn GmbH und Gesamtvergütung Geschäftsführer – Kapitalverzinsung GmbH;

- die angemessene Kapitalverzinsung für die GmbH ist aus dem gesamten von der Kapitalgesellschaft eingesetzten Kapital – ohne selbst geschaffene immaterielle Wirtschaftsgüter – zu ermitteln;
- Gewinnabsaugung durch Geschäftsführergehalt ist wesentliches Indiz für vGA;
- die Mindestverzinsung des eingesetzten Kapitals rechtfertigt nicht, darüber hinaus gehende Beträge in vollem Umfang als Geschäftsführergehalt auszukehren;
- im Regelfall ist die Angemessenheit der Gesamtausstattung gegeben bei „Halbteilung": der Jahresüberschuss der GmbH vor Steuern ist mindestens genauso hoch wie die Geschäftsführervergütung;
- bei ertragsschwachen Gesellschaften ist die Angemessenheit gegeben bei Orientierung am unteren Rahmen des Vergleichsmaßstabs.
- Art und Höhe der Vergütungen für Geschäftsführer gleichartiger Betriebe
  - innerer Fremdvergleich: Vergleich mit Fremd-Geschäftsführer im gleichen Betrieb;
  - äußerer Fremdvergleich: Heranziehen von Gehaltsstrukturuntersuchungen und verwaltungsinternen Sammlungen von Vergleichsbetrieben.

Zu 5.: Rückwirkungsverbot bei beherrschenden Gesellschaftern. Das Rückwirkungs- **211** verbot bei beherrschenden Gesellschaftern (vgl. oben Rz. 112 ff.) gilt auch und gerade für die Vergütung der Geschäftsführertätigkeit eines solchen Gesellschafters. Unabhängig von den o.a. Voraussetzungen, d.h. auch dann, wenn eine wirksame, klare, eindeutige und angemessene Vergütungsvereinbarung getroffen worden ist, liegt eine vGA beim **beherrschenden** Gesellschafter-Geschäftsführer schon dann vor, wenn seine Vergütung rückwirkend (im Nachhinein) festgesetzt oder erhöht wird (*BFH* v. 15.12.1971 – I R 5/69, BFHE 104, 524 = BStBl. II 1972, S. 438; v. 29.4.1992 – I R 21/90, BFHE 168, 151 = BStBl. II 1992, S. 851). Dadurch sollen willkürliche Gewinnmanipulationen vermieden werden, die wegen der bei einem beherrschenden Gesellschafter insoweit gegebenen Gleichrichtung der Interessen mit der GmbH vermutet werden können.

Beispiel: Der beherrschende Gesellschafter-Geschäftsführer beschließt und vereinbart rechtswirksam am Jahresende eine (angemessene) Geschäftsführer-Tantieme, die den Jahresüberschuss der GmbH fast vollständig aufzehrt. Dadurch soll die GmbH im Ergebnis die Gewerbesteuer auf den sonst verbliebenen Gewerbeertrag ersparen. Die Tantieme ist als vGA dem Einkommen der GmbH wieder hinzuzurechnen; der „Steuerspareffekt" tritt daher nicht ein.

Steuerrechtliche Wirkungen der Verletzung des Wettbewerbsverbots durch den Ge- **212** **sellschafter-Geschäftsführer.** Eine gesetzliche Regelung des Wettbewerbs zwischen der Gesellschaft und ihren Gesellschaftern fehlt – anders als bei den Personenhandelsgesellschaften (§§ 112 f., 161 Abs. 2, 165 HGB) – für die GmbH. Es ist jedoch ganz herrschende Auffassung, dass sich auch für den **GmbH-Gesellschafter** ein **Wettbewerbsverbot** ergeben kann aus

- Gesellschaftsvertrag der GmbH (Satzung) und
- gesellschaftsrechtlicher Treuepflicht.

Der **Gesellschaftsvertrag** der GmbH kann ein Wettbewerbsverbot zu Lasten der **213** Gesellschafter als Nebenleistungspflicht vorsehen. Es ist hierbei grds. zulässig, das Wettbewerbsverbot auch auf Minderheitsgesellschafter zu erstrecken sowie den sachlichen und örtlichen Umfang des Verbots zu präzisieren, auszudehnen oder einzuschränken. Ebenso kann ein nachvertragliches Wettbewerbsverbot vereinbart werden.

214 Auch ohne eine Vereinbarung im Gesellschaftsvertrag kann der Gesellschafter einer GmbH dieser gegenüber einem Konkurrenzverbot unterliegen. Grundlage ist die allg. **gesellschaftsrechtliche Treuepflicht** des Gesellschafters gegenüber der GmbH und den anderen Mitgesellschaftern (*BGH* v. 5.6.1975 – II ZR 23/74, BGHZ 65, 15 = NJW 1976, 191).

215 Andererseits hat der BGH entschieden, dass den Allein-Gesellschafter (28.9.1992 – II ZR 299/91, BGHZ 119, 257 = GmbHR 1993, 38) ebenso wie den mit Einverständnis der übrigen Gesellschafter handelnden Gesellschafter (10.5.1991 – II ZR 74/92, BGHZ 122, 333 = NJW 1993, 1922) einer mehrgliedrigen GmbH keine Treuepflicht gegenüber seiner GmbH trifft.

216 Der **nicht beherrschende** Gesellschafter unterliegt dagegen grds. keinem Wettbewerbsverbot aufgrund seiner allg. Treuepflicht, da ihm die Möglichkeit, die Geschäftsführung der GmbH zu bestimmen, fehlt. Etwas anderes könnte bei einem Minderheitsgesellschafter dann gelten, wenn er aufgrund der Satzung ein Sonderrecht zur Bestellung und Abberufung des Geschäftsführers hat.

217 Einem Minderheitsgesellschafter kann jedoch aufgrund seiner Treuepflicht auch ohne Vorliegen eines Wettbewerbsverbots ein konkretes Rechtsgeschäft oder eine konkrete Geschäftstätigkeit untersagt sein: Auch ein Minderheitsgesellschafter ist verpflichtet, Geschäftschancen der GmbH nicht zu ihrem Nachteil für sich selbst auszunutzen, vor allem wenn er von ihnen als Gesellschafter Kenntnis erlangt hat, sie an ihn in dieser Eigenschaft herangetragen worden sind oder sie für die GmbH von besonderer Bedeutung sind.

218 Unabhängig von einer ausdrücklichen Regelung in der Satzung oder im Anstellungsvertrag unterliegt der **GmbH-Geschäftsführer** aufgrund seiner Organstellung einem Wettbewerbsverbot in dem Sinne, dass er seine Organstellung nicht für sich zum Nachteil der GmbH ausnutzen darf und Geschäftschancen der GmbH an sich zieht (*BGH* v. 9.11.1967 – II ZR 64/67, *BGHZ* 49, 30; *Lutter/Hommelhoff* Anh. zu § 6 Rz. 20 m.w.N.).

219 Verletzen der Gesellschafter oder der Geschäftsführer das Wettbewerbsverbot, so kann die GmbH von ihnen verlangen:

– **Unterlassung** der Konkurrenztätigkeit,
– **Schadensersatz** (analog § 113 HGB bzw. § 88 Abs. 2 AktG) oder
– **Herausgabe** der erlangten Vergütung (internes Eintrittsrecht).

In der **steuerrechtlichen** Beurteilung der Voraussetzungen und Folgen eines Wettbe-   **220**
werbsverstoßes ist der BFH in seiner früheren Rspr. von einem Wettbewerbsverbot
auch für den Alleingesellschafter ausgegangen. Seit Mitte 1995 hat der BFH seine
Rspr. wesentlich geändert. Die BFH-Rspr. (30.8.1995 – I R 155/94, BFHE 178, 371 =
DStR 1995, 1873; 13.11.1996 – I R 149/94, BFHE 181, 494 = DStR 1997, 323;
18.12.1996 – I R 26/95, BFHE 182, 190 = DStR 1997, 575) lässt sich in folgenden The-
sen zusammenfassen:

– Der BFH schließt sich der Auffassung des BGH (10.5.1991 – II ZR 74/92, *BGHZ* 122,
  333) an, wonach der Allein-Gesellschafter einer GmbH solange keinem Wettbewerbsverbot unterliegt, als er der GmbH nur Vermögen entzieht, das zur Deckung des
  Stammkapitals nicht benötigt wird. Das Gleiche gilt für den mit Einverständnis der
  übrigen Gesellschafter handelnden Gesellschafter einer mehrgliedrigen GmbH.
– Die **Aufhebung** eines **vertraglichen** Wettbewerbsverbotes bedarf **keiner** klaren und
  von vornherein abgeschlossenen Vereinbarung; dieses Erfordernis ist lediglich ein
  steuerliches Kriterium zur vGA bei einem beherrschenden Gesellschafter, das für
  die Existenz eines **zivilrechtlichen** Schadensersatz- oder Herausgabeanspruches
  ohne Bedeutung ist.
– Der Alleingesellschafter kann aufgrund seiner Dispositionsbefugnis **jederzeit** ein
  vertragliches Wettbewerbsverbot **aufheben.**
– Ein Verstoß gegen ein Wettbewerbsverbot kann insb. dann vorliegen, wenn der
  Geschäftsführer
  – Geschäftschancen der GmbH eigennützig nutzt,
  – Informationen der GmbH eigennützig nutzt.
– Die bloße Branchenähnlichkeit der Tätigkeit eines Gesellschafter-Geschäftsführers
  mit dem Geschäftsgegenstand der GmbH begründet noch **keinen** Schadensersatz-
  oder Herausgabeanspruch der GmbH.
– Die Annahme einer vGA wegen Wettbewerbsverstoßes setzt allerdings **keinen**
  zivilrechtlichen Anspruch der GmbH voraus. Besteht **kein** zivilrechtlicher Scha-
  densersatz- oder Herausgabeanspruch der GmbH gegen den Gesellschafter-
  Geschäftsführer, so ist eine eigenständige steuerrechtliche Prüfung vorzunehmen.
  Eine vGA liegt demnach vor, wenn der Gesellschafter-Geschäftsführer
  – Geschäftschancen oder
  – Informationen
der GmbH nutzt, für deren Überlassung ein fremder Dritter ein Entgelt gezahlt hätte.

Prüfungsfolge bei einer konkurrierenden Tätigkeit eines Gesellschafter-Geschäfts-   **221**
führers.

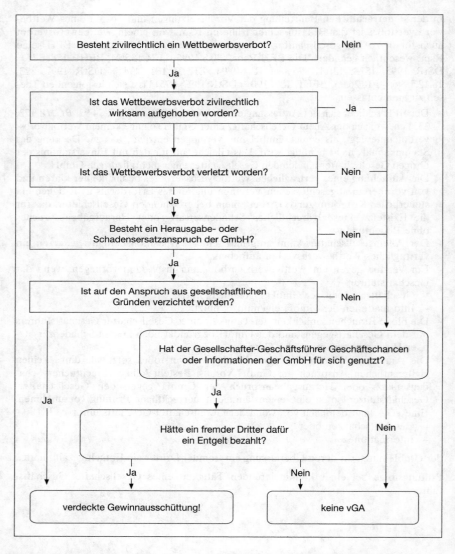

222   Verdeckte Gewinnausschüttung durch Gesellschafter-Fremdfinanzierung. Anteilseigner inländischer Kapitalgesellschaften, deren Einkünfte nicht im Rahmen einer Steuerveranlagung im Inland besteuert werden, wie z.B.

– Steuerausländer,
– steuerbefreite Körperschaften,
– öffentlich-rechtliche Körperschaften

konnten die Dividendenbesteuerung früher dadurch vermeiden, dass sie der Gesellschaft nicht Eigenkapital, sondern Fremdkapital zur Verfügung stellten:

- Bei einer Finanzierung über **Einlagen** waren die hierauf gezahlten Dividenden mit (zuletzt) 25 % Körperschaftsteuer belastet. Hinzu kam die – ggf. nach einem DBA reduzierte – Kapitalertragsteuer. Bei Steuerausländern kommt ggf. die ausländische ESt/KSt noch hinzu.
- Bei der Hingabe von Fremdkapital (Darlehen) sind die dafür von der Gesellschaft gezahlten Zinsen in Deutschland steuerfrei (§ 49 Abs. 1 Nr. 5 Buchst. c EStG). Kapitalertragsteuer wird insoweit nicht erhoben (§ 44a Abs. 1 EStG).

Der Versuch der Finanzverwaltung, die Gesellschafter-Fremdfinanzierung durch Verwaltungsanweisung (*BMF* BStBl. I 1987, S. 373) einzuschränken, ist vom BFH (5.2.1992 – I R 127/90, BFHE 166, 356 = BStBl. II 1992, S. 532) zurückgewiesen worden.   **223**

Der ab 1994 (bzw. Wirtschaftsjahr 1994/95) neu eingeführte und seitdem mehrfach geänderte § 8a KStG schränkte die Gesellschafter-Fremdfinanzierung durch im Inland nicht zu veranlagende Anteilseigner dadurch ein, dass er die an den Anteilseigner gezahlten Fremdkapital-Zinsen – tlw. – als vGA behandelte.   **224**

Ab 2008 ist die vGA-Regelung durch eine sog. **Zinsschranke** ersetzt worden (§ 8a KStG i.V.m. § 4h EStG): Der Zinsabzug wird beschränkt auf die Höhe des Zinsertrags und 30 % des steuerlichen EBITDA des Zinsschuldners. Die Beschränkung des Zinsabzugs greift bei Kapital- und Personengesellschaften. Die Regelung erfasst alle Fremdfinanzierungen, d.h. insb. auch eine normale Bankfinanzierung. Sie ist nicht beschränkt auf Gesellschafterfremdfinanzierungen.   **225**

Die Regelung soll verhindern, dass insb. Konzerne ihre Gewinne durch Darlehensfinanzierung in Länder mit niedrigeren Ertragsteuern verlagern.   **226**

Der den Abzugsbetrag übersteigende Betrag kann vorgetragen werden.

Die Zinsaufwendungen eines Betriebs sind in Höhe des Zinsertrags abziehbar.

Darüber hinaus sind die Zinsaufwendungen nur bis zur Höhe von 30 % des Saldos aus Gewinn/Einkommen zzgl. Zinsaufwand und Abschreibungen abzgl. Zinsertrag abzugsfähig: **227**

Gewinn vor Ertragsteuern

+   Zinsaufwand

+   Abschreibungen

./. Zinsertrag

=   EBITDA (Gewinn vor Nettozinsaufwand, Ertragsteuern und Abschreibungen)

×   30 %

=   30 % des EBITDA

+ Zinsaufwand in Höhe des Zinsertrags

=   abziehbare Zinsaufwendungen.

Als maßgebende Zinsaufwendungen gelten alle gewinnmindernden Vergütungen für Fremdkapital, auch wenn die Höhe von einem ungewissen Ereignis abhängt. Die Auf-   **228** und Abzinsung unverzinslicher oder niedrig verzinslicher Verbindlichkeiten oder Kapitalforderungen führen ebenfalls zu Zinserträgen oder Zinsaufwendungen.

Nicht erfasst sind Dividenden, Zinsen nach § 233 AO, Skonti und Boni.

229 Die Zinsaufwendungen, die nicht abgezogen werden dürfen, sind in die folgenden Wirtschaftsjahre vorzutragen (Zinsvortrag). Sie erhöhen die Zinsaufwendungen dieser Wirtschaftsjahre, nicht aber den maßgeblichen Gewinn. Die nicht abzugsfähigen Zinsaufwendungen stellen beim Empfänger sofort voll steuerpflichtiges Zinseinkommen dar.

Zu Einzelheiten der Zinsschranke vgl. *BMF* BStBl. I 2008, S. 718.

Beispiel: Der Gewinn vor Steuern einer GmbH beträgt 1 Mio. €. Die Zinsaufwendungen betragen 1,4 Mio. €, die Abschreibungen 1,2 Mio. € und die Zinserträge 100.000 €.

Wie hoch sind

a) die abziehbaren Zinsaufwendungen?
b) der Zinsvortrag?
c) der steuerpflichtige Gewinn?
d) die Zinsen, die bei der GewSt hinzugerechnet werden?

Zinsschranke			
	T€	T€	T€
Gewinn vor Steuern	1.000		
+ Zinsaufwendungen	1.400		1.400
+ Abschreibungen	1.200		
– Zinserträge	-100	100	
steuerliches EBITDA	3.500		
davon **30 %** = Betriebsausgabe	1.050	**1.050**	
= abziehbarer Zinsaufwand		**1.150**	-1.150
nichtabziehbar = Zinsvortrag	250		250
Gewinn vor Steuern	1.000		
steuerpflichtiger Gewinn	**1.250**		

Bei der GewSt werden nur die abziehbaren Zinsaufwendungen hinzugerechnet (1.150 T€). Der Zinsvortrag wird in dem Jahr bei der GewSt hinzugerechnet, in dem er einkommensteuerlich abgezogen wurde.

h) Ausländische Steuern vom Einkommen (§ 26 Abs. 1 KStG i.V.m. § 34c EStG).

230 Erzielt eine GmbH im Ausland Einkünfte, so kann es zu einer doppelten Besteuerung der ausländischen Einkünfte kommen: Der sog. Quellenstaat besteuert die Einkünfte aufgrund der in seinem Staatsgebiet gegebenen Anknüpfungsmerkmale für die Besteuerung, z.B. bei Vorliegen einer Betriebsstätte im jeweiligen Staat. Deutschland besteuert die Einkünfte aufgrund der Ansässigkeit der GmbH im Inland als sog. Ansässigkeitsstaat entspr. dem Welteinkommensprinzip (§ 1 Abs. 2 KStG).

Eine Vermeidung oder Milderung der Doppelbesteuerung kann dann auf verschiede- **231**
nen Wegen erfolgen. Besteht zwischen der Bundesrepublik und dem anderen Staat
kein Abkommen zur Vermeidung der Doppelbesteuerung auf dem Gebiet der Steuern vom Einkommen und vom Vermögen (Doppelbesteuerungsabkommen – DBA),
so ist die von der GmbH im Ausland gezahlte Steuer gem. § 26 Abs. 1 S. 1 KStG i.V.m.
§ 34c Abs. 1 S. 1 EStG auf die anteilige inländische Körperschaftsteuer **anzurechnen**,
sofern die ausländische Steuer der deutschen KSt entspricht.

Besteht mit dem Quellenstaat ein **DBA** und sieht dieses zur Milderung der Doppelbe- **232**
steuerung die **Anrechnung** der ausländischen Ertragsteuern auf die KSt vor (DBA mit
Anrechnungsmethode), so ist ebenfalls die ausländische Steuer grds. auf die Körperschaftsteuer anzurechnen (§ 26 Abs. 1 S. 1 Nr. 1 KStG i.V.m. § 34c Abs. 6 S. 2 EStG).

Eine Anrechnung der ausländischen Steuer auf die KSt kommt jedoch nicht in **233**
Betracht, wenn

– die ausländische Steuer nicht der deutschen KSt entspricht oder
– die ausländische Steuer nicht von dem Staat erhoben wird, aus dem die Einkünfte
  stammen (Besteuerung durch Drittstaat) oder
– die ausländische Steuer auf Einkünfte erhoben wird, die nach deutschem Steuerrecht nicht ausländische, sondern inländische Einkünfte sind.

In diesen Fällen ist die ausländische Steuer jedoch bei der Ermittlung der Einkünfte **234**
abzuziehen, soweit sie auf der deutschen KSt unterliegende Einkünfte entfällt (§ 26
Abs. 1 S. 1 Nr. 1 KStG i.V.m. § 34c Abs. 3 EStG). Die ausländische Steuer mindert dann
also die Bemessungsgrundlage der inländischen KSt.

Auf Antrag der GmbH ist der Abzug der ausländischen Steuer von den Einkünften **235**
der GmbH statt der Anrechnung auf die deutsche KSt auch in den Fällen vorzunehmen, in denen eine Anrechnung zulässig wäre (§ 26 Abs. 1 S. 1 Nr. 1 KStG i.V.m. § 34c
Abs. 2 EStG). Da der Abzug der ausländischen Steuer von der Bemessungsgrundlage
i.d.R. aber zu einer weit geringeren Entlastung als die Anrechnung auf die inländische
KSt führt, ist ein solcher Antrag ausnahmsweise nur dann sinnvoll, wenn die ausländische Steuer im Vergleich zur deutschen KSt sehr hoch ist, oder die ausländischen Einkünfte durch Inlandsverluste ausgeglichen werden, so dass inländische KSt, auf die die
ausländische Steuer angerechnet werden könnte, nicht anfällt. Durch den Abzug der
ausländischen Steuer von den Einkünften der GmbH wird sichergestellt, dass sich die
ausländische Steuer im Rahmen des Verlustabzuges gem. § 8 Abs. 1 S. 1 KStG i.V.m.
§ 10d EStG einkommensmindernd auswirkt.

i) Spenden und Beiträge (§ 9 Abs. 1 Nr. 2 KStG). Nach § 9 Abs. 1 Nr. 2 KStG sind **236**
Ausgaben (Spenden, Mitgliedsbeiträge) zur Förderung steuerbegünstigter Zwecke
i.S.d. §§ 52–54 AO bei der Ermittlung der körperschaftsteuerlichen Bemessungsgrundlage abzugsfähig bis zu

– 20 % des Einkommens oder
– 0,4 % der Summe der Umsätze und der im Kalenderjahr aufgewendeten Löhne
  und Gehälter.

§ 9 Abs. 1 Nr. 2 KStG ist eine besondere Einkunftermittlungsvorschrift, die zwar nicht **237**
nach ihrer systematischen Stellung, aber inhaltlich der einkommensteuerlichen Vorschrift des § 10b EStG (Spenden als Sonderausgaben) entspricht.

238 Spenden, die die abziehbaren Zuwendungen überschreiten, sind im Rahmen der Höchstbeträge in den folgenden VZ abzuziehen (§ 9 Abs. 1 Nr. 2 S. 9 KStG).

239 Spenden an politische Parteien und an Vereinigungen ohne Parteicharakter (Wählervereine) durch Körperschaften sind nach der Entscheidung des *BVerfG* v. 9.4.1992 (2 BvE 2/89, BVerfGE 85, 264) steuerlich nicht abzugsfähig.

240 *Sachspenden* können gem. § 9 Abs. 2 S. 2 und 3 KStG i.V.m. § 6 Abs. 1 Nr. 4 S. 4 EStG mit dem Buchwert angesetzt werden. Nutzungen und Leistungen können nach der ausdrücklichen Regelung des § 9 Abs. 2 S. 2 KStG nicht Gegenstand einer Spende sein.

241 **j) Zuzurechnendes Einkommen der Organgesellschaften (§§ 14 ff. KStG). – aa) Allgemeines.** Auf Grund der rechtlichen Selbstständigkeit der GmbH ist diese grds. auch steuerlich von ihren Gesellschaftern getrennt zu betrachten. Die steuerliche Selbstständigkeit wird jedoch durchbrochen, wenn die GmbH nach Art einer bloßen Betriebsabteilung in das Unternehmen eines anderen Rechtsträgers (Gesellschafters) eingegliedert ist und dadurch ihre wirtschaftliche Selbstständigkeit verloren hat. Dieser wirtschaftlichen Einheit rechtlich selbstständiger Unternehmen trägt das Steuerrecht durch das Rechtsinstitut der **Organschaft** Rechnung.

242 Die Organschaft spielt eine Rolle bei der Körperschaftsteuer, bei der Gewerbesteuer und bei der Umsatzsteuer. Gemeinsame Voraussetzung ist die Eingliederung der Organgesellschaft in das Unternehmen des Organträgers. Bei der körperschaftsteuerlichen und der gewerbesteuerlichen Organschaft ist darüber hinaus das Bestehen eines Gewinnabführungsvertrages Voraussetzung.

243 Die wesentlichen steuerlichen Voraussetzungen und Konsequenzen der Organschaft ergeben sich aus der nachstehenden Tabelle:

Organschaft		
Körperschaftsteuer	**Gewerbesteuer**	**Umsatzsteuer**
§§ 14–19 KStG	§ 2 Abs. 2 S. 2 GewStG	§ 2 Abs. 2 Nr. 2 UStG
Voraussetzungen		
– finanzielle Eingliederung – Gewinnabführungsvertrag	– finanzielle Eingliederung – Gewinnabführungsvertrag	– finanzielle – organisatorische – wirtschaftliche Eingliederung
Rechtsfolgen		
Einkommen der Organgesellschaft wird dem Organträger zugerechnet	Organgesellschaft gilt als Betriebsstätte des Organträgers	Nur Organträger ist Unternehmer; Leistungen an den Organgesellschaft an den Organträger sind nicht-steuerbare Innenumsätze

Steuerliche Folge der körperschaftsteuerlichen Organschaft ist die Zurechnung des Einkommens der Organgesellschaft beim Organträger.

Die wesentlichen **körperschaftsteuerlichen Vorteile** bestehen darin, dass Gewinne und   **244**
Verluste im Organkreis sofort saldiert werden können und verdeckte Gewinnausschüttungen (vGA) der Organgesellschaft an den Organträger regelmäßig ohne negative steuerliche Auswirkung bleiben.

Bei der Gewerbesteuer hat die Organschaft zur Folge, dass die eingegliederte Organ-   **245**
gesellschaft als Betriebstätte des Organträgers gilt (§ 2 Abs. 2 S. 2 GewStG); Gewerbeertrag und Gewerbekapital in der Organgesellschaft werden daher dem Organträger
zugerechnet.

Im Umsatzsteuerrecht führt die Organschaft dazu, dass die Organgesellschaft nicht als   **246**
selbstständiger Unternehmer anzusehen ist; ihre Umsätze sind Umsätze des Organträgers (§ 2 Abs. 2 Nr. 2 UStG). Umsätze zwischen Organgesellschaft und Organträger
sind sog. „nicht steuerbare Innenumsätze".

bb) Voraussetzungen der ertragsteuerlichen Organschaft. Die einzelnen Vorausset-   **247**
zungen sind in den §§ 14–19 KStG geregelt:

(1) Organgesellschaft. Organgesellschaft (Organ) kann nur eine **Kapitalgesellschaft**   **248**
(GmbH, AG, KGaA, SE) sein. Eine Vor-Gesellschaft genügt (*BFH* v. 9.3.1978 – V R
90/74, BFHE 125, 212 = BStBl. II 1978, S. 486). Die Organgesellschaft muss sich nicht
gewerblich betätigen; sie kann auch vermögensverwaltend tätig sein (*BFH*
v. 21.1.1970 – I R 90/67, BFHE 98, 168 = BStBl. II 1970, S. 348). Voraussetzung war in
der Vergangenheit (bis 2011), dass die Organgesellschaft Sitz **und** Geschäftsleitung im
Inland hatte (§§ 14 Abs. 1 S. 1, 17 S. 1 KStG a.F.; sog. doppelter Inlandsbezug); seit
2012 genügt, dass die Organgesellschaft zwar ihre Geschäftsleitung im Inland, ihren
Sitz aber im EU-/EWR-Ausland hat (§ 14 Abs. 1 S. 1 KStG). Seitdem kann auch eine
EU-Kapitalgesellschaft Organgesellschaft sein, wenn sie ihre Geschäftsleitung (§ 10
AO) im Inland hat.

(2) Organträger. Als Organträger kommt jedes (in- oder ausländische) **gewerbliche**   **249**
Unternehmen beliebiger Rechtsform in Betracht, also Einzelunternehmen, Personengesellschaften, Kapitalgesellschaften, sonstige Körperschaften und Personenvereini-
gungen. Der Organträger muss selbst gewerblich tätig sein; ein „gewerblich gepräg-
tes" Unternehmen (z.B. GmbH & Co KG) ohne gewerbliche Tätigkeit genügt nicht
(§ 14 Abs. 1 S. 1 Nr. 2 S. 2 KStG). Ab VZ 2012 kann Organträger auch eine ausländische Person oder Gesellschaft sein, die eine Betriebsstätte (§ 12 AO) im Inland unterhält, sofern die Beteiligung an der Organgesellschaft zum Betriebsvermögen der
inländischen Betriebsstätte des Organträgers gehört (§ 14 Abs. 1 S. 1 Nr. 2 S. 4 KStG).

(3) Eingliederung. Wesentliches Tatbestandsmerkmal der Organschaft ist die Einglie-   **250**
derung der Organgesellschaft in das Unternehmen des Organträgers.

Bis zum VZ 2000 war hierzu die finanzielle, organisatorische und wirtschaftliche Ein-   **251**
gliederung erforderlich (vgl. dazu 4. Aufl. Teil VII Rz. 166 ff.).

Seit dem VZ 2001 genügt bei der ertragsteuerlichen Organschaft (KSt, GewSt) die
finanzielle Eingliederung.

Die finanzielle Eingliederung setzt voraus, dass der Organträger an der Organgesell-   **252**
schaft vom Beginn ihres Wirtschaftsjahres an ununterbrochen in einem solchen Maße
beteiligt ist, dass ihm die **Mehrheit der Stimmrechte** aus den Anteilen an der Organgesellschaft zusteht. Mittelbare Beteiligungen sind zu berücksichtigen, wenn die Beteili-

gung an jeder vermittelnden Gesellschaft die Mehrheit der Stimmrechte gewährt (§ 14 Abs. 1 S. 1 Nr. 1 KStG).

253   Die **finanzielle Eingliederung** kann bei gleichzeitig vorliegender unmittelbarer und mittelbarer – über die Gesellschafter der Personengesellschaft – Beteiligung nur über die **unmittelbare** Beteiligung des Organträgers an der Organgesellschaft begründet werden. Die Anteile an der Organ-GmbH müssen bei einer Personengesellschaft als Organträger **Gesamthandsvermögen** der Gesellschaft sein (§ 14 Abs. 1 S. 1 Nr. 2 S. 3 KStG).

254   Gemäß § 14 Abs. 1 S. 1 Nr. 1 KStG muss die finanzielle Eingliederung vom **Beginn** des Wirtschaftsjahres der Organgesellschaft an ununterbrochen bestehen, für das die Organschaft erstmals gelten soll. Ununterbrochen heißt, dass die Eingliederung der Organgesellschaft vom Beginn ihres Wirtschaftsjahres an ohne Unterbrechung bis zum Ende des Wirtschaftsjahres bestehen muss, auch im Falle des Rumpf-Wirtschaftsjahres. Im Falle der Veräußerung der Beteiligung an der Organgesellschaft an einen neuen Organträger erfolgt daher der Eigentumswechsel zum letzten Tag des laufenden Wirtschaftsjahres 24.00 Uhr/erster Tag des neuen Wirtschaftsjahres 00.00 Uhr.

255   **(4) Gewinnabführungsvertrag.**   Weitere Voraussetzung der körperschaftsteuerlichen Organschaft ist, dass die Organgesellschaft sich durch einen Gewinnabführungsvertrag verpflichtet, ihren ganzen Gewinn an den Organträger abzuführen (§ 14 Abs. 1 S. 1 KStG).

256   **Zivilrechtliche Wirksamkeitsvoraussetzungen.** Dies setzt wiederum voraus, dass der zwischen dem Organträger und der Organgesellschaft geschlossene Gewinnabführungsvertrag zivilrechtlich wirksam ist. Die zivilrechtlichen Wirksamkeitsvoraussetzungen hängen davon ab, ob die Organgesellschaft eine AG, KGaA, SE oder eine GmbH ist.

257   Ist **Organgesellschaft** eine **AG** (oder KGaA oder SE), so muss ein Gewinnabführungsvertrag i.S.d. § 291 Abs. 1 AktG gegeben sein (§ 14 Abs. 1 S. 1 KStG). Gem. §§ 293 ff. AktG muss der Gewinnabführungsvertrag im wesentlichen folgende Voraussetzungen erfüllen:

– **Schriftform** (§ 293 Abs. 3 AktG);
– **zustimmender Beschluss der Hauptversammlung der Organgesellschaft** mit 3/4-Mehrheit (§ 293 Abs. 1 AktG). Ist der Organträger auch eine AG, so muss dessen Hauptversammlung ebenfalls mit qualifizierter Mehrheit dem Gewinnabführungsvertrag zustimmen (§ 293 Abs. 2 AktG);
– **Anmeldung** des Gewinnabführungsvertrages zur Eintragung in das Handelsregister durch den Vorstand der Organgesellschaft (§ 294 Abs. 1 S. 1 AktG). Mit der Eintragung in das Handelsregister wird der Gewinnabführungsvertrag wirksam (§ 249 Abs. 2 AktG);
– aus dem **Gewinnabführungsvertrag** muss sich die Verpflichtung der Organgesellschaft ergeben, ihren ganzen Gewinn an den Organträger abzuführen.

258   Ist die **Organgesellschaft** dagegen eine **GmbH** – oder UG (haftungsbeschränkt) –, so sind die an den erforderlichen Gewinnabführungsvertrag zu stellenden zivilrechtlichen Anforderungen nur teilweise gesetzlich geregelt. Nach § 17 KStG und der Rspr. muss der Gewinnabführungsvertrag folgende Voraussetzungen erfüllen:

– **Zivilrechtliche Wirksamkeit** des Gewinnabführungsvertrages. Schriftform ist nicht erforderlich, in der Praxis jedoch immer gegeben, da sonst die Zustimmungsbeschlüsse nicht gefasst werden können.

– **Zustimmungsbeschluss** der Gesellschafterversammlung der *Organgesellschaft*. Der Beschluss bedarf der **notariellen Beurkundung** (*BGH* v. 24.10.1988 – II ZB 7/88, BGHZ 105, 324 = DB 1988, 2623 = BB 1989, 95).
– Die erforderliche Mehrheit ist zivilrechtlich nicht geklärt; streitig ist, ob 3/4-Mehrheit genügt, oder ob Einstimmigkeit erforderlich ist (HHR/*von Freeden/Schumacher* § 17 KStG Rz. 21; *Lutter/Hommelhoff* Anh. zu § 13 GmbHG, Rz. 76).
– **Zustimmungsbeschluss** der Gesellschafterversammlung des **Organträgers** mit mindestens 3/4-Mehrheit der abgegebenen Stimmen (*BGH* II ZB 7/88, BGHZ 105, 324 = DB 1988, 2623). Notarielle Beurkundung ist nicht erforderlich.
– **Eintragung** des Gewinnabführungsvertrages in das HR der Organgesellschaft (*BGH* II ZB 7/88, BGHZ 105, 324 = DB 1988, 2623; R 17 Abs. 1 S. 1 KStR 2015).

Steuerrechtliche Erfordernisse. Bei einer AG (KGaA) als Organgesellschaft stimmen **259** die steuerrechtlichen Voraussetzungen mit den gesellschaftsrechtlichen Voraussetzungen (§§ 293 ff. AktG) überein.

Ist die Organgesellschaft dagegen eine GmbH, so verlangt § 17 S. 2 KStG das Vorliegen folgender weiterer Voraussetzungen: **260**

– Die Organgesellschaft muss verpflichtet sein, den **ganzen** handelsrechtlichen Jahresüberschuss (abzgl. Verlustvortrag aus Vorjahr und Zuführung zur gesetzlichen Rücklage nach § 300 AktG) – ohne Berücksichtigung der Gewinnabführung – abzuführen (§ 14 Abs. 1 S. 1, § 17 S. 2 Nr. 1 KStG). Die Verpflichtung zur Abführung des steuerlichen Gewinns reicht nicht aus.
Nach Auffassung des BFH (10.5.2017 – I R 93/15, BFHE 259, 49 = BStBl. II 2019, S. 278) wird nicht der ganze Gewinn abgeführt, wenn der Gewinnabführungsvertrag für Ausgleichszahlungen (§ 16 KStG) der Organgesellschaft an Minderheitsgesellschafter („außenstehende Aktionäre") neben einem festen auch einen variablen, am Gewinn der Organgesellschaft orientierten Ausgleich vorsieht. Zur Durchbrechung dieser Rechtsprechung ist § 14 KStG durch das „Jahressteuergesetz 2018" um einen Abs. 2 dahingehend ergänzt worden, dass der gesamte Gewinn der Organgesellschaft als abgeführt gilt, wenn
   – die Ausgleichszahlungen insgesamt den dem Anteil am Grundkapital entsprechenden handelsrechtlichen Gewinnanteil des außenstehenden Gesellschafters nicht übersteigen, der diesem ohne Gewinnabführungsvertrag hätte geleistet werden können, und
   – der über den Mindestbetrag i.S.d. § 304 Abs. 2 S. 1 AktG hinausgehende Betrag nach vernünftiger kaufmännischer Beurteilung wirtschaftlich begründet ist (sog. „Kaufmannstest").
Die Regelung gilt rückwirkend für alle noch offenen Fälle (§ 34 Abs. 6e S. 1 KStGt). Für bereits vor dem 1.8.2018 bestehende und anerkannte Vereinbarungen über Ausgleichzahlungen, die den Anforderungen des neuen § 14 Abs. 2 KStG n.F. nicht genügen, galt eine Übergangsfrist bis einschließlich VZ 2021 (§ 34 Abs. 6e S. 2 KStG). Erfolgte eine Anpassung der Vereinbarung an die Anforderungen der Neuregelung, galt diese Anpassung im Hinblick auf § 14 Abs. 1 S. 1 Nr. 3 KStG (Mindestlaufzeit) nicht als Neuabschluss des Gewinnabführungsvertrags (§ 34 Abs. 6e S. 4 KStG).
– Die Abführung von Erträgen aus der Auflösung von freien vorvertraglichen Rücklagen darf nicht erfolgen (§ 14 Abs. 3, § 17 S. 2 Nr. 1 KStG).

– Eine Verlustübernahme entspr. § 302 AktG „in seiner jeweils gültigen Fassung" muss vereinbart sein (§ 17 S. 2 Nr. 2 KStG).

261 Wesentliche Voraussetzung für die Wirksamkeit der Organschaft ist auch die tatsächliche Durchführung des Gewinnabführungsvertrages (§ 14 Abs. 1 S. 1 Nr. 3 S. 1 KStG).

262 Dies ist insb. in den folgenden Fällen nicht gegeben:

– Nichtabführung von Gewinnen der Organgesellschaft, Nichtübernahme von Verlusten durch den Organträger;
– Abführung freier vorvertraglicher Rücklagen und Gewinnvorträge der Organgesellschaft an den Organträger;
– Bildung unzulässiger freier Rücklagen bei der Organgesellschaft. Gem. § 14 Abs. 1 S. 1 Nr. 4 KStG darf die Organgesellschaft Beträge aus dem Jahresüberschuss nur insoweit in freie Rücklagen einstellen, als dies bei vernünftiger kaufmännischer Beurteilung wirtschaftlich begründet ist.

263 Mängel beim Abschluss und der Durchführung des Gewinnabführungsvertrages können unter bestimmten Voraussetzungen geheilt werden (§ 14 Abs. 1 S. 1 Nr. 3 S. 4 KStG): Ein Gewinnabführungsvertrag gilt auch dann als durchgeführt, wenn der abgeführte Gewinn oder ausgeglichene Verlust auf einem Jahresabschluss der Organgesellschaft beruht, der fehlerhafte Bilanzansätze enthält, sofern

a) der Jahresabschluss wirksam festgestellt ist,
b) die Fehlerhaftigkeit bei Erstellung des Jahresabschlusses unter Anwendung der Sorgfalt eines ordentlichen Kaufmanns nicht hätte erkannt werden müssen,
– diese Voraussetzung gilt u.a. auch als erfüllt, wenn ein uneingeschränkter Bestätigungsvermerk (§ 322 Abs. 3 HGB) oder eine Bescheinigung eines Steuerberaters oder Wirtschaftsprüfers über die Erstellung eines Jahresabschlusses mit umfassenden Beurteilungen vorliegt

und
c) ein von der Finanzverwaltung beanstandeter Fehler spätestens in dem nächsten nach dem Zeitpunkt der Beanstandung des Fehlers aufzustellenden Jahresabschluss der Organgesellschaft und des Organträgers korrigiert und das Ergebnis entsprechend abgeführt oder ausgeglichen wird, soweit es sich um einen Fehler handelt, der in der Handelsbilanz zu korrigieren ist.

264 **Zeitliche Voraussetzungen.** Der Gewinnabführungsvertrag muss auf **mindestens 5 Jahre** abgeschlossen und während dieser Zeit durchgeführt werden (§ 14 Abs. 1 S. 1 Nr. 3 S. 1 KStG).

265 Er muss spätestens zum **Ende** des **Wirtschaftsjahres der Organgesellschaft**, für das die steuerlichen Wirkungen der Organschaft erstmals eintreten sollen, **wirksam** werden (§ 14 Abs. 1 S. 2 KStG).

266 Der 5-Jahres-Zeitraum beginnt mit dem Anfang des Wirtschaftsjahres, für das die Organschaft erstmals gelten soll (R 14.5 Abs. 2 S. 2 KStR 2022). Eine Vertragsverlängerung braucht nicht erneut 5 Jahre zu umfassen; 1 Jahr genügt. Eine Beendigung des Gewinnabführungsvertrages vor Ablauf der 5-Jahres-Frist ist unschädlich, wenn ein wichtiger Grund für die Kündigung gegeben ist (§ 14 Abs. 1 S. 1 Nr. 3 S. 2 KStG). Dies ist z.B. der Fall bei der Veräußerung oder Einbringung der Organbeteiligung durch den Organträger, der Umwandlung, Verschmelzung oder Liquidation des Organträgers oder der Organgesellschaft (R 14.5 Abs. 6 S. 2 KStR 2022).

cc) Rechtsfolgen der Organschaft. Sind die Voraussetzungen der körperschaftsteuer- **267** lichen Organschaft erfüllt, „ist das Einkommen der Organgesellschaft dem Träger des Unternehmens (Organträger) zuzurechnen" (§ 14 Abs. 1 S. 1 KStG).

Das Einkommen von Organgesellschaft und Organträger ist daher getrennt zu ermit- **268** teln, beim Organträger jedoch zusammenzufassen und als dessen Einkommen zu versteuern.

Das dem Organträger zuzurechnende Einkommen der Organgesellschaft wird gegen- **269** über dem Organträger und der Organgesellschaft gesondert und einheitlich festgestellt (§ 14 Abs. 5 KStG).

(1) Ermittlung des Einkommens der Organgesellschaft. Das Einkommen der Organ- **270** gesellschaft ist grds. nach den oben dargestellten (Rz. 34 ff.) allgemeinen Vorschriften zu ermitteln. Zu beachten ist jedoch, dass der Jahresüberschuss der Organgesellschaft wegen der Berücksichtigung des Gewinnabführungsvertrages im Handelsbilanzergebnis (§ 277 Abs. 3 S. 2 HGB) immer auf 0 € lautet.

Für die Einkommensermittlung der Organgesellschaft ist daher das Einkommenser- **271** mittlungsschema wie folgt zu ergänzen:

Jahresüberschuss (i.d.R. 0 €)

+/- steuerliche Korrekturen

= steuerlicher Gewinn/Verlust

+/- nichtabziehbare Ausgaben

- steuerfreie Einnahmen (mit Einschränkungen, dazu u.)

+/- sonstige Korrekturen (z.B. nach AStG)

= Zwischensumme

+ an den Organträger abgeführter Gewinn

- vom Organträger ausgeglichener Jahresfehlbetrag

= Zwischensumme

- bei der Einkommensermittlung abziehbare Beträge (z.B. Spenden)

= Zwischensumme

- dem Organträger zuzurechnendes Einkommen der Organgesellschaft

= **eigenes Einkommen der Organgesellschaft** (i.d.R. 0 €).

Das eigene Einkommen der Organgesellschaft beträgt i.d.R. 0 €. Eine Ausnahme gilt **272** in den Fällen, in denen Ausgleichszahlungen an Minderheitsgesellschafter der Organgesellschaft zu leisten sind.

Dem Organträger zuzurechnendes Einkommen. Bei der Ermittlung des dem Organ- **273** träger zuzurechnenden Einkommens der Organgesellschaft sind folgende Besonderheiten zu beachten:

Verluste der Organgesellschaft aus der Zeit **vor** Abschluss des Gewinnabführungsver- **274** trages können nach dessen Wirksamwerden nicht mehr im Wege des Verlustvortrages nach § 10d EStG geltend gemacht werden (§ 15 S. 1 Nr. 1 S. 1 KStG). Dadurch wird verhindert, dass das Einkommen des Organträgers um vorvertragliche Verluste der Organgesellschaft gemindert wird.

275   Gleicht der Organträger dennoch einen vorvertraglichen Verlust der Organgesellschaft aus, so stellt dies eine Einlage des Organträgers dar.

276   Die (ab VZ 2002) **steuerfreien Dividenden** und Gewinne aus der **Veräußerung** von Kapitalbeteiligungen (§ 8b KStG) bleiben beim Organträger steuerfrei, wenn er zu den begünstigten Körperschaften (v.a. Kapitalgesellschaften) gehört oder soweit an einer Personengesellschaft solche Körperschaften beteiligt sind (§ 15 S. 1 Nr. 2 S. 2 KStG).

277   Das sog. **Internationale Schachtelprivileg** gilt gem. § 15 S. 2 KStG nur, wenn auch der Organträger zu dem begünstigten Personenkreis gehört. Nahezu alle deutschen DBA gewähren deutschen Kapitalgesellschaften, die an ausländischen Kapitalgesellschaften wesentlich (i.d.R. zu mindestens 25 %) beteiligt sind, die Freistellung der von der ausländischen Tochtergesellschaft an die inländische Muttergesellschaft ausgeschütteten Dividenden (vgl. die Übersicht bei *Vogel/Lehner* Doppelbesteuerungsabkommen, Art. 23 Rz. 90). Dividenden, die die Organgesellschaft von einer ausländischen Tochtergesellschaft bezieht, sind daher beim Organträger nur dann steuerfrei, wenn er selbst eine Kapitalgesellschaft ist. Natürliche Personen (Personengesellschafter) als Organträger können daher die Steuerfreiheit der Schachtelerträge nicht beanspruchen.

278   **Eigenes Einkommen der Organgesellschaft.** Der Grundsatz, dass das gesamte Einkommen der Organgesellschaft dem Organträger zuzurechnen ist, erleidet eine Ausnahme, wenn an der Organgesellschaft Minderheitsgesellschafter (sog außenstehende Gesellschafter) beteiligt sind, die zum Ausgleich für den Abschluss des Gewinnabführungsvertrages mit dem Organträger – kraft Gesetzes (§ 304 AktG) oder kraft Vereinbarung (bei der GmbH) – **Ausgleichszahlungen** erhalten. Die Ausgleichszahlungen stellen, gleichgültig, ob sie von der Organgesellschaft oder dem Organträger geleistet werden, keine abzugsfähigen Betriebsausgaben, sondern der körperschaftsteuerlichen Ausschüttungsbelastung unterliegende Gewinnausschüttungen dar (§ 4 Abs. 5 Nr. 9 EStG).

279   Gemäß § 16 KStG hat die Organgesellschaft ihr Einkommen i.H.v. 20/17 der geleisteten Ausgleichszahlungen selbst zu versteuern. Damit unterliegen die Ausgleichszahlungen bei der Organgesellschaft einer KSt von 15 %: Beträgt die Ausgleichszahlung z.B. 17.000 €, so hat die GmbH 20/17 von 17.000 € = 20.000 € mit 15 % Körperschaftsteuer zu versteuern = 3.000 €.

280   **(2) Ermittlung des Einkommens des Organträgers.** Das Einkommen der Organgesellschaft ist – von den o.a. Ausgleichszahlungen abgesehen – dem Organträger zuzurechnen. Um eine doppelte steuerliche Erfassung des von der Organgesellschaft an den Organträger abgeführten Gewinns bzw. des von dem Organträger ausgeglichenen Verlusts der Organgesellschaft zu vermeiden, ist das Einkommen des Organträgers entspr. zu berichtigen:

Jahresüberschuss Organträger

+/-   steuerliche Zu- und Abrechnungen (z.B. nichtabziehbare Ausgaben)

=   Zwischensumme

-     von der Organgesellschaft abgeführter Gewinn

+   vom Organträger ausgeglichener Jahresfehlbetrag der Organgesellschaft

=   Zwischensumme (eigenes Einkommen des Organträgers)

+   zuzurechnendes positives Einkommen der Organgesellschaft

-   zuzurechnendes negatives Einkommen der Organgesellschaft

=   **vom Organträger zu versteuerndes Einkommen**

Rückstellungen des Organträgers für künftig zu übernehmende Verluste der Organge-   **281**
sellschaft sind deshalb steuerlich nicht zulässig, da Verluste und Gewinne der Organgesellschaft ausschließlich über die Einkommenszurechnung beim Organträger zu
erfassen sind (*BFH* v. 26.1.1977 – I R 101/75, BFHE 121, 425 = BStBl. II 1977, S. 441).

Die Gewinnabführung der Organgesellschaft stimmt dabei regelmäßig nicht mit dem   **282**
Organträger zuzurechnenden Einkommen überein, da bei der Einkommensermittlung
die vom Handelsrecht abw. steuerlichen Bestimmungen zu beachten sind (vgl. oben
Rz. 50 ff.). Kann es durch diese Abweichungen zu einer Doppel- oder Nichterfassung
von Einkommensteilen der Organgesellschaft kommen, so hatte der Organträger nach
der Rechtslage bis 31.12.2001 gem. R 14.8 KStR 2015 besondere Ausgleichsposten zu
bilden.

Beispiel: Die Organgesellschaft bildet während bestehender Organschaft eine zulässige
Rücklage von 100.000 €, die den an den Organträger abgeführten Gewinn mindert. Der Rück-
lagebetrag wird beim Organträger im Rahmen der Zurechnung des Einkommens der Organgesellschaft steuerlich erfasst. Durch die Rücklage erhöht sich der Wert des Gesellschaftsvermögens der Organgesellschaft und damit der Wert der Beteiligung des Organträgers an der
Organgesellschaft; der steuerliche Wertansatz der Beteiligung beim Organträger bleibt jedoch
unberührt. Im Falle der Anteilsveräußerung würde der Organträger sich daher die Rücklage
bei der Organgesellschaft entsprechend vergüten lassen, so dass der Rücklagenbetrag im
Ergebnis nochmals steuerlich erfasst würde. Um dies zu verhindern, war bis VZ 2001 in der
Steuerbilanz des Organträgers ein besonderer aktiver Ausgleichsposten entspr. der Beteiligung am Nennkapital der Organgesellschaft einkommensneutral zu bilden. Die durch die
Buchung „Ausgleichsposten an Ertrag" eintretende Gewinnerhöhung wurde bei der Ermittlung des Einkommens außerhalb der Bilanz wieder rückgängig gemacht. Bei der Veräußerung
der Beteiligung wirkte sich der Ausgleichsposten wie nachträgliche Anschaffungskosten aus;
er mindert durch seinen Wegfall den Veräußerungsgewinn.

Das 2008 eingeführte komplizierte Verfahren mit aktiven und passiven Ausgleichsposten wurde durch das „Gesetz zur Modernisierung des Körperschaftsteuerrechts
(KöMoG)" v. 25.6.2021 (BGBl. I 2021, S. 2050) mit Wirkung ab 1.1.2022 durch eine
„Einlagenlösung" ersetzt (§ 14 Abs. 4 KStG n.F.): Minderabführungen der Organgesellschaft, die ihre Ursache in vororganschaftlicher Zeit haben, sind als Einlage durch
den Organträger in die Organgesellschaft zu behandeln. Insoweit gibt es keinen
Unterschied mehr zu den vororganschaftlichen Minderabführungen. Mehrabführungen der Organgesellschaft, die ihre Ursache in organschaftlicher Zeit haben, gelten
(anders als bei den vororganschaftlichen Mehrabführungen) nicht als Gewinnausschüttung, sondern als Einlagenrückgewähr der Organgesellschaft an den Organträger. Die Einlagenrückgewähr mindert das steuerliche Einlagekonto der Organgesellschaft vorrangig vor anderen Leistungen der Gesellschaft (§ 27 Abs. 6 S. 2 KStG); sie
ist nicht auf den ausschüttbaren Gewinn begrenzt.

283 Das Einkommen der Organgesellschaft ist dem Organträger für das Kalenderjahr **(Veranlagungszeitraum)** zuzurechnen, in dem die **Organgesellschaft** das Einkommen bezogen hat; d.h. die Zurechnung des Einkommens der Organgesellschaft muss in dem Veranlagungszeitraum erfolgen, in dem die Organgesellschaft das Einkommen selbst versteuern müsste, wenn keine Organschaft bestünde.

284 Bei **unterschiedlichem Wirtschaftsjahr** von Organgesellschaft und Organträger ist das Einkommen der Organgesellschaft dem Organträger für das Kalenderjahr zuzurechnen, in dem die Organgesellschaft das Einkommen bezogen hat. Dabei ist zu differenzieren:

– Der Abschlussstichtag der Organgesellschaft liegt – bezogen auf Kalenderjahr – **vor** dem Abschlussstichtag des Organträgers: Das Einkommen der Organgesellschaft ist dem Organträger in dem VZ zuzurechnen, in dem er die handelsrechtliche Gewinnabführung bezogen hat.

Beispiel: Wirtschaftsjahr der Organgesellschaft: 1.2.–31.1. Wirtschaftsjahr des Organträgers: 1.5.–30.4. Der Gewinn der Organgesellschaft des Wirtschaftsjahres 1.2.2023–31.1.2024 gilt handelsrechtlich als im Wirtschaftsjahr des Organträgers 1.5.2023–30.4.2024 bezogen und ist vom Organträger im VZ 2024 zu versteuern.

– Der Abschlussstichtag der Organgesellschaft liegt – bezogen auf Kalenderjahr – **nach** dem Abschlussstichtag des Organträgers: Handelsrechtlich bezieht der Organträger die Gewinnabführung im nachfolgenden Jahr, während sie steuerlich bereits als im VZ bezogen gilt, in dem das Wirtschaftsjahr der Organgesellschaft endet.

Beispiel: Wirtschaftsjahr der Organgesellschaft: 1.7.–30.6. Wirtschaftsjahr des Organträgers: 1.5.–30.4. Der Gewinn der Organgesellschaft des Wirtschaftsjahres 1.7.2023–30.6.2024 gilt handelsrechtlich als im Wirtschaftsjahr des Organträgers 1.5.2024–30.4.2025 bezogen. Steuerrechtlich hat der Organträger das Einkommen der Organgesellschaft bereits im VZ 2024 zu versteuern.

285 **Verdeckte Gewinnausschüttungen** sind wegen der steuerlichen Selbstständigkeit der Organgesellschaft auch zwischen dieser und dem Organträger möglich. Hat die Organgesellschaft eine vGA an den Organträger bewirkt, so ist das diesem zuzurechnende Einkommen der Organgesellschaft entspr. zu erhöhen. Um eine doppelte steuerliche Erfassung der vGA jedoch zu vermeiden, kann im Einzelfall eine entspr. Korrektur des Einkommens des Organträgers erforderlich sein. Die tatsächliche Durchführung des Gewinnabführungsvertrages wird durch die vGA nicht berührt; sie wird vielmehr im Allg. als vorweggenommene Gewinnabführung an den Organträger behandelt (R 14.6 Abs. 4 KStR 2022).

286 **Tarifliche Steuerermäßigungen** wie z.B. nach § 26 KStG (Anrechnung ausländischer Steuern) kann die Organgesellschaft mangels eigenen steuerpflichtigen Einkommens nicht in Anspruch nehmen. Gem. § 19 KStG sind daher diese Tarifermäßigungen beim Organträger so anzuwenden, als wären die Voraussetzungen bei ihm selbst erfüllt (vgl. im Einzelnen § 19 Abs. 1–4 KStG).

287 Zu Lasten der Organgesellschaft einbehaltene Steuerabzugsbeträge (Kapitalertragsteuer, anrechenbare KSt) sind gem. § 19 Abs. 5 KStG auf die Steuerschuld des Organträgers anzurechnen bzw. ihm zu erstatten.

k) Verlustabzug (§ 10d EStG). – aa) Verlustrücktrag/Verlustvortrag. Zu den gem. § 8 **288**
Abs. 1 KStG bei der KSt anwendbaren einkommensteuerlichen Vorschriften zur Einkommensermittlung gehört auch die Regelung über den Verlustabzug (§ 10d EStG).

Danach können ab VZ 2024 steuerliche Verluste, die bei der Ermittlung des Gesamt-
betrags der Einkünfte nicht ausgeglichen werden können, bis zu höchstens 1 Mio. € in
die beiden vorangegangenen VZ zurückgetragen werden (§ 10d Abs. 1 S. 1 und 2
EStG). Für die VZ 2022 und 2023 galt eine „Corona"-bedingte Anhebung des Verlustrücktrages auf höchstens 10 Mio. € für die beiden Vorjahre.

Nicht im Wege des Verlustrücktrages ausgeglichene Verluste der VZ 2024 bis 2027
können in den folgenden VZ bis zu einem Gesamtbetrag der Einkünfte von 1 Mio. €
unbeschränkt, darüber hinaus bis zu 70 % des 1 Mio. € übersteigenden Einkommens
der GmbH im Vortragsjahr ausgeglichen werden (Verlustvortrag, § 10d Abs. 2 EStG).
Ab VZ 2028 sind nicht mehr 70 %, sondern (wie vor 2024) nur noch 60 % des 1 Mio. €
übersteigenden Einkommens der GmbH im Vortragsjahr ausgleichbar.

bb) Mantelkauf. Der Verlustabzug kann nur von dem Steuersubjekt vorgenommen **289**
werden, bei dem er eingetreten ist. Hierzu ist neben der rechtlichen auch die **wirtschaftliche Identität** erforderlich. Diese fehlt, wenn innerhalb von 5 Jahren (mittelbar
oder unmittelbar) mehr als 50 % der Anteils- oder Stimmrechte an der GmbH auf
einen Erwerber übertragen werden; dadurch geht ein Verlustvortrag und ein im laufenden Jahr bis zum Zeitpunkt des Beteiligungserwerbs entstandener Verlust vollständig unter (§ 8c Abs. 1 S. 1 KStG).

Schädlich ist nach dem Gesetzeswortlaut die „Übertragung" von mehr als 50 % des **290**
gezeichneten Kapitals usw. der Verlustgesellschaft. Darunter fällt auch die unentgeltliche Übertragung von Anteilen. Die Finanzverwaltung (*BMF* BStBl. I 2017, S. 1645, Tz.
4) nimmt aber

– sowohl den Erwerb durch Erbanfall einschließlich der unentgeltlichen Erbausei-
  nandersetzung
– als auch die „unentgeltliche vorweggenommene Erbfolge zwischen Angehörigen
  i.S.d. § 15 AO"

aus dem Kreis der schädlichen Übertragungstatbestände aus.

Nach dem Gesetzeswortlaut ist jede mittelbare Änderung der Beteiligungsverhält- **291**
nisse an der Verlust-Kapitalgesellschaft schädlich. Ein unmittelbarer Anteilserwerb ist
auch dann schädlich, wenn er mittelbar zu keiner Änderung der Beteiligungsquote
führt, z.B. bei der Übertragung im Konzern.

Erwerber i.S.d. § 8c Abs. 1 KStG kann jede natürliche oder juristische Person oder **292**
eine Mitunternehmerschaft (gewerbliche Personengesellschaft) sein.

– Übertragungen auf einen Erwerber werden innerhalb des 5-Jahres-Zeitraumes mit
  Übertragungen auf die ihm nahestehenden Personen zusammengerechnet (Erwerberkreis).

Insoweit wendet die Finanzverwaltung nicht die Regeln des § 1 Abs. 2 AStG, sondern **293**
die Kriterien zur verdeckten Gewinnausschüttung an; es soll danach jede rechtliche
oder tatsächliche Beziehung ausreichen, die bereits vor oder unabhängig vom Anteilserwerb besteht.

Schlarb   811

– Als Erwerber i.S.d. Regelung gilt auch eine Gruppe von Erwerbern mit gleichgerichteten Interessen.

294   Von einer Erwerbergruppe mit gleichgerichteten Interessen soll regelmäßig auszugehen sein, wenn eine Abstimmung zwischen den Erwerbern stattgefunden hat (*BMF* BStBl. I 2017, S. 1645, Tz. 28). Die Verfolgung eines gemeinsamen Zwecks i.S.d. § 705 BGB soll ausreichen, aber nicht notwendig sein. Die gleichgerichteten Interessen sollen nicht auf den Erhalt des Verlustvortrags der GmbH gerichtet sein müssen (!?). Gleichgerichtete Interessen sollen vorliegen, wenn mehrere Erwerber einer Körperschaft zur einheitlichen Willensbildung zusammenwirken. Indiz gleichgerichteter Interessen soll auch die gemeinsame Beherrschung der Körperschaft sein (!?). Zum Erwerberkreis sollen auch Personen gehören, die nicht mit dem Erwerber, aber mit den diesem nahe stehenden Personen gleichgerichtete Interessen haben (*BMF* BStBl. I 2017, S. 1645, Tz. 3).

295   Die Möglichkeit, voneinander rechtlich und wirtschaftlich unabhängige Erwerber zu einem (schädlichen) Erwerberkreis zusammenzurechnen, ist damit uferlos.

296   **l) Einkommen/Zu versteuerndes Einkommen.**   Das nach den vorgenannten Regeln ermittelte Einkommen (§ 8 Abs. 1 KStG) stellt bei der GmbH zugleich das zu versteuernde Einkommen (§ 7 Abs. 2 KStG) dar, das die Bemessungsgrundlage für die tarifliche KSt bildet. Die in den §§ 24, 25 KStG geregelten – vom Einkommen abzuziehenden – Freibeträge finden auf die GmbH keine Anwendung.

297   Das zu versteuernde Einkommen wird der **tariflichen KSt** unterworfen. Der Steuersatz beträgt ab VZ 2008 15 % (§ 23 Abs. 1 KStG); von 2001–2007 betrug der KSt-Satz 25 %.

298   **3. Besteuerung von Dividendenerträgen und Veräußerungsgewinnen der GmbH-Gesellschafter. – a) Überblick.**   Einkünfte aus Kapitalvermögen wie insb.

– Dividenden,
– Zinsen und
– private Veräußerungsgewinne aus Wertpapieren, Beteiligungen usw., die nach dem 31.12.2008 angeschafft wurden/werden,

unterliegen ab 2009 einem besonderen ESt-Satz von 25 % (§ 32d Abs. 1 S. 1 EStG).

299   Unterliegen die Kapitaleinkünfte auch der Kirchensteuer, ermäßigt sich die ESt um 25 % der Kirchensteuer (damit wird der wegen der Abgeltungswirkung der Kapitalertragsteuer im Veranlagungsverfahren nicht mehr mögliche Sonderausgabenabzug der Kirchensteuer gleich „miterledigt"):

Abgeltungsteuer			
	%	Ertragsteuern	
		mit KiSt	ohne KiSt
Zinsen/Dividenden/Veräußerungsgewinne		100,00	100,00
Einkommensteuer/KapESt vor KiSt	**25 %**	25,00	25,00
ESt-Ermäßigung wg KiSt (25 % der KiSt)	25 %	–0,55	
Einkommensteuer/KapESt nach KiSt		24,45	25,00

Abgeltungsteuer			
	%	Ertragsteuern	
		mit KiSt	ohne KiSt
Kirchensteuer	9 %	2,20	
Solidaritätszuschlag	5,5 %	1,35	1,38
Steuern gesamt		**28,00**	**26,38**
Netto-Ertrag nach Steuern		72,00	73,62

Auf die ESt werden anrechenbare ausländische Steuern angerechnet (§ 32d Abs. 5 **300** EStG; § 34c Abs. 1 S. 1 EStG; § 43a Abs. 3 S. 1 EStG). Da die auf die Kapitalerträge zu erhebende Kapitalertragsteuer ebenfalls 25 % beträgt (§ 43a Abs. 1 S. 1 Nr. 1 EStG), ist die ESt im Regelfall mit der Erhebung der Kapitalertragsteuer abgegolten (§ 32d Abs. 3 S. 1 EStG).

In der ESt-Erklärung zu erklären sind dann nur die Kapitalerträge, die nicht der Kapi- **301** talertragsteuer unterlegen haben.

Der Abzug von Werbungskosten ist bei den Einkünften aus Kapitalvermögen grds. **302** ausgeschlossen; lediglich ein Sparer-Pauschbetrag von (ab 2023) 1.000 € (Ehegatten: 2.000 €) ist als Werbungskosten abziehbar (§ 20 Abs. 9 S. 1 EStG). Besteuert wird also der Brutto-Ertrag (Dividende, Veräußerungsgewinn). Fremdfinanzierungs- und sonstige Aufwendungen wirken sich nicht einkommens- und damit auch nicht steuermindernd aus.

Dennoch sieht das Gesetz keine allg. Möglichkeit vor, statt der Abgeltungsteuer auf **303** den Brutto-Ertrag die reguläre ESt auf den Netto-Überschuss zu entrichten. Nur in wenigen besonderen Fällen sind Ausnahmen von der Abgeltungsteuer vorgesehen:

b) Ausnahmen von der Abgeltungsteuer.

304

Besteuerung von Kapitalerträgen		
Abgeltungsteuer	**Regulärer (progressiver) ESt-Tarif**	**Teileinkünfte-Besteuerung**
– **Brutto-Erträge**	– **Netto-Zinserträge**	– **60 % Netto-Dividende**
– **25 % Steuer**; ggf. niedrigerer individueller Steuersatz	– **Individueller Steuersatz**	– **Individueller Steuersatz**
– Zinserträge – Dividenden – Veräußerungsgewinne aus Wertpapieren	– Zinsen aus Gesellschafterdarlehen – Zinsen aus Darlehen Nahestehender – Zinsen bei back-to-back-Finanzierung – Zinserträge, die zu einer anderen Einkunftsart gehören	– Dividenden aus Kapitalanteilen im Betriebsvermögen – Veräußerungsgewinne aus Kapitalanteilen im Betriebsvermögen – Gewinne i.S.d. § 17 EStG

305 Ausnahmen von der Besteuerung der Kapitalerträge mit der Abgeltungsteuer gelten für folgende Fälle:

– Besteuerung der Brutto-Einnahmen zum individuellen Grenzsteuersatz, wenn dieser weniger als 25 % beträgt (auf Antrag sog. Günstigerprüfung; § 32d Abs. 6 EStG).
– Besteuerung der Netto-Zinseinkünfte zum regulären progressiven ESt-Tarif bei Gesellschafterdarlehen, back-to-back-Finanzierung oder bei Zugehörigkeit der Zinserträge zu einer anderen Einkunftsart (§ 32d Abs. 1 S. 1 i.V.m. § 20 Abs. 8; § 32d Abs. 2 EStG);
– Teileinkünfte-Besteuerung von 60 % der Netto-Dividende mit dem regulären ESt-Tarif bei Kapitalanteilen im Betriebsvermögen (§ 32d Abs. 1 S. 1 i.V.m. § 20 Abs. 8 EStG).

306 **c) Zinserträge bei back-to-back-Finanzierung.** Nicht der Abgeltungsteuer von 25 %, sondern nach § 32d Abs. 2 EStG dem progressiven ESt-Tarif unterliegen die Zinserträge aus

– Darlehen, bei denen Gläubiger und Schuldner einander nahestehende Personen sind;
– Gesellschafterdarlehen eines zu mindestens 10 % an der Kapitalgesellschaft beteiligten Gesellschafters;
– Darlehen an einen Dritten (z.B. Festgeldkonto bei der Hausbank), der
  – einem Betrieb des Zinsgläubigers oder
  – einer Personengesellschaft, an der der Zinsgläubiger als Mitunternehmer beteiligt ist, oder
  – einer Kapitalgesellschaft, an der der Zinsgläubiger oder eine ihm nahestehende Person zu mindestens 10 % beteiligt ist,

Kapital zur Nutzung überlassen hat und die Kapitalanlage im Zusammenhang mit der Kapitalüberlassung steht (sog. back-to-back-Finanzierung).

307 Das Gleiche gilt, wenn die Hausbank z.B. eine Mietimmobilie des Stpfl. oder ein Arbeitsmittel eines Arbeitnehmers finanziert (§ 32d Abs. 2 Nr. 1 S. 1 Buchst. c S. 6 EStG).

308 Eine schädliche back-to-back-Finanzierung liegt dann vor, wenn die Kapitalanlage bei der Bank „im Zusammenhang mit einer Kapitalüberlassung an einen Betrieb des Gläubigers steht" (§ 32d Abs. 2 Nr. 1 S. 1 Buchst. c EStG). Ein Zusammenhang ist dann anzunehmen, wenn die Kapitalanlage und die Kapitalüberlassung auf einem „einheitlichen Plan" beruhen. Hiervon ist insb. auszugehen, wenn die Kapitalüberlassung in engem zeitlichem Zusammenhang mit einer Kapitalanlage steht oder die jeweiligen Zinsvereinbarungen miteinander verknüpft sind.

309 Ein schädlicher Zusammenhang liegt jedoch nicht vor, wenn die Zinsvereinbarungen marktüblich sind oder die o.a. Regelung beim Steuerpflichtigen zu keinem Belastungsvorteil führt.

310 Auf der anderen Seite gilt der reguläre ESt-Tarif auch für Zinserträge, die von einer anderen Bank gewährt werden, sofern die Kapitalanlage mit dem Kredit der anderen Bank im Zusammenhang steht, z.B. auf Grund einer besonderen Absprache zwischen allen Beteiligten (sog. Doppelbankenfall).

311 Durch diese Ausnahmeregelungen soll vermieden werden, dass die Steuersatzspreizung durch die Gewährung von Gesellschafterdarlehen u.Ä. ausgenutzt und betriebliche Gewinne durch die Zahlung von Schuldzinsen „abgesaugt" und nur dem Abgeltungsteuersatz unterworfen werden.

In diesen Fällen gelten aber andererseits die allg. Regeln zum Betriebsausgaben- bzw. **312**
Werbungskostenabzug sowie zur Verlustverrechnung und zum Verlustausgleich (§ 32d Abs. 2 Nr. 1 S. 2 i.V.m. § 20 Abs. 6 und 9 EStG).

d) Teileinkünfte-Besteuerung. – aa) Obligatorische Teileinkünfte-Besteuerung. Ebenfalls **313**
nicht der Abgeltungsteuer unterliegen Dividenden aus Kapitalanteilen (Aktien, GmbH-Anteilen), die zum steuerlichen Betriebsvermögen gehören (§ 32d Abs. 1 S. 1 i.V.m. § 20 Abs. 8 und § 3 Nr. 40 S. 1 EStG).

Solche Dividenden werden mit 60 % des Netto-Überschusses als Einkünfte erfasst **314**
und dem regulären ESt-Tarif unterworfen. Von Vorteil ist diese Besteuerung insb. unter dem Gesichtspunkt, dass Fremdfinanzierungskosten zu 60 % als Betriebsausgaben abzugsfähig sind.

Dividendenbesteuerung						
GmbH-Anteil/Aktie ist	Privatvermögen			Betriebsvermögen		
	%	BMG	Ertrag-steuern	%	BMG	Ertrag-steuern
Anteilserwerb eigenfinanziert						
Brutto-Dividende Gesellschafter		100,00			100,00	
Einnahmen Gesellschafter	**100 %**	100,00		**60 %**	60,00	
./. Werbungskosten (Zinsen: 0)		0,00			0,00	
= zu versteuern		100,00			60,00	
Gewerbesteuer: Schachtel-privileg ab 15 %				14 %		0,00
Einkommensteuer	**25 %**	100,00	25,00	**42 %**	60,00	25,20
Solidaritätszuschlag	5,5 %	25,00	1,38	5,5 %	25,20	1,39
Ertragsteuern Gesellschafter			**26,38**			**26,59**
Anteilserwerb fremdfinanziert						
Brutto-Dividende Gesellschafter		100,00			100,00	
Einnahmen Gesellschafter	**100 %**	100,00		**60 %**	60,00	
./. Werbungskosten **(Zinsen: 50)**	**0 %**	0,00		**60 %**	–30,00	
= zu versteuern		100,00			30,00	

III Die Besteuerung der GmbH

Dividendenbesteuerung						
GmbH-Anteil/Aktie ist	Privatvermögen			Betriebsvermögen		
	%	BMG	Ertrag-steuern	%	BMG	Ertrag-steuern
Gewerbesteuer: Schachtel-privileg ab 15 %-Beteili-gung				14 %		0,00
Einkommensteuer	**25 %**	100,00	25,00	**42 %**	30,00	12,60
Solidaritätszuschlag	5,5 %	25,00	1,38	5,5 %	12,60	0,69
Ertragsteuern Gesell-schafter			**26,38**			**13,29**

315   Bei GmbH-Beteiligungen und Aktien, deren Erwerb mit Kredit finanziert wurde, ist daher ggf. zu prüfen, welche steuerlichen Vorteile die Einlage in ein Betriebsvermögen bringt:
   – Bei der Einlage der Beteiligung in ein Personenunternehmen sind die Schuldzinsen zu 60 % abzugsfähig (§ 3c Abs. 2 EStG).
   – Bei der Einlage in eine Kapitalgesellschaft mit den entspr. Finanzierungsschulden sind 95 % der Schuldzinsen bei der Mutter-Kapitalgesellschaft abzugsfähig (§ 8b Abs. 3 KStG).

316   **bb) Optionsrecht zur Teileinkünfte-Besteuerung.** Dividenden können ab 2009 auch auf Antrag der Teileinkünfte-Besteuerung unterworfen werden, wenn der Steuerpflichtige im VZ, für den er den Antrag erstmals stellt, unmittelbar oder mittelbar
   – zu mindestens 25 % an der Kapitalgesellschaft beteiligt ist oder
   – zu mindestens 1 % an der Kapitalgesellschaft beteiligt ist und beruflich für diese tätig ist (§ 32d Abs. 2 Nr. 3 S. 1 EStG).

317   Durch die Option wird v.a. die Möglichkeit eröffnet, Werbungskosten – insb. Fremdfinanzierungskosten – über den Sparer-Pauschbetrag von 1.000 € hinaus geltend zu machen (§ 32d Abs. 2 Nr. 3 S. 2 EStG i.V.m. § 20 Abs. 9 S. 1 EStG).

318   Die Dividenden werden so behandelt, als würde die Beteiligung beim Steuerpflichtigen zum Betriebsvermögen gehören. Einer Einlage der Beteiligung ins Betriebsvermögen bedarf es in diesen Fällen aber nicht.

319   Der Antrag ist spätestens zusammen mit der ESt-Erklärung zu stellen und gilt grds. für 5 VZ; erst danach ist ein neuer Antrag notwendig. Der Antrag kann während des 5-Jahres-Zeitraums widerrufen werden; ein erneuter Antrag auf Anwendung der Teileinkünfte-Regelung für dieselbe Beteiligung ist dann jedoch nicht mehr zulässig (§ 32d Abs. 2 Nr. 3 S. 3–6 EStG).

Schlarb

e) Gegenüberstellung alte – neue Besteuerung von Kapitalerträgen.

Besteuerung von Kapitalerträgen			320
Kapitalanlage	**bis VZ 2008**	**ab VZ 2009**	
Zinsen, z.b. aus festverzins- lichen Wertpapieren	persönlicher Grenzsteuersatz inkl. SolZ (bis 44,3/47,5 % *)	Abgeltungsteuer inkl. SolZ von 26,4 %	
Lebensversicherungen ab 2005			
Laufzeit unter 12 Jahre bzw. Auszahlung vor 60. Lebensjahr	persönlicher Grenzsteuersatz (bis 44,3/47,5 % *)	Abgeltungsteuer von 26,4 %	
Laufzeit mind. 12 Jahre und Auszahlung ab dem 60. Lebensjahr	persönlicher Grenzsteuersatz auf die **Hälfte** des Überschusses (bis 22,2/23,7 % *)		
Rente aus privater kapital- gedeckter Leibrentenversiche- rung	persönlicher Grenzsteuersatz auf steuerpflichtigen Teil der Rente		
Aktien (Aktiensparplan)	– Dividende: persönlicher Grenzsteuersatz auf die halbe Dividende (bis 22,2/ 23,7 % *) – Veräußerungsgewinn: steu- erfrei nach 1 Jahr Behalte- frist	Abgeltungsteuer von 26,4 % auf Dividende und Kurs- gewinn	
REIT's			
Zertifikate (soweit nach dem 14.3.2007 erworben)			
Investmentfonds	Veräußerungsgewinn: steuer- frei nach 1 Jahr Behaltefrist		
	* sog. Reichensteuer von 45 %		

f) Kapitalertragsteuerabzug. – aa) Grundsatz. Kapitalerträge (Dividenden, Zinsen **321** und Veräußerungsgewinne aus Wertpapieren) werden ab 2009 einheitlich mit **25 %** Kapitalertragsteuer – zzgl. 5,5 % SolZ = **26,38 %** – belastet. Der Kapitalertragsteuerabzug hat grds. **abgeltende Wirkung** (§ 43 Abs. 5 S. 1 EStG).

Dies gilt **nicht** für Kapitalerträge (§ 43 Abs. 5 S. 2 i.V.m. § 32d Abs. 2 Nr. 1 EStG), die **322**
– zu den Einkünften aus Land- und Forstwirtschaft, Gewerbebetrieb, selbstständiger Arbeit oder aus Vermietung und Verpachtung gehören;
– nicht der Abgeltungssteuer, sondern dem regulären Steuertarif unterliegen, wie z.B. Zinsen aus Gesellschafterdarlehen und Auszahlungen aus nach dem 31.12.2004 abgeschlossenen Lebensversicherungen, bei denen nur die Hälfte des Überschusses zu versteuern ist.

Dem Kapitalertragsteuerabzug unterliegen auch ausländische Dividenden (§ 43 Abs. 1 **323** Nr. 6 EStG).

Die Anmeldung der Kapitalertragsteuer erfolgt **elektronisch** (§ 45a Abs. 1 S. 1 EStG).

324   bb) Ausnahmen vom Steuerabzug. Ein Kapitalertragsteuerabzug wird **nicht** vorgenommen, soweit

- eine **Nichtveranlagungsbescheinigung** vorgelegt wird (§ 44a Abs. 2 S. 1 Nr. 2 i.V.m. Abs. 1 Nr. 2 EStG),
- dem Kreditinstitut ein **Freistellungsauftrag** bis zu 1.000 € (Ehegatten: 2.000 €) eingereicht wird (§ 44a Abs. 2 S. 1 Nr. 1 i.V.m. Abs. 1 Nr. 1 EStG),
- es sich bei der Depotbank des Steuerpflichtigen um eine **ausländische** Bank oder ausländisches Tochterunternehmen einer inländischen Bank handelt,
- es sich um Zinsen handelt, die auf Grund eines Darlehensvertrages mit einer **Privatperson** oder einem **Unternehmen** gezahlt werden.

cc) Verlustverrechnungstöpfe.

325

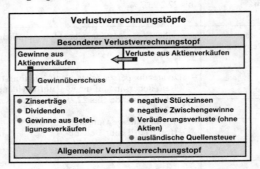

Neben dem **allg.** Verlustverrechnungstopf ist noch ein **besonderer** Verlustverrechnungstopf für Verluste aus dem Verkauf von Aktien zu bilden (§ 43a Abs. 3 S. 2 i.V.m. § 20 Abs. 6 S. 4 EStG).

- In dem **besonderen** Verlustverrechnungstopf sind die **Verluste aus Aktienverkäufen** festzuhalten, da diese Verluste **nur** mit Gewinnen aus der Veräußerung von **Aktien**, nicht mit anderen Kapitalerträgen, verrechnet werden dürfen (§ 20 Abs. 6 S. 4 EStG).
- Bestandteile des **allg.** Verlustverrechnungstopfes sind:
  - negative Stückzinsen aus dem Kauf festverzinslicher Wertpapiere,
  - negative Zwischengewinne aus der Anschaffung von Anteilen an Investmentfonds,
  - Veräußerungsverluste aus dem Verkauf von privaten Kapitalanlagen mit Ausnahme von Aktien,
  - ausländische Quellensteuern.

326   Die Verlustverrechnungstöpfe werden für jeden einzelnen Anleger und für jedes Institut gesondert geführt.

327   Bis zur Höhe der negativen Kapitalerträge wird von positiven Zins- und Dividendeneinkünften, Veräußerungsgewinnen aus Finanzanlagen und sonstigen Kapitalerträgen keine Kapitalertragsteuer einbehalten (§ 43a Abs. 3 S. 2 EStG). Wird der Stand eines Verrechnungstopfes positiv, wird von dem übersteigenden positiven Saldo die Kapitalertragsteuer einbehalten.

Überwiegen in einem VZ die **Verluste** (negative Kapitalerträge) die positiven Kapital- **328**
erträge, so kann mit dem negativen Saldo eines Verlustverrechnungstopfes zum Ende
des VZ auf zwei unterschiedliche Weisen verfahren werden (§ 43a Abs. 3 S. 3–5 EStG):

– Die auszahlende Stelle (Bank usw.) trägt den **Negativsaldo** in das **nächste Kalen-**
derjahr vor. Im Folgejahr wird der Negativsaldo mit neuen positiven Kapitalerträgen verrechnet.

– Auf **Antrag** des Steuerpflichtigen stellt das Institut eine **Bescheinigung** über den
verbleibenden Verlustbetrag aus. Der Steuerpflichtige macht dann die Verluste im
ESt-**Veranlagungsverfahren** geltend.

Der Antrag auf Ausstellung der Bescheinigung bei der auszahlenden Stelle ist längs- **329**
tens **bis zum 15.12.** des jeweiligen Verlustjahres möglich; er ist unwiderruflich (§ 43a
Abs. 3 S. 5 EStG).

Wird der Antrag nicht – oder nicht rechtzeitig – gestellt, ist eine Verlustverrechnung nur **330**
mit künftigen positiven Erträgen im Rahmen des Kapitalertragsteuerabzugs möglich.

Im Fall der Depotübertragung hat das übertragende dem übernehmenden Institut die **331**
noch nicht verrechneten Verluste mitzuteilen. Das übertragende Institut darf dann
keine Bescheinigung ausstellen (§ 43a Abs. 3 S. 6 EStG).

dd) Kirchensteuerabzug. Die auf die Kapitalertragsteuer entfallende **Kirchensteuer** **332**
wird als **Zuschlag** zur Kapitalertragsteuer erhoben (§ 51a Abs. 2b EStG).

Der zum Kapitalertragsteuerabzug Verpflichtete hat die auf die Kapitalerträge entfal- **333**
lende Kirchensteuer einzubehalten (§ 51a Abs. 2c EStG).

Ist hiernach Kirchensteuer einzubehalten, wird die **Kapitalertragsteuer** um 25 % der **334**
Kirchensteuer **ermäßigt** (§ 43a Abs. 1 S. 2 und § 32d Abs. 1 S. 3 EStG).

Wird die Kirchensteuer nicht als Zuschlag zur Kapitalertragsteuer erhoben, wird eine **335**
Veranlagung der Kirchensteuer auf die Kapitalerträge durchgeführt. Zu diesem
Zweck ist dann in der ESt-Erklärung anzugeben, in welcher Höhe die Bank Kapitaler-
tragsteuer einbehalten hat (§ 51a Abs. 2d EStG).

Ist Kirchensteuer im Abzugsverfahren erhoben worden, kann der Steuerpflichtige die **336**
Veranlagung zur Kirchensteuer **beantragen** (§ 51a Abs. 2d S. 1 Hs. 2 EStG). Dies kann
dann sinnvoll sein, wenn sich bei der Veranlagung eine niedrigere Kirchensteuer
ergibt, z.B. durch Verrechnung von negativen Kapitalerträgen, die im Abzugsverfahren nicht berücksichtigt werden konnten.

g) Veranlagung zur Einkommensteuer. Trotz der grundsätzlichen Abgeltung der ESt **337**
durch die Kapitalertragsteuer kommt in zahlreichen Fällen eine Veranlagung zur ESt
in Betracht:

Veranlagung zur Einkommensteuer	
Pflichtveranlagung zum individuellen Steuersatz	Pflichtveranlagung zum Abgeltungssteuersatz
– **andere Einkunftsart**	– **Zinserträge aus Privatdarlehen**
– **Erträge aus Gesellschafterdarlehen**	– **Zinserträge aus Auslandsdepot**
– **Erträge im Betriebsvermögen**	
– **Gewinne i.S.d. § 17 EStG**	

Veranlagung zur Einkommensteuer	
Antragsveranlagung **zum individuellen Steuersatz**	**Antragsveranlagung** **zum Abgeltungsteuersatz**
– **Günstigerprüfung** (zu versteuerndes Einkommen unter 20.000/40.000 €)	– Sparerpauschbetrag nicht ausgeschöpft – Verlustvorträge aus Alt-Verlusten – Depotübertragung

338 **aa) Pflichtveranlagung zum individuellen Steuersatz.** Eine Veranlagung der Kapitalerträge ist insb. dann verpflichtend, wenn die Kapitalerträge nicht der Abgeltungsteuer, sondern dem progressiven ESt-Tarif unterliegen – unabhängig davon, ob von ihnen Kapitalertragsteuer einbehalten wurde oder nicht.

339 Dies ist v.a. der Fall bei

– Kapitalerträgen, die nach der **Subsidiaritätsklausel** (§ 20 Abs. 8 EStG) zu einer anderen Einkunftsart gehören (§ 32d Abs. 1 S. 1 EStG)
– Gewinnen aus der Veräußerung von GmbH-Anteilen i.S.d. § 17 EStG (**Teileinkünfteregelung**)
– Erträgen aus einer typisch **stillen Beteiligung** oder einem partiarischen Darlehen (§ 32d Abs. 2 S. 1 Nr. 1 Hs. 1 EStG)
– Erträgen aus einem **Gesellschafterdarlehen** bzw. bei einer back-to-back-Finanzierung (§ 32d Abs. 2 S. 1 Nr. 1 Hs. 2 EStG).

340 **bb) Pflichtveranlagung zum Abgeltungsteuersatz.** Eine Veranlagung von Kapitalerträgen ist auch dann durchzuführen, wenn die Kapitalerträge zwar der Abgeltungsteuer unterliegen, aber von ihnen keine Kapitalertragsteuer einbehalten wurde.

341 Dies ist insb. der Fall bei

– Gewinnen aus der Veräußerung von **GmbH-Anteilen** unterhalb der 1 %-Grenze des § 17 EStG,
– Zinserträgen aus einem **Privatdarlehen**,
– Kapitalerträge, die von einer **ausländischen Bank** ausgezahlt werden.

342 **cc) Antragsveranlagung zum Abgeltungsteuersatz.** Eine Antragsveranlagung zur pauschalen Abgeltungsteuer kommt v.a. dort in Betracht, wo im Rahmen des Kapitalertragsteuerabzugs steuermindernde Umstände nicht berücksichtigt wurden, z.B. in folgenden Fällen:

– Der **Sparerfreibetrag** wurde nicht vollständig ausgeschöpft, weil kein oder ein ungenügender Freistellungsauftrag erteilt wurde.
– Nach einer erfolgten **Depotübertragung** konnten bei der Ermittlung des Veräußerungsgewinns nicht die tatsächlichen Anschaffungskosten berücksichtigt werden.
– Es bestehen **Verlustvorträge** aus privaten **Veräußerungsgeschäften** mit Wertpapieren aus der Zeit vor 2009;
– aufgrund hoher negativer Einkünfte aus Kapitalvermögen besteht zum Jahresende ein **nicht ausgeglichener Saldo** eines **Verrechnungstopfes**, der im Rahmen der Veranlagung steuermindernd berücksichtigt werden soll;
– **ausländische Quellensteuer** wurde im Rahmen des Kapitalertragsteuerabzugs nicht berücksichtigt.

dd) Antragsveranlagung zum individuellen Steuersatz. Auf **Antrag** des Steuerpflich- 343
tigen werden die Kapitaleinkünfte der **tariflichen ESt** unterworfen, wenn dies zu einer
niedrigeren ESt führt als die Abgeltungsteuer von 25 % (Günstigerprüfung). Hierzu
sind sämtliche Kapitalerträge einzubeziehen, bei zusammen veranlagten Ehegatten
die sämtlichen Kapitalerträge der beiden Ehegatten (§ 32d Abs. 6 EStG).

Nach dem ESt-Tarif 2024 wird der Grenzsteuersatz von 25 % erreicht bei einem zu 344
versteuernden Einkommen (Grundtarif) von rd. 20.000 € (Ehegatten-Splittingtarif:
40.000 €). Nur bei zu versteuernden Einkommen, die darunterliegen, ist ein Veranla-
gungsantrag sinnvoll.

Stellt sich heraus, dass die Veranlagung zur tariflichen ESt nachteilig ist, gilt der 345
Antrag auf Veranlagung als nicht gestellt (§ 32d Abs. 6 S. 1 EStG).

h) Verlustausgleich. – aa) Allgemeine Regelung. Negative Einkünfte aus Kapitalver- 346
mögen können ab VZ 2009 **nicht** mit Einkünften aus **anderen** Einkunftsarten **ausgeli-
chen** und nicht nach § 10d EStG abgezogen werden, da die Einkünfte aus Kapitalvermögen dem besonderen ESt-Satz von 25 % unterliegen (§ 20 Abs. 6 S. 2 EStG).

Nicht ausgeglichene Verluste werden **vorgetragen** und mit später anfallenden positi- 347
ven Erträgen aus Kapitalvermögen verrechnet (§ 20 Abs. 6 S. 2; § 43a Abs. 3 S. 3 EStG).
Ein Verlustrücktrag innerhalb der Einkünfte aus Kapitalvermögen ist nicht möglich.

Der Verlustausgleich kann dann im Rahmen des Kapitalertragsteuerabzugs oder im 348
Veranlagungsverfahren erfolgen.

bb) Verluste aus Aktien. Eine besondere Einschränkung gilt für **Verluste** aus der **Ver-** 349
äußerung von **Aktien**, die ab VZ 2009 anfallen: diese dürfen **nur** mit Gewinnen aus der
Veräußerung von **Aktien**, **nicht** mit **anderen Kapitalerträgen**, verrechnet werden (§ 20
Abs. 6 S. 4 EStG).

cc) Alt-Verluste aus Spekulationsgeschäften. Verluste aus privaten Veräußerungsge- 350
schäften mit Wertpapieren, die **bis einschl. 2008** realisiert wurden, wurden bis VZ 2013
(§ 52a Abs. 11 S. 11 EStG a.F.) im Rahmen der ESt-Veranlagung mit Gewinnen aus der
Veräußerung von Kapitalanlagen (§ 20 Abs. 2 EStG) verrechnet (§ 20 Abs. 6 S. 1 i.V.m.
§ 23 Abs. 3 S. 9 f. EStG a.F.).

Ab **2014** können sie nur noch mit Gewinnen aus privaten Veräußerungsgeschäften 351
i.S.d. § 23 EStG (ohne solche aus Wertpapiergeschäften, z.B. aus Grundstücksverkäu-
fen) verrechnet werden (§ 23 Abs. 3 S. 7 f. EStG).

II. Gewerbesteuer

1. Steuerpflicht. Gegenstand der GewSt ist jeder stehende Gewerbebetrieb, soweit er 352
im Inland betrieben wird (§ 2 Abs. 1 S. 1 GewStG). Die Tätigkeit einer GmbH gilt stets
und in vollem Umfang als Gewerbebetrieb (§ 2 Abs. 2 S. 1 GewStG). Die GmbH ist
damit kraft ihrer Rechtsform gewerbesteuerpflichtig, ohne Rücksicht auf die Art ihrer
Betätigung. Auch eine vom Unternehmensgegenstand her nicht gewerblich, sondern
vermögensverwaltend (z.B. Grundstücksverwaltungs-GmbH) oder freiberuflich (z.B.
Steuerberatungs-GmbH, Rechtsanwalts-GmbH) tätige GmbH ist daher stets gewerbesteuerpflichtig.

Sachlich steuerpflichtig sind jedoch nur die im Inland **belegenen Betriebsstätten** der 353
GmbH (§ 2 Abs. 1 S. 3 GewStG, § 12 AO).

354 Liegen die Betriebstätten der GmbH in verschiedenen Gemeinden, oder erstreckt sich eine Betriebstätte über mehrere Gemeinden, so wird die Gewerbesteuer in jeder Gemeinde nach dem Teil des Steuermessbetrages erhoben, der auf sie entfällt (§ 4 Abs. 1 S. 2 GewStG). Die gewerbesteuerliche Bemessungsgrundlage wird zu diesem Zweck entspr. den jeweiligen Anteilen zerlegt (§§ 28 ff. GewStG).

355 Ist die GmbH als Organgesellschaft in ein anderes inländisches gewerbliches Unternehmen finanziell, organisatorisch und wirtschaftlich eingegliedert (vgl. oben Rz. 251 ff.), so gilt sie als Betriebstätte des anderen Unternehmens und ist nicht selbst gewerbesteuerpflichtig (§ 2 Abs. 2 S. 2 GewStG). Die Besteuerungsgrundlagen werden dann getrennt ermittelt und dem Organträger zur Berechnung der GewSt zugerechnet (vgl. R 7.1 Abs. 5 GewStR).

356 Die Gewerbesteuerpflicht der GmbH **beginnt** grds. mit ihrer Eintragung in das HR. Die Vor-GmbH kann jedoch schon durch Aufnahme einer nach außen in Erscheinung tretenden Tätigkeit zur Einkünfteerzielung steuerpflichtig werden; wegen der Identität der Vor-GmbH mit der später eingetragenen GmbH bilden diese zusammen einen einheitlichen Steuergegenstand (vgl. H 2.5 Abs. 2 GewStH „Vorgesellschaft").

357 Die Gewerbesteuerpflicht **endet** erst mit der tatsächlichen Beendigung der GmbH, also mit dem Abschluss der Liquidation durch Verteilung des Gesellschaftsvermögens an die Gesellschafter (vgl. R 2.6 Abs. 2 GewStR).

358 Die persönlichen Befreiungen von der Gewerbesteuer (§ 3 GewStG) sind an die Befreiungstatbestände des § 5 KStG angelehnt (vgl. oben Rz. 21 ff.).

359 **2. Bemessungsgrundlage/Besteuerungsgrundlagen. – a) Bemessungsgrundlage.** Bemessungsgrundlage der GewSt ist der sog. einheitliche Gewerbesteuermessbetrag (§ 14 GewStG). Auf diesen Messbetrag wird der gemeindliche Hebesatz gelegt.

360 Der Steuermessbetrag errechnet sich seit 1998 nur noch aus dem Gewerbeertrag; die „Gewerbekapitalsteuer" ist ab 1998 weggefallen (vgl. dazu die 4. Aufl. Teil VII, Rz. 317 ff.).

361 **b) Gewerbeertrag.** Ausgangsbasis für die Ermittlung des Gewerbeertrags der GmbH ist der nach den Vorschriften des EStG und des KStG ermittelte Gewinn aus Gewerbebetrieb, der bei der Ermittlung des Einkommens der GmbH für den betr. Veranlagungszeitraum anzusetzen ist (§ 7 GewStG). Auszugehen ist daher vom körperschaftsteuerlichen Gewinn gem. dem Einkommensermittlungsschema bei der Körperschaftsteuer (vgl. oben Rz. 38).

362 Zwar besteht keine Bindung an die Ergebnisse der Körperschaftsteuer-Veranlagung; in der Praxis wird jedoch i.d.R. von den dort festgestellten Werten ausgegangen.

363 Diese Ausgangsgröße wird durch bestimmte Hinzurechnungen erhöht und durch bestimmte Kürzungen gemindert. Die Hinzurechnungen und die Kürzungen sollen nach der Vorstellung des Gesetzgebers die Ertragskraft des Gewerbebetriebes „verobjektivieren", d.h. insb. von der individuellen Ausstattung des Betriebes mit Eigen- und Fremdkapital loslösen (sog Objektsteuercharakter der GewSt).

364 **aa) Hinzurechnungen.** Hinzuzurechnen sind gem. § 8 GewStG die folgenden Beträge, soweit sie bei der Ermittlung des körperschaftsteuerpflichtigen Gewinns abgezogen worden sind.

Dem Gewerbeertrag werden grds. 25 % der Summe der folgenden Aufwendungen **365** hinzugerechnet (§ 8 Nr. 1 GewStG; vgl. auch *BMF* v. 2.7.2012, BStBl. I 2012, S. 654):
- **Sämtliche betriebliche Schuldzinsen** zzgl. nicht dem gewöhnlichen Geschäftsverkehr entspr. gewährter **Skonti** sowie Diskontbeträge bei der Veräußerung von Wechsel- und anderen Geldforderungen,
- **Renten und dauernde Lasten**, die wirtschaftlich mit dem Betrieb zusammenhängen (nicht nur mit der Gründung oder dem Erwerb des Betriebes oder Mitunternehmeranteils), jedoch ohne Pensionszahlungen,
- **Gewinnanteile** des **stillen** Gesellschafters,
- **20 % der Miet- und Pachtzinsen** einschl. **Leasingraten** für die Benutzung **beweglicher** Wirtschaftsgüter des Anlagevermögens,
- **50 % der Miet- und Pachtzinsen** einschl. **Leasingraten** für die Benutzung **nichtbeweglicher** Wirtschaftsgüter des Anlagevermögens,
- **25 % der Lizenzgebühren**.

Von der **Summe** der o. a. Hinzurechnungsbeträge wird ein **Freibetrag** von **200.000 €** **366** abgezogen und der **Restbetrag** zu 25 % dem Gewerbeertrag hinzugerechnet.

Beispiel:

Ermittlung des Gewerbeertrages			
Hinzurechnungstatbestand	€	%	€	GewSt-Belastung
gesamte Schuldzinsen + „ungewöhnliche" Skonti	100.000	100 %	100.000	3,50 %
Renten und dauernde Lasten (ohne Pensionen)	50.000	100 %	50.000	3,50 %
Gewinnanteile des stillen Gesellschafters	60.000	100 %	60.000	3,50 %
Miet- und Pachtzinsen und Leasingraten für bewegliche WG	80.000	20 %	16.000	0,70 %
Miet- und Pachtzinsen und Leasingraten für nicht-bewegliche WG	280.000	50 %	140.000	1,75 %
Lizenzgebühren	56.000	25 %	14.000	0,88 %
Summe Hinzurechnungsbeträge gem. § 8 Nr. 1 GewStG			380.000	
./. Freibetrag			-200.000	
= Freibetrag übersteigende Summe			180.000	
davon 25 % = Erhöhung Gewerbeertrag		25 %	45.000	
+ Hinzurechnungen nach § 8 Nr. 4, 5, 8, 9, 10 und 12 GewStG		100 %	0	
= Summe Hinzurechnungen			45.000	
anteiliger GewSt-Messbetrag		3,5 %	1.575	
anteilige GewSt (Hebesatz 400 %)		14 %	6.300	

367 **(1) Steuerfreie Dividenden (§ 8 Nr. 5 GewStG).** Dividenden aus Streubesitz (Beteiligung unter 15 %) werden dem Gewerbeertrag hinzugerechnet, da sie nicht in dem körperschaftsteuerlichen Einkommen enthalten sind (§ 8b Abs. 1 KStG); Betriebsausgaben können entspr. abgezogen werden.

368 **(2) Anteil am Verlust von Personengesellschaften (§ 8 Nr. 8 GewStG).** Ist die GmbH an einer in- oder ausländischen Personengesellschaft beteiligt, die einen Verlust erlitten hat, so bleibt der der GmbH zuzurechnende Anteil am Verlust dieser Gesellschaft bei der Ermittlung des Gewerbeertrags der GmbH außer Betracht.

369 **(3) Spenden (§ 8 Nr. 9 GewStG).** Spenden und Beiträge der GmbH im Rahmen des § 9 Abs. 1 Nr. 2 KStG (Ausgaben zur Förderung mildtätiger, kirchlicher, religiöser, wissenschaftlicher und bestimmter gemeinnütziger Zwecke) sind gem. § 8 Nr. 9 GewStG dem Gewinn der GmbH wieder hinzuzurechnen, auf der anderen Seite in Höhe der körperschaftsteuerlich zulässigen Höchstbeträge vom Gewerbeertrag abzuziehen (§ 9 Nr. 5 GewStG). Damit wird im Ergebnis eine Gleichstellung mit entspr. Ausgaben natürlicher Personen oder Personengesellschaften erreicht.

370 **(4) Teilwertabschreibungen, Veräußerungsverluste (§ 8 Nr. 10 GewStG).** Gewinnminderungen infolge von Teilwertabschreibungen auf Kapitalbeteiligungen und Verluste aus der Veräußerung oder Entnahme von Kapitalbeteiligungen sind dem Gewerbeertrag der GmbH hinzuzurechnen, soweit die Gewinnminderung auf Gewinnausschüttungen oder organschaftlichen Gewinnabführungen der Beteiligungskörperschaft zurückzuführen ist.

371 **bb) Kürzungen.** Die nach § 9 GewStG vorzunehmenden Kürzungen bezwecken in erster Linie, bereits an anderer Stelle gewerbesteuerlich erfasste Erträge nicht noch einmal der Gewerbesteuer zu unterwerfen.

372 **(1) Grundbesitz (§ 9 Nr. 1 GewStG).** Nach § 9 Nr. 1 GewStG ist die Summe des Gewinns und der Hinzurechnungen zu kürzen um 0,11 % des Grundsteuerwerts (bis 2024: 1,2 % des Einheitswertes) des zum Betriebsvermögen der GmbH gehörenden Grundbesitzes. Durch die pauschale Kürzung soll eine annähernde Gleichstellung mit Betrieben erreicht werden, die fremden Grundbesitz angemietet (angepachtet) haben und die Miet-(Pacht)zahlungen als Betriebsausgabe abziehen.

373 Bemessungsgrundlage für die Kürzung ist der Grundsteuerwert (bis 2024: Einheitswert) nach den Wertverhältnissen zum letzten Feststellungszeitpunkt.

374 Anstelle der pauschalen Kürzung können Grundstücksverwaltungsunternehmen auf Antrag die Kürzung um den Teil des Gewerbeertrages vornehmen, der auf die Verwaltung und Nutzung des eigenen Grundbesitzes entfällt (§ 9 Nr. 1 S. 2 GewStG). Diese **erweiterte Kürzung** des Gewerbeertrages gilt für alle Unternehmensformen. Voraussetzung ist jedoch, dass sich die GmbH grds. auf die Verwaltung und Nutzung eigenen Grundbesitzes beschränkt. Unschädlich ist lediglich die Verwaltung und Nutzung eigenen Kapitalvermögens sowie die Errichtung und Veräußerung von Einfamilienhäusern, Zweifamilienhäusern und Eigentumswohnungen. Die Kürzungsmöglichkeit besteht dann jedoch nur für den Teil des Gewerbeertrags, der auf die Verwaltung und Nutzung des eigenen Grundbesitzes entfällt.

375 Die Vergünstigung ist ausgeschlossen, wenn der Grundbesitz der GmbH ganz oder z. T. dem Gewerbebetrieb eines Gesellschafters dient (§ 9 Nr. 1 S. 5 Nr. 1 GewStG).

(2) Gewinnanteil aus Beteiligung an Personengesellschaft (§ 9 Nr. 2 GewStG). Ist die **376** GmbH an einer in- oder ausländischen Personengesellschaft beteiligt, die als Mitunternehmerschaft selbst gewerbesteuerpflichtig ist (z.B. GmbH & Co KG), so ist ein der GmbH zuzurechnender Gewinnanteil bei der Berechnung des Gewerbeertrags gem. § 9 Nr. 2 GewStG wieder vom Gewinn der GmbH abzusetzen. Damit wird eine doppelte gewerbesteuerliche Belastung der Gewinnanteile – einerseits bei der GmbH, andererseits bei der Personengesellschaft – vermieden. § 9 Nr. 2 GewStG ist die Parallelregelung zur Hinzurechnungsvorschrift des § 8 Nr. 8 GewStG.

(3) Gewinne aus Beteiligungen an Kapitalgesellschaften (§ 9 Nr. 2a, Nr. 7 GewStG). Ist **377** die GmbH an einer anderen inländischen (nicht steuerbefreiten) Kapitalgesellschaft beteiligt, so sind die Beteiligungserträge bei der Ermittlung des Gewerbeertrages abzuziehen, wenn die GmbH zu Beginn des Erhebungszeitraumes mindestens zu 15 % am Nennkapital der anderen Kapitalgesellschaft beteiligt ist (§ 9 Nr. 2a GewStG). Zweck der Regelung ist es, eine doppelte Belastung der Gewinne mit GewSt zu vermeiden.

Dieses gewerbesteuerliche **Schachtelprivileg** wird durch § 9 Nr. 7 GewStG auch auf **378** ausländische Tochtergesellschaften ausgedehnt, an der die GmbH seit Beginn des Erhebungszeitraums zu mindestens 15 % beteiligt ist.

(4) Sonstige Kürzungen. Sonstige in Betracht kommende Kürzungen nach § 9 **379** GewStG im Überblick:

– § 9 Nr. 3: Da gem. § 2 Abs. 1 S. 1 GewStG ein Gewerbebetrieb der Gewerbesteuer nur unterliegt, soweit er im Inland betrieben wird, sind gem. § 9 Nr. 3 GewStG konsequenterweise – positive wie negative – Erträge aus **ausländischen Betriebstätten** aus dem Gewerbeertrag herauszurechnen.

– § 9 Nr. 5: Spenden und Beiträge der GmbH zur Förderung steuerbegünstigter Zwe- **380** cke sind bis zu den bei der Körperschaftsteuer im Rahmen des § 9 Abs. 1 Nr. 2 KStG abzugsfähigen Beträgen (vgl. oben Rz. 236 ff.) vom Gewerbeertrag abzuziehen.

(5) Gewerbeverlust. Die Summe des Gewinns, der Hinzurechnungen und der Kür- **381** zungen ist gem. § 10a S. 1 GewStG um die Fehlbeträge zu kürzen, die sich bei der Ermittlung des maßgeblichen Gewerbeertrags für die vorangegangenen Erhebungszeiträume ergeben haben. Einen Rücktrag eines Fehlbetrages sieht das GewStG nicht vor.

Der negative Gewerbeertrag (Fehlbetrag, Gewerbeverlust) ist wegen der Hinzurech- **382** nungen und Kürzungen nach den §§ 8, 9 GewStG nicht identisch mit dem Verlust der GmbH i.S.d. § 10d EStG, § 8 Abs. 1 KStG.

Ein entstandener Fehlbetrag ist zwingend in den nachfolgenden Erhebungszeiträumen **383** von dem maßgebenden Gewerbeertrag festzusetzen, sobald und soweit dies möglich ist. Ein Wahlrecht zur Verteilung des Fehlbetrages auf verschiedene Erhebungszeiträume nach Wahl der GmbH gibt es nicht.

In den Fällen des sog. Mantelkaufs (vgl. Rz. 289) entfällt auch der gewerbesteuerliche **384** Verlustabzug.

3. Steuermessbetrag. Ist nach den o.a. Regeln der Gewerbeertrag ermittelt, so wird **385** ein Steuermessbetrag festgestellt, der wiederum die Grundlage für die Gewerbesteuererfestsetzung durch die Gemeinde ist.

386   Der Steuermessbetrag nach dem Gewerbeertrag wird durch Anwendung der Steuer-
messzahl auf den – auf volle 100 € abgerundeten – Gewerbeertrag ermittelt (§ 11
Abs. 1 GewStG).

387   Der für Einzelunternehmen und Personengesellschaften geltende Freibetrag von
24.500 € (§ 11 Abs. 1 S. 3 Nr. 1 GewStG) ist auf die GmbH nicht anwendbar.

388   Die GmbH hat aber andererseits den Vorteil, dass die an die Gesellschafter gezahlten
Geschäftsführer-Vergütungen als abzugsfähige Betriebsausgaben den Gewerbeertrag
mindern, während bei Personenunternehmen der Unternehmerlohn im Gewerbeertrag enthalten ist.

389   Der Steuermessbetrag wird vom Finanzamt durch einen Gewerbesteuermessbescheid
(§ 184 AO) festgesetzt.

Durch Anwendung des gemeindlichen Hebesatzes auf den Steuermessbetrag setzt die
Gemeinde die Gewerbesteuer fest (§ 16 Abs. 1 GewStG).

390   **4. Festsetzung, Erhebung, Zerlegung der Gewerbesteuer. – a) Festsetzung.**   Die Festsetzung der Gewerbesteuer erfolgt in **2 Stufen**:
- Das Finanzamt setzt den Steuermessbetrag durch Gewerbesteuermessbescheid fest.
- Die hebeberechtigte Gemeinde setzt die Gewerbesteuer durch Gewerbesteuerbe-
  scheid fest. Die Hebesätze werden durch Beschluss der Gemeindevertretung für
  ein oder mehrere Kalenderjahre festgesetzt (§ 16 Abs. 2 GewStG).

391   Das Hebesatzgefälle zwischen den verschiedenen Gemeinden ist erheblich: Während
in 2023 bei den Gemeinden mit mehr als 100.000 Einwohnern Wolfsburg einen Hebesatz von 360 % hatte, betrug der Hebesatz in München 490 %.

392   **b) Erhebung.**   Die Erhebung der GewSt liegt ebenso wie ihre Festsetzung i.d.R. in
den Händen der gemeindlichen Steuerämter. Auf die voraussichtliche Jahressteuer-
schuld sind 1/4-jährliche Vorauszahlungen zu leisten, die auf die später festgesetzte
Gewerbesteuer angerechnet werden (§§ 19, 20 GewStG).

393   **c) Zerlegung.**   Hat die GmbH Betriebstätten in mehreren Gemeinden, oder erstreckt
sich ihre Betriebsstätte über mehrere Gemeinden, so ist der einheitliche Steuermessbetrag in die auf die beteiligten Gemeinden entfallenden Anteile zu zerlegen und
jeder Gemeinde ihr Anteil zuzuteilen (§ 28 GewStG, §§ 185 ff. AO). Zerlegungsmaß-
stab ist grds. das Verhältnis der Arbeitslöhne der in den Betriebstätten beschäftigten
Arbeitnehmer (§ 29 Abs. 1 Nr. 1 GewStG; für Unternehmen, die Windkraft- und Solar-
anlagen betreiben, besteht eine Sonderregelung (§ 29 Abs. 1 Nr. 2 GewStG).

394   **5. Berechnung der Gewerbesteuerschuld und Gewerbesteuer-Rückstellung.**   Die
GewSt ist seit 2008 keine bei der Gewinn- und der Einkommensermittlung der GmbH
abziehbare Betriebsausgabe mehr (§ 4 Abs. 5b EStG i.V.m. § 8 Abs. 1 KStG und § 7 S. 1
GewStG). Dadurch wirkt sich die GewSt nicht mehr auf den Gewerbeertrag der
GmbH und damit auf ihre eigene Bemessungsgrundlage aus.

395   Bei einem durchschnittlichen gemeindlichen Hebesatz von 400 % beträgt die GewSt
daher ab 2008: 3,5 % × 400 % = 14 %.

III. Vermögensteuer

Nach dem Beschluss des BVerfG (22.6.1995 – 2 BvL 37/91, BVerfGE 93, 121 = **396**
BStBl. II 1995, S. 655) konnte das frühere Vermögensteuerrecht nur noch bis
31.12.1996 Bestand haben.

Kernpunkte der Entscheidung waren:

– Der Gesetzgeber sollte bis zum 31.12.1996 eine verfassungskonforme Regelung
treffen, die den ungleichen Ansatz verschiedener Vermögensarten bei der Vermögensteuer beseitigt.

– Die Vermögensteuer durfte danach nur so **bemessen** werden, „dass sie in ihrem
Zusammenwirken mit den sonstigen Steuerbelastungen die **Substanz** des Vermögens, den Vermögensstamm, **unberührt** lässt".

– Sie sollte so bemessen sein, dass sie aus dem eigenen **Ertrag** des Vermögens („Soll-
Erträge") bezahlt werden kann.

– Die Gesamt-Steuerbelastung des Sollertrages einschließlich Vermögensteuer durfte
nur etwa die **Hälfte** der Erträge betragen.

Die Bundesregierung hatte daraufhin vorgeschlagen, das VStG aufzuheben. Wegen **397**
des Widerstands des Bundesrates ist dieses Vorhaben fallen gelassen worden. Das
VStG besteht daher formal bis heute weiter.

Die Vermögensteuer wird jedoch, da das VStG in der geltenden Fassung verfassungs- **398**
widrig ist, **ab 1.1.1997 nicht mehr erhoben.**

Auch für die GmbH ist daher die Vermögensteuerpflicht ab 1997 faktisch beendet. Ob **399**
und ggf. wann der Gesetzgeber eine verfassungskonforme Neuregelung schaffen wird,
ist völlig ungewiss.

Zu dem früheren Rechtszustand vgl. die 4. Aufl. Teil VII, Rz. 334 ff. **400**

IV. Einheitsbewertung des Betriebsvermögens

Mit dem Wegfall der Gewerbekapitalsteuer ab 1998 und der Nichterhebung der Ver- **401**
mögensteuer ab 1997 ist die Einheitsbewertung des Betriebsvermögens einer GmbH
obsolet geworden.

Zu dem früheren Rechtszustand vgl. die 4. Aufl. Teil VII, Rz. 341 ff. **402**

V. Umsatzsteuer

1. Einführung. Die GmbH ist i.d.R. auch Subjekt der USt. Ihre Leistungen unterlie- **403**
gen regelmäßig der USt; die an die GmbH von anderen Unternehmern erbrachten
Leistungen sind i.d.R. mit USt belastet. Die für andere Unternehmen geltenden
Regeln haben insoweit auch für die GmbH Gültigkeit.

Im Folgenden wird daher nur ein Überblick über die Systematik und die einzelnen **404**
Tatbestandsmerkmale der USt gegeben. GmbH-spezifische Umsatzsteuerfragen werden in den anderen Kapiteln dieses Teiles bei den jeweiligen Gestaltungen mit angesprochen.

2. Systematik. Die USt ist rechtstechnisch konzipiert als Verkehrsteuer, da ihr grds. **405**
alle Vorgänge des Waren- und Dienstleistungsverkehrs unterliegen. Wirtschaftlich
stellt sie eine allg. Verbrauchsteuer dar.

Schlarb 827

406 Das seit 1968 geltende System der Mehrwertsteuer ist ausgestaltet als Allphasen-Netto-Umsatzsteuer mit Vorsteuerabzug:

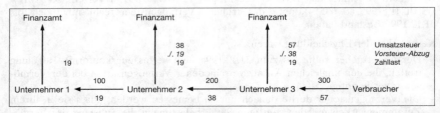

407 Auf jeder Stufe des Wirtschaftsverkehrs wird die USt erhoben. Ist der Leistungsempfänger selbst Unternehmer (i.S.d. UStG), so kann er grds. die von ihm an den leistenden Unternehmer zu zahlende Umsatzsteuer als sog. Vorsteuer von seiner eigenen Umsatzsteuerschuld abziehen, so dass er nur die USt auf seine Wertschöpfung schuldet (im o.a. Beispiel Zahllast von jeweils 19 % von 100 €). Da er diese Umsatzsteuer aber wiederum auf seinen Leistungsempfänger überwälzt, tritt die definitive Umsatzsteuerbelastung erst beim Endverbraucher ein, der die ihm in Rechnung gestellte USt nicht als Vorsteuer abziehen kann; der Endverbraucher ist der Umsatzsteuerträger.

408 Bei der Prüfung, ob ein bestimmter Sachverhalt der USt unterliegt, kann von folgendem **Prüfschema** ausgegangen werden:

– Steuerbarkeit,
– Steuerpflicht,
– Bemessungsgrundlage,
– Steuersatz,
– Steuerschuld,
– Vorsteuerabzug,
– Zahllast/Erstattung,
– Sonderfall: Kleinunternehmer.

409 **3. Steuerbarkeit.** Der USt unterliegen gem. § 1 UStG die folgenden Umsätze (Steuergegenstand):

a) Entgeltliche Leistungen eines Unternehmers im Inland (§ 1 Abs. 1 Nr. 1 UStG).
410 Der USt unterliegen die Lieferungen und sonstigen Leistungen, die ein Unternehmer im Erhebungsgebiet gegen Entgelt im Rahmen seines Unternehmens ausführt.

411 **aa) Leistung.** Das UStG unterscheidet zwischen **Lieferungen** und **sonstigen Leistungen**.

Eine **Lieferung** ist eine Leistung, durch die der Unternehmer oder in seinem Auftrag ein Dritter den Abnehmer oder in dessen Auftrag einen Dritten befähigt, im eigenen Namen über einen Gegenstand zu verfügen (§ 3 Abs. 1 UStG). Die Lieferung beinhaltet die Verschaffung der Verfügungsmacht an einem körperlichen Gegenstand. Gegenstand der USt ist also das Erfüllungsgeschäft, nicht das Verpflichtungsgeschäft.

412 **Sonstige Leistungen** sind alle Leistungen, die keine Lieferungen sind. Hierunter fällt also jedes Tun oder Unterlassen, das nicht in der Verschaffung der Verfügungsmacht an einem körperlichen Gegenstand besteht (§ 3 Abs. 9 UStG).

413 Die Unterscheidung zwischen Lieferungen und sonstigen Leistungen hat Bedeutung v.a. für die Frage des Leistungsortes und bestimmter Steuerbefreiungen.

bb) Unternehmer. Unternehmer im umsatzsteuerrechtlichen Sinne ist derjenige, der   **414**
eine gewerbliche oder berufliche Tätigkeit selbstständig ausübt (§ 2 Abs. 1 S. 1 UStG).
Auf die Rechtsform kommt es hierbei nicht an. Die GmbH als Erwerbsgesellschaft
übt ihre Tätigkeit jedoch in aller Regel selbstständig aus. Im Extremfall könnte die
Unternehmereigenschaft aber auch bei einer GmbH einmal zu verneinen sein.

Ist die GmbH (Organgesellschaft) nach dem Gesamtbild der tatsächlichen Verhältnisse   **415**
finanziell, wirtschaftlich und organisatorisch in ein anderes Unternehmen (Organträger)
eingegliedert, so fehlt ihr die Selbstständigkeit; sie ist dann nicht Unternehmer im
umsatzsteuerlichen Sinne (§ 2 Abs. 2 Nr. 2 UStG). Die Umsätze der Organgesellschaft
werden dem Organträger als eigene Umsätze zugerechnet. Umsätze zwischen der Organgesellschaft und dem Organträger sind sog. nichtsteuerbare Innenumsätze.

cc) Im Rahmen des Unternehmens. Der Unternehmer muss seine Leistung im Rah-   **416**
men seines Unternehmens ausführen. Das Unternehmen umfasst die gesamte gewerbliche oder berufliche Tätigkeit der GmbH (§ 2 Abs. 1 S. 2 UStG). Die GmbH hat daher
immer nur ein Unternehmen, auch wenn sie mehrere Betriebstätten oder Zweigniederlassungen hat. Da zum Unternehmen der GmbH alles gehört, was selbstständig
und nachhaltig mit Einnahmeerzielungsabsicht unternommen wird, ist es denkbar,
dass die GmbH auch einen nichtunternehmerischen Bereich hat, insoweit also keine
steuerbaren Leistungen erbringt. Die praktische Bedeutung dieser Möglichkeit ist
jedoch äußerst gering.

dd) Entgelt. Steuerbar sind nur Leistungen, die der Unternehmer gegen Entgelt aus-   **417**
führt. Der Leistung des Unternehmers muss also eine Gegenleistung des Leistungs-
empfängers gegenüberstehen (Leistungsaustausch).

Während die Hingabe von Geld als Gegenleistung selbst keine steuerbare Leistung   **418**
ist, ist die als Gegenleistung ausgeführte Lieferung oder sonstige Leistung als steuerbare Leistung anzusehen (§ 3 Abs. 12 UStG: Tausch bzw. tauschähnlicher Umsatz).

Sachleistungen der GmbH an ihre Arbeitnehmer sind gem. § 1 Abs. 1 Nr. 1 UStG auch   **419**
dann steuerbar, wenn die Arbeitnehmer für die Leistung kein besonders berechnetes
Entgelt aufwenden (Abschn. 1.8 UStAE).

ee) Inland. Eine Lieferung oder sonstige Leistung ist nur steuerbar, wenn sie im Inland   **420**
ausgeführt wird. Das ist das Gebiet der Bundesrepublik Deutschland, ausgenommen sind
jedoch bestimmte Zollfreigebiete und Zollausschlüsse (§ 1 Abs. 2 S. 1 UStG).

Lieferungen werden grds. dort ausgeführt, wo sich der Gegenstand zur Zeit der Ver-   **421**
schaffung der Verfügungsmacht befindet (§ 3 Abs. 7 S. 1 UStG). In Fällen der Beförderung oder Versendung der Ware liegt der Leistungsort grds. dort, wo die Versendung
bzw. Beförderung der Ware beginnt (vgl. im Einzelnen § 3 Abs. 6 UStG). Sonstige
Leistungen werden grds. an dem Ort ausgeführt, von dem aus der leistende Unternehmer sein Unternehmen betreibt (§ 3a Abs. 1 S. 1 UStG). § 3a Abs. 2–8 UStG enthält
hierzu jedoch zahlreiche Ausnahmen; vgl. dazu im Einzelnen die Abschn. 3a.1 ff.
UStAE.

b) Einfuhr (§ 1 Abs. 1 Nr. 4 UStG). Steuerbar ist auch das Verbringen von Gegenstän-   **422**
den aus Gebieten außerhalb der Europäischen Union in das Inland oder die österreichischen Gebiete Jungholz und Mittelberg. In diesem Fall wird die USt als Einfuhrumsatzsteuer erhoben.

Schlarb   829

423   **c) Innergemeinschaftlicher Erwerb (§ 1 Abs. 1 Nr. 5, § 1a UStG).** Der USt unterliegt auch die Lieferung eines Gegenstandes aus dem Gebiet eines Mitgliedstaates der Europäischen Union in das Gebiet eines anderen Mitgliedstaates, wenn der Abnehmer (GmbH) und der Lieferer Unternehmer im umsatzsteuerlichen Sinne sind.

424   **4. Steuerpflicht.** Steuerbare Leistungen der GmbH sind dann steuerpflichtig, wenn keiner der Befreiungstatbestände der §§ 4, 5 UStG gegeben ist. Der Katalog dieser Befreiungstatbestände ist überwiegend aus sozial-, kultur- oder wirtschaftspolitischen Gründen eingeführt worden. Liegen die Voraussetzungen einer solchen Befreiungsvorschrift nicht vor, so führt die Steuerbarkeit einer Leistung auch zu deren Steuerpflicht.

425   Steuerfrei sind insb. folgende Lieferungen und sonstige Leistungen:

– Ausfuhrlieferungen und Lieferungen innerhalb der Europäischen Union (§ 4 Nr. 1, § 6 UStG),

– Umsätze im Geld- und Kreditverkehr, Umsätze über Wertpapiere und Gesellschaftsanteile (§ 4 Nr. 8 UStG),

– Umsätze, die unter das Grunderwerbsteuergesetz fallen (§ 4 Nr. 9a UStG),

– Vermietung und Verpachtung von Grundstücken (§ 4 Nr. 12a UStG).

426   Die Wirkung der Steuerbefreiungen ist höchst unterschiedlich. Die steuerfrei ausgeführten Waren und innergemeinschaftlichen Lieferungen sind z.B. durch den Vorsteuerabzug des leistenden Unternehmers völlig von der USt entlastet. Lediglich das Einfuhrland erhebt bei der Einfuhr USt analog § 1 Abs. 1 Nr. 4 UStG.

427   In den anderen genannten Befreiungsfällen wird dem umsatzsteuerfrei leistenden Unternehmer jedoch der Vorsteuerabzug versagt (§ 15 Abs. 2 Nr. 1 UStG), so dass die Leistung letztlich durch Überwälzung der nicht abziehbaren Vorsteuer mit USt belastet ist.

428   Der Gesetzgeber räumt dem Unternehmer deshalb in § 9 UStG die Möglichkeit ein, auf bestimmte **Steuerbefreiungen** zu **verzichten** mit der Folge, dass die Leistung zwar umsatzsteuerpflichtig wird, dem Unternehmer jedoch der Vorsteuerabzug für seine Eingangsleistungen wieder eröffnet wird. Diese **Option** zur Steuerpflicht kommt insb. in den oben zuletzt genannten 3 Fällen in Betracht. Voraussetzung für den Verzicht ist allerdings, dass der Unternehmer den Umsatz an einen anderen Unternehmer für dessen Unternehmen ausführt. Der Verzicht auf die Steuerbefreiung ist daher bei Leistungen an den nicht vorsteuerabzugsberechtigten Endverbraucher nicht möglich.

429   I.Ü. kann im System der Mehrwertsteuer eine Steuerbefreiung nur wirksam werden, wenn sie für Leistungen an den Endverbraucher ausgesprochen wird. Steuerbefreiungen auf den vorangehenden Wirtschaftsstufen sind nicht effektiv, weil der Vorteil der Steuerbefreiung auf der nächsten Umsatzstufe wieder verlorengeht (sog. Nachholwirkung).

430   **5. Bemessungsgrundlagen.** Für die Höhe der zu entrichtenden Umsatzsteuer sind maßgebend die jeweilige Bemessungsgrundlage und der Steuersatz. Die Bemessungsgrundlagen sind für die verschiedenen Besteuerungstatbestände unterschiedlich geregelt (§§ 10, 11 UStG).

431   **a) Lieferungen und sonstige Leistungen.** Bei Lieferungen und sonstigen Leistungen wird der Umsatz nach dem Entgelt bemessen. Entgelt ist alles, was der Leistungsempfänger aufwendet, um die Leistung zu erhalten, jedoch abzüglich der USt (§ 10 Abs. 1

S. 1 und 2 UStG). Zum Entgelt gehört auch, was ein anderer als der Leistungsempfänger dem Unternehmer für die Leistung gewährt (§ 10 Abs. 1 S. 3 UStG).

Beim Tausch oder tauschähnlichen Umsatz (§ 3 Abs. 12 UStG) gilt der Wert jedes **432** Umsatzes als Entgelt für den anderen Umsatz (§ 10 Abs. 2 S. 2 UStG).

b) Einfuhr. Bei der Einfuhr ist Bemessungsgrundlage für die Einfuhrumsatzsteuer **433** der jeweilige Zollwert (§ 11 UStG).

c) Innergemeinschaftlicher Erwerb. Bemessungsgrundlage der USt ist der Einkaufs- **434** preis zuzüglich Nebenkosten (§ 10 Abs. 4 Nr. 1 UStG).

d) Änderung der Bemessungsgrundlage. Ändert sich nachträglich die Bemessungs- **435** grundlage der USt, z.B. durch Anfechtung, Wandlung, Minderung, Rücktritt, Boni, Skonti usw., so hat der leistende Unternehmer den geschuldeten Steuerbetrag, der Leistungsempfänger den in Anspruch genommenen Vorsteuerabzug zu korrigieren (§ 17 UStG).

6. Steuersätze. § 12 UStG kennt zwei Steuersätze: **436**
– Regelsteuersatz: **19 %** (§ 12 Abs. 1 UStG),
– ermäßigter Steuersatz: **7 %** (§ 12 Abs. 2 UStG).

Der ermäßigte Steuersatz gilt gem. § 12 Abs. 2 UStG i.V.m. der Anlage zum UStG v.a. für die Lieferung von land- und forstwirtschaftlichen Erzeugnisse, Nahrungsmitteln, Druckereierzeugnissen und Kunstgegenständen. Vgl. im Einzelnen Abschn. 12.1 ff. UStAE.

7. Steuerschuld. Durch Anwendung des Steuersatzes auf die Bemessungsgrundlage **437** ergibt sich die Steuerschuld. Die von dem Unternehmer an das FA zu erbringende Leistung ist jedoch i.d.R. geringer, da von der Steuerschuld noch die abziehbaren Vorsteuerbeträge abzuziehen sind (dazu Rz. 440–445).

Hinsichtlich des Zeitpunkts der Entstehung der USt ist zu unterscheiden zwischen Soll-Versteuerung und Ist-Versteuerung.

Bei der Berechnung der USt nach vereinbarten Entgelten (**Soll-Versteuerung**) ent- **438** steht die USt mit Ablauf des Voranmeldungszeitraums (Monat, Kalendervierteljahr), in dem die Leistung ausgeführt worden ist (§ 13 Abs. 1 Nr. 1 Buchst. a UStG). Bei Anzahlungen entsteht die USt schon mit Vereinnahmung der Anzahlung (sog **Mindest-Ist-Besteuerung**; § 13 Abs. 1 Nr. 1 Buchst. a S. 4 UStG).

Berechnet der Unternehmer die Steuer nach vereinnahmten Entgelten (**Ist-Versteue-** **439** **rung**), so entsteht die USt mit Ablauf des Voranmeldungszeitraums, in dem das jeweilige Entgelt vereinnahmt worden ist (§ 13 Abs. 1 Nr. 1 Buchst. b UStG). Bei der Entnahme oder unentgeltlichen Zuwendung von Leistungen entsteht die USt jeweils mit Ablauf des Voranmeldungszeitraums, in dem der Leistungstatbestand erfüllt ist (§ 13 Abs. 1 Nr. 2 i.V.m. § 3 Abs. 1b und Abs. 9a UStG). Steuerschuldner ist i.d.R. der leistende Unternehmer (§ 13a Abs. 1 Nr. 1 UStG), bei dem innergemeinschaftlichen Erwerb dagegen der Erwerber (§ 13a Abs. 1 Nr. 2 UStG).

8. Vorsteuerabzug. Gemäß § 15 Abs. 1 UStG kann der Unternehmer von seiner **440** Umsatzsteuerschuld die folgenden Vorsteuerbeträge abziehen:
– Die in Rechnungen i.S.d. §§ 14, 14a UStG gesondert ausgewiesene USt für Lieferungen und sonstige Leistungen, die von anderen Unternehmern für sein Unternehmen ausgeführt worden sind (§ 15 Abs. 1 Nr. 1 UStG). Die USt ist als Vorsteuer

abziehbar, wenn die Leistung ausgeführt und die Rechnung erteilt ist; ist die Rechnung erteilt und vom Leistungsempfänger bezahlt, so ist die Vorsteuer bereits im Zeitpunkt der Zahlung abziehbar.
- Die entrichtete Einfuhr-Umsatzsteuer für Gegenstände, die für sein Unternehmen in das Inland eingeführt worden sind (§ 15 Abs. 1 Nr. 2 UStG).
- Die Steuer für den innergemeinschaftlichen Erwerb von Gegenständen für sein Unternehmen (§ 15 Abs. 1 Nr. 3 UStG).

441 Vom Vorsteuerabzug ausgeschlossen ist die Vorsteuer auf Leistungen und auf die Einfuhr, die der Unternehmer zur Ausführung steuerfreier Umsätze verwendet (§ 15 Abs. 2 Nr. 1 UStG).

442 Gleiches gilt bei Umsätzen im Ausland, die steuerfrei wären, wenn sie im Inland ausgeführt würden (§ 15 Abs. 2 S. 1 Nr. 2). In bestimmten, gesetzlich besonders geregelten Fällen greift der Ausschluss vom Vorsteuerabzug jedoch nicht; zu nennen ist hier v.a. die Vorsteuer, die auf steuerfreien Exportlieferungen lastet (vgl. im Einzelnen § 15 Abs. 3 UStG).

443 Führt die GmbH sowohl Umsätze aus, die zu einem Vorsteuerabzug berechtigen, als auch Umsätze, die nicht zum Abzug der Vorsteuer berechtigen, so sind die Vorsteuerbeträge in einen abziehbaren und in einen nicht abziehbaren Teil aufzuteilen (sog. Mischfälle).

444 Aufteilungsmaßstab ist nach dem Grundsatz der wirtschaftlichen Zurechnung grds. die Zuordnung der einzelnen Vorsteuerbeträge zu den jeweiligen ausgeführten Umsätzen. Die Aufteilung kann dabei im Wege einer sachgerechten Schätzung erfolgen (§ 15 Abs. 4 UStG).

445 **9. Zahllast/Erstattung.** Der Steuerschuld werden die in dem jeweiligen Voranmeldungszeitraum (Monat, Kalendervierteljahr) abziehbaren Vorsteuerbeträge gegenübergestellt. Ist die Steuerschuld höher als die Summe der abziehbaren Vorsteuern, so ergibt sich für die GmbH eine sog. Zahllast. Übersteigen die abziehbaren Vorsteuerbeträge die Steuerschuld der GmbH, so hat diese einen Erstattungsanspruch gegen das FA.

446 **10. Kleinunternehmer.** Die für die Umsätze i.S.d. § 1 Abs. 1 Nr. 1 UStG geschuldete USt wird gem. § 19 Abs. 1 UStG nicht erhoben, wenn der Gesamtumsatz (§ 19 Abs. 1 S. 2 UStG) zzgl. USt im vorangegangenen Kalenderjahr 22.000 € nicht überstiegen hat und im laufenden Kalenderjahr 50.000 € voraussichtlich nicht übersteigen wird. Diese Regelung gilt auch für eine GmbH mit niedrigen Umsätzen.

447 Der Kleinunternehmer i.S.d. § 19 Abs. 1 UStG hat zwar für seine Umsätze keine USt zu entrichten; andererseits steht ihm aber auch kein Vorsteuerabzug zu. Darüber hinaus ist er auch nicht berechtigt, die USt in seinen Rechnungen gesondert auszuweisen, so dass der Leistungsempfänger wiederum nicht zum Abzug der Vorsteuer berechtigt ist. Ist der Leistungsempfänger aber selbst vorsteuerabzugsberechtigter Unternehmer, so hat er ein Interesse an dem offenen Steuerausweis. Der Kleinunternehmer kann daher nach § 19 Abs. 2 UStG auf die Anwendung des § 19 Abs. 1 UStG verzichten mit der Folge, dass er im Grundsatz wie ein Regelversteuerer zu behandeln ist. Ihm steht v.a. dann wieder der Vorsteuerabzug offen.

C. Die Besteuerung der GmbH-Gründung

Die GmbH entsteht als juristische Person erst mit der Eintragung in das Handelsregister (§ 11 Abs. 1 GmbHG). Der der Eintragung vorausgehende Gründungsvorgang hat nicht nur gesellschaftsrechtliche, sondern auch steuerrechtliche Bedeutung.   **448**

Drei Stadien der GmbH-Gründung sind zu unterscheiden (vgl. oben Rz. 14):   **449**

– **Vorgründungsstadium:** Zusammenschluss der Gründer bis zum formgültigen Abschluss des GmbH-Gesellschaftsvertrages (Vorgründungsgesellschaft).
– **Gründungsstadium:** Stadium zwischen Errichtung der GmbH durch notariell beurkundeten Abschluss des Gesellschaftsvertrages und Eintragung im HR (Vor-GmbH).
– **Eingetragene GmbH:** Mit Eintragung ist die GmbH als juristische Person entstanden; sie ist gegründet.

Drei Ereignisse kennzeichnen also die GmbH-Gründung: **450**

– Zusammenschluss der Gründer,
– Abschluss des Gesellschaftsvertrages in notarieller Form (Errichtung),
– Eintragung der GmbH im Handelsregister.

Die verschiedenen Gründungsphasen sind auch steuerrechtlich von Bedeutung; insb. sind die Vorgründungsgesellschaft und die Vor-GmbH streng zu unterscheiden (*BFH* v. 8.11.1989 – I R 174/86, BFHE 158, 540 = BStBl. II 1990, S. 91 mit Hinweisen auf den Sprachgebrauch).   **451**

I. Vorgründungsgesellschaft

1. Gesellschaftsrecht. Mit dem formgültigen Abschluss des Gesellschaftsvertrages entsteht die Vor-GmbH. Bis zu diesem Zeitpunkt ist beim Vorhandensein von zwei oder mehr an der GmbH-Gründung interessierten Parteien, die bereits rechtsverbindliche Vereinbarungen über die Gründung der GmbH und/oder die künftige gesellschaftliche Zusammenarbeit treffen, eine sog. **Vorgründungsgesellschaft** gegeben (vgl. die Kommentierung zu § 11 Rz. 6 ff.). Die Vorgründungsgesellschaft ist i.d.R. eine Gesellschaft bürgerlichen Rechts; betreiben die Gründer jedoch schon vor notariellem Abschluss des GmbH-Vertrages in vollkaufmännischer Weise ein Handelsgewerbe unter gemeinschaftlicher Firma, so liegt eine OHG vor (*BGH* v. 7.5.1984 – II ZR 276/83, BGHZ 91, 148 = GmbHR 184, 316).   **452**

2. Steuerrecht. Die Vorgründungsgesellschaft ist daher nach den für Personengesellschaften geltenden Regeln zu besteuern. Für die Einkommensbesteuerung bedeutet dies, dass nicht die Gesellschaft als solche die Einkünfte erzielt, sondern die Gesellschafter in ihrer gesamthänderischen Verbundenheit, gleichgültig, ob eine Mitunternehmerschaft (§ 15 Abs. 1 S. 1 Nr. 2 EStG) oder eine vermögensverwaltende Gesellschaft gegeben ist. Die Einkünfte werden den Gesellschaftern (Gründern) unmittelbar als eigene zugerechnet (H 1.1 KStH 2022 „Vorgründungsgesellschaft").   **453**

Die Gewinne und Verluste der einzelnen Gesellschafter werden durch Bescheid über die einheitliche und gesonderte Gewinnfeststellung verbindlich festgestellt (§§ 180 Abs. 1 Nr. 2 Buchst. a, 182 Abs. 1 AO).   **454**

Da zwischen der Vorgründungsgesellschaft und der Vor-GmbH bzw. der eingetragenen GmbH keine rechtliche Identität besteht (*BGH* v. 7.5.1984 – II ZR 276/83, BGHZ   **455**

Schlarb   833

91, 148 = GmbHR 184, 316), können die vor dem notariellen Abschluss des Gesell-schaftsvertrages anfallenden Aufwendungen und Erträge grds. nicht der Vor-GmbH bzw. der GmbH zugerechnet werden (*BFH* v. 20.10.1982 – I R 118/78, BFHE 137 = BStBl. II 1983, S. 247). Insb. können angefallene Verluste nur von den Gesellschaftern, nicht von der GmbH geltend gemacht werden.

456 Von den späteren GmbH-Gesellschaftern verauslagte Gründungskosten können m.E. ohne weiteres von der (Vor-)GmbH kraft ausdrücklicher Vereinbarung übernommen werden. Erforderlich ist lediglich ein hinreichender wirtschaftlicher Zusammenhang mit der GmbH-Gründung (z.B. Kosten der Beratung durch RA, StB usw.). Tätigkeits-vergütungen für die Gründungsgesellschafter vor notariellem Abschluss des Gesell-schaftsvertrages sind jedoch nicht abzugsfähig (*BFH* v. 20.10.1982 – I R 118/78, BFHE 137 = BStBl. II 1983, S. 247). Die Finanzverwaltung, insb. die Außenprüfung, verfährt in der Besteuerungspraxis insoweit nicht kleinlich.

457 Bei der **Gewerbesteuer** ist die Vorgründungsgesellschaft steuerpflichtig, wenn sie als Mitunternehmerschaft i.S.d. § 15 Abs. 3 EStG anzusehen ist (§ 2 Abs. 1 GewStG). Es kommt daher darauf an, ob sie einen Gewerbebetrieb unterhält oder als gewerblich geprägte Personengesellschaft i.S.d. § 15 Abs. 3 Nr. 2 EStG anzusehen ist (was selten vorkommen dürfte, da dies neben der Beteiligung einer Kapitalgesellschaft als Grün-dungsgesellschafter die beschränkte Haftung der übrigen Gründer voraussetzen würde; eine gestaltbare, aber praktisch selten anzutreffende Möglichkeit).

458 Die Vorgründungsgesellschaft ist bei der **Umsatzsteuer** Unternehmer i.S.d. § 2 UStG, wenn und sobald sie sich zur Einnahmenerzielung am wirtschaftlichen Verkehr betei-ligt, also nach außen als Partner eines Leistungsaustausches in Erscheinung tritt (Abschn. 2.1 ff. UStAE).

459 Die Vorgründungsgesellschaft endet i.d.R. durch Zweckerreichung mit notariellem Abschluss des Gesellschaftsvertrages. Die hiermit errichtete Vor-GmbH ist ein neuer Rechtsträger; sie ist mit der Vorgründungsgesellschaft nicht identisch (vgl. § 11 Rz. 8 f.). Auch steuerrechtlich stellt die Vor-GmbH ein von der Vorgründungsgesell-schaft zu unterscheidendes Steuersubjekt dar.

II. Vor-GmbH

460 **1. Gesellschaftsrecht.** Mit dem förmlichen Abschluss des Gesellschaftsvertrages ist die GmbH errichtet; sie ist als Rechtsträger entstanden. Die errichtete, aber noch nicht eingetragene GmbH wird als Vor-GmbH bezeichnet. Die Vor-GmbH ist Vor-stufe und notwendige Durchgangsstation auf dem Weg zur „fertigen GmbH" und mit der durch Eintragung entstehenden GmbH rechtlich identisch (*BGH* v. 9.3.1981 – II ZR 54/80, BGHZ 80, 129 = NJW 1981, 1373). Die Vor-GmbH untersteht bereits dem Recht der GmbH, soweit dieses nicht die Eintragung der GmbH im Handelsregister voraussetzt (§ 11 Rz. 13).

461 **2. Steuerrecht. – a) Körperschaftsteuer.** Die zivilrechtliche „Enträtselung" der Vor-GmbH hat auch die steuerrechtliche Situation der Vor-GmbH aufgehellt. Die Vor-GmbH ist „werdende juristische Person" und daher selbst schon Subjekt der KSt (*BFH* v. 20.10.1982 – I R 118/78, BFHE 137 = BStBl. II 1983, S. 247). Nicht die Gesell-schafter – wie bei der Vorgründungsgesellschaft –, sondern die Vorgesellschaft selbst erzielt und versteuert die Einkünfte. Dies gilt ohne Rücksicht darauf, ob die Vor-

GmbH bereits eine nach außen in Erscheinung tretende Geschäftstätigkeit aufnimmt oder nicht (HHR/*Klein* § 1 KStG Rz. 69). Erforderlich ist aber, dass die GmbH in das Handelsregister eingetragen wird; ansonsten ist eine unechte Vor-GmbH gegeben, die wie eine Vorgründungsgesellschaft behandelt wird (*BFH* v. 18.3.2010 – IV R 88/06, BFHE 228, 519 = BStBl. II 2010, S. 991). Auch bei der Ein-Mann-Gründung ist mit formgültiger Erstellung der Satzung ein steuerrechtsfähiges, körperschaftlich organisiertes Gebilde anzuerkennen (HHR/*Klein* § 1 KStG Rz. 69). Aufgrund der rechtlichen Identität der Vor-GmbH mit der GmbH ist eine gesonderte Einkommensermittlung für die Vor-GmbH und die GmbH nicht vorzunehmen. Das von der Vor-GmbH erzielte Einkommen wird bei der Besteuerung mit dem Einkommen der GmbH zusammengefasst.

Verkürzt ausgedrückt: Die Körperschaftsteuerpflicht der GmbH beginnt bereits mit dem Entstehen der Vor-GmbH durch formgültigen Beschluss der Satzung. **462**

b) Gewerbesteuer. Die vorstehende Beurteilung gilt im Grundsatz auch für die GewSt: Die Vor-GmbH ist auch Subjekt der GewSt; hier ist allerdings Voraussetzung, dass die Vor-GmbH einen Gewerbebetrieb i.S.d. § 2 Abs. 1 GewStG unterhält, d.h. eine nach außen in Erscheinung tretende Geschäftstätigkeit aufnimmt (*BFH* v. 8.4.1960 – III 129/57 U, BFHE 71, 190 = BStBl. III 1960, S. 319; R 2.5 (2) S. 3 GewStR). Die Gewerbesteuerpflicht kraft Rechtsform – ohne Rücksicht auf eine gewerbliche Betätigung – beginnt erst mit der Eintragung der GmbH im Handelsregister (R 2.5 (2) S. 1 GewStR). Die gewerbesteuerpflichtige Vor-GmbH und die eingetragene GmbH bilden jedoch einen einheitlichen Steuergegenstand (*BFH* v. 8.4.1960 – III 129/57 U, BFHE 71, 190 = BStBl. III 1960, S. 319; R 2.5 (2) S. 3 GewStR; H 2.5 (2) GewStH „Vorgesellschaft"). **463**

Im Ergebnis wird daher die Gewerbesteuerpflicht der GmbH auf den Beginn einer gewerblichen Betätigung der Vor-GmbH vorverlegt. **464**

c) Umsatzsteuer. Umsatzsteuerlich ist die Vor-GmbH Unternehmer, sobald sie nachhaltig zur Erzielung von Einnahmen tätig wird (§ 2 Abs. 1 UStG; *Bunjes* § 2 UStG Rz. 301). Aufgrund der rechtlichen Identität mit der eingetragenen GmbH sind die USt und die abzugsfähige Vorsteuer von Vor-GmbH und GmbH zusammenzufassen (*BFH* v. 9.3.1978 – V R 90/74, BFHE 125, 212 = BStBl. II 1978, S. 486). **465**

Ob dies auch für die Vorgründungsgesellschaft gilt, ist umstritten; dafür spricht der Neutralitätsgrundsatz der USt (*Bunjes* § 15 UStG Rz. 59 f. m.w.N.). **466**

Ist die Vor-GmbH nach dem Gesamtbild der tatsächlichen Verhältnisse finanziell (vgl. Rz. 253) in ein anderes Unternehmen eingegliedert, so besteht die Organschaft zu dem Organträger auch schon für die Vor-GmbH, nicht erst für die eingetragene GmbH (*BFH* v. 9.3.1978 – V R 90/74, BFHE 125, 212 = BStBl. II 1978, S. 486). **467**

3. Nichteingetragene GmbH („Unechte Vor-GmbH"). Streitig ist die Beurteilung, wenn die Gründung der GmbH scheitert, weil die Eintragung im Handelsregister unterbleibt und die Gründer nach Abschluss des notariellen Gesellschaftsvertrages die Gründungsabsicht aufgeben; dann wird von einer „unechten Vor-GmbH" gesprochen (HHR/*Klein* § 1 KStG Rz. 69; vgl. § 11 Rz. 11). **468**

Die Rspr. (*BFH* v. 6.5.1952 – I 8/52 U, BFHE 56, 446 = BStBl. III 1952, S. 172; *BFH* v. 18.3.2010 – IV R 88/06, BFHE 228, 519 = BStBl. II 2010, S. 991) wendet eine ex-post- **469**

III   Die Besteuerung der GmbH

Betrachtung an: Die Vor-GmbH soll nur dann als selbstständiges steuerrechtsfähiges Gebilde anerkannt werden, wenn die GmbH später tatsächlich in das Handelsregister eingetragen wird. Unterbleibt die Eintragung, soll die Vor-GmbH rückwirkend als GbR bzw. OHG zu behandeln sein (*BFH* v. 8.4.1960 – III 129/57 U, BFHE 71,190 = BStBl. III 1960, S. 319).

III. Besteuerung des Gründungsvorganges

470 Die bei der Gründung der GmbH anfallenden Steuern hängen ab von dem rechtlichen Weg der GmbH-Gründung sowie den von den Gesellschaftern zu erbringenden Einlagen.

Danach sind zu unterscheiden:
– Bargründung,
– Sachgründung,
– Betriebseinbringung,
– Umwandlung.

471 **1. Bargründung.** Bestehen die von den Gesellschaftern zu erbringenden Einlagen ausschließlich in Geld, so liegt eine Bargründung vor.

472 **a) Einlagen.** Als Vermögensmehrung auf gesellschaftsrechtlicher Grundlage unterliegen die Bareinlagen bei der GmbH nicht der KSt.

473 Beim Gesellschafter stellen die Einlagen **Anschaffungskosten** für die Geschäftsanteile dar. Befinden sich die GmbH-Anteile im Privatvermögen des Gesellschafters, so mindern die Anschaffungskosten erst bei einer Anteilsveräußerung oder Liquidation den – ggf. gem. § 17 oder § 20 Abs. 2 Nr. 1 EStG steuerpflichtigen – Veräußerungs- bzw. Auflösungsgewinn. Gehören die Anteile zum ertragsteuerlichen Betriebsvermögen des Gesellschafters, so sind die tatsächlich geleisteten Bareinlagen als Anschaffungskosten zu aktivieren.

474 Wird die Stammeinlage nicht sogleich in voller Höhe geleistet, ist die Resteinzahlungsverpflichtung erst dann zu passivieren, wenn der Einzahlungstermin feststeht und die Einlage eingefordert ist. In gleicher Höhe sind dann die Anschaffungskosten der Beteiligung zu erhöhen. Die Unverzinslichkeit der Resteinzahlungsverpflichtung stellt keine verdeckte Gewinnausschüttung (vGA) an den Gesellschafter dar (*BFH* v. 19.12.1979 – III R 65/77, BFHE 130, 412 = BStBl. II 1980, S. 483).

475 Eine **Abschreibung** der GmbH-Beteiligung auf den niedrigeren Teilwert (§ 6 Abs. 1 Nr. 2 EStG) wegen der Anlaufverluste bei Neugründung kommt i.d.R. in den ersten 5 Jahren nicht in Betracht. Diese Teilwert-Vermutung kann jedoch durch den Nachweis einer Fehlmaßnahme des Gesellschafters widerlegt werden (Schmidt/*Kulosa* § 6 EStG Rz. 241 ff., 281).

476 Die Einräumung der Gesellschaftsrechte durch die GmbH ist gem. § 4 Nr. 8 f. UStG **umsatzsteuerfrei**. Gem. § 9 Abs. 1 UStG kann die GmbH jedoch auf die Steuerfreiheit verzichten, wenn der erwerbende Gesellschafter selbst Unternehmer im umsatzsteuerlichen Sinne ist, der den Geschäftsanteil für sein Unternehmen erwirbt.

477 Gewähren die Gesellschafter der GmbH zur Abdeckung des Kapitalbedarfs über die Bareinlagen hinaus noch Gesellschafterdarlehen, so konnte sich vor dem MoMiG (Gesetz zur Modernisierung des GmbH-Rechts und zur Bekämpfung von Missbräuchen vom 1.11.2008, BGBl. I 2008, S. 2026) die Frage des **verdeckten Stammkapitals**

stellen: eigenkapitalersetzende Gesellschafterdarlehen, insb. sog. Finanzplankredite (*BFH* v. 13.7.1999 – VIII R 31/98, BFHE 189, 390 = BStBl. II 1999, S. 724), auf deren Rückzahlung der GmbH-Gesellschafter verzichtete, führten bei ihm zu nachträglichen Anschaffungskosten auf die GmbH-Beteiligung in Höhe des Darlehensnennwertes wie die Stammeinlage selbst (*BFH* v. 16.5.2001 – I B 143/00, BFHE 195, 351 = BStBl. II 2002, S. 436). Inwieweit solche Darlehen steuerrechtlich noch als „verdeckte Einlagen" anerkannt werden konnten, war angesichts der Streichung der §§ 32a, 32b GmbHG im MoMiG fraglich geworden.

Mit Urteil vom 11.7.2017 (IX R 36/15, BFHE 258,427 = BStBl. II 2019, S. 208) hatte der BFH entschieden, dass nach Streichung der §§ 32a, 32b GmbHG durch das MoMiG der Ausfall von eigenkapitalersetzenden Finanzierungshilfen (Darlehen und Bürgschaften) nicht mehr zu nachträglichen Anschaffungskosten auf Anteile an Kapitalgesellschaften führt. Aus Gründen des Vertrauensschutzes galten die bisherigen Grundsätze für solche Darlehen aber weiterhin, die bis zum 27.9.2017 gewährt worden waren.

Mit dem „Jahressteuergesetz 2019" (v. 12.12.2019, BGBl. I 2019, S. 2451) hat der Gesetzgeber die Vorschrift des § 17 EStG mit Wirkung ab dem 1.8.2019 um einen neuen Abs. 2a ergänzt, mit dem er für steuerliche Zwecke das Eigenkapitalersatzrecht für gesellschaftsrechtlich veranlasste Darlehen und Bürgschaften wieder einführte. Die Regelung kann auf Antrag auch rückwirkend für Veräußerungen vor dem 1.8.2019 angewandt werden (§ 52 Abs. 25a EStG).

Nach § 17 Abs. 2a S. 3 EStG gehören zu den nachträglichen Anschaffungskosten „insbesondere

1. offene oder verdeckte Einlagen,
2. Darlehensverluste, soweit die Gewährung des Darlehens oder das Stehenlassen des Darlehens in der Krise der Gesellschaft gesellschaftsrechtlich veranlasst war, und
3. Ausfälle von Bürgschaftsforderung und vergleichbaren Forderungen, soweit die Hingabe oder das Stehenlassen der betreffenden Sicherheit gesellschaftsrechtlich veranlasst war."

Ein Gesellschafterdarlehen ist regelmäßig gesellschaftsrechtlich veranlasst, wenn ein fremder Dritter das Darlehen bei sonst gleichen Umständen zurückgefordert oder nicht gewährt hätte (§ 17 Abs. 2a S. 4 EStG).

Gesellschaftsrechtlich veranlasste Darlehen liegen bei folgenden Fallgruppen vor:

Krisendarlehen: Der Gesellschafter gewährt das Darlehen in der Krise der GmbH. Ein ordentlicher Gesellschafter wäre das Risiko nicht eingegangen.

Krisenbestimmtes Darlehen: Der Gesellschafter erklärt vor dem Eintritt der Krise verbindlich, dass er im Fall der Krise der GmbH das Darlehen stehen lassen, also nicht kündigen wird.

Finanzplandarlehen: Das Darlehen dient zur Finanzierung des Unternehmenszwecks in der Gründungs- oder Erweiterungsphase.

Beim Ausfall oder beim Verzicht auf eines der o.g. Darlehen erhöhen sich die Anschaffungskosten des Gesellschafters für seinen GmbH-Anteil um den Nennwert der Darlehensforderung.

Lässt der Gesellschafter das vor der Krise gewährte Darlehen in der Krise der GmbH stehen, obwohl er es hätte abziehen können, führt der Darlehensverlust zu nachträglichen Anschaffungskosten auf den GmbH-Anteil nur in Höhe des im Zeitpunkt des Eintritts der Krise werthaltigen Teil des Darlehens.

Der Ausfall bzw. Verzicht auf das Darlehen kann in Höhe des zum Zeitpunkt des Eintritts der Krise nicht (mehr) werthaltigen Teils des Darlehens zu negativen Einkünften aus Kapitalvermögen i.S.d. § 20 EStG führen.

478 Bei einem späteren Verkauf der GmbH-Beteiligung (oder der Liquidation der GmbH) werden die eigenkapitalersetzenden Gesellschafterdarlehen als nachträgliche Anschaffungskosten gewinnmindernd berücksichtigt.

479 **b) Gründungskosten.** Die von der Vor-GmbH bzw. der eingetragenen GmbH getragenen Gründungskosten wie z.B. Kosten des Notars, Anwalts, Steuerberaters und des Registergerichts stellen bei der KSt und GewSt abzugsfähige Betriebsausgaben der GmbH dar.

480 Für die Gründungskosten besteht gem. § 248 Abs. 1 HGB ein Aktivierungsverbot. Soweit die Gesellschafter die Gründungskosten selbst tragen und nicht von der GmbH erstattet bekommen, liegen bei ihnen zusätzliche Anschaffungskosten auf die GmbH-Anteile vor.

481 Soll die GmbH zur Erstattung von Gründungskosten an ihre Gesellschafter verpflichtet werden, so ist eine Festlegung aller in Betracht kommenden Positionen in der Satzung erforderlich; nach h.M. ist zusätzlich analog § 26 Abs. 2 AktG der zu erwartende **Gesamtbetrag** (ggf. geschätzt: „... bis zur geschätzten Höhe von 2.000 € ...") des zu übernehmenden Gründungsaufwandes festzulegen (*BGH* v. 20.2.1989 – II ZB 10/88; BGHZ 107, 1 = DB 1989, 871; *BFH* v. 19.1.2000 – I R 24/99, BFHE 191, 107 = BStBl. II 2000, S. 545).

482 Auch ein ggf. an die Gesellschafter zu zahlender Gründerlohn muss in der Satzung festgelegt werden. Die Zahlung darf jedoch nur zu Lasten des nicht gem. § 30 GmbHG gebundenen Vermögens der GmbH erfolgen.

483 **2. Sachgründung.** Besteht die von einem Gesellschafter auf die Stammeinlage zu erbringende Leistung in einem Sachwert, so liegt eine sog. **Sachgründung** vor. Hat der Gesellschafter neben der Sacheinlage auch eine Bareinlage zu erbringen, so ist eine sog. **Mischeinlage** gegeben, (vgl. § 5 Rz. 34 ff.); Besonderheiten gegenüber der Bargründung ergeben sich hier jedoch nur für die als Sacheinlage zu erbringende Leistung.

484 Als Sacheinlage geeignet sind nach h.M. alle **übertragbaren und bilanzierungsfähigen Gegenstände** wie z.B. Sachen, Sachgesamtheiten, Rechte, auch obligatorische Nutzungsrechte (*BGH* v. 15.5.2000 – II ZR 359/98, BGHZ 144, 290 = NJW 2000, 2356). Gegenstand der Sacheinlage kann auch ein Betrieb, ein Teilbetrieb, ein Mitunternehmeranteil (Anteil an Personengesellschaft) oder eine 100%ige Beteiligung an einer anderen Kapitalgesellschaft sein.

485 Da die **steuerliche Beurteilung** dieser Sacheinlagen derjenigen der **Umwandlung** eines Einzelunternehmens bzw. einer Personengesellschaft in eine GmbH entspricht, wird die Einbringung eines Betriebes, Teilbetriebes, Mitunternehmeranteils oder einer 100%igen Beteiligung unter dem Umwandlung unten unter Rz. 494 ff. behandelt.

Die vom Gesellschafter erbrachte Sacheinlage stellt bei der GmbH eine gesellschafts- **486** rechtlich veranlasste Vermögensmehrung dar, die nicht der Körperschaftsteuer unterliegt. Entspr. § 6 Abs. 1 Nr. 5 EStG ist die Sacheinlage bei der GmbH grds. mit dem **Teilwert** anzusetzen: das ist der Betrag, den ein Erwerber des ganzen Betriebes im Rahmen des Gesamtkaufpreises für das einzelne Wirtschaftsgut ansetzen würde; dabei ist davon auszugehen, dass der Erwerber den Betrieb fortführt (vgl. § 6 Abs. 1 Nr. 1 S. 3 EStG). Die steuerlichen Folgen der hierdurch bewirkten Aufdeckung der stillen Reserven beim Gesellschafter hängen davon ab, ob der Sachwert bei diesem steuerlich zum Privatvermögen oder zum Betriebsvermögen gehört.

Die eingelegten Wirtschaftsgüter können allerdings auch mit dem beim Gesellschafter **487** bisher angesetzten „**Buchwert**" bewertet werden, sofern dieser unter dem Teilwert liegt (Verbot der Überbewertung von Sacheinlagen). Dann ist die Einlage jedoch auch nur in Höhe dieses Buchwertes erbracht. Die in dem eingelegten Wirtschaftsgut ruhenden stillen Reserven können daher nicht in Erfüllung der Einlagepflicht „eingelegt" werden.

Der Erwerb der GmbH-Anteile gegen Gewährung von Sacheinlagen stellt beim **488** **Gesellschafter** ein Tauschgeschäft dar, das einen Anschaffungsvorgang (Erwerb der Geschäftsanteile) und einen Veräußerungsvorgang (Hingabe des Sachwerts) beinhaltet. Handelt es sich bei dem eingebrachten Sachwert um steuerliches **Privatvermögen** des Gesellschafters, so hat dies für den Gesellschafter i.d.R. keine ertragsteuerlichen Folgen. Etwas anderes gilt nur, wenn die Voraussetzungen eines sog. privaten Veräußerungsgeschäftes (Spekulationsgeschäftes) i.S.d. § 23 EStG gegeben sind, z.B. wenn der Gesellschafter ein Grundstück einbringt, das er innerhalb der letzten 10 Jahre zu unter dem jetzigen Verkehrswert liegenden Anschaffungskosten erworben hat, oder bewegliche Wirtschaftsgüter, die er in den letzten 12 Monaten erworben hat (vgl. § 23 Abs. 1 EStG). In diesen Fällen ist der „Spekulationsgewinn" beim Gesellschafter der ESt zu unterwerfen. Bringt der Gesellschafter eine im Privatvermögen gehaltene Kapitalbeteiligung an einer anderen Kapitalgesellschaft (mindestens 1 % Anteilsbesitz) ein, so kann sich ein gem. § 17 EStG einkommensteuerpflichtiger Veräußerungsgewinn ergeben (Tausch i.S.d. § 6 Abs. 6 EStG; *BFH* v. 6.4.2009 – IX B 204/08, BFH/ NV 2009, 1262). Zur Einbringung einer 100%igen Beteiligung s. Rz. 494.

Von diesen Fällen abgesehen, hat die Einbringung von Wirtschaftsgütern des Privat- **489** vermögens beim Gesellschafter keine einkommensteuerlichen Konsequenzen. Die erworbenen GmbH-Anteile sind beim Gesellschafter mit dem **gemeinen Wert** der eingebrachten Wirtschaftsgüter anzusetzen. Eine Verknüpfung zwischen dem Wertansatz der eingelegten Wirtschaftsgüter bei der GmbH (Teilwert) und der Bewertung der GmbH-Anteile beim Gesellschafter (gemeiner Wert als Anschaffungskosten) besteht nicht, anders als in den Fällen der Einbringung eines Betriebes usw., s. Rz. 494.

Gehören die vom Gesellschafter gegen Gewährung von Gesellschaftsrechten einge- **490** brachten Wirtschaftsgüter bei diesem zum **Betriebsvermögen**, so führt der Tauschvorgang beim Gesellschafter grds. zur Gewinnrealisierung in Höhe des Unterschiedes zwischen dem gemeinen Wert (Verkehrswert) und dem Buchwert der Wirtschaftsgüter (§ 6 Abs. 6 EStG). In Höhe des gemeinen Wertes der hingegebenen Wirtschaftsgüter hat der Gesellschafter Anschaffungskosten auf die Geschäftsanteile.

Auf die Gewinnrealisierung wurde früher nach dem sog. Tauschgutachten des *BFH* **491** (16.12.1958 – I D 1/57 S, BFHE 68,78 = BStBl. III 1959, S. 30) verzichtet, wenn Anteile an Kapitalgesellschaften getauscht wurden und die hingegebenen und die erlangten

Anteile wert-, art- und funktionsgleich waren. Durch die Einfügung des § 6 Abs. 6 S. 1 EStG ab 1999 ist diese Rspr. überholt.

492   Die Einbringung eines Grundstückes unterliegt gem. § 1 Abs. 1 Nr. 1 GrEStG der **Grunderwerbsteuer**. Bemessungsgrundlage für die Grunderwerbsteuer ist dabei der steuerliche Grundbesitzwert (§ 8 Abs. 2 S. 1 Nr. 2 GrEStG; § 138 BewG a.F. [bis 2024] bzw. § 243 BewG n.F. [ab 2025]). Wurde das Grundstück bereits vor Eintragung der GmbH im Handelsregister auf die (Vor-)GmbH übertragen, so findet im Zeitpunkt der Registereintragung nicht ein erneuter grunderwerbsteuerpflichtiger Erwerb durch die GmbH statt (*BFH* v. 5.12.1956 – II 71/56 U, BFHE 64, 74 = BStBl. III 1957, S. 28); dies folgt aus der rechtlichen Identität von Vor-GmbH und eingetragener GmbH.

493   Auch bei der Sachgründung unterliegt die Gewährung der Gesellschaftsrechte durch die GmbH wegen der Befreiungsvorschrift des § 4 Nr. 8 f. UStG nicht der **USt**. Die Einbringung der Sacheinlage durch den Gesellschafter stellt bei diesem eine umsatzsteuerbare Leistung dar, wenn und soweit er als Unternehmer i.S.d. UStG anzusehen ist und im Rahmen seines Unternehmens handelt (vgl. Abschn. 1.6 (2) UStAE). Die Leistung des Gesellschafters kann jedoch umsatzsteuerfrei sein, z.B. nach § 4 Nr. 9a UStG bei Einbringung eines Grundstückes. In bestimmten Fällen besteht gem. § 9 UStG die Möglichkeit des Verzichts auf die Steuerbefreiung.

494   **3. Betriebseinbringung/Umwandlung.** Gegenstand der Sacheinlage bei GmbH-Gründung kann auch der Betrieb eines Einzelunternehmens oder einer Personenhandelsgesellschaft sein. Durch die Betriebseinbringung wird damit im Ergebnis die Rechtsform des Einzelunternehmens bzw. der Personengesellschaft in die der GmbH „umgewandelt".

495   **a) Zivilrecht.** Zivilrechtlich lässt sich dieses Ergebnis auf zwei Wegen erreichen:
- im Wege der **Einzelrechtsnachfolge** durch Übertragung der Aktiva – und ggf. der Passiva – des bisherigen Betriebes auf die neu gegründete GmbH als **Sacheinlage** (§ 5 Abs. 4 GmbHG);
- im Wege der **Gesamtrechtsnachfolge** durch **Umwandlung** des Unternehmens eines Einzelkaufmanns oder einer Personenhandelsgesellschaft in eine GmbH nach dem Umwandlungsgesetz (§§ 2 ff., 190 ff. UmwG).

496   Bei der Sachgründung der GmbH mit einem Betrieb als **Sacheinlage** sind die einzubringenden Wirtschaftsgüter einzeln nach den sachenrechtlichen Regeln des BGB auf die neu gegründete (Vor-)GmbH zu übertragen. Insb. müssen Grundstücke aufgelassen werden. Es müssen jedoch nicht sämtliche Vermögenswerte als Stammeinlage eingebracht werden; es ist auch zulässig, den Gegenwert eines Teils des eingebrachten Nettovermögens – soweit das Mindeststammkapital von 25.000 € überschritten ist – als Gesellschafterdarlehen oder als Kapitalrücklage in der GmbH zu buchen (*OLG Zweibrücken* v. 26.11.1980 – 3 W 169/80, GmbHR 1981, 214). Ohne Zustimmung der Gläubiger ist eine befreiende Übertragung der Verbindlichkeiten auf die GmbH nicht möglich. Bei Firmenfortführung kann die Erwerberhaftung nach § 25 HGB für die GmbH eintreten.

497   Rechtlich einfacher und auch billiger ist die **Umwandlung** des Unternehmens eines Einzelkaufmanns bzw. einer Personenhandelsgesellschaft in eine GmbH nach den Regeln des Umwandlungsgesetzes.

Drei Formen der Umwandlung sind insoweit zu unterscheiden: **498**
- **Verschmelzung** (§§ 2–122 UmwG): Übertragung des gesamten Vermögens einer OHG/KG auf eine bestehende GmbH (Verschmelzung durch Aufnahme) oder eine neu gegründete GmbH (Verschmelzung durch Neugründung) im Wege der Gesamtrechtsnachfolge unter Auflösung ohne Abwicklung;
- **Spaltung** (§§ 123–173 UmwG): Übertragung des Unternehmensvermögens eines Einzelkaufmanns auf eine bestehende GmbH (Ausgliederung zur Aufnahme) oder eine neu gegründete GmbH (Ausgliederung zur Neugründung) im Wege der Gesamtrechtsnachfolge ohne Abwicklung;
- **Formwechsel** (§§ 190–304 UmwG): Formwechsel einer OHG/KG in eine neue GmbH mit identischen Gesellschaftern im Wege der Gesamtrechtsnachfolge unter Auflösung ohne Abwicklung.

Bei der Umwandlung geht das gesamte – aktive und passive – Vermögen in einem **499** Rechtsakt im Wege der Universalsukzession auf die GmbH als neuem bzw. fortbestehendem Rechtsträger über. Einzelübertragungshandlungen für die einzelnen Vermögensgegenstände und Verbindlichkeiten sind nicht erforderlich.

Eine Umwandlung im weiteren Sinne, d.h. ein Vermögensübergang auf einen anderen **500** Rechtsträger, liegt auch beim sog **Anwachsungsmodell** vor: In eine Personengesellschaft tritt als weiterer Gesellschafter eine neu gegründete GmbH ein, deren Geschäftsanteile i.d.R. von den bisherigen Gesellschaftern der Personengesellschaft gehalten werden; sodann treten alle bisherigen Gesellschafter ohne Abfindung aus der Personengesellschaft aus; das Gesellschaftsvermögen wächst der GmbH als letztem verbleibenden Gesellschafter an (§ 738 BGB, § 105 Abs. 2 HGB). Damit ist das Vermögen auf die GmbH übergegangen, ohne dass es der Einzelübertragung des Vermögens der Personengesellschaft auf die GmbH bedurft hätte. Die bisherigen Personengesellschafter haften jedoch für die Gesellschaftsverbindlichkeiten weiter (§§ 128, 171, 159 HGB).

Das Anwachsungsmodell kommt im Ergebnis einer Gesamtrechtsnachfolge nahe; eine **501** Umwandlung i.S.d. UmwG liegt jedoch nicht vor. Erhalten die ausscheidenden Personengesellschafter als Abfindung für ihre aufgegebenen Gesellschaftsanteile neue (!) Geschäftsanteile an der GmbH, ist der Vorgang nach § 20 UmwStG steuerneutral gestaltbar (erweiterte Anwachsung; *Schmitt/Hörtnagl* § 20 UmwStG Rz. 195).

b) Steuerrecht. Steuerrechtlich werden die Sacheinlage (Einzelrechtsnachfolge) und **502** die Umwandlung nach dem UmwG (Gesamtrechtsnachfolge) grds. gleichbehandelt.

aa) Einkommensteuer/Körperschaftsteuer. Ertragsteuerlich sind maßgebend die §§ 20– **503** 23 UmwStG. Danach ist die Einbringung eines Betriebes, Teilbetriebes oder eines Mitunternehmeranteils in eine im Inland oder einem EU-Mitgliedstaat ansässige Kapitalgesellschaft (§ 1 Abs. 2 S. 1 Nr. 1, Abs. 4 S. 1 Nr. 1 UmwStG) gegen Gewährung von (neuen) Gesellschaftsrechten steuerlich dadurch begünstigt, dass die (im Inland ansässige) Kapitalgesellschaft das eingebrachte Betriebsvermögen auf Antrag mit seinem Buchwert oder dem gemeinen Wert oder einem Zwischenwert ansetzen kann; die Gesellschafter können also wählen, ob und inwieweit die stillen Reserven beim Übergang des Vermögens auf die GmbH aufgelöst werden sollen (§ 20 Abs. 1 und 2 UmwStG).

504 Der Betriebseinbringung gleichgestellt ist die Einbringung einer „mehrheitsvermittelnden" Beteiligung an einer Kapitalgesellschaft in die GmbH (sog. qualifizierter Anteilstausch; § 21 Abs. 1 UmwStG). Zur Vereinfachung werden hier alle drei Sachverhalte im Folgenden als **Betriebseinbringung** bezeichnet:

	Zivilrecht	Steuerrecht
Umwandlung (Verschmelzung/ Spaltung/Formwechsel)	Umwandlung (UmwG)	Betriebseinbringung §§ 20–23 UmwStG
Sacheinlage	Sacheinlage (GmbHG)	

505 Steuerrechtlich sind maßgebend die Regelungen der **§§ 20 ff. UmwStG**. Die steuerliche Behandlung der Betriebseinbringung hängt ab von dem Wert, mit dem die GmbH das eingebrachte Betriebsvermögen ansetzt. Dieser Wert gilt für den Einbringenden als Veräußerungspreis und zugleich als Anschaffungskosten der Geschäftsanteile (§ 20 Abs. 3 S. 1 UmwStG).

506 Das auf die GmbH übergehende Vermögen, einschließlich nicht entgeltlich erworbener und selbst geschaffener immaterieller Wirtschaftsgüter (insb. dem Firmenwert), ist in der steuerlichen **Übertragungsbilanz** des einbringenden Betriebsinhabers/Personengesellschafters grds. mit seinem **gemeinen Wert** (Verkehrswert) anzusetzen (§ 20 Abs. 2 S. 1 UmwStG). Auf Antrag können die Wirtschaftsgüter aber mit dem **Buchwert** (also steuerneutral) oder einem **Zwischenwert** angesetzt werden (§ 20 Abs. 2 S. 2 UmwStG), soweit

- sie **Betriebsvermögen** der übernehmenden GmbH werden und sichergestellt ist, dass sie später der Besteuerung mit KSt unterliegen,
- die Passivposten des eingebrachten Betriebsvermögens die Aktivposten nicht übersteigen,
- das **Recht** der Bundesrepublik hinsichtlich der **Besteuerung** des Gewinns aus der Veräußerung der übertragenen Wirtschaftsgüter bei der übernehmenden Gesellschaft **nicht ausgeschlossen** oder **beschränkt** ist und
- der gemeine Wert von **sonstigen Gegenleistungen**, die dem Einbringenden neben den neuen Gesellschaftsanteilen gewährt werden (z.B. Darlehensrückzahlungsanspruch gegen die GmbH), nicht mehr beträgt als
  - 25 % des Buchwerts des eingebrachten Betriebsvermögens oder
  - 500.000 €, höchstens jedoch den Buchwert des eingebrachten Betriebsvermögens. (Es gilt der Grundsatz der Meistbegünstigung).

507 Der Antrag ist spätestens bis zur Abgabe der steuerlichen Schlussbilanz bei dem für die übernehmende Kapitalgesellschaft zuständigen Finanzamt zu stellen (§ 20 Abs. 2 S. 3 UmwStG).

508 Der Ansatz mit dem Buchwert ist auch dann zulässig, wenn in der Handelsbilanz das eingebrachte Betriebsvermögen nach den handelsrechtlichen Vorschriften mit einem höheren Wert angesetzt werden muss. Buchwert ist dabei der Wert, mit dem der Einbringende das eingebrachte Betriebsvermögen im Zeitpunkt der Betriebseinbringung nach den steuerrechtlichen Vorschriften über die Gewinnermittlung anzusetzen hat (Bilanzwerte).

Setzt die GmbH das eingebrachte Betriebsvermögen mit dem **Buchwert** an, so ent- **509**
steht bei dem Einbringenden aufgrund des Einbringungsvorganges kein Veräußerungsgewinn. Die Umwandlung ist also steuerneutral. Die im Zeitpunkt der Einbringung vorhandenen stillen Reserven gehen auf die GmbH über.

Eine Versteuerung der stillen Reserven erfolgt aber rückwirkend zum Einbringungs- **510**
zeitpunkt, soweit der Gesellschafter die GmbH-Anteile in einem Zeitraum von 7 Jahren nach dem Einbringungszeitpunkt veräußert (§ 22 Abs. 1 S. 1 UmwStG): bei einer
Einbringung unter dem gemeinen Wert werden die auf die Kapitalgesellschaft übergegangenen **stillen Reserven** nachträglich **besteuert** (sog Einbringungsgewinn I), soweit
die Anteile an der übernehmenden Kapitalgesellschaft **innerhalb von 7 Jahren** nach
der Einbringung **veräußert** werden.

Der (fiktive) **Einbringungsgewinn** wird für jedes seit der Einbringung abgelaufene **511**
volle Zeitjahr um **1/7** der stillen Reserven gemindert; der verbleibende Einbringungsgewinn wird beim Einbringenden als Veräußerungsgewinn i.S.d. § 16 EStG besteuert
(§ 22 Abs. 1 S. 1, 3 UmwStG).

Der steuerpflichtige Einbringungsgewinn führt zugleich zu **nachträglichen Anschaf-** **512**
fungskosten auf die Beteiligung, die sich aber wegen der Teileinkünfte-Regelung beim
Anteilsverkauf nur zu 60 % gewinnmindernd auswirken.

Der Unterschied zum früheren (bis 2006 geltenden) Konzept der Besteuerung „ein- **513**
bringungsgeborener Anteile" besteht darin, dass innerhalb der Sperrfrist von 7 Jahren
die im Zeitpunkt der Einbringung vorhandenen stillen Reserven nicht mehr vollständig, sondern nur **zeitanteilig** zum vollen Tarif besteuert werden: für jedes fehlende
Jahr 1/7.

Der beim Verkauf der GmbH-Anteile innerhalb der 7-Jahresfrist entstehende Verä- **514**
ßerungsgewinn wird daher **zerlegt** in

– einen voll einkommensteuerpflichtigen Einbringungsgewinn i.S.d. § 16 EStG, soweit
  die 7-Jahresfrist noch nicht abgelaufen ist (pro Jahr 1/7) und
– einen zu 60 % steuerpflichtigen Veräußerungsgewinn, soweit die 7-Jahresfrist abgelaufen ist (volle Jahre) bzw. soweit stille Reserven nach der Einbringung entstanden sind (§ 3 Nr. 40 EStG).

Da die GmbH daneben die Buchwerte der eingebrachten Wirtschaftsgüter fortführt, **515**
hat sie bei einer Veräußerung der einzelnen eingebrachten Wirtschaftsgüter ebenfalls
die stillen Reserven anteilig aufzudecken und zu versteuern. Es kommt daher bei der
Einbringung zu Buchwerten zu einer „Verdoppelung" der stillen Reserven und damit
auch zu einer doppelten Besteuerung.

Beim Gesellschafter werden darüber hinaus hierdurch – anders als bei § 17 EStG – **516**
auch Wertsteigerungen bei im Privatvermögen gehaltenen GmbH-Beteiligungen unter
1 % als gewerbliche Einkünfte und nicht (wie ansonsten) als Einkünfte aus Kapitalvermögen (§ 20 Abs. 2 S. 1 Nr. 1 EStG) erfasst.

Setzt die GmbH das eingebrachte Betriebsvermögen dagegen mit dem **gemeinen Wert** **517**
der einzelnen Wirtschaftsgüter an, so entsteht schon in diesem Zeitpunkt bei den einbringenden Gesellschaftern ein Veräußerungsgewinn i.S.d. §§ 16, 34 EStG (§ 20 Abs. 4
UmwStG). Der Ansatz des gemeinen Werts führt bei der GmbH zu einem größeren
Abschreibungsvolumen und damit zu einem Liquiditätsvorteil. Die einbringenden

Gesellschafter haben jedoch die Differenz zwischen ihrem (Anteil am) Eigenkapital und den gemeinen Werten der Wirtschaftsgüter zu versteuern. Ein etwaiger Firmenwert ist in den Veräußerungsgewinn einzurechnen (*BFH* v. 26.1.1977 – VIII R 109/75, BFHE 121, 283= BStBl. II 1977, S. 283; *BMF* UmwSt-Erlass 2011, BStBl. I 2011, S. 1314, Tz. 20.20 i.V.m. Tz. 03.04). Die GmbH-Anteile sind nicht steuerverfangen, da alle stillen Reserven versteuert sind; sie stellen daher regelmäßig steuerliches Privatvermögen des Gesellschafters dar.

518   Gemäß § 20 Abs. 2 S. 2 UmwStG kann die GmbH auf Antrag jedoch auch einen Wert zwischen dem Buchwert und dem Teilwert (**Zwischenwert**) wählen. In Höhe der tlw. Aufgedeckten stillen Reserven erzielt der einbringende Gesellschafter einen einen – nicht tarifbegünstigten – Veräußerungsgewinn (§ 20 Abs. 4 UmwStG). Der Ansatz (mindestens) eines Zwischenwertes ist erforderlich, wenn die Passivposten des eingebrachten Betriebsvermögens die Aktivposten übersteigen, da die GmbH das eingebrachte Betriebsvermögen mindestens so ansetzen muss, dass sich die Aktiva und die Passiva (ohne Eigenkapital) ausgleichen (§ 20 Abs. 2 S. 2 Nr. 2 UmwStG). Die Buchwerte sind dabei gleichmäßig aufzustocken (*BFH* v. 24.5.1984 – I R 166/78, BFHE 141, 176 = BStBl. II 1984, S. 747; *BMF* UmwSt-Erlass 2011, BStBl. I 2011, S. 1314, Tz. 20.18 i.V.m. Tz. 03.25). Soweit die stillen Reserven nicht aufgedeckt werden, bleiben sie gem. § 22 UmwStG steuerverhaftet, d.h. ein eventueller Gewinn aus späterer Anteilsveräußerung innerhalb der 7-Jahres-Frist ist – ggf. zeitanteilig – voll zu versteuern.

519   Einbringungszeitpunkt ist i.d.R. der Zeitpunkt des Übergangs des rechtlichen oder wirtschaftlichen Eigentums auf die Vor-GmbH (Sachgründung). Bei einer Betriebseinbringung durch Umwandlung nach dem UmwG kann als Zeitpunkt der Sacheinlage der Stichtag gewählt werden, für den die Umwandlungsbilanz aufgestellt ist. Dieser Stichtag darf **höchstens 8 Monate** vor der Anmeldung des Umwandlungsbeschlusses zur Eintragung in das Handelsregister liegen (§ 20 Abs. 6 UmwStG). Das Einkommen und das Vermögen des Einbringenden sind in diesem Fall so zu ermitteln, als ob der Betrieb mit Ablauf des Umwandlungsstichtages in die GmbH eingebracht worden wäre. Die Rückbeziehung gilt auch für die Einbringung eines Betriebes im Wege der Sacheinlage gem. § 5 Abs. 4 GmbHG (§ 20 Abs. 6 S. 3 UmwStG). In der Praxis wird regelmäßig der Bilanzstichtag (31.12.) als steuerlicher Umwandlungsstichtag gewählt. Die Anmeldung der Umwandlung kann dann bis zum 31.8. des Folgejahres erfolgen.

520   Grds ist Voraussetzung in allen Einbringungsfällen, dass dem Einbringenden für das eingebrachte Betriebsvermögen **neue Gesellschaftsrechte** gewährt werden, also solche, die erst im Zusammenhang mit der Gründung der GmbH geschaffen worden sind (§ 20 Abs. 1 UmwStG). Keine Sacheinlage ist daher gegeben, wenn die GmbH für das Betriebsvermögen Geschäftsanteile gewährt, die bereits früher ausgegeben worden waren, dann aber von ihr erworben und zuletzt als eigene Anteile gehalten wurden. Unschädlich ist es jedoch, wenn die neu gegründete GmbH dem Einbringenden neben neuen Geschäftsanteilen auch **andere Wirtschaftsgüter**, allerdings der Höhe nach begrenzt (s Rz. 509), gewährt (§ 20 Abs. 2 S. 2 Nr. 4, Abs. 3 S. 3 UmwStG).

521   Auf der anderen Seite setzt die Betriebseinbringung voraus, dass **alle wesentlichen Grundlagen** des Betriebes bzw. des Teilbetriebes in die GmbH eingebracht werden. Unschädlich ist lediglich die Zurückbehaltung einzelner Wirtschaftsgüter, die keine wesentlichen Betriebsgrundlagen darstellen (*BMF* UmwSt-Erlass 2011 BStBl. I 2011, S. 1314, Tz. 20.06 i.V.m. Tz. 15.07).

Einzubringen sind auch solche Wirtschaftsgüter, die zivilrechtlich im Eigentum eines **522** Gesellschafters stehen, jedoch dem Betrieb der Personengesellschaft dienen und deshalb zum **Sonderbetriebsvermögen** der Personengesellschaft gehören, sofern es sich wiederum um wesentliche Betriebsgrundlagen handelt, wie z.b. das im Eigentum des Gesellschafters stehende Geschäftsgrundstück der Gesellschaft (*BMF* UmwSt-Erlass 2011, BStBl. I 2011, S. 1314, Tz. 20.06, 20.08).

Bei einer **verschleierten Sachgründung** (vgl. § 5 Rz. 48 f.) wenden die Rspr. (*BFH* **523** v. 1.7.1992 – I R 5/92, BFHE 169, 224 = BStBl. II 1993, S. 131; v. 24.7.1996 – I R 113/95, BFH/NV 1997, 214 = GmbHR 1997, 222) und die Finanzverwaltung (*BMF* UmwSt-Erlass 2011, BStBl. I 2011, S. 1314, Tz. E 20.10) die §§ 20 ff. UmwStG **nicht** an, da die Einbringung nicht gegen Gewährung neuer Gesellschaftsrechte, sondern gegen Gewährung einer Kaufpreisforderung erfolgt. Eine gewinnneutrale Buchwertfortführung ist daher in diesen Fällen nicht möglich.

Die von dem Einbringenden übernommenen GmbH-Anteile gelten gem. § 20 **524** Abs. 3 S. 1 UmwStG als **zu dem Wert angeschafft**, mit dem die **GmbH** das eingebrachte **Betriebsvermögen** ansetzt. Setzt die GmbH das eingebrachte Betriebsvermögen mit seinem Buchwert oder mit einem Zwischenwert an, so sind die in dem eingebrachten Betriebsvermögen (weiterhin) ruhenden stillen Reserven auf die GmbH-Geschäftsanteile übergegangen. Die Anteile selbst unterliegen beim Gesellschafter der Steuerpflicht nach § 17 EStG (Besteuerung von Veräußerungsgewinnen nach der Teileinkünfte-Methode). Für einen Übergangszeitraum von 7 Jahren unterliegen die stillen Reserven zeitanteilig der rückwirkenden Besteuerung, soweit zum Zeitpunkt der Anteilsveräußerung die 7-Jahres-Sperrfrist noch nicht abgelaufen ist (so Rz. 513).

Die sonstigen körperschaftsteuerlichen Folgen der Betriebseinbringung nach § 20 **525** UmwStG hängen ebenfalls davon ab, zu welchem Wert die GmbH das eingebrachte Betriebsvermögen ansetzt.

Wählt die GmbH den **Buchwert**, so tritt sie als steuerrechtliche Gesamtrechtsnachfol- **526** gerin in die Rechtsstellung des Einbringenden ein, z.B. hinsichtlich der Besitzzeiten nach § 6b EStG, der Absetzungen für Abnutzung, der Sonderabschreibungen usw. (§ 23 Abs. 1 i.V.m. §§ 12 Abs. 3, § 4 Abs. 2 S. 3 UmwStG).

Setzt die GmbH das eingebrachte Betriebsvermögen mit einem **Zwischenwert** an, so **527** sind bei der linearen AfA vom Zeitpunkt der Einbringung an die Anschaffungskosten oder Herstellungskosten des Einbringenden um den Unterschiedsbetrag zwischen dem Buchwert und dem von der GmbH gewählten Zwischenwert aufzustocken. Bei der degressiven AfA tritt an die Stelle des Buchwerts der von der GmbH angesetzte Zwischenwert (§ 23 Abs. 3 S. 1 UmwStG).

Setzt die GmbH das eingebrachte Betriebsvermögen mit dem **gemeinen Wert** an, so **528** ist zu unterscheiden (§ 23 Abs. 4 UmwStG):
– Bei der Einzelrechtsnachfolge (Sacheinlage) gelten die Wirtschaftsgüter als im Zeitpunkt der Einbringung von der GmbH zum gemeinen Wert angeschafft.
– Bei der Gesamtrechtsnachfolge (Umwandlung) gilt die vorstehende Regelung (Rz. 530) entspr.

529   bb) Gewerbesteuer. Die Einbringung eines Betriebes, Teilbetriebes oder Mitunternehmeranteils in eine neu gegründete GmbH sowie die übertragende Umwandlung des Unternehmens eines Einzelkaufmanns oder einer Personenhandelsgesellschaft in eine GmbH lösen **regelmäßig keine Gewerbesteuer** aus:

530   Setzt die GmbH das übernommene Betriebsvermögen mit dem **Buchwert** an, so entsteht beim Einbringenden kein Veräußerungsgewinn und damit kein Gewerbeertrag. Werden bei der Betriebseinbringung einzelne Wirtschaftsgüter in das Privatvermögen des Einbringenden überführt, so unterliegt der Entnahmegewinn zwar der ESt zum Normaltarif, nicht jedoch der Gewerbesteuer (*BFH* v. 29.10.1987 – IV R 93/85, BFHE 151, 181 = BStBl. II 1988, S. 374).

531   Setzt die GmbH das Betriebsvermögen mit seinem **gemeinen Wert** an, so ist der anfallende Veräußerungsgewinn beim Einbringenden zwar einkommensteuerpflichtig. Entsprechend dem Charakter der GewSt als Objektsteuer eines tätigen Betriebes bleibt aber ein als Veräußerungsgewinn zu behandelnder Einbringungsgewinn gewerbesteuerlich grds. außer Betracht (R 7.1 (3) 1 GewStR; H 7.1 (1) GewStH „Einbringungsgewinn" i. V. m. H 7.1 (3) GewStH „Veräußerungs- und Aufgabegewinne"; *Schmitt/Hörtnagl* § 20 UmwStG Rz. 432 ff.).

532   Ist der **Einbringende** eine **Kapitalgesellschaft** oder eine **Personengesellschaft**, so gehört der Gewinn aus der Einbringung eines Mitunternehmeranteils, eines Betriebes oder Teilbetriebes zum gewerbesteuerpflichtigen Gewerbeertrag (§ 7 S. 2 GewStG). Ist Gegenstand der Sacheinlage eine 100 %-ige Beteiligung an einer anderen Kapitalgesellschaft, so unterliegt der Einbringungsgewinn ebenfalls der Gewerbesteuer, es sei denn, die Einbringung erfolgt im Zusammenhang mit der Aufgabe des Gewerbebetriebes (H 7.1 (3) GewStH).

533   Setzt die aufnehmende GmbH das eingebrachte Betriebsvermögen mit einem **Zwischenwert** an, so ist wegen des Charakters des Einbringungsgewinnes als Veräußerungsgewinn von der gleichen Beurteilung wie beim Ansatz des gemeinen Wertes, also von der grundsätzlichen Gewerbesteuerfreiheit der aufgedeckten stillen Reserven, auszugehen (*FG Niedersachsen* v. 11.2.1983 – VI 481/82, EFG 1983, 511).

534   Gewinne aus der späteren Veräußerung oder Entnahme von „einbringungsgeborenen" GmbH-Anteilen, die vom Einbringenden in einem Betriebsvermögen gehalten werden, unterliegen nicht der GewSt, wenn Gewinne aus der Veräußerung des Betriebes, Teilbetriebes oder Mitunternehmeranteils, durch dessen Einbringung die Anteile i.S.d. § 20 UmwStG erworben wurden, beim Einbringenden nicht gewerbesteuerpflichtig gewesen wären (*BFH* v. 29.4.1982 – IV R 51/79, BFHE 136, 129 = BStBl. II 1982, S. 738; *BMF* UmwSt-Erlass, BStBl. I 2011, S. 1314, Tz. 22.07).

535   cc) Umsatzsteuer. Sowohl die Einbringung eines Betriebes, Teilbetriebes, Mitunternehmeranteils oder einer 100 %-igen Beteiligung an einer Kapitalgesellschaft in eine neu gegründete GmbH als auch die Umwandlung des Unternehmens eines Einzelkaufmanns oder einer Personenhandelsgesellschaft in eine GmbH nach dem UmwG beinhalten umsatzsteuerlich eine nicht-steuerbare „**Geschäftsveräußerung im Ganzen**" i.S.d. § 1 Abs. 1a UStG.

Die Gewährung der Geschäftsanteile durch die GmbH ist gem. § 4 Nr. 8f UStG umsatzsteuerfrei.

dd) Grunderwerbsteuer. Gehört zu dem eingebrachten Betriebsvermögen auch ein   **536**
Grundstück, so unterliegt dieser Vorgang gem. § 1 Abs. 1 Nr. 1 bzw. Nr. 3 GrEStG der
Grunderwerbsteuer.

Bemessungsgrundlage ist der Wert der Gegenleistung (§ 8 Abs. 1 GrEStG). Da davon
ausgegangen wird, dass Leistung und Gegenleistung ausgeglichen sind, entspricht die
Gegenleistung für das Grundstück im Ergebnis dessen Teilwert.

Der auf das Grundstück entfallende Teil der Gesamtleistung errechnet sich nach fol-   **537**
gender Formel:

$$\frac{\text{Gesamtgegenleistung} \times \text{Teilwert des Grundstücks}}{\text{Teilwert der sonstigen Gegenstände} + \text{Teilwert des Grundstücks}}$$

Stößt die Ermittlung des auf das Grundstück entfallenden Teils der Gesamtgegenleis-   **538**
tung auf besondere Schwierigkeiten, so ist der sog. Grundbesitzwert i.S.d. §§ 151, 157
BewG zugrunde zu legen (§ 8 Abs. 2 S. 1 Nr. 2 GrEStG).

D. Die Besteuerung der GmbH-Beendigung

Die GmbH ist beendigt mit dem Ende ihrer rechtlichen Existenz. Diese sog Vollbeendi-   **539**
gung kann zivilrechtlich im Wesentlichen auf zwei unterschiedlichen Wegen erfolgen:

– durch Auflösung und Abwicklung der GmbH (Liquidation) einschl. Insolvenz,
– ohne Liquidation durch Umwandlung (Verschmelzung/Spaltung/Formwechsel).

Die steuerrechtliche Beurteilung der GmbH-Beendigung knüpft an die zivilrechtliche   **540**
Situation an; daher sind im Folgenden die Liquidation (einschl. Insolvenz) einerseits
und die Umwandlung andererseits zu unterscheiden.

Außer Betracht bleiben: **541**
– Der Erwerb aller Geschäftsanteile durch die GmbH: Keine Beendigung der
  GmbH, wenn diese alle Geschäftsanteile erwirbt; aber Auflösungsgrund (*Noack*
  § 60 Rz. 81 m.w.N.).
– Die Einstellung des Geschäftsbetriebes: Die Einstellung des Geschäftsbetriebes,
  der Entzug der Gewerbeerlaubnis usw. führt nicht zur Auflösung und Beendigung
  der GmbH (*Lutter/Hommelhoff* § 60 Rz. 25).
– Die Vermögenslosigkeit der GmbH: Das Fehlen jeglichen Aktivvermögens der
  GmbH führt noch nicht zu ihrer Beendigung; erforderlich ist die Eintragung des
  Erlöschens wegen Vermögenslosigkeit im HR (§ 394 FamFG).

I. Liquidation (Auflösung und Abwicklung)

1. Zivilrecht. Im Regelfall ist für die GmbH-Beendigung die Auflösung der GmbH   **542**
und die anschließende Durchführung eines Liquidationsverfahrens erforderlich.

Die **Auflösung** der GmbH erfolgt in den gesetzlich oder statuarisch geregelten Fällen,   **543**
insb. durch Gesellschafterbeschluss, Eröffnung des Insolvenzverfahrens, Verfügung
des Registergerichts usw. (vgl. § 60 Abs. 1 GmbHG sowie die sonstigen in § 60 Rz. 4 ff.
genannten Auflösungsgründe). Die Auflösung der GmbH führt nicht zu ihrer Beendigung. Durch die Auflösung wandelt sich zwar der bisher auf die werbende Tätigkeit
gerichtete Gesellschaftszweck in einen Abwicklungszweck. Die GmbH bleibt jedoch
bis zum Ende der sich anschließenden Liquidation als juristische Person und Handelsgesellschaft (§ 6 HGB) bestehen (vgl. § 60 Rz. 1 f.).

544   Mit der Auflösung der GmbH beginnt die **Liquidation**. Die Liquidation erfolgt für die insolvenzreife, aber nicht masselose GmbH im Insolvenzverfahren, i.Ü. nach den gesellschaftsrechtlichen Regeln der §§ 66 ff. GmbHG (Abwicklung): Die Liquidatoren haben die laufenden Geschäfte zu beenden, die Aktivmasse der GmbH zu sammeln, insb. also die ausstehenden Forderungen einzuziehen, das Gesellschaftsvermögen in Geld umzusetzen, die Gläubiger zu befriedigen und das verbleibende Vermögen an die Gesellschafter zu verteilen (§§ 70, 72 f. GmbHG).

545   Mit der Beendigung der Liquidation tritt die sog. **Vollbeendigung** der GmbH ein. In diesem Augenblick auch erst erlischt die GmbH als Steuersubjekt.

546   Streitig ist lediglich, ob die GmbH bereits mit dem tatsächlichen Ende der Liquidation beendigt ist (so die früher h.M. und Rspr.: *RG* v. 26.10.1931 – VIII 117/31, RGZ 134, 94; *BGH* v. 29.9.1967 – V ZR 40/66, BGHZ 48, 303 = NJW 1968, 297) oder erst mit Beendigung der Liquidation und Löschung der GmbH im HR (so die heute überwiegende Ansicht: *Lutter/Hommelhoff* § 74 Rz. 6 f. m.w.N.).

547   **2. Steuerrecht.**   Das Steuerrecht folgt auch hier grds. dem Zivilrecht. Die subjektive Steuerpflicht der GmbH bei den einzelnen Steuern wird durch ihre Auflösung nicht berührt. Die Steuerpflicht der GmbH endet erst mit der Vollbeendigung der GmbH durch Beendigung der Liquidation und Eintragung des Erlöschens der GmbH im Handelsregister.

548   Die Auflösung und Abwicklung der GmbH hat steuerliche Konsequenzen für die GmbH selbst wie auch für ihre Gesellschafter. Die einzelnen Steuerfolgen sollen im Folgenden dargestellt werden. Dabei wird von der gesellschaftsrechtlichen Abwicklung gem. §§ 66 ff. GmbHG ausgegangen. Die steuerlichen Besonderheiten bei der Liquidation in der Insolvenz werden gesondert dargestellt.

549   **a) Besteuerung der GmbH. – aa) Körperschaftsteuer. – (1) Allgemeines.**   Grundlage für die Einkommensbesteuerung der aufgelösten und abgewickelten GmbH ist § 11 KStG. Die Vorschrift stellt sicher, dass die während des Bestehens der GmbH noch nicht realisierten und damit noch nicht besteuerten Gewinne vor dem Wegfall der subjektiven Steuerpflicht der GmbH der KSt ebenso unterworfen werden wie der im Liquidationszeitraum erwirtschaftete Gewinn. Dieser **Abwicklungsgewinn** unterliegt zunächst der KSt zum vollen Tarif (15 %). Die Auskehrung des im Rahmen der Liquidation versilberten Gesellschaftsvermögens an die Gesellschafter stellt eine (letzte) Gewinnausschüttung dar.

550   Gegenstand der Liquidationsbesteuerung ist der im Abwicklungszeitraum erzielte Gewinn (Abwicklungsgewinn). Der Abwicklungszeitraum beginnt mit der Auflösung der GmbH und endet mit dem Ende der Abwicklung (Ablauf des Sperrjahres; Löschung im HR). Nach R 11 Abs. 1 S. 3 KStR 2022 kann bei der Auflösung der GmbH im Wirtschaftsjahr ein Rumpfwirtschaftsjahr gebildet werden, muss jedoch nicht.

551   Der Abwicklungszeitraum soll gem. § 11 Abs. 1 S. 2 KStG drei (Zeit-)Jahre nicht überschreiten. Einer Verlängerung dieses Zeitraumes kann das FA nach pflichtgemäßem Ermessen zustimmen. Der Abwicklungszeitraum ist sowohl Einkommensermittlungszeitraum als auch Veranlagungszeitraum; er tritt daher an die Stelle des Wirtschafts- bzw. Kalenderjahres. Die während der Liquidation gem. § 71 Abs. 1 GmbHG jährlich zu erstellenden (handelsrechtlichen) Jahresabschlüsse bleiben daher steuerlich außer Betracht.

Vorstehende Grundsätze gelten nicht bei einer **Scheinliquidation**, wenn also die **552** GmbH nach der Auflösung das Ziel der Vermögensauskehrung an die Gesellschafter aufgibt und wieder werbend – mit altem oder neuem Geschäftsgegenstand – am Wirtschaftsleben teilnimmt. Für diesen Fall gelten die allg. Vorschriften (HHR/*Micker* § 11 KStG Rz. 18 m.w.N.).

(2) Abwicklungsgewinn. Abwicklungsgewinn ist gem. § 11 Abs. 2 KStG der Unter- **553** schiedsbetrag zwischen dem Abwicklungs-Endvermögen und dem Abwicklungs-Anfangsvermögen. Beide Positionen sind nach allgemeinen steuerlichen Gewinnermittlungsvorschriften sowie den besonderen Regeln des § 11 Abs. 3 und 4 KStG zu korrigieren.

Schematisch lässt sich die Ermittlung des Abwicklungsgewinns wie folgt darstellen: **554**

Abwicklungs-Endvermögen	**Abwicklungs-Anfangsvermögen**
./. nicht der KSt unterliegende Vermögens-vermehrung	./. Gewinnausschüttung für Wirtschaftsjahre vor der Auflösung
* steuerfreie Einnahmen	
* Gesellschaftereinlagen	= **steuerliches Abwicklungs-Anfangsver-mögen (§ 11 Abs 4 KStG)**
./. abziehbare Aufwendungen (§ 9 KStG), soweit noch nicht berücksichtigt	
+ nichtabziehbare Aufwendungen (§ 10 KStG)	
+ verdeckte Zuwendungen an Gesellschafter	
= **steuerliches Abwicklungs-Endvermögen (§ 11 Abs 3 KStG)**	
./. **steuerliches Abwicklungs-Anfangs-vermögen (§ 11 Abs 4 KStG)**	
= **Abwicklungsgewinn**	

Das **Abwicklungs-Anfangsvermögen** ist das Betriebsvermögen, das am Schluss des der **555** Auflösung vorausgegangenen Wirtschaftsjahres der Veranlagung zur KSt zugrunde gelegt worden ist (§ 11 Abs. 4 S. 1 KStG). Das Anfangsvermögen ist also mit den steuerlichen Buchwerten anzusetzen. Bei einer Auflösung im Wirtschaftsjahr sind die Buchwerte der Schlussbilanz des sich ergebenden Rumpfwirtschaftsjahres maßgebend. Ist für den der Auflösung vorangegangenen Veranlagungszeitraum eine Veranlagung nicht durchgeführt worden, z.B. weil die GmbH einen Verlust erzielt hat, so ist als Anfangsvermögen das Betriebsvermögen anzusetzen, das im Falle einer Veranlagung nach den steuerlichen Gewinnermittlungsvorschriften auszuweisen gewesen wäre (§ 11 Abs. 4 S. 2 KStG). Das Anfangsvermögen ist zu kürzen um die Gewinne, die im Abwicklungszeitraum für vorausgegangene Wirtschaftsjahre ausgeschüttet worden sind (§ 11 Abs. 4 S. 3 KStG). Dadurch wird sichergestellt, dass die durch Gewinnausschüttungen bewirkten Vermögensminderungen den Abwicklungsgewinn nicht schmälern.

Dem Abwicklungs-Anfangsvermögen ist gegenüberzustellen das **Abwicklungs-End-** **556** **vermögen**. Das Abwicklungs-Endvermögen ist dabei nicht mit den Buchwerten nach § 6 EStG anzusetzen, sondern mit dem gemeinen Wert i.S.d. § 9 BewG; maßgebender Bewertungszeitpunkt ist der Tag der Übertragung auf die Gesellschafter (*BFH* v. 14.12.1965 – I 246/62 U, BFHE 84,420 = BStBl. III 1966, S. 152). Abwicklungs-Endvermögen ist gem. § 11 Abs. 3 KStG das zur Verteilung kommende Vermögen, also die Schlussrate, gezahlte Vorschüsse sowie Gewinnausschüttungen für den Abwicklungszeitraum.

557   Verdeckte Zuwendungen an die Gesellschafter, z.b. durch Übertragung von Wirtschaftsgütern zu einem unter dem gemeinen Wert liegenden Preis, sind dem Endvermögen hinzuzurechnen.

558   Abzuziehen sind steuerfreie Vermögensmehrungen, die der GmbH im Abwicklungszeitraum zugeflossen sind, wie z.b. Gesellschaftereinlagen, steuerfreie Auslandseinkünfte usw. (vgl. oben zu Rz. 75).

559   Auch sonst gelten die körperschaftsteuerlichen Einkunftsermittlungsvorschriften wie die §§ 9, 10 KStG: **Nichtabziehbare Aufwendungen** i.S.d. § 10 KStG sind dem Abwicklungs-Endvermögen (und damit dem Abwicklungsgewinn) hinzuzurechnen, noch nicht berücksichtigte abziehbare Ausgaben i.S.d. § 9 KStG sind abzuziehen.

560   **Verlustvorträge** aus den vorangegangenen Veranlagungszeiträumen sind gem. § 10d EStG in den Abwicklungszeitraum vortragsfähig; der Zeitraum ist dabei als maßgebender Veranlagungszeitraum anzusehen. Ein Verlustrücktrag ist ebenfalls möglich. Der Wegfall eigener Geschäftsanteile der GmbH durch die Liquidation darf den Abwicklungsgewinn weder erhöhen noch mindern; die eigenen Anteile sind daher sowohl aus dem Anfangs- als auch aus dem Endvermögen auszuscheiden (HHR/ *Micker* § 11 KStG Rz. 45).

561   Der so ermittelte Abwicklungsgewinn unterliegt dem gleichen tariflichen Steuersatz wie der laufende Gewinn (zurzeit 15 %); maßgebend ist der Tarif des Veranlagungszeitraums, in dem der Abwicklungszeitraum endet.

562   Die **Auskehrung des Liquidationserlöses** an die Gesellschafter wird einer Gewinnausschüttung gleichgestellt, soweit es sich nicht um die Rückzahlung der Stammeinlagen handelt (§ 20 Abs. 1 Nr. 2 EStG).

563   **bb) Gewerbesteuer.**   Die Gewerbesteuerpflicht der GmbH endet nicht mit ihrer Auflösung, sondern erst mit der Beendigung der Abwicklung, i.d.R. also mit der Verteilung des gesamten Vermögens an die Gesellschafter (§ 4 Abs. 1 GewStDV; R 2.6 (2) GewStR). Die Einstellung der werbenden Tätigkeit lässt die Gewerbesteuerpflicht unberührt (*BFH* v. 24.4.1980 – IV R 68/77, BFHE 131, 70 = BStBl. II 1980, S. 658).

564   **Erhebungszeitraum** für die Heranziehung der GmbH in Liquidation zur GewSt ist – anders als bei der KSt – nicht der Abwicklungszeitraum, sondern wie bei der werbenden GmbH das Kalenderjahr (§ 14 S. 2 GewStG). Da aber der der GewerbesteuerFestsetzung zugrunde liegende Abwicklungsgewinn für den Abwicklungszeitraum zu ermitteln ist, können der Gewerbesteuermessbetrag und die GewSt erst nach Abschluss der Abwicklung festgesetzt werden; bis dahin kann das FA jedoch Vorauszahlungen festsetzen (§ 19 GewStG).

565   Der der Ermittlung des Gewerbeertrages zugrunde zu legende Abwicklungsgewinn wird für Zwecke der KSt nach dem Abwicklungszeitraum berechnet. Für die GewSt ist der Gewerbeertrag dagegen auf die Jahre des Abwicklungszeitraums zu verteilen (§ 16 Abs. 1 GewStDV). Verteilungsmaßstab ist das Verhältnis der Zahl der Kalendermonate, in denen im einzelnen Jahr die Steuerpflicht bestanden hat, zu der Gesamtzahl der Kalendermonate des Abwicklungszeitraums (R 7.1 (8) S. 4 GewStR).

Für die Ermittlung des Gewerbekapitals der einzelnen Erhebungszeiträume bestehen **566** keine Besonderheiten. Auch das Gewerbekapital ist für jedes Kalenderjahr des Abwicklungszeitraums gesondert zu ermitteln.

cc) Umsatzsteuer. Auch im Liquidationsstadium behält die GmbH ihre Unternehmer- **567** eigenschaft (§ 2 Abs. 1 UStG). Diese endet i.d.R. mit der Löschung der GmbH im HR, es sei denn, die GmbH tätigt auch noch nach der Löschung wirtschaftliche Aktivitäten.

Steuerbare Umsätze im Abwicklungszeitraum sind vor allem Lieferungen und sons- **568** tige Leistungen im Zusammenhang mit der Versilberung des Gesellschaftsvermögens sowie die Übertragung noch vorhandenen Sachvermögens an die Gesellschafter. Steu- erbarkeit und Steuerpflicht dieser Umsätze richten sich nach der allg. Regeln. Die unentgeltliche Übertragung von Wirtschaftsgütern auf die Gesellschafter im Rahmen der Auskehrung des Gesellschaftsvermögens unterliegt der allg. Besteuerung (§ 3 Abs. 1b UStG). Bemessungsgrundlage ist dann der gemeine Wert der Wirtschaftsgüter (§ 10 Abs. 4 UStG).

dd) Grunderwerbsteuer. Die Veräußerung oder Übereignung von Grundstücken der **569** GmbH an Dritte oder Gesellschafter im Rahmen der Abwicklung unterliegt der Grunderwerbsteuer (§ 1 GrEStG).

b) Besteuerung der Gesellschafter. Die Verteilung des Gesellschaftsvermögens der **570** aufgelösten GmbH an ihre Gesellschafter führt bei diesen zu
– Kapitalrückzahlungen i.S.d. § 17 Abs. 4 EStG, soweit nicht aus der Umwandlung von Gewinnrücklagen stammendes Nennkapital (§ 28 KStG) oder sonstige Gesell- schaftereinlagen (steuerliches Einlagenkonto i.S.d. § 27 KStG) ausgekehrt werden;
– Kapitalerträgen i.S.d. § 20 Abs. 1 Nr. 2 EStG i.Ü.

In allen Fällen ist der Liquidationsgewinn zu 40 % steuerfrei (§ 3 Nr. 40 S. 1 Buchst. c und e EStG).

Gehören die **GmbH-Anteile** beim Gesellschafter zu dessen **Betriebsvermögen**, so stel- **571** len die Kapitalrückzahlungen einkommensteuerpflichtige Einkünfte (aus Gewerbebe- trieb, Land- und Forstwirtschaft oder selbstständiger Arbeit) dar in Höhe des Unter- schiedsbetrages zwischen dem Buchwert der Anteile und dem Betrag der Kapitalrück- zahlung.

Hält der Gesellschafter die Geschäftsanteile dagegen im **Privatvermögen**, ist er aber **572** zu **mindestens 1 %** am Stammkapital beteiligt, so wird die Kapitalrückzahlung wie eine Anteilsveräußerung behandelt, d.h. dem Rückzahlungsbetrag werden die Anschaffungskosten des Gesellschafters gegenübergestellt. Auf einen so entstehenden Veräußerungsgewinn ist die Teileinkünfteregelung anzuwenden. Ist die Kapitalrück- zahlung niedriger als die Anschaffungskosten des Gesellschafters auf die GmbH- Beteiligung, ist der Liquidationsverlust ebenfalls nur zu 60 % zu berücksichtigen; ein nicht ausgeglichener Verlust ist nach § 10d EStG rücktrags- und vortragsfähig.

Zu weniger als 1 % beteiligte Gesellschafter können solche Auflösungsverluste nicht **573** geltend machen (§ 17 Abs. 1 S. 1 EStG); es können jedoch insoweit negative Einkünfte aus Kapitalvermögen vorliegen (§ 20 Abs. 2 S. 1 Nr. 1 EStG).

Sind die Anteile des Gesellschafters an der aufgelösten GmbH Anteile aus einer **574** **Betriebseinbringung** zu einem Wert unter dem gemeinen Wert entstanden (§ 20 UmwStG; vgl. dazu oben Rz. 505 f.), so sind die auf diese Anteile entfallenden Kapitalrückzahlungen als Veräußerungsgewinne bzw. -verluste zu behandeln; darüber hinaus kann die Veräußerung innerhalb eines 7-Jahres-Zeitraums zur rückwirkenden Besteuerung eines Einbringungsgewinns führen können (§ 22 Abs. 1 UmwStG; vgl. oben Rz. 509).

575   **c) Sonderfall: Insolvenz. – aa) Körperschaftsteuer.**   Die Eröffnung des Insolvenzverfahrens über das Vermögen einer GmbH führt regelmäßig zur Auflösung der GmbH, ohne dass eine Abwicklung i.S.d. §§ 66 ff. GmbHG erfolgt.

576   Steuerrechtlich wird aber die Versilberung des Gesellschaftsvermögens und dessen Verteilung an die Gläubiger gem. § 11 Abs. 7 KStG der Liquidation gleichgestellt. Führt der Insolvenzverwalter (zunächst) die Geschäfte der GmbH weiter, so bleibt es auch in der Insolvenz bei der Jahresveranlagung zur KSt (*RFH* v. 25.10.1938 – I 138/38, RStBl. 1939, S. 355). Beginnt der Insolvenzverwalter mit der Abwicklung, dann gelten die oben dargestellten besonderen Regeln der Abwicklungsbesteuerung. Der Besteuerungszeitraum endet dann mit der Abwicklung. Nach RFH (5.3.1940 – I 44/40, RFHE 48, 241 = RStBl. 1940, S. 715) ist die Insolvenz-Abwicklung schon dann als beendet anzusehen, wenn nur noch die Höhe der Körperschaftsteuerschuld unbekannt ist.

577   **bb) Gewerbesteuer.**   Auch bei der GewSt hat die Eröffnung des Insolvenzverfahrens auf die subjektive Steuerpflicht der GmbH keinen Einfluss (§ 4 Abs. 2 GewStDV). Die Steuerpflicht endet mit der Beendigung des Insolvenzverfahrens. Auch bei der Insolvenzabwicklung ist der für den Abwicklungszeitraum ermittelte Gewerbeertrag auf die verschiedenen Jahre des Abwicklungszeitraums zu verteilen (§ 16 Abs. 2 GewStDV; R 7.1 (8) S. 6 GewStR).

578   **cc) Umsatzsteuer.**   Mit der Eröffnung des Insolvenzverfahrens verliert die GmbH nicht ihre Unternehmereigenschaft. Zwar kann nach Eröffnung des Insolvenzverfahrens nur noch der Insolvenzverwalter über das GmbH-Vermögen verfügen; die vom Insolvenzverwalter getätigten Umsätze sind jedoch der GmbH zuzurechnen. Schuldner der USt bleibt daher die GmbH. Der Insolvenzverwalter ist jedoch verpflichtet, die Umsatzsteuer-Voranmeldungen sowie die Umsatzsteuer-Jahreserklärungen abzugeben. Erscheint der Eingang der Umsatzsteuer gefährdet, so kann das FA gem. § 16 Abs. 4 UStG einen kürzeren Zeitraum als das Kalenderjahr der Steuerberechnung zugrunde legen.

II. Umwandlung

579   **1. Zivilrecht (Überblick).**   Nach dem **Umwandlungsgesetz** (v. 28.10.1994, BGBl. I 1994, 3210) ist bei der Umwandlung **heraus aus der GmbH** zu unterscheiden:

580   **a) Verschmelzung (§§ 2–122 UmwG).**   Bei der Verschmelzung handelt es sich um die vermögensmäßige Vereinigung mehrerer Rechtsträger durch Übertragung des gesamten Vermögens eines Rechtsträgers auf einen anderen, schon bestehenden (Verschmelzung durch Aufnahme) oder neu gegründeten (Verschmelzung durch Neugründung) Rechtsträger im Wege der Gesamtrechtsnachfolge unter Auflösung ohne Abwicklung:

– Verschmelzung durch **Aufnahme**, wenn der andere Rechtsträger schon besteht;
– Verschmelzung durch **Neugründung**, wenn der andere Rechtsträger neu gegründet wird.

Den Anteilsinhabern der übertragenden Rechtsträger wird dabei im Wege des **581** Anteilstauschs eine Beteiligung an dem übernehmenden oder neuen Rechtsträger gewährt. Es können gleichzeitig mehrere unterschiedliche Rechtsträger verschmolzen werden.

Die Verschmelzung einer GmbH mit dem Vermögen ihres Alleingesellschafters (Ver- **582** schmelzung durch Aufnahme) setzt nicht voraus, dass der Alleingesellschafter als Kaufmann in das HR eingetragen werden kann (§ 122 Abs. 2 UmwG). Eine GmbH kann daher auch dann auf ihren Alleingesellschafter umgewandelt werden, wenn dieser als Kleingewerbetreibender, Handwerker oder Freiberufler nicht in das HR eingetragen wird.

Die Verschmelzungsmöglichkeiten bei einer GmbH ergeben sich aus der nachfolgen- **583** den Übersicht:

auf von	Perso- nen- han- dels- gesell- schaft	Part- ner- schafts- gesell- schaft	GmbH	AG	KGaA	eG	eV/ wirt- schaft- licher Verein	Genos- sen- schaft- licher Prü- fungs- ver- band	VVaG	natürli- che Person
				§§ UmwG						
GmbH	39–45, 46–59	45a– 45e, 46–59	46–59	46–59, 60–77	49–59, 78	49–59, 79–98	–	–	–	120– 122 iVm 46–59

b) Spaltung (§§ 123–173 UmwG). Bei der Spaltung sind drei Formen zu unterscheiden: **584**

– **Aufspaltung**

Bei der Aufspaltung teilt ein Rechtsträger sein Vermögen unter Auflösung ohne Abwicklung auf und überträgt die Teile jeweils als Gesamtheit auf **mindestens zwei andere Rechtsträger** im Wege der Sonderrechtsnachfolge.

– **Abspaltung**

Bei der Abspaltung bleibt der übertragende, sich spaltende Rechtsträger als **Rumpf-** **585** **unternehmen bestehen** und überträgt im Wege der Sonderrechtsnachfolge einen Teil oder mehrere Teile seines Vermögens jeweils als Gesamtheit auf einen oder mehrere andere, bereits bestehende oder neu gegründete Rechtsträger.

– **Ausgliederung**

Bei der Ausgliederung fallen im Unterschied zur Abspaltung die **Anteile an dem über-** **586** **nehmenden oder neuen Rechtsträger** nicht den Anteilsinhabern des sich spaltenden Rechtsträgers, sondern dem **Vermögen des Rumpfunternehmens** selbst zu.

III Die Besteuerung der GmbH

Die Spaltungsmöglichkeiten bei einer GmbH ergeben sich aus der nachfolgenden Übersicht:

von \ auf	Perso-nenhan-delsge-sellschaft	Partner-schafts-gesell-schaft	GmbH	AG/KGaA	eG	eV	Genos-sen-schaft-licher Prüfungs-verband	VVaG
			§§ UmwG					
GmbH	125, 135, 138–140	125, 135, 138–140	125, 135, 138–140	125, 135, 138–140, 141–146	125, 135, 138–140, 147, 148	–	–	–

587 **c) Formwechsel (§§ 190–304 UmwG).** Beim Formwechsel ändert sich die „rechtliche Verfassung" und die Struktur des Rechtsträgers, jedoch bleibt dessen **rechtliche Identität** bestehen. Im Unterschied zur Verschmelzung gibt es vor und nach dem Formwechsel immer nur einen Rechtsträger, z.B. Formwechsel einer bestehenden GmbH in eine neue OHG/KG (mit identischen Gesellschaftern).

588 Die Möglichkeiten des Formwechsels bei einer GmbH ergeben sich aus der nachfolgenden Übersicht:

von \ auf	GbR	Perso-nenhan-delsge-sellschaft	Partner-schafts-gesell-schaft	GmbH	AG	KGaA	eG
				§§ UmwG			
GmbH	226, 228–237	226, 228–237	226, 228–237	–	226, 238–250	226, 238–250	226, 251–257

589 **d) Vermögensübertragung (§§ 174–189 UmwG).** Die Vermögensübertragung gibt es als Vollübertragung (ähnlich der Verschmelzung) und als Teilübertragung (ähnlich der Spaltung). Im Unterschied zur Verschmelzung und zur Spaltung besteht die Gegenleistung bei der Vermögensübertragung nicht in Anteilen an den übernehmenden Rechtsträgern, sondern in einer Gegenleistung besonderer Art (z.B. Bargeld).

Die Vermögensübertragung hat außer im Versicherungsbereich keine praktische Bedeutung.

590 Das Umwandlungsverfahren verläuft für alle Umwandlungsfälle nach folgendem Schema ab:

Verschmelzung	Spaltung	Formwechsel
Verschmelzungsvertrag	Spaltungs- und Übernahme-vertrag	Entwurf des Umwandlungsbe-schlusses
Verschmelzungsbericht	Spaltungsbericht	Umwandlungsbericht
Prüfung der Verschmelzung	Prüfung der Spaltung	–

Verschmelzung	Spaltung	Formwechsel
Verschmelzungsbeschluss	Spaltungsbeschluss	Umwandlungsbeschluss
Schlussbilanz	Schlussbilanz	–
Registeranmeldung	Registeranmeldung	Registeranmeldung
Registereintragung	Registereintragung	Registereintragung
Bekanntmachung	Bekanntmachung	Bekanntmachung

Mit der **Eintragung** der Umwandlung in das Handelsregister   591
- des übernehmenden Rechtsträgers (bei Verschmelzung) bzw.
- des übertragenden Rechtsträgers (bei Spaltung) bzw.
- des neuen Rechtsträgers (bei Formwechsel)

wird die **Umwandlung wirksam**.

Rechtsfolgen der Umwandlung sind v.a.:   592
- **Übergang des Vermögens** (Aktiva und Passiva) auf den/die übernehmenden Rechtsträger im Wege der Gesamtrechtsnachfolge,
- **Erlöschen** des übertragenden Rechtsträgers bei Verschmelzung und Aufspaltung,
- **Übergang von Gesellschaftsrechten** an dem übernehmenden/neuen Rechtsträger auf die Gesellschafter der übertragenden Rechtsträger.

Das **Vermögen** des übertragenden Rechtsträgers (GmbH) geht am Tag der Eintra-   593
gung im Wege der Gesamtrechtsnachfolge auf den/die übernehmenden Rechtsträger
über. Besondere Übertragungshandlungen sind nicht erforderlich. Das Grundbuch ist
lediglich zu berichtigen.

Auch die **Verbindlichkeiten** gehen ohne weiteres auf den übernehmenden Rechtsträ-   594
ger über. Einer Zustimmung der Gläubiger bedarf es nicht. Diese sind durch die Fort-
haftung der Gesellschafter bzw. des Einzelunternehmers geschützt (z.B. § 157 UmwG).

Der übernehmende Rechtsträger tritt in sämtliche Rechte und Pflichten aus Vertrags-   595
verhältnissen ein. Dienst- und Arbeitsverträge gehen über.

Im Prozess- und Rechtsbehelfsverfahren tritt der übernehmende Rechtsträger grds.   596
als Rechtsnachfolger ein.

Rechte Dritter an den Gesellschaftsanteilen, z.B. Unterbeteiligungen, setzen sich an   597
den neuen Anteilen fort.

2. Steuerrecht. Die steuerrechtliche Behandlung des Vermögensüberganges von der   598
GmbH auf eine Personengesellschaft oder eine natürliche Person im Wege der
Gesamtrechtsnachfolge ist gekennzeichnet durch das Bestreben, die steuerliche Erfas-
sung der im GmbH-Vermögen ruhenden stillen Reserven sicherzustellen.

a) Verschmelzung/Formwechsel in/auf Einzelunternehmen/Personengesellschaft. Die   599
Verschmelzung einer GmbH mit einer bestehenden oder neu gegründeten Personengesellschaft oder einem Einzelunternehmen und der Formwechsel einer GmbH in
eine neue Personengesellschaft werden steuerlich gleichbehandelt.

600 **aa) Wertansatz in der steuerlichen Schlussbilanz der übertragenden GmbH.** Das auf die Personengesellschaft bzw. die natürliche Person übergehende Vermögen, einschließlich nicht entgeltlich erworbener und selbst geschaffener immaterieller Wirtschaftsgüter (insb. dem Firmenwert), ist in der steuerlichen **Übertragungsbilanz** der übertragenden Kapitalgesellschaft grds. mit seinem **gemeinen Wert** anzusetzen (§ 3 Abs. 1 S. 1 UmwStG). Auf Antrag können die Wirtschaftsgüter aber mit dem **Buchwert** oder einem **Zwischenwert** angesetzt werden (§ 3 Abs. 2 S. 1 UmwStG), soweit

– sie **Betriebsvermögen** der übernehmenden Personengesellschaft bzw. natürlichen Person werden und sichergestellt ist, dass sie später der Besteuerung mit ESt oder KSt unterliegen, und

– das **Recht** der Bundesrepublik hinsichtlich der **Besteuerung** des Gewinns aus der Veräußerung der übertragenen Wirtschaftsgüter bei den Gesellschaftern der übernehmenden Personengesellschaft bzw. natürlichen Person **nicht ausgeschlossen** oder **beschränkt** wird und

– eine **Gegenleistung nicht gewährt** wird oder **in Gesellschaftsrechten** besteht.

601 Der Antrag ist spätestens bis zur erstmaligen Abgabe der steuerlichen Schlussbilanz bei dem für die übertragende Kapitalgesellschaft zuständigen Finanzamt zu stellen (§ 3 Abs. 2 S. 2 UmwStG). Maßgebend für die Wahlrechtsausübung ist der Wertansatz in der **steuerlichen Schlussbilanz** der übertragenden Kapitalgesellschaft (§ 4 Abs. 1 S. 1 UmwStG).

602 Das Bewertungswahlrecht kann genutzt werden, um etwaige noch nicht verbrauchte körperschaftsteuerliche und/oder gewerbesteuerliche **Verlustvorträge** und **laufende Verluste** des Übertragungsjahres letztmals zu nutzen.

603 Solche Verlustvorträge gehen nicht auf die übernehmende Personengesellschaft bzw. natürliche Person über (§ 4 Abs. 2 S. 2 UmwStG). Darüber hinaus geht aber auch der **laufende Verlust** des Übertragungsjahres nicht auf das übernehmende Personenunternehmen über.

604 **bb) Gegenleistung/Gewährung von Gesellschaftsrechten.** Die Buchwertfortführung ist nur insoweit zulässig, als dem Gesellschafter der übertragenden Kapitalgesellschaft **keine Gegenleistung** gewährt oder diese **ausschließlich** in **Gesellschaftsrechten** an der übernehmenden Personengesellschaft besteht (§ 3 Abs. 2 S. 1 Nr. 3 UmwStG).

605 **cc) Übernahmegewinn/-verlust beim übernehmenden Rechtsträger.** Nach dem UmwStG werden die **offenen Rücklagen** der übertragenden Kapitalgesellschaft (Eigenkapital abzgl. steuerliches Einlagekonto i.S.d. § 27 KStG) ihren Gesellschaftern **anteilig** entspr. ihrer Beteiligung am Nennkapital als **Einnahmen aus Kapitalvermögen** i.S.d. § 20 Abs. 1 Nr. 1 EStG zugerechnet (§ 7 S. 1 UmwStG). Sie unterliegen daher dem Kapitalertragsteuerabzug von 25 % (§ 43 Abs. 1 Nr. 1, § 43a Abs. 1 Nr. 1 EStG).

606 Dies gilt unabhängig davon, ob sich für den Gesellschafter ein Übernahmegewinn oder -verlust ergibt.

607 Das Übernahmeergebnis wird daher bei jedem Gesellschafter **aufgespalten** in:

– **Kapitalerträge** in Höhe des Anteils an den Gewinnrücklagen der übertragenden Kapitalgesellschaft (§ 7 S. 1 UmwStG) und

– **Übernahmegewinn bzw. -verlust** (§ 4 Abs. 4 S. 1, Abs. 5 S. 2 UmwStG):
  Anteil am übrigen Vermögen (Nennkapital, Kapitalrücklage)
  ./. Anschaffungskosten auf die Beteiligung an der übertragenden Kapitalgesellschaft

Der Anteil am Vermögen der übertragenden Kapitalgesellschaft ist bei den Gesell- **608** schaftern der übernehmenden Personengesellschaft mit dem **Buchwert**, jedoch **erhöht** um

– in früheren Wirtschaftsjahren steuerwirksam vorgenommene **Teilwertabschreibungen** auf die Beteiligung und
– **Abzüge nach § 6b EStG,**

höchstens jedoch mit dem gemeinen Wert, anzusetzen (§ 4 Abs. 1 S. 2 UmwStG).

Damit werden diese Abschreibungen bzw. Abzüge steuerlich rückgängig gemacht. **609** Der sich daraus ergebende Gewinn ist voll steuerpflichtig (§ 4 Abs. 1 S. 3, § 5 Abs. 3 UmwStG i.V.m. § 3 Nr. 40 S. 1 Buchst. a S. 2, 3 EStG bzw. § 8b Abs. 2 S. 4, 5 KStG).

Ein Übernahmegewinn bzw. -verlust ist nach folgendem **Schema** zu ermitteln: **610**

Ermittlung des Übernahmegewinns/-verlusts (§ 4 Abs. 4, 5 UmwStG)

1. Betriebsvermögen gem. steuerlicher Schlussbilanz der übertragenden Kapitalgesellschaft

2. ./. Kosten des Vermögensübergangs

3. ./. Buchwert der Beteiligung an der übertragenden Kapitalgesellschaft *

4. = Übernahmegewinn/-verlust I

5. ./. offene Rücklagen der Übertragerin = Kapitalerträge i.S.d. § 20 EStG (§ 7 UmwStG)

6. = Übernahmegewinn/-verlust II

* ohne Hinzurechnung von Teilwertabschreibungen auf die Beteiligung an der Übertragerin und Abzügen nach § 6b EStG = laufender Gewinn.

Der **Übernahmegewinn** wird bei den Gesellschaftern der übernehmenden Personen- **611** gesellschaft besteuert wie eine Dividende:

– bei den an der übernehmenden Personengesellschaft beteiligten **natürlichen Personen** gilt die **Teileinkünfteregelung** (§ 3 Nr. 40 S. 1, 2; § 3c Abs. 2 EStG);
– bei den an der übernehmenden Personengesellschaft beteiligten **Körperschaften** gilt grds. die **95 %-ige Steuerfreiheit** (§ 8b Abs. 2 KStG).

Ein **Übernahmeverlust** (Regelfall, da die Gewinnrücklagen als Kapitalerträge erfasst **612** werden: § 7 S. 1 UmwStG) ist wie folgt **aufzuteilen:**

– der Teil des Übernahmeverlusts, der sich durch Abzug der als Kapitalerträge zu versteuernden Gewinnrücklagen ergibt, ist
  – **nicht abziehbar**, soweit er auf an der übernehmenden Personengesellschaft beteiligte **Körperschaften** entfällt (§ 4 Abs. 6 S. 1 UmwStG),
  – **zu 60 % abziehbar** bis zur Höhe der als Kapitalerträge i.S.d. § 7 UmwStG zu erfassenden Gewinnrücklagen (§ 4 Abs. 6 S. 4 UmwStG).
– **i.Ü. nicht abziehbar** (§ 4 Abs. 6 S. 1 UmwStG).

b) Spaltung von Kapitalgesellschaften. – aa) Steuerliche Grundsätze. Die **übertra- 613 gende** GmbH hat das **dreifache Wahlrecht** zwischen dem Ansatz des **Buchwerts**, des **gemeinen Werts** oder eines **Zwischenwerts** in der steuerlichen Schlussbilanz (§ 15 Abs. 1 S. 1 i.V.m. § 11 Abs. 1, 2 UmwStG).

614   Soweit die übertragende GmbH stille Reserven auflöst (Ansatz von gemeinem Wert oder Zwischenwert), entsteht ein **Übertragungsgewinn**, der ungemildert der Körperschaftsteuer und der Gewerbesteuer unterliegt.

615   Die **übernehmende** GmbH hat die Werte aus der Schlussbilanz der übertragenden GmbH fortzuführen (**Buchwertverknüpfung;** §§ 15 Abs. 1 S. 1, 12 Abs. 1 S. 1 UmwStG).

616   Bei den **Anteilseignern** gelten grds. die Anteile an der übertragenden GmbH als zum **gemeinen Wert** veräußert und die an ihre Stelle tretenden Anteile an der übernehmenden Körperschaft als mit diesem Wert angeschafft (§ 13 Abs. 1 UmwStG).

617   Auf **Antrag** sind die Anteile an der übernehmenden Kapitalgesellschaft mit dem **Buchwert** der Anteile an der übertragenden Körperschaft anzusetzen, wenn das Besteuerungsrecht der Bundesrepublik hinsichtlich der Besteuerung des Gewinns aus der Veräußerung der Anteile an der übernehmenden Körperschaft nicht ausgeschlossen oder beschränkt wird (§ 13 Abs. 2 UmwStG). Diese Voraussetzungen sind bei einer Spaltung unter Beteiligung nur inländischer Kapitalgesellschaften erfüllt.

618   **bb) Teilbetriebserfordernis.**   Eine **steuerneutrale** Spaltung setzt v.a. voraus, dass auf die **übernehmende** GmbH übergehen (§ 15 Abs. 1 S. 2, 3 UmwStG):

- Teilbetrieb **oder**
- Mitunternehmeranteil **oder**
- 100 %-ige Beteiligung an einer GmbH.

619   Dadurch soll verhindert werden, dass die Veräußerung von Einzelwirtschaftsgütern in die rechtliche Form der Spaltung gekleidet wird, um die Besteuerung der stillen Reserven zu vermeiden.

620   Bei der Abspaltung muss das der übertragenden GmbH **verbleibende** Vermögen ebenfalls zu einem **Teilbetrieb** gehören (§ 15 Abs. 1 S. 2 UmwStG).

621   Nach früherem „nationalen" Verständnis war ein Teilbetrieb i.S.d. UmwStG ein mit einer gewissen Selbstständigkeit ausgestatteter, organisch geschlossener Teil des Gesamtbetriebs, der für sich betrachtet alle Merkmale eines Betriebs i.S.d. EStG aufweist und als solcher lebensfähig ist (*BFH* v. 3.10.1984 – I R 119/81, BFHE 142, 433 = BStBl. II 1985, S. 245). Der Teilbetrieb umfasste alle seine funktional wesentlichen Betriebsgrundlagen, d.h. alle Wirtschaftsgüter, die zur Erreichung des Betriebszwecks erforderlich sind und denen ein besonderes Gewicht für die Betriebsfortführung zukommt.

622   Nunmehr stellt die Finanzverwaltung (*BMF* UmwSt-Erlass 2011, BStBl. I 2011, 1314, Tz 15.02) jedoch auf den „europäischen" Teilbetriebsbegriff ab: Teilbetrieb ist danach die „Gesamtheit der in einem Unternehmensteil einer Gesellschaft vorhandenen aktiven und passiven Wirtschaftsgüter, die in organisatorischer Hinsicht einen selbstständigen Betrieb, d.h. eine aus eigenen Mitteln funktionsfähige Einheit, darstellen" (Art. 2 Buchst. j Richtlinie 2009/133/EG, ABlEG Nr. L 10, S. 34).

623   Ein Teilbetrieb wird auf die übernehmende GmbH übertragen, wenn alle **wesentlichen Betriebsgrundlagen** des jeweiligen Teilbetriebes übertragen werden.

624   Der Teilbetrieb muss nach neuerer Verwaltungsauffassung (*BMF* UmwSt-Erlass 2011, BStBl. I 2011, S. 1314, Tz. 15.03) bereits zum Zeitpunkt des Übertragungsstichtages vorgelegen haben; ein Teilbetrieb im Aufbau genügt nicht.

Fraglich ist, nach welchen Kriterien die mehreren Teilbetrieben dienenden Wirt- **625** schaftsgüter (sog **neutrales Vermögen**) den Teilbetrieben zuzuordnen sind.

Die Finanzverwaltung hat im Umwandlungssteuer-Erlass (*BMF* UmwSt-Erlass 2011, **626** BStBl. I 2011, S. 1314, Tz. 15.01 ff.) relativ enge Kriterien aufgestellt, in welcher Weise die Wirtschaftsgüter der GmbH den Teilbetrieben zuzuordnen sind und welche Voraussetzungen für die Teilbarkeit gegeben sein müssen. Im Einzelfall kann eine Spaltung der GmbH an der fehlenden Teilbarkeit von Wirtschaftsgütern, die mehreren Teilbetrieben dienen, scheitern.

Ist die „Teilbetriebs-Bedingung" nicht erfüllt, so gelten die allg. Besteuerungsgrund- **627** sätze (*BMF* UmwSt-Erlass 2011, BStBl. I 2011, S. 1314, Tz. 15.12):
– bei der übertragenden Kapitalgesellschaft das Vermögen mit dem **gemeinen Wert** anzusetzen (§ 15 Abs. 1 S. 1 i.V.m. § 12 Abs. 1 S. 2, § 4 Abs. 1 S. 2, 3 UmwStG),
– bei der übernehmenden Kapitalgesellschaft eine steuerwirksame **Teilwertabschreibung** auf die Beteiligung an der übertragenden Kapitalgesellschaft und ggf. ein Abzug nach § 6b EStG **rückgängig** zu machen (§ 15 Abs. 1 S. 1 i.V.m. § 12 Abs. 1 S. 2, § 4 Abs. 1 S. 2, 3 UmwStG),
– bei den Gesellschaftern der übertragenden Kapitalgesellschaft eine **Anteilsveräußerung zum gemeinen Wert** (§ 15 Abs. 1 S. 1 i.V.m. § 13 Abs. 1 UmwStG) zu unterstellen.

cc) Missbrauchsregelung. Um zu verhindern, dass das Teilbetriebserfordernis umgan- **628** gen wird und im Ergebnis Einzelwirtschaftsgüter steuerneutral übertragen werden, enthält § 15 Abs. 2 UmwStG eine Reihe von Missbrauchsregelungen: eine steuerneutrale Spaltung ist danach nicht möglich, wenn
– ein Mitunternehmeranteil oder eine 100 %ige Beteiligung an einer anderen GmbH innerhalb von 3 Jahren vor der Spaltung durch Übertragung von Wirtschaftsgütern erworben oder aufgestockt worden ist, die nicht selbst einen Teilbetrieb bilden (§ 15 Abs. 2 S. 1 UmwStG);
– durch die Spaltung die Veräußerung an außenstehende Personen vollzogen wird (§ 15 Abs. 2 S. 2 UmwStG);
– wenn durch die Spaltung die Voraussetzungen für eine Veräußerung geschaffen werden (§ 15 Abs. 2 S. 3 UmwStG).

Davon ist auszugehen, wenn innerhalb von 5 Jahren nach dem Übertragungsstichtag **629** Anteile an einer an der Spaltung beteiligten GmbH, die mehr als 20 % der vor dem Wirksamwerden der Spaltung bestehenden Anteile ausmachen, veräußert werden.

Bei der Spaltung zur Trennung von Gesellschafterstämmen ist Voraussetzung der **630** Steuerneutralität, dass die Beteiligung an der übertragenden GmbH mindestens 5 Jahre vor dem Spaltungsstichtag bestanden hat.

dd) Rechtsfolgen der steuerneutralen Spaltung. Rechtsfolgen einer steuerneutralen **631** Spaltung einer GmbH sind:
– Der Spaltungsvorgang wird steuerrechtlich als einheitlicher Gesamtvorgang angesehen. Die in dem Gesellschaftsvermögen und in den Beteiligungen ruhenden stillen Reserven bleiben unaufgedeckt und sind daher nicht aufgrund der Spaltung zu versteuern.
– Ein bei der übertragenden GmbH noch nicht ausgeglichener **Verlust** i.S.d. § 10d EStG geht **nicht** mehr anteilig auf die übernehmenden GmbH über, sondern **min-**

dert sich bei der übertragenden Kapitalgesellschaft in dem Verhältnis, in dem bei Zugrundelegung des gemeinen Werts das Vermögen auf eine andere Körperschaft übergeht (§ 15 Abs. 3 S. 1 UmwStG).

– Die übernehmenden GmbHs treten in die Rechtsstellung, insb. hinsichtlich der Besitzzeiten, der übertragenden Gesellschaft ein (§ 12 Abs. 3 i.V.m. § 15 Abs. 1 S. 1 UmwStG).

– Die **Anschaffungskosten** für die neuen Geschäftsanteile ermitteln sich wie folgt (§ 15 Abs. 1 S. 1 i.V.m. § 13 UmwStG):
  – Anteile in inländischem Betriebsvermögen: grds. gemeiner Wert der übertragenen Anteile; auf Antrag Ansatz des Buchwertes der alten Geschäftsanteile.
  – Beteiligung i.S.d. § 17 EStG: Anschaffungskosten der alten Geschäftsanteile. Die neuen Anteile sind auch steuerverhaftet, wenn der Gesellschafter nach der Spaltung zu weniger als 1 % beteiligt ist.
  – War der Gesellschafter an der übertragenden GmbH nicht i.S.d. § 17 EStG beteiligt, so gilt als Anschaffungskosten für die neue Beteiligung der gemeine Wert im Zeitpunkt der Spaltung (§ 13 Abs. 1 i.V.m. § 15 Abs. 1 UmwStG). Wertsteigerungen der Geschäftsanteile aus der Zeit vor der Spaltung werden daher bei einer späteren Realisierung der stillen Reserven steuerlich nicht erfasst!
  – Einbringungsgeborene Anteile: Anschaffungskosten (= Wert, mit dem die GmbH das eingebrachte Betriebsvermögen angesetzt hat).

– **Verkehrsteuern** (z.B. Grunderwerbsteuer, Umsatzsteuer), fallen nach den allgemeinen Grundsätzen an bei der Einbringung der abzuspaltenden Betriebe, Teilbetriebe oder Kapitalbeteiligungen in die übernehmende GmbH.

– Die **Aufteilung des Eigenkapitals** bei den Nachfolgegesellschaften ist eigenständig vorzunehmen, d.h. es kann zu Verschiebungen zwischen Nennkapital und Rücklagen kommen. Diese sind über das steuerliche Einlagekonto auszugleichen (§ 29 Abs. 4 i.V.m. § 28 Abs. 1 und 3 KStG).

632   c) Verschmelzung mit einer anderen GmbH. Für die verschiedenen Verschmelzungsfälle gelten die gleichen steuerrechtlichen Regeln. Zur Vereinfachung der Darstellung wird nachfolgend von der Verschmelzung einer GmbH mit einer anderen GmbH im Wege der Verschmelzung durch Aufnahme ausgegangen. Die ertragsteuerlichen Folgen der GmbH-Fusion sind geregelt in den §§ 11–13 und 19 UmwStG. Gewinnauswirkungen können sich sowohl bei der übertragenden GmbH als auch bei der übernehmenden GmbH ergeben; Auswirkungen auf das Einkommen der Gesellschafter der übertragenden GmbH sind ebenfalls möglich.

633   aa) Besteuerung der übertragenden GmbH. Die ertragsteuerlichen Folgen der Verschmelzung einer GmbH sind wesentlich gekennzeichnet durch das der übertragenden GmbH – auf Antrag – eingeräumte **Wahlrecht** (§ 11 Abs. 1 S. 1, Abs. 2 S. 1 UmwStG): In der steuerlichen Schlussbilanz der übertragenden GmbH können die übergehenden Wirtschaftsgüter mit dem **Buchwert** angesetzt und damit das Entstehen eines Übertragungsgewinns vermieden werden, wenn

– die spätere Versteuerung der übergehenden stillen Reserven bei der übernehmenden GmbH sichergestellt ist,
– das Recht der Bundesrepublik Deutschland zur Besteuerung des Gewinns aus der Veräußerung der übertragenen Wirtschaftsgüter bei der übernehmenden Körperschaft nicht ausgeschlossen ist und

– für den Vermögensübergang eine Gegenleistung nicht gewährt wird oder in Gesellschaftsrechten besteht.

Diese Voraussetzungen sind bei der Verschmelzung einer inländischen GmbH regelmäßig gegeben, da bei der übernehmenden GmbH die spätere Erfassung der stillen Reserven gesichert ist und die Gegenleistung für das übergehende Vermögen in Gesellschaftsrechten an der übernehmenden GmbH besteht. Unerheblich ist hierbei, ob die Geschäftsanteile an der aufnehmenden GmbH durch Kapitalerhöhung neu geschaffen wurden oder diese die Anteile erworben und als eigene Anteile (§ 33 GmbHG) gehalten hat.   **634**

Macht die übertragende GmbH von ihrem Recht zur Buchwertfortführung keinen Gebrauch oder wird für den Vermögensübergang eine Gegenleistung gewährt, die nicht in Gesellschaftsrechten an der übernehmenden GmbH besteht, so sind die übergehenden Wirtschaftsgüter insgesamt mit dem **Wert der gewährten Gegenleistung** anzusetzen bzw. – wenn keine Gegenleistung gewährt wird – mit dem **gemeinen Wert** (§ 11 Abs. 1 S. 1 UmwStG).   **635**

In diesem Falle sind also bei der übertragenden Gesellschaft die stillen Reserven aufzudecken, so dass ein **Übertragungsgewinn** entsteht. Dieser unterliegt dann der vollen körperschaftsteuerlichen **Tarifbelastung** von 15 %.   **636**

Der Übertragungsgewinn unterliegt auch der **Gewerbesteuer** nach den allg. Regeln ohne besondere Stundungsmöglichkeit (§ 19 Abs. 1 UmwStG).   **637**

Macht die übertragende GmbH dagegen – wie i.d.R. – von ihrem Recht zur **Buchwertfortführung** Gebrauch, so kann diese für das übertragene Vermögen nur einheitlich erfolgen. Eine Beschränkung auf einzelne Wirtschaftsgüter ist nicht zulässig (*BMF* UmwSt-Erlass 2011, BStBl. I 2011, 1314, Tz 11.05 und 11.06 i.V.m. 03.13).   **638**

Hält die übertragende GmbH Anteile der übernehmenden GmbH, die nach dem Vermögensübergang **eigene Anteile** der übernehmenden GmbH werden, so brauchen die in diesen Anteilen enthaltenen stillen Reserven bei Vorliegen der Voraussetzungen des § 11 Abs. 2 UmwStG selbst dann nicht aufgedeckt werden, wenn die übernehmende GmbH diese Anteile einzieht, da die Einziehung ein körperschaftsteuerlich neutraler, gesellschaftsrechtlicher Vorgang ist (*BFH* v. 28.1.1966 – VI 89/65, BFHE 85, 90 = BStBl. III 1966, S. 245; *BMF* UmwSt-Erlass 2011, BStBl. I 2011, S. 1314, Tz. 11.19).   **639**

Gewährt die übernehmende GmbH den Gesellschaftern der übertragenden GmbH neben Gesellschaftsrechten noch **bare Zuzahlungen** als Spitzenausgleich (§ 5 Abs. 1 Nr. 3 UmwG), so sind die stillen Reserven im Verhältnis der Zuzahlung zur Gesamtgegenleistung aufzulösen.   **640**

bb) Besteuerung der übernehmenden GmbH. Die übernehmende GmbH muss die übergegangenen Wirtschaftsgüter in ihrer Bilanz mit den in der steuerlichen Schlussbilanz der übertragenden GmbH enthaltenen Werten ansetzen (**Buchwertverknüpfung**; § 12 Abs. 1 UmwStG).   **641**

Werden – wie im Regelfall – in der Schlussbilanz der übertragenden GmbH die bisherigen **Buchwerte fortgeführt**, so ist damit die spätere Versteuerung der stillen Reserven bei der übernehmenden GmbH sichergestellt.   **642**

643 Werden die übergehenden Wirtschaftsgüter dagegen in der Schlussbilanz der übertragenden GmbH mit dem Wert der Gegenleistung bzw. dem **gemeinen Wert** angesetzt, so hat die übertragende GmbH den Übertragungsgewinn zu versteuern.

644 Aufgrund der Buchwertverknüpfung fällt bei der übernehmenden GmbH ein **Übernahmegewinn** grds. **nicht** an. Etwas anderes gilt jedoch, **wenn und soweit die übernehmende GmbH an der übertragenden GmbH als Gesellschafter beteiligt ist**. In Höhe des Unterschiedsbetrages zwischen dem Buchwert der der übernehmenden GmbH gehörenden Geschäftsanteile an der übertragenden GmbH und dem anteiligen Buchwert des übergehenden Vermögens gem. Schlussbilanz der übertragenden GmbH entsteht ein **Übernahmegewinn** oder **Übernahmeverlust**. Dieser Buchgewinn oder -verlust bleibt bei der Gewinnermittlung der übernehmenden GmbH grds. **außer Ansatz** und ist daher außerhalb der Bilanz zu neutralisieren (§ 12 Abs. 2 S. 1 UmwStG). Dadurch wird eine doppelte Versteuerung bei der übertragenden und bei der übernehmenden GmbH vermieden.

645 Der Übernahmegewinn ist jedoch insoweit zu versteuern, als die tatsächlichen Anschaffungskosten der Übernehmerin für die Geschäftsanteile an der übertragenden GmbH den Buchwert der Beteiligung übersteigen, z.B. wegen Inanspruchnahme des § 6b EStG oder aufgrund einer Teilwertabschreibung (§ 12 Abs. 1 S. 2 i.V.m. § 4 Abs. 1 S. 2 UmwStG).

646 Führt die übertragende GmbH – und damit auch die übernehmende GmbH – die **Buchwerte** der übergehenden Wirtschaftsgüter fort, so tritt die übernehmende GmbH bezüglich Absetzungen für Abnutzung, erhöhten Absetzungen, Sonderabschreibungen, Bewertungsfreiheiten u.a. in die Rechtsstellung der übertragenden GmbH ein (§ 12 Abs. 3 UmwStG). Ist dies nicht der Fall, so gelten die übergehenden Wirtschaftsgüter als mit dem Wert der Gegenleistung (gemeiner Wert) von der übernehmenden GmbH angeschafft (§ 12 Abs. 1 S. 1 UmwStG).

647 Ein bei der übertragenden GmbH bestehender **Verlustvortrag** i.S.d. § 10d EStG geht nicht auf die übernehmende GmbH über (§ 12 Abs. 3 i.V.m. § 4 Abs. 2 S. 2 UmwStG); er geht bei der KSt und der GewSt unter.

648 **cc) Besteuerung der Gesellschafter der übertragenden GmbH.** Die Gesellschafter der übertragenden GmbH verlieren durch die Verschmelzung ihre Geschäftsanteile und erhalten als Gegenleistung Geschäftsanteile an der übernehmenden GmbH. Dieser Austausch der Geschäftsanteile kann auf Antrag **gewinnneutral** erfolgen, indem die Anteile an der übernehmenden GmbH mit dem Buchwert der Anteile an der übertragenden GmbH angesetzt werden (§ 13 Abs. 2 UmwStG).

649 **(1) Anteile im Betriebsvermögen.** Gehörten die Geschäftsanteile an der übertragenden GmbH beim Gesellschafter zu einem **Betriebsvermögen**, so gelten sie grds. als zum **gemeinen Wert** veräußert, und die an ihre Stelle tretenden Anteile an der übernehmenden GmbH als mit dem gleichen Wert angeschafft (§ 13 Abs. 1 UmwStG). Auf Antrag (§ 13 Abs. 2 S. 1 UmwStG) kann jedoch der **Buchwert** fortgeführt werden, wenn das Besteuerungsrecht des deutschen Fiskus nicht eingeschränkt wird, was bei reinen Inlandsverschmelzungen immer gegeben ist. Eine Gewinnrealisierung tritt dann nicht ein. Dies gilt unabhängig davon, ob es sich bei den gewährten Anteilen um im Wege einer Kapitalerhöhung geschaffene neue Anteile handelt oder um eigene Geschäftsanteile, die die übernehmende GmbH schon zuvor gehalten oder auch erst im Zuge der Verschmelzung von der übertragenden GmbH erworben hat.

Erhalten die Gesellschafter der übertragenden GmbH neben Geschäftsanteilen an der **650** übernehmenden GmbH noch **bare Zuzahlungen**, so tritt insoweit eine **tlw. Gewinnrealisierung** ein.

(2) Steuerverhaftete Beteiligung im Privatvermögen. Gehören die Geschäftsanteile **651** an der übertragenden GmbH beim Gesellschafter zum **Privatvermögen** und erfüllen sie die Voraussetzungen des § 17 EStG (Beteiligung von mindestens 1 %), so gelten die Anteile als zu ihren Anschaffungskosten veräußert und die neuen Anteile an der übernehmenden GmbH zum **gleichen Wert** angeschafft (§ 13 Abs. 2 S. 3 UmwStG). Die stillen Reserven gehen also auf die neuen Anteile über. Wird eine bare Zuzahlung gewährt, so tritt eine tlw. Gewinnrealisierung ein.

Die neuen Anteile gelten als Anteile i.S.d. § 17 EStG, und zwar auch dann, wenn es sich nach der Verschmelzung nicht mehr um eine steuerverhaftete Beteiligung handelt (z.B. Beteiligung an der übertragenden GmbH: mindestens 1 %; Beteiligung an der übernehmenden GmbH: 0,9 %).

(3) Nicht steuerverhaftete Beteiligung im Privatvermögen. Gehören die Geschäftsan- **652** teile an der übertragenden GmbH beim Gesellschafter zum **Privatvermögen**, stellen **jedoch keine Beteiligung i.S.d.** § 17 EStG (Anteil unter 1 %) dar, so ist der Anteilstausch ohne ertragsteuerliche Auswirkung. Die Verschmelzung selbst ist kein Veräußerungsgeschäft § 20 Abs. 2 S. 1 Nr. 1 EStG. Werden aber die neuen Geschäftsanteile später veräußert, greift die Besteuerung eines Veräußerungsgewinns als Kapitalertrag i.S.d. § 20 Abs. 2 S. 1 Nr. 1 EStG.

dd) „Einbringungsgeborene" Anteile. Hat der Gesellschafter die Anteile an der **653** **übertragenden** GmbH durch eine **Sacheinlage** i.S.d. § 20 UmwStG unter dem gemeinen Wert (also zum Buchwert oder Zwischenwert) erworben, sind auch die Anteile an der **übernehmenden** GmbH in den folgenden Jahren steuerverhaftet i.S.d. § 22 UmwStG (7-Jahres-Sperrfrist; § 13 Abs. 2 S. 2 UmwStG).

Kapitel IV

Formulare und Muster
für Geschäftsführer, Notare, Unternehmensjuristen

Übersicht

Beine   867

A. Errichtung einer GmbH

1. Gründung einer GmbH durch mehrere Gesellschafter (Mehrpersonengründung)

I. Vorspann und Hinweise

Nr. [Nummer] des Urkundenverzeichnisses für das Jahr 20XX

Verhandelt

zu [Ort] am [Datum]

Vor mir, dem unterzeichneten Notar im Bezirk des Oberlandesgerichts zu [Ort] mit dem Amtssitz in [Ort]

[Name Notar]

erschienen heute, von Person bekannt:

1. [Name], geboren am [Datum], [Anschrift],
2. [Name], geboren am [Datum], [Anschrift].

Die Frage des Notars nach einer Vorbefassung im Sinne des § 3 Abs. 1 Nr. 7 des Beurkundungsgesetzes wurde von den Erschienenen verneint.

Der Notar hat mit den Erschienenen die heutige Gesellschaftsgründung ausführlich besprochen und dabei auch alternative Gestaltungen erörtert. Insbesondere hat der Notar die Beteiligten auch auf folgende Punkte hingewiesen:

Die Frage des Notars nach einer Vorbefassung i.S.d. § 3 Abs. 1 Nr. 7 des Beurkundungsgesetzes wurde von den Erschienenen verneint.

Der Notar hat mit den Erschienenen die heutige Gesellschaftsgründung ausführlich besprochen und dabei auch alternative Gestaltungen erörtert. Insbesondere hat der Notar die Beteiligten auch auf folgende Punkte hingewiesen:

1. Erscheinungsformen der GmbH: Eine Gesellschaft mit beschränkter Haftung kann mit einem Mindestkapital von € 25.000 als „klassische" GmbH oder mit einem Kapital zwischen € 1 und € 24.999 als Unternehmergesellschaft (haftungsbeschränkt) gegründet werden. In beiden Fällen kann für die Gründung ein individueller Gesellschaftsvertrag oder im zweiten Fall auch ein vom Gesetzgeber vorgesehenes Musterprotokoll (vorausgesetzt, es gibt nur einen Geschäftsführer und höchstens drei Gesellschafter) verwendet werden. Die Erschienenen erklärten, heute eine „klassische" GmbH mit dem von ihnen selbst festgelegten Gesellschaftsvertrag und einem Stammkapital von EUR [Betrag] errichten zu wollen.

2. Gründung der Gesellschaft: Die Gesellschaft mit beschränkter Haftung entsteht nicht schon mit der heutigen Beurkundung der Gesellschaftsgründung, sondern erst mit der Eintragung der Gesellschaft im Handelsregister. Die Eintragung der Gesellschaft im Handelsregister kann nur dann erfolgen, wenn die Gesellschaft ordnungsgemäß errichtet und angemeldet worden ist. Über die Eintragung der Gesellschaft entscheidet der zuständige Rechtspfleger am Handelsregister des AG.

3. Vorgründungsgesellschaft: Rechte und Pflichten, die vor der heutigen Beurkundung des Gesellschaftsvertrages begründet worden sind, gehen nicht auf die (mit der heutigen Gründung entstehende) Vorgesellschaft oder die Gesellschaft mit beschränkter Haftung über. Jeder Gesellschafter haftet insoweit persönlich und unbeschränkt mit seinem Privatvermögen. Die Haftung erlischt nicht mit der Eintragung der Gesellschaft im Handelsregister. Die Erschienenen erklärten, dass sie bislang nicht im Namen der Gesellschaft gehandelt haben und noch keine Geschäftsaufnahme erfolgt ist.

4. Bar- und Sacheinlagen: Bareinlagen können grundsätzlich nur durch Leistung von Bar- oder Buchgeld erfüllt werden, nicht auch durch Aufrechnung oder Verrechnung mit Forderungen gegen die Gesellschaft. Die Gesellschaft muss Eigentümer der Zahlungsmittel werden. Buchgeld kann auf ein inländisches oder auch ein EU-ausländisches Konto eingezahlt werden. Nicht möglich ist die Aufrechnung mit einer Forderung gegen die Gesellschaft, ausgenommen bei Sacheinlagen mit Verrechnungsabrede. Dies gilt auch für Gesellschafterdarlehen. Bei einer Sachgründung sind der Gegenstand der Sacheinlage und der Betrag, auf den sich die Sacheinlage bezieht im Gesellschaftsvertrag festzusetzen und offen zu legen. Die Gesellschafter haben darüber hinaus einen schriftlichen Sachgründungsbericht zu erstellen, in dem sie u.a. die für die Angemessenheit der Leistungen für Sacheinlagen wesentlichen Umstände darlegen. Dem Handelsregister sind geeignete Unterlagen vorzulegen, wonach der Wert der Sacheinlagen den Betrag der dafür übernommenen Einlage erreicht. Eine Bareinlageverpflichtung kann auch nicht durch eine verdeckte Sacheinlage erfüllt werden. Eine solche liegt vor, wenn zwar formal eine Bareinlage vereinbart und geleistet wird, die Gesellschaft bei wirtschaftlicher Betrachtung aber gleichwohl eine Sache erhält.

5. Verbot von Voreinzahlungen: Zahlungen auf Bareinlagen, die vor dem heutigen Tag der Beurkundung des Gesellschaftsvertrages erfolgt sind, haben grundsätzlich keine Erfüllungswirkung. Die Erschienenen erklärten, dass sie die übernommenen Bareinlagen erst nach dem heutigen Tage auf ein Konto der Gesellschaft mit beschränkter Haftung in Gründung einbezahlen und dem amtierenden Notar unverzüglich einen Einzahlungsbeleg vorlegen werden.

6. Hin- und Herzahlen: Leistungen an Gesellschafter, die wirtschaftlich einer Rückzahlung der Einlage entsprechen, sind in der Handelsregisteranmeldung anzugeben. Gleiches gilt für die Vereinbarung einer solchen Leistung. Die Erschienenen erklärten, dass eine solche Leistung weder erfolgt noch vereinbart ist.

7. Kapitalaufbringung: Die vereinbarten Einlagen im Falle der „klassischen" GmbH müssen sich bei Anmeldung der Gesellschaft mindestens in Höhe der Hälfte des Stammkapitals – aber mit der Maßgabe, dass auf jede Bareinlage eines Geschäftsanteils mindestens ein Viertel einzubezahlen ist –endgültig in der freien und uneingeschränkten Verfügung der Geschäftsführer der Gesellschaft befinden und dürfen – mit Ausnahme der im Gesellschaftsvertrag ausdrücklich übernommenen Gründungskosten – nicht durch Verbindlichkeiten vorbelastet sein. Im Falle einer Unternehmergesellschaft (haftungsbeschränkt) muss das Stammkapital in voller Höhe eingezahlt sein. Das Registergericht ist berechtigt, bei Zweifeln die entsprechenden Versicherungen der Geschäftsführer zu überprüfen und von den Beteiligten die Vorlage geeigneter Nachweise (z.B. Einzahlungsbelege) zu verlangen.

8. Unterbilanzhaftung und Verlustdeckungshaftung: Der Wert des Gesellschaftsvermögens darf im Zeitpunkt der Eintragung der Gesellschaft in das Handelsregister nicht niedriger sein als das Stammkapital. Jeder Erschienene haftet für eine etwaige Differenz persönlich und unbeschränkt mit seinen Privatvermögen. Die Haftung besteht auch dann, wenn die Gesellschaft nicht in das Handelsregister eingetragen wird.

9. Handelndenhaftung: Jede Person, die vor der Eintragung der Gesellschaft in deren Namen handelt, haftet bis zu deren Eintragung persönlich und gesamtschuldnerisch.

10. Gründungshaftung und Strafbarkeit: Gesellschafter und Geschäftsführer haften der Gesellschaft als Gesamtschuldner auf Schadensersatz, wenn zum Zwecke der Errichtung der Gesellschaft falsche Angaben gemacht werden. Gesellschafter, die die Gesellschaft durch Einlagen oder Gründungsaufwand schädigen, haften ihr als Gesamtschuldner auf Schadensersatz. Falsche Angaben zum Zwecke der Eintragung der Gesellschaft sind darüber hinaus strafbar und können mit Freiheitsstrafe von bis zu drei Jahren oder Geldstrafe geahndet werden.

11. Kapitalerhaltung: Das zur Erhaltung des Stammkapitals erforderliche Vermögen der Gesellschaft darf grundsätzlich nicht an die Gesellschafter ausgezahlt werden. Gleichwohl geleistete Zahlungen muss der Gesellschafter erstatten. Geschäftsführer, die solche Zahlungen vorgenommen haben, haften für einen etwaigen Schaden persönlich.

12. Existenzvernichtungshaftung: Ein Gesellschafter haftet für eine missbräuchliche Schädigung des Vermögens der Gesellschaft persönlich. Die Haftung wegen Existenzvernichtung setzt einen kompensationslosen Eingriff des Gesellschafters in das im Gläubigerinteresse zweckgebundene Gesellschaftsvermögen voraus, der zur Insolvenz der Gesellschaft führt oder diese noch vertieft.

13. Führungslosigkeit: Gesellschafter, die die Führung der Gesellschaft einer Person überlassen, die nach den gesetzlichen Regelungen nicht Geschäftsführer sein kann, haften der Gesellschaft für den dadurch entstehenden Schaden als Gesamtschuldner. Geschäftsführer kann nur eine natürliche, unbeschränkt geschäftsfähige Person sein. Personen, die im In- oder Ausland wegen bestimmter, im GmbH-Gesetz im Einzelnen bezeichneten Straftaten verurteilt worden sind oder einem gerichtlichen oder behördlichen Berufs- oder Gewerbeverbot unterliegen, können grundsätzlich nicht Geschäftsführer einer Gesellschaft mit beschränkter Haftung sein.

14. Genehmigungen nach Gewerbe- und Handwerksrecht: Gesellschaften bedürfen für ihre Tätigkeit unter Umständen einer Genehmigung nach dem Gewerbe- bzw. Handwerksrecht. Die Ausübung einer unternehmerischen Tätigkeit ohne die erforderliche Genehmigung kann trotz erfolgter Eintragung in das Handelsregister von der zuständigen Behörde unter Umständen mit Bußgeldern und weitergehenden Sanktionen geahndet werden.

15. Firma: Die Firma der Gesellschaft muss die Bezeichnung „Gesellschaft mit beschränkter Haftung" oder eine allgemein verständliche Abkürzung dieser Bezeichnung (wie z.B. „GmbH" oder „Gesellschaft mbH") enthalten, beziehungsweise im Falle einer Unternehmergesellschaft die Bezeichnung „Unternehmergesellschaft (haftungsbeschränkt)" oder „UG (haftungsbeschränkt)". Die Firma muss zur Kennzeichnung geeignet sein und Unterscheidungskraft besitzen. Die Firma darf keine Angaben enthalten, die geeignet sind, über geschäftliche Verhältnisse irrezuführen. Jede neue Firma muss sich von allen an demselben Ort bestehenden Firmen deutlich unterscheiden.

16. Geschäftsbriefe: Auf Geschäftsbriefen der Gesellschaft (einschließlich E-Mails) müssen mindestens folgende Angaben enthalten sein: Rechtsform, Sitz der Gesellschaft, Registergericht des Sitzes der Gesellschaft, HRB-Nummer (Nummer, unter der die Gesellschaft im Handelsregister eingetragen ist), alle Geschäftsführer mit dem Familiennamen und mindestens einem ausgeschriebenen Vornamen und im Falle eines gebildeten Aufsichtsrates dessen Vorsitzenden mit dem Familiennamen und mindestens einem ausgeschriebenen Vornamen. Angaben zum Kapital der Gesellschaft sind nicht erforderlich. Werden jedoch Angaben über das Kapital der Gesellschaft gemacht, so muss in jedem Fall das Stammkapital und der Gesamtbetrag der ausstehenden Einlagen angeben werden. Es bestehen Ausnahmen im Rahmen einer bestehenden Geschäftsverbindung. Die Verpflichtung zur Offenlegung der gesetzlich vorgeschriebenen Mindestangaben auf Geschäftsbriefen kann vom Registergericht durch die Anordnung eines Zwangsgelds durchgesetzt werden. Falsche oder unvollständige Angaben auf Geschäftsbriefen können darüber hinaus auch Schadensersatzansprüche begründen.

17. Gesellschafterliste: Jeder Gesellschafter sollte die im Handelsregister aufgenommene Gesellschafterliste regelmäßig, mindestens aber alle drei Jahre auf ihre Vollständigkeit und Richtigkeit prüfen. Die Eintragungen in der Gesellschafterliste ermöglichen einen gutgläubigen Erwerb von Geschäftsanteilen. Unrichtige Eintragungen in der Gesellschafterliste können den Verlust eines Geschäftsanteils zur Folge haben.

18. Insolvenzverschleppung: Bei Zahlungsunfähigkeit oder Überschuldung der Gesellschaft haben die Geschäftsführer unverzüglich, spätestens aber innerhalb von drei Wochen, Insolvenzantrag zu stellen. Im Falle der Führungslosigkeit der Gesellschaft ist auch jeder Gesellschafter zur Stellung des Insolvenzantrags verpflichtet, es sei denn, er hat von der Zahlungsunfähigkeit und der Überschuldung oder der Führungslosigkeit keine Kenntnis. Wer vorsätzlich oder fahrlässig einen Insolvenzantrag nicht, nicht richtig oder nicht rechtzeitig stellt, macht sich strafbar.

19. Gründungskosten: Für die Eintragung der Gesellschaft im Handelsregister und die Bekanntmachung erhält die Gesellschaft eine Rechnung vom AG bzw. der Landesjustizverwaltung. Im Zusammenhang mit Eintragungen im Handelsregister werden immer wieder auch „falsche" Rechnungen für private Eintragungen versandt, die von dem Gründer aber meist gar nicht in Auftrag gegeben worden sind. Entsprechende Rechnungen sind daher vor Zahlung stets genau zu prüfen, insbesondere auch durch Rückfrage beim Rechnungsaussteller.

20. Geschäftsanteile: Um spätere Teilungen von Geschäftsanteilen und neu zu vergebende Nummern von Geschäftsanteilen zu vermeiden, ist es weitgehend üblich geworden, nur noch Geschäftsanteile im Wert von nominal € 1 zu bilden.

II. Zu beurkundende Erklärungen

Die Erschienenen gaben sodann vor dem Notar die nachfolgenden Erklärungen ab, die der Notar wie folgt beurkundet:

Wir errichten eine Gesellschaft mit beschränkter Haftung und bestimmen den Gesellschaftsvertrag wie folgt:

Gesellschaftsvertrag der [Name] GmbH

§ 1

Firma

Die Firma der Gesellschaft lautet:

[Name] GmbH

§ 2
Sitz

Der Sitz der Gesellschaft ist [Ort].

§ 3
Gegenstand

Gegenstand des Unternehmens ist [Bezeichnung des Gegenstands]. Die Gesellschaft ist berechtigt, alle damit in Zusammenhang stehenden Geschäfte auszuführen. Die Gesellschaft ist zu allen Maßnahmen berechtigt, die dem Gesellschaftszweck zu dienen geeignet erscheinen. Sie kann u.a. Unternehmen mit gleichem oder ähnlichem Gegenstand gründen, diese erwerben, pachten, sich an diesen Unternehmen beteiligen und Zweigniederlassungen im In- und Ausland errichten oder den Betrieb der Gesellschaft ganz oder teilweise verpachten oder Dritten zur Betriebsführung überlassen.

§ 4
Vertretung

(1) Die Gesellschaft hat einen oder mehrere Geschäftsführer. Ist nur ein Geschäftsführer vorhanden, so vertritt dieser die Gesellschaft allein. Sind mehrere Geschäftsführer bestellt, so wird die Gesellschaft von zwei Geschäftsführern gemeinschaftlich oder von einem Geschäftsführer in Gemeinschaft mit einem Prokuristen vertreten. Durch Beschluss der Gesellschafter kann jedem Geschäftsführer Einzelvertretungsrecht verliehen werden.

(2) Jeder Geschäftsführer ist berechtigt, mit sich im eigenen Namen oder als Vertreter eines Dritten Rechtsgeschäfte mit der Gesellschaft abzuschließen (Befreiung von den Beschränkungen des § 181 BGB).

(3) Abs. 1 und 2 gelten auch bei Liquidation der Gesellschaft für die Liquidatoren.

§ 5
Stammkapital und Stammeinlagen

Das Stammkapital beträgt € [Betrag]. Es ist eingeteilt in die Geschäftsanteile Nr. 1 bis Nr. _____ im Wert von nominal je € 1.

Hierauf werden folgende Stammeinlagen übernommen:
1. der Gesellschafter [Name] die Geschäftsanteile Nr. 1 bis _____Nr. ___,
2. der Gesellschafter [Name] die Geschäftsanteile Nr. ____ bis Nr. ___.

Die Stammeinlagen sind in bar zu erbringen und sofort in voller Höhe zur Zahlung fällig.

§ 6
Geschäftsjahr

Das Geschäftsjahr ist das Kalenderjahr. Das erste Geschäftsjahr ist ein Rumpfgeschäftsjahr und endet am 31. Dezember des Jahres der Eintragung der Gesellschaft in das Handelsregister.

§ 7
Bekanntmachungen

Die Bekanntmachungen der Gesellschaft erfolgen im elektronischen Bundesanzeiger.

§ 8
Jahresabschluss und Gewinnverwendung

Für den Jahresabschluss, den Lagebericht und die Gewinnverwendung gelten die gesetzlichen Bestimmungen.

§ 9
Kosten

Den Gründungsaufwand einschließlich der Kosten der Gründungsberatung bis zur Höhe von EUR [Betrag] trägt die Gesellschaft. Darüber hinausgehende Gründungskosten tragen die Gesellschafter.

III. Belehrungen, Geschäftsführerbestellung, Vollmacht

Nach Feststellung des Gesellschaftsvertrages wurden die Erschienenen, soweit dies nicht bereits im Zuge der Hinweise und zuvor angegebenen Erklärungen ausdrücklich erfolgte, über die Folgen des geschlossenen Gesellschaftsvertrages (§§ 9, 11, 19 ff. und 82 ff. GmbHG) sowie über die Voraussetzungen der Geschäftsführerbestellung belehrt.

Nachdem feststand, dass der Gesellschafter [Name] zum Geschäftsführer bestellt werden soll, belehrte der Notar ihn über die Eignungsvoraussetzungen des § 6 Abs. 2 GmbHG und darüber, dass er gemäß § 53 Abs. 2 BZRG dem Gericht gegenüber zur unbeschränkten Auskunft verpflichtet ist. Der Notar belehrte ihn ferner über die Strafbarkeit unrichtiger Versicherungen und Angaben im Sinne der §§ 39 Abs. 3, 8 Abs. 3 GmbHG.

Die Erschienenen traten sodann zu einer ersten Gesellschafterversammlung zusammen und beschlossen:

[Name], geboren am [Datum], wohnhaft in [Ort], wird zum Geschäftsführer bestellt. Er hat Einzelvertretungsrecht und ist von den Beschränkungen des § 181 BGB befreit, so dass er berechtigt ist, die Gesellschaft bei Rechtsgeschäften mit sich im eigenen Namen oder als Vertreter eines Dritten zu vertreten.

Wir, die Gesellschafter und der Geschäftsführer bevollmächtigen hiermit [Name] und [Name], beide Notariatsangestellte jeweils einzeln und unter Befreiung von den Beschränkungen des § 181 BGB, sämtliche zum Vollzug der heutigen Urkunde notwendigen und zweckdienlichen Erklärungen abzugeben und entgegenzunehmen. Die Vollmacht berechtigt insbesondere auch dazu, Gesellschafterbeschlüsse beliebigen Inhalts zu fassen und sie zum Handelsregister anzumelden. Die Vollmacht erlischt mit der Eintragung der Gesellschaft im Handelsregister.

Die Bevollmächtigten sind auch berechtigt, Untervollmacht zu erteilen.

IV. Schlussbestimmungen

Die Kosten der Urkunde und Anmeldung trägt die Gesellschaft.

Von dieser Urkunde erhalten jeweils beglaubigte Abschriften:

– die Gesellschafter,
– die Gesellschaft,

– das Amtsgericht [Name] (Registergericht),
– das Finanzamt [Name] – Körperschaftssteuerstelle – als Anzeige gemäß § 54 EstDV
Daraufhin wurde die Gesellschafterversammlung geschlossen.

Vom Notar vorgelesen, von den Erschienenen genehmigt [Name],
und wie folgt eigenhändig unterschrieben: [Name],
[Name], Notar
(Siegel)

2. Gesellschafterliste

Liste der Gesellschafter der [Name] GmbH mit dem Sitz in [Ort] mit den Nennbeträgen der übernommenen Geschäftsanteile nach § 40 Abs. 1 GmbHG:

Laufende Nummer der Geschäftsanteile	Gesellschafter (Name, Vorname, Geburtsdatum und Wohnort bzw. Firma und Sitz, Handelsregister, Registernummer)	Nennbetrag der einzelnen Geschäftsanteile in EUR	Beteiligung am Stammkapital je Geschäftsanteil in Prozent	Summe der Nennbeträge in EUR	Beteiligung am Stammkapital in Prozent*)
Nr. 1 – 12.500	[Name], geboren am [Datum], wohnhaft in [Adresse]	1	0,004	12.500	50,00
Nr. 12.501 – 25.000	[Name], geboren am [Datum], wohnhaft in [Adresse]	1	0,004	12.500	50,00
Stammkapital				**25.000**	**100,00**

Ggf. Notarbescheinigung (§ 40 Abs. 2 S. 2 GmbHG) (sofern nach Ersteintragung der GmbH Gegenstand einer notariellen Urkunde, ansonsten nur von dem/den Geschäftsführer(n) zu unterschreiben)

Die geänderten Eintragungen in der vorstehenden Gesellschafterliste entsprechen den Veränderungen, an denen ich als Notar mitgewirkt habe (Urkunde Nr. [Nummer/20XX] vom [Datum]) [und stimmen im Übrigen mit dem Inhalt der zuletzt im Handelsregister aufgenommenen Gesellschafterliste überein].

[Ort], [Datum]

[Name], Notar

(Siegel)

*) Im Fall der Einziehung von Geschäftsanteilen bestimmt sich die prozentuale Beteiligung der verbleibenden Geschäftsanteile nach der Summe ihrer Nennwerte, nicht nach dem Stammkapital, *OLG München* Beschl. v. 15.11.2023 – 31 Wx 16/22, DNotZ 4/2024, S. 304.

3. Anmeldung zur Eintragung in das Handelsregister (§§ 7, 8 GmbHG)

An das
AG
– Registergericht –
[Ort]

Handelsregisteranmeldung,

HRB Neu

Errichtung der [Name] GmbH mit

Sitz in [Ort]

Anschrift: [Bezeichnung]

1. Anmeldung der Gründung der GmbH

Als Geschäftsführer der Firma [Name] GmbH in [Ort] melde ich die Gründung der GmbH unter angegebener Firma, Sitz und Anschrift zur Ersteintragung in das Handelsregister an:

2. Anmeldung des Geschäftsführers und der Vertretungsbefugnis

Hiermit melde ich die Gesellschaft, meine Bestellung zum Geschäftsführer sowie die Vertretungsbefugnis wie folgt an:

2.1 Abstrakte Vertretungsbefugnis und Befreiung von den Beschränkungen des § 181 BGB

Die Gesellschaft hat einen oder mehrere Geschäftsführer. Ist nur ein Geschäftsführer vorhanden, so vertritt dieser die Gesellschaft allein. Sind mehrere Geschäftsführer bestellt, so wird die Gesellschaft von zwei Geschäftsführern gemeinschaftlich oder von einem Geschäftsführer in Gemeinschaft mit einem Prokuristen vertreten. Durch Beschluss der Gesellschafter kann jedem Geschäftsführer Einzelvertretungsrecht verliehen werden.

Jeder Geschäftsführer ist berechtigt, mit sich im eigenen Namen oder als Vertreter eines Dritten Rechtsgeschäfte mit der Gesellschaft abzuschließen (§ 181 BGB).

2.2 Bestellung zum Geschäftsführer

Zum Geschäftsführer der Gesellschaft wurde bestellt:

[Name],

geboren am [Datum],

wohnhaft in [Anschrift].

Beine   879

2.3 Konkrete Vertretungsbefugnis

Der Geschäftsführer [Name] vertritt die Gesellschaft einzeln. Er ist von den Beschränkungen des § 181 BGB befreit, so dass er berechtigt ist, die Gesellschaft bei Rechtsgeschäften mit sich im eigenen Namen oder als Vertreter eines Dritten zu vertreten.

3. Versicherung des Geschäftsführers (fehlende Bestellungshindernisse, unbeschränkte Auskunftspflicht)

Mir, [Name], ist bekannt, dass zum Geschäftsführer einer GmbH nicht bestellt werden kann, wer

a) als Betreuter bei der Besorgung seiner Vermögensangelegenheiten ganz oder teilweise einem Einwilligungsvorbehalt (§ 1825 BGB) unterliegt,

b) aufgrund eines gerichtlichen Urteils oder einer vollziehbaren Entscheidung einer Verwaltungsbehörde einen Beruf, einen Berufszweig, ein Gewerbe oder einen Gewerbezweig nicht ausüben darf, sofern der Unternehmensgegenstand ganz oder teilweise mit dem Gegenstand des Verbots übereinstimmt (das gilt entsprechend, wenn die Person in einem anderen Mitgliedstaat der Europäischen Union oder einem anderen Vertragsstaat des Abkommens über den Europäischen Wirtschaftsraum einem vergleichbaren Verbot unterliegt),

c) wegen einer oder mehrerer vorsätzlich begangener Straftaten,

   aa) des Unterlassens des Antrags auf Eröffnung des Insolvenzverfahrens (Insolvenzverschleppung),

   bb) nach den §§ 283–283d des StGB (Insolvenzstraftaten),

   cc) der falschen Angaben nach § 82 des GmbH-Gesetzes oder § 399 des AktG,

   dd) der unrichtigen Darstellung nach § 400 AktG, § 331 HGB, § 346 UmwG oder § 17 PublG, oder

   ee) nach den § 263 StGB (Betrug), § 263a StGB (Computerbetrug), § 264 StGB (Subventionsbetrug), § 264a StGB (Kapitalanlagebetrug), § 265b StGB (Kreditbetrug), § 265c StGB (Sportwettbetrug), § 265d StGB (Manipulation von berufssportlichen Wettbewerben), § 265e StGB (Besonders schwere Fälle des Sportwettbetrugs und der Manipulation von berufssportlichen Wettbewerben), § 266 StGB (Untreue) oder § 266a StGB (Vorenthalten und Veruntreuen von Arbeitsentgelt), zu einer Freiheitsstrafe von mindestens einem Jahr,

   verurteilt worden ist.

Das Bestellungshindernis besteht in diesem Fall auf die Dauer von fünf Jahren seit der Rechtskraft des Urteils, wobei die Zeit nicht eingerechnet wird, in welcher der Täter auf behördliche Anordnung in einer Anstalt verwahrt worden ist.

Die vorstehend genannten Bestellungshindernisse gelten bei einer Verurteilung wegen einer vergleichbaren Tat im Ausland entsprechend.

Ich, [Name], erkläre, den Inhalt der vorstehend genannten Vorschriften im Einzelnen zu kennen und auf eine Beifügung der jeweiligen Gesetzestexte zu verzichten.

Ich [Name] versichere (**bei mehreren Geschäftsführern**: Jeder Geschäftsführer versichert für sich), dass keine Umstände vorliegen, aufgrund deren ich nach § 6 Abs. 2 Satz 2 Nr. 2 und 3 sowie Satz 3 und 4 GmbHG von dem Amt als Geschäftsführer ausgeschlossen wäre, auch nicht aufgrund eines vergleichbaren Verbots in einem anderen

Mitgliedstaat der Europäischen Union oder in einem anderen Vertragsstaat des Abkommens über den Europäischen Wirtschaftsraum: Ich wurde niemals – auch nicht in den letzten 5 Jahren – wegen Insolvenzverschleppung, einer Insolvenzstraftat nach den §§ 283 bis 283d des Strafgesetzbuches, wegen falscher Angaben nach § 82 GmbHG oder § 399 AktG, wegen unrichtiger Darstellung nach § 400 AktG, § 331 HGB, § 346 UmwG oder § 17 PublG oder wegen einer Straftat nach den §§ 263–264a oder 265b–266a des Strafgesetzbuches und auch nicht wegen einer vergleichbaren Straftat im Ausland verurteilt; mir ist weder durch gerichtliches Urteil noch durch vollziehbare Entscheidung einer Verwaltungsbehörde die Ausübung irgendeines Berufes, Berufszweiges, Gewerbes oder Gewerbezweiges untersagt. Ich wurde vom Notar über meine unbeschränkte Auskunftspflicht gegenüber dem Registergericht belehrt.

4. Versicherung des Geschäftsführers zur Kapitalaufbringung

Ich, [Name], versichere als Geschäftsführer der Gesellschaft, dass auf die Geschäftsanteile Nr. [Nummer] bis Nr. [Nummer] des Gesellschafters [Name] EUR [Betrag] und auf die Geschäftsanteile Nr. [Nummer] bis [Nummer] des Gesellschafters [Name] EUR [Betrag]

– damit insgesamt EUR [Betrag] eingezahlt worden sind – und dass sich diese Beträge uneingeschränkt und endgültig in meiner freien Verfügung befinden; ferner, dass diese Geschäftsanteile

über den von der Gesellschaft zu tragenden Gründungsaufwand von maximal EUR [Betrag] hinaus nicht durch Schulden vorbelastet sind.

Ich, [Name], weise den beglaubigenden Notar an, die Handelsregisteranmeldung erst dann an das Registergericht weiterzuleiten, wenn ihm ein geeigneter Nachweis über die Erbringung der Bareinlagen (z.B. Auszug eines Bankkontos der GmbH i.G.) vorgelegt worden ist.

5. Anmeldung der inländischen Geschäftsanschrift der Gesellschaft – kein Empfangsbevollmächtigter

Die inländischen Geschäftsräume der Gesellschaft befinden sich: [Anschrift]. Dies ist die inländische Geschäftsanschrift i.S.v. § 8 Abs. 4 Nr. 1 GmbHG.

Ein Empfangsbevollmächtigter der Gesellschaft wurde nicht bestellt.

6. Anlagen

Der Anmeldung sind folgende Anlagen beigefügt:

– beglaubigte Abschrift des Gesellschaftsvertrags vom [Datum], UVZ-Nr. [Nummer] des diese Anmeldung beglaubigenden Notars, enthaltend den Gesellschaftsvertrag und den Beschluss über meine Bestellung als Geschäftsführer,
– beglaubigte Abschrift der von mir als Geschäftsführer unterschriebenen Liste der Gesellschafter.

7. Vollmacht

Ich, [Name], Geschäftsführer, bevollmächtige hiermit [Name] und [Name], beide Notariatsangestellte, jeweils einzeln und unter Befreiung von den Beschränkungen des § 181 BGB sämtliche zum Vollzug der heutigen Urkunde notwendigen und zweckdienlichen Erklärungen abzugeben und entgegenzunehmen. Die Vollmacht berechtigt insbesondere auch dazu, Handelsregisteranmeldungen beliebigen Inhalts vorzunehmen. Die Vollmacht erlischt mit der Eintragung der Gesellschaft im Handelsregister. Sie kann nur vor dem beglaubigenden Notar oder seinem Vertreter im Amt ausgeübt werden.

8. Hinweise

Der Notar hat die heutige Handelsregisteranmeldung mit dem Geschäftsführer ausführlich besprochen.

Der Notar hat den Geschäftsführer insbesondere auch auf Folgendes hingewiesen:

a) Bar- und Sacheinlagen: Bareinlagen können grundsätzlich nur durch Einzahlung von Geld erfüllt werden, nicht auch durch Aufrechnung oder Verrechnung mit Forderungen gegen die Gesellschaft. Forderungen gegen die Gesellschaft können vielmehr nur im Wege der Sacheinlage eingebracht werden. Dies gilt auch für Gesellschafterdarlehen. Bei einer Sachgründung sind der Gegenstand der Sacheinlage und der Betrag, auf den sich die Sacheinlage bezieht im Gesellschaftsvertrag festzusetzen und offenzulegen. Die Gesellschafter haben darüber hinaus einen schriftlichen Sachgründungsbericht zu erstellen, in dem sie u.a. die für die Angemessenheit der Leistungen für Sacheinlagen wesentlichen Umstände darlegen. Dem Handelsregister sind geeignete Unterlagen vorzulegen, wonach der Wert der Sacheinlagen den Betrag der dafür übernommenen Einlage erreicht. Eine Bareinlageverpflichtung kann auch nicht durch eine verdeckte Sacheinlage erfüllt werden. Eine solche liegt vor, wenn zwar formal eine Bareinlage vereinbart und geleistet wird, die Gesellschaft bei wirtschaftlicher Betrachtung aber gleichwohl eine Sache erhält.

b) Verbot von Voreinzahlungen: Zahlungen auf Bareinlagen, die vor dem heutigen Tag der Beurkundung des Gesellschaftsvertrages erfolgt sind, haben grundsätzlich keine Erfüllungswirkung.

c) Hin- und Herzahlen: Leistungen an Gesellschafter, die wirtschaftlich einer Rückzahlung der Einlage entsprechen, sind in der Handelsregisteranmeldung anzugeben. Gleiches gilt für die Vereinbarung einer solchen Leistung. Der Geschäftsführer erklärt, dass eine solche Leistung weder erfolgt noch vereinbart ist.

d) Kapitalaufbringung: Die in der Satzung festgelegten sofort zu erbringenden Teile der Einlagen auf die vereinbarten Geschäftsanteile müssen sich bei Anmeldung der Gesellschaft in der freien und uneingeschränkten Verfügung der Geschäftsführer der Gesellschaft befinden und dürfen – mit Ausnahme der im Gesellschaftsvertrag ausdrücklich übernommenen Gründungskosten – nicht durch Verbindlichkeiten vorbelastet sein. Das Registergericht ist berechtigt, die entsprechenden Versicherungen der Geschäftsführer zu überprüfen und von den Beteiligten die Vorlage geeigneter Nachweise (z.B. Einzahlungsbelege) verlangen.

e) Gründungshaftung: Die Geschäftsführer haften der Gesellschaft als Gesamtschuldner auf Schadensersatz, wenn zum Zwecke der Errichtung der Gesellschaft falsche Angaben gemacht werden.

f) Falsche Angaben oder Versicherungen: Falsche Angaben zum Zwecke der Eintragung der Gesellschaft und falsche Versicherungen sind strafbar und können mit Freiheitsstrafe von bis zu drei Jahren oder Geldstrafe geahndet werden.

g) Gesellschafterliste: Die Geschäftsführer haben unverzüglich nach Wirksamwerden jeder Veränderung in den Personen der Gesellschafter oder des Umfangs ihrer Beteiligung eine von ihnen unterschriebene Liste der Gesellschafter zum Handelsregister einzureichen, soweit nicht der Notar verpflichtet ist, diese einzureichen, weil er im Rahmen einer notariellen Urkunde daran mitgewirkt hat und die Liste deshalb von ihm zu unterschreiben ist.

h) Insolvenzverschleppung: Bei Zahlungsunfähigkeit oder Überschuldung der Gesellschaft haben die Geschäftsführer unverzüglich, spätestens aber innerhalb von drei Wochen Insolvenzantrag zu stellen. Wer vorsätzlich oder fahrlässig einen Insolvenzantrag nicht, nicht richtig oder nicht rechtzeitig stellt, macht sich strafbar.

9. Kosten und Abschriften
1. Kosten:
   Die Kosten dieser Urkunde trägt die Gesellschaft.
2. Abschriften:
   Von dieser Urkunde erhalten jeweils eine beglaubigte Abschrift:
   – die Gesellschafter,
   – die Gesellschaft,
   – das Amtsgericht [Ort] (Registergericht).
   Um Vollzugsmitteilung an den beglaubigenden Notar wird gebeten.
   Der Gesellschaft ist nach Eintragung ein vollständiger und beglaubigter Handelsregisterauszug auf deren Kosten zu übersenden.

[Ort], den [Datum]
UVZ-Nr. [...]/[Jahr]
(Name)
Unterschrift des Geschäftsführers

Ich beglaubige als echt und heute vor mir eigenhändig vollzogen die vorstehende Unterschrift von [Name], geboren am [Datum], [Wohnort], welcher mir persönlich bekannt ist.

[Ort], den [Datum]   Der Notar: [Name]
(Siegel oder L.S.)

Liste der Gesellschafter der [Name] GmbH mit dem Sitz in [Ort] mit den Nennbeträgen der übernommenen Geschäftsanteile: s.o. Muster A. 2.

4. Schriftliche Belehrung des Geschäftsführers einer GmbH betreffend seine Eignung als Geschäftsführer durch Notar (vgl. § 8 Abs. 3 S. 2 GmbHG)

Firma [Name] GmbH

mit dem Sitz in _____

Anschrift: _____

AG [Ort], HRB Neu

Schriftliche Belehrung des Geschäftsführers

Herrn/Frau _____,

geboren am _____,

wohnhaft in _____,

durch Notar [Name] – mit [Ort] –

Anschrift: _____

Sehr geehrter Herr/Frau _____,

aufgrund eines Beschlusses der Gesellschafterversammlung vom _____ sind Sie zum neuen Geschäftsführer bzw. zur neuen Geschäftsführerin der Gesellschaft bestellt worden. Nach deutschem Recht ist die Bestellung eines neuen Geschäftsführers und dessen Vertretungsbefugnis zur Eintragung in das Handelsregister anzumelden.

Im Zusammenhang mit der Anmeldung zum Handelsregister müssen Sie versichern, dass keine Umstände vorliegen, die Ihrer Bestellung zum Geschäftsführer bzw. zur Geschäftsführerin entgegenstehen und dass Sie über die unbeschränkte Auskunftspflicht gegenüber dem Registergericht belehrt worden sind (§§ 39 Abs. 3, 8 Abs. 3 GmbHG).

Auf der Grundlage des Bundeszentralregistergesetzes wird in Berlin ein zentrales Register geführt, in dem strafgerichtliche Verurteilungen einschließlich gerichtlicher Berufs- oder Gewerbeverbote eingetragen sind. Dem Registergericht steht ein Recht auf unbeschränkte Auskunft aus dem Bundeszentralregister zu, wenn der Betroffene darüber belehrt worden ist (§ 53 Abs. 2 BZRG). Nachdem eine persönliche Belehrung in Ihrem Fall nicht möglich ist, erfolgt die gesetzlich vorgeschriebene Belehrung schriftlich.

Zum Geschäftsführer einer deutschen Gesellschaft mit beschränkter Haftung kann (nach § 6 Abs. 2 GmbHG) nicht bestellt werden, wer

a) als Betreuter bei der Besorgung seiner Vermögensangelegenheiten ganz oder teilweise einem Einwilligungsvorbehalt (§ 1825 BGB) unterliegt,

b) aufgrund eines gerichtlichen Urteils oder einer vollziehbaren Entscheidung einer Verwaltungsbehörde einen Beruf, einen Berufszweig, ein Gewerbe oder einen Gewerbezweig nicht ausüben darf, sofern der Unternehmensgegenstand ganz oder teilweise mit dem Gegenstand des Verbots übereinstimmt (das gilt entsprechend, wenn die Person in einem anderen Mitgliedstaat der Europäischen Union oder einem anderen Vertragsstaat des Abkommens über den Europäischen Wirtschaftsraum einem vergleichbaren Verbot unterliegt),

c) wegen einer oder mehrerer vorsätzlich begangener Straftaten

    aa) des Unterlassens der Stellung des Antrags auf Eröffnung des Insolvenzverfahrens (Insolvenzverschleppung),

    bb) nach den §§ 283 bis 283d des StGB (Insolvenzstraftaten),

    cc) der falschen Angaben nach § 82 des GmbHG oder § 399 des AktG,

    dd) der unrichtigen Darstellung nach § 400 AktG, § 331 HGB, § 346 UmwG oder § 17 PublG, oder

    ee) nach den § 263 StGB (Betrug), § 263a StGB (Computerbetrug), § 264 StGB (Subventionsbetrug), § 264a StGB (Kapitalanlagebetrug), § 265b StGB (Kreditbetrug § 265c (Sportwettbetrug), § 265d (Manipulation von berufssportlichen Wettbewerben), § 265e (Besonders schwere Fälle des Sportwettbetrugs und der Manipulation von berufssportlichen Wettbewerben), § 266 StGB (Untreue) oder § 266a StGB (Vorenthalten und Veruntreuen von Arbeitsentgelt), zu einer Freiheitsstrafe von mindestens einem Jahr,

verurteilt worden ist.

Das Bestellungshindernis besteht in diesem Fall auf die Dauer von fünf Jahren seit der Rechtskraft des Urteils, wobei die Zeit nicht eingerechnet wird, in welcher der Täter auf behördliche Anordnung in einer Anstalt verwahrt worden ist.

Die vorstehend genannten Bestellungshindernisse gelten bei einer Verurteilung wegen einer vergleichbaren Tat im Ausland entsprechend.

Wer als Geschäftsführer einer Gesellschaft mit beschränkter Haftung oder als Geschäftsleiter einer ausländischen juristischen Person in der gegenüber dem Registergericht abzugebenden Versicherung falsche Angaben macht, wird mit Freiheitsstrafe bis zu drei Jahren oder mit Geldstrafe bestraft (§ 82 Abs. 1 Nr. 5 GmbHG).

Der vollständige Wortlaut der entsprechenden Gesetzesbestimmungen ist dieser Belehrung zur Information als **Anlage** beigefügt.

Für Rückfragen und weitere Erläuterungen stehe ich Ihnen jederzeit gerne zur Verfügung.

Mit freundlichen Grüßen

....

(Ort, Datum und Unterschrift)

....

(Name, Dienst- bzw. Berufsbezeichnung und Siegel bzw. Kanzleistempel)

Bestätigung

Ich bestätige hiermit, die vorstehende Belehrung vollständig gelesen und verstanden zu haben.

....

(Ort, Datum und Unterschrift)

....

(Name des Geschäftsführers und Firmenstempel) – gegebenenfalls der GmbH i. G.)

Anlage zur schriftlichen Belehrung des Geschäftsführers einer GmbH
(Auszug aus den maßgeblichen Gesetzesbestimmungen)

Gesetz betreffend die Gesellschaften mit beschränkter Haftung (GmbHG)

§ 6   Geschäftsführer

(1) Die Gesellschaft muss einen oder mehrere Geschäftsführer haben.

(2) Geschäftsführer kann nur eine natürliche, unbeschränkt geschäftsfähige Person sein. Geschäftsführer kann nicht sein, wer

1. als Betreuter bei der Besorgung seiner Vermögensangelegenheiten ganz oder teilweise einem Einwilligungsvorbehalt (§ 1825) des Bürgerlichen Gesetzbuchs) unterliegt,
2. aufgrund eines gerichtlichen Urteils oder einer vollziehbaren Entscheidung einer Verwaltungsbehörde einen Beruf, einen Berufszweig, ein Gewerbe oder einen Gewerbezweig nicht ausüben darf, sofern der Unternehmensgegenstand ganz oder teilweise mit dem Gegenstand des Verbots übereinstimmt,
3. wegen einer oder mehrerer vorsätzlich begangener Straftaten
   a) des Unterlassens der Stellung des Antrags auf Eröffnung des Insolvenzverfahrens (Insolvenzverschleppung),
   b) nach den §§ 283 bis 283d des Strafgesetzbuchs (Insolvenzstraftaten),
   c) der falschen Angaben nach § 82 dieses Gesetzes oder § 399 des Aktiengesetzes,
   d) der unrichtigen Darstellung nach § 400 des Aktiengesetzes, § 331 des Handelsgesetzbuchs, § 346 des Umwandlungsgesetzes oder § 17 des Publizitätsgesetzes oder
   e) nach den §§ 263 bis 264a oder den §§ 265b bis 266a des Strafgesetzbuchs zu einer Freiheitsstrafe von mindestens einem Jahr
   verurteilt worden ist; dieser Ausschluss gilt für die Dauer von fünf Jahren seit der Rechtskraft des Urteils, wobei die Zeit nicht eingerechnet wird, in welcher der Täter auf behördliche Anordnung in einer Anstalt verwahrt worden ist.

Satz 2 Nr. 2 gilt entsprechend, wenn die Person in einem anderen Mitgliedstaat der Europäischen Union oder einem anderen Vertragsstaat des Abkommens über den Europäischen Wirtschaftsraum einem vergleichbaren Verbot unterliegt. Satz Nr. 3 gilt entsprechend bei einer Verurteilung im Ausland wegen einer Tat, die mit den in Satz 2 Nr. 3 genannten Taten vergleichbar ist.

(3) Zu Geschäftsführern können Gesellschafter oder andere Personen bestellt werden. Die Bestellung erfolgt entweder im Gesellschaftsvertrag oder nach Maßgabe der Bestimmungen des dritten Abschnitts.

(4) Ist im Gesellschaftsvertrag bestimmt, dass sämtliche Gesellschafter zur Geschäftsführung berechtigt sein sollen, so gelten nur die der Gesellschaft bei Festsetzung dieser Bestimmung angehörenden Personen als die bestellten Geschäftsführer.

(5) Gesellschafter, die vorsätzlich oder grob fahrlässig einer Person, die nicht Geschäftsführer sein kann, die Führung der Geschäfte überlassen, haften der Gesellschaft solidarisch für den Schaden, der dadurch entsteht, dass diese Person die ihr gegenüber der Gesellschaft bestehenden Obliegenheiten verletzt.

§ 8 Inhalt der Anmeldung

(1) Der Anmeldung müssen beigefügt sein:

1. der Gesellschaftsvertrag und im Fall des § 2 Abs. 2 die Vollmachten der Vertreter, welche den Gesellschaftsvertrag unterzeichnet haben, oder eine beglaubigte Abschrift dieser Urkunden,
2. die Legitimation der Geschäftsführer, sofern dieselben nicht im Gesellschaftsvertrag bestellt sind,
3. eine von den Anmeldenden unterschriebene oder mit den qualifizierten elektronischen Signaturen der Anmeldenden versehene Liste der Gesellschafter nach den Vorgaben des § 40,
4. im Fall des § 5 Abs. 4 die Verträge, die den Festsetzungen zugrunde liegen oder zu ihrer Ausführung geschlossen worden sind, und der Sachgründungsbericht,
5. wenn Sacheinlagen vereinbart sind, Unterlagen darüber, dass der Wert der Sacheinlagen den Nennbetrag der dafür übernommenen Geschäftsanteile erreicht.

(2) In der Anmeldung ist die Versicherung abzugeben, dass die in § 7 Abs. 2 und 3 bezeichneten Leistungen auf die Geschäftsanteile bewirkt sind und dass der Gegenstand der Leistungen sich endgültig in der freien Verfügung der Geschäftsführer befindet. Das Gericht kann bei erheblichen Zweifeln an der Richtigkeit der Versicherung Nachweise wie insbesondere die Vorlage von Einzahlungsbelegen eines in der Europäischen Union niedergelassenen Finanzinstituts oder Zahlungsdienstleisters verlangen.

(3) In der Anmeldung haben die Geschäftsführer zu versichern, dass keine Umstände vorliegen, die ihrer Bestellung nach § 6 Abs. 2 Satz 2 Nr. 2 und 3 sowie Satz 3 und 4 entgegenstehen, und dass sie über ihre unbeschränkte Auskunftspflicht gegenüber dem Gericht belehrt worden sind. Die Belehrung nach § 53 Abs. 2 des Bundeszentralregistergesetzes kann schriftlich vorgenommen werden; sie kann auch durch einen Notar oder einen im Ausland bestellten Notar, durch einen Vertreter eines vergleichbaren rechtsberatenden Berufs oder einen Konsularbeamten erfolgen.

(4) In der Anmeldung sind ferner anzugeben:

1. eine inländische Geschäftsanschrift,
2. Art und Umfang der Vertretungsbefugnis der Geschäftsführer.

(5) Für die Einreichung von Unterlagen nach diesem Gesetz gilt § 12 Abs. 2 des Handelsgesetzbuchs entsprechend.

§ 82 Falsche Angaben

(1) Mit Freiheitsstrafe bis zu drei Jahren oder mit Geldstrafe wird bestraft, wer

1. als Gesellschafter oder als Geschäftsführer zum Zweck der Eintragung der Gesellschaft über die Übernahme der Geschäftsanteile, die Leistung der Einlagen, die Verwendung eingezahlter Beträge, über Sondervorteile, Gründungsaufwand und Sacheinlagen,
2. als Gesellschafter im Sachgründungsbericht,
3. als Geschäftsführer zum Zweck der Eintragung einer Erhöhung des Stammkapitals über die Zeichnung oder Einbringung des neuen Kapitals oder über Sacheinlagen,
4. als Geschäftsführer in der in § 57i Abs. 1 Satz 2 vorgeschriebenen Erklärung oder

5. als Geschäftsführer einer Gesellschaft mit beschränkter Haftung oder als
   Geschäftsleiter einer ausländischen juristischen Person in der nach § 8 Abs. 3 Satz 1
   oder § 39 Abs. 3 Satz 1 abzugebenden Versicherung oder als Liquidator in der nach
   § 67 Abs. 3 Satz 1 abzugebenden Versicherung

falsche Angaben macht.

(2) Ebenso wird bestraft, wer

1. als Geschäftsführer zum Zweck der Herabsetzung des Stammkapitals über die
   Befriedigung oder Sicherstellung der Gläubiger eine unwahre Versicherung abgibt
   oder
2. als Geschäftsführer, Liquidator, Mitglied eines Aufsichtsrats oder ähnlichen Organs
   in einer öffentlichen Mitteilung die Vermögenslage der Gesellschaft unwahr darstellt oder verschleiert, wenn die Tat nicht in § 331 Nr. 1 oder 1a des Handelsgesetzbuchs mit Strafe bedroht ist.

Insolvenzordnung (InsO)

§ 15a   Antragspflicht bei juristischen Personen und Gesellschaften ohne Rechtspersönlichkeit

(1) Wird eine juristische Person zahlungsunfähig oder überschuldet, haben die Mitglieder des Vertretungsorgans oder die Abwickler ohne schuldhaftes Zögern einen
Eröffnungsantrag zu stellen. Der Antrag ist spätestens drei Wochen nach Eintritt der
Zahlungsunfähigkeit und sechs Wochen nach Eintritt der Überschuldung zu stellen.
Das Gleiche gilt für die organschaftlichen Vertreter der zur Vertretung der Gesell-
schaft ermächtigten Gesellschafter oder die Abwickler bei einer rechtsfähigen Perso-
nengesellschaft, bei der kein persönlich haftender Gesellschafter eine natürliche Per-
son ist; dies gilt nicht, wenn zu den persönlich haftenden Gesellschaftern eine andere
Gesellschaft gehört, bei der ein persönlich haftender Gesellschafter eine natürliche
Person ist.

(2) Bei einer Gesellschaft im Sinne des Abs. 1 Satz 2 gilt Abs. 1 sinngemäß, wenn die
organschaftlichen Vertreter der zur Vertretung der Gesellschaft ermächtigten Gesellschafter ihrerseits Gesellschaften sind, bei denen kein persönlich haftender Gesellschafter eine natürliche Person ist, oder sich die Verbindung von Gesellschaften in
dieser Art fortsetzt.

(3) Im Fall der Führungslosigkeit einer Gesellschaft mit beschränkter Haftung ist
auch jeder Gesellschafter, im Fall der Führungslosigkeit einer Aktiengesellschaft oder
einer Genossenschaft ist auch jedes Mitglied des Aufsichtsrats zur Stellung des
Antrags verpflichtet, es sei denn, diese Person hat von der Zahlungsunfähigkeit und
der Überschuldung oder der Führungslosigkeit keine Kenntnis.

(4) Mit Freiheitsstrafe bis zu drei Jahren oder mit Geldstrafe wird bestraft, wer entgegen Abs. 1 Satz 1 und 2, auch in Verbindung mit Satz 3 oder Abs. 2 oder Abs. 3,
einen Eröffnungsantrag

1. nicht oder nicht rechtzeitig stellt oder
2. nicht richtig stellt.

(5) Handelt der Täter in den Fällen des Abs. 4 fahrlässig, ist die Strafe Freiheitsstrafe bis zu einem Jahr oder Geldstrafe.

(6) Im Falle des Abs. 4 Nr. 2, auch in Verbindung mit Abs. 5, ist die Tat nur strafbar, wenn der Eröffnungsantrag rechtskräftig als unzulässig zurückgewiesen wurde.

(7) Auf Vereine und Stiftungen, für die § 42 Abs. 2 des Bürgerlichen Gesetzbuchs gilt, sind die Abs. 1 bis 6 nicht anzuwenden.

Bürgerliches Gesetzbuch (BGB)

§ 1825   Einwilligungsvorbehalt

(1) Soweit dies zur Abwendung einer erheblichen Gefahr für die Person oder das Vermögen des Betreuten erforderlich ist, ordnet das Betreuungsgericht an, dass der Betreute zu einer Willenserklärung, die einen Aufgabenbereich des Betreuers betrifft, dessen Einwilligung bedarf (Einwilligungsvorbehalt). Gegen den freien Willen des Volljährigen darf ein Einwilligungsvorbehalt nicht angeordnet werden. Die §§ 108 bis 113, 131 Abs. 2 und § 210 gelten entsprechend.

(2) Ein Einwilligungsvorbehalt kann sich nicht erstrecken

1. auf Willenserklärungen, die auf Eingehung einer Ehe gerichtet sind,
2. auf Verfügungen von Todes wegen,
3. auf die Anfechtung eines Erbvertrags,
4. auf die Aufhebung eines Erbvertrags durch Vertrag und
5. auf Willenserklärungen, zu denen ein beschränkt Geschäftsfähiger nach den Vorschriften dieses Buches und des Buches 5 nicht der Zustimmung seines gesetzlichen Vertreters bedarf.

(3) Ist ein Einwilligungsvorbehalt angeordnet, so bedarf der Betreute dennoch nicht der Einwilligung seines Betreuers, wenn die Willenserklärung dem Betreuten lediglich einen rechtlichen Vorteil bringt. Soweit das Gericht nichts anderes anordnet, gilt dies auch, wenn die Willenserklärung eine geringfügige Angelegenheit des täglichen Lebens betrifft.

(4) Auch für einen Minderjährigen, der das 17. Lebensjahr vollendet hat, kann das Betreuungsgericht einen Einwilligungsvorbehalt anordnen, wenn anzunehmen ist, dass ein solcher bei Eintritt der Volljährigkeit erforderlich wird.

Strafgesetzbuch (StGB)

§ 263   Betrug

(1) Wer in der Absicht, sich oder einem Dritten einen rechtswidrigen Vermögensvorteil zu verschaffen, das Vermögen eines anderen dadurch beschädigt, dass er durch Vorspiegelung falscher oder durch Entstellung oder Unterdrückung wahrer Tatsachen einen Irrtum erregt oder unterhält, wird mit Freiheitsstrafe bis zu fünf Jahren oder mit Geldstrafe bestraft.

(2) Der Versuch ist strafbar.

(3) In besonders schweren Fällen ist die Strafe Freiheitsstrafe von sechs Monaten bis zu zehn Jahren. Ein besonders schwerer Fall liegt in der Regel vor, wenn der Täter

1. gewerbsmäßig oder als Mitglied einer Bande handelt, die sich zur fortgesetzten Begehung von Urkundenfälschung oder Betrug verbunden hat,
2. einen Vermögensverlust großen Ausmaßes herbeiführt oder in der Absicht handelt, durch die fortgesetzte Begehung von Betrug eine große Zahl von Menschen in die Gefahr des Verlustes von Vermögenswerten zu bringen,
3. eine andere Person in wirtschaftliche Not bringt,
4. seine Befugnisse oder seine Stellung als Amtsträger oder Europäischer Amtsträger missbraucht oder
5. einen Versicherungsfall vortäuscht, nachdem er oder ein anderer zu diesem Zweck eine Sache von bedeutendem Wert in Brand gesetzt oder durch eine Brandlegung ganz oder teilweise zerstört oder ein Schiff zum Sinken oder Stranden gebracht hat.

(4) § 243 Abs. 2 sowie die §§ 247 und 248a gelten entsprechend.

(5) Mit Freiheitsstrafe von einem Jahr bis zu zehn Jahren, in minder schweren Fällen mit Freiheitsstrafe von sechs Monaten bis zu fünf Jahren wird bestraft, wer den Betrug als Mitglied einer Bande, die sich zur fortgesetzten Begehung von Straftaten nach den §§ 263 bis 264 oder 267 bis 269 verbunden hat, gewerbsmäßig begeht.

(6) Das Gericht kann Führungsaufsicht anordnen (§ 68 Abs. 1).

§ 263a   Computerbetrug

(1) Wer in der Absicht, sich oder einem Dritten einen rechtswidrigen Vermögensvorteil zu verschaffen, das Vermögen eines anderen dadurch beschädigt, dass er das Ergebnis eines Datenverarbeitungsvorgangs durch unrichtige Gestaltung des Programms, durch Verwendung unrichtiger oder unvollständiger Daten, durch unbefugte Verwendung von Daten oder sonst durch unbefugte Einwirkung auf den Ablauf beeinflusst, wird mit Freiheitsstrafe bis zu fünf Jahren oder mit Geldstrafe bestraft.

(2) § 263 Abs. 2 bis 6 gilt entsprechend.

(3) Wer eine Straftat nach Abs. 1 vorbereitet, indem er

1. Computerprogramme, deren Zweck die Begehung einer solchen Tat ist, herstellt, sich oder einem anderen verschafft, feilhält, verwahrt oder einem anderen überlässt oder
2. Passwörter oder sonstige Sicherungscodes, die zur Begehung einer solchen Tat geeignet sind, herstellt, sich oder einem andren verschafft, feilhält, verwahrt oder einem anderen überlässt,

wird mit Freiheitsstrafe bis zu drei Jahren oder mit Geldstrafe bestraft.

(4) In den Fällen des Absatzes 3 gilt § 149 Abs. 2 und 3 entsprechend.

§ 264   Subventionsbetrug

(1) Mit Freiheitsstrafe bis zu fünf Jahren oder mit Geldstrafe wird bestraft, wer

1. einer für die Bewilligung einer Subvention zuständigen Behörde oder einer anderen in das Subventionsverfahren eingeschalteten Stelle oder Person (Subventionsgeber) über subventionserhebliche Tatsachen für sich oder einen anderen unrichtige oder unvollständige Angaben macht, die für ihn oder den anderen vorteilhaft sind,
2. einen Gegenstand oder eine Geldleistung, deren Verwendung durch Rechtsvorschriften oder durch den Subventionsgeber im Hinblick auf eine Subvention beschränkt ist, entgegen der Verwendungsbeschränkung verwendet,
3. den Subventionsgeber entgegen den Rechtsvorschriften über die Subventionsvergabe über subventionserhebliche Tatsachen in Unkenntnis lässt oder
4. in einem Subventionsverfahren eine durch unrichtige oder unvollständige Angaben erlangte Bescheinigung über eine Subventionsberechtigung oder über subventionserhebliche Tatsachen gebraucht.

(2) In besonders schweren Fällen ist die Strafe Freiheitsstrafe von sechs Monaten bis zu zehn Jahren. Ein besonders schwerer Fall liegt in der Regel vor, wenn der Täter

1. aus grobem Eigennutz oder unter Verwendung nachgemachter oder verfälschter Belege für sich oder einen anderen eine nicht gerechtfertigte Subvention großen Ausmaßes erlangt,
2. seine Befugnisse oder seine Stellung als Amtsträger oder Europäischer Amtsträger missbraucht oder
3. die Mithilfe eines Amtsträgers oder Europäischen Amtsträgers ausnutzt, der seine Befugnisse oder seine Stellung missbraucht.

(3) § 263 Abs. 5 gilt entsprechend.

(4) In den Fällen des Absatzes 1 Nummer 2 ist der Versuch strafbar.

(5) Wer in den Fällen des Absatzes 1 Nr. 1 bis 3 leichtfertig handelt, wird mit Freiheitsstrafe bis zu drei Jahren oder mit Geldstrafe bestraft.

(6) Nach den Abs. 1 und 5 wird nicht bestraft, wer freiwillig verhindert, dass auf Grund der Tat die Subvention gewährt wird. Wird die Subvention ohne Zutun des Täters nicht gewährt, so wird er straflos, wenn er sich freiwillig und ernsthaft bemüht, das Gewähren der Subvention zu verhindern.

(7) Neben einer Freiheitsstrafe von mindestens einem Jahr wegen einer Straftat nach den Abs. 1 bis 3 kann das Gericht die Fähigkeit, öffentliche Ämter zu bekleiden, und die Fähigkeit, Rechte aus öffentlichen Wahlen zu erlangen, aberkennen (§ 45 Abs. 2). Gegenstände, auf die sich die Tat bezieht, können eingezogen werden; § 74a ist anzuwenden.

(8) Subvention im Sinne dieser Vorschrift ist

1. eine Leistung aus öffentlichen Mitteln nach Bundes- oder Landesrecht an Betriebe oder Unternehmen, die wenigstens zum Teil
   a) ohne marktmäßige Gegenleistung gewährt wird und
   b) der Förderung der Wirtschaft dienen soll;
2. eine Leistung aus öffentlichen Mitteln nach dem Recht der Europäischen Union, die wenigstens zum Teil ohne marktmäßige Gegenleistung gewährt wird.

Betrieb oder Unternehmen im Sinne des Satzes 1 Nr. 1 ist auch das öffentliche Unternehmen.

(9) Subventionserheblich im Sinne des Abs. 1 sind Tatsachen,

1. die durch Gesetz oder auf Grund eines Gesetzes von dem Subventionsgeber als subventionserheblich bezeichnet sind oder

2. von denen die Bewilligung, Gewährung, Rückforderung, Weitergewährung oder das Belassen einer Subvention oder eines Subventionsvorteils gesetzlich oder nach dem Subventionsvertrag abhängig ist.

§ 264a   Kapitalanlagebetrug

(1) Wer im Zusammenhang mit

1. dem Vertrieb von Wertpapieren, Bezugsrechten oder von Anteilen, die eine Beteiligung an dem Ergebnis eines Unternehmens gewähren sollen, oder

2. dem Angebot, die Einlage auf solche Anteile zu erhöhen,

in Prospekten oder in Darstellungen oder Übersichten über den Vermögensstand hinsichtlich der für die Entscheidung über den Erwerb oder die Erhöhung erheblichen Umstände gegenüber einem größeren Kreis von Personen unrichtige vorteilhafte Angaben macht oder nachteilige Tatsachen verschweigt, wird mit Freiheitsstrafe bis zu drei Jahren oder mit Geldstrafe bestraft.

(2) Absatz 1 gilt entsprechend, wenn sich die Tat auf Anteile an einem Vermögen bezieht, das ein Unternehmen im eigenen Namen, jedoch für fremde Rechnung verwaltet.

(3) Nach den Absätzen 1 und 2 wird nicht bestraft, wer freiwillig verhindert, dass auf Grund der Tat die durch den Erwerb oder die Erhöhung bedingte Leistung erbracht wird. Wird die Leistung ohne Zutun des Täters nicht erbracht, so wird er straflos, wenn er sich freiwillig und ernsthaft bemüht, das Erbringen der Leistung zu verhindern.

§ 265b   Kreditbetrug

(1) Wer einem Betrieb oder Unternehmen im Zusammenhang mit einem Antrag auf Gewährung, Belassung oder Veränderung der Bedingungen eines Kredits für einen Betrieb oder ein Unternehmen oder einen vorgetäuschten Betrieb oder ein vorgetäuschtes Unternehmen

1. über wirtschaftliche Verhältnisse

    a) unrichtige oder unvollständige Unterlagen, namentlich Bilanzen, Gewinn- und Verlustrechnungen, Vermögensübersichten oder Gutachten vorlegt oder

    b) schriftlich unrichtige oder unvollständige Angaben macht,

    die für den Kreditnehmer vorteilhaft und für die Entscheidung über einen solchen Antrag erheblich sind, oder

2. solche Verschlechterungen der in den Unterlagen oder Angaben dargestellten wirtschaftlichen Verhältnisse bei der Vorlage nicht mitteilt, die für die Entscheidung über einen solchen Antrag erheblich sind,

wird mit Freiheitsstrafe bis zu drei Jahren oder mit Geldstrafe bestraft.

(2) Nach Absatz 1 wird nicht bestraft, wer freiwillig verhindert, dass der Kreditgeber auf Grund der Tat die beantragte Leistung erbringt. Wird die Leistung ohne Zutun des Täters nicht erbracht, so wird er straflos, wenn er sich freiwillig und ernsthaft bemüht, das Erbringen der Leistung zu verhindern.

(3) Im Sinne des Absatzes 1 sind

1. Betriebe und Unternehmen unabhängig von ihrem Gegenstand solche, die nach Art und Umfang einen in kaufmännischer Weise eingerichteten Geschäftsbetrieb erfordern;

2. Kredite Gelddarlehen aller Art, Akzeptkredite, der entgeltliche Erwerb und die Stundung von Geldforderungen, die Diskontierung von Wechseln und Schecks und die Übernahme von Bürgschaften, Garantien und sonstigen Gewährleistungen.

§ 265c Sportwettbetrug

(1) Wer als Sportler oder Trainer einen Vorteil für sich oder einen Dritten als Gegenleistung dafür fordert, sich versprechen lässt oder annimmt, dass er den Verlauf oder das Ergebnis eines Wettbewerbs des organisierten Sports zugunsten des Wettbewerbsgegners beeinflusse und infolgedessen ein rechtswidriger Vermögensvorteil durch eine auf diesen Wettbewerb bezogene öffentliche Sportwette erlangt werde, wird mit Freiheitsstrafe bis zu drei Jahren oder mit Geldstrafe bestraft.

(2) Ebenso wird bestraft, wer einem Sportler oder Trainer einen Vorteil für diesen oder einen Dritten als Gegenleistung dafür anbietet, verspricht oder gewährt, dass er den Verlauf oder das Ergebnis eines Wettbewerbs des organisierten Sports zugunsten des Wettbewerbsgegners beeinflusse und infolgedessen ein rechtswidriger Vermögensvorteil durch eine auf diesen Wettbewerb bezogene öffentliche Sportwette erlangt werde.

(3) Wer als Schieds-, Wertungs- oder Kampfrichter einen Vorteil für sich oder einen Dritten als Gegenleistung dafür fordert, sich versprechen lässt oder annimmt, dass er den Verlauf oder das Ergebnis eines Wettbewerbs des organisierten Sports in regelwidriger Weise beeinflusse und infolgedessen ein rechtswidriger Vermögensvorteil durch eine auf diesen Wettbewerb bezogene öffentliche Sportwette erlangt werde, wird mit Freiheitsstrafe bis zu drei Jahren oder mit Geldstrafe bestraft.

(4) Ebenso wird bestraft, wer einem Schieds-, Wertungs- oder Kampfrichter einen Vorteil für diesen oder einen Dritten als Gegenleistung dafür anbietet, verspricht oder gewährt, dass er den Verlauf oder das Ergebnis eines Wettbewerbs des organisierten Sports in regelwidriger Weise beeinflusse und infolgedessen ein rechtswidriger Vermögensvorteil durch eine auf diesen Wettbewerb bezogene öffentliche Sportwette erlangt werde.

(5) Ein Wettbewerb des organisierten Sports im Sinne dieser Vorschrift ist jede Sportveranstaltung im Inland oder im Ausland,

1. die von einer nationalen oder internationalen Sportorganisation oder in deren Auftrag oder mit deren Anerkennung organisiert wird und

2. bei der Regeln einzuhalten sind, die von einer nationalen oder internationalen Sportorganisation mit verpflichtender Wirkung für ihre Mitgliedsorganisationen verabschiedet wurden.

(6) Trainer im Sinne dieser Vorschrift ist, wer bei dem sportlichen Wettbewerb über den Einsatz und die Anleitung von Sportlern entscheidet. Einem Trainer stehen Personen gleich, die aufgrund ihrer beruflichen oder wirtschaftlichen Stellung wesentlichen Einfluss auf den Einsatz oder die Anleitung von Sportlern nehmen können.

§ 265d   Manipulation von berufssportlichen Wettbewerben

(1) Wer als Sportler oder Trainer einen Vorteil für sich oder einen Dritten als Gegenleistung dafür fordert, sich versprechen lässt oder annimmt, dass er den Verlauf oder das Ergebnis eines berufssportlichen Wettbewerbs in wettbewerbswidriger Weise zugunsten des Wettbewerbsgegners beeinflusse, wird mit Freiheitsstrafe bis zu drei Jahren oder mit Geldstrafe bestraft.

(2) Ebenso wird bestraft, wer einem Sportler oder Trainer einen Vorteil für diesen oder einen Dritten als Gegenleistung dafür anbietet, verspricht oder gewährt, dass er den Verlauf oder das Ergebnis eines berufssportlichen Wettbewerbs in wettbewerbswidriger Weise zugunsten des Wettbewerbsgegners beeinflusse.

(3) Wer als Schieds-, Wertungs- oder Kampfrichter einen Vorteil für sich oder einen Dritten als Gegenleistung dafür fordert, sich versprechen lässt oder annimmt, dass er den Verlauf oder das Ergebnis eines berufssportlichen Wettbewerbs in regelwidriger Weise beeinflusse, wird mit Freiheitsstrafe bis zu drei Jahren oder mit Geldstrafe bestraft.

(4) Ebenso wird bestraft, wer einem Schieds-, Wertungs- oder Kampfrichter einen Vorteil für diesen oder einen Dritten als Gegenleistung dafür anbietet, verspricht oder gewährt, dass er den Verlauf oder das Ergebnis eines berufssportlichen Wettbewerbs in regelwidriger Weise beeinflusse.

(5) Ein berufssportlicher Wettbewerb im Sinne dieser Vorschrift ist jede Sportveranstaltung im Inland oder im Ausland,

1. die von einem Sportbundesverband oder einer internationalen Sportorganisation veranstaltet oder in deren Auftrag oder mit deren Anerkennung organisiert wird,
2. bei der Regeln einzuhalten sind, die von einer nationalen oder internationalen Sportorganisation mit verpflichtender Wirkung für ihre Mitgliedsorganisationen verabschiedet wurden, und
3. an der überwiegend Sportler teilnehmen, die durch ihre sportliche Betätigung unmittelbar oder mittelbar Einnahmen von erheblichem Umfang erzielen.

(6) § 265c Absatz 6 gilt entsprechend.

§ 265e   Besonders schwere Fälle des Sportwettbetrugs und der Manipulation von berufssportlichen Wettbewerben

In besonders schweren Fällen wird eine Tat nach den §§ 265c und 265d mit Freiheitsstrafe von drei Monaten bis zu fünf Jahren bestraft. Ein besonders schwerer Fall liegt in der Regel vor, wenn

1. die Tat sich auf einen Vorteil großen Ausmaßes bezieht oder
2. der Täter gewerbsmäßig handelt oder als Mitglied einer Bande, die sich zur fortgesetzten Begehung solcher Taten verbunden hat.

§ 266   Untreue

(1) Wer die ihm durch Gesetz, behördlichen Auftrag oder Rechtsgeschäft eingeräumte Befugnis, über fremdes Vermögen zu verfügen oder einen anderen zu verpflichten, missbraucht oder die ihm kraft Gesetzes, behördlichen Auftrags, Rechtsge-

schäfts oder eines Treueverhältnisses obliegende Pflicht, fremde Vermögensinteressen wahrzunehmen, verletzt und dadurch dem, dessen Vermögensinteressen er zu betreuen hat, Nachteil zufügt, wird mit Freiheitsstrafe bis zu fünf Jahren oder mit Geldstrafe bestraft.

(2) § 243 Abs. 2 und die §§ 247, 248a und 263 Abs. 3 gelten entsprechend.

§ 266a Vorenthalten und Veruntreuen von Arbeitsentgelt

(1) Wer als Arbeitgeber der Einzugsstelle Beiträge des Arbeitnehmers zur Sozialversicherung einschließlich der Arbeitsförderung, unabhängig davon, ob Arbeitsentgelt gezahlt wird, vorenthält, wird mit Freiheitsstrafe bis zu fünf Jahren oder mit Geldstrafe bestraft.

(2) Ebenso wird bestraft, wer als Arbeitgeber
1. der für den Einzug der Beiträge zuständigen Stelle über sozialversicherungsrechtlich erhebliche Tatsachen unrichtige oder unvollständige Angaben macht oder
2. die für den Einzug der Beiträge zuständige Stelle pflichtwidrig über sozialversicherungsrechtlich erhebliche Tatsachen in Unkenntnis lässt

und dadurch dieser Stelle vom Arbeitgeber zu tragende Beiträge zur Sozialversicherung einschließlich der Arbeitsförderung, unabhängig davon, ob Arbeitsentgelt gezahlt wird, vorenthält.

(3) Wer als Arbeitgeber sonst Teile des Arbeitsentgelts, die er für den Arbeitnehmer an einen anderen zu zahlen hat, dem Arbeitnehmer einbehält, sie jedoch an den anderen nicht zahlt und es unterlässt, den Arbeitnehmer spätestens im Zeitpunkt der Fälligkeit oder unverzüglich danach über das Unterlassen der Zahlung an den anderen zu unterrichten, wird mit Freiheitsstrafe bis zu fünf Jahren oder mit Geldstrafe bestraft. Satz 1 gilt nicht für Teile des Arbeitsentgelts, die als Lohnsteuer einbehalten werden.

(4) In besonders schweren Fällen der Absätze 1 und 2 ist die Strafe Freiheitsstrafe von sechs Monaten bis zu zehn Jahren. Ein besonders schwerer Fall liegt in der Regel vor, wenn der Täter
1. aus grobem Eigennutz in großem Ausmaß Beiträge vorenthält,
2. unter Verwendung nachgemachter oder verfälschter Belege fortgesetzt Beiträge vorenthält,
3. fortgesetzt Beiträge vorenthält und sich zur Verschleierung der tatsächlichen Beschäftigungsverhältnisse unrichtige, nachgemachte oder verfälschte Belege von einem Dritten verschafft, der diese gewerbsmäßig anbietet,
4. als Mitglied einer Bande handelt, die sich zum fortgesetzten Vorenthalten von Beiträgen zusammengeschlossen hat und die zur Verschleierung der tatsächlichen Beschäftigungsverhältnisse unrichtige, nachgemachte oder verfälschte Belege vorhält, oder
5. die Mithilfe eines Amtsträgers ausnutzt, der seine Befugnisse oder seine Stellung missbraucht.

(5) Dem Arbeitgeber stehen der Auftraggeber eines Heimarbeiters, Hausgewerbetreibenden oder einer Person, die im Sinne des Heimarbeitsgesetzes diesen gleichgestellt ist, sowie der Zwischenmeister gleich.

(6) In den Fällen der Absätze 1 und 2 kann das Gericht von einer Bestrafung nach dieser Vorschrift absehen, wenn der Arbeitgeber spätestens im Zeitpunkt der Fälligkeit oder unverzüglich danach der Einzugsstelle schriftlich

1. die Höhe der vorenthaltenen Beiträge mitteilt und
2. darlegt, warum die fristgemäße Zahlung nicht möglich ist, obwohl er sich darum ernsthaft bemüht hat.

Liegen die Voraussetzungen des Satzes 1 vor und werden die Beiträge dann nachträglich innerhalb der von der Einzugsstelle bestimmten angemessenen Frist entrichtet, wird der Täter insoweit nicht bestraft. In den Fällen des Absatzes 3 gelten die Sätze 1 und 2 entsprechend.

§ 283   Bankrott

(1) Mit Freiheitsstrafe bis zu fünf Jahren oder mit Geldstrafe wird bestraft, wer bei Überschuldung oder bei drohender oder eingetretener Zahlungsunfähigkeit

1. Bestandteile seines Vermögens, die im Falle der Eröffnung des Insolvenzverfahrens zur Insolvenzmasse gehören, beiseite schafft oder verheimlicht oder in einer den Anforderungen einer ordnungsgemäßen Wirtschaft widersprechenden Weise zerstört, beschädigt oder unbrauchbar macht,
2. in einer den Anforderungen einer ordnungsgemäßen Wirtschaft widersprechenden Weise Verlust- oder Spekulationsgeschäfte oder Differenzgeschäfte mit Waren oder Wertpapieren eingeht oder durch unwirtschaftliche Ausgaben, Spiel oder Wette übermäßige Beträge verbraucht oder schuldig wird,
3. Waren oder Wertpapiere auf Kredit beschafft und sie oder die aus diesen Waren hergestellten Sachen erheblich unter ihrem Wert in einer den Anforderungen einer ordnungsgemäßen Wirtschaft widersprechenden Weise veräußert oder sonst abgibt,
4. Rechte anderer vortäuscht oder erdichtete Rechte anerkennt,
5. Handelsbücher, zu deren Führung er gesetzlich verpflichtet ist, zu führen unterlässt oder so führt oder verändert, dass die Übersicht über seinen Vermögensstand erschwert wird,
6. Handelsbücher oder sonstige Unterlagen, zu deren Aufbewahrung ein Kaufmann nach Handelsrecht verpflichtet ist, vor Ablauf der für Buchführungspflichtige bestehenden Aufbewahrungsfristen beiseite schafft, verheimlicht, zerstört oder beschädigt und dadurch die Übersicht über seinen Vermögensstand erschwert,
7. entgegen dem Handelsrecht
   a) Bilanzen so aufstellt, dass die Übersicht über seinen Vermögensstand erschwert wird, oder
   b) es unterlässt, die Bilanz seines Vermögens oder das Inventar in der vorgeschriebenen Zeit aufzustellen, oder
8. in einer anderen, den Anforderungen einer ordnungsgemäßen Wirtschaft grob widersprechenden Weise seinen Vermögensstand verringert oder seine wirklichen geschäftlichen Verhältnisse verheimlicht oder verschleiert.

(2) Ebenso wird bestraft, wer durch eine der in Absatz 1 bezeichneten Handlungen seine Überschuldung oder Zahlungsunfähigkeit herbeiführt.

(3) Der Versuch ist strafbar.

(4) Wer in den Fällen

1. des Absatzes 1 die Überschuldung oder die drohende oder eingetretene Zahlungs-unfähigkeit fahrlässig nicht kennt oder
2. des Absatzes 2 die Überschuldung oder Zahlungsunfähigkeit leichtfertig verursacht,

wird mit Freiheitsstrafe bis zu zwei Jahren oder mit Geldstrafe bestraft.

(5) Wer in den Fällen

1. des Absatzes 1 Nr. 2, 5 oder 7 fahrlässig handelt und die Überschuldung oder die drohende oder eingetretene Zahlungsunfähigkeit wenigstens fahrlässig nicht kennt oder
2. des Absatzes 2 in Verbindung mit Absatz 1 Nr. 2, 5 oder 7 fahrlässig handelt und die Überschuldung oder Zahlungsunfähigkeit wenigstens leichtfertig verursacht,

wird mit Freiheitsstrafe bis zu zwei Jahren oder mit Geldstrafe bestraft.

(6) Die Tat ist nur dann strafbar, wenn der Täter seine Zahlungen eingestellt hat oder über sein Vermögen das Insolvenzverfahren eröffnet oder der Eröffnungsantrag mangels Masse abgewiesen worden ist.

§ 283a   Besonders schwerer Fall des Bankrotts

In besonders schweren Fällen des § 283 Abs. 1 bis 3 wird der Bankrott mit Freiheits-strafe von sechs Monaten bis zu zehn Jahren bestraft. Ein besonders schwerer Fall liegt in der Regel vor, wenn der Täter

1. aus Gewinnsucht handelt oder
2. wissentlich viele Personen in die Gefahr des Verlustes ihrer ihm anvertrauten Ver-mögenswerte oder in wirtschaftliche Not bringt.

§ 283b   Verletzung der Buchführungspflicht

(1) Mit Freiheitsstrafe bis zu zwei Jahren oder mit Geldstrafe wird bestraft, wer

1. Handelsbücher, zu deren Führung er gesetzlich verpflichtet ist, zu führen unterlässt oder so führt oder verändert, dass die Übersicht über seinen Vermögensstand erschwert wird,
2. Handelsbücher oder sonstige Unterlagen, zu deren Aufbewahrung er nach Han-delsrecht verpflichtet ist, vor Ablauf der gesetzlichen Aufbewahrungsfristen bei-seite schafft, verheimlicht, zerstört oder beschädigt und dadurch die Übersicht über seinen Vermögensstand erschwert,
3. entgegen dem Handelsrecht
   a) Bilanzen so aufstellt, dass die Übersicht über seinen Vermögensstand erschwert wird, oder
   b) es unterlässt, die Bilanz seines Vermögens oder das Inventar in der vorgeschrie-benen Zeit aufzustellen.

(2) Wer in den Fällen des Absatzes 1 Nr. 1 oder 3 fahrlässig handelt, wird mit Frei-heitsstrafe bis zu einem Jahr oder mit Geldstrafe bestraft.

(3) § 283 Abs. 6 gilt entsprechend.

§ 283c Gläubigerbegünstigung

(1) Wer in Kenntnis seiner Zahlungsunfähigkeit einem Gläubiger eine Sicherheit oder Befriedigung gewährt, die dieser nicht oder nicht in der Art oder nicht zu der Zeit zu beanspruchen hat, und ihn dadurch absichtlich oder wissentlich vor den übrigen Gläubigern begünstigt, wird mit Freiheitsstrafe bis zu zwei Jahren oder mit Geldstrafe bestraft.

(2) Der Versuch ist strafbar.

(3) § 283 Abs. 6 gilt entsprechend.

§ 283d Schuldnerbegünstigung

(1) Mit Freiheitsstrafe bis zu fünf Jahren oder mit Geldstrafe wird bestraft, wer
1. in Kenntnis der einem anderen drohenden Zahlungsunfähigkeit oder
2. nach Zahlungseinstellung, in einem Insolvenzverfahren oder in einem Verfahren zur Herbeiführung der Entscheidung über die Eröffnung des Insolvenzverfahrens eines anderen

Bestandteile des Vermögens eines anderen, die im Falle der Eröffnung des Insolvenzverfahrens zur Insolvenzmasse gehören, mit dessen Einwilligung oder zu dessen Gunsten beiseite schafft oder verheimlicht oder in einer den Anforderungen einer ordnungsgemäßen Wirtschaft widersprechenden Weise zerstört, beschädigt oder unbrauchbar macht.

(2) Der Versuch ist strafbar.

(3) In besonders schweren Fällen ist die Strafe Freiheitsstrafe von sechs Monaten bis zu zehn Jahren. Ein besonders schwerer Fall liegt in der Regel vor, wenn der Täter
1. aus Gewinnsucht handelt oder
2. wissentlich viele Personen in die Gefahr des Verlustes ihrer dem anderen anvertrauten Vermögenswerte oder in wirtschaftliche Not bringt.

(4) Die Tat ist nur dann strafbar, wenn der andere seine Zahlungen eingestellt hat oder über sein Vermögen das Insolvenzverfahren eröffnet oder der Eröffnungsantrag mangels Masse abgewiesen worden ist.

Aktiengesetz

§ 399 Falsche Angaben

(1) Mit Freiheitsstrafe bis zu drei Jahren oder mit Geldstrafe wird bestraft, wer
1. als Gründer oder als Mitglied des Vorstands oder des Aufsichtsrats zum Zweck der Eintragung der Gesellschaft oder eines Vertrags nach § 52 Abs. 1 Satz 1 über die Übernahme der Aktien, die Einzahlung auf Aktien, die Verwendung eingezahlter Beträge, den Ausgabebetrag der Aktien, über Sondervorteile, Gründungsaufwand, Sacheinlagen und Sachübernahmen oder in der nach § 37a Absatz 2, auch in Verbindung mit § 52 Abs. 6 Satz 3, abzugebenden Versicherung,

2. als Gründer oder als Mitglied des Vorstands oder des Aufsichtsrats im Gründungsbericht, im Nachgründungsbericht oder im Prüfungsbericht,
3. in der öffentlichen Ankündigung nach § 47 Nr. 3,
4. als Mitglied des Vorstands oder des Aufsichtsrats zum Zweck der Eintragung einer
   Erhöhung des Grundkapitals (§§ 182 bis 206) über die Einbringung des bisherigen,
   die Zeichnung oder Einbringung des neuen Kapitals, den Ausgabebetrag der
   Aktien, die Ausgabe der Bezugsaktien, über Sacheinlagen in der Bekanntmachung
   nach § 183a Abs. 2 Satz 1 in Verbindung mit § 37a Abs. 2 oder in der nach § 184
   Abs. 1 Satz 3 abzugebenden Versicherung,
5. als Abwickler zum Zweck der Eintragung der Fortsetzung der Gesellschaft in dem
   nach § 274 Abs. 3 zu führenden Nachweis oder
6. als Mitglied des Vorstands einer Aktiengesellschaft oder des Leitungsorgans einer
   ausländischen juristischen Person in der nach § 37 Abs. 2 Satz 1 oder § 81 Abs. 3
   Satz 1 abzugebenden Versicherung oder als Abwickler in der nach § 266 Abs. 3
   Satz 1 abzugebenden Versicherung

falsche Angaben macht oder erhebliche Umstände verschweigt.

(2) Ebenso wird bestraft, wer als Mitglied des Vorstands oder des Aufsichtsrats zum
Zweck der Eintragung einer Erhöhung des Grundkapitals die in § 210 Abs. 1 Satz 2
vorgeschriebene Erklärung der Wahrheit zuwider abgibt.

§ 400 Unrichtige Darstellung

(1) Mit Freiheitsstrafe bis zu drei Jahren oder mit Geldstrafe wird bestraft, wer als
Mitglied des Vorstands oder des Aufsichtsrats oder als Abwickler
1. die Verhältnisse der Gesellschaft einschließlich ihrer Beziehungen zu verbundenen
   Unternehmen im Vergütungsbericht nach § 162 Absatz 1 oder 2, in Darstellungen
   oder Übersichten über den Vermögensstand oder in Vorträgen oder Auskünften in
   der Hauptversammlung unrichtig wiedergibt oder verschleiert, wenn die Tat nicht
   in § 331 Nr. 1 oder 1 a des Handelsgesetzbuchs mit Strafe bedroht ist, oder
2. in Aufklärungen oder Nachweisen, die nach den Vorschriften dieses Gesetzes
   einem Prüfer der Gesellschaft oder eines verbundenen Unternehmens zu geben
   sind, falsche Angaben macht oder die Verhältnisse der Gesellschaft unrichtig wiedergibt oder verschleiert, wenn die Tat nicht in § 331 Nr. 4 des Handelsgesetzbuchs
   mit Strafe bedroht ist.

(2) Ebenso wird bestraft, wer als Gründer oder Aktionär in Aufklärungen oder
Nachweisen, die nach den Vorschriften dieses Gesetzes einem Gründungsprüfer oder
sonstigen Prüfer zu geben sind, falsche Angaben macht oder erhebliche Umstände
verschweigt.

Handelsgesetzbuch (HGB)

§ 331 Unrichtige Darstellung

(1) Mit Freiheitsstrafe bis zu drei Jahren oder mit Geldstrafe wird bestraft, wer
1. als Mitglied des vertretungsberechtigten Organs oder des Aufsichtsrats einer Kapitalgesellschaft die Verhältnisse der Kapitalgesellschaft in der Eröffnungsbilanz, im
   Jahresabschluss, im Lagebericht einschließlich der nichtfinanziellen Erklärung, im

gesonderten nichtfinanziellen Bericht oder im Zwischenabschluss nach § 340a Abs. 3 unrichtig wiedergibt oder verschleiert,

1a. als Mitglied des vertretungsberechtigten Organs einer Kapitalgesellschaft zum Zwecke der Befreiung nach § 325 Abs. 2a Satz 1, Abs. 2b einen Einzelabschluss nach den in § 315e Absatz 1 genannten internationalen Rechnungslegungsstandards, in dem die Verhältnisse der Kapitalgesellschaft unrichtig wiedergegeben oder verschleiert worden sind, offen legt,

2. als Mitglied des vertretungsberechtigten Organs oder des Aufsichtsrats einer Kapitalgesellschaft die Verhältnisse des Konzerns im Konzernabschluss, im Konzernlagebericht einschließlich der nichtfinanziellen Konzernerklärung, im gesonderten nichtfinanziellen Konzernbericht oder im Konzernzwischenabschluss nach § 340i Abs. 4 unrichtig wiedergibt oder verschleiert,

3. als Mitglied des vertretungsberechtigten Organs einer Kapitalgesellschaft zum Zwecke der Befreiung nach §§ 291 Abs. 1 und 2 oder nach § 292 einen Konzernabschluss oder Konzernlagebericht, in dem die Verhältnisse des Konzerns unrichtig wiedergegeben oder verschleiert worden sind, offen legt,

4. als Mitglied des vertretungsberechtigten Organs einer Kapitalgesellschaft oder als Mitglied des vertretungsberechtigten Organs oder als vertretungsberechtigter Gesellschafter eines ihrer Tochterunternehmen (§ 290 Abs. 1, 2) in Aufklärungen oder Nachweisen, die nach § 320 einem Abschlussprüfer der Kapitalgesellschaft, eines verbundenen Unternehmens oder des Konzerns zu geben sind, unrichtige Angaben macht oder die Verhältnisse der Kapitalgesellschaft, eines Tochterunternehmens oder des Konzerns unrichtig wiedergibt oder verschleiert.

(2) Handelt der Täter in den Fällen des Absatzes 1 Nummer 1a oder 3 leichtfertig, so ist die Strafe Freiheitsstrafe bis zu einem Jahr oder Geldstrafe.

Umwandlungsgesetz (UmwG)

§ 346   Unrichtige Darstellung

(1) Mit Freiheitsstrafe bis zu drei Jahren oder mit Geldstrafe wird bestraft, wer als Mitglied eines Vertretungsorgans, als vertretungsberechtigter Gesellschafter oder Partner, als Mitglied eines Aufsichtsrats oder als Abwickler eines an einer Umwandlung beteiligten Rechtsträgers bei dieser Umwandlung

1. die Verhältnisse des Rechtsträgers einschließlich seiner Beziehungen zu verbundenen Unternehmen in einem in diesem Gesetz vorgesehenen Bericht (Verschmelzungsbericht, Spaltungsbericht, Übertragungsbericht, Umwandlungsbericht), in Darstellungen oder Übersichten über den Vermögensstand, in Vorträgen oder Auskünften in der Versammlung der Anteilsinhaber unrichtig wiedergibt oder verschleiert, wenn die Tat nicht in § 331 Nr. 1 oder Nr. 1a des Handelsgesetzbuchs mit Strafe bedroht ist, oder

2. in Aufklärungen und Nachweisen, die nach den Vorschriften dieses Gesetzes einem Verschmelzungs-, Spaltungs- oder Übertragungsprüfer zu geben sind, unrichtige Angaben macht oder die Verhältnisse des Rechtsträgers einschließlich seiner Beziehungen zu verbundenen Unternehmen unrichtig wiedergibt oder verschleiert.

(2) Ebenso wird bestraft, wer als Geschäftsführer einer Gesellschaft mit beschränkter Haftung, als Mitglied des Vorstands einer Aktiengesellschaft, als zur Vertretung ermächtigter persönlich haftender Gesellschafter einer Kommanditgesellschaft auf Aktien oder als Abwickler einer solchen Gesellschaft in einer Erklärung nach § 52 über die Zustimmung der Anteilsinhaber dieses Rechtsträgers oder in einer Erklärung nach § 140 oder § 146 Abs. 1 über die Deckung des Stammkapitals oder Grundkapitals der übertragenden Gesellschaft unrichtige Angaben macht oder seiner Erklärung zugrunde legt.

Publizitätsgesetz (PublG)

§ 17   Unrichtige Darstellung

(1) Mit Freiheitsstrafen bis zu drei Jahren oder mit Geldstrafe wird bestraft, wer als gesetzlicher Vertreter (§ 4 Abs. 1 Satz 1) eines Unternehmens oder eines Mutterunternehmens, beim Einzelkaufmann als Inhaber oder dessen gesetzlicher Vertreter,

1. die Verhältnisse des Unternehmens im Jahresabschluss oder Lagebericht unrichtig wiedergibt oder verschleiert,
1a. zum Zwecke der Befreiung nach § 9 Abs. 1 Satz 1 in Verbindung mit § 325 Abs. 2a Satz 1, Abs. 2b des Handelsgesetzbuchs einen Einzelabschluss nach den in § 315e Absatz 1 des Handelsgesetzbuchs genannten internationalen Rechnungslegungsstandards, in dem die Verhältnisse des Unternehmens unrichtig wiedergegeben oder verschleiert worden sind, offen legt,
2. die Verhältnisse des Konzerns oder Teilkonzerns im Konzernabschluss, Konzernlagebericht, Teilkonzernabschluss oder Teilkonzernlagebericht unrichtig wiedergibt oder verschleiert,
3. zum Zwecke der Befreiung nach § 11 Abs. 6 Satz 1 Nr. 1 in Verbindung mit den §§ 291 und 292 des Handelsgesetzbuchs einen Konzernabschluss, Konzernlagebericht, Teilkonzernabschluss oder Teilkonzernlagebericht, in dem die Verhältnisse des Konzerns oder Teilkonzerns unrichtig wiedergegeben oder verschleiert worden sind, offenlegt oder
4. in Aufklärungen oder Nachweisen, die nach § 2 Abs. 3 Satz 4 in Verbindung mit § 145 Abs. 2 und 3 des Aktiengesetzes, § 6 Abs. 1 Satz 2 in Verbindung mit § 320 Abs. 1, 2 des Handelsgesetzbuchs, § 12 Abs. 3 Satz 3 in Verbindung mit § 2 Abs. 3 Satz 4 und § 145 Abs. 2 und 3 des Aktiengesetzes oder § 14 Abs. 1 Satz 2 in Verbindung mit § 320 Abs. 3 des Handelsgesetzbuchs einem Abschlussprüfer des Unternehmens, eines verbundenen Unternehmens, des Konzerns oder des Teilkonzerns zu geben sind, unrichtige Angaben macht oder die Verhältnisse des Unternehmens, eines Tochterunternehmens, des Konzerns oder des Teilkonzerns unrichtig wiedergibt oder verschleiert.

(2) Handelt der Täter in den Fällen des Absatzes 1 Nummer 1a oder 3 leichtfertig, so ist die Strafe Freiheitsstrafe bis zu einem Jahr oder Geldstrafe.

5. Gründung einer Einpersonengesellschaft – UG (haftungsbeschränkt) – nach Musterprotokoll

a) Musterprotokoll für die Gründung einer UG (haftungsbeschränkt) – Einpersonengesellschaft

UVZ-Nr. [...]/[Jahr]

Musterprotokoll für die Gründung einer Einpersonengesellschaft

Heute, den [Datum]

erschien vor mir, [Name], Notar/in mit dem Amtssitz in [Ort]

[Name]

geboren am [Datum] in [Ort],

wohnhaft in [Anschrift],

ausgewiesen durch deutschen Personalausweis/durch Pass [Land]/von Person bekannt.

a) Der Erschienene errichtet hiermit nach § 2 Abs. 1a GmbHG eine Gesellschaft mit beschränkter Haftung unter der Firma [Name] Unternehmergesellschaft (haftungs-beschränkt) – UG (haftungsbeschränkt) mit dem Sitz in [Ort].

b) Gegenstand des Unternehmens ist [Bezeichnung des Gegenstandes].

c) Das Stammkapital der Gesellschaft beträgt EUR [Betrag] (i.W. [Betrag] Euro) und wird vollständig von [Name] (Geschäftsanteil Nr. 1) übernommen.
Die Einlage ist in Geld zu erbringen, und zwar sofort in voller Höhe.

d) Zum Geschäftsführer der Gesellschaft wird [Name], geboren am [Datum], wohn-haft in [Anschrift] bestellt. Der Geschäftsführer ist von den Beschränkungen des § 181 des Bürgerlichen Gesetzbuchs befreit.

e) Die Gesellschaft trägt die mit der Gründung verbundenen Kosten bis zu einem Gesamtbetrag von EUR 300, höchstens jedoch bis zum Betrag ihres Stammkapi-tals. Darüber hinausgehende Kosten trägt der Gesellschafter.

f) Von dieser Urkunde erhält eine Ausfertigung der Gesellschafter, beglaubigte Ablichtungen die Gesellschaft und das Registergericht (in elektronischer Form) sowie eine einfache Abschrift das Finanzamt – Körperschaftsteuerstelle –.

g) Der Erschienene wurde vom Notar/von der Notarin insbesondere auf folgendes hingewiesen:
1) Bar- und Sacheinlagen: (Wird die Gesellschaft als Unternehmergesellschaft i.S.d. § 5a GmbHG gegründet – Unterschreitung des Mindestkapitals von € 25.000,00 – sind Sacheinlagen unzulässig und das gesamte Stammkapital muss vor Anmeldung eingezahlt werden). Bareinlagen können grundsätzlich nur durch Einzahlung von Geld erfüllt werden, nicht auch durch Aufrechnung oder Verrechnung mit Forde-rungen gegen die Gesellschaft. Forderungen gegen die Gesellschaft können viel-mehr nur im Wege der Sacheinlage eingebracht werden. Dies gilt auch für Gesell-schafterdarlehen. Bei einer Sachgründung sind der Gegenstand der Sacheinlage und der Betrag, auf den sich die Sacheinlage bezieht im Gesellschaftsvertrag festzu-

setzen und offenzulegen. Die Gesellschafter haben darüber hinaus einen schriftlichen Sachgründungsbericht zu erstellen, in dem sie u.a. die für die Angemessenheit der Leistungen für Sacheinlagen wesentlichen Umstände darlegen. Dem Handelsregister sind geeignete Unterlagen vorzulegen, wonach der Wert der Sacheinlagen den Betrag der dafür übernommenen Einlage erreicht. Eine Bareinlageverpflichtung kann auch nicht durch eine verdeckte Sacheinlage erfüllt werden. Eine solche liegt vor, wenn zwar formal eine Bareinlage vereinbart und geleistet wird, die Gesellschaft bei wirtschaftlicher Betrachtung aber gleichwohl eine Sache erhält.

2) Verbot von Voreinzahlungen: Zahlungen auf Bareinlagen, die vor dem heutigen Tag der Beurkundung des Gesellschaftsvertrages erfolgt sind, haben grundsätzlich keine Erfüllungswirkung.

3) Hin- und Herzahlen: Leistungen an Gesellschafter, die wirtschaftlich einer Rückzahlung der Einlage entsprechen, sind in der Handelsregisteranmeldung anzugeben. Gleiches gilt für die Vereinbarung einer solchen Leistung. Der Geschäftsführer erklärt, dass eine solche Leistung weder erfolgt noch vereinbart ist.

4) Kapitalaufbringung: Die vereinbarten Stammeinlagen müssen sich bei Anmeldung der Gesellschaft endgültig in der freien und uneingeschränkten Verfügung der Geschäftsführer der Gesellschaft befinden und dürfen – mit Ausnahme der im Gesellschaftsvertrag ausdrücklich übernommenen Gründungskosten – nicht durch Verbindlichkeiten vorbelastet sein. Das Registergericht ist berechtigt, die entsprechenden Versicherungen der Geschäftsführer zu überprüfen und von den Beteiligten die Vorlage geeigneter Nachweise (z.B. Einzahlungsbelege) verlangen.

5) Gründungshaftung: Die Geschäftsführer haften der Gesellschaft als Gesamtschuldner auf Schadensersatz, wenn zum Zwecke der Errichtung der Gesellschaft falsche Angaben gemacht werden.

6) Falsche Angaben oder Versicherungen: Falsche Angaben zum Zwecke der Eintragung der Gesellschaft und falsche Versicherungen sind strafbar und können mit Freiheitsstrafe von bis zu drei Jahren oder Geldstrafe geahndet werden.

7) Gesellschafterliste: Die Geschäftsführer haben unverzüglich nach Wirksamwerden jeder Veränderung in den Personen der Gesellschafter oder des Umfangs ihrer Beteiligung eine von ihnen unterschriebene Liste der Gesellschafter zum Handelsregister einzureichen.

8) Insolvenzverschleppung: Bei Zahlungsunfähigkeit oder Überschuldung der Gesellschaft haben die Geschäftsführer unverzüglich, spätestens aber innerhalb von drei Wochen Insolvenzantrag zu stellen. Wer vorsätzlich oder fahrlässig einen Insolvenzantrag nicht, nicht richtig oder nicht rechtzeitig stellt, macht sich strafbar.

Urkunde vom Notar vorgelesen, von dem/der Erschienenen genehmigt und eigenhändig unterschrieben.

[Name],
LS   Name, Notar

b) Anmeldung der UG (haftungsbeschränkt) – Einpersonengesellschaft
UVZ Nr. [...]/[Jahr] vom [Datum]

An das
AG [Ort] – Registergericht –
[Ort]

Handelsregisteranmeldung,

HRB Neu

Errichtung einer GmbH unter der Firma [Name] UG (haftungsbeschränkt)

mit dem Sitz in [Ort]

Anschrift: [Anschrift]

I. Gründung einer Gesellschaft mit beschränkter Haftung

Der Geschäftsführer meldet die Gründung einer Gesellschaft mit beschränkter Haftung unter der Firma

[Name] **UG (haftungsbeschränkt)** mit Sitz in [Ort] zur Ersteintragung in das Handelsregister an.

II. Geschäftsführer und Vertretungsbefugnis

1. Vertretungsbefugnis

Die Gesellschaft hat nur einen Geschäftsführer, der die Gesellschaft einzeln vertritt. Der Geschäftsführer ist von den Beschränkungen des § 181 BGB befreit.

Der Umfang der Vertretungsbefugnis des Geschäftsführers ist gegenüber Dritten unbeschränkt.

2. Geschäftsführer der Gesellschaft

Zum Geschäftsführer wurde bestellt:

[Name],

geboren am [Datum],

wohnhaft in [Ort].

3. Versicherung des Geschäftsführers

[Name] ist bekannt, dass zum Geschäftsführer einer GmbH nicht bestellt werden kann, wer

a) als Betreuter bei der Besorgung seiner Vermögensangelegenheiten ganz oder teilweise einem Einwilligungsvorbehalt (§ 1825 BGB) unterliegt,

b) aufgrund eines gerichtlichen Urteils oder einer vollziehbaren Entscheidung einer Verwaltungsbehörde einen Beruf, einen Berufszweig, ein Gewerbe oder einen Gewerbezweig nicht ausüben darf, sofern der Unternehmensgegenstand ganz oder teilweise mit dem Gegenstand des Verbots übereinstimmt (das gilt entsprechend, wenn die Person in einem anderen Mitgliedstaat der Europäischen Union oder einem anderen Vertragsstaat des Abkommens über den Europäischen Wirtschaftsraum einem vergleichbaren Verbot unterliegt,

c) wegen einer oder mehrerer vorsätzlich begangener Straftaten
　aa)　des Unterlassens der Stellung des Antrags auf Eröffnung des Insolvenzverfahrens (Insolvenzverschleppung),
　bb)　nach den §§ 283–283d des StGB (Insolvenzstraftaten),
　cc)　der falschen Angaben nach § 82 des GmbH-Gesetzes oder § 399 des AktG,
　dd)　der unrichtigen Darstellung nach § 400 AktG, § 331 HGB, § 346 UmwG oder § 17 PublG, oder
　ee)　nach den § 263 StGB (Betrug), § 263a StGB (Computerbetrug), § 264 StGB (Subventionsbetrug), § 264a (Kapitalanlagebetrug), § 265b StGB (Kreditbetrug), § 265c (Sportwettbetrug), § 265d (Manipulation von berufssportlichen Wettbewerben), § 265e (Besonders schwere Fälle des Sportwettbetrugs und der Manipulation von berufssportlichen Wettbewerben), § 266 StGB (Untreue) oder § 266a StGB (Vorenthalten und Veruntreuen von Arbeitsentgelt), zu einer Freiheitsstrafe von mindestens einem Jahr,
verurteilt worden ist.

Das Bestellungshindernis besteht in diesem Fall auf die Dauer von fünf Jahren seit der Rechtskraft des Urteils, wobei die Zeit nicht eingerechnet wird, in welcher der Täter auf behördliche Anordnung in einer Anstalt verwahrt worden ist.

Die vorstehend genannten Bestellungshindernisse gelten bei einer Verurteilung wegen einer vergleichbaren Tat im Ausland entsprechend.

Ich, [Name], erkläre, den Inhalt der vorstehend genannten Vorschriften im einzelnen zu kennen und auf eine Beifügung der jeweiligen Gesetzestexte zu verzichten.

Ich, [Name], versichere, dass keine Umstände vorliegen, aufgrund deren ich nach § 6 Abs. 2 Satz 2 Nr. 2 und 3 sowie Satz 3 GmbHG von dem Amt als Geschäftsführer ausgeschlossen wäre: Ich wurde niemals – auch nicht in den letzten 5 Jahren – wegen Insolvenzverschleppung, einer Insolvenzstraftat nach §§ 283–283d StGB, wegen falscher Angaben nach § 82 GmbHG oder § 399 AktG, wegen unrichtiger Darstellung nach § 400 AktG, § 331 HGB, § 346 UmwG oder § 17 PublG oder wegen einer Straftat nach den §§ 263–264a oder 265b–266a StGB und auch nicht wegen einer vergleichbaren Straftat im Ausland verurteilt, auch nicht wegen eines vergleichbaren Verbotes in einem Mitgliedstaat der Europäischen Union oder einem anderen Vertragsstaat des Abkommens über den Europäischen Wirtschaftsraum; mir ist weder durch gerichtliches Urteil noch durch vollziehbare Entscheidung einer Verwaltungsbehörde die Ausübung irgendeines Berufes, Berufszweiges, Gewerbes oder Gewerbezweiges untersagt. Ich wurde von dem beglaubigenden Notar über meine unbeschränkte Auskunftspflicht gegenüber dem Registergericht belehrt.

III. Kapitalaufbringung

1. Versicherung des Geschäftsführers

Der Geschäftsführer versichert was folgt:

Auf den von dem Gesellschafter [Name] übernommenen Geschäftsanteil mit der Nr. 1 in Höhe von EUR [Betrag] ist ein Betrag in Höhe von EUR [Betrag] in Geld geleistet worden, der sich endgültig in der freien Verfügung der Geschäftsführung befindet.

Das Anfangskapital der Gesellschaft ist – mit Ausnahme des nach dem Gesellschaftsvertrag von der Gesellschaft zu tragenden Gründungsaufwands – nicht vorbelastet.

2. Anweisung

Der Geschäftsführer weist den beglaubigenden Notar an, die Handelsregisteranmeldung erst dann an das Registergericht weiterzuleiten, wenn ihm ein geeigneter Nachweis über die Erbringung der Bareinlage (z.B. Auszug von einem Bankkonto der GmbH i. G.) vorgelegt worden ist.

IV. Anmeldung der inländischen Geschäftsanschrift der Gesellschaft – kein Empfangsbevollmächtigter

Die Geschäftsanschrift der Gesellschaft lautet: [Name] **UG (haftungsbeschränkt)**, [Anschrift], Deutschland.

Ein Empfangsbevollmächtigter der Gesellschaft wurde nicht bestellt.

V. Anlagen

Als Anlage ist dieser Handelsregisteranmeldung beigefügt:
– beglaubigte Abschrift des Musterprotokolls über die Gründung der Gesellschaft, das auch als Gesellschafterliste gilt.

VI. Vollmacht

[Name] bevollmächtigt hiermit [Name] und [Name], jeweils einzeln und unter Befreiung von den Beschränkungen des § 181 BGB sämtliche zum Vollzug der heutigen Urkunde notwendigen oder zweckdienlichen Erklärungen abzugeben und entgegenzunehmen.

Die Vollmacht berechtigt insbesondere auch dazu, Handelsregisteranmeldungen beliebigen Inhalts vorzunehmen. Die Vollmacht erlischt mit der Eintragung der Gesellschaft im Handelsregister.

VII. Hinweise

Der Notar hat die heutige Handelsregisteranmeldung mit dem Geschäftsführer [Name] ausführlich besprochen.

Der Notar hat den Geschäftsführer insbesondere auch auf folgendes hingewiesen:

a) Bar- und Sacheinlagen: (Wird die Gesellschaft als Unternehmergesellschaft i.S.d. § 5a GmbHG gegründet – Unterschreitung des Mindestkapitals von € 25.000,00 – sind Sacheinlagen unzulässig und das gesamte Stammkapital muss vor Anmeldung eingezahlt werden). Bareinlagen können grundsätzlich nur durch Einzahlung von Geld erfüllt werden, nicht auch durch Aufrechnung oder Verrechnung mit Forderungen gegen die Gesellschaft. Forderungen gegen die Gesellschaft können vielmehr nur im Wege der Sacheinlage eingebracht werden. Dies gilt auch für Gesellschafterdarlehen. Bei einer Sachgründung sind der Gegenstand der Sacheinlage und der Betrag, auf den sich die Sacheinlage bezieht im Gesellschaftsvertrag festzusetzen und offenzulegen. Die Gesellschafter haben darüber hinaus einen schriftlichen Sachgründungsbericht zu erstellen, in dem sie u.a. die für die Angemessenheit der Leistungen für Sacheinlagen wesentlichen Umstände darlegen. Dem Handelsregister sind geeignete Unterlagen vorzulegen, wonach der Wert der Sacheinlagen den Betrag der dafür übernommenen Einlage erreicht. Eine Bareinlageverpflichtung kann auch nicht durch eine verdeckte Sacheinlage erfüllt werden. Eine solche liegt vor, wenn zwar formal eine Bareinlage vereinbart und geleistet wird, die Gesellschaft bei wirtschaftlicher Betrachtung aber gleichwohl eine Sache erhält.

b) Verbot von Voreinzahlungen: Zahlungen auf Bareinlagen, die vor dem heutigen Tag der Beurkundung des Gesellschaftsvertrages erfolgt sind, haben grundsätzlich keine Erfüllungswirkung.

c) Hin- und Herzahlen: Leistungen an Gesellschafter, die wirtschaftlich einer Rückzahlung der Einlage entsprechen, sind in der Handelsregisteranmeldung anzugeben. Gleiches gilt für die Vereinbarung einer solchen Leistung. Der Geschäftsführer erklärt, dass eine solche Leistung weder erfolgt noch vereinbart ist.

d) Kapitalaufbringung: Die vereinbarten Stammeinlagen müssen sich bei Anmeldung der Gesellschaft endgültig in der freien und uneingeschränkten Verfügung der Geschäftsführer der Gesellschaft befinden und dürfen – mit Ausnahme der im Gesellschaftsvertrag ausdrücklich übernommenen Gründungskosten – nicht durch Verbindlichkeiten vorbelastet sein. Das Registergericht ist berechtigt, die entsprechenden Versicherungen der Geschäftsführer zu überprüfen und von den Beteiligten die Vorlage geeigneter Nachweise (z.B. Einzahlungsbelege) verlangen.

e) Gründungshaftung: Die Geschäftsführer haften der Gesellschaft als Gesamtschuldner auf Schadensersatz, wenn zum Zwecke der Errichtung der Gesellschaft falsche Angaben gemacht werden.

f) Falsche Angaben oder Versicherungen: Falsche Angaben zum Zwecke der Eintragung der Gesellschaft und falsche Versicherungen sind strafbar und können mit Freiheitsstrafe von bis zu drei Jahren oder Geldstrafe geahndet werden.

g) Gesellschafterliste: Die Geschäftsführer haben unverzüglich nach Wirksamwerden jeder Veränderung in den Personen der Gesellschafter oder des Umfangs ihrer Beteiligung eine von ihnen unterschriebene Liste der Gesellschafter zum Handelsregister einzureichen.

h) Insolvenzverschleppung: Bei Zahlungsunfähigkeit oder Überschuldung der Gesellschaft haben die Geschäftsführer unverzüglich, spätestens aber innerhalb von drei Wochen Insolvenzantrag zu stellen. Wer vorsätzlich oder fahrlässig einen Insolvenzantrag nicht, nicht richtig oder nicht rechtzeitig stellt, macht sich strafbar.

VIII. Kosten und Abschriften

1. Kosten

Die Kosten dieser Urkunde trägt die Gesellschaft bis zu einem Gesamtbetrag von EUR [Betrag]. Darüber hinausgehende Kosten trägt der Gesellschafter.

2. Abschriften

Von dieser Urkunde erhalten jeweils eine beglaubigte Abschrift:
- der Gesellschafter,
- die Gesellschaft,
- das AG [Ort] (Registergericht) in elektronischer Form.

Das Original der Handelsregisteranmeldung ist in der Urkundensammlung des beglaubigenden Notars zu verwahren / ist der Gesellschaft auszuhändigen.

Um Vollzugsmitteilung an den beglaubigenden Notar wird gebeten.

Der Gesellschaft ist nach Eintragung ein vollständiger und beglaubigter Handelsregisterauszug auf deren Kosten zu übersenden.

[Ort], den [Datum]

....

(Unterschrift des Geschäftsführers)
– öffentliche Beglaubigung der Unterschrift –

6. Gründung einer Mehrpersonengesellschaft – UG (haftungsbeschränkt) – nach Musterprotokoll

UVZ-Nr. [...]/[Jahr]

Musterprotokoll für die Gründung einer Mehrpersonengesellschaft

Heute, den [Datum] –

erschienen vor mir, [Name], Notar mit dem Amtssitz in [Ort],

[Name], geboren am [Datum], wohnhaft in [Anschrift].

Legitimation: deutscher Personalausweis

[Name], geboren am [Datum] in [Ort], wohnhaft in [Anschrift],

Legitimation: deutscher Bundespersonalausweis,

[Name], geboren am [Datum] in [Ort], wohnhaft in [Anschrift], nach Angabe im gesetzlichen Güterstand verheiratet und ausschließlich deutscher Staatsangehöriger,

Legitimation: deutscher Bundespersonalausweis.

a)   Die Erschienenen errichten hiermit nach § 2 Abs. 1a GmbHG eine Gesellschaft mit beschränkter Haftung unter der Firma [Name] UG (haftungsbeschränkt) mit dem Sitz in [Ort].

b)   Gegenstand des Unternehmens ist [Bezeichnung].

c)   Das Stammkapital der Gesellschaft beträgt EUR [Betrag] (i.W. [Betrag] Euro) und wird wie folgt übernommen:

[Name] übernimmt einen Geschäftsanteil mit einem Nennbetrag in Höhe von EUR [Betrag] (i.W. [Betrag] Euro), Geschäftsanteil Nr. 1,

[Name] übernimmt einen Geschäftsanteil mit einem Nennbetrag in Höhe von EUR [Betrag] (i.W. [Betrag] Euro), Geschäftsanteil Nr. 2,

[Name] übernimmt einen Geschäftsanteil mit einem Nennbetrag in Höhe von EUR [Betrag] (i.W. [Betrag] Euro), Geschäftsanteil Nr. 3.

Die Einlagen sind in Geld zu erbringen, und zwar sofort in voller Höhe.

d)   Zum Geschäftsführer der Gesellschaft wird [Name], geboren am [Datum], wohnhaft in [Anschrift], bestellt. Der Geschäftsführer ist von den Beschränkungen des § 181 des Bürgerlichen Gesetzbuchs befreit.

e)   Die Gesellschaft trägt die mit der Gründung verbundenen Kosten bis zu einem Gesamtbetrag von EUR 300, höchstens jedoch bis zum Betrag ihres Stammkapitals. Darüber hinausgehende Kosten tragen die Gesellschafter im Verhältnis der Nennbeträge ihrer Geschäftsanteile.

f)   Von dieser Urkunde erhält eine Ausfertigung jeder Gesellschafter, beglaubigte Ablichtungen die Gesellschaft und das Registergericht (in elektronischer Form) sowie eine einfache Abschrift das Finanzamt – Körperschaftsteuerstelle –.

g)   Die Erschienenen wurden von dem Notar insbesondere auf folgendes hingewiesen:
1) Bar- und Sacheinlagen: (Wird die Gesellschaft als Unternehmergesellschaft i.S.d. § 5a GmbHG gegründet – Unterschreitung des Mindestkapitals von € 25.000,00 – sind Sacheinlagen unzulässig und das gesamte Stammkapital muss vor Anmeldung eingezahlt werden). Bareinlagen können grundsätzlich nur durch Einzahlung von Geld erfüllt werden, nicht auch durch Aufrechnung oder Verrechnung mit Forderungen gegen die Gesellschaft. Forderungen gegen die Gesellschaft können vielmehr nur im Wege der Sacheinlage eingebracht werden. Dies gilt auch für Gesell-

schafterdarlehen. Bei einer Sachgründung sind der Gegenstand der Sacheinlage und der Betrag, auf den sich die Sacheinlage bezieht im Gesellschaftsvertrag festzusetzen und offenzulegen. Die Gesellschafter haben darüber hinaus einen schriftlichen Sachgründungsbericht zu erstellen, in dem sie u.a. die für die Angemessenheit der Leistungen für Sacheinlagen wesentlichen Umstände darlegen. Dem Handelsregister sind geeignete Unterlagen vorzulegen, wonach der Wert der Sacheinlagen den Betrag der dafür übernommenen Einlage erreicht. Eine Bareinlageverpflichtung kann auch nicht durch eine verdeckte Sacheinlage erfüllt werden. Eine solche liegt vor, wenn zwar formal eine Bareinlage vereinbart und geleistet wird, die Gesellschaft bei wirtschaftlicher Betrachtung aber gleichwohl eine Sache erhält.

2) Verbot von Voreinzahlungen: Zahlungen auf Bareinlagen, die vor dem heutigen Tag der Beurkundung des Gesellschaftsvertrages erfolgt sind, haben grundsätzlich keine Erfüllungswirkung.

3) Hin- und Herzahlen: Leistungen an Gesellschafter, die wirtschaftlich einer Rückzahlung der Einlage entsprechen, sind in der Handelsregisteranmeldung anzugeben. Gleiches gilt für die Vereinbarung einer solchen Leistung. Der Geschäftsführer erklärt, dass eine solche Leistung weder erfolgt noch vereinbart ist.

4) Kapitalaufbringung: Die vereinbarten Stammeinlagen müssen sich bei Anmeldung der Gesellschaft endgültig in der freien und uneingeschränkten Verfügung der Geschäftsführer der Gesellschaft befinden und dürfen – mit Ausnahme der im Gesellschaftsvertrag ausdrücklich übernommenen Gründungskosten – nicht durch Verbindlichkeiten vorbelastet sein. Das Registergericht ist berechtigt, die entsprechenden Versicherungen der Geschäftsführer zu überprüfen und von den Beteiligten die Vorlage geeigneter Nachweise (z.B. Einzahlungsbelege) verlangen.

5) Gründungshaftung: Die Geschäftsführer haften der Gesellschaft als Gesamtschuldner auf Schadensersatz, wenn zum Zwecke der Errichtung der Gesellschaft falsche Angaben gemacht werden.

6) Falsche Angaben oder Versicherungen: Falsche Angaben zum Zwecke der Eintragung der Gesellschaft und falsche Versicherungen sind strafbar und können mit Freiheitsstrafe von bis zu drei Jahren oder Geldstrafe geahndet werden.

7) Gesellschafterliste: Die Geschäftsführer haben unverzüglich nach Wirksamwerden jeder Veränderung in den Personen der Gesellschafter oder des Umfangs ihrer Beteiligung eine von ihnen unterschriebene Liste der Gesellschafter zum Handelsregister einzureichen.

8) Insolvenzverschleppung: Bei Zahlungsunfähigkeit oder Überschuldung der Gesellschaft haben die Geschäftsführer unverzüglich, spätestens aber innerhalb von drei Wochen Insolvenzantrag zu stellen. Wer vorsätzlich oder fahrlässig einen Insolvenzantrag nicht, nicht richtig oder nicht rechtzeitig stellt, macht sich strafbar.

Urkunde vom Notar vorgelesen, von den Erschienenen genehmigt und eigenhändig unterschrieben.

[Name],

[Name],

[Name],

[Name], Notar

(Siegel)

Im Übrigen zur Anmeldung zum Handelsregister s.o. Muster A. 5. Nr. 2.

7. Errichtung einer GmbH durch einen Gesellschafter (Einpersonengründung)

Errichtung einer GmbH durch einen Gesellschafter (Einpersonengründung)

Nr. [...] des Urkundenverzeichnisses für das Jahr [...]

Verhandelt zu [Ort] am [Datum]

Vor mir, dem unterzeichneten Notar im Bezirk des Oberlandesgerichts zu [Ort] mit dem Amtssitz in [Ort]

[Name]

erschien heute:

[Name], geboren am [Datum], [Anschrift], ausgewiesen durch deutschen Bundespersonalausweis.

Der Notar hat mit dem Erschienenen die heutige Gesellschaftsgründung ausführlich besprochen und dabei auch alternative Gestaltungen erörtert. Insbesondere hat der Notar den Erschienenen auch auf folgende Punkte hingewiesen: s.o. Muster A. 1.

Der Erschienene erklärte sodann:

Ich errichte hiermit eine Gesellschaft mit beschränkter Haftung und stelle den Gesellschaftsvertrag wie folgt fest:

Gesellschaftsvertrag der [Name] GmbH

§ 1

Firma, Sitz

Die Firma der Gesellschaft lautet: [Name] GmbH. Der Sitz der Gesellschaft ist [Ort].

§ 2

Gegenstand

Gegenstand des Unternehmens ist [Bezeichnung des Gegenstands].

§ 3

Stammkapital, Stammeinlagen

Das Stammkapital beträgt EUR [Betrag]. Hierauf übernimmt der alleinige Gesellschafter [Name] die Geschäftsanteile Nr. 1 bis Nr.____ im Nennbetrag von je EUR 1. Die Leistung auf die Einlagen ist in Geld zu erbringen und sofort fällig.

§ 4

Vertretung

Die Gesellschaft hat einen oder mehrere Geschäftsführer. Ist nur ein Geschäftsführer vorhanden, so vertritt er einzeln. Sind mehrere Geschäftsführer bestellt, so vertreten jeweils zwei Geschäftsführer die Gesellschaft gemeinsam. Die Geschäftsführer der Gesellschaft können von den Beschränkungen des § 181 BGB befreit werden. Die vorgenannten Regelungen gelten auch bei Liquidation der Gesellschaft für die Liquidatoren.

§ 5

Bekanntmachungen

Bekanntmachungen der Gesellschaft erfolgen nur im elektronischen Bundesanzeiger.

§ 6
Geschäftsjahr

Das Geschäftsjahr ist das Kalenderjahr. Das erste Geschäftsjahr ist ein Rumpfgeschäftsjahr und endet am 31. Dezember des Jahres der Eintragung der Gesellschaft in das Handelsregister.

§ 7
Jahresabschluss und Gewinnverwendung

Für den Jahresabschluss, den Lagebericht und die Gewinnverwendung gelten die gesetzlichen Bestimmungen.

§ 8
Kosten

Die Kosten der Eintragung der GmbH sowie die Veröffentlichungskosten bis EUR [Betrag] trägt die Gesellschaft. Alle übrigen Kosten, die mit der Gründung der GmbH verbunden sind, trage ich als Gesellschafter.

Sodann trat der alleinige Gesellschafter in eine Gesellschafterversammlung ein und fasste folgenden Beschluss:

Zum ersten Geschäftsführer wird [Name] bestellt. Der Geschäftsführer hat Einzelvertretungsrecht.

Vom Notar vorgelesen, vom Erschienenen genehmigt und unterschrieben:

Name],
[Name], Notar
(Siegel)

Gesellschafterliste: s.o. Muster A. 2.

8. Anmeldung der Einpersonen-GmbH zur Eintragung in das Handelsregister

s.o. Muster 3.

9. Wechsel eines Gesellschafters vor Eintragung der GmbH

Nr. [Nummer] des Urkundenverzeichnisses für das Jahr [Jahr]

Verhandelt zu [Ort] am [Datum]

Vor mir, dem unterzeichneten Notar im Bezirk des Oberlandesgerichts zu [Ort] mit dem Amtssitz in [Ort]

[Name]

erschienen heute, alle von Person bekannt:

1. [Name], geboren am [Datum], wohnhaft [Anschrift] – von Person bekannt –,
2. [Name], geboren am [Datum], wohnhaft [Anschrift] – von Person bekannt –,
3. [Name], geboren am [Datum], [Anschrift] – von Person bekannt –.

Die Erschienenen erklärten: Die Erschienenen zu 1. und 2. haben zu Protokoll des beurkundenden Notars vom [Datum] UR-Nr. [Nummer]/[Jahr] eine Gesellschaft mit beschränkter Haftung errichtet. Der Erschienene zu 2. soll aus der Gesellschaft in der Weise ausscheiden, dass sein Geschäftsanteil von dem Erschienenen zu 3. übernommen wird. Hierauf erklärten die Erschienenen zu 1., 2. und 3.:

Wir ändern den Gesellschaftsvertrag in § [...] (Stammkapital und Geschäftsanteile) wie folgt: Das Stammkapital beträgt EUR [Betrag]. Hierauf übernehmen: der Gesellschafter [Name] den Geschäftsanteil Nr. 1 mit einem Nennbetrag von EUR [Betrag], der Gesellschafter [Name] den Geschäftsanteil Nr. 2 mit einem Nennbetrag von EUR [Betrag]. Die Einlagen sind in Geld zu erbringen und sofort fällig.

Die Gesellschafterliste ist geändert und wird mit der Notarbescheinigung vom Notar elektronisch zum Handelsregister eingereicht (§ 40 Abs. 2 GmbHG).

Der geänderte vollständige Gesellschaftsvertrag wird, versehen mit der Notarbescheinigung nach § 54 Abs. 1 S. 2 GmbHG, vom Notar zusammen mit der Anmeldung der Änderung zum Handelsregister eingereicht.

Die übrigen Bestimmungen des Gesellschaftsvertrages bleiben unverändert.

Damit ist die Gesellschafterversammlung geschlossen.

Vom Notar vorgelesen, von den Erschienenen genehmigt und [Name],
wie folgt unterschrieben: [Name],
                                                                 [Name],
                                                                 [Name], Notar
                                                                 (Siegel)

10. Gesellschaftsvertrag (kurz) mit notarieller Bescheinigung gemäß § 54 GmbHG

§ 1
Firma

Die Firma der Gesellschaft lautet: [Name] GmbH.

§ 2
Sitz

Der Sitz der Gesellschaft ist [Ort].

§ 3
Gegenstand

Gegenstand des Unternehmens ist [Bezeichnung Gegenstand]. Die Gesellschaft ist berechtigt, alle damit in Zusammenhang stehenden Geschäfte auszuführen. Die Gesellschaft ist zu allen Maßnahmen berechtigt, die dem Gesellschaftszweck zu dienen geeignet erscheinen. Sie kann u.a. Unternehmen mit gleichem oder ähnlichen Gegenstand gründen, diese erwerben, pachten, sich an diesen Unternehmen beteiligen und Zweigniederlassungen im In- und Ausland errichten oder den Betrieb der GmbH ganz oder teilweise verpachten oder Dritten zur Betriebsführung überlassen.

§ 4
Vertretung

Die Gesellschaft hat einen oder mehrere Geschäftsführer. Ist nur ein Geschäftsführer vorhanden, so vertritt er allein. Sind mehrere Geschäftsführer bestellt, so wird die Gesellschaft von zwei Geschäftsführern gemeinschaftlich oder von einem Geschäftsführer in Gemeinschaft mit einem Prokuristen vertreten. Durch Beschluss der Gesellschafter kann jedem Geschäftsführer Einzelvertretungsrecht verliehen werden. Jeder Geschäftsführer ist berechtigt, mit sich im eigenen Namen oder als Vertreter eines Dritten Rechtsgeschäfte mit der Gesellschaft abzuschließen (§ 181 BGB). Die vorgenannten Regelungen gelten auch bei Liquidation der Gesellschaft für die Liquidatoren.

§ 5
Stammkapital und Stammeinlagen

Das Stammkapital beträgt EUR [Betrag]. Es ist eingeteilt in die Geschäftsanteile Nr. 1 bis Nr. 2 im Wert von nominal je EUR [Betrag]. Hierauf übernehmen: der Gesellschafter [Name] den Geschäftsanteil Nr. 1, der Gesellschafter [Name] den Geschäftsanteil Nr. 2. Die Einlagen sind in Geld zu erbringen und sofort fällig.

§ 6
Geschäftsjahr

Das Geschäftsjahr ist das Kalenderjahr. Das erste Geschäftsjahr ist ein Rumpfgeschäftsjahr und endet am 31. Dezember des Jahres der Eintragung der Gesellschaft in das Handelsregister.

§ 7
Bekanntmachungen

Die Bekanntmachungen der Gesellschaft erfolgen im elektronischen Bundesanzeiger.

Beine   915

§8
Jahresabschluss und Gewinnverwendung

Für den Jahresabschluss, den Lagebericht und die Gewinnverwendung gelten die gesetzlichen Bestimmungen.

§9
Kosten

Den Gründungsaufwand einschließlich der Kosten der Gründungsberatung bis zur Höhe von EUR [Betrag] trägt die Gesellschaft. Darüber hinausgehende Gründungskosten tragen die Gesellschafter.

Bescheinigung gemäß § 54 Abs. 1 Satz 2 GmbHG

Hiermit bescheinige ich, dass die geänderten Bestimmungen des Gesellschaftsvertrages mit dem Beschluss über die Änderung des Gesellschaftsvertrages vom [Datum] (meine Urkunde Nr. [Nummer]/20XX und den unveränderten Bestimmungen des Gründungsvertrages vom [Datum] (meine Urkunde Nr. [Nummer] des Urkundenverzeichnisses für 20XX) übereinstimmen.

[Ort], den [Datum]

[Name], Notar

(Siegel)

11. Gesellschafterliste nach Wechsel eines Gesellschafters vor Eintragung der GmbH

Geänderte Gesellschafterliste der [Name] GmbH, [Ort]

Liste der Gesellschafter der [Name] GmbH
mit dem Sitz in (HRB [Nummer] Amtsgericht [Bezeichnung])

Nummer (arabische Zahl) + Nennbetrag der Geschäftsanteile (GA)	Gesellschafter (Name Vorname Geburtsdatum Wohnort bzw. Firma Sitz Registergericht Registernummer)	Prozentzahl, die der Nennbetrag des Geschäftsanteils am Stammkapital vermittelt (keine Abrundung eines Anteils auf 25 % vornehmen. Die Prozent-Angabe wirkt nicht auf die Gesellschafter-Stellung)	Prozentzahl der Gesamtbeteiligung des Gesellschafters am Stammkapital (keine Abrundung einer Beteiligung auf 25 % vornehmen)	Veränderungsspalte Wechsel von Gesellschafter (Der bisherige Geschäftsanteil des Gesellschafters [Name] (Geschäftsanteil Nr. [Nummer] wurde von dem Gesellschafter [Name] übernommen.)
1- ___ (somit ____ GA im Nennwert von je EUR 1)				
Stammkapital	**EUR 25.000,00**			

Notarbescheinigung gemäß § 40 Abs. 2 GmbHG

Hiermit bescheinige ich, dass die geänderten Eintragungen den Veränderungen entsprechend meiner notariellen Urkunde vom [Datum] (Urkundenverzeichnis Nr. _____/Jahr) entsprechen und die übrigen Eintragungen mit dem Inhalt der zuletzt im Handelsregister aufgenommenen Liste übereinstimmen.

[Ort], [Datum]   [Name], Notar (Siegel)

Beine   917

12. Anmeldung des Wechsels eines Gesellschafters vor Eintragung der GmbH

An das
Amtsgericht
– Registergericht –
[Ort]

Als Geschäftsführer der [Name] GmbH überreiche ich:

1. beglaubigte Abschriften der Urkunden UVZ-Nr. [Nummer und Nummer]/[Jahr] des Notars [Name] in [Ort] betreffend die Gründung der Gesellschaft und die Änderung des Gesellschaftsvertrages,
2. den vollständigen Gesellschaftsvertrag mit der notariellen Bescheinigung des Notars [Name] gem. § 54 GmbHG,
3. die bei der Gründung der Gesellschaft vom Geschäftsführer unterschriebene Liste der Gesellschafter,
4. die aktuelle Liste der Gesellschafter mit der Bescheinigung des Notars nach § 40 Abs. 2 GmbHG.

Ich melde die Gesellschaft und mich als Geschäftsführer zur Eintragung an:

Durch Beschluss der Gesellschafterversammlung vom [Datum] ist der Gesellschaftsvertrag in § [...] (Stammkapital und Stammeinlagen) geändert.

Ich versichere, dass auf den Geschäftsanteil Nr. [Nummer] des Gesellschafters [Name] ein Betrag von EUR [Betrag] und auf den Geschäftsanteil Nr. [Nummer] des Gesellschafters [Name] ein Betrag von EUR [Betrag] eingezahlt ist und dass sich die eingezahlten Beträge endgültig zu meiner freien Verfügung als Geschäftsführer befinden.

Ich versichere weiter, dass diese Geschäftsanteile mit Ausnahme der Gründungskosten bis EUR [Betrag] nicht durch Schulden vorbelastet sind.

Anmeldung der Vertretungsbefugnis und die Eignungsversicherung – s.o. Muster A. 3.

[Ort], den [Datum]   [Name]

Die vor mir gefertigte Unterschrift des [Name], [Anschrift], welcher mir persönlich bekannt ist, wird hiermit beglaubigt.

[Ort], den [Datum]   [Name], Notar
(Siegel)

Hinweis: Sollte die Anmeldung vor dem Gesellschafterwechsel bereits zur Eintragung angemeldet worden sein, soll es ausreichen, dass die neue Vertragsurkunde mit der Bescheinigung des Notars nach § 54 Abs. 1 S. 2 GmbHG sowie der veränderten Gesellschafterliste (Notarbescheinigung nach § 40 Abs. 2 GmbHG) ohne erneute förmliche Anmeldung eingereicht wird, es sei denn, ausdrücklich anzumeldende Umstände wurden geändert, so dass die ursprüngliche Anmeldung nicht mehr zutrifft. Nachdem aber die Eintragung nach der Anmeldung meist in 2–3 Tagen erfolgt, stellt das obige Muster darauf ab, dass diese Anmeldung (wegen der Notwendigkeit der Kontoeröffnung und der Einzahlung der Stammeinlagen) noch nicht erfolgt ist. Ist die Gesellschaft einmal eingetragen, kann die Berichtigung nur noch über eine Abtretung der Gesellschaftsanteile des ausscheidenden Gesellschafters erfolgen.

13. Gesellschaftsvertrag mit Sacheinlagen (ausführliche Fassung mit Bestellung eines Aufsichtsrats) – § 2 GmbHG

Nr. [Nummer] des Urkundenverzeichnisses für das Jahr [Jahr]
Verhandelt zu [Ort] am [Datum]
Vor mir, dem unterzeichneten Notar
[Name]
mit dem Amtssitz in [Ort], der sich auf Ersuchen der Beteiligten in die Geschäftsräume der [Name], [Anschrift], begeben hatte, erschienen:
1. [Name], geboren am [Datum], [Anschrift],
2. [Name], geboren am [Datum], [Anschrift],
3. [Name], geboren am [Datum], [Anschrift].
Die Erschienenen sind dem Notar von Person bekannt.
Die Frage des Notars nach einer Vorbefassung im Sinne des § 3 Abs. 1 Nr. 7 des Beurkundungsgesetzes wurde von den Erschienenen verneint.
Der Notar hat mit den Erschienenen die heutige Gesellschaftsgründung ausführlich besprochen und dabei auch alternative Gestaltungen erörtert. Insbesondere hat der Notar die Beteiligten auch auf folgende Punkte hingewiesen:
– s.o. Muster A. 1.
Die Erschienenen erklärten sodann zur Urkunde des Notars:
Der Erschienene zu 1. erklärt, dass er nachstehend nicht für sich persönlich, sondern als einzelvertretungsberechtigter Geschäftsführer der [Name] GmbH handle. Der unterzeichnende Notar bescheinigt auf Grund der heute von ihm vorgenommenen Einsicht in das elektronische Handelsregister des Amtsgerichts [Ort] HRB [Nummer], dass der Erschienene zu 1. zur alleinigen Vertretung dieser Gesellschaft befugt ist.
Die Erschienenen zu 2. und 3. erklärten, dass sie nachstehend nicht für sich persönlich, sondern als gesamtvertretungsberechtigte Geschäftsführer bzw. Prokuristen für die [Name] GmbH handeln. Zum Nachweis ihrer Vertretungsbefugnis überreichen sie einen beglaubigten Handelsregisterauszug des Amtsgerichts [Ort] vom [Datum] HRB [Nummer], von welchem eine beglaubigte Abschrift dieser Urkunde beigefügt wird.
Die Erschienenen erklärten hierauf:
Die von uns Vertretenen, nämlich
1. [Name] GmbH mit Sitz in [Ort],
2. [Name] GmbH mit Sitz in [Ort],
errichten eine Gesellschaft mit beschränkter Haftung und geben dieser den nachfolgenden **Gesellschaftsvertrag**:

§ 1 Firma und Sitz der Gesellschaft
1. Die Firma der Gesellschaft lautet:
   [Name] GmbH.
2. Der Sitz der Gesellschaft ist [Ort].

§ 2 Gegenstand des Unternehmens

Gegenstand des Unternehmens ist [Bezeichnung Gegenstand]. Die Gesellschaft ist berechtigt, alle damit in Zusammenhang stehenden Geschäfte zu tätigen. Die Gesellschaft kann Zweigniederlassungen errichten.

§ 3 Stammkapital und Stammeinlagen

Das Stammkapital beträgt EUR [Betrag]. Es ist in [Anzahl] Geschäftsanteile zu Nennbeträgen von jeweils EUR 1 aufgeteilt (Geschäftsanteile Nr. 1 bis Nr. [Nummer].

Hierauf übernehmen:

1. die [Name] GmbH (nachstehend „Gesellschafterin zu 1") die Geschäftsanteile Nr. 1 – Nr. [Nummer],
2. die [Name] GmbH (nachstehend „Gesellschafterin zu 2") die Geschäftsanteile Nr. [Nummer] – Nr. [Nummer].

Die Leistungen auf die Geschäftsanteile werden nicht in bar erbracht, sondern wie folgt durch Sacheinlagen. Die Gesellschafterin zu 1. ist Eigentümerin des Grundstücks [Anschrift], eingetragen im Grundbuch von [Ort], Bezirk [...], Blatt [...], [Größe] qm groß. Sie bringt dieses Grundstück als Einlage auf die Geschäftsanteile Nr. 1 bis Nr. [Nummer] in die Gesellschaft ein.

Das Grundstück ist mit EUR [Betrag] bewertet. Der den Nominalbetrag der übernommenen Geschäftsanteile übersteigende Betrag wird der Gesellschaft als Darlehen gewährt.

Die Gesellschafterin zu 2. erbringt ihre Einlage auf die Geschäftsanteile Nr. [Nummer] bis Nr. [Nummer] durch Abtretung der ihr gegen die Firma [Name] GmbH in [Ort] zustehenden fälligen und vollwertigen Darlehensforderung in Höhe von EUR [Betrag] und durch Einbringung des in ihrem Eigentum stehenden PKW [Modell], polizeiliches Kennzeichen [Kennzeichen] mit der Fahrgestellnummer [Nummer], bewertet mit EUR [Betrag].

§ 4 Abtretung und Verpfändung von Geschäftsanteilen

Die Abtretung und Verpfändung von Geschäftsanteilen oder Teilen eines Geschäftsanteils an Dritte sowie der Beitritt neuer Gesellschafter bei einer Kapitalerhöhung bedürfen der Zustimmung des Aufsichtsrats.

§ 5 Einziehung von Geschäftsanteilen

1. Wird ein Gesellschafter aus wichtigem Grund aus der Gesellschaft ausgeschlossen, wird die Zwangsvollstreckung in den Geschäftsanteil eines Gesellschafters betrieben und nicht binnen drei Monaten aufgehoben oder über das Vermögen eines Gesellschafters ein Insolvenz- oder gerichtliches Vergleichsverfahren eröffnet, so kann der Geschäftsanteil des betroffenen Gesellschafters ohne dessen Zustimmung von der Gesellschaft eingezogen werden.
2. Eigene Geschäftsanteile der Gesellschaft können jederzeit eingezogen werden.
3. Über die Einziehung von Geschäftsanteilen beschließt die Gesellschafterversammlung. Der betroffene Gesellschafter hat hierbei kein Stimmrecht.
4. In den vorgenannten Fällen hat der betroffene Gesellschafter einen Anspruch auf ein dem Wert seines Geschäftsanteils entsprechendes Entgelt. Der Wert wird durch eine zum Zeitpunkt der Einziehung aufzustellende Bilanz ermittelt, in der die Ver-

mögenswerte der Gesellschaft mit ihrem wahren Wert einzusetzen sind. Der „good will" der Firma wird nicht bewertet. Das Entgelt ist in zwei gleichen Jahresraten, erstmals mit Ablauf eines Jahres, vom Tag des Ausscheidens an gerechnet, fällig. Es ist mit [...] % p.a. zu verzinsen.

§ 6 Organe der Gesellschaft

Organe der Gesellschaft sind:
1. der oder die Geschäftsführer,
2. die Gesellschafterversammlung,
3. der Aufsichtsrat.

§ 7 Geschäftsführer

1. Die Gesellschaft hat einen oder mehrere Geschäftsführer. Ist nur ein Geschäftsführer vorhanden, so vertritt er die Gesellschaft einzeln. Sind mehrere Geschäftsführer bestellt, so wird die Gesellschaft durch zwei Geschäftsführer oder durch einen Geschäftsführer gemeinsam mit einem Prokuristen vertreten.
2. Die Geschäftsführer werden durch den Aufsichtsrat bestellt, angestellt und abberufen.
3. Die vorgenannten Absätze gelten auch bei Liquidation der Gesellschaft für die Liquidatoren.

§ 8 Gesellschafterversammlung

1. Die Gesellschafterversammlung findet am Sitz der Gesellschaft statt.
2. Sie wird mindestens einmal jährlich in den ersten sechs Monaten des Geschäftsjahres und im Übrigen unbeschadet der im Gesetz vorgesehenen Fälle dann einberufen, wenn es im Interesse der Gesellschaft erforderlich ist.
3. Jeder Geschäftsanteil gewährt eine Stimme. Das Stimmrecht kann auch von einem Bevollmächtigten, der sich durch eine schriftliche Vollmacht legitimieren muss, ausgeübt werden.
4. Die Gesellschafterversammlung wird mit einer Frist von mindestens einer Woche durch Einschreiben oder gegen Empfangsbekenntnis unter gleichzeitiger Mitteilung der Tagesordnung durch den oder die Geschäftsführer einberufen.
5. Die Gesellschafterversammlung ist beschlussfähig, wenn mindestens die Hälfte des Stammkapitals vertreten ist. Ist die einberufene Versammlung nicht beschlussfähig, so ist erneut eine Gesellschafterversammlung mit der gleichen Tagesordnung einzuberufen, die ohne Rücksicht auf die Höhe des vertretenen Stammkapitals beschlussfähig ist. Darauf ist in der Einladung hinzuweisen.
6. Die Gesellschafterversammlung leitet der Vorsitzende des Aufsichtsrats, bei seiner Verhinderung der stellvertretene Vorsitzende. Ist auch dieser verhindert, übernimmt das älteste anwesende Mitglied der Gesellschafterversammlung deren Vorsitz. Der Leiter der Gesellschafterversammlung bestellt einen Protokollführer.
7. Beschlüsse der Gesellschafterversammlung werden, sofern das Gesetz nicht zwingend oder der Gesellschaftsvertrag eine andere Mehrheit vorschreibt, mit Mehrheit der abgegebenen Stimmen gefasst.
8. Die Abstimmung erfolgt durch Zuruf.
9. Über die Beschlüsse der Gesellschafterversammlung ist eine Niederschrift zu fertigen, die von dem Leiter der Gesellschafterversammlung und dem Protokollführer zu unterzeichnen ist.

10. Der Beschlussfassung der Gesellschafterversammlung unterliegen:
    a) der Geschäftsbericht,
    b) die Bilanz und die Gewinn- und Verlustrechnung,
    c) die Gewinnverteilung oder Verlustdeckung,
    d) die Wahl oder Abberufung von Aufsichtsratsmitgliedern,
    e) die Änderung des Gesellschaftsvertrages, Kapitalerhöhung oder Auflösung der Gesellschaft,
    f) die Einziehung von Geschäftsanteilen,
    g) die Verwendung der Vermögensrücklagen,
    h) die Verfolgung von Rechtsansprüchen gegen Organe der Gesellschaft,
    i) die Entlastung von Geschäftsführer und Aufsichtsratsmitgliedern.

§ 9 Aufsichtsrat

1. Die Gesellschaft hat einen Aufsichtsrat. Der Aufsichtsrat besteht aus [ungerade Zahl] Mitgliedern. Sie werden von der Gesellschafterversammlung vor Ablauf der Amtsdauer für vier Jahre gewählt. Scheidet ein Aufsichtsratsmitglied vor Ablauf seiner Amtszeit aus, so ist eine Ersatzwahl vorzunehmen. Der Aufsichtsrat wählt nach jeder Wahl einen Vorsitzenden und einen stellvertretenden Vorsitzenden.

2. Der Aufsichtsrat überwacht die Geschäftsführung der Gesellschaft. Zu diesem Zweck kann er jederzeit von der Geschäftsführung Auskunft in allen Angelegenheiten der Gesellschaft verlangen und selbst oder durch einzelne Mitglieder Einsicht in die Bücher und Schriften der Gesellschaft nehmen, den Bestand der Kasse untersuchen und die Wertpapierbestände kontrollieren. Er hat die Jahresrechnung, den Jahresabschluss und die Vorschläge zur Gewinnverteilung zu prüfen und der Gesellschafterversammlung darüber zu berichten.

3. Der Aufsichtsrat beschließt über:
    a) die Einforderung von auf die Stammeinlagen noch nicht eingezahlter Beträge,
    b) die Bestellung, Anstellung und den Widerruf der Bestellung von Geschäftsführern sowie die Zustimmung zur Erteilung von Prokuren und Handlungsvollmachten,
    c) die Verwendung etwa gebildeter Betriebsrücklagen,
    d) den Erwerb und die Veräußerung von Grundstücken sowie die Zustimmung zur Errichtung von Bauwerken,
    e) die Beteiligung an anderen Unternehmen,
    f) die Errichtung von Zweigniederlassungen.

4. Zur Vorbereitung seiner Beschlüsse kann der Aufsichtsrat unbeschadet seiner gesetzlichen Verantwortung aus seiner Mitte Ausschüsse bilden.

5. Der Aufsichtsrat fasst seine Beschlüsse in Sitzungen, die von dem Vorsitzenden oder im Verhinderungsfall dem stellvertretenden Vorsitzenden unter Angabe der Tagesordnung einberufen werden.

6. Der Aufsichtsrat ist beschlussfähig, wenn sämtliche Mitglieder eingeladen und mindestens die Hälfte der Mitglieder anwesend sind. Beschlüsse werden mit einfacher Mehrheit gefasst. Bei Stimmengleichheit gilt ein Antrag als abgelehnt.

7. Mit Zustimmung aller Aufsichtsratsmitglieder kann auch im schriftlichen Verfahren abgestimmt werden.

8. Über Verhandlungen und Beschlüsse ist eine Niederschrift zu fertigen, die von dem Vorsitzenden zu unterzeichnen ist.

§ 10 Geschäftsjahr

Das Geschäftsjahr ist das Kalenderjahr. Das erste Geschäftsjahr ist ein Rumpfgeschäftsjahr. Es endet am 31. Dezember des Jahres der Eintragung der Gesellschaft in das Handelsregister.

§ 11 Rücklagen und Gewinnverwendung

Von dem jährlichen Reingewinn ist mindestens 10% so lange einer Vermögensrücklage zuzuweisen, bis die Hälfte des Stammkapitals erreicht ist. Diese Rücklage darf nur zur Deckung eines sich aus der Bilanz ergebenden Verlustes verwendet werden.

Von dem verbleibenden Reingewinn haben die Gesellschafter einen Anspruch auf Ausschüttung von insgesamt 40% entsprechend der von ihnen gehaltenen Anteile.

§ 12 Bekanntmachungen

Die Bekanntmachungen der Gesellschaft erfolgen im elektronischen Bundesanzeiger.

§ 13 Kosten

Den Gründungsaufwand einschließlich der Kosten der Gründungsberatung bis zur Höhe von EUR [Betrag] trägt die Gesellschaft. Darüber hinausgehende Gründungskosten tragen die Gesellschafter.

Nachdem der Gesellschaftsvertrag der Gesellschaft festgestellt ist, erklärten die Erschienenen:

Wir treten hiermit zu einer Gesellschafterversammlung zusammen und wählen zu Mitgliedern des Aufsichtsrats der soeben gegründeten Gesellschaft mit beschränkter Haftung:

1. [Name], [Beruf] wohnhaft in [Ort],
2. [Name], [Beruf] wohnhaft in [Ort],
3. [Name], [Beruf] wohnhaft in [Ort].

Vorgelesen und genehmigt und wie folgt unterschrieben: [Name]

     [Name]

     [Name]

     [Name], Notar

     Siegel

Liste der Gesellschafter der [Name] GmbH mit dem Sitz in [Ort] mit den Nennbeträgen der übernommenen Geschäftsanteile: s.o. Muster A. 2.

Anmeldung zum Handelsregister: s.o. Muster A. 3.

14. Beschluss des Aufsichtsrats über die Bestellung von Geschäftsführern

Protokoll

Wir, die unterzeichnenden Mitglieder des Aufsichtsrats der [Name] GmbH in [Ort], sind heute zur ersten Aufsichtsratssitzung zusammengetreten. Wir beschließen einstimmig:

1. Zum Vorsitzenden des Aufsichtsrats wird [Name] in [Ort], zu seinem Stellvertreter [Name] in [Ort] gewählt.
2. Zu Geschäftsführern der Gesellschaft bestellen wir:
   a) [Name], geboren am [Datum], wohnhaft in [Ort],
   b) [Name], geboren am [Datum], wohnhaft in [Ort].

Die Vertretungsbefugnis der Geschäftsführer ergibt sich aus § [...] des Gesellschaftsvertrages wie folgt:

Die Gesellschaft hat einen oder mehrere Geschäftsführer. Ist nur ein Geschäftsführer vorhanden, so vertritt er einzeln. Sind mehrere Geschäftsführer bestellt, so wird die Gesellschaft gemeinsam durch zwei Geschäftsführer oder durch einen Geschäftsführer gemeinsam mit einem Prokuristen vertreten. Durch Beschluss der Gesellschafter kann jedem Geschäftsführer Einzelvertretungsrecht verliehen werden. Jeder Geschäftsführer ist berechtigt, mit sich im eigenen Namen oder als Vertreter eines Dritten Rechtsgeschäfte mit der Gesellschaft abzuschließen (§ 181 BGB). Die vorgenannten Regelungen gelten auch bei Liquidation der Gesellschaft für die Liquidatoren.

Die Geschäftsführer [Name] und [Name] vertreten die Gesellschaft gemeinsam oder jeweils jeder von ihnen zusammen mit einem Prokuristen bzw. dann einzeln, wenn der betreffende Geschäftsführer alleiniger Geschäftsführer ist.

[Ort], den [Datum]   [Name]
                                            – Vorsitzender
                                            [Name]

15. Sachgründungsbericht

Wir, die Unterzeichnenden, haben am [Datum] zu Urkunde UVZ-Nr. [Nummer]/[Jahr] des Notars [Name] in [Ort] den Gesellschaftsvertrag zur Errichtung der Firma [Name] GmbH abgeschlossen. Die Erbringung des Stammkapitals erfolgt durch Sacheinlagen. Wir erstatten daher gem. § 5 Abs. 4 S. 2 GmbHG folgenden Sachgründungsbericht:

1. Der Gesellschafter [Name] hat bei der Gründung der Gesellschaft die Geschäftsanteile Nr. 1 [Anzahl] zum jeweiligen Nennbetrag von € 1 übernommen. Die Leistungen auf die Geschäftsanteile soll durch Sacheinlage erbracht werden, indem der Gesellschafter das in seinem Eigentum stehende, unbelastete Grundstück [Anschrift] in [Ort] [Grundbuchbezeichnung] in die Gesellschaft einbringt.

Der Gesellschafter hat das Grundstück am [Datum] an die Gesellschaft aufgelassen (Urkunde UVZ-Nr. [Nummer]/[Jahr] des Notars [Name] in [Ort]). Die Umschreibung des Eigentums im Grundbuch von [Ort] auf die Gesellschaft mit beschränkter Haftung i.G. ist am [Datum] erfolgt (Grundbuch des AG [Ort] Bezirk [Nummer] Blatt [Nummer]).

Das Grundstück wurde von dem Sachverständigen [Name] bewertet. Nach seinem Gutachten vom [Datum] hat das Grundstück einen Verkehrswert von EUR [Betrag]. Den Differenzbetrag zwischen dem Verkehrswert des Grundstücks und dem Nominalwert der von dem Gesellschafter [Name] übernommenen Geschäftsanteile (Nennbetrag aller Anteile: EUR [Betrag]) i.H.v. EUR [Betrag] gewährt der Gesellschafter der Gesellschaft als unverzinsliches, frühestens nach einem Ablauf von drei Jahren ab Eintragung der Gesellschaft im Handelsregister fälliges Darlehen.

2. Der Gesellschafter [Name] GmbH hat bei der Gründung der Gesellschaft die Geschäftsanteile mit den Nrn. [Zahl] bis [Zahl] zu Nennbeträgen von jeweils € 1 mit Gesamtnennwert von EUR [Betrag] übernommen. Die Leistungen auf diese Geschäftsanteile sollen ebenfalls als Sacheinlage erbracht werden. Der Gesellschafter hat die ihm gegen die Firma [Name] GmbH in [Ort] zustehende Darlehensforderung von EUR [Betrag] an die Gesellschaft abgetreten (notariell beurkundete Abtretung vom [Datum], Urkunde UVZ-Nr. [Nummer]/[Jahr] des Notars [Name] in [Ort]). Der Gesellschafter hat durch Vorlage des Darlehensvertrages vom [Datum] nachgewiesen, dass das Darlehen zum [Datum] dieses Jahres [Jahr] fällig ist. Er hat weiterhin eine von der [Name] Wirtschaftsprüfungsgesellschaft in [Ort] testierte Zwischenbilanz der Darlehensnehmerin, aufgestellt auf den [Datum] dieses Jahres [Jahr], vorgelegt, aus der sich ergibt, dass die Darlehensforderung vollwertig und die Darlehensnehmerin liquide ist.

Der Gesellschafter [Name] hat weiterhin der Gesellschaft sein Kraftfahrzeug Marke [Marke], polizeiliches Kennzeichen [Kennzeichen] mit der Fahrgestellnummer [Nummer] durch schriftlichen Vertrag vom [Datum] übereignet. Das Fahrzeug ist von dem Kfz-Sachverständigen [Name] mit einem Verkehrswert von EUR [Betrag] bewertet worden. Sein Gutachten vom [Datum] liegt uns vor. Der vom Gesellschafter und der Gesellschaft festgestellte Übernahmewert beträgt EUR [Betrag].

3. Aufgrund der uns vorliegenden Unterlagen und der von uns vorgenommenen Prüfung kommen wir zu der Feststellung, dass der Wert der von beiden Gesellschaftern geleisteten Sacheinlagen in einem angemessenen Verhältnis zum Wert der dafür von ihnen übernommenen Geschäftsanteile steht. Es haben sich bis heute keine maßgeblichen Änderungen ergeben.

[Ort], den [Datum]   [Name] GmbH
                                            [Name]
                                            [Name] GmbH
                                            [Name]

16. Anmeldung der Sachgründung der GmbH zur Eintragung in das Handelsregister (§§ 7, 8 GmbHG) sowie Aufsichtsrat einer GmbH (§ 52 GmbHG)

An das
AG [Ort]
– Registergericht –
[Anschrift]

1. Anlagen und Anmeldung HRB Neu

Als Geschäftsführer der Firma [Name] GmbH in [Ort] überreichen wir folgende Unterlagen:

a) beglaubigte Abschrift des Gesellschaftsvertrages vom [Datum] (Urkunde UVZ-Nr. [Nummer]/[Jahr] des Notars [Name] in [Ort]),
b) Beschluss des Aufsichtsrats vom [Datum], der die Bestellung der Geschäftsführer enthält,
c) Liste der Gesellschafter,
d) Sachgründungsbericht der Gesellschafter vom [Datum],
e) beglaubigten Auszug aus dem Grundbuch von [Ort], Blatt [Nummer] vom [Datum],
f) die mit dem uneingeschränkten Testat der [Name] Wirtschaftsprüfungsgesellschaft [Name] in [Ort] versehene Zwischenbilanz der Firma [Name] GmbH in [Ort] zum [Datum],
g) Gutachten des Sachverständigen [Name] vom [Datum],
h) Gutachten des Sachverständigen [Name] vom [Datum],
i) beglaubigte Abschrift der Abtretungsurkunde UR-Nr. [Nummer]/[Jahr] des Notars [Name] in [Ort],
j) die Liste der Aufsichtsratsmitglieder.

Wir melden die Gesellschaft und unsere Bestellung zu Geschäftsführern zur Eintragung in das Handelsregister an.

2. Versicherung der Geschäftsführer

Wir versichern, dass die für die Stammeinlagen der beiden Gesellschafterinnen zu leistenden Sacheinlagen vollständig geleistet sind und sich diese Sacheinlagen endgültig in unserer freien Verfügung befinden und das Stammkapital mit keinerlei Schulden vorbelastet ist.

Wir versichern ferner, dass keine Umstände vorliegen, die unserer Bestellung als Geschäftsführer nach § 6 Abs. 2 GmbHG entgegenstehen, und dass wir am [Datum] durch den beglaubigenden Notar über unsere unbeschränkte Auskunftspflicht gegenüber dem Gericht nach § 53 Abs. 2 BZRG belehrt worden sind. Die entsprechenden Vorschriften sind uns bekannt, insbesondere auch die strafrechtlichen Bestimmungen. Sie wurden uns vom beglaubigenden Notar dargelegt und mit diesem ausführlich erörtert.

Jeder von uns versichert für sich:

Ich versichere, dass keine Umstände vorliegen, aufgrund deren ich nach § 6 Abs. 2 Satz 2 Nr. 2 und 3 sowie Satz 3 und 4 GmbHG von dem Amt als Geschäftsführer ausgeschlossen wäre, auch nicht aufgrund eines vergleichbaren Verbots in einem anderen Mitgliedstaat der Europäischen Union oder in einem anderen Vertragsstaat des Abkommens über den Europäischen Wirtschaftsraum: Ich wurde niemals* – auch nicht in den letzten 5 Jahren – wegen Insolvenzverschleppung, einer Insolvenzstraftat nach den §§ 283–283d StGB, wegen falscher Angaben nach § 82 GmbHG oder § 399 AktG, wegen unrichtiger Darstellung nach § 400 AktG, § 331 HGB, § 346 UmwG oder § 17 PublG oder wegen einer Straftat nach den §§ 263–264a oder 265b–266a StGB und auch nicht wegen einer vergleichbaren Straftat im Ausland verurteilt; mir ist weder durch gerichtliches Urteil noch durch vollziehbare Entscheidung einer Verwaltungsbehörde die Ausübung irgendeines Berufes, Berufszweiges, Gewerbes oder Gewerbezweiges untersagt. Ich wurde von dem beglaubigenden Notar über meine unbeschränkte Auskunftpflicht gegenüber dem Registergericht belehrt.

* Sollte früher einmal eine Verurteilung stattgefunden haben: „Während der letzten 5 Jahre wurde weder im In- noch wegen einer vergleichbaren Straftat im Ausland eine Verurteilung wegen einer oder mehrerer folgender Straftaten rechtskräftig:"

3. Vertretungsbefugnis

Abstrakt:

Die Gesellschaft hat einen oder mehrere Geschäftsführer. Ist nur ein Geschäftsführer vorhanden, so vertritt er einzeln. Sind mehrere Geschäftsführer bestellt, so wird die Gesellschaft durch zwei Geschäftsführer gemeinsam oder durch einen Geschäftsführer gemeinsam mit einem Prokuristen vertreten.

Konkret:

Jeder von uns vertritt die Gesellschaft gemeinsam mit einem anderen Geschäftsführer oder jeweils gemeinsam mit einem Prokuristen, wenn mehrere Geschäftsführer bestellt sind. Jeder von uns vertritt die Gesellschaft einzeln, wenn neben ihm kein weiterer Geschäftsführer bestellt ist

4. Aufsichtsrat

Die Gesellschaft hat einen Aufsichtsrat. Zu seinen Mitgliedern wurden bestellt:

– [Name], [Beruf], wohnhaft in [Ort], Vorsitzender,
– [Name], [Beruf], wohnhaft in [Ort], stellvertretender Vorsitzender,
– [Name], [Beruf], wohnhaft in [Ort],

5. Inländische Geschäftsanschrift

Die inländische Anschrift der Gesellschaft lautet: [Anschrift]

[Ort], den [Datum]

[Name]

Beglaubigungsvermerk

– Notar –

(Siegel)

Liste der Aufsichtsratsmitglieder der [Name] GmbH

Name, Vorname	Ausgeübter Beruf	Wohnort	
[Name]		[Ort]	Aufsichtsratsvorsitzender
[Name]		[Ort]	Stellvertretender Vorsitzender
[Name]		[Ort]	

[Ort], den [Datum]

[Name]   [Name]
Geschäftsführer   Geschäftsführer

B. Ausschluss eines Gesellschafters bei verzögerter Einzahlung (Kaduzierung – §§ 21 f. GmbHG)

17. Aufforderung zur Einzahlung der übernommenen Stammeinlage

Einschreiben

[Name]

[Anschrift]

Anlässlich der Gründung unserer Gesellschaft haben Sie am [Datum] die Geschäftsanteile Nr. [Nummer] bis Nr. [Nummer]) übernommen und darauf EUR [Betrag] eingezahlt.

Wir bitten Sie, nunmehr die weiteren 50 %, das sind EUR [Betrag], auf das Ihnen bekannte Konto unserer Gesellschaft bis zum [Datum] einzuzahlen.

[Ort], den [Datum]   [Name] GmbH,
                                                [Name],
                                                [Name]

18. Erneute Aufforderung unter Fristsetzung

Einschreiben
[Name]
[Anschrift]

Der von Ihnen am [Datum] eingeforderte Betrag von EUR [Betrag] zur vollständigen Einzahlung der von Ihnen übernommenen Geschäftsanteile Nr. [Nummer] bis Nr. [Nummer] ist bisher noch nicht eingegangen.

Wir fordern Sie daher erneut auf, diesen Betrag binnen eines Monats einzuzahlen. Wir weisen darauf hin, dass Sie für den Fall der Nichteinzahlung mit Ihrem/Ihren Geschäftsanteil(en) Nr. [Nummer] bis Nr. [Nummer] i.H.v. insgesamt EUR [Betrag] ausgeschlossen werden.

[Ort], den [Datum]   [Name] GmbH,
                                                [Name],
                                                [Name]

19. Ausschlusserklärung (Kaduzierung)

Einschreiben

[Name]
[Anschrift]

Wir haben Sie durch unsere Schreiben vom [Datum] und [Datum], im letzten Schreiben unter Fristsetzung von einem Monat und unter Androhung des Ausschlusses aufgefordert, den Restbetrag auf die von Ihnen übernommene Stammeinlagen einzuzahlen.

Da wir innerhalb der Frist eine Einzahlung nicht feststellen konnten, erklären wir Sie hiermit Ihrer Geschäftsanteile Nr. [Nummer] bis Nr. [Nummer] und der hierauf geleisteten Teilzahlungen zugunsten der Gesellschaft für verlustig und schließen Sie hiermit aus der Gesellschaft aus. Einen Ausgleich erhalten Sie hierfür nicht.

[Ort], den [Datum]   [Name] GmbH,
                                                    [Name],
                                                    [Name]

Gesellschafterliste: s.o. Muster A. 11 mit „Ausschluss von Gesellschafter [Name]" in Veränderungsspalte

C. Änderung des Gesellschaftsvertrages (§§ 53 ff. GmbHG)

20. Beschluss der Gesellschafterversammlung über die Änderung des Gesellschaftsvertrages und Sitzverlegung

Nr. [...] des Urkundenverzeichnisses für [Jahr]

Verhandelt zu [Ort] am [Datum]

vor dem unterzeichneten Notar im Bezirk des Oberlandesgerichts [Ort]

[Name]

mit dem Amtssitz in [Ort] erschienen heute

1. [Name], wohnhaft [Anschrift],
2. [Name], wohnhaft [Anschrift].

Die Erschienenen sind dem Notar persönlich bekannt.

Die Erschienenen erklären:

Wir sind die alleinigen Gesellschafter der [Name] GmbH, eingetragen beim Amtsgericht [Ort] unter HRB [Nummer]. Der Erschienene zu 1. ist mit einem Geschäftsanteil von EUR [Betrag] (Geschäftsanteil Nr. [Nummer], die Erschienene zu 2. mit einem Geschäftsanteil von EUR [Betrag] (Geschäftsanteil Nr. [Nummer] an der Gesellschaft beteiligt, deren Stammkapital EUR [Betrag] beträgt. Wir verzichten auf Fristen und Formen für die Einberufung dieser Gesellschafterversammlung.

Durch Einschreibebrief vom [Datum], der gemäß Quittung am gleichen Tag bei der Post abgegeben wurde, sind die Gesellschafter unter Mitteilung der Tagesordnung

1. Änderung des Gegenstandes des Unternehmens,
2. Sitzverlegung,
3. entsprechende Änderung des § [...] des Gesellschaftsvertrages,

auf heute, [17.00] Uhr in die Büroräume des amtierenden Notars geladen.

Die Erschienenen beschließen um [17.05] Uhr:

1. Der Gegenstand des Unternehmens wird geändert und lautet nunmehr wie folgt: [Neuer Gegenstand] und alle damit zusammenhängenden Geschäfte.
2. Der Sitz der Gesellschaft wird von [Ort] nach [Ort] verlegt.
3. § 1 Abs. 2 des Gesellschaftsvertrages lautet nunmehr: Sitz der Gesellschaft ist [Ort]. § 2 des Gesellschaftsvertrages lautet nunmehr: Gegenstand des Unternehmens ist [Bezeichnung] und alle damit zusammenhängenden Geschäfte.
4. Die inländische Geschäftsanschrift lautet: [Anschrift].

Damit ist die Gesellschafterversammlung geschlossen.

Das Protokoll ist den Erschienenen in Gegenwart des Notars vorgelesen, von ihnen genehmigt und eigenhändig unterschrieben worden:

[Name],

[Name],

[Name], Notar

(Siegel)

21. Anmeldung der Änderung des Gesellschaftsvertrages zum Handelsregister

An das
AG
– Registergericht –
[Anschrift]

[Name] GmbH, HRB [...] - Änderung des Gesellschaftsvertrags

In der Handelsregistersache der Firma [Name] GmbH – HRB [Nummer] – überreichen wir als Geschäftsführer eine elektronisch beglaubigte Abschrift des notariellen Protokolls vom [Datum] (Urkunde UVZ-Nr. _____) des Notars [Name] über eine Gesellschafterversammlung bezüglich der Änderung des Gesellschaftsvertrags und melden zur Eintragung in das Handelsregister an:

Durch Beschluss der Gesellschafterversammlung vom [Datum] ist der Gegenstand des Unternehmens geändert, der Sitz der Gesellschaft von [Ort] nach [Ort] verlegt und der Gesellschaftsvertrag in den §§ 1 (Gegenstand) und 2 (Sitzverlegung) entsprechend geändert.

Die Geschäftsräume befinden sich nunmehr in [Anschrift]. Dies ist die inländische Geschäftsanschrift.

Wir fügen eine elektronisch beglaubigte Abschrift des Gesellschaftsvertrages in seiner nunmehr gültigen Fassung mit der notariellen Bescheinigung gem. § 54 GmbHG * bei.

[Name]
[Name]

Nr. ____ des Urkundenverzeichnisses für 20XX
Es wird hierdurch beglaubigt, dass am [Datum]
1. [Name], [Anschrift],
2. [Name], [Anschrift],
beide von Person bekannt,
die am Schluss der Anmeldung befindlichen Namensunterschriften in meiner Gegenwart eigenhändig vollzogen haben.
[Ort], den [Datum]
(Siegel)   [Name], Notar

*) Bescheinigung nach § 54 GmbHG:

Ich bescheinige hiermit, dass der vorstehende Wortlaut des Gesellschaftsvertrags der [Name] GmbH die durch meine Urkunde vom [Datum] – UVZ-Nr. [Nummer]/[Jahr] – beschlossene Satzungsänderung enthält und dass diese mit dem dort enthaltenen Beschluss über die Änderung des Gesellschaftsvertrags übereinstimmt. Die unveränderten Bestimmungen des Gesellschaftsvertrags stimmen mit dem zuletzt zum Handelsregister eingereichten vollständigen Wortlaut des Gesellschaftsvertrags überein.

Danach hat der Gesellschaftsvertrag nach Eintragung der beschlossenen Satzungsänderung in das Handelsregister den obenstehenden Wortlaut.

[Ort], den [Datum]
(Siegel)   [Name], Notar

D. Abtretung von Geschäftsanteilen

22. Abtretung eines voll eingezahlten Geschäftsanteils (§§ 15, 40 Abs. 2 GmbHG)

Nr. [Nummer] des Urkundenverzeichnisses für Jahr

Verhandelt zu [Ort] am [Datum]

Vor dem unterzeichneten Notar im Bezirk des Oberlandesgerichts [Ort] mit dem Amtssitz in [Ort] [Name]

erschienen heute:

1. [Name], [Anschrift],
2. [Name], [Anschrift],

beide dem Notar von Person bekannt.

Der Erschienene zu 1. erklärte: Ich bin Inhaber des Geschäftsanteils Nr. [Nummer] in Höhe von EUR [Betrag] an der [Name] GmbH, eingetragen im Handelsregister des Amtsgerichts [Ort] unter HRB [Name], die ein Stammkapital von EUR [Betrag] hat. Das Stammkapital ist voll eingezahlt.

Ich trete hiermit meinen Geschäftsanteil Nr. [Nummer] an den Erschienenen zu 2. zum Kaufpreis von EUR [Betrag] ab. Der Kaufpreis ist nach Genehmigung der Abtretung durch die Gesellschaft zur Zahlung fällig. Das Gewinnbezugsrecht geht mit Wirkung vom [Datum] auf [Name] über.

Der Erschienene zu 2. erklärte: Ich nehme die Abtretung zu den genannten Bedingungen an.

Gemäß § [...] des Gesellschaftsvertrages bedarf die Abtretung eines Geschäftsanteils der Genehmigung durch die Gesellschaft. Die Erschienenen sind sich daher darüber einig, dass der Vertrag unter der Bedingung der Erteilung der Genehmigung durch die Gesellschaft geschlossen wird. Der Notar wies darauf hin, dass die Kaufpreiszahlung nicht abgesichert ist und erläuterte Möglichkeiten (z.B. Bankbürgschaft, Aufschiebung der Abtretungswirkung auf den Zeitpunkt der Kaufpreiszahlung). Die Erschienenen beließen es aber bei der von ihnen gewählten Regelung.

Die Kosten dieser Urkunde und ihres Vollzugs trägt [Name]. Die Gesellschaft hat keinen Grundbesitz. Das Protokoll ist den Erschienenen von dem Notar vorgelesen, von ihnen genehmigt und wie folgt eigenhändig unterschrieben:

[Name],

[Name],

[Name], Notar

(Siegel)

23. Anzeige der Abtretung an die Gesellschaft (ggf. Genehmigungsvoraussetzungen gemäß Satzung, vgl. § 15 Abs. 5 GmbHG)

[Ort], den [Datum]

Firma
[Name] GmbH
[Anschrift]

Ich habe in der notariellen Verhandlung vom [Datum], von der ich eine beglaubigte Abschrift beifüge, meinen Geschäftsanteil Nr. [Nummer] von EUR [Betrag] an der Gesellschaft mit Gewinnbezugsrecht ab [Datum] an [Name], [Anschrift], abgetreten. Ich zeige die Abtretung an mit der Bitte, sie gemäß § [...] des Gesellschaftsvertrages zu genehmigen.

[Name]

24. Genehmigung der Abtretung durch die Gesellschaft (§ 15 Abs. 5 GmbHG)

Genehmigung der Abtretung
[Ort], den [Datum]

[Name]
[Anschrift]

Hiermit wird die Genehmigung zur Abtretung des Geschäftsanteils Nr. [Nummer] des [Name] an [Name] GmbH in Höhe von EUR [Betrag] an [Name] in [Ort] erteilt.

[Name] GmbH
[Name]
– Geschäftsführer –

Gesellschafterliste: s.o. Muster A. 11 mit „Anteilsübertragung von [Name] durch Abtretung" in Veränderungsspalte.

E. Abberufung und Bestellung von Geschäftsführern
(§§ 46 Nr. 5, 39 GmbHG)

25. Protokoll einer Gesellschafterversammlung über die Abberufung und Neubestellung eines Geschäftsführers (vgl. § 46 Nr. 5 GmbHG)

Protokoll der Versammlung der Gesellschafter der [Name] GmbH in [Ort]. Anwesend waren sämtliche Gesellschafter:

1. [Name], Geschäftsanteil Nr. [Nummer],
2. [Name] (Geschäftsanteile Nr. [Nummer].

Versammlungsleiter war [Name].

Tagesordnung:

Abberufung des Geschäftsführers [Name] und Entlastung.

Neubestellung eines Geschäftsführers.

Zur Tagesordnung wurde beschlossen:

Der Geschäftsführer [Name] wird mit sofortiger Wirkung abberufen. Ihm wird Entlastung erteilt.

Zum neuen Geschäftsführer wird [Name], geboren am [Datum], wohnhaft in [Ort], bestellt. Er hat Einzelvertretungsrecht und ist von den Beschränkungen des § 181 BGB befreit.

[Ort], den [Datum]   [Name],
                                                      [Name]

26. Anmeldung des Geschäftsführerwechsels zum Handelsregister (§ 39 GmbHG)

In elektronisch beglaubigter Form (§ 12 Abs. 1 S. 1 HGB)
An das
AG
– Registergericht –
[Ort]
Betr.: [Name] GmbH HRB [Nummer]
1. Anmeldung der Abberufung und Neubestellung sowie Vertretungsbefugnis
In obiger Handelsregistersache überreiche ich das Protokoll der Gesellschafterversammlung vom [Datum] und melde zur Eintragung in das Handelsregister an:
1. Der Geschäftsführer [Name] ist abberufen.
2. Ich, [Name], geboren am [Datum] in [Ort], bin zum Geschäftsführer der Gesellschaft bestellt.

Vertretungsbefugnis nach dem Gesellschaftsvertrag:
Die Gesellschaft hat einen oder mehrere Geschäftsführer. Ist nur ein Geschäftsführer vorhanden, so vertritt er einzeln. Sind mehrere Geschäftsführer bestellt, so wird die Gesellschaft durch zwei Geschäftsführer gemeinsam oder durch einen Geschäftsführer gemeinsam mit einem Prokuristen vertreten. Ist nur ein Geschäftsführer bestellt, vertritt er einzeln. Die Gesellschafter können einem Geschäftsführer Einzelvertretungsrecht einräumen und ihn von den Beschränkungen des § 181 BGB befreien.

Vertretungsbefugnis des Geschäftsführers [Name]:
Ich habe Einzelvertretungsrecht und bin von den Beschränkungen des § 181 BGB befreit.

Die Geschäftsräume der Gesellschaft sind unverändert in [Ort], [Anschrift]; dies ist auch die inländische Geschäftsanschrift der Gesellschaft.

2. Versicherung des Geschäftsführers (fehlende Bestellungshindernisse, unbeschränkte Auskunftspflicht)
Ich, [Name],

versichere, dass keine Umstände vorliegen, aufgrund deren ich nach § 6 Abs. 2 Satz 2 Nr. 2 und 3 sowie Satz 3 und 4 GmbHG von dem Amt als Geschäftsführer ausgeschlossen wäre, auch nicht aufgrund eines vergleichbaren Verbots in einem anderen Mitgliedstaat der Europäischen Union oder in einem anderen Vertragsstaat des Abkommens über den Europäischen Wirtschaftsraum: Ich wurde niemals – auch nicht in den letzten 5 Jahren – wegen Insolvenzverschleppung, einer Insolvenzstraftat nach den §§ 283–283d StGB, wegen falscher Angaben nach § 82 GmbHG oder § 399 AktG, wegen unrichtiger Darstellung nach § 400 AktG, § 331 HGB, § 346 UmwG oder § 17 PublG oder wegen einer Straftat nach den §§ 263–264a oder 265b–266a StGB und auch nicht wegen einer vergleichbaren Straftat im Ausland verurteilt; mir ist weder durch gerichtliches Urteil noch durch vollziehbare Entscheidung einer Verwaltungsbehörde die Ausübung irgendeines Berufes, Berufszweiges, Gewerbes oder Gewerbezweiges untersagt. Ich wurde von dem beglaubigenden Notar über meine unbeschränkte Auskunftspflicht gegenüber dem Registergericht belehrt.

[Name]
– Geschäftsführer –

UVZ-Nr. _____/Jahr

Ich beglaubige hiermit als heute persönlich vor mir vollzogen die vorstehende Unterschrift von [Name], geboren am [Datum], von Person bekannt, wohnhaft [Anschrift].

[Ort], den [Datum]

(Siegel)   [Name], Notar

F. Anmeldung und Abmeldung/Löschung
eines Prokuristen

27. Anmeldung der Prokura

An das
AG
– Registergericht –
[Ort]
[Name] GmbH HRB [Nummer]
In obiger Handelsregistersache melde ich, der einzelvertretungsberechtigte Geschäftsführer [Name], an:
Frau/Herrn [Name], geboren am [Datum], [Anschrift] wurde Gesamtprokura erteilt. Der Prokurist kann die Gesellschaft nur gemeinsam mit einem Geschäftsführer oder einem anderen Prokuristen vertreten.

[Ort], den [Datum]   [Name]
Urkundenrollen Nr. [Nummer]/[Jahr]
Ich beglaubige als heute persönlich vor mir vollzogen die vorstehende Unterschrift des Geschäftsführers [Name], [Anschrift], von Person bekannt.
[Ort], den [Datum]
(Siegel)   [Name], Notar

28. Abmeldung/Löschung der Prokura

An das
AG
– Registergericht –
[Ort]
[Name] GmbH HRB [Nummer]
In obiger Handelsregistersache melde ich, der einzelvertretungsberechtigte Geschäftsführer [Name], an:
Die Prokura von Frau/Herrn [Name], geboren am [Datum], [Anschrift] ist erloschen.

[Ort], den [Datum]   [Name]

Urkundenrollen Nr. _____ [Nummer]/[Jahr]
Ich beglaubige hiermit als heute persönlich vor mir vollzogen die vorstehende Unterschrift des Geschäftsführers [Name], [Anschrift], von Person bekannt.
[Ort], den [Datum]
(Siegel)   [Name], Notar

G. Kapitalerhöhung (§§ 55 f. GmbHG)

29. Kapitalerhöhungsbeschluss (mit Bar- und Sacheinlagen)

Nr. [Nummer] des Urkundenverzeichnisses für [Jahr]

[Ort], den [Datum]

Vor dem unterzeichneten Notar im Bezirk des Oberlandesgerichts zu [Ort]

[Name]

erschienen heute:

1. [Name] aus [Ort],
2. [Name] aus [Ort].

Der Erschienene zu 1. Erklärte zunächst, dass er einzelvertretungsberechtigtes Vorstandsmitglied der [Name] AG in [Ort] sei und in dieser Eigenschaft in dieser Verhandlung auftrete. Er legte den vom AG [Ort] am [Datum] ausgestellten beglaubigten Handelsregisterauszug vor.

Die Erschienenen erklärten:

Die [Name] AG und der Erschienene zu 2. sind die alleinigen Gesellschafter der [Name] mbH in [Ort] (HRB [Nummer]). Unter Verzicht auf die Einhaltung von Frist und Form halten wir eine Gesellschafterversammlung ab und beschließen:

1. Das Stammkapital der Gesellschaft wird um EUR [Betrag] auf EUR [Betrag] erhöht. Es werden die neuen Geschäftsanteile Nr. [Nummer] im Nominalwert von [Betrag] und Nr. [Nummer] im Nominalwert von [Betrag] gebildet.
2. Die neuen Geschäftsanteile werden zum Nennwert ausgegeben und nehmen am Gewinn der Gesellschaft vom [Datum] ab teil.
3. Auf den neuen Geschäftsanteil Nr. [Nummer] ist eine Geldeinlage in Höhe von EUR [Betrag] zu leisten, zu deren Übernahme der Gesellschafter [Name] zugelassen wird. Der Gesellschafter [Name] erklärt hiermit die Übernahme des Geschäftsanteils Nr. [Nummer].
4. Auf den neuen Geschäftsanteil Nr. [Nummer] ist eine Sacheinlage von EUR [Betrag] dergestalt zu leisten, dass die [Name] AG die ihr gegen die Gesellschaft laut den Büchern zustehende fällige, liquide und vollwertige Forderung aus nicht abgehobenem Gewinnanteil für das Geschäftsjahr [Jahr] im Betrag von EUR [Betrag] in die Gesellschaft einbringt. Die [Name] AG wird zur Übernahme des neuen Geschäftsanteils zugelassen.

Hierauf erklärte der Erschienene zu 1., dass er namens und in Vollmacht der [Name] AG die nicht in Geld zu leistende Einlage von EUR [Betrag] übernehme, indem die [Name] AG die ihr gegen die Gesellschaft aus nicht abgehobenem Gewinnanteil für das Geschäftsjahr [Jahr] zustehende Forderung im Betrag von EUR [Betrag] in die Gesellschaft einbringt.

Ferner wurde auf Vorschlag des Vorsitzenden einstimmig der Beschluss gefasst, § [...] des Gesellschaftsvertrags zu ändern und ihm folgenden Abs. 2 einzufügen:

Durch Beschluss der Gesellschafterversammlung vom [Datum] ist das Stammkapital um EUR [Betrag] auf EUR [Betrag] erhöht worden, und zwar durch Geldeinlage (Geschäftsanteil Nr. [Nummer]), die von [Name] in [Ort] in Höhe von EUR [Betrag] übernommen worden ist, sowie durch eine Sacheinlage (Geschäftsanteil Nr. [Nummer]) von EUR [Betrag], die von der [Name] AG übernommen worden ist.

Die Einzahlung auf die Bareinlage ist vor der Eintragung der Kapitalerhöhung zunächst in Höhe von 50 % zu leisten.

Das Protokoll wurde vom Notar vorgelesen, von den Erschienenen genehmigt und wie folgt eigenhändig unterschrieben:

[Name]

[Name]

[Name], Notar

(Siegel)

30. Liste der Übernehmer der neuen Stammeinlagen (§ 57 Abs. 3 Nr. 2 GmbHG – Gesellschafterliste nach § 40 Abs. 2 GmbHG)

1. Übernehmerliste nach § 57 Abs. 3 S. 2 GmbHG als elektronische Aufzeichnung der Anmeldung angeschlossen:

Übernehmer	Nennbetrag in EUR
[Name], [Ort], Geschäftsanteil Nr. [Nummer]	[Betrag]
[Name], [Ort], Geschäftsanteil Nr. [Nummer]	[Betrag]
[Ort], den [Datum]	Die Geschäftsführer: [Name] [Name]

2. Gesellschafterliste nach § 40 Abs. 2 GmbHG vom Notar unterschrieben mit Notarbescheinigung elektronisch zum Handelsregister einzureichen:

**Liste der Gesellschafter der [Name] GmbH
mit dem Sitz in (HRB [Nummer] Amtsgericht [Bezeichnung])**

Nummer (arabische Zahl) + **Nennbetrag der Geschäftsanteile (GA)**	Gesellschafter (Name Vorname Geburtsdatum Wohnort bzw. Firma Sitz Registergericht Registernummer)	Prozentzahl, die der **Nennbetrag des Geschäftsanteils am Stammkapital vermittelt** (keine Abrundung eines Anteils auf 25 % vornehmen. Die Prozent-Angabe wirkt nicht auf die Gesellschafter-Stellung)	Prozentzahl der Gesamtbeteiligung des Gesellschafters am Stammkapital (keine Abrundung einer Beteiligung auf 25 % vornehmen)	Veränderungsspalte Kapitalerhöhung
1- ___ (somit ____ GA im Nennwert von je EUR 1)				
Stammkapital	**EUR 25.000,00**			

Notarbescheinigung gemäß § 40 Abs. 2 GmbHG

Hiermit bescheinige ich, dass die geänderten Eintragungen den Veränderungen entsprechend meiner notariellen Urkunde vom [Datum] (Urkundenverzeichnis Nr. _____/Jahr) entsprechen und die übrigen Eintragungen mit dem Inhalt der zuletzt im Handelsregister aufgenommenen Liste übereinstimmen.

[Ort], [Datum]   [Name], Notar (Siegel)

Beine

31. Anmeldung der Erhöhung des Stammkapitals bei Geld- und Sacheinlagen

An das
AG
– Registergericht –
[Ort]

Anmeldung – Kapitalerhöhung und Satzungsänderung

Wir, die unterzeichneten Geschäftsführer der [Name] mbH in [Ort] (HRB [Nummer]), überreichen:

1. Beglaubigte Abschrift des notariellen Protokolls vom [Datum] (Nr. _____ des Urkundenverzeichnisses für [Jahr] des Notars [Name] in [Ort]), aus dem sich die Erhöhung des Stammkapitals und die damit verbundene Änderung des § [...] des Gesellschaftsvertrages ergibt, nebst den hierin enthaltenen Übernahmeerklärungen zweier Übernehmer von neuen Geld- und Sacheinlagen.
2. Eine Liste der Personen, welche die neuen Stammeinlagen übernommen haben (§ 57 Abs. 3 Nr. 2 GmbHG).
3. Den vollständigen Wortlaut des Gesellschaftsvertrages nebst Bescheinigung des Notars (§ 54 Abs. 1 Satz 2 GmbHG).
4. Die Bilanz der [Name] GmbH zum 31.12.[Jahr], versehen mit dem uneingeschränkten Bestätigungsvermerk der [Name] Wirtschaftsprüfungsgesellschaft in [Ort].
5. Die mit der Notarbescheinigung versehene Gesellschafterliste (§ 40 Abs. 2 GmbHG) – deren Veränderungen mit der Registereintragung wirksam werden.

Wir melden die beschlossene Erhöhung des Stammkapitals sowie die Änderung des Gesellschaftsvertrages zur Eintragung in das Handelsregister an.

Wir versichern, dass auf die neue Stammeinlage (Geschäftsanteil Nr. [Nummer] von EUR [Betrag]), EUR [Betrag] eingezahlt sind, und dass der eingezahlte Betrag endgültig zu unserer freien Verfügung steht. Wir versichern ferner, dass die für den Geschäftsanteil Nr. [Nummer] nicht in Geld bestehende Sacheinlage voll erbracht ist und sich ihr Gegenstand in unserer endgültigen freien Verfügung befindet.

[Ort], den [Datum]   [Name],
                                                [Name]
                                                (Beglaubigungsvermerk)

                                                [Name],
                                                Notar
                                                (Siegel)

32. Beschluss der Gesellschafterversammlung über Kapitalerhöhung aus Gesellschaftsmitteln (durch Ausgabe neuer Geschäftsanteile – vgl. §§ 57c–o GmbHG)

Nr. ___ des Urkundenverzeichnisses für [Jahr]

Verhandelt zu [Ort] am [Datum]

Vor mir, dem unterzeichneten Notar

[Name]

mit dem Amtssitz in [Ort] erschienen:

1. [Name], [Ort], [Anschrift],
2. [Name], [Ort], [Anschrift],
3. [Name], [Ort], [Anschrift],
4. [Name], [Ort], [Anschrift].

Die Erschienenen sind dem Notar persönlich bekannt. Die Erschienenen erklärten sodann: Wir sind die alleinigen Gesellschafter der [Name] GmbH zu [Ort], und zwar besitzen

der Erschienene zu 1. die Geschäftsanteile Nr. [Nummer] bis Nr. [Nummer]

der Erschienene zu 2. die Geschäftsanteile Nr. [Nummer] bis Nr. [Nummer]

der Erschienene zu 3. die Geschäftsanteile Nr. [Nummer] bis Nr. [Nummer]

der Erschienene zu 4. die Geschäftsanteile Nr. [Nummer] bis Nr. [Nummer].

Damit ist das gesamte Gesellschaftskapital vertreten.

Wir treten hiermit unter Verzicht auf Formen und Fristen zu einer

Gesellschafterversammlung

mit folgender **Tagesordnung**

zusammen:

1. Feststellung des Jahresabschlusses [Jahr] – Gewinnverteilung –
2. a) Erhöhung des Stammkapitals der Gesellschaft von EUR [Betrag] auf EUR [Betrag] durch Umwandlung von freien Rücklagen in Höhe von EUR [Betrag]
   b) Beschlussfassung über die Beteiligung der bisherigen Gesellschafter am Erhöhungskapital im Verhältnis ihrer Anteile am bisherigen Kapital
   c) Beschlussfassung über die Gewinnbeteiligung der neuen Anteilsrechte
3. Änderung des § [...] des Gesellschaftsvertrages

Zu Punkt 1. der Tagesordnung wurde beschlossen:

a) Der Jahresabschluss [Jahr] wird festgestellt. Den Gesellschaftern liegt die zum Stichtag vom [Datum] errichtete und mit dem uneingeschränkten Bestätigungsvermerk der Abschlussprüfer versehene Jahresbilanz vor. Sie weist eine freie Kapitalrücklage von EUR [Betrag] aus. Verlust und Verlustvortrag liegt nicht vor.

b) Ergebnisverwendung: Der im Jahresabschluss ausgewiesene Reingewinn wird nach dem Verhältnis der Geschäftsanteile verteilt.

Zu Punkt 2. der Tagesordnung wurde beschlossen:

a) Das Kapital der Gesellschaft wird gemäß §§ 57c ff. GmbHG unter Zugrundelegung der letzten auf dem Stichtag zum [Datum] errichteten Jahresbilanz, aus Gesellschaftsmitteln um EUR [Betrag] auf EUR [Betrag] erhöht. Die Jahresbilanz ist dieser Niederschrift angeschlossen. In der Jahresbilanz ist weder ein Verlust, noch ein Verlustvortrag ausgewiesen. Die Jahresbilanz trägt den uneingeschränkten Bestätigungsvermerk des von den Gesellschaftern der [Name] gewählten Abschlussprüfers (Wirtschaftsprüfer [Name]). Die Kapitalerhöhung erfolgt durch die Umwandlung des Teilbetrages von EUR [Betrag] aus der in der Jahresbilanz zum [Datum] ausgewiesenen Gewinnrücklage von EUR [Betrag], insgesamt EUR [Betrag]. Die Frist nach §§ 57e Abs. 1, 57f Abs. 1 GmbHG ist durch die rechtzeitige Anmeldung einzuhalten.

b) Im Rahmen der Kapitalerhöhung werden neue Geschäftsanteile mit den Nr. [Nummer] bis Nr. [Nummer] im Nominalwert von je EUR [Betrag] gebildet.

Die Kapitalerhöhung erfolgt in der Weise, dass neue Geschäftsanteile ausgegeben werden, von denen zustehen:

dem Erschienenen zu 1. ein weiterer Geschäftsanteil Nr. [Nummer] von EUR [Betrag],

dem Erschienenen zu 2. ein weiterer Geschäftsanteil Nr. [Nummer] von EUR [Betrag],

dem Erschienenen zu 3. ein weiterer Geschäftsanteil Nr. [Nummer] von EUR [Betrag],

dem Erschienenen zu 4. ein weiterer Geschäftsanteil Nr. [Nummer] von EUR [Betrag].

Jeder der Erschienenen erklärt für sich: Ich übernehme den mir vorstehend zustehenden Geschäftsanteil.

c) Die neuen Geschäftsanteile werden vom [Datum] ab am Gewinn beteiligt.

Zu Punkt 3. der Tagesordnung wurde beschlossen:

Der § [...] des Gesellschaftsvertrags der [Name] wird geändert und lautet nunmehr wie folgt: „Das Stammkapital der Gesellschaft beträgt EUR [Betrag]. Es ist durch Gesellschafterbeschluss vom [Datum] um EUR [Betrag] auf EUR [Betrag] erhöht worden."

Sodann erteilten alle Erschienen [Name] in [Ort], Vollmacht, alle Handlungen und Rechtshandlungen vorzunehmen, die zur Durchführung der Kapitalerhöhung und deren Eintragung im Handelsregister etwa noch erforderlich werden sollten und befreiten den Bevollmächtigten insoweit von den Beschränkungen des § 181 BGB.

Vorstehendes Protokoll sowie die Anlage wurden den Erschienenen von dem Notar vorgelesen, von ihnen genehmigt und von ihnen und dem Notar eigenhändig wie folgt unterschrieben:

[Name],
[Name],
[Name],
[Name],
[Name], Notar
(Siegel)

33. Anmeldung der Kapitalerhöhung aus Gesellschaftsmitteln (§ 57i GmbHG)

An das
AG
– Registergericht –
[Ort]

HRB [Nummer] [Name] GmbH

I. Anlagen

Die unterzeichneten Geschäftsführer überreichen zur Anmeldung:

1. beglaubigte Abschrift der notariellen Verhandlung vom [Datum], Nr. ____des Urkundenverzeichnisses/[Jahr], aus der sich die Erhöhung des Stammkapitals um EUR [Betrag] und die beschlossene Satzungsänderung ergeben,

2. beglaubigte Abschrift des vollständigen Wortlauts des Gesellschaftsvertrages nebst Bescheinigung des Notars nach § 54 Abs. 1 S. 2 GmbHG,

3. beglaubigte Abschrift der Liste der Gesellschafter – deren Veränderungen mit der Registereintragung wirksam werden – mit Notarbescheinigung nach § 40 Abs. 2 GmbHG,

4. beglaubigte Abschrift der Übernahmeerklärungen der Übernehmer der neuen Stammeinlagen (nur erforderlich, wenn nicht bereits in der Urkunde des Gesellschafterbeschlusses enthalten, vgl. §§ 57 Abs. 3), 55 GmbHG),

5. Aufzeichnung der Bilanz vom [Datum] nach § 57i Abs. 1 GmbHG.

II. Anmeldung

Wir melden zur Eintragung in das Handelsregister an:

1. Die Gesellschaft hat ihr Kapital aus Gesellschaftsmitteln unter Zugrundelegung der letzten, nicht länger als 8 Monate zurückliegenden Jahresbilanz, aus Gesellschaftsmitteln um EUR [Betrag] auf EUR [Betrag] erhöht. Die Jahresbilanz zum [Datum] mit dem Bestätigungsvermerk des Abschlussprüfers ist der notariellen Niederschrift als Anlage beigefügt. Die Kapitalerhöhung erfolgt in der Weise, dass die neuen Geschäftsanteile
   Nr. [Nummer] bis Nr. [Nummer]
   im Nominalbetrag von je EUR [Betrag] gebildet werden.
   Die neuen Geschäftsanteile nehmen vom [Datum] ab am Gewinn der Gesellschaft teil.

2. § [...] des Gesellschaftsvertrags (Stammkapital) ist entsprechend geändert.

III. Versicherung

Die unterzeichneten Geschäftsführer geben jeder für sich nach Belehrung über die Strafbarkeit einer wissentlich falschen Versicherung (§ 82 GmbHG) folgende Versicherung ab:

Ich, [Name], versichere, dass nach meiner Kenntnis seit dem Stichtag der zugrunde gelegten Bilanz vom [Datum] bis zum Tage der Anmeldung keine Vermögensminderung eingetreten ist, die der Kapitalerhöhung entgegenstünde, wenn sie am Tage der Anmeldung beschlossen worden wäre. Da die Kapitalerhöhung aus Gesellschaftsmitteln erfolgt, ist sie zugleich durchgeführt.

Ich, [Name], versichere, dass nach meiner Kenntnis seit dem Stichtag der zugrunde gelegten Bilanz vom [Datum] bis zum Tage der Anmeldung keine Vermögensminderung eingetreten ist, die der Kapitalerhöhung entgegenstünde, wenn sie am Tage der Anmeldung beschlossen worden wäre. Da die Kapitalerhöhung aus Gesellschaftsmitteln erfolgt, ist sie zugleich durchgeführt.

[Ort], den [Datum]   [Name]
                                            – Geschäftsführer –
                                            [Name]
                                            (Beglaubigungsvermerk)
                                            [Name], Notar
                                            (Siegel)

34. Beschluss der Gesellschafterversammlung über Kapitalerhöhung aus Gesellschaftsmitteln durch Erhöhung der Nennbeträge der Geschäftsanteile (§§ 57c–o GmbHG)

I. Gesellschafterbeschluss

Nr. ____ des Urkundenverzeichnisses für [Jahr]

Verhandelt zu [Ort] am [Datum]

Vor mir, dem unterzeichneten Notar

[Name]

mit dem Amtssitz zu [Ort] erschienen:

1. [Name], [Ort],
2. [Name], [Ort],
3. [Name], [Ort],
4. [Name], [Ort].

Die Erschienenen sind dem Notar persönlich bekannt.

Die Erschienenen erklärten:

Wir sind die alleinigen Gesellschafter der [Name] GmbH. Wir halten hiermit unter Verzicht auf Formen und Fristen eine Gesellschafterversammlung der [Name] GmbH zu [Ort] mit folgender

Tagesordnung

ab:

1. Genehmigung des geprüften Jahresabschlusses für das Geschäftsjahr [Jahr]
2. Entlastung der Geschäftsführer
3. Beschlussfassung über die Erhöhung des Stammkapitals der Gesellschaft auf EUR [Betrag] durch Umwandlung von freien Kapitalrücklagen in Höhe von EUR [Betrag] gemäß §§ 57c ff. GmbHG
4. Änderung von § [...] des Gesellschaftsvertrages

Den Vorsitz der Versammlung übernahm die Erschienene zu 1. in ihrer Eigenschaft als Geschäftsführerin der Gesellschaft.

Zu Punkt 1 der Tagesordnung wurde beschlossen:

Der den Erschienenen bekannte Abschluss des Geschäftsjahres [Jahr] wird festgestellt. Eine Gewinnverteilung findet nicht statt.

Zu Punkt 2 der Tagesordnung wurde beschlossen:

Es wurde den Geschäftsführern für das Geschäftsjahr [...] Entlastung erteilt.

Zu Punkt 3 der Tagesordnung wurde beschlossen:

a) Das Stammkapital der Gesellschaft wird unter Zugrundelegung der letzten auf den Stichtag zum [Datum] erstellten Jahresbilanz aus Gesellschaftsmitteln um EUR [Betrag] auf EUR [Betrag] erhöht. Die Jahresbilanz ist dieser Niederschrift in der Anlage beigefügt. Sie trägt den uneingeschränkten Bestätigungsvermerk der

[Name], Wirtschaftsprüfungsgesellschaft zu [Ort] als dem von den Gesellschaftern vor Aufstellung des Abschlusses gewählten Abschlussprüfer. Der für die Kapitalerhöhung erforderliche Betrag von EUR [Betrag] wird der in der Jahresbilanz zum [Datum] ausgewiesenen freien Kapitalrücklage von EUR [Betrag] entnommen.

b) Die Kapitalerhöhung erfolgt in der Weise, dass die Nennbeträge der Geschäftsanteile der Gesellschafter (Geschäftsanteile Nr. [Nummer] bis Nr. [Nummer] im Verhältnis der Beteiligung am bisherigen Stammkapital erhöht werden. Den Gesellschaftern stehen danach folgende Anteile zu:

1. Der Erschienenen zu 1.	bisheriger Anteil	EUR [Betrag]
	neuer Anteil	EUR [Betrag]
2. Der Erschienenen zu 2.	bisheriger Anteil	EUR [Betrag]
	neuer Anteil	EUR [Betrag]
3. Dem Erschienenen zu 3.	bisheriger Anteil	EUR [Betrag]
	neuer Anteil	EUR [Betrag]
4. Dem Erschienenen zu 4.	bisheriger Anteil	
	neuer Anteil	EUR [Betrag]
		EUR [Betrag]

c) Die neuen Geschäftsanteile nehmen am Gewinn der Gesellschaft mit Wirkung vom [Datum] teil.

Zu Punkt 4 der Tagesordnung wurde beschlossen:

§ 3 der Satzung zu ändern, so dass der Wortlaut jetzt folgende Fassung hat:

„Das Stammkapital der Gesellschaft beträgt EUR [Betrag]. Es ist durch Gesellschafterbeschluss vom [Datum] aus Gesellschaftsmitteln um EUR [Betrag] durch Erhöhung des Nennbetrages der bisherigen Geschäftsanteile erhöht worden.

Es stehen zu:

1. [Name] der Geschäftsanteil Nr. [Nummer] über nominal EUR [Betrag]	EUR [Betrag]
2. [Name] der Geschäftsanteil Nr. [Nummer] über nominal EUR [Betrag]	EUR [Betrag]
3. [Name] der Geschäftsanteil Nr. [Nummer] über nominal EUR [Betrag]	EUR [Betrag]
4. [Name] der Geschäftsanteil Nr. [Nummer] über nominal EUR [Betrag]	EUR [Betrag]

Sodann erteilten die Erschienenen der Notariatsangestellten [Name] zu [Ort] Vollmacht, alle Handlungen und Rechtshandlungen vorzunehmen, die zur Durchführung der Kapitalerhöhung und den Eintragungen im Handelsregister noch erforderlich sein sollten, und befreien die Bevollmächtigte insoweit auch von den Beschränkungen des § 181 BGB.

Vorstehendes Protokoll wurde den Erschienenen von dem Notar vorgelesen, von ihnen genehmigt und von ihnen und dem Notar eigenhändig wie folgt unterschrieben:

[Ort], den [Datum]

[Name],
[Name],
[Name],
[Name],
[Name], Notar
(Siegel)

II. Vom Notar unterschriebene und mit Bescheinigung des Notars versehene Gesellschafterliste nach § 40 Abs. 2 GmbHG

An das

Amtsgericht

– Registergericht –

[Ort]

Geänderte Gesellschafterliste der Firma [Name] GmbH

Entsprechend § 40 GmbHG überreiche ich nachfolgende Gesellschafterliste wie folgt:

**Liste der Gesellschafter der _____ GmbH
mit dem Sitz in _____ (HRB _____ Amtsgericht ____)**

Nummer (arabische Zahl) + **Nennbetrag der Geschäftsanteile (GA)**	**Gesellschafter** (Name Vorname Geburtsdatum Wohnort bzw. Firma Sitz Registergericht Registernummer)	**Prozentzahl, die der Nennbetrag des Geschäftsanteils am Stammkapital vermittelt** (keine Abrundung eines Anteils auf 25 % vornehmen. Die Prozent-Angabe wirkt nicht auf die Gesellschafter-Stellung)	**Prozentzahl der Gesamtbeteiligung** des Gesellschafters am Stammkapital (keine Abrundung einer Beteiligung auf 25 % vornehmen)	**Veränderungsspalte** Kapitalerhöhung mit Aufstockung
1- ___ (somit ____ GA im Nennwert von je EUR 1)				
Stammkapital	**EUR 25.000,00**			

Notarbescheinigung gemäß § 40 Abs. 2 GmbHG

Hiermit bescheinige ich, dass die geänderten Eintragungen den Veränderungen entsprechend meiner notariellen Urkunde vom [Datum] (Nr. _____ des Urkundenverzeichnisses für Jahr) entsprechen und die übrigen Eintragungen mit dem Inhalt der zuletzt im Handelsregister aufgenommenen Liste übereinstimmen.

[Ort], [Datum]   [Name], Notar, (Siegel)

Beine

35. Anmeldung der Kapitalerhöhung aus Gesellschaftsmitteln (§ 57i GmbHG)

An das
Amtsgericht
– Registergericht–
[Ort]
HRB [Name] – [Nummer] GmbH

I. Anlagen

Die unterzeichnenden Geschäftsführer überreichen:

a) beglaubigte Abschrift der notariellen Urkunde vom [Datum], Nr. [Nummer] des Urkundenverzeichnisses für [Jahr] aus der sich die Erhöhung des Stammkapitals um EUR [Betrag] auf EUR [Betrag] und die Neufassung des § [...] des Gesellschaftsvertrages ergeben,

b) beglaubigte Abschrift des vollständigen Wortlauts des Gesellschaftsvertrages nebst Bescheinigung des Notars nach § 54 Abs. 1 S. 2 GmbHG,

c) beglaubigte aktuelle Liste der Gesellschafter – deren Veränderungen mit der Registereintragung wirksam werden – unter Berücksichtigung der angemeldeten Kapitalerhöhung mit Notarbescheinigung nach § 40 Abs. 2 GmbHG,

d) Aufzeichnung der Jahresbilanz vom [Datum] nach § 57i Abs. 1 GmbHG.

II. Anmeldung

Wir melden zur Eintragung in das Handelsregister an:

Die Gesellschaft hat ihr Kapital unter Zugrundelegung der letzten, nicht länger als acht Monate zurückliegenden Jahresbilanz aus Gesellschaftsmitteln um EUR [Betrag] auf EUR [Betrag] erhöht. Die Bilanz zum [Datum] mit dem Bestätigungsvermerk des Wirtschaftsprüfers [Name] ist Teil der notariellen Niederschrift und ist der Anmeldung angeschlossen.

Die Kapitalerhöhung erfolgt in der Weise, dass die Nennbeträge der Geschäftsanteile erhöht worden sind.

Die erhöhten Geschäftsanteile nehmen ab [Datum] am Gewinn der Gesellschaft teil.

§ [...] des Gesellschaftsvertrages ist entsprechend geändert.

III. Versicherung

Die Anmeldenden versichern, dass nach ihrer Kenntnis seit dem Stichtag der zugrunde gelegten Bilanz vom [Datum] bis zum Tage der Anmeldung keine Vermögensminderung eingetreten ist, die der Kapitalerhöhung entgegenstünde, wenn diese am heutigen Tage beschlossen worden wäre.

Da die Kapitalerhöhung aus Gesellschaftsmitteln erfolgt, ist sie zugleich durchgeführt.

[Ort], den [Datum]   [Name],
                                                [Name]
                                                (Beglaubigungsvermerk)
                                                [Name] – Notar
                                                (Siegel)

H. Kapitalherabsetzung

36. Kapitalherabsetzungsbeschluss (§§ 58 f. GmbHG)

Beschluss der Gesellschafterversammlung:

Nr. [Nummer] des Urkundenverzeichnisses für [Jahr]

Verhandelt zu [Ort] am [Datum]

Vor mir, dem unterzeichneten Notar

[Name]

mit dem Amtssitz zu [Ort] erschienen:

1. [Name], [Ort], [Anschrift],
2. [Name], [Ort], [Anschrift],

dem Notar von Person bekannt, und erklären:

Wir sind die alleinigen Gesellschafter der [Name] GmbH in [Ort], eingetragen beim Amtsgericht [Ort] – HRB [Name] – mit einem Stammkapital von EUR [Betrag]. Davon halten: [Name] den Geschäftsanteil Nr. [Nummer] im Nennbetrag von EUR [Betrag], [Name] den Geschäftsanteil Nr. [Nummer] im Nennbetrag von EUR [Betrag]. Unter Verzicht auf alle Fristen und Formen halten wir eine Gesellschafterversammlung ab und beschließen:

a) Das Stammkapital der Gesellschaft in Höhe von EUR [Betrag] wird zum Zweck der teilweisen Rückzahlung der auf die voll eingezahlten Stammeinlagen geleisteten Beträge um EUR [Betrag] auf EUR [Betrag] herabgesetzt. Die Herabsetzung erfolgt in der Weise, dass der Nennbetrag eines jeden Geschäftsanteils nur noch 50 % seiner ursprünglichen Höhe beträgt. Dem Gesellschafter [Name] werden aus dem Aktivvermögen der Gesellschaft EUR [Betrag], dem Gesellschafter [Name] EUR [Betrag] ausbezahlt. Nach der Herabsetzung des Stammkapitals betragen die Geschäftsanteile nunmehr: [Name] Geschäftsanteil Nr. [Nummer] im Nennbetrag von EUR [Betrag], [Name] Geschäftsanteil Nr. [Nummer] im Nennbetrag von EUR [Betrag].

b) § 3 (Stammkapital) des Gesellschaftsvertrages wird geändert und erhält folgende Fassung: Das Stammkapital der Gesellschaft beträgt EUR [Betrag]. Es ist in voller Höhe in bar eingezahlt.

Damit ist die Gesellschafterversammlung geschlossen.

Vorstehendes Protokoll wurde den Erschienenen von dem Notar vorgelesen, von ihnen genehmigt und von ihnen und dem Notar wie folgt unterschrieben:

[Name],
[Name],
[Name], Notar
(Siegel)

37. Bekanntmachung der Kapitalherabsetzung durch die GmbH (§ 58 Abs. 1 Nr. 1 GmbHG)

I. Bekanntmachung durch Gesellschaft im Bundesanzeiger (einmal) [Datum]):

Bekanntmachung

[Name] GmbH in [Ort], eingetragen beim Amtsgericht [Ort] – HRB [Nummer] – Kapitalherabsetzung

Durch Beschluss der Gesellschafterversammlung vom [Datum] ist das Stammkapital der Gesellschaft von bisher EUR [Betrag] um EUR [Betrag] auf EUR [Betrag] zum Zweck der teilweisen Rückzahlung der auf die übernommenen Stammeinlagen geleisteten Beträge herabgesetzt worden. Die Gläubiger der Gesellschaft werden aufgefordert, sich bei ihr unter der Anschrift [Anschrift] zu melden.

[Ort], den [Datum]   [Name] GmbH

[Name]

(Geschäftsführer)

II. Aufforderung an bekannte Gläubiger durch besondere Mitteilung durch Gesellschaft unverzüglich nach der (einmaligen) Bekanntmachung im Bundesanzeiger:

[Name] GmbH

[Ort]

[Anschrift]

An – [Anschrift des bekannten Gläubigers] –

Sehr geehrte Damen und Herren,

hiermit teilen wir Ihnen mit:

Durch Beschluss der Gesellschaft der Gesellschafterversammlung vom [Datum] ist das Stammkapital der Gesellschaft von bisher EUR [Betrag] um EUR [Betrag] auf EUR [Betrag] zum Zweck der teilweisen Rückzahlung der auf die übernommenen Stammeinlagen geleisteten Beträge herabgesetzt worden.

Die Gläubiger der Gesellschaft werden aufgefordert, sich bei ihr unter der Anschrift [Anschrift] zu melden.

[Ort], den [Datum]   [Name] GmbH

(Geschäftsführer)

III. Meldung der Gläubiger – Befriedigung der Gläubiger nach § 58 Abs. 1 Nr. 2 GmbHG

IV. Ablauf eines Jahres seit Bekanntmachung im Bundesanzeiger vom [Datum].

38. Anmeldung der Kapitalherabsetzung

An das
Amtsgericht
– Registergericht –
[Ort]

I. Anlagen

In der Handelsregistersache der [Name] GmbH – HRB [Nummer] – überreichen wir
als sämtliche Geschäftsführer der Gesellschaft:

1. beglaubigte Abschrift der notariellen Niederschrift vom [Datum] des Notars
   [Name] (Nr. [Nummer]) des Urkundenverzeichnisses für [Jahr] über die Kapitalherabsetzung,
2. Nummer [Nummer] des Bundesanzeigers vom [Tag] [Monat] [Jahr] über die
   Bekanntmachung des Kapitalherabsetzungsbeschlusses,
3. beglaubigte Abschrift des vollständigen Wortlautes des Gesellschaftsvertrages in
   der derzeit gültigen Fassung mit notarieller Bescheinigung gemäß § 54 GmbHG,
4. beglaubigte Abschrift der berichtigten Gesellschafterliste durch den Notar samt
   seiner Bescheinigung nach § 40 Abs. 2 GmbHG, deren Veränderungen mit der
   Registereintragung wirksam werden

II. Anmeldung

Durch Beschluss der Gesellschafterversammlung vom [Datum] ist das Stammkapital
der Gesellschaft um EUR [Betrag] auf EUR [Betrag] herabgesetzt. § […] des Gesellschaftsvertrages ist entsprechend geändert.

III. Versicherung nach Belehrung durch den Notar über die Strafbarkeit einer wissentlich falschen Versicherung (§ 82 GmbHG)

Wir versichern, dass die Gläubiger, die sich bei der Gesellschaft gemeldet und der
Herabsetzung nicht zugestimmt haben, befriedigt oder sichergestellt sind. (Oder: Wir
versichern, dass sich bei der Gesellschaft kein Gläubiger gemeldet hat.)

[Ort], den [Datum]   [Name],
                                                [Name],
                                                (Geschäftsführer)
                                                (Beglaubigungsvermerk)
                                                [Name],
                                                Notar – Siegel

39. Beschluss der Gesellschafterversammlung über vereinfachte Herabsetzung und gleichzeitige Erhöhung des Stammkapitals (§ 58a GmbHG)

Nr. [Nummer] des Urkundenverzeichnisses für das Jahr [Jahr]

Verhandelt zu [Ort] am [Datum]

Auf Ersuchen der Geschäftsführer der [Name] GmbH mit dem Sitz in [Ort] habe ich, der unterzeichnende Notar

[Name] mit dem Amtssitz in [Ort],

mich heute in die Geschäftsräume der Gesellschaft in [Ort], [Anschrift] begeben, um dort die Beschlüsse der Gesellschafterversammlung, die auf [14.00] Uhr einberufen wurde, zu beurkunden.

Dort traf ich an:

1. [Name], [Anschrift],
2. [Name], [Anschrift],
3. [Name], [Anschrift],
4. [Name], [Anschrift],
5. [Name], [Anschrift], handelnd als einzelvertretungsberechtigter, persönlich haftender Gesellschafter der [Name] in [Ort].

Vor Eintritt in die Verhandlung über die Tagesordnung erklärte der Gesellschafter und Geschäftsführer [Name] folgendes:

Die einzigen Gesellschafter sind:

1. [Name],
2. [Name],
3. [Name],
4. [Name].

Das Stammkapital der Gesellschaft beträgt EUR [Betrag]. Von diesem Stammkapital besitzen die einzelnen Gesellschafter die nachbezeichneten Geschäftsanteile, nämlich:

1. [Name] die 3 Geschäftsanteile mit den Nummern [Nummer] bis [Nummer] zu EUR [Betrag], EUR [Betrag] und EUR [Betrag] zusammen EUR [Betrag],
2. [Name], die 2 Geschäftsanteile mit den Nummern [Nummer] und [Nummer] von EUR [Betrag] und EUR [Betrag] zusammen EUR [Betrag],
3. [Name], einen Geschäftsanteil mit der Nummer [Nummer] von EUR [Betrag],
4. [Name] einen Geschäftsanteil mit der Nummer [Nummer] von EUR [Betrag].

Je EUR [100] eines Geschäftsanteils gewähren eine Stimme.

[Name] als Vorsizender des Aufsichtsrats übernahm sodann den Vorsitz in der Versammlung der Gesellschafter und eröffnete sie um [14.00] Uhr. Der Vorsitzende erklärte, dass die Einberufung der heutigen Gesellschafterversammlung in der Weise erfolgt ist, dass den sämtlichen Gesellschaftern die Einladung der Geschäftsführer unter Mitteilung der Tagesordnung durch Einschreibebriefe zugesandt worden ist, welche am [Datum] zur Post gegeben worden sind. Die Posteinlieferungsscheine sowie eine Abschrift der Einladung wurden vorgelegt und diesem Protokoll als Anlagen beigefügt.

Nach der vorgelegten Abschrift der Einladung lautet die Tagesordnung wie folgt:

1. Vorlage der Jahresbilanz für das Geschäftsjahr [Jahr],
2. Bericht der Geschäftsführung über den entstandenen Verlust und dessen wirtschaftliche Gründe,
3. Herabsetzung des Stammkapitals der Gesellschaft von EUR [Betrag] auf EUR [Betrag] und zugleich Herabsetzung der Nennbeträge der Geschäftsanteile unter gleichzeitiger Erhöhung des Stammkapitals der Gesellschaft um EUR [Betrag] auf EUR [Betrag],
4. Vorlage der gemäß der Kapitalherabsetzung und Kapitalerhöhung aufgestellten Bilanz,
5. Genehmigung der Bilanz,
6. Änderung des Gesellschaftsvertrags gemäß den vorstehenden Beschlüssen.

Hierauf wurde die Tagesordnung wie folgt erledigt:

Zu Punkt 1 der Tagesordnung:

Die für das am [Datum] abgelaufene Geschäftsjahr festgestellte Jahresbilanz wurde vorgelegt.

Eine Abschrift dieser Jahresbilanz wurde diesem Protokoll als Anlage beigefügt.

Zu Punkt 2 der Tagesordnung:

[Name] als Geschäftsführer berichtete über die Entstehung des Verlustes und darüber, inwieweit die Änderung des Vermögensstandes der Gesellschaft die Kapitalherabsetzung erforderlich erscheinen lässt.

Zu Punkt 3 der Tagesordnung:

Der Vorsitzende erklärte, dass nach der vorgelegten Bilanz der Verlust am Ende des Geschäftsjahres EUR [Betrag] betrug, dass der Verlust um [Betrag] aus dem Rücklagenkonto vermindert werden könne und dass es zum wirtschaftlichen Betrieb des Geschäfts notwendig sei, das Stammkapital der Gesellschaft um einen dem Verlust etwa gleichen Betrags herabzusetzen, und dass es schließlich nötig sei, das Stammkapital der Gesellschaft um mindestens EUR [Betrag] zu erhöhen, um dem Geschäft neue flüssige Mittel zuzuführen.

Der Vorsitzende schlug vor, die folgenden Beschlüsse zu fassen:

1. Das Stammkapital der Gesellschaft wird im Wege der Kapitalherabsetzung um EUR [Betrag] auf EUR [Betrag] herabgesetzt durch Herabsetzung der Nennbeträge der einzelnen Geschäftsanteile in demselben Verhältnis, sodass die Nennbeträge der einzelnen Geschäftsanteile nunmehr lauten, wie folgt:
   a) [Name], Geschäftsanteil Nr. [Nummer] EUR [Betrag], Geschäftsanteil Nr. [Nummer] EUR [Betrag] und Geschäftsanteil Nr. [Nummer] EUR [Betrag],
   b) [Name], Geschäftsanteil Nr. [Nummer] [Betrag] EUR und Geschäftsanteil Nr. [Nummer] EUR [Betrag],
   c) [Name] Geschäftsanteil Nr. [Nummer] EUR [Betrag],
   d) [Name] Geschäftsanteil Nr. [Nummer] EUR [Betrag].
   Die aus der Kapitalherabsetzung gewonnenen Beträge werden nur zur Ausgleichung des Verlustes benutzt; soweit sie höher sind als der bisherige Verlust, werden sie in das Rücklagenkonto eingestellt.
2. Das Stammkapital der Gesellschaft wird von EUR [Betrag] um EUR [Betrag] auf EUR [Betrag] erhöht.

Die auf das erhöhte Stammkapital zu übernehmenden Geschäftsanteile sind sofort ganz in bar einzuzahlen. Die Übernahme des erhöhten Stammkapitals wird den einzelnen Gesellschaftern nach Verhältnis der ihnen zurzeit zustehenden Geschäftsanteile angeboten, so dass übernehmen können:

a)   [Name] eine Stammeinlage von EUR [Betrag] (Geschäftsanteil Nr. [Nummer]),

b)   [Name] eine Stammeinlage von EUR [Betrag] (Geschäftsanteil Nr. [Nummer]),

c)   [Name] eine Stammeinlage von EUR [Betrag] (Geschäftsanteil Nr. [Nummer]),

d)   [Name] eine Stammeinlage von EUR [Betrag] (Geschäftsanteil Nr. [Nummer]).

Die Zulassung der Übernahme der Stammeinlagen ist davon abhängig, dass die Übernahme bis zum Ablauf des [Datum] zu notariellem Protokoll erklärt und gleichzeitig der Betrag der übernommenen Stammeinlage für Rechnung der Gesellschaft bar eingezahlt und an diese ausgezahlt wird und eine Ausfertigung des Übernahmeprotokolls nebst dem eingezahlten Betrag der Gesellschaft bis zum [Datum] zugeht.

Falls ein Gesellschafter die aufgestellten Übernahmebedingungen nicht erfüllt, sind die übrigen Gesellschafter berechtigt, die nicht übernommene Stammeinlage unter den gleichen Bedingungen nach Verhältnis der bereits geschehenen Übernahme bis zum Ablauf des [Datum] zu übernehmen; sie haben die Ausfertigung der Übernahme und den übernommenen Betrag der Gesellschaft bis zum [Datum] zu übergeben.

Die Versammlung beschloss mit allen Stimmen die Kapitalherabsetzung sowie die Kapitalerhöhung, wie sie in dem vorstehenden Vorschlage enthalten ist, vorzunehmen und legte ihren Beschlüssen den Wortlaut des vorstehend niedergelegten Vorschlages zugrunde.

Zu Punkt 4 der Tagesordnung:

Die auf den [Datum] unter Berücksichtigung der beschlossenen Kapitalherabsetzung und der beschlossenen Kapitalerhöhung aufgestellte Bilanz wurde vorgelegt.

Eine Abschrift dieser Bilanz wurde diesem Protokoll als Anlage beigefügt.

Der Vorsitzende erläuterte diese Bilanz.

Zu Punkt 5 der Tagesordnung:

Die Versammlung beschloss einstimmig, die vorgelegte Bilanz zu genehmigen und zwar unter der Bedingung, dass die beschlossene Kapitalherabsetzung und die beschlossene Kapitalerhöhung in das Handelsregister eingetragen werden.

Zu Punkt 6 der Tagesordnung:

Die Versammlung beschloss einstimmig den Gesellschaftsvertrag wie folgt zu ändern:

Der § [...] erhält folgende Fassung: „Das Stammkapital der Gesellschaft beträgt EUR [Betrag]".

Damit ist die Tagesordnung erledigt.

Der Vorsitzende schloss die Versammlung.

Dieses Verhandlungsprotokoll wurde vorgelesen, von den Erschienenen genehmigt
und sodann von ihnen und dem Notar eigenhändig unterschrieben:

[Name],
[Name],
[Name],
[Name],
[Name], Notar
(Siegel)

I. Auflösung und Liquidation der GmbH

40. Beschluss der Gesellschafterversammlung über die Auflösung (§ 60 Abs. 1 Nr. 2 GmbHG)

Protokoll der Beschlüsse der Gesellschafter der [Name] GmbH vom [Datum].

Zu der auf den heutigen Tag einberufenen Gesellschafterversammlung sind sämtliche Gesellschafter erschienen:

1. [Name] aus [Ort] als einzelvertretungsberechtigtes Vorstandsmitglied der [Name] AG in [Ort],
2. [Name] in [Ort].

Es wurde festgestellt, dass sämtliche Gesellschafter durch eingeschriebenen, am [Datum] bei der Post aufgegebenen Brief, also rechtzeitig, unter Angabe des Zweckes der heutigen Gesellschafterversammlung eingeladen worden sind.

Die Erschienenen vertreten das EUR [Betrag] betragende gesamte Stammkapital der Gesellschaft. Es wurde einstimmig beschlossen:

1. Die Gesellschaft wird aufgelöst.
2. Der Geschäftsführer [Name] wird abberufen. Ihm wird Entlastung für das Geschäftsjahr [Jahr] erteilt.
3. Zum Liquidator wird der Wirtschaftsprüfer, [Name], geboren am [Datum] in [Ort] bestellt; der Liquidator [Name] hat Einzelvertretungsrecht und ist von den Beschränkungen des § 181 BGB befreit.
4. Die Bücher und Schriften werden nach Beendigung der Liquidation der [Name] AG in Verwahrung gegeben, welche die Verwahrung unter Übernahme der vollen Kosten etc. übernimmt.

[Ort], den [Datum]

                                         [Name],
                                         [Name]
                                    – Gesellschafter –

41. Anmeldung der Auflösung und des bestellten Liquidators (§ 65 Abs. 1 GmbHG)

An das
Amtsgericht
– Registergericht –
[Anschrift]

I. Anmeldung

Als einzelvertretungsberechtigter Liquidator der [Name] GmbH – HRB [Nummer] – melde ich zur Eintragung an:

1. Die Gesellschaft ist aufgelöst.
2. Der Geschäftsführer [Name] ist nicht mehr Geschäftsführer. [Die Prokuren [Name] und [Name] sind erloschen.]
3. Zum Liquidator bin ich, der Wirtschaftsprüfer [Name], geboren am [Datum] in [Ort] bestellt.
4. Der Liquidator vertritt die Gesellschaft einzeln, solange er alleiniger Liquidator ist. Sind mehrere Liquidatoren bestellt, so vertritt er gemeinsam mit einem anderen Liquidator. Die Gesellschafter können dem Liquidator Einzelvertretungsrecht erteilen. Ist nur ein Liquidator vorhanden, so vertritt er einzeln.
5. Der Liquidator [Name] vertritt die Gesellschaft stets einzeln und ist von den Beschränkungen des § 181 BGB befreit.

II. Versicherung des Liquidators (Bestellungshindernisse, unbeschränkte Auskunftspflicht)

Nach Belehrung durch den Notar über die unbeschränkte Auskunftspflicht gegenüber dem Gericht nach § 53 Abs. 2 des Bundeszentralregistergesetzes und die Strafbarkeit einer falschen Versicherung (§§ 66 Abs. 4, 67 Abs. 3 GmbHG) wird versichert:

Mir, [Name], ist bekannt, dass zum Liquidator einer GmbH nicht bestellt werden kann, wer

1. als Betreuter bei der Besorgung seiner Vermögensangelegenheiten ganz oder teilweise einem Einwilligungsvorbehalt (§ 1825 BGB) unterliegt,
2. aufgrund eines gerichtlichen Urteils oder einer vollziehbaren Entscheidung einer Verwaltungsbehörde einen Beruf, einen Berufszweig, ein Gewerbe oder einen Gewerbezweig nicht ausüben darf, sofern der Unternehmensgegenstand ganz oder teilweise mit dem Gegenstand des Verbots übereinstimmt,
3. wegen einer oder mehrerer vorsätzlich begangener Straftaten
   a) des Unterlassens der Stellung des Antrags auf Eröffnung des Insolvenzverfahrens (Insolvenzverschleppung),
   b) nach den §§ 283 bis 283d des StGB (Insolvenzstraftaten),
   c) der falschen Angaben nach § 82 des GmbH-Gesetzes oder § 399 des AktG,
   d) der unrichtigen Darstellung nach § 400 AktG, § 331 HGB, § 346 UmwG oder § 17 PublG, oder

e) nach den § 263 StGB (Betrug), § 263a StGB (Computerbetrug), § 264 StGB (Subventionsbetrug), § 264a StGB (Kapitalanlagebetrug), § 265b StGB (Kreditbetrug), § 265c StGB (Sportwettbetrug), § 265d StGB (Manipulation von berufssportlichen Wettbewerben, § 265e StGB (Besonders schwere Fälle des Sportwettbetrugs und der Manipulation von berufssportlichen Wettbewerben), § 266 StGB (Untreue) oder § 266a StGB (Vorenthalten und Veruntreuen von Arbeitsentgelt), zu einer Freiheitsstrafe von mindestens einem Jahr, verurteilt worden ist.

Das Bestellungshindernis besteht in diesem Fall auf die Dauer von fünf Jahren seit der Rechtskraft des Urteils, wobei die Zeit nicht eingerechnet wird, in welcher der Täter auf behördliche Anordnung in einer Anstalt verwahrt worden ist.

Die vorstehend genannten Bestellungshindernisse gelten bei einer Verurteilung wegen einer vergleichbaren Tat im Ausland entsprechend.

Ich, [Name], erkläre, den Inhalt der vorstehend genannten Vorschriften im Einzelnen zu kennen und auf eine Beifügung der jeweiligen Gesetzestexte zu verzichten.

Ich [Name] versichere, dass keine Umstände vorliegen, aufgrund deren ich nach § 6 Abs. 2 Satz 2 Nr. 2 und 3 sowie Satz 3 und 4 GmbHG von dem Amt als Liquidator ausgeschlossen wäre, auch nicht aufgrund eines vergleichbaren Verbots in einem anderen Mitgliedstaat der Europäischen Union oder in einem anderen Vertragsstaat des Abkommens über den Europäischen Wirtschaftsraum: Ich wurde niemals – auch nicht in den letzten 5 Jahren – wegen Insolvenzverschleppung, einer Insolvenzstraftat nach den §§ 283 bis 283d des Strafgesetzbuches, wegen falscher Angaben nach § 82 GmbHG oder § 399 AktG, wegen unrichtiger Darstellung nach § 400 AktG, § 331 HGB, § 346 UmwG oder § 17 PublG oder wegen einer Straftat nach den §§ 263–264a oder 265b–266a des Strafgesetzbuches und auch nicht wegen einer vergleichbaren Straftat im Ausland verurteilt; mir ist weder durch gerichtliches Urteil noch durch vollziehbare Entscheidung einer Verwaltungsbehörde die Ausübung irgendeines Berufes, Berufszweiges, Gewerbes oder Gewerbezweiges untersagt. Ich wurde vom Notar über meine unbeschränkte Auskunftspflicht gegenüber dem Registergericht belehrt.

III. Anlage

Angeschlossen ist die beglaubigte Abschrift des Protokolls der Gesellschafterversammlung vom [Datum].

(Beglaubigungsvermerk)
[Name],
[Name], Notar
(Siegel)

42. Bekanntmachung der Auflösung der GmbH (§ 65 Abs. 2 GmbHG)

I. Bekanntmachung im Bundesanzeiger durch Liquidator

[Name] GmbH i. L.

Die [Name] GmbH mit dem Sitz in [Ort] – HRB [Nummer] – ist aufgelöst. Die Gläubiger der Gesellschaft werden aufgefordert, sich bei ihr unter der Anschrift [Anschrift] zu melden.

[Ort], den [Datum]   [Name] GmbH i. L.

                                                    [Name]

                                                    – Liquidator –

II. Ablauf des Sperrjahres (s. o.), Befriedigung bzw. Sicherstellung der Gläubiger

43. Anmeldung der Beendigung der Liquidation und des Erlöschens der Firma (§ 74 Abs. 1 GmbHG)

[Ort], den [Datum]

An das

AG

– Registergericht –

[Anschrift]

HRB [Nummer]

In der Handelsregistersache der [Name] GmbH i. L. in [Ort] melde ich in meiner Eigenschaft als Liquidator der Gesellschaft zur Eintragung in das Handelsregister an, dass die Liquidation der Gesellschaft beendet und die Firma erloschen ist. In der Nummer [Nummer] des Bundesanzeigers vom [Datum], worüber ich elektronisch das Belegblatt beifüge, wurden die Gläubiger der Gesellschaft aufgefordert, sich zu melden. Die Bücher und Schriften der Gesellschaft wurden der [Name] AG in [Ort] zur Verwahrung übergeben.

Das Liquidatorenamt ist erloschen.

(Beglaubigungsvermerk)
[Name],
[Name], Notar
(Siegel)

J. Fortsetzung der Liquidationsgesellschaft als werbende Gesellschaft

44. Beschluss der Gesellschafterversammlung über die Fortsetzung der Liquidationsgesellschaft als Erwerbsgesellschaft (§ 60 Abs. 1 Nr. 4 GmbHG analog)

Nr. [Nummer] des Urkundenverzeichnisses für das Jahr _____ [Jahr]

Verhandelt zu [Ort] am [Datum]

Vor dem unterzeichneten Notar

[Name]

im Bezirk des Oberlandesgerichts [Ort] und dem Amtssitz in [Ort] erschienen:

1. [Name], [Ort],
2. [Name], [Ort].

Der Erschienene zu 1. erklärte:

Ich gebe nachfolgende Erklärung nicht im eigenen Namen ab, sondern als einzelvertretungsberechtigtes Vorstandsmitglied der [Name] AG in [Ort].

Die Erschienenen zu 1. und 2. erklärten:

Wir, bzw. die von mir, dem Erschienenen zu 1., vertretene [Name] AG und die alleinigen Gesellschafter der [Name] GmbH, treten zu einer Gesellschafterversammlung zusammen und beschließen:

1. Der Auflösungsbeschluss vom [Datum] wird aufgehoben.
2. Es wird festgestellt, dass kein Gesellschafter aus dem Gesellschaftsvermögen etwas erhalten hat, mit der Verteilung des Gesellschaftsvermögens mithin nicht begonnen wurde.
3. Die Gesellschaft wird als werbende Gesellschaft fortgesetzt.
4. Der Liquidator [Name] wird abberufen.
5. [Name], geboren am [Datum], wohnhaft in [Ort], wird zum einzelvertretungsberechtigten Geschäftsführer bestellt. Er ist von den Beschränkungen des § 181 BGB befreit.
   Die allgemeine Vertretungsregelung nach § […] des Gesellschaftsvertrages lautet: Der Geschäftsführer vertritt die Gesellschaft einzeln, solange er alleiniger Geschäftsführer ist. Sind mehrere Geschäftsführer bestellt, so vertritt er gemeinsam mit einem anderen Geschäftsführer. Die Gesellschafter können dem Geschäftsführer Einzelvertretungsrecht erteilen. Ist nur ein Geschäftsführer vorhanden, so vertritt er einzeln. Der Geschäftsführer ist ermächtigt, mit sich im eigenen Namen oder als Vertreter eines Dritten Rechtsgeschäfte vorzunehmen (Befreiung von den Beschränkungen des § 181 BGB).
6. Die bisherige Satzung der Gesellschaft wird in § 1 wie folgt geändert: § 1 Die Firma der Gesellschaft lautet: [Name] GmbH. Sie hat ihren Sitz in [Ort].
7. Die Geschäftsanschrift ist [Anschrift]; dies ist auch die inländische Geschäftsanschrift.

Das Protokoll wurde vorgelesen, von den Beteiligten genehmigt und von ihnen eigenhändig unterschrieben.

[Name],

[Name],

[Name], Notar L.S.

(vgl. hierzu z.B. *Wicke* § 60 Rz. 12).

45. Anmeldung des Fortsetzungsbeschlusses

An das
AG
– Registergericht –
[Anschrift]

HRB [Nummer]

I. Anlagen

Als Geschäftsführer der [Name] GmbH in [Ort] überreiche ich

1. beglaubigte Kopie des Beschlusses der Gesellschafterversammlung vom [Datum] betreffend die Fortsetzung der Gesellschaft, die Abberufung des Liquidators [Name] und Bestellung des Geschäftsführers [Name],
2. beglaubigte Abschriften der Urkunde UVZ-Nr. [Nummer]/[Jahr] des Notars [Name] sowie den vollständigen Wortlaut des nunmehr gültigen Gesellschaftsvertrages mit Notarbescheinigung,
3. Abschrift der unveränderten Gesellschafterliste.

II. Anmeldung

Ich melde die in der Gesellschafterversammlung vom [Datum] gefassten Beschlüsse zur Eintragung in das Handelsregister an:

1. die Aufhebung des Auflösungsbeschlusses vom [Datum] und die Fortsetzung der Gesellschaft als werbende Gesellschaft,
2. die Abberufung des Liquidators [Name],
3. meine Bestellung zum Geschäftsführer mit Einzelvertretungsrecht und Befreiung von den Beschränkungen des § 181 BGB,
4. die Änderung des § [...] des Gesellschaftsvertrags.

III. Versicherungen des Geschäftsführers (s.o. Muster I. 41. Ziffer II.)

IV. Vertretungsbefugnis

1. Allgemeine Vertretungsregelung: Der Geschäftsführer vertritt die Gesellschaft einzeln, solange er alleiniger Geschäftsführer ist. Sind mehrere Geschäftsführer bestellt, so vertritt er gemeinsam mit einem anderen Geschäftsführer. Die Gesellschafter können dem Geschäftsführer Einzelvertretungsrecht erteilen. Ist nur ein Geschäftsführer vorhanden, so vertritt er allein. Der Geschäftsführer ist ermächtigt, mit sich im eigenen Namen oder als Vertreter eines Dritten Rechtsgeschäfte vorzunehmen (Befreiung von den Beschränkungen des § 181 BGB).
2. Konkrete Vertretungsbefugnis: Der Geschäftsführer [Name] vertritt stets einzeln und ist von den Beschränkungen des § 181 BGB befreit.

V. Geschäftsanschrift

Die Geschäftsanschrift ist [Anschrift]; dies ist auch die inländische Geschäftsanschrift.

[Ort], den [Datum]   [Name]
                                                    (Beglaubigungsvermerk)
                                                    [Name], Notar
                                                    (Siegel)

K. Errichtung einer Zweigniederlassung

46. Anmeldung der Errichtung einer inländischen Zweigniederlassung einer GmbH

An das
AG
– Registergericht –
[Anschrift]

HRB [Nummer]

In der Handelsregistersache der [Name] GmbH melde ich, der unterzeichnende Geschäftsführer, an:

Die Gesellschaft hat in [Ort] eine Zweigniederlassung unter der Firma

[Name] GmbH Zweigniederlassung [Ort]

errichtet.

Die Geschäftsräume der Zweigniederlassung befinden sich in [Anschrift]. Dies ist die inländische Geschäftsanschrift der Zweigniederlassung.

Die Geschäftsanschrift der Hauptniederlassung lautet unverändert: [Anschrift]; dies ist auch die inländische Geschäftsanschrift. Hier befinden sich weiterhin ihre Geschäftsräume.

[Ort], den [Datum]   [Name]
                                   (Beglaubigungsvermerk)
                                   Notar [Name] L.S.

L. Sitzverlegung einer GmbH

47. Beschluss der Gesellschafterversammlung über die Sitzverlegung (§ 13h HGB, §§ 3 Abs. 1 Nr. 1, 4a, 53 ff. GmbHG)

UVZ-Nr. [Nummer]/[Jahr]

Verhandelt in [Ort] am [Datum]

Vor dem unterzeichneten Notar im Bezirk des Oberlandesgerichts [Ort]

[Name]

mit dem Amtssitz in [Ort], erschienen heute, von Person bekannt:

1. [Name], [Anschrift],
2. [Name], [Anschrift]

und erklärten:

Wir sind sämtliche Gesellschafter der [Name] GmbH mit Sitz in [Ort] (HRB [Nummer]). Unter Verzicht auf alle Formen und Fristen der Einberufung halten wir hiermit eine Gesellschafterversammlung ab und beschließen:

1. Der Sitz der Gesellschaft wird von [Ort] nach [Ort], [Anschrift], verlegt.
2. § 1 Abs. 2 (Sitz) des Gesellschaftsvertrages wird geändert und lautet nunmehr wie folgt:

   „Sitz der Gesellschaft ist [Ort]."

Geschäftsanschriften:

Bisherige Geschäftsanschrift in [Ort]: Die Geschäftsräume der Gesellschaft befinden sich in [Anschrift]; dies ist auch die bisherige inländische Geschäftsanschrift.

Die neuen Geschäftsräume der Gesellschaft befinden sich in [Anschrift]; dies ist gleichzeitig auch die neue inländische Geschäftsanschrift.

Damit wurde die Gesellschafterversammlung beendet.

Das Protokoll wurde den Erschienenen von dem Notar vorgelesen, von diesen genehmigt und wie folgt unterschrieben:

[Name],

[Name],

[Name], Notar

(Siegel)

48. Anmeldung der Sitzverlegung am Gericht des bisherigen Sitzes (§ 13h HGB)

An das
AG
– Registergericht –
[Anschrift]
HRB [Nummer]

I. Anlagen

In der Handelsregistersache der [Name] GmbH überreiche ich als alleiniger Geschäftsführer die beglaubigte Abschrift der UR Nr. [Nummer]/[Jahr] des Notars [Name] sowie den vollständigen Gesellschaftsvertrag in der nunmehr gültigen Fassung nebst notarieller Bescheinigung gemäß § 54 GmbHG.

II. Anmeldung

Ich melde zur Eintragung in das Handelsregister an:

1. Der Sitz der Gesellschaft ist von [Ort] nach [Ort] verlegt.
2. Der Gesellschaftsvertrag ist in § [...] (Sitz) geändert.

III. Geschäftsanschrift

Die neuen Geschäftsräume der Gesellschaft befinden sich in [Anschrift]; dies ist gleichzeitig auch die neue inländische Geschäftsanschrift.

[Ort], den [Datum]   [Name]
                                       (Beglaubigungsvermerk)
                                       [Name], Notar
                                       (Siegel)

M. Verschmelzung von zwei Gesellschaften mit beschränkter Haftung
(§§ 2 ff., 46f UmwG)

49. Verschmelzungsvertrag (bei Verschmelzung durch Aufnahme)

UVZ-Nr. [Nummer]/[Jahr]

Verhandelt zu [Ort] am [Datum]

Vor dem unterzeichneten Notar [Name] im Bezirk des Oberlandesgerichts [Ort] mit dem Amtssitz in [Ort]

erschienen heute von Person bekannt:

1. [Name],
2. [Name],

beide wohnhaft [Anschrift].

Der Erschienene zu 1. erklärte, dass er nicht in eigenem Namen handelt, sondern als einzelvertretungsberechtigter Geschäftsführer der [Name übertragend] GmbH in [Ort].

Der amtierende Notar bescheinigt die Vertretungsberechtigung aufgrund heutiger Einsichtnahme in das elektronische Handelsregister des Amtsgerichts [Ort] HRB [Nummer] –.

Die Erschienene zu 2. erklärte, dass sie nicht in eigenem Namen handelt, sondern als einzelvertretungsberechtigte Geschäftsführerin der [Name übernehmend] GmbH in [Ort].

Der amtierende Notar bescheinigt die Vertretungsberechtigung aufgrund heutiger Einsichtnahme in das elektronische Handelsregister des Amtsgerichts [Ort] HRB [Nummer] –.

Die Erschienenen baten um die Beurkundung des nachfolgenden Verschmelzungsvertrages zwischen der [Name übertragend] GmbH in [Ort] und der [Name übernehmend] GmbH in [Ort]

Verschmelzungsvertrag

§ 1

Die [Name übertragend] GmbH überträgt ihr Vermögen als Ganzes mit allen Rechten und Pflichten unter Auflösung ohne Abwicklung auf die [Name übernehmend] GmbH gegen Gewährung von Geschäftsanteilen dieser Gesellschaft (Verschmelzung durch Aufnahme). Der Verschmelzung liegt die Verschmelzungsbilanz der [Name übertragend] GmbH vom [Datum] zugrunde.

Die Übernahme des Vermögens der [Name übertragend] GmbH erfolgt zum 1. Januar [Jahr] (Verschmelzungsstichtag). Von diesem Zeitpunkt an gelten alle Handlungen und Geschäfte der übertragenden Gesellschaft als für Rechnung der übernehmenden Gesellschaft geführt.

§2

1. Zur Durchführung der Verschmelzung wird die [Name übernehmend] GmbH ihr Stammkapital von bislang EUR [Betrag] auf EUR [Betrag] erhöhen und zwar durch Bildung eines Geschäftsanteils Nr. [Nummer] im Nennbetrag von EUR [Betrag] und eines weiteren Geschäftsanteils Nr. [Nummer] im Nennbetrag von EUR [Betrag].

2. Die [Name übernehmend] GmbH gewährt den Gesellschaftern der [Name übertragend] GmbH als Gegenleistung für die Übertragung des Vermögens Geschäftsanteile an der [Name übernehmend] GmbH, und zwar

   a) [Name] den neuen Geschäftsanteil Nr. [Nummer] im Nennbetrag von EUR [Betrag],

   b) [Name] den neuen Geschäftsanteil Nr. [Nummer] im Nennbetrag von EUR [Betrag].

Die Geschäftsanteile werden kostenfrei und mit Gewinnberechtigung ab 1. Januar [Jahr] gewährt.

§3

Die übernehmende Gesellschaft gewährt keinem Gesellschafter im Zusammenhang mit der Verschmelzung irgendwelche besonderen Rechte.

Keinem Mitglied eines Vertretungs- oder Aufsichtsorgans einer der an der Verschmelzung beteiligten Gesellschaften und keinem Abschluss- oder Verschmelzungsprüfer werden irgendwelche besondere Vorteile gewährt.

§4

Der Geschäftsbetrieb der übertragenden Gesellschaft wird von der übernehmenden Gesellschaft unverändert fortgesetzt. Alle Beschäftigungsverhältnisse der übertragenden Gesellschaft gehen auf die übernehmende Gesellschaft über. Es treten keine Auswirkungen der Verschmelzung auf die Arbeitnehmer der übertragenden Gesellschaft ein. Die Verschmelzung hat auch keine Auswirkungen auf die Arbeitnehmer der übernehmenden Gesellschaft.

Keine der beteiligten Gesellschaften hat einen Betriebsrat. [Die Vorlage des Vertrages an einen solchen gemäß § 5 Abs. 3 UmwG ist daher gegenstandslos.]

§5

Dieser Vertrag bedarf der notariell beurkundeten Zustimmung der Gesellschafterversammlungen beider Gesellschaften (§ 13 UmwG).

§6

Die durch diesen Vertrag und seiner Ausführung entstehenden Kosten und Steuern trägt die [Name übernehmend] GmbH.

Diese Niederschrift wurde den Erschienenen von dem amtierenden Notar vorgelesen, von ihnen genehmigt und eigenhändig wie folgt unterschrieben:

[Name],
[Name],
L.S. [Name], Notar

50. Beschluss der Gesellschafterversammlung der übertragenden GmbH

UVZ-Nr. [Nummer]/[Jahr]

Verhandelt zu [Ort] am [Datum]

Vor dem unterzeichneten Notar [Name] im Bezirk des Oberlandesgerichts [Ort] mit dem Amtssitz in [Anschrift]

erschienen heute von Person bekannt:

1. [Name], wohnhaft [Anschrift],
2. [Name], wohnhaft [Anschrift].

Die Erschienenen erklärten:

Wir sind die alleinigen Gesellschafter der im Handelsregister des Amtsgerichts [Ort] – HRB [Nummer] – eingetragenen [Name übertragend] GmbH, mit dem Sitz in [Anschrift].

Das Stammkapital der Gesellschaft beträgt EUR [Betrag] und ist voll vertreten.

Dieses ist voll eingezahlt.

Unter Verzicht auf alle Formen und Fristen halten wir hiermit eine außerordentliche

Gesellschafterversammlung

der [Name übertragend] GmbH, [Ort], ab und beschließen einstimmig:

1. Die Verschmelzungsbilanz zum [Datum], die dieser Urkunde als Anlage 1 beige-fügt ist, wird festgestellt.
2. Der Verschmelzungsvertrag zwischen der [Name übertragend] GmbH und der Name übernehmend] GmbH vom [Datum] (UR Nr. [Nummer]/[Jahr] des Notars [Name], [Ort]) der als Anlage 2 dieser Urkunde beigefügt ist, wird genehmigt.

Die Erschienenen erklärten weiter:

a) Wir verzichten auf die Erstattung eines Verschmelzungsberichts gem. § 8 Abs. 3 UmwG.
b) Wir verzichten auf eine Verschmelzungsprüfung und die Erstattung eines Prüfungs-berichts gem. §§ 9 Abs. 2, 12 Abs. 3 und 8 Abs. 3 UmwG.
c) Weder bei der übertragenden noch bei der übernehmenden Gesellschaft existiert ein Betriebsrat. Eine Zuleitung des Verschmelzungsvertrages an den Betriebsrat innerhalb der in § 5 Abs. 3 UmwG bestimmten Frist ist damit gegenstandslos.
d) Wir verzichten auf das Recht zur Erhebung einer Klage gegen die Wirksamkeit des Verschmelzungsbeschlusses gem. § 16 Abs. 2 UmwG.

Diese Niederschrift wurde den Erschienenen von dem amtierenden Notar vorgelesen, von ihnen genehmigt und eigenhändig wie folgt unterschrieben:

[Name],
[Name],
[Name], Notar L.S.

51. Beschluss der Gesellschafterversammlung der übernehmenden GmbH

UVZ-Nr. [Nummer]/[Jahr]

Verhandelt zu [Ort] am [Datum]

Vor dem unterzeichneten Notar [Name] im Bezirk des Oberlandesgerichts [Ort] mit dem Amtssitz in [Ort]

erschienen heute von Person bekannt:

1. [Name], wohnhaft [Anschrift],
2. [Name], wohnhaft [Anschrift].

Die Erschienenen erklärten:

Wir sind die alleinigen Gesellschafter der [Name übernehmend] GmbH mit dem Sitz in [Anschrift].

Das Stammkapital der Gesellschaft beträgt EUR [Betrag] und ist somit voll vertreten.

Unter Verzicht auf alle Formen und Fristen halten wir hiermit eine außerordentliche

Gesellschafterversammlung

der [Name übernehmend] GmbH ab und beschließen einstimmig:

§ 1

Dem Verschmelzungsvertrag zwischen der [Name übertragend] GmbH und der [Name übernehmend] GmbH mit dem Sitz in [Ort] vom [Datum] (UR-Nr. [Nummer]/[Jahr] des Notars [Name], [Ort]), der dieser Urkunde als Anlage 1 beigefügt ist, wird genehmigt.

§ 2

Zur Durchführung der Verschmelzung wird das Stammkapital der Gesellschaft von EUR [Betrag] um EUR [Betrag] auf EUR [Betrag] erhöht und zwar durch Bildung eines neuen Geschäftsanteils Nr. [Nummer] im Nennbetrag von EUR [Betrag] und eines neuen Geschäftsanteils Nr. [Nummer] im Nennbetrag von EUR [Betrag].

Die Stammeinlage von EUR [Betrag] (Geschäftsanteil Nr. [Nummer]) erhält [Name], die Stammeinlage von EUR [Betrag] (Geschäftsanteil Nr. [Nummer]) erhält [Name]. Sie sind die alleinigen Gesellschafter der [Name übertragend] GmbH. Sie leisten ihre Stammeinlage durch Übertragung des Vermögens der [Name übertragend] GmbH nach Maßgabe des Verschmelzungsvertrages vom [Datum]. Der Übertragung des Vermögens liegt die dieser Urkunde als Anlage 2 beigefügte Verschmelzungsbilanz zum [Datum] zugrunde.

§ 3

§ 3 des Gesellschaftsvertrages erhält folgende Fassung: Das Stammkapital der Gesellschaft beträgt EUR [Betrag] (in Worten: Euro [Betrag]). Es ist durch Beschluss der Gesellschafterversammlung vom [Datum] zum Zwecke der Durchführung der Verschmelzung mit der [Name übertragend] GmbH um EUR [Betrag] auf EUR [Betrag] erhöht.

Von dem Stammkapital halten:

1. [Name], [Ort],
   den Geschäftsanteil Nr. [Nummer] im Nominalwert von   EUR [Betrag],

2. [Name], [Ort],
   den Geschäftsanteil Nr. [Nummer] im Nominalwert von   EUR [Betrag],

3. [Name], [Ort],
   den Geschäftsanteil Nr. [Nummer] im Nominalwert von   EUR [Betrag],

4. [Name], [Ort],
   den Geschäftsanteil Nr. [Nummer] im Nominalwert von   EUR [Betrag].

Die Erschienenen erklärten weiter:

a) Wir verzichten auf die Erstattung eines Verschmelzungsberichts gem. § 8 Abs. 3 UmwG.

b) Wir verzichten auf eine Verschmelzungsprüfung und die Erstattung eines Prüfungsberichts gem. §§ 9 Abs. 2, 12 Abs. 3 und 8 Abs. 3 UmwG.

c) Weder bei der übertragenden noch bei der übernehmenden Gesellschaft existiert
   ein Betriebsrat. Eine Zuleitung des Verschmelzungsvertrages an den Betriebsrat
   innerhalb der in § 5 Abs. 3 UmwG bestimmten Frist ist damit gegenstandslos.

d) Wir verzichten auf das Recht zur Erhebung einer Klage gegen die Wirksamkeit des
   Verschmelzungsbeschlusses gem. § 16 Abs. 2 UmwG.

Diese Niederschrift wurde den Erschienenen von dem amtierenden Notar vorgelesen,
von ihnen genehmigt und eigenhändig wie folgt unterschrieben:

[Name],

[Name],

[Name], Notar L.S.

52. Anmeldung der übertragenden Gesellschaft

An das
AG
– Registergericht –
[Anschrift]
HRB [Nummer]

I. Anlagen

Ich, der unterzeichnete Geschäftsführer der [Name übertragend] GmbH in [Ort], überreiche:

1. beglaubigte Abschrift des Verschmelzungsvertrages vom [Datum], UVZR-Nr. [Nummer]/[Jahr] des Notars [Name], [Ort],
2. beglaubigte Abschrift des Protokolls der Gesellschafterversammlung der [Name übertragend] GmbH vom gleichen Tag, UVZR-Nr. [Nummer]/[Jahr] des Notars [Name], [Ort] (Verschmelzungsbeschluss, Verzichtserklärung wegen Erstattung des Verschmelzungsberichts und Durchführung einer Verschmelzungsprüfung und Erstattung eines Prüfberichts sowie Zustimmungserklärung),
3. beglaubigte Abschrift des Protokolls der Gesellschafterversammlung der [Name übernehmend] GmbH in [Ort] vom gleichen Tag, UVZR-Nr. [Nummer]/[Jahr] des Notars [Name], [Ort], u.a. mit Zustimmungserklärung und Verzichtserklärungen der Gesellschafter,
4. Verschmelzungsbilanz der [Name übertragend] GmbH vom [Datum] (Anlage zur Urkunde UVZR-Nr. [Nummer]/[Jahr] des Notars [Name]).

II. Anmeldung und Erklärungen

Ich melde zur Eintragung in das Handelsregister an:

Die [Name übertragend] GmbH in [Ort] und die [Name übernehmend] GmbH in [Ort] sind auf Grund des Verschmelzungsvertrages vom [Datum] und den Zustimmungsbeschlüssen der Gesellschafterversammlungen beider Gesellschaften vom gleichen Tag gem. § 2 Nr. 1 UmwG zum Stichtag vom [Datum] verschmolzen.

Die Gesellschafter haben auf ihr Recht, Klage gegen den Verschmelzungsbeschluss zu erheben, ausdrücklich in der Gesellschafterversammlung der [Name übertragend] GmbH vom gleichen Tag, UVZR-Nr. [Nummer]/[Jahr] des Notars [Name], [Ort] verzichtet. Eine Klage gegen den Gesellschafterbeschluss wurde auch nicht innerhalb eines Monats nach der Beschlussfassung erhoben.

Eines Verschmelzungsberichts, einer Verschmelzungsprüfung und eines Prüfungsberichts bedarf es nicht, da auf deren Erstattung alle Gesellschafter aller beteiligten Rechtsträger in den Gesellschafterversammlungen vom [Datum] (UVZR-Nr. [Nummer]/[Jahr] sowie UVZR-Nr. [Nummer]/[Jahr] des Notars [Name]) verzichtet haben (§§ 8 Abs. 3, 9 Abs. 2 und 12 Abs. 3 UmwG).

Der Zuleitung des Verschmelzungsvertrages an den Betriebsrat einer der beteiligten Gesellschaft bedurfte es nicht, da bei keiner dieser Gesellschaften ein Betriebsrat besteht.

III. Geschäftsanschrift

Die Geschäftsräume befinden sich unverändert in [Anschrift]; dies ist auch die inländische Geschäftsanschrift.

[Ort], den [Datum]   [Name]
                                                                (Beglaubigungsvermerk)
                                                                [Name], Notar L.S.

53. Anmeldung der übernehmenden Gesellschaft – gleichzeitige Anmeldung der Kapitalerhöhung und der Verschmelzung (§§ 53, 57 GmbH)

An das
AG
– Registergericht –
[Anschrift]
HRB [Nummer]

I. Anlagen

Ich, die unterzeichnete Geschäftsführerin der [Name übernehmend] GmbH überreiche:

1. beglaubigte Abschrift der Urkunde UVZ-[Nummer]/[Jahr] des Notars [Name], [Ort] vom [Datum] (Verschmelzungsvertrag),
2. beglaubigte Abschrift der UVZ-[Nummer]/[Jahr] des Notars [Name] vom [Datum] (Verschmelzungsbeschluss, Kapitalerhöhungsbeschluss sowie Beschluss über die Änderung des Gesellschaftsvertrages der [Name übernehmend] GmbH) mit Stichtagsbilanz und notariell beurkundeter Verzichtserklärung wegen Erstattung des Verschmelzungsberichts, Prüfberichts und der Durchführung einer Verschmelzungsprüfung sowie Zustimmungserklärung der Gesellschafter,
3. beglaubigte Abschrift der UVZ-[Nummer]/[Jahr] des Notars [Name] vom [Datum] (Verschmelzungsbeschluss der [Name] GmbH) u.a. mit Zustimmungserklärung und Verzichtserklärungen der Gesellschafter,
4. beglaubigte Abschrift des vollständigen Wortlauts des Gesellschaftsvertrages mit notariellem Bestätigungsvermerk nach § 54 Abs. 1 S. 2 GmbHG,
5. beglaubigte Abschrift der Liste der Übernehmer der neuen Geschäftsanteile,
6. beglaubigte Abschrift der Liste der Gesellschafter der aufnehmenden Gesellschaft nach dem Stand der vollzogenen Verschmelzung mit Unterschrift und Notarbescheinigung nach § 40 Abs. 2 GmbHG (soweit nicht bereits vom Notar eingereicht).

II. Anmeldung und Erklärungen

Ich melde zur Eintragung in das Handelsregister an:

1. Die [Name übertragend] GmbH in [Ort] und die [Name übernehmend] GmbH sind auf Grund des Verschmelzungsvertrages vom [Datum] und der Zustimmungsbeschlüsse der Gesellschafterversammlungen der sich vereinigenden Gesellschaften vom gleichen Tag gemäß § 2 Nr. 1 UmwG unter Auflösung der [Name übertragend] GmbH ohne Abwicklung im Wege der Aufnahme durch Übertragung des Vermögens dieser Gesellschaft als Ganzes auf bereits bestehende [Name übernehmend] GmbH verschmolzen.
2. Das Stammkapital der [Name übernehmend] GmbH ist zum Zwecke der Durchführung der Verschmelzung durch Beschluss der Gesellschafterversammlung vom [Datum] um EUR [Betrag] auf EUR [Betrag] erhöht. Der Gesellschaftsvertrag ist in § [...] (Stammkapital) geändert.

Ich bitte – unter Bezugnahme auf §§ 53, 55 UmwG – zunächst um die Eintragung der Kapitalerhöhung in das Handelsregister der aufnehmenden Gesellschaft. Diese Anmeldung erfolgt jedoch nur unter ausdrücklicher Bedingung der Eintragung der Verschmelzung beim übertragenden Rechtsträger.

Zur Vervollständigung der Anmeldung der Verschmelzung wird ein beglaubigter Handelsregisterauszug des übertragenden Rechtsträgers eingereicht, woraus sich ergibt, dass die Verschmelzung in das Handelsregister des Sitzes des übertragenden Rechtsträgers eingetragen ist.

Wegen der Vollwertigkeit der Sacheinlagen verweise ich auf die als Anlage 2 zu UVZR-[Nummer]/[Jahr] des Notars [Name] beigefügte Verschmelzungsbilanz der [Name übertragend] GmbH zum Stichtag vom [Datum].

Die Verschmelzungsbeschlüsse sind nicht innerhalb eines Monats nach der Beschlussfassung angefochten worden.

III. Geschäftsanschrift

Die Geschäftsräume befinden sich unverändert in [Anschrift]; dies ist auch die inländische Geschäftsanschrift.

[Ort], den [Datum]   [Name]
                                                      (Beglaubigungsvermerk)
                                                      [Name], Notar L.S.

**N. Übertragende Umwandlung einer GmbH auf den
Alleingesellschafter als Einzelperson
(§§ 2 Nr. 1, 3 Abs. 2 Nr. 2, 120–122 i.V.m. §§ 46–59 UmwG)**

54. Übertragende Umwandlung einer GmbH auf den Alleingesellschafter als Einzelperson (§§ 2 Nr. 1, 3 Abs. 2 Nr. 2, 120–122 i.V.m. §§ 46–59 UmwG)

UVZR-Nr. [Nummer]/[Jahr]

Verhandelt zu [Ort] am [Datum]

Vor mir, dem unterzeichneten Notar [Name] in [Ort] erschien heute – von Person bekannt –

[Name], [Ort] und erklärt:

Ich bin alleiniger Gesellschafter der [Name] GmbH mit Sitz in [Ort], eingetragen im Handelsregister des [Ort] unter HRB [Nummer], deren Stammkapital EUR [Betrag] beträgt. Ich bin alleiniger Inhaber des (einzigen) Geschäftsanteils Nr. [Nummer] von EUR [Betrag].

Unter Verzicht auf alle Fristen und Formen halte ich hiermit eine außerordentliche Gesellschafterversammlung ab und beschließe:

Die Gesellschaft wird in der Weise umgewandelt, dass ihr Vermögen einschließlich der Schulden unter Zugrundelegung der Bilanz zum [Datum] ohne Liquidation auf mich als alleinigen Gesellschafter gemäß § 2 Nr. 1, § 3 Abs. 2 Nr. 2 UmwG übergeht. Ich werde das Geschäft unter der Firma [Name] fortführen.

Ab dem Stichtag der Bilanz gelten die Handlungen und Geschäfte der GmbH als für die Einzelfirma vorgenommen und steht der Einzelfirma der Gewinn zu.

Die Einzelfirma übernimmt die Arbeitsverhältnisse der GmbH.

Ich verzichte auf Verschmelzungsbericht, Verschmelzungsprüfung und Prüfbericht. Ich verzichtete auf eine Klage gegen die Wirksamkeit des Beschlusses.

Das Protokoll wurde von dem Notar vorgelesen, von dem Erschienenen genehmigt und wie folgt unterschrieben:

[Name],
[Name], Notar L.S.

Beine   983

55. Anmeldung der Umwandlung bei der GmbH

An das
AG
– Registergericht –
[Anschrift]

In der Anlage überreiche ich, der unterzeichnende Geschäftsführer der [Name] GmbH
eine beglaubigte Abschrift der UVZR-Nr. [Nummer]/[Jahr] des Notars [Name], [Ort],
vom [Datum] nebst der Umwandlungsbilanz vom [Datum] und melde den in der Gesellschafterversammlung vom [Datum] gefassten Beschluss betreffend die Umwandlung
der Gesellschaft durch Übertragung des Vermögens auf den Alleingesellschafter, der
das Geschäft unter der Firma [Name] fortführt, und die zugleich zur Eintragung in das
Handelsregister A angemeldet wird, an. Auf Klage gegen die Wirksamkeit des
Beschlusses wurde verzichtet. Die Gesellschaft hat keinen Betriebsrat.

[Ort], den [Datum]   [Name]
                                                           (Beglaubigungsvermerk)
                                                           [Name], Notar L. S.

56. Anmeldung zur Eintragung der Einzelfirma

An das
AG
– Registergericht –
[Ort]

Zur Eintragung in das Handelsregister melde ich an:

Die im Handelsregister des AG [Ort] unter HRB [Nummer] eingetragene [Name] GmbH ist durch Übertragung ihres Vermögens auf mich als Alleingesellschafter umgewandelt worden.

Ich führe das Geschäft als Einzelfirma unter der Firma [Name] fort.

Ich überreiche die beglaubigte Abschrift der UVZR-Nr. [Nummer]/[Jahr] des Notars [Name], [Ort] vom [Datum] sowie die dieser Urkunde beigefügte Umwandlungsbilanz. Ich erkläre, dass es sich auch nach der Umwandlung um ein vollkaufmännisches Unternehmen handelt [falls erforderlich: und füge eine entsprechende Bescheinigung der Industrie- und Handelskammer [Ort] bei.

Die Geschäftsräume befinden sich in [Anschrift]; dies ist auch die inländische Geschäftsanschrift.

[Ort], den [Datum]   [Name]
                                                     (Beglaubigungsvermerk)
                                                     [Name], Notar L.S.

O. Umwandlung einer GmbH in eine in das Gesellschaftsregister einzutragende Gesellschaft bürgerlichen Rechts (§§ 190 ff., 226, 228 ff., 235 UmwG)

(Seit Inkrafttreten des MoPeG – Personengesellschaftsrechtsmodernisierungsgesetz – am 1.1.2024 kann bei einem Formwechsel der GmbH in eine Gesellschaft bürgerlichen Rechts (GbR) gemäß § 191 Abs. 2 Nr. 1 UmwG eine GbR als Rechtsträger neuer Rechtsform nur als im Gesellschaftsregister einzutragende GbR fungieren, s. *Schmitt/ Hörtnagel* Umwandlungsgesetz, Umwandlungssteuergesetz, 10. Aufl. 2024)

57. Beschluss der Gesellschafterversammlung der GmbH

UVZ-[Nummer]/[Jahr]

Verhandelt zu [Ort] am [Datum]

Vor dem unterzeichnenden Notar [Name] in [Ort]

erschienen heute, von Person bekannt:

1. [Name],
2. [Name],

beide wohnhaft [Anschrift].

Die Erschienenen erklärten:

Ausweislich der letzten in den elektronischen Dokumentenordner des Handelsregisters beim Amtsgericht [Name] eingestellten Gesellschafterliste sind wir die alleinigen Gesellschafter der mit einem Stammkapital von EUR [Betrag] eingetragenen [Name] GmbH in [Ort].

Ich, der Erschienene zu 1., bin mit dem Geschäftsanteil Nr. [Nummer] von nominal EUR [Betrag],

ich, die Erschienene zu 2., mit dem Geschäftsanteil Nr. [Nummer] von nominal EUR [Betrag]

an der Gesellschaft beteiligt. Das Stammkapital ist voll eingezahlt.

Unter Verzicht auf alle gesetzlichen und durch den Gesellschaftsvertrag bestimmten Form- und Fristvorschriften treten wir hiermit zu einer außerordentlichen Gesellschafterversammlung zusammen und fassen folgenden Formwechselbeschluss:

1. Die Gesellschaft wird durch Formwechsel umgewandelt in eine in das Gesellschaftsregister einzutragende rechtsfähige Gesellschaft bürgerlichen Rechts (nachstehend „eGbR"). Im Innenverhältnis unter den Gesellschaftern bzw. zwischen den Gesellschaften und der Gesellschaft soll der Formwechsel zum 31. Dezember [Jahr], 24.00 Uhr als erfolgt gelten.
2. Die eGbR tritt im Rechts- und Geschäftsverkehr unter der Bezeichnung [Name] eingetragene Gesellschaft bürgerlichen Rechts (eGbR) auf. Sitz der Gesellschaft ist [Ort].

Beine

3. Gesellschafter der künftigen eGbR sind die Gesellschafter der durch Formwechsel erlöschenden [Name] GmbH, nämlich
   a) [Name]
   b) [Name].
   Mit dem Formwechsel treten an die Stelle der Geschäftsanteile Anteile am Gesamthandsvermögen der eGbR, die uns je zur Hälfte zustehen.
   An den Überschüssen und Verlusten der eGbR nehmen die Gesellschafter im Verhältnis ihrer Beteiligung am Gesamtvermögen der eGbR teil. Die Gesellschaft wird durch den Tod eines Gesellschafters nicht aufgelöst.
4. Besondere Rechte i.S.v. § 194 Abs. 1 Nr. 5 werden nicht gewährt.
5. Ein Abfindungsangebot ist nicht erforderlich, da alle Gesellschafter dem Formwechsel zustimmen.
6. Die Gesellschaft hat keine Arbeitnehmer und keinen Betriebsrat.

Die Erschienen verzichten gem. § 192 Abs. 2 UmwG auf die Erstellung eines Formwechselberichtes einschließlich der Vermögensaufstellung und auf das Recht, diesen Beschluss anzufechten oder eine Klage gegen die Wirksamkeit des Formwechselbeschlusses gem. §§ 195, 198 Abs. 3, 16 Abs. 2 UmwG zu erheben.

Für die Gesellschaft bürgerlichen Rechts gilt der in der Anlage enthaltene Gesellschaftsvertrag.

Der Notar hat darauf hingewiesen, dass gemäß § 228 Abs. 3 UmwG dieser Formwechsel in eine Gesellschaft bürgerlichen Rechts nur möglich ist, wenn die Gesellschaft kein Handelsgewerbe gemäß § 1 Abs. 2 des Handelsgesetzbuches betreibt.

Das Protokoll samt der Anlage wurde den Erschienen in Gegenwart des Notars vorgelesen, von ihnen genehmigt und wie folgt eigenhändig unterschrieben:

[Name],
[Name],
[Name], Notar L.S.

58. Anmeldung der Umwandlung

An das

AG

– Registergericht –

[Anschrift]

Anmeldung zum Handelsregister B

In der Anlage überreiche ich, der unterzeichnende Geschäftsführer der [Name] GmbH, beglaubigte Abschrift der notariellen Verhandlung einschließlich des Gesellschaftsvertrages vom [Datum] und melde den in der Gesellschafterversammlung vom [Datum] gefassten Beschluss betreffend Umwandlung der Gesellschaft in eine in das Gesellschaftsregister einzutragende Gesellschaft bürgerlichen Rechts zur Eintragung an. Die Gesellschaft ist durch Formwechsel nach den Bestimmungen des Umwandlungsgesetzes in eine rechtsfähige Gesellschaft bürgerlichen Rechts umgewandelt worden. Auf Klage gegen die Wirksamkeit des Beschlusses wurde verzichtet, ebenso auf eine Anfechtung

Die Geschäftsräume befinden sich in [Adresse]; dies ist auch die inländische Geschäftsanschrift.

Die Gesellschaft führt den Rechtsformzusatz eGbR.

Sie hat ihren Sitz in: [Ort]_____

Die Anschrift der Gesellschaft i.S.d. § 707 Abs. 2 Nr. 1c BGB lautet: _____

Gegenstand der Gesellschaft ist: [Zweck]_____

Gesellschafter sind:

a) [Name]_____, geboren am ____, wohnhaft in _____

b) [Name]_____, geboren am ____, wohnhaft in _____

Vertretungsrecht der Gesellschafter:

Abstrakt:

Alle Gesellschafter vertreten die Gesellschaft gemeinsam.

Konkret:

Die Gesellschaft wird durch ihre Gesellschafter gemeinsam vertreten. Jeder Gesellschafter ist in diesem Rahmen dabei befugt, die Gesellschaft bei der Vornahme von Rechtsgeschäften mit sich selbst oder als Vertreter eines Dritten uneingeschränkt zu vertreten (Befreiung von den Beschränkungen des § 181 BGB).

Alternative:

Der Gesellschafter [Name] vertritt die Gesellschaft stets einzeln und ist befugt, die Gesellschaft bei der Vornahme von Rechtsgeschäften mit sich selbst oder als Vertreter eines Dritten uneingeschränkt zu vertreten (Befreiung von den Beschränkungen des § 181 BGB).

Alle Gesellschafter versichern: Die Gesellschaft ist nicht bereits im Handels- oder im Partnerschaftsregister eingetragen. Der neue Rechtsträger betreibt kein Handelsgewerbe i.S.d. § 1 Abs. 1 HGB. Die Bücher und Schriften der GmbH werden von deren Gesellschaftern verwahrt.

[Ort], den [Datum]

[Name]
(Beglaubigungsvermerk)
[Name], Notar L.S.

Seit dem 1.1.2024 ist gemäß § 198 UmwG diese Anmeldung auch beim Gesellschafts-register einzureichen. Sollte keiner der Gesellschafter eine natürliche Person sein, so muss der Name der Gesellschaft eine Bezeichnung erhalten, welche die Haftungsbe-schränkung kennzeichnet (§ 707a Abs. 2 S. 2 BGB). Hier bietet sich die Bezeichnung „GmbH & Co. eGbR" an, während ein Zusatz „eGbR mbH" wohl nicht zulässig wäre (*Servatius* § 707a BGB Rz. 8 in GbR, 1. Auflage 2023).

P. Ausgliederung eines Unternehmens aus dem Vermögen eines Einzelkaufmanns auf eine neue GmbH (§ 123 Abs. 3, 124 Abs. 1, 152 ff. UmwG)

59. Spaltungsplan und Gesellschaftsvertrag

UVZ-Nr. [Nummer]/[Jahr]

Verhandelt zu [Ort] am [Datum]

Vor mir, dem unterzeichnenden Notar im Bezirk des Oberlandesgerichts [Ort],

[Name]

mit Amtssitz in [Ort]

erschien heute

[Name, Adresse], von Person bekannt und erklärte:

I. Spaltungsplan

§ 1

Ich bin alleiniger Inhaber der im Handelsregister des Amtsgerichts [Ort] unter HRA [Nummer] eingetragenen Firma „[Name]".

Ich habe außer dieser Firma noch weiteres Vermögen.

Ich möchte das Einzelunternehmen dadurch in eine GmbH umwandeln, dass ich es auf die neu zu gründende [Name] Gesellschaft mit beschränkter Haftung in [Ort] gem. § 123 Abs. 3 Nr. 2 i.V.m. §§ 152, 158 UmwG ausgliedere.

§ 2

Ich spalte von meinem Vermögen das unter der Firma [Name] betriebene Einzelunternehmen ab und übertrage es als Gesamtheit mit allen Rechten und Pflichten auf die dadurch neu entstehende [Name] GmbH mit Sitz in [Ort] gegen Gewährung von Geschäftsanteilen dieser Gesellschaft.

§ 3

Der Spaltung wird die Schlussbilanz des Einzelunternehmens zum 31. Dezember [Jahr] zugrunde gelegt.

§ 4

Die Übernahme des Vermögens erfolgt im Innenverhältnis mit Wirkung zum Ablauf des 31. Dezember [Jahr]. Ab dem 1. Januar [Jahr] gelten die Handlungen der Einzelfirma als für die GmbH vorgenommen.

§ 5

Das zu übertragende Vermögen des Einzelunternehmens ergibt sich mit allen Aktiva und Passiva aus der Bilanz per 31. Dezember [Jahr], die dieser Urkunde als Anlage 1 beigefügt ist.

§ 6

Als Gegenleistung für die Übertragung des Vermögens auf die GmbH erhalte ich den Geschäftsanteil von EUR [Betrag] (Geschäftsanteil Nr. [Nummer]).

§7

Besondere Rechte und Vorteile im Sinne von § 126 Abs. 1 Nr. 7 und 8 UmwG sind nicht gewährt worden.

§8

Die GmbH übernimmt die Arbeitnehmer des Einzelunternehmens.

II. Gesellschaftsvertrag

Für die durch die Ausgliederung neugegründete GmbH stelle ich folgenden Gesellschaftsvertrag fest.

Gesellschaftsvertrag

§1

Die Firma der Gesellschaft lautet:

[Name] Gesellschaft mit beschränkter Haftung.

Der Sitz der Gesellschaft ist [Ort].

§2

Gegenstand des Unternehmens ist [Gegenstand].

§3

Das Stammkapital beträgt EUR [Betrag] und besteht aus einer Stammeinlage gleicher Höhe (Geschäftsanteil Nr. 1), die der Kaufmann [Name] übernommen hat. Die Stammeinlage ist dadurch geleistet, dass der Gesellschafter das Geschäftsvermögen des von ihm unter der Firma [Name] in [Ort] betriebenen Unternehmens im Wege der Ausgliederung gem. §§ 123 Abs. 3 Nr. 2, 152 ff. UmwG unter Zugrundelegung der Ausgliederungsbilanz zum 31. Dezember [Jahr] auf die Gesellschaft übertragen hat.

§4

Geschäftsjahr ist das Kalenderjahr.

§5

Die Gesellschaft hat einen oder mehrere Geschäftsführer.

Der Geschäftsführer vertritt die Gesellschaft einzeln, solange er alleiniger Geschäftsführer ist. Sind mehrere Geschäftsführer bestellt, so vertritt er gemeinsam mit einem anderen Geschäftsführer. Die Gesellschafter können dem Geschäftsführer Einzelvertretungsrecht erteilen. Ist nur ein Geschäftsführer vorhanden, so vertritt er einzeln. Jeder Geschäftsführer ist ermächtigt, mit sich im eigenen Namen oder als Vertreter eines Dritten Rechtsgeschäfte vorzunehmen (Befreiung von den Beschränkungen des § 181 BGB).

§6

Bekanntmachungen der Gesellschaft erfolgen im Bundesanzeiger.

III. Bestellung des ersten Geschäftsführers

Zum ersten Geschäftsführer bestelle ich mich.

Ich erteile mir Einzelvertretungsmacht – auch für den Fall, dass neben mir einer oder mehrere Geschäftsführer bestellt sind – und Befreiung von den Beschränkungen des § 181 BGB.

IV. Hinweise des Notars

Der Notar wies den Erschienenen darauf hin, dass die Ausgliederung zum Handelsregister anzumelden ist, und dass die GmbH erst mit der Eintragung in das Handelsregister des übertragenden Rechtsträgers entsteht. Weiter wies der Notar auf die Haf-
tungsvorschriften der §§ 156, 157 UmwG hin.

Ein Ausgliederungsbericht ist nach §§ 158, 153 UmwG nicht erforderlich. Ich bin
Alleininhaber der Einzelfirma und werde Alleingesellschafter der [Name] GmbH
sein. Eine Ausgliederungsprüfung entfällt nach § 125 S. 2 UmwG.

V. Geschäftsanschrift

Geschäftsanschrift ist [Anschrift]; dies ist auch die inländische Geschäftsanschrift.

VI. Geschäftsführerversicherung (s.o. Muster A. 3. Ziffer 3)

VII. Sachgründungsbericht

Ich erstatte folgenden Sachgründungsbericht über die Ausgliederung des von mir
unter der Firma der im Handelsregister des Amtsgerichts [Ort] unter HRA [Nummer
eingetragenen Einzelunternehmens „[Name]" zur Neugründung der [Name] GmbH:

1. Ich habe am [Datum] (UVZ-Nr. [Nummer]/[Jahr] des Notars [Name]) einen Ausgliederungsplan aufgestellt, aufgrund dessen mein einzelkaufmännisch betriebenes
   Unternehmen nach den Vorschriften der §§ 152 ff. UmwG auf die dadurch neu
   gegründete [Name] GmbH, die ein Stammkapital von EUR [Betrag] hat, ausgeglie-
   dert wurde. Bei dem übertragenen Vermögen handelt es sich um alle Aktiva und
   Passiva, die bisher dem von mir betriebenen Einzelunternehmen wirtschaftlich
   zugeordnet waren. Die übertragenen Aktiva und Passiva sind in der Anlage 1 (vgl.
   § 5) zum Ausgliederungsplan vom [Datum] im Einzelnen aufgeführt.
2. Die Übertragung erfolgt mit wirtschaftlicher Wirkung zum [Datum]. Der Wert
   der Sacheinlagen wird mit EUR [Betrag] angenommen. Ein den Nennbetrag der
   Geschäftsanteile übersteigender Wert wird der [Name] GmbH als Darlehen zur
   Verfügung gestellt.
3. Der Wert der eingebrachten Vermögensgegenstände ist durch den Wirtschaftsprüfer [Name] durch Erklärung vom [Datum] bestätigt worden. Der Jahresüberschuss
   der letzten beiden Geschäftsjahre betrug EUR [Betrag] und EUR [Betrag].
4. Hinsichtlich des Geschäftsverlaufs und der Lage meines Einzelunternehmens in
   den letzten beiden Geschäftsjahren sowie auf die voraussichtliche Entwicklung
   führe ich Folgendes an: [Ausführungen entsprechend § 289 HGB].

Auf der Grundlage des Vorstehenden komme ich zu der Feststellung, dass der Wert
der Sacheinlage in einem angemessenen Verhältnis zum Wert des dafür der [Name]
GmbH gewährten Geschäftsanteils steht. Es haben sich bis heute keine maßgeblichen
Änderungen ergeben.

Das Protokoll wurde dem Erschienenen vorgelesen, von ihm genehmigt und von ihm
und dem Notar eigenhändig wie folgt unterschrieben:

[Name],
[Name], Notar L.S.

60. Anmeldung der neuen GmbH
(§§ 158 f. UmwG, 12 HGB)

An das
AG
– Registergericht –
[Anschrift]

I. Anlagen

Ich, der unterzeichnete Kaufmann [Name], Inhaber der [Name], eingetragen unter HRA [Nummer] des AG [Ort] überreiche:

1. beglaubigte Abschrift der vollständigen Umwandlungserklärung vom [Datum], UVZ-Nr. [Nummer]/[Jahr] des Notars [Name] in [Ort],
2. beglaubigte Abschrift der der UVZ-Nr. [Nummer]/[Jahr] des Notars – [Name] beigefügten Umwandlungsbilanz zum 31. Dezember [Jahr],
3. beglaubigte Abschrift der Gesellschafterliste nach § 40 Abs. 2 GmbHG mit Unterschrift und Bescheinigung des Notars,
4. beglaubigte Abschrift des in der UVZ-Nr. [Nummer]/[Jahr] des Notars [Name] enthaltenen Sachgründungsbericht vom [Datum],
5. beglaubigter Handelsregisterauszug betreffend HRA [Nummer] des AG [Name].

II. Anmeldung

Ich melde zur Eintragung in das Handelsregister an:

Das unter der Firma [Name] betriebene Unternehmen des Kaufmanns [Name] ist durch Ausgliederungserklärung vom [Datum] gemäß § 123 Abs. 3 Nr. 2 i.V.m. §§ 152, 158 UmwG in die [Name] Gesellschaft mit beschränkter Haftung umgewandelt. Gründer und alleiniger Gesellschafter bin ich, der Kaufmann [Name]. Ich bin auch alleiniger Geschäftsführer der Gesellschaft.

Die allgemeine Vertretungsregelung lautet: Der Geschäftsführer vertritt die Gesellschaft inzeln, solange er alleiniger Geschäftsführer ist. Sind mehrere Geschäftsführer bestellt, so vertritt er gemeinsam mit einem anderen Geschäftsführer. Die Gesellschafter können dem Geschäftsführer Einzelvertretungsrecht erteilen. Ist nur ein Geschäftsführer vorhanden, so vertritt er einzeln. Jeder Geschäftsführer ist ermächtigt, mit sich im eigenen Namen oder als Vertreter eines Dritten Rechtsgeschäfte vorzunehmen (Befreiung von den Beschränkungen des § 181 BGB).

Konkrete Vertretungsregelung: Ich vertrete die Gesellschaft stets einzeln und bin von den Beschränkungen des § 181 BGB befreit.

III. Versicherungen und Erklärungen

1. Bei keinem der beteiligten Rechtsträger besteht ein Betriebsrat. Eine Zuleitung von Unterlagen ist daher nicht möglich.
2. Gemäß § 16 Abs. 2 S. 2 UmwG wird versichert, dass eine Anfechtung ausgeschlossen ist und daher eine Erklärung der Nichtanfechtung entbehrlich ist.
3. Die Verbindlichkeiten übersteigen nicht mein Vermögen.

4. Versicherung des Geschäftsführers (fehlende Bestellungshindernisse, unbeschränkte Auskunftspflicht) wie Muster 3.

5. Ich versichere, dass seit dem Stichtag der Bilanz vom [Datum] bis heute in den Vermögensverhältnissen des Unternehmens keine Verschlechterung eingetreten ist.

IV. Geschäftsanschrift

Die Geschäftsräume der GmbH befinden sind in [Anschrift]; dies ist auch die inländische Geschäftsanschrift.

[Ort, Datum]

[Name]
(Beglaubigungsvermerk)
[Name], Notar L.S.

61. Anmeldung der Umwandlung bei der Einzelfirma

An das
AG
– Registergericht –
[Anschrift]

HRA [Nummer]

Zum Handelsregister überreiche ich die beglaubigte Abschrift der notariellen Urkunde vom [Datum] (UVZ-Nr. [Nummer]/[Jahr] des Notars [Name]).

Ich melde die Ausgliederung und das Erlöschen der Firma [Name] zur Eintragung an.

[Ort], Datum]   [Name]
                                                 (Beglaubigungsvermerk)
                                                 [Name], Notar L.S.

Q. Umwandlung einer OHG in eine GmbH (§§ 123, 214 UmwG)

62. Gesellschafterversammlung der OHG

UVZ-Nr. [Nummer/20XX]

Verhandelt zu [Ort] am [Datum]

Vor dem unterzeichneten Notar [Name] im Bezirk des Oberlandesgerichts [Ort]
mit Amtssitz in [Ort], erschienen heute, von Person bekannt:

1. [Name],
2. [Name],

beide wohnhaft [Anschrift].

Die Erschienenen erklärten:

Wir sind die alleinigen Gesellschafter der offenen Handelsgesellschaft unter der Firma
[Name] OHG in [Ort], eingetragen unter HRA [Nummer] des Amtsgerichts in [Ort].
Unter Verzicht auf alle Form- und Fristvorschriften halten wir eine außerordentliche
Gesellschafterversammlung ab und beschließen einstimmig:

I. Umwandlung

§ 1

Die Gesellschaft wird unter Zugrundelegung der Bilanz zum [Datum] nach den Vorschriften der §§ 123, 214 ff. UmwG in eine Gesellschaft mit beschränkter Haftung
umgewandelt.

§ 2

Im Innenverhältnis gilt der Geschäftsbetrieb der OHG seit dem [Datum] als auf
Rechnung der GmbH geführt.

§ 3

Ein Betriebsrat besteht nicht. Es sind keine weiteren Maßnahmen mit Auswirkungen
auf die Arbeitnehmer und ihre Vertretungen vorgesehen.

§ 4

Wir verzichten auf die Erstattung eines Umwandlungsberichts (wir sind beide bei der
Firma [Name] OHG zur Geschäftsführung berechtigt) und auf die Klage gegen die
Wirksamkeit des Umwandlungsbeschlusses.

II. Gründung

1. Wir gründen hiermit eine Gesellschaft mit beschränkter Haftung unter der Firma
   „[Name] Gesellschaft mit beschränkter Haftung" mit Sitz in [Ort] und übertragen
   auf diese das Vermögen der Firma [Name]. OHG.
2. Das Stammkapital der GmbH beträgt EUR [Betrag]. Die Gesellschafter der
   [Name] sind an der GmbH wie folgt beteiligt:
   a) [Name] mit dem Geschäftsanteil Nr. 1 über nominal EUR [Betrag],
   b) [Name] mit dem Geschäftsanteil Nr. 2 über nominal EUR [Betrag].
3. Die Stammeinlagen werden durch das Eigenkapital der [Name] OHG erbracht.

4. Rechte nach § 194 Abs. 1 Nr. 5 UmwG werden in der GmbH nicht gewährt.
5. Es bedarf keines Abfindungsangebotes nach § 194 Abs. 1 Nr. 6, 207 UmwG, da der Umwandlungsbeschluss mit der Zustimmung aller Anteilsinhaber gefasst werden muss.
6. Steuerlicher Umwandlungsstichtag ist der [Datum].
7. Die Kosten des Formwechsels trägt die [Name] GmbH.

III. Gesellschaftsvertrag

Wir stellen folgenden **Gesellschaftsvertrag** fest:

§ 1

Die Firma der Gesellschaft lautet:

„[Name] Gesellschaft mit beschränkter Haftung".

Der Sitz ist [Ort].

§ 2

Gegenstand des Unternehmens ist [Bezeichnung Geschäftszweck].

§ 3

Das Stammkapital beträgt EUR [Betrag]. Davon übernehmen:

1. [Name] den Geschäftsanteil Nr. 1 über nominal EUR [Betrag],
2. [Name] den Geschäftsanteil Nr. 2 über nominal EUR [Betrag].

Die Stammeinlagen sind dadurch geleistet, dass die Gesellschafter das Vermögen der von ihnen unter der Firma [Name] OHG in [Ort] betriebenen offenen Handelsgesellschaft auf die Gesellschaft übertragen haben.

§ 4

Das Geschäftsjahr läuft vom [Datum] bis zum [Datum] eines jeden Jahres.

§ 5

Die Gesellschaft hat einen oder mehrere Geschäftsführer. Sind mehrere Geschäftsführer bestellt, so wird die Gesellschaft durch zwei Geschäftsführer oder durch einen Geschäftsführer gemeinsam mit einem Prokuristen vertreten. Ist nur ein Geschäftsführer bestellt, so vertritt er sie einzeln. Die Gesellschafterversammlung kann jedoch einzelnen oder allen Geschäftsführern Einzelvertretungsrecht einräumen und von den Beschränkungen des § 181 BGB befreien.

§ 6

Bekanntmachungen der Gesellschaft erfolgen im Bundesanzeiger.

IV. Bestellung des ersten Geschäftsführers

Zum ersten Geschäftsführer bestellen wir [Name], geboren am [Datum], wohnhaft in [Ort]. Er hat stets Einzelvertretungsrecht. Er ist von den Beschränkungen des § 181 BGB befreit.

Der Notar wies die Erschienenen darauf hin, dass die Gesellschaft mit beschränkter Haftung zur Eintragung in das Handelsregister anzumelden ist und erst mit der Eintragung entsteht. Weiter wies der Notar auf die Verjährungsvorschrift des § 45 UmwG bezüglich der zeitlichen Begrenzung der Haftung ursprünglich persönlich haftender Gesellschafter hin.

Beine

V. Geschäftsräume

Die Geschäftsräume befinden sich in [Anschrift]; dies ist auch die inländische Geschäftsanschrift.

Das Protokoll wurde den Erschienenen vorgelesen, von ihnen genehmigt und von
ihnen und dem Notar eigenhändig wie folgt unterschrieben:

[Name],

[Name],

[Name], Notar L.S.

63. Anmeldung der Umwandlung

An das
AG
– Registergericht –
[Anschrift]
HRB [...]

I. Anlagen

Wir, die unterzeichneten Gesellschafter der unter HRA [Nummer] des AG in [Ort] eingetragenen offenen Handelsgesellschaft unter der Firma [Name] OHG in [Ort], und ich, der unterzeichnete Geschäftsführer der neu gegründeten [Name] Gesellschaft mit beschränkter Haftung in [Ort], überreichen:

1. beglaubigte Abschrift des notariellen Protokolls vom [Datum] des Notars [Name] in [Ort] (UR (Nummer)/[Jahr]),
2. beglaubigte Umwandlungsbilanz zum [Datum] nebst Bescheinigung über die Kapitaldeckung,
3. beglaubigte Liste der Gesellschafter der [Name] GmbH nach § 40 Abs. 1 GmbHG,
4. beglaubigten Sachgründungsbericht,
5. beglaubigter Handelsregisterauszug der [Name] OHG HRA [Nummer].

II. Anmeldung

Wir melden zur Eintragung in das Handelsregister an:
Die offene Handelsgesellschaft unter der Firma [Name] mit Sitz in [Ort] ist durch Beschluss der Gesellschafter vom [Datum] nach dem UmwG durch Übertragung ihres Vermögens auf die neu gegründete [Name] Gesellschaft mit beschränkter Haftung mit Sitz in [Ort] umgewandelt.

III. Vertretungsbefugnis und Geschäftsführerbestellung

Allgemeine Vertretungsbefugnis: Die Gesellschaft hat einen oder mehrere Geschäftsführer. Sind mehrere Geschäftsführer bestellt, so wird die Gesellschaft durch zwei Geschäftsführer oder durch einen Geschäftsführer gemeinsam mit einem Prokuristen vertreten. Ist nur ein Geschäftsführer bestellt, so vertritt er einzeln. Die Gesellschafterversammlung kann jedoch einzelnen oder allen Geschäftsführern Einzelvertretungsrecht einräumen und von den Beschränkungen des § 181 BGB befreien.

Konkrete Bestellung zum Geschäftsführer und dessen Vertretungsbefugnis:
Zum ersten Geschäftsführer ist [Name], geboren am [Datum] in [Ort], bestellt. Er hat stets Einzelvertretungsrecht. Er ist von den Beschränkungen des § 181 BGB befreit.

IV. Versicherungen und Erklärungen

1. s. Muster 3.
2. Der Geschäftsführer versichert ferner, dass sich das Vermögen der Firma [Name] OHG im gesamthänderisch gebundenen Vermögen der Gesellschafter befindet und keine Hinderungsgründe bestehen, die dem Übergang des Gesellschaftsvermögens durch Gesamtrechtsnachfolge mit Eintragung der GmbH entgegenstehen.

Beine 999

3. Auf Erstattung eines Umwandlungsberichts und auf die Klage gegen die Wirksamkeit des Umwandlungsbeschlusses ist von allen Gesellschaftern verzichtet worden.
4. Bei der Firma [Name] OHG besteht kein Betriebsrat. Eine Zuleitung des Umwandlungsbeschlusses an die Arbeitnehmervertretung war daher nicht möglich.

V. Geschäftsanschrift

Die Geschäftsanschrift ist [Anschrift]; dies ist auch die inländische Geschäftsanschrift.

[Ort], den [Datum]   [Name]
                                                [Name]
                                                (Beglaubigungsvermerk)
                                                [Name], Notar L.S.

64. Anmeldung der Umwandlung bei der OHG

An das
AG
– Registergericht –
[Anschrift]

HRA [Nummer]

Als Gesellschafter überreichen wir eine Ausfertigung des notariellen Protokolls vom [Datum] und melden die Umwandlung der OHG in eine Gesellschaft mit beschränkter Haftung unter der Firma [Name] Gesellschaft mit beschränkter Haftung zur Eintragung an.

> [Name],
> [Name],
> (Beglaubigungsvermerk)
> [Name], Notar L.S.

R. Organschaftsverträge

65. Beherrschungs- und Gewinnabführungsvertrag

UVZ-Nr. [Nummer]/[Jahr]

Verhandelt zu [Ort] am [Datum]

Vor dem unterzeichneten Notar [Name] im Bezirk des Oberlandesgerichts [Ort] mit Amtssitz in [Ort], erschien heute, von Person bekannt:

[Name], geboren [Datum], wohnhaft [Anschrift].

Der Erschienene erklärte:

Ich handele nachfolgend nicht für mich persönlich, sondern

1. für die [Name beherrschend] GmbH mit Sitz in [Ort], eingetragen im Handelsregister [Ort] HRB [Nummer], Geschäftsanschrift: [Anschrift], als deren einzelvertretungsberechtigter und von den Beschränkungen des § 181 BGB befreiter Geschäftsführer

2. für die [Name beherrscht] GmbH mit dem Sitz in [Ort], eingetragen im Handelsregister [Ort] HRB [Nummer], Geschäftsanschrift: [Anschrift], als deren einzelvertretungsberechtigter und von den Beschränkungen des § 181 BGB befreiter Geschäftsführer.

Der Notar bestätigt nach Einsicht in das elektronische Handelsregister des Amtsgerichts [Ort] vom heutigen Tage, dass [Name] berechtigt ist, für beide Gesellschaften als einzelvertretungsberechtigter Geschäftsführer mit Befreiung von den Beschränkungen des § 181 BGB die Gesellschaften [Name beherrschend] GmbH und [Name beherrscht] GmbH zu vertreten.

Der Erschienene erklärte zur notariellen Beurkundung sodann:

1. Die [Name beherrschend] GmbH ist an der [Name beherrscht] GmbH, die ein Stammkapital von EUR [Betrag] hat, mit dem Geschäftsanteil Nr. 1 zum Nennwert von EUR [Betrag], also zu 100 %, beteiligt.

2. Hiermit schließen die beiden Gesellschaften nachfolgenden Beherrschungs- und Gewinnabführungsvertrag:

§ 1
Leitung

Die [Name beherrscht] GmbH unterstellt die Leitung ihrer Gesellschaft der [Name beherrschend] GmbH. Die [Name beherrschend] GmbH ist demgemäß berechtigt, der Geschäftsführung der [Name beherrscht] GmbH hinsichtlich der Leitung der Gesellschaft Weisungen zu erteilen, zu deren Befolgung die [Name beherrscht] GmbH verpflichtet ist.

§ 2
Gewinnabführung

(1) Die [Name beherrscht] GmbH verpflichtet sich, erstmals für ihr ab [Datum] laufendes Geschäftsjahr, ihren ganzen Gewinn an die [Name beherrschend] GmbH abzuführen. Unter Gewinn ist – vorbehaltlich der Bildung oder Auflösung von anderen Rücklagen nach Absatz 2 und 3 – der gesamte ohne die Gewinnabführung entstehende Jahresüberschuss, vermindert um einen Verlustvortrag aus dem Vorjahr, zu verstehen.

(2) Die [Name beherrscht] GmbH kann mit Zustimmung von der [Name beherrschend] GmbH Beträge aus dem Jahresüberschuss in Gewinnrücklagen (§ 272

Abs. 3 HGB) einstellen, sofern dies handelsrechtlich zulässig und bei vernünftiger kaufmännischer Beurteilung wirtschaftlich begründet ist.

(3) Während der Dauer dieses Vertrages gebildete andere Gewinnrücklagen nach § 272 Abs. 3 HGB sind auf Verlangen von der [Name beherrschend] GmbH aufzulösen und zum Ausgleich eines Jahresfehlbetrages oder Verlustvortrags zu verwenden oder als Gewinn abzuführen.

(4) Die Abführung von Erträgen aus der Auflösung von Kapitalrücklagen oder von vorvertraglichen Gewinnrücklagen ist ausgeschlossen.

(5) Der Anspruch auf Gewinnabführung entsteht zum Stichtag des Jahresabschlusses der [Name beherrscht] GmbH und wird zu diesem Zeitpunkt fällig. Er ist ab diesem Zeitpunkt mit [...] % p.a. zu verzinsen.

§ 3
Verlustübernahme

(1) Die [Name beherrschend] GmbH ist entsprechend den Vorschriften des § 302 Abs. 1 AktG in ihrer jeweils gültigen Fassung verpflichtet, jeden während der Vertragsdauer sonst entstehenden Jahresfehlbetrag auszugleichen, soweit dieser nicht dadurch ausgeglichen wird, dass den anderen Gewinnrücklagen Beträge entnommen werden, die während der Vertragsdauer in sie eingestellt worden sind.

(2) § 2 Abs. 5 gilt entsprechend.

§ 4
Sicherung der außenstehenden Gesellschafter

Alleinige Gesellschafterin der [Name beherrschend] GmbH ist die [Name beherrscht] GmbH, so dass eine Vereinbarung über den Ausgleich von etwa außenstehenden Anteilseignern nicht getroffen werden muss.

§ 5
Vertragsdauer

(1) Der Vertrag wird unter dem Vorbehalt der Zustimmung der Gesellschafterversammlungen der [Name beherrschend] GmbH und der [Name beherrscht] GmbH abgeschlossen. Er wird mit Eintragung in das Handelsregister der [Name beherrscht] GmbH wirksam und gilt – mit Ausnahme des Weisungsrechts nach § 1 – rückwirkend für die Zeit ab 1. Januar [Jahr].

(2) Der Vertrag kann mit einer Frist von sechs Monaten zum Ende eines Geschäftsjahrs gekündigt werden, erstmals jedoch zum Ablauf des 31. Dezember [Jahr (*Hinweis: Fünf-Jahresfrist zur steuerlichen Anerkennung ist zu beachten, vgl. §§ 14, 17 KStG, § 2 Abs. 2 Satz 2 GewStG und § 2 Abs. 2 UstG)*] oder, wenn an diesem Tag kein Geschäftsjahr endet, zum Ablauf des an diesem Tag laufenden Geschäftsjahrs.

(3) Das Recht zur Kündigung aus wichtigem Grund ohne Einhaltung einer Kündigungsfrist bleibt unberührt. Der Vertrag kann ohne Einhaltung einer Kündigungsfrist schriftlich gekündigt werden, wenn der [Name beherrschend] GmbH nicht mehr die Mehrheit der Stimmrechte an der [Name beherrscht] GmbH zusteht.

[Ort], den [Datum].

Die Kosten dieser Urkunde, der erforderlichen Zustimmungsbeschlüsse und der Eintragung trägt die [Name] GmbH.

Vorgelesen, genehmigt und unterschrieben.

[Name],

[Name] Notar L. S.

66. Zustimmungsbeschluss der Gesellschafter des beherrschten Unternehmens sowie des beherrschenden Unternehmens

Beurkundung

UVZ-Nr. [Nr.]/[Jahr]

Verhandelt zu [Ort] am [Datum]

Vor dem unterzeichneten Notar [Name] im Bezirk des Oberlandesgerichts [Ort] mit Amtssitz in [Ort], erschien heute, von Person bekannt:

[Name], geboren am [Datum], wohnhaft [Anschrift].

Ich bin der einzige Gesellschafter sowohl der

a) [Name beherrschend] GmbH als auch
b) der [Name beherrscht] GmbH.

Dem Notar liegt die aktuelle Gesellschafterliste beider Gesellschaften vor, aus der die Richtigkeit der Erklärung des Erschienenen [Name] ersichtlich ist.

Dem Erschienenen liegt der zwischen den Gesellschaften, der [Name beherrschend] GmbH und [Name beherrscht] GmbH, geschlossene Beherrschungs- und Gewinnabführungsvertrag in Urschrift (UVZ-Nr. [Nummer]/[Jahr] vom [Datum] vor. Da der Inhalt dem Erschienenen bekannt ist, wird auf ein nochmaliges Verlesen verzichtet, da der Erschienene bei der Beurkundung des Vertrags ununterbrochen anwesend war. Auf Beiheftung zur heutigen Urkunde wird ebenfalls verzichtet.

1. Der Erschienene hält zunächst eine Gesellschafterversammlung der [Name beherrschend] GmbH unter Verzicht auf alle Fristen und Förmlichkeiten ab und fasst folgenden Beschluss:
    a) Die Gesellschafterversammlung stimmt dem Beherrschungs- und Gewinnabführungsvertrag in vollem Umfange und uneingeschränkt zu.
    b) Auf die Erstattung eines Berichts über den Beherrschungsvertrag (§ 293a AktG) sowie auf die Prüfung des Beherrschungsvertrages (§ 293b AktG) und auf Erstattung eines Prüfberichts (§ 293e AktG) wird hiermit ausdrücklich verzichtet.
2. Der Erschienene hält sodann eine weitere Gesellschafterversammlung der [Name beherrscht] GmbH unter Verzicht alle Fristen und Förmlichkeiten ab und fasst folgenden Beschluss.
    a) Die Gesellschafterversammlung stimmt dem Beherrschungs- und Gewinnabführungsvertrag in vollem Umfange und uneingeschränkt zu.
    b) Auf die Erstattung eines Berichts über den Beherrschungsvertrag (§ 293a AktG) sowie auf die Prüfung des Beherrschungsvertrages (§ 293b AktG) und auf Erstattung eines Prüfberichts (§ 293e AktG) wird hiermit ausdrücklich verzichtet.

Weitere Beschlüsse wurden nicht gefasst.

Die Kosten der Urkunde trägt die [Name beherrscht] GmbH.

Vorgelesen, genehmigt und unterschrieben.

[Name],
[Name], Notar L.S.

67. Anmeldung des Beherrschungs- und Gewinnabführungsvertrags

An das

AG

– Registergericht –

[Anschrift]

HRB [Nummer]

[Name beherrscht] GmbH

Als einzeln zur Vertretung berechtigter und einziger Geschäftsführer melde ich zur Eintragung in das Handelsregister an:

Die Gesellschaft [Name beherrscht] GmbH hat am [Datum] mit der [Name beherrschend] GmbH mit Sitz in [Ort] als herrschendem Unternehmen einen Beherrschungs- und Gewinnabführungsvertrag abgeschlossen. Der alleinige Gesellschafter der [Name beherrscht] GmbH hat dem Abschluss dieses Vertrages durch notariell beurkundeten Beschluss vom [Datum] zugestimmt. Auch der alleinige Gesellschafter der [Name beherrschend] GmbH hat in demselben Beschluss dem Vertrag zugestimmt.

Auf die Erstattung eines Berichts über den Beherrschungsvertrag (§ 293a AktG) sowie auf die Prüfung des Beherrschungsvertrages (§ 293b AktG) und auf Erstattung eines Prüfberichts (§ 293e AktG) wird jeweils verzichtet.

Als Anlagen füge ich bei:

1. beglaubigte Abschrift der Niederschrift über die Gesellschafterversammlung der [Name beherrschend] GmbH vom [Datum], UVZ-Nr. [Nummer]/[Jahr] enthaltend den Zustimmungsbeschluss [Name beherrschend] GmbH zum Beherrschungs- und Gewinnabführungsvertrag,

2. beglaubigte Abschrift der Niederschrift der Gesellschafterversammlung der [Name beherrscht] GmbH ebenfalls vom [Datum] in derselben Urkunde, enthaltend den Zustimmungsbeschluss der Gesellschafterversammlung der [Name beherrscht] GmbH zu dem Vertrag,

3. beglaubigte Abschrift des Beherrschungs- und Gewinnabführungsvertrags vom [Datum], UVZ-Nr. [Nummer]/[Jahr].

[Name]

(Beglaubigungsvermerk)

[Name], Notar L.S.

Stichwortverzeichnis

Fette römische Ziffern verweisen auf das jeweilige **Kapitel, fette arabische Ziffern** benennen den **Paragraphen** oder – mit Zusatz-Nr. – einen bestimmten Abschnitt eines Kapitels; magere Ziffern beziehen sich auf die Randnummern.

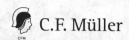

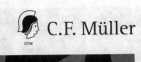